CATALOGUE GÉNÉRAL

DE LA

LIBRAIRIE FRANÇAISE

PENDANT 25 ANS (1840—1865)

RÉDIGÉ PAR

Otto LORENZ, Libraire

TOME PREMIER

(A—C)

PARIS

O. LORENZ, LIBRAIRE-ÉDITEUR ET COMMISSIONNAIRE,

3 bis, RUE DES BEAUX-ARTS

1867

CATALOGUE GÉNÉRAL

DE LA

LIBRAIRIE FRANÇAISE

STRASBOURG, IMPRIMERIE DE VEUVE BERGER-LEVRAULT.

CATALOGUE GÉNÉRAL

DE LA

LIBRAIRIE FRANÇAISE

PENDANT 25 ANS (1840—1865)

RÉDIGÉ PAR

Otto **LORENZ**, Libraire

~~~~~~~~

TOME PREMIER

(**A—C**)

PARIS

Chez O. LORENZ, RUE DES BEAUX-ARTS, 3 bis

1867

AVANT-PROPOS

DU PREMIER VOLUME

En présentant au public le premier volume de mon *Catalogue général de la librairie française,* je crois utile de lui donner quelques explications sur le plan de cet ouvrage.

Comme l'indique le titre, c'est un catalogue *général,* c'est-à-dire complet, ou du moins ayant la prétention de l'être; sans aucune préoccupation commerciale, j'y ai réuni les titres de *tous* les livres français publiés pendant la période de vingt-cinq ans qu'il embrasse, et cela sans me borner à la *littérature française* proprement dite. J'y ai compris, non-seulement *tous* les ouvrages publiés en France en quelque langue que ce fût, mais aussi les ouvrages en langue française publiés à l'étranger, et je n'ai retranché de cette dernière catégorie que les contrefaçons, produits d'une industrie autrefois importante, heureusement éteinte aujourd'hui.

Le choix de l'époque de 1840 à 1865 s'explique par l'absence de tout catalogue complet depuis l'année 1840, le dernier qui ait été publié, *la Littérature française contemporaine,* s'arrêtant pour la lettre A en 1839. J'ai dû, par conséquent, prendre mon point de départ en 1840, si je ne voulais pas laisser une lacune regrettable dans les recueils bibliographiques.

Avec mon *Catalogue général* formant la continuation de *la Littérature française contemporaine*, laquelle continuait, de son côté, *la France littéraire* de Quérard[1], on possédera, par conséquent, en trois séries, un Dictionnaire complet de tous les livres français publiés depuis 1700 jusqu'à la fin de 1865, et il ne faudra qu'un peu d'encouragement de la part de mes confrères et du public pour en assurer à l'avenir la continuation régulière à des époques plus ou moins rapprochées.

Sans méconnaître la grande importance des publications périodiques, j'ai dû cependant les exclure de mon plan, suivant en cela l'exemple de mes prédécesseurs[2]. J'en ai exclu également les publications, officielles ou particulières, qui n'ont point été livrées au commerce, comme, par exemple, les comptes rendus des administrations, les thèses des étudiants, les extraits de journaux tirés à petit nombre, etc. Par contre, je n'ai pas cru devoir supprimer ni abréger la liste des petites brochures, des vaudevilles, etc., tout en déplorant la place démesurée qu'elle occupe, et qui est souvent par trop en disproportion avec l'importance de ces opuscules.

J'ai suivi le plan de Quérard en joignant aux noms de la plupart

---

1. *La France littéraire,* ou Dictionnaire bibliographique des savants, historiens et gens de lettres de la France, ainsi que des littérateurs étrangers qui ont écrit en français, plus particulièrement pendant les dix-huitième et dix-neuvième siècles, par J. M. Quérard. 10 vol. in-8º.
Cet ouvrage, dont le 1ᵉʳ volume (A-B) a été publié en 1827, et le dernier (V-Z) en 1839, a été continué par:
La Littérature française contemporaine. 6 vol. in-8º.
Le tome I de cet ouvrage (A-Bl) publié en 1842, ainsi que la première moitié du tome II (Bl-Bo) ont été rédigés par Quérard; la fin du tome II et les autres quatre volumes (publiés de 1846 à 1857), par MM. Charles Louandre, Félix Bourquelot et Alfred Maury.

2. Je suis heureux de pouvoir annoncer que pendant qu'on imprimait les premières livraisons de mon Catalogue, M. Eugène Hatin publiait sa *Bibliographie historique et critique de la Presse périodique française, depuis l'origine du journal jusqu'à nos jours* (1 vol. gr. in-8º, 1866, 20 fr.), qui forme un excellent complément à mon Catalogue.

des auteurs une courte notice biographique, et je regrette qu'il ne m'ait pas été possible de donner ces utiles renseignements pour tous les auteurs cités.

C'est également pour suivre le plan de Quérard, et en même temps pour faciliter les recherches, que j'ai adopté l'ordre *alphabétique*, non-seulement pour la nomenclature des auteurs, mais aussi pour la liste des ouvrages de chaque auteur, au lieu de classer cette dernière par ordre *chronologique*. Prévoyant que, sur ce dernier point, mon arrangement ne sera pas universellement approuvé, j'ajoute que le classement par ordre *chronologique* aurait présenté une assez grande difficulté à cause des nouvelles éditions, des réimpressions d'ouvrages dont la première édition avait paru avant 1840, des ouvrages en plusieurs volumes publiés à de longs intervalles, etc.

J'ai tiré, je n'ai presque pas besoin de le dire, la plus grande partie de mes matériaux du *Journal de la librairie*, et par un travail incessant de six ans, aidé de plusieurs collaborateurs, j'ai complété cette liste, je l'ai rectifiée, j'y ai ajouté les publications françaises de l'Allemagne, de l'Angleterre, de la Belgique, de la Suisse et de tous les autres pays étrangers, et non content de tous ces efforts, j'ai adopté une dernière mesure pour rendre mon Catalogue aussi exact et aussi complet que possible : J'envoie au plus grand nombre des auteurs ou à leurs éditeurs une épreuve de l'article qui les concerne, en les priant de me la retourner et de me signaler les omissions ou les inexactitudes qu'ils pourraient y rencontrer. L'énorme travail et les frais considérables que m'impose cette correspondance se trouvent largement compensés par les nombreux renseignements, les précieuses rectifications que j'en retire, et je regrette vivement de ne pouvoir étendre cette mesure à tous les auteurs sans exception, me trouvant souvent arrêté par l'impossibilité absolue de connaître leurs adresses. Beaucoup de personnes aussi ne jugent pas nécessaire de me retourner l'épreuve, quoique je supporte, bien entendu, tous les frais de port.

Tous ces efforts, malheureusement, n'empêcheront pas mon Catalogue de présenter de nombreuses lacunes et inexactitudes, et j'aurai grandement besoin de l'indulgence de mes confrères et du public spécial auquel s'adresse mon œuvre. Je suis d'autant plus sûr qu'on ne me la refusera pas, que ceux qui pourraient me critiquer le plus sévèrement se sont généralement occupés eux-mêmes de travaux bibliographiques, et en connaissent le mieux les difficultés.

Paris, le 1er mai 1867.

O. LORENZ.

CATALOGUE GÉNÉRAL

DE LA

LIBRAIRIE FRANÇAISE

A

AAGE (Colmet d'). — Voy. **Colmet d'Aage.**

AARON (l'helléniste), pseudonyme de Simon Blocquel.

AARON (F.).

— Vocabulaire français-valaque. — Voy. *Poyenar et Aaron.*

ABADIE (Auguste).

— Anathèmes et Louanges. — Les Régions du ciel. (Poésies.) In-32. 1856. Bruxelles, *Tarride.*

— Les Femmes de France. In-16. 1864. Berlin, *A. Abelsdorff.* 70 c.

— Roses et Dahlias; poésies. In-8° de 64 p. 1853. Toulouse, *Ve Sens.*

ABADIE (Bernard), vétérinaire du département de la Loire-Inférieure, né en 1818, à Mazerolles (Hautes-Pyrénées).

— De la suppression de toute loi sur les vices rédhibitoires dans le commerce des animaux domestiques. In-8°. 1859. Nantes, *imprimerie Busseuil.* 1 fr. 50 c.

— La Question chevaline dans ses rapports avec la production du cheval de l'armée et de luxe. In-8°. 1860. *Ibid.* 1 fr. 50 c.

ABADIE (F. d'). — Voy. **Dabadie.**

ABADIE (Louis d'), de l'île de la Trinité.

— Trente jours de voyage en zigzag, de Paris à Venise et retour, par huit écoliers en vacances. In-12, viii-141 p. 1861. *Imprimerie Thunot et Cie.*

2e édition en 1863. *Imprimerie Lebon.*

— Deuxième voyage en zigzag, ou Trente jours en Suisse, par six écoliers en vacances. In-12, viii-160 p. 1863. *Imprimerie Lebon.*

ABADIE, de Sarrancolin.

— Guide-Album aux eaux des Pyrénées. In-4° avec 10 lith. et 1 carte. 1853. Tarbes, *rue des Grands-Fossés*, 11. 10 fr.

— Indicateur des Hautes-Pyrénées. In-12 avec 1 carte. 1856. *Chez l'auteur, rue du Petit-Lion*, 2. 6 fr.

ABAILARD, Abélard ou Abeilard (Pierre), philosophe et théologien français, né en 1079 aux environs de Nantes, mort à Saint-Marcel, près de Châlon-sur-Saône en 1142.

— Petri Abælardi opera recensuit, notas, argumenta, indices adjecit Victor Cousin, adjuvantibus C. Jourdain et E. Despois. 2 vol. in-4°. 1849 et 1859. *Durand.* 60 fr.

— Opera. — Voy. *Migne*, Patrologie latine, tome 178.

— Lettres d'Héloïse et d'Abailard, traduites librement d'après les lettres originales latines, par le comte de Bussy-Rabutin, avec imitations en vers par de Beauchamps, Colardeau, Dorat, etc.; précédées d'une nouvelle préface, par M. E. Martineault. In-12. 1840. *Ledoyen.* 3 fr. 50 c.

— Lettres amoureuses d'Héloïse et d'Abeylard, en prose et en vers. 2 vol. in-18. 1842. *Chez les marchands de nouveautés.* 5 fr.

— Lettres et épîtres amoureuses d'Héloïse et d'Abeilard. 2 vol. in-18. 1843. Avignon, *Offray aîné.*

— Lettres amoureuses d'Héloïse et d'Abeilard, en prose et en vers. 2 vol. in-18. 1843. *Renaud.*

— Lettres amoureuses d'Héloïse et d'Abeilard, en prose et en vers; précédées d'un Précis destiné à établir la vérité sur la vie et les malheurs de ces deux amants. In-18. 1848. *Rue des Maçons-Sorbonne*, 17.

— Lettres d'Héloïse et d'Abélard. Traduction nouvelle par le bibliophile Jacob; précédée d'un travail historique et littéraire par M. Villenave. In-12. 1864. *Charpentier.* 3 fr. 50 c.

Cette édition a paru pour la première fois en 1840 chez *Gosselin*, 1 vol. in-12. 3 fr. 50 c.

Voy. aussi *Guizot*, Abeilard et Héloïse.

ABAJO (Don Mariano Rodriguez de), colonel d'infanterie des armées de Don Carlos.

— Notice biographique sur le curé Mérino. In-8°. 1847. [Caen, *Poisson.*] *Devarenne.*

1

ABBADIE (le docteur), médecin de Mohammed Saïd-Pacha.

— De l'Afrique centrale, ou Voyage de S. A. Mohammed Saïd-Pacha dans les provinces du Soudan. Notes et impressions. In-8°. 1857. *Plon.*

ABBADIE (Antoine Thompson d'), voyageur français, correspondant de l'Institut de France, né à Dublin (Irlande), en 1810. Le plus important de ses voyages est celui qu'il fit en Éthiopie de 1837 à 1849.

— Sur le tonnerre en Éthiopie. In-4°. 1859. *Imprimerie impériale.* 5 fr.

Extrait des « Mémoires présentés par divers savants à l'Académie des sciences ».

— Géodésie d'Éthiopie, ou Triangulation d'une partie de la haute Éthiopie, exécutée selon des méthodes nouvelles, par Antoine d'Abbadie; vérifiée et rédigée par Rodolphe Radau. 1er à 3e fascicule. In-4° avec pl. 1860 à 1863. *B. Duprat.* 50 fr.

L'ouvrage formera 4 livraisons.

— Résumé géodésique des positions déterminées en Éthiopie. In-8°. 1859. Leipzig, *imprimerie Breitkopf et Hærtel.* 3 fr.

— Catalogue raisonné de manuscrits éthiopiens appartenant à Antoine d'Abbadie. In-4°. 1859. *Imprimerie impériale.* 6 fr.

ABBADIE (Jacques), ministre calviniste, né à Naï, près de Pau, en 1654, mort à Londres en 1727.

— L'Art de se connaître soi-même, ou la Recherche des sources de la morale. Nouvelle édition. In-12. 1865. Toulouse, *Delhorbe.* 1 fr. 50 c.

La 1re édition est de 1692.

— Traité de la vérité de la religion chrétienne, où l'on établit la religion chrétienne par ses propres caractères. Nouvelle édition. 2 vol. in-12. 1864. *Ibid.* 3 fr.

La 1re édition a paru à Amsterdam, en 1729.

— Traité de la divinité de Notre Seigneur Jésus-Christ, faisant suite au Traité de la vérité de la religion chrétienne. Nouvelle édition. In-12. 1864. *Ibid.* 1 fr. 50 c.

ABBADIE (Joseph), curé du diocèse de Tarbes.

— Détails archéologiques et historiques sur l'église et le monastère de Saint-Savin. In-12. 1861. Tarbes, *Telmon.*

— Vie de saint Savin, anachorète du Lavedan. Nouvelle édition revue et corrigée. In-12. 1861. *Ibid.*

La 1re édition est de 1857.

ABBAL (l'abbé), vicaire général de Rodez.

— Vies des saints. In-12 de 18 f. 1852. Rodez, *Carrière aîné.*

ABBOT (J.).

— Le Prince Napoléon et le Palais-Royal. In-32. 1865. Bruxelles, *chez tous les libraires.* 3 fr. 25 c.

ABBOTT (John), théologien américain, né à Hallowell (Maine) en 1803.

— La Fille du pasteur, ou Entretiens du docteur Payson avec son enfant sur le salut par Jésus-Christ. In-12. 1850. *Ducloux.* 1 fr. 50 c.

— Le Jeune Chrétien, ou Explication familière des principes des devoirs du chrétien. Traduit de l'anglais (par M. le pasteur Vivien). 3e édition. In-12. 1857. [Montpellier], *Meyrueis et Cie.* 1 fr. 50 c.

La 1re édition française a paru en 1834, la 2e en 1843, chez *Delay*; la 1re édition de l'original, à Boston, en 1825.

— Comment faire le bien? Conseils et directions. Traduit librement de l'anglais, par J. L. M. 2e édition. In-12. 1861. Genève et Paris, *Cherbuliez.* 1 fr. 50 c.

— L'Enfant dans la maison paternelle, ou Exposition familière des devoirs des enfants. Traduit de l'anglais. 2e édition. In-18. 1860. Nîmes, *Garve.* 1 fr.

La 1re édition française a été publiée à Paris, en 1835.

— Le Lecteur des écoles. Récits familiers pour développer la moralité des enfants. Traduit de l'anglais par Mlle R. de C. (Rilliet de Constant). In-18. 1852. Genève, *Gruaz.* 1 fr. 50 c.

— La Mère de famille. Traduit de l'anglais. In-12. Paris et Strasbourg, *Ve Berger-Levrault et fils.* 1 fr.

ABDALLAH (le Dr SALLAH BEN). — Voy. **Sallah ben Abdallah.**

ABD-EL-HAMID BEY (le Hadji). — Voy. **Du Couret.**

ABD-EL-KADER, émir arabe, né aux environs de Mascara vers 1807. Dès 1832 il prêchait la guerre sainte contre les Français. Il opposa une résistance des plus acharnées au progrès de leur domination en Afrique, jusqu'à ce qu'il fût emmené prisonnier en 1847. Mis en liberté en 1852, il s'est retiré en Syrie.

— Le livre d'Abd-el-Kader, intitulé : Rappel à l'intelligent, avis à l'indifférent. Considérations philosophiques, religieuses, historiques, etc. Traduites avec l'autorisation de l'auteur sur le manuscrit original de la Bibliothèque impériale, par Gustave Dugat, avec une lettre de l'émir, une introduction et des notes du traducteur. In-8°. 1858. *Duprat.* 7 fr. 50 c.

*Abd-el-Kader, empereur d'Arabie. In-8°. 1860. *Dentu.* 50 c.

ABEILARD. — Voy. **Abailard.**

ABEILLE (A. C.).

— Petit traité de prononciation anglaise. In-8° oblong. 1847. *Maire-Nyon; Périsse frères.* 1 fr. 50 c.

ABEILLE (Jules), chirurgien militaire, ancien médecin de l'hôpital du Roule, membre de la Société de médecine pratique, des Sociétés de médecine de Lyon, Bordeaux, Toulouse, etc., né vers 1811.

— Études cliniques sur la paraplégie indépendante de la myélite. Son histoire, son traitement. Ouvrage couronné par l'Académie impériale de médecine. In-8°. 1854. *J. B. Baillière.* 2 fr. 50 c.

— Des Injections iodées dans le traitement des abcès symptomatiques de lésions osseuses. In-8°. 1854. *Rue de l'Ancienne-Comédie,* 12. 1 fr.

Extrait du « Moniteur des hôpitaux ».

— Mémoire sur les injections iodées. In-8°. 1849. *J. B. Baillière.* 1 fr. 50 c.

— Sépulcrétum, ou Collection de mémoires et observations curieuses pour servir à l'étude de la pathologie médicale. In-8°. 1853. *Imprimerie Plon.*

Extrait de la « Gazette des hôpitaux ».

— Du Sulfate de strychnine dans le traitement du choléra. Preuves de la spécificité de ce médicament. In-8°. 1854. *J. B. Baillière.* 1 fr.

* — Traité des hydropisies et des kystes, considérés dans les cavités closes naturelles et accidentelles. In-8°. 1852. *Ibid.* 7 fr. 50 c.

— Traité des maladies à urines albumineuses et sucrées, ou de l'Albuminerie et du Diabète sucré dans leurs rapports avec les maladies. Av. fig. interc. dans le texte. In-8°. 1862. *Ibid.* 8 fr.

— Des Variations des parties constituantes du sang dans diverses maladies. In-8°. 1849. *Ibid.* 1 fr. 50 c.

ABEL, pseudonyme d'Abel **Lahure.**

ABEL (Charles), membre de l'Académie de Metz, ancien avocat, docteur en droit, secrétaire perpétuel de la Société d'archéologie et d'histoire de la Moselle, né à Thionville, en 1824.

— César dans le nord-est des Gaules. In-8°. 1863. Metz, *Rousseau-Pallez.*

— Un Chapitre inédit de l'histoire de la comtesse Mathilde. In-8° de 52 p. 1863. Metz, *Blanc.*

— Étude sur la vigne dans le département de la Moselle. In-8°. 1862. *Ibid.*

— Des Institutions communales dans le département de la Moselle. In-8° de 58 p. 1860. *Ibid.*

— Le Mystère de saint Clément, publié d'après un manuscrit de la bibliothèque de Metz. (Drame en vers.) In-4°. 1861. [Metz], *Didron.* 24 fr.

— Du Passé, du présent et de l'avenir de la législation militaire en France. In-8°. 1857. *Durand.* 1 fr.

Extrait de la « Revue historique de droit français et étranger ».

M. Abel a collaboré à un grand nombre de recueils d'archéologie et d'histoire, et plusieurs de ses articles ont été tirés à part en petit nombre; mais ils ne se trouvent pas dans le commerce.

ABEL (H.), pseudonyme d'A. B. L. **Rieunier.**

ABEL (Henry), rédacteur en chef de la « Gazette du Midi », né à Aix, en 1796, mort à Marseille, en 1861.

— Histoire de la monarchie française jusqu'en 1792. La Révolution. Le 18 brumaire. 5 vol. in-12. 1858-1862. [Marseille, *V° Olive.*] *Lecoffre et C°.* 17 fr. 50 c.

ABEL (J.).

— La Cuisine sans feu, ou Moyen infaillible de cuire le pain et toute autre espèce d'aliment sans feu et sans surveillance, par J. Abel, inventeur breveté. In-8°. 1861. Lyon, *chez l'auteur, rue des Trois-Pierres.* 4 fr.

ABEL (Nicolas Henri), mathématicien suédois, né à Frindoë (Norwége), en 1802, mort à Frolande-Vare, en 1829.

— Œuvres complètes, avec des notes et développements, rédigées par ordre du roi par le professeur B. Holmboe. Contenant les œuvres de l'auteur qui n'ont pas été publiées auparavant. 2 vol. in-4°. 1840. Christiania, *Gröndahl.* 50 fr.

ABEL DE CHEVALLET (le baron A. d'). — Voy. **Chevallet.**

ABEL-REMUSAT. — Voy. **Remusat.**

ABÉLARD. — Voy. **Abailard.**

ABELLY (Louis), théologien français, évêque de Rodez, né en 1603 dans le Vexin, mort à Paris en 1691.

— La Couronne de l'année chrétienne, ou Méditations sur les principales vérités de l'Évangile, disposées pour tous les jours de l'année, selon l'ordre des offices de l'Église. Nouvelle édition, corrigée et augmentée de pratiques à chaque méditation, par l'auteur de « l'Ame élevée à Dieu » (l'abbé Baudrand). 2 vol. in-12. 1863. Lyon, *Pélagaud et C°.* 2 fr. 50 c.

— Le même. 2 vol. in-12. 1862. Lyon, *Périsse frères.* 2 fr. 40 c.

— Le même. 2 vol. in-12. 1863. *Ruffet et C°.* 2 fr. 80 c.

Souvent réimprimé. — La 1re édition a paru en 1678.

— Le Mois sacerdotal, ou Trente jours de méditations sur les principales vertus de N. S. Jésus-Christ, considéré comme modèle du prêtre; précédé de dix méditations préparatoires. Traduit par l'abbé Gobaille. In-18. 1863. *Ruffet et C°.* 75 c.

— Vie de saint Vincent de Paul, instituteur et premier supérieur de la congrégation de la Mission. Seule édition complète, augmentée d'un chapitre. 2 vol. in-8°, avec 2 portraits. 1843. *Debécourt.* 7 fr. 50 c.

— Le même. 2 vol. in-8°. 1854. *V° Poussielgue.* 6 fr.

— Le même. 2 vol. in-12. 1864. *Ibid.* 6 fr.

ABELOUS (Louis David), pasteur protestant, ancien professeur de l'Université, né à Bédarieux (Hérault), en 1828.

— Les Catacombes de Rome; suivi de : Souvenirs de Rome, par un voyageur anglais. In-12, avec 4 pl. et vignettes. 1860. *Société des écoles du dimanche.* 1 fr. 50 c.

— Christianisme et déisme, entretiens sur les principales croyances évangéliques. In-18. 1862. Toulouse, *Société des livres religieux.* 60 c.

— Les Héros de la Réforme. Guillaume le Taciturne. In-12 avec 1 carte et 3 grav. 1861. *Société des écoles du dimanche.* 1 fr. 50 c.

— De l'Importance des preuves internes du christianisme au temps actuel. In-8°. 1856. Montauban, *Forestié neveu.* 1 fr.

— Les Jeunes Martyrs de la Réformation. In-12. 1860. *Grassart.* 1 fr. 50 c.

— Lettre sur les mariages que quelques réformés contractent avec des catholiques romains; revue et imprimée d'après l'édition originale par L. Abelous. In-12. 1864. *Ibid.* 1 fr.

— Nouveau Catéchisme évangélique. In-12. 1864. *Ibid.* 75 c.

— Quelques Martyrs de l'Église primitive. 2e édition. In-8°. 1864. Toulouse, *Société des livres religieux.*

La 1re édition est de 1860.

— Quels sont les vrais protestants? In-12. 1863. *Grassart.* 25 c.

Anonyme.

— Récits populaires : Le Major Gruber. — Le Galérien. In-12. 1860. *Ibid.* 1 fr. 50 c.

— Vie de Gustave-Adolphe. In-18. 1859. *Société des écoles du dimanche.* 1 fr. 20 c.

2e édition en 1864.

M. Abelous a traduit de l'anglais, avec Ph. Guiton : « la Langue de feu », du rév. W. *Arthur.*

ABEN-EZRA, rabbin du xiiie siècle.

— Délices royales ou le Jeu des échecs. — Voy. *Hollaenderski.*

ABINAL, capitaine de génie.

— Relation de l'attaque et de la défense de Mostaganem et de Mazagran au mois de février 1840. In-8° avec 2 cartes. 1843. *Gaultier-Laguionie.* 3 fr.

ABLIN (V. S. Stanislas).

— Mémoire, ou Essai sur la suette épidémique observée dans le département de la Vienne pendant l'année 1845. In-8°. 1846. *Fortin.* 1 fr.

ABOILARD (Charles), ancien conducteur des ponts et chaussées, ingénieur draineur à Paris, né à Essonnes (Seine-et-Oise), en 1820.

— Drainage. Notes et observations pratiques sur le drainage. In-8°. 1860. *Chez l'auteur, cloître Saint-Honoré,* 11. 50 c.

*Abolition de l'esclavage des nègres dans les colonies françaises. In-8°. 1847. *Pagnerre.* 1 fr. 50 c.

*Abolition (De l') des maisons de jeu dans les principautés allemandes. In-8°. 1859. *Dentu.* 50 c.

ABORD (Hippolyte), avocat.

— Histoire de la Réforme et de la Ligue dans la ville d'Autun, précédée d'une introduction et de pièces justificatives. Tome Ier. In-8°, avec 1 carte. 1855. [Autun, *Dejussieu.*] *Dumoulin.* 7 fr. 50 c.

Publication de la Société éduenne.

ABOU BEKR IBN BEDR, écuyer et médecin vétérinaire du sultan d'Égypte El Nâcer, fils de Kalàoûn, vivait au xiiie siècle.

— Le Nâcéri. La Perfection des deux arts, ou Traité complet d'hippologie et d'hippiatrie arabes; ouvrage publié par ordre et sous les auspices du ministère de l'intérieur, de l'agriculture et du commerce. Traduit de l'arabe par M. Perron. 3 vol. in-8° avec fig. dans le texte. 1852-1860. *Ve Bouchard-Huzard.* 21 fr.

I. Prodrome. II. Hippologie. III. Hippiatrie.

ABOÛ BEKR MOHAMMED BEN ALHAÇAN ALKARKHI.

— Extrait du Fakhri, traité d'algèbre (Manuscrit 952, supplément arabe de la Bibliothèque impériale); précédé d'un Mémoire sur l'algèbre indéterminée chez les Arabes, par F. Woepcke. Gr. in-8°. 1853. *Imprimerie impériale.* 10 fr.

ABOU-CHODJÂ.

— Précis de jurisprudence musulmane selon le rite Châfeite. Texte arabe avec traduction et annotations par S. Keyzer. In-8°. 1859. [Leide], *B. Duprat.* 7 fr.

ABOU-MANSOUR-EL-TCHALEBI (le cheikh).

—Fekh-el-Logat. Sorte de Dictionnaire; texte arabe corrigé, ponctué et publié par le cheikh Rochaid-Dahdah. Gr. in-8°. 1861. *Challamel aîné.* 20 fr.

ABOU MOHAMED EL CASSEM EL HARIRI. — Voy. **Hariri.**

ABOU-ZÉYD. — Voy. **Ibn-Khaldoun** (Abou-Zéyd).

ABOUGIT (le Rév. Père L. X.), de la Compagnie de Jésus, missionnaire en Syrie.

— Principes de la grammaire arabe à l'usage des écoles françaises en Orient. In-12. 1862. Beyrouth, *Imprimerie catholique.* 5 fr.

ABOULFÉDA (Edmadeddin -Ismael), historien, géographe et voyageur arabe, né en 1273, mort en 1331.

— Géographie d'Aboulféda, traduite de l'arabe en français, et accompagnée de notes et d'éclair-

cissements par M. Reinaud. 3. parties en 2 vol. 1837-1848. *Duprat.* 63 fr.

La fin du 2e volume n'est pas encore publiée.

ABOUT (Edmond), littérateur et publiciste, ancien élève de l'école française d'Athènes, né à Dieuze (Meurthe), en 1828.

— Le Capitaine Bitterlin; comédie en un acte. In-18. 1861. *Lévy frères.* 1 fr.

Avec E. de Najac.

— Le Cas de M. Guérin. In-12. 1862. *Ibid.* 2 fr.

— Causeries. In-12. 1865. *Hachette et Cie.* 3 fr. 50 c.

— Ces Coquins d'agents de change. In-8°. 1861. *Dentu.* 1 fr.

— Gaëtana; drame en cinq actes, avec une préface. In-12. *Lévy frères.* 2 fr.

— Germaine. Deuxième série des Mariages de Paris. In-16. 1857. *Hachette et Cie.* 2 fr.

7e édition en 1864. Un drame a été fait d'après ce roman par *Dennery et Crémieux.*

— La Grèce contemporaine. In-16. 1854. *Ibid.* 3 fr. 50 c.

4e édition en 1859.

— Guillery; comédie en trois actes. In-12. 1856. *Lévy frères.* 1 fr. 50 c.

— L'Homme à l'oreille cassée. In-12. 1862. *Hachette et Cie.* 2 fr.

4e édition en 1863.

— Lettre à M. Keller. In-8°. 1861. *Dentu.* 1 fr.

— Lettres d'un bon jeune homme à sa cousine Madeleine. In-12. 1861. *Lévy frères.* 3 fr.

Réunion d'articles publiés par l'auteur dans le journal « l'Opinion nationale ». — 3e édition en 1863.

— Dernières Lettres d'un bon jeune homme à sa cousine Madeleine. In-12. 1863. *Ibid.* 3 fr.

— Madelon. 4e édition. In-12. 1864. *Hachette et Cie.* 3 fr. 50 c.

La 1re édition est de 1863. 1 vol. in-8°. 6 fr. La 2e, même année. 2 vol. in-12. 6 fr.

— Maître Pierre. In-12. 1858. *Ibid.* 2 fr.

Publié en feuilleton dans le « Moniteur universel » sous le titre : « les Échasses de Maître Pierre ». — 4e édition en 1861.

— Le Mari imprévu. — Voy. plus loin : La Vieille Roche.

— Les Mariages de Paris. Six nouvelles: Les Jumeaux de l'hôtel Corneille. L'Oncle et le Neveu. Terrains à vendre. Le Buste. Gorgéon. La Mère de la marquise. In-16. 1856. *Hachette et Cie.* 2 fr.

11e édition en 1864. — Toutes ces nouvelles ont paru en feuilleton dans le « Moniteur universel ».

— Un Mariage de Paris; comédie en trois actes. In-12. 1861. *Lévy frères.* 1 fr. 50 c.

Avec E. de Najac. — La pièce est tirée de la nouvelle : « le Buste », contenue dans le volume précédent.

— Le Marquis de Lanrose. — Voy. plus loin : La Vieille Roche.

— Le Nez d'un notaire. In-12. 1862. *Lévy frères.* 3 fr.

6e édition en 1864.

— Nos artistes au Salon de 1857. In-12. 1858. *Hachette et Cie.* 3 fr. 50 c.

— La Nouvelle carte d'Europe. In-8°. 1860. *Dentu.* 1 fr.

— Le Progrès. In-8°. 1864. *Hachette et Cie.* 7 fr. 50 c.

2e et 3e éditions, in-12. 3 fr. 50 c.

— La Prusse en 1860. In-8°. 1860. *Dentu.* 1 fr.

— La Question romaine. 2e édition française. In-8°. 1861. *Dentu.* 4 fr.

La 1re édition a été publiée en Belgique. — La 1re partie du livre a paru dans le « Moniteur universel ».

— Les Questions d'argent. L'Assurance. In-12. 1865. *Hachette et Cie.* 2 fr.

— Risette, ou les Millions de la mansarde; comédie en un acte. In-12. 1859. *Lévy frères.* 1 fr.

— Le Roi des montagnes. In-16. 1856. *Hachette et Cie.* 2 fr.

5e édition en 1860.

— Le même. Édition illustrée. Gr. in-8°. 1864. *Ibid.* 10 fr.

— Rome contemporaine. In-8°. 1860. *Lévy frères.* 5 fr.

A partir de la 4e édition (1861) l'ouvrage a été augmenté d'une préface nouvelle de l'auteur.

— Salon de 1864. In-12. 1864. *Hachette et Cie.* 3 fr. 50 c.

— Théâtre impossible : Guillery. L'Assassin. L'Éducation d'un prince. Le Chapeau de sainte Catherine. In-12. 1861. *Ibid.* 3 fr. 50 c.

2e édition en 1864.

— Tolla. In-16. 1855. *Ibid.* 2 fr.

Publié d'abord dans la « Revue des Deux-Mondes ». Le prix de la 2e, 3e et 4e édition était de 1 fr.; le prix de 2 fr. a été rétabli à partir de la 5e. — 8e édition en 1864.

— Trente et Quarante. Sans dot. Les Parents de Bernard. 5e édition. In-12. 1865. *Ibid.* 2 fr.

— La Vieille Roche. Tomes I à III. (I. Le Mari imprévu. II. Les Vacances de la comtesse. III. Le marquis de Lanrose.) In-8°. 1865. *Ibid.* Chaque vol. 5 fr.

— Voyage à travers l'Exposition des beaux-arts (peinture et sculpture). In-16. 1855. *Ibid.* 2 fr.

*About (Monsieur) et la jeunesse des écoles, ou Deux mots sur l'échauffourée du 6 janvier 1862, par un voisin de l'Odéon. In-8°. 1862. *Dentu.* 1 fr.

ABRAHAM (le patriarche), pseudonyme.

— Physiologie de la foire de Saint-Romain. In-12. 1847. Rouen, *Haulard.* 75 c.

ABRAHAM (Émile), vaudevilliste, rédacteur de « l'Entr'acte », né vers 1835.

— Les Acteurs et les Actrices de Paris, biographie complète. In-12. 1861. *Lévy frères.* 50 c.

— Cette bonne madame Cracovert, folie-vaudeville en un acte. In-4°. 1864. *Barbré.* 60 c.

— Chapitre V, comédie-vaudeville en un acte. In-4°. 1863. *Lévy frères.* 20 c.

Théâtre contemporain illustré. Livr. 589.

— Un Drame en l'air, bouffonnerie musicale en un acte. Musique de M. Canoby. In-12. 1865. *Lévy frères.* 1 fr.

Avec Adrien Marx et Cartier.

— L'Homme entre deux âges; opérette en un acte. Musique de M. Henri Cartier. In-12. 1862. *Dentu.* 1 fr.

— Le Lorgnon de l'amour; comédie en un acte. In-4°. 1863. *Lévy frères.* 20 c.

Publié aussi sous le titre : « les Yeux du cœur ». Voy. ci-après. — Théâtre contemporain illustré. Livr. 649.

— La Nuit de la Mi-Carême; opérette en un acte. Musique de M. Eugène Déjazet. In-8°. 1864. *Barbré.* 60 c.

— Les Parents de province, vaudeville en un acte. In-12. 1865. *Lévy frères.* 1 fr.

Avec Jules Prével.

— Les Yeux du cœur; comédie en un acte. In-12. 1865. *Ibid.* 1 fr.

M. Abraham a encore fait des pièces en collaboration avec MM. Hugot, Joltrois, Potier (Ch.). — Voy. ces noms.

ABRAHAM (Nicolas), sieur de la Framboisière, médecin ordinaire du roi et doyen de la Faculté de médecine de l'Université de Reims au xviie siècle.

— Description de la fontaine minérale depvis pev descovverte av terroir de Reims en Champagne, merveillevsement profitable à certaines personnes trauaillées de deuoyement d'estomach et de ventre, etc. Pet. in-8° avec vignette. 1855. Reims, *Brissart-Binet.*

Bibliothèque de l'amateur rémois.

ABRAHAMS (Nicolas Christian), archéologue danois, ancien professeur, notaire à Copenhague, né en cette ville en 1798.

— Description des manuscrits français du moyen âge, de la bibliothèque royale de Copenhague, précédée d'une notice historique sur cette bibliothèque. In-4° avec 3 planches. 1844. Copenhague, *Hoest.* 16 fr.

ABRANT (Alex.), secrétaire de la rédaction du « Grand Dictionnaire universel du xixe siècle », publié par M. Larousse. Il est né en 1825 à Colombier (Haute-Saône).

— Exercices sur le style épistolaire à l'usage des jeunes gens. 2e édition. In-12. 1860. *Larousse et Boyer.* 1 fr. 50 c.

— Le même à l'usage des jeunes filles. 2e édition. In-12. 1860. *Ibid.* 1 fr. 50 c.

ABRANTÈS (Laure PERMON, duchesse d'), femme du général Junot, née à Montpellier en 1784, morte à Paris en 1838.

— L'Amirante de Castille. 2 parties in-4°. 1831. *Lécrivain et Toubon.* 1 fr.

Bibliothèque pour tous illustrée.

— Louise. 2 vol. in-8°. 1840. *Dumont.* 15 fr.

ABRANTÈS (Napoléon Andoche JUNOT, duc d'), fils du général de ce nom et de la précédente, né à Paris en 1807, mort en 1851.

— Alfred. 2 vol. in-8°. 1842. *Leclère.* 15 fr.

— Aux ministres anglais. (En vers.) In-8°. 1843. *Dentu.* 50 c.

— Les Boudoirs de Paris. 6 vol. in-8°. 1845. *Au Comptoir des imprimeurs-unis.* 45 fr.

ABRANTÈS. — Voy. Aubert (Constance), née D'ABRANTÈS.

ABRANTÈS. — Voy. Junot d'Abrantès.

*Abrégé du cours d'études suivi par les élèves de la congrégation de Notre-Dame. Notions d'histoire générale. Tomes I à III. 1861-1865. *Ducrocq.* Chaque vol. 3 fr. 50 c.

L'ouvrage est divisé en 3 parties. I. Temps anciens. 1 vol. 1861. II. Moyen âge. 1 vol. 1863. III. Temps modernes. Tome I. 1865.

ABRIA, mort en 1847.

— Grammaire française. In-12. 1842. *Langlois et Leclercq.*

— Méthode de lecture sans épellation. Adoptée

par l'Université. Nouvelle édition. In-16. 1865. *Garnier frères.* 15 c.

La 1re édition a paru en 1835.

ABRIA (Jérémie Joseph Benoît), doyen de la Faculté des sciences de Bordeaux, né à Limoges, en 1811.

— Démonstration de plusieurs formules de Gauss, relatives à l'action mutuelle des deux aimants. In-8° avec fig. 1862. [Bordeaux, *Gounouilhou.*] *Mallet-Bachelier.* 1 fr.

— De l'Utilité des hypothèses dans les sciences expérimentales. In-8°. 1857. Bordeaux, *Gounouilhou.*

— De la Vitesse de la lumière dans les différents milieux. Étude sur la constitution d'un rayon dans la théorie des ondes. In-8°. 1860. *Ibid.*

ABRIAL (Pierre Paul), avocat à Saint-Étienne.

— Études économiques. Du crédit et des institutions de crédit dans leurs rapports avec le travail et le bien-être des classes peu aisées. In-8°. 1864. *Guillaumin et Cie.* 3 fr.

— De l'Insuffisance actuelle du crédit foncier et du moyen d'y remédier. In-8° de 64 p. 1855. *Ibid.*

ABRIC (Paulin), pasteur protestant, né au Vigan.

— Crédibilité de l'histoire évangélique. Témoignage juif et païen. In-8°. 1852. Montauban, *imprimerie Forestié.*

ABRIC-ENCONTRE (Mme Nelly ABRIC, née ENCONTRE), femme du précédent, née à Montauban, en 1836, a traduit de l'anglais: « les Channing », par Mrs. *Wood*, et « les Femmes de la Réformation », du rév. *Anderson.*

ABRY (J. Gabriel), employé au catalogue de la bibliothèque impériale.

— Essai biographique sur Mme Tascher de la Pagerie, née Desvergers de Sanois, mère de S. M. l'impératrice Joséphine, aïeule de S. M. l'empereur Napoléon III. In-8° de 24 p. 1856. Ve *Galpin.*

Il n'a été tiré que 48 exemplaires avec le nom de l'auteur; les autres sont anonymes.

*Absurdités des religions inventées par les hommes, ou De la religion naturelle, seule digne de l'homme raisonnable; par T. M. In-18. 1841. *Delaunay.* 1 fr. 25 c.

ABULCASIS.

— La Chirurgie d'Abulcasis, traduite par le docteur Lucien Leclerc. In-8° avec 3 pl. 1861. [Alger], *Baillière et fils.* 6 fr.

ABZAC (le comte Alexis d').

— Développement d'une question équestre relative au dressage des chevaux. In-8°. 1852. *Dentu.* 1 fr. 50 c.

*Académie (une) en province, par un étudiant. In-8°. 1865. *Dentu.* 1 fr.

ACARIE-BARON.

— Une charge à payer; comédie en un acte et en vers. In-8°. 1842. *Breteau et Pichery.* 50 c.

ACCARIAS (Calixte), professeur de droit romain à la Faculté de Douai.

— Étude sur la transaction en droit romain et en droit français. In-8°. 1863. *Cotillon.* 4 fr.

Thèse pour le doctorat.

ACCARIAS (Joseph Antoine), docteur en droit.

— Étude historique sur le pacte commissoire et la résolution de la vente par défaut de paiement. In-8°. 1855. *Durand.* 3 fr.

Thèse pour le doctorat.

ACCARIAS (Louis).

— Études sur les travaux exécutés à Lyon par la Compagnie générale des eaux de France et sur leurs applications aux usages publics, industriels et domestiques. In-8°. 1857. Lyon, *Perrin.*

ACCARY père (Bernard).

— La Franc-Maçonnerie du Grand-Orient de France. — Examen critique de ses doctrines. In-8°. 1859. *Ledoyen.* 1 fr. 50 c.

ACCOLAS (Émile), avocat, docteur en droit, né à La Châtre (Indre), en 1826.

— Droit et Liberté. L'Enfant né hors mariage. Recherche de la paternité. Gr. in-8°. 1865. *Sausset.* 2 fr.

— Réponse à M. Thiers. La Question italienne et la Question religieuse au Corps législatif. In-12. 1865. *Ibid.* 50 c.

*Accord de la foi et de la raison; par M. J. B. Dédié au clergé. In-8°. 1865. *Didier et Cie.* 1 fr. 50 c.

ACCUM (Frédéric), chimiste allemand, né à Bückebourg en 1769, mort à Berlin en 1838. Il resta longtemps à Londres, où il fit un cours public de physique et de chimie expérimentale et exerça la charge de bibliothécaire de la « Royal Institution ».

— Nouveau Manuel complet de la fabrication des vins de fruits, du cidre, du poiré, etc.; précédé de détails historiques et pratiques sur l'art de faire le vin et de diriger une cave. Traduit de l'anglais par MM. G*** (Guilloud) et Ol*** (Olivier); refondu et considérablement augmenté par M. F. Malepeyre. In-18 avec 1 pl. 1851. *Roret.* 1 fr. 80 c.

Collection des Manuels-Roret. — La 1re édition est de 1825.

ACH (Simon).

— L'Ange aux ailes d'or et la Fleur du souvenir, ou Révélations mystérieuses sur l'existence et les rapports d'un simple myosotis. Texte par S. Ach, revu, corrigé et augmenté par Gaëtan Lheuillié. Gr. in-8° avec 8 pl. 1858. Pont-à-Mousson, *Haquenthal.*

— Bernard et Hugues, ou les Deux amis. Souvenirs du château de Mousson. 2 vol. gr. in-8° avec 8 dessins. 1857. *Ibid.*

— Le Collégien en vacances. In-12 avec 3 grav. 1856. *Ibid.*

— Djaruah, ou la Fille du désert; légende arabe. In-8° avec vignettes. 1856. *Ibid.*

— Justin, ou le Villageois ambitieux. In-12 avec 3 vignettes. 1856. *Ibid.*

— Mémoires d'une rose et d'un papillon; nouvelle. 2 vol. in-8°. 1857. *Ibid.*

— Les Saltimbanques aux Champs-Élysées; épisode du jeune âge, suivi de: Un Orage dans la forêt. In-12 avec 3 vignettes. *Ibid.*

— Valérie et Laure, ou la Gourmandise. In-12 avec 3 vignettes. 1856. *Ibid.*

ACHAINTRE (Nicolas Louis), helléniste et philologue, né à Paris en 1771, mort en 1830. Il a publié une édition classique annotée des « Fables » de *Phèdre* et des « Discours choisis » de *Tacite*, et il a traduit les œuvres de *Stace* dans la Bibliothèque Panckoucke.

ACHARD (Amédée), romancier et journaliste, rédacteur au «Journal des Débats», né à Marseille, en 1814.

— Album de voyages. In-12. 1865. *Hachette et Cie*. 3 fr. 50 c.

— Belle-Rose. 5 vol. in-8°. 1847. *Gabr. Roux*. 37 fr. 50 c.

— Le même. Nouvelle édition. In-12. 1856. *Librairie nouvelle*. 1 fr.

— Le même. Nouvelle édition. In-12. 1865. *Lévy frères*. 2 fr.

— Brunes et Blondes. In-12. 1857. *Ibid*. 1 fr.
Les Premières Neiges. Daphnis et Chloé. Roche-Blanche. Charité bien ordonnée.

— La Chasse royale. 7 vol. in-8°. 1850. *Gabriel Roux et Cassanet*. 52 fr. 50 c.

— Le même. Nouvelle édition. 2 vol. in-12. 1858. *Librairie nouvelle*. 2 fr.

— Les Châteaux en Espagne; contes et nouvelles. In-12. 1854. *Lévy frères*. 3 fr.
La Traite des blondes. Pyrame et Thisbé. Un Chapitre de roman. Le Roi de cœur. Le Châle vert. Lazarine.

— Chien et Chat. 2 vol. in-8°. 1853. *Gabriel Roux*. 15 fr.

— Le Clos-Pommier. In-12. 1858. *Hachette*. 1 fr.

— Le Clos-Pommier; drame en cinq actes. In-12. 1865. *Lévy frères*. 2 fr.
Avec Charles Deslys.

— Le même. In-4°. *Ibid*. 50 c.

— Les Coups d'épée de M. de La Guerche. 2 vol. in-12. 1863. *Hachette et Cie*. 6 fr.

— Les Dernières marquises. In-12. 1858. *Lévy frères*. 1 fr.

— Le même. Nouvelle édition. In-12. 1863. *Ibid*. 2 fr.

— Donnant, donnant; comédie en deux actes. In-12. 1852. *Ibid*. 60 c.

— Le Duc de Carlepont. In-12. 1864. *Hachette et Cie*. 3 fr.

— Le Duel de mon oncle; comédie en un acte, mêlée de chant. In-12. 1852. *Lévy frères*. 60 c.
Autre édition in-4°. 1856. *Ibid*. 40 c.

— La Famille Guillemot. In-12. 1860. *Hachette et Cie*. 2 fr.

— Les Femmes honnêtes. In-12. 1858. *Lévy frères*. 1 fr.
Daniel. Thérèse. Mademoiselle du Rosier. Le Bracelet de corail.

— Les Filles de Jephté. L'Eau qui dort. Salomé. Marthe et Marie. In-12. 1861. *Hachette et Cie*. 2 fr.

— Histoire d'un homme. In-12. 1863. *Ibid*. 2 fr.

— Itinéraire du chemin de fer d'Orléans à Tours. Ouvrage illustré de 17 vignettes et d'une carte. In-16. 1853. *Ibid*. 1 fr.

— Itinéraires des chemins de fer du Centre, 1° d'Orléans à Nevers, à Moulins et à Varennes; 2° de Vierzon à Châteauroux. In-16. 1854; avec 45 vignettes et une carte. *Ibid*. 1 fr. 50 c.

— Le Jeu de Sylvia; comédie en un acte. In-12. 1859. *Librairie nouvelle*. 60 c.

— Madame Rose. Pierre de Villerglé. Nouvelles. In-16. 1857. *Hachette et Cie*. 1 fr.
Nouvelle édition en 1864. 2 fr.

— Madame de Sarens. Frédérique. In-12. 1865. *Hachette et Cie*. 3 fr.

— Maurice de Treuil. In-16. 1857. *Ibid*. 2 fr.

— Les Misères d'un millionnaire. 2 vol. in-12. 1861. *Ibid*. 4 fr.

— Un Mois en Espagne. (Octobre 1846.) In-12 avec 2 portraits. 1847. *Bourdin*.

— Montebello, Magenta, Marignan. Lettres d'Italie (mai et juin 1859). In-12. 1859. *Hachette*. 2 fr.

— Nelly. 2 vol. in-8°. 1842. *Cadot*. 15 fr.

— Le même. In-12. 1862. *Lévy frères*. 2 fr.

— Noir et blanc. In-16. 1862. *Hachette et Cie*. 2 fr.

— L'Ombre de Ludovic. In-12. 1859. *Ibid*. 1 fr.

— Par les fenêtres; comédie-vaudeville en un acte. In-12. 1852. *Lévy frères*. 60 c.
Autre édition in-4°. 1858. *Ibid*. 40 c.

— Parisiennes et Provinciales. In-12. 1856. *Lévy frères*. 1 fr.
La Chambre rouge. Ursule Voisin. L'École buissonnière. Les Trois amoureux de Jeannette. Les Lilas blancs.

— Les Petits-Fils de Lovelace. 3 vol. in-8°. 1854. *Locard-Davi et Devresse*. 22 fr. 50 c.

— Le même. Nouvelle édition. In-12. 1854. *Librairie nouvelle*. 3 fr.

— Le même. Nouvelle édition. In-12. 1857. *Ibid*. 1 fr.

— Les Rêveurs de Paris. Louis de Foulettay, Fabien de Sérny. In-12. 1860. *Librairie nouvelle*. 3 fr.

— La Robe de Nessus. 3 vol. in-8°. 1855. *Locard-Davi*. 22 fr. 50 c.

— Le même. Nouvelle édition. In-16. 1855. *Librairie nouvelle*. 1 fr.

— Roche blanche. 2 vol. in-8°. 1852. *Gabriel Roux et Cassanet*. 15 fr.

— Le Roman du mari. In-12. 1862. *Dentu*. 2 fr.

— La Sabotière. In-12. 1859. *Hachette et Cie*. 1 fr.

— Une Saison à Aix-les-Bains. Illustré par Eugène Ginain. Gr. in-8° avec 17 vignettes et une carte. 1850. *Bourdin*. 10 fr.

— Les Séductions. Marguerite de Thieulay. Clémentine Auberuln. In-16. 1860. *Hachette et Cie*. 2 fr.
2° édition en 1863.

— Souvenirs de voyage; comédie en un acte, en prose. In-12. 1853. *Lévy frères*. 60 c.

— Souvent femme varie....; comédie en un acte et en prose. In-12. 1854. *Ibid*. 60 c.
Autre édition in-4°. 1865. *Ibid*. 40 c.

— La Traite des blondes. In-12. 1863. *Ibid*. 2 fr.

— Les Vocations. Le Musicien de Blois. La Maîtresse de dessin. In-12. 1859. *Hachette et Cie*. 2 fr.

ACHARD (Félix), docteur en médecine.

— La Réforme des hôpitaux par la ventilation renversée, et la Charité organisée au point de vue de la guerre par le corps médical. In-8° avec 1 pl. 1865. *E. Lacroix*. 3 fr.
Extrait des « Annales du génie civil ».

ACHARD (H.), ancien officier d'infanterie.

— De l'Organisation du bataillon de guerre et à ce sujet quelques mots sur la tenue, la nourriture, l'hygiène, la discipline des troupes d'infanterie en campagne. In-8º. 1863. [Moulins, *Desrosiers*], *Furne et Cᵉ*. 2 fr.

ACHARD (J. P. X.), archiviste du département de Vaucluse.

— Notes sur quelques anciens artistes d'Avignon; suivies d'un acte du xᵉ siècle qui mentionne un peintre et qui détermine très-approximativement l'époque où l'on a construit l'édifice actuel de l'église métropolitaine de Notre-Dame de Saint-Denis. 4ᵉ édition. In-8º. 1856. Carpentras, *Devillario*.

ACHARD-LAVORD. — Voy. **Lavord.**

ACHET (Ferdinand).

— Le Bien d'autrui; comédie. In-8º. 1860. Bourges, *imprimerie Jollet.*

— Camille; comédie-drame en trois actes et en vers. In-8º. 1856. Bourges, *imprimerie Pigelet.*

— Floris et Ginevra; conte. In-16. 1861. *Pilloy.*

— Le revoir et mourir; drame-monologue. In-16. 1851. *Ibid.*

— Le Loup et l'Agneau; comédie-proverbe en trois actes. In-8º. 1855. Bourges, *imprimerie Pigelet.*

— Les Plaisirs du monde; comédie-proverbe en deux actes. In-8º. 1856. Bourges, *imprimerie Jollet-Souchois.*

— Le Premier âge. Poésies. In-8º. 1856. *Ibid.*

— Le Tigre et la Lionne; comédie-drame en deux actes. In-8º. 1856. Bourges, *imprimerie Pigelet.*

— Vautours et Pigeons; comédie-drame en trois actes. In-4º. 1862. Bourges, *imprimerie Jollet fils.*

*Achetez une orange, Monsieur! ou l'Histoire de Jamie Woodford. Traduit de l'anglais. In-12 avec grav. 1863. [Lausanne], *Cherbuliez*. 1 fr. 25 c.

ACHMET D'HÉRICOURT (le comte). — Voy. **Héricourt.**

ACHON (l'abbé Joseph Benoît Marcel), vicaire général du diocèse de Strasbourg, né à Fribourg (Suisse), mort en 1855.

— Sermons et Discours, publiés par l'abbé Mury. 3 vol. in-8º. 1856-1858. [Strasbourg], *Bray.* 18 fr.

ACKERMANN (Jean), de la congrégation des missionnaires du précieux sang de Jésus-Christ.

— Manuel du pèlerin à Notre-Dame des Trois-Épis vers Colmar. Livre de piété contenant les prières du matin et du soir, etc. Traduit de l'allemand par un prêtre du diocèse de Strasbourg. In-18. 1857. Colmar, *imprimerie Hoffmann.*

ACKERMANN (Louise Victorine Cʜᴏǫᴜᴇᴛ, veuve), née à Paris, en 1813.

— Contes. In-12. 1855. *Garnier frères.* 2 fr.

Contes en vers. Savitri. Sakountala. L'Ermite. L'Entrevue nocturne. Le Perroquet. Le Chasseur malheureux.

— Le même; nouvelle édition corrigée et augmentée. In-16. 1861. Nice, *imprimerie Caisson et Cᵉ.*

Cette édition est tirée à 150 exemplaires.

— Contes et poésies. In-12. 1863. *Hachette et Cᵉ.* 3 fr. 50 c.

ACKERMANN (P.).

— Considérations anatomico-physiologiques et historiques sur le corps du Chili. Mémoire lu à l'Académie des sciences. In-4º avec 3 pl. 1844. Vᵉ *Bouchard-Huzard.* 3 fr.

— Mémoire et observations sur le choléra observé à l'hôpital de Saint-Mandrier de Toulon (du 23 juin au 25 août 1835). 2ᵉ édition, revue, etc. In-8º de 32 p. 1843. *Ibid.*

— Résumé historique de la chirurgie militaire en France, comme complément du Mémoire sur l'appareil portatif connu sous le nom de sac chirurgical. In-4º de 3 f. 1844. *Gide.*

ACKERMANN (Paul), professeur de langue française à Berlin, né à Altkirch (Haut-Rhin), en 1812, mort en...

— Dictionnaire des Antonymes ou Contre-mots. Ouvrage fondé sur les écrivains classiques, destiné à la jeunesse et aux écrivains français. In-8º. 1842. Berlin, *Dümmler.* 3 fr.

— Discours sur le bon usage de la langue française. — Voy. *Du Bellay.*

— Du Principe de la poésie et de l'éducation du poëte. In-8º. 1841. Berlin, *Dümmler.* 2 fr. 50 c.

— Remarques sur la langue française, ou Répertoire grammatical. 5 cahiers in-8º. 1845. Berlin, *Asher et Cᵉ.* 7 fr.

Cahier 1. Nouvelle explication du subjonctif et de quelques conjonctions. — 2. Emploi des prépositions *A, De, Pour et En.* — 3. Théorie des prétérits; substantif construit. — 4. De l'adjectif uni au verbe; régime des substantifs, etc. — 5. Préface. Principes de l'orthographe française.

— Traité de l'accent appliqué à la théorie de la versification. 2ᵉ édition. In-12. 1843. *Ibid.* 1 fr. 25 c.

M. Ackermann a été chargé de la publication des OEuvres de *Frédéric le Grand.*

AGLOCQUE (Mme Élisa).

— Deux contre deux; comédie-vaudeville en un acte. In-8º. 1864. *Mifliez.* 50 c.

— La Fête à Pontoise; vaudeville en un acte. Gr. in-8º. 1864. *Ibid.* 50 c.

— Une Heure d'enfer. In-16. 1857. *Desloges.* 60 c.

Nouvelle suivie de: Deux brebis pour un loup, histoire parisienne. C'est dimanche aujourd'hui.

— Souvenirs anecdotiques sur mademoiselle Mars. In-8º de 32 p. 1847. *Chaumerot.*

AGLOCQUE D'AMEZEUIL. — Voy. **Amezeuil.**

ACQUIER (Hippolyte).

— Armorial de la Noblesse. — Voy. *Dauriac.*

— Les Cimetières de Paris. Ouvrage historique, biographique et pittoresque. Gr. in-8º. 1852. *Rue du Faubourg-Saint-Martin,* 100.

Avec F. Combes.

L'ouvrage était annoncé en 45 livraisons du prix de 1 fr., mais il n'en a été publié que les pages I-XXVIII et 1 à 68.

*Acta Sanctorum. — Voy. *Bollandus.*

*Actes (les) des apôtres modernes. Relations épistolaires et authentiques des voyages entrepris par les missionnaires catholiques. Publiés sous la direction de l'abbé P. A. Bousquet, de l'abbé Giraud et de Gabriel Grimaud de Caux. Lettres édifiantes et curieuses. Tomes I à IV. In-12. 1852-1859. *Parent-Desbarres.* Chaque vol. 3 fr. 50 c.

*Actes (les) des martyrs depuis l'origine de l'Église chrétienne jusqu'à nos temps. Traduits et publiés par les RR. PP. bénédictins de la compagnie de France. Tomes I à IV. In-8º. 1856-1864. *Vrayet de Surcy.* Chaque vol. 5 fr.

L'ouvrage formera 12 volumes.

*Actes officiels de la république romaine, depuis le 9 février jusqu'au 2 juillet 1849. Extraits et traduits du Moniteur romain. In-8º. 1849. *Amyot.* 3 fr.

ACTON (le docteur W.).

— Fonctions et désordres des organes de la génération chez l'enfant, le jeune homme, l'adulte et le vieillard. Traduit de l'anglais sur la 3e édition. In-8º. 1863. *Masson et fils.* 6 fr.

ACTORIE (l'abbé), supérieur général des prêtres de Saint-Basile, mort en 1864.

— De l'origine et de la réparation du mal. In-8º. 1846. Lyon, *imprimerie de Chanoine.*

— Le même. Nouvelle édition. In-8º. 1852. *Lecoffre et Cie.* 3 fr.

ADAIR (sir Robert).

— Mémoires historiques relatifs à une mission à la cour de Vienne en 1806, avec un choix de ses dépêches, par Oct. Delepierre. In-8º. 1845. Bruxelles, *Wahlen.*

ADAM (l'oncle), pseudonyme de **Wetterbergh,** romancier suédois.

ADAM (Adolphe), compositeur, membre de l'Institut, né à Paris en 1803, mort en 1856. Il avait laissé des notes auto-biographiques et historiques qui ont été publiées après sa mort.

— Souvenirs d'un musicien. Précédés de notes biographiques écrites par lui-même. In-12. 1857. *Lévy frères.* 1 fr.

— Derniers Souvenirs d'un musicien. In-12. 1859. *Ibid.* 1 fr.

ADAM (Charles), officier.

— La Guerre d'Italie; histoire complète des opérations militaires dans la Péninsule, rédigée d'après le Moniteur, les pièces officielles, les correspondances particulières et des documents inédits. In-8º avec portraits, cartes et plans. 1859. *Renault et Cie.* 3 fr.

ADAM (L.), substitut du procureur impérial à Nancy, né à Nancy, vers 1835.

— La Question américaine. De l'abolition de l'esclavage aux États-Unis. In-8º de 76 p. 1861. Nancy, *imprimerie Vagner.* 1 fr. 50 c.

ADAM (T.).

— Éducation des vers à soie en 1840, et plantation de murages dans les environs de Metz. In-8º. 1841. Metz, *Verronnais.* 75 c.

ADAM (le révérend Thomas), théologien anglais, né à Leeds en 1701, mort en 1784.

— Pensées chrétiennes, extraites du Journal du révérend Thomas Adam, recteur de Wintringham. Traduit de l'anglais par Mlle de Chabaud-Latour. 3e édition. In-18. 1856. *Mme Smith-Merché.* 2 fr.

La 1re édition a été publiée en 1833.

ADAM (V.).

— Les Enfants de la mère Gigogne. In-12 avec pl. 1843. *Mlle Emery; Aubert.* 7 fr.

Avec A. D. S. (Alexis Emery de Saintes).

ADAM (Van). — Voy. **Van Adam.**

ADAM-BOISGONTIER (Mme Élisa Boisgontier, née Adam), née à Saint-Malo, en 1819.

— Choix de nouvelles tirées de Mme de Genlis et de Berquin, suivies de nouvelles instructives et amusantes, par Mme Adam-Boisgontier; publiées dans la Bibliothèque d'une élève de Saint-Denis. In-12. 1865. *Garnier frères.* 3 fr.

— Maitre Wolff; comédie en un acte et en prose. In-12. 1858. *Librairie théâtrale.* 60 c.

— Nouveau Théâtre des demoiselles. In-18. 1852. *Fonteney.* 2 fr.

— Paris nouveau. In-8º. 1857. *Lévy frères.* 50 c.

— La Parure de Jules Denis; comédie en deux actes, mêlée de chant. In-12. 1852. *Ibid.* 60 c.

— Le même. In-4º. (Théâtre contemporain illustré. Livr. 38.) 1857. *Ibid.* 40 c.

ADAM DE SAINT-VICTOR. — Voy. **Saint-Victor.**

ADAMS (Francis).

— Voyage et aventures de lord William Carisdall en Icarie. — Voy. *Cabet.*

ADAMS (L. G.), architecte, inspecteur des travaux de la Sainte-Chapelle, mort en 1864.

— Décorations intérieures et meubles des époques Louis XIII et Louis XIV; reproduits d'après les compositions des maitres de ces époques. 100 planches gravées à l'eau-forte. In-fol. 1861-1864. *Morel et Cie.* 100 fr.

Publié en 25 livraisons à 4 fr.

— Recueil de sculptures gothiques, dessinées et gravées à l'eau-forte d'après les plus beaux monuments construits en France depuis le xie jusqu'au xve siècle. 2 vol. in-4º, chacun de 96 pl. 1858-1861. *Ibid.* 144 fr.

ADAMS (le révérend W.).

— Les Noyaux de cerises, ou le Pensionnat de Carlton. Traduit par Mme Tourte-Cherbuliez. In-12. 1858. Neuchâtel, *Leidecker.* 1 fr. 60 c.

— La Patrie du vieillard. (Old man's home.) Traduit de l'anglais sur la 8e édition. In-18. 1850. Toulouse, *Delhorbe.* 40 c.

Nouvelle édition en 1859.

ADANSON (Michel), voyageur et botaniste, né en 1727 à Aix en Provence, mort à Paris en 1806. Il fit à Ténériffe et au Sénégal un voyage, dont il publia les résultats dans son « Histoire naturelle du Sénégal ». 1 vol. in-4º. 1757. Élu membre de l'Institut, il donna encore en 1763 la « Nouvelle Méthode pour apprendre à connaitre les différentes familles de plantes ».

— Cours d'histoire naturelle fait en 1772. Publié sous les auspices de M. Adanson, son neveu; avec une introduction et des notes, par M. J. Payer. 2 vol. in-12. 1844-1845. *Masson.* 12 fr.

— Histoire de la botanique, et Plan des familles naturelles des plantes. 2e édition. Gr. in-8º avec pl. 1864. *Ibid.* 6 fr.

Avec J. Payer.

ADANSON (Aglaé), femme Doumet, fille du précédent, née à Paris, en 1775, morte en 1852.

— La Maison de campagne. Ouvrage qui peut aussi, en ce qui concerne l'économie domestique, être utile aux personnes qui habitent la ville. 6e édition. 2 vol. in-12. 1852. *Audot.* 7 fr.

— Pensées et pièces fugitives sur différents sujets. Recueil dédié aux lectrices de la « Maison de campagne ». In-12. 1845. *Ibid.*

— Traité du jardinage en pleine terre, en orangerie, en serre froide ou châssis, pour servir de guide à l'amateur des jardins légumier, fruitier et d'agrément. Extrait de la « Maison de campagne ». In-12, 1845. *Ibid.* 3 fr. 50 c.

ADDE (Jules).

— Quadrature du cercle. In-4° oblong avec fig. 1863. [Alger], *Challamel aîné.* 2 fr. 50 c.

ADDE-MARGRAS (Joseph), médecin, né à Nancy, en 1807, reçu docteur en 1863.

— Essai sur le choléra épidémique. In-4°. 1863. *Imprimerie Parent.*

Thèse pour le doctorat.

— Manuel du vaccinateur des villes et des campagnes. In-12. 1855. *Labé.* 3 fr. 50 c.

ADDENET (Auguste), procureur impérial à Sainte-Menehould, né à Vitry-le-Français, en 1814.

— Les Codes annotés des circulaires; ouvrage dans lequel les décisions ministérielles et autres instructions à l'usage des parquets, sont résumées sous les articles des lois, décrets et ordonnances auxquels elles se rapportent. Gr. in-8°. 1859. *Cosse et Marchal.* 7 fr. 50 c.

ADDENET (R. F.).

— De l'importance du crédit public, avec appendix sur le rejet de la refonte monétaire. In-8° de 32 p. 1843. *Imprimerie Ve Dondey-Dupré.*

— Nouvelle théorie de l'électricité. Nécessité des forêts pour l'agriculture et le bien-être général. In-8°. 1843. *Mlle Cocault.*

ADDISON (Joseph), poète et critique anglais, né à Wilston en 1672, mort à Londres en 1719.

— Essais sur Milton et sur l'imagination. Nouvelle édition, enrichie d'une Notice sur Milton, son époque et ses ouvrages, par M. de Pongerville; avec des notes philologiques, etc., par M. O'Sullivan. In-18. 1841. *Hachette et Cie.* 1 fr. 25 c.

ADDISON (J.), professeur de langue anglaise au lycée impérial de Bordeaux, né à York (Angleterre), en 1815.

— Cours pratique et gradué de langue anglaise. 1re partie (classe de 6°) et enseignement spécial (1re année), avec versions et thèmes en regard des règles. In-12. 1865. Bordeaux, *Chaumas.* 3 fr.

— Les Verbes irréguliers anglais, enseignés par la pratique dans une série de dialogues courts et faciles, accompagnés de notes et d'une classification nouvelle. In-8°. 1858. *Ibid.* 2 fr.

ADDISON (Lancelot), ecclésiastique anglais, né en 1632, mort en 1703.

— De la Religion chrétienne. — Voy. *Migne,* Démonstrations évangéliques, tome 9.

ADELAR (E.), pseudonyme-anagramme de Mme E. DE LARA, maîtresse de langue française à Bonn (Prusse).

— A toujours. In-8°. 1863. Bonn, *Marcus.* 1 fr. 60 c.

— Blanche. 2 vol. in-12. 1864. Bruxelles. *Lebègue et Cie.* 4 fr.

— Un Domino. In-8°. 1862. Bonn, *Ad. Marcus.* 1 fr. 50 c.

— La Lorgnette de l'ermite. In-12. 1861. *Meyrueis.* 2 fr.

Mme E. de Lara a aussi traduit de l'anglais sous le même pseudonyme: « Amour fraternel », de Mme *Sherwood.*

ADÈLE (la sœur).

— Mon cloître, ou Mes mémoires. Ouvrage faisant

suite aux Ruines de mon couvent. Trad. de l'espagnol par Léon Bessy. In-12. 1859. *Douniol.* 2 fr. 50 c.

Voy. aussi *Bessy,* « les Ruines de mon couvent ».

ADELSWARD (Renaud Oscar d'), ancien représentant, fils d'un prisonnier de guerre suédois, né à Longwy (Moselle), en 1811.

— Considérations sur la réformation et les lois de 1860 en Suède. In-8°. 1862. *Cherbuliez.* 4 fr.

— La Liberté de conscience en Suède. In-8°. 1861. *Ibid.* 1 fr. 25 c.

— Du Système pénitencier et de ses conséquences. In-8°. 1860. Nancy, *Ve Dard.* 1 fr. 50 c.

ADELUS (Adolphe), pseudonyme.

— Satires et poésies satiriques. In-12 de 9 f. 1856. Coutances, *Daireaux.* 1 fr. 50 c.

ADENIS (Jules), auteur dramatique, né à Paris, en 1823.

— Une Bonne pour tout faire; vaudeville en un acte. In-4°. 1860. *Lévy frères.* 40 c.

Avec Jules Rostaing. — Théâtre contemp. illustré. Livr. 464.

— La Fiancée d'Abydos; opéra en quatre actes, musique de M. Adr. Barthe. In-12. 1865. *Ibid.* 1 fr.

— Philanthropie et Repentir; vaudeville en un acte. In-12. 1855. *Ibid.* 60 c.

— Sylvie; opéra-comique en un acte, musique de M. Ernest Guiraud. In-12. 1864. *Ibid.* 1 fr.

Avec Jules Rostaing.

M. Adenis a encore signé des pièces en collaboration avec MM. *Chapelle, Dartois, Decourcelle, Plouvier.*

ADER (Léon).

— La Souveraineté et le denier de la papauté. In-8°. 1861. Toulon, *Dupin.* 1 fr.

ADET DE ROSEVILLE (le chevalier Ernest), ancien médecin de Saint-Lazare, né à Fontainebleau, en 1808.

— Guide médical des mères de famille, ou Aperçu théorique et pratique des causes, des symptômes, de la marche et de la gravité des maladies les plus fréquentes des enfants, avec l'indication des premiers remèdes à leur opposer avant l'arrivée du médecin. In-12. 1862. *Asselin.* 3 fr. 50 c.

1re édition sous le titre: « Conseils aux mères de famille, ou Aperçu... » In-8°. 1845. *Rouvier.*

ADHARI. — Voy. **Ibn-Adhari.**

ADHÉMAR (le comte Alexandre d'), ingénieur civil à la Guadeloupe.

— Des Chemins de fer américains. Tramways ou chemins de fer à chevaux. Publié par les soins de M. le comte Henry Balbiano de Viale. In-8° avec 4 pl. 1857. *Lacroix.* 4 fr.

— Du Parti légitimiste en France et de sa crise actuelle. In-8°. 1843. *Dentu.* 2 fr.

— Traité pratique de la construction des chemins de fer à chevaux, tramways ou chemins de fer américains. In-8°. 1860. *Lacroix.* 4 fr.

ADHÉMAR (Alphonse Joseph), professeur de mathématiques, né à Paris en 1797, mort en 1862.

— Beaux-Arts et Artistes. In-12. 1861. *Lacroix.* 2 fr.

— Nouvelles Études de coupe de pierres. Traité théorique et pratique des ponts biais. In-8° avec atlas de 19 pl. 1856. *Dalmont.* 20 fr.

— Nouvelles Études de charpente. Ponts biais

en bois. Supplément au Traité des ponts biais en pierres. In-8° avec 6 pl. 1858. *Ibid.* 8 fr.

Une nouvelle édition de ces deux ouvrages réunis a été publiée sous le titre :

— Traité théorique et pratique des ponts biais en pierre et en bois. 2ᵉ édition. In-8° avec atlas in-fol. de 26 pl. 1861. *Lacroix.* 24 fr.

— Révolutions de la mer. Déluges périodiques. 2 vol. in-8° avec pl. 1860. *Ibid.* 8 fr.

La 1ʳᵉ édition, 1 vol. in-8° avec 2 pl., a paru chez *Bachelier* en 1842. 2 fr.

— Traités d'arithmétique et d'algèbre. 3ᵉ édition. In-8° avec 1 pl. 1857. *Ibid.* 6 fr.

La 1ʳᵉ édition de l'Arithmétique a paru en 1840, celle de l'Algèbre en 1843.

— Traité de charpente. 3ᵉ édition. In-8° avec atlas in-fol. de 66 pl. 1861. *Ibid.* 40 fr.

1ʳᵉ édition, 1849, chez *Mathias.*

— Traité de la coupe des pierres. 5ᵉ édition. In-8° avec atlas in-fol. de 86 pl. 1860. *Mallet-Bachelier.* 32 fr.

La 1ʳᵉ édition a paru en 1837. 1 vol. avec atlas de 50 pl. 20 fr.

— Traité de géométrie. Géométrie plane. In-8° avec atlas in-8° de 24 pl. 1844. *Ibid.* 10 fr.

— Traité de géométrie. Géométrie de l'espace. In-8° avec atlas in-8° de 13 pl. 1844. *Ibid.* 12 fr.

— Traité de géométrie descriptive. 4ᵉ édition. In-8° avec atlas in-fol. de 103 pl. 1860. *Lacroix.* 20 fr.

— Traité des ombres. In-8° avec un atlas in-fol. de 40 pl. 1852. *Mathias.* 20 fr.

La 1ʳᵉ édition a paru en 1840.

— Traité de perspective linéaire. 3ᵉ édition. In-8° avec atlas in-8° de 81 pl. 1860. *Lacroix.* 32 fr.

La 1ʳᵉ édition a paru en 1838 au prix de 20 fr. chez *Bachelier.*

ADHÉMAR (le comte Victor d'), né à Toulouse, en 1836.

— Hermann. Étude poétique. In-12. 1865. [Toulouse], *Didier et Cⁱᵉ.* 2 fr.

— Éloge d'Augustin Thierry. In-8°, 35 p. 1858. Toulouse, *Douladoure frères.*

Couronné aux Jeux floraux.

ADICE (Léopold), artiste et professeur de danse, attaché au Grand-Opéra de Paris.

— Théorie de la gymnastique de la danse théâtrale, avec une monographie des divers malaises qui sont la conséquence de l'exercice de la danse théâtrale : la crampe, les courbatures, les points de côté, etc. 1ʳᵉ livr. In-4°. 1859. *Imprimerie Chaix et Cⁱᵉ.* 5 fr.

L'ouvrage paraîtra par livraisons séparées, texte et dessins, au prix de 5 fr. la livraison.

ADLER-MESNARD (Édouard Henri Emmanuel), grammairien et professeur à Paris, maître des conférences à l'École normale, né à Berlin, en 1807.

— Dialogues classiques français-allemands. Ouvrage spécialement composé pour les élèves des lycées et des collèges. In-12. 1857. *Dezobry et Cⁱᵉ.* 1 fr. 50 c.

2ᵉ édition en 1864.

— Nouveau Dictionnaire français-allemand et allemand-français, rédigé sur le plan du grand Dictionnaire de MM. Schuster et Regnier. In-32. 1844. *Hingray.* 4 fr. 50 c.

L'ouvrage a eu depuis de nombreux tirages.

— Grammaire allemande. In-12. 1854. *Dezobry et Magdeleine.* 2 fr.

4ᵉ édition en 1864.

— Guide de la conversation français-allemand, à l'usage des voyageurs et des étudiants. In-32. 1862. *Hingray.* 1 fr. 50 c.

— Le même. Nouvelle édition. In-32. 1865. *Fouraut.* 1 fr. 50 c.

— Guide of english and german conversation for the use of travellers and students. In-32. 1856. *Hingray.* 1 fr. 50 c.

Avec M. Smith.

— Guide to english-french-german-italian conversation. In-32. 1855. *Hingray.* 3 fr.

Avec MM. Ronna et Smith.

— Histoire des temps héroïques de la Grèce, ou Choix des plus belles traditions de l'antiquité classique, racontées à la jeunesse française dans un langage simple et facile. In-12. 1846. *Hingray.* 2 fr.

En langue allemande.

— La Littérature allemande au XIXᵉ siècle. Morceaux choisis des auteurs allemands les plus distingués de cette époque, précédés d'un Résumé de l'histoire de cette littérature, de Notices biographiques et bibliographiques, et accompagnés de notes explicatives. 1ʳᵉ partie. Prose. In-12. 1851. *Dezobry et Magdeleine.* 3 fr. 50 c.

— Le même. 2ᵉ partie. Poésie. In-12. 1853. *Ibid.* 3 fr. 50 c.

— Premières Lectures allemandes, ou Choix gradué de prose et de poésie allemandes, accompagné de notes. 8ᵉ édit. In-12. 1865. *Fouraut.* 2 fr.

La 1ʳᵉ édition est de 1847. In-12. *Hingray.*

— Versions et Thèmes écrits et parlés, appliqués aux règles de la grammaire, et accompagnés d'un vocabulaire. 2 parties in-12. 1859-1861. *Dezobry et Magdeleine.* 2 fr. 75 c.

Chaque partie se vend séparément : I. Exercices préliminaires, 75 c. II. Exercices du 2ᵉ degré, 2 fr.
La 2ᵉ partie a eu une 2ᵉ édition en 1865.

*Administration (l') et le Contrôle. Par un administrateur en retraite. In-8°. 1863. *Dentu.* 1 fr. 50 c.

*Administration militaire. Note sur le fonctionnement des services administratifs à l'armée d'Italie et sur la nécessité d'une réorganisation radicale de ces services. In-8°. 1863. *Dentu.* 1 fr. 50 c.

*Administration militaire. Réponse à nos contradicteurs, Contrôle et direction des services administratifs de l'armée de terre ; par l'auteur de « Nécessité d'une réorganisation militaire ». In-8°. 1863. *Dentu.* 1 fr. 50 c.

ADNET (Amédée), avocat à la cour d'appel à Bruxelles, né à Bruxelles, en 1835.

— Affaire Keym. La liberté de l'art et de la presse. In-8°. 1863. Bruxelles, *Decq.* 60 c.

— Commentaire de la loi sur la compétence civile du 25 mars 1841, mis en rapport avec les différents codes, ainsi qu'avec toutes les lois qui tiennent à la matière. Gr. in-8°. 1865. Bruxelles, *Bruylant-Christophe et Cⁱᵉ.* 10 fr.

— Histoire du parlement belge, 1847-1858. In-8°. 1862. *Ibid.* 3 fr. 50 c.

ADNET (J. B.).

— Code du débitant de boissons. In-12. 1842. Orléans, *Sullou*. 2 fr.

— Code du marchand en gros. In-12. 1842. *Ibid.*

— Memento à l'usage des employés des contributions indirectes. Nouvelle édition entièrement refondue et considérablement augmentée, par Jules Péroche. In-12. 1854. Lille, *Puisaye*. 3 fr.

ADOLPHE, pseudonyme.

— La Mazurka, ou les Clarinettes et les marionnettes; vaudeville en un acte. In-8°. 1844. *Tresse*. 40 c.

Avec M. Léon.

ADON (saint), archevêque de Vienne, en Dauphiné, né en 799, mort en 875.

— Voy. *Migne*, Patrologie latine, tome 124.

ADOR (Ambroise), chimiste.

— Grande Révolution bienfaisante dans toutes les industries du monde, opérée par le générateur trinitaire (d'Ambroise Ador) de calorique, de force motrice et de lumière, tout à la fois et séparément. In-4°. 1845. *Chez l'inventeur et l'auteur*, rue Saint-Honoré, 291. 7 fr.

ADORNO (Juan-Nepomuceno).

— Mélographie, ou Nouvelle Notation musicale. In-4° avec 1 pl. 1855. *Firmin Didot*.

ADRIEN.

— Mémoire sur les effets thérapeutiques du monesia. In-8°. 1842. *Just Rouvier*. 1 fr.

ADTS (Nicolas Joseph), lieutenant d'artillerie dans l'armée belge, né à Liége, en 1828.

— Canons rayés, système Cavalli et Armstrong, avec leurs projectiles et leurs fusées. Canon monstre de Portsmouth. Fabrication moderne des bouches à feu. Quelques mots sur la résistance des bouches à feu en fonte de fer. Feu liquide. In-8°. 1861. *Tanera*. 3 fr.

— Le Monitor et le Merrimac. Système de projectile se forçant dans l'âme au moyen d'un sabot. Projectile Thomas. Étude sur la résistance du canon Armstrong. Nouvelle analyse des produits de la combustion de la poudre à tirer. In-8°. 1862. [Anvers], *Tanera*. 2 fr. 50 c.

— Recherches nouvelles sur les canons rayés et sur l'artillerie en général. Théorie sur les canons rayés, système Wahrendorff; pyronome de Reynaud; navires cuirassés; projectiles de Cochrane; théorie sur la nature de l'action de la poudre à tirer; artillerie rayée d'Espagne; expériences d'artillerie faites aux États-Unis. In-8°. 1862. *Tanera*. 4 fr.

M. Adts a traduit de l'anglais : « Canons rayés, théorie pratique » de Th. *Lynall*; et « Rasselas, prince d'Abyssinie », par *Johnson*.

*****Adultère** (De l') dans les différents âges et chez les différentes nations. In-32. 1862. *Poulet-Malassis*. 50 c.

ADVIELLE (Victor), sous-chef de division à la préfecture de l'Aveyron, né à Arras, en 1833.

— L'Abbé J. H. R. Prompsault, chapelain de la maison impériale des Quinze-Vingts aveugles de Paris, etc. Notice biographique et littéraire; suivie d'un Appendice et d'un Mémoire sur les Quinze-Vingts (par l'abbé Prompsault). In-8° avec portrait. 1862. Pont-Saint-Esprit, *Gros frères*. 3 fr. 50 c.

— L'Abbé J. L. Prompsault (frère du précédent),

littérateur, historien. Gr. in-8°. 1864. *Chez l'auteur*. 50 c.

— Les Artistes dauphinois au salon de 1863. In-8°. 1863. *Ibid.* 2 fr.

— Causeries dauphinoises. In-8°. 1864. Grenoble, *Maisonville et Prudhomme*.

— Le Chevalier Bayard; ses prouesses et ses exploits chevaleresques dans le nord de la France, 1491-1513. In-18. 1860. Aire-sur-la-Lys, *Guillemin*. 50 c.

— Le Dauphiné à l'Exposition de Londres en 1862. In-8°. 1863. [Grenoble, *Allier*.] *Chez l'auteur*. 1 fr.

Tiré à 200 exemplaires.

— Discussion historique sur le véritable lieu de naissance de Jacques Coitier, médecin du roi Louis XI. In-16. 1865. Lons-le-Saulnier, *Damelet*. 50 c.

— Les Écossais en Rouergue. In-4°. 1865. *Chez l'auteur*. 2 fr.

— L'Empereur Napoléon III à Grenoble et dans le département de l'Isère, les 5, 6 et 7 septembre 1860. In-8° de 47 p. 1860. Grenoble, *Merle et Cie*.

— L'Hôpital d'Aubrac en Rouergue (Petit Saint-Bernard de la France). In-8°. 1865. *Chez l'auteur*. 50 c.

— Livret de poche du voyageur français à l'Exposition universelle de Londres en 1862, contenant tous les renseignements indispensables au touriste sur le service des chemins de fer et des paquebots français et anglais, des documents officiels sur l'Exposition, etc.; suivi de la Physiologie du mal de mer, par M. Oscar Comettant. In-16. 1862. *Dentu*. 1 fr.

— Notice sur Hugues Merle. In-12. 1860. Grenoble, *Merle et Cie*. 60 c.

— Notice sur Thomas Mermet, historien de la ville de Vienne en Dauphiné. In-8°. 1860. *Chez l'auteur*.

— Souvenirs historiques de l'Artois. In-16. 1860. Aire, *Guillemin*.

— Souvenirs d'une visite à l'abbaye de Saint-Antoine en Dauphiné. Histoire, archéologie. In-8°. 1859. Grenoble. 50 c.

M. Victor Advielle a publié d'après un manuscrit inédit de 1567 : « Vichy et les bains chauds du Bourbonnais », de Nicolas de *Nicolay*, et deux autres ouvrages du même auteur. — Voy. ce nom.

ADVILLE (J. G.), bibliothécaire en chef de la ville d'Angers.

— Doutes sur la valeur scientifique de quelques théories cosmologiques et paléontologiques. In-8°. 1862. Angers, *Barassé*.

— Théâtre de la guerre en Orient. Coup d'œil topographique et historique sur les principautés danubiennes, les bords de la mer Noire et de la mer d'Azof, la Grèce, le littoral de l'Asie Mineure et l'isthme Caucasien. In-8° avec 1 carte. 1855. Angers, *Lecerf*.

AELIANUS. — Voy. **Élien.**

AERSSEN (François), agent des Provinces-Unies en France, au XVIe siècle.

— Lettres et Négociations. — Voy. *Vreede*.

AESCHIMANN (Jules), ancien pasteur à Lyon.

— Le Nouveau Testament, expliqué et médité,

1re partie. Évangile selon Matthieu, version d'Os-terwald. In - 12. 1840. Valence, *Marc-Aurel.* 2 fr.

AESCHYLUS. — Voy. **Eschyle.**

AESOPUS. — Voy. **Ésope.**

Affirmations catholiques d'un théologien fran-çais sur le pouvoir temporel du pape, adressées à l'épiscopat. In-8°. 1861. *Dentu.* 1 fr.

AFFRE (Denis Auguste), archevêque de Paris, de 1840 à 1848, né à Saint-Rome de Tarn en 1793. Pendant l'insurrection de juin 1848, un coup de fusil mit fin à ses jours au moment où il montait sur une barricade pour exhorter les combattants à la paix.

— De l'Appel comme d'abus, son origine, ses progrès et son état présent; suivi d'un écrit sur l'usage et l'abus des opinions controversées entre les gallicans et les ultramontains. In-8°. 1845. *Ad. Leclère.* 5 fr.

— Chapitre de Saint-Denis. Histoire de sa fonda-tion, des négociations pour obtenir son exemption; discussion de ce privilège. In-18. 1847. *Ibid.* 50 c.

— Introduction philosophique à l'étude du chris-tianisme. 5° édition. In-18. 1846. *Ibid.* 1 fr. 50 c.

— Mémoire sur le projet de loi destiné à réta-blir les anciennes exemptions en faveur du cha-pitre de Saint-Denis. In-4° de 10 f. 1847. *Ibid.*

— Observations sur la controverse élevée à l'occasion de la liberté d'enseignement. In-8°. 1843. *Ibid.*

— Simple Exposé sur la situation des commu-nautés religieuses de Paris, considérées dans leur rapport avec le droit d'association, la liberté de conscience, l'intérêt de l'État, des travailleurs et des familles. In-8°. 1848. *Ibid.* 35 c.

— Traité de l'administration temporelle des pa-roisses, suivi d'une table chronologique renfer-mant le texte des principales lois et de nombreux décrets et avis du Conseil d'État; avec l'analyse ou l'indication d'autres documents moins impor-tants, etc. 7e édition revue, corrigée et mise en rapport avec l'état actuel de la législation et de la jurisprudence, par Mgr. Darboy, archevêque de Paris. In-12. 1863. *Ibid.* 2 fr. 50 c.

La 1re édition a paru en 1827.

— De l'Usage et de l'abus des opinions contro-versées entre les ultramontains et les gallicans. In-8°. 1845. *Ibid.* 75 c.

AFFRE (Jean Alexis Henry), neveu du précé-dent, docteur en droit, auditeur au Conseil d'État, né en 1829, mort à Rodez en 1857.

— Correspondance pendant son pèlerinage en Terre sainte et son voyage en Orient. — Voy. *Riancey* (Ch. de), Notice sur Henry Affre.

AFFRE (Louis Frédéric Henri), archiviste du département de l'Aveyron, né à Espalion, en 1816.

— Lettres à mes neveux sur l'histoire de l'ar-rondissement d'Espalion. 2 vol. in-8°. 1858. Ville-franche, *imprimerie V° Cestan.* 5 fr.

— Notice sur saint Hilarian, patron d'Espalion. In-12. 1850. Espalion, *chez l'auteur.* 35 c.

— Simples Récits historiques sur Espalion. In-8°. 1850. Villefranche, *imprimerie V° Cestan.* 3 fr.

AFFRE (P. R.), médecin-inspecteur des bains de Biarritz.

— Manuel du baigneur, ou Notice médicale sur les bains de mer de Biarritz (Basses-Pyrénées). 2e édition, revue et augmentée de considérations sur quelques maladies de la peau, de l'utérus, et sur certains cas de stérilité guéris par l'emploi judicieux des bains, des injections et des douches d'eau de mer. In-18. 1856. *L. Leclerc.* 2 fr.

La 1re édition est de 1852.

AGAPET I, pape, élu en 535, mort en 536.

— Voy. *Migne*, Patrologie latine, tome 66.

AGAR DE BUS (d').

— Découverte des causes du choléra. In-4° de 3 f. 1855. Issoudun, *Cotard.*

— Motifs déterminants d'embrasser la foi catho-lique. Ouvrage d'un homme du monde qui ne croyait pas même en Dieu, et qui est parvenu à la foi par l'étude, la logique et le bon sens. 2 vol. in-18. 1844. [Bourges, *Manceron.*] *Hivert.* 7 fr.

AGARDH (Charles-Adolphe), théologien et natu-raliste suédois, évêque de Karlstadt, né à Bastad, en Scanie, en 1785, mort en 1858. Il était profes-seur de mathématiques et de botanique à l'univer-sité de Lund depuis 1807, lorsqu'il reprit ses études théologiques et se fit ordonner prêtre.

— Essai sur la métaphysique du calcul différen-tiel. In-8° avec 1 pl. 1848. Stockholm. 2 fr.

— Notice sur une méthode élémentaire de ré-soudre les équations numériques d'un degré quel-conque par la sommation des degrés. In-8°. 1847. Carlstadt (Suède). 1 fr. 25 c.

— La Suède depuis son origine jusqu'à nos jours. Traduit du suédois par Mlle Du Puget. In-16. 1855. *Mlle Du Puget.* 2 fr. 50 c.

AGARDH (Jacques Georges), fils du précédent.

— Algæ maris Mediterranei et Adriatici; obser-vationes in diagnosim specierum et dispositione generum. In-8°. 1842. *Fortin et Masson.* 3 fr. 50 c.

AGASSIZ (Louis), naturaliste suisse, membre correspondant de l'Académie des sciences de Pa-ris, né en 1807 à Orbe (canton de Vaud). En 1846 il accepta une chaire à l'université de New-Cam-bridge près Boston (Amérique), qu'il a refusé d'échanger contre une chaire à la Faculté des sciences de Paris qui lui fut offerte en 1859.

— Description des Échinodermes fossiles de la Suisse. 1re partie : Spatangoïdes et Clypéastroïdes. In-4° avec 14 pl. 1840. Neuchâtel. 21 fr. 50 c.

— Le même. 2e partie. Cidarides. In-4° avec 11 pl. 1840. *Ibid.* 14 fr.

Extraits des Tomes III et IV des Nouveaux Mémoires de la Société helvétique des sciences naturelles.

— Études critiques sur les Mollusques fossiles. 1re livr., contenant les Trigonies du Jura et de la craie suisse. In-4° avec 11 pl. 1840. *Ibid.* 12 fr.

— Le même. Livr. 2 à 4; contenant : Les Myes du Jura et de la craie suisse. In-4° avec 94 pl. 1842-1845. *Ibid.* 112 fr.

— Études sur les glaciers. In-8° avec atlas de 36 pl. in-fol., dessinées d'après nature par J. Bet-tannier. 1840. *Ibid.* 42 fr.

— Nouvelles Études et Expériences sur les gla-ciers actuels, leur structure, leur progression et leur action physique sur le sol. In-8° avec atlas in-fol. de 3 cartes et 9 pl. 1847. *Victor Masson.* 50 fr.

— Histoire naturelle des poissons d'eau douce de l'Europe centrale. 1re livr. contenant: Salmo et Thymallus. In-fol. de 27 pl. avec texte anglais, français et allemand. 1839. Neuchâtel. 82 fr.

— Le même. 2ᵉ livr. Embryologie des Salmonés, par C. Vogt. In-8º avec 1 atlas in-fol. de 14 pl. 1842. *Ibid.* 42 fr.

— Iconographie des coquilles tertiaires réputées identiques avec les espèces vivantes, ou dans différents terrains de l'époque tertiaire, accompagnée de la description des espèces nouvelles. Extrait du Tome VII des Nouveaux Mémoires de la Société helvétique des sciences naturelles. In-4º avec 15 pl. 1845. *Ibid.* 21 fr.

— Mémoire sur les Moules de mollusques vivants et fossiles. 1ʳᵉ partie : Moules d'acéphales vivants. In-4º avec 12 pl. 1840. Soleure, *Jent et Gassmann.* 12 fr.

Extrait du 2ᵉ volume des «Mémoires de la Société des sciences naturelles de Neuchâtel».

— Monographie des poissons fossiles du vieux grès rouge, ou système Dévonien (Old Red Sandstone) des îles Britanniques et de Russie. 3 livr. In-4º avec 41 pl. color. In-fol. 1844-1845. *Ibid.* 100 fr.

— Monographie d'échinodermes vivants et fossiles. Livr. 1ʳᵉ. Les Salénies. In-4º avec 5 pl. 1838. Neuchâtel. 10 fr.

— Le même. Livr. 2ᵉ. Les Scutelles. In-4º avec 31 pl. 1841. *Ibid.* 41 fr.

— Le même. Livr. 3ᵉ. Les Galérites et les Dysaster, par Ed. Desor. In-4º avec 17 pl. 1842. *Ibid.* 24 fr.

— Le même. Livr. 4ᵉ. Anatomie du genre Echinus, par G. Valentin. In-4º avec atlas in-fol. de 9 pl. 1841. *Ibid.* 24 fr.

— Rapport sur les poissons fossiles, présenté à l'association britannique pour l'avancement des sciences en 1842. In-8º. 1842. Neuchâtel.

— Recherches sur les poissons fossiles, comprenant la description de 500 espèces qui n'existent plus, etc. 5 vol. in-4º, et atlas de 400 pl. in-fol. 1833-1843. [Neuchâtel], *J. B. Baillière.* 648 fr.

Publié en 18 livraisons.

— De la succession et du développement des êtres organisés à la surface du globe terrestre, dans les différents âges de la nature. Discours prononcé à l'inauguration de l'Académie de Neuchâtel, le 18 novembre 1841. In-8º. 1842. Neuchâtel. 60 c.

M. L. Agassiz a traduit de l'anglais, revu, corrigé et augmenté : Conchyliologie minéralogique de la Grande-Bretagne de James *Sowerby.*

AGATHOCLÈS (Thémistocle), pseudonyme.

— Les Libournais; profils et portraits. 1ʳᵉ partie. In-8º de 109 p. 1843. Bordeaux, *Lavertujon.* 2 fr.

AGATHON (le frère).

— Les Douze vertus du bon maître, par le vénérable De la Salle; expliquées par le frère Agathon. In-18. 1847. *Moronval.*

*Agenda agricole. — Voy. *Chabert.*

*Agenda médical homœopathique. — Voy. *Catellan.*

*Agenda formulaire des médecins. —Voy. *Bossu.*

*Agenda spécial des architectes et des entrepreneurs de bâtiments pour l'année 1866. In-18. *A. Morel et Cⁱᵉ.* 5 fr.

Paraît tous les ans.

*Agenda médical pour 1866. In-12. *Asselin.* 1 fr. 75 c.

Paraît tous les ans.

AGHONNE (Mⁱᵉ ᴅ'). — Voy. **Mie d'Aghonne.**

AGIOUT (A. d').

— Les Rêves; premières poésies. In-8º. 1863. Naples, *Detken.* 2 fr. 50 c.

AGNANT (Alphonse), professeur de rhétorique au collège de Bourges.

— Gusman, ou l'Expiation; poème en quatre chants. In-18. 1842. *Hachette.* 5 fr.

M. Agnant a traduit : «Polyhistor», de Caius Julius *Solinus* (Bibliothèque Panckoucke).

AGNEAU (le comte L. d').

— Poésies diverses. In-8º. 1854. *Ledoyen.* 2 fr.

AGNEAUX (Dom DEVIENNE ᴅ'). — Voy. **Devienne.**

AGNEL (Émile), avocat à la Cour impériale de Paris, né en 1809.

— Code-Manuel des artistes dramatiques et des artistes musiciens. In-12. 1851. *Mansut.* 3 fr. 50 c.

— Code-Manuel des propriétaires de biens ruraux et d'usines, des fermiers, des colons partiaires, métayers et chepteliers, avec des modèles de tous les actes sous seing privé, relatifs aux locations. In-16. 1848. *Ibid.* 3 fr. 50 c.

— Code-Manuel des propriétaires et locataires de maisons, hôteliers, aubergistes et logeurs, 4ᵉ édition, entièrement refondue et considérablement augmentée. In-12. 1863. *Cosse et Marchal.* 5 fr. 50 c.

1ʳᵉ édition. 1845. *Mansut.* 3 fr. 50 c.

— Curiosités judiciaires et historiques du moyen âge. Procès contre les animaux. In-8º. 1858. *Dumoulin.* 2 fr.

— Manuel général des assurances, ou Guide pratique des assureurs et des assurés. In-12. 1861. *Cosse et Marchal.* 4 fr. 50 c.

— Observations sur la prononciation et le langage rustique des environs de Paris. In-18. 1855. *Schlesinger frères; Dumoulin.*

M. Ém. Agnel a encore traduit les «Métamorphoses» d'*Ovide.*

AGNEL (Joseph).

— Notions d'agriculture. In-12. 1853. Marseille, *Vial.* 1 fr.

AGNELLUS ou **AGNEL** (André), archevêque de Ravenne, mort en 566.

— Opera. — Voy. *Migne*, Patrologie latine, tome 68.

AGNÈS (Jean Alfred), docteur en droit, né à Saint-Malo.

— Harmonie de la nature, ou Recherches philosophiques sur le principe de la vie. 2 vol. in-8º. 1863. [Saint-Servan], *E. Lacroix.* 15 fr.

Ouvrage publié en 10 livraisons. La 1ʳᵉ a paru en 1858.

— De la propriété, considérée comme principe de conservation ou de l'hérédité. 2 vol. in-8º. 1840. Guingamp, *Jollivet.* 12 fr.

AGNUS (Hipp.), né à Urville (Vosges), en 1825.

— Guide de l'acheteur, ou Almanach et annuaire des fabricants et des commissionnaires en marchandises de Paris et du département de la Seine, paraissant en juillet et fin décembre. Édition de juillet 1865. 11e année. In-18. 1865. *Chez l'éditeur, rue de Rambuteau*, 20. 4 fr. 50 c.

La 1re année date de 1855.

— L'Indicateur des bâtiments, ou Annuaire des architectes et des entrepreneurs. Édition de 1863. 11e année (dernière). In-12. 1863. *Ibid*. 4 fr. 50 c.

— Recueil général des traités de commerce conclus entre la France et les États étrangers. — Voy. *Dufet et Agnus*.

AGOBARD (Saint), archevêque de Lyon, né en 779, mort en 840.

— De la grêle et du tonnerre. In-18 de 3 ½ f. 1841. Lyon, *imprimerie Dumoulin*.

AGOS (Louis de FIANCETTE D'). — Voy. **Fiancette d'Agos.**

AGOULT (Mme d'), née de Flavigny, connue en littérature sous le pseudonyme de Daniel **Stern**. (Voy. ce nom.)

AGRÉDA (Marie de Jésus d'), religieuse de l'ordre de Saint-François, abbesse du monastère de l'Immaculée Conception de la ville d'Agréda, où elle est née en 1602. Son nom de famille était CORONEL.

— La Cité mystique de Dieu, soit la vie de la T. S. Vierge Marie, manifestée par la même sainte Vierge à la vénérable mère Marie de Jésus d'Agréda, de l'ordre de Saint-François, qui l'a écrite par le commandement de ses supérieurs et de ses confesseurs. Traduite de l'espagnol, par le R. P. Croset, franciscain ; revue par un religieux du même ordre. 4 vol. in-8°. 1857. Ve *Poussielgue-Rusand*. 24 fr.

— Le même. 2e édition, revue et corrigée. 6 vol. in-12. 1862. *Ibid*. 20 fr.

— La Cité mystique de Dieu, ou Vie de la très-sainte Vierge Marie, mère de Dieu, manifestée à la sœur Marie de Jésus. Traduite de l'espagnol et abrégée par un docteur de Sorbonne. Nouvelle édit. 2 vol. in-18. 1862. Lyon, *Périsse frères*. 3 fr.

— Mois de Marie, extrait de la Cité mystique de Dieu, par un religieux de l'ordre des Frères mineurs capucins. 1re à 3e années, 1862-1864. *Poussielgue-Rusand*. Chaque année 1 fr. 25 c.

— La sœur Marie d'Agréda et Philippe IV, roi d'Espagne. Correspondance inédite, traduite de l'espagnol, d'après un manuscrit de la Bibliothèque impériale, avec une introduction et des développements historiques, par A. Germond de Lavigne. In-18. 1855. *Vaton*. 3 fr. 50 c.

— Vie du glorieux patriarche saint Joseph, époux de Marie, extraite des Révélations de la vénérable mère d'Agréda, et traduite du texte original espagnol, par M. l'abbé Auguste Carion. 2 vol. in-12. 1864. Arras, *Rousseau-Leroy*. 4 fr.

AGRICOLA (le Père F.), carme déchaussé, missionnaire.

— La Religieuse instruite et dirigée dans tous les états de la vie par des entretiens familiers. 2 vol. in-12. 1862. *Sarlit*. 5 fr.

AGUEN (E. LAAS D'). — Voy. **Laas d'Aguen.**

AGUESSEAU ou DAGUESSEAU (Henri François d'), chancelier de France, jurisconsulte, né à Limoges, en 1668, mort à Paris, en 1751.

— Œuvres, précédées d'une étude biographique,

par M. E. Falconnet. 2 vol. in-8°. 1865. *Chaix et Cie*. 5 fr.

Bibliothèque des familles.

— Œuvres choisies, précédées d'une Notice sur sa vie et de son Éloge, par Thomas. In-12. 1850. *F. Didot*. 3 fr.

— Lettres sur Dieu et la religion. — Fragments sur l'Église et les deux puissances. — Caractères divins de Jésus-Christ dans sa doctrine et dans ses œuvres. — Voy. *Migne*, Démonstrations évangéliques, tome 8.

AGUETTAND (l'abbé J. B.).

— Le Curé instruit par l'expérience, ou Vingt ans de ministère dans une paroisse de campagne. 2 vol. in-12. 1856. *Roret*. 5 fr.

M. l'abbé Aguettand a revu et corrigé avec l'abbé Oudard : « l'Abrégé de l'Histoire sainte », de A. *Maugars*.

AGUILAR (le marquis d').

— Las Flors del gay saber. — Voy. *Gatien-Arnoult*.

AGUILHON (Jean Joseph Hippolyte), docteur en médecine, médecin en chef de l'hôpital de Riom, né en 1814, à Clermont-Ferrand.

— Considérations sur la nature du choléra observé en 1849 dans l'arrondissement de Riom (Puy-de-Dôme), suivies d'une Relation d'épidémie dysentérique qui a régné dans la commune de Teilhède. In-8°. 1850. *J. B. Baillière*. 1 fr. 50 c.

— Mémoire sur un cas d'empoisonnement par l'arsenic et sur les recherches faites à ce sujet à l'aide de l'appareil Marsh. In-8° avec 1 pl. 1840. Riom, *Leboyer*. 2 fr.

Avec Jules Barse.

— Observations sur la préparation et les effets du chloroforme. In-8°. 1848. *J. B. Baillière*. 75 c.

Avec le même.

— Recherches sur les causes d'insalubrité de la commune de Saint-Ours, canton de Pontgibaud (Puy-de-Dôme), notamment sur celles des fièvres épidémiques observées dans le village de ce nom. In-8°. 1856. *Ibid*. 1 fr. 50 c.

— Réflexions pratiques sur l'insuffisance et la réorganisation des secours médicaux et pharmaceutiques dans le département du Puy-de-Dôme. In-8°. 1863. [Riom], *ibid*. 1 fr. 50 c.

AGUIRRE (C. MARSUZI DE). — Voy. **Marsuzi de Aguirre.**

AGULHON (P.), pasteur à Nimes, né à Saint-Jean du Bruel, en 1814 ; a traduit de l'allemand : « Exposition comparative de la doctrine des diverses Églises chrétiennes », du Dr *Winer*.

AHMED-BABA, né à Arawàn près de Tombouctou, en 1566. Il avait été amené en esclavage au Maroc, où il composa ses nombreux ouvrages.

— Biographie d'Ibn Albannâ, traduite et annotée par M. Aristide Marre. — Voy. *Marre*.

AHMED-MAKRIZI (Takin-Eddin.)

— Histoire des sultans mamelouks de l'Égypte. — Voy. *Quatremère*.

AHN (Jean François), professeur de langues, né à Aix-la-Chapelle, en 1796, mort à Neuss, en 1865. Il s'est fait connaître par l'introduction d'une nouvelle méthode très-facile pour l'enseignement des langues, qu'il a développée dans une série de grammaires à l'usage des Allemands, et qui ont été en partie traduites en français.

— L'Allemagne poétique, ou Choix des meilleures poésies allemandes des deux derniers siècles; classées par ordre chronologique et précédées d'un aperçu historique de la poésie allemande depuis Haller jusqu'à nos jours. In-8º. 1860. Leipzig, *Brockhaus.* 5 fr.

— Exercices allemands pour les classes supérieures des gymnases et des écoles réales. Traduits en français. In-8º. 1851. Mayence, *Kupferberg.* 1 fr. 50 c.

— Grammaire allemande théorique et pratique. In-8º. 1859. Leipzig, *Brockhaus.* 4 fr.

— La même. 2e édition. In-8º. 1865. *Ibid.* 3 fr.

— Nouvelle Méthode pratique et facile pour apprendre la langue allemande. In-12. 1843. *Ibid.* 1 fr. 25 c.

— La même. 2e Cours. In-12. 1848. *Ibid.* 1 fr. 25 c.

— Le même. 3e Cours; renfermant des morceaux choisis de littérature facile et graduée. In-12. 1852. *Ibid.* 1 fr.

Ces 3 Cours ont été très-souvent réimprimés. Le premier était parvenu à sa 21e édition en 1865.

— Nouvelle Méthode pour apprendre la langue allemande. Traduction des thèmes français. 1er et 2e Cours. In-8º. 1854. *Ibid.* 60 c.

— Nouvelle Méthode pratique et facile pour apprendre la langue anglaise. 1er Cours. In-12. 1859. Cologne, *Du Mont-Schauberg.* 1 fr.

— Nouvelle Méthode pratique et facile pour apprendre la langue italienne. 1er Cours. In-12. 1860. *Ibid.* 1 fr.

— Le même. 2e Cours. In-12. 1861. *Ibid.* 1 fr.

— Petit Livre de conversation anglais-français à l'usage des institutions de demoiselles. In-8º. 1865. Leipzig, *Brockhaus.* 1 fr. 25 c.

AHN (F. H.), fils du précédent.

— Syllabaire allemand; premières leçons de langue allemande avec un nouveau traité de prononciation et un nouveau système d'apprendre les lettres manuscrites. In-12. 1865. [Bruxelles et Leipzig, *Ahn.*] *Reinwald.* 1 fr.

AHRENS (E. A. J.), professeur au lycée de Cobourg (Saxe), a publié les œuvres de *Sophocle*, avec traduction latine et notes, dans la Bibliothèque des écrivains grecs de Firmin Didot.

AHRENS (Henri), jurisconsulte allemand, né en 1808 dans le royaume de Hanovre. Exilé politique de 1830, il collabora à plusieurs Revues françaises; nommé en 1839 à la chaire de philosophie du droit à Bruxelles, il y resta jusqu'en 1848, époque où il fut envoyé par sa ville natale au Parlement de Francfort. Après la dissolution de cette assemblée, il accepta une chaire de droit à l'université de Gratz (Autriche).

— Cours de droit naturel ou de philosophie du droit, fait d'après l'état actuel de cette science en Allemagne. 5e édition. In-8º. 1859. [Bruxelles, *Bruylant-Christophe et Cie.*] *A. Durand.* 10 fr.

La 1re édition a été publiée à Paris, en 1838. Cet ouvrage a été traduit en allemand et en plusieurs autres langues.

— Cours de philosophie de l'histoire fait publiquement à l'université de Bruxelles. In-8º. 1840. Bruxelles. 7 fr.

AIGARD (J.) est un des principaux rédacteurs du recueil intitulé : « Patria, la France ancienne et moderne, etc. » — Voy. **Patria.*

AÏDDINN (Sid). — Voy. Sid-Aïddinn.

*Aide-Mémoire à l'usage des officiers d'artillerie. 3e édition, revue et augmentée. Gr. in-8º avec 109 pl. 1856. Strasbourg et Paris, Vᵉ *Berger-Levrault et fils.* 12 fr.

La 1re édition est de 1836.

*Aide-Mémoire à l'usage des sous-officiers d'artillerie. In-12 avec 47 pl. 1863. *Ibid.* 5 fr.

Extrait du précédent.

AIGRE (Henri Barthélemy), né à Angoulême en 1799, d'abord professeur à Boulogne et à Strasbourg, plus tard libraire à Paris.

— Histoire d'Angleterre depuis l'établissement des Saxons dans la Grande-Bretagne jusqu'à nos jours. In-32. 1847. *Rue Blanche,* 18. 50 c.

— État et développements de la littérature en France au xvie siècle. Renaissance. In-32. 1847. *Ibid.* 50 c.

— Petit Manuel des classes ouvrières, par un travailleur (H. B. Aigre). In-32. 1847. *Ibid.* 50 c.

AIGUEBIRE (J. B. de Larrocan d'). — Voy. Larrocan.

AIGUEPERSE (Antoine Jean Baptiste d'), membre titulaire de l'Académie des sciences, né à Lyon, en 1787, mort en 1861.

— Œuvres archéologiques et littéraires. 2 vol. in-8º avec portrait. 1862. Lyon, *Brun.* 12 fr.

— Manuscrits d'Italie. In-8º. 1855. Lyon, *imprimerie Vingtrinier.*

— Recherches sur l'emplacement de Lunna et sur deux voies romaines traversant la partie nord du département du Rhône. In-8º. 1852. Lyon, *imprimerie Perrin.*

— Nouvelles et dernières recherches sur l'emplacement de Lunna, station romaine entre Lyon et Mâcon. In-8º. 1857. Lyon, *Brun.*

AIGUEPERSE (P.).

— Biographie, ou Petit Dictionnaire abrégé des personnages d'Auvergne qui se sont fait remarquer par leurs écrits, leurs actions, leurs talents, leurs vertus ou leurs crimes. In-18. 1850. Clermont, *Aigueperse.*

AIGUIÈRES (Charles d').

— Tables sans fin, donnant les résultats de la multiplication, de la division et de l'extraction des racines carrées et cubiques de tous les nombres imaginables. In-4º. 1859. *Leiber et Faraguet.* 8 fr.

AIGUILLON (Albert Jean d').

— Esquisse historique de la vie de Sa Sainteté Pie IX. In-12. 1856. Bordeaux, *Gounouilhou.* 1 fr.

AIGUY (Raymond d'), conseiller à la Cour impériale de Lyon, né à Lagardelle (Haute-Garonne), en 1804.

— Maria du Theuil. In-8º. 1859. Lyon, *Girard et Josserand.* 2 fr. 50 c.

— Une vie. Nouvelle édition. 3 vol. in-8º. 1862. *Ibid.* 15 fr.

AIKIN (John), littérateur et médecin anglais, né en 1747, mort en 1822.

— Les Soirées au logis. Traduction nouvelle. 2 vol. in-8°. 1853. Genève, *Lauffer et C*[ie]. 5 fr.

Avec Mme Barbault (sa sœur). — La 1re édition anglaise a paru de 1793 à 1795. 6 vol.

AILLAUD (H.), archiprêtre.

— Nouveau Manuel des enfants de Marie. In-18. 1863. Nîmes, *Bedot*.

AILLAUD (J. P.), libraire à Paris.

— Novo diccionario portatil das linguas portugueza e inglesa. — Voy. *Vieyra*.

AILLAUD (P. E.).

— Les Bienfaits du libre échange prouvés par l'absurde. In-8°. 1860. *Guillaumin et C*[ie]. 1 fr.

AILLECOURT. — Voy. **Choiseul d'Aillecourt**.

AILLERY (E.), prêtre.

— Pouillé de l'évêché de Luçon. In-4°, xxxvi-211 p. avec 2 cartes. 1860. Fontenay-le-Comte, *imprimerie Robuchon*.

AILLY (Pierre Philippe Bourlier, baron d'). — Voy. **Bourlier**.

AIMARD.

— Fastes biographiques de tous les ordres civils et militaires de l'Europe, avec portraits; rédigés par une société de gens de lettres, sous la direction de M. Aimard. 1re série. Livr. 1 et 2. In-8°. 1853. *Ledoyen*. 1 fr.

La publication n'a pas été continuée.

AIMARD (Gustave), romancier, né à Paris, en 1818; il partit très-jeune pour l'Amérique, où il vécut pendant 15 ans parmi les tribus sauvages. Il a raconté, sous forme de romans, ses aventures et les observations recueillies dans ses voyages.

— L'Araucan. In-12. 1864. *Cadot*. 3 fr.

— Les Aventuriers. In-12. 1863. *Amyot*. 3 fr. 50 c.

— Balle-Franche. In-12. 1860. *Ibid*. 3 fr. 50 c.

— Les Bohèmes de la mer. In-12. 1865. *Ibid*. 3 fr. 50 c.

— La Castille d'or. In-12. 1865. *Ibid*. 3 fr. 50 c.

— Les Chasseurs d'abeilles. In-12. 1864. *Ibid*. 3 fr. 50 c.

— Le Chercheur de pistes. In-12. 1858. *Ibid*. 3 fr. 50 c.

— Le Cœur loyal. In-12. 1862. *Ibid*. 3 fr.

— Le Cœur de pierre. In-12. 1864. *Ibid*. 3 fr. 50 c.

— Curumilla. In-12. 1860. *Ibid*. 3 fr.

— L'Eau-qui-Court. In-12. 1863. *Ibid*. 3 fr. 50 c.

— L'Éclaireur. In-12. 1860. *Ibid*. 3 fr.

— La Fièvre d'or. 1860. *Ibid*. 3 fr. 50 c.

— Les Fils de la Tortue. In-12. 1864. *Cadot*. 3 fr.

— Les Flibustiers de la Sonora; drame. — Voy. *Rolland*.

— Les Francs tireurs. In-12. 1861. *Amyot*. 3 fr. 50 c.

— Le Grand chef des Aucas. 2 vol. in-12. 1858. *Ibid*. 7 fr.

— La Grande flibuste. In-12. 1860. *Ibid*. 3 fr. 50 c.

— Le Guaranis. In-12. 1864. *Ibid*. 3 fr. 50 c.

— Le Lion du désert, scènes de la vie indienne dans les prairies. In-12. 1864. *Cadot*. 3 fr.

— La Loi de Lynch. In-12. 1859. *Amyot*. 3 fr. 50 c.

— La Main-Ferme. In-12. 1862. *Ibid*. 3 fr. 50 c.

— Le Montonero. In-12. 1865. *Ibid*. 3 fr. 50 c.

— Les Nuits mexicaines. In-12. 1864. *Ibid*. 3 fr. 50 c.

— Les Pirates des prairies. In-12. 1858. *Ibid*. 3 fr. 50 c.

— Les Rôdeurs de frontières. In-12. 1861. *Ibid*. 3 fr. 50 c.

— Sacramenta. In-12. 1865. *Ibid*. 3 fr. 50 c.

— Les Trappeurs de l'Arkansas. In-12. 1858. *Ibid*. 3 fr. 50 c.

— Valentin Guillois. In-18 avec portrait. 1862. *Ibid*. 3 fr. 50 c.

— Zeno Cabral. In-12. 1865. *Ibid*. 3 fr. 50 c.

Presque tous ces volumes ont été plusieurs fois réimprimés; quelques-uns jusqu'à dix fois.

AIMÉ (l'abbé), chanoine d'Arras. — Voy. **Aymé**.

AIMÉ (G.).

— Manuel complet du baccalauréat ès sciences mathématiques, rédigé d'après le programme de l'Université. 2e édition. In-12 avec 4 pl. 1845. *Germer Baillière*. 6 fr.

Avec A. Bouchardat et Fermond.

— Observations sur le Magnétisme terrestre. In-4° avec 24 pl. 1846. *Masson*. 36 fr.

— Recherches de physique sur la Méditerranée. In-4° avec 6 pl. 1845. *Ibid*. 30 fr.

Ces deux ouvrages font partie de « l'Exploration scientifique de l'Algérie », publiée par ordre du Gouvernement.

AIMÉ-MARTIN. — Voy. **Martin**.

AIMON (Léopold).

— Abécédaire musical, principes élémentaires à l'usage des jeunes élèves. 10e édition. In-12. 1861. *Duverger*. 1 fr.

La 1re édition a paru en 1831.

AINSWORTH (William Harrison), romancier anglais, né à Manchester, en 1805.

— Abigaïl, ou la Cour de la reine Anne. Traduit par Révoil. In-12. 1857. *Hachette et C*[ie]. 2 fr.

— Crichton. Traduction de M. Rolet. 2 vol. in-16. 1857. *Borrani*. 4 fr.

— Le même. Traduction par le même. 1 vol. in-12. 1858. *Hachette et C*[ie]. 2 fr.

— Le Gentilhomme des grandes routes. Traduit de l'anglais, par B. H. Révoil. 2 vol. in-12. 1863. *Lévy frères*. 2 fr.

— Jack Sheppard, ou le Fils du pendu. Traduction libre de l'anglais, par M. F. Lemaître. 2 vol. in-8°. 1847. *Ledoyen et Giret*. 15 fr.

Une pièce de théâtre a été faite d'après ce roman par *Dennery* et *Bourget* sous le titre : « les Chevaliers du brouillard ».

— La Tour de Londres. Traduit par Scheffter. In-12. 1858. *Hachette et C*[ie]. 2 fr.

— Le même. Nouvelle édition. In-12. 1865. *Ibid*. 1 fr.

AIROLES (J. DE LIRON D'). — Voy. **Liron d'Airoles**.

AÏSSÉ (Mlle), fille d'un chef circassien, née en Circassie en 1695, morte en France en 1733. Amenée en France par M. de Ferriol, ambassadeur à Constantinople, qui lui fit donner une éducation soignée, elle devint bientôt célèbre par sa beauté et menait une existence assez romanesque.

— Lettres de mademoiselle Aïssé à madame Calandrini. 5e édition, revue et annotée par M. J. Ravenel, avec une Notice par M. Sainte-Beuve. In-18, avec 2 portraits. 1846. *Gerdès*. 3 fr. 50 c.

En 1853 le libraire Dentu, ayant acquis le restant de cette édition, y a fait mettre une nouvelle couverture et un nouveau titre avec son nom et le millésime de 1853. Quelques cartons ont aussi été ajoutés à ces exemplaires.

Ces lettres ont été publiées pour la première fois en 1787 avec des notes de Voltaire.

AJASSON DE GRANDSAGNE (le vicomte J. B. François Étienne d'), polygraphe, né à La Châtre, en 1802.

— Traité élémentaire de physique. Lumière. 1er vol. Imité en partie de l'anglais par Aj. de Gr. In-18. 1841. *Rue de Bussy*, 15. 50 c.

— Traité élémentaire sur les machines à vapeur. Imité en partie de l'anglais. 3 vol. in-18 avec 7 pl. 1844. *Ibid.* 50 c.

— L'Art d'étudier avec fruit. Guide de celui qui veut s'instruire et bien employer son temps et sa mémoire. In-18. 1858. *Passard*. 75 c.

Avec MM. Julien et Parisot. — La 1re édition est de 1842.

AKERLIO (le docteur), pseudonyme dont M. Deguerle a signé: Éloge des perruques. — Voy. **Deguerle**.

ALADANE DE LALIBARDE. — Voy. **Lalibarde**.

*****Aladin**, ou la Lampe merveilleuse ; conte tiré des Mille et une nuits. In-16. 1853. *Hachette et Cie*. 1 fr. 25 c.

ALAFFRE (Benjamin), ancien professeur de langue française, né à Paulhan (Hérault), en 1803.

— Abrégé de la grammaire française. In-12. 1842. Toulouse, *Delsol*. 1 fr. 50 c.

Avec M. Clausolles.

— Grammaire française. 2e édition. In-12. 1842. *Ibid.* 2 fr. 50 c.

Avec le même.

— Grammaire française. Exercices de grammaire. — Voy. **Leroy et Alaffre**.

— Louise Miller. Opéra en quatre actes; musique de M. Verdi. In-12. 1853. *Lévy frères*. 1 fr.

Cet opéra est fait d'après le drame allemand de Schiller : « Cabale und Liebe ».

ALAIN DE LILLE, savant et théologien du douzième siècle, évêque d'Auxerre, né en 1114, mort vers 1203.

— Voy. *Migne*, Patrologie latine, tome 210.

ALAIS (le marquis DE LA FARE-). — Voy. **La Fare-Alais**.

*****Alaise** à la barre de l'Institut. Gr. in-8o. 1861. Besançon, *Bulle*. 1 fr.

AL-ALIACI.

— Voyages dans le sud de l'Algérie et des États barbaresques de l'ouest et de l'est. Traduits par Adrien Derbrugger. In-8o. 1846. *Masson*. 12 fr.

Fait partie de « l'Exploration scientifique de l'Algérie », publiée par ordre du Gouvernement.

ALARCON Y MENDOZA (Don Juan Ruiz de),

poëte espagnol, né vers la fin du xvie siècle au Mexique.

— Théâtre d'Alarcon. Traduit pour la première fois de l'espagnol en français par Alphonse Royer. In-12. 1864. *Lévy frères*. 3 fr.

ALARD (Julien Bernard), archiviste du département des Pyrénées-Orientales, né à Vinça (Pyrénées-Orientales) en 1824.

— Géographie historique des Pyrénées-Orientales. In-8o. 1859. Perpignan, *Alzine*. 2 fr.

— Les Stils de Villefranche de Conflent. In-8o. 1862. *Durand*. 1 fr. 50 c.

Extrait de la « Revue historique de droit français et étranger ».

ALARD (William).

— Brises marines (poésies). In-16. 1865. Bordeaux, *Féret et fils*. 1 fr.

ALARY (L. J.).

— Album des eaux thermales du centre de la France (Vichy). In-4o avec 5 lithog. et 3 cartes et plans. 1847. Moulins, *Place*. 5 fr.

— Histoire de l'établissement de l'évêché de Mende. In-8o de 64 p. 1854. Moulins, *Desrosiers*.

— Petite Géographie historique, commerciale, agricole et industrielle du département de l'Allier, précédée d'un Précis de l'histoire de l'ancien Bourbonnais. In-18. 1851. *Ibid.* 1 fr. 50 c.

M. Alary a traduit de l'italien: « Introduction à l'étude de la philosophie », de *Gioberti*, et « les Animaux parlants », poëme héroï-comique de *Casti*.

ALAUX (Gustave d').

— L'empereur Soulouque et son empire. In-18. 1856. *Lévy frères*. 1 fr.

L'ouvrage a été publié dans la « Revue des Deux-Mondes ».

ALAUX (Jules Émile), docteur ès lettres, professeur de philosophie, né à Lavaur (Tarn), en 1828.

— Essai sur l'art dramatique. In-8o. 1855. Toulouse, *imprimerie Bonnal*.

— Laure, étude. In-12. 1861. *Dentu*. 1 fr.

— Pape et Roi. In-8o. 1861. *Ibid.* 1 fr.

— La Philosophie de M. Cousin. In-12. 1864. *Germer Baillière*. 2 fr. 50 c.

— La Raison. Essai sur l'avenir de la philosophie. In-12. 1860. *Didier et Cie*. 3 fr. 50 c.

— La Religion au xixe siècle. Philosophie religieuse. In-8o. 1857. *Hachette et Cie*. 1 fr. 50 c.

— Visions d'amour; petits poëmes. In-16. 1858. *Poulet-Malassis*. 1 fr.

Sur ce dernier ouvrage le nom de l'auteur est imprimé par erreur Allaux.

ALAUZET (François Isidore), ancien avocat, chef de division au ministère de la justice, né en 1807, à Alexandrie (Italie), d'un père français.

— Commentaire du Code de commerce et de la législation commerciale. 4 vol. in-8o. 1856-1857. *Cosse et Marchal*. 30 fr.

— Commentaire de la loi des faillites et des banqueroutes. In-8o. 1857. *Ibid.* 6 fr.

Extrait du précédent.

— Commentaire de la loi du 14 juin 1865 concernant les chèques. In-8o. 1865. *Ibid.* 3 fr.

Appendice au « Commentaire du Code de commerce ».

— Essai sur les peines et le système pénitentiaire. 2ᵉ édition, revue et augmentée. In-8º. 1863. *Ibid.* 7 fr.

La 1ʳᵉ édition est de 1842. *Joubert.* 4 fr. 50 c. — L'ouvrage a été couronné par l'Académie des sciences morales et politiques.

— Histoire de la possession et des actions possessoires en droit français, précédée d'une Introduction sur le droit de propriété. In-8º. 1849. *Ibid.* 7 fr. 50 c.

— De la Qualité de Français et de la naturalisation. 2ᵉ édition. In-8º. 1863. *Ibid.* 7 fr.

La 1ʳᵉ édition a été publiée en 1851.

— Traité général des assurances. 2 vol. in-8º. 1843. *Ibid.* 15 fr.

ALAYRAC (Victor), ancien chef de bureau à la direction des postes, né à Gramat, en 1803.

— Notre-Dame de Roc-Amadour. 2 vol. in-12. 1865. *Maillet.* 6 fr.

ALB (Camille d'). — Voy. **Dunka** (Constance de).

ALBAN (David de S.). — Voy. **Saint-Alban.**

ALBANÈS (Joseph Hyacinthe), docteur en théologie, né à Auriol (Bouches-du-Rhône), en 1822.

— Entrée solennelle du pape Urbain V à Marseille, en 1365. Programme de la fête, dressé par le conseil de la ville; texte provençal inédit du xivᵉ siècle, notes historiques et pièces justificatives. In-8º. 1865. Marseille, *Boy-Estellon.* 2 fr.

ALBANÈS ou ALBANÈS-HAVARD (A. d'), pseudonyme de Jean Alex. HAVARD, ancien employé de l'assistance publique, frère du libraire-éditeur de ce nom. Il est mort en 1864.

— Condamnation par les faits du pouvoir temporel des papes. 2ᵉ édition. In-8º. 1860. *Dentu.* 1 fr.

Avec J. Perron.

— Les Mystères de collège. In-12 avec vignettes. 1849. *Havard.* 2 fr.

— Les Nains célèbres depuis l'antiquité jusques et y compris Tom-Pouce. Illustré par de Beaumont. In-12. 1845. *Ibid.* 3 fr.

Avec Georges Fath.

— Voltaire et Mme Du Chatelet. Révélations d'un serviteur attaché à leurs personnes; manuscrit et pièces inédites publiés avec commentaires et notes historiques, par d'Albanès-Havard. In-12. 1863. *Dentu.* 3 fr.

ALBANO, noble portugais, pseudonyme de Simon **Blocquel**, de Lille.

ALBANO (le chevalier Gaston d'), pseudonyme de Mlle CHEVALIER DE MONTRÉAL, née à Paris, en 1829.

— Les Femmes de la sainte Bible. Harmonies sacrées. Gr. in-8º. 1857. *Chaillot.* 12 fr.

ALBARÈDES (P. B. d'). — Voy. **Portal** (le baron de).

ALBE (Fernandez Alvarez de TOLEDO, duc d'), célèbre capitaine espagnol, né en 1508, mort en 1582.

— Correspondance. — Voy. *Gachard.*

ALBENGO, ancien interprète au service de la France en Afrique.

— Lois et coutumes suivies dans le pachalik de Jérusalem, traduites de l'arabe et annotées par Albengo. In-8º. 1860. *Courcier.* 1 fr.

ALBERDINGK-THIJM (Joseph Albert), littérateur et archéologue hollandais, négociant et imprimeur-éditeur à Amsterdam, né en cette ville, en 1820.

— L'Art et l'Archéologie en Hollande. In-4º. 1854. *Didron.* 2 fr. 25 c.

— De la littérature néerlandaise à ses différentes époques. In-8º. 1854. Amsterdam, *Van Langenhuysen.* 6 fr. 50 c.

— Gertrude d'Est, légende. Traduite du hollandais par l'abbé Carnel. In-12. 1859. *Tardieu.* 1 fr.

ALBÉRI (Eugène), historien italien, né à Padoue, en 1817.

— Vie de Catherine de Médicis. Essai historique. Traduit de l'italien par Mlle S***. In-12. 1854. *Gaume frères.*

L'original italien a été publié en 1838.

— L'Italie d'aujourd'hui. 1861. In-8º. *Dentu.* 1 fr.

ALBERT margrave de Brandebourg, grand-maître de l'ordre teutonique, mort vers 1550.

— Libri de arte militari Alberti, marchionis Brandenburgensis, mandato regis Poloniæ, Sigismondi Augusti, scripti, nunc primum e codice principis Adami Czartoryski editi. In-fol. 1858. *Librairie polonaise.* 20 fr.

Texte polonais du xviᵉ siècle, avec fac-simile de titre et un portrait.

ALBERT, pseudonyme d'Auguste François THIRY, artiste et auteur dramatique, né à Reims en 1811, mort en 1864.

— Le Drapeau d'honneur, ou les Français à Lahore; pièce militaire en cinq actes. In-8º. 1855. *Dechaume.* 60 c.

Avec de Lustières.

— La Guerre d'Orient, drame militaire en 20 tableaux. In-12. 1854. *Lévy frères.* 60 c.

Avec le même. — Le même. In-4º. 1857. *Ibid.* 20 c.

— Le Mari de la reine; vaudeville en un acte. In-8º. 1840. *Tresse.* 30 c.

— L'Orpheline de Waterloo; drame en trois actes. In-8º. 1847. *Marchant.* 50 c.

Avec Benj. Gastineau. — Cette pièce est tirée du roman de M. B. Gastineau qui porte le même titre.

Voy. aussi : Anicet *Bourgeois*, *Dennery*, *Labrousse.*

ALBERT, pseudonyme de M. Albert DECOMBE, maître de ballets à l'Académie de musique.

— La Jolie fille de Gand. — Voy. *Saint-Georges et Albert.*

ALBERT (l'abbé).

— L'Homme au drap mortuaire, ou les Paroles d'un maudit, par l'abbé A.... In-16. 1864. *Librairie centrale.* 1 fr.

Anonyme. — Contre le célibat des prêtres.

ALBERT (Auguste), avocat à Toulouse, né dans cette ville, en 1819.

— Alexandre Fourtanier, notice biographique. In-8º. 215 p. 1865. Toulouse, *Montaubin.*

— Éloge de Lavignerie. In-8º de 5 f. 1844. Toulouse, *imprimerie Labouisse-Rochefort.*

ALBERT (B.).

— Le Cuisinier parisien, ou Manuel complet d'économie domestique. 7ᵉ édition par Duval. In-8º. 1846. *Ledentu.* 3 fr.

ALBERT (le docteur Ch.).

— Le Médecin des maladies secrètes, ou Art de se guérir soi-même. 15e édition. In-18. 1863. *Chez l'auteur.* 50 c.

Il existe des traductions en plusieurs langues qui se vendent également chez l'auteur.

ALBERT (Denis), propriétaire cultivateur vigneron.

— Essai sur quelques principaux éléments logiques se rapportant à la religion, la justice, la morale, l'instruction, la discipline et la politique. In-32. 1865. Angoulême, *Nadaud et Cie.*

— Traité de la régénération de la vigne et des céréales, la confection des vins et de l'eau-de-vie, l'amélioration des terres, etc. 4e édition, corrigée et augmentée. In-18. 1864. [Angoulême, *Nadaud.*] *Librairie agricole.* 2 fr.

ALBERT (Émile), avocat à Cognac (Charente), né dans cette ville, en 1795, a traduit les « Lusiades » de *Camoëns.*

ALBERT (J. F. M.), bibliographe.

— Recherches sur les principes fondamentaux de la classification bibliographique, précédées de quelques mots sur la bibliographie, d'un exposé des principaux systèmes bibliographiques, et suivies d'une application de ces principes au classement des livres de la bibliothèque royale. In-8o. 1847. *Chez l'auteur, rue du Dragon,* 42. 1 fr. 50 c.

ALBERT (Joseph) a publié : *Horschelt,* « Souvenirs du Caucase ».

ALBERT (Just), pseudonyme de J. B. Ch. **Duboul.**

ALBERT (P.).

— Quelques considérations sur la phthisie laryngée. In-8o de 23 f. 1842. Montpellier, *Martel aîné.*

ALBERT (Paul), professeur de littérature à la Faculté des lettres de Poitiers.

— Les Poëtes et la religion en Grèce. Discours. In-8o, 33 p. 1863. Poitiers, *imprimerie Dupré.*

— Saint Jean Chrysostome considéré comme orateur populaire. Thèse présentée à la Faculté des lettres de Paris. In-8o. 1858. *Hachette et Cie,* 5 fr.

ALBERT (V.).

— Essai sur la création, sur les forces qui régissent la matière et sur les destinées de l'homme. In-12. 1859. Tournai, *Casterman.* 2 fr.

ALBERT (d'Angers).

— L'ancienne et la nouvelle Clef des Songes. — Voy. **Halbert.**

ALBERT-DURADE (F. d') a traduit : *Éliot,* « la Famille Tulliver », et « Adam Bede », du même auteur, ainsi que : « l'Art de peindre le paysage à l'aquarelle », par Th. *Rowbotham.*

ALBERT-MONTÉMONT. — Voy. Montémont.

ALBERTUS, pseudonyme.

— Essai d'anti-encyclique (en vers). In-8o. 1865. *Arnauld de Vresse.* 1 fr.

ALBIGNY (L. P. Paul d').

— Études et rêveries. In-8o. 1856. Saint-Étienne, *Théolier aîné.*

ALBIN (Sébastien), pseudonyme de Mme Hortense Cornu, née Lacroix, née à Paris, en 1812.

— Ballades et Chants populaires (anciens et modernes) de l'Allemagne. Traduction nouvelle, par Sébastien Albin. In-18. 1841. *Ch. Gosselin.* 3 fr. 50 c.

Mme Cornu a publié sous le même pseudonyme la « Correspondance de Gœthe avec Bettina ». Voy. *Gœthe.*

ALBIOUSSE (Lionel d'), juge.

— De l'Établissement dans tous les greffes des tribunaux de première instance des casiers de l'état civil et des objets divers sur le modèle du casier judiciaire. In-8o. 1864. [Uzès], *Marescq.* 1 fr. 50 c.

ALBITES (Achille), professeur de littérature française et d'histoire au collége de Birmingham, né à Rome, en 1808.

— Key to instantaneous french exercises (clef des thèmes français instantanés), ou la Langue française et la France condensées. In-12. 1864. *Hachette et Cie.* 2 fr. 50 c.

— Théorie des verbes français. In-12. 1842. *Truchy.*

ALBITTE (Gustave), vaudevilliste.

— Mon voisin d'omnibus ; vaudeville en un acte. In-8o. 1846. *Tresse.* 60 c.

Avec Louis Dugard.

— Deux femmes légères. — Voy. *Desvergers.*

ALBOISE DU PUJOL ou **Alboize** (Édouard), romancier et auteur dramatique, né en 1805, mort à Paris, en 1854.

— Agnès Bernau ; drame en cinq actes et six tableaux. In-8o. 1845. *Tresse.* 60 c.

Avec Paul Foucher. — Selon toute apparence cette pièce est une imitation du drame allemand d'Adolf Bœttcher, publié à Leipzig dans la même année.

— Les Beautés de la cour ; comédie-vaudeville en deux actes. In-8o. 1849. *Ibid.* 60 c.

Avec B. Lopez.

— L'Enfant de la pitié ; drame-vaudeville en trois actes. In-8o. 1840. *Ibid.* 40 c.

Avec Roland Bouchery.

— La Famille Grandval ; drame en trois actes. In-8o. 1844. *Ibid.* 50 c.

Avec Paul Foucher.

— Fastes des gardes nationales de France. 2e édition. In-8o avec 21 grav. 1849. *Goubaud.* 15 fr.

Avec Ch. Élie.

— Histoire de la Bastille. — Voy. *Arnould et Alboise.*

— Marguerite Fortier ; drame en quatre actes ; précédé de la « Veille de Noël », prologue. In-8o. 1843. *Marchant.* 50 c.

Avec Paul Foucher.

— Marie Simon ; drame en cinq actes. In-12. 1852. *Lévy frères.* 1 fr.

Avec M. Saint-Yves. — Autre édition. In-4o. 1854. *Ibid.* 20 c.

— Les Monténégrins ; opéra-comique en trois actes, musique de M. Limnander. In-12. 1848. *Lévy frères.* 1 fr.

Avec M. Gérard.

— L'Organiste ; opéra-comique en un acte, musique de M. Wekerlin. In-8o. 1853. *Boulevard Saint-Martin,* 12. 1 fr.

— Le Paysan; opéra-comique, musique de M. Charles Poisot. In-8°. 1850. *Tresse.* 60 c.

— Les Prisons de l'Europe. Bicêtre, la Conciergerie, Laforce, le Fort-L'Évêque, Saint-Lazare, le Châtelet, la Tournelle, etc., la Tour de Londres, Pignerolles, le Spielberg, etc. 8 vol. in-8°., avec grav. 1844-1846. *Rue Notre-Dame-des-Victoires, 26.* 48 fr.

Avec A. Maquet.

— Le même. Édition illustrée de vignettes sur bois. In-4°. 1852. *Charlieu.* 3 fr. 55 c.

— Tabarin; opéra-comique en deux actes, musique de M. Bousquet. In-8°. 1853. *Tresse.* 60 c.

Avec M. Andrel.

— La Taverne du diable; drame en cinq actes et six tableaux. In-12. 1848. *Lévy frères.* 60 c.

Avec Bernard Lopez.

— Le même. Édition du «Théâtre contemporain illustré». In-4°. 1865. *Ibid.* 40 c.

— La Tour de Ferrare; drame en cinq actes et six tableaux. In-8°. 1845. *Marchant.* 50 c.

Avec Ch. Lafont et Élie Sauvage.

M. Alboise a encore signé des pièces de théâtre en collaboration avec MM. Anicet Bourgeois, Aug. Arnould, Ch. Desnoyers, Foucher, Langlé, Mallian, Michel Masson. — Voy. ces noms.

ALBOISE DU PUJOL (Marc Antoine Hortensius), frère du précédent, inspecteur de l'Académie de Paris, né à Montpellier, en 1808.

— Éléments d'arithmétique et de système métrique. 2e édition. In-12. 1864. *Delalain.* 60 c.

— Éléments d'arpentage, de lever des plans et de nivellement, précédés des notions de géométrie nécessaires à l'intelligence de ces connaissances, à l'usage des écoles. 2e édition. In-18. 1865. *Ibid.* 1 fr.

La 1re édition est de 1852.

— Éléments de géométrie pratique, suivis de notions de perspective à l'usage des écoles. In-18. 1864. *Ibid.* 1 fr. 25 c.

ALBONNUS, pseudonyme de J. A. Bonnomet.

— Gayant, poëme humoriste; par Albonnus, membre d'aucune académie. In-8°. 1841. Douai, *Obez.* 3 fr.

3e édition en 1845.

— Nouvelle épitre à Gayant. In-8°. 1845. *Ibid.* 1 fr.

ALBOUY (A.).

— Calendrier séculaire et d'utilité publique pour les cent années du xixe siècle et les quatorze années de l'ère républicaine. Petit in-8°. 1863. [Toulouse, *chez l'auteur.*] *Tolra et Haton.* 2 fr.

ALBRAND (l'abbé J. A.), supérieur du séminaire des Missions étrangères de Paris, a publié et annoté: «Theologia universa», du R. P. *Thomas de Charmes.*

ALBERT (le comte Jean François dit Henry Du Gout d'), né en 1815, mort en 1854.

— Harmonies catholiques. In-8°. 1854. *Vaton.* 3 fr.

ALBRET (le vicomte Du Gout d').

— Le Solitaire de la Tour d'avance. In-12. 1863. *Dentu.* 3 fr.

Anonyme.

ALBRET (Jean-Baptiste d'). — Voy. **Dalbret.**

ALBRIEUX (l'abbé J. M.), prieur de l'hospice du mont Cenis.

— Les Nuits d'Athènes. In-8°. 1847. Lyon, *Périsse.*

C'est une critique sous forme de dialogue des philosophes modernes.

M. l'abbé Albrieux a aussi traduit de l'italien: «Mémorandum historico-politique» du comte Clément Solar *de la Marguerite.*

*****Album** cosmopolite. 2e édition. Choix de sujets, paysages, scènes de mœurs, marines, etc., par les principaux artistes de l'Europe et de l'Amérique. Texte et fac-simile d'autographes de souverains, princes, savants, artistes, etc. Extraits des collections de M. Alexandre Vattemare. 2 vol. in-4°. 1844-1849. *Aug. Challamel.* En noir, 54 fr. Papier de Chine, 72 fr.

Cette édition se compose de 82 dessins et 112 fac-simile d'autographes. Dans ce nombre se trouvent des dessins et autographes qui n'ont pas été publiés dans la 1re édition (1837-1843, aux prix de 150 et 240 fr.). Mais d'autre part, quelques-unes des pièces, publiées dans la 1re, n'ont pas été réimprimées dans la 2e édition.

*****Album** des dames, types et portraits de femmes peints d'après nature par J. P. Laurens, lithographiés en couleur par Jules Laurens, et imprimés en aquarelle par Lemercier; poésies par Mme Blanchecotte, etc.; musique de divers maitres et de l'auteur des portraits originaux. In-4° avec 25 portraits. 1863. *Hetzel.* 50 fr.

*****Album** d'un diplomate, dédié à ses collègues. In-12. 1862. [Bruxelles, *Mucquard.*] *Schulz et Thuillié.* 3 fr. 50 c.

*****Album** du Grand Journal, 300 dessins par Bocourt, Cham, Couverchel, Decamps, Deroy, G. Doré, etc. Texte par Ch. Yriarte, Marcelin et Cham. Gr. in-4°. 1865. *Rue Rossini,* 3. 40 fr.

*****Album** universel des eaux minérales, des bains de mer et des stations d'hiver. 4e année. Publié par l'administration du «Monde thermal». In-4°. 1865. *Boulevard de Sébastopol,* 61. 10 fr.

*****Album** vénitien. Nouvelles inédites; par A... (Étienne d'), Aloysi (Maurice d'), Arnold, Bernardière (Léon de), Berthoud (S. Henri), Est (Étienne d'), Merle (J. T.), Nettement (Alfred), Roger de Beauvoir, Tautavel (le baron), le vicomte Walsh. Orné de 11 grav. sur acier. In-4°. 1840. *Aubert.* 30 fr.

ALBY (Ernest), littérateur, romancier et auteur dramatique, ancien saint-simonien, né à Marseille, en 1809.

— Les Brodeuses de la reine. 2 vol. in-8°. 1843. *De Potter.* 15 fr.

— Les Camisards (1702-1711). In-12. 1857. *Meyrueis.* 2 fr.

— La Captivité du trompette Escoffier. 2 vol. in-8°. 1848. *Gabriel Roux.* 15 fr.

— Histoire des prisonniers français en Afrique depuis la conquête. 2 vol. in-12. 1847. *Desessart.*

— Le Jugement de Paris, opérette en un acte, musique de M. Laurent de Rillé. In-18. 1859. *Imprimerie Raçon et Cie.* 50 c.

Avec M. Commerson.

— Des Persécutions contre les juifs. In-8°. 1840. *Desessart.* 2 fr.

— Les Vêpres marocaines, ou les Derniers prisonniers d'Abd-el-Kader. 2 vol. in-8°. 1853. *Librairie nouvelle.* 10 fr.

C'est la suite d'un roman publié en 1837 sous le titre de: «les Prisonniers d'Abd-el-Kader».

ALCAN (Michel), ingénieur civil, professeur de filature et de tissage au Conservatoire des arts et métiers, ancien représentant, né à Donnelay (Meurthe), en 1811.

— Essai sur l'industrie des matières textiles. Second tirage, augmenté de la classification et de la notation caractéristique des tissus, etc. In-8° avec 1 pl. et un atlas de 32 pl. 1859. *Lacroix.* 32 fr.

La 1ʳᵉ édition est de 1847.

— Fabrication des étoffes. Traité complet de la filature du coton. Origines, production, caractères, propriétés, classifications, transformations, développement commercial, succédanés, etc. In-8° avec atlas in-4°. 1864. *Noblet et Baudry.* 35 fr.

— Instruction pour le peuple : Filature, tissage. In-8°. 1847. *Dubochet.* 25 c.

Forme le nᵒ 82 de la collection des « Cent traités sur les connaissances les plus indispensables ».

M. Alcan a collaboré au « Dictionnaire des arts et manufactures » de *Laboulaye.*

ALCAN (Moyse).

— Noëma (poésies). In-18 de 4 f. 1842. Metz, *Gerson-Lévy et Alcan.*

ALCANTARA (Saint Pierre d'), fondateur de l'ordre des Franciscains déchaussés, écrivain ascétique, né à Alcantara en 1490, mort au couvent de Las Arenas en 1562.

— Méditations, traduites de l'espagnol, avec un recueil des actes des vertus, tirés des écrits de sainte Thérèse, et l'abrégé de la vie du saint. Nouvelle édition. In-12. 1858. Avignon, *Seguin aîné.*

— Œuvres complètes. — Voy. *Sᵗᵉ Thérèse,* Œuvres, édition publiée par l'abbé Migne.

— Œuvres spirituelles, précédées du portrait historique du saint par sainte Thérèse, traduites en français par le P. Marcel Bouix, de la compagnie de Jésus. In-8°. 1862. *Ruffet et Cⁱᵉ.* 6 fr.

ALCESTE, pseudonyme de Charles Alexandre JAILLARD, ancien négociant en spiritueux, né à Mayenne (département de la Mayenne), en 1827.

— Impôts et liberté en France au xixᵉ siècle. In-8°. 1865. *Imprimerie Alcan-Lévy* (librairie du Petit Journal). 2 fr.

ALCIATOR (Bernard), homme de lettres, né à Sérigneux (Dordogne), en 1810.

— L'Art dans la poésie, suivi de poésies diverses et de lettres adressées à l'auteur par MM. de Chateaubriand et de Lamartine. In-18. 1852. *Didier.* 2 fr. 50 c.

— Daïla. Roman biblique. In-8°. 1843. [Marseille], *Garnier.* 6 fr.

— Étude raisonnée de la langue française. In-12. 1852. Marseille, *Deleuil.* 2 fr.

— Moyens d'assurer le bien-être matériel et moral de la classe laborieuse. In-8°. 1852. *Ibid.* 60 c.

Ce travail est suivi d'un Éloge de Turgot.

— La Nouvelle Atala, suivie d'une nouvelle édition de Daïla et des divers jugements qui ont été publiés sur ce dernier ouvrage. In-18. 1865. [Marseille, *Barlatier-Feissat et Demonchy.*] *Dentu.* 3 fr. 50 c.

— Quatre Lettres à l'empereur sur la question romaine, suivies d'un plan d'éducation nationale. In-8°. 1861. Marseille, *Clappier.* 1 fr.

— Réponse à un coup de plume sincère de M. Paulin Limayrac au sujet d'une lettre de Chateaubriand. In-12. 1853. Marseille, *Deleuil.* 30 c.

— La Satire du xixᵉ siècle, suivie de l'Art dans la poésie, et précédée de quelques observations à M. Paulin Limayrac. In-16. 1860. [Marseille]. *Marpon.* 1 fr. 50 c.

— Théorie de la certitude, avec une introduction à un cours complet de philosophie. In-18. 1851. Marseille, *Deleuil.* 75 c.

M. B. Alciator a donné une traduction en vers français de « l'Art poétique » d'*Horace* et des « Satires » de *Perse.*

*Alcime, esquisses du ciel, par M. D. L. C. D. B. — Voy. *La Codre.*

ALCOCK (RUTHERFORD). — Voy. **Rutherford Alcock.**

ALCOFRIBAS.

— Histoire du célèbre Pierrot. — Voy. *Assolant.*

ALCRIPPE (Philippe), pseudonyme de Philippe LE PICARD, moine Bernardin de l'abbaye de Mortemar (Eure).

— La Nouvelle fabrique des excellents traicts de vérité. Livre pour inciter les resveurs tristes et melancoliques à vivre de plaisir; par Philippe d'Alcrippe, sieur de Neri en Verbos. Nouvelle édition augmentée des Nouvelles de la terre du prestre Jehan. In-16. 1853. *Jannet.* 4 fr.

Bibliothèque elzevirienne. — La 1ʳᵉ édition est de 1579. Cette réimpression a été publiée par M. Gratet-Duplessis.

ALCUIN, philosophe scolastique, né à York (en Angleterre) en 735, mort en 804.

— Voy. *Migne,* Patrologie latine, tomes 100 et 101.

ALCY (Georges d').

— L'Oasis. In-12. 1842. *Curmer.* 2 fr. 25 c.

ALCYONI (Gabriel).

— Le Jésus du petit enfant. Dédié aux maîtres et aux parents chrétiens. In-18 avec 1 lithographie. 1857. Bordeaux, *Lacaze.* 80 c.

— Mois de Marie de Pie IX et avec Pie IX. In-18, 216 p. 1862. *Au bureau du Rosier de Marie.* 1 fr.

— Le Pouvoir temporel du pape démontré aux ouvriers. In-18. 1862. *Dillet.* 75 c.

ALDÉE (RIQUIER-). — Voy. **Riquier-Aldée.**

ALDÉGUIER (l'abbé d'), vicaire général de Pamiers.

— Vie de saint Bernard de Menthon, apôtre des Alpes. In-12. 1858. Toulouse, *Ratier.* 2 fr.

ALDÉGUIER (Flavien d').

— Discours sur la vie et les écrits du maréchal de camp, comte de Guibert, membre de l'Académie française. In-8°. 1855. *Dumaine.* 50 c.

— Étude historique sur la vie privée et militaire de Joseph Maximilien de Caffarelli du Falga, général de division du génie, de l'Institut d'Égypte, membre associé de l'Institut de France. In-8° avec 1 portrait et 1 fac-simile. 1849. *Ibid.* 1 fr. 50 c.

— Des Principes qui servent de base à l'instruction et à la tactique de la cavalerie. In-8° avec 1 portrait. 1843. Toulouse, *Paya.* 7 fr.

ALDENHOVEN (Ferdinand), ingénieur grec, né en Prusse, mort à Athènes, en 1849.

— Itinéraire descriptif de l'Attique et du Péloponèse. In-8° avec cartes et plans. 1841. Athènes, *Nast.*

ALDINI (le comte), ancien ministre secrétaire d'État pour le royaume d'Italie à Paris.

— Mémoires. In-8°. 1857. *Allard.*

ALEAUME (Jean) a revu et corrigé le texte latin des « Sentences » de *Pierre Lombard.*

ALECSANDRI (V.). — Voy. **Alexandri.**

ALÈGRE (le Père d').

— Œuvres oratoires complètes. — Voy. *Migne,* Orateurs sacrés, 1re série, tome 54.

ALÉMANY (Joseph), professeur de musique au petit séminaire de la Côte Saint-André (Isère), né en Espagne.

— Méthode simple et facile pour apprendre soi-même à accompagner avec l'orgue le plain-chant et les cantiques. In-8°. 1862. Lyon, *Pélagaud.* 5 fr.

ALEMBERT (J. Lerond d'), philosophe du XVIIIe siècle, membre de l'Académie française, né à Paris en 1717, mort en 1783.

— Œuvres. Sa vie, ses œuvres, sa philosophie, par Condorcet. In-12. 1852. *Eug. Didier.* 3 fr. 50 c.

Discours préliminaire de l'Encyclopédie. Études sur la philosophie. Le Système du monde. Portraits d'académiciens. Correspondance littéraire. Maximes et pensées.

— Discours préliminaire de l'Encyclopédie. In-32. 1864. *Dubuisson et Cie.* 25 c.

Bibliothèque nationale.

— Sur la destruction des jésuites en France, précédé d'une introduction et suivi d'un épilogue par J. M. Cayla. In-32. 1865. *Ibid.* 25 c.

Bibliothèque nationale.

ALEPSON (Mathieu).

— Esquisse sur l'Orient. Lettre à M. de La Rochefoucauld, duc de Doudeauville, sur la Grèce actuelle, suivie de fragments d'impressions humoristiques de voyage en Orient, en vers. In-8°. 1862. *Dentu.* 1 fr.

ALET (le R. P. J.), de la Compagnie de Jésus, mort à Cayenne, au service des transportés.

— Vie de sainte Solange, patronne du Berry. In-12, VII-112 p. et 1 grav. 1859. Bourges, *Pigelet.*

ALET (le P. Victor), de la Compagnie de Jésus, né en 1827, à Lacoste, près Villefranche de Rouergue.

— Le Bienheureux Canisius, ou l'Apôtre de l'Allemagne au XVIe siècle. Tableau de sa vie publique et de sa vie intime, tracé principalement d'après ses lettres et ses mémoires inédits. In-12. 1865. *Douniol.* 2 fr. 50 c.

— Saint Martin et sa basilique de Tours. In-18. 1865. *Dillet.* 60 c.

— Une Tragédie latine à Rome, l'an 1600. In-8°. 1857. Le Mans, *Julien, Lanier, Cosnard et Cie.*

Extrait des « Études théologiques », publiées par les Pères de la Compagnie de Jésus.

Il s'agit de la tragédie du P. Stefanio, intitulée : « Flavia ».

On doit encore au R. P. V. Alet une nouvelle édition de *Virgile*, du P. de La Rue, avec préface latine signée V. A..., et de nombreuses corrections et annotations ; ainsi que divers articles dans les Études religieuses, publiées par des Pères de la Compagnie de Jésus.

ALEXANDRA (la princesse), fille du roi Louis Ier de Bavière, née en 1826.

— Les Roses de Noël, esquisses et narrations. Traduit par Mme la comtesse Drohojowska, née Simon de Latreiche. In-12. 1859. *Périsse frères.* 2 fr.

— Le Facteur de la poste ; par S. A. R. la princesse Alexandra de Bavière ; et autres récits traduits de l'allemand par le comte Félix Drohojowski. In-12. 1865. Tournai, *Casterman.* 1 fr. 50 c.

ALEXANDRE Ier, empereur de Russie, né en 1777, mort en 1825.

— Correspondance avec le prince Czartoriski. — Voy. *Czartoriski.*

ALEXANDRE III, pape, né à Sienne, mort en 1181. Son nom de famille était Roland Rainuce.

— Opera. — Voy. *Migne,* Patrologie latine, tome 200.

ALEXANDRE IV, pape de 1254-1261.

— Opera. — Voy. *Migne,* Patrologie grecque, tome 140.

ALEXANDRE (A.).

— Collection des plus beaux problèmes d'échecs au nombre de plus de deux mille, recueillis dans les auteurs anciens et modernes. In-8°. 1846. *Dufour.* 20 fr.

Le même ouvrage existe avec un titre allemand.

ALEXANDRE (Charles), inspecteur général de l'instruction publique, lexicographe, membre de l'Institut, né à Paris en 1797.

— Dictionnaire grec-français, 12e édition, entièrement refondue par l'auteur et considérablement augmentée. Gr. in-8°. 1865. *Hachette et Cie.* 15 fr.

La 1re édition est de 1830.

— Dictionnaire français-grec. In-8°. 1863. *Ibid.* 15 fr.

Avec MM. Planche et Defauconpret. — La 1re édition est de 1827.

— Lexique grec-français, à l'usage des commençants, ou Abrégé du dictionnaire grec-français. 9e tirage. In-8°. 1849. *Ibid.* 7 fr. 50 c.

— Méthode pour faire les thèmes grecs. 9e édition. In-12. 1861. *Ibid.* 2 fr.

— Oracula sibyllina, textu ad codices manuscriptos recognita Maianis supplementis aucto, cum Castalionis versione metrica, etc., curante C. Alexandre. 2 vol. gr. in-8°, en 3 parties. 1841-1856. *F. Didot frères.* 25 fr.

M. Alexandre a revu le texte grec de *Pléthon,* Traité des lois.

ALEXANDRE (Charles).

— Les Grands maîtres ; poésies. In-12. 1860. *Librairie nouvelle.* 2 fr.

— Le Peuple martyr ; en vers. In-16. 1863. *Dentu.*

ALEXANDRE (Constant Adolphe), vice-président au tribunal de la Seine, né à Amiens, en 1797. Il a traduit de l'allemand : « Histoire romaine », de Th. *Mommsen*; et « Traité de la preuve en matière criminelle », de *Mittermaier.* — Voy. ces noms.

ALEXANDRE (F. V. G.), professeur de mathématiques.

— Cours complet d'arithmétique. In-8°. 1858. Toulouse, *Delboy.* 4 fr.

— Jésus, fils de Dieu. In-8°. 1863. Toulouse, *Delboy*. 30 c.

— Les Quatre évangélistes. In-8°. 1864. *Ibid.* 30 c.

ALEXANDRE (J.).

— De la Réforme de la législation sur les boissons. In-8°. 1849. *Perrotin.* 1 fr.

ALEXANDRE jeune (Jules-Henri), miroitier à Paris, né dans cette ville, en 1831.

— A travers glaces. Recherches historiques et critiques. Origines. Anecdotes. Fabrication. In-12. 1862. V. *Masson et fils.* 2 fr.

ALEXANDRE (Louis), greffier du tribunal civil de Neuchâtel (Seine-Inférieure).

— Manuel de statistique judiciaire en matière civile. In-4°. 1851. Rouen, *imprimerie de Peron.*

— Le même. 2e édition, revue et corrigée. In-8°. 1857. *Imprimerie P. Dupont.*

— Petit Manuel de statistique judiciaire en matière correctionnelle et criminelle. In-8°. 1856. *Ibid.*

ALEXANDRE (Marie), capitaine d'infanterie, né au Mans (Sarthe), en 1824.

— Cours complet d'études à l'usage des écoles régimentaires du 2e degré, infanterie et cavalerie, pour répondre aux programmes insérés au Journal militaire officiel (17 septembre 1853). 2 vol. in-12. 1854. *Dumaine.* 8 fr.

Anonyme. — L'ouvrage a eu 3 tirages la même année.

— Théorie pratique sur l'administration et la comptabilité des corps de troupes de toutes armes. — Voy. *Viel et Alexandre.*

***Alexandre II** devant l'Europe. In-8°. 1861. Leipzig, *Gerhard.* 1 fr.

***Alexandre II** et l'entrevue de Varsovie. In-8°. 1860. *Dentu.* 1 fr.

***Alexandre II** et sa cour, par un Russe. In-8°. 1858. *Mellier.* 2 fr.

ALEXANDRI, ou Alecsandri (Basile), poëte roumain, né en 1821.

— Ballades et chants populaires de la Roumanie (principautés danubiennes), recueillis et traduits par V. Alexandri, avec une introduction par M. A. Ubicini. In-12. 1855. *Dentu.* 3 fr.

— Les Doïnas, poésies moldaves de V. Alexandri, traduites par J. E. Voinesco; précédées d'une introduction par M. Georges Bell. 2e édition. In-12. 1855. *Cherbuliez.* 2 fr.

La 1re édition est de 1853. In-32. *De Soye et Bouchet.*

M. *Rocaresco* (voy. ce nom) a publié : « Légendes et doïnes roumaines », imitées de B. Alexandri.

ALEXIS, (le somnambule), pseudonyme de Henri **Delaage**.

ALEXIS (le P.), carme déchaussé.

— Souvenir des méditations. In-32. 1859. Bordeaux, *Lafargue.*

Voy. aussi Bonnepart, Nouveau Manuel du pèlerinage, etc.

ALEXIS COMNÈNE II, empereur de Constantinople de 1180 à 1183.

— De monasteriis constitutis. — Voy. *Migne*, Patrologie grecque, tome 133.

ALFARO (le comte Nicolas d'), né à Carthagène.

— Observations sur le système pénitentiaire;

par le comte N. d'Alfaro, envoyé du gouvernement espagnol (1862-1864), en mission scientifique à Londres et à Paris. In-8°. 1864. *Imprimerie Balitout, Questroy et Cie. (Guillaumin.)* 5 fr.

— Sur la bienfaisance en Espagne. Mémoire lu au congrès international de Londres en 1862. In-8°. 1862. *Imprimerie Adr. Leclerc.*

ALFIERI (le comte Charles), député au parlement italien.

— Le Chemin de Rome. In-8°. 1861. *Dentu.* 1 fr.

ALFIERI (Mgr. Pierre), camérier secret du pape Pie IX, compositeur de la chapelle papale.

— Précis historique et critique sur la restauration du chant grégorien. In-8°. 1856. Rennes, *Vatar.*

Le texte italien a paru à Rome la même année. — Cette traduction française est faite par l'auteur lui-même.

ALFIERI (le comte Vittorio), poëte dramatique italien, né à Asti en 1749, mort en 1803.

— Mémoires de Victor Alfieri, d'Asti, écrits par lui-même et traduits par Antoine de Latour. In-12. 1840. *Charpentier.* 3 fr. 50 c.

— Les mêmes; traduits de l'italien par M***. Avec une introduction et des notes par M. F. Barrière. In-12. 1862. *Didot frères.* 3 fr.

Le traducteur est M. Petitot.

— Myrrha; tragédie en cinq actes. In-8°. 1855. *Lévy frères.* 1 fr. 50 c.

Texte italien avec traduction française en regard.

— Myrrha; tragédie en cinq actes. Traduite en vers par le comte Anatole de Montesquiou. In-18. 1856. *Amyot.*

Cette pièce a été imitée en français par M. Charles *Rey*.

— Octavie; tragédie en cinq actes. In-8°. 1857. *Lévy frères.* 1 fr. 50 c.

Texte italien. Traduction française en regard.

— Oreste; tragédie en cinq actes. In-8°. 1855. *Ibid.* 1 fr. 50 c.

Texte italien. Traduction française en regard.

— Rosemonde; tragédie en cinq actes. In-8°. 1856. *Ibid.* 1 fr. 50 c.

Texte italien. Traduction française en regard.

— Saül; tragédie en cinq actes, traduite par C. P. In-8°. 1840. *Gayet et Lebrun.*

— La même pièce. Gr. in-8°. 1857. *Lévy frères.* 1 fr. 50 c.

Texte italien, traduction française en regard.

— De la Tyrannie. Traduction de l'italien. In-32. 1865. *Dubuisson et Cie.* 25 c.

Bibliothèque nationale.

ALFONSI (Théodore).

— Chants et chansons. Préface par Jules Noriac. In-12. 1862. *Dubuisson et Cie.* 1 fr. 50 c.

***Alfred** et Casimir. Scènes et causeries de famille, par Mme ***. 2 vol. in-12. 1843. *Olivier Fulgence.* 4 fr.

ALFRÉDY (Jules Aug. Laurent Alfr. Saturnin), disciple de Lacordaire, ancien professeur à l'École de Sorèze, né à Toulouse, issu d'une ancienne famille florentine, banni en 1828. Il a été rédacteur en chef de la «Sentinelle du Jura» et du «Midi catholique».

— De l'influence du R. P. Lacordaire sur la génération actuelle. In-8°. 1862. *Lecoffre et Cⁱᵉ.* 1 fr. 50 c.

ALGARE (A. P.).

— Chants napoléoniens. Poésies nationales. In-12. 1864. Mirecourt, *Humbert.* 1 fr.

— Le Retour du croisé ; tragédie en trois actes. In-12. 1864. *Ibid.* 1 fr.

ALGARRA (Don Carlos d') a traduit de l'espagnol : « Inès, ou la Chute d'un ministre », pièce de Ramon de *Navarette.*

*Alger et ses environs. Guide à Alger. In-18. 1864. [Alger, *Balme.*] *Challamel aîné.* 2 fr. 50 c.

*Algérie (l') et la lettre de l'Empereur. In-8°. 1863. *Challamel aîné.* 1 fr. 50 c.

*Algérie (l') et l'opinion. — Voy. *Fabar.*

*Algérie (l') et son organisation en royaume. — Voy. *Bardy* (Gust.).

*Algérie (l'), landscape africain, promenades pittoresques et chroniques algériennes. In-12 avec 6 grav. 1840. *Janet.* 7 fr.

ALGLAVE (Émile) a publié les « Leçons sur les propriétés des tissus vivants » de Claude *Bernard.*

AL-HARAIRI. — Voy. **Soliman Al Harairi.**

ALHOY (Philadelphe Maurice), journaliste, romancier et auteur dramatique, né en 1802, mort en 1856.

— Les Bagnes, histoire, types, mœurs, mystères. Gr. in-8° avec 50 grav. 1845. *Havard.* 15 fr.

— Biographie parlementaire des représentants du peuple à l'Assemblée nationale constituante de 1848, par une société de publicistes et d'hommes de lettres, sous la direction de Maurice Alhoy. In-8°. 1848. *Vᵉ Louis Janet.* 6 fr.

— Les Brigands et bandits célèbres. In-8° avec grav. 1845. *Guiller.* 15 fr.

— Le Chapitre des accidents ; illustré d'après les dessins de Victor Adam. In-8° avec 21 lithographies. 1843. *Chez tous les libraires.* 8 fr.

— Les Fleurs historiques. Illustré de 14 portraits de femmes richement coloriés. Gr. in-8°. 1852. *Vᵉ Louis Janet.* 13 fr.

Avec Jules Rostaing.

— Physiologie du créancier et du débiteur. In-32. 1842. *Aubert.* 1 fr.

— Physiologie du débardeur. In-32. 1842. *Ibid.* 1 fr.

— Physiologie de la lorette. In-32. 1841. *Ibid.* 1 fr.

— Physiologie du voyageur. In-32. 1841. *Ibid.* 1 fr.

— Les Prisons de Paris. Histoire, types, mœurs, mystères. Illustré de 120 dessins. Gr. in-8°. 1845. *Havard.* 15 fr.

Avec Louis Lurine.

— Le Soleil de ma Bretagne ; drame-vaudeville en trois actes. In-8°. 1843. *Marchant.* 50 c.

Avec M. Clairville.

— Sous le Froc. Le Chartreux. 2 vol. in-8°. 1840. *Werdet.* 15 fr.

M. Alhoy a encore fait des pièces de théâtre en collaboration avec : MM. *Dupeuty, Desvergers,* Michel *Masson.* — Voy. ces noms.

ALI-BEY.

— Dix lettres d'Aly-bey à son fils Youssef, suivies de notes de ce dernier, publiées par F. D. In-12 de 6 f. 1853. Lyon, *imprimerie Perrin.*

ALI VIAL DE SUBLIGNY. — Voy. **Vial.**

ALIBERT (Constant), médecin inspecteur des eaux minérales d'Ax.

— Des Eaux minérales dans leurs rapports avec l'économie publique, la médecine et la législation. In-8°. 1852. *Masson.* 2 fr. 50 c.

— Traité des eaux d'Ax (Ariége). In-8° avec 5 pl. 1853. *Ibid.* 4 fr. 50 c.

ALIBERT (Hippolyte), avocat.

— L'Édifice social, réforme électorale, ou de l'Influence de la propriété territoriale, industrielle ou commerciale. In-8°. 1840. *Chatet.* 3 fr. 50 c.

ALIBERT (le baron Jean Louis), médecin, né à Villefranche (Aveyron), en 1766, mort en 1837.

— Physiologie des passions, ou Nouvelle doctrine des sentiments moraux. Nouvelle édition. 4 vol. in-18. 1861. *Renault et Cⁱᵉ.* 3 fr.

La 1ʳᵉ édition est de 1825. — Souvent réimprimé.

ALIBORON, pseudonyme de Jean Pierre Philibert GAUTRON, avoué à Toulouse, né à Saint-Savin (Vienne), en 1828.

— Entre deux eaux ; comédie en deux actes et en vers. In-8°. 1865. *Ach. Fauré.* 1 fr.

*Alice Sherwin. Récit du temps de sir Thomas Morus. — Voy. *Villiers de Lagrenée* (Aug.).

*Aliénation (l') des forêts de l'État devant l'opinion publique. 2ᵉ édition. In-8°. 1865. *J. Rothschild.* 6 fr.

Compilation de documents officiels, recueillis dans les débats sur cette question dans les chambres, faite par les soins de M. J. Rothschild. — La 1ʳᵉ édition est de la même année.

ALIÈS (Barnabé), médecin des eaux de Luxeuil.

— Études sur les eaux minérales en général, et sur celles de Luxeuil en particulier, précédées d'un Aperçu sur la ville de Luxeuil. In-8° avec 4 lith. 1850. *J. B. Baillière.* 3 fr. 50 c.

— Possibilité d'amoindrir considérablement les ravages du choléra ; rectification de quelques préjugés populaires relativement à cette maladie. In-8°. 1853. Luxeuil, *imprimerie Docteur.* 75 c.

ALISHAN (le Père Léon D. P.), directeur du collége Samuel Moorat.

— Le Haygh, sa période et sa fête. Discours. In-8°. 1860. [*Imprimerie impériale.*] *Franck.* 1 fr. 50 c.

— Tableau succinct de l'histoire et de la littérature de l'Arménie. Discours. In-8°. 1860. *Imprimerie Noblet.* 1 fr.

ALISON (Alexandre).

— La nouvelle Réforme et ses principes. Premier essai. Traduit de l'anglais avec une préface, par M. J. M. Cayla. In-8°. 1861. *Dentu.* 1 fr.

ALISON (Archibald), jurisconsulte et historien anglais, né à Kenley, en 1792.

— Histoire de l'Europe, depuis le commencement de la Révolution française en 1789 jusqu'à nos jours. Traduction de l'anglais. Tomes 1 à 7 (formant la 1re série : Histoire de l'Europe depuis le commencement de la Révolution française jusqu'à la chute de la Convention : 1789-1795). 7 vol. in-8°. 1855. Bruxelles, *Parent*. 21 fr.

2e édition en 1860. *Ibid.* 7 fr.

L'original anglais a paru à Londres de 1833 à 1850. La traduction française avait été promise en 20 volumes, mais elle n'a pas été continuée au delà du 7e volume.

ALIX, professeur à Angers.

— Grammaire française. — Voy. *Davau et Alix*.

ALIX (Accurse), né en 1802, à Aix-en-Provence, mort à Paris, en 1858.

— Les Hymnes du bréviaire romain, traduites en vers français, avec musique de M. l'abbé C. Alix. In-8° (sans date). *Lebeau*. 10 fr.

— Poésies. In-12. 1842. Bourges, *Vermeil*. 3 fr. 50 c.

M. Alix a traduit avec son fils l'abbé C. Alix (voy. ci-après) « la Théologie séraphique », de S. Bonaventure.

ALIX (l'abbé Céleste), fils du précédent, docteur en théologie, chapelain honoraire de Sainte-Geneviève, vicaire à Saint-Thomas d'Aquin, né à Oppède (Vaucluse), en 1824.

— L'Apostolat dans le monde, conférences prêchées à l'église Saint-Thomas d'Aquin, à Paris. In-12. 1861. *Borrani*. 2 fr. 50 c.

— Cours complet de chant ecclésiastique. In-8°. 1853. *Lecoffre*. 3 fr. 50 c.

— Un Enfant de Marie. Vie d'une jeune pensionnaire, par l'abbé C. H. A***. In-18 avec 1 grav. 1854. *Douniol*. 1 fr.

Anonyme.

— Étude théologique sur le pouvoir temporel du pape. In-8°. 1860. *Adrien Le Clere*. 1 fr.

— Missel romain à l'usage des fidèles, contenant l'office complet du matin pour tous les jours de l'année, selon le rite de la sainte Église romaine. Traduction nouvelle par l'abbé C. Alix. In-18. 1857. *Vaton*. 8 fr.

2e édition revue et augmentée en 1859.

— Mémoire pour servir à l'étude et à la restauration du chant romain en France. In-8°. 1851. *Lecoffre*. 2 fr.

— Réponse aux Études de M. Duval sur le Graduel romain, etc. In-8°. 1852. *Ibid.* 1 fr.

— Sermon de charité en faveur des orphelins de Paris. In-8°. 1854. *Douniol*. 1 fr.

— Simple entretien sur l'Encyclique. In-18. 1865. *Vaton*. 1 fr.

M. l'abbé Alix a traduit de l'italien : « Vie de la B. Marianne de Jésus », du P. *Boero*, « Petit traité sur les petites vertus », par l'abbé comte *Roberti* ; « la Vie de la très-sainte Vierge Marie », de *Gentilucci* ; du latin : « Théologie séraphique », de S. *Bonaventure* ; « le Triomphe de la croix », de Jérôme Savonarole et le « Miroir de l'Église », de S. *Edmond*. Il a encore publié : « le Catéchiste en chaire », de *Guillois*.

ALIX (le docteur Pierre Henri Edmond), médecin à Paris, où il est né en 1823.

— Compte rendu de la Société des sciences médicales de Paris pendant l'année 1862. In-8°. 56 p. 1863. [Caen], *L. Leclerc*.

— Étude sur les effets des tractions et des torsions exercées sur la main et l'avant-bras des enfants et principalement sur les subluxations de l'extrémité supérieure du radius. In-8°. 1863. *Leclerc*. 1 fr. 25 c.

On doit aussi au docteur Alix plusieurs articles insérés dans divers recueils scientifiques et médicaux. Il a rédigé le compte rendu des travaux de la Société des sciences médicales de Paris, pendant les années 1861 à 1864.

ALKHAYYÂMI (Omar). — Voy. **Omar**.

ALLA (Jean Joseph), greffier près le 1er conseil de guerre de la division d'Alger, mort en...

— Le Praticien des tribunaux militaires, ou Code d'instruction criminelle et code pénal militaires. 2e édition corrigée et augmentée. 2 vol. in-8°. 1852. [Lyon, *Girard et Josserand*.] *Dumaine*.

Avec son fils Charles Auguste Alla, également décédé. — La 1re édition a paru à Lyon, en 1849.

ALLA (Pierre), officier d'administration de 1re classe, greffier près le 2e conseil militaire de Lyon, frère et oncle des précédents, né à Sare (Basses-Pyrénées), en 1821.

— Manuel pratique des tribunaux militaires, précédé d'un dictionnaire sur l'organisation, la compétence et la procédure des tribunaux militaires. In-8°. 1860. [Tarbes, *Telmon*.] *Tanera*. 8 fr.

ALLAIN (A. F.), ancien contrôleur dans les canaux.

— Question de salubrité publique. Exposé, avec plan, d'un système complet et remarquablement économique d'assainissement des propriétés et des voies publiques. In-4°. 1856. *Leclère*.

ALLAIN (Édouard).

— Nouveau Manuel complet de dessin linéaire géométrique, à l'usage des jeunes gens qui se destinent aux travaux publics. In-18 avec atlas in-4° de 20 pl. 1853. *Roret*. 5 fr.

Collection des Manuels-Roret.

ALLAIN ou ALAIN (Jacques Étienne), ancien professeur, ancien juge de paix à Chartres, né à Milesse (Sarthe), en 1796.

— Code formulaire des lois électorales et du décret sur le jury, ou Guide théorique et pratique des maires, des commissions municipales, des juges de paix, etc. In-8°. 1851. *Cosse*. 2 fr. 50 c.

— Code formulaire des officiers de police judiciaire, des auxiliaires du procureur impérial et des tribunaux de simple police de canton et des maires, ou Guide théorique et pratique des commissaires de police départementaux et cantonaux, des maires et adjoints, etc., suivi de 305 formules ou modèles de procès-verbaux. 2 vol. in-12. 1853. *Cotillon*. 8 fr.

— Manuel encyclopédique, théorique et pratique des juges de paix, de leurs suppléants, greffiers et huissiers audienciers, ou Traité général et raisonné de leur compétence judiciaire et extrajudiciaire, civile et criminelle, contenant, etc. 2e édition. 3 vol. in-8°. 1853. *Cosse*. 22 fr. 50 c.

ALLAIN (L.), médecin à Angers.

— Études cliniques sur l'hydrothérapie. Année 1856. In-8°. 1857. Angers, *Lecerf*.

ALLAIN (Pascal), professeur de rhétorique au collège Stanislas, a traduit : « Histoire d'Alexandre » de *Quinte-Curce*, et « Oraison funèbre de Césaire », par S. *Grégoire* de Nazianze. Il a publié des éditions classiques des « Morceaux choisis », de *Fénelon*, et des « Oraisons funèbres », de *Bossuet*.

ALLAIN (P. A.), ancien préparateur à l'École centrale.

— Éléments de chimie, contenant les applications de cette science à la médecine et à la pharmacie. In-8º avec 3 pl. 1857. *Dupont.* 3 fr.

— Traité de chimie élémentaire d'après les équivalents ayant l'hydrogène pour unité. In-8º avec 3 pl. 1847. *Baillière.* 5 fr.

ALLAINVAL (Léonor Jean Christine SOULAS D'), auteur dramatique, né à Chartres, mort à Paris, en 1753.

— L'École des bourgeois. — Voy. *Chefs-d'œuvre des auteurs comiques, tome III.

ALLAIRE (Louis Victor), médecin-major de 1re classe au 40e régiment de ligne, né à Laboussaye (Seine-et-Marne), en 1823.

— Études sur la taille et le poids de l'homme dans le régiment des chasseurs à cheval de la garde. In-8º. 1863. *Rozier.* 1 fr. 50 c.

ALLAIZE. Cours de mathématiques. — Voy. *Cours.

ALLAN KARDEC, nom fantastique adopté par M. H. L. D. RIVAIL, ancien chef d'institution, depuis qu'il s'est fait le grand-prêtre de la secte excentrique connue sous le nom de « Spirites ».

— Le Ciel et l'enfer ou la Justice divine selon le spiritisme, contenant l'examen comparé des doctrines sur le passage de la vie corporelle à la vie spirituelle, les peines et les récompenses futures, les anges et les démons, etc. In-12. 1865. *Didier et Cie.* 3 fr. 50 c.

— L'Évangile selon le spiritisme, contenant l'explication des maximes du Christ, leur concordance avec le spiritisme et leur application aux diverses positions de la vie. 3e édition, revue, corrigée et modifiée. In-12. 1865. *Ibid.* 3 fr. 50 c.

La 1re édition a été publiée en 1864 sous le titre : « Imitation de l'Évangile », etc.

— Instructions pratiques sur les manifestations spirites, contenant l'exposé complet des conditions nécessaires pour communiquer avec les esprits, et les moyens de développer la faculté médiatrice chez les médiums. In-12. 1858. *Dentu.* 2 fr.

— Le Livre des esprits, contenant le principe de la doctrine spirite sur l'immortalité de l'âme, la nature des esprits et leurs rapports avec les hommes, etc. 13e édition. In-12. 1865. *Didier et Cie.* 3 fr. 50 c.

La 1re édition est de 1853.

— Le Livre des médiums ou Guide des médiums et des évocateurs, pour faire suite au Livre des esprits. 5e édition, revue et corrigée avec le concours des esprits et augmentée d'un grand nombre d'instructions nouvelles. In-12. 1863. *Ibid.* 3 fr. 50 c.

— Qu'est-ce que le spiritisme ? Guide de l'observateur novice dans les manifestations des esprits, contenant le résumé des principes de la doctrine spirite. 6e édition. In-12. 1865. *Ledoyen.* 1 fr.

— Recueil de prières spirites, extraites de l'Évangile selon le spiritisme. In-12 de 107 p. 1865. *Chez l'auteur.*

— Résumé de la loi des phénomènes spirites. Nouvelle édition augmentée, In-12, 1865. *Didier et Cie.* 15 c.

— Le Spiritisme à sa plus simple expression, exposé sommaire de l'enseignement des esprits et de leurs manifestations. 7e édition. In-18. 1865. *Ibid.* 15 c.

— Voyage spirite en 1862. In-8º. 1862. *Ibid.* 1 fr.

Pour ses ouvrages d'éducation, voy. *Rivail.*

ALLARD, employé des contributions.

— Des contributions des patentes, foncière et des portes et fenêtres établies sur l'industrie manufacturière. In-8º. 1862. *Lacroix.* 3 fr.

ALLARD, ancien chef de bureau au ministère de l'instruction publique. Il fut chargé, en 1833, de l'organisation de l'instruction primaire.

— Des moyens d'améliorer le sort des travailleurs industriels et agricoles, suivis d'un projet de déclaration de leurs droits et de leurs devoirs et d'un projet de décret sur l'amélioration de leur sort. In-12. 1848. *Guillaumin.*

— Notions pratiques d'agriculture pour les écoles primaires. 2 vol. in-18. 1844. *Bouchard-Huzard.* 1 fr. 10 c.

— Recueil méthodique des lois, ordonnances, règlements, arrêtés et instructions relatifs à l'enseignement, à l'administration et à la comptabilité des écoles normales primaires; suivi de tableaux présentant les résultats qu'ont produits jusqu'à ce jour ces écoles. In-8º. 1843. *Dupont.*

ALLARD (l'abbé), prêtre du clergé de Saint-Germain des Prés.

— Mois de Notre-Dame de la Salette. Apparition de la sainte Vierge. Révélation à deux jeunes bergers de Corps (Isère) en 1846. In-18. 1849. *Chez l'auteur, rue de la Huchette,* 29. 1 fr.

— Paradis terrestre de la fin des siècles et décadence de celui du commencement du monde. Apparition de la sainte Vierge à deux bergers de la Salette, en 1846. In-12. 1850. *Lecoffre.* 1 fr.

ALLARD (Alphonse).

— L'Or, l'Argent et le Commerce belge. In-8º. 1861. Bruxelles, *Decq.* 1 fr. 75 c.

ALLARD (Camille), docteur en médecine, ex-inspecteur des eaux de Saint-Honoré (Nièvre) et de Royat (Puy-de-Dôme), né à Marseille en 1832, mort en 1863.

— La Dobroutcha. (Souvenirs d'Orient.) In-8º. 1859. *Douniol.* 1 fr. 50 c.

Extrait du « Correspondant ».

— Les Eaux thermo-minérales d'Auvergne, leurs spécialités médicales, leur état actuel et leur avenir. In-8º. 1862. *Adrien Delahaye.* 2 fr. 50 c.

Avec M. Boucomont.

— Essai sur l'arthritie des viscères et en particulier des organes respiratoires et sur son traitement par les eaux minérales. In-8º. 1861. *Ibid.* 1 fr.

— Michel Bertrand (du Mont-Dore), sa vie et ses œuvres. In-4º. 43 p. 1861. *Au bureau de la Gazette des eaux.*

— Précis sur les eaux thermales de Royat (Puy-de-Dôme); suivi du Guide indicateur. In-8º avec plan. 1861. *Delahaye.* 1 fr.

— Souvenirs d'Orient. La Bulgarie orientale. Orné de 7 grav. et de 2 cartes. In-12. 1864. *A. Le Clere et Cie.* 2 fr.

La 1re édition est de 1861.

— Souvenirs d'Orient. Les Échelles du Levant. In-12. 1864. *Ibid.* 2 fr.

— De la Thérapeutique hydrominérale des maladies constitutionnelles et en particulier des affections tégumentaires externes. In-8°. 1860. *Delahaye.* 2 fr.

— Du Traitement de la phthisie pulmonaire par les eaux de l'Auvergne. In-8°. 1863. *Ibid.* 1 fr. 50 c.

Ces deux mémoires sont extraits des « Annales de la Société d'hydrologie médicale de Paris ».

ALLARD (Guy-). — Voy. **Guy-Allard.**

ALLARD (J.), notaire.

— Exposé des mesures administratives à prendre pour assurer l'efficacité de la loi du 23 mars 1855 sur la transcription, et corriger les inconvénients auxquels elle n'a pas eu pour objet de remédier. In-8°. 1857. [Niort], *Cosse et Marchal.* 2 fr. 50 c.

— De la Forme des actes au point de vue de l'intérêt des tiers ou de la Société, etc. In-8°. 1846. Niort, *Robin.* 12 fr. 50 c.

ALLARD (Jules et Léonide), poëtes français.

— Les Marges de la vie. (Poésies.) In-12. 1857. *Lévy frères.* 3 fr.

ALLARD (J. S.), prêtre.

— Le Volontaire Joseph Louis Guérin, du corps des zouaves pontificaux. In-12 avec portrait. 1862. Nantes, *Mazeau.* 1 fr. 50 c.

La 1re édition est de 1861.

ALLARD (Louis).

— Bernard Palissy, ou le Potier de Saintes, pièce historique en cinq actes, précédée d'un prologue en deux parties. In-12. 1865. *Chez l'auteur, rue des Vinaigriers, 11.* 1 fr.

— L'Escamoteur; satire de mœurs. In-12. 1865. *Vanier.* 25 c.

ALLARD (Marcellin).

— Ballet en langage forezien de trois bergers et trois bergères se goussant des amoureux, qui nomment leur maîtresse leur doux souvenir, leur belle pensée, leur lis, leur rose, leur œillet, etc. Avec préface par M. Gust. Brunet. In-12 avec portrait de l'auteur. 1855. *Aubry.* 3 fr. 50 c.

Réimpression tirée à 60 exemplaires sur papier vélin. — La 1re édition est de 1605.

ALLARDE (Mar. Fr. Den. Le Roi, baron d'), vaudevilliste, connu sous le nom de *Francis*, né à Besançon, en 1778. Il a fait des vaudevilles en collaboration avec M. *Dumersan.*

ALLART, mort en...

— Les Lundis de madame; comédie. In-12. 1853. *Lévy frères.* 1 fr.

La même pièce a paru, en 1863, dans le « Théâtre contemporain illustré », livraison 89.

ALLART (Hortense), dame DE MÉRITENS, dite en littérature ALLART DE MÉRITENS, nièce de Sophie Gay, femme de lettres française, née à Paris, en 1801.

— Essai sur l'histoire politique, depuis l'invasion des barbares jusqu'en 1848. 2 vol. in-12. 1857. *Dentu.* 7 fr.

— Essai sur la religion intérieure. In-12. 1864. *Chez tous les libraires.* 2 fr.

— Histoire de la république de Florence. In-12. 1843. *Delloye.* 3 fr. 50 c.

— Nouvelle concorde des quatre Évangélistes, abrégée. In-12. 1863. *Chez tous les libraires.*

— Novum organum, ou Sainteté philosophique. In-12. 1857. *Garnier frères.* 1 fr.

— Premier petit livre. Études diverses. In-18. 1850. *Renault.* 50 c.

— Second petit livre. Études diverses. In-18. *Ibid.* 50 c.

— Troisième petit livre. Études diverses. In-18. 1851. *Ibid.* 50 c.

ALLARY (l'abbé Paul Jean Élisabeth), ancien curé de Genevilliers (Seine), membre de la Société d'acclimatation, décédé curé de Rosny-sur-Bois (Seine), en 1859.

— Guide pratique pour élever les cailles, les perdrix Colins ou cailles d'Amérique, et pour leur faire produire, aux cailles, de 45 à 50 petits, et aux perdrix, de 55 à 60, suivi d'un chapitre sur l'incubation artificielle, par A. Leroy. In-12 avec fig. 1861. *Goin.* 1 fr. 50 c.

ALLAUX (J. E.).

— Visions d'amour. — Voy. *Alaux.*

ALLEAUME (le P.), de la Compagnie de Jésus, a traduit du portugais : « Souffrances de N. S. Jésus-Christ », du P. *Thomas de Jésus.*

ALLEAUME, archiviste paléographe, ancien élève de l'École des chartes.

— Notice biographique sur les deux Porée. In-8° de 6 f. 1854. Caen, *Hardel.*

Ouvrage couronné par l'Académie de Caen.

M. Alleaume a encore publié les « OEuvres complètes », de *Théophile*, dans la collection de la Bibliothèque elzévirienne.

ALLÈGRE (Ph.) a publié : « Rosna », d'*Eddyn Ildouz.*

ALLÉGRET, docteur ès sciences, professeur de mathématiques.

— Essai sur le calcul des quaternions de M. W. Hamilton. In-4°. 1862. *Leiber.* 6 fr.

Thèse présentée à la Faculté des sciences.

*Allemagne (l') et l'annexion de la Savoie. Traduit de l'allemand. In-8°. 1860. Bruxelles. 1 fr.

*Allemagne (De l') avant le congrès. In-8°. 1860. *Dentu.* 1 fr.

*Allemagne (l') et la question d'Italie. Lettre adressée à M. J. J. Weiss, du Journal des Débats, par un habitant de Mégare. In-8°. 1861. *Ibid.* 2 fr.

ALLEMAND (l'abbé), directeur des études au séminaire de Valence, a publié un nouveau choix des lettres de Mme de *Sévigné.*

ALLEMAND, avocat à Riom, membre de l'Académie de Clermont, né à Riom, en 1773, mort en 1851.

— Essai sur le général Desaix. In-8°. 1845. Clermont-Ferrand, *Thibaud Landriot.*

— Traité du mariage et de ses effets. 2 vol. in-8°. 1847. [Riom], *Thorel.* 16 fr.

ALLEMAND-LAVIGERIE (l'abbé).

— Charité chrétienne au xixe siècle. Les Martyrs en Chine. Relations recueillies et publiées sous la direction de M. l'abbé Allemand-Lavigerie. In-12. 1854. *Courcier.* 2 fr.

*Allemands (des). In-8°. 1846. *Amyot.* 4 fr.

ALLEN (Guillaume).

— Observations succinctes sur l'état charnel et spirituel de l'homme, avec quelques remarques sur la nature du véritable culte et du ministère évangélique. Traduit de l'anglais. In - 8°. 1845. Caen, *Woinez.*

Autre édition en 1855, chez *Balliret*, à Nîmes.

ALLENT (B.), pseudonyme d'Eug. BALLAND, libraire à Paris.

— Les Animaux industrieux, ou Description des ruses qu'ils mettent en œuvre pour saisir leur proie et leurs ennemis, etc. 9e édition. In-12. 1854. *Lehuby.* 1 fr. 25 c.

ALLÉON, ancien président du tribunal de commerce d'Annonay, né à Annonay, en 1796.

— Manuel de morale et d'économie politique, à l'usage des classes ouvrières. In-18. 1847. *Guillaumin.* 1 fr.

ALLETZ (Édouard), littérateur et diplomate, né à Paris, en 1798, mort à Barcelone, en 1850.

— Discours sur la puissance et la ruine de la république de Venise (lu à l'Institut). In-8°. 1842. *Parent-Desbarres.*

— Élévations à Dieu avant et après la confession et la communion. In-18. 1839. *Lecoffre.* 50 c.

— Esquisses poétiques de la vie. 2 vol. in-32. 1841. *Denaix.* 50 fr.

— Génie du xixe siècle, ou Esquisse des progrès de l'esprit humain, depuis 1800 jusqu'à nos jours. In-18. 1843. *Paulin.* 3 fr. 50 c.

— Harmonies de l'intelligence humaine. 2 vol. in-8°. 1846. *Parent-Desbarres.* 12 fr.

— Maximes politiques, à l'usage de la démocratie nouvelle. In-18. 1840. *Delloye.*

ALLETZ (Pons Augustin), fécond abréviateur, ancien oratorien, né à Montpellier, en 1703, mort à Paris, en 1785.

— Abrégé de la morale chrétienne et des principales vérités de la foi contenues dans les saintes Écritures et principalement dans le Nouveau Testament, en latin et en français, etc. Nouvelle édition. In-12. 1864. Lyon, *Périsse frères.* 70 c.

Anonyme. — La 1re édition a paru vers 1755.

ALLEURS (Ch. DES). — Voy. **Des Alleurs.**

ALLEVARRÈS (Jules), anagramme du nom de Joseph François Jules DE SERRAVALLE, ancien professeur, sous-chef au ministère de l'instruction publique, né à Mont-de-Marsan (Landes), en 1821.

— Caritas; pièce qui a remporté le premier prix de poésie française proposé par la Société d'émulation de Cambrai. 3e édition. In-8°. 1861. *Belin.*

— Le Secret du docteur; drame en trois actes, en vers. 2e édition. In-16. 1865. *Lévy frères.* 1 fr. 50 c.

La 1re édition est de 1863.
M. J. de Serravalle a encore signé du même pseudonyme une traduction de l'italien en vers français de : « Judith », tragédie de Paolo Giacometti.

ALLEVY (Alcide Louis), professeur, inventeur d'une méthode mnémotechnique, né à Paris, en 1824.

— Allevytechnie. Moyen d'apprendre vite et de retenir toujours, applicable à toutes les sciences. Histoire de la France allevysée. In-18 avec 1 pl. 1854. *Chez l'auteur.* 5 fr.

Souvent réimprimé.

— Géographie de France allevysée. In-32. 1855. *Ibid.* 3 fr.

— Histoire d'Angleterre allevysée. In-18. 1857. *Ibid.*

— Histoire sainte allevysée. In-18. 1861. *Ibid.* 5 fr.

ALLIBERT (l'abbé Jacques), vicaire général de Lyon, secrétaire général de l'archevêché, doyen du chapitre, né en 1780, mort en 1864.

— Manuel de la confrérie de Notre-Dame des Sept Douleurs. In - 18. 1865. Lyon, *Duc.* 1 fr. 40 c.

— Vie de sainte Catherine de Sienne, traduite de l'italien par M. Allibert. 2e édition. In-12. 1856. Lyon, *Périsse.* 1 fr. 50 c.

— Vie de sainte Catherine de Ricci, religieuse de l'ordre de Saint-Dominique; traduite de l'italien sur l'imprimé à Rome, chez Minardi, en 1746, par M. Allibert; suivie de la Bulle de canonisation, par l'abbé Pujot. In-12. 1846. *Ibid.* 1 fr. 50 c.

M. Allibert a encore traduit de l'italien: « Vie de sainte Hyacinthe Mariscotti », par le P. de *Latera.*

ALLIBERT (J.), vétérinaire à l'école de Grignon.

— Alimentation des animaux domestiques. Art de formuler des rations équivalentes. In-8°. 1862. *Lacroix.* 2 fr.

— Guide de l'éleveur de poules, poulets, etc. In-12. 1855. *A. Goin.* 75 c.

ALLIER (Achille).

— L'ancien Bourbonnais. (Histoire, monuments, mœurs, statistique.) Gravé et lithographié sous la direction de M. Aimé Chenavard, d'après les dessins et documents de M. Dufour, par une société d'artistes; rédigé par A. Allier, continué par A. Michel et L. Batissier. 3 vol. in-fol. dont 1 de pl., au nombre de 135, et 2 cartes. 1835-1839. Moulins, *Desrosiers.* 150 fr.

Publié en 25 livraisons du prix de 6 fr.

ALLIER (J. F.), ancien instituteur.

— Dialogue sur l'analyse logique, sur l'analyse grammaticale et sur les principales règles de la syntaxe. In - 12. 1857. Avignon, *Séguin.* 1 fr. 25 c.

— Dialogue sur l'arithmétique et sur quelques notions d'arpentage et de dessin linéaire. In-12. 1857. *Ibid.* 1 fr. 25 c.

— Dialogue sur la géographie, sur la sphère, sur l'épacte et sur les divers phénomènes aériens et terrestres. In-12. 1857. *Ibid.* 1 fr. 50 c.

— Dialogue sur l'histoire de France. 2 vol. in-12. 1857. *Ibid.* 2 fr. 50 c.

— Dialogue sur la rhétorique et sur la versification. In-12. 1857. *Ibid.* 1 fr. 50 c.

— Dialogue sur les signes orthographiques et les dix parties du discours de la langue française. In-12. 1857. *Ibid.* 1 fr. 25 c.

— Dialogue sur la tenue des livres en partie double, mise à la portée de tout le monde. In-12. 1857. *Ibid.* 2 fr.

— Dialogue sur les éléments de la philosophie. In-12. 1857. *Ibid.* 2 fr.

Tous ces ouvrages sont écrits en collaboration avec l'abbé Richard et forment un cours complet d'éducation et d'instruction.

ALLIER (l'abbé M. P. J. B.), vicaire des Blancs-Manteaux à Paris.

— Petit traité théorique et pratique de la lecture du latin. In-18. 1858. Clermont-Ferrand, *Thibaud*. 50 c.

ALLIER (R.), fondateur de la colonie du Petit-Bourg.

— Études sur le système pénitentiaire et les sociétés de patronage. In-8°. 1842. *Marc-Aurel*. 4 fr. 50 c.

ALLIES (Thomas William), pasteur protestant anglais converti au catholicisme.

— Journal d'un voyage en France, et Lettres écrites de l'Italie. Traduits de l'anglais par M. L. In-8°. 1858. Tournai, *Casterman*. 2 fr. 50 c.

ALLIEY (Frédéric), magistrat.

— Bibliographie complète, analytique, raisonnée et par ordre alphabétique de tous les ouvrages connus en toutes les langues sur le jeu de dames, soit à la française, soit à la polonaise. 3° édition revue, corrigée et très-augmentée. In-8° de 15 f. et 1 pl. 1852. Commercy, *Cabasse*.

ALLIEZ (l'abbé L.), chanoine, né à Cannes, en 1810.

— Histoire du monastère de Lérins. 2 vol. gr. in-8°. 1861-1863. [Draguignan], *Didier et Cie*. 14 fr.

— Les Iles de Lérins, Cannes et les rivages environnants. In-8°. 1860. Draguignan, *Sieyès*. 3 fr.

ALLIGNOL (C. et A.).

— De l'État actuel du clergé en France, et, en particulier, des curés ruraux appelés desservants. In-8°. 1839. *Debécourt*. 5 fr.

ALLIOD (Jules), avocat.

— Essai historique sur les législations anciennes du Lyonnais. In-8°, 75 p. 1860. Lyon, *imprimerie Mougin-Rusand*.

ALLIOLI (Joseph François), théologien et savant allemand, grand-vicaire et prévôt du chapitre de la cathédrale d'Augsbourg, né à Sulzbach (Bavière), en 1793.

— Études sur le Bréviaire romain : Des motifs intrinsèques des heures canoniales et des rapports qui existent entre elles. Traduction de M. l'abbé C. S. Dodille. In-18. 1865. Châlon-sur-Saône, *Mulcey*. 1 fr.

— Nouveau Commentaire littéral, critique et théologique, avec rapport aux textes primitifs sur tous les livres des divines Écritures. Traduit de l'allemand en français sur la 6° édition, par M. l'abbé Gimarey. 4° édition, revue et considérablement augmentée ; avec le texte latin et la version française en regard. 8 vol. in-8°. 1865. *Vivès*. 48 fr.

La 1re édition de cette traduction a paru en 1856, 10 vol. 60 fr.

ALLIOT (l'abbé François), ancien curé, médecin et écrivain philosophique, né en 1798 à Gibeaumeix (Meurthe).

— Une Idée de la nouvelle doctrine philosophique désignée sous le nom de ratio-sensitivisme. In-8°. 1852. Senlis, *imprimerie Duriez*.

— Nouvelle Doctrine philosophique. 3 vol. in-8°. 1851. *Fromont-Pernet*. 18 fr.

La 1re édition a été publiée, de 1838 à 1847, sous le titre : « la Philosophie des sciences ».

— La Pratique médicale des familles. Précis où l'on expose en peu de mots des moyens de guérir plus puissants que ceux qui ont été employés jusqu'ici, et parmi les moyens connus, ceux qui ont été constatés par l'expérience les plus efficaces contre les diverses maladies qui affligent l'humanité. In-18. 1851. *Chez l'auteur, rue Taranne*, 12.

— Le Progrès ou Des destinées de l'humanité sur la terre. 4 vol. in-12. 1864-1865. Bar-le-Duc, *Contant-Laguerre*. 14 fr.

— Quelques pages de supplément à la quatrième partie du Progrès et des destinées de l'humanité sur la terre. Fragments philosophiques, suite de la Démonstration des erreurs des sciences. In-12. 1865. *Ibid.* 2 fr.

ALLIOT (P.), ingénieur civil, ancien agent voyer.

— Le Drainage considéré comme base de l'agriculture moderne. In-8°. 1857. Caen, *Bouchard*. 50 c.

Nouvelle édition en 1861. In-8°, 82 p. avec fig. Caen, *imprimerie Ve Pagny*.

— Origine des maladies des végétaux, particulièrement du pommier, de la vigne, de la pomme de terre, de la betterave, du colza, etc., et des animaux herbivores; suivie des moyens d'éviter ces maladies en prévenant par le drainage des terres la vaporisation des eaux corrompues dans le sol. In-8°. 1854. *Chez l'auteur*.

ALLIX (Georges Jean-Baptiste François), ingénieur de 1re classe de la marine, né en 1808.

— De la Comptabilité du matériel de la marine. In-8°. 87 p. 1848. *Ledoyen*.

— Éclaircissements sur les comptes - matières de la marine. In-8°. 40 p. 1849. *Ibid.*

Ces deux brochures ont été publiées sous le nom « Un contrôleur *in partibus* ».

— Explication d'un nouveau système de tarifs, ou Nouvelle méthode pour trouver, en mesures métriques, sans aucun calcul, le poids des métaux en barres ou en feuilles, le cube des poids bruts ou équarris, etc. In-4° avec 4 pl. sur cartons et 5 sur papier. 1840. *Bachelier*. 5 fr.

ALLIX (Jacques Alexandre François), général français, né à Perci (Manche), en 1776, mort en 1836.

— Examen du système d'artillerie de campagne. (Janvier 1826.) In-8°. 1841. *Corréard*. 2 fr. 75 c.

ALLONGUE (F. E.).

— Muséum de poésies fugitives. Choix d'épigrammes, d'énigmes, de charades, avec une explication sur chaque genre de poésie et une notice sur les auteurs qui s'y sont distingués. In-12. 1844. *Hachette*. 2 fr. 50 c.

— Muséum poétique des écoles. 27° édition. In-18. 1844. *Ibid.* 2 fr.

— Le Guide des écoliers dans la conjugaison des verbes français, réguliers et irréguliers. In-12. 1845. *Ibid.* 1 fr. 25 c.

ALLONNEAU, médecin à Poitiers, mort en...

— Mémoire sur la réforme religieuse, les guerres civiles du XVI° siècle, et la bataille de Moncontour en 1569. In-8° avec carte. 1844. Poitiers, *Saurin*.

Extrait des « Mémoires des antiquaires de l'Ouest ». Tiré à 100 exemplaires.

ALLONVILLE (Armand François, comte d'), membre de l'Institut historique, né au château de La Roche (Seine-et-Marne), en 1764, mort en 1832.

— Mémoires secrets de 1770 à 1830. Tome VI. In-8°. 1845. *Passard.* 8 fr.

Les tomes I à V ont paru chez Werdet de 1838 à 1841.

ALLOTTE (P. V.), inspecteur de l'Académie de Besançon.

— Éléments d'algèbre. 2ᵉ édition. In-8°. 1847. Besançon, *Outhenin-Chalandre.* 75 c.

— Leçons d'arithmétique. 2ᵉ édition. In-8°.1846. *Ibid.* 1 fr. 50 c.

ALLOUARD (Mᵐᵉ Emma) a traduit : « les Marrons de la Jamaïque » du capitaine *Mayne-Reid*, et « Aventures de terre et de mer » du même auteur.

ALLUARD a traduit un mémoire de *Murchison* sur le Forez.

ALLUAUD aîné.

— Mémoires sur le reboisement et la conservation des bois et forêts de la France. In-8° de 7 f. 1845. Limoges, *Chapoulaud.*

ALLUT (CAZALIS-). — Voy. **Cazalis-Allut.**

ALLUT (P.), ancien officier de la Garde royale, né à Pierre-Bénite (Rhône), vers 1800.

— Accueil de Mᵐᵉ de la Guiche, à Lyon, le lundy vingt-septiesme d'août M.D.XCVIII, publié jouste la copie imprimée à Lyon la même année, par P. Allut. Pet. in-8°. 1861. Lyon, *imprimerie Perrin.* 10 fr.

Tiré à 100 exemplaires numérotés sur papier vergé de Hollande.

— Étude biographique et bibliographique sur Symphorien Champier; suivie de divers opuscules français de Symphorien Champier. L'Ordre de chevalerie, le Dialogue de noblesse et les Antiquités de Lyon et de Vienne. Gr. in-8° avec portrait. 1849. Lyon, *Scheuring.* 21 fr.

— Recherches sur la vie et sur les œuvres du P. Cl. Fr. Ménestrier, suivies d'un Recueil de lettres inédites de ce Père à Guichenon, et de quelques autres lettres de divers savants de son temps, inédites aussi. In-8°. 1856. *Ibid.* 20 fr.

— Les Routiers au xivᵉ siècle. — Les Tard-venus et la Bataille de Brignais. In-8°. 1860. *Ibid.* 15 fr.

— Aloysia Sygea et Nicolas Chorier. In-8°. 1862. *Ibid.* 10 fr.

Tiré à 112 exemplaires.

Tous ces ouvrages sortent des presses de M. Perrin, à Lyon.

ALLUT (VERDIER-). — Voy. **Verdier-Allut.**

ALLYRE-BUREAU. — Voy. **Bureau.**

ALMAGRO (Manuel de), docteur-médecin, ancien interne des hôpitaux de Paris, membre de la Société médicale d'observation, et de la Société zoologique d'acclimatation, né à Matanzas (Cuba), vers 1830.

— Étude clinique et anatomo-pathologique sur la persistance du canal artériel; accompagnée de 3 pl., dont une coloriée. In-4°. 1862. *Adr. Delahaye.* 3 fr. 50 c.

Thèse de doctorat.

ALMAGRO (le comte d'), pseudonyme du prince Pierre **Dolgorouky.** — Voy. ce nom.

*Almanachs pour 1866.

—— de l'Agriculteur praticien. 10ᵉ année. *Goin.* 50 c.

—— de l'Apprenti et de l'Écolier. 16ᵉ année. *Bray.* 50 c.

—— de l'Archéologue français, par les membres de la Société française d'archéologie. 2ᵉ année. [Caen, *Hardel*]. *Béchet.* 50 c.

—— astrologique, scientifique, astronomique, physique, etc. 19ᵉ année. *Pagnerre.* 50 c.

—— de l'Atelier. *Bray.* 25 c.

—— du Bâtiment. — Voy. *Sagerot.*

—— de Béranger. — Voy. *Boiteau.*

—— des Bêtes, publié sous le patronage de la Société protectrice des animaux. 4ᵉ année. Mirecourt, *Humbert.* 40 c.

—— des Bons conseils. 41ᵉ année. *Meyrueis et Cᵢᵉ.* 15 c.

—— des Bons mots curieux et nouveaux (pour 1864). *Pagnerre.* 50 c.

—— de la Bourse. 11ᵉ année. *Collignon.* 50 c.

—— de Cagliostro. — Voy. *Robin.*

—— des Cent mille adresses. — Voy. *Cambon.*

—— de la Chanson, par les membres du Caveau et les meilleurs auteurs chansonniers. *Le Bailly.* 50 c.

—— chantant; choix des plus jolies chansons françaises, illustrées par Télory. *Delarue.* 50 c.

—— chantant. *Renault et Cᵢᵉ.* 50 c.

—— chantant Galiniste. 1ʳᵉ année. *Vᵉ Berger-Levrault et fils.* 50 c.

—— du Charivari. 7ᵉ année. *Pagnerre.* 50 c.

—— du Chaulage. — Voy. *Mosselmann.*

—— général des Chemins de fer. — Voy. *Thevenin* (Évariste).

—— du Clergé de France. — Voy. *France ecclésiastique* (la).

—— du Code Napoléon (pour 1864). *P. Dupont.* 50 c.

—— comique et anecdotique. *Renault et Cᵢᵉ.* 50 c.

—— comique, pittoresque, drôlatique, critique et charivarique, illustré par Cham et Grévin. 25ᵉ année. *Pagnerre.* 50 c.

—— du Commerce. — Voy. *Annuaire.*

—— des Communes, par Pol de Guy et Lachat. *Rome.* 50 c.

—— de la Conciliation des croyances (pour 1865), publié par l'Alliance religieuse universelle. *Thérifocq.* 50 c.

—— de la Cour, de la Ville et des Départements. 59ᵉ année. *Dentu.* 2 fr.

—— de la Bonne Cuisine et de la Maîtresse de maison. 9ᵉ année. *Pagnerre.* 50 c.

—— manuel de la Cuisinière. *Delarue.* 50 c.

—— du Cultivateur, par les rédacteurs de la Maison rustique du xixᵉ siècle. 23ᵉ année. *Librairie agricole.* 50 c.

—— des Dames et des Demoiselles. 16ᵉ année. *Pagnerre.* 50 c.

—— des Deux Mondes. — Voy. *Commettant.*

—— encyclopédique, récréatif et populaire, d'après les travaux de savants et de praticiens célèbres. 27e année. *Roret.* 50 c.

—— populaire de la Famille (pour 1865). [Dijon], *Richard.* 50 c.

—— des Familles (pour 1865). 12e année. *Ve Berger-Levrault et fils.* 25 c.

—— du Figaro. 11e année. *Au bureau du Figaro.* 50 c.

—— des Foires de France, suivies des fêtes des environs de Paris (pour 1865). 2e année. *Dutertre fils.* 75 c.

—— de France et du Musée des familles, publié par la Société nationale. 34e année. *Au Musée des familles.* 50 c.

—— (Grand) de la France impériale; musée-mémorial du peuple et de l'armée (pour 1864). *Pick.* 1 fr.

—— de la Fraternité. — Voy. *Ariste.*

—— du Gendarme. 22e année. *Léautey.* 50 c.

—— des Gloires nationales (pour 1863). *Collignon.* 50 c.

—— de Gotha. Annuaire diplomatique et statistique. 103e année. Gotha, *J. Perthes.* 6 fr.

—— du Gourmand. — Voy. *Monselet.*

—— (illustré) de l'Histoire de France. *Delarue.* 50 c.

—— historique, anecdotique et populaire de l'empire français (pour 1865). *Renault et Cie.* 60 c.

—— historique et politique du bonhomme Richard (pour 1864). *E. Pick.* 50 c.

—— des Horlogers. — Voy. *Saunier.*

—— de l'Hygiène; art de conserver la santé (pour 1863). 2e année. *Pagnerre.* 50 c.

—— de l'Illustration. 23e année. *Marc et Cie.* 1 fr.

—— d'Illustrations modernes. 8e année. *Pagnerre.* 75 c.

—— des Imbéciles. — Voy. *Sirven.*

—— impérial (pour 1865). 167e année. *Guyot et Scribe.* 10 fr. 50 c.

Cette publication a commencé vers 1683 sous le titre: «Almanach et Calendrier», etc., 17 vol.; depuis 1699 elle prend le titre: «Almanach royal présenté pour la 1re fois au Roi en 1699», et continue ainsi jusques et y compris l'année 1792; ensuite elle s'appelle: «Almanach national de France» (ans II-XII), 9 vol.; «Almanach impérial (an XIII à 1813), 9 vol.; «Almanach royal» (1814 à 1830), 16 vol.; «Almanach royal et national» (1831 à 1847), 15 vol.; «Almanach national, annuaire de la république française» (1848 à 1852), 3 vol.; et «Almanach impérial», depuis 1853.

—— impérial (Petit). 19e année. *Pagnerre.* 50 c.

—— de l'Instituteur (pour 1865). 3e année. *Tandou et Cie.* 50 c.

—— du Jardinier, par les rédacteurs de la maison rustique. 23e année. *Librairie agricole.* 50 c.

—— théorique et pratique du Jardinier. Illustré de 50 fig. par Vincent Lucas (pour 1864). *Delarue.* 50 c.

—— du Jardinier-fleuriste, suivi de notes sur le jardin potager. 13e année. *Goin.* 50 c.

—— de la Jeune chanson française. 3e année. *B. Bechet.* 50 c.

—— Manuel des jeux de cartes, de combinaison et d'exercice. — Voy. *Le Gai* (Hilaire).

—— des Jeux de société. *Delarue.* 50 c.

—— du Laboureur et du Vigneron (pour 1865). *Bray.*

—— Liégeois illustré de Mathieu Lænsberg. *Passard.* 50 c.

—— de la Littérature, du Théâtre et des Beaux-Arts, précédé d'une histoire littéraire et dramatique de l'année, par Jules Janin. 14e année. *Pagnerre.* 75 c.

—— lunatique. 14e année. *Ibid.* 50 c.

—— du Luxe des femmes, par Delanoue. — Voy. *Passard.*

—— du Magasin pittoresque. 16e année. *Au Bureau du Magasin pittoresque.* 50 c.

—— magnétique, par le docteur Fluidus (pour 1864). *Delarue.* 50 c.

—— du Marin et de la France maritime. 29e année. *Pagnerre.* 50 c.

—— de Mathieu Lænsberg. 35e année. Amiens, *Lambert-Caron.* 40 c.

—— de Mathieu de la Drôme. — Voy. *Mathieu.*

—— de Mathieu de la Nièvre. 1re année. *Librairie internationale.* 50 c.

—— (général) de Médecine et de Pharmacie pour la ville de Paris et le département de la Seine, publié par l'administration de l'Union médicale. 37e année. *A. Delahaye.* 3 fr. 50 c.

—— de la Mère Gigogne; almanach des enfants. 17e année. *Pagnerre.* 50 c.

—— du Mérite des femmes, par Delanoue. — Voy. *Passard.*

—— météorologique. — Voy. *Raspail.*

—— du Monde illustré (pour 1863). 5e année. *Au bureau du Monde illustré.* 50 c.

—— du Musée de famille. — Voy. ci-dessus: «De France.»

—— musical. 13e année. Par Moléri et Oscar Commettant. *Collignon.* 50 c.

—— de Napoléon. 18e année. *Collignon.* 50 c.

—— de l'Oracle des dames et des demoiselles. *Delarue.* 50 c.

—— (illustré) de l'Ouvrier (pour 1864). *Blériot.* 50 c.

—— d'un Paysan. — Voy. *Joigneaux.*

—— de Paris. Annuaire général de diplomatie, de politique, d'histoire et de statistique pour tous les États du globe. 2e année. In-32 cart. *Amyot.* 5 fr.

—— du Petit Journal et du Journal illustré. 2e année. *Librairie du Petit Journal.* 30 c.

—— Polichinelle, ou Almanach perpétuel des petits enfants (pour 1864). *Delarue.* 50 c.

—— de la Pologne (pour 1864), contenant l'histoire de la Pologne, suivi du polonais appris en dix minutes, par un Polonais. *Cournol.* 50 c.

—— pour rire; texte par Louis Leroy, Henry Monnier, Moléri, Pierre Véron, illustré par Cham. 17e année. *Pagnerre.* 50 c.

—— (illustré) du Presbytère et des enfants de Marie. *Levesque.* 50 c.

—— du Prince impérial (pour 1865). 3e année. *Collignon.* 50 c.

—— prophétique, pittoresque et utile, publié par un neveu de Nostradâmus. 26ᵉ année. *Pagnerre.* 50 c.

—— religieux; étrennes catholiques. 11ᵉ année. *Collignon.* 50 c.

—— (illustré) du Rosier de Marie (pour 1864). *Au bureau du Rosier de Marie.* 35 c.

—— royal officiel (belge). — Voy. *Tarlier.*

—— des Rues et des Bois, citadin, champêtre et poétique. *Librairie du Petit Journal.* 50 c.

—— de la Salle à manger, par des gourmets littéraires et des maîtres de bouche. 2ᵉ année. *Au bureau de la Salle à manger.* 1 fr.

—— Manuel de la Santé. — Voy. *Clavel.*

—— du Siècle illustré. — Voy. *Huard.*

—— de la Société des aquafortistes (pour 1865). 13 eaux-fortes, par G. de Boret, vers inédits de Th. de Banville, pour chaque mois. In-4°. *Cadart et Luquet.* Relié, 5 fr.

—— de Thérésa. *Le Bailly.* 50 c.

—— des Toqués (pour 1864), illustré par Gédéon et Gilbert. *Pagnerre.* 50 c.

—— de l'Union catholique (pour 1865). *Ruffet.*

—— de l'Union protestante libérale. 3ᵉ année. *Rue des Beaux-Arts*, 5. 25 c.

—— de l'Univers illustré (pour 1865). 7ᵉ année. *Au bureau de l'Univers illustré.* 50 c.

—— des Victoires de Napoléon III. *Delarue.* 50 c.

—— de la Vie parisienne. Marcelin, directeur. 1ʳᵉ année. *Au bureau de la Vie parisienne.* 50 c.

—— (illustré) de la Vieille chanson. *Delarue.* 50 c.

—— universel des Villes et des campagnes (pour 1865). *Sarlit.*

—— du Voleur illustré. 9ᵉ année. *Pagnerre.* 50 c.

—— vulgarisateur des connaissances artistiques (pour 1864). *Desloges.* 75 c.

ALMBERT (Alfred d'), ancien secrétaire intime du prince Louis Napoléon.

— Dictionnaire politique napoléonien. Opinions, pensées, maximes extraites des ouvrages de Louis Napoléon Bonaparte, président de la République, et classées alphabétiquement par Alfred d'Almbert. In-18. 1849. *Furne, boulevard Montmartre*, 22. 1 fr.

— Flanerie parisienne aux États-Unis. In-16. 1856. *Boulevard Saint-Martin*, 12. 1 fr.

— Juin 1848. Histoire de Napoléon Louis Bonaparte. In-18. 1848. *Au bureau, passage des Panoramas.* 1 fr.

Publié sous les initiales A. d'A.

— Paquerette; comédie en un acte. In-8°. 1848. *Tresse.* 60 c.

Avec E. Pierron.

— Physiologie du duel. In-12. 1853. *Charpentier.* 1 fr. 75 c.

Voy. aussi *Pierron et d'Almbert.*

ALMBERT (M. MAYER D'). — Voy. **Mayer d'Almbert.**

ALMEIDA (J. Ch.), professeur au lycée Napoléon.

— Cours de physique. Voy. *Boutan et d'Almeida.*

ALMEIDA (le R. P. Théodore d'), oratorien portugais, né à Lisbonne, en 1722, mort dans la même ville en 1804.

— Gémissements et consolations de la mère de Dieu. Traduit du portugais par M. l'abbé Rampon. 2ᵉ édition. In-32. 1854. Tours, *Mame.*

La 1ʳᵉ édition a paru en 1852 sans nom du traducteur.

ALMÉRAS (Jacques), docteur-médecin.

— Des Rash, ou Exanthèmes scarlatiniformes confondus avec les scarlatines. In-8°. 1862. *Coccoz.* 2 fr.

ALMÉRAS-LATOUR, premier avocat général à la cour de Grenoble.

— Étude sur Abel Servien. Discours. In-8°. 43 p. 1860. Grenoble, *imprimerie Baratier.*

ALMIGNANA (l'abbé), docteur en droit canonique, prêtre espagnol.

— Du Somnambulisme, des tables tournantes et des médiums, considérés dans leurs rapports avec la théologie et la physique. Examen des opinions de MM. de Mirville et Gasparin. In-12. 1855. *Dentu; Germer Baillière.*

ALOË (Stanislas), secrétaire du musée royal Bourbon à Naples.

— Les peintures de Giotto de l'église de l'Incoronata à Naples, publiées et expliquées pour la première fois. In-4° avec 8 pl. 1843. Berlin, *Reimarus.* 12 fr.

ALONCLE (Antoine Félix), ancien élève de l'École polytechnique, capitaine d'artillerie de marine, aide de camp du maréchal Pélissier, né en 1824.

— Le Canon rayé de Woolwich. Traduit d'après le rapport officiel du comité spécial d'artillerie par A. F. Aloncle. In-8° avec 3 pl. 1865. *A. Bertrand.* 3 fr.

— Études sur l'artillerie rayée de marine, conditions indispensables au canon destiné au service de la flotte. Traduction de publications anglaises récentes, par A. F. Aloncle. In-8° avec 4 pl. 1864. *Ibid.* 6 fr.

— Renseignements sur l'artillerie navale de l'Angleterre et des États-Unis. Traduit d'après les derniers documents officiels par A. F. Aloncle. In-8° avec 3 pl. 1865. *Ibid.* 5 fr.

Ces trois ouvrages ont été aussi réunis sous une même couverture, portant le titre: « Études d'artillerie navale de l'Angleterre et des États-Unis. Traduit des derniers documents officiels ». In-8° avec 1 lithogr. et 10 pl. 1865. *A. Bertrand.* 12 fr.

ALONNIER. — Voy. **Décembre-Alonnier.**

ALOPHE, pseudonyme de M. Adolphe MENUT, dessinateur et photographe.

— Le Passé, le Présent et l'Avenir de la photographie; Manuel pratique de photographie. In-8°. 1861. *Dentu.* 1 fr.

2ᵉ édition en 1864.

ALOUX (THUILLIER-). — Voy. **Thuillier-Aloux.**

*****Alphabets européens** (les) appliqués au sanscrit, ou Recherche du meilleur mode de vulgarisation de la langue et de la littérature classique de l'Inde ancienne, par un des membres fondateurs de la Société asiatique. In-8°. 1861. [Nancy, *Wagner.*] B. *Duprat.* 3 fr. 50 c.

3

ALPHAND.

— Le Bois de Boulogne architectural. — Voy. *Vacquer.*

ALPHANDÉRY (Aristippe), secrétaire de la Société d'horticulture du département de Vaucluse.

— L'Amateur de la Floriculture, suivi de quelques essais sur la chimie agricole. In-12. 1856. Avignon, *Peyri.* 3 fr.

— Sorgho sucré (holchus saccharatus). Résumé de deux rapports adressés à M. le président de la Société d'agriculture du département des Bouches-du-Rhône. 3e édition. In-8°. 1857. Avignon, *Roumanille.* 60 c.

— Utilité et emploi du sorgho sucré dans les grandes et petites exploitations agricoles. Rapport adressé à M. le ministre de l'agriculture et du commerce. In-12. 1858. *Ibid.* 40 c.

ALPHEN (Van). — Voy. **Van Alphen.**

ALPHÉNOR, pseudonyme de M. **Chesnel de la Charbouclais.**

ALPHONSE (F.), pseudonyme de M. Robert Alphonse **Gautier**, auteur dramatique.

— Études et symboles. (Poésies.) In-18. 1841. *Ledoyen.* 2 fr.

— Molière et son Tartuffe ; étude en trois époques et en vers. In-8°. 1839. *Ibid.*

Voy. aussi *Fournier et Alphonse.*

ALQUIÉ (le docteur Alexis), professeur de clinique chirurgicale à Montpellier, né à Perpignan, en 1812, mort en 1865.

— Chirurgie conservatrice, et moyens de restreindre l'utilité des opérations, avec dessins lithographiés par l'auteur. In-8° avec 10 pl. 1850. Montpellier, *Ricard.* 5 fr.

— Clinique chirurgicale de l'Hôtel-Dieu de Montpellier. 2 vol. in-8° avec dessins lithographiés par l'auteur. 1852-1858. [Montpellier, *Ricard frères.*] *Baillière.* 11 fr.

— Cours élémentaire de pathologie chirurgicale, d'après la doctrine de l'école de Montpellier. In-8°. 1845. Montpellier, *chez l'auteur.* 3 fr.

— Étude médicale et expérimentale de l'homicide réel ou simulé par strangulation, relativement aux attentats dont Maurice Roux a été l'objet. In-8°. 1864. Montpellier, *Coulet.* 1 fr. 50 c.

— Précis de la doctrine médicale de l'école de Montpellier. 4e édition. In-8° avec 1 pl. 1847. Montpellier, *Ricard.* 7 fr.

— Traité élémentaire de pathologie médicale, d'après la doctrine de l'école de Montpellier. 1re partie. In-8°. 1850. *Ibid.* 2 fr. 50 c.

ALRIC (J.).

— Méthode de cubage pour les bois ronds, ou méplats, ou équarris, ou cylindriques. In-8°. 1859. *Chez l'auteur, rue du Faubourg-Saint-Honoré,* 315.

— Nouvelle méthode pour escompter les effets de commerce à un taux quelconque. In-8°. 1863. *Ibid.*

*Alsaciens illustres (les). Portraits en photographie avec notices biographiques. Livr. 1 et 2. In-8° avec portraits. 1864. Strasbourg, *Schmidt.* Chaque livr. 2 fr.

ALSINOYS (le comte d'), pseudonyme de Nicolas **Denisot**, poète du xvie siècle.

ALTAIRAC (Émile).

— Révélation sur l'existence certaine sur terre, d'un être, Homme-Dieu, ainsi que la constatation des miracles qui ont eu lieu. Gr. in-8°. 1862. Anvers, *J. Jorssen.*

ALTAROCHE (Marie Michel), journaliste, ex-représentant, ancien directeur de l'Odéon, né à Issoire (Puy-de-Dôme), en 1811.

— La Réforme et la Révolution. In-32. 1841. *Pagnerre.* 1 fr. 25 c.

Voy. aussi *Moleri et Altaroche.*

ALTAROCHE (F. **Grenier**). — Voy. **Grenier-Altaroche.**

ALTEMONT (Louis d'), pseudonyme sous lequel M. Th. H. **Barrau** a publié un « Choix de poésies », et des « Narrations choisies », à l'usage des écoles.

ALTENHEYM (J. **Beuvain**, connu sous le nom de d'), né à Altenheym (Bas-Rhin).

— Paul et Julie, ou les Fleurs du Christ ; suivi d'historiettes. In-18 avec grav. 1862. Limoges, *Barbou frères.* 75 c.

— Gottlieb, ou le Triomphe de l'innocence. Traduit de l'allemand. In-18 avec vignettes. 1853. *Ibid.* 60 c.

Le même ouvrage a paru en 1862, sous le titre de : « Charles, ou le Triomphe de l'innocence ».

M. Altenheym a traduit de l'allemand : « Jules et Marie », par A. L. **Grimm** ; et « Godefroid », par le chanoine *Schmid.*

ALTENHEYM (Mme Gabrielle **Beuvain** d'), femme de lettres française, fille unique d'Alexandre Soumet, épouse du précédent, née à Paris en 1814.

— Les Anges d'Israël, ou les Gloires de la Bible. Gr. in-8°. 1857. *Vermot.*

La 1re édition a paru en 1856, en 2 vol. in-18.

— Berthe Bertha, roman poétique. En vers. 2e édition. In-8°. 1845. *Albert.* 7 fr. 50 c.

La 1re édition est de 1843.

— La Croix et la Lyre ; suivies d'un choix de poésies d'Alexandre Soumet, de l'Académie française. In-12. 1858. *Ducrocq.* 3 fr. 50 c.

— Les Deux frères, ou Dieu pardonne. In-12. 1858. *Vermot.* 2 fr.

Réimprimé en 1863 sous le titre de : « Dieu pardonne, ou les Deux frères. » In-12 avec 4 grav. *Ibid.* 1 fr. 25 c.

— Les Fauteuils illustres, ou Quarante études littéraires, faisant suite aux Quatre siècles littéraires. In-12. 1860. *Ducrocq.* 2 fr.

— Le même. In-8°. 4 fr.

— Les Fleurs de mai. Histoire de la sainte Vierge en trente récits médités, suivie d'un choix de légendes. In-12 avec 4 grav. 1862. *Ibid.* 3 fr.

— Jane Grey ; tragédie en cinq actes et en vers. In-8°. 1844. *Marchant.* 50 c.

Avec M. Soumet.

— Les Marguerites de France, suivies des Nouvelles filiales. In-12. 1858. *Vermot.* 2 fr.

— Les Quatre siècles littéraires, récits de l'histoire de la littérature sous Périclès, Auguste, Léon X et Louis XIV ; enrichis de fragments des chefs-d'œuvre classiques. In-8°. 1859. *Ducrocq.* 4 fr.

— Le même. In-12. 2 fr.

— Récits de l'histoire d'Angleterre, faits aux

enfants, depuis Jules César jusqu'à nos jours. In-12. 1856. *Ibid.* 1 fr. 25 c.

3ᵉ édition en 1865.

— Récits de l'histoire d'Espagne depuis les temps les plus anciens jusqu'à nos jours, suivis d'un tableau chronologique des dynasties collatérales de l'Espagne. In-12. 1865. *Ibid.* 1 fr. 25 c.

— Récits de l'histoire de Rome chrétienne, depuis Constantin le Grand jusqu'à nos jours; suivis du tableau chronologique des papes et des empereurs. 2ᵉ édition. In-12. 1862. *Ibid.* 1 fr. 25 c.

— Récits de l'histoire de Rome païenne, depuis Romulus jusqu'à Constantin le Grand. In-12. 1856. *Ibid.* 1 fr. 25 c.

Mᵐᵉ d'Altenheym a publié une nouvelle édition des « Récits de l'Histoire de France », de G. *Hesse*, et des « Récits de l'Histoire des peuples anciens », du même auteur.

ALTENSTEIN (J. DE STEIN D'). — Voy. **Stein d'Altenstein.**

ALTER.

— Manuel moderne des arts libéraux, à l'usage des peintres, doreurs, architectes, etc. In-8º. 1844. Draguignan, *Garcin.*

ALTER (l'abbé M. J.).

— Jésus et Marie, le plus beau souvenir et la plus douce espérance. In-32, 1862. Limoges, *Barbou frères.*

— Une Fleur à Marie. In-32, 316 p. 1863. *Ibid.*

ALTKIND (Julius), pseudonyme sous lequel Jules Jean Antoine **Baric** (voy. ce nom) a publié: « Contes vrais, histoires drolatiques à l'usage des enfants ».

ALTMEYER (Jean Jacques), littérateur belge, professeur d'histoire à l'Université de Bruxelles, né à Luxembourg, en 1804.

— Cours de philosophie de l'histoire fait publiquement à l'Université de Bruxelles. In-8º. 1840. Bruxelles. 7 fr.

— Du Droit d'asile en Brabant, au commencement du xviiiᵉ siècle, épisode de l'histoire d'Angleterre et de Belgique. 2ᵉ édition. In-12. 1852. Liége.

La 1ʳᵉ édition est de 1849.

— Les Gueux de la mer et la prise de la Brielle. Épisode de la Révolution au xviᵉ siècle. In-12. 1864. Bruxelles, *Lacroix, Verbœckhoven et Cⁱᵉ.* 2 fr. 50 c.

— Histoire des relations commerciales et diplomatiques des Pays-Bas avec le reste de l'Europe, pendant le xviᵉ siècle, accompagnée de pièces justificatives inédites. In-8º. 1840. Bruxelles, *Périchon.* 6 fr.

— Marguerite d'Autriche, sa vie, sa politique et sa cour. In-8º. 1841. Bruxelles. 5 fr.

— Panthéon national. Les Belges illustres, par Altmeyer, baron de Reiffenberg, de Stassart et autres. 3 vol. gr. in-8º, avec portraits. 1844-1845. *Ibid.*

— Précis de l'histoire du Brabant. In-8º. 1841. *Ibid.* 4 fr. 50 c.

— Précis de l'histoire ancienne envisagée sous le point de vue politique et philosophique. 3ᵉ édition. In-8º. 1854. Bruxelles, *Meline, Cans et Cⁱᵉ.* 7 fr. 50 c.

La 1ʳᵉ édition a paru en 1837.

— Résumé de l'histoire moderne. In-18. 1842. *Ibid.*

— Une Succursale du tribunal de sang. In-8º. 1853. Bruxelles. 2 fr.

— Voyage dans les villes Hanséatiques et en Danemark, par la Hollande et l'Allemagne. In-8º. 1843. Liége. 1 fr. 50 c.

ALTON-SHÉE (le comte Edmond d'), ancien pair de France et membre de l'extrême gauche à la Constituante de 1848, né en 1810.

— De la Chambre des pairs dans le gouvernement représentatif. In-8º. 1839. Paris, *imprimerie de Proux.* 1 fr.

— Une Fusion légitimiste, orléaniste et républicaine. In-8º. 1863. *Dentu.* 1 fr.

— Le Mariage du duc Pompée, ou le Séducteur marié. In-8º, 48 p. 1864. *Imprimerie Claye.*

ALTONY (Ernest).

— La Gazette du Midi devant le spiritisme, à propos des frères Davenport. Étude philosophique. In-8º. 1865. Marseille, *Mengelle.* 1 fr.

ALVA (D. HENOCQ D'). — Voy. **Henocq d'Alva.**

ALVA-IXTLILIXOCHITL (Fernando d'). — Voy. **Ixtlilixochitl.**

ALVARENGA (Pedro Francisco DA COSTA), médecin portugais.

— Anatomie pathologique et symptomatologie de la fièvre jaune qui a régné à Lisbonne en 1857. Mémoire présenté à l'Académie royale des sciences de cette ville. Traduit du portugais par le docteur P. Garnier. In-8º. 1861. *Baillière et fils.* 4 fr. 50 c.

ALVARÈS (LÉVI). — Voy. **Lévi Alvarès.**

ALVAREZ (Emmanuel), jésuite portugais, très-versé dans les langues hébraïque, grecque et latine, qu'il professa à Lisbonne et à Coimbre, né dans l'île de Madère en 1526, mort à Lisbonne en 1583.

— De Institutione grammatica libri tres, juxta editionem venetam anni 1575. In-4º. 1859. *A. Le Clere.* 20 fr.

— Institutionum linguæ græcæ libri tres. 3ᵉ édition. Tome Iᵉʳ; en 2 parties. In-12. 1863. *Ibid.* 2 fr. 40 c.

— Rudimenta latina secundum grammaticas institutiones Emmanuelis Alvarez, S. J. 3 vol. in-12. 1862. Lyon et Paris, *Pélagaud.*

Chaque volume se vend séparément.

— Éléments de grammaire latine extraits des deux premiers livres du P. Alvarez, à l'usage des cours inférieurs de grammaire (5ᵉ et 6ᵉ). In-16, 334 p. 1863. Montauban, *imprimerie Bertuot.*

— Grammaire latine, d'après le P. Emmanuel Alvarez. Livre Iᵉʳ. In-12. 1861. *Ibid.*

— Éléments de grammaire latine pour les commençants; d'après le P. Emm. Alvarès. In-12. 1861. Lyon, *Pélagaud.* 1 fr. 20 c.

ALVAREZ (Pablo VALDEMOROS Y). — Voy. **Valdemoros y Alvarez.**

ALVAREZ DE PAZ, de Tolède, jésuite espagnol.

— Méditations sur la vie de N. S. Jésus-Christ. Traduit par Le Mullier. In-12. 1860. Tournai, *Casterman.* 2 fr.

— Méditations sur la vie de la très-sainte Vierge. Traduit par Le Mullier. In-12. 1859. *Ibid.* 1 fr. 50 c.

— Traité des vertus et des moyens de les acquérir. Traduit du latin par E. J. Brouillon, et précédé d'un discours préliminaire, par F. G. d'Olincourt. In-12. 1839. *Barba, Molard et Cie. 2 fr.

ALVIELLA (le comte GOBLET D'). — Voy. **Goblet d'Alviella.**

ALVIMAR (le général comte d').

— Œuvres poétiques. In-8°. 1850. *Parent-Laloge.* 5 fr.

— Partie des travaux littéraires, contenant presque toutes ses œuvres poétiques. In-8°. 1851. *Imprimerie Thunot.*

ALVIMARE (le baron d'). — Voy. **Rouen** (L. de), baron d'ALVIMARE.

ALVIN (Louis Joseph), littérateur belge, membre de l'Académie de Belgique, né à Cambrai, en 1806; depuis 1850 il est conservateur en chef de la bibliothèque royale de Bruxelles.

— L'Alliance de l'art et de l'industrie dans ses rapports avec l'enseignement du dessin en Belgique. In-8°. 1864. [Bruxelles, *Bruylant-Christophe et Cie.*] *Rapilly.* 5 fr.

— Annuaire de la bibliothèque royale de Belgique. 1851 à 1856. In-8° avec pl. Bruxelles. Chaque vol. 4 fr.

Les années 1840 à 1850 ont été publiées par le baron F. de Reiffemberg père.

— L'Enfance de Jésus; tableaux flamands. Poëme tiré des compositions de Jérôme Wierix; avec 14 pl. et une notice biographique sur les trois frères Wierix, graveurs du XVIe siècle. In-8°. 1860. *Aubry.* 10 fr.

— Les Nielles de la bibliothèque royale de Belgique. In-8° avec 21 fac-simile photographiques. 1857. Bruxelles. 4 fr.

— Souvenir de ma vie littéraire. Recueil de vers et de prose. In-18. 1843. Bruxelles.

— Sur un manuscrit intitulé : « Spirituale Pomarium ». In-8° avec pl. 1864. Bruxelles, *Arnold.* 1 fr.

ALVY (Herminie), femme de lettres italienne.

— Hiscola, ou Un été passé en Finlande, suivi d'historiettes pour le premier âge. In-12. 1863. *Meyrueis et Cie.* 1 fr. 75 c.

— Les Veillées de Marcovilla, à l'usage de la jeunesse. In-12. 1861. *Ibid.* 2 fr.

ALY-HAIDER-BEY, attaché d'ambassade de Turquie.

— Histoire abrégée de Tunis, jusqu'à la conquête des Turcs. In-8°. 1847. *Plon.*

ALZAY, pseudonyme dont M. Ch. Ant. Alex. SAUZAY a signé des pièces de théâtre en collaboration avec MM. *Dubois Davesne, Saint-Yves, Veyrat.* — Voy. ces noms.

ALZIEU (l'abbé Jacques Marie Odon), ancien curé de Blagnac (Haute-Garonne), chanoine honoraire de Toulouse, aumônier du couvent de la Présentation dans cette ville, né à Barèges (Haute-Garonne), en 1807.

— Le Christianisme en action dans la messe. Méthode populaire pour bien assister à la sainte messe. Introduction. In-12 avec grav. 1856. *Vaton.* 3 fr.

On peut avoir séparément l'Introduction, de 146 p. 1 fr. — La Méthode populaire, de 164 p. 1 fr. 50 c. — L'Abrégé de la méthode, ou messe en images. 95 p. 50 c.

ALZOG (Jean).

— Histoire universelle de l'Église. Traduit par I. Goschler et C. F. Audley. 3e édition. 3 vol. in-12. 1855. *Lecoffre.* 12 fr.

La 1re édition a paru de 1845 à 1846, 3 vol. in-8°, chez Waille. 20 fr.

ALZON (le R. P. d').

— Rome, Constantinople et la France. Discours. In-8°. 1863. Nimes, *imprimerie Romieu et Cie.*

AMADIEU (F.), professeur de mathématiques a Paris.

— Traité d'arithmétique. In-8°. 1839. *Hachette.* 5 fr.

— Notions élémentaires d'algèbre. 2e édition. In-12 avec 1 pl. 1849. *Bachelier.* 3 fr.

La 1re édition est de 1844. *Ibid.*

AMADOR DE LOS RIOS (José), membre du Conseil royal, doyen de la Faculté des lettres à l'Université de Madrid, né à Baena, en 1818.

— Études historiques, politiques et littéraires sur les juifs d'Espagne, traduites pour la première fois en français, par J. G. Magnabal. 2 vol. in-8°. 1860. *A. Durand.* 15 fr.

AMAIL (Victor), essayeur du commerce.

— Manuel des alliages d'or et d'argent, des ors de couleur et de leurs soudures, de la fonte d'or et d'argent, de la mise en couleur pour le bijou d'or. In-8°. 1860. *Chez l'auteur, rue Saint-Martin,* 186. 4 fr. 50 c.

— Manuel des matières d'or et d'argent. Comptes-faits en grammes et décigrammes. Petit in-4°. 1860. *Ibid.* 5 fr.

AMALRIC (Eugène).

— La Dette de mon neveu; comédie en un acte. In-16, 48 p. 1862. Toulouse, *imprimerie Dupin.*

*Amandine et Emma, ou Avantages de la bonté. In-18. 1865. Limoges, *Barbou frères.* 75 c.

*Amant de carton, par Mathilde Stev***. — Voy. **Stevens.**

AMANTON (F.), a traduit de l'espagnol: « Précis historique sur la reine dona Isabelle », par *Clemencin.*

AMANTON (Victor), inspecteur des forêts.

— Notices sur les diverses populations du gouvernement de la Tauride et spécialement de la Crimée. Mœurs et usages des Tartares de la Crimée. In-8°. 1854. Besançon, *Bonvalot.*

AMAR ou AMAR DU RIVIER (Jean Augustin), ancien inspecteur de l'Université, né à Paris, en 1765, mort dans cette ville, en 1837.

— Conciones poeticæ latinæ. Discours et harangues tirés des poëtes latins : Virgile, Ovide, Lucain, Stace, Silius Italicus, Valerius Flaccus, Sénèque, Claudien, précédés de sommaires et accompagnés d'analyse, par J. A. Amar. 4e édition. In-12. 1844. *Delalain.* 3 fr. 50 c.

M. Amar a encore publié des éditions classiques annotées des œuvres de *Boileau,* et des fables de *Phèdre,* ainsi qu'une traduction de divers extraits d'*Ovide.*

AMARD (L. V. F.).

— Homme, univers et Dieu, ou Religion et gouvernement universels. 2 vol. in-8°. 1844. *Lagrange.* 12 fr.

AMARI (Michel), historien et orientaliste, ministre de l'instruction publique en Italie, né à Palerme, en 1806.

— La Sicile et les Bourbons. In-8°. 1849. *Franck.* 3 fr.

— Post-Scriptum à « la Sicile et les Bourbons ». In-8°. 1849. *Ibid.* 50 c.

— Quelques observations sur le droit public de la Sicile. In-8°. 24 p. 1848. *Imprimerie Poussielgue.* 50 c.

M. Amari a traduit de l'arabe: *Ebn Hamal*, « Description de Palerme », et *Mohammed Ebn Djobair*, « Voyage en Sicile ».

AMAURY (Auguste), médecin.

— Itinéraire de Nantes à Saint-Nazaire. — Histoire du chemin de fer. — Régime administratif de la Compagnie d'Orléans. In-18. 1853. [Saint-Nazaire, *Riquier*.] *Hachette.*

— Le Monastère de Meilleraie ou Visite à Notre-Dame de la Trappe. In-12 avec une vignette. 1857. Nantes, *Montagne.*

AMBACH (Édouard von), écrivain allemand.

— Deux Familles, ou l'Importance de l'éducation chrétienne. 2e édition. In-8°, avec vignettes. 1863. Liége, *Dessain.* 1 fr. 50 c.

— Olivier Cromwell, ou Une nuit dans le cercueil. Traduit de l'allemand, par L. H. Gerbée. In-18. 1865. Tournai, *Casterman.* 1 fr. 20 c.

— Rupert, ou le Braconnier. Traduit de l'allemand, par J. B. Dillies. In-8°. 1865. *Ibid.*

— La Ville des morts. Traduit de l'allemand par L. S. Gerbée. In-8° avec une grav. 1864. *Ibid.* 1 fr. 20 c.

AMBERT (le général baron Joachim), ancien représentant, né à Chillas (Lot), en 1804.

— Le Baron Larrey. In-12, 66 p. 1863. *Imprimerie Cosse et Dumaine.*

Extrait du livre intitulé : « les Gens de guerre ».

— Colonne Napoléon. Histoire des événements militaires qui se rattachent à ce monument. In-8°. 1842. Boulogne, *Leroy-Mabille.*

— Duplessis Mornay. 1549-1623. In-8° avec un portrait. 1847. *Comon.*

— Esquisses historiques des différents corps qui composent l'armée française; dessinés par Charles Aubry. In-fol. de 17 f. et 3 pl. 1841. Saumur, *imprimerie Degouy.*

— Essais en faveur de l'armée. In-8°. 1839. *Gaultier-Laguionie.* 6 fr. 50 c.

— Études tactiques sur l'instruction dans les camps. 1re série. Zorndorf (1758), Austerlitz (1805); suivi d'un aperçu des modifications que les inventions modernes peuvent apporter dans la stratégie et la tactique; avec atlas par Allaire, lieutenant d'état-major. In-8°. 1865. *P. Dupont.* 16 fr.

— Gendarme. In-12. 1860. *Lacroix-Comon.* 1 fr.

Extrait du volume intitulé : « Soldat ».

— Gens de guerre. Portraits. In-12. 1863. *Dumaine.* 3 fr. 50 c.

— Réponse aux attaques dirigées contre l'arme de la cavalerie. In-8°. 1863. *Dentu.* 1 fr.

— Soldat. In-8°. 1854. *Comon.* 15 fr.

AMBIALET (Laurent), médecin.

— Les Aphorismes d'Hippocrate, mis en vers,

suivis de poésies diverses. In-8°. 1856. Saint-Gaudens, *Abadie.*

AMBLARD (Hippolyte).

— Le Calorique substitué à l'oxigène comme agent de la combustion et principe oxidifiant et acidifiant, ou Démonstration de l'erreur du système chimique de Lavoisier. Discours présenté à l'Académie des sciences sous le titre de « Antidoxide première ». In-8°. 1845. *Mansut.*

AMBOISE (Katherine d').

— Les dévotes Épistres de Katherine d'Amboise, publiées pour la première fois par M. l'abbé J. J. Bourassé. Gr. in-8°. 1861. *Mame et Cie.* 3 fr.

Publication de la Société des bibliophiles de Touraine.

AMBONNE (Th. P. Le Blanc d'). — Voy. **Le Blanc d'Ambonne.**

AMBROISE (Saint), archevêque de Milan, né à Trèves en 340, mort en 397.

— Sancti Ambrosii, episcopi Mediolanensis, opera juxta editionem monachorum sancti Benedicti. 4 vol. in-8°. 1853. Lyon, *Périsse.* 14 fr.

— Sancti Ambrosii de officiis ministrorum libri tres. Édition classique, revue, expurgée et annotée par M. l'abbé Lavigerie. In-12. 1853. *Ibid.*

— S. Ambrosii epistolæ et Symmachi relatio de aria victoriæ. Ad usum studiosæ juventutis, edidit ac notis illustravit A. F. Maunoury. In-12. 1854. *Poussielgue-Rusand.* 50 c.

Voy. aussi *Migne*, Patrologie latine, tomes 14 à 17, et *Caillau*, Collectio selecta ecclesiæ patrum, tomes 58 et 59.

AMBROISE (le T. R. P.), des frères mineurs capucins.

— Histoire de sainte Valérie, vierge et martyre à Limoges, en l'an 46 de Notre Seigneur, sous l'empire de Claude Tibère. In-12. 1863. *Ruffet et Cie.* 1 fr. 25 c.

Le R. P. Ambroise a encore publié : « OEuvres spirituelles », de la vén. mère Jeanne de *Matel.*

AMBROIZE DE LOMBEZ (le R. P.). — Voy. **Lombez.**

AMBROSINI (L.).

— La Famille impériale. Histoire de la famille Bonaparte, depuis son origine jusqu'en 1860. 2e édition. In-8°. 1860. *Lebigre-Duquesne.* 5 fr.

Avec Adolphe Huard.

AMBROSY (Michel).

— Essai sur la naissance du feu. In-8°. 1858. *Lacroix et Baudry.* 4 fr. 50 c.

*Ame (l') réparatrice dans la voie du Calvaire, ou Prières pour la réparation des blasphèmes. In-18 avec un tableau. 1857. Lyon, *Girard et Josserand.* 1 fr. 50 c.

AMÉ (Émile), architecte des monuments historiques du département du Cantal, né à Auxerre, en 1821.

— Les Carrelages émaillés du moyen âge et de la renaissance, précédés de l'histoire des anciens pavages : mosaïque, labyrinthes, dalles incrustées. In-4° avec 60 dessins intercalés dans le texte, et 90 pl. imprimées en couleurs. 1859. *Morel et Cie.* 60 fr.

— Chapelle de l'archevêché de Reims. Monographie. In-4° avec 6 pl. 1855. *Didron.* 4 fr.

— Monographie de l'église de Saint-Eydroine, près Joigny. In-8° avec 3 pl. 1846. 2 fr.

— Monographie d'un peintre-verrier du xve siècle, et description du vitrail de la sainte Vierge de l'église de Cravan (Yonne). In-4º avec 1 pl. 1854. *Didron*. 1 fr. 25 c.

— Note sur une statuette en bronze du xiiie siècle. In-4º avec 2 grav. 1857. *Morel*. 75 c.

— Recherches sur les anciens vitraux incolores du département de l'Yonne. In-4º, avec 6 pl. 1854. *Didron*. 2 fr. 50 c.

— Serrurerie du xiiie siècle. Portes de la cathédrale de Sens. In-4º avec 2 pl. 1851. *Ibid*. 2 fr.

— Serrurerie du xve siècle. Bâtons de procession de l'église de Cravan (Yonne). In-4º avec 2 pl. gravées. 1854. *Ibid*. 2 fr. 50 c.

AMÉ (Léon), administrateur des douanes à Paris, né à Bayonne, en 1808.

— Étude économique sur les tarifs de douanes. In-8º. 1859. *Guillaumin et Cie*. 5 fr.

2e édition en 1860. 6 fr.

AMÉ DE GY. — Voy. **Gy.**

AMÉCOURT (DE PONTON D'). — Voy. **Ponton d'Amécourt.**

AMÉDA, docteur en médecine.

— Moyens de se préserver de la syphilis. — Voy. *Dihur et Améda*.

AMELGARD, prêtre belge du xve siècle.

— Histoire des règnes de Charles VII et de Louis XI. — Voy. *Bazin* (Thomas).

AMÉLIE, princesse de Saxe, sœur du roi Jean, née à Dresde en 1794. Les premières des pièces qu'elle a composées ont été publiées sous le pseudonyme d'Amélie HEITER.

— Comédies de S. A. R. la princesse Amélie de Saxe. Traduites de l'allemand par M. Pitre-Chevalier. 1re série. In-12. 1841. *Delloye*. 1 fr. 75 c.

Ce volume contient: la Fiancée de la résidence; l'Oncle; et la Fiancée du prince.

— L'Épigramme; comédie en quatre actes et en prose, imitée de l'allemand, par Henri Jouffroy. In-8º. 1839. Leipzig et Paris, *Brockhaus et Avenarius*. 2 fr. 50 c.

— Une Femme charmante; comédie en un acte, mêlée de chant. Imitée de la Fiancée de la capitale, de S. A. R. Mme la princesse Amélie de Saxe, par Mme Adèle Regnauld et M. Laurencin. In-8º. 1840. *Tresse*. 30 c.

— La Fiancée du prince; comédie en cinq actes et en prose. Imitée de l'allemand, par Henri Jouffroy. Gr. in-8º. 1839. Leipzig et Paris, *Brockhaus et Avenarius*. 1 fr. 25 c.

*Amélie, ou les Funestes effets du désœuvrement. In-12 avec grav. 1864. Limoges, *Barbou frères*. 1 fr.

AMELIN (A.).

— Le Marché libre de l'escompte. In-8º. 1865. *Dentu*. 1 fr.

AMELIN (J. M.).

— Considérations sur les levers topographiques, et emploi d'un nouvel instrument, le métrographe topographique, dans ces sortes d'opérations. In-8º avec 1 pl. 1842. Montpellier, *imprimerie de Bœhm*. 3 fr.

*Amélioration de la vie domestique de la

classe ouvrière. Question sociale. Gr. in-8º avec 1 pl. 1864. Gand, *De Busscher frères*. 3 fr.

AMELOTTE (le R. P. Denis).

— Le Nouveau Testament de N. S. Jésus-Christ, traduit par le R. P. Denis Amelotte. In-12. 1857. Limoges, *Ardant*. 1 fr. 50 c.

AMÉRO (Justin), littérateur français.

— Les Classiques de la table, à l'usage des praticiens et des gens du monde. In-8º avec 14 pl. 1843. *Dentu*. 12 fr.

— Les Classiques de la table, petite bibliothèque des écrits les plus distingués, publiés à Paris, sur la gastronomie et la vie élégante. 3e édition, augmentée. In-8º. 1844. *Ibid*.

— Les Classiques de la table. Nouvelle édition, comprenant de plus que les précédentes un Dictionnaire des origines et provenances des produits des deux règnes, un Dictionnaire hygiénique des aliments, une Histoire de l'art culinaire, etc., des Anecdotes, des Chansons de table, une Bibliographie depuis le xvie siècle jusqu'à nos jours, etc., et précédée d'une Notice sur les principaux auteurs des Classiques de la table, par M. Justin Améro. 2 vol. in-12 avec grav. 1855. *Didot frères*. 8 fr.

Contenant : Brillat-Savarin: « la Physiologie du goût ». — Grimod de la Reynière: « le Calendrier gastronomique ». — De Cussy: « l'Art culinaire ». — Berchoux: la « Gastronomie ». — Colnet: « l'Art de dîner en ville ».

AMET (Mme Joséphine). — Voy. **Junot d'Abrantès.**

AMETTE (Amédée), officier de l'Université, secrétaire honoraire de la Faculté de médecine de Paris, ancien maire de Sèvres, né à Paris, en 1802.

— Code médical, ou Recueil des lois, décrets et règlements sur l'étude, l'enseignement et l'exercice de la médecine civile et militaire en France. 3e édition. In-18. 1859. *Baillière*. 4 fr.

— Guide général de l'étudiant en médecine. In-18. 1847. *Masson*.

— Premiers exercices de mémoire, à l'usage des jeunes enfants. Nouvelle édition. Gr. in-8º. 1865. *Hachette et Cie*. 2 fr.

Souvent réimprimé.

AMETTE (PICOT-). — Voy. **Picot-Amette.**

AMÉZEUIL (Charles Paul ACLOCQUE, dit Cte d'), journaliste et romancier, né dans la Bretagne, en 1832.

— Légendes bretonnes. Souvenirs du Morbihan. In-12. 1862. *Dentu*. 3 fr.

Quelques exemplaires ne portent que les initiales Cte d'A.

— Les Parias de l'amour. In-12. 1864. *Dentu*. 2 fr.

— Récits bretons. In-12. 1863. *Ibid*. 3 fr.

*Ami (l') chrétien des familles. In-12. 1865. Toulouse, *Société des livres religieux*. 1 fr.

AMIABLE (Louis), avocat à Constantinople, né à Montbrison (Loire), en 1837.

— Essai historique et critique sur l'âge de la majorité. In-8º. 1861. *Durand*. 2 fr.

Extrait de la « Revue historique de droit français et étranger ».

— Exercice public d'un culte. Autorisation préalable. In-8º. 1861. *Marescq aîné*. 1 fr.

Extrait de la « Revue pratique du droit français ».

— La Question des paysans en Roumanie. In-8º. 1861. *Guillaumin et Cie*. 1 fr. 50 c.

Extrait du « Journal des Économistes ».

AMIC (Auguste), né à Orange (Vaucluse, en 1798).

— Histoire de Masséna. In-8°. 1864. *Dentu.* 5 fr.

— La Tribune française; choix des discours et des rapports les plus remarquables prononcés dans nos assemblées parlementaires depuis 1789 jusqu'en 1840; avec des Notices biographiques sur les principaux orateurs. 2 vol. in-8°. 1840. *Rue des Quatre-Fils*, 16. 12 fr.

Avec Étienne Mouttet. — L'ouvrage devait se composer de 4 volumes.

AMID (Fréd.) a traduit de l'allemand en vers français : « la Cloche »; poème de Fr. *Schiller.*

AMIEL (Émile), agrégé de l'Université, membre correspondant de l'Académie de Dijon, né en 1824, à Villeneuve-du-Tarn.

— L'Éloquence sous les Césars. In-8°. 1864. *Furne et Cie.* 5 fr.

AMIEL (Isidore).

— Le Congrès et la prépondérance de l'Europe. In-12. 1864. *Dentu.* 1 fr.

*Amies (les) de pension. Nouvelle traduite de l'anglais. In-8°. 1861. Tournai, *Casterman.* 1 fr. 20 c.

AMIGUES (Mlle Eulalie).

— Le Songe et le réveil du musulman; poëme en trois chants. In-8° de 40 p. 1861. Toulouse, *Troyes.*

AMIGUES (Jules), écrivain politique et romancier, né à Perpignan, en 1829.

— Les Amours stériles. Entre deux mondes. Les Neiges d'antan. L'Ame jalouse. In-12. 1865. *Amyot.* 3 fr. 50 c.

— L'Église et les nationalités. In-8°. 1860. *Dentu.* 1 fr.

Anonyme.

— L'État romain depuis 1815 jusqu'à nos jours, avec des notes et documents historiques recueillis par M. L. C. Farini, ministre d'État du royaume d'Italie. In-8°. 1862. *Dentu.* 6 fr.

— Politique et finances en Italie à propos de l'emprunt de 700 millions, et des projets de crédit foncier italien. In-8°. 1863. *Ibid.*

M. Amigues a traduit et continué : *Balbo*, « Histoire d'Italie ».

AMILIA (Mme), pseudonyme.

— Cécile, ou Lettres sur l'éducation religieuse et morale des femmes du peuple. In-18. 1852. *Maillet Schmitz.* 1 fr.

— Le Mariage religieux, avec réflexions sur les sujets qui s'y rattachent, suivi de la Sanctification du dimanche. In-18. 1855. *Ibid.* 30 c.

— La Vérité au peuple au point de vue religieux. In-18. 1853. *Ibid.* 40 c.

AMIOT (A.), ancien professeur de mathématiques au lycée Saint-Louis, et à l'École des Beaux-Arts, mort en 1865.

— Applications de la géométrie élémentaire, rédigées d'après le nouveau programme de l'enseignement scientifique des lycées. 4e édition, revue et augmentée. In-8° avec 4 pl. 1865. *Tandou et Cie.* 2 fr. 50 c.

— Éléments de géométrie. 9e édition. In-8° avec fig. intercalées dans le texte. 1860. *Dezobry, Magdeleine et Cie.* 5 fr.

La 1re édition a paru en 1838, sous le titre : « Traité de géométrie élémentaire ».

— Leçons nouvelles de géométrie élémentaire. 2e édition entièrement refondue. 1re partie. Géométrie plane. In-8°. 1864. *Tandou et Cie.* 4 fr.

La 1re édition ne formait qu'un volume, 1850. *Ibid.* 6 fr.

— Leçons nouvelles de géométrie descriptive. Texte : 1 vol. in-8°. Planches : 1 vol. in-8° (21 pl.). 1852. *Guiraudet et Jouaust.* 6 fr.

— Leçons nouvelles d'algèbre élémentaire. 2e édition. In-8°. 1860. *Dezobry et Magdeleine.* 4 fr.

— Solutions raisonnées des problèmes énoncés dans les Éléments de géométrie. 2e édition. In-8° avec 25 pl. 1861. *Ibid.* 6 fr.

Avec A. Desvignes.

AMIOT (Benjamin Michel), ancien professeur de mathématiques spéciales, né à Bricquebec (Manche), en 1818.

— Cours de cosmographie. 4e édition. In-8°. 1859. *Delalain.* 4 fr. 50 c.

La 1re édition a paru en 1849, sous le titre : « Traité de cosmographie ».

AMIS (Sophie PRONANT, dame), institutrice, née à Paris, en 1830.

— Grammaire enfantine. In-18. 1861. *Gauguet.* 60 c.

AMMANN (le Père).

— Ouvrez les yeux, défenseurs des couvents! ou Coup d'œil dans l'abîme de la corruption monacale; observations recueillies dans sa carrière monastique. In-8°. 1841. Berne, *Jenni fils.* 1 fr. 25 c.

AMMIEN MARCELLIN, historien latin, né à Antioche vers 320.

— Œuvres; avec traduction en français. — Voy. *Nisard*, Collection.

AMMON (Frédéric Auguste d'), professeur de médecine et de chirurgie à l'Académie médicale de Dresde, médecin du roi de Saxe, né en 1799, à Gœttingue, mort à Dresde, en 1861.

— Démonstrations cliniques des maladies congéniales et acquises de l'œil humain et de ses annexes. Traduit de l'allemand et publié sous la direction de V. F. Szokalski. In-8° avec 55 pl. in-fol. contenant 965 dessins gravés sur pierre et coloriés. 1846. *A. Franck.* 150 fr.

L'original allemand a été publié à Berlin de 1838 à 1841.

— Histoire du développement de l'œil humain. In-8° avec 11 pl. 1860. Bruxelles.

Extrait des « Annales d'oculistique ».

AMORINI (le chevalier), pseudonyme.

— De l'adultère chez tous les peuples; étude. In-8°. 1863. *Durandin.* 1 fr. 50 c.

AMOROS (François), colonel espagnol, né à Valence, en 1769, mort à Paris, en 1843; il est le premier, en France, qui ait introduit la gymnastique dans l'éducation.

— Nouveau Manuel d'éducation physique, gymnastique et morale. Nouvelle édition. 2 vol. in-18 avec un atlas in-8° de 54 pl. 1847. *Roret.* 10 fr. 50 c.

Collection des Manuels-Roret. — La 1re édition a paru en 1838.

AMORT a revu et corrigé le « Dictionnaire des cas de conscience » de *Pontas.*

AMORY (Eugène).

— Être et paraître; comédie en cinq actes. In-18. 1859. *Chez l'auteur.* 80 c.

AMORY DE LANGERACK (Mlle Joséphine), née à Anvers, en 1831.

— De l'Existence morale et physique des femmes, ou Essais sur l'éducation et les conditions des femmes prises dans tous les ordres de la société, et en particulier dans les classes laborieuses. In-8°. 1850. *Vrayet de Surcy*. 5 fr.

— Galerie des femmes célèbres depuis le 1er siècle de l'ère chrétienne jusqu'au XVIe siècle ; avec une Introduction de M. Pitre-Chevalier. In-8°. 1847. *Mellier frères*. 7 fr. 50 c.

— Galerie chrétienne des femmes célèbres. In-8°. 1862. *Ruffet et Cie*. 6 fr.

— Un Nid de fauvettes. In-8°. 1850. *Vrayet de Surcy*. 3 fr.

— Nouvelles intimes. In-12. 1865. Tournai, *Casterman*. 1 fr.

— Les Proverbes ; histoire anecdotique et morale des proverbes et dictons français. In-8° avec grav. 1860. Lille, *Lefort*. 1 fr.

Mlle de Langerack a collaboré à la « Gazette des femmes », au « Journal des demoiselles », et à plusieurs autres recueils du même genre.

*****Amour** (l') ; par un catholique. In-18. 1860. *V. Palmé*. 2 fr.

*****Amour** (De l') des femmes pour les écus. In-32. 1865. Liége, *Levereyns*. 60 c.

*****Amour** (l') chrétien dans le mariage, ou Quatre années de correspondance authentique d'une jeune femme. In-12. 1861. *Douniol*. 2 fr. 50 c.

*****Amour** (l') et l'Honneur ; par Elle et Lui. In-12. 1862. *Dentu*. 2 fr.

*****Amour** et mariage, par l'auteur du « Cousin Geoffroy », traduit de l'anglais. In-12. 1851. Genève, *Cherbuliez*. 2 fr. 50 c.

*****Amour** (un) du Midi. Étude. In-18. 1860. *Dentu*. 3 fr.

*****Amour** (l') sur les toits. In-32. 1865. Liége, *Levereyns*. 60 c.

AMOUREL (Théodore), docteur en médecine.

— Essai sur l'entraînement et ses applications en médecine. In-8°, 95 p. 1860. Montpellier, *imprimerie Bœhm et fils*.

AMOUROUX (Jules), ingénieur-dessinateur, a collaboré à plusieurs publications de MM. *Armengaud frères*. (Voy. ce nom.)

AMOUROUX (L.), soldat.

— Poésies. In-8°. 1845. *Hauquelin*. 1 fr.

— Poésies. Plaintes d'un jeune déserteur détenu à la prison militaire de Dax. In-8°. 1841. Bordeaux, *Lafargue*. 1 fr.

AMOUROUX-BAYVET (Jean Auguste), ancien instituteur, rédacteur en chef du « Bulletin de Paris », né à Issoudun (Indre), en 1816.

— Rome-Turin-Paris. Cassons les vitres! Pamphlet; avec un appendice contenant : 1° les prophéties et révélations touchant la papauté, la France et l'Italie; 2° l'encyclique de Pie IX. In-8°. 1865. *Martin-Beaupré frères*. 3 fr. 50 c.

L'ouvrage a eu 3 éditions la même année.

— Le Magnétisme. In-8°. 1864. Châteauroux, *Naret*.

*****Amours** (les) de Colas; comédie du XVIIe siècle,

en vers poitevins. In-8°. 1843. [Bordeaux], *Techener*. 2 fr. 50 c.

*****Amours** secrètes de lord Byron. Traduites de l'anglais. 2 vol. in-18. 1842. *Renault*. 4 fr.

*****Amours** secrètes de Napoléon et des princes et princesses de sa famille, d'après les documents historiques de M. de B.... 2 vol. in-12. 1845. *Renault*. 4 fr.

*****Amovrs** (les) folastres et récréatives dv filov et de Robinette. Réimpression textuelle faite sur l'édition de 1629, augmentée d'un avant-propos et de notes, par M. P. L. (Paul Lacroix). In-16. 1863. *Gay*. 4 fr.

AMPELIUS (Lucius), écrivain romain.

— Le Mémorial de Lucius Ampelius. Traduction nouvelle, par M. Victor Verger. In-8°. 1843. *Panckoucke*. 3 fr. 50 c.

AMPÈRE (André Marie), physicien, membre de l'Institut, né à Lyon, en 1775, mort à Marseille, en 1836.

— Essai sur la philosophie des sciences, ou Exposition analytique d'une classification naturelle de toutes les connaissances humaines. 2e édition, identique à la 1re. 2 vol. in-8°. 1857. *Mallet-Bachelier*. 10 fr.

La 1re édition a paru de 1834 à 1843.

AMPÈRE (Jean Jacques), historien et littérateur, membre de l'Académie française, fils du précédent, né à Lyon, en 1800, mort à Paris, en 1864.

— Ballanche. In-16. 1848. *René*. 3 fr.

— César. Scènes historiques. In-8°. 1859. *Lévy frères*. 7 fr. 50 c.

— La Grèce, Rome et Dante. Études littéraires, d'après nature. Nouvelle édition. In-8°. 1859. *Didier et Cie*. 7 fr.

— Le même. In-12. 3 fr. 50 c.

— Histoire littéraire de la France avant le XIIe siècle. 3 vol. in-8°. 1840. *Hachette*. 22 fr. 50 c.

— Histoire de la littérature française au moyen âge, comparée aux littératures étrangères. Introduction : histoire de la formation de la langue française. In-8°. 1841. *Teissier*. 7 fr. 50 c.

— L'Histoire romaine à Rome. 4 vol. in-8°. 1861-1864. *Lévy frères*. 30 fr.

2e édition en 1865.

— Littérature, voyages et poésies. 2 vol. in-12. 1850. *Didier et Cie*. 7 fr.

— Promenade en Amérique. États-Unis, Cuba, Mexique. 3e édition. 2 vol. in-8°. 1860. *Lévy frères*. 12 fr.

La 1re édition a paru en 1855.

— La Science et les lettres en Orient, avec une préface de M. Barthélemy Saint-Hilaire. In-8°. 1865. *Didier et Cie*. 7 fr.

AMPHILOCHE ou AMPHILOQUE (saint), évêque d'Icône, né en Cappadoce, mort vers 399.

— Voy. *Migne*, Patrologie grecque, tome 39.

AMSIG (Edm.).

— Conseils aux dames qui désirent apprendre à patiner sans tomber. In-8°. 1865. Bruxelles, *A. Decq*. 60 c.

AMUSSAT (Jean Zuléma), médecin, inventeur

de plusieurs instruments chirurgicaux, né à Saint-Maixent, en 1796, mort en 1856.

— De l'Emploi de l'eau en chirurgie. In-4º. 1850. *G. Baillière.* 2 fr.

— Quelques réflexions sur la curabilité du cancer. Lues à l'Académie de médecine, le 21 novembre 1854. In-8º. 1855. *Ibid.* 1 fr.

— Mémoire sur l'anatomie pathologique des tumeurs fibreuses de l'utérus, etc. In-8º. 1843. *Ibid.* 3 fr.

— Mémoire sur la destruction des hémorrhoïdes internes par la cautérisation circulaire de leur pédicule. In-4º. 1846. *J. B. Baillière.* 2 fr. 50 c.

— Mémoire sur la rétroversion de la matrice dans l'état de grossesse. In-8º. 1843. *G. Baillière.* 3 fr.

— Mémoire sur la possibilité d'établir un anus artificiel dans la région lombaire, sans pénétrer dans le péritoine. In-8º. 1840. *Ibid.* 5 fr.

— Deuxième Mémoire. 1841. *Ibid.* 3 fr.

— Troisième Mémoire. 1842. *Ibid.* 3 fr.

— Recherches expérimentales sur les blessures des artères et des veines. In-8º. 1843. *Ibid.* 1 fr.

— Recherches sur l'introduction accidentelle de l'air dans les veines. In-8º. 1839. *Ibid.* 6 fr.

AMUSSAT (Alphonse), fils du précédent.

— De la cautérisation circulaire de la base des tumeurs hémorrhoïdales internes compliquées de procidence de la muqueuse du rectum. In-8º. 1854. *G. Baillière.* 1 fr. 50 c.

AMY (Féréol), hydroscope, ancien cultivateur, né à Pannessières (Jura), en 1802.

— Voyages d'un hydroscope, ou l'Art de découvrir les sources; avec une préface de M. A. S. (Antoine Sommier), ancien représentant. In-12. 1861. *Roret.* 2 fr. 50 c.

AMYOT (Charles Jean-Baptiste), avocat à la Cour impériale de Paris, secrétaire général de la Société pour l'instruction élémentaire, président de la Société entomologique, né à Vendeuvre-sur-Barse, en 1799.

— Belles actions des enfants. Livre de lecture pour les écoles. Extrait des rapports annuels faits à l'assemblée générale de la Société pour l'instruction élémentaire. In-18. 1860. *Larousse et Boyer.* 50 c.

4e édition en 1863.

— Entomologie française, Rhynchotes. Méthode mononymique. In-8º avec 5 pl. 1847. *J. B. Baillière.* 8 fr.

— Grammaire française élémentaire, syntaxe, orthographe, ponctuation, logique, extrait du livre universel. In-18. 1863. *Larousse et Boyer.* 25 c.

— Histoire du colonel Amoros, de sa méthode d'éducation physique et morale, et de la fondation de la gymnastique en France. In-12. 1852. *Colas.*

— Histoire naturelle des insectes. Hémiptères. In-8º avec un cahier de 12 pl. 1843. *Roret.* Prix du vol., 6 fr. 50 c. Planches coloriées, 6 fr. Planches noires, 3 fr.

Avec M. Audinet-Serville. — Nouvelles suites à Buffon.

— Livre universel de lecture et d'enseignement pour les écoles primaires, ou Encyclopédie de l'instruction primaire, etc. 7e édition. In-12. 1865. *Larousse et Boyer.* 1 fr. 50 c.

Voy. aussi *Anthoine de Saint-Joseph*, Concordance des codes civils étrangers.

AMYOT (Jacques), helléniste et littérateur du xvie siècle, né à Melun en 1513, mort à Auxerre en 1593.

— Voy. Daphnis et Chloé, de *Longus.*

ANACRÉON, poëte grec, né vers 560 avant J.-C., mort en 475.

— Odes d'Anacréon et de Sapho. Traduction nouvelle en vers français, avec le texte en regard, par MM. Marcellot et Grosset. In-8º. 1847. *Furne.* 3 fr. 50 c.

— Odes d'Anacréon. Traduites par M. Redarez Saint-Remy. In-12. 1854. *Hachette et Cie.* 2 fr.

Neuf odes inédites d'Anacréon, formées de divers fragments; traduction française; et fragments tirés de divers auteurs de l'antiquité; texte grec. — La 1re édition a paru en 1839.

— Œuvres inédites. In-12. 1854. *Ibid.* 1 fr.

— Odes d'Anacréon. Traduites en vers, par Prosper Yvaren; avec texte en regard. In-12. 1854. Avignon, *imprimerie de Fischer aîné.*

Cette traduction, tirée à 100 exemplaires, n'est pas destinée au commerce.

— Odes d'Anacréon, avec 54 compositions par Girodet. Traduction d'Amb. Firmin Didot. In-18, format elzévirien. 1864. *Didot frères.* 40 fr.

Voy. aussi : *Rossey* (Henri).

ANAGNOSTI (Michel), publiciste valaque.

— Les Idées de la révolution et les affaires d'Orient, ou Double tendance de la civilisation européenne. In-8º. 1841. *Joubert.* 6 fr.

ANA-GRAMME BLISMON. — Voy. **Blismon.**

*Analyse des phénomènes économiques. 2 vol. in-8º. 1853. Nancy, *Wagner.* 10 fr.

*Analyse raisonnée du graissage des trains des chemins de fer, par un praticien. In-8º. 1862. *Dunod.* 1 fr.

*Analyse des styles architectoniques religieux, d'après MM. Libri et de Caumont; suivie d'une note sur les pierres tombales, d'après Lenoir, Saint-Foix, Montfaucon, etc. In-8º. 1841. Laval, *Godbert.*

ANASTASE, surnommé le Bibliothécaire, savant écrivain du ixe siècle.

— Voy. *Migne*, Patrologie latine, tomes 127 à 129, et Patrologie grecque, tome 108.

ANASTASE le Sinaïte, patriarche d'Antioche, vivait vers la fin du viie siècle.

— Opera quæ supersunt. — Voy. *Migne*, Patrologie grecque, tome 89.

ANASTAY (A.), avocat.

— Projet de code rural. Titre III : Chemins ruraux. In-8º, 28 p. 1861. *Pilloy.*

ANATOLE, pseudonyme de M. Ch. **Desnoyers.**

*Anatole ou un Séjour à Montreux, par un pasteur de l'église de Genève. In-12. 1861. Genève, *J. Cherbuliez.* 1 fr. 25 c.

ANAU DE BEAUREGARD (Mme), morte en 1846.

— Heures d'Edgard. In-32 avec une vignette et un frontispice. 1847. Moulins, *Desrosiers.* 2 fr.

ANCELET (le docteur Édouard), médecin à Vailly-sur-Aisne, né à Reims, en 1828.

— Étude sur les luxations par rotation du tibia. In-8°. 1861. *Savy.* 50 c.

— Lettre sur deux cas de catalepsie composée. In-8°. 1862. Lyon, *imprimerie Vingtrinier.* 50 c.

— Lettre sur un projet d'organisation de médecine gratuite des indigents. In-8°, 16 p. 1862. *Imprimerie Divry et Cⁱᵉ.* 75 c.

— Observation pour servir à l'histoire des affections cancéreuses de la peau. In-8°. 1860. *Savy.* 50 c.

— Recherches sur les paralysies symptomatiques de la compression intra-cranienne et sur leur simplification. In-8°. 1857. *J. B. Baillière.* 1 fr.

— Des Végétations vulvo-anales des femmes enceintes. In-8°. 1860. *Savy.* 50 c.

ANCELIN (Constant François), ancien directeur de filature, né en 1814, mort en 1863.

— A tous et pour tous les agriculteurs, industriels, commerçants, travailleurs, et des abus dont ils sont frappés. — Du travail, son influence sur le présent et sur l'avenir. In-8°. 1859. Lille, *Beghin.* 2 fr.

— Réflexions agricoles et manufacturières sur l'industrie linière. 3 brochures in-8°. 1856-1857. Lille, *chez l'auteur.*

— Résumé pratique de la filature du lin et du chanvre. In-8°. 1854. Lille, *Lefebvre-Ducrocq.* 1 fr.

— Traité pratique sur la filature du lin et du chanvre, précédé des notions élémentaires sur la culture, l'écanguage des lins et des chanvres, et la mécanique appliquée à l'industrie, avec tables, calculs et prix de revient. 2ᵉ édition. In-8°. 1856. *Mallet-Bachelier.* 2 fr. 50 c.

M. Ancelin se proposait de publier un grand traité sur la filature du lin, et on croit que le manuscrit en était entièrement terminé au moment de sa mort; cependant il n'a pas été retrouvé.

ANCELLE (C.).

— Courses de vacances dans les Alpes. In-12. 1863. *Henry.* 1 fr. 50 c.

ANCELON (Étienne Auguste), médecin en chef de l'hôpital de Dieuze (Meurthe), membre de plusieurs sociétés médicales et scientifiques, né à Nancy, en 1806.

— L'Art de conserver la santé. Manuel d'hygiène à l'usage des enfants et des gens du monde, terminé par l'indication des accidents qui menacent promptement la vie, ainsi que les moyens de les prévenir et d'y remédier. In-18. 1852. [Nancy, *Grimblot et Vᵉ Raybois.*] *Baillière.*

— De Marsal à Bordeaux. Brochure in-8°. 1862. Nancy, *imprimerie Lepage.*

— Écriture, papyrus, parchemin, pâte à papier. Brochure in-8°. 1862. *Ibid.*

— Influence de l'inoculation et de la vaccine sur les populations. In-8°. 1854. Dieuze, *Maimbourg.*

— Philosophie mathématique et médicale de la vaccine. 2ᵉ édition. In-12. 1858. *Méquignon-Marvis.* 1 fr. 50 c.

La 1ʳᵉ édition (1 vol. in-8°) est de la même année.

ANCELOT (Adolphe Jean François), président de chambre à la cour de Riom, membre de l'Académie de Clermont-Ferrand, né à Moulins, en 1815.

— De la Compétence en matière d'opposition à l'exécution forcée des jugements et des actes. In-8°. 1851. Riom, *Leboyer.*

— Éloge de Marie Joseph de Lapoix de Fremenville, conseiller à la cour impériale de Riom. Brochure in-8°. 1862. Clermont-Ferrand, *Thibaud.*

— Étude comparative sur Pascal et Leibnitz. In-8°. 1858. *Ibid.* 2 fr.

ANCELOT (Arsène Polycarpe), auteur dramatique, membre de l'Académie française, né au Havre, en 1794, mort à Paris, en 1854.

— L'Article 960, ou la Donation; comédie-vaudeville en un acte. In-8°. 1839. *Marchant.* 30 c.

Avec Paul Dandré.

— Dieu vous bénisse ! Comédie-vaudeville en un acte. In-8°. 1839. *Ibid.* 40 c.

Avec Paul Duport.

— Les Familières, épitres en vers. In-8°. 1842. *Gosselin.* 2 fr.

— Une Fortune mystérieuse. 2 vol. in-8°. 1853. *Gabriel Roux.* 10 fr.

Le même livre a été publié chez Vresse, à 1 fr.

— Gabrielle, ou les Aides-de-camp; comédie-vaudeville en deux actes. In-8°. 1839. *Marchant.* 40 c.

Avec Paul Duport.

— La Grisette et l'Héritière; comédie en deux actes, mêlée de chant. In-8°. 1839. *Mifliez.* 50 c.

Avec le même.

— La Lionne; comédie en deux actes, mêlée de chant. In-8°. 1840. *Marchant.* 40 c.

Avec Léon.

— Lucienne, ou Dix heures du soir; comédie-vaudeville en deux actes. In-8°. 1842. *Beck.* 50 c.

Avec Carmouche.

— Madame Du Chatelet, ou Point de lendemain; comédie en un acte, mêlée de chant. In-8°. 1841. *Tresse.* 50 c.

Avec Gustave.

— Les Mancini, ou la Famille Mazarin; comédie en trois actes, mêlée de chant. In-8°. 1839. *Marchant.* 40 c.

— Le Mari de ma fille; comédie-vaudeville en un acte. In-8°. 1840. *Ibid.* 30 c.

Avec Jules Cordier.

— Poésies. Nouvelle édition, contenant un grand nombre de pièces inédites. In-12. 1853. *Charpentier.* 3 fr. 50 c.

— Quitte ou double; comédie en deux actes, mêlée de couplets. In-8°. 1840. *Marchant.* 40 c.

Avec Paul Duport.

— La Sainte-Cécile; opéra-comique en trois actes, musique de M. Montfort. In-8°. 1844. *Tresse.* 60 c.

Avec Al. Decomberousse.

— Vie de Chateaubriand. Illustré par Philippoteaux. Gr. in-8°. 1860. *De Vresse.* 6 fr.

ANCELOT (Marguerite Louise Virginie), née CHARDON, femme du précédent, née à Dijon, en 1792.

— Une Année à Paris; comédie en trois actes, en prose. In-8°. 1847. *Beck.* 60 c.

— Antonia Vernon, ou les Jeunes filles pauvres. In-12. 1863. *Hachette et Cie.* 2 fr.

— Le Baron de Frèsmoutiers. 2 vol. in-8°. 1861. *Cadot.* 15 fr.

— Clémence, ou la Fille de l'avocat; comédie en deux actes, mêlée de chant. In-8°. 1839. *Marchant.* 40 c.

— Les Deux impératrices, ou Une petite guerre; comédie en trois actes. In-8°. 1812. *Beck.* 60 c.

— Un Drame de nos jours; suivi de : le Chevrier et Marguerite. 2 vol. in-8°.1859. *Cadot.* 15 fr.

— Le même. 1 vol. in-12. 3 fr. 50 c. *Ibid.*

— Émérance. 2 vol. in-8°, 1841, *Ch. Gosselin,* 15 fr.

— Une Famille parisienne au xix° siècle. In-18. 1856. *Cadot.* 1 fr.

— Une Faute irréparable. 2 vol. in-8°, 1860. *Ibid.* 15 fr.

— Une Femme à la mode; comédie en un acte. In-8°. 1843. *Beck.* 40 c.

— Les Femmes de Paris, ou l'Homme de loisir; drame en cinq actes, en prose. In-8°. 1848. *Tresse.* 60 c.

— La Fille d'une joueuse. 2 vol. in-8°. 1859. *Cadot.* 15 fr.

— Le même. In-12. 1858. *Ibid.* 3 fr. 50 c.

— Folette; comédie-vaudeville en un acte. In-8°. 1844. *Tresse.* 50 c.

— Gabrielle. In-12. 1863. *Cadot.* 1 fr.

— Le même. In-4°. *Ibid.* 75 c.

La 1re édition a paru en 1839, en 2 vol. in-8°, 15 fr. .

— Georgine. 2 vol. in-8°. 1855. *Ibid.* 15 fr.

— Le même. 1 vol. in-12. 1865. *Ibid.* 1 fr.

— Hermance, ou Un an trop tard; comédie en trois actes, mêlée de chant. In-8°. 1843. *Tresse.* 60 c.

— Les Honneurs et les mœurs, ou le Même homme; comédie en deux actes, mêlée de chant. In-8°. 1840. *Marchant.* 40 c.

— L'Hôtel de Rambouillet; comédie en trois actes, mêlée de chant. Musique nouvelle de M. Doche. In-8°. 1842. *Beck.* 60 c.

— Un Jour de liberté; comédie en trois actes, mêlée de chant. In-8°. 1845. *Tresse.* 60 c.

— Loïsa; comédie en deux actes, mêlée de chant. In-8°. 1843. *Beck.* 50 c.

— Madame Roland; drame historique en trois actes, mêlé de chant. In-8°. 1843. *Tresse.* 60 c.

— Marguerite; comédie en trois actes, mêlée de couplets. In-8°. 1840. *Marchant.* 40 c.

— Médérine. 2 vol. in-8°. 1843. *Pétion.* 15 fr.

— La Nièce du banquier. In-12. 1853. *Boisgard.* 40 c.

— Un Nœud de ruban. 2 vol. in-8°. 1858. *Cadot.* 15 fr.

— Le même. 1 vol. in-12. 1858. *Ibid.* 3 fr. 50 c.

— Le même. 1 vol. in-12. 1864. *Ibid.* 1 fr.

— Le même. In-4° illustré. 1864. *Ibid.* 50 c.

— Le Père Marcel; comédie en deux actes, mêlée de chant. In-8°. 1841. *Marchant.* 40 c.

— Pierre le millionnaire; comédie en trois actes. In-8°. 1844. *Beck.* 60 c.

— Renée de Varville. 2 vol. in-8°. 1853. *Roux et Cassanet.* 8 fr.

— Une Route sans issue. 2 vol. in-8°. 1857. *Cadot.* 15 fr.

— La Rue Quincampoix; drame en cinq actes, en vers. In-8°. 1848. *Beck.* 60 c.

— Un Salon de Paris de 1824 à 1864. Gr. in-8° avec photographies. 1865. *Dentu.* 10 fr.

— Les Salons de Paris; Foyers éteints. 2° édition. In-18. 1858. *Tardieu.* 1 fr.

— Théâtre de Mme Ancelot. 4 vol. in-12. 1841. *Gosselin,* 14 fr.

— Théâtre complet de Mme Ancelot. Nouvelle édition, ornée de 20 grav. sur bois par M. Poret, et de 20 têtes d'expressions lithographiées. 4 vol. in-8°. 1848. *Beck.* 20 fr.

ANCIAUX, docteur en médecine.

— Éléments de botanique. In-16. 1861. *Philippart.* 50 c.

*Ancien Théâtre français, ou Collection des ouvrages dramatiques les plus remarquables depuis les Mystères jusqu'à Corneille. — Voy. *Viollet Le Duc.*

*Ancienne Auvergne (l') et le Velay. — Voy. *Mandet (Francisque).*

*Anciens monuments de l'Europe : châteaux, demeures féodales, forteresses, citadelles, ruines historiques, églises, basiliques, monastères et autres monuments religieux; par une société d'archéologues; ornés de 90 grav. In-8°. 1864. *Renault et Cie.* 6 fr.

La 1re édition a paru en 1850. In-8°. *Laligant.* 6 fr.

*Anciens poëtes (les) de la France. — Voy. *Guessard.*

ANCILLON (Frédéric), homme d'État et ministre des affaires étrangères en Prusse, né à Berlin, en 1766, mort en 1838.

— De l'Esprit des constitutions politiques et de son influence sur la législation. Ouvrage traduit de l'allemand par C. M., docteur en droit. In-8°. 1850. *Dechaume.* 4 fr. 50 c.

ANCILLON (Joseph), jurisconsulte protestant, né à Metz, en 1626, mort en 1719. Après la révocation de l'édit de Nantes, il suivit sa famille à Berlin. Il devint alors conseiller de Frédéric-Guillaume, électeur de Brandebourg, et membre du tribunal.

— Recueil journalier de ce qui s'est passé de plus mémorable dans la cité de Metz, pays messin, et aux environs, de 1656 à 1674, fait par Joseph Ancillon; publié par M. F. M. Chabert. In-8°. 1860. *Aubry.* 5 fr.

ANCRE (Alfred d').

— Le Printemps de la vie humaine. In-12. 1856. *Garnier.* 3 fr. 50 c.

Contenant six nouvelles : La Sensitive. Le Camélia. Marguerite. OEillet et lys. Le Bouquet de myosotis. Violettes et tahatière.

ANDELARRE (Mme la marquise d'), morte vers 1820.

— Heures choisies, ou Recueil de prières pour tous les besoins de la vie, avec des instructions et pratiques pour toutes les fêtes de l'année. Nouvelle édition, par J. B. B. (Barbou). In-32. 1863. Limoges, *Barbou.* 1 fr. 50 c.

— Le même. In - 32. 1864. Limoges et Paris, *F. F. Ardant frères*. 1 fr. 50 c.

— Autre édition, refondue par Mgr. Morlot. — Voy. *Morlot*.

La 1re édition de cet ouvrage a été publiée sans nom d'auteur en 1816.

ANDERDON (le docteur).

— Antoine de Bonneval, ou Paris au temps de saint Vincent de Paul. Traduit de l'anglais. In-12. 1860. Tournai, *Casterman*. 2 fr. 50 c.

ANDERS (E.), musicien.

— Détails biographiques sur Beethoven, d'après Wegeler et Ries. In-8º. 1839. *Rue Richelieu*, 97. 1 fr.

ANDERSEN (Hans Christian), poëte et romancier danois, né à Odensée, en 1805.

— Contes danois. Traduction nouvelle. In-12. 1853. Tours, *Mame*. 2 fr.

— Contes d'Andersen. Traduits du danois, par D. Soldi; avec une notice biographique, par X. Marmier, et 40 vignettes, par Bertall. In-12. 1861. *Hachette et Cie*. 2 fr.

— Contes pour les enfants. Traduits du danois, par V. Caralp. In-8º, avec 12 lithographies. 1848. *Morizot*. 6 fr.

— Fantaisies danoises. Contes traduits, par J. Jurgensen. In-12. 1861. *Cherbuliez*. 2 fr.

— Histoire d'une Mère, suivie de : le Caneton, le Mauvais prince, les Souliers rouges, les Cigognes. Traduit du danois. Nouvelle édition. In-18. 1856. Tours, *Mame*. 80 c.

— L'Improvisatore, ou la Vie en Italie. Traduit du danois, par Mme Camille Lebrun. 2 vol. in-12. 1847. *Amyot*. 7 fr.

— Autre édition, traduction par P. Royer. 3 vol. in-16. Bruxelles, *Schnée*. 3 fr.

— Livre d'images sans images. Traduit par J. F. Minssen. In-12. 1859. *Hachette et Cie*. 1 fr.

— Nouveaux contes. Traduits par Soldi, revus par de Gramont. In-12. 1862. *Dentu*. 3 fr.

ANDERSON (le Rév. J.).

— Les Femmes de la réformation. Traduit de l'anglais, par Mme Abric-Encontre. Suisse. France. Italie. In-12. 1865. *Grassart*. 3 fr.

ANDICHON (F. M. Henri d'), archiprêtre de Lembeye, ancien curé d'Aucamville.

— Recueil de noëls choisis, composés sur les airs les plus agréables, les plus connus et les plus en vogue dans la province de Béarn, par Henri d'Andichon et autres ecclésiastiques. In-16, 96 p. 1856. Bagnères de Bigorre, *Dossun*.

Nouvelle édition en 1862.

Souvent réimprimé. Autres éditions : In-12. 1854. Toulouse, *Devers-Arnauné.* — In-12, 96 p. 1859. Toulouse, *Ténot.* Le titre de ces deux dernières éditions est ainsi modifié: Noëls choisis, corrigés, augmentés et nouvellement composés sur les airs les plus agréables, etc.

ANDILLY (Arnauld d'). — Voy. **Arnauld d'Andilly.**

ANDOCIDES, orateur grec, né en 467 avant Jésus-Christ.

— Opera. — Voy. **Oratores attici*.

ANDRADE (A. d'), médecin.

— Essai sur le traitement des fistules vésico-vaginales par le procédé américain, modifié par M. Bozeman. In-4º. 1860. *Leclerc*. 2 fr. 50 c.

ANDRAL (le docteur Gabriel), membre de l'Institut et de l'Académie de médecine, né à Paris, en 1797.

— Clinique médicale, ou Choix d'observations recueillies à l'hôpital de la Charité (clinique de M. Lerminier). 4e édition. 5 vol. in-8º. 1840. *Crochard*. 40 fr.

— Cours de pathologie interne professé à la Faculté de médecine de Paris. Recueilli et publié par M. le docteur Amédée Latour. 2e édition. 3 vol. in-8º. 1848. *G. Baillière*. 18 fr.

— Essai d'hématologie pathologique. In-8º. 1843. *Masson*. 4 fr.

— Recherches sur le développement du penicilium glaucum, sous l'influence de l'acidification, dans les liquides albumineux normaux et pathologiques. In-8º avec 1 pl. 1843. *Bachelier*.

Avec M. Gavarret.

— Recherches sur la composition du sang de quelques animaux domestiques. — Voy. *Delafond*.

— Recherches sur les modifications de proportion de quelques principes du sang (fibrine, globules, matériaux solides du sérum et eau) dans les maladies. In-8º. 1841. *Fortin, Masson et Cie*. 3 fr. 50 c.

Avec M. Gavarret.

— Recherches sur la quantité d'acide carbonique exhalé par le poumon dans l'espèce humaine. In-8º avec 1 pl. 1843. *Ibid*.

Avec le même.

— Réponse aux principales objections dirigées contre les procédés suivis dans les analyses du sang et contre l'exactitude de leurs résultats. In-8º. 1842. *Ibid*. 2 fr. 50 c.

Avec le même.
Voy. aussi *Gavarret et Andral*.

ANDRAUD aîné (de la Gironde).

— Code composé 1º de la chasse, 2º de la pêche maritime, 3º du halage, 4º contravention et pénalité sur les bois, forêts, etc. In-8º. 1845. Bordeaux, *Faye*.

— Code des contributions directes avec la nouvelle loi sur les patentes, etc. In-8º. 1845. *Ibid*.

ANDRAUD, ingénieur civil.

— De l'Air comprimé et dilaté comme force motrice, ou Des forces naturelles, recueillies gratuitement et mises en réserve. 3e édition, publiée par M. Tessié Du Motay. In-8º avec 1 pl. 1841. *Guillaumin*. 3 fr.

— Études sur la brouette. Modifications apportées à l'industrie des terrassements. In-4º avec fig. 1857. *Chaix et Cie*.

— Exposition universelle de 1855. Une Dernière annexe au palais de l'Industrie. Sciences industrielles. Beaux-arts. Philosophie. In-8º. 1855. *Guillaumin*.

— Théâtre scientifique. Électricité. Galvani, drame en cinq actes, suivi de notes scientifiques. In-8º avec 3 portraits. 1854. *Ibid*.

ANDRAUD (Ch.).

— De l'heureuse influence de la civilisation sur la fréquence des maladies populaires. In-8º de 64 p. 1854. Montpellier, *Martel aîné*.

ANDRÉ, pseudonyme de M. Jules **Lecomte**.

ANDRÉ, archevêque de Césarée, à la fin du vᵉ siècle.

— Opera omnia. — Voy. *Migne*, Patrologie grecque, tome 106.

ANDRÉ, archevêque de Crète à la fin du viiᵉ siècle.

— Voy. *Migne*, Patrologie grecque, tome 97.

ANDRÉ.

— Cosmographie raisonnée, ou Description du vaste univers et du globe terrestre, indiquant tous les phénomènes célestes, le cours des astres, etc. In-4º avec 8 pl. 1839. *Hocquart.*

ANDRÉ (A.).

— Nouveau manuel du baccalauréat ès lettres. — Voy. *Mary et André.*

ANDRÉ (Alfred).

— Chansons. In-8º. 1842. Douai, *Obez.* 5 fr.

ANDRÉ (Anner-). — Voy. **Anner-André.**

ANDRÉ (Charles), pseudonyme sous lequel MM. Charles Hen et André Van Hasselt ont publié en commun des compilations à l'usage des écoles.

— Cours de littérature française. Choix de morceaux en prose et en vers extraits des principaux écrivains français. 11ᵉ édition. In-12. 1863. Bruxelles, *Bruylant-Christophe et Cⁱᵉ.* 4 fr.

1ʳᵉ édition en 1854. *Ibid.* 3 fr.

— Écrin de paraboles; environ 150 contes choisis dans plus de 60 auteurs. 2ᵉ édition. 2 vol. in-12. 1863. Bruxelles, *Hen.* 2 fr. 50 c.

— Leçons choisies de littérature française et de morale. 4ᵉ édition. Gr. in-8º. 1864. Bruxelles, *Bruylant-Christophe et Cⁱᵉ.* 6 fr.

— Mille et une leçons de littérature française et de morale. In-8º. 1862. *Ibid.* 6 fr.

ANDRÉ (l'abbé Charles Marin), professeur au petit séminaire de Villiers-le-Sec, né à Douvres (Calvados), en 1820.

— Moïse révélateur, ou Exposition apologétique de la théologie du Pentateuque. In-12. 1849. *Lecoffre.* 2 fr. 50 c.

M. l'abbé André a traduit le « Nouvel Essai sur l'origine des idées », de l'abbé *Rosmini.*

ANDRÉ (Édouard), ancien jardinier principal de la ville de Paris, secrétaire de la Société centrale d'horticulture, né à Bourges (Cher), en 1840.

— L'Horticulture en Hollande. In-8º. 1865. *Imprimerie Panckoucke.* 75 c.

Extrait du « Moniteur ».

— Le Mouvement horticole. Revue des progrès accomplis dans l'horticulture pendant l'année 1865, augmenté d'un annuaire comprenant les travaux horticoles pour 1866. In-18. 1865. *Rothschild.* 1 fr.

— Plantes de terre de bruyère. Description, histoire et culture des Rhododendrons, Azaléas, Camélias, Bruyères, Epacris, etc., et des principaux genres d'arbres, arbustes, arbrisseaux et plantes vivaces de plein air ou de serre que l'on cultive en terre de bruyère. In-12. 1864. *Librairie agricole.* 3 fr. 50 c.

— Les Plantes à feuillage ornemental; description, histoire, culture et distribution des plantes à belles feuilles, nouvellement employées à la décoration des squares, parcs et jardins; avec 37 grav. dessinées par Riocreux, Yan' Dargent. In-18. 1865. *J. Rothschild.* 2 fr.

M. Ed. André a publié la 21ᵉ édition (très-remaniée) des gravures du « Bon jardinier ».

ANDRÉ (Eugène).

— Caractères du xixᵉ siècle, genre Labruyère et Théophraste. In-12, 48 p. 1863. *Imprimerie Lainé et Havard.*

ANDRÉ (l'abbé F.).

— La Gerbe, ou Choix d'histoires contemporaines propres à instruire et à moraliser la jeunesse. In-18. 1865. *Mathias.* 25 c.

ANDRÉ (Faustin).

— Rome et Jérusalem. 1ʳᵉ et 2ᵉ édition. In-8º. 1861. [Lodève, *Corbière.*] *Dentu.* 2 fr.

ANDRÉ (Ferdinand), archiviste adjoint du département des Bouches-du-Rhône, né à Pourrières (Var), en 1829.

— Histoire de l'abbaye des religieuses de Saint-Sauveur de Marseille, fondée au vᵉ siècle, d'après les documents inédits conservés aux archives départementales des Bouches-du-Rhône. In-8º. 1864. [Marseille, *imprimerie Vial.*] *Didron.* 7 fr.

Tiré à 225 exemplaires.

— Notice historique sur la maison et solitude de Notre-Dame des Anges au terroir de Mimet, diocèse d'Aix. In-8º. 1856. Marseille, *Boy.* 1 fr. 25 c.

— Notre-Dame de la miséricorde, notice historique sur la statue vénérée sous ce titre dans la paroisse de Pourrières (Var) et sur la dévotion qui s'y rattache. In-8º, 71 p. 1857. *Ibid.*

ANDRÉ (François Félix Aug.), conseiller à la cour impériale de Rennes, né à Limoges, en 1804.

— Les Sauterelles, étude d'entomologie biblique. In-8º. 1863. Rennes, *imprimerie Catel et Cⁱᵉ.*

ANDRÉ (G.) a traduit en vers français : « L'Heautontimorumenos, ou le Bourreau de soi-même », comédie de *Térence.*

ANDRÉ (Jean).

— Manuel du cocher, ou Méthode pour savoir choisir, soigner et conduire les chevaux et les voitures, contenant la manière d'éviter les accidents, etc. In-18. 1864. *Chez l'auteur, rue de la Michodière,* 20. 1 fr.

Publié aussi sous le titre : « Méthode pour conduire les chevaux de carrosse ». 1864. *Castel.* 1 fr.

ANDRÉ (J. B.), professeur de coupe.

— La Coupe facile pour tous. Traité complet de coupe. Ouvrage contenant 11 pl. ornées de 136 modèles, théorique et pratique, illustré de 28 grav. In-4º. 1865. Rennes, *Oberthur.*

ANDRÉ (J. D. H.).

— La Seule solution plausible de la question romaine et italienne. In-8º. 1862. *Chez tous les libraires.* 1 fr.

ANDRÉ (l'abbé Jean François), curé de la paroisse de Vaucluse, correspondant du ministère pour les travaux historiques, docteur en droit canonique, né à Menerbes (Vaucluse), en 1809.

— Histoire du gouvernement des recteurs pontificaux dans le comtat venaissin, d'après les notes recueillies par Charles Cottier. In-12. 1847. Carpentras, *Devillario.* 3 fr.

— Histoire de sainte Isabelle de France, sœur de saint Louis, et fondatrice de l'abbaye de Longchamp. In-12. 1855. *Ibid.* 1 fr.

— Histoire de saint Roch, suivie de celle de saint Jean Colombini. In-12. 1855. *Ibid.* 1 fr.

— Histoire politique de la monarchie pontificale au XIVᵉ siècle, ou la Papauté à Avignon. In-8° avec 1 vignette. 1845. [Carpentras, *Devillario.*] *Vaton.* 7 fr. 50 c.

— Histoire de la révolution avignonaise. 2 vol. in-8°. 1844-1845. *René.* 10 fr.

— Histoire de saint Véran, anachorète à Vaucluse, évêque de Cavaillon, ambassadeur du roi Gontran. In-18. 1858. *Pringuet.* 3 fr.

— Lettres à MM. les abbés Passaglia et Liverani. In-8°. 1861. *Douniol.* 1 fr.

— Les Lois de l'Église sur la nomination, la mutation et la révocation des curés. 2ᵉ édition. In-8°. 1865. Bar-le-Duc, *Guérin.* 2 fr. 50 c.

La 1ʳᵉ édition est de 1864. Carpentras, *Rolland.*

— Pie IX le fils aîné de l'Église et l'avoué de l'Église, scène nocturne, instinct prophétique de l'avenir. In-8°. 1862. *Douniol.* 1 fr.

— Le Prince Henry de Valori. In-8°. 1862. *Ibid.* 1 fr.

M. l'abbé André a publié une nouvelle édition revue, corrigée et augmentée, de « l'Ancienne et nouvelle discipline de l'Église », du P. *Thomassin.*

Il a traduit de l'italien : « la sainte Écriture éclaircie » de *Lanci;* et « la Vie de François de Valori » par dom Sylvain *Razzi.*

ANDRÉ (Louis Joseph), lieutenant d'artillerie, à Versailles, né à Nuits (Côte-d'Or), en 1838.

— De la navigation aérienne et de l'aviation. In-8°. 1865. *Étienne Giraud.* 50 c.

ANDRÉ (l'abbé Michel), chanoine de La Rochelle, vicaire général de Quimper, résidant à Paris, né à Avallon (Yonne), en 1803.

— Cours alphabétique et méthodique de droit canon, mis en rapport avec le droit civil ecclésiastique ancien et moderne. 2 vol. gr. in-8°. 1844 et 1845. *Migne.* 14 fr.

«Forme les tomes 9 et 10 de la « Première encyclopédie théologique » publiée par l'abbé Migne.

— Cours alphabétique, théorique et pratique de législation civile ecclésiastique, contenant tout ce qui regarde les fabriques, les bureaux de bienfaisance, les hospices, les écoles, les salles d'asile, etc. 2 vol. gr. in-8°. 1847-1848. *Migne.*

— Cours alphabétique et méthodique de droit civil ecclésiastique, contenant tout ce qui regarde les concordats de France et des autres nations, les canons de discipline, les usages du saint-siège, etc., les choses, et les jugements. 3ᵉ édition entièrement refondue et considérablement augmentée. 6 vol. in-8°. 1859. *Chez l'auteur, rue Neuve Saint-Paul,* 10. 60 fr.

— Histoire chronologique et dogmatique des conciles de la chrétienté, depuis le concile de Jérusalem tenu par les apôtres, l'an 50, jusqu'au dernier concile tenu de nos jours. Tomes 4 à 6. In-8°. 1854. *Vivès.* 18 fr.

Les 3 premiers volumes ont été rédigés par M. *Roisselet de Sauclières.* (Voy. ce nom.)

— Mémoire adressé à S. Exc. M. le ministre de l'instruction publique et des cultes. Élections fabriciennes, validité. In-8°, 72 p. 1863. *Repos.*

M. l'abbé André a publié les 10 premiers volumes des OEuvres complètes de *Suarez.*

ANDRÉ (Pierre), ancien commerçant, né à Alais (Gard), en 1809.

— Extinction du paupérisme matériel, intellectuel et moral. In-8°, 70 p. 1860. Marseille, *imprimerie Sénès.*

— Le Monde nouveau et la Trinité humaine. Régénération de la société par la morale et le capital. Plus de paupérisme. Nouvelle édition. In-8°. 1865. Marseille, *imprimerie Arnaud et Cⁱᵉ.* 4 fr.

— Le Pape et les monarques. Moyen de résoudre la question italienne à l'honneur de tous et au profit de tout le monde. In-8°, 15 p. 1860. Marseille, *imprimerie Sénès.*

ANDRÉ (P. M.).

— Jacques Lafitte. Poëme. In-8°. 1845. *Dussillon.* 2 fr.

ANDRÉ (Philippe François), chef d'institution à Ferrières (Haute-Marne), né à Genevières (Haute-Marne), en 1831.

— Nouveau Cours d'algèbre élémentaire théorique et pratique, à l'usage des institutions et des écoles normales primaires. In-12. 1863. *André-Guédon.* 1 fr. 60 c.

— Nouveau Cours d'exercices et de problèmes d'algèbre, avec les solutions raisonnées, à l'usage des institutions, des écoles professionnelles, etc. In-12. 1863. *Ibid.* 1 fr. 60 c.

— Trésor de l'enfance, ou Nouveau recueil de morceaux choisis en vers et en prose, avec notes, spécialement destiné aux élèves des écoles primaires. In-18. 1861. *Ibid.* 20 c.

— Trésor de la jeunesse, ou Nouveau recueil de morceaux choisis en vers et en prose, avec notes, à l'usage des maisons d'éducation et des écoles primaires. In-18. 1861. *Ibid.* 60 c.

ANDRÉ (Yves Marie), savant philosophe cartésien de la Compagnie de Jésus, né à Chateaulin en Bretagne, en 1675, mort à Caen, en 1764.

— Œuvres philosophiques du père André, avec une Introduction sur sa vie et ses ouvrages, tirée de sa correspondance inédite, par Victor Cousin. In-12. 1843. *Charpentier.* 3 fr. 50 c.

— Essai sur le beau. — Voy. *Jouve,* Dictionnaire d'esthétique.

ANDRÉ-MARIE (le R. P.), de l'ordre des Frères prêcheurs.

— Missions dominicaines dans l'extrême Orient. 2 vol. in-12. 1865. Lyon et Paris, *Bauchu et Cⁱᵉ.* 6 fr.

ANDRÉ-PASQUET (E.), avocat.

— Études constitutionnelles. Qu'est-ce qu'un électeur? In-12. 1862. *A. Faure.* 1 fr. 50 c.

ANDRÉA (le cardinal), né à Naples, en 1812. Il passa sa jeunesse en France.

— La Cour de Rome et les jésuites. Nouveaux écrits, par le cardinal d'Andréa, Mgr. Fr. Liverani, le chanoine E. Reali. Traduit de l'italien. In-8°. 1861. *Dentu.* 2 fr.

ANDREL.

— Tabarin; opéra comique. — Voy. *Alboise du Pujol et Andrel.*

ANDRÉOLI (M. E.), professeur d'histoire.

— Monographie de l'église cathédrale Saint-Siffrein de Carpentras, renfermant une description du cloître et de l'ancienne église, des détails historiques, des notes biographiques et de nombreux dessins gravés. In-8°. 1862. [Carpentras, *Rolland.*] *Bance.* 5 fr.

<small>Avec B. S. Lambert.</small>

ANDRÉOSSY (le comte François d'), général français, ambassadeur à Vienne et à Constantinople sous Napoléon Ier; né en 1761, mort en 1828.

— Opération des pontonniers français en Italie pendant les campagnes de 1795 à 1797, et reconnaissance des fleuves et rivières de ce pays. In-8° avec 4 pl. 1843. *Corréard.* 7 fr. 50 c.

ANDREVETAN (Claude Franç.), docteur-médecin à La Roche (Haute-Savoie), où il est né en 1802.

— Code moral du médecin; poëme en six chants. In-8°. 1842. *Laville.* 5 fr.

— Le Lac d'Annecy, ses environs et les hommes célèbres qui l'ont illustré. In-16, 76 p. 1863. Bonneville, *imprimerie Vᵉ Chavin.*

— Lamentations sur l'état déplorable de la civilisation en Savoie (sous le *Buon governo*). In-16, 74 p. 1862. *Ibid.*

— La Sainte de Magland, ou l'Hypocrisie sacrilége; drame villageois en trois actes et en vers, dans le triple genre plaisant, sublime et terrible. In-16, 71 p. 1862. *Ibid.*

— La Savoie poétique; autre poëme en six chants. In-12. 1845. *Chez l'auteur.* 2 fr.

ANDREW (John), ancien graveur.

— La Peinture au pastel mise a la portée de tout le monde par l'application de quatre méthodes nouvelles. In-8°. 1859. *Curmer.* 1 fr.

ANDRÉZEL (l'abbé Barthélemy Philibert Picox d'), ancien inspecteur général de l'Université, né à Salins, en 1757, mort à Versailles, en 1825.

— Extraits des auteurs grecs. Traduction française, revue et corrigée par Fl. Lécluse. Nouvelle édition. In-12. 1863. *Delalain.* 4 fr. 50 c.

— Le même. Texte grec. In-12. 1859. *Ibid.* 3 fr. 50 c.

<small>La 1ʳᵉ édition est de 1854.</small>

ANDRIÉ (J. F. D.), ancien pasteur.

— Lectures pour les enfants de six à douze ans. 1ʳᵉ partie : Merveilles de la nature. 6ᵉ édition. In-12. 1862. Toulouse, *Société des livres religieux.*

— Lectures pour les jeunes gens les plus avancés des écoles. 2ᵉ partie. L'âme et ses facultés. Nouvelle édition. In-12. 1864. *Ibid.* 2 fr.

— Quelques mots sur les mythes du docteur Strauss et sur la vie de Jésus, d'après E. Renan. In-8°. 1865. Berlin, *Schneider.* 1 fr.

ANDRIES (Jean Jacques), directeur honoraire du Conservatoire de Gand, né à Gand, en 1798.

— Aperçu théorique de tous les instruments de musique actuellement en usage. Gr. in-8°. Gand, *Gevaert.*

— Précis de l'histoire de la musique depuis les temps les plus reculés, suivi de notices sur un grand nombre d'écrivains didactiques et théoriciens de l'art musical. Gr. in-8°. 1863. Gand, *de Busscher frères.* 6 fr.

ANDRIEU, préparateur au baccalauréat ès lettres, mort en 1864.

— Appel aux amis des lettres latines. Le Discours latin au concours général de 1863, ou l'Arbre

jugé par ses fruits. In-8°. 1863. *Tandou et Cᶜ.* 1 fr. 50 c.

— Enseignement du discours latin et de la version latine; manuel du baccalauréat ès lettres pour l'épreuve écrite. In-8°. 1862. *Delalain; Derache.* 2 fr.

<small>1ʳᵉ Partie : Étude sur Cicéron et son époque. (Seule publiée.)</small>

ANDRIEU (le docteur Amédée).

— Les Élections de 1863 et la Pologne. In-8°. 1863. *Dentu.* 1 fr.

ANDRIEU (le docteur Edmond), ex-élève des hôpitaux de Paris, médecin spécial des maladies de la bouche, chirurgien-dentiste à Paris, né à Écouen (Seine-et-Oise), en 1833.

— Conseils aux parents sur la manière de diriger la seconde dentition de leurs enfants. In-8°. 1863. *Coccoz.* 2 fr. 50 c.

— De la Diathèse urique et des maladies qu'elle engendre, goutte, gravelle et migraine; exposé théorique et pratique d'un nouveau traitement. In-12. 1860. *Chez l'auteur.* 1 fr. 25 c.

<small>2ᵉ édition en 1861.</small>

— Quelques vérités sur la manière actuelle de remplacer les dents. Le Bon sens en prothèse dentaire. In-8°. 1865. *Coccoz.* 1 fr.

— Sur un nouveau système de dentiers à base inamovible et plastique. In-8°. 1863. *Imprimerie Appert.* [*Coccoz.*] 60 c.

<small>Avec le docteur Delabarre.</small>

— Du Traitement de la diarrhée des enfants et spécialement de la médication par le régime lacté et la pulpe de la viande crue. In-4°. 1859. *Imprimerie Rignoux.* [*Chez l'auteur.*] 1 fr. 50 c.

<small>Thèse pour le doctorat.</small>

ANDRIEU (Ferdinand), médecin aux Eaux-Bonnes, né vers 1810, mort en 1857.

— Essai sur les Eaux-Bonnes. Des indications et des contre-indications de leur emploi. In-8°. 1847. Agen, *Noubel.* 3 fr.

— Des indications spéciales de l'administration des Eaux-Bonnes. In-8°. 1847. *Ibid.* 3 fr.

ANDRIEU (Jules), né à Paris, en 1837.

— L'Amour en chansons; chants de tous les pays. In-18. 1858. *Taride.* 50 c.

— Chiromancie. Études sur la main, le crâne, la face. In-18 avec fig. 1860. *Ibid.* 1 fr.

ANDRIEU (Paul), ingénieur.

— Du Nettoiement des villes au point de vue exécutif et financier. 2ᵉ édition. In-4°. 1843. Lyon, *Perrin.*

— Études relatives au pavage des voies urbaines et des routes. Premier Mémoire. In-4°. 1844. *Carilian-Gœury et Dalmont.*

— Un réseau de viabilité par le cours d'eau. Exposé et considérations sur le moyen d'obtenir sur le sol de la France la viabilité gratuite, l'amendement, l'irrigation et la force motrice. In-8° avec 1 pl. 1842. *Ibid.*

ANDRIEUX (le docteur), fondateur et directeur de l'établissement hydrothérapique de Brioude.

— Enseignement élémentaire universel, ou Encyclopédie de la jeunesse; illustré de 400 gravures. In-12. 1844. *Dubochet.* 10 fr.

<small>Avec la collaboration de M. Louis Baude et d'une société de savants et de littérateurs.</small>

— Maladies chroniques. Notice sur l'établissement hydrothérapique d'Auvergne, suivie d'un résumé des résultats obtenus dans cette maison de santé, fondée et dirigée à Brioude (Haute-Loire) par le docteur Andrieux (de Brioude). In-8°. 1857. *Masson*. 1 fr. 50 c.

— Les Médecins cantonaux; lettres, etc. In-8°. 1858. [Clermont-Ferrand], *Baillière*. 2 fr. 50 c.

M. le docteur Andrieux a traduit du latin: « Dissertation sur l'accouchement terminé par les seules forces naturelles », de *Salagrès de Renhac*.

ANDRIEUX (l'abbé J. F.), curé d'Oisly.

— Chants bibliques. In-18. 1857. Tours, *Ladevèze*.

— Chants élégiaques. In-18. 1857. *Ibid.*

— Suite aux chants élégiaques. In-18. 1861. Blois, *imprimerie Giraud*.

La pagination fait suite à celle de l'ouvrage précédent.

ANDRIEUX (Jean Stanislas), littérateur, membre de l'Académie française et professeur de littérature française au Collége de France, né à Strasbourg, en 1759, mort à Paris, en 1833.

— Œuvres choisies, précédées d'une notice sur l'auteur par M. St. A. Berville. In-8° avec portrait. 1862. *Ducrocq*. 5 fr.

— Les Étourdis, ou le Mort supposé. — Le Rêve du mari, ou le Manteau. — Anaximandre, ou le Sacrifice aux grâces. — Voy. *Chefs-d'œuvre* des auteurs comiques, tome VII.

M. Andrieux a aussi traduit du latin plusieurs comédies de Plaute. — Voy. *Nisard*, « Théâtre complet des Latins ».

ANDRIEUX (Louis).

— Le Poste de la gaieté. In-12. 1863. *Dentu*. 2 fr.

ANDRIEUX (Vilmorin-). — Voy. **Vilmorin-Andrieux.**

ANDRIVEAU-GOUJON (Gabriel Gustave), géographe et éditeur de cartes géographiques à Paris.

— Atlas classique et universel de géographie ancienne et moderne, contenant les divisions les plus nouvelles dans les cinq parties du monde. Nouvelle édition. Gr. in-fol. de 50 cartes. 1865. *Andriveau-Goujon*. 80 fr.

Il y a plusieurs autres éditions de cet atlas, se composant d'un plus grand ou d'un plus petit nombre de cartes, et variant de prix en conséquence.

ANDRONICUS COMNÈNE, empereur byzantin de 1183 à 1185.

— Christiani et judæi contra judæos dialogus (latine tantum). — Voy. *Migne*, Patrologie grecque, tome 133.

ANDRY (le docteur Félix), ancien chef de clinique de la Faculté de médecine de Paris, né dans cette ville en 1808.

— Coup d'œil sur les eaux principales des Pyrénées, précédée de quelques considérations sur les eaux minérales en général. In-8°. 1840. *Labé*. 1 fr. 25 c.

— Homœopathie et allopathie. Lettre à M. le docteur J. P. Tessier. In-8°. 1856. *Baillière*. 75 c.

— Manuel de diagnostic des maladies du cœur, précédé de recherches pour servir à l'étude de ces affections. In-18. 1843. *G. Baillière*. 2 fr. 50 c.

— Manuel pratique de percussion et d'auscultation. In-12. 1845. *Ibid.* 3 fr. 50 c.

— Recherches sur le cœur et le foie, considé-

rés aux points de vue littéraire, médico-historique, symbolique, etc. In-8°. 1857. *Ibid.* 4 fr.

Pour ses ouvrages littéraires , voy. son pseudonyme *Viro* (Prosper).

ANDRYANE (Alexandre), prisonnier d'État de l'Autriche avec Pellico, Maroncelli et Confalonieri, né en..., mort en 1862.

— Mémoires d'un prisonnier d'État. 4e édition, revue par l'auteur et augmentée d'une Correspondance inédite de Confalonieri. 2 vol. in-12. 1862. *Gaume frères*. 7 fr.

1re édition : 4 vol. in-8°, 1838. *Ladvocat*. 32 fr.

— Souvenirs de Genève, complément des Mémoires d'un prisonnier d'État. 2 vol. in-8°. 1839. *Coquebert*. 16 fr.

ANDURAN (le docteur A. d'), médecin à La Rochelle.

— Guide pratique des goutteux et des rhumatisants, ou Traitement curatif et préservatif. In-12, 36 p. 1859. *Imprimerie Wittersheim*.

— Mémoire sur le traitement de la goutte et des rhumatismes aigus et chroniques. In-8°. 1854. La Rochelle, *Siret*.

3e édition en 1859. In-12, 36 p. Paris, *imprimerie Wittersheim*.

ANDUZE (Vié-). — Voy. **Vié-Anduze.**

*Ane (l') et les trois voleurs; proverbe garibaldien en un acte et en vile prose. 2e édition. In-8°. 1860. *Poulet-Malassis et de Broise*. 50 c.

*Anecdotes historiques et littéraires racontées par l'Étoile, Brantôme, Tallemant des Réaux, Saint-Simon, Bachaumont, Grimm, etc. Nouvelle édition. In-12. 1865. *Hachette et Cie*. 1 fr.

*Anecdotes sur les Indiens de l'Amérique du Nord, leurs mœurs et leurs habitudes. In-16. 1845. *Delay*. 1 fr.

*Anecdotes du ministère de Sébastien-Joseph Carvalho, comte d'Oyéras, marquis de Pombal, sous le règne de Joseph Ier, roi de Portugal. Nouvelle édition, revue, etc. 2 vol. in-12. 1843. Orange, *Escoffier*. 8 fr.

*Anecdotes du temps de Louis XVI. In-12. 1863. L. *Hachette et Cie*. 1 fr.

*Anecdotes du temps de la Terreur. In-16. 1856. *Ibid.* 1 fr.

ANELIER (Guillaume), troubadour, natif de Toulouse, vivait à la fin du xiie siècle.

— Histoire de la guerre de Navarre, en 1276 et 1277. Publiée avec une traduction, une introduction et des notes, par Francisque Michel. In-4°. 1856. *Didot frères*. 12 fr.

Fait partie de la « Collection de documents inédits sur l'histoire de France ».

ANGEBAULT (Mgr. Guillaume Laurent Louis), évêque d'Angers, ancien chanoine de Nantes, né à Rennes, en 1790.

— Lettres sur la vie religieuse, à l'usage des sœurs vouées à l'enseignement des jeunes filles. 2e édition. In-12. 1861. *Ad. Le Clere*. 3 fr.

— Principaux discours et mandements. — Voy. *Migne*, Orateurs sacrés, 2e série, tome 17.

— Recueil d'instructions pastorales. In-12. 1863. [Angers, *Barassé*.] *Ad. Le Clere*. 3 fr.

ANGEBERG (le comte), sans doute un pseudonyme.

— Le Congrès de Vienne et les traités de 1815, précédé et suivi des actes diplomatiques qui s'y rattachent, avec introduction historique, par M. Capefigue. 4 vol. in-8°. 1864. *Amyot.* 50 fr.

— Recueil des traités, conventions et actes diplomatiques concernant la Pologne. 1762-1862. In-8°. 1862. *Ibid.* 20 fr.

— Recueil des traités, conventions et actes diplomatiques concernant l'Autriche et l'Italie (1703-1859). In-8°. 1859. *Ibid.* 13 fr.

ANGEL (Ange Jean Robert Eustache, connu sous le pseudonyme d'), auteur dramatique, né à Anvers, en 1813, mort en 1861.

— A la Vie, à la Mort! vaudeville en un acte. In-8°. 1840. *Tresse.* 30 c.

— Le Beau jour, ou une Coutume flamande; vaudeville en un acte. In-12. 1852. *Beck.*

— Les Belles femmes de Paris; vaudeville en un acte. In-8°. 1839. *Michaud.* 25 c.

Avec Eugène Vanel.

— Les Brasseurs du faubourg; vaudeville en un acte. In-8°. 1839. *Gallet.* 15 c.

— Un Dernier jour de vacances; tableau anecdotique en un acte, mêlé de couplets. In-18. 1852. *Pesron.* 50 c.

— Jean Bart, ou les Enfants d'un ami; vaudeville en un acte. In-8°. 1840. *Henriot.* 30 c.

— Jeune Fille et jeune Fleur, ou les Deux paquerettes; comédie-vaudeville en un acte. In-18. 1852. *Beck.* 60 c.

— Un Spahi; comédie-vaudeville en un acte; airs nouveaux de M. Charles de Dufort. In-8°. 1854. *Ibid.* 60 c.

Avec Louis Cordier.

— Un Trait de Joseph II, ou Pour ma mère; comédie historique en un acte, mêlée de couplets. In-18. 1852. *Pesron.* 50 c.

— Trois Femmes, trois secrets; comédie-vaudeville en un acte. In-8°. 1845. *Tresse.* 40 c.

Voy. aussi *Saint-Yves*, *Veyrat*, *Villeneuve*, *Xavier*.

ANGEL (Fanny). — Voy. **Collet** (Mme), née Angel.

ANGELFRET, commissaire de police.

— Mémorandum des premiers secours à donner aux blessés et aux asphyxiés avant l'arrivée du médecin. In-12, 28 p. Épinal, *Pellerin.*

— Petit Dictionnaire du garde champêtre. In-8°, 61 p. et 1 tableau. 1859. Épinal, *imprimerie Ve Gley.*

ANGELI.

— Abrégé de l'enseignement élémentaire de la langue française. 2e édition. 2 vol. in-12. 1847. Toulouse, *Labouisse-Rochefort.* 3 fr. 50 c.

— Grammaire latine selon les auteurs classiques. In-12. 1849. Toulouse, *Privat.* 2 fr.

— Leçons d'analyse et de grammaire française. In-12. 1843. Toulouse, *Bon et Privat.* 1 fr.

— Leçons d'analyse et de grammaire latine. In-12. 1843. Toulouse, *Delsol.* 1 fr.

— Première année de latin, ou Nouvelle méthode pour faire connaître les auteurs classiques latins d'une manière simple et facile. 3e édition. In-12. 1842. Toulouse, *Martegoute.* 1 fr. 25 c.

ANGELINI (le R. P. Antoine), de la Compagnie de Jésus, professeur d'éloquence au Collège romain.

— Les Larmes des saints dans la perte de leurs

proches: Lettres de consolation. Traduit de l'italien sur la 3e édition, par M. l'abbé V. Postel. In-18. 1864. *Ruffet et Cie.* 80 c.

ANGELY (d'), professeur de rhétorique au collège de Juilly.

— Cours de littérature et de belles-lettres. In-18. 1843. *Poussielgue-Rusand.* 4 fr.

ANGENOT (F.), directeur de collège.

— Grammaire latine élémentaire. In-12. 1863. Liège, *Dessain.* 1 fr. 50 c.

ANGER (Benjamin), docteur en médecine, prosecteur des hôpitaux de Paris, né à Athée (Mayenne), en 1838.

— Traité iconographique des maladies chirurgicales. Précédé d'une introduction par M. Velpeau. Dessins d'après nature par MM. Bion, Léveillé et Beau. 1re monographie. Luxations et fractures. Livraisons 1 à 4. In-4° avec pl. 1865. *Germer Baillière.* Chaque livraison 12 fr.

Cette 1re partie comprendra 8 livraisons, composées chacune de 8 pl. et d'un texte explicatif.

ANGER DE LA LORIAIS, ingénieur des ponts et chaussées.

— Essai sur les fonctions elliptiques. 1re livr. In-4°. 1846. *Carilian-Gœury.* 3 fr.

— Traité des lignes du second ordre. 2 vol. in-8° avec 47 pl. 1845. *Ibid.* 15 fr.

***Anges** (les) de Dieu, amis des hommes; par l'auteur du Mois du Sacré-Cœur. In-32. 1865. [Clermont-Ferrand, *Librairie catholique.*] *Lhuillier.* 2 fr.

ANGEVILLE (le comte d'), ancien député.

— La Vérité sur la question d'Orient et sur M. Thiers. In-8°. 1841. *Delloye.* 6 fr.

ANGLADA (Charles), professeur à la Faculté de Montpellier, né à Montpellier, en 1809.

— De la Pathologie, de son objet, de son but et de ses principes. In-8° de 62 p. 1854. Montpellier, *Martel aîné.*

— Traité de la contagion, pour servir à l'histoire des maladies contagieuses et des épidémies. 2 vol. in-8°. 1853. [Montpellier], *J. B. Baillière.* 12 fr.

ANGLADA (Joseph), docteur en médecine.

— Essai sur la thérapeutique, son objet, ses moyens, ses méthodes. In-8°, 107 p. 1862. Montpellier, *imprimerie Bœhm et fils.*

ANGLADE (l'abbé Jean Grégoire), vicaire de Notre-Dame de Paris, docteur en théologie, né à Lieuriac (Cantal), en 1830.

— Impossible de nier la divinité de Jésus-Christ. In-12. 1864. *Sarlit.* 1 fr.

— Napoléon et Dioclea, ou le Triomphe de la faiblesse sur la force au temps de Dioclétien. In-12. 1863. *Ruffet et Cie.* 1 fr. 50 c.

— N'est pas pape qui veut. A tous les rêveurs connus et inconnus d'un schisme national. In-8°. 1861. *Dentu.* 1 fr.

Réfutation de la brochure de J. M. Cayla sur le pape.

ANGLADE (Eugène), commissaire de police.

— Coup d'œil sur la police depuis son origine jusqu'à nos jours. In-8°. 1847. [Agen], *Martinon.*

— Étude sur la police. In-8°. 1852. *Gérard, rue Bergère*, 11. 5 fr.

4

*Anglais (un) en Pologne, récit de l'insurrection. Par un témoin oculaire. In-8°.1863. *E. Dentu.* 1 fr.

*Anglais (les) peints par eux-mêmes. 2 vol. in-8° avec pl. 1840. *Curmer.* 20 fr.

*Anglais (les) et la Sicile, par M. *** 1842. In-8°. 1842. *Garnier frères.* 2 fr.

ANGLAS (Louis d').

— Les Brigands; grand opéra en cinq actes, d'après Schiller, musique de Verdi. In-12. 1854. Bruxelles, *Lelong.* 1 fr.

— Marguerite; opéra. In-12. 1854. *Ibid.* 1 fr.

ANGLAS DE PRAVIEL (Paulin d'), ex-lieutenant du bataillon du Sénégal, un des naufragés de la Méduse.

— Scènes d'un naufrage, ou la Méduse. Nouvelle et dernière relation du naufrage de la Méduse. In-8°. 1853. Nîmes, *imprimerie Soustelle.* 2 fr.

La 1re édition a paru en 1818. In-8°. Paris, *Lenormant.*

ANGLEMONT (Édouard d'), littérateur, poëte et auteur dramatique, né à Pont-Audemer, en 1798.

— Amours de France. In-8°. 1841. *Ch. Gosselin.* 7 fr. 50 c.

— Euménides. In-8°. 1840. *Philippe.* 8 fr.

— Le Prédestiné; histoire contemporaine. In-8°. 1839. *Jules Laisné.* 7 fr. 50 c.

— Roses de Noël. In-8°. 1860. *Dentu.* 5 fr.

ANGLEMONT (A. Privat d'). — Voy. **Privat d'Anglemont.**

*Angleterre (l'), l'Autriche et les entrevues de Compiègne. In-8°. 1861. *Dentu.* 50 c.

*Angleterre (l') comparée à la France sous les rapports constitutionnels, légaux, judiciaires, religieux, commerciaux, industriels, fiscaux, scientifiques, matériels, etc., par un ancien avocat à la Cour de cassation et au conseil d'État. In-12. 1851. *Courcier.* 5 fr.

*Angleterre (l'). Études sur le self-government, par M. ***. In-8°. 1864. *Lévy frères.* 5 fr.

*Angleterre (l'), l'Irlande et l'Écosse. Souvenirs d'un voyageur solitaire, ou Méditations sur le caractère national des Anglais, leurs mœurs, leurs institutions, leurs établissements publics, l'association britannique, ainsi que d'autres sociétés savantes, et les inventions nouvelles en fait de sciences et d'arts. 2 vol. in-8°. 1843. *Brockhaus et Avenarius.* 16 fr.

*Angleterre (l'), sa liberté et l'Italie. In-8°. 1859. *Dentu.* 1 fr.

ANGLEVILLE (Alfred d').

— Traité pratique de drainage. In-8° avec pl. 1855. *Dusacq.* 1 fr.

ANGLIVIEL DE LA BEAUMELLE (Laurent), professeur à l'Université de Copenhague et, plus tard, attaché à la Bibliothèque du roi à Paris, né à Valleraugue, dans les Cévennes, en 1726, mort à Paris en 1773.

— Vie de Maupertuis. Ouvrage posthume; suivi de: Lettres inédites de Frédéric le Grand et de Maupertuis. Avec des notes et un appendice. In-18. 1856. *Ledoyen.* 3 fr. 50 c.

L'avertissement est signé : Maurice Angliviel, bibliothécaire du dépôt de la marine.

ANGLIVIEL DE LA BEAUMELLE (Moïse Victor), fils du précédent, colonel du génie, né à Mazères en 1772, mort à Rio-Janeiro en 1831.

— Arithmétique maternelle. Œuvre posthume. In-12. 1841. [Toulouse], *Hachette.*

ANGLURE (Oger d'), voyageur français, né au milieu du xive siècle.

— Le Saint voyage de Jérusalem, par le baron d'Anglure, 1395, accompagné d'éclaircissements sur l'état présent des lieux saints. In-18. 1858. *Pouget-Coulon.* 1 fr. 25 c.

L'ouvrage a été imprimé une première fois, en 1621, à Troyes.

ANGOULÊME (le comte d'). — Voy. **Orléans** (le duc Charles d').

ANGOULÊME (Marie Thérèse, duchesse d'), fille de Louis XVI et de Marie Antoinette, née à Versailles en 1778, morte à Froschdorf (Autriche), en 1851.

— Mémoires de Marie Thérèse, duchesse d'Angoulême. Nouvelle édition, revue, annotée et augmentée de pièces justificatives, par M. de Barghon-Fortrion. In-8°. 1858. *Dentu.* 7 fr.

Ces Mémoires ont paru en 1823, sous le titre de : « Récits des événements arrivés au Temple, depuis le 13 août 1792 jusqu'à la mort de Louis XVII ».

— Relation de la captivité de la famille royale à la tour du Temple; publiée pour la première fois dans son intégrité et sur un manuscrit authentique. In-12. 1862. *Poulet-Malassis.* 1 fr.

— Madame Marie Thérèse de France, fille de Louis XVI. Relation du voyage de Varennes, et récit de sa captivité à la tour du Temple par elle-même, précédés d'une Notice par le marquis de Pastoret. In-12. 1852. *Vaton.*

Ces Mémoires ont été réimprimés aussi dans la Bibliothèque des Mémoires relatifs au xviiie siècle. — Voy. *Barrière.*

ANGOULÊME (Louise, duchesse d'). — Voy. **Louise de Savoie.**

ANGREVILLE (J. E. d').

— Flore valaisanne. In-12. 1863. Genève, *Georg.* 2 fr. 75 c.

ANGSTROEM (A. F.).

— Mémoire sur la polarisation rectiligne et la double réfraction des cristaux à trois axes obliques. In-4°. 1849. Upsal. [Stockholm, *Bonnier.*] 4 fr.

ANGUS (Joseph), membre de la Société asiatique de Londres.

— Le Manuel de la Bible. Introduction à l'étude de l'Écriture sainte. Traduit de l'anglais, par J. Augustin Bost et Émile Rochedieu. In-8°. 1857. Toulouse, *Société des livres religieux.* 4 fr.

ANICET-BOURGEOIS. — Voy. **Bourgeois.**

ANICET DE SAINTE-SUZANNE (le frère). — Voy. **Sainte-Suzanne** (Anicet de).

ANIEL (E.), licencié ès lettres, agrégé de l'Université, a publié une édition classique avec notes et vocabulaire de *Lhomond*, « Epitome historiæ sacræ » et des « Fables d'Ésope ».

ANISY (Léchaudé d'). — Voy. **Léchaudé d'Anisy.**

ANISSON, ancien sous-préfet.

— Les Conseils généraux et la circulaire ministérielle du 6 août 1863. In - 8°. 1863. *Lecaur.* 50 c.

ANITCHKOFF, capitaine de l'état-major russe.

— La Campagne de Crimée, par Anitschkoff. Traduit de l'allemand, de Baumgarten, par C. Soye ; en 2 parties in-8° avec 4 plans. 1858. *Corréard.* 10 fr.

— Le même. 3e partie (supplément), de G. Baumgarten. 1861. *Ibid.* 4 fr.

ANJUBAULT, bibliothécaire de la ville du Mans.

— Études sur l'histoire de la Sarthe. — Voy. *Hucher.*

— La Sainte-Cécile au Mans depuis 1633. In-8°. 27 p. Le Mans, *imprimerie Monnoyer.*

ANNA CÉCILIA.

— Je ne veux plus mourir. In-8°. 1839. *Ebrard.* 7 fr. 50 c.

ANNA MARIE, pseudonyme de Mme la comtesse d'**Hautefeuille.**

*Annales du barreau français, ou Choix de plaidoyers et mémoires les plus remarquables, tant en matière civile qu'en matière criminelle, etc. 20 vol. in-8°. 1833-1847. *Warée aîné.* 120 fr.

*Annales de l'Observatoire de Paris. — Voy. *Le Verrier.*

*Annales du Parlement français. — Voy. *Fleury.*

ANNE (A. J. B.), chantre.

— Méthode pour apprendre facilement le nouveau plain-chant, par demandes et par réponses. In-8°. 1862. Caen, *Poisson.* 1 fr. 25 c.

ANNE (Théodore), littérateur, romancier et auteur dramatique, né en 1797, entra en 1814 dans les gardes du corps, qu'il quitta en 1830 pour rester fidèle à la branche aînée. Il était collaborateur de plusieurs journaux légitimistes.

— Alain de Tinteniac. 3 vol. in-8°. 1862. *De Potter.* 22 fr. 50 c.

— La Chambre rouge ; drame en cinq actes. In-12. 1852. *Lévy frères.* 1 fr.

Autre édition in-4°. 1858. *Ibid.* 20 c.

— Le Cordonnier de la rue de la Lune. 4 vol. in-8°. 1860. *De Potter.* 30 c.

— L'Enfant du régiment ; drame en cinq actes. In-8°. 1854. *Tresse.* 1 fr.

— La Folle de Savenay. 3 vol. in-8°. 1865. *De Potter.* 22 fr. 50 c.

— Le Général Oudinot, duc de Reggio. In - 8°. 46 p. et portrait. 1863. *Imprimerie Tinterlin et Cie.*

— Le Guerillero ; opéra en deux actes. Musique de M. Ambroise Thomas. In-8°. 1842. *Ve Jonas.* 75 c.

— Ivan IV. Scènes choisies par l'Académie des beaux-arts pour servir de texte au concours de composition musicale de 1860; paroles de M. Théodore Anne, musique de M. Émile Paladilhe. Gr. in-12. 1860. *Ibid.* 50 c.

— Marie Stuart ; opéra en cinq actes. Musique de Niedermeyer. In-8°. 1844. *Tresse.* 1 fr.

— Le Masque d'acier. 4 vol. in - 8°. 1857. *De Potter.* 30 fr.

— Le même. Suite : Les Invisibles. 4 vol. in-8°. 1858. *Ibid.* 30 fr.

— Monsieur le comte de Chambord à Wiesbaden. (Souvenirs d'août 1850.) 3e édition, augmentée d'un Appendice et de la Lettre de M. le comte de Chambord à M. Berryer. In-12 avec 1 lithographie. 1851. *Dentu.* 2 fr.

— Quelques pages du passé pour servir d'enseignement au présent et d'avertissement à l'avenir. In-12. 1851. *Simon Dautreville.*

— La Reine de Paris. 8 vol. in-8°. 1858. *De Potter.* 60 fr.

M. Th. Anne a continué « l'Histoire de l'ordre militaire de Saint-Louis », par Alexandre *Mazas.*

Voy. aussi *Saint-Georges et Anne.*

ANNE COMNÈNE, fille de l'empereur Alexis Comnène, femme de Nicéphore Brienne, une des plus savantes Grecques de son époque, vivait en 1130.

— Scripta quæ supersunt. — Voy. *Migne*, Patrologie grecque, tome 131.

*Anne Paule Dominique de Noailles, marquise de Montagu. 4e édition. In-12. 1864. *Dentu.* 3 fr.

La 1re édition a été publiée à Rouen, en 1859. (1 vol. in-8°.) Cet ouvrage a pour auteur M. Auguste Callet, qui l'a composé sur la demande de la famille de Mme de Montagu, et sur des documents qu'elle lui a fait remettre à cet effet. La presse en attribuait la publication à M. le duc de Noailles qui ne protestait pas, et par suite de ce silence M. Callet a revendiqué devant les tribunaux la propriété littéraire de l'ouvrage. Cependant il a été débouté de sa demande par jugement du tribunal civil de la Seine, du 14 juillet 1865. — Voy. la brochure que M. Callet a écrite sur cette question.

*Année des Enfants, recueil de 52 anecdotes ou sujets de composition, dédié aux écoles primaires. In-16. 1863. *Humbert.* 60 c.

*Année (une) en Italie ; journal d'une fille. In-12. 1847. *Delay.* 2 fr.

*Année eucharistique (nouvelle), par l'auteur du Mois du Sacré-Cœur. — Voy. **Nouvelle année.*

*Année médicale et scientifique, ou Résumé critique des principales discussions qui ont eu lieu devant les sociétés savantes, et des travaux les plus importants qui ont paru dans les journaux et recueils scientifiques pendant l'année 1864; par MM. Moutet, Jacquemet, Pécholier et Cavalier. 2e année. In-8°. 1865. [Montpellier, *Bœhm et fils.*] *Asselin.* 2 fr. 75 c.

ANNER-ANDRÉ (E. H.).

— Éléments de la grammaire française selon le plan de Lhomond, mis en rapport avec les principes de l'Académie et ceux des meilleurs grammairiens. 5e édition. In-12. 1860. Troyes, *Anner-André.* 75 c.

ANNISSON. — Voy. **Revol-Annison.**

*Annuaire des Actionnaires des chemins de fer français. — Voy. *Delabarre.*

——— de l'Administration des contributions indirectes. — Voy. *Conquet.*

——— de l'Administration de l'enregistrement. — Voy. *le même.*

——— de l'Administration des finances. — Voy. *le même.*

——— de l'Administration française. — Voy. *Block.*

——— des Agriculteurs de Belgique pour 1865. 16e année. In-12. 1865. Bruxelles, *E. Tarlier.* 2 fr.

—— de l'Algérie. — Voy. *Gomot*, et *Mayeux*.

—— de l'Algérie et des colonies, 1859. In-8°. 1859. *Hachette et C*ⁱᵉ. 3 fr.

L'Annuaire forme le premier numéro de la « Revue algérienne et coloniale ».

—— Le même, 1860. In-8°. 1860. *Ibid.* 6 fr.

—— de l'Ameublement. — Voy. *Vrignoneau*.

—— de l'Archéologue, du numismate, etc. — Voy. *Berty*.

—— de l'Archiviste. — Voy. *Champollion-Figeac* (Aimé).

—— spécial des Artistes-musiciens, par Mᵐᵉ J. de B. 1ʳᵉ année, 1863. In-12. *Faubourg Poissonnière*, 77. 3 fr.

—— des Artistes et des amateurs. — Voy. *Lacroix* (Paul).

—— de l'Association des artistes musiciens. 21ᵉ année. 1864. In-8°. *Rue de Bondy*, 68.

—— du Bâtiment. — Voy. *Sageret*.

—— des Beaux-arts. — Voy. *Filloneau*.

—— du Bibliophile, etc. — Voy. *Lacour*.

—— de la Bourse et de la banque. — Voy. *Birieux*.

—— pour l'an 1866, publié par le Bureau des longitudes. Avec des notices scientifiques. In-18. *Gauthier-Villars*. 1 fr.

Paraît depuis 1796.

—— officiel des Chemins de fer. — Voy. *Petit de Coupray*.

—— de Chimie. — Voy. *Millon*.

—— du Clergé de France. — Voy. *Roussel*.

—— général du Commerce. — Voy. *Lamy*.

—— général du Commerce, de l'industrie, de la magistrature et de l'administration, ou Almanach des 500,000 adresses de Paris, des départements et des pays étrangers. Publié par Firmin Didot frères. 1838 à 1856. 19 vol. gr. in-8°. *Didot frères*. Prix de chaque année, 12 fr.

En 1857 MM. Didot frères ont réuni à cet Annuaire l'Almanach Bottin, qui se publiait depuis 1797, et ont adopté le titre collectif de :

—— almanach du Commerce, de l'industrie, de la magistrature et de l'administration, ou Almanach des 500,000 adresses de Paris, des départements et des pays étrangers (Didot-Bottin). 1856 à 1866. 60ᵉ à 69ᵉ année de la publication. Gr. in-8°. *Ibid.* 20 fr.

—— spécial du Corps de santé de l'armée de terre, établi sur les documents du ministère de la guerre. In-8° oblong. 1864. *Rozier*. 8 fr. 50 c.

Le même a été publié en 1852 et 1855, 7 fr. 50 c. chacun, et de 1859 à 1863, 8 fr. 50 c. chacun.

—— du Corps de l'intendance, du corps des équipages militaires et des officiers d'administration, des bureaux de l'intendance, des hôpitaux, des subsistances, de l'habillement et du campement de l'armée de terre, établi sur les documents du ministère de la guerre. 1864. In-8°. *V. Rozier*. 10 fr.

—— du Cosmos. 8ᵉ année. In-18. 1865. *A. Tremblay; Leiber*. 2 fr.

Les premières années ont été rédigées par l'abbé Moigno. — Voy. ce nom.

—— des Deux-Mondes, histoire générale des divers États. Tome 14. In-8°. 1862-1863. *Au bureau de la Revue des Deux-Mondes*. 15 fr.

Cet Annuaire, formant le complément de la « Revue des Deux-Mondes », est fourni gratuitement aux souscripteurs de ce journal. L'Annuaire paraît depuis 1851 ; le prix des 2 premiers volumes est de 10 fr., celui des 7 suivants de 12 fr. ; à partir de là, 15 fr.

—— Diplomatique de l'empire français pour l'année 1865. 8ᵉ année. In-16. Paris et Strasbourg, *Vᵉ Berger-Levrault et fils*. 4 fr.

—— universel Diplomatique. — Voy. *Henrichs*.

—— des Douanes pour l'année 1866. 3ᵉ année. In-12. *Dentu*. 2 fr.

—— Dramatique. — Voy. *Delhasse*.

—— des Eaux de la France pour 1851, publié par ordre du ministre de l'agriculture et du commerce, et rédigé par une commission spéciale. 1ʳᵉ partie. Eaux douces. In-4°. 1851. [*Imprimerie nationale.*] *Gide*. 15 fr.

—— Le même. 2ᵉ partie (pour 1851-1854). Eaux minérales, eaux salées et eaux de mer. In-4°. 1855. *Ibid.* 15 fr.

—— des Eaux et forêts pour 1865. 4ᵉ année. In-18. *Au bureau de la Revue des eaux et forêts*. 1 fr.

—— des Eaux minérales, des bains de mer et de l'hydrothérapie en France et à l'étranger, publié par la Gazette des eaux. 7ᵉ année. In-18. 1865. *Savy*. 1 fr. 50 c.

—— de l'Économie politique, pour 1844, par MM. Ad. Blaise, Blanqui, Michel Chevalier, etc. 1ʳᵉ année. In-18. *Guillaumin*. 1 fr. 25 c.

—— Le même. 2ᵉ année, 1845. Par les rédacteurs du Journal des Économistes. In-18. *Ibid.* 1 fr. 50 c.

—— Le même. 3ᵉ année. 1846. In-18. *Ibid.* 2 fr. 50 c.

4ᵉ à 12ᵉ année, voy. *Garnier* (Joseph). — 13ᵉ à 22ᵉ année, voy. *Block*.

—— Encyclopédique. Politique, économie sociale, statistique, administration, sciences, littérature, beaux-arts, agriculture, commerce, industrie, publié par les directeurs de l'Encyclopédie du XIXᵉ siècle. 1859 à 1864. 5 vol. gr. in-8°. *Au bureau de l'Encyclopédie, rue Neuve de l'Université*, 6. Chaque année, 10 fr.

—— Ethnographique, oriental et américain. — Voy. *Castaing*.

—— des Faillites. — Voy. *Lepage*.

—— des Faits. — Voy. *Mavidal*.

—— Financier de la Belgique. — Bilan des sociétés financières anciennes et statuts des sociétés nouvelles avec un appendice sur l'emprunt national de 1865 et un tableau graphique du taux d'escompte de la banque nationale de Belgique et des banques d'Angleterre, de France et d'Amsterdam de 1851 au 31 mai 1865. In-8°. Bruxelles, *A. Decq*. 8 fr.

—— Forestier; publié par les Annales forestières. Années 1858 à 1863. In-8°. *Rue de la Chaussée-d'Antin*, 21. Prix de chaque vol., 3 fr.

—— de la France agricole. — Voy. *Cardon*.

—— Historique pour l'année 1862, publié par la Société de l'Histoire de France. 26ᵉ année. In-18. *Vᵉ J. Renouard*. 3 fr.

Les années 1837 à 1858, 1ʳᵉ à 22ᵉ année, 2 fr. chacune ; 1859 à 1863, 23ᵉ à 27ᵉ année, 3 fr. chacune.

—— Historique universel pour 1838. Revu par M. C. L. Lesur. In-8º. 1840. *Thoisnier-Desplaces.* 15 fr.

—— Le même pour 1839. In-8º. 1841. *Ibid.* 15 fr.

—— Le même pour 1840 à 1842. — Voy. *Rosenwald et Desprez.*

—— Le même pour 1843 à 1855. — Voy. *Fouquier.*

—— Le même pour 1856 à 1858. — Voy. *Thoisnier Desplaces.*

—— Le même pour 1859 et 1860. — Voy. *Rosenwald.*

Cet Annuaire a été fondé, en 1818, par M. Lesur et rédigé par lui jusqu'en 1851; en 1852 il a été continué par M. Ulysse Tencé, et revu par M. Lesur.

—— Historique et biographique des souverains, des chefs et membres des maisons princières, des familles nobles ou distinguées et principalement des hommes d'État, de guerre, de science et de ceux dont se compose l'élite des diverses nations. 1er vol. In-8º. 1844. *Rue Richelieu,* 95.

—— Le même. 2e vol. In-8º. 1845. *Ibid.*

—— Homœopathique. — Voy. *Catellan.*

—— Horticole. — Voy. *Ingelrest.*

—— Hygiénique de France. — Voy. *Halmagrand.*

—— de l'Imprimerie. — Voy. les noms: *Dutertre, Gauthier,* et *Grimont.*

—— de l'Industrie, etc., en Belgique. — Voy. *Romberg.*

—— de l'Institut impérial de France pour 1866. In-12. *Imprimerie impériale.* 1 fr. 50 c.

Paraît tous les ans.

—— de l'Institut des provinces, des Sociétés savantes et des congrès scientifiques. 2e série. 7e vol. Tome XVIIe de la collection. In-8º. 1865. [Caen, *Hardel.*] *Derache.* 5 fr.

Le tome 1er a paru en 1846, les tomes 2 à 15 de 1850 à 1863. Le tome 1er coûtait 2 fr., les tomes 2 et 3, 75 c. chacun, les tomes 4 à 6, 3 fr. 50 c., les tomes 8 à 15, 5 fr. chacun.

—— de l'Instruction primaire et de la Société des instituteurs et institutrices de la Seine, pour l'année 1855. 1re année. In-18. 1854. *Larousse et Boyer.*

—— de l'Instruction publique. — Voy. *Delalain.*

—— International du crédit public. —Voy. *Horn.*

—— des Inventeurs. — Voy. *Gardissal.*

—— Israélite. — Voy. *Créhange.*

—— du Journal des mines de Russie. Introduction et tableaux statistiques. In-8º. 1840. *Carilian-Gœury.* 6 fr.

—— Le même. Années 1835 à 1838. 4 vol. in-8º. 1840. *Ibid.* Chaque vol. 6 fr.

—— Le même. Années 1839 à 1842. 4 vol. in-8º. 1842 à 1854. *Ibid.* Chaque vol. 6 fr.

—— du Journal pour tous. 1re année. In-12. 1864. *L. Hachette et Cie.* 4 fr.

N'a pas été continué.

—— de la Librairie. — Voy. *Delalain.*

—— des Lignes télégraphiques. — Voy. *Vallée.*

—— de Littérature médicale étrangère. — Voy. *Noirot.*

—— de la Littérature (les 365) et des auteurs contemporains; par le dernier d'entre eux. In-12. 1858. *Havard.* 3 fr. 50 c.

—— des Marées des côtes de France. — Voy. *Chazallon,* et *Gaussin.*

—— de la Marine et des colonies. 1852 à 1864. 13 vol. in-8º. *Imprimerie impériale.* Les années 1852 à 1862 se vendaient 2 fr., l'année 1863 2 fr. 75 c., l'année 1864 3 fr.

—— Le même. 1865. In-8º. *Dupont.* 5 fr. 50 c.

—— Mathieu de la Drôme. — Voy. *Mathieu.*

—— de Médecine et de chirurgie pratique. — Voy. *Wahu, Jamain et Wahu,* et *Garnier et Wahu.*

—— Médical des familles et guide des eaux minérales, publié par le Courrier des familles. 7e année. 1862. In-12. *Au Courrier des familles, rue Baillet,* 1. 2 fr. 50 c.

—— Médical et pharmaceutique de la France. — Voy. *Roubaud.*

—— Militaire de l'empire français pour l'année 1865. Publié sur les documents communiqués par le ministère de la guerre. In-12. Paris et Strasbourg, *Ve Berger-Levrault et fils.* 6 fr.

Paraît depuis 1819. — Jusqu'en 1844 le prix n'était que de 5 fr. par an.

—— Militaire (belge) officiel, publié sur les documents fournis par le département de la guerre, pour 1860. In-8º. Bruxelles, *Demanet.* 2 fr.

—— des Municipalités de France. —Voy. *Roche* (Hipp.).

—— de la Noblesse de Belgique. — Voy. *Stein d'Altenstein.*

—— de la Noblesse de France. — Voy. *Borel d'Hauterive.*

—— des Notables commerçants. — Voy. *Techener.*

—— de l'Ordre judiciaire de France, publié par un employé au ministère de la justice. 1844. 1re année. In-18. *Cosse.* 4 fr.

—— Le même, par M. T. B., avocat. 1844-1845. In-18. *Ibid.* 4 fr.

—— Le même, publié par un avocat au ministère de la justice. 1846-1847. In-18. *Ibid.* 3 fr. 75 c.

—— Le même pour 1859. — Voy. *Warée.*

—— Oriental et américain. — Voy. *Rosny.*

—— de la Pairie et de la noblesse de France. — Voy. *Borel d'Hauterive.*

—— Parisien du culte israélite. — Voy. *Créhange.*

—— des Percepteurs. — Voy. *Larade.*

—— Pharmaceutique, fondé par O. Reveil et L. Parisel. 4e année. In-18. 1865. *Baillière et fils.* 1 fr.

—— de la Photographie. — Voy. *Delestre,* et *Davanne.*

—— des Postes, ou Manuel du service de la poste aux lettres, à l'usage du commerce et des hommes d'affaires, etc. Publié par ordre de l'administration pour 1838 à 1866. In-8º. *A l'Hôtel des Postes.* Prix de chaque vol. 2 fr.

Paraît tous les ans au mois de janvier. — Les années 1841 à 1848 portent le nom de M. Viard, les années 1849 à 1865, celui de M. Sagansan.

—— de la Propriété. — Voy. *Franque.*

—— Protestant statistique et historique. 1855 à 1861. 1re à 7e année. In-16. *Grassart.* Chaque année 1 fr. 25 c.

—— Le même pour 1862 et années suivantes.
— Voy. *Prat* (Th. de).

—— de la Revue des sciences. — Voy. *Lunel.*

—— des Sciences médicales. 1re année, 1845. In-18. *Lacour.* 1 fr.

—— des Sciences médicales. — Voy. *Cavasse.*

—— des Sciences médicales. — Voy. *Lorain.*

—— Scientifique. — Voy. *Dehérain.*

—— des Sociétés par actions. — Voy. *Bresson.*

—— de la Société des anciens élèves des écoles impériales d'arts et métiers, publié par le comité de la Société. 18e année, 1865. In-8° avec 1 portrait et 8 pl. 1864. *Lacroix.* 5 fr.

—— de la Société impériale zoologique d'acclimatation et du Jardin d'acclimatation du bois de Boulogne. 1re année, 1863. In-18. 1862. *V. Masson et fils.* 1 fr.

—— de la Société philotechnique. Tome 27. Année 1865. In-12. *Fontaine.* 2 fr.

Paraît tous les ans depuis 1840.

—— des Sociétés savantes de la France et de l'étranger. Publié sous les auspices du ministère de l'instruction publique. 1re année. In-8°. 1846. *Masson.* 15 fr.

Voy. aussi *Héricourt* (d').

—— du Sport. — Voy. *Chapus.*

—— Statistique et historique belge. — Voy. *Scheler.*

—— de Thérapeutique. — Voy. *Bouchardat.*

—— de la Typographie parisienne et départementale. — Voy. *Prétot.*

—— de l'Université pour l'année 1850. In-18. *Delalain.* 1 fr. 50 c.

—— des Vétérinaires. — Voy. *Mazurkiewiez.*

—— des Voyages et de la géographie. — Voy. *Lacroix* (Fréd.).

ANOT (A.), professeur honoraire à la Faculté des lettres de Poitiers.

— Études sur Voltaire. In-8°. 1864. Poitiers, *Oudin.* 2 fr.

ANOT (Pierre-Nicolas), chanoine et grand pénitencier de l'Église de Reims, né à Saint-Germain-Mont (Marne), en 1762.

— Œuvres oratoires complètes. — Voy. *Migne,* Collection des Orateurs sacrés, tome 5.

ANOT DE MAIZIÈRES (Cyprien), littérateur et professeur d'histoire à Versailles, né à Saint-Germain, en 1794, mort en 1862.

— Cours gradué de narrations françaises, ou Études sur le style. In-12. 1848. *Hivert.* 2 fr.

— Cromwell, protecteur de la république anglaise ; tragédie en cinq actes et en vers. In-8°. 1860. *Hachette et Cie.* 2 fr.

— Exercices sur la composition littéraire en français, ou Fables, narrations, descriptions, lettres, discours et dissertations, avec 1° les sujets qui doivent être proposés aux élèves; 2° des conseils sur la manière de traiter chaque matière; 3° des réflexions et des notes historiques. 2e édition revue et augmentée par M. E. Réaume. In-18. 1860. *Ibid.* 3 fr.

Avec M. Evelart. — La 1re édition a paru en 1846.

— Traité du pathétique, ou Étude littéraire du cœur humain. 2 vol. in-12. 1842. Versailles, *Kléfer.* 6 fr.

M. Anot de Maizières a fait la traduction française des « Nouveaux choix des Pères latins », de Fr. *Dübner.*

ANOUILH, avocat.

— De l'institution contractuelle dans l'ancien droit français et d'après le code Napoléon. In-8°. 1860. *Durand.* 2 fr.

Extrait de la « Revue historique de droit français et étranger ».

ANQUETIL ou Thomas-Anquetil. — Voy. **Thomas** (Al.).

ANQUETIL (Louis Pierre), historien, membre de l'Académie française, né à Paris, en 1723, mort en 1806.

— Histoire de France. Nouvelle édition, continuée jusqu'en 1844 par A. Aragon. 30 vol. in-12 avec 30 grav. 1845-1847. *Comptoir des imprimeurs-unis.* 21 fr.

— La même. Nouvelle édition, continuée depuis 1789 jusqu'en 1830, par Th. Burette. 4 vol. in-8°. 1841. *Locquin.* 12 fr.

— La même. Nouvelle édition, continuée jusqu'en 1830, par Th. Burette, et jusqu'à nos jours, par A. B. Lefrançois. 6 vol. in-8° avec 48 vignettes. 1847. *Penaud frères.* 30 fr.

— La même. Avec la continuation de MM. Burette et Van Tenac. Nouvelle édition, précédée d'une notice historique sur la vie et les ouvrages d'Anquetil, par M. Dacier. 10 vol. in-8° avec grav. 1851. *Ibid.* 100 fr.

— La même. Nouvelle édition, continuée par Th. Burette jusqu'en 1830, et par Charles Robin jusqu'à nos jours. Illustré d'après les dessins de Raffet. 8 vol. in-8° avec 48 grav. 1850. *Ibid.* 60 fr.

— La même. Suivie de l'Histoire de la République française, du Directoire, du Consulat, de l'Empire, de la Restauration, de la Révolution de 1830 et de 1848, par M. L. Baude. 4 vol. gr. in-8° avec 120 grav. 1851. *Garnier.* 50 fr.

— La même. Continuée depuis l'ouverture des États généraux jusqu'à la fin de l'Empire, d'après Dulaure; depuis la Restauration de 1814 jusqu'au 10 décembre 1848, par Paul Lacroix (bibliophile Jacob); depuis l'élection du président de la République jusqu'à la fin de la guerre d'Italie, 1860, par M. E. F. D., archiviste-paléographe. 6 vol. gr. in-8° avec 34 grav. 1860. *Dufour et Mulat.* 65 fr.

— Nouvelle édition, divisée en 12 tomes avec 60 grav. 1861. *Ibid.* 72 fr.

— La même. Continuée jusqu'à nos jours, par Camille Leynadier. (Continuation complétée jusqu'à 1856.) Nouvelle édition, ornée de grav. 6 vol. in-8°. 1861. *Lécrivain.* 6 fr.

— La même. Continuée depuis 1789 jusqu'en 1840, par C. Marchal. 4 vol. in-8° avec 25 grav. 1843. *Rue Fontaine-Saint-Georges,* 16. 20 fr.

— La même. Continuée jusqu'à ce jour (1850), par Émile Marco de Saint-Hilaire. 5 vol. in-8° avec 50 grav. 1851. *Krabbe.* 30 fr.

— La même. Nouvelle édition, continuée jusqu'à nos jours, par Louis de Mas Latrie. 6 vol. in-8°. 1845. *Ve Desbleds.* 11 fr.

— La même. Continuée depuis 1789 jusqu'en 1849, par C. M. et A. Mayer. 4 vol. in-8°, avec 42 vignettes et lithographies. 1851. *Rue Grange-Batelière,* 13.

— La même. Suivie de la continuation de M. de Norvins, jusqu'à la Révolution de 1848. Nouvelle édition, ornée de 50 grav. 5 vol. gr. in-8°. 1860. *Furne et C*ⁱᵉ. 50 fr.

— La même. Édition illustrée, par Tony Johannot, Philipoteaux, etc. Publiée par Gabriel Roux. In-4°. 1851. *Havard*. 9 fr.

— La même. Nouvelle édition, ornée de grav. dans le texte et de 15 grav. sur acier. 6 vol. in-8°. 1862. *Philippart*. 14 fr. 50 c.

— La même. Terminée jusqu'en 1865 par de La Brugère (pseudonyme d'A. Fayard); illustrée par Nanteuil, Philippoteaux, etc. Tome I. In-8°. 1865. *A. Fayard*. 5 fr.

Cette édition est annoncée en 5 volumes.

La 1ʳᵉ édition de l'Histoire de France, de M. Anquetil, a été publiée en 1805.

ANQUETIN (Louis).

— Essai. Poésie nouvelle. Un repas dans la rue de Lille à Paris. In-8°. 1861. *Chez tous les libraires*. 1 fr.

ANQUEZ (Léonce), professeur d'histoire au lycée Saint-Louis.

— Histoire des assemblées politiques des réformés de France, 1573-1622. In-8° avec 1 carte. 1859. *A. Durand*. 6 fr.

— Un Nouveau chapitre de l'histoire politique des réformés de France. (1621-1626.) In-8°. 1865. *Ibid*. 4 fr.

ANSART (André Joseph), bénédictin, né dans l'Artois, en 1723, mort vers 1790.

— Esprit de saint Vincent de Paul, ou Modèle de conduite proposé à tous les ecclésiastiques. In-12. 1854. Tournai, *Casterman*. 2 fr.

La 1ʳᵉ édition a été publiée en 1780. In-12, chez *Nyon*.

ANSART (Félix Charles), professeur d'histoire, inspecteur général honoraire de l'Université, né à Arras, en 1795, mort à Paris, en 1849.

— Atlas historique et géographique dressé pour l'usage des lycées, des collèges, des séminaires et de tous les établissements d'instruction, par M. Félix Ansart. Nouvelle édition, par M. Edmond Ansart fils. Gr. in-4° avec 121 cartes. *Fouraut*. 18 fr.

Cet atlas se divise aussi en 6 parties, qui correspondent aux 6 volumes du « Cours d'histoire et de géographie », de MM. E. Ausart et Rendu. (Voy. ci-après.)

— Atlas historique et géographique (Petit) à l'usage des écoles normales primaires, des écoles professionnelles et des classes élémentaires dans les collèges et les pensions. Gr. in-8° de 40 cartes. *Ibid*. 6 fr.

Cet Atlas peut se diviser en 3 parties qui se vendent séparément.

— Atlas élémentaire de géographie moderne, dressé pour l'usage des écoles primaires, des classes élémentaires dans les collèges, etc., composé de 8 cartes écrites coloriées. In-8°. *Ibid*. 1 fr. 30 c.

— Cours d'histoire et de géographie, à l'usage de tous les établissements d'instruction secondaire. 5 vol. in-12. *Ibid*. Chaque vol. 2 fr. 75 c.

Avec Amb. Rendu. — Ce Cours se divise comme il suit :

I. Histoire et géographie historique anciennes. 1ʳᵉ partie.

II. Histoire et géographie historique anciennes. 2ᵉ partie.

III. Histoire et géographie historique romaines.

IV. Histoire et géographie historique de la France pendant le moyen âge. 1ʳᵉ partie.

V. Histoire et géographie historique de la France pendant les temps modernes. 2ᵉ partie.

— Nouvelles tablettes chronologiques de l'histoire ancienne et moderne, pour servir à l'étude de la chronologie en général et spécialement pour faciliter l'enseignement de cette science par la méthode mnémonique polonaise ; précédées d'un exposé de cette méthode par Mᵐᵉ Claire. In-8°. 1842. *Chez l'auteur*. 3 fr.

— Petite Géographie moderne à l'usage des écoles primaires. 32ᵉ édition, revue et corrigée par E. Ausart fils. In-18. 1865. *Hachette et Cⁱᵉ*. 75 c.

— Petite Histoire sainte. Nouvelle édition, augmentée de questionnaires et de 2 cartes géographiques. In-18. 1865. *Fouraut*. 75 c.

— Petite Histoire de France. Nouvelle édition, complètement revue, par Ed. Ansart fils. In-18. 1861. *Ibid*. 75 c.

— Précis de Géographie ancienne et moderne comparée ; rédigé pour l'usage de toutes les maisons d'éducation. 24ᵉ édition, revue par E. Ansart fils. In-12. *Ibid*. 3 fr.

— Vie de N. S. Jésus-Christ, littéralement extraite des textes des saints évangiles. Nouvelle édition. In-18. *Ibid*. 75 c.

M. F. Ansart a collaboré au « Bulletin de la Société de géographie » ; il était membre de la commission centrale de cette société.

ANSART (Edmond), fils du précédent, professeur d'histoire et de géographie, collaborateur de la « Revue française », né à Paris, en 1827.

— Cours complet d'histoire et de géographie d'après les nouveaux programmes, arrêtés par M. le ministre de l'Instruction publique, le 12 août 1857, pour l'enseignement dans les Lycées. 6 vol. in-12. 1857-1858. *Fouraut*.

Avec Amb. Rendu. — Division du Cours :

I. Histoire ancienne. 2ᵉ édition revue. 2 fr. 50 c.

Le même volume suivi de la Géographie physique du Globe et de la Géographie générale de l'Asie moderne. 3 fr.

II. Histoire grecque. 2ᵉ édition revue. 2 fr. 50 c.

Le même volume suivi de la Géographie générale de l'Europe et de l'Afrique moderne. 3 fr.

III. Histoire romaine. 2ᵉ édition revue. 2 fr. 50 c.

Le même volume suivi de la Géographie générale de l'Amérique et de l'Océanie. 3 fr.

IV. Histoire de France et Histoire du Moyen Age, du Vᵉ au XIVᵉ siècle. 2ᵉ édition revue. 3 fr. 25 c.

Le même volume suivi de la description particulière de l'Europe. 4 fr.

V. Histoire de France, Histoire du Moyen Age et des temps modernes, du XIVᵉ siècle au milieu du XVIIᵉ. 2ᵉ édition revue. 3 fr. 25 c.

Le même volume suivi de la description particulière de l'Asie, de l'Afrique, de l'Amérique et de l'Océanie. 4 fr.

VI. Histoire de France, Histoire moderne, depuis l'avénement de Louis XIV jusqu'à 1815. 2ᵉ édition revue. 3 fr. 25 c.

Le même volume suivi de la Géographie physique et politique de la France. 4 fr.

Une 3ᵉ édition de ces ouvrages a été publiée dans les années 1864 et 1865 avec les modifications nécessitées par les nouveaux programmes du 1ᵉʳ décembre 1864 et du 25 mars 1865.

— Cours d'histoire et de géographie, rédigé pour l'usage des écoles normales primaires et des écoles professionnelles d'après les nouveaux programmes (1851). 3 vol. in-12. *Fouraut.*

I. Histoire ancienne et histoire romaine, mises en rapport avec l'histoire du peuple juif, par Amb. Rendu. 9e édition. 1 fr. 50 c.

II. Histoire de France mise en rapport avec l'histoire du moyen âge et des temps modernes, par Ed. Ansart fils. 8e édition. 1865. 2 fr.

III. Précis de géographie moderne, par F. Ansart. — Voy. plus haut.

Tous ces ouvrages sont extraits du Cours d'histoire et de géographie de MM. F. Ansart et A. Rendu, autorisé par l'Université. (Voy. ci-dessus.)

ANSART-DEUZY (Auguste-Léonard), capitaine de frégate, professeur de mathématiques à l'École navale, né en 1823.

— Étude sur les causes perturbatrices de la marche des chronomètres. In-8°. 30 p. 1858. Brest, *imprimerie Lefournier.*

— Navigation pratique. — Voy. *Boitard.*

Voy. aussi : *Callet*, Tables de logarithmes.

ANSAULT (l'abbé), aumônier du collège Sainte-Barbe.

— L'Église et le Peuple. Discours en faveur de la Société nationale d'encouragement au bien. In-8°. 1864. *Douniol.* 50 c.

— La Passion de la Pologne. Discours en faveur de la conférence polonaise de Saint-Casimir, prononcé en l'église de la Madeleine, le 17 avril 1862. In-8°. 1863. *Dentu.* 1 fr.

ANSCHARIUS (saint), évêque de Brême et de Hambourg, né en Picardie en 801, mort en 864.

— Voy. *Migne*, Patrologie latine, tome 118.

ANSEAUME.

— Le Tableau parlant, comédie en un acte et en vers, mêlée d'ariettes; musique de Grétry. In-8°. 1863. *Dentu.* 30 c.

ANSELME (saint), archevêque de Cantorbéry, né à Aoste (Piémont) en 1053, mort en 1109.

— Entretiens célestes, ou Élans affectifs de l'âme chrétienne. Ouvrage extrait des Méditations de saint Anselme, et traduit du latin. In-32. 1851. Tours, *Mame.* 60 c.

— Méditations de saint Anselme. Traduites intégralement pour la première fois, par H. Denain. 2 vol. in-12. 1848. *Poussielgue-Rusand.* 6 fr.

— Le Rationalisme chrétien à la fin du XIe siècle, ou Monologium et proslogium de saint Anselme, archevêque de Cantorbéry, sur l'essence divine. Traduits et précédés d'une Introduction, par H. Bouchitté. In-8°. 1842. *Amyot.* 7 fr. 50 c.

Voy. aussi *Migne*, Patrologie latine, tomes 158 et 159.

ANSELME, inspecteur de l'instruction primaire.

— Les Idées de l'empereur Napoléon III (vers). In-12. 1863. *J. Garnier.* 1 fr.

ANSELME (Antoine), prédicateur et historiographe, né à l'Ile-Jourdain, en 1652.

— Œuvres complètes. — Voy. *Migne*, Collection des orateurs sacrés, 1re série, tomes 20 et 21.

ANSELME (Hubert d'); né à Avignon, en 18...
— Le Monde païen, ou De la mythologie universelle en tant que dépravation aux mille formes de la vérité successivement enseignée par la tradition primitive, le Pentateuque et l'Évangile. 2 vol. en 3 parties. Gr. in-12. 1859. Avignon, *Seguin aîné.* 16 fr.

La publication est interrompue; l'ouvrage devait avoir 7 volumes.

ANSELME (Jean Jacques), conseiller à la Cour d'appel de Savoie, né à Saint-Jean-de-Maurienne (Savoie), en 1793, mort dans la même ville, en 1864.

— Coup d'œil sur quelques monuments des plus remarquables de la cathédrale de la ville de Saint-Jean-de-Maurienne. In-16. 1856. Chambéry, *imprimerie du Gouvernement.* 75 c.

ANSELMIER, docteur-médecin.

— De l'empoisonnement par l'absinthe. In-32. 1862. *Marpon.* 50 c.

ANSIAU (J. B.) a traduit de l'italien : « Panthéisme de M. Cousin », par *Gioberti.*

ANSIAUX (J.).

— Faits cliniques de chirurgie. In-8°. 1852. Liège. 2 fr. 50 c.

ANSIAUX (Lucien).

— Nouveau manuel complet de technologie physique et mécanique, ou Formulaire à l'usage des ingénieurs, des architectes, des constructeurs et des chefs d'usine. In-18. 1863. *Roret.* 3 fr.

Collection des Manuels-Roret.

— Traité pratique de la fabrication du fer et de l'acier puddlé, comprenant les applications de ces matières à la confection des différents échantillons livrables du commerce. In-8° avec atlas gr. in-8°, de 28 pl. 1861. [Liège, *Gouchon.*] La croix. 10 fr.

Avec Lambert Masion.

ANSIEAUX (Napoléon).

— Satires et poésies diverses. In-8° de 13 f. 1840. Le Havre, *imprimerie de Hue.*

ANSLOT (L. D.).

— Instruction pour construire les modèles en bois, à l'usage des fondeurs. In-12 avec pl. 1844. Angers, *Launay-Gagnot.*

ANSPACH.

— L'Héloïse de Saint-Sigismond. Nouvelle savoisienne; suivie d'un examen du Devoir. In-12. 1854. Genève, *Gruaz.* 1 fr.

ANSPACH (J.).

— Paroles d'un Croyant israélite. In-8°. 1842. Metz, *Gerson-Lévy.*

— Rituel des prières journalières à l'usage des israélites. Traduit de l'hébreu, par J. Anspach. 4e édition. In-12. 1849. Metz, *Grodovolle.* 5 fr.

Hébreu-français.

ANSPACH (Jules), avocat à la cour de Bruxelles.

— De la procédure devant les cours d'assises, ou Résumé de la doctrine et de la jurisprudence en France et en Belgique. 2e édition. In-8°. 1858. *Cosse et Marchal.* 8 fr.

ANSPACH (Mme Maria d').

— Falstel. In-8°. 1845. *Passard.* 7 fr. 50 c.

ANSTAING (Le Maistre d'). — Voy. **Le Maistre d'Anstaing.**

ANTAS (Miguel d'), conseiller de la légation de Portugal en France, membre correspondant de l'Académie d'histoire de Madrid, né à Lisbonne, en 1823.

— Les faux don Sébastien; étude sur l'histoire de Portugal. In-8°. 1865. *Durand.* 7 fr.

— Novo diccionario portatil da lingua portugueza, compilado dos diccionarios mais modernos, sobra direcçao de M. M. d'Antas. In-32. 1858. *Moré.*

*Antécédents et conséquences de la politique impériale en Italie. In-8°. 1861. *Dentu.* 1 fr.

ANTHELME (Pierre), propriétaire, ancien maire de Bourg-du-Péage (Drôme), mort vers 1860.

— Amélioration sociale par le travail, l'économie et la morale. Traité d'agriculture élémentaire, pratique et raisonné, pouvant s'appliquer avec le même succès sur tous les points de la terre. Science rendue positive par ses rapports avec la chimie. 2e édition. 3 vol. in-8°. 1853. Valence, *Marc-Aurel.* 25 fr.

La 1re édition, imprimée en 1850, ne s'est pas vendue; elle a été mise au pilon.

— Traité de la culture du mûrier et de l'éducation des vers à soie. In-8°. 1853. *Ibid.* 3 fr.

Brochure extraite de l'ouvrage précédent.

ANTHOINE (Louis d').

— Une Défaite avant la victoire; comédie en un acte, en prose. In-12. 1865. *Barbré.* 1 fr.

— Par un beau soleil; comédie en un acte. In-12. 1865. *Ibid.* 1 fr.

ANTHOINE DE SAINT-JOSEPH, juge au tribunal civil de la Seine, mort en 18..

— Concordance entre les codes de commerce étrangers et le code de commerce français. Nouvelle édition augmentée. In-4°. 1851. *Videcoq.* 30 fr.

La 1re édition est de 1843.

— Concordance entre les codes civils étrangers et le code Napoléon. 2e édition entièrement refondue et augmentée. Ouvrage terminé et publié par M. Anthoine de Saint-Joseph fils. 4 vol. in-8°. 1856. *Cotillon.* 50 fr.

La 1re édition est de 1839. — Dans cet ouvrage M. C. J. B. Amyot (voy. ce nom) a codifié les pays suivants : Amérique du Sud, Grande-Bretagne, États-Unis d'Amérique, Portugal et Brésil.

— Concordance entre les lois hypothécaires étrangères et françaises. In-8°. 1817. *Videcoq.* 12 fr.

*Anthologie scatologique, recueillie et annotée par un bibliophile de cabinet. In-18. 1863. *Gay.* 6 fr.

ANTHON (Ernest Frédéric), chimiste, président de section de la Société industrielle à Prague.

— Manuel de synonymie chimico-pharmaceutique, ou Nomenclature de toutes les dénominations latines, allemandes et françaises des produits chimiques et matières premières médicinales. 2e édition, revue et augmentée. In-8°. 1861. Leipzig, *J. L. Schrag.* 17 fr. 50 c.

L'ouvrage a été publié aussi avec un titre en langue allemande.

ANTHONIS (Mathieu).

— Livre des frêts, ou Tables pour le calcul des frêts stipulés en monnaies, mesures et poids anglais. Petit in-fol. 1859. [Le Havre, *Lemale.*] *Guillaumin et Cie.* 10 fr.

*Anti-pape (l') et l'anti-Guizot; défense de la société moderne contre l'Encyclique et de la vraie religion contre les méditations de M. Guizot, par un solitaire de Montmartre. — Voy. *Travers* (Julien).

ANTIER (Benjamin), auteur dramatique, né à Paris, en 1787. Au commencement de sa carrière littéraire, il ne signait ses productions que de son prénom Benjamin.

— Un Bal aux vendanges de Bourgogne; folie-vaudeville en deux actes. In-8°. 1840. *Tresse.* 30 c.

Avec Louis Couailhac.

— Les Chiens du mont Saint-Bernard; mélodrame en cinq actes. In-4°. 1858. *Charlieu.* 20 c.

— Les Filets de Saint-Cloud; drame en cinq actes. In-8°. 1842. *Marchant.* 50 c.

Avec Al. Decomberousse.

— Les Héritiers du comte; comédie-vaudeville en trois actes. In-8°. 1840. *Vert.* 30 c.

Avec Louis Couailhac.

— L'Honneur d'une femme; drame en trois actes. In-8°. 1840. *Tresse.* 50 c.

Avec A. Decomberousse.

— Les voilà bien tous! vaudeville en un acte. In-8°. 1845. *Ibid.* 40 c.

— Le Mannequin du prince; drame-vaudeville en trois actes. In-8°. 1845. *Ibid.* 50 c.

— Le Marché de Saint-Pierre; mélodrame en cinq actes. In-8°. 1839. *Marchant.* 50 c.

Avec A. Decomberousse.

— Le Masque de poix; drame en cinq actes. Tiré d'un ouvrage de Mocquart, intitulé : « les Fastes du crime ». In-12. 1855. *Lévy frères.* 1 fr.

Autre édition. In-4°. 1856. *Ibid.* 40 c.

— Mon gigot et mon gendre; vaudeville en deux actes. Gr. in-8°. 1861. *Mifliez.* 50 c.

Avec M. Marchal.

— Les trois Muletiers; mélodrame comique en trois actes. In-8°. 1839. *Ibid.* 50 c.

Avec le même.

ANTIMORE (Théophile d'), philosophe moraliste, pseudonyme.

— Petits portraits de grandes demoiselles en l'an de grâce 1864. In-32. 1864. *Paulmier.* 50 c.

— Petits portraits de grandes dames, pris au sortir de la messe de midi. In-32. 1863. *Ibid.* 50 c.

— Petits portraits de grands messieurs, catholiques plus ou moins sincères. In-32. 1863. *Ibid.* 50 c.

— Petits portraits d'avares. In-32. 1864. *Ibid.* 50 c.

— Petits portraits. L'Orgueil. In-32. 1863. *Ibid.* 50 c.

— Petits portraits de voluptueux. In-32. 1864. *Ibid.* 50 c.

— Petits portraits de mondains, ou l'Évangile interprété par le monde. In-32. 1864. *Ibid.* 50 c.

— Petits portraits de gourmands et de paresseux. In-32. 1864. *Ibid.* 50 c.

— Petits portraits d'envieux, de jaloux et de soi-disant têtes vives. In-32. 1864. *Ibid.* 50 c.

— Petits traits de haute extravagance chez d'illustres écrivains au xixe siècle. In-18. 1865. *Ibid.* 50 c.

— La Réforme par les dames. In-32. 1865. *Ibid.* 50 c.

ANTIOME (Saturnin), professeur de mathématiques et de sciences physiques, né à Sainte-Colombe (Seine-Inférieure), en 1822.

— Leçons sur l'art du chauffeur dans les machines à vapeur. In-18 avec pl. 1863. [Rouen, *Cagniard.*] *Lacroix.* 1 fr. 25 c.

ANTIPHONE, orateur grec.

— Opera. — Voy. **Oratores attici.*

ANTOINE (le moine), surnommé Melissa.

— Loci communes ex sacris et profanis auctoribus collecti. — Voy. *Migne*, Patrologie grecque, tome 136.

ANTOINE (l'abbé).

— La Thébaïde chrétienne, ou Saint Antoine le Grand, patriarche des solitaires; vie historique, ascétique et philosophique, racontée à de jeunes élèves du sanctuaire. In-8°. 1854. Lyon, *Girard et Josserand.* 5 fr.

ANTOINE (Antoine Lequien, en religion le R. P.), de l'Ordre des Frères prêcheurs, fondateur de l'Ordre des Filles du Saint-Sacrement, né à Paris, en 1601, mort à Cadenet (Vaucluse), en 1676.

— Œuvres choisies du R. P. Antoine du très-saint Sacrement de l'ordre des FF. prêcheurs, accompagnées d'introductions et de notes, et publiées par le R. P. Fr. Marie-Ambroise Potton. In-12. 1864. V° *Poussielgue-Rusand.* 3 fr. 50 c.

ANTOINE, membre de plusieurs sociétés horticoles, professeur à la ferme-modèle de Roville.

— Le Jardinier français, contenant l'art de cultiver les plantes usuelles et d'agrément, la description des plantes médicinales et leurs propriétés, avec un calendrier des travaux pour tous les mois. In-12 avec planches. 1859. *Renault et C*^{ie}. 2 fr.

— Manuel du bon jardinier, donnant les principes élémentaires du jardinage, l'organisation des plantes, les agents de la végétation, la préparation du sol et les divers moyens de le féconder, la culture, la conservation et la classification de toutes les plantes, etc. In-12 avec pl. 1859. *Renault et C*^{ie}. 1 fr. 20 c.

M. Antoine a traduit du latin les œuvres de Caton dans la collection *Nisard.* (Voy. ce nom.)

ANTOINE (A.), de Saint-Gervais.

— Les Jeunes personnes devenues célèbres par leur piété filiale, leur courage, leurs talents. In-12. 1862. Rouen, *Mégard.* 1 fr.

— Le Moraliste du jeune âge, ou Historiettes instructives et amusantes, suivi de drames moraux extraits de Berquin. In-12. 1851. *Ibid.* 1 fr.

— Petite histoire des naufrages célèbres. In-18. 1852. *Ibid.* 1 fr.

Le même en espagnol. In-18. 1803. *Rosa et Bouret.*

— Les Petits artisans devenus célèbres par leur génie, leurs talents et leur persévérance; ouvrage fait pour inspirer à la jeunesse des sentiments de vertu et d'émulation. 5e édition revue et augmentée. In-12. 1861. *Colas et C*^{ie}. 1 fr. 25 c.

— Les Soirées d'une famille; entretiens sur les beautés répandues sur le globe. In-12 avec vign. 1858. Limoges et Paris, *Ardant frères.* 1 fr.

ANTOINE (Mme J.), institutrice.

— Chronologie classique pour servir à l'étude de l'histoire universelle, à l'usage des maisons d'éducation et des cours préparatoires aux examens. In-12. 1862. *Hachette et C*^{ie}. 1 fr. 25 c.

ANTOINE (Victor).

— Science sociale. Le Perfectibilisme. 1re édition, éditée par l'auteur. In-8°. 1841. Chez l'auteur, *rue des Fossés-Saint-Bernard*, 22. 3 fr. 75 c.

Autre édition. In-12. *Ibid.* 75 c.

ANTOINE-LÉON (le P.), ermite, pseudonyme de L. P***.

— L'Ami de la santé, ou Remèdes choisis, faciles à préparer et sans frais, pour la plus grande partie des maladies et des maux qui affligent le corps humain. In-12, 84 p. 1862. Rouen, *imprimerie Mégard et C*^{ie}.

ANTOMARCHI ou **Antommarchi** (Francesco), médecin de Napoléon à Sainte-Hélène, né en Corse, mort en Amérique en 1838.

— Derniers moments de Napoléon. — Voy. *Las Cases*, « Mémorial de Sainte-Hélène », tome II.

ANTONELLI (Giacomo), cardinal et ministre des affaires étrangères de Pie IX, né à Sonnino, en 1806.

— Question italienne. Dépêche de Son Em. le cardinal Antonelli en réponse à la brochure de M. de La Guéronnière. 2e édition, augmentée de la dépêche du 29 février 1860 et du rapport de M. de Rayneval. In-18. 1861. *Douniol.* 60 c.

ANTONET (C. M.).

— Sylvino et Anina; mœurs brésiliennes. In-8°. 1840. *Magen et Comon.* 7 fr. 50 c.

ANTONIANO (Silvio), cardinal italien, secrétaire de saint Charles Borromée, né à Rome, en 1540, mort en 1603.

— Traité de l'éducation chrétienne des enfants, composé à la demande de saint Charles Borromée. Traduit de l'italien, par Ph. Guignard. In-12. 1856. Troyes, *Guignard.*

L'édition originale a paru à Vérone, en 1584.

ANTONIDES (Michel).

— Essai sur l'histoire de l'humanité. In-12. 1859. Leipzig, *F. A. Brockhaus.* 5 fr.

ANTONY-BÉRAUD. — Voy. *Béraud* (Antony).

ANTULLY (Albéric d'), pseudonyme d'Albéric Clergier, né à Paris, en 1835.

— Fantaisie (poésies). In-12. 1865. *Hetzel.* 2 fr.

L'auteur a composé ces poésies pendant les premières années de sa jeunesse.

*Anvers et la défense de la Belgique, par P. de B... In-8°. 1862. *Dumaine.* 1 fr. 50 c.

AOUST (l'abbé Louis Stanislas Xavier Barthélemy), chanoine honoraire de Montpellier, membre de l'Académie des sciences, belles-lettres et arts de Marseille, et de la Société d'émulation de Provence, professeur de mathématiques à la Faculté des sciences de Marseille, né à Béziers (Hérault), en 1814.

— Recherches sur les surfaces du second ordre. 1re partie. In-8°. 1864. [Marseille, *Arnaud et C*^{ie}.] *Gauthier-Villars.* 2 fr.

— Théorèmes sur la génération des Épicycloïdes. Gr. in-8° avec 1 pl. 1854. *Ibid.* 75 c.

— Théorie des Coordonnées curvilignes quelconques. 1re partie. In-4°. 1864. *Ibid.* 2 fr.

*Aperçu de la religion d'harmonie, ou de l'harmonisme, par l'auteur de l'ouvrage intitulé : « Analogies élémentaires et transcendantes du règne végétal ». Classification historique des familles naturelles selon l'ordre des périodes sociales. In-12. 1862. *Chaumerot.*

*Aperçu sur la théologie, à l'usage du grand séminaire de Saint-Flour. 2 vol. in-8°. 1845. [Saint-Flour, *Viallefont.*] *Méquignon junior.*

*Aperçu sur la consécration et l'observance du dimanche, par Mme J. J. S., née Van W.....; suivi de quelques extraits de l'ouvrage de J. J. Guerney. In-18. 1845. *Delay.*

*Aperçus sur les destinées humaines, offrant des preuves de la possibilité réelle et même de la probabilité des principaux mystères du christianisme; par J. B., ancien élève de l'École polytechnique. In-8° avec 4 pl. 1841. *Carilian - Gœury et V. Dalmont.* 5 fr.

APIAU aîné.

— Lettre à l'empereur. In-8°. 1863. *Castel.* 1 fr.

Relative à une chanson de l'auteur intitulée : « la Polonaise ».

— Secret dévoilé, réponse à la brochure de M. le marquis de la Rochejaquelin. In - 8°. 1863. *Ibid.* 1 fr.

APILLY ou **APPILLY** (Louis C....T, dit Louis d'), littérateur, né à Appilly (Oise), en 1830.

— Les Amis du peuple, roman de mœurs. I. Le Rire des spectres. In-12. 1864. *Dillet.* 3 fr. 50 c.

— Le même. II. La Légende de 1848. In-12. 1864. *Clauet.* 3 fr. 50 c.

— Le même. III. Les Héros de l'émeute. In-12. 1865. *Ibid.* 3 fr. 50 c.

— H. M. Boudon, ou la Folie de la croix. In-12. 1863. *Douniol.* 2 fr.

— Les Ennemis du Christ. In-32. 1863. *Ibid.* 1 fr. 50 c.

— La Légende des litanies de la sainte Vierge. 5 séries ou 5 vol. in-12. 1862-1865. *Douniol; Clauet.* Chaque série, 2 fr.

— Le Légendaire de la vierge Marie. In - 12. 1861. *Douniol.* 2 fr.

*Apologie de Guillaume de Nassau, prince d'Orange, contre l'édit de proscription, publié en 1580 par Philippe II, roi d'Espagne, avec les documents à l'appui. Justification du Taciturne, de 1568. Correspondances, ordonnances, citations, etc. Précédé d'une introduction par A. Lacroix. In-8°. 1858. Bruxelles, *Flatau.* 5 fr.

APONTE (Lorenzo d'), poète vénitien, l'auteur du libretto de « Don Juan » et des « Noces de Figaro » de Mozart, né en 1749 à Cenoda, mort à New-York en 1838.

— Mémoires de Lorenzo d'Aponte, poète vénitien, collaborateur de Mozart, traduits de l'italien par M. C. de la Chavanne. In - 8°. 1860. *Pagnerre.* 5 fr.

L'original italien a paru à New-York en 1827.

*Apostolat de saint François de Sales à Thonon, ou Récit de ses travaux dans cette ville, d'après sa correspondance et autres documents inédits, suivi d'un Appendice sur ses relations avec le bienheureux Canisius et sa dévotion au Père Lefèvre ; par un prêtre du diocèse d'Annecy. In-12, VI-460 p. 1865. [Lyon, *Briday.*] *Lecoffre.*

APPAY (Camille).

— Le Merle blanc ; vaudeville en un acte, mêlé de couplets. In-8° avec vignettes. 1860. *Imprimerie Henri Noblet.* 60 c.

Avec Eugène Pick.

— Maître Cabochard. — Voy. *Delmare.*

*Appel à la France en faveur des ordres religieux, par F. M. F. G***, ancien professeur de philosophie. In-8°. 1844. [Riberac], *Sagnier et Bray.*

*Appel aux musiciens et aux éditeurs de musique. Pièces de poésies refusées à la suite du concours ouvert pour la ville de Paris en 1864. In-8°. 1865. *P. M. Laroche.* 50 c.

APPERLEY (Charles James), surnommé Nimrod, écrivain anglais en matière de vénerie et d'équitation, né en 1777, mort en 1843.

— Remarque sur la condition des hunters, le choix des chevaux et leur ménagement, dans une série de lettres familières, publiées pour la première fois dans le « Sporting Magazine » de 1822 à 1828 par Nimrod (Lord Apperley), traduit par M. Guyton d'après la 4e édition, revue et enrichie de notes par Cornelius Tongue. In-8°. 1862. Bruxelles, *Ve Parent et fils.* 5 fr.

APPERT (Benjamin Nicolas Marie), philanthrope français, né à Paris, en 1797.

— De la Nécessité de former des colonies agricoles et industrielles pour les condamnés libérés. In-8°. 1841. *Guilbert.*

— Voyage en Prusse, dédié au roi Frédéric Guillaume IV. In-8°. 1846. Berlin, *Asher et Cie.* 8 fr.

— Dix ans à la cour du roi Louis-Philippe et souvenir du temps de l'Empire et de la Restauration. 3 vol. in-8°. 1847. Berlin, *Voss.* 18 fr.

— Voyage en Belgique, dédié au Roi, et Conférences sur les divers systèmes d'emprisonnement, dédiées à la Reine. 2 vol. in-8°. 1849. Bruxelles. 6 fr.

— Voyage dans les principautés danubiennes. In-16. 1854. Mayence, *Wirth.* 2 fr.

APPIA (L.), médecin et chirurgien militaire.

— Le Chirurgien à l'ambulance, ou Quelques études pratiques sur les plaies par armes à feu, suivies de lettres à un collègue sur les blessés de Palestro, Magenta, Marignan et Solferino. In-12. 1859. Genève, *Cherbuliez.* 3 fr.

— Les Blessés de Schleswig pendant la guerre de 1864. Rapport présenté au Comité international de Genève. In-8°. 1865. Genève. 3 fr.

APPIANO BUONAFEDE. — Voy. **Buonafede.**

APPIEN, historien grec d'Alexandrie, vivait sous les règnes de Trajan, d'Adrien et d'Antonin à Rome, où il occupa des charges importantes. Ce n'est que vers le déclin de sa vie qu'il rédigea son ouvrage sur l'histoire des Romains.

— Appiani Alexandrini Romanorum historiarum quæ supersunt græce et latine cum indicibus. Gr. in-8°. 1839. *Didot.* 15 fr.

Bibliotheca scriptorum græcorum.

APPILLY (L. d'). — Voy. **Apilly.**

*Application des propriétés des vitesses virtuelles aux différentes conditions de stabilité des voûtes et des revêtissements. 2e édition, revue, corrigée et augmentée; par le général comte de L***, ancien directeur des fortifications. In-4° avec 1 pl. 1846. *Imprimerie Didot.*

APPOLODORE.

— Appolodori bibliotheca cum fragmentis. — Voy. *Fragmenta historicorum græcorum.*

APPOLON, pseudonyme.

— Le Catéchisme des amants; terminé par le Mérite des femmes. In-18. 1855. *Lebailly.* 75 c.

APRAXIN (la comtesse Julie B.). — Voy. Batthyani-Apraxin.

APREMONT (Nestor d').

— La Translation des cendres, poème à M. Thiers. In-8°. 1840. *Masgana.* 1 fr.

Avec Achille Gastaldy.

*Après l'audience, poésies; par Armand P....
In-8°. 1856. Provins, *Hériche.* 3 fr.

APREVAL (Max d'), pseudonyme d'Eugène de Lonlay.

APULÉE (Lucius), écrivain latin né vers 128 de notre ère.

— Les Amours de Psyché et de Cupidon. Traduction nouvelle ornée des figures de Raphaël, publiée par C. P. Landon, peintre. In-4°. 1861. *Didot frères.* 30 fr.

— L'Amour et Psyché; orné de 20 eaux-fortes dessinées et gravées par Frœlich. In-fol. 1863. *Hetzel.* 40 fr.

— Contes merveilleux tirés d'Apulée, écrivain du IIe siècle de l'ère chrétienne. In-16. 1853. *Hachette.* 1 fr. 50 c.

— Œuvres complètes. Traduites en français par Victor Bétolaud. Nouvelle édition. 2 vol. in-12. 1861. *Garnier frères.* 7 fr.

Tome Ier. Les Métamorphoses ou l'Ane d'or. — Tome II. Les Florides. Du Dieu de Socrate. De la doctrine de Platon. Du Monde. L'Apologie. Fragments. — Réimpression de l'édition de la Bibliothèque française de Panckoucke.

— Œuvres complètes, avec traduction en français. — Voy. *Nisard,* Collection.

AQUAVIVA (Claude), général des jésuites, mort en 1615.

— Instructions secrètes des jésuites. Édition très-augmentée, précédée d'une introduction par Charles Sauvestre. In-12. 1865. *Dentu.* 1 fr.

Ouvrage attribué au P. Aquaviva. — La plus ancienne édition connue a paru à Cologne, en 1702. (Latin et français.)

*A qui Rome appartient-elle? Est-ce à l'Italie ou à la chrétienté? Voilà la question. In-8°. 1861. *Douniol.* 50 c.

AQUIN (Saint Thomas d'). — Voy. Thomas d'Aquin.

*Arabes (les) et les Bureaux arabes. In-8°. 1864. *Tanera.* 1 fr.

Cette brochure a été saisie et condamnée par la justice.

*Arabes (les) et l'occupation restreinte en Algérie, par un ancien curé de Laghouat; suivi d'une lettre de M. l'abbé Sauve sur le Coran, et de quelques notes relatives aux juifs. In-12. 1865. *Challamel aîné.* 1 fr. 50 c.

*Arabesque (une); par MM. Roger de Beauvoir, Paul de Musset, Léon Halévy, Alphonse Royer,

Amédée de Bast, Esquiros, Francis Wey, P. Granal, Georges Janety, Achard et Mme Gatti de Gamond. 2 vol. in-8°. 1840. *Souverain.* 15 fr.

ARAGO (Antoine).

— Étude sur le rôle politique de la France. In-8°. 1859. *Dentu.* 6 fr.

— Préfectures générales et sous-préfectures par cantons. In-8°. 1858. *Ledoyen.* 1 fr.

ARAGO (Dominique François), physicien et astronome, secrétaire perpétuel de l'Académie des sciences, professeur à l'École polytechnique, directeur de l'Observatoire de Paris, né à Estagel (Pyrénées-Orient.), en 1786, mort en 1853. Député dès 1830, il siégea à la Chambre à l'extrême gauche, fut membre du gouvernement provisoire en 1848, et ministre de la marine et de la guerre sous la commission exécutive.

— Œuvres, publiées d'après son ordre sous la direction de M. J. A. Barral. 17 vol. in-8°, avec 24 pl., cartes et fig. sur bois interc. 1854-1862. *Gide.* 135 fr.

Astronomie populaire, 4 vol., 30 fr. — Notices biographiques, 3 vol., 22 fr. 50 c. — Notices scientifiques, 5 vol., 37 fr. 50 c. — Voyages scientifiques, 1 vol., 7 fr. 50 c. — Mémoires scientifiques, 2 vol., 15 fr. — Mélanges, 1 vol., 7 fr. 50 c. — Tables analytiques et documents importants, 1 vol. avec le portrait d'Arago, 15 fr.

— Analyse de la vie et des travaux de sir William Herschel. In-18. 1843. *Bachelier.* 3 fr.

— Astronomie populaire. 2e édition, mise au courant des progrès de la science, par M. J. A. Barral. Œuvre posthume. 4 vol. in-8°. 1865. *Morgand.* 30 fr.

— Études sur les fortifications de Paris, considérées politiquement et militairement. In-32. 1843. *Pagnerre.* 75 c.

— Leçons d'astronomie professées à l'Observatoire par M. Arago, recueillies par un de ses élèves. 5e édition, accompagnée de 7 pl. gravées et de fig. interc. dans le texte. In-12 avec 1 portrait. 1849. *Chamerot.* 3 fr. 50 c.

La 1re édition a paru en 1834 chez Rouvier. — Publication désavouée par M. Arago.

— Sur l'ancienne école polytechnique. In-8°. 1853. *Bachelier.* 50 c.

Partie de la « Biographie de Gay-Lussac », lue dans la séance publique de l'Académie des sciences du 20 décembre 1852.

— Sur les Fortifications de Paris. In-8°. 1841. *Ibid.*

Discours prononcé à la Chambre des députés le 29 janvier 1841, avec rétablissement et révision de passages.

M. François Arago a encore publié, avec M. A. Condorcet O'Connor: les Œuvres de Condorcet. — Voy. ce nom.

ARAGO (Étienne), frère du précédent, ancien représentant, littérateur et auteur dramatique, né à Perpignan, en 1803.

— Les Aristocraties; comédie en cinq actes, en vers. In-8°. 1847. *Tresse.* 1 fr.

— Les Bleus et les Blancs. 2 vol. in-12. 1862. *Dentu.* 6 fr.

— Les Mémoires du diable; comédie-vaudeville en trois actes. In-8°. 1842. *Beck.* 60 c.

Avec Paul Vermond.

Voy. aussi: Descomberousse, Dumanoir, Varin.

ARAGO (Jacques Étienne), frère des deux précédents, voyageur, auteur dramatique et roman-

cier, né à Estagel, en 1790, mort en 1855 au Brésil, où il était retourné malgré sa cécité.

— Le Camélia; vaudeville en un acte. In-18. 1841. *Breauté*. 30 c.

Avec Édouard Gouin.

— Chasses aux bêtes féroces. In-4° illustré. 1861. *Marescq et Cie*. 1 fr. 10 c.

— Comme on dîne à Paris. In-18. 1842. *Berquet et Pétion*. 2 fr.

— Comme on dîne partout. In-18. 1842. *Bohaire*. 2 fr.

— Deux océans. 2 vol. in-12. 1854. *Boulevard Saint-Martin*, 12. 7 fr.

— D'un pôle à l'autre. Illustrations de J. A. Beaucé. In-4°. 1861. *Marescq et Cie*. 90 c.

— L'Éclat de rire; drame en trois actes. In-8°. 1840. *Marchant*. 40 c.

Avec A. Martin.

— Foyers et Coulisses. Panorama des théâtres de Paris. 9e tirage. In-12. 1852. *Librairie nouvelle*. 80 c.

La 1re édition a été publiée en 1840 sous le titre : « Physiologie des foyers de tous les théâtres à Paris ».

— Histoire de Paris de 1841 à 1852, comprenant les sept dernières années du règne de Louis-Philippe et les quatre premières de la République. Ouvrage inédit. In-8°. 1852. *Dion-Lambert*. 9 fr.

Publié en 60 livraisons à 15 c.

— Histoire du prince royal duc d'Orléans; détails inédits sur sa vie et sa mort, puisés à des sources authentiques. 4e édition. In-8° avec portrait. 1842. *Jules Chapelle*. 2 fr.

Avec E. Gouin.

— Mademoiselle Lange; vaudeville en un acte. In-8°. 1846. *Marchant*. 40 c.

— Mémoires d'un petit banc de l'Opéra. In-18. 1844. *Ebrard*. 3 fr. 50 c.

— Mon ami Cléobul; comédie-vaudeville en un acte. In-8°. 1840. *Marchant*.

— Poëte et Savetier; comédie-vaudeville en un acte. In-8°. 1853. *Ledoyen*. 60 c.

Avec M. Lange.

— Pujol, chef de miquelets, ou la Catalogne, 1808-1814. 2 vol. in-8°. 1840. *Magen et Comon*. 15 fr.

Édition en 1 vol. in-18. 1853. *Delahays*. 1 fr. 50 c.

— Souvenirs d'un Aveugle. Zambala l'Indien, ou Londres à vol d'oiseau. Ouvrage entièrement inédit, avec gravures. 2 vol. in-8°. 1845. *Baudry*. 15 fr.

— Souvenirs d'un Aveugle. Voyage autour du monde. Nouvelle édition. Illustrée par 20 grandes vignettes. 200 grav. imprimées dans le texte, etc. 2 vol. in-8°. 1843. *Lebrun*. 21 fr.

La 1re édition a été publiée en 2 vol. en 1838 et années suiv. chez *Hortet et Ozanne*. 32 fr.

— Une Vie agitée. 3 vol. in-8°. 1853. *H. Souverain*. 18 fr.

— Voyage autour du monde sans la lettre A. In-16. 1853. *Librairie nouvelle*. 50 c.

M. J. Arago a publié, avec Ed. Gouin, les « Mémoires » de *Chodruc-Duclos*.

ARAGON (Anne Alexandrine Goux, dame), née à Paris, en 1798.

— Dictionnaire universel de géographie moderne. — Voy. *Perrot et Aragon*.

— Histoire pittoresque de la Suisse. In-8°. 1842. *Tétu*. 3 fr.

— Molly, ou l'Aire des aigles; précédé de « Deux mois en Suisse ». In-8°. 1842. *Pinard*. 7 fr. 50 c.

Mme A. Aragon a continué « l'Histoire de France » d'*Anquetil*.

ARAM (D.).

— Dictionnaire abrégé arménien-turc-français. In-32. 1860. *Chez l'auteur, rue Bonaparte*, 40. 5 fr.

ARAMINSKI (le comte Stanislas), pseudonyme sous lequel M. A. Fayard, éditeur à Paris, a publié « l'Histoire de la Révolution polonaise, depuis son origine jusqu'à nos jours ». — Voy. *Fayard*.

ARAMIS, pseudonyme.

— La Jeunesse de Pierrot. In-16. 1853. *Librairie nouvelle*. 1 fr.

ARAN (F. A.), docteur en médecine, médecin de l'hôpital Saint-Antoine, né à Bordeaux vers 1816.

— Leçons cliniques sur les maladies de l'utérus et de ses annexes. Recueillies par le docteur A. Gauchet, et revues par l'auteur. En 3 parties in-8°. 1858-1860. *Labé*. 13 fr.

— Manuel pratique des maladies du cœur et des gros vaisseaux. In-12. 1842. *Rouvier*. 3 fr. 50 c.

M. le docteur Aran a traduit de l'anglais : *Bennet*, « Traité pratique de l'inflammation de l'utérus » ; et de l'allemand : *Skoda*, « Traité de percussion et d'auscultation ».

ARAQUY (Jean Raymond Eugène d'), littérateur, ancien élève de l'École de Saint-Cyr, ex-lieutenant au 13e de ligne, né en 1808, à New-Arth, État de New-Jersey (États-Unis), de parents français originaires de l'ancien Quercy (département du Lot).

— Les Bonnes fortunes de Pierre Mendéa. In-12. 1857. *Fontaine*. 3 fr.

— Les Châtaigniers; paysannerie en vers. In-18. 1856. *Lévy frères*.

— Galienne. In-16. 1860. *Hachette et Cie*. 1 fr.

— Les Mondes habités; révélations d'un esprit, développées et expliquées par William Snake. In-12. 1859. *Dentu*. 3 fr.

Ce dernier ouvrage est, comme on le voit, publié sous un pseudonyme.

On doit encore à M. d'Araquy quelques romans insérés dans des journaux, entre autres : « l'Erreur d'Antoinette » (1862), et « Franville de Puybrun » (1864), qui ont paru dans la « Revue contemporaine ».

ARBANÈRE (Étienne Gabriel), littérateur et historien, né en 1784, mort en 1858.

— Analyse de l'histoire romaine. 1 vol. in-8°. 1840. *Didot*. 28 fr.

— Études sur l'histoire universelle. 3e partie. Moyen âge. Temps modernes. 2 vol. in-8°. 1846. *Didot*. 14 fr.

Les deux premières parties n'ont pas été publiées sous le titre de : « Études sur l'histoire universelle » ; mais, la première sous celui, de « Analyse de l'histoire asiatique », en 1831, la seconde sous le titre de : « Analyse de l'histoire romaine ». — Voy. ci-dessus.

ARBAUD (l'abbé).

— Hommage à Marie. Souvenirs intimes d'un pèlerinage à la Salette, le 19 septembre 1847. In-8°. 1848. Digne, *Repos*. 1 fr. 50 c.

ARBAUD, de Draguignan.

— Des vices rédhibitoires et de la garantie dans les ventes et échanges d'animaux domestiques, d'après la loi du 20 mai 1838. In-8°. 1840. Draguignan, *chez l'auteur*. 1 fr. 50 c.

ARBAUD (Damase), correspondant du ministère de l'instruction publique pour les travaux historiques, né à Manosque (Basses-Alpes), en 1818.

— Chants populaires de la Provence, recueillis et annotés par Damase Arbaud. 2 vol. in-12. 1862-1864. Aix, *Makaire*. 6 fr.

— Études historiques sur la ville de Manosque au moyen âge. Tome I, publié en 3 fascicules. In-8°. 1847-1854. Digne, *imprimerie de Mme Ve Guichard*. 9 fr.

— De l'Orthographe provençale. Lettre à M. Anselme Mathieu. In-12. 1865. Aix, *Makaire*. 1 fr.

— Rapport à M. le préfet des Basses-Alpes sur les archives municipales de Manosque. I. Les Priviléges. In-8°. 1845. Digne, *imprimerie Guichard*.

C'est tout ce qui a paru de ce rapport.

ARBAUD-JOUQUES (Philippe d'), littérateur, né en 1808, à Aix, en Provence, mort à Marseille, en 1863. Il était le fils du marquis Ch. Ant. Jos. d'Arbaud-Jouques qui fut préfet sous la Restauration. La plupart de ses ouvrages sont signés seulement *d'Arbaud* ou *d'Arbaud-J....*

— L'Amoureux de Corinthe, ou le Cristal magique; idylle dramatique en un acte et en vers. In-16. 1853. Marseille, *imprimerie Ve Olive*.

— La Corinthienne, idylle sociale; avec une traduction de la Magicienne de Théocrite, diverses poésies et des notes de l'auteur. In-8°. 63 p. [Avignon], *Garnier frères*.

— Diverses poésies. Publiées au profit des orphelines du choléra, avec notes. Petit in-4°. 1855. Marseille, *imprimerie de Clappier*. 5 fr.

— Etrennes; idylles dans la manière antique, accompagnées de notes et d'une dissertation sur les flûtes des anciens. In-8°. 1845. [Avignon], *Garnier frères*.

— Les Premiers jours; poésies fugitives du genre lyrique, antérieurement composées, nouvellement revues et accompagnées de notes. Petit in-8°. 1861. Marseille, *imprimerie Barile*.

— Pensées et soupirs, ou les Seconds jours, poésies fugitives du genre lyrique, composées de 1838 à 1855 et accompagnées de notes. Pet. in-8°, 62 p. 1862. *Ibid.*

— Les Quatre saisons. Idylles et mélodies, suivies d'airs champêtres et d'une notice sur les Piferari. In-16, 68 p. 1857. [Marseille], *Garnier frères*.

— Recherches sur la flûte ancienne (archéologie musicale). In-16. 35 p. 1857. *Ibid.*

— Le Songe de la vie; poésies fugitives du genre lyrique. 1822-1855. In-8°, 168 p. 1863. Marseille, *imprimerie Barlatier-Feissat et Demonchy*.

ARBAUD DE PORCHÈRES (François d'), poëte, né à Saint-Maximin, en Provence, à la fin du xvie siècle, mort en 1640. Il fut le disciple et l'ami de Malherbe, et l'un des premiers membres de l'Académie française.

— Rimes de d'Arbaud-Porchères, un des vingt premiers membres de l'Académie française, en 1635. Éditées pour la première fois, avec ses notes

scientifiques et un fac-similé de son écriture. In-8°. 1855. [Marseille], *Techener*.

ARBAUMONT (Jean Jules MAULBON D'), membre de l'Académie de Dijon, secrétaire-adjoint de la commission des antiquités de la Côte-d'Or, etc., né à Colmar en 1831.

— Le Clos de Vougeot. In-8° avec pl. 1862. [Dijon], *Dumoulin*. 2 fr. 50 c.

Avec M. Foisset.

— Essai historique sur la Sainte-Chapelle de Dijon. In-4°, 122 p. 1863. Dijon, *imprimerie Bernaudat*.

Voy. aussi, *Beaune et d'Arbaumont*, la Noblesse aux États de Bourgogne.

ARBELLOT (l'abbé François), chanoine honoraire de Limoges, vice-président de la Société archéologique du Limousin, né à Saint-Léonard (Haute-Vienne), en 1816.

— Biographie de François de Rousiers, gentilhomme du xvie siècle, suivie de notes généalogiques et historiques sur sa famille. In-8°. 1859. [Limoges], *Lecoffre*. 2 fr.

— Biographie des hommes illustres de l'ancienne province du Limousin. — Voy. *Du Boys* (Auguste).

— Château de Chalusset, description et documents historiques, suivis de quelques notes sur l'abbaye de Salignac. In-8°. 1851. Limoges, *Ardellier fils*.

— Dissertation sur l'apostolat de saint Martial et sur l'antiquité des églises de France. In-8°. 1855. [Limoges], *Lecoffre*. 4 fr.

— Documents inédits sur l'apostolat de saint Martial et sur l'antiquité des églises de France. In-8° avec fac-similé. 1861. [Limoges], *Lecoffre et Cie*. 2 fr. 50 c.

— Félix de Verneilh, notice biographique. In-8°. 1865. Limoges, *Chapoulaud frères*.

— Histoire de la cathédrale de Limoges. 1re partie. In-8°. 1852. *Lecoffre*. 1 fr. 50 c.

— Notice sur le tombeau de saint Junien. In-8° avec 3 planches. 1847. *Ibid.*

— Revue archéologique de la Haute-Vienne, ou Guide des voyageurs en Limousin. 2e édition. In-12. 1854. Limoges, *Ducourtieux*.

— Les Trois chevaliers défenseurs de la cité de Limoges (1370). In-8°. 1858. [Limoges.] 1 fr.

— Vie de saint Léonard, solitaire en Limousin; ses miracles et son culte. In-8°. 1863. [Limoges], *Ibid.* 4 fr.

M. l'abbé Arbellot a encore publié : « Pierre le Scholastique » de saint Martial, et « la Chronique » de Maleu.

ARBÈRE (E. d').

— Un Miracle au xixe siècle. In-12. 1855. *Meyrueis*. 50 c.

ARBOIS (Étienne), pseudonyme sous lequel Mme Stéphanie **Fraissinet** a publié : « Les Hollandais sous Philippe II ».

ARBOIS DE JUBAINVILLE (A. d'), garde forestier à Vaucouleurs.

— Manuel du défrichement des forêts. In-8°. 1865. [Nancy], *Librairie agricole*. 4 fr. 50 c.

— Observations sur la vente des forêts de l'État. In-8°. 1865. *Ibid.*

— Règlement du balivage dans une forêt partiulière exploitée en taillis sous futaie. In-8°. 1865. Nancy], *Librairie agricole*. 2 fr.

— Utilité des assolements forestiers. In-8°. 1864. *Ibid.* 2 fr.

ARBOIS DE JUBAINVILLE (Henri d'), ancien élève de l'École des chartes, archiviste du département de l'Aube, né à Nancy, en 1827.

— Les Archives du département de l'Aube et le tableau général numérique par fonds des Archives départementales, antérieures à 1790. In-8°. 1863. *A. Durand.* 1 fr.

— Les Armoiries des comtes de Champagne. In-8° avec 1 pl. 1852. *Leleux.*

Extrait de la « Revue archéologique ».

— Documents relatifs à la construction de la cathédrale de Troyes. In - 8°, 68 p. 1862. Troyes, *Dufey-Robert.*

Publié d'abord dans l'École des chartes.

— Église Saint-Christophe de Neufchâteau. In-8° avec 2 pl. 1857. [Nancy, *Lepage.*] *Ibid.*

Extrait du « Bulletin de la Société d'archéologie lorraine ».

— Essai sur les sceaux des comtes et des comtesses de Champagne. In-4° avec 6 pl. en lithochromie. 1856. [Troyes], *A. Durand.* 12 fr.

— Étude sur l'état intérieur des abbayes cisterciennes, et principalement de Clairvaux, au xII[e] et au xIII[e] siècle. In-8°. 1858. *Ibid.* 6 fr.

Avec L. Pigeotte.

— Histoire de Bar-sur-Aube sous les comtes de Champagne, 1077-1284. In-8° avec pl. 1859. [Bar-sur-Aube], *Ibid.* 3 fr. 50 c.

Avec le même.

— Histoire des ducs et comtes de Champagne depuis le vI[e] siècle jusqu'au milieu du xII[e]. Tomes I à IV et VIII. 1859-1865. [Troyes], *A. Durand.* Chaque vol. 7 fr. 50 c.

— Pouillé du diocèse de Troyes, rédigé en 1407, publié pour la première fois, d'après une copie authentique de 1535, par H. d'Arbois de Jubainville. In-8° avec 1 carte. 1853. *Ibid.* 10 fr.

Extrait des « Mémoires de la Société d'agriculture, des sciences, arts et belles-lettres du département de l'Aube ».

— Quelques observations sur les six premiers volumes (4e édition) de l'Histoire de France de M. Henri Martin. In-8°. 1857. [Troyes, *Bouquot.*] *Durand.* 2 fr. 50 c.

— Quelques *pagi* de la première Belgique, d'après les diplômes de l'abbaye de Gorse. In-8°. 1852. Nancy, *Lepage.*

— Recherches sur la minorité et ses effets en droit féodal français, depuis l'origine de la féodalité jusqu'à la rédaction officielle des coutumes. In-8°. 1852. *A. Durand.* 3 fr.

— Répertoire archéologique du département de l'Aube, rédigé sous les auspices de la Société d'agriculture et belles-lettres du département. In-4°. 1861. *Imprimerie impériale.* 8 fr.

Fait partie du « Répertoire archéologique de la France », publié par ordre du Ministre de l'instruction publique. Il a valu à l'auteur un premier prix au concours des sociétés savantes, en 1861. On a publié, relativement à ce travail, une brochure intitulée : « Revue critique pouvant servir de Supplément au Répertoire archéologique du département de l'Aube », à laquelle M. d'Arbois de Jubainville a répliqué.

— Voyage paléographique dans le département de l'Aube. In-8°. 1855. *Ibid.* 8 fr.

M. d'Arbois de Jubainville a concouru à la publication d'une nouvelle édition de : *Dieutin*, « le Bon Curé du xIx[e] siècle ».

ARBOUSSE-BASTIDE. — Voy. **Bastide.**

ARBOUSSET (Jean Thomas), pasteur à Taïti, aumônier de la reine Pomaré, né en 1810, à Pignan, près Montpellier (Hérault). Pendant 28 ans il fut missionnaire et pasteur dans l'Afrique australe ; depuis 3 ans il exerce les mêmes fonctions à Taïti.

— Relation d'un voyage d'exploration au nord-est de la colonie du cap de Bonne-Espérance, entrepris dans les mois de mars, avril et mai 1836, par Th. Arbousset et F. Daumas; écrit par Th. Arbousset. In-8° avec 11 dessins et 1 carte. 1842. *Arthus Bertrand.*

ARBOUVILLE (Mme Sophie d'), née de Bazancourt, née en 1810, morte en 1850.

— Poésies et Nouvelles. 3 vol. in-8°. 1855. *Amyot.* 18 fr.

Le Manuscrit de ma grand'tante, le Brigand des Pyrénées, Stella, Méfiance n'est pas sagesse, proverbe ; poésies. Marie-Madeleine, une Histoire hollandaise, le Médecin de village. Luiggina, une Vie heureuse, Résignation. Avec une préface, en forme de notice, par M. de Barante.

ARBUS (F. E.).

— Alfred et Nina, ou les Parricides. 2 vol. in-8°. 1844. *Blondel.*

— Odes patriotiques. 2e édition. In - 8°. 1844. *Ibid.*

ARC (Henri PERRON D'). — Voy. **Perron d'Arc.**

ARCELIN (Adrien), archiviste du département de la Haute-Marne, ancien élève de l'École des chartes, né à Fuissé (Saône), en 1838.

— Les Bulles pontificales des archives de la Haute-Marne ; étude diplomatique, paléographique et historique. In-8°. 1865. [Chaumont], *Aubry.*

Tiré à 100 exemplaires.

— Indicateur héraldique et généalogique du Mâconnais. In-8°. 1865. Mâcon, *Durand.* 20 fr.

— Morimond et les milices chevaleresques d'Espagne et de Portugal; documents inédits. In-8°. 1865. Chaumont, *Cavaniol.* 2 fr.

ARCELOT DE DRACY (Charles).

— La Saint-Jean, ou les Fureurs du communisme; poëme en deux chants. In - 8°. 1849. Dijon.

ARCET (J. P. J. D'). — Voy. **Darcet.**

ARCHAMBAULT (Philippe Jules), professeur au lycée Charlemagne, né à Paris, en 1814.

— Dictionnaire des analyses chimiques. — Voy. *Violette et Archambault.*

— Précis élémentaire de physique, rédigé conformément aux programmes de l'enseignement dans les classes de troisième et de seconde. 2 vol. in-12 avec 235 grav. intercalées dans le texte. 1855. *Durand.* 6 fr.

ARCHAMBAULT (Th.).

— Voy. *Ellio*, Traité de l'aliénation mentale.

ARCHER (Louis).

— Clef des comptes en francs, centimes et millimes, suivie d'un calcul des intérêts par années sur onze taux différents, du 2 au 6 p. 100, etc.; précédée d'une instruction pour s'en servir. In-8°, 231 p. 1864. Aix, *Makaire.*

ARCHIAC (Adolphe DESMIER DE SAINT-SIMON,

vicomte d'), géologue, membre de l'Institut, né à Reims en 1802.

— Cours de paléontologie stratigraphique professé au Museum d'histoire naturelle. 1re année. 2 vol. in-8°. 1862-1864. *Savy.* 16 fr.

— Histoire des progrès de la géologie de 1834 à 1856, par A. d'Archiac, publiée par la Société géologique de France, sous les auspices de M. le ministre de l'instruction publique. 7 vol. in-8° en 8 parties. 1847-1850. *Savy.*

L'ouvrage se divise comme il suit :
Tome I. Cosmogonie et géogénie. Physique du globe. Géographie physique. Terrain moderne. 8 fr.
Tome II. 1re partie. Terrain quaternaire ou diluvien. 5 fr.
Tome II. 2e partie. Terrain tertiaire. 8 fr.
Tome III. Formation nummulitique. Roches ignées ou pyrogènes des époques quaternaire et tertiaire. 8 fr.
Tome IV. Formation crétacée, 1re partie, avec pl. 8 fr.
Tome V. Formation crétacée, 2e partie. 8 fr.
Tome VI. Formation jurassique, 1re partie, av. pl. 10 fr.
Tome VII. Formation jurassique, 2e partie. 8 fr.
Tome VIII. Formation triasique. 1860. 8 fr.

— Description des animaux fossiles du groupe nummulitique de l'Inde, précédée d'un Résumé géologique et d'une Monographie des nummulites. 2 vol. gr. in-4° avec 36 pl. 1853-1855. *Gide.* 60 fr.

Avec Jules Haime.

— Paléontologie stratigraphique. Leçons sur la faune quaternaire professées au Muséum d'histoire naturelle. In-8°. 1865. *Germer Baillière.* 3 fr. 50 c.

— Du Terrain quaternaire et de l'ancienneté de l'homme dans le nord de la France, d'après les leçons professées au Muséum par M. d'Archiac, recueillies et publiées par Eugène Trutot. In-8° 1863. *Savy.* 1 fr. 50 c.

M. d'Archiac a en outre fourni un grand nombre de mémoires intéressants au Bulletin de la Société géologique de France. Il a fait aussi plusieurs rapports lus dans les séances de la société.

ARCHIDET.

— Les Incorrigibles, complément des Mémoires Archidet. Chef-d'œuvre scientifique revu, corrigé et augmenté par l'auteur, mis à la portée de toutes les intelligences. Éducation des peuples. Ouvrage dédié à Sa Majesté et au peuple français, le 16 avril 1862; suivi de la réponse de Sa Majesté Napoléon III, empereur des Français, à M. Archidet. In-8°, 91 p. 1863. Bruxelles, *imprimerie Vauderauwera.* 10 fr.

ARCHIER (Honoré Adolphe), avocat, né à Brignolles (Var), en 1815.

— Captifs du Czar, ou les Russes en Pologne. Nouvelle historique. In-12. 1854. [Rouen], *Sagnier et Bray.* 2 fr.

— Charité mène à Dieu. Histoire contemporaine. 3e édition. In-12. 1853. Rouen, *Fleury.* 1 fr. 50 c.

— La Compagnie de Jésus depuis sa fondation jusqu'à nos jours. Esquisse historique. In-12. 1855. *Ibid.* 2 fr.

— Les Devoirs d'une femme. Histoire contemporaine. In-12. 1844. *Ibid.* 2 fr.

— Le même, 2e édition, sous le titre : la Famille Moraud, ou les Devoirs d'une femme. In-12. 1858. *Ibid.* 1 fr. 50 c.

— Justice divine. Histoire contemporaine. In-12. 1846. *Ibid.* 2 fr.

— Le Privilège de saint Romain. Chronique du XVIIe siècle. In-12. 1847. *Sagnier et Bray.* 2 fr. 50 c.

— Réponse à M. de La Mennais sur l'esclavage moderne et le suffrage universel. In-8°. 1840. *Gaume frères.*

— Les Saints de la Compagnie de Jésus. In-12. 1862. *Bray.* 2 fr.

ARCHIGÈNES (T. Lh. S.), né à Épibates, en Thrace.

— Dissertation sur la gymnastique à l'usage de la jeunesse de l'empire ottoman. In-8°. 1843. *Chez l'auteur, à l'Ambassade ottomane.*

— Éléments de pathologie iatrique. In-8°. 1843. *Imprimerie de Didot.*

ARCHILOQUE, pseudonyme.

— Anti-Nemesis. A toi, Barthélemy. Satires. 6 brochures in-8°. 1844-1845. Chaque brochure 50 c.

ARCHINARD (André), pasteur protestant à Genève, ancien secrétaire de la Compagnie des pasteurs, né à Genève, en 1810.

— L'Alliance évangélique en face de l'Église de Genève. In-8°. 1861. Genève. 30 c.

— Catéchisme biblique, ou Recueil de passages de l'Écriture disposés dans un ordre systématique. In-12. 1844. Genève, *Kessmann.* 1 fr. 60 c.

— La Chronologie sacrée, basée sur les découvertes de Champollion. In-8°. 1841. *Cherbuliez.* 3 fr. 50 c.

— La Doctrine des sacrifices considérée relativement au Christ. In-8°. 1846. Genève, *Kessmann.* 2 fr. 50 c.

— Les Édifices religieux de la vieille Genève. In-8°. 1864. Genève, *Cherbuliez.* 5 fr.

— Les Évangiles synoptiques comparés avec l'évangile de Jean au point de vue des tendances ethno-chrétiennes et des tendances judéo-chrétiennes. In-8°. 1861. *Ibid.* 1 fr.

— Genève ecclésiastique, ou Livre des pasteurs et professeurs qui ont été dans cette église depuis la Réformation jusqu'à nos jours, et de ceux qui ont servi les églises étrangères établies dans cette ville. In-8°. 1861. Genève. 1 fr.

— Les Origines de l'Église romaine. 2 vol. in-8°. 1851. *Cherbuliez.* 10 fr.

— Possibilité et nécessité des miracles de l'histoire sainte. In-8°. 1860. Genève. 30 c.

ARCHINARD (Ch.), pasteur protestant.

— Histoire de l'Église du canton de Vaud, depuis son origine jusqu'à nos jours. In-12. 1862. [Lausanne, *Blanc.*] *Cherbuliez.* 3 fr. 50 c.

*Architecture d'après les principes des meilleurs auteurs qui ont traité de la bâtisse, etc.; par une société d'architectes et d'entrepreneurs. In-8° avec 32 pl. 1842. *Roret.*

*Architecture rurale et communale. Petites maisons de plaisance et d'habitation choisies aux environs de Paris et dans les quartiers neufs de la capitale, présentées en plans, coupes, élévations, détails de décorations intérieure et extérieure, etc., gravés au trait d'après les dessins originaux de MM. Duval, Kaufmann, Renaud et autres architectes. 2e édition. In-fol. avec 60 pl. 1853. *Bance.* 20 fr.

*Archives de la commission des monuments historiques, publiées par ordre de S. Exc. M. Achille

Fould, ministre d'État. Livr. 1 à 88. 1856-1862. *Gide*. Prix de la livraison 5 fr.

L'ouvrage aura 120 livraisons, et contiendra 240 planches.

*Archives de la Légion d'honneur. 1re livr. Gr. in-8°. 1865. *Glaeser.*

Cet ouvrage devait être publié en 20 livr. Il n'a pas été continué.

*Archives parlementaires. — Voy. *Mavidal.*

ARCHU (J. B.), inspecteur primaire et officier d'académie.

— Grammaire basque-française, à l'usage des écoles du pays basque. 2e édition. In-12. 1853. Bayonne, *Foré et Lasserre.* 1 fr. 50 c.

La 1re édition est de 1852.

M. J. B. Archu a traduit en vers basques un « Choix de fables » de *Lafontaine.*

ARCO (Ciro d'). — Voy. Ciro d'Arco.

ARCOS (Santiago-). Voy. — Santiago-Arcos.

ARCQ (L. Douët-d'). — Voy. Douët-d'Arcq.

ARCY (le chevalier d').

— Mémoire sur la théorie de l'artillerie, ou sur les effets de la poudre et sur les conséquences qui en résultent par rapport aux armes à feu. In-8° avec 1 pl. 1846. *Corréard.* 2 fr. 75 c.

Imprimé pour la 1re fois dans les « Mémoires de l'Académie royale des sciences », 1751.

ARCY (M. d'). — Voy. D'Arcy.

ARCY (Guillard d'). — Voy. Guillard.

ARDANT (Eugène).

— Cours abrégé de géographie moderne, rédigé sur un nouveau plan. In-12 avec 6 cartes. 1840. Limoges, *Martial Ardant.* 2 fr.

ARDANT (L.) a publié une édition entièrement refondue de la « Géographie universelle » de *Crozat*, et il a revu et augmenté la « Nouvelle Encyclopédie » de *Blair*, et « l'Abrégé des sciences et des arts », du même auteur.

ARDANT (Maurice), archiviste de la Haute-Vienne.

— Émailleurs et émaillerie de Limoges. In-18, avec planches. 1855. Limoges, *Ardant.*

— Les Émailleurs limousins. Les Pénicaud. In-8°, 32 p. 1858. Limoges, *imprimerie Chapoulaud frères.*

— Émailleurs limousins. Les Guibert, les Vergnaud. In-8°. 1860. *Ibid.*

— Émailleurs limousins. Les Limosin. In-8°, 27 p. 1860. *Ibid.*

— Émailleurs limousins. Les Courteys, Court et de Court. In-8°, 41 p. 1861. *Ibid.*

— Des Ostensions. Origine de ces solennités religieuses, dates des principales, détails sur leurs cérémonies, les reliques et les reliquaires. In-18. 1848. Limoges, *Barbou.*

ARDANT (P.), général français, né en 1800, mort en 1858.

— Considérations politiques et militaires sur les travaux de fortifications exécutés depuis 1815 en France et à l'étranger. In-8° avec une carte de l'Europe centrale et d'une partie de l'Angleterre. 1846. *Dumaine.* 5 fr.

— Nouvelles recherches sur le profil de revêtements le plus économique. In-8° avec pl. 1848. *Ibid.* 3 fr.

ARDENNI.

— Nouveau Manuel complet du poêlier-fumiste, ou Traité complet de cet art. Nouvelle édition, par M. F. Malpeyre. In-18 avec 12 pl. 1849. *Roret.* 3 fr. 50 c.

Avec Julia de Fontenelle. — Collection des Manuels-Roret. La 1re édition est de 1827, la 2e de 1835.

ARDILLIER (P.).

— Nouveau secrétaire français, ou Modèles de lettres sur toutes sortes de sujets. Nouvelle édition. In-18. 1857. Limoges, *Ardillier.* 1 fr. 50 c.

M. Ardillier a traduit de l'anglais : « les Aventures de Robinson Crusoé ». (Voy. *Foé.*)

ARDOUIN (Beaubrun), nègre, ancien ministre d'Haïti près le gouvernement français.

— Études sur l'histoire d'Haïti. 11 vol. in-8° avec portrait. 1853-1861. *Dezobry, Magdeleine et Cie.* 66 fr.

AREMBERG (d'). — Voy. Daremberg.

ARENA (Antoine d') ou de la Sable, poète macaronique, né à Souliers, mort en 1544.

— Meygra entrepriza catoliqui imperatoris, quãdo de anno Dñi mille ccccxxxvi veniebat, per Prouensã bene corrossatus impostam prēdere Fransã cum villis de Prouensa propter grossas et menutas gētes reiohire; par A. Arenam bastifausata. Nouvelle édition, conforme à l'édition originale de 1537, précédée d'une notice bibliographique et littéraire; par Norbert Bonafous. In-16. 1860. Aix, *Makaire.* 2 fr. 50 c.

Bibliothèque provençale.

ARENAS (Pedro de).

— Guide de la conversation en trois langues, français, espagnol et mexicain, contenant un petit abrégé de la grammaire mexicaine, un vocabulaire des mots les plus usuels et des dialogues familiers; par Pedro de Arenas. Revu et traduit en français, par M. Charles Romey. In-12. 1862. *Maisonneuve et Cie.* 3 fr.

ARENBERG (le prince Ernest d'), né en 1777, mort en 1857.

— L'Art de la fortification appliqué à la défense des grandes et moyennes places de guerre. 2e édition, augmentée de plusieurs nouveaux systèmes et suivie d'un appendice. In-4° avec 23 pl. 1848. Venise. [Vienne, *Wallishauser.*] 28 fr.

ARENDT (A. W.).

— Des intérêts de l'Allemagne dans la question belge, avec des documents sur l'état et l'importance de l'industrie et des chemins de fer en Belgique. Traduit de l'allemand. In-8°. 1839. Bruxelles. 2 fr.

— Essai sur la neutralité de la Belgique, considérée principalement sous le point de vue du droit public. In-8°. 1845. Bruxelles. 6 fr.

ARENDTS (le docteur C.), professeur à l'École polytechnique de Munich.

— Éléments d'histoire naturelle et de technologie à l'usage de la jeunesse. Ouvrage enrichi de 33 tables et de 388 gravures sur bois. Avec le texte explicatif, traduit de l'allemand, par le docteur P. Royer. Gr. in-8°. 1859. Leipzig, *Brockhaus.* 4 fr. 50 c.

L'ouvrage allemand a été publié à Leipzig, en 1858, nouvelle édition augmentée en 1865.

ARÈNE (Auguste).

— Histoire ancienne et moderne du département de l'Ain. In-12. 1848. Nantua, *Arène.*

ARÈNE (Paul).

— Pierrot héritier; comédie en un acte, en vers. In-12. 1865. *Lévy frères.* 1 fr.

ARESO (le T. R. P. Joseph), ministre provincial des missionnaires franciscains de la province de Saint-Louis-Évêque en France.

— Circulaires du T. R. P. F. Joseph Areso. In-18. III-271 p. 1862. Tours, *imprimerie Mame et fils.*

— Les Lieux saints et les missions que les Pères de la terre sainte entretiennent en Palestine et ailleurs, décrits dans des lettres pieuses et instructives. In-12. 1862. *Ve Poussielgue-Rusand.* 2 fr.

— Manuel des missionnaires franciscains, ou le jeune franciscain instruit de l'excellence, du mérite et du fruit des missions, ainsi que de la manière de faire les missions, des indulgences que les souverains pontifes y ont attachées, etc. In-18. 1865. Bourges, *imprimerie Pigelet.*

Le P. Areso a traduit de l'italien : « Précis historique et pratique du chemin de la croix », de *Léonard de Port-Maurice.*

ARETHAS, théologien grec, archevêque de Césarée, vivait vers la première moitié du Xe siècle.

— Opera omnia. — Voy. *Migne*, Patrologie grecque, tome 106.

ARÉTIN (Pierre), littérateur et poëte satirique italien, auteur de comédies et de vers licencieux, né à Arezzo en 1492, mort en 1556.

— Œuvres choisies de P. Arétin. Traduites de l'italien, pour la première fois, avec des notes, par P. L. Jacob, bibliophile, et précédées de la vie abrégée de l'auteur, par Dujardin, d'après Mazzuchelli. In-12. 1845. *Gosselin.* 3 fr. 50 c.

Contient 3 comédies traduites en prose.

— Sept petites nouvelles de Pierre Arétin, concernant le jeu et les joueurs. Traduites en français pour la première fois et précédées d'une étude sur l'auteur et sur divers conteurs italiens; par Philomneste Junior (Gustave Brunet). In-24 avec portrait. 1861. *Gay.* 4 fr.

ARGENSON (René Louis DE VOYER, marquis d'), ministre des affaires étrangères sous Louis XV, né en 1696, mort en 1757.

— Mémoires et journal inédit du marquis d'Argenson, ministre des affaires étrangères sous Louis XV, par le marquis d'Argenson. 5 vol. in-16. 1857-1858. *Jannet.* 25 fr.

Publiée pour la 1re fois en 1825, par le petit-neveu du ministre qui a publié aussi cette édition elzévirienne.

— Journal et Mémoires du marquis d'Argenson, publiés pour la première fois d'après les manuscrits autographes de la Bibliothèque du Louvre, pour la Société de l'histoire de France, par E. J. B. Rathery. Tomes I à VII. In-8°. 1861-1865. *Renouard.* Chaque vol., 9 fr.

Voy. aussi Bibliothèque des Mémoires publiés par F. Barrière.

ARGENSON (Marc Réné DE VOYER, marquis d'), neveu du précédent, né en 1771, mort en 1842.

— Discours et opinions de Voyer d'Argenson, préfet des Deux-Nèthes, membre de la chambre des représentants, député du Haut-Rhin, etc.;

précédés d'une Notice biographique. 2 vol. in-8°. 1846. *Rue Godot-Mauroy,* 18.

Édition publiée par son fils.

ARGENSON (Marc Réné DE VOYER, marquis d'), fils du précédent, et de Sophie de Rosen, la mère du duc de Broglie, né à Boulogne, près Paris, en 1796, mort en 1862.

— Des nationalités européennes. Avec 2 cartes indiquant la division des peuples suivant les langues parlées et leurs religions. In-8°. 1859. *Dentu.* 1 fr.

*Argent (l'), par un homme de lettres, devenu homme de bourse. Rentiers, agioteurs, millionnaires. In-12. 1857. [Fougères.] *Ledoyen.* 2 fr.

ARGENTAN (Louis François d'), capucin, vivait dans la seconde moitié du XVIIe siècle.

— Conférences théologiques et spirituelles sur les grandeurs de Dieu. 2 vol. in-12. 1860. Lyon, *Périsse frères.* 6 fr.

— Conférences théologiques et spirituelles sur les grandeurs de Jésus-Christ. 2 vol. gr. in-12. 1859. *Ibid.* 6 fr.

— Conférences théologiques et spirituelles sur les grandeurs de la Sainte Vierge Marie, Mère de Dieu. 2 vol. in-8°. 1862. *Ibid.* 6 fr.

Il existe encore d'autres éditions antérieures de ces trois ouvrages.

ARGENTIÉ (Oscar), professeur.

— Poésies fugitives. In-8°. 1860. Sèvres, *Percheron.*

ARGENTRÉ (Charles DU PLESSIS D'), docteur en Sorbonne, aumônier royal et évêque de Tulle, né en 1673, mort à Tulle en 1740.

— Œuvres complètes. — Voy. *Migne*, Collection d'orateurs sacrés. 1re série, tome 66.

ARGILAGOS (Francisco d'), ex-chirurgien oculiste de l'hôpital ophthalmique de Saint-Vincent de Paul.

— Classification sur les maladies internes de l'œil révélées par l'ophthalmoscope. In-8° avec tableau. 1862. Versailles, *Beau.*

— Sur l'ophthalmoscopie physiologique, 2 premiers fascicules. In-8° avec 4 pl. 1862. [Versailles], *V. Masson.* 2 fr. 50 c.

ARGIS (Jules d'), chef d'escadron au 7e régiment de cuirassiers, né à Caen (Calvados), en 1816.

— Les six Mariages de Henri VIII. In-12. 1864. *Hetzel.* 3 fr.

M. J. d'Argis a collaboré autrefois à la « Sentinelle de l'armée » et au « Spectateur militaire ».

ARGONNE (Auguste), pseudonyme de Aug. Dozon.

ARGY (Charles Henri Louis d'), fondateur et ancien directeur de l'École normale gymnastique de Vincennes, colonel du 58e régiment pendant la campagne d'Italie; né à Malmy (Ardennes), en 1805. Il vient d'être chargé d'organiser et de commander la légion romaine qui doit être mise à la disposition du saint Père.

— Escrime du fusil, appliqué aux tirailleurs. In-18, 71 p. et 2 pl. 1842. Lyon, *Dumoulin.*

— Gymnastique des Perses modernes; exercices des mils décrits par C. d'Argy. In-8°, 16 p. et 2 pl. 1839. Lyon, *imprimerie Brunet et Cie.*

— Extrait de l'instruction pour l'enseignement

la gymnastique dans les corps de troupes et les établissements militaires; précédé du Livret de commandements à l'usage des instructeurs des régiments. In-18 avec fig. 1850. *Dumaine.* 60 c.

— Extrait de l'instruction pour l'enseignement de la gymnastique. Tableau général des exercices gymnastiques avec des commandements en regard, classés par leçons, etc., accompagné d'une nomenclature et d'un plan de toutes les machines employées dans les gymnases réglementaires. In-18. 1852. *Ibid.* 60 c.

— Instruction pratique pour l'enseignement élémentaire de la natation dans l'armée. In-18 avec pl. 1863. *Ibid.* 60 c.

M. le colonel d'Argy a rédigé, pendant qu'il était à la tête de l'École normale gymnastique de Vincennes, de nombreux rapports sur diverses questions ayant trait à l'enseignement de la gymnastique ou à des inventions militaires, mais aucun de ces documents n'a été encore imprimé.

ARGY (le R. P. d'), de la Compagnie de Jésus.

— Les Phaséolées dans la flore chinoise. Lettre au directeur des Études religieuses, historiques et littéraires. 1re partie. In-8°. 1865. *Douniol.*

ARIANUS (Candidus).

— Opera. — Voy. *Migne*, Patrologie latine, tome 8.

ARIAS (le P. François), jésuite espagnol, né à Séville, en 1533, mort en 1605.

— Les Vertus de la mère de Dieu. 5e édition, augmentée des prières pour la messe et les vêpres. In-32, 1858. Lyon, *Pélagaud.* 50 c.

ARIES (J. d'), lieutenant de vaisseau.

— Essai sur l'organisation des arsenaux de la marine. In-8° de 7 f. 1851. Brest, *imprimerie Le Blois.*

ARIF-PACHA.

— Les Anciens costumes de l'empire ottoman, depuis l'origine de la monarchie jusqu'à la réforme du sultan Mahmoud, recueillis par S. Exc. le Muchir Arif-Pacha. Tome I. In-fol. avec 74 pl. imprimées en couleur. 1864. *Imprimerie Lainé et Havard.* En noir, 40 fr.; en couleur, 80 fr.

ARIFAT. — Voy. **Villeneuve-Arifat** (de).

ARIOSTE ou ARIOSTO (Ludovico), poëte italien, né à Reggio, en 1474, mort en 1533.

— Roland furieux. Nouvelle traduction, avec la vie de l'Arioste et des notes sur les romans chevaleresques, les traditions orientales, les chroniques, les chants des trouvères et des troubadours comparés au poëme de l'Arioste, par M. A. Mazuy. 3 vol. in-8° avec grav. 1838-1840. *Knab.* 28 fr. 50 c.

Traduction en prose.

— Roland furieux. Traduction nouvelle, par M. V. Philipon de la Madelaine; illustré par T. Johannot, Nanteuil, etc. In-8°. 1844. *Mallet.* 18 fr.

Traduction en prose. — Nouvelle édition. Gr. in-8° 1863. *Morizot.* 10 fr.

— Roland furieux. Traduction de Panckoucke et Framery, nouvellement revue et corrigée, avec une notice sur la vie de l'Arioste, par Antoine de Latour. 2 vol. in-12. 1842. *Masgana.* 7 fr.

— Roland furieux, poëme. Édition épurée. In-12 avec 20 dessins. 1846. *Lehuby.* 6 fr.

— Roland furieux, traduit par le comte de Tres-san. Nouvelle édition. 2 vol. gr. in-8° avec 90 grav. 1851. *Ruel aîné.* 7 fr. 50 c.

La même traduction. In-4° illustré. 1852. *Havard.*

— Roland furieux. 20 chants traduits en vers, octave pour octave, par F. Desserteaux. In-12. 1864. *Lévy frères.* 3 fr.

ARIOUL (René D.).

— La Vengeance d'un ci-devant; épisode de la révolution française en Provence. In-8°. 1865. Tournai, *Casterman.* 1 fr. 20 c.

— Helena, ou la Confiance des dames. In-18. 1865. *Ibid.* 30 c.

ARISDAGUÉS DE LASDIVERD, historien arménien.

— Histoire d'Arménie, comprenant la fin du royaume d'Ani et le commencement de l'invasion des Seldjoukides; traduite, pour la première fois, de l'arménien sur l'édition des RR. PP. mekhitaristes de Saint-Lazare et accompagnée de notes, par M. Evariste Prud'homme. In-8°. 1864. *Duprat.* 3 fr. 50 c.

Extrait de la « Revue d'Orient, de l'Algérie et des colonies ».

ARISTE (Louis).

— Almanach de la Fraternité pour 1866, sous la direction de M. Louis Ariste. In-16. 1865. *Bernardin-Béchet.* 50 c.

ARISTENUS.

— Commentaria in canones ss. apostolorum et conciliorum, et in epistolas canonicas SS. Patrum. — Voy. *Migne*, Patrologie grecque, tome 138.

ARISTENUS (Alexis), surnommé le Nomophylacte, jurisconsulte byzantin, chef des ecdiques (ἔκδικοι), vivait vers 1130.

— Scripta quæ supersunt. — Voy. *Migne*, Patrologie grecque, tome 133.

ARISTIDE (Ælius), sophiste grec, né en 129, mort 189.

— Discours pour la mutation de la loi de Leptius qui supprimait les charges publiques onéreuses d'Athènes. Traduit pour la première fois en français et suivi d'un commentaire par J. F. Stiévenart. In-8°. 1847. Dijon, *Frantin.*

ARISTIDE (P. L.).

— La Superstition chrétienne; étude critique et exégétique. In-12. 1862. Bruxelles, *Lebègue et Cie.* 4 fr. 75 c.

ARISTIPPE. — Voy. **Bernier de Maligny** (Aristippe).

ARISTOPHANE, le plus célèbre des poëtes comiques de la Grèce. La date de sa naissance, comme celle de sa mort, ne sont pas connues; mais sur les onze pièces qui nous restent de lui, dix ont été représentées de 431 à 404 avant J.-C., pendant la guerre du Péloponnèse.

— Aristophanis comœdiæ et perditarum fragmenta, ex novà recensione Guilelmi Dindorf. Accedunt Menandri et Philomenis fragmenta auctiora et emendatiora græcè et latinè cum indicibus. Gr. in-8° avec un fac-simile. 1839. *Didot.* 15 fr.

Bibliotheca scriptorum græcorum.

— Scholia græca in Aristophanem, cum prolegomenis grammaticorum, etc., annotationum criticorum item selecta, cui sua quædam inseruit Fr. Dubner. Gr. in-8°. 1843. *Ibid.* 15 fr.

Fait partie de la même collection.

— Comédies d'Aristophane; traduites par M. Artaud. 4ᵉ édition, corrigée sur les dernières éditions grecques. 2 vol. in-12. 1855. *Didot*. 7 fr.

La 1ʳᵉ édition de cette traduction a été publiée en 1 vol. in-18, en 1840, chez *Lefèvre*.

— Comédies d'Aristophane; traduites du grec, par M. Zévort. 3ᵉ édition. 2 vol. in-12. 1845. *Charpentier*. 7 fr.

— Aristophane. Traduction nouvelle, avec une introduction et des notes, par C. Poyard. In-12. 1859. *Hachette et Cⁱᵉ*. 3 fr. 50 c.

— Les Comédies d'Aristophane. Essai de traduction par Amédée Fleury. 3 vol. in-12. 1863. *Garnier frères*. 6 fr.

— Comédies d'Aristophane. Essai de traduction avec une table explicative rédigée sur le texte des scholies, par André Feuillemorte. 3 vol. in - 12. 1864. *Ibid*. 10 fr. 50 c.

— Extraits d'Aristophane, accompagnés d'analyses et de remarques philologiques et historiques, par J. Hellen. In-12. 1865. *Delalain et fils*. 2 fr.

— Extraits d'Aristophane, par Eugène Fallex. Texte grec. Édition classique, avec notes. In-12. 1864. *Aug. Durand*. 2 fr.

— Extraits d'Aristophane. Texte revu et corrigé, avec une traduction en prose en regard, par Eugène Fallex. In-12. 1864. *Ibid*. 4 fr.

— Scènes d'Aristophane; traduites en vers français, par Eugène Fallex. In - 12. 1859. *Ibid*. 3 fr. 50 c.

Le même. Nouvelle édition sous le titre de :

— Théâtre d'Aristophane; scènes traduites en vers français, par Eugène Fallex. 2ᵉ édition, considérablement augmentée et suivie de la traduction complète du Plutus. 2 vol. in-12. 1863. *Ibid*. 7 fr.

— Plutus. Édition classique, accompagnée de sommaires et de notes, par Fl. Lécluse. In-12. 1847. *J. Delalain*. 1 fr. 50 c.

— Plutus, ou la Richesse; traduit du grec en vers français, par Eugène Fallex. In-18. 1849. *Furne*.

— Plutus; comédie traduite en vers français, avec notes, suivie d'un fragment de l'Assemblée des femmes, par J. B. Bernot. In-12. 1859. *Dezobry*. 1 fr. 75 c.

— Plutus; comédie d'Aritophane; traduite en français, avec le texte grec en regard et des notes par M. Cattant. In-12. 1843. *Hachette*. 2 fr.

— Le même, publié par le même; avec 2 traductions françaises. In-12. 1843. *Ibid*. 2 fr. 25 c.

Une imitation de la comédie d'Aristophane « les Nuées », a été publiée par M. Hipp. *Lucas*. (Voy. ce nom.)

ARISTOTE, philosophe grec, ami de Philippe, roi de Macédoine, et précepteur de son fils, Alexandre le Grand, né en 384 avant J.-C., mort en 322.

— Aristotelis opera omnia. Græce et latine, cum indice nominum et rerum absolutissimo. Tomes 1 à 3. Gr. in-8º. 1848-1854. *Didot frères*. Chaque volume 15 fr.

— Les mêmes. Tome 4. 1ʳᵉ partie. Gr. in-8º. 1857. *Ibid*. 7 fr. 50 c.

Bibliotheca scriptorum græcorum.

— La Politique; traduction de Champagne, revue et corrigée par M. Hœfer. — L'Économique; traduction nouvelle, par M. Hœfer. → Lettre à Alexandre sur le monde; traduction de Batteux, revue et corrigée. In-12. 1843. *Charpentier*. 3 fr. 50 c.

— Histoire des animaux. Texte revu et corrigé par N. Piccolos. In-8º. 1863. *Didot frères*. 12 fr.

— Logique; traduite en français pour la première fois, et accompagnée de notes perpétuelles, par J. Barthélemy Saint-Hilaire. 4 vol. in-8º. 1839-1843. *Ladrange*. 30 fr.

Voy. *Barthélemy Saint-Hilaire*, « De la Logique d'Aristote ».

— La Métaphysique; traduite en français pour la première fois, accompagnée d'une introduction, d'éclaircissements historiques et critiques, et de notes philologiques, par Alexis Pierron et Charles Zévort. 2 vol. in-8º. 1841. *Joubert*. 14 fr.

— Météorologie; traduite pour la première fois et accompagnée de notes perpétuelles, avec le petit traité apocryphe du Monde, par J. Barthélemy Saint-Hilaire. In-8º. 1863. *Ladrange*. 10 fr.

— Morale; traduite par le même. 3 vol. in-8º. 1856. *Ibid*. 24 fr.

— Physique, ou Leçons sur les principes généraux de la nature; traduite pour la première fois et accompagnée d'une paraphrase et de notes perpétuelles, par le même. 2 vol. in-8º. 1862. *Ibid*. 20 fr.

— Poétique; traduite en français, par le même. In-8º. 1858. *Aug. Durand*. 5 fr.

— Politique; traduite par le même. 2ᵉ édition. In-8º. 1848. *Dumont*. 8 fr.

— Psychologie; traité de l'âme; traduit en français pour la première fois et accompagné de notes, par le même. In-8º. 1846. *Ladrange*. 8 fr.

— Psychologie. Opuscules. (Parva naturalia.) De la Sensation et des choses sensibles. — De la Mémoire et de la réminiscence. — Du Sommeil et de la veille. — Des Rêves. — De la Déclamation dans le sommeil. — Du Principe général du mouvement dans les animaux. — De la Longévité et de la brièveté de la vie. — De la Jeunesse et de la vieillesse, de la vie et de la mort. — De la Respiration. Traduite en français pour la première fois, et accompagnée de notes, par le même. In-8º. 1847. *Dumont*. 8 fr.

— La Rhétorique; traduite en français avec le texte en regard, et suivie de notes philologiques et littéraires, par Norbert Bonafous. In-8º. 1856. *Aug. Durand*. 7 fr.

— Traité du ciel; traduit en français pour la première fois, et accompagné de notes perpétuelles, par J. Barthélemy Saint-Hilaire. Gr. in-8º. 1865. *Ibid*. 10 fr.

*Arithmétique (l') comique; plaisirs en nombres. In-4º oblong avec 26 sujets à deux teintes. 1863. *A. Bédelet*. Cart. avec fig. noires, 3 fr. 50 c.; col., 5 fr. 50 c.

ARKISKENKOF (Athanase), pseudonyme du comte Eugène DE PORRY.

— Juvenilia; poésies posthumes du chevalier Athanase Arkiskenkof, gentilhomme russe, né à Saint-Pétersbourg, le 2 novembre 1759, mort à Taganrog, le 1ᵉʳ avril 1860; avec une notice biographique et critique, par M. le vicomte de Blumengeld, gentilhomme bavarois. In - 16. xxiv-63 p. 1864. Marseille, *imprimerie Arnaud et Cⁱᵉ*.

L'ouvrage n'est tiré qu'à 50 exemplaires. — Vicomte de Blumengeld est un autre pseudonyme de M. Eug. de Porry.

ARLACH (H. de T. d'), vice-consul de France.

— Souvenirs de l'Amérique centrale. In-8°. 350. *Charpentier*.

ARLAN DE LAMOTHE (l'abbé), archiprêtre de ouglon.

— Cours de théologie, ou Explication de la doc-ine chrétienne en forme de catéchisme. Sym-ole. In-8°. 1865. *Vict. Sarlit*.

ARLINCOURT (le vicomte Victor d'), poëte et omancier, né en 1789, au château de Mérantrais, rès Versailles, mort en 1856.

— Les Anneaux d'une chaîne. 2 vol. in-8°. 1844. *De Potter*. 15 fr.

— Le Château de Chaumont. In-18, avec le por-rait de l'auteur et une vue du château. In-18. 1851. *Allouard et Kaeppelin*.

— Dieu le veut; précédé de la Relation de son rocès en cour d'assises et de son Discours devant e jury. 64e édition. In-18. 1850. *Ibid*. 50 c.

La 1re édition a été publiée en 1848.

— Suite à Dieu le veut. Place au droit! 1re partie. La Révolution et l'Élysée. — 2e partie. La Royauté et Frohsdorf. 12e édition. In-18. 1850. *Ibid*. 1 fr.

Voy. *Gérard*, « Dieu l'a voulu », réponse à ces deux écrits; et la réponse de L. C. *Janet*.

— Les Fiancés de la mort. Histoire contempo-raine. In-8°. 1850. *Ibid*. 6 fr.

— Ida. 2 vol. in-8°. 1841. *Dumont*. 15 fr.

— L'Italie rouge, ou Histoire des révolutions de Rome, Naples, Palerme, Messine, Florence, Parme, Modène, Turin, Milan, Venise, depuis l'avénement du pape Pie IX, en juin 1846, jusqu'à sa rentrée dans sa capitale, en 1850. 7e édition. In-18. 1851. *Allouard et Kaeppelin*. 3 fr.

La 1re édition a été publiée en 1850.

— Kirchberg et Brunnsée. In-18. 1842. *Au bu-reau de la Mode, rue Taitbout*, 28. 1 fr.

Extrait de l'ouvrage suivant avant sa publication.

— Le Pèlerin. L'Étoile polaire. 2 vol. in-8°. 1843. *Dumont*. 15 fr.

— La Peste noire, ou Paris en 1334; drame en cinq actes, dont un prologue. In-8°. 1845. *Mar-chant*. 50 c.

— Le Solitaire. In-8°. 1847. *Boulé*. 7 fr. 50 c.

La 1re édition est de 1821. — L'ouvrage a été très-souvent réimprimé et traduit dans toutes les langues.

— La Tache de sang. 5 vol. in-8°. 1847-1850. *Rue du Jardinet*, 11. 15 fr.

— Les Trois Châteaux. Histoire contemporaine. 2 vol. in-8°. 1840. *Dumont*. 15 fr.

— Les Trois Royaumes. 2 vol. in-8°. 1844. *Ibid*. 15 fr.

ARLOT, peintre en voitures.

— Guide complet du peintre en voitures, par Arlot, peintre en équipages, et illustré par A. Guillot, architecte en voitures. In-8° avec 5 pl. 1860. *Au bureau du Mercure universel*. 6 fr. 50 c.

ARMAGNAC (baron d'), lieutenant-colonel, aide-de-camp de Soliman-Pacha.

— Nézib et Beyrout. Souvenirs d'Orient de 1833 à 1841. In-8°. 1844. *Schwartz et Gagnot*. 7 fr. 50 c.

ARMAILHAC (Armand d'), ancien magistrat et propriétaire dans le Médoc.

— La Culture des vignes, la vinification et les vins dans le Médoc, avec un état des vignobles, d'après leur réputation. 2e édition. In-8°. 1858. Bordeaux, *Chaumas*. 6 fr.

— De la Synonymie des vignes et de leur clas-sification. In-8°, 52 p. et figures. 1863. Bordeaux, *Degréteau et Cie*.

ARMAILLÉ (Marie Célestine Amélie DE SÉGUR, comtesse d'), née à Paris, en 1830.

— Catherine de Bourbon, sœur de Henri IV, 1559-1604; étude historique. In-12. 1865. *Didier et Cie*. 3 fr.

— La Reine Marie Leczinska. Étude historique, par la comtesse D***, née de Ségur. In-12. 1864. *Ibid*. 3 fr.

Anonyme.

ARMAN (Alexandre).

— Notre-Dame d'Ajaccio, archéologie, histoire et légendes. In-8°. 1844. *Leleux*. 2 fr.

ARMAND (le frère), religieux de l'Ordre de Saint-François.

— Vie de sainte Angèle de Foligno. Traduite des bollandistes, par l'abbé P*** (Piot), vicaire général d'Évreux. In-12. 1842. Clermont-Ferrand, *Thibaud-Landriot*. 2 fr. 50 c.

— Le même. Nouvelle édition. In-12. 1864. *R. Ruffet et Cie*. 1 fr.

ARMAND, officier d'académie.

— Nouveaux éléments de lecture d'après l'ana-logie et l'analyse. In-18, 35 p. 1861. Grenoble, *imprimerie Prud'homme*.

ARMAND (A.).

— Sténographie, ou Art d'écrire toutes les langues aussi vite que la parole, mise à la portée de tout le monde et rapidement enseignée. In-8°. 1859. Marseille, *imprimerie et lithographie Mathieu*. 1 fr. 50 c.

ARMAND (Adolphe), médecin-major de 1re classe, né à Die (Drôme), en 1818.

— L'Algérie médicale. Topographie, climatolo-gie, pathogénie, pathologie, prophylaxie, hy-giène, acclimatement et colonisation. In-8° avec 1 carte. 1854. *Masson*. 8 fr.

— Des Concrétions fibrineuses polypiformes du cœur développées pendant la vie. In-8°. 1857. *Ibid*. 1 fr. 50 c.

— Des Eaux minérales de Viterbe et de son climat (Italie). Avec recherches sur les thermes romains. 2e édition. In-8°. 1857. *Ibid*. 1 fr. 50 c.

— Études étiologiques des fièvres en Algérie et dans l'Italie centrale. In-8°. 1857. *Ibid*. 2 fr.

— Histoire médico-chirurgicale de la guerre de Crimée, d'après les travaux des médecins mili-taires, recueillie, mise en ordre et publiée par le docteur Adolphe Armand, de l'ambulance de la garde impériale. In-8°. 1858. *Rozier*. 7 fr.

— Lettres de l'Expédition de Chine et de Co-chinchine. In-8°. 1864. *Ibid*. 5 fr.

Extrait de la « Gazette médicale de Paris ».

— Médecine et hygiène des pays chauds et spécialement de l'Algérie et des colonies. Topo-graphie, climatologie, pathogénie, prophylaxie, acclimatement et colonisation. In-8° avec 1 carte de l'Algérie. 1859. *Challamel*. 6 fr.

— Souvenirs d'un médecin militaire. France,

Afrique, Italie, Turquie, Crimée. In-32. 1858.
Rozier. 1 fr. 50 c.

ARMAND (T. Prior-). — Voy. **Prior-Armand.**

ARMAND-DELILLE (Jean Marie Martin Isidore), pasteur de l'Église réformée évangélique, secrétaire de la colonie agricole de Sainte-Foy, né à Nyons (Drôme), en 1812.

— Un Drame de famille. In-18. 1848. *Ducloux*. 1 fr.

— Les Petits enfants. — Voy. ci-après Mme *Armand-Delille*.

ARMAND-DELILLE (Étiennette Louise Mayot, dame), femme du précédent, né à Genève, en 1815.

— Au Coin du feu; miettes pour les enfants. In-12. 1863. *Meyrueis et Cie*. 1 fr. 50 c.

— Le Petit enfant. 4e édition (augmentée d'une 2e partie). In-12. 1856. *Ibid*. 75 c.

Les 3 premières éditions sont anonymes.
2e édition. In-12. 1844. *Delay*.

— Les Petits enfants en voyage. In-12 avec vignettes. 1844. *Delay*. 1 fr. 25 c.

Avec M. Armand-Delille. — Ce petit livre, également anonyme, a eu une 2e édition.

Mme Armand-Delille, ainsi que son mari, a fourni beaucoup d'articles à « l'Ami de la jeunesse », dont ils ont même dirigé la publication en 1855.

ARMANDI (Pierre Damien), général italien sous le règne de Napoléon Ier, né à Fusignano dans la basse Romagne, en 1788, mort en 1855; il était alors bibliothécaire du château de Saint-Cloud.

— Histoire militaire des éléphants depuis les temps les plus reculés jusqu'à l'introduction des armes à feu; avec des observations critiques sur quelques-uns des plus célèbres faits d'armes de l'antiquité. In-8o avec 1 pl. 1842. *Amyot*. 8 fr.

***Armée** (l') suisse et l'esprit militaire. Coup d'œil rétrospectif, par un militaire suisse. In-8o 1859. Zurich, *Meyer et Zeller*. 1 fr. 50 c.

ARMELLINO (Giorgio).

— Manuel simplifié de l'accordeur, ou l'Art d'accorder les pianos, mis à la portée de tout le monde. Nouvelle édition, augmentée de plusieurs articles inédits, et d'un aperçu sur la fabrication des pianos. In-18 avec 3 pl. 1855. *Roret*. 1 fr. 25 c.

Collection des Manuels-Roret.

M. Armellino a encore traduit de l'italien : Buonafede, « Histoire du suicide ».

ARMENGAUD, pseudonyme.

— Escapades d'un homme sérieux. In-12. 1861. *Dentu*. 3 fr.

ARMENGAUD aîné (Jacques Eugène), ingénieur civil, dessinateur industriel et professeur de dessin linéaire au Conservatoire des arts et métiers, né à Ostende, en 1810.

— Cours élémentaire de dessin industriel, à l'usage des écoles primaires. In-4o oblong avec 24 pl. 1850. *Chez l'auteur*. 8 fr.

Avec Armengaud jeune et Amouroux.

— Nouveau cours raisonné de dessin industriel appliqué principalement à la mécanique et à l'architecture. Nouvelle édition. Gr. in-8o avec atlas de 45 pl. in-fol. 1860. *Ibid*. 25 fr.

Avec les mêmes. — La 1re édition est de 1845.

— L'Industrie des chemins de fer, ou Dessins et descriptions des principales machines locomotives, des fourgons d'approvisionnement, etc. In-4o avec 8 pl. in-fol. 1839. *Mathias*. 60 fr.

Avec Charles Armengaud.

— Études d'ombres et de lavis appliquées aux machines et à l'architecture. Recueil méthodique de planches teintées et lavées à l'effet. Atlas de 12 pl. in-fol., avec texte. 1849. *Ibid*. 15 fr.

Avec MM. Amouroux et Armengaud jeune.

— Instructions pratiques à l'usage des inventeurs. Formalités à accomplir en tous pays pour obtenir la concession de patentes ou brevets d'invention. In-8o. 1859. *Chez l'auteur*. 2 fr.

Avec J. Mathieu.

— Publication industrielle des machines, outils et appareils les plus perfectionnés et les plus récents employés dans les différentes branches de l'industrie française et étrangère. 16 vol. gr. in-8o. *Chez l'auteur*. Chaque volume avec atlas de 40 pl. in-fol. 30 fr.

Publication périodique. Chaque volume paraît en 10 livraisons avec 10 pl. chacune. Le tome XVI correspond à l'année 1865.

— Réponse à Boquillon et à M. Gaultier de Claubry au sujet de l'application des lentilles de verre sur les chaudières closes, à évaporer et à cuire dans le vide. In-8o avec 1 pl. 1847. *Ibid*.

— Traité théorique et pratique des moteurs hydrauliques. Nouvelle édition, entièrement refondue. In-4o avec 60 pl. 1858. *Ibid*. 25 fr.

— Traité théorique et pratique des moteurs à vapeur. 2 vol. in-4o avec atlas de 25 pl. 1860-1863. *Ibid*. 60 fr.

— Le Vignole des mécaniciens, essai sur la construction des machines, études des éléments qui les constituent, types et proportions des organes qui composent les moteurs, les transmissions de mouvement et autres mécanismes. In-4o avec atlas de 40 pl. in-fol. 1865. *Morel et Cie*. 35 fr.

L'ouvrage a été publié en 2 fascicules.

Les deux frères Armengaud publient, depuis 1851, un recueil périodique, sous le titre : « Génie industriel, revue des inventions françaises et étrangères ». 12 cahiers ou 2 vol. par an. Prix de l'année, 16 fr.

ARMENGAUD jeune (Charles), frère du précédent, avec lequel il a fait une série de publications industrielles, collectives. (Voy. ci-dessus.) Il est professeur à l'École spéciale de commerce.

— Cours de dessin linéaire appliqué au dessin des machines. 4 livraisons in-4o oblong. 1840. *Mathias*. 6 fr.

— Formulaire de l'ingénieur-constructeur. Carnet usuel des architectes, agents voyers, mécaniciens, directeurs et conducteurs de travaux industriels et manufacturiers. In-12. 1858. *Chez l'auteur*. 4 fr.

— Guide manuel de l'inventeur et du fabricant, répertoire pratique et raisonné de la propriété industrielle en France et à l'étranger en matière de brevets d'invention, dessins et marques de fabrique, dépôts de modèles, produits artistiques et industriels. 5e édition. In-8o. 1861. *Ibid*. 5 fr.

La 1re édition a été publiée en 1840.

— L'Ingénieur de poche. Tablettes usuelles du constructeur. Règles et données pratiques. In-12. 1855. *Ibid*. 4 fr.

Avec Émile Barrault.

— L'Ouvrier mécanicien. Guide mécanique pratique, précédé des notions élémentaires d'arithmétique décimale, d'algèbre et de géométrie. Avec tables et calculs. 7e édition. In-12 avec 4 pl. 1862. *Chez l'auteur*. 4 fr.

ARMENGAUD (Jean Germain Désiré), littérateur et éditeur, né à Castres (Tarn), en 1797.

— Les Chefs-d'œuvre de l'art chrétien. In-4o avec 26 portraits et 40 pl. 1857. *Didot frères*. 80 fr.

— Les Galeries publiques de l'Europe. Rome. In-fol. avec gravures sur bois. 1856. *Imprimerie Claye*. 40 fr.

2e édition en 1859. *Imprimerie Lahure*.
Ouvrage qui a obtenu la médaille d'honneur à l'exposition universelle de 1855, et a été tiré à 35,000 exemplaires.

— Les Galeries publiques de l'Europe. Tome II. Italie, Gênes, Turin, Milan, Parme, Venise, Bologne, Florence, Naples, Pompéi. In-fol. 1865. *Imprimerie Lahure*.

— Les Trésors de l'art. In-fol. Notices avec 47 grav. anglaises. 1859. 100 fr.

— Les Reines du monde. In-4o avec grav. 1864. *Hachette et Cie*. 60 fr.

Parthénon de l'histoire.

— La Russie. — Voy. *Artamov et Armengaud*.

M. Armengaud a collaboré à « l'Histoire des peintres » de *Blanc*.

ARMENGAUD (Coraly HIRSCH, dame), née à Cette, en 1801. Elle se dit fondatrice d'une nouvelle religion.

— Recueil de lettres pastorales; précédé d'une notice biographique. In-8o. 1863. Nîmes, *imprimerie Baldy*. 5 fr.

ARMENGAUD-BERTRAND.

— A quand la liberté? In-8o. 1862. *Dentu*. 50 c.

ARMIEUX (Louis Léon Cyrille), médecin-major de 1re classe à l'hôpital de Toulouse, né dans cette ville, en 1819.

— Essai de statistique médicale sur Calvi (Corse). In-8o. 1859. *V. Rozier*. 1 fr.

ARMINJON (l'abbé Ch.), ancien professeur d'éloquence sacrée, missionnaire apostolique.

— Panégyrique de saint Anthelme, évêque. In-8o. 1861. Lyon, *Pélagaud*. 75 c.

— Panégyrique de saint Vincent de Paul, prononcé à Genève le 24 juillet 1864. In-8o, 34 p. 1864. Chambéry, *Pouchet et Cie*.

ARMOIRY (N.).

— Les Apôtres et les Martyrs du christianisme. In-16. 1861. *Philippart*. 25 c.

— Beautés de l'Imitation. In-16. 1861. *Ibid*. 25 c.

— Histoire des missions célèbres dans tous les pays. In-16. 1862. *Ibid*. 25 c.

— Vies des saints. In-16. 1862. *Ibid*. 25 c.

*Armorial de la généralité d'Alsace. Recueil officiel dressé par les ordres de Louis XIV, et publié pour la première fois. In-8o. 1861. *Aubry*. 7 fr.

*Armorial général du Lyonnais. Forez et Beaujolais, comprenant les armoiries des villes, des corporations, des familles nobles et bourgeoises actuellement existantes ou éteintes, des archevêques, des gouverneurs et des principaux fonctionnaires publics de ces provinces, le tout composé de 2,080 blasons dessinés et d'environ 3,000

notices héraldiques et généalogiques. In-4o avec 130 pages de blasons. 1860. Lyon, *Brun*. 40 fr.

*Armorial de la noblesse de France. — Voy. *Dauriac*.

ARNAIA, jésuite espagnol.

— Conférences spirituelles sur les vertus chrétiennes. Traduites de l'espagnol en français, par le P. Cachet. Nouvelle édition. In-12. 1859. *Sarlit*. 1 fr. 50 c.

ARNAL (l'abbé A.).

— Notice sur la chapelle Notre-Dame des Anges et l'indulgence de la portioncule. In-18 de 7 f. 1855. Clermont-Ferrand, *Librairie catholique*.

ARNAL (Étienne), acteur comique, né à Meulan (Seine-et-Oise), en 1794.

— Boutades en vers. 2e édition. In-12. 1861. *Dentu*. 2 fr.

— Épître en vers à Bouffé, artiste du théâtre du Gymnase. In-8o. 1840. *Tresse*. 2 fr. 50 c.

ARNASSAN.

— Ma Conversion. Simples réflexions par un protestant désabusé. In-18 de 6 f. 1854. Nîmes, *Lafare*.

Le titre n'indique pas l'auteur, mais la brochure est signée de son nom.

ARNAUD (A.), prêtre catholique, professeur au séminaire de Brignoles.

— Essais de commentaires sur les épîtres de saint Paul et des autres apôtres. In-4o. 1853. Lyon, *Pélagaud*. 7 fr.

ARNAUD (Achille), ancien secrétaire de la rédaction du « Monde illustré », rédacteur à « l'Opinion nationale », né à Aubais (Gard), en 1826.

— Abraham Lincoln, sa naissance, sa vie, sa mort, avec un récit de la guerre d'Amérique d'après les documents les plus authentiques. In-4o. 1865. *Charlieu et Huillery*. 1 fr. 50 c.

— Les Orthodoxes et le Parti libéral protestant, suivi de la Confession de foi des églises réformées de France (dite de la Rochelle). In-8o. 1864. *Librairies protestantes*. 1 fr.

— La Pioche et le Luxembourg. Lettre d'un amateur de jardins aux Parisiens de la rive gauche. In-8o. 1865. *Charlieu et Huillery*. 1 fr. 50 c.

ARNAUD (Mme Angélique).

— Clémence. 2 vol. in-8o. 1841. *Pétion*. 15 fr.

— Coralie l'inconstante. 2 vol. in-8o. 1843. *Ibid*. 15 fr.

ARNAUD (Augustin), avocat à Marseille.

— L'Homme retiré du monde; comédie en trois actes et en vers. In-8o. 1851. Marseille, *imprimerie Barlatier-Feissat*. 3 fr.

ARNAUD (J. B. E.), compagnon boulanger.

— Mémoires d'un compagnon du tour de France, par J. B. E. Arnaud, dit Libourne le Décidé, compagnon boulanger, contenant plusieurs dissertations sur le devoir, entre l'auteur et plusieurs compagnons tailleurs de pierre et charpentiers. In-18, avec portrait. 1859. Rochefort, *Giraud*. 3 fr.

ARNAUD (Camille), juge au tribunal civil de Marseille, ancien président du conseil général des Basses-Alpes, né à Céreste (Basses-Alpes), en 1798.

— L'Abbé de la jeunesse, ou le Gach de Saint-

Mari, histoire du temps de Henri III. In-16. 1859. Marseille, *imprimerie Arnaud et Cie*. 3 fr.

— Bertrand Chicholet, ou Manosque en 1857. In-8°. 1861. *Ibid.* 3 fr.

— Le Capitaine Jacquelin Barbeyrac, ou Une Razzia en 1589. In-16. 1863. Marseille, *Camoin frères*. 3 fr.

— Une Carte de restaurateur en MDXXXIII. In-8°. 1856. Marseille, *imprimerie Barlatier-Feissat et Demonchy*. 2 fr.

— Ce qu'il y avait dans la tête d'un âne il y a cinq cent sept ans. In-8°. 1857. Marseille, *Camoin frères*. 2 fr.

Récit d'un jugement ridicule, en latin.

— Du Livret d'ouvrier. In-12. 1856. *Ibid.* 2 fr.

— Ludus sancti Jacobi; fragment de mystère provençal découvert et publié par M. Camille Arnaud. In-8° de xiv et 32 p. 1858. Marseille, *imprimerie Arnaud et Cie*. 10 fr.

Tiré à 140 exemplaires sur papier de Hollande.

— Manuel du directeur du jury d'expropriation pour cause d'utilité publique. In-8°. 1864. [Marseille, *Camoin.*] *Cosse, Marchal et Cie*. 8 fr.

— Recherches sur l'abbaye de la Jeunesse, à Forcalquier. In-8°. 1858. Marseille, *imprimerie Arnaud et Cie*. 2 fr.

ARNAUD (Ch.).

— Vues et costumes pittoresques du département des Deux-Sèvres, par Gellé, avec texte, par Ch. Arnaud. In-4° avec fig. 1844. Niort. *Morisset.*

ARNAUD (Eugène), pasteur protestant à Crest (Drôme), né en cette ville, en 1826.

— Commentaire sur le Nouveau Testament, renfermant une analyse explicative du texte, des notes historiques et exégétiques particulières, de brèves introductions à chaque livre, et une version française faite sur l'original. 4 vol. in-12. 1862-1863. [Toulouse], *Grassart.* 16 fr.

— L'Instinct religieux, la Raison et Jésus-Christ, discours apologétique. In-8°. 1863. *Ibid.* 50 c.

— Le Nouveau Testament de Notre Seigneur Jésus-Christ, ou Livres sacrés de la nouvelle alliance. Version nouvelle. In-18. 1858. [Toulouse], *Ibid.* 3 fr.

— Le même, publié par la Société biblique protestante de Paris. In-8°. 1865. *Rue des Beaux-Arts,* 5..1 fr.

— Le Pentateuque mosaïque défendu contre les attaques de la critique négative. In-8°. 1865. Strasbourg et Paris, *Ve Berger-Levrault et fils.* 4 fr.

— Recherches critiques sur l'épître de Jude, présentant une introduction à l'épître et un commentaire sur chaque verset. In-8°. 1851. *Ibid.* 4 fr.

ARNAUD (Frédéric), de l'Ariège, écrivain politique et représentant du peuple, né à Saint-Girons, en 1819.

— L'Indépendance du pape et les Droits des peuples. In-8°. 1860. *Dentu.* 1 fr.

— L'Italie. 2 vol. in-8°. 1864. *Pagnerre.* 7 fr.

— La Papauté temporelle et la Nationalité italienne. In-8°. 1860. *Dentu.* 1 fr.

M. Arnaud a aussi traduit de l'italien : « Mémoires sur l'Italie », de Joseph *Montanelli.*

ARNAUD (H.), pseudonyme de Mme Charles Reybaud.

ARNAUD (J.).

— Épître à MM. Lenert et Cossus au sujet de leur nouveau procédé pour l'épuration des huiles sans acides et sans eau. In-8°. 1857. *Larousse et Boyer.*

ARNAUD (Joseph), fils d'un officier français de l'armée d'Italie, professeur de littérature française à l'école d'infanterie et de cavalerie de Modène, né à Côme, en 1808.

— Les Italiens prosateurs français. Étude sur les émigrations italiennes, depuis Brunetto Latini jusqu'à nos jours. In-8°. 1861. Milan, *D. Salvi.* 3 fr.

— Une Macédoine. Variétés littéraires. In-8°. 1847. Milan, *Bravetta.*

— Nouveaux modèles de lettres, ou Lectures variées sous forme épistolaire, suivies d'un résumé de la littérature française. 2e édition. 1864. Milan, *Gnocchi.* 3 fr. 50 c.

— Petite phraséologie française, envisagée dans ses rapports avec la langue italienne, précédée de notices philologiques et littéraires par demandes et par réponses. 2e édition revue et augmentée. In-12. 1857. *Ibid.* 1 fr. 25 c.

ARNAUD (L.), ancien professeur de rhétorique et de grammaire.

— Essai sur les participes français, suivi de remarques analytiques sur quelques verbes de la langue latine, à l'usage des élèves qui suivent l'enseignement secondaire. In-8°, 21 p. 1864. Apt, *imprimerie Jean.*

ARNAUD (Léopold), avocat.

— La Vérité vraie sur le conflit entre le Brésil, Buenos-Ayres, Montevideo; réponse à M. Charles Expilly. In-12, 69 p. 1865. Marseille, *Boy-Estelon.*

ARNAUD (Mme Myrra), née au Vigan (Gard), en 1829.

— Les Églantines, poésies. In-8°. 1855. *Desesserts.* 5 fr.

— Sous les frênes, poésies. In-8° de 228 p. 1865. Montpellier, *imprimerie Gras.*

ARNAUD (Désiré Victor), notaire à La Mure (Isère), né dans cette ville, en 1820.

— Le Prince Djem. Chronique dauphinoise du xve siècle. In-8°. 1861. Grenoble, *Merle et Cie.* 2 fr.

ARNAUDEAU (A.), ingénieur civil.

— Conférences sur les principales difficultés des mathématiques élémentaires. In-8°. 1855. *Chez l'auteur.* 60 c.

ARNAUDON (Jacques), de Turin.

— Études sur quelques produits naturels applicables à la teinture et provenant de l'Exposition universelle de 1855. In-8°. 1858. *Roret.* 1 fr. 25 c.

— Recherches sur la coloration des bois et étude sur le bois d'amarante. In-8°. 1859. *Ibid.* 1 fr. 25 c.

Ces deux mémoires sont extraits du « Technologiste ».

ARNAUDTIZON (Marc).

— Exploration commerciale dans les mers du Sud et de la Chine. In-8° de 8 f. 1854. Rouen, *Péron.*

ARNAULD (Agnès), abbesse de Port-Royal, morte en 1671.

— Lettres de la mère Agnès Arnauld, abbesse de Port-Royal, publiées sur les textes authentiques, avec une introduction par M. P. Faugère. 2 vol. in-8° avec un fac-simile. 1858. *Duprat.* 14 fr.

ARNAULD (Antoine), surnommé le grand Arnauld, théologien et philosophe, né à Paris, en 1612, mort à Bruxelles, en 1694.

— Grammaire générale et raisonnée de Port-Royal, avec 1° une notice biographique sur les deux auteurs (Arnauld et Lancelot); 2° la partie de la logique de P. R., qui traite des propositions; 3° les remarques de Duclos; 4° le Supplément à la Grammaire générale de P. R., par l'abbé Fromant. In-12. 1845. *Locquin.* 2 fr. 50 c.

La 1re édition est de 1660; la 1re édition avec les suppléments de Fromant, de 1756.

— Logique de Port-Royal, précédée d'une notice sur les travaux philosophiques d'Antoine Arnauld, et accompagnée de notes, par Charles Jourdain. Nouvelle édition. In-12. 1865. *Hachette et Cie.* 3 fr.

Avec Nicole.

— La même. Nouvelle édition, précédée d'une analyse développée et d'appréciations critiques, par M. L. Barré. In-12. 1864. *J. Delalain.* 2 fr. 50 c.

— La même. Avec analyse et notes, par M. Alph. Aulard. In-12. 1863. *Eug. Belin.* 2 fr. 50 c.

— La même. Édition classique, précédée d'une introduction, où l'on donne quelques avis pour étudier avec fruit cette logique. In-12. 18... *Lecoffre.* 2 fr. 50 c.

La 1re édition de cette Logique est de 1662; elle a eu depuis cette époque d'innombrables éditions.

— Œuvres philosophiques, comprenant les objections contre les méditations de Descartes, la logique de Port-Royal, le traité des vraies et des fausses idées, et publiées, avec des notes et une introduction, par C. Jourdain. In-12. 1843. *Hachette.* 3 fr. 50 c.

— Œuvres philosophiques. Nouvelle édition, collationnée sur les meilleurs textes et précédée d'une introduction, par Jules Simon. In-12. 1843. *Charpentier.* 3 fr. 50 c.

— Nécessité de la foi en Jésus-Christ pour être sauvé. — Voy. *Migne*, Démonstrations évangéliques, tome 3.

Voy. aussi *Migne*, « Perpétuité de la foi ».

ARNAULD (Charles), conseiller de préfecture, né à Niort.

— Histoire de Maillezais, depuis les temps les plus reculés jusqu'à nos jours. In-8° avec 1 lithographie. 1841. [Niort, *Robin.*] Dumoulin. 5 fr.

Ce volume forme le tome IV d'une « Histoire du Poitou ». — Voy. *Thibaudeau.*

— Histoire de l'abbaye de Nieuil-sur-l'Autize, depuis sa fondation (1068) jusqu'à sa sécularisation (1721), accompagnée d'un plan et d'une vue de l'église. Gr. in-8°. 1865. Niort, *Clouzot.* 2 fr.

Extrait des « Mémoires de la Société de statistique, sciences et arts du département des Deux-Sèvres ».

— Monuments religieux militaires et civils du Poitou. 1re série, département des Deux-Sèvres. Dessins d'après nature, par Rougier, avec un texte explicatif et historique. In-8°. 1842. Niort, *Robin.*

La 2e partie est par le comte E. de *Monbail.*

ARNAULD (l'abbé Victor).

— Les Chants de la muse latine et française. 2 vol. in-12. 1841. Avignon, *Aubanel.* 4 fr.

Un certain nombre de pièces latines avec une traduction française en vers.

ARNAULD D'ANDILLY (Robert), savant littérateur de Port-Royal, né à Paris, en 1588, mort en 1674.

— Journal inédit d'Arnauld d'Andilly. (1614-1620.) Publié et annoté par Achille Halphen. In-8°. 1857. *Techener.* 7 fr. 50 c.

Arnauld d'Andilly a aussi traduit en français les Confessions de saint *Augustin*, et les Œuvres de sainte *Thérèse.*

ARNAULD (Théodore).

— Niortéides, ou Études historico-poétiques sur la ville de Niort et sur quelques-uns de ses environs, avec des notes et des citations justificatives. 2 vol. in-8°. 1857-1858. Niort, *Couquaux.*

ARNAULDET (Thomas).

— Les Artistes bretons, angevins, poitevins au salon de 1857. Lettre adressée à M. Benj. Fillon. In-8°, 56 p. 1857. Nantes, *Guéraud et Cie.*

ARNAULT (Alphonse), acteur et auteur dramatique, né à Montreuil-Bellay (Maine-et-Loire), en 1819, époux de Mlle Gabrielle Planat (Naptal), fille de l'acteur, écrivain et peintre de ce nom. Il est mort en 1860, à Saint-Pétersbourg.

— Les Aventures de Mandrin; mélodrame en cinq actes. In-4°. 1856. *Lévy frères.* 40 c.

Avec L. Judicis. — Théâtre contemporain illustré, livr. 221.

— Chatterton mourant; drame en un acte et en vers. In-8°. 1864. *Barbré.* 60 c.

— Constantinople; drame militaire en quatre actes. In-8°. 1854. *Boulevard Saint-Martin*, 12. 40 c.

Avec Louis Judicis et Jaime fils.

— Les Cosaques; drame en cinq actes. In-12. 1858. *Lévy frères.* 1 fr.

Avec Louis Judicis. — Autre édition. In-4°. 1854. *Ibid.* 40 c.

— Mon oncle Bouffard; vaudeville en un acte. In-4°. 1858. *Boulevard Beaumarchais*, 88. 20 c.

Avec le même.

— Les Pâques véronaises; drame en quatre actes. In-12. 1852. *Giraud et Dagneau.* 75 c.

Avec le même.

— Sur la gouttière; comédie-vaudeville en un acte. In-8°. 1852. *Mifliez.* 20 c.

Avec le même.

— La Veille de Marengo; drame en six actes. Épilogue: un ouragan de zouaves. In-18. 1857. *Librairie théâtrale.* 1 fr.

Avec Louis Judicis et J. Delahaye.

— Les Zouaves; drame en cinq actes. In-4°. 1856. *Lévy frères.* 40 c.

Théâtre contemporain illustré, livr. 236.

ARNAULT (L.).

— Les Protégés de Marie, ou Recueil de faits édifiants. In-12 avec grav. 1863. Rouen, *Mégard et Cie.* 1 fr.

ARNAULT (Lucien Émile), auteur dramatique, ancien préfet, né à Versailles, en 1787, mort en 1863. Il était fils d'Ant. Vinc. Arnault, secrétaire perpétuel de l'Académie française.

— Œuvres dramatiques, avec une notice biographique et des observations littéraires (par Alph. François). Tome I. In-8°. 1865. *Didot frères, fils et Cⁱᵉ. (Lainé et Havard.)* 7 fr. 50 c.

L'ouvrage aura 2 volumes.

ARNAULT (l'abbé Nazaire), curé de la paroisse de Sainte-Marguerite à Paris, chanoine honoraire du diocèse de Tours, né à Paris, en 1801.

— L'Église catholique, image de Dieu. In-18. 1850. *Devarenne.* 2 fr.

2ᵉ édition en 1855. *Douniol.* 1 fr.

— Nouvelles morales des faubourgs de Paris. 3 vol. in-18. 1855-1859. *Douniol.* 3 fr.

Le 1ᵉʳ volume ne porte que les initiales N. A***.

— Manuel de l'archiconfrérie de Saint-Joseph, à Paris, précédé de la vie du saint patron. In-18. 1864. *Ibid.* 75 c.

— Manuel de la confrérie du Saint-Rosaire. In-18. 1852. *Mᵐᵉ Smith.* 1 fr.

— Vie de N. S. Jésus-Christ, ou Concorde des quatre évangélistes. Traduction du texte sacré, avec des notes littéraires. Nouvelle édition. In-12 avec grav. 1862. Tours, *Mame et Cⁱᵉ.* 80 c.

La 1ʳᵉ édition est de 1851.

— Visites au saint Sacrement et à la sainte Vierge, pour demander la conversion des pécheurs, suivies d'un choix de prières. In-32. 1844. *Devarenne.* 1 fr.

ARNAULT DE GUENYVEAU (H.), avocat.

— Du Quasi-Contrat judiciaire. In-8° de 105 p. Poitiers, *imprimerie Dupré.*

Travail couronné par la Faculté de droit de Poitiers et par l'Académie de législation de Toulouse.

ARNAULT-MÉNARDIÈRE (Louis Florien), jurisconsulte et juge de paix.

— Elementa juris romani methodico compendiosa. In-8°. 1852. Poitiers, *Hilleret.* 2 fr.

— Abrégé méthodique des principes du droit romain. In-8°. 1854. *Ibid.* 3 fr.

Traduction de l'ouvrage précédent.

— Essai sur Michel de Marillac, garde des sceaux sous Louis XIII. Sa vie et l'ordonnance de 1629. In-8°. 1857. Poitiers, *imprimerie Dupré.*

Extrait des « Mémoires de la Société des antiquaires de l'Ouest ». Année 1857.

ARNAULT-POIRIER.

— De l'Archéologie. In-8° avec 2 vignettes et 1 tableau. 1845. Loudun, *Bruneau-Rossignol.*

ARNETH (le chevalier Alfred d'), historien allemand, vice-directeur des archives de l'État à Vienne (Autriche), né à Vienne, en 1819.

— Maria Theresia und Marie Antoinette. Ihr Briefwechsel während der Jahre 1770-1780, herausgegeben von Alfred Ritter von Arneth. In-8°. 1865. Vienne, *Braumüller.* 7 fr. 50 c.

Correspondance de Marie-Thérèse avec Marie-Antoinette, pendant les années 1770 à 1780, publiée par le chevalier Alfred d'Arneth. — Toutes les lettres sont en français; il n'y a que le titre de l'ouvrage, la préface et quelques notes qui soient en allemand.

— Le même. 2ᵉ édition, augmentée de Lettres de l'abbé de Vermond. In-8°. 1866. *Ibid.* 10 fr.

ARNIM (Achim d'), poëte et romancier allemand, l'un des fondateurs de l'École romantique d'Allemagne, né à Berlin, en 1781, mort en 1831.

— Contes bizarres. Traduction de Théophile

Gautier fils, précédée d'une introduction par Théophile Gautier. In-12. 1856. *Lévy frères.* 1 fr.

Isabelle d'Égypte. Marie-Melück-Blainville. Les Héritiers du majorat.

— La Coiffure de Cassandre; opérette en un acte, imitée d'Achim d'Arnim, musique de M. Montaubry. In-8°. 1858. *Charlieu.* 60 c.

ARNIM (Bettina d'), née Brentano, femme du précédent, née en 1785 à Francfort-sur-le-Mein, morte à Berlin, en 1859.

— Correspondance avec Gœthe. — Voy. **Gœthe.**

ARNIS (W. H. MAIGNE D'). — Voy. **Maigne d'Arnis.**

ARNOBE ou ARNOBIUS, l'un des premiers apologistes du christianisme en Occident, sous le règne de Dioclétien, né à Sicca, près de Carthage.

— Libri VII adversus gentes. — Voy. *Lactance,* Opera omnia.

— Opera omnia. — Voy. *Migne,* Patrologie latine, tome 5 et tome 53.

ARNOLD.

— Les Coulisses du palais. Histoires, anecdotes, indiscrétions. In-12. 1865. *Dentu.* 2 fr.

ARNOLD (D.), médecin des bains de Soultzmatt (Haut-Rhin).

— Considérations pratiques sur l'emploi de l'eau balsamique de Soultzmatt, dans le traitement des affections catarrhales chroniques, etc. De son usage dans les maladies externes chirurgicales. In-8°. 1852. Strasbourg, *Schmitt.*

Nouvelle édition en 1861. In-8°, 32 p. Mulhouse, *imprimerie Gœtschy.*

ARNOLD (Daniel), ancien doyen de la Faculté de droit de Strasbourg, né à Strasbourg, en 1780, mort en 1829.

— Der Pfingstmontag. Le Lundi de la Pentecôte; comédie en dialecte strasbourgeois, en cinq actes et en vers. 2ᵉ édition, augmentée de notes de l'auteur, d'un choix de ses poésies et de la Biographie d'Arnold, par le doyen Rauter; d'un Jugement de Gœthe sur cette comédie et d'un Dictionnaire des expressions strasbourgeoises, par Hartmann. In-4°. 1851. Strasbourg, *Treuttel et Würtz.* 15 fr.

Cette édition renferme en outre le portrait lithographié d'Arnold et 40 dessins originaux de Th. Schuler. Une autre édition, contenant seulement le texte allemand, a été publiée in-8°, sans gravures. Prix : 2 fr.

ARNOLD (le P. J.), de la Compagnie de Jésus.

— Imitation du Sacré-Cœur de Jésus. Traduit du latin, par le traducteur des Œuvres de Catherine Emmerich. In-32. 1865. Tournai, *Casterman.* 2 fr.

— Imitation du Sacré-Cœur de Jésus. Traduite par l'abbé P. Bélet. In-32. 1864. Dijon, *Pellion.* 1 fr. 50 c.

ARNOUL (Albert), avocat à la cour impériale de Paris, né à Provins (Seine-et-Marne), en 1810.

— Études historiques sur le communisme et les insurrections au xvıᵉ siècle. In-8°. 1850. [Melun, *Thomas.*] *Garnier frères.* 1 fr.

— La France en l'année 1848. Essai historique. In-12. 1863. *Garnier frères.* 3 fr. 50 c.

ARNOUL (Auguste), avocat à la cour d'appel de Bruxelles.

— Brevets d'invention. Commentaire de la loi du 21 mai 1854, suivi d'un résumé des principales législations étrangères. In-12. 1854. Bruxelles, *Delewingue et Callewaert*. 1 fr. 50 c.

ARNOUL (Honoré), homme de lettres, membre de plusieurs sociétés savantes, né à Limoges (Haute-Vienne), en 1810.

— A Venise! ou la Femme du doge; drame en cinq actes et sept tableaux. In-8°. 1862. *Librairie nouvelle*. 1 fr. 50 c.

— Bibliothèque de la conversation. Véritable encyclopédie portative des connaissances humaines. Honoré Arnoul, rédacteur en chef. 1re partie. (A-INS.) In-8°. 1842. *Têtu*. 6 fr.

— Histoire des opérations militaires en Orient pendant les années 1853, 1854 et 1855. — Voy. *Ladimir et Arnoul*.

— Lettres sur l'économie politique. Introduction. 1re lettre. In-8°. 1842. Bar-le-Duc, *d'Olincourt*. 75 c.

— Monsieur Marcel, ou l'Ami de la jeunesse. Livre de lecture courante. Nouvelle édition, revue et corrigée par M. Aug. Humbert. In-12. 1860. *Fouraut*. 1 fr. 25 c.

La 1re édition a paru en 1841, chez *Delloye*. 1 fr. 25 c.

— Siéges mémorables des Français. — Voy. *Robert* (L.) *et Arnoul*.

— La Vérité sur l'empereur Nicolas et les journaux français. In-8°. 1847. *Morand*. 1 fr.

ARNOULAT (Charles Raymond Henri), homme de lettres, né à Montpellier, en 1836.

— Contes si l'on veut. In-12. 1862. *Arnauld de Vresse*. 3 fr.

— Voyage de Mathieu Panther à l'île Sonnante ces derniers jours, traduit par Jacques Tellier, languedocien. In-32, 46 p. 1861. Toulouse.

Pamphlet qui a été saisi. — Jacques Tellier n'est, bien entendu, qu'un pseudo-traducteur.

M. Arnoulat a publié des articles et diverses nouvelles dans la « Revue de Toulouse ».

ARNOULD aîné.

— Chronologie de l'histoire de France depuis le commencement de la monarchie jusqu'à la république de 1848. 3e édition entièrement refondue, etc. In-12 avec 2 cartes et 2 tableaux généalogiques des rois de France. 1851. [Troyes], *Dezobry et E. Magdeleine*. 1 fr. 75 c.

ARNOULD (Albert d'). — Voy. **Bertall**.

ARNOULD (Arthur), journaliste et littérateur, fils d'Edmond Arnould (voy. ci-après), né à Dieuze, en 1833.

— Contes humoristiques. In-12. 1857. *Dentu*. 3 fr.

— Béranger, ses amis, ses ennemis et ses critiques. 2 vol. in-12. 1864. *Cherbuliez*. 7 fr.

— La Liberté des théâtres et l'Association des auteurs dramatiques. In-8°. 1865. *Roudlez*. 1 fr.

— Les Trois poëtes; nouvelles. Madeleine Lambert. Le Poëte Saturnin. Karl Hermann. In-12. 1859. *Hachette et Cie*. 1 fr.

ARNOULD (Auguste), littérateur, romancier et auteur dramatique, mari de Mme Plessy, actrice au Théâtre français de Paris; né en 1803, mort en 1854.

— Adèle Launay. 2 vol. in-8°. 1841. *Dumont*. 15 fr.

Le tome Ier est intitulé : « Fille, femme et veuve ».

— Un Amant malheureux; comédie-vaudeville en deux actes. In-8°. 1844. *Marchant*. 50 c.

Avec J. de Wailly.

— Amour et lauriers; comédie-vaudeville en deux actes. In-16. 1858. *Librairie théâtrale*. 2 fr.

Avec A. Dennery.

— Une Bonne réputation; comédie en un acte et en prose. In-8°. 1845. *Marchant*. 40 c.

— La Constantine. — Voy. *Dumas*, Jeanne de Naples.

— Le Dérivatif; comédie en un acte, mêlée de couplets. In-8°. 1842. *Marchant*. 40 c.

— La Fête des fous; drame en cinq actes. In-8°. 1841. *Ibid*. 50 c.

Avec M. Fournier.

— Les Fiancés d'Herbesheim; vaudeville en un acte. In-8°. 1842. *Ibid*. 40 c.

Avec M. Lockroy.

— Histoire de la Bastille, depuis sa fondation, 1374, jusqu'à sa destruction, 1789, ses prisonniers, ses gouverneurs, ses archives; détails des tortures et supplices usités envers les prisonniers, révélations sur le régime intérieur de la Bastille; aventures dramatiques, lugubres, scandaleuses; évasions, archives de la police. 8 vol. gr. in-8° avec grav. 1843-1845. *Rue Notre-Dame-des-Victoires*, 26. 48 fr.

Avec MM. Alboize et Maquet.

— L'Homme au masque de fer; drame en cinq actes et en prose. In-8°. 1857. *Tresse*. 80 c.

Avec N. Fournier. — La 1re édition a paru en 1831.

— Les Jésuites, depuis leur origine jusqu'à nos jours. Histoire, types, mœurs, mystères. 2 vol. in-8° avec grav. 1845. *Lévy frères*. 20 fr.

— La Maschera; opéra-comique en deux actes. In-8°. 1841. *Marchant*. 40 c.

Avec J. de Wailly.

— La Mère folle. In-8°. 1840. *Olivier Cassanet*. 7 fr. 50 c.

— Un Secret; drame en trois actes, mêlé de couplets. In-8°. 1840. *Marchant*. 40 c.

Avec M. Fournier.

— Struensée, ou la Reine et le favori; histoire danoise de 1769. In-12. 1843. *Gosselin*. 3 fr. 50 c.

Avec le même.

Voy. aussi *Fournier, et Lockroy*.

ARNOULD (Constant).

— Chansons. 1er vol. In-12. 1848. *Chez l'auteur*, rue Saint-Antoine, 54.

— Les Chants de la Mansarde. In-18. 1851. *Leblond*. 1 fr.

— Sérieuses et follettes; poésies. In-8°. 1852. *Chez les auteurs*. 3 fr.

Avec Léon Dansart.

ARNOULD (Edmond), professeur de littérature étrangère à la Faculté des lettres de Paris, né à Dieuze (Meurthe), en 1811, mort à Paris, en 1861.

— Essai d'une théorie du style. In-8°. 1851. *Hachette*. 4 fr.

— Essais de théorie et d'histoire littéraire. In-8°. 1858. *Durand*. 6 fr.

Ce volume contient : De l'invention originelle, publié en 1849. Essai d'une théorie du style, publié en 1851. De l'influence exercée par la littérature italienne sur la littérature française, composé en 1851, et resté jusqu'alors inédit.

— George Dalton; drame en cinq actes et en vers. In-12.1846. Poitiers, *imprimerie de Dupré.* 1 fr. 25 c.

— De l'Invention originale. In-8º. 1849. *Hachette.*

— Sonnets et poëmes, avec une préface de M. Saint-Marc Girardin. In-12. 1861. *Charpentier.* 3 fr. 50 c.

2e édition 1868. *Hachette et Cie.* 3 fr. 50 c.

M. Ed. Arnould a traduit la « Thébaïde » de *Stace*, dans la collection *Nisard.*

ARNOULD (Jules), docteur-médecin, professeur agrégé à l'École impériale de médecine militaire du Val-de-Grâce.

— La Lèpre kabyle (dermatologie africaine). In-8º. 1862. *V. Rozier.* 2 fr.

ARNOULD (V.).

— Petite grammaire simplifiée. In-12. 1863. *Ve Maire-Nyon.* 50 c.

ARNOULT (Eugène d'), compagnon de Nadar dans son voyage aérien de Paris à Hanovre, en octobre 1863.

— Combat de Raziwilow. In-12. 1864. *Faure.* 1 fr.

Extrait de l'ouvrage suivant.

— La Guerre de Pologne en 1863. Épisodes et récits, avec une préface de M. Alfred Michiels. In-12. 1864. *Faure.* 3 fr.

— Voyage du Géant. De Paris à Hanovre en ballon. In-32. 1863. *Dentu.* 1 fr.

ARNOULT (Stéphen).

— Memento des révolutions modernes de la France. In-12. 1850. [Auxonne, *Saunié.*] *Grimbert et Dorez.*

ARNOULT (A. F. GATIEN-). — Voy. **Gatien-Arnoult.**

ARNOUS-RIVIÈRE (E.).

— Essai sur la cavalerie irrégulière. 1re partie. In-8º. 1860. Nantes, *imprimerie Merson.* 50 c.

— Les Puissances européennes et les nationalités. In-8º. 1859. Meaux, *imprimerie Dubois.* 50 c.

ARNOUS-RIVIÈRE (Jules).

— Nouveau Manuel illustré du jeu des échecs; lois et principes, classification des débuts, parties modèles, fins de parties, etc. Études et observations nouvelles, par J. A. de R., précédé d'une introduction historique, d'après le professeur Duncan Forbes. In-12. 1861. *Passard.* 2 fr.

Anonyme.

ARNOUX (Claude), ancien officier d'artillerie, administrateur des chemins de fer de Strasbourg et de Sceaux, né en 1792, mort en 1866.

— Des Économies réalisables dans la construction et l'exploitation des chemins de fer par l'application du système articulé perfectionné. In-8º. 1865. *P. Dupont.* 1 fr.

— De la nécessité d'apporter des économies dans la construction des chemins de fer, et des moyens de les obtenir. In-8º avec 5 pl. 1860. *Lacroix.* 3 fr.

— Système de voitures pour chemins de fer de toute courbure. In-4º avec 7 pl. 1840. *Bachelier.* 6 fr.

ARNOUX (J. J.).

— Le Travail universel. Revue complète des œuvres de l'art et de l'industrie exposées à Paris en 1855, rédigée par MM. Benoît Duportail, Ch. Béranger, etc.; avec la collaboration et sous la direction de M. J. J. Arnoux. 3 vol. gr. in-8º. 1856. *Rue du Croissant,* 12. 21 fr.

ARNOUX (V.), instituteur à Ancy-sur-Moselle.

— Recueil de problèmes sur les nombres entiers, les nombres décimaux, les fractions, les règles de trois simples, etc. In-12. 1860. [Metz, *Alcan.*] *Larousse et Boyer.* 2 fr.

— Le même. Solutions. In-12. 1860. *Ibid.* 60 c.

ARNTZ (E. R. N.), jurisconsulte belge, professeur à l'université de Bruxelles.

— Cours de droit civil français, comprenant l'explication des lois qui ont modifié la législation civile en Belgique. Tome I, 1re et 2e parties; et Tome II, 1re et 2e parties. In-8º. 1860-1865. [Bruxelles, *Bruylant-Christophe.*] *A. Durand.* Chaque partie 4 fr.

ARON (Émile), de Commercy.

— Les Derniers chants d'un printemps; poésies. In-8º. 1852. *Dumineray.* 50 c.

— Les Filles de l'Erdre; poésies. In-8º. 1847. Nantes, *Gueraud.*

— Les Tourangelles; poésies. In-8º.1857. Tours, *Cousturier.* 50 c.

ARONDINEAU (Louis), littérateur, né en 1814, mort en 1838.

— Les Souvenirs de l'amitié, ou Vie et opuscules de P. L. Arondineau. 2 vol. in-8º. 1840. *Camus.* 6 fr.

— Le même. 2 vol. in-12. *Ibid.* 3 fr.

AROUX (Eugène), littérateur, ancien magistrat et député, né à Rouen, en 1793.

— Clef de la comédie anticatholique de Dante Alighieri, pasteur de l'Église albigeoise dans la ville de Florence, affilié à l'ordre du Temple, donnant l'explication du langage symbolique des fidèles d'amour dans les compositions lyriques, romans et épopées chevaleresques des troubadours. In-8º. 1856. *Renouard.* 60 c.

— Dante hérétique, révolutionnaire et socialiste. Révélations d'un catholique sur le moyen âge. In-8º. 1854. *Ibid.* 7 fr. 50 c.

— L'Hérésie de Dante démontrée par Francesca de Rimini, devenue un moyen de propagande vaudoise, et coup d'œil sur les romans du Saint-Graal. In-8º. 1857. *Ibid.*

— Preuves de l'hérésie de Dante, notamment au sujet d'une fusion opérée en 1312 entre la massenie albigeoise, le Temple et les Gibelins. Note du Paradis illuminé a giorno. In-8º. 1857. *Ibid.*

— Les Mystères de la chevalerie et de l'amour platonique au moyen âge. In-8º. 1858. *Ibid.* 4 fr.

M. Eugène Aroux a aussi traduit de l'italien : *Cantu,* « Histoire universelle », la « Divine Comédie », de *Dante* en vers; et de l'anglais : le « Paradis perdu », de *Milton.*

ARPENTIGNY (le capitaine Casimir Stanislas d'), né à Yvetot en 1791, mort en...

— La Science de la main, ou Art de reconnaître les tendances de l'intelligence d'après les formes de la main. 3e édition, précédée d'une préface par H. Gourdon de Genouillac. In-12. 1865. *Dentu.* 3 fr.

La 1re édition portait le titre : Chirognomonie ; elle a été publiée en 1843 ; la 2e est de 1856.

ARPIN (Mlle Hélène).

— Nouvelles aiguilles, bagatelles en tout genre par Ezaïda ou Mlle Hélène Arpin, auteur des Anciennes aiguilles et de Zolo et Amoris. In-8°. 1859. Bordeaux, *Féret.*

ARRAMAYO.

— La Bolivie, ses richesses, leur exploitation. — Voy. *Obarrio.*

ARRAS (Jehan d'). — Voy. **Jean d'Arras.**

ARRAULT (G. A.) a traduit de l'allemand : « Manuel de métallurgie générale », de *Lampadius.*

ARRAULT (Henri).

— Le Cultivateur vétérinaire. In-12. 1858. *Chez l'auteur.* 2 fr. 50 c.

— Notice sur le perfectionnement du matériel des ambulances volantes. In-8° avec 3 pl. 1861. *V. Rozier.* 1 fr. 50 c.

— Tableaux synoptiques d'hygiène, de médecine et de secours, à l'usage des écoles et des familles. In-18. 1865. *P. Dupont.* 50 c.

ARRÉAT (le docteur François Gaspard Charles), médecin à Aix-en-Provence, né à Pertuis (Vaucluse), en 1804.

— Éléments de philosophie médicale, ou Théorie fondamentale de la science des faits médico-biologiques. In-8°. 1857. *Germer Baillière.* 7 fr. 50 c.

— De l'Homœopathie. Simples réflexions propres à servir de réponse aux objections que les médecins et les gens du monde élèvent contre cette méthode de guérison des maladies. In-8°. 1859. *Ibid.* 1 fr. 50 c.

M. le docteur Arréat est aussi l'auteur de quelques mémoires d'intérêt local, qui n'ont jamais été mis dans le commerce.

ARRIANUS, historien grec et consul romain, vivait au IIe siècle de notre ère sous Adrien et les Antonins.

— Arriani Anabasis et Indica ex optimo codice parisino emendavit et varietatem ejus libri retulit Fr. Dübner. Reliqua Arriani, et scriptorum de rebus Alexandri Magni fragmenta collegit, Pseudo-Callisthenis historiam fabulosam ex tribus codicibus nunc primum edidit, itinerarium Alexandri et indices adjecit Carolus Müller. In-8°. 1847. *Didot frères.* 15 fr.

Scriptorum græcorum bibliotheca. Volumen XXVI.

ARRIEUDEBAT (Jean Pierre), ancien employé de la préfecture des Hautes-Pyrénées, né à Pouts (Hautes-Pyrénées), en 1819.

— Télégraphie spirite, ou Manière d'apprendre le véritable mouvement de la vie humaine dans ses diverses phases, depuis le moment de la création de l'âme, etc. Ouvrage composé sous l'influence d'une puissance invisible. In-8°. 1865. Tarbes, *chez l'auteur.* 6 fr.

ARRIGHI (Arrigo), conseiller à la cour impériale de Bastia.

— Le Barreau italien. Collection de chefs-d'œuvre de l'éloquence judiciaire, recueillie et traduite en français par A. Arrighi. Tome Ier (seul paru). In-8°. 1840. Bastia, *Fabiani.* 7 fr. 50 c.

— La Corse veut et doit rester française. Réponse à M. Tomaseo. In-8°. 1847. *Bachelier.*

— Histoire de Sampiero Corso, ou Guerre de l'indépendance (1553-1559). In-8°. 1842. Bastia, *Fabiani.* 3 fr.

— Histoire de Pascal Paoli, ou la Dernière guerre de l'indépendance (1755-1807). 2 vol. in-8°. 1843. *Gosselin.* 10 fr.

— La Veuve d'Arbellara (mœurs corses). In-12. 1856. Bastia, *Fabiani.* 2 fr.

ARRIGHI (Jean Paul Louis d').

— Aspirations de l'âme religieuse. Odes sur la divine pureté en trois langues. In-16. 1857. La-Côte-Saint-André (Isère), *chez l'auteur.*

— Aspirations de l'âme religieuse. La Pensée, méditations en deux langues. In-16. 1865. Lyon, *imprimerie Labasset.*

— Le Paon et la harpie ; fable. Français et italien. In-16. 1861. Lyon, *Périsse frères.* 50 c.

ARRIVABENE (le comte Jean), économiste italien, né à Mantoue, en 1801, fut emprisonné sept mois à Venise pour n'avoir pas dénoncé Silvio Pellico. Ayant passé en France, il se vit condamné à mort par contumace, mais en 1838 il obtint de l'Autriche son émigration légale. En 1840 il fut naturalisé Belge.

— D'une époque de ma vie (1820-1822). Mémoire du comte Jean Arrivabene, avec 6 lettres inédites de Silvio Pellico. Traduction sur le manuscrit original par Salvador Morhange. In-12. 1861. Bruxelles, *Lacroix, Van Meenen et Cie.* 3 fr. 50 c.

ARRONDEAU (Théodore), ancien professeur de mathématiques au lycée de Toulouse.

— Flore toulousaine, ou Catalogue des plantes qui croissent spontanément ou qui sont cultivées en grand aux environs de Toulouse. In-12 avec 1 tableau. 1856. Toulouse, *Gimet.* 3 fr.

ARROS (Hallez d'). — Voy. **Hallez d'Arros.**

ARROS (J. Pé de). — Voy. **Pé-de-Arros.**

ARROUIS (l'abbé).

— L'Argenture par le sel argenteur, suivie de procédés simplifiés de dorure, bronzage des métaux et autres procédés utiles. In-12. 1864. Poitiers, *imprimerie Dupré.* 1 fr. 60 c.

— Photographie perfectionnée. Procédés nouveaux. In-12. 1864. *Ibid.* 1 fr. 20 c.

ARSAC (Joanni d'), examinateur à l'institution Sainte-Geneviève (maison des Postes) à Paris, né à Yssingeaux (Haute-Loire), en 1836.

— Analyse logique. In-12. 1862. *Imprimerie de Soye et Bouchet.* 75 c.

— Les Jésuites, doctrine, enseignement, apostolat. In-12. 1865. *Ruffet et Cie.* 3 fr.

2e édition la même année.

ARSÈNE, auteur dramatique.

— Une Ombrelle compromise par un parapluie ; vaudeville en un acte. In-4°. 1862. *Lévy frères.* 40 c.

Avec E. Trouvé. — Théâtre contemporain illustré, livr. 552.

ARSENIUS, moine du mont Athos, puis patriarche de Constantinople en 1253, mort dans l'île de Proconèse, en 1273.

— Opera. — Voy. *Migne*, Patrologie grecque, tome 133.

ARSENIUS AUTORIANUS, patriarche de Constantinople en 1272.

— Opera. — Voy. *Migne*, Patrologie grecque, tome 140.

ARSENNE (L. Charles), peintre, ancien élève de David; né en 1790, mort en 1855.

— Nouveau manuel complet du peintre et du sculpteur, contenant l'esthétique, les principes généraux et les applications pratiques sur l'art. Nouvelle édition, revue et entièrement refondue, par MM. Vasse, peintre d'histoire, F. Malepeyre et E. R. In-18, avec 4 pl. 1858. *Roret*. 3 fr. 50 c.

Avec Ferd. Denis.
Collection des Manuels-Roret. — La 1re édition est de 1833.

*Art (l') d'élever les chèvres et de les faire produire à la ville comme à la campagne, suivi de la fabrication des fromages, par un habitant du canton du Mont Dor. 2e édition. In-12. 1861. *Tissot*, 50 c.

*Art (l') d'élever les poules, soit dans Paris, soit à la campagne. Moyen de se faire un revenu de 3,845 fr.; par un fermier. In-12. 1842. *Émile Ventre*. 50 c.

*Art (l') de faire la cour aux femmes et de s'en faire aimer, ou Conseils aux hommes pour réussir en amour selon les caractères, les rangs et les classes, soit à la ville ou à la campagne, par un ami de Cythère. In-18 avec une lithographie et un frontispice. 1844. *Terry*. 3 fr.

*Art (l') de faire fortune à la campagne, exposé dans les soirées d'hiver au presbytère. In-18. 1860. Moulins, *Desrosiers*. 1 fr.

*Art (l') de gagner à la Bourse et d'augmenter ses revenus sans risquer sa fortune; conseiller pratique du spéculateur et du capitaliste, par J. M. 4e édition. In-12. 1861. *Castel*. 2 fr.

*Art (l') médical, ou les Véritables moyens de parvenir en médecine, poème accompagné de notes, par l'auteur de la «Physiologie philosophique». In-8°. 1843. [Avignon], *Germer Baillière*.

*Art (l') de vérifier les dates depuis l'année 1770 jusqu'à nos jours, formant la continuation de la troisième partie, ou plutôt la quatrième partie de l'ouvrage publié sous ce titre par les religieux Bénédictins de la congrégation de Saint-Maur. Publié par M. le marquis de Fortia. 19 vol. in-8°, y compris le tableau chronologique de l'Amérique par Warden, et la table. 1821-1844. *Rue de Larochefoucauld*, 12.

La même suite forme 4 vol. in-fol. ou 4 vol. in-4o. Chaque vol. in-8o coûtait 6 fr., l'in-4o 30 fr., l'in-fol. 75 fr.
L'Art de vérifier les dates depuis Jésus-Christ, auquel cet ouvrage fait suite, a paru en 1750.

ARTAMOV (Piotre), paysan russe, pseudonyme du comte Vladimir DE LA FITE DE PELLEPORC, cultivateur et homme de lettres, né le 28 février 1818, en Russie, gouvernement de Smolensk, district de Viazma, château de Krukovo. Il a traversé presque toute la Russie en voyages; c'est sur les documents recueillis alors, qu'il a écrit son grand ouvrage «la Russie».

— Affaire Khomiakov (le Servage et la Bureaucratie). 2e édition. In-8°. 1865. *Dentu*. 3 fr.

Avec un appendice contenant en langue russe l'Histoire officielle de M. Khomiakov et de ses paysans.

— Histoire d'un bouton. In-12. 1862. *Lévy frères*. 3 fr.

2e et 3e éditions en 1863.

— Histoire d'un conseiller municipal, racontée par Bilboquet à son ami le comte de la Fite, dédiée aux électeurs de Ville-d'Avray. In-8°. 1865. Versailles, *Aubert*.

— Les Instruments de musique du Diable. La Nuit de la Saint-Sylvestre. In-12. 1864. *Lévy frères*. 2 fr.

— La Ménagerie littéraire. In-12. 1863. *Ibid*. 2 fr.

— Que faire de la Pologne? In-8°. 1861. *Dentu*. 1 fr.

— La Russie historique, pittoresque et monumentale. In-4° avec grav. 1864. *Hachette et Cie*. 60 fr.

Avec D. Armengaud. — Parthénon de l'Histoire.
M. le comte de la Fite a publié aussi quelques opuscules en langue russe.

ARTANGE (le docteur F.).

— Abrégé d'Anatomie descriptive, en vers français. In-12. 1846. Clermont-Ferrand, *Veysset*.

— Réponse à la Préface de M. L. Nadeau, suite à Quelques mots sur son voyage en Auvergne. In-8°, 30 p. 1863. Clermont-Ferrand, *Boucard*.

ARTAUD (Alfred Victor), littérateur, ancien chef de bureau à la préfecture des Bouches-du-Rhône, né à Apt (Vaucluse), en 1809.

— Étude sur le Cantique à sainte Anne. In-8°, 31 p. 1862. Marseille, *imprimerie Sénès*.

Couronné aux Jeux floraux d'Apt.
2e édition en 1863. In-8°, 43 p. Marseille, *Camoin frères*.

— Les Félibres en septembre 1862 (vers). In-8°, 23 p. 1863. Marseille, *Camoin frères*.

— Les Félibres aux jeux floraux d'Apt en 1862. In-8°. 1864. Marseille, *Camoin frères*. 3 fr.

— Réplique à M. J. Roumanille, suivie d'une lettre de M. Artaud aîné. In-8° 1863. *Ibid*. 2 fr.

ARTAUD (Joseph François).

— Lyon souterrain, ou Observations archéologiques et géologiques faites dans cette ville depuis 1794 jusqu'en 1836. In-12. 1846. Lyon, *collection des bibliophiles lyonnais*.

ARTAUD (Nicolas Louis), littérateur, inspecteur général des études, vice-recteur de l'Académie de Paris, né à Paris en 1794, mort en 1861.

— Études sur la littérature depuis Homère jusqu'à l'école romantique, recueillies et publiées par le fils de l'auteur. In-8°. 1863. *Plon*. 6 fr.

— Fragments pour servir à l'histoire de la comédie antique. Epicharme, Ménandre, Plaute, avec une préface de M. Guigniaut. In-8°. 1863. *Durand*. 5 fr.

On a encore de M. Artaud, des traductions de *J. César*, *Euripide*; des comédies d'*Aristophane*, et des tragédies de *Sophocle*. (Voy. ces noms.)

ARTAUD (Philippe).

— Les Mystères de Lyon. Histoire politique, philosophique et anecdotique de la ville de Lyon et de ses environs, depuis les temps les plus reculés jusqu'à nos jours. 1re série. In-8°. 1852. Lyon, *rue du Plat*, 3. 1 fr. 50 c.

Avec F. Cajani.

ARTAUD-HAUSSMANN (L. C. E.), auditeur au conseil d'État, né à Paris en 1842. Il est le fils de M. N. L. Artaud. (Voy. ci-dessus.)

— Le Tournoi poétique de la Wartburg, poëme

llemand du XIIIe siècle. Traduit pour la première
ois en français avec des notes explicatives et cri-
iques, et précédé d'une étude historique et litté-
aire sur la poésie chevaleresque de l'Allemagne
au moyen âge, par L. C. E. Artaud-Haussmann.
n-8°. 1865. *Didot frères.* 5 fr.

M. Artaud Haussmann a recueilli et publié des fragments
posthumes de son père, pour servir à l'histoire de la comédie
satirique. (Voy. plus haut.)

ARTAUD DE MONTOR (le chevalier François),
né à Paris, en 1772, mort en 1849. Attaché pendant plus de 25 ans à l'ambassade française de
Rome, il se retira en 1830 dans la vie privée pour
s'occuper exclusivement de la culture des lettres.

— Considérations sur Jérusalem et le tombeau
de Jésus-Christ, suivies d'informations sur les
frères mineurs et l'ordre des chevaliers du Saint-
Sépulcre. In-8°. 1846. *A. Leclère.* 2 fr.

— Considérations sur le règne des quinze premiers papes qui ont porté le nom de Grégoire.
In-8°. 1844. *Ibid.* 3 fr.

— Histoire de Dante Alighieri. In-8° avec portrait. 1841. *Ibid.* 10 fr.

— Histoire des souverains pontifes romains.
8 vol. in-8°. 1842. *Didot.* 48 fr.

— Le même. 8 vol. in-12. 1847-1849. *Ibid.* 24 fr.

Les ouvrages suivants forment la continuation de ces 8 vol.:
Histoire du pape Pie VII. 2 vol. in-8°. 2e édition. 1837.
A. Leclère. 15 fr. 3e édition. 3 vol. in-12. 1839. 9 fr.
Histoire du pape Léon XII. 2 vol. in-8°. 1843. *Ibid.* 12 fr.
Histoire du pape Pie VIII. 1 vol. in-8°. 1843. *Ibid.* 7 fr. 50 c.

— Histoire de la vie et des travaux politiques du
comte d'Hauterive, comprenant une partie des
actes de la diplomatie française, depuis 1794 jusqu'en 1830. 2e édition. In-8°. 1839. *Ad. Leclère.*
7 fr. 50 c.

La 1re édition n'avait pas été mise en vente.

— Italie. — Voy. *Univers pittoresque, Europe,*
tome 2.

— Notice sur le temple et l'hospice du mont
Carmel. 2e édition. 1844. *Adr. Le Clère.*

La 1re édition, publiée en 1843, était anonyme.

— La Papauté et les émeutes romaines. In-8°.
1849. *Ibid.* 5 fr.

— Peintres primitifs, collection de tableaux
rapportés d'Italie, et publiée par M. le chevalier
Artaud de Montor. Reproduite sous la direction
de M. Challamel. In-4°. 1841-1843. *Challamel.*
60 fr. Sur papier de Chine, 75 fr.

Contient 60 pl., d'après les tableaux des vieux peintres,
depuis André Rico de Caudie, jusqu'au Pérugin. — L'ouvrage
a été publié en 15 livr. du prix de 4 fr., ou 5 fr. sur papier de
Chine.

M. Artaud a aussi traduit : la Divine Comédie de *Dante.*

ARTD (Gustave d').
— Heures de loisir. Poésies. In-18. 1855. *Hachette et Cie.* 3 fr.

ARTHAUD (le docteur), de Bordeaux.
— Recherches sur la nature de la manne dont
les Israélites furent nourris dans le désert. In-8°.
1852. Bordeaux, *Chaumas.*

— De la vigne et de ses produits. In-8°. 1858.
[Bordeaux, *Muller.*] *Bouchard-Huzard.* 5 fr.

ARTHAUD (J.), médecin en chef de l'asile des
aliénés de l'Antiquaille, à Lyon.
— Examen médico-légal des faits relatifs au

procès criminel de Jobard. In-8°. 1852. Lyon,
Savy. 3 fr. 50 c.

— Observations sur le crétinisme. In-8° avec
1 pl. 1855. Lyon, *imprimerie Vingtrinier.*

ARTHUR (W.), ministre anglican.
— La Langue de feu, ou la Vraie puissance du
christianisme. Traduit de l'anglais, par Ph. Guiton
et L. Abelous. In-12. 1864. [Nîmes], *Meyrueis;
Grassart.* 2 fr. 50 c.

— Le Marchand prospère, vie de M. Samuel
Budgett. Extrait de l'anglais, par Mlle Rilliet de
Constant. In-12. 1857. *Grassart.* 2 fr. 50 c.

ARTIGUES (le docteur Jean-Baptiste Marie Numa), chef du service thermal de l'hôpital militaire d'Amélie-les-Bains, né à Limoux (Aude), en
1807.
— Du Traitement sulfureux par les eaux d'A-
mélie-les-Bains, appliqué spécialement aux affections chroniques de la poitrine, pendant l'hiver.
In-8°, 38 p. 1864. [Montpellier], *Germer Baillière.*

— Amélie-les-Bains, son climat et ses thermes,
comprenant un aperçu historique sur l'ancienneté
des thermes, sur l'état actuel de la station et les
améliorations qu'elle comporte, la topographie,
etc. In-8°. VII-267 p. 1864. *Ibid.*

*Artillerie nouvelle (1850), ou Considérations
sur les progrès récents faits dans l'art de lancer
les projectiles; par M***, capitaine d'artillerie.
In-8°. 1850. *Corréard.* 2 fr.

ARTOING (Louis).
— Le Maréchal de Luxembourg. In-12. 1854.
Limoges, *Barbou.* 1 fr.

ARTOIS DE BESSELIÈVRE (Achille d').
— Jusqu'à minuit; comédie en un acte. In-12.
1852. *Giraud et Dagneau.* 60 c.

Avec René de Rovigo.

ARTOM (F.) a traduit : «Œuvre parlementaire»
du comte de *Cavour.*

ARTUR (J. Fr.), professeur de mathématiques
et de navigation, né en 1795.
— Instruction théorique et applications de la
règle logarithmique ou à calculs. 2e édition. In-8°
avec 1 pl. 1845. *Carilian-Gœury et Dalmont.*

— Théorie et construction d'un vernier applicable à toute ligne droite ou courbe divisée en
parties égales. In-4°. 1852. *Ibid.*

— Théorie élémentaire de la capillarité suivie
de ses principales applications à la physique, à la
chimie et aux corps organisés. In-8° avec 2 pl.
1842. *Ibid.* 6 fr.

— Suite de la Théorie élémentaire de la capillarité et de ses applications à la physique, à la chimie et aux corps organisés. In-8° avec 1 pl. 1849.
Ibid.

ARTUS (Urbain), professeur de mathématiques
au collège Sainte-Barbe, né à Perpignan, en 1830,
mort à Paris, en 1863.
— Éléments de géométrie descriptive. 2e édition. In-8° avec 54 pl. 1862. *J. Delalain.* 4 fr.

1re édition. In-8°. 1857. *Ibid.* 3 fr. 50 c.

ARVERS (Félix), poëte et auteur dramatique.
— Les Deux César; comédie-vaudeville en un
acte. In-8°. 1845. *Tresse.* 50 c.

— Lord Spleen; vaudeville en un acte. In-8°. 1849. *Librairie théâtrale.* 60 c.

Avec M. d'Avrecour.

— Les Parents de la Fille; comédie en un acte et en prose. In-8°. 1839. *Marchant.* 30 c.

Avec le même.

— Le Second mari; comédie en trois actes et en vers. In-8°. 1841. *Henriot.* 50 c.

Voy. aussi *Foucher*, et *Avrecour*.

ARVILLE (l'abbé Menghi d'). — Voy. **Menghi d'Arville.**

ARVISENET (Claude), chanoine et vicaire général du diocèse de Troyes, né à Langres, en 1755, mort à Troyes, en 1830.

— Œuvres complètes, renfermant ses nombreux ouvrages ascétiques sur les devoirs du chrétien en général, et sur ceux propres à quelques états en particulier, mais spécialement aux ecclésiastiques, aux vierges chrétiennes, aux parents, aux enfants et à la jeunesse, réunies pour la première fois en collection et classées dans un ordre logique; publiées par M. l'abbé Migne. Gr. in-8°. 1856. *Migne.* 7 fr.

— Le Bon Ange de l'enfance. In-32. 1858. Tours, *Mame et Cie.* 1 fr.

— Le même. Édition revue, par l'abbé Georges. In-32. 1865. Limoges, *Ardant frères.* 80 c.

— Le Froment des élus, ou Préparations et actions de grâces à l'usage des âmes pieuses qui font leurs délices de la fréquente communion. In-18. 1863. *Ruffet et Cie.* 70 c.

Autres éditions:

In-32. 1863. Tours, *Mame et fils.* — In-32. 1858. Lyon, *Girard et Josserand.* — In-32. 1859. Lyon, *Pélagaud.* — In-32. 1862. Rouen, *Mégard et Cie.* — In-32. 1863. Limoges, *Barbou frères.* — In-32. 1864. Limoges, *Ardant frères.*

— Le Guide de la jeunesse chrétienne dans les voies du salut. In-32. 1861. Limoges, *Barbou frères.*

— Le même. In-32. 1865. Tours, *Mame et fils.*

— Maximes et devoirs des pères et mères. In-32. 1862. Lyon, *Périsse frères.*

— Mémorial des disciples de Jésus-Christ. In-12. 1853. *Ibid.* 2 fr.

— Mémorial des Vierges chrétiennes, ou Traduction libre du Memoriale vitæ sacerdotalis. In-18. 1844. *Ibid.*

Autres éditions:

In-32. 1862. Rouen, *Mégard et Cie.* — In-32. 1864. Limoges, *Barbou frères.* — In-32. 1864. Limoges, *Ardant frères.* — In-32. 1865. Tours, *Mame et fils.* — In-32. 1858. Lyon, *Pélagaud.*

Cette traduction arrangée est de M. l'abbé Ogier, missionnaire.

— Memoriale vitæ sacerdotalis. In-32. 1859. Lyon, *Périsse frères.* 1 fr.

Autres éditions:

In-32. 1863. *Ruffet et Cie.* — In-32. 1860. *Leroux et Jouby.*

— La Sagesse chrétienne. Traduction libre et abrégée de la «Sapientia christiana», de l'abbé Arvisenet. In-12. 1861. Tours, *Mame et Cie.*

— Tableau du christianisme, contenant le précis de la vie de Jésus-Christ et des mœurs de ses vrais disciples. In-32. 1856. Le Mans, *Gallienne.*

— La Vertu angélique. In-32. 1858. Tours, *Mame.*

— La Vie angélique. In-32. 1865. *Ibid.*

— La Volonté de Dieu. In-18. 1856. Lyon, *Périsse frères.* 80 c.

Autre édition. In-32 avec grav. 1863. Tours, *Mame.*

Tous ces opuscules ont été souvent réimprimés.

ASA (Marie d') a traduit de l'allemand: « la Blonde Lisbeth », de Ch. *Immermann.*

ASBORNE DE CHASTELAIN.

— Nouveau Dictionnaire de poche français-anglais et anglais-français de Thomas Nogent. Nouvelle édition entièrement refondue et augmentée, d'après les dictionnaires de Johnson, Walker, Wilson, etc., par Asborne de Chastelain. In-32. 1864. *Lefèvre.*

— Scènes du jeune âge (en anglais et en français), ou Conversations et entretiens familiers de jeunes enfants. In-18. 1841. *Truchy.* 3 fr.

ASCHERMANN (Joseph), manufacturier, conseiller honoraire au Comptoir d'escompte, né à Mayence en 1801, domicilié à Paris depuis 1813.

— Esquisse d'une théorie des banques de circulation au point de vue des principes de l'économie politique et de l'intérêt général. L'escompte à trois pour cent. In-8°. 1865. *Maresq aîné.* 1 fr.

ASFELD (le vicomte d').

— Chroniques du Béarn, depuis les temps les plus reculés jusqu'à nos jours, où sont mêlées l'histoire des Basques, celles des peuples de Bigorre, de Marsan, d'Armagnac, du comté de Foix, et de plusieurs autres des Pyrénées. Tome 1er. In-8°. 1849. Toulouse, *Jougla.* 7 fr.

— Souvenirs historiques du château de Henri IV et de ses dépendances. In-12. 1841. Pau, *chez l'auteur.*

ASH (Comtesse d'). — Voy. **Dash.**

ASHER (C. W.), publiciste allemand, docteur en droit, secrétaire d'État de la république de Hambourg, né à Hambourg, en 1798, mort en 1864.

— Essai concernant les principes à poser pour le droit maritime international de l'avenir. Mémoire adressé aux gouvernements et aux hommes de la science, à l'occasion d'un concours ouvert par l'Académie des sciences morales et politiques de Paris. In-8°. 1856. Hambourg, *Nolte et Koehler.* 1 fr. 25 c.

*Asie et Amérique, ou Tableau intéressant de la religion, des mœurs, usages et coutumes divers des populations de ces deux parties du monde. In-12 avec 2 grav. 1855. *Lehuby.* 1 fr.

ASIOLI (B.), directeur du Conservatoire royal de Milan.

— Grammaire musicale, par demandes et par réponses, adoptée par le Conservatoire royal de Milan. Traduite de l'italien. 3e édition française, revue, corrigée et augmentée, avec pl.; suivie d'une méthode théorique de chant, par Manfredini. In-8° avec 5 pages de musique in-4°. 1840. *Maison.* 2 fr. 50 c.

ASSAILLY (Octave d'), né à Paris, en 1830, passa une grande partie de sa jeunesse en Allemagne, où son père résida cinq ans, comme ministre plénipotentiaire de France près la cour de Hesse-Cassel.

— Les Chevaliers poètes de l'Allemagne (Minnesinger). In-8°. 1862. *Didier et Cie.* 5 fr.

ASSAS (Louis d'), auteur dramatique.

— La Vénus de Milo; comédie en trois actes, en vers. In-12. 1859. *Lévy frères.* 1 fr. 50 c.

*__Assassins__ (les) politiques. Deux mots à l'Angleterre; par un homme du peuple. In-8°. 1858. *Lebigre-Duquesne frères.* 40 c.

ASSELIN (Alfred Félix), licencié en droit, avocat à la Cour impériale de Douai, président de la Société des amis des arts et maire de cette ville, membre de la Commission historique du département du Nord et de plusieurs autres sociétés savantes, né à Douai, en 1824.

— Journal de voyage d'un touriste dans le midi de la France et en Italie. In-12 avec 1 carte routière. 1853. *Maison.* 3 fr.

L'auteur raconte les impressions d'un voyage qu'il fit dans les années 1851 et 1852.

— Recherches sur l'art à Douai aux XIVe, XVe et XVIe siècles, et sur la vie et l'œuvre de Jean Bellegambe, auteur du Retable d'Anchin. In-8°, 22 p. *Imprimerie impériale.*

Avec l'abbé Dehaisnes.

On doit en outre à M. Asselin un assez grand nombre d'articles archéologiques insérés dans les « Mémoires de la Société d'agriculture, sciences et arts de Douai », dans les « Mémoires de la commission archéologique du département du Nord », et dans la « Revue de l'Art chrétien ».

ASSELIN (F.), ancien professeur de mathématiques à Amiens, maître répétiteur au lycée de Saint-Louis.

— Problèmes de géométrie élémentaire avec leurs solutions raisonnées, suivis de quelques notions d'arpentage et de géodésie. In-8°. 1865. [Amiens, *Lenoël-Hérouart.*] *Delagrave et Cie.* 3 fr. 50 c.

ASSELIN (J.), professeur, a donné des traductions classiques de morceaux choisis de *Cornelius Nepos* et d'*Ovide*.

ASSELIN (l'abbé J. Thomas).

— Œuvres oratoires complètes. — Voy. *Migne*, Orateurs sacrés, 1re série, tome 63.

ASSELINE (Alfred), poëte et auteur dramatique.

— Le Cœur et l'Estomac. In-16. 1854. *Lévy frères.* 1 fr. 50 c.

— L'Enlèvement d'Hélène. In-18. 1856. *Dentu.* 2 fr.

— Les Noces de Lucinde; comédie en un acte et en prose. In-8°. 1845. *Lévy frères.* 1 fr.

— Pâques fleuries; avec préface de M. Jules Janin. In-18. 1847. *Amyot.* 1 fr.

ASSELINE (Jean René), prélat français, évêque de Boulogne, né à Paris en 1712, mort en 1813.

— Œuvres oratoires complètes. — Voy. *Migne*, Orateurs sacrés, 1re série, tome 67.

ASSELINE (V.).

— Preuves de l'existence de Dieu, suivies de quelques réflexions sur la Vie de Jésus de Renan. In-18. 1864. *Girard et Josserand.* 40 c.

ASSELINEAU, dessinateur et lithographe.

— Meubles religieux et civils. — Voy. *Ramée*.

— Sculptures décoratives. — Voy. *le même.*

ASSELINEAU (Charles), littérateur et roman-

cier, attaché à la Bibliothèque impériale depuis 1859; né à Paris, en 1821.

— Les Albums et les Autographes. In-8°. 1855. *Poulet-Malassis.* 3 fr.

— André Boulle, ébéniste de Louis XIV. 2e édition. Petit in-8°. 1855. *Dumoulin.* 1 fr.

— La Double vie; nouvelle. In-12. 1858. *Poulet-Malassis.* 3 fr.

— L'Enfer du bibliophile. In-18. 1860. *Tardieu.* 1 fr.

— Histoire du sonnet, pour servir à l'histoire de la poésie française. 2e édition. In-16. 1856. *Poulet-Malassis.* 2 fr. 50 c.

— Jean de Schelandre. In-8° de 32 p. 1854. *Imprimerie Thunot.* (*Dumoulin.*) 1 fr. 50 c.

Notice tirée à 100 exemplaires.

— Mon cousin don Quixote; physionomie d'un philhellène. In-8°. 1858. *Poulet-Malassis.* 1 fr.

— Notice sur Lazare Bruandet, peintre de l'école française (1753-1803). In-8°. 1855. *Dumoulin.*

— Le Paradis des gens de lettres selon ce qui a été vu et entendu l'an du Seigneur MDCCLI. In-18 avec 1 eau-forte. 1862. *Techener.* 1 fr. 50 c.

Voy. aussi *Furetière*, Roman bourgeois, et Recueil de factums.

ASSELINEAU (Augustin Prosper), lieutenant-colonel en retraite, né à Orléans, en 1797.

— Mémoire sur la position des anciens pensionnaires militaires adressé à S. Exc. le Ministre des finances. In-8°. 1862. *Adr. Le Clere.* 30 c.

— Mes Loisirs. De l'avenir des officiers retraités. In-8°. 1861. *Dentu.* 3 fr.

— Mes Loisirs. Déshéritance, roman nouveau, non fabuleux, ou plutôt vieille et simple histoire, dont nos anciens ont gardé la mémoire, et dont se souviendront nos arrière-neveux, dans tous les temps et en tous lieux. In-8°. 1865. *Garnier frères.* 1 fr. 50 c.

L'auteur a publié comme complément de cet ouvrage une brochure intitulée : « Une deuxième pétition au Sénat sur la déshéritance », pour faire suite au roman « Déshéritance ». In-8°. 1866. Versailles, *chez l'auteur*, avenue de Saint-Cloud, 2. 50 c.

On doit aussi à M. Asselineau quelques travaux militaires insérés dans la « Sentinelle de l'armée ».

ASSEMAINE (le R. P.), de la Congrégation du très-saint Rédempteur.

— Exercices sur le chemin de la croix. In-18, 40 p. 1861. Châlons-sur-Marne, *Martin.* 50 c.

Autre édition. In-16. 1862. Nancy, *Vagner.*

— Panégyrique du B. Pierre Fourier. In-8°. 1860. Mirecourt, *Humbert.* 50 c.

— Recueil de notions pratiques à l'usage des fidèles sur les indulgences attachées aux médailles, crucifix, chapelets, scapulaires bénits par les Pères rédemptoristes. In-18, 72 p. 1863. Saint-Nicolas (près Nancy), *Trenel.* 75 c.

ASSÉMANI (Étienne Évode), administrateur de la bibliothèque du Vatican, archevêque d'Apamée, né en 1707 à Tripoli en Afrique, mort à Rome en 1784.

— Les Actes des martyrs d'Orient. Traduits pour la première fois en français, sur la traduction latine des manuscrits syriaques de Étienne Évode Assémani, par l'abbé F. Lagrange. In-12. 1852. *Eug. Belin.* 1 fr. 50 c.

La traduction latine de M. Assémani a paru à Rome, en 1748. 2 vol. in-fol.

6

*Assemblée générale des catholiques en Belgique. Première session à Malines (18-22 août 1863). 2 vol. gr. in-8°. 1864. Bruxelles, *H. Goemaere.* 10 fr.

ASSÉZAT (Jules), journaliste et littérateur, né à Paris, en 1832.

— Affaire Mortara. Le Droit du père. In-8°. 1858. *Dentu.* 1 fr.

— Magnétisme et Crédulité, solution naturelle du problème des tables tournantes. In-8°. 1853. *Garnier frères.* 30 c.

Avec H. Delaire.

M. J. Asségat a encore publié avec introduction et notes : « Lucina sine concubitu » de Abraham *Johnson*, et « l'Homme-machine », de *La Mettrie*. — Voy. ces noms.

Il était l'un des trois rédacteurs de la revue mensuelle « le Réalisme », qui n'a paru que pendant deux années (1856 et 1857). Il collabore au « Journal des Débats », à la « Revue nationale », à la « Revue de Paris », et au « Bulletin du Bouquiniste ».

ASSIER (Adolphe d').

— Essai de grammaire générale d'après la comparaison des principales langues indo-européennes. 1re partie. In-8°. 1861. *Duprat.* 2 fr.

— Grammaire abrégée de la langue française, d'après la Grammaire générale des langues indo-européennes, pour faciliter l'étude des langues classiques. Ouvrage destiné aux élèves des écoles et collèges. 2e édition. In-16. 1864. *Durand.* 1 fr. 25 c.

ASSIER (Alexandre), chef d'institution.

— Les Archives curieuses de la Champagne et de la Brie. In-8°. 1853. Troyes, *Bouquot.*

— Comptes de la fabrique de l'église Sainte-Madeleine de Troyes, suivis de la construction du Jubé et de plusieurs pièces curieuses conservées aux archives de l'Aube. In-8°. 1854. *Ibid.*

— Ce qu'on apprenait aux foires de Troyes et de la Champagne au xIIIe siècle, suivi d'une notice historique sur les foires de la Champagne et de la Brie; par l'auteur des Archives curieuses de la Champagne. Petit in-8°. 1858. [Troyes, *Bouquot.*] *Aubry.* 2 fr. 50 c.

Anonyme.

— Compte de l'œuvre de l'Église de Troyes, avec notes et éclaircissements, ou Nouvelles recherches sur la construction des églises et sur les usages au moyen âge, par l'auteur des « Archives curieuses de la Champagne et de la Brie ». In-8°. 1855. Troyes, *Bouquot.*

Également anonyme.

— Construction d'une Notre-Dame au xIIIe siècle, suivie des comptes de l'œuvre de l'église de Troyes au xIVe siècle; par l'auteur des Archives curieuses de la Champagne. In-12. 1858. *Ibid.* 2 fr. 50 c.

Ces deux ouvrages forment la 1re et la 2e livraison de la Bibliothèque de l'amateur champenois, publiée par M. Alexandre Assier.

— Légendes, curiosités et traditions de la Champagne et de la Brie. In-8°. 1860. *Ibid.* 5 fr.

— Livres liturgiques. — Voy. *Socard et Assier.*

— Nouveau manuel du premier âge, rédigé par demandes et par réponses et mis à la portée des commençants. 2e édition. 4 vol. in-18. 1862. *Guérin-Muller et Cie.* 3 fr.

— Nouvel atlas du premier âge. In-4° de 4 cartes. 1858. Troyes, *Bouquot.* 1 fr. 50 c.

Avec Edme Prévot.

ASSIER (P. d'), de Valenches, ancien membre du conseil général du département de la Loire.

— Le Forez gallo-romain. In-8° de 23 p. 1863. Lyon, *imprimerie Perrin.*

— Mémorial de Dombes, en tout ce qui concerne cette ancienne souveraineté, son histoire, ses princes, son parlement et ses membres, avec liste nominative, un armorial et pièces justificatives. 1523-1771. Gr. in-8° avec 1 carte de la souveraineté de Dombes. 1854. Lyon, *imprimerie Perrin.*

Tiré à petit nombre et non mis dans le commerce.

ASSISE (Egidius d'). — Voy. **Egidius.**

ASSISE (Saint François d'). — Voy. **François d'Assise.**

*Associations religieuses (Des). Véritable état de la question. 2e édition. In-8°. 1845. *Lecoffre et Cie.*

ASSOLANT (Alfred), littérateur et romancier, né à Aubusson (Creuse), en 1827.

— A ceux qui pensent encore. In-8°. 1861. *Dentu.* 1 fr.

— Les Aventures de Karl Brunner, docteur en théologie; par lord Claudius Hastings Cumbermere. In-12. 1861. *Ibid.* 3 fr. 50 c.

— Brancas. Les Amours de Quaterquem. In-16. 1860. *Hachette et Cie.* 2 fr.

— Le Branle-bas européen. In-8°. 1861. *Dentu.* 1 fr.

— Canonniers, à vos pièces! In-8°. 1862. *Ibid.* 1 fr.

— Deux amis en 1792. In-12. 1860. *Hachette et Cie.* 2 fr.

— D'heure en heure. In-12. 1862. *Lévy frères.* 3 fr.

— Gabrielle de Chênevert. In-12. 1865. *Ibid.* 3 fr.

— Histoire fantastique du célèbre Pierrot, écrite par le magicien Alcofribas, traduite du sogdien par Alfred Assolant. In-12. 1860. *Ibid.* 1 fr.

— Le même, avec dessins de Yan' Dargent. Gr. in-8°. 1864. *Furne et Cie.* 8 fr.

— Jean Rosier. Rose d'amour. Claude et Juliette; trois nouvelles. In-12. 1862. *Hachette et Cie.* 2 fr.

— Marcomir, histoire d'un étudiant. In-12. 1861. *Ibid.* 2 fr.

— La Mort de Roland; fantaisie épique. In-12. 1860. *Ibid.* 2 fr.

— Pensées diverses, impressions intimes, opinions et paradoxes de Cadet-Borniche, sonneur de cloches de la cathédrale de Felletin (Creuse), sur la poésie, la gymnastique, l'esthétique, la physique, la métaphysique et l'hyperphysique, et les sciences adjacentes et sous-jacentes. In-12. 1864. *Librairie internationale.* 3 fr. 50 c.

— Scènes de la Vie des États-Unis. In-12. 1858. *Hachette et Cie.* 2 fr.

— Vérité! Vérité! In-12. 1863. *Librairie internationale.* 3 fr. 50 c.

— Une Ville de garnison. In-12. 1865. *Hetzel.* 3 fr.

M. Assolant a publié des extraits de *Pline l'Ancien*, avec notes et sommaires en français.

ASSOUCY ou **Dassoucy** (Charles Coypeau d'),

oëte français, né vers 1604, à Paris, mort vers 679.

— Aventures burlesques. Nouvelle édition, avec réfaces et notes, par Émile Colombey. In-16. 858. *A. Delahays.* 5 fr.

Collection de la Bibliothèque gauloise.

— Le même. In-12. 1858. *Ibid.* 3 fr. 50 c.

AST (Mme Nelly d'), pseudonyme de Mme **Du-** bois.

ASTAFORT (le Père DUFOUR D'). — Voy. **Du-** our d'Astafort.

ASTIÉ (Jean Frédéric), professeur de philoso- hie à Lausanne, ancien pasteur à New-York États-Unis), né à Nérac (Lot-et-Garonne), en 1822.

— Les Deux théologies nouvelles dans le sein u protestantisme français. Étude historico-dog- matique. In-12. 1862. *Meyrueis et Cie.* 3 fr. 50 c.

— Esprit d'Alex. Vinet. — Voy. *Vinet.*

— Explication de l'Évangile selon saint Jean. Trad. nouv. avec appendice. 3 vol. in-8°. 1862- 864. Genève, *Cherbuliez.* 9 fr.

Les 2 premiers volumes ne portent pas le nom de M. Astié, mais seulement : « Par un chrétien ».

— Histoire de la république des États-Unis de- puis l'établissement des premières colonies jus- qu'à l'élection du président Lincoln (1620-1860); précédée d'une préface, par M. Ed. Laboulaye. 1 vol. in-8°. 1865. *Grassart.* 12 fr.

— Le Premier livre pour les enfants. In-12. 1863. Toulouse, *Société des livres religieux.* 50 c.

Anonyme.

— Le Réveil religieux des États-Unis (1857- 1858), d'après les principales publications améri- caines et anglaises. In-12. 1859. Lausanne, *Bridel.* 1 fr. 50 c.

— M. Scherer, ses disciples et ses adversaires, par quelqu'un qui n'est ni l'un ni l'autre. In-8°. 1854. *Meyrueis.* 1 fr. 50 c.

Anonyme.

M. Astié a encore publié une édition des Pensées de *Pascal.*

ASTIER, médecin.

— Le Livre des goutteux. Nouvelles études sur la goutte, le rhumatisme et les maladies gout- teuses. In-8°. 1845. *France.* 3 fr.

Avec C. Lebel.

ASTIER (E.), régent au collège de Grasse.

— Catalogue descriptif des ancyloceras appar- tenant à l'étage néocomien d'Escragnolles et des Basses-Alpes. Gr. in-8° avec 9 pl. 1852. Lyon, *Savy.* 9 fr.

ASTIER (F.), instituteur du degré supérieur, officier d'académie.

— Exercices sur le calcul mental, renfermant au moins 200 problèmes à résoudre de mémoire avec une application du boulier-compteur à la numération, à l'addition, etc. 3e édition revue et corrigée. In-18. 1863. *Delalain.* 30 c.

— Système métrique et légal des poids et me- sures, suivi d'un Traité du calendrier. 4e édition revue et corrigée. In-18. 1864. *Ibid.* 75 c.

ASTOUIN (Louis), représentant du peuple, mort en 1855.

— Gerbes d'épis. Poésies. In-12. 1854. *Dentu.* 2 fr.

— Perles de rosée. Poésies. In-12 avec por-

trait. 1855. Marseille, *imprimerie de Barlatier- Feissat.*

— Rome; poëme en deux chants, précédé de la Voix de Dieu. In-16. 1849. *Curmer.*

ASTRE (Florentin), avocat.

— Recherches et appréciations sur l'ancienne coutume de Toulouse. In-8°. 1853. Toulouse, *Dou- ladoure.*

— Suite des Recherches. In-8°. 1854. *Ibid.*

— Les Intendants du Languedoc. 1re partie. In-8°, 55 p. 18.. *Ibid.*

M. Astre a publié beaucoup de travaux d'un intérêt local, dans les « Mémoires de l'Académie de Toulouse ».

ASTRÉE (Théophile).

— Les Cimetières de Paris. Guide topographique, historique, biographique, artistique; avec 3 plans. In-16. 1864. *Faure.* 2 fr.

ASTRIÉ-ROLLAND (Gustave), médecin.

— De la Médication thermale sulfureuse appli- quée au traitement des maladies chroniques, avec la thermographie de quelques stations prises dans les divers groupes. Aix-les-Bains, Bagnères-de- Luchon, Enghien, Uriage. — Aix, en Savoie. — Brousse, en Bithynie. — Louesche, en Suisse; et des tableaux indiquant la distribution géographique générale des eaux sulfureuses, etc. In-4°. 1852. *Labé.* 6 fr.

ASTROS (Paul Thérèse David d'), cardinal et archevêque de Toulouse, né à Tourves (Var), en 1772.

— La Bible mutilée par les protestants, ou Dé- monstration de la divinité des Écritures rejetées par la réforme. In-12. 1847. Toulouse, *Douladoure.*

— L'Église de France, injustement flétrie dans un ouvrage ayant pour titre : « Institutions litur- giques, par le R. P. dom Guéranger, » vengée par Mgr. d'Astros. In-8°. 1843. *Ibid.* 2 fr.

— Examen de la défense de dom Guéranger et contre-réfutation de sa lettre à Mgr. l'archevêque de Reims. In-8° de 9 f. 1846. *Ibid.*

— Examen mémorable des aberrations de notre siècle en matière de religion. In-18. 1845. Tou- louse, *Aug. Manavit.*

ASTRUC (Adolphe), homme de lettres, né à Bordeaux, en 1810, mort en 1860.

— La Haggada; cérémonies religieuses à l'usage des israélites, mises en vers par un illettré. In-18. 1852. *Imprimerie Wittersheim.* 5 fr.

— Poésies israélites. Prières quotidiennes et du samedi, mises en vers. In-16. 1853. Bordeaux, *Feret.* 5 fr.

ASTRUC (Élie Aristide), rabbin adjoint au grand- rabbin de Paris, aumônier des lycées Louis-le- Grand, du Prince impérial et Chaptal, né à Bor- deaux, en 1831.

— L'Agneau pascal. In-8°. 1863. *Librairie israé- lite.* 1 fr.

— Divinité de la révélation. In-8°. 1865. *Ibid.*

— Les Juifs et L. Veuillot. In-8°. 1859. *Dentu.* 1 fr.

— Petites Grappes. Poésies rituéliques des juifs portugais, recueillies et traduites en français par Élie Aristide Astruc. In-16. 1865. *Librairie israélite.*

M. E. A. Astruc a traduit de l'hébreu avec M. Crehange les « Prières de Rosch Hachana et de Kippour ». (Voy. Crehange.) Il collabore aux « Archives israélites », au « Lien d'Israël », et à la « Vérité israélite ».

ASTRUC père (François).

— A l'auteur de la Vie de Jésus. In-8°. 1864. Cette, *Bonnet*. 15 c.

ASTRUC (L.).

— Traité des servitudes réelles. Nouvelle édition mise en rapport avec le Code civil, par H. Solon. In-12. 1843. Montauban, *imprimerie Renous*. 3 fr.

La 1re édition a été publiée à Nîmes, en 1775.

ASTRUC (Zacharie).

— Beaux-Arts. Le Salon intime; exposition au boulevard des Italiens, avec une préface extraordinaire, et une eau-forte de Carolus Duran. In-12. 1860. *Poulet-Malassis*. 1 fr.

— Les Quatorze stations du salon, 1859. Suivies d'un récit douloureux. Préface de George Sand. In-12. 1859. *Ibid*. 2 fr.

ATHANASE, surnommé le Macédonien, patriarche de Constantinople, de 1289 à 1310.

— Scripta diversa. — Voy. *Migne*, Patrologie grecque, tome 142.

ATHANASE, évêque de Corinthe.

— Scripta quæ supersunt. — Voy. *Migne*, Patrologie grecque, tome 106.

ATHANASE (saint), patriarche d'Alexandrie, né vers 296, mort en 373 de notre ère.

— Vie de saint Antoine. Édition annotée par Maunoury. (Texte grec.) In-12. 1858. *Dezobry*.

— Le même. Traduit en français par Maunoury. In-12. 1858. *Ibid*. 1 fr.

— Opera omnia. — Voy. *Migne*, Patrologie grecque, tomes 25 à 28.

*Atlas historique et topographique de la guerre d'Orient, en 1854, 1855 et 1856, entrepris par ordre de S. M. l'Empereur Napoléon III, rédigé sur les documents officiels et les renseignements authentiques recueillis par le corps d'état-major; gravé et publié par les soins du Dépôt de la guerre, S. Exc. le maréchal Vaillant étant ministre de la guerre, et colonel Blondel, directeur du Dépôt de la guerre. Gr. in-fol. oblong, cart. 1859. *Dumaine*. 150 fr.

Atlas composé de 34 pl. (plans de batailles et vues pittoresques), et de quelques feuilles de texte explicatif.

ATTAR (Farid Uddin). — Voy. **Farid.**

ATTEL DE LUTANGE (François Didier d'), littérateur, né en 1787.

— L'Héroïne d'Orléans, xve siècle, avec carte de tous les lieux cités dans cet ouvrage, et plan de la ville d'Orléans, à l'époque de sa délivrance par Jeanne d'Arc. 3 vol. in-8°. 1844. *Charpentier*.

*Attentat (l') du 14 janvier 1858. Histoire contemporaine, complète, détaillée et authentique, illustrée par Charles Mettais. In-4°. 1858. *G. Barba*. 1 fr. 10 c.

*Attentat diplomatique (De l') de Cracovie et de ses conséquences en Europe. In-8°. 1847. *Amyot*.

ATXEM ou Conte-Atxem (Xavier Conte, connu sous le pseudonyme de H.), éditeur, né à Estagel (Pyrénées-Orientales) en 1800.

— Augustin, ou l'Orphelin sous les auspices de

Marie. In-12 avec vignettes. 1858. *Conte-Atxem*. 40 c.

Avec E. Caron.

— Le Bijou délateur. In-12. 1856. *Ibid*. 50 c.

— Le Bon fils, ou l'Heureuse rencontre. In-32 avec grav. 1858. *Ibid*. 20 c.

— Compliments et lettres de bonne année. In-12. 1851. *Krabbe*. 75 c.

— Contes enfantins. In-18 avec grav. 1858. *Conte-Atxem*. 30 c.

— Contes du grand-papa. Enfance. Six ans. In-12 avec vignettes. 1857. *Ibid*. 40 c.

— Défauts enfantins. In-32 avec vignettes. 1858. *Ibid*. 20 c.

— La Désobéissance punie. Conte. In-32 avec lithographies. 1857. *Ibid*. 30 c.

— Deux cents francs de rente. In-12 avec vignettes. 1858. *Ibid*. 40 c.

— Deux Lignes, ou Résultats de l'éducation. In-12 avec grav. 1858. *Ibid*. 60 c.

— Un Dévouement filial. In-12. 1857. *Ibid*. 40 c.

— Les États de l'Europe. In-12. 1856. *Ibid*. 40 c.

— Les Fées des enfants. Premier âge. Sept ans. In-18. 1857. *Ibid*. 50 c.

— La Flore de l'enfance. Bouquets, épîtres, compliments et dialogues. In-12. 1852. *Krabbe*. 60 c.

— Gerald ou la Pièce d'or. In-18. 1861. *Conte-Atxem*. 40 c.

— Grand'maman Perrin. Premières soirées. In-12 avec grav. 1858. *Ibid*. 55 c.

— L'Incendie, ou les Enfants adoptifs. In-12 avec grav. 1858. *Ibid*. 55 c.

— Une Macédoine. In-12. 1859. *Ibid*. 50 c.

— Un Matelot. Conte. In-32 avec vignettes. 1857. *Ibid*. 60 c.

— Mœurs et usages des israélites. In-12. 1858. *Ibid*. 50 c.

— Monsieur Chevalier, ou les Soirées intimes. In-8° avec grav. 1858. *Ibid*. 90 c.

— Morale. In-12. 1858. *Ibid*. 60 c.

— L'Orgueilleux corrigé. In-12. 1856. *Ibid*. 50 c.

— Orphelin et orpheline. In-12 avec grav. 1858. *Ibid*. 55 c.

— Petits Contes. In-12 avec grav. 1859. *Ibid*. 20 c.

— Les Petits ramoneurs. Conte. In-18 avec vignettes. 1857. *Ibid*. 30 c.

— Préliminaires de lecture. 4° édition. In-18. 1858. *Ibid*. 30 c.

— Premières lectures. In-18. 1854. *Krabbe*. 75 c.

— Le Prince des abeilles. In-12. 1857. *Conte-Atxem*. 40 c.

— Quelques notices, ou Comment se produisent les choses les plus usuelles. In-18 avec grav. 1858. *Ibid*. 30 c.

— Rondes, chansonnettes comiques, dialogues pour distributions de prix. (Garçons.) In-18. 1858. *Ibid*. 50 c.

— Les mêmes pour filles. In-18. 1858. *Ibid*. 50 c.

— La Rose blanche. In-12. 1862. *Ibid*. 40 c.

— Les Savoyards, suite des « Petits ramoneurs ». 1-12. 1858. *Conte-Atæm.* 50 c.

— Théâtre enfantin. Jeunes demoiselles. In-18 vec vignettes. 1855. *Ibid.* 50 c.

— Traité d'analyse grammaticale et d'analyse logique. — Voy. *Michel et Atæm.*

— Les Vices moraux. In-12. 1854. *G. Roux.* 60 c.

ATYS (ROCHET-). — Voy. **Rochet-Atys.**

*Au bout du monde, récits sur la civilisation moderne et ses principaux instruments, publiés par un ancien élève de l'École polytechnique. In-2 avec 12 pl. 1864. Montauban, *Bertuot.* 1 fr. 50 c.

AUBANEL (H.).

— Recherches statistiques sur l'aliénation mentale, faites à l'hospice de Bicêtre. In-8°. 1841. *Just Rouvier.* 4 fr. 50 c.

Avec M. Thore.

AUBANEL (ROUCHER D'). — Voy. **Roucher d'Aubanel.**

AUBANEL (Théodore), imprimeur et poëte provençal, né à Avignon, en 1829.

— La Miougrano entraduberto. I. Lou Libre de l'amour. II. L'Entrelusido. III. Lou Libre de la mort (avec la traduction littérale en regard). In-12. 1860. Avignon, *Roumanille.* 3 fr. 50 c.

En français : « La Grenade entr'ouverte ».

AUBARET (Louis Gabriel Galderic), capitaine de frégate, consul de France à Bangkok, né en 1825.

— Code annamite. Lois et règlements du royaume d'Annam, traduits du texte chinois original, par G. Aubaret, publiés par ordre de S. Exc. le marquis de Chasseloup - Laubat, ministre de la marine et des colonies. 2 vol. gr. in-8°. 1865. [*Imprimerie impériale.*] Vᵉ B. Duprat. 11 fr.

— Histoire et Description de la basse Cochinchine (pays de Gia-Dinh), traduites pour la première fois, d'après le texte chinois original, par G. Aubaret. Gr. in-8° avec carte. 1864. *Imprimerie impériale.* 10 fr.

AUBAS (Édouard), médecin militaire, né à Toulouse, en 1822, mort en 1865.

— Les Moghrabines, poésies algériennes. In-12. 1855. Batignolles, *imprimerie Hennuyer.*

Vendu au profit de l'armée d'Orient.

AUBÉ (Benjamin), docteur ès lettres, professeur de philosophie au Lycée Bonaparte, né à Paris, en 1826.

— Saint Justin, philosophe et martyr. In-8°. 1861. [Orléans], *Durand.* 6 fr.

— De Constantino imperatore pontifice maximo. In-8°. 1861. *Ibid.* 2 fr.

Ces deux ouvrages sont des thèses pour le doctorat.

AUBÉ (L.), médecin.

— De l'Accouchement prématuré artificiel. In-4°. 1859. *A. Delahaye.* 2 fr.

AUBÉ (Ph.), littérateur et écrivain philosophique.

— Le Brahmane, ou l'École de la raison. 6 livraisons in-8°. 1837-1843. [Metz, *Verronnais.*] *Chamerot.*

Discussion philosophique engagée avec M. Pierre Leroux.

— Éducation publique. Le Brahmane aux législateurs de France. In-8°. 1845. Metz, *Verronnais.*

Anonyme.

— De l'Électricité, soit de l'âme universelle considérée dans les forces motrices. In-8° de 4 f. 1852. Elbeuf, *Barbé.*

— Instruction publique. Le Brahmane au journalisme, à ses organes en tout mode de l'intelligence humaine. In-8°. 1844. [Metz, *Verronnais.*] *Pagnerre.*

— La Sapience normande, par l'auteur de : « le Brahmane, ou l'École de la raison ». Lettre à M. le recteur de l'Académie de Rouen. La Religion et l'Homme. In-8°. 1852. Elbeuf, *Barbé.*

Anonyme.

AUBEL (L.).

— Méthode de lecture sans épellation. Ouvrage couronné par la Société pour l'instruction élémentaire. In-12, 106 p. 1857. Montluçon, *Blondel.*

AUBENAS (Joseph Adolphe), procureur général à Pondichéry.

— Histoire de l'impératrice Joséphine. 2 vol. in-8° avec une photographie. 1858 - 1859. *Amyot.* 15 fr.

— Histoire du parlement de Paris. Tome Iᵉʳ, 1ʳᵉ partie. In-8°. 1847. *Chez l'auteur, rue Neuve-Clichy, 6.*

— Histoire de Mᵐᵉ de Sévigné, de sa famille et de ses amis, suivie d'une Notice historique sur la maison de Grignan. In-8°. 1842. *Allouard.*

— Mémoires touchant la vie et les écrits de Marie de Rabutin-Chantal, dame de Bourbilly, marquise de Sévigné. 6ᵉ partie, de 1675 à 1680; suivis de notes et éclaircissements. In-12. 1865. *Didot frères.*

Les 5 premiers volumes sont par M. de *Walckenaer.* — Voy. ce nom.

AUBÉPIN (le colonel LE LIEURRE DE L'). — Voy. **Le Lieurre.**

AUBÉPIN (François Augustin Henri), substitut du procureur impérial au tribunal de 1ʳᵉ instance de Paris, docteur en droit, né à Blanc (Indre).

— G. Delisle, sa vie et ses ouvrages. In-8°. 1856. *Durand.* 1 fr.

— Portalis, avocat au parlement de Provence. In-8°. 18.. *Ibid.* 1 fr.

— Molitor, sa vie et ses ouvrages. In - 8°. 1855. *Ibid.* 1 fr.

Ces trois brochures sont extraites de la « Revue historique de droit français et étranger ».

— De l'influence de Dumoulin sur la législation française. 2 parties in-8°. 1855-1861. *Cotillon.* 6 fr.

Extrait de la « Revue critique de législation ».

AUBER (l'abbé Charles Auguste), chanoine titulaire de l'église de Poitiers, historiographe de ce diocèse, membre de l'Institut des provinces de France, de la Société française d'archéologie, de l'Académie romaine des Quirites, etc., né à Bordeaux, en 1804.

— Adolphe et Mélanie, ou De la persévérance après la première communion. In-18 avec 4 vignettes. [Poitiers, *Saurin.*] *Périsse frères.* 1 fr.

2ᵉ édition. La 1ʳᵉ est de 1835.

— Biographie poitevine. M. Guerry-Champneuf. In-8°. 1852. Poitiers, *Oudin.*

— Biographie de Jacques de Hillerin, poitevin, ex-conseiller au parlement de Paris. In - 8°. 1850. Poitiers,

— Biographie de Girouard, sculpteur poitevin. In-8°. 1841. Poitiers.

— Les Catacombes, considérées comme types primitifs des Églises chrétiennes. Brochure in-8°. 1862. Arras, *Rousseau-Leroy*.

— Comme quoi la fameuse Mélusine n'est autre chose que Geneviève de Brabant. In-8°. 1842. Poitiers.

— Considérations générales sur l'histoire du symbolisme chrétien, ses causes, ses développements et sa décadence. In-8°. 1857. [Caen, *Hardel*.] *Derache*.

Extrait du « Bulletin monumental », de M. *de Caumont*.

— Histoire de la cathédrale de Poitiers, contenant la description de toutes les parties de l'église, les diverses périodes de sa construction, la théorie de ses vitraux peints, le symbolisme de ses sculptures, et des considérations générales sur l'art au moyen âge; avec les faits historiques qui s'y rattachent depuis son origine, au IIIe siècle, jusqu'à nos jours. Ornée de 30 pl. lithographiées sous les yeux de l'auteur. 2 vol. in-8°. 1850. [Poitiers], *Derache*. 12 fr.

— Instruction de la commission archéologique diocésaine établie à Poitiers, sur la construction, les restaurations, l'entretien et la décoration des églises, etc. In-8°. 1851. Poitiers, *Oudin*. 5 fr.

Réimprimé la même année dans le « Bulletin monumental » de M. *de Caumont*.

— Notice sur un poignard du XVIe siècle et sur la famille de Blacwood. In-8° avec 1 pl. 1843. Poitiers.

— Notice sur un reliquaire de l'époque romaine. In-8° avec pl. 1845. Poitiers.

Nouvelle édition en 1860. Amiens, *Caron-Lambert*.

— Recherches historiques sur l'ancienne seigneurie de La-Roche-sur-Yon, nommée ensuite Bourbon-Vendée et aujourd'hui Napoléon-Vendée. In-8°. 1840. Poitiers.

— Recherches sur la vie de Simon de Cramaud, cardinal-archevêque de Poitiers. In-8°. 1841. Poitiers.

Ces recherches ont été complétées en 1857 par une Relation de la découverte des restes du cardinal dans la cathédrale de Poitiers. In-8°.

— De la signification du mot « Ieuru » et du sens qui lui revient dans les inscriptions votives du vieux Poitiers, d'Alise et de Nevers. In-8° avec 2 pl. 1859. Poitiers, *Oudin*.

— Symbolisme du Cantique des cantiques. In-8°. 1862. Arras, *Rousseau-Leroy*.

— Table générale analytique et raisonnée du Bulletin monumental. 2 vol. in-8°. 1846 et 1851. [Caen, *Hardel*.] *Derache; Didron*.

Ouvrage couronné par la Société française.

Vie des saints de l'église de Poitiers, avec des réflexions et des prières à la suite de chaque vie. In-32. 1858. Poitiers, *Oudin*. 1 fr. 20 c.

M. l'abbé Auber a publié une édition classique annotée des « Aventures de Télémaque », voy. *Fénelon*.

Il a donné un grand nombre d'articles au « Bulletin monumental », de M. *de Caumont*, à la « Revue de l'Art chrétien », et à d'autres recueils scientifiques.

AUBER (Théophile Charles Emmanuel Édouard), médecin, cousin germain du précédent, né à Pont-l'Évêque (Calvados), en 1804.

— De la fièvre puerpérale devant l'Académie impériale de médecine de Paris, et des principes du vitalisme hippocratique appliqués à la solution de cette question. In-8°. 1858. *Germer Baillière*. 3 fr. 50 c.

— Guide médical du baigneur à la mer. In-16. 1851. *Masson*. 3 fr. 50 c.

— Hygiène des femmes nerveuses, ou Conseils aux femmes pour les époques critiques de leur vie. 2e édition. In-12. 1844. *G. Baillière*. 3 fr. 50 c.

La 1re édition est de 1841.

— Institutions d'Hippocrate, ou Exposé philosophique des principes traditionnels de la médecine, œuvre d'analyse et de synthèse, renfermant les dogmes de la science et de l'art, l'histoire naturelle des maladies, les règles de l'hygiène et de la thérapeutique, les premiers tableaux des maladies, quelques fragments de philosophie et de littérature médicale; suivi d'un résumé historique du matérialisme, du vitalisme et de l'organicisme, et d'un essai sur la constitution de la médecine. In-8°. 1864. *Ibid*. 10 fr.

— Notice sur Trouville-les-Bains. In-8°. 1851. *Masson*. 3 fr. 50 c.

— Philosophie médicale. Esprit du vitalisme et de l'organicisme, ou Examen critique des doctrines médicales des écoles de Paris et de Montpellier. In-8°. 1855. *G. Baillière*. 2 fr.

— Philosophie de la médecine. In-12. 1865. *Ibid*. 2 fr. 50 c.

— Traité de philosophie médicale, ou Exposition des vérités générales et fondamentales de la médecine. In-8°. 1840. *Ibid*. 6 fr.

— Traité de la science médicale (histoire et dogmes), comprenant un précis de méthodologie ou de médecine préparatoire; un résumé de l'histoire de la médecine, suivi de notices historiques et critiques sur les écoles de Cos, d'Alexandrie, de Salerne, de Paris, de Montpellier et de Strasbourg; un exposé des principes généraux de la science médicale, renfermant les éléments de la pathologie générale. In-8°. 1853. *Ibid*. 8 fr.

AUBERGE.

— Historique de l'endémo-épidémie qui a régné à Bone, en 1852. In-8°. 1853. Bone.

AUBERGIER (Hector), doyen de la Faculté des sciences de Clermont.

— Le Dernier mot sur le Lactucarium, suivi de pièces officielles. In-8°. 1864. Clermont, *Thibaud*.

AUBERIVE (Charles), pseudonyme de Mlle DE VARE.

— Les Bandits célèbres du XVIIe siècle. In-12. 1858. *Douniol*. 1 fr.

— Voyage d'un curieux dans Paris. In-12. 1860. *Sarlit*. 1 fr.

— Voyage en Grèce. In-12. 1860. *Ibid*. 1 fr.

— Voyage au mont Liban. In-12. 1861. *Ibid*. 1 fr.

Mlle de Vare a aussi traduit de l'italien sous le même pseudonyme: « Voyage en Australie », du R. P. *Salvado*.

AUBERT (Albert).

— Les Illusions de jeunesse du célèbre M. Boudin. In-12. 1848. *Lévy frères*. 2 fr.

— Instruction pour le peuple. Université; enseignement. In-8°. 1847. *Dubochet*. 25 c.

Fait partie des « Cent traités sur les connaissances indispensables ».

M. Aubert a aussi composé une notice sur la vie et les ouvrages de R. Tœpffer. — Voy. *Tœpffer*, « Réflexions et menus propos ».

AUBERT (Alexandre), curé de Notre-Dame de Juvigny.

— Histoire de saint Remi, pour servir à l'étude des origines de la monarchie française. 436-532. In-18. 1849. Plancy, *Société de Saint-Victor.*

M. l'abbé Aubert a traduit de l'allemand : la Mort d'Abel, poème de *Gessner* ; et il a publié : Chaalons ancien et nouveau, poème de Pierre *Garnier*. — Voy. ces noms.

AUBERT (Bénard-). — Voy. **Bénard.**

AUBERT (le Rév. Père Charles), de la Compagnie de Jésus, né à Paris, en 1803.

— Leçons d'arithmétique, divisées en deux parties distinctes : la partie pratique ; la partie théorique. In-12. 1851. *Poussielgue-Rusand.*

4ᵉ édition revue et augmentée, en 1865. *Ibid.* 2 fr. 25 c.

— Premières leçons d'arithmétique décimale, suivies d'un grand nombre de problèmes. In-12. 1860. *Ibid.* 1 fr. 50 c.

— Traité élémentaire d'algèbre, comprenant les matières exigées dans les examens d'admission au baccalauréat ès sciences, aux écoles forestière, navale et militaire. 2ᵉ édition. In-8º. 1857. *Ibid.* 3 fr.

Le P. Aubert a traduit de l'italien : le Petit traité sur les petites vertus, du P. *Roberti.* — Il a publié une édition classique avec notes et sommaires en français de *Plutarque*, « De la lecture des poètes » ; et une édition des « Oraisons funèbres » de *Bossuet*. Il a également publié , sous le voile de l'anonyme, les « Conférences » du P. *Ravignan*, et « la Vie chrétienne d'une dame dans le monde » , du même auteur ; ainsi qu'une nouvelle édition revue et augmentée de « l'Abrégé des méditations » , du P. *Du Pont* , par le P. N. *Frizon.*

AUBERT (Charles).

— Vertueuse et coupable ; femmes vues au stéréoscope, première épreuve. In-12. 1861. *Dentu.* 1 fr.

M. Aubert a aussi traduit : Camoëns, « les Lusiades».

AUBERT (Constance Junot d'Abrantès, dame), femme de lettres, née en 1803. Elle collabora longtemps aux ouvrages de sa mère la duchesse d'Abrantès, fonda plusieurs journaux et travailla à beaucoup de recueils s'occupant des modes et de la toilette des femmes.

— Encore le luxe des femmes. Les femmes sages et les femmes folles. In-16. 1865. *Dentu.* 20 c.

— Manuel d'économie élégante. In-18. 1859. *Taride.* 50 c.

AUBERT (Édouard), archéologue, né à Paris, en 1814.

— Les Mosaïques de la cathédrale d'Aoste. In-4º avec 2 pl. 1857. *Didron.* 3 fr. 25 c.

Extrait des « Annales archéologiques ».

— Passe-Temps. Essais poétiques. In-18 de 12 feuilles. 1841. *Imprimerie Gratiot.*

— La Vallée d'Aoste. 1 vol. in-4º avec 175 grav. sur acier, sur bois et en couleurs. 1861. *Amyot.* 50 fr.

Ce travail a valu à son auteur une 2ᵉ médaille au concours des antiquités nationales, décernée en 1863 par l'Académie des inscriptions et des belles-lettres.

On doit encore à M. Éd. Aubert deux dissertations insérées dans la « Revue archéologique », l'une sur le diptyque de Probus, l'autre sur les voies romaines de la vallée d'Aoste.

AUBERT (l'abbé F.).

— Méthode élémentaire de plain-chant. In-8º avec 15 tableaux. 1855. Digne, *Repos.*

AUBERT (Francis).

— Le Danemark et l'Allemagne. Les duchés de Sleswig, de Holstein et de Lauenbourg. In-8º. 1863. *Dentu.* 1 fr.

AUBERT (l'abbé Hilaire), chanoine titulaire de Sens et vicaire général honoraire de l'évêché de Tulle, né à Tavernes (Var), en 1789.

— Conférences ecclésiastiques de Malines, rédigées à Sens et à Paris. In-8º. 1844. *Ad. Leclère.*

— Nouvelles conférences ecclésiastiques. In-18. 18... [Avallon, *Herlebig*]. *Lecoffre.* 1 fr. 25 c.

— Considérations liturgiques sur le cérémonial des évêques et sur Bossuet. Gr. in-8º de 48 p. 18.. *Repos.*

— Encore quelques mots aux élèves du grand séminaire de Sens. In-8º, 31 p. 1844. *Adr. Leclère.*

— Méthode d'oraison par un ancien docteur en Sorbonne, publiée par l'abbé Hilaire Aubert. 4ᵉ édition. In-18. 1846. [Sens.] *Camus.* 1 fr.

— Le Mois eucharistique, ou Mois d'actions de grâces proposé aux personnes pieuses. 4ᵉ édition, revue et augmentée d'une instruction sur la sainte messe et manière de la bien entendre. In-18. 18... [Avallon, *Herlebig*]. *Lecoffre.* 80 c.

M. l'abbé Aubert a encore publié divers fragments de *Bossuet*, et Maximes spirituelles de saint *Vincent de Paul.*

AUBERT (Marius), chanoine, prédicateur, ancien missionnaire, né dans le Midi, vers 1800, mort en 1858.

— L'Ami des chrétiens, ou Instructions sur les devoirs des jeunes gens pour sanctifier leurs études ; avec des traits historiques. In-32. 1855. Châtillon-sur-Seine , *Cornillac.*

— L'Ange de la terre, ou l'Ami de Jésus-Christ, suivi de traits historiques. In-24. 1857. Lyon, *Périsse frères.*

Édition in-12 en 1856.

— Bienfaits célestes, ou Explication de l'ordinaire et des cérémonies de la sainte messe, avec des traits historiques. In-18. 1862. *Ibid.* 1 fr. 50 c.

— Le Bonheur de la vie, ou le Service de Dieu, avec des traits historiques. In-18. 1856. *Ibid.* 1 fr. 25 c.

— La Clef du ciel, ou Motifs de contrition pour se préparer à recevoir dignement l'absolution , avec des traits historiques. In-18. 1847. Lyon, *Girard et Guyot.*

— La Clef d'or, ou Instructions sur la puissance de la prière pour nous enrichir des trésors divins et nous ouvrir la porte du ciel, avec des traits historiques. In-18. 1856. Dijon, *Cornillac.*

— Les Délices du jeune âge, ou le Joug du Seigneur, avec des traits historiques. In-18. 1857. Lyon, *Périsse frères.* 70 c.

— L'Étendard de la foi, ou Instructions sur le Symbole des apôtres, avec des traits historiques. In-32. 1856. Châtillon-sur-Seine, *Cornillac.*

— Explication de l'ordinaire de la messe. Nouvelle édition. In-18. 1857. Lyon, *Périsse frères.*

— Les Fontaines de vie, ou Instructions sur la grâce, la prière et les sacrements ; avec des traits historiques. In-32. 1855. *Ibid.*

— La Forteresse du salut, ou le Souvenir des fins dernières de l'homme, avec des traits historiques. In-32. 1855. Châtillon-sur-Seine, *Cornillac.*

— La Guerre sainte, ou les Passions du cœur; avec des traits historiques. 2e édition. In-18. 1845. Lyon, *Guyot.*

— Le même. Nouvelle édition. In-12. 1858. Lyon, *Périsse frères.*

— Guide du catéchiste, ou Méthode pratique pour bien faire le catéchisme par l'explication de la lettre et par le développement du sens des réponses. In-12. 1858. *Ad. Le Clere et Cie.* 3 fr.

— Manuel des enfants de Marie, ou Moyens de conduite pour la conquête du royaume des cieux, à l'usage des pensionnats. Nouvelle édition. In-12. 1856. Lyon, *Périsse frères.*

— Le Mont Sinaï, ou Instructions sur les commandements de Dieu et de l'Église. In - 32. 1855. Châtillon-sur-Seine, *Cornillac.*

— La Morsure du serpent, ou Instruction sur la malice du péché et sur la prière, remède efficace contre ce souverain mal, avec des traits historiques. In-32. 1855. *Ibid.*

— La Nouvelle Babylone, ou Instructions sur les dangers du monde; avec des traits historiques. In-32. 1855. *Ibid.*

— Prodige d'amour, ou Traité de la présence réelle de Jésus-Christ dans l'Eucharistie, avec des traits historiques. In-18. 1858. Lyon, *Périsse frères.*

— Le Retour à Dieu, ou Motifs de conversion, avec des traits historiques. In-18. 1857. *Ibid.* 70 c.

— Le Sacrifice de l'autel, ou Traité de l'excellence de la sainte messe, avec des traits historiques. In-18. 1858. *Ibid.* 40 c.

— Les Serpents et les Fleurs de la prairie, ou Instructions sur les péchés et les vertus; avec des traits historiques. In - 32. 1855. Châtillon-sur-Seine, *Cornillac.*

— Suivez-moi et je vous guiderai, ou Traité des dispositions à la confession, avec des traits historiques. In-12. 1858. *Ibid.*

— Traité de la sainte communion, avec des traits historiques. In-18. 1861. *Ibid.* 1 fr. 50 c.

— Traité de l'excellence de la sainte messe, avec des traits historiques. In-18 avec frontispice. 1846. Lyon, *Guyot.*

— Traité de la présence réelle de Jésus-Christ dans l'Eucharistie. Nouvelle édition. In-18. 1846. *Ibid.*

— Traité de la divinité de la confession. 2e édition. In-18. 1845. *Ibid.*

— Traité de la divinité de l'Église romaine. 2e édition. In-18. 1844. *Ibid.*

— Traité de la nécessité d'une religion révélée. 2e édition. In-18. 1844. *Ibid.*

— Traité de la vérité du christianisme. 2e édition. In-18. 1844. *Ibid.*

— Traité de l'authenticité des livres saints. 2e édition. In-18. 1844. *Ibid.*

— Traité de la divinité de Jésus-Christ. 2e édition. In-18. 1845. *Ibid.*

— Traité de l'existence de Dieu. 2e édition. In-18. 1844. *Ibid.*

— Traité des dispositions à la confession. 2e édition. In-18. 1844. *Ibid.*

— Traité des marques de l'Église. 2e édition. In-18. 1844. *Ibid.*

— Trésor des enfants de Marie, ou Méditations

catholiques sur les principaux devoirs de la vie chrétienne. Nouvelle édition. In-18. 1860. Lyon, *Périsse frères.*

— Venez à moi et je vous soulagerai, ou Traité de la divinité de la confession, avec des traits historiques. In-18. 1858. *Ibid.* 40 c.

— La Vertu des séraphins, ou l'Amour de Jésus-Christ; avec des traits historiques. 2e édition. In-18. 1856. Lyon, *Guyot.*

Autre édition. In-18. 1857. *Périsse frères.*

— Les Vertus des chérubins, ou l'Amour de Dieu, avec des traits historiques. 2e édition. In-18. 1857. Lyon, *Périsse frères.*

— La Vertu des séraphins, ou l'Amour de Jésus-Christ, avec des traits historiques. In-18. 1857. *Ibid.*

— Le Voyage angélique, ou le Palais de l'amour divin, avec des traits historiques. In - 18. 1857. *Ibid.*

AUBERT (Maurice).

— Souvenir du salon de 1859, contenant une appréciation de la plupart des œuvres admises à cette exposition des beaux-arts, et résumé sommaire des critiques contradictoires, extraites des journaux et revues. In-18. 1859. *Tardieu.* 1 fr. 50 c.

AUBERT (Michel Théophile), commissaire de police, remplissant les fonctions du ministère public près le tribunal de police d'Orléans, né à Chateaudun (Eure-et-Loir), en 1813.

— Le Casier des lois anciennes, promulguées avant 1789 et depuis cette époque jusqu'au 15 mars 1863, etc. 1re livraison. In-8o. 1863. Le Havre, *imprimerie Carpentier et Cie.* 1 fr.

— Le Carnet impérial; mémento des droits et devoirs politiques. In-8o. 1863. *Ibid.* 1 fr. 50 c.

AUBERT (P. A.).

— Équitation des dames. In-8o avec 20 pl. 1842. *Chez l'auteur, grande rue de Chaillot*, 48. 12 fr.

— Observations sur le moyen de simplifier le dressage des chevaux de troupe. In-8o. 1845. *Delacour.*

— Quelques Observations sur le système de M. Baucher pour dresser les chevaux. Doit-on adopter ce système pour les régiments de cavalerie de l'armée? In-8o. 1842. *Leneveu.* 2 fr.

AUBERT (Parent-). — Voy. **Parent-Aubert.**

AUBERT (Théophile).

— Qui triomphera? l'Église ou la Révolution? In-8o. 1861. *Douniol.* 1 fr.

AUBERT DE LA CHENAYE-DESBOIS. — Voy. **La Chenaye.**

AUBERT DU PETIT-THOUARS. — Voy. **Du Petit-Thouars.**

AUBERT-ROCHE (Louis), médecin, chef actuel du service médical de la compagnie du canal de Suez, né à Vitry-le-François, vers 1800.

— Essai sur l'acclimatement des Européens dans les pays chauds. In-8o avec 1 carte de la mer Rouge. 1854. *J. B. Baillière.* 3 fr. 50 c.

— De la Peste ou Typhus d'Orient; documents et observations recueillis pendant les années 1834 à 1838, en Égypte, en Arabie, sur la mer Rouge, en Abyssinie, à Smyrne et à Constantinople;

suivis d'un Essai sur le hachisch, etc. In-8º. 1843. *Just Rouvier*. 5 fr. 50 c.

— De la Réforme des quarantaines et des lois sanitaires de la peste. In-8º. 1844. *Ibid.* 3 fr.

AUBERTIN, colonel.

— Cosmogonie, ou Génération de l'univers. In-8º de 9 f. 1848. Metz, *imprimerie de Lamort*.

AUBERTIN (le R. P. Anthonin).

— La Vie de sainct Astier, religievx, anachorète, confessevr, par le R. P. Anthonin Aubertin, prieur de l'abbaye d'Estival, de la congrégation d'ancienne rigueur de l'ordre des Prémontrés. A Nancy, par Anthonin Charlot, imprimeur devant la primatiale. MDCLVI. In-8º. [1855, Périgueux, *imprimerie Faure*.]

AUBERTIN (Charles), ancien élève de l'École normale, professeur à la Faculté des lettres de Dijon, docteur ès lettres, officier d'instruction publique, né en 1825, à Saint-Dizier (Haute-Marne).

— Compositions littéraires françaises et latines sur les sujets dictés par les Facultés dans les examens du baccalauréat ès lettres, avec des conseils, des préceptes, des applications et des développements. In-12. 1854. *Dezobry et Magdeleine*. 2 fr. 50 c.

— Étude critique sur les rapports supposés entre Sénèque et saint Paul. In-8º. 1857. *Aug. Durand*. 5 fr.

Thèse pour le doctorat ès lettres.

— De Sapientiæ doctoribus qui a Ciceronis morte ad Neronis principatum viguere. In-8º. 1857. *Ibid.* 2 fr.

Thèse pour le doctorat.

M. Aubertin a publié des éditions classiques annotées d'*Horace*, de *Virgile*, de *Salluste*, d'*Ovide*, de *Phèdre*, de *Lafontaine* et de *Boileau*.

AUBERTIN (Charles) a traduit en français : « Prométhée enchaîné », d'*Eschyle*.

AUBERTIN (Gabriel Henry), ancien professeur à Paris, né à Paris, en 1809. Il vit retiré en Belgique depuis 1852.

— Grammaire moderne des écrivains français. In-12. 1862. Bruxelles, *Lacroix, Verbœckhoven et Cie.* 6 fr.

— La première grammaire, ou les huit Espèces de mots. In-12. 1864. *Ibid.* 1 fr.

M. Aubertin a collaboré à plus de 50 journaux français et étrangers.

AUBERTUIS.

— Fastes de la Marine. In-12 avec portrait. 1842. Limoges, *Ardant*. 1 fr. 40 c.

AUBERVAL (Mlle Mina d').

— Quatre nouvelles fantastiques. L'Espion du foyer. Le Saule pleureur. La Double vue dans les nuages. La Pépite d'or. In-8º. 1859. *Imprimerie Noblet*.

AUBIERS (V. DES). — Voy. **Des Aubiers**.

AUBIGNÉ (Théodore Agrippa d'), littérateur, historien, défenseur du protestantisme, né en 1550, mort en 1630. Il était le grand-père de Mme de Maintenon.

— Les Aventures du baron de Fœneste. Nouvelle édition, revue et annotée, par M. Prosper Mérimée. In-16. 1855. *Jannet*. 5 fr.

Collection de la Bibliothèque elzévirienne.

— De la Douceur des afflictions, opuscule inconnu de Th. Agrippa d'Aubigné, adressé, en l'an 1600, à Madame, sœur de Henri IV, auquel on a ajouté le morceau intitulé : l'Hercule chrestien, tiré de ses petites œuvres mêlées. In-8º. 1856. *Aubry*. 1 fr. 50 c.

— Mémoires de Théodore Agrippa d'Aubigné, publiés pour la première fois d'après le manuscrit de la Bibliothèque du Louvre, suivis de fragments de l'Histoire universelle de d'Aubigné et de pièces inédites, par M. Lalanne. In-12. 1854. *Charpentier*. 3 fr. 50 c.

— Les Tragiques. Nouvelle édition, revue et annotée, par Ludovic Lalanne. In-16. 1857. *Jannet*. 5 fr.

Collection de la Bibliothèque elzévirienne.

AUBIGNÉ (J. H. MERLE D'). — Voy. **Merle d'Aubigné**.

AUBIGNEU (A. SOUCHON D'). — Voy. **Souchon**.

AUBIGNY (d'), auteur dramatique.

— Les Deux sergents; drame en trois actes. In-8º. 1840. *Tresse*. 60 c.

— L'Homme gris; comédie en trois actes et en prose. In-8º. 1842. *Ibid.* 60 c.

Avec M. Poujol.

AUBIGNY (le marquis d').

— Fœdera; comédie en un acte et en vers. In-12 de 3 f. 1854. *Imprimerie Claye*.

— Scènes intimes. In-12. 1854. *Comon*.

AUBIGNY (Charles d'), avocat, chef de bureau au ministère de la marine, né à Lyon, en 1805.

— Pensées et souvenirs. In-12. 1862. *Maillet*. 3 fr. 50 c.

— Recueil de jurisprudence coloniale en matière administrative, civile et criminelle, contenant les décisions du conseil d'État et les arrêts de la cour de cassation. 2 vol. in-4º. 1862-1863. *Imprimerie impériale*.

Cet ouvrage n'a pas été mis encore dans le commerce; il a été tiré à 500 exemplaires, dont 300 ont été distribués gratuitement entre les services métropolitains et coloniaux.

AUBIGNY (Mlle Estelle F.).

— Essai sur la Littérature italienne, depuis la chute de l'empire romain jusqu'à nos jours. In-8º. 1839. *Treuttel et Würtz*. 6 fr.

AUBIGNY (J. B. LECLÈRE D'). — Voy. **Leclère d'Aubigny**.

AUBIN (J. M.), maître de pension.

— La Leçon du samedi. Simples conversations d'un instituteur avec ses élèves. Ouvrage divisé en 52 leçons et spécialement destiné à l'éducation morale des enfants. In-12. 1855. Vaugirard, *chez l'auteur, rue Blomet*, 29.

AUBINEAU (Léon), ancien élève de l'École des chartes, ex-rédacteur du journal « l'Univers », né à Paris, en 1815.

— Critique générale et réfutations. (M. Augustin Thierry.) In-18. 1851. *Rue de Lulli*, 3. 2 fr.

Fait partie de la collection : Bibliothèque nouvelle. Religion, histoire, sciences, littérature, par une société d'écrivains catholiques sous la direction de M. Louis Veuillot.

— Histoire des petites sœurs des pauvres. In-18. 1852. *Imprimerie Bailly.*

Cet opuscule, publié d'abord dans le journal « l'Univers », a été également imprimé la même année à Nancy, chez V⁰ Raybois et Grimblot. Il se trouve aussi dans le volume intitulé « les Serviteurs de Dieu ». (Voy. ci-après.)

— Les Jésuites au bagne. Toulon. Brest. Rochefort. Cayenne. 5ᵉ édit. In-18. 1862. *Douniol.* 2 fr. 50 c.

La 1ʳᵉ édition a paru en 1859, chez *Gaume frères.*

— Notice sur M. Desgenettes, curé de Notre-Dame des Victoires. In-18. 1860. *Ibid.* 50 c.

— Notices littéraires sur le xvIIᵉ siècle. In-8⁰. 1859. *Gaume frères.* 6 fr.

— Notice sur Mᵐᵉ la marquise Le Bouteiller. In-18. 1857. *Bray.* 50 c.

— Les Serviteurs de Dieu. In-18. 1852. *Vaton.*

Contient 5 notices qui avaient déjà été publiées dans « l'Univers ».

— Les Serviteurs de Dieu. 2 vol. in-12. 1860. Tournai, *Casterman.* 5 fr.

Contient 20 notices; celles du volume précédent y sont reproduites.

— Vie de la révérende mère Émilie, fondatrice et première supérieure générale des religieuses de la sainte famille de Villefranche de Rouergue, décédée le 19 septembre 1852, à Villefranche (diocèse de Rodez). In-12. 1855. [Blois], *Vivès.* 3 fr.

M. Léon Aubineau a publié les « Mémoires du P. René Rapin sur l'Église et la société, la cour, la ville et le jansénisme ».

AUBINEAU, dit PORTEVIN-LA-FIDÉLITÉ, charpentier.

— Traité complet et pratique de la construction des escaliers en charpente et en pierre. 2ᵉ édition. In-8⁰ avec 12 pl. et un atlas in-fol. de 30 pl. lithogr. 1865. *Chez l'auteur; Noblet et Baudry.* 12 fr.

1ʳᵉ édition, 1855. 12 fr.

AUBLET (Auguste).

— Lettre à M. Alphonse Karr sur la nécessité et la légitimité de la peine de mort. In-8⁰. 1864. *Dentu.* 50 c.

AUBOUIN (J.), professeur de langues.

— Grammaire espagnole. — Voy. *Sobrino.*

AUBOYER, médecin-vétérinaire.

— Opuscule sur l'île et les chevaux de la Camargue. In-8⁰. 1845. V⁰ *Bouchard-Huzard.* 1 fr.

Ouvrage couronné par la Société d'agriculture.

AUBRÉ (L. E.), professeur de dessin à l'École de Châlons.

— Cours de géométrie descriptive à l'usage des élèves des écoles impériales d'arts et métiers. 2 vol. in-4⁰ avec 13 pl. 1854-1855. Châlons-sur-Marne, *imprimerie lithographique Barbat.*

AUBRÉE (Ch.), chimiste et médecin.

— Opuscule photographique sur le collodion, son application sur les plaques de verre; instantanéité obtenue par un nouveau procédé. In-8⁰. *Imprimerie Carré.* 3 fr.

Avec A. Dubreuil.

— Traité pratique de photographie sur papier, sur verre et sur plaques métalliques. In-8⁰. 1851. *Germer Baillière.* 2 fr. 50 c.

AUBRET (Louis), conseiller au parlement de Dombes (1695-1748).

— Mémoires pour servir à l'histoire de Dombes.

Publiés pour la première fois, d'après le manuscrit de Trévoux, avec des notes et des documents inédits, par M. C. Guigue, ancien élève de l'École des chartes. Pièces justificatives. Livraisons 1 à 13. In-4⁰. 1865. Trévoux, *Damour.*

L'ouvrage formera 3 volumes et paraît par livraisons de 5 à 6 feuilles. Le prix de chaque livraison est fixé à 2 fr. pour les souscripteurs.

AUBRIL.

— Essai sur la barbe et sur l'art de se raser. In-12 avec 1 pl. 1860. *Dentu.* 1 fr.

AUBRIN (Antoine).

— Loisirs d'un républicain malgré lui (poésies). In-8⁰. 20 f. 1851. *Garnier frères.*

AUBRION (Jean), chroniqueur français, mort en 1501.

— Journal de Jehan Aubrion, bourgeois de Metz, avec sa continuation par Pierre Aubrion. 1465-1512. Publié en entier pour la première fois, par Lorédan Larchey. In-8⁰ avec un plan de la ville de Metz au xvᵉ siècle. 1857. Metz, *imprimerie Blanc.* 20 fr.

Tiré à 200 exemplaires.

AUBRUN (Adolphe).

— Agriculture matérielle, canevas utile à l'agriculture; physique, politique et religion. Manuel des curieux et du laconique philosophe. In-8⁰, 63 p. 1851. Poitiers, *Létang.*

AUBRY.

— Nouveau guide de cubage. In-8⁰, 43 p. 1864. La Rosière (Haute-Saône), *chez l'auteur.* 1 fr.

AUBRY (Charles), doyen et professeur de code Napoléon à la Faculté de droit de Strasbourg, né à Saverne (Bas-Rhin), en 1803. Il a traduit de l'allemand avec M. C. Rau : « Cours de droit civil français », de C. S. *Zachariæ.*

AUBRY (Isidore).

— Indiscrétions d'un paletot, recueillis et publiées, sans l'approbation de l'auteur, par son, de son vivant, maître et ami Isidore Aubry. In-8⁰. 1862. Troyes, *Bouquot.*

AUBRY (Maurice), banquier à Paris, ancien membre de l'Assemblée législative, né à Mirecourt (Vosges), en 1820.

— Les Banques d'émission et d'escompte, suivi d'un tableau graphique de la marche comparée des taux de l'escompte en Europe pendant les dix dernières années, et d'un tableau synoptique des sept banques publiques françaises. In-8⁰. 1864. *Guillaumin et Cⁱᵉ.* 5 fr.

— Théorie et pratique, ou Union de l'économie politique avec la morale. In-12. 1851. *Ibid.* 1 fr. 25 c.

AUBRY (Paul).

— L'Amour et Psyché; vaudeville en un acte. In-8⁰. 1858. *Beck.* 60 c.

AUBRY (Pierre), pseudonyme de Ch. P. P. **Goubaux.**

AUBRY-LE-COMTE (Charles Eugène), conservateur de l'Exposition permanente des colonies, né à Paris, en 1821.

— Culture et préparation du thé. In-8⁰. 1865. *P. Dupont.* 1 fr.

— Culture et production du tabac dans les colonies françaises. In-8°. 1865. *Challamel aîné.* 1 fr.

— Culture et production du café dans les colonies. In-8°. 1865. *Ibid.* 1 fr.

— Législation et production du sucre de canne. In-8° avec 1 pl. 1865. *Ibid.* 1 fr. 25 c.

— Produits tirés des eaux et des rivages dans les colonies françaises. In-8°. 1865. *Ibid.* 1 fr.

Toutes ces brochures sont extraites de la « Revue maritime et coloniale ».

AUBRYET (Xavier), littérateur et journaliste, né à Pierry (Marne), en 1827.

— La Femme de vingt-cinq ans. 2e édition. In-12. 1858. *Lévy frères.* 1 fr.

— Les Jugements nouveaux. Philosophie de quelques œuvres. In-12. 1860. *Librairie nouvelle.* 3 fr.

AUBUISSON DE VOISINS (J. F. d'), ingénieur en chef au corps des mines.

— Stabilité de l'Église catholique contre l'idolâtrie, l'hérésie et l'impiété. In-8°. 1849. Toulouse, *Douladoure.*

— Traité d'hydraulique à l'usage des ingénieurs. 3e édition. In-8°, avec 5 pl. 1858. *Pitois-Levrault et Cie.* (*Langlois et Leclerq.*) 10 fr.

La 1re édition a paru en 1834. La 3e est la reproduction exacte de la 2e édition [1849], quoique le titre porte les mots : « considérablement augmentée ».

AUBURTIN (Ernest), médecin, ancien chef de clinique à l'hôpital de la Charité, né à Metz (Moselle), en 1825.

— Considérations sur les localisations cérébrales et en particulier sur le siége de la faculté du langage articulé. In-8°, 66 p. 1863. *V. Masson et fils.* 1 fr.

Extrait de la « Gazette hebdomadaire de médecine et de chirurgie ».

— Recherches cliniques sur les maladies du cœur, d'après les leçons de M. le professeur Bouillaud. Précédées de Considérations de philosophie médicale sur le vitalisme, l'organicisme et la nomenclature médicale, par M. le professeur Bouillaud. In-8°. 1855. *Viat.* 6 fr.

— Recherches cliniques sur le rhumatisme articulaire aigu. Anatomie pathologique, diagnostic, symptômes. Péricardite, endocardite, méningite cérébrale et rachidienne de nature rhumatismale. In-8°. 1860. *Adr. Delahaye.* 3 fr. 50 c.

AUBURTIN (Joseph), ancien capitaine-quartier-maître.

— Nouvelle théorie de l'univers; poëme didactique en 12 chapitres, avec des notes explicatives. In-12. 1842. *Garnier, rue Saint-Honoré,* 335. 5 fr.

AUBUS (André), employé dans les bureaux de l'inspection forestière du Gard, né à Uzès, en 1824.

— Poésies morales et religieuses. In-16. 1865. Uzès, *chez l'auteur.* 2 fr. 75 c.

AUCAIGNE (Félix).

— L'Alliance russo-américaine. In-8°. 1863. *Dentu.* 1 fr.

— L'Opposition décapitée et la majorité solide du Corps législatif, 1863-1864. In-8°. 1864. *Dentu.* 1 fr.

AUCAIGNE (Stanislas).

— Théorie sociétaire de Ch. Fourier. Espérance et bonheur. In-12. 1841. Lyon, *place des Terreaux,* 16. 2 fr. 50 c.

— Théorie sociétaire de Charles Fourier. Réalisation du monde transitoire, ou le Dimanche du pauvre, etc. In-18. 1841. Lyon, *imprimerie Lépagnez.*

AUCAPITAINE (le baron Henri), sous-lieutenant au 36e de ligne, adjoint aux affaires arabes, né à La Rochelle, en 1833.

— Les Confins militaires de la grande Kabylie sous la domination turque (province d'Alger). In-18. 1857. *Moquet.*

— Étude sur la caravane de la Mecque et le commerce extérieur de l'Afrique. In-8°. 1862. *Challamel aîné.* 50 c.

— Étude sur les Druses. In-8°. 1862. *Ibid.* 1 fr.

Extrait des « Annales des voyages ».

— Étude sur l'origine des tribus berbères de la Haute-Kabylie. In-8°. 1859. [*Imprimerie impériale.*] *Challamel.* 1 fr. 50 c.

Extrait du « Journal asiatique ».

— Études récentes sur les dialectes berbers de l'Algérie. In-8°. 1859. *Challamel aîné.* 1 fr. 25 c.

— Les Kabyles et la colonisation de l'Algérie; études sur le passé et l'avenir des Kabyles. In-18. 1863. *Ibid.* 2 fr. 50 c.

— Mollusques terrestres d'eau douce observés dans la Haute-Kabylie. In-8°. 1862. *Ibid.* 1 fr.

Extrait de la « Revue et Magasin de zoologie ».

— Notice sur la tribu des Aïh-Frooncen. In-8°. 1861. *Ibid.* 1 fr.

Extrait de la « Revue africaine ».

— Le Pays et la société kabyle. Expédition de 1857. In-8°. 1858. *Ibid.* 1 fr.

— Les Yem-Yem, tribu anthropophage de l'Afrique centrale. In-8°. 1858. *Ibid.* 75 c.

— La Zaouïa de Chellata. Excursion chez les Zouaoua de la Haute-Kabylie. In-8° avec carte. 1861. Genève, *imprimerie J. G. Fick.* 2 fr.

Extrait des « Mémoires de la Société de géographie de Genève ».

AUCHER (James), conseiller de préfecture à Nevers, né à Blois, en 1840.

— Code du contentieux des contributions directes, contenant la législation, la jurisprudence du conseil d'État et les instructions ministérielles sur la matière. In-8°. 1864. [Le Mans.] *Ve Berger-Levrault et fils.* 8 fr.

AUCHER-ÉLOY (Rémi), né à Blois en 1793, mort à Ispahan, en 1836.

— Relations de voyages en Orient de 1830 à 1838; revues et annotées par M. le comte Jaubert. 2 vol. in-8° avec 1 carte. 1842. *Roret.* 12 fr.

AUCOC (Léon), maître des requêtes au conseil d'État, né à Paris, en 1828.

— Introduction à l'étude du droit administratif. 1re conférence faite à l'École impériale des ponts et chaussées. In-8°. 1865. *Paul Dupont.* 1 fr.

— Des Obligations respectives des fabriques et des communes relativement aux dépenses du culte, etc. In-8°. 1858. *Cotillon.* 1 fr. 50 c.

Extrait de la « Revue critique de législation ».

— Des Sections de commune. Des droits, des charges, des ressources propres des sections, de la gestion de leurs biens et de la représentation de leurs intérêts. In-12. 1858. *P. Dupont.* 4 fr.

— Le même. 2e édition, refondue et considérablement augmentée, sous le titre de : « Des Sections de commune et des bois communaux qui leur appartiennent. De l'origine des droits, des charges, etc. » In-8°. 1864. *Ibid.* 3 fr.

— Les Sections de commune et la loi du 28 juillet 1860 sur la mise en valeur des biens communaux. Essai de statistique des sections. In-8°. 1863. *Guillaumin et Cie.* 2 fr.

Extrait du « Journal des Économistes ».

— Voirie urbaine : Des alignements individuels délivrés par les maires en l'absence de plans généraux. Limites du pouvoir des maires. In-8°. 1862. *Cotillon.* 1 fr. 50 c.

Extrait de la « Revue critique de législation ».

On doit encore à M. L. Aucoc d'assez nombreux articles insérés dans « l'École des communes » et dans la « Revue critique de législation et de jurisprudence ».

AUCTOR (E. D.).

— La Costumétrie. Art de vêtir mis en corps de sciences. 2 vol. gr. in-8° et atlas in-4° de 94 pl. 18... (vers 1860). [Paris et Lyon.] Paris, *chez Mme Gounel, rue Bonne-Nouvelle*, 2. 50 fr.

AUDÉ (Pierre Antoine), lieutenant-colonel du génie en retraite, né à Lanslebourg (Savoie), en 1775, mort à Paris, en 1848.

— Nouvelles expériences sur la poussée des terres. Mémoire revu par M. le général Poncelet, avec des additions par M. Domergue, capitaine du génie, et une Notice sur l'auteur. In-8° avec 4 pl. 1849. *Bachelier.* 4 fr. 50 c.

AUDEBART (baron DE FÉRUSSAC D'). — Voy. Férussac.

AUDEBERT (A.).

— Vie de Mgr. Sibour, archevêque de Paris. In-32°. 1857. *Bertin.*

AUDEBRAND (Philibert), journaliste et romancier, né à Issoudun, en 1816.

— Les Mariages d'aujourd'hui. In-12. 1865. *Dentu.* 3 fr.

— Le Panier de pêches; comédie-vaudeville. — Voy. *Kock* (H. de) *et Audebrand.*

— Un Petit-fils de Robinson. Illustrations de G. Fath et Freeman. Gr. in-8°. 1864. *Lefèvre.* 10 fr.

— Schinderhannes et les bandits du Rhin. In-12. 1863. *Hetzel.* 3 fr.

— Voyage et aventures autour du monde de Robert de Kergorieu. Gr. in-8°. 1862. *Lefèvre.* 15 fr.

M. Audebrand a encore publié : Feuilles volantes, Historiettes, et Menus propos, tous les trois en collaboration avec M. René de Rovigo. — Voy. ce nom.

AUDELANGE (FAIVRE D'). — Voy. Faivre.

AUDELANGE (L. D'HAUTECOUR, baron d'). — Voy. d'Hautecour.

AUDEVAL (Élie Adolphe Hippolyte), romancier, journaliste et auteur dramatique, né à Limoges (Haute-Vienne), en 1824.

— Les Demi-dots. In-12. 1862. *Hetzel.* 3 fr.

— La Dernière. Un mariage grec. In-12. 1863. *Ibid.* 3 fr.

Voy. aussi *Jallais et Audeval.*

M. Audeval collabore depuis 1857 au « Correspondant », à « la Patrie », à la « Revue contemporaine » et à la « Semaine des familles ».

AUDIARD (J. B.).

— Fabliaux politiques et moraux, ou Études critiques sur les travaux de la société française en général et de celle du Puy en particulier, avec la permission du bon Lafontaine. In-8° de 47 p. 1841. Le Puy, *Clet.*

AUDIAT (Louis), professeur de rhétorique à Saintes, né à Moulins-sur-Allier, en 1833.

— F. Péron (de Cérilly), sa vie, ses voyages et ses ouvrages. In-16. 1855. Moulins, *Énaut.* 1 fr. 50 c.

— Les Oubliés. I. André Mage de Fiefmelin, poëte du xvie siècle. In-8°. 1864. [Chaumont.] *Aubry.* 1 fr. 50 c.

— Les Oubliés. II. Bernard Palissy. In-12 avec portrait. 1864. [Saintes, *Fontanier.*] *Aubry.* 3 fr.

— Poésies. In-12. 1854. Moulins, *Énaut.* 1 fr.

— Poésies nouvelles. In-8°. 1857. *Ibid.* 1 fr.

— Les Poëtes propriétaires. In-12. 1862. Roanne, *imprimerie Ferlay.* 1 fr.

— Reginald Heber, poëte anglais, évêque de Calcutta; notice biographique et littéraire. In-8°. 1859. [Saintes.] *Lacroix.* 1 fr.

AUDIBERT.

— Petit manuel d'accouchement anormal, ou Description pratique du forceps indicateur représentant sur ses branches un grand nombre de figures. In-8°. 1844. *Just Rouvier.* 2 fr.

AUDIBERT (l'abbé).

— Manuel de l'association du zèle, pour la gloire de Dieu, l'augmentation de son amour dans les cœurs, et la conversion des pécheurs. In-18. 1844. Marseille, *imprimerie Olive.* 2 fr.

AUDIBERT (L.).

— Aux ouvriers mécaniciens. Tableau pratique pour la racine carrée et la racine cubique de tous les nombres, servant au praticien pour parcourir tous les ouvrages spéciaux qui circulent en France sur la construction et le calcul des machines à vapeur, roues hydrauliques, etc.; nombreuses applications à la construction. In-8° avec 1 tableau. 1858. [Le Havre], *Lacroix.* 1 fr. 50 c.

AUDIBERT (Louis François Hilarion), littérateur et journaliste, né à Paris, en 1797, mort à Paris, en 1861. Il occupa plusieurs fonctions importantes dans l'administration, d'où il se retira en 1830.

— Indiscrétions et confidences. Souvenirs du théâtre et de la littérature. In-18. 1857. *Dentu.* 2 fr.

— Louis XI, le cardinal de Retz et Talma, suivis de nouvelles inédites et morceaux d'histoire et de littérature. In-8°. 1845. *Rue du Helder*, 23. 4 fr.

AUDIBERT (Maxime), directeur des écoles d'industrie de la Société de bienfaisance de Marseille.

— Nouvel alphabet des alphabets, ou Méthode rationnelle pour apprendre à lire facilement et en peu de temps, contenant un petit traité de prononciation, etc. In-8°. 1840. [Marseille, *chez l'auteur.*] *Hachette.*

— Traité de mnémotechnie générale, ou l'Art d'aider la mémoire, appliqué à toutes les sciences. 2e édition. In-18 avec 8 pl. 1844. *Rue du Temple*, 57. 4 fr.

AUDIBRAN, chirurgien-dentiste à Paris.

— L'Art du dentiste, considéré chirurgicalement, ou Nécessité de forcer les nouveaux dentistes, exerçant sans diplôme, à se faire recevoir, après avoir subi les examens voulus par les règlements. In-8°. 1844. *Chez l'auteur, rue de Valois*, 2. 2 fr.

— Fondation de la Société de chirurgie dentaire de Paris, approuvée par le chef de la Faculté de médecine. In-8°. 1847. *Ibid*. 3 fr. 50 c.

AUDIER (Jules), juge d'instruction a Die.

— Code des distributions et des ordres interprété par les documents législatifs, les instructions administratives et judiciaires, la doctrine et la jurisprudence, suivi de la saisie-arrêt, du transport des créances, etc. In-8°. 1865. [Grenoble, *Prudhomme*.] *Durand*. 5 fr.

— Revue sommaire de jurisprudence et de doctrine sur le privilège du cautionnement des officiers ministériels et comptables de deniers publics, et sur le privilège de vendeur des officiers ministériels. In-8°. 1862. [Grenoble, *Prudhomme*.] *Cosse et Marchal*. 1 fr. 25 c.

— Revue sommaire de jurisprudence et de doctrine sur la transcription hypothécaire. In-8°. 1862. Grenoble, *Prudhomme*. 1 fr.

AUDIERNE (l'abbé), inspecteur des monuments historiques du département de la Dordogne, né à Sarlat (Dordogne), en 1798.

— Ban et arrière-ban de la sénéchaussée du Périgord en 1557, ou la Noblesse de cette province au xvie siècle. In-8°. 1857. Périgueux, *Dupont et Cie*.

— Épigraphie de l'antique Vésone, ou l'Importance et la splendeur de cette cité, établies d'après les inscriptions, etc. In-8°. 1858. *Ibid*. 3 fr.

— Indication générale des grottes du département de la Dordogne. In-8°. 1864. [Périgueux], *Dumoulin*. 1 fr.

— De l'Origine et de l'enfance des arts en Périgord, ou de l'usage de la pierre dans cette province avant la découverte des métaux. In-8° avec pl. 1863. *Ibid*. 3 fr.

— Le Périgord illustré. Guide monumental, statistique, pittoresque et historique de la Dordogne. In-8° avec grav. intercalées dans le texte. 1851. Périgueux, *Dupont*. 7 fr. 50 c.

M. l'abbé Audierne a publié et annoté une nouvelle édition de *Dupuy*, « l'Estat de l'Eglise de Périgord ».

AUDIFFRED (Alfred).

— Les premières pages de la vie. In-8°. 1855. *Ledoyen*. 2 fr. 50 c.

AUDIFFRED (Hyacinthe), mort en....

— L'Été à Aix en Savoie, nouveau guide. Partie pittoresque. Nouvelle édition. In-18. 1859. *Fontaine*. 3 fr.

La 1re édition est de 1851. Elle porte la mention « par le Dr Despine fils et Hyac. Audiffret ». — Voy. Despine.

— Un Mois à Vichy. Guide pittoresque et médical, indispensable aux touristes et aux baigneurs, suivi d'un indicateur général des hôtels, maisons garnies, etc. 3e édition. In-18 avec 6 lithographies. 1851. *Dauvin et Fontaine*. 3 fr. 50 c.

— Quinze jours au Mont-Dore. Souvenir de voyage. In-18 avec 2 lithographies et 1 carte. 1850. *Ibid*. 3 fr.

2e édition en 1853.

— Une Saison à Salins, guide pittoresque du baigneur, suivi de conseils sur l'usage des eaux de Salins, par le docteur Dumoulin. In-12 avec 4 grav. et 1 carte. 1861. *Fontaine*. 3 fr.

AUDIFFRENT (Georges), docteur-médecin.

— Appel aux médecins. In-8°. 1862. *Dunod*. 3 fr. 50 c.

AUDIFFRET (D. L.).

— Entre deux paravents, théâtre des salons de famille. 2e édition, augmentée et mêlée de couplets, suivie d'airs notés par Ch. Ricaud. In-8°. 1861. Marseille, *Camoin frères*. 4 fr.

— La Grande Chartreuse, le Mont-Blanc et l'Hospice du grand Saint-Bernard. Souvenirs d'un voyage en Dauphiné, en Savoie et en Suisse. In-18. 1845. *Waille*. 4 fr.

— Poëmes du foyer. In-12. 1857. *Dentu*. 3 fr.

AUDIFFRET (Louis Gaston, marquis d'), ancien pair de France, sénateur, membre de l'Institut, né à Paris, en 1787. Entre en 1812 dans l'administration des finances sous le comte Mollien, il devint, en 1829, président de la Cour des comptes.

— Aperçu des progrès du crédit public et de la fortune nationale, de 1789 à 1860. In-8°. 1861. *Guillaumin et Cie*.

Mémoire lu à l'Académie des sciences.

— Le Budget. In-8°. 1841. *Dufart*. 5 fr.

— La Crise financière de 1848. In-8°. 1848. *Amyot*. 2 fr.

— Examen des revenus publics. In-8° avec un tableau. 1839. *Dufart*. 3 fr.

— La Libération de la propriété, ou Réforme de l'administration des impôts directs et des hypothèques. In-8°. 1844. *Allouard*.

— Souvenirs sur l'administration financière de M. le comte de Villèle. — Voy. *Neuville* (de).

— Système financier de la France. 3e édition, revue et augmentée. 5 vol. in-8°. 1863-1864. *Guillaumin et Cie*. 37 fr. 50 c.

La 1re édition a paru en 1840, chez Dufart. 2 vol. in-8°. 15 fr. ; la 2e en 1854, en 5 vol. ; chez *Guillaumin*. 37 fr. 50 c.

AUDIGANNE (Armand), publiciste, placé à la tête du service de l'industrie au ministère du commerce et de l'agriculture, né en 1814.

— Les Chemins de fer aujourd'hui et dans cent ans chez tous les peuples. Économie financière et industrielle, politique et morale des voies ferrées. 2 vol. in-8°. 1858. *Capelle*. 15 fr.

— François Arago, son génie et son influence. Caractères de la science au xixe siècle. In-12. 1857. *Garnier frères*. 1 fr.

— Histoire électorale de la France, depuis la convocation des états généraux de 1789. In-8°. 1841. *Coquebert*. 6 fr.

— L'Industrie contemporaine, ses caractères et ses progrès chez les différents peuples du monde. In-8°. 1856. *Capelle*. 8 fr.

— L'Industrie française depuis la révolution de février, et l'Exposition de 1849. In-12. 1849. *Guillaumin*. 1 fr.

— Les Ouvriers d'à présent et la nouvelle économie du travail. In-8°. 1865. *E. Lacroix*. 6 fr.

— Les Ouvriers en famille, ou Entretiens sur les devoirs et les droits du travailleur dans les diverses relations de sa vie laborieuse. 6e édition. In-32. 1863. *Capelle*. 1 fr.

La 1re édition a paru en 1850. — Cet ouvrage a été couronné par l'Académie française et par la Société pour l'instruction élémentaire.

— Les Populations ouvrières et les Industries de la France. Études comparatives sur le régime et les ressources des différentes industries, sur l'état moral et matériel des ouvriers dans chaque branche de travail, et les institutions qui les concernent. 2e édition, entièrement refondue. 2 vol. in-8°. 1860. *Ibid*. 15 fr.

1re édition 1854. *Ibid*. 1 vol. 7 fr. — C'est un recueil de fragments déjà publiés dans la « Revue des Deux-Mondes ».

M. Audiganne a fourni beaucoup d'articles au « Correspondant », au « Journal des économistes », et à d'autres recueils périodiques.

AUDIGIER (le comte Henri d'), journaliste, né à Paris, en 1828.

— Histoire de Pierre Terrail, seigneur de Bayart, dit le Chevalier sans peur et sans reproche. In-12. 1862. *Dupray de la Mahérie*. 2 fr.

— Procès d'outre-tombe. Joseph Lesurques contre le comte Siméon. In-8°. 1861. *Dentu*. 1 fr.

— La Vie de garçon. Souvenirs anecdotiques, par un chroniqueur parisien. In-12. 1859. *Dentu*. 2 fr.

AUDIN (J. M. V.), homme de lettres et libraire, né en 1793, mort en 1851.

— Histoire de la vie, des ouvrages et des doctrines de Calvin. 5e édition. 2 vol. in-8° avec 2 portraits et 1 fac-simile. 1851. *Maison*. 12 fr.

La 1re édition a été publiée en 1841.

— Le même. Édition in-12. 2 vol. *Bray*. 7 fr.

— Le même. Abrégé. In-12. *Ibid*. 2 fr. 50 c.

— Histoire de la vie, des écrits et des doctrines de Martin Luther. 5e édition. 3 vol. avec atlas in-8° de 14 pl. 1845. *Maison*. 23 fr.

La 1re édition a été publiée en 1839.

— Le même. Édition in-12. 3 vol. 1850. *Bray*. 10 fr. 50 c.

— Le même. Abrégé. 3e édition. In-12. 1865. *Ibid*. 2 fr. 50 c.

— Histoire de Henri VIII et du schisme d'Angleterre. 2 vol. in-8° avec 1 portrait et 1 pl. de fac-simile. 1847. *Maison*. 15 fr.

— Le même. 2 vol. in-12. 3e édition. 1862. *Bray*. 7 fr.

— Le même. Abrégé. In-12. *Ibid*. 2 fr. 50 c.

— Histoire de Léon X et de son siècle. 3e édition. 2 vol. in-8°. 1851. *Maison*. 15 fr.

1re édition publiée en 1844.

— Le même. Édition in-12. 2 vol. *Bray*. 7 fr.

— Le même. Abrégé. In-12. *Ibid*. 2 fr. 50 c.

M. Audin a publié, sous le pseudonyme de *Richard*, un grand nombre de Guides-voyageurs. — Voy. *Richard*.

AUDIN-ROUVIÈRE (le docteur).

— La Médecine sans le médecin, ou Manuel de santé, ouvrage destiné à soulager les infirmités, à prévenir les maladies aiguës, à guérir les maladies chroniques sans le secours d'une main étran-

gère. 16e édition, revue et corrigée. In-12. 1864. *Chez l'auteur, rue d'Antin*, 10.

AUDINET (André Jacques Eugène), licencié ès lettres, inspecteur d'académie, agrégé des classes de grammaire et des classes supérieures dans l'ordre des lettres, né à Nouaillé (Vienne), en 1807.

— Prosodie latine élémentaire. 2e édition. In-18. 1845. *Belin-Mandar*.

AUDINET-SURVILLE.

— Histoire naturelle des insectes hémiptères. — Voy. *Amyot et Audinet-Surville*.

AUDISIO (Mgr. Guillaume), professeur au collège de la Sapienza à Rome, chanoine de Saint-Pierre au Vatican.

— Droit public de l'Église et des nations chrétiennes. Traduit de l'italien avec approbation de l'auteur, par M. le chanoine Labis, professeur au grand séminaire de Tournai. 4 vol. in-8°. 1864-1865. Louvain, *Peeters*. 14 fr.

— Introduction aux études ecclésiastiques. Traduite de l'italien. 2 vol. in-12. 1856. Tournai, *Casterman*. 3 fr.

— Leçons d'éloquence sacrée. Traduites de l'italien, par l'abbé J. A. Martigny. 2 vol. in-8°. 1844. Lyon, *Mothon aîné*. 10 fr.

— Autre édition. 1 vol. in-8°. 1859. Liège, *Meyers*. 3 fr.

AUDLEY (Charles Félix), professeur d'histoire, né en Angleterre, en 1807.

— Commentaire sur la loi d'enseignement. In-8°. *Tandou et Cie*. 1 fr. 25 c.

— De l'enseignement professionnel et de son organisation. In-8°. 1864. *Douniol*. 1 fr.

M. Audley a traduit : Histoire universelle de l'Église, par *Alzog*. Du principe de l'autorité dans l'Église, par *Wilberforce*. Le Cabinet anglais, de lord *Normanby*.

On lui doit encore divers travaux insérés dans le « Correspondant », « l'Ami de la religion », etc.

AUDLEY (Agathe PERIER, dame), femme du précédent, née à Rouen, en 1809.

— Les Veillées de la chaumière et de l'atelier. Imité de l'anglais, par Mme A. Audley. In-12. 1852. *Douniol*. 1 fr. 50 c.

Lise. Les Deux sœurs. La Fièvre au village. Les Deux mansardes. L'Étoile.

— Vie de Mme de Chantal. In-12. 1842. *Debécourt*.

Anonyme.

Mme Audley a publié des traductions anonymes de « la Lampe du sanctuaire », par le cardinal *Wiseman*, de « la Perle cachée », du même auteur, et de « les Deux nations (Sybil) », par B. *Disraéli*.

AUDOT (Louis Eustache), libraire à Paris et auteur d'un très-grand nombre d'ouvrages sur les sciences usuelles, né à Paris, en 1783.

— L'Art de faire à peu de frais les feux d'artifice. 4e édition, augmentée des nouveaux feux de couleurs, des fusées à parachutes, et de notions sur la lumière électrique. In-12 avec 10 pl. 1853. *Audot*. 2 fr.

— L'Art de chauffer par le thermo-siphon, ou calorifère à eau chaude, les serres et les habitations, suivi d'un article sur le calorifère à air chaud. 2e édition mise au courant du progrès. Petit in-4° avec 8 pl. 1857. *Ibid*. 3 fr.

— Bréviaire du gastronome, utile et récréatif, aide-mémoire pour ordonner les repas; par l'au-

eur de la Cuisinière de la ville et de la campagne. In-32. 1854. *Ibid.* 2 fr.

Anonyme.

— La Cuisinière de la campagne et de la ville,
ou Nouvelle cuisine économique. 43e édition.
In-18 avec 300 fig. dans le texte. 1864. *Ibid.* 3 fr.

Plusieurs éditions de cet ouvrage sont anonymes, ou signées
seulement des initiales L. E. A. — La 1re édition a été publiée
en 1818.

— La Nouvelle maison de campagne; jardinage,
économie de la maison, animaux domestiques,
d'après les documents recueillis et publiés par
M. L. E. A. Édition avec supplément et 217 fig.
In-12. 1864. *Ibid.* 3 fr.

C'est la 2e édition, la 1re est de 1854.
Cet ouvrage remplace celui de Mlle Aglaé Adanson qui porte
le même titre.

— Traité de la composition et de l'ornement
des jardins. 6e édition. 2 vol. in-4o oblong dont 1
de 168 pl. 1859. *Audot.* 25 fr.

M. Audot a fourni un grand nombre d'articles au « Bon jardinier ».

AUDOUARD (Mme Olympe), femme de lettres.

— Le Canal de Suez, chapitre détaché d'un
livre sur l'Égypte, qui paraîtra prochainement.
In-8o. 1864. *Dentu.* 1 fr.

— Comment aiment les hommes. 3e édition,
ornée du portrait de l'auteur. In-12. 1865. *Ibid.* 3 fr.

La 1re édition est de 1861.

— Histoire d'un mendiant. In-12. 1862. *Ibid.* 2 fr.

— Il n'y a pas d'amour sans jalousie et de jalousie sans amour; comédie en un acte et en
prose. In-12. 1863. *Ibid.* 1 fr.

— Un mari mystifié. In-12. 1863. *Ibid.* 3 fr.

— Les Mystères de l'Égypte dévoilés. In-12
avec portrait. 1865. *Ibid.* 3 fr. 50 c.

— Les Mystères du sérail et des harems turcs.
Lois, mœurs, usages, anecdotes. Dessins de
C. Rudhardt. In-12. 1863. *Ibid.* 3 fr. 50 c.

AUDOUIN (Jean Victor), professeur-administrateur au muséum d'histoire naturelle, membre de
l'Académie des sciences, entomologiste distingué,
né à Paris, en 1797, mort en 1841.

— Histoire des insectes nuisibles à la vigne, et
particulièrement de la pyrale. In-4o avec 23 pl.
1842. *Masson.* 72 fr.

La 1re livraison seule est de M. Audouin, le reste de l'ouvrage
est de MM. Milne Edwards et Blanchard.

M. Audouin a encore publié « les Insectes » dans le « Règne
animal », de J. *Cuvier.*

AUDOUIN (Martial) a traduit : « Henri VI », drame
de *Shakespeare.*

AUDOUIT (le docteur Edmond), ex-médecin
de la marine militaire, décédé.

— Études pathogénétiques et thérapeutiques
sur l'hydrocotyle asiatica. In-8o. 1857. *Baillière et
fils.* 2 fr.

Extrait du « Journal de la Société gallicane de médecine
homœopathique ».

— Du Progrès en thérapeutique par l'homœopathie. Deuxième lettre adressée en réponse au
docteur Perry. In-8o. 1856. *Ibid.* 1 fr.

— Du Tricophyton et du système du docteur
Bazin sur la teigne. In-8o, 60 p. 1857. *Ibid.*

Extrait du « Journal de la Société gallicane de médecine
homœopathique ».

— Album-Almanach des demoiselles. In-4o ob-

long avec 4 morceaux de musique. 1848. *Desesserts.* 14 fr.

Notices sur chaque mois. Description des plantes. Nouvelles,
poésies, et une comédie en un acte, en prose.

— L'Herbier des demoiselles, ou Traité complet
de la botanique présentée sous une forme nouvelle et spéciale. Ouvrage illustré de 230 fig. dans
le texte, etc. Nouvelle édition, revue et corrigée
par le docteur Hœfer. In-12. 1865. *Didier et Cie.*
Avec gravures noires, 5 fr.; color., 8 fr.

Édition in-8o avec grav. color. 10 fr.
La 1re édition a été publiée, en 1848, chez *Allouard et Kœppelin.*

— Atlas de l'Herbier des demoiselles. In-4o oblong avec 122 pl. 1849. *Ibid.* 18 fr.

— Histoire des moyens de communication, suivie d'un coup d'œil pittoresque et archéologique
sur les châteaux anciens et modernes. In-8o avec
8 lithographies. 1851. *Desesserts.*

— Les Plantes curieuses. In-12. 1850. *Ibid.* 4 fr.

AUDOYNAUD (Mathieu), professeur de mathématiques au lycée de Poitiers, né à Limoges
(Haute-Vienne), en 1832.

— Cosmographie très-élémentaire et purement
descriptive, rédigée d'après le programme de
l'arrêté ministériel du 3 décembre 1863, à l'usage
des élèves des lycées et collèges, des écoles professionnelles, et des gens du monde. In-12 avec
10 pl. 1864. [Poitiers], *Hachette et Cie.* 2 fr. 50 c.

2e édition en 1865.

— Complément de cosmographie, à l'usage des
élèves de mathématiques élémentaires (2e année).
In-12 avec 5 pl. 1865. *Ibid.* 1 fr. 50 c.

AUDRAN (Gérard), célèbre graveur, né en
1640, mort en 1703.

— Les Proportions du corps humain, mesurées
sur les belles figures de l'antiquité. Édition originale. In-fol. avec 30 pl. 1855. *Bance.* 9 fr.

Ouvrage publié pour la 1re fois en 1683.

AUDRAY-DESHORTIES (Eugène), littérateur.

— A propos des massacres de Syrie. Réflexions
sur les jeux scéniques de quelques hauts personnages; par un homme de rien. In-8o. 1861. *Imprimerie Noblet.* 50 c.

Il s'agit, selon toute apparence, du drame « les Massacres
de la Syrie », de M. Victor *Séjour*, qu'on a attribué généralement à M. *Mocquard.*

— Les Ombres gauloises. Rire et Satire. — Voy.
Chevalier.

— Les Souliers du poëte; épisode en un acte,
en vers. In-18. 1859. *Beck.* 60 c.

AUDRIOT, huissier à Metz.

— Analyse rimée du Code civil, suivi d'un extrait en vers du Code de procédure, concernant
les principaux actes des huissiers. In-8o. 1852.
Metz, *Verronnais.* 1 fr.

AUDUBERT (l'abbé J. P. B.) a publié une édition classique de l'Appendix de diis et heroibus
poeticis du P. *Jouvency*, avec notes, index mythologique et dictionnaire.

AUDUBON (John J.), naturaliste américain, d'o-
rigine française, né en 1782 à la Louisiane, mort
en 1851.

— Scènes de la nature dans les États-Unis et le
nord de l'Amérique. Ouvrage traduit d'Audubon,
par Eugène Bazin, avec préface et notes du traducteur. 2 vol. in-8o. 1857. *P. Bertrand.* 15 fr.

AUERBACH (Berthold), littérateur allemand populaire, né à Nordstetten (Wurtemberg), en 1812.

— Contes d'Auerbach. In-16. 1853. *Hachette.* 1 fr.

— Scènes villageoises de la Forêt-Noire. Traduites par Max Buchon. — Auerbach : Tolpatsch; la Pipe; Geneviève; Toinette; le Buchmayer; les Frères ennemis. — Poésies d'Hebel. In-12. 1853. Berne, *Dalp.* 2 fr. 25 c.

AUFAUVRE (Amédée), journaliste, né à Troyes, en 1818, mort en 1864.

— Les Enfants de la neige. In-12. 1864. *Brunet.* 2 fr.

— Le Fil de la Vierge, basquine. In-12. 1864. *Brunet.* 2 fr.

— Fontainebleau. Son château, sa forêt et les environs, Moret, Melun. Description historique, monumentale et pittoresque. In-18 avec vignette. 1850. *Garnier frères.* 75 c.

— Le Grand veneur, chronique du temps de Henri IV. L'Orphelin des Landes. In-4º. 1858. Troyes, *Bouquot.* 1 fr. 50 c.

— Guide du voyageur sur le chemin de fer de Paris à Montereau. In-18 avec 21 grav. et 1 carte du parcours. 1848. *Ibid.* 1 fr. 50 c.

— Une Histoire de chauffeurs, ou le Boucher de Vandeuvre, 1797. In-8º. 1854. Troyes, *imprimerie Caffé.*

— Hyères et sa vallée, guide historique, médical, topographique. Carte, plan, dessins. Biographie de Massillon, par Jules Janin. In-12. 1862. *Hachette et Cⁱᵉ.* 3 fr.

— Jean le Septembriseur, histoire de chauffeurs. 1797. In-4º. 1855. Troyes, *Bouquot.*

— Le Jour de l'an. Fourberies et déceptions. 12 dessins par Collet. In-8º. 1841. Troyes, *Anner-André.* 1 fr. 25 c.

— Louise Fleuriot; drame historique en cinq actes et en huit tableaux (tiré des Causes célèbres de la Champagne), mêlé de danses et de chants. In-12. 1864. Hyères, *Cruvès.*

— Les Masques noirs. Par la lucarne. Après l'orage. L'Héritage de Tantale. Un Gouffre de la Seine. In-12. 1863. *Brunet.* 2 fr.

— Les Masques noirs. Après l'orage. Entre onze heures et minuit. Un Gouffre de la Seine. L'Organiste Jean Raisin (nouvelles). In-4º. 1857. Troyes, *Bouquot.* 1 fr.

— Les Monuments de Seine-et-Marne. Description historique et archéologique, et reproduction des édifices religieux, militaires et civils du département. In-fol. avec 98 pl. 1858. *Chez les auteurs, rue de Sèvres,* 39. 176 fr.

Avec M. Charles Fichot. — Publié en 44 livr. à 4 fr.

— Les Tablettes historiques de Troyes depuis les temps anciens jusqu'à l'année 1855. In-8º. 1858. Troyes, *Bouquot.* 4 fr.

— Troyes et ses environs; Guide historique et topographique. Établissements publics; biographies; monuments civils et religieux, etc. In-12, avec plan et 7 grav. 1860. *Ibid.* 2 fr.

AUFRÈRE-DUVERNAY (Ch.), avocat à la cour d'Orléans.

— Notice historique sur les monuments érigés à Orléans en l'honneur de Jeanne Darc. In-8º. 1855. [Orléans, *Pagnerre.*] *Tresse.* 1 fr. 25 c.

AUFSCHLAGER (Th.), architecte, a traduit de l'allemand : « Principes du style gothique », de Fr. Hoffstadt.

AUGAN (J. B.).

— Cours de notariat, suivi d'un Tarif alphabétique et raisonné des droits d'enregistrement et d'hypothèques. 3e édition. 2 vol. in-8º. 1841. *Videcocq.* 30 fr.

AUGÉ (Lazare), ou plutôt Auger (car c'est lui-même qui a ainsi modifié l'orthographe de son nom), littérateur et publiciste, né en 1798, frère puîné d'Hippolyte Auger. (Voy. ci-après.)

— A quelles conditions la république (ou une monarchie) est possible comme nouveau et dernier gouvernement de la France. Réponse aux « Confessions d'un révolutionnaire » (M. P. J. Proudhon). In-8º. 1850. *Ladrange.* 2 fr.

— Constitution philosophique de l'immortalité, fondée sur l'hiérologie chrétienne, en opposition à l'ouvrage de M. P. Enfantin, intitulé : La Vie éternelle dans le passé, dans le présent, dans le futur. In-8º. 1862. *Ibid.* 1 fr. 50 c.

— Neuf pages décisives sur la Vie de Jésus de M. Ernest Renan. In-8º. 1863. *Dentu.* 50 c.

— Notice sur Hoëné Wronski, suivie du portrait de Wronski, par Mᵐᵉ Wronski, née S. de Montferrier. In-8º. 1865. *Ladrange.* 1 fr.

— Philosophie de la religion, ou Solutions des problèmes de l'existence de Dieu et de l'immortalité de l'homme. In-8º. 1860. *Durand.* 7 fr.

AUGER (l'abbé), vicaire de Saint-Eustache.

— Explication des évangiles des dimanches et principales fêtes de l'année. Ouvrage illustré de vignettes. In-12. 1865. *Ruffet et Cⁱᵉ.* 2 fr.

AUGER (l'abbé J. B. Armand), chef d'institution à Paris, membre de l'Institut historique, né à Saint-Valery en 1783, mort à Paris en 1854.

— L'Échelle catholique, ou Histoire de la religion chrétienne par siècles, suivi d'un tableau des fêtes et cérémonies de l'Église, par M. l'abbé J. B. A. A. In-12. 1847. *Vrayet de Surcy.*

Anonyme. — Petit ouvrage composé à la demande et pour l'usage particulier de l'évêque de l'Orégon, lors de son séjour à Paris.

M. l'abbé Auger a aussi traduit du grec des ouvrages de *Démosthène, Eschine, Isocrate, Lysias, saint Jean Chrysostome.* — Voy. ces noms.

AUGER (Alexandre), ouvrier mécanicien de Poitiers.

— Essais poétiques. In-12. 1846. Poitiers, *Oudin.*

AUGER (E.), ancien élève de l'École des chartes, a publié : « la Prophétie » de *Rouellond de Rouellondière.*

AUGER (Édouard).

— Voyage en Californie. (1852-1853.) In-16. 1854. *Hachette et Cⁱᵉ.* 1 fr. 50 c.

AUGER (Hippolyte), romancier et auteur dramatique, né à Auxerre, en 1797.

— Avdotia; roman russe. 2 vol. in-8º. 1846. *Pétion.* 15 fr.

— Benoit, ou les Deux cousins; drame en trois actes. In-8º. 1842. *Beck.* 50 c.

— La Bonté d'une femme; étude. In-8º. 1852. *Chez l'auteur.* 30 c.

— Le Commissionnaire. In-8º. 1852. *Chez l'auteur.* 30 c.

— L'Enfant prodigue; drame en trois actes, mêlé de chant. In-8º. 1840. *Tresse.* 50 c.

— Madame veuve Brue; suivi de : le Petit menuisier. 3 vol. in-8º. 1852. *Chez l'auteur.* 90 c.

— Les Perles de Genghis-Khan; roman de mœurs russes. 2 vol. in-12. 1859. *Mellier.* 7 fr.

— Physiologie du théâtre. 5 vol. in-8º. 1839-1840. *Didot.* 37 fr. 50 c.

— La Question du théâtre au point de vue social. In-8º. 1848. *Tresse.*

— Simples romans. Un Roman sans titre. In-8º. 1846. *Pétion.* 7 fr. 50 c.

AUGER (Louis Simon), membre de l'Académie française, né à Paris, en 1772, mort en 1829. Il a composé un « Essai sur la vie et les ouvrages de Racine », imprimé en tête des éditions Furne et Didot des Œuvres de *Racine.*

AUGER (Victor).

— L'Empereur. In-18. 1853. *Garnier frères.*

AUGER DE BEAULIEU (H.).

— Puisque des rois épousaient des bergères...; pièce en trois actes, mêlée de chant. Gr. in-8º. 1860. *Mifliez.* 50 c.

Avec G. de Charnal. — Voy. aussi *Charnal et Auger de Beaulieu.*

AUGEROLLES (A. d').

— Souvenirs d'Asnières. Mademoiselle de Fontanges. Roman d'amour. In-18. 1852. *Librairie nouvelle.* 1 fr.

AUGERY (l'abbé PAYAN D'). — Voy. **Payan d'Augery.**

AUGICOUR-POLIGNY (le comte d').

— Le Monde moderne, ou Tableau des scènes de la vie, des mœurs et des idées. In-8º. 1843. *Dentu.* 7 fr. 50 c.

AUGIER (Casimir).

— Notre-Dame du Puy. Le Christianisme, Marie et son culte. Poésies. In-8º. 1845. Le Puy, *imprimerie Clet.*

AUGIER (Émile), poëte et auteur dramatique, membre de l'Académie française, né à Valence (Drôme), en 1820. Il est le petit-fils de Pigault-Lebrun.

— L'Aventurière; comédie en quatre actes, en vers. In-12. 1860. *Lévy frères.* 1 fr. 50 c.

1re édition. In-8º. 1848. *Hetzel.* 1 fr. 50 c.

— Un Beau mariage; comédie en cinq actes, en prose. In-12. 1859. *Ibid.* 2 fr.

Avec Ed. Foussier.

— Ceinture dorée; comédie en trois actes et en prose. In-12. 1855. *Ibid.* 1 fr. 50 c.

— La Chasse au roman; comédie-vaudeville en trois actes. In-12. 1851. *Ibid.* 1 fr.

Avec Jules Sandeau.

— Le même. In-4º. 1856. *Ibid.* 20 c.

— La Ciguë; comédie en deux actes et en vers. Nouvelle édition. In-12. 1853. *Ibid.* 1 fr. 50 c.

La 1re édition est de 1844. In-8º. *Furne.* 1 fr. 50 c.

— Diane; drame en cinq actes, en vers. 3e édition. In-12. 1853. *Ibid.* 2 fr.

1re édition. 1852. *Ibid.*

— Les Effrontés; comédie en cinq actes, en prose. In-8º. 1861. *Ibid.* 4 fr.

— Le même. In-12. *Ibid.* 2 fr.

— Le Fils de Giboyer; comédie en cinq actes, en prose. In-8º. 1862. *Lévy frères.* 4 fr.

— Le même. In-12. *Ibid.* 2 fr.

— Gabrielle; comédie en cinq actes et en vers. Nouvelle édition. In-12. 1856. *Ibid.* 2 fr.

La 1re édition est de 1851.

— Le Gendre de M. Poirier; comédie en quatre actes, en prose. In-12. 1854. *Ibid.* 2 fr.

Avec Jules Sandeau.

— L'Habit vert; proverbe en un acte, en prose. In-12. 1849. *Ibid.* 1 fr.

Avec Alfred de Musset.

— Le même (édition du Théâtre contemporain illustré). 1854. *Ibid.* 40 c.

— Un Homme de bien; comédie en trois actes et en vers. Nouvelle édition. In-12. 1857. *Ibid.* 1 fr. 50 c.

1re édition. In-12. 1845. *Furne.* 1 fr. 50 c.

— La Jeunesse; comédie en cinq actes et en vers. In-12. 1858. *Ibid.* 2 fr.

— Le Joueur de flûte; comédie en un acte, en vers. In-16. 1851. *Blanchard.* 1 fr. 50 c.

— Les Lionnes pauvres; pièce en cinq actes, en prose. In-12. 1858. *Lévy frères.* 1 fr. 50 c.

Avec E. Foussier.

— Maître Guérin; comédie en cinq actes, en prose. In-8º. 1864. *Ibid.* 4 fr.

— Le même. In-12. 1865. *Ibid.* 2 fr.

— Le Mariage d'Olympe; pièce en trois actes, en prose. 3e édition. In-12. 1859. *Ibid.* 1 fr. 50 c.

La 1re édition est de 1855.

— Les Méprises de l'amour; comédie en cinq actes et en vers. In-12. 1852. *Ibid.* 1 fr. 50 c.

— Les Pariétaires; poésies. In-16. 1855. *Ibid.* 1 fr.

— Philiberte; comédie en trois actes et en vers. 2e édition. In-12. 1853. *Ibid.* 1 fr. 50 c.

La 1re édition est de la même année.

— La Pierre de touche; comédie en cinq actes et en prose. Nouvelle édition. In-12. 1862. *Ibid.* 2 fr.

Avec J. Sandeau. — La 1re édition a paru en 1854.

— Poésies complètes. In-12. 1852. *Ibid.* 3 fr.

— Les mêmes. Nouvelle édition. In-12. 1856. *Ibid.* 1 fr.

— La Question électorale. In-8º. 1864. *Ibid.* 1 fr.

— Sapho; opéra en trois actes; musique de Charles Gounod. 2e édition. In-12. 1851. *Ibid.* 1 fr.

La 1re édition est de la même année.

— Théâtre. 6 vol. in-32. 1857. *Ibid.* 6 fr.

Collection Hetzel.

AUGIER (Joanny).

— Adrienne, ou le Diable au corps; comédie en un acte, mêlée de couplets. In-8º. 1843. *Marchant.* 40 c.

7

— Duchesse et poissarde ; comédie-vaudeville en deux actes. In-8°. 1842. *Rue Lepelletier*, 8.

Avec Adolphe Salvat.

— L'Ile de Calypso ; folie-vaudeville en un acte. In-8°. 1840. *Gallet*. 15 c.

Avec le même.

Voy. aussi *Labie*, et *Tournemine*.

AUGIER (Marie).

— Du Crédit public et de son histoire depuis les temps anciens jusqu'à nos jours. In-8°. 1842. *Guillaumin*. 5 fr.

— Douanes françaises. — Voy. *Mouret et Augier*.

AUGOYAT (Antoine Marie), écrivain militaire, colonel du génie, conservateur de la galerie des plans en relief à l'Hôtel des Invalides, né à Mâcon en 1783, mort en 1864.

— Aperçu historique sur les fortifications, les ingénieurs et sur le corps du génie en France. 3 vol. in-8°. 1858-1864. *Tancera*. 18 fr.

Un compte rendu de cet ouvrage a paru sous le titre : « le Corps du génie en France avant 1789 », par le colonel Augoyat ; compte rendu par J. B. In-8°. 1863. *Corréard*. 3 fr.

— Mémoires inédits du maréchal de Vauban sur Landau, Luxembourg, et divers sujets extraits des papiers des ingénieurs Hue de Coligny, et précédés d'une Notice historique sur ces ingénieurs, siècles de Louis XIV et de Louis XV. In-8° avec fac-simile. 1841. *Corréard*. 7 fr. 50 c.

— Relation de la défense de Torgau par les troupes françaises, en 1813, sous les généraux de division comte de Narbonne et comte du Taillis. In-8° avec 1 plan. 1840. *Leneveu*. 5 fr.

AUGRY (le P. Hippolyte), de la Société de Jésus.

— Retraite spirituelle selon la méthode de saint Ignace. — Voy. *Debrosse et Augry*.

AUGU (Henri), journaliste et romancier, né à Landau (Bavière), en 1818.

— Les Faucheurs polonais ; épisode de l'insurrection de 1830. In-12. 1863. *Dentu*. 1 fr.

— Les Français sur le Rhin. Édition illustrée de vignettes sur bois, d'après les dessins de M. C. Mettais. In-4°. 1864. *Charlieu et Huillery*. 1 fr. 80 c.

— Montgommery, ou les Anglais en Normandie. In-4°. 1865. *Cadot*. 50 c.

— Les Zouaves de la mort ; épisode de l'insurrection polonaise. In-12. 1863. *Dentu*. 3 fr.

M. Augu est rédacteur du « Siècle » depuis 1849 ; et il a collaboré comme écrivain politique ou comme romancier à la « Revue germanique », au « Monde illustré », aux « Veillées parisiennes », au « Journal de Cherbourg », à la « Réforme », et à d'autres publications littéraires.

AUGUEZ (Paul), écrivain soi-disant spirite.

— Les Chants du cœur ; poésies dédiées à S. M. Isabelle II. Petit in-4°. 1857. *Dentu*.

— Les Élus de l'avenir, ou le Progrès par le christianisme. In-8°, 241 p. 1864. *Imprimerie Pillet fils aîné*.

— Les Manifestations des esprits. Réponse à M. Viennet. In-8°. 1857. *Germer Baillière*. 2 fr. 50 c.

— Les Marchandes de plaisir ; avec une préface de M. le baron F. de Reiffenberg fils. In-18. 1856. *Dentu*. 1 fr. 50 c.

— Miroir des cœurs. Pensées et réflexions. In-12. 1855. *Nolet*. 2 fr.

— Moderne et rococo ; pensées, maximes, questions et paradoxes d'un admirateur du temps passé. In-16. 1854. *Passage Jouffroy*, 7.

— Parfums et Caprices ; poésies. In - 8° de 8 f. 1854. *Imprimerie Pillet fils aîné*.

— Religion. Magnétisme. Philosophie. Les Élus de l'avenir, ou le Progrès réalisé par le christianisme ; avec une introduction d'Henri Delaage. In-8°. 1856. *Dentu*. 5 fr.

Nouvelle édition en 1864.

— Spiritualisme. Faits curieux précédés d'une lettre à M. G. Mabru, suivis de l'extrait d'un compte rendu de la fête mesmérienne du 23 mai 1858 et d'une relation américaine des plus extraordinaires, publiés par M. Paul Auguez. In-8°. 1858. *Ibid.* 1 fr. 50 c.

***Augustin.** In-18. 1851. *Ducloux*. 2 fr. 50 c.

AUGUSTIN (saint), évêque de Hippone (Bone, en Afrique), né en 354, mort en 430 de notre ère.

— Opera edit. parisina altera emend. et auct. 11 tomes en 22 vol. gr. in-8°. 1836-1840. *Gaume*. 200 fr.

Réimpression de l'édition des Bénédictins. Paris. 1679 à 1700. 11 tomes, en 8 vol. in-fol.

— Opera omnia. — Voy. *Migne*, Patrologie latine, tomes 32 à 47.

— Opera. Édition *Caillau*, formant 41 vol. de la Collectio selecta SS. ecclesiæ patrum. 1829-1840.

— Œuvres complètes, traduites pour la première fois en français, sous la direction de M. Poujoulat et de M. l'abbé Raulx. Tomes I à III. Gr. in-8°. 1865. Bar-le-Duc, *Guérin*. Chaque vol. 7 fr. 50 c.

L'édition formera environ 12 vol.

— Catéchisme du diocèse d'Alger. — Voy. *Dagret*.

— La Cité de Dieu. Traduction nouvelle, avec une introduction et des notes par M. Émile Saisset. 4 vol. in-12. 1855. *Charpentier*. 14 fr.

— La même. Avec traduction française. Édition de la Collection Nisard. — Voy. *Nisard*.

— La même. Édition avec le texte latin. Traduction nouvelle par L. Moreau. 3 vol. in-8°. 1846. *Lesort*. 22 fr. 50 c.

— La même. Même traduction ; également avec le texte latin. 3 vol. in-12. 1853. *Lecoffre*. 10 fr.

— Confessionum libri tredecim. In - 32. 1863. *Jouby*. 1 fr.

— Les Confessions. Traduction nouvelle par l'abbé Gabriel A... 2 vol. in-18. 1862. Lyon, *Périsse frères*. 3 fr.

— Les mêmes. Publiées par l'abbé T. Boulangé. In-12. 1845. Tours, *Mame et Cie*. 1 fr.

— Les mêmes. Traduction nouvelle par M. de Saint-Victor, avec une préface par M. l'abbé Lamennais, et une notice historique sur les Manichéens. In-12. 1844. *Charpentier*. 3 fr. 50 c.

— Les mêmes. Traduction nouvelle par M. Paul Janet. In-12. 1857. *Ibid.* 3 fr. 50 c.

— Les mêmes. Traduction de L. Moreau. In-12 1858. *Gaume frères*. 3 fr. 50 c.

— Les mêmes. Traduction française d'Arnauld d'Andilly, très - soigneusement revue et adaptée pour la première fois au texte latin, avec une introduction par M. Charpentier. In-12. 1861. *Garnier frères*. 4 fr. 50 c.

Bibliothèque latine-française. (Réimpression de la Collection Panckoucke.)

— Les mêmes. Textes latin et français. Traduction de Léonce de Saporta. Nouvelle édition. In-12. 1844. *Royer.* 3 fr. 50 c.

— Les mêmes. Traduction de L. Moreau. Textes latin et français. 6e édition. In-8º. 1858. *Gaume frères.* 7 fr.

— Lettres; traduites en français et précédées d'une introduction par M. Poujoulat. 4 vol. in-8º. 1858. *Lesort.* 24 fr.

— Le Manuel de saint Augustin; traduit par J. d'Avenel. 2e édition. In-12. 1861. Rennes, *Hauvespre.* 50 c.

— Le Manuel de saint Augustin, suivi des Méditations de saint Bernard. Traduction nouvelle, par M. Alfred de Grozelier. In-18. 1853. *Sagnier et Bray.* 1 fr. 20 c.

— Meditationes, soliloquia et manuale. Accesserunt Meditationes B. Anselmi, D. Bernardi, et idiotæ viri docti contemplationes de amore divino. In-32. 1863. *Jouby.* 1 fr.

— Meditationes, soliloquia et manuale. Accesserunt Meditationes B. Anselmi, meditationes D. Bernardi, et idiotæ viri docti contemplationes. In-32. 1861. Lyon, *Périsse frères.* 1 fr.

— Méditations, soliloques et manuel. Traduction nouvelle, par Mme Camille L***. 2 vol. in-12. 1839. *Rue des Saints-Pères*, 69. 2 fr.

— Les mêmes. Traduction nouvelle, revue très-exactement sur le latin. In-12. 1862. Lyon, *Périsse frères.* 2 fr. 20 c.

— Morceaux choisis de saint Augustin, accompagnés de notes et remarques, et précédés d'une introduction historique et littéraire par M. Vaillant. In-12. 1853. *Delalain.* 1 fr. 75 c.

— Morceaux choisis de la Cité de Dieu. Édition nouvelle, adaptée à l'usage des classes, accompagnée de notes littéraires et historiques, rédigée par A. W., publiée sous la direction de M. l'abbé Cruice. In-12. 1853. *Périsse frères.* 1 fr. 50 c.

— Règle de Saint-Augustin. Traduction nouvelle, avec des réflexions morales, à l'usage des communautés religieuses de femmes. In-12. 1855. Tournai, *Casterman.* 1 fr. 75 c.

— Soliloquiorum libri duo. Édition publiée avec une introduction et des notes, par M. Pellissier. In-12. 1853. *Hachette.* 1 fr. 25 c.

— Soliloques. Traduction nouvelle, revue très-exactement sur le latin. In-12. 1862. Lyon, *Périsse frères.* 2 fr. 20 c.

Édition in-18. 1864. *Ibid.* 1 fr. 50 c.

— Les mêmes. Traduits en français avec le texte latin, une introduction et des notes, par M. Pellissier. In-12. 1853. *Hachette.* 2 fr. 50 c.

— Les mêmes. Traduction nouvelle avec des réflexions à la fin de chaque chapitre et précédées de prières diverses par M. l'abbé L. C***. In-32. 1847. *Lagny.* 1 fr. 50 c.

— Traité de la véritable religion. — *Voy. Migne*, Démonstrations évangéliques, tome 2.

Voy. aussi : Martin (André), S. Augustini philosophia.

AUGUSTIN DE NARBONNE (le P.).

— Sermons. — *Voy. Migne*, Collection des orateurs sacrés. 1re série, tome 33.

AULAGNIER (Antonin), professeur et éditeur de musique à Paris, né à Manosque (Basses-Alpes), en 1800.

— Traité des intonations. Méthode théorique et pratique pour prendre toutes les intonations avec la même facilité, même les plus bizarres et les plus étranges. Complément indispensable de tous les solfèges qui existent. In-8º. 1853. *Aulagnier.* 1 fr.

AULAGNIER (François).

— Études pratiques sur la navigation du centre, de l'est et du nord de la France et des principales voies navigables de la Belgique. In-4º avec un tableau. 1841. *Dalmont.* 15 fr.

— Complément d'études pratiques sur la navigation intérieure, et rapprochements entre canaux et chemins de fer français, anglais, belges. In-4º avec 2 pl. 1842. *Ibid.* 10 fr.

— Recueil de notes qui établissent, par des faits, le point de départ et l'égarement, en France, de la question économique des voies de transport. In-4º avec un tableau. 1850. *Imprimerie de Mme Lacombe.* 3 fr.

— La Vérité sur la question des canaux. Suite des «Études pratiques sur la navigation intérieure». Gr. in-8º avec 3 tableaux. 1844. *Ibid.*

AULAGNIER (F. M. A.), médecin.

— Des remèdes réputés spécifiques contre la goutte, des moyens à mettre en usage pour prévenir le retour des accès, et coup d'œil sur le colchique et ses préparations comme auxiliaires du traitement, suivi de nombreuses observations pratiques. 2e édition. In-12. 1860. *Dentu.* 3 fr.

AULANIER (A.), avocat à Saint-Brieuc.

— Essai sur la méthode considérée comme théorie des moyens de faire vite. In-18 de 9 f. 1841. Saint-Brieuc, *imprimerie de Guyon.*

— Traité du domaine congéable. 2e édition. In-8º. 1847. *Ibid.*

AULANIER fils (A.).

— Usages et règlements locaux du département des cités du Nord. 2e édition, revue et augmentée d'un Traité sur les expertises en congement. In-12. 1851. Saint-Brieuc, *Prudhomme.* 4 fr.

Avec F. Habasque.

AULARD (Alphonse), inspecteur de l'Académie de Besançon, ancien professeur de logique au lycée de Tours, né à Montbron (Charente), en 1819.

— Éléments de philosophie concordant avec le programme officiel en date du 10 juillet 1863, pour l'enseignement des lycées, suivis de notions d'histoire de la philosophie et de l'analyse des auteurs exigés. 4e édition, revue et corrigée. In-12. 1865. *E. Belin.* 4 fr.

Les 3 premières éditions ont été publiées sous le titre : «Éléments de logique».

— Essai sur l'accord de la raison et de la foi. In-12. 1850. *Masgana.* 75 c.

— Études sur la philosophie contemporaine. M. Victor Cousin. In-8º de 58 p. 1859. Nantes, *Forest.*

— Examen des principes de la morale sociale. In-12. 1853. *Hachette.* 1 fr. 50 c.

— La Logique, ou l'Art de penser, de MM. de

Port-Royal, avec analyse et notes. In-12. 1863. *E. Belin.* 2 fr. 50 c.

— Notions d'histoire de la philosophie, rédigées d'après le programme du 10 juillet 1863. In-12. 1864. *Ibid.* 1 fr.

M. Aulard a publié une édition du « Discours de la méthode » de *Descartes*, de *Fénelon*, « Traité de l'existence de Dieu », des « Opuscules philosophiques » de Bl. *Pascal*. — Il a traduit les OEuvres d'*Apulée*. (Voy. *Nisard*, Collection.)

AULARD (F.).

— Traité théorique et pratique sur l'art de projeter et de construire les routes, leçons simples et faciles. In-8° avec 9 pl. 1843. Agen, *Chairou*.

AULAS DE COURTIGIS.

— La Vraie réforme sociale pour assurer immédiatement et sans secousse les plus grands progrès humanitaires et matériels possibles. In-8°. 1847. *Paulin; Bouchard-Huzard*.

AULNAY (la comtesse d'). — Voy. **Aulnoy.**

AULNAY (Mlle Louise d') dite Julie GOURAUD. La plupart de ses ouvrages sont signés seulement de ce dernier nom. — Voy. **Gouraud.**

AULNAY (COUBARD D'). — Voy. **Coubard.**

AULNES (Mme J. DES). — Voy. **Des Aulnes.**

AULNET (Mme d').

— Une place à la cour; comédie en un acte, avec couplets. In-18. 1861. *Larousse et Boyer.* 50 c.

Nouveau théâtre d'éducation.

AULNOY (Marie Jumelle DE BERNEVILLE, comtesse d'), femme de lettres, née vers le milieu du XVIIe siècle, morte en 1705.

— Contes. In-4° illustré. 1851. *Havard.* 90 c.

— Contes choisis, illustrés de 12 lithographies par J. C. Demerville et C. Delhomme, etc. In-8°. 1846. *Morizot.* Fig. noires, 6 fr.; col., 7 fr. 50 c.

— Cabinet des fées. Illustré de 35 vignettes. In-18. 1862. *Desloges.* 1 fr. 50 c.

— Contes des fées, contenant l'Oiseau bleu, Gracieuse et Pereinet, la Belle aux cheveux d'or, etc., avec 50 vignettes. In-12. 1864. *Delarue.* 2 fr. 50 c.

Ces contes ont été souvent réimprimés. Il y a encore des éditions de colportage à Paris, chez *Moronval*, *Renault et Cie*, *Le Bailly*, chez *Pellerin* à Épinal. — Voy. aussi au mot *Contes.*

— Belle-belle, ou le Chevalier fortuné. In-16, 62 p. 1857. Montbéliard, *Deckherr*.

— La Belle aux cheveux d'or, suivi de l'Oiseau bleu. In-32, 96 p. et vignettes. 1862. Avignon, *Offray.* 50 c.

Autre édition à Charmes, chez Mongol.

— Histoire d'Hippolyte, comte de Douglas. 2 vol. in-18. 1860. *Renault et Cie.* 60 c.

AULT-DUMESNIL (Georges Édouard), membre de l'Académie de la religion catholique de Rome, de la Société des antiquaires de Picardie, de la Société d'émulation d'Abbeville, etc., ancien officier d'ordonnance du maréchal de Bourmont, lors de l'expédition d'Afrique en 1830, né à Oisemont (Somme), en 1796.

— Dictionnaire historique, géographique et biographique des Croisades. Gr. in-8°. 1852. *Migne.* 7 fr.

Forme le tome 15 de la Nouvelle Encyclopédie théologique, publiée par l'abbé Migne.

— Nouveau dictionnaire d'histoire et de géographie anciennes et modernes. Gr. in-8°. 1865. *Lecoffre et Cie.* 16 fr.

Avec Louis Dubeux et l'abbé Crampon.

— Vie de Pierre l'Ermite. In-12. 1854. [Abbeville.] *Ibid.* 30 c.

AULU-GELLE, grammairien à Rome, vivait au IIe siècle de notre ère. Son livre : « les Nuits attiques », contient de nombreux fragments d'auteurs actuellement perdus.

— OEuvres complètes, avec traduction en français. — Voy. *Nisard*, Collection.

— Les Nuits attiques d'Aulu-Gelle. Traduction nouvelle, par MM. E. de Chaumont, Félix Flambart, E. Buisson. 3 vol. in-8°. 1845. *Panckoucke.* 21 fr.

Seconde série de la Bibliothèque latine-française.

— OEuvres complètes. Traduction de MM. de Chaumont, Flambart et Buisson. Nouvelle édition, revue avec le plus grand soin par MM. Charpentier et Blanchet. 2 vol. in-12. 1862. *Garnier frères.* 7 fr.

Bibliothèque latine-française. (Réimpression de la Collection Panckoucke.)

AUMAISTRE, horloger à Tours.

— Manière de régler les montres et les pendules soi-même. In-18 avec pl. 1858. Tours, *Aumaistre*, place de Beaune, 8. 1 fr.

AUMALE (Henri d'Orléans, duc d'), quatrième fils du roi Louis-Philippe, né en 1822.

— Alesia. Étude sur la septième campagne de César en Gaule. In-8° avec 2 cartes (Alise et Alaise). 1859. *Lévy frères.* 6 fr.

Anonyme. — Ce mémoire a été publié dans la « Revue des Deux-Mondes » du 1er mai 1858; la préface est inédite.

— Les Zouaves et les chasseurs à pied. Esquisses historiques. 4e édition. In-18. 1855. *Lévy frères.* 3 fr.

Également anonyme.

— Autre édition. 1859. *Ibid.* 1 fr.

— Lettre sur l'Histoire de France, adressée au Prince Napoléon. In-8°. 1861. *Dumineray.* 1 fr.

Signée : « Henri d'Orléans ». — Cette brochure a été saisie et condamnée pour délit.

M. le duc d'Aumale a encore écrit une histoire de la maison de Condé, en plusieurs volumes, qui devait paraître à Paris en 1864, mais dont la publication a été empêchée par l'autorité.

AUMER.

— La Somnambule, ou l'Arrivée d'un nouveau seigneur; ballet-pantomime en trois actes, musique d'Hérold. In-8° 1857. *Tresse.* 1 fr.

AUMERLE (Ernest).

— Les Psaumes de la pénitence du roi François Ier. Description d'un in-12 sur vélin, contenant le texte latin des psaumes de la pénitence, cum figura et caracteribus ex nulla materia compositis. In-8°. 1857. Issoudun, *Cotard*.

AUMÉTAYER (Antoine).

— Le Compte de Judas, ou le Livre des souvenirs, publié par MM. Ant. Aumétayer et Eug. Pernot; avec une introduction de M. Édouard Gouin. In-8°. 1847. *Charpentier.* 6 fr.

— Mémoires d'un vicaire de campagne, écrits par lui-même. 2e édition. In-8°. 1843. *Royer.* 7 fr. 50 c.

AUMONT (Danzel d'). — Voy. **Danzel d'Aumont.**

AUNAY (Alfred Descudier, dit Alfred d'), homme de lettres et artiste dramatique, né à Paris, en 1837.

— L'Amour, qué qu'c'est qu'ça? Par un jeune homme pauvre, avec une préface qui n'a rien de commun avec celle de Fanny (à propos du livre de M. Michelet), signé Alfred d'Aunay. In-32. 1859. *Delavier.* 1 fr.

— Bouis-bouis, bastringues et caboulots de Paris. In-18. 1860. *Tralin.* 1 fr.

2e édition la même année. — Cette brochure, publiée sous le pseudonyme d'*Ego*, a été saisie, et a valu un mois de prison à son auteur, et trois mois de la même peine à son éditeur.

— Le Chemin de fer de ceinture (rive gauche). In-18. 1864. *Imprimerie Brière.* 1 fr.

— Étude sur la responsabilité des entrepreneurs et des architectes. In-12. 1863. *Pick.* 75 c.

— Mémoires authentiques sur Garibaldi, événements de Sicile et de Naples, Caprera, Aspromonte. In-8° avec grav. 1864. *Fayard.* 20 fr.

— Les Tourniquets compteurs et les tourniquets de sortie. In-12, 14 p. 1862. *Avenue Victoria*, 18.

M. Alf. Descudier est rédacteur en chef du « Moniteur du bâtiment ». Il a été rédacteur du « Journal des travaux publics », et il donne au journal « le Bâtiment » un grand nombre d'articles qu'il signe du pseudonyme de *Du Plessis*.

AUNET (Léonie d'), épouse du peintre Biard, dont elle a été séparée judiciairement; elle a repris, après sa séparation, son nom de fille.

— Étiennette-Silvère. Le Secret. In-12. 1859. *Hachette et Cie.* 2 fr.

— L'Héritage du marquis d'Elvigny. Les deux légendes d'Hardenstein. In-12. 1863. *Ibid.* 2 fr.

— Un Mariage en province. 3e édition. In-12. 1859. *Ibid.* 2 fr.

— Une Vengeance. 3e édit. In-16. 1860. *Ibid.* 2 fr.

— Voyage d'une femme au Spitzberg. 2e édition. In-16. 1856. *Ibid.* 3 fr.

AUPHAN (le docteur V.), médecin-inspecteur des bains d'Euzet.

— Considérations médicales sur les eaux sulfuro-bitumineuses à bases de chaux et de magnésie d'Euzet-les-Bains (Gard). In-8°. 1858. *J. B. Baillière et fils.* 2 fr. 50 c.

— Un Chapitre de thérapeutique thermale. Traitement hydro-minéral de la chlorose et de ses complications. In-8°. 1864. *Ibid.* 1 fr. 50 c.

— Les Eaux d'Ax et leurs applications thérapeutiques. In-8°. 1865. *Ibid.* 2 fr.

AURAY DE SAINT-POIS (le comte E. d'), ancien conseiller de préfecture, ex-secrétaire général du département de Seine-et-Marne, sous-préfet de Châlon-sur-Saône.

— Manuel des fabriques, indiquant tout ce qui se rattache à leur organisation et à leurs rapports avec les communes. In-8°, 47 p. 1860. *Dupont.*

— Nice. Souvenirs et conversion. (Poésie.) In-8°, 22 p. 1865. *Imprimerie Claye.*

AURE (le vicomte Antoine Henri Philippe Léon d'), écuyer en chef de l'École de cavalerie de Saumur, mort en 1863.

— Cours d'équitation. Adopté officiellement, et enseigné à l'École de cavalerie et dans les corps de troupes à cheval, par décision de M. le Ministre de la guerre. 5e édition. In-18. 1859. *Place de la Madeleine*, 8. 3 fr.

Un examen de cet ouvrage a été publié par *Raabe*. — Voy. ce nom.

— De l'Industrie chevaline en France et des moyens pratiques d'en assurer la prospérité. 3e édition. In-8°. 1847. *Leneveu.* 5 fr.

— Observations sur la nouvelle méthode d'équitation. In-8°. 1842. *Ibid.* 1 fr. 50 c.

Voy. *Baucher*, Réponse aux observations de M. d'Aure.

— Question chevaline. In-8°. 1860. *Chaix et Cie.* 2 fr.

— Encore la question chevaline. In-8°. 1860. *Dumaine.* 1 fr. 50 c.

— Résumé de la question des haras et des remontes. Réponse à M. le comte de Turenne. In-8°. 1845. *Dumaine.* 4 fr.

Cet ouvrage porte sur son titre seulement les initiales de son auteur : E. d'Av.

— Traité d'équitation illustré, suivi d'un Appendice sur le jeune cheval. 3e édition. In-8° avec 12 pl. 1846. *Leneveu.* 15 fr.

AURELIUS VICTOR (Sextus), historien latin, vivait au milieu du ive siècle de notre ère.

— Origine du peuple romain. Hommes illustres de la ville de Rome. Histoire des Césars. Vies des empereurs romains. Traduction nouvelle, par M. N. A. Dubois. In-8°. 1846. *Panckoucke.* 7 fr.

Bibliothèque latine-française.

AURÈS (A.), ingénieur en chef des ponts et chaussées.

— Étude des ruines de Métaponte au double point de vue de l'architecture et de la métrologie. In-4°. 1865. *Morel.*

Extrait de la « Gazette des architectes et du bâtiment ».

— Étude des dimensions de la Maison carrée au triple point de vue de l'archéologie, de l'architecture et de la métrologie. 1re partie : Dimensions du plan. In-4°, 44 p. et 2 pl. 1844. Nîmes, *imprimerie Clavel Ballivet et Cie.*

Extrait des « Mémoires de l'Académie du Gard ».

— Nouvelle théorie du module, déduite du texte même de Vitruve et application de cette théorie à quelques monuments de l'antiquité grecque et romaine. In-4°, 55 p. 1862. *Ibid.*

M. Aurès a en outre fourni un très-grand nombre d'articles à plusieurs recueils scientifiques ; la plupart ont été tirés à part à petit nombre pour l'auteur lui-même et non pour le commerce.

AUREVILLY (Jules Barbey d'). — Voy. **Barbey d'Aurevilly.**

AURIAC (Eugène d'). — Voy. **Dauriac.**

AURIAC (J. Berlioz d'). — Voy. **Berlioz d'Auriac.**

AURIEMMA (le R. P.), de la Compagnie de Jésus.

— Le Jour de Marie, ou Continuel souvenir de la très-sainte Vierge dans nos actions quotidiennes. Traduit et complété, par le R. P. Blot. In-32. 1863. *Ruffet et Cie.* 40 c.

AURIFEUILLE (Léon François Antoine), professeur de mathématiques à l'École des Beaux-Arts de Toulouse, né à Toulouse, en 1822.

— Cours de géométrie élémentaire. — Voy. *Richaud et Aurifeuille.*

— Traité de géométrie élémentaire, entièrement conforme aux nouveaux programmes officiels. 2e édition. 1re partie. In-8o avec 10 pl. 1860. Toulouse, *imprimerie Bonnal et Gibrac*.

Avec C. Dumont.

AURIOL (le chevalier d').

— Le Tambour de Polotsk; épisode de la campagne de Russie en 1812. In-18. 1843. *Debécourt*. 1 fr. 50 c.

AUSONE (Decius), poëte latin du ive siècle, né à Bordeaux en 309, mort en 394. Il était le gouverneur, le conseiller et l'ami de Gratien, fils de l'empereur Valentinien.

— Œuvres complètes d'Ausone. Traduction nouvelle, par E. F. Corpet. 2 vol. in-8o. 1843. *Panckoucke*. 14 fr.

Bibliothèque latine-française.

— Le Petit héritage, ou Souvenirs du manoir paternel. Traduction libre d'Ausone par Morelet. In-8o. 1847. Dijon, *Frantin*.

— Poésies (Choix de ses). — Voy. *Homère*, la Batrakhomyomakhie, traduite par Paulinier.

AUSONE DE CHANCEL. — Voy. Chancel.

AUSONIO FRANCHI. — Voy. Franchi.

AUSSEL, professeur au collège de Perpignan.

— Fragments littéraires. In-8o, 36 p. 1856. Perpignan, *imprimerie Alzine*.

AUSSEL (le docteur).

— La Gironde à vol d'oiseau. Ses grands vins et ses châteaux. In-8o. 1865. [Bordeaux, *Féret*.] *Dentu*. 7 fr. 50 c.

AUSSET (Dolfus-). — Voy. **Dolfus-Ausset.**

AUSSIGNY (E. C. Martin d'). — Voy. **Martin d'Aussigny.**

AUSSONNE (le comte Buisson d'). — Voy. **Buisson.**

AUSSY (Hippolyte d'), ancien sous-préfet de La Rochelle.

— Chroniques saintongeaises et aunisiennes. Articles historiques, hydrologiques, biographiques, littéraires, géographiques, esquisses de mœurs locales, anecdotes particulières et faits divers de la Saintonge et de l'Aunis. In-8o. 1857. Saintes, *Pathouot et Fontanier*. 6 fr.

*Australie (l'), considérée sous le rapport des avantages qu'elle offre au commerce de la France, aux capitalistes et aux émigrants de toutes les nations, d'après tous les navigateurs français. 2e édition. In-12. 1841. *Arthus Bertrand*. 1 fr. 50 c.

La 1re édition est de la même année. In-4o. 50 c.

AUTELS (Guillaume des). — Voy. **Des Autels.**

AUTERIVE (L. d').

— Protestation au nom des peuples de la Belgique, de la France, de l'Angleterre et de l'Italie, contre la tyrannie moscovite. Vive la Pologne! A bas les cosaques! Aux armes! aux armes! aux armes! In-8o. 1863. Bruxelles, *S. Gerstmann*. 1 fr.

AUTHELANDE (Ach. d'). — Voy. **Dauthelande.**

AUTIÉ (l'abbé Louis Aphrodise), chanoine honoraire de Nîmes, supérieur de l'institution ecclésiastique de Sommières (Gard), membre correspondant de la Société archéologique et littéraire de Béziers, né à Béziers (Hérault), en 1812.

— Abrégé de l'histoire sainte. 2 vol. in-18. 1853. Nîmes, *Giraud*. 1 fr. 50 c.

On vend séparément :

I. Ancien Testament. (5e édition en 1865.) 75 c.

II. Nouveau Testament. (3e édition en 1863.) 75 c.

— Abrégé de l'histoire ecclésiastique et histoire de l'établissement de l'Église. In-18. 1855. *Giraud*. 75 c.

Ces trois volumes font partie d'un « Cours d'enseignement élémentaire à l'usage des écoles catholiques ».

— Histoire de France élémentaire. In-18. 1863. *Alexandre*. 80 c.

— Histoire sainte pour les petits enfants, pouvant servir de livre de lecture courante. In-18. 1863. *Ibid*. 70 c.

— Histoire sainte abrégée. In-18, avec cartes. 1863. *Ibid*. 70 c.

Publié sous le pseudonyme de « l'abbé Lartigue ». Les deux ouvrages précédents portent sur le titre : par l'abbé *Autié-Lartigue*.

— Petit psautier des écoles avec une méthode de prononciation latine. In-18. 1853. Nîmes, *Giraud*. 75 c.

— Vie de la bienheureuse Germaine. In-12. 1855. Carpentras, *Devillario*. 60 c.

— Vie de la bienheureuse Oringe, surnommée Chrétienne (1237-1309). In-12. 1855. *Ibid*. 60 c.

— Vie de sainte Geneviève, patronne de Paris. In-12. 1856. *Ibid*. 60 c.

AUTRAN (Joseph), poëte, né à Marseille en 1813.

— Épîtres rustiques. In-12. 1861. *Lévy frères*. 3 fr.

— Étienne et Clémentine. In-12. 1858. *Chez l'auteur, boulevard Bonne-Nouvelle*, 11. 2 fr.

— Études grecques. Le Cyclope, d'après Euripide. In-12. 1863. *Lévy frères*. 3 fr.

— La Fille d'Eschyle; étude antique en cinq actes et en vers. In-16. 1848. *Ibid*. 1 fr. 50 c.

— Italie et semaine sainte à Rome. In-8o. 1841. Marseille, *Barile*. 7 fr.

— Laboureurs et soldats. In-12. 1854. *Lévy frères*. 3 fr.

— Milianah. Épisode de la guerre d'Afrique. In-12. 1858. *Ibid*. 1 fr.

La 1re édition a paru en 1842.

— Le Poëme des beaux jours. In-8o. 1862. *Ibid*. 5 fr.

— Les Poëmes de la mer. Nouvelle édition, considérablement augmentée. In-12. 1859. *Ibid*. 3 fr.

1re édition. In-8o. 1855. *Dentu*. 7 fr. 50 c.

— La Vie rurale. Tableaux et récits. In-12. 1856. *Ibid*. 1 fr.

— Le même. In-12. 1861. *Ibid*. 3 fr.

AUTRAN (Paul), secrétaire perpétuel de l'Académie de Marseille.

— Le Centenaire Marseillais. Étude historique sur Annibal Camoux. In-8o avec portraits. 1859. Marseille, *Camoin frères*.

— Éloge historique de Paulin Guérin. In-8o. 1857. Marseille, *Barlatier-Feissat*.

*Autre Biche anglaise (une), histoire authentique d'Anonyma, avec son portrait photographié. In-12. 1864. *Faure.* 3 fr.

Voy. aussi « **Mémoires d'une biche anglaise* ».

*Autrefois, ou le Bon vieux temps. Texte par les sommités littéraires. In-8° avec grav. 1842. *Challamel.* En couleur, 20 fr.; en noir, 12 fr.

Publié en 40 livraisons.

*Autriche (l') au ban de l'Europe. Martyre de l'Italie. Mission de la France, par Mme B. de B., d'Avignon. In-12. 1859. Avignon, *Caillat-Belhomme.* 1 fr.

*Autriche (l') et l'Allemagne avant et après la solution de la question italienne. In-8°. 1859. *Dentu.* 1 fr.

*Autriche (De l') et de son avenir. Traduit de l'allemand sur la dernière édition. In-8°. 1843. *Amyot.* 4 fr.

*Autriche (l') et les conditions de la propriété en Vénétie; par un Vénitien. In-8°. 1862. *Ibid.* 1 fr.

*Autriche (l') et la guerre. Question vénitienne, d'après les dernières publications et les communications particulières de A. Meneghini; par un Vénitien. In-8°. 1861. *Ibid.* 1 fr.

*Autriche (l'), Machiavel et l'Italie, suivi de pièces justificatives. In-8°. 1859. *Ibid.* 1 fr.

*Autriche (l') et le prince roumain. Nouvelle édition. In-8°. 1859. *Ibid.* 1 fr.

*Autriche (l') dans les principautés danubiennes. In-8°. 1858. *Chaix et Cie.* 1 fr. 50 c.

*Autriche (l') et ses provinces italiennes. In-8°. 1859. *Dentu.* 50 c.

*Autriche (l') dans le royaume lombardo-vénitien. Ses finances, son administration. Lettres à lord Derby. In-8°. 1859. *Ibid.* 1 fr. 50 c.

*Autriche (De l') et de son avenir. Traduit de l'allemand sur la dernière édition. 2 vol. in-8°. 1843-1847. *Amyot.* 8 fr.

*Autriche (l') et son gouvernement. In-8°. 1859. *Ibid.* 2 fr.

L'avant-propos est signé C. de C.

*Autriche (l') en Vénétie; par un Vénitien. 2e édition. In-8°. 1861. *Ibid.* 1 fr.

AUVARE (le général Marcellin).

— Essai d'un éloge de M. le chanoine Spitalière de Cessole, abbé mitré de Saint-Pons, etc., décédé à Nice, le 29 mars 1864. In-8°. 1864. Nice, *Couvin.*

AUVERGNE (E. d'). — Voy. Dauvergne.

AUVERGNE (Émile d'), ex-sténographe près l'Assemblée nationale.

—'Roman comique au xixe siècle. Chronique parlementaire. 1re partie : Assemblée constituante. (1848-1849.) 2e partie : Assemblée législative. (1849-1850-1851.) In-8°. 1853. *Dentu.* 6 fr.

— Quatre Années d'interrègne. 1848-1852. Scènes de la vie parlementaire. In-8°. 1856. *Ibid.* 5 fr.

C'est le même livre que le précédent, la couverture seule est changée.

AUVERT (Alexandre), médecin et professeur de clinique à Moscou, issu d'une famille française.

— Selecta praxis medico-chirurgicæ quam Mosquæ exercet Alex. Auvert; typis et figuris expressa Parisiis, moderante Amb. Tardieu. 2e édition. 2 vol. gr. in-fol. avec 120 pl. in-fol., gravures tirées en couleur et retouchées au pinceau. 1856. *V. Masson.* 500 fr.

Les premières livraisons avaient paru en 1848, sous le titre de : Clinica et iconographia medico-chirurgica, sive praticarum et anatomo-pathologicarum observationum delectus quas in nosocomiis mosquensibus collegit Alex. Auvert. Gr. in-fol. *Baillière et Hector Bossange.*

L'ouvrage n'a eu qu'une 1re édition, malgré l'indication sur le titre.

AUVERT (Just Urbain), instituteur.

— Le Lilas et les cyprès. In-12. 1854. *Nolet, passage du Commerce.*

— Les Primevères; poésies. In-12. 1854. *Ibid.*

La 1re édition est de 1850.

AUVIGNY (Mme Louise BOYELDIEU D'). — Voy. Boyeldieu d'Aubigny.

AUVILLIERS.

— Codes français annotés. — Voy. *Teulet, Sulpicy et Auvilliers.*

AUVRAY, pseudonyme de P. A. Chapelle, auteur dramatique.

AUVRAY (J. A.), ancien inspecteur de l'Académie de Paris.

— Abrégé d'arithmétique, suivi du système métrique. Nouvelle édition. In-32. 1861. *Delalain.* 20 c.

— La Clef des participes, ou Règles pour résoudre les difficultés qui se rencontrent dans cette partie du discours. 2e édition. In-32. 1861. *Ibid.* 20 c.

— Dictionnaire usuel et portatif de la langue française. Nouvelle édition. In-32. 1843. *Locquin.* 1 fr. 25 c.

— Petit dictionnaire usuel de la langue française. 3e édition. In-32. 1857. *Delalain.* 1 fr.

M. Auvray a publié une édition corrigée et augmentée des « Synonymes » de J. B. Gardin-Dumesnil.

AUVRAY (Louis), statuaire, directeur de la « Revue artistique et littéraire », président du comité central des artistes, né à Valenciennes (Nord), en 1810.

— Allocutions maçonniques du F.·. Auvray, ar.·. adj.·. de la R.·. L.·. de la Trinité, O.·. de Paris. In-16 de 3 f. 1840. *Imprimerie Delanchy.*

— Délassements poétiques d'un artiste. In-8°, 100 p. 1849. Munich.

—École impériale des beaux-arts. Concours des grands prix et envois de Rome en 1858. In-12. 1858. *Imprimerie Allard.*

— Exposition des beaux-arts. Salon de 1865. In-8°. 1865. *A. Lévy fils.* 2 fr.

M. Auvray a publié le même compte rendu des salons de 1834, 1835, 1837, 1839, 1845, 1852, 1853, 1855, 1857, 1859, 1861, 1863 et 1864.

— Projet de tombeau pour l'empereur Napoléon Ier; précédé de l'historique du concours national ouvert en 1841, dédié à Sa Majesté Napoléon III. In-4° avec planches et photographies. 1861. *Imprimerie Dubois et Vert.*

M. L. Auvray a collaboré à la « Revue des Beaux-Arts », à « l'Europe artiste », et à d'autres journaux de Paris et de la province.

AUVRAY (Michel), pseudonyme de Mlle Laure Rouxot, née à Roulans (Doubs).

— Contes d'automne. In-12. 1865. Tournai, *Casterman*. 1 fr. 25 c.

— Les Étrennes de Marguerite. In-32. 1864. Rouen, *Mégard et Cie*. 80 c.

— Un Héritage en Australie. In-12. 1865. Limoges, *Ardant frères*. 1 fr.

— Mary et Mi-Ka, histoire de deux membres de l'œuvre de la Sainte-Enfance. In-12. 1864. *Tolra et Haton*. 1 fr. 25 c.

— L'Organiste de Neubois, ou l'Ambition. In-16. 1864. Rouen, *Mégard et Cie*. 80 c.

— Sœur Mirane, épisode des massacres de Syrie. In-12. 1864. *Tolra et Haton*. 1 fr. 25 c.

AUVRAY (N. H.), professeur de mathématiques.

— Memento, ou Tableau général et résumé des formules servant à la résolution des problèmes de mathématiques et de physique. In-8°. 1862. *Mallet-Bachelier; Dezobry, Tandou et Cie*. 75 c.

On vend à part à 50 c. les formules pour la résolution des problèmes de mathématiques, et celles pour la résolution des problèmes de physique.

*Aux mères, à leurs filles et aux jeunes femmes du monde. Appréciations des danses et des bals d'aujourd'hui, au point de vue moral et chrétien. In-18. 1860. *Josse*. 2 fr.

AUXCOUSTEAUX (S.).

— Le Sénégal est une colonie française. In-8°, 35 p. et carte. 1851. *Dupont*.

AUZIAS-TURENNE (le docteur Joseph Alexandre), médecin à Paris, ex-chef des travaux anatomiques à l'École auxiliaire et progressive de médecine, professeur libre d'anatomie, de chirurgie et de syphiliographie à l'École pratique de la Faculté de médecine; né à Pertuis (Vaucluse), en 1819. Il a découvert la syphilisation en 1850.

— Communication sur le traitement de la blennorrhagie et de la blennorrhée. In-8°. 1860. *Louis Leclerc*. 60 c.

— Correspondance syphiliographique; suivi du Rapport fait par M. Gibert à l'Académie impériale de médecine. In-8°. 1860. *Ibid*. 3 fr. 50 c.

Extrait de la « Revue étrangère ».

— Cours de syphilisation, fait à l'École pratique de la Faculté de médecine de Paris. In-8°. 1854. [Toulouse.] *Ibid*. 10 fr.

Extrait de la « Gazette médicale de Toulouse ».

— Lettre à M. le Préfet de police sur la syphilisation. In-8°. 1853. *J. B. Baillière*. 1 fr.

M. Auzias-Turenne est, en outre, l'auteur d'un grand nombre de mémoires, discours, communications à l'Académie de médecine, sur la question de la syphilisation. Il a donné aussi plusieurs articles sur cette matière dans diverses revues médicales de Paris et de la province.

AUZIES (C.).

— De la Surveillance de haute police. In-8°. 1865. [Toulon, *Ginet*.] *Durand*. 1 fr. 25 c.

Extrait du « Recueil de l'Académie de législation de Toulouse ».

AUZOUX (Louis), médecin-anatomiste, inventeur d'un nouveau système connu sous le nom d'anatomie *clastique*, né à Saint-Aubin d'Écroville (Eure), en 1797.

— Insuffisance des chevaux forts et légers, du cheval de guerre et de luxe. Possibilité de l'obtenir en créant dans chaque département et dans les régiments de cavalerie des écoles d'éleveurs. In-8°. 1860. *Labé; Dumaine*. 1 fr.

— Leçons élémentaires d'anatomie et de physiologie humaine et comparée. 2e édition. In-8° avec fig. 1858. *Ibid*. 6 fr.

1re édition en 1839, chez *G. Baillière*. 4 fr.

— Phénomènes physiques de la vie dans l'homme et les animaux, au point de vue de l'hygiène et de la production agricole, à l'aide de l'anatomie clastique. 2e édition. In-8°. 1857. *Ibid*.

— Des Tares molles et osseuses dans le cheval; considérations générales et très-sommaires, nécessaires pour la complète intelligence des 31 pièces d'anatomie clastique, à l'aide desquelles ont été reproduites les principales tares molles et osseuses qui affectent les membres du cheval. In-8°. 1853. *Rue Antoine-Dubois*, 2. 50 c.

AUZOUY (Alphonse), juge d'instruction à Villefranche, né à Rignac (Aveyron), en 1825.

— Études critiques sur quelques parties de la législation pénale en France. In-32. 1864. [Villefranche, *Dufour*.] *Cosse et Marchal*. 1 fr.

AUZOUY (Th.), médecin à Rodez, inspecteur des eaux minérales de Cransac.

— Aperçu médical et pittoresque sur les eaux minérales de Cransac, département de l'Aveyron. In-8°. 1855. Rodez, *Carrère aîné*.

— Des troubles fonctionnels de la peau et de l'action de l'électricité chez les aliénés. In-8° de 40 p. 1859. Nancy, *Dard*.

AVADIS (Nunzio) de Damas, interprète et compagnon de voyage de Mgr. Ata.

— Idée générale de l'Église grecque unie en Syrie et du diocèse de Mgr. Grégoire Ata, archevêque de Homs et de Hama. In-18. 1857. Lille, *imprimerie Lefort*.

AVANCIN (le P. Nicolas), savant jésuite, originaire du Tyrol, né en 1612, mort en 1685.

— Méditations sur la vie et la doctrine de Jésus-Christ, d'après les quatre évangélistes, pour tous les jours de l'année. Traduction libre du latin, par M. l'abbé Marguet. 2 vol. in-12. 1860. Lyon, *Périsse frères*. 3 fr.

— Les mêmes. Traduit par l'abbé F. Morel. 2 vol. in-12. 1854. *Vivès*. 5 fr.

— Les mêmes. In-12. 1860. Tours, *Mame et Cie*. 80 c.

AVANNES (d'), vice-président du tribunal d'Évreux.

— Esquisses sur Navarre. 2 vol. in-8° avec 6 lithographies et 1 carte. 1839-1841. [Rouen, *Periaux*.] *Dumoulin*. 15 fr.

AVANT (F. Poey d'). — Voy. **Poey d'Avant**.

*Avant, pendant et après (1848); comédie en cinq actes en vers libres. (1856-1859); par un ancien député. In-12. 1864. *Morizot*.

AVAUGOUR (le comte du Parc d') —Voy. **Du Parc d'Avaugour**.

AVAUX (le comte d').

— Lettres du comte d'Avaux à Voiture, suivies de pièces inédites extraites des papiers de Conrart et publiées par Amédée Roux. Petit in-8°. 1858. [Lyon, *imprimerie Perrin*.] *A. Durand*. 6 fr.

Ce livre se rattache à la publication des œuvres de M. de Voiture, faite par les soins de M. Amédée Roux.

AVEDICHIAN (le P. Gabriel), prêtre arménien.

— Origines et raison de la liturgie catholique, en forme de dictionnaire, ou Notions historiques et descriptives sur les rites et le cérémonial de l'office divin, etc., suivies d'un Traité de liturgie arménienne. Traduit en français sur le texte italien, par l'abbé J. B. E. Pascal. Gr. in-8°. 1844. *Migne.* 8 fr.

Forme le tome 8° de la première Encyclopédie théologique, publiée par l'abbé Migne.

AVELINE (Alfred d'), pseudonyme de M. André van Hasselt. (Voy. aussi ce nom.)

— La Chambre à la porte de fer. In-8°. 1865. *Tournai, Casterman.* 1 fr. 20 c.

— La Clef de la frégate. — Voy. *Nieritz.*

— Le Coffret aux belles histoires ; huit contes nouveaux traduits de l'allemand et de l'anglais par A. d'Aveline. 2 vol. in-12. 1860. Bruxelles, *Hen.* 2 fr. 50 c.

— Les Deux Histoires de la chambre rouge. Traduit de l'allemand par A. d'Aveline. In-8° avec 4 grav. 1864. Tournai, *Casterman.* 1 fr. 20 c.

— La Feuille de trèfle ; imité de l'allemand. In-18. 1865. *Ibid.* 1 fr. 25 c.

— Le Ravin des loups, suivi de Léon de Carillac. Histoires traduites de l'allemand par Alfred d'Aveline. In-8°. 1864. *Ibid.* 1 fr. 20 c.

— Les Récits au coin du feu ; cinq contes nouveaux traduits de l'allemand par A. d'Aveline. 2 vol. in-12. 1861. Bruxelles, *Hen.* 2 fr. 50 c.

— Le Théâtre moral du jeune âge. L'Orphelin de Chamouny, ou Bien mal acquis ne profite. L'Homme mystérieux, ou Nécessité n'a point de loi. Le Czar, ou Un bienfait n'est jamais perdu. Le Réfractaire, ou Il n'est pire ennemi qu'une langue dont on n'est pas maître. In-8°. 1864. Bruxelles, *Landrien frères et sœurs.* 80 c.

— Les Veillées du vieux conteur. Histoires traduites de l'allemand. In-8°. 1863. Liége, *H. Dessain.* 1 fr. 20 c.

Voy. pour d'autres traductions faites par M. d'Aveline, *Hoffmann*, le Chercheur d'or. *Le même*, le Trésor de l'île des flibustiers. *Le même*, les Contrebandiers du val des Trois-Hêtres. *Nelk*, la Valise du conteur. *Zschokke*, le Village des alchimistes, Plusieurs contes de *Nieritz*.

AVELLANEDA (Fernando d'), romancier espagnol du XVIIᵉ siècle.

— Le Don Quichotte traduit de l'espagnol et annoté, par A. Germond de Lavigne. In-8°. 1853. *Didier.* 7 fr.

— Autre édition. In-12. 1853. *Ibid.* 3 fr. 50 c.

Voy. *Germond de Lavigne*, « les deux Don Quichotte, étude critique ».

AVENANT (Georges), homme de lettres, mort à Paris en 1865.

— Le Capitaine Tiburce ; roman paradoxal, par Georges Avenant (Kelb). In-18. 1864. *Dentu.* 2 fr.

— Correspondance joviale à propos de mariage, par Georges Kelb. In-12. 1863. *Marpon.* 2 fr.

AVENAS-GLEIZE.

— Manuel-Guide du maguanier, ou Études sur l'éducation des vers à soie. In-12. 1856. Valence, *Marc-Aurel.* 50 c.

AVENEL (A.), docteur-médecin.

— Le Collége des médecins de Rouen, ou Documents pour servir à l'histoire des insti †

médicales en Normandie. In-8° de 23 f. 1847. Rouen, *imprimerie de Péron.*

AVENEL (Denis Louis Martial), journaliste et littérateur, conservateur de la bibliothèque Sainte-Geneviève, né en 1789. Il a publié : « Lettres instructives et papiers d'État du cardinal de Richelieu ». — Voy. *Richelieu.*

AVENEL (Georges), homme de lettres, né le 31 décembre 1828 à Chaumont (Oise).

— Anacharsis Cloots, l'orateur du genre humain. 2 vol. in-8°. 1865. *Librairie internationale.* 16 fr.

M. G. Avenel a publié plusieurs articles dans différents recueils et journaux sur *Stanislas Maillard*, *Robespierre*, et sur d'autres personnages et choses de la révolution.

AVENEL (le baron Joseph d'), né en 1810 au château de Nantrey, près Le Teilleul (Manche).

— Apollonius de Tyr. In-32. 1858. *Lecoffre.* 80 c.

— La Chaumière de Siouah. In-16. 1857. *Ibid.* 1 fr.

— Dieu le veut-il ? In-18, 35 p. 1849. *Dentu; Delloges.*

— Discours sur l'histoire de l'Église. 2 vol. in-8°. 1845. *Mellier.* 13 fr.

— L'Élite ; poésies. Édition corrigée et considérablement diminuée. In-32. 1860. *Lecoffre et Cⁱᵉ.* 80 c.

— Étude sur Chateaubriand. In-8°. 1865. *Ibid.* 1 fr.

— Histoire de la vie et des ouvrages de Daniel Huet, évêque d'Avranches. In-8°. 18.. 5 fr.

— Mariantine. In-18. 1860. *Ibid.* 80 c.

— Mélanges de littérature et de morale. In-12. 1857. *Lecoffre et Cⁱᵉ.* 1 fr. 50 c.

— Un Mois en Italie. In-16 de 104 p. 1864. [Avranches.] *Ibid.*

— Mortain. In-18, 83 p. 1851. Mortain, *imprimerie Lebel.*

— Une Moitié de fable. In-18. 1852. *Ibid.* 60 c.

— Le Nénuphar d'or. In-18. 1861. *Ibid.* 1 fr.

— Le Pape prince italien. Réponse à la brochure : les Papes princes italiens. In-8°. 1860. *Ibid.* 30 c.

— Poésies. In-8°. 1843. *Dentu.* 1 fr.

— Robert du Teilleul. In-8°. 1850. *Sagnier et Bray.* 3 fr.

— Rome et Jérusalem. In-8°. 1841. *Debécourt.* 7 fr. 50 c.

— Samson agoniste. In-16. 1860. *Lecoffre et Cⁱᵉ.* 80 c.

— Sept histoires. In-32. 1858. *Ibid.* 80 c.

— Vie de M. Bachelot. In-32. *Ibid.*

M. J. d'Avenel a traduit du latin le « Manuel » de saint Augustin, et « l'Imitation de Jésus-Christ » (voy. *Thomas a Kempis*).

Il est encore l'auteur de quelques brochures de circonstance sur des questions religieuses ou d'économie politique.

AVENEL (Paul), poëte, romancier et auteur dramatique, né en 1823.

— Alcove et Boudoir. Scènes de la comédie humaine (poésies). In-12. 1855. *Dentu.* 3 fr.

Ouvrage saisi, et interdit par les tribunaux.

— Les Amoureux pris par les pieds ; vaudeville en un acte. In-8°. 1863. *Barbré.* 60 c.

— L'Antichambre en amour; pièce en un acte, en vers, mêlée de couplets. In-8°. 1854. *Beck.* 60 c.

— Les Antithèses morales; poésies dramatiques. In-18. 1852. *Willermy.*

— Les Chasseurs de pigeons; vaudeville en trois actes. In-4°. 1860. *Barbré.* 20 c.

Avec Amédée de Jallais.

— Le Coin du feu; nouvelles, avec illustrations. In-16. 1849. *Willermy.*

— Le Duc des moines; roman historique. In-12. 1864. *Dentu.* 3 fr.

— Les Étudiants de Paris (1845 - 1847). In-12. 1857. *Charlieu.* 1 fr.

— Le Gendre de M. Caboche; comédie-vaudeville en un acte. In-8°. 1855. *Beck.* 60 c.

— Un Homme sur le gril; vaudeville en un acte. In-8°. 1854. *Ibid.* 60 c.

— Les Jarretières d'un huissier; vaudeville en un acte. In-12. 1861. *Lévy frères.* 60 c.

— La Nuit porte conseil. In-16. 1863. *Cournol.* 1 fr.

— La Paysanne des Abruzzes; drame en cinq actes et six tableaux. In-4°. 1861. *Barbré.* 30 c.

Avec Hector de Charlieu.

— Le Roi de Paris; roman historique. In-12. 1860. *Amyot.* 3 fr. 50 c.

— Soyez donc concierge! folie - vaudeville en un acte. In-12. 1864. *Dentu.* 1 fr.

— Les Trois cerfs-volants; vaudeville en un acte. In-4°. 1859. *Barbré.* 40 c.

— Le Voyage entre deux mondes. 2 vol. in-8°. 1853. *Gabriel Roux.* 10 fr.

Voy. aussi *Thiéry et Avenel.*

AVENTIN (Gustave), pseudonyme anagramme de Gustave **Veinant.**

*Aventures (les) de l'abbé de Choisy, habillé en femme. Quatre fragments inédits, précédés d'une notice par M. P. L. (Paul Lacroix). In-18. 1862. *J. Gay.* 10 fr.

*Aventures (les) d'un bon curé de campagne. In-8°. 1850. *Comon.* 5 fr.

*Aventures (les) merveilleuses de Fortunatus. In-16. 1853. *Jannet.* 50 c.

*Aventures de Robert dans ses voyages en Chine, à la recherche des fleurs et du thé (1843-1850). Traduit de l'anglais. In-16. 1854. *Hachette et Cie.* 2 fr.

AVEZAC (Marie Pascal d'), secrétaire général de la Société de géographie et l'un des fondateurs de la Société ethnologique de Paris, né en 1799.

— Bref récit et succincte narration de la navigation faite en 1535 et 1536 par le capitaine Jacques Cartier aux îles de Canada, Hochelaga, Saguenay et autres. Réimpression figurée de l'édition originale rarissime de 1545, avec les variantes des manuscrits de la bibliothèque impériale, précédée d'une brève et succincte introduction historique, par M. d'Avezac. In-8°. 1864. [Lyon, *imprimerie Perrin.] Tross.* 12 fr.

— Coup d'œil historique sur la projection des cartes géographiques. In-8° avec tableaux. *Leiber.* 4 fr.

— Ethicus et les ouvrages cosmographiques, intitulés de ce nom. Suivi d'un appendice, conte-nant la version latine abrégée, attribuée à saint Jérôme, d'une cosmographie supposée écrite en grec par le noble Istriote Ethicus. Publiée pour la première fois avec des gloses et des variantes des manuscrits par M. d'Avezac. In - 4° de 41 f. 1852. *Imprimerie nationale.*

Extrait des « Mémoires présentés par divers savants à l'Académie des sciences ».

— Iles de l'Afrique, par M. d'Avezac, avec la collaboration de MM. de Froberville, Fr. Lacroix, F. Hœfer, Mac Carthy, Victor Charlier. In-8° avec 69 pl. 1848. *Didot frères.* 7 fr.

Univers pittoresque, Afrique, tome 4.

— Notice sur le pays et le peuple des Yebous en Afrique. In-8° de 17 f. 1845. *Imprimerie de Mme Dondey-Dupré.*

— Notice des découvertes faites au moyen âge dans l'océan Atlantique, antérieurement aux grandes explorations portugaises du XVe siècle. In-8° de 6 f. 1846. *Imprimerie de Fain.*

— Esquisse générale de l'Afrique et Afrique ancienne. — Voy. **Univers pittoresque, Afrique,* tome 2.

M. d'Avezac a, en outre, fourni un grand nombre d'articles au « Bulletin de la Société de géographie. Il a aussi composé plusieurs rapports lus aux séances de cette même société.

AVIANUS (Flavius), fabuliste latin, vivait vers l'an 160 de J.-C.

— Les fables d'Avianus, traduites par J. Chénie. Voy. *Lucilius* (Collection Panckoucke).

AVIENUS (Rufus Festus), géographe et poëte romain, vivait au IVe siècle de notre ère.

— Description de la terre. Les Régions maritimes. Suivi des phénomènes et pronostics d'Aratus, et pièces diverses. Traduites par MM. E. Despois et Ed. Saviot. In-8°. 1844. *Panckoucke.* 3 fr. 50 c.

Bibliothèque latine-française.

AVIGDOR (le comte Henri d'), duc D'ACQUAVIVA, chargé d'affaires de San-Marin et de Monaco, né à Nice.

— Quelques vérités à M. Théophile Hallez, à l'occasion de son ouvrage : « Des Juifs en France, et de leur état moral et politique ». In-8°. 1845. *Amyot.* 2 fr.

AVIGNON (X.).

— Angéline de Mazili. 3e édition. In-18 avec vignettes. 1856. Lille, *Lefort.* 75 c.

Anonyme.

AVILA (Jean d'), prédicateur espagnol, surnommé l'apôtre de l'Andalousie, né en 1500, mort en 1569.

— Lettre du vénérable Jean d'Avila, écrite à une âme éprouvée par les sentiments de crainte excessive des jugements de Dieu; traduite de sa vie écrite en espagnol par le P. Louis de Grenade. In-32. 1857. Lyon, *Girard et Josserand.*

— Œuvres complètes. — Voy. Œuvres complètes de sainte *Thérèse,* édition publiée par l'abbé Migne.

AVIREY (ROMÉE D'). — Voy. **Romée d'Avirey.**

AVIRON (LE BATELIER D'). — Voy. **Le Batelier.**

*Avis salutaires d'un serviteur de Dieu ou Courte méthode pour tendre sûrement à la perfection chrétienne. Nouvelle édition, corrigée et augmentée. In-32. 1856. Lyon, *Pélagaud.* 40 c.

*Avis spirituels pour servir à la sanctification des âmes. 3e édition, revue et augmentée. In-18. 1864. *Douniol.* 2 fr.

AVISSE (Henry), jurisconsulte, docteur en droit, né à Dreux (Eure-et-Loir).

— Établissements industriels. Industries dangereuses, insalubres et incommodes. 2 vol. in-8° avec 3 pl. 1851-1852. *Chez l'auteur, rue de Lille,* 69. 24 fr.

AVITUS (saint).

— Opera. — Voy. *Migne,* Patrologie latine, tome 59.

AVOCAT (Henri).

— Dans la gueule du loup; vaudeville. In-4°, 1864. *Imprimerie Vert frères.* 50 c.

— Deux vieux Gardes; pochade mêlée de chant, en un acte. Un Fusilier dans l'embarras. In-4°, 1864. *Ibid.* 50 c.

Avec Émile Lorrain.

— Mon oncle le puriste; vaudeville en un acte. In-18. 1859. *Tresse.* 60 c.

— Sur la frontière; à-propos-vaudeville en un acte. In-8°. 1859. *Imprimerie Morris et Cie.* 60 c.

Voy. aussi *Jaime fils*, et Eugène *Roche.*

AVOINE (Charles), secrétaire particulier de S. Exc. le général comte Faubert, ministre plénipotentiaire d'Haïti près la cour de Rome. Il est né à Saint-Lô (Manche), en 1841.

— La Femme modeste d'après l'Évangile, la morale et les Pères de l'Église, accompagnée de pieuses et courtes résolutions pour acquérir la modestie; précédée d'une introduction, par J. Maillot. In-18. 1862. *Sarlit.* 3 fr.

AVOND (Mlle Aline), née à Paulhaguet (Haute-Loire), en 1832.

— Essai sur les preuves du christianisme. In-12. 1863. Lyon, *Pélagaud.* 2 fr.

— Petites lectures pour le mois de saint Joseph. In-18. 1864. *Ibid.* 1 fr. 50 c.

AVOUT (le baron d'), officier d'état-major.

Mémoires sur la figure de la terre. In-8° avec 1 pl. 1852. *Bachelier.*

— Notice et tables destinées à accompagner le baromètre répétiteur. In-18 avec 1 pl. 1857. *Ibid.*

AVRAINVILLE (Arthur d'), attaché à l'administration centrale des colonies, a traduit de l'espagnol : « Cuba, ses ressources, etc. , » par D. Vasquez *Queibo.*

AVRAINVILLE (le P. W. H. A. d') a traduit de l'italien : « les Desseins de la divine miséricorde sur les Amériques », par le R. P. *Ventura de Raulica,* et : « Origine et effets de la croix de saint Benoit », de Don *Zelli-Jacobuzi.*

AVRECOUR (d'), auteur dramatique.

— Les Anglais en voyage; vaudeville en un acte. In-8°. 1844. *Tresse.* 50 c.

Avec M. F. Arvers.

— Le Banquet de camarades; vaudeville en un acte. In-8°. 1850. *Librairie théâtrale.* 60 c.

Avec le même.

— Le Domestique de ma femme; comédie-vaudeville en un acte. In-12. 1862. *Lévy frères.* 1 fr.

Avec M. Lafargue.

— La Fiancée du prince; comédie-vaudeville en trois actes. In-8°. 1848. *Librairie théâtrale.* 60 c.

Avec Arsène de Cey.

— Le Pot de fer et le Pot de terre; vaudeville en un acte, musique nouvelle de M. Oray. In-8°. 1857. *Beck.* 60 c.

Avec M. de Léris.

— Les Vieilles Amours; vaudeville en un acte. In-8°. 1856. *Tresse.* 60 c.

Avec F. Arvers.

M. d'Avrecour a encore fait quelques pièces en collaboration avec MM. *Carmouche, Lafargue* et *Varin.* — Voy. ces noms.

AVRIL (Adolphe d').

— Acte du concile de Florence pour l'union des Églises (1439). Traduit en français avec une introduction et des notes par Ad. d'Avril. In-8°. 1861. *Challamel.* 1 fr.

— Actes relatifs à l'Église bulgare (en 1860 et 1861). In-8°. 1864. *B. Duprat.* 1 fr.

Anonyme.

Ces deux opuscules sont extraits de la « Revue de l'Orient ».

— La Bulgarie chrétienne, étude historique. In-12. 1863. *Ibid.* 2 fr.

Anonyme.

— La Chaldée chrétienne; étude sur l'histoire religieuse et politique des chaldéens-unis et des nestoriens. In-8°. 1863. *Ibid.* 3 fr.

— La Chanson de Roland; traduction nouvelle, avec une introduction et des notes. In-8°. 1865. *B. Duprat.* 6 fr. 50 c.

— Documents relatifs aux églises de l'Orient, considérées dans leurs rapports avec le saint-siège de Rome. In-12. 1862. *Ibid.* 3 fr.

— Héraclius, ou la Question d'Orient au viie siècle. Étude historique. In-8°. 1862. *Ibid.* 1 fr.

Extrait du « Bulletin de l'OEuvre du pèlerinage en Terre sainte ».

AVRIL (J. B.).

— Question du libre échange, mise à la portée de toutes les intelligences. In-4°. 1847. Nevers, *imprimerie de Faye.* 1 fr. 50 c.

AVRIL (J. T.).

— Dictionnaire provençal-français, contenant tous les termes insérés et ceux omis dans les dictionnaires provençaux publiés jusqu'à ce jour. In-8°. 1840. Apt, *imprimerie de Cartier.* 7 fr.

AVRIL (V.).

— La Communauté, c'est l'esclavage et le vol, ou Théorie de l'égalité et du droit. In-8°. 1848. [Mézières], *Guillaumin.* 3 fr.

— Histoire philosophique du crédit. Tome Ier. In-8°. 1849. *Ibid.*

AVRILLON (Élie), théologien de l'ordre des Minimes, né à Paris, en 1652, mort en 1729.

— L'Année affective, ou Sentiments sur l'amour de Dieu, tirés du Cantique des cantiques, pour chaque jour de l'année. In-12. 1858. Lyon, *Périsse frères.* 1 fr. 10 c.

— Le même. Nouvelle édition. In-12. 1865. *Ruffet et Cie.* 1 fr. 20 c.

— Conduite pour passer saintement le temps de l'Avent. Nouvelle édition. In-12. 1860. *Ibid.* 1 fr.

— Le même. In-32. 1863. *Morizot.* 1 fr.

— Le même. In-12. 1859. *Lecoffre et Cie.* 80 c.

— Le même. In-12. 1865. Tours, *Mame.* 80 c.

— Conduite pour passer saintement le temps du carême, où l'on trouve pour chaque jour une pratique, une méditation et des sentiments sur l'évangile du jour. Édition augmentée. In-12. 1860. Lyon, *Périsse frères.* 1 fr.

— Le même. In-12. 1864. *Lecoffre et C*ie. 1 fr.

— Le même. In-12. 1864. *Mame et fils.* 80 c.

— Le même. In-12. 1859. Lyon, *Pélagaud.* 1 fr.

— Conduite pour passer saintement les fêtes et octaves de la Pentecôte, du saint Sacrement et de l'Assomption. In-12. 1860. Lyon, *Périsse frères.* 1 fr.

— Conduite du chrétien pour les principaux temps de l'année. Carême, Pâques, Pentecôte. Édition mise dans un nouvel ordre et revue avec soin. In-18 avec 1 grav. 1856. Lille, *Lefort.* 1 fr. 50 c.

— Le même. In-12. 1860. Tours, *Mame.* 1 fr.

— Esprit du R. P. Avrillon, pour passer sainte ment l'Avent, le Carême, la Pentecôte, etc.; pré cédé d'une Notice sur sa vie, par J. F. H. Oudoul. 3e édition. In-18. 1845. *Vaton.* 2 fr.

La 1re édition est de 1885.

— Méditations et sentiments sur la sainte communion. In-12. 1859. Lyon, *Périsse frères.* 1 fr.

— Trente amours sacrés, ou Sentiments sur l'amour de Dieu, pour chaque jour du mois. In-32. 1856. *Ibid.* 50 c.

AVROY (Mme d').

— De l'Amour des sots pour les femmes d'esprit. Causeries. In-32. 1861. [Bruxelles], *Dentu.* 75 c.

AVY (A.), instituteur.

— Les Enfants jaloux; comédie-vaudeville en un acte. In-18. 1859. *Fouraut.* 50 c.

AVY (Paul).

— Le Miserere du Trouvère. Nouvelle. In-12, 24 p. 1864. Loches, *imprimerie Bordessolle.*

AWAM (Ibn-al-). — Voy. **Ibn-Al-Awam.**

AX (Guillaume d'), professeur.

— Le Conseiller du pianiste, précédé d'une notice historique sur le piano. In-32. 1857. *Castel.*

— Grammaire française des mères de famille. 1re édition. In-12. 1856. *Librairie nouvelle.* 75 c.

AXINGER (l'abbé J. M.) a traduit de l'allemand : « Histoire du pape Sylvestre II » de *Hock.*

AYCARD (Marie), romancier et auteur drama tique, né à Marseille, en 1794, mort en 1859.

— Agib. In-4o illustré. 1852. *Barba.* 60 c.

— La Cassette. L'Alignement d'une rue. Précédé de : la Permission de dix heures, par Max. Perrin. In-4o illustré. 1854. *Ibid.* 90 c.

— Le Château de la Renardière. 4 vol. in-8o. 1854. *De Potter.* 30 fr.

— Le Comte de Horn. Le Flagrant délit. In-4o illustré. 1852. *Barba.* 80 c.

— Madame de Linant. In-4o illustré. 1854. *Ibid.* 1 fr. 30 c.

— Mademoiselle Potain. Un enlèvement en 1805. In-4o illustré. 1854. *Ibid.* 70 c.

— Monsieur et Madame de Saintol. In-4o illustré. 1854. *Ibid.* 50 c.

— Nouvelles d'hier. In-12. 1854. *Dagneau.* 3 fr.

— Pierre Baugé. Nouvelle. In-8o, 47 p. 1853. *Imprimerie Prève.*

— Le Pistolet anglais. — Voy. *Ricard* (Aug.), Celui qu'on aime.

— Le Premier malade; comédie. — Voy. *Van derburch et Aycard.*

— La Saurel. Le mort d'Iéna. In-4o illustré. 1854. *Ibid.* 70 c.

— William Vernon. In-4o illustré. 1852. *Ibid.* 40 c.

M. Aycard a collaboré à la plus grande partie des romans d'Aug. Ricard. Il en est même quelques-uns signés par A. Ri card qui sont tout entiers l'œuvre de M. Aycard.

AYEN (le duc d').

— De la Décentralisation en Angleterre. In-8o. 1864. *Douniol.* 80 c.

Extrait du « Correspondant ».

AYER (Cyprien), professeur à l'École indus trielle de Neuchâtel.

— Géographie statistique. In-8o. 1861. Genève, *J. Kessmann.* 3 fr. 50 c.

AYGUALS DE IZCO (Wenceslas).

— Marie, ou la Victime d'un moine; histoire de Madrid. Avec dédicace et introduction par M. Eu gène Sue. 2 vol. in-8o avec portrait. 1846. *Dutertre.* 16 fr.

AYLIC LANGLÉ. — Voy. **Langlé** (Aylic).

AYLVIN (David Cooper).

— De l'Emploi du bois de teck dans la marine. Recueil de faits démontrant la force comparative de la durée des vaisseaux construits en bois de teck ou en chêne. Traduit de l'anglais. In-8o, 35 p. 1851. *Ve Doudey-Dupré.*

AYMA (Louis), proviseur du lycée de Napoléon Vendée, né à Cahors, en 1807.

— Les Deux horoscopes; poëme. In-8o. 1865. Poitiers, *Oudin.*

— Les Devoirs des mères. Traduit de l'anglais par M. L. Ayma. In-16 de 5 f. 1846. Brives, *impri merie de Lalande.*

— Galerie du clergé contemporain. In-18. 1850. *Dezobry.* 3 fr.

Biographie de M. l'abbé Théobald Mitraud, du diocèse de Limoges.

— Histoire de la sainte Vierge, d'après l'Évan gile et les saints Pères. In-8o. 1861. [Poitiers], *Palmé.* 2 fr.

— Œuvre des Écoles chrétiennes. In-12. 1859. Aix, *Nicot.*

— Vie du vénérable J. B. de La Salle, fondateur des écoles chrétiennes. In-12. 1855. Aix, *Remon det-Aubin.* 2 fr.

M. Louis Ayma a traduit en vers français « Œdipe roi », tragédie de Sophocle.

AYMAR-BRESSION (Pierre), homme de lettres, directeur général de l'Académie nationale, agri cole et manufacturière et de la Société française de statistique universelle, né en 1815. Il est maire de Saint-Pierre-de-Colombes (Seine) et président de la Société de secours mutuels de cette com mune.

— Annuaire historique militaire, statistique, topographique et littéraire. — Voy. *Sécard et Ay mar-Bression.*

— Le Canotier parisien, par deux initiés pur-sang, Aym... B... et J... B... In-12. 1843. Paris, *rue d'Amsterdam*, 4; Bar-le-Duc, *F. d'Olincourt*. 75 c.

M. Aymar-Bression est seul auteur de cette brochure.

— Coup d'œil sur l'Exposition universelle de 1855. In-18, 41 p. 1857. *Au siége de l'Académie nationale, rue Louis-le-Grand*, 21.

— Coup d'œil sur l'Exposition universelle agricole de 1856. In-8°, 47 p. 1857. *Imprimerie Lacour.*

— École nationale pratique de cultures jardinières. Projet à réaliser sur la commune de Colombes (Seine). In-8°, 15 p. *Imprimerie Claye.*

— Étude à vol d'oiseau sur l'exposition franco-espagnole de Bayonne, en 1864. In-12. iv-176 p. 1865. *Aux bureaux de l'Académie nationale.*

Extrait des publications mensuelles de l'Académie nationale, agricole, manufacturière et commerciale.

— Fragments sur l'exposition universelle de 1855, et sur l'exposition universelle agricole de 1856. Gr. in-8°, 520 colonnes, et vignettes. 1855-1856. *Ibid.*

— Études statistiques sur le livre intitulé : la France et l'Étranger, de M. A. Legoyt. Gr. in-8°, 80 colonnes. 1865. *Imprimerie Claye.*

— Fécondation artificielle des poissons, procédé de MM. Gehin et Remy (des Vosges). Rapport. Gr. in-8°, 8 p. 1851. *Rue Louis-le-Grand*, 21.

— La France à Londres en 1862; revue de l'exposition universelle du palais de Kensington. Gr. in-8°, 550 colonnes. 1862-1863. *Ibid.*

— Galeries biographiques-historiques de la Société française de statistique universelle, 1re et 2e séries. Gr. in-8°. 1845-1848. *Rue d'Amsterdam*, 40.

N'a pas été continué au delà de 1848. L'ouvrage a paru par livraisons contenant chacune une biographie complète, réunies plus tard en volume ; chaque biographie a conservé sa pagination particulière.

— Les Hommes de la révolution française. Livraisons 1re et 2e. In-18. 1841. *Rue d'Amsterdam*, 4. Chaque livraison 50 c.

Avec Alfred Bougeart. — Les auteurs, ayant été menacés officieusement de poursuites politiques, n'ont pas jugé prudent de continuer cette publication après la 2e livraison. La 1re livraison contient la biographie de Camille Desmoulins ; la 2e celle de Hoche.

— L'Horloge du Conservatoire des arts et métiers de Paris, de M. Detouche. Gr. in-8°, 8 p. et 1 pl. 1863. *Imprimerie Claye.*

— L'Industrie sucrière indigène et son véritable fondateur. In-12. 1864. *Chez l'auteur, rue Louis-le-Grand*, 21.

Gloires industrielles de la France.

— Revue générale de l'exposition de 1849. Gr. in-8°, 274 colonnes. 1849. *Ibid.*

— Revue de l'Exposition universelle de Besançon en 1860. Gr. in-8°, 96 p. 1861. *Ibid.*

Suivi de : « Coup d'œil sur l'Exposition de Saint-Dizier, en 1860, par M. Ch. *Teissier.*

M. P. Aymar-Bression rédige presque à lui seul le « Journal des travaux de l'Académie nationale et de la Société française de statistique universelle » (arrivé à sa 35e année en 1865). Outre les ouvrages ci-dessus il a publié encore quelques discours de circonstance et des comptes rendus des séances de la société dont il est le directeur.

AYMARD, archiviste du département du Puy-de-Dôme.

— Album photographique d'archéologie reli-gieuse, publié par M. Hippolyte Malègue. Texte par M. Aymard. In-fol., iv-122 p. et 32 photographies. 1857. [Le Puy, *Malègue.*] *Didron aîné.* 65 fr.

AYMARD (J.).

— L'Aimable joug du Seigneur. 4e édition. In-18 avec vignettes. 1864. Lille, *Lefort.* 50 c.

— Albéric, ou le Jeune apprenti. 6e édition. In-18 avec vignettes. 1863. *Ibid.* 60 c.

— Antoine, ou le Bon père de famille. 4e édition. In-18 avec vignettes. 1860. *Ibid.* 50 c.

— Armand Renty. 6e édition. In-8° avec vignettes. 1865. *Ibid.* 1 fr. 50 c.

— L'Artisan chrétien, ou Vie du bon Henri, cordonnier. 7e édition. In-18 avec vignettes. 1864. *Ibid.* 50 c.

— Les Bienfaits de la Providence, ou les Effets de la bonne éducation. 5e édition. In-18 avec vignettes. 1853. *Ibid.* 50 c.

— Le Bienheureux Benoit Joseph Labre, ou le Triomphe de l'humilité. In-18 avec vignettes. 1863. *Ibid.* 50 c.

— Du Bonheur des époux chrétiens, ou Moyens qu'offre la religion pour vivre heureux et se sanctifier dans l'état du mariage. 4e édition. 2 vol. in-18 avec vignettes. 1854. *Ibid.* 75 c.

— Charles, ou l'Enfant jaloux. 4e édition. In-18 avec vignettes. 1863. *Ibid.* 50 c.

— Les Charmes de la société du chrétien. 4e édition. 2 vol. in-18 avec vignettes. 1852. *Ibid.* 75 c.

— Choix de lectures chrétiennes et d'anecdotes intéressantes. 7e édition. In-18 avec vignettes. 1864. *Ibid.* 50 c.

— Un Cœur d'or, par l'auteur de la Main de Dieu. In-12. 1865. *Ibid.* 75 c.

— Les Commandements de l'Église avec des exemples appliqués à chaque précepte. 8e édition. In-18 avec vignettes. 1864. *Ibid.* 50 c.

— La Corbeille. Poésies offertes à la jeunesse. 2e édition. In-18 avec vignettes. 1854. *Ibid.* 50 c.

— Correspondance de famille. Sur le choix des amis et sur le danger des mauvaises liaisons. 8e édition. In-12 avec vignettes. 1859. *Ibid.* 1 fr. 25 c.

— La Couronne de bluets; choix de poésies. 2e édition. In-18 avec vignettes. 1861. *Ibid.* 50 c.

— Dieu me voit, ou Dialogues sur la présence de Dieu. 4e édition. In-18 avec vignettes. 1864. *Ibid.* 50 c.

— La Douceur chrétienne. 4e édition. In-18 avec vignettes. 1859. *Ibid.* 50 c.

— Exemples de vertus, traits de courage, de grandeur d'âme, d'héroïsme, de piété filiale, offerts à la jeunesse. 6e édition. In-18 avec vignettes. 1854. *Ibid.* 75 c.

— Fleurs et fruits, choix de poésies. 4e édition. In-18. 1865. *Ibid.* 1 fr.

— Guirlande de fleurs. Poésies contemporaines offertes à la jeunesse. 3e édition. In-18 avec vignettes. 1861. *Ibid.* 50 c.

— Histoire de Joseph. 4e édition. In-18 avec vignettes. 1861. *Ibid.* 50 c.

— L'Honnête marchand, ou la Justice et la bonne foi mises en pratique dans le commerce. 6e édition. In-18 avec vignettes. 1860. *Ibid.* 50 c.

— Imitation de saint Joseph. 7e édition. In-18 avec vignettes. 1861. Lille, *Lefort*. 50 c.

— Isidore, ou le Fervent laboureur. Modèle offert aux habitants des campagnes. 7e édition. In-18 avec 1 vignette. 1858. *Ibid.* 50 c.

— Jean Sobieski, roi de Pologne. In-18 avec gravures. 1861. *Ibid.* 50 c.

— La Main de Dieu. 3e édition. In-18. 1865. *Ibid.* 50 c.

— La Moisson de fleurs; choix de poésies. 2e édition. In-18 avec vignettes. 1859. *Ibid.* 50 c.

— Le Pauvre orphelin. 6e édition. In-18 avec vignettes. 1861. *Ibid.* 50 c.

— La Piété filiale, ou Devoirs des enfants envers leurs parents. 4e édition. In-18 avec vignettes. 1859. *Ibid.* 75 c.

— La Politesse chrétienne. 2e édition. In-18 avec vignettes. 1858. *Ibid.* 50 c.

— René, ou de la véritable Source du bonheur. 5e édition. In-12 avec vignettes. 1858. *Ibid.* 75 c.

— Les Saints Anges, et en particulier les anges gardiens. 5e édition. In-18 avec vignettes. 1859. *Ibid.* 50 c.

— Le Siège de Sébastopol (1854-1855). 4e édition. In-12 avec vignettes. 1860. *Ibid.* 1 fr.

— Souvenirs de l'armée d'Orient. Beaux traits, anecdotes, correspondance. 3e édition. In-18 avec vignettes. 1861. *Ibid.* 50 c.

— Suzanne, ou l'Atelier des orphelines. 4e édition. In-18 avec gravures. 1861. *Ibid.* 60 c.

— Thérèse, ou la Pieuse ouvrière. 10e édition. In-18. 1865. *Ibid.* 60 c.

— Les Trésors de la grâce, suivis de Traits historiques. In-18 avec vignettes. 1850. *Ibid.* 75 c.

— Le Triomphe de la piété filiale; extrait de la vie du comte Georges de Lesley; publié en italien par Rinuccini, vers l'an 1650. 5e édition. In-12 avec vignettes. 1857. *Ibid.* 1 fr. 25 c.

— Vertus et bienfaits du clergé de France. 3e édition. In-18 avec vignettes. 1844. *Ibid.* 75 c.

— Les Vertus militaires. 2e édition. In-12 avec gravures. *Ibid.* 1 fr.

La plupart de ces opuscules ont été publiés sous le voile de l'anonyme.

AYMARD (Maurice), ingénieur des ponts et chaussées.

— Irrigations du midi de l'Espagne. Études sur les grands travaux hydrauliques et le régime administratif des arrosages de cette contrée. Précédé d'un rapport de M. Lebasteur. In-8o avec atlas de 16 pl. 1864. *Lacroix*. 18 fr.

AYMARD (le docteur Sylvain), de Grenoble.

— La Politicomanie, ou Coup d'œil critique sur la folie révolutionnaire qui a régné en Europe depuis 1789 jusqu'au 2 décembre 1851. 2e édition, entièrement refondue. In-8o de 19 f. 1853. [Grenoble.] *Garnier*.

La 1re édition est de 1830; elle est signée « Sylvain Eymard ».

AYMARUS RIVALLIUS (AYMAR DU RIVAIL), jurisconsulte et historien dauphinois du xvie siècle.

— Aymari Rivallii delphinatis de Allobrogibvs libri novem, ex avtographo codice bibliothecæ regis editi, cura et svmptibus Aelfredi de Terrehasse. In-8o. 1845. Lyon, *imprimerie de Perrin*. 6 fr.

— Description du Dauphiné, de la Savoie, du comtat Venaissin, au xvie siècle; extrait du 1er livre de l'Histoire des Allobroges. Traduit sur le texte publié par M. de Terrebasse, par Ant. Macé. In-12. 1852. Grenoble, *Allier père*. 3 fr. 50 c.

AYMAUS, pseudonyme de S. **Blocquel**.

AYMÉ ou AIMÉ, chanoine de l'église d'Arras.

— Catéchisme raisonné sur les fondements de la foi. Nouvelle édition, à laquelle on a joint des extraits des lettres de M. de Fénelon, sur la vérité de la religion, et son entretien avec M. de Ramsai, sur le même sujet. In-18. 1855. Lyon, *Périsse*. 45 c.

— Le même. In-18. 1865. Lyon, *Pélagaud*. 60 c.

— Les Fondements de la foi mis à la portée de toutes sortes de personnes. 2 vol. in-12. 1856. Lyon, *Périsse*. 2 fr. 40 c.

AYMÉ (Alfred).

— Colbert, promoteur des grandes ordonnances de Louis XIV. In-8o. 1861. *A. Durand*. 1 fr.

— De la Séparation des patrimoines. In-8o. 1860. *Imprimerie Renou et Maulde*. [*Durand*.] 2 fr.

Thèse pour le doctorat.

AYMÉ (DUBOIS-). — Voy. **Dubois-Aymé**.

AYMON (le comte DE LA ROCHE-). — Voy. **La Roche-Aymon**.

AYNÈS (François David), littérateur et professeur, né à Lyon, en 1766, mort en 1827. Il a publié des extraits de *Tite-Live*, et une édition refondue de la grammaire de *Lhomond*.

AYRAUD (Pierre).

— André Bernard, ou le Siège de Valenciennes en 1790; drame en 3 journées. In-8o. 1845. Valenciennes, *imprimerie Henry*.

Avec Eug. Fillion.

AYZAC (Félicie Marie Émilie d'), dignitaire honoraire de la maison impériale de Saint-Denis, membre effectif de la Société archéologique de Moscou, maîtresse ès jeux floraux, née à Paris, en 1801. Entrée dans la maison impériale de Saint-Denis à l'âge de seize ans, elle y a professé pendant trente-cinq années : elle n'en est sortie qu'en 1852, pour mettre en ordre et publier progressivement les matériaux amassés pendant de longues années de recherches.

— Chœur de Notre-Dame de Paris : Ystoires et emblèmes bibliques sculptés au pourtour extérieur. In-8o, 28 p. et 1 pl. 1853. *Leleux*.

Extrait de la « Revue archéologique ».

— Des Églises de l'Italie, de l'Angleterre, de la France et de l'Allemagne, suivi de la Chapelle Saint-Just, à Narbonne. In-8o. 1853. *Ibid.*

Extrait de la même Revue.

— Histoire de l'abbaye de Saint-Denis en France. 2 vol. in-8o. 1861. [*Imprimerie impériale*], *Bray*. 20 fr.

Couronné par l'Académie des inscriptions et belles-lettres. — L'auteur prépare la partie historique de cet ouvrage (faits et légendes).

— Iconographie du dragon. In-8o de 75 p. et fig. 1864. Arras, *Rousseau-Leroy*.

Extrait de la « Revue de l'Art chrétien ».

— Mémoire sur trente-deux statues emblématiques observées sur les tourelles du transept de la silique de Saint-Denis. In-8°. 1847. *Au bureau la Revue de l'architecture et des travaux publics.*

— Des Quatre animaux apocalyptiques et de ırs représentations sur les églises au moyen e. In-4°. 1846. *Didron.*

Extrait des « Annales archéologiques ».

— Soupirs; poésies. 2e édition. In-18. 1842. *risse.* 4 fr.

Couronné par l'Académie française.

— Les Statues du porche nord de la cathédrale de ıartres, ou Explication de la présence de la sta- .e de la Beauté, de la Volupté, de l'Honneur, sur s basiliques chrétiennes. In-8°. 1849. *Leleux.* 7 fr.

Mention honorable de l'Académie des inscriptions et belles- ttres.

— Symbolique des pierres précieuses, ou Tro- ılogie des gemmes. In-4°. 1846. *Didron.*

Extrait des « Annales archéologiques ».

Mme Félicie d'Ayzac a collaboré aux « Annales archéolo- ques », de 1846 à 1848; à la « Revue de l'architecture », en 347; à la « Revue archéologique », de 1852 à 1855; à la « Re- ıe de l'Art chrétien », de 1860 à 1866.

AZAÏS (l'abbé), aumônier du lycée de Nîmes, ıembre de l'Académie du Gard, né à Kaïlh (Hé- ault), en 1812; il était l'un des quarante pèlerins ux lieux saints de la caravane de 1853.

— Deux Moines du couvent de Saint-Marc à 'lorence. I. Fra Angelico. In-8° de 30 p. 1863. Iimes, *imprimerie Clavel-Ballivet et Cie.*

— Le même. II. Jérôme Savonarole. In-8° de 4 p. 1864. *Ibid.*

— Étude sur Maine de Biran. In-8° de 26 p. 1859. *bid.* 1 fr.

— Les Iles de Lérins. In-8°, 43 p. 1862. *Ibid.*

— Journal d'un voyage en Orient. In-12. 1858. wignon, *Séguin aîné.* 1 fr. 50 c.

Avec C. Domergue. — Le récit de ce voyage a été déjà ublié dans la « Revue du Midi ». Il sert de complément au Pèlerinage en Terre sainte. » (Voy. ci-après.)

— Pèlerinage en Terre sainte. In-12. 1855. Nîmes, *Louis Giraud.* 3 fr. 50 c.

— Vie de monseigneur Jean François Marie Cart, évêque de Nîmes. In-12. 1857. *Étienne Gi- raud.* 1 fr. 50 c.

— Vie de sainte Zite, servante. In-12. 1857. *Vermot.* 1 fr.

— Une Visite à l'abbaye de Cluny. In-8°, 32 p. Nîmes, *imprimerie de Clavel-Ballivet.* 1 fr.

AZAÏS (Gabriel), ancien magistrat, secrétaire perpétuel de la Société archéologique de Béziers, né à Béziers, en 1805.

— Dictionnaire des idiomes languedociens, étymologique, comparatif et technologique. Tome Ier. 1re et 2e livre. In-8°. 1864. Béziers, *imprimerie Delpech.* Chaque livraison 1 fr.

M. Gabriel Azaïs a encore publié : le « Breviari d'Amor », de maître *Ermengaud.*

AZAÏS (Jacques), né en 1778, mort en 1856, avocat, président de la Société archéologique de Béziers.

— Dieu, l'homme et la parole, ou la Langue primitive. In-8°. 1857. [Béziers, *Mlle Paul.*] *De- rache.* 5 fr.

AZAÏS (Pierre Hyacinthe), philosophe moraliste, né à Sorrèze, en 1766, mort en 1845.

— Des Compensations dans les destinées hu-

maines. 5e édition. In-18 avec un portrait. 1846. *Didot.* 3 fr.

— Explication générale des mouvements poli- tiques, et spécialement des circonstances ac- tuelles. In-8°. 1840. *Ledoyen.* 4 fr.

— Explication des puits artésiens, et, à ce sujet, Exposition du principe universel. 3e édition. In-8°. 1841. *Chez l'auteur.* 50 c.

— Explication et histoire du puits de Grenelle. 11e édition. In-8° avec 1 pl. 1856. *Ledoyen.* 1 fr.

Avec Notice sur l'auteur.

— Le Précurseur philosophique de l'Explication universelle, ou Indication précise du vrai fonda- mental en science positive, en morale indivi- duelle, en morale politique. In-8°. 1845. *Chez l'auteur.* 1 fr.

— Problème politique de première importance. Quelles sont, en principe, les meilleures formes de constitution et de gouvernement pour un peu- ple civilisé? Application au peuple français. Son histoire depuis 50 ans. Sa situation actuelle. For- tifications de sa capitale. 2e publication. In-8°. 1844. *Ledoyen.* 3 fr.

— Question philosophique de première im- portance : Quelle est, dans l'univers, la posi- tion du genre humain? In-8°. 1842. *Chez l'auteur.* 50 c.

AZAM (Victor).

— L'Avénement d'Abdul-Azis. Avenir de l'em- pire ottoman. In-8°. 1861. *Dentu.* 50 c.

— La Chaîne parisienne (nouvelles). In-12 avec photographie. 1863. *Guérin.* 3 fr.

AZARD (le R. P. J.), vicaire général du diocèse de Saïda (Terre-Sainte).

— Explication des cérémonies de la messe se- lon le rit de l'Église romaine. In-12. 1851. Le Mans, *Monnoyer.*

— Les Maronites, d'après le manuscrit arabe, du R. P. Azar, vicaire général de Saïda (Terre- Sainte), délégué du patriarche d'Antioche et de la nation maronite. In-12 de 8 f. 1852. Cambrai, *im- primerie Deligne et Lesne.*

AZEGLIO (Massimo Taparelli d'), ancien mi- nistre de Sardaigne, romancier, publiciste, né à Turin, en 1801, mort en 1866.

— Les Derniers jours d'un peuple, ou Niccolo de Lapi, épisode de l'histoire des républiques ita- liennes. Traduit de l'italien par Étienne Croix. 2 vol. in-8°. 1844. *Lavigne.* 15 fr.

— La Politique et le Droit chrétien au point de vue de la question italienne. 2e édition. In-8°. 1860. *Dentu.* 3 fr.

AZEGLIO (le P. L. Taparelli d'). — Voy. **Tapa- relli d'Azeglio.**

AZÉMA (Georges), greffier de la justice de paix de Saint-Denis, mort en 1864.

— Histoire de l'île Bourbon, depuis 1643 jus- qu'au 20 décembre 1848. In-8°. 1859. *Plon.* 5 fr.

— Noella. In-12. 1863. *Hachette et Cie.* 2 fr.

AZÉMA (Mazaé), docteur en médecine.

— De l'Ulcère de Mozambique. Suivi d'un Rap- port lu à la Société de chirurgie de Paris, par M. Aug. Cullerier. In-8°. 1863. *Delahaye.* 2 fr.

— La Variole à l'île de la Réunion. In-8° de 47 p. 1863. P. *Asselin.*

Extrait des « Archives générales de médecine ».

AZÉMAR, docteur-médecin.

— Mes Études sur le choléra, ou Découverte de tout ce qu'il importe à la science et à l'humanité de connaître sur cette maladie. In-8°. 1856. *Germer Baillière.* 3 fr.

1er mémoire. (C'est le seul publié.)

AZÉMAR (le général baron Léopold Michel Martial), officier français, commandant du département de Vaucluse, né à Privas (Ardèche), en 1804.

— Avenir de la cavalerie. Examen technique des ouvrages publiés sur l'ordonnance du 6 décembre 1829. Tactique des trois armes dans l'esprit de la nouvelle guerre. 3 vol. in-8°. 1860. *Lenevcu.* 10 fr. 50 c.

— Avenir de la cavalerie. Son rôle dans les batailles, suivi d'un projet de création de zouaves montés. In-8°. 1860. *Ibid.* 1 fr.

— Combats à la baïonnette, théorie adoptée en 1859 par l'armée d'Italie, commandée par Sa Majesté Napoléon III. In-8°. 1859. *Ibid.* 2 fr.

Extrait de l'ouvrage suivant.

— Système de guerre moderne, ou Nouvelle tactique avec les nouvelles armes. — Observations relatives à la brochure de M. le général Jomini sur la formation des troupes pour le combat. Des papiers d'un ancien officier général de l'armée de Sa Majesté le roi de Prusse. In-8°. 1859. *Ibid.* 6 fr.

AZÉMAR (Gaston d'), fils du précédent, lieutenant d'infanterie, en dernier lieu officier d'ordonnance du général Yusuf; né à Provins (Seine-et-Marne), en 1837.

— Étude raisonnée sur l'intonation des commandements d'infanterie. In-8°. 1862. *Imprimerie Martinet.* [*Dumaine.*] 1 fr.

— Note sur les instruments de musique militaire (timbale). In-8°. 1863. *Ibid.* 75 c.

Ces deux brochures sont extraites du « Spectateur militaire »

AZEVEDO (Alexis), journaliste et critique d'art musical, né à Bordeaux, en 1813.

— Félicien David, coup d'œil sur sa vie et son œuvre. Gr. in-8°. 1864. *Au Ménestrel.* 3 fr.

— G. Rossini, sa vie et ses œuvres. Gr. in-8° 1865. *Ibid.* 5 fr.

M. Al. Azevedo est rédacteur à « l'Opinion nationale ». Il a aussi collaboré au «Siècle», à la «Presse», à la «France musicale», au « Soleil », etc. Il se propose de publier une philosophie de la musique à laquelle il travaille depuis 20 ans.

AZUN DE BERNÉTAS (Th. M. J.), ancien instituteur à Bordeaux.

— Biographie de M. J. M. B. Vianey, curé d'Ars. Par l'auteur de « la Retraite et ses fruits », ouvrage publié sous les auspices de Marie et au point de vue de M. le curé d'Ars. In-12 avec un portrait. 1856. Lyon, *chez l'auteur.* 3 fr.

Anonyme.

— La Grotte des Pyrénées, ou Manifestation de la sainte Vierge à la grotte de Lourdes (diocèse de Tarbes); précédé d'une Notice sur les Pyrénées. In-18. 1862. Tarbes, *imprimerie Larrieu.* 1 fr. 50 c.

— La Retraite et ses fruits, sous les auspices de Marie, à tous les pèlerinages, ou Ars et Beaumont. 2e édition. In-18. 1856. Lyon, *Périsse.* 2 fr. 25 c.

La 1re édition est de 1850.

AZUR.

— Almanach-Azur. — Voy. *Mouzard.*

AZUR-DUTIL.

— Lamartine, sa vie et ses ouvrages. In-8°. 1862. *Azur-Dutil.*

M. Azur Dutil a imité de l'anglais de Georges Reynolds : les Prolétaires de Londres. — Voy. *Reynolds.*

B

BABAD (l'abbé J.) a traduit de l'anglais : « Vie de Mme E. A. Seton », du rév. *White.*

BABAUD-LARIVIÈRE (L.), publiciste, ancien représentant du peuple, né à Confolens (Charente), en 1819.

— Études historiques et administratives. 2 vol. in-8°. 1863. [Confolens, *Allegraud.*] *Lévy frères.* 12 fr.

— Histoire de l'Assemblée nationale constituante. 2 vol. in-12. 1850. *Lévy frères.* 4 fr.

— Lettres charentaises. In-8°. 1865. [Angoulême, *Baillarger.*] *Lévy frères.* 3 fr.

BABAULT.

— Dictionnaire français et géographique, contenant, outre tous les mots de la langue française, des sciences et des arts, la nomenclature de toutes les communes de France et des villes les plus remarquables du monde. 2e édition. 2 vol. in-8°. 1846. *Barbier.*

BABEUF (Mme Louise).

— Contes vrais. In-8°. 1844. *Desesserts.* 6 fr.

— Quinze Jours au Raincy, ou les Vacances bien employées. In-12. 1846. *Lehuby.* 3 fr.

BABEY (C. M. Philibert).

— Flore jurassienne, ou Description des plantes vasculaires croissant naturellement dans les montagnes du Jura et des plaines qui sont au pied, réunies par familles naturelles, etc. 4 vol. in-8°. 1846. *Audot.* 36 fr.

BABIN (le P.).

— Relation de l'état présent de la ville d'Athènes, ancienne capitale de la Grèce, bâtie depuis 3,400 ans. Avec un abrégé de son histoire et de ses antiquités. A Lyon, chez Loüis Pascal, rue Mercière : vis-à-vis la petite porte S. Antoine, au Livre blanc. M.DC.LXXIV. Avec permission des supérieurs. In-18. 1854. *Renouard*.

Reproduction à un petit nombre d'exemplaires, de la Relation du père Jacques Paul Babin, Smyrne, ce 8 octobre 1672, après Spon et après M. Ross. Elle est annotée et publiée par M. le comte de Laborde, membre de l'Institut.

BABINET (Jacques), physicien, membre de l'Académie des sciences, né à Lusignan, en 1794.

— Calculs pratiques appliqués aux sciences d'observation. In-8°. 1857. *Mallet-Bachelier.* 6 fr.

Avec M. Housel.

— Éléments de géométrie descriptive. In-8° avec un atlas in-8° de 32 pl. 1850. *Hachette.* 7 fr.

— Études et lectures sur les sciences d'observation et leurs applications pratiques. 8 vol. in-12. 1855-1865. *Mallet-Bachelier.* Chaque vol. 2 fr. 50 c.

— Sur la Paragénie, ou Propagation latérale de la lumière et sur la déviation que les rayons paragéniques éprouvent sous l'influence du mouvement de la terre. In-8° avec fig. 1861. *Leiber.* 2 fr.

Extrait du Cosmos.

— De la Télégraphie électrique, ligue de jonction des cinq parties du monde. Opinion de M. Babinet. In-8°. 1861. *Franck.* 1 fr.

M. Babinet ayant proposé un nouveau système pour la projection des cartes géographiques, appelé par lui système homalographique, on s'est servi de son nom pour publier plusieurs atlas et des cours de géographie, basés sur ce système. Quoique M. Babinet n'ait pas pris la moindre part à ces publications, elles portent en titre son nom au lieu de celui de l'auteur, et nous croyons nécessaire de les classer ici, parce qu'on a pris l'habitude de les désigner sous son nom, comme s'il les eût faites.

— Atlas universel de géographie physique, politique et historique, dressé par A. Vuillemin. Projection Babinet. Gr. in-fol. avec 60 cartes. 1861. *Bourdin.* Cart. 20 fr.

— Cours complet de géographie physique, politique et historique, à l'usage des lycées et autres établissements d'instruction publique, pour accompagner l'atlas de géographie de M. Babinet. In-12. 1861. *Ibid.* 5 fr.

— Atlas universel de géographie, physique et politique. Système de M. Babinet. Dressé par A. Vuillemin. 25 cartes in-fol. 1859. *Ibid.* 12 fr. 50 c.

— Nouvelle géographie physique et politique, à l'usage de tous les établissements d'instruction publique et des gens du monde, pour accompagner l'atlas géographique de M. Babinet. In-12. (1860.) *Ibid.* 2 fr. 50 c.

— Atlas universel de géographie historique. 35 cartes in-fol. 1861. *Ibid.* Cart. 10 fr.

Les mêmes cartes ont servi pour la publication de plusieurs autres atlas à l'usage de différentes classes des lycées. Chaque atlas est accompagné d'un cours de géographie.

BABINET DE RENCOGNE (G.), archiviste de la Charente.

— Notice et dissertation sur un fragment du cartulaire de l'abbaye de l'Esterpe. In-8°. 1863. [Angoulême.] *Aubry.* 2 fr.

Tirée à 100 exemplaires.

M. Babinet de Rencogne a publié . « Mémoire sur l'Angoumois », par Jean *Gervais*.

On lui doit encore divers mémoires, la plupart d'intérêt local et tirés seulement à quelques exemplaires.

BABLOT.

— Calcul fait des pieds de fer suivant leur épaisseur et largeur, réduits au poids; suivi des tables de conversion des anciennes mesures en mesures décimales, par M. Belargent. 5e édition. In-12. 1840. *Bachelier.* 3 fr.

BABO (le baron Lambert de), agronome allemand, né en 1790; il s'est spécialement occupé de la culture de la vigne.

— Promenades d'un maître d'école avec ses élèves, ou Entretien sur des sujets agricoles. In-12. 1860. Tournai et Paris, *Casterman.* 60 c.

— Traité de la culture du tabac. — Voy. *Dauphiné.*

— Les Veillées du cultivateur, ou Catéchisme de chimie agricole. Traduit de l'allemand par Mme Parisot de Cassel. In-8°. 1849. Moulins, *Place.*

BABOU (Hippolyte), littérateur et journaliste, né à Peyriac (Aude), en 1824.

— Les Amoureux de Mme de Sévigné. Les Femmes vertueuses du grand siècle. In-8°. 1862. *Didier et Cie.* 7 fr.

Édition in-12. 3 fr. 50 c.

— Lettres satiriques et critiques, avec un défi au lecteur. In-12. 1860. *Poulet-Malassis.* 3 fr.

— Mémoires de Mme de la Guette, avec une préface-notice de M. Moreau. (Paris, 1856. *Janet.* Bibliothèque elzévirienne. In-16. 1856.) *Ibid.* 1 fr.

C'est une critique de cette édition des Mémoires de Mme de la Guette.

— Les Païens innocents. Nouvelles. In-12. 1858. *Ibid.* 3 fr.

— La Vérité sur le cas de M. Champfleury. In-18. 1857. *Ibid.* 75 c.

Extrait de la « Revue française ».

— Vive le luxe! La comédie de M. Dupiguac, réponse à M. Dupin; par une grande dame et une petite dame. In-8°. 1865. *Faure.* 2 fr.

Anonyme.

M. Babou a aussi publié : « Lettres familières écrites d'Italie », par le président de *Brosses*.

BABOU DE LA BOURDAISIÈRE (Philibert).

— Correspondance de Philibert Babou de la Bourdaisière, évêque d'Angoulême, depuis cardinal, ambassadeur de France à Rome, publiée sur le manuscrit de la bibliothèque de Reims, par E. Henry et Ch. Loriquet. In-8°. 1860. Reims, *imprimerie Dubois.*

Publication de l'Académie impériale de Reims.

BABRIUS, poëte-fabuliste grec d'une époque inconnue, probablement du IIIe siècle de notre ère.

— Babrii fabulæ iambicæ CXXIII ivssv svmmi edvcationis pvblicæ administratoris Abeli Villemain, viri excel. nvnc primvm editæ. Ioh. Fr. Boissonade litt. gr. pr. recensuit, latine convertit, annotavit. In-8°. 1844. *F. Didot.* 7 fr. 50 c.

Édition princeps, faite d'après le manuscrit unique trouvé au mont Athos par M. Minoïde Minas. — Une traduction latine est en regard du texte grec.

— Fables de Babrius, texte revu par M. Fr. Duhner, avec notes en français, par M. C. Muller. In-12. 1845. *Ibid.*

— Fables de Babrius. Édition classique d'après le texte de M. Boissonade, accompagnée d'une Introduction historique et littéraire sur Babrius,

8

de l'explication des mots nouveaux, d'une Concordance avec Ésope et Phèdre, et des fables correspondantes de La Fontaine, par M. Meyer. Édition autorisée par l'Université. In-12. 1848. *Delalain*. 60 c.

— Fables de Babrius, texte grec, publié avec des variantes, par M. Théobald Fix. In-12. 1845. *Hachette*. 60 c.

— Fables de Babrius, en vers choliambes. Texte grec, soigneusement revu sur l'édition princeps, accompagné de notes critiques, philologiques, grammaticales et littéraires, de rapprochements avec les écrivains anciens et modernes, et d'un index à l'usage des classes, par L. M. Passerat. In-12. 1849. *Dezobry*. 75 c.

— Babrius. Fables (expliquées par M. Th. Fix, traduites par Sommer). In-12. 1845. *Hachette*. 4 fr.

Avec 2 traductions françaises.

— Fables de Babrius, traduites en français par M. Sommer, avec le texte grec en regard, revu par M. Théobald Fix. In-12. 1848. *Ibid*. 2 fr. 50 c.

— Fables de Babrius, traduites pour la première fois du grec en vers français, sur l'édition classique, par P. Jonain. In-12. 1846. [Bordeaux, *chez l'auteur, allées des Noyers*, 21.] *Hachette*. 2 fr.

— Fables de Babrius, traduites pour la première fois en français, par A. L. Boyer. In-8°. 1844. *F. Didot*. 2 fr. 50 c.

— Fables de Babrius, traduites en vers français par J. F. Gail. In-12. 1846. *Delalain*. 1 fr. 50 c.

— Babrius. Fables choisies, traduites en vers français, avec le texte en regard, et suivies de notes, par M. Sardin. In-12. 1846. *Dezobry*. 2 fr. 50 c.

*Baccalauréat ès sciences (le); résumé des connaissances exigées par le programme officiel, par MM. J. Brisebarre, E. Burat, A. Milne Edwards, Em. Fernet, O. Gréard, E. Levasseur, E. Mauduit, A. Tissot, L. Troost, Ch. Vacquand. 3 vol. in-18 avec 1,657 fig. dans le texte. 1863. *V. Masson et fils*. Les 3 volumes 23 fr.

Chaque volume se vend séparément. — Tome I, Littérature, par *Gréard* ; Philosophie et logique, par *Brisebarre*. Avec 116 fig. 7 fr. — Tome II, Arithmétique, par *Mauduit* ; Géométrie et trigonométrie, par *Vacquand* ; Mécanique, par *Burat*. Avec 888 fig. 8 fr. — Tome III, Physique, par *Fernet* ; Chimie, par *Troost* ; Histoire naturelle, par Milne *Edwards*. Avec 58 fig. 8 fr.

BACH, professeur de mathématiques pures et d'astronomie à la Faculté des sciences de Strasbourg.

— Calcul des éclipses de soleil par la méthode des projections. In-8° avec 3 pl. 1860. *Mallet-Bachelier*. 2 fr.

— Traité des surfaces du second ordre. — Voy. *Saint-Loup et Bach*.

BACH (le docteur), médecin-inspecteur des eaux de Soultzmatt.

— Des Eaux gazeuses alcalines non ferrugineuses de Soultzmatt (Haut-Rhin). In-8°. 1859. Strasbourg, *Dérivaux*. 2 fr.

— Des Eaux gazeuses alcalines de Soultzmatt (Haut-Rhin). Histoire et topographie des bains de Soultzmatt et de ses environs. Suivi d'une nouvelle analyse des eaux de Soultzmatt, par M. Béchamp, licencié ès sciences, et de la Flore des environs de Soultzmatt, par M. Kirschleger, docteur en médecine. In-8°. 1853. [Strasbourg.] *J. B. Baillière*.

BACH (le P. Julien), de la Compagnie de Jésus.

— Des Oies sauvages et de leurs rapports avec les origines de quelques villes de France ; étude historique et philologique. In-8°. 1864. Metz, *Rousseau-Pallez*.

— Les Origines de Metz, Toul et Verdun ; études archéologiques. Gr. in-8°, 128 p. 1864. *Ibid*.

Le Père J. Bach a fourni aussi des travaux aux « Mémoires de la Société d'archéologie et d'histoire de la Moselle».

BACHARACH (Henri), grammairien allemand, professeur à Paris depuis 1830, né vers 1810.

— Compositions françaises, exercices d'orthographe, dictées et versions latines avec des textes et des modèles tirés des archives des concours. In-8°. 1850. *Hachette et Cie*. 2 fr.

— Cours de thèmes allemands accompagnés de vocabulaires, pouvant s'appliquer à toutes les grammaires allemandes, et divisés en trois parties correspondantes aux trois années d'étude fixées par les derniers programmes. 7e édition. In-12. 1860. *Ibid*. 3 fr. 25 c.

— Grammaire allemande, à l'usage des classes supérieures. 7e édition. In-12. 1860. *Ibid*. 3 fr. 75 c.

Quelques-unes des premières éditions portent : « Leçons de langue allemande » au lieu de « Grammaire ».

— Grammaire abrégée de la langue allemande, à l'usage des classes élémentaires. 5e édition. In-12. 1859. *Ibid*. 1 fr. 80 c.

— Précis de géographie, rédigé conformément aux derniers programmes officiels. 2e édition. In-8°. 1852. *Ibid*. 2 fr.

— Précis de l'histoire de France depuis l'établissement des Francs dans les Gaules jusqu'au règne de Louis XIV exclusivement, avec des éclaircissements empruntés à l'histoire générale, rédigé conformément aux derniers programmes officiels. 3 édition. In-8°. 1852. *Ibid*. 2 fr.

M. H. Bacharach a traduit de l'allemand les « Physionomies », de *Lavater*.

BACHAUMONT (J.), pseudonyme de Julien Lemer.

BACHAUMONT (Louis), littérateur, né à Paris vers la fin du XVIIe siècle, mort en 1771. Son unique titre à la gloire littéraire est un recueil de renseignements de toute sorte, d'anecdotes de théâtre et de traits singuliers, intitulé : *Mémoires secrets*. 6 vol. in-12. 1777. Continué par une société de gens de lettres jusqu'au 36e volume, depuis le 1er janvier 1762 jusqu'au 1er janvier 1788.

— Mémoires secrets de Bachaumont, revus et publiés avec des notes et une préface, par P. L. Jacob. In-12. 1859. *Dalahays*. 8 fr.

Un autre *abrégé* des mêmes Mémoires se trouve dans la *Bibliothèque des Mémoires relatifs à l'histoire de France du XVIIIe siècle*, etc., publiés par Barrière, dans le volume qui contient les Mémoires de Mme du Hausset, etc. 1 vol. in-12. 1846. *Didot*. 3 fr.

— Œuvres. — Voy. *Chapelle et Bachaumont*.

Bibliothèque elzévirienne.

BACHELET (A.).

— Les Habitants du monde invisible, ou les Purs esprits, les anges déchus et les possédés. Histoire récente dont les faits surnaturels sont démontrés. Ouvrage dont le but est de rattacher à la vie et de ranimer l'amour de vivre, chez les malheureux qui sont affectés d'hypocondrie, spleen ou maladie noire, etc. In-8°. 1850. *Charpentier*.

L'avant-propos est signé A. Bachelet.

BACHELET (Auguste), receveur des douanes.

— Manuel du contentieux, des douanes et des accises. In-8°. 1864. Bruxelles, *E. Guyot.*

BACHELET (François Joseph), ex-médecin militaire, pharmacien-major de 1re classe à l'hôpital de Valenciennes, né à Pont-à-Vendin (Pas-de-Calais), en 1815.

— Cause de la rage et moyen d'en préserver l'humanité. In-12 de 156 p. 1857. Valenciennes, *imprimerie Prignet.*

Avec C. Froussart.

BACHELET (Hippolyte), docteur en médecine à Lyon, né à Semur-en-Brionnais (Saône-et-Loire), en 1818.

— Nouveau Guide du dyspeptique. Recherches sur la dyspepsie iléo-cœcale. In-12. 1865. *Germer Baillière.* 5 fr.

BACHELET (Théodore), littérateur, professeur agrégé d'histoire au lycée impérial de Rouen, né en 1820.

— Dictionnaire général de biographie et d'histoire, et Dictionnaire général des lettres et des sciences. — Voy. *Dezobry et Bachelet.*

— Ferdinand et Isabelle, rois catholiques d'Espagne. In-12. 1857. Rouen, *Mégard.* 1 fr. 50 c.

Nouvelle édition en 1863, sous le titre : « les Rois catholiques d'Espagne ».

— Français en Italie au xvie siècle. In-12. 1853. *Ibid.* 1 fr.

— Les Grands ministres français : Suger, Jacques Cœur, Sully, Richelieu, Mazarin, Colbert. In-8°. 1860. *Ibid.* 1 fr. 50 c.

— La Guerre de cent ans. In-8°. 1859. *Ibid.* 1 fr.

— Histoire de Napoléon Ier. In-12 avec portrait. 1857. *Ibid.* 1 fr.

— Les Hommes illustres de France. In-8° avec grav. 1864. *Ibid.* 1 fr. 50 c.

— Mahomet et les Arabes. In-12 avec 4 vignettes. 1853. *Ibid.* 1 fr. 50 c.

Presque tous ces petits volumes sont réimprimés chaque année.

BACHELIER (L.), avocat.

— De la Dotation des princes. In-8°. 1845. *Leriche.* 75 c.

— Histoire du commerce de Bordeaux depuis les temps les plus reculés jusqu'à nos jours. 2e édition. In-8°. 1863. Bordeaux, *Chaumas.* 7 fr. 50 c.

La 1re édition est de 1862. 6 fr.

BACHELIER (Jules).

— Exposé critique et méthodique de l'hydropathie, ou Traitement des maladies par l'eau froide. In-8° avec 1 portrait. 1843. Pont-à-Mousson, *Simon.*

BACHELLERY (Mme I.), institutrice.

— Instruction publique des femmes. Lettre à M. Lévi Alvarès sur les inspectrices de la ville de Paris. In-8°. 1845. *Passage Cendrier,* 6.

— Lettre au citoyen Carnot, ministre de l'instruction publique. Considérations générales sur l'organisation de l'éducation publique des femmes. In-12. 1848. *Lemoine.* 75 c.

— Lettres sur l'éducation des femmes, tome Ier. In-12. 1848. *Ibid.* 2 fr.

L'ouvrage devait avoir 2 volumes, mais il paraît qu'il n'a pas été continué.

BACHI (Mme Claudia), femme de lettres, née vers 1820, morte en 1864.

— Les Contes français (vers). In-18. 1861. *Ledoyen.* 2 fr.

— Coups d'éventail. In-32. 1856. *Ibid.* 1 fr.

— Les Phalènes; poésies. In-18. 1852. *Garnier frères.* 2 fr. 50 c.

— La Plume et l'Épée. In-32. 1864. *J. Dagneau.* 1 fr.

— Les Voix perdues. Œuvre posthume. In-12. 1866. *Dentu.* 2 fr.

BACHOUÉ (J. P. DE LOSTALOT-). — Voy. **Lostalot-Bachoué.**

BACKER (le Rév. P. Augustin de). — Voy. **Debacker.**

BAGLÉ (L.).

— Cubage des bois ronds, avec indication du mètre courant ou du mètre cube. Équarrissement et mesurage des bois, etc. In-8°. 1862. [Beauvais, *Desjardins.*] *Dunod.* 2 fr. 75 c.

Avec MM. Roche et Vitard.

BACON (François), baron de Verulam, vicomte de Saint-Albans, philosophe et homme d'État d'Angleterre, pair, garde des sceaux, lord-grand-chancelier, né en 1561, mort en 1626.

— Œuvres de Bacon. Traduction revue, corrigée et précédée d'une introduction par M. F. Riaux. 2 vol. in-12. 1859. *Charpentier.* 7 fr.

— Novum Organum. Nouvelle traduction en français, publiée avec une introduction et des notes, par Lorquet. In-12. 1856. *Hachette et Cie.* 2 fr. 50 c.

— Extraits du Novum Organum, relatifs à la méthode, à l'expérience et à l'induction. Traduction nouvelle, précédée d'une introduction, d'une analyse développée et d'appréciations philosophiques et critiques, par Émile Burnouf. In-12. 1854. *Delalain.* 90 c.

BACONNIÈRE-SALVERTE. — Voy. **Salverte.**

BACOURT (Ad. de), ancien ambassadeur de France près la cour de Sardaigne, a publié : « Correspondance entre le comte de *Mirabeau* et le comte de *La Marck* ». — Voy. *Mirabeau.*

BACQ (DE). — Voy. **Debacq.**

BACQUA DE LABARTHE (Napoléon), avocat à la Cour impériale de Paris.

— Chemins de fer français. Code annoté contenant : 1° la législation applicable aux chemins de fer en général; 2° sous un titre distinct les lois, ordonnances, cahiers des charges, etc. In-8°. 1847. *Rue des Poulies-du-Louvre,* 9 bis. 7 fr. 50 c.

— Code annoté de la police administrative, judiciaire et municipale. 4 parties in-8°. 1856-1857. *P. Dupont.* 18 fr.

— Codes spéciaux de la législation française contenant les lois, décrets, etc., sur les diverses matières du droit codifiées sous des rubriques distinctes. In-8°. 1864. *Ibid.* 12 fr.

— Codes usuels de la législation française, avec des annotations sur les lois d'intérêt général, etc.; suivi d'un appendice annoté contenant les lois communales les plus importantes. Nouvelle édition. In-8°. 1863. *Ibid.* 12 fr.

BACQUEPUIS (A. Le Doulx de). — Voy. **Le Doulx de Bacquepuis.**

BACQUÈS (Henri).

— Des Arts industriels et des expositions en France. Recherches et études historiques, suivies de documents et de renseignements utiles sur l'exposition de 1855. In-18. 1855. *Dentu.* 2 fr.

— Les Douanes françaises; essai historique. In-12. 1862. *Guillaumin et Cie.* 2 fr. 50 c.

— L'Empire de la femme. In-18. 1859. *Dentu.* 1 fr.

BADER (Mlle Clarisse), membre de la Société asiatique, née à Strasbourg, en 1840.

— La Femme biblique, sa vie morale et sociale, sa participation au développement de l'idée religieuse. In-8°. 1865. *Didier et Cie.* 7 fr.

— La Femme dans l'Inde antique; études morales et littéraires. In-8°. 1864. *Duprat.* 7 fr. 50 c.
Couronné par l'Institut.

BADER (L.), directeur de l'École professionnelle de Mulhouse.

— Syllabaire et premier livre de lecture. 7e édition. In-16. 1860. Mulhouse, *Perrin.* 60 c.

BADER (Mlle Louise).

— Idéal et réalité (poésies). In-12. 1861. *Librairie nouvelle.* 4 fr.

BADÈRE (Mme Clémence).

— Le Camélia et le volubilis. In-18. 1855. *Dentu.*

— Dans les bosquets. In-12. 1862. *Ibid.* 2 fr.

— Les Malheurs d'une rose et la mort d'un papillon. In-18, 36 p. 1855. *Ibid.*

— Le Soleil Alexandre Dumas. In-8°. 1855. *Ibid.*

BADICHE (Marie Léandre), ancien aumônier du lycée de Nantes, ex-trésorier de Notre-Dame de Paris, vicaire de Saint-Louis en l'Ile, né à Fougères, en 1798.

— Cours élémentaire d'histoire ancienne, proprement dite, renfermant l'histoire de tous les peuples de l'antiquité, jusqu'à Jésus-Christ, etc. In-18. 1855. *Poilleux.*

— Cours élémentaire d'histoire de France, depuis la Gaule primitive jusqu'à nos jours, etc. In-18. 1855. *Ibid.*

— Cours élémentaire d'histoire romaine, depuis la fondation de Rome jusqu'à la destruction de l'empire d'Occident, etc. In-18. 1855. *Ibid.*

— Cours élémentaire d'histoire sainte, comprenant un abrégé de la vie de N.-S. J.-C., d'après le dernier programme des études universitaires, et enrichi de questionnaires et d'une table des matières. In-18. 1856. *Ibid.*

— Cours élémentaire de mythologie indienne, égyptienne, persane, grecque, romaine, gauloise et scandinave, avec questionnaire et une table des matières. In-18. 1854. *Ibid.*
Tous ces ouvrages sont publiés en collaboration avec M. A. Fresse-Montval.

— Histoire de la chapelle miraculeuse de Sainte-Anne de la Bosserie, sur la paroisse de Romagné, près de la ville de Fougères, etc.; précédée de la Vie de Sainte-Anne, etc. In-18. 1848. A Sainte-Anne, *chez le concierge de la chapelle.*

— Vie de la révérende mère Marie de la Croix fondatrice de la congrégation de la très-sainte Trinité, contenant l'histoire de cette congrégation, avec des notices biographiques sur les premières religieuses qui l'ont établie. Ouvrage accompagné de notes et précédé d'une introduction approuvé par Mgr. l'archevêque de Paris. In-12. 1856. *Ad. Le Clere.*

BADIER. — Voy. *La Chenaye-Desbois et Badier*, Dictionnaire de la noblesse.

BADOIRE (l'abbé Pierre), ancien curé de Saint-Roch, mort à Paris, en 1749.

— Quatre années pastorales, ou Prônes pour les dimanches et fêtes de quatre années consécutives, précédés des prônes dogmatiques, historiques et moraux sur le saint sacrifice de la messe Publié par M. l'abbé Migne. Gr. in-8°. 1845. *Migne* 6 fr.

BADOIS (Edmond), ingénieur.

— Étude sur les moyens mécaniques à employer aux travaux du canal de Suez dans la traversée des lacs Menzaleh et Ballah, et description de l'excavateur ou drague à pivot pour les terrassements à sec, construite par MM. Frey fils et A. Sayn. In-8°. 1865. *Noblet et Baudry.* 2 fr. 50 c.
Extrait des « Mémoires de la Société des ingénieurs civils ».

BADOU (Alexis).

— Les Premiers pas; chansons et poésies. Préface par Émile de La Bédoillière. In-12. 1862. *Pougeois.*

BADROUN. — Voy. **Ibn-Badroun.**

BAECKER (E. de).

— Guide européen des voyageurs et du commerce, sur les bateaux à vapeur, chemins de fer diligences, etc. In-8° avec 5 cartes et 2 tableaux. 1841. Lille, *Bronner-Bowens.* 10 fr.

BAECKER (Louis de), archéologue, ancien avocat, juge de paix à Bergues, membre de la Société des antiquaires de Picardie, né à Saint-Omer, en 1814.

— Analogie de la langue des Goths et des Franks avec le sanscrit. In-8°. 1858. Gand, *Hebbelynk.* 1 fr. 50 c.

— Chants historiques de la Flandre, 400-1650, recueillis par Louis de Baecker. In-8°. 1855. Lille, *Vanackère.* 5 fr.

— Château de la Motte-aux-Bois. In-4° de 9 f. et 2 pl. 1843. Douai, *imprimerie Adam d'Aubers.*

— Le Duc de Brunswick. Érich II, comte de Clermont. In-8°, 30 p. 1862. Clermont de l'Oise, *imprimerie Daix.*

— Églises du moyen âge dans les villages flamands du nord de la France. In-4°. 1848. *Bruges.* 6 fr.

— Les Flamands de France. Études sur leur langue, leur littérature et leurs monuments. In-8°. 1851. Gand, *Hebbelynk.* 4 fr. 50 c.

— Grammaire comparée des langues de la France. (Flamand, allemand, celto-breton, basque, provençal, espagnol, italien, français, comparés au sanscrit.) In-8°. 1860. [Clermont-Ferrand.] *Blériot.* 6 fr.

— Histoire de sainte Godelive de Chistelles, légende du xie siècle. 2e édition. In-32. 1854. Plancy, *Société de Saint-Victor.*

— Histoire de l'agriculture flamande en France, depuis les temps les plus reculés jusqu'en 1789. Pet. in-8°, 129 p. 1858. Lille, *imprimerie Danel.*

— Des Nibelungen, saga mérovingienne de la Néerlande. In-8°. 1852. *Dumoulin.* 12 fr.

— La Noblesse flamande de France en présence de l'article 259 du Code pénal, suivie de l'origine de l'orthographe des noms de famille des Flamands de France. In-12. 1859. *Aubry.* 1 fr. 50 c.

— De l'Organisation politique, administrative et judiciaire de la Belgique pendant les trois derniers siècles. In-12. 1841. *Réné.*

— Pénalité et iconographie de la calomnie. In-8°. 1857. Amiens, *Caron et Lambert.*

— Rapport à M. le ministre de l'instruction publique et des cultes en France sur l'histoire et l'état des lettres en Belgique et dans les Pays-Bas. 1re partie. Langue néerlandaise. In-8°. 1862. *Aubry.* 1 fr.

— Recherches historiques sur la ville de Bergues en Flandre. In-8°. 1849. Bruges. 4 fr.

— De la Religion du nord de la France avant le christianisme. In-8°. 1854. Lille, *Vanackère.*

BAEDEKER (Charles), libraire allemand, établi à Coblentz, né à Essen (Prusse), en 1801, mort à Coblentz, en 1859. Il est l'auteur d'une série de Manuels à l'usage des voyageurs, qui jouissent d'une grande vogue en Allemagne, et dont plusieurs ont été traduits en français.

— L'Allemagne et quelques parties des pays limitrophes jusqu'à Strasbourg, Luxembourg, Copenhague, Cracovie, Buda-Pesth, Pola, Fiume. In-12 avec 15 cartes et 44 plans. 1863. Coblentz, *Baedeker.* 10 fr.

— La Belgique et la Hollande. Accompagné de 2 cartes, du plan du champ de bataille de Waterloo et de 12 plans. 3e édition refondue. In-8°. 1864. *Ibid.* 5 fr. 50 c.

Le 1re édition est de 1858.

— Les Bords du Rhin depuis Bâle jusqu'à la frontière de Hollande. Forêt-Noire, Vosges, Haardt, Odenwald, Taunus. Avec 1 carte générale, 15 cartes spéciales, 13 plans de villes et 4 vues. Édition augmentée et corrigée. In-8°. 1864. *Ibid.* 5 fr. 50 c.

— Italie septentrionale. Venise, la Lombardie, le Piémont, Nice, Gênes, Parme, Modène et Bologne. Avec 2 cartes et 13 plans. In-12. 1861. *Ibid.* 5 fr. 50 c.

— Manuel de conversation pour le touriste, en quatre langues (français, allemand, anglais, italien), avec un vocabulaire, etc. 17e édition. In-12. 1864. *Ibid.* 3 fr. 75 c.

— Paris. Guide pratique du voyageur, traduit d'après la 3e édition de l'ouvrage allemand. Avec additions et corrections. In-12 avec cartes et plans. 1860. *A. Bohné.* 4 fr.

Édition non autorisée par l'auteur-éditeur.

— Paris, Rouen, Le Havre, Dieppe, Boulogne et les chemins de fer de la frontière à Paris. Manuel du voyageur. In-12 avec 1 carte et 10 plans. 1865. Coblentz, *Baedeker.* 5 fr. 50 c.

— Le Rhin, de Bâle à Dusseldorff, et excursions en Alsace, etc. Traduit de l'allemand. 3e édition. In-16. 1864. *Ibid.* 4 fr.

— La Suisse et les parties limitrophes de l'Italie, de la Savoie et du Tyrol. 6e édition corrigée. In-12 avec 15 cartes, 7 plans de villes et 6 panoramas. 1864. *Ibid.* 6 fr. 50 c.

BAELDEN (l'abbé P. F.), professeur au collège de Furnes (Belgique).

— Essai sur le beau, ou Dieu principe, centre et fin du monde universel; du beau, de la littérature et de l'art. In-8°. 1857. Bruxelles, *Goemaere.* 5 fr. 50 c.

BAGARD (l'abbé).

— Conférences ou Dialogues sur le dimanche. 4 brochures in-8°. 1856. Nancy, *Vagner.* 2 fr.

BAGAY (V.) a publié une édition revue, corrigée et augmentée des « Leçons de navigation » de *Dulague.*

BAGET (J. J.).

— Abrégé des leçons élémentaires d'arithmétique raisonnée. In-12. 1845. *Langlois et Leclercq.*

BAGET (Jules), littérateur, né à Chevreuse (Seine-et-Oise), en 1815.

— La Cause du peuple. Poésies politiques, publiées en 1837, 1838, 1839, 1840 et 1843, et pouvant servir de prologue au Triomphe de la République. Nouvelle édition. In-8°. 1848. *Chez tous les libraires.*

— Isabelle de Castille; drame en cinq actes, en vers. In-12, 16 p. 1847. Poissy, *imprimerie d'Olivier.*

— Raymond Varney, ou le Manoir de Grassdale; drame en cinq actes, en vers. In-8°. 1849. *Tresse.* 60 c.

— Les Trois lyres; essais poétiques. In-8°. 1842. *Ledoyen.* 3 fr.

BAGILET.

— Nouveau barème complet des poids et mesures, avec conversion facile de l'ancien système au nouveau. In-18. 1844. *Roret.* 3 fr.

Collection des Manuels-Roret.

BAGLIVI (George), médecin italien, professeur d'anatomie au collège de la Sapience, né à Raguse en 1669, mort en 1707.

— De l'Accroissement de la médecine pratique. Traduction nouvelle, par le docteur J. Boucher; précédée d'une introduction sur l'influence du baconisme en médecine. In-8°. 1851. *Labé.* 6 fr.

BAGNOLS (Mme GRAS DE). — Voy. **Gras de Bagnols.**

BAGOT.

— Recueil d'observations pratiques sur les bons effets du sucre dans le traitement des hydropisies et de l'atrophie mésentérique. In-8°. 1845. *J. B. Baillière.* 2 fr. 50 c.

BAGREEF-SPÉRANSKI (Mme de), morte vers 1860.

— Une Famille toungouse. Esquisses de mœurs russes. In-16. 1858. Bruxelles, *Schnée.* 1 fr.

— Les Iles de la Newa à Saint-Pétersbourg. In-16. 1858. *Ibid.* 1 fr.

— Irène, ou les Influences de l'éducation. In-16. 1858. *Ibid.* 1 fr.

— Les Pèlerins russes à Jérusalem. 2 vol. in-8°. 1854. *Ibid.* 8 fr.

— Le Starower et sa fille. In-16. 1858. *Ibid.* 1 fr.

— La Vie de château en Ukraine. In-12. 1860. *Ibid.* 4 fr.

BAGUENAULT DE PUCHESSE (Fernand), membre du conseil municipal d'Orléans, l'un des fondateurs et principaux rédacteurs du « Moniteur du Loiret »; né à Orléans, en 1814. Il est membre de l'Académie de Sainte-Croix, fondée en 1863 par Mgr. Dupanloup.

— Le Catholicisme présenté dans l'ensemble de ses preuves. Ouvrage approuvé par Mgr. l'évêque d'Orléans. 2 vol. In-12. 1859. *Gaume frères et Duprey.* 7 fr.

— L'Immortalité, la Mort et la Vie. Étude sur la destinée de l'homme, précédée d'une lettre de Mgr. l'évêque d'Orléans. In-8º. 1846. *Didier et Cⁱᵉ.* 7 fr.

On doit encore à M. F. Baguenault de Puchesse une « Étude sur Chateaubriand », insérée dans les « Études chrétiennes de littérature, de philosophie et d'histoire », publiées en 1865 par l'Académie de Sainte-Croix. (In-8º. *Betin.*) — Elle forme un des plus importants articles de ce recueil.

BAHIC (Henri), ancien professeur.

— Introduction simplifiée à toutes les grammaires françaises, ou Leçons préparatoires de langue maternelle, à l'usage des écoles primaires des deux sexes. Guide des maîtres et moniteurs. In-18. 1863. [Rennes, *Oberthur.*] *Gedalge jeune.* 1 fr. 50 c.

— Le même. Manuel des élèves. In-18. 1863. *Ibid.* 60 c.

— Méthode mnémonique accélératrice pour apprendre facilement et promptement à lire aux enfants et aux adultes, à l'usage des salles primaires et des salles d'asile. 3 vol. in-16. 1862. *Ibid.* 2 fr. 50 c.

Très-souvent réimprimé.

BAHIER (Jean Louis), agronome, ancien sous-directeur de l'Institut agricole de Lannevez (Finistère), professeur d'économie rurale au collége Saint-Charles à Saint-Brieuc, né à Quentin (Côtes-du-Nord), en 1803.

— Éléments d'économie et d'administration rurales, suivis d'études sur l'art d'administrer les biens ruraux en bon père de famille et de les améliorer avec intelligence et profit. In-12. 1864. Saint-Brieuc, *Prud'homme.* 3 fr.

— Leçons élémentaires d'agriculture raisonnée et d'économie rurale, par demandes et par réponses, à l'usage des cultivateurs et des écoles primaires de campagne des cinq départements de la Bretagne. In-12, 302 p. 1856. *Ibid.*

— Nouveaux conseils moraux et agricoles aux cultivateurs bretons. In-12. 1860. *Ibid.* 1 fr. 25 c.

— Manuel de comptabilité agricole. In-8º. 1850. *Ibid.* 2 fr.

— Petit manuel du draineur, ou les Principes du drainage réduits à leur plus simple expression, et mis à la portée de tout le monde. In-12, 40 p. et pl. 1855. *Ibid.*

— Système légal des mesures, poids et monnaies métriques, avec des explications nouvelles et des notions sur les balances, le pesage, etc. In-18. 1856. *Ibid.* 20 c.

M. J. L. Bahier a collaboré à « la Foi bretonne », et à « l'Armorique de Saint-Brieuc »; il a publié des études sur les concours régionaux de 1858 à 1865.

BAIGNÈRES (Arthur), littérateur, né à Paris, en 1834.

— Histoires modernes. In-12. 1863. *Hetzel.* 3 fr.

BAIL (Louis), théologien français, né à Abbeville, mort à Paris, et 1669.

— La Théologie affective, ou Saint Thomas en méditation. Édition revue et corrigée, par un ancien professeur de théologie. 5 vol. in-8º. 1845. Le Mans, *Gallienne.*

— Le même. Nouvelle édition, revue et corrigée, par M. l'abbé Chevereau. 5 vol. in-8º. 1855. *Ibid.*

La 1ʳᵉ édition a été publiée vers l'année 1638.

BAILBY (Eug.).

— Mathématiques appliquées au dessin linéaire. Perspective générale. Première division. Résumé des leçons faites par le professeur Eug. Bailby. In-8º de 4 f. 1845. Bordeaux, *Lafargue.*

BAILLARD (J.), membre de l'Académie de Stanislas, a traduit les « Œuvres complètes » de *Sénèque.*

BAILLARGÉ (Alphonse Jules), architecte à Loches (Indre-et-Loire), attaché à la commission des monuments historiques, inspecteur des travaux de la restauration du château de Blois (1845-1848), né à Melun (Seine-et-Marne), en 1821.

— Album du château de Blois restauré et des châteaux de Chambord, Chenonceaux, Chaumont et Amboise, dessinés d'après nature par J. Monthelier; texte archéologique et artistique par Alphonse Baillargé, et enrichi de notices historiques sur les châteaux, etc., par le vicomte Joseph Walsh. In-4º avec 18 lithographies. 1851. Blois, *Arthur Prévost.* 18 fr.

— Les Châteaux de Blois restaurés. Chambord, Chaumont, Amboise et Chenonceaux. Notices par M. Alphonse Baillargé, et par le vicomte Joseph de Walsh. In-12. 1852. Blois, *Mᵐᵉ Prévost.* 1 fr. 50 c.

— Citadelle du château de Loches, atlas de planches autographiées, avec un texte descriptif. In-4º. 1854. Loches, *imprimerie Bordeselle.* 1 fr. 50 c.

— Notice monographique sur l'ancien château royal de Blois, restauré par M. Duban, architecte, en 1845, 1846 et 1847, sous les auspices de la commission des monuments historiques au ministère de l'intérieur. In-4º. 1851. *Techener.* 2 fr.

— Notice monographique sur la citadelle du château de Loches, ancienne prison d'État. In-8º, 46 p. 1854. Tours, *imprimerie Ladevèze.*

BAILLARGER (Jules Gabriel François), médecin aliéniste, membre de l'Académie de médecine, médecin de l'hospice de la Salpêtrière, né à Montbazon, en 1806.

— Essai de classification des maladies mentales. In-8º, 47 p. 1854. *Victor Masson.*

Leçon faite à la Salpêtrière, le 9 avril 1854.

— De la Paralysie pellagreuse. In-4º de 2 f. 1848. *J. B. Baillière.*

— Recherches sur l'anatomie, la physiologie et la pathologie du système nerveux. In-8º avec 3 pl. 1847. *Victor Masson.* 8 fr.

M. Baillarger a collaboré au « Dictionnaire encyclopédique des sciences médicales ». (Voy. au mot « *Dictionnaire.* ») — Voy. aussi *Griesinger*, Traité des maladies mentales.

BAILLEHACHE (Jérôme de).

— Calendrier perpétuel avec éphémérides historiques. In-16. 1861. Mannheim, *Lœffler.* Cart. toile. 4 fr.

BAILLÈS (Jacques Marie Joseph), prélat français, ancien évêque de Luçon, né à Toulouse, en 1798. En 1856, il donna sa démission et se retira à Rome.

— Instruction pastorale de Mgr. l'évêque de Luçon sur l'index des livres prohibés. In-8° de 15 f. 1852. *Lecoffre; Leroux et Jouby.*

— Le Problème de la démocratie pacifique résolu et le Courrier français réfuté, ou l'Église de France vengée d'avoir altéré les saints Évangiles, par Mgr. l'évêque de Luçon. In-8°. *J. Lecoffre.* 30 c.

— Des Sentences épiscopales, dites de conscience informée, ou du droit de suspendre, sans procédure, un titulaire même inamovible, et de l'appel de cette sentence. Dissertation historique et théorique, par Mgr. l'évêque de Luçon, suivie de la décision de la sacrée congrégation du concile, du 8 avril 1848, approuvée par S. S. Pie IX, le 22 mai suivant. In-8°. 1852. *Leroux et Jouby.* 7 fr. 50 c.

Même ouvrage, édition in-12. 4 fr.

BAILLET (C.), professeur à l'École vétérinaire de Toulouse.

— Essai monographique sur les espèces du genre *Gallium* des environs de Toulouse. In-8°. 1862. Toulouse, *Douladoure.* 2 fr. 50 c.

Avec E. Timbal-Lagrave.

M. C. Baillet a publié encore divers mémoires sur des questions de botanique et d'art vétérinaire, dans les « Mémoires de l'Académie de Toulouse » et dans le « Journal pratique d'économie rurale pour le midi de la France ».

BAILLET (Noël Bernard), ancien avoué à Rouen, membre de la Société orientale de France, né à Darnetal (Seine-Inférieure), en 1801. Il s'est particulièrement occupé de la question de la colonisation algérienne.

— Colonisation de l'Algérie par l'emploi des jeunes détenus et des enfants d'hospice. In-8°. 1850. Rouen, *Lebrument.*

— Un Dernier mot sur l'Haouche-Kouche. Lettre de M. Baillet à M. le général Daumas, directeur général des affaires de l'Algérie, etc. Brochure in-8°. 1852. Rouen, *imprimerie Rivoire.*

— Nécessité de la colonisation de l'Algérie et du retour aux principes du christianisme. In-8°. 1857. [Rouen], *Douniol.* 5 fr.

— Essai sur les moyens de sortir du gâchis, d'aider le présent et de travailler pour l'avenir, d'après un Normand. In-8°. *Chez les libraires de Rouen et des départements.* 40 c.

La préface est signée Baillet.

— Formation de villages départementaux en Algérie, et projet de société pour la création d'un village normand à Ain Beniah. In-8°. 1851. Rouen, *Lebrument.*

— Rapport de M. Baillet sur son voyage de 1852 en Algérie. Réflexions et améliorations à soumettre à l'administration supérieure. In-8° de 12 f. 1852. Rouen, *imprimerie Rivoire.*

— Réflexions sur la colonisation de l'Algérie à l'aide des enfants trouvés et abandonnés, terminées par une pétition aux autorités de la Seine-Inférieure pour l'envoi de vingt-quatre enfants de l'hospice de Rouen dans les établissements agricoles créés dans les voisinages d'Alger. In-8° de 3 1/4 f. 1850. Rouen, *imprimerie Rivoire.*

— Réflexions sur l'Algérie et les moyens de contribuer à sa colonisation, à l'aide de cultivateurs choisis dans le département de la Seine-

Inférieure, et sur les modifications à introduire dans diverses ordonnances qui régissent cette colonie. In-8°. 1848. [Rouen, *Lebrument.*] *Guillaumin.* 5 fr.

— Réflexions sur l'Algérie, l'Exposition universelle, le tissage à la main, les nouvelles machines pour l'agriculture, et sur la nécessité de coloniser l'Algérie. In-8°. 1856. *Ibid.* 1 fr. 50 c.

BAILLET (Édouard), ex-capitaine d'infanterie, ancien commandant du 3e bataillon de la garde mobile.

— Citoyen et soldat. Les droits de l'armée française. In-16 de 2 f. 1850. *Ballard, rue des Bons-Enfants,* 1.

BAILLET (J. B.).

— A new treaty of the french pronunciation with progressive exercises. In-16. 1859. [Dieppe, *Marais.*] *Truchy.* 2 fr.

BAILLEUL, prote de l'imprimerie Mallet-Bachelier, a augmenté de Formules pour la résolution des triangles les Tables de logarithmes de Jérôme de *La Lande* et de *Reynaud.* (Voy. ces noms.)

BAILLEUL (Jacques Charles), publiciste et député à la Convention, né en 1762, à Bretteville, près du Havre, mort à Paris, en 1843.

— Dictionnaire critique du langage politique, gouvernemental, civil, administratif et judiciaire de notre époque, rédigé selon la Charte et l'esprit de la Charte constitutionnelle, ou Mon dernier mot devant Dieu et devant les hommes. In-8°. 1842. *Renard.* 10 fr.

Publié en 12 livraisons à 1 fr.

— Le même. Supplément. In-8°. 1842. *Ibid.* 2 fr. 25 c.

BAILLEUX (Louis).

— Le Pâtissier moderne, ou Traité élémentaire et pratique de la pâtisserie française au XIXe siècle. 3e édition, revue, corrigée et augmentée par l'auteur. Gr. in-8° avec 38 pl. 1860. *Chez l'auteur, rue Buffault,* 2. 10 fr.

La 1re édition est de 1856.

BAILLI DU ROLLET (Le). — Voy. **Le Bailli du Rollet.**

BAILLIENCOURT (Delalleau de). — Voy. **Delalleau de Bailliencourt.**

BAILLIF (R. F.), vétérinaire militaire.

— De la fièvre typhoïde du cheval et de ses rapports avec celle de l'homme, suivie de l'exposé de quelques faits. In-8°, 119 p. 1861. Lyon, *imprimerie Nigon.*

— Un Mot sur l'étiologie de la morve et du farcin. In-8°. 1862. Toulouse, *Pradel et Blanc.*

BAILLIF (l'abbé Le). — Voy. **Le Baillif.**

BAILLON (le comte) a traduit de l'anglais les Mémoires de lord Herbert de *Cherbury.*

BAILLON (E. H.), docteur en médecine, professeur agrégé à la Faculté de médecine de Paris et à l'École centrale des arts et métiers, né à Calais en 1827.

— Étude générale du groupe des euphorbiacées. Gr. in-8° avec atlas in-8° de 27 pl. 1858. *Victor Masson.* 36 fr.

— Guide de l'étudiant au nouveau jardin bota-

nique de la Faculté de médecine de Paris. In-8º.
1865. *Savy*. 1 fr. 25 c.

Extrait de « l'Adansonia », recueil d'observations botaniques.

— Mémoire sur le développement du fruit des
Morées. In-8º avec 1 pl. 1861. *Victor Masson et fils*.
3 fr.

— Monographie des Buxacées et des Stylocérées.
Gr. in-8º avec 3 pl. 1859. *Ibid*. 4 fr. 50 c.

— Recherches sur l'organisation, le développement et l'anatomie des Caprifoliacées. In-8º avec
1 pl. 1861. *Ibid*. 3 fr.

— Recherches organogéniques sur la fleur fe-
melle des Conifères. Mémoire présenté à l'Académie des sciences dans sa séance du 30 avril 1860.
In-8º avec 2 pl. 1860. *Ibid*. 5 fr.

M. le Dʳ Baillon publie depuis 1860 un recueil périodique
d'observations botaniques intitulé : « Adansonia ». Le prix de
chaque volume in-8º est de 30 fr.

BAILLOT (A.) a traduit de l'anglais : *Buckle*,
«Histoire de la civilisation en Angleterre,» et
Reade, « l'Argent fatal ».

BAILLOT DE SAINT-MARTIN (de).

— La Vérité et le bonheur de l'homme en cette
vie et dans l'autre. In-8º. 1842. *Blanchard*. 7 fr.

BAILLOU, en latin BALLONIUS (Guillaume de),
médecin français, né à Paris, en 1538, mort en 1616.

— Épidémies et éphémérides traduites du latin
de Guillaume de Baillou, célèbre médecin du
XVIᵉ siècle, doyen de la Faculté de Paris, avec une
introduction et des notes, par Prosper Yvaren.
In-8º. 1858. [Avignon.] *Baillière et fils*. 7 fr. 50 c.

L'original latin a paru en 1640, après la mort de l'auteur.

BAILLY (Célestin), fermier à Rozet-la-Laresse.

— L'Art d'élever, de multiplier et d'engraisser
les porcs avec économie de temps et de nourriture. Moyen de faire un bénéfice de 3,361 fr. chaque
année. In-12. 1847. *Tissot*. 50 c.

2ᵉ édition, avec figures, en 1854.

BAILLY (Ch.) a publié dans la collection Panckoucke : «Sextus Julius *Frontin* ».

BAILLY, DE MERLIEUX (Charles François), libraire et avocat, né à Merlieux (Aisne), en 1800.

— Nouveau manuel complet du jardinier, ou
l'Art de cultiver toutes sortes de jardins. Nouvelle
édition, enrichie de notes et d'additions, par
M. Bossin. 2 vol. in-18 avec 8 pl. 1848. *Roret*. 5 fr.

Collection des Manuels-Roret. — La 2ᵉ édition a paru en
1824, une nouvelle en 1858.

— Nouveau manuel complet de physique, ou
Éléments abrégés de cette science. Nouvelle édition. In-18 avec 5 pl. 1840. *Ibid*. 2 fr. 50 c.

Collection des Manuels-Roret. — La 1ʳᵉ édition a paru en
1824, et beaucoup d'autres ensuite.

— Memorandum, ou Récapitulation des meilleurs procédés pour opérer sur papier par la voie
sèche et la voie humide, etc. In-8º. 1854. Paris,
imprimerie de Brière. 5 fr.

— Un Mot sur la vie à bon marché. In-8º. 1860.
Dentu. 1 fr.

— De la prospérité publique, ses causes et ses
effets. In-8º. 1861. *Ibid*. 1 fr.

— Réforme de la géométrie. 5 livraisons in-8º.
1857-1858. *Mallet-Bachelier*. 2 fr. 50 c.

Prix de chaque livraison séparée : 75 c. — Livraison 1. Préliminaires philosophiques ; Livraison 2, Faits géométriques ;
Livraison 3, Géométrie plane ; Livraison 4, Trigonométrie rationnelle ; Livraison 5, Théories analytiques.

— Théorie de la raison humaine. In-8º. 1858.
Ladrange. 6 fr.

— Traité élémentaire d'astronomie, ou Connaissance de la nature et des mouvements des corps
célestes, précédé d'une introduction historique.
2ᵉ édition. In-32. 1842. *Mairet et Fournier*.

Fait partie de « l'Encyclopédie portative ».

BAILLY (Jean-Baptiste), conservateur d'ornithologie au muséum d'histoire naturelle de Savoie, né à Chambéry (Savoie), en 1822.

— Ornithologie de la Savoie, ou Histoire des
oiseaux qui vivent en Savoie à l'état sauvage,
soit constamment, soit passagèrement. 4 vol.
in-8º avec atlas. 1853-1855. *Clarey*. Avec fig. noires,
24 fr.; coloriées, 28 fr.

— Recueil d'observations sur les mœurs et les
habitudes des oiseaux de la Savoie. In-8º, 108 p.
1851. Chambéry.

Extrait des « Mémoires de l'Académie de Savoie », 2ᵉ série.

BAILLY (Jules).

— Dix-neuvième siècle. Autrefois. Maintenant.
Italie. Une nuit à Rome. Napoléon III (en vers).
In-8º. 1860. *Dentu*. 50 c.

— L'Empire. — A Napoléon III (vers). In-8º.
1860. *Ibid*. 50 c.

— Réponse au poème « les Muses d'État » de
M. V. de Laprade. In-8º. 1862. *Ibid*. 50 c.

BAILLY (Louis), docteur en théologie, né à
Rigny (Côte-d'Or), en 1730, mort en 1808.

— Theologia dogmatica et moralis, ad usum
seminariorum. Editio nova, cui notæ adduntur
amplissimæ cura et studio domini Receveur. 8 vol.
in-12. 1841. Lyon, *Pélagaud*. 16 fr.

Souvent réimprimé. — La 1ʳᵉ édition a paru vers 1783.

— Tractatus de vera religione. 2 vol. in-18. 1841.
Salva.

La 1ʳᵉ édition est de 1782.

BAILLY (Nicolas), docteur en médecine, inspecteur des eaux de Bains-en-Vosges, né à Borney
(Vosges), en 1817.

— De l'avenir des établissements d'eaux minérales dans les Vosges; Plombières-Contrexéville
et Vittel-Bains et Bussang. L'hydrothérapie à Gé-
rardmer et la cure de petit-lait sur les chaumes.
Les Hautes-Vosges et les touristes. In-8º, 63 p.
1862. Épinal, *imprimerie Cabasse*.

— Les Eaux thermales de Bains-en-Vosges et de
leur usage dans les maladies chroniques. In-8º avec
1 carte. 1852. [Épinal.] *Masson*. 3 fr.

BAILLY DE LALONDE.

— Le Léman, ou Voyage pittoresque, historique et littéraire à Genève et dans le canton de
Vaud (Suisse). 2 vol. in-8º. 1844. *Dentu*.

***Bains** et lavoirs publics. Commission instituée
par ordre de M. le Président de la république. In-4º
avec 14 pl. 1850. *Gide et Baudry*. 7 fr. 50 c.

BAINVEL (P. M.), curé de Sèvres.

— Épisode de 1815. Souvenirs d'un écolier.
In-18 de 71 p. 1847. *Pillet fils aîné*.

BAIRD (le Révérend Robert), pasteur protestant, né en 1790 dans la Pensylvanie, de parents
écossais.

— De l'état actuel et de l'avenir de la religion
en Amérique. Rapport fait à la conférence de l'Al-

liance évangélique à Paris, le 25 août 1855. In-8°. 1856. *Meyrueis.* 1 fr.

— La Religion aux États-Unis d'Amérique. Origine et progrès des églises évangéliques des États-Unis, leurs rapports avec l'État et leur condition actuelle, avec des Notices sur les communions non évangéliques. Traduit de l'anglais par L. Burnier. 2 vol. in-8°. 1844. *Delay.* 10 fr.

— Vie d'Anna Jane Linnard, précédée d'une introduction par l'honor. Théod. Frelinghuisen, et d'une lettre du Rév. W. Neill. In-12. 1840. *Risler.* 2 fr.

BAIREUTH (la margrave de). — Voy. **Frédérique Sophie Wilhelmine.**

BAISSAC (Jules), homme de lettres et traducteur-interprète, né aux Vans (Ardèche), en 1827.

— De l'Armée fédérale allemande. In-8°. 1860. *Tanera.* 1 fr. 50 c.

Publié sous le pseudonyme de Léon Deluzy.

— Les Femmes dans les temps anciens. In-32. 1857. *Lévy-frères.* 1 fr.

— Les Femmes dans les temps modernes. In-32. 1857. Bruxelles, *Office de publicité.* 1 fr.

Ces deux volumes font partie de la collection Hetzel.

— La Russie, son peuple et son armée. In-8°. 1860. *Tanera.* 4 fr.

Publié sous le pseudonyme de Léon Deluzy.

M. Baissac a traduit de l'allemand « Souvenirs de la campagne de Crimée », du docteur *Pflug*, et de l'anglais : « Bertrand Duguesclin », par *Jamison*.

Il a longtemps collaboré au « Spectateur militaire », sous le pseudonyme de Léon Deluzy.

BAÏSSAS (Jér.).

— Le Gouvernement provisoire. Notices biographiques de ses membres, ornées de 11 portraits. In-12. 1848. *Chez l'éditeur, rue Vivienne,* 4. 75 c.

— Le Prêtre, suivi du Fonds perdu. In-8°. 1845. *Comptoir des imprimeurs unis.* 6 fr.

BAIZEAU (le docteur Anacharsis), ancien professeur agrégé au Val-de-Grâce, médecin à l'hôpital militaire de la division d'Oran, né à Nantes, en 1821.

— De la cystite hémorrhagique du col compliquant l'uréthrite et de son traitement par les balsamiques. In-8°. 1861. *V. Rozier.* 75 c.

— De l'héméralopie épidémique. In-8°. 1861. *Ibid.* 2 fr. 25 c.

— Mémoire sur les perforations et les divisions de la voûte palatine. In-8°. 1862. *Ibid.* 1 fr.

BAJOT (Louis Marin), commissaire de marine, chef du bureau des lois au ministère, né à Paris, en 1775.

— Chronologie ministérielle de trois siècles, ou Liste nominative, par ordre chronologique, de tous les ministres, depuis la création de chaque ministère, précédée d'un tableau des gouvernements et des assemblées législatives depuis 1515 jusqu'en 1844. 4e édition. In-8°. 1844. *Bachelier.* 2 fr.

Cette 4e édition fait partie du 1er volume de la Table (partie officielle) des « Annales maritimes ».

La 1re édition a paru dans les « Annales maritimes », la 2e en 1836, la 3e en 1843.

— Lettres rétrospectives sur la marine. 1851-1852. In-8°. 1852. *Ibid.* 2 fr. 10 c.

BAKER (le R. P.), de l'ordre de Saint-François.

— Le Pieux communiant; méditations et prières avant et après la sainte communion; suivies d'une méthode pour visiter le Très-Saint Sacrement. Traduit de l'anglais par l'abbé C. F. Bugniot. In-32. 1863. Châlon-sur-Saône, *Mulcey.* 90 c.

— Le Pieux communiant. Traduit de l'anglais par l'abbé A. Bayle. In-32. 1865. *Lethielleux.* 1 fr.

BAKOUNINE ou BAKUNIN (A. Michel), agitateur russe, né dans le gouvernement de Twer en 1814.

— A mes amis russes et polonais. Traduit du russe. In-8°. 1862. Leipzig, *Gerhard.* 1 fr. 50 c.

BAL (Charles).

— Aux ponts de Cé : l'Amour et la mort; poème-légende. In-8°. 1850. *Ledoyen et Giret.* 75 c.

Publié au profit des victimes de la catastrophe du pont d'Angers.

BALANAC (P.).

— Le Doigter du piano, ou Traité raisonné de l'enseignement de cet instrument, avec des réfutations aux théories anatomiques de la main et d'une Notice sur l'état de l'enseignement. In-8°. 1846. *Chez l'auteur, rue du Jour,* 9. 10 fr.

Balances (les) du bon Dieu, par Madame Angélique ***. In-12. 1862. *Putois-Cretté.* 1 fr. 50 c.

BALARD, ancien ordonnateur des convois de la ville de Paris, directeur du bureau de sépultures et transports.

— Les Mystères des pompes funèbres de la ville de Paris dévoilés par les entrepreneurs eux-mêmes, suivi du Guide des familles pour le règlement général des convois. In-8° de 16 f. 1856. *Chez l'auteur, rue Sainte-Croix de la Bretonnerie,* 14.

BALARD (Jean), syndic de Genève en 1529.

— Journal du syndic Jean Balard, ou Relation des événements qui se sont passés à Genève, de 1525 à 1531, avec une Introduction historique et biographique, par le docteur Chaponnière. In-8°. 1854. Genève, *Jullien frères.* 7 fr.

BALASCHEFF (A. de), capitaine-ingénieur russe.

— Notice sur l'exploitation du fer en Belgique, et sur la torréfaction du bois. In-8° avec 2 pl. 1841. *Bachelier.* 2 fr.

BALASQUE (Jules), juge au tribunal de première instance de Bayonne, né dans cette ville en 1815.

— Études historiques sur la ville de Bayonne, tome 1er. In-8°. 1862. Bayonne, *Lasserre.* 6 fr.

Avec E. Dulaurens. — L'ouvrage formera 3 volumes.

BALBAITH (J. A.).

— Confessions de M. J. A. Balbaith, israélite allemand, en forme d'une lettre adressée à ses frères. In-18. 1855. Toulouse, *Société des livres religieux.* 40 c.

BALBI (Adrien), géographe, né à Venise en 1782, mort en 1848. Il vint vers 1824 à Paris où il resta jusqu'en 1832.

— Abrégé de géographie, rédigé sur un nouveau plan, d'après les derniers traités de paix et les découvertes les plus récentes. 8e édition, revue et considérablement augmentée par l'auteur. In-8° avec 24 cartes. 1850. *J. Renouard.* 20 fr.

La 1re édition est de 1833.

— Éléments de géographie générale, ou Description abrégée de la terre, d'après ses divisions politiques coordonnées avec ses grandes divisions naturelles, selon les dernières transactions et les découvertes les plus récentes. In-12 avec cartes. 1857. V⁰ *Jules Renouard.* 3 fr. 50 c.

La 1ʳᵉ édition est de 1843.

Voy. aussi *Dufour et Balbi*, «le Globe, atlas de géographie».

BALBIANI (G.), membre de la Société de biologie.

— Recherches sur les phénomènes sexuels des infusoires. In-8°, 134 p. et 3 pl. 1862. *V. Masson.*

Extrait du «Journal de la physiologie de l'homme et des animaux».

BALBIANO DE VIALE (le comte Henry de). — Voy. *Adhémar* (Alex. d'), «Des chemins de fer américains».

BALBO (le comte César), homme politique et écrivain italien, président du conseil des ministres en Piémont en 1848, né à Turin en 1789.

— De la Destruction du pouvoir temporel des papes. In-8°. 1860. *Douniol.* 80 c.

— Histoire d'Italie depuis les origines jusqu'à nos jours; traduite sur le texte de la 11ᵉ édition italienne et continuée jusqu'en 1860 par Jules Amigues. 2 vol. In-12. 1860. *Librairie nouvelle.* 6 fr.

— De la littérature aux onze premiers siècles de l'ère chrétienne. Lettres de M. le comte C. Balbo à M. l'abbé A. Peyron. Ouvrage traduit de l'italien, augmenté d'une préface et de quelques notes, par l'abbé J. A. Martigny. In-8°. 1840. *Debécourt.*

— Six nouvelles; traduites de l'italien par Mˡˡᵉ Julie Gouraud. In-12. 1865. Tournai et Paris, *Casterman.* 1 fr. 25 c.

BALBO (J. P.).

— Constitutions républicaines du globe. France, — États-Unis (amendée), — Delaware (État), — Saint-Domingue (revisée), — Italie —, Venise, — Gênes, — Saint-Marin, — Allemagne (conféd.), — Bavière (État), — Suisse (conféd.), — Vaud (canton); réunies par J. P. Balbo. (Texte officiel.) In-12. 1848. *Bénard, passage du Caire,* 2. 3 fr.

BALBOA (Miguel Cavello), missionnaire espagnol du xvıᵉ siècle.

— Histoire du Pérou. Inédite. In-8°. 1840. *Arthus Bertrand.* 10 fr.

Forme le tome 14 de la «Collection de voyages, relations et mémoires originaux pour servir à l'histoire de la découverte de l'Amérique», publiée pour la 1ʳᵉ fois en français, par *H. Ternaux-Compans.*

BALCARCE.

— Buenos-Ayres. Sa situation présente, ses lois libérales, sa population immigrante, ses progrès commerciaux et industriels. In-8°, 80 p. 1857. *Imprimerie Blondeau.*

BALDE (le Père Henri) de la Compagnie de Jésus, écrivain ascétique, né à Ypres, en 1619.

— Les Grandes vérités du christianisme, qui donnent la méthode de bien vivre et de bien mourir. In-32. 1865. Tournai et Paris, *Casterman.* 80 c.

C'est la réimpression d'un livre dont il a été publié 4 ou 5 éditions; la 1ʳᵉ est de 1688.

BALDER (Alphonse), pseudonyme d'Alphonse Baudoin.

— Jambes et cœurs (poésies). In-32. 137 p. 1860. *Chez les libraires des galeries de l'Odéon.*

— Tableaux et arabesques (poésies). In-18. 48 p. *Ibid.*

BALDESCHI (Joseph), maître des cérémonies de la basilique de Saint-Pierre à Rome.

— Cérémonial selon le rit romain, d'après Joseph Baldeschi et d'après l'abbé Favrel, par le R. P. Le Vavasseur. 3ᵉ édition, revue et augmentée. 2 vol. in-12. 1865. *J. Lecoffre et Cⁱᵉ.* 5 fr. 50 c.

La 1ʳᵉ édition a paru en 1857. Elle porte sur le titre : 5ᵉ édition, mais elle est bien la première qui ait été publiée par M. Le Vavasseur. Les quatre premières étaient de M. Favrel seul, et leur prix était seulement de 3 fr. 50 c.; la 1ʳᵉ a été publiée en 1840.

BALDI (Bernardino).

— La Navigation, poëme traduit de l'italien par M. J. Armand de Galiani. In-8°. 1840. *Arthus Bertrand.* 9 fr.

Traduction en prose. Le texte italien est en regard.

BALDIT (l'abbé), archiviste du département de la Lozère.

— Glanes gévaudanaises. Poésies patoises et françaises. In-8°. 1859. Mende, *Masseguin.* 2 fr. 50 c.

— Recherches sur l'épiscopat de saints Martial, Séverin et Privat. In-8°. 1855. Mende, *imprimerie Ignon.* 1 fr. 25 c.

BALDOU (le docteur).

— L'Hydropathie, méthode rationnelle du traitement par la sueur, l'eau froide, le régime et l'exercice. In-8°. 1841. *Baillière.* 2 fr. 50 c.

— Lettre à un client sur le choléra, des moyens préventifs, abortifs et curatifs qui lui conviennent. In-8°. 1865. *Baillière et fils.* 1 fr.

BALDUS (Édouard), peintre et photographe, né à Paris en 1820.

— Concours de photographie. Mémoire déposé au secrétariat de la Société d'encouragement pour l'industrie nationale, contenant les procédés à l'aide desquels les principaux monuments historiques du midi de la France ont été reproduits par ordre du ministre de l'intérieur. In-8°. 1852. *V. Masson.* 2 fr. 75 c.

BALECH-LAGARDE (Louis Auguste), journaliste et littérateur, né à Pavie (Gers), en 1824. Il a été le fondateur et le rédacteur en chef de plusieurs journaux du Midi, et il a collaboré à plus de trente journaux de Paris.

— Basques et Béarnais (Basses-Pyrénées). In-12. 1864. Tournai et Paris, *Casterman,* 60 c.

— Les Débuts de Justin, ou le Pays de Foix. In-12. 1864. *Ibid.* 60 c.

— Les Dîners de Saint-Blancard, ou les Pyrénées orientales. In-12. 1865. *Ibid.* 60 c.

— L'Ermite de Beausoleil; coup d'œil sur le département de Tarn-et-Garonne. In-12. 1862. *Ibid.* 60 c.

— Mémoires d'un inconnu, ou le Département du Lot. In-12. 1861. *Ibid.* 60 c.

— La Ville des neiges, coup d'œil sur les Hautes-Pyrénées. In-12. 1862. *Ibid.* 60 c.

BALESTA (Henri).

— Absinthe et absintheurs. In-32. 1860. *Marpon.* 50 c.

BALKEMA (C. H.).

— Biographie des peintres flamands et hollandais qui ont existé depuis Jean et Hubert Van Eyck jusqu'à nos jours. Pour servir de guide aux peintres et aux amateurs de tableaux. Gr. in-8°. 1844. Gand. 6 fr.

BALL (Benjamin), docteur en médecine de la Faculté de Paris, agrégé de la même Faculté, né à Naples, en 1833.

— De la coïncidence des gangrènes viscérales et des affections gangréneuses extérieures. Érysipèle gangréneux et pneumonie disséquante gangréneuse. In-8°. 1860. *Au bureau de l'Union médicale*. 1 fr.

— Des Embolies pulmonaires. In-8°. 1862. *Coccoz*. 3 fr. 50 c.

BALLALA.

— Bhodjaprabandha, histoire de Rhôdja, roi de Maliva, et des Pandites de son temps, publié par Théodore Pavie. In-4° de 19 f. 1855. *Imprimerie Callet.*

Lithographié.

BALLAN (L.), agent voyer d'arrondissement.

— Le Passé, le présent et l'avenir de la vicinalité. In-8°. 1862. Nantes, *imprimerie Ve Mellinet*. 2 fr.

BALLANDE (Jean Auguste Hilarion), membre de la Société philotechnique, né à Pombié, commune de Cuzorn (Lot-et-Garonne).

— Châteaux en Espagne. In-8°. 1861. *Dentu.* 5 fr.

— La Parole appliquée à la diction et à la lecture à haute voix. In-12, 81 p. 1855. *Chez l'auteur, rue de Madame*, 10.

— Une Prière à notre saint-père le pape (vers). In-8°. 1860. *Dentu*. 1 fr.

BALLARD (Charles).

— Un Cousin de province. 2 vol. in-8°. 1844. *Souverain*. 15 fr.

BALLERINI (le P. Raphaël), de la Compagnie de Jésus, l'un des principaux rédacteurs de la « Civiltà cattolica », revue publiée à Rome par les Pères jésuites.

— Le Chasseur des Alpes. Ouvrage faisant suite aux Œuvres du P. Bresciani. In-12. 1864. Tournai et Paris, *Casterman*. 2 fr. 50 c.

— La Pauvresse de Casamari. Ouvrage faisant suite aux romans du P. Bresciani. In-12. 1865. *Ibid*. 2 fr.

BALLET (François), curé de Gif et prédicateur de la reine, né en 1702, mort vers 1762.

— Œuvres complètes. — Voy. *Migne*, Collection des orateurs sacrés, 1re série, tomes 49 et 50.

BALLEY (François), docteur en médecine, médecin aide-major de 1re classe à l'hôpital Saint-Martin, né à Bourbonne (Haute-Marne), en 1827.

— Endémo-épidémie et météorologie de Rome; études sur les maladies dans leurs rapports avec les divers agents météorologiques. In-8° avec atlas in-4° oblong de 28 tableaux et pl. 1863. *Rozier*. 9 fr.

Extrait du « Recueil de Mémoires de médecine et de chirurgie militaires ».

L'Atlas porte le titre de : « Météorologie et météorographie, pathogénie et nosographie, ou Éléments de recherches sur la connexion entre les divers agents météorologiques et de la pathologie civile et militaire à Rome ».

BALLEYDIER (Alphonse), littérateur, né à Lyon vers 1820, mort dans la même ville en 1859. En

1858 il avait été nommé historiographe de l'empereur d'Autriche.

— Histoire de l'empereur Nicolas (Trente années de règne). 2 vol. in-8°. 1857. *Plon*. 15 fr.

— Histoire de la garde mobile depuis les barricades de février. In-18. 1848. *Pillet fils aîné*. 50 c.

— Histoire de la garde républicaine; illustrée par Jules David. In-8° avec 8 grav. sur bois. 1848. *Martinon*. 2 fr.

— Histoire de la guerre de Hongrie en 1848-1849, pour faire suite à l'Histoire des révolutions de l'empire d'Autriche. In-8° avec une carte des opérations militaires. 1853. *Mme veuve Comon*. 6 fr.

— Histoire politique et militaire du peuple de Lyon pendant la Révolution française (1789-1795). 3 vol. in-8°. 1846. *Martinon*. 15 fr.

— Histoire de la révolution de Rome. Tableau religieux, politique et militaire des années 1846, 1847, 1848, 1849 et 1850, en Italie. 2 vol. in-8°. 1851. *Comon*. 12 fr.

— Histoire des révolutions de l'empire d'Autriche, années 1848 et 1849. 2 vol. in-8°. 1853. *Guyot, rue Saint-Sulpice*, 25. 15 fr.

— Histoire de sainte Gudule et du saint sacrement du miracle. In-12. 1859. Tournai, *Casterman*. 3 fr.

— Nouvelles lyonnaises. In-8°. 1843. *Maison*. 6 fr.

— La Première légion à Cherbourg. Impressions de voyage. In-18. 1848. *Devarenne*. 50 c.

— Une Promenade historique. In-8°. 1863. *Vermot*. 1 fr. 50 c.

— Rome et Pie IX. In-8° avec un portrait. 1847. *Plon*. 6 fr.

— Turin et Charles-Albert. In-8° avec 4 portraits et un *fac-simile* d'une lettre de M. Gioberti à l'auteur. 1848. *Ibid*. 6 fr.

— Veillées de famille. 6e édition. In-12. 1865. *Vermot*. 2 fr.

La 1re édition est de 1855.

— Veillées maritimes. Nouvelle édition. In-12. 1865. *Ibid*. 2 fr.

1re édition en 1856.

— Veillées militaires. 6e édition, revue, corrigée et augmentée. In-12. 1865. *Ibid*. 2 fr.

1re édition en 1854.

— Veillées du peuple. Nouvelle édition, revue et corrigée. In-12. 1862. *Ibid*. 2 fr.

— Veillées du presbytère. In-12. 1860. *Ibid*. 2 fr.

2e édition en 1864.

— Veillées de vacances. In-12. 1859. *Ibid*. 2 fr.

2e édition en 1865.

— La Vérité sur les affaires de Naples. Réfutation des lettres de M. Gladstone. In-8°. 1851. *Comon*. 1 fr.

— Visite rendue par l'Angleterre à la France, ou Une semaine à Paris pendant les vacances de Pâques. Guide pour les voyageurs des excursions futures. In-16. 1849. *Place de la Bourse*, 12.

BALLEYER (Lambert de).

— Compiègne historique et monumental. 2 vol. in-8°. 1844. Compiègne, *Langlois*. 12 fr.

BALLEYGUIER (Eugène), littérateur et journaliste. Il a signé ses ouvrages du nom de LOUDUN, qu'il a adopté même dans les actes de la vie civile. Voy. Loudun.

BALLEYGUIER (Mme O. DELPHIN-). — Voy. Delphin-Balleyguier.

BALLIANO (Grégoire de), membre de l'Association internationale des études pratiques d'économie sociale.

— Amélioration de l'humanité par la renonciation aux idées de rivalité. In-8°. 1865. *E. Lacroix.* 50 c.

— Métallurgie du mercure. In-8°. 1865. *Ibid.* 4 fr.

Extrait des « Annales du génie civil ».

BALLIF (Charles Frédéric Guillaume), pasteur à Moudon, né à Lurins (canton de Vaud), en 1820.

— Précis d'histoire sainte, textuellement extrait de la Bible d'après l'Histoire biblique de Kurz. Nouvelle édition. 2 vol. in-12. 1865. Lausanne, *Delafontaine et Rouge.* 2 fr. 25 c.

Avec le pasteur Vivieux.

La 1re édition est de 1859, la 2e de 1862 ; celle-ci est la 3e.

BALLIN (Armand Gabriel), membre correspondant de l'Académie royale de Palerme, né à Paris en 1784.

— Exercices pratiques de langue italienne ou Cours de thèmes et de versions, précédé de remarques sur la prononciation, sur les augmentatifs et les diminutifs, destiné à servir de complément à la plupart des grammaires. In-8°. 1863. [Rouen.] *Derache.* 4 fr.

— Notice sur les grammairiens Domergue, Boniface et Chapsal. In-8°, 68 p. 1865. Rouen, *imprimerie Boissel.*

BALLING (le docteur F. Ant.), conseiller aulique de S. M. le roi de Bavière, médecin aux eaux de Kissingen, et membre de plusieurs sociétés savantes.

— Notices sur les sources minérales de Kissingen, ses bains d'acide carbonique, de vapeurs muriatiques, de boue de sel, et son établissement pour la cure de petit-lait. Traduit de l'allemand. In-8°. 1846. Francfort-sur-le-Mein, *Jugel.* 1 fr. 25 c.

— Kissingen, ses eaux minérales et ses bains. 2e édition revue et augmentée. In-12. 1858. *Ibid.* 4 fr. 50 c.

BALLOT (l'abbé Sébastien), ancien curé de Pomoy, ex-professeur de mathématiques au collège de Saint-François-Xavier de Besançon, aumônier du couvent de Saint-Thomas de Villeneuve à Saint-Germain-en-Laye, né à Hugier (Haute-Saône), en 1804.

— Abrégé d'instruction religieuse et d'histoire sainte, à l'usage des classes élémentaires. In-18. 1858. Besançon, *Monnot.* 75 c.

La 2e édition, publiée en 1866, à Lyon, chez *Girard*, porte le titre de : « le Livre de l'enfance ». (In-18, 265 p.)

— Instruction religieuse, ou Dieu considéré dans ses perfections et dans l'œuvre de la création, de la rédemption et de la sanctification du monde. In-12, IX-621 p. 1849. Besançon, *Mme veuve Déis.*

— Traité d'arithmétique. In-8°, XII-238 p. 1853. Besançon, *Jacquin.*

BALLU (Ch.), docteur en médecine.

— De la Rhinoplastie, suivi d'un nouveau succès de cette opération pratiquée par le docteur Ch. Ballu, avec un portrait de l'opérée d'après un daguerréotype de M. Legras. In-8°. 1857. *Imprimerie Bailly, Divry et Cie.* 1 fr. 50 c.

— Des Tumeurs blanches et de leur traitement. In-8°. 1853. *J. B. Baillière.* 2 fr. 50 c.

BALLY (Victor), médecin, membre de l'Académie de médecine, né en 1780.

— Documents et Mélanges publiés à l'occasion de la maladie asiatique introduite dans les États romains et les Alpes dauphinoises. In-8°. 1855. *Imprimerie Martinet.* 4 fr.

— François de Nantes, vie morale, politique et littéraire. In-8°, 168 p. 1861. *Imprimerie Martinet.*

BALLY (Mme Louise Eugénie).

— L'Oasis des jeunes voyageurs, nouvelles algériennes. In-12. 1853. *Lehuby.* 3 fr.

— Prions, poésies religieuses. In-8°, 102 p. 1864. Nice, *Ve Gilletta et fils.*

BALMARY (L. B. A.), chef de bataillon au 17e léger.

— La Procédure militaire, ou Aide-mémoire complet à l'usage des divers membres des tribunaux militaires et des officiers et sous-officiers, etc. In-8°. 1849. Verdun, *Lippmann.* 4 fr.

BALME (Cl.).

— Quelques notes sur les effluves marécageux, pestilentiels et contagieux. In-8° de 3 1/2 f. 1846. Lyon, *Savy.*

— Observations et annotations pratiques sur le choléra-morbus. Ouvrage dans lequel on prouve que le choléra-morbus n'est point une maladie spéciale, mais seulement un des symptômes dominants d'un typhus dont les variétés, bien désignées et résultantes de la même cause, demandent le même traitement. In-8° de 8 f. 1849. Lyon, *Ayné fils.*

BALME-FRÉZOL (l'abbé Pierre Alexandre Auguste), du clergé de Paris, ancien vicaire général et chanoine honoraire de Montpellier et de Vannes, né à Rodez (Aveyron), en 1805.

— Du Manque de respect des enfants et des jeunes gens pour leurs parents et leurs supérieurs. In-8°. 1865. *Victor Sarlit.* 1 fr. 25 c.

— Réflexions et conseils pratiques sur l'éducation, pour servir de guide aux mères et aux institutrices. 2 vol. in-8°. 1858. *Ibid.* 12 fr.

— Le même. 3e édition. 2 vol. in-12. 1863. *Ibid.*

BALMELLE, professeur au lycée Napoléon, a publié une édition classique annotée du « De Viris illustribus » de Lhomond.

BALMELLE (G.).

— Code des patentes, expliqué par ses motifs, etc. In-8°. 1844. *Marescq.* 1 fr. 50 c.

BALMÈS (Jacques Lucien, ou en espagnol D. Jaime), prêtre, publiciste et philosophe espagnol, né à Vich en Catalogne, en 1810, mort en 1848.

— Art d'arriver au vrai ; philosophie pratique. Traduit de l'espagnol par M. Edouard Manec, avec une préface de Mme Blanche-Rafflu. 5e édition, revue et considérablement augmentée. In-12. 1860. *Vaton.* 3 fr.

La 1re édition est de 1850.

— Examen de la question du mariage de la reine Isabelle. Traduit de l'espagnol par Alexandre Hournou. In-8°. 1845. *Rue du Helder*, 25. 2 fr. 50 c.

— Lettres à un sceptique en matière de religion. Ouvrage traduit de l'espagnol, avec une introduction (par l'abbé J. Bareille.) In-8°. 1855. *Louis Vivès*. 5 fr.

Édition in-12. 3 fr.

— Mélanges religieux, philosophiques, politiques et littéraires. Traduits de l'espagnol, avec une introduction par J. Bareille. 3 vol. in-8°. 1854. *Ibid*. 16 fr.

Édition in-12. 3 vol. 10 fr.

— Philosophie fondamentale. Traduite de l'espagnol par Édouard Manec, précédée d'une lettre approbative de Mgr. Dupanloup, évêque d'Orléans. 3e édition. 3 vol. in-8°. 1855. *Vaton*. 15 fr.

— Le même. Édition in-12. 4e édition. 3 vol. 1864. 10 fr.

La 1re édition est de 1852.

— Pie IX, pontife et souverain. In-8°. 1848. *Lecoffre*. 1 fr. 60 c.

— Les Preuves de la religion présentées à la jeunesse. Traduction nouvelle sur la 9e édition espagnole, avec notes par M. l'abbé V. Postel. Ouvrage suivi de l'instruction de F. Costa sur le dogme de l'immaculée conception. 2e édition française. In-18. 1863. *Blériot*. 2 fr.

Une autre traduction du même ouvrage a été publiée sous le titre de : « la Religion démontrée à la jeunesse ». (Voy. ci-après.)

— Le Protestantisme comparé au catholicisme dans ses rapports avec la civilisation européenne. 6e édition, revue et corrigée avec soin, et augmentée d'une introduction par A. de Blanche-Raffin. 3 vol. in-8° avec portrait. 1860. *Vaton*. 15 fr.

— Le même. 3 vol. in-12. *Ibid*. 10 fr.

— La Religion démontrée à la jeunesse. Traduit de l'espagnol par M. le comte G. de Monsabert. In-16. 1857. Troyes, *Anner-André*.

Voy. ci-dessus : « les Preuves de la religion », qui est une autre traduction du même ouvrage.

BALMINGÈRE (F.), commis à l'inspection des postes du département des Pyrénées-Orientales.

— Manuel du service de l'inspection des postes. In-12, 108 p. 1863. Perpignan, *imprimerie Alzine*.

BALSAMO (Joseph), nom de famille de célèbre Cagliostro. Il va sans dire que sur le titre de l'ouvrage suivant ce nom est employé comme pseudonyme d'un auteur inconnu.

— Les Petits mystères de la destinée, par Joseph Balsamo. La chiromancie, ou la science de la main ; la physiognomonie, ou la science du corps de l'homme, etc. In-12. 1861. *Garnier frères*. 2 fr. 50 c.

BALSAMON (Théodore), patriarche d'Antioche, né à Constantinople vers 1150, mort en 1204.

— Opera quæ reperiri potuerunt omnia. — Voy. *Migne*, Patrologie grecque, tomes 137 et 138.

BALTARD (Louis Pierre), professeur d'architecture à l'École des beaux-arts, né en 1765, mort en 1846.

— Aperçu, ou Essai sur le bon goût dans les ouvrages d'art et d'architecture. In-8° de 16 p. 1841. *F. Didot*.

BALTARD (Victor), fils du précédent, architecte du gouvernement et de la ville de Paris, membre de l'Institut, né en 1805.

— Les Halles centrales de Paris, construites sous le règne de Napoléon III. In-8° avec 4 grav. 1862. *Morel et Cie*. 1 fr. 25 c.

Avec F. Callet.

— Monographie des halles centrales de Paris, construites sous le règne de Napoléon III. In-fol. avec 35 pl. 1863. *Ibid*. 60 fr.

Avec le même.

— Villa Médicis à Rome, dessinée, mesurée, publiée et accompagnée d'un texte historique et explicatif. In-fol. avec 19 pl. 1847-1848. *Chez l'auteur, rue de l'Abbaye*, 4. 50 fr.

Publié en 6 livraisons.

BALTAZZI (T. E.).

— Le Prince Alfred et les intérêts français en Orient. In-8°. 1862. *Dentu*. 1 fr.

BALTET (Charles), horticulteur-pépiniériste à Troyes, membre résidant de la Société académique de l'Aube, né à Troyes (Aube), en 1830. Placé à la tête d'un établissement horticole (Baltet frères), qui a remporté, depuis l'époque de sa création, des médailles d'honneur à diverses expositions horticoles, il est membre fondateur, titulaire, honoraire ou correspondant de plusieurs sociétés, académies et comices d'agriculture et d'horticulture.

— Les Bonnes poires, leur description abrégée et la manière de les cultiver. In-8°. 1859. Troyes, *Bouquot*. 75 c.

— Le même. 3e édition sous le titre : Culture du poirier, comprenant la plantation, la taille, la mise à fruit et la description des cent meilleures poires. Les Bonnes poires. In-12. 1865. *A. Goin*. 1 fr.

Ouvrage traduit en allemand et en flamand.

— L'Horticulture en Belgique, son enseignement, ses institutions, son organisation officielle. In-4° avec 8 pl. et des grav. 1865. *Masson et fils*. 10 fr.

Publié sous les auspices du ministère de l'agriculture.

On doit encore à M. Ch. Baltet un « Traité pratique des pépinières », traduit en allemand par le consul général Ed. Lade. (Gr. in-8°, 302 p. avec portrait de l'auteur 1865. Ravensbourg.) Il n'a pas été publié à part en français, mais les deux premières parties de cet ouvrage ne sont que la traduction de deux chapitres insérés dans le « Livre de la ferme » de P. Joigneaux, sous le titre : « Multiplication des végétaux ligneux, pépinières ». Outre ces deux chapitres il en a encore fourni six autres au « Livre de la ferme », tous relatifs à des arbres ou arbustes fruitiers cultivés dans les jardins. Il prête une collaboration active à la « Revue horticole », à « l'Horticulteur français », au « Journal d'agriculture pratique », au « Journal de la ferme », etc., etc.

BALTHASAR (l'abbé).

— Histoire religieuse de l'église Notre-Dame-des-Victoires de Paris et de l'archiconfrérie du très-saint et immaculé cœur de Marie. In-12. 1855. *Bray*. 2 fr.

BALTHASARD DE LA FERRIÈRE (Mme). — Voy. La Ferrière.

BALTHAZAR (Alexandre).

— Desaugiers en voyage, comédie-vaudeville en un acte. In-8°. 1857. *Beck*. 60 c.

BALTZER (Richard), professeur de mathématiques au gymnase de Dresde, né en 1818.

— Théorie et applications des déterminants,

avec l'indication des sources originales. Traduit de l'allemand par J. Houël. In-8°. 1861. *Mallet-Bachelier*. 5 fr.

BALUFFI (Gaëtano), cardinal italien, archevêque-évêque d'Imola, né à Ancône en 1788.

— La Divinité de l'Église manifestée par sa charité, ou Tableau universel de la charité catholique. Traduit de l'italien avec l'approbation de Son Éminence, enrichi de notes et de développements nouveaux, par l'abbé V. Postel, et précédé d'une lettre de Mgr. l'évêque d'Orléans. 2 vol. in-12. 1858. *Périsse frères*. 5 fr.

BALZAC (Honoré de), romancier, né à Tours en 1799, mort à Paris en 1850. Avant de signer ses ouvrages de son nom, il avait déjà publié un assez grand nombre de volumes sous divers pseudonymes. Le premier ouvrage publié sous son nom est de 1829. — Voy. *Quérard*, « France littéraire » et « la Littérature française contemporaine ».

— Œuvres complètes. — La Comédie humaine. Édition de luxe à bon marché. 17 vol. in-8°. 1842-1848. *Furne; Dubochet*. 85 fr.

— Œuvres complètes, comprenant, outre la Comédie humaine, les Contes drolatiques et le Théâtre, avec Notice sur l'auteur, par George Sand. 20 vol. in-8° avec 150 grav. 1853-1855. *Houssiaux*. 100 fr.

— Œuvres complètes. Nouvelle édition. 45 vol. in-16. 1856-1859. *Librairie nouvelle*. Chaque volume 1 fr. 25 c.

Lors de la publication de cette édition, le prix n'était que de 1 fr. par volume; il a été augmenté plus tard.

Voici le contenu des 45 volumes:

LA COMÉDIE HUMAINE.

SCÈNES DE LA VIE PRIVÉE.

Tome 1. La Maison du chat qui pelote. Le bal de Sceaux. La Bourse. La Vendetta. Madame Firmiani. Une double Famille.
Tome 2. La Paix du ménage. La fausse Maîtresse. Étude de Femme. Autre étude de Femme. La grande Bretèche. Albert Savarus.
Tome 3. Les Mémoires de deux jeunes mariées. Une Fille d'Ève.
Tome 4. La Femme de trente ans. La Femme abandonnée. La Grenadière. Le Message Gobseck.
Tome 5. Le Contrat de mariage. Un Début dans la vie.
Tome 6. Modeste Mignon.
Tome 7. Béatrix.
Tome 8. Honorine. Le Colonel Chabert. La Messe de l'Athée. L'Interdiction. Pierre Grassou.

SCÈNES DE LA VIE DE PROVINCE.

Tome 9. Ursule Mirouet.
Tome 10. Eugénie Grandet.
Tome 11. Les Célibataires, I. Pierrette. Le Curé de Tours.
Tome 12. Les Célibataires, II. Un Ménage de garçon.
Tome 13. Les Parisiens en province. L'illustre Gaudissart. La Muse du département.
Tome 14. Les Rivalités. La vieille Fille. Le Cabinet des antiques.
Tome 15. Le Lys dans la vallée.
Tome 16. Illusions perdues, I. Les deux Poètes. Un grand Homme de province à Paris (première partie).
Tome 17. Illusions perdues, II. Un grand Homme de province (2e partie). Ève et David.

SCÈNES DE LA VIE PARISIENNE.

Tome 18. Splendeurs et Misères des courtisanes. Esther heureuse. A combien l'amour revient aux vieillards. Où mènent les mauvais chemins.
Tome 19. La dernière Incarnation de Vautrin. Un Prince de la Bohème. Un Homme d'affaires. Gaudissart II. Les Comédiens sans le savoir.
Tome 20. Histoire des Treize. Ferragus. La duchesse de Langeais. La Fille aux yeux d'or.

Tome 21. Le Père Goriot.
Tome 22. César Birotteau.
Tome 23. La Maison Nucingen. Les Secrets de la princesse de Cadignan. Les Employés. Sarrasine. Facino Cane.
Tome 24. Les Parents pauvres, I. La Cousine Bette.
Tome 25. Les Parents pauvres, II. Le Cousin Pons.

SCÈNES DE LA VIE POLITIQUE.

Tome 26. Une ténébreuse Affaire. Un Épisode sous la Terreur.
Tome 27. L'Envers de l'histoire contemporaine. Madame de la Chanterie. L'Initié. Z. Marcas.
Tome 28. Le Député d'Arcis.

SCÈNES DE LA VIE MILITAIRE.

Tome 29. Les Chouans. Une Passion dans le désert.

SCÈNES DE LA VIE DE CAMPAGNE.

Tome 30. Le Médecin de campagne.
Tome 31. Le Curé de village.
Tome 32. Les Paysans.

ÉTUDES PHILOSOPHIQUES.

Tome 33. La Peau de chagrin.
Tome 34. La Recherche de l'absolu. Jésus-Christ en Flandre. Melmoth réconcilié. Le Chef-d'œuvre inconnu.
Tome 35. L'Enfant maudit. Gambara. Massimilla Doni.
Tome 36. Les Marana. Adieu. Le Réquisitionnaire. El Verdugo. Un Drame au bord de la mer. L'Auberge rouge. L'Élixir de longue vie. Maître Cornélius.
Tome 37. Sur Catherine de Médicis. Le Martyr calviniste. La Confidence des Ruggieri. Les deux Rêves.
Tome 38. Louis Lambert. Les Proscrits. Seraphita.

ÉTUDES ANALYTIQUES.

Tome 39. Physiologie du mariage.
Tome 40. Petites Misères de la vie conjugale.

Tomes 41 à 43. Contes drolatiques. 3 vol.

THÉÂTRE.

Tome 44. Vautrin; drame en cinq actes. Les Ressources de Quinola; comédie en cinq actes et un prologue. Paméla Giraud; pièce en cinq actes.
Tome 45. La Marâtre; drame intime en cinq actes et huit tableaux. Le Faiseur (Mercadet); comédie en cinq actes (entièrement conforme au manuscrit de l'auteur).

— Œuvres illustrées, 220 dessins par MM. Tony Johannot, Staal, etc. 10 vol. in-4°. 1851-1853. *Marcsecq et Cie*. 40 fr.

Chaque volume se vend séparément au prix de 4 fr., et chaque roman au prix marqué dans la liste qui suit:

TOME I.

PARENTS PAUVRES. — Cousine Bette. 1 fr. 30 c.
PARENTS PAUVRES. — Cousin Pons. 90 c.
L'Interdiction. — Secrets de la Princesse de Cadignan. — Le Colonel Chabert. 70 c.
Une ténébreuse Affaire. — Pierre Grassou. — Sarrasine. — Esquisse d'homme d'affaires. 90 c.
La Recherche de l'absolu. — Un Épisode sous la Terreur. 70 c.

TOME II.

Splendeurs et Misères des Courtisanes. — La Messe de l'Athée. — Jésus-Christ en Flandre. 1 fr. 30 c.
Les Employés. — Gobseck. 90 c.
LES RIVALITÉS. — La Vieille Fille. 50 c.
Le Cabinet des Antiques. 50 c.
Le Lys dans la Vallée. 90 c.
Une Fille d'Ève. — Madame Firmiani. 50 c.

TOME III.

Le Père Goriot. — Z. Marcas. 90 c.
César Birotteau. 90 c.
HISTOIRE DES TREIZE. — Ferragus. — La Duchesse de Langeais. — La Fille aux yeux d'or. 1 fr. 10 c.
La Maison Nucingen. — Les Comédiens sans le savoir. — Étude de Femme. 50 c.
Un prince de la Bohème. — L'Envers de l'Histoire contemporaine. 50 c.
Eugénie Grandet. — Le Chef-d'œuvre inconnu. 70 c.

Tome IV.

Ursule Mirouet. — La Fausse Maîtresse. 90 c.
Les Célibataires. — Pierrette. — Curé de Tours. 70 c.
Un Ménage de garçon. 90 c.
L'Illustre Gaudissart. — La Muse du département. — La Paix du ménage. — Une Passion dans le désert. 90 c.
La Physiologie du mariage. — Autre Étude de femme. 1 fr. 10 c.

Tome V.

La Peau de chagrin. — El Verdugo. 90 c.
Louis Lambert. — L'Élixir de longue vie. 50 c.
Massimilia Doni. — Gambara. 50 c.
L'Enfant maudit. — Les Proscrits. 50 c.
La Femme de trente ans. — La Grande Bretèche. 70 c.
Béatrix. — La Grenadière. 1 fr. 10 c.
La Vendetta. — Une double Famille. 50 c.

Tome VI.

Les deux Poëtes. 50 c.
Un Grand homme de province. — La Femme abandonnée. 1 fr. 10 c.
Eve et David. — Facino Cane. 70 c.
Albert Savarus. — Le Réquisitionnaire. — Le Message. 50 c.
Le Martyr calviniste. 70 c.
Les Ruggieri. — Melmoth réconcilié. 50 c.
Séraphita. — Le Bal de Sceaux. 70 c.

Tome VII.

Le Médecin de campagne. — Adieux. 90 c.
Le Curé de village. — La Bourse. 90 c.
Les Chouans. 1 fr. 10 c.
Mémoires de deux jeunes mariées. — La Maison du chat qui pelote. 90 c.
Un Début dans la vie. — Maître Cornélius. 70 c.

Tome VIII.

Le Contrat de mariage. 50 c.
Modeste Mignon. 90 c.
Paris marié. 20 c.
La Dernière Incarnation de Vautrin. — L'Auberge rouge. 70 c.
Honorine. — Les Marana. 70 c.
Le Théâtre de Balzac, comprenant : Mercadet. — La Marâtre. — Paméla Giraud. — Les Ressources de Quinola. — Vautrin. 1 fr. 50 c.

Tome IX.

ŒUVRES DE JEUNESSE.

L'Héritière de Birague. 90 c.
Jean-Louis. 90 c.
La Dernière Fée. 70 c.
Le Vicaire des Ardennes. 90 c.
L'Israélite. 1 fr. 10 c.

Tome X.

Argow le Pirate. 90 c.
Jeanne la Pâle. 90 c.
Le Centenaire. 90 c.
Don Gigadas. 90 c.
L'Excommunié. 90 c.

— Œuvres. (Collection de la Bibliothèque choisie). Tomes 1 à 5. In-16. 1853, 1854. *P. Jannet.* Chaque volume 1 fr.

L'édition qui devait avoir environ 70 volumes n'a pas été continuée. Les cinq volumes publiés contiennent :
Tome 1. Le Bal de Sceaux. La Bourse. Étude de femme.
Tome 2. La Maison du chat qui pelote. La fausse Maîtresse. Madame Firmiani.
Tome 3. Physiologie du mariage.
Tome 4. Albert Savarus. Une Fille d'Eve. La Grenadière.
Tome 5. Mémoires de deux jeunes mariées. Gobseck.

— Béatrix, ou les Amours forcés, scènes de la vie privée. 2 vol. in-8°. 1840. *Souverain.* 15 fr.

— La Bourse. In-16. 1853. *Hachette.* 50 c.

— Catherine de Médicis expliquée. Le Martyr calviniste. 3 vol. in-8°. 1843. *Souverain.* 22 fr. 50 c.

— Code des gens honnêtes. In-16. 1854. *Librairie nouvelle.* 1 fr.

On lit dans une note de la préface : « Cet ouvrage de M. de Balzac a été fait en collaboration avec M. Horace Raisson ».

— Le Comte de Sallenauve. Terminé par M. Ch. Rabou. 5 vol. in-8°. 1855. *De Potter.* 37 fr. 50 c.

— Les Contes drolatiques, colligez ez abbayes de Tourayne, et mis en lumière par le sieur de Balzac, pour l'esbattement des pantagruelistes et non aultres. 5e édition, illustrée de 425 dessins, par Gustave Doré. In-8°. 1855. *Dutacq.* 12 fr.

— Les mêmes. Même édition (6e tirage). 1861. *Garnier frères.* 12 fr.

— Les mêmes. Édition in-12 (sans grav.). 1853. *Giraud.* 3 fr. 50 c.

— Les mêmes. In-12. Illustrés de dessins de G. Doré. 1861. *Garnier frères.* 3 fr. 50 c.

— Le Curé de village, scène de la vie de campagne. 2 vol. in-8°. 1841. *Souverain.* 15 fr.

— David Séchard. 2 vol. in-8°. 1844. *Dumont.* 15 fr.

— Un Début dans la vie. 2 vol. in-8°. 1844. *Ibid.* 15 fr.

— Le Député d'Arcis. Scènes de la vie politique. 4 vol. in-8°. 1854. *De Potter.* 30 fr.

— La Dernière incarnation de Vautrin. In-12. 1852. *Giraud et Dagneau.* 2 fr.

— Les Deux frères. 2 vol. in-8°. 1843. *Souverain.* 15 fr.

— Don Gigadas. 2 vol. in-8°. 1840. *Ibid.* 15 fr.
Publié sous le pseudonyme d'Horace de Saint-Aubin.

— Eugénie Grandet. In-16. 1853. *Hachette.* 2 fr. 50 c.

— La Famille Beauvisage. Terminé par M. Ch. Rabou. 4 vol. in-8°. 1855. *De Potter.* 30 fr.
Le roman « la Famille Beauvisage » est terminé à la p. 252 du tome 4. Ce volume est complété par une nouvelle intitulée : « Sylvio Bellino », par Constant Guéroult.

— Les Fantaisies de Claudine. In-12. 1853. *Eug. Didier.* 1 fr.

— La Femme de soixante ans. 3 vol. in-8°. 1847. *Roux et Cassanet.* 22 fr. 50 c.

— Un Grand homme de province à Paris. Scène de la vie de province. 2 vol. in-8°. 1839. *Souverain.* 15 fr.

— Honorine. 2 vol. in-8°. 1844. *De Potter.* 15 fr.

— L'Initié. 2 vol. in-8°. 1854. *Ibid.* 15 fr.

— L'Israélite. 2 vol. in-8°. 1840. *Souverain.* 15 fr.
Publié sous le pseudonyme de Horace de Saint-Aubin.

— Madame de la Chanterie. In-8°. 1854. *De Potter.* 7 fr. 50 c.

— La Marâtre. Drame intime en cinq actes et huit tableaux. In-12. 1848. *Lévy.* 1 fr.

— Le même. In-4°. 1852. *Ibid.* 40 c.
Théâtre contemporain illustré, livraison 4.

— Mémoires de deux jeunes mariées. 2 vol. in-8°. 1842. *Souverain.* 15 fr.

— Mercadet, ou le Faiseur. Comédie en trois actes et en prose. In-12. 1851. *Boulevard Saint-Martin,* 12. 1 fr. 50 c.

— Le même. Nouvelle édition, entièrement conforme au manuscrit de l'auteur. In-12. 1853. *Cadot.* 3 fr. 50 c.

— Le même. In-4°. *Magasin théâtral.* 20 c.

— Monographie de la presse parisienne. Illustrée de scènes, croquis, charges, caricatures, portraits et grandes vignettes hors texte, avec un tableau synoptique de l'ordre gendelettre. In-8°. 1843. *Rue des Prêtres-Saint-Germain-l'Auxerrois*, 11. 4 fr.

Extrait de la « Grande ville », nouveau tableau de Paris.

— La Muse du département. 2 vol. in-8°. 1843. *Souverain*. 15 fr.

— Notes remises à MM. les députés composant la commission de la loi sur la propriété littéraire. In-8°. 1841. *Hetzel et Paulin*. 1 fr.

— Paris marié. Philosophie de la vie conjugale à Paris, par H. de Balzac; commentée par Gavarni. In-12 avec 20 pl. 1845. *Hetzel*. 3 fr.

— Les Paysans. Scènes de la vie de campagne. 5 vol. in-8°. 1855. *De Potter*. 37 fr. 50 c.

— Paméla Giraud; pièce en cinq actes. In-8°. 1843. *Marchant*. 60 c.

— Peines de cœur d'une chatte anglaise, par H. de Balzac; suivies de : les Peines de cœur d'une chatte française, par P. J. Stahl (Hetzel). In-32. 1853. *Blanchard*. 1 fr.

— Pensées et Maximes de H. de Balzac. In-18. 1851. *Plon*. 1 fr.

— Petites misères de la vie conjugale; dessins par Bertall. In-8°. 1847. *Chlendowski*. 15 fr.

Publié en livraisons.

— Les Petits bourgeois. Scènes de la vie parisienne. 4 vol. in-8°. 1856. *De Potter*. 30 fr.

— Le même, 2e partie : Les Parvenus. 4 vol. in-8°. 1857. *Ibid*. 30 fr.

— Physiologie de l'employé. In-32. 1841. *Aubert*. 1 fr.

— Physiologie du mariage. 2e série. In-12. 1853. *E. Didier*. 3 fr. 50 c.

— Pierrette. Scène de la vie de province. 2 vol. in-8°. 1840. *Souverain*. 15 fr.

— Le même. In-16. 1854. *Hachette*. 2 fr.

— Le Provincial à Paris. 2 vol. in-8°. 1847. *Gabriel Roux*. 15 fr.

— Les Ressources de Quinola; comédie en cinq actes, en prose, et précédée d'un prologue. In-8°. 1842. *Souverain*. 6 fr.

— Le même. Nouvelle édition. In-12. 1864. *Lévy frères*. 1 fr. 50 c.

— Rosalie. 2 vol. in-8°. 1843. *Souverain*. 15 fr.

— Scènes de la vie politique. I. Un Épisode sous la Terreur. II. Le Réquisitionnaire. In-16. 1853. *Hachette*. 50 c.

— Splendeurs et Misères des courtisanes. Esther. 3 vol. in-8°. 1844. *De Potter*. 22 fr. 50 c.

— Une Ténébreuse affaire. 3 vol. in-8°. 1843. *Souverain*. 22 fr. 50 c.

— Théâtre de H. de Balzac. In-12. 1853. *Giraud et Dagneau*. 3 fr. 50 c.

Vautrin. — Les Ressources de Quinola. — Paméla Giraud. — La Marâtre.

— Théorie de la démarche. In-32. 1853. *Eug. Didier*. 1 fr.

— Traité des excitants modernes. — Voy. *Brillat-Savarin*, Physiologie du goût. Édition *Charpentier*.

— Traité de la vie élégante. In-32. 1853. *Librairie nouvelle*. 1 fr.

— Ursule Mirouet. 2 vol. in-8°. 1842. *Souverain*. 15 fr.

— Le même. In-16. 1853. *Hachette*. 2 fr. 50 c.

— Vautrin; drame en cinq actes et en prose. In-8°. 1840. *Marchant*. 50 c.

— Le même. 2e édition. In-8°. 1840. *Delloye*. 5 fr.

Voy. *Lacroix* (bibliophile Jacob) : les Femmes de Balzac.

BALZAC (Jean Louis Guez, seigneur de), écrivain du xviie siècle, appelé l'un des pères de la langue française, membre de l'Académie française, né à Angoulème en 1594, mort à Paris en 1654.

— Œuvres de J. L. de Guez, sieur de Balzac, conseiller dv roy en ses conseils, l'vn des premiers académiciens; publiées sur les anciennes éditions, par L. Moreau. 2 vol. in-12. 1855. *Lecoffre et Cie*. 4 fr.

Tome 1. Le Prince. Le Discours. Lettres et pensées. — Tome 2. Socrate chrestien. Aristippe. Entretiens.

— Douze Lettres inédites de Jean Louis Guez de Balzac, publiées d'après les manuscrits autographes de la bibliothèque impériale, par J. Philippe Tamisey de Larroque. In-8°. 1863. [Bordeaux], *Durand*. 2 fr.

Extrait des « Actes de l'Académie des sciences, de Bordeaux ».

BANCEL (François Désiré), professeur à l'Université de Bruxelles, né à Lamastre (Ardèche), en 1823.

— Les Harangues de l'exil. 3 vol. gr. in-8°. 1863. Bruxelles, *Lacroix, Verbœckhoven et Cie*. 15 fr.

BANCELIN-DUTERTRE (Hippolyte), ancien sous-chef au ministère de l'intérieur, né en 1791, mort en 1854, a traduit de l'anglais : *Cairel*, Agriculture anglaise.

BANCROFT (George), homme politique et historien américain, né en 1800 dans l'État de Massachussetts. Après avoir reçu une éducation distinguée en Amérique, M. Bancroft passa quatre années, de 1818 à 1822, en Allemagne et à occupé, après son retour, dans son pays plusieurs emplois publics, même celui de ministre de la marine, sous le président Polk, et d'ambassadeur en Angleterre.

— Histoire des États-Unis depuis la découverte du continent américain, traduite de l'anglais par Mlle Isabelle Gatti de Gamond. 9 vol. in-8°. 1862-1864. Bruxelles, *Lacroix, Verbœckhoven et Cie*. 45 fr.

Ire Série. Histoire de la Colonisation. Tomes 1-5. — IIe Série. Histoire de la Révolution américaine. Tomes 6-7. — IIIe Série. Comment l'Angleterre s'aliéna l'Amérique. Tomes 8-9.

BANDEL (Jean), docteur de Sorbonne, vicaire général, chanoine officiel de la cathédrale de Limoges, mort en 1639.

— Traité de la dévotion des anciens chrétiens à saint Martial, apôtre de la Guyenne. 2e édition, augmentée de recherches sur le culte et sur l'authenticité des reliques de saint Martial, par l'abbé Texier. In-12. 1858. [Limoges, *Ducourtieux*.] V. *Didron*. 2 fr. 50 c.

La 1re édition a paru à Limoges, en 1638.

BANDEL (l'abbé), curé de Saint-Sulpice-les-Feuilles (Haute-Vienne), chanoine honoraire de Limoges, parent du précédent, né à Rancon (Haute-Vienne), en 1806. Il a traduit les « Opuscules », de saint *Thomas d'Aquin*; et la « Théologie dogmatique », de *Perrone*.

BANDEVILLE (l'abbé Clair), chanoine titulaire de l'église métropolitaine de Reims, aumônier du lycée de cette ville, membre titulaire fondateur

t ancien secrétaire général de l'Académie impé-
ale de Reims, etc., né à Sédan en 1799, mort
n 1853.

— Œuvres choisies, publiées sous les auspices
e S. Em. le cardinal Gousset, archevêque de
Reims. 2 vol. in-8º. 1854. Reims, *Brissart - Binet.*
4 fr.

M. l'abbé Baudeville a aussi publié la « Chronique » de Flo-
oard. (Voy. ce nom.)

BANDY DE NALÈCHE (Louis), avocat au Con-
eil d'État et à la Cour de cassation.

— Les Maçons de la Creuse. In-8º.1859. *Dentu.*
4 fr.

M. Bandy a aussi traduit les « Poésies complètes » du chance-
ier Michel de L'Hospital.

BANFIELD (Thomas Charles), economiste anglais, secrétaire du conseil privé de la reine
d'Angleterre, né à Londres vers la fin du siècle
dernier.

— Organisation de l'industrie. Ouvrage rédigé
sur les leçons d'économie politique, professées
par l'auteur, en 1844, à l'Université de Cambridge. Traduit sur la 2e édition anglaise et annoté par Émile Thomas. In-8º. 1851. *Guillaumin.*
6 fr.

BANNEROT (A.), avocat.

— Code annoté des chemins vicinaux. In-8º.
1845. Épinal, *Gley.*
Avec Henri Hogard.

BANNES (la marquise de).

— Poésies. In-8º de 16 f. 1843. Paris, *imprimerie Béthune.*

— Rome, poésies et pensées diverses. 2e édition. In-8º, 417 p. 1863. *Imprimerie Remquet,
Goupy et Cie.*

BANNEVILLE (le comte Gaston de).

— Souvenirs d'un voyage en Angleterre en
1838. In-8º de 7 f. 1839. *Féret.*

BANNING (Émile), docteur en philosophie et
ès lettres, archiviste du ministère des affaires
étrangères de Belgique, né à Liége, en 1836.

— Rapport sur l'organisation et l'enseignement
de l'Université de Berlin, présenté à M. le Ministre
de l'intérieur, le 26 octobre 1861. Gr. in-8º. 1863.
Bruxelles, *Th. Lesigne.* 2 fr. 50 c.

M. E. Banning est en outre auteur d'articles de critiques
historiques et littéraires insérés dans l'*Écho du Parlement.*

*Banque de France (la) et la Banque de Savoie
devant l'intérêt public. In-8º. 1863. *P. Dupont.*
1 fr.

*Banque de France (De la) et de la fixité du taux
de l'escompte. In-8º. 1861. *Mallet - Bachelier.* 1 fr.

*Banque de France (la) et les crises monétaires.
In-8º. 1863. *Dentu.* 1 fr.

*Banque (la) de France et l'État. In - 8º. 1861.
Dentu. 1 fr.

*Banques (les) françaises. In-8º avec 2 tableaux.
1861. *Guillaumin et Cie.* 2 fr. 50 c.

*Banquets des sourds-muets réunis pour fêter
les anniversaires de la naissance de l'abbé de l'É-
pée, de 1789 à 1863. Relation publiée par la Société centrale des sourds-muets de Paris. 2 vol.
In-8º. 1865. *Hachette et Cie.* 3 fr.

BANTING (William).

— De l'Obésité ; traduit de l'anglais. In-8º. 1864.
Asselin. 1 fr.

BANVILLE (Théodore de), poëte et littérateur,
né à Paris, vers 1820.

— Le Beau Léandre ; comédie en un acte, en
vers. In-12. 1856. *Lévy frères.* 1 fr.
Avec M. Siraudin.

— Les Cariatides (poésies). In - 12. 1842. *Pilout.*
3 fr.

— Diane au bois ; comédie héroïque en deux
actes, en vers. In-12. 1863. *Lévy frères.* 1 fr. 50 c.

— Esquisses parisiennes. Scènes de la vie. In-
12. 1859. *Poulet-Malassis.* 3 fr.

— Les Folies nouvelles ; prologue. Musique de
Hervé. In-12. 1854. *Ibid.* 50 c.

— Les Fourberies de Nérine ; comédie en vers.
In-12. 1864. *Lévy frères.* 1 fr.

— La Mer de Nice. Lettres à un ami. In-12.
1861. *Poulet-Malassis.* 2 fr.

— Les Nations ; ode mêlée de divertissements
et de danses, chantée sur le théâtre de l'Académie nationale de musique, le mercredi 6 août
1851. Poésie de M. Théodore de Banville, musique de M. Adolphe Adam. In-8º. 1851. *Mme veuve
Jonas.* 50 c.

Fête donnée par la ville de Paris aux délégués de l'exposition
universelle de Londres.

— Odelettes. In-12. 1857. *Lévy frères.* 1 fr.

— Les mêmes. 2e édition, précédée d'un examen
des Odelettes par Charles Asselineau. In-12. 1856.
Ibid. 1 fr.

— Odes funambulesques. 2e édition, précédée
d'une lettre de Victor Hugo, de stances, par Auguste Vacquerie et d'une lettre à Théodore de
Banville sur l'auteur des Odes funambulesques,
par Hippolyte Babou. In-12. 1859. *Ibid.* 1 fr.

La 1re édition a été publiée en 1857 ; elle est anonyme.

— Paris et le Nouveau Louvre. Ode. In-16 de
30 p. 1857. *Poulet-Malassis.*

— Les Pauvres saltimbanques. In-16. 1853.
Lévy frères. 1 fr.

— Poésies complètes. 1841-1854. Les Cariatides.
Les Stalactites. Odelettes. Le Sang de la coupe.
La Malédiction de Vénus, etc. Édition revue et
corrigée par l'auteur, avec un titre frontispice
composé et gravé à l'eau-forte par Louis Duveau.
In-12. 1857. *Poulet-Malassis.* 5 fr.

— La Pomme ; comédie en un acte, en vers. In-
12. 1865. *Lévy frères.* 1 fr. 50 c.

— Les Stalactites (poésies). In-8º. 1846. *Paulier.*
4 fr.

— La Vie d'une comédienne. Minette. Suivie
de : le Festin des Titans. Scène de la vie transcendante. In-32. 1855. *Lévy frères.* 1 fr.

M. de Banville a encore fait des pièces de théâtre avec Philoxène Boyer. — Voy. aussi : « *Almanach* de la Société des
aquafortistes ».

BAOUR-LORMIAN (L. F.), poëte, membre de
l'Académie française, né à Toulouse, en 1770,
mort à Paris, en 1855.

— Le Livre de Job. Traduit en vers français par
L. F. Baour-Lormian. In-8º. 1847. *Lallemand -
pine.* 7 fr. 50 c.

BAPAUMÉ (Amable).

— Juana la Lionne, ou les Jeunes gens d'aujourd'hui. 3 vol. in-8°. 1847. *Ledoyen et Giret.* 22 fr. 50 c.

BAPTISTE (le Rév. P.).

— Ailey Moore. Scènes irlandaises contemporaines, traduites de l'anglais par Chantrel. In-12. 1861. Tournai et Paris, *Casterman.* 2 fr. 50 c.

***Baptiste**, ou Sottise et Abandon. In-18. 1865. Limoges, *Barbou frères.* 50 c.

BAQUET (Camille) a traduit de l'anglais : « Manuel d'économie politique » de E. P. *Smith.*

BAQUOL (Jacques), homme de lettres, ancien compositeur d'imprimerie, né à Strasbourg, en 1813, mort dans la même ville, en 1856.

— L'Alsace ancienne et moderne, ou Dictionnaire topographique, historique et statistique du Haut- et du Bas-Rhin. 2e édition. In-8° avec cartes. 1851. Strasbourg, *chez l'auteur.* 11 fr.

— Le même. 3e édition, entièrement refondue par P. Ristelhuber. In-8° avec 20 pl. et cartes. 1865. Strasbourg, *Salomon.* 15 fr.

Publié en 15 livraisons à 1 fr. — La 1re édition est de 1840.

— Guide sur les chemins de fer de Strasbourg à Bâle et de Mulhouse à Thann. In-12 avec 16 pl. et 1 carte. 1854. Strasbourg.

BAR (Alex. de). — Voy. **Léonce.**

BAR (Catherine de), en religion la Vén. Mère **Mechtilde.** — Voy. ce nom.

BARABÉ (Alexandre Théodore), archiviste en chef retraité de la Seine-Inférieure, ancien conservateur des actes du tabellionage de Rouen, membre de l'Académie des sciences, belles-lettres et arts de la même ville; né à Rouen, en 1800.

— Recherches historiques sur le tabellionage royal, principalement en Normandie, et sur divers modes de contracter au moyen âge, d'après de nombreuses pièces manuscrites, et Sigillographie normande en xxiv planches (183 sceaux) avec fac-simile d'une belle charte ducale du xie siècle, commentée par dom Tassin, en 1758, en deux lettres inédites. Gr. in-8° avec 24 pl. 1863. Rouen, *Boissel.* 25 fr.

M. A. Barabé a publié quelques notices dans les « Mémoires de l'Académie de Rouen », et il a en portefeuille des manuscrits très-importants.

BARADAT (Z.).

— Dialogues sur les principales difficultés grammaticales, suivis de verbes-modèles conjugués en phrases morales. In-8°. 1855. Pau, *Vignancour.* 1 fr. 50 c.

BARADOU (le docteur Jacques Jean-Baptiste Germain Marie Oct. Laure), médecin-major de 1re classe, à l'hôpital militaire de Lyon, né à Ricumes (Haute-Garonne), en 1819.

— Conseils médicaux aux personnes qui veulent faire usage des eaux de Vichy. In-32, iii-68 p. 1864. [Vichy, *Bougarel.*] *Delahaye.* 1 fr.

— De l'emploi thérapeutique des eaux thermo-minérales de Vichy dans les maladies du foie et de la rate, les fièvres intermittentes chroniques et leurs complications, la dyssenterie et la diarrhée chroniques, etc. In-8°. 1865. Vichy, *Bougarel.*

BARADUC (Hippolyte André Ponthion), docteur en médecine, né à Clermont-Ferrand, en 1814.

— Des causes de la mort à la suite de brûlures superficielles, des moyens de l'éviter. In-8°. 1862. *Baillière et fils.* 1 fr. 25 c.

— Études théorique et pratique des affections nerveuses, considérées sous le rapport des modifications qu'opèrent sur elles la lumière et la chaleur; théorie de l'inflammation; des ventouses vésicantes. In-8°. 1850. *J. B. Baillière.* 4 fr. 50 c.

— Mémoires sur les luxations de la clavicule et sur les plaies pénétrantes des articulations. In-8° avec 2 pl. 1842. *Ibid.* 2 fr. 50 c.

BARANDEGUY-DUPONT, poëte.

— A Hégésippe Moreau (vers). In-18. 1855. *Pilloy.* 40 c.

— A M. Alexandre Dumas. Un Souvenir d'enfance. In-8°. 1855. *Ibid.* 50 c.

— A Bayonne sur les courses de taureaux (vers). In-18. 1861. *Lainé et Havard.* 50 c.

— Adieu (vers). In-16. 1855. *Pilloy.* 40 c.

— Béranger devant ses accusateurs. In-16. 1860. *Ledoyen.* 40 c.

— La Bourse, ou les Chercheurs d'or au xixe siècle. Satire. In-16. 1856. *Castel.* 50 c.

— Bucoliques du moulin de Cressonnières (près Gonesse). In-18. 1863. *Lainé et Havard.* 1 fr.

— Chroniques des Pyrénées. Guy de Rabastens, ou les Deux pèlerins de Héas; chronique bigordane en vers. In-18. 1842. *Pinard.* 1 fr.

— La Critique et les critiques au xixe siècle. Satire. In-16. 1856. *Castel.* 50 c.

— Une Épopée! In-12. 1852. *Ledoyen.* 50 c.

— Lamartine (en vers). In-18. 1856. *Pilloy.* 40 c.

— Lamentation sur notre âme et sur celle de Jean Giraud. In-16. 1857. *Ledoyen.* 50 c.

— La Nicolaïde, ou la Guerre d'Orient. In-12. 1854. *Pelloy.* 40 c.

— Les Nouveaux bourgeois-gentilshommes. Satire. In-12. 1858. *Ibid.* 50 c.

— La Nuit des fées, ou le Couvent de Médoux (poëme). In-12. 1852. *Ibid.* 1 fr.

— O ma Maison des Batignolles. In-8°. 1862. *Ledoyen.* 40 c.

— La Tableaumanie (vers). In-12. 1858. *Ibid.* 50 c.

— Une Voix des Pyrénées (vers). In-12. 1854. *Ibid.* 1 fr.

BARANIECKI (Adrien), médecin polonais.

— Notice sur le petit-lait en général, et en particulier sur les bains de petit-lait en Bessarabie. In-8°. 1858. *Ad. Delahaye.* 1 fr. 50 c.

BARANTE (Amable Guillaume Prosper Brugière, baron de), homme politique et historien, ancien pair de France, ancien ambassadeur, membre de l'Académie française, né à Riom, en 1782.

— De la Décentralisation en 1829 et en 1833. Étude précédée de quelques mots sur le projet de Nancy, par M. Robert de Nervo. In-12. 1865. *Douniol.* 2 fr. 50 c.

— Études historiques et biographiques. 2 vol. in-8°. 1857. *Didier et Cie.* 14 fr.

— Les mêmes. 2 vol. in-12. 1858. *Ibid.* 7 fr.

— Études littéraires et historiques. 2 vol. in-8°. 1858. *Ibid.* 14 fr.

— Les mêmes. 2 vol. in-12. 1859. *Ibid.* 7 fr.

— Histoire de la Convention nationale. 6 vol. in-8º. 1851-1853. *Langlois et Leclercq.* 36 fr.

— Histoire du Directoire de la république française. 3 vol. in-8º. 1855. *Didier et Cⁱᵉ.* 21 fr.

— Histoire des ducs de Bourgogne de la maison de Valois (1364-1477). 7ᵉ édition. 12 vol. in-8º ornés de 104 grav. et d'un grand nombre de cartes. 1853. *Garnier frères.* 60 fr.

— La même. 8ᵉ édition. 8 vol. in-12. 1858. *Didier et Cⁱᵉ.* 28 fr.

On peut joindre à cette dernière édition l'atlas de 104 gravures sur bois, et de 16 cartes et plans. Prix : 7 fr. 50 c.

La 1ʳᵉ édition de l'Histoire des ducs de Bourgogne a été publiée en 1824.

— Histoire de Jeanne d'Arc. In-12. 1859. *Didier et Cⁱᵉ.* 3 fr. 50 c.

— La même. Édition populaire. In-12. 1859. *Ibid.* 1 fr. 25 c.

— Notice sur M. le comte Louis de Saint-Aulaire, pair de France, ambassadeur à Rome, à Vienne et à Londres, de l'Académie française. In-8º de 1 f. 1856. *Firmin Didot.*

— Le Parlement et la Fronde. La Vie de Mathieu Molé. Notices sur M. Édouard M. Molé, procureur général pendant la Ligue, et M. le comte Molé. In-8º. 1859. *Didier et Cⁱᵉ.* 7 fr.

— Questions constitutionnelles. In-8º. 1849. *Victor Masson.* 3 fr.

— Tableau de la littérature française au xviiiᵉ siècle. Ouvrage adopté par l'Université. 8ᵉ édition, revue et augmentée. In-12. 1857. *Didier et Cⁱᵉ.* 3 fr. 50 c.

La 7ᵉ édition a paru en 1847, chez *Charpentier*, la 1ʳᵉ (anonyme) en 1809.

— La Vie politique de M. Royer-Collard, ses discours et ses écrits. 2 vol. in-8º. 1861. *Didier et Cⁱᵉ.* 14 fr.

— Le même. 2ᵉ édition. 2 vol. in-12. 1863. *Ibid.* 7 fr.

M. de Barante a publié : une « Notice sur Bossuet » (voy. *Bossuet*, « Oraisons funèbres ») et une « Introduction pour la Chronique du religieux de Saint-Denys » (voy. *Bellaguet*). Il a traduit de l'allemand : les « OEuvres dramatiques » de *Schiller*. — Voy. aussi : *Ficquelmont*, « Pensées ».

BARAS.

— Cours d'arithmétique. — Voy. *Mercadier et Baras.*

BARASCUD (l'abbé Jean Charles Dieudonné), ancien professeur de philosophie au grand séminaire de Viviers (1849-1853), ex-aumônier du lycée Louis-le-Grand à Paris (1853-1864), premier aumônier du lycée du Prince Impérial à Vanves (Seine), officier d'académie, chanoine honoraire de Montpellier, né à Sainte-Affrique (Aveyron), en 1825.

— Vie et miracles de sainte Rose de Viterbe, vierge du tiers ordre de Saint-François. 2ᵉ édition. In-12. 1864. *V. Sarlit.* 1 fr. 25 c.

M. l'abbé Barascud a collaboré aux « Annales franciscaines ».

BARAULT-ROULLON (Charles Hippolyte), sous-intendant militaire en retraite.

— Dangers pour l'Europe. Origine, progrès et état actuel de la puissance russe. Question d'Orient au point de vue politique, religieux et militaire. In-8º avec une carte des agrandissements successifs de la Russie. 1854. *Corréard.* 7 fr. 50 c.

— Économie politique. Essai sur l'organisation de la force publique. In-8º. 1850. *Rue Dauphine*, 36. 75 c.

— Essai sur l'organisation de la force publique. 2ᵉ partie. Réhabilitation de la garde nationale. In-8º. 1850. *Dupont.* 1 fr. 25 c.

— L'Impératrice Joséphine et la famille Beauharnais. Notice. In-8º de 1 f. 1852. *Dupont; Ledoyen.*

— Le Maréchal Suchet, duc d'Albuféra. Éloge couronné par l'Académie impériale des sciences, belles-lettres et arts de Lyon, le 21 juin 1853. Aperçu historique de 1792 à 1815. In-8º. 1854. *Corréard.* 7 fr. 50 c.

— Questions générales sur le recrutement de l'armée, faisant suite aux Essais sur l'organisation de la force publique. Présenté à S. M. l'empereur Napoléon III. In-8º. 1853. *Corréard.* 3 fr.

M. Barault-Roullon a publié en outre plusieurs articles relatifs à la discipline militaire dans le « Spectateur militaire », « la Sentinelle de l'armée », le « Journal des sciences militaires », etc.

BARBA (Jean Nicolas), ancien libraire à Paris né à Sommelan (Aisne), en 1769, mort à Paris, en 1846.

— Souvenirs de Jean Nicolas Barba, ancien libraire au Palais-Royal. In-8º. 1845. *Ledoyen et Giret.* 6 fr.

BARBARA (Charles), romancier, né à Orléans, en 1822.

— Ary Zang. In-12. 1864. *Hachette et Cⁱᵉ.* 3 fr.

— L'Assassinat du Pont-Rouge. In-12. 1858. *Ibid.* 1 fr.

— Histoires émouvantes. In-12. 1856. *Lévy frères.* 1 fr.

— Les Orages de la vie. 1ʳᵉ série : Thérèse Lemajeur. Madeleine Lorin. In-12. 1859. *Hachette et Cⁱᵉ.* 2 fr.

— Mes Petites-maisons. In-16. 1860. *Ibid.* 2 fr.

— Le Pont-Rouge; mélodrame. — Voy. *Deslys et Barbara.*

BARBARIN-DURIVAUD (Paul), docteur en médecine, né à Cognac (Haute-Vienne), en 1805.

— La Napoléonide. Poëme épique et historique. In-8º. 1862. Limoges, *imprimerie Chatras.* 5 fr.

BARBAROUX (Charles Ozé), le fils du conventionnel girondin, ancien procureur général à Pondichéry, à l'île de la Réunion et, en 1848, à Alger; depuis représentant du peuple, conseiller d'État et sénateur; né à Marseille, en 1792.

— De la Transportation. Aperçus législatifs, philosophiques et politiques sur la colonisation pénitentiaire. In-8º. 1857. *Didot frères.* 7 fr.

BARBASTE (Mathieu), docteur en médecine, premier lauréat de la Faculté de Montpellier, ex-médecin en chef de l'hôpital de Romans, médecin principal de l'Institut religieux de Sainte-Marthe, né à Montpellier, en 1814.

— De l'État des forces dans les maladies, et des indications qui s'y rapportent. Thèse soutenue au concours pour l'agrégation dans la Faculté de médecine de Montpellier. In-8º. 1857. Montpellier, *Martel aîné.* 2 fr.

— Étude biographique, philosophique, médicale et botanique sur François Boissier de Sauvages. In-8º. 1851. Montpellier, *imprimerie Tournel aîné.* 3 fr.

— De l'Homicide et de l'anthropophagie. In-8°. 1856. Montpellier, *Ibid.* 7 fr. 50 c.

— La Moralisation médicale. Brochure in-18. 1863. *Adr. Le Clère.* 75 c.

— Réflexions conjecturales sur la chute de Henri de France. In-8° de 4 f. 1842. Alais, *Veirun.*

— Remarques apologétiques et critiques sur le Concours Bronsonnet. In-8°. 1848. Montpellier, *imprimerie Grollier.*

— Retour vers l'Hippocratisme. Manifeste espagnol en faveur de la doctrine médicale de Montpellier, précédé de quelques réflexions. In-8°, 32 p. 1852. Montpellier, *imprimerie Martel aîné.*

— Vitalisme médical, ou Réponse critique à la thèse de M. Sales-Girons, membre de l'Institut historique de France, sur les principes métaphysiques des sciences naturelles, et en particulier de la médecine. In-8° de 2 $\frac{1}{2}$ f. 1841. Alais, *Brussel.*

M. le docteur Barbaste est encore auteur d'un grand nombre d'études médicales, physiologiques ou philosophiques insérées dans « l'Écho », et dans le « Mémorial d'Alais », dans la « Revue thérapeutique du Midi », dont il a été quelque temps le rédacteur en chef, et dans d'autres recueils périodiques.

BARBASTE, instituteur.

— Nouvelle méthode de lecture à syllabes indiquées et à prononciation facilitée. 2 parties. In-12. 1864-1865. Toulouse, *Hébrail, Durand et Cie; Salettes.*

BARBAT (Louis), dessinateur et lithographe, né à Châlons-sur-Marne, en 1795.

— Histoire de la ville de Châlons-sur-Marne et de ses monuments, depuis son origine jusqu'à l'époque actuelle (1854). Édition ornée de dessins représentant les monuments anciens et modernes, de plans, de dessins de monnaies, médailles, sceaux, portraits, etc. In-4°. 1854 à 1860. [Châlons, Barbat.] *Didron.* 60 fr.

L'ouvrage a été publié en 30 livraisons du prix de 2 fr. chacune.

— Pierres tombales du moyen âge. — Voy. *Musart.*

Entre les plus beaux travaux lithographiques exécutés par M. Barbat, nous citerons : « Livre des Évangiles des dimanches et fêtes, illustré par Barbat, père et fils ». In-4°. 1845. Châlons. 100 fr. ; « Livre d'heures illustré ». In-12. 1863. Châlons. 100 fr.

BARBAUD (V. F.), instituteur supérieur.

— Leçons pratiques et élémentaires d'agriculture et d'horticulture, à l'usage des écoles primaires. In-12, 138 p. 1857. Lons-le-Saulnier, *Escalle.*

— Mes leçons à un enfant de la campagne, ou l'Éducation pratique du jeune cultivateur. Livre de lecture destiné au jeune âge. In-18, 4 f. 1855. Lons-le-Saulnier, *imprimerie de Gauthier.*

BARBAULD (Anna Lœtitia), femme de lettres anglaise, sœur de John Aikin; née en 1743, morte en 1825.

— Hymns in prose for children. With an italian translation by Bianca Milesi Mojon. In-18. 1841. *Truchy.* 2 fr.

— Hymnes en prose pour les enfants. Ouvrage traduit de l'anglais par J. F. Grégoire et F. Z. Collombet, et suivi d'hymnes en vers, par différents poètes français. In-16 de 6 f. 1841. Lyon, *Mothon et Pincanon.*

— Les mêmes. Traduites par Athanase Coquerel. 6e édition. In-32. *Cherbuliez.* 60 c.

La 1re édition de cette traduction a paru à Leyde en 1822.

— Lessons for children, in IV parts. A new edition. In-18. 1853. *Truchy.* 2 fr.

— Leçons pour les enfants de trois à sept ans, suivies d'hymnes en prose. Traduction nouvelle. In-18. 1854. Genève, *imprimerie Ramboz.* 2 fr. 50 c. Avec 12 grav. 4 fr.

— Leçons pour les enfants. In-18. 1857. Tours, *Mame.* 60 c.

— Leçons amusantes pour les petits enfants, revues par Mme Fanny Richomme. Ornées de grav. In-18. 1861. *Truchy.* 2 fr.

— Le Nouveau petit Charles, ou Historiettes et conversations du premier âge. Traduit de l'anglais. In-18. 1844. Limoges, *Ardant.* 75 c.

Nouvelle édition en 1862.

— Les Soirées du logis. — Voy. *Aikin.*

BARBE (l'abbé Théodore Jean Eustache), ancien professeur de philosophie, né à Boulogne-sur-Mer, en 1802.

— Cours élémentaire de philosophie à l'usage des établissements d'éducation, mis en rapport avec le programme officiel de l'enseignement pour l'examen du baccalauréat ès lettres, comprenant l'histoire de la philosophie. 4e édition. In-12. 1864. *Lecoffre et Cie.* 5 fr.

La 1re édition est de 1846, la 2e de 1852, la 3e de 1859.

— Histoire de la philosophie. In-12. 1846. *Lecoffre.* 2 fr. 25 c.

— Du Lieu de naissance de Godefroi de Bouillon. In-8°. 1855. Boulogne-sur-Mer, *imprimerie Aigre.* 2 fr. 25 c.

— Nouveaux éclaircissements sur la question du lieu de naissance de Godefroi de Bouillon, en réponse à une Notice de M. le recteur de l'Université de Louvain sur le même sujet. In-8°. *Ibid.* 2 fr. 50 c.

— De l'Immortalité de l'âme. In-12. 1864. *Ibid.* 2 fr. 50 c.

BARBE (F.) a publié, avec l'abbé L. M. Pin, les « Études sur les trois mondes », de M. E. *Tocchi.*

BARBE (Henri), membre du Conseil général, de la Société française d'archéologie, cultivateur, né à Jublains (Mayenne), en 1832.

— Jublains (Mayenne). Notes sur ses antiquités, époque gallo-romaine, pour servir à l'histoire et à la géographie de la ville et de la cité des Aulerces Diablintes, accompagnées d'un atlas, de plans et dessins. Descriptions par H. Barbe. In-8°, avec atlas in-4°. 1865. Le Mans, *imprimerie Monnoyer frères.* 6 fr.

BARBE (Jean Sylvain de), docteur en médecine de la Faculté de Paris, ancien maire de Chaumes (Seine-et-Marne), médecin de l'hospice de la même ville, né à Sainte-Livrade (Lot-et-Garonne), en 1809, mort à Chaumes, en 1865.

— Traité théorique et pratique de la syphilis. In-8°. 1846. *Leclerc.*

BARBE-SCHMITZ (Jean Baptiste Charles Barbe, dit dans le commerce), président du Conseil des prud'hommes de Nancy.

— Un mot sur la broderie en présence de la levée des prohibitions. In-8°. 1856. Nancy, *Grimblot et Raybois.* 1 fr.

BARBÉ (Mme C. B.).

— Blanche de Castille. In-8°. 1862. Rouen, *Vimont.* 2 fr.

— Guillaume Tell, le héros suisse. In-8°. 1862. Rouen, *Mégard et Cie*. 1 fr.

— Un Mois en Suisse. In-8°. 1863. *Ibid.* 1 fr.

— L'Orpheline de Plessis-lès-Tours; épisode du règne de Louis XI. In-8°. 1865. *Ibid.* 1 fr.

— La Reine des mers, Venise, ses doges, ses princes. In-8°. 1862. Rouen, *Vimont*. 1 fr. 50 c.

— Le Secret du bonheur. Leçons instructives et morales. In-12. 1864. Limoges, *Ardant frères*. 1 fr.

— Les Sœurs de lait. In-12. 1862. Rouen, *Vimont*. 60 c.

— Trois jours de pluie, ou Descriptions et récits pour la jeunesse. In-12. 1863. Limoges, *Ardant frères*. 60 c.

Le même auteur a signé quelquefois ses livres du nom de Mme C. Barbier. (Voy. plus loin.)

BARBEDETTE (Hippolyte), littérateur et critique d'art musical, né à Poitiers, en 1827.

— Beethoven. Esquisse musicale. In-8°. 1859. La Rochelle, *Gout*. 2 fr. 50 c.

— Chopin. Essai de critique musicale. In-8°. 1861. [La Rochelle.] *Leiber*. 2 fr.

— Essais et critiques. Études sur la littérature contemporaine et les idées nouvelles. In-8°. 1865. La Rochelle, *imprimerie Siret*. 3 fr.

— Weber. Essai de critique musicale. In-8°. 1863. *Heugel et Cie*. 2 fr.

Extrait du « Ménestrel ».

M. Barbedette a publié dans le « Ménestrel » une Étude sur Franz Schubert, qui doit paraître en volume.

BARBEREAU (Auguste Mathurin Balthazar), compositeur, ancien pensionnaire de France à Rome, né à Paris, en 1799.

— Études sur l'origine du système musical. 1er mémoire. Édition augmentée d'un *errata* complet et d'une table des matières. In-4°. 1864. [Metz, *Rousseau-Pallez*.] *Gauthier-Villars*. 4 fr.

La 1re édition est de 1852. *Ibid.* 4 fr.

BARBERET (Charles), inspecteur honoraire d'académie, ancien professeur d'histoire et de géographie au lycée Louis-le-Grand, né à Collioure (Pyrénées-Orientales), en 1805.

— Abrégé de géographie moderne. — Voy. *Magin et Barberet*.

— Atlas général de géographie physique et politique, ancienne, du moyen âge et moderne. Gr. in-4° de 95 cartes col. 1864. *F. Tandou et Cie*. 40 fr.

Avec M. Ch. Périgot.

— Atlas classique de géographie physique et politique du moyen âge et moderne. In-4° de 79 cartes. 1864. *Ibid.* 12 fr.

Extrait du précédent. — Il y a encore plusieurs autres extraits de l'Atlas général adaptés aux programmes suivis dans chaque classe, variant de prix d'après le nombre de cartes qu'ils contiennent.

— Atlas élémentaire de géographie moderne. Gr. in-8°. *Ibid.* 2 fr.

— Cours de géographie physique et politique. — Voy. *Magin et Barberet*.

— Cours d'histoire de France. 2e édition. In-12. 1842. *Hachette*. 3 fr. 50 c.

— Histoire du moyen âge et histoire de France. Nouvelle édition. Gr. in-8°. 1856. *Ibid.* 9 fr.

Forme le tome II des Leçons d'histoire par Herbert, Geruzez, Bouchitté et Barberet.

— Précis de géographie historique universelle. In-8°. 1840. *Delamarche*. 10 fr.

Avec Alfred Magin.

— Questions d'histoire du moyen âge et moderne pour l'examen du baccalauréat ès lettres, développées conformément à l'arrêté du 17 mars 1848. In-12. 1848. *Hachette*. 1 fr. 50 c.

— Réponses aux questions d'histoire, etc. — Voy. *Val Parisot et Barberet*.

BARBEREY (Maurice) a publié : « Dix années d'émigration. Souvenirs et correspondance » du comte de *Neuilly*. (Voy. ce nom.)

BARBEREY (Mme de).

— Élévations à Dieu sur l'Eucharistie pendant l'octave du saint sacrement, tirées des œuvres de Bossuet, de Fénelon et de l'Imitation de Jésus-Christ. In-18. 1859. *Vaton*. 1 fr.

— Offices de l'Église comprenant l'explication des cérémonies de la sainte messe, suivi d'un Recueil de prières et des élévations tirées des Œuvres de saint Augustin, saint Bernard, sainte Thérèse, saint François de Sales, Bossuet, Fénelon et de l'Imitation de Jésus-Christ. 2e édition. In-18. 1859. *Ibid.* 4 fr.

— Le Pain quotidien. Versets des livres saints choisis pour chaque jour de l'année. In-32. 1862. *Morin*. 80 c.

— Paroissien romain contenant, en latin et en français, les offices de l'Église, suivis d'un recueil de prières et d'élévations à Dieu. 2e édition revue et augmentée. In-18. 1856. *Maillet-Schmitz; Lhuillier*. 2 fr. 50 c.

— La Voix des saints. Recueil de pensées, préceptes et conseils extraits des saints Pères et d'auteurs ascétiques. In-32. 1853. Tours, *Mame et Cie*. 60 c.

BARBERI (J. Ph.).

— Grand Dictionnaire français-italien et italien-français, rédigé sur un plan entièrement nouveau, par J. Ph. Barberi; continué et terminé par MM. Basti et Cerati. Tome 1er. Partie française-italienne. Tome 2. Partie italiana-francese. 2 vol. in-4°. 1838 et 1839. *Renouard*. 45 fr.

— Dictionnaire français-italien et italien-français. Revu et augmenté d'explications grammaticales, par A. Ronna. Édition diamant. In-32. 1847. *Baudry*. 3 fr.

Souvent réimprimé.

BARBEROUSSE. — Voy. **Hariandan-Barberousse.**

BARBET (l'abbé).

— Histoire chronologique de la religion. In-18. 1840. *Rue de Sèvres*, 39.

BARBET (Auguste), ancien receveur général, né vers 1800.

— Le Dogme, ou la Loi au xixe siècle. In-8°. 1849. *Garnier frères*. 5 fr.

— Lamennais. Devoir et tombe. Rectifications motivées, adressées au journal *le Siècle*, le 2 décembre 1855, par Auguste Barbet, exécuteur testamentaire de Lamennais. In-8°. 1856. *Ibid.* 1 fr.

— Du Peuple, de Moïse à Louis-Philippe, ou Causes et effets. 1re partie. In-8°. 1847. *Comon*. 8 fr.

— Le même. 2e partie. Aperçus sur le droit de

propriété et le fermage, les chemins de fer, la barrière politico-douanière, etc. In-8°. 1847. *Paulin*. 8 fr.

— Questions financières. Budgets depuis 1848, résumés dans le budget de 1851. Lettre à M. Fould, ministre des finances. In-8°. 1850. *Garnier frères*. 50 c.

— Réforme politique. Organisation d'une nouvelle force unitaire et gouvernementale. In-8° avec 1 grav. 1840. *Imprimerie de Rignoux*. 8 fr.

— Système social et responsabilité de l'homme. In-8°. 1845. *Paulin*. 6 fr.

BARBET DE JOUY (Henry), conservateur du Musée des Souverains et des objets d'art du moyen âge et de la renaissance au musée impérial du Louvre, né à Canteleu, près de Rouen, en 1812.

— Les Della Robbia, sculpteurs en terre émaillée. Étude sur leurs travaux, suivie d'un catalogue de leurs œuvres, fait en Italie, en 1853. In-16. 1855. *Renouard*. 2 fr.

— Description des sculptures modernes, de la Renaissance et du moyen âge du musée impérial du Louvre. In-8°. 1856. *Au Musée du Louvre*. 1 fr. 50 c.

— Étude sur les fontes du Primatice. In-8°. 1859. *Renouard*. 3 fr.

— Les Gemmes et joyaux de la couronne, publiés et expliqués par Henry Barbet de Jouy; dessinés et gravés à l'eau-forte, d'après les originaux, par Jules Jacquemart. 1re partie. In-fol. avec 30 pl. 1865. *À la chalcographie des musées impériaux du Louvre*. 100 fr.

Avec les gravures avant la lettre, 200 fr.

— Les Mosaïques chrétiennes des basiliques et des églises de Rome, décrites et expliquées. In-8°. 1857. *Didron*. 5 fr.

— Notice des antiquités, objets du moyen âge, de la Renaissance et des temps modernes, composant le Musée des Souverains. In-12. 1865. *Au Musée du Louvre*. 1 fr. 50 c.

BARBEY D'AUREVILLY (Jules), journaliste et romancier, depuis 1851, rédacteur de la partie littéraire du journal *le Pays*, né à Saint-Sauveur-le-Vicomte (Manche), en 1811.

— L'Amour impossible; chronique parisienne. In-8°. 1841. *Delanchy*. 7 fr. 50 c.

— Le même. Nouvelle édition. In-12. 1859. *Librairie nouvelle*. 1 fr.

— La Bague d'Annibal. In-16. 1843. *Duprey*. 1 fr.

— Le Chevalier des Touches. In-12. 1864. *Lévy frères*. 1 fr.

— Du Dandysme et de G. Brummel. In-16. 1845. [Caen, *Mancel*.] *Ledoyen*. 3 fr.

— Le même. Nouvelle édition. In-24. 1861. *Poulet-Malassis*. 2 fr. 50 c.

— L'Ensorcelée. 2 vol. in-8°. 1854. *Cadot*. 15 fr.

— Le même. Nouvelle édition. 1 vol. in-12. 1858. *Librairie nouvelle*. 1 fr.

— Les Misérables de M. V. Hugo. In-12. 1862. *Mirecourt*, *Humbert*. 1 fr.

— Notice sur J. M. Audin, auteur des Histoires de Luther, de Calvin, de Léon X et de Henri VIII; suivie de l'introduction à l'ouvrage intitulé : « la Réforme contre la réforme », traduit de l'allemand d'Hœninghaus. In-8° avec un portrait de J. M. Audin. 1856. *Maison*.

Cette introduction à l'ouvrage d'Hœninghaus est écrite par M. Audin.

— Les Œuvres et les hommes. Dix-neuvième siècle. 1re partie. Les Philosophes et les écrivains religieux. In-12. 1861. *Amyot*. 3 fr. 50 c.

— Le même. 2e partie. Les Historiens politiques et littéraires. In-12. 1861. *Ibid*. 3 fr. 50 c.

— Le même. 3e partie. Les Poëtes. In-12. 1863. *Ibid*. 3 fr. 50 c.

— Un Prêtre marié. 2 vol. in-12. 1865. *Faure*. 6 fr.

— Les Prophètes du passé. In-16 de 6 f. 1851. [Caen] *Hervé*.

J. de Maistre. — De Bonald. — Chateaubriand. — Lamennais.

— Le même. Nouvelle édition. In-12. 1860. *Librairie nouvelle*. 3 fr.

— Les Quarante médaillons de l'Académie. In-12. 1863. *Dentu*. 2 fr.

— Une Vieille maitresse. 3 vol. in-8°. 1851. *Cadot*. 22 fr. 50 c.

— Le même. Nouvelle édition. 1 vol. in-16. 1858. *Ibid*. 1 fr.

On doit encore à M. Barbey d'Aurevilly un petit recueil de poésies; in-8° carré sans titre, et par conséquent anonyme, en tout de 54 p. Sur la 2e page on lit: Imprimé à XXXVI exemplaires par les soins de G. S. Trébutien, chez Hardel à Caen. M.DCCC.LIV. Ce volume contient 12 pièces de vers dont plusieurs sont fort légères pour ne pas dire davantage.

Il a publié : Eugénie de Guérin, Reliquiæ. (Voy. *Guérin*.)

BARBIÉ DU BOCAGE (Alex. Fr.), fils du célèbre géographe de ce nom, né en 1797, mort à Pau, en 1834.

— Dictionnaire géographique de la Bible. In-8° de 7 f. 1840. Paris, *imprimerie de Migne*.

Cet ouvrage a d'abord paru dans le tome 24 de l'édition de la Bible publiée par M. Lefevres, il a été publié séparément une première fois en 1834, et il a été reproduit en 1848 dans le Dictionnaire de géographie sacrée par Benoist. — Voy. ce nom.

BARBIÉ DU BOCAGE (Jean Guillaume), frère du précédent, géographe du ministère des affaires étrangères, né à Paris, en 1793.

— Traité de géographie élémentaire; suivi de plusieurs tableaux synoptiques, etc. In-18 de 13 f. 1846. Lyon, *Guyot*.

M. J. G. Barbié du Bocage a dressé un Atlas pour le « Voyage du jeune Anacharsis ». (Voy. *Barthélemy*.)

BARBIÉ DU BOCAGE (Louis Victor Amédée), membre de la commission centrale de la Société de géographie, fils d'Alex. Fr. Barbié du Bocage; né à Paris, en 1832.

— Essai sur l'histoire du commerce des Indes orientales. In-8°. 1864. *Challamel ainé*. 2 fr.

Extrait de la « Revue maritime et coloniale ».

— De l'Introduction des Arméniens catholiques en Algérie. In-8° de 3 f. 1855. *Amyot*.

— Madagascar; possession française depuis 1642. Ouvrage accompagné d'une grande carte dressée par M. V. A. Malte-Brun. In-8°. 1859. *Arthus Bertrand*. 7 fr.

— Le Maroc; notice géographique. In-8°, XI-82 p. 1861. *Imprimerie Martinet*.

— Revue géographique des années 1861 à 1864. In-8°. 1862-1863. *Challamel aîné.* Chaque année, 1 fr. 50 c.

Extrait de la « Revue maritime et coloniale ».

— Suez et Périm. Réponse à l'article du « Times » du 7 avril 1858. In-8°. 1858. *Amyot.* 1 fr.

M. L. V. A. Barbié du Bocage a pris part comme secrétaire à la rédaction du « Bulletin de la Société de géographie de Paris », de 1860 à 1866. Il a rédigé la table de la 3e et de la 4e série de ce journal et fait plusieurs rapports lus dans les séances de cette Société.

BARBIER (A.).

— Histoire de Louis Napoléon Bonaparte, président de la république française, depuis sa naissance jusqu'à ce jour. Contenant l'appréciation de ses actes, le récit authentique de tous les événements du 2 décembre, et des détails inédits sur ses habitudes privées. In-18 avec un portrait. 1852. *Barbier, rue d'Enghien.* 1 fr. 50 c.

BARBIER (Achille), jardinier.

— Des moyens de grossir les graines et les fruits, de doubler les fleurs et d'en varier à volonté les proportions et la forme. In-8°. 1862. *Librairie agricole.* 2 fr.

BARBIER (Alexandre Nicolas), peintre et dessinateur, ancien professeur des princes d'Orléans, né à Paris, en 1789, mort à Sceaux, en 1864. Il était cousin germain de M. Auguste Barbier, l'auteur des « Iambes », et père de M. Jules Barbier, auteur dramatique.

— Lettres familières sur la littérature, adressées à Mlle Cl. F. Littérature ancienne. In-12. 1862. *Lévy frères.* 3 fr.

— Le Maître d'aquarelle. Traité pratique de lavis et de peinture à l'aquarelle, avec des fac-simile d'après les dessins originaux de MM. Charlet, A. Delacroix, Hubert, etc. In-8° avec 15 pl. 1861. *Monrocq frères.* 18 fr.

Avec Mlle Victoire Barbier, sa fille.

— Résumé du Manuel de morale pratique et religieuse. Nouvelle édition. In-12. 1845. *Langlois et Leclercq.* 60 c.

Avec M. Chenet.

M. Alex. Barbier a collaboré au « Journal des Débats », à l'ancien « Journal de Paris », et à « l'École de dessin, journal des jeunes artistes et des amateurs ».

BARBIER (Alfred), conseiller de préfecture à Poitiers, né à Saint-Romain-sur-Vienne, en 1827.

— Organisation et travaux des commissions cantonales de statistique. In-18. 1853. Poitiers, *Hilleret.* 1 fr.

— Statistique du département de la Vienne (territoire, population, agriculture, industrie). In-8°. Poitiers, *A. Dupré.* 2 fr.

— Des Théâtres de province en général, et de celui de Poitiers en particulier. In-8°. *Ibid.* 50 c.

BARBIER (Auguste), poëte satirique, né à Paris, en 1805.

— Chants civils et religieux. In-8°. 1841. *Masgana.* 6 fr. 50 c.

— Les mêmes. In-12. 1841. *Ibid.* 3 fr. 50 c.

— Iambes et poëmes. 16e édition, revue et corrigée. In-12. 1864. *Dentu.* 3 fr. 50 c.

La 1re édition a paru en 1831. In-8°. 7 fr. 50 c.

— Rimes héroïques. In-18. 1843. *Masgana.* 3 fr. 50 c.

— Rimes légères; chansons et odelettes. 2e édition, revue et augmentée. In-12. 1861. *Dentu.* 3 fr. 50 c.

— Satires. In-12. 1865. *Ibid.* 3 fr.

— Nouvelles satires. In-8°. 1840. *Masgana.* 7 fr. 50 c.

— Satires et chants. In-12. 1853. *Ibid.* 3 fr. 50 c.

— Silves; poésies diverses. In-12. 1864. *Dentu.* 3 fr. 50 c.

M. Aug. Barbier a traduit de l'anglais : « Jules César », tragédie de Shakespeare.

BARBIER (C.).

— Histoire du tabac. Ses persécutions. In-16. 1861. *Havard.* 50 c.

BARBIER (Mme C.).

— L'Ange de la maison. In-8°. 1857. 1 fr. 50 c.

— L'Auteur de quinze ans, ou la Croix de Marie. In-12. 1854. 1 fr. 50 c.

— Berthe la Milloraine, ou la Grand'mère. In-12. 1854. 1 fr. 50 c.

— Castel et Chaumière, ou Fénelon enfant. In-12. 1857. 1 fr.

— La Croix de Marie. In-12. 1864. 1 fr. 50 c.

— Deux ans dans l'Inde. In-8°. 1862. 1 fr.

— Les Deux sièges de Calais. Histoire de la rivalité de la France et de l'Angleterre au moyen âge. In-12. 1860. 1 fr.

— Les Doges de Venise. In-12. 1855. 1 fr.

— Les Ducs de Bretagne. Gr. in-8°. 1855. 1 fr. 50 c.

— La Filleule de la Reine, ou la Nièce de Catherine de Médicis. In-12. 1853. 1 fr. 50 c.

— Le Fils de la bergère, ou le Prince de la musique sacrée. In-12. 1859. 1 fr.

— Histoire de sainte Élisabeth de Hongrie. In-8°. 1856. 1 fr.

— L'Influence de la vertu. In-8°. 1864. 1 fr.

— Joseph et Madeleine, ou l'Amour filial. In-12. 1855. 1 fr. 50 c.

— Julia et Léontine, ou Sagesse et vanité. In-8°. 1852. 1 fr. 50 c.

— Mathilde de Montbrun, ou l'Héroïne du dévouement. In-12. 1860. 1 fr. 50 c.

— L'Orpheline de Sébastopol. In-12. 1859. 75 c.

— La Première couronne. In-8°. 1856. 1 fr.

— Riez et devenez sages. In-12. 1858. 1 fr.

— Valentine d'Ormoies. Épisodes des guerres révolutionnaires. In-12. 1858. 1 fr. 50 c.

— Vengeance et Pardon. In-8°. 1856. 1 fr.

— Un Vœu à Marie. In-12. 1863. 1 fr. 50 c.

— Voyage dans l'Inde. In-8°. 1859. 1 fr.

Tous ces ouvrages font partie de la Bibliothèque morale de la jeunesse, publiée par MM. Mégard et Cie, à Rouen.

— Clotilde de Bourgogne. In-12. 1863. 75 c.

— L'Héritage, ou le Bonheur dans l'honneur et la vertu. In-12. 1862.

— Histoire de Jeanne d'Arc, l'héroïne de Vaucouleurs. In-18. 1862. 1 fr.

— Louis et Élisabeth, ou les Soirées d'automne. In-12. 1863. 1 fr.

— Marie pour mère, ou les Jumeaux de la Chapelle-sur-Loire. In-18. 1862. 1 fr.

— Mémoires d'une sœur de charité. In-12. 1865. 1 fr.

— Les Merveilles de la maison. In-18. 1862. 1 fr.

— L'Orphelin du mont Saint-Michel. In-18. 1862. 1 fr.

— La Providence, ou Fénelon enfant. In-18. 1862. 1 fr.

— Souvenirs d'une aïeule; récits familiers de la Révolution française. In-12. 1863. 1 fr.

— Les Souvenirs d'autrefois, ou le Portefeuille rose. In-12. 1862. 1 fr.

Tous ces ouvrages font partie de la Bibliothèque religieuse morale, littéraire, publiée par MM. Ardant frères, à Limoges.
Voy. aussi Barbé (Mme C. B.); c'est le même auteur.

BARBIER (le docteur Émile Julien Nicolas), médecin aux eaux de Vichy, lauréat de la Faculté de Paris, ex-médecin du Bureau de bienfaisance du 8e arrondissement de Paris, ex-médecin chargé d'une mission sanitaire en Orient, membre correspondant de l'Institut égyptien, né à Vesoul (Haute-Saône), en 1823.

— Établissements thermaux de France. Lettre critique sur Vichy, son présent, son avenir sous Napoléon III, et l'industrialisme aux prises avec le progrès. Gr. in-8°. 1862. Marseille, *Camoin frères.* 1 fr.

— Établissements thermaux de France. Lettre médicale sur l'inspectorat près les eaux minérales. In-8°. 1864. *Ibid.* 1 fr.

— Lettre médicale sur Vichy. Médication hydro-carbonique, ses applications, ses ressources médicales et son avenir. In-18. 1865. Vichy, *Bougarel.* 1 fr.

— Nouvelle théorie du diabète envisagé au point de vue du vitalisme, et son traitement par les eaux de Vichy. In-12. 1865. *Ibid.* 1 fr. 25 c.

— L'Orient au point de vue médical. Les Maladies régnantes et les eaux minérales de Vichy appliquées au traitement qu'elles comportent. In-12. 1863. *Imprimerie Renou et Maulde.* 3 fr.

— Les Plages des Alpes-Maritimes au point de vue médical. Nice. — Monaco. — Menton. In-12. 1865. Lyon, *imprimerie Ve Chanoine.* 1 fr.

— Les Plages de la Provence au point de vue médical. Cannes et son climat. — Le golfe Jouan et ses villas. In-12. 1865. *Ibid.* 60 c.

M. le Dr Barbier a collaboré au « Courrier médical », au « Monde thermal », à la « Revue d'hydrologie médicale », à la « Revue illustrée des eaux minérales »; il est l'un des rédacteurs du « Progrès de Lyon » (articles scientifiques et variétés.

BARBIER (Edmond Jean François), avocat au parlement de Paris, né à Paris, en 1689, mort en 1771.

— Chronique de la Régence et du règne de Louis XV (1718-1763), ou Journal de Barbier, avocat au parlement de Paris. 1re édition complète, conforme au manuscrit autographe de l'auteur, publiée avec l'autorisation de S. Exc. le ministre de l'instruction publique, accompagnée de notes et d'éclaircissements et suivie d'un index. 8 vol. in-12. 1857. *Charpentier.* 28 fr.

— Journal historique et anecdotique du règne de Louis XV. Publié pour la Société de l'histoire de France, d'après le manuscrit inédit de la Bibliothèque impériale, par A. de la Villegille. 4 vol. in-8°, 1849-1856, *Renouard,* 36 fr.

BARBIER (E. Le). — Voy. **Le Barbier.**

BARBIER (l'abbé Hippolyte), aumônier du lycée Louis-le-Grand, né à Orléans, en 1808, mort à Paris, en 1864.

— Biographie du clergé contemporain, par un solitaire. 10 vol. in-12 avec portraits. 1840-1849. *Appert.* 48 fr.

Anonyme.

— Les Deux sœurs. In-12. 1853. Lyon, *Périsse frères.* 50 c.

— Histoire de la création. In-18. 1846. *Sirou et Desquers.* 50 c.

Entretiens familiers sur l'Écriture sainte.

— L'Intérieur d'une école. In-18. 1846. *Ibid.* 50 c.

— Les Jésuites, par un solitaire. Réponse à MM. Michelet et Quinet. In-8°. 1843. *Appert.* 2 fr.

Anonyme.

— M. de Ravignan, par un solitaire. In-18. 1858. *Appert fils.* 1 fr.

Anonyme.

— Œuvres posthumes. Entretiens sur la morale évangélique, avec une notice biographique et portrait. In-12. 1864. *Appert.* 3 fr. 50 c.

— Petite théologie, à l'usage de la jeunesse. 4 vol. in-12. 1855. *Périsse frères.* 4 fr. 80 c.

Chaque volume se vend séparément 1 fr. 20 c. 1. Le Symbole. 2. Les Sacrements. 3. La Prière. 4. Les Commandements.

— Du Prêtre de M. Michelet, et du simple bon sens, par un solitaire. In-12. 1845. *Sirou.* 1 fr.

Anonyme.

— Tablettes biographiques des écoles chrétiennes. In-8°. 1853. Lyon, *Périsse frères.* 50 c.

— Vie de Henri Mondeux, jeune pâtre mathématicien, avec une lettre-préface de M. Em. Des champs, etc. In-18 avec portrait et un fac-simile. 1841. *Appert.* 50 c.

M. l'abbé Barbier a publié un extrait des commentaires sur l'Écriture sainte de *Cornélius à Lapide,* sous le titre de : « les Trésors de Cornélius à Lapide ». (Voy. *Cornélius.*)

BARBIER (J.) a traduit les « Satires de Perse » en vers français.

BARBIER (J.), ex-maire, ex-médecin de l'hôpital civil de Foudouck (Algérie).

— Abrégé des crimes de 93; poëme en 17 drames. Revue politique, dédiée aux amis de l'ordre, de la paix et du travail. In-8°. 1858. Versailles, *Angenault.* 5 fr.

— Itinéraire historique et descriptif de l'Algérie, avec un Vocabulaire français-arabe des mots les plus usités et un Résumé historique des guerres d'Afrique. In-12 avec 1 carte. 1855. *Hachette.* 5 fr.

BARBIER (Jules), auteur dramatique, fils d'Alexandre Barbier, professeur de dessin (voy. ci-dessus); né à Paris, en 1825.

— Amour et bergerie; comédie en un acte, en vers. In-12. 1848. *Lévy frères.* 60 c.

— André Chénier, ou 90, 92, 94; drame en vers, en trois époques. In-12. 1849. *Chez tous les libraires.* 1 fr.

— L'Anneau d'argent; opéra-comique en un acte, musique de M. Louis Deffès. In-12. 1855. *Lévy frères.* 60 c.

Avec Léon Battu.

— Les Antipodes; vaudeville en un acte, mu-

que nouvelle de M. G. Hirt. In-8°. 1854. *Tresse.*
0 c.

Avec Michel Carré.

— Bon gré, mal gré; comédie en un acte, en
prose. In-12. 1849. *Lévy frères.* 60 c.

— La Colombe; opéra-comique en deux actes,
musique de Ch. Gounod. In-12. 1861. *Ibid.* 1 fr.

Avec Michel Carré.

— Les Contes d'Hoffmann; drame fantastique
en cinq actes. In-12. 1851. *Ibid.* 1 fr.

Avec le même.

— Cora, ou l'Esclavage; drame en cinq actes
et sept tableaux. In-12. 1861. *Ibid.* 2 fr.

— Le même. In-4°. 1862. *Ibid.* 40 c.

Théâtre contemporain illustré, livraison 571.

— Les Derniers adieux; comédie en un acte et
en prose. In-12. 1851. *Ibid.* 60 c.

— Le même. In-4°. 1856. *Ibid.* 40 c.

Avec Michel Carré. — Théâtre contemporain illustré, livraison 197.

— Une Distraction; comédie en un acte. In-12.
1859. *Ibid.* 1 fr.

— L'Éventail; opéra-comique en un acte, musique de M. Ernest Boulanger. In-12. 1861. *Ibid.*
60 c.

Avec Michel Carré.

— Faust; opéra en cinq actes, musique de Ch.
Gounod. In-12. 1859. *Ibid.* 1 fr.

Avec le même.

— Le Feu de paille; comédie-vaudeville en
un acte. In-12. 1849. *Ibid.* 60 c.

Avec M. Chappel.

— La Fileuse; drame en cinq actes. In-12. 1852.
Ibid. 60 c.

Avec Michel Carré.

— La Fille d'Égypte; opéra-comique en deux
actes et trois tableaux, musique de M. Jules Beer.
In-12. 1862. *Ibid.* 1 fr.

— La Fille du maudit; drame en cinq actes et
sept tableaux. In-12. 1864. *Ibid.* 2 fr.

— Le même. In-4°. 1865. *Ibid.* 50 c.

— Galathée; opéra-comique en deux actes, musique de M. Victor Massé. In-12. 1852. *Ibid.* 1 fr.

Avec Michel Carré.

— Graziella; drame en un acte, tiré des Confidences de M. de Lamartine. In-12. 1849. *Ibid.* 60 c.

— Le même. In-4°. 1853. *Ibid.* 40 c.

Avec Michel Carré. — Théâtre contemporain illustré, livraison 27.

— Les Joyeuses commères de Windsor; opéra-comique en trois actes, musique de O. Nicolaï.
In-12. 1863. *Ibid.* 1 fr.

— Lisbeth, ou la Cinquantaine; opéra-comique
en deux actes, musique de Mendelssohn. In-12.
1865. *Ibid.* 1 fr.

— Le Mariage de don Lope; opéra-comique en
un acte, musique de Hartog. In-12. 1865. *Ibid.* 1 fr.

— Miss Fauvette; opéra-comique en un acte,
musique de M. Victor Massé. In-12. 1855. *Ibid.* 1 fr.

Avec Michel Carré.

— Les Noces de Figaro; opéra-comique en
quatre actes, traduit de l'italien par J. Barbier et
Michel Carré, musique de Mozart. In-12. 1858. *Ibid.*
1 fr.

— La Nuit aux gondoles; opéra-comique en
un acte, musique de Prosper Pascal. In-12. 1862.
Ibid. 60 c.

— L'Ombre de Molière; intermède. In-12. 1847.
Furne. 75 c.

— Les Papillottes de M. Benoist; opéra-comique
en un acte, musique de M. Henri Reber. In-12.
1854. *Tresse.* 1 fr.

Avec Michel Carré.

— Peines d'amour perdues; comédie lyrique en
quatre actes, musique de Mozart. (Cosi fan tutte.)
In-12. 1863. *Lévy frères.* 1 fr.

Avec Michel Carré.

— Philémon et Baucis; opéra-comique en trois
actes, musique de Charles Gounod. In-12. 1860.
Ibid. 1 fr.

Avec le même.

— Un Poëte; drame en cinq actes, en vers.
In-12. 1847. *Furne.* 75 c.

— Les Premières coquetteries; comédie-vaudeville en un acte. In-12. 1848. *Lévy.* 60 c.

— Princesse et Favorite; drame en cinq actes,
précédé d'un prologue. In-12. 1865. *Lévy frères.*
2 fr.

— Le même. In-4°. 1865. *Ibid.* 50 c.

— Psyché; opéra-comique en trois actes, musique de M. Ambroise Thomas. In-12. 1857. *Ibid.*
1 fr.

Avec Michel Carré.

— Quelques mots relatifs au procès des Noces
de Figaro. In-12. 1860. *Ibid.* 1 fr.

— La Reine de Saba; opéra en quatre actes,
musique de Charles Gounod. In-12. 1862. *Ibid.* 1 fr.

Avec Michel Carré.

— Le Roman de la rose; opéra-comique en
un acte, musique de M. Prosper Pascal. In-12.
1854. *Tresse.* 1 fr.

Avec J. Delahaye.

— Les Saisons; opéra-comique en trois actes,
musique de M. Victor Massé. In-12. 1856. *Lévy
frères.* 1 fr.

Avec Michel Carré.

— Voyage autour d'une jolie femme; tableau
de mœurs en un acte. In-12. 1852. *Ibid.* 60 c.

— Le même. In-4°. 1854. *Ibid.* 40 c.

Avec Michel Carré. — Théâtre contemporain illustré, livraison 92.

M. Jules Barbier a encore signé des pièces de théâtre en
collaboration avec: MM. *Barrière*, Anicet *Bourgeois*, *Carré*,
Cordellier, *Delanoue*, *Decourcelle* et *Labiche.* — Voy. ces noms.

BARBIER (J. B. G.), médecin.

— Quelques réflexions sur la psychologie. In-12.
1856. *Charpentier, Palais-Royal.* 1 fr. 50 c.

BARBIER (Léonce).

— En province. Les Femmes entre elles. In-12,
252 p. 1861. Lyon, *Labaume.*

BARBIER (L. N.), tourneur-professeur.

— Esquisse historique sur l'ivoirerie (beaux-arts
et industrie). Antiquité, moyen âge, renaissance.
Exposition de 1855. In-18, 83 p. 1857. *Chez l'auteur, rue des Trois Pavillons, 3.*

BARBIER (Marie Agathe Victoire), née à Strasbourg, en 1808, a collaboré au « Maître d'Aquarelle » par M. Alex. *Barbier*, son père. — (Voy. ci-dessus.)

BARBIER (Pierre).

— Les Feuilles d'avril; poésies. In-12. 1857. *Lebigre-Duquesne frères.* 2 fr.

BARBIER (le docteur P. L.), de Melle.

— Observation d'un cas de fistule vésico-intestinale. In-8° avec 1 pl. 1844. *G. Baillière.* 2 fr.

BARBIER (Victor), typographe.

— Louise; épisode (vers). In-32. 1857. *Desloges.* 1 fr.

— Les Proscrites; chansons et prophéties. 1838-1848. In-18. 1848. *Imprimerie de Bénard.* 50 c.

BARBIER-BERGERON, chirurgien-dentiste à Tarbes.

— Erreurs et préjugés populaires sur les dents, avec les moyens de les conserver belles et bonnes jusqu'à un âge avancé, suivis de quelques considérations sur l'art du dentiste. In-8°. 1859. Tarbes, *Fouga.* 3 fr.

BARBIER DE MEYNARD (C.), ancien attaché à la légation de France en Perse, professeur de turc à l'École spéciale de langues orientales vivantes; né à Marseille, en 1827.

— Description historique de la ville de Kazvên, extraite du Tarikhé-guzîdeh de Hamd-Allah-Mustofi Kazvini. In-8°. 1861. *B. Duprat.* 2 fr. 50 c.

— Dictionnaire géographique, historique et littéraire de la Perse et des contrées adjacentes; extrait du Mo'djem el-Bouldan de Yaqout, et complété à l'aide de documents arabes et persans, pour la plupart inédits. Gr. in-8°. 1861. [*Imprimerie impériale.*] *Duprat.* 12 fr.

— Extraits de la chronique persane d'Hérat, traduits et annotés par M. Barbier de Meynard. In-8°. 1861. [*Imprimerie impériale.*] *Challamel.* 4 fr.

— Notice sur Mohammed ben Hassan Ech-Cheibani, jurisconsulte hanéfite. In-8°. 1861. *B. Duprat.* 1 fr. 25 c.

— Tableau littéraire du Khorassân et de la Transoxiane au IVe siècle de l'Hégire. In-8°. 1861. *Ibid.* 4 fr. 50 c.

M. Barbier de Meynard a traduit et annoté « le Livre des routes » d'*Ibn-Khordadbeh*. Il a publié en collaboration avec M. Pavet de Courteille le texte et la traduction française des « Prairies d'or » de *Maçoudi*.

BARBIER DE MONTAULT (l'abbé Xavier), chanoine de la basilique d'Agnani, officier d'académie, correspondant du ministère de l'instruction publique pour les travaux historiques, membre de plusieurs sociétés savantes françaises et étrangères, ancien historiographe du diocèse d'Angers (de 1857 à 1861), né à Loudun (Vienne), en 1830. Il réside à Rome depuis 1861.

— L'Année liturgique à Rome, ou Renseignements sur les saints, les reliques, les fêtes, les églises, les dévotions populaires, les traditions pieuses de la ville éternelle et les fonctions de la semaine sainte. 2e édition. In-16. 1862. Rome, *Spithover.* 4 fr.

La 1re édition est de 1857. In-18. Paris, Victor *Didron.* 1 fr. 50 c.

— Appendice aux Actes de saint Florent. In-12. 1865. Angers.

— Antiquités chrétiennes de Rome du Ve au XVIe siècle. Livraisons 1 à 3. In-fol. 1864. Rome, *Fuccinelli.* Le prix de chaque livraison de 3 feuilles de texte et de 3 photographies est de 5 fr.

— La Cathédrale d'Anagni. In-4°. 1858. *Victor Didron.* 5 fr. 50 c.

— Description de la basilique de saint Gout, hors les murs, à Rome. In-16. 1866. Rome, *Spithover.* 1 fr.

— Description du maître-autel offert par S. Exc. le prince Don Alexandre Torlonia à la cathédrale de Boulogne-sur-Mer. In-fol. de 43 p. sur papier filigrané, fait exprès pour l'ouvrage, avec 4 pl. gravées. 1864. Rome, *imprimerie de la Civiltà cattolica.* Ne se vend pas.

— Épigraphie et iconographie des catacombes de Rome et spécialement d'Anagni. Brochure in-8°. 1857. *Poinguet.*

— Études ecclésiastiques sur le diocèse d'Angers. Brochure in-18. 1861. Angers, *imprimerie Cosnier et Lachèze.*

— Étude archéologique sur le reliquaire du chef de saint Laurent, diacre et martyr. In-fol. de 56 p. avec une chromo-lithographie. 1864. Rome, *Sinimberghi.* Ne se vend pas.

— Les Fêtes de Pâques à Rome, avec une description détaillée du pontifical du pape dans la basilique de Saint-Pierre. In-16. 1866. Rome, *Spithover.* 1 fr. 50 c.

— Les Fêtes de Noël et de l'Épiphanie à Rome, avec une description détaillée du pontifical romain dans la basilique de Saint-Pierre. In-16. 1865. *Ibid.* 75 c.

— Iconographie des Vertus à Rome. In-8°, 110 p. 1864. Arras, *Rousseau-Leroy.* Extrait de la « Revue de l'Art chrétien ».

— Notice sur l'état de l'église nationale de Saint-Louis des Français à Rome au XVIIe siècle. In-8°. 1855. Poitiers, *Dupré.* 2 fr.

— Notice historique sur saint Avertin. 4e édition. In-18. 1860. Angers, *Barassé.* 1 fr.

— Ordre de la procession du *Corpus Domini* ou Fête-Dieu. In-16, 1865. Rome, *Olivieri.*

— Peintures claustrales des monastères de Rome. In-8°. 1860. *Blériot.* 1 fr. 50 c. Extrait de la « Revue de l'Art chrétien ».

— La Question des messes sous les papes Urbain VIII, Innocent XII et Clément XI. In-8°. 1863. Rome, *Salvinetti.*

— Les Stations et dimanches de Carême à Rome. In-16. 1865. Rome, *Spithover.*

— Les Tapisseries du sacre d'Angers classées et décrites selon l'ordre chronologique. In-12. 1858. Angers, *Lainé frères.* 1 fr.

— Traité liturgique, canonique et symbolique des Agnus Dei. 2e édition. In-8°. 1865. Rome, *Palmé.*

— Traité du Chemin de la croix conformément aux décisions et aux usages de la sainte Église romaine. In-12. 1863. *Ruffet et Cie.* 1 fr.

— Petit traité du Chemin de la croix à l'usage des fidèles, conforme aux décisions et aux usages de la sainte Église romaine. In-18. 1863. *Ibid.* 60 c.

M. X. Barbier de Montault a publié : « Lettres inédites » de *Fénelon.*

Il a fourni un grand nombre d'articles d'archéologie religieuse ou locale aux « Annales archéologiques », aux « Mémoires de la Société des antiquaires de l'Ouest », au « Bulletin monumental » de M. de Caumont », à la « Revue de l'Art chrétien », aux « Analecta juris pontificii » publiés à Rome », et à d'autres recueils périodiques.

BARBIEUX (le Père), de la Compagnie de Jésus.

— L'Aumônier et le colonel, ou Puissance de la vérité. 2 vol. in-12. 1862. Tournai et Paris, *Casterman*. 5 fr.

— Adrienne et Madeleine; controverses populaires sur la religion catholique et les croyances protestantes. In-12. 1856. *Ibid.* 1 fr. 20 c.

— Controverse populaire sur les principaux articles de la foi catholique et les croyances protestantes. Continuation d'Adrienne et Madeleine. In-12. 1857. *Ibid.* 1 fr. 20 c.

La 1re édition était anonyme, elle a paru en 1855 à Gand, chez Van der Schelden.

— Manuel du soldat belge. Recueil patriotique et religieux. In-32. 1856. *Ibid.* 1 fr.

BARBIEUX (Henri), professeur de langue française à Leipzig, né à Valenciennes, en 1804.

— L'Abeille du Parnasse français. Anthologie poétique. In-12. 1846. Wiesbade, *Schellenberg*. 1 fr. 50 c.

Suivi d'un appendice contenant la traduction en vers de poésies allemandes.

— L'Avare; comédie de Molière mise à la portée des collèges. In-12. 1851. Francfort-sur-Mein, *Brœnner*. 1 fr. 20 c.

Les notes critiques qui accompagnent le texte sont en allemand.

— Causeries; dialogues à l'usage des Allemands. Petit in-12. 1856. Mayence, *Kunze*. 1 fr. 30 c.

— Le Livre des demoiselles. Livre de lecture français. 3e édition. 2 parties. In-8°. 1865. Leipzig, *Teubner*. 2 fr. 50 c.

— Renaud, ou les Voies de la Providence. Histoires tirées de la guerre de Trente ans et dédiées à la jeunesse catholique. In-12. 1853. Tournai et Paris, *Casterman*. 1 fr.

M. H. Barbieux collabore à plusieurs journaux allemands.

BARBOT (Charles), ancien joaillier, inventeur du procédé de décoloration du diamant brut, mort à Paris, en 1862.

— Traité complet des pierres précieuses, contenant leur étude chimique et minéralogique, les moyens de les reconnaître, leur valeur approximative et raisonnée, leur emploi, la description des plus extraordinaires et des chefs-d'œuvre anciens et modernes auxquels elles ont concouru. In-12 avec 3 pl. 1858. *Lacroix et Baudry*. 7 fr.

Le même ouvrage a été publié avec une nouvelle couverture sous le titre de : « Guide pratique du joaillier, ou Traité, etc. », avec 178 fig. (en 3 pl. et non dans le texte). E. Lacroix. 3 fr.

BARBOT DE LA TRÉSORIÈRE (Marc André).

— Annales historiques des anciennes provinces d'Aunis, Saintonge, Poitou, Angoumois, Périgord, Marche, Limousin et Guyenne. 1re partie : Mélanges religieux, politiques et philosophiques. 2e partie : Hommes illustres, académiciens, auteurs, savants, célèbres marins, anciens maires élus, sénéchaux.... Origines exactes des familles nobles avec preuves historiques ou authentiques; leurs armes, illustrations et filiations modernes, etc., par Marc André Barbot de la Trésorière, zélé partisan de la réforme de tous abus. 1re livraison. In-4°, 174 p. 1858. *Chez l'éditeur, rue Montmartre*, 149. 10 fr.

BARCHOU DE PENHOËN (Auguste Théodore Hilaire, baron), publiciste, ancien capitaine d'état-major, ancien représentant du peuple, membre de l'Institut, né à Morlaix, en 1801, mort à Saint-Germain-en-Laye, en 1855.

— Essai d'une philosophie de l'histoire. 2 vol. in-8°. 1854. *Mme Ve Comon*. 15 fr.

— Histoire de la conquête et de la fondation de l'empire anglais dans l'Inde. 6 vol. in-8°. 1841. *Ladrange*. 45 fr.

— L'Inde sous la domination anglaise. 2 vol. in-8°. 1844. *Au Comptoir des imprimeurs-unis.* 15 fr.

BARD (Joseph), s'intitulant : le chevalier Bard de la Côte-d'Or, écrivain, membre de l'Académie de Dijon, né à Beaune (Côte-d'Or), en 1800.

— L'Algérie en 1854. Itinéraire général de Tunis à Tanger. Colonisation. Paysages. Monuments. Culte. Agriculture, etc. Avenir. In-8°. 1854. *Maison*. 5 fr. 50 c.

— Bibliothèque populaire des villes de Bourgogne. Dijon. Histoire et tableau, depuis les temps les plus reculés jusqu'à l'Assemblée nationale législative de 1849. In-12. 1849. Dijon, *Jules Picard*.

— Le Département du Rhône. Histoire, statistique, géographie. In-12. 1858. Lyon, *Brun et Cie*. 1 fr. 50 c.

— Essai d'un Plutarqve militaire. Livre d'or de la Bourgogne. Gr. in-4°. 1860. Dijon, *bureau de l'Union bourguignonne*. 20 fr.

— Itinéraire de Dijon à Lyon, en suivant la Côte-d'Or et la Saône. In-18 avec 4 vignettes. 1851. Lyon, *quai des Célestins*, 50. 1 fr. 25 c.

— Itinéraire général de Londres et Paris, à Rome et Naples. 1re partie. Londres à Marseille. In-18, avec cartes. 1851. Paris, *dans les principales librairies*. 2 fr.

— La Jeunesse en vacances. Voyage à faire. (Londres, Hollande, Belgique, bords du Rhin.) In-12. 1851. Auxonne, *Saunié*.

— Londres, la Hollande, la Belgique et les bords du Rhin. In-18. 1851. *Au bureau du Journal des Villes et des Campagnes*. 50 c.

— Manuel général d'archéologie sacrée. Burgundo-lyonnaise. (Monumens ecclésiastiques) pour la ville et la province de Lyon, Rome des Gaules, une partie de la province de Besançon et quelques anciens diocèses du comtat de la Provence et du Languedoc; suivi d'un Dictionnaire et de la bibliographie moderne de l'archéologie sacrée et de la monographie de la basilique de Tournus. In-8° avec 1 pl. 1844. Lyon, *Guyot*. 10 fr.

— Parcours général de la Méditerranée (Marseille, Toulon, Cette) à Lyon. In-8°. 1856. *Aux librairies et aux principaux hôtels sur la ligne.* 6 fr.

— Parcours général de Paris à Lyon, par le chemin de fer et la navigation à vapeur. (Embranchement sur Troyes, Saint-Étienne et Vienne.) In-18, avec 1 carte. 1853. Paris, *gare de Lyon*. 1 fr. 50 c.

— De la question litvrgique par rapport à la sainte Église de Lyon. In-8°. 1860. Lyon, *Brun et Cie*. 1 fr. 25 c.

— Revue basilicale et litvrgique de Rome. In-18 de 3 f. Beaune, *Blondeau-Dejussieu.*

— Une Semaine à Londres pendant l'exposition de 1851, renfermant la description du bâtiment de l'exposition..., le guide exact et pittoresque de l'étranger dans Londres et ses environs, disposé par journées, etc., un tableau de Londres, revue caractéristique et animée des mœurs britanniques. In-12, avec 1 plan. 1851. *Borrani et Droz.* 4 fr.

— Statistique monumentaire dressée dans la ville de Ravenne. Situation basilicale de la ville de Lyon. Type civil du xve siècle, expliqué par le grand Hôtel-Dieu de Beaune. In-8° de 3 ¹/₂ f. 1840. Lyon, *Perrin.*

BARD (Jules), ministre de la justice en Belgique, né en 1835.

— Essai sur les rapports de l'État et de la religion au point de vue constitutionnel. In-8°. 1860. Bruxelles.

BARD-GUYOT.

— Code des justices de paix. In-8°. 1846. Dôle, *Pillot.* 2 fr. 50 c.

BARDE (F. A.), maître-tailleur à Paris.

— Traité encyclopédique de l'art du tailleur, suivi d'un Appendice à la méthode Barde. Ouvrage orné de 72 fig., de 14 pl. de patrons de grandeur naturelle, d'un grand nombre de vêtements consacrés par l'usage, le goût et la mode. 2e édition. Gr. in-8°. 1850. *Chez l'auteur, rue de Choiseul,* 22.

La 1re édition est de 1835.

BARDENET (le docteur Alfred Joseph), médecin à Paris, né à Luxeuil (Haute-Saône), en 1825.

— Guérison des maladies des organes génito-urinaires, moyen de s'en préserver; suivi d'un traité sur l'impuissance et la stérilité. 2e édition. In-12. 1863. *Chez l'auteur, rue de Rivoli,* 106. 2 fr.

La 1re édition est de 1861. In-8°. 1 fr.

BARDET (A.).

— La Syrie à la France. In-8°. 1861. *Dentu.* 1 fr.

BARDIN (le baron Étienne Alexandre), général français, né en 1774, mort en 1842.

— Dictionnaire de l'armée de terre, ou Recherches historiques sur l'art et les usages militaires des anciens et des modernes. 4 vol. in-8°. 1841-1851. *Corréard.* 119 fr.

Après la mort du général Bardin, qui avait achevé son ouvrage en manuscrit, la publication a été dirigée par M. le général Oudinot.

BARDIN (l'abbé Eugène), professeur d'histoire au petit séminaire d'Orléans, né à Charavines (Isère), en 1824, mort à Grenoble, en 1861.

— Précis de l'histoire de France et de l'histoire universelle, rédigé d'après le programme officiel à l'usage du petit séminaire de Grenoble. Classe de seconde. Depuis l'avénement des Valois jusqu'à Louis XIV. In-8°. 1864. Grenoble, *Allier père et fils.* 2 fr. 25 c.

BARDIN (G.), professeur de dessin industriel.

— Cours de dessin industriel. 1re partie, géométrie graphique. Choix d'exercices convenant aux écoles primaires, supérieures, spécialement destinés aux élèves des classes de dessin industriel d'apprentis et d'adultes, et à ceux des écoles professionnelles. In-fol. avec 10 pl. 1861. *E. Lacroix.* 2 fr. 50 c.

— Le même, 2e partie, étude géométrique des solides. In-fol. avec 20 pl. 1863. *Ibid.* 5 fr.

— Le même, 3e partie, 1re section : Construction des machines. In-fol. avec 15 pl. 1864. *Ibid.* 5 fr.

BARDIN (Gustave de), ancien archiviste de la Lozère, membre de la Société archéologique, ex-commissaire central à Toulouse.

— Documents historiques sur la province de Gévaudan. In-8°. 1846. Toulouse, *Laurent Chapelle.* 7 fr. 50 c.

BARDIN (Libre), chef des travaux graphiques à l'École polytechnique, ancien professeur à l'École d'application de Metz, ancien représentant du peuple, né en 1794.

— Enseignement public. Géométrie descriptive. Modèles destinés à l'enseignement de la géométrie descriptive et de ses applications : ombres, perspectives, stéréotomie, topographie, fortification, etc. La topographie enseignée par des plans reliefs et des dessins avec texte explicatif. In-4°. 1855. *Mallet-Bachelier.*

BARDIN (l'abbé Stanislas Benoît Joseph), chanoine titulaire, vicaire général d'Orléans, ancien curé de Châteauneuf-sur-Seine, né à Sully-sur-Loire, en 1808.

— Châteauneuf, son origine et ses développements. In-8° avec 2 pl. 1864. Orléans, *Colas.* 2 fr. 50 c.

BARDONNET DES MARTELS (le docteur), cultivateur.

— Zootechnie. Traité des maniements, des épreuves et des moyens de contention et de gouverne qu'on emploie sur les espèces domestiques chevaline, bovine, ovine et porcine, suivi de la coupe des animaux de boucherie en France et en Angleterre. In-12 avec planches et vignettes. 1854. *Mme Ve Bouchard-Huzard.* 4 fr. 50 c.

BARDOU (Jean), prêtre et littérateur, curé de Rilly-aux-Oies, né en 1729, mort en 1803.

— Œuvres complètes. — Voy. *Migne,* Collection d'orateurs sacrés, 2e série, tome 17.

BARDOUX (Agénor), avocat.

— Les Grands baillis au xve siècle. Jean de Doyat. In-8°. 1863. *Durand.* 1 fr. 50 c.

— De l'Influence des légistes au moyen âge. In-8°. 1859. *Ibid.* 1 fr.

— Les Légistes au xvie siècle. In-8°. 1856. *Ibid.* 1 fr.

— Les Légistes au xviiie siècle. In-8°. 1858. *Ibid.* 1 fr.

Ces 4 mémoires sont extraits de la « Revue historique de droit français et étranger ».

BARDY (Charles).

— Bluettes poétiques. 2 vol. in-16. 1856-1859. Bordeaux, *Delmas.* 2 fr.

BARDY (Gustave), conseiller à la cour impériale de Poitiers.

— L'Algérie et son organisation en royaume. In-8°. 1853. *Rey et Belhatte.* 2 fr.

Anonyme.

— De l'Assistance publique et de la Charité privée. In-8°, 36 p. 1864. Poitiers, *imprimerie Oudin.*

— Ordre souverain des hospitaliers réformés de Saint-Jean, Jérusalem, Rhodes et Malte. Circulaire aux adhérents à sa réforme, n° 2 de la 2e série. In-8°. 1860. *Challamel aîné.* 1 fr.

— Ordre souverain des hospitaliers réformés de Saint-Jean, Jérusalem, Rhodes et Malte. La nouvelle question romaine. In-8°. 1861. *Ibid.* 1 fr.

BARDY (Henri), pharmacien de 1re classe à int-Dié (Vosges), membre de la Société météo-logique de France et d'autres sociétés savantes, ¿ à Belfort (Haut-Rhin), en 1829.

— Enguerrand de Coucy et les Grands Bretons. pisode de l'histoire d'Alsace (1368 - 1375). In-8°. 360. [Saint-Dié, *Maucotel - Toussaint.*] *Didron.* fr. 50 c.

M. Bardy collabore à la « Revue d'Alsace », depuis sa fon-tion, à « l'Industriel alsacien », au « Courrier des Vosges », « l'Impartial du Doubs », etc.

BARDY (Mlle).

— La Famille villageoise. In - 12 avec 1 grav. 857. Limoges, *Barbou frères.* 1 fr.

— La Ferme villageoise. In-12 avec grav. 1864. *bid.* 75 c.

BAREILLE (l'abbé Jean François), chanoine honoraire de Toulouse et de Lyon, ancien direc-eur de l'école de Sorrèze, né à Valentine (Haute-3aronne), en 1813.

— Emilia Paula. 2 vol. in - 8°. 1854. *Vivès.* 8 fr.

— Le même. 2e édition. 2 vol. in-12. 1856. *Ibid.* 6 fr.

Plusieurs nouvelles éditions ont été publiées depuis, soit in-8°, soit in-12.

— Histoire de saint Thomas d'Aquin, de l'ordre des Frères prêcheurs. In-8° avec un portrait. 1846. *Sagnier et Bray.* 7 fr.

— Le même. 2e édition. In-12. 1849. [Toulouse, *Delsol.*] *Périsse frères.* 3 fr. 50 c.

— Le même. 3e et 4e éditions. In - 8°. 1859 et 1862. *Vivès.* 6 fr.

— La Vie du cœur. Prière et sacrifice. Confes-sion et communion. 3e édition. In-32. 1863. *Laydet.* 1 fr. 50 c.

La 1re édition a paru en 1856. In-8°.

M. l'abbé Bareille a traduit: *Balmès*, « Mélanges religieux »; « Lettres à un sceptique », du même auteur; OEuvres complètes de *Louis* de Grenade; et les OEuvres de saint *Jean Chrysos-tome.*

La traduction et la révision du texte de la « Somme théolo-gique » de saint *Thomas*, publiée par l'éditeur Vivès avec le nom seul de M. F. Lachat, est en grande partie l'œuvre de M. Ba-reille. Le texte latin qui se trouve au bas des pages, est, par sa correction, une des parties importantes de ce travail.

BARELLA (le docteur Hippolyte), médecin à Marche-lez-Escaussinnes (Hainaut), membre d'un grand nombre de sociétés savantes belges et étrangères, né à Louvain, en 1832.

— L'Arsenic dans l'herpétisme. In - 8°, 70 p. 1864. Anvers, *Buschmann.*

— Les Écrivains contemporains de la Belgique. 3 brochures in-8°. 1857 - 1858. Bruxelles, *Fr. Van Mecnen.*

Antoine Clesse. — Denis Sotiau. — Adolphe Mathieu.

— Les Écrivains contemporains de la Belgique. Édouard Waken. In-12 de 60 p. 1860. Gand, *Van-derhaeghen.*

Tiré à 50 exemplaires. — Publiée d'abord dans le « Journal de Charleroi », cette étude a été aussi reproduite par deux autres journaux belges.

— Des Effets physiologiques de l'arsenic. In-8°, 67 p. 1865. Anvers, *Buschmann.*

— De l'Emploi interne de l'arsenic. In-8°, 56 p. *Ibid.*

— De l'Emploi de l'arsenic dans diverses mala-dies internes. In-8°, 94 p. 1865. *Ibid.*

— De la Médication arsénicale de la fièvre in-termittente. In-8°, 120 p. 1863. *Ibid.*

— De la Médication arsénicale dans les névral-gies. In-8°, 50 p. 1864. *Ibid.*

— Observation de névralgie sciatique grave, guérie par l'arsenic. In-8°. 1863. Bruxelles, *Tir-cher et Manceaux.*

La plupart de ces travaux ont déjà été insérés dans divers recueils périodiques avant de paraître séparément. L'auteur a publié dans la « Revue critique » de Bruxelles une série d'études relatives à des écrivains belges contemporains (1857 et 1858), et dont quelques-unes ont été publiées séparément. Dans ces der-nières années le Dr Barella ne semble plus s'être occupé que d'écrits relatifs à l'art médical. On a de lui, sous ce rapport, une série d'études sur l'emploi thérapeutique de l'arsenic, études qui ont paru en 1863, 1864, 1865, dans les « Annales de la Société de médecine d'Anvers », et divers mémoires, observations, analyses critiques, disséminés dans d'autres re-vues médicales, notamment dans le « Scalpel », le « Journal de médecine » publié par la Société des sciences médicales et na-turelles de Bruxelles, les « Annales de la Société de médecine de Gand ».

BARENTIN (Charles Louis François de Paule de), ministre de Louis XVI, émigré en 1790; nommé chancelier honoraire par Louis XVIII après la Restauration, né en 1738, mort en 1819.

— Mémoire autographe de M. de Barentin, chancelier et garde des sceaux, sur les derniers conseils du roi Louis XVI. Publié d'après le ma-nuscrit original de la Bibliothèque royale, entiè-rement inédit, avec des notes et pièces justifica-tives et précédé d'une notice biographique sur M. Barentin, par M. Maurice Champion. In - 8°. 1844. *Comptoir des imprimeurs unis.* 7 fr. 50 c.

BARÈRE DE VIEUZAC (Bertrand), convention-nel, né à Tarbes en 1755, mort en 1841.

— Mémoires de B. Barère, membre de la Con-stituante, de la Convention, du Comité de salut public et de la Chambre des représentants; pu-bliés par MM. Hippolyte Carnot et David (d'Angers); précédés d'une Notice historique, par H. Carnot. 4 vol. in-8°. 1842-1843. *Labitte.* 30 fr.

BARESTE (Eugène), littérateur et journaliste, né à Paris, en 1814, mort en 1861.

— Abd-el-Kader. In - 12 avec un portrait. 1848. *Martinon.* 50 c.

— A tous les citoyens. Du droit de réponse dans les journaux. In-32. 1841. *Lavigne.* 50 c.

— Biographies des hommes du peuple. 250 no-tices sur quelques hommes qui se sont fait un nom dans l'histoire. In-18. 1852. *Krabbe.*

2e édition. — La 1re est de 1834.

— Illustrations littéraires. La marquise de Brin-villiers. In-4°. 1851. *Boisgard.* 30 c.

Autre édition en 1858. In-4°. *Imprimerie Gaeltet.*

— Mémoires et prophéties du petit homme rouge, par une sibylle. Depuis la Saint-Barthé-lemy jusqu'à la nuit des temps. In-32. 1843. *Au-bert.*

Anonyme.

— Nostradamus. In - 12 avec un portrait. 1840. *Maillet.* 3 fr.

— Le même. 2e édition. In-8°. 1840. *Ibid.* 5 fr.

— Prophéties. La fin des temps; avec une no-tice, par Eugène Bareste. In-18. 1840. *Lavigne.* 1 fr. 75 c.

M. Bareste a traduit l'Iliade et l'Odyssée d'*Homère.*

BARET (Eugène), docteur ès lettres, ancien élève de l'École normale, professeur de littérature étrangère à la Faculté de Clermont - Ferrand, membre de l'Académie d'histoire de Madrid, né en 1816, à Bergerac (Dordogne). Il a fait trois voyages en Espagne, en 1855, 1857 et 1861.

— De l'Amadis de Gaule et de son influence sur les mœurs et sur la littérature au XVIᵉ et au XVIIᵉ siècle, avec une notice bibliographique. In-8º. 1853. *Durand.* 3 fr. 50 c.

— Études sur la rédaction espagnole de « l'Amadis de Gaule » de Garcia Ordonez de Montalvo. In-8º. 1853. *Ibid.* 3 fr. 50 c.

— Espagne et Provence. Études sur la littérature du midi de l'Europe, accompagnées d'extraits et de pièces rares ou inédites pour faire suite aux travaux de Raynouard et de Fauriel. In-8º. 1857. [Clermont-Ferrand.] *Ibid.* 5 fr.

— Histoire de la littérature espagnole depuis ses origines les plus reculées jusqu'à nos jours. In-8º. 1863. *Tandou et Cⁱᵉ.* 7 fr.

— La même. Édition in - 12. 1863. *Ibid.* 3 fr. 50 c.

— Mémoire sur l'originalité de Gil Blas de Lesage. In-8º. 1864. *Aubry.* 1 fr.

— Ménage, sa vie et ses écrits. Extrait de la Revue centrale des arts en province. In-8º. 1859. [Lyon.] *Durand.* 1 fr. 50 c.

— Du Poëme du Cid dans ses analogies avec la chanson de Roland. In-8º. 1858. [Clermont-Ferrand], *Ibid.* 2 fr.

Thèse de doctorat.

— De Themistio sophista et apud imperatores oratore apud parisiensem litterarum facultatem disserebat E. Baret. In-8º. 1853. *Ibid.* 1 fr. 50 c.

M. Eug. Baret a collaboré à la « *Biographie générale* », et au « Dictionnaire des lettres, sciences et arts » de *Dezobry.*

BAREZI (Bareze), ou en italien Barezzo BAREZZI, imprimeur et savant italien du XVIIᵉ siècle, né à Crémone, établi à Venise.

— Discovrs merveillevx et véritable de la conqveste faite par le ievne Demetrivs, grand-dvc de Moscovie, dv sceptre de son père, avenve en ceste année MDCV. Tirez de bons advis par Barezo Barezi. Nouvelle édition, précédée d'vne introdvction et annotée par le prince Avgvstin Galitzin. In-16. 1858. *Techner.* 4 fr.

Une 1ʳᵉ édition française a été publiée en 1605 à Arras. L'original italien a paru en 1605 à Venise.

BARÉZIA (la comtesse Laure de).

— La Femme selon le cœur de Dieu, dans la famille et dans le monde. In-32. 1857. Dijon, *Pellion.*

2ᵉ édition en 1865. In-32. *Ibid.*
Une traduction italienne de cet ouvrage a paru chez le même éditeur en 1864.

BARGÉMONT (VILLENEUVE-). — Voy. **Villeneuve-Bargémont** (de).

BARGÈS (l'abbé Jean Joseph Léandre), orientaliste, chanoine honoraire de Notre-Dame de Paris, professeur d'hébreu à la Sorbonne, né à Auriol (Bouches-du-Rhône), en 1810.

— Aperçu historique sur l'Église d'Afrique en général et en particulier sur l'église épiscopale de Tlemcen. In-8º. 1848. *Leroux et Jouby.* 2 fr. 50 c.

— Excursion à Sebdou, poste français sur la frontière du Maroc; fragment d'un ouvrage inédit intitulé : « Souvenirs de la province d'Oran, ou Voyage à Tlemcen ». In-8º. 1849. *Imprimerie nationale.* 1 fr. 50 c.

— Hébron et le tombeau du patriarche Abraham. Traditions et légendes musulmanes rapportées par les auteurs arabes. In - 8º. 1863. *Challamel ainé.* 2 fr.

Extrait du « Bulletin de l'Œuvre des pèlerinages d'Orient ».

— Histoire des Beni Zeiyan, rois de Tlemcen, par l'imam Cidi Abou-Abd' Allah-Mohammed ibn abd' el Djelyl et Tenessy. Ouvrage traduit de l'arabe par l'abbé J. J. L. Bargès. In-12. 1852. *Duprat.* 3 fr. 50 c.

— Inscription phénicienne de Marseille. Nouvelle interprétation. In - 4º avec fac-simile. 1858. *Ibid.* 5 fr.

— Jehuda Ben Koreisch (R.), Tiharetensis Africani, ad synagogam Judæorum civitatis Fez, Epistola de studii targum utilitate, et de linguæ Chaldaicæ, Misnicæ, Talmudicæ, Arabicæ, vocabulorum item nonnullorum barbaricorum convenientia cum Hebræa. Textum Arabicum litteris Hebraicis exaratum, ex unico Bibliothecæ Bodleianæ codice manuscripto descriptum, Bibliorum locis ad capitum versuumque numeros, uecnon et tractatuum Talmudicorum cæterorumque librorum ab auctore laudatorum titulos accurate citatis Instructum, atque notis et animadversionibus illustratum, nunc primum ediderunt J. J. L. Bargès et D. B. Goldberg. In-8º. 1857. *Ibid.* 7 fr. 50 c.

— Libri psalmorum David regis et prophetæ, versio a Rabbi Yapheth ben Heli Bassorensi Karaïta, auctore decimi seculi, arabice concinnata, quam et communem sacrarum litterarum et linguarum orientalium studiosorum utilitatem punctis vocalibus insignivit et latinitate donavit J. J. L. Bargès. In-8º. 1861. *Ibid.* 15 fr.

— Le Livre de Ruth, expliqué par deux traductions françaises, l'une littérale et juxtalinéaire, accompagnée de la transcription des mots hébreux, l'autre correcte et fidèle, placée au bas de chaque page; avec des sommaires, l'indication des racines, et des notes à la fin du livre. In - 8º. 1854. *Leroux et Jouby.* 1 fr. 50 c.

— Mémoire sur trente-neuf nouvelles inscriptions puniques expliquées et commentées. In-4º. 1852. 5 fr.

— Mémoires sur deux inscriptions puniques découvertes dans l'île du Port - Cothou, à Carthage. In-4º avec 2 pl. 1849. [F. *Didot.*] *Duprat.* 3 fr.

— Mémoire sur le sarcophage et l'inscription funéraire d'Eschmounazar, roi de Sidon. In-4º avec 1 pl. et un fac-simile. 1856. *Duprat.* 7 fr. 50 c.

— Notice sur un autel chrétien antique, orné de bas-reliefs et d'inscriptions latines, découvert dans les environs de la ville d'Auriol (Bouches-du-Rhône). In-4º avec 2 pl. 1861. *Ibid.* 5 fr.

— Notice sur deux fragments d'un Pentateuque hébreu-samaritain, rapportés de la Palestine par M. le sénateur F. de Saulcy. In-8º, 95 p. 1865. Paris, *imprimerie Blot.*

— Nouvelle interprétation de l'inscription phénicienne découverte par M. Mariette dans le sérapéum de Memphis. Examen critique de l'interprétation donnée par M. le duc de Luynes. In-8º avec 1 pl. 1856. *Just Rouvier.* 1 fr. 50 c.

Extrait de la « Revue de l'Orient, de l'Algérie et des colonies ».

— Papyrus égypto-araméen appartenant au Musée égyptien du Louvre, expliqué et analysé pour la première fois. In-4º avec 2 pl. 1862. *B. Durat.* 6 fr.

— Rabbi Yapheth ben hel Bassorencis Karaïtæ in librum psalmorum commentarii arabici e dulici codice Mss. bibliothecæ regiæ parisiensis edidit specimen et in latinum convertit L. Bargès. In-8º. 1846. *F. Didot.* 5 fr.

— Les Racines sémitiques, moyens de rechercher les racines arabes, et par suite les racines sémitiques, par M. l'abbé Leguest. Examen de ce système par M. l'abbé Bargès. In-8º. 1861. *Agence orientale,* 31, *rue de Beaune.* 1 fr.

Extrait de la « Revue de l'Orient ».

— Le Sahara et le Soudan. Documents historiques et géographiques recueillis par le cid el-Hadj-Abd-el-Kader-ben-Abou-Bekr-et-Touaty, avec un alphabet touareg inédit. Traduits de l'arabe par M. l'abbé Bargès. In-8º de 1 ½ f. 1853. *Just Rouvier.* 2 fr. 50 c.

Extrait de la « Revue de l'Orient ».

— Les Samaritains de Naplouse. Épisode d'un pèlerinage dans les lieux saints. In-8º. 1855. Paris, *imprimerie de Mme Dondey-Dupré.* 5 fr.

— Temple de Baal à Marseille, ou Grande inscription phénicienne découverte dans cette ville dans le courant de l'année 1845, expliquée et accompagnée d'observations critiques et historiques. In-8º avec 1 pl. et un fac-simile. 1847. *J. Renouard.* 5 fr.

— Termes himyariques rapportés par un écrivain arabe, note communiquée au « Journal asiatique ». In-8º. 1859. *Imprimerie impériale.* 1 fr. 50 c.

— Tlemcen, ancienne capitale du royaume de ce nom, sa topographie, son histoire, description de ses principaux monuments, anecdotes, légendes et récits divers, souvenirs d'un voyage. In-8º avec 1 pl. 1859. *Challamel aîné.* 12 fr.

— Traditions orientales sur les pyramides d'Égypte. In-8º. 1841. Marseille. 1 fr. 50 c.

M. l'abbé Bargès est en outre l'auteur d'un grand nombre de mémoires insérés dans le « Journal asiatique » et la « Revue de l'Orient ».

BARGHON-FORT-RION (F. de).

— La Belle Pope, née à Bayeux au IXe siècle, femme de Rollon, premier duc de Normandie. Étude historique. In-8º. 1858. Caen, *Legost-Clerisse.* 1 fr. 50 c.

— Histoire de l'ordre de Saint-Sylvestre ou de l'Éperon d'or. In-8º, 16 p. 1858. Vimoutiers, *Grigy.*

— Mémoires de la duchesse d'Angoulême. — Voy. *Angoulême.*

— Mémoires de Mme Élisabeth. — Voy. *Élisabeth.*

— Napoléon et la république de Saint-Marin. In-8º. 1858. Bayeux, *imprimerie Saint-Ange Duvant.*

— Du Rétablissement de l'ordre de Malte. In-8º. 1859. *Poulet-Malassis.* 60 c.

— San-Marino, poëme. Brochure in-12. 1857. Bayeux, *imprimerie Saint-Ange Duvant.*

— Thomas II, Maxime et Zoé; légendes illyriennes traduites par M. F. de Barghon-Fort-Rion. Brochure in-8º. 1857. *Ibid.*

— Les Violettes de Parme (poésies). Avec une

préface par H. Gourdon de Genouillac. In-12 avec un portrait. 1856. *Maillet-Schmitz; Furne.*

BARGILLIAT (le capitaine J. A.).

— Notes sur le droit commercial maritime. In-8º. 1861. Saint-Nazaire, *Richier.* 1 fr.

BARGINET (Alexandre), littérateur, né à Grenoble en 1798.

— La Chemise sanglante. In-4º. 1858. *G. Havard.* 50 c.

— La Trente-deuxième demi-brigade. In-4º. 1862. *Lécrivain et Toubon.* 50 c.

BARGINI (J. B. de), pseudonyme, ou plutôt auteur supposé.

— Le Comte de Saluggia, ou le Tourmenteur de la chair humaine. Histoire d'un tyran militaire en Italie au XIXe siècle. Traduit de l'original italien inédit, par Numa Bonnet. 2 vol. in-8º. 1857. *Ballay et Conchon.* 12 fr.

BARGNÉ (J. P.).

— Irrigations et prairies combinées à convertir les inondations en une riche conquête. In-8º avec 6 pl. 1861. Alais, *imprimerie Brusset.* 2 fr. 50 c.

BARIC (Jules Jean Antoine), artiste dessinateur, né à Sainte-Catherine de Fierbois (Indre-et-Loire), en 1830.

— Animaliana. In-4º. 1858. *A. de Vresse.* 6 fr.

— Les Autrichiens en Italie. In-4º. 1859. *Ibid.* 6 fr.

— Baliverneries militaires. In-4º. 1857. *Ibid.* 6 fr.

— Ces bonnes petites femmes. In-4º. 1860. *Ibid.* 6 fr.

— Comment on devient riche. In-4º. 1858. *Ibid.* 6 fr.

— Comment on débute au théâtre. In-4º. 1863. *Philippon.* 5 fr.

— Contes vrais; histoires drolatiques à l'usage de la jeunesse. In-8º avec 16 pl. en couleur. 1861. *H. Plon; au bureau du Journal amusant.* 2 fr.

Publié sous le pseudonyme de Julius Altkind.

— Coquecigrue. In-4º. 1862. *A. de Vresse.* 6 fr.

— Croquemitaine. In-8º oblong. 1863. *Ibid.* 3 fr.

— L'Éducation de la poupée. In-8º oblong. 1861. *Ibid.* 3 fr.

— Fantasia militaire. In-4º. 1864. *Ibid.* 6 fr.

— La Fée Carabosse. In-8º oblong. 1865. *Ibid.* 3 fr.

— Les Fourberies d'Arlequin. In-8º oblong. 1862. *Ibid.* 3 fr.

— Les Jolis soldats. In-4º. 1861. *Ibid.* 6 fr.

— Martin Landor, ou la Musique enseignée aux enfants par Kroknotzki. 1 vol. in-4º avec 16 pl. dessinées par Baric. 1864. *Hachette et Cie.* 5 fr.

Kroknotzki est le pseudonyme d'un des amis de M. Baric qui a rédigé le texte de cet album.

— Monsieur Plumichon. In-4º. 1858. *A. de Vresse.* 6 fr.

— Nos toquades, revue de 1863 et almanach pour 1864, album comique. Gr. in-8º. 1863. *Dentu.* 1 fr.

— Où diable l'esprit va-t-il se nicher? In-4º. 1859. *A. de Vresse.* 6 fr.

— Parodie des Misérables de V. Hugo. 2 parties gr. in-8°. 1862. *Ibid.* 2 fr.

— Polichinelle et son ami Pierrot. In-8° oblong. 1861. *Ibid.* 3 fr.

— Portiers et locataires. In-4°. 1861. *Ibid.* 6 fr.

— La Prise de Troie. In-4°. 1863. *Ibid.* 6 fr.

— Proverbes travestis, ou la Morale en carnaval. In-4°. 1857. *Ibid.* 6 fr.

— Quand on a femme, enfants.... In-4°. 1859. *Ibid.* 6 fr.

— Un Tour au salon; album comique de l'exposition des beaux-arts de 1863. In-12. 1863. *Ibid.* 1 fr.

— Voilà ce qui vient de paraitre. Gr. in-8°. 1862. *A. de Vresse.* 1 fr.

BARIL, comte de LA HURE (V. L.).

— L'Empire du Brésil, monographie de l'empire sud-américain, orné du portrait de dom Pedro II. In-8°. 1862. *Sartorius.* 10 fr.

— Le Mexique. Résumé géographique, statistique, industriel, historique et social, à l'usage des personnes qui veulent avoir des notions exactes, récentes et précises sur cette contrée du Nouveau Monde. In-8°. 1862. Douai, *Ve Céret-Carpentier.* 5 fr.

— Les Peuples du Brésil avant la découverte de l'Amérique. In-4°, 14 p. 1861. *Ibid.*

BARILLIER (le docteur E. LE). — Voy. **Le Barillier.**

BARINS ou BARRINS (M. de ou le comte de), pseudonyme de L. F. **Raban.** (Voy. ce nom.)

BARJAVEL (C. F. Henri), docteur en médecine, né à Carpentras vers 1805.

— De la Circoncision et du Baptême au point de vue de la santé publique. In-8° de 1 ½ f. 1844. Paris, *rue Pavée,* 1.

— Dictionnaire historique, biographique et bibliographique du département de Vaucluse. 2 vol. in-8°. 1842. Carpentras, *Devillario.* 15 fr. 50 c.

— Notice sur la vie du Père Justin. — Voy. *Justin.*

BARKER-WEBB (Philippe), naturaliste et voyageur, né à Melford (Angleterre), en 1793, mort à Paris, en 1854.

— Histoire naturelle des iles Canaries. Ouvrage publié sous les auspices de M. le Ministre de l'instruction publique. 3 vol. gr. in-4° avec atlas gr. in-fol. 1836 à 1850. *Mellier.* Avec planches noires 636 fr., coloriées 1,272 fr.

Avec M. Sabin Berthelot.
L'ouvrage a été publié en 106 livraisons, du prix de 6 fr. noir, et 12 fr. color.

— Topographie de la Troade ancienne et moderne. In-8° avec 5 pl. 1844. *Gide.*

— Fragmenta florulæ ethiopico-ægyptiacæ, ex plantis præcipue ab Antonio Figari M. D. Museo I. R. Florentino missis. In-8° de 4 ¾ f. 1857. *V. Masson.*

BARLA (J. B.), de Nice.

— Les Champignons de la province de Nice, et principalement les espèces comestibles suspectes ou vénéneuses. In-4° oblong, avec 48 pl. coloriées. 1861. *Baillière et fils.* 80 fr.

— Descriptions et figures de quatre espèces de champignons. In-4° avec 4 pl. coloriées. 1860. Iéna, *Frommann.* 2 fr. 50 c.

Extrait des : « Acta Acad. Cæs. Leop. Carol. »

BARLAN-FONTAYRAL (F. E.), docteur de la Faculté de médecine de Montpellier.

— Étude botanique et médicale sur le seigle ergoté, et de l'application de l'ergotine à la cure de la dyssenterie et de la diarrhée chroniques. In-8°. 1858. [Montpellier, *Pitrat.*] *Labé.* 5 fr.

BARLATIER DE MAS (François Édouard Eugène), capitaine de frégate, né en 1810.

— Instructions nautiques sur les côtes d'Islande, rédigées d'après ses observations pendant cinq campagnes dans ces parages et les notes manuscrites de M. le contre-amiral danois P. de Löwenörn. In-8° avec 14 pl. 1862. *Bossange et fils.* 5 fr.

Publication du Dépôt de la marine.

BARLET (Charles Henri), professeur de sciences commerciales, d'économie politique et de droit commercial à l'Athénée royal de Liége, né à Arras (Pas-de-Calais), en 1799, naturalisé belge, en 1850.

— Arithmétique pratique appliquée à l'industrie, au commerce et à la banque, pouvant servir de complément à tous les traités théoriques du calcul. In-8°. 1845. Bruxelles, *J. B. Tircher.* 5 fr.

— Traité complet des opérations commerciales et de la tenue des livres, etc. 2e édition. 2 vol. in-8°. 1857. Malines, *E. F. Van Velsen.*

— Traité complet des opérations financières, traitant des matières d'or et d'argent, des systèmes monétaires de toutes les nations, des changes, des arbitrages, des emprunts, etc., terminé par les comptes de banque en participation à l'intérieur et à l'étranger. In-8°. 1852. *Ibid.* 4 fr. 50 c.

— Géographie industrielle et commerciale de la Belgique. In-8°. 1858. *Ibid.* 2 fr.

— Tenue des livres appliquée à la comptabilité des mines de houille, des hauts fourneaux et des usines à fer. In-8°. 1861. [Malines, *E. F. Van Velsen.*] *Lacroix.* 4 fr. 50 c.

Ces cinq ouvrages forment un cours complet d'études commerciales et industrielles.

— Cours de commerce et de tenue des livres. Édition classique, basée strictement sur le programme d'études fixé par le gouvernement pour l'enseignement moyen des deux degrés. In-8°. 1861. Malines, *Van Velsen.* 3 fr. 50 c.

Cet ouvrage est le résumé des 5 volumes précédents.

BARLET (Édouard), docteur en philosophie et licencié ès lettres de l'Université de Liége, professeur à l'École industrielle et littéraire à Verviers.

— Essai sur l'histoire du commerce et de l'industrie de la Belgique, depuis les temps les plus reculés jusqu'à nos jours. In-12. 1859. Liége, *Lardinois.* 2 fr.

— Le même. Nouvelle édition. In-12. 1861. Malines, *Van Velsen.* 1 fr. 50 c.

— Étude sur les romans grecs. Brochure gr. in-8°. 1858. Verviers, *Noutet-Hans.*

— Recherches historiques sur la fabrication de la draperie en Belgique. In-12. 1859. Verviers, *J. M. Thounsin.* 75 c.

M. Éd. Barlet est rédacteur en chef de « l'Écho de Verviers », il a collaboré aux « Annales de l'enseignement public », à la « Revue critique » et à la « Revue trimestrielle ».

BARMAN, colonel suisse.

— Des négociations diplomatiques relatives à Neuchâtel. In-8°. 1858. *Cherbuliez.* 2 fr.

BARNA (le comte de) a traduit *Cavendish*, « le Richelieu de la Grande-Bretagne ».

BARNARD HOLT, chirurgien en chef, professeur de chirurgie à l'École de médecine de l'hôpital de Westminster.

— Du Traitement instantané des rétrécissements de l'urètre par l'emploi du dilatateur. Traduit avec introduction par le docteur J. W. Middleton. In-8° avec grav. 1864. Bruxelles. 1 fr. 50 c.

Extrait du « Journal publié par la Société des sciences médicales de Bruxelles ».

BARNAVE (Antoine Pierre Joseph Marie), né à Grenoble, en 1761, guillotiné en 1793. Avocat près du parlement de Grenoble avant la Révolution, il fut envoyé, en 1789, à l'Assemblée nationale, où il brillait par son éloquence et la noblesse de son caractère. On l'appelait le second orateur de l'Assemblée.

— Œuvres de Barnave, mises en ordre et publiées par Mᵐᵉ Saint-Germain, sa sœur, et précédées d'une Notice historique sur Barnave par M. Bérenger, de la Drôme. 4 vol. in-8° avec un portrait et 4 fac-simile. 1843. *Chapelle et Guiller.*

BARNEAUD (François Aimé), avocat à Sisteron, né dans cette ville en 1829, a traduit : « L'Économie politique du moyen âge » de *Cibrario.*

BARNÉOUD (F. Marius).

— Botanique. Monographie générale de la famille des plantaginées. In-4°. 1845. *Fortin, Masson et Cⁱᵉ.* 2 fr.

— Mémoire sur le développement de l'ovule de l'embryon et des corolles anomales dans les Renonculacées et les Violacées. Gr. in-8° avec 4 pl. 1846. *Ibid.* 2 fr.

— Mémoire sur l'anatomie et l'organographie du *Trapa natans*, L. Gr. in-8° avec 4 pl. *Ibid.* 1 fr. 25 c.

BARNES (Albert), théologien américain, pasteur d'une église presbytérienne de Philadelphie, né dans l'État de New-York, en 1798. Il s'est fait connaître par la publication d'un grand commentaire sur presque tous les livres de l'Ancien et du Nouveau Testament qui a été en partie traduit en français.

— Notes explicatives et pratiques sur les évangiles. Ouvrage plus spécialement utile aux pasteurs, aux instituteurs et aux personnes appelées à diriger une école du dimanche ou un culte domestique, publié par Napoléon Roussel. 2 vol. in-8°. 1855. *Grassart; Meyrueis.* 15 fr.

— Notes explicatives et pratiques sur les Actes des apôtres et l'épître aux Romains. Traduites de l'anglais et publiées par Napoléon Roussel. In-8°. 1858. *Grassart.* 5 fr.

— Notes explicatives et pratiques sur les deux Épîtres de saint Paul aux Corinthiens, publiées par Napoléon Roussel. In-8°. 1864. *Ibid.* 3 fr.

BARNEVAL (L. Tachet de). — Voy. **Tachet de Barneval.**

BARNI (Jules), littérateur et philosophe, professeur à l'Académie de Genève, ancien professeur de philosophie dans les lycées de Paris et de Rouen, né à Lille, en 1818.

— Histoire des idées morales et politiques en

France au xviiiᵉ siècle. 2 vol. in-12. 1865-1866. *Germer Baillière.* 7 fr.

— Les Martyrs de la libre pensée. In-12. 1862. Genève, *chez les principaux libraires.*

— Napoléon et son historien, M. Thiers. In-12. 1865. Genève, *Georg.* 3 fr. 50 c.

L'entrée des deux ouvrages précédents est interdite en France.

— Philosophie de Kant. Examen de la critique du jugement. In-8°. 1850. *Ladrange.* 4 fr. 50 c.

— Philosophie de Kant. Examen des fondements de la métaphysique, des mœurs et de la critique de la raison pratique. In-8°. 1851. *Ibid.* 6 fr.

M. J. Barni a traduit de l'allemand les ouvrages de Kant sur lesquels portent les études précédentes ; « Critique du jugement, Critique de la Raison pratique, et Éléments métaphysiques de la doctrine de la vertu ».

Il a également traduit de *Fichte* les « Considérations destinées à rectifier les jugements du public sur la révolution française ». Il a collaboré à « la Liberté de penser » (1848-1851), à « l'Avenir » (1855), et à la « Revue de Paris » (1855-1857).

BARNIER (S.), docteur en médecine, ex-interne des hôpitaux de Paris.

— Des Paralysies sans lésions organiques appréciables. Thèse de concours pour l'agrégation en médecine. In-8°. 1857. *Labé.* 1 fr. 75 c.

BARNOUIN (le docteur).

— Jésus-Christ et M. Renan, ou la Vérité et l'erreur devant le peuple. In-12. 1865. Avignon. *Séguin aîné.* 1 fr. 50 c.

BARNOUT (Hippolyte), architecte, né à Paris en 1816.

— Calendrier rationnel. Brochure gr. in-8° avec supplément. 1859 et 1860. *Imprimerie Tinterlin et Cⁱᵉ.*

— Navigation aérienne. Le Rotaer, moteur atmosphérique, suivi d'un appendice sur l'aérostation. Gr. in-8°, 55 p. 1858. *Ibid.*

— Système rationnel de navigation aérienne. Brochure gr. in-8°, avec 2 pl. 1857. *Ibid.*

M. H. Barnout a publié, pendant les années 1855 à 1860, 40 pièces génériques (plans, notices, etc., etc.), relatives au projet d'une voie impériale à exécuter entre le palais des Tuileries et le boulevard des Italiens. Il est auteur de nombreux articles d'édilité parisienne publiés dans la « Revue municipale ».

BARNY DE ROMANET (Jean-Baptiste Auguste), vérificateur en chef des poids et mesures, né à Limoges, en 1810.

— Géographie de Crozat. — Voy. *Le François.*

— Traité de la culture de la vigne en Algérie. In-18. 1861. Alger, *Tissier.* 50 c.

— Traité historique des poids et mesures et de la vérification, depuis Charlemagne jusqu'à nos jours, complété par le Recueil annoté des lois, décrets, ordonnances et arrêtés en vigueur. In-8°. 1863. [Alger, *chez l'auteur.*] *Hachette et Cⁱᵉ.* 6 fr.

M. Aug. Barny a rédigé « l'Union de la Sarthe » (1845 à 1847), « l'Écho de la Mayenne » (1847 et 1848). Il collabore au « Journal des colons d'Alger » depuis 1865.

BARON (l'abbé Auguste Ferdinand Joseph), aumônier de l'hôpital militaire du Gros-Caillou, né à Ennetières-en-Weppes (Nord), en 1823.

— Les Derniers jours d'un soldat condamné à mort, publiés par M. Anatole de Ségur. In-18. 1860. *Bray.* 30 c.

— Le Moment de la grâce, ou la Fin édifiante

10

de deux jeunes gens condamnés à mort. In-18.
1853. Lille, *Lefort.* 50 c.

Ces deux opuscules, publiés sans nom d'auteur, ont eu 5 à 6 éditions.

— Notre-Dame des soldats. Causeries, conseils, histoires, prières, chants. In-32. 1863. Tournai et Paris, *Casterman.* 30 c.

2e édition en 1865.

— Notre-Dame des ouvriers. Causeries, conseils, histoires, prières, chants. In-32. 1865. Tournai, *Casterman.* 35 c.

BARON (Acarie-). — Voy. **Acarie-Baron.**

BARON (Auguste), auteur dramatique.

— Le Chevalier Coquet; comédie-vaudeville en un acte. In-4°. 1855. *Lévy frères.* 40 c.

Théâtre contemporain illustré , livraison 179.

— Qui n'entend qu'une cloche.....; vaudeville en un acte. In-12. 1854. *Giraud.* 60 c.

BARON (Auguste Alexis Floréal), littérateur français, naturalisé belge, professeur de littérature française à l'Université de Liége, membre de l'Académie royale de Belgique, né à Paris, en 1794, mort à Liége, en 1862.

— Grammaire française. — Voy. *Marchand et Baron.*

— Histoire de la littérature française depuis son origine jusqu'au XVIIe siècle. 2 vol. in-8°. 1841. Bruxelles. 10 fr.

— Le même. 2e édit. 1 vol. in-8°. 1851. *Ibid.* 7 fr.

— Littérature dramatique. 3 vol. — Voy. **Encyclopédie populaire.*

— Manuel de rhétorique. 3 vol. — Voy. *Ibid.*

— Mélanges en prose et en vers. 2 vol. in-18. 1860. Bruxelles, *Jamar.* 4 fr.

— Poésies militaires de l'antiquité, ou Callinus et Tyrtée (en vers). 2e édition. In-18. 1856. Liége.

La 1re édition est de 1835. Bruxelles.

— De la Rhétorique ou de la composition oratoire et littéraire. In-8°. 1841. Bruxelles.

— Le même. 2e édition abrégée. In-18. 1853. Bruxelles, *Decq.*

M. Baron a traduit de l'anglais l'Histoire de l'architecture de Th. Hope.

BARON (Charles), docteur en médecine.

— Mémoires sur la nature et le développement des produits accidentels. In-4°. 1845. *Baillière.* 3 fr. 50 c.

BARON (Denne-). — Voy. **Denne-Baron.**

BARON (F. A. Le). — Voy. **Le Baron.**

BARON (François Désiré), professeur de dessin pour les draps à Elbeuf, né à Rennes, en 1826.

— Traité théorique et pratique de la fabrication des draps unis et nouveautés, accompagné de 15 pl. 2e édition augmentée. In-4°. 1865. [Elbeuf, *chez l'auteur.*] *Roret.* 15 fr.

La 1re édition est de 1859.
Ouvrage honoré d'une médaille d'or par S. M. Napoléon III, et d'une médaille de 1re classe de l'Académie nationale.

BARON (L.), agronome.

— La Science des campagnes. Terres cultivables, amendements et engrais. In-18. 1861. *P. Dupont.* 50 c.

BARON (L. C.).

— Jérôme le Réaliste; comédie en quatre actes avec un prologue. In-12. 1858. *Ledoyen.* 2 fr.

BARON (Mich. Boyron, dit), auteur et artiste dramatique, né à Paris, en 1653, mort en 1729.

— L'Homme à bonne fortune. — Voy. **Chefs-d'œuvre* des auteurs comiques, tome 1.

La 1re édition de cette pièce est de 1718.

BARON (Philibert), jardinier-fleuriste.

— Nouveaux principes de taille des arbres fruitiers, d'après la méthode de Philibert Baron. In-8° avec 23 fig. explicatives, lithographiées d'après des photographies d'Alfred Lenormant. In-12. 1858. Belleville, *chez l'auteur, rue du Ratrait.* 3 fr.

BARONCELLI (le comte Félicien de), ancien capitaine, descendant d'une famille italienne, exilée sous Côme de Médicis; né en 1810.

— Alain Chartier, ou le Baiser de Marguerite; opéra-comique en deux actes, musique de M. X... In-8°. 1850. [Avignon, *Clément Saint-Just.*] *Tresse.* 50 c.

Avec Pierre Clavé.

— Catherine de Médicis, ou les Deux orphelins; drame en trois actes, en prose et à spectacle. In-8°. 1850. *Ibid.* 75 c.

— La Châtelaine de Montlhéri; comédie-vaudeville en deux actes. In-8°. 1845. *Ibid.*

Avec Frédéric Dorsy.

— Le Fonctionnaire socialiste; folie-vaudeville en un acte et deux tableaux. In-8°. 1850. *Ibid.* 75 c.

— Un Grain de beauté; folie-vaudeville en un acte. In-8°. 1850. *Ibid.* 75 c.

— Hassan, ou la Vengeance d'un Maure; drame en trois actes, à grand spectacle. In-8°. 1841. *Ibid.* 40 c.

— Le Magnétisme en Chine, ou Une révolution dans l'autre monde; folie-vaudeville en trois actes. Représentée pour la première fois dans la tour de porcelaine de Pékin, mille ans avant le déluge d'Iaho. In-8°. 1850. *Ibid.* 75 c.

BARONCOURT (Petit de). — Voy. **Petit de Baroncourt.**

BARONIUS (César), cardinal, historien ecclésiastique, né à Sora (royaume de Naples), en 1538, mort en 1607.

— Cæsaris S. R. E. Card. Baronii, Od. Raynaldi et Jac. Laderchii annales ecclesiastici denuo excusi et ad nostra usque tempora perducti ab Augustino Theiner. Tomes 1 à 4. In-4°. 1864-1865. Bar-le-Duc, *Guérin.* Chaque volume, 13 fr.

L'ouvrage formera 45 à 50 volumes.

— Discours sur l'origine des Russiens et de leur miraculeuse conversion. Traduit en français par Marc Lescarbot. Nouvelle édition, revue et corrigée par le prince Augustin Galitzin. In-16. 1856. *Techener.* 4 fr.

BARONNAT (l'abbé).

— Histoire impartiale et critique du rigorisme moderne en matière de prêt de commerce, ou la Législation française et la doctrine de l'Église catholique sur le prêt à intérêt, justifiées des imputations de la plupart des séminaires de France. Réfutation des erreurs de M. l'abbé Combalot sur l'autorité du pape et sur l'indépendance des rois, quant au temporel. In-8°. 1842. *Joubert.* 8 fr.

BARONNET (E.).

— La Banque de France. Pour elle ou contre elle. In-8°. 1865. *Librairie centrale.* 1 fr.

BAROT (François Odysse), dit, en littérature, ODYSSE-BAROT, littérateur et journaliste, né à Mirabeau (Vienne), en 1830.

— Grandeur et décadence d'un mirliton de Saint-Cloud. In-18. 1855. *Coulon-Pineau.* 1 fr. 50 c.

— Lettres sur la philosophie de l'histoire. In-12. 1864. *Germer Baillière.* 2 fr. 50 c.

— La Naissance de Jésus. In-12. 1863. *Ibid.* 1 fr.

M. Odysse-Barot a traduit de l'anglais avec Elias Regnault « l'Histoire de la Révolution française » de *Carlyle*.
Il a débuté comme journaliste à « la Réforme » en 1849. Après la suspension de ce journal il prit une part active à la rédaction du « Temps », a collaboré à « la Presse » de 1851 à 1865, au « Bien-être universel », à la « Revue philosophique et religieuse », au « Figaro » (en 1861 et 1862), au « Nain jaune » (en 1863), et à diverses autres publications ; il a fondé en 1855 la « Revue des cours scientifiques et littéraires », continuée aujourd'hui par M. G. Baillière.

BAROTS (F. H.), avocat, ancien magistrat.

— Dictionnaire de droit de l'empire français, commenté et analysé d'après Merlin, Toullier, Rogron, etc.; augmenté d'un dictionnaire d'agriculture et de la médecine vétérinaire, précis sur l'hygiène de la médecine pratique des animaux domestiques, par Roche (Lubin). In-8°. 1863. Paris, *Administration de la jurisprudence de France.* 8 fr.

4e édition. Les 3 premières portaient le titre de : « Manuel des familles, contenant : Dictionnaire de droit français », etc. In-8°. La 1re édition est de 1851.

BARQUI.

— L'Architecture moderne en France, maisons les plus remarquables, etc. Livraisons 1 à 8. In-fol. avec planches. 1865. *Noblet et Baudry.* Chaque livraison, 3 fr.

Cet ouvrage formera 2 vol. in-fol. divisés en 30 livraisons.

BARRACANO (le docteur Gaetano).

— Nouvelle méthode de traitement du choléramorbus. In-12. 1865. Naples.

Traduit de l'italien.

BARRACHIN (le docteur).

— De Lamartine apprécié comme homme politique. Lettre adressée au député de Mâcon par le docteur Barrachin, relative à la cause de l'émancipation de l'Orient. 2e édition, augmentée d'une Réfutation du Manifeste de l'illustre poëte sur les mariages espagnols. In-8°. 1847. *Chez l'auteur, rue Saint-Augustin,* 9. 1 fr.

La 1re édition est de 1846.

— Phase rationnelle et décisive de la question d'Orient. In-8° de 2 f. 1844. *A la maison d'or, boulevard des Italiens.*

BARRAGUEY (Sidoine).

— Échos du cœur (poésies). In-8° de 14 f. 1852. *Dentu.*

— La Fille de Voltaire; comédie en un acte, en vers. In-12. 1859. *Barbré.* 1 fr.

Avec M. Rostan.

BARRAIL (E. Du). — Voy. **Du Barrail.**

BARRAL, capitaine de corvette.

— Renseignements sur la côte méridionale du Brésil et sur le Rio de la Plata, recueillis dans la campagne hydrographique de la gabare l'Émulation, pendant les années 1830-1832. In-8°. 1850. *Ledoyen.* 1 fr.

Publication du Dépôt général de la marine. Extrait des « Annales maritimes » de 1832.

BARRAL (l'abbé), docteur en théologie.

— Étude sur saint Athanase le Grand. Thèse pour le doctorat en théologie. In-8°, 203 p. 1863. *Louis Vivès.*

BARRAL (l'abbé François Étienne Adrien de), ancien professeur au séminaire de Bourges, curé de Villegongis (Indre), né à Levroux (Indre), en 1816.

— Les Deux Bretons, ou la Croix du chemin. In-12. 1862. Limoges et Paris, *Ardant frères.* 1 fr. 50 c.

Le même livre a été publié en 1864 chez les mêmes éditeurs, sous le titre de : « le Retour à Dieu ou le Cousin Yaumir ».

— D'un Musée religieux diocésain. In-8°. 1850. [Bourges], *Sagnier et Bray.* 50 c.

— Le Navire de Marie. Notes de voyage. In-18. 1852. Limoges et Paris, *Ardant frères.* 80 c.

Cet opuscule a eu 4 éditions; les 3 dernières portent le titre de : « le Navire Maria-Saint-Malo ».

M. l'abbé de Barral collabore aux « Annales de philosophie chrétienne » ; il a donné quelques articles à la « Gazette du Berry », au « Droit commun », journal politique et religieux de Bourges, et au « Musée chrétien » (en 1852 et 1853).

BARRAL (F. A.), docteur en médecine de la Faculté de Paris.

— Le Climat de Madère et son influence thérapeutique sur la phthisie pulmonaire. Ouvrage offert à l'Académie royale des sciences de Lisbonne. Traduit du portugais, refondu et augmenté de notes, avec l'autorisation de l'Académie et le concours de l'auteur, par le docteur P. Garnier. In-8°. 1858. *Baillière et fils.* 6 fr.

BARRAL (Jean Augustin), chimiste et physicien, directeur du Journal d'agriculture pratique, ancien répétiteur à l'École polytechnique, né à Metz, en 1819.

— Atlas du Cosmos, contenant les cartes astronomiques, physiques, thermiques, magnétiques, géologiques, relatives aux Œuvres de A. de Humboldt et F. Arago, publié sous la direction de M. J. A. Barral. Livraisons 1 à 4. In-fol. 1861. *Gide.* Chaque livraison, 3 fr.

— Le même. Livraisons 9 à 14. In-fol. 1864-1865. *Morgand.* Chaque livraison, 3 fr.

La publication de cet Atlas avait été interrompue après la 4e livraison ; elle a été reprise en 1864 et le nouvel éditeur a divisé les 4 premières livraisons en 8 livraisons, de sorte que la 9e forme la suite à l'ancienne 4e.

— Le Blé et le pain. Liberté de la boulangerie. In-12. 1863. *Librairie agricole.* 6 fr.

— Le Bon fermier. Aide-mémoire du cultivateur. Ouvrage contenant : un calendrier détaillé, le tableau des foires de chaque département, etc., avec 231 grav. représentant les machines, instruments aratoires, les étables, écuries, bergeries, etc. In-12. 1858. *Ibid.* 7 fr.

— Le même. 2 édition. 1861-1862. In-12, avec 200 grav. dans le texte. 1861. *Ibid.* 7 fr.

— Manuel du drainage des terres arables. In-12 avec 233 grav. et 7 pl. 1854. *Dusacq.* 6 fr.

— Le même. 2e édition, sous le titre : Drainage

des terres arables. 2e édition. 2 vol. in-12. 1856. *Librairie agricole.* 7 fr.

— Drainage. — Irrigations. — Engrais liquides, tomes 3 et 4. 2 vol. in-12. 1860. *Ibid.* 15 fr.

— Mémoire sur les engrais en général et sur le phospho-guano en particulier. In-8°, 32 p. 1864. *Imprimerie Dubuisson et Cie.*

— Monsieur de Gasparin. Notice. 2e édition. In-18. 1862. *Librairie agricole.* 1 fr.

— Statistique chimique des animaux, appliquée spécialement à la question de l'emploi agricole du sel. In-12. 1849. *Librairie agricole.* 5 fr.

M. J. A. Barral collabore au « Bon Jardinier », almanach annuel; il a fourni un grand nombre d'articles au « Journal d'agriculture pratique », et à d'autres recueils scientifiques et agricoles. Il a publié les Œuvres d'*Arago.*

BARRAL (Georges), fils du précédent, secrétaire de la Société de navigation aérienne, fondée par M. Nadar sous le nom de : « Plus lourd que l'air »; né à Paris, en 1842.

— Impressions aériennes d'un compagnon de Nadar, suivies de la note lue à l'Observatoire impérial sur la troisième ascension du Géant, avec une carte du voyage. In-8°. 1864. *Mme Gaut.* 50 c.

— Le 93e Anniversaire natal de Charles Fourier. In-8°. 1865. *Librairie des sciences sociales.* 50 c.

— Vingt-sept minutes d'arrêt!... Salon de 1864. In-8°. *Mme Gaut.* 50 c.

M. Georges Barral collabore au « Journal d'agriculture pratique », à la « Revue horticole », à la « Presse scientifique » et à « l'Économiste français ».

BARRALLIER (le docteur Auguste Marie), médecin en chef de la marine, professeur de pathologie à l'École de médecine navale de Toulon, membre correspondant de l'Académie de médecine et de chirurgie de Cadix, membre titulaire de la Société académique du Var, né à Toulon, en 1814.

— Des Accidents tertiaires de la syphilis. In-4°. 1847. Montpellier, *Ricard frères.* 2 fr. 50 c.

— Des Effets physiologiques et de l'emploi thérapeutique de l'huile essentielle de valériane. In-8°. 1853. *Imprimerie Hennuyer.* 75 c.

— Des Effets physiologiques et de l'emploi thérapeutique de la *Lobelia inflata.* In-8°. *Ibid.* 1 fr.

— Du Traitement des céphales nerveuses par le chlorhydrate d'ammoniaque. In-8°. *Ibid.* 75 c.

— Du typhus épidémique et histoire médicale des épidémies de typhus observées au bagne de Toulon en 1855 et 1856. In-8°. 1861. *Baillière et fils.* 5 fr.

M. le Dr Barrallier collabore au « Nouveau Dictionnaire de médecine et de chirurgie », publié chez J. B. *Baillière.*
Il a publié des articles dans « l'Union médicale » et dans le « Bulletin général de thérapeutique ».

BARRAN (l'abbé), ancien directeur et professeur de théologie au séminaire des missions étrangères à Paris, né à Mirande (Gers), en 1797, mort à Paris, en 1855.

— Exposition raisonnée des dogmes de la morale du christianisme, dans les entretiens d'un professeur de théologie avec un docteur en droit. 3 vol. in-8°. 1843. *Poussielgue-Rusand.* 12 fr.

— Le même. 2e édition revue, corrigée et augmentée. 3 vol. in-8°. 1845. *Ibid.* 12 fr.

BARRANDE (Joachim), membre de la Société géologique de France.

— Colonie dans le bassin silurien de la Bohême. In-8°, 65 p. 1860. *Imprimerie Martinet.*

— Défenses des colonies. III. Étude générale sur nos étages G-H avec application spéciale aux environs de Hlubocep, près Prague. Gr. in-8° avec une carte et une feuille de profils chromolithographiés in-fol. 1865. Prague. 6 fr. 50 c.

— Documents anciens et nouveaux sur la faune primordiale et le système Taconique en Amérique. In-8°, 119 p. avec 2 pl. 1861. *Imprimerie Martinet.*

— Graptolites de Bohême. Extrait du système silurien du centre de la Bohême. In-8° avec 4 pl. 1850. Prague, *Calve.* 8 fr.

— Système silurien du centre de la Bohême. 1re partie. Recherches paléontologiques, tome 1. Crustacés, Trilobites. In-4° avec un atlas de 51 pl. 1852. *Ibid.* 200 fr.

— Le même. Tome 2. Céphalopodes. 1re série. In-4°. 1865. *Ibid.* 100 fr.

— Nouveaux Trilobites. Supplément à la notice préliminaire sur le système silurien et les Trilobites de Bohême. In-8°. 1847. *Ibid.* 1 fr.

— Représentation des colonies de Bohême dans le bassin silurien du nord-ouest de la France. In-8°, 47 p. et tableau. 1853. *Imprimerie Martinet.*

M. J. Barrande a publié de nombreux mémoires sur la faune de la Bohême dans le « Bulletin de la Société géologique de France », de 1853 à 1864.

BARRANGER (Antoine), curé de Villeneuve-le-Roi, membre de la Société des sciences morales, arts et lettres de Seine-et-Oise, de la Société des sciences historiques et naturelles de l'Yonne, né à Tillenay (Côte-d'Or), en 1805.

— Étude d'archéologie celtique, gallo-romaine et franque, appliquée aux antiquités de Seine-et-Oise. In-8°. 1864. *Courrier.* 1 fr. 50 c.

— Étude sur l'esclavage, de l'antiquité jusqu'à nos jours. In-8°, 34 p. 1860. Auxonne, *Deleuze frères.*

— Fondation et restauration de l'église de Flagey-lès-Auxonne. Souvenirs. In-8° de 72 p. 1840. Auxonne, *Saunié.*

BARRAS (J. P. T.), docteur en médecine.

— Précis analytique sur le cancer de l'estomac et sur ses rapports avec la gastrite chronique et les gastralgies. In-8°. 1842. *Labé.* 2 fr. 50 c.

— Traité sur les gastralgies et les entéralgies, ou Maladies nerveuses de l'estomac et des intestins. Tome 1er. 4e édition revue et corrigée. In-8°. 1844. *Ibid.* 7 fr.

— Le même. Tome 2. 2e édition. In-8°. 1839. *Béchet.* 7 fr.

La 1re édition est de 1827.

BARRAU (Hippolyte de), président de la Société des lettres de l'Aveyron, né à Salmiech (Aveyron), en 1796, mort dans son pays natal, en 1864.

— Documents historiques et généalogiques sur les familles et les hommes remarquables du Rouergue dans les temps anciens et modernes. 4 vol. in-8°. 1853-1860. Rodez, *imprimerie Ratery.* 20 fr.

— Documents sur les ordres du Temple et de Saint-Jean de Jérusalem en Rouergue, suivis d'une notice historique sur la Légion d'honneur et du tableau de ses membres dans le même pays. In-8°. 1861. Rodez, *imprimerie Ratery.* 5 fr.

Fait suite à l'ouvrage précédent.

— Mémoire justificatif, publié à la suite de sa biographie sur feu M. de Monseignat. In-8°, 82 p. 1862. *Baillière et fils.*

BARRAU (J. J.).

— Histoire politique des peuples musulmans depuis Mahomet jusqu'à nos jours, suivie de considérations sur les destinées futures de l'Orient. 2 vol. in-8°. 1842. *Thomine.* 15 fr.

— Nouveaux documents sur l'histoire de France aux XIᵉ, XIIᵉ et XIIIᵉ siècles. Histoire des croisades contre les Albigeois. 2 vol. in-8°. 1840. *Chez l'éditeur, rue de l'École de médecine*, 12. 15 fr.

Le titre de cet ouvrage porte : par MM. J. J. Barrau et B. Darragon, M. Barrau en est cependant le seul auteur. — Voy. une note dans « la France littéraire contemporaine », tome I, p. 161.

BARRAU (Théod. Henri), littérateur, ancien professeur de rhétorique au collège de Niort, ancien proviseur de celui de Chaumont, rédacteur en chef du Manuel général de l'instruction primaire, né à Toulouse, en 1794, mort à Paris, en 1865.

— Amour filial. Récits à la jeunesse. Ouvrage illustré de 41 vignettes, par Férogio. In-12. 1862. *Hachette et Cⁱᵉ.* 2 fr.

Bibliothèque rose illustrée. — Une 1ʳᵉ édition de cet ouvrage a été publiée en 1836. 1 vol. in-8°. 6 fr.

— Choix gradué de 50 sortes d'écritures pour exercer les enfants à la lecture des manuscrits. Nouvelle édition, entièrement refondue. In-8°. 1861. *Ibid.* 1 fr. 50 c.

La 1ʳᵉ édition est de 1853.

— Choix de poésies propres à être apprises par cœur dans les écoles et dans les classes élémentaires des lycées et collèges, extraites de divers auteurs et accompagnées de notes explicatives. In-18. 1865. *Hachette et Cⁱᵉ.* 75 c.

Publié sous le pseudonyme de Louis d'Altemont. — La 1ʳᵉ édition est de 1858.

— Conseils aux ouvriers sur les moyens qu'ils ont d'être heureux, avec l'explication des lois qui les concernent particulièrement. In-12. 1850. *Ibid.* 2 fr.

Nouvelle édition 1864. *Ibid.* 1 fr.

— Des Devoirs des enfants envers leurs parents. A l'usage des écoles primaires. Nouvelle édition, revue et augmentée par l'auteur. In-18. 1865. *Ibid.* 50 c.

Cet ouvrage a été très-souvent réimprimé. La 1ʳᵉ édition est de 1842.

— Direction morale pour les instituteurs. In-18. 1841. *Ibid.* 1 fr.

— De l'Éducation dans la famille et au collège. In-8°. 1852. *Ibid.* 5 fr.

— De l'Éducation morale de la jeunesse à l'aide des écoles normales primaires. In-8°. 1840. *Ibid.* 5 fr.

— Exercices de composition et de style, ou Sujets de descriptions, de narrations, de dialogues et de discours. 3ᵉ édition. In-12. 1864. *Ibid.* 2 fr.

La 1ʳᵉ édition est de 1853.

— Histoire de la révolution française (1789-1799). In-12. 1857. *Ibid.* 3 fr. 50 c.

Nouvelle édition en 1862.

— Instructions sur la loi d'enseignement en ce qui concerne l'instruction primaire, suivies du texte de loi et d'autres documents. In-18. 1851. *Ibid.* 1 fr. 25 c.

— Législation de l'instruction publique, contenant les lois, décrets, ordonnances, règlements et arrêtés actuellement en vigueur, recueillis et mis en ordre par Th. H. Barrau. Nouvelle édition, présentant l'état complet de la législation au 1ᵉʳ août 1853. 1853. *Ibid.* 7 fr. 50 c.

La 1ʳᵉ édition est de 1851.

— Livre de morale pratique, ou Choix de préceptes et de beaux exemples destiné à la lecture courante dans les écoles et dans les familles. Nouvelle édition, revue. In-12. 1865. *Ibid.* 1 fr. 50 c.

La 1ʳᵉ édition est de 1849.

— Méthode de composition et de style, suivie d'un choix de modèles en prose et en vers. In-12. 1847. *Ibid.* 2 fr. 50 c.

— Morceaux choisis des auteurs français, à l'usage des écoles normales primaires, des instituteurs et des institutrices. In-12. 1862. *Ibid.* 3 fr. 50 c.

— Narrations et lettres (sujets et corrigés) à l'usage des écoles. In-18. 1865. *Ibid.* 2 fr. 50 c.

Publié sous le pseudonyme de Louis d'Altemont.

— Nouvelles Lois sur l'enseignement, suivies des décrets, règlements et arrêtés relatifs à l'exécution de ces lois, avec un commentaire. Nouvelle édition, mise au courant jusqu'au 1ᵉʳ décembre 1856. In-12. 1857. *Ibid.* 2 fr.

Il y a des éditions antérieures, de 1850, 1853 et 1855.

— La Patrie. Description et histoire de la France. Livre de lecture destiné aux établissements d'instruction publique. 3ᵉ édition. In-12. 1862. *Ibid.* 1 fr. 50 c.

La 1ʳᵉ édition est de 1859.

— Du Rôle de la famille dans l'éducation, ou Théorie de l'éducation publique et privée. In-8°. 1857. *Ibid.* 6 fr.

— Simples notions sur l'agriculture, le jardinage et les plantations, suivie de l'histoire de Félix, ou le Jeune cultivateur. 10ᵉ édition. In-12. 1864. *Ibid.* 1 fr. 25 c.

La 1ʳᵉ édition est de 1847.

BARRAUD (l'abbé Pierre Constant), né à Beauvais (Oise), en 1801, ancien directeur au Grand Séminaire de Beauvais, chanoine titulaire de la cathédrale de la même ville, membre de l'Institut des provinces de France, inspecteur de la Société française d'archéologie, correspondant du ministère de l'instruction publique pour les travaux historiques.

— Le Bâton pastoral, étude archéologique. In-4°. 1856. *Vᵉ Poussielgue-Rusand.* 15 fr.

Avec le P. Arthur Martin, S. J.

— Des Bagues à toutes les époques et en particulier de l'anneau des évêques et des abbés. In-8° avec fig. 1864. Caen, *Le Blanc-Hardel*; Beauvais, *V. Pineau.* 4 fr.

Extrait du « Bulletin monumental » de M. de Caumont.

— Beauvais et ses monuments pendant l'ère gallo-romaine et sous la domination franque. In-8° avec fig. 1861. Caen, *Hardel*; Beauvais, *V. Pineau.* 2 fr.

Extrait du même recueil.

— Description de l'ancienne église collégiale Saint-Barthélemy de Beauvais. In-8° avec 7 pl. 1862. Beauvais, *V. Pineau.* 2 fr.

— Description de deux grandes verrières de la cathédrale de Beauvais (XVIᵉ siècle). In-8° avec 1 pl. 1850. Beauvais, *imprimerie Ach. Desjardins.* 75 c.

— Description des vitraux des hautes fenêtres du chœur de la cathédrale de Beauvais. In-8°. 1856. Beauvais, *Ach. Desjardins* ; *V. Pineau.* 1 fr. 50 c.

— Description des vitraux des chapelles de la cathédrale de Beauvais. In-8°. 1856. *Ibid.* 1 fr.

— Étude sur les tableaux de la cathédrale de Beauvais. In-8°. 1863. Beauvais, *V. Pineau.* 2 fr.

— Note sur un tronc en cuivre du xvi° siècle et sur un réchaud en fer de la même époque, qui appartiennent à la cathédrale de Beauvais. In-8° avec 1 pl. 1863. *Ibid.* 1 fr.

— Notice archéologique et liturgique sur l'encens et les encensoirs. In-8° avec 7 fig. sur bois intercalées dans le texte. In-8°. 1860. Caen, *Hardel*; Beauvais, *Pineau.* 2 fr. 50 c.

— Notice sur les instruments de paix. In-8°, 93 p. 1865. [Caen, *Le Blanc-Hardel.*] *Derache.* 2 fr. 50 c.

— Notice archéologique et liturgique sur les ciboires. In-8°. 1858. Caen, *Hardel.* 2 fr. 50 c.

— Notice sur les calices et les patènes. In-8° avec 1 pl. 1842. *Ibid.* 1 fr. 50 c.

— Notice sur les cloches. In-8°. *Ibid.* 1 fr.

— Notice sur la mitre épiscopale. In-8° avec fig. 1865. Caen, *Hardel*; Beauvais, *Pineau.* 2 fr. 50 c.

— Notice sur les tapisseries de la cathédrale de Beauvais. In-8°. 1858. Beauvais, *imprimerie Desjardins.* 2 fr.

— Notice sur quelques émaux de la cathédrale de Beauvais et note sur l'autel de N. D. de la Paix, érigé dans la cathédrale de Beauvais conformément aux intentions de Louis XI. Gr. in-8°. 1865. Beauvais, *V. Pineau.* 1 fr.

— Notice sur la paroisse et l'église de Sainte-Madeleine de Beauvais. Gr. in-8° avec 2 pl. 1865. *Ibid.* 2 fr.

— Notice sur l'église et la paroisse de Saint-Gilles, à Beauvais. Gr. in-8° avec 3 pl. 1863. *Ibid.* 2 fr.

— Notice sur l'église de Saint-Martin-aux-Bois. Gr. in-8° avec 2 pl., représentant les stalles. 1851. Beauvais, *imprimerie Ach. Desjardins.* 1 fr.

— Notice sur M. l'abbé Poullet, supérieur de l'Institution de Senlis. In-8°, 44 p. 1846. *Ibid.*

— Recherches sur les coqs des églises. In-8° avec fig. 1858. Caen, *Hardel.* 1 fr.

— Recherches relatives à la situation géographique de Brantuspantium (Breteuil). In-8°. 1844. *Ibid.* 75 c.

— Testament de Guy Drappier, curé de Saint-Sauveur de Beauvais. Gr. in-8°. 1865. Beauvais, *V. Pineau.* 75 c.

M. l'abbé Barraud prête une active collaboration au « Bulletin monumental » de M. de Caumont; plusieurs des ouvrages que nous venons d'énumérer ont été insérés dans ce recueil avant d'être publiés séparément.

Il a donné aussi quelques articles au « Guetteur du Beauvaisis », petite revue d'histoire, de littérature et d'archéologie locale qui paraît à Beauvais depuis 1864.

BARRAUD (Étienne), coiffeur à Autun, né à Digoin, en 1807.

— Recueil de poésies populaires, religieuses, politiques et satiriques. In-18. 1858. Lyon, *Girard et Josserand.* 3 fr. 50 c.

BARRAULT (Alexis), ingénieur, membre de la commission du percement de l'isthme de Suez, né en 1808, mort à Paris, en 1865.

— Le Palais de l'Industrie et ses annexes. Description raisonnée du système de construction en fer et en fonte, adopté dans ces bâtiments, avec dessins d'exécution et tableaux des poids. In-fol. avec 28 pl. 1857. *Noblet.* 30 fr.

Avec G. Bridel.

— Traité de la fabrication du fer et de la fonte. — Voy. *Flachat et Barrault.*

BARRAULT (Émile), frère du précédent, publiciste et avocat, ingénieur, ancien saint-simonien, né à Paris, en 1802. Il a fait deux voyages en Orient, et il fait, comme son frère, partie de la commission de l'isthme de Suez. En 1850, il a été élu représentant de la ville d'Alger à l'Assemblée législative.

— Le Chemin de fer du Nord en Espagne. In-18 avec 1 carte. 1858. *Plon.* 2 fr.

— Le Christ. In-8°. 1864. *Dentu.* 6 fr.

— Deux années de l'histoire d'Orient. — Voy. *Cadalvène et Barrault.*

— Le Droit des inventeurs. Réponse à M. Michel Chevalier. In-8°. 1863. *Lacroix.* 2 fr.

— Épître à M. de Lamartine. In-8° de 2 f. 1842. *Ledoyen.*

— Les Inventeurs et la loi des États-Unis modifiée en 1861. Texte, documents et commentaires de la législation des brevets d'invention. In-12. 1861. *E. Lacroix.* 1 fr.

— Marques de fabrique et noms commerciaux. Guide pratique du fabricant, du négociant et du commerçant pour la protection de leurs produits au moyen du dépôt des marques de fabrique. In-12. 1859. *Chez l'auteur, boulevard Saint-Martin*, 33. 2 fr.

— Note sur les brevets d'invention en France et à l'étranger. In-12. 1858. *Ibid.* 75 c.

BARRAULT (E.), agrégé de l'Université.

— Traité des synonymes de la langue latine, composé sur un plan nouveau, d'après les travaux des grammairiens, des commentateurs et des synonymistes anciens et modernes, et principalement d'après le grand travail de M. Dœderlein, avec la collaboration, pour la 2° partie, de M. Ernest Grégoire. In-8°. 1858. *Hachette.* 9 fr.

BARRE (le docteur A.).

— Du Diagnostic des lésions profondes de l'œil, à l'aide de l'ophthalmoscope et des phosphèmes. In-8° avec 2 pl. 1857. Montpellier, *imprimerie Ricard frères.* 3 fr.

BARRE, comte DE LA GARDE (Ch.), avocat à la cour impériale de Paris, né à Paris, en 1822.

— Du Crédit et des banques hypothécaires. In-8°. 1849. *Guillaumin.* 6 fr. 50 c.

— Quelques mots sur la Société du prince impérial. In-8°. 1862. *Cosse et Marchal.* 50 c.

— Un Bouquet littéraire, ou Huit jours dans l'île du bois de Boulogne. In-12. 1857. *Dentu.* 3 fr. 50 c.

BARRE (DULAURENS DE LA). — Voy. **Dulaurens.**

BARRÈ (C. G.), docteur en médecine de la Faculté de Paris.

— Hygiène du premier âge. Des soins que réclame l'enfant depuis la naissance jusques après le sevrage. In-8°. 1861. *Coccoz.* 2 fr.

BARRÉ (Frédéric).

— Chansons de vingt ans. In-18. 1865. *Marpon.* 1 fr.

BARRÉ (J. A.).

— Traité d'éducation physique, intellectuelle et morale. — Voy. *Rey* (Joseph) *et Barré.*

BARRÉ (Laurent).

— Quelques Réflexions sur la presse. (En vers.) In-8° de 3 f. 1851. *Ledoyen.*

BARRÉ (Louis), littérateur, ancien professeur de philosophie au collége de Lille, né en 1799, mort en 1851.

— Les Conseils d'Albert Durer. In-4°, illustré. 1849. *Bry.*

— Herculanum et Pompéï. Recueil général des peintures, bronzes, mosaïques, etc., découverts jusqu'à ce jour et reproduits d'après « le Antichità di Ercolano », etc., et tous les ouvrages analogues, augmenté de sujets inédits, gravés au trait sur cuivre par M. Roux aîné, et accompagné d'un texte explicatif, par M. L. Barré. 8 vol. gr. in-8° avec 760 planches. 1837-1840. *F. Didot frères.* 127 fr.

— La Logique, ou l'Art de penser, par MM. de Port-Royal. Nouvelle édition, précédée d'une introduction, d'une analyse développée et d'appréciations philosophiques et critiques, par L. Barré. In-12. 1851. *Delalain.* 2 fr. 50 c.

— Nouvelle biographie classique, contenant, jusqu'à l'année 1840, la liste des principaux personnages de tous les pays, ainsi que leurs actions et leurs ouvrages les plus remarquables. In-12. 1844. *Didot.* 3 fr. 50 c.

M. Louis Barré a encore publié les ouvrages suivants : *Dante*, la Divine Comédie, traduction de Sébastien Rhéal. — La 14ᵉ édition du Dictionnaire de *Boiste*. — *Landais*, Grand Dictionnaire général. — *Landais*, Dictionnaire des rimes françaises. — *Lafontaine*, OEuvres complètes. — *J. J. Rousseau*, OEuvres complètes. — Il a traduit de l'anglais quelques romans de W. Scott. — Voy. ces noms.

BARREAU (Ferdinand).

— Le Magnétisme humain en cour de Rome et en cour de cassation, sous le rapport religieux, moral et scientifique. Suivi d'une méthode pratique et appuyée par un grand nombre d'expériences et de faits nouveaux. In-12. 1844. *Sagnier et Bray.* 3 fr.

BARREAU (H.).

— Des Causes de la décadence rapide de la langue latine. In-8° de 15 f. 1854. *Imprimerie de Vrayet de Surcy.*

BARREME (le vicomte HELION DE). — Voy. **Helion de Barreme.**

BARRÈRE (l'abbé Joseph), correspondant du comité de la langue, de l'histoire et des arts de la France et de la Société impériale des antiquaires de France, ancien missionnaire, né à Mézin (Lot-et-Garonne), en 1808.

— Ermitage de Saint-Vincent de Pompéjac, depuis son origine jusqu'à sa restauration, par les Carmes déchaussés, comprenant le rétablissement providentiel de ces religieux en France, une dissertation sur l'épiscopat de saint Cyprien et plusieurs pièces justificatives. In-12. 1865. *Ibid.* 3 fr.

— Le Général de Tartas et récit de ses expédi-

tions militaires en Afrique, d'après sa correspondance et d'après le témoignage des documents officiels et de plusieurs de ses compagnons d'armes. In-12. 1860. Agen, *Chairou.* 2 fr.

— Histoire religieuse et monumentale du diocèse d'Agen, depuis les temps les plus reculés jusqu'à nos jours. 2 vol. in-4° avec pl. 1855 et 1856. Agen, *Ibid.* 40 fr.

Ouvrage orné de nombreuses lithographies à deux teintes et de sujets iconographiques. Il a été publié en 8 livraisons.

BARRÈRE (J. Ch.).

— Les Rimes d'un vieux Pyrénéen, curieuses, originales, religieuses, philanthropiques, comiburlesques, toujours décentes et inoffensives, etc. In-8° de 20 f. 1842. Toulouse, *imprimerie de Dieulafoy.*

BARRÈRE (P.).

— Les Écrivains français, leur vie et leurs œuvres, ou Histoire de la littérature française. In-12. 1864. [Bruxelles.] *Ducrocq.* 5 fr.

BARRES (le baron CHAILLOU DES). — Voy. **Chaillou des Barres.**

BARRES (Fernand DES). — Voy. **Des Barres.**

BARRÈS DU MOLARD (le vicomte Alph. de).

— Mémoire sur la guerre de la Navarre et des provinces basques, depuis son origine, en 1833, jusqu'au traité de Bergara, en 1839. In-8° avec 1 carte, 1 portrait et 1 tableau. 1842. *Dentu.* 8 fr.

BARRESWIL (Charles Louis), chimiste, élève de M. Pelouze, professeur de chimie à l'École supérieure du commerce, commissaire expert au ministère de l'agriculture et du commerce, né à Versailles, en 1817.

— Appendice à tous les traités d'analyse chimique : recueil des observations publiées depuis dix ans sur l'analyse qualitative et quantitative. In-8° avec 1 pl. 1843. *Fortin et Masson.* 7 fr.

Avec A. Sobrero.

— Chimie photographique, contenant les éléments de chimie expliqués par des exemples empruntés à la photographie ; les procédés de photographie sur glace (collodion humide, sec ou albuminé), sur papiers, sur plaques ; la manière de préparer soi-même, d'essayer et d'employer tous les réactifs et d'utiliser les résidus, etc. 4ᵉ édition, revue, augmentée et ornée de figures dans le texte. In-8°. 1864. *Gauthier-Villars.* 8 fr. 50 c.

Avec M. Davanne.

1ʳᵉ édition, 1854. 5 fr.; 2ᵉ, 1858, 7 fr. 50 c.; 3ᵉ, 1861, 7 fr. 50 c.

— Dictionnaire de chimie industrielle. Avec la collaboration de MM. de Luca, Aubergier, Balard (de l'Institut), Bayvet, H. Bouilhet, Ciccone, Colin, Davanne, Decaux, etc. Tomes 1 à 3. In-8°. 1861-1864. *Dezobry, Tandou et Cⁱᵉ.* 25 fr.

Avec Aimé Girard.
L'ouvrage aura 4 volumes.

— Documents académiques et scientifiques, pratiques et administratifs sur le tannate de quinine. In-8°. 1852. *Baillière.* 75 c.

BARRET (l'abbé), missionnaire du diocèse de Lyon, né à Mornant (dans le Lyonnais), en 1798, mort à Saint-Étienne (Loire), en 1844.

— Sermons et conférences. 2 vol. in-12. 1846. Lyon, *Mothon.* 4 fr.

BARRET (l'abbé), du diocèse de Langres.

— Le Précurseur. Histoire raisonnée de la vie, de la mission et des prédications de saint Jean-Baptiste. In-8°. 1858. [Troyes, *Anner-André*.] *Douniol*. 8 fr.

M. l'abbé Barret a aussi traduit : « De l'adorable Sacrement de l'autel », de saint *Thomas d'Aquin*.

BARRET (Hippolyte), docteur en médecine, né vers 1811, mort à Carpentras (Vaucluse), en 1866.

— Des Besoins morbides du système vivant, considérés au point de vue du diagnostic et du traitement. In-8° de 3 f. 1853. Carpentras, *imprimerie Devillario*.

M. H. Barret a laissé en outre beaucoup d'ouvrages en manuscrit.

BARRET (P.), de Saint-Symphorien.

— La Mort de Mgr. Affre, archevêque de Paris; poëme national en trois chants, accompagné de notes explicatives, historiques et critiques. In-12. 1856. Amiens, *Caron*.

BARRETT (Thomas Ferdinand), professeur de langue anglaise à Lyon, né à Londres, en 1819.

— Dictionnaire anglo-français. In-32. 1855. Lyon, *Blanc et Scheuring*.

Avec S. H. Blanc.

— Nouvelle méthode pratique anglaise, avec la prononciation représentée par des lettres françaises ayant les mêmes sons que les lettres correspondantes en anglais. 1re partie. In-8°. 1861. Lyon, *Perrin*. 2 fr. 50 c.

On doit encore à M. Barrett une grammaire anglaise à l'usage des Anglais.

BARRETTA (Ch. Joseph).

— Manuel complet théorique et pratique du chocolatier, du limonadier, distillateur-liquoriste, confiseur, pâtissier suisse; suivi d'un Traité sur l'art de faire et de conserver les vins, etc. In-8° avec 9 pl. 1841. *Mathias*. 10 fr.

BARRIER, ancien rédacteur-gérant du journal « l'Univers ».

— Documents sur le procès du journal « l'Univers » contre « l'Univers jugé par lui-même ». In-4° de 10 1/2 f. 1856. *Imprimerie Bailly*.

L'ouvrage anonyme dont il s'agit ici est de l'abbé Jos. Cognat. (Voy. ce nom.)

BARRIER (Éléonor Hippolyte), ancien membre de l'instruction publique, agent voyer d'arrondissement à Yvetot, né à Paris, en 1810.

— Répertoire général de voirie vicinale, ou Guide méthodique, usuel, pratique et complet de législation, de jurisprudence et d'administration des chemins vicinaux. In-8°. 1865. [Bolbec, *Valin*.] *Dunod*. 10 fr.

— Le Système légal des nouveaux poids et mesures mis à la portée de tout le monde. 2e édition revue, corrigée et augmentée. In-8°. 1841. Rouen, *imprimerie de D. Brière*. 1 fr.

BARRIER (F. M.), professeur de clinique chirurgicale à l'École préparatoire de médecine et de pharmacie de Lyon, né à Saint-Étienne, en 1815.

— Considérations sur les caractères de la vie dans l'enfance. In-8° de 4 f. 1842. *Fortin et Masson*.

— Considérations sur l'établissement des crèches dans la ville de Lyon. In-18. 1847. Lyon, *imprimerie de Boitel*. 50 c.

— Esquisse d'une analogie de l'homme et de l'humanité. In-8°. 1846. Lyon, *Dorier*. 60 c.

— Mémoire sur le diagnostic et la méningite chez les enfants, ses difficultés et son importance dans la pratique. In-8° de 2 1/2 f. 1842. Lyon, *Savy*.

— Observations et remarques sur la rupture de l'ankylose et de la hanche. 2e mémoire. In-8°. 1860. *Baillière et fils*. 75 c.

— Traité pratique des maladies de l'enfance, fondé sur de nombreuses observations cliniques. 3e édition, revue et augmentée. 2 vol. in-8°. 1860. *Chamerot*. 18 fr.

1re édition, 2 vol. 1842. *Masson*. 16 fr.; 2e édition, 2 vol. 1845. 16 fr.

BARRIÈRE (Alexis).

— Le Poëte, ou les Droits de l'auteur; comédie en un acte et en vers. In-8°. 1842. *Beck*. 50 c.

— Les Pages de Louis XII; comédie. — Voy. *Villeneuve et Barrière*.

— La Sainte-Catherine, ou Un bienfait n'est jamais perdu; à-propos-vaudeville en un acte. In-18. 1851. *Pesron*. 50 c.

— Le même. Nouvelle édition. In-18. 1861. *Fouraut*. 50 c.

BARRIÈRE (Antoine).

— Essais dramatiques. In-8°. 1862. Béziers, *Carrière*. 4 fr.

BARRIÈRE (Aristide), propriétaire-cultivateur.

— Maladie de la vigne. Traitement par le sulfate de cuivre (vitriol). Manuel du vigneron. In-12. 1860. *Imprimerie Ve Crugy*. 60 c.

2e édition la même année. 75 c.

BARRIÈRE (Jean François), littérateur, rédacteur au « Journal des Débats », né à Paris, en 1786.

— Bibliothèque des Mémoires relatifs à l'histoire de France pendant le XVIIIe siècle; avec des avant-propos et des notices par F. Barrière. Tomes I à XXIX. In-12. 1846-1864. *F. Didot frères*. Chaque volume, 3 fr.

I. Mémoires de madame de STAAL-DELAUNAY. — Mémoires du marquis D'ARGENSON. — Notice sur MADAME, mère du Régent. Ses mémoires. — SAINT-SIMON. Extrait de ses mémoires. 1 vol. 1846.

II. Mémoires de DUCLOS. 1 vol. 1846.

III. Mémoires de madame DU HAUSSET, femme de chambre de madame de Pompadour. — BACHAUMONT. Mémoires historiques et littéraires. 1 vol. 1846.

IV. Mémoires du baron DE BESENVAL. — COLLÉ. La Vérité dans le vin, ou les Désagréments de la galanterie; comédie en un acte. 1 vol. 1846.

V. Mémoires de MARMONTEL. 1 vol. 1846.

VI. Mémoires de mademoiselle CLAIRON. — Mémoires de LEKAIN. — Mémoires de P. L. DUBUS-PRÉVILLE. — Mémoires de DAZINCOURT. — Mémoires de MOLÉ. — Mémoires de GARRICK. — Mémoires de GOLDONI. 1 vol. 1847.

VII. Mémoires de WEBER. 1 vol. 1847.

VIII. Mémoires de madame ROLAND. 1 vol. 1847.

IX. Mémoires de CLÉRY. — Journal de tout ce qui s'est passé à la tour du Temple pendant la captivité de Louis XVI. — Dernières heures de Louis XVI, écrites par l'abbé EDGEWORTH DE FIRMONT, son confesseur. — Récit des événements arrivés au Temple depuis le 13 août 1792 jusqu'à la mort du dauphin Louis XVII, par madame la duchesse D'ANGOULÊME. — Mémoires de M. le duc de MONTPENSIER. — Mémoires de RIOUFFE. 1 vol. 1847.

X. Mémoires sur la vie de Marie-Antoinette, par Mme CAMPAN. 1 vol. 1847.

XI. Mémoires du général DUMOURIEZ. 1 vol. 1848.

XII. Suite des Mémoires de DUMOURIEZ. — Mémoires de LOUVET. — Mémoires de DAUNOU, pour servir à l'histoire de la Convention nationale. (Ouvrage inédit.) 1 vol. 1848.

XIII. Mémoires sur les Journées de septembre 1792. Mon

gonie de trente-huit heures, par M. de Jourgniac-Saint-Méard. — Relation de l'abbé Sicard, instituteur des sourds-muets. — Déclaration du citoyen Jourdan, président de la section des Quatre-Nations. 1 vol. 1858.

XIV. Vaublanc. Mémoires et souvenirs. 1 vol. 1857.

XV. Souvenirs de Félicie; par madame de Genlis. 1 vol. 1857.

XVI. Mémoires de madame de Genlis. 1 vol. 1857.

XVII et XVIII. Mémoires du duc de Richelieu. 2 vol. 1858.

XIX et XX. Mémoires et pensées du comte de Ségur et du prince de Ligne. 2 vol. 1859.

XXI. Mémoires du marquis de Bouillé. 1 vol. 1859.

XXII. Mémoires secrets sur la Russie et sur les mœurs de Saint-Pétersbourg à la fin du XVIIIe siècle, par M. Masson. 1 vol. 1859.

XXIII et XXIV. Souvenirs de Berlin, par Thiébault. 2 vol. 1860.

XXV. Mémoires de Lauzun et du comte de Tilly. 1 vol. 1862.

XXVI. Mémoires d'Alfieri. 1 vol. 1862.

XXVII. Souvenirs de lord Holland. — Journal de mistress Elliot. 1 vol. 1862.

XXVIII et XXIX. Correspondance de madame Du Deffand. Nouvelle édition revue sur celle de Londres de 1810. 2 vol. 1864.

BARRIÈRE (Théodore), auteur dramatique, né en 1823.

— L'Ane mort; drame en cinq actes avec un prologue et un épilogue, musique de M. Mangeant. In-12. 1853. *Lévy frères.* 1 fr.

Avec Adolphe Jaime.

— Le même. In-4°. (Théâtre contemporain illustré, livraison 120.) 1854. *Ibid.* 20 c.

— L'Ange de minuit; drame en six actes. In-12. 1861. *Ibid.* 1 fr.

Avec Édouard Plouvier.

— Le même. In-4°. (Théâtre contemporain illustré, livraison 558.) 1862. *Ibid.* 40 c.

— Les Bâtons dans les roues; comédie-vaudeville en un acte. In-12. 1854. *Ibid.* 60 c.

— Le même. In-4°. (Théâtre contemporain illustré, livraison 232.) 1856. *Ibid.* 40 c.

— La Boisière; drame en cinq actes, musique de M. Mangeant. In-12. 1853. *Ibid.* 1 fr.

Avec Jaime fils.

— Le même. In-4°. (Théâtre contemporain illustré, livraison 136.) 1855. *Ibid.* 40 c.

— Le Bout de l'an de l'amour; causerie à deux. In-12. 1863. *Ibid.* 1 fr.

— Calino, charge d'atelier. In-12. 1856. *Ibid.* 50 c.

Avec M. Fauchery.

— Cendrillon; comédie en cinq actes. In-12. 1859. *Librairie théâtrale.* 2 fr.

— Le Château des Ambrières; drame en cinq actes et dix tableaux. In-12. 1857. *Lévy frères.* 1 fr.

Avec M. Taillade.

— Le même. In-4°. (Théâtre contemporain illustré, livraison 263.) 1857. *Ibid.* 40 c.

— Une Corneille qui abat des noix; comédie en trois actes. In-12. 1863. *Ibid.* 2 fr.

Avec Lambert Thiboust.

— Aux Crochets d'un gendre; comédie en quatre actes. In-12. 1864. *Ibid.* 2 fr.

Avec le même.

— Le même. 2e édition. In-12. 1865. *Ibid.* 1 fr.

— Le Démon du jeu; comédie en cinq actes. In-12. 1863. *Ibid.* 2 fr.

Avec Crisafulli.

— Les Douze travaux d'Hercule; comédie en deux actes, mêlée de chant. In-12. 1848. *Ibid.* 60 c.

Avec Adrien Decourcelle.

— Un Duel chez Ninon; comédie-vaudeville en un acte. In-12. 1849. *Ibid.* 60 c.

Avec Michel Carré.

— Les Enfants de la louve; drame en cinq actes et un prologue. 1865. *Ibid.* 2 fr.

Avec Victor Séjour.

— L'Enseignement mutuel; vaudeville en un acte. In-12. 1851. *Giraud et Dagneau.* 60 c.

Avec M. Decourcelle.

— Les Faux bonshommes; comédie en quatre actes. In-12. 1856. *Lévy frères.* 2 fr.

Avec Ernest Capendu.

— Les Fausses bonnes femmes; comédie en cinq actes. In-12. 1858. *Ibid.* 2 fr.

Avec le même.

— Le même. In-4°. (Théâtre contemporain illustré, livraison 616.) 1863. *Ibid.* 40 c.

— Une Femme dans ma fontaine; comédie-vaudeville en un acte. In-12. 1853. *Ibid.* 60 c.

Avec Lambert Thiboust.

— Les Femmes de Gavarni; scènes de la vie parisienne, trois actes et une mascarade, mêlés de couplets. In-8°. 1852. *Tresse.* 1 fr.

Avec A. Decourcelle et Léon Beauvallet.

— Le Feu au couvent; comédie en un acte. In-12. 1860. *Lévy frères.* 1 fr.

— Les Filles de marbre; drame en cinq actes, mêlé de chant, musique nouvelle de M. Montaubry. In-12. 1853. *Ibid.* 1 fr.

Avec Lambert Thiboust.

— Le même. In-4°. (Théâtre contemporain illustré, livraison 316.) 1858. *Ibid.* 40 c.

— Les Gens nerveux; comédie en trois actes. In-12. 1859. *Ibid.* 1 fr. 50 c.

Avec Vict. Sardou.

— Les Grands siècles; pièce en trois actes. In-4°. (Théâtre contemporain illustré, livraison 191.) 1856. *Ibid.* 40 c.

Avec Henry de Kock.

— L'Héritage de Monsieur Plumet; comédie en quatre actes. In-12. 1858. *Librairie théâtrale.* 2 fr.

Avec E. Capendu.

— L'Histoire de Paris; trois actes et quatorze tableaux. In-4°. (Théâtre contemporain illustré, livraison 186.) 1856. *Lévy frères.* 40 c.

Avec H. de Kock.

— L'Infortunée Caroline; comédie en trois actes. In-12. 1864. *Ibid.* 2 fr.

Avec Lambert Thiboust.

— Les Ivresses, ou la Chanson de l'amour; comédie en quatre actes. In-12. 1862. *Ibid.* 2 fr.

Avec le même.

— Le Jardinier et son seigneur; opéra-comique en un acte, musique de Léo Delibes. In-12. 1863. *Ibid.* 1 fr.

— Les Jocrisses de l'amour; comédie en trois actes. In-12. 1865. *Ibid.* 2 fr.

Avec Lambert Thiboust.

— Malheur aux vaincus; comédie en cinq actes, en prose, avec une préface. Pièce interdite par la commission d'examen. In-8°. 1865. *Ibid.* 4 fr.

Avec le même.

— Laurence; drame en deux actes. In-12. 1850. *Ibid.* 60 c.

Avec Michel Carré et Jules Barbier.

— Le Lys dans la vallée; drame en cinq actes (tiré du roman de H. de Balzac). In-12. 1853. *Ibid.* 1 fr.

Avec A. de Beauplan.

— Le même. In-4°. (Théâtre contemporain illustré, livraison 108.) 1854. *Ibid.* 40 c.

— La Maison du pont Notre-Dame; drame en cinq actes et six tableaux. In-12. 1860. *Ibid.* 60 c.

Avec H. de Kock.

— Le même. In-4°. (Théâtre contemporain illustré, livraison 521.) 1862. *Ibid.* 40 c.

— Manon Lescaut; drame en cinq actes, mêlé de chant. In-12. 1851. *Ibid.* 1 fr.

Avec Marc Fournier.

— Le même. In-4°. (Théâtre contemporain illustré, livraison 115.) 1854. *Ibid.* 40 c.

— Un Ménage en ville; comédie en trois actes. In-12. 1864. *Ibid.* 2 fr.

— Les Métamorphoses de Jeannette; vaudeville en un acte. In-12. 1850. *Ibid.* 60 c.

Avec Auguste Supersac.

— Midi à quatorze heures; comédie-vaudeville en un acte. In-12. 1851. *Ibid.* 60 c.

— Le même. In-4°. (Théâtre contemporain illustré, livraison 24.) 1852. *Ibid.* 40 c.

— Monsieur mon fils! comédie-vaudeville en deux actes. In-12. 1855. *Ibid.* 60 c.

— Le même. In-4°. (Théâtre contemporain illustré, livraison 402.) 1859. *Ibid.* 40 c.

Avec Adr. Decourcelle.

— Un Monsieur qui suit les femmes; comédie-vaudeville en deux actes. In-12. 1850. *Ibid.* 60 c.

Avec le même.

— Le même. In-4°. (Théâtre contemporain illustré.) 1853. *Ibid.* 40 c.

— L'Outrage; drame en cinq actes. In-12. 1859. *Ibid.* 2 fr.

Avec Édouard Plouvier.

— Le même. In-4°. 1859. *Ibid.* 50 c.

— Les Parisiens; pièce en trois actes. In-12. 1855. *Ibid.* 1 fr.

— Le même. In-4°. (Théâtre contemporain illustré, livraison 243.) 1857. *Ibid.* 40 c.

— Une Petite fille de la grande armée; comédie-vaudeville en deux actes. In-8°. 1852. *Tresse.* 60 c.

Avec V. Perrot.

— Le Piano de Berthe; comédie mêlée de chant, en un acte. In-12. 1852. *Lévy frères.* 60 c.

Avec Jules Lorin. — Nouvelle édition en 1865. 1 fr.

— La Plus belle nuit de la vie; comédie-vaudeville en un acte. In-12. 1850. *Ibid.* 60 c.

Avec Michel Carré.

— Quand on veut tuer son chien…; proverbe en un acte. In-12. 1853. *Ibid.* 60 c.

Avec Jules Lorin.

— Le même. In-4°. (Théâtre contemporain illustré.) 1864. *Ibid.* 20 c.

— La Vie de Bohème; pièce en cinq actes, mêlée de chant. In-12. 1849. *Ibid.* 60 c.

Avec Henry Murger.

— Le même. In-4°. (Théâtre contemporain illustré, livraison 26.) 1853. *Ibid.* 40 c.

— La Vie en rose; pièce en cinq actes, mêlée de chant. In-12. 1854. *Charlieu.* 1 fr.

Avec H. de Kock.

M. Th. Barrière a encore signé un grand nombre de pièces en collaboration avec MM. Clairville, Bourgeois (Anicet), Bayard, Decourcelle, Dumanoir, Grangé, Labiche, Maurice Saint-Agnet, Plouvier, Poujol, Regnauld de Prébois. — Voy. ces noms.

BARRILLON, ancien membre du conseil municipal de Lyon.

— Étude sur les grandes lignes de communication en France. 1re partie. Les Systèmes. In-8° de 6 f. 1842. *Guillaumin.*

— Étude sur la puissance maritime de la France et de l'Angleterre. In-8° de 3 f. 1843. Lyon, *imprimerie de Boitel.*

— Suppression des octrois. 2e édition, augmentée d'une table analytique et d'un tableau comparatif des tarifs des octrois de Paris, Lyon, Marseille et Rouen. In-8°. 1862. [Lyon.] *Guillaumin et Cie.* 1 fr. 50 c.

BARRILLOT (l'abbé Anatole), vicaire général de Langres, ancien supérieur des grand et petit séminaires du même diocèse; né à Langres, en 1786.

— Entretiens ecclésiastiques sur la piété nécessaire au prêtre dans toutes les positions du ministère pastoral, suivis de quelques pieux souvenirs de la tonsure et de chaque ordre. In-12. 1848. *Leroux et Jouby.* 2 fr. 25 c.

BARRILLOT (François), littérateur et journaliste, né à Lyon, en 1818.

— La Folle du logis. Poésies, chansons et ballades. In-18. 1855. *Coulon-Pineau.* 1 fr. 50 c.

— Icare vengé par Petin. In-18. 1851. *Durand, rue de Rambuteau.*

— La Mascarade humaine. Satires de mœurs du xixe siècle. In-12. 1863. *Dentu.* 3 fr.

— La Mort du diable; drame féerique en cinq actes et quinze tableaux, dont un prologue. In-4°. 1864. Lyon, *imprimerie Chanoine.*

— Le Myosotis; drame en un acte, en vers. In-12. 1861. *Marpon.*

— Polichinelle aux champions de Rigolboche. In-12. 1859. *Marpon.*

— Un Portrait de maître; comédie en un acte et en vers. In-12. 1859. *Librairie nouvelle.* 1 fr.

— Triboulet à Napoléon III (en vers). In-8°. 1861. *Dentu.* 1 fr.

— La Vérité, Dieu, la France, le Pape. In-8°. 1861. *G. Havard.* 1 fr.

— Les Vierges. In-12. 1857. *G. Roux.* 2 fr.

— Les Vierges du foyer. Légendes poétiques et morales. In-8°. 1859. *Larousse et Boyer.* 4 fr.

M. F. Barrillot est en outre auteur de près de 300 chansons, croquis poétiques, publiés avec illustrations dans le « Journal du dimanche » et le « Journal de la semaine ». Le « Journal de Guignol », dont il est le fondateur, contient une quarantaine de satires qui pourraient faire suite à la « Mascarade humaine ».

BARRIN (Jean Jacques Ferdinand DE), colonel en retraite.

— Petit recueil de morales et réflexions mises en vers. In-8° de 7 f. 1856. Vienne, *Vanel.*

BARRIOS (Don Candide).

— Artillerie lisse et rayée pour le service de la marine militaire. In-8º avec pl. 1864. *Corréard.* 5 fr.

BARRIZIN-MONROSE (Louis). — Voy. **Monrose.**

BARROIS (J.).

— Dactylologie et langage primitif restitués d'après les monuments. In-4º avec 61 pl. 1850. *Didot; Renouard; Techener.* 72 fr.

— Éléments carlovingiens linguistiques et littéraires. In-4º avec 1 pl. 1846. *Renouard.* 20 fr.

— Lecture littérale des hiéroglyphes et des cunéiformes, par l'auteur de la « Dactylologie ». In-4º avec 17 pl. 1853. *Didot frères; Tilliard; Didron.* 10 fr.

Anonyme.

BARROIS (Julien).

— Poésies. — Voy. *Semet et Barrois.*

BARROIS (Lethierry-). — Voy. **Lethierry-Barrois.**

BARROT (Odilon), avocat et homme politique, ancien député, ancien préfet de la Seine (1830), ministre de la justice sous la Présidence (1848), membre de l'Institut, né en 1791.

— De la Centralisation et de ses effets. In-12. 1861. *Dumineray.* 1 fr.

— Examen du Traité du droit pénal de M. Rossi. Rapport à l'Académie des sciences morales et politiques. In-8º de 11 f. 1856. *Guillaumin.*

Extrait des « Comptes rendus de l'Académie des sciences morales et politiques ».

BARRUÉ (L.).

— Un Concordat. Solution catholique libérale de la question romaine. In-8º. 1861. *Dentu.* 1 fr.

BARRUÉ (Sylvestre Victor), directeur des contributions directes à Privas (Ardèche), né à Roquelaure (Gers), en 1813.

— Législation et dictionnaire des patentes, contenant un résumé complet des instructions, circulaires et décisions en vigueur, avec indication de la jurisprudence du conseil d'État mise en rapport avec la législation vivante, concernant l'établissement des droits de patente, l'instruction et le jugement des réclamations. 2 vol. in-8º. 1863. Aurillac, *chez l'auteur.* 15 fr.

BARRUEL (G.), ex-préparateur à la Faculté des sciences de Paris.

— Traité de chimie technique appliquée aux arts et à l'industrie, à la pharmacie et à l'agriculture. 7 vol. in-8º. 1856-1864. *Didot frères.* 49 fr.

BARRY (Constant Étienne Alfred Edward), professeur d'histoire à la Faculté de Toulouse, membre de la Société des antiquaires de France, de l'Institut archéologique de Rome, de l'Académie des sciences, inscriptions et belles-lettres de Toulouse, de la Société archéologique du midi de la France, de l'Académie du Gard, etc., né à Avesnes (Nord), en 1809.

— Les Eaux thermales de Lez à l'époque romaine, avec trois inscriptions inédites. Brochure in-8º. 1852. Toulouse. 1 fr. 25 c.

— Une Inscription inédite, en vers, des *Qujcii*

(la petite chienne *Muia*). Brochure in-8º. 1865. Toulouse. 1 fr.

Une autre brochure a été publiée la même année comme complément, sous le titre de : « Dernier mot sur l'inscription des Qujcii ». In-8º.

— Inscriptions inédites des Pyrénées (14 inscript.). In-8º, 60 p. 1863. *Imprimerie impériale.*

— Inscriptions inédites des Pyrénées (3 inscript.). In-8º, 40 p. 1865. *Ibid.*

Ces deux brochures sont extraites des « Mémoires lus à la Sorbonne ».

— Les Inscriptions du temple de Jupiter à Acsani (Asie mineure). In-8º, 45 p. 1849. Toulouse.

— Manuel d'histoire grecque. 4e édition. In-8º, 292 p. 1865. Toulouse, *Privat.*

— Manuel d'histoire universelle. — Voy. *Durand* (J.) et *Barry.*

— Monographie du dieu Leherenn d'Ardiége. In-8º, 87 p. et fig. 1859. [Toulouse, *Privat.*] *Rollin.*

Extrait des « Mémoires de l'Académie des sciences, inscriptions et belles-lettres de Toulouse ».

— Quelques Dieux de trop dans la mythologie des Pyrénées. 4 brochures in-8º. 1858 à 1864. Toulouse.

Le dieu Jor. — Le dieu Nordosio. — Le dieu Hercules Andossus.

— Recherches historiques sur les Pélasges. In-8º, 112 p. 1846. *Imprimerie Bourgogne et Martinet.*

M. Barry est auteur d'un grand nombre d'études sur des points d'histoire et d'archéologie locale, insérées dans les « Mémoires lus à la Sorbonne », les « Mémoires de l'Académie de Toulouse », la « Revue archéologique de Paris », la « Revue de Toulouse », etc., etc. La plupart de ces mémoires ont été tirés à part; nous n'avons cité que les plus importants.

BARRY (Marie Alexandre), pharmacien à Saverdun (Ariége).

— Souvenirs des grands jours. In-8º de 228 p. 1863. Toulouse, *imprimerie Chauvin.*

Il s'agit du premier Empire.

BARRY (le R. P. Paul DE), écrivain ascétique, de la Compagnie de Jésus, né à Leucate (Aude), en 1587, mort à Avignon, en 1661. Son nom serait oublié si Pascal n'avait versé le ridicule sur ses livres.

— Pensez-y bien, ou Réflexions sur les quatre fins dernières. Nouvelle édition. In-32. 1854. Lyon, *Périsse frères.*

Cet ouvrage, dans lequel on a fait des corrections et des retranchements, est très-souvent réimprimé. — D'autres éditions in-18 ou in-32 ne portant pas le nom de l'auteur, et augmentées d'un chapitre sur la dévotion à la sainte Vierge, ou de prières diverses, ont été publiées à Paris, chez Régis *Ruffet* (1864); à Lyon, chez *Pélagaud*; à Tours, chez *Mame et fils* (1865); à Limoges, chez *Barbou frères* (1861); à Clermont-Ferrand, chez *Thibaud* (1860); au Mans, chez *Gallienne* (1857); etc.

— La Solitude de Philagie, ou Méthode pour s'occuper avec profit aux exercices spirituels, une fois tous les ans, durant huit ou dix jours, avec les méditations, considérations, examens et lectures spirituelles qu'on pourra faire en ce temps-là. Nouvelle édition. In-18 de 448 p. 1859. Le Puy, *imprimerie Marchessou.*

La 1re édition a paru à Lyon, en 1637.

BARSE (Jules), chimiste, né à Riom, en 1812.

— De l'Éclairage privé et public en France. 1re partie. In-8º. 1854. *Chez l'auteur, rue de Sèvres,* 2. 1 fr.

— Études comparées sur l'industrie française, Nº 2 de la série. La Fabrication et le commerce

du papier en 1860 et en 1864. In-8º. 1864. *Dentu.*
1 fr.

La 1re partie n'a pas paru.

— Manuel de la cour d'assises dans les questions d'empoisonnement, ou Recueil des principes de la toxicologie ramenés à des formalités judiciaires, constantes et invariables, contenant des travaux inédits sur plusieurs points de la science, par M. Orfila. In-8º. 1845. *Labé.* 6 fr.

— Le même. Édition in-12. 1845. *Ibid.* 3 fr. 50 c.

— Manuel pratique de l'appareil de Marsh. — Voy. *Chevalier et Barse.*

— Mémoire sur un cas d'empoisonnement par l'arsenic. — Voy. *Aguilhon et Barse.*

— Observation sur le chloroforme. — Voy. *les mêmes.*

— Un Spectre noir vu de près. In-8º. 1864. *Chez l'auteur, boulevard Magenta, 167.*

BARSE (Louis Antoine Amable), frère aîné du précédent ; ancien avoué à Riom (1834-1860), directeur central de la Caisse des assurances coloniales contre les incendies (à Paris), ancien membre de l'Académie de Clermont-Ferrand, membre correspondant de l'Académie de Reims, né à Riom, en 1808.

— Le Banquet d'Artonnet. Discours à la garde nationale. Mars 1848. In-4º. Clermont-Ferrand, *imprimerie Pérol.*

— Le Club napoléonien de Riom. Procès-verbaux des séances tenues au palais de justice. Décembre 1848. In-8º. Riom, *Jouvet.*

— Histoire des assurances coloniales. In-8º. 1865. *Imprimerie Carion.* 7 fr. 50.

— Le Lutrin riomois ; poème héroï-comique. In-18. 1857. Ambert, *Séguin.*

Ce petit poème, composé à l'occasion d'un différend qui s'était élevé entre le président et les conseillers de la Cour de Riom, n'a été tiré qu'à 100 exemplaires.

— Un Mariage à Clermont-Ferrand ; comédie en trois actes et en vers. Gr. in-8º. 1860. Clermont-Ferrand, *Hubler.* 3 fr.

— Les Pénitents du Confalon. In-18. 1849. Riom, *Leboyer.* 1 fr.

— Vive l'Empereur ! Stances sur la bataille de l'Alma. Gr. in-8º. 1854. *Amyot.* 2 fr. 50 c.

M. Louis Barse a publié : « Lettres et discours » de *Gerbert.* Il est le fondateur de la « Revue de Riom », recueil e jurisprudence et de littérature qui paraît à Moulins, et du « Courrier du Centre », journal politique ; il a concouru à la fondation de la « Presse judiciaire » de Riom.

BARTAYRÈS (Antoine), ancien professeur de mathématiques spéciales au collège d'Agen, officier de l'Université, né à Villeneuve-sur-Lot (Lot-et-Garonne), en 1773, mort à Agen, en 1857.

— Leçons de physique et de chimie, appliquées aux arts et particulièrement à l'agriculture. In-8º. 1852. Agen, *imprimerie de Noubel.* 5 fr.

BARTH (Christian Gottlieb), docteur en théologie, né à Stuttgart, en 1799, mort à Calw, en 1862.

— La Fuite du camisard, traduit de l'allemand, par F. Vidal, l'un des pasteurs de l'église réformée de Bergerac. In-12. 1862. Nîmes, *Peyrot-Tinel.* 60 c.

— Histoires de la Bible, à l'usage des écoles et des familles, traduites sur la 147e édition allemande du docteur Barth, à Calw, avec vignettes. Ancien et Nouveau Testament. In-12. 1864. Ve Berger-Levrault et fils. 1 fr. 25 c.

BARTH (le docteur Henri), voyageur et géographe allemand, né à Hambourg, en 1821. Après un premier voyage dans le nord de l'Afrique et en Orient, qui dura de 1845 à 1848, il se joignit, en 1849, au voyageur anglais Richardson, pour son grand voyage d'exploration de l'Afrique qui dura près de 6 ans, et dont M. Barth a publié le récit en 1857, en même temps en allemand et en anglais. Il est mort à Berlin, en 1865.

— Voyages et découvertes dans l'Afrique septentrionale et centrale, pendant les années 1849 à 1855. Traduit de l'allemand par Paul Ithier. Seule édition autorisée par l'auteur et l'éditeur, enrichie de gravures, d'une carte et du portrait de l'auteur. 4 vol. gr. in-8º. 1859-1861. Bruxelles, *Lacroix, Van Meenen et Cie.* 24 fr.

2e édition en 1865.

BARTH (Jean Baptiste Philippe), docteur en médecine, médecin de l'Hôtel-Dieu, membre de l'Académie de médecine, né à Sarreguemines (Moselle), en 1812.

— Histoire médicale du choléra-morbus épidémique observé à l'hospice de la Salpêtrière, pendant les mois de mars et avril 1849. In-8º. 1849. *Labé.* 1 fr. 25 c.

Extrait des « Archives générales de médecine ».

— Recherches sur la dilatation des bronches. In-8º. 1856. *J. B. Baillière.* 3 fr.

Extrait des « Mémoires de la Société médicale d'observation ».

— Traité pratique d'auscultation, suivi d'un précis de percussion. 6e édition soigneusement revue. In-12. 1864. *Asselin.* 6 fr.

Avec Henri Roger. — La 1re édition est de 1840.

BARTH (S. Chr. de), major.

— Nouveau système de harnachement pour la cavalerie présenté dans une description motivée d'un nouvel équipage de selle avec paquetage et bridage pour la cavalerie. In-8º avec 3 pl. 1857. Altona, *Uflacker.* 3 fr. 50 c.

BARTHE (l'abbé), évêque constitutionnel du département du Gers.

— Œuvres complètes. — Voy. *Migne,* Orateurs sacrés, 2e série, tome 19.

BARTHE (Anatole).

— Le Livre des esprits spiritualistes, réfutant la réincarnation, ou Recueil de communications obtenues par divers médecins et publiées par Anatole Barthe, suivi d'une réfutation du livre de M. H. Renaud : Destinée de l'homme dans les deux mondes, par Mme Nordmann, médium. In-16. 1863. *Dentu.* 1 fr. 50 c.

BARTHE (l'abbé Édouard), chanoine honoraire de Rodez, ancien professeur de philosophie, né à Sainte-Affrique (Aveyron), en 1802.

— Appel à la raison sur la vérité religieuse. In-8º de 26 f. 1850. *Camus ; Lecoffre.*

— Enseignement dogmatique et pratique de la religion, exposé à l'aide de la sainte Écriture, ou le néophyte et le parfait chrétien. 2 vol. in-12. 1855. Lyon, *Périsse frères.* 4 fr. 50 c.

Avec l'abbé Ramon.

— L'Esprit de la révérende mère Émilie, fondatrice des religieuses de la Sainte-Famille à Villefranche-de-Rouergue (diocèse de Rodez). 2 vol. in-12. 1864. *Sarlit.* 5 fr. 20 c.

— Le Mois de mars consacré à saint Joseph.

3ᵉ édition entièrement refondue. In-18, 248 p. 1860. Sainte-Affrique, *Maurel*.

— Monument à la gloire de Marie. Litanies de la très-sainte Vierge, illustrées, accompagnées de méditations. Nouvelle édition. In-8º avec 58 grav. 1858. *Camus*. 18 fr.

La 1ʳᵉ édition a été publiée par livraisons, en 1850.

— Le Mystère de l'apparition de la Salette. In-18. 1861. *Sarlit*. 1 fr.

— Nouveau Mois de mars. 2ᵉ édition entièrement refondue. In-18, 286 p. 1859. Sainte-Affrique, *Maurel*.

La 1ʳᵉ édition a paru à Lyon, chez *Périsse*, en 1836.

— Pourquoi je crois à l'apparition de la Salette. In-12. 1858. *Ibid*. 1 fr. 50 c.

— Souvenirs et impressions d'un pèlerinage à la Salette. In-18. 1859. *Ibid*. 60 c.

— La Voix de Marie sur la sainte montagne. In-18. 1862. 60 c.

— La Voix de Jésus, ou Nouveau mois du sacré-cœur. 2ᵉ édition, revue et corrigée. In-18. 1849. *Camus*. 75 c.

BARTHE (Félix), ancien professeur de belles-lettres, né à Versailles, en 1800.

— Histoire abrégée de la langue et de la littérature françaises, avec un résumé de la grammaire française et des règles de l'art d'écrire. In-8º. 1853. *Hachette*. 6 fr.

Une 1ʳᵉ édition a été publiée en 1838.

— Leçons de grammaire et de littérature françaises. In-18. 1851. *Ibid*.

— Journal d'un voyageur. In-16. 1849. *Paulin*.

BARTHE (J. G.), membre de l'Institut canadien.

— Le Canada reconquis par la France, suivi de pièces justificatives. In-8º avec 6 grav. et 1 carte. 1855. *Ledoyen*. 7 fr.

BARTHE (Nic. Th.), auteur dramatique, né à Marseille, en 1734, mort en 1785.

— Les Fausses infidélités. — Voy. *Chefs-d'œuvre* des auteurs comiques, tome VI.

BARTHEL (Napoléon).

— Religion scientifique de l'humanité. In-8º. 1860. Bruxelles, *chez l'auteur, rue Saint-Philippe*, 33. 3 fr.

BARTHÉLEMY, pseudonyme, sous lequel M. J. Th. Zenker, orientaliste allemand, a publié un « Vocabulaire phraséologique français-arabe ». — Voy. **Zenker**.

BARTHÉLEMY (Aimé François Prosper), professeur de physique au lycée de Pau, agrégé de l'Université, docteur ès sciences, lauréat de l'Académie des sciences de Toulouse, né à Mirepoix (Ariège), en 1831.

— Recherches d'anatomie et de physiologie générales sur la classe des lépidoptères, pour servir à l'histoire des métamorphoses. In-4º avec 11 pl. 1864. Toulouse, *imprimerie Chauvin*.

M. Aimé Barthélemy collabore aux « Annales des sciences naturelles » depuis 1857.

BARTHÉLEMY (Anatole Jean Baptiste Antoine de), archéologue et administrateur, ancien sous-préfet, correspondant du ministère de l'instruction publique, né à Reims, en 1821.

— Anciens évêchés de Bretagne. Histoire et

monuments. — Voy. *Geslin de Bourgogne et Barthélemy*.

— De l'Aristocratie au xixᵉ siècle. In-18. 1859. *Aubry*. 1 fr. 50 c.

— Armorial de la généralité d'Alsace. Recueil officiel dressé par les ordres de Louis XIV et publié pour la première fois (par Anatole de Barthélemy). In-8º. 1861. [Colmar, *Barth*.] *Aubry*.

— Le Château de Corlay (Côtes-du-Nord). In-8º. 1865. [Nantes.] *Aubry*. 2 fr.

Tiré à 150 exemplaires. — Extrait de la « Revue de Bretagne et de Vendée ».

— Essai sur l'histoire monétaire du prieuré de Souvigny (Allier). In-8º avec 1 pl. 1846. Clermont-Ferrand, *Péroi*.

— Essai sur les monnaies des ducs de Bourgogne. In-4º. 1849. Dijon. 8 fr.

— Études sur la Révolution en Bretagne. — Voy. *Geslin de Bourgogne et Barthélemy*.

— La Justice sous la Terreur. In-8º, 18 p. 1862. Nantes, *imprimerie Forest et Grimaud*.

— Nouveau manuel complet de numismatique ancienne. In-18 avec un atlas de 12 pl. 1851. *Roret*. 5 fr.

— Nouveau manuel complet de numismatique du moyen âge et moderne. In-18 avec un atlas de 12 pl. 1852. *Ibid*. 5 fr.

Collection des Manuels-Roret.

— Numismatique mérovingienne. Étude sur les monnoyers, les noms de lieux et la fabrication de la monnaie. In-8º. 1865. *Aubry*. 1 fr. 50 c.

— Numismatique mérovingienne. Liste des noms de lieux inscrits sur les monnaies mérovingiennes. In-8º. 1865. *Ibid*. 2 fr.

— La Numismatique de 1859 à 1861. In-8º. 1861. *Rollin*. 2 fr.

— La Numismatique de 1861 à 1863. In-8º. 1863. *Ibid*. 2 fr.

— Rapport sur quelques monuments religieux et féodaux du département de la Loire. In-8º. 1842. Caen, *Hardel*.

— Recherches sur la noblesse maternelle. In-8º. 1861. *Ibid*. 1 fr. 50 c.

Extrait de la « Bibliothèque de l'École des chartes ».

— Le Temple d'Auguste et la Nationalité gauloise. Examen des dernières publications de M. A. Bernard. In-8º, 13 p. 1864. *P. Dupont*.

— Tombeau de saint Dizier, évêque et martyr. In-4º avec fig. 1858. *Didron*. 2 fr.

M. A. de Barthélemy collabore à la « Bibliothèque de l'École des chartes », à la « Revue numismatique ». Il a donné quelques articles à la « Correspondance littéraire » et à d'autres recueils périodiques.

BARTHÉLEMY (Antoine).

— Un Philosophe en voyage. In-12. 1864. *Charpentier*. 3 fr. 50 c.

BARTHÉLEMY (Auguste Marseille), poëte satirique, né à Marseille, en 1796.

— A M. le baron de Rothschild, le peuple juif. Poëme. Gr. in-8º de 2 f. 1847. *Imprimerie de Lange-Lévy*.

— L'Art de fumer, ou la Pipe et le cigare; poëme en trois chants, suivi de notes. In-8º. 1844. *Lallemand-Lépine*. 3 fr. 50 c.

— Le même, édition in-12. 1844. *Ibid.*

On a publié à l'occasion de ce poème : « la Tabatière vengée », réponse rimée à l'auteur de « l'Art de fumer » par un priscur de Brienne. In-8°. 1844. *Lallemand-Lépine.* 1 fr.

— A Sa Sainteté Pie IX. (En vers.) In-8°. 1846. *Ibid.* 1 fr.

— Le Bois de Boulogne ; poëme en deux chants. In-8°. 1857. *G. Havard.* 1 fr.

— Les Deux Marseille. 1858. (Vers.) In-8°. 1858. Marseille, *Camoin frères.* 1 fr.

— Garibaldi, ou le Réveil du lion. (En vers.) In-8°. 1861. *Chez les principaux libraires.* 50 c.

— Napoléon en Égypte, Waterloo et les fils de l'homme ; poëmes. Édition illustrée par Horace Vernet et H. Bellangé. In-8°. 1842. *Bourdin.* 12 fr.

Avec Méry. — La 1re édition de cet ouvrage a paru en 1828.

— Némésis. 7e édition. In-8°. 1845. *Perrotin.* 8 fr.

La 1re édition a été publiée en 1831, en 52 livraisons hebdomadaires.

— Nouvelle Némésis ; satires. In-8°. 1845. *Lallemand-Lépine.* 12 fr.

Publié en 24 livraisons.

— Syphilis ; poëme en deux chants, avec des notes par le docteur Giraudeau de Saint-Gervais. In-8°. 1840. *Béchet jeune et Labé.* 3 fr.

— Le Triomphe d'Osten-Saken, ou le Bombardement de la flotte anglo-française sur les batteries d'Odessa ; drame militaire en un acte. In-8°. 1854. *Plon.*

— La Vapeur ; poëme. In-8°. 1845. *Lange-Lévy.*

— Zodiaque ; satires. A M. Thiers. In-8°. 1846. *Lallemand-Lépine.* 50 c.

M. Barthélemy est encore auteur de quelques poésies de circonstance telles que : « Louis Napoléon Bonaparte » (1848, in-fol. 1852, in-8°), « Le 2 Décembre » (1852), « Vox populi » ou le 15 Août », « l'Exposition de la Reine Victoria » (1855), etc., etc. ; il a traduit « l'Énéide », de *Virgile*, en vers français.

BARTHÉLEMY (Charles), archéologue, né à Paris en 1825, membre de l'Académie de la religion catholique de Rome, et de la Société des antiquaires de Picardie.

— Annales hagiologiques de la France. Les Vies des saints de France depuis le premier siècle du christianisme jusqu'à nos jours, traduites des actes les plus anciens et des auteurs contemporains, complétées par un grand nombre de notes historiques sous la direction de Ch. Barthélemy. 1re série. 5 vol. gr. in-8°. 1860-1864. Versailles, *chez l'auteur, rue de l'Orient,* 1. Chaque vol. 8 fr.

— Le même, 2e série, tome I. Gr. in-8°. 1865. *Ibid.*

— Erreurs et mensonges historiques. In-12. 1863. *Blériot.* 2 fr.

— Le même. 2e série. In-12. 1864. *Ibid.* 2 fr.

— L'Esprit du comte Joseph de Maistre, précédé d'un essai sur sa vie et ses écrits par Charles Barthélemy, complété par un grand nombre de notes. In-12. 1859. *Gaume frères.* 3 fr. 50 c. Édition in-8°, 6 fr.

— Études sur quelques hagiologues du XVIIe et du XVIIIe siècle : Godescard, Baillet, Tillemont, Launoy. In-8°. 1862. *Blériot.* 60 c.

— Études historiques, littéraires et artistiques sur le VIIe siècle. Vie de saint Éloi, évêque de Noyon (588-659), par saint Ouen, évêque de Rouen,

traduite par Ch. Barthélemy, précédée d'une introduction et suivie d'un grand nombre de notes historiques. 1re partie. In-8°, 477 p. 1847. *Chez l'auteur, rue Mazarine,* 11.

— Histoire de la Bretagne ancienne et moderne. In-8° avec 4 grav. 1854. Tours, *Mame.* 3 fr. 50 c.

— Histoire du village de Châtenay-lez-Bagneux et du hameau d'Aulnay, dépendant de Châtenay ; avec une lettre de M. le curé de Châtenay à l'auteur. In-8°. 1847. *Chez l'auteur, rue du Four-Saint-Germain,* 43. 3 fr.

— Histoire de la Normandie ancienne et moderne. In-8°. 1857. Tours, *Mame et Cie.*

— Histoire de Russie, depuis les temps les plus reculés jusqu'à nos jours. In-8°. 1856. Tours, *Ibid.*

— Histoire de Turquie, depuis les temps les plus reculés jusqu'à nos jours. In-8°. 1856. Tours, *Ibid.*

— Notice d'une collection de vases et de coupes antiques en terre peinte, provenant du feu prince de Canino (Lucien Bonaparte). In-8°. 1848. *Rue Neuve-des-Capucines,* 8. 50 c.

Tiré à petit nombre.

M. Ch. Barthélemy a publié une traduction française du « Rational de Guillaume Durand », accompagné de notes et suivi d'une bibliographie liturgique.

BARTHÉLEMY. (Édouard Marie de), frère d'Anatole de Barthélemy (voy. ci-dessus), archéologue, auditeur au Conseil d'État, né à Angers, en 1830.

— Les Amis de la marquise de Sablé, recueil de lettres des principaux habitués de son salon, annotées et précédées d'une introduction historique sur la société précieuse au XVIIe siècle, par Édouard de Barthélemy. In-8°. 1865. *Dentu.* 6 fr.

— Armorial général de la généralité de Châlons-sur-Marne, publié pour la première fois, d'après le manuscrit original conservé à la bibliothèque impériale, et annoté par Édouard de Barthélemy. I. Élections de Châlons, Sainte-Menehould, Épernay, Sézanne et Vitry-le-François. In-12. 1862. [Châlons.] *Aubry.* 3 fr. 80 c.

Tiré à 100 exemplaires.

— Cartulaires de l'évêché et du chapitre Saint-Étienne de Châlons-sur-Marne. Histoire et documents. In-12. 1853. [Châlons, *Boniez-Lambert.*] *Didron.* 2 fr. 25 c.

— Catalogues des gentilshommes qui ont pris part ou envoyé leur procuration aux assemblées de la noblesse pour l'élection des députés aux États généraux de 1789. — Voy. *La Roque et Barthélemy.*

— Châlons pendant l'invasion anglaise. 1388-1453. In-8° avec 1 pl. 1852. Châlons, *Martin.*

— Du Conseil d'État en 1859. In-8°. 1859. *Aubry.* 1 fr.

— Correspondance inédite des rois de France avec le conseil de ville de Châlons-sur-Marne, d'après des lettres existantes aux archives municipales de cette ville. In-12 de 2 1/8 f. 1855. Châlons-sur-Marne, *Laurent.*

— La Cour de Louis XIV, jugée par un contemporain. In-8°. 1863. [Amiens, *Caron.*] *Aubry.* 2 fr. 50 c.

— Critique contemporaine. Deux années de quinzaines littéraires. 1re série. In-8°. 1863. *Dentu.* 3 fr.

— Diocèse ancien de Châlons-sur-Marne, his-

oire et monuments; suivi des cartulaires inédits
.e la commanderie de la Neuville-au-Temple, des
bbayes de Toussaints, de Moustiers et du prieuré
.e Vinetz. 2 vol. in-8º avec carte et 8 grav. 1861.
Chaumont, *Cavaniol.*] *Aubry.* 13 fr.

— Essai historique sur la réforme et la ligue à
Châlons-sur-Marne (1561-1610.) In-8º de 1 ¹/₂ f.
1851. Châlons, *Martin.*

— Essai historique sur les comtes de Champagne. In-8º avec 1 tableau. 1853. *Ibid.*

Tiré à petit nombre.

— Étude sur les établissements monastiques du
Roussillon. (Diocèse d'Édène, Roussillon.) In-8º.
1857. *Aubry.* 2 fr. 50 c.

Tiré à petit nombre.

— Étude sur la vie de Jeanne Françoise Fré-
myot, baronne de Rabutin-Chantal, dame de
Bourbilly, fondatrice de l'ordre de la Visitation
Sainte-Marie. In-8º. 1860. *Lecoffre et Cⁱᵉ.* 2 fr.

— Études biographiques sur les hommes célèbres nés dans le département de la Marne. In-12.
1853. Châlons, *Boniez-Lambert.*

— Études biographiques sur Claude d'Épense,
David Blondel et Perrot d'Ablancourt. In-8º. 1853.
Châlons, *Martin.*

— Étude historique sur le règne de François II
(1559-1560). In-8º. 1860. *Aubry.* 1 fr.

— Étude sur la vie de Madame de Beauharnais
de Méramion. In-8º. 1861. *Ibid.*

— Histoire de la ville de Châlons-sur-Marne et
de ses institutions, depuis son origine jusqu'en
1789. In-8º. 1854. Châlons, *Laurent.* 6 fr.

— Les Livres nouveaux, essais critiques sur la
littérature contemporaine. In-8º. 1859. *Didier et
Cⁱᵉ.* 5 fr.

— Le même. 2ᵉ série. In-8º. 1862. *Ibid.* 5 fr.

— Madame la comtesse de Maure, sa vie et sa
correspondance, suivies des Maximes de Mᵐᵉ de
Sablé et d'une Étude sur la vie de Mˡˡᵉ de Vandy.
In-12. 1863. *Gay.* 5 fr.

— Mémoire sur l'élection à l'empire d'Allemagne de François Étienne, duc de Lorraine, 1720-
1745. In-8º. 1851. Châlons, *Martin.*

— De la Noblesse au xixᵉ siècle et du rétablissement des dispositions pénales applicables à l'u-
surpation des titres. In-12. 1857. *Dentu.* 1 fr. 50 c.

— La Noblesse en France, avant et depuis
1789. In-12. 1858. *Librairie nouvelle.* 2 fr.

— Notice historique et archéologique sur les
communes du canton de Ville-sur-Tourbe (Marne).
In-8º. 1865. *Aubry.*

Tiré à 50 exemplaires numérotés.

— Philippe de Courcillon, marquis de Dangeau,
sa vie, son journal et la cour de Louis XIV. In-8º,
20 p. 1863. *Ibid.*

— Pierres tombales du moyen âge. — Voy. *Musart et Barthélemy.*

— Les Princes de la maison royale de Savoie.
In-12. 1860. *Poulet-Malassis.* 2 fr.

— Relation de l'entrée de Mgr. de Choiseul-
Beaupré, évêque de Châlons, dans sa ville épiscopale. In-12. 1861. [Châlons.] *Aubry.* 1 fr. 50 c.

— Relation de l'entrée de la dauphine Marie
Antoinette à Châlons, le 11 mai 1770, accompagnée d'une introduction historique, de notes, et
suivie des relations des diverses entrées de sou-

verains dans cette ville. In-12. 1861. [Châlons.]
Ibid. 1 fr. 50 c.

Tiré à très-petit nombre.

— Statistique monumentale de l'arrondissement
de Sainte-Menehould (Marne). 1ʳᵉ partie. 2ᵉ édition. In-8º. 1852. Caen, *Hardel.* 2 fr.

— Les Trois conquêtes françaises du Roussillon,
1291-1493-1642. In-8º. 1864. [Chaumont], *Ibid.* 1 fr.
50 c.

— Variétés historiques et archéologiques sur
Châlons-sur-Marne et son diocèse ancien. In-8º.
1864. *Ibid.* 5 fr.

— Une Vie de chanoine au xviiᵉ siècle. In-8º.
1853. Châlons, *Martin.*

— Les Vitraux des églises de Châlons-sur-Marne.
Étude et description. In-8º, 48 p. 1858. [Reims.]
Didron.

M. Ed. de Barthélemy a publié: les Œuvres inédites de
La Rochefoucauld, les Lettres de la Sainte Mère de *Chantal*,
le Journal du baron de *Gauville*, les Œuvres complètes de
Regnier. (Voy. ces noms.)

Il collabore au «Bulletin monumental» de M. de Caumont.

BARTHÉLEMY (Édouard).

— Notice historique sur les établissements
français des côtes occidentales d'Afrique. In-8º de
6 f. avec 1 carte. 1848. *Arthus-Bertrand.*

BARTHÉLEMY (J. M.), propriétaire à Alger.

— Études morales, économiques et politiques
sur l'Algérie. 1ʳᵉ série. Démonstration de l'incompatibilité du régime militaire avec la formation
d'un établissement colonial en Afrique. In-8º.
1840. *Ledoyen.* 5 fr.

BARTHÉLEMY (l'abbé Jean Jacques), historien
et archéologue, membre de l'Académie française,
né à Cassis en 1716, mort à Paris en 1795.

— Voyage du jeune Anacharsis en Grèce, vers
le milieu du ivᵉ siècle avant l'ère vulgaire. 7 vol.
in-18. 1839. Limoges, *Ardant.* 10 fr.

Atlas de 24 cartes et plans. In-4º. 1839. 5 fr.

— Le même. Gr. in-8º. 1858. *Didot frères.* 10 fr.

— Le même. 2 vol. in-8º. 1843. *Didier et Cⁱᵉ.*
18 fr.

— Le même. 2 vol. in-12. 1843. *Ibid.* 7 fr.

— Le même. 2 vol. in-12. 1843. *Lavigne.* 7 fr.

— Le même. 3 vol. in-12. 1860. *Hachette et Cⁱᵉ.*
6 fr.

Atlas dressé pour cet ouvrage par J. G. Barbie de Bocage.
In-8º. *Ibid.* 1 fr. 50 c.

— Le même. 3 vol. in-12. 1865. *Ibid.* 3 fr.

La 1ʳᵉ édition du Voyage du jeune Anacharsis est de 1788.

— Voyage abrégé du jeune Anacharsis en Grèce.
Extrait de J. J. Barthélemy, par l'abbé Paul Jou-
hanneaud. In-8º avec 1 portrait et 3 grav. 1848.
Limoges, *Ardant.* 3 fr.

— Petit Anacharsis, ou Voyage du jeune Anacharsis en Grèce. Abrégé de J. J. Barthélemy. Par
Lemaire. In-12. 1853. *Lehuby.* 2 fr. 50 c.

— Le même. Nouvelle édition. In-12. 1861.
Ducrocq. 1 fr. 75 c.

BARTHÉLEMY (Mathieu Barthélemy Thouin,
dit), auteur dramatique, né à Paris vers 1804.

— Cantatrice et Marquise; comédie-vaudeville
en trois actes. In-8º. 1843. *Breauté.* 50 c.

Avec Eug. Fillot.

— Le Coiffeur des dames; comédie - vaudeville en un acte. In-8°. 1845. *Tresse*. 60 c.

— Un Déluge d'inventions, revue de l'exposition de l'industrie; vaudeville en trois actes. In-8°. 1849. *Dechaume*. 50 c.

Avec MM. Jouhaud et Bricet.

— La Faute du mari; comédie - vaudeville en deux actes. In-8°. 1846. *Beck*. 50 c.

Avec M. Jouhaud.

— Les Filles d'honneur de la reine; comédie-vaudeville en un acte. In-8°. 1847. *Ibid*. 50 c.

Avec M. Fillot.

— Le Gibier du roi; comédie-vaudeville en un acte. In-8°. 1849. *Tresse*. 50 c.

Avec M. Delacour.

— L'Hospitalité d'une grisette; vaudeville en un acte. In-8°. 1847. *Imprimerie Dondey-Dupré*. 50 c.

Avec le même.

— Le Roi, la Dame et le Valet; comédie-vaudeville en trois actes. In-8°. 1853. *Mifliez*. 40 c.

Avec M. Fillot.

— Un Voyage à Paris; comédie - vaudeville en trois actes. In-8°. 1845. *Beck*. 60 c.

Avec M. Bourdois.

BARTHÉLEMY (Prosper), ancien professeur.

— Monographie du bon élève. In-8°, 16 p. 1859. *Béziers, Delpech*.

— Monographie du professeur. In-12. 1858. *Montpellier, Gras*.

— Nouvel abrégé de la mythologie, à l'usage de la jeunesse; suivi d'un résumé de l'Iliade, de l'Odyssée et de l'Énéide. Nouvelle édition, revue par l'auteur et augmentée de notes. In-18. 1852. [Nancy.] *Hachette*. 75 c.

La 1re édition est de 1829.

— L'Omnibus du langage, ou le Régulateur des locutions vicieuses. In-32. 1839. Dijon, *Lagier*. 60 c.

— Premiers exercices de style, à l'usage des élèves des écoles primaires. Partie du maître. In-12. 1852. *Mme Ve Maire-Nyon*. 1 fr. 50 c.

— Les mêmes. Partie de l'élève. In - 12. 1852. *Ibid*. 1 fr.

— Seconds exercices de style. Partie du maître. In-12. 1854. *Ibid*. 2 fr.

— Les mêmes. Partie de l'élève. In-12. 1854. *Ibid*. 1 fr. 25 c.

BARTHÉLEMY (R. D.).

— A ceux qui chantent encore. Chansonnettes. In-18. 1851. *Ledoyen*. 1 fr.

BARTHÉLEMY de Beauregard (l'abbé Emmanuel Justin), vicaire à l'église de la Trinité à Paris, chanoine honoraire de Reims, de Périgueux et d'Orléans, membre correspondant des académies de Nancy, de Besançon, d'Orléans et de Reims, né en 1803, à Beauregard, commune d'Amance (Haute-Saône).

— La Comédie universelle, ou Morale en action et en apologues. In - 12. 1863. Mirecourt, *Humbert*. 1 fr.

— Greffes morales sur La Fontaine, suivies de quelques autres fables. In - 18. 1865. *Lainé et Havard*. 2 fr.

— Histoire de Charles V, roi de France. In - 18. 1843. *Debécourt*. 3 fr. 50 c.

— Histoire du B. P. Fourier, curé de Mattaincourt, fondateur de la congrégation de Notre-Dame, etc. 2 vol. In-12. 1864. Bar-le-Duc, *Contant-Laguerre et Cie*. 7 fr.

— Histoire de Jeanne d'Arc, d'après les chroniques contemporaines, les recherches des modernes et plusieurs documents nouveaux; suivie de près de 1,200 articles indiquant tout ce qui a été publié sur cette héroïne. 2 vol. in-8° avec 8 pl. 1847. *Aubry*. 10 fr.

— Histoire de la vie de N. S. Jésus - Christ au point de vue apologétique, politique et social. In-12. 1850. *Lecoffre*. 2 fr. 50 c.

— Mission divine de Jeanne d'Arc. In-8°. 1853. *Orléans*. 1 fr.

— Morale amusante en action et en apologues. In-12. 1865. *Vaton*. 1 fr.

— Traité des fêtes mobiles et histoire des derniers martyrs de la Chine. Gr. in-8°. 1848. *Parent-Desbarres*. 7 fr.

Avec son frère l'abbé Célestin Barthélemy de Beauregard, curé de Blondefontaine (Haute-Saône), né à Beauregard, en 1817.

Forme le tome 5 de l'«Histoire de la vie des saints», publiée par MM. les abbés Juste et Caillau.

— Vie de sainte Geneviève, patronne de Paris. In-18. 1852. *Hivert*. 1 fr.

BARTHÉLEMY - BENOIT (le docteur Pierre Émile), chirurgien de la marine de 1re classe, né à Angoulême, en 1822.

— De la Fièvre bilieuse hématurique observée au Sénégal. In-8°. 1865. *Baillière et fils*.

BARTHÉLEMY - LAPOMMERAYE (Christophe Jérôme), directeur du muséum d'histoire naturelle de Marseille, correspondant du muséum de Paris, membre des académies de Paris et de Turin, et de plusieurs sociétés savantes, né à Marseille, en 1797.

— Richesses ornithologiques du midi de la France. — Voy. *Jaubert* (J. B.), et *Barthélemy-Lapommeraye*.

BARTHÉLEMY SAINT-HILAIRE (Jules), philosophe, membre de l'Institut, ancien représentant du peuple, ancien professeur de philosophie grecque et latine au Collège de France, né à Paris, en 1805. Attaché à la commission de l'isthme de Suez, il a fait, en 1855, un voyage en Égypte.

— Le Bouddha et sa religion. Les Origines du bouddhisme (543 avant J.-C.). — Le Bouddhisme dans l'Inde au viie siècle de notre ère. Bouddhisme actuel de Ceylan, 1858. In-8°. 1860. *Didier et Cie*. 7 fr.

— Le même. Édition in-12. 1862. *Ibid*. 3 fr. 50 c.

— Du Bouddhisme. In-8°. 1855. *Duprat*. 6 fr.

— De l'École d'Alexandrie. Rapport a l'Académie des sciences morales et politiques; précédé d'un Essai sur la méthode des Alexandrins et le mysticisme, et suivi d'une traduction de morceaux choisis de Plotin. In-8°. 1845. *Ladrange*. 6 fr.

— Lettres sur l'Égypte. In-8°. 1856. *Lépy frères*. 7 fr. 50 c.

— Les mêmes. In-12. 1857. *Ibid*. 3 fr.

— Lois organiques. Loi sur l'instruction publique, avec un Commentaire et l'Analyse des exposés des motifs, rapports et discussions parlementaires; précédé d'une Introduction historique. In-12. 1850. *Rue des Maçons-Sorbonne*, 13. 1 fr.

— Mahomet et le Coran. Précédé d'une introduction sur les devoirs mutuels de la philosophie
et de la religion. In-8°. 1865. *Didier et Cie.* 7 fr.

— Le même. 2e édition. In-12. 1865. *Ibid.* 3 fr.
50 c.

— Œuvres d'Aristote. — Voy. *Aristote.*

— Des Védas. In-8°. 1854. *Duprat.*

— De la Vraie démocratie. In-18. 1849. *F. Didot.*
40 c.

Petits traités publiés par l'Académie des sciences morales et
politiques. Livraison 9e.

BARTHELET (Alexandre), notaire à La Cluse,
né aux Grangettes, près Pontarlier, en 1803, mort
vers 1860.

— Histoire de l'abbaye de Montbenoît, du val
de Saugeois et des anciennes seigneuries d'Arçon
et de Lièvremont, suivie d'un coup d'œil sur le
patois du Saugeois. In-12 de 215 p. 1858. Besançon,
Jacquin.

— Recherches historiques sur l'abbaye de Mont
Sainte-Marie et ses possessions, et sur les prieurés
de Romain-Mouthier ou de Vaux et de Saint-Point.
In-12, 260 p. 1858. Pontarlier, *imprimerie Simon.*

M. A. Barthelet a laissé en manuscrit une histoire de La
Rivière.

BARTHÈRE.

— Questionnaire encyclopédique à l'usage des
salles d'asile, contenant des leçons élémentaires
par demandes et par réponses. In-8° avec 6 pl.
1846. Montpellier, *chez l'auteur.* 6 fr.

BARTHÈS (F.), docteur en médecine.

— Études sur les bains de mer. In-8°. 1858.
Cette, *chez l'auteur.* 2 fr. 50 c.

— Examen de la doctrine homœopathique. In-8°.
1858. *Ibid.* 2 fr. 50 c.

BARTHET (Armand), littérateur et auteur dramatique, né à Besançon, en 1820.

— Chapelle et Bachaumont; opéra-comique en
un acte. In-12. 1858. 1 fr.

— Le Chemin de Corinthe; comédie en trois
actes et en vers. In-12. 1853. *Giraud et Dagneau.*
1 fr.

— La Fleur du panier; poésies. In-16. 1853.
Dagneau. 1 fr.

— Le Moineau de Lesbie; comédie en un acte
(en vers). In-16. 1849. *Blosse.* 1 fr.

— Nouvelles. In-12. 1852. *Giraud et Dagneau.*
2 fr.

Pierre et Paquette. — Henriette. — Le Nid d'hirondelles.
— Les Saisons.

— Théâtre complet. Le Moineau de Lesbie. Le
Chemin de Corinthe. L'Heure du berger. In-12.
1861. *Hachette et Cie.* 2 fr.

Voy. aussi *Horace.*

BARTHEZ (le docteur Antoine Charles Ernest
de), médecin du Prince Impérial et de l'hôpital
Sainte-Eugénie, né à Narbonne, vers 1800.

— Traité clinique et pratique des maladies des
enfants. 3 vol. in-8°. 1843. *Germer Baillière.*
21 fr.

Avec F. Rilliet.

— Le même. 2e édition, entièrement refondue
et considérablement augmentée. 3 vol. in-8°.
1854. *Ibid.* 25 fr.

Un nouveau tirage de cette édition a été fait en 1861.

BARTHEZ (François), docteur en médecine de
la Faculté de Paris, médecin aux eaux de Vichy,
né à Lezignan (Aude), en 1801.

— Guide pratique des malades aux eaux de
Vichy, comprenant l'examen des propriétés médicales des eaux, leur mode d'action, l'étude des
maladies qui s'y rattachent, l'hygiène et le régime
à suivre pendant et après le traitement. 7e édition,
revue et augmentée, ornée de gravures sur bois,
et d'un plan général de la ville. In-12. 1865. *J. B.
Baillière.* 3 fr.

La 1re édition est de 1847.

— Des Propriétés électives des vaisseaux ab-
sorbants chez l'homme et les animaux. Mémoire.
In-8°. 1843. *Ibid.* 1 fr. 50 c.

— Vichy sous Napoléon III. In-fol. avec vignettes.
1865. Vichy, *Bougarel.* 25 fr.

BARTHEZ (Paul Joseph), médecin de Napoléon Ier, membre de l'Institut, membre de la Société de médecine, etc., né à Montpellier, en
1734, mort en 1806.

— Nouveaux éléments de la science de l'homme.
3e édition, augmentée du discours sur le génie
d'Hippocrate, de mémoires sur les fluxions et les
coliques iliaques, sur la thérapeutique des maladies, sur l'évanouissement, l'extispice, la fascination, le faune, la femme, la force des animaux;
collationnée et revue par le docteur E. Barthez.
2 vol. in-8°. 1858. *Germer Baillière.* 12 fr.

La 1re édition, 1 vol. in-8°, a paru en 1778; la 2e édition,
2 vol. in-8°, en 1806.

BARTHOLMESS (Christian), membre correspondant de l'Institut, professeur de philosophie au
séminaire protestant de Strasbourg, né à Geissel-
bronn (Bas-Rhin), en 1815, mort à Strasbourg, en
1856.

— Le Grand Beausobre et ses amis, ou la Société française à Berlin, entre 1685 et 1740. In-8°.
1854. *Meyrueis.* 60 c.

— Histoire critique des doctrines religieuses
de la philosophie moderne. 2 vol. in-8°. 1855.
Ibid. 12 fr.

— Histoire philosophique de l'Académie de
Prusse, depuis Leibnitz jusqu'à Schelling, particulièrement sous Frédéric le Grand. 2 vol. in-8°.
1851. *Ducloux.* 12 fr.

— Huet, évêque d'Avranches, ou le Scepticisme
théologique. In-8°. 1849. *Franck.* 3 fr.

— Il y a sauveur et sauveur. In-8°. 1851. *Ducloux.* 1 fr.

— Jordano Bruno. 2 vol. in-8° avec 1 portrait.
1847. *Ladrange.* 15 fr.

BARTHOLOMAEI (le général J.).

— Lettres numismatiques et archéologiques
relatives à la Transcaucasie. Gr. in-4° avec 1 pl.
1859. Saint-Pétersbourg. [Leipzig, *Voss.*] 6 fr.

BARTHOLOMIN, maître des ballets à Lyon et
à Bruxelles.

— Les Amants de Castille, ou la Fiancée fantastique; ballet-féerie en trois actes et neuf tableaux, musique nouvelle de M. Rozet. In-8°.
1846. Lyon, *Nourtier.* 60 c.

— Atim et Zora, ou l'Embrasement du harem;
ballet-pantomime en trois actes. In-8°. 1844. Lyon,
Ibid. 30 c.

— Azelia, ou l'Esclave syrienne; ballet-pantomime en un acte, musique composée et arrangée

par M. Gondois. In-8º. 1844. Lyon, *imprimerie de Marle aîné.*

— Les Deux roses, ou Une fête d'Andalousie; ballet en deux actes. In-8º. 1840. Marseille, *Chaix.* 30 c.

— Oliska; ballet-pantomime en deux actes. In-8º. 1845. Lyon, *Nourtier.* 30 c.

BARTHOLONY (François), administrateur français, fondateur de la Compagnie du chemin de fer d'Orléans, président du conseil d'administration de ce chemin de fer et de celui de Lyon à Genève, né à Genève, en 1796.

— Lettre à un député sur le nouveau système de travaux publics adopté par le gouvernement pour la construction des grandes lignes de chemins de fer. In-8º. 1842. *Carilian-Gœury.* 2 fr.

— Deuxième Lettre à un député. Observations sur l'exécution de la loi du 11 juin 1842, relativement à l'établissement des grandes lignes de chemins de fer. In-8º de 7 f. 1843. *Blondeau.*

— Résultats économiques des chemins de fer, ou Observations pratiques sur la distribution des richesses créées par ces nouvelles voies de communication et sur le meilleur système d'application de la loi du 11 juin 1842. In-8º de 2 ¹/₂ f. 1844. *Dupont.*

Une réponse anonyme à cet écrit a été publiée la même année sous le titre : Du système de fermage simple des chemins de fer, comparé au système de fermage avec fournitures, et pose de rails par une compagnie de fermage simple. In-8º de 7 f. *Imprimerie de Blondeau.*

— Simple exposé de quelques idées financières et industrielles. In-8º. 1860. *H. Plon.* 2 fr.

BARTOLI (le Rév. P. Daniel), écrivain ascétique et historien italien, de la Compagnie de Jésus, né à Ferrare, en 1608, mort en 1685.

— Histoire de saint Ignace de Loyola et de la Compagnie de Jésus, d'après les monuments originaux. Traduite de l'italien et augmentée de nouveaux documents. 2 vol. in-8º. 1844. *Vaton.* 12 fr.

— Le même. Édition in-12. 2 vol. 1848. *Ibid.* 7 fr.

— Vie de saint Stanislas Kotska, novice de la Compagnie de Jésus. Traduction libre de la vie italienne par Bartoli, enrichie de nouveaux documents, par le P. Pouget, de la Compagnie de Jésus. In-12 avec 1 portrait. 1855. Toulouse, *Cazaux.* 2 fr.

— Le même. Autre édition. In-12. 1859. Tournai, *Casterman.* 1 fr. 60 c.

BARTOLINI (Mgr. Dominique), prélat de justice, protonotaire apostolique.

— Acte du martyre de la très-noble vierge romaine sainte Agnès et du martyre des nobles Abdon et Sennen. Traduit de l'italien par M. l'abbé E. J. Materne. In-8º. 1863. *Levesque.* 7 fr. 50 c.

BARTSCH (J. Adam DE), dessinateur et graveur allemand, né à Vienne, en 1757, mort en 1820.

— Notices de quelques copies trompeuses d'estampes anciennes. Extraite et traduite de l'ouvrage intitulé : *Anleitung zur Kupferstichkunde,* par Bartsch. Avec des additions par M. Ch. Le Blanc. In-8º avec 13 pl. 1849. *Deflorenne neveu.* 3 fr. 50 c.

— Le Peintre-graveur français; continuation. — Voy. *Robert-Dumesnil, Baudicour,* et *Weigel.*

BARTSOEN (A. PETERS-). — Voy. **Peters.**

BARUCH CRÉHANGE (A. BEN). — Voy. **Créhange.**

BARUTEL (le P. Thomas Bernard), prédicateur, né à Toulouse, en 1720, mort à la Chartreuse de Saix, en 1792.

— Œuvres complètes. — Voy. *Migne,* Collection des orateurs sacrés, 1ʳᵉ série, tome 64.

BARZAY (le comte GAALON DE). — Voy. **Gaalon de Barzay.**

BASCANS (l'abbé), curé de Ciadoux (Haute-Garonne).

— Chants religieux. Nouvelle traduction poétique de tous les psaumes de David, avec des arguments et des notes. In-8º de 25 ¹/₂ f. 1854. Saint-Gaudens, *Abadie;* Toulouse, *Privat.*

BASCHET (Armand), littérateur, chargé d'une mission scientifique à Venise; né à Blois, en 1829.

— Les Années de voyage de Sainte-Adresse à Bagnères de Luchon. Itinéraire humoristique. In-12. 1852. *Giraud et Dagneau.* 1 fr. 50 c.

— Les Archives de la sérénissime république de Venise. Souvenirs d'une mission. Gr. in-8º. 1858. [Venise, *Ant. Antonelli.*] *Amyot.* 3 fr.

— La Diplomatie vénitienne. Les princes de l'Europe au xvıᵉ siècle. François Iᵉʳ, Philippe II, Catherine de Médicis, les papes, les sultans, etc., d'après les rapports des ambassadeurs vénitiens. Ouvrage enrichi de nombreux fac-simile. In-8º. 1862. *Plon.* 8 fr.

— Les Femmes blondes selon les peintres de l'école de Venise, par deux Vénitiens. In-8º. 1865. *Aubry.* 12 fr. Papier vergé et papier chamois, 25 fr.

Avec M. Feuillet de Conches. — Cet ouvrage publié sous l'anonyme a été imprimé en caractères archaïques et tiré à petit nombre.

— Les Origines de Werther, d'après des documents authentiques. In-8º. 1855. *Amyot.* 1 fr.

— Physionomies littéraires de ce temps. Honoré de Balzac. Essai sur l'homme et sur l'œuvre. Avec notes historiques par Champfleury. In-12. 1852. *Giraud et Dagneau.* 2 fr.

— Le Roi chez la reine, ou Histoire secrète du mariage de Louis XIII et d'Anne d'Autriche, d'après le Journal de la santé du roi, les dépêches du nonce et autres pièces d'État. In-8º. 1864. *Aubry.* 12 fr.

Tiré à petit nombre.

BASCLE DE LAGRÈZE (Gustave), magistrat et archéologue, conseiller à la cour impériale de Pau, né à Pau, en 1811. Quelques-unes de ses publications sont signées: G. B. de Lagrèze, ou seulement M. de Lagrèze.

— Antiquités du Béarn; manuscrit inédit de la Bibliothèque royale. — Voy. *Marca* (Pierre de).

— Le Château de Pau. Souvenirs historiques, son histoire et sa description. 4ᵉ édition, revue et augmentée. In-8º. 1863. [Pau.] *Hachette.* 3 fr. 50 c.

La 1ʳᵉ édition est de 1854. 1 vol. in-8º. *Didier.* 7 fr.

— Chronique de la ville et du château de Lourdes. Recherches historiques et archéologiques. Mystères de la Bastille des Pyrénées. In-8º de 13 ¹/₄ f. 1845. Pau, *imprimerie Vignancour.*

— Droit criminel à l'usage des jurés. Science morale. Code et vocabulaire du jury. 2ᵉ édition. In-8º. 1854. *Cotillon.* 5 fr.

— La Féodalité dans les Pyrénées, comté de Bigorre. Mémoire lu à l'Académie des sciences morales et politiques. In-8°. 1864. *Durand.* 3 fr.

Extrait du « Compte rendu de l'Académie des sciences morales et politiques ».

— Histoire religieuse de la Bigorre. In-12. 1863. Tarbes.] *Hachette et Cᶦᵉ.* 4 fr.

— Monographie de l'Escale-Dieu. In-8° de 7 f. 850. *Didron.*

— Monographie de Saint-Pé. In-8° de 4 f. 1853. *Ibid.*

— Monographie de Saint-Savin de Lavedan. In-8° de 11 f. 1850. *Ibid.*

— Observations sur les lacunes du Code pénal. In-8°. 1856. [Tarbes.] *Cotillon.*

— Les Pèlerinages des Pyrénées. Notre-Dame des Pyrénées. Sarrance. Piétat, en Béarn. Bétharam. Pocylahun. Piétat, en Bigorre. Héasp. Bourisp. Nestès. Médous. Garaison. In-16, ix-308 p. 1858. Tarbes, *Telmon.*

— Rome et Naples. Simples notes. In-12. 1864. Pau, *Vignancour.* 3 fr.

— Le Trésor de Pau. Archives du château d'Henri IV, avec des fac-simile. In-8° avec 12 pl. 1851. *Didron.* 8 fr.

M. de Lagrèze a aussi traduit du suédois : Légendes et poëmes du roi *Charles XV.* (Voy. *Charles.*)

BASEGGIO (Giamb.).

— Dissertation sur l'Alcibiade fanciullo à scuola, traduite de l'italien et accompagnée de notes et d'une postface par un bibliophile français. Petit in-8°. 1861. *J. Gay.* 3 fr.

L'original italien a paru à Bassano, en 1850, sous le titre de : « Disquisizione intorno al rarissimo libro intitolato Alcibiade fanciullo à scuola » ; il n'a été tiré qu'à 25 exemplaires. Cette traduction française est tirée à 254 exemplaires.

BASÉLY (Étienne).

— Courage et résignation. In-16. 1863. Rouen, *Mégard et Cᶦᵉ.* 75 c.

***Bases** de la politique positive. Manifeste de l'école sociétaire fondée par Fourier. In-8°. 1841. *Duverger.* 1 fr. 50 c.

BASEVI (Abramo), membre de l'Institut musical de Florence, né à Livourne, en 1818.

— Introduction à un nouveau système d'harmonie, traduit de l'italien par L. Delatre. In-8° avec 16 p. de musique. 1864. Florence, *Guidi.* 2 fr. 50 c.

BASILE (saint), surnommé le Grand, archevêque de Césarée, né à Césarée, en Cappadoce, en 329, mort en 379.

— Sancti patris nostri Basilii Cæsareæ Cappadociæ archiepiscopi opera omnia quæ extant, operâ et studio domini Juliani Garnier editio parisina altera, emendata et aucta. 3 vol. ou 6 livraisons gr. in-8°. 1839. *Gaume frères.* 72 fr.

Réimpression de l'édition publiée à Paris, en 1721, en 3 vol. in-fol. — Elle contient le texte grec et la traduction latine.

— Opera omnia. — Voy. *Migne,* Patrologie grecque, tomes 29 à 32.

— Œuvres de saint Basile le Grand. Traduction complète, contenant tous les ouvrages reconnus ou attribués à ce père, et suivie de notes et de dissertations nouvelles, par M. Roustan. Tomes 1 à 3. In-8°. 1847. *Périsse frères.* Chaque volume, 8 fr.

L'édition devait avoir 12 volumes.

— Œuvres choisies de saint Basile le Grand. 2 vol. in-8°. 1846. *Vrayet de Surcy.*

— Les Ascétiques, ou Traités spirituels de saint Basile le Grand. 2 vol. in-18. 1860 et 1862. [Angoulème.] *Vivès.*

— Discours et morceaux choisis de saint Basile et de saint Grégoire de Nazianze. Traduction française par M. Herrmann. In-12. 1856. Lyon, *Périsse frères.*

— Explication de l'ouvrage des six jours (Έξαμερον); lettres et discours. Texte grec annoté. In-12. 1859. *Garnier frères.* 1 fr. 50 c.

— Homélie contre les emprunteurs ; texte grec avec arguments et notes en français, par Fr. Dübner. In-12. 1865. *J. Lecoffre et Cᶦᵉ.*

— Homélie contre les usuriers, expliquée littéralement, traduite et annotée par E. Sommer. In-12. 1853. *Hachette.* 75 c.

— Homélie sur le précepte : Observe-toi toi-même, expliquée littéralement, traduite en français et annotée par E. Sommer. In-12. 1861. *Ibid.* 90 c.

Les auteurs grecs expliqués par deux traductions françaises.

— La même, texte grec seul, avec notes en français par E. Sommer. In-12. 1863. *Ibid.* 40 c.

— Le même ; texte soigneusement revu, avec analyse et notes en français, par M. Fr. Dübner. In-12. 1857. *Lecoffre et Cᶦᵉ.*

— Discours sur ce précepte : Fais attention à toi-même. Texte et traduction par Ath. Auger. Nouvelle édition, revue et corrigée. In-12. 1863. *Delalain.* 75 c.

— Homélie sur la Lecture des auteurs profanes, expliquée littéralement, traduite en français et annotée par E. Sommer. In-12. 1857. *Hachette et Cᶦᵉ.* 1 fr. 25 c.

— Le même ; texte grec, avec un argument et des notes en français, par E. Sommer. In-12. 1861. *Ibid.* 50 c.

— Le même ; traduit en français, par A. F. Maunoury. In-12. 1859. *Dezobry, Magdeleine et Cᶦᵉ.*

— Le même ; texte grec, avec analyse et notes par A. Mottet. In-12. 1840. *Delalain.* 1 fr.

— Le même ; texte grec, avec une double traduction française par E. Lefranc. In-12. 1854. *Ibid.* 1 fr. 25 c.

— Le même ; texte grec, avec sommaire et notes en français par J. Genouille. In-12. 1857. *Ibid.* 50 c.

— Le même ; texte grec, avec notice, sommaire et notes en français, par MM. Dübner et Lefranc. In-12. 1864. *Lecoffre et Cᶦᵉ.* 50 c.

— Panégyrique du martyr Gordius. Édition classique, avec analyse et notes en français, par J. Genouille. In-12. 1859. *J. Delalain.* 60 c.

BASILE, de Césarée, surnommé le Minime.

— Opera quæ supersunt. — Voy. *Migne,* Patrologie grecque, tome 111.

BASILE, de Neopatras.

— Scripta quæ supersunt. — Voy. *Migne,* Patrologie grecque, tome 111.

BASILE Porphyrogénète.

— Monologium Græcorum. — Voy. *Migne* Patrologie grecque, tome 117.

BASILE, archevêque de Séleucie, mort vers 458.

— Opera. — Voy. *Migne*, Patrologie grecque, tome 85.

BASILICAPETRI (le P. Charles), historien ecclésiastique du xvie siècle.

— Vie de saint Charles Borromée, archevêque de Milan, extraite du latin du P. Basilicapetri; annotée par l'abbé Paul Jouhannaud. In-12. 1856. Limoges et Paris, *Ardant frères*.

L'ouvrage dont cette vie est extraite a paru pour la 1re fois à Milan, en 1575, sous le titre : « Brevis historia provinciæ Mediolanensis et undecim primorum archiepiscoporum Mediolanensium ».

BASIN (Thomas), chroniqueur, évêque de Lisieux, né à Caudebec, en 1402, mort en 1491.

— Histoire des règnes de Charles VII et de Louis XI, par Thomas Basin, évêque de Lisieux, jusqu'ici attribuée à Amelgard, rendue à son véritable auteur et publiée, pour la première fois, avec les autres ouvrages historiques du même écrivain, pour la Société de l'histoire de France, par J. Quicherat. 4 vol. in-8°. 1855-1859. *Jules Renouard*. 36 fr.

L'ouvrage est en latin.

BASINET (l'abbé Gabriel), chanoine titulaire de l'église Notre-Dame d'Amiens, né à Villers-aux-Érables (Somme), en 1796, mort à Amiens, en 1861.

— Cinquante conférences spirituelles pour toutes les fêtes de l'année ecclésiastique, à l'usage des communautés religieuses. Ouvrage utile également aux directeurs des âmes, aumôniers et à tous les prêtres. 3e édition. 2 vol. in-12. (1er volume : partie d'hiver; 2e volume : partie d'été.) 1865. Tournai et Paris, *H. Casterman*. 6 fr.

— Conférences spirituelles sur les devoirs de la vie religieuse, à l'usage des communautés. Ouvrage utile également aux directeurs des âmes, aumôniers, prédicateurs, et à tous les prêtres. 3e édition. 4 vol. in-12. 1865. *Ibid*. 12 fr.

La 1re édition de ces deux ouvrages a paru dans les années 1854 et 1856 sous le titre collectif de : « Recueil de conférences spirituelles, pour les communautés religieuses ». 6 vol. in-12. *Frayet de Surcy*. 18 fr.

La 2e édition a été publiée à Amiens chez *Lenoël-Hérouart*. 6 vol. in-12. 1859-1860. Cette édition était déjà divisée en deux parties comme la troisième.

BASQUE (J. B. A.), chef de bureau à la préfecture de la Charente.

— Dictionnaire des communes, bourgs, villages, hameaux, châteaux, fermes, moulins, usines et autres lieux habités du département de la Charente. In-8°, viii-166 p. 1857. Angoulême, *Chabot*.

*Bas-Reliefs (les) de la cathédrale d'Orviéto, gravés sur les dessins de Vincenzo Pontani, par D. Asconi, B. Bartoccini et L. Grauer. Gr. in-fol. oblong dans un carton. 1858. Leipzig, *F. A. Brockhaus*. 125 fr.

Autre édition sur plus grand papier. 100 fr.

*Bas-Reliefs du Parthénon et du temple de Phigalie, disposés suivant l'ordre de la composition originale, et gravés par les procédés de M. Achille Collas, sous la direction de M. P. Delaroche, de M. Henriquel Dupont et de M. Charles Lenormant. In-4° avec 20 pl. 1841. *Rittner et Goupil*. 20 fr.

BASSAGET (Pierre), docteur en médecine.

— Découverte médicale et physiologique sur les facultés des sens qui, par sympathie, forment ensemble ce qu'on appelle communément les facultés intellectuelles, par M. P. Bassaget et plusieurs de ses confrères, docteurs en médecine. In-8° de 12 f. 1851. *Chez l'auteur, rue Saint-Martin*, 90.

— Documents scientifiques du xixe siècle. Logique de la physique, de la physiologie, de la cosmologie et du système planétaire des Documents scientifiques du xixe siècle. 1re livraison. Gr. in-8°, 32 p. 1861. *Chez l'auteur, boulevard de Sébastopol*, 21. 2 fr.

BASSANVILLE (Anaïs Lebrun, comtesse de), élève de Mme Campan; née en 1806. Elle a dirigé plusieurs journaux de famille.

— Les Aventures d'une épingle, ou Trois siècles de l'histoire de France. In-8°. 1860. *Ducrocq*. Broché, 6 fr. Relié, 9 fr.

1re édition en 1845. *Aubert*. 4 fr.

— La Chambre rouge. In-12. 1864. *Brunet*. 2 fr. 50 c.

— Conseils aux enfants du peuple, ou le Bien et le mal. In-12. 1852. *Ve Louis Janet*. 50 c.

— Les Contes du bonhomme Jadis, ou les Merveilles amusantes tirées de la mythologie. In-12. 1861. *Magnin, Blanchard et Cie*. 3 fr.

— La Corbeille de fleurs. In-8° avec 10 lithographies. 1848. *Desesserts*. 5 fr.; color. 10 fr.

— Les Délassements de l'enfance. Petites nouvelles morales. In-8° avec lithog. 1856. *Ibid*. 5 fr.; color. 10 fr.

— Les Deux familles, ou Bonne et mauvaise éducation. In-8° avec 1 grav. 1859. Tours, *Mame et Cie*. 1 fr. 25 c.

— De l'Éducation des femmes. Le monde, le chez-soi, la famille; avec une préface, par M. Alfred Nettement. In-18. 1861. *Douniol*. 3 fr.

— L'Entrée dans le monde, ou les Souvenirs de Germaine. Illustré par Hadamard. In-8° avec 4 grav. 1862. *Vermot*. 7 fr. 50 c.

— Les Épis d'une glaneuse. Gr. in-8°. 1858. *Lehuby*. 7 fr.

— Géographie amusante, ou Plaisirs des vacances. In-8° avec 18 lithographies. 1858. *Vermot*. Figures noires, 5 fr.; coloriées, 10 fr.

— Les Infortunes de Roger. In-12. 1863. *Ibid*. 75 c.

— La Jeune fille chez tous les peuples. Études morales, types divers, histoires amusantes et conseils aux jeunes personnes. In-8° avec 7 grav. et vignettes. 1861. *Rigaud*. Relié, 9 fr. 50 c.

Avec Mmes Julie Fertiault et Céline d'Ornans.

— Les Mémoires d'une jeune fille. In-12. 1849. *Desesserts*. 1 fr. 50 c.

— Le Monde et ses merveilles. — Voy. *Ribelle*. et *Bassanville*.

— Le Monde tel qu'il est. Livre des jeunes filles. In-8°, avec 4 lithographies. 1853. *Desesserts*. 7 fr.; color. 10 fr.

— La Morale amusante, contenant l'histoire de ce qu'il y a dans une boîte de joujoux et les péchés mignons d'un enfant gâté. In-8° avec 16 lithographies et vignettes. 1861. *Rigaud*. Brochée, 3 fr. 50 c.; reliée, 5 fr. 50 c.

Avec C. de Ribelle.

— Le Musée du jeune amateur. Souvenir des

cintres de toutes les écoles. Illustré de 14 lithographies, dessinées par Louis Lasalle, d'après les grands maîtres. In-4°. 1853. *Ve Louis Janet.* 12 fr.

— Nouvelles cosmopolites. Mœurs, coutumes des divers peuples de l'Europe. Ouvrage illustré de 12 dessins à deux teintes, par MM. Anatole Bureau et Eugène Lejeune. Gr. in-8°. 1860. *Ducrocq.* fr.

— Les Ouvriers illustres. In-12. 1863. *Alexandre.* fr.

— Du Perfectionnement de l'éducation des files. In-12. 1847. *Desesserts.* 2 fr.

— Les Petits savants. In-12. 1863. *Vermot.* 60 c.

— Les Primeurs de la vie, ou Bonheurs, joies et douleurs de la jeunesse. Illustrations de Baunheim. Gr. in-8°. 1854. *Lehuby.* 7 fr. 50 c.

— La Sagesse en action. In-12. 1863. *Vermot.* 40 c.

— Les Salons d'autrefois. Souvenirs intimes. 1re à 4e séries. 3 vol. in-12. 1862-1864. *P. Brunet.* chaque volume, 2 fr. 50 c.

— La Science du monde. Politesse, usage, bien-être. In-12. 1859. *Lecoffre et Cie.* 2 fr. 50 c.

— Les Secrets d'une jeune fille. In-12. 1863. *Lévy frères.* 1 fr.

— Les Sentiers fleuris de la jeunesse. Recueil de nouvelles. Gr. in-8°. 1857. *Lehuby.* 7 fr.

— Le Soir et le matin de la vie, ou Conseils aux jeunes filles. In-8°. 1850. *Desesserts.* 5 fr.; cor. 10 fr.

— Suite de la vie de Sancho Pança. Ce qu'il devint après la mort de l'illustre Don Quichotte. Ouvrage populaire; traduit de l'espagnol par Mme la comtesse de Bassanville. In-12. 1851. *Desesserts.* fr. 25 c.

— Les Vacances amusantes. In-12. 1863. *Vermot.* 60 c.

— Un Voyage à Naples. Scènes de la vie napolitaine. In-12. 1861. *Brunet.* 2 fr. 50 c.

BASSE. — Voy. Krug-Basse.

BASSELIN (Olivier), poëte normand du xve siècle.

— Vaux-de-vire d'Olivier Basselin et de Jean Le Houx, suivis d'un choix d'anciens vaux-de-vire et d'anciennes chansons normandes tirés des manuscrits et des imprimés, avec une notice préliminaire et des notes philologiques par A. Asselin, L. Dubois, Pluquet, Julien Travers et Charles Nodier. Nouvelle édition, revue et publiée par P. L. Jacob, bibliophile. In-16. 1858. *A. Delahays.* 4 fr.

Collection de la Bibliothèque gauloise.

— Le même. Édition in-12. 1858. *Ibid.* 2 fr. 50 c.

On trouve dans ce recueil quelques pièces apocryphes, dont M. Julien Travers s'est reconnu l'auteur, au dernier congrès des Sociétés savantes.

BASSEPORTE (F. M.).

— De la plantation de la vigne, de sa culture et de sa production. In-12 avec pl. 1863. *Chez tous les libraires.* 1 fr.

BASSET (l'abbé).

— L'Arithmétique apprise dans une heure, suivie de trois tables pour les multiplications, les divisions, l'intérêt et l'escompte. In-12. 1859. *Mallet-Bachelier.* 1 fr. 50 c.

BASSET (Charles) a écrit tous ses ouvrages sous le pseudonyme d'Adrien **Robert**. (Voy. ce nom.)

BASSET (Jules).

— La Mare aux canards; comédie-vaudeville en un acte. In-12. 1865. *Librairie théâtrale, rue de Grammont,* 14. 60 c.

BASSET (Nicolas), professeur de chimie appliquée, né à Avocourt (Meuse), en 1824.

— Chimie de la ferme. Leçons familières sur les notions de chimie élémentaire utiles au cultivateur, et sur les opérations chimiques les plus nécessaires à la pratique agricole. In-12 avec figures intercalées dans le texte. 1858. *Lacroix.* 3 fr. 50 c.

— La Gelée et l'oïdium. Leçons familières sur leurs causes réelles et sur les moyens d'en prévenir et d'en atténuer les effets. In-12. 1861-1863. [Bordeaux, *Feret fils.*] *E. Lacroix.* 5 fr.

Publié en plusieurs livraisons.

— Guide pratique de chimie agricole. Leçons familières sur les notions de chimie élémentaire utiles au cultivateur, et sur les opérations chimiques les plus nécessaires à la pratique agricole. In-12. 1863. *Lacroix.* 3 fr.

— Guide pratique du fabricant de sucre, contenant l'étude théorique et technique des sucres de toute provenance, la saccharimétrie chimique et optique, etc. In-8°. 1861. *Ibid.* 12 fr.

— Guide pratique du fabricant de sucre. 2e partie. Principes généraux et procédés pratiques du raffinage, législation des sucres, sucreries agricoles, notes diverses, avec de nombreuses figures intercalées dans le texte. In-8°. 1865. *Ibid.* 8 fr.

— Le Pain par la viande. Organisation de l'industrie agricole. In-8°. 1855. *Chaix.* 2 fr.

— Précis de chimie pratique, ou Éléments de chimie vulgarisée. In-12. 1861. *Mallet-Bachelier.* 5 fr.

— Traité complet d'alcoolisation générale. Guide du fabricant d'alcools. In-12 avec 6 pl. et 9 tableaux. 1855. *Aug. Goin.* 6 fr.

— Le même. 2e édition, revue et augmentée. In-12 avec 1 pl. et 2 tableaux. 1857. *Ibid.* 6 fr.

— Traité pratique de la culture et de l'alcoolisation de la betterave. Résumé complet des meilleurs travaux faits jusqu'à ce jour sur la betterave et son alcoolisation. In-12. 1854. *Ibid.* 2 fr.

— Le même. 2e édition, revue et augmentée. In-12. 1858. *Ibid.* 2 fr.

— Traité théorique et pratique de la fermentation considérée dans ses rapports généraux avec les sciences naturelles et l'industrie. In-12. 1858. *V. Masson.* 7 fr.

Voy. aussi *Bujault,* « Amendements et prairies », et « Du bétail des fermes ».

BASSET (Philippe), pasteur à Genève, né à Genève en 1790, mort dans la même ville, en 1848.

— Conférences et sermons. In-8°. 1849. Genève, *Jullien frères.* 6 fr.

BASSI (le P. Alexandre), historiographe de la Terre-Sainte.

— L'Ancienne église de Sainte-Anne à Jérusalem, devenue propriété de la France sous Napoléon III. Étude historique. Traduit de l'italien. In-8°. 1863. *Ad. Le Clerc et Cie.*

BASSI (Auguste), de Lodi.

— De la Manière la plus profitable d'élever les vers à soie, et du meilleur moyen de diminuer en général les dommages occasionnés par la muscardine. Traduit de l'italien par Frédéric Cazalis. In-12. 1853. Montpellier, *chez les principaux libraires*. 1 fr.

BASSI (L.).

— Guide des chemins de fer français. — Voy. *Louriès et Bassi*.

BASSIGNOT (C. V. M.).

— Le Chansonnier provincial du temps passé et du temps présent, anacréontique, bachique, philosophique et satirique. 1re livraison. In-8°. 1865. Aix, *Makaire*. 35 c.

BASSILAN (MALLAT DE). — Voy. **Mallat de Bassilan**.

BASSINET (Jean Baptiste), avocat à Nevers, ancien juge de paix, né à Nevers (Nièvre), en 1818.

— Abolition de la peine de mort. In-8°. 1847. Nevers, *imprimerie Regnaudin-Lefebvre*. 50 c.

— Apollino. In-12. 1862. *Dentu*. 2 fr. 25 c.

— Fantaisies et boutades. Poésie. In-12. 1861. *Poulet-Malassis*. 2 fr.

— L'Hôtelier du Diable. In-12. 1863. *De Vresse*. 2 fr.

BASSOMPIÈRE (T. J. CAMBRÉSY-). — Voy. **Cambrésy-Bassompière**.

BASSOMPIERRE (E. de), intendant militaire de 2e classe.

— Règlement sur l'administration des corps de troupe du 1er février 1819, refondu et complété d'après les lois, les arrêtés royaux, etc., depuis cette date jusqu'au 31 décembre 1860. Gr. in-8°. 1861. Bruxelles, *E. Renier*. 10 fr.

BASSOMPIERRE (François, baron de), marquis d'HAROUEL, maréchal de France, né au château d'Harouel, en Lorraine, en 1579, mort en 1646.

— Mémoires du maréchal de Bassompierre, contenant l'histoire de sa vie et de ce qui s'est passé de plus remarquable à la cour de France pendant les règnes de Henri IV et de Louis XIII. Édition nouvelle, revue, expurgée et adaptée à l'usage de la jeunesse, par M. l'abbé V. Postel. 2 vol. in-12. 1856. Adr. *Le Clère*. 2 fr.

Ces Mémoires ont été publiés en 1665, à Cologne. 2 vol. in-12 ; et en 1723, à Amsterdam. 4 vol.

BAST (Amédée de), romancier, né à Paris en 1795, mort en 1864.

— Les Bourgeois de Paris. 2 vol. in-8°. 1841. *Baudry*. 15 fr.

— Le Cabaret de Ramponneau. 2 vol. in-8°. 1842. *De Potter*. 15 fr.

— Le Confessionnal de l'hôtel de Sens, ou les Pages du roi en 1575, roman historique. 2 vol. in-8°. 1840. *Lachapelle*. 15 fr.

— Contes à ma voisine. In-16. 1861. *Hachette et Cie*. 2 fr.

— Contes à ma voisine. 2e série. Le Dernier Amati. Le Vétérinaire dans l'embarras. Rose Belette. Nelly Guyn. In-16. 1865. *Ibid*. 1 fr.

— La Dernière mouche. 2 vol. in-8°. 1856. *Chappe*. 12 fr.

— Les Ducs d'Alençon. In-8°. 1844. *Imprimerie Dondey-Dupré*.

Publié sous le pseudonyme de Clovis de Maule.

— La Femme du pacha de Jérusalem. In-4°, illustré. 1849. *Marescq et Cie*. 60 c.

— La Fornarina. 2 vol. in-8°. 1841. *Souverain*. 15 fr.

— Les Fresques, historiettes et contes. In-12. 1859. *Hachette et Cie*. 1 fr.

— La Galère de M. de Vivonne. Édition illustrée. In-4°. 1848. *Havard*. 60 c.

— Les Galeries du Palais-de-Justice de Paris. Mœurs, usages, coutumes et traditions judiciaires. 1280-1760. 2 vol. in-8°. 1851. *Lévy frères*. 12 fr.

— Une Maîtresse de Charles II. Le Château de la poularde. In-4°, illustré. 1849. *Havard*. 60 c.

— Malfilatre. Édition illustrée par J. A. Beaucé. In-4°. 1857. *Marescq et Cie*. 90 c.

La 1re édition est de 1834. 2 vol. in-8°. 15 fr.

— Merveilles du génie de l'homme. Découvertes, inventions. Récits historiques, amusants et instructifs sur l'origine et l'état actuel des découvertes et inventions les plus célèbres. In-8° avec des vignettes. 1852. *Boizard*. 12 fr.

— Origines judiciaires. Essai historique, anecdotique et moral sur les notaires, les avoués, les agrégés aux tribunaux de commerce, les huissiers, les greffiers et autres ; précédées de profils historiques des quatre premiers présidents du parlement de Paris, et de trois avocats ; coup d'œil rétrospectif sur la vie et les habitudes domestiques d'Hortensius, de Gerbier et d'Élie de Beaumont. In-8°. 1855. *Lacroix-Comon*. 6 fr.

BASTARD (le comte L. de).

— Négociations de l'abbé de Polignac, concernant l'élection du prince de Conti comme roi de Pologne (1696-1697). In-8°. 1865. Auxerre, *Gustave Perriquet*.

Tiré à 200 exemplaires.

BASTARD (l'abbé Victor François), curé d'Ardevon, ancien missionnaire apostolique, ex-directeur des Ursulines à Avranches, né à La Lucerne d'outre-Mer (Manche), en 1811.

— Le Salut du pécheur par la conversion, la justification et la persévérance, ou Traité pratique du sacrement de pénitence. In-12. 1863. Coutances, *Daireaux*. 2 fr. 25 c.

BASTARD D'ESTANG (Henri Bruno, vicomte de), conseiller à la cour impériale de Paris, né à Paris en 1797.

— La Noblesse d'Armagnac en 1789, ses procès-verbaux et ses doléances, avec une introduction historique et une table raisonnée des familles et des armoiries des électeurs. In-8°. 1862. *Dentu*. 6 fr.

— Les Parlements de France. Essai historique sur leurs usages, leur organisation et leur autorité. 2 vol. in-8° avec 2 grav. 1857. *Didier et Cie*. 18 fr.

Cet ouvrage concerne principalement le parlement de Toulouse.

BASTÉ (Eugène Pierre), auteur dramatique, connu en littérature sous le pseudonyme de Eugène Grangé. (Voy. ce nom.)

BASTEROT (le comte de).

— Règlement du jeu des échecs, extrait du

Traité élémentaire du jeu des échecs, par le comte de Basterot; suivi du Règlement de Philidor, avec notes. In-8°. 1863. *Allouard*. 1 fr.

— Traité élémentaire du jeu des échecs avec cent parties des joueurs les plus célèbres, précédé de mélanges historiques, anecdotiques et littéraires. 2e édition. In-8°. 1863. *Ibid*. 7 fr.

1re édition en 1853. 5 fr.

BASTEROT (le vicomte de).

— De Québec à Lima, journal d'un voyage dans les deux Amériques en 1858 et 1859. In-12. 1860. *Hachette et Cie*. 2 fr.

BASTET (J.), membre de plusieurs sociétés savantes, né et décédé à Orange (Vaucluse).

— Histoire de la ville et de la principauté d'Orange. In-12 avec 2 lithographies. 1856. Orange, *imprimerie Raphel fils*. 2 fr. 50 c.

— Nouvel essai sur la culture et le commerce des garances de Vaucluse. In-8°, 80 p. 1854. *Ibid*.

M. J. Bastet a collaboré à « la Ruche d'Orange », journal qui se publie dans cette ville.

BASTIAT (Frédéric), économiste, représentant du peuple, né à Bayonne en 1801, mort pendant un voyage à Rome en 1850.

— Œuvres complètes, mises en ordre, revues et annotées d'après les manuscrits de l'auteur. Nouvelle édition. 7 vol. in-8°. 1865. *Guillaumin et Cie*. 35 fr.

Tome 1. Correspondance; Mélanges. — Tome 2. Le Libre-échange. — Tome 3. Cobden et la Ligue. — Tomes 4 et 5. Sophismes économiques; Petits pamphlets. — Tome 6. Harmonies économiques. — Tome 7. Essais; ébauches; correspondance.

— Les mêmes. Édition in-12. 7 vol. 1865. *Ibid*. 24 fr. 50 c.

La 1re édition des Œuvres complètes a paru en 1855. — Le 7e volume est inédit.

— Baccalauréat et Socialisme. In-32. 1850. *Ibid*. 60 c.

— Ce qu'on voit et ce qu'on ne voit pas, ou l'Économie politique en une leçon. In-16. 1850. *Ibid*. 50 c.

3e édition en 1862. — Réimprimé aussi dans les Premières notions d'économie politique » de Joseph *Garnier*.

— Cobden et la Ligue, ou l'Agitation anglaise pour la liberté du commerce. In-8°. 1848. *Ibid*. 7 fr. 50 c.

— L'État. Maudit argent. In-16. 1849. *Guillaumin*. 40 c.

— Gratuité du crédit. Discussion entre M. Fr. Bastiat et M. Proudhon. In-32. 1850. *Ibid*. 1 fr. 75 c.

— Harmonies économiques. In-8°. 1850. *Ibid*. 7 fr. 50 c.

— Le même. Édition in-12. 1851. *Ibid*. 3 fr. 50 c.

— Incompatibilités parlementaires. In-16. 1849. *Ibid*. 40 c.

— Le même. 2e édition. In-16. 1851. *Ibid*. 75 c.

— Intérêt et principal. Discussion entre M. Proudhon et M. Bastiat sur l'intérêt des capitaux. (Extraits de la Voix du peuple.) In-12. 1850. *Garnier frères*. 1 fr. 75 c.

— La Loi. In-16. 1850. *Guillaumin*. 50 c.

— Paix et Liberté, ou le Budget républicain. In-32. 1849. *Ibid*. 60 c.

— Propriété et Loi. Justice et Fraternité. In-16. 1848. *Ibid*. 40 c.

— Propriété et Spoliation. In-16. 1850. *Ibid*. 40 c.

— Protectionisme et Communisme. In-16. 1849. *Ibid*. 35 c.

— Sophismes économiques. 2 vol. in-12. 1846. *Ibid*. 2 fr.

4e édition en 1851.

— Spoliation et Loi. In-16. 1850. *Ibid*. 40 c.

BASTIDE (Antoine François ARBOUSSE), pasteur de l'Église réformée, né à Sauve (Gard), en 1824.

— Appel aux protestants indifférents, à l'occasion du jubilé de la réformation française. In-18. 1859. *Grassart*. 15 c.

— A propos de tout, quelque chose, ou mes Impressions à Paris. In-12. 1857. *Meyrueis et Cie*. 1 fr. 50 c.

— Le Christianisme et l'Esprit moderne. In-12. 1862. *Claye*. 3 fr.

Collection Hetzel.

— Le Prince impérial et la paix, suivi de la Reconnaissance de l'empereur au milieu des inondés. In-8°. 1856. [Nîmes, *Peyrot-Tinel*.] *Garnier frères*. 1 fr.

— Tertullien et Cyprien, comparés comme littérateurs. Thèse. In-8° de 3 1/4 f. 1847. Strasbourg, *imprimerie Dannbach*.

M. Fr. Arbousse Bastide a publié un grand nombre d'articles dans les journaux religieux protestants et particulièrement dans « l'Espérance ». Il est le rédacteur général de « l'Almanach des bons conseils ».

BASTIDE (A. E. R.), ancien notaire.

— Mosaïque poétique. 2 vol. in-8°. 1849. *Souverain*. 12 fr.

BASTIDE (Jenny DUFOURQUET, dame), est connue en littérature sous le pseudonyme de Camille **Bodin**. (Voy. ce nom.)

BASTIDE (Jules), publiciste et homme politique, ancien représentant du peuple, ancien rédacteur en chef du « National », ministre des affaires étrangères en 1848, né à Paris en 1800.

— De l'Éducation publique en France. In-32. 1847. *Hetzel et Warnod*.

— Les Guerres de religion en France. 2 vol. in-16. 1854. *Dubuisson et Cie*. 1 fr.

Bibliothèque utile.

— La République française et l'Italie en 1848. Récits, notes et documents diplomatiques. In-18. 1859. Bruxelles, *Méline, Cans et Cie*. 3 fr.

M. Bastide a collaboré à la 2e édition de: *Buchez et Roux*, « Histoire parlementaire de la Révolution française ».

BASTIDE (Louis), poëte, né à Marseille vers 1805.

— La Cour et le Pays (en vers). In-8°. 1840. *Chez l'auteur, rue Beaurepaire*, 10. 1 fr.

— Les Larmes du prisonnier (poésies). In-8°. 1854. *Chez l'auteur, rue Bellefond*, 20. 1 fr. 50 c.

BASTIDE (V. A.).

— Le Christianisme et le Méthodisme. Sermons prêchés à Ganges. In-8°. 1843. Valence, *Marc Aurel*. 2 fr.

— Précis de la grammaire française. In-8°. 1849. *Cherbuliez*. 3 fr. 50 c.

BASTIDE (Xavier).

— Branle-bas, satires littéraires et morales (vers). In-12, 183 p. 1858. Roanne, *imprimerie Ferlay.*

— Flocons de neige (poésies). In-12. 1856. *Dentu.* 3 fr.

BASTIE (Charles), pasteur de l'Église réformée, né à Bergerac (Dordogne), en 1811.

— De l'Affaissement du sens moral et des moyens de le relever. In-8º. 1851. *Ducloux.* 3 fr.

— La Démocratie et la religion. In-8º. 1848. Saint-Quentin, *Duboy.*

Anonyme.

— Le Découragement d'Élie. L'Épreuve des esprits. L'Unité des esprits et le lien de la paix. Trois discours sur la situation religieuse. In-12. 1865. Toulouse, *Société des livres religieux.* 40 c.

— La Lecture de l'Écriture sainte. Quatre discours suivis de notes. In-8º. 1840. *Risler.* 3 fr.

— Le Premier livre de Moïse, commentaire, traduit et abrégé de l'allemand. — Voy. *Schrœder* (F. J. W.).

— Sermons. 1re série. In-12. 1859. *Grassart.* 3 fr. 50 c.

M. le pasteur Ch. Bastie collabore à « l'Espérance », journal religieux protestant publié à Paris.

BASTIER (Jules Le). — Voy. **Le Bastier.**

BASTIN (A.), docteur en médecine.

— De la Congestion utérine pendant la grossesse. In-4º. 1861. *Delahaye.* 2 fr.

BASTINÉ (Louis), né à Louviers, en 1812.

— Sommaire du cours de notariat, comprenant l'explication des lois organiques. In-8º. 1858. Bruxelles, *Labroue et Cie.* 8 fr.

— Théorie du droit pénal, ou Exposé des principes relatifs aux droits d'enregistrement et du timbre. In-8º. 1856. *Ibid.*

BASTINGS (le docteur Alexandre), médecin à Bruxelles, né à Maëstricht, en 1811.

— Études médicales. De la phthisie pulmonaire. Gr. in-8º. 1863. Bruxelles, *G. Mayolez.* 2 fr.

BASTOS (J. J. de).

— Méditations, ou Discours religieux sur les sujets les plus importants du christianisme. Traduits du portugais par Mme J. de Silva, publiés par M. l'abbé A. Denis. In-12 de 15 f. 1845. *Davesne.*

BATAILHÉ (J. F.), professeur particulier d'anatomie.

— De l'Alcool et des Composés alcooliques en chirurgie, de leur influence sur la réunion immédiate et sur les accidents graves ou mortels des plaies et des opérations. In-8º. 1859. *Coccox.* 50 c.

Avec Ad. Guillet.

BATAILLARD (Charles), avocat, membre de la Société des antiquaires de France.

— Du Droit de propriété et de transmission des offices ministériels, de ses précédents historiques, de son principe actuel et de ses conséquences. In-8º. 1840. *Thoisnier-Desplaces.* 6 fr.

— L'Oie réhabilitée. In-8º. 1865. Caen, *Leblanc-Hardel.*

— Tableau des principaux abus existant dans le monde judiciaire au xvie siècle. In-8º, 59 p. 1857. *Imprimerie Lahure.*

M. Ch. Bataillard est en outre auteur de quelques mémoires archéologiques insérés dans le « Bulletin monumental » de M. de Caumont, et dans d'autres recueils.

BATAILLARD (Paul Théodore), littérateur, né à Paris, en 1816.

— La Moldo-Valachie dans la manifestation de ses efforts et de ses vœux. In-8º de 3 f. 1856. *Imprimerie Pillet fils aîné.*

— Nouvelles recherches sur l'apparition et la dispersion des Bohémiens en Europe. In-8º. 1849. *Franck.* 2 fr.

Extrait de la « Bibliothèque de l'École des chartes ».

— L'Œuvre philosophique et social de M. E. Quinet. In-8º de 3 f. 1846. *Lacour.*

— Premier point de la question d'Orient. Les Principautés de Moldavie et de Valachie devant le congrès. In-8º de 4 f. 1856. *Imprimerie Lahure.*

BATAILLE (l'abbé), chanoine de Bordeaux.

— Le Guide du jeune communiant, ou Entretiens sur les sacrements de pénitence, d'eucharistie et de confirmation, avec prières, etc., suivi de la Vie d'un enfant après sa première communion. 8e édition. In-18. 1857. Tours, *Mame et Cie.* 1 fr.

— Guide de la jeune communiante, ou Entretiens, etc. In-18. 1857. *Ibid.* 1 fr.

BATAILLE (Athanase), architecte, ancien professeur d'architecture et de construction à l'École professionnelle de Mulhouse, membre honoraire de la Société industrielle de la même ville, né à Paris, en 1820.

— Nouveau manuel complet de la construction moderne, ou Traité de l'art de bâtir avec solidité, économie et durée. In-18 avec atlas de 44 pl. 1859. *Roret.* 15 fr.

Collection des Manuels-Roret.

BATAILLE (C.).

— Vie politique et religieuse de Thomas Becket, chancelier de Henri II, archevêque de Cantorbury. In-18 de 9 f. 1848. Paris, *imprimerie de Maulde.*

BATAILLE (Charles).

— Le Cas de M. de Mirecourt. In-32. 1862. *Dentu.* 1 fr.

— Les Drames de village. 1re série. Antoine Quérard, tomes 1 et 2. In-12. 1862. *Chez tous les libraires.* Chaque volume, 3 fr.

Avec E. Rasetti.

— Le Mouvement italien. Victor Emmanuel et Garibaldi. In-8º. 1860. *Imprimerie Dubuisson et Cie.* 1 fr.

Soirées de la terrasse. Dialogues familiers.

— Les Nouveaux mondes; poëmes périodiques. Le Monde interlope. In-18. 1859. *Paul Masgana.* 5 fr.

— Un Usurier de village; drame. — Voy. *Rolland et Bataille.*

BATAILLE (C. L.), de Toul.

— La Cathédrale de Toul offerte aux visiteurs, aux étrangers, aux savants, aux archéologues et à tous les Lorrains, avec les détails et les expli-

ations qui peuvent les intéresser. In-8° de 6 f.
855. Toul, *imprimerie Bastien.*

— Le Foyer Leuquois. Faits, épisodes et scènes
istoriques pris dans Toul et ses environs. In-8°
e 19 f. 1850. Toul, *chez les principaux libraires.*

— Notice historique sur la ville de Toul, ses
ntiquités et ses célébrités. In-8° de 11 f. avec
pl. 1841. [Toul, V° Bastien.] *Roret.*

BATAILLE (E. M.).

— Traité sur les machines à vapeur. Ouvrage
ivisé en deux grandes sections. 1re section. De la
machine à vapeur en général. In-4° avec atlas de
2 pl. 1847-1849. *A. Mathias.* 50 c.

Pour la 2e section : Construction des machines à vapeur,
oy. *Jullien* (C. E.).

BATAILLER (Auguste Paul Émile), ingénieur
les ponts et chaussées.

— Description générale des travaux exécutés
Cherbourg, pendant le Consulat et l'Empire,
l'après les projets et sous la direction de feu J. M.
. Cachin, inspecteur général des ponts et chaus-
ées, par son neveu A. P. Batailler. In-fol. avec
2 pl. 1850. *Carilian-Gœury.* 15 fr.

— Notice sur une irrigation exécutée au domaine du Portail près de Montargis (Loiret). In-4°
avec 1 pl. 1850. *Ibid.* 2 fr.

BATBIE (Anselme Polycarpe), avocat, profes-
eur de droit administratif et d'économie politique
à l'École de droit de Paris, né à Seissan (Gers),
n 1828.

— Cours d'économie politique professé à la Fa-
ulté de droit de Paris. Discours d'ouverture.
Séance du vendredi, 2 décembre 1864: In-8°.
864. *Cotillon.* 50 c.

— Nouveau Cours d'économie politique pro-
essé à la Faculté de droit de Paris, 1864-1865.
vol. in-8°. 1865. *Ibid.* 15 fr.

— Le Crédit populaire; revu et augmenté d'une
ntroduction par E. Horn. In-12. 1863. *Guillaumin*
et Cie. 5 fr.

— Doctrine et jurisprudence en matière d'appel comme d'abus. In-12. 1852. *V° Joubert.* 1 fr. 50 c.

— L'Homme aux quarante écus et les physiocrates. Conférences de la Sorbonne (séance du
9 décembre 1864). In-8°. 1865. *Cotillon.* 50 c.

— Introduction générale au droit public et administratif. In-8°. 1861. *Ibid.* 8 fr.

Cette introduction a déjà été publiée comme appendice à
l'ouvrage de M. Laferrière : « Cours de droit public et administratif ». (Voy. ce nom.) — Dans cette nouvelle édition elle
forme le tome 1er du « Traité théorique et pratique de droit
public ». (Voy. ci-après.)

— Mélanges d'économie politique, contenant :
1° Mémoire sur le prêt à intérêt ; 2° Mémoire sur
l'impôt avant et après 1789. In-8°. 1865. *Ibid.* 7 fr.
50 c.

— De la Péréquation et du dégrèvement des
17 centimes facultatifs. Réflexions à ce sujet.
In-8°. Auch, *imprimerie Foix.*

— Précis du cours de droit public et administratif professé à la Faculté de droit de Paris. 2e édition, revue et considérablement augmentée.
In-8°. 1863. *Ibid.* 3 fr.

— Traité théorique et pratique de droit public
et administratif, tomes 2 à 4. In-8°. 1862-1863.
Ibid. Chaque volume, 9 fr.

Pour le tome 1, voy. ci-dessus « Introduction au droit public
et administratif ». — L'ouvrage aura 6 volumes.

— Turgot philosophe, économiste et administrateur. In-8°. 1861. *Ibid.* 9 fr.

Ouvrage couronné par l'Institut (Académie des sciences morales et politiques).

BATHIAS (Claude), mécanicien à Paris, né à
Pont-de-Vaux (Ain), en 1831.

— L'Indispensable du cultivateur, contenant :
Barème des mesures de capacité usitées en France
pour les grains, etc. In-18. 1857. Châlon-sur-
Saône, *chez l'auteur.* 2 fr.

— Plus d'erreurs d'addition. In-16. 1858. Châlon-sur-Saône, *Dejussieu.*

— Traité de sténographie, ou l'Art d'écrire aussi
vite que la parole, mise à la portée de toutes les
intelligences, pour être appris sans maître, etc.
In-16. 1857. Châlon-sur-Saône, *chez l'auteur.*
3 fr.

BATHILD BOUNIOL. — Voy. **Bouniol.**

*Bathilde, reine des Francs, ou la Vertu sur le
trône; drame historique en deux actes, composé
par M. H. A... pour les distributions de prix et les
récréations littéraires dans les pensionnats de
demoiselles. In-12. 1856. Lyon, *Girard et Josserand.* 75 c.

BATIFFOL (Jacques Henri), professeur de langue
latine au lycée de Toulouse, né à Castres (Tarn),
en 1815.

— Choix d'expressions latines, avec notes explicatives pour l'intelligence des auteurs latins.
In-8°. 1862. Toulouse, *Privat.* 4 fr. 50 c.

— Décades latines, ou Choix abrégé d'expressions avec notes explicatives, pour l'intelligence
des auteurs latins, à l'usage des établissements
d'instruction secondaire. In-12. 1863. *Ibid.* 1 fr.
25 c.

Extrait du précédent. — Nouvelle édition en 1864. *Tandou*
et Cie.

— Essai de grammaire latine, d'après un plan
nouveau. In-8°. 1860. Toulouse, *Privat.* 1 fr. 50 c.

— De la Nécessité de faire une étude spéciale
des expressions latines pour parvenir à la connaissance réelle du latin. Brochure in-8°. 1860.
Toulouse, *imprimerie Cazeaux.*

— Pratique de la syntaxe latine et du style latin. In-12. 1864. *Ibid.* 2 fr. 25 c.

BATIGNE (Edmond), docteur en médecine.

— Des Sources d'indication dans la fièvre ré-
mittente. In-8°, 155 p. 1859. Montpellier, *Martel.*

BATILLIAT (P.).

— Traité sur les vins de France. In-8° avec
4 pl. 1846. *Mathias.* 7 fr. 50 c.

BATINES (P. Colomb de). — Voy. **Colomb de
Batines.**

BATISSIER (Louis), docteur en médecine et
archéologue, vice-consul de France à Suez, né à
Bourbon-l'Archambault, en 1813.

— Éléments d'archéologie nationale, précédée
d'une histoire de l'art monumental chez les anciens. In-12. 1843. *Leleux.* 5 fr.

— Histoire de l'art monumental dans l'antiquité
et au moyen âge, suivie d'un Traité de la peinture sur verre. In-8°. 1846. *Furne.* 20 fr.

— Le même, 2e édition, entièrement refondue

par l'auteur. Gr. in-8° avec de nombreuses figures intercalées dans le texte. 1860. *Ibid.* 20 fr.

— Le Mont-Dore et ses environs. In-fol. avec 11 pl. 1840. Moulins, *Desrosiers.*

— Le Nouveau cabinet des fées. Contes choisis, précédés d'une notice sur les fées et les génies. Dessins de MM. Foulquier et Pasini. Gr. in-8°. 1863. *Furne et Cie.* 8 fr.

— Physiologie du Bourbonnais. In-18 avec 6 grav. 1842. Moulins, *Desrosiers.* 1 fr. 50 c.

Publié sous le pseudonyme de B. Lewis.

— Traité élémentaire d'anatomie, avec un atlas de 60 pl., contenant 250 fig. coloriées et de nombreux tableaux synoptiques. 1er fascicule. Gr. in-8° avec 30 pl. 1857. *Viat.*

Avec P. Batissier et E. Salmon.

M. L. Batissier a publié une édition de « l'Histoire de Paris et de ses monuments », par *Dulaure.*

BATJIN (N.).

— Histoire complète de la noblesse de France, depuis 1789 jusque vers l'année 1862, suivie de considérations sur la grandeur de la noblesse, sa situation actuelle et l'influence morale qu'elle exerce sur les autres classes de la société. In-8°. 1863. [Bruxelles, *C. Muquardt.*] *Dentu.* 7 fr. 50 c.

BATOUTAH. — Voy. **Ibn-Batoutah.**

BATSÈRE (B.).

— Esquisses. Tarbes et ses environs; Bagnères, Baudéan. Épisodes. Brochure in-8°. 1856. Tarbes, *Lavigne.*

— Excursion dans les Hautes-Pyrénées. Souvenirs historiques; rêveries. In-12, VIII-128 p. avec 9 vignettes. 1857. Tarbes, *Telmon.*

BATTAILLE (Charles), chanteur dramatique et professeur de chant au Conservatoire impérial de musique, né à Nantes, en 1822.

— Nouvelles recherches sur la phonation. Mémoire présenté et lu à l'Académie des sciences, le 15 avril 1861. In-8° avec 7 pl. 1861. *Masson et fils.* 4 fr.

Ce mémoire forme la 1re partie de l'ouvrage suivant.

— De l'Enseignement du chant. 2e partie. De la physiologie appliquée à l'étude du mécanisme vocal. Mémoire lu à l'Académie des beaux-arts, précédé d'un rapport de la section de composition musicale. In-8°. 1863. *Ibid.* 2 fr.

BATTÉ (Léon).

— Le Raphaël de M. Morris Moore, Apollon et Marsyas; documents accompagnés de préfaces, de traductions, de notes et d'une étude. In-8°. 1859. *A. Taride.* 2 fr.

BATTEL, ancien chef de division à l'administration générale de l'assistance publique.

— Premières Leçons sur les animaux domestiques, ou Explication des dix images qui les représentent, à l'usage des salles d'asile. In-18. 1855. *Hachette.* 1 fr.

— Premières Leçons sur les animaux sauvages, ou Explication des dix images qui les représentent, à l'usage des salles d'asile. In-18. 1857. *Ibid.* 1 fr.

BATTEUX (l'abbé Ch.), littérateur, professeur de rhétorique et de philosophie, né à Alland'huy, près Vouziers, en 1713, mort à Paris, en 1780.

— Cours de belles-lettres, ou Principes de lit-térature. Nouvelle édition. In-8°. 1861. Tournai, *Casterman.* 4 fr. 50 c.

M. Batteux a aussi traduit : *Aristote*, Lettre à Alexandre. Édition Charpentier.

Voy. aussi *Collin* (Julie), « Littérature raisonnée d'après *Batteux* ».

BATTHYANY (Mme la comtesse Julie). Elle a signé ses ouvrages tantôt de son véritable nom, tantôt des pseudonymes Julie Apraxin, ou Eiluj Nixarpa.

— Illona, par Mme Eiluj Nixarpa. In-12. 1860. *Amyot.* 3 fr. 50 c.

— Journal d'Ilma Szerendy, par Mme la comtesse Julie Batthyany. In-12. 1861. *Ibid.* 3 fr. 50 c.

— On a beau dire, par Mme Eiluj Nixarpa. In-12. 1860. *Ibid.* 3 fr. 50 c.

— Quelques feuilles détachées des Mémoires de la tragédienne hongroise, par la comtesse Julie B. Apraxin. In-8°. 1863. *Dentu.* 1 fr.

BATTISTI.

— Le Protestantisme d'après les protestants. In-18. 1863. *Paulmier.* 30 c.

BATTU (Léon), auteur dramatique, né à Paris, en 1829, mort en 1857.

— Les Deux font la paire; vaudeville en un acte. In-12. 1848. *Lévy frères.* 60 c.

Avec Michel Carré.

— Le Docteur Miracle; opérette en un acte, musique par Georges Bizet et Jules Lecoq. In-12. 1857. *Ibid.* 1 fr.

Avec Ludovic Halévy.

— Élodie, ou le Forfait nocturne; mélodrame en un acte. In-4°. (Théâtre contemporain illustré, livraison 214.) 1856. *Ibid.* 40 c.

Avec H. Crémieux.

— L'Honneur de la maison; drame en cinq actes. In-12. 1853. *Ibid.* 1 fr.

Avec Maurice Desvignes.

— Le même. In-4°. (Théâtre contemporain illustré, livraison 133.) 1855. *Ibid.* 40 c.

— L'Impresario; opérette-bouffe, musique de Mozart. In-8°. 1856. *Ibid.* 60 c.

Avec Ludovic Halévy.

— Lucie Didier; pièce en trois actes. In-12. 1856. *Ibid.* 60 c.

Avec Jaime fils.

— Le même. In-4°. (Théâtre contemporain illustré, livraison 215.) 1856. *Ibid.* 20 c.

— Madame Diogène; vaudeville en un acte. In-12. 1852. *Giraud et Dagneau.* 60 c.

Avec Nérée Desarbres.

— Nisus et Euryale; comédie-vaudeville en un acte, musique nouvelle de M. Nargeot. In-12. 1850. *Lévy frères.* 60 c.

Avec Eugène Bercioux.

— Les Pantins de Violette; opérette-bouffe en un acte, musique d'A. Adam. In-12. 1856. *Ibid.* 50 c.

— Le même. In-4°. (Théâtre contemporain illustré, livraison 386.) 1859. *Ibid.* 40 c.

— Les Quatre coins; comédie en un acte. In-12. 1852. *Ibid.* 60 c.

Voy. aussi *Barbier, Carré, Clairville, Decourcelle, Labiche, Lockroy.*

BATTUR (Georges Bonaventure), docteur en droit, avocat à la cour d'appel de Paris, né à Louhans (Saône-et-Loire), en 1788, mort à Paris, en 1850.

— Dieu et le peuple. Appel à la France et à l'Europe sur les véritables principes de la constitution sociale et politique, et solution, par la religion catholique, des problèmes posés par l'état actuel de la civilisation. In-8°. 1850. *Sagnier et Bray*. 6 fr.

— De l'Indépendance et des rapports nécessaires de l'Église, de l'État et de l'enseignement public. 2e édition. In-8°. 1845. *Ad. Leclère*. 2 fr.

— Question des entrepôts et ports francs, contenant onze lettres publiées dans le journal « le Commerce de Dunkerque et du Nord ». In-8° de 7 1/2 f. 1845. *Roret*.

BATZ (le baron F. de), colonel et aide-de-camp du roi de Wurtemberg, a publié : « Essai d'un système pour servir de guide dans l'étude des opérations militaires », par le baron C. L. de *Phull*. (Voy. ce nom.)

DATZ-TRENQUELLÉON (Charles de), littérateur et journaliste, né en 1835, au Mas d'Agenais (Lot-et-Garonne).

— A la fenêtre. Étude de mœurs. In-12. 1852. Calais, *imprimerie D. Le Roy*.

Publié sous le pseudonyme de Georges Linois.

— Le Devoir; comédie en deux actes et en vers. Poëmes et bluettes. In-12. 1858. *Dentu*. 1 fr.

— Nos Ennemis; comédie en trois actes, en prose. In-12. 1865. Bordeaux, *imprimerie Vᵉ Dupuy et Cⁱᵉ*.

— Nouvelles. 2 vol. in-12. 1854. Calais, *imprimerie D. Le Roy*.

Publié sous le pseudonyme de Georges Linois.

— Le Paupérisme et les souffrances morales de la société. Ouvrage couronné par l'Académie de Bordeaux. In-8°. 1857. Bordeaux, *imprimerie Justin Dupuy et Cⁱᵉ*.

— Variations de l'esprit public. Lois de sûreté générale (1820-1858). In-8°. 1864. *Ibid*. 1 fr.

— Les Voix perdues. Poésies. In-12. 1856. *Ibid*.

M. de Batz-Trenquelléon a collaboré autrefois au « Journal de Calais », à la « Revue de Toulouse » et à la « France centrale »; il est actuellement rédacteur de « la Guienne ».

BATZ DE TRENQUELLÉON (Mˡˡᵉ Marie Caroline de), tante du précédent, née au Château de Trenquelléon, en 1798, morte à Lavardac (Lot-et-Garonne), en 1851.

— Rêveries du soir (vers). In-8° avec 1 portrait. 1842. *J. Rouge, rue d'Argenteuil*, 3.

BAUBE (A.), avocat à la cour d'appel.

— Pourquoi et comment rétablir le ministère de la police générale? In-8° de 12 f. 1850. *Amyot*.

BAUBE (J. Lᴇ). — Voy. **Le Baube**.

BAUBIL (le docteur François Hippolyte), chirurgien en chef de l'Hôtel-Dieu de Narbonne, membre de plusieurs sociétés savantes, né à Puisserguier (Hérault), en 1810.

— De la Cure radicale de la vigne. In-8°. 1862. Montpellier, *imprimerie Grollier*. 1 fr.

— De la Pérennité de la société. In-8°. 1851. Perpignan, *imprimerie J. B. Alzine*. 1 fr. 50 c.

— Vive Jésus! Appel au peuple du manifeste déicide de M. Renan. In-8°. 1864. [Bordeaux.] *Dentu*. 2 fr.

M. le docteur Baubil a collaboré à « l'Étoile du Roussillon », journal qui a cessé de paraître.

BAUBY (Justin), avocat, docteur en droit.

— De la Donation à cause de mort sous le Code Napoléon. In-8°. 1856. *Cotillon*. 1 fr. 50 c.

Extrait de la « Revue critique de législation ».

— De la Maxime : Donner et retenir ne vaut; son origine, son histoire. Quelle influence a-t-elle exercée sur le Code Napoléon? Des effets juridiques des pactes dans la législation romaine. In-8° de 7 1/4 f. 1853. Toulouse, *imprimerie Bayret*.

BAUCHART (Alexandre Quentin), conseiller d'État, ancien représentant, membre du conseil général de l'Aisne, né à Villiers-le-Sec (Aisne), en 1809.

— Assemblée nationale. Rapport fait au nom de la commission de l'enquête sur l'insurrection qui a éclaté dans la journée du 23 juin et sur les événements du 15 mai. 3 vol. in-4°. 1848. *Imprimerie Henry*.

— Manuel de l'électeur et de l'éligible, avec une introduction. In-32. 1849. *Curmer*. 50 c.

BAUCHE (Jean Alexandre), membre de la chambre syndicale des épiciers, vice-président de la Société de magnétisme de Paris, né à Paris, en 1811.

— Dictionnaire de l'épicerie. Recueil historique et géographique des substances indigènes et exotiques, simples et composées, et des principaux articles faisant partie du commerce de l'épicerie, précédé d'une notice sur la corporation des marchands épiciers. In-12. 1858. *Chez l'auteur, rue de Buci*, 29. 3 fr.

M. Alex. Bauche a publié, dans « l'Union magnétique », depuis décembre 1864 jusqu'en mai 1866, des « Causeries mesmériennes (histoire, théorie et pratique du magnétisme animal) », qu'il va réunir en un volume in-8°.

BAUCHER (F.), écuyer, professeur d'équitation, né vers 1805.

— Dialogues sur l'équitation. Premier dialogue entre le grand Hippo-Théo, dieu des quadrupèdes, par un cavalier et un cheval. In-8°. 1844. *Chez l'auteur*.

— Dictionnaire raisonné d'équitation. 2e édition, revue et augmentée. In-8°. 1849. *Dentu*. 4 fr.

La 1ʳᵉ édition a été publiée en 1833.

— Méthode d'équitation basée sur de nouveaux principes, augmentée de documents inédits, de rapports officiels en faveur de l'application de la méthode aux chevaux de troupes, etc. 9e édition. In-8° avec 1 portrait et 8 pl. 1850. *Dumaine*. 6 fr.

La 1ʳᵉ édition est de 1842.

— Œuvres complètes de F. Baucher. Méthode d'équitation basée sur de nouveaux principes, revue et augmentée. 12e édition, suivie des passe-temps équestres. Dialogues sur l'équitation. Dictionnaire raisonné d'équitation. Réponse à la critique, etc. Gr. in-8°. 1864. *Dumaine*. 20 fr.

— Passe-temps équestres, suivis de notes explicatives. In-8° avec 1 lithographie et 16 pages de musique. 1840. *Chez l'auteur*. 6 fr.

— Réponse aux observations de M. d'Aure sur la nouvelle méthode d'équitation, et analyse de son Traité d'équitation, publié en 1834. In-8°. 1842. *Ibid*.

BAUCHERY (Roland), romancier et auteur dramatique, né à Paris, en 1798.

— Beaumarchais; drame historique en trois actes. In-8°. 1846. *Marchant.* 50 c.
Avec Louis Cordier.

— Les Bohémiens de Paris. Tome Ier. In-8°. 1844. *Baxouge et Pigoreau.* 7 fr. 50 c.

— La Cardeuse de matelas; vaudeville en deux actes. In-8°. 1840. *Rue d'Enghien*, 10. 30 c.
Avec Édouard Hachin.

— La Femme de l'ouvrier; précédé d'un essai sur l'influence des romans moraux dans les classes ouvrières. In-12. 1859. *Arnauld de Vresse.* 1 fr.

BAUCHET (Louis Joseph), docteur en médecine, chirurgien des hôpitaux de Paris, ancien vice-président de la Société anatomique de Paris, né à Viollaines, en 1826, mort à Paris, en 1862.

— Anatomie pathologique des kystes de l'ovaire et de ses conséquences pour le diagnostic et le traitement de ses affections. In-4°. 1859. *Delahaye.* 3 fr. 50 c.

— Des Lésions traumatiques de l'encéphale. Thèse pour l'agrégation, présentée à la Faculté de médecine de Paris. In-8°. 1860. *Ibid.* 3 fr.

— Du Panaris et du phlegmon de la main. In-8°. 1858. *Ibid.* 1 fr. 25 c.

— Le même. 2e édition, revue, corrigée et augmentée. In-8°. 1854. *Ibid.* 3 fr. 50 c.

— De la Thyroïdite (goitre aigu) et du goitre enflammé (goitre chronique enflammé). In-18. 1857. *V. Masson.*

— Des Tubercules au point de vue chirurgical. Thèse de concours pour l'agrégation en chirurgie. In-8°. 1857. *Ibid.* 2 fr.

— Des Tumeurs fibreuses du maxillaire inférieur. In-8° de 2 ½ f. avec 2 pl. 1854. *Labé.*

BAUD (Antoine), archiprêtre, curé de la paroisse catholique de Berne, protonotaire apostolique, né à Chêne, canton de Genève, en 1805. Il a construit une église catholique à Berne.

— L'Orthodoxie de la confession sacramentelle, suivie de quelques réflexions sur la tradition. En réfutation de l'Essai historique et du Traité de Louis Desanctis. In-8° de 382 p. 1856. Besançon, *imprimerie de Bonvalot.*

BAUD (Théodore), naturaliste.

— Histoire des champignons comestibles et vénéneux. In-8°, 46 p. 1858. Bourganeuf, *imprimerie Buisson.*

BAUD (U.), instituteur à Saint-Mandé (Seine).

— Manuel synoptique de tous les verbes de la langue française, entièrement conjugués et classés suivant l'ordre de leurs règles de conjugaison. In-8°. 1847. *Lozouet.*

BAUD (V.), docteur en médecine.

— Emploi thérapeutique des corps gras phosphorés extraits de la moelle allongée des mammifères herbivores. In-4°. 1859. *Mallet-Bachelier.* 2 fr. 50 c.
Extrait des « Comptes rendus des séances de l'Académie des sciences ».

— Nouveau mode de traitement des maladies périodiques. Fièvres d'accès, névroses, névralgies, etc. In-8°. 1850. *J. B. Baillière.* 1 fr.

BAUDARD (Marius).

— Italianes (poésies). In-8°. 1861. *Poulet-Malassis.* 1 fr.

— Le Tocsin de la Pologne. In-8°. 1863. *Dentu.* 50 c.

BAUDART.

— Histoire métallique de la ville de Reims sous la République, 1848 à 1850. In-4° de 12 pl. et un frontispice. 1850. Reims, *Brissart-Binet.* 7 fr. 50 c.; sur papier de Chine, 15 fr.

BAUDE, inspecteur général des ponts et chaussées.

— Rapport sur les travaux de fondation du pont du Rhin. — Voy. *Castor.*

BAUDE (Henri), poëte du xve siècle, né à Moulins, vers 1430, mort vers 1495. L'existence même de ce poëte était ignorée avant la publication de ses œuvres.

— Les Vers de maître Henri Baude, poëte du xve siècle, recueillis et publiés, avec les actes qui concernent sa vie, par M. J. Quicherat. Pet. in-8°. 1856. *Aubry.* 5 fr.

BAUDE (le baron Jean Jacques), homme politique, membre de l'Institut, ancien préfet de police (1830), ancien commissaire du roi en Afrique, né à Valence (Drôme), en 1792, mort en 1862.

— L'Algérie. 2 vol. in-8° avec 8 cartes. 1841. *Arthus Bertrand.* 16 fr.
On doit encore au baron Baude divers articles dans la « Revue des Deux-Mondes », et des mémoires sur des questions politiques ou industrielles.

BAUDE ou plutôt BAUDET [ses premiers ouvrages sont signés ainsi] (Louis), littérateur et traducteur, ancien professeur au collège Stanislas, né à Paris, en 1804, mort en 1862.

— Cahiers d'une élève de Saint-Denis. Cours d'études complet et gradué pour les filles, et pour les garçons qui ne suivent pas les classes du collège, par deux anciennes élèves de la maison de la Légion d'honneur et M. Louis Baude. 15 vol. in-12. 1850-1855. *Paulin et Lechevalier.* 49 fr.
3e édition en 1864-1865.
Voici le contenu de chaque volume :

VOLUMES PRÉLIMINAIRES.

Cours de lecture (volume orné de 175 gravures). — Syllabaire. — Des différentes espèces de lettres, de syllabes. — Premières lectures courantes : lectures instructives, etc., etc. 2 fr.
Instruction élémentaire (volume orné de 164 gravures). — De l'éducation. — Premiers nombres et premiers chiffres. — Les cinq sens. — Le temps et ses divisions. — Idée générale de l'univers et de la création. 3 fr.

TOME Ier. — 1er semestre de la 1re année.

Grammaire française. — Définitions. — Histoire sainte : Les trois premières époques. — Notions générales de géographie. — Division de la France par provinces. — Arithmétique : Notions préliminaires. 1 fr. 50 c.

TOME II. — 2e semestre de la 1re année.

Grammaire française. — Histoire sainte : Quatrième, cinquième et sixième époques. — Arithmétique (suite). — Géographie (suite). — Divisions de la France par départements. — Table chronologique des rois de France. 2 fr. 50 c.

TOME III. — 1er semestre de la 2e année.

Grammaire française. — Histoire sainte (suite et fin). — Histoire ancienne. — Ères chronologiques. Définitions. — Éléments de cosmographie. — Géographie de l'Asie moderne. — Arithmétique (suite). 2 fr. 50 c.

TOME IV. — 2e semestre de la 2e année.

Grammaire française. — Mythologie. — Histoire ancienne. — Sciences et arts chez les Grecs. — Arithmétique (suite). — Histoire préparatoire de France. 2 fr. 50 c.

Tome V. — 1er semestre de la 3e année.
Grammaire française. — Histoire ancienne. — Derniers temps. — États secondaires. — Les sept merveilles du monde. — Éléments de Cosmographie : sphère armillaire. — Géographie de l'Afrique moderne. — Curiosités historiques. — Blason. — Dictionnaire des termes héraldiques. — Histoire de Paris et de ses principaux monuments. 3 fr.

Tome VI. — 2e semestre de la 3e année.
Histoire romaine : *Première, deuxième et troisième périodes.* — Germains. — Sciences et arts chez les Romains. — Histoire de l'Église (*première partie*). — Arithmétique (*suite*). — Cosmographie. — Étude préparatoire de l'Histoire de France (*suite*). 3 fr. 50 c.

Tome VII. — 1er semestre de la 4e année.
Récapitulation chronologique de l'Histoire ancienne. — Notions chronologiques sur l'empire romain à la fin du ive siècle. — Histoire du moyen âge. *Première partie.* Histoire de l'Église (*suite*). — Géographie de l'Europe moderne. — Introduction à l'étude de l'histoire naturelle. — Précis de l'histoire de la langue française. 3 fr. 50 c.

Tome VIII. — 2e semestre de la 4e année.
Histoire du moyen âge : *Deuxième partie.* — Histoire de l'Église (*suite*). — Traité de versification française. 3 fr. 50 c.

Tome IX. — 1er semestre de la 5e année.
Histoire moderne : *Première partie.* — Histoire de l'Église (*suite*). — Géographie de l'Amérique. — Curiosités historiques. — Notions élémentaires de botanique. 3 fr. 50 c.

Tome X. — 2e semestre de la 5e année.
Histoire moderne : *Deuxième partie.* — Histoire de l'Église (*suite*). — Géographie de l'Océanie. — Notions élémentaires de zoologie. — Principales inventions et découvertes. 4 fr.

Tome XI. — 1er semestre de la 6e année.
Principes de la littérature. — Histoire de la littérature ancienne. — Appendice à la poésie des Hébreux. — Résumé de l'histoire de la littérature latine. — Appendice à la littérature grecque. — Histoire de la littérature française. — Introduction à la philosophie. — Table chronologique des principaux événements de l'histoire depuis 1789. — Bibliographie. 4 fr. 50 c.

Tome XII. — 2e semestre de la 6e année.
Notions élémentaires de philosophie. — Histoire de la philosophie. — Philologie des langues européennes. — Littérature italienne, portugaise, espagnole, anglaise, allemande. — Biographie des femmes célèbres 4 fr. 50 c.

Tome XIII. — Volume supplémentaire.
Considérations générales. — Algèbre. — Géométrie. — Physique. — Chimie. — Météorologie. — Astronomie. — Géologie et minéralogie. — Architecture et architectes. — Sculpture et sculpteurs. — Peinture et peintres. — Gravure, lithographie, lithochromie, etc. — Photographie. — Musique, compositeurs. — Archéologie. — Numismatique. — Paléographie. 4 fr.

Chaque volume est suivi d'un choix de lectures et d'exercices de mémoire faisant appendice aux matières contenues dans le cahier, et d'un dictionnaire étymologique des mots techniques et peu usités employés dans le volume.

— Enseignement universel. — Voy. *Andrieux et L. Baude.*

— Instruction pour le peuple. Cent traités. In-8° de 16 p. *Paulin et Lechevalier.* Chaque traité, 25 c.

Les traités suivants sont de M. Louis Baude :
Choix d'un état, 1849 ;
Chronologie générale, 1847 ;
Grammaire française, philologie, 1847 ;
Histoire sainte, 1846 ;
Histoire ancienne, 1847 ;
Histoire romaine, 1847 ;
Religion, 1847.

— La Mythologie de la jeunesse. In-12. 1843. *Hetzel.*

— Octavie ; tragédie en cinq actes (en vers). In-8°, 84 p. 1847. *Ibid.*
Anonyme.

M. Louis Baude a traduit et annoté les auteurs suivants dans

la Bibliothèque latine-française, de Panckoucke : *Ethicus, Pomponius Méla, Vibius Sequester, Publius Victor, Serenus Sammonicus ;* dans la collection *Nisard*, il est auteur des traductions de Quintilien, saint Augustin, Tertullien ; il a collaboré au « Dictionnaire des lettres, sciences et arts », de *Dezobry*, au recueil *Patria* et à d'autres recueils du même genre, continué l'Histoire de France d'.*Anquetil*, jusqu'en 1848, et publié une nouvelle édition de « l'Imitation de Jésus-Christ ».

BAUDEAU (l'abbé Nicolas), économiste du xviiie siècle, chanoine régulier et prieur de Saint-Lô, en Normandie, né à Amboise, en 1730, mort vers 1792.
— Voy. *Collection des principaux économistes,* tome 2.

BAUDELAIRE (Charles), littérateur et poète, né à Paris, en 1821.
— Les Fleurs du mal (poésies). In-12. 1857. *Poulet-Malassis.* 3 fr.
— Le même. 2e édition, augmentée de 35 poèmes nouveaux et ornée d'un portrait de l'auteur. In-12. 1861. *Ibid.* 3 fr.
— Les Paradis artificiels, opium et haschisch. In-12. 1860. *Ibid.* 3 fr.
— Richard Wagner et Tannhœuser à Paris. In-12, 70 p. 1861. *Dentu.*
Extrait de la « Revue européenne ».
— Théophile Gautier. Notice littéraire précédée d'une lettre de Victor Hugo. In-12. 1859. *Poulet-Malassis.* 1 fr.
M. Baudelaire a traduit de l'anglais une partie des Nouvelles et Contes fantastiques de Poë.

BAUDELOCQUE (Jean Louis), chirurgien, né à Heilly (Picardie), en 1746, mort à Paris, en 1810.
— L'Art des accouchements. 8e édition, précédée de l'Éloge de l'auteur, par M. Leroux, et d'une Notice sur sa vie et ses ouvrages, par M. Chaussier. 2 vol. in-8° avec 10 pl. et 2 tableaux. 1844. *Germer Baillière.* 18 fr.
La 1re édition est de 1781.

BAUDELOCQUE (Louis Auguste), médecin, neveu du précédent, né vers 1800.
— Opération césarienne. Élytrotomie ou section du vagin, précédée, ou non, de la ligature, de la compression de l'artère iliaque interne. In-8°. 1844. *Chez l'auteur, rue de Ménars, 2.* 1 fr.

BAUDELOT (le docteur E.).
— Recherches sur l'appareil générateur des mollusques gastéropodes. In-4°. 1863. *Baillière et fils.* 5 fr.

BAUDEMENT (Émile), naturaliste, membre de la Société d'agriculture, professeur de zoologie agricole au Conservatoire des arts et métiers, né à Paris, en 1810, mort en 1864.
— Expérience sur la valeur alimentaire de plusieurs variétés de betteraves introduites dans la ration des bœufs de travail. In-8° de 4 f. 1854. *Vo Bouchard-Huzard.*
M. Baudement a fourni des articles à la « Revue horticole » et aux « Mémoires de la Société d'agriculture ».

BAUDEMENT (Théophile Charles Étienne), conservateur à la Bibliothèque impériale, né à Paris, en 1800. Il a traduit et annoté en partie ou en entier dans la collection *Nisard* les auteurs suivants : Ovide, Tibulle, Publius Syrus, Cicéron, Suétone ; les écrivains de l'histoire : Auguste Eutrope, Sextus Rufus, Jules César, Florus.

BAUDENS (Lucien), chirurgien militaire, docteur en médecine, chirurgien en chef de l'hôpital militaire du Val-de-Grâce, membre du conseil de santé des armées, né à Aire (Pas-de-Calais), en 1804, mort en 1857.

— De l'Entorse du pied et de son traitement curatif. In-8°. 1852. *Germer Baillière*. 75 c.

— La Guerre de Crimée. Les campements, les abris, les ambulances, les hôpitaux, etc. In-8°. 1858. *Lévy frères*. 6 fr.

— Le même. Édition in-12. 1858. *Ibid.* 3 fr.

— Leçons sur le strabisme et le bégayement, faites à l'hôpital militaire du Gros-Caillou. In-8° avec 2 pl. 1841. *Germer Baillière*. 2 fr. 50 c.

— Mémoire sur les solutions de continuité de la rotule, description d'un appareil curatif nouveau pour le traitement des fractures transversales. In-8°. 1853. *Ibid.* 1 fr. 25 c.

— Mémoire sur la rupture du ligament rotulien, avec la description d'un appareil curatif nouveau. In-8°. 1851. *J. B. Baillière*. 1 fr.

— Mémoire sur un nouveau traitement de l'hydrocèle. In-8°. 1855. *Ibid.* 1 fr. 25 c.

— Nouvelle méthode des amputations. 1er mémoire. Amputation tibio-tarsienne. In-8° avec 3 pl. 1842. *Ibid.* 3 fr.

— Des Règles à suivre dans l'emploi du chloroforme. In-8°. 1853. *Rue de l'Ancienne-Comédie*, 12. 1 fr. 25 c.

BAUDET (Jean), apiculteur.

— Traité d'apiculture pratique mis à la portée de tous les apiculteurs, et augmenté de nouvelles méthodes et observations. In-12 avec 12 pl. 1860. Lyon, *chez l'auteur*. 3 fr. 50 c.

BAUDET (Louis). — Voy. **Baude**.

BAUDET-DULARY, docteur en médecine, ancien député, adhérent aux théories de Fourier, né vers 1790.

— Essai sur les harmonies physiologiques. In-8° avec 9 pl. 1845. *Baillière*. 8 fr.

La 1re partie de l'ouvrage a déjà été publiée en 1838. 2 fr. 50 c.

— Hygiène populaire. Simples moyens de ménager et de fortifier la santé, par un médecin de campagne (docteur B. Dulary). In-12. 1852. Rouen. 30 c.

— Le même. 2e édition, revue et augmentée. In-12. 1856. *Baillière*. 50 c.

— Principes et résumé de physiognomonie, par le docteur B*** D***. In-8° avec 20 pl. 1859. *Baillière et fils*. 6 fr.

2e édition avec le nom de l'auteur en toutes lettres, en 1863.

BAUDEVILLE.

— La Légende de Saint-Armel, mise en vers français, sous la forme de tragédie, par Messire Baudeville, prêtre et maître d'école dans la ville de Ploërmel; représentée, en 1660, à Ploërmel; publiée, pour la première fois, par Sigismond Ropartz. Vitrail de Saint-Armel, en l'église paroissiale de Ploërmel, dessiné et lithographié par P. Hawke. Gr. in-4° avec 8 pl. 1855. Saint-Brieuc, *Prud'homme*. 10 fr.; sur chine, 15 fr.

BAUDI DI VESME (le chevalier).

— Des impositions de la Gaule dans les derniers temps de l'empire romain. Traduction par M. Édouard Laboulaye. In-8°. 1862. *Durand*. 1 fr. 50 c.

Extrait de la « Revue historique de droit français et étranger ».

BAUDIAU (l'abbé J. F.), curé de Don-les-Places.

— Le Morvand, ou Essai géographique, topographique et historique sur cette contrée. 2 vol. in-8°, avec plans et une carte du Morvand. 1855. Nevers, *imprimerie Fay*. (*Lecoffre*.) 10 fr.

BAUDICOUR (Louis de).

— La Colonisation de l'Algérie. Ses éléments. In-8°, 37 ¼ f. 1856. *Lecoffre*.

— La France en Syrie. In-8°. 1860. *Challamel*. 1 fr.

— La Guerre et le gouvernement de l'Algérie. In-8°, 38 f. 1853. *Sagnier et Bray*.

— Histoire de la colonisation de l'Algérie. In-8°. 1860. *Challamel*. 7 fr.

— Les Indigènes de l'Algérie. In-8°, 2 ½ f. 1852. *Douniol*.

BAUDICOUR (Prosper de).

— Le Peintre-graveur français continué, ou Catalogue raisonné des estampes gravées par les peintres et les dessinateurs de l'école française, nés dans le XVIIIe siècle. Ouvrage faisant suite au Peintre-graveur français de M. Robert-Dumesnil. 2 vol. in-8°. 1859-1861. *Mme Ve Bouchard-Huzard*. 12 fr.

Voy. *Robert-Dumesnil*.

BAUDIER (Michel), historiographe de France, gentilhomme de la maison du roi Louis XIII, conseiller privé, etc., né en Languedoc, vers 1589, mort vers 1645.

— Histoire de la vie et de l'administration du cardinal Ximénès. Annotée et précédée d'une Introduction et d'une Notice sur Michel Baudier et ses divers ouvrages, par Edmond Baudier. In-8°. 1852. *Plon frères*. 8 fr.

2e édition en 1855. — L'ouvrage a été publié pour la 1re fois en 1635. In-4°.

BAUDIN (Armand), soldat au 8e régiment de ligne.

— La Pièce à l'index; comédie-vaudeville en un acte. Représentée pour la première fois sur le théâtre de Lille, le 14 octobre 1832, et retirée du répertoire le lendemain 15 octobre, par ordre de l'autorité militaire de laquelle dépendait l'auteur. In-12. 1841. *Renouard*. 1 fr.

BAUDIN (Désiré Pierre), ingénieur des mines, ancien élève de l'École polytechnique, né en 1809.

— Description historique, géologique et topographique du bassin houiller de Brassac (département du Puy-de-Dôme et de la Haute-Loire). In-4° de 18 f., avec atlas in-fol. de 2 f., 2 cartes et 24 pl. 1851. *Imprimerie nationale*.

Études de gîtes minéraux, publiées par les soins de l'administration des mines.

— Précis historique sur les mines de houilles de Brassac depuis leur ouverture jusqu'en 1836. In-8° de 5 f. 1842. Clermont-Ferrand, *imprimerie Thibaud-Landriot*.

BAUDIN (Étienne), propriétaire-cultivateur à Linars (Charente), né dans le même village, en 1832.

— Le Solitaire amoureux à quatre-vingt-dix ans. Ouvrage historique, littéraire, scientifique et moal, en vers et en prose; augmenté de plus de cente romances et chansons en patois du pays. n-8°. 1865. Angoulême, *imprimerie Quélin frères.* fr.

Avec M. Bellair Benachaud, également cultivateur.

BAUDIN (l'abbé E. L. J.), curé de Bouranton.

— Les Actes de la vie des saints pour tous les ours de l'année, d'après le Martyrologe et le Calendrier romains. Extraits de l'abbé Godescard et utres auteurs. Tomes 1 à 4. In-12. 1865. *Aux bueaux de l'Œuvre du commissionnaire du clergé.*

BAUDIN (François Richard-). — Voy. **Richard-Baudin.**

BAUDIN (L. S.), ancien officier supérieur de la marine.

— Manuel du pilote de la mer Méditerranée. 1re partie, ou Description des côtes de la mer Méditerranée, depuis le détroit de Gibraltar jusqu'au cap Bon et en dehors de la Sicile; traduit du Derrotero de Tofino pour la côte d'Espagne et la partie correspondante de la côte de Barbarie. 2e partie. Depuis le cap Bon et la Sicile jusqu'au détroit des Dardanelles, y compris la mer Adriatique et l'Archipel. Adopté par le gouvernement pour le service de la marine impériale. Nouvelle édition. 2 vol. in-8°. 1857. [Toulon, *Laurent.*] *Robiquet.* 12 fr.

La 1re édition de la 1re partie est de 1828.

BAUDOIN (Alphonse) a écrit sous le pseudonyme de **Balder.**

BAUDON (Adolphe), président général de la Société de Saint-Vincent de Paul.

— Des Devoirs de la grande propriété. In-8°. 1855. *Douniol.* 60 c.

Extrait du « Correspondant ».

— Lettres d'un camarade d'enfance sur les petites imperfections chez les chrétiens vivant dans le monde. In-12. 1863. *Bray.* 1 fr. 50 c.

— Lettre aux membres des conférences de Saint-Vincent de Paul; suivie d'une Lettre à un membre de conférence de province. In-12. 1862. *Sarlit.* 25 c.

— Lettre aux présidents des conseils et conférences de la Société de Saint-Vincent de Paul en dehors de la France. In-8°. 1865. *Bray.* 50 c.

— De la Suppression des tours d'enfants trouvés et des autres moyens à employer pour la diminution du nombre des expositions. In-8°. 1847. *Sagnier et Bray.*

Extrait du « Correspondant ».

BAUDON (Aug.).

— Catalogue des mollusques du département de l'Oise. In-8°. 1853. Beauvais. 1 fr. 50 c.

— Nouveau Catalogue des mollusques du département de l'Oise. In-18. 1862. *Ibid.* 2 fr.

— Essais monographiques sur les Pisidies françaises. Gr. in-8° avec 5 pl. 1857. *Ibid.* 3 fr.

— Notice sur quelques térébratules des calcaires grossiers non décrites jusqu'à ce jour. Gr. in-8° avec 1 pl. 1855. *Ibid.* 60 c.

BAUDON (P. L.).

— M. Ernest Renan le Prophète et le vrai Fils de Dieu, étude critique. In-8°. 1863. *Dentu.* 1 fr.

BAUDONNIÈRE (A. Gohin de la). — Voy. **Gohin de la Baudonnière.**

BAUDOT (Anatole de), architecte.

— Églises de bourgs et villages. Livraison 1 à 19. In-4° avec pl. 1861-1865. *Morel et Cie.* Chaque livraison, 4 fr.

L'ouvrage aura 30 livraisons qui formeront 2 volumes de 75 pl. chacun.

— Réorganisation de l'École des beaux-arts. Décret du 13 novembre 1863. De son influence sur l'étude de l'architecture. In-8°. 1864. *Ibid.* 50 c.

Extrait de la « Gazette des architectes ».

BAUDOT (Edmond), docteur en médecine.

— Examen critique de l'incubation appliquée à la thérapeutique. In-8°. 1858. *Delahaye.* 1 fr. 25 c.

BAUDOT (Émile), docteur en médecine, ex-interne des hôpitaux et chef de clinique adjoint de la Faculté de médecine, né à Mouy (Oise), en 1832.

— Des Doctrines médicales professées par les médecins de l'hôpital Saint-Louis en 1861. In-4°. 1862. *Delahaye.* 2 fr.

M. le docteur Baudot a encore publié : *Bazin,* Leçons sur les affections génériques de la peau. Il a traduit de l'anglais les « Leçons sur la syphilis », du docteur Henri *Lee.*

BAUDOT (Henri), président de la commission des antiquités du département de la Côte-d'Or, né à Dijon, en 1799.

— Description de la chapelle de l'ancien château de Pagny, précédée de détails historiques sur ce château et les seigneurs qui l'ont possédé. 2e édition. In-4° avec pl. 1842. Dijon, *Lamarche.* 5 fr.

— Éloge historique de Bénigne Gagnereaux. In-8°. 1847. *Ibid.* 2 fr.

— Mémoire sur les sépultures des Barbares de l'époque mérovingienne découvertes en Bourgogne et particulièrement à Charnay. In-4° avec vignettes dans le texte et 29 pl. hors texte chromo-lithographiées. 1860. [Dijon, *Lamarche.*] *Didron.* 30 fr.

— Rapport sur la colonne de Cussy. In-4° avec pl. 1852. Dijon, *Lamarche.* 3 fr.

— Rapport sur les découvertes archéologiques faites aux sources de la Seine. In-8° avec planches et plans. 1845. *Ibid.* 6 fr.

— Rapport sur la découverte des peintures murales de l'église de Bagnot. In-4° avec pl. 1865. *Ibid.* 1 fr. 50 c.

BAUDOT (J. F.), ancien conservateur des hypothèques.

— Traité des formalités hypothécaires, indiquant les lois y relatives, etc. 3e édition. 2 vol. in-8°. 1845. *Durand.* 15 fr.

La 1re édition est de 1824. 1 vol. in-8°. 6 fr.

BAUDOUIN (Agathe Desray, veuve), née à Paris, en 1807, veuve de M. Jules Baudouin, membre du tribunal civil de Bourges.

— Album historique et monumental du département du Cher. Livraison 1 à 10. Gr. in-8° avec pl. lithographiées. 1845-1848. Bourges, *Bernard.* Chaque livraison, 1 fr. 25 c.

Cette publication n'a pas été terminée.

— Les Gloires nationales. La conversation française. In-8°. 1861. *Ve Bouchard-Huzard.* 5 fr.

— Rêveries sur les bords du Cher (poésies). In-8°. 1841. *Challamel.* 6 fr.

Mme A. Baudouin a publié aussi quelques poésies et des articles littéraires dans le « Courrier de Bourges » et dans le « Journal du Cher ».

BAUDOUIN (Alexandre), libraire-imprimeur à Paris, secrétaire de la présidence à la chambre des représentants des Cent Jours.

— Anecdotes historiques du temps de la Restauration, suivies de recherches sur l'origine de la presse, son développement, son influence sur les esprits, ses rapports avec l'opinion publique, les mesures restrictives apportées à son exercice. In-12. 1853. *Didot frères.* 2 fr.

Outre les anecdotes, ce livre renferme une note sur la propriété littéraire et sur la fabrication des livres français à l'étranger, des recherches sur l'origine de la librairie et de l'imprimerie, et un tableau de la législation de la presse depuis 1789 jusqu'en 1815.

BAUDOUIN (Félix Marie), licencié en droit, ancien professeur de mathématiques, ancien manufacturier, vice-président du Conseil des Prud'hommes de la Seine, né à Rouen, en 1801. Il est inventeur d'un système d'établissement des lignes télégraphiques souterraines.

— Les Femmes dans Molière. In-8° de 20 p. 1865. Rouen, *imprimerie Cagniard.*

— La Liberté du travail et les coalitions. Lettre d'un prud'homme patron à un prud'homme ouvrier. In-8°. 1864. *Faure.* 1 fr.

— Observations sur le mode d'établissement des lignes télégraphiques sous-marines. In-8°. 1858. *Dalmont et Dunod.* 1 fr.

BAUDOUIN (J.).

— Exposé du nouveau procédé médical de multipuncture, appelé stylopathie, appliqué à la guérison des maladies aiguës et chroniques, telles que goutte, rhumatisme, névralgie, etc. In-12. 1860. *Chez l'auteur, boulevard de Sébastopol, 77.* 1 fr.

BAUDOUIN (Jules).

— L'Alceste de Gluck, étude. In-12. 1861. *Lebigre-Duquesne.* 1 fr.

BAUDOUIN (J. M.), inspecteur général de l'instruction publique pour l'enseignement primaire.

— Rapport sur l'état actuel de l'enseignement spécial et de l'enseignement primaire en Belgique, en Allemagne et en Suisse. In-4°, LV-515 p. 1865. *Imprimerie impériale.*

BAUDOUIN (L. N. P.), de Brissac.

— Histoire des Français, depuis la chute de l'empire romain d'Occident jusqu'à l'empire français. In-8° de 54 f. 1842. Angers, *Launay-Gagnot.*

BAUDOUIN (P. L.), ancien avocat à Paris.

— Le Bon conseiller en affaires, manuel de la législation pratique, à l'usage des négociants, des industriels, des propriétaires, des locataires, des cultivateurs, des entrepreneurs, des chefs de famille et de toutes les classes de la société. Nouvelle et grande édition (93e), revue, corrigée et augmentée, conforme aux lois, décrets et règlements promulgués jusqu'à ce jour par S. M. l'empereur Napoléon III. In-12. 1865. *Pick.* 3 fr. 50 c.

Avec M. de Mazincourt.

**Baudouin, comte de Flandre, empereur de Constantinople. Récit historique, par J. B., auteur de Philippe d'Artevelde et les Blancs chape-

rons. In-8°. 1865. Bruxelles, Ve *Parent et fils.* 1 fr. 25 c.

BAUDOZ (Augustin).

— Histoire de la guerre de l'Espagne avec le Maroc, publiée sous la direction de MM. A. Baudoz et J. Osiris. Édition spéciale, illustrée de plusieurs portraits inédits. In-12 avec 5 portraits. 1860. *Lebigre-Duquesne.* 7 fr. 50 c.

— Le Napoléon de la presse. In-8°. 1861. *Ibid.* 1 fr.

BAUDRAND ou BAUDRAN (Barthélemy), théologien et écrivain ascétique, de la Compagnie de Jésus, né vers 1730 à Vienne en Dauphiné, mort en 1787.

— Œuvres complètes, rééditées dans un double ordre logique et analogique, divisées par chapitres à l'intérieur des ouvrages, et ornées de titres courants au haut des pages, avantages qui manquaient aux éditions partielles du célèbre religieux; publiées par M. l'abbé Migne. 2 vol. gr. in-8°. 1855. *Migne.* 14 fr.

Voy. aussi *Migne*, Collection des orateurs sacrés, 1re série, tome 64.

— Œuvres. 15 vol. in-18 avec 15 grav. 1846. Limoges, *Ardant.* 12 fr.

Voici le contenu des 15 volumes :

1. L'Âme affermie dans la foi. — 2. L'Âme contemplant les grandeurs de Dieu. — 3. L'Âme éclairée par les oracles de la sagesse. — 4. L'Âme élevée à Dieu. — 5. L'Âme embrasée par l'amour divin. — 6. L'Âme fidèle. — 7. L'Âme intérieure. — 8. L'Âme pénitente. — 9. L'Âme religieuse. — 10. L'âme sanctifiée. — 11. L'Âme sur le Calvaire. — 12. Choix d'histoires édifiantes et curieuses. — 13. Neuvaine aux Sacrés-Cœurs de Jésus et de Marie. — 14. Réflexions, sentiments et maximes de piété. — 15. Visites au Saint-Sacrement.

— Œuvres spirituelles. 16 vol. in-18. 1857-1862. *Périsse frères.* 15 fr.

Chaque volume se vend séparément. En voici les titres : L'Âme affermie dans la foi. — L'Âme chrétienne tendant à la perfection. — L'Âme sur le Calvaire. — L'Âme contemplant les grandeurs de Dieu. — L'Âme éclairée par les oracles de la sagesse dans les paraboles. — L'Âme élevée à Dieu. — L'Âme embrasée par l'amour divin. — L'Âme fidèle animée de l'esprit de Jésus-Christ. — L'Âme intérieure. — L'Âme pénitente. — L'Âme religieuse. — L'Âme sanctifiée. — Histoires édifiantes et curieuses. — Neuvaines aux Sacrés-Cœurs de Jésus et de Marie. — Réflexions, sentiments et pratiques de piété. — Visites au Saint-Sacrement et à la sainte Vierge.

— L'Âme affermie dans la foi. In-32. 1859. Toulouse, *Labouisse-Rochefort.* 50 c.

— L'Âme éclairée par les oracles de la sagesse, dans les paraboles et les béatitudes évangéliques. In-18. 1855. *Lecoffre et Cie.* 40 c.

— L'Âme élevée à Dieu par les réflexions et les sentiments, pour chaque jour du mois. In-32. 1854. *Courcier.* 1 fr.

— L'Âme élevée à Dieu par les réflexions et les sentiments, pour chaque jour du mois; suivie de l'Âme pénitente, ou le Nouveau pensez-y bien. In-12. 1860. *Lecoffre et Cie.* 1 fr.

Autres éditions :

In-32. 1854. *Courcier.* — In-18. 1854. Lille, *Lefort.* 1 fr. 50 c. — In-12. 1859. *Sarlit.* 1 fr. — In-12. 1860. Tours, *Mame et Cie.* 1 fr. — In-12. Rouen, *Mégard* ; etc.

— L'Âme pénitente, ou le Nouveau pensez-y bien; considérations sur les vérités éternelles. In-12. 1857. Clermont-Ferrand, *Hubler.*

Autres éditions :

In-32. 1860. Lille, *Lefort.* — In-32. 1863. Clermont-Ferrand, *Librairie catholique,* etc. — Il a été réimprimé en 1859 sous le titre : « les Grandes vérités ou le Nouveau pensez-y bien », avec de nombreux traits d'histoire. In-18. Toulouse, *Lamarque et Rives.*

Voy. aussi plus loin : « Nouveau pensez-y bien ».

— L'Ame sur le Calvaire considérant les souf-rances de Jésus-Christ et trouvant au pied de la croix la consolation dans les peines, avec des prières, des pratiques et des histoires sur diffé-rents sujets. In-12. 1855. *Lecoffre.* 80 c.

Autres éditions: In-12. 1855. Le Mans, *Gallienne.* — In-18. 855. Lille, *Lefort.*

— Histoires édifiantes et curieuses, tirées des meilleurs auteurs, avec des réflexions morales sur différents sujets. In-12. 1852. Tours, *Mame et C*ie. 1 fr.

— Histoires édifiantes et curieuses, tirées des meilleurs auteurs; avec des réflexions morales sur les différents sujets. In-12. 1855. Tournai, *Casterman.* 1 fr.

— Le Nouveau pensez-y bien, considérations sur les vérités éternelles, avec des histoires et des exemples. Édition augmentée de prières pen-ant la messe et des vêpres du dimanche. In-32. 864. Lille, *Lefort.* 1 fr.

Cet ouvrage n'est autre que « l'Ame pénitente ».

L'abbé Baudrand a publié une édition de la « Couronne de l'année chrétienne », d'*Abelly*, et des « Visites au Saint-Sacre-ment de saint Alph. de *Liguori.*

BAUDRILLART (Henri), économiste et publi-iste, membre de l'Institut, professeur d'écono-mie politique au Collège de France, rédacteur en hef du « Journal des Économistes », né à Paris en 1821.

— J. Bodin et son temps. Tableau des théories politiques et des idées économiques au XVIe siècle. In-8o. 1853. *Guillaumin.* 7 fr. 50 c.

— Discours sur Voltaire, mentionné par l'Aca-démie française au concours de 1844. In-8o. 1844. *Labitte.* 2 fr. 50 c.

— Études de philosophie morale et d'économie politique. 2 vol. in-12. 1858. *Guillaumin et C*ie. 7 fr.

— La Liberté du travail, l'Association et la Dé-mocratie. In-12. 1865. *Ibid.* 3 fr. 50 c.

— Manuel d'économie politique. In-12. 1857. *Ibid.* 3 fr. 50 c.

2e édition en 1865.

— Publicistes modernes. In-8o. 1862. *Didier et C*ie. 7 fr.

— Le même. 2e édition. In-12. 1863. *Ibid.* 3 fr. 50 c.

— Des Rapports de la morale et de l'économie politique. Cours professé au Collège de France. In-8o. 1860. *Guillaumin et C*ie. 7 fr. 50 c.

BAUDRIMONT (Alexandre Édouard), chimiste, docteur en médecine, professeur agrégé à la Faculté de médecine de Paris, professeur de chi-mie à la Faculté des sciences de Bordeaux, membre de plusieurs sociétés savantes; né à Compiègne (Oise), en 1806.

— L'Atomologie considérée aux points de vue statique et cinématique. In-8o. 1862. [Bordeaux], *Mallet-Bachelier.* 60 c.

— Dynamique des êtres vivants. Observations. In-8o, 111 p. 1857. Bordeaux, *Ibid.*

Extrait des « Actes de l'Académie impériale de Bordeaux ».

— De l'Existence des courants interstitiels dans le sol arable, et de l'influence qu'ils exercent sur l'agriculture; avec des considérations sur la théo-rie des jachères et des rotations, sur le sol des landes et sur celui des déserts de l'Afrique, etc. In-8o de 84 p. 1852. Bordeaux, *Chaumas.*

— Expériences agrologiques. Modifications que les phosphates éprouvent dans le sol arable. Bro-chure in-8o. 1863. Bordeaux, *imprimerie Gou-nouilhou.*

— Expériences sur l'action chimique de la lu-mière solaire. In-8o avec 5 tableaux. 1862. [Bor-deaux], *Mallet-Bachelier.* 2 fr.

— Histoire des Basques, ou Escualdunais pri-mitifs, restaurée d'après la langue, les caractères ethnologiques et les mœurs des Basques actuels. In-8o. 1854. [Bordeaux], *B. Duprat.* 6 fr. 50 c.

— Instruction sur la vérification des engrais dans le département de la Gironde. In-8o. 1859. Bordeaux, *Lafargue.* 1 fr. 50 c.

— Mémoires sur la structure des corps. Rela-tions du cube et de ses principaux dérivés. Lois de la réfraction et de la dispersion de la lumière. In-8o, 46 p. 1863. Bordeaux, *imprimerie Gounouil-hou.*

— Deuxième Mémoire sur la structure des corps. Recherche de la forme des particules des corps solides. In-8o, 92 p. 1864. *Ibid.*

— Troisième Mémoire sur la structure des corps. Partie cinématique. Propagation des ondes dans les milieux isaxiques et dans les milieux hétéraxi-ques; théorèmes relatifs à la composition des vi-tesses. In-8o, 24 p. 1864. *Ibid.*

Ces trois mémoires sont extraits des « Mémoires de la So-ciété des sciences physiques et naturelles de Bordeaux ».

— Notice sur la préparation de diverses bois-sons propres à remplacer le vin, rédigée sur la demande de la Société d'agriculture de la Gironde. In-8o. 1855. Bordeaux, *Lafargue.* 75 c.

— Observations sur la constitution la plus in-time des animaux, considérée au point de vue de l'anatomie et de la physiologie générales. 2e édi-tion. Brochure in-8o. 1849. Paris. 1 fr. 25 c.

— Observations sur la philosophie des sciences. De la non-identité de la chaleur et de la lumière. Des orages et de leur mode de formation. Gr. in-8o de 47 p. 1865. *Ibid.*

— Recherches anatomiques et physiologiques sur le développement du fœtus et particulière-ment sur l'évolution embryonnaire des oiseaux et des batraciens. In-4o de 224 p., avec 18 pl. dont 14 coloriées. 1850. [*Imprimerie nationale.*] V. *Mas-son.* 18 fr.

Avec le Dr Martin Saint-Ange. — Extrait des « Mémoires des savants étrangers ».
Ouvrage qui a remporté le grand prix des sciences physiques de l'Institut de France, en 1846.

— Recherches de physiologie expérimentale sur les phénomènes de l'évolution embryonnaire des oiseaux et des Batraciens. In-4o avec 2 pl. 1847. *Mallet-Bachelier.* 4 fr.

Avec le même.

— Recherches expérimentales et observations sur le choléra épidémique, etc. In-8o. 1865. *Bail-lière et fils.* 1 fr. 25 c.

— Des Sensations sympathiques. Brochure in-8o avec 1 pl. 1852. Bordeaux.

— Du Sucre et de sa fabrication; suivi d'un précis de la législation qui régit cette industrie, par A. Trebuchet, accompagné de 21 pl. In-8o. 1841. J. B. *Baillière.* 3 fr.

— Traité de chimie générale et expérimentale, avec les applications aux arts, à la médecine et à la pharmacie. 2 vol. in-8o, avec 257 fig. intercalées dans le texte. 1843-1846. *J. B. Baillière.* 10 fr.

— Traité élémentaire d'histoire naturelle. Partie organique comprenant la minéralogie et la géologie. In-8°. 1840. *Cousin, V° Legras, Imbert et C°.*

Les autres parties sont rédigées par MM. Martin Saint-Ange et Guérin. (Voy. *Quérard*, Littérature française contemporaine, au mot *Martin Saint-Ange.*)

— La Vigne, l'Oïdium, le Vin. Trois leçons du cours de chimie agricole institué près la Faculté des sciences de Bordeaux; suivies d'une notice sur la préparation des boissons artificielles. In-16. 1861. Bordeaux, *Chaumas.* 2 fr. 50 c.

— Vocabulaire de la langue des Bohémiens habitant les pays basques français. In-8°. 1862. Bordeaux, *imprimerie Gounouilhou.* 2 fr.

Extrait des « Actes de l'Académie de Bordeaux ».

M. Alex. Baudrimont est encore auteur d'un grand nombre de notices, mémoires, observations, etc., insérés dans les « Mémoires de la Société des sciences physiques et naturelles de Bordeaux », dans ceux de l'Académie de cette ville, etc.

BAUDRIMONT (Marie Victor Ernest), neveu du précédent, pharmacien en chef de l'hôpital Sainte-Eugénie.

— Recherches sur les chlorures et les bromures de phosphore. In-4°. 1864. *Gauthier-Villars.* 3 fr. 50 c.

Thèse pour le doctorat ès sciences physiques.

— Théorie de la formation des eaux minérales, des causes qui déterminent et peuvent modifier leur température et leur composition. In-4°. 1852. *Baillière et fils.* 1 fr. 25 c.

Thèse inaugurale de pharmacie.

BAUDRY, évêque de Dôle.

— Opera. — Voy. *Migne*, Patrologie latine, tome 166.

BAUDRY (l'abbé de), ancien professeur de théologie au séminaire de Lyon et de Paris, mort à Carouge (Suisse).

— Considérations sur le silence des méthodistes de Genève, dans la discussion qu'ils avaient entamée avec les catholiques. In-12 de 4 f. 1841. Lyon, *Pélagaud.*

— Le Docteur Malou, conduit par ses principes à embrasser la religion catholique. In-8°. 1840. Lyon, *Périsse frères.* 80 c.

— Les Gémissements d'un cœur catholique sur les préjugés d'un ministre de Genève. In-12. 1840. Lyon, *Sauvignet.* 1 fr. 20 c.

— Le Guide de ceux qui annoncent la parole de Dieu, contenant la doctrine de saint François de Sales, celle de la Société de Jésus, de Benoît XIV, et les Conseils de saint Vincent de Paul sur la manière d'annoncer la parole de Dieu et sur l'importance des instructions familières et des catéchismes. 2° édition. In-12. 1843. Lyon, *Mathon.* 1 fr. 50 c.

La 1re édition a paru à Lyon en 1829; elle était anonyme.

— La Religion du cœur considérée dans ses rapports avec les confessions de foi, l'institution du saint ministère et l'infaillibilité de l'Église. In-12. Lyon, *Périsse frères.* 2 fr.

— Véritable esprit de saint François de Sales avec un choix d'instructions recueillies dans ses œuvres. 4 vol. in-8°, avec fac-simile de l'écriture du saint. 1846. *Ibid.* 15 fr.

— Abrégé du Véritable esprit de saint François

de Sales. 2 vol. in-12. 1860. Lyon, *Périsse frères.* 3 fr.

La 1re édition est de 1846. 2 vol. in-12. *Ibid.* 6 fr.

L'abbé de Baudry a mis en français moderne le « Tableau de l'esprit de saint François de Sales », par sainte Jeanne de Chantal. Il a annoté et enrichi de divers documents biographiques et littéraires l'édition des « OEuvres complètes de saint François de Sales », publiée par l'abbé Migne.

BAUDRY (Mgr. Charles Théodore), évêque de Périgueux, préconisé en 1861, ancien professeur de théologie dogmatique, né à Monsigné-sur-Maine (Maine-et-Loire), en 1817, mort à Périgueux, en 1863.

— Le Cœur de Jésus, pensées chrétiennes. In-8°. 1865. *Vaton.* 6 fr.

— Le même. In-12. *Ibid.* 4 fr.

Mgr. Baudry a laissé de nombreux écrits entre les mains de M. l'abbé de Las Cazes, son exécuteur testamentaire, aujourd'hui supérieur des dames du Bon-Pasteur à Angers.

BAUDRY (Félix) a traduit les « OEuvres choisies » de *Thomas à Kempis* en collaboration avec S. *Ropartz.*

BAUDRY (Frédéric), bibliothécaire à la bibliothèque de l'Arsenal, né à Rouen, en 1818.

— Les Derniers jours de la Chine fermée. In-8°. 1855. *Aug. Durand.* 2 fr.

Extrait de la « Revue de Paris ».

— Étude sur les Védas. In-8°. 1855. *Ibid.* 2 fr.

Extrait de la même revue.

— Les Frères Grimm, leur vie et leurs travaux. In-8°. 1864. *Ibid.* 2 fr.

Extrait de la « Revue germanique et française ».

— Résumé élémentaire de la théorie des formes grammaticales du sanscrit. In-12. 1852. *Ibid.*

— De la Science du langage et de son état actuel. In-8°. 1864. *Didier et C°.* 2 fr.

Extrait de la « Revue archéologique ».

M. Fréd. Baudry a traduit de l'allemand les « Contes choisis » des frères Grimm. Il a publié et annoté les Mémoires de Nic. Jos. Foucault. — Voy. ces noms.

BAUDRY (Frédéric Paul), membre de la Société des bibliophiles normands, de la commission départementale des antiquités, etc., né à Rouen, en 1825.

— Collection céramique du Musée des antiquités de Rouen. In-12. 1864. Rouen, *imprimerie Lapierre.* 1 fr.

— Les Créatures du bon Dieu; rapports de l'homme avec les êtres inférieurs de la création. In-8°. 1864. Rouen, *imprimerie Cagniard.*

— L'Église collégiale du Saint-Sépulcre de Rouen. Petit in-8° avec une lithographie. 1864. Rouen. 1 fr.

— L'Église paroissiale de Saint-Patrice. Description des vitraux. In-8° avec 1 pl. chromo-lithographiée. 1850. Rouen. 2 fr.

— Histoire de saint Sever, évêque d'Avranches, et des églises qui ont été érigées en son honneur dans la ville de Rouen. In-8° avec grav. 1860. Rouen, *imprimerie Cagniard.* 1 fr.

Avec A. Pottier.

Vendu au profit de la nouvelle église.

— Le Musée départemental d'antiquités de Rouen; agrandissement et classification. In-8°. 1862. Rouen, *imprimerie Lapierre.* 50 c.

— Quinze jours en Suisse. Bâle, Berne, Lucerne. In-12 avec 1 grav. 1865. Rouen, *Mégard et C*[ie]. 30 c.

— Trois semaines en voyage : France, bords du Rhin, Belgique. In-12. 1855. *Ibid.* 60 c.

5e édition en 1865.

M. Paul Baudry a publié à diverses époques des articles d'archéologie religieuse ou des comptes rendus artistiques dans le « Nouvelliste de Rouen », dans le « Mémorial » et la « Revue de Rouen ». Beaucoup de ces articles ont été tirés à part pour l'auteur lui-même.

BAUDUIN (A. Charles).

— De Waterloo à Sainte-Hélène, poëme épique. In-12. 1861. *Dentu.* 4 fr.

BAUDUS (le lieutenant-colonel).

— Études sur Napoléon. 2 vol. in-8°. 1840. *Débécourt.* 15 fr.

BAUER (Bruno), philosophe et publiciste allemand, né à Eisenberg (Saxe-Altenbourg) en 1809.

— De la Dictature occidentale. In-8°. 1854. Charlottenbourg (Prusse), *Bauer.* 75 c.

— La Russie et l'Angleterre. Traduit de l'allemand. In-8°. 1854. *Ibid.* 1 fr. 25 c.

BAUGA (Maurice).

— Les Deux maçons, histoire d'un bon et d'un mauvais ouvrier. In-12 avec 1 grav. 1854. Rouen, *Mégard.* 1 fr.

Réimprimé en 1865 sous le titre : « les Deux familles ».

BAUGTON GRANGE.

— Richard Bromley. Traduction libre de l'anglais par le pasteur S. Berard. In-12. 1865. Lausanne, *L. Meyer.* 3 fr.

BAUL (Van). — Voy. **Van Baul.**

BAULACRE (Léonard), né à Genève en 1670, mort en 1761.

— Œuvres historiques et littéraires de L. Baulacre, ancien bibliothécaire de Genève (1728-1756), recueillies et mises en ordre par Édouard Mallet. 2 vol. in-8°. 1857. Genève, *Jullien frères.* 12 fr.

BAUM (Jean Guillaume), docteur en théologie, professeur au Séminaire protestant de Strasbourg, et pasteur à l'église de Saint-Thomas dans la même ville, membre de plusieurs sociétés savantes, né à Honheim (Hesse rhénane), en 1809.

— La Maniere et fasson qu'on tient es lieux que Dieu de sa grâce a visites. Première liturgie des Églises réformées de France de l'an 1533, publiée d'après l'original, à l'occasion du troisième jubilé séculaire de la constitution de ces églises l'an 1559 ; par Jean Guillaume Baum. Pet. in-8°. 1859. [Strasbourg, *Treuttel et Würtz.*] *Cherbuliez.* 1 fr. 50 c.

— Le Principe de légalité et la Conscience confessionnelle de certains pasteurs soi-disant luthériens. In-8°. 1857. Strasbourg, *Treuttel et Würtz.* 50 c.

M. Baum a publié les œuvres de *Calvin* en collaboration avec MM. Cunitz et Reuss.

BAUME.

— La Bacchomanie, ou De l'état d'ivresse (poëme). In-12. 1858. Toulon, *imprimerie Veuve Baume.*

— La Tabacomanie ou le Tabac et ses divers usages (poëme). In-12. 1851. *Ibid.*

BAUME (A. P. A.), avocat, membre correspondant de l'Académie de Marseille.

— Cours élémentaire de droit usuel. Ouvrage spécialement destiné aux établissements d'instruction publique. 4e édition, revue d'après la constitution de 1848. In-12. 1849. *Delalain.* 2 fr. 50 c.

Les deux premières éditions portaient le titre de : « Code de la jeunesse, pour servir au premier degré de l'enseignement du droit civil ».

BAUME (V.).

— Leçons élémentaires de physique, à l'usage des écoles primaires et des aspirants au brevet de capacité. 5e édition. In-12 avec 4 pl. 1853. *Lecoffre et C*[ie]. 2 fr. 50 c.

Avec E. Poirrier. — La 1re édition est de 1839.

— Leçons élémentaires de physique, à l'usage des maisons d'éducation de demoiselles. 5e édition. In-12 avec pl. 1853. *Ibid.* 2 fr. 50 c.

Avec le même.

— Abrégé des Leçons élémentaires de physique. 5e édition. In-12. 1857. *Ibid.* 1 fr. 50 c.

Avec le même.

BAUMÈS (Pierre), médecin en chef de l'Antiquaille à Lyon, né vers le commencement de ce siècle.

— Nouvelle dermatologie, ou Précis théorique et pratique sur les maladies de la peau, fondé sur une nouvelle classification médicale. 2 vol. in-8° avec 7 pl. 1842. *J. B. Baillière.* 16 fr.

— Précis théorique et pratique sur les diathèses. In-8°. 1853. *Ibid.* 6 fr.

— Précis théorique et pratique sur les maladies vénériennes. 2 vol. in-8°. 1840. *Ibid.* 12 fr.

BAUMHAUER (F.), artiste peintre.

— Le Mystère du système planétaire dévoilé et mis à la portée de toutes les intelligences, avec figures explicatives. Premier essai. Principes physiques des mouvements. In-8°. 1854. Bruxelles, *F. Baumhauer.*

BAUMHAUER (Édouard Henri de), professeur honoraire de chimie et de pharmacie à l'Athénée d'Amsterdam, membre de l'Académie royale des sciences et secrétaire perpétuel de la Société hollandaise des sciences à Harlem, né à Bruxelles, en 1820.

— Mémoire sur la densité, la dilatation, le point d'ébullition et la force élastique de la vapeur de l'alcool et des mélanges d'alcool et d'eau, publié par l'Académie des sciences d'Amsterdam. In-4° avec pl. 1861. [Amsterdam, *C. G. Van der Post.*] *Leiber.* 5 fr.

— Tables indiquant la richesse en alcool des mélanges alcooliques d'après les indications données par l'aréomètre et le thermomètre centigrades. 1864. *Ibid.* 7 fr. 50 c.

M. E. H. de Baumhauer dirige la publication des « Archives néerlandaises des sciences exactes et naturelles », fondées depuis quelques mois par la Société hollandaise des sciences à Harlem.

BAUNARD (l'abbé L.), chanoine honoraire d'Orléans, docteur en théologie et ès lettres, ancien professeur au petit séminaire d'Orléans, né à Bellegarde (Loiret), en 1826.

— Alena de Worst ; légende brabançonne. In-32. 1864. *Josse.* 50 c.

Anonyme.

— Le Doute et ses victimes dans le siècle présent. In-8°. 1865. *Adr. Le Clere et Cie.* 4 fr. 50 c.

— Madame la comtesse de Choiseul d'Aillecourt. In-18. 1865. *Josse.* 75 c.

Publié en 1863 dans la « Revue d'économie chrétienne ».

— Monsieur le comte Edmond de la Touanne. In-8°, 62 p. 1864. Orléans, *imprimerie Jacob.*

— Le Pénitent de Châteauneuf. In-32. 1865. *Josse.* 50 c.

— Quid apud Græcos de institutione puerorum senserit Plato, disquisivit L. Baunard. In-8°, 106 p. 1860. Orléans, *imprimerie Jacob.*

— Romaine de Todi; épisode du ivᵉ siècle, par un pèlerin de Rome. In-32. 1864. *Josse.* 50 c.

Anonyme.

— Roseline de Villeneuve. Souvenirs de Provence. In-32. 1862. *Ibid.* 50 c.

Anonyme.

— Théodulfe, évêque d'Orléans et abbé de Fleury-sur-Loire. Thèse pour le doctorat ès lettres. In-8°, xxi-372 p. et fac-simile d'une charte autographe de Théodulfe. 1860. Orléans, *Gatineau; Herluison.*

— Vie des saints et personnages illustres de l'église d'Orléans. Maurice de Sully, évêque de Paris. In-18. 1862. [Orléans, *Blanchard.*] *Dupuy.* 1 fr.

— Vie des saints et personnages illustres de l'église d'Orléans. Le bienheureux Réginald de Saint-Aignan, de l'ordre des frères Prêcheurs. In-18. 1863. *Ibid.* 1 fr.

— Vie des saints et personnages illustres de l'église d'Orléans. Le bienheureux Odon de Tournai. In-18. 1863. *Ibid.* 1 fr.

M. l'abbé Baunard collabore à la « Revue d'économie chrétienne » et au « Correspondant ».

BAUP (Charles), professeur de théologie à Lausanne, ancien pasteur à Londres (1836-1842), né à Vevey (Suisse), en 1811, mort à Lausanne en 1853.

— Coup d'œil sur la position de l'Église nationale dans le canton de Vaud. In-8°. 1845. Lausanne.

— Le Nouveau Testament. — Voy. *Gerlach.*

— Précis des faits qui ont amené et suivi la démission de la majorité des pasteurs de l'Église nationale du canton de Vaud en 1845. In-8°. 1846. Lausanne, *G. Bridel.*

BAUR (le docteur H.), médecin à Tubingue (Wurtemberg).

— Des frictions d'huile comme méthode hygiénique et curative. Traduit de l'allemand. In-8°. 1857. [Tubingue, *Fues.*] *J. B. Baillière.* 1 fr.

BAURANDONT (Milenare), pseudonyme anagramme de M. Marcelin B***, ancien élève de l'École polytechnique, ex-ingénieur des ponts et chaussées, né à Rennes, en 1792.

— Le Diamant; nouvelle. Suivi de : Pendant un siècle et de la Leçon paternelle. In-8°. 1854. *René.*

— Suite du Diamant, ou Vingt ans de voyages avant et après 1830. In-8°. 1864. *Ibid.*

— Entretiens familiers sur quelques questions de morale et d'économie politique. 2 vol. in-8°. 1856-1862. *Ibid.*

— Essai sur les réformes applicables à l'éducation. In-8°. 1858. *Ducrocq.*

Ces deux derniers ouvrages ne portent que les initiales Mᶦⁿ B.

— Réflexions morales et politiques, ou Esquisse des progrès de la civilisation en France au xixᵉ siècle. In-8°. 1848. *René.* 1 fr. 75 c.

— Le même. 2ᵉ édition, refondue. In-8°. 1849. *Ibid.* 3 fr. 50 c.

Publié sous le pseudonyme de M. B. Des Ol** res.

La plupart de ces ouvrages n'ont été tirés qu'à 100 exemplaires. — M. Marcelin B. a encore publié de 1862 à 1865 des brochures sur la propriété littéraire, sur le règlement des usines et sur le curage des rivières, sous le nom : un ancien conducteur des ponts et chaussées.

BAURANS, auteur dramatique et musicien, né à Toulouse, en 1710, mort en 1764.

— La Servante-maîtresse; opéra-comique en deux actes, musique de Pergolèse. In-12. 1862. *Lévy frères.* 1 fr.

— Le même. In-4°. (Théâtre contemporain illustré, livraison 611.) 1862. *Ibid.* 40 c.

— Le même. In-12. 1862. *Dentu.* 1 fr.

— Le même. In-8°. 1862. Rouen, *François.*

La 1ʳᵉ édition est de 1754.

BAUSSET (Albert de).

— Ma Femme est veuve! comédie-vaudeville en trois actes. In-12. 1864. *Beck.* 1 fr.

Avec Hyacinthe Giscard.

BAUSSET (Louis François de), cardinal, évêque d'Alais, duc et pair de France, ministre d'État, membre de l'Académie française, né à Pondichéry, en 1748, mort à Paris, en 1824.

— Histoire de Bossuet, évêque de Meaux, composée sur les manuscrits originaux. 3 vol. in-12. 1847. [Besançon.] *Gaume frères.* 4 fr.

La 1ʳᵉ édition est de 1814. — Cette histoire est aussi réunie à une édition des Œuvres de Bossuet. (Voy. *Bossuet.*)

— Histoire de Fénelon, archevêque de Cambrai. Nouvelle édition, revue, corrigée et augmentée, d'après les manuscrits de Fénelon et d'autres pièces authentiques, par l'éditeur des Œuvres de Fénelon (l'abbé Gosselin). 4 vol. in-8° avec un portrait et un fac-simile. 1850. *Lecoffre.* 14 fr.

— Le même. 4 vol. in-12. 1856. Lyon, *Périsse frères.* 5 fr.

— La même. 1 vol. in-4°. 1862. *Migne.* 5 fr.

Ce volume porte le titre d'Œuvres de Fénelon, mais il ne contient que sa vie, par le cardinal de Bausset. La 1ʳᵉ édition de l'Histoire de Fénelon est de 1808.

Voy. aussi *Lafuite*, « Histoires de Bossuet et de Fénelon, d'après le cardinal de *Bausset* ».

BAUSSET-ROQUEFORT (le marquis Jean Baptiste Gabriel Ferdinand de), ancien magistrat, lauréat de l'Académie française et de la Société de statistique de Marseille, membre titulaire, honoraire ou correspondant de plusieurs sociétés savantes, né à Toulon, en 1800. Il était membre du jury international de l'exposition de 1855 et de plusieurs congrès internationaux.

— Devoirs, droits, assistance par le christianisme, la liberté, l'éducation, origine et conditions essentielles des droits, particulièrement des droits du travail, etc. In-12 de 8 f. 1849. *Garnier frères; F. Didot.*

— Des Droits de l'homme et de ses devoirs dans la société. In-12, 180 p. 1851. *Vaton.*

Couronné par l'Académie française.

— Études des questions relatives à l'assistance des enfants confiés à la charité publique. In-8°, 80 p. 1859. Marseille, *imprimerie de Roux.*

— Étude sur le mouvement de la population en France depuis le commencement du xixe siècle. In-8°, 95 p. 1862. Marseille, imprimerie Roux.

— Notice historique sur l'invention de la navigation par la vapeur. In-8°, 39 p. 1864. Lyon, Girard et Josserand.

— Notice sur M. Achille de Jouffroy d'Abbans. In-8°. 1864. Lyon, imprimerie Vingtrinier.

On doit de plus à M. de Bausset-Roquefort un grand nombre de travaux imprimés dans les recueils des congrès nationaux et internationaux et de diverses sociétés savantes.

BAUTAIN (l'abbé Louis Eugène Marie), philosophe et théologien, ancien professeur de philosophie au collège de Strasbourg, né à Paris, en 1796. Ce n'est qu'en 1828 qu'il se fit prêtre. Il fut nommé, en 1849, vicaire-général du diocèse de Paris, et chargé, en 1853, du cours de théologie morale à la Faculté de théologie de Paris.

— La Belle saison à la campagne. Conseils spirituels. 4e édition. In-12. 1863. Hachette et Cie. 3 fr. 50 c.

1re édition en 1858.

— Le Chrétien de nos jours; lettres spirituelles. 1re partie. L'Enfance et la jeunesse. In-12. 1861. Ibid. 3 fr. 50 c.

— Le même. 2e partie. L'Age mûr et la vieillesse. In-12. 1861. Ibid. 3 fr. 50 c.

— La Chrétienne de nos jours; lettres spirituelles. 1re partie. La Jeune fille et la jeune femme. In-12. 1859. Ibid. 3 fr. 50 c.

— Le même. 2e partie. L'Age mûr et la vieillesse. In-12. 1860. Ibid. 3 fr. 50 c.

Cet ouvrage a une 3e partie intitulée : « Une Conversion », précédée d'une préface par l'abbé Bautain. In-12. 1860. Ibid. 1 fr. 50 c. Ce livre est anonyme. La préface seule est signée de l'abbé Bautain, mais la disposition typographique du titre met en relief son nom, comme sur les deux autres parties, de sorte qu'on peut croire au premier abord qu'il en est aussi l'auteur. — Les trois parties ont eu plusieurs éditions.
On a publié à l'occasion de l'ouvrage de l'abbé Bautain une brochure portant le titre de : « la Chrétienne de nos jours, suivant M. l'abbé Bautain, par un chrétien protestant ». In-12 de 93 p. 1863. Grassart.

— La Conscience, ou la Règle des actions humaines. In-8°. 1860. Didier et Cie. 7 fr.

— Le même. Édition in-12. 1861. Ibid. 3 fr. 50 c.

— L'Esprit humain et ses facultés. — Voy. plus loin : Philosophie ; Psychologie expérimentale.

— Étude sur l'art de parler en public. 2e édition, revue et augmentée. In-12. 1863. Hachette et Cie. 3 fr. 50 c.

La 1re édition a paru en 1856 chez Douniol. 2 fr. 50 c.

— Les Fêtes d'enfants. Scènes et dialogues, avec une préface de M. l'abbé Bautain. — Voy. Jeannel (Élisabeth).

— Méditations sur les épîtres et les évangiles des dimanches et des fêtes. In-12. 1863. Hachette et Cie. 3 fr. 50 c.

— Méditations sur les épîtres et les évangiles du carême. In-12. 1865. Ibid. 3 fr. 50 c.

— La Morale de l'Évangile comparée aux divers systèmes de morale. Leçons faites à la Faculté de théologie, en Sorbonne, pour servir d'introduction au cours de théologie morale. In-8°. 1855. Vaton. 6 fr.

— Moralités et allégories, traduites et imitées de l'allemand (par M. l'abbé Bautain). 7e édition. In-18 avec vignettes. 1860. Lille, Lefort. 75 c.

Anonyme.

— Philosophie. Psychologie expérimentale. 2 vol. in-8°. 1839. [Strasbourg, Dérivaux.] Lagny frères. 14 fr.

— Le même. Nouvelle édition sous le titre : L'Esprit humain et ses facultés, ou Psychologie expérimentale. Nouvelle édition. 2 vol. in-12. 1859. Didier et Cie. 7 fr.

— Panégyrique de saint Paul, prononcé en l'église de Sainte-Geneviève, le 2 décembre 1855. In-8° de 4 1/2 f. 1855. Adr. Le Clere.

— Philosophie morale. 2 vol. in-8°. 1842. Ladrange. 16 fr.

— Philosophie des lois au point de vue chrétien. In-8°. 1860. Didier et Cie. 7 fr.

— Le même. Édition in-12. 1860. Ibid. 3 fr. 50 c.

— La Religion et la liberté considérées dans leurs rapports. (Conférences de Notre-Dame de Paris.) In-8°. 1848. Sagnier et Bray. 2 fr. 50 c.

— La Religion et la liberté. In-12. 1865. Hachette et Cie. 3 fr. 50 c.

M. l'abbé Bautain a traduit de l'allemand : les « Paraboles », de F. A. Krummacher ; et il a publié une nouvelle édition de « l'Imitation de Jésus-Christ », de Thomas a Kempis. (Voy. ces noms.)

BAUTIAN (ROUGET-). — Voy. **Rouget-Bautian.**

BAUTIER (Alexandre), docteur en médecine, ancien représentant du peuple, né à Rouen, en 1801.

— Tableau analytique de la flore parisienne d'après la méthode adoptée dans la Flore française de MM. Lamarck et de Candolle. 10e édition, revue et corrigée. In-12. 1864. Asselin. 4 fr. 50 c.

La 1re édition est de 1827.

BAUTY (Paul Philippe Adolphe), ministre du saint Évangile et pasteur de l'Église libre de Lutry, né en 1798, au château de Vennes, près Lausanne.

— Fictions et réalités, ou les Prétentions de Rome mises en regard des faits. Discussion franche, mais amicale. In-8°. 1854. Grassart. 2 fr. 50 c.

Publié par Georges Bridel, éditeur à Lausanne.

M. Ad. Bauty est encore auteur de quelques brochures sur des questions religieuses ou ecclésiastiques.

BAUVAL (l'abbé).

— L'Ange conducteur des enfants pendant l'année de leur première communion. In-32. 1848. Gaume frères. 1 fr.

— Mois de Marie. 6e édition. In-32. 1848. Ibid. 75 c.

— Recueil de cantiques à l'usage des exercices spirituels. In-32. 1850. Ibid.

— Recueil de cantiques expliqués et paraphrasés. In-32. 1850. Ibid.

BAUVIÈRE (MOREAU DE). — Voy. **Moreau de Bauvière.**

BAUX (Jean Martin Jules), archiviste du département de l'Ain, correspondant du Ministère de l'instruction publique, membre des Académies de Lyon, Dijon, Versailles, de l'Académie de Savoie, etc., né à Lyon, en 1806.

— De urbe et antiquitatibus matisconensibus liber ex codice autographo erectus a Julio Baux, nunc primum editus cura et sumptibus N. Yemeniz. In-12. 1846. Lyon, Perrin.

— Extraits analytiques des registres municipaux de la ville de Bourg (de 1536 à 1559). In-8°. 1861. Bourg, *imprimerie Milliet-Bottier*. 6 fr.

— Extraits analytiques des registres municipaux de la ville de Bourg de 1559 à 1600. In-8°. 1862. *Ibid.* 6 fr.

— Histoire de la réunion à la France des provinces de Bresse, Bugey et Gex, sous Charles Emmanuel Ier. In-8°. 1852. *Ibid.* 7 fr.

— Nobiliaire du département de l'Ain (xviie et xviiie siècles). Bresse et Dombes. In-8°. 1863. Bourg, *Martin-Bottier.* 25 fr.

— Le même. Bagey et Pays de Gex. In-8°. 1864. *Ibid.* 25 fr.

— Notice descriptive et historique sur l'église collégiale de Notre-Dame de Bourg. Brochure in-12. 1849. *Ibid.*

— Recherches historiques et archéologiques sur l'église de Brou. In-8°. 1845. [Bourg, *Dufour.*] *Techener.* 7 fr.

— Le même. Nouvelle édition sous le titre : Histoire de l'église de Brou. 2e édition, revue et augmentée. Gr. in-8°. 1854. Lyon, *Bauchu.* 12 fr.

— Le même. In-12. 1854. *Ibid.* 3 fr. 50 c.

— Le même. 4e édition. In-12. 1865. Bourg, *Martin-Bottier.*

— Ruines d'Izernore. Rapport au préfet sur les fouilles opérées en 1863. Brochure in-8°. 1865. Bourg, *Dufour.*

BAUX (Théodore François Léon), chef de gare intérimaire du chemin de fer de l'Est, né à Charleville (Ardennes), en 1827.

— La Musique; poëme. 2e édition, entièrement refondue et considérablement augmentée. In-8°. 1864. [Charleville.] *Ledoyen.* 1 fr. 50 c.

La 1re édition a paru en 1854. *Coulon-Pineau.* 1 fr.

M. Léon Baux a publié des pièces de poésies dans « l'Étoile de Falaise », le « Propagateur des Ardennes », la « Revue de la Province », etc.

BAUX (le marquis O. Des). — Voy. **Des Baux.**

BAUX-LAPORTE.

— Histoire populaire du protestantisme. In-12. 1858. [Toulouse.] *Grassart.* 2 fr.

BAUZON (l'abbé Louis Marie François), ancien directeur au grand séminaire de Limoges (1844-1861), ancien aumônier du collège de Châlon-sur-Saône, curé de Sempigny (Saône-et-Loire), né à Chatellenot (Côte-d'Or), en 1818. Il a publié une nouvelle édition, revue et corrigée, de *Ceillier*, « Histoire générale des auteurs sacrés », et du « Journal des saints », par le Père *Grossez.* Ce dernier ouvrage ne porte pas le nom de l'abbé Bauzon, mais seulement : « Par un directeur de grand séminaire ».

BAVAY (Charles Victor de), magistrat belge, procureur général près la cour d'appel de Bruxelles, né à Bruxelles, en 1801.

— Le Général Dumonceau. In-8°, accompagné de 29 pièces fac-simile. 1850. Bruxelles.

— Procès du comte d'Egmont et pièces justificatives, d'après les manuscrits originaux trouvés à Mons, avec une lettre autographe du comte d'Egmont, reproduite en fac-simile. In-8°. 1854. Bruxelles, *C. Muquardt.* 5 fr.

BAVAY (Laurent Séraphin de), directeur des écoles centrales d'horticulture de l'État, président du deuxième comice agricole du Brabant, membre de la commission provinciale d'agriculture; né en 1795, à Vilvorde, où il est mort en 1855.

— Traité théorique et pratique de la taille des arbres fruitiers, contenant les notions indispensables de physiologie végétale, un précis raisonné de la multiplication, de la plantation et de la culture, etc. In-18, avec fig. 1850. *Roret.* 3 fr.

Collection des Manuels-Roret.
Une autre édition a paru la même année à Bruxelles, chez *Stapleaux.*

BAVAY (Xavier Séraphin de), fils du précédent, directeur de l'école d'horticulture de l'État à Vilvorde, membre de plusieurs sociétés et commissions agricoles du Brabant; né à Vilvorde, en 1830, mort dans la même ville, en 1864.

— Cours pratique de la culture et de la taille des arbres fruitiers. 4e édition. In-12. 1864. Bruxelles, *E. Tarlier.* 2 fr.

La 1re édition est de 1859.

BAVOUX (Évariste), conseiller d'État, ancien représentant du peuple, ancien député, né à Paris, en 1809.

— Alger. Voyage politique et descriptif dans le nord de l'Afrique. 2 vol. in-8°. 1841. Paris et Leipzig, *Brockhaus et Avenarius.* 15 fr.

— Du Communisme en Allemagne et du radicalisme en Suisse. In-8° de 6 f. 1851. *Cosme.*

— A. B. da Costa Cabral, comte de Thomar. Notes historiques sur sa carrière politique et son ministère. Extrait de l'ouvrage publié à Lisbonne, sous le titre : « Apontamentos historicos », par Évaristo Bavoux. In-8°. 1846. *Amyot.* 5 fr.

— Études diverses de législation, de politique, de morale. In-8°. 1843. *Videcoq.* 7 fr.

— Manuel du notariat. Recueil de formules, avec une Introduction. In-32. 1843. *Ibid.* 5 fr.

— Philosophie politique, ou l'Ordre moral dans les sociétés humaines. 2 vol. in-8°. 1840. *Delloye.* 15 fr.

— Le Prince Louis jugé par la chambre des pairs. In-8°. 1840. *Paulin.* 50 c.

— Voltaire à Ferney. Sa correspondance avec la duchesse de Saxe-Gotha, suivi de notes historiques entièrement inédites, recueillies et publiées par MM. Évariste Bavoux et A. F. (Alph. François). In-8°. 1860. *Didier et Cie.* 7 fr.

2e édition augmentée de 27 lettres inédites, en 1865.

BAWR (Alexandrine Sophie de Coury de Champ-grand, dame de), femme de lettres, née à Paris, en 1773, morte dans la même ville, en 1860. Elle épousa le comte de Saint-Simon, le célèbre fondateur de l'école dite saint-simonienne, mais son mari demanda et obtint le divorce en 1801. Quelques années après, elle se remaria à un officier russe, M. de Bawr, qui périt par un accident, en 1812.

— Auguste et Frédéric. 2e édition. In-8°. 1845. *Passard.* 8 fr.

La 1re édition est de 1817. 2 vol. in-12. 4 fr. 50 c.

— Donato et sa lanterne magique. In-12 avec grav. 1860. Limoges, *Ardant frères.* 1 fr.

— Une Existence parisienne. 3 vol. in-8°. 1859. *De Potter.* 22 fr. 50 c.

— La Famille Récour; roman du xixe siècle. 2 vol. in-8°. 1849. *Passard.* 15 fr.

— La Fille d'honneur. 2 vol. in-8°. 1841. *Dumont*. 15 fr.

— Un Mariage de finance ; roman du XVIII° siècle. 2 vol. in-8°. 1847. *Passard*. 16 fr.

— Mémoires d'une héritière ; imité de l'anglais de Miss Burney. 5 vol. in-8°. 1852. *Ibid*. 30 fr.

— Mes Souvenirs. In-8°. 1853. *Ibid*. 5 fr.

— Les mêmes. 2° édition. In-12. 1853. *Ibid*. 3 fr.

— Nouveaux Contes pour les enfants. Illustrés par Bertall. In-16. 1855. *Hachette et C°*. 2 fr.

— Nouvelles. In-12. 1853. *Passard*. 3 fr.

Louise. — Michel Perrin. — Une réjouissance en 1770. — La Mère Nacquart. — Rose et Thérèse. — Le Schelling. — Maria Rosa.

— Les mêmes. Nouvelle édition. In-12. *Lévy frères*. 2 fr.

— Raoul, ou l'Énéide. Nouvelle édition. In-12. 1854. *Passard*. 3 fr.

— Le même. Nouvelle édition. In-12. *Lévy frères*. 2 fr.

La 1re édition est de 1832. 1 vol. in-8°. 7 fr. 50 c.

— Robertine. In-8°. 1842. *Dumont*. 7 fr. 50 c.

— Le même. Nouvelle édition. In-12. 1854. *Passard*. 3 fr.

— Le même. Nouvelle édition. In-12. 1862. *Lévy frères*. 2 fr.

— Sabine ; roman du XVII° siècle. 2 vol. in-8°. 1844. *Dumont*. 15 fr.

— Soirées des jeunes personnes. In-12. 1854. *Passard*. 3 fr.

— Le même. Nouvelle édition. In-12. 1862. *Lévy frères*. 2 fr.

— La Suite d'un bal masqué ; comédie en un acte et en prose. Nouvelle édition. In-12. 1855. *Tresse*. 1 fr.

La 1re édition est de 1818.

BAXTER (Richard), théologien anglican, ministre à Kidderminster, chapelain du roi Charles II d'Angleterre, né à Rowdon, en 1615, mort en 1691.

— Aphorismes sur la justification. In-12. 1844. *Delay*. 50 c.

— Le Pasteur chrétien. Traduit de l'anglais. In-12. 1841. *Ibid*. 1 fr. 50 c.

— Le Repos éternel des saints. Abrégé par Isaac Crewdson. Traduit sur la 5° édition. In-18. 1859. Toulouse, *Société des livres religieux*. 1 fr.

— La Voix de Dieu, qui appelle les pécheurs à la repentance et à la conversion, ou Discours sur Ézéchiel, chap. XXXIII, v. 11. 4° édition. In-12. 1840. Valence, *Marc Aurel*. 1 fr.

La 1re édition française est de 1836.

*Baxter et l'Angleterre religieuse de son temps. In-8°. 1840. *Delay*. 5 fr.

BAXTON (Camille), pseudonyme de Mlle **Ozenne**.

BAYARD (A.).

— Influence de la vaccine sur la population, ou de la Gastro-entérite varioleuse avant et depuis la vaccine, précédée des rapports de MM. Roche et Bricheteau, des observations de M. Ch. Dupin et des propositions de M. H. Carnot. In-8°, 1855. *V. Masson*. 2 fr.

BAYARD (Henri Louis), docteur en médecine, médecin-rapporteur près les tribunaux, né en 1812, mort en 1852.

— Manuel pratique de médecine légale. In-12. 1843. *Germer Baillière*. 3 fr. 50 c.

— Mémoire sur la topographie médicale du quatrième arrondissement de Paris. Recherches historiques et statistiques sur les conditions hygiéniques des quartiers qui composent cet arrondissement. In-8° avec 3 pl. 1842. *J. B. Baillière*. 3 fr.

— De la Nécessité des études pratiques en médecine légale. Réflexions sur les procès criminels de Peytel et de Mme Lafarge. In-8°. 1840. *Ibid*. 1 fr. 25 c.

BAYARD (Jean François Alfred), auteur dramatique, collaborateur, ami et neveu (par mariage) de Scribe, ancien directeur du théâtre des Variétés, né à Charolles, en 1796, mort à Paris, en 1853.

— Théâtre de J. F. Bayard, précédé d'une notice par M. Eugène Scribe. 12 vol. in-12. 1855-1859. *Hachette et C°*. 42 fr.

— Les Aides-de-camp ; comédie-vaudeville en un acte. In-8°. 1842. *Beck*. 50 c.

Avec Dumanoir.

— Alexandre chez Apelles ; comédie-vaudeville en un acte. In-12. 1853. *Lévy frères*. 60 c.

Avec M. Dupin.

— Le même. In-4°. 1865. *Ibid*. 20 c.

Théâtre contemporain illustré.

— L'Année prochaine, ou Qui vivra verra ; comédie-vaudeville en un acte. In-12. 1850. *Ibid*. 60 c.

Avec M. de Biéville.

— M. Barbe-bleue ; comédie-vaudeville en un acte. In-8°. 1852. *Beck*. 60 c.

— La Belle et la bête ; comédie-vaudeville en deux actes. In-8°. 1845. *Tresse*. 50 c.

Avec M. Varner.

— La Belle tourneuse ; vaudeville historique en trois actes. In-8°. 1841. *Henriot*. 40 c.

Avec M. Rochefort.

— Le Berger de Souvigny ; comédie-vaudeville en deux actes. In-12. 1849. *Lévy frères*. 1 fr.

Avec M. de Biéville.

— Boccace, ou le Décaméron ; comédie en cinq actes, mêlée de chant. In-12. 1853. *Ibid*. 1 fr.

Avec MM. de Leuven, Brunswick et Beauplan.

— Le même. In-4°. 1855. *Ibid*. 40 c.

Théâtre contemporain illustré, livraison 161.

— Les Bombé ; folie-vaudeville en un acte. In-8°. 1841. *Tresse*. 30 c.

Avec Émile Vanderburch.

— Boquillon à la recherche d'un père ; comédie-vaudeville en trois actes. In-8°. 1845. *Beck*. 50 c.

Avec Dumanoir.

— La Bossue ; comédie-vaudeville en un acte. In-12. 1850. *Lévy frères*. 60 c.

Avec le même.

— Le Canotier ; comédie-vaudeville en un acte. In-12. 1851. *Ibid*. 60 c.

Avec T. Sauvage.

— Le Capitaine Charlotte ; comédie-vaudeville en deux actes. In-8°. 1842. *Tresse*. 60 c.

Avec Dumanoir.

— Un Changement de main; comédie-vaudeville en deux actes. In-8°. 1845. *Marchant.* 50 c.

Avec Ch. Lafont.

— Un Château de cartes; comédie en trois actes, en vers. In-12. 1848. *Lévy frères.* 60 c.

— Chez un garçon; vaudeville en un acte. In-8°. 1842. *Beck.* 40 c.

Avec M. Xavier.

— Les Chiffonniers; pièce en cinq actes, mêlée de couplets. In-12. 1847. *Lévy frères.* 75 c.

Avec T. Sauvage et F. de Courcy.

— La Comtesse de Sennecey; drame en trois actes, mêlé de chant. In-12. 1848. *Ibid.* 60 c.

Avec M. Dennery.

— Le même. In-4°. 1854. *Ibid.* 40 c.

Théâtre contemporain illustré, livraison 116.

— Le Conscrit de l'an VIII; comédie-vaudeville en deux actes. In-8°. 1841. *Henriot.* 40 c.

Avec J. Gabriel.

— La Conspiration de Mallet, ou Une nuit de l'empire; drame historique en cinq actes, mêlé de chant. In-12. 1849. *Lévy frères.* 60 c.

Avec M. Varner.

— Les Couleurs de Marguerite; comédie-vaudeville en deux actes. In-8°. 1845. *Tresse.* 60 c.

Avec M. de Biéville.

— Le Curé de Pomponne; comédie-vaudeville en deux actes. In-12. 1849. *Lévy frères.* 60 c.

— Los Danseres espagnolas; jocosa toquadillas en un acte, mêlé de coupletos. In-8°. 1852. *Beck.* 60 c.

Avec M. de Biéville.

— Le Démon de la nuit; opéra en deux actes, musique de M. Rosenhain. In-12. 1851. *Lévy frères.* 1 fr.

— Derrière l'alcôve; monologue. In-8°. 1848. *Beck.* 30 c.

Avec Xavier.

— Les Deux aigles; comédie-vaudeville en deux actes. In-12. 1850. *Lévy frères.* 60 c.

Avec M. de Biéville.

— Les Deux couronnes; comédie en trois actes, mêlée de vaudevilles. In-8°. 1842. *Beck.* 60 c.

Avec Dumanoir.

— Les Deux pierrots; vaudeville en un acte. In-8°. 1845. *Ibid.* 50 c.

— Un Divorce sous l'empire; comédie-vaudeville en deux actes. In-12. 1850. *Lévy frères.* 60 c.

Avec M. de Corval.

— La Douairière de Brionne; comédie-vaudeville en un acte. In-12. 1850. *Ibid.* 60 c.

Avec Dumanoir.

— Les Échelons du mari; comédie-vaudeville en trois actes. In-8°. 1852. *Tresse.* 60 c.

Avec M. Varner.

— L'Enfant de l'amour, ou les Deux marquis de Saint-Jacques; comédie-vaudeville en trois actes. In-12. 1847. *Lévy frères.* 60 c.

Avec Paul Vermond.

— Le même. In-4°. 1855. *Ibid.* 40 c.

Théâtre contemporain illustré, livraison 178.

— Les Enfants de la balle; comédie-vaudeville en un acte. In-8°. 1852. *Tresse,* 60 c.

Avec M. de Biéville.

— Les Enfants de troupe. In-4°. 1854. *Magasin théâtral.* 50 c.

Avec M. de Biéville.

— L'Étourneau; comédie en trois actes, mêlée de couplets. In-8°. 1844. *Marchant.* 50 c.

Avec Léon Laya.

— Le même. Nouvelle édition. In-12. 1862. *Barbré.* 1 fr. 50 c.

— Le Fantôme; comédie-vaudeville en un acte. In-12. 1847. *Lévy frères.* 60 c.

Avec T. Sauvage.

— Les Fées de Paris; comédie-vaudeville en deux actes. In-8°. 1842. *Beck.* 60 c.

— Une Femme sous les scellés; monologue. In-8°. 1842. *Ibid.* 30 c.

Avec M. de Saintine.

— La Fille d'Hoffmann; drame en un acte avec couplets. In-8°. 1852. *Ibid.* 60 c.

Avec M. Varner.

— La Fille du régiment; opéra-comique en deux actes. Musique de Donizetti. In-8°. 1865. *Barbré.* 1 fr.

Avec M. de Saint-Georges. — La 1re édition est de 1840.

— Un Fils de famille; comédie-vaudeville en trois actes. In-12. 1853. *Lévy frères.* 1 fr.

Avec M. de Biéville.

— Frère Galfatre; comédie-vaudeville en deux actes. In-8°. 1844. *Beck.* 60 c.

Avec Xavier.

— Le Gamin de Paris; comédie-vaudeville en deux actes. Nouvelle édition. In-4°. 1865. *Barbré.*

Avec M. Vanderburch.

— Le Gant et l'éventail; comédie en trois actes, mêlée de chant. In-4°. 1856. *Lévy frères.* 20 c.

Avec T. Sauvage. — Théâtre contemporain illustré, livraison 185.

— Gardée à vue; comédie-vaudeville en un acte. In-12. 1849. *Ibid.* 60 c.

Avec M. de Biéville.

— Georges et Maurice; comédie-vaudeville en deux actes. In-8°. 1846. *Tresse.* 60 c.

Avec Léon Laya.

— La Gloire et le pot au feu; comédie-vaudeville en un acte. In-8°. 1846. *Beck.* 50 c.

Avec M. de Courcy.

— Le Groom; comédie mêlée de couplets. In-12. 1849. *Lévy frères.* 60 c.

Avec Léon Laya.

— La Grosse caisse, ou les Élections dans un trou; pochade électorale en deux actes, mêlée de couplets. In-12. 1849. *Ibid.* 60 c.

Avec M. Varner.

— Les Guêpes; revue mêlée de couplets. In-8°. 1841. *Tresse.* 30 c.

Avec Dumanoir.

— Habitez donc votre immeuble! comédie-vaudeville en un acte. In-8°. 1853. *Beck.* 60 c.

Avec M. Varner.

— Horace et Caroline; comédie-vaudeville en deux actes. In-12. 1848. *Lévy frères.* 60 c.

Avec M. de Biéville.

— Hortense de Cerny; comédie en deux actes, mêlée de chant. In-12. 1851. *Ibid.* 60 c.

Avec Arthur de Beauplan.

— Le même. In-4º. 1855. *Lévy frères.* 20 c.

Théâtre contemporain illustré, livraison 180.

— L'Impertinent; comédie-vaudeville en deux actes. In-12. 1849. *Ibid.* 60 c.

Avec M. Deslandes.

— Jérôme le maçon; comédie-vaudeville en deux actes. In-12. 1848. *Ibid.* 60 c.

Avec M. de Biéville.

— Juanita, ou Volte-face; comédie en deux actes. In-8º. 1848. *Ibid.* 60 c.

Avec M. Decomberousse.

— Le Lansquenet et les chemins de fer; comédie-vaudeville en un acte. In-8º. 1845. *Beck.* 50 c.

Avec Dumanoir.

— Laure et Delphine; comédie-vaudeville en deux actes. In-12. 1851. *Giraud et Dagneau.* 1 fr.

Avec Ch. Potron.

— Madame de Cérigny; comédie-vaudeville en un acte. In-8º. 1845. *Beck.* 60 c.

Avec M. Regnault.

— Mademoiselle Déjazet au sérail, ou le Palais-Royal en 1872; vaudeville en un acte. In-8º. 1843. *Ibid.* 40 c.

Avec ***.

— Mademoiselle Montansier; comédie-vaudeville en un acte. In-8º. 1841. *Tresse.* 30 c.

Avec Gabriel.

— Mademoiselle Mimi Pinson; vaudeville en un acte. In-8º. 1845. *Beck.* 50 c.

Avec Dumanoir.

— Le Magasin de la graine de lin; vaudeville en un acte. In-8º. 1842. *Tresse.* 30 c.

Avec Regnault.

— Marcelin; drame en trois actes. In-8º. 1840. *Ibid.* 50 c.

Avec Dumanoir.

— Le Mari à la campagne; comédie en trois actes. In-8º. 1844. *Marchant.* 1 fr.

Avec Jules de Wailly.

— Le Mari de la dame des chœurs. In-4º. 1854. *Magasin théâtral.* 20 c.

Avec Duvert.

— Le Mari à l'essai; comédie-vaudeville en un acte. In-8º. 1842. *Beck.* 40 c.

Avec Jules Cordier.

— La Marquise de Carabas; comédie-vaudeville. In-8º. 1843. *Tresse.* 50 c.

Avec Dumanoir.

— Un Ménage parisien; comédie en cinq actes, en vers. In-8º. 1844. *Beck.* 1 fr.

— Mérovée, ou Brune et blonde; comédie-vaudeville en un acte. In-8º. 1842. *Ibid.* 50 c.

Avec M. de Biéville.

— Le Métier et la quenouille; comédie-vaudeville en deux actes. In-8º. 1843. *Ibid.* 50 c.

Avec Dumanoir.

— Le Miroir; opéra-comique en un acte, musique de M. Gastinel. In-8º. 1853. *Ibid.* 60 c.

Avec M. Daurigny.

— Mon gendre! comédie-vaudeville en un acte. In-8º. 1840. *Tresse.* 30 c.

Avec M. Laurencin.

— La Niaise de Saint-Flour; comédie-vaudeville en un acte. In-12. 1848. *Lévy frères.* 60 c.

Avec G. Lemoine.

— Nicaise à Paris; vaudeville en un acte. In-8º. 1844. *Beck.* 40 c.

Avec Dumanoir.

— Un Nuage au ciel; comédie-vaudeville en un acte. In-8º. 1846. *Ibid.* 50 c.

Avec Pol Mercier.

— Les Nuits blanches; comédie-vaudeville en deux actes. In-12. 1847. *Lévy frères.* 60 c.

Avec M. de Biéville.

— Un Oiseau de passage; comédie-vaudeville en un acte. In-12. 1849. *Ibid.* 60 c.

Avec M. Vanderburch.

— L'Ombre d'Argentine; opéra-comique en un acte, musique de M. Monfort. In-8º. 1853. *Beck.* 60 c.

Avec M. de Biéville.

— Paris, Orléans et Rouen; comédie-vaudeville en trois actes. In-8º. 1843. *Marchant.* 50 c.

Avec M. Varin.

— Pas de fumée sans feu; comédie-proverbe en un acte, mêlée de couplets. In-12. 1849. *Lévy frères.* 60 c.

— Le même. In-4º. 1852. *Ibid.* 40 c.

Théâtre contemporain illustré, livraison 5.

— La Pêche aux beaux-pères; comédie en deux actes, mêlée de couplets. In-8º. 1845. *Beck.* 60 c.

Avec M. Sauvage.

— Père et portier; vaudeville en deux actes. In-12. 1847. *Lévy frères.* 60 c.

Avec M. Varner.

— Peroline, ou la Visite de noce; comédie-vaudeville. In-8º. 1843. *Tresse.* 50 c.

Avec M. Dupin.

— Le Petit-fils; comédie-vaudeville en un acte. In-8º. 1846. *Lévy frères.* 50 c.

Avec M. Varner.

— Une Poule; comédie-vaudeville en deux actes. In-12. 1848. *Ibid.* 60 c.

Avec Léon Picard.

— Une Poule mouillée; vaudeville en un acte. In-8º. 1853. *Beck.* 60 c.

Avec M. de Biéville.

— Les Prétendants; comédie mêlée de couplets, en un acte. In-12. 1849. *Lévy frères.* 60 c.

— Princesse et charbonnière; comédie-vaudeville en un acte. In-12. 1850. *Ibid.* 60 c.

Avec Dumanoir.

— Quand on attend sa belle; vaudeville en un acte. In-12. 1850. *Ibid.* 60 c.

Avec Th. Barrière.

— Rage d'amour, ou la Femme d'un ami; vaudeville en un acte. In-12. 1849. *Ibid.* 60 c.

Avec Léon Laya.

— Le Réveil du lion; comédie-vaudeville en deux actes. In-12. 1847. *Ibid.* 60 c.

Avec M. Jaime.

— Le Roman de la pension; comédie mêlée de vaudevilles. In-8º. 1844. *Tresse.* 40 c.

Avec M. Saint-Laurent.

— La Salle d'armes; comédie en un acte, mêlée de chant. In-8º. 1843. *Beck.* 40 c.

Avec J. Gabriel.

— Si Dieu le veut; comédie-vaudeville en trois actes. In-12. 1851. *Lévy frères.* 60 c.

Avec M. de Biéville.

— Un Soufflet n'est jamais perdu; comédie-vaudeville en un acte. In-8°. 1852. *Beck.* 60 c.

— Le Sous-préfet s'amuse; comédie-vaudeville en deux actes. In-12. 1850. *Lévy frères.* 60 c.

Avec M. Varner.

— La Tante mal gardée; vaudeville en un acte. In-8°. 1842. *Beck.* 40 c.

Avec M. Mathon.

— Thérèse, ou Ange et diable; comédie-vaudeville en deux actes. In-12. 1853. *Lévy frères.* 60 c.

Avec A. de Beauplan.

— Le même. In-4°. 1855. *Ibid.*

Théâtre contemporain illustré, livraison 125.

— Tout vient à point à qui sait attendre; comédie-proverbe en un acte. In-12. 1851. *Ibid.* 60 c.

— Trianon; comédie mêlée de chant, en deux actes. In-8°. 1840. *Tresse.* 40 c.

Avec Léon Picard.

— Les Trois lionnes; comédie-vaudeville en deux actes. In-8°. 1841. *Ibid.* 50 c.

Avec Dumanoir.

— Le Tyran d'une femme; comédie en un acte, mêlée de chant. In-8°. 1841. *Ibid.* 30 c.

Avec M. Regnault.

— Le Vicomte de Letorières; comédie en trois actes, mêlée de chant. In-8°. 1842. *Beck.* 60 c.

Avec Dumanoir.

— La Vicomtesse Lolotte; comédie-vaudeville en trois actes. In-12. 1847. *Lévy frères.* 60 c.

Avec le même.

— Une Voix; opéra-comique en un acte, musique de M. Ernest Boulanger. In-8°. 1845. *Beck.* 50 c.

Avec Charles Potron.

— Le Vol à la fleur d'orange; comédie-vaudeville en deux actes. In-12. 1851. *Lévy frères.* 60 c.

Avec M. Varner.

Voy. aussi *Biéville*, H. *Dupin*, H. *Duveyrier*, *Lubize*, *Xavier*, *Scribe*, *Saint-Georges.*

BAYARD (Théophile), docteur en médecine, médecin de la Compagnie générale des eaux de Paris, membre correspondant des académies et sociétés impériales de médecine de Moscou, de Lyon, de Bordeaux et de Marseille, né à Noisy-le-Grand (Seine-et-Oise), en 1825.

— Traité pratique des maladies de l'estomac. In-8°. 1862. *Masson et fils.* 7 fr. 50 c.

BAYET (le comte L. A. Du). — Voy. **Du Bayet.**

BAYEUX (Aug. Marc).

— Une Femme de cœur. In-12. 1862. *Dentu.* 3 fr.

— Une Femme qui se noie. In-12. 1862. *Ibid.* 3 fr.

— Les Gens d'église. In-12. 1863. *Lacroix, Verboeckhoven et Cie.* 3 fr. 50 c.

— Les Gens de loi. In-12. 1862. *Dentu.* 3 fr.

— La Première étape. In-12. 1865. *Lévy frères.* 3 fr.

— Profils et contes normands. In-12. 1861. *Dentu.* 3 fr.

— La Sœur aînée. In-12. 1863. *Hetzel.* 3 fr.

BAYFIELD (Henry Wolsey), contre-amiral anglais, né en 1795 à Hull, en Angleterre.

— Pilote du golfe et du fleuve Saint-Laurent.

1re et 2e partie. Traduction par A. Legras. In-8°. *Bossange.* 4 fr.

1re partie. 1863. 3 fr.; 2e partie. 1865. 1 fr.

— Pilote du golfe Saint-Laurent. 3e partie. Traduction par A. Mac Dermott. In-8°. 1865. *Ibid.* 3 fr.

Publications du Dépôt de la marine.

BAYLE (l'abbé Marc Antoine), docteur en théologie, aumônier du lycée impérial de Marseille, membre de l'Académie de la même ville; né à Marseille, en 1825.

— L'Âme à l'école de Jésus enfant. Considérations, exemples, pratiques pour tous les jours de l'année. Ouvrage traduit librement de l'italien et précédé d'une introduction, par M. l'abbé A. Bayle. In-12. 1856. *Bray.* 3 fr. 50 c.

— Les Chants de l'adolescence. Recueil de poésies religieuses. In-8°. 1846. [Marseille, P. *Chauffard.*] *Sagnier et Bray.*

Publié sous le pseudonyme de Théotime.

— Les Derniers jours du chrétien. Explication des prières et des cérémonies de l'extrême onction, du saint viatique, de l'agonie, des funérailles, etc. In-32. 1861. *Ibid.* 2 fr.

— Étude sur Prudence. — Voy. *Prudence*, Cathémérinon.

— Gloire et martyre de la Pologne. Sermon de charité en faveur des blessés polonais. Brochure in-8°. 1863. Marseille, V. *Chauffard.*

— Homélies sur les évangiles. 2 vol. in-12. 1865. Tournai, *Casterman.* 4 fr.

— Manuel du pèlerinage à Notre-Dame de la Garde. In-32. 1864. Lyon, *Gauthier.*

— Marie au cœur de la jeune fille; ouvrage traduit de l'italien par M. l'abbé A. Bayle. In-18. 1855. Marseille, P. *Chauffard.* 1 fr.

— Le même. 2e édition, revue avec soin. 1861. *Amb. Bray.* 1 fr. 20 c.

— Notices biographiques sur Camille Allard et Paul Reynier. — Voy. *Allard*, Souvenirs d'Orient, et *Reynier*, Poésies.

— Oraison funèbre du R. P. H. D. Lacordaire, prononcée le 19 décembre 1861, dans l'église de Saint-Joseph, à Marseille. In-8°. 1862. Marseille, Ve *Chauffard.*

— Petites fleurs de poésies. Hymnes et cantiques pour le mois de mai. In-18. 1853. *Ibid.*

Anonyme.

— Robert. Épisode de l'année 1848. In-12. 1862. Tournai, *Casterman.* 1 fr. 25 c.

Anonyme. — 2e édition en 1863. Cet ouvrage fait partie de la collection des romans honnêtes.

— Scènes et récits. In-12. 1865. *Ibid.*

Anonyme.

— Vie de saint Philippe de Néri, fondateur de l'Oratoire (1515-1595). Suivie de notices sur l'Oratoire du cardinal de Berulle, sur la fondation de l'Oratoire en Angleterre, etc. In-8°. 1859. *Ambr. Bray.* 6 fr.

— Vie de saint Vincent Ferrier, de l'ordre des Frères prêcheurs (1350-1419). In-12. 1855. *Ibid.* 3 fr.

— Vies des saints de l'Église de Marseille. Saint Sérénus. In-18. 1855. Marseille, *Chauffard.* 1 fr.

— Vies des saints de l'Église de Marseille. Saint-Victor. In-18. 1865. Marseille. *Chauffard.* 1 fr.

M. l'abbé Bayle a traduit : « le Christianisme et l'Église à l'époque de leur fondation », par *Dœllinger;* « le Pieux communiant », du R. P. *Baker;* « Cathemerinon », de *Prudence;* « Cesonia », par *Lehmann.*

En 1851 et 1852 il a publié une revue religieuse hebdomadaire intitulée : « le Conseiller catholique » (4 vol. in-8°. Marseille).

On doit aussi à l'abbé Bayle plusieurs travaux insérés dans la « Revue de Marseille », la « Revue d'économie chrétienne », dans « l'Ami de la religion » et la « Gazette du Midi ». Il écrit dans le « Messager de la semaine » des causeries littéraires, qu'il signe du pseudonyme A. Marc.

BAYLE (le docteur Antoine Laurent Jessé), médecin, né au Vernet (Basses-Alpes), en 1799, mort à Paris, en 1858.

— Dictionnaire de médecine usuelle et domestique. — Voy. *Dictionnaire.*

— Éléments de pathologie médicale, ou Précis de médecine théorique et pratique écrit dans l'esprit du vitalisme hippocratique. 2 vol. in-8°. 1855 et 1857. *Germer Baillière.* 14 fr.

— Traité élémentaire d'anatomie, ou Description succincte des organes et des éléments organiques qui composent le corps humain. 6e édition. In-32. 1855. *Labé.* 4 fr. 50 c.

La 1re édition a paru en 1825, sous le titre : « Manuel d'anatomie générale ».

BAYLE (G. L.) a traduit de l'italien : « Mes Prisons », de Silvio *Pellico.*

BAYLE-MOUILLARD (Jean-Baptiste), conseiller à la Cour de cassation, ancien avocat général à la cour d'appel de Riom, plus tard à la Guadeloupe, né à Billom (Puy-de-Dôme), en 1800.

— Éloge de Joseph Marie baron de Gérando. In-8°. 1846. *Renouard.* 2 fr.

M. Bayle-Mouillard a publié une nouvelle édition augmentée du « Traité des donations », du baron *Grenier.*

BAYLE - MOUILLARD (Mme Élisabeth), née CANARD, femme du précédent, née à Moulins en 1796. Elle a signé la plupart de ses ouvrages du pseudonyme ÉLISABETH CELNART ou seulement Mme CELNART.

a) Ouvrages publiés sous son vrai nom:

— Du Progrès social et de la Conviction religieuse. In-8°. 1840. *Treuttel et Würtz.* 7 fr.

— Loisirs des vacances. Recueil d'histoires morales et amusantes. In - 12. 1851. Clermont - Ferrand, *Thibaud.* 1 fr.

— Récréations de la jeunesse. In-12 de 11 f. 1851. *Ibid.* 1 fr.

b) Ouvrages publiés sous le pseudonyme de Mme Celnart:

— Les Veillées de la salle Saint-Roch, ou les Leçons d'économie. In - 18 de 2 f. 1839. *Louis Colas.*

— Nouveau manuel de la ménagère parfaite et de la maîtresse de maison. Nouvelle édition, très-augmentée. In - 18 avec 1 pl. 1839. *Roret.* 2 fr. 50 c.

Ce manuel a été refondu en 1852 dans celui de M. Pariset, portant le titre : « Nouveau manuel complet de la maîtresse de maison ».

— Nouveau manuel complet de la broderie. In-18 avec un atlas de 40 pl. 1840. *Ibid.* 7 fr.

— Nouveau manuel complet des jeux de société. Nouvelle édition. In-18. 1846. *Ibid.* 3 fr.

— Nouveau manuel complet de la bonne compagnie, ou Guide de la politesse et de la bienséance, destiné à tous les âges et à toutes les conditions. Nouvelle édition, augmentée et entièrement refondue. In - 18. 1863. *Ibid.* 1 fr. 75 c.

Des éditions antérieures ont été publiées en 1838, 1844 et en 1852.

— Nouveau manuel complet du parfumeur. Nouvelle édition. In-18 avec 1 pl. 1854. *Ibid.* 2 fr. 50 c.

La 1re édition a paru en 1845.

— Nouveau manuel complet du fleuriste artificiel, ou l'Art d'imiter, d'après nature, toute espèce de fleurs, en papier, batiste, etc.; suivi de l'Art du plumassier. Nouvelle édition augmentée. In-18 avec pl. 1854. *Ibid.* 2 fr. 50 c.

Ces six derniers ouvrages font partie de la Collection des Manuels-Roret.

BAYLE MURRAY, théologien anglais.

— Pitcairn, nouvelle île Fortunée dans l'océan Pacifique. Traduit de l'anglais. In-16. 1853. *Hachette.* 50 c.

Traduction en abrégé de l'ouvrage anglais du Rév. Bayle-Murray, publié en 1853 à Londres. La traduction ne porte ni le nom de l'auteur ni celui du traducteur.

BAYLE-PRADON (F. J.), avocat.

— Principes de droit sur les petits cours d'eau. In-8° de 32 p. 1857. Clermont - Ferrand, *Hubler.*

BAYLET (l'abbé Léon Gaspard), ancien professeur de belles-lettres au petit séminaire, curé de Ria, né en 1827, au château de Saint-Malo, près Saint-Cyprien (Pyrénées-Orientales).

— Le Catholicisme devant le siècle des lumières, du progrès et de la liberté. In-8°. 1855. *Aux bureaux du Rosier de Marie.* 1 fr.

— Essai sur le triomphe de la force, ou Mahomet II (poème), par un ancien professeur de belles-lettres, A. D. F. E. O. In-12. 1862. *Paulmier.* 2 fr.

Anonyme. — Ce poème a été composé à l'occasion de la guerre d'Italie.

— Les Français en Orient, ou le Dernier descendant des croisés (poème). In-12. 1859. *Sarlit.* 3 fr. 50 c.

Le héros de ce poème n'est pas imaginaire; il est actuellement en Afrique à Staouéli.

BAYLY (Mme).

— Le Village des poteries (Ragged homes and how to mend them), traduit de l'anglais. In-12. 2 fr. 50 c.

BAYMA (le P. Joseph), de la Compagnie de Jésus.

— Du Zèle de la perfection religieuse et des moyens de l'exciter, de l'accroître et de le conserver. Traduit de l'italien, sur la 1re édition, par M. l'abbé Vivier. In-32 de 4 f. 1853. *Gaume frères.*

— Du Zèle de la perfection religieuse, des moyens de l'exciter, de l'accroître, de le conserver. Traduit du latin par le P. Pierre Olivaint. 3e édition. In-32. 1862. *Ad. Le Clerc.* 80 c.

BAYON (Amand).

— Observations sur l'interprétation donnée par la jurisprudence de la Cour de cassation à l'article 11 de la loi du 21 avril 1810, concernant les mines, les minières et les carrières. In-8°. 1852. *Durand.* 1 fr. 50 c.

BAYONNE (le R. P. Fr. Emmanuel CESLAS de).
— Voy. **Ceslas de Bayonne.**

BAYOT.

— De la Culture du topinambour considérée comme pouvant servir d'auxiliaire à celle de la pomme de terre. In-8°. 1847. *Dusacq.* 75 c.

BAZAINE, ingénieur en chef, professeur du cours de chemin de fer à l'École des ponts et chaussées.

— Chemins de fer d'Alsace, leur description complète, tracé, terrassements, travaux d'art, etc. Ouvrage formant un ensemble de détails pratiques pour la construction et l'exploitation des chemins de fer en général. In-4° avec un atlas in-fol. de 59 pl. 1844. *Carilian-Gœury et Dalmont.* 15 fr.

Avec M. Chaperon.
La fin de l'ouvrage n'a pas encore paru.

BAZANCOURT (le baron César de), littérateur, attaché à la bibliothèque de Compiègne sous le règne de Louis-Philippe, né en 1810, mort à Paris, en 1865. En 1855 il fut chargé par le gouvernement d'une mission en Crimée, et appelé en 1859 par ordre de l'empereur à l'armée d'Italie, pour écrire l'histoire de la campagne.

— A côté du bonheur. 2 vol. in-8°. 1845. *Souverain.* 15 fr.

— Ange et Démon. 2 vol. in-8°. 1852. *Sezanne, imprimerie Cousin.*

— La Campagne d'Italie de 1859. Chroniques de la guerre. 2 vol. in-8°. 1859. *Amyot.* 12 fr.

2° et 3° éditions en 1860 et 1862 ; une édition en 2 vol. in-12 a été faite spécialement pour l'armée et n'a pas été mise dans le commerce.

— Cinq mois au camp devant Sébastopol. In-12. 1855. *Ibid.* 3 fr. 50 c.

— Le Comte de Rienny. 2 vol. in-8°. 1845. *Souverain.* 15 fr.

— Un Dernier souvenir. 2 vol. in-8°. 1840. *Laisné.* 15 fr.

— Les Expéditions de Chine et de Cochinchine d'après les documents officiels. 1857-1858. 2 vol. in-8°. 1861 et 1862. *Amyot.* 12 fr.

— L'Expédition de Crimée jusqu'à la prise de Sébastopol. Chroniques de la guerre d'Orient. 2 vol. In-8°. 1856. *Ibid.* 12 fr.

2°, 3° et 4° éditions en 1856, même titre et même prix. — Nouvelle édition en 1860 sous le titre: « L'Expédition de Crimée. L'Armée française à Gallipoli, Varna et Sébastopol ». 2 vol. in-8° avec 4 portraits. 15 fr. — Une édition en 2 vol. in-12 a été faite en 1857, mais spécialement pour l'armée et ne se vendant pas au public.
Cet ouvrage est complété par un album contenant 10 gravures, 4 portraits, 4 plans de batailles, 1 carte de Sébastopol, 2 affiches du théâtre des zouaves. In-fol. 1860. *Amyot.* 8 fr.

— L'Expédition de Crimée. La marine française dans la mer Noire et la Baltique. Chroniques maritimes de la guerre d'Orient. 2 vol. in-8° avec 3 portraits. 1858. *Ibid.* 15 fr.

— Georges le montagnard. 5 vol. in-8°. 1851. *Baudry.* 30 fr.

— Histoire de la Sicile sous la domination des Normands depuis la conquête de l'île jusqu'à l'établissement de la monarchie. 2 vol. in-8°. 1846. *Amyot.* 16 fr.

— Les Hommes noirs. Histoire espagnole. 2 vol. in-8°. 1850. *Souverain.* 15 fr.

— Jérôme Rudeix (1440). 2 vol. in-8°. 1842. *Ibid.* 15 fr.

— Le Mexique contemporain. In-12 avec carte. 1862. *Amyot.* 3 fr. 50 c.

— Nice et ses souvenirs. 2° édition. Gr. in-8°, 355 p. 1861. Nice, *Giletta.*

La 1re édition est de 1854. 2 vol. in-8°. Nice, *Société typographique.*

— Noblesse oblige. 2 vol. in-8°. 1851. *Souverain.* 15 fr.

— La Princesse Pallianci. 5 vol. in-8°. 1852. *Baudry.* 37 fr. 50 c.

— Les Secrets de l'épée. In-8°. 1862. *Amyot.* 10 fr.

BAZARD (Albert).

— Une Aventure en Russie. Mœurs des paysans. In-12. 1854. *Ve Comon.* 2 fr. 50 c.

BAZELAIRE (Édouard de), rédacteur au ministère de l'instruction publique et des cultes, né à Nancy, en 1820, mort à Saint-Didier-la-Seauve (Haute-Loire), en 1854.

— Le Bienheureux Pierre Fourier, curé réformateur d'ordre et fondateur, au commencement du xviie siècle, de l'une des premières congrégations de femmes vouées à l'instruction gratuite des jeunes filles. In-18 de 5 f. 1846. *Sagnier et Bray.*

— Le même. 2° édition. In-18 de 151 p. 1853. Clermont-Ferrand, *Librairie catholique.*

M. Ed. de Bazelaire a publié une traduction, accompagnée d'une préface de 161 pages, de l'ouvrage italien de Mgr. *Morichini*, sur les « Institutions de bienfaisance publique et d'instruction primaire à Rome ».

BAZELAIRE (Hippolyte de), juge de paix à Ligny (Meuse), frère du précédent, né à Saint-Dié-des-Vosges, en 1811.

— Manuel du cantonnement des droits d'usage, destiné aux maires, aux administrateurs des communes usagères et aux propriétaires de forêts grevées de droits d'usage. In-8°. 1858. Paris et Strasbourg, *Ve Berger-Levrault et fils.* 1 fr. 80 c.

— Traité du reboisement, ou Manuel du planteur. 2° édition. In-12. 1864. *Ve Bouchard-Huzard.* 1 fr. 25 c.

1re édition en 1846. Nancy, *Vagner.*

BAZILE (Humbert). — Voy. **Humbert-Bazile.**

BAZIN (A.), docteur en médecine, professeur de physiologie et de zoologie à la Faculté des sciences de Bordeaux, médecin en chef de l'asile des aliénés dans la même ville, né à Bonneville (Calvados) en 1796, mort à Bordeaux en 1865.

— Du Système nerveux de la vie animale et de la vie végétative, de leurs connexions anatomiques, et des rapports physiologiques, psychologiques et zoologiques qui existent entre eux. In-4° avec 5 pl. 1841. *J. B. Baillière.* 8 fr.

On doit encore à M. le Dr A. Bazin de nombreux mémoires de médecine et d'anatomie comparée insérés dans les « Mémoires de la Société des sciences naturelles et physiques de Bordeaux ».

BAZIN (Anaïs), littérateur, avocat à la cour d'appel de Paris, né à Paris, en 1797, mort en...

— Études d'histoire et de biographie. In-8°. 1844. *Chamerot.* 7 fr.

— Histoire de France sous le ministère du cardinal Mazarin. 2 vol. in-8°. 1842. *Ibid.* 14 fr.

— Histoire de France sous Louis XIII et le cardinal Mazarin (1610-1661). Nouvelle édition, revue par l'auteur. 4 vol. in-12. 1846. *Ibid.* 14 fr.

La 1re édition est de 1837.

— Notes historiques sur la vie de Molière.

édition, revue par l'auteur et considérablement augmentée. In-12. 1851. *Techener*. 3 fr. 50 c.

L'ouvrage a paru pour la 1re fois dans la « Revue des Deux-Mondes ».

BAZIN (Mme Angélique).

— Angéline, ou l'Ermite du Loiret, suivie de Alphabet de l'humilité. In-18. 1845. Tours, *Mame*. 0 c.

BAZIN (Antoine), orientaliste, professeur de chinois, secrétaire-adjoint de la Société asiatique, né à Saint-Brice (Seine-et-Oise), en 1799, mort à Paris, en 1863.

— Chine moderne. — Voy. **Univers pittoresque, Asie*, tome 10.

— Grammaire mandarine, ou Principes généraux de la langue chinoise parlée. In-8°. 1856. [Imprimerie impériale.] *Duprat*. 10 fr.

— Le Pi-pa-ki, ou l'Histoire du luth; drame chinois de Kao-tong-kia, représenté à Péking, en 1404, avec les changements de Mao-tseu. Traduit sur le texte original, par M. Bazin aîné. In-8°. 1841. [Imprimerie royale.] *Ibid*. 7 fr. 50 c.

— Mémoire sur les principes généraux du chinois vulgaire. In-8°. 1845. *Imprimerie royale*. 5 fr.

— Rapport fait à la Société asiatique sur une version chinoise des fables d'Ésope, publiée à Canton, par M. Thom. In-8°. 1843. *Ibid*. 1 fr. 50 c.

— Le Siècle des Youen, ou Tableau historique de la littérature chinoise depuis l'avénement des empereurs mongols jusqu'à la Restauration des Mings. In-8°, 514 p. 1850. *Imprimerie nationale*.

On doit en outre à M. Bazin d'importants mémoires insérés dans le « Journal asiatique ».

BAZIN (C.), correspondant de la Société impériale et centrale d'agriculture.

— Notice sur un insecte qui a causé les plus grands ravages dans nos dernières récoltes de blé sur pied, cécidomye du froment, et quelques-uns de ses parasites. (Entomologie appliquée à l'agriculture.) Gr. in-8° de 2 f., avec 1 pl. 1856. *Librairie agricole*.

BAZIN (Ch.), correspondant du Comité historique des arts et monuments.

— Carrelages anciens. In-4° de 1 f., avec 4 pl. 1850. *Didron*.

BAZIN (Charles), peintre.

— Petit Traité, ou Méthode de peinture pastel, à l'usage des amateurs. In-8°. 1849. *Picart*.

BAZIN (E.), professeur de langue anglaise.

— La Clef de la prononciation anglaise. In-16. 1865. Versailles, *chez l'auteur*. 50 c.

— Plus de 50,000 mots anglais appris en moins d'une heure. In-16. 1865. *Ibid*.

BAZIN (Ernest), frère d'Antoine Bazin (voy. cidessus), docteur en médecine, médecin de l'hôpital Saint-Louis, né à Saint-Brice (Seine-et-Oise), en 1807.

— De l'Acné varioliforme. Brochure in-12. 1851. *Imprimerie Brière*.

— Considérations générales sur le mentagre et les teignes de la face. Brochure in-8°. 1851. *Imprimerie Plon*.

— Cours de séméiotique cutanée, suivi de leçons théoriques et pratiques sur la scrofule et les teignes. In-8° de 8 f. 1856. *Ibid*.

— Leçons théoriques et cliniques sur les affections cutanées de nature arthritique et dartreuse considérées en elles-mêmes et dans leurs rapports avec les éruptions scrofuleuses, parasitaires et syphilitiques, professées par le docteur Bazin, rédigées et publiées par Lucien Sergent, revues et approuvées par le professeur. In-8°. 1860. *A. Delahaye*. 5 fr.

— Leçons théoriques et cliniques sur les affections cutanées parasitaires, professées par le docteur Bazin, rédigées et publiées par M. Alfred Pouquet, revues et approuvées par le professeur. In-8° avec 5 pl. 1858. *Ibid*. 2 fr.

— Les mêmes. 2e édition, revue, corrigée et augmentée. In-8° avec 5 pl. 1862. *Ibid*. 5 fr.

— Leçons théoriques et cliniques sur les affections cutanées artificielles et sur la lèpre, les diathèses, le purpura, les difformités de la peau, etc., professées par le docteur Bazin, rédigées et publiées par le docteur Guérard, revues et approuvées par le professeur. In-8°. 1862. *Ibid*. 6 fr.

— Leçons théoriques et cliniques sur les affections génériques de la peau, professées par le docteur E. Bazin, rédigées et publiées par le docteur Émile Baudot, revues et approuvées par le professeur. In-8°. 1862. *Ibid*. 5 fr.

— Leçons théoriques et cliniques sur les affections génériques de la peau, professées par le docteur Bazin, rédigées et publiées par le docteur Guérard, revues et approuvées par le professeur. 2e partie. In-8°. 1865. *Ibid*. 6 fr.

— Leçons théoriques et cliniques sur la scrofule, considérée en elle-même et dans ses rapports avec la syphilis, la dartre et l'arthritis. In-8°. 1858. *Ibid*. 4 fr. 50 c.

— Les mêmes. 2e édition, revue, corrigée et augmentée de recherches sur la scrofule viscérale et de nombreuses observations. In-8°. 1861. *Ibid*. 7 fr. 50 c.

— Leçons théoriques et cliniques sur les syphilides, considérées en elles-mêmes et dans leurs rapports avec les éruptions dartreuses, scrofuleuses et parasitaires, professées par le docteur Bazin, rédigées et publiées par M. Louis Fournier, revues et approuvées par le professeur. In-8°. 1859. *Ibid*. 4 fr.

— Recherches sur la nature et le traitement des teignes. In-8° avec 3 pl. 1853. *Louis Leclerc*. 2 fr. 50 c.

— Répertoire des études médicales. Exposé analytique et complet de toutes les matières de l'enseignement officiel et des cours particuliers, par une société de médecins, chimistes, sous la direction de M. E. Bazin. Livraisons 1 à 6. In-8°. 1848. *Rue de Grenelle-Saint-Honoré*, 29. Prix de la livraison, 1 fr. 25 c.

L'ouvrage devait avoir 60 livraisons.

— Des Teignes achromateuses. Brochure in-8°. 1856. *Imprimerie Plon*.

M. le Dr Bazin a fourni un grand nombre d'études ou mémoires sur les affections de la peau à la « Gazette des hôpitaux » et à d'autres recueils médicaux.

BAZIN (Eugène), littérateur, né en 1817, à La Grésilière de Sainte-Honorine (Orne).

— Un Nouveau chapitre à l'essai sur les révolutions. In-12. 1849. *Béchet*. 3 fr.

— Rayons. In-8°. 1864. *Plon*. 5 fr.

M. Eugène Bazin a aussi traduit de l'anglais : *Audubon*, « Scènes de la nature aux États-Unis ».

BAZIN (François), professeur de géographie.

— Atlas spécial de géographie physique, politique et historique de la France, dressé conformément aux nouveaux programmes de la classe de rhétorique, des lycées et de l'École impériale de Saint-Cyr. 3e édition. In-fol. de 32 cartes. 1856. *J. Delalain.* 12 fr.

Avec Félix Cadet. — Cet atlas se vend aussi divisé en deux parties, la partie historique et la partie politique; le prix de chacune d'elles est de 6 fr.

— Le même. 4e édition. In-fol. de 32 cartes. 1856. *Chez les auteurs, rue Vanneau, 56.*

BAZIN (H.), ingénieur des ponts et chaussées.

— Recherches hydrauliques. — Voy. *Darcy.*

BAZIN (J.).

— Orbidaïo, ou Lettres et mots éminemment propres à constituer une langue universelle. In-8° avec 1 pl. 1844. Lyon, *chez l'auteur, rue de l'Annonciade,* 20. 2 fr.

BAZIN (Thomas). — Voy. **Basin.**

BAZINCOURT (Eugène P. de), ancien avocat, pseudonyme.

— Le Droit commercial expliqué et mis à la portée de tout le monde, suivi du nouveau tarif des protêts en regard de l'ancien. In-12. 1855. *Rue Dauphine,* 18. 50 c.

— Le Véritable conseiller en affaires. Nouveau manuel complet de législation usuelle et pratique pour faire ses affaires soi-même avec sûreté dans toutes les circonstances de la vie, par un ancien notaire. Nouvelle et grande édition (109e), par E. P. de Bazincourt. In-12. 1865. *Pick.* 3 fr. 50 c.

BAZOT (Adolphe Pierre Marie), notaire à Amiens, membre de la Société des antiquaires de Picardie, né à Paris, en 1791.

— Histoire des assignats. Recherches sur les billets de confiance de la Somme. In-8°, avec 9 pl. de fac-simile. 1862. [Amiens, *Caron et Lambert.*] *Dumoulin.* 4 fr.

Extrait des « Mémoires de la Société des antiquaires de Picardie ».

BAZOT (Étienne François), littérateur, membre de plusieurs sociétés savantes, né à Château-Chinon (Nièvre), en 1782.

— Contes maçonniques. In-12. 1846. *Tessier.* 1 fr. 50 c.

— Manuel du franc-maçon, ou Guide des officiers de loge. 7e édition. 2 vol. in-12. 1846. [Angers, *Cornilleau.*] *Tessier.* 6 fr.

La 1re édition est de 1812.

BAZOT (Théophile), substitut du procureur impérial à Bordeaux.

— De la Récidive d'après la loi des 18 avril, 13 mai 1863. Commentaire des nouveaux articles 57 et 58 du Code pénal. In-8°. 1864. *Ménard.* 1 fr. 50 c.

BAZOUGE (Francis).

— Biographie de E. Renan. — Voy. *Carfort et Bazouge.*

BAZOUGE (J.).

— Album dinannais. Souvenirs de Dinan : Sites, monuments, ruines, paysages, histoire. In-4°, 60 p. et 6 lithographies. 1863. Dinan, *Bazouge.*

— Guide du baigneur et du touriste à Saint-Malo, Saint-Servan, etc. In-12. 1865. *Ibid.*

BAZY (Jean Pierre Antoine), docteur ès lettres, ancien professeur de littérature et d'histoire dans diverses facultés de France, né à Saint-Omer, en 1804.

— De l'Enseignement public en France considéré par rapport à l'État et aux changements accomplis dans la situation politique, morale et intellectuelle de la monarchie. In-8°, 20 p. 1849. Dijon, *Loireau-Feuchot.*

— Un Épisode de la guerre de Trente ans, d'après les archives inédites de Saint-Omer. In-8°, 20 p. 1862. Clermont-Ferrand, *Thibaud.*

— État militaire de la monarchie espagnole sous le règne de Philippe IV. Les Mercenaires au XVIIe siècle. In-12. 1864. Poitiers, *Létang et Girardin.* 2 fr.

— Études historiques et littéraires sur C. Marlowe et Gœthe. In-8°, 260 p. 1850. Dijon, *Loireau-Feuchot.*

— Histoire politique, morale et littéraire de Rome à l'époque de Cicéron, puisée dans les écrits de cet auteur. Fragments du cours de littérature latino, fait à la Faculté de Dijon. 2e semestre : Explication et commentaire des deux premiers livres du Traité des lois. In-8° de 86 p. 1849. Dijon, *imprimerie de Loireau-Feuchot.*

— De la Réforme religieuse dans les temps modernes dans ses rapports avec la civilisation. Discours. In-8°, 26 p. 1864. Poitiers, *imprimerie Dupré.*

— Histoire de la société chrétienne en Occident, et particulièrement en France, depuis les premiers siècles du christianisme jusqu'à la fin du règne de saint Louis. Tableau historique de l'influence du principe chrétien sur le développement et sur l'ordre de la société. Tome I. 1re partie. In-8°, 306 p. 1842. *Tessier.*

— La Révolution et les partis en Angleterre sous les Stuart. Leçon d'ouverture du cours d'histoire à la Faculté des lettres de Poitiers. In-8°, 35 p. 1865. Poitiers, *Oudin.*

— Tableau de l'histoire du moyen âge. Leçon d'ouverture. In-8°, 20 p. 1863. Poitiers, *imprimerie Dupré.*

BEACH LAWRENCE. — Voy. **Lawrence.**

BEALE (Lionel S.), médecin de l'hôpital de King's College à Londres, né à Londres, en 1828.

— De l'Urine, des dépôts urinaires et des calculs; de leur composition chimique, de leurs caractères physiologiques et des indications thérapeutiques qu'ils fournissent dans le traitement des maladies. Traduit de l'anglais sur la 2e édition et annoté par Auguste Ollivier et Georges Bergeron. In-12, avec 136 fig. 1865. *Baillière et fils.* 7 fr.

La 1re édition anglaise a été publiée à Londres en 1861, la 2e en 1863.

BÉALLE (A. Le). — Voy. **Le Béalle.**

BÉARN (le comte Stephen de), ancien officier de cavalerie, né à Montpellier, en 1838.

— Études historiques. La Dynastie de Bragance et l'avenir du Portugal. In-8°, 63 p. 1865. *Imprimerie Raçon et Cie.*

Cette brochure n'est pas dans le commerce, elle a été tirée à petit nombre.

BEATTIE (James), philosophe et poëte anglais, né à Lawrencekirk, en Écosse, en 1735, mort à Aberdeen, en 1803.

— Éléments de science morale, comprenant l'étique, l'économique, la politique et la théologie naturelle, avec un appendice sur l'immatérialité et l'immortalité de l'âme. Traduit de l'anglais, sur la 3e édition, par M. C. Mallet. 2 vol. in-8°. 1840. V⁰ *Maire-Nyon*. 13 fr.

L'original anglais a été publié en 2 vol. in-8°, de 1790 à 1793.

BEAU (Émile), artiste-dessinateur, anatomiste, né à Paris, en 1810.

— Atlas d'anatomie descriptive. — Voy. *Bonamy, Broca et Beau*.

BEAU (Jean), de Montpellier.

— La Vérité à Napoléon III sur la vie à bon marché. In-8°. 1863. *Castel*. 1 fr. 50 c.

BEAU (Joseph Honoré Simon), médecin de l'hôpital de la Charité, membre de l'Académie de médecine, né à Collonges (Ain), en 1806, mort en 1865 dans la même commune.

— Traité expérimental et clinique d'auscultation appliquée à l'étude des maladies du poumon et du cœur. In-8°. 1856. *J. B. Baillière*. 7 fr. 50 c.

BEAU DE ROCHAS (Alphonse), ingénieur, né à Digne, en 1815.

— Des Machines locomotives à grande pression et grande adhérence, considérées en particulier comme moyens spéciaux et exceptionnels de traction sur les sections de chemins de fer à fortes pentes, avec 12 pl. de divers types. In-4°. 1862. *E. Lacroix*. 9 fr.

— Nouvelles recherches sur les conditions pratiques de plus grande utilisation de la chaleur, et, en général, de la force motrice; avec application au chemin de fer et à la navigation. In-4°. 1862. *Ibid*. 6 fr.

— La Population en France et la question hydrologique. Note sur les conditions générales de l'aménagement et de la distribution des eaux dans les campagnes. In-8°. 1862. *Ibid*. 2 fr.

— Théorie mécanique des télégraphes sous-marins; recherches sur leurs conditions d'établissement. In-8°. 1859. *Ibid*. 2 fr. 50 c.

Avec M. Philippe Breton.

— De la Traction des bateaux fondée sur le principe d'adhérence. Ouvrage accompagné de 5 pl. et d'une carte du littoral des Bouches-du-Rhône à Marseille. In-4°. 1862. *Ibid*. 15 fr.

BEAUCHAINAIS (A. de).

— Le Buffon illustré, à l'usage de la jeunesse, contenant une description très-complète des mammifères, oiseaux, poissons, reptiles, insectes et coquilles. In-8°. 1862. *Lefèvre*. 3 fr.

BEAUCHAMP (le baron Selle de). — Voy. **Selle de Beauchamp**.

BEAUCHÉRY (Auguste).

— Révolution dans la comptabilité, ou Comptabilité de l'avenir. Plus de partie simple. Plus de partie double. Plus de comptes généraux. Plus de journal. In-8°. 1864. *Desloges*. 3 fr. 50 c.

BEAUCHESNE (Alcide Hyacinthe Du Bois de), littérateur, ancien officier d'état-major, ancien gentilhomme de la chambre du roi, né à Lorient en 1804.

— Le Livre des jeunes mères. (Poésies.) In-8°. 1858. *Plon*. 8 fr.

— Le même: Nouvelle édition. In-12. 1860. *Ibid*. 4 fr.

— Louis XVII, sa vie, son agonie, sa mort; captivité de la famille royale au Temple. Ouvrage enrichi d'autographes, de portraits et de plans. 2 vol. in-8°. 1852. *Ibid*. 15 fr.

— Le même. 2e édition. 2 vol. in-12. 1853. *Ibid*. 8 fr.

— Le même. 3e édition, enrichie d'autographes et ornée des portraits de la famille royale. 2 vol. gr. in-8°. 1861. *Ibid*. 30 fr.

BEAUCHET-FILLEAU (Henri), juge de paix de Chef-Boutonne, officier d'académie, correspondant du ministère de l'instruction publique, membre de la Société des antiquaires de l'Ouest et de plusieurs autres sociétés savantes, né à Poitiers, en 1818.

— Essai sur le patois poitevin, ou Petit glossaire de quelques-uns des mots usités dans le canton de Chef-Boutonne et les communes voisines. In-8°. 1864. [Melle, *Moreau*.] Niort, *Clouzot*. 6 fr.

— Mémoire sur les Justices royales, ecclésiastiques et seigneuriales du Poitou. In-8°. 1845. Poitiers, *imprimerie Saurin*. 2 fr.

— Notice sur les sépultures antiques et mérovingiennes. In-8°. 1865. Niort, *Clouzot*. 2 fr.

Extrait des « Mémoires de la Société des antiquaires de l'Ouest ».

— Recherches sur Airvau, son château et son abbaye. In-8°. 1859. Poitiers, *imprimerie Dupré*. 1 fr.

Extrait des « Mémoires de la Société des antiquaires de l'Ouest ».

— Le Siège de Poitiers, par Liberge. — Voy. *Liberge*.

— Tableau des émigrés du Poitou aux armées des princes de Condé. In-8°. 1845. Poitiers, *Pichot*. 3 fr.

M. H. Beauchet-Filleau a publié avec M. Ch. Chergé le « Dictionnaire historique et généalogique des familles de l'ancien Poitou », par Henri *Filleau*, son grand-père. — Voy. ce nom.

BEAUCOURT (G. du Fresne de). — Voy. **Du Fresne de Beaucourt**.

BEAUCOURT DE NOORTVELDE.

— Tableau fidèle des troubles et révolutions arrivés en Flandre et dans les environs, depuis 1500 jusqu'en 1585, avec une introduction et des notes, par O. Delepierre. In-8°. 1846. Bruxelles. 8 fr.

Publication de la Société des bibliophiles belges, n° 14.

BEAUDE (le docteur Jean Pierre), médecin-inspecteur des établissements d'eaux minérales, membre du Conseil de salubrité de la Seine, rédacteur en chef du « Journal des connaissances médicales », de 1833 à 1855, né à Paris, en 1800.

— Dictionnaire de médecine usuelle à l'usage des gens du monde, des chefs de famille et de grands établissements, des administrateurs, des magistrats et des officiers de police judiciaire, etc., par une société de membres de l'Institut et de l'Académie de médecine, de professeurs, de médecins, d'avocats, etc. 2 vol. in-8°. 1842-1849. *Didier et Cie*. 30 fr.

— Le même. Nouvelle édition, revue et augmentée d'un Supplément. 2 vol. in-4º. 1863. *Ibid.* 25 fr.

La couverture et le titre sont réimprimés. Le Supplément de 80 p. est seul inédit.

BEAUDEMOULIN (Louis Alexandre), ingénieur en chef des ponts et chaussées en retraite, né en 1790.

— Assainissement de Paris. État de la question. In-8º. 1855. *Dalmont.* 1 fr.

— Assainissement de Paris. Examen du projet de traité entre la ville de Paris et M. Williams Scott. In-8º. 1856. *Ibid.* 75 c.

— Assainissement de Paris. Solutions pour les vidanges, les cabinets, les égouts, etc., comparées avec celles que propose la commission nommée par S. Exc. le ministre de l'intérieur. In-8º. 1858. *Ibid.* 1 fr.

— Hygiène publique. Assainissement. Londres et Paris. In-8º. 1858. *Ibid.* 75 c.

BEAUDOUX (Mme Cl.).

— La Science maternelle, ou Éducation morale et intellectuelle des jeunes filles. In-12. 1843. *Didier.* 3 fr. 50 c.

BEAUFFORT (le marquis Louis Léopold Amédée de), administrateur belge, né à Tournai, en 1806, mort à Bruxelles, en 1858.

— Souvenirs d'Italie, par un catholique. Gr. in-8º. 1839. Bruxelles, *Société des amis des arts.*

Anonyme. — On lit cependant le nom de l'auteur au bas de la préface.

— Le même. 8e édition. In-8º avec grav. 1860. Lille, *Lefort.* 1 fr.

Le même éditeur a publié des « Extraits des souvenirs d'Italie » qui forment 3 vol. in-18. 90 c.

BEAUFFORT (Roger de).

— Vies des saints de l'atelier. Saint Théodote, cabaretier. In-16. 1862. [Angers], *Blériot.* 30 c.

— Vies des saints de l'atelier. Saint Aquilas, corroyeur. In-16. 1863. *Ibid.* 30 c.

— Vies des saints de l'atelier. Saint Théobald, commissionnaire. In-16. 1864. *Ibid.* 30 c.

BEAUFILS (le P.), de la Compagnie de Jésus.

— Le Trésor des supérieures, ou Lettres sur la manière de gouverner les maisons religieuses. Nouvelle édition, augmentée d'une notice sur la vie et les écrits de l'auteur. In-12. 1864. *Martin-Beaupré frères.* 2 fr.

BEAUFILS (Constant).

— Étude sur la vie et les poésies de Charles d'Orléans. In-8º. 1861. *A. Durand.* 3 fr.

BEAUFILS (Louis).

— Cicatrices du cœur. In-12. 1861. *Cadot.* 1 fr.

— Une Fille de neige. In-12. 1864. *De Vresse.* 1 fr.

— Les Secrets du hasard. In-12. 1859. *Cadot.* 1 fr.

Voy. aussi : *Delacour; Dornay.*

BEAUFORT.

— Études sur la littérature ancienne et sur la littérature moderne, en français, 1re livraison. In-8º. 1865. Vienne (Autriche), *Bartelmees.* 65 c.

BEAUFORT (le docteur) a publié : « Recherches médico-légales et thérapeutiques sur l'empoisonnement par l'acide arsénieux », de M. *Orfila.* — Voy. ce nom.

BEAUFORT (François Louis Charles Amédée d'HERTAULT, comte de), littérateur, né à Béziers, en 1814.

— Appel à l'épiscopat français et aux honnêtes gens de tous les partis sur la question nationale de la liberté d'enseignement. In-8º. 1849. Angers, *Cornilleau.* 1 fr.

— Lettres de deux ultramontains, suivies d'un Discours prononcé au Cercle catholique. In-8º. 1844. *A. Bray.* 1 fr. 25 c.

— Petits aperçus sur de grandes questions de l'éducation du souverain pontife de l'Angleterre et de l'Allemagne. In-8º. 1844. 80 c.

— L'École des pères; drame en cinq actes et en prose. In-12. 1856. *Tresse.* 75 c.

— Histoire des papes, depuis saint Pierre jusqu'à nos jours, précédée d'une Introduction, par M. Laurentie. 4 vol. in-8º. 1838-1841. *Périsse; Gaume; Debécourt.* 16 fr.

— Légendes et traditions populaires de la France. In-8º. 1840. *Ibid.* 5 fr.

L'auteur annonçait un second volume qui n'a pas paru.

BEAUFORT (Henry de) a traduit de l'anglais : « Une révolution spirituelle », de W. *North.*

BEAUFORT (Mme LEPRINCE DE). — Voy. **Leprince de Beaufort.**

BEAUFORT (Mlle MAGAUD DE). — Voy. **Magaud de Beaufort.**

BEAUFORT (Mme Virginie de).

— Jenny, ou la Séparation. In-8º. 1857. *Chez l'auteur, rue Saint-Sulpice,* 38. 3 fr.

— Leçons d'astronomie. In-8º. 1852. *Périsse frères.* 5 fr.

BEAUFORT-D'HAUTPOUL (la comtesse J.), née à Paris, en 1763, morte à Paris, en...

— Nouveau Manuel complet de littérature, à l'usage des deux sexes. Nouvelle édition. In-18. 1844. *Roret.* 1 fr. 75 c.

Collection des Manuels-Roret. — La 1re édition est de 1821.

— Nouveau Manuel du style épistolaire. — Voy. *Biscarrat.*

BEAUFOUR (L.).

— Agenda des fiancés, souvenirs et tablettes du mariage. Indicateur des pièces qu'il est indispensable de produire pour le mariage à la mairie et à l'église, etc. In-32. 1865. *Chez l'auteur, place de la Bourse,* 10. 1 fr.

BEAUFRÈRE (Eugène), professeur au lycée de Nîmes, né à Saint-Quentin (Aisne), en 1817.

— Essais de poésie latine. In-18. 1865. [Nîmes], *Hachette et Cie.* 2 fr.

BEAUFUMÉ (le docteur François Eugène), médecin à Châteauroux, né au Menoux (Indre), en 1809.

— Coup d'œil sur les colonies au XIXe siècle, suivi de l'examen des difficultés de la colonisation de l'Afrique et des moyens d'y remédier. In-8º. 1865. [Châteauroux, *Salviac.*] *Challamel aîné.* 1 fr.

BEAUGÉ (L.), adjoint au trésorier du 22° de ligne.

— Cours d'administration militaire à l'usage des officiers et des sous-officiers des corps d'infanterie. In-16. 1863. Nice, *Gilletta aîné*. 5 fr.

BEAUGENDRE (Antoine), moine bénédictin, bibliothécaire de l'abbaye de Saint-Germain des Prés, né à Paris, en 1628, mort en 1708.

— Le Père des pauvres. Vie de M. Bénigne Joly, chanoine de l'église abbatiale et collégiale de Saint-Étienne de Dijon, et instituteur des religieuses hospitalières de la même ville. Nouvelle édition, revue et corrigée par M. l'abbé Tresvaux. In-16, avec un portrait. 1854. Plancy, *Société de Saint-Victor*.

La 1re édition est de 1700.

BEAUGEOIS (l'abbé).

— Méthode de chant ecclésiastique. In-12. 1863. Amiens, *Lambert-Caron*. 1 fr. 25 c.

— Méthode de plain-chant, de musique d'harmonie et de serpent. 3e édition. In-12. 1854. *Ibid*. 3 fr.

On doit encore à l'abbé Beaugeois un Nouveau choix de 500 cantiques, et un Recueil des plus beaux airs anciens et nouveaux.

BEAUGIER (Mme).

— Historiettes morales, ou Contes à mes enfants, propres à l'instruction et à l'amusement de la jeunesse. In-18. 1852. Limoges, *Barbou*. 60 c.

BEAUGRAND (le docteur Louis Émile), médecin à Paris, bibliothécaire-adjoint à la Faculté de médecine de Paris, né à Paris, en 1809.

— L'Hygiène, ou l'Art de conserver la santé. In-16. 1855. *Hachette*. 2 fr.

— La Médecine domestique et la pharmacie usuelle. In-16. 1854. *Ibid*. 2 fr. 50 c.

— Le même. 2e édition, revue et augmentée. In-12. 1860. *Ibid*. 2 fr.

BEAUGUÉ (Jean de).

— Histoire de la guerre d'Escosse, par Jean de Beaugué, gentilhomme françois, avec un avant-propos par le comte de Montalembert. In-8°. 1864. [Bordeaux], *Aubry*. 8 fr.

BEAUHARNAIS (le prince Eugène de), duc de LEUCHTENBERG, prince d'Eichstedt, vice-roi d'Italie, fils de l'impératrice Joséphine de son premier mariage avec le vicomte Alexandre de Beauharnais, est né à Paris, en 1781, mort à Munich, en 1824.

— Mémoires et correspondance politique et militaire du prince Eugène, publiés, annotés et mis en ordre par A. Du Casse. 10 vol. in-8°. 1858-1860. *Lévy frères*. 60 fr.

BEAUJEAN (l'abbé Eugène Louis), des missions étrangères, né à Saint-Jacut de la Mer (Côtes-du-Nord), en 1833.

— Souvenirs d'un pèlerinage à Rome en 1862. In-12, x-278 p. 1865. Dinan, *imprimerie Huart*.

Pas dans le commerce.

BEAUJEAN (Alfred).

— Un Relais dans la Manche; vaudeville en un acte. In-8°. 1853. *Mifliez*. 1 fr.

BEAUJEU (Mme de).

— Les Jeudis. In-12. 1863. *Vermot*. 60 c.

BEAUJEU (RENAULD DE). — Voy. **Renauld de Beaujeu**.

BEAUJEU (Honoré QUIQUERAN DE). — Voy. **Quiqueran de Beaujeu**.

BEAULIEU (AUGER DE). — Voy. **Auger de Beaulieu**.

BEAULIEU (C.).

— Contre-partie des fables de La Fontaine. In-12, avec 1 grav. 1844. [Lyon], *Mellier*.

BEAULIEU (CLIQUET-). — Voy. **Cliquet-Beaulieu**.

BEAULIEU (DUGAS DE). — Voy. **Dugas de Beaulieu**.

BEAULIEU (E.), lieutenant du génie.

— Mémoire sur deux nouveaux systèmes de pont-levis. In-8°, avec 2 pl. 1864. [Bruxelles], *Ta-néra*. 2 fr. 50 c.

BEAULIEU (le comte Edgard DU VAL DE). — Voy. **Du Val de Beaulieu**.

BEAULIEU (Jean Louis de), archéologue, né à Nancy, en 1788.

— Antiquités des eaux minérales de Vichy, Plombières, Bains et Niederbronn. In-8°, avec 12 pl. 1851. *Mme Ve Le Normant*. 7 fr.

— Antiquités de Vichy-les-Bains (département de l'Allier). 2e édition. In-8°, avec une carte. 1846. *Ibid*. 4 fr.

— Archéologie de la Lorraine, ou Recueil de notices et documents pour servir à l'histoire des antiquités de cette province. 2 vol. in-8° avec 5 pl. 1840 et 1843. *Ibid*. 15 fr.

— Lettre à Monsieur J***, de l'Académie des inscriptions et belles-lettres, sur diverses antiquités égyptiennes trouvées à Salzbourg (royaume de Bavière). In-8° de 3 f., avec 1 pl. 1841. *Ibid*.

BEAULIEU (C. LE HARDY DE). — Voy. **Le Hardy de Beaulieu**.

BEAULIEU (Mme MALLÈS DE). — Voy. **Mallès de Beaulieu**.

BEAULIEUX (Phelippe) a traduit de l'italien Ré (Filippo) : « Quelques fragments de l'Essai sur les engrais »; et « Établissement et conservation des prairies, etc. », du même auteur. — Voy. **Ré**.

BEAULUÈRE (L. LA). — Voy. **La Beauluère**.

BEAUMAIS (Édouard).

— Gérald; drame en cinq actes. Gr. in-8°. 1863. *Barbré*. 60 c.

BEAUMANOIR.

— Le Nouveau Martial; épigrammes, satires, réflexions. In-12. 1846. *Bouchard*. 1 fr. 50 c.

BEAUMANOIR (le comte de L'ANGLE). — Voy. **L'Angle**.

BEAUMANOIR (Philippe de), magistrat et poëte, bailli sous les règnes de Philippe le Hardi et Philippe le Bel, né en Picardie, dans la première moitié du XIIIe siècle, mort en 1296.

— Les Coutumes du Beauvoisis. Nouvelle édition, publiée d'après les manuscrits de la bibliothèque royale, par le comte Beugnot. 2 vol. in-8°. 1842. *Renouard*. 18 fr.

Ouvrage écrit en 1283, publié pour la 1re fois par *La Thaumassière*, en 1690.

BEAUMARCHAIS (Pierre Augustin Caron, dit de), littérateur, auteur dramatique, né à Paris, en 1732, mort en 1799. Ce n'est que vers 1757 qu'il prit le nom de Beaumarchais, emprunté à une terre appartenant à sa femme.

— Théâtre, précédé d'une Notice sur sa vie et ses ouvrages, par Auger. In-12, avec un portrait. 1841. *Didot.* 3 fr.

Contenant : Eugénie. — Les Deux amis. — Le Barbier de Séville. — Le Mariage de Figaro. — La Mère coupable. — Tarare.

— Théâtre, précédé d'une notice, par M. Saint-Marc Girardin. In-8°, avec portrait et 4 grav. 1861. *Furne et Cie.* 6 fr.

— Théâtre. Le Barbier de Séville. Le Mariage de Figaro. La Mère coupable. In-4°, illustré. 1849. *Bry.* 70 c.

— Théâtre, précédé d'une notice sur sa vie et ses œuvres, par Louis de Loménie. In-12. 1863. *Lévy frères.* 1 fr.

— Théâtre. Le Barbier de Séville. Le Mariage de Figaro. 2 vol. in-32. 1864. *Dubuisson et Cie.* 50 c.

Bibliothèque nationale.

— Le Barbier de Séville, ou la Précaution inutile; comédie en quatre actes. Le Mariage de Figaro, ou la Folle journée; comédie en cinq actes. In-16. 1853. *Hachette et Cie.* 2 fr.

— Le Barbier de Séville, ou la Précaution inutile. In-4°. 1863. *Lévy frères.* 20 c.

Théâtre contemporain illustré, livraison 595.

— Le Mariage de Figaro, ou la Folle journée; comédie en cinq actes. In-4°. 1863. *Ibid.* 40 c.

Théâtre contemporain illustré, livraison 638.

— La Mère coupable, ou l'autre Tartuffe; drame en cinq actes. In-4°. 1863. *Ibid.* 20 c.

Théâtre contemporain illustré, livraison 600.

— Eugénie; drame en cinq actes. In-4°. 1864. *Ibid.* 20 c.

Théâtre contemporain illustré, livraison 630.

— Mémoires de Beaumarchais. Nouvelle édition, précédée d'une appréciation tirée des causeries du lundi, par M. Sainte-Beuve. In-12. 1857. *Garnier frères.* 3 fr. 50 c.

BEAUME (Alexandre), avocat à la Cour impériale de Paris, né à Paris, en 1827.

— Dialogue des morts sur la propriété littéraire. In-8°. 1862. *Castel.* 1 fr.

Avec Adr. Huard.

Voy. aussi *Blanc*, Code général de la propriété industrielle, etc., et *Jay*, Recueil des actions possessoires.

M. Beaume est encore l'auteur de plusieurs livrets d'opéras qu'il a signés du pseudonyme *Beaumont*. — Voy. ci-après.

BEAUME (Jules La). — Voy. **La Beaume.**

BEAUMETZ (Dujardin). — Voy. **Dujardin-Beaumetz.**

BÉAUMIER (A.), agent vice-consul de France à Rabat et Salé (Maroc), a traduit de l'arabe : *Roudh-el-Kartas*, «Histoire des souverains de Maroc».

BEAUMONT, pseudonyme de M. Alex. Beaume, avocat. (Voy. aussi ci-dessus.)

— Préciosa; opéra-comique en un acte, musique de Weber. In-12. 1858. *Lévy frères.* 1 fr.

Avec Ch. Nuitter.

— Le même. In-4°. 1859. *Ibid.* 40 c.

Théâtre contemporain illustré, livraison 394.

— Rose et Narcisse; opéra-comique en un acte, musique de M. Frédéric Barbier. In-12. 1855. *Beck.* 60 c.

Avec le même.

Voy. aussi *Nuitter et Beaumont.*

BEAUMONT (de).

— Littérature. Réaction classique. Satires, épigrammes, contes en vers et en prose, précédés d'une conversation avec M. de Chateaubriand. In-8°. 1852. *Amyot.* 7 fr.

BEAUMONT (Adalbert de).

— Recherches sur l'origine du blason, et en particulier sur la fleur de lis. In-8°, avec 22 pl. gravées. 1853. *Leleux.* 6 fr.

BEAUMONT (Charles).

— Anne de Montmorency. In-12, avec 1 grav. 1859. Limoges, *Barbou frères.* 60 c.

— Julia, ou le Triomphe de la croix. Gr. in-8°. 1859. *Ibid.* 1 fr. 50 c.

— Les Vainqueurs du paganisme. In-12, avec 1 grav. 1857. *Ibid.* 80 c.

BEAUMONT (Charles de).

— Le Trente et quarante du peuple français, ou le Onzième anniversaire de la révolution de 1830; odes. In-8° de 3 f. 1841. Nancy, *Vincenot.*

BEAUMONT (Christophe de), archevêque de Paris, né en 1703, mort en 1781.

— Des Devoirs des évêques dans la défense de l'enseignement. Instruction pastorale. Nouvelle édition, précédée d'une Introduction et d'une Notice historique, par Guyard de Saint-Étienne. In-8° de 8 f. 1845. *Waille.*

— L'Église, son autorité, ses institutions et l'ordre des jésuites, défendus contre les attaques et les calomnies de leurs ennemis; instruction pastorale, suivie des témoignages et jugements rendus en faveur des jésuites par les papes, les évêques, le clergé, les rois, les peuples, les plus célèbres écrivains catholiques, philosophes et protestants des trois derniers siècles. Documents recueillis, annotés, augmentés d'une introduction et d'une conclusion. Par un homme d'État (M. Alex. de Saint-Chéron). In-8°. 1843. *Debécourt.* 3 fr.

BEAUMONT (Delsigny de). — Voy. **Delsigny.**

BEAUMONT (A. L. Ernest Duchesne-). — Voy. **Duchesne-Beaumont.**

BEAUMONT (Élie de). — Voy. **Élie de Beaumont.**

BEAUMONT (François), auteur dramatique anglais, né en 1585 à Grâce-Dieu, dans le Leicestershire, mort en 1615. Il a composé un grand nombre de pièces de théâtre, en collaboration avec son ami Fletcher. (Voy. aussi ce nom.)

— Contemporains de Shakspeare. Beaumont et Fletcher, traduits par Ernest Lafond, avec une notice sur la vie de ces deux poètes. In-8°. 1865. *Hetzel.* 6 fr.

BEAUMONT (Gustave de La Bonninière de), écrivain et homme politique, membre de l'Académie des sciences morales et politiques, ancien député, ancien procureur du roi, né à Beaumont-la-Charte (Sarthe), en 1802, mort à Tours en 1866.

En 1831, il fut chargé par le gouvernement, avec M. de Tocqueville, d'aller étudier aux États-Unis les systèmes pénitentiaires.

— État de la question d'Afrique. Réponse à la brochure de M. le général Bugeaud, intitulée : « l'Algérie ». In-8°. 1843. *Paulin.* 1 fr. 50 c.

— L'Irlande sociale, politique et religieuse. 7e édition, entièrement revue et corrigée, et précédée d'une notice sur l'état présent de l'Irlande (1862-1863). 2 vol. in-12. 1863. *Lévy frères.* 6 fr.

La 1re édition, 2 vol. in-8°, a paru en 1839.

— Marie ou l'Esclavage aux États-Unis, tableau de mœurs américaines. 5e édition. In-12. 1842. *Ch. Gosselin.* 3 fr. 50 c.

La 1re édition est de 1835. 2 vol. in-8°. 15 fr.

— De la politique extérieure de la France au 29 octobre 1840. In-8° de 3 f. 1840. *Ibid.*

— Système pénitentiaire aux États-Unis et de son application en France, suivi d'un appendice sur les colonies pénales et de notes historiques. 3e édition. In-12. 1845. *Ibid.* 3 fr. 50 c.

Avec Alexis de Tocqueville. — La 1re édition est de 1832, 1 vol. in-8° ,5 fr. ; la 2e de 1836, 2 vol. in-8°, 15 fr.

M. Gustave de Beaumont a publié : « OEuvres et correspondance inédites d'Alexis de *Tocqueville* ». (Voy. ce nom.)

BEAUMONT (le vicomte J. de).

— Histoire populaire de la papauté. In-12. 1864. *Tolra et Haton.* 1 fr. 25 c.

BEAUMONT (Mme Marie LEPRINCE DE). — Voy. **Leprince de Beaumont.**

BEAUMONT (TRIGAUT-). — Voy. **Trigaut-Beaumont.**

BEAUMONT DE PÉRÉFIXE (HARDOUIN DE). — Voy. **Hardouin.**

BEAUMONT-ROCHEMURE (le comte de), s'intitulant électeur du 6e arrondissement.

— Lettre à M. Thiers sur son projet de fortification. In-8°. 1841. *Bohaire.* 1 fr. 50 c.

— Paris, France et la frontière intérieure. In-8°. avec 1 pl. 1841. *Ibid.* 1 fr.

— Paris, France. In-8° avec 1 pl. 1841. *Ibid.* 1 fr.

BEAUMONT-VASSY (Édouard Ferdinand vicomte de), historien et écrivain, ancien préfet (1851 à 1853), ancien maitre des requêtes de première classe au Conseil d'État, né en 1816.

— Un Dernier rêve de jeunesse. In-8°. 1852. *Souverain.* 7 fr. 50 c.

— Garibaldi et l'avenir, étude politique. In-8°. 1860. *Amyot.* 1 fr.

— Histoire des États européens depuis le congrès de Vienne. Tomes 1 à 6. 6 vol. in-8°. 1843-1853. *Ibid.* 45 fr.

L'ouvrage devait avoir 10 volumes, mais la publication paraît abandonnée. — Voici le contenu des 6 volumes : T. I. Belgique, Hollande. 1843. — T. II. Suède et Norwége, Danemark, Prusse. 1844. — T. III, IV. Grande-Bretagne. 1846. — T. V. États italiens. 1850. — T. VI. Empire russe. 1853.

— Histoire de mon temps. 1re série. Règne de Louis-Philippe. Seconde république. 1830-1851. 4 vol. in-8°. 1855-1858. *Perrotin.* 24 fr.

— Le même. 2e série. Présidence décennale. Second empire. Tomes 1 et 2. In-8°. 1864-1865. *Amyot.* 12 fr.

— La Politique des honnêtes gens. In-8°. 1851. *Ibid.* 1 fr.

— La Préface du 2 décembre. In-8°. 1853. *Ibid.* 3 fr.

— Les Suédois depuis Charles XII. 2 vol. in-8°. 1841. *Ch. Gosselin.* 15 fr.

— Le même. Nouvelle édition sous le titre : Les Suédois depuis Charles XII jusqu'à Oscar Ier. In-12. 1847. *Amyot.* 3 fr. 50 c.

— Swedenborg, ou Stockholm en 1756. In-8°. 1842. *Ch. Gosselin.* 7 fr. 50 c.

BEAUNE (Henri), procureur impérial à Louhans (Saône-et-Loire), membre des académies de Caen et de Dijon, et de la Société des antiquaires de France, né à Dijon, en 1833.

— Des distinctions honorifiques et de la particule. 2e édition, revue et augmentée. In-12. 1862. *Muffat.* 3 fr.

La 1re édition a été publiée en 1861.

— La Noblesse aux États de Bourgogne de 1350 à 1789. In-4° avec 100 planches d'armoiries. 1864. Dijon, *Lamarche.* 45 fr.

Avec Jules d'Arbaumont.

— Sainte Chantal et la direction des âmes au XVIIe siècle. In-8° de 44 p. 1862. *Callou.*

BEAUNIS (Henri).

— L'Italienne, scènes de guerre contemporaines. Drame en un acte et deux tableaux, en vers. In-12. 1859. [Alger], *Challamel.* 1 fr.

BEAUNIS (Henri Étienne), médecin aide-major de 1re classe, et agrégé à la Faculté de médecine de Strasbourg, né à Amboise, en 1830.

— Anatomie générale de physiologie du système lymphatique. In-4°. 1863. [Strasbourg], *Baillière et fils.* 1 fr. 50 c.

BEAUPLAN (Amédée ROUSSEAU DE), auteur dramatique et compositeur de romances, né à Versailles, en 1790, mort en 1853.

— Un Cœur de grand'mère ; comédie en un acte, mêlée de couplets. In-8°. 1846. *Beck.* 50 c.

— La Dame du second ; comédie-vaudeville en un acte. In-8°. 1840. *Tresse.* 30 c.

Avec Émile Vanderburch.

— Deux filles à marier ; comédie-vaudeville en un acte. In-8°. 1844. *Beck.* 50 c.

Avec ***.

— Fables. Petit in-8° de 11 f. 1853. *Imprimerie impériale.*

— Oui ou non ; comédie-vaudeville en un acte. In-8°. 1846. *Marchant.* 40 c.

Avec Jacques Arago.

BEAUPLAN (Victor Arthur ROUSSEAU DE), fils du précédent, auteur dramatique, commissaire impérial près du théâtre de l'Odéon, né à Paris, en 1823.

— L'École des ménages, comédie en cinq actes, en vers. In-12. 1858. *Lévy frères.* 1 fr. 50 c.

— Le même. In-4°. 1859. *Ibid.* 40 c.

Théâtre contemporain illustré, livraison 426.

— Élisa, ou Un chapitre de l'oncle Tom, comédie en deux actes. In-12. 1853. *Ibid.* 50 c.

— Les Marrons glacés, comédie mêlée de chant, en un acte. In-12. 1857. *Ibid.* 40 c.

— Le même. In-4°. 1864. *Ibid.* 20 c.

Théâtre contemporain illustré.

— Le Monument de Molière (vers). In-8°. 1843. *Breteau et Pichery.* 40 c.

— Les Piéges dorés; comédie en trois actes, en prose. In-12. 1856. *Lévy frères.* 1 fr. 50 c.

— Le même. In-4°. 1857. *Ibid.* 20 c.

Théâtre contemporain illustré, livraison 245.

— Les Plantes parasites, ou la Vie en famille, comédie en quatre actes. In-12. 1862. *Dentu.* 2 fr.

M. de Beauplan a encore fait un certain nombre de pièces en collaboration avec MM. *Barrière, Bayard, Brunswick, Carré, Clairville, Labiche, Leuven, Melesville; Siraudin, Varin.* (Voy. ces noms.)

BEAUPLAN (Guillaume LE VASSEUR, chevalier de), ingénieur géographe, capitaine d'artillerie au service de la Pologne, né en Normandie au commencement du XVII° siècle, mort vers 1670.

— Description de l'Vkranie depvis les confins de la Moscovie jvsqv'avx limites de la Transylvanie, par le chevalier de Beavplan. Nouvelle édition, publiée par le prince Avgvstin Galitzin. In-16. 1860. *Techener.* 10 fr.

La 1re édition est de 1650, la 2e de 1661. In-4°.

BEAUPRÉ (B. de), docteur en droit, avocat.

— Notions générales et élémentaires de droit français, à l'usage des femmes, avec une table interrogatoire en forme de dictionnaire. In-12. 1844. Ve *Maire-Nyon.* 3 fr. 50 c.

— Vie et Culte de saint Eugène, archevêque de Tolède, martyr et confesseur au III° siècle, et l'un des patrons de Paris, suivis de la description et de l'organisation de la nouvelle église placée sous son vocable, et ornés du portrait du curé fondateur. In-8° de 3 f. 1856. *Chaix.*

BEAUPRÉ (Jean-Nicolas), antiquaire, conseiller à la cour impériale de Nancy, né à Dieuze (Meurthe) vers 1792.

— La belle de Ludre (maîtresse de Louis XIV). 1641-1725. Essai biographique. In-8°. 1862. [Nancy], *Dumoulin.* 3 fr. 50 c.

— Essai historique sur la rédaction officielle des principales coutumes et sur les assemblées d'État de la Lorraine ducale et du Barrois, accompagné de documents inédits et d'une bibliographie de ces coutumes. In-8° de 12 f. 1845. Nancy, *imprimerie Grimblot.*

— Notice sur quelques graveurs nancéens du XVIII° siècle et sur leurs ouvrages. Dominique Collin. Y. D. Collin. Avec un fac-simile de la gravure de D. Collin, représentant la vue d'Heillecourt. In-8°. 1862. [Nancy, *Wiener.*] *Claudin.* 3 fr. 50 c.

— Recherches historiques et bibliographiques sur les commencements de l'imprimerie en Lorraine et sur ses progrès jusqu'à la fin du XVII° siècle. In-8° de 34 f. avec 1 pl. 1845. Nancy, *Grimblot.*

— Nouvelles Recherches de bibliographie lorraine. 1500-1550. In-8° de 2 f. 1853. *Ibid.*

— Nouvelles Recherches de bibliographie lorraine. 1500-1700. Chap. III et IV. In-8° de 12 f. 1856. *Ibid.*

Ces trois derniers ouvrages sont extraits des « Mémoires de l'Académie de Stanislas ».

BEAUPRÉ (Ch. GAUDICHAUD-). — Voy. **Gaudichaud-Beaupré.**

BEAUPRÉAU (RÉDON DE). — Voy. **Rédon de Beaupréau.**

BEAUQUIER (Charles), archiviste paléographe, licencié en droit, né à Besançon, en 1833.

— Notice historique et pittoresque sur le Raincy. In-8°. 1865. [Montereau.] *Librairie agricole.* 1 fr.

Avec Jules Tarby.

— Philosophie de la musique. In-12. 1865. *Germer Baillière.* 2 fr. 50 c.

Bibliothèque de philosophie contemporaine.

BEAURE (A.).

— Réplique au journal «la Semaine financière», sur les chemins de fer lombards et du sud de l'Autriche. Gr. in-8°. 1865. *Maillet.* 1 fr.

Signé A. Beaure.

BEAUREGARD (le Père).

— Œuvres complètes. — Voy. *Migne*, « Collection d'orateurs sacrés », 2° série, tome 4.

BEAUREGARD (le chevalier de).

— Nobiliaire de Bretagne, tiré littéralement des registres manuscrits originaux authentiques, tant de la réformation générale de 1668 à 1671 que de la grande réformation de 1400 et des réformations particulières qui eurent lieu dans l'intervalle. In-8°. 1840. *Bouchard-Huzard.* 6 fr.

BEAUREGARD (l'abbé BARTHÉLEMY DE). — Voy. **Barthélemy de Beauregard.**

BEAUREGARD (BRUMAULD DE). — Voy. **Brumauld de Beauregard.**

BEAUREGARD (DURAND DE). — Voy. **Durand de Beauregard.**

BEAUREGARD (F. V.), docteur en médecine.

— Causeries villageoises sur les dangers moraux, physiques et sociaux qui résultent de l'abus des liqueurs fortes. In-18 de 3 f. 1853. Havre, *Prudhomme.*

— Recherches sur la nature et le traitement du choléra épidémique. Observations recueillies au Havre-Graville. 1848-1849-1853. In-8° de 3 f. 1854. Au Havre, *imprimerie Carpentier.*

BEAUREGARD (G. M. Ollivier).

— Simples observations sur l'origine et le culte des divinités égyptiennes, à propos de la collection archéologique de feu le docteur Ernest Godard. In-8°. 1863. *Lainé et Havard.* 2 fr. 50 c.

BEAUREGARD (Mme ANAU DE). — Voy. **Anau de Beauregard.**

BEAUREPAIRE (Charles Marie de), archiviste de la Seine-Inférieure, ancien élève de l'École des chartes, né à Avranches (Manche), en 1828.

— Entrée et séjour du roi Charles VIII à Rouen, en 1485. In-8° de 3 1/4 f. 1854. Caen, *Hardel.*

Extrait des « Mémoires de la Société des antiquaires de Normandie ».

— Essai sur l'asile religieux dans l'empire romain et la monarchie française. In-8°. 1854. *Durand.* 3 fr.

Extrait de la « Bibliothèque de l'École des chartes ».

— Les États de Normandie sous la domination anglaise. In-8°. 1859. *Ibid.* 4 fr.

Extrait du « Recueil de la Société libre de l'Eure ».

— Notes sur six voyages de Louis XI à Rouen. In-8°. 1858. [Rouen.] *Ibid.* 2 fr.

— Notes sur la prise du château de Rouen, par Ricarville, en 1432. In-8°. 1858. *Ibid.* 2 fr.

— Notice sur Pierre Cochon, auteur de la « Chronique normande ». In-8°. 1862. [Rouen.] *Ibid.* 1 fr.

— Recherches sur les anciennes prisons de Rouen. In-8°. 1862. [Rouen.] *Ibid.* 1 fr. 50 c.

Les quatre ouvrages précédents sont des extraits des « Mémoires de l'Académie de Rouen ».

— De la Vicomté de l'eau de Rouen et de ses contumes au xiiie et au xive siècle. In-8°. 1856. *Ibid.* 7 fr.

Extrait des « Mémoires de la Société libre de l'Eure ».

M. Ch. de Beaurepaire a encore donné un certain nombre de travaux qui ont été insérés dans les « Mémoires de la Société des antiquaires de Normandie ».

BEAUREPAIRE (Eugène de).

— Documents sur la captivité et la mort de Dubourg dans la cage de fer du Mont-Saint-Michel. In-8°. 1862. [Avranches.] *Dumoulin.* 1 fr.

— Étude sur la poésie populaire en Normandie et spécialement dans l'Avranchin. In-8° de 6 f. 1856. [Avranches, *Tostain.*] *Dumoulin.*

— Le Tombel de Chartrose et le chant du roussigneul, poëmes mystiques du xive siècle. In-8° de 2 f. 1854. Caen, *Hardel.*

Extrait des « Mémoires de la Société des antiquaires de Normandie ».

M. Eugène de Beaurepaire a publié : « Sermons de Maurice de Sully ». (Voy. ce nom.)

BEAUREPAIRE (le comte Davet de). — Voy. **Davet de Beaurepaire.**

BEAUREPAIRE (Louis de), capitaine au 69e régiment de ligne, né à Épernay, en 1828.

— Jérôme le trompette, épisode de la guerre de Catalogne (1810); suivi de : Guerre de Crimée, souvenirs anecdotiques. In-12. 1863. *Brunet.* 2 fr. 50 c.

— Mañjo le guerillero, suite de Jérôme le trompette. In-12. *Ibid.* 2 fr. 50 c.

BEAUREPAIRE (de Robillard de). — Voy. **Robillard de Beaupaire.**

BEAUSSIRE (Émile), professeur à la Faculté des lettres de Poitiers, né à Luçon (Vendée), en 1824.

— Antécédents de l'hégélianisme dans la philosophie française ; Dom Deschamps, son système et son école, d'après un manuscrit et des correspondances inédites du xviiie siècle. In-12. 1865. *Germer Baillière.* 2 fr. 50 c.

Bibliothèque de philosophie contemporaine.

— Du fondement de l'obligation morale. In-8°. 1855. Grenoble, *Prudhomme.* 3 fr.

— Lectures philosophiques, ou Leçons de logique extraites des auteurs dont l'étude est prescrite par l'Université. In-12. 1857. [Grenoble, *Prudhomme.*] *A. Durand.* 3 fr.

— Notice sur un manuscrit inédit de la bibliothèque de Poitiers. In-8°. 1864. [Poitiers, *Létang.*] *G. Baillière.* 1 fr.

Extrait du « Bulletin de la Société des antiquaires de l'Ouest ».

*Beauté (De la), des moyens de la conserver, ou Conseils aux femmes sur leur santé, leur mise et leur instruction. In-18 de 5 ½ f. 1844. *Aubert.*

BEAUTEMPS (J. P.), armateur, président du tribunal de commerce à Granville.

— Nouveau Manuel du capitaine au long cours et du maître au cabotage, pour leur servir de guide en matière d'assurance maritime. In-4° de 11 f. 1849. *Durand.*

BEAUTEMPS-BEAUPRÉ (Charles-François), ingénieur hydrographe, membre de l'Institut et du Bureau des longitudes, né en 1766, mort en....

— Rapports sur les rades, ports et mouillage de la côte orientale du golfe de Venise, visités en 1806, 1808 et 1809, par ordre de l'empereur, sous le ministère du vice-amiral Decrès. In-8°. 1849. *Ledoyen.* 2 fr.

Publication du Dépôt général de la marine.

BEAUTEMPS-BEAUPRÉ (Charles Jean), docteur en droit, procureur impérial à Chartres, né à Saint-Pierre de Terre-Neuve (Colonies françaises), en 1823.

— Coustumes du pays de Vermendois et ceulx de environ, publiées d'après le manuscrit inédit des archives du département de l'Aube. In-8°. 1858. *A. Durand.* 5 fr.

— Du Droit des propriétaires de fief d'ajouter le nom de leur fief à leur nom patronymique. In-8°. 1864. *Ibid.* 1 fr.

Extrait de la « Revue historique de droit français ».

— Le Livre des droiz et des commandements d'office de justice, publié d'après le manuscrit inédit de la bibliothèque de l'Arsenal. 2 vol. in-8°. 1865. *Ibid.* 16 fr.

— De la Nature de la transaction et des droits d'enregistrement auxquels elle peut donner ouverture. In-8°. 1863. *Marescq aîné.* 2 fr.

Extrait de la « Revue pratique de droit français ».

— Note sur un manuscrit du grand coustumier de France, conservé à la bibliothèque de Troyes. In-8°. 1858. *A. Durand.* 1 fr.

Extrait de la « Revue historique de droit français et étranger ».

— De la Portion de biens disponible et de la réduction. 2 vol. in-8°. 1855. *Ibid.* 14 fr.

BEAUTERNE (le chevalier de).

— Conversations religieuses de Napoléon, récit authentique de sa mort chrétienne, avec des documents inédits de la plus haute importance, où il révèle lui-même sa pensée intime sur le christianisme, et des lettres de MM. le cardinal Fesch, Montholon, Hudson Lowe, Marchand, etc. In-8°. 1840. *Lacy, place de l'École,* 6. 5 fr.

— L'Enfance de Napoléon depuis sa naissance jusqu'à sa sortie de l'école militaire. In-12. 1846. *Olivier Fulgence.*

M. le chevalier de Beauterne a publié : « Sentiments de Napoléon sur la divinité de Jésus-Christ ». (Voy. Napoléon.)

BEAUVAIS (le R. P.), de la Compagnie de Jésus.

— Les Quarante martyrs, ou Vie du B. Ignace Azevedo, prêtre de la Compagnie de Jésus, histoire de son martyre et de celui de trente-neuf autres de la même Compagnie. In-12. 1854. Bruxelles.

BEAUVAIS (A. G. de), docteur en médecine.

— De la Cautérisation des bourrelets hémorroïdaux par le fer rouge. In-4°. 1852. *Labé.* 3 fr.

BEAUVAIS (Éd. Lair de). — Voy. **Lair de Beauvais.**

BEAUVAIS (F. de).

— Des Croisades. Notice historique, accompagnée de développements et de considérations sur les causes et sur les effets de ces guerres lointaines. In-8º de 13 f. 1853. Angers, *Lecerf.*

BEAUVAIS (Jean Baptiste Charles Marie de), évêque de Senez, prédicateur du roi, né à Cherbourg en 1731, mort en 1790.

— Œuvres complètes. — Voy. *Migne*, Collection d'orateurs sacrés, 2e série, tome 4.

— Sermons. 4 vol. in-12. 18.. Tournai, *Casterman.* 6 fr.

BEAUVAIS (Louis-Albert), ancien professeur de langue française, né à Brandebourg (Prusse), en 1802.

— Études françaises de littérature militaire, extraites des ouvrages de Frédéric II, de Dumouriez, de Jomini, de Gouvion St.-Cyr, de La Roche Jacquelin, de Dedon l'aîné, de Mathieu Dumas, de Chambray, de Ph. Ségur, de Fain, de Kock, de Pélet, de Foy et de Gourgaud, dédiées à tous ceux qui se vouent à la carrière des armes. 2e édition, revue, corrigée et augmentée. In-8º. 1840. Berlin, *Duncker et Humblot.* 4 fr.

La 1re édition a été publiée en 1834.

— Études françaises de littérature commerciale et d'économie politique, extraites des ouvrages de Monjean, Chevalier, Garnier, Molinari, Clément, Kauffmann, Mac Culloch, Parisot, Blanqui, Bastiat, etc., etc. Dédiées à tous ceux qui se vouent au commerce. Publiées et annotées par L. A. Beauvais. In-8º. 1859. *Ibid.* 4 fr.

— Études historiques. 3 vol. in-12. 1843. *Ibid.* 15 fr.

T. I. Histoire ancienne. — T. II. Histoire du moyen âge. — T. III. Histoire moderne.

— Mes Souvenirs, ou Recueil de poésies. In-12. 1851. Breslau, *Korn.* 2 fr.

BEAUVAIS-NANGIS.

— Mémoires du marquis de Beauvais-Nangis et Journal du procès du marquis de La Boulaye, publiés pour la première fois par MM. Monmerqué et A. H. Taillandier. In-8º. 1862. *Renouard.* 9 fr.

Publications de la Société de l'Histoire de France. — Ces mémoires comprennent l'époque de 1588 à 1641.

BEAUVALET (Alfred).

— Nos rapports avec l'Angleterre; ce qu'elle fut, ce qu'elle est. In-8º. 1860. *Dentu.* 3 fr.

BEAUVALET (V.).

— Manuel de navigation intérieure, à l'usage des pilotes, mariniers et agents. In-18. 1846. *Roret.* 2 fr. 50 c.

Collection des Manuels-Roret.

BEAUVALLET (A.), de Loir-et-Cher.

— De l'Agriculture en Sologne. In-8º, avec 1 pl. 1845. Orléans, *imprimerie de Danicourt.* 6 fr.

BEAUVALLET (Pierre François), acteur, peintre et auteur dramatique, professeur au Conservatoire de Paris, né à Pithiviers (Loiret), en 1801.

— Le Dernier Abencerage; drame en trois actes, en vers. In-12. 1851. *Giraud et Dagneau.* 1 fr.

— Robert Bruce; drame en cinq actes, en vers. In-12. 1847. *Lévy frères.* 60 c.

BEAUVALLET (Léon), fils du précédent, auteur dramatique et littérateur, né à Paris, en 1829. Il a accompagné Mlle Rachel dans son voyage en Amérique, en 1855.

— Les Drames de Montfaucon. In-12. 1864. *Dentu.* 3 fr.

— Les Femmes de Victor Hugo, avec 28 illustrations par Gavarni, G. Doré, E. Lorsay, E. Bayard, gravées par O. Jahyer. Livr. 1 à 4. In-8º. 1862. *Charlieu et Huillery.* Chaque livr. 30 c.

Avec Charles Valette.

— Les Femmes de Murger, 16 illustrations par Émile Bayard, gravées par Hildebrand. In-8º. 1861. *Ibid.* 5 fr.

Avec Lemercier de Neuville.

— La Filleule du chansonnier; drame en trois actes, mêlé de chant, d'après les chansons de Béranger. In-4º. 1858. *Lévy frères.* 40 c.

Avec Saint-Agnan Choler. — Théâtre contemporain illustré, livraison 311.

— Le Guetteur de nuit; opérette-bouffe en un acte, musique de M. Paul Blaquière. In-12. 1856. *Librairie nouvelle.* 50 c.

Avec A. de Jallais.

— Je ne mange pas de ce pain-là! vaudeville en un acte. In-12. 1857. *Lévy frères.* 60 c.

Avec M. Nouvière.

— Ninon et Ninette; vaudeville en un acte. In-12. 1858. *Librairie théâtrale.* 60 c.

Avec MM. de Jallais et Nouvière.

— Rachel et le nouveau monde. Promenade aux États-Unis et aux Antilles. In-16. 1856. *Cadot.* 1 fr.

— Il signor Pulcinella; fantaisie napolitaine en cinq parties. In-12. 1857. *Bestel et Cie.* 1 fr.

Avec Marc Le Prévost.

— Sur Terre et sur mer; comédie en un acte, mêlée de chant. In-8º. 1854. *Beck.* 60 c.

M. Léon Beauvallet a encore publié quelques pièces en collaboration avec MM. *Barrière, Desnoyers*, H. de Kock et Lambert *Thiboust.* (Voy. ces noms.)

BEAUVALLON (ROSEMOND DE). — Voy. Rosemond de Beauvallon.

BEAUVANT (Ch. de).

— De la quotité disponible. Thèse pour le doctorat. In-8º. 1863. *Marescq.* 2 fr.

BEAUVERGER (le baron Edmond de), docteur en droit, député au Corps législatif, né à Paris, en 1818.

— Des Constitutions de la France et du système politique de l'empereur Napoléon. In-8º. 1852. *Franck.* 6 fr.

— Épître au prince Napoléon-Louis Bonaparte. In-8º. 1841. *Administration centrale de librairie.*

— Les Institutions civiles de la France, considérées dans leurs principes, leur histoire, leurs analogies. In-8º. 1864. *Leiber.* 6 fr.

— Tableau historique des progrès de la philosophie politique, suivi d'une étude sur Sieyès. In-8º. 1858. *Ibid.* 5 fr.

BEAUVILLÉ (Victor de), membre de la Société des antiquaires de Picardie.

— Histoire de la ville de Montdidier. 3 vol. in-4º. 1858. *Imprimerie Didot frères.*

— Recueil de documents inédits concernant la Picardie, publiés d'après les titres originaux conservés dans son cabinet. In-4º. 1861. [*Imprimerie impériale*], *Duprat.* 30 fr.

BEAUVISAGE (E.), secrétaire du cabinet du directeur général de la caisse des dépôts et consignations.

— Guide du militaire et des familles. Instruction

pratique concernant la caisse de la dotation de l'armée. In-12. 1856. *Dumaine*. 75 c.

— Guide du déposant à la Caisse des retraites pour la vieillesse, suivi des tarifs et de calculs détaillés pour tous les âges. 13e édition. In - 4°. 1864. *P. Dupont*. 50 c.

BEAUVOIR (Hiver de). — Voy. **Hiver de Beauvoir.**

BEAUVOIR (Édouard Roger de Bully, dit Roger de), littérateur, né à Paris, en 1809, mort en 1866.

— L'Abbé de Choisy. — Voy. plus loin : *Mademoiselle de Choisy.*

— Aventurières et Courtisanes. In-12. 1856. *Lévy frères*. 1 fr.

— Bébé, ou le Nain du roi de Pologne. 3 vol. in-8°. 1842. *De Potter*. 22 fr. 50 c.

— Camille. 2 vol. in-8°. 1854. *Cadot*. 15 fr.

— Le même. Édition in-12. 1 vol. 1854. *Ibid.* 3 fr. 50 c.

— Le Chevalier de Charny. In-12. 1859. *Lévy frères*. 1 fr.

— Le même. Édition du Musée littéraire. In-4°. 1861. *Ibid.* 90 c.

— Le Chevalier de Saint-Georges. 4 vol. in-8°. 1840. *Dumont*. 30 fr.

— Le même. Nouvelle édition. 4 vol. in-12. 1840. *Delloye*. 12 fr.

— Le même. Nouvelle édition. 1 vol. in-12. 1856. *Lévy frères*. 1 fr.

— Le même. Édition du Musée littéraire. In-4°. 1860. *Ibid.* 90 c.

— Colombes et Couleuvres. Poésies nouvelles. In-18. 1843. *Librairie nouvelle*. 1 fr.

— Duels et duellistes. In-12. 1864. *Lévy frères*. 3 fr.

— L'Écolier de Cluny, ou la Tour de Nesle. In-4°. 1860. *Lécrivain et Toubon*. 50 c.

Bibliothèque pour tous illustré. — La 1re édition est de 1832. 2 vol. in-8°.

— Les Enfers de Paris. Cinq actes mêlés de chant, musique nouvelle de MM. J. Nargeot et Pilati. In-12. 1853. *Lévy frères*. 1 fr.

Avec Lambert Thiboust.

— Le même. In-4°. 1854. *Ibid.* 40 c.

Théâtre contemporain illustré, livraison 98.

— Le Garde d'honneur. (Épisode de l'Empire.) 2 vol. in-8°. 1846. *Dumont*. 15 fr.

— Le même, suivi de Mademoiselle de Sens. In-4°. 1860. *Havard*. 50 c.

— Histoires cavalières. In-12. 1856. *Lévy frères*. 1 fr.

La 1re édition est de 1838. 2 vol. in-8°.

— L'Hôtel Pimodan. 4 vol. in-8°. 1846. *Dumont*. 30 fr.

— Le même. Nouvelle édition sous le titre : « les Mystères de l'île Saint-Louis ». Chroniques de l'hôtel Pimodan. Tome I. Charles Gruyn. — Tome II. L'Anneau de Fouquet. 2 vol. in-12. 1859. *Librairie nouvelle*. 4 fr.

Le même. 2 livraisons in-4°. 1860. *Lécrivain et Toubon*. 1 fr.

— L'Île des cygnes. 2 vol. in-8°. 1844. *Dumont*. 15 fr.

— La Lescombat. 2 vol. in-8°. 1841. *Ibid.* 15 fr.

— Le même. Nouvelle édition, suivie de : le Moulin d'Heilly; David Dick; les Eaux des Pyrénées; Mademoiselle de Sens. In-12. 1859. *Librairie nouvelle*. 1 fr.

— Mademoiselle de Choisy. In-12. 1859. *Lévy frères*. 1 fr.

Cet ouvrage avait déjà été publié en 1842 sous le titre : « l'Abbé de Choisy ». 3 vol. in-8°. 22 fr. 50 c.

— Les Meilleurs fruits de mon panier. Poésies. In-12. 1862. *Ibid.* 3 fr.

— Mémoires de Mlle Mars. — Voy. *Mars*.

— Le Moulin d'Heilly. 2 vol. in-8°. 1845. *Desessarts*. 15 fr.

— Le même. Nouvelle édition. In - 12. 1863. *Lévy frères*. 1 fr.

— Les Mystères de l'île Saint-Louis. — Voy. ci-dessus : *l'Hôtel Pimodan*.

— Les Œufs de Pâques. 2 vol. in-8°. 1857. *Cadot*. 15 fr.

— Le même. 1 vol. in - 12. 1862. *Lévy frères*. 2 fr.

— L'Opéra; dessins par J. A. Beaucé. In - 32. 1854. *Gust. Havard*. 50 c.

— Paris — Crinoline; revue en trois tableaux. In-4°. 1858. *Lévy frères*. 20 c.

Théâtre contemporain illustré, livraison 335.

— Le Pauvre diable. In-12. 1860. *Ibid.* 1 fr.

— Le Peloton de fil. Tome Ier. In-8°. 1840. *Dumont*. 7 fr. 50 c.

— Le même. Tome II, sous le titre : « le Cabaret des morts ». In-8°. 1840. *Ibid.* 7 fr. 50 c.

— La Raisin; comédie en deux actes, en vers. In-12. 1855. *Lévy frères*. 60 c.

— Le même. In-4°. 1858. *Ibid.* 40 c.

Théâtre contemporain illustré, livraison 852.

— Safia. 2 vol. in-8°. 1843. *Dumont*. 15 fr.

Le même. In-4°. 1861. *Lécrivain et Toubon*. 50 c.

— Les Soirées du Lido. In-12. 1860. *Lévy frères*. 1 fr.

La 1re édition a paru en 1833 sous le titre : « l'Eccelenza, ou les Soirées au Lido ». 1 vol. in-8°. 7 fr. 50 c.

— Les Trois Rohan. 2 vol. in-8°. 1843. *Dumont*. 15 fr.

— Le même. In-12. 1862. *Lévy frères*. 1 fr.

M. Roger de Beauvoir a encore signé quelques pièces de théâtre en collaboration avec MM. A. Dartois, H. Duveyrier et F. Mallefille. (Voy. ces noms.)

BEAUVOIR (Mme Roger de, née Doze), actrice et femme de lettres, épouse du précédent, séparée de lui en 1850, née en 1822, morte en 1859.

— L'Amour à la maréchale; comédie en deux actes et en prose. In-8°. 1852. *Tresse*. 60 c.

— Au Coin du feu; comédie en un acte. In-16. 1855. *Librairie nouvelle*. 60 c.

— Confidences de Mlle Mars, recueillies par Mme Roger de Beauvoir. 3 vol. in-8°. 1855. *Locard-Davi*. 10 fr. 50 c.

— Le même. 1 vol. in-12. 1855. *Ibid.* 1 fr.

— Un Coup de fouet, contenu dans le « Théâtre des salons », publié par Ern. *Rasetti*. — Voy. ce nom.

— Dos à dos; comédie en un acte, en prose. Nouvelle édition. In-12. 1865. *Lévi frères*. 1 fr.

La 1re édition est de 1856.

— Drelin! drelin! comédie - vaudeville en un acte. In-12. 1858. *Ibid.* 60 c.

— Le même. In-4°. 1859. *Ibid.* 40 c.

Théâtre contemporain illustré, livraison 404.

— Une Femme forte. 2 vol. in-8°. 1858. *Cadot.* 15 fr.

— Le même. 1 vol. in-12. 1857. *Ibid.* 3 fr. 50 c.

— Le Secret du docteur. 2 vol. in-8°. 1857. *Ibid.* 15 fr.

— Sous le masque. — Un coup de hasard. — Thérèse de Coulanges. — Un médaillon du temps passé. In-12. 1857. *Librairie nouvelle.* 1 fr.

BEAUVOIR fils (Eugène Roger de), fils des précédents, né à Paris, en 1845.

— Le Supplice des fiacres; folie-vaudeville en un acte. In-12. 1865. *Lévy frères.* 1 fr.

BEAUVOIS (Eugène).

— Contes populaires de la Norwége, de la Finlande et de la Bourgogne, suivis de poésies norwégiennes imitées en vers, avec des introductions, par E. Beauvois. In-12. 1862. *Dentu.* 3 fr.

— Découvertes des Scandinaves en Amérique, du dixième aux treizième et quatorzième siècles, fragments de sagas irlandaises, traduits pour la première fois en français, par E. Beauvois. In-8°. 1860. *Challamel aîné.* 2 fr. 50 c.

Extrait de la « Revue orientale et américaine ».

— La Nationalité du Shleswig. In-8°. 1864. *Ibid.* 1 fr.

— Le Principe des nationalités appliqué à la question dano-allemande. In-8°. 1864. *Dentu.* 1 fr.

BEAUVOIS (Louis Alexandre Désiré), docteur en droit, né à Valenciennes, en 1830.

— De la possession, en droit romain, principalement en matière immobilière, des interdits uti possidetis et unde vi. De la possession en droit français et des actions possessoires. In-8°. 1858. *Marescq jeune.* 8 fr.

Thèse pour le doctorat.

BEAUVOIS (Ch. PAIX DE). — Voy. **Paix de Beauvois.**

BEAUVOISIN, docteur en médecine.

— Du Cancer et de son traitement. Exposé complet de la méthode du docteur Beauvoisin, excluant toute opération par l'instrument tranchant. Nouvelle édition. In-8° de 31 f. 1842. *Béchet jeunc.*

— De la Méthode du docteur Beauvoisin, excluant l'emploi de l'instrument tranchant dans le traitement du cancer, des tumeurs en général et des ulcères. In-8° de 16 f. 1843. *Chez l'auteur, rue de la Chaussée-d'Antin,* 16.

BEAUVOYS (le docteur de), médecin. — Voy. **Debeauvoys.**

BEAUVOYS (l'abbé Th. de), chanoine honoraire.

— Manuel du congréganiste du Sacré-Cœur de Jésus; recueil de pratiques de piété et de prières, suivi des Petits offices du Sacré-Cœur de Jésus et de la très-sainte Vierge, à l'usage de la congrégation du Sacré-Cœur de Jésus. In-32. 1865. *Lethielleux.* 1 fr. 20 c.

— Vie chrétienne dans le monde, à l'usage des personnes qui veulent sincèrement leur sanctification. In-32. 1865. *Ibid.* 1 fr. 50 c.

BEAUX.

— Économie rurale domestique. Du pain et des moyens d'obtenir une économie de 30 à 40 pour cent dans sa fabrication par l'emploi d'un nouveau farineux qui a toutes les propriétés du froment, etc. In-12. 1855. *Goin.* 1 fr. 50 c.

BEAUX (Jean Jacques), docteur en médecine.

— Dissertation philosophique sur l'indivisibilité à l'infini de l'espace, de la matière et du temps, sur la forme des atomes et la véritable loi du mouvement continu. In-8°. 1852. *Garnot.* 1 fr.

— De l'Influence de la magnétisation sur le développement de la voix et du goût en musique. In-12 de 6 f. 1855. *Ibid.*

BEAUZÉE (Nicolas), savant philologue et grammairien, membre de l'Académie française, né à Verdun, en 1717, mort à Paris, en 1789.

— Exposition abrégée des preuves historiques de la religion chrétienne. — Voy. *Migne*, « Démonstrations évangéliques », tome 10.

La 1re édition de cet ouvrage a été publiée en 1747; une autre en 1825.

***Bébé** veut devenir grand garçon; scènes merveilleuses et entretiens raisonnables par des joujoux animés. Illustrations de Duruy: In-4°. 1865. *A. Bédelet.* Noir, 5 fr.; colorié, 8 fr.

BEC (l'abbé).

— Vie de saint Fulcran, évêque de Lodève au xe siècle. In-12. 1858. Lodève, *Brieu.* 2 fr.

BEC (Jehan Du), abbé de Mortemer. — Voy. **Du Bec.**

BÉCANNE (V.), avocat, professeur à Poitiers.

— Code de commerce. Livre Ier. Questions sur les sociétés et la lettre de change, suivies des solutions. In-4°. 1846. *Joubert.* 3 fr.

BÉCART (Antoine Joseph), professeur d'histoire à l'Athénée de Gand, né à Mons, en 1809.

— Exposé des facultés, des lois et des opérations de l'âme, de l'esprit et de la pensée. 3e édition. 1846. Bruxelles. 4 fr.

— Les Nuits d'Aristophane, suivies de: « l'Autocrate philosophe et le philosophe autocrate »; comédie en trois actes et en prose. In-12. 1857. *Ibid.* 5 fr.

— Études Schillériennes (poésies de Schiller), mises en vers français, suivies de petits poëmes et poésies diverses, par le traducteur. In-8°. 1858. *Ibid.* 7 fr. 50 c.

— Le même. 3e édition, revue, corrigée et augmentée de pièces inédites, curieuses et intéressantes. In-12. 1861. *Ibid.*

BECCARIA (César Bonesana, marquis de), philosophe, économiste italien, né à Milan, en 1738, mort en 1794.

— Des Délits et des peines. Nouvelle édition, précédée d'une introduction et accompagnée d'un commentaire, par M. Faustin Hélie. In-12. 1856. *Guillaumin.* 3 fr.

L'ouvrage a paru en italien en 1764; il en existe plusieurs éditions françaises antérieures. — Voy. *Quérard*, la France littéraire.

— Principes d'économie politique appliqués à l'agriculture, par l'auteur du Traité des délits et des peines; traduits de l'italien par ***. In-12. 1852. *Mme Bouchard-Huzard,* 2 fr.

BÉCEL (Mgr. J. N.), ancien missionnaire apostolique, préconisé évêque de Vannes, en 1865, é à Beignon (Morbihan), en 1825.

— L'Age de raison. In-12. 1856. *Ad. Le Clère.* fr. 50 c.

— Lettres de condoléance et de consolation à n jeune enfant au sujet de la mort de son père. 4-18. 1857. *Lesort.* 50 c.

— Souvenirs de catéchisme, ou Conférences à usage des jeunes gens. In-12. 1856. *Ad. Le Clère.* fr. 50 c.

— Souvenirs funèbres d'Ingelmunster (Belgique), et 3 août 1861. Gr. in-8°. 1861. *Ibid.*

— Souvenir du pèlerinage de Sainte-Anne d'Auray. In-18. 1860. *Ibid.* 50 c.

— Souvenirs de première communion et de confirmation. In-32. 1855. *Ibid.* 1 fr. 60 c.

BECELARE (Van). — Voy. **Van Becelare.**

BÉCHADE (Henri).

— La Chasse en Algérie. In-12. 1860. *Lévy rères.* 1 fr.

BÉCHAMP, professeur de chimie à la Faculté le médecine de Montpellier.

— Leçons sur la fermentation vineuse et sur la abrication du vin. In-8°. 1863. [Montpellier, *Couet.*] 2 fr. 50 c.

BÉCHARD (Ferdinand), avocat et publiciste, ancien député et représentant du peuple, né à Saint-Gervaly (Gard), en 1799.

— De l'Administration intérieure de la France, avec un Appendice sur les lois municipales des principaux États de l'Europe, par M. Bergson. 2 vol. in-12. 1851. *Giraud et Dagneau.* 6 fr.

— La Commune, l'Église et l'État dans leurs rapports avec les classes laborieuses. 1re partie : Des lois de prévoyance. In-12. 1849. *Giraud.* 1 fr. 50 c.

— Le même. 2e partie : Des lois d'assistance. Principes administratifs; instruction; travaux; secours. In-12. 1850. *Ibid.* 2 fr.

— Droit municipal dans l'antiquité. In-8°. 1860. *A. Durand.* 8 fr.

— Droit municipal au moyen âge. 2 vol. in-8°. 1862. *Ibid.* 15 fr.

— De l'État du paupérisme en France et des moyens d'y remédier. In-12. 1852. *Ch. Douniol.* 5 fr.

— Lettre à Messieurs les électeurs du département du Gard, sur le projet de loi de l'enseignement. In-8° de 4 f. 1845. *Sirou.*

— Lois municipales des républiques de la Suisse et des États-Unis. In-12. 1852. *Giraud et Dagneau.* 2 fr.

— De la Police des associations religieuses. In-8° de 5 f. 1845. *Waille.*

— Du Projet de décentralisation administrative annoncé par l'empereur. Lettres à M. le directeur de la « Gazette de France ». In-8°. 1864. *Bureaux de la Gazette de France.* 2 fr.

— De la Réforme administrative et électorale. Réponse à M. Duvergier de Hauranne. In-8°. 1848. *René.* 1 fr.

BÉCHARD (Frédéric), fils du précédent, litté-

rateur et avocat, ancien sous-préfet (1849), né à Nîmes, en 1824.

— Les Déclassées; comédie en quatre actes, en prose. In-12. 1856. *Lévy frères.* 1 fr. 50 c.

— L'Échappé de Paris. Nouvelle série des existences déclassées. In-12. 1862. *Ibid.* 2 fr.

— Les Existences déclassées. Un voyage en zigzag autour du monde. La princesse Ruolz. Un chapitre de l'histoire des naufrages. Le pays d'anomalie. Le club des habits râpés. In-12. 1860. *Librairie nouvelle.* 2 fr.

5e édition en 1864.

— De la Famille. In-12. 1850. *Lévy frères.* 1 fr.

Mémoire couronné en 1843 par l'Académie du Gard.

— Jambe d'argent; scènes de la grande chouannerie. In-12. 1865. *Amyot.* 3 fr. 50 c.

— Les Tribulations d'un grand homme; comédie en trois actes et en prose. In-12. 1848. *Imprimerie de Pommeret.*

BÈCHE (Henri T. De La). — Voy. **La Bèche.**

BÉCHERAND (J.).

— Essai de poésies diverses. Entretien entre un père et son fils, sur la translation des cendres de l'empereur Napoléon aux Invalides. In-8°. 1840. *Chez l'auteur, rue Saint-Sébastien-Popincourt,* 44. 75 c.

— Géographie rimée et chantante de la France et de ses colonies, par bassins, provinces et départements. In-8°. 1842. *Prevost.* 2 fr. 50 c.

— Petit Cours de littérature particulière, ou Recueil en prose et en vers d'énigmes, charades, acrostiches, sonnets, fables, épîtres, madrigaux, pensées morales et philosophiques. In-8°. 1855. *Krabbe.* 50 c.

BÉCHET (J. F.), chef d'institution.

— Traité d'arithmétique, à l'usage de l'enseignement primaire. 2e édition. In-12. 1862. *Chez l'auteur, Grande rue des Batignolles,* 34.

BÉCHET (J. J.), docteur en médecine, mort en 1865.

— De la Méningite purulente épidémique. Mémoire sur cette affection qui a régné à Avignon dans l'hiver 1846-1847. In-8°. 1852. *Baillière.* 3 fr. 50 c.

BECK (C.).

— Éléments de géométrie. In-8° avec 12 pl. 1852. Liége. 3 fr.

— Éléments d'algèbre. In-8°. 1854. *Ibid.* 3 fr.

BECK (Philippe Henri), professeur au gymnase de Strasbourg, né à Pfaffenhofen (Bas-Rhin), en 1827.

— Choix de lectures françaises, morceaux pratiques et théoriques. 1re partie : Lectures du premier âge. In-12. 1862. Strasbourg, *Ve Berger-Levrault et fils.* 80 c.

La 2e partie : Lectures élémentaires, paraîtra plus tard.

BECK (Van). — Voy. **Van Beck.**

BECK-BERNARD (Charles), ancien directeur de la colonie de San-Carlos, près de Santa-Fé, né à Amsterdam, on 1819.

— La République argentine. In-12. 1865. Lausanne, *Delafontaine et Rouge.* 3 fr.

BECK-BERNARD (Mme Amélie Lina), née Bernard, épouse du précédent, née à Bitschwiller, près Thann (Haut-Rhin), en 1824. En 1856 elle a quitté la Suisse, pour se rendre par le Brésil dans la république Argentine, où elle a séjourné pendant 5 ans.

— Quelques Mots sur l'œuvre des diaconesses, en réponse au livre de l'auteur du Mariage au point de vue chrétien, intitulé : « Des Corporations monastiques au sein du protestantisme ». In-8°. 1855. *Grassart.* 1 fr.

— Le Rio-Parana; cinq années de séjour dans la république Argentine. In-12. 1864. *Ibid.* 3 fr.

Mme Beck a collaboré à plusieurs journaux, notamment aux suivants : « Revue des Deux-Mondes », « Revue chrétienne », « la Famille », « le Chrétien évangélique » ; « Bibliothèque universelle de Genève », « Revue suisse », etc.

BECKENSTEINER (Christophe), marchand de pelleteries à Lyon, membre de plusieurs sociétés savantes, né à Augsbourg (Bavière), en 1796.

— Études sur l'électricité. Nouvelle méthode pour son emploi médical. 2e édition. 2 vol. in-8°, avec 8 pl. 1860. [Lyon], *J. B. Baillière.* 12 fr. 50 c.

— Le même. 2e édition, tome III, 1re et 2e parties. In-8°, avec pl. 1862. *Ibid.* 5 fr.

La 1re édition a paru de 1847 à 1852. — L'ouvrage doit former 5 à 6 volumes.

BECKER (Henri), avocat à la cour impériale de Paris depuis 1850, né en 1825.

— De la Justice et des avocats en Bavière et en Allemagne. In-8°. 1861. *Cotillon.* 2 fr.

— Le Notariat étranger. Doctrine, pratique, attributions, formules d'actes, tarifs. Livr. I. Angleterre et ses colonies. In-8°. 1863. *Au Journal des notaires et des avocats.* 2 fr. 50 c.

BECKER (F. Martha-). — Voy. **Martha-Becker.**

BECKET (Thomas), archevêque de Canterbury, lord chancelier d'Angleterre, né à Londres, en 1119, mort assassiné par ordre du roi Henri II, en 1170.

— Opera. — Voy. *Migne,* Patrologie latine, tome 190.

BECKWOURTH.

— Le Chasseur. Scènes de la vie sauvage en Amérique, traduit de l'anglo-américain par Noblet. In-12. 1860. *Dentu.* 3 fr. 50 c.

BÉCLARD (P. A.), médecin-anatomiste, né à Angers, en 1785, mort à Paris, en 1825.

— Éléments d'anatomie générale. 4e édition, augmentée d'un Précis d'histologie, de nombreuses additions et de 80 fig. intercalées dans le texte, par M. Jules Béclard. In-8°. 1864. *Asselin.* 8 fr.

La 1re édition est de 1823.

BÉCLARD (Jules), fils du précédent, médecin, membre de l'Académie de médecine, né en 1818.

— Hygiène de la première enfance, ou De l'éducation physique du premier âge. In-12. 1852. *Labé.* 2 fr.

— Traité élémentaire de physiologie humaine, comprenant les principales notions de la physiologie comparée. 5e édition, revue, corrigée et augmentée. Ouvrage accompagné de 235 fig. intercalées dans le texte. 1re partie. In-8°. 1865. *Asselin.* Prix de l'ouvrage complet, 15 fr.

1re édition en 1855. 11 fr.; 2e édition. 1856. 12 fr.; 3e édition. 1859. 12 fr.; 4e édition. 1862. 14 fr.

M. J. Béclard a traduit de l'allemand avec M. Sée : « Éléments d'histologie humaine de *Kœlliker*. Il a collaboré au « Dictionnaire encyclopédique des sciences médicales ». — Voy. *Dictionnaire.*

BÉCOT (Joseph), procureur général à Bastia, ancien avocat, né à Saint-Pol (Côtes-du-Nord), en 1819.

— M. de Lamartine, orateur. In-8°. 1843. *Carle et Jager.* 3 fr.

— De l'organisation de la justice répressive aux principales époques historiques. In-8°. 1860. *Durand.* 5 fr.

BECQ (l'abbé), prêtre du diocèse de Verdun.

— Journal et impressions d'un pèlerin de terre sainte, au printemps de 1855. In-12. 1857. Nancy, *Vagner.* 1 fr. 50 c.

— Le même. Autre édition. In-8° avec 1 grav. 1859. Tours, *Mame et Cie.* 1 fr. 10 c.

Cette édition est moins complète que la précédente.

BECQ DE FOUQUIÈRES (L.).

— Drames et comédies. In-12. 1860. *Dentu.* 3 fr. 50 c.

M. Becq de Fouquières a publié une édition critique des « Poésies » d'André *Chénier.*

BECQUEREL (Antoine César), physicien, membre de l'Institut, professeur de physique au Muséum d'histoire naturelle, ancien officier de génie, né à Châtillon-sur-Loing en 1788.

— Des Climats et de l'Influence qu'exercent les sols boisés et non boisés. In-8° avec 2 cartes. 1853. *Didot frères.* 7 fr.

— Éléments d'électro-chimie appliquée aux sciences naturelles et aux arts. In-8°, avec 2 pl. 1843. *Ibid.* 7 fr. 50 c.

— Éléments de physique terrestre et de météorologie. In-8° avec 14 pl. et cartes. 1847. *Ibid.* 12 fr. 50 c.

Avec Edmond Becquerel.

— Des engrais inorganiques en général et du sel marin (chlorure de sodium) en particulier. In-12. 1848. *Ibid.* 3 fr. 75 c.

— Résumé de l'histoire de l'électricité et du magnétisme, et des applications de ces sciences à la chimie, aux sciences naturelles et aux arts. In-8°. 1858. *Ibid.* 6 fr.

Avec Edmond Becquerel. — Ce volume forme une suite au « Traité d'électricité ». — Voy. ci-après.

— Traité d'électricité et de magnétisme. Leurs applications aux sciences physiques, aux arts et à l'industrie. 3 vol. in-8°. 1855-1856. *Ibid.* 24 fr.

Avec le même. — T. I. Électricité; principes généraux. — T. II. Électro-chimie. — T. III. Magnétisme et électro-magnétisme, avec 13 planches.

— Traité expérimental de l'électricité et du magnétisme, et de leurs phénomènes naturels. 7 vol. in-8° avec un atlas de 28 pl. in-fol. 1834-1840. *Ibid.* 72 fr. 50 c.

— Traité de physique considérée dans ses rapports avec la chimie et les sciences naturelles. 2 vol. in-8°. 1842 et 1844. *Ibid.* 15 fr.

M. Becquerel a donné un grand nombre de travaux dans les « Mémoires » et les « Comptes rendus de l'Académie des sciences », les « Annales de physique et de chimie », etc.

BECQUEREL (Alfred), fils du précédent, médecin de l'hôpital de la Pitié, professeur agrégé à la Faculté de Paris, né à Paris en 1814, mort en 1862.

— De l'Albuminerie et de la maladie de Bright. Mémoire présenté à l'Académie impériale de médecine le 24 juin 1856. In-8°. 1856. *J. B. Baillière.* 1 fr. 50 c.

Avec Max. Vernois.

— Analyse du lait. Des principaux types de vaches, chèvres, brebis, bufflesses, présentés au concours universel de 1856. In-8°. 1857. *J. B. Baillière et fils.* 75 c.

Avec le même.

Extrait des « Annales d'hygiène publique et de médecine légale ».

— Des Eaux d'Ems. Études sur les propriétés physiques, chimiques et thérapeutiques de ces eaux. In-8° avec fig. 1859. *Germer Baillière.* 1 fr. 25 c.

Extrait des « Annales de la Société d'hydrologie de Paris ».

— Recherches sur la composition du sang dans l'état de santé et dans l'état de maladie. In-8°. 1845. *Ibid.* 3 fr. 50 c.

Avec A. Rodier.

— Sémiotique des urines, ou Traité des altérations de l'urine dans les maladies; suivi d'un Traité de la maladie de Bright aux divers âges de la vie. In-8°. 1841. *Fortin et Masson.* 7 fr. 50 c.

— Traité des applications de l'électricité à la thérapeutique médicale et chirurgicale. In-8°. 1857. *Germer Baillière.* 5 fr.

— Le même. 2e édition revue et considérablement augmentée. In-8° avec fig. 1860. *Ibid.* 7 fr.

— Traité du bégaiement et des moyens de le guérir. Ouvrage contenant l'exposé de la méthode découverte par M. Jourdant. In-8°. 1843. *Fortin et Masson.* 4 fr.

— Traité de chimie pathologique appliquée à la médecine pratique. In-8°. 1853. *Germer Baillière.* 7 fr.

Avec A. Rodier.

— Traité clinique des maladies de l'utérus et de ses annexes. 2 vol. in-8°, avec atlas in-8° de 18 pl. 1859. *Ibid.* 20 fr.

— Traité élémentaire d'hygiène privée et publique. 3e édition, avec additions et biographie par le docteur E. Beaugrand. In-12. 1864. *Asselin.* 7 fr.

La 1re édition est de 1851; la 2e de 1854.

— Traité théorique et pratique des maladies des enfants, spécialement considérées depuis la fin de la première dentition jusqu'à l'âge de la puberté (2 à 15 ans). In-8°. 1842. *Just-Rouvier.* 2 fr.

BECQUEREL (Edmond), physicien, frère du précédent, né à Paris en 1820. Il a collaboré à plusieurs ouvrages de son père. — Voy. ci-dessus.

Voy. aussi : *Leçons* de chimie et de physique professées en 1861.

BECQUERELLE (Eugène Toussaint), pamphlétaire et républicain, né à Abbeville en 1807.

— Satires républicaines. In-8°. 1848-1849. Amiens, *Alfred Caron.* 50 c.

Les satires contenues dans ce volume sont au nombre de 13; elles ont paru d'abord séparément.

BECQUET (le docteur Louis François Emmanuel), médecin à Neuilly-sur-Seine, né à Naples, en 1824.

— Essai sur la pathogénie des reins flottants. In-8°. 1865. *Asselin.*

BEDARRIDE (Jassuda), avocat à la cour impériale d'Aix, né à Aix, en 1804.

— Droit commercial. Commentaire du Code de commerce. 17 vol. in-8°. *Durand.*

Livre I, titres 1 et 2, Des Commerçants et des Livres de commerce. 1 vol. 1854. 7 fr. 50 c.
Livre I, titre 3. Des sociétés. 2 vol. 1856. 15 fr.
Livre I, titre 5. Des bourses de commerce, agents de change et courtiers. 1 vol. 1862. 9 fr.
Livre I, titre 6. Des commissionnaires. 1 vol. 1863. 9 fr.
Livre I, titre 7. Des achats et ventes. 1 vol. 1862. 8 fr.
Livre I, titre 8 De la lettre de change, des billets à ordre et de la prescription. 2 vol. 1862. 16 fr.
Livre II. Du commerce maritime. 5 vol. 1859. 40 fr.
Livre III. Traité des faillites et banqueroutes, ou Commentaire de la loi du 28 mai 1838. 4e édition revue et mise au courant de la doctrine et de la jurisprudence. 3 vol. 1862. 24 fr.
La 1re édition est de 1842. 2 vol. in-8°. 15 fr.
Livre IV. De la Juridiction commerciale. 1 vol. 1864. 9 fr.

— Commentaire des lois des 17-23 juillet 1856 sur l'arbitrage forcé et les sociétés en commandite par actions. In-8°. 1857. *Ibid.* 3 fr.

Tirage à part du tome 2 du « Traité des sociétés ». (Voy. ci-dessus.)

— Traité du dol et de la fraude en matière civile et commerciale. 3 vol. in-8°. 1852. *A. Durand.* 24 fr.

BÉDARRIDE, cousin du précédent, avocat à Montpellier.

— Étude sur la législation pénale. De la peine de mort, de la révision des condamnations criminelles. In-8°, 133 p. 1865. Montpellier, *imprimerie Gras.*

Extrait de la « Revue judiciaire du Midi ».

— Les Juifs en France, en Italie et en Espagne, recherches sur leur état depuis leur dispersion jusqu'à nos jours sous le rapport de la législation, de la littérature et du commerce. In-8°. 1859. *Lévy frères.* 7 fr. 50 c.

2e édition revue et corrigée en 1860. Même prix.

BEDARRIDE (Marc).

— De l'Ordre maçonnique de Misraïm, depuis sa création jusqu'à nos jours; de son antiquité, de ses luttes et de ses progrès. An 5848. 2 vol. in-8° avec 2 portraits. 1845. *Imprimerie Bénard.*

BÈDE, surnommé l'Anglais ou le Vénérable (Beda Venerabilis), moine et historien anglais, né à Wearmouth, probablement en 675, mort en 735.

— Opera omnia. — Voy. *Migne*, Patrologie latine, tomes 90 à 95.

BÉDU (E.), professeur à l'Université de Liége, rédacteur en chef de « l'Écho du Parlement » (journal belge), mort à Bruxelles en 1866.

— Éléments d'algèbre. In-16. 1849. *Philippart.* 20 c.

— Éléments de géométrie. In-16. 1862. *Ibid.* 20 c.

— De l'Économie du combustible ou Exposé des principaux moyens usités ou proposés pour produire et employer économiquement la vapeur servant de force motrice. In-8° avec 12 pl. 1859. [Liége.] *E. Noblet.* 6 fr.

Extrait de la « Revue universelle des mines ».

— Le même. 2e édition. In-8°. 1862. *Ibid.* 9 fr.

— Résumé du cours de physique professé à l'Université de Liége. 2e édition. In-8° avec 3 pl. 1864. Liége, *Noblet et Baudry.* 6 fr.

BEDEAU (Hippolyte).

— La Fête d'un vieux garçon, vaudeville en un acte. In-8°. 1860. *Barbré.* 60 c.

Avec Pierre Bureau.

M. H. Bedeau est encore l'auteur de quelques autres pièces faites en collaboration avec MM. *Chardall, Thiéry* et *Thirion.* (Voy. ces noms.)

BEDEL (Alexandre), ancien professeur.

— Cours complet et gradué de versions grecques, adaptées à la méthode de M. Burnouf. 1re et 2e parties. 5e édition. In - 8°. 1862. *Delalain.* 2 fr. 50 c.

— Le même, 3e partie. In-8°. *Ibid.* 3 fr.

Les corrigés seuls : 1re et 2e parties, 2 fr.; 3e partie, 2 fr. 50 c.

BEDEL (Louis).

— Traité élémentaire du parage et tissage mécanique du coton à l'usage des directeurs, contre-maîtres, employés de tissage et des fabricants. 2e édition. In-8°, 206 p. et pl. 1860. Mulhouse, *imprimerie Risler.*

Avec Émile Bourcart. — La 1re édition est de 1846.

BEDEL (René).

— Dictionnaire français - hébreu, sans points-voyelles, indiquant sommairement à la suite de la plupart des mots hébreux leur sens originel. In-16. 1861. *Maisonneuve.* 3 fr.

BÉDELET (Mme), épouse de l'éditeur de ce nom. Elle a publié plusieurs ouvrages pour la jeunesse qu'elle a signés du pseudonyme Élisabeth **Muller.** — Voy. ce nom.

BEDFORD (Gummings), professeur d'obstétrique, de maladies des femmes et des enfants à l'Université de New-York.

— Maladies des femmes. Leçons cliniques. Traduit de l'anglais sur la 4e édition, et suivi d'un commentaire alphabétique, par le docteur Paul Gentil. In-8°. 1860. [Bruxelles, *Méline, Cans et Cie.*] *P. Asselin.* 10 fr.

BEDIN (Auguste).

— Le Fief de Prosny, histoire de ses possesseurs, avec désignation de leurs contemporains, les seigneurs du voisinage. In-8° avec grav. 1862. Oingt, *chez l'auteur.* 10 fr.

— Les Traditions messianiques, ou Démonstration de la divinité du christianisme par le témoignage de tous les peuples de la terre. In - 8° de 32 f. 1851. *Gaume frères.*

BEDOS (Augustin), ancien commissaire de police.

— Législation usuelle. Le commissaire de police. Code d'instruction criminelle et Code pénal. Recueil analysé de toutes les lois, ordonnances, avis du Conseil d'État, arrêts de la cour de cassation et de plusieurs cours d'appel, rendus en simple matière de police, de 1789 à 1849, augmenté de l'opinion des jurisconsultes qui ont traité les diverses matières de police, etc. In-8° de 27 f. 1850. Carpentras, *chez l'auteur.*

BEDOT (John), médecin, né à Genève, en 1829.

— Décembre. Contes et récits. In-8° avec grav. 1864. [Genève.] *Aubry.* 5 fr.

BÉDOYÈRE (H. DE LA). — Voy. **La Bédoyère.**

BEDROSIAN. — Voy. **Sahag Bedrosian.**

BÉDU (l'abbé), aumônier.

— Histoire de la ville de Bapaume, depuis son origine jusqu'à nos jours. In-8° avec 1 grav. 1864. Arras, *Rousseau-Leroy.* 3 fr. 50 c.

BEDUCHAUD (P. A.).

— Album de Marie immaculée, ou Vie de la très-sainte Vierge en 31 grav. d'après les tableaux des grands maîtres. Avec texte explicatif et ré-flexions pratiques sur la vie du chrétien. In - 8°. 1863. *Paulmier.* 14 fr.

— Cours pratique de style épistolaire, précédé d'une introduction théorique, à l'usage des jeunes demoiselles. In - 12 de 13 f. 1850. Bordeaux, *chez l'auteur.*

— De la lecture, réflexions morales. In - 16, 68 p. 1861. Parthenay, *Béduchaud.*

BEECHER STOWE (Mme). — Voy. **Stowe.**

BEER (le docteur Auguste), professeur à l'Université de Bonn.

— Introduction à la haute optique. Traduit de l'allemand par M. C. Forthomme. In - 8° avec 2 pl. et fig. intercalées dans le texte. 1858. [Nancy, *Grimblot, Ve Raybois et Cie.*] *Mellier.* 12 fr.

BÉESAU (l'abbé Amable), professeur.

— Le Chapelet récité, médité et appliqué aux diverses circonstances de la vie chrétienne. In-18. 1858. *Lecoffre et Cie.* 1 fr. 25 c.

— L'Esprit de l'éducation. In - 12. 1852. Metz, *Pallez et Rousseau.*

— Vie du révérend père Anne François de Bauveau, religieux de la Compagnie de Jésus, dans le monde marquis de Novian. In-12. 1857. [Metz, *Verronnais*], *Lecoffre et Cie.* 80 c.

BEETS (Nicolas), écrivain hollandais, connu en littérature sous le pseudonyme de **Hildebrand.** — Voy. ce nom.

BÉGAT (Pierre), ingénieur hydrographe, né à Louhans (Saône-et-Loire), en 1800.

— Exposé des opérations géodésiques relatives aux travaux hydrographiques exécutés sur les côtes méridionales de France sous la direction de feu M. Monnier, ingénieur de 1re classe, officier de la Légion d'honneur. Publié par ordre du roi, sous le ministère de M. le vice-amiral et pair de France, baron de Mackau. In - 4° de 7 ½ f. avec 2 cartes. 1844. *Imprimerie royale.*

BÉGAT (Prosper), ingénieur.

— Notice sur l'imprimerie à Nevers. In-8°, 87 p. 1864. Nevers, *imprimerie Bégat.* 2 fr.

Publication de la Société nivernaise.

BEGAULT (Gilles), chanoine et archidiacre de Nîmes, né en 1660, mort en 1715.

— Œuvres choisies. — Voy. *Migne,* Collection des orateurs sacrés, 1re série, tome 30.

BÉGEL (l'abbé), ancien curé d'un diocèse du département de la Meurthe, aujourd'hui directeur d'un ordre religieux en Amérique.

— Vie de la sainte Vierge, d'après la tradition. 2 vol. in - 12. 1852. [Nancy, *Vagner.*] *Sagnier et Bray.* 5 fr.

BEGENNE (Hubert). — Voy. **Hubert-Begenne.**

BÉGIN (Émile), médecin et littérateur, né à Metz en 1803.

— Histoire et description pittoresque de la cathédrale de Metz, des églises adjacentes et collégiales. In-8° de 23 f. avec pl. 1842. Metz, *l'erronnais.*

— Histoire de la cathédrale de Metz. Tome II. In-8° de 30 f. 1842. *Ibid.*

— Histoire de Napoléon, de sa famille et de son époque, au point de vue de l'influence des idées

...apoléoniennes sur le monde. 5 vol. in-8°. 1853-854. *Plon.* 30 fr.

— Lettres sur quelques phlegmasies muqueuses épidémiques qui ont régné depuis deux siècles dans le nord-est de la France, à M. Littré, membre de l'Institut. In-8° de 6 f. 1842. Metz, *Verronnais.*

— Mélanges d'archéologie et d'histoire. In-8° de 10 f. avec 2 pl. 1840. *Ibid.*

Tiré à 50 exemplaires.

— Metz depuis dix-huit siècles. Son peuple, ses institutions, ses rues, ses monuments; récits chevaleresques, religieux et populaires. 3 vol. in-8° avec 80 pl. 1846. Metz, *chez l'auteur.*

— Voyage pittoresque en Espagne et en Portugal. Gr. in-8° avec 35 grav. 1852. *Morizot.* 28 fr.

— Voyage pittoresque en Suisse, en Savoie et sur les Alpes. Illustrations de MM. Rouargue frères. Gr. in-8° avec 24 grav. 1852. *Ibid.* 20 fr.

BÉGIN (Louis Jacques), chirurgien français, membre de l'Académie de médecine, professeur à la Faculté de Strasbourg et à l'hôpital du Val-de-Grâce, né à Liége en 1793, mort en 1859 en Bretagne, où il s'était retiré. Il avait fait, comme chirurgien militaire, la campagne de Russie de 1812.

— Études sur le service de santé militaire en France, son passé, son présent, son avenir. In-8°. 1849. *J. B. Baillière.* 7 fr. 50 c.

— Le même. Nouvelle édition, augmentée d'une notice sur Bégin et d'un sommaire des principales dispositions ayant trait à la constitution du corps de santé survenues jusqu'à la fin de mars 1860. In-8°. 1860. *Rozier.* 5 fr.

— Mémoire sur l'hémorrhagie à la suite de l'opération de la taille, par la méthode périnéale, et sur un moyen efficace d'y remédier. In-4° de 3 f. 1842. *J. B. Baillière.*

— Quels sont les moyens de rendre, en temps de paix, les loisirs du soldat français plus utiles à lui-même, à l'État et à l'armée, sans porter atteinte ni à son caractère national, ni à l'esprit militaire. In-8°. 1843. *Ibid.* 1 fr. 25 c.

— Sur l'avortement provoqué pendant la grossesse, en vue d'éviter à la mère, à l'époque de l'accouchement, les dangers de l'opération césarienne. Discours prononcé à l'Académie nationale de médecine, le 16 mars 1852. In-8°. 1852. *Ibid.* 50 c.

Extrait du « Bulletin de l'Académie nationale de médecine », tome 17.

Voy. aussi *Plaies d'armes à feu* (Des).

BEGUILLET.

— Description du duché de Bourgogne. — Voy. **Courtépée.**

BÉGUIN (A.), professeur à l'École municipale Turgot.

— Problèmes d'arithmétique. In-12. 1862. *Dezobry.* 1 fr.

Fait partie du « Cours complet d'enseignement industriel », publié sous la direction de M. *Marguerin.*

BÉGUYER DE CHANCOURTOIS (A. E.).

— Vis tellurique. Classement naturel des corps simples ou radicaux, obtenu au moyen de classification hélicoïdale et numérique. In-4° avec pl. 1864. *Gauthier-Villars.* Cartonné, 5 fr.

BEHA-EDDIN-AL-AAMOULI, auteur de plusieurs grands ouvrages de mathématiques, né à Aamoul (pachalik de Damas), en 1547, mort à Ispahan, en 1622.

— Kholâcat-al-Hissâb, ou Quintessence du calcul. 2e édition, revue, corrigée et augmentée de nouvelles notes par Aristide Marre. In-8°. 1864. Rome. 2 fr. 50 c.

La 1re édition a paru en 1846 dans les « Nouvelles Annales de mathématiques ».

BEHAGHEL (Arthur Alexandre), secrétaire rédacteur du Corps législatif, rédacteur de « l'Époque », membre de la Société historique d'Afrique et de la Société de climatologie algérienne, né à Nancy, en 1833. De 1860 à 1865 il a habité l'Algérie, où il a été successivement rédacteur en chef de « l'Observateur » de Blidah, et rédacteur de plusieurs autres journaux de l'Algérie.

— L'Algérie. Histoire, géographie, climatologie, hygiène, agriculture, forêts, zoologie, richesses minérales, commerce et industrie, mœurs indigènes, population, armée, marine, administration. In-12. 1865. Alger, *Tissier.* 4 fr. 50 c.

— Guide à Alger. — Alger et ses environs. In-16. 1863. *Ibid.* 2 fr.

— La Liberté de la presse, ce qu'elle est en Algérie. Lettre à M. le baron David, député au Corps législatif. In-8°. 1863. *Dentu.* 1 fr.

BÉHAGNON (Ch.), ancien instituteur.

— Mémoire sur l'enseignement de la lecture, ou Recherche du mode qui doit conduire le plus facilement, le plus sûrement à la lecture. In-8°. 1860. *Dezobry.* 1 fr.

— Nouvelle épellation, ou Épellation par éléments distincts, le plus simple et le plus facile des modes de lecture. 1er livre. In-16. 1862. *Ibid.* 45 c.

— Le même. 2e livre. In-16. 1863. *Ibid.* 30 c.

— Unité de la nouvelle épellation, ou l'Une des deux voies entre toutes les voies excentriques du mode. In-8°. 1862. *Ibid.* 1 fr.

BÉHIER (Louis Jules), professeur à la Faculté de médecine de Paris, médecin de l'hôpital de la Charité, membre de l'Académie de médecine, né à Paris, en 1813.

— Conférences de clinique médicale, faites à la Pitié (1861-1862), recueillies par MM. Menjaud et Proust, et revues par l'auteur. In-8°. 1864. *Asselin.* 9 fr.

— Études sur la maladie dite fièvre puerpérale. Lettres adressées à M. le professeur Trousseau. In-8°. 1858. *Labé.* 3 fr.

— Traité élémentaire de pathologie interne. Tomes 1 à 3. In-8°. 1844-1858. *Ibid.* 24 fr.

Avec A. Hardy.
L'ouvrage aura 4 volumes.

— Le même. 2e édition, revue, corrigée et augmentée. Tomes 1 et 2. In-8°. 1858-1864. *Asselin.* 20 fr.

BEHLON, pseudonyme-anagramme de Hubert Lebon. — Voy. aussi ce nom.

— L'Apôtre de Valle-d'Orezza. In-12. 1864. Lille, *Lefort.* 85 c.

— Le Conseiller des enfants; lectures chrétiennes à leur usage. In-18. 1863. *Ibid.* 50 c.

BEHR (le baron Fr. Jean Désiré), diplomate belge, ancien ministre de Belgique à Constantinople, né à Maestricht, en 1793.

— Recherches sur l'histoire des temps héroïques de la Grèce. In-8º avec 5 cartes. 1856. *Didot frères.* 7 fr.

BEHR (Royer de). — Voy. **Royer de Behr.**

BEHRLE (Rodolphe), chapelain de l'hospice grand-ducal d'Illenau (Bade).

— Roi et reine. Traduit de l'allemand par E. de Villers. In-12. 1863. Tournai, *Casterman.* 2 fr.

L'original allemand a paru en 1861 à Fribourg.

BEISSIÈRES (Louis).

— Le Secret du bonheur. In-18. 1865. *Dupray de la Mahérie.*

BEKAERT (Ph. J.).

— Voyage d'Angleterre en France et en Italie. In-8º. 1846. Gand.

— Voyage de Londres à Dublin, et retour par Belfast, la Manche et la Tamise. In-8º. 1846. *Ibid.*

BEKER (le lieutenant-général comte).

— Relation de sa mission auprès de l'empereur Napoléon. In-8º. 1841. Clermont-Ferrand.

BEKRI (El). — Voy. **El Bekri.**

BELAMY (Théodore), né à Besançon, en 1809.

— Recueil de Noëls anciens, en patois de Besançon. Nouvelle édition. In-12 de 17 f. 1842. Besançon, *Bintot.* 2 fr.

— Rome. Impressions et souvenirs. 2 vol. in-12. 1859. *Vermot.* 4 fr.

— Rome. Nouveaux souvenirs. 2 vol. in-12. 1860. *Ibid.* 4 fr.

BÉLANGER.

— Essais dramatiques. In-12 de 12 f. 1855. *Dentu.*

BÉLANGER (Jean Baptiste), mathématicien, ancien professeur de mécanique à l'École polytechnique, ingénieur en chef en retraite, né à Valenciennes, en 1790.

— Cours de mécanique, ou Résumé de leçons sur la dynamique, la statique, et leurs applications à l'art de l'ingénieur. 1re partie : Dynamique et statique générales. Hydrostatique. In-8º avec 2 pl. 1847. *Carilian-Gœury.* 7 fr.

— De l'Équivalent mécanique de la chaleur. In-8º. 1863. *E. Lacroix.* 50 c.

Extrait des « Mémoires de la Société des ingénieurs civils ».

— Résumé de leçons de géométrie analytique et de calcul infinitésimal. In-8º avec 4 pl. 1842. *Mathias.* 6 fr.

— Le même. 2e édition. In-8º avec 2 pl. 1859. *Mallet-Bachelier.* 6 fr.

— Théorie de la résistance et de la flexion plane des solides dont les dimensions transversales sont petites relativement à leur longueur. In-8º avec 1 pl. 1858. *Ibid.* 3 fr.

— Le même. 2e édition, augmentée. In-8º avec 1 pl. 1862. *Ibid.* 4 fr. 50 c.

— Traité de cinématique. In-8º avec 12 pl. 1864. *Lacroix.* 8 fr.

— Traité de la dynamique d'un point matériel. In-8º. 1864. *Ibid.* 4 fr.

BELBEUF (le marquis Godard de), sénateur, ancien pair de France, ancien président de la cour royale de Lyon, né à Rouen, en 1791.

— Histoire des grands panetiers de Normandie et du grand-fief de la grande paneterie. Gr. in-8º de 11 f. 1856. *Dumoulin.*

— De la Noblesse française en 1861, par un maire de village. In-8º. 1861. *Dentu.* 1 fr.

Anonyme.

BELCASTEL (Gabriel de).

— Les Iles Canaries et la vallée d'Orotava au point de vue hygiénique et médical. In-8º. 1862. *Baillière et fils.* 1 fr. 25 c.

BÈLE (le docteur Jules Le). — Voy. **Le Bèle.**

BELENEY.

— Nouvelle théorie des parallèles. In-8º avec pl. 1862. [Montbéliard, *Barbier.*] *Lacroix.* 3 fr.

BÈLET (l'abbé P.).

— Le Mois de mai. Six entretiens sur les vertus de la sainte Vierge, d'après l'opuscule : Ecce ancilla Domini. In-8º. 1863. Lyon, *Pélagaud.* 1 fr.

— La Religieuse selon l'auteur du Maudit. In-8º. 1864. *Ibid.* 40 c.

M. l'abbé Bèlet a traduit de l'allemand : « Liberté, autorité, Église », de Mgr. *Ketteler* ; « Traité sur les homélies et les catéchismes », de J. B. *Hirscher* ; « Manuel du prédicateur », du P. Tobie *Lohner* ; « Un catholique peut-il être franc-maçon », par le baron de *Ketteler* ; « Théologie pastorale », de Mgr. *Sailer* ; le « Catéchisme historique » et le « Répertoire du catéchiste », de l'abbé J. E. *Schmid.*

BELÈZE (Guillaume), littérateur, ancien directeur de l'institution Morin, à Paris, né à Montpellier, en 1803.

— Actes des apôtres, texte grec, accompagnés de sommaires et notes par G. Belèze. In-12. 1864. *J. Delalain et fils.* 60 c.

— L'Arithmétique mise à la portée des enfants, avec questionnaires. In-18 avec 1 pl. 1843. *Ibid.* 1 fr. 50 c.

4e édition en 1855. — La Solution des problèmes. 50 c.

— Petite Arithmétique pour le premier âge, avec questionnaires. In-18. 1851. *Ibid.* 75 c.

3e édition en 1864. — Solution des problèmes. 25 c.

— Atlas élémentaire de géographie moderne. In-4º avec 10 cartes. 1844. *Ibid.* 2 fr. 50 c.

14e édition en 1865.

— Petit Atlas de géographie moderne pour le premier âge. 2e édition, revue et corrigée. In-12 avec 8 cartes. 1864. *Ibid.* 90 c.

— La Cosmographie mise à la portée des enfants, avec questionnaires. In-18. 1856. *Ibid.* 1 fr. 50 c.

— Dictées et lectures, ou Notions élémentaires sur l'agriculture, l'industrie, l'économie domestique, les inventions et découvertes, les sciences et les arts, les institutions de bienfaisance, etc., données aux enfants au moyen de dictées et de lectures. In-18. 1854. *Ibid.* 1 fr. 50 c.

— Dictionnaire des noms de baptême. In-8º. 1863. *Hachette et Cie.* 5 fr.

— Dictionnaire universel de la vie pratique à la ville et la campagne, contenant les notions d'une utilité générale et d'une application journalière et tous les renseignements usuels en matière 1º de religion et d'éducation; 2º de législation et d'administration; 3º de finances; 4º d'industrie et de commerce; 5º d'économie domestique; 6º d'économie rurale; 7º d'exercices de corps et de jeux de société. Rédigé avec la collaboration d'auteurs spéciaux, par G. Belèze. Gr. in-8º. 1859. *Ibid.* 21 fr.

— Le même. 2ᵉ édition, revue; corrigée et augmentée d'un supplément. Gr. in-8°. 1862. *Ibid.* fr.

Le supplément seul, 50 c.

— Petit Dictionnaire de la langue française. édition. In-18. 1849. *J. Delalain.* 1 fr. 50 c.

6ᵉ édition en 1860. — Le même, suivi d'un « Dictionnaire storique et géographique », 2 fr.

— Éléments de littérature mis à la portée des nfants, avec questionnaires. In-18. 1850. *Ibid.* fr. 50 c.

5ᵉ édition en 1860.

— Évangile selon saint Luc, expliqué en franais, suivant la méthode d⸱⸱ lycées, par une doule traduction, l'une mot a mot, dite intralittéle, l'autre correcte, précédée du texte grec, ar G. Belèze. In-12. 1864. *Ibid.* 3 fr. 50 c.

— Exercices de mémoire et de style mis à la ortée des enfants. In-18. 1842. *Ibid.* 1 fr. 50 c.

20ᵉ édition en 1860.

— Exercices français gradués sur toutes les arties de la grammaire. In-18. 1839. *Ibid.* 1 fr. 50 c.

9ᵉ édition en 1864. — Corrigé des exercices. 2 fr.

— La Géographie mise à la portée des enfants, vec questionnaires. In-18. 1840. *Ibid.* 1 fr. 50 c.

11ᵉ édition en 1862.

— Petite Géographie moderne, pour le premier ge. In-18. 1843. *Ibid.* 75 c.

— La Grammaire française mise à la portée des nfants, avec questionnaires. In-18. 1838. *Ibid.* fr. 50 c.

— Petite Grammaire française pour le premier ge, avec exercices élémentaires. In-18. 1852. *bid.* 75 c.

— L'Histoire ancienne mise à la portée des enants, avec questionnaires. 4ᵉ édition. In-18. 1841. *bid.* 1 fr. 50 c.

28ᵉ édition en 1865.

— L'Histoire d'Angleterre mise à la portée des ufants, avec questionnaires. In-18. 1856. *Ibid.* fr. 50 c.

— Petite Histoire ecclésiastique pour le preier âge. In 18. *Ibid.* 75 c.

— L'Histoire de France mise à la portée des enants, avec questionnaires. In-18. 1840. *Ibid.* 1 fr. 50 c.

31ᵉ édition en 1865.

— Petite Histoire de France pour le premier âge, avec questionnaires. In-18. 1849. *Ibid.* 75 c.

16ᵉ édition en 1864.

— L'Histoire moderne mise à la portée des enants, avec questionnaires. In-18. 1842. *Ibid.* 1 fr. 50 c.

8ᵉ édition en 1865.

— L'Histoire du moyen âge mise à la portée des enfants, avec questionnaires. In-18. 1844. *Ibid.* 1 fr. 50 c.

9ᵉ édition en 1865.

— L'Histoire naturelle mise à la portée des enants, avec questionnaires. 4ᵉ édition. In-18. 1842. *Ibid.* 1 fr. 50 c.

22ᵉ édition en 1860.

— L'Histoire romaine mise à la portée des enfants, avec questionnaires. In-18. 1843. *Ibid.* 1 fr. 50 c.

20ᵉ édition en 1865.

— L'Histoire sainte mise à la portée des enfants, avec questionnaires. In-18. 1838. *Ibid.* 1 fr. 50 c.

25ᵉ édition en 1865.

— Petite Histoire sainte pour le premier âge, avec questionnaires. In-18. 1848. *Ibid.* 75 c.

26ᵉ édition en 1865.

— Jeux des adolescents. In-16 avec 140 vignettes. 1855. *Hachette. et Cⁱᵉ.* 2 fr.

2ᵉ édition en 1858, faisant partie de la Bibliothèque rose illustrée.

— Livre de lecture courante; des devoirs des enfants. In-18. 1852. *Delalain.* 1 fr. 50 c.

— Le Livre des ménages; nouveau manuel complet d'économie domestique, contenant les notions et les renseignements les plus utiles aux ménagères pour l'achat et l'entretien du mobilier, le chauffage, l'éclairage, etc., avec un choix des meilleures recettes et des procédés les plus simples. In-12. 1860. *Hachette et Cⁱᵉ.* 3 fr.

2ᵉ édition en 1861.

— Méthode d'écriture; instruction, modèles transparents. 2ᵉ édition. In-4° avec 12 pl. 1852. *Delalain.* 75 c.

— La Mythologie mise à la portée des enfants, avec questionnaires. In-18. 1844. *Ibid.* 1 fr. 50 c.

— La Physique mise à la portée des enfants, avec questionnaires. 2ᵉ édition. In-18. 1852. *Ibid.* 1 fr. 50 c.

7ᵉ édition en 1863.

— Récits et biographies de l'histoire de France. Illustrations par MM. Philippoteaux et K. Girardet. 2 vol. in-12. 1865. Tours, *Mame et fils.* 2 fr.

Avec A. Lesieur.

— Syllabaire et premières lectures. In-18. 1849. *Delalain.* 75 c.

BELGICUS, pseudonyme de M. B. C. **Dumortier.**

BELGIOJOSO (Christine, princesse de), patriote italienne, fille du marquis de Trivulzio, femme du prince de Barbian et Belgiojoso, née en 1808. Ne pouvant supporter la présence des Autrichiens à Milan, elle quitta sa patrie pour Paris, où elle s'est occupée de littérature. En 1848, elle retourna à Milan pour jouer un rôle actif dans la guerre contre l'Autriche, et revint de nouveau à Paris après la défaite des armes italiennes. La guerre de 1859 lui a rendu sa patrie et sa fortune, séquestrée par le gouvernement autrichien.

— Asie-Mineure et Syrie; souvenirs de voyages. In-8°. 1858. *Lévy frères.* 7 fr. 50 c.

— Le même. Édition in-12. 1861. *Ibid.* 3 fr.

— Emina. Récits turco-asiatiques. 2 vol. in-16. 1856. Leipzig, *Gerhard.* 2 fr. 50 c.

— Essai sur la formation du dogme catholique. 4 vol. in-8°. 1842 et 1843. *Renouard.* 30 fr.

Anonyme.

— Histoire de la maison de Savoie. In-8°. 1860. *Lévy frères.* 7 fr. 50 c.

— Histoire romaine. Premières notions d'histoire à l'usage de l'enfance. In-18. 1851. *Renouard.* 1 fr. 50 c.

— Scènes de la vie turque. In-12. 1858. *Lévy frères.* 3 fr.

Emina. — Un prince kurde. — Les Deux femmes d'Ismaïl-Bey.

*Belgique (la) devant l'empire français. In-12. 1860. Bruxelles, Rozez. 50 c.

Voy. aussi Transenster, et Van Hasselt.

*Belgique (la). Étude militaire, suivie de quelques observations sur la politique des États neutres. In-8°. 1862. [Bruxelles], Tanera. 1 fr. 25 c.

*Belgique (la) jugée par l'Angleterre. Traduction autorisée. In-18. 1863. Librairie internationale. 75 c.

*Belgique (la) en 1841. Gr. in-8° avec 14 grav. sur acier. 1841. Bruxelles. 1 fr.

Collaborateurs : MM. Eug. Robin, Victor Joly, H. G. Moke, A. Ferrier, Coomans aîné. La préface est signée de P. Lacroix (le bibliophile Jacob).

*Belgique (la) et le mariage autrichien, par un Belge. In-12. 1853. Ledoyen. 1 fr.

*Belgique (la) monumentale, historique et pittoresque, par MM. G. Moke, V. Joly, E. Gens, Th. Juste, F. Carron, etc.; ouvrage suivi d'un coup d'œil sur l'état actuel des arts, des sciences et de la littérature en Belgique, par A. Baron. 2 vol. gr. in-8° avec 63 grav., 6 pl. peintes à l'aquarelle et 200 vignettes sur bois intercalées dans le texte. 1845. Bruxelles, Jamar et Hen. 30 fr.

BELHOMME (Jacques Étienne), médecin aliéniste, né à Paris, en 1800.

— Essai sur l'idiotie; proposition sur l'éducation des idiots, mise en rapport avec leur degré d'intelligence. In-8°. 1843. G. Baillière. 2 fr.

— Quatrième Mémoire des fonctions cérébrales et de la folie. In-8°. 1845. Ibid. 3 fr. 50 c.

— Cinquième Mémoire sur la localisation des fonctions cérébrales et de la folie. In-8°. 1848. Ibid. 3 fr. 50 c.

1er Mémoire. 1834. 2 fr.; 2e Mémoire. 1836. 2 fr.; 3e Mémoire. 1839. 3 fr. 50 c. Prix des 5 Mémoires réunis, 12 fr.

— Notice sur l'origine, le développement, les améliorations et les nouvelles constructions de l'établissement du docteur Belhomme, en rapport avec les conditions favorables au traitement et à la retraite des aliénés, avec un plan explicatif. In-4°. 1840. J. B. Baillière.

— Nouvelles recherches d'anatomie pathologique sur le cerveau des aliénés affectés de paralysie générale. In-8°. 1845. G. Baillière. 2 fr. 50 c.

BELHOMME (le docteur L.).

— Traité pratique et élémentaire de pathologie syphilitique et vénérienne. In-12. 1863. Coccoz. 6 fr. 50 c.

Avec le docteur Aimé Martin.

BÉLIÈRES (Hyacinthe).

— Impôt unique et progressif. In-8°. 1848. Bourges, Just Bernard. 50 c.

— Préludes philosophiques. In-8°. 1841. Royer. 5 fr.

— Procès à la rime. In-8°, 28 p. 1858. Saint-Omer, Tumerel-Bertram.

BELIME (William), professeur à la Faculté de droit de Dijon, né à Dijon, en 1811, mort dans la même ville, en 1844.

— Philosophie du droit, ou Cours d'introduction à la science du droit. 2 vol. in-8°. 1843 et 1848. Joubert. 16 fr.

— Le même. 2e édition. 2 vol. in-8°. 1857. Durand. 15 fr.

— Traité du droit de possession et des actions possessoires. In-8°. 1842. Joubert. 7 fr. 50 c.

BELIN, secrétaire-interprète de l'ambassade de France à Constantinople.

— Essais sur l'histoire économique de la Turquie, d'après les écrivains originaux. In-8°. 1865. [Imprimerie impériale.] Challamel. 7 fr.

— Étude sur la propriété foncière en pays musulman et spécialement en Turquie (rite hanéfite) In-8°. 1862. [Imprimerie impériale.] Ibid. 10 fr.

— Extrait d'un mémoire sur l'origine et la constitution des biens de mainmorte en pays musulmans. In-8°. 1854. [Imprimerie impériale.] Ibid. 3 fr. 50 c.

— Idyazé, ou Diplôme de licence pour le professorat, délivré à Constantinople à la fin du dernier siècle de l'ère vulgaire, traduit de l'arabe. In-8°. 1855. [Imprimerie impériale.] Ibid. 2 fr. 50 c.

— Notice historique et littéraire sur Mir-Ali-Thir-Nevaii, suivie d'extraits tirés des œuvres du même auteur. In-8°. Ibid. 7 fr.

Tous ces ouvrages sont extraits du « Journal asiatique ».

BELIN (J. L.), avocat à la cour royale de Paris.

— Aux Illustrations des armées françaises: L'Arc de triomphe; contenant les biographies des guerriers inscrits sur le monument de l'Étoile, par une société de gens de lettres et d'écrivains militaires, sous la direction de J. L. Belin. 2 vol. in-8°, avec beaucoup de portraits. 1843-1847. Comptoir des imprimeurs-unis. 30 fr.

— Histoire civile, morale et monumentale de Paris depuis les temps les plus reculés jusqu'à nos jours. In-12. 1843. Belin-Leprieur. 3 fr. 50 c.

Avec A. Pujol.

— Le Simplon et l'Italie septentrionale; promenades et pèlerinages. 2e édition. In-8° avec 15 grav. 1842. Ibid. 16 fr.

M. J. L. Belin a traduit de l'italien: « Mes prisons », de Silvio Pellico.

BELIN DE LAUNAY (Jules), officier de l'instruction publique, professeur d'histoire au lycée impérial de Bordeaux, né à Paris, en 1814.

— Abrégé de la géographie de la France. 2 vol. in-12. 1852. Hachette et Cie. Chaque volume, 1 fr.

3e édition en 1855. — 1er vol. Géographie physique. — 2e vol. Géographie administrative.

— État et progrès des sciences historiques au xixe siècle. In-8°. 1865. [Bordeaux], Hachette et Cie. 1 fr. 50 c.

Extrait des « Actes de l'Académie impériale des sciences », etc., de Bordeaux.

— Guerre à la Russie!!! État de l'Europe en 1854. In-8°. 1854. Librairie nouvelle. 3 fr.

Anonyme.

— L'Histoire générale, depuis la création jusqu'à Napoléon III, succinctement présentée en CXI résumés, conformément au programme officiel du 30 août 1852, plus un coup d'œil sur l'époque contemporaine. In-8°. 1854. Bourges, Just Bernard.

— Le même. 2e édition, revue et corrigée. In-12. 1856. Amiens, Lenoël-Hérouart. 2 fr.

— Sur les temps mérovingiens. Lettre à M. Augustin Thierry, membre de l'Institut. In-12. 1843. Hachette. 1 fr. 50 c.

— Du Traité d'Andelot, considéré sous les points

de vue historique et politique. In-8°. 1844. *Ibid.* 1 fr. 50 c.

M. Belin De Launay a traduit avec M. Ed. Scheffter : « l'Allumeur de réverbères », de Miss *Cummins.*

BÉLINGAN (le R. P. J. B. de), de la Compagnie de Jésus.

— De la Connaissance et de l'Amour de notre Seigneur Jésus-Christ. In-32. 1862. *Douniol.* 60 c.

— Retraite spirituelle sur les vertus de Jésus-Christ. Nouvelle édition. In-18. 1858. Lyon, *Pélagaud et Cie.* 1 fr. 30 c.

BÉLIZAL (le vicomte Gouzillon de). — Voy. **Gouzillon de Bélizal.**

BELJAME (Alex.), professeur de langue anglaise au lycée Louis-le-Grand à Paris, né à Villiers-le-Bel (Seine-et-Oise), en 1842.

— Exercices oraux de langue anglaise. In - 12. 1865. *Hachette et Cie.* 1 fr. 50 c.

BELJAME (Auguste), frère du précédent, professeur au lycée Saint-Louis à Paris, né à Paris, en 1833, a publié le « Paradis perdu », de *Milton*, avec notes françaises.

BELL (Currer), pseudonyme de Charlotte Brontë, femme de lettres anglaise, née en 1824, morte en 1855. Elle avait épousé, en 1854, le révérend Nichols. Ce n'est que quelques années après la publication de son premier roman « Jane Eyre » (1847) que le public et, à ce qu'on dit, même son éditeur, apprirent son sexe et son véritable nom.

— Jane Eyre, ou les Mémoires d'une institutrice, traduit, avec l'autorisation de l'auteur, par Mme Lesbazeilles-Souvestre. In-12. 1856. *Hachette et Cie.* 2 fr.

Nouvelle édition en 1864. 1 fr.

— Jane Eyre, ou Mémoires d'une gouvernante, de Currer Bell. Imités par Old-Nick. In - 18. 1855. *Ibid.* 1 fr.

— Le Professeur, traduit avec l'autorisation de l'éditeur, par Mme Henriette Loreau. In-12. 1858. *Ibid.* 2 fr.

Nouvelle édition en 1864. 1 fr.

— Shirley et Agnès Grey; traduit par Ch. Romey et A. Rolet. 2 vol. in-12. 1858. *Ibid.* 4 fr.

Nouvelle édition en 1864. 2 fr.

BELL (Joachim Hounau, dit George), littérateur, né vers 1825.

— Études contemporaines. Mademoiselle Person (Beatrix), née à Aulnay-lez-Bondy, le 26 juin 1828. In-8°. 1854. *Bourguet.* 1 fr.

— Études contemporaines. Gérard de Nerval. In-8°. *Lecou.* 1 fr.

— Lucy la Blonde. In - 12. 1863. *Lévy frères.* 3 fr.

— Le Miroir de Cagliostro (hypnotisme). In-18. 1860. *Librairie nouvelle.* 1 fr.

— Pradier. In - 18. 1852. *Giraud et Dagneau.* 50 c.

— Les Revanches de l'amour. 2e édition. In-12. 1863. *Lévy frères.* 2 fr.

1re édition en 1861.

— Scènes de la vie de château. In - 12. 1860. *Ibid.* 1 fr.

— Voyage en Chine du capitaine Montfort, avec un appendice historique sur les derniers événements. In-12. 1854. *Lecou.* 3 fr. 50 c.

— Le même. Nouvelle édition. In-12. 1860. *Librairie nouvelle.* 3 fr.

BELL (James Stanislas), armateur du Vixen.

— Journal d'une résidence en Circassie pendant les années 1837, 1838 et 1839. Ouvrage traduit de l'anglais, augmenté d'une introduction historique et géographique et de notes tirées d'ouvrages récents et non traduits, par Louis Vivien. 2 vol. in-8° avec 12 grav. et 1 carte. 1841. *Arthus Bertrand.* 22 fr.

BELLA (A. et F., père et fils).

— Questions des bestiaux et de la boucherie, examen des opinions émises, solution qui satisfait le mieux aux exigences des industries en présence et à l'intérêt commun. In - 8°. 1841. *Bouchard-Huzard.* 1 fr. 50 c.

BELLAGUET (Louis François), littérateur, ancien professeur au collège Rollin, ancien chef de bureau des bibliothèques au ministère de l'instruction publique, né à Sens en 1807.

— Chronique du religieux de Saint-Denys, contenant le règne de Charles VI, de 1380 à 1422, publiée en latin pour la première fois, et traduite par M. Bellaguet; précédée d'une introduction, par M. de Barante. 6 vol. in-4°. 1839 à 1852. *Didot frères.* 72 fr.

Fait partie de la « Collection de documents inédits sur l'histoire de France ».

M. Bellaguet a traduit du grec plusieurs tragédies de Sophocle. — Voy. ce nom.

BELLAING (Henri de), pseudonyme de M. Henri **Van Looy.**

BELLAIR–BÉNACHAUD. — Voy. **Bénachaud.**

BELLAMARRE (Louis de), connu sous le pseudonyme de Gabriel **Ferry.**

BELLAMY (J. de), prêtre.

— Gloire de Jeanne d'Arc, Jeanne de Montmorency, Blanche de Castille, mère de saint Louis, Marie Thérèse Charlotte de France, fille de Louis XVI, Louise Marie Thérèse d'Orléans, reine des Belges, Zénaïde Bonaparte, princesse morte à Rome, Antoine Drouot, général de l'empire, et de beaucoup d'autres serviteurs et servantes de Dieu. In-8°. 1856. *Laisné.* 1 fr. 25 c.

BELLAMY (Pierre), ex-vétérinaire d'artillerie, professeur à l'École d'agriculture de Rennes, inspecteur des enfants assistés et des établissements de bienfaisance d'Ille-et-Vilaine, né à Condom, en 1818.

— Multiplication et amélioration des espèces chevaline, bovine, porcine et ovine dans le département d'Ille-et-Vilaine. Tome Ier. In-8°. 1856. Rennes, *imprimerie Catel.* 1 fr.

— La Vache bretonne, utile au riche, providence au pauvre. In - 12. 1857. Rennes, *Verdier et Deniel.* 2 fr.

BELLAN (J. L.), agent voyer d'arrondissement.

— Le Passé, le Présent et l'Avenir de la vicinalité. Appel à tous les maires de France, agents voyers, conseillers d'arrondissement, etc. In-8°. 1862. Nantes, *imprimerie Ve Mellinet.* 2 fr.

BELLANGER, commissaire de police à Paris.

— Manuel analytique à l'usage des commissaires de police et autres fonctionnaires, contenant la généralité des infractions qualifiées crimes, délits ou contraventions, avec de nombreuses dispositions légales. Gr. in-8°. 1858. *Boucquin.* 5 fr.

2ᵉ édition en 1859.

BELLANGER (l'abbé), vicaire de Saint-Ferdinand-les-Ternes, mort en 1854.

— Histoire de Neuilly, près Paris, et de ses châteaux : les Ternes, Madrid, Bagatelle, Saint-James, Neuilly, Villiers. In-18. 1855. *Chez les libraires de Neuilly et des Ternes.* 1 fr. 50 c.

— Notice historique sur les Ternes et les environs. In-8°. 1849. *Hervé.* 1 fr. 25 c.

BELLANGER (le docteur).

— Le Magnétisme. Vérités et chimères de cette science occulte. Un drame dans le somnambulisme, épisode historique, les tables tournantes, etc. In-18 de 10 f. 1854. *Guilhermet.*

BELLANGER (Stanislas).

— Le Kéroutza, voyages en Moldo-Valachie. 2 vol. in-8°. 1846. *Place de la Madeleine,* 24. 15 fr.

— La Touraine ancienne et moderne, avec une préface de M. l'abbé Orsini. In-8° avec 31 pl. 1846. *Mercier.* 20 fr.

— Trois ans de promenade en Europe et en Asie. 2 vol. in-8°. 1842. *Arthus Bertrand.* 15 fr.

BELLANGER (le P. Dom Théodore), prieur à Parménie.

— Sœur Louise, la pieuse bergère de Parménie. In-18. 1863. *Levesque.* 60 c.

BELLARMIN (H.).

— Histoire du maréchal de Luxembourg. In-12, avec grav. 1860. Limoges, *Barbou frères.* 1 fr.

— Histoire de Marie Stuart, reine d'Écosse et de France. In-12 avec 1 gr. 1859. *Ibid.* 1 fr.

— Les Merveilles de l'île d'Or. In-12 avec 1 grav. 1857. *Ibid.* 60 c.

BELLARMIN (Robert), de la Compagnie de Jésus, cardinal, né à Montepulciano en Toscane en 1542, mort à Rome en 1621.

— Du Bonheur éternel des saints. Traduction nouvelle par M. P. David. In-18. 1863. *Sarlit.* 2 fr.

— Démonstration victorieuse de la foi catholique. Extraite des Controverses du R. cardinal Bellarmin, traduite du latin, par M. l'abbé Ducruet. 3 vol. in-8°. 1855. *Vivès.* 18 fr.

— Discours, soigneusement revus et corrigés par l'auteur. Traduits du latin par Élie Berton. 4 vol. in-8°. 1855. *Ibid.* 20 fr.

— Les mêmes. Édition in-12. 4 vol. 1856. *Ibid.* 12 fr.

— Explicatio doctrinæ christianæ italico idiomate, jussu Clementis VIII conscripta, nunc latinitate donata. Editio altera edebat A. Guillois. In-12. 1852. Le Mans, *Julien, Lanier et Cⁱᵉ.*

— Explication des Psaumes. Précédée d'un Essai historique sur le cardinal Bellarmin, par l'abbé Daras. 3 vol. in-8°. 1856. *Vivès.* 16 fr.

— Explication du symbole des apôtres, revue et corrigée par l'abbé Ant. Ricard. In-18. 1861. *Paulmier.* 50 c.

— Explication du symbole des apôtres et de la doctrine chrétienne, revue et approuvée par la congrégation de la Réforme, etc., traduite en

français par J. C. Candèze. In-12. 1861. Lyon, *Périsse frères.* 1 fr. 50 c.

— Montée de l'âme vers Dieu par l'échelle des créatures, traduit et mis au niveau des connaissances actuelles par L. F. Morel. In-32. 1862. *Lecoffre.* 1 fr. 50 c.

— Théologie du jeune chrétien, ou Exposition développée de la doctrine chrétienne. Traduit en français sur l'édition publiée à Rome en 1847, et enrichi d'un grand nombre de traits historiques, tirés de l'Écriture et des Pères, par A. Guillois. In-12. 1852. Le Mans, *Julien, Lanier et Cⁱᵉ.*

BELLAUD (L.).

— Études expérimentales sur les inondations. — Voy. *Jeandel* et *Bellaud.*

BELLAY (J. Du). — Voy. **Du Bellay.**

BELLECIUS (le R. P. Louis), de la Compagnie de Jésus.

— La Solide vertu, ou Traité des obstacles à la solide vertu, des moyens d'y parvenir et des motifs de la pratiquer. Traduit par M. L. Berthon. In-12. 1861. Poitiers, *Oudin.* 3 fr.

— La Vertu solide, ou ses obstacles, ses moyens et ses motifs principaux développés par des considérations mises à la portée de tout le monde, pouvant servir de sujet d'instructions et de considérations pour le temps des exercices spirituels, etc. Ouvrage traduit par l'abbé P. Charbonnier. In-8°. 1856. Lyon, *Périsse frères.* 5 fr.

BELLECOMBE (André de), littérateur, né à Montpezat (Lot-et-Garonne), en 1822.

— L'Agenais illustré, galerie des célébrités départementales, avec des portraits dessinés par Philippe. 1ʳᵉ livraison. In-4°. 1846. Agen, *Noubel.* 1 fr.

— Antonio Morales, drame en trois actes et en prose. In-8° de 2 f. 1844. *Imprimerie Cosson.*

— Elisa, poëme véritable. In-8°. 1855. *Taride.* 4 fr. 50 c.

— Fantaisies dédiées à la comtesse Adèle de H***. (Poésies.) In-8°. 1843. *Legallois.*

— Histoire universelle. 1ʳᵉ partie. Chronologie universelle. Tomes 1 à 4. 4 vol. in-8°. 1852-1855. *Furne et Cⁱᵉ.* Chaque vol. 5 fr.

— Le même. 2ᵉ partie. Histoire générale, politique, religieuse et militaire. Tomes 1 à 9. 9 vol. in-8°. 1856-1865. *Ibid.* Chaque vol. 5 fr.

BELLEFONDS (Alfred de), commis principal au ministère de la guerre.

— Nouveau guide à l'usage des militaires et marins voyageant isolément sur les chemins de fer, avec tarifs militaires pour hommes, chevaux, bagages, etc. Édition nouvelle, établie d'après les principes de l'arrêté du 31 décembre 1859 de M. le ministre des travaux publics. In-18. 1862. *Dumaine.* 1 fr.

La 1ʳᵉ édition est de 1857.

BELLEFONT (le comte). — Voy. **La Bédollière de Bellefont.**

BELLEFROID (L.), littérateur belge.

— Manuel d'éloquence sacrée, à l'usage des séminaires et de ceux qui commencent à exercer le ministère de la prédication. 3ᵉ édition. In-8°. 1862. Liége. 3 fr.

BELLEGARDE (M. G. Dupac de). — Voy. **Dupac de Bellegarde.**

BELLEGARRIGUE.

— Au Fait, au Fait!! Interprétation de l'idée démocratique. In-18. 1849. Toulouse, *Delboy.* 75 c.

BELLEMARE (Alexandre), ancien secrétaire-interprète, commis principal au ministère de la guerre.

— Abd-el-Kader, sa vie politique et militaire. In-12. 1863. *Hachette et Cⁱᵉ.* 3 fr. 50 c.

— Abrégé de géographie, à l'usage des élèves des écoles arabes-françaises. In-18 avec 7 cartes et 100 pages en langue arabe. 1858. *Ibid.* 2 fr.

— Grammaire arabe (idiome d'Algérie), à l'usage de l'armée et des employés civils de l'Algérie ; suivie des formules de la civilité arabe d'après les documents fournis par M. le général E. Daumas. 5ᵉ édition. In-8°. 1864. *Ibid.* 3 fr. 50 c.

2ᵉ édition en 1854.

M. Bellemare a encore publié : « Affaires de Buenos-Ayres », par Fl. *Varela.*

BELLENGER, mort en...

— Nouveau guide de conversations modernes en français et en anglais. Nouvelle édition, revue, corrigée et augmentée de dialogues sur les voyages, les chemins de fer, les bateaux à vapeur, par C. et H. Witcomb. In-32. 1858. *Vᵉ Baudry.* 1 fr. 50 c.

— Le même, avec la prononciation figurée. Nouvelle édition. In-32. 1860. *Ibid.* 2 fr. 25 c.

— New guide to modern conversation in english and german. New edition, revised, etc., by C. and H. Witcomb. In-32. 1855. *Ibid.* 1 fr. 50 c.

— Nouveau guide de conversations modernes, en quatre langues : français, anglais, allemand, italien, par MM. Bellenger, Witcomb, Steuer et Zirardini. In-32. 1850. *Ibid.* 2 fr. 25 c.

— Nouveau guide de conversations modernes, en quatre langues : français, espagnol, italien, portugais, par MM. Bellenger, Zirardini, Pardal et Moura. In-32. 1846. *Ibid.* 2 fr. 25 c.

— Nouveau guide de conversations modernes, en six langues : français, anglais, allemand, italien, espagnol, portugais, par MM. Bellenger, Witcomb, Steuer, Zirardini, Pardal et Moura. In-16. 1840. *Ibid.* 3 fr.

BELLENGER (François).

— Liber psalmorum, Vulgatæ editionis cum notis, in quibus explicatus titulus, occasio et argumentum cujusque psalmi; dilucidatur sensus litteralis, etc. Studio et opera Francisci Bellenger. Editio nova. In-12. 1853. *Leroux et Jouby.* 3 fr.

BELLERIVE (Alfred de), a traduit de l'italien : le Chercheur de trésors, de *Strafforello*, et : Trois Nouvelles, du P. Jos. *Franco.* — Voy. ces noms.

BELLERIVES (Léonce de).

— L'Ange des prisons, ou Captivité et Repentir. In-12 avec 4 grav. 1852. Limoges, *Barbou.* 1 fr.

— Le Cardinal Georges d'Amboise, ministre de Louis XIII. In-12 avec 1 grav. 1854. *Ibid.* 1 fr.

— Le Comte Paoli, ou Soirées romaines sur les bords du Tibre. In-8°. 1851. *Ibid.* 1 fr.

— Une Famille de héros, ou Histoire des per-

sonnages qui ont illustré le nom de Montmorency. In-8° avec 4 vignettes. 1855. *Ibid.* 1 fr.

— Sobieski, ou la Gloire de l'Europe chrétienne. In-12. 1856. *Ibid.* 1 fr.

BELLERUE (Rolet de). — Voy. **Rolet de Bellerue.**

BELLET (Victor), docteur en droit, avocat à la cour impériale.

— Offices et Officiers ministériels. In-8°. 1850. *Cosse.* 6 fr.

— Les Propriétaires et les loyers à Paris. In-32. 1857. *Dentu.* 50 c.

BELLEVAL (Louis René de), né au Bois-Robin, en 1741, tué par la foudre en chassant à Coquerel-sur-Bailleul, en 1807.

— Souvenirs d'un chevau-léger de la garde du roi; par Louis René de Belleval, marquis de Bois-Robin, mestre de camp de cavalerie, etc.; publiés par René de Belleval, son arrière-petit-fils. In-8°. 1865. *Aubry.* 7 fr.

BELLEVAL (René de), descendant du précédent.

— Azincourt. In-8°. 1865. [Amiens, *Lemer aîné.*] *Dumoulin.* 8 fr.

— La Grande guerre, fragments d'une histoire de France aux xivᵉ et xvᵉ siècles. In-8°. 1862. *Durand.* 8 fr.

— La Journée de Mons-en-Vimeu et le Ponthieu après le traité de Troyes. In-16. 1861. *Ibid.* 3 fr.

— Nobiliaire de Ponthieu et de Vimeu. 2 vol. In-8° avec 26 pl. 1864. Amiens, *Lemer aîné.* 20 fr.

— Notices historiques et généalogiques sur quelques familles nobles de Picardie. 1ʳᵉ et 2ᵉ livraisons. In-8°. 1863. *Ibid.*

— La Première campagne d'Édouard III en France. In-8°. 1864. [Amiens.] *Durand.* 8 fr.

— Rôle des nobles et fieffés du bailliage d'Amiens convoqués pour la guerre le 25 août 1337, publié pour la première fois, avec un avant-propos, des notes et des éclaircissements. In-8°. 1863. [Amiens, *Lemer aîné.*] *Dumoulin.* 1 fr. 25 c.

BELLEVILLE (E.), capitaine.

— Entretiens de Pierre Giberne sur les devoirs moraux du soldat, dédiés à l'empereur. In-12. 1857. *Tanera.* 3 fr.

2ᵉ édition. 1858. 75 c.

BELLEVUE (l'abbé de Guyon de). — Voy. **Guyon de Bellevue.**

BELLEVUE (Thavanet-). — Voy. **Thavanet-Bellevue.**

BELLEYME (Louis Marie de), conseiller à la Cour de cassation, ancien président du tribunal de première instance, ancien député, né à Paris, en 1787.

— Ordonnances sur requêtes et sur référés selon la jurisprudence du tribunal de première instance du département de la Seine. Recueil de formules, suivies d'observations pratiques. 2ᵉ édition. 2 vol. In-8°. 1844. *Joubert.* 15 fr.

La 1ʳᵉ édition est de 1837.

BELLEYME (Adolphe de), fils du précédent, député au Corps législatif depuis 1852.

— La France et le Mexique. In-8°. 1863. *Dentu.* 1 fr.

BELLIARD (Auguste Daniel, comte), général français, né à Fontenay-le-Comte, en 1769, mort à Bruxelles, en 1832. Il a pris part à toutes les guerres de la République et de l'Empire.

— Mémoires du comte Belliard, lieutenant-général, pair de France, écrits par lui-même; recueillis et mis en ordre par M. Vinet, l'un de ses aides-de-camp, etc. 3 vol. in-8°. 1842. *Berquet et Pétion.* 24 fr.

BELLIER (Émile).

— Pleurs et sourires. Essais poétiques. In-12. 1858. *Dentu.* 3 fr. 50 c.

BELLIER (Francis), né à Paris, en 1811.

— Poésies dédiées à tous ceux qui ont souffert. In-12. 1864. *Didier et Cie.* 1 fr. 50 c.

BELLIER DE LA CHAVIGNERIE (Émile), employé honoraire au catalogue de la Bibliothèque impériale, ancien receveur de l'enregistrement et des domaines, sous-inspecteur aux expositions des Beaux-Arts, né à Chartres (Eure-et-Loir), en 1821.

— Les Artistes français du xviiie siècle oubliés ou dédaignés. In-8°. 1865. *Ve J. Renouard.* 6 fr.

Extrait de la « Revue universelle des Arts ».

— Biographie et catalogue de l'œuvre du graveur Miger, membre de l'ancienne Académie royale de peinture et de sculpture; son portrait avec fac-simile de son écriture; réimpression de sa lettre à M. Vien, directeur de l'Académie de peinture. Ouvrage suivi de plusieurs tables. In-8°. 1855. *Dumoulin.* 5 fr.

— Chroniques de Saint-Mathurin de Larchant en Gasthinais; avec une reproduction à l'eau-forte d'une vue de Larchant au xviie siècle (1634), d'après Tassin, géographe du roi. In-8°. 1864. *Aubry.* 3 fr.

— La Correspondance administrative sous le règne de Louis XIV, envisagée au point de vue chartrain. Dix lettres (dont 8 inédites) au sujet du *Pentateuchus*, de Jacques Félibien, chanoine et archidiacre de N. D. de Chartres. In-8°. 1856. Chartres, *imprimerie de Garnier.*

— Fêtes célébrées à Chartres, les dimanche, 28 octobre, mardi, 14, et lundi, 19 novembre M.DCC.LXXXI, à l'occasion de la naissance du dauphin, par M. Émile Bellier de la Chavignerie, employé au catalogue de la Bibliothèque impériale. In-8° de ³/₄ de f. 1855. Chartres, *Garnier.*

— Institution d'une compagnie de chevaliers de l'Oiseau royal dans la ville de Chartres (1724-1774). In-8°, 20 p. 1857. *Ibid.*

Extrait des « Mémoires de la Société archéologique d'Eure-et-Loir ».

— Lettres inédites du peintre Girodet-Trioson, de Suvée, directeur de l'école de Rome, et du général Gudin, gouverneur du château de Fontaine-bleau, à Ange René Ravault, peintre, graveur et lithographe de Montargis; précédées d'une notice sur Ravault. In-12. 1863. Pithiviers, *Chenu.*

— Manuel bibliographique du photographe français, ou Nomenclature des ouvrages publiés en France depuis la découverte du daguerréotype jusqu'à nos jours, par E. B. de L. In-12, 22 p. 1863. *Aubry.* 1 fr. Papier fort, 2 fr.

Anonyme.

— Notes pour servir à l'histoire de l'exposition de la jeunesse, qui avait lieu chaque année, à Paris, les jours de la grande et de la petite Fête-Dieu, à la place Dauphine et sur le Pont-Neuf. In-8°. 1864. *Ve J. Renouard.* 1 fr. 50 c.

Extrait de la « Revue universelle des Arts ».

— Recherches historiques, biographiques et littéraires sur le peintre Lantara, avec la liste de ses ouvrages, son portrait et une lettre apologétique de M. Couder, peintre d'histoire, membre de l'Institut. In-8° avec fig. 1852. 3 fr.

— Recherches sur Louis Licherie, peintre normand, membre de l'ancienne Académie royale de peinture et de sculpture (1629-1687). In-8°. 1860. [Caen], *Aubry.* 2 fr.

Extrait des « Mémoires de la Société des Beaux-Arts de Caen ».

— Recherches sur Mlle Anne Renée Strésor, membre de l'ancienne Académie royale de peinture et de sculpture (1651-1713). In-8°. 1860. *Dentu.* 1 fr.

Extrait de la « Revue universelle des Arts ».

— Un Voyage du grand dauphin au château d'Anet, septembre 1686. In-8° de ³/₄ de f. 1855. Chartres, *Garnier.*

M. Bellier de la Chavignerie a collaboré, en outre, à la « Revue des Beaux-Arts », aux « Archives de l'Art français », à la « Revue universelle des Arts » et autres, et on lui doit, dans la nouvelle édition de la « Biographie universelle Michaud », la révision ou la rédaction de tous les articles relatifs aux artistes français depuis l'article Mirbel jusqu'à la fin de l'ouvrage.

BELLIÈVRE (Claude), magistrat et antiquaire, premier président du Dauphiné, né à Lyon, en 1487, mort en 1557.

— Lugdunum priscum. In-16 de 6 f. 1846. Lyon, *imprimerie Dumoulin.*

BELLIGÉRA (Fernand), pseudonyme de M. Ferdinand Tandou, libraire à Paris, qui s'est suicidé en 1865. — Belligéra est l'anagramme de Gabrielle, qui était l'amante du poëte.

— Miettes d'amour. (Poésies.) In-16. 1857. *Les libraires de la galerie de l'Odéon.* 1 fr.

M. F. Tandou a collaboré sous le même pseudonyme à « la Tribune des poëtes » et à « la Voix des écoles ». Une pièce de vers signée du nom de *Belligera* se trouve aussi dans un volume de poésies publiées en 1860 par M. Alph. Balder, sous le titre de « Jambes et cœurs ».

BELLIN (Antoine Gaspard), docteur en droit, juge suppléant au tribunal civil de Lyon, né à Lyon, en 1815.

— Des Avantages du concours appliqué au recrutement du personnel administratif et judiciaire. In-8° de 63 p. 1846. *Thorel.*

— Exposition des principes de rhétorique contenus dans le Gorgias de Platon et dans les Dialogues sur l'éloquence de Fénelon. In-8° de 36 p. 1841. Lyon, *imprimerie Deleuze.*

— Exposition critique des principes de l'école sociétaire fondée par Fourier. In-8° de 55 p. 1842. *Ibid.*

— Exposition des idées de Platon et d'Aristote, sur la nature et l'origine du langage. Discours. In-8° de 32 p. Strasbourg, *imprimerie Silbermann.*

— De la Nécessité d'organiser en France l'enseignement du droit public. In-8° de 32 p. 1841. Lyon, *L. Boitel.*

— Notice sur l'édification du Grand Théâtre et du palais de justice de Lyon. In-8°. 1855. Lyon, *Ballay et Conchon.* 2 fr. 50 c.

— Les Souhaits d'un bonhomme à ses concitoyens, par Dvitiya Durmanas, Vasiya de Bénarès.

Nouvelle édition, tomes I et II. In-18. 1857 et 1860. Lyon et Paris, *Ballay et Conchon*.

La couverture de ces deux volumes porte : « la Silhouette du jour : Abus, vices, travers, ou les Souhaits d'un bonhomme », etc. — Comme on le voit par le titre, cet ouvrage a été publié sous le voile du pseudonyme, mais l'éditeur donne lui-même le nom de l'auteur, dans un avertissement placé en tête du 1ᵉʳ volume de cette nouvelle édition. C'est un recueil par ordre alphabétique. Le tome II s'arrête à la lettre C.

La 1ʳᵉ édition a été publiée en 1830.

— Tableaux judiciaires et administratifs. 3 cahiers gr. in-8°. 1852. *Paul Dupont.* 5 fr.

BELLIOL (Jean Alexis), docteur en médecine, né à Marseille, en 1799.

— Conseils aux hommes affaiblis; traité des maladies chroniques, de l'impuissance prématurée, etc. 10ᵉ édition. In-8°, avec portrait et pl. anatomique. 1858. *Dentu.* 7 fr.

La 1ʳᵉ édition est de 1853. In-12. *Ibid.* 4 fr.

— Le Guide des malades. Manuel des personnes affectées de maladies chroniques, où se trouvent exposés les avantages du traitement végétal, dépuratif et rafraîchissant du docteur Belliol. In-12. 1843. *Chez l'auteur.* 3 fr.

— Le Guide des malades. Traité sur la nature et la guérison des maladies chroniques, où se trouvent exposés les avantages d'un traitement végétal, dépuratif et rafraîchissant. 10ᵉ édition. In-12. 1845. *Ibid.* 6 fr.

— De l'Impuissance, ou perte de la virilité. Paralysie, ou affaiblissement des organes générateurs. Des pollutions, ou pertes séminales. De l'onanisme, etc. In-12 avec 1 portrait et 1 pl. 1852. *Dentu.* 3 fr.

— Maladies des femmes. Traité des maladies utérines, etc. 4ᵉ édition. In-8°. 1858. *Ibid.* 2 fr.

— La Mort de l'archevêque de Paris, Denis Auguste Affre. Poëme. In-8° de 2 f. 1849. *Ad. Leclère.*

— Traité sur la nature et la guérison des maladies de la peau. 10ᵉ édition. In-8°. 1843. *Chez l'auteur.* 5 fr.

BELLOC (Auguste), artiste photographe et professeur de photographie, né vers 1815.

— Le Catéchisme de l'opérateur photographe. Traité complet de photographie sur collodion. Positifs sur verre et sur toile, transport du collodion sur papier, stéréoscopes, vitraux, etc. Nouveaux procédés pour le tirage des épreuves positives, leur fixage et leur coloration, etc. Éléments de chimie et d'optique appliqués à la photographie. In-8°. 1857. *Leiber.* 5 fr.

Nouvelle édition revue et corrigée en 1859.

— Causeries photographiques. In-18. 1861. *Ibid.* 1 fr.

— Code de l'opérateur photographe. In-18. 1860. *Ibid.* 50 c.

Extrait de « l'Annuaire du Cosmos ».

— Compendium des quatre branches de la photographie. Traité complet, théorique et pratique des procédés de Daguerre, Talbot, Niepce de Saint-Victor et Archer. Applications diverses. Précédé des annales de la photographie et suivi d'éléments de chimie et d'optique appliqués à cet art. In-8°. 1858. *Ibid.* 5 fr.

— Photographie rationnelle. Traité complet, théorique et pratique. Applications diverses. Précédé de l'histoire de la photographie et suivi d'éléments de chimie appliqués à cet art. In-8°. 1862. *Ibid.* 7 fr.

— Les Quatre branches de la photographie. Traité complet, théorique et pratique des procédés de Daguerre, Talbot, Niepce de Saint-Victor et Archer; précédé des Annales de la photographie et suivi d'éléments de chimie et d'optique appliqués à cet art. In-8° avec 2 portraits. 1855. *Chez l'auteur.* 10 fr.

— Traité théorique et pratique de la photographie sur collodion, suivi d'éléments de chimie et d'optique appliqués à cet art. In-8°. 1854. *Ibid.*

— Le Trésor de l'opérateur photographe. In-32. 1865. *Ibid.*

BELLOC (H.).

— Délices des enfants de Marie, ou Petit office de la sainte Vierge, en français, par un prêtre du diocèse de Toulouse. In-18, 288 p. 1848. Saint-Gaudens, *Tajan.*

Anonyme.

BELLOC (H.), d'Auxerre, directeur-médecin de l'asile départemental d'Alençon.

— Les Asiles d'aliénés transformés en centres d'exploitation rurale. In-8°. 1862. *Béchet jeune.* 2 fr. 50 c.

BELLOC (Louise), née SWANTON, fille d'un officier irlandais, mariée à M. BELLOC, peintre français, est née à La Rochelle, en 1796.

— Pierre et Pierrette, ou les Dangers du vagabondage. Nouvelle édition, revue et augmentée. In-12. 1865. *Tandou et Cⁱᵉ.* 60 c.

Mᵐᵉ Belloc a traduit de l'anglais : *Fraser Tytler*, « Grave et Gai »; *Dickens*, « les Contes de Noël »; *Goldsmith*, « le Vicaire de Wakefield »; *Gaskell*, « Cranford »; *Drummond-Hay*, « le Maroc et ses tribus nomades »; « la Case de l'oncle Tom », de Mᵐᵉ Beecher *Stowe*, et « Chefs-d'œuvre poétiques », de Thomas *Moore*. — Voy. ces noms.

BELLOGUET (ROGET, baron de). — Voy. **Roget**.

BELLON (J. A.).

— La Mère de Jésus, d'après la Bible. In-16. 1864. Valence, *Combier.* 2 fr.

BELLONE (le docteur de FERRY DE LA). — Voy. **Ferry de la Bellone**.

BELLOT (l'abbé Louis Olivier), chanoine honoraire, né à Couhé (Vienne), en 1802.

— Panégyrique de saint François Xavier, apôtre des Indes, prêché le 3 décembre 1860 dans l'église du Gesù. In-12. 1861. Poitiers, *imprimerie Bernard.* 50 c.

— Pensées sur la religion. In-12. 1859. Poitiers, *H. Oudin.* 1 fr.

BELLOT (E.).

— Le Sang de Marat; fac-simile des nᵒˢ 506 et 678 du journal « l'Ami du peuple », teints du sang de Marat. In-8° avec portrait. 1864. *France.* 5 fr.

BELLOT (E.), praticien-vétérinaire à Rochefort.

— L'Économe. Manuel hygiénique de la santé des animaux domestiques, à l'usage journalier et à la portée des propriétaires. In-8°, 458 p. 1862. Angoulême, *imprimerie Nadaud et Cⁱᵉ.*

BELLOT (F.), métreur.

— Traité de l'évaluation de la menuiserie. — Voy. *Boileau et Bellot.*

BELLOT (Henri).

— A travers le siècle; poésies, précédées d'une introduction par F. Fertiault. 2ᵉ édition. In-8°. 1863. *Rigaud.* 3 fr. 50 c.

BELLOT (Joseph Réné), lieutenant de vaisseau de la marine française, membre des sociétés de géographie de Londres et de Paris, né à Paris, en 1826, mort en 1853.

— Journal d'un voyage aux mers polaires, exécuté à la recherche de sir John Franklin, en 1851 et 1852; précédé d'une notice sur la vie et les travaux de l'auteur, par Julien Lemer. In-8° avec portrait, une carte des régions arctiques et un fac-simile. 1854. *Perrotin.* 6 fr.

BELLOT (Pierre), poëte provençal, né à Marseille, en 1783, mort en 1855.

— Nouvelles poésies provençales. Faisant suite à ses œuvres complètes. 3ᵉ et dernier vol. In-8° de 16 f. 1840. Marseille, *imprimerie Feissat ainé.*

Les Œuvres complètes ont été publiées à Marseille, en 1836.

— Les Bouquetières, ou les Trois mariages; comédie-vaudeville en trois actes et en vers provençaux et français. In-8°. 1843. Marseille, *Achard.* 75 c.

BELLOT-HERMENT (François Alexis Théodore), chef de division de la préfecture de la Meuse, en retraite, né à Commercy (Meuse), en 1785.

— Historique de la ville de Bar-le-Duc. In-12 avec pl. 1863. [Bar-le-Duc], *Didron.* 5 fr.

BELLOT DES MINIÈRES (Ernest), avocat.

— Ni usure ni usuriers; maintien de la loi du 3 septembre 1807. In-8°. 1862. *Dentu.* 1 fr.

— La Question américaine, suivie d'un appendice sur le coton, le tabac et le commerce général des anciens États-Unis. Gr. in-8°. 1861. *Ibid.* 2 fr.

BELLOTTI (le docteur Joseph), médecin italien.

— Idioiâtrie, ou Nouvelle médecine spécifique; méthode pour guérir les affections tant spécifiques que communes de chaque organe du corps humain, avec une médication spécifique propre. In-8° avec portrait. 1862. [Turin, *Union typ.-éditrice.*] *Pedone Lauriel et Cⁱᵉ.* 8 fr.

BELLOY (Auguste, marquis de), poëte et littérateur, né à Paris vers 1815.

— Le Chevalier d'Aï, ses aventures et ses poésies, recueillies et publiées par le marquis de Belloy (1766-1847). In-12. 1854. *Lecou.* 3 fr. 50 c.

— Christophe Colomb et la découverte du nouveau monde. Compositions et gravures par Léopold Flameng. In-4°. 1864. *E. Ducrocq.* 15 fr.

— Karel Dujardin; comédie en un acte et en vers. In-8°. 1844. *Marchant.* 60 c.

— Légendes fleuries. In-12. 1855. *Lecou.* 3 fr.

— Le Livre de Ruth, traduit en vers. — Voy. *Gramont:* « le Livre de Job ».

— La Mal'aria; drame en un acte et en vers. In-12. 1853. *Lévy frères.* 1 fr.

— Portraits et souvenirs. In-24. 1859. *Hetzel.* 1 fr.

— Pythias et Damon, ou l'Oreille de Denys; comédie en un acte et en vers. In-12. 1853. *Giraud.* 1 fr.

— Le Tasse à Sorrente; trois actes, en vers. In-12. 1857. *Charlieu.* 1 fr. 50 c.

— Les Toqués. In-12. 1860. *Hetzel.* 3 fr.

M. de Belloy a traduit en vers français : « Théâtre complet », de *Térence.* — Voy. ce nom.

BELLOY ou BELLOI (Pierre Laurent BUYRETTE de), littérateur, membre de l'Académie française, né à Saint-Flour, en Auvergne, en 1727, mort en 1775.

— Le Siége de Calais. — Voy. **Chefs-d'œuvre tragiques,* tome I.

La 1ʳᵉ édition de cette pièce est de 1765.

BELLOY (Aymar de ROUSSEL DE), né à Dromesnil (Somme), en 1822, mort à Metz, en 1847.

— Mélanges. Recueil de divers essais littéraires (en vers et en prose). In-8° de 24 f. 1848. Doullens, *imprimerie Vion.*

BELLUNE (Claude VICTOR PERRIN, duc de), pair et maréchal de France, né à Lamarche (Vosges), en 1764, mort à Paris, en 1841.

— Extraits de mémoires inédits de feu Claude Victor Perrin, duc de Bellune, pair et maréchal de France, etc. In-8° avec 3 plans. 1846. *Dumaine.* 7 fr. 50 c.

— Mémoires de Claude Victor Perrin, duc de Bellune, pair et maréchal de France, mis en ordre par son fils ainé Victor François Perrin, duc de Bellune. Tome Iᵉʳ. In-8° avec 4 cartes. 1847. *Ibid.* 6 fr.

La publication n'a pas été continuée.

BELLUNE (Victor François PERRIN, duc de), fils du précédent, né à Milan, en 1796, mort en 1853. Il avait été nommé sénateur en 1853.

— Extraits d'une histoire inédite des guerres de la république et de l'empire. Gr. in-8°. 1853. *Dumaine.*

BELLUNE (duc de), fils du précédent et, par conséquent, petit-fils du maréchal Victor, né à Paris, en 1828.

— Préliminaires de la Convention du 15 septembre. 1862-1864. In-8°. 1865. *Douniol.* 1 fr.

BELLY (Félix).

— Percement de l'isthme de Panama par le canal de Nicaragua. Exposé de la question. In-8° avec 2 cartes. 1858. *Librairie nouvelle.* 2 fr.

Le même en langue allemande. *Ibid.* 2 fr.

BELLYNCK (Auguste), de la Compagnie de Jésus, professeur d'histoire naturelle au collége N. D. de la Paix à Namur, membre correspondant de l'Académie royale de Belgique, et de plusieurs autres sociétés savantes, né à Bergues (département du Nord), en 1814.

— Flore de Namur, ou Description des plantes, soit spontanées, soit cultivées en grand dans la province de Namur, observées depuis 1850. Plantes vasculaires. In-8°. 1855. Namur, *Douxfils.* 5 fr.

— Guide du lecteur, ou Catalogue d'une bibliothèque choisie. 2ᵉ édition. In-8°. 1862. *Ibid.* 2 fr. 50 c.

La 1ʳᵉ édition a été publiée en 1856 sous le titre de : « Bibliothèque choisie établie à Namur ».

— Résumé du cours de zoologie, professé au collége N. D. de la Paix à Namur. In-8°. 1865. *Ibid.* 6 fr.

BELMONT (J. H.).

— Harmonithéisme. Nouvelle doctrine philosophique et religieuse. In-12. 1855. *Desloges.* 2 fr.

BELMONTET (Louis), poëte et homme politique,

député au Corps législatif, né à Montauban, en 1799.

— La Campagne de Crimée. In-8°. 1855. *Librairie nouvelle.*

— Les Deux règnes; poésies. In-8° de 6 f. 1843. *Tresse.*

— Les Lumières de la vie; pensées, maximes et proverbes poétiques. In-12. 1861. *Amyot.* 3 fr. 50 c.

— Le Luxe des femmes et la jeunesse de l'époque. (Vers.) In-16. 1858. *Ibid.* 30 c.

— Les Napoléoniennes. Poésies nouvelles. In-8°. 1859. *Ibid.*

— Les Nombres d'or, par un croyant. In-18. 1845. *Ibid.*

En vers. — La 1re édition était anonyme, mais les suivantes portent le nom de l'auteur.

— Odes nationales sur la campagne d'Italie. In-8°. 1859. *Ibid.* 50 c.

— Poésie de l'Empire français. In-8°. 1853. [*Imprimerie impériale.*] *Amyot.*

— La Poésie de l'histoire. (Odes et autres poésies.) In-8° de 6 f. 1844. *Dubochet.*

— Poésie des larmes. In-12. 1865. *Librairie internationale.* 3 fr.

— Poésies guerrières. In-8°. 1858. *Amyot.* 3 fr.

BELON (le P.), de la Compagnie de Jésus.

— Traité de la perfection de l'État ecclésiastique, ou Considérations sur les devoirs du clergé. 2 vol. in-12. 1853. Tournai, *Casterman.* 2 fr. 50 c.

BELON (Jean Alcibiade), juge de paix à Meyrueis (Lozère), né à Nîmes, en 1800.

— Méditations sur Jésus-Christ, ses œuvres et sa doctrine. In-18, 120 p. 1865. Toulouse, *imprimerie Chauvin.*

Cet ouvrage a été distribué gratis.

BELOST-JOLIMONT a publié une édition des « Commentaires sur la loi des successions », de *Chabot.* — Voy. ce nom.

BELOT (Adolphe), littérateur et auteur dramatique, licencié en droit, reçu avocat au barreau de Nancy, né à la Pointe-à-Pitre (Guadeloupe), en 1830. Il a fait de longs voyages aux États-Unis, au Brésil, etc.

— A la campagne; comédie en un acte. In-12. 1857. *Lévy frères.* 60 c.

— Châtiment. In-12. 1855. *Eug. Didier.* 3 fr.

2e édition revue et augmentée. 1855. *Ibid.*

— L'Habitude et le souvenir; histoire parisienne. In-12. 1865. *Hachette et Cie.* 3 fr. 50 c.

— Les Indifférents; comédie en quatre actes, en prose. In-12. 1864. *Lévy frères.* 2 fr.

— Les Maris à système; comédie en trois actes. In-12. 1862. *Ibid.* 1 fr. 50 c.

— Marthe. Un cas de conscience. Nouvelles. In-16. 1857. *Hachette et Cie.* 1 fr.

— Les Parents terribles; comédie en trois actes, en prose, avec une préface en vers. In-12. 1861. *Lévy frères.* 1 fr. 50 c.

Avec Léon Journault.

— Le Passé de M. Jouanne; comédie en quatre actes. In-12. 1865. *Librairie internationale.* 2 fr.

Avec Henri Crisafulli.

— Un Secret de famille; drame en cinq actes. In-4°. 1859. *Barbré.* 20 c.

— Le Testament de César Girodot; comédie en trois actes, en prose. In-12. 1859. *Ibid.* 1 fr. 50 c.

Avec Edmond Villetard.

— Trois Nouvelles. — La comtesse Emma. — Un cas de conscience. — Marthe. In-12. 1863. *Hachette et Cie.* 2 fr.

— La Vengeance du mari; drame en trois actes. In-12. 1860. *Librairie nouvelle.* 1 fr. 50 c.

— Le Vrai courage; comédie en deux actes. In-12. 1862. *Dentu.* 1 fr.

Avec Raoul Bravard.

BELOT (Charles), docteur en médecine, médecin à la Havane.

— La Fièvre jaune à la Havane, sa nature et son traitement. In-8°. 1865. *J. B. Baillière et fils.* 3 fr. 50 c.

BELOT (Gustave de).

— La République du Salvador. In-8°. 1865. *Dentu.* 1 fr.

BELOT (le R. P. Jean Baptiste), de la Compagnie de Jésus.

— La Prière, arme du chrétien. In-18. 1865. Bar-le-Duc, *Guérin.* 2 fr.

— Les Sept dons du Saint-Esprit, traité ascétique d'après les saints docteurs. In-12. 1864. Clermont-Ferrand, *Bellet.* 1 fr. 50 c.

BELOUINO (Paul), littérateur, docteur en médecine, né vers 1810 à Ponts-de-Cé (Maine-et-Loire).

— Dictionnaire général et complet des persécutions souffertes par l'Église catholique depuis Jésus-Christ jusqu'à nos jours. 2 vol. gr. in-8°. 1851. *Migne.* 16 fr.

Forme les tomes 4 et 5 de la « Nouvelle encyclopédie théologique » publiée par l'abbé *Migne.*

— La Femme; physiologie, histoire, morale. 4e édition, revue et considérablement augmentée par l'auteur. In-8°. 1865. *Ruffet et Cie.* 5 fr.

1re édition. 1845, chez *Waille*; 2e en 1860.

— Histoire d'un coup d'État (décembre 1851), d'après les documents authentiques, les pièces officielles et les renseignements intimes. Précédée d'une introduction et suivie d'une conclusion sur les causes et les conséquences de cette révolution, par M. Amédée de Cesena. In-8°. 1852. *Brunet.* 5 fr.

— Histoire générale des persécutions de l'Église. 10 vol. in-8°. 1848-1856. Lyon, *Périsse frères.* 50 fr.

— L'Oraison dominicale. In-32. 1849. *Waille.* 50 c.

— Des Passions dans leurs rapports avec la religion, la philosophie, la physiologie et la médecine légale. 3e édition. 2 vol. in-8°. 1863. *Ruffet et Cie.* 10 fr.

1re édition en 1844; 2e en 1855.

BELPAIRE (Alph.).

— Traité des dépenses d'exploitation aux chemins de fer. In-8°. 1847. Bruxelles. 8 fr.

BELSUNCE (le vicomte de).

— Histoire des Basques depuis leur établissement dans les Pyrénées-Occidentales jusqu'à nos jours. Tomes II et III. 2 vol. in-8°. 1847. Bayonne, *imprimerie Lespès.*

Continuation de « l'Histoire primitive des Euskariens-Basques », par Augustin *Chaho.* — Voy. ce nom.

BELTREMIEUX (Édouard).

— Faune du département de la Charente-Inférieure. In-8° avec 8 pl. 1864. [La Rochelle.] *Savy.* 4 fr.

Extrait des « Annales de l'Académie de La Rochelle ».

BELUGOU (Mlle Lucie).

— Encyclique de l'amour. Le Fruit permis. Allégorie. In-8°. 1865. Béziers, *Bertrand.*

BELUZE (l'abbé).

— Pérégrinations en Orient et en Occident. 3e édition. Tome Ier. In-12. 1864. *Lethielleux.* 3 fr. 50 c.

BELUZE (Jean Pierre).

— Les Associations, conséquences du progrès. Crédit du travail. In-12. 1863. *Chez l'auteur, rue Baillet,* 3. 1 fr.

— Lettres icariennes. 1re à 14e livraisons. In-12. 1859-1864. *Ibid.* Chaque livraison, 50 c.

BELVAL (Ch.), pharmacien, docteur ès sciences naturelles, conservateur au Musée royal d'histoire naturelle de l'État, secrétaire du comité de salubrité de Saint-Josse-Ten-Noode (Belgique).

— Études sur quelques questions d'hygiène administrative. In-8°. 1865. Bruxelles, *H. Manceaux.* 2 fr.

BEMMEL (Van). — Voy. **Van Bemmel.**

BEN (Paul), pseudonyme de M. Paul **Chareau.**

BEN BARUCH CRÉHANGE (A.). — Voy. **Créhange.**

BEN GANNACH. — Voy. **Jona ben Gannach.**

BEN JONSON. — Voy. **Jonson.**

BEN LÉVI (G.). — Voy. **Weil** (G.).

BEN MAÏMOUN (Moïse). — Voy. **Maïmoun.**

BEN NEGGAD. — Voy. **Tahar Ben Neggad.**

BÉNACHAUD (Bellair), propriétaire cultivateur à Linars (Charente), né dans le même village en 1827.

— Le Solitaire amoureux à quatre-vingt-dix ans. — Voy. *Baudin et Bénachaud.*

BÉNARD, adjudant sous-officier au régiment de gendarmerie de la garde impériale, adjoint à l'officier directeur des écoles.

— Recueil des règles d'orthographe, de principes et d'usage propres à aplanir les principales difficultés que présentent les expressions et les mots les plus usités de la langue française. In-12. 1859. Ve *Maire-Nyon.* 1 fr. 25 c.

BÉNARD (Ch.).

— Les Crimes de l'amour. In-32. 1858. *Delahays.* 1 fr.

BÉNARD (l'abbé Charles), membre de l'Académie de Stanislas de Nancy, né en 1812.

— Bible des écoles, ou Histoire sainte à l'usage de l'enfance chrétienne; ouvrage couronné à Nancy. In-18. 1862. Tournai, *Casterman.* 80 c.

— Le Christ et César, ou le Christ-roi. L'Église primitive et le Césarisme. In-12. 1864. [Nancy, *Vagner.*] *Lethielleux.* 2 fr. 50 c.

Cet ouvrage a été saisi et l'auteur condamné à 1,000 fr. d'amende.

— Examen à l'usage du clergé. In-12. 1860. [Nancy, *Vagner.*] *Palmé.* 1 fr.

— Histoire de la révélation ou de la religion chrétienne, Ancien et Nouveau Testament. 2e édition, entièrement refondue et complétée. 4 vol. in-12. 1863. Tournai, *Casterman.* 8 fr.

La 1re édition a été publiée en 1850. 3 vol. in-12. Nancy, *Vagner.*

— Histoire sainte, Ancien et Nouveau Testament, à l'usage des écoles et des familles chrétiennes. In-12. 1858. [Nancy.] *Lecoffre et Cie.* 1 fr. 50 c.

Le prix de chaque partie séparée est de 1 fr.

— Vérité sur le « Christ et César » (saisi). Réponse à toutes les attaques. Justification de l'auteur par les évêques et le souverain pontife. In-12, 35 p. 1865. Strasbourg, *imprimerie Silbermann.*

— Vie de notre Seigneur Jésus-Christ. 2e édition. In-12. 1862. Tournai, *Casterman.* 3 fr.

M. l'abbé Bénard a traduit de l'allemand : « l'École du prêtre », de *Tanner.* — Voy. ce nom.

BÉNARD (Charles), docteur ès lettres, professeur de philosophie au lycée Charlemagne à Paris, né en 1808.

— L'Enseignement actuel de la philosophie dans les lycées et les colléges, ou les Antinomies de la logique classique. In-8°. 1863. *Ladrange.* 1 fr. 50 c.

— Logique, suivie d'une analyse des auteurs et d'un memento ou formulaire pour l'examen de logique du baccalauréat ès lettres. In-18. 1858. *Dezobry et Magdeleine.* 1 fr. 50 c.

— La Logique enseignée par les auteurs. In-8°. 1858. *Ibid.* 3 fr. 50 c.

Ouvrage formant le complément du « Précis de philosophie ».

— Manuel d'études pour la préparation au baccalauréat ès lettres; rédigé conformément au nouveau programme du 26 novembre 1849. Philosophie. In-18. 1850. *Ibid.*

— Nouveau manuel de philosophie, rédigé conformément au programme du 8 septembre 1863, suivi d'une analyse des auteurs prescrits et d'un memento pour l'examen des baccalauréats. In-12. 1863. *Tandou et Cie.* 2 fr.

— De la Philosophie dans l'éducation classique. In-8°. 1862. *Ladrange.* 7 fr. 50 c.

— Précis de philosophie. 4e édition, revue et corrigée. In-8°. 1863. *Tandou et Cie.* 7 fr. 75 c.

1re édition. In-8°. 1841. Joubert. 7 fr.; 2e édition. In-8°. 1851. Dezobry. 7 fr. 50 c.; 3e édition. 1857. *Ibid.* 7 fr. 50 c.

M. Ch. Bénard a traduit de l'allemand : « Cours d'esthétique », de W. F. *Hegel,* et « la Poétique », *du même.*

BÉNARD (Louis).

— Histoire de Boulogne-sur-Mer. — Voy. *Hautefeuille* (Aug.).

BÉNARD (Théodore), chef-adjoint au ministère de l'instruction publique, officier d'académie, né à Paris, en 1815.

— Abrégé de l'histoire de France, depuis l'établissement des Francs dans les Gaules jusqu'à Napoléon III, à l'usage des cours annexes des lycées, des collèges communaux et des écoles primaires. In-18. 1855. *Eug. Belin.* 75 c.

3e édition en 1863.

— Dictionnaire classique universel français, historique, biographique, mythologique, géographique, etc. In-18. 1860. *Ibid.* 2 fr. 60 c.

14e édition en 1866.

— Nouveau dictionnaire de la langue française. — Voy. *Leroy* (Ch.) et *Bénard.*

— Nouveau traité de cosmographie élémentaire. In-18. 1864. *E. Belin.* 60 c.

— Nouveau manuel de civilité chrétienne, contenant un choix d'anecdotes historiques pouvant servir d'exemples pour l'explication des règles de la politesse. A l'usage des institutions et des maisons religieuses d'éducation. In-12. 1856. *Ibid.* 90 c.

6e édition en 1866.

— Petit abrégé de géographie moderne à l'usage des écoles primaires. In-12. 1854. *Ibid.* 60 c.

— Petit traité d'analyse grammaticale. In-18. 1859. *Ibid.* 50 c.

Avec M. Darrèche.

— Petite civilité chrétienne à l'usage des écoles primaires. In-18. 1856. *Ibid.* Cartonné, 30 c.

7e édition en 1866.

BÉNARD (T. N.).

— Les Lois économiques. In-16. 1856. *Guillaumin.* 2 fr.

— Servage des gens de mer, lettres à S. Ém. le cardinal Mathieu. In-12. 1862. *Dentu.* 2 fr.

BÉNARD-AUBERT, ancien fabricant.

— Le Bonheur de penser et d'écrire, ou les Réflexions survenues par le désœuvrement après la révolution de février, par un des membres de la grande famille ouvrière, Bénard-Aubert. In-12, 476 p. 1865. Le Mans, *Monnoyer frères.*

Ne se vend pas. — Tiré à 100 exemplaires.

BÉNAVILLE (de).

— Quelques idées d'un gentilhomme campagnard sur l'agriculture. In-12, 100 p. 1865. Nancy, *imprimerie Collin.*

BENAZECH (Jean), professeur de langues étrangères à Toulouse, membre de l'Université, né à Castres (Tarn), en 1824.

— Cours progressif de langue anglaise. In-8°. 1855. Toulouse, *Gimet.* 5 fr.

— Clef de l'interprète français et anglais, ou Exercices théoriques et pratiques sur la conversation anglaise. 1re partie. In-8°. 1858. Toulouse, *Privat.* 2 fr. 50 c.

La 2e partie n'a pas été faite.

— L'Interprète français et anglais, ou Vocabulaire raisonné de la conversation anglaise. In-8°. 1857. Toulouse, *Delsol.* 6 fr.

— Nouveau manuel théorique et pratique de la langue espagnole. In-16. 1863. Toulouse, *Gimet.* 1 fr. 25 c.

BENAZET (J. Octave).

— Gustave, ou l'Instruction morale des peuples par les souvenirs. In-8°. 1845. *Amyot.* 7 fr. 50 c.

BENAZET (Théodore), avocat à la cour royale de Paris.

— Contre le remboursement. Janvier 1840. In-8°. 1840. *Ch. Gosselin.* 2 fr.

— Règne de Louis XI. In-8°. 1847. *Comon.* 7 fr. 50 c.

BENCE, ouvrier bûcheron à la Ferté en Bray.

— De la Vérité et de la Médisance, par Bence, de la Ferté en Bray (Seine-Inférieure). In-8°. 1861. Rouen, *Lanctin.* 1 fr. 50 c.

BENCKENDORFF ou BENKENDORFF (le comte Constantin de), aide de camp de S. M. l'empereur de Russie.

— Souvenir intime d'une campagne au Caucase pendant l'été de l'année 1845. In-8° de 181 p. avec 1 portrait et 1 carte. 1858. *Imprimerie Didot frères.*

Pas dans le commerce.

BENDZ (le docteur Jacques Chrétien), chirurgien-major et médecin à Copenhague, né à Odensé dans l'île de Fionie (Danemark), en 1802, mort à Copenhague, en 1858.

— Considérations pratiques sur l'Adénite meïbomienne et la Périchondrite tarsienne, connue sous le nom de chalazion ou grêlon des paupières. Mémoire présenté au congrès d'ophthalmologie de Bruxelles. In-8°. 1858. Copenhague, *Gyldendal.* 1 fr. 25 c.

— Quelques considérations sur la nature de l'ophthalmie militaire, par rapport à son apparition dans l'armée danoise en 1851. Mémoire présenté au congrès d'ophthalmologie de Bruxelles; session de 1857. In-8°. 1858. *Ibid.* 2 fr. 50 c.

BENECH, professeur de droit romain à la Faculté de droit de Toulouse, suicidé en...

— La Cour de parlement de Toulouse séant à Castelsarrasin, épisode des troubles de la Ligue. In-8° de 5 f. 1854. Toulouse, *imprimerie Douladoure.*

Extrait des « Mémoires de l'Académie de Toulouse ».

— Cujas et Toulouse, ou Documents nouveaux constatant que Cujas n'a jamais échoué dans la dispute d'une régence de droit civil, à l'Université de Toulouse, accompagnés d'aperçus historiques sur cette Université. In-8° de 9 f. 1842. Toulouse, *imprimerie Dieulafoy.*

— Du Droit de préférence en matière de purge des hypothèques légales dispensées d'inscription et non inscrites, ou Réfutation de la jurisprudence de la Cour de cassation sur les conséquences attachées à cette purge. In-8°. 1853. *Alph. Leclère.* 4 fr.

— Études sur les classiques latins, appliquées au droit romain. 1re série. Les Satiriques. Horace, Perse, Martial, Juvénal. In-8°. 1853. *Franck.* 4 fr.

— De l'Emploi et du remploi de la dot sous le régime dotal. In-8°. 1846. *Leclerc.* 6 fr.

— De l'Enseignement du droit français dans la Faculté de droit civil et canonique de l'ancienne Université de Toulouse. In-8°. 1847. *Cotillon.* 4 fr.

— De l'Illégalité de l'adoption des enfants naturels. In-8°. 1844. *Ibid.* 4 fr.

— Mélanges de droit et d'histoire. Publiés sous les auspices de l'Académie de législation et précédés d'une notice sur la vie et les travaux de l'auteur. In-8°. 1857. [Toulouse.] *Ibid.* 7 fr.

— Nantissement appliqué aux droits, créances et reprises de la femme sur les biens de son mari. In-8°. 1855. [Toulouse.] *Ibid.* 3 fr.

— De la Quotité disponible entre époux, d'après l'article 1094 du Code civil, ou Nouvelle explication de cet article. In-8°. 1842. Toulouse, *imprimerie Bertrand*. 6 fr.

— Réplique aux observations présentées par M. Berriat Saint-Prix, sur l'ouvrage intitulé : Cujas et Toulouse. In-8° de 2 f. 1843. *Joubert*.

— Les Visigoths et les études à Toulouse. In-8° de 3 f. 1855. Toulouse, *imprimerie Bonnal et Gibrac*.

Mémoire lu à l'Académie des jeux floraux, dans sa séance de rentrée du 1er décembre 1854.

BÉNECH (Louis Victor), docteur en médecine, mort vers 1815.

— Du Choléra-morbus, de ses causes, de sa nature, de ses moyens préservatifs et de son traitement. In-8°. 1848. *J. B. Baillière*. 1 fr.

— Pathologie naturelle et générale. Tome 1er. (Seul paru.) In-8°. 1851. *Ibid*. 7 fr. 50 c.

L'ouvrage devait avoir 2 volumes.

— Recueil d'observations médicales constatant la supériorité de la médecine naturelle. 2e édition. In-8°. 1845. *Ibid*. 5 fr.

BENÈCHE (Jules), professeur, bibliothécaire de la ville d'Elbeuf, né à Carcassonne, en 1810.

— Aux Bords du Permesse. Quelques poésies. In-8°. 1859. Rouen, *Giroux et Renaux*. 1 fr.

— Fleurs d'automne ; poésies diverses. In-18. 1862. Rouen, *Ibid*. 1 fr. 50 c.

— Fleurs des champs. Quelques poésies mêlées de prose. In-12. 1860. Elbeuf, *imprimerie Levasseur*. 5 fr.

BENEDEN (Van). — Voy. **Van Beneden.**

BENEDICTUS. — Voy. **Benoît.**

BÉNÉDIT (G.), professeur de chant et de déclamation au conservatoire de Marseille.

— Le Jeu de dominos. Poëme en vers français. In-12, avec portraits. 1856. Marseille, *imprimerie Barlatier-Feissat et Demouchy*. 1 fr.

— Quelques réflexions relativement à la liberté des théâtres en province. In-12. 1864. *Ibid*. 50 c.

BENEDIX (Roderich), littérateur et auteur dramatique allemand, directeur de différents théâtres d'Allemagne, né à Leipzig, en 1811.

— Dieu merci, le couvert est mis. — Voy. **Gozlan.**

— La Prison ; comédie en quatre actes. Appropriée à la scène française, par C. Hombourg. In-12. 1856. *Bohné et Schultz*. 1 fr.

BENEKE (le docteur Frédéric Édouard), professeur à l'Université de Berlin, né à Berlin, en 1798, mort en 1854.

— Nouvelle psychologie, composée d'après des principes méthodiques, à l'usage des professeurs, etc. Traduit de l'allemand, par J. Blockhuys. In-8°. 1862. Bruxelles, *F. Claassen*. 3 fr. 50 c.

L'original allemand a été publié en 1845 à Berlin.

BENEY (L. E.), curé de Liernais (Côte-d'Or).

— Cours d'instructions sur le sacrement de pénitence. In-12. 1853. Liernais, *chez l'auteur*. 3 fr. 75 c.

— Le Grand jour de la vie. Manuel pratique d'un enfant pour la retraite, la veille, le jour et le lendemain de la première communion, tenant lieu de tout autre livre. In-32. 1855. Lyon, *Périsse frères*.

BENEYTON (Charles Amédée), receveur des finances, né vers 1814.

— Chroniques, contes et légendes. In-4°. 1854. [Metz, *Pallez et Rousseau*.] *Dumoulin*. 8 fr.

BÉNÉZET (Étienne), rédacteur de la « Gazette du Languedoc », à Toulouse, et de plusieurs autres journaux, né à Lagrasse (Aude), en 1805.

— Lettres à un ouvrier sur l'éducation de son fils. In-12. 1857. *Dillet*. 1 fr. 25 c.

— La Question religieuse. Réponse à la brochure : Pape et empereur. In-8°. 1860. Toulouse, *Delboy*. 1 fr.

— Le Repos dominical. Lettres au rédacteur du « Siècle ». In-8°. 1855. Toulouse, *imprimerie Montaubin*. 30 c.

BÉNÉZET (Joseph Xavier Guérin-). — Voy. **Guérin-Bénézet.**

BENFELD (Paul).

— Philosophie des gens mariés. In-18. 1855. *Moquet*. 2 fr.

BENGY-PUYVALLÉE (Ph. J.), député de la noblesse des États généraux de 1789, né à Bourges, en 1743, mort en 1823.

— Mémoire historique sur le Berri, et particulièrement sur quelques châteaux du département du Cher. In-8° de 4 f. 1842. [Bourges, *Vermeil*.] *Dumoulin*.

BENGY-PUYVALLÉE (C. A. de), né à Bourges, en 1778, mort en 1836.

— Mémoire sur la culture du pêcher. 2e édition. In-12 avec 3 pl. 1860. [Bourges], *Librairie agricole*. 3 fr. 50 c.

— Société d'agriculture du département du Cher. Réimpression des Mémoires de M. C. A. de Bengy-Puyvallée, sur la culture des prairies artificielles. In-8° de 10 f. 1842. Bourges, *imprimerie Jollet-Souchois*.

BENIQUÉ (J.), docteur en médecine.

— Réflexions et observations sur le traitement des rétrécissements de l'urètre. In-8°. 1845. *J. B. Baillière*. 1 fr. 50 c.

BENITO DEL RIO. — Voy. **Del Rio.**

BENJAM, pseudonyme de **Gradis** (Benjamin).

BENJAMIN. — Voy. **Antier** (Benjamin).

BENJAMIN, médecin-vétérinaire à Paris.

— Considérations générales sur l'emploi du cheval hongre affecté aux transports rapides et aux services publics des grandes villes. In-8° de 35 p. 1864. *Imprimerie Renou et Maulde*.

— Traité abrégé des connaissances extérieures du cheval, ou Moyens de reconnaître l'aptitude des chevaux aux différents services. In-12. 1854. Ve Comon. 4 fr. 50 c.

BENJAMIN II (I. J.). — Voy. **Israël.**

BENJAMIN (la sœur), supérieure de l'asile de la Sainte-Enfance à Hong-Kong.

— Six mois sur l'Océan pour le rachat et le salut des petits Chinois, ou Histoire de la traversée de quatre sœurs de Saint-Paul de Chartres de France en Chine, racontée jour par jour. In-12. 1860. [Chartres, *Dubois*.] *Camus*. 1 fr.

BENJAMIN-CONSTANT. — Voy. **Constant de Rebecque.**

BENLOEW (Louis), philologue français, d'origine allemande, professeur à la Faculté des lettres de Dijon, né à Erfurt (Prusse), en 1818.

— De l'Accentuation dans les langues indo-européennes tant anciennes que modernes. In-8°. 347. *Hachette*. 6 fr.

— Aperçu général de la science comparative es langues, pour servir d'introduction à un traité omparé des langues indo-européennes. In-8°. 358. *A. Durand*. 2 fr.

— Précis d'une théorie des rhythmes. 1re partie : hythmes français et rhythmes latins. In-8°. 1862. *ranck*. 3 fr. 50 c.

— 2e partie : Des rhythmes grecs et particulièrement des modifications de la quantité prosodique, amenées par le rhythme musical. In-8°. 862. [Dijon], *Franck*. 4 fr.

L'ouvrage aura une 3e partie.

— De quelques caractères du langage primitif, à l'Académie des inscriptions et belles-lettres, 30 octobre 1861. In-8°. 1862. *Hérold*. 1 fr. 50 c.

— Recherches sur l'origine des noms de nomre japhétiques et sémitiques. In-8°. 1862. Giessen, *Ricker*. 2 fr. 70 c.

— Les Sémites à Ilion, ou la Vérité sur la guerre e Troie. In-8°. 1863. *Hérold*. 1 fr. 25 c.

— De Sophoclis dicendi genere cum Aeschyli uripidisque comparato. In-8°. 1847. *Hachette*. fr.

— Théorie de l'accentuation latine. — Voy. H. *Weill et Benloew*.

M. Benloew a publié une édition classique des tragédies de Sophocle.

BENNET (James Henri), docteur en médecine e la Faculté de Paris, membre du collège royal es médecins, et ex-médecin-accoucheur de l'hôpital « Royal Free » à Londres, né à Manchester, n 1816.

— Traité pratique de l'inflammation de l'utérus, e son col et de ses annexes. Traduit de l'anglais ur la seconde édition, par F. A. Aran. In-8°. 1850. *abé*. 6 fr.

— Traité pratique de l'inflammation de l'utérus, e son col et de ses annexes, et des rapports de ette inflammation avec les autres affections utéines. Traduit et annoté sur la 4e édition, par le octeur Michel Peter. In-8°. 1864. *Asselin*. 9 fr.

BENOID (Jules), juge.

— Études et parallèles des mots, ou Revue brégée, morale, politique, historique et comparative des temps. In-8°. 1860. [Ganat, *Bourroux*.] *Jachette et Cie*. 5 fr.

— Le même. Nouvelle édition, remaniée, sous e titre : Études parallèles et morales. In-12. 1865. Clermont-Ferrand, *Thibaut*.

— Indication sommaire des opérations pratiques des maires et adjoints des communes, conidérés comme officiers publics de police préventive, de justice criminelle et de juridiction de imple police. In-8°. 1841. Riom, *imprimerie Leoyer*. 1 fr. 25 c.

— Traité et manuel synthétiques et pratiques es Codes pénal et d'instruction criminelle. In-8°. 845. *Videcoq*. 4 fr.

BENOIST (Eugène), ancien élève de l'École ormale, docteur ès lettres, professeur au lycée impérial de Marseille, né à Nangis (Seine-et-Marne), en 1831.

— Guichardin, historien et homme d'État italien au xvie siècle. Étude sur sa vie et ses œuvres, accompagnée de lettres et de documents inédits. In-8°. 1862. [Marseille], *A. Durand*. 5 fr.

Thèse pour le doctorat ès lettres.

— Lettre à M. Egger, membre de l'Institut, sur divers passages de l'« Aulularia » (comédie de Plaute). In-8°, 40 p. 1865. [Lyon, *imprimerie Perrin*.] *Durand*. 3 fr.

— Lettres de Philippe de Commynes. — Voy. *Commynes*.

— De Personis muliebribus apud Plautum. In-8°. 1862. [Marseille.] *Durand*. 2 fr.

M. Benoist a publié avec préface et notes en français : « Cistellaria et Rudens », de *Plaute*.

BENOIST (Honoré), homme de lettres, membre de la Société d'archéologie, d'histoire et de littérature de Beaune, né à Grancey-le-Château (Côte-d'Or), en 1831.

— La Contagion des lettres; comédie en un acte en vers; représentée la 1re fois sur le Théâtre des jeunes artistes, le 17 juillet 1865. In-12. 1865. *Cournol*. 1 fr.

— Cours de thèmes calqués sur les versions de l'Epitome historiæ sacræ, avec le texte latin en regard. In-12. 1854. [Beaune, *Blondeau-Dejussieu*.] Ve *Maire-Nyon*. 2 fr. 50 c.

Avec Antoine Hudelot.

— Les Dupes du cœur. Deux ombres. In-12. 1865. *Cournol*. 3 fr.

— Le Jeune Louis, ou les Leçons d'un bon maître. In-12. 1862. Tournai, *Casterman*. 60 c.

— Jules, ou l'Enfant trouvé. In-18. 1862. *Ibid*. 30 c.

— Les Anecdotes morales du père Grégoire. In-18 avec grav. 1862. *Ibid*. 30 c.

— Les Soirées du père Grégoire. In-18 avec grav. 1862. *Ibid*. 30 c.

— Le Supplice de Tantale; pièce en un acte, avec couplets. In-18. 1863. *Gauguet*. 60 c.

BENOIST DE MATOUGUES.

— Dictionnaire de géographie sacrée et ecclésiastique, contenant le Dictionnaire géographique de la Bible, par Barbié du Bocage, etc. 3 vol. gr. in-8°. 1848-1849. *Migne*. 24 fr.

Forme les tomes 28, 29 et 30 de la « Première encyclopédie théologique », publiée par l'abbé *Migne*. — Le 3e volume, par M. de Chesnel, contient un traité de Géographie moderne.

— Testament de Robert Macaire. Pensées, maximes de ce célèbre personnage, publiées par Benoist de Matongues. In-8°. 1840. *Chez les marchands de nouveautés*. 7 fr.

— Vie de Sa Sainteté Pie IX, ou Biographie de cet auguste pontife, suivie de pièces justificatives et d'un tableau chronologique des papes, depuis saint Pierre jusqu'à ce jour. In-12, avec portrait. 1847. *Hivert*. 60 c.

M. Benoist de Matongues a publié une édition des : « Œuvres » de saint Jérôme. — Voy. *Jérôme*.

BENOÎT d'Aniane (saint), né dans le Languedoc vers 750, mort en 821 dans un monastère aux environs d'Aix-la-Chapelle.

— Opera. — Voy. *Migne*, Patrologie latine, tome 103.

BENOÎT XIV (Prosper LAMBERTINI), pape, né à Bologne, en 1675, mort à Rome, en 1758.

— Histoire des mystères et des fêtes de notre Seigneur et de sa sainte Mère, par le pape Benoît XIV; traduite en français et annotée par l'abbé J. B. E. Pascal. 2 vol. in-8°. 1863. *Vivès.* 10 fr.

BENOÎT, trouvère anglo-normand du XIIe siècle.

— Chronique des ducs de Normandie. Publiée pour la première fois d'après un manuscrit du musée britannique, par Francisque Michel. 3 vol. in-4°. 1837-1844. *Didot frères.* 36 fr.

Fait partie de la « Collection de documents inédits sur l'histoire de France ».

BENOÎT (l'abbé).

— Étude historique sur l'origine et l'établissement de la puissance temporelle des papes. In-12. 1861. [Avignon], *Pélagaud et Cie.* 50 c.

BENOÎT (le R. P.).

— Nos Consolations en Marie; recueil d'instructions et d'exemples sur les prérogatives de la Mère de Dieu, etc.; traduit de l'allemand par un humble serviteur de Marie. In-12. 1858. Tournai, *Casterman.* 2 fr.

BENOÎT (le docteur P. E. BARTHÉLEMY-). — Voy. **Barthélemy-Benoît.**

BENOÎT (Charles), doyen de la Faculté des lettres de Nancy, né à Nancy, en 1815.

— Des Chants populaires dans la Grèce antique. In-8°, 61 p. 1857. Nancy, *Grimblot, Ve Raybois et Cie.*

Extrait des « Mémoires de l'Académie de Stanislas ».

— Essai historique sur les premiers manuels d'invention oratoire jusqu'à Aristote. In-8°. 1846. *Joubert.* 3 fr.

— Essai historique et littéraire sur la comédie de Ménandre, avec le texte de la plus grande partie des fragments du poëte. In-8°. 1854. *Didot frères.* 5 fr.

— Chateaubriand, sa vie et ses œuvres; étude littéraire et morale. In-12. 1865. *Didier et Cie.* 3 fr.

— Historica de M. T. Ciceronis officiis commentatio. In-8°. 1846. *Joubert.* 2 fr.

BENOÎT (C. L.), meunier à Châtillon.

— La Vraie manière d'élever, de multiplier et d'engraisser les oies à la ville et à la campagne. 2e édition. In-12. 1861. *Tissot.* 50 c.

La 1re édition est de 1847.

BENOÎT (Émile).

— Système de drainage, breveté s. g. d. g. In-8° avec 1 pl. 1857. *Librairie agricole.* 1 fr.

— Traité élémentaire et pratique des manipulations chimiques, et de l'emploi du chalumeau. In-8°. 1854. *J. B. Baillière.* 8 fr.

BENOÎT (Mlle Eulalie), directrice de pensionnat à Reims, née à Paris, en 1810.

— Brésil et France, ou l'Album d'Éléonore. In-18. 1853. Tournai, *Casterman.* 80 c.

— Cécile, la jeune organiste. In-12. 1856. Limoges, *Ardant.* 60 c.

— La Chaumière de Haut-Castel, ou la Foi victorieuse de l'orgueil. In-8° avec 1 grav. 1858. Tournai, *Casterman.* 1 fr. 20 c.

— Les Fils de la veuve. In-18. 1840. *Gaume frères.* 80 c.

Nouvelle édition en 1860, chez Ardant à Limoges.

— Le Père François, ou l'École des bons serviteurs. In-12. 1858. Tournai, *Casterman.* 1 fr. 20 c

— La Tante Marguerite, ou Six mois en Normandie. In-18. 1841. *Gaume frères.* 80 c.

— Valentin, ou l'Ascendant de la vertu. In-18. 1841. *Ibid.* 80 c.

— Victorin de Feltro, ou De l'Éducation en Italie à l'époque de la Renaissance. 2 vol. in-8° 1853. *Ibid.* 10 fr.

— Vie de saint Jean de Kanti. In-12. 1862. [Reims, *Brissart-Binet.*] *Gaumes frères.* 4 fr. 50 c.

— Visites de Madame Marguerite. In-12. 1860. Tournai, *Casterman.* 1 fr. 20 c.

BENOÎT (H.), docteur en médecine.

— Du Choléra dans la vallée de Giromagny et des moyens qui ont réussi pour arrêter les progrès de l'épidémie de 1854. In-8° de 3 f. 1856. Strasbourg, *Treuttel et Würtz.*

BENOÎT (Henri) a traduit de l'allemand : « Influence des progrès du fusil d'infanterie, etc. », de W. de *Kamptz*, et : « Des Méthodes en usage pour reconnaître la quantité de salpêtre pur, etc. », du docteur G. *Werther.* — Voy. ces noms.

BENOÎT (J.), professeur d'anatomie à la Faculté de médecine de Montpellier.

— Mémoires de médecine et de chirurgie cliniques. Tome Ier. 1re partie. In-8°. 1850. *J. B. Baillière.* 3 fr.

BENOÎT (J.).

— Histoire des paysans et de leur condition à travers les siècles. In-12. 1854. Genève, *Lauffer et Cie.* 1 fr. 50 c.

BENOÎT (Jos.), ancien régent de rhétorique à l'Académie de Dijon.

— Le Complément des grammaires et des dictionnaires français. 2e édition, entièrement refondue et précédée d'une lettre de M. H. G. Moke. In-8°. 1860. Bruxelles. 3 fr. 50 c.

BENOÎT (Louis), maire de Berthelming, suppléant à la justice de paix du canton de Fénétrange, membre de plusieurs sociétés savantes, né à Berthelming (Meurthe), en 1826.

— L'Abbaye de Graufthal (Claustriacum). In-8° avec pl. 1865. Strasbourg, *imprimerie Berger-Levrault.* 3 fr.

— Exposition de la doctrine chrétienne, en vers français. In-32. 1864. *Douniol.* 2 fr.

— Notes sur la Lorraine allemande. Les Corporations de Fénétrange. In-8° avec pl. 1864. Nancy, *imprimerie Lepage.* 1 fr. 50 c.

— Notes sur la Lorraine allemande. Les Rhingraves et les reitres pendant les guerres de religion du XVIe siècle. In-8° avec pl. 1860. *Ibid.* 3 fr.

— Les Voies romaines de l'arrondissement de Sarrebourg. In-8° avec carte. 1865. *Ibid.* 1 fr.

M. Louis Benoît collabore dans plusieurs journaux d'archéologie locale.

BENOÎT (Philippe Martin Narcisse), ingénieur et topographe, né à Saint-Pons (Hérault), en 1791.

— Guide du meunier et du constructeur de moulins. 2 vol. in-8°. 1863. *Mallet-Bachelier.* 16 fr.

— Nouveau manuel complet du boulanger, du négociant en grains, du meunier et du constructeur de moulins. Nouvelle édition, entièrement

efondue. 2 vol. in-18, avec 10 pl. 1845. *Roret.*
5 fr.

Avec MM. Julia de Fontenelle et F. Malepeyre.

— Le même. Nouvelle édition, entièrement refondue. 2 vol. in-18, avec 20 pl. 1856. *Ibid.* 7 fr.

Collection des Manuels-Roret. — La 1re édition a paru en
1825 sous le nom de M. Dessables.

— La Règle à calcul expliquée, ou Guide du
calculateur à l'aide de la règle logarithmique à ti-
roir, dans lequel on indique les moyens de construire cet instrument, et l'on enseigne à opérer
toute sorte de calculs numériques. In-12 avec 1 pl.
1853. *Mallet-Bachelier.* 6 fr.

BENOÎT (S.), vérificateur des poids et mesures.

— Le Système métrique français. — Historique.
— Législation. — Théorie. — Réglementation. —
Numération. — Calcul. — Pratique. — Pénalité.
— Guide théorique et pratique de l'acheteur et du
vendeur. In-12. 1857. [Lons-le-Saulnier, *Escalle.*]
Fouraut. 1 fr. 50 c.

— Le même. 2e édition, revue, corrigée et augmentée. In-12. 1860. [Lons-le-Saulnier], *P. Dupont.* 3 fr.

— Le Système métrique français; manuel des
élèves des écoles primaires et des classes élémentaires des collèges, rédigé d'après les programmes
officiels. In-12. 1861. *P. Dupont.* 50 c.

BENOÎT-CHAMPY (Bernard Gabriel), licencié
ès lettres, docteur en droit, né à Paris, en 1835.

— Essai sur la complicité. In-8°. 1861. *A. Durand.* 2 fr.

BENOITS (P. J.).

— Voyage à Surinam; description des possessions néerlandaises dans la Guyane. In-4° avec 50
pl. lithographiées. 1858. [Bruxelles, *Bruylant-
Christophe et Cie.*] 20 fr.

Reproduction exacte de la 1re édition qui a été publiée en
1839.

BENONI (Lorenzo).

— Mémoire d'un conspirateur italien. — Voy.
Rufini.

*Benoni et le petit manteau bleu. Simple récit
pour les enfants, traduit de l'allemand. In-12. 1858.
Neuchâtel, *Delachaux.* 75 c.

BENSA (l'abbé Antoine Xavier Marie), ancien
professeur de philosophie et de théologie dogmatique, chanoine honoraire de Perpignan, né à
Nice, en 1813.

— Juris naturalis universi summa ad errores
hodiernos revincendos accommodata. 2 vol. in-8°.
1856. *Leroux et Jouby.* 12 fr.

— Manuel de logique pour le baccalauréat, à
l'usage des collèges catholiques. Rédigé d'après
le dernier programme officiel. In-12. 1855. *Ibid.* 3 fr.

— Le Vrai point de la question entre traditionalistes et semi-rationalistes et les fondements
du vrai traditionalisme. In-8°. 1855. *Gaume.* 1 fr.

M. l'abbé Bensa a collaboré pendant quelque temps aux
journaux « l'Univers » et « le Monde ».

BENSCH (A.), propriétaire-colon en Algérie.

— Calendrier de l'agriculture. — Voy. *Vallier.*

BENTHAM (Jérémie), publiciste et économiste
anglais, né en 1749, mort à Londres, en 1832.

— Lettres sur la défense de l'usure. — Voy. *Collection des principaux économistes*, tome 15.

— Sophismes parlementaires. Traduction nouvelle d'après la dernière édition, publiée par le
docteur Bowring; précédée d'une lettre à M. Gar-
nier-Pagès, sur l'esprit de nos assemblées délibé-
rantes, par Elias Regnault. In-8°. 1840. *Pagnerre.*
5 fr.

BENTLEY (Richard), philologue et philosophe
anglais, né en 1662, mort en 1742.

— Réfutation de l'athéisme. — Voy. *Migne,*
Démonstrations évangéliques, tome 9.

BENTZ (J.).

— Description historique et archéologique de
Lauterbourg et de son territoire, d'après les sources originales. In-8° de 16 f. 1846. Strasbourg, *Silbermann.*

Un appendice a été publié en 1864.

BENTZ (L.).

— Premiers éléments d'agriculture. Nouvelle
édition. 2 vol. in-18. 1860. *Fouraut.* 1 fr. 50 c.

Avec A. J. Chrétien. — Les deux volumes se vendent séparément. — La 1re édition est de 1840.

BENTZIEN (Jean Daniel), négociant à Bordeaux.

— Lettre aux conseils généraux de France en
1860, précédée d'une pétition à l'empereur, et
suivie d'un extrait du Journal de la Société de la
morale chrétienne relatif à un projet de rédaction
d'un code pénal modèle applicable à l'Europe entière. In-8°. 1860. *Grassart.* 60 c.

— Mémoire à consulter, adressé aux chambres
législatives françaises et étrangères, contenant
l'exposition d'un nouveau système de réforme pénitentiaire basé sur la loi naturelle du progrès.
In-8° de 4 f. 1846. Bordeaux, *Coudert.*

BENVENUTI (F. F.).

— Ateliers philanthropiques; maisons de bienfaisance et d'éducation. In-8°. 1854. *Guillaumin.*
2 fr. 50 c.

BENVENUTO CELLINI. — Voy. **Cellini.**

BÉOTIE (Étienne De La). — Voy. **La Béotie.**

BÉOVIDÉ (le R. P. Emmanuel).

— Miroir du jeune Franciscain, disposé pour
l'instruction des novices et des jeunes religieux
franciscains de la province de Saint-Louis, en
France. In-32. 1865. Bourges, *imprimerie Pigelet.*

BEPMALE (Jean Antoine Gauderic), professeur
de comptabilité au collège de Castres, né à Mirecourt (Haute-Garonne), en 1823.

— Cours de comptabilité industrielle et commerciale. 2e édition, revue et augmentée. In-8°.
1865. *E. Belin.* 2 fr. 50 c.

La 1re édition a été publiée en 1863.

BEQUET.

— L'Algérie en 1848. Tableau géographique et
statistique contenant les détails les plus essentiels
sur le climat, les productions naturelles du sol,
les mines, la population, etc., avec un calendrier
approprié au pays. In-8°. 1848. *Hachette.* 2 fr.

BER-ANGE.

— Les Bourbons conspirateurs. Le Roman d'un
peintre italien. In-18. 1861. *Havard.* 2 fr.

BÉRANGER (C.).

— L'Instituteur de Saint-Martin. In-12 de 4 f.
1852. Auxerre, *Gallot.*

BÉRANGER (H. de) a traduit en français : « le Cours de versions grecques », de M. *Villemoureux.*

BÉRANGER (Paul), pseudonyme de **Collin de Plancy.**

BÉRANGER (Pierre Jean de), poëte et chansonnier, né à Paris, en 1780, mort dans la même ville en 1857.

NB. Les Œuvres de Béranger ayant été très-souvent réimprimées, surtout les anciennes chansons, sans que, depuis 1840, les éditions aient changé de forme, nous ne citerons ici que les éditions les plus récentes ; pour les éditions antérieures à 1840 nous renvoyons le lecteur à « la France littéraire » et à « la Littérature française contemporaine ».

Édition in-8º.

— Œuvres complètes (anciennes chansons). Nouvelle édition, revue par l'auteur, contenant les 10 chansons nouvelles. 2 vol. in-8º. 1857. *Perrotin.* 12 fr.

— Les mêmes, avec 53 grav. sur acier, d'après Charlet, A. de Lemud, Johannot, Grenier, Jacques, Pauquet, etc. 2 vol. in-8º. 1862. *Ibid.* 28 fr.

— Œuvres posthumes. — Dernières chansons, de 1834 à 1851, avec une lettre et une préface de l'auteur. In-8º. 1857. *Ibid.* 6 fr.

— Œuvres posthumes. — Ma Biographie, avec un appendice. Orné d'un portrait en pied dessiné par Charlet. In-8º. 1857. *Ibid.* 6 fr.

— Les mêmes, avec 29 grav. sur acier (14 pour les Dernières chansons, et 9 pour la Biographie). 2 vol. in-8º. 1860. *Ibid.* 24 fr.

Les gravures se vendent séparément 12 fr.

— Dix chansons. Complément des éditions publiées avant 1847. In-8º. 1857. *Ibid.* 1 fr. 50 c.

— Musique des chansons de P. J. de Béranger, contenant les airs anciens et modernes les plus usités. 3e édition. In-8º. 1845. *Ibid.* 6 fr.

— Album Béranger, par Grandville. 120 dessins gravés sur bois. In-8º. *Ibid.* 20 fr.

Édition in-12.

— Œuvres complètes (anciennes chansons), contenant les dix chansons nouvelles, avec un portrait gravé sur bois par Charlet. 2 vol. in-12. 1858. *Ibid.* 7 fr.

— Œuvres posthumes. — Dernières chansons, 1834 à 1851, avec des notes de Béranger sur ses anciennes chansons. In-12. 1858. *Ibid.* 3 fr. 50 c.

— Œuvres posthumes. — Ma Biographie, suivi d'un appendice. In-12. 1858. *Ibid.* 3 fr. 50 c.

Édition in-32.

— Chansons, 1815-1854, contenant les dix chansons publiées en 1857. Édition elzévirienne. In-32. 1858. *Ibid.* 3 fr. 50 c.

— Œuvres posthumes. — Dernières chansons, 1834 à 1851. — Ma Biographie, avec un appendice et un grand nombre de notes de Béranger sur ses anciennes chansons. In-32. 1858. *Ibid.* 3 fr. 50 c.

— Le Béranger des familles, orné d'une gravure d'après A. de Lemud. In-12. 1859. *Ibid.* 3 fr. 50 c.

— Correspondance de Béranger, recueillie par Paul Bolteau. 4 vol. In-8º. 1860. *Ibid.* 24 fr.

— Quarante-cinq lettres de Béranger et détails sur sa vie, publiées par Mme Louise Colet. In-16. 1857. *Librairie nouvelle.* 1 fr.

*Béranger et Lamennais; correspondance, entretiens et souvenirs. In-12. 1861. *Meyrueis et Cie.* 3 fr.

BÉRANGÈRE (Mme De La). — Voy. **La Bérangère.**

BÉRARD (de).

— La Mer; naufrages modernes, phénomènes célestes, tempêtes, incendies, combats, etc.; scènes maritimes. In-8º. 1865. *Vermot et Cie.* 5 fr.

BÉRARD (Auguste), professeur de chirurgie à la Faculté de Paris, mort en 1846.

— Compendium de chirurgie pratique, ou Traité complet des maladies chirurgicales et des opérations que ces maladies réclament. Commencé par les professeurs Auguste Bérard et Denonvilliers, continué à compter de la 8e livraison, par C. Denonvilliers et L. Gosselin. Livr. 1 à 15. In-8º. 1840-1863. *Labé.* Chaque livraison, 3 fr. 50 c.

— Diagnostic différentiel des tumeurs du sein. In-8º. 1842. *Germer Baillière.* 3 fr. 50 c.

— Maladies de la glande parotide et de la région parotidienne. Opérations que ces maladies réclament. In-8º avec 4 pl. 1841. *Ibid.* 1 fr. 50 c.

BÉRARD (J. P. L.).

— Les Deux villes de Tenez et Bou-Maza. In-18. 1864. *Challamel aîné.* 2 fr. 50 c.

BÉRARD (le comte Louis Honoré de), né à Bourgueil (Indre-et-Loire), en 1804.

— Bertrand du Guesclin en Bretagne. In-8º, 530 p. 1862. Dinan, *Huart.*

Pas dans le commerce.

BÉRARD (Pierre), médecin, professeur de physiologie à la Faculté de médecine, membre de l'Académie de médecine, né à Lichtemberg (Bas-Rhin), en 1797, mort en 1858. Il était frère d'Auguste Bérard. (Voy. ci-dessus.)

— Cours de physiologie, fait à la Faculté de médecine de Paris. Livr. 1 à 31. In-8º. 1848-1853. *Labé.* Chaque livraison, 1 fr.

L'ouvrage devait avoir 8 volumes ; les livraisons parues n'en forment que 3. L'éditeur a diminué le prix de 31 fr. à 16 fr.

— De la surdi-mutité. Discours prononcé à l'Académie impériale de médecine. In-8º. 1853. *J. B. Baillière.* 1 fr.

BÉRARD (Scipion), pasteur.

— Alice Favre, ou Beaucoup d'ombres et encore plus de lumières. Nouvelle villageoise. In-12, avec 8 grav. 1865. Neuchâtel, *Delachaux et Sandoz.* 2 fr. 50 c.

— Exposé sommaire de la doctrine et de la vie chrétienne à l'usage des églises, des écoles et des familles. In-12. 1861. *Meyrueis et Cie.* 75 c.

— Histoires instructives pour enfants. In-12. 1863. [Lausanne.] *Cherbuliez.* 1 fr. 25 c.

— Mon frère Ben; traduit de l'anglais, par S. Bérard. In-18. *Grassart.* 1 fr.

— L'Oncle Jabez, ou Leçons de l'adversité; par l'auteur de Marguerite Brun. Imité de l'anglais, par S. Bérard. In-12. 1864. *Meyrueis.* 1 fr. 75 c.

— Récits historiques pour la jeunesse protestante, imités de l'anglais. 40 grav. dans le texte. In-8º. 1862. *Ibid.* 2 fr.

M. le pasteur Bérard a traduit encore de l'anglais « le Réveil américain », de *Prime*; et « Richard Bromley », par *Baugton Grange.* — Voy ces noms.

BÉRARD (Victor), receveur de l'enregistrement et des domaines, membre de la Société historique algérienne.

— Indicateur général de l'Algérie, renfermant la description géographique, statistique et historique de chacune des localités des trois provinces; suivi d'un Recueil d'arrêtés et d'actes administratifs et d'un Annuaire pour 1848. Dédié à S. A. R. Mgr. le duc d'Aumale. In-12. 1848. Alger, *Bastide*. 4 fr.

— Le même. 2e édition, entièrement refondue, accompagnée d'une carte de l'Algérie et des plans des villes d'Alger, de Constantine et d'Oran. In-18. 1858. [Alger, *Bastide*.] *Challamel*. 4 fr.

— Poëmes algériens et récits légendaires traduits ou imités en vers, d'après l'idiome arabe d'Alger, suivis des Algériennes, poésies diverses. In-12. 1858. *Ibid*. 3 fr. 50 c.

— Les Saints de l'Algérie présentés à la vénération des fidèles par la traduction des textes liturgiques, accompagnés d'annotations historiques et suivis de réflexions religieuses. Avec approbation de Mgr. l'évêque d'Alger. In-12, 396 p. 1857. Valence, *Marc-Aurel*.

BÉRAT (Frédéric).

— Chansons; paroles et musique. In-8°, avec un portrait et des vignettes. 1853. *Curmer*. 7 fr.

BÉRAUD (Antoine Nicolas, dit ANTONY-), littérateur, né à Aurillac (Cantal) en 1792, mort à Paris en 1860. — Il s'est d'abord consacré à la carrière militaire, fit les dernières campagnes de l'Empire et fut élevé au rang de chef de bataillon sur le champ de bataille de Ligny; après la Restauration il se voua à la littérature, fut directeur de plusieurs théâtres, et en dernier lieu, directeur de la prison de Belle-Isle-en-mer.

— Édith, ou la Veuve de Southampton; drame en quatre actes. Musique de M. Béancourt. In-8°. 1840. *Marchant*. 40 c.

Avec Alphonse Brot.

— Entre l'enclume et le marteau; comédie-vaudeville en un acte. In-8°. 1850. *Ibid*. 50 c.

Avec Albert.

— Un Festival; comédie-vaudeville en un acte. In-8°. 1853. *Tresse*. 60 c.

— Les Guides de Kinrose; drame-vaudeville en deux actes. In-12. 1854. *Dagneau*. 40 c.

Avec Béraud et Brisebarre.

— La Lescombat; drame en cinq actes. In-8°. 1841. *Marchant*. 40 c.

Avec Alphonse Brot.

— Le Miracle des roses; drame en seize tableaux. In-8°. 1844. *Michaux*. 40 c.

Avec Hipp. Hostein.

— Le Rôdeur, ou les Deux apprentis; drame en trois actes. In-8°. 1844. *Marchant*. 50 c.

Avec Léopold.

— Taconnet, ou l'Acteur des boulevards; vaudeville en cinq actes. In-8°. 1852. *Beck*. 60 c.

Avec Clairville.

Voy. aussi *Huard* et *Béraud*.

BÉRAUD (B. J.), docteur en médecine, chirurgien et professeur adjoint à la Maternité de Paris, chirurgien à l'hôpital Saint-Antoine et prosecteur de l'amphithéâtre d'anatomie des hôpitaux de Paris, né à Monteux en 1823, mort à Paris en 1865.

— Atlas complet d'anatomie chirurgicale topo-graphique, pouvant servir de complément à tous les ouvrages d'anatomie chirurgicale, composé de 100 pl. représentant plus de 200 fig. dessinées d'après nature par M. Bion, et avec texte explicatif par B. J. Béraud. In-4°. 1862-1864. *Germer Baillière*. Noir, 60 fr.; color., 120 fr.

— Éléments de physiologie de l'homme et des principaux vertébrés, répondant à toutes les questions physiologiques du programme des examens de fin d'année; par le docteur B. Béraud; revus par M. Ch. Robin. 2e édition, entièrement refondue. 2 vol. in-12. 1856-1857. *Ibid*. 12 fr.

La 1re édition, publiée en 1853, 1 vol. 8 fr., portait le titre: « Manuel » au lieu de « Éléments ».

— Essai sur le cathétérisme du canal nasal, suivant la méthode de Laforest; procédé nouveau. In-8°. 1855. *Ibid*. 2 fr. 50 c.

Extrait des « Archives d'ophthalmologie ».

— Maladies de la prostate. Thèse de concours pour l'agrégation en chirurgie, présentée et soutenue à la Faculté de médecine, le 27 avril 1857. In-8° avec 2 pl. 1857. *Ibid*. 3 fr. 50 c.

— Manuel d'anatomie chirurgicale. — Voy. *Velpeau et Béraud*.

— Manuel de physiologie. — Voy. ci-dessus: *Éléments*.

BÉRAUD (E.), mort en 1866.

— Des Hydatides des reins. In-4°. 1861. *F. Savy*. 2 fr.

BÉRAUD (E. G.).

— Dictionnaire de géographie ancienne et moderne, avec la collaboration de M. Eyriès. In-12. 1847. *F. Didot frères*. 6 fr.

BÉRAUD (J. B.).

— Le Commerce, la Navigation, les Arts des peuples anciens et des peuples modernes. In-18. 1861. *Dubuisson et Cie*. 2 fr.

BÉRAUD (P.), ancien député de l'Allier.

— Recueil de fables. In-8°. 1842. Moulins, *Place*. 5 fr.

— Souvenirs parlementaires. In-8° de 30 f. 1841. Moulins, *imprimerie Desrosiers*.

BÉRAUD (Pierre).

— De la Phrénologie humaine appliquée à la philosophie, aux mœurs et au socialisme. In-8°. 1848. *Durand*. 8 fr.

BERAULT DE BERCASTEL (Ant. H.), historien ecclésiastique, mort vers la fin du xviiie siècle.

— Histoire de l'Église. — Voy. *Henrion*, le baron.

BERBEY (Stanislas), pharmacien à Dôle (Jura).

— Manuel toxicologique, à l'usage de tout le monde, indiquant les premiers secours à donner, en attendant l'arrivée du médecin, contre les empoisonnements, asphyxies, charbon, croup, choléra, morsures de chien enragé, de vipère, etc., et autres accidents mortels qui arrivent le plus fréquemment. In-18. 1853. Dôle, *Ve Prudon*. 1 fr. 25 c.

BERBRUGGER (Adrien), successivement maître de langues, secrétaire du général Clauzel (gouverneur de l'Algérie), rédacteur du « Moniteur algérien », actuellement conservateur de la bibliothèque et du musée d'Alger, né à Paris en 1801.

— Algérie historique, pittoresque et monumentale, ou Recueil de vues, monuments, costumes, armes et portraits faits d'après nature dans les provinces d'Alger, Oran, Bone et Constantine, par Flandin, Raffet, etc., avec texte historique, par M. Berbrugger. 5 parties en 3 vol. in-fol. 1843-1845. *Delahaye.* 400 fr.

Publié en 37 livraisons à 12 fr. 50 c.

— Bibliothèque-musée d'Alger. Livret explicatif des collections diverses de ces deux établissements. In-16. 1860. Alger, *Bastide.* 2 fr.

— Les Colonnes d'Hercule, excursion à Tanger, Gibraltar, etc. In-18. 1863. [Alger, *Bastide.*] *Challamel aîné.* 1 fr.

— Les Époques militaires de la grande Kabylie. In-12 avec 1 carte de la grande Kabylie, par Mac-Carthy. 1857. *Ibid.* 2 fr.

— Géronimo, le martyr du fort des Vingt-Quatre-Heures, à Alger. 1° La découverte de son corps; 2° sa vie, de 1542 à 1569; 3° pièces à l'appui. In-8° avec 3 pl. 1854. *Ibid.* 75 c.

— Le même. Nouvelle édition. In-18 avec 4 pl. 1859. *Ibid.* 75 c.

— Négociations entre Mgr. l'évêque d'Alger et Abd-el-Kader, pour l'échange des prisonniers; texte par Adrien Berbrugger, l'un des délégués de Monseigneur. In-8° de 4 f. 1843. *Delahaye.*

— Nouveau Dictionnaire portatif français-espagnol et espagnol-français renfermant tous les mots de la langue usuelle. 11° édition. In-18. 1853. *Mme Ve Thiériot.* 5 fr.

La 1re édition est de 1829.

— Le Pégnon d'Alger, ou les Origines du gouvernement turc en Algérie. In-8°. 1860. [Alger], *Challamel aîné.* 2 fr. 50 c.

— Les Puits artésiens des oasis méridionales de l'Algérie. 2° édition. In-12. 1861. *Ibid.* 2 fr.

M. Berbrugger a traduit de l'arabe: « Voyages dans le sud de l'Algérie », de *Al-Aïaci.* — Voy. ce nom.

*Berceau (le) de Jésus enfant, ou Grandeurs et abaissements du Verbe incarné, par l'auteur de l'Eucharistie méditée. 2 vol. in-12. 1860. Lyon, *Girard et Josserand.* 5 fr.

BERCHEM (Van). — Voy. **Van Berchem.**

BERCHÈRE (N.).

— Le Désert de Suez. Cinq mois dans l'isthme. In-12 avec carte. 1863. *Hetzel.* 3 fr.

BERCHMANS (C.), professeur à l'Université de Bruxelles.

— Cours complet et raisonné de mathématiques pures, par C. B***. Manuel de l'élève. 4 parties in-12. 1859-1860. Gand, *Hoste.*

Anonyme. — Chaque partie se vend séparément.
I. Arithmétique élémentaire.
II. Algèbre élémentaire.
III. Géométrie élémentaire.
IV. Arithmologie.

BERCHMANS ou BERCHMANN (Jean), théologien jésuite du XVIIe siècle.

— Maximes et résolutions du bienheureux Jean Berchmans, traduites du latin par l'abbé V. de B. de R., prêtre du diocèse de Malines. In-18. 1865. Malines, *J. Ryckmans.* 25 c.

BERCHON (le docteur Ernest), médecin de la marine.

— De l'Emploi méthodique des anesthésiques,

et principalement du chloroforme. In-8° avec pl. 1862. *Masson et fils.* 3 fr.

— Recherches sur le tatouage. In-8°. 1862. *Baillière et fils.* 1 fr.

M. Berchon collabore aux « Archives de médecine navale », à la « Gazette des hôpitaux », etc.

BERCHOUX (Joseph), poëte, né à Saint-Symphorien-de-Lay, en 1765, mort en 1839.

— La Gastronomie. — Voy. *Amero*, les Classiques de la table, et *Brillat-Savarin*, Physiologie du goût.

BERCIOUX (Eugène), poëte et auteur dramatique, né à Rouen, en 1822.

— Les Arabesques; poésies. In-12 de 12 f. 1847. *Imprimerie Appert.*

— La Bonne d'enfant; opérette bouffe, musique de J. Offenbach. In-4°. 1857. *Lévy frères.* 40 c.

Théâtre contemporain illustré, livraison 247.

— Maître Baton; opérette, musique de M. Alfred Dufresne. In-4°. 1858. *Ibid.* 40 c.

Théâtre contemporain illustré, livraison 359.

M. E. Bercioux a, en outre, signé quelques pièces de théâtre en collaboration avec MM. Battu, Decourcelle et Narrey. Voy. ces noms. Il a aussi publié plusieurs romans ou nouvelles dans la « Revue de Paris », la « Revue française », la « Semaine », etc.

BEREND (Michel), littérateur et journaliste allemand et français, né à Hanovre, en 1835, mort à Bruxelles, en 1866.

— La Quarantaine. In-12. 1865. *Librairie internationale.* 3 fr.

BÉRENGER (Alphonse Marie Marcelin Thomas), jurisconsulte et magistrat, ancien député et pair de France, ancien président de la Cour de cassation, membre de l'Institut, né à Valence (Drôme), en 1785, mort à Paris, en 1866.

— De la Répression pénale, de ses formes et de ses effets. Rapports faits à l'Académie des sciences morales et politiques. 2 vol. in-8°. 1855. *Cosse.* 14 fr.

Extrait des « Mémoires de l'Académie des sciences ».

BÉRENGER (Laur. P.), professeur de belles-lettres, membre de l'Institut, né à Riez en Provence, en 1749, mort en 1822.

— La Morale en action, ou Choix de faits mémorables et d'anecdotes instructives propres à faire aimer la sagesse, etc. Nouvelle édition, revue et corrigée. In-12. 1863. Tours, *Mame et fils.* 1 fr.

Anonyme. — La 1re édition a été publiée à Lyon, en 1783. D'autres éditions récentes, toujours anonymes, ont été publiées chez *Périsse frères* à Lyon; *Barbou frères* à Limoges; *Lefort* à Lille; *Ardilier* à Limoges; *Caron et Lambert* à Amiens, *Fouraut* à Paris, etc., etc.

BÉRENGER (Pierre), théologien français du XIIe siècle, disciple et, plus tard, adversaire d'Abailard, né à Poitiers.

— Opuscula et epistola. — Voy. *Migne*, Patrologie latine, tome 178.

BÉRENGER (le marquis Raymond de) a publié: « Lettres inédites », de *Chaulieu.*

BÉRENGER-FERAUD (Laurent Jean Baptiste), docteur en médecine et en chirurgie, médecin de 1re classe de la marine impériale, médecin particulier du prince Napoléon; né à Saint-Paul du Var (Alpes-Maritimes), en 1832.

— Des Fractures en V au point de vue de leur gravité et de leur traitement. In-8°. 1864. *Delahaye.* 1 fr. 50 c.

BÉRENGUIER (le docteur Adrien), médecin de l'hôpital de Rabastens (Tarn).

— Topographie physique, statistique et médicale du canton de Rabastens (Tarn). In-8°. 1850. Rabastens, *chez l'auteur*. 3 fr.

— Traité des fièvres intermittentes et rémittentes des pays tempérés et non marécageux, et qui reconnaissent pour cause les émanations de la terre en culture. In-8°. 1865. *Masson et fils.* 5 fr.

BÈRES (Émile), publiciste et avocat, né à Castelnau d'Anzac (Gers), en 1801.

— L'Association des douanes allemande. — Voy. *La Nourais*.

— Études économiques pratiques. Compte rendu de l'exposition industrielle et agricole de la France en 1849. Extrait du « Moniteur universel ». In-12. 1850. *Mathias*. 3 fr. 50 c.

M. Émile Bères a publié, avec des notes, les « Œuvres complètes », de *Rollin*.

BERG (Van). — Voy. **Van Berg.**

BERGASSE (Alph.).

— Recherches sur la consommation de la viande et du poisson à Rouen, depuis 1800. Mémoire. In-8° de 12 f. 1853. Rouen, *imprimerie Péron*.

BERGASSE DE LAZIROULES (G.).

— Du Cheval de montagne. Quelques idées sur la production, l'élève et le perfectionnement de cette race. In-8°. 1843. *Gaultier-Laguionie*.

BERGE (Hector).

— Les Guirlandes; poésies diverses, précédées d'une épître amicale, par M. F. Fertiault. In-16. 1863. *Vanier*. 2 fr. 50 c.

BERGÉ, prêtre des Missions d'Afrique.

— Monographie du lion. Physiologie nouvelle. Mémoire à l'Académie des sciences. In-12. 1865. Toulouse, *Armaing*.

BERGÉ (Adolphe), de Tiflis.

— Voyage en Mingrélie exécuté en 1862. In-8°. 1864. *B. Duprat*. 1 fr.

Extrait de la « Revue de l'Orient, de l'Algérie et des colonies ».

BERGÉ (l'abbé H.).

— Amélia. Essai de démonstration catholique au XIXe siècle. In-8°. 1851. *Périsse frères*.

— Histoire de N. S. Jésus-Christ, du dogme et de la morale du christianisme selon la Vulgate, les Versions arabe, persane, syriaque, éthiopienne, et les Textes hébreu et grec, ou les Quatre évangiles fondus en un seul corps d'histoire, etc. Ouvrage composé d'après Marina, et publié pour la première fois en français, par M. l'abbé H. Bergé. 2 vol. in-12. 1843. *Vrayet de Surcy*. 2 fr.

BERGEAUD (E.), des Cayes (Haïti).

— Stella. In-12. 1859. *Dentu*. 3 fr.

BERGER, professeur de mathématiques spéciales au lycée impérial de Montpellier.

— Théorie élémentaire des séries. 2e édition. In-8°. 1859. [Montpellier], *Mallet-Bachelier*. 1 fr.

BERGER, professeur de billard.

— Principes du jeu de billard, divisés en cours élémentaires et supérieurs, et précédés d'un précis historique sur le jeu. In-12. 1855. *Chez l'auteur, galerie Montpensier*, 6.

BERGER (C. J.), docteur en médecine, pseudonyme de M. DORIGNY, dentiste.

— Guide de l'asthmatique. De l'asthme, sa nature, ses complications (bronchites et catarrhes chroniques, emphysème vésiculaire, etc.). Son traitement rationnel. Massage. In-8°. 1863. *Baillière et fils*. 4 fr.

BERGER (H.), ancien vétérinaire de l'armée.

— Dictionnaire vétérinaire homœopathique. — — Voy. *Prost-Lacuzon*.

BERGER (J. B.).

— Alfred, ou les Bienfaits d'une bonne éducation. In-18. 1862. Limoges, *Barbou frères*. 60 c.

— Angéline, ou la Solitaire de la Roche-Blanche. In-12. 1843. *Ibid*. 60 c.

— Édouard et Paulin, ou les Avantages d'une éducation chrétienne. In-8°. 1848. *Ibid*. 60 c.

— Flavien, ou le Fils de Marcomir; épisode de l'histoire des Francs aux IVe et Ve siècles. In-12. 1843. *Ibid*. 60 c.

— Julia, ou la Captive de Dastagerd. In-12. 1844. *Ibid*. 60 c.

— Marie, ou Remords et vengeance; épisode du XVIIe siècle. In-12. 1843. *Ibid*. 60 c.

BERGER (Victor FRANKLIN-). — Voy. **Franklin-Berger.**

BERGER DE XIVREY (Jules), archéologue, membre de l'Institut, conservateur-adjoint au département des manuscrits de la Bibliothèque impériale, né à Versailles, en 1801, mort à Paris, en 1863.

— Étude sur le texte et le style du Nouveau Testament. In-8°. 1856. *Meyrueis*. 3 fr.

— Lien des questions d'Orient et d'Italie. In-8°. 1860. *Dentu*. 2 fr.

— Recherches historiques sur l'abbaye de Breuil-Benoit, au diocèse d'Évreux. In-8° de 10 f. avec 8 pl. 1847. *Imprimerie F. Didot*.

— Sur un passage de l'évangile selon saint Marc. In-8°, 15 p. 1862. *P. Dupont*.

— Sur la Polémique relative au cœur de saint Louis. In-8°. 1844. *Ledoyen*. 1 fr. 50 c.

— Tradition française d'une confédération de l'Italie. Rapprochement historique (1609 - 1859). In-8°. 1860. *Imprimerie impériale*. 4 fr.

M. Berger de Xivrey a publié : « Recueil des lettres missives de Henri IV ». — Voy. *Henri IV*.

BERGERAC (Savinien CYRANO DE), auteur comique, né en 1620, au château de Bergerac, mort à Paris, en 1655.

— Histoire comique des États et Empires de la lune et du soleil. Nouvelle édition, revue et publiée avec des notes et une notice historique, par P. L. Jacob, bibliophile. In-12. 1858. *Ad. Delahays*. 2 fr. 50 c.

Le même. Collection de la Bibliothèque gauloise. In-16. cart. 4 fr.

— Œuvres comiques, galantes et littéraires. Nouvelle édit., revue et publiée avec des notes, par P. L. Jacob, bibliophile. In-12. 1858. *Ibid*. 2 fr. 50 c.

Le même. Collection de la Bibliothèque gauloise. In-16. cart. 4 fr.

Ce volume renferme tous les écrits en prose et en vers qui n'ont pas été compris dans l'édition publiée de l'Histoire comique des États et Empires de la lune et du soleil. Il complète le recueil des œuvres de cet écrivain.

— Œuvres, précédées d'une notice, par Le Blanc. In-12. 1855. [Toulouse], *Lecou*.

Voyage comique dans les États et Empires de la lune. — Voyage comique dans les États et Empires du soleil.

BERGERAT (Émile).

— Une Amie; comédie en un acte et en vers. In-12. 1865. *Faure*. 1 fr.

BERGERET (Antoine) DE SAINT-LÉGER, docteur en médecine, médecin à Châlon-sur-Saône, né à Saint-Léger sur Dheure, en 1829.

— Du Choix d'une station d'hiver et, en particulier du climat d'Antibes, études physiologiques, hygiéniques et médicales. In-12. 1864. *Baillière et fils*. 2 fr. 50 c.

— Philosophie des sciences cosmologiques; critique des sciences et de la pratique médicale. In-8°. 1855. *G. Baillière*. 4 fr.

BERGERET (E.).

— La Dot de Mariette; vaudeville en un acte. In-12. 1850. *Lévy frères*. 60 c.

BERGERET (Gaston).

— Les Grâces d'État. — Voy. *Géry-Legrand et Bergeret*.

BERGERET (Jules).

— Résumés historiques. — Voy. *Lauwereyns*.

BERGERET (L. F. E.), docteur en médecine, médecin en chef de l'hôpital d'Arbois.

— De l'abus des boissons alcooliques. In-18. 1851. *J. B. Baillière*. 75 c.

— Maladies de l'enfance. Erreurs générales sur leurs causes et sur leur traitement; instructions élémentaires. Règles hygiéniques. In-12. 1855. *Ibid.* 3 fr.

BERGERET (P. N.), peintre d'histoire.

— Lettres d'un artiste sur l'état des arts en France, considérés sous les rapports politiques, artistiques, commerciaux et industriels. In-8°. 1848. *Chez l'auteur, rue Montmartre*, 195. 5 fr.

BERGERIES (J. GIRARD DES). — Voy. **Girard des Bergeries**.

BERGERON (Charles), directeur de l'exploitation des chemins de fer de Lausanne-Fribourg-Berne.

— Les Chemins de fer à bon marché. In-8°. 1863. Lausanne, *imprimerie Genton*. 1 fr.

BERGERON (le docteur E. J.), médecin de l'hôpital Sainte-Eugénie.

— De la Rage. Observations et réflexions. Mémoire lu à la Société médicale des hôpitaux. In-8°. 1862. *Asselin*. 1 fr. 25 c.

Extrait des « Archives générales de médecine ».

— De la Stomatite ulcéreuse des soldats et de son identité avec la stomatite des enfants, dite couenneuse, diphthéritique, ulcéro-membraneuse. In-8°. 1859. *Labé*. 4 fr.

BERGERON (Georges) a traduit avec Auguste Ollivier : « De l'Urine », par *Beale*.

BERGERON (Pierre), professeur de littérature en Belgique, né à Paris, en 1787.

— Histoire de la littérature romaine, depuis la fondation de Rome jusqu'au v° siècle de l'ère vulgaire. 2° édition. In-8°. 1851. Namur. 3 fr. 50 c.

BERGEROT (Alph.).

— Histoire du château et des seigneurs d'Esquelbecq, en Flandre. Gr. in-8°, avec 7 pl. 1857-1859. Bruges, *Vandecasteele*. 6 fr. 50 c.

Avec J. Diegerick.

BERGERRE (Jules), notaire.

— Les Lois popularisées. Ouvrage qui met le véritable esprit de la législation à la portée de tout le monde. In-12 de 11 f. 1852. *Goujon et Milon*.

BERGERY (C. H.).

— Cours de machines. — Voy. *Migout et Bergery*.

BERGEVIN (L.), président du tribunal civil de Blois.

— Histoire de Blois. 2 vol. in-8°. 1846 et 1847. Blois, *Dezairs*. 14 fr.

Avec A. Dupré.

BERGGREN (J.), pasteur.

— Guide français-arabe vulgaire des voyageurs et des Francs en Syrie et en Égypte, avec carte physique et géographique de la Syrie et plan géométrique de Jérusalem, ancien et moderne, comme supplément aux voyages en Orient. In-4°. 1844. Upsal. [Stockholm, *Bonnier*.] 60 fr.

BERGH (VAN DEN). — Voy. **Van den Bergh**.

BERGIER (C. FLEURY-). — Voy. **Fleury-Bergier**.

BERGIER (J.), juge de paix de Saint-Germain-Lembron.

— Mémoire sur les moyens législatifs d'éteindre la mendicité. In-8° de 5 f. 1852. Riom, *Jouvet*.

BERGIER (l'abbé J. B.), prêtre, missionnaire de Beaupré.

— Histoire de la communauté des prêtres missionnaires de Beaupré et des missions faites en Franche-Comté depuis 1676 jusqu'en 1850, pour servir de complément à l'histoire des diocèses de Besançon, Saint-Claude, Langres, Dijon, Bâle et Strasbourg. In-12. 1853. Besançon, *Monnot*. 3 fr. 50 c.

— Histoire de saint Jean Chrysostome, archevêque de Constantinople, docteur de l'Église. Sa vie, ses œuvres, son siècle, influence de son génie. In-8°. 1856. *Bray*. 5 fr.

Le même. Édition in-12. *Ibid.* 3 fr. 50 c.

— Manuel de la mission. In-18. 1863. Besançon, *Cornu*. 50 c.

— Pratique de la perfection chrétienne et religieuse. 2 vol. in-12. 1859. Lyon, *Périsse frères*. 6 fr.

— Vie de sainte Marguerite de Cortone, pénitente du tiers ordre de Saint-François, extraite des Bollandistes, et du procès de sa canonisation. In-12. 1856. Tours, *Mame*.

M. l'abbé Bergier a publié les « Œuvres spirituelles » de Mgr. de Chaffoy.

BERGIER (l'abbé Jean François), prêtre du diocèse de Besançon.

— L'Anti-Wilhem, ou Réfutation de l'arrivée de M. Wilhem Champdessus. In-8°. 1864. Besançon, *imprimerie Bonvalot*. 1 fr.

— Entretien sur la nécessité d'adopter le rit romain, faisant suite à la première partie des études liturgiques. In-8°. 1861. *Giraud*. 1 fr. 50 c.

— Études liturgiques. 1ʳᵉ partie : Étude préliminaire du droit liturgique et de ses rapports avec s plus importantes questions ecclésiastiques. -8°. 1860. Besançon, *imprimerie Dodivers et Cⁱᵉ.* fr.

— Études liturgiques. 2ᵉ partie : Histoire de la ⁱontroverse et de la réforme liturgiques en France ᵢ xɪxᵉ siècle. In-8°. 1862. *Ibid.* 4 fr.

BERGIER (Nicolas Sylvestre), théologien, chaⁱoine de l'église de Paris, confesseur de Monⁱeur, frère du roi, né à Darnay en Lorraine, en ᵢ18, mort à Paris, en 1790.

— Apologie de la religion chrétienne contre ⁱauteur du christianisme dévoilé. Nouvelle édiⁱon. 2 vol. in-12. 1842. Lyon, *Périsse.* 3 fr.

— La Certitude des preuves du christianisme. - Voy. *Migne,* Démonstrations évangéliques, ᵢme 11.

— Dictionnaire de théologie dogmatique, liturⁱique, canonique et disciplinaire. Nouvelle édiⁱon, mise en rapport avec les progrès des sciences ⁱtuelles, par M. Pierrot. 4 vol. gr. in-8°. 1850. ᵢigne. 26 fr.

Forme les tomes 33, 34, 35 et 35*bis* de la « Première Encyⁱopédie théologique », publiée par l'abbé *Migne.*

— Le même. Édition précédée du plan de théoⁱgie, manuscrit autographe de Bergier, augmenⁱe d'articles nouveaux, par un ecclésiastique du ⁱiocèse de Besançon, d'une Introduction et de ⁱotes des plus célèbres apologistes de la religion, ⁱar Mgr. Gousset, archevêque de Reims. 5 vol. ⁱ-8°. 1852. *Louis Vivès.* 18 fr.

— Le même. Nouvelle édition, précédée de ⁱÉloge historique de l'auteur, par le baron de ⁱainte-Croix, du Plan de la théologie, et augmenⁱe d'un grand nombre d'articles nouveaux sur les ⁱrreurs récentes, d'additions au texte de Bergier, ⁱ'une nomenclature biographique des principaux ⁱéologiens et de leurs ouvrages théologiques, ⁱepuis le vɪɪɪᵉ siècle jusqu'à nos jours. 4 vol. in-8°. ⁱ852. Lille, *Lefort.* 18 fr.

— Le même. Édition enrichie de notes extraites ⁱes plus célèbres apologistes de la religion, par ⁱ. Em. le cardinal Gousset, augmentée d'articles ⁱouveaux, par Mgr. Doney, et précédée d'un plan ⁱe théologie, manuscrit autographe de l'auteur. vol. in-8°. 1858. *Leroux et Jouby.* 18 fr.

Édition publiée pour la 1ʳᵉ fois en 1843. — La 1ʳᵉ édition ⁱu « Dictionnaire de théologie » a été publiée en 1789.

— Examen du matérialisme et justification de la ⁱeligion catholique. 2 vol. in-8°. 1854. Tournai, ⁱasterman. 3 fr. 50 c.

— Œuvres complètes, augmentées d'un grand ⁱombre d'ouvrages inédits, savoir : Traités divers, ⁱissertations, discours, lettres, etc., et reproⁱuits d'après les manuscrits autographes. Publiées ⁱar M. l'abbé Migne. 8 vol. gr. in-8° avec un porⁱrait. 1855. *Migne.* 50 fr.

Voy. aussi *Migne,* « Orateurs sacrés », 2ᵉ série, tome 2.

— Sermons inédits. In-8°. 1852. *Leroux et Jouby; ⁱaume frères.* 5 fr.

— Traité de la vraie religion, avec la réfutation ⁱes erreurs qui lui ont été opposées dans les difⁱérents siècles. 8 vol. in-8°. 1843. [Besançon], ⁱaume frères. 28 fr.

— Le même. Nouvelle édition. 8 vol. in-8°. ⁱ855. Tournai, *Casterman.* 20 fr.

BERGIMA.

— Observations thermo-électriques. — Voy. *Van Beck et Bergima.*

BERGMANN (Frédéric Guillaume), professeur de langues et littératures étrangères et doyen de la Faculté des lettres de Strasbourg, né vers 1810.

— Les Amazones dans l'histoire et dans la fable. In-8° de 2 f. 1853. Colmar, *imprimerie Vᵉ Decker.*

— Les Chants de Sól (Sólar Liód). Poëme tiré de l'Edda de Sœmund, publié avec une traduction et un commentaire, par F. G. Bergmann. In-8°. 1858. Strasbourg, *Treuttel et Würtz.* 4 fr.

— Les Gètes, ou la Filiation généalogique des Scythes aux Gètes et des Gètes aux Germains et aux Scandinaves, démontrée sur l'histoire des migrations de ces peuples et sur la continuation organique des phénomènes de leur état social, moral, intellectuel et religieux. In-8°. 1859. *Ibid.* 5 fr.

— Notice sur la Vision de Dante au paradis terrestre (Purgatorio, canto xxɪx, v. 16. — xxxɪɪɪ, v. 160). Traduction et commentaire, par M. Bergmann. In-8°, 23 p. 1865. *Imprimerie impériale.*

— Les Scythes, les ancêtres des peuples germaniques et slaves; leur état social, moral, intellectuel et religieux. Esquisse ethno-généalogique et historique. In-8°. 1858. [Colmar], *E. Jung-Treuttel.* 3 fr. 50 c.

Extrait de la « Revue d'Alsace ».

M. Bergmann a traduit sur le texte norrain : « la Fascination de Gulfi », traité de mythologie scandinave », de *Snorri.*

BERGONIER (le docteur).

— Le Guide maternel, ou Médecine pratique de la mère de famille. In-8° avec 5 lithographies. 1841. *Truchy.* 7 fr. 50 c.

BERGOUNIOUX, chanoine de Clermont.

— Le Guide de l'adolescence, prières et instructions chrétiennes à l'usage des enfants après leur première communion. In-18. 1858. Clermont-Ferrand, *Thibaud.* 1 fr.

— Le Guide de l'enfance, complément des catéchismes, prières et instructions chrétiennes à l'usage des enfants avant leur première communion. In-18. 1858. *Ibid.* 40 c.

— Le Livre des enfants, renfermant, avec les prières ordinaires, un exercice pour la messe, spécial pour eux, les évangiles de l'année, le catéchisme du diocèse, etc. In-18. 1856. Clermont-Ferrand, *Hubler.* 40 c.

— Le Livre du laboureur, du vigneron et du jardinier, contenant, avec les prières et les offices ordinaires, l'explication des évangiles et du catéchisme. In-18. 1855. *Ibid.* 1 fr.

BERGOUNIOUX (Édouard), romancier et avocat, ancien auditeur au conseil d'État, né à Seez (Orne), en 1805.

— Essai sur la vie de Lazare Hoche. In-8°. 1852. Le Mans, *Julien, Lanier et Cⁱᵉ.* 8 fr.

— Le Roman d'un chrétien au xɪxᵉ siècle. In-12. 1862. *Douniol.* 3 fr.

BERGSON (Jules), docteur en droit de l'Académie d'Utrecht, rédacteur à la « Revue critique de législation », né à Varsovie, en 1815, mort à Paris, en 1863.

— Compte rendu : Livre I du Code Napoléon; régime foncier et réforme de la procédure criminelle en Allemagne; propriété littéraire; droit public et administratif de l'Angleterre; suivi d'une lettre de M. Mittermaier à l'auteur. Gr. in-8°. 1860. *Cotillon*. 2 fr.

Extrait de la « Revue critique de législation et de jurisprudence ».

M. J. Bergson a traduit de l'allemand : « le Droit international public de l'Europe », du professeur *Heffter*.

Voy. aussi *Béchard*, « De l'administration intérieure de la France ».

BERGSTRAESSER (le docteur).

— De la Réunion de la mer Caspienne à la mer Noire. In-8° avec une carte. 1861. *Arthus Bertrand*. 4 fr.

BÉRILLON (Louis Eugène), instituteur public.

— La Bonne ménagère agricole, ou Simples notions d'économie rurale et d'économie domestique. Livre de lecture à l'usage des jeunes filles des écoles primaires. In-12. 1862. Auxerre, *Gallot*.

BERJEAU (Jean Philibert), littérateur, né à Ballon (Sarthe), en 1809. Depuis 1851 il vit en Angleterre.

— Le Bibliomane, 2 numéros in-8°. 1861. Londres, *Trubner et Cie*.

— Le Bibliophile illustré. 25 numéros in-8°. 1862-1865. Londres, *Jeffs*.

Continué en 1866 en anglais, sous le titre : « The bookworm ».

— Biographies bonapartistes. In-32. 1853. Londres, *Smith*.

— Catalogue illustré des livres xylographiques. Gr. in-8° avec de nombreuses grav. 1865. Londres, *Stewart*. 24 fr.

— Essai bibliographique sur le Speculum Humanæ Salvationis. In-4°. 1862. Londres, *Stewart*. 13 fr.

— Speculum Humanæ Salvationis. Le plus ancien monument de la xylographie et de la typographie réunies, avec introduction historique bibliographique. In-4°. 1861. Londres. 105 fr.

BERJOT (E.), membre titulaire de la Société du mesmérisme de Paris.

— Manuel historique élémentaire et pratique de magnétisme animal; suivi d'une dissertation sur le fluide magnétique animal, par A. Bauche. In-18. 1858. *Chez l'auteur, rue de Buci*, 15. 2 fr.

BERKHOLTZ (Gustave), originaire de Livonie (Russie).

— Napoléon Ier, auteur du testament de Pierre le Grand. In-8°. 1863. Bruxelles, *Office de publicité*. 1 fr. 50 c.

BERLEPSCH (Hermann Alexandre de), littérateur allemand, né à Erfurt (Prusse), en 1814.

— Nouveau Guide en Suisse, avec les excursions au Mont-Blanc, dans la vallée de Chamouny, la vallée de Montafier, la Valteline, au lac de Côme, au lac Majeur, au val Pormazzà, autour de Monte-Rosa et à Milan. In-12 avec cartes et plans. 1863. [Hildburghausen], *C. Reinwald*. Cart., 8 fr.

2e édition en 1865. L'original allemand a été publié en 1862.

BERLÈSE (l'abbé).

— Iconographie du genre Camellia, ou Collection des camellias les plus beaux et les plus rares, peints, d'après nature, dans les serres de M. l'abbé Berlèse, par MM. J. J. Jung, avec la description exacte de chaque fleur, accompagnée d'observations pratiques sur la culture de cette plante, et des soins qu'elle exige pour fleurir abondamment,

par M. l'abbé Berlèse. 3 vol. gr. in-4° avec 100 pl. color. 1840-1843. *H. Cousin*. 300 fr.

BERLEUR (J.), professeur.

— Histoire universelle, au point de vue politique. In-32. Tome 1. Histoire ancienne. 1864. Gand, *Hoste*. 1 fr. 25 c.

— Méditations sur saint Joseph pour le mois de mars. In-32. 1863. *Tolra et Haton*. 60 c.

— Un petit Avent; méditations pour chaque jour de ce saint temps. In-32. 1862. *Dillet*. 50 c.

BERLIÈRE (Ch. De La). — Voy. **La Berlière**.

BERLIOZ (Hector), compositeur, poëte et critique, membre de l'Institut, né à la Côte-Saint-André (Isère), en 1803.

— A travers chants, études musicales, adorations, boutades et critiques. In-12. 1862. *Lévy frères*. 3 fr.

— Le Chef d'orchestre. Théorie de son art. Extrait du Grand traité d'instrumentation et d'orchestration modernes. In-8°. 1856. *Schonenberger*. 1 fr. 50 c.

Le grand Traité d'instrumentation a été publié en 1844.

— La Damnation de Faust; légende en quatre parties, musique de M. Hector Berlioz. In-8°. 1846. *Labitte*. 1 fr.

Les paroles ne sont qu'en partie de M. Berlioz.

— L'Enfance du Christ. Trilogie sacrée. 1re partie : Le Songe d'Hérode. — 2e partie : La Fuite en Égypte. — 3e partie : L'Arrivée à Saïs. Paroles et musique d'Hector Berlioz. In-8°. 1854. *Imprimerie Chaix*. 50 c.

— Les Grotesques de la musique. In-12. 1859. *Librairie nouvelle*. 3 fr.

— Les Soirées de l'orchestre. In-12. 1853. *Lévy frères*. 8 fr.

— Les Troyens à Carthage; opéra en cinq actes, avec un prologue; paroles et musique de Hector Berlioz. In-12. 1864. *Ibid*. 1 fr.

— Voyage musical en Allemagne et en Italie. Études sur Beethoven, Gluck et Weber. Mélanges et nouvelles. 2 vol. in-8°. 1845. *Labitte*. 15 fr.

BERLIOZ D'AURIAC (Jules), ancien juge au tribunal de Grenoble, né à Grenoble, en 1820.

— Ce qu'il en coûte pour vivre. In-12. 1863. *Brunet*. 2 fr. 50 c.

— La Guerre noire; souvenirs de Saint-Domingue. In-12. 1862. *Putois-Cretté*. 2 fr.

M. Berlioz d'Auriac a collaboré au « Journal pour tous » et à plusieurs autres recueils de famille.

BERLOT-CHAPUIT.

— Fables-proverbes, précédées d'une lettre-introduction de M. de Lamartine, et suivies des souvenirs de Saint-Point, Monceau, etc. Édition illustrée d'après les dessins de Rosa Bonheur, Bertall, d'Aubigny, Jules David, Gavarny, Philippe Rousseau, gravés par A. Lavieille. Gr. in-8° avec 12 vignettes. 1858. *Garnier frères*. 8 fr.

BERLUC-PERUSSIS (le chevalier) a publié : « les Distractions », de Gust. *Rambot*, avec une notice sur cet auteur.

BERMOND (Eugène).

— Mémoires et observations de chirurgie pratique. In-8° de 27 f. 1844. Bordeaux, *imprimerie Balarac jeune*.

BERMOND (P. A. de) a traduit de l'allemand : le Cardinal Ximenez », du docteur *Hefele*.

BERMONDET DE CROMIÈRES (le comte F. de), colonel de gendarmerie en retraite.

— La Gerbe du glaneur; poésies érotiques. n-12. 1864. Limoges, *Roche Ardillier*. 1 fr. 50 c.

— Mes Loisirs, ou Choix d'anecdotes, contes, romans, chansons, logogriphes et charades. In-12. 1858. *Ibid.* 1 fr. 50 c.

BERNADÈS (le P. Manuel).

— Trésor d'amour. Traduit du portugais. In-32. 1862. Tournai, *Casterman*. 1 fr.

BERNADOTTE. — Voy. **Charles XIV Jean.**

BERNAL (Calixte), écrivain espagnol.

— La Démocratie au xixe siècle, ou la Monarchie démocratique. Pensées sur des réformes sociales; publication faite en français par l'auteur. In-8o. 1847. *Dauvin*. 5 fr.

— Théorie de l'autorité appliquée aux nations modernes, ou Traité de la souveraineté nationale. Traduit et annoté par Egmont Vachin. 2 vol. in-8o. 1861. *Didier et Cie.* 14 fr.

BERNALDEZ (le colonel Don Emilio).

— La Fortification moderne, ou Considérations générales sur l'état actuel de l'art de fortifier les places. Traduit de l'espagnol. In-8o avec atlas de 6 pl. 1862. *Corréard.* 20 fr.

BERNARD (saint), moine du xiie siècle, né au château de Fontaine près de Dijon, en 1091, mort au monastère de Clairvaux, en 1153.

— Sancti Bernardi, abbatis Clarævallensis, opera omnia, curis D. J. Mabillon. Editio tertia, emendata et aucta. 2 vol. ou 4 livr. gr. in-8o. 1839-1840. *Gaume frères.* 40 fr.

— Sancti Bernardi, abbatis primi Clarævallensis, opera genuina juxta editionem monachorum sancti Benedicti. 3 vol. in-8o. 1845. Lyon, *Périsse frères.* 10 fr. 50 c.

— Sancti Bernardi, abbatis primi Clarævallensis, opera genuina, juxta editionem monachorum sancti Benedicti. In-12. 1862. *Ibid.* 5 fr.

— Opera omnia, ed. Migne. — Voy. *Migne*, Patrologie latine, tomes 182 à 185.

— Œuvres complètes de saint Bernard. Traduction nouvelle par M. l'abbé Charpentier. Tome 1. Gr. in-8o. 1865. *Vivès.*

L'édition aura 5 volumes qui coûteront ensemble 50 fr.

— Œuvres de saint Bernard, traduites par M. Armand Ravelet, sous le patronage de Mgr. l'évêque de Versailles. Tome 1. Gr. in-8o. 1865. [Arras], *Guérin.* 8 fr.

L'édition aura 5 volumes.

— Choix des lettres de saint Bernard les plus appropriées aux besoins des personnes pieuses et des gens du monde. In-12 avec 1 pl. 1847. Dijon, *Loireau-Feuchot.*

— Méditations sur la vie présente et future; — sur le *Salve Regina* et sur la connaissance de soi-même. — Voy. *Ratisbonne* (Marie Alph.).

— Saint Bernard, abbé de Clairvaux. Sa vie et extraits de ses écrits. In-8o avec un portrait. 1854. Lille, *Lefort.* 3 fr.

— Traduction de quelques lettres de saint Bernard, relatives à Pierre Abailard et à Arnold de

Brescia. Saint Anselme et le Monologium. Quelques lettres traduites. Par L. Borel. In-8o. 1844. *Paulin.* 4 fr.

— Traité de la conscience, ou de la Connaissance de soi-même; suivi de quelques vies des Pères du désert. In-12. 1856. *Périsse frères.* 1 fr.

— La Vigne mystique, ou Traité de la passion du Seigneur, traduit du latin par le P. Apollinaire de Valence, religieux capucin. In-12. 1864. *Douniol.* 3 fr. 50 c.

BERNARD (l'abbé).

— L'Évangile de l'école, ou Explication des évangiles des dimanches et des fêtes, à l'usage des instituteurs et des familles. In-12. 1865. Châlon, *Mulcey.* 2 fr.

BERNARD (l'abbé), directeur de l'École normale d'Aix.

— Les Chrétiens de la primitive Église. Ouvrage approuvé par Mgr. l'archevêque d'Aix. In-12. 1857. Aix, *Remondet-Aubin.* 1 fr. 20 c.

— Modèles de compositions françaises. Sujets tirés de l'Écriture sainte, à l'usage des écoles normales, des instituteurs et des institutrices, etc. In-12. 1859. *Ibid.* 2 fr.

— La Raison du christianisme et du catholicisme donnée aux jeunes gens, d'après le catéchisme. Ouvrage à l'usage des lycées, des écoles normales et des autres maisons d'éducation. 2 vol. in-8o. 1853 et 1856. Aix, *Pardigon.*

BERNARD, greffier en chef de la Cour de cassation.

— Manuel des pourvois et des formes de procéder devant la Cour de cassation en matière civile. In-8o. 1858. *Duprat.* 7 fr.

BERNARD (A.).

— De la Stabilité des ouvrages d'art, destinés à porter de grands remblais. In-8o. 1862. Namur, *A. Wesmael-Legros.*

BERNARD (A. de).

— Les Frais de la guerre. In-12. 1861. *Hetzel.* 3 fr.

— Pauvre Mathieu; suivi de : la Ligne et la Couleur. Histoires d'atelier. In-12. 1861. Bruxelles, *Lacroix et Cie.* 3 fr.

— Le Portrait de la marquise. Histoire d'atelier. In-12. 1858. *Lévy frères.* 1 fr.

— Les Stations d'un touriste. In-12. 1861. *Hetzel.* 3 fr.

BERNARD (Adolphe), sous-chef des bureaux de la mairie du 3e arrondissement de Paris.

— Traité pratique des sociétés de secours mutuels. In-8o. 1853. *Imprimerie Wittersheim.* 2 fr. 50 c.

BERNARD (Alexis de), conseiller à la cour impériale de Lyon.

— De la Conduite des débats devant les conseils de guerre et devant les cours d'assises. In-8o. 1859. [Lyon, *Conchon*.] *Dumaine.* 4 fr.

BERNARD (Auguste), archéologue, ancien imprimeur, né à Montbrison en 1811.

— Antoine Vitré et les caractères orientaux de la Bible polyglotte de Paris. Origine et vicissitudes des premiers caractères orientaux introduits en France, avec un spécimen de ces caractères. In-8o. 1857. *Dumoulin.* 3 fr.

— Archéologie typographique. 1re livraison. In-8º. 1853. Bruxelles, *Heussner*. 3 fr.

Tiré à 100 exemplaires.

— Cartulaire de l'abbaye de Savigny, suivi du Petit cartulaire de l'abbaye d'Ainay, publiés par Aug. Bernard. 2 vol. in-4º. 1853. *Didot*. 24 fr.

Fait partie de la « Collection de documents inédits sur l'histoire de France ».

— Description du pays des Ségusiaves, pour servir d'introduction à l'Histoire du Lyonnais (Rhône-et-Loire). Gr. in-8º, avec 5 pl. et vignettes intercalées dans le texte. 1858. *Dumoulin*. 5 fr.

— Les Estienne et les types grecs de François Ier, complément des Annales stéphaniennes, renfermant l'histoire complète des types royaux, enrichie d'un spécimen de ces caractères et suivie d'une notice historique sur les premières impressions grecques. In-8º. 1856. *Tross*. 4 fr.

— Geoffroy Tory, peintre et graveur, premier imprimeur royal, réformateur de l'orthographe et de la typographie sous François Ier. 2e édition, entièrement refondue. In-8º. 1865. *Ibid*. 12 fr. Sur papier de Hollande, 24 fr.

La 1re édition a été publiée en 1857. 9 fr.

— Histoire territoriale du département de Rhône-et-Loire. In-8º. 1865. [Lyon, *A. Brun*.] *Dumoulin*. 5 fr.

Tiré à 100 exemplaires.

— Histoire de la ville de Charlieu, addition au livre de M. Desevelinges portant le même titre. In-8º. 1857. [Lyon.] *Ibid*. 1 fr.

— Notes sur un roi inconnu de la race carlovingienne. In-8º. 1857. *Dumoulin*. 1 fr.

Extrait du 23e volume des « Mémoires de la Société impériale des antiquaires de France ».

— Notice historique sur le diocèse de Lyon. In-8º de 4 f. 1855. [Lyon.] *Ibid*.

— Notice historique sur l'imprimerie nationale. In-32. 1848. *Ibid*. 1 fr.

— De l'Origine et des débuts de l'imprimerie en Europe. 1re et 2e parties. 2 vol. in-8º, avec de nombreux fac-similé. 1853. [*Imprimerie impériale*.] *Renouard*. 16 fr.

— Procès-verbaux des États généraux de 1593, recueillis et publiés par M. Auguste Bernard (de Montbrison). In-4º. 1842. *Didot frères*. 12 fr.

Fait partie de la « Collection de documents inédits sur l'histoire de France ».

— Recherches bibliographiques sur le roman d'Astrée. In-8º. 1859. *Dumoulin*. 1 fr. 50 c.

— Le Temple d'Auguste et la nationalité gauloise. In-4º, avec 12 pl. 1864. Lyon, *Scheuring*. 25 fr.

BERNARD (l'abbé C. A.).

— La Religion depuis Adam jusqu'à la fin du monde, ses diverses époques, sa divinité, ses dogmes, etc. (Réflexions morales et pieuses.) In-12. 1854. *Douniol*. 8 fr.

BERNARD (Camille), docteur en médecine.

— Du Forceps assemblé, ou Nouveaux principes de construction et d'application du forceps réunis aux principes en vigueur. (Avec 55 observations et 55 figures intercalées dans le texte.) 2e édition, revue, corrigée et augmentée, etc. In-8º. 1855. [Montpellier.] *J. B. Baillière*. 5 fr.

BERNARD (Camille), pseudonyme de Mme Urbain **Rattazzi**.

BERNARD (Charles Bernard Du GRAIL DE LA VILLETTE, connu sous le nom de Charles de), romancier, né à Besançon, en 1805, mort à Neuilly, en 1850.

— Un Acte de vertu. In-4º. 1861. *Lévy frères*. 50 c.

— Les Ailes d'Icare. 2 vol. in-8º. 1840. *Ch. Gosselin*. 15 fr.

— Le même. Nouvelle édition. In-12. 1854. *Lévy frères*. 3 fr.

— Le même. Nouvelle édition. In-12. 1856. *Ibid*. 1 fr.

— L'Anneau d'argent. In-4º. 1861. *Ibid*. 30 c.

— Une Aventure de magistrat. In-4º. 1861. *Ibid*. 30 c.

— Un Beau-père. 3 vol. in-8º. 1845. *Pétion*. 24 fr.

— Le même. Nouvelle édition. In-12. 1854. *Lévy frères*. 3 fr.

— Le même. Nouvelle édition. 2 vol. in-12. 1859. *Ibid*. 2 fr.

— La Cinquantaine. In-4º. 1861. *Ibid*. 50 c.

— L'Écueil. 2 vol. in-8º. 1841. *Gosselin*. 15 fr.

— Le même. Nouvelle édition, contenant en outre: l'Innocence d'un forçat; le Gendre; une Consultation; la Cinquantaine; le Paratonnerre. In-12. 1854. *Lévy frères*. 3 fr.

— Le même. Nouvelle édition. In-12. 1858. *Ibid*. 1 fr.

— La Femme de quarante ans. In-4º. 1861. *Ibid*. 30 c.

— Le Gendre. In-4º. 1861. *Ibid*. 50 c.

— Le Gentilhomme campagnard. 6 vol. in-8º. 1847. *Pétion*. 45 fr.

— Le même. Nouvelle édition. 2 vol. in-12. 1855. *Lévy frères*. 6 fr.

— Le même. Nouvelle édition. 2 vol. in-12. 1857. *Ibid*. 2 fr.

— Gerfaut. Nouvelle édition. In-12. 1853. *Ibid*. 3 fr.

— Le même. Nouvelle édition. In-12. 1856. *Ibid*. 1 fr.

— Un Homme sérieux. 2 vol. in-8º. 1843. *Gosselin*. 15 fr.

— Le même. Nouvelle édition. In-12. 1854. *Lévy frères*. 3 fr.

— Le même. Nouvelle édition. In-12. 1856. *Ibid*. 1 fr.

— L'Innocence d'un forçat. In-4º. 1861. *Ibid*. 50 c.

— Le Nœud gordien. Nouvelle édition, contenant en outre: la Femme de quarante ans; le Persécuteur; un Acte de vertu; l'Anneau d'argent; la Peine du talion. In-12. 1853. *Ibid*. 3 fr.

— Le même. Nouvelle édition. In-12. 1858. *Ibid*. 1 fr.

— Le Paratonnerre. Nouvelle édition. In-32. 1855. *Ibid*. 1 fr.

— Le même. Nouvelle édition. In-12. 1861. *Ibid*. 1 fr.

— Le Paravent. Nouvelle édition. In-12. 1853. *Ibid*. 3 fr.

— Le même. Nouvelle édition. In-12. 1858. *Ibid.* 1 fr.

— La Peau du lion et la chasse aux amants. 2 vol. in-8°. 1841. *Gosselin.* 15 fr.

— Le même. Nouvelle édition. In-12. 1854. *Lévy frères.* 3 fr.

— Le même. Nouvelle édition. In-12. 1858. *Ibid.* 1 fr.

— Le Persécuteur. In-4°. 1861. *Ibid.* 30 c.

— Poésies et Théâtre. Nouvelle édition. In-12. 1855. *Ibid.* 3 fr.

— Le Vieillard amoureux. In-16. 1855. *Ibid.* 1 fr.

BERNARD (Claude), physiologiste et médecin, membre de l'Académie des sciences, professeur de médecine au Collège de France et de physiologie générale à la Faculté des sciences de Paris, né à Saint-Julien, près Villefranche (Rhône), en 1813.

— Introduction à l'étude de la médecine expérimentale. In-8°. 1865. *Baillière et fils.* 7 fr.

— Leçons sur les effets des substances toxiques et médicamenteuses. (Cours de médecine au Collège de France.) In-8°, avec 32 fig. dans le texte. 1857. *Ibid.* 7 fr.

— Leçons de physiologie expérimentale appliquée à la médecine, faites au Collège de France. 2 vol. in-8°, avec fig. dans le texte. 1855 - 1856. *Ibid.* 14 fr.

· Nouvelle édition en 1865.

— Leçons sur la physiologie et la pathologie du système nerveux. (Cours de médecine du Collège de France.) Leçons recueillies et rédigées par le docteur A. Tripier. 2 vol. in-8°, avec 80 fig. dans le texte. 1858. *Ibid.* 14 fr.

— Leçons sur les propriétés physiologiques et les altérations pathologiques des liquides de l'organisme. Cours de médecine du Collège de France. Avec fig. dans le texte. 2 vol. in-8°. 1858. *Ibid.* 14 fr.

— Leçons sur les propriétés des tissus vivants; recueillies, rédigées et publiées par M. Émile Alglave. Avec 94 fig. intercalées dans le texte. In-8°. 1865. *Ibid.* 8 fr.

— Fr. Magendie. Leçon d'ouverture du cours de médecine du Collège de France (29 février 1856). In-8°. 1856. *Ibid.* 1 fr.

— Mémoire sur le pancréas et sur le rôle du suc pancréatique dans les phénomènes digestifs, particulièrement dans la digestion des matières grasses neutres. Avec 9 planches gravées, en partie coloriées. In-4°. 1856. *Ibid.* 12 fr.

— Nouvelle fonction du foie, considéré comme organe producteur de matière sucrée chez l'homme et chez les animaux. In-4° de 12 f. *Ibid.* 1853.

— Précis iconographique de médecine opératoire et d'anatomie chirurgicale. In-12, avec 113 pl. dessinées d'après nature et gravées sur acier. 1846 - 1854. *Méquignon-Marvis.* Avec fig. noires, 24 fr. Sépia, 36 fr. Color., 48 fr.

Avec Ch. Huette.

BERNARD (Const.), pseudonyme de M.... qui a traduit de l'allemand : « Introduction à l'histoire du xixe siècle » de *Gervinus.*

BERNARD (Daniel).

— Les Virelais de Daniel Bernard. In-12. 1865. *Dentu.* 3 fr.

BERNARD (F. Elme).

— Voyage aérien de Batavia à Marseille, fait à l'aide d'une machine aérostatique, inventée et décrite par F. Elme Bernard, de Ham (Somme). In-18, de 139 p. 1857. Apt, *imprimerie Jean.*

BERNARD (Émile).

— La Cuisine classique. — Voy. *Dubois.*

BERNARD (l'abbé Eugène), licencié ès lettres, premier aumônier du lycée Saint-Louis.

— Derniers Jours de l'abbé Perreyve. In-8°. 1865. *Douniol.* 1 fr.

— De Sancti Ambrosii, Mediolanensis episcopi, vita publica. Theses proponebat Facultati litterarum Parisiensi Eugenius Bernard, presbyter. In-8°. 1864. *Ibid.* 4 fr.

— Les Voyages de saint Jérôme, thèse. In-8°. 1864. *Ibid.* 6 fr.

BERNARD (l'abbé Félix), vicaire à Saint-Agricole d'Avignon.

— Les Saints petits garçons. In-12. 1857. Valence, *Marc-Aurel.*

BERNARD (Frédéric).

— Les Bords du Rhin. Ouvrage illustré de 70 vignettes et accompagné de cartes et de plans. In-16. 1854. *Hachette et Cie.* 2 fr. 50 c.

— Le Château, le Parc et les Grandes eaux de Versailles. In-16, illustré de 30 vignettes et de 3 plans. 1855. *Ibid.* 1 fr.

— Fontainebleau et ses environs. Illustré de 21 vignettes. In-16. 1853. *Ibid.* 1 fr.

— De Lyon à la Méditerranée; avec une carte du chemin de fer. Illustré de 80 vignettes. In-12. 1858. *Ibid.* 2 fr.

La 1re édition est de 1855.

— De Paris à Lyon et à Troyes. In-16, avec 80 vignettes et 1 carte. 1855. *Ibid.* 2 fr.

— Petit guide de l'étranger à Paris. Illustré de 54 vignettes sur bois et accompagné d'un plan de Paris. In-4°. 1861. *Ibid.* 1 fr.

La 1re édition a paru en 1855.

— De Strasbourg à Bâle. In-16, avec 1 carte et 50 vignettes. 1854. *Ibid.* 1 fr.

BERNARD (G.).

— Recueil de poésies fugitives et d'essais. Traductions en vers libres et métriques de plusieurs pièces de classiques allemands les plus estimés, ainsi qu'une traduction en prose d'un des contes à mes fils, par Kotzebue. In-8°. 1853. Hambourg, *Engel.* 1 fr. 25 c.

BERNARD (Henri).

— Une Courtisane au xixe siècle. Étude de mœurs. In-12. 1865. *Chez les principaux libraires.* 2 fr.

BERNARD (J.).

— Vocabulaire français-égyptien, avec la prononciation figurée, suivi de notes sur la législation musulmane et les mœurs égyptiennes, de dialogues arabes et de renseignements pour les voyages de la Méditerranée et de l'Indo-Chine par les paquebots des messageries impériales, à l'usage des étrangers en Égypte. 2e édition. In-18. 1865. *De Vresse.* 3 fr.

La 1re édition a été publiée en 1864.

BERNARD (J.), de Lyon.

— Moteur constant, régulier et gratuit. Appareil présenté à l'Académie des sciences, le 7 janvier 1861. In-8°. 1861. *Leiber.* 50 c.

BERNARD (Jean), docteur en médecine de la Faculté de Paris, né à Sainte-Usuge (Saône-et-Loire), en 1822.

— De l'État naissant dans le domaine médical. In-8°. 1864. *Baillière et fils.* 4 fr.

— Traité des maladies nerveuses et de leur rapport avec l'électricité. In-12. 1857. *Chez l'auteur, rue Montmartre*, 161. 2 fr.

— Traité des maladies des yeux qui guérissent sans opération, suivi d'une notice sur l'iode naissant. In-12. 1859. *Ibid.* 1 fr. 50 c.

BERNARD (Joseph), littérateur, conservateur à la Bibliothèque impériale, ancien député, né à Brest, en 1792.

— Béranger et ses chansons, d'après des documents fournis par lui-même et avec sa collaboration. In-8°. 1858. *Dentu.* 5 fr.

— Cinq Nouvelles. Gr. in-8°. 1858. *Ibid.* 3 fr. 50 c.

Louise ou le Cimetière du Père-Lachaise. — L'Expiation. — Étienne. — Le Fou de la Reclussère. — L'Anse de Keroual.

— Les Soirées de M. Jean, ou la Morale du sens commun, publiées par Joseph Bernard. Gr. in-8°. 1860. *Perrotin.* 7 fr. 50 c.

BERNARD (Just), docteur en médecine.

— Étude sur la fièvre typhoïde. In-8°. 1865. *Delahaye.* 2 fr. 50 c.

BERNARD (J. B.), curé de Sauve (Gard).

— Le Catholicisme vengé des assertions de la philosophie et du protestantisme, ou Lettres d'un père à son fils sur certains dogmes et certains événements défigurés par les incrédules et les hérétiques. In-12. 1841. *Vaton.* 2 fr.

BERNARD (J. P.), agent voyer en chef du département de la Drôme.

— Les Cours d'eau considérés au point de vue des inondations, et moyens de les prévenir, avec indication d'un nouveau système d'irrigation. In-8° de 2 f. 1848. Valence, *Marc-Aurel.*

BERNARD (l'abbé L.), chanoine d'Avignon.

— Dures Vérités et conseils charitables. In-12. 1855. Avignon, *Séguin.*

— Les Illustres pénitentes. In-12. 1853. [Avignon, *Séguin.*] *Vermot.*

— Pourquoi faut-il se confesser? In-12. 1853. *Ibid.*

— Les Sacrements. In-12. 1853. *Ibid.*

— La Religion est-elle bonne seulement pour les femmes? In-12. 1855. *Ibid.*

— Les Saintes vierges martyres. In-12. 1857. [Valence, *Aurel.*] *Vermot.*

— Les Saints curés. In-12. 1857. *Ibid.*

— Les Saintes adolescentes. In-12. 1857. *Ibid.*

BERNARD (Mme Laure), née de LAGRAVE, femme du général Louis BERNARD (voy. ci-après), née à Paris, en 1799.

— Contes aux enfants. In-12 avec 4 grav. 1840. *Didier.* 1 fr. 60 c.

— Contes maternels; scènes de l'éducation. 2e édition. In-12 avec 3 grav. 1842. *Lehuby.* 2 fr.

— Excursions lointaines, mœurs et coutumes de la Perse. In-8°. 1863. Rouen, *Mégard et Cie.* 1 fr.

— Histoire abrégée de l'Ancien et du Nouveau Testament. In-12. 1846. *Lecoffre.*

— Les Mythologies de tous les peuples racontées à la jeunesse. 7e édition. In-12 avec 10 pl. 1865. *Didier.* 2 fr.

La 1re édition est de 1834.

— Les Voyages modernes racontés à la jeunesse. 2 vol. in-12 avec 6 grav. 1844. *Lehuby.* 4 fr.

BERNARD (Mme Lina). — Voy. **Beck-Bernard.**

BERNARD (le général Louis), mari de Mme Laure BERNARD (voy. ci-dessus), né à Draguignan (Var), en 1781, mort en 18..., à Cayenne, où il s'était établi pour exploiter ses propriétés.

— Coup d'œil sur la situation agricole de la Guyane française. In-8° de 4 f. 1842. *Imprimerie Blondeau.*

— Mémoire sur la culture du poivrier à la Guyane française, depuis son introduction dans cette colonie en 1787, jusqu'à la présente année 1843. In-8° de 4 f. 1843. *Ibid.*

BERNARD. (Dom Marie), de l'ordre de Cîteaux.

— Les Héros du christianisme; histoire universelle des temps anciens et modernes, depuis l'avènement de Jésus-Christ; avec une introduction et des notes historiques, par P. Christian. 8 vol. in-8°, avec 48 grav. 1855-1859. *Dufour, Mulat et Cie.* 72 fr.

L'ouvrage se compose de 4 parties, chacune de 2 volumes. 1re partie: les Prophètes et les Martyrs; 2e partie: l'Église devant les barbares; 3e partie: la Chevalerie et les monastères; 4e partie: les Milices du Vatican.

BERNARD (Martin) dit MARTIN-BERNARD, ancien représentant du peuple, frère de Auguste BERNARD (voy. plus haut), né à Montbrison, en 1808. Condamné en 1839 par la Chambre des pairs, il passa plusieurs années au mont Saint-Michel. Depuis 1848, il vit en Belgique et en Angleterre.

— Dix ans de prison au mont Saint-Michel et à la citadelle de Doullens. In-8°. 1851. *Joubert.* 6 fr.

— Le même. 2e édition. in-12. 1861. *Pagnerre.* 2 fr. 50 c.

BERNARD (l'abbé Michel Christophe), ancien professeur de philosophie à l'Institution de la Trinité à La Marche (Vosges), né à Mirecourt (Vosges), en 1817.

— Vie de saint Alphonse de Liguori, suivie d'exercices de piété tirés de ses œuvres ascétiques; avec l'approbation épiscopale. In-12. 1862. Mirecourt, *Humbert.* 2 fr.

2e édition. 1866. *Lethielleux.* 2 fr. 50 c.

BERNARD (P.).

— Histoire de la Prusse depuis son origine jusqu'en 1846, suivie de Notices biographiques sur ses grands hommes. In-32. 1846. *Pagnerre.*

— Histoire de l'Autriche depuis son origine jusqu'en 1846. In-32. 1846. *Ibid.*

BERNARD (Paul), docteur en médecine.

— La Cautérisation combinée avec l'ablation de la glande lacrymale, ou Nouveau moyen de guérir les fistules lacrymales, etc. In-8°. 1845. *J. B. Baillière.* 1 fr. 25 c.

— Nouveau moyen de guérir les fistules lacrymales et les larmoiements chroniques, réputés incurables, proposé par M. le docteur Paul Bernard. In-8°. 1843. *Germer Baillière.*

— Quelques réflexions sur la vaccine et la nécessité des revaccinations, en réponse au Mémoire de M. le docteur Verdé de Lisle, intitulé : De la petite vérole et des résultats funestes de la vaccine. In-8°. 1840. *Labé.* 1 fr. 25 c.

M. P. Bernard a traduit de l'anglais avec M. Lusardi, « Traitement de la cataracte », par *Turnbull.* — Voy. ce nom.

BERNARD (Paul), docteur en droit, substitut du procureur général à Amiens, membre correspondant de l'Académie de législation de Toulouse, né à Apt (Vaucluse), en 1828.

— De l'inscription des hypothèques légales par le procureur impérial; traité théorique et pratique à l'usage des parquets. In-8°. 1864. *Durand.* 3 fr.

— Étude historique sur le droit de réduction des libéralités faites aux établissements publics. In-8°. 1864. *Ibid.* 3 fr.

Extrait de la « Revue historique de droit français et étranger ».

— Histoire de l'autorité paternelle en France. In-8°. 1864. [Montdidier], *Durand.* 7 fr.

— De la détention préventive pendant l'instance correctionnelle. In-8°. 1862. *Cotillon.* 1 fr. 50 c.

— De la prescription en droit criminel In-8°. 1862. *Ibid.* 1 fr. 50 c.

— Étude sur le nouveau code pénal promulgué en Italie. In-8°. 1864. *Ibid.* 1 fr. 50 c.

— Le Faux témoignage est-il un délit d'audience? In-8°. 1865. *Ibid.* 1 fr. 50 c.

— De la séparation de corps réformée. In-8°. 1862. *Ibid.* 3 fr.

Ces cinq dernières brochures sont extraites de la « Revue critique de législation et de jurisprudence ».

BERNARD (Ph.), docteur en philosophie, a traduit de l'allemand : « De l'unité de l'Église », de J. A. *Mœhler.* — Voy. ce nom.

BERNARD (Pierre), littérateur et journaliste, né en 1810.

— L'A B C de l'esprit et du cœur. In-12. 1861. *Librairie nouvelle.* 2 fr.

— Aperçus parlementaires. Les élus, ce qu'ils sont, ce qu'ils font, ce qu'ils coûtent. 1re et 2e séries. In-32. 1840-1841. *Hetzel et Paulin.* Chaque série, 75 c.

— L'Avenir au coin du feu. Causeries libérales, socialistes et humanitaires. In-8°. 1849. *Krabbe.* 2 fr.

— La Bourse et la vie. In-12. 1855. *Librairie nouvelle.* 2 fr.

— Mes Cocottes, ou Mémoires d'un jeune député flottant. In-16. 1847. *Hetzel.* 1 fr.

— Physiologie du député. In-32 avec 16 grav. 1841. *Bocquet.* 1 fr.

BERNARD (Thalès), littérateur, né à Paris, en 1818.

— Adorations. (Poésies.) In-12. 1855. *Krabbe.*

— Couronne de S. Étienne, ou les Colliers rouges. Scènes de la vie hongroise au xve siècle. In-12. 1853. *Ibid.*

— Étude sur les variations du polythéisme grec. In-12. 1853. *Franck.*

— Histoire de la poésie. In-12. 1864. *Dentu.* 10 fr.

— Histoire du polythéisme. 1re partie : Évolution générale de l'humanité. In-8°. 1854. *Franck.*

Cet ouvrage n'a pas été terminé.

— La Lisette de Béranger; souvenirs intimes. Eau-forte par G. Staal. In-32. 1864. *Mme Bachelin-Deflorenne.* 2 fr.

— Poésies mystiques. In-12. 1858. *Vanier.* 3 fr. 50 c.

— Poésies nouvelles. In-12. 1857. *Ibid.* 3 fr.

— Les Rêves du commandeur. In-12. 1854. *Krabbe.*

M. Thalès Bernard a traduit du latin : « Voyage dans la vieille France », par Jodocus *Sincerus* (voy. *Zinzerling*) ; et de l'allemand : « Dictionnaire mythologique universel », de E. *Jacobi.* — Voy. ce nom.

BERNARD (le docteur Tibulle Desbarreaux-). — Voy. **Desbarreaux-Bernard.**

BERNARD-DEROSNE. — Voy. **Derosne.**

BERNARD-DURAND (M. et Mme).

— Méthode et instruction pratique pour l'extinction progressive de la gattine et des autres maladies constitutionnelles et héréditaires qui peuvent en général frapper le ver à soie. In-8°. 1860. *Savy.* 1 fr. 50 c.

2e édition revue et augmentée. 1861. *Ibid.*

BERNARDÈS (le P. Manoël).

Amour divin affectif, ou Soliloques; traduit du portugais par un prêtre de la mission. In-18. 1861. *Périsse frères.* 1 fr.

— Exercices spirituels, ou Méditations sur les fins dernières; traduit du portugais par un prêtre du diocèse d'Amiens. 2 vol. in-12. 1863. *Ruffet et Cie.* 5 fr.

— Trésor d'amour; traduit du portugais par un prêtre du diocèse d'Amiens. 1863. Tournai, *Casterman.* 1 fr.

BERNARDI.

— L'Écuyer tranchant, ou l'Art de découper et de servir à table; complément indispensable du Cuisinier royal. In-8° avec 24 pl. 1845. *Barba.* 7 fr. 50 c.

— Le Glacier royal, ou l'Art de donner des bals et des soirées. In-12. 1843. *Ibid.* 3 fr. 50 c.

M. Bernardi a donné une édition du « Cuisinier impérial de la ville et de la campagne », par Viart, Fouret et Délan. — Voy. *Viart.*

BERNARDI (le chevalier A. C.), directeur du « Journal de conchyliologie ».

— Monographie du genre Conus, faisant suite aux monographies de Reeve, Kiener et Sowelby. In-4° avec 2 pl. coloriées. 1861. *Rothschild.* 5 fr.

— Monographie des genres Galatea et Fischeria. Figures dessinées et lithographiées d'après nature, par Eugène Levasseur, coloriées par Mme Ve Delarue, retouchées avec soin au pinceau par l'auteur. In-4° avec 10 pl. 1860. *Ibid.* 30 fr.

BERNARDIN (le P.), de l'ordre des Capucins.

— La Communion de Marie, Mère de Dieu. Ouvrage revu, corrigé et augmenté par le P. J. M.

Félix Simounet. In-18. 1860. *Lecoffre et Cie*. 1 fr. 20 c.

— Le Livre des frères et sœurs du tiers ordre de la pénitence du séraphique patriarche saint François d'Assise. 4e édition augmentée. In-32. 1859. Grenoble, *Merle et Cie*. 1 fr.

BERNARDIN DE PÉQUIGNY ou Picquigny, théologien du XVIIe siècle, né à Péquigny en Picardie, vers 1663, mort à Paris, en 1709.

— Epistolarum B. Pauli apostoli triplex expositio analysi, paraphrasi, commentario. Accedunt et observationes dogmaticæ, piæ, morales et asceticæ, etc. 3 vol. in-8°. 1850. *Leroux et Jouby, Gaume frères*. 9 fr.

— Le même. Édition in-12. 3 vol. 1854. *Ibid*. 9 fr.

La 1re édition est de 1726. 1 vol. in-fol.

— Explication des Épîtres de saint Paul par une analyse qui découvre l'ordre et la liaison du texte, par une paraphrase qui expose en peu de mots la pensée de l'Apôtre, par un commentaire avec des notes pour le dogme, pour la morale et pour les sentiments de piété. 4 vol. in-12. 1862. Lyon, *Périsse frères*. 5 fr.

Il en existe beaucoup d'éditions antérieures.

BERNARDIN DE SAINT-PIERRE. — Voy. **Saint-Pierre**.

BERNARDUS. — Voy. **Bernard** (Saint).

BERNAY (Alexandre de).

— Alexandriade, ou Chanson de geste d'Alexandre le Grand. — Voy. *Le Court*.

BERNAY (Camille), auteur dramatique, né à La Malmaison, en 1813, mort en 1842.

— Œuvres dramatiques de Camille Bernay, suivies de poésies diverses et de fragments de prose, et précédées d'une Notice biographique. In-12. 1843. *Jules Belin*. 4 fr.

— L'Héritage du mal; drame en quatre actes et en vers. In-8°. 1842. *Tresse*. 60 c.

BERNAY (P.) a traduit « la Poétique », de *Vida*. — Voy. ce nom.

BERNCASTEL (Frédéric).

— Récréations de la jeunesse, ou Énigmes historiques. In-18. 1858. *Maire-Nyon*. 75 c.

BERNCASTEL (Miss F.).

— Perles de la littérature française. In-12. 1859. *Magnin, Blanchard et Cie*. 3 fr.

BERNE (le docteur A.), chef de la clinique d'accouchement à la Charité de Lyon.

— Influence des découvertes physiologiques et chimiques sur la pathologie et la thérapeutique des organes digestifs. — Voy. *Delore*.

BERNEAUD (A. Thiébaut de). — Voy. **Thiébaut de Berneaud**.

BERNÈDE (Ch.), substitut à Châteaulin (Finistère).

— Essai sur les condamnés libérés. In-8° de 8 f. 1854. *Dubey*.

— Guide pratique de l'officier de l'état civil. Tableaux synoptiques pour servir à la rédaction des actes de l'état civil. Gr. in-4°. 1861. *Cotillon*. 4 fr.

BERNELLE (le général J.).

— Histoire de l'ancienne légion étrangère, créée en 1831, licenciée en 1838. In-8°. 1850. *Comon*.

1re partie : Organisation, travaux et opérations militaires de la légion en Afrique (1831-1835), par le général *Bernelle*. — 2e partie : Opérations de la légion en Espagne en 1835, 1836, 1837, par Auguste de *Colleville*, ex-capitaine adjudant-major à la légion.

BERNÉTAS (T. M. J. T. Azun de). — Voy. **Azun de Bernétas**.

BERNEVILLE D'AULNOY (la comtesse Marie Jumelle de). — Voy. **Aulnoy**.

BERNHARD (Carl), romancier danois, né vers le commencement du siècle.

— Chronique du temps d'Érik de Poméranie; traduit du danois, par Mlle R. Du Puget. In-16. 1860. *Mlle Du Puget*. 3 fr. 50 c.

BERNIER aîné.

— Description des machines-outils propres à travailler le bois et d'outils à la main destinés au même usage. In-4°. 1861. *E. Lacroix*. 2 fr. 50 c.

Avec Ferd. Arbey.

BERNIER (H.), chanoine d'Angers.

— Dom Guéranger et les jésuites. Nouvelle remontrance au R. P. abbé de Solesme. In-8°, 89 p. 1858. Angers, *Cosnier et Lachèse*.

— Notice historique sur le collège de Baupréau et sur M. Urbain Loir-Mongazon. In-8° de 14 f. avec 2 lithographies. 1855. *Ibid*.

BERNIER (Mme Louise), morte à Châlons-sur-Marne.

— Les Histoires de la vieille tante Christine. In-8° avec 8 lithographies. 1847. *Morizot*. 6 fr.

— La Prisonnière de vingt-quatre ans. In-8° avec 8 lithographies. 1847. *Ibid*. 6 fr.

— Les Soirées d'hiver, souvenirs et nouvelles. In-8° avec 12 lithographies. 1846. *Belin-Leprieur*. 6 fr.

BERNIER (Victor).

— Journal d'un inconnu, ou Lettres d'un père à son fils. In-12. 1859. *E. Belin*. 3 fr. 50 c.

BERNIER DE MALIGNY (Aristippe), ancien pensionnaire de la Comédie française, où il était connu sous le nom d'Aristippe.

— Nouveau manuel théâtral, théorique et pratique, contenant les principes sur l'art de la parole, applicables à la chaire, à la tribune, au barreau, etc. Nouvelle édition. In-18. 1854. *Roret*. 3 fr. 50 c.

Collection des Manuels-Roret. — La 1re édition a paru en 1825 sous le titre : « Théorie de l'art du comédien ».

BERNIÈRES-LOUVIGNY (Jean de), théologien, né à Caen, en 1602, mort en 1659.

— Le Chrétien intérieur, ou la Conformité intérieure que doivent avoir tous les chrétiens avec Jésus-Christ. Tiré des manuscrits de feu M. de Bernières-Louvigny. Nouvelle édition, revue et corrigée. 2 vol. in-12. 1856. *Périsse frères*. 4 fr.

La 1re édition est de 1659.

BERNIMOLIN (Eug.), docteur en droit.

— Manuel des lois sur la milice, à l'usage des administrations communales et des chefs de famille. In-12. 1864. Liége, *J. Desoer*. 3 fr.

BERNINO (Dominique).

— Vie de saint Joseph de Cupertin, de l'ordre des Frères mineurs; traduit de l'anglais, par un religieux du même ordre. In-8°. 1856. *Poussielgue-Rusand.* 5 fr.

BERNIS (Mme de). On attribue à Mme de Bernis le roman: «le Péché de Madeleine». — Voy. au mot *Péché.*

BERNIS (François Joachim de Pierre de), cardinal et diplomate français, né à Saint-Marcel de l'Ardèche, en 1715, mort à Rome, en 1794.

— La Religion vengée. — Voy. *Migne*, Démonstrations évangéliques, tome 9.

BERNIS (Léon).

— Contes parisiens. (Vers.) In-18. 1854. *Boisgard.*

BERNOS (Alexandre), auteur dramatique, collaborateur de Victor Ducange et de Pixérécourt, mort en 1864.

— Théâtre de M. Alexandre Bernos. 2 vol. in-8° avec un portrait. 1855. Lille, *imprimerie Lefebvre-Ducrocq.*

BERNOULLI (Jean Gustave), né à Bâle, en 1811.

— Cours de mécanique pratique à l'usage des directeurs et contre-maîtres de fabrique; traduit de l'allemand par Valérius. In-18 avec 1 pl. 1849. *Roret.* 2 fr.

Collection des Manuels-Roret.

BERNUTZ (Gustave), médecin à l'hôpital de la Pitié.

— Clinique médicale sur les maladies des femmes. 2 vol. in-8° avec fig. dans le texte. 1860-1862. *Chamerot.* 18 fr.

Avec Ernest Goupil.

BÉROALDE DE VERVILLE (François), philosophe et mathématicien, né à Paris, en 1558, mort vers 1612.

— Le Moyen de parvenir. Œuvre contenant la raison de ce qui a été, est et sera, avec démonstration certaine selon la rencontre des effets de la vertu. Revu, corrigé et mis en meilleur ordre, publié, pour la première fois, avec un commentaire historique et philologique, accompagné de notices littéraires, par Paul Jacob, bibliophile. In-12. 1851. *Charpentier.* 3 fr. 50 c.

— Le même. Nouvelle édition. In-12. 1862. *Ibid.* 3 fr. 50 c.

Ouvrage souvent réimprimé. La 1re édition a été publiée vers 1610.

BERODE (François), ancien notaire à Lillers, membre de la Société française d'archéologie.

— Histoire. Droit usuel. Répertoire des usages, coutumes, règlements administratifs et civils en vigueur dans les départements du Nord et du Pas-de-Calais, commentés et comparés avec la législation moderne. Tome 1. In-8°. 1865. Lille, *imprimerie Lefebvre-Ducrocq.* 7 fr. 50 c.

— Manuel de connaissances usuelles commerciales, judiciaires et civiles, avec un commentaire des coutumes, règlements et usages dont l'origine remonte à des temps antérieurs au régime actuel, et qui, néanmoins, ont conservé force de loi. Offert aux juges de paix, administrateurs, notaires, négociants, géomètres, experts et propriétaires. In-8°. 1860. Arras, *Courtin.* 3 fr. 50 c.

BÉRON (Pierre), médecin et savant valaque, né à Cotyle (Thrace), en 1800.

— Grand Atlas cosmo-biographique, contenant le mode de la production des corps célestes, de leurs mouvements, de leur forme ovale et de leurs métamorphoses physiologiques, et l'explication de tous les phénomènes célestes et géologiques, suivant les lois physiques. 11 pl. in-fol. coloriées, avec un texte in-4°. 1858. *Mallet-Bachelier.* 26 fr.

— Atlas météorologique. 12 pl. in-fol. coloriées, avec texte explicatif in-4°. 1860. *Ibid.* 26 fr.

— Découverte du fluide échogène, démontrée dans les propriétés communes à ce fluide et à la lumière; dans le mode de la production des sous harmoniques et du timbre, etc. In-8°. 1863. *Ibid.* 1 fr. 50 c.

— La Découverte de l'origine de la pesanteur, démontrée dans une formule exprimant la double cause du mouvement orbiculaire et axial du soleil, des planètes, etc.; dans le mode de la production des trois états des corps par la pesanteur, etc. In-8°. 1863. *Ibid.* 1 fr. 50 c.

— Déluge et vie des plantes avant et après le déluge. In-4°. 1858. *Ibid.* 6 fr.

— Le Fluide de lumière ramené comme le gaz aux calculs stœchiométriques et aux lois aérostatiques. In-8° avec fig. 1862. *Ibid.* 15 fr.

— Mémoire sur un système contre l'incendie, approuvé à Londres par la marine et le corps des pompiers. In-4° avec fig. 1863. *Ibid.* 50 c.

— Météorologie simplifiée par l'application de la loi physique au mode de la production 1° de la chaleur terrestre par celle du ciel; 2° des courants maritimes; 3° des saisons avec les climats; 4° des vents avec les pluies; et 5° de l'électricité avec l'état magnétique. Ouvrage indispensable aux marins. In-8°. 1863. *Ibid.* 3 fr.

— Origine des sciences physiques et naturelles et des sciences métaphysiques et morales, constatée suivant les lois physiques dans l'origine commune des fluides impondérables, de la pondérabilité, de la pesanteur, du mouvement et des trois états des corps, avec plusieurs gravures dans le texte. In-4°. 1858. *Ibid.* 6 fr.

— Physico-physiologie, ou Application de la physique à l'explication de la vie et de la reproduction, suivie d'un appendice sur l'homme avant la naissance, pendant la vie et après la mort. In-8°. 1864. *Ibid.* 4 fr.

— Système d'atmosphérologie. Tome I. In-8° avec 7 pl. 1846. *Ibid.* 6 fr.

— Système de géologie et origine des comètes, ou Très-court résumé du 2e volume de l'Atmosphérologie. In-8°. 1847. *Ibid.* 2 fr.

BERQUIER (J. Le). — Voy. **Le Berquier.**

BERQUIN (Arnaud), surnommé l'Ami des enfants, né à Bordeaux, en 1749, mort à Paris, en 1791.

— Œuvres complètes. Édition illustrée de 200 vignettes. 4 vol. in-8°. 1842. *Didier.* 12 fr.

— Œuvres choisies. Colin-Maillard. — L'Épée. — La Vanité punie. — La Petite glaneuse. — Le Ramoneur. — Les Quatre saisons. In-4° avec fig. 1857. *Marescq et Cie.* 70 c.

— L'Ami des enfants, avec une notice de M. Bouilly. Nouvelle édition, illustrée d'un grand

nombre de vignettes. Gr. in-8º. 1859. *Didier et Cie.*
9 fr.

— L'Ami des enfants. 2 vol. in-12 et 32 grav.
1859. *Ibid.* 6 fr.

— Le même. Gr. in-8º avec 10 grav. hors texte
et de nombreuses vignettes dans le texte. 1859.
Garnier frères. Broché, 10 fr. Relié, 14 fr.

— Le même. Illustré de nombreuses vignettes
par G. Staal. In-12. 1860. *Ibid.* 5 fr.

— Le même. Précédé d'une notice par M. J. B.
J. Champagnac. Gr. in-8º avec 11 lithog. 1857.
Lehuby. 10 fr.

— Le même. Gr. in-8º, texte encadré et lithog.
1859. Limoges, *Ardant frères.* 9 fr.

— Astronomie pour la jeunesse, ou le Système
du monde expliqué aux enfants. In-16. 1852. *Lecou.*

— Choix de petits drames et de contes tirés de
Berquin. In-16 avec 9 grav. 1853. *Hachette.* 2 fr.

— Contes et historiettes à l'usage des enfants.
In-12 avec 1 grav. 1852. *Delalain.* 90 c.

— Le Livre de famille, suivi de la Bibliothèque
des villages et d'un choix de lectures extrait des
meilleurs auteurs. Nouvelle édition. In-12. 1851.
Didier. 4 fr.

— Le Petit Grandisson, suivi de : le Retour de
la croisière, les Sœurs de lait, les Joueurs, l'Honnête fermier. Nouvelle édition, illustrée de vignettes par G. Staal. In-12. 1864. *Garnier frères.*
3 fr. 50 c.

— Les Récréations du jeune âge, ou Historiettes
instructives et morales. In-18. 1850. *Langlumé.* 1 fr.

— Sandford et Merton, à l'usage des enfants.
In-18 avec 1 grav. 1852. *Delalain.* 1 fr. 25 c.

— Le même, suivi du Petit Grandisson, de Lydie de Gersin, et précédé de l'Introduction familière à la connaissance de la nature. In-8º avec
vignettes. 1851. *Didier et Cie.* 4 fr.

— Le même. Nouvelle édition, illustrée de
nombreuses vignettes par G. Staal. In-12. 1864.
Garnier frères. 3 fr. 50 c.

— Le même, suivi de : le Petit Grandisson, le
Retour de la croisière, les Sœurs de lait, les Joueurs,
le Page, l'Honnête fermier. Illustrés d'un grand
nombre de vignettes sur bois, gravées par De-
marle, Pannemacker, Hôtelin, etc. Dessins de
G. Staal. Gr. in-8º. 1864. *Garnier frères.* 10 fr.

*Ouvrages faisant partie de la Bibliothèque reli-
gieuse et morale publiée par MM. Ardant frères
à Limoges :*

Beautés de la nature. 1852.
La Bibliothèque du village. 1852.
Les Fleurs de Berquin, extraites par René d'Isle. 1859.
Le Jeune naturaliste. 1860.
Jules ou le Petit téméraire, suivi de Marcel et Agathe. 1862.
Lydie de Gersin, ou Histoire d'une jeune Anglaise de 8 ans.
1853.
Relation d'un naufrage sur l'île Royale. 1864.
Théophile ou la Prière. 1857.

BERR DE TURIQUE (Arthur).

— L'Échelle de Jacob. In-8º. 1854. *Souverain.*
7 fr. 50 c.

BERRANGER (l'abbé de), ancien aumônier de
Sainte-Barbe.

— Abrégé de l'Histoire sainte, extrait de la version grecque des Septante, d'après le texte latin
de Lhomond. In-18. 1856. *Delalain.* 1 fr. 50 c.

— Abrégé de grammaire française d'après Lhomond, à l'usage des écoles chrétiennes. In-18. 1862.
Ibid. 40 c.

BERRIAT SAINT-PRIX (Jacques), jurisconsulte
et littérateur, professeur à l'école de droit de Grenoble, et plus tard à la Faculté de droit de Paris,
membre de l'Institut, né à Grenoble en 1769, mort
à Paris en 1845.

— Cours de droit criminel (instruction criminelle et droit pénal). 5e édition, mise au courant
de la législation, par Félix Berriat Saint-Prix. In-8º.
1855. *Plon.* 4 fr.

La 1re édition est de 1817.

— Cours de procédure civile. 7e édition, refondue et mise au courant de la législation, par Félix
Berriat Saint-Prix. 2 vol. in-8º. 1855. *Ibid.* 8 fr.

La 1re édition a paru de 1808 à 1810. 3 vol. in-8º. Grenoble.

— Examen historique du tableau de Gérard,
représentant l'entrée de Henri IV à Paris, avec
des recherches sur cet événement mémorable.
Lu à la Société royale des antiquaires de France.
In-8º. 1840. *Langlois.* 1 fr.

— Mémoire sur la durée et la suspension de la
prescription, lu à l'Académie des sciences morales
et politiques. In-8º. 1841. *Ibid.* 1 fr.

— Napoléon Ier à Grenoble, histoire du 7 mars
1815. In-8º. 1861. Grenoble, *Maisonville et fils.*
2 fr.

— Recherches sur la législation et la tenue des
actes de l'état civil. 2e édition. In-8º. 1842. *Videcoq.* 2 fr.

BERRIAT SAINT-PRIX (Charles), fils du précédent, conseiller à la cour impériale de Paris,
né à Grenoble en 1801.

— Étude pratique sur l'instruction criminelle
préjudiciaire. In-8º. 1859. *Cosse et Marchal.* 1 fr.
50 c.

— Examen de cette question : Les circonstances
atténuantes sont-elles applicables en matière de
contumace ? In-8º de 2 f. 1842. *Joubert.*

— De l'Exécution des jugements et arrêts et
des peines, en matière criminelle, correctionnelle et de police. In-8º. 1846. *Cosse.* 2 fr.

— Le Jury en matière criminelle. Manuel des
jurés d'après les lois nouvelles, les anciens textes
en vigueur et la jurisprudence de la Cour de cassation. 3e édition, corrigée et augmentée. In-18.
1858. *Cosse et Marchal.* 2 fr. 25 c.

La 1re édition est de 1849.

— La Justice révolutionnaire à Paris, Bordeaux,
Brest, Lyon, Nantes, Orange, Strasbourg, d'après
les documents originaux. In-12. 1861. *Ibid.* 2 fr.
50 c.

— Législation de la chasse et de la louveterie.
In-8º. 1844. *Cosse.* 5 fr. 50 c.

— Manuel de police judiciaire et municipale,
à l'usage des maires et adjoints, commissaires de
police, juges de paix, officiers de gendarmerie,
procureurs impériaux, juges d'instruction et préfets. 4e édition, corrigée et augmentée. In-12.
1863. *Paul Dupont.* 4 fr.

La 1re édition est de 1840.

— Mazas, étude sur l'emprisonnement individuel. In-8º. 1860. *Cosse et Marchal.* 1 fr.

— Traité de la procédure des tribunaux criminels, suite de l'Instruction criminelle préjudi-

ciaire. 1re partie. Tribunaux de simple police. In-8°. 1851. *Ibid.* 7 fr. 50 c.

2e édition : voy. ci-après: « Des tribunaux de simple police ».

— Des Tribunaux et de la Procédure du grand-criminel au xviiie siècle, jusqu'en 1789 avec des recherches sur la question ou torture. In-8°. 1859. *Aubry.* 3 fr.

Tiré à 100 exemplaires, dont 60 mis en vente.

— Des Tribunaux de simple police, de leur procédure et des fonctions des officiers du ministère public qui leur sont attachés. 2e édition, corrigée et augmentée. In-12. 1865. *Cosse et Marchal.* 3 fr. 50 c.

Pour la 1re édition, voy. ci-dessus: « Traité de la procédure », etc.

BERRIAT SAINT - PRIX (Félix), docteur en droit, avocat, frère du précédent, né à Grenoble en 1810.

— Analyse du Code pénal. Table synoptique et raisonné des délits et des peines. In-8°. 1855. *Cotillon.* 4 fr.

— Guide pour l'étude du droit, ou Indication des principales difficultés qui sont l'objet des examens, et des auteurs qui résolvent ces difficultés. 4e édition, corrigée et augmentée. In-18. 1856. *Ibid.* 2 fr. 50 c.

— Guide pour les thèses. Manuel de logique judiciaire, à l'usage des étudiants, des candidats de concours, des avocats, des magistrats et de tous ceux qui traitent les questions de droit. In-18. 1855. *Ibid.* 2 fr. 50 c.

— Manuel de la saisie immobilière, tiré du Cours de procédure de Jacques Berriat Saint-Prix et refondu d'après la loi de 1841. In-8°. 1855. *Plon.* 2 fr.

— Méthode de lecture. In-8°. 1852. *J. Renouard.* 2 fr. 50 c.

— Notes élémentaires sur le Code civil. Travail contenant seulement, mais sur chaque article sans exception, l'explication des termes techniques, la filiation des idées et la discussion des questions de principes. 3 vol. in-8°. 1846 - 1848. *Videcoq.* 22 fr. 50 c.

— Notes théoriques sur le Code civil. Explication de tous les termes juridiques, discussion des questions de principes; application d'une méthode nouvelle qui rattache tous les articles du Code, soit comme conséquences, soit comme exceptions, aux principes du droit. 3 vol. in-8°. 1856. *Ibid.* 25 fr.

— Plan de constitution, avec indication des sources et des motifs. In-8°. 1848. *Pagnerre.*

— Théorie du droit constitutionnel français. Esprit de la Constitution de 1848, précédé d'un essai sur le pouvoir constituant et d'un précis historique des constitutions françaises. In-8°. 1851. *Videcoq.* 9 fr.

— Le même. Nouvelle édition, sous le titre: Esprit des constitutions de 1848 et de 1852, et des sénatus-consultes organiques, précédé d'un essai, etc. In-8°. 1853. *Ibid.* 9 fr.

BERROYER (A.).

— Démoralisation de la France monarchique vers la fin du xviiie siècle ; mécomptes, déceptions, impostures, recueillis pour servir d'éclaircissements à l'histoire du gouvernement représentatif. In-18. 1855. Grenoble, *Prudhomme.*

BERRUYER (le P. Isaac Joseph) de la Compagnie de Jésus, né à Rouen en 1681, mort à Paris en 1758.

— Histoire du peuple de Dieu, depuis son origine jusqu'à la naissance du Messie. Nouvelle édition, corrigée et enrichie de notes par des directeurs du séminaire de Besançon. 10 vol. in-8°. 1851. Besançon, *Outhenin-Chalandre.* 30 fr.

La 1re édition est de 1727.

BERRY (Victor Hippolyte), conseiller à la cour d'appel de Bourges.

— Études historiques sur les monnaies et le monnoyage des Romains. In-8° avec 2 pl. 1852. *Dumoulin.* 2 fr.

— Études et recherches historiques sur les monnaies de France. 2 vol. in-8° avec un atlas de 90 pl. 1853. [Bourges.] *Ibid.* 36 fr.

BERRY-RAYNAL.

— Mémoire sur un nouvel aménagement des bois et forêts, ou l'Art d'augmenter les produits forestiers. In-8°. 1858. Châlon-sur-Saône, *Ferrand.* 1 fr.

BERRYER (Pierre Antoine), avocat et homme politique, député, membre de l'Académie française, né à Paris en 1790.

— Discours de M. Berryer, prononcé à sa réception à l'Académie française, le 22 février 1855, et discours de M. le comte de Salvandy au récipiendaire. In-8°. 1855. *Didier et Cie.* 1 fr.

— Le Ministère public et le barreau, leurs droits et leurs rapports, avec une introduction par M. Berryer. In-8°. 1860. *Lecoffre et Cie.* 3 fr.

C'est seulement la préface de cet ouvrage qui est de M. Berryer; nous ne savons pas quel est l'auteur de l'ouvrage même. On a prétendu, mais sans doute à tort, que c'était M. Dupin aîné.

BERSEAUX (l'abbé), ancien professeur de théologie dogmatique au grand séminaire de Nancy.

— Le Dieu-Homme et la Vierge - Mère (science sacrée, point de vue intrinsèque). 2 vol. in-12. 1865. Nancy, *Vagner.* 4 fr.

— Les Grandes questions religieuses résolues en peu des mots. 4 vol. in-18. 1861 - 1862. *Putois-Cretté.* 4 fr.

Chaque volume se vend séparément 1 fr. 25 c. — T. 1. La foi et l'incrédulité. T. 2. L'Évangile et le siècle. T. 3. L'Église et le monde. T. 4. La Mort et l'immortalité.

— Une Passion. In-12, 23 p. 1865. Nancy, *Vagner.*

— La Science sacrée. Point de vue extrinsèque. Démonstration ecclésiastique. Tout chrétien doit être catholique. 3 vol. in-12. 1864. [Nancy.] *Gaume frères et Duprey.* 8 fr.

— Les Sept sacrements considérés aux points de vue philosophique, moral, social, traditionnel, liturgique et polémique. (Science sacrée au point de vue pratique.) 3 vol. in-12. 1864. [Nancy.] *Putois-Cretté.* 8 fr.

— Les Splendeurs du culte, ou le Culte considéré dans son sujet, dans son objet, dans ses moyens, dans ses usages, dans ses pratiques et dans ses cérémonies (science sacrée, point de vue liturgique). In-12. 1865. Nancy, *Vagner.*

— La Trinité chrétienne considérée comme la raison dernière de ce qui est, comme l'explication définitive et suprême du comment et du pourquoi des choses, comme la clef de la philosophie altissime (science sacrée, point de vue intrinsèque). In-12. 1865. *Ibid.*

— La Vie chrétienne, lectures pour les familles et les paroisses. 8 vol. in-12. 1861. *Ibid.* 4 fr.

— La Voltairomanie. In-12. 1865. Laneuville-devant-Nancy (Meurthe). *Chez l'auteur.* 1 fr.

BERSET (J.), de la congrégation du très-saint Rédempteur.

— L'Année du pasteur et des fidèles, ou Instructions pour les dimanches et les principales fêtes de l'année. 2 vol. in-12. 1862. Liége, *Dessain.* 5 fr.

BERSEZIO (Victor), romancier et auteur dramatique italien, né à Coni en 1830.

— Nouvelles piémontaises. Traduites de l'italien, avec l'autorisation de l'auteur, par Amédée Roux. In-12. 1859. *Hachette et Cie.* 2 fr.

BERSIER (Eugène), pasteur de l'église évangélique, né à Arbère (Jura), en 1831.

— Le Dimanche, discours. In-8°. 1864. *Meyrueis et Cie.* 50 c.

— La Présence du Christ, discours. In-8°. 1862. *Ibid.* 50 c.

— Sermons. In-12. 1864. *Ibid.* 3 fr. 50 c.

2e et 3e éditions en 1865.

M. Bersier est rédacteur de la « Revue chrétienne ».

BERSOT (Ernest), littérateur, ancien professeur de philosophie à Bordeaux, à Rennes, à Dijon et à Versailles, né à Surgères (Charente-Inférieure) en 1816.

— Doctrine de saint Augustin sur la liberté et la Providence. In-8°. 1843. *Joubert.* 4 fr.

— Essai sur la Providence. In-12. 1858. *Aug. Durand.* 3 fr.

— Le même. 2e édition, augmentée de fragments. In-12. 1855. *Ibid.* 3 fr.

— Essais de philosophie et de morale. 2 vol. in-8°. 1864. *Didier et Cie.* 12 fr.

Édition in-12. 2 vol. 7 fr.

— Études sur le xviiie siècle. Étude générale. Études particulières. 2 vol. in-12. 1855. *Aug. Durand.* 7 fr.

— Études sur la philosophie du xviiie siècle. Diderot. In-12. 1851. *Ladrange.* 1 fr. 50 c.

— Études sur la philosophie du xviiie siècle. Montesquieu. In-12. 1852. *Ibid.* 1 fr. 50 c.

— Lettres sur l'enseignement. 1re à 3e lettre. In-8°. 1857. *Hachette et Cie.* Chaque lettre, 30 c.

— Littérature et morale. In-12. 1861. *Charpentier.* 3 fr. 50 c.

— Mesmer et le Magnétisme animal. Les Tables tournantes et les esprits. 3e édition. In-12. 1864. *Hachette et Cie.* 3 fr. 50 c.

1re édition. 1853. 1 fr. 50 c ; 2e édition. 1854. 1 fr. 50 c.

— La Philosophie de Voltaire, avec une introduction et des notes. In-12. 1848. *Ladrange.* 2 fr. 50 c.

— Questions actuelles. Enseignement, décentralisation, du merveilleux, le libéralisme catholique, de la propriété littéraire. In-12. 1862. *Didier et Cie.* 3 fr. 50 c.

— Du Spiritualisme et de la nature. In-8°. 1846. *Ladrange.* 5 fr.

BERT (le docteur Paul).

— Catalogue méthodique des animaux vertébrés qui vivent à l'état sauvage dans le département de l'Yonne, avec la clef des espèces et leur diagnose. In-8° avec 2 pl. 1864. *Masson et fils.* 4 fr.

— De la greffe animale. In-4°. 1863. *Baillière et fils.* 2 fr. 50 c.

BERTAL (A.).

— La Famille Need, ou les Établissements philanthropiques aux États-Unis. In-12. 1855. *Cherbuliez.* 2 fr.

BERTAL (Estienne), prédicateur de la Compagnie de Jésus, vivait vers la fin du xviie siècle.

— Discours choisis. — Voy. *Migne,* « Collection des orateurs sacrés », 1re série, tome 38.

La 1re édition de ces sermons a paru en 1687 à Lyon, sous le titre de : « Discours choisis sur plusieurs matières importantes de la foy et des mœurs ».

BERTALL, anagramme renversé du prénom de M. Albert d'Arnould, dessinateur.

— Les Infortunes de Touche-à-Tout, recueillies par Bertall. In-4°. 1865. *Hachette et Cie.* 3 fr.

BERTANI (le chevalier Antoine de), bibliothécaire à Parme.

— Essai de déchiffrement de quelques inscriptions étrusques. 1re livraison. In-4° avec 1 pl. 1863. Leipzig, *F. A. Brockhaus.* 5 fr.

La publication n'a pas été continuée.

BERTAULD (Alfred), jurisconsulte, avocat et professeur de droit à la Faculté de Caen, né à Verson (Calvados), en 1812.

— Cours de Code pénal et leçons de législation criminelle, explication théorique et pratique mise en rapport avec la loi des 13 avril-13 mai 1863. 3e édition, revue, complétée et mise au courant jusques et y compris 1863. In-8°. 1864. *Cosse et Marchal.* 9 fr.

1re édition. 1854. Caen. 7 fr.; 2e édition. 1859. Caen, 8 fr. 50 c.

— De l'Hypothèque légale des femmes mariées sur les conquêts de la communauté. Monographie. In-8°. 1852. *Durand.* 3 fr.

— Introduction à l'histoire des sources du droit français (principales questions controversées). In-12. 1860. [Caen.] *Marescq aîné.* 4 fr.

— La Liberté civile, nouvelle étude critique sur les publicistes contemporains. In-8°. 1864. *Didier et Cie.* 7 fr.

Le même. Édition in-12. *Ibid.* 3 fr. 50 c.

— Philosophie politique de l'histoire de France, étude critique sur les publicistes contemporains. In-8°. 1861. *Didier et Cie.* 6 fr.

— Questions controversées sur la loi des 2-31 mai 1854, abolitive de la mort civile, groupées sous chaque article de loi. In-8°. 1857. [Caen.] *Durand.*

— Questions et exceptions préjudicielles en matière criminelle, ou de la Compétence et de l'autorité des décisions du juge répressif sur les questions de droit civil que l'action publique soulève. In-8°. 1856. *Ibid.* 4 fr.

— Des Substitutions et des vraies causes de leur prohibition. In-8°. 1861. *Marescq aîné.* 1 fr. 50 c.

Extrait de la « Revue pratique de droit français ».

— Traité théorique et pratique de la subroga-
ou à l'hypothèque légale des femmes mariées.
° édition, refondue et complétée. In-8°. 1864.
osse et Marchal. 6 fr. 50 c.

La 1re édition a été publiée en 1853 sous le titre : « De la
brogation », etc. In-8°. Durand. 4 fr.

BERTAUX-LEVILLAIN (C.).

— Éléments de géométrie descriptive, conte-
ant les matières exigées pour l'admission aux
coles polytechnique, militaire, navale et fores-
ère, et renfermant en outre des considérations
énérales sur les plans tangents, avec quelques
pplications aux surfaces connues, cylindriques
t sphériques. In-8°. 1847. Dalmont. 6 fr.

BERTET (Adolphe), avocat à Chambéry, né à
aint-Pierre d'Albigny (Savoie).

— Apocalypse du bienheureux Jean, apôtre,
urnommé le Théologien, dévoilée, contenant
'accord de la foi et de la raison par l'explication,
mise à la portée de tout le monde, des mystères
u royaume de Dieu. In-8°. 1861. Arnauld de
Tresse. 5 fr.

— La Savoie dans la balance politique de l'Eu-
ope. In-8°. 1860. [Grenoble, Maisonville.] Dentu.
fr.

BERTET-DUPINEY (F.) a traduit de l'allemand :
« Traité de la physiologie de l'homme », de J. Mul-
er; et « Lettres sur la chimie », de Liebig. — Voy.
es noms.

BERTET-DUPINEY DE VOREPIERRE (J. F. M.).
— Voy. **Dupiney de Vorepierre.**

BERTEUIL (Arsène), ancien pharmacien en
chef des hôpitaux militaires de l'armée d'Afrique.

— L'Algérie française. Histoire, mœurs, coutumes, industrie, agriculture. 2 vol. in-8°. 1856.
Dentu. 15 fr.

BERTEUX (Tresvaux de). — Voy. **Tresvaux
de Berteux.**

BERTHAUD (l'abbé).

— Le Quadrille des enfants, ou Système nouveau de lecture. 15e édition, refondue et perfectionnée, augmentée de contes et d'historiettes,
etc., et accompagnée d'une boîte contenant
84 fiches. In-8°. 1854. Arthus Bertrand. 15 fr.

La 1re édition est de 1743.

BERTHAUD, ancien élève de l'École d'Alfort.

— Le Nouveau parfait bouvier, traité complet
de l'élevage des bestiaux, contenant le Parfait
bouvier, le Parfait berger, etc. 3e édition, augmentée du Répertoire du laboureur et du jardinier. In-12. 1856. Limoges, Ardant. 3 fr.

BERTHAUD (Ch.) a traduit de l'allemand « la
Morale des philosophes grecs », de Neander.

BERTHAULT-DUCREUX (Alexandre), ancien
ingénieur en chef des ponts et chaussées, né à
Châlon-sur-Saône, en 1790.

— Éclairage. Note sur les principes et les procédés fondamentaux de l'éclairage, suivie de
l'exposé d'un ensemble d'inventions propres à
améliorer beaucoup presque tous les appareils
connus, depuis la veilleuse jusqu'au phare. In-8°
de 4 f., avec 1 pl. 1854. Dalmont.

— Essai d'un traité sur l'entretien des routes en
empierrements. 1re et 2e parties. In-8°. 1842. Ibid.
5 fr. 50 c.

— Exposé et application des faits, attributs et
principes, tant généraux que particuliers, les
plus importants à prendre pour guider dans les
questions relatives à l'entretien des routes et à la
police du roulage. In-8°. 1842. Ibid. 2 fr.

— Exposé des faits et des principes sur lesquels
repose la solution des principales questions que
soulèvent les chemins de fer et les autres voies
de communication. In-8°. 1845. Ibid. 2 fr.

— Historique, situation et raisons d'être du
service d'expériences sur l'entretien des routes.
In-8°, 8 f. 1845. Ibid.

— Note sur le roulage et les routes d'Angleterre
et de France. In-8°. 1843. Ibid. 1 fr. 50 c.

— 2e Note. In-8°. 1843. Ibid. 1 fr.

— 3e Note. In-8°. 1844. Ibid. 3 fr.

— Notions sur les principales questions que
soulève en ce moment l'entretien des routes, et
sur les meilleurs moyens de hâter les progrès de
cet art. In-8° de 8 f. 1848. Ibid.

— Une visite à quelques routes en empierrement, les unes appartenant au service d'expériences, les autres étrangères à ce service. In-8°
de 2 f. 1842. Ibid.

BERTHAUMIER (l'abbé), du tiers ordre de Saint-
François, curé de Saint-Pallais.

— Histoire de saint Bernardin de Sienne, de
l'ordre des Frères mineurs. In-12. 1862. Gauguet.
3 fr.

— Histoire de saint Bonaventure, de l'ordre de
Saint-François, cardinal-évêque d'Albane, docteur
de l'Église. In-8°. 1858. Ve Poussielgue-Rusand.
4 fr. 50 c.

— Le Livre des âmes pieuses, tiré des Œuvres
spirituelles de saint Bonaventure. In-18. 1855.
[Besançon.] Vivès. 1 fr. 25 c.

M. l'abbé Berthaumier a traduit les « Œuvres spirituelles »
de S. Bonaventure ; et les « Œuvres » de S. François d'Assise.

BERTHAUX (Louis), dessinateur, graveur, ex-
serrurier, etc., né à Dijon, en 1797.

— Le Parfait carrossier, ou Traité complet des
ouvrages faits en carrosserie et sellerie, contenant diverses voitures de messageries, voitures
de luxe, etc. In-8° avec 69 pl. 1862. Dijon, chez
l'auteur.

La 1re édition est de 1855.

— Le Parfait charron, ou Traité complet des
ouvrages faits en charronnage et ferrure, concernant tout ce qui est relatif à l'agriculture, au
commerce, aux arts. In-8° avec 118 pl. 1852.
[Dijon, chez l'auteur.] Roret. 5 fr.

— Le Parfait serrurier, ou Traité complet des
ouvrages faits en fer. Nouvelle édition. In-8° avec
122 pl. 1850. [Dijon, chez l'auteur.] Maison. 9 fr.

La 1re édition est de 1828.

BERTHE (A.), ex-employé des conservations
d'hypothèques.

— Manuel hypothécaire. 4e édition. in-8°, 28 p.
1864. Blois, chez l'auteur.

BERTHE (T.), ex-cuisinier du comte Pozzo di
Borgo.

— Traité de l'office. In-12. 1844. Chez l'auteur,
rue Neuve-du-Luxembourg, 10.

BERTHE (Mlle), de Vincennes.

— Petites histoires pour les savants de 4 à 7 ans.
In-18. 1862. Vermot. Noir, 70 c. Colorié, 1 fr.

*Berthe et Fanny, par Marie Ange de T. In-18, avec grav. 1865. Tours, *Mame et fils*. 60 c.

BERTHÉ (F. L.).

— Alfred, ou Cinq ans perdus; comédie en cinq actes et en vers, suivie de : Une position fausse; comédie en cinq actes et en prose. Gr. in-8°. 1861. *Paul Dupont*. 2 fr. 50 c.

— Une Lettre à M. Jules Janin. In-18. 1859. *Dentu*. 1 fr.

BERTHELIN (Egmont), avocat à Troyes, né à Troyes, en 1807, mort en 1860.

— Les Usages locaux ayant force de loi en France. Recueil officiel pour le département de la Marne. In-8°, 109 p. 1857. Châlons, *Martin*.

— Usages locaux ayant force de loi dans le département de l'Aube. Recueil officiel, publié avec l'assentiment et sous les auspices de M. le préfet de l'Aube. In-8°, 192 p. 1856. Troyes, *Cardon*.

BERTHELLOT (C. Sosthène), avocat, ancien notaire.

— Essai sur le caractère et les tendances de l'empereur Napoléon III, d'après ses écrits et ses actes. In-8°. 1858. *Plon*. 5 fr.

— Esprit, législation et jurisprudence du notariat, ou Guide théorique et pratique des personnes qui en exercent les fonctions ou s'y destinent, et de toutes celles qui ont occasion de recourir aux lois sur la matière. Traité sur un plan nouveau. In-8°. 1854. *Marescq et Dujardin*. 5 fr.

BERTHELOT.

— Pratique de l'art du maréchal-ferrant. In-8° avec 12 pl. 1846. *Chez l'auteur, rue Bleue*, 25. 2 fr.

BERTHELOT (Marcellin), professeur de chimie à l'École de pharmacie, né à Paris, en 1827.

— Chimie organique fondée sur la synthèse. 2 vol. in-8°. 1860. *Mallet-Bachelier*. 20 fr.

— Combinaisons de la glycérine avec les acides et reproduction artificielle des corps gras neutres. Thèse présentée à la Faculté des sciences de Paris. In-8°. 1854. *Ibid*. 3 fr.

— Leçons de chimie professées en 1862. — Voy. *Verdet*.

— Leçons sur les méthodes générales de synthèse en chimie organique professées en 1864 au Collège de France. In-8°. 1864. *Gauthier-Villars*. 8 fr.

Voy. aussi *Leçons de chimie professées en 1860*.

BERTHELOT (Sabin).

— Histoire naturelle des îles Canaries. — Voy. *Barker-Webb et Berthelot*.

BERTHERAND (le docteur Alphonse), médecin militaire, directeur de l'École de médecine d'Alger, né à Bazeilles (Ardennes), en 1815.

— Campagne d'Italie de 1859. Lettres médico-chirurgicales écrites par le grand quartier général de l'armée. In-8°. 1860. [Alger], *J. B. Baillière*. 3 fr. 50 c.

— Campagnes de Kabylie. Histoire médico-chirurgicale des expéditions de 1854, 1856 et 1857, avec une carte du théâtre des opérations militaires. In-8°. 1862. *Ibid*. 6 fr.

— Eaux minérales de l'Algérie. Oïoun-Sekhakhna (dans la Bou-Zarria) au Frais-Vallon, à 3 kilomètres d'Alger. In-8°. 1856. *Ibid*. 75 c.

Extrait de la « Gazette médicale de l'Algérie ».

— Études sur les eaux minérales de l'Algérie. In-8°. 1859. *Ibid*. 3 fr.

— Mémoire sur la rupture spontanée du cœur. In-8°. 1856. *Ibid*. 1 fr. 25 c.

Extrait de la « Gazette médicale de l'Algérie ».

— Des Pansements des plaies sous le rapport de leur fréquence et de leur rareté. In-8°. 1851. *Ibid*. 2 fr.

— Des Plaies d'armes à feu de l'orbite. In-8°. 1851. *Ibid*. 1 fr.

— Précis des maladies vénériennes, de leur doctrine et de leur traitement. Ouvrage couronné (médaille d'or) par le ministre de la guerre. In-8° avec 2 pl. 1852. *Ve Berger-Levrault et fils*. 5 fr. 50 c.

— Traité des adénites idiopathiques, et spécialement de celles du col. In-8°. 1852. *J. B. Baillière*. 2 fr. 50 c.

BERTHERAND (E. L.), frère du précédent, docteur en médecine à Lille, ancien chirurgien militaire, attaché à l'armée d'Afrique.

— Les Eaux minérales et les bains de mer de l'Algérie; lettre à M. le docteur de Pietra Santa, médecin en chef des Madelonnettes. In-8°, 61 p. 1860. *Au bureau de la Gazette des eaux*.

— Médecine et hygiène des Arabes. Études sur l'exercice de la médecine et de la chirurgie chez les musulmans d'Algérie, leurs connaissances en anatomie, histoire naturelle, etc.; précédées de considérations sur l'état général de la médecine chez les principales nations mahométanes. In-8°. 1854. *Germer Baillière*. 7 fr. 50 c.

— Des ressources que la matière médicale arabe peut offrir aux pharmacopées française et algérienne. In-8°, 36 p. 1859. [Alger], *Challamel aîné*.

Extrait de la « Gazette médicale de l'Algérie ».

— Vocabulaire français-arabe à l'usage des médecins, vétérinaires, etc. — Voy. *Pharaon* (Florian) *et Bertherand*.

M. le docteur Bertherand a traduit de l'italien : « Du cœur pneumatique », par *Gandolfi*.

BERTHEREAU (L.).

— Les Rats et les grenouilles; poëme en 14 chants et épilogue. In-12 de 9 f. 1851. *Amyot*.

BERTHET (Élie), romancier, né à Limoges, en 1815.

— L'Andorre. In-8°. 1842. *Dumont*. 7 fr. 50 c.

— L'Aveugle-né. In-4°. 1862. *Boisgard*. 50 c.

— La Bastide rouge. 2 vol. in-8°. 1853. *Passard*. 15 fr.

— Le même. Nouvelle édition. 1 vol. in-12. 1860. *Librairie nouvelle*. 1 fr.

— Le même. In-4° illustré. 1861. *Lécrivain et Toubon*. 50 c.

— La Belle drapière. In-12. 1865. *Brunet*. 2 fr. 50 c.

— La Bête du Gévaudan. 5 vol. in-8°. 1858. *De Potter*. 37 fr. 50 c.

— Le même. Nouvelle édition. 1 vol. in-12. 1862. *Hachette et Cie*. 2 fr.

— Le Cadet de Normandie. 2 vol. in-8°. 1853. *Passard*.

— Le même. Édition illustrée. In-4°. 1863. *Charlieu et Huillery*. 90 c.

— Le Capitaine Blangis. 4 vol. in-8°. 1864. *De Potter*. 30 fr.

— Les Catacombes de Paris. 4 vol. in-8°. 1854. *Ibid.* 30 fr.

— Le même. 2e partie : la Tombe-Issoire. 4 vol. in-8°. 1855. *Ibid.* 30 fr.

— Le même, complet en 2 vol. in-12. 1863. *Hachette et Cie*. 6 fr.

— Le Château d'Auvergne. 2 vol. in-8°. 1848. *Pétion.* 15 fr.

— Le Château de Montbrun. 3 vol. in-8°. 1847. *Baudry.* 22 fr. 50 c.

— Les Chauffeurs. 5 vol. in-8°. 1857. *Cadot.* 37 fr. 50 c.

— Le même. 1 vol. in-12. 1859. *Librairie nouvelle.* 1 fr.

— Le même. In-4° illustré. 1861. *Lécrivain et Toubon.* 50 c.

— Le Colporteur. In-8°. 1841. *Dumont.* 7 fr. 50 c.

— La Croix de l'affût. In-8°. 1841. *Ibid.* 7 fr. 50 c.

— Le Dernier Irlandais. 3 vol. in-8°. 1852. *Passard.* 22 fr. 50 c.

— Le même. Nouvelle édition. 1 vol. in-12. 1860. *Librairie nouvelle.* 1 fr.

— Le même. Édition illustrée. In-4°. 1864. *Toubon.* 50 c.

— La Directrice des postes. 4 vol. in-8°. 1861. *Cadot.* 30 fr.

— Le Douanier de mer. 5 vol. in-8°. 1860. *De Potter.* 37 fr. 50 c.

— Le même. 1 vol. in-12. 1864. *Brunet.* 2 fr. 50 c.

— La Double vue. 5 vol. in-8°. 1865. *De Potter.* 37 fr. 50 c.

— La Dryade de Clairefont. 3 vol. in-8°. 1859. *A. Cadot.* 22 fr. 50 c.

— Le même. 2 vol. in-12. 1859. *Ibid.* 7 fr.

— Les Émigrants (la colonie du Kansas). 5 vol. in-8°. 1859. *De Potter.* 37 fr. 50 c.

— L'Enfant des bois. Ouvrage illustré de 61 vignettes. In-12. 1865. *Hachette et Cie*. 2 fr.
Bibliothèque rose illustrée.

— L'Étang de Précigny. 3 vol. in-8°. 1849. *Passard.* 22 fr. 50 c.

— Le même. In-4° illustré. 1855. *Havard.* 1 fr. 30 c.

— Le même. In-16. 1857. *Cadot.* 1 fr.

— La Falaise Sainte-Honorine. 3 vol. in-8°. 1851. *Passard.* 22 fr. 50 c.

— Le même. 1 vol. in-12. 1861. *Hachette et Cie*. 2 fr.

— La Ferme de l'Oseraie. 2 vol. in-8°. 1846. *Passard.* 15 fr.

— La Ferme de la Borderie. 2 vol. in-8°. 1853. *Ibid.* 15 fr.

— Le Fermier Reber. In-12. 1865. *Dentu.* 3 fr.

— La Fille du cabanier. 2 vol. in-8°. 1847. *Passard.* 15 fr.

— La Fille des Pyrénées (Antonia). 3 vol. in-8°. 1851. *Ibid.* 22 fr. 50 c.

— Le même. 1 vol. in-16. 1856. *Cadot.* 1 fr.

— Le Fou de Saint-Didier. 4 vol. in-8°. 1864. *De Potter.* 30 fr.

— Gaëtan le Savoyard. In-32 avec grav. 1855. *Martinon.* 30 c.

— Le Garçon de banque. 2 vol. in-8°. 1853. *De Potter.* 15 fr.

— Le Garde-chasse. 3 vol. in-8°. 1854. *Ibid.* 22 fr. 50 c.

— Le Gentilhomme verrier. 6 vol. in-8°. 1862. *Ibid.* 45 fr.

— L'Homme des bois. 7 vol. in-8°. 1861. *Ibid.* 52 fr. 50 c.

— Le Juré. In-12. 1864. *Hachette et Cie*. 3 fr.

— Justin. In-8°. 1842. *Dumont.* 7 fr. 50 c.

— Justine. In-4° illustré. 1855. *Boisgard.* 70 c.

— La Maison des Deux-Sœurs. In-12. 1865. *Dentu.* 3 fr.

— La Maison murée. In-4° illustré. 1855. *Boisgard.* 50 c.

— Une Maison de Paris. 3 vol. in-8°. 1848. *Passard.* 22 fr. 50 c.

— Le même. 1 vol. in-12. 1860. *Cadot.* 1 fr.

— La Malédiction de Paris, précédée des Souvenirs d'une cigale pythagoricienne. In-12. 1852. *Passard.* 2 fr.

— La Marquise de Norville. 3 vol. in-8°. 1853. *De Potter.* 22 fr. 50 c.

— Les Mésaventures de Michel Morin, racontées aux enfants. In-12. 1851. *Passard.*

— La Mine d'or. In-4° illustré. 1849. *Havard.* 30 c.

— Le même. In-12. 1856. *De Vresse.* 1 fr.

— Les Missionnaires du Paraguay. In-18. 1853. *Boisgard.* 60 c.

— Le même. In-4° illustré. 1858. *Ibid.* 70 c.

— Les Mystères de la famille. 3 vol. in-8°. 1853. *Passard.* 22 fr. 50 c.

— Le même. In-12. 1861. *Cadot.* 1 fr.

— Le Nid de cigognes. In-16. 1857. *Ibid.* 1 fr.

— La Nièce du notaire. 2 vol. in-8°. 1856. *De Vresse.* 15 fr.

— Odilia. In-16. 1863. *Hachette et Cie*. 2 fr.

— L'Oiseau du désert. 5 vol. in-8°. 1863. *De Potter.* 37 fr. 50 c.

— Le Pacte de famine. 2 vol. in-8°. 1847. *Gabriel Roux.* 15 fr.

— Le même. In-4° illustré. 1849. *G. Havard.* 70 c.

— Paul Duvert. 2 vol. in-8°. 1848. *Passard.* 15 fr.

— Le Réfractaire. 2 vol. in-8°. 1852. *Ibid.* 15 fr.

— Richard le fauconnier. 2 vol. in-8°. 1844. *Gabriel Roux.* 15 fr.

— La Roche tremblante. 2 vol. in-8°. 1851. *Passard.* 15 fr.

— Le même, contenant en outre : le Premier hareng, le Chasseur de marmottes, les Deux mourants. 1 vol. in-12. 1859. *Librairie nouvelle.* 1 fr.

— Le Roi des ménétriers. 3 vol. in-8°. 1850. *Passard.* 22 fr. 50 c.

— Le même. 1 vol. in-12. 1859. *Cadot.* 1 fr.

— Le Spectre de Châtillon. 5 vol. in-8°. 1855. *Ibid.* 37 fr. 50 c.

— Le même. 1 vol. in-12. 1860. *Hachette et Cie.* 2 fr.

— Le Vallon suisse. 2 vol. in-8°. 1852. *Passard.* 15 fr.

— Le Chevalier de Clermont. 2 vol. in-8°. 1841. *Souverain.* 15 fr.

Avec Henry Monnier.

M. Élie Berthet a encore fait quelques pièces de théâtre en collaboration avec MM. F. *Dennery* et *Foucher.* — Voy. ces noms.

BERTHET (J.), docteur en médecine à Aix.

— Aix-les-Bains. Les Thermes. Traité complet descriptif et thérapeutique des eaux minérales sulfureuses, alcalines, iodo-bromurées d'Aix en Savoie. In-8°. 1862. Aix, *chez l'auteur.*

BERTHEZÈNE (Pierre), baron de l'Empire, lieutenant-général, pair de France, né à Vendargues (Hérault), en 1775, mort en 1847.

— Souvenirs militaires de la république et de l'empire. Publiés par son fils, et dédiés à S. M. l'empereur Napoléon III. 2 vol. in-8° avec un portrait. 1855. *Dumaine.* 15 fr.

BERTHIER (Ferdinand), sourd-muet, doyen des professeurs de l'institution nationale de Paris, né à Louhaus (Saône-et-Loire), en 1803.

— L'Abbé de l'Épée, sa vie, son apostolat, ses travaux, sa lutte et ses succès; avec l'historique des monuments élevés à sa mémoire à Paris et à Versailles. In-8° avec un portrait, un fac-simile et 3 pl. 1852. *Lévy frères.* 5 fr.

— Sur l'Opinion de feu le docteur Itard, médecin en chef de l'institution nationale des sourds-muets de Paris, relative aux facultés intellectuelles et aux qualités morales des sourds-muets. Réfutation présentée aux académies de médecine et des sciences morales et politiques. In-8°. 1852. *Ibid.* 2 fr.

— Les Sourds-muets avant et après l'abbé de l'Épée; mémoire qui a obtenu le prix proposé par la Société des sciences morales, lettres et arts de Seine-et-Oise. In-8°. 1840. 2 fr. 50 c.

BERTHIER (le Père G. F.), de la Compagnie de Jésus, né à Issoudun, en Berri, en 1704, mort à Bourges, en 1782.

— Œuvres spirituelles. Réflexions. Nouvelle édition. 5 vol. in-12. 1847. Lyon, *Périsse frères.* 7 fr.

— Les Psaumes traduits en français avec des notes et des réflexions. Édition revue par un directeur de séminaire, augmentée de plusieurs dissertations, précédée d'une notice sur la vie du P. Berthier et d'une introduction à l'étude des Psaumes. 9 vol. in-12. 1857. *Ibid.* 16 fr.

BERTHIER (le docteur Pierre), médecin en chef de l'hospice de Bicêtre, près Paris, ancien médecin en chef des asiles d'aliénés de Bourg (Ain), né à Sennecey-le-Grand (Saône-et-Loire), en 1830.

— De la Dépopulation des campagnes. In-8°. 1859. Bourg, *Martin-Bottier.* 1 fr.

— Erreurs et préjugés relatifs à la folie. Mémoire lu à la Société impériale d'acclimatation de l'Ain. In-8°. 1863. [Bourg, *Martin.*] *Savy.* 75 c.

— Excursions scientifiques dans les asiles d'a-

liénés. 3 séries. In-8°. 1864-1865. *F. Savy.* Chaque série, 2 fr. 50 c.

— De la Folie diathésique. In-8°. 1859. *Ibid.* 1 fr. 50 c.

— De l'Imitation au point de vue médico-philosophique. In-8°. 1861. *Ibid.* 75 c.

— Médecine mentale. 1re étude : De l'Isolement. In-8°. 1858. Bourg, *imprimerie Milliet-Bottier.* 1 fr. 50 c.

— 2e Étude : Des Causes. In-8°. 1860. *Masson et fils.* 4 fr.

BERTHIER (Pierre), minéralogiste, ancien ingénieur des mines, ancien professeur à l'École des mines, membre de l'Institut, né à Nemours, en 1782.

— Chimie agricole. Analyses comparatives des cendres d'un grand nombre de végétaux, suivies de l'analyse des différentes terres végétales. In-8°. 1854. *Bouchard-Huzard.* 2 fr. 50 c.

Extrait des «Mémoires de la Société impériale et centrale d'agriculture».

— Traité des essais par la voie sèche, ou Des propriétés, de la composition et de l'essai des substances métalliques et des combustibles, à l'usage des ingénieurs des mines, des exploitants et des directeurs d'usines. 2 vol. in-8° avec 13 pl. 1848. *Durand.* 30 fr.

Une 1re édition de cet ouvrage est publiée en 1835.

BERTHOLET-BRIDEL (François), pasteur à Genève, né à Aigle (canton de Vaud, Suisse), en 1814, mort en 1862.

— Éphèse et Laodicée, ou l'Abandon du premier amour et la tiédeur. Deux méditations prononcées à l'Oratoire de Genève. In-12. Lausanne, *Bridel.* 50 c.

— Lettres publiées par ses amis. In-12. 1865. *Ibid.* 3 fr.

BERTHOLON (César), ancien représentant du peuple, né à Lyon, en 1808.

— L'Inde et le droit. (Vers.) In-18. 1858. *Ledoyen.* 75 c.

BERTHOLON (J.).

— Horace Vernet à Versailles, au Luxembourg et au Louvre. Critique et biographie. In-8°. 1863. *Cournol.* 75 c.

Avec C. Lhote.

BERTHOMIER (J.).

— La Vérité sur l'Algérie. In-8°. 1861. *Dentu.* 1 fr.

BERTHON (A.).

— Les Aventures d'un enfant, journal instructif et moral. In-18. 1856. Limoges, *Ardant.* 60 c.

— Bérénice, ou le Pèlerinage à Jérusalem. In-12. 1846. Tours, *Pornin.* 60 c.

— Le Dévouement d'un fils. In-12. 1865. Limoges, *Ardant frères.* 60 c.

— Les Loisirs d'un curé de campagne. Histoires morales. In-18. 1844. Tours, *Pornin.* 60 c.

— Noémi, ou Vengeance et pardon; suivi d'autres épisodes. In-12. 1855. Limoges, *Ardant.* 60 c.

BERTHON (J.).

— De l'Hypothèque légale des femmes mariées sous le régime dotal, pour le prix de leurs immeubles dotaux aliénés pendant le mariage. In-8°. 1851. Lyon, *Dumoulin*. 1 fr. 25 c.

— De la Police de sûreté dans Paris. In-8°. 1845. *Comptoir des imprimeurs-unis*. 1 fr.

BERTHONIE (le Père LA). — Voy. **La Berthonie.**

BERTHOUD (Charles).

— François d'Assise, d'après Karl Hase. — Voy. *Hase.*

BERTHOUD (Eugène).

— Un Baiser mortel. In-12. 1861. *Librairie nouvelle.* 3 fr.
2e édition en 1863.

—. Secret de femme. Contes parisiens. In-12. 1862. *Lévy frères*. 3 fr.
2e édition en 1863.

— A propos de bottes. — Voy. *Reiffemberg et Berthoud.*

BERTHOUD (Ferdinand).

— Art de conduire et de régler les pendules et les montres. — Voy. Henri *Robert*, Art de connaître les pendules et les montres.

BERTHOUD (Fritz).

— Sur la montagne. 1re partie. Alpes et Jura. In-12. 1865. [Neuchâtel, *Delachaux et Sandoz*.] *Cherbuliez.* 3 fr. 50 c.

BERTHOUD (Samuel Henry), littérateur et romancier, ancien directeur du Musée des familles, né à Cambrai en 1804.

— L'Anneau de Salomon, légende hollandaise en un acte. Musique hollandaise, arrangée par L. J. Nargeot. In-8°. 1850. *Beck*. 50 c.

— Aventures des os d'un géant, histoire familière du globe terrestre avant les hommes. In-12. 1862. *Dupray de La Mahérie*. 2 fr.

— La Bague antique. Courtisane et sainte. 2 vol. in-8°. 1842. *De Potter*. 15 fr.

— Le même. 2e partie : les Souffrances et les Ambitions de Gabriel Rusconnetz. 2 vol. in-8°. 1842. *Ibid*. 15 fr.

— Berthe Fremicourt. 2 vol. in-8°. 1843. *Ibid*. 15 fr.

— La Botanique au village. In-12. 1862. *P. Dupont*. 1 fr. 50 c.

— Contes à Dodo et à Dédèle. Gr. in-8°. 1863. *Dupray de La Mahérie*. 6 fr.

— Contes du docteur Sam. Illustrés d'un grand nombre de vignettes dans le texte et de 10 grands bois hors texte. Gr. in-8°. 1862. *Garnier frères*. 10 fr.

— Daniel. 2 vol. in-8°. 1845. *De Potter*. 15 fr.

— Le Dragon rouge, ou l'Art de commander au démon et aux esprits infernaux. In-18 avec 7 grav. 1861. *Renault et Cie*.

— L'Enfant sans mère. 2 vol. in-8°. 1843. *De Potter*. 15 fr.

— Études de mœurs algériennes. El-Hioudi. 4 vol. in-8°. 1847. *Ibid*. 30 fr.

— Fantaisies scientifiques de Sam. 1re à 4e série. 4 vol. in-12. 1861. *Garnier frères*. Chaque volume, 3 fr. 50 c.

1re Série: Botanique, insectes, inventeurs et savants. — 2e Série: Reptiles, mammifères, oiseaux, physique, chimie,

industrie. — 3e Série : Négoce et métiers, médecine, minéralogie, ethnologie. — 4e Série : Archéologie, voyageurs, martyrs, histoire.

— Les Femmes des Pays-Bas et des Flandres. In-12. 1862. *Ibid*. 3 fr. 50 c.

— La Fille du brigand. 2 vol. in-8°. 1845. *De Potter*. 15 fr.

— Le Fils de rabbin. 2 vol. in-8°. 1844. *Ibid*. 15 fr.

— Histoires pour les petits et pour les grands enfants. In-12. 1863. *Dupray de La Mahérie*. 2 fr.

— L'Homme depuis cinq mille ans. Illustrations de Yan' Dargent. In-8°. 1865. *Garnier frères*. 10 fr.

— Illustrations de l'histoire de Hollande. In-18. 1852. Tournai, *Casterman*. 80 c.

— Lectures des soirées d'hiver. In-12. 1862. *P. Dupont*. 1 fr. 50 c.

— Légendes et traditions surnaturelles des Flandres. Nouvelle édition. In-12. 1862. *Garnier frères*. 3 fr. 50 c.
La 1re édition a paru en 1831 et 1834 sous le titre: « Chroniques et traditions surnaturelles de la Flandre ». 3 vol. in-8°.

— Marianne de Selvignies. 2 vol. In-8°. 1844. *De Potter*. 15 fr.

— Mémoires de ma cuisinière. 2 vol. in-8°. 1846. *Sandré*. 15 fr.

— Le Monde des insectes. Illustré d'un grand nombre de vignettes sur bois gravées par Joliet, E. Thomas, Lacoste jeune ; dessins de Yan' Dargent. Gr. in-8°. 1864. *Garnier frères*. 10 fr.

— Nicolas Champion. 2 vol. in-8°. 1846. *De Potter*. 15 fr.

— La Palette d'or. 2 vol. in-8°. 1845. *Ibid*. 15 fr.

— Le Pater de Fénelon. In-12 avec 1 portrait et 7 pl. 1842. *Lebrun*. 1 fr. 50 c.

— Les Petites chroniques de la science. 1re à 5e année. 5 vol. in-12. 1861-1865. *Garnier frères*. Chaque volume, 3 fr. 50 c.

— Le Véritable tableau de l'amour conjugal, d'après les écrivains les plus célèbres de l'antiquité et des temps modernes. 3 vol. in-18. 1863. *Renault et Cie*. 3 fr.

M. Berthoud a publié les « Œuvres choisies » de *Piron*.

BERTHUEL (l'abbé J. B. E.), ancien missionnaire, professeur de philosophie.

— Les Catholiques devant l'Évangile. In-8°. 1858. *Ad. Le Clere et Cie*.

— Lettres à Théotime, ou l'Hérésie religieuse, politique et sociale du XIXe siècle. In-8°. 1860. *Repos*. 4 fr.

BERTIER (Jean Bernard), professeur de musique à Périgueux, né à Bayonne, en 1814.

— Histoire de la musique. In-8°. 1865. Périgueux, *imprimerie Dupont et Cie*. 1 fr.

BERTIER (Mme Marie PLOCQ DE). — Voy. **Plocq de Bertier.**

BERTILLON (le docteur A.), médecin de l'hospice de Montmorency.

— Conclusions statistiques contre les détracteurs de la vaccine, précédées d'un essai sur la méthode statistique appliquée à l'étude de l'homme. In-12. 1857. *Victor Masson*. 4 fr.

BERTIN.

— Biographie de M. le duc de Cazes. In-8°. 1862. *Fréd. Henry*. 75 c.

BERTIN (Amédée), ancien représentant du peuple, ancien sous-préfet, né à Rennes en 1805.

— Des Chemins vicinaux; de la centralisation du service vicinal; de l'organisation et de l'association des communes par circonscriptions et par groupes; des cantonniers et de l'outillage mobile, pour la confection et l'entretien des chemins. In-8°. 1853. Rennes, *Verdier*. 1 fr.

— Notice historique et statistique sur la baronie, la ville et l'arrondissement de Fougères. In-8° de 33 f. 1846. Rennes, *Marteville*.

Avec Léon Maupillé.

BERTIN (Auguste), dentiste.

— Traité du déchaussement et de l'ébranlement des dents et des maladies des gencives. In-12. 1864. *Chez l'auteur*. 3 fr.

BERTIN (Cl. de).

— Léonie. In-8°. 1851. *Souverain*. 6 fr.

BERTIN (E.).

— La Sagesse de la mère l'Oie. Perrault moraliste. In-32. 1865. *Hetzel*. 1 fr.

BERTIN (E. P.).

— Histoire d'une épingle racontée par elle-même, suivie du Riche paresseux. In-32. 1863. Rouen, *Mégard et Cie*. 30 c.

— Histoire d'une mouche racontée par elle-même. In-32. 1863. *Ibid.* 30 c.

BERTIN (Émile), docteur en médecine, directeur de l'établissement médico-pneumatique de Montpellier.

— Étude clinique sur l'emploi et les effets du bain d'air comprimé dans le traitement de diverses maladies, selon les procédés médico-pneumatiques de M. Émile Tabarié. In-8°. 1855. [Montpellier.] *J. B. Baillière*. 3 fr. 50 c.

— Étude sur les crises. In-8°. 1858. Montpellier, *Boehm*. 2 fr. 50 c.

— Étude pathogénique de la glucosurie. In-8°. 1865. Montpellier, *Coulet*. 2 fr.

Extrait du « Montpellier médical ».

— Le Matérialisme physiologique. In-8°. 1864. [Montpellier, *Coulet*.] *Asselin*.

Extrait du « Montpellier médical ».

— De la méthode et de l'espèce en histoire naturelle. Travail présenté à l'Académie des sciences et lettres de Montpellier. In-8°. 1860. [Montpellier.] *V. Masson*. 1 fr. 50 c.

Avec Paul Cazalis de Fondouce.

M. Émile Bertin a publié, avec M. P. Glaize : « Leçons d'économie politique » faites à Montpellier par M. Frédéric Passy. — Voy. *Passy*.

BERTIN (G. H.), inspecteur.

— Précis historique des droits de stationnement sur la voie publique et les rivières dans la ville de Nantes, de 1801 à 1861. In-8°, 467 p. 1862. Angers, *Cosnier et Lachèse*.

— Sophistications des substances alimentaires et moyen de les reconnaitre; précédé de l'origine et de l'histoire de la salubrité en France. In-8° de 24 f. 1846. Nantes, *imprimerie Gailmard*.

BERTIN (l'abbé J. L.).

— De la liberté considérée dans ses rapports avec le christianisme. 2e édition. In-8°. 1860. *Repos*. 1 fr. 25 c.

La 1re édition est de 1831.

BERTIN (Jean Louis Henri), avocat à la Cour d'appel de Paris, rédacteur en chef du « Droit », né en 1806.

— Biographie de M. de Belleyme, préfet de police, député, président du tribunal de la Seine. In-8°. 1863. *A. Durand*. 2 fr.

— Chambre du conseil en matière civile et disciplinaire. Jurisprudence de la cour et du tribunal de Paris. Introduction par M. de Belleyme, président du tribunal de la Seine. 2e édition. 2 vol. in-8°. 1856. *Ibid.* 16 fr.

La 1re édition est de 1852-1854.

— Code des irrigations, suivi des rapports de MM. Dalloz et Passy, et de la législation étrangère. In-8°. 1852. *Ibid.* 3 fr.

— Code des irrigations. — Voy. *Villeroy*, Manuel de l'irrigateur.

— Historique et révision du procès de Lesurques, suivis des rapports de MM. Zangiacomi, Laboulie et Canet. In-8°. 1851. *A. Durand*. 3 fr. 50 c.

— Des réformes de l'instruction criminelle. Observations générales. Instruction préparatoire. Détention préventive. Secret. Mise en liberté sous caution. Prise à partie. Juge unique. Jury d'accusation. In-8°. 1863. *Ibid.* 3 fr.

— De la Répression pénale et des circonstances atténuantes; réponse au discours de rentrée prononcé par M. de Gaujal, premier avocat général de la cour impériale de Paris. In-8°. 1859. *Ibid.* 1 fr.

BERTIN (Joseph).

— Le Goujat; dialogue en trois actes. In-16. 1854. *Dumineray*. 1 fr.

BERTIN (Mlle Louise), musicienne et poète, fille du fondateur du « Journal des Débats », née en 1805.

— Glanes. (Poésies.) In-8°, 1842. *Réné*. 5 fr.

BERTIN DU ROCHERET, président et grand voyer de l'élection d'Épernay, lieutenant criminel au bailliage et gouvernement de ladite ville, né à Épernay, en 1693, mort dans la même ville, en 1762.

— Journal des états tenus à Vitry-le-François en 1744, rédigé par Bertin du Rocheret. Documents curieux et complètement inédits sur l'histoire et la noblesse de Champagne, publiés avec une étude sur la vie et les œuvres de Bertin du Rocheret, par Auguste Nicaise. In-8°. 1864. Châlons-sur-Marne, *T. Martin*. 5 fr.

— Œuvres choisies, mémoires et correspondance de Bertin du Rocheret. Documents curieux et inédits sur le XVIIIe siècle (1710-1750), publiés avec une étude sur la vie et les œuvres de Bertin du Rocheret, par Auguste Nicaise. In-8°. 1865. [*Ibid.*] *Aubry*. 5 fr.

BERTINATTI (Joseph) a traduit de l'italien : « Essai sur le beau », de *Gioberti*.

BERTOLA (Philippe).

— Les Épaves d'un poète corse. In-8°, VIII-20 p. 1865. *Ve Havard*.

BERTON (le docteur).

— Guide et questionnaire de tous les examens de médecine et des concours de l'internat, de l'externat et de l'école pratique, avec les réponses des examinateurs eux-mêmes aux questions les plus difficiles, et suivi de grands tableaux synoptiques inédits d'anatomie et de pathologie. In-12. 1863. *Germer Baillière*. 2 fr. 50 c.

BERTON (A.).

— Cantilènes et Cantatilles. In-12. 1865. Gand, *Hoste.* 1 fr.

BERTON (l'abbé Charles), vicaire à la cathédrale d'Amiens.

— Dictionnaire des cardinaux, contenant des notions générales sur le cardinalat, la nomenclature complète, par ordre alphabétique, des cardinaux de tous les temps et de tous les pays, etc., par M. l'abbé C. B. Gr. in-8°. 1857. *Migne.* 9 fr.

Anonyme.
➤ Forme le tome 31 de la « Troisième et dernière encyclopédie théologique », publiée par l'abbé *Migne.*

— Dictionnaire du parallèle entre diverses doctrines philosophiques et religieuses, d'une part, et la foi catholique, de l'autre. Gr. in-8°. 1859. *Ibid.* 7 fr.

Forme le tome 38 de la « Troisième et dernière encyclopédie théologique », publiée par l'abbé *Migne.*

— Essai philosophique sur les droits de la raison, ou Réponse au P. Chastel, à ses partisans et à ses adversaires. In-18. 1854. *Vaton.* 1 fr. 50 c.

— Quatre années en Orient et en Italie, ou Constantinople, Jérusalem et Rome, en 1848, 1849, 1850, 1851. In-8°. 1854. *Vivès.* 5 fr.

— Socialisme et charité. Écrit adressé à la jeunesse française. In-12. 1855. *Ibid.* 1 fr.

M. l'abbé Ch. Berton a publié *Suarez*, « Opera omnia ». — Voy. ce nom.

BERTON (Élie) a traduit du latin : « le Jardin des pasteurs », de Jacques *Marchant*, et « les Sermons », de *Bellarmin.*

BERTON (Émile Adolphe Joseph), médecin, fils du général Berton, né à Dinant, en 1801, mort en 1855.

— Formulaire thérapeutique et matière médicale, concernant les maladies de l'enfance. In-12. 1846. *J. B. Baillière.* 4 fr.

Avec M. Lehuby.

— Traité pratique des maladies des enfants depuis la naissance jusqu'à la puberté, fondé sur de nombreuses observations cliniques et sur l'examen et l'analyse des travaux des auteurs qui se sont occupés de cette partie de la médecine. Avec des notes de M. le docteur Baron. 2e édition, entièrement refondue. In-8°. 1841. *Ibid.* 9 fr.

La 1re édition est de 1837.

BERTON (F.), métreur-vérificateur spécial.

— Sous-détails raisonnés propres à servir à l'établissement du prix et au règlement des travaux de pavage et de carrelage. Gr. in-8°. 1863. *Caudrilier.* 3 fr.

BERTON (Jean Michel), littérateur et publiciste, avocat, fondateur de la « Revue britannique », né à Cahors, en 1794.

— Des Douanes et des impôts indirects dans leurs rapports avec la production et le commerce des vins. In-8° de 8 f. 1843. *Paulin.*

— De la Fièvre anti-universitaire. Épître à M. Ch. de Lacretelle. In-8° de 1 f. 1844. *Ibid.*

— Intérêts rivaux de la France et de l'Angleterre en Europe et en Orient. In-8°. 1841. *Ibid.* 7 fr.

— Mémoire sur un projet de chemin de fer de Rodez à la Garonne par Cahors; précédé d'observations sur les études du prolongement de la ligne du Centre à partir de Limoges. In-8° de 8 f. avec

une carte. 1845. *Imprimerie de Mme Dondey-Dupré.*

— Question des sucres dans ses rapports avec l'intérêt vinicole. In-8° de 2 f. 1843. *Paulin.*

— De la Régence sous le régime représentatif, observations sur le projet de loi de 1842. In-8° de 3 f. 1842. *Ibid.*

— Du Régime des Tabacs dans ses rapports avec les intérêts de leur culture en France. Mémoire au Conseil général du département du Lot. In-8° de 2 f. 1844. *Imprimerie de Mme Dondey-Dupré.*

BERTON (Mme Caroline), femme de lettres, épouse de l'acteur MONTAN, dit BERTON, et fille de M. Samson, sociétaire du Théâtre français.

— Aventures d'une poupée de Nuremberg; dessins par Emy. In-16 avec 8 lithographies. 1845. *Louis Janet.* 3 fr. 50 c.

— Le même. Nouvelle édition. In-16. 1861. *Magnin, Blanchard et Cie.* 2 fr.

— Le Bonheur impossible. Mort et vivant. In-12. 1856. *Lévy frères.* 1 fr.

— La Diplomatie du ménage; proverbe en un acte. In-12. 1852. *Giraud et Dagneau.* 60 c.

— Les Frères de lait; nouvelle pour l'enfance. In-16 avec 8 lithographies. 1846. *L. Janet.* 3 fr.

— La Grand'tante, contenu dans le « Théâtre des salons », publié par E. *Rasetti.* — Voy. ce nom.

— Les Journées de Madeleine; nouvelle pour l'enfance. In-18. 1843. *Juteau.*

— Le même. Nouvelle édition. In-12 avec 8 lithographies. 1862. *Magnin, Blanchard et Cie.* 2 fr.

— Les Philosophes de vingt ans; proverbe en un acte. In-12. 1851. *Giraud et Dagneau.* 60 c.

— Rosette. Le Rival du mari. In-12. 1859. *Lévy frères.* 1 fr.

BERTON (Pierre), fils de la précédente, acteur au théâtre du Gymnase à Paris, né en 1843.

— Les Jurons de Cadillac; comédie en un acte. In-12. 1865. *Lévy frères.* 1 fr.

BERTOU (le comte Jules de).

— Essai sur la topographie de Tyr. In-8° de 8 f. avec 2 cartes et 1 pl. 1843. *Imprimerie Didot.*

— Le Mont Hor; le Tombeau d'Aaron; Cadès. Étude sur l'itinéraire des Israélites dans le désert. Gr. in-8° avec 5 pl. et carte. 1860. *B. Duprat.* 12 fr.

BERTRA (Luc).

— Union de la foi et de la raison. Doctrine du libre penser guidé par la conscience. In-8°, 63 p. 1857. *Ladrange.*

BERTRAND, de Bar-sur-Aube.

— Le Roman de Girard de Viane. In-8°. 1850. Reims, *Renier.* 20 fr.

Collection des poètes champenois.

BERTRAND (l'abbé), ancien vicaire général de Nancy.

— Précis de la doctrine catholique. 3 vol. in-8°. 1861. *Bray.* 12 fr.

BERTRAND (le docteur), du Pont-du-Château.

— Mémoire sur la topographie médicale du département du Puy-de-Dôme. In-8° de 11 f. 1849. Clermont-Ferrand, *Thibaut-Landriot.*

BERTRAND (le docteur), de Saint-Germain.

— De la Diversité originelle des races humaines et des conséquences qui en résultent dans l'ordre intellectuel et moral. In-8° de 4 f. 1847. *Leclerc.*

— Des Manifestations de la vie et de l'intelligence à l'aide de l'organisation. In-8°. 1847. *Ibid.* 5 fr.

M. Bertrand a traduit : « Protogée », de *Leibnitz.*

BERTRAND (Alexandre), médecin, physicien et naturaliste, né à Rennes, en 1795, mort en...

— Lettres sur les révolutions du globe, suivies de notes par MM. Arago, Élie de Beaumont, Ad. Brongniart, etc. 8e édition, revue, corrigée, considérablement augmentée et précédée d'une préface par J. Bertrand. In-12. 1864. *Hetzel.* 3 fr. 50 c.

La 1re édition de cet ouvrage est de 1824.

BERTRAND (Alexandre), ancien membre de l'École française d'Athènes, né à Paris, en 1820.

— Essai sur les dieux protecteurs des héros grecs et troyens dans l'Iliade. Gr. in-8°. 1857. Rennes, *Catel et Cie.* 4 fr.

— Études de mythologie et d'archéologie grecques. D'Athènes à Argos. In-12. 1858. *Ibid.* 3 fr.

— Les Voies romaines en Gaule. Voies des itinéraires. Résumé du travail de la commission de la topographie des Gaules. In-8°. 1863. *Didier et Cie.* 2 fr. 50 c.

Extrait de la « Revue archéologique ».

M. Alex. Bertrand a donné une traduction de la « Guerre des Gaules », de *J. César.* — Voy. *César.*

Il est directeur de la nouvelle série de la « Revue archéologique » à laquelle il a fourni un certain nombre d'articles.

BERTRAND (Arthur), officier français, fils du général Bertrand, le compagnon de Napoléon, est né à Sainte-Hélène, en 1817.

— Lettres sur l'expédition de Sainte-Hélène en 1840. In-12. 1841. *Paulin.* 3 fr. 50 c.

BERTRAND (Camille), docteur en médecine.

— Anatomie philosophique. Conformation osseuse de la tête chez l'homme et les vertébrés. In-8° avec 10 pl. et tableau. 1862. [Montpellier.] *Masson et fils.* 5 fr.

BERTRAND (Charles), DE GRENOBLE, membre de l'Association polytechnique, ancien professeur de mathématiques spéciales, né à Grenoble, en 1815.

— Enseignement professionnel. Essai sur le lait considéré au point de vue de sa puissance nutritive et de sa valeur réelle. In-8°. 1860. Grenoble, *Prudhomme.* 1 fr. 25 c.

— Étude sur l'inondation de Grenoble du 2 novembre 1859, avec les lignes figuratives des variations de la hauteur de l'Isère et de la température mesurées chaque jour à midi, depuis le 23 septembre 1858 jusqu'au 1er décembre 1859. In-8°. 1859. *Ibid.* 75 c.

— Première leçon d'arithmétique rationnelle. In-8°. 1854. Gien, *imprimerie Clément.* 1 fr.

— Programme des leçons de géométrie rationnelle et appliquée, professées en la mairie de Gien. In-8°. 1855. *Ibid.* 3 fr.

— Traité d'arithmétique rationnelle. In-8°. 1845. Saint-Brieuc, *chez les frères Guyon.* 5 fr.

BERTRAND (l'abbé C. J.).

— Pèlerinage de Saint-Hubert en Ardennes, où

Particularités sur la vie de saint Hubert, l'abbaye d'Andage, l'église de Saint-Hubert et l'usage de la Sainte-Étole contre l'hydrophobie. In-18. 1863. Gand, *Van der Schelden.* 1 fr.

BERTRAND (Clément), photographe.

— Le Pourboire dévoilé; appel à l'opinion publique. Réhabilitation de 200,000 hommes. In-12. 1865. *Chez l'auteur, rue Drouot,* 15. 2 fr. 50 c.

BERTRAND (D.).

— La Clef de toutes les tenues de livres, seul moyen d'étude sans maître. In-8°. 1845. *Ve Maire-Nyon.* 3 fr.

3e édition en 1858.

— Le Livre du commerçant en détail, ou Tous les divers débiteurs et créanciers d'un commerce, classés et réunis en un seul compte. In-8°. 1843. Lyon, *chez l'auteur, rue Neuve,* 3. 2 fr.

BERTRAND (E.).

— Recueil de formules pour la photographie sur collodion sec et humide, albumine et papier, suivi d'un nouveau procédé pour le tirage des épreuves positives. In-32. 1862. *Leiber.* 1 fr.

BERTRAND (Ernest), conseiller à la cour impériale de Paris, membre de plusieurs sociétés savantes, né à Troyes (Aube), en 1806.

— De l'avancement hiérarchique dans l'ordre judiciaire. In-8° de 2 f. 1843. Troyes, *Ath. Payn.*

— De la Détention préventive et de la célérité dans les procédures criminelles en France. In-8°. 1862. *Cosse et Marchal.* 2 fr. 50 c.

— Moyens d'éteindre la mendicité dans le département de l'Aube. In-8° de 2 1/2 f. 1848. Troyes, *Bouquot.*

BERTRAND (l'abbé François Marie), orientaliste, membre de la Société asiatique, chanoine de la cathédrale de Versailles, né à Fontainebleau, en 1807.

— Dictionnaire universel, historique et comparatif de toutes les religions du monde. 4 vol. gr. in-8°. 1848-1851. *Migne.* 32 fr.

Forme les tomes 24 à 27 de la « Première encyclopédie théologique », publiée par l'abbé *Migne.*

— Les Psaumes disposés suivant le parallélisme, traduits de l'hébreu, par l'abbé Bertrand. In-8°. 1857. [Versailles.] *Jouby.* 4 fr.

— Vocabulaire hindoustani - français pour le texte des Aventures de Kamrup, édité par M. Garcin de Tassy. In-8°. 1858. *Duprat.* 3 fr.

M. l'abbé Bertrand a traduit de l'Hindoustani : « les Séances de *Haïdari* ».

Il a en outre publié en 1864, et sous le pseudonyme de Sophronius, 5 lettres sur la question liturgique. Chaque lettre, 50 c. *Dentu, Rouvier.*

BERTRAND (le Père J.), de la Compagnie de Jésus, missionnaire de Maduré.

— De la Formation du clergé indigène dans les missions. In-8° de 3 f. 1847. *Sagnier et Bray.*

Extrait du « Correspondant ».

— Lettres édifiantes et curieuses de la nouvelle mission du Maduré, éditées par le P. J. Bertrand. 2 vol. in-8°. 1865. *Pélagaud.* 8 fr.

— Mémoires historiques des ordres religieux et spécialement sur les questions du clergé indigène et des rites malabares, d'après des documents inédits. In-8°. 1862. *Brunet.* 3 fr. 50 c.

— La Mission du Maduré, d'après des documents inédits. 4 vol. in-8°. 1847-1854. *Poussielgue-Rusand.* 24 fr.

BERTRAND (J. J.).

— L'Antique paix universelle, ou le Grand enseignement que le ciel manifeste aux hommes par le cours des astres, fondé sur un principe unique, fixe, invariable, éternel : la Raison, d'où découlent l'égalité, l'ordre, la concorde et l'amour réciproque. Découvert dans la langue primordiale ou langue céleste, plus connu sous le nom de celte ou celtique, dont tous les mots primitifs sont monosyllabiques et se retrouvent, dans toute leur pureté originelle, dans le patois de l'ancienne province du Velay (Ballovi), etc. In-4°, 65 p. 1862. Lyon, *imprimerie Perrin.*

BERTRAND (Joseph), mathématicien, membre de l'Institut, professeur à l'École polytechnique, né à Paris, en 1822.

— Arago et sa vie scientifique. In-8°. 1865. *Hetzel.* 1 fr.

— Les Fondateurs de l'astronomie moderne. Copernic. Tycho-Brahé. Képler. Galilée. Newton. In-8°. 1865. *Ibid.* 6 fr.

2e édition, in-8°, dans la même année.

— Le même. 3e édition. In-12. 1865. *Ibid.* 3 fr.

4e édition, in-12, dans la même année.

— Traité d'algèbre, 1re partie, à l'usage des classes de mathématiques élémentaires. 4e édition, revue et mise en harmonie avec les derniers programmes. In-8°. 1865. *Hachette et Cie.* 5 fr.

— Le même, 2e partie, à l'usage des classes de mathématiques spéciales. 3e édition. In-8°. 1863. *Ibid.* 5 fr.

La 1re édition est de 1850. Son titre était : « Traité élémentaire d'algèbre, avec un grand nombre d'exercices ».

— Traité d'arithmétique, 3e édition, contenant les matières exigées pour le dernier programme d'admission à l'École polytechnique. In-8°. 1862. *Ibid.* 4 fr.

La 1re édition est de 1849. — Les solutions pour cet ouvrage ont été publiées par MM. Grosse et Proutet. — Voy. ces noms.

— Traité de calcul différentiel et de calcul intégral. Calcul différentiel. In-4°. 1864. *Gauthier-Villars.* 30 fr.

M. J. Bertrand a traduit : « Méthode des moindres carrés », de Gauss ; et publié la « Mécanique analytique », de J. L. Lagrange.

BERTRAND (Jules).

— Jupiter et Léda; opérette en un acte, musique de Mlle Suzanne Lagier. In-12. 1865. *Lévy frères.* 1 fr.

— La Malibran. Anecdotes, avec le portrait de l'illustre artiste. In-12. 1864. *Librairie du Petit Journal.* 1 fr.

— Les Ombres blanches; poésies, précédées d'une lettre-préface par Méry. In-12. 1853. *Giraud et Dagneau.* 2 fr.

Avec Émile Colliot.

BERTRAND (L. A.).

— Mémoires d'un mormon. In-12. 1862. *Hetzel.* 3 fr.

BERTRAND (L. D. Émile).

— Civilisation de l'amour. In-12. 1855. *Dentu.* 50 c.

Extrait de l'ouvrage « Doctorum potentiumque liber ». — Voy. ci-après.

— Le Dix-neuvième siècle et l'avenir. Haute synthèse universelle du monde physique, politique, moral, philosophique, religieux et social. In-12. 1860. *Ch. Blériot.* 8 fr.

— Doctorum potentiumque liber, omnibus gentibus religantis philosophiæ monumentum. Ad ss. papam Pium IX. Triumphans unitas seu universale generis humani criterium. Huic omnino novo operi auctor L. D. Emilius Bertrand. In-12. 1855. *Dentu.* 3 fr. 50 c.

— L'Individualisme considéré comme principe moral. Réponse au journal « le Courrier de Lyon », sur son compte rendu des ouvrages : le Triomphe de l'unité et le Livre intime des familles. In-12. 1857. Lyon, *Ballay et Conchon.* 30 c.

— Un Nouveau principe politique. Large solution des grandes questions du jour. In-12. 1861. *Albessard et Bérard.* 1 fr.

— Les Religions au point de vue du progrès et des intérêts matériels. Travail complété par l'avenir des institutions catholiques. In-12. 1858. Lyon, *Ballay et Conchon.* 1 fr.

— Sauvons le genre humain! A M. Victor Hennequin. Critique et réfutation. Ouvrage précédé d'une Appréciation entièrement nouvelle du phénomène des tables tournantes, et suivi d'un exposé sommaire complet de toutes les questions traitées dans le nouvel ouvrage de l'auteur : les Croyances de l'avenir. In-8°. 1854. *Garnier frères.* 1 fr. 50 c.

BERTRAND (Léon), littérateur, rédacteur du « Journal des Chasseurs », né vers 1808.

— La Chasse et les chasseurs, avec une préface par Jules Janin. In-12. 1862. *Dentu.* 3 fr.

— Du Faisan, considéré dans l'état de nature et dans l'état de domesticité. Traité suivi de quelques instructions pratiques relatives à l'établissement d'une faisanderie et à l'éducation des faisans, par M. Adrien Rouzé. In-8° avec 5 pl. 1851. *Au bureau du Journal des Chasseurs.* 3 fr. 50 c.

— Au Fond de mon carnier. In-12. 1862. *Hachette et Cie.* 2 fr.

— Olivier Cromwell; drame historique en cinq actes et en vers, précédé d'un prologue. In-8°. 1841. *Tresse.* 3 fr.

— Un Savant incomplet; nouvelle. In-8°. 1864. Rouen, *Giroux et Renaux.* 1 fr.

— Tonton, tontaine, tonton. Préface par Alexandre Dumas. Dessins de Martinus. In-12. 1864. *Dentu.* 3 fr.

BERTRAND (Louis), président du tribunal civil du Puy, né au Puy, en 1817.

— Usages locaux du département de la Haute-Loire, recueillis et mis en ordre par M. Louis Bertrand. In-8°, 213 p. 1865. Le Puy, *imprimerie Marchessou.*

Pas dans le commerce.

BERTRAND (Louis), né à Ceva, en 1807, mort en 1841.

— Gaspard de la nuit; fantaisies à la manière de Rembrandt et de Collot; précédé d'une Notice par M. Sainte-Beuve. In-8°. 1843. [Angers, *Pavie.*] *Labitte.* 6 fr.

BERTRAND (le docteur Louis).

— Art de soigner les malades, ou Traité des connaissances nécessaires aux personnes qui veulent donner des soins aux malades. In - 12. 1844. *Vrayet de Surcy.*

— Traité du suicide, considéré dans ses rapports avec la philosophie, la théologie, la médecine et la jurisprudence. In-8°. 1857. *J. B. Baillière.* 5 fr.

BERTRAND (Raymond de).

— Histoire du couvent des pauvres Clarisses anglaises de Gravelines. In-8° de 298 p. 1857. Dunkerque, *Mlle Lorenzo.*

— Histoire de Mardick et de la Flandre maritime. Gr. in-8° de 29 f. 1852. Dunkerque, *chez l'auteur.*

— Notice historique sur la chapelle Notre-Dame-des-Dunes à Dunkerque. In-12 de 5 f. avec une lithographie. 1853. *Ibid.*

BERTRAND (Théodore), professeur de grammaire et de comptabilité commerciale à Paris, depuis 1831, né à Kewelaar (Hollande), en 1807.

— Cours d'arithmétique commerciale. In - 12. 1857. *J. Delalain.* 2 fr.

— Cours d'études commerciales. Correspondance commerciale, recueil de modèles de lettres de commerce à l'usage des écoles professionnelles et primaires. In-12. 1860. *Ibid.* 1 fr. 50 c.

— Cours de tenue de livres en partie double, divisé en quatre parties. 3e édition. In-8°. 1864. *Ibid.* 3 fr.

La 1re édition a été publiée en 1847.

— Éléments simplifiés de tenue de livres, suivis de notions de comptabilité agricole. In - 12. 1863. *Ibid.* 1 fr.

— Note sur les premières opérations de l'algèbre. In-8°. 1864. Liége, *Dessain.* 1 fr. 25 c.

BERTRAND (l'abbé Victorien).

— Un Coup de sabre au nœud gordien d'Italie. In-18. 1860. [Toulouse.] *Dillet.* 50 c.

— Garo et son curé, ou Prônes interrompus par un impie et défendus par un troupier. In-18. 1859. *Dillet.* 2 fr.

3e édition en 1864.

— Un Mois de fête. Nouvelles méditations pour le mois de Marie, dédiées au clergé et aux fidèles. In-18. 1850. Toulouse, *Devers Arnaudé.* 1 fr.

— Roman contre les romans. In-12. 1860. *Dillet.* 2 fr.

BERTRAND (Armengaud-). — Voy. **Armengaud-Bertrand.**

BERTRANDY, ancien élève de l'École des chartes, archiviste-paléographe, inspecteur général des archives.

— Cesari Torneo, épisode de l'histoire du Quercy au xive siècle. In-12. 1865. Cahors, *imprimerie Laytou.* 3 fr.

— Un Évêque supplicié, étude historique. In-8°. 1865. *Dentu.* 3 fr.

— Recherches historiques sur l'origine, l'élection et le couronnement du pape Jean XXII. In-8° de 5 f. 1854. *Treuttel et Würtz.*

BERTRÈZ (J. J.), ancien notaire.

— Code des affaires, guide général théorique et pratique en matière de législation usuelle, suivant l'ordre du Code Napoléon, avec les modifications qui y ont été introduites jusqu'à ce jour, la réfé-

rence des dispositions des autres codes, etc. 3e édition, revue, corrigée et considérablement augmentée. In-12. 1859. *Rue Saint-Sébastien, 75.* 5 fr.

2e édition. 1856. 3 fr. 50 c.

BERTSCH (A.), photographe à Paris.

— Nouveaux appareils photographiques de M. Bertsch pour l'agrandissement et le stéréoscope. In-8°. 1864. *Giraud.* 1 fr.

Extrait du journal « les Mondes ».

— Photographie sur verre. Notice sur l'emploi du collodion rapide. In-8°. 1852. *Gaudin.* 2 fr.

BERTTIER, vétérinaire.

— Manuel de médecine et de chirurgie vétérinaires, ou l'Art de prévenir, soigner et guérir toutes les maladies des animaux propres à l'exploitation des biens ruraux, tels que chevaux, mulets, taureaux, bœufs, vaches laitières, veaux, moutons, etc. In-8° avec 4 pl. 1856. *Rue Madame, 5.*

BERTULUS (le docteur Évariste), professeur de clinique médicale à Marseille, et médecin en chef de la marine en ce port, né à Toulon, en 1809.

— De l'Importation de la fièvre jaune en Europe, et de la possibilité de son développement par 48° 25' 14'' de latitude boréale. Mémoire. In-8° de 9 f. 1841. Toulon, *imprimerie Aurel.*

— Marseille et son intendance sanitaire à propos de la peste, de la fièvre jaune, du choléra et des événements de Saint - Nazaire (Loire - Inférieure), en 1861. Études historiques et médicales. In-8°. 1864. [Marseille.] *Germer Baillière.* 7 fr.

— Mémoire d'hygiène publique sur cette question : Rechercher l'influence que peut exercer l'éclairage au gaz sur la santé des masses dans l'intérieur des villes. In-8° de 5 f. 1853. Marseille, *imprimerie de Ve M. Olive.* 10 fr.

BERTY (Adolphe).

— Annuaire de l'archéologue, du numismate et de l'antiquaire pour l'année 1862. 1re année. In-12 1862. *Claudin.* 3 fr.

Avec Louis Lacour. — La publication n'a pas été continuée.

— Dictionnaire de l'architecture du moyen âge, contenant tous les termes techniques dont l'intelligence est nécessaire pour faire ou comprendre les descriptions des monuments religieux, civils et militaires, etc. In-8°. 1845. *Derache.* 8 fr.

— Les Grands architectes français de la Renaissance : P. Lescot, Ph. de l'Orme, J. Goujon, J. Bullant, les du Cerceau, les Métezeau, les Chambiges, d'après de nombreux documents inédits des bibliothèques et des archives. In-8°. 1860. *Aubry.* 5 fr.

— La Renaissance monumentale en France, spécimens de composition et d'ornementation architectoniques empruntés aux édifices construits depuis le règne de Charles VIII jusqu'à celui de Louis XIV. 2 vol. gr. in-4° avec 100 pl. sur acier. 1864. *A. Morel.* 90 fr.

Publié en 50 livraisons depuis 1859.

BÉRULLE (Pierre de), cardinal, ministre de Louis XIII, ambassadeur de France en Espagne, fondateur et premier supérieur de l'Oratoire, né au château de Serilly, près de Troyes en Champagne, en 1575, mort à Paris en 1629.

— Œuvres complètes, augmentées de plusieurs opuscules inédits et d'un grand nombre de ; ières recueillies dans divers ouvrages, disposées dans un ordre logique. Publiées par M. l'abbé Migne. Gr. in-8º. 1856. *Migne.* 8 fr.

— L'Apôtre du Verbe incarné, ou Élévations sur les grandeurs de Jésus-Christ dans le mystère de l'incarnation. Sommaire des œuvres du cardinal de Bérulle, par l'abbé C. C. Baracand. In-12. 1844. [Lyon, *Guyot.*] *Mellier.* 1 fr. 80 c.

BERVILLE (GUYARD DE). — Voy. **Guyard de Berville.**

BERVILLE (le P. Pierre), supérieur de la congrégation de l'Oratoire de J. C. N. S.

— Discovrs de l'estat et des grandevrs de Jésvs par l'vnion ineffable de la divinité avec l'hvmanité. Nouvelle édition, revue, corrigée et annotée, par l'abbé Olivier Piquand. In-8º. 1865. *Siffre fils et Cie.* 6 fr.

BERVILLE (Saint-Albin), magistrat et littérateur, président honoraire de la cour impériale de Paris, ancien député, né à Amiens en 1788.

— Fragments oratoires et littéraires. In-8º. 1845. *Joubert.* 7 fr.

— Gresset, sa vie et ses ouvrages. Essai historique. In-8º. 1863. Amiens, *Lenoël-Hérouart.* 1 fr. 25 c.

— Notice sur M. Andrieux. — Voy. *Andrieux*, Œuvres choisies.

— Notice sur Voltaire. In-8º. 1858. Caen, *Hardel.*

— Notice sur Jean Jacques Rousseau. In-8º. 1859. *Ibid.*

Ces deux écrits sont extraits des « Mémoires de l'Académie des sciences, arts et belles-lettres de Caen ».

M. Saint-Albin Berville a traduit en vers les « Bucoliques » , de *Virgile.*

BERZELIUS (le baron Jacques), chimiste suédois, professeur de chimie à Stockholm, né à Westerlösa dans l'Ostgothie, en 1779, mort en 1848.

— Rapports annuels sur les progrès des sciences physiques et chimiques, présentés à l'Académie des sciences de Stockholm. Traduit du suédois, sous les yeux de l'auteur, par M. Plantamour. 1re à 8e année. 8 vol. in-8º. 1841-1848. *Victor Masson.* Chaque volume, 5 fr.

— Traité de chimie minérale, végétale et animale. 2e édition française, traduite, avec l'assentiment de l'auteur, par MM. Esslinger et Hœfer, sur la 5e édition. 6 vol. in-8º. 1846-1852. *Didot frères.* 54 fr.

La 1re édition française, traduite par MM. Jourdain et Esslinger, a été publiée de 1829 à 1833 en 8 vol. in-8º. — La 1re édition suédoise a paru en 1808. 3 vol. in-8º.

L'auteur étant mort avant d'avoir pu terminer la partie organique, son ouvrage a été continué par l'ouvrage de Gerhardt : « Traité de chimie organique ». 4 vol. in-8º. 1853-1856. *Didot frères.* 39 fr.

BES (WEBB LE). — Voy. **Webb-le-Bes.**

BESANCENET (Alfred de).

— Un Amour de grande dame. In-12. 1865. *Dentu.* 3 fr.

— Le Bienheureux Pierre Fourier et la Lorraine; étude historique, XVIe et XVIIe siècles. In-12. 1864. *Muffat.*

— Proverbes et Nouvelles. In-12. 1864. *Morizot.* 3 fr.

BESANÇON-ROBINET, instituteur.

— Arithmétique pratique des écoles primaires.

In-8º. 1860. [Chaumont, *Simonnot.*] *Fouraut.* 1 fr. 25 c.

BESANÇON VAN OYEN (R.).

— Nouvelle méthode préparatoire de chant, écrite au point de vue de ses rapports avec la physiologie. In-8º. 1851. *Mme Cendrier.* 2 fr.

BESCHERELLE aîné (Louis Nicolas), grammairien et écrivain, bibliothécaire du Louvre, né à Paris en 1802.

— L'Art de conjuguer, ou Simples modèles de conjugaisons pour tous les verbes de la langue française. In-12. 1860. *Fouraut.* 2 fr. 50 c.

— Dictionnaire classique et élémentaire de la langue française, rédigé d'après l'orthographe de l'Académie; suivi du dictionnaire des verbes irréguliers. In-12. 1844. *Ibid.* 1 fr. 50 c.

— Dictionnaire national, ou Grand dictionnaire critique de la langue française, contenant pour la première fois, outre tous les mots mis en circulation par la presse et qui sont devenus une des propriétés de la parole, les noms de tous les peuples anciens et modernes, etc. 2 vol. in-4º. 1843-1846. *Garnier frères.* 50 fr.

— Petit dictionnaire national. In-32. 1857. *Ibid.* 2 fr. 25 c.

— Dictionnaire usuel de tous les verbes français tant réguliers qu'irréguliers, entièrement conjugués, contenant, par ordre alphabétique, les 7,000 verbes de la langue française, avec leur conjugaison complète. 2 vol. in-8º. 1842-1843. *Ibid.* 12 fr.

Avec son frère.

— Nouveau Dictionnaire classique de la langue française, précédé d'un tableau complet de la conjugaison des verbes réguliers et irréguliers, etc. Gr. in-8º. 1863. *Ibid.* 10 fr.

Avec J. A. Pons.

— Grand Dictionnaire de géographie universelle ancienne et moderne, ou Description physique, ethnographique, politique, etc. Avec la collaboration de plusieurs géographes français et étrangers. 4 vol. in-4º. 1856-1858. *Rue Neuve-des-Petits-Champs*, 33. 50 fr.

Avec G. Devars. — Nouvelle édition en 1865, chez *A. Courcier.*

— Éléments de la grammaire française. In-18. 1864. *Dupray de La Mahérie.* 25 c.

— Éléments d'histoire générale. In-18. 1864. *Ibid.* 25 c.

— Éléments de géographie. In-18. 1864. *Ibid.* 25 c.

Ces 3 ouvrages font partie de la collection : « Encyclopédie catholique et populaire ».

— La Femme jugée par les grands écrivains des deux sexes. — Voy. *Larcher.*

— Grammaire française de l'école pratique. Nouvelle édition, revue par M. Lorain. In-16. 1845. *Tétu et Cie.* 1 fr. 25 c.

La 1re édition est de 1840. Corrigé des analyses et des dictées contenues dans cette grammaire. 1 vol. 1841. *Delloye.* 80 c.

— La Grammaire des communes, ou le Petit catéchisme de la langue française. In-18. 1840. *Bourgeois-Maze.* 75 c.

— Grammaire nationale, ou Grammaire de Voltaire, de Racine, de Bossuet, de Fénelon, etc., et de tous les écrivains les plus distingués de la France. 12e édition, précédée d'une introduction par M. Philarète Chasles. Gr. in-8°. 1864. *Garnier frères*. 10 fr.

Avec son frère et M. Litais de Gaux.
La 1re édition est de 1835.

— Abrégé de la grammaire nationale. In-12. 1840. *Bourgeois Maze*. 2 fr.

Avec son frère.

— La Grammaire de toutes les écoles et de tous les degrés, ou la Plus complète des grammaires françaises. In-12. 1840. *Delloye*. 1 fr. 25 c.

Exercices pour la même. 1 vol. 1 fr. 25 c. — Corrigé des exercices. 1 vol. 1 fr. 50 c.

— Grammaire pour tous. 1re partie, Partie des élèves. 2e partie, Partie du maître. In-12. 1865. *A. Le Chevalier*. Chaque vol., 3 fr. 50 c.

— L'Instruction popularisée par l'illustration. 2 vol. in-4° avec illustrations. 1851-1853. *Marescq et Cie*. Tome Ier, 4 fr. Tome II, 5 fr.

L'ouvrage est composé de différentes parties qui se vendent séparément. Tome I. L'Art de briller en société. 1 fr. 30 c. — Mythologie illustrée. 1 fr. 80 c. — Monuments élevés à la gloire militaire par les Romains et les Français. 1 fr. 30 c. — Tome II. Les grands guerriers des croisades. 50 c. — Histoire des ballons. 50 c. — Les Jeux des différents âges. 70 c. — Les Beaux-arts illustrés. 70 c. — Histoire de l'armée. 90 c. — La Mythologie grecque et romaine. 90 c. — Les Marins illustres. 1 fr. 10 c.

— Le Livre de toutes les écoles, ou Leçons préparatoires à l'étude de la grammaire française. In-12. 1840. *Maire-Nyon*. 75 c.

— Méthode synchronique pour l'étude de l'histoire des principaux États de l'Europe. 1re partie. In-4°. 1856. *Borrani*.

Avec Joseph Bertal.

— Le Petit secrétaire des écoles, ou Modèles de lettres sur tous les sujets et pour toutes les circonstances de la vie. In-18. 1851. *Fouraut*. 1 fr. 25 c.

Avec J. B. Prodhomme.

— Le Petit théâtre, à l'usage des maisons d'éducation, ou Choix de comédies instructives et morales. Édition augmentée de pièces nouvelles. In-12. 1845. *Tétu*. 1 fr. 50 c.

La 1re édition est de 1839.

— Plus de grammaires, ou Simples règles d'orthographe, de grammaire, de syntaxe et de prononciation. Manuel usuel et populaire. 2e édition, entièrement refondue et corrigée avec soin. In-12. 1851. *Durand*. 3 fr. 50 c.

1re édition. 1842. *Royer*. 2 fr. 50 c.

— Précis de l'histoire générale des arts. — Voy. *Morand* (Joseph) *et Bescherelle*.

— Réfutation de la grammaire de MM. Noël et Chapsal et de toutes les grammaires adoptées par l'Université. 6e édition, entièrement refondue. In-12. 1852. *Chez M. Bescherelle jeune*. 3 fr. 75 c.

Avec son frère. — La 1re édition est de 1838.

— L'Usage du monde, ou Conseils sur l'art de plaire en société. Traité complet de la conversation, contenant toutes les lois, règles, maximes et applications de l'art de converser. In-8°. 1861. *Garnier frères*. 3 fr. 50 c.

— Le Véritable manuel des conjugaisons, ou Dictionnaire des 8,000 verbes conjugués par ordre alphabétique de terminaisons et par catégorie. 5e édition, augmentée d'une table générale des verbes. In-12. 1865. *Dentu*. 4 fr.

Avec son frère. — La 1re édition est de 1843.

BESCHERELLE jeune, frère du précédent, employé au Conseil d'État, né à Paris en 1804. En dehors de sa collaboration à plusieurs ouvrages de son frère (voy. l'article précédent), il a publié seul les ouvrages suivants :

— Abrégé de la petite grammaire nationale, ou Grammaire de toutes les écoles de France et de l'étranger, la plus complète et la plus exacte. In-12. 1862. *P. Dupont*. 50 c.

— L'Art de la correspondance. Nouveau manuel complet théorique et pratique du style épistolaire et des divers genres de correspondance, suivi de modèles de lettres familières pour tous les usages de la correspondance. 2e édition. 2 vol. in-12. 1865. *Dentu*. 6 fr.

La 1re édition est de 1858.

— Les Cinq langues, ou le français, l'anglais, l'allemand, l'espagnol et l'italien véritablement parlés en 60 leçons ; méthode naturelle et infaillible à l'aide de laquelle on peut, sans le secours de toute espèce de grammaires, de dictionnaires et de guides, parler, écrire et prononcer le français, l'anglais, l'allemand, l'espagnol et l'italien, etc. 4 vol. in-12. 1855. *Chez l'auteur*. Chaque vol., 6 fr.

— Dictionnaire grammatical usuel des participes français classés par catégories et par ordre alphabétique de terminaisons. In-12. 1861. *P. Dupont*. 2 fr.

— Dictionnaire des verbes latins, classés par catégories, conjugués par ordre alphabétique de terminaisons, etc. In-12. 1863. *Ibid*. 2 fr. 25 c.

— Exercices de la petite grammaire nationale, ou Grammaire de toutes les écoles de France et de l'étranger, la plus complète et la plus exacte. In-12. 1864. *Ibid*. 1 fr. 50 c.

— Le même. Corrigé. 1 fr. 50 c.

— Manuel de correspondance administrative, commerciale et familière ; modèles de pétitions, mémoires, réclamations et actes sous seing privé ; préceptes généraux sur le cérémonial des lettres, le service des postes, la correspondance télégraphique, le timbre et l'enregistrement. In-12. 1861. *Ibid*. 2 fr. 25 c.

3e édition, mise au courant de la législation, en 1862.

— Manuel théorique et pratique des synonymes français, à l'usage des collèges, des maisons d'éducation et des étrangers. Livre de l'élève. Exercices. In-12. 1864. *Chez l'auteur*. 2 fr. 50 c.

— Le même. Livre du maître. Corrigé. In-12. 1864. *Ibid*. 2 fr. 50 c.

— Nouveau traité du subjonctif et de sa concordance, sur un plan entièrement neuf. In-12. 1861. *Ibid*. 30 c.

— L'Orthographe d'usage, enseignée en 60 leçons. Livre du maître : Dictées ; tableaux synoptiques, 2 vol. Livre de l'élève : Dictées ; tableaux synoptiques, 2 vol., ensemble 4 vol. in-12. 1849. *Chez l'auteur*. Chaque vol., 1 fr. 50 c.

— Petit cours de littérature théorique et pratique à l'usage des maisons d'éducation. In-12. 1863. *Ibid*. 2 fr. 25 c.

— Petit manuel des conjugaisons. Dictionnaire des 8,000 verbes usuels de la langue française, conjugués par ordre alphabétique de terminaisons. In-12. 1860. *P. Dupont*.

— Petite grammaire élémentaire, avec exercices orthographiques et résumés en 57 leçons.

12 cahiers. In-4°. 1865. *Chez l'auteur.* Chaque cahier, 10 c.

— La Première orthographe d'usage avec principes, exercices et corrigé, enseignée et apprise en 45 leçons. 4e édition revue, corrigée et entièrement refondue. 2 vol. in-12. 1863. *Ibid.* 3 fr.

— Le Véritable manuel des participes, ou Dictionnaire grammatical et usuel des participes français. In-12. 1856. *Ibid.* 7 fr. 50 c.

BESENVAL (le baron Pierre Victor de), général suisse au service de la France, né à Soleure en 1722, mort à Paris en 1791.

— Mémoires du baron de Besenval, suivis de : la Vérité dans le vin, ou les Désagréments de la galanterie, comédie par Collé; avec avant-propos et notices, par F. Barrière. In-12. 1846. *Didot frères.* 3 fr.

Bibliothèque des Mémoires relatifs à l'histoire de France pendant le xviiie siècle. Tome IV.
La 1re édition de ces Mémoires a été publiée de 1805 à 1807 par le vicomte A. J. de *Ségur.* 4 vol. in-8°.

BESGES (Mme de LA). — Voy. **La Besges.**

BESGUE (V. A. LE). — Voy. **Le Besgue.**

BESLAY (François), avocat, licencié ès lettres, docteur en droit, né à Paris, en 1835.

— Des Actes de commerce. Commentaire théorique et pratique des articles 632 et 633 du Code de commerce. In-8°. 1865. *Cosse, Marchal et Cie.* 3 fr.

— Lacordaire, sa vie, ses œuvres; précédé d'une lettre du P. Lacordaire à l'auteur. In-12. 1862. *Douniol.* 1 fr.

— Du Style et des formes de la plaidoirie. In-8°. 1861. *Taride.* 1 fr. 50 c.

M. Beslay a publié de nombreux articles dans le « Correspondant », la « Revue contemporaine », la « Revue d'économie chrétienne », etc., etc.

BESLY (Jean), historien, poëte et jurisconsulte, né à Coulonges-les-Royaux (Poitou) en 1572, mort à Fontenay-le-Comte en 1644.

— Histoire des comtes de Poictou et ducs de Guyenne, contenant ce qui s'est passé de plus mémorable en France depuis l'an 811 jusqu'au roi Louis le Jeune, vérifiés par titre et par anciens historiens. Nouvelle édition. In-8°. 1841. [Niort, *Robin.*] *Dumoulin.* 5 fr.

La 1re édition est de 1647, in-fol.

BESNARD (C.).

— Nouvelle biographie industrielle, commerciale, géographique, statistique, militaire, historique, biographique, départementale, cantonale et communale de la France. In-8°. 1845. Aigre (Charente), *Galletaud.* 5 fr.

BESNARD (J.).

— Des Subsistances. In-8°. 1856. *Lacroix-Comon.* 75 c.

BESNARD (P.).

— Aux gouvernements et aux peuples libéraux de l'Europe. In-8°. 1864. *Dentu.* 1 fr.

BESNARD (P. M.), capitaine commandant les sapeurs-pompiers de la ville de Chartres.

— Armée de réserve. Organisation militaire des sapeurs-pompiers de France. Projet dédié et adressé, le 21 juin 1860, à S. M. Napoléon III, empereur des Français. In-8°. 1860. Chartres, *Pétrot-Garnier.* 1 fr.

BESNIER.

— De la Fausseté du système de la loi naturelle et de ses pernicieux effets par rapport à l'ordre religieux et à l'ordre social. In-12 de 5 f. 1841. *Hivert.*

BESNIER (le docteur Henri Ernest), médecin des hôpitaux de Paris, né à Honfleur, en 1831.

— Des Étranglements internes de l'intestin. Anatomie pathologique, diagnostic, traitement. In-8°. 1860. *Coccoz.* 4 fr. 50 c.

BESNIER DE LA PONTONERIE (Ed.).

— Les Accidents, leurs causes et leurs effets. Moyen d'en atténuer les fâcheux résultats. In-8°, xvi-192 p. 1865. *Imprimerie Dubuisson et Cie.*

BÉSOIGNE (Jérôme), docteur de Sorbonne, né à Paris en 1686, mort en 1763.

— Vie de Henri Arnauld, évêque d'Angers. Nouvelle édition, accompagnée d'une introduction, par M. l'abbé Guettée. In-8°. 1863. Angers, *Lemesle.* 1 fr.

La 1re édition a été publiée en 1756.

BESOMBES.

— L'Apôtre de la voie Sacrée, drame en cinq actes, en vers. In-12. 1862. [Sens.] *Tresse.* 1 fr.

— L'Invasion autrichienne. In-12. 1849. *Saint-Quentin.*

Avec M. Félix Ribeyre.

BESQUEUT, maître de forges.

— Questions économiques. Les fers en 1860. In-8°. 1860. *Dentu.* 1 fr.

BESSARION (Jean), patriarche de Constantinople, né à Trébizonde vers 1390, mort à Ravenne en 1472.

— Opera omnia. — Voy. *Migne*, Patrologie grecque, tome 161.

BESSAS DE LA MÉGIE (le comte Oscar de), né à Paris, en 1836.

— Légendaire de la noblesse de France. In-8°. 1865. *Librairie centrale.* 15 fr.

BESSE (Alfred).

— Choix des improvisations de Alfred Besse. In-12. 1865. *Tolra et Haton.* 1 fr. 50 c.

BESSE (le P.), de la Compagnie de Jésus.

— Manuel de la bonne mort. In-32. 1861. Tournai, *Casterman.* 80 c.

BESSE DES LARZES.

— Fondements du spiritualisme. In-12. 1860. *Dezobry et Magdeleine.* 75 c.

— La Science et la Foi, ou Fondement nouveau de la logique appliquée aux sciences, à la littérature, aux arts et à la démonstration de la vérité religieuse. In-8° de 10 f. 1852. Lyon, *Périsse frères.*

— Le Tartufe-roi, ou le Type de la politique russe. Satire dramatique avec chants aux héros de Crimée. In-12. 1855. Lyon, *Scheuring.*

— Les Voix du Rhône, satires et méditations, drames et comédies. In-12. 1860. Lyon, *Méra.* 1 fr.

BESSÉ (Alfred de), ancien conseiller d'ambassade à Constantinople.

— L'Empire turc. Histoire et statistique; état politique et religieux; mœurs et usages; situation actuelle. Accompagné d'un aperçu géographique du pays. Traduit de l'original sur la 4ᵉ édition par Paulin Niboyet. Orné du portrait d'Omer-Pacha, d'après une photographie. In-8º. 1854. Leipzig, *Remmelmann.* 2 fr.

BESSÉ (Henri de).

— Relation des campagnes de Rocroy et de Fribourg. — Voy. *Latour* (Ant. de), Petits chefs-d'œuvre historiques.

BESSELIÈVRE (Achille d'Artois de). — Voy. **Artois de Besselièvre.**

BESSELIÈVRE (Ch. de).

— Le Château de Cœtaven. — Voy. *Galoppe d'Onquaire.*

— Un Dieu du jour. — Les Saisons vivantes. — Un Bon ouvrier. — Jusqu'à minuit. — Voy. *Dartois* (Armand).

BESSEMER.

— Fabrication du fer et de l'acier. In-8º avec pl. 1864. *Lacroix.* 1 fr. 25 c.

BESSET (Félicien).

— Le Général marquis de Pimodan. In-8º. 1860. *Dentu.* 1 fr.

BESSET (Frédéric).

— Nouvelle méthode de mnémotechnie, avec quelques observations critiques sur les méthodes qui ont paru. 4ᵉ édition. In-12. 1862. Angoulême, *Maignant et Seguin.* 1 fr.

— Le Véritable instituteur des villes et des campagnes ; éducation physique, intellectuelle et morale, livre de lecture courante avec 54 modèles de lettres pratiques, pour former au style épistolaire. 3ᵉ édition. In-12. 1864. Alby (Tarn), *chez l'auteur.* 1 fr. 50 c.

BESSIÈRE (L. F. La). — Voy. **La Bessière.**

BESSOLO (le lieutenant Alexandre).

— Mémoire sur quelques applications de l'électricité à l'artillerie. Premier mémoire présenté au corps d'artillerie de Sardaigne le 12 mars 1854. In-8º, avec 4 pl. 1857. *Corréard.* 5 fr.

BESSON (Clovis), professeur d'histoire et de français à Bordeaux.

— Fleurs et fruits de solitude. In-16, 112 p. 1864. Bordeaux, *imprimerie Ragot.*

— Loisirs littéraires, dédiés à S. Exc. le ministre de l'intérieur. In-18. 1857. Bordeaux, *Lafargue.*

BESSON (le R. P. Charles Jean Baptiste), religieux dominicain, propréfet des missions apostoliques de Mésopotamie et du Kurdistan, né en 1816, aux environs de Besançon, mort au couvent de Mac-Yacoub en 1861.

— Lettres. — Elles sont au nombre de 185 et forment le tome II de sa « Vie », par M. E. *Cartier.* — Voy. ce nom.

BESSON (le P. Joseph), de la Compagnie de Jésus, missionnaire de la Syrie, né à Carpentras en 1607, mort à Alep en 1691.

— La Syrie et la Terre sainte au xviiᵉ siècle. Nouvelle édition, revue par un Père de la même Compagnie (le P. Aug. Carayon). In-8º. 1862. [Poitiers, *Oudin.*] *Palmé.* 5 fr.

La 1ʳᵉ édition a paru en 1660 sous le titre : « la Syrie sainte, ou Des Missions des Pères de la Compagnie de Jésus en Syrie ».

BESSON (J. H.), professeur de langue française à Creuznach.

— Les Fleurs de la morale semées sur le sentier de la jeunesse. Ouvrage dédié à la jeunesse chrétienne, aux chefs d'institution et aux pères et mères de famille. In-8º. 1858. Leipzig, *Fr. Fleischer.* 2 fr. 50 c.

BESSON (l'abbé Louis), supérieur du collège de Saint-François-Xavier à Besançon, né à Baumeles-Dames (Doubs), en 1821.

— L'Église, œuvre de l'Homme-Dieu, conférences prêchées à la métropole de Besançon. In-8º. 1865. [Besançon, *Turbergue.*] *Bray.* 5 fr.

2ᵉ édition. In-12. 1865. 3 fr.

— Histoire de la ville de Gray et de ses monuments. In-8º. 1851. Besançon, *Vallues.* 10 fr. En collaboration avec M. l'abbé Gratin.

— L'Homme-Dieu, conférences prêchées à la métropole de Besançon. 3ᵉ édition, revue et corrigée. In-12. 1865. [Besançon, *Turbergue.*] *Bray.* 3 fr.

— Le même. 4ᵉ édition. In-8º. 5 fr.

La 1ʳᵉ édition, in-8º, a paru en 1864 ; la 2ᵉ édition, in-12, dans la même année.

— Mémoire historique sur l'abbaye de Baumeles-Dames. In-8º. 1845. Besançon, *Turbergue.* 1 fr. 50 c.

— Mémoire historique sur l'abbaye et la ville de Lure, suivi d'une Notice sur le prieuré de Saint-Antoine et les seigneurs de Lure et de Passavant. In-8º. 1846. Besançon, *Bintot.* 2 fr. 50 c.

— Mémoire historique sur l'abbaye de Cherlieu. In-8º. 1847. *Ibid.* 2 fr. 50 c.

— Nouveau souvenir de première communion. In-18. 1862. Besançon, *Turbergue.* 15 c.

— Vie de M. l'abbé Busson, ancien secrétaire général des affaires ecclésiastiques, chanoine honoraire, etc. In-12, avec portrait. 1862. *Ibid.* 3 fr. 50 c.

— Vie de Mgr. Jean François Marie Cart, évêque de Nîmes. In-12, avec portrait. 1856. *Ibid.* 3 fr.

M. l'abbé Besson a encore publié quelques sermons et oraisons funèbres ; il a fourni des articles religieux et littéraires à « l'Union franc-comtoise » et aux « Annales franc-comtoises », recueils publiés à Besançon, aux « Mémoires de l'Académie des sciences, belles-lettres et arts de Besançon ».

BESSON (Mᵐᵉ Nelly Lieutier-). — Voy. **Lieutier-Besson.**

BESSON DE SAINT-AIGNAN (C.).

— Essai sur la métaphysique élémentaire, ou théorie des substances. In-8º. 1844. *Sagnier et Bray.* 1 fr.

BESSOU (Eugène Del). — Voy. **Del Bessou.**

BESSY (Léon).

— Les Ruines de mon couvent. Nouvelle tirée de l'histoire contemporaine ; traduit de l'espagnol sur la seule édition reconnue par l'auteur, par M. Léon Bessy. 2 vol. in-12. 1857-1858. *Douniol.* 10 fr.

L'auteur de l'ouvrage espagnol nous est inconnu. — Voy. aussi *Adèle*, « Mon cloître », qui forme une suite à cet ouvrage.

M. Bessy a encore traduit de l'allemand « De Babylone à Jérusalem », et « Une voix de Jérusalem », de Mᵐᵉ la comtesse Ida de Hahn-Hahn.

BESUCHET DE SAUNOIS (Jean Claude), docteur en médecine, ancien chirurgien militaire, inspecteur général de toutes les prisons, né à Boulogne près Paris, en 1790.

— La Gastrite, les affections nerveuses et les affections chroniques des viscères, considérées dans leurs causes, dans leurs effets et dans leur traitement. 5e édition. In-8°. 1846. *Labé*. 5 fr.

BESZE ou Bèze (Théodore de), théologien protestant et littérateur, successeur de Calvin, né à Vézelay en Bourgogne, en 1519, mort en 1605.

— Comédie du pape malade et tirant à la fin. In-24. 1859. Genève, *J. G. Fick*. 3 fr.

Réimpression sur l'édition de 1561 par les soins de M. Gustave *Révilliod*.

— Histoire ecclésiastique des églises réformées au royaume de France. 3 vol. in-8°. 1841-1842. Lille. 10 fr.

La 1re édition est de 1580.

— Récit de la dernière maladie et de la mort de Jean Calvin, par un témoin oculaire (Th. de Bèze). Remis au jour dans un style intelligible à tous. In-8°. 1864. Genève, *Georg*. 60 c.

— Vie de J. Calvin. Nouvelle édition, publiée et annotée par Alfred Franklin. In-32. 1864. Genève, *Cherbuliez*. 6 fr.

Cet ouvrage est aussi reproduit en tête des « Œuvres françaises », de *Calvin*. — Voy. ce nom.

— Les Vrais povrtraits des hommes illustres en piété et en doctrine; traduit du latin et accompagné de pièces et notes variées, par G. Goguel, pasteur. In-12. 1858. Strasbourg, *Treuttel et Würtz*. 2 fr. 50 c.

L'original latin a été publié en 1580 à Genève, la première traduction française par Simon *Goulart*, en 1581.

BÉTANCOURT.

— Essai sur la composition des machines. — Voy. *Lanz*.

BÉTANT (Élie Ami), ancien secrétaire du président Capodistrias, aujourd'hui principal du collége classique de Genève, né à Genève, en 1803.

— Hellenica. Lectures élémentaires de prose grecque. 3e édition. In-8°. 1855. Genève, *Muller-Darier*. 2 fr. 75 c.

M. É. A. Bétant a traduit: « Histoire de la guerre du Péloponèse », de *Thucydide*, et publié la « Correspondance » du comte *Capodistrias*.

BETHMANN.

— Voyage historique de M. Bethmann dans le nord de la France; traduit de l'allemand et précedé d'une Introduction, par Edmond de Coussemacker. In-8° avec 1 pl. 1849. *Didron*. 3 fr. 25 c.

L'ouvrage allemand a été publié en 1817, à Francfort-sur-le-Mein.

BETHMONT (Eugène), avocat et homme politique, député, ministre du commerce en 1848, né à Paris, en 1804, mort en 1860.

— Procès du capitaine Gœtschy devant le tribunal civil d'Orléans. Plaidoyer de Me Bethmont, avec un avant-propos. In-8°. 1856. *Meyrueis*. 2 fr.

BÉTILLE (A.), propriétaire-agriculteur.

— De la Cause réelle de la maladie des brebis en 1864. In-12. 1865. Cahors, *imprimerie Leytou*. 1 fr.

BÉTOLAUD (Victor), grammairien, professeur au lycée Charlemagne, né en 1803.

— Exercices gradués d'accentuation grecque,

destinés à servir d'application au Traité d'accentuation et à tous les ouvrages du même genre. In-12. 1848. *Hachette*. 3 fr.

Corrigé du même. 3 fr.

— Traité de l'accentuation grecque. Ouvrage autorisé par le conseil de l'instruction publique. 5e édition. In-12. 1853. *Ibid*. 1 fr. 25 c.

La 1re édition est de 1837.

M. Bétolaud a traduit: « les Comédies » de *Térence*.

BETS (P. V.).

— Histoire de la ville et des institutions de Tirlemont, d'après des documents authentiques, la plupart inédits. Tome I. In-8°. 1861. Louvain, *Fonteyn*. 2 fr.

BETTERSWORTH-HAINES (S.). — Voy. Stafford Bettersworth.

BETZ-PENOT (F. J.), propriétaire, ancien meunier à Ulay près Nemours.

— Nouveau système de mouture pour le maïs, inventé par M. Betz-Penot. In-8° avec une lithographie. 1856. *Bouchard-Huzard*. 2 fr.

BEUDANT (Charles), agrégé à la Faculté de droit de Paris, né à Fontency-lès-Fleury (Seine-et-Oise), en 1829.

— De l'Indication de la loi pénale dans la discussion devant le jury. Étude sur le jury. In-8°. 1861. [Toulouse.] *Cotillon*. 4 fr.

M. Beudant prête une collaboration active à la « Revue critique de législation », et à la « Revue pratique de droit français ».

BEUDANT (François Sulpice), minéralogiste et physicien, professeur de minéralogie à la Faculté des sciences de Paris, membre de l'Institut, né à Paris, en 1787, mort en 1852.

— Mémoire sur l'emploi du chlore dans les analyses. — Voy. *Rivot, Beudant et Daguin*.

— Minéralogie. Géologie. 9e édition. In-12 avec fig. dans le texte. 1860. *Victor Masson*. 6 fr.

La 1re édition est de 1841. — La « Géologie » se vend séparément. 4 fr.

L'ouvrage fait partie du « Cours élémentaire d'histoire naturelle », adopté par le Conseil supérieur de l'instruction publique. — Voy. aussi: « Zoologie », par *Milne Edwards*, et « Botanique », par A. de *Jussieu*.

BEUF (Constantin).

— Essai de poésies catholiques. In-18. 1859. *Douniol*. 1 fr. 50 c.

— Langage du cœur; poésies. In-12. 1846. *Furne*. 3 fr. 50 c.

BEUF (l'abbé E.), aumônier au lycée Napoléon.

— Beautés du christianisme, illustrées de vignettes gravées sur acier par nos meilleurs artistes, d'après les tableaux originaux de Barrias, Duveau, Boulanger, Gambart, Massard. Gr. in-8° avec 14 grav. 1853. *Lecou*. 16 fr.

BEUF (Le). — Voy. Le Beuf.

BEUGNON (Henri dit), pseudonyme de M. l'abbé C. Guénot. (Voy. aussi ce nom.)

— Anthony, ou le Crucifix d'argent. In-8°. 1865. Tours, *Mame et fils*. 1 fr.

— Antonia, ou les Martyrs de Lyon. In-12. 1865. *Lethielleux*. 1 fr. 50 c.

— Le Château ruiné. In-12. 1865. Tours, *Mame et fils*. 1 fr.

— Clémence Drécourt. In-12. 1864. *Ibid*. 90 c.

— Manuel Grandval. In-12. 1864. *Ibid.* 90 c.

— Les Quatre sœurs. In-12. 1864. *Ibid.* 90 c.

BEUGNOT, ancien chef de service à l'École d'Alfort.

— Dictionnaire usuel de chirurgie et de médecine vétérinaires, rédigé d'après les travaux de Bourgelat, Vitet, Huzard, etc. Nouvelle édition, revue, corrigée et mise au courant de la science d'après les travaux les plus récents des professeurs et praticiens français et étrangers de l'époque. 2 vol. gr. in-8°. 1858 et 1859. *Labé.* 18 fr.

BEUGNOT (le comte Arthur Auguste), archéologue et homme politique, membre de l'Institut, ancien pair de France, né à Bar-sur-Aube, en 1797, mort en 1865.

— Assises de Jérusalem, ou Recueil des ouvrages de jurisprudence composés pendant le XIIIe siècle, dans les royaumes de Jérusalem et de Chypre, publiées par M. le comte Beugnot. Tome I. Assises de la haute cour. Tome II. Assises de la cour des bourgeois. 2 vol. in-fol. 1841 et 1843. *Imprimerie royale.* 72 fr.

— L'État théologien. In-18 de 3 f. 1845. *Waille.*

— Mémoire sur le régime des terres dans les principautés fondées en Syrie par les Francs, à la suite des croisades. In-8° de 6 f. 1854. *Dumoulin.*

Extrait de la « Bibliothèque de l'École des chartes ».

— Les Olim, ou Registres des arrêts rendus par la cour du roi sous les règnes de saint Louis, de Philippe le Hardi, de Philippe le Bel, de Louis le Hutin et de Philippe le Long. Publiés par le comte Beugnot. 3 vol. in-4° (le 3e en 2 parties). 1839 à 1848. *Didot frères.* 72 fr.

Fait partie de la « Collection de documents inédits sur l'histoire de France ».

— Réflexions sur les doctrines anti-sociales et leurs conséquences. In-8°. 1849. *Adr. Le Clère.*

BEUGY-PUYVALLÉE (de).

— Mémoire sur la culture du pêcher. 2e édition. In-8° avec 3 pl. 1861. [Bruxelles.] *A. Goin.* 3 fr. 50 c.

BEULÉ (Ernest), archéologue, membre de l'Institut, secrétaire perpétuel de l'Académie des Beaux-Arts, professeur d'archéologie à la Bibliothèque impériale, né à Saumur, en 1826.

— L'Architecture au siècle de Pisistrate. Gr. in-8°, 302 p. 1860. *Imprimerie Ve Lacour.*

Extrait de la « Revue générale de l'architecture ».

— Les Arts et la poésie à Sparte, sous la législation de Lycurgue. Gr. in-8° de 9 f. 1853. *Imprimerie F. Didot.*

— L'Acropole d'Athènes; publié sous les auspices du ministère de l'instruction publique et des cultes. 2 vol. in-8° avec 8 pl. 1854. *Didot frères.* 20 fr.

— Le même. Nouvelle édition. 2 vol. in-12. 1863. *Ibid.* 7 fr. 50 c.

— Éloge de M. Horace Vernet, prononcé dans la séance publique du 3 octobre 1863. Institut impérial de France. In-8°. 1863. *Didier et Cie.* 1 fr.

— Éloge de M. Hippolyte Flandrin, lu dans la séance publique de l'Académie, le 19 novembre 1864 (Institut impérial de France). In-8°. 1864. *Ibid.* 1 fr.

— Éloge de Meyerbeer, prononcé dans la séance

du 28 octobre 1865 (Institut impérial de France). In-8°. 1865. *Ibid.* 1 fr.

— Études sur le Péloponèse; publié sous les auspices du ministère de l'instruction publique. In-8°. 1855. *Didot frères.* 10 fr.

— Fouilles à Carthage, aux frais et sous la direction de M. Beulé. In-8° avec 6 pl. 1860. [*Imprimerie impériale.*] *Klincksieck.* 15 fr.

Extrait du « Journal des savants ».

— Histoire de la sculpture avant Phidias. In-8° avec fig. 1864. 10 fr.

Extrait de la « Gazette des Beaux-Arts ».

— Les Monnaies d'Athènes. In-4° avec pl. 1858. *Rollin.* 40 fr.

— Phidias; drame antique. In-12. 1863. *Hachette et Cie.* 3 fr. 50 c.

BEUNAICHE DE LA CORBIÈRE. — Voy. **La Corbière.**

BEURMANN (Joseph de), capitaine dans l'armée française, mort en....

— Traité de l'infanterie légère, précédé d'une notice historique de cette arme, depuis les temps les plus reculés jusqu'à nos jours. 2e édition, revue et suivie de notes. In-18. 1854. *Dumaine.* 1 fr.

La 1re édition est de 1836.

BEURRIER (Paul), chanoine régulier, puis abbé de Sainte-Geneviève, vivait vers le milieu du XVIIe siècle.

— Œuvres complètes. — Voy. *Migne*, Collection des orateurs sacrés, 1re série, tome 62.

BEURRIER (Vincent Toussaint), prêtre de la congrégation des Eudistes, prédicateur et missionnaire, né à Vannes, en 1715, mort à Blois, en 1758.

— Œuvres complètes. — Voy. *Migne*, Collection des orateurs sacrés, 1re série, tome 66.

BEUVAIN D'ALTENHEYM. — Voy. **Altenheym.**

BEUVE (Charles de).

— Le Louvre, depuis son origine jusqu'à Louis Napoléon. Son antiquité, ses époques, etc., suivi d'une légende du VIIe siècle expliquant l'origine et l'étymologie du Louvre. In-12. 1852. *Ledoyen.* 1 fr.

BEUVELET (Mathieu), auteur ascétique, né près de Soissons, vers la fin du XVIe siècle.

— Méditations de Beuvelet, publiées par des prêtres de l'Immaculée-Conception de Saint-Dizier. 3 vol. in-8°. 1863. [Bar-le-Duc, *Guérin.*] *Palmé.* 7 fr.

Ces Méditations ont été publiées pour la première fois en 1652.

BEUWENS.

— Plans d'instructions sur les principaux sujets de la morale chrétienne, par un curé du diocèse de Liège. 3e édition. 2 vol. in-12. 1861. Liège. 5 fr.

Anonyme.

BEUZELIN, ancien curé de l'église de la Madeleine à Paris.

— Néographisme oriental. II. Nouvelle méthode pour faciliter la première étude de l'arabe. In-8°. 1855. *Eug. Belin.* 2 fr. 50 c.

BEUZEVILLE (Charles), rédacteur en chef et gérant du « Journal de Rouen », né à Rouen, en 1812.

— Les Fleurs du chemin. In-12. 1850. [Rouen, *Haulard.*] *Charpentier*. 3 fr.

BEVEGNATI.

— Légende de la vie et des miracles de sainte Marguerite de Cortone, dédiée aux frères et sœurs du très-saint ordre de Saint-François d'Assise, écrite en langue latine par son confesseur Fr. Guinta Bevegnati, de l'ordre des mineurs, et traduite par Mgr. Luquet, évêque d'Hésébon. In-12. 1859. *Ve Poussielgue-Rusand*. 3 fr.

Bibliothèque franciscaine.

BÉVILLE (Mme la baronne Amable YVELIN de). — Voy. **Yvelin.**

BEYLE (Henri), plus connu sous son pseudonyme **Stendahl.**

BEYLET (Charles).

— Les Financiers. — Voy. *Marie* (J. B.) *et Beylet.*

BEYLOT (Jean Joseph), médecin-major de 1re classe.

— Traitement médical des hydatides, de la ladrerie et du tournus. In-8o avec fig. 1865. Lyon, *chez l'auteur*. 2 fr. 50 c.

BEYNAC (Fortuné Aimé), professeur de mathématiques à Paris, né à Sarlot (Dordogne), en 1822.

— Cours de mécanique rationnelle, à l'usage des candidats aux écoles polytechnique et normale; rédigé conformément au programme d'admission à ces écoles. In-8o. 1859. *Delalain*. 5 fr.

— Éléments de mécanique, rédigés conformément au programme officiel de la classe de mathématiques élémentaires des lycées, à l'usage des élèves de la classe de mathématiques élémentaires et des candidats au baccalauréat ès sciences, à l'École militaire et à l'École forestière. In-8o. 1865. *Ibid.* 3 fr. 50 c.

— Programme détaillé des connaissances mathématiques, physiques et naturelles exigées pour le baccalauréat ès sciences et l'admission aux écoles navale, militaire, forestière, renfermant un grand nombre de questions et d'exercices de mathématiques et de physique. In-8o. 1855. *Mallet-Bachelier*. 3 fr.

— Traité d'arithmétique à l'usage des candidats au baccalauréat et aux Écoles du gouvernement. In-8o. 1865. *Noblet et Baudry*. 6 fr.

BEYNET (A.).

— De Fil en aiguille; nouvelle. In-12. 1853. *Masgana*. 1 fr.

BEYNET (Léon).

— Les Colons algériens. 1re partie : les Martyrs. In-8o. 1863. Alger, *Tissier*. 1 fr.

— Les Drames du désert; scènes de la vie arabe sur les frontières du Maroc. In-12. 1862. *Dentu.* 3 fr.

2e édition. 1864. *Challamel*. 3 fr.

BEYRAN (Joseph), docteur en médecine de la Faculté de Paris, médecin à l'ambassade turque à Paris, né à Andrinople (Turquie), en 1825, mort en 1865.

— Leçons sur les maladies des voies urinaires, faites à l'École pratique. In-8o. 1865. *Germer Baillière*. 1 fr. 50 c.

— Paralysie syphilitique du nerf moteur externe de l'œil (sixième paire). Mémoire lu à l'Académie impériale de médecine de Paris. Avec introduction aux maladies vénériennes. In-8o. 1861. *Ibid.* 1 fr. 25 c.

— Traité pratique de pathologie générale, médicale et chirurgicale. 1re partie. In-8o. 1858. *Ibid.* 3 fr. 50 c.

— Le même. Nouvelle édition, sous le titre : Traité élémentaire de pathologie générale, médicale et chirurgicale. 2e édition, revue et complétée. In-12. 1863. *Ibid.* 3 fr. 50 c.

— La Turquie médicale, au point de vue des armées expéditionnaires et des voyageurs. Mémoire, suivi d'un vocabulaire scientifique et militaire. In-8o. 1854. *Ibid.* 1 fr. 50 c.

— Le même. 2e partie, sous le titre : Notice sur la Turquie. Aperçu topographique, industrie, propriété, instruction publique, etc. In-8o. 1855. *Ibid.* 1 fr. 50 c.

BEZ (Auguste).

— Les Miracles de nos jours, ou les Manifestations extraordinaires obtenues par l'intermédiaire de Jean Hillaire, cultivateur à Sonnac (Charente-Inférieure), recueillies avec soin et annotées, par Auguste Bez. In-8o. 1864. [Bordeaux], *Ledoyen.* 2 fr.

BEZ (l'abbé Nicolas), chanoine honoraire de Saint-Dié et d'Évreux, mort en...

— Le Bonheur dans la persévérance; souvenir de première communion, par M. l'abbé B... 2e édition, revue et augmentée. In-32. 1858. Lyon, *Bauchu et Cie*.

Anonyme. — La 1re édition a paru en..., sous le titre de : « Manuel de persévérance après la première communion, à l'usage de la jeunesse ».

— Considérations sur la cause publique de l'immoralité en France. In-8o de 4 f. 1841. Lyon, *quai des Célestins*, 51.

— La Jeune mariée, ou Conversion d'une protestante, par M. l'abbé B..., chanoine de Saint-Dié. In-18. 1840. Tours, *Mame*. 60 c.

— Lettres à Iwan, ou le Conseiller de la jeunesse. In-12 de 14 f. 1847. Lyon, *Guyot*.

— Pèlerinage à la Salette, ou Examen critique de l'apparition de la sainte Vierge à deux bergers, Mélanie Mathieu et Maximilien Giraud. In-12 de 9 f. avec 1 plan et 2 portraits. 1847. *Ibid.*

— La Ville des aumônes; tableau des œuvres de charité de la ville de Lyon. In-8o de 18 f. 1840. Lyon, *quai des Célestins*, 51.

BEZAUDUN (l'abbé), chanoine de Montauban.

— Une Gloire dominicaine. Histoire du très-révérend père de Contenson, de l'ordre des Frères prêcheurs. In-12. 1863. [Montauban, *Bertuot.*] *Poussielgue.* 3 fr. 50 c.

BÈZE (Théod. de). — Voy. **Besze.**

BEZIAT (G.).

— Organisation de l'épargne du travailleur, en vue de l'amélioration et de l'avenir des classes laborieuses. Projet de fondation d'un comptoir et caisse générale de retraite des travailleurs à livret. In-18. 1848. *Dupont.* 2 fr.

BÉZIERS (Alexandre François), professeur au lycée du Havre, né à Pétiville (Calvados), en 1818.

— Les Lectures de Mme de Sévigné et ses jugements littéraires. In-8°. 1863. Le Havre, *Buys.* 5 fr.

— Les Poésies de la famille. In-8°. 1864. Le Havre, *Costey frères.* 3 fr.

BEZON (Jean), professeur de théorie de fabrique à Lyon, né à Lyon, en 1813.

— Dictionnaire général des tissus anciens et modernes, ouvrage où sont indiquées et classées toutes les espèces de tissus connues jusqu'à ce jour, soit en France, soit à l'étranger, notamment dans l'Inde, la Chine, etc.; avec l'explication abrégée des moyens de fabrication et l'entente des matières, nature et apprêt, applicables à chaque tissu en particulier. 2e édition. 8 vol. in-8°. 1859-1863. Lyon, *chez l'auteur.* 60 fr.

La 1re édition a été publiée en 1856. — Un atlas doit paraître encore et compléter l'ouvrage.

BEZOUT (Étienne), mathématicien, né à Nemours, en 1730, mort en 1783.

— Éléments d'arithmétique, réimprimés sur le texte de la dernière édition publiée du vivant de l'auteur et sans autre modification que l'introduction du système métrique, par M. Saigey. In-8°. 1847. *Hachette.* 1 fr. 75 c.

— Les mêmes, publiés par M. Caillet. In-8°. 1849. *Dezobry.* 1 fr. 75 c.

— Les mêmes, publiés par J. George. In-12. 1852. *Fouraut.* 1 fr.

— Éléments de géométrie de Bezout, réimprimés sur le texte de la dernière édition, publiée du vivant de l'auteur, etc., par M. Saigey. In-8°. 1848. *Hachette.* 3 fr. 50 c.

— Éléments d'algèbre de Bezout, réimprimés sur le texte de la dernière édition, publiée du vivant de l'auteur, etc., par M. Saigey. In-8°. 1848. *Ibid.* 3 fr. 50 c.

— Cours de mathématiques, à l'usage de la marine et de l'artillerie. 2e partie, contenant la géométrie, suivie des théorèmes et problèmes de géométrie, etc., par A. A. L. Reynaud. 10e édition. In-8° avec 22 pl. 1845. *Bachelier.* 7 fr. 50 c.

BEZOUT (Paul), avocat.

— Des Industries similaires. De la concurrence entre locataires d'une même maison. In-8°. 1863. *Bureau du Droit commercial.* 2 fr.

Extrait du journal « le Droit commercial ».

BIAGIOLI (G.).

— Dictionnaire français-italien et italien-français, rédigé sur les travaux de feu G. Biagioli, par A. Ronna. — Voy. *Ronna.*

BIAL (Paul), capitaine d'artillerie, professeur à l'École impériale d'artillerie de Besançon.

— Chemins, habitations et oppidum de la Gaule au temps de César. 1re partie : Chemins celtiques. In-8°. 1864. *Didier et Cie.* 8 fr.

— Histoire de la civilisation celtique. 1re livraison. In-4° de 20 p. et 1 planche en chromo-lithographie in-fol. 1865. *Franck.* 3 fr. 50 c.

L'ouvrage doit former 2 volumes in-4° qui seront publiés en 48 livraisons.

BIANCHI (le P. Jean Antoine), de Lucques, religieux observantin.

— Traité de la puissance ecclésiastique dans ses rapports avec les souverainetés temporelles. Dédié au prince des apôtres. Traduit de l'italien par M. l'abbé A. Peltier. 2 vol. in-8°. 1857. *Gaume frères.* 14 fr.

BIANCHI (Thomas Xavier de), orientaliste français, ancien drogman du consulat français à Smyrne, ancien professeur de turc à l'École des langues orientales de Paris, né à Paris, en 1783, mort en 1864.

— Catalogue général et raisonné de la bibliographie égyptienne depuis 1822. In-8°. 1843. *Chez l'auteur.*

— Dictionnaire français-turc. 2e édition. 2 vol. in-8°. 1842-1846. *Ibid.* 60 fr.

La 1re édition est de 1831.

— Dictionnaire turc-français, à l'usage des agents diplomatiques et consulaires, des commerçants, des navigateurs et autres voyageurs dans le Levant. 2e édition. 2 vol. in-8°. 1850. *Ibid.* 75 fr.

Cette partie est faite en collaboration avec J. D. Kieffer. La 1re édition a paru en 1837.

— Khaththy humaïoun, ou Charte impériale ottomane du 18 février 1856, en français et en turc, suivie de la prononciation du turc figurée en lettres françaises, de notes et d'explications; accompagnée d'une table sommaire et indicative des trente-cinq paragraphes dont se compose cet acte politique; le tout faisant suite et complément au Nouveau guide de la conversation en français et en turc. In-8° oblong. 1856. *Ibid.* 2 fr. 50 c.

— Le Nouveau guide de la conversation en français et en turc, à l'usage des voyageurs français dans le Levant et des Turcs qui viennent en France; suivi de la collection complète des capitulations ou traités de paix entre la France et la Porte ottomane, etc. 2e édition. In-8° oblong. 1852. *Ibid.* 15 fr.

La 1re édition est de 1839.

— Le Premier annuaire de l'Empire ottoman, ou Tableau général de l'état politique, civil, militaire, judiciaire et administratif de la Turquie depuis les réformes, etc. In-8°. 1848. *Ibid.*

BIANCHI (Mlle Ernestine).

— Impressions et souvenirs. Poésies diverses. In-16. 1865. *Hachette et Cie.* 2 fr.

BIANCHI-GIOVINI (Aurèle), publiciste italien, fondateur du journal « l'Unione », né à Côme, en 1799, mort en 1862.

— L'Autriche en Italie; traduit de l'italien. 2 vol. in-8°. 1854. *Amyot.* 7 fr.

— Biographie de Fra Paolo Sarpi, théologien et consulteur d'État de la république de Venise, traduite sur la 2e édition par N. L. Van Nieuw Kerke. 2 vol. in-12. 1863. Bruxelles, *Lacroix, Verboeckhoven et Cie.* 7 fr.

BIARD (François), peintre, né à Lyon, en 1800.

— Deux années au Brésil. Ouvrage illustré de 180 vignettes dessinées par E. Riou, d'après les croquis de M. Biard. Gr. in-8° avec 180 vignettes. 1862. *Hachette et Cie.* 20 fr.

En 1864 le prix a été réduit par l'éditeur à 10 fr.

BIARD (Gustave).

— Bible des idées nouvelles. In-32. 1850. *Ballard*. 50 c.

— Principes et exercices de grammaire française classique et méthodique, en un seul livre. In-12. 1844. *Leteinturier*. 2 fr.

BIARD (Mme Léonie). — Voy. **Aunet.**

BIARDOT (E. Prosper).

— Explication du symbolisme des terres cuites grecques de destination funéraire. In-8°. 1864. *Chez l'auteur, rue Saint-Benoît*, 21. 1 fr.

BIARNEZ (P.).

— Les Grands vins de Bordeaux. Poëme, précédé d'une leçon du professeur Babrius, intitulée : De l'influence du vin sur la civilisation. In-8° de 9 f., avec 40 vignettes. 1849. *Imprimerie Plon.*

BIART (Constantin).

— Défense de la langue néerlandaise et exposé des griefs des Flamands. In-8°. 1864. Anvers, *Bourmans*. 60 c.

BIART (Lucien).

— Les Mexicaines; poésies. In-18 de 7 f. 1853. *Imprimerie Chaix.*

— Le Mexique d'hier et le Mexique de demain. In-8°. 1865. *Dentu.* 1 fr.

— Présent et passé; poésies. In-18. 1859. *Ibid.* 1 fr.

— La Terre chaude; scènes de mœurs mexicaines. In-12. 1862. *Hetzel.* 3 fr.

BIAS (Camille).

— Dire et faire. In-12. 1864. *Lévy frères.* 3 fr.

BIAU (J. J.).

— L'Immense secret de prendre vivants, d'élever, de nourrir et de guérir les rossignols, selon vingt procédés nouveaux et faciles. In-8°. 1862. Albi, *Rodière.* 1 fr. 50 c.

BIBERSTEIN KAZIMIRSKI (A. de). — Voy. **Kazimirski.**

****Bible** (la Sainte) selon la Vulgate; traduction nouvelle (par MM. Bourassé et Janvier), avec les dessins de Gustave Doré. Ornements du texte par M. H. Giacomelli. 2 vol. in-fol. 1865. Tours, *Mame et fils.* 200 fr.

****Bible** (la Sainte), ou l'Ancien et le Nouveau Testament. Traduction nouvelle d'après les textes hébreu et grec, par une réunion de pasteurs et de ministres des deux Églises protestantes nationales de France. Livr. 1 à 4. In-8°. 1864-1865. *Chez M. Étienne Coquerel, rue Saint-Pétersbourg*, 51.

Livr. 1re. La Genèse. 1 fr. — Livr. 2e. L'Évangile selon saint Matthieu, le livre de Ruth, 1 fr. — Livr. 3e. L'Épître aux Romains, l'Ecclésiaste, 1 fr. — Livr. 4e. Ésaïe. 2 fr.
Le prix de souscription pour la Bible complète est de 10 fr.

****Bible**, par Ulphilas. — Voy. *Migne*, Patrologie latine, tome 18.

Pour d'autres éditions de la Bible, voy. *Allioli; Cahen; Carrières; Clévy; Genoude; Jager; Lebrun; Lemaistre de Sacy; Martin* (David); *Mesenguy; Orsini; Osterwald.*

****Bible** (la) en Toscane, ou Épreuves et persécutions des époux Madiaï, condamnés aux galères, avec travaux forcés, pour avoir lu la Bible. In-18. 1852. *Cherbuliez.* 75 c.

****Bible** (la) mutilée par les protestants, ou Démonstration de la divinité des Écritures rejetées par la Réforme. 2e édition. Petit in-8°. 1847. Toulouse, *Douladoure.* 1 fr. 50 c.

****Bible** (la) et son histoire. Livre pour la jeunesse, écrit à l'occasion du jubilé de la Société biblique, britannique et étrangère, par L. N., avec une préface de T. Philipps, pasteur, secrétaire pour le jubilé. In-12 avec fig. 1861. Toulouse, *Delhorbe.* 2 fr.
Publié par la Société des livres religieux de Toulouse.

****Biblia** sacra Vulgatæ editionis Sixti V pontificis magni jussu recognita, et Clementis VIII auctoritate edita. In-8°. 1843. *Méquignon junior.* 6 fr.

— La même. In-18. 1858. *Plon.* 5 fr.

****Bibliographie** des principaux ouvrages relatifs à l'amour, aux femmes, au mariage, indiquant les auteurs de ces ouvrages, leurs éditions, leur valeur et les prohibitions ou condamnations dont certains d'entre eux ont été l'objet, par M. le C. d'I***. In-8°. 1861. *Gay.* 6 fr.
2e édition en 1864.

****Bibliotheca** americana. Collection d'ouvrages inédits ou rares sur l'Amérique. In-8°. 1862 et années suivantes. Leipzig et Paris, *librairie Franck.*

Tome I. Purea indomito, poema por el capitan Fernando Alvarez de Toledo. Publicado bajo la direccion de Don Diego Barros Arana. 1862. 14 fr.
Papier fort, gr. in-4°, tiré à 10 ex., 40 fr.; papier de Chine, 35 fr.

Tome II. Yves d'Évreux. Suitte de l'histoire des choses plus mémorables advenues en Maragnan ès années 1613 et 1614. Publié d'après l'exemplaire unique conservé à la Bibliothèque impériale de Paris, avec une introduction et des notes critiques et historiques sur le voyage du P. Yves d'Evreux. Édité par M. Ferdinand Denis. 1864. 15 fr.
Papier fort, 50 fr.; papier de Chine, 40 fr.

Tome III. Nicolas Perrot. Mémoire sur les Mœurs, Coustumes et Relligion des Sauvages de l'Amérique Septentrionale. Publié pour la première fois avec des notes et un index alphabétique par le Rév. P. Tailhan. 1864. 14 fr.
Papier fort, 40 fr.; papier de Chine, 35 fr.

****Bibliotheca** scatologica, ou Catalogue raisonné des livres traitant des vertus, faits et gestes du très-noble et très-ingénieux messire Luc (à rebours), seigneur de la chaise et autres lieux, mémement de ses descendants et autres personnages de lui issus. Ouvrage très-utile pour bien et proprement s'entretenir ès jours gras de carême prenant, disposé dans l'ordre des lettres K. P. Q. Traduit du prussien et enrichi de notes très-congruentes au sujet par trois savants en *us* (MM. P. Jannet, J. P. Payen et Aug. Veinant). Gr. in-8°. Scatopolis, *chez les marchands d'aniterges*, l'année scatogène 5850. [Paris, *P. Jannet*, 1850.] 7 fr. 50 c.

****Bibliothèque** bibliophilo-facétieuse, éditée par les frères Gébédodé (Gustave Brunet et Octave Delpierre). 3 vol. petit in-12. 1852-1856. Sans lieu d'impression. (Londres.)

Le Ier volume est une réimpression d'un opuscule rare intitulé « le Premier acte du synode nocturne des lemanes ». — Le tome II contient des chansons historiques et satiriques sur la cour de France, le tome III des analyses et des extraits d'opuscules curieux et rares.

****Bibliothèque** bleue. Réimpression des romans

de chevalerie des xiie-xvie siècles, faite sur les meilleurs textes par une société de gens de lettres sous la direction d'Alfred Delvau. 30 livr. in-4°, avec vignettes. 1859-1862. *Lécrivain et Toubon.* Chaque livraison se vend séparément, 50 c.

1. Histoire des quatre fils Aymon. 1498.
2. Huon de Bordeaux. 1516.
3. Pierre de Provence. Cléomades et Claremonde. 1492.
4. Tristan le Leonois. 1120.
5. Histoire de Gérard de Nevers. 1526.
6. Guérin de Montglave. 1516.
7. Mélusine. 1387.
8. Arthus de Bretagne. 1493.
9. Ogier le Danois. 1815.
10. Histoire amoureuse de Flore de Blanchefleur. 1534. — Witikind, ou la chanson des Rustem, roman de chevalerie persan, du poète Firdusi. 1687.
11. Amadis de Gaule. 1re série : le Chevalier de la mer.
12. — 2e série : le beau Ténébreux.
13. — 3e série : le chevalier de la Verte-Épée.
14. — 4e série : les Princes de l'amour.
15. — 5e série : les Chevaliers de la serpente.
16. — 6e série : les Héritiers d'Amadis.
17. — 7e série : le Chevalier de l'Ardente-Épée.
18. La princesse de Trébizonde.
19. Buzano le Nain.
20. Zirfée l'enchanteresse.
21. Lancelot du Lac.
22. La reine Genièvre.
23. Berthe aux grands pieds. — Aucassin et Nicolette. — Alboufaris, père des cavaliers.
24. Milles et Amys.
25. Baudoin le diable.
26. Galien restauré.
27. Jean de Paris.
28. L'Épervier blanc.
29. Geoffroy à la grand'dent.
30. Fier-à-bras.

*Bibliothèque complète des sous-officiers et caporaux d'infanterie. Août 1862. In-18. 1862. *Dumaine.* 3 fr.

*Bibliothèque complète du sous-officier de chasseurs à pied, conforme à la décision ministérielle du 14 août 1856. In-18. 1863. *Dumaine.* 3 fr.

*Bibliothèque des employés des contributions indirectes, des tabacs et des octrois, tomes 1 à 3. Nouveau recueil chronologique des lois et instructions, 1re, 2e et 3e périodes. 1789 à 1863. 3 tomes en 2 vol. In-4°. 1864. Lons-le-Saulnier, *chez l'auteur.* Prix de l'ouvrage complet, 45 fr.

Il sera complet en 4 volumes.

*Bibliothèque facétieuse, historique et singulière, ou Réimpression de pièces curieuses, rares ou peu connues des xve, xvie et xviie siècles. In-16. 1858. *Claudin.* 4 fr.

1re livraison, contenant: Regrets funèbres sur la mort du joyeux Romilhilis, dont tous les honnestes goinfres sont obligez de solemniser la mémoire. — Sur l'enlèvement des reliques de saint Fiacre de la ville de Meaux, pour la guérison du c... de M. le cardinal de Richelieu. — La défense du pet pour le galant du carnaval. — Le nez pourry de Théophraste Renaudot, avec sa vie infâme et bouquine, etc.
La publication n'a pas été continuée.

*Bibliothèque impériale (la). Son organisation, son catalogue, par un bibliophile. In-12. 1861. *Aubry.* 1 fr.

*Bibliothèque nationale. Tomes 1 à 71. In-32. 1863-1865. *Duhuisson et Cie.* Chaque volume, 25 c.

1. 2. Voltaire. — Histoire de Charles XII.
3. Montesquieu. — Grandeur et décadence des Romains.
4. Diderot. — Le Neveu de Rameau.
5. 6. Swift. — Voyages de Gulliver, préface de M. Prévost Paradol.
7. 8. Suétone. — Histoire des douze Césars.
9. X. de Maistre. — Voyage autour de ma chambre.

10. 11. Le Sage. — Le Diable boiteux.
12. La Boétie. — Discours sur la servitude volontaire.
13. Fontenelle. — La Pluralité des mondes.
14. Jeudy-Dugour. — Histoire d'Olivier Cromwell.
15-17. Diderot. — Romans et Contes.
18. J. J. Rousseau. — Du Contrat social.
19. Sterne. — Voyage sentimental en France.
20. Lamennais. — Paroles d'un croyant.
21. 22. Voltaire. — Histoire de Russie.
23. 24. Beaumarchais. — Théâtre. (*Barbier de Séville* et *Mariage de Figaro.*)
25. 26. Paul-Louis Courier. — Chefs-d'œuvre.
27. D'Alembert. — Discours préliminaire de l'Encyclopédie.
28. Saint-Réal. — Don Carlos et Conjuration des Espagnols contre Venise.
29. 30. Montesquieu. — Lettres persanes.
31. Molière. — Tartufe.
32. 33. Gœthe. — Werther, et Hermann et Dorothée.
34. Linguet. — Mémoires sur la Bastille.
35. X. de Maistre. — Les Prisonniers du Caucase. — La Jeune Sibérienne.
36. 37. Condorcet. — Tableau historique des progrès de l'esprit humain.
38. Diderot. — Paradoxe sur le Comédien.
39. 40. Voltaire. — Romans. (1re partie.)
41. Molière. — Don Juan. — Précieuses ridicules.
42. Condorcet. — Vie de Voltaire.
43. Longus. — Daphnis et Chloé, traduction de P. L. Courier.
44. Épictète. — Maximes.
45-49. Mirabeau. — Sa vie, ses opinions et ses discours, par A. Vermorel.
50. Machiavel. — Le Prince, trad. Ferrari.
51-54. J. J. Rousseau. — Émile.
55. Cazotte. — Le Diable amoureux.
56. Prévost. — Manon Lescaut.
57. Mably. — Droits et devoirs du citoyen.
58. D'Alembert. — Destruction des Jésuites.
59. Boileau. — Satires. — Le Lutrin.
60. Salluste. — Catilina. — Jugurtha.
61. Pascal. — Pensées.
62-64. Fénelon. — Télémaque.
65. Alfieri. — De la Tyrannie.
66. 67. La Bruyère. — Caractères.
68. Gresset. — Ver-Vert. — Le Méchant.
69-71. Voltaire. — Romans. (2e partie.)

*Bibliothèque russe et polonaise. Petit in-12. 1858-1862. *A. Franck.*

Tomes 1 et 2. Relation d'un voyage en Moscovie, écrite par le baron de Mayerberg. 2 vol. 6 fr.
Tome 3. Relation d'un voyage de Pologne fait dans les années 1688 et 1689. 3 fr.
Tome 4. Journal du voyage du Boyard Chérémétef à Cracovie, Venise, Rome et Malte. 1697-1699. 3 fr. 50 c.
Tome 5. Le Théâtre de la Moscovie par le R. P. Boussingault. — Discours sommaire de ce qui est arrivé en Moscovie depuis le règne de Iwan Vassilyvich Empereur jusqu'à Vassilyvich Ivanovitx Sousky, par M. Pierre de la Ville. 1611. Suivi d'une lettre du Tzar Michel au sultan Achmet. 1613. 2 fr. 50 c.
Tome 6. Histoire de la vie, du règne et du détronement d'Iwan III, empereur de Russie assassiné à Schlusselbourg dans la nuit du 15 au 16 juillet (N. S.) 1764. 2 fr. 50 c.
Tome 7. Histoire de la guerre des Cosaques contre la Pologne, par P. Chevalier. 3 fr.
Tome 8. Korb. Récit de la sanglante révolte des Strélitz en Moscovie. 1698. 2 fr.
Tomes 9 à 12. Mémoires de la princesse Daschkoff, dame d'honneur de Catherine II, écrits par elle-même ; avec la correspondance de cette impératrice et d'autres lettres. Publié sur le manuscrit original. 4 vol. 12 fr.

Nouvelle série :

Tomes 1 et 2. Mémoires historiques, politiques et militaires sur la Russie, depuis l'année 1727 jusqu'à 1744, par le général de Manstein. Nouvelle édition collationnée sur le manuscrit original corrigé par la main de Voltaire. 2 vol. 8 fr.
Tome 3. La Religion des Moscovites en 1525, traduit du latin de Jean Faber. — Une ambassade russe à la cour de Louis XIV. 2 fr. 50 c.
Tomes 4 et 5. La Vérité sur la Russie, par le prince Dolgoroukow. 2e édition augmentée. 2 vol. 3 fr. 75 c.
Tome 6. Histoire d'Eudoxie Féodorovna, première épouse de Pierre le Grand. — Relation curieuse de la Moscovie en 1687. 2 fr. 50 c.

Tome 7. Mémoires de l'amiral Tchitchagoff (1767-1846.) Avec une notice biographique. D'après des documents authentiques. 4 fr.

Tome 8. Souvenirs d'un exilé en Sibérie (le prince Eugène Obolenski). Traduit du russe par le prince Aug. Galitzin. 3 fr.

*Bibliothèque utile. 37 vol. in-32. 1859-1865. *Dubuisson et Cie*. Chaque volume, 60 c.

1. Introduction à l'étude des Sciences physiques, par J. MORAND.
2. Éléments d'hygiène générale, par feu le docteur Louis CRUVEILHIER.
3. De l'Enseignement professionnel, par A. CORBON.
4. L'Art et les artistes en France, par Laurent PICHAT.
5. Les Mérovingiens, par BUCHEZ.
6. Les Carlovingiens, par le même.
7. La France au moyen âge, par Frédéric MORIN.
8. Luttes religieuses des premiers siècles, par Jules BASTIDE.
9. Les Guerres de la Réforme, par le même.
10. Décadence de la Monarchie française, par Eugène PELLETAN.
11. Histoire de la terre, par Léon BROTHIER.
12. Les principaux faits de la Chimie, par A. SANSON.
13. Médecine populaire, par le docteur TURCK.
14. Résumé populaire du Code civil, par feu MORIN.
15. L'Algérie ancienne et nouvelle, par Achille FILLIAS.
16. L'Inde et la Chine, par A. OTT.
17. Notions d'Astronomie, par Eugène CATALAN.
18. Les Délassements du travail, par Maurice CRISTAL.
19. Mécanique appliquée (horlogerie), par Ch. GAUMONT.
20. La Justice criminelle en France, par Gustave JOURDAN.
21. Histoire de la maison d'Autriche, par Ch. ROLLAND.
22. La Révolution d'Angleterre, par É. DESPOIS.
23. L'Instruction en France, par V. GUICHARD et H. LENEVEUX.
24. La Pologne, par C. F. CURVE.
25. La Grèce ancienne, par Louis COMBES.
26. Histoire de la Restauration, par Frédéric LOCK.
27. Histoire populaire de la philosophie, par Léon BROTHIER.
28. Les Phénomènes de la mer, par Élie MARGOLLÉ.
29. Histoire de l'empire ottoman, par L. COLLAS.
30. Les Phénomènes de l'atmosphère, par F. ZURCHER.
31. L'Espagne et le Portugal, par Emmanuel RAYMOND.
32. Voltaire et Rousseau, par Eugène Noël.
33. L'Asie occidentale, et l'Égypte, par A. OTT.
34. Origine et fin des mondes, par Charles RICHARD.
35. La Vie éternelle, par P. ENFANTIN.
36. Causeries sur la mécanique, par Léon BROTHIER.
37. La France maritime, par Alf. DONEAUD.

*Bibliothèque (nouvelle) des voyages anciens et modernes, contenant la relation complète ou analysée des voyages de Christophe Colomb, Fernand Cortez, Pizarre, Anson, Byron, Bougainville, Cook. 12 vol. in-8°. 1840-1842. *Duménil*. 42 fr.

BIBRON (G.), aide-naturaliste au Muséum d'histoire naturelle.

— Erpétologie générale, ou Histoire naturelle des reptiles. — Voy. *Duméril* (A. M. C.).

BIBRON (Mme).

— Cours de dessin linéaire appliqué aux objets usuels, à l'usage des salles d'asile et des écoles primaires. In-12. 1859. *Hachette et Cie*. 5 fr.

BICHAT (François Xavier), médecin et anatomiste, né à Thoirette, en 1771, mort à Paris, en 1802.

— Recherches physiologiques sur la vie et la mort. Nouvelle édition, ornée d'une vignette sur acier, précédée d'une notice sur la vie et les travaux de Bichat, et suivie de notes par le docteur Cerise. In-12. 1862. *V. Masson et fils*. 3 fr.

La 1re édition est de 1800.

BICHEYRE (Joseph).

— Vade-mecum gouvernemental. — Voy. *Huard* (Louis).

BICHI (le comte).

— Le Vrai patriotisme, ou la Vocation de saint Bernard; essai d'une pièce soliloque. In-8°. 1842. *Waille*.

BICHON (le docteur G. W.) a traduit de l'allemand : « Analyse qualitative », du docteur H. *Will*, et « Lettres sur la chimie », de Justus *Liebig*.

BICKERSTETH (le rév. E.).

— Le Compagnon à la sainte Cène, ou Direction pour ceux qui veulent s'approcher de la table du Seigneur; suivi de quelques morceaux tirés d'un traité sur la sainte Cène, propres à fortifier la foi du communiant. Traduit librement de l'anglais. In-12. 1855. Toulouse, *Société des livres religieux*. 1 fr.

— Wilberforce Richmond. Traduit de l'anglais. In-12. 1844. *Ibid*. 50 c.

BICKÈS (François Henry).

— Système de la culture sans engrais, dit engrais Bickès, applicable à toutes les plantes, etc. In-8°. 1854. *Rue du Faubourg-Poissonnière, 46*. 1 fr. 50 c.

BIDAL (Hipp.) a traduit de l'allemand : « Catéchisme d'agriculture », du docteur *Hamm*.

BIDARD (Georges).

— Feuilles tombées; poésies. In-18. 1858. Caen, *Bouchard*. 2 fr.

BIDARD-HAYÈRE a écrit sous le pseudonyme de Charles *Dulormy*. — Voy. ce nom.

BIDART (le docteur M. A.).

— Essai médico-philosophique sur la douleur morale. In-8°. 1841. Saint-Pol, *Thomas*.

— De l'Influence des chagrins sur l'homme. Hygiène de l'affligé. In-12. 1856. Saintes, *Fontanier*. 1 fr. 50 c.

BIDART DE THUMAÏDE (le chevalier DE LE). — Voy. **Le Bidart de Thumaïde**.

BIDAULT (Édouard), membre du conseil de préfecture de la Seine-Inférieure, né au Mans, en 1826.

— Code électoral. Guide pratique des élections au Corps législatif, au conseil général, au conseil d'arrondissement et au conseil municipal. In-12. 1863. *Durand*. 2 fr.

— Manuel des élections, comprenant : 1° le résumé méthodique des lois, décrets et instructions sur les élections au Corps législatif, aux conseils généraux, d'arrondissement et municipaux; 2° le texte des lois et décrets en vigueur. In-12. 1857. Le Mans, *Monnoyer*. 2 fr.

BIDAULT (Jules), inspecteur de l'instruction primaire à Gannat, officier d'académie, né à Châteauroux (Indre), en 1807, mort à Gannat, en 1865.

— L'Horticulture dans les écoles primaires. Ouvrage rédigé conformément aux programmes officiels. In-12. 1864. *Tandou et Cie*. 1 fr. 50 c.

— Histoire populaire de l'empire napoléonien depuis son établissement jusqu'à nos jours; livre de lecture courante à l'usage des écoles primaires. In-12. 1854. Bourges, *Just-Bernard*. 1 fr.

Avec M. P. Hennequin.

M. Bidault a laissé les matériaux complets d'un ouvrage d'agriculture destiné aux écoles normales et aux écoles primaires.

BIDAULT (J. N.).

— Des Arts d'imitation, de leur emploi dans l'intérêt social, et des moyens d'assurer le bien-être de ceux qui les cultivent ; suivi de la proposition d'un nouveau mode de récompenses nationales. In-8º. 1849. *Chez l'auteur.* 1 fr.

BIDAUT (E.).

— Études minérales. Mines de houille de l'arrondissement de Charleroi. Gr. in-4º avec 6 pl. 1845. Bruxelles. 20 fr.

BIDAUT (J. N.).

— De la Santé et du bonheur. Petit cadeau à ses amis. In-18. 1857. *Dentu.* 50 c.

— Le même. 2º édition, revue et augmentée. In-18. 1860. *Ibid.* 60 c.

— La Vérité sur les femmes. In-18. 1859. *Ibid.* 40 c.

2º édition en 1865. *Desloges.* 50 c.

BIDING (Moïse Israël), professeur d'hébreu à Metz, né en 1775.

— La Vengeance d'Israël. Guerre ! guerre ouverte et à outrance pour venger les mânes de Rabbi Israël-Cohen-Hhézir, contre Tsarphati le diffamateur, qui l'a outragé dans le « Courrier de la Moselle » (numéro du 7 mai 1839). Guerre déclarée par Moïse Israël Biding, professeur d'hébreu. Traduit de l'hébreu par L***** In-8º. 1840. Metz, *chez l'auteur.* 60 c.

BIDOIS (le docteur J. Lᴇ). — Voy. **Le Bidois.**

BIDOT (Jacques), de Balleroy.

— Combats et triomphes de la papauté. In-8º. 1865. *Martin-Beaupré frères.* 3 fr. 50 c.

BIÉCHY (Amand), professeur de philosophie au lycée impérial d'Angers, né à Colmar, en 1813.

— La Croix sur la Baltique. In-12. 1845. Limoges, *Barbou frères.*
Roman historique imité de la tragédie allemande du même titre, de Werner.

— Essai sur la méthode de Bacon. De l'Idée de la science. In-8º de 6 f. 1855. Toulon, *Aurel.*

— Histoire de la domination des Maures en Espagne, d'après Conde, de Marlès, don Ferreras, Cardonne. In-12 avec 4 grav. 1852. Limoges, *Barbou.*
Nouvelle édition en 1863, sous le titre : « Dieu et la Patrie ».

— Histoire du siége de Jérusalem par Titus, d'après Flavien Josèphe. In-12. 1843. *Ibid.*
Nouvelle édition en 1859, sous le titre : « Histoire de Jérusalem ».

— Marie d'Alezzio, ou la Divine Providence. In-12 avec 4 grav. 1843. *Ibid.*
Publié de nouveau en 1857, sous le titre : « Charles d'Anjou ou la Terreur de Naples ».

— Saint Augustin, ou l'Afrique au vᵉ siècle. In-8º. 1845. *Ibid.* 5 fr.

— Saint Louis, ou la France au xıııᵉ siècle. In-8º. 1844. *Ibid.* 3 fr.

— Tableau du siècle de Léon X. In-8º. 1844. *Ibid.* 5 fr.

— Traité élémentaire d'archéologie classique. In-8º. 1846. *Ibid.* 5 fr.

BIÉCHY (le docteur E.), frère du précédent, médecin à Schlestadt, né à Colmar, en 1814.

— De l'Empoisonnement du duc de Praslin.

Examen du traitement anti-toxique. La doctrine française et la doctrine italienne. In-8º de 3 f. 1847. Schlestadt, *Helbig.*

BIEDERMANN (Fr. Charles), publiciste et homme politique allemand, membre du parlement allemand de 1848, rédacteur de la « Gazette universelle allemande », publiée par F. A. Brockhaus à Leipzig, né à Leipzig en 1812.

— Les Systèmes représentatifs avec élections populaires historiquement exposés et développés en rapport avec les conditions politiques et sociales des peuples. Traduit de l'allemand par Stanislas Leportier. In-8º. 1864. Leipzig, *F. A. Brockhaus.* 6 fr.

BIÉMONT (René).

— Le Petit-fils d'Obermann. In-18. 1863. Versailles, *Beau jeune.* 1 fr. 50 c.

BIENAIMÉ (Auguste), ancien négociant.

— Manuel complet du financier, ou Tableaux des calculs faits des intérêts de l'argent à tous les taux, pour toutes les sommes, et depuis 1 jusqu'à 272 jours. 2º édition, augmentée. In-8º. 1864. *Chez l'auteur, rue des Martyrs,* 47. 12 fr.
La 1ʳᵉ édition a été publiée en 1861. Même prix.

BIENAIMÉ (L.).

— Gymnastique appliquée à l'éducation physique des jeunes filles. In-8º de 1 f. 1844. *Chez l'auteur, rue Saint-Lazare,* 50.

— Orthopédie. Examen pratique des difformités osseuses. De leur traitement. In-8º de 2 ½ f. 1841. *Ibid.*

BIENASSIS DE CAULUSON (A. B. E. de), mort vers 1862.

— Le Christianisme en face du socialisme. Établissement tout divin du christianisme. Prophéties qui l'annoncent. Son influence civilisatrice sur le genre humain. In-8º. 1850. Bordeaux, *Ducot.* 3 fr.

BIENEZ (F.).

— Du pavage en fonte. Nouveau système de pavage breveté ; considérations sur la voirie urbaine. In-8º. 1862. Bruxelles, *A. Lacroix, Verboeckhoven et Cⁱᵉ.* 1 fr. 50 c.

BIENVENU (Léon).

— L'Église, l'État et la Liberté. In-8º. 1861. *Dentu.* 5 fr.

BIENVENU (Louis), pseudonyme de M. Louis François Fᴏᴜᴄǫᴜᴇʀᴏɴ, avocat près la cour impériale de Rennes, né à Rennes, en 1838.

— L'Ami de la famille ; comédie en trois actes. In-8º. 1864. Rennes, *imprimerie Leroy.*

BIERENS DE HAAN (D.).

— Exposé de la théorie des propriétés des formules de transformation et des méthodes d'évaluation des intégrales définies. 3º partie. Gr. in-4º. 1862. Amsterdam, *Van der Post.* 36 fr.

BIERMANN (Ch.), ancien élève de l'École polytechnique, ingénieur des ponts et chaussées.

— Foi et Raison. In-12. 1861. [Auch, *Falières.*] *Lecoffre et Cⁱᵉ.* 60 c.

— Le même. 2º édition. In-12. 1862. *Sarlit.* 1 fr. 60 c.

— Religion et Amitié. Dialogues familiers sur la religion catholique. In-12. 1856. Auch, *Brun.* 2 fr.

BIERS (J. Gustave), de Villeneuve-sur-Lot.

— Défi poétique. La province à Paris. In-8°. 1840. *Ledoyen*. 1 fr.

BIERVLIET (Van). — Voy. **Van Biervliet.**

BIET (l'abbé F. Joseph), ancien élève de l'École des Carmes, professeur au petit séminaire de Paris.

— Essai historique et critique sur l'École juive d'Alexandrie. In-8°. 1854. *Belin*. 3 fr.

BIÉVILLE (E. D. de). — Voy. **Desnoyers de Biéville** (Edmond).

BIGANDET (Mgr. Paul), évêque de Ramatha.

— Mémoire sur les Phongiens ou religieux Boudhistes appelés aussi Talapoins. In-8°. 1865. Ve B. *Duprat*. 2 fr.

Extrait de la « Revue de l'Orient ».

BIGARNE (Charles), propriétaire à Beaune, membre de la commission des antiquités de la Côte-d'Or, né à Beaune, en 1825.

— Étude historique sur le chancelier Rolin et sur sa famille. In-8°, avec portrait. 1860. Beaune, *Lambert*. 1 fr.

BIGEL (le docteur), de Varsovie.

— Homœopathie domestique, ou Guide médical des familles. Ouvrage indispensablement nécessaire aux pères de famille, aux personnes qui habitent loin des secours de la médecine, etc. 3e édition. In-16. 1846. Leipzig, *Arnold*. 3 fr.

— Manuel d'hydrosupathie, ou Traitement des maladies par l'eau froide, la sueur, l'exercice et le régime, suivant la méthode employée par V. Priessnitz à Græfenberg, suivi d'un mémoire physiologique sur la chaleur animale, par M. Pelletan. In-12. 1840. *J. B. Baillière*. 4 fr.

BIGELOW (John), en 1861 consul, en 1864 chargé d'affaires, et depuis 1865 envoyé extraordinaire et ministre plénipotentiaire des États-Unis d'Amérique à Paris, né en 1817, dans l'État de New-York.

— Les États-Unis d'Amérique en 1863, leur histoire politique, leurs ressources minéralogiques, agricoles, industrielles et commerciales, et de la part pour laquelle ils ont contribué à la richesse et à la civilisation du monde entier. In-8°. 1863. *Hachette et Cie*. 7 fr. 50 c.

BIGEON (le docteur L. F.).

— Législation sanitaire. Observations et propositions extraites des écrits du docteur L. F. Bigeon. Requête au roi. Biographie de l'auteur. In-8° de 1 f. 1844. *Just Rouvier*.

— Médecine physiologique. Observations qui prouvent que l'abus des remèdes, surtout de la saignée et des évacuants du canal alimentaire, est la cause la plus puissante de notre destruction prématurée, des maux et des infirmités qui la précèdent, etc. In-8°. 1845. *G. Baillière*. 3 fr. 50 c.

C'est une nouvelle édition; la 1re est de 1813.

BIGILLION (Émile).

— Les Deux amours. 2 vol. in-8°. 1844. *De Potter*. 15 fr.

BIGNAN (Anne), littérateur français, né à Lyon en 1795, mort en 1861.

— Œuvres poétiques, 2 vol. in-8°. 1846. *Comon*. 15 fr.

— Choix de poésies posthumes et autres. In-12. 1863. *Dentu*. 3 fr.

— Épître à Molière. In-8°. 1843. *Saint-Jorre*. 75 c.

— La Manie de la politique ; comédie en cinq actes et en vers. In-12. 1840. *Amyot*. 2 fr. 50 c.

— Le Monument de saint Louis à Tunis ; ode. In-8°. 1841. *Delaunay*. 1 fr.

— Poèmes évangéliques. In-12. 1850. *Ledoyen*. 3 fr.

— Romans et Nouvelles. In-18. 1858. *Dentu*. 3 fr. 50 c.

Une fantaisie de Louis XIV. — Louis XV et le cardinal de Fleury. — L'Échafaud. — L'Ermite des Alpes.

— Variétés en prose. In-12. 1857. *Ibid*. 3 fr. 50 c.

M. Bignan a publié les Œuvres de Ch. *Brifaut*, et traduit en vers français : « les Beautés de la Pharsale », de *Lucain*, et « l'Odyssée », d'*Homère*. — Voy. ces noms.

BIGNON (Henri).

— Le Pape et ses Défenseurs. Réponse à la lettre de Mgr. Dupanloup, en date du 4 février 1860 (vers). In-8°. 1860. *Dentu*. 50 c.

BIGNON (le docteur L.).

— De la Valeur thérapeutique des eaux de Bagnoles (de l'Orne), précédé d'un examen de leurs propriétés physiques et chimiques. In-12. 1865. *Germer Baillière*.

BIGNON (le baron Louis Pierre Édouard), homme d'État et diplomate français, né à La Meilleraye (Seine-Inférieure), en 1771, mort à Paris en 1841. Chargé de plusieurs missions diplomatiques sous le Consulat et l'Empire, il siégeait dans la chambre des députés sous la Restauration et sous Louis-Philippe et fut nommé pair de France en 1837.

— Histoire de France sous Napoléon, rédigée et terminée par A. Ernouf. 14 vol. in-8°. 1838-1850. *Didot frères*. 84 fr.

M. Bignon avait reçu de l'Empereur le mandat d'écrire l'histoire de la politique française depuis 1792 jusqu'en 1815.

— Souvenirs d'un diplomate. La Pologne (1811-1813), précédés d'une notice historique sur la vie de l'auteur, par M. Mignet. In-12. 1864. *Dentu*. 3 fr. 50 c.

BIGORIE DE LASCHAMPS (François de), premier président de la cour impériale de Colmar, ancien procureur général de la même cour, né à Lubersac (Corrèze), en 1815.

— Du Jury en matière criminelle. In-12. 1862. [Colmar.] *Didot frères*. 3 fr.

— Michel de Montaigne, sa vie, ses œuvres et son temps. 2e édition, augmentée de documents authentiques inédits et de la littérature de Montaigne en elle-même, dans ses rapports avec les lettres en général et plus spécialement avec les lettres au xvie siècle et au commencement du xviie. In-12. 1860. *Didot frères*. 3 fr. 50 c.

— Le Prince Blanc. Chronique du xive siècle. In-8°. 1857. [Angers.] *Barth* à Colmar. 2 fr.

BIGORNE (Émile), receveur de l'enregistrement à Paris, né à Mollieus, en 1820.

— Refonte et analyse des circulaires et instructions de l'administration de l'enregistrement, relatives à la perception des droits d'enregistrement, de greffe, de timbre, d'hypothèques, au notariat et aux contraventions. 2 vol. in-4°. 1860-1861. [Amiens, *Jeunet*.] Ve *Joubert*. 15 fr.

— Manutention et comptabilité; domaines. In-4º. 1862. *Ibid.* 10 fr.

Fait suite à l'ouvrage précédent.

BIGOT (Alexis), membre de la Société archéologique d'Ille-et-Vilaine, né à Dinan, en 1826, mort à Rennes, en 1860.

— Essai sur les monnaies du royaume et duché de Bretagne. In-8º, avec 40 pl. 1857. [Rennes, *Gache.*] *Rollin.* 26 fr.

BIGOT (Antoine Hippolyte), poëte, employé dans une maison de commerce de Nîmes; né en 1825 à Nîmes.

— Li Boutoun dé guéto, poésies patoises. Fables imitées de La Fontaine. 2e édition. In-12. 1859. Nîmes, *Salles.* 1 fr.

La 1re édition est de 1855.

— Les Rêves du foyer, poésies. In-12. 1860. Nîmes, *imprimerie Clavel-Ballivet.* 2 fr. 50 c.

BIGOT (Charles).

— Conseils et préceptes sur la manière d'enseigner et d'étudier la langue française en Allemagne. In-8º. 1843. Stuttgart, *Neff.* 1 fr. 50 c.

— Étude et enseignement de la langue française à l'étranger. Conseils, préceptes, exercices. In-8º. 1858. *Didot frères.* 6 fr.

— Germanismes corrigés, ou Remarques sur les fautes ordinaires aux Allemands, qui parlent le français. In-8º. 1845. Stuttgart, *Neff.* 1 fr. 75 c.

BIGOT (le R. P. Jacques), de la Compagnie de Jésus.

— Relation de ce qui s'est passé de plus remarquable dans la mission Abnaquise de sainct Joseph de Sillery et de sainct François de Sales, l'année 1685. In-12. 1858. Manate (Canada).

BIGOT (Jean Sylvain).

— Tables Bigot. Comptes faits à l'usage des entrepreneurs et chefs d'atelier. In-4º. 1843. *Ferra.* 2 fr.

BIGOT (Mlle Stéphanie), née en 1816, morte à Loix (île de Ré), en 1861.

— Adrien et Émile, par l'auteur du Château de Bois-le-Brun. In-12 avec 1 vignette. 1856. Lille, *Lefort.* 1 fr.

— Chants sacrés pour les principales fêtes de l'année, par Mlle S. B... 3e édition. In-18 avec 1 vignette. 1862. *Ibid.* 30 c.

— Le Château de Bois-le-Brun, ou Une famille mixte. In-8º avec 1 grav. 1852. *Ibid.* 3 fr.

— Les Deux amis, par l'auteur du Château de Bois-le-Brun. 2e édition. In-8º avec grav. 1864. *Ibid.* 1 fr. 25 c.

— Les Deux vocations, suite des Veillées du coteau, par l'auteur d'Adrien et Émile. 2e édition. In-12 avec grav. 1864. *Ibid.* 1 fr.

— Les Dorsigny, ou Deux éducations. L. D. S. 2e édition. In-8º avec vignettes. 1860. *Ibid.* 3 fr.

— L'Étrangère dans sa famille. 2e édition. In-12. 1863. *Ibid.* 1 fr.

— Fernand Delcourt, ou la Faiblesse d'une mère. 3e édition. In-8º avec grav. 1865. *Ibid.* 1 fr. 50 c.

— La Fille de Jephté; tragédie en trois actes et en vers, par... une femme inconnue, qui ne dit pas son nom. (Athalie, II, 7.) In-12. 1845. La Rochelle, *Boutet.* 1 fr.

— La Fille du proscrit. 4e édition. In-18 avec grav. 1865. Lille, *Lefort.* 1 fr.

— Héléna, ou la Jeune conseillère. 2e édition. In-12. 1864. *Ibid.* 60 c.

— Jeanne d'Arc; poëme en huit chants. In-12. 1846. La Rochelle, *Boutet.* 3 fr.

— Laure de Cernan; suite au Château de Bois-le-Brun. 2e édition. In-8º avec 1 vignette. 1860. Lille, *Lefort.* 3 fr.

— Lequel des deux? 2e édition. In-12. 1864. *Ibid.* 1 fr. 25 c.

— Le Manuscrit de Raoul. 3e édition. In-12 avec 1 vignette. 1862. *Ibid.* 1 fr.

C'est la 2e partie de « la Fille du proscrit ». (Voy. plus haut.)

— Marie; scènes et tableaux de sa vie divine, par l'auteur du Château de Bois-le-Brun. 3e édition. In-12 avec vignettes. 1863. *Ibid.* 75 c.

— Nouveaux drames sacrés : la Nativité; la Purification; la Fuite en Égypte; par l'auteur de Marie; scènes et tableaux de sa vie divine. 2e édition. In-18 avec vignettes. 1860. *Ibid.* 75 c.

— Les Orphelins de Montfleuri. 2e édition. In-18. 1865. *Ibid.* 75 c.

— Sainte Marguerite de Cortone. In-12. 1862. *Ibid.* 85 c.

— Les Veillées du coteau, par l'auteur d'Adrien et Émile. 2e édition. In-12 avec vignettes. 1861. *Ibid.* 1 fr.

Une grande partie de ces ouvrages sont anonymes.

— Visnelda, ou la Druidesse des Gaules; tragédie en trois actes et en vers, par Mlle S. B., auteur de « la Fille de Jephté ». In-8º. 1844. La Rochelle, *Boutet.* 2 fr.

BIGOT (le P. Vincent).

— Relation de ce qui s'est passé de plus remarquable dans la mission des Abnaquis à l'Acadie, l'année 1701. In-12. 1858. Manate (Canada).

BIGOT DE MOROGUES (le baron Pierre Marie Sébastien), pair de France, né à Orléans, en 1776, mort en 1840.

— Comment la chambre des députés et la chambre des pairs pourraient être constituées en France. In-8º de 6 f. 1840. Orléans, *imprimerie Jacob.*

— Discours sur la pétition des bouchers de Paris et sur celle de M. Bugeaud, relatives à l'importation des bestiaux et aux droits d'octroi. In-8º. 1840. *Bouchard-Huzard.*

— Discours dans la discussion du projet de loi relatif à une demande de crédit extraordinaire pour dépenses secrètes. In-8º. 1840. *Ibid.*

— Discours dans la discussion du projet de loi relatif au travail des enfants dans les manufactures. In-8º. 1840. *Ibid.*

BILARD (Ed.), archiviste du département de la Sarthe, né au Mans, en 1816, mort dans la même ville, en 1857.

— Analyse des documents historiques conservés dans les archives du département de la Sarthe. 1re partie : xe, xie, xiie et xiiie siècles. In-4º. 1854. Le Mans, *Monnoyer.* 10 fr.

— Le même. 2e partie : xive et xve siècles. In-4º. 1863. *Ibid.* 10 fr.

BILDERBECK (le baron Louis Benoît François de), littérateur et auteur dramatique, né à Wissembourg, en 1766, mort en....

— Un Service d'ami; roman de mœurs. 2 vol. in-8°. 1841. *Lachapelle.* 15 fr.

BILLARD (le docteur), médecin-dentiste à Paris.

— Des Dents minérales, ou Considérations générales sur différentes substances et les différents moyens employés à confectionner les pièces dentaires artificielles. In-8° de 2 f. avec 1 pl. 1851. *Chez l'auteur, rue Cassette, 8.*

— Traité pratique de la fabrication du platine. In-8° de 1 ¼ f. 1855. *Ibid.* 10 fr.

BILLAUDEL (Ernest).

— Les Hommes d'épée. Profils militaires. In-12. 1865. *Dentu.* 3 fr.

BILLAULT (Auguste Adolphe Marie), homme politique, né à Vannes, en 1805, mort à Paris, en 1863. D'abord avocat à Nantes, il fut envoyé à la Chambre des députés en 1837, où il siégeait à la gauche. Représentant du peuple sous la République, il fut nommé président du Corps législatif après le 2 décembre, ministre de l'intérieur en 1854, sénateur, et en dernier lieu ministre sans portefeuille, chargé de représenter le gouvernement devant le Corps législatif et le Sénat.

— Œuvres de M. Billault, précédées d'une notice biographique par Albert Huet. 2 vol. gr. in-8°. 1864. *Imprimerie impériale.*

Cet ouvrage n'a été tiré qu'à 250 exemplaires, tous numérotés. Il n'est pas dans le commerce.
La notice de M. Huet a été tirée à part. — Voy. *Huet.*

— Question italienne. Discours prononcé au Sénat, dans la séance du 3 mars 1862. In-8°. 1862. *Dentu.* 1 fr.

— La Question polonaise. Discours prononcé au Sénat. Séance du 19 mars 1863. In-8°. 1863. *Ibid.* 1 fr.

BILLAUT (Adam), menuisier, de Nevers.

— Poésies de maître Adam Billaut, menuisier, de Nevers, précédées d'une Notice biographique et littéraire, par M. Ferdinand Denis, et accompagnées de notes, par M. Ferdinand Wagnien. Édition complète. In-8° avec 10 lithographies. 1842. [Nevers, *Pinet.*] *Ledoyen.* 10 fr.

L'ouvrage a été publié en 20 livraisons.

BILLECOCQ.

— Le Nostre Prigioni! ou le Journal de Billecocq, diplomate français. 2 vol. in-8°. 1849-1850. *Cosson.* 15 fr.

BILLÈRE (l'abbé B.).

— Cours de psychologie empirique, à l'usage des séminaires, du clergé et des colléges. In-8°. 1847. Lyon, *Pélagaud.* 4 fr.

BILLET (Alfred).

— Progrès et avenir. In-8°. 1855. *Coulon-Pineau.* 50 c.

BILLET (Félix), professeur de physique à la Faculté des sciences de Dijon, né en 1808.

— Traité d'optique physique. 2 vol. in-8° avec 14 pl. 1858-1859. *Mallet-Bachelier.* 15 fr.

BILLET (H.), chef d'institution.

— De la Rime d'après Boileau et Racine, avec des suppléments relatifs à Corneille et à Molière. In-8° de 74 p. 1865. Noyon, *imprimerie Andrieux.*

— De la Versification française; préceptes et exercices à l'usage de la rhétorique (classes françaises). In-8°, 47 p. 1865. Saint-Quentin, *imprimerie Hourdequin et Thiroux.*

BILLETTE (Adolphe), directeur d'une compagnie d'assurances maritimes à Paris, né à Sainville (Eure-et-Loir), en 1812.

— La Banque de France. Son passé, son présent, son avenir. Document pour l'enquête sur les institutions de crédit. In-8°. 1865. *Chez l'auteur.* 2 fr.

— L'Enquête sur le taux de l'intérêt de l'argent doit amener la réforme des banques. In-8°. 1864. *Dubuisson et Cie.* 3 fr. 50 c.

— Serait-il possible de protéger l'encaisse métallique de la Banque de France sans modifier les conditions de l'escompte? In-8°. 1861. *Dentu.* 1 fr.

BILLIARD (François Jacques Marie Auguste), avocat et publiciste français, né à Courtomer, en 1788.

— De l'Organisation de la république depuis Moïse jusqu'à nos jours. In-8°. 1846. *Pagnerre.* 7 fr. 50 c.

BILLIARD (Henri), maître de pension à Compiègne, né à Fricourt (Somme), en 1820.

— Éléments de grammaire française, à l'usage des écoles primaires. 1re et 2e parties. In-12. 1851. [Compiègne.] *Hachette.* 1 fr.

— Méthode de composition française et de style épistolaire, destinée spécialement pour les classes primaires des deux sexes. In-12. 1857. *Ibid.* 1 fr.

— Méthode de lecture analytique. In-16. 1858. Compiègne, *Dubois.* 20 c.

BILLIET (Mgr. Alexis), cardinal-archevêque de Chambéry, né aux Chapelles, en 1783.

— Influence de la constitution géologique du sol sur la production du crétinisme. Lettres de Mgr. Alexis Billiet. Réponses de M. le docteur Morel. In-8° de 6 ½ f. 1855. *Masson.*

— Mémoires pour servir à l'histoire ecclésiastique du diocèse de Chambéry. In-8°. 1865. Chambéry, *imprimerie Puthod.* 5 fr.

— Principaux discours et mandements. — Voy. *Migne,* Collection des orateurs sacrés. 2e série, tome 16.

BILLIET (Claudius) a écrit sous le pseudonyme d'Antony **Rénal.**

BILLING (Archibald), membre du Sénat de l'Université de Londres.

— Premiers principes de médecine. Traduit de l'anglais sur la 4e édition, par Achille Chéreau. In-8°. 1847. *V. Masson.* 5 fr.

BILLOD (le docteur Eugène), médecin de l'asile public d'aliénés du département de Maine-et-Loire, à Sainte-Gemmes (près Angers), né à Briançon (Hautes-Alpes), en 1818.

— De la Dépense des aliénés assistés en France et de la colonisation considérée comme moyen pour les départements de s'en exonérer en tout ou en partie. In-8°. 1861. *Masson et fils.* 2 fr. 50 c.

— Des Maladies de la volonté, ou Études des lésions de cette faculté dans l'aliénation mentale. In-8°. 1848. *Ibid.* 2 fr. 50 c.

— De la Pellagre en Italie et plus spécialement dans les établissements d'aliénés, d'après des observations recueillies sur les lieux. Rapport à S. Exc. le Ministre de l'intérieur. In-8°. 1860. [Angers.] *Ibid.* 2 fr. 50 c.

— Traité de la pellagre, d'après des observations recueillies en Italie et en France, suivi d'une enquête dans les asiles d'aliénés. In-8°. 1865. *Masson et fils.* 10 fr.

BILLON (Mme Léontine).

— Blanche et Marguerite, ou l'Influence salutaire de l'exemple. In-8° avec grav. 1860. Limoges, *Barbou frères.* 1 fr.

— Le même. In-12 avec grav. 1860. *Ibid.* 80 c.

— Jacques, ou l'Enfant de la crèche; suivi d'historiettes. In-8° avec grav. 1860. *Ibid.* 1 fr.

— Le même. In-12 avec grav. 1860. *Ibid.* 80 c.

— Marthe et Marie, ou l'Influence salutaire de l'exemple. In-12 avec grav. 1852. *Ibid.* 80 c.

— Valérie, ou la Piété filiale. In-8°, texte encadré et lithographies. 1859. *Ibid.* 1 fr. 50 c.

— Le même. In-12, avec 4 grav. 1859. *Ibid.* 1 fr.

BILLOT (Florentin Frédéric), avocat à Arles-sur-Rhône, né à Auxonne, en 1805.

— Les Alliances de la France. In-8°. 1853. Bruxelles, *Labroue et Cie.* 5 fr.

— Au duc d'Aumale. Lettre sur la moralité politique. In-8°. 1861. [Nimes, *Soustelle.*] *Dentu.* 1 fr.

— Le même. 2e édition. In-18. 1861. Rennes, *Fougeray.* 30 c.

— Du Barreau et de la magistrature, suivis d'un Essai sur les juridictions. In-8°. 1851. *Aug. Durand.* 3 fr.

— Deuxième Lettre à sir Kinglake, membre du parlement anglais (Chambre des communes). In-8°. 1860. [Arles.] *Dentu.* 1 fr.

— Les Hippiscaphes; suite et complément de la « Révolution navale ». In-8°. 1855. *Dentu.* 3 fr. 50 c.

— De l'Inamovibilité et des moyens d'en corriger les abus. In-8°. 1852. Arles, *Serre.* 1 fr.

— L'Inde, l'Angleterre et la France. In-8°. 1857. *Dentu.* 3 fr. 50 c.

— Jacques Bonnefoi et l'Angleterre, ou De l'équilibre maritime. In-8°. 1858. [Marseille.] *Dentu.* 2 fr.

Anonyme.

— Louis Jacquemin. Jugement sur les critiques de sa monographie du théâtre antique d'Arles. In-8°. 1865. Aix, *Makaire.* 1 fr.

— Des Latifundia futurs, ou Crise agricole à prévenir. In-8°. 1859. [Marseille, *Arnaud.*] *Guillaumin et Cie.* 7 fr.

— Lettres franques. A Napoléon III, empereur des Français. In-8°. 1858. *Dentu.* 5 fr.

— Les mêmes. 2e édition. In-12. 1853. *Ibid.* 3 fr.

— Navires insubmersibles et wagons maritimes. In-8°. 1859. *Ibid.* 6 fr.

— De la Révision nécessaire des lois politiques et des traités internationaux sous le rapport judiciaire. In-8°. 1861. [Marseille, *Arnaud.*] *Dentu.* 2 fr.

— Révolution navale, ou Invention des navires blindés. In-8°. 1853. Bruxelles, *Labroue et Cie.* 3 fr. 50 c.

— Samuel Abraham, ou Exemple à suivre en agriculture pratique dans les Bouches-du-Rhône comme ailleurs. In-8°. 1862. [Arles, *Ve Cerf.*] *Dentu.* 1 fr. 50 c.

BILLOT (l'abbé J.), ancien directeur du séminaire de Besançon et curé de Malange.

— Prônes réduits en pratique, pour les dimanches et principales fêtes de l'année, avec une table indicative des prônes propres à une mission ou à une retraite. Nouvelle édition. 5 vol. in-12. 1853. Lyon, *Périsse.*

La 1re édition est de 1840.

— Le même. Nouvelle édition. 2 vol. in-8°. 1857. *Ibid.*

— Le même. 2 vol. in-12. 1859. *Ibid.*

BILLOUT (le docteur A.), médecin consultant aux eaux de Luxeuil.

— Notice sur les eaux minéro-thermales de Luxeuil, et principalement sur le bain ferrugineux. In-8°. 1857. *J. B. Baillière.* 1 fr. 50 c.

BILLUART (le R. P. C. R.), de l'ordre des Frères prêcheurs.

— Sermons; publiés pour la première fois, d'après les manuscrits autographes, par M. l'abbé Lelièvre. 2 vol. in-8°. 1846. *Lecoffre,* 9 fr.

BILLY.

— Cours de mathématiques. — Voy. au mot *Cours.*

BILLY (Toustain de). — Voy. **Toustain de Billy.**

BIMBENET (Jean Eugène), ancien greffier en chef de la cour d'appel d'Orléans, né en 1801.

— Épiscopats de saint Euverte et de saint Aignan, ou l'Église d'Orléans aux IVe et Ve siècles. In-8°. 1861. Orléans, *Herluison.* 2 fr.

Tiré à 125 exemplaires.

— Les Essais de Montaigne dans leurs rapports avec la législation moderne. In-8°. 1864. *Durand.* 1 fr. 50 c.

Extrait de la « Revue historique de droit français et étranger ».

— Genabum. Essai sur quelques passages des Commentaires de César. In-8°. 1861. Orléans, *imprimerie Jacob.* 2 fr.

— Histoire de l'université de lois d'Orléans. In-8°. 1853. [Orléans, *Gatineau.*] *Dumoulin.* 7 fr.

— Monographie de l'hôtel de la Mairie d'Orléans. Description du monument et de ses ornementations depuis sa restauration; liste des maires de la ville, depuis l'année 1569 jusqu'à ce jour; explication des écussons reproduits dans l'une des salles de l'hôtel. In-18. 1855. *Ibid.* 2 fr.

— Recherches sur l'état de la femme, l'institution du mariage et le régime nuptial. In-8°. 1855. *Cotillon.* 1 fr. 50 c.

Extrait de la « Revue critique de législation ».

— Relation fidèle de la fuite du roi Louis XVI et de sa famille à Varennes, extraite des pièces judiciaires et administratives, et de celles saisies aux domiciles de MM. de Bouillé, de Fersen, de Klinglin, de Goguelat, de Maldent, de Valory, de Moustier et autres accusés devant la haute cour nationale provisoire établie à Orléans, déposées au greffe de cette juridiction. In-8° avec 8 fac-simile. 1844. *Dentu,* 7 fr.

BINEAU (Jean Martial), ingénieur en chef des mines, ancien député et représentant du peuple, ancien ministre des travaux publics et des finances, né à Gennes, en 1805, mort en 1855.

— Chemins de fer d'Angleterre. Leur état actuel; législation qui les régit; conditions d'art de leur tracé; leur mode et leurs frais d'établissement, etc. Application à la France des résultats de l'expérience de l'Angleterre et de la Belgique. In-8° avec 1 pl. 1840. *Carilian-Gœury.* 7 fr.

BINET (BRISSART). — Voy. **Brissart-Binet.**

BINET (le R. P. Étienne), de la Compagnie de Jésus, né à Dijon, en 1569, mort à Paris, en 1639.

— Le Chef-d'œuvre de Dieu, ou les Souveraines perfections de la sainte Vierge, sa mère. Édition corrigée par le P. Pierre Jennesseaux. In-8°. 1855. *Adr. Le Clère et Cie.* 5 fr.

— Le même, sous le titre de : Marie, chef-d'œuvre de Dieu. Ouvrage du R. P. Étienne Binet, corrigé par le P. Pierre Jennesseaux, suivi d'une table de lectures pour un mois de Marie. In-12. 1864. *Ibid.* 3 fr.

— De l'État heureux et malheureux des âmes du purgatoire. Ouvrage corrigé par le P. Pierre Jennesseaux. In-12. 1862. Lyon, *Pélagaud et Cie.* 2 fr. 50 c.

— Pratique solide de l'amour de Dieu; réimprimée par les soins de J. H. Brichet. In-12. 1842. Mézières, *Lelaurain Martinet.*

— Le Tableau des divines faveurs accordées à saint Joseph. Corrigé par le P. Jennesseaux. In-12. 1864. Arras, *Rousseau-Leroy.*

BINET (F. G.), connu sous le pseudonyme de **Sainte-Preuve.**

BINET (O. HURT-). — Voy. **Hurt-Binet.**

BINET (R.) a traduit les Œuvres de *Virgile.* — Voy. ce nom.

BINET-HENTSCH (Jean Louis), docteur en droit, né à Genève, en 1810.

— Les Alpes de la haute Engadine. In-12. 1859. Genève, *Cherbuliez.* 1 fr.

M. Binet a publié quelques articles dans la « Bibliothèque universelle de Genève ».

BING (L. LÉVY-). — Voy. **Lévy-Bing.**

BINKHORST VAN DEN BINKHORST (Jean Théodore), membre de plusieurs sociétés savantes, né à Amsterdam, en 1810.

— Esquisse géologique et paléontologique des couches crétacées du Limbourg, et plus spécialement de la craie tuffeau, avec carte géologique, coupes, plan horizontal des carrières de Saint-Pierre. 1re partie. In-8° avec pl. et 1 carte. 1860. Bruxelles, *C. Muquardt.* 10 fr.

— Monographie des gastéropodes et des céphalopodes de la craie supérieure du Limbourg, suivie d'une description de quelques espèces de crustacés du même dépôt crétacé. 1re et 2e parties, avec 18 pl. dessinées et lithographiées par C. Hete de Bonn. In-4°. 1863. *Ibid.* 20 fr.

La 3e partie paraîtra bientôt et terminera l'ouvrage.

BINOT (DESCHAVANNE-). — Voy. **Deschavanne-Binot.**

BINOT DE VILLIERS (C.).

— Manuel des conseils de prud'hommes, con-

tenant les lois, décrets, ordonnances, etc. In-12. 1845. *Cosse et Delamotte.* 2 fr. 75 c.

BINS DE SAINT-VICTOR. — Voy. **Saint-Victor.**

BINSE (Jean-Marie).

— Dictionnaire des synonymes de la langue grecque, avec un grand nombre d'exemples, traduits en français ou en latin. In-8°. 1846. *Hachette.*

— Grâce! grâce! ou les Quarante derniers jours de la terre. 2 vol. in-8°. 1850. [Soissons, *Fossé-Darcosse.*] *Lecoffre.* 7 fr. 50 c.

— Nouveau cours d'histoire et de géographie anciennes et modernes. Histoire et géographie de l'Angleterre, de l'Écosse et de l'Irlande, et des autres possessions anglaises. In-8°. 1845. Lille, *Lefort.*

— Tablettes chronologiques de l'histoire universelle. 2 vol. in-8°. 1845. Lille, *Vanackère.* 1 fr. 25 c.

BINZER (A. de).

— La Cathédrale de Cologne, ou Description de ce monument d'architecture germanique du moyen âge. Traduit de l'allemand par M. Adler-Mesnard. In-4° avec 5 pl. 1840. Cologne, *Kohnen.* 9 fr.

BIOCHE (Charles Jules Armand), docteur en droit, avocat à la cour d'appel de Paris, né à Paris en 1805.

— Dictionnaire des juges de paix et de police, ou Manuel théorique et pratique en matière civile, criminelle et administrative, suivi d'un Code de la justice de paix. 2 vol. in-8°. 1851 et 1852. *Videcoq fils aîné.* 16 fr.

— Le même, supplément, comprenant les tables analytiques et chronologiques des matières publiées dans les 6 années 1852 à 1857 inclusivement, du « Journal des justices de paix », mis en rapport avec le dictionnaire. In-8°. 1858. *Rue Taranne, 10.*

— Dictionnaire de procédure civile et commerciale, contenant la jurisprudence, l'opinion des auteurs, les usages du Palais, le timbre et l'enregistrement des actes, leur tarif, leurs formules. 4e édition, revue, corrigée, mise au courant de la jurisprudence et de la législation jusqu'en 1863 inclusivement. 6 vol. in-8°. 1864. *Durand.* 48 fr.

La 1re édition, 4 vol. in-8°, a paru en 1835; la 2e, 5 vol. in-8°, de 1839 à 1841; la 3e, 6 vol. in-8°, en 1862.

— Nouveau formulaire de procédure civile, commerciale, criminelle et administrative, mis en rapport avec le Dictionnaire de procédure, suivi des lois de procédure publiées de 1854 à 1865, avec des annotations qui le mettent au courant de la doctrine et de la jurisprudence la plus récente. 5e édition, revue, corrigée et augmentée. In-8°. 1865. *Ibid.* 9 fr.

La 1re édition est de 1840.

— Traité des actions possessoires, contenant l'exposé complet de la jurisprudence, l'opinion des auteurs; suivi de formules. Ouvrage destiné particulièrement à MM. les juges de paix. In-8°. 1864. *Au bureau du Journal des justices de paix.* 8 fr.

*Biographie bretonne. — Voy. *Levot.*

*Biographie de la famille Abatucci. Illustrée par Janet Lange. Gr. in-8°. 1857. *Gust. Barba.* 50 c.

*Biographie générale (nouvelle), depuis les temps les plus reculés jusqu'à nos jours, avec les renseignements bibliographiques et l'indication des sources à consulter ; publiée par MM. Firmin Didot frères, sous la direction de M. Hœffer. Tomes 1 à 44 (A-Testa). In-8°. 1857 - 1865. *Didot frères.* Chaque volume, 4 fr.

*Biographie des hommes remarquables de la Flandre occidentale. 4 vol. gr. in-4°. 1843 - 1849. Bruges. 14 fr.

Les collaborateurs sont MM. C. Carton, F. Van de Putte, J. de Mersseman, O. Delepierre.

*Biographie nationale. Vie des hommes et des femmes illustres de la Belgique, depuis les temps les plus reculés jusqu'à nos jours. 2 vol. gr. in-8°, contenant 100 portraits et sujets historiques tirés à part. 1853. Bruxelles. 45 fr.

*Biographie des 750 représentants du peuple à l'Assemblée nationale législative, par ordre alphabétique, par plusieurs journalistes. 3° édition, revue et augmentée. In-16, avec 4 tableaux, contenant les votes des constituants réélus. 1849. *Rue du Faubourg-Poissonnière, 25.*

*Biographie des 900 membres de l'Assemblée nationale, par une société de littérateurs et de publicistes. In-8°. 1849. *Krabbe.* 3 fr. 75 c.

1er volume.

*Biographie portative universelle, suivie d'une table chronologique et alphabétique où se trouvent répartis en 154 classes les noms mentionnés dans l'ouvrage, par Lud. Lalanne, L. Renier, Th. Bernard, G. Laumier, S. Choler, J. Mongin, E. Janin, A. Deloye, C. Friess. In-12. 1844. *Dubochet.* 12 fr.

— Le même. 3e édition. In-12. 1861. *Garnier frères.* 12 fr.

La 2e édition a paru aussi chez *Garnier frères*, en 1851.

*Biographie universelle, ancienne et moderne. Supplément ou suite de l'histoire, par ordre alphabétique , de la vie publique et privée de tous les hommes qui se sont fait remarquer par leurs écrits, leurs actions, leurs talents, etc. ; par une société de gens de lettres et de savants. Tomes 53 à 85. In-8°. 1832-1862. *Beck.* Chaque volume, 8 fr.

C'est le supplément de la 1re édition de la Biographie Michaud, 52 vol. in-8°. 1811-1828. — Le tome 85 contient les lettres Van-Vil.

*Biographie universelle (Michaud), ancienne et moderne, ou Histoire, par ordre alphabétique, de la vie publique et privée de tous les hommes qui se sont fait remarquer, etc. Nouvelle édition, revue , corrigée et considérablement augmentée d'articles omis ou nouveaux. Ouvrage rédigé par une société de gens de lettres et de savants. 45 vol. gr. in-8°. 1842-1865. *Mme Desplaces.* 562 fr. 50 c.

1re édition , 52 vol. in-8°. 1811-1828.

BIOLLAY (Léon).

— La Question des salaires. Un projet de solution. In-8°. 1863. *Dentu.* 1 fr.

BION (Pierre).

— L'Anneau impérial. In - 18. 1864. Tournai, *Casterman.* 1 fr. 25 c.

— Le Troupier Louis Latour. In-12. 1861. *Ambr. Bray.* 2 fr.

BIORNSTIERNA (le général comte de).

— Tableau politique et statistique de l'empire britannique dans l'Inde, examen des probabilités de sa durée et de ses moyens de défense en cas d'invasion. Traduit librement de l'allemand, avec des notes et un supplément historique, par M. Petit de Baroncourt. In-8°, avec une carte. 1842. *Amyot.* 8 fr.

Le général Biornstierna a publié les Mémoires posthumes du feldmaréchal comte de *Stedingk*. — Voy. ce nom.

BIOT (Édouard), membre de l'Académie des inscriptions et belles-lettres, né à Paris en 1803, mort en 1850.

— De l'Abolition de l'esclavage ancien en Occident. Examen des causes principales qui ont concouru à l'extinction de l'esclavage ancien dans l'Europe occidentale et de l'époque à laquelle ce grand fait historique a été définitivement accompli. In-8°. 1840. *J. Renouard.* 7 fr. 50 c.

— Dictionnaire des noms anciens et modernes des villes et arrondissements du premier, deuxième et troisième ordres compris dans l'empire chinois, indiquant les latitudes et les longitudes de tous les chefs-lieux de cet empire et les époques auxquelles leurs noms ont été changés. In-8°, avec une carte. 1842. [*Imprimerie royale.*] *B. Duprat.* 15 fr.

— Essai sur l'histoire de l'instruction publique en Chine et de la corporation des lettrés, depuis les anciens temps jusqu'à nos jours. Ouvrage entièrement rédigé d'après les documents chinois. 2 vol. in-8°. 1845. *B. Duprat.* 12 fr.

— Le Tcheou-Li, ou Rites des Tcheou. Traduit pour la première fois du chinois par Édouard Biot. 2 vol. in-8°, avec 4 pl. et table analytique. 1851. [*Imprimerie nationale.*] *B. Duprat.* 15 fr.

BIOT (Jean-Baptiste), géomètre, astronome et physicien, membre de l'Académie française, né à Paris en 1774, mort en 1862.

— Commercium epistolicum J. Collins et aliorum de analysi promota, etc., ou Correspondance de J. Collins et d'autres savants célèbres du XVIIe siècle, relative à l'analyse supérieure, réimprimée sur l'édition originale de 1712, avec l'indication des variantes de l'édition de 1722, complétée par une collection de pièces justificatives et de documents, et publiée par J. B. Biot et F. Lefort. In-4°. 1856. *Mallet-Bachelier.* 15 fr.

— Discours de M. Biot, prononcé à sa réception à l'Académie française, le 5 février 1857. — Discours de M. Guizot en réponse au discours prononcé par M. Biot. In-8°. 1857. *Didier et Cie.* 1 fr.

— Études sur l'astronomie indienne et sur l'astronomie chinoise. In-8°. 1862. *Lévy frères.* 7 fr. 50 c.

— Instructions pratiques sur l'observation et la mesure des propriétés optiques appelées rotations, avec l'exposé succinct de leur application à la chimie médicale, scientifique et industrielle. In-4°. 1845. *Bachelier.* 1 fr.

— Mélanges scientifiques et littéraires. 3 vol. in-8°. 1858. *Lévy frères.* 22 fr. 50 c.

— Mémoire sur la mesure théorique et expérimentale de la réfraction terrestre, avec son application à la détermination exacte des différences de niveau, d'après les observations des distances zénithales simples ou réciproques. In-8°, avec 1 pl. 1842. *Bachelier.* 5 fr.

Extrait de la « Connaissance des temps ».

— Mémoire sur la vraie constitution de l'atmosphère terrestre, déduite de l'expérience, etc. In-8°, avec 2 tableaux et 2 pl. 1841. *Ibid.* 5 fr.

Extrait de la « Connaissance des temps ».

— Traité élémentaire d'astronomie physique. 3e édition, corrigée et augmentée. 5 vol. in-8°, avec atlas in-4° oblong de 94 pl. 1841-1857. *Mallet-Bachelier*. 65 fr.

La 1re édition, 3 vol. in-8° avec atlas, a été publiée en 1805

BIPPERT, juge au tribunal cantonal à Lausanne.

— Code civil du canton de Vaud, suivi de la loi transitoire des dispositions transitoires, de la loi sur les enfants naturels, etc. In-12. 1858. Lausanne, *Martignier*. 3 fr. 50 c.

Avec M. Bornand.

BIRAGO (le chevalier de).

— Recherches sur les équipages des ponts militaires en Europe. Traduit de l'allemand par J. T. In-8°, avec 4 pl. 1845. *Corréard*. 7 fr. 50 c.

BIRAGUE (Charles de).

— La Roulette et le trente-et-quarante, ou le Vrai système des jeux de hasard. In-12. 1862. *Chaumerot*. 3 fr.

BIRAN (F. Maine de). — Voy. **Maine de Biran.**

BIRAT (Hercule), né à Narbonne, en 1796.

— Poésies narbonnaises en français et en patois, suivies d'entretiens sur l'histoire, les traditions, les légendes, les mœurs, etc., du pays narbonnais. 2 vol. in-8°. 1862. Narbonne, *Caillard*. 12 fr.

BIRCH-PFEIFFER (Mme Charlotte), auteur dramatique et actrice allemande, née à Stuttgart en 1800.

— Sainte-Claire (Santa-Chiara), opéra en trois actes, musique de S. A. R. Ernest, duc de Saxe-Cobourg-Gotha, paroles imitées de l'allemand de Mme Birch-Pfeiffer, et appropriées à la scène française par Gustave Oppelt. In-12. 1855. *Lévy frères*. 1 fr.

BIRD (Golding).

— De l'Urine et des dépôts urinaires considérés sous le rapport de l'analyse chimique, de la physiologie, de la pathologie et des indications thérapeutiques. Traduit et annoté par le docteur O'Rorke. In-8°, avec 143 fig. dans le texte. 1861. *Masson et fils*. 8 fr.

BIRÉ (Edmond), docteur en droit, secrétaire de la chambre de commerce de Nantes, né à Luçon (Vendée), en 1829.

— Les Poëtes lauréats de l'Académie française. Recueil des poëmes couronnés depuis 1800, avec une introduction (1671-1800) et des notices biographiques et littéraires, par Edmond Biré et Émile Grimaud. 2 vol. in-12. 1864. *A. Bray*. 7 fr.

Tome I, 1671-1830. Tome II, 1830-1864.

BIRET (Aimé Charles Louis Modeste), jurisconsulte français, né en 1767 au Champ-Saint-Père (Vendée), mort à Paris en 1839.

— Manuel-formulaire de tous les actes sous signatures privées, en matière civile, commerciale, etc. Nouvelle édition, par M. Charles Vasserot. In-18. 1847. *Roret*. 2 fr. 50 c.

Collection des Manuels-Roret. — La 1re édition a paru en 1836.

BIRIEUX (A. F. de), avocat.

— Annuaire de la bourse et de la banque. Guide universel des capitalistes et des actionnaires, par une société de jurisconsultes et de financiers, sous la direction de A. F. de Birieux. 1857. 4 parties in-12. 1856. *Rue Notre-Dame de Lorette*, 37. 20 fr.

BIRINGUCCIO (Vanoccio).

— Traité de la fabrication des bouches à feu de bronze au xvie siècle, en Italie. Traduit de l'italien par Rieffel. In-8°, avec 2 pl. 1856. *Corréard*. 5 fr.

Extrait des livres V, VI et VII de la « Pirotechnia » de *Vanoccio Biringuccio*, publiée à Venise en 1540.

BIRMANN (Michel), professeur de langue allemande à Paris depuis 1836, membre de l'association polytechnique, officier d'académie, né à Prescheidt (Prusse-Rhénane), en 1810.

— Grammaire allemande. 2e édition. In-12. 1863. *Tandou et Cie*. 3 fr.

La 1re édition est de 1856.

— Premiers cours de versions allemandes. 2e édition. In-12. 1863. *Ibid.* 1 fr. 80 c.

BIROAT ou **Biroet** (Jacques), théologien français, prieur de Beussan, prédicateur du roi, né à Bordeaux, mort vers 1666.

— Œuvres choisies. — Voy. *Migne*, « Collection des orateurs sacrés », 1re série, tome 2.

BIRON (le R. P.), de la Compagnie de Jésus.

— Manuel indulgencié de la congrégation de la Bonne-Mort. 2e édition, augmentée du règlement de vie et prières des agonisants. In-32. 1863. Lons-le-Saulnier, *Escalle*. 1 fr.

BIRON (Armand Louis Gontaut, duc de Lauzun et duc de). — Voy. **Lauzun.**

BIROT (F.), ingénieur civil.

— Guide pratique du conducteur des ponts et chaussées et de l'agent voyer, principes de l'art de l'ingénieur. 3e édition, revue et augmentée. 1re partie. Plans et nivellement. In-12, avec 6 pl. 1865. *E. Lacroix*. 2 fr.

— Le même. 2e partie : Routes et chemins. In-12 avec pl. 1865. *Ibid.* 2 fr.

Les deux premières éditions de cet ouvrage ont paru sous le titre de : « Traité élémentaire des routes et ponts », 1 vol. in-8°; la 1re en 1852, 6 fr. 25 c.; la 2e en 1859, 6 fr.

BISCARAS (de Ratoudis de). — Voy. **Ratoudis de Biscaras.**

BISCARRAT (Félix), professeur.

— Nouveau Manuel complet du style épistolaire, ou Choix de lettres puisées dans nos meilleurs auteurs, précédé d'instructions sur l'art épistolaire et de notices biographiques. Nouvelle édition augmentée. In-18. 1858. *Roret*. 2 fr. 50 c.

Avec Mme la comtesse d'Hautpoul-Beaufort.
Collection des Manuels-Roret. — La 1re édition est de 1829; la 2e de 1841.

BISCHOFF (Conrad), écrivain allemand; voy. son pseudonyme Conrad de **Bolanden.**

BISCHOFF (le docteur T. L. G.).

— Traité du développement de l'homme et des mammifères. — Voy. *Encyclopédie* anatomique; traduit de l'allemand par A. J. L. Jourdan, tome 5.

BISCHOFF (Ottobald).

— Le Moulin du Bosquet, histoire morale et populaire; traduit de l'allemand. In-12. 1858. Neuchâtel, *Leidecker*. 1 fr. 25 c.

L'original allemand a été publié à Leipzig, en 1853.

BISET (Auguste).

— Ce que peut une place, comédie en deux actes, en vers, d'après Martinez de la Rosa. In-8°. 1845. *Lacour*. 50 c.

BISOT (J. L. Du). — Voy. **Loiseau du Bisot**.

BISSETTE (Cyrille Charles Auguste), homme de couleur, publiciste français, ancien représentant du peuple, né au Fort-Royal (Martinique) en 1795, mort à Paris en 1858.

— Deux mots sur une note de M. V. Schœlcher. In-8° de 1 f. 1848. *Ébrard*.

— Émancipation des esclaves. Au clergé français. In-8° de 1½ f. 1847. *Sirou et Desquers*.

— Lettre à M. V. Schœlcher. In-8° de ½ f. 1843. *Ébrard*.

— Lettres politiques sur les colonies, sur l'esclavage et sur les questions qui s'y rattachent. 4 lettres. In-8° de 1 f. 1845. *Ibid*.

— Liberté de la presse confisquée à la Martinique au profit des propriétaires d'esclaves, ou Requête à M. le ministre de la marine et des colonies sur cette confiscation, suivie de la lettre à M. Duval-Dailly, ex-gouverneur de la Martinique. In-8° de 2 f. 1845. *Ibid*.

— Réfutation du livre de M. Victor Schœlcher, intitulé « Des Colonies françaises ». In-8° de 5½ f. 1843. *Ibid*.

— Réfutation du livre de M. V. Schœlcher sur Haïti. In-8°. 1844. *Ibid*. 3 fr.

— Réponse au factum de M. Schœlcher, intitulé « la Vérité aux ouvriers et cultivateurs de la Martinique ». In-8° de 10 f. 1850. *Poussielgue*.

BISSEY (l'abbé Émile).

— Les Révélations de l'Évangile à la raison et au cœur de la femme. In-32 de 4 f. 1851. *Sagnier et Bray*.

BISSON (le docteur), médecin principal du chemin de fer d'Orléans.

— Guide médical à l'usage des employés de chemins de fer. In-12. 1858. *Mallet-Bachelier*. 1 fr. 50 c.

BISSON (G.), ancien élève mécanicien au chemin de fer du Nord.

— Accidents de chemins de fer, publiés et annotés par le baron de Janzé. In-8°. 1865. *Henry*. 2 fr.

BISSON (J. J.).

— Remarques sur le service vicinal et méthode pour le tracé des voies de communication et principalement des courbes de raccordement et pour la construction des plans d'alignement. In-12, avec 3 pl. 1847. Saint-Aignan, *chez l'auteur*.

BISSON (Ch. Lefebvre). — Voy. **Lefebvre-Bisson**.

BISTAGNE (Charles).

— Aux bords du lac, poésies fugitives. In-12. 1854. Marseille, *Arnaud*.

BISTON (Pierre), avocat à Châlons-sur-Marne, né à Épernay (Marne), en 1811.

— Défense des maires de Champagne dénoncés à l'occasion de l'élection des 13 et 14 novembre 1864. In-8°. 1865. Châlons-sur-Marne, *Martin*. 50 c.

— De la Fausse noblesse en France. In-16. 1861. [Châlons.] *Dumoulin*. 2 fr.

— De la Modification de l'article 259 du Code pénal et des preuves de la légitimité des titres nobiliaires. In-8°. 1858. *Cosse et Marchal*. 50 c.

— De la Noblesse maternelle en Champagne, et de l'abus des changements de noms. In-16. 1859. Châlons, *Martin*. 1 fr.

— Première lettre champenoise sur les choses du temps présent. In-8°. 1865. *Ibid*. 1 fr.

BISTON (Valentin), architecte.

— Manuel complet du chaufournier. Nouvelle édition, revue, corrigée et augmentée, par M. D. Magnier. In-18, avec 4 pl. 1856. *Roret*. 3 fr.

Collection des Manuels-Roret. — La 1ʳᵉ édition est de 1837.

— Nouveau manuel complet du charpentier, ou Traité simplifié de cet art, avec une introduction et un appendice par C. Boutereau. Nouvelle édition, revue, corrigée et considérablement augmentée. In-18, avec 21 pl. 1861. *Ibid*. 3 fr. 50 c.

Avec M. Hanus.

Collection des Manuels-Roret. — La 1ʳᵉ édition a été publiée en 1837.

— Nouveau manuel du mécanicien-fontainier, du plombier et du pompier. Nouvelle édition entièrement refondue par M. Malepeyre. In-18 avec 12 pl. 1857. *Roret*. 3 fr. 50 c.

Avec M. Janvier.

Collection des Manuels-Roret. — La 1ʳᵉ édition est de 1828.

BITAUBÉ a fait une traduction de « Hermann et Dorothée », de *Gœthe*.

BITZIUS (Albert), connu en littérature sous le nom de Jérémie **Gotthelf**.

BIVORT.

— Album de pomologie. 4 vol. in-4°. 1848-1852. Bruxelles. 96 fr.

BIVORT (J. B.), écrivain montois.

— Ancien droit belgique; analyse chronologique des Chartes, coutumes, édits, ordonnances et règlements qui, depuis l'an 1200, ont régi les diverses localités qui composaient le comté du Hainaut au moment de l'invasion française. In-8°. 1846. Bruxelles. 3 fr.

— Code communal, à l'usage des fonctionnaires et employés communaux de Belgique. Gr. in-8°. 1858. *Ibid*. 10 fr.

— Code constitutionnel de la Belgique, ou Commentaires sur la constitution, la loi électorale, la loi communale et la loi provinciale. 3ᵉ édition. In-8°. 1848. *Ibid*. 7 fr.

*Bivouacs de Vera-Cruz à Mexico, préface d'Aurélien Scholl. — Voy. *Gallifet*.

BIXIO (Jacques Alexandre), médecin, homme politique et libraire français, né à Chiavari, dans l'ancien département des Apennins, en 1808, mort à Paris, en 1865. Rédacteur du « National », représentant du peuple, chef de cabinet sous le gouvernement provisoire, il fut nommé ministre de l'agriculture dans le premier cabinet de Louis Napoléon. Retiré de la vie politique après 1852, il a fondé une librairie d'agriculture, et a pris part à la rédaction de plusieurs recueils consacrés à l'agriculture.

— Voy. **Maison* rustique du xixᵉ siècle,

BIZE (l'abbé), professeur de rhétorique au séminaire de Polignan.

— La Croix. Principe et fin pratique de la doctrine, des devoirs, des vertus, de toute la vie chrétienne. In-12 de 21 f. 1843. *Imprimerie Saintin.*

— La Leçon des fleurs. In-18. 1863. *Guyot et Roidot.* 1 fr. 25 c.

— Nouvelles élévations, ou les Charmes de la religion et de la nature. In-18 de 9 f. 1845. Toulouse, *Delsol.*

BIZET (A. Fr.), de Brest.

— Nouvelles opinions sur les phénomènes, la marche, la cause et le siège de la goutte, ou Nouvelle méthode curative pour guérir radicalement cette maladie. In-8°. 1842. *Just Rouvier.* 6 fr. 50 c.

BIZET jeune (Hyacinthe), maire de la ville de Brest depuis 1848 jusqu'en 1865, né à Brest, en 1800.

— La Vie de la Vierge mise en vers. In-8°. 1862. Brest, *Ve Normand.* 2 fr. 50 c.

BIZET (Louis Charles), conservateur des abattoirs généraux de la ville de Paris.

— Du Commerce de la boucherie et de la charcuterie de Paris et des commerces qui en dépendent, tels que la fonte des suifs, la triperie, etc., suivi du Rapport sur le projet de l'organisation de la boucherie, par M. H. Boulay de la Meurthe. In-8°. 1847. *Dupont.* 9 fr.

BIZET (Pierre), avocat, ancien rédacteur de la « Tribune du peuple », déporté politique en 1852, né à Bernueil, près Beauvais, en 1805, mort en 1862.

— Le Catholicisme et la liberté; réponse à M. Ad. Guéroult, rédacteur en chef de « l'Opinion nationale »; suivie d'une nouvelle protestation contre les pastorales ultramontaines de Mgr. Pavy, évêque d'Alger. In-8°. 1861. Alger, *Dubos.* 50 c.

— Mandement du très-irrévérend père Bizet pour le carème de 1859. La Luxure et la charité. In-8°. 1859. Alger, *Bounget.* 50 c.

— Réponse à Satan. In-8°. 1860. [Alger, *Dubos.*] *Challamel.* 50 c.

BIZEUL (Louis Jacques Marie), membre de l'Institut des provinces, né à Blain (Loire-Inférieure), en 1785, mort en 1861.

— Des Nannètes aux époques celtique et romaine. 2e partie : Époque romaine. In-8° avec 3 pl. 1863. Nantes, *Guéraud et Cie.*

La 1re partie : « Essai sur les monnaies des Nannètes », est par M. *Parenteau.* — Voy. ce nom.

BIZONNET (Edmond).

— Le Songe de Kosciusko, ou l'Agonie d'un grand peuple. In-12. 1863. *Dentu.* 1 fr.

BIZOUARD (Joseph), avocat, membre titulaire de la commission départementale des antiquités de la Côte-d'Or, né à Saizerey (Côte-d'Or), en 1797.

— Des Rapports de l'homme avec le démon. Essai historique et philosophique. 6 vol. in-8°. 1863-1864. *Gaume frères et Duprez.* 36 fr.

BJORNSTERNA. — Voy. **Biornstierna.**

BLACAS (le duc de) a traduit de l'allemand : « Histoire de la monnaie romaine », de *Mommsen.*

BLACHE (Ed.), agent vice-consul de France à Belfast.

— Guide du capitaine sur les côtes de la Grande-Bretagne, contenant en outre un recueil synoptique pour le commerce et la navigation, renfermant les traités de commerce anglo-français et franco-belge, etc. In-8° avec carte et pl. 1862. *Guillaumin et Cie.* 12 fr.

Le recueil synoptique pour le commerce se vend aussi séparément. 5 fr.

BLACHE (Noël), agent comptable de la marine à Toulon.

— Manuel du comptable des matières, à l'usage des garde-magasins et notamment des sectionnaires, magasiniers, préposés de dépôt et distributeurs des arsenaux, usines, forges, etc., publié avec l'autorisation de S. Exc. M. le ministre de la marine et des colonies. In-8°. 1865. [Toulon.] *E. Lacroix.* 3 fr.

— Manuel du magasinier de la flotte, publié avec l'autorisation de S. Exc. M. le ministre de la marine. In-8°. 1865. *Ibid.* 2 fr. 50 c.

BLACHETTE (L. J.).

— Nouveau manuel complet du fabricant et du raffineur de sucre de cannes, de betteraves, etc. Nouvelle édition, considérablement augmentée, par M. Julia de Fontenelle. In-18 avec 9 pl. 1841. *Roret.* 3 fr. 50 c.

Avec M. Zoega.
Collection des Manuels-Roret. — La 1re édition est de 1826.

BLADÉ (Jean François), avocat, ancien magistrat, né à Lectoure (Gers), en 1827.

— Coutumes municipales du département du Gers. 1re série. In-8°. 1865. *Durand.* 6 fr.

La 2e et dernière partie doit paraître en 1867 ou 1868.

— Pierre de Lobannier et les quatre chartes de Mont-de-Marsan. In-8°. 1861. *Dumoulin.* 3 fr.

BLAES (J. B.), employé aux archives de la ville de Bruxelles, né à Bruxelles en 1833, mort en 1861.

— Mémoires sur Emmanuel de Lalaing, baron de Montigny, avec notice et annotations par feu J. B. Blaes. In-8°. 1862. Bruxelles, *Société de l'histoire de Belgique.*

Collection des Mémoires relatifs à l'histoire de Belgique. 16e siècle. Tome 15.

M. Blaes a encore fait une notice pour des Mémoires anonymes sur les Pays-Bas. — Voy. **Mémoires.*

BLAIN DES CORMIERS (Henri), docteur en médecine.

— Des Causes qui président au développement de l'hypertrophie, considérées d'une manière générale. In-8° de 4 f. 1853. *Germer Baillière.*

BLAINVILLE (Henri Ducrotay de), médecin et naturaliste, professeur d'anatomie comparée, né à Arques près Dieppe, en 1777, mort à Paris, en 1850.

— Histoire des sciences de l'organisation et de leurs progrès, comme base de la philosophie; rédigée d'après ses notes et ses leçons faites à la Sorbonne de 1839 à 1841, avec les développements nécessaires et plusieurs additions, par F. L. M. Maupied. 3 vol. in-8° avec 2 pl. 1845. *Périsse.* 18 fr.

— Ostéographie, ou Description iconographique comparée du squelette et du système dentaire des mammifères récents et fossiles pour servir de base à la zoologie et à la géologie. 4 vol. in-4° de texte et 4 vol. gr. in-fol. d'atlas, contenant 323 pl. 1830-1864. *Arthus Bertrand.* 961 fr.

L'ouvrage a été publié en 26 livraisons.

— Sur les Principes de la zooclassie ou de la classification des animaux. In-8°, 64 p. et 1 tableau. 1817. *Imprimerie de Fain.*

Ce travail devait former l'introduction de l'Histoire naturelle générale des mollusques du même auteur, ouvrage qui n'a pas vu le jour. L'introduction a été mise en vente séparément en 1863. *Roret.* 3 fr.

BLAIR (D.).

— Abrégé des sciences et des arts, traduit de l'anglais, sur la 20e édition, par Gerson Hesse. Nouvelle édition, revue et augmentée par L. Ardant. In-12. 1852. Limoges, *Ardant.* 1 fr. 50 c.

BLAIR (Hugues), littérateur et prédicateur écossais, né à Édimbourg, en 1718, mort en 1800.

— Leçons de rhétorique et de belles-lettres, traduites en français et enrichies des opinions de Voltaire, Buffon, Marmontel, etc., par M. J. P. Quenot. 3e édition. 2 vol. in-12. 1845. *Hachette.* 7 fr. 50 c.

La 1re édition anglaise a été publiée en 1783; dès l'année 1784 il en parut une traduction française à Lyon; plusieurs autres traductions françaises ont été publiées depuis.

— Sermons sur la religion. — Voy. *Migne*, Démonstrations évangéliques, tome 12.

BLAIS (l'abbé Auguste), curé de Brestot, mort en 1859.

— Notice historique et archéologique sur Notre-Dame-de-la-Couture de Bernay, dans laquelle il est parlé d'une première église de la Couture, etc., et de tout ce qui se rattache à l'histoire de la ville de Bernay. In-8° de 10 1/2 f., plus 9 lithographies. 1852. Évreux, *imprimerie Hérissey.*

BLAISE (Adolphe), économiste, né à Épinal (Vosges), en 1811.

— Exposition des produits de l'industrie nationale en 1839. Compte rendu par le comité d'examen du « Mémorial du commerce et de l'industrie », rédigé par M. Ad. Blaise. In-8°. 1840. *Rue du Bouloy*, 23. 3 fr.

— Observations sur les projets de loi concernant les sociétés à responsabilité limitée et la modification de l'article 28 du Code de commerce. In-8°. 1863. *Guillaumin et Cie.* 3 fr.

BLAISE (F.), chef d'escadron d'artillerie, a traduit de l'anglais : « Traité d'artillerie navale », du général sir Howard Douglas. — Voy. *Douglas.*

BLAIZE (A.).

— Voyage à la recherche d'un soldat du pape. In-12. 1864. *Dentu.* 2 fr.

BLAIZE (Ange), publiciste et économiste, directeur du Mont-de-Piété de Paris de 1848 à 1851, né à Saint-Malo, en 1811. Il est neveu de La Mennais.

— Des Commissionnaires au Mont-de-Piété de Paris et des bureaux de prêt auxiliaires. In-8°. 1844. *Pagnerre.* 1 fr. 50 c.

— Essai biographique sur M. F. de La Mennais. In-8°. 1858. *Garnier frères.* 5 fr.

— Lettre à M. Ad. Guéroult, rédacteur en chef de « l'Opinion nationale », sur le Mont-de-Piété de Paris. In-8°. 1861. *Dentu.* 1 fr.

— Mont-de-Piété. Manuel des emprunteurs. In-32. 1844. *Pagnerre.* 60 c.

— Des Monts-de-Piété et des banques de prêts sur nantissement en France, en Angleterre, en Belgique, en Italie, en Allemagne. In-8°. 1843. *Ibid.* 6 fr.

— Le même. Nouvelle édition. 2 vol. in-8°. 1856. *Ibid.* 15 fr.

BLAMONT (Roger de).

— Rinaldo Rinaldini, chef de brigands. Traduction nouvelle, par M. Roger de Blamont. 2 vol. in-8°. 1846. *Sandré.* 15 fr.

BLAMPIGNON (l'abbé E. A.), docteur en théologie, ancien professeur à l'École des Carmes et au lycée d'Angoulême.

— De l'Esprit des sermons de saint Bernard. Thèse présentée à la Faculté de théologie de Paris. In-8°. 1858. *Douniol.* 5 fr.

— Étude sur Malebranche, d'après des documents manuscrits, suivie d'une correspondance inédite présentée à la Faculté des lettres de Paris. In-8°. 1861. *Ibid.* 5 fr.

— Histoire de sainte Germaine, vierge et martyre, patronne de Bar-sur-Aube, d'après les documents, la plupart inédits, de la Bibliothèque impériale et des archives de l'Aube. In-12. 1855. Troyes, *Bouquot.*

— De Sancto Cypriano et de primæva Carthaginiensi Ecclesia disquisitio historica atque philosophica. Cui subest Metaphrastæ hagiographia hactenus inedita. In-8°. 1862. *Durand.* 3 fr.

M. l'abbé Blampignon a publié une nouvelle édition des Œuvres complètes de *Massillon.*

BLANC (l'abbé), chanoine.

— Vie de Mgr. Alexis-Basile Menjaud, ancien évêque de Nancy et de Toul, premier aumônier de S. M. Napoléon III, archevêque de Bourges. In-12. 1862. [Nancy.] *Bray.*

M. l'abbé Blanc a publié une édition annotée des « Maximes tirées de l'Écriture sainte », par *Rollin.*

BLANC (Albert), conseiller de légation de S. M. le roi d'Italie, directeur du service politique aux affaires étrangères, né à Chambéry, en 1835. Il a traduit : « Œuvre parlementaire du comte de Cavour » (voy. *Cavour*) et publié la Correspondance diplomatique du comte J. de Maistre (voy. ce nom).

BLANC (Alphonse), licencié ès sciences naturelles.

— Leçons de zoologie générale, pour servir d'introduction à l'étude de l'ornithologie. In-8°. 1848. *J. B. Baillière.* 3 fr.

BLANC (Anna), née à Saint-Hilaire (Allier), en 1830.

— Falkland. In-8°. 1855. Moulins, *Énault.* 5 fr.

— Une Semaine à Moulins. 2e édition. In-12. 1865. Tournai, *Casterman.* 60 c.

La 1re édition (anonyme) a été publiée en 1852, à Moulins. Prix : 1 fr. 25 c.

BLANC (Auguste).

— Histoire des conspirations et des exécutions politiques, comprenant l'histoire des sociétés secrètes, depuis les temps les plus reculés jusqu'à nos jours. 4 vol. in-8°. 1846-1847. *Cavaillès.* 25 fr.

BLANC (A. Le). — Voy. Le Blanc.

BLANC (Casimir).

— Jeanne de Valbelle. In-12. 1864. *A. Faure.* 3 fr.

BLANC (Charles), graveur et littérateur, ancien directeur des Beaux-Arts, né à Castres, en 1814; il est frère de Louis Blanc (voy. ci-après).

— Grandville. In-32 avec portrait et un autographe. 1855. *Havard*. 50 c.

— Histoire des peintres français au XIXᵉ siècle. Tome Iᵉʳ. In-8°. 1845. *Cauville*. 6 fr.

L'ouvrage n'a pas été continué.

— Histoire des peintres de toutes les Écoles, depuis la Renaissance jusqu'à nos jours. Texte par M. Charles Blanc et par divers écrivains spéciaux; illustrations par les plus habiles artistes dessinateurs et graveurs. Livraisons 1 à 450. 1853-1865. Vᵉ *J. Renouard*. Chaque livraison, 1 fr.

— L'Œuvre de Rembrandt, reproduit par la photographie, décrit et commenté par M. Charles Blanc. Ouvrage publié sous les auspices du ministère d'État. 100 gravures in-fol. photographiées et accompagnées d'un texte contenant une introduction sur la vie de Rembrandt et une description de chaque pièce. 1853 et années suivantes. *Gide*. 400 fr.

Publié en 20 livraisons du prix de 20 fr.

— L'Œuvre complet de Rembrandt, décrit et commenté; catalogue raisonné de toutes les eaux-fortes du maître et de ses peintures, orné de bois gravés et de 40 eaux-fortes tirées à part et rapportées dans le texte. Tome Iᵉʳ, 1ʳᵉ et 2ᵉ livraisons. In-8°. 1859-1861. *Gide*. Chaque livraison, 6 fr.

— De Paris à Venise. Notes au crayon. In-16 avec vignettes. 1857. *Hachette et Cⁱᵉ*. 3 fr.

— Les Peintres des fêtes galantes. Watteau, Lancret, Pater, Boucher. In-16 avec 6 vignettes. 1853. *Renouard*. 1 fr.

— Les Trésors de l'art à Manchester. In-12. 1857. *Pagnerre*. 2 fr.

— Le Trésor de la curiosité, tiré des catalogues de vente de tableaux, dessins, estampes, livres, marbres, bronzes, ivoires et autres objets d'art, avec diverses notes et notices historiques et biographiques, précédé d'une lettre à l'auteur sur la curiosité et les curieux. 2 vol. in-8° avec vignettes intercalées dans le texte. 1857-1858. Vᵉ *Renouard*. 16 fr.

BLANC (E.), ancien rédacteur en chef de la « Gazette des communes ».

— Les Mystères de la boucherie et de la viande à bon marché (guide du consommateur de boucherie). In-8°. 1857. *Dentu*. 6 fr.

BLANC (l'abbé Ét.), ex-aumônier de l'armée d'Italie.

— Impressions de campagne. In-8°, 39 p. 1860. Nancy, *Hinzelin et Cⁱᵉ*.

BLANC (Étienne), jurisconsulte, avocat à la cour impériale de Paris, né à Lyon, en 1805.

— Code général de la propriété industrielle, littéraire et artistique, comprenant les législations de tous les pays et les traités internationaux sur les inventions brevetées, les œuvres de littérature, de musique, de théâtre, de peinture, dessin, sculpture et gravure; les enseignes, les noms des commerçants, les marques et les dessins de fabrique. In-8°. 1854. *Cosse*. 7 fr. 50 c.

Avec Alexandre Beaume.

— L'Inventeur breveté. Code des inventions et des perfectionnements. In-8°. 1844. *Cosse et Delamotte*. 5 fr.

2ᵉ édition en 1845.

— Traité de la contrefaçon en tous genres et de sa poursuite en justice, concernant: les œuvres littéraires, dramatiques, musicales et artistiques; les dessins et les marques de fabrique; les titres d'ouvrages et les noms d'auteurs; les inventions brevetées; les enseignes, les désignations de marchandises, les étiquettes et les noms de commerçants; avec le texte des lois et décrets, et les principaux monuments de jurisprudence sur la matière. 4ᵉ édition. In-8°. 1855. *Plon*. 10 fr.

La 1ʳᵉ édition est de 1838.

BLANC (François).

— Les Capitaux de garantie. In-8°. 1863. *Dentu*. 1 fr.

— De l'Influence de l'amortissement sur le crédit public. In-8°. 1861. *Ibid*. 1 fr.

— Des Ressources de l'épargne en France et de leur emploi depuis 1852. In-8°. 1863. *Ibid*. 1 fr.

— Des Valeurs étrangères en France. In-8°. 1860. *Ibid*. 1 fr.

BLANC (H.).

— Éléments de statistique et de géographie générales. — Voy. *Boudin et Blanc*.

BLANC (Hippolyte), chef de bureau au ministère de la justice, né à Marseille, en 1820.

— De l'Inspiration des camisards. Recherches nouvelles sur les phénomènes observés parmi les protestants des Cévennes à la fin du XVIIᵉ siècle et au commencement du XVIIIᵉ siècle, pour servir à l'intelligence de certaines manifestations modernes; précédé d'une lettre adressée à l'auteur par le T. R. P. Ventura de Raulica. In-12. 1859. *Plon*. 2 fr.

— Le Merveilleux dans le jansénisme, le magnétisme, le méthodisme et le baptisme américains, l'épidémie de Morzine, le spiritisme; recherches nouvelles. In-8°. 1865. *Ibid*. 6 fr.

— Simple argument à l'usage de ceux qui ne veulent pas argumenter. In-18. 1864. *Palmé*. 25 c.

BLANC (Julien).

— La Grève des charpentiers en 1845; épisode de la crise sociale de l'époque. In-12 de 8 f. 1845. *Rue de Seine*, 10.

BLANC (Julien).

— Enseignement méthodique de l'orthographe d'usage sans le secours du grec et du latin. Livre du maître. In-12. 1860. *Larousse et Boyer*. 2 fr. 50 c.

— Le même. Livre de l'élève. 2 fr. 25 c.

4ᵉ édition en 1864.

— Abrégé de l'enseignement méthodique de l'orthographe d'usage, de Julien Blanc, par E. Blanc. In-12. 1865. *Fouraut*. 75 c.

BLANC (J. F.).

— Nouveau manuel complet pour l'exploitation des mines. 1ʳᵉ partie: Houille (charbon de terre). In-18 avec 7 pl. 1843. *Roret*. 3 fr. 50 c.

— Le même. 2ᵉ partie: Fer, plomb, cuivre, étain, argent, or, zinc, diamant, etc. In-18 avec fig. 1844. *Ibid*. 3 fr. 50 c.

Collection des Manuels-Roret.

BLANC (Laurent), curé d'Escoutoux, né à Viverols, en 1806.

— Souvenirs d'un pèlerinage à Rome, à l'occasion de la canonisation des vingt-sept martyrs du Japon. In-12 de 83 p. 1863. Clermont-Ferrand, *Thibaud.*

BLANC (Louis), homme politique et publiciste, ancien représentant du peuple, membre du gouvernement provisoire en 1848, né à Madrid, d'une famille française, en 1813. Depuis le mois d'août 1848 il vit en Angleterre.

— Appel aux honnêtes gens. Quelques pages d'histoire contemporaine. In-12. 1849. *Rue et place Favart*, 8. 1 fr.

— L'État et la commune. In-8º. 1865. *Librairie internationale.* 1 fr.

— Histoire de la Révolution française. 12 vol. in-8º. 1847-1862. *Pagnerre.* 60 fr.

2e édition en 1864.

— Le même. Nouvelle édition illustrée. Livr. 1 a 74. Gr. in-8º. 1865. *Jondé.* Chaque livraison, 10 c.

— Lettres sur l'Angleterre. 2 vol. in-8º. 1865. *Librairie internationale.* 12 fr.

2e édition, même année. — Cet ouvrage est composé de lettres que M. Louis Blanc a publiées dans différents journaux, principalement dans le « Temps ».

— Organisation du travail. 9e édition, refondue et augmentée de chapitres nouveaux. In-12. 1850. *Rue Richelieu,* 102. 1 fr.

La 1re édition a paru en 1839.

— Pages d'histoire de la révolution de février 1848. In-8º de 23 f. 1850. *Ibid.*

— Le Parti républicain et l'amnistie. In-12. 1860. Bruxelles, *J. Rozez.* 1 fr. 50 c.

— Plus de Girondins. In-12. 1851. *Joubert.* 60 c.

— La République une et indivisible. In-12. 1851. *Naud.* 60 c.

— Révélations historiques, ou Réponse au livre de lord Normanby, intitulé : A year of revolution in Paris. 2 vol. in-12. 1859. Bruxelles, *Méline et Cie.* 7 fr.

Ouvrage d'abord publié en anglais par l'auteur, et augmenté de près du double dans la traduction en français faite par lui-même.

— La Révolution de février au Luxembourg. In-12. 1848. *Lévy frères.* 1 fr.

— Révolution française. Histoire de dix ans. 1830-1840. 5 vol. in-8º. 1841-1844. *Pagnerre.* 20 fr.

3e édition en 1846. 5 vol. in-8º. 25 fr. — L'ouvrage de M. Elias Regnault : « Histoire de huit ans », forme la continuation de ce livre.

— Le Socialisme. Droit au travail. Réponse à M. Thiers. In-12. 1848. *Lévy frères.* 1 fr.

BLANC (Louis Étienne).

— Les Canettes de Jirome Roquet, dit Tampia, ouvrié taffetaquié, pouème etique, chansons, pouésies divarses, pièces de prose tramé de vêr et autres. 2e édition. In-8º. 1865. [Lyon, *Méra.*] *Librairie internationale.* 10 fr.

La 1re édition a été publiée en 1862.

BLANC (Paul).

— L'Insurrection en Algérie (1864). In-8º. 1864. [Alger.] *Challamel aîné.* 1 fr.

BLANC (l'abbé P. S.), ancien professeur de théologie et d'histoire ecclésiastique, vicaire général de Reims et de Montauban, mort en 1851.

— Cours d'histoire ecclésiastique à l'usage des séminaires; 3e édition, revue et corrigée par l'auteur. 2 vol. in-8º. 1860. *Lecoffre et Cie.* 15 fr.

La 1re édition a paru dans les années 1845 à 1851 en 3 livraisons in-8º chez *Gaume frères.* On vendait séparément : « l'Introduction à l'étude de l'histoire ecclésiastique, pouvant servir de complément à toutes les Histoires de l'Église ». — La 2e édition a été publiée en 1853-1856. 2 vol. in-8º. *J. Lecoffre.*

M. l'abbé P. S. Blanc a revu pour la doctrine : « l'Histoire de l'Église », de A. *Rendu fils.*

BLANC (Saint-Hilaire).

— Nouveau dictionnaire espagnol-français et français-espagnol avec la prononciation figurée dans les deux langues; plus exact, plus correct et plus complet que tous ceux qui ont paru jusqu'à ce jour en 2 et même en 6 volumes in-8º. La partie espagnole est corrigée par M. A. de Jover. In-8º. 1859. Lyon, *chez l'auteur.* 20 fr.

— A New pocket dictionary of the Italian and English languages, from Baretti, Bottarelli, Polidori, Petroni and Graglia. New edition, carefully revised and enlarged. In-32. 1854. Lyon et Paris, *Blanc.*

— Nouveau maitre d'espagnol, ou Éléments simplifiés de la langue espagnole, à l'usage des Français. In-12. 1852. *Ibid.*

— Nueva gramatica italiana, esplicada en español. Tercera edicion, revista y corregida. In-12. 1854. *Maisonneuve et Cie.*

— Dialogos y ejercicios italianos-españoles, manual epistolar. In-12. 1845. *Cormon et Blanc.* 4 fr.

— Grammaire de la langue basque, d'après celle du P. Manuel de Larbamendi, intitulée : El imposible vencido. In-12. 1854. [Lyon.] *Blanc.*

M. Blanc a revu le « Dictionnaire italien-espagnol de MM. *Cormon et Manni.* — Voy. aussi *Barrett et Blanc,* « Dictionnaire anglais-français ».

BLANC (Samuel), libraire-éditeur à Lausanne.

— Cours pratique de géométrie et de toisé, contenant 108 problèmes avec les solutions. In-12. 1859. Lausanne, *Blanc.* 1 fr. 25 c.

— Essai d'une histoire universelle, à l'usage des écoles, des familles et des pensionnats. 3e édition, revue avec soin et augmentée. In-12. 1862. *Ibid.*

— Lectures sur l'histoire naturelle, à l'usage des écoles primaires. 1860. *Ibid.* 2 fr. 50 c.

— Petite arithmétique des écoles. Ouvrage dédié à la jeunesse, aux instituteurs et aux familles de la Suisse française. In-18. 1861. *Ibid.* 1 fr.

— Petite grammaire pratique des écoles primaires, dédiée aux instituteurs et à la jeunesse de la Suisse française. In-12. 1865. *Ibid.* 60 c.

BLANC (l'abbé Th.), curé de Domazan.

— Vie de saint Camille de Lollis, fondateur de l'ordre des clercs réguliers, ministre des infirmes. In-12. 1858. Lyon, *Périsse frères.* 3 fr.

BLANC (Victor).

— Aperçu sur les événements de Varsovie en 1861 et 1862, par Victor Blanc, témoin oculaire. In-8º. 1862. *Dentu.* 1 fr.

BLANC DE LA BOTTIÈRE (Emmanuel).

— Loisirs d'un jeune homme; observations morales, pittoresques, religieuses. 2 vol. in-8º. 1842. *Ch. Gosselin.* 15 fr.

BLANC DE LANAUTTE, comte d'Hauterive.
Voy. **Hauterive**.

BLANCARD (Louis), archiviste du département des Bouches-du-Rhône, ancien élève de l'École des chartes, né à Marseille, en 1831.

— Iconographie des sceaux et bulles conservés dans la partie antérieure à 1790 des archives départementales des Bouches-du-Rhône. 2 vol. in-fol. 1860. [Marseille.] *Dumoulin.* 60 fr.

M. Blancard a publié quelques articles dans la « Bibliothèque de l'École des chartes », et dans la « Revue de numismatique française ».

BLANCH (Luigi).

— De la Science militaire considérée dans ses rapports avec les autres sciences et avec le système social. Traduction de M. Haca, capitaine d'infanterie. In-8°. 1854. *Corréard.* 7 fr. 50 c.

BLANCHARD (Antoine), homme de lettres, imprimeur à Châtellerault (Vienne), né dans cette ville en 1806.

— Abécédaire des arts et métiers. In-18. 1863. *Fonteney et Peltier.* Noir, 1 fr. 25 c. Colorié, 1 fr. 50 c.

— Abécédaire des enfants. In-12. 1860. *Ibid.* Noir, 60 c. Colorié, 1 fr.

— Abbecedario dei fanciulli. In-12. 1860. *Ibid.* Noir, 60 c. Colorié, 1 fr.

— Les Anges de Bonté. In-18. 1855. *Ibid.* Noir, 1 fr. 25 c. Colorié, 1 fr. 75 c.

— Contes et historiettes pour les enfants. In-12. 1849. *Ibid.* Noir, 1 fr. Colorié, 1 fr. 50 c.

— Délices de la jeunesse. In-12. 1858. *Ibid.* Noir, 2 fr. Colorié, 3 fr.

— Les Histoires de grand-papa. In-12. 1854. *Ibid.* Noir, 1 fr. 25 c. Colorié, 1 fr. 75 c.

— Les Joies du foyer. Histoires morales pour les enfants. In-12. 1861. *Ibid.* Noir, 2 fr. Colorié, 3 fr.

— Le Livre des enfants. Anecdotes morales. In-12. 1863. *Ibid.* Noir, 1 fr. 25 c. Colorié, 1 fr. 75 c.

— Modèles de vertu. In-12. 1856. *Ibid.* Noir, 1 fr. 25 c. Colorié, 1 fr. 75 c.

— Nouveau recueil de compliments en vers et en prose. In-18. 1852. *Ibid.* 1 fr.

— Petites histoires pour les enfants. In-18. 1848. *Ibid.* Noir, 1 fr. Colorié, 1 fr. 50 c.

— Nouvelles Petites histoires pour les enfants. In-18. 1849. *Ibid.* Noir, 1 fr. Colorié, 1 fr. 50 c.

— Qualités et défauts des enfants. In-18. 1850. *Ibid.* Noir, 1 fr. Colorié, 1 fr. 50 c.

— Les Récits du conteur. Nouvelles histoires. In-12. 1852. *Ibid.* Noir, 1 fr. 60 c. Colorié, 2 fr. 25 c.

— Les Récits de la maman. In-18. 1850. *Ibid.* Noir, 1 fr. Colorié, 1 fr. 50 c.

— La Récompense des enfants. In-18. 1849. *Ibid.* Noir, 1 fr. Colorié, 1 fr. 50 c.

— De la Régénération sociale. Dieu et patrie. Union et amour. In-18. 1848. *Ibid.* 2 fr.

BLANCHARD (Em. Théoph.), peintre, ancien chirurgien militaire, né à Saint-Omer, en 1797.

— Nouveau manuel complet du coloriste, ou Instruction simplifiée et élémentaire pour l'enluminure, le lavis et la retouche des gravures, etc.

Nouvelle édition, très-augmentée. In-18 avec 3 pl. 1856. *Roret.* 2 fr. 50 c.

Avec MM. Perrot, Thillay et Verguaud.

Collection des Manuels-Roret. — La 1re édition a paru en 1834, la 2e en 1840.

BLANCHARD (Émile), fils du précédent, membre de l'Institut, professeur-administrateur au Muséum d'histoire naturelle à Paris, né à Paris, en 1820.

— Histoire naturelle des insectes orthoptères, névroptères, hémiptères, hyménoptères, lépidoptères et diptères, avec une introduction, par M. Brullé. 3 vol. in-8° avec 150 pl. 1840. *Duménil.* Noir, 26 fr. Colorié, 46 fr.

— Histoire des insectes, traitant de leurs mœurs et de leurs métamorphoses en général, et comprenant une nouvelle classification fondée sur leurs rapports naturels. 2 vol. in-12 avec 20 pl. 1845. *Didot.* 7 fr.

— L'Organisation du règne animal. Livr. 1 à 38. In-4°. 1851-1864. *Baillière et fils.* Chaque livraison, 6 fr.

— Du Système nerveux chez les invertébrés (mollusques et annelés) dans ses rapports avec la classification de ces animaux. In-8°. 1849. *Victor Masson.* 1 fr.

— La Zoologie agricole. Ouvrage comprenant l'histoire entière des animaux nuisibles et des animaux utiles. Les plantes d'ornement. 1re livr. Gr. in-8° avec 1 pl. 1854. *Ibid.* Prix de la livraison, 1 fr. 50 c.

M. Blanchard a publié encore « les Insectes et les zoophytes dans le règne animal », de G. Cuvier. — Voy. aussi *Comte*, « Traité d'histoire naturelle ».

BLANCHARD (François), directeur de la comptabilité générale au ministère de la marine, né à Paris, en 1798.

— Répertoire général des lois, décrets, ordonnances, règlements et instructions sur la marine. Tomes 1 à 3. In-8°. 1849-1859. *Imprimerie impériale.*

Pas dans le commerce.

BLANCHARD (l'abbé J. B.), chanoine d'Avenay, né à Tourteron, dans les Ardennes, mort en 1797.

— L'École des mœurs, ou Réflexions morales et historiques sur les maximes de la sagesse. Nouvelle édition. 2 vol. in-8°. 1861. Lyon, *Périsse frères.* 2 fr. 60 c.

— Le même. 2 vol. in-12. 1852. Tours, *Mame et Cie.* 2 fr.

— Le même. 3 vol. in-12. 1848. Limoges, *Ardant.*

La 1re édition de cet ouvrage a paru en 1773.

BLANCHARD (Pharamond), peintre-artiste, collaborateur (pour les dessins) de « l'Illustration ».

— Itinéraire historique et descriptif de Paris à Constantinople, contenant les environs de cette dernière ville, avec un plan de Constantinople et d'une partie du Bosphore. In-12. 1855. *Hachette et Cie.* 7 fr. 50 c.

BLANCHARD (Pierre), littérateur, ancien libraire, né à Dampmartin (Seine-et-Marne), en 1772, mort en...

— Les Accidents de l'enfance présentés dans de petites historiettes propres à détourner les enfants des actions qui leur seraient nuisibles. In-12. 1860. *Ducrocq.* 3 fr.

La 1re édition est de 1813.

18*

— A mes enfants, ou les Fruits du bon exemple; historiettes morales, instructives et amusantes, racontées à la promenade. In-12. 1855. *Ibid.* 3 fr.

— Beautés de l'histoire de France, ou Époques intéressantes, traits remarquables, etc. In-12. 1862. *Ibid.* 3 fr.

La 1re édition est de 1809.

— Le Buffon de la jeunesse. Zoologie. Botanique. Minéralogie. Revu, corrigé et augmenté par M. Chenu. Illustré de plus de 400 sujets d'histoire naturelle dessinés et gravés par nos meilleurs artistes. Gr. in-8°. 1858. *Morizot.* Noir, 16 fr. Colorié, 28 fr.

La 1re édition est de 1801.

— Délassements de l'enfance, ou Lectures instructives et amusantes. In-12. 1853. *Lehuby.* 3 fr.

— Délassements de la jeunesse. In-12. 1853. *Ibid.* 3 fr.

La 1re édition est de 1807.

— Les Jeunes enfants. 14e édition. In-8°. 1862. *Ducrocq.* 3 fr.

La 1re édition est de 1816.

— Mélanges d'histoire et de littérature. Lectures morales et amusantes pour la jeunesse. In-12. 1863. *Ibid.* 3 fr.

— Modèle des enfants, ou Traits d'humanité, de piété filiale, d'amour fraternel, et progrès extraordinaires d'enfants de 6 à 12 ans. In-18. 1861. *Ibid.* 75 c.

— Le Nouvelliste de la jeunesse. In-12 avec grav. 1864. *Ibid.* 1 fr. 25 c.

— Petit voyage autour du monde. Ouvrage amusant pour préparer les enfants à l'étude de la géographie. 16e édition, revue et mise au courant des nouvelles découvertes par un professeur d'histoire. In-12. 1865. *Ibid.* 1 fr. 25 c.

La 1re édition est de 1812.

— Le Plutarque de la jeunesse, ou Abrégé des vies des plus grands hommes de toutes les nations. Nouvelle édition, corrigée et continuée jusqu'à nos jours. Gr. in-8°. 1857. *Morizot.* 10 fr.

— Le même. Nouvelle édition. 2 vol. in-12. 1864. *Ibid.* 6 fr.

La 1re édition de ce livre est de 1803.

— Les Promenades de Fénelon. In-8°. 1845. *Lehuby.* 6 fr.

— Récreations utiles, ou Récits d'un voyageur offrant des détails instructifs et curieux sur l'Afrique, les produits de son sol et les mœurs et usages des peuples de cette partie du monde. In-12. 1856. *Ibid.* 3 fr.

— Réflexions morales et historiques sur les maximes de la sagesse, offertes aux jeunes gens, abrégé de *Blanchard*; par F. P. In-8°. 1864. Versailles, *Beau jeune.*

— Tableaux de la nature; description des plus belles scènes de la création choisies dans Fénelon, Bossuet, Buffon, J. J. Rousseau, Chateaubriand, Bernardin de Saint-Pierre. Nouvelle édition. In-12. 1863. *Ducrocq.* 3 fr.

La 1re édition est de 1812.

— Le Trésor des enfants, divisé en trois parties : la Morale, la Vertu, la Civilité. 33e édition. In-12. 1864. *Morizot.* 2 fr.

La 1re édition est de 1802.

BLANCHARD (Victor).

— Voyages de Lapeyrouse autour du monde. In-12. 1848. Limoges, *Ardant.* 1 fr. 50 c.

— Voyages de Magellan, Byron, Wallis, Bougainville, Surville, Marion, autour du monde. In-12. 1848. *Ibid.* 1 fr. 50 c.

BLANCHE.

— Catalogue des plantes cellulaires et vasculaires de la Seine-Inférieure. In-8°. 1864. *F. Savy.* 4 fr.

Avec M. Malbranche.

BLANCHE (de).

— Fables nouvelles et contes en vers. In-12. 1864. *Sarlit.* 2 fr.

— Mois de Marie en musique; nouveaux chants pieux en l'honneur de la sainte Vierge, à deux ou plusieurs voix. In-18. 1862. *Ibid.* 40 c.

La musique. 1 vol. in-8°. 3 fr.

— Nouveaux cantiques à Marie, avec accompagnement par Elwart. In-8°. 1864. *Martin-Beaupré frères.* 5 fr.

BLANCHE (A. de).

— Vie de saint Stanislas Kotska; lettres d'un frères à ses sœurs. In-12. 1844. *Waille.*

Autre édition. In-12. 1847. *Liège.*

BLANCHE (Alfred), jurisconsulte et administrateur, conseiller d'État, né à Rouen, en 1806.

— Dictionnaire général d'administration, contenant la définition de tous les mots de la langue administrative. Publié sous la direction de M. Alfred Blanche. Nouvelle édition, revue et continuée par deux suppléments jusqu'en 1860. In-8°. 1860. *P. Dupont.* 25 fr.

La 1re édition est de 1848.

— Répertoire d'administration départementale et municipale, ou Table duodécennale de l'école des communes (1832-1843), avec les conférences au bulletin officiel du ministère de l'intérieur. In-8°. 1846. *Ibid.* 8 fr. 50 c.

BLANCHE (Antoine), frère du précédent, avocat général à la Cour de cassation, né à Rouen.

— Études pratiques sur le Code pénal. 2 vol. in-8°. 1861-1863. *Cosse et Marchal.* 17 fr.

— De la Loi commerciale. Discours prononcé à la Cour de cassation, audience de rentrée du 4 novembre 1861. In-8°. 1861. *Ibid.* 1 fr.

BLANCHE (Armand), docteur en droit, avocat.

— Contentieux des chemins de fer, ou Exposé de la jurisprudence judiciaire et administrative en matière de chemins de fer. In-8°. 1861. *P. Dupont.* 7 fr.

— De l'Expropriation pour cause d'utilité publique, ou Tableau complet de la jurisprudence de la Cour de cassation en matière d'expropriation pour cause d'utilité publique, de 1833 à 1852. In-8°. 1852. *Ibid.* 3 fr.

BLANCHE-RAFFIN (A. de), jurisconsulte, né en 1819, mort à Villeneuve-sur-Lot, en 1854.

— Jacques Balmès, sa vie et ses ouvrages. In-8°. 1849. *Sagnier et Bray.* 4 fr.

BLANCHECOTTE (Mme Augustine Malvina), née Souville, née à Paris, en 1830.

— Nouvelles poésies. In-12. 1861. *Perrotin*. 2 fr. 50 c.

— Rêves et Réalités. (Poésies.) 2e édition. In-18. 1856. *Ledoyen*.

La 1re édition, publiée en 1851, ne portait pas le nom de l'auteur, mais seulement : « Par Mme M. B., ouvrière et poëte ».

Mme Blanchecotte a collaboré à plusieurs recueils périodiques, entre autres à la « Revue française », à la « Revue contemporaine », à la « Revue européenne », etc., etc.

BLANCHEMAIN (Prosper).

— Foi, espérance et charité ; poésies religieuses et morales. In-18. 1853. *Masgana*.

— Idéal. (Poésies.) In-18. 1858. *Aubry*. 3 fr.

— Poëmes et poésies. 3e édition, revue et augmentée d'un grand nombre de pièces nouvelles. In-12. 1853. *Masgana*.

La 1re édition est de 1845.

— Poésies. Foi, espérance et charité. Poëmes et poésies ; idéal. In-12. 1858. *Ibid*.

M. Prosper Blanchemain a publié les OEuvres poétiques de *Vauquelin des Yveteaux*, et les OEuvres complètes de P. de Ronsard. — Voy. ces noms.

BLANCHÈRE (De la). — Voy. **De la Blanchère**.

BLANCHET (Alex.).

— Grèce (Univers pittoresque). — Voy. *Brunet de Presle et Blanchet*.

BLANCHET (Alexandre), docteur en médecine, chirurgien de l'institution impériale des sourds-muets de Paris, né à Saint-Lô, en 1819.

— Documents relatifs aux moyens de généraliser l'éducation et l'assistance des sourds-muets et des aveugles sans les séparer de la famille, des parlants et des voyants. In-4°. 1862. *Hachette et Cie*.

— Manuel de l'instituteur. Enseignement des sourds-muets dans les écoles primaires, résumé des premières conférences pratiques faites en 1858 par ordre de S. Exc. le Ministre de l'intérieur. 2 vol. in-8°. 1864. *Ibid*. 5 fr.

— Moyens de généraliser l'éducation des aveugles sans les séparer de la famille et des voyants. Mémoire lu à l'Académie des sciences morales et politiques le 20 août 1859. In-8°. 1859. *Ibid*. 2 fr.

— Moyens d'universaliser l'éducation des sourds-muets sans les séparer de la famille et des parlants. Mémoire lu à l'Académie des sciences morales et politiques. In-8°. 1857. *Labé*.

— La Musique et l'accord des instruments mis à la portée des aveugles et des instituteurs. In-8°, avec 11 pl. 1864. *Hachette et Cie*. 5 fr. 50 c.

— Premier rapport à M. le Ministre de l'intérieur sur l'enseignement et le développement de la parole dans les établissements de sourds-muets belges et allemands. In-4°. 1851. *Labé*.

— La Surdi-Mutité. Traité philosophique et médical. 2 vol. in-8°. 1850-1852. *Ibid*. 16 fr.

— La Surdi-Mutité. Moyens de converser avec le sourd-muet et le sourd-muet-aveugle ; suivi d'un questionnaire destiné aux médecins et d'un petit dictionnaire usuel de mimique et de dactylologie, à l'usage des médecins et des gens du monde. 2e édition. In-8°, avec 2 pl. 1851. *Ibid*.

BLANCHET (Alphonse), mathématicien né en 1813, a publié une édition des Éléments de géométrie de *A. M. Legendre*.

BLANCHET (F.), professeur de rhétorique au lycée de Strasbourg.

— Le Faust de Gœthe expliqué d'après les principaux commentaires allemands. In-12. 1860. Strasbourg, *Dérivaux*. 2 fr.

M. Blanchet a publié les OEuvres complètes de Lucrèce, traduites par *Lagrange*. — Voy. *Lucrèce*.

BLANCHET (H. Hector).

— Rives et ses environs, documents historiques. In-16. 1861. Grenoble, *Maisonville et fils*. 1 fr. 25 c.

BLANCHET (L.).

— Chroniques sur la Marche, le Limousin et le Berri. In-12 de 364 p. 1862. Limoges, *imprimerie Ducourtieux*.

BLANCHET (M. A.).

— Notice sur quelques monnaies inédites de l'évêché de Sion. In-4°, avec pl. 1864. Lausanne.

BLANCHET (Rod.), vice-président du conseil de l'instruction publique du canton de Vaud.

— Mémoires sur les monnaies des pays voisins du Léman. Extrait du tome XIII des Mémoires de la Société d'histoire de la Suisse romande. In-8°. 1854. Lausanne. 5 fr. 50 c.

BLANCHET (S. A.), sous-préfet.

— Code administratif de l'empire français, ou Recueil méthodique des lois et ordonnances, actuellement en vigueur, sur l'administration et le contentieux. 2e édition. In-8°. 1854. *Dupont*. 8 fr.

La 1re édition est de 1839.

— Cours élémentaire et pratique du droit commercial, à l'usage des étudiants en droit et des jeunes gens qui se destinent au commerce. In-18. 1855. [Toulouse.] *Cotillon*. 1 fr. 50 c.

BLANCHIN (J. B.), ancien oratorien, membre de l'Université, mort en 1836.

— Le Disciple de Lhomond, ou Recueil des phrases qui ont rapport aux différentes règles contenues dans les Éléments de la grammaire latine par Lhomond. 19e édition. In-12. 1860. Lyon, *Périsse frères*.

La 1re édition est de 1812.

— Le même. 2e partie. Traduction latine à l'usage des professeurs. In-12. 1864. *Ibid*. 3 fr. 50 c.

— Le Petit élève de Lhomond. Petit cours de thèmes, rédigé sur les règles du Rudiment, à l'usage des élèves de huitième, septième et sixième. In-12. 1861. *Delalain et fils*. 2 fr. 50 c.

La 1re édition est de 1813.

— Corrigés des thèmes du Petit élève de Lhomond. Nouvelle édition, revue et corrigée. In-12. 1857. *Ibid*. 3 fr. 50 c.

— Nouvelle Cacographie historique, morale et religieuse. In-12. 1858. Lyon, *Périsse frères*.

BLANCHON, médecin, physicien, chimiste-sériciculteur.

— Art d'élever les vers à soie avec succès et de les préserver de maladies en temps opportun, ou la Nouvelle sériciculture Blanchon. 2e édition. In-12 de 60 p. 1865. Valence, *chez l'auteur*. 5 fr.

BLANCMESNIL (le comte Delley de). — Voy. **Delley de Blancmesnil**.

BLANCMESNIL (Mme Victorine de).

— La Cuisinière à bon marché, pour la ville et la campagne. In-12. 1851. *Audot*,

*Blancs (les) et les Noirs en Amérique et le coton dans les deux mondes, par l'auteur de « la Paix en Europe par l'alliance anglo-française ». In-8°. 1862. *Dentu*. 1 fr. 25 c.

BLANDÈQUES (Comte, marquis de VALFONS). — Voy. Valfons.

BLANDIN (le docteur). — Voy. *Plaies d'armes à feu*.

BLANDIN, ancien bâtonnier, conseiller municipal.

— Aperçu de la bienfaisance en France, sous le double rapport de l'assistance et de la prévoyance. In-8°. 1857. Pau, *imprimerie Vignancourt*. 1 fr.

BLANDIN (Eugène).

— Frédégonde et Brunehilde, poëme dramatique. In-12. 1851. *Lévy frères*. 1 fr. 50 c.

BLANDOT (Lambert), architecte à Huy (Belgique), né dans cette ville, en 1833.

— Maisons et Écoles communales de la Belgique, dessinées, mesurées et accompagnées d'un texte descriptif et explicatif. Livraisons 1 à 7, composées chacune de 10 pl., avec texte. In-fol. 1864. *Noblet et Baudry*. Prix de chaque livraison, 5 fr.

L'ouvrage formera 12 livraisons.

BLANGIS (Louis Napoléon), officier de l'Université.

— Essai historique sur le prisonnier de Gisors (Eure). In-8°. 1859. Rouen, *Le Brument*.

BLANGY (C. F.), professeur au lycée de Rouen.

— Grammaire latine à l'usage des classes élémentaires et de grammaire. In-8°. 1853. Rouen, *Herpin*.

BLANKEN (VAN). — Voy. Van Blanken.

BLANQUART-ÉVRARD (Louis Désiré), de Lille, propriétaire, membre de la Société impériale des sciences de Lille, et de plusieurs autres sociétés savantes, né à Lille, en 1802.

— Intervention de l'art dans la photographie. In-12, avec photographie. 1864. *Leiber*. 1 fr. 50 c.

Extrait des « Mémoires de la Société impériale des sciences, etc., de Lille ».

— Traité de photographie sur papier; avec une introduction par M. George Ville. In-8°. 1851. *Roret*. 4 fr. 50 c.

M. Blanquart-Évrard collabore aux journaux « la Lumière », « Moniteur de la photographie », et au « Bulletin de la Société française de photographie ».

BLANQUET (Albert), romancier et journaliste, né à Paris, en 1826.

— Amour et caprice; comédie en vers. In-12. 1854. *Lévy frères*. 1 fr.

— Les Amours de d'Artagnan. 8 vol. in-8°. 1859. *Cadot*. 60 fr.

— Le même. 2 vol. in-12. 1861. *Ibid*. 2 fr.

— Le même. In-4°. Illustré. *Charlieu*. 90 c.

— Les Bains de mer des côtes normandes. Guide pittoresque. In-12. 1859. *Hachette et C*ie. 3 fr.

— La Belle Féronnière. 6 vol. in-8°. 1862. *Cadot*. 45 fr.

— Le même. In-12. 1865. *Librairie centrale*. 3 fr.

— Les Chevaliers de l'as de pique. 4 vol. in-8°. 1863. *De Potter*. 30 fr.

— Les Enfants du curé. 4 vol. in-8°. 1864. *Ibid*. 30 fr.

— La Giralda de Séville. In-8°. 1852. *Giraud et Dagneau*. 7 fr. 50 c.

— Le même. In-4°. Illustré. 1859. *Lécrivain et Toubon*. 70 c.

— Le même. In-12. 1860. *Ibid*. 1 fr.

— Mademoiselle Trois Étoiles. In-12, avec grav. 1862. *Sartorius*. 1 fr.

— Le Parc aux cerfs. 5 vol. in-8°. 1860. *Cadot*. 37 fr. 50 c.

— Le même. 1 vol. in-12. 1864. *Ibid*. 3 fr.

— La Reine du tapis vert. 4 vol. in-8°. 1863. *De Potter*. 30 fr.

— Le Roi d'Italie, roman historique. In-8°. 1860. *Librairie nouvelle*. 2 fr.

BLANQUET (Mme Rosalie).

— La Cuisinière des ménages, ou Manuel pratique de cuisine et d'économie domestique pour la ville et la campagne. Ouvrage orné de 217 fig. In-12. 1864. *Lefèvre*. 3 fr.

BLANQUI (Adolphe Jérôme), appelé aussi BLANQUI AÎNÉ, fils du conventionnel de ce nom, économiste, membre de l'Institut, directeur de l'école spéciale de commerce et d'industrie de Paris, né à Nice en 1798, mort en 1854.

— Algérie. Rapport sur la situation économique de nos possessions dans le nord de l'Afrique; lu à l'Académie des sciences morales et politiques, dans les séances des 16, 23 et 30 novembre, 7 et 15 décembre 1839. In-8°. 1840. *Coquebert*. 2 fr. 75 c.

— Des Classes ouvrières en France pendant l'année 1848. 2 vol. in-18. 1849. *Didot*. 40 c.

Fait partie des « Petits Traités », publiés par l'Académie des sciences morales et politiques.

— Considérations sur l'état social de la Turquie d'Europe. In-8°. 1843. *Coquebert*. 2 fr. 25 c.

— La Corse. Rapport sur son état économique et moral en 1838, lu à l'Académie des sciences morales et politiques, dans les séances des 18 et 27 octobre, 10 et 17 novembre, 8 et 22 décembre 1838. In-8°. 1840. *Ibid*. 2 fr. 50 c.

— Du Déboisement des campagnes. In-18 de 3 f. 1846. *Renard*.

— Histoire de l'économie politique en Europe depuis les anciens jusqu'à nos jours, suivie d'une bibliographie raisonnée des principaux ouvrages d'économie politique. 4e édition, revue et annotée. 2 vol. in-12. 1860. *Guillaumin et C*ie. 6 fr.

La 1re édition est de 1838. — Les 3 premières éditions étaient du format in-8°. Prix : 10 fr.

— Lettres sur l'exposition universelle de Londres, précédées d'un préambule et suivies du rapport présenté à l'Institut national de France. In-12. 1851. *Capelle*. 3 fr. 50 c.

— De la Liberté du commerce et de la protection de l'industrie. Lettres échangées entre MM. Blanqui et Émile de Girardin. 1846-1847. In-8° de 9 f. 1847. *Amyot*.

— Précis élémentaire d'économie politique. 3e édition. Suivi du Résumé de l'histoire du commerce et de l'industrie. 2ᵉ édition. In-12. 1857. *Guillaumin et Cⁱᵉ*. 2 fr. 50 c.

La 1ʳᵉ édition du Précis a paru en 1826, la 2ᵉ en 1842; la 1ʳᵉ édition du Résumé est de 1826.

— Rapport sur l'état social des populations de la Turquie d'Europe. In-8° de 4 ¹/₂ f. 1842. *Ibid.*

— Voyage en Bulgarie pendant l'année 1841. In-12. 1843. *Coquebert*. 3 fr. 50 c.

BLANT (E. LE). — Voy. **Le Blant.**

BLANVALET (H.).

— Femmes - poëtes de la France. Anthologie. In-16. 1856. Genève, *Kessmann*. 4 fr.

— Une Lyre à la mer. Poésies. In-8°. 1844. Franc-fort-sur-le-Mein. 5 fr.

— Scènes de voyages et de chasses. Traductions libres. In-8°. 1857. Genève, *Kessmann*. 4 fr.

BLARD (J.).

— La France intellectuelle, ou Aperçu critique des principales individualités de la chambre des pairs et de celle des députés, publiée sous la direction de M. J. Blard. Tome 1ᵉʳ. 1ʳᵉ livraison. In-8°. 1844. *Passage Brady*, 102.

L'ouvrage devait avoir 12 volumes, mais il paraît qu'il n'a pas été continué.

BLARRU (Pierre de), poëte latin du xvᵉ siècle, né à Pairis dans la vallée d'Orbay en 1437, mort à Saint-Diez en 1505.

— La Nancéïde, ou la Guerre de Nancy, poëme latin, avec la traduction française, augmentée de l'exposé du système de ponctuation et d'abrévia-tions suivi au moyen âge, d'un examen philoso-phique, de poésies, de documents historiques, et de plusieurs gravures, par M. Ferdinand Schutz. 2 vol. in-8°. 1840. Nancy, *Raybois*.

L'original latin a été publié après la mort de l'auteur en 1518, par les soins de son ami Jean Basin de Sandaucourt.

BLASTARÈS (Matthieu), moine du xivᵉ siècle.

— Breviarium alphabeticum rerum omnium quæ in canonibus continentur. — Voy. *Migne*, Patro-logie grecque, tomes 144 et 145.

BLASTIER (l'abbé LE). — Voy. **Le Blastier.**

BLATAIROU (J.).

— Institutiones philosophicæ ad usum semina-riorum. 2 vol. in-12. 1848. Bordeaux, *chez l'auteur*.

BLATIN (le docteur Henry), docteur-médecin à Paris, vice-président de la Société protectrice des animaux, né à Clermont-Ferrand, en 1808.

— Les Courses de taureaux. Société protectrice des animaux. In-8°. 1863. *Rue de Lille*, 19. 1 fr.

— De la rage chez le chien et des mesures pré-servatrices. In-8°. 1863. *J. B. Baillière*. 1 fr.

— Traité des maladies des femmes. – Voy. *Nivet et Blatin.*

BLAUD (César).

— Histoire du dacus de l'olivier qui ravage l'o-live, avec l'indication des moyens que l'on doit employer pour s'en préserver. Suivie des preuves de l'existence de Dieu, puisées dans la géologie, la zoologie et la botanique. In-8° de 4 f. 1849. Alais, *imprimerie Martin*.

BLAUD (le docteur P.).

— Le Christianisme avant Jésus-Christ, ou His-toire de la religion chrétienne, écrite par les pro-phètes depuis l'avénement du Messie jusqu'à la ruine de la nation juive et à l'abolition de l'an-cienne loi. 2 vol. in-8°. 1848. *Périsse frères*. 12 fr.

— La Logique du catholicisme, ou les Vérités catholiques démontrées par les faits. In-8°. 1859. Avignon, *Séguin aîné*. 3 fr.

BLAVIER (Édouard Ernest), inspecteur des lignes télégraphiques, né à Paris, en 1826.

— Cours théorique et pratique de télégraphie électrique. In-12, avec 6 pl. 1857. *Lacroix-Comon*. 7 fr.

— Nouveau Traité de télégraphie électrique. Cours théorique et pratique, à l'usage des fonc-tionnaires de l'administration des lignes télégra-phiques, des ingénieurs, constructeurs, inven-teurs, etc. 1ᵉʳ fascicule. In-8°, avec fig. dans le texte. 1865. *E. Lacroix*. Prix de l'ouvrage complet, 15 fr.

L'ouvrage sera complet en 2 fascicules.

M. Blavier a publié de nombreux mémoires dans les « An-nales de télégraphie ».

BLAVIGNAC (J. D.), architecte à Genève.

— Armorial genevois. Essai historique sur les armoiries, les sceaux, les bannières et les mon-naies de Genève, depuis l'époque la plus an-cienne jusqu'à nos jours. In-8°. 1849. Genève.

— Histoire de l'architecture sacrée du ivᵉ au xᵉ siècle dans les anciens évêchés de Genève, Lau-sanne et Sion. In-8°, avec une carte, 36 pl. et un atlas in-fol. de 82 pl. 1853. [Lausanne, *G. Bridel*.] *V. Didron*. 75 fr.

BLAYS (Mᵐᵉ Marie de).

— Adrienne, ou la Jeune Arabe, nouvelle. In-18. 1848. Limoges, *Barbou*. 60 c.

— Juliette, ou la Jeune Arabe. In-18. 1862. *Ibid.* 60 c.

— Marie de Talcy, ou Notre-Dame du Château. In-8°. 1852. *Ibid.* 60 c.

— Les Roses de Bourgogne. In-12. 1845. Auxonne, *Saunié*. 1 fr.

BLAZE (Elzéar), littérateur, né à Cavaillon (Vaucluse), vers 1786, mort en 1848. Il avait fait les campagnes de l'empire en Allemagne et en Espagne, et avait quitté le service militaire avec le grade de capitaine.

— Brigitte; drame en trois actes. In-8°. 1842. *Tresse*. 1 fr.

Avec M.***.

— Causeries de gourmets et de chasseurs. — Voy. au mot *Causeries*.

— Le Chasseur au chien d'arrêt, contenant les habitudes, les ruses du gibier, l'art de le chercher et de le tirer, le choix des armes, l'éducation des chiens, etc. 6ᵉ édition. In-12. 1862. *Tresse*. 3 fr. 50 c.

La 1ʳᵉ édition est de 1836.

— Le Chasseur au chien courant, contenant : les habitudes, les ruses des bêtes; l'art de les quêter, de les juger et de les détourner, de les at-taquer, etc.; formant, avec le Chasseur au chien d'arrêt, un cours complet de chasse à tir et à courre. 2ᵉ édition. 2 vol. in-12. 1859. *Ibid.* 7 fr.

La 1ʳᵉ édition est de 1838. 2 vol. in-8°. 15 fr.

— Le Chasseur conteur, ou les Chroniques de la chasse, contenant des histoires, des contes, des anecdotes, et, par-ci par-là, quelques hâbleries sur la chasse, depuis Charlemagne jusqu'à nos jours. 2e édition. In-12. 1860. *Ibid.* 3 fr. 50 c.

La 1re édition est de 1840. 1 vol. in-8°, 7 fr. 50 c.

— Histoire du chien chez tous les peuples du monde, d'après la Bible, les pères de l'Église, le Koran, Homère, etc. In-8°. 1842. *Ibid.* 7 fr. 50 c.

— Le Livre du Roy Modus. — Voy. *Livre.

BLAZE (François Henri Joseph), connu sous le nom de CASTIL-BLAZE, littérateur et compositeur, frère du précédent, né à Cavaillon (Vaucluse), en 1784, mort a Paris, en 1857.

— L'Art des vers lyriques. In-8°. 1858. *A. Delahays.* 2 fr. 50 c.

— Belzébuth, ou les Jeux du roi Réné; mélodrame en quatre actes. In-8°. 1841. *Chez l'auteur.* 2 fr. 50 c.

— Bernabo; opéra-bouffe en un acte, d'après Molière, paroles ajustées sur la musique de Cimarosa, Paesiello, Guglielmi, Salieri, Farinelli, Grétry. In-8°. 1856. *Ibid.* 50 c.

— Huon de Bordeaux; mélodrame en trois actes, musique de C. M. Weber. In-8°. 1843. *Imprimerie Boulé.*

— Léonore; grand opéra en quatre actes, d'après J. N. Bouilly, musique de Louis Van Beethoven. In-8°. 1847. *Chez l'auteur.* 1 fr.

— Molière musicien. Notes sur les œuvres de cet illustre maître, et sur les drames de Corneille, Racine, Quinault, Regnard, etc., où se mêlent des considérations sur l'harmonie de la langue française. 2 vol. in-8°. 1852. *Ibid.* 15 fr.

— Sur l'Opéra français. Vérités dures, mais utiles. Prélude et cadence finale de l'Opéra italien de Paris, de 1548 à 1856. In-8°. 1856. *Ibid.* 50 c.

— Théâtres lyriques de Paris. L'Académie impériale de musique. Histoire littéraire, musicale, chorégraphique, pittoresque, morale, critique, facétieuse, politique et galante de ce théâtre, de 1645 à 1855. 2 vol. in-8°. 1847-1855. *Ibid.* 15 fr.

— Théâtres lyriques de Paris. L'Opéra italien, de 1548 à 1856. In-8°. 1856. *Ibid.* 7 fr. 50 c.

BLAZE (Henri) dit BLAZE DE BURY, littérateur, fils du précédent, né à Avignon, en 1813.

— Les Bonshommes de cire, par l'auteur des «Salons de Vienne et de Berlin». In-12. 1864. *Lévy frères.* 3 fr.

Anonyme.

— Le Chevalier de Chasot. Mémoires du temps de Frédéric le Grand. In-12. 1862. *Ibid.* 3 fr.

— Le Comte de Chambord. Un mois à Venise. In-12. 1850. *Ibid.* 3 fr.

— Le Décaméron; comédie en un acte, en vers. In-12. 1861. *Ibid.* 1 fr.

— Écrivains et poëtes de l'Allemagne. 2 vol. in-12. 1846. *Ibid.* 6 fr.

— Épisode de l'histoire du Hanovre. Les Kœnigsmark. In-12. 1855. *Ibid.* 3 fr.

— Gœthe et la comtesse A. Stolberg; imprimé à la suite de Hermann et Dorothée, traduit par Fournier. — Voy. *Gœthe.*

— Hommes du jour. In-12. 1859. *Lévy frères.* 3 fr.

Anonyme. — En collaboration avec Mme Blaze de Bury. — 2e édition en 1860.

— Intermèdes et poëmes. In-12. 1859. *Ibid.* 3 fr

— Meyerbeer et son temps. In-12. 1865. *Ibid.* 3 fr.

— Musiciens contemporains. In-12. 1856. *Ibid.* 3 fr.

— Poésies complètes. In-12. 1842. *Charpentier.* 3 fr. 50 c.

— Rosemond; légende (en vers). In-12. 1841. *Curmer.* 1 fr. 25 c.

— Les Salons de Vienne et de Berlin, par l'auteur des Hommes du jour. In-12. 1861. *Lévy frères.* 3 fr.

Anonyme.

— Souvenirs et récits des campagnes d'Autriche. In-12. 1854. *Ibid.* 3 fr.

M. Blaze de Bury a traduit de l'allemand le «Faust», et les poésies de Gœthe. — Voy. *Gœthe.*

BLAZE DE BURY (la baronne), née STEWART, femme du précédent.

— Voyage en Autriche, en Hongrie et en Allemagne pendant les événements de 1848 et 1849. In-12. 1851. *Charpentier.* 3 fr. 50 c.

BLAZY.

— Abrégé d'un commentaire inédit sur l'Apocalypse, enrichi de quelques précis sur d'autres prophéties de la sainte Écriture et sur quelques prédictions particulières. 3 vol. in-12. 1844. Lyon, *Périsse.*

BLED (Achille Du). — Voy. **Du Bled.**

BLED DE BRAINE (F.).

— Clé de la prononciation des idiomes de l'Algérie, ou Cours élémentaire de lecture arabe. In-8°. 1848. *Hachette.* 2 fr. 50 c.

— Cours synthétique, analytique et pratique de langue arabe. In-8°. 1846. *Th. Barrois.*

BLEEK (Frédéric), théologien protestant allemand, né à Arensbœck (Holstein), en 1793, mort en 1859.

— Étude critique sur l'Évangile selon saint Jean (extrait de l'Introduction au Nouveau Testament de Frédéric Bleek). Traduit de l'allemand par Ch. Bruston. In-8°. 1864. *Meyrueis et Cie.* 1 fr.

BLEEKER (Pierre), docteur ès sciences et en médecine, conseiller d'État du roi des Pays-Bas, membre de l'Académie royale des sciences d'Amsterdam, né à Zaandam (Hollande), en 1819.

— Atlas ichthyologique des Indes orientales néerlandaises, publié sous les auspices du gouvernement colonial néerlandais. Livr. 1 à 20. Gr. in-fol. 1862-1865. Amsterdam, *Fr. Müller.* Chaque livraison, 20 fr.

— Mémoires sur les poissons de la côte de Guinée. In-4° avec 28 pl. chromo-lithographiées. 1864. *Ibid.* 28 fr.

BLEIN (A.), de Valence.

— Essai philosophique sur la dialectique, la métaphysique, la morale, le culte religieux et la physique. In-8° de 21 f. 1843. *Comptoir des imprimeurs-unis.*

BLEMMIDAS (Nicéphore), écrivain ecclésiastique grec du XIIIe siècle.

— Opera omnia. — Voy. *Migne,* Patrologie grecque, tome 142.

BLÉMUR (Marie Jacqueline Bouette de), religieuse bénédictine du saint sacrement, née en 1618, morte en 1696.

— Les Grandeurs de la Mère de Dieu, par la mère de Blémur. Nouvelle édition, revue et augmentée d'un recueil de neuvaines et de prières en l'honneur de la sainte Vierge, par une bénédictine de la Congrégation de France. 2 vol. in-12. 1864. [Poitiers, *Oudin*.] *Palmé*. 8 fr.

BLESSEBOIS (Pierre Corneille), écrivain français de la deuxième moitié du XVIIe siècle.

— Théâtre de Corneille Blessebois. In-8º. 1865. *Aubry*. 12 fr.

Tiré à 150 exemplaires numérotés; dont 100 exemplaires seulement sont destinés au commerce.

— Le Lion d'Angélie; suivi du Temple de Marsias; avec une notice sur l'auteur et sur ses ouvrages. In-12. 1862. *Gay*. 12 fr.

— Le Zombi du grand Pérou, ou la Comtesse de Cocagne, précédé d'une notice sur la vie et les ouvrages de l'auteur, par M. Édouard Cléder. Petit in-8º. 1862. *Aubry*. 12 fr.

La 1re édition est de 1697.

BLESSON (Louis), écrivain militaire allemand, professeur à l'école militaire de Berlin, né à Berlin, en 1790.

— Esquisse historique de l'art de la fortification permanente. Traduite de l'allemand par Ed. De la Barre Duparcq. In-8º avec 1 pl. 1849. *Corréard*. 5 fr.

BLETTON (Jean François), vicaire de Saint-Valence près de Valence, né en 1791.

— Explication des quinze mystères du Rosaire. Nouvelle édition. 3 vol. in-16. 1859. Lyon, *Périsse frères*.

La 1re édition est de 1830.

— Les Fins dernières de l'homme, ou le Mois de novembre sanctifié par la méditation de la mort, du jugement, de l'enfer, du purgatoire et du ciel. In-18. 1864. *Ibid*. 60 c.

— Manuel des congréganistes de l'immaculée Conception de la sainte Vierge. In-18. 1862. *Ibid*.

— Nouveau mois de mars, consacré au très-glorieux patriarche saint Joseph. In-18. 1858. *Ibid*.

— Traité sur l'Ave Maria. 5e édition. In-18. 1859. *Ibid*.

La 1re édition est de 1835; elle était anonyme.

— Traité sur le sacrement de pénitence. In-18. 1845. Lyon, *Guyot*.

*Bleuniou-Breïz. — Poésies anciennes et modernes de la Bretagne. In-8º. 1862. Quimperlé, *Clairet*. 2 fr.

BLEYNIE (Léon).

— Jean de Velours. In-8º. 1864. [Toulon.] *Marlé*. 2 fr. 50 c.

— Les Landes. In-8º de 177 p. 1858. Toulon, *imprimerie Laurent*.

— Provence et Brésil. In-12 de 10 ½ f. 1854. *Ibid*.

BLIER (Paul).

— Mignon; poëme couronné par la Société impériale des lettres de Valenciennes, suivi de: Chansons et ramages (Juvenilia). In-8º. 1859. Valenciennes, *Lemaître*. 1 fr. 25 c.

M. Paul Blier a traduit de l'anglais: «la Légende dorée», de *Longfellow*.

BLIGNIÈRES (Célestin de), ancien élève de l'École polytechnique.

— Exposition abrégée et populaire de la philosophie et de la religion positives. In-12. 1857. *Chamerot*. 3 fr. 75 c.

— Lettre sur la morale à l'évêque d'Orléans, l'un des quarante de l'Académie française. In-8º. 1863. *G. Havard*. 1 fr.

— Du Progrès des idées politiques. La Liberté et la Souveraineté nationale; lettre à un positiviste (M. Ch. Mellinet fils, de Nantes). In-8º. 1864. [Nantes.] *Sausset*. 75 c.

— La Vraie liberté; conséquence nécessaire de la séparation des pouvoirs temporel et spirituel. In-8º. 1860. *Chez tous les libraires*. 1 fr.

BLIGNIÈRES (J. J. Le Barbier de), chef d'institution, élève de l'abbé Gaultier, né à Paris, en 1797.

— Atlas élémentaire de géographie ancienne. 8 cartes in-8º. *Hachette et Cie*. 2 fr. 50 c.

— Éléments de grammaire française sur un plan nouveau. In-12. 1849. *Renouard*. 1 fr. 50 c.

Avec son fils Aug. de Blignières.

— Exercices gradués et variés d'analyse grammaticale, d'orthographe, de syntaxe, de ponctuation et d'analyse logique. In-12. 1851. *Ibid*. 1 fr. 50 c.

Avec le même.

— Corrigé des exercices, faisant suite aux Éléments de grammaire française. In-12. 1862. *Ibid*. 1 fr.

Avec le même.

— Grammaire latine dans laquelle les règles sont appuyées d'un grand nombre d'exemples tirés des auteurs classiques. In-12. 1840. *Maire-Nyon*. 1 fr. 25 c.

— Petite géographie ancienne. 4e édition. In-18. 1849. *Hachette*. 1 fr.

La 1re édition est de 1832.

— Premières notions de grammaire française, extraites des Éléments de grammaire française. In-12. 1860. *Ve J. Renouard*. 75 c.

Avec Aug. de Blignières.

BLIGNIÈRES (Auguste de), fils du précédent, professeur de rhétorique au collège Stanislas, né à Paris, en 1825, mort en 1851.

— Essai sur Amyot et les traducteurs français au XVIe siècle, précédé d'un Éloge d'Amyot qui a obtenu du prix d'éloquence décerné par l'Académie française dans sa séance du 5 juillet 1849. In-8º. 1851. *Durand*. 7 fr.

— Mélanges et fragments; recueillis par Charles Jourdain. In-8º avec un portrait. 1854. *Imprimerie Lahure*.

BLIGNY (le comte B. de).

— Un Bâtard des ducs de Bourgogne. In-16 de 6 f. 1856. *Dentu*.

— Cœur d'argent. In-12. 1864. *De Vresse*. 1 fr.

Avec M. Ch. De Latour.

BLIN (A.), professeur d'histoire et de géographie au lycée impérial du Mans.

— Éléments d'histoire et de géographie, rédigés conformément aux programmes officiels de 1852. 1re partie: Histoire ancienne; géographie générale. (Premier cours, classe de troisième.) In-18. 1856. *Dezobry et Magdeleine*. 1 fr.

BLIN (l'abbé J. B.), vicaire de Saint-Cyr en Pail, diocèse de Laval.

— Conférences sur l'état religieux, à l'usage des noviciats, du clergé régulier et des communautés religieuses. In-8°. 1864. *Martin-Beaupré frères*. 6 fr.

Édition in-12. *Ibid.* 3 fr. 50 c.

— Le Modèle du prêtre dans l'exercice des fonctions pastorales, ou la Vie du vertueux Henri de Moré, curé de Saint-Cyr en Pail; écrite par un de ses vicaires (qui a vécu avec lui les sept dernières années de son existence); publiée par l'abbé J. B. Blin. In-12. 1856. [Laval, *Moreau*.] *Gaume frères*.

— Sermons à l'usage des missions et du ministère paroissial; édités par l'abbé J. B. Blin. 4 vol. in-12. 1856. *Gaume*. 10 fr.

BLIN (Th.).

— Manuel contenant les radicaux les plus importants de la langue grecque et leurs principaux dérivés comparés. In-8°. 1846. *Dezobry et Magdeleine*. 2 fr. 50 c.

BLION (l'abbé).

— Nouvelles fleurs de la vie des saints pour tous les jours de l'année, précédées d'un Traité de la canonisation, etc. 2 vol. in-8°. 1847. Plancy, *à la Société de Saint-Victor*. 5 fr.

BLISMON (Ana-Gramme), l'un des pseudonymes du compilateur Simon **Blocquel**. — Voy. ce nom.

BLOCH (Simon), rédacteur en chef et fondateur (en 1844) du journal « l'Univers israélite », ancien secrétaire du consistoire central des israélites de France, né à Reichshoffen (Bas-Rhin), en 1808.

— La Foi d'Israël, ses dogmes, son culte, ses cérémonies et pratiques religieuses, sa loi morale et sociale, sa mission et son avenir. In-8°. 1859. *Rue des Martyrs*, 38. 4 fr.

— Le Judaïsme et le socialisme. In-8°. 1850. *Ibid.* 60 c.

Extrait de « l'Univers israélite ».

— Méditations bibliques, pensées religieuses et morales, discours et commentaires sur le Pentateuque, divisé en cinquante-quatre lectures sabbatiques (Sidroth), à l'usage de l'étude et du culte. In-8°. 1860. *Librairie israélite*. 4 fr.

— M. Renan et le Judaïsme. Vie de Jésus. Gr. in-8°. 1863. *Castel*. 50 c.

Extrait de « l'Univers israélite ».

BLOCHET (J. M. Duvault-). — Voy. **Duvault-Blochet.**

BLOCK (Maurice), économiste français, né à Berlin, en 1816. Il vint très-jeune en France et fut attaché de 1844 à 1862 au bureau de statistique générale (ministère de l'agriculture et du commerce).

— Annuaire de l'administration française, faisant suite au Dictionnaire de l'administration française. 1re à 9e années, 1858 à 1866. In-12. *Ve Berger-Levrault et fils*. Chaque volume, broché, 4 fr.; relié, 5 fr.

Sous le titre : « Législation et Jurisprudence administrative » on a publié une nouvelle édition des 5 premiers volumes de cet Annuaire dans laquelle a été supprimée la 1re partie: « Personnel et organisation française ». Prix de chaque volume de cette nouvelle édition: 2 fr. 50 c.

— Annuaire de l'économie politique et de la statistique pour les années 1856 à 1866. 13e à 23e années. 11 vol. In-18. *Guillaumin et Cie*. Prix de chaque volume, 5 fr.

Les années 1856 à 1864 sont de MM. Block et Guillaumin, les années 1865 et 1866 de M. Block seul. — Années 1 à 3, voy. *°Annuaire*; 4 à 12, voy. *Garnier et Guillaumin*.

— Des Charges de l'agriculture dans les divers pays de l'Europe. In-8°. 1851. *Bouchard-Huzard*. 5 fr.

Couronné par l'Institut.

— Dictionnaire de l'administration française. In-8°. 1855-1856. *Ve Berger-Levrault et fils*. 25 fr.

3e tirage en 1862.

— Dictionnaire général de la politique; avec la collaboration d'hommes d'État, de publicistes et d'écrivains de tous les pays. 2 vol. in-8°. 1862-1864. *O. Lorenz*. 40 fr.

L'ouvrage a été publié en 14 livraisons.

— L'Espagne en 1850. Tableau de ses progrès les plus récents. In-12. 1851. *Guillaumin*. 2 fr. 50 c.

— Les Finances de la France depuis 1815. Exposé raisonné des recettes et des dépenses, ainsi que du montant de la dette à diverses époques. In-8°. 1863. *O. Lorenz*. 1 fr.

Extrait du « Dictionnaire général de la politique ».

— Législation et jurisprudence. — Voy. ci-dessus : Annuaire de l'administration.

— Lettres à mon ami Jacques (3 brochures sur des matières économiques). In-32. 1849. *Curmer*. 30 c.

Anonyme.

— Puissance comparée des divers États de l'Europe. Édition française. In-8° avec un atlas de 13 cartes in-fol. 1862. Gotha, *Perthes*. 12 fr.

— Statistique de la France comparée avec les autres États de l'Europe. 2 vol. in-8°. 1860. *Amyot*. 18 fr.

Couronné par l'Institut.

— Table générale des matières contenues dans les Mémoires de la Société nationale et centrale d'agriculture, depuis sa reconstitution en l'an VII jusqu'en 1850. In-8°. 1851. *Bouchard-Huzard*. 3 fr.

M. Block a traduit de l'allemand et annoté: *Roscher*, « Du Commerce des graines »; il a fait une introduction au « Traité des magasins généraux » de *Damaschino*. — Voy. ces noms.

BLOCK (V. de), professeur de rhétorique au collège Notre-Dame à Anvers.

— Grammaire grecque mise en harmonie avec les éléments de la grammaire latine. 1re partie. In-8°. 1862. Bruxelles, *Goemaere*. 1 fr. 50 c.

— La même. 2e partie. Syntaxe et supplément à l'usage des classes supérieures. In-12. 1865. *Ibid.* 3 fr.

BLOCKHAUSEN (F. A. de).

— Aimez vos ennemis; conte traduit de l'allemand par de Blockhausen; In-16. 1865. Mulhouse, *Risler et Cie*. 1 fr.

— Conseils et entretiens, suite de « la Famille Durandel ». In-12. 1855. *Ibid.* 1 fr.

— La Famille Durandel, ou l'Enseignement de la maxime: « Il ne faut pas maltraiter les animaux. » In-12. 1854. *Ibid.* 1 fr.

— La Mère Anne et sa petite Marguerite; traduit de l'allemand par A. de Blockhausen. In-16. 1861. *Ibid.* 2 fr.

— Petit Cours de mythologie, suivi de notes sur les oracles, l'aréopage, etc. In-18. 1853. *Mey-rueis et C*ⁱᵉ. 75 c.

M. de Blockhausen a encore traduit de l'allemand: « le Pouvoir de la conscience », de Fr. *Hoffmann*, et « la Mère Anne », de Mᵐᵉ de *Gumpert*. — Voy. ces noms.

BLOCKHUYS (J.) a traduit de l'allemand la « Nouvelle psychologie » de *Beneke*.

BLOCQUEL (Simon), fécond compilateur, ancien libraire à Lille, né à Douai en 1780.

Comme on le voit dans la liste suivante, ses nombreuses publications sont ou anonymes ou signées de divers pseudonymes, surtout de celui d'Ana-Gramme Blismon.

— L'Ami de la famille, couplets pour fêtes patronales, naissances, anniversaires, convalescences, etc., publiés par Ana-Gramme Blismon. In-32. 1857. *Delarue*. 1 fr.

— L'Avenir dévoilé, ou l'Astrologie, l'horoscopie et les divinations anciennes expliquées par les devins du moyen âge, et rédigées par Aymaus. In-18. 1845. *Ibid.* 1 fr.

— Beautés de la littérature morale et de l'éloquence religieuse. Recueil de morceaux en prose, extraits des ouvrages qui ont établi la réputation des écrivains et des orateurs les plus célèbres de tous les temps, mis en ordre par Buqcellos. In-12. 1852. *Ibid.* 1 fr.

1ʳᵉ édition en 1827.

— Un Déluge de gasconnades, suite du Véritable Gasconiana, publié par Ana-Gramme Blismon. In-32. 1855. *Ibid.* 1 fr.

— Éloge de l'ivresse, des buveurs et du jus de la treille, suivi d'Ivrogniana, recueil d'anecdotes bachiques, publié par Ana - Gramme Blismon. In-32. 1857. *Ibid.* 1 fr.

— Gastronomiana. Trésor des bons mots, plaisanteries, aventures, excentricités, etc., des disciples de Comus. Édition renfermant tout ce qu'un véritable gastronome doit connaître pour faire son chemin dans tous les États policés de notre globe. In-32. 1857. *Ibid.* 1 fr.

— Guide en amour, indispensable aux jeunes amants des deux sexes. In-12. 1842. *Ibid.* 3 fr. 60 c.

— Guide des femmes de ménage, des cuisinières et des bonnes d'enfants; par Blismon. In-18. 1841. *Ibid.* 1 fr.

— Jurisprudentiana. Trésor des anecdotes de jurisprudence et recueil de faits singuliers relatifs à cette science ou à ceux qui l'ont cultivée. Ouvrage posthume de M. Bresou, ancien avocat, publié par Ana - Gramme Blismon. In-32. 1858. *Ibid.* 1 fr.

— La Magie rouge, crème des sciences occultes, naturelles ou divinatoires, par l'helléniste Aaron. In-18. 1844. *Ibid.* 1 fr.

— Malice et Imperfection des femmes mises à nu, en même temps que leur mérite et leur bonté; publié par Ana-Gramme Blismon. In-32. 1858. *Ibid.* 1 fr.

Ce livre a déjà été publié sous le titre : Eux, lui, l'éditeur et moi, ou la Femme est-elle ange, démon ou lutin ?

— Manuel de l'amateur des tours de cartes, choix des tours les plus faciles et les plus amusants. In-18, avec 49 fig. gravées. 1864. *Ibid.* 1 fr.

— Manuel du bouvier, du maréchal expert et du berger. Édition augmentée du Conservateur des abeilles. In-12, avec 1 pl. 1841. *Ibid.* 3 fr.

— Les Mille et un amusements de société, recueil de tours d'adresse, de cartes, etc.; par Blismon. In-18. 1853. *Ibid.* 2 fr.

— Les Mille et un tours, ou Expériences de physique amusante et de magie blanche. Édition illustrée par un grand nombre de gravures et publiée par Blismon. In-18. 1856. *Ibid.* 2 fr.

— Morale chrétienne enseignée par l'exemple ; par Buqcellos. In-12. 1843. *Ibid.* 1 fr.

1ʳᵉ édition en 1824.

— Muliérana, trésor des anecdotes, des bons mots et des opinions les plus remarquables sur les femmes. Recueil publié par Ana-Gramme Blismon. Suivi de Feminæana. Revers de la médaille. In-32. 1858. *Ibid.* 1 fr.

— Le Nouveau chansonnier de l'hymen. Couplets de noces, épithalames, chansons sur les époux et sur le mariage, publiés par Ana-Gramme Blismon. In-32. 1857. *Ibid.* 1 fr.

— Le Nouveau fablier du jeune âge, par Buqcellos. In-18. 1840. *Ibid.* 1 fr.

— Nouveau formulaire de tous les actes que l'on peut faire sous seing privé, par Blismon. In-18. 1841. *Ibid.* 75 c.

— Nouveau manuel épistolaire des amants, à l'usage des deux sexes, publié par Blismon. In-18. 1842. *Ibid.* 2 fr.

— Nouveau manuel allégorique des plantes, des fleurs, des fruits, etc., publié par Blismon. In-18. 1851. *Ibid.* 1 fr.

— Nouvelle Sélamographie. Langage allégorique, emblématique ou symbolique des fleurs et des fruits, des animaux, des couleurs, etc. Ouvrage dédié aux dames, par Ana-Gramme Blismon. In-18. 1858. *Ibid.* 80 c.

— Phylactères, ou Préservatifs contre les maladies, les maléfices et les enchantements; exorcismes ou conjurations, ensemble les pratiques et croyances populaires les plus répandues. Ouvrage rempli de renseignements curieux, publié par Albano, noble portugais. In-18. 1848. *Ibid.* 1 fr.

— Sermoniana. Choix de sermons facétieux, bizarres, ridicules ou plaisants, suivi d'anecdotes curieuses sur les prédicateurs célèbres par leur talent ou par leur originalité, publié par Ana-Gramme Blismon. In-32. 1858. *Ibid.* 1 fr.

— Sermons facétieux, ou Ridicules et anecdotes curieuses sur les prédicateurs. In-8°. 1841. *Ibid.* 10 fr.

— Sevigniana. Esprit des lettres de Mᵐᵉ de Sévigné. Édition suivie de notes historiques et publiée par Ana-Gramme Blismon. 2 vol. in-32. 1857. *Ibid.* 2 fr.

— La Tabacographie, dédiée aux tabacomanes et aux antagonistes du cigare, de la pipe et de la tabatière, par Ana-Gramme Blismon. In-18. 1861. *Ibid.* 1 fr.

— Traité théorique et pratique du jeu des échecs, rédigé par une société d'amateurs, sur les ouvrages de Stamma, etc., et des autres auteurs célèbres. 3ᵉ édition, revue et corrigée. In-12. 1853. *Ibid.* 5 fr.

— Trésor des arlequinades. Bons mots et scènes plaisantes de Dominique et ses camarades, suivis des Aventures de Scaramouche et d'une Notice intéressante sur le carnaval et le carême, publié par Ana-Gramme Blismon. In-32. 1856. *Ibid.* 1 fr.

— Le Trésor des bons mots, pensées, traits remarquables, etc., des personnages célèbres, publié par Ana-Gramme Blismon. In-32. 1856. *Ibid.* 1 fr.

— Trésor des curiosités et des originalités puisées dans l'histoire des hommes et des choses, par Ana-Gramme Blismon. In-32. 1857. *Ibid.* 1 fr.

— Trésor des singularités en tous genres et de philologie amusante, publié par Ana-Gramme Blismon. In-32. 1857. *Ibid.* 1 fr.

— Vie, aventures, facéties, grosses bêtises, espiègleries, malices et filouteries du vieux farceur Wallon. In-18. 1841. *Ibid.*

BLOEME (l'abbé Adolphe), curé de Roquetoire (doyenné d'Aire), né à Saint-Omer (Pas-de-Calais), en 1805.

— Aurore et soir du prêtre, ou Prémices et jubilé. In-8°. 1863. Hazebrouck, *imprimerie de Guermonprez.* 1 fr.

— Corbeille d'honneur offerte par de jeunes demoiselles à un prince de l'Église qui visite leur établissement; drame de fête en un acte. In-8°. 1862. *Ibid.* 1 fr.

— Élisabeth de Hongrie, duchesse de Thuringe; drame historique en un acte. In-8°. 1859. Cassel, *imprimerie Hubert.* 2 fr.

— Homélies pascales. In-8°. 1864. Hazebrouck, *imprimerie Guermonprez.* 1 fr. 50 c.

— Hymnes à Notre-Dame de Boulogne. In-8°. 1863. Saint-Omer, *imprimerie Fleury-Lemaire.* 1 fr.

— Lettres sur la littérature flamande. 1re livr. In-8° de 106 p. 1865. Hazebrouck, *imprimerie Guermonprez.*

— Notice sur la guillotine, ornée d'un dessin. In-8°. 1865. *Ibid.* 75 c.

— Sainte Angèle, fondatrice des Ursulines. In-18. 1841. Cassel, *imprimerie Wackernie.* 1 fr.

Anonyme.

— Sainte Élisabeth de Hongrie, ou la Charité en action; drame historique en trois actes. In-8°. 1864. Hazebrouck, *Guermonprez.* 3 fr.

— Souvenirs d'enfance des jeunes choristes de Boulogne-sur-Mer. In-18. 1856. Aire, *Guillemin.* 60 c.

— Stances diverses à Notre-Dame des Miracles. In-8°. 1863. Saint-Omer, *imprimerie Fleury-Lemaire.* 1 fr. 50 c.

— Trophées d'honneur érigés par de jeunes demoiselles à un prince de l'Église qui visite leur établissement. In-8°. 1862. Hazebrouck, *imprimerie Guermonprez.* 1 fr. 50 c.

M. l'abbé Bloeme a traduit du hollandais: « Quentin Metzys», de *Conscience*, et « Jeux de l'enfance », de Jacob Cats. — Voy. ces noms.

BLOIS (E. de), général de brigade.

— Bombardement de Schweidnitz par les Français en 1807. In-8° de 1 ¼ f. avec plan. 1849. *Corréard.*

— De la fortification en présence de l'artillerie nouvelle. 2 vol. in-8°. 1865. *Dumaine.* 15 fr.

— Traité des bombardements. In-8° avec 2 pl. 1848. *Corréard.* 7 fr. 50 c.

BLOIS (Louis de). — Voy. **Louis de Blois.**

BLOIS (Pierre de). — Voy. **Pierre de Blois.**

BLON (Ch. Le). — Voy. **Le Blon.**

BLOND (F. Le). — Voy. **Le Blond.**

BLONDE.

— Traité du jeu de dames à la polonaise. — Voy. **Poirson-Prugneaux.**

BLONDEAU (Auguste L.), compositeur, né à Paris, en 1784.

— Histoire de la musique moderne depuis les premiers siècles de l'ère chrétienne jusqu'à nos jours. 2 vol. in-8°. 1847. *Tantestein et Cordel.* 12 fr.

BLONDEAU (Antoine Hyacinthe), jurisconsulte, professeur de droit romain à la Faculté de droit de Paris, membre de l'Institut, né à Namur, en 1784.

— Mémoire sur l'organisation de l'enseignement du droit en Hollande, et sur les garanties d'instruction publique exigées, dans ce pays, des aspirants à certaines fonctions ou professions. In-8°. 1846. *Videcoq.* 7 fr. 50 c.

BLONDEAUX (Eug. Des). — Voy. **Des Blondeaux.**

BLONDEL (Mlle Adèle).

— Les Cloches. In-12. 1858. Rouen, *Mégard et Cie.* 1 fr.

— Élise, ou l'Éducation particulière. In-12. 1856. *Ibid.* 1 fr.

— Excursion au mont Saint-Bernard. In-8°. 1863. *Ibid.* 1 fr.

— Les Fêtes de famille. In-32. 1857. *Ibid.* 50 c.

BLONDEL (Alexis).

— L'Inimitable Falambelle, ou le Génie incompris. Histoire dédiée aux apprentis grands hommes. In-12. 1853. *Lévy frères.*

BLONDEL (Charles Ferdinand), inspecteur de l'administration générale de l'Assistance, né à Paris, en 1807.

— Rapport sur les épidémies cholériques de 1832 et 1849, dans les établissements dépendant de l'administration générale de l'assistance publique de la ville de Paris. In-4° de 21 f., plus 44 tableaux. 1850. *Imprimerie Dupont.*

— Rapport sur l'épidémie cholérique de 1853 à 1854 à Paris. In-4° de 19 f., plus 41 tableaux. 1855. *Ibid.*

Ces deux rapports sont publiés aux frais de l'administration de l'Assistance, et n'ont pas été mis en vente.

— Rapport sur les hôpitaux civils de la ville de Londres au point de vue de la comparaison de ces établissements avec les hôpitaux de Paris. In-4°. 1863. *Baillière et fils.* 10 fr.

Avec L. Ser.

BLONDEL (Évariste), avocat à la Cour impériale de Paris.

— Monographie alphabétique de l'extradition. In-8°. 1859. *Cosse, Marchal et Cie.* 6 fr. 50 c.

BLONDEL (H. L.), tailleur et professeur de coupe.

— Le Guide du tailleur. In-4°. 1855. Troyes, *Bouquot.* 5 fr.

BLONDEL (J.).

— Manuel de la fabrication du sucre de betteraves. In-8°. 1863. [Péronne.] Ve *Bouchard-Huzard.* 2 fr. 50 c.

BLONDEL (Mme Rachel).

— Fleurs du presbytère; poésies. Préface par Adolphe Bordes. In-8º. 1863. *Amyot*. 3 fr.

— Histoires pittoresques d'un grillon, d'un brin de paille et d'un littérateur. In-32. 1857. *Ledoyen*.

BLONDEL DE NÉELE, poëte français du XIIᵉ siècle, né à Nesle, en Picardie. Il était l'ami de Richard Cœur-de-Lion, roi d'Angleterre, qu'il suivit dans toutes ses expéditions.

— Œuvres. In-8º. 1862. Reims, *Brissart-Binet*. 6 fr.

Fait partie de la « Collection des poëtes de Champagne antérieurs au XVIᵉ siècle ».

BLONDELET (Charles).

— Ah! il a des bottes, Bastien; vaudeville en un acte. Gr. in-8º. 1859. *Librairie théâtrale*. 30 c.

Avec Michel Bordet.

— Le Diable au corps; féerie-vaudeville en un acte. In-8º. 1859. *Ibid*. 30 c.

— La-i-tou et Tralala; folie-vaudeville en un acte. In-8º. 1858. *Dechaume*. 30 c.

Avec Michel Bordet.

Voy. aussi *Jallais* et *Blondelet*.

BLONDIN (Th.), médecin-inspecteur à Ussat-les-Bains.

— Ussat-les-Bains. Études médicales sur les eaux minérales de cette station thermale. In-8º. 1865. *Baillière et fils*.

BLONDLOT (Nicolas), médecin, professeur de chimie et de pharmacie à l'École de médecine de Nancy, né à Charmes (Vosges), en 1810.

— Essai sur les fonctions du foie et de ses annexes. In-8º. 1846. Nancy, Vᵉ *Raybois*. 2 fr. 50 c.

— Nouveaux perfectionnements de la méthode de Marsh, pour la recherche chimico-légale de l'arsenic. In-8º de 2 f. 1845. *Masson*.

— Nouvelles recherches chimiques sur la nature et l'origine du principe acide qui domine dans le suc gastrique. In-8º. 1851. Nancy, Vᵉ *Raybois*. 1 fr. 50 c.

— Recherches sur la digestion des matières grasses, suivies de considérations générales sur la nature et les agents du travail digestif. Thèse de zoologie. In-4º. 1855. *Ibid*. 2 fr.

— Traité analytique de la digestion considérée particulièrement dans l'homme et dans les animaux vertébrés. In-8º. 1843. *Ibid*. 7 fr. 50 c.

BLORDIER–LANGLOIS, secrétaire de la Société d'agriculture, sciences et arts d'Angers.

— Angers et l'Anjou sous le régime municipal, depuis leur réunion à la couronne jusqu'à la révolution. In-8º. 1845. Angers, *Cornilleau*. 6 fr. 50 c.

M. Blordier-Langlois a traduit du latin : « Vie de Pierre Ayrault, Guillaume et Mathieu Ménage, de Gilles Ménage ».

BLOSIUS ou BLOIS (Louis de). — Voy. **Louis de Blois**.

BLOSSAC (Édouard L. de).

— Nouvelles heures de poésie. 2 vol. in-8º. 1843. La Rochelle, *Mareschal*. 15 fr.

BLOSSEVILLE (le marquis de), membre du Corps législatif et du Conseil général de l'Eure, né à Rouen, en 1799.

— Histoire de la colonisation pénale et des éta-blissements de l'Angleterre en Australie. In-8º. 1859. *Guillaumin et Cⁱᵉ*. 7 fr. 50 c.

La 1ʳᵉ édition de cet ouvrage a été publiée en 1831.

BLOT (le R. P. François René), de la Compagnie de Jésus, né à Andouillé, près Laval (Mayenne), en 1825.

— L'Agonie de Jésus; traité de la souffrance morale. 3 vol. in-12. 1865. *Palmé*. 7 fr. 50 c.

— Au ciel on se reconnaît; lettres de consolation. In-18. 1862. *Ruffet et Cⁱᵉ*. 1 fr.

— Les Auxiliatrices du purgatoire. In-18. 1863. *Ibid*. 1 fr. 20 c.

— Le Jour de Marie. 11ᵉ édition. In-32. 1864. Vᵉ *Poussielgue-Rusand*. 40 c.

— Marie réparatrice et l'eucharistie. In-18. 1863. *Ruffet et Cⁱᵉ*. 2 fr.

Le R. P. Blot a publié la 3ᵉ édition augmentée de *Jacolet*, « le Plus ancien mois de Marie ».

BLOT (Hippolyte), docteur en médecine, agrégé de la Faculté de médecine de Paris, né à Paris, en 1822.

— De l'Anesthésie appliquée à l'art des accouchements. Thèse de concours pour l'agrégation en chirurgie. In-8º. 1857. V. *Masson*.

— De la Version pelvienne dans certains cas de rétrécissement du bassin. Mémoire lu à l'Académie de médecine, le 15 juillet 1863. In-8º. 1865. *Asselin*. 50 c.

Extrait des « Archives générales de médecine ».

BLOT (Jacques Antoine), professeur d'escrime.

— L'École de l'escrime; petit manuel pratique à l'usage de l'armée. In-32. 1862. *Marpon*. 1 fr.

BLOT (P. A. F.), imprimeur-lithographe à Paris, ancien sergent-major, né en 1790.

— Cours d'administration militaire. — Voy. *Gonvot* et *Blot*.

— Manuel de l'administrateur militaire. In-18. 1841. *Blot*.

— Manuel du soldat, contenant les conseils d'un vieux soldat de la garde de l'empereur Napoléon Iᵉʳ à ses jeunes camarades de l'Empire d'aujourd'hui, etc. In-16. 1863. *Ibid*. 1 fr.

BLOT-LEQUESNE (J. B. G.), avocat à la cour impériale de Paris, né vers 1810.

— De l'Autorité dans les sociétés modernes, ou Examen comparatif du principe révolutionnaire et du principe chrétien. In-8º. 1855. *Dentu*. 5 fr.

BLOTTAS, ancien agent voyer en chef et architecte.

— Analyses de prix, ou Sous-détails et détails des ouvrages de terrassement, empierrement en cailloutis, maçonnerie, charpente, etc. Nouvelle édition, revue, corrigée et augmentée de plusieurs sous-détails et détails. In-8º. 1859. *Dalmont et Dunod*. 2 fr. 50 c.

La 1ʳᵉ édition est de 1841.

— Manuel d'évaluation des propriétés immobilières, comprenant les maisons de ville, les maisons de campagne, les propriétés rurales et les usines de toute nature, sur la double base du revenu net et de la valeur vénale. In-12. 1856. *Dalmont*. 1 fr. 25 c.

BLOU (Alexandre).

— La Sœur de lait, ou Amour et désespoir. 2 vol. in-12. 1861. Vernon, *Aubin-Hunebelle*. 6 fr.

BLOUET (A. C.).

— Le Mont Saint-Michel. In-8° de 18 f. 1850. *Rue Coq-Héron, 5.*

BLOUET (G. Abel), architecte, né à Passy, en 1795.

— Projet de prison cellulaire pour 585 condamnés, précédé d'observations sur le système pénitentiaire. In-fol. avec 6 pl. 1843. *Didot.*

— Rapports sur les pénitenciers des États-Unis. — Voy. *Demetz.*

M. Blouet a publié un supplément au « Traité théorique et pratique de l'art de bâtir », de Jean *Rondelet.* — Voy. *Rondelet.*

BLOUME (Édouard).

— Cahier d'analyse grammaticale française, adapté à toutes les grammaires. In-4°. 1851. *Hachette.* 30 c.

— Une Première année de latin. In-12. 1846. *Ibid.* 2 fr.

BLOUQUETTE (E.), commis à la préfecture de la Seine.

— Guide pratique des affaires civiles dans les mairies. In-8°. 1864. *P. Dupont.* 60 c.

BLOWITZ (A. Opper de). — Voy. **Opper de Blowitz.**

*Bluettes; par un touriste. In-12. 1858. [Nancy, Vagner.] Douniol. 1 fr. 50 c.

Constantinople. — Égypte. — Rome. — Venise. — Espagne. — Pyrénées.

BLUM (Auguste).

— Cours complet de mathématiques. 2 vol. in-8°. 1843-1845. *Carilian-Gœury.* 13 fr. 50 c.

BLUM (Ernest), vaudevilliste.

— A vos souhaits! Revue de 1860, en trois actes et vingt tableaux. In-4°. 1861. *Barbré.* 40 c.

Avec Alexandre Flan.

— Les Délassements en vacances. Délassement comique en trois actes et vingt tableaux. In-4°. 1859. *Librairie théâtrale.* 30 c.

Avec le même.

— Une Femme qui mord; vaudeville en un acte. In-8°. 1855. *Magasin théâtral.* 60 c.

— Horace et Liline; vaudeville en un acte. In-12. 1862. *Lévy frères.* 60 c.

— Le même. In-4°. 1863. *Ibid.* 20 c.

Théâtre contemporain illustré, livraison 129.

— Lâchez tout! Revue en trois actes et quinze tableaux. In-4°. 1864. *Dentu.* 50 c.

Avec Alexandre Flan.

— Le Lovelace du quartier latin; comédie-vaudeville en un acte. In-4°. 1862. *Librairie théâtrale.* 20 c.

Avec Auguste Rouff.

— Mémoires de Rigolboche, ornés d'un portrait photographié par Petit et Trinquart. Petit in-16. 1860. *Chez tous les libraires.* 1 fr. 50 c.

Anonyme. — Le volume a été réimprimé plusieurs fois dans la même année.

— Les Pieds qui r'muent; bals, dames et danseuses. In-32. 1864. *Ibid.* 1 fr. 50 c.

Anonyme.

— Voilà la chose! Revue de l'année 1862, en trois actes et vingt tableaux. In-4°. 1863. *Lévy frères.* 50 c.

Avec Alexandre Flan.

M. E. Blum a encore publié des pièces de théâtre en collaboration avec MM. *Cogniard, Flan, Jallais,* H. de *Koch, Clairville, Siraudin, Rochefort, Thiery, Thiboust.* — Voy. ces noms.

BLUM (Léopold), professeur, né en 1807.

— La Haggada, ou Cérémonies des deux premières soirées de Pâques, à l'usage des Israélites des rites allemand et portugais. Traduction L. Blum, revue et corrigée par L. Wogue. In - 16. 1865. *Blum.* 1 fr. 50 c.

— Méthode facile pour apprendre l'hébreu, contenant des prières et actions de grâces, à l'usage des Israélites. In-8°. 1864. *Ibid.* 60 c.

BLUME (Ch. L. de), mort en 1859.

— Collection des orchidées les plus remarquables de l'archipel Indien et du Japon. In-fol. de 58 pl. coloriées et 13 noires. 1864. *Rothschild.* 150 fr.

BLUMENGELD (le vicomte de), gentilhomme bavarois, pseudonyme du comte Eugène de Porry, littérateur marseillais. — Voy. **Arkiskenkof.**

BLUMGARTEN (le baron de), pseudonyme du comte Théodore de **Puymaigre.**

BLUNT (E. et G. W.).

— Le Pilote côtier des États-Unis. Traduit de l'anglais, mis en ordre et annoté d'après les travaux hydrographiques les plus récents, par Ch. Pigeard, lieutenant de vaisseau. In-8°. 1854. *Ledoyen.* 7 fr.

Publication du Dépôt de la marine.

BLUNT (le Rév. Henri).

— Méditations sur la vie de saint Paul. Traduit de l'anglais sur la 7e édition. 2 vol. in-18. 1847. *Delay.* 1 fr. 50 c.

— Méditations sur la vie de saint Pierre. Traduit de l'anglais sur la 6e édition. 2e édition. In-18. 1865. Toulouse, *Delhorbe.* 75 c.

BLUTEAU (l'abbé L. V.), aumônier d'un établissement public.

— Catéchisme catholique, d'après saint Thomas d'Aquin, disposé suivant le plan du catéchisme du concile de Trente, à l'usage des catéchistes, des institutions religieuses et des fidèles, avec un choix de nombreux traits historiques. 2e édition, revue et corrigée. 4 vol. in-12. 1860. *Sarlit.* 14 fr.

— Le Sinaï et Jérusalem. La Parole de Dieu avant Jésus-Christ, avec des réflexions empruntées aux Pères de l'Église et aux plus célèbres écrivains. Dédié aux riches et aux pauvres de la terre, par un professeur de philosophie. In-32. 1857. *A. Vaton.* 1 fr. 75 c.

Anonyme.

M. l'abbé Bluteau a traduit du latin et augmenté de traits historiques : « Dieu consolateur », de *Louis de Blois.*

BOAÇA (F. A.).

— Calby, ou les Massacres de septembre. In-12. 1862. *Tolra et Haton.* 2 fr. 50 c.

BOBÉE (Auguste), homme de lettres, libraire et imprimeur à Paris, né en 1808, mort en...

— De la Royauté et de la démocratie, ou Coup d'œil sur les principales causes qui ont amené la chute de la royauté en France, et des divers gouvernements qui s'y sont succédé depuis 1789. In-8°. 1849. *Durand.* 3 fr.

BOBIERRE (Adolphe), professeur de chimie à Nantes.

— De l'Air considéré sous le rapport de la salubrité. In-12 de 3 f. 1845. *Comptoir des imprimeurs-unis.*

— L'Atmosphère, le sol, les engrais. Leçons professées de 1850 à 1862 à la chaire municipale et à l'École préparatoire des sciences de Nantes, avec une introduction par M. Jules Rieffel. In-12. 1863. [Nantes.] *Librairie agricole.* 5 fr.

— Commentaires sur la nouvelle législation des engrais, promulguée par M. Gauja, préfet de la Loire-Inférieure, le 6 avril 1850. In-8º de 2 f. 1850. Nantes, *Guéraud.*

— Études chimiques sur les cours d'eau du département de la Loire-Inférieure, considérés au point de vue de l'agriculture, de l'hygiène et de l'industrie. In-8º de 7 ½ f. 1847. Nantes, *Sebire.*

Avec Ed. Moride.

— De l'Intervention de l'État dans les industries insalubres. Note adressée aux représentants du peuple. In-8º de 1 f. 1848. Nantes, *Guéraud.*

— Leçons élémentaires de chimie appliquée aux arts, à l'industrie, à l'agriculture, à l'hygiène et à l'économie domestique, professées à la chaire municipale de Nantes. In-12. 1852. *Masson.* 5 fr.

— Le Noir animal. Analyse, emploi, vente. In-12. 1856. *Librairie agricole.* 1 fr. 75 c.

— Nouveaux procédés de conservation des substances animales, applicables à l'embaumement des corps, etc. In-12. 1845. *Méquignon-Marvis.* 75 c.

— Du Phosphate de chaux et de son emploi en agriculture. Leçons professées à l'École préparatoire des sciences et des lettres de Nantes. In-8º. avec 2 pl. 1859. [Nantes.] *Librairie agricole.* 3 fr.

2e édition en 1861.

— Recherches sur les eaux pluviales, recueillies à Nantes en 1863. In-4º, 39 p. et 3 tableaux. 1864. Nantes, *imprimerie Vᵉ Mellinet.*

— Technologie des engrais de l'ouest de la France. — Voy. *Moride et Bobierre.*

— Thèses présentées à la Faculté des sciences de Paris, pour obtenir le grade de docteur ès sciences. Thèse de physique : Des phénomènes électro-chimiques qui caractérisent l'altération à la mer des alliages employés pour doubler les navires. — Thèse de chimie : Observations relatives à l'agriculture de l'ouest de la France. In-4º, 117 p. 1858. Nantes, *imprimerie Busseuil.*

— Traité des manipulations chimiques. Description raisonnée de toutes les opérations chimiques et des appareils dont elles nécessitent l'emploi. In-8º avec 8 pl. 1844. *Méquignon-Marvis.* 6 fr.

BOBILLIER (Étienne), professeur à l'École des arts et métiers de Châlons-sur-Marne, né à Lons-le-Saulnier, en 1798.

— Cours de géométrie. 18e édition. In-8º avec fig. 1865. [Châlons.] *Mallet-Bachelier.* 4 fr. 50 c.

La 1ʳᵉ édition a été publiée en 1832.

— Principes d'algèbre. 6e édition. In-8º. 1864. *Ibid.* 8 fr. 50 c.

La 1ʳᵉ édition est de 1825.

BOBIN (A.).

— Aux Pères de famille et aux chefs d'institution. Questions importantes concernant les jeunes gens que l'on destine à l'École polytechnique. In-8º de 3 f. 1842. *Bachelier.*

— Plan complet d'organisation et d'administration du travail et des travailleurs. In-8º de 2 f. 1848. *Dumaine.*

BOBLAYE (le général Th. LE PUILLON DE). — Voy. **Le Puillon de Boblaye.**

BOBLET (Mᵐᵉ Édouard CHARRIER-). — Voy. **Charrier-Boblet.**

BOBOEUF (P. A. F.).

— La Bourse et la loi. Pétition adressée au Sénat pour rendre obligatoires les marchés à terme. In-8º. 1863. *Dentu.* 1 fr.

— Gare à nos vaisseaux ! In-8º. 1860. *Ibid.* 1 fr.

— Mémoire adressé à l'Académie des sciences sur l'acide phénique, les propriétés du phénol sodique, etc.; l'assainissement des habitations, etc. In-8º. 1865. *Chez l'auteur, rue de Buffault,* 9. 1 fr. 50 c.

BOCAGE (Paul), littérateur, né à Paris, en 1824.

— Les Puritains de Paris. 5 vol. in-8º. 1860. *Cadot.* 37 fr. 50 c.

— 2e partie : La Duchesse des Mauves, 4 vol. in-8º. 1860. *Ibid.* 30 fr.

— 8e partie : Fragon et Cⁱᵉ. 5 vol. in-8º. 1861. *Ibid.* 37 fr. 50 c.

— 4e partie : Christian de Sauveterre. 6 vol. in-8º. 1862. *Ibid.* 45 fr.

— La Question d'amour ; comédie en un acte. In-12. 1864. *Lévy frères.* 1 fr.

Avec Aurélien Scholl. — Voy. aussi *Feuillet et Bocage.*

BOCAMY (le docteur J.).

— Rapport sur le choléra épidémique qui a sévi dans les Pyrénées-Orientales pendant les mois de juillet, août, septembre, octobre et novembre 1854; précédé de la relation sommaire des épidémies du choléra qui ont régné dans le département des Pyrénées-Orientales, en 1835 et 1837. In-8º de 9 f. 1856. Perpignan, *imprimerie de Mˡˡᵉ Tastu.*

BOCCACE (Jean), ou Giovanni Boccacio, poëte et romancier italien, né à Florence ou à Paris, en 1313, mort à Certaldo, en 1375.

— Le Décaméron, ou les Dix journées galantes. Traduit de l'italien par Sabatier de Castres. Nouvelle édition, revue et précédée d'une Notice critique, par P. Christian. In-12. 1842. *Lavigne.* 3 fr. 50 c.

— Même traduction. In-8º. 1847. *Rue des Maçons-Sorbonne,* 17. 2 fr. 50 c.

— Même traduction. Nouvelle édition, revue et corrigée. In-12. 1858. *Garnier frères.* 3 fr. 50 c.

— Contes. (Le Décaméron.) Édition illustrée par MM. T. Johannot, H. Baron, etc. Traduction nouvelle, par A. Barbier. In-8º. 1845. *Rue de la Michodière,* 13. 15 fr.

— Le Décaméron. In-4º illustré. 1849. *Marescq.* 1 fr. 40 c.

— Document historique de Boccace sur Pétrarque. Manuscrit de la bibliothèque de Saint-Marc de Venise, publié pour la première fois et accompagné d'une dissertation et de recherches nouvelles, par M. le marquis de Valori. In-8º de 5 f. 1851. Avignon, *imprimerie Fischer aîné.*

BOCHART (Eug.).

— Bruxelles ancien et moderne. Dictionnaire historique des rues, places, édifices, promenades, etc., précédé d'un résumé historique de la ville et de ses faubourgs. In-8º. 1857. Bruxelles, 4 fr.

BOCHET (H.), ingénieur des mines et professeur de chimie à l'École impériale des mines.

— Mécanique. Nouvelles recherches expérimentales sur le frottement de glissement, spécialement sur des rails de chemins de fer, dans les circonstances très-diverses. In-8º avec pl. 1861. *Dunod*. 5 fr.

— Mémoire sur le gisement d'étain de Piriac. In-4º de 5 ½ f., avec un plan. 1856. *Cabasson*.

BOCHET (Mⁿᵉ L.), institutrice.

— Le Livre du jour de l'an et des fêtes; recueil de lettres et de compliments à l'usage de l'enfance, précédé d'observations sur la forme des lettres. In-12. 1863. *Garnier frères*. 1 fr.

BOCHET (Pierre Alexis).

— Le Guide du comptable, ou Nouveaux éléments de comptabilité commerciale; précédés de la Méthode anglaise à partie simple, par E. T. Jones, de Bristol. In-8º. 1863. *Chez l'auteur, rue de la Nation*, 14. 5 fr.

BOCHETEL (Guillaume), secrétaire d'État.

— Le Sacre et corônemêt de ma Dame Leonore d'Austriche, royne de France, le cinquiesme iour de mars M.D.XXX. Petit in-4º avec figures dans le texte. 1863. Bruxelles, *G. A. Van Trigt*. 15 fr.

L'original a paru à Paris, en 1530.
Cet opuscule a été reproduit d'après l'exemplaire de la bibliothèque royale de Bruxelles par le procédé photo-lithographique. — Tiré à 50 exemplaires.

BOCHINGER (J. J.).

— Introduction à la lecture de l'Écriture sainte. Ouvrage couronné, traduit de l'allemand par C. Laune. 2 vol. in-12. 1841. Nîmes, *Bianquis-Gignoux*.

BOCK (Charles Ernest), médecin allemand, professeur d'anatomie et directeur de la clinique à Leipzig, né dans cette ville, en 1809.

— Le Livre de l'homme sain et de l'homme malade. Traduit de l'allemand sur la 6ᵉ édition, et annoté par le docteur Vict. Desguin et M. Camille Van Straelen. Livraisons 1 à 16. Gr. in-8º. 1865. [Bruxelles, *H. Manceaux*.] *C. Reinwald*. Prix de chaque livraison, 20 c.

L'ouvrage aura environ 50 livraisons qui formeront 2 volumes.

BOCK (l'abbé Franz).

— Les Trésors sacrés de Cologne, objets d'art du moyen âge conservés dans les églises et dans les sacristies de cette ville. Traduit de l'allemand par W. et E. de Suckau. Gr. in-8º avec 48 pl. 1861. *Morel et Cⁱᵉ*. 40 fr.

BOCQUILLON (Guillaume Louis), musicien, connu sous le nom de G. L. B. **Wilhem**.

BOCQUILLON (Henri), docteur en médecine, professeur d'histoire naturelle au lycée Napoléon, et à l'École centrale d'architecture, né à Crugny (Marne), en 1834.

— Revue du groupe des verbénacées. Recherche des types. Organogénie. Organographie. Affinités. Classification. Description des genres. Avec 20 pl. gravées sur cuivre. In-8º. 1863. *G. Baillière*. 15 fr.

BOCTHOR ou **BOCHTOR** (Ellious), professeur d'arabe vulgaire à l'école spéciale des langues orientales vivantes de Paris, né à Sioût (Haute-Égypte) en 1784, mort à Paris en 1821.

— Dictionnaire français-arabe, revu et augmenté par A. Caussin de Perceval. 3ᵉ édition. Gr. in-8º. 1864. *F. Didot frères*. 40 fr.

Cette 3ᵉ édition n'est qu'un nouveau tirage de la 2ᵉ, publiée en 1848. (*Ibid*. 40 fr.) — La 1ʳᵉ édition, publiée par M. Caussin de Perceval, sur le manuscrit laissé par Bocthor, a paru de 1827 à 1829, en 6 livraisons du prix de 12 fr. sur papier ordinaire, et de 24 fr. sur grand papier.

BODART (le docteur).

— Leçons d'hygiène à l'usage des établissements d'instruction. In-12. 1864. Bruxelles, *G. Mayolez*. 1 fr. 50 c.

BODEAU DE SOMAIZE (Antoine). — Voy. **Somaize**.

BODEL (Jean), trouvère artésien du xiiiᵉ siècle.

— La Chanson des Saxons. Publiée pour la première fois par Francisque Michel. 2 vol. in-12. 1839. *Techener*. 16 fr.

BODENSTEDT (Frédéric), écrivain allemand, né à Heine en Hanovre, en 1819. Il a passé plusieurs années en Russie, dans le Caucase et en Crimée. Plus tard il a rempli la fonction de rédacteur en chef de la « Gazette du Weser », qui se publie à Brême.

— Les Peuples du Caucase et leur guerre d'indépendance contre la Russie, pour servir à l'histoire la plus récente de l'Orient. Traduit par le prince E. de Salm-Kyrburg. In-8º. 1859. *Dentu*. 8 fr.

L'original allemand a été publié à Francfort, en 1848.

BODICHON (Eugène), médecin à Alger, né à Nantes, en 1810.

— Considérations sur l'Algérie. In-8º. 1845. *Rue Saint-Germain-des-Prés*, 9. 4 fr.

— Études sur l'Algérie et l'Afrique. In-8º. 1847. Alger, *chez l'auteur*. 5 fr.

— Hygiène à suivre en Algérie. Acclimatement des Européens. In-12. 1851. *Ibid*. 50 c.

BODIER (Léon), maître d'hôtel.

— Miscellanées. Œuvres poétiques et littéraires d'un penseur dijonnais. In-8º avec 2 grav. et portraits. 1863. Dijon, *chez l'auteur*. 4 fr. 50 c.

BODIN.

— Méthode de tenue des livres indiquant les moyens de concilier dans les écritures la brièveté et la clarté. In-8º. 1863. *Chez l'auteur*. 4 fr.

BODIN (François Étienne), professeur de musique, né à Paris, en 1795, mort en 1862.

— Traité complet et rationnel des principes élémentaires de la musique, ou Introduction à toutes les méthodes vocales, instrumentales, et à tous les traités d'harmonie. In-4º. 1850. *Chez l'auteur*. 5 fr.

BODIN (l'abbé H.), chanoine honoraire, curé de Saint-Symphorien de Tours.

— Les Livres prophétiques de la sainte Bible, traduits en français sur les textes originaux, avec des remarques par l'abbé H. Bodin. 2 vol. in-8º. 1855. *Leroux et Jouby*. 12 fr.

BODIN (Jean), fondateur et directeur de l'École d'agriculture de Rennes, professeur d'agriculture à l'École normale, président de la Société d'agriculture de Rennes, né à La Chartre (Sarthe), en 1805.

— Almanach des sociétés d'agriculture et d'horticulture d'Ille-et-Vilaine pour 1864; calendrier agricole pour chaque mois, etc. In-18, 36 p. 1864. Rennes, *Oberthur.*

Le même a paru pour 1865.

— Conseils aux jeunes filles qui veulent devenir fermières. Lectures pour les écoles rurales. In-18. 1864. *Tandou et Cie.* 60 c.

— La Culture et la vie des champs. In-12. 1858. Rennes, *Verdier.* 1 fr.

— Éléments d'agriculture, ou Leçons d'agriculture appliquées au département d'Ille-et-Vilaine. 4e édition, revue, augmentée et ornée de planches dans le texte. In-12. 1863. *Ibid.* 1 fr. 75 c.

La 1re édition est de 1840.

— Herbier agricole, ou Liste des plantes les plus communes. In-18 avec 28 pl. 1856. *Ibid.* 1 fr. 50 c.

— Le même. Nouvelle édition, revue et augmentée, avec 110 fig. intercalées dans le texte. In-12. 18... *Ibid.* 80 c.

— Lectures et promenades agricoles, pour les enfants des écoles primaires. In-18. 1856. *Ibid.* 60 c.

— Petit questionnaire agricole pour les écoles primaires, rédigé d'après le vœu de la Société d'agriculture de Rennes. In-18. 1860. *Ibid.* 60 c.

— Le même. 2e édition, sous le titre : Résumé d'agriculture pratique par demandes et par réponses, ou Questionnaire agricole, etc. In-18. 18... *Ibid.* 70 c.

BODIN (J. F.), receveur particulier des finances, né à Angers, en 1776, mort en 1829.

— Recherches historiques sur l'Anjou. 2e édition. 2 vol. in-12. 1847. Angers, *imprimerie Cosnier.*

La 1re édition a paru en 1821.

— Recherches historiques sur la ville de Saumur, ses monuments et ceux de son arrondissement, avec gravures dessinées par l'auteur. 2e édition, revue et considérablement augmentée, par P. G. 2 vol. in-8° avec 20 pl. 1845. Saumur. *Godet.*

La 1re édition est de 1812-1815.

BODIN (Jenny Dufourquet, dame Bastide, connue sous le pseudonyme de Camille), femme de lettres, née à Rouen, en 1792.

— Alice de Lostange. 2 vol. in-8°. 1847. *Dumont.* 15 fr.

— Le même. Nouvelle édition. In-12. 1860. *De Vresse.* 1 fr.

— Anaïs. 2 vol. in-8°. 1840. *Dumont.* 15 fr.

— Le même. Nouvelle édition. 1 vol. in-12. 1859. *De Vresse.* 1 fr.

— Berthe et Louise. 2 vol. in-8°. 1843. *Dumont.* 15 fr.

— Caliste. 2 vol. in-8°. 1841. *Ibid.* 15 fr.

— La Cour d'assises. In-12. 1860. *De Vresse.* 1 fr. 1re édition. 1832. 4 vol. in-12. 12 fr.

— Le Damné. In-12. 1864. *Ibid.* 1 fr.

— La Famille d'un député. 1re et 2e séries. In-4°. 1862. *Lécrivain et Toubon.* 1 fr. 1re édition. 1831. 5 vol. in-12. 12 fr.

— Francine de Plainville. 3 vol. in-8°. 1850. *Baudry.* 22 fr. 50 c.

— Jeanne. 2 vol. in-8°. 1841. *Dumont.* 15 fr.

— Laurence. 2 vol. in-8°. 1842. *Ibid.* 15 fr.

— Mémoires d'un confesseur. 2 vol. in-8°. 1845. *Ibid.* 15 fr.

— Le même. Nouvelle édition. In-12. 1859. *De Vresse.* 1 fr.

— Le Monstre. In-12. 1864. *Ibid.* 1 fr.

— Sévérine. 2 vol. in-8°. 1845. *Dumont.* 15 fr.

BOEBLICH.

— Va banque! Méthode basée sur de nouvelles théories avec la certitude de gagner toujours en pointant dans le trente et quarante, la roulette et le pharaon. 2e édition. In-8°. Berlin, *H. Müller.* 2 fr. 50 c.

BOÈCE, ou Boetius, philosophe et homme d'État romain, consul, président du Sénat et, plus tard, ministre de Théodoric, roi des Ostrogoths, né vers 470, mis à mort vers 525.

— La Consolation philosophique. Traduction nouvelle en prose et en vers, avec le texte en regard, et accompagnée d'une introduction et de notes par Louis Judicis de Mirandol. In-8°. 1861. *Hachette et Cie.* 7 fr. 50 c.

Voy. aussi *Migne*, Patrologie latine, tomes 62 et 63.

BOECK (Carl Wilhelm), professeur à la Faculté de médecine de Christiania, né à Kongsberg (Norwége), en 1808.

— Éléphantiasis des Grecs. — Voy. *Danielssen et Boeck.*

— Recherches sur la syphilis, appuyées de tableaux de statistique, tirés des archives des hôpitaux de Christiania. In-4° de 509 p. 1862. Christiania, *H. J. Jensen.*

Ouvrage publié aux frais du gouvernement norwégien. — Pas dans le commerce.

— Recueil d'observations sur les maladies de la peau. Livraisons 1 à 3. In-fol. avec pl. 1861. Christiania, *Dahl.* Chaque livraison, 15 fr.

Texte norwégien et français. — Avec D. C. Danielssen.

— De la Syphilisation; état actuel et statistique. In-8°. 1860. Christiania, *Jensen.* 2 fr.

— De la Syphilisation appliquée aux enfants. Traduit de l'allemand par J. A. Hagen. In-8° de 3 f. 1857. *Imprimerie Bailly.*

— Traité de la radesyge (syphilis tertiaire). In-8°. 1860. Christiania. 3 fr.

C'est un tirage à part du texte de la 2e livraison du « Recueil d'observations ». — Voy. ci-dessus.

BOECKEL (le docteur Eug.), professeur agrégé des travaux anatomiques de la Faculté de Strasbourg, né à Strasbourg, en 1831; il a traduit de l'allemand : « le Traité des résections », du docteur Heyfelder. — Voy. ce nom.

BOEHLER (J.), ancien avocat.

— Examen du projet de loi contenant des modifications à la loi du 21 mars 1832, sur le recrutement de l'armée. In-8° de 5 f. 1841. *Bourgeois Maze.*

— Examen de la section IV (concernant la substitution et le remplacement) du projet de loi sur le recrutement. In-8° de 4 f. 1843. *Dentu.*

— Examen du projet de loi sur le rengagement et le remplacement militaire. In-8° de 2 f. 1855. *Chez l'auteur, rue Olivier-Saint-Georges, 6.*

BOEHM (Jacques, ou Jacob), écrivain mystique allemand, cordonnier de son état, né dans un village de la Haute-Lusace, en 1575, mort en 1624.

— Traité de l'incarnation de Jésus-Christ, écrit d'après une élucidation divine, en l'année 1620; traduit de l'allemand. In-8º. 1861. Genève, *Cherbuliez*. 5 fr.

BOEHM (Joseph George), astronome allemand, directeur de l'Observatoire de Prague, né à Rozdialovitz (Bohême), en 1807.

— Études de balistique théorique et expérimentale ayant particulièrement pour objet les nouvelles armes à feu portatives de l'armée impériale et royale et les carabines Minié de l'armée française. Traduit de l'allemand par E. Tardieu. In-8º avec 3 pl. 1863. *Corréard*. 8 fr.

BOEHN (Th.), première flûte de la Chapelle royale de Munich.

— De la Fabrication et des derniers perfectionnements des flûtes. Notice traduite de l'allemand. In-8º de 3 f. avec 1 pl. 1848. *Godefroy aîné*.

BOEHNER (A. N.).

— Du Matérialisme au point de vue des sciences naturelles et des progrès de l'esprit humain; traduit de l'allemand par O. Bourrit. In-8º. 1861. [Genève.] *Cherbuliez*. 7 fr. 50 c.

BOENNINGHAUSEN (le docteur baron Clément Marie François), médecin allemand, né dans la province d'Overyssel (Pays-Bas), en 1785, mort à Münster (Prusse), en 1864.

— Les Aphorismes d'Hippocrate, accompagnés des gloses d'un homœopathe, par le docteur baron C. de Bœnninghausen. Ouvrage traduit de l'allemand par le docteur Mouremans. 2 vol. in-8º. 1864. [Bruxelles, *Mayolez*.] *Baillière et fils*. 12 fr.

— Manuel de thérapeutique homœopathique. Traduit de l'allemand par le docteur D. Roth. In-12. 1846. *J. B. Baillière*. 7 fr.

BOËNS-BOISSEAU (le docteur H.).

— Traité pratique des maladies, des accidents et des difformités des houilleurs. In-8º. 1862. Bruxelles, *H. Tircher*. 5 fr.

BOÉRESCO (Basile), docteur en droit, né à Bucharest.

— Examen de la convention du 19 août, relative à l'organisation des principautés danubiennes. In-8º. 1858. *Dentu*. 1 fr. 50 c.

— Mémoire sur la juridiction consulaire dans les principautés-unies roumaines. In-8º. 1865. *Ibid*. 2 fr.

— La Roumanie après le traité de Paris du 30 mars 1856. Précédé d'une introduction par M. Royer-Collard. In-8º. 1856. *Ibid*. 2 fr. 50 c.

— Traité comparatif des délits et des peines au point de vue philosophique et juridique. Thèse pour le doctorat. In-8º. 1857. *A. Durand*.

BOÉRESCO (Constantin).

— De l'Amélioration de l'état des paysans roumains; précédé d'une lettre de M. Wolowski. In-8º. 1861. *Durand*. 2 fr.

BOERNE (Ludwig), littérateur allemand, né à Francfort, en 1786, mort à Paris, en 1837.

— Fragments politiques et littéraires; précédés d'une note, par M. de Cormenin, et d'une Notice

biographique sur l'auteur. In-32 avec portrait. 1842. *Pagnerre*. 1 fr. 50 c.

BOËRO (le R. P. Joseph), de la Compagnie de Jésus.

— Abrégé de la vie du B. Jean de Britto, martyr, de la Compagnie de Jésus. Traduit de l'italien. In-18. 1853. Bruxelles, *Wageneer*.

— Faits historiques concernant la vie et le martyre des saints japonais Paul Miki, Jean Soan de Gots, et Jacques Kisaë, de la Compagnie de Jésus. In-12. 1862. Bruxelles, *Goemaere*. 1 fr.

— Vie de la bienheureuse Marianne de Jésus de Parédès y Florès, surnommée le Lis de Quito, vierge séculière d'Amérique. Traduit de l'italien par l'abbé Céleste Alix. In-12. 1854. [Le Mans, *Julien*.] *Douniol*.

BOÉTIE (Étienne DE LA). — Voy. **La Boétie**.

BOETIUS. — Voy. **Boèce**.

BOGAERDE DE TERBRUGGE (A. J. L. Van den). — Voy. **Van den Bogaerde**.

BOGAERT (Gustave).

— Rêves et caprices poétiques. In-8º, 430 p. 1855. Bruxelles. *Bogaert*.

BOGAERTS (Félix), littérateur belge, professeur à l'Athénée d'Anvers, né à Bruxelles, en 1805, mort en 1851.

— Esquisse d'une histoire des arts en Belgique, depuis 1640 jusqu'en 1840. In-8º. 1848. Anvers.

— Histoire civile et religieuse de la Colombe, depuis les temps les plus reculés jusqu'à nos jours. In-8º. 1846. *Ibid*. 4 fr.

— Œuvres complètes. In-8º. 1850. *Ibid*. 10 fr.

— Œuvres complètes. (Romans.) Gr. in-8º. 1856. Tournai, *Casterman*. 6 fr.

— Recueil d'autographes fac-similés, lettres, extraits de manuscrits, signatures, etc., tirés la plupart de la collection de Félix Bogaerts. In-4º. 1846. Anvers. 12 fr.

BOGDANOFF, pseudonyme de Philibert **Audebrand**.

BOGELOT (Gustave), avocat, né à Paris, en 1837.

— Deux mots sur la question des titres au porteur volés ou perdus. In-8º. 1861. *Durand*. 1 fr.

— Des Titres au porteur perdus ou volés; considérations sur la législation actuelle et l'utilité d'une loi nouvelle avec la liste des principaux arrêts sur ce sujet. In-8º. 1864. *Ibid*. 1 fr. 50 c.

BOGHE (le docteur).

— Du Typhus. Moyens préservatifs. Ouvrage particulièrement destiné aux chefs de famille, aux prêtres et aux gardes-malades. In-8º. 1861. Bruxelles, *A. Martens et fils*. 50 c.

Extrait de la « Revue de droit commercial ».

BOGROS (le docteur E.), bibliothécaire de la ville de Château-Chinon, membre de plusieurs sociétés savantes, né à Château-Chinon, en 1820.

— Histoire de Château-Chinon. In-8º avec 3 pl. 1865. Château-Chinon, *Buteau*. 5 fr.

BOHAL (J. R.), cantonnier, né à Chaudefontaine (Marne), en 1802.

— Dialogues entre l'homme et sa pensée. In-12 de 15 ½ f. 1848. Aigny, *chez l'auteur*.

BOHÈME (Alf.).

— Transformation des anciens canons néerlandais de 6 légers en canons rayés de 4, d'après des documents officiels du ministre de la guerre des Pays-Bas. In-8°. 1864. *Corréard*. 3 fr.

Signé Alf. Bohème. Le nom de l'auteur n'est pas indiqué sur le titre.

*Bohémiennes (Les) de Paris. Les Figurantes. 2 vol. in-8°. 1844. *Lachapelle*. 15 fr.

BOHL DE ARRON (Mme Cécilia), romancière espagnole, connue sous le pseudonyme de Fernan Caballero.

BOICHOT (Jean Baptiste), ancien représentant du peuple, actuellement chef d'institution à Bruxelles, né à Villiers-sur-Suize (Haute-Marne), en 1820.

— Aux électeurs de l'armée. In-16. 1850. Paris, *imprimerie Durant*. 50 c.

Cette brochure a été saisie et l'imprimeur condamné à deux ans de prison.

— Éléments de géographie physique. In-12. 1864. Bruxelles, *Mertens et fils*. 75 c.

— Esquisse de l'Europe. Éléments de géographie physique et politique. In-8°. 1863. Bruxelles, *Office de publicité*. 2 fr.

— Instruction populaire. Notions sur l'astronomie. In-12 avec figures intercalées dans le texte. 1862. Bruxelles, *A. Lacroix, Verboeckhoven et Cie*. 1 fr. 25 c.

— Petit traité de connaissances à l'usage de tous. In-12. avec grav. 1862. *Ibid*. 2 fr. 50 c.

— La Révolution dans l'armée française. Élection des sous-officiers en 1849. In-18. 1865. Bruxelles, *J. Rozez*. 1 fr. 50 c.

BOICHOZ, directeur des contributions directes.

— Nivellement de la contribution foncière, entre les départements, suivi d'une évaluation des revenus territoriaux, suivi d'un projet de mercuriales à l'usage des hypothèques et du crédit foncier. In-8° de 2 f. 1851. *Paul Dupont*.

BOIGEOL (Louis).

— La Filature de coton en France et en Angleterre. 1re étude : Les machines. 2e étude : Les cotons. 2 cahiers in-8°. 1860. Strasbourg, Ve *Berger-Levrault et fils*. 2 fr. 50 c.

BOIGNE (Charles de), littérateur, né vers 1806.

— Les Chemins de fer étrangers devant la loi française. In-8°, 31 p. 1860. *P. Dupont*.

— Du Cheval en France. In-8° de 21 f. 1848. *Bohaire*.

— Petits mémoires de l'opéra. In-12. 1856. *Librairie nouvelle*. 1 fr.

BOILAT (l'abbé P. D.), missionnaire apostolique, ancien directeur de collège, ancien inspecteur de l'instruction publique au Sénégal.

— Esquisses sénégalaises. Physionomie du pays. Peuplades. Commerce. Religions. Passé et avenir. Gr. in-8° avec une carte et un atlas in-8° de 24 pl. 1853. *P. Bertrand*. 10 fr.

— Grammaire de la langue woloffe. In-8°. 1858. [*Imprimerie impériale*.] *Stassin et Xavier*. 20 fr.

Ouvrage couronné par l'Institut.

BOILEAU (Gauldrée-). — Voy. **Gauldrée-Boileau**.

BOILEAU (l'abbé J.), né en 1649, mort à Paris, en 1735.

— De l'Abus des nudités de gorge, attribué à l'abbé J. Boileau. In-12. 1858. *Ad. Delahays*, 3 fr.

La 1re édition de ce curieux traité (Bruxelles, 1675, in-12) a été réimprimée à Paris, en 1677, et une 3e édition a été également réimprimée à Paris, en 1680.

— Œuvres complètes. — Voy. *Migne*, Collection des orateurs sacrés, 1re partie, tome 21.

BOILEAU (L. A.), architecte.

— Nouvelle forme architecturale. Exposé. Notes et appréciations. In-4°, avec 4 pl. 1853. *Chez l'auteur, rue de Sèvres*, 11.

— Traité complet de l'évaluation de la menuiserie, ou Méthode générale pour mesurer et mettre à prix des ouvrages de menuiserie en bâtiment et ceux de menuiserie d'art; suivi d'un Appendice sur la courbure et la dessiccation du bois. In-8° avec atlas in-fol. 1847. *Carilian jeune*. 15 fr.

Avec F. Bellot.

— Le même; nouvelle édition. In-8° avec atlas. 1861. *Dunod*. 12 fr.

BOILEAU (P.), capitaine d'artillerie, professeur de mécanique appliquée à l'École d'artillerie.

— Instruction pratique sur les scieries. 2e édition. In-8°. 1861. *E. Lacroix*. 5 fr.

— Traité de la mesure des eaux courantes, ou Expériences, observations et méthodes concernant les lois des vitesses, le jaugeage et l'évaluation de la force mécanique des cours d'eau de toute grandeur; le débit des pertuis des usines, des fortifications et des canaux d'irrigation, et l'action dynamique des courants sur les corps en repos. In-4° avec 7 pl. 1854. *Mallet-Bachelier*. 20 fr.

BOILEAU (Virgile) a traduit de l'anglais : « la Piste de guerre », de *Mayne-Reid* et « Paul Clifford », de *Bulwer*. — Voy. ces noms.

BOILEAU DE CASTELNAU (le docteur Philippe Joseph), né à Alais, en 1798.

— Des Enfants naturels devant la famille et devant la société. In-8°, 38 p. 1865. Nîmes, *imprimerie Clavel-Ballivet et Cie*.

Pas dans le commerce.

— De l'Épilepsie dans ses rapports avec l'aliénation mentale considérés au point de vue médico-judiciaire. In-8°. 1852. *J. B. Baillière*. 1 fr. 50 c.

Extrait des « Annales d'hygiène et de médecine légale ».

BOILEAU-DESPRÉAUX (Nicolas), poëte, membre de l'Académie française, né près de Paris en 1636, mort en 1711.

— Œuvres complètes. Édition de Ch. Labure. In-12. 1856. *Hachette et Cie*. 2 fr.

Nouvelle édition divisée en 2 vol. 1864. *Ibid*. 2 fr.

— Œuvres complètes. 2 vol. in-8°. 1865. *Chaix et Cie*. 4 fr.

Bibliothèque universelle des familles.

— Œuvres complètes. Nouvelle édition, conforme au texte donné par Berriat-Saint-Prix, avec les notes de tous les commentateurs, publiée par M. Paul Chéron; précédée d'une notice sur la vie et les ouvrages de Boileau, par C. A. Sainte-Beuve, et suivie du Bolæana, d'un extrait de la Harpe, etc. Gr. in-8° avec 7 grav. 1860. *Garnier frères*. 12 fr. 50 c.

— Œuvres. Nouvelle édition, conforme au texte donné par M. Berriat-Saint-Prix, précédée d'une notice sur la vie et les ouvrages de Boileau, par C. A. Sainte-Beuve. In-12. 1860. *Ibid.* 2 fr.

— Œuvres complètes. Nouvelle édition; accompagnée de notes pour l'intelligence du texte, et précédée d'une notice historique sur la vie et les écrits de l'auteur. In-8°. 1847. *Ruel.* 5 fr.

— Œuvres, avec un choix de notes des meilleurs commentateurs, et précédées d'une notice par M. Amar. In-12. 1842. *Didot.* 3 fr.

— Œuvres, avec des notes et imitations des auteurs anciens, précédées d'une notice par C. A. Sainte-Beuve. In-8° avec portrait et 6 grav. 1852. *Furne.* 5 fr.

— Œuvres poétiques. In-4° illustré. 1851. *Barba.* 90 c.

— Œuvres poétiques, avec un nouveau commentaire, par M. Amar. In-12. 1842. *Hachette.* 1 fr. 50 c.

— Œuvres poétiques, avec une notice biographique et littéraire et des notes, par E. Geruzez. In-12. 1850. *Ibid.* 1 fr. 50 c.

— Œuvres poétiques. Édition collationnée sur les meilleurs textes, avec une notice biographique, les variantes et les corrections de l'auteur, des notes choisies dans tous les commentateurs, une annotation nouvelle et un index, par M. Charles Louandre. In-12. 1855. *Charpentier.* 3 fr. 50 c.

— Œuvres poétiques, avec les notes de tous les commentateurs. Édition publiée par M. Aimé Martin. In-12. 1845. *Lefèvre.* 4 fr.

Nouvelle édition. In-8°. 1853. *Didot frères.* 4 fr. 50 c.

— Œuvres poétiques. Nouvelle édition classique, corrigée et enrichie de nombreuses notes littéraires, historiques, grammaticales, et précédée d'une notice sur la vie et les écrits de l'auteur, par M. Drioux. In-18. 1850. *Eug. Belin.* 1 fr.

— Œuvres poétiques. Édition classique, revue sur les meilleurs textes, avec des notes littéraires et philologiques, auxquelles on a joint les passages imités et traduits des auteurs anciens, par N. A. Dubois. In-18. 1847. *J. Delalain.* 1 fr. 50 c.

— Œuvres poétiques. Nouvelle édition, collationnée sur les meilleurs textes, avec un choix de notes de tous les commentateurs, de notes nouvelles, des jugements sur chaque pièce, etc., par M. Julien Travers. In-12. 1844. *Dezobry et Cie.* 1 fr. 50 c.

— Œuvres de Boileau, à l'usage de la jeunesse. Nouvelle édition. In-18. 1863. *Pélagaud et Cie.* 1 fr.

— Œuvres de Boileau, à l'usage de la jeunesse. Nouvelle édition. In-18. 1863. Lyon, *Périsse frères.* 80 c.

Édition souvent réimprimée.

— Œuvres choisies. Nouvelle édition, par un professeur agrégé de l'Université. In-18. *Lecoffre et Cie.* 80 c.

— Œuvres choisies. Édition classique, précédée d'une notice littéraire, par F. Estienne. In-18. 1856. *Delalain.* 75 c.

— Art poétique. Édition classique, par N. A. Dubois. In-12. 1859. *Ibid.* 30 c.

— Art poétique de Boileau, annoté par M. Fontanier. In-18. 1849. *Ve Maire-Nyon.* 50 c.

— Art poétique, avec notes par E. Geruzez. In-12. 1850. *Hachette.* 30 c.

— L'Art poétique, poème en quatre chants. Nouvelle édition, avec des notes extraites du commentaire de M. Julien Travers. In-12. 1864. *Tandou et Cie.* 30 c.

— Art poétique et poésies diverses, avec notes. In-16. 1861. *Philippart.* 25 c.

— Épitres, annotées par A. Dubois. In-12. 1854. *Delalain.* 60 c.

— Le Lutrin, poème héroï-comique. Édition conforme au texte original, ornée de vignettes par Ernest et Frédéric Hillemacher. In-4°. 1862. Lyon, *Scheuring.* 12 fr.

— Satires, annotées par N. A. Dubois. In-12. 1853. *Delalain.* 75 c.

— Satires. Le Lutrin. In-32. 1865. *Dubuisson et Cie.* 25 c.

Bibliothèque nationale.

— Correspondance entre Boileau Despréaux et Brossette, avocat au parlement de Lyon, publiée sur les manuscrits originaux, par A. Laverdet. Introduction par M. Jules Janin. In-8°. 1858. *Techener.* 10 fr.

BOILEUX (Jacques Marie), docteur en droit, magistrat, né à Caen en 1803.

— Commentaire sur le code Napoléon, contenant l'explication de chaque article séparément, l'énonciation, au bas du commentaire, des questions qu'il a fait naître, les principales raisons de décider pour et contre, l'indice des passages des divers ouvrages où les questions sont agitées et le renvoi aux arrêts. 6e édition, corrigée et considérablement augmentée. 7 vol. in-8°. 1855-1860. *Marescq aîné.* 52 fr. 50 c.

La 1re édition, sous le titre : « Commentaire sur le Code civil », a paru de 1828 à 1834. 3 vol. in-8°. 20 fr.

BOILLOT (Alexis), ex-attaché à l'Observatoire de Paris, professeur de mathématiques, rédacteur scientifique du « Moniteur universel », né à Louhans, en 1819.

— L'Astronomie vulgarisée, à l'usage des écoles et des campagnes. In-18. 1863. *P. Dupont.* 50 c.

— L'Astronomie au XIXe siècle. Tableau des progrès de cette science depuis l'antiquité jusqu'à nos jours. In-12. 1864. *Didier et Cie.* 3 fr. 50 c.

— Éléments de météorologie. In-12. 1864. *P. Dupont.* 50 c.

— Le Mouvement scientifique pendant l'année 1864. — Voy. *Menault et Boillot.*

— Nouvelle théorie des parallèles, exposée et démontrée avec la dernière rigueur. In-8° avec 1 pl. 1851. *Cahu,* place Sorbonne, 3.

Extrait d'un « Traité complet de géométrie », sous presse, du même auteur, et composé d'après la méthode analytique indiquée par Clairaut.

BOINET (Alph. Alex.), docteur en médecine, né en 1808.

— De l'Inamovibilité dans le traitement des affections chirurgicales. In-8°. 1844. *Labé.* 2 fr.

— Iodothérapie, ou de l'Emploi médico-chirurgical de l'iode et de ses composés et particulièrement des injections et des badigeonnages iodés. 2e édition. In-8°. 1865. *Masson et fils.* 14 fr.

1re édition en 1855. *Ibid.* 9 fr.

BOINVILLE (Chastel de). — Voy. **Chastel de Boinville.**

BOINVILLERS (G. B.), ancien inspecteur.

— Abrégé du Traité des études de Rollin. — Voy. *Rollin.*

BOINVILLIERS (Jean Forestier, dit), grammairien, inspecteur de l'Université, né à Versailles en 1764, mort en 1830.

— Dictionnaire des commençants, français-latin, composé sur le plan des meilleurs dictionnaires. 9e édition. In-8°. 1851. *Delalain.* 3 fr.

— Manuel latin, ou Compositions françaises, suivies de fables et d'histoires latines. Avec deux dictionnaires, l'un français, l'autre latin. 37e édition. In-12. 1852. *Ibid.* 3 fr.

— Corrigé du même. Nouvelle édition. In-12. 1852. *Ibid.* 3 fr. 50 c.

BOINVILLIERS (Édouard), maitre des requêtes au conseil d'État, fils du conseiller d'État de ce nom, et petit-fils du grammairien (voy. ci-dessus), est né en 1828.

— Éléments d'histoire de France. Gr. in-8° avec 6 cartes de la France à différentes époques. 1856. *Delalain.*

— L'État et les chemins de fer en 1865. In-8°. 1865. *Bureaux de la Revue contemporaine.* 1 fr.

— Études politiques et économiques. 2 vol. In-8°. 1863. *Hachette et Cie.* 15 fr.

— Le même. Tome 3e. In-8°. 1865. *Ibid.* 7 fr. 50 c.

— Introduction aux Éléments d'histoire de France. Gr. in-8° avec 6 cartes. 1856. *Delalain.*

— Les Tarifs de chemins de fer dans la nouvelle politique commerciale de la France. In-8°. 1860. *Hachette et Cie.* 1 fr. 50 c.

Extrait de la « Revue contemporaine ».

— Des transports à prix réduits sur les chemins de fer. In-8°. 1859. *Ibid.* 2 fr. 50 c.

Extrait de la « Revue contemporaine ».

BOIS, agriculteur.

— Nouvel art d'élever et de multiplier les pigeons de colombier et de volière. 3e édition. In-18. 1861. *Tissot.* 50 c.

BOIS, ouvrier.

— Les Soupirs du cœur, poésies. In-12 de 14 f. 1850. Nancy, *Pfeiffer.*

BOIS (A.), docteur en médecine.

— Thérapeutique de la méthode des injections sous-cutanées. In-8°. 1864. *Delahaye.* 1 fr.

Extrait du « Bulletin de la Société médicale du Cantal ».

BOIS (Ch.), professeur à la Faculté de théologie protestante de Montauban.

— De la Valeur religieuse du surnaturel. In-8°. 1865. Toulouse, *Lagarde.* 50 c.

Publié par la Société des livres religieux de Toulouse.

BOIS (L. F. Du). — Voy. **Du Bois.**

BOIS (Victor), ingénieur, né à Paris en 1813.

— Les Chemins de fer français. In-16. 1853. *Hachette.* 1 fr. 50 c.

— La Télégraphie électrique. In-16. 1853. *Ibid.* 1 fr.

Nouvelle édition en 1855. Même prix.

BOIS-AUBRY (de).

— La Vie de saint François de Paule. In-12. 1856. *A la Société de Saint-Victor.*

BOIS-DE-CHESNE (Hugues). — Voy. **Hugues Bois-de-Chesne.**

BOIS-FLOTTÉ, pseudonyme.

— Vercingetorix, tragédie en un acte et en vers, œuvre posthume du sieur de Bois-Flotté, étudiant en droit-fil, publiée par le marquis de Bièvre. In-4°. 1863. *Lévy frères.* 20 c.

Théâtre contemporain illustré, livraison 614.

BOIS-LE-COMTE (Ernest Sain de), publiciste et diplomate, ancien officier, ancien ministre de la République française à Naples et à Washington, né à Tours en 1799.

— De la crise américaine et de celle des nationalités en Europe. In-8°. 1862. *Maillet.* 2 fr.

M. de Bois-le-Comte a collaboré à la 2e édition de : *Buchez*, « Histoire parlementaire de la révolution française ».

BOIS-ROBERT (J. D. de).

— Nil et Danube. Souvenirs d'un touriste. Égypte, Turquie, Crimée, provinces danubiennes. In-8° avec 12 grav. 1855. *Courcier.* 7 fr.

BOIS-ROBIN (Louis René de Belleval, marquis de). — Voy. **Belleval.**

BOISARD (F.).

— Notices biographiques, littéraires et critiques sur les hommes du Calvados qui se sont fait remarquer par leurs actions ou par leurs ouvrages. In-12 de 16 f. 1848. Caen, *imprimerie de Pagny.*

BOISBAUDRAN (H. Lécoq de). — Voy. **Lecoq de Boisbaudran.**

BOISDUVAL (Jean Alphonse), médecin et naturaliste, né à Ticheville (Orne), en 1801.

— Genera et index methodicus europæorum lepidopterorum. In-8°. 1840. *Roret.* 5 fr.

— Note sur l'histoire naturelle de la Savoie. — Voy. *Goumain*, la Savoie, etc.

M. le docteur Boisduval a publié *Ratzburg*, « Nouveau manuel complet du destructeur des animaux nuisibles ». Traduit par M. de Corberon. — Voy. *Ratzburg.*

BOISGELIN (le cardinal).

— Œuvres complètes. — Voy. *Migne*, Collection d'orateurs sacrés, 2e série, tome 5.

BOISGELIN DE KERDU (le chevalier). — Voy. *Caillot-Duval*, les Mystifications.

BOISGONTIER (Mme Adam-). — Voy. **Adam-Boisgontier.**

BOISGUILLEBERT (Pierre Le Pesant, sieur de), littérateur et économiste, mort en 1714.

— Détail de la France, Factum de la France, opuscules divers. — Voy. *Collection des principaux économistes*, tome 1er.

BOISGUILLOT (Alexis), ancien conservateur des archives de Caen, actuellement propriétaire d'un hôtel à Caen, né à Laval, en 1817.

— Notice historique sur les armoiries de la ville de Caen, rédigée d'après les documents municipaux. In-8°, 20 p. avec 2 pl. 1861. Caen, *Hardel.*

Pas dans le commerce.

BOISHAMON (Ch. Du). — Voy. **Du Boishamon.**

BOISJOUSSE (Duchemin-). — Voy. **Duchemin-Boisjousse.**

BOISMARTIN (Vieillard de). — Voy. **Vieillard de Boismartin.**

BOISMONT (l'abbé).

— Œuvres complètes. — Voy. *Migne*, Collection d'orateurs sacrés, 1re série, tome 65.

BOISMONT (A. Brierre de). — Voy. **Brierre de Boismont.**

BOISNARD (l'abbé), missionnaire apostolique.

— Les Sanctuaires de Marie, pèlerinages divers. In-12. 1865. *Douniol*.

— Le Tombeau du Sauveur, pèlerinage aux saints lieux. In-12. 1864. *Ibid*. 3 fr.

BOISROND-TONNERRE.

— Mémoires pour servir à l'histoire d'Haïti, par Boisrond-Tonnerre; précédés de différents actes politiques dus à sa plume, et d'une étude historique et critique, par Saint-Remy, des Cayes (Haïti). In-12. 1851. *France*. 2 fr.

BOISSARD (l'abbé).

— La Consolation du chrétien, ou Motifs de confiance en Dieu dans les diverses circonstances de la vie. In-12. 1847. *Lecoffre*.

BOISSARD (Ferjus).

— Dante révolutionnaire et socialiste, mais non hérétique. Révélation sur les révélations de M. Aroux, et défense d'Ozanam. In-8° avec un portrait du Dante; d'après un masque moulé sur lui après sa mort. 1854. *Douniol*. 2 fr. 50 c.

— Le même. 2e édition augmentée d'une introduction sur l'état de la question. In-8°. 1858. *Ibid*. 2 fr. 50 c.

— Justice! Le Journal « l'Univers » et Frédéric Ozanam. In-8° de 4 f. 1865. *Dentu*.

BOISSARD (Henry), substitut du procureur général à Aix, ancien avocat, né à Dijon, en 1835.

— Des substitutions et des majorats. Thèse pour le doctorat, soutenue à la Faculté de droit de Dijon. In-8°. 1858. *A. Durand*. 3 fr.

M. Boissard a fourni plusieurs articles à la « Revue historique de droit ».

BOISSARD (L. F.), pasteur à Glay, a traduit de l'allemand : « les Femmes chrétiennes aux premiers temps de l'Église », de *Munter*.

BOISSE (J. A. d'Escodeca de). — Voy. **Escodeca de Boisse.**

BOISSE (le baron de Mortemart-). — Voy. **Mortemart-Boisse.**

BOISSEAU (J. D.).

— Soirées amusantes. Nouveau recueil d'histoires et historiettes, anecdotes, bons mots et facéties. In-12. 1865. *Sarlit*. 2 fr.

BOISSEAUX (Henry), auteur dramatique, mort en 1864.

— Astaroth; opéra-comique en un acte, musique de M. Debillemont. In-12. 1861. *Barbré*. 1 fr.

— La Clef des champs; opéra-comique en un acte, musique de M. Louis Deffès. In-12. 1857. *Lévy frères*. 1 fr.

— Le Duel du commandeur; opéra-comique en un acte, musique de M. Théodore de Lajarte. In-12. 1857. *Idem*. 60 c.

— Le Fléau de l'atelier; drame en cinq actes. In-12. 1862. *Barbré*. 1 fr.

Avec L. Mayrargues.

— On guérit de la peur; opéra-comique en un acte, musique de M. Théodore de Lajarte. In-12. 1855. *Tresse*. 50 c.

— La Maison du docteur; opéra-comique en un acte, musique de M. Paul d'Ivry. In-12. 1855. *Ibid*. 50 c.

— Le Neveu de Gulliver; opéra-comique en trois actes, musique de M. Théodore de Lajarte. In-12. 1862. *Lévy frères*. 1 fr.

— Le même. Édition in-4°. (Théâtre contemporain illustré, livraison 662.) 1864. *Ibid*. 20 c.

— Les Ressources de Jacqueline; comédie mêlée de chant en un acte, musique de M. André Simiot. In-12. 1854. *Ibid*. 60 c.

— La Saint-Hubert; drame en un acte et en vers. In-12. 1859. *Charlieu*. 1 fr.

— Le Secret de l'oncle Vincent; opéra-comique en un acte. In-12. 1856. *Lévy frères*. 60 c.

— Le même. In-4°. 1857. *Ibid*. 40 c.

Théâtre contemporain illustré, livraison 269.

Voy. aussi *Scribe et Boisseaux*.

BOISSELOT (Paul), auteur dramatique.

— A coups de bâton; comédie en un acte, mêlée de chant. In-8°. 1854. *Mifliez*. 20 c.

— Amour et Amour-propre; vaudeville en un acte. In-8°. 1856. *Ibid*. 30 c.

— Un Bal à émotions; vaudeville en un acte. In-8°. 1853. *Ibid*. 30 c.

— Le Bord du précipice; comédie en un acte. In-12. 1862. *Lévy frères*. 1 fr.

— Le Carnaval des blanchisseuses; vaudeville en quatre actes. In-4°. 1859. *Barbré*. 40 c.

Avec Eugène Hugot.

— La Cassette à Jeanneton; comédie en deux actes, mêlée de chant. In-8°. 1857. *Mifliez*. 40 c.

— L'Embuscade, comédie-vaudeville en un acte. In-8°. 1859. *Barbré*. 60 c.

— Lischen et Fritzchen; saynète en un acte, musique de M. J. Offenbach. In-12. 1864. *Lévy frères*. 1 fr.

— Minuit, ou Un arrêt du destin; comédie-vaudeville en un acte. In-8°. 1851. *Mifliez*. 60 c.

— 28 et 60, comédie-vaudeville en un acte. In-12. 1858. *Librairie théâtrale*. 60 c.

M. Boisselot a encore fait des pièces en collaboration avec MM. Brisebarre, Em. Hugot, et Mestepès. — Voy. ces noms.

BOISSERÉE (Sulpice), architecte et écrivain artistique allemand, né à Cologne en 1783, mort en 1854.

— Histoire et description de la cathédrale de Cologne. Nouvelle édition refaite et augmentée. In-4° avec 5 pl. 1843. Munich, *Cotta*. 10 fr. 50 c.

La 1re édition, in-folio, a été publiée en 1831.

BOISSIER, professeur, recteur.

— Discours sur les progrès de l'archéologie et sur la direction principale qu'il convient de donner à cette étude. In-8°. 1840. Genève, *Kessmann*. 1 fr. 25 c.

BOISSIER (Alph. de).

— Inscriptions antiques de Lyon, reproduites

d'après les monvments, ou recveillies dans les avtevrs. In-4°. 1852. Lyon, *imprimerie Perrin.* 60 fr.

BOISSIER (Edmond), botaniste.

— Voyage botanique dans le midi de l'Espagne pendant l'année 1837. 2 vol. gr. in-4°, avec un atlas de 206 pl. coloriées. 1839-1845. *Gide.* 396 fr.

Publié en 22 livraisons du prix de 18 fr. — Prix des exemplaires sur papier vélin , 660 fr.

BOISSIER (F. L. César).

— Le Napoléon de l'avenir, ou le Premier président des États-Unis du globe terrestre. In-8°. 1865. *Hachette et Cie.* 50 c.

BOISSIER (Gaston), professeur au Collége de France à Paris, né à Nîmes, en 1823.

— Cicéron et ses amis, étude sur la société romaine du temps de César. In-8°. 1865. *Hachette et Cie.* 7 fr. 50 c.

— Étude sur la vie et les ouvrages de M. T. Varron. In-8°. 1861. *Ibid.* 7 fr. 50 c.

— Le Poëte Attius ; étude sur la tragédie latine pendant la république. Thèse présentée à la Faculté des lettres de Paris. In-8°. 1857. *Durand.* 3 fr.

— Recherches sur la manière dont furent recueillies et publiées les lettres de Cicéron. In-8°. 1863. *Ibid.* 2 fr.

BOISSIÈRE (Charles), de la Société philotechnique.

— Éloge de l'ennui, dédié à l'Académie française. In-18. 1860. *Dentu.* 1 fr.

BOISSIÈRE (Prudence), grammairien, ancien professeur, né à Valognes (Manche), en 1806.

— Dictionnaire analogique de la langue française, répertoire complet des mots par les idées et des idées par les mots. Gr. in-8°. 1862. *Larousse et Boyer.* 20 fr.

— Grammaire graduée, ou Méthode pour introduire l'exactitude et la précision dans l'enseignement de la langue française. In-12. 1851. *Ducrocq.*

— Grammaire du second degré, ou Syntaxe. In-12. 1850. *Ibid.*

— Du Progrès dans les langues par une direction nouvelle donnée aux travaux des philologues et des académies. In-12. 1863. *Larousse et Boyer.* 75 c.

— Revue analogique des mots français, études sur le fond même de la langue, avec de nombreux exercices. Livre du maître. In-12. 1864. *Ibid.* 2 fr.

— Le même. Livre de l'élève. 1 fr. 50 c.

— Revue syntaxique, études sur les règles de la grammaire française ramenées à une exactitude rigoureuse, avec de nombreux exercices. Livre du maître. In-12. 1865. *Ibid.* 2 fr.

— Le même. Livre de l'élève. 1 fr. 50 c.

BOISSIÈRE (P. Galtier-). — Voy. **Galtier-Boissière.**

BOISSIEU (Alphonse de), correspondant de l'Institut.

— Ainay, son autel, son amphithéâtre, ses martyrs. In-8°, 141 p. 1864. Lyon, *Scheuring.*

— De l'Excommunication. Article publié dans la « Gazette de Lyon » du 26 mars et augmenté de plusieurs notes. In-8°. 1860. Lyon, *Pélagaud.* 50 c.

BOISSIEU (le R. P. Antoine), de la Compagnie de Jésus.

— Le Saint Évangile de Jésus-Christ, expliqué en méditations pour chaque jour de l'année selon l'ordre de l'Église. 3 vol. in-12. 1851. Lyon, *Pélagaud.* 6 fr.

BOISSON (C. F. Émile), notaire, ancien maire de la ville de Sommières.

— De la ville de Sommières (Gard), depuis son origine jusqu'à la révolution de 1789. Recherches et renseignements historiques. In-8°. 1849. Lunel, *imprimerie d'Hamelin.* 6 fr.

BOISSONADE (Jean-François), helléniste, membre de l'Institut, professeur de littérature grecque à la Sorbonne et plus tard au Collége de France, né à Paris en 1774, mort en 1857. Outre ses ouvrages philologiques, il a donné un grand nombre d'articles à la « Biographie universelle » de Michaud, et beaucoup d'articles de critique littéraire au «Journal des Débats» (1806-1813).

— Anecdota nova descripsit et annotavit Jo. Franc. Boissonade. In-8°. 1844. *Dumont.* 10 fr.

— Critique littéraire sous le premier empire, publiée par F. Colincamp, précédée d'une notice historique sur M. Boissonade, par M. Naudet, de l'Institut. 2 vol. in-8°. 1863. *Didier et Cie.* 16 fr.

M. Boissonade a publié : *Choricii Gazæi* Orationes; *Babrii* Fabulæ ; et *Tzetzæ* Allegoriæ Iliadis.

BOISSONADE (Gustave), ou **Boissonnade-Boutry**, fils du précédent, avocat, professeur agrégé à la Faculté de droit de Grenoble, né à Vincennes, près Paris, en 1825.

— Essai sur l'histoire des donations entre époux et leur état d'après le Code Napoléon. In-8°. 1852. *Cotillon.* 4 fr.

— De l'Exception apportée en matière de partage au principe de l'action Paulienne. In-8°. 1856. *Ibid.* 1 fr. 50 c.

Extrait de la « Revue critique de législation ».

— Textes choisis du Digeste. In-8°. 1865. Grenoble , *Ravanat.* 1 fr. 50 c.

BOISSONNAIS (Louis), directeur de l'École préparatoire de théologie de Batignolles, né à Genève, en 1820.

— Doctrine de la nouvelle école, d'après MM. Réville, A. Coquerel fils et Colani. In-12. 1864. *Grassart.* 1 fr. 25 c.

BOISSONNEAU père, chargé du service des yeux artificiels dans les hôpitaux civils et militaires à Paris, Londres, etc.

— Mémoire sur la prothèse oculaire et sur les améliorations apportées aux yeux artificiels. 1re partie. In-8° de 3 f. 1840. *Chez l'auteur, rue Neuve-des-Mathurins*, 19.

— De la Restauration de la physionomie chez les personnes privées d'un œil. In-8° de 4 p. 1858. *Chez l'auteur, rue de Monceau*, 11.

— Yeux artificiels mobiles. Indications générales, ou Guide pratique de l'œil artificiel perfectionné. In-8°. 1849. *Ibid.* 75 c.

BOISSONNEAU fils (A. P.), oculariste.

— Renseignements généraux sur les yeux artificiels, leur adaptation, leur usage et les moyens de se les procurer. In-8°. 1862. *Chez l'auteur, rue de la Ferme-des-Mathurins*, 28. 1 fr. 50 c.

Le même est publié en langue anglaise.

BOISSONNET (l'abbé Victor Daniel), professeur d'Écriture sainte au grand séminaire de Valence, né à Voiron (Isère), en 1797.

— Dictionnaire des décrets des diverses congrégations romaines. Gr. in-8°. 1852. *Migne.* 7 fr.

Forme le tome 26 de la « Nouvelle encyclopédie théologique », publiée par l'abbé *Migne.*

— Dictionnaire alphabético-méthodique des cérémonies et des rites sacrés. 3 vol. gr. in-8°. 1847. *Ibid.* 21 fr.

Forme les tomes 15, 16 et 17 de la première « Encyclopédie théologique », publiée par l'abbé *Migne.*

BOISSONNIER (J. T. A.), curé d'Allex.

— Les Aventures de Zisca, ou la Lutte des momiers et des ministres ramenant une âme droite au catholicisme. In-12. 1852. Lyon, *Pélagaud.* 2 fr.

2e édition en 1853.

BOISSOUDAN (de) a publié une nouvelle édition de la « Vénerie », de Jacques *Du Fouilloux.*

BOISSOUDY (de).

— Le Dimanche et les fêtes catholiques, ou Beaux jours de la piété; suivi de la Bourse domestique des pauvres. In-12. 1864. [Orléans, *Blanchard.*] *Sarlit.* 2 fr. 50 c.

BOISSY (Louis de), poëte et littérateur, né à Vic, en 1694, mort en 1758.

— Les Dehors trompeurs.—Voy. *Chefs-d'œuvre* des auteurs comiques, tome IV.

BOISTARD (Wolsey).

— Album du Prytanée. Nouvelles et poésies diverses. In-12. 1847. *Garnier frères.* 1 fr.

Le nom de l'auteur n'est pas indiqué sur le titre, mais l'avis au lecteur, pour servir de préface, est signé.

BOISTE (Pierre Claude Victoire), lexicographe, né à Paris, en 1765, mort en 1824.

— Dictionnaire universel de la langue française, avec le latin et l'étymologie, extrait comparatif, concordance, critique et supplément de tous les dictionnaires français. 14e édition, revue, corrigée, considérablement augmentée, précédée des principes de grammaire d'après l'Académie française, par M. Lorain, et comparée avec la 6e édition du Dictionnaire de l'Académie, par MM. Charles Nodier et Louis Barré. In-4°. 1857. *Didot frères.* 20 fr.

La 1re édition a paru en 1800.

BOISTEL (Alphonse), avocat, professeur agrégé à la Faculté de droit de Grenoble, né à Paris, en 1836.

— Le Droit dans la famille. Études de droit rationnel et de droit positif. In-8°. 1864. *Durand.* 5 fr.

La partie philosophique de cet ouvrage a été publiée séparément sous le titre : « le Droit dans la famille. Principes philosophiques ». 2 fr.

BOISTEL D'EXAUVILLEZ (P. J.). — Voy. **Exauvillez.**

BOISTHIBAULT (J. DOUBLET DE). — Voy. **Doublet de Boisthibault.**

BOITAL (Fabius).

— Un Homme à plaindre; vaudeville en un acte, tiré du roman de Frédéric Soulié. In-8°. 1859. *Dechaume.* 75 c.

BOITARD (Étienne François Eugène), professeur d'hydrographie à l'École navale impériale de Brest, né à Paris, en 1825.

— Navigation pratique. In-8°. 1859. *Firmin Didot frères.* 4 fr.

Avec M. Ansart-Deusy.

Voy. aussi *Collet*, Tables de logarithmes.

BOITARD (Joseph Édouard), avocat et docteur en droit, professeur suppléant à la Faculté de droit de Paris; né à Paris, en 1804, mort en 1835.

— Leçons de procédure civile, publiées par Gustave de Linage; revues, annotées, complétées et mises en harmonie avec les lois récentes, par G. F. Colmet-Daage. 9e édition, comprenant le commentaire complet du Code de procédure avec l'indication de la jurisprudence des cours impériales et de la Cour de cassation. 2 vol. in-8°. 1864. *Cotillon.* 17 fr.

La 1re édition a été publiée en 1837.

— Leçons sur les Codes pénal et d'instruction criminelle, contenant le commentaire complet de ces codes, publiées par Gustave de Linage. Revues, annotées, complétées et mises en harmonie avec les lois les plus nouvelles, par Faustin Hélie. 8e édition, contenant l'explication complète des Codes pénal et d'instruction criminelle, et le commentaire des lois des 13 et 20 mai 1863. In-8°. 1863. *Ibid.* 9 fr.

La 1re édition est de 1839.

BOITARD (Pierre), botaniste et technologiste, né à Mâcon, en 1789, mort en 1859.

— Curiosités de l'histoire naturelle et astronomie amusante, réalités fantastiques, voyages dans les planètes, etc. Illustrées de 30 grav. sur bois, dessinées en partie par l'auteur. In-8°. 1862. *Passard.* 8 fr.

Publié en 53 livraisons à 15 c.

— Études antédiluviennes. Paris avant les hommes. L'homme fossile, etc. Nouvelles études de la nature, illustrées de 30 grav. sur bois, dessinées et quelques-unes gravées par l'auteur. In-8°. 1861. *Ibid.* 8 fr.

Publié en 50 livraisons à 15 c.

— Guide-manuel de la bonne compagnie, du bon ton et de la politesse. Nouvelle édition, revue et augmentée de plus de cent mille lettres. In-12. 1859. *Ibid.* 3 fr.

La 1re édition est de 1851.

— Les 26 Infortunes de Pierrot le socialiste. In-12. 1853. *Ibid.* 3 fr.

— Le Jardin des plantes. Description et mœurs des mammifères de la ménagerie et du muséum d'histoire naturelle; précédé d'une Introduction historique, descriptive et pittoresque, par J. Janin. Gr. in-8°. 1842. *Dubochet et Cie.* 16 fr.

Publié en 50 livraisons à 50 c.

— Le même. Nouvelle édition. In-4°. 1851. *Barba.* 4 fr.

— Manuel du bon ton et de la politesse française. Nouveau guide pour se conduire dans le monde. In-18. 1864. *Passard.* 50 c.

Publié sous le pseudonyme de Louis Vérardi.
La 1re édition est de 1852.

— Manuel illustré du jardinier-fleuriste. — Voy. *Bréant et Boitard.*

— Nouveau manuel complet de l'architecture des jardins, ou l'Art de les composer et de les décorer. Nouvelle édition. In-18 avec un atlas de 120 pl. 1853. *Roret*. 15 fr.

— Nouveau manuel de botanique. 1re partie : Principes de botanique élémentaire. Nouvelle édition, corrigée et augmentée d'une table alphabétique des termes de botanique. In-18 avec 2 pl. 1852. *Roret*. 3 fr. 50 c. Avec l'atlas de 36 pl., 9 fr. 50 c.

— Nouveau manuel du cordier contenant la culture des plantes textiles, l'extraction de la filasse, etc. In-18 avec 3 pl. 1839. *Ibid.* 2 fr. 50 c.

— Nouveau manuel complet d'entomologie, ou Histoire naturelle des insectes et des myriapodes. Nouvelle édition. 3 vol. in-18. 1843. *Ibid.* 10 fr. 50 c. L'atlas de 110 pl., noir, 9 fr.; colorié, 18 fr.

— Nouveau manuel complet du naturaliste préparateur, ou l'Art d'empailler les animaux, de conserver les végétaux et les minéraux, de préparer les pièces d'anatomie normale et pathologique; suivi d'un traité des embaumements. Nouvelle édition. In-18 avec 5 pl. 1859. *Ibid.* 3 fr. 50 c.

— Nouveau manuel complet du destructeur des animaux nuisibles, ou l'Art d'apprendre et de détruire tous les animaux nuisibles à l'agriculture, au jardinage, etc. 1re partie, par M. Vérardi. Nouvelle édition, revue, corrigée, augmentée, ornée de figures, par M. N. Joly. In-18 avec 2 pl. 1852. *Ibid.* 3 fr.

— Nouveau manuel complet des instruments d'agriculture et de jardinage les plus modernes. In-8o avec 106 pl. 1844. *Ibid.* 12 fr.

— Les Mille et une singularités des mœurs et coutumes des peuples sauvages, demi-civilisés et civilisés des deux mondes. In-8o avec 20 grav. 1864. *Passard*. 8 fr.

BOITEAU (Paul), littérateur et économiste, né à Paris, en 1830. — Les premiers de ses ouvrages sont signés : *Boiteau d'Ambly*.

— Almanach de Béranger. 1re à 4e années (1862 à 1865). In-32. *Perrotin*. Chaque vol., 50 c.

— Aventures du baron de Trenck, d'après ses mémoires. In-16. 1853. *Hachette*. 1 fr. 25 c.

— Les Cartes à jouer et la cartomancie. Ouvrage illustré de 40 bois. In-16. 1854. *Ibid.* 3 fr. 50 c.

— En avant ! In-12. 1859. *Perrotin*. 1 fr.

— De l'Enseignement populaire de la musique. In-8o. 1860. *Didot frères*. 1 fr.

— L'Équité de M. Pelletan. In-8o. 1860. *Perrotin*. 50 c.

— Erreurs des critiques de Béranger. In-32. 1858. *Chez tous les libraires*. 50 c.

— État de la France en 1789. In-8o. 1861. *Perrotin*. 6 fr.

— Les Finances de la ville de Paris. In-8o. 1865. *Guillaumin et Cie*. 1 fr.

— Légendes pour les enfants, arrangées par Paul Boiteau, et illustrées de 42 vignettes, par Bertall. In-16. 1857. *Hachette et Cie*. 2 fr.

— Lettre à M. Renan, de l'Académie des inscriptions et belles-lettres, sur son article du « Journal des Débats » du 17 décembre 1859, relatif à Béranger. In-8o. 1859. *Perrotin*. 50 c.

— Philosophie et politique de Béranger. In-8o. 1859. *Ibid.* 3 fr. 50 c.

— La Situation. In-12. 1861. *Ibid.* 1 fr.

— Les Traités de commerce, texte de tous les traités en vigueur, notamment des traités conclus avec l'Angleterre, la Belgique, la Prusse (Zollverein) et l'Italie; avec une introduction historique et économique, des renseignements sur les monnaies, les mesures, les douanes, les usages, et un catalogue alphabétique des principaux articles tarifés dans les divers pays du monde. In-8o. 1864. *Guillaumin et Cie*. 7 fr. 50 c.

— Vie de Béranger. In-16. 1861. *Perrotin*. 1 fr.

BOITEL (l'abbé Alexandre Clément), chanoine titulaire de la cathédrale de Châlons-sur-Marne, né à Vertus en Champagne, en 1799.

— Les Beautés de l'histoire de la Champagne. Tome I. In-12 avec 1 pl. 1865. Châlons-sur-Marne, *imprimerie Dortu-Deulin*. 3 fr.

— Histoire de saint Alpin, huitième évêque de Châlons-sur-Marne, et vainqueur d'Attila. In-12. 1853. Châlons, *Boniez-Lambert*. 1 fr.

— Histoire du bienheureux Jean, surnommé l'Humble, seigneur de Montmirail en Brie, d'Oisy, comte de la Ferté-Gaucher, vicomte de Meaux, etc.; puis religieux de l'abbaye de Longpont, de l'ordre de Cîteaux et du diocèse de Soissons. In-18. 1859. *Vrayet de Surcy*. 4 fr.

— Histoire de Montmirail en Brie, faisant suite à l'Histoire du bienheureux Jean, depuis l'année 1311 jusqu'à nos jours. In-12. 1862. *Ibid.* 3 fr.

— Histoire de l'ancien et du nouveau Vitry, ou de Vitry-en-Perthois et de Vitry-le-Français. In-12. 1842. Châlons, *imprimerie Boniez-Lambert*. 1 fr. 50 c.

— Prise par les Anglais, en 1424, de Mont-Aiguillon, place forte dans la Brie champenoise. In-8o. 1865. Nogent-sur-Seine, *Faverot*. 50 c.

— Recherches historiques, archéologiques et statistiques sur Esternay, son château et les communes du canton. In-12. 1850. Châlons, *imprimerie Boniez-Lambert*. 2 fr. 50 c.

— Vies de saint Vincent, diacre, martyr, patron des vignerons; et de saint Éloi, patron des laboureurs, des orfévres. In-16. 1863. Châlons, *T. Martin*. 80 c.

BOITEL (Amédée), inspecteur général de l'agriculture.

— Du Pin maritime, de sa culture dans les dunes, de la pratique du résinage et de l'industrie des résines, avec 2 planches et 1 tableau; suivi d'une Notice sur la culture des dunes de Cap-Breton, et d'une Notice sur la Flore des marais du département des Landes. In-8° avec 2 pl. 1848. *Mme Huzard.* 2 fr.

2e édition sous le titre :

— Mise en valeur des terres pauvres par le pin maritime, avec une vignette et des figures dans le texte; suivi d'un appendice sur les taupes, les marais des Landes et les vignes de Cap-Breton. 2e édition, entièrement refondue, avec figures. In-8°. 1857. *Masson.* 5 fr.

BOITEL (Léonard ou Léon), littérateur, imprimeur-éditeur à Lyon, fondateur de la « Revue du Lyonnais », né à Rive-de-Gier (Loire), en 1806, mort en 1855, en se baignant dans le Rhône à Irigny, près de Lyon.

— Album du Lyonnais. Villes, bourgs, villages, églises et châteaux du département du Rhône, publiés sous la direction de L. Boitel, et illustrés par L. Leymarie. 2 vol. in-4° avec 37 pl. 1843. Lyon, *Boitel.* 30 fr.

— Lyon ancien et moderne; par les collaborateurs de la « Revue du Lyonnais », sous la direction de Léon Boitel; avec des gravures à l'eau-forte et des vignettes sur bois, par H. Leymarie. Histoire des monuments. 2 vol. in-8° avec 20 pl. 1841-1843. *Ibid.* 24 fr.

BOIVIN (Am.), ancien maître des requêtes au conseil d'État.

— Description de cinq espèces nouvelles du genre Conus. In-8° avec pl. 1864. *Rothschild.* 2 fr.

— Que sont les plus imposés appelés à un conseil municipal? Quel est leur rôle? Quels sont leurs droits? In-8° de 12 p. 1864. *Ibid.*

BOIVIN-CHAMPEAUX (Louis), avocat général à la cour impériale de Caen, né aux Andelys (Eure), en 1823.

— Les Élections de 1789 dans le grand bailliage d'Évreux. Gr. in-8° de 24 p. 1865. Caen, *Legost-Clérisse.*

— Les Fédéralistes du département de l'Eure devant le tribunal révolutionnaire. Gr. in-8° de 30 p. 1865. *Ibid.*

— Notices pour servir à l'histoire de la révolution dans le département de l'Eure. In-8° avec 2 photographies. 1864. [Évreux, *Huet.*] *Dumoulin.* 3 fr. 50 c.

BOIXE (Prosper).

— Théorie de l'impôt de M. Proudhon. In-8°. 1862. *Dentu.* 1 fr.

BOIZOT père et fils, professeurs de danse à Paris.

— Répertoire des quadrilles français et anglais, lanciers, calédoniens, américains, et la description de la valse selon les principes. In-32. 1859. *Chez les auteurs.* 2 fr.

BOJANUS (Ch.).

— L'Art médico-chirurgical en Russie. Application de la médecine homœopathique aux traitements chirurgicaux. In-8°. Bruxelles. 1864. 7 fr.

BOLAND (A.), ancien boulanger à Paris.

— Observations sur l'application de la mécanique à la boulangerie. Nouveau pétrisseur mécanique. Falsifications des farines par la fécule de pomme de terre; moyen de la reconnaître; moyen d'apprécier les qualités panifiables de la farine de froment, etc. In-4° de 7 f. avec 2 pl. et 1 tableau. 1854. *Mme Bouchard-Huzard.*

— Traité pratique de boulangerie. In-8°. 1860. *E. Lacroix.* 5 fr.

BOLANDEN (Conrad de), pseudonyme de Joseph Édouard Bischoff, curé de Berghausen, près Spire (Bavière), né à Gailbach (Palatinat), en 1828.

— La Reine Berthe. Ouvrage traduit de l'allemand. In-12. 1864. Tournai, *Casterman.* 2 fr.

— Un Voyage de noces, ou Luther et sa fiancée. Traduit de l'allemand. In-12. 1864. *Ibid.* 1 fr. 25 c.

BOLARD (le Rév. Clovis), missionnaire apostolique, a publié : *Reiffenstuel,* « Jus canonicum universum ».

BOLDENYI (J.), écrivain hongrois.

— La Hongrie ancienne et moderne. Histoire, arts, littérature, monuments; par une société de littérateurs, sous la direction de M. J. Boldenyi. In-8° avec 30 pl. 1850. *Lebrun.* 12 fr.

Publié en 40 livraisons à 30 c.

— La Hongrie en 1848. Recueil politique, historique et littéraire. In-8°. 1848. *Rue de la Victoire,* 6. 6 fr.

— Le Magyarisme, ou la Guerre des nationalités en Hongrie. In-8°. 1850. *Lebrun.* 1 fr.

— Pages de la révolution hongroise. In-8°. 1849. *Dentu.* 1 fr. 50 c.

BOLETTI.

— Nouveaux dialogues français-italiens. — Voy. *Richard et Boletti.*

BOLGENI (Jean Vincent), théologien italien, de la Société de Jésus, né à Bergame, en 1733, mort à Rome, en 1811.

— Économie de la foi chrétienne. — Voy. *Migne,* Démonstrations évangéliques, tome 18.

Cet ouvrage a paru en italien à Brescia, en 1790.

BOLINTINEANO (Démètre), poëte roumain, né à Bolintina, près Bucharest, en 1814. Proscrit de sa patrie en 1848, il se réfugia successivement en Transylvanie, en Turquie et en France.

— Les Principautés roumaines. In-8° de 63 p. 1854. *Desoye et Bouchet.*

Cette brochure a été publiée par les soins de M. Voinesco.

BOLLANDUS (Jean), hagiographe flamand, chef des religieux savants qui, de son nom, sont appelés Bollandistes, né à Tirlemont (Brabant méridional), en 1596, mort en 1665. En compagnie de Godefroid Henschen, il entreprit l'immense publication de l'Histoire de tous les saints de l'Église, connue sous le nom de : *Acta Sanctorum,* etc. Cependant il n'en vit paraître que les 5 premiers volumes et la publication fut continuée après sa mort d'abord par son collaborateur Henschen, et puis par d'autres membres de la Société des Bollandistes. Après les 54 premiers volumes, la publication fut interrompue par la première révolution française, et n'a été reprise qu'en 1858, par les soins du gouvernement belge. 2 volumes ont été publiés depuis. — Une nouvelle édition est en cours de publication.

— Acta sanctorum quotquot toto orbe coluntur, vel a catholicis scriptoribus celebrantia, quæ ex latinis et græcis, aliarumque gentium antiquis monumentis collegerunt ac digesserunt, servata primigenia scriptorum phrasi et variis observationibus illustrarunt Joannes Bollandus, Godefridus Henschenius, societatis Jesu theologi. Editio novissima, cum animadversionibus ex temporalibus D. Papebrochii, nunc primum ex Mss. editis curante Joanne Carnandet. Tomes 1 à 9 et 48. In-fol. 1863-1865. *Palmé.* Chaque volume, 25 fr.

L'édition formera 54 volumes.

BOLLE (G.).

— La Législation des mines, minières, carrières et usines, expliquée par ses motifs, suivie des lois, arrêtés, décrets, instructions et règlements, concernant la police des mines, l'établissement des mines dangereuses, nuisibles ou incommodes, l'emploi des cours d'eau à des usages industriels et l'organisation du service des mines. In-8º. 1846. Bruxelles. 5 fr.

BOLLE (Mme R.).

— Gustave, ou Aventures du voyage d'un jeune homme. In-12. 1861. Lausanne. 3 fr.

— Maria Gordon, ou la Jeune ménagère. Ouvrage destiné aux jeunes personnes. Imité de l'anglais. In-12. 1860. [Lausanne.] *Cherbuliez.* 3 fr. 50 c.

— Un Missionnaire à la ville et dans les champs, par l'auteur des Tribulations de Mme Palissy; traduit de l'anglais par Mme Cornelis de Witt. In-12. 1864. *Grassart.* 2 fr. 50 c.

— Souvenirs de l'oncle William. Histoire d'une famille naufragée. In-12. 1860. *À l'agence de la Société des écoles du dimanche.* 1 fr. 50 c.

Mme R. Bolle a traduit de l'anglais: Broussel, « Une institutrice en Angleterre ».

BOLLIAC (César), poëte et publiciste roumain, ancien préfet de Bukarest, né dans cette ville, en 1813. Après les troubles de 1848 et 1849, dans lesquels il avait joué un rôle important comme journaliste et comme homme politique, il fut contraint de quitter son pays, et vint en 1850 s'établir à Paris.

— Domnul Tudor; épisode de la révolution roumaine de 1821. Traduit du roumain. In-8º, 31 p. 1857. *Just Rouvier.*

— Mémoires pour servir à l'histoire de la Roumanie (provinces danubiennes). Premier mémoire. Topographie de la Roumanie. In-8º. 1856. *Ibid.* 2 fr.

La publication devait se composer de 8 Mémoires.

— Poésies. Traduites du roumain, en prose et en vers français. In-8º de 107 p. 1857. *Imprimerie Pommeret et Moreau.*

BOLTON (Alby).

— Souvenirs d'Alby Bolton, recueillis par sa sœur. Traduit librement de l'anglais. In-18. 1863. Toulouse, *Delhorbe.* 50 c.

BOLTS (William), ancien membre du conseil des revenus à Bénarès et alderman de la cour du maire à Calcutta.

— Histoire des conquêtes et de l'administration de la Compagnie anglaise au Bengale. In-12. 1853. *Lévy frères.* 3 fr,

BOMBET, pseudonyme de Henri **Beyle.**

BOMBONNEL, surnommé le Tueur de panthères.

— Bombonnel le tueur de panthères. Ses chasses écrites par lui-même. In-12. 1860. *Hachette et Cie.* 2 fr.

2e édition en 1862.

BOMPAR (Mme Amélia).

— Petite Macédoine : Un peu Religion; Un peu Histoire; un Emblème; Esprit de saint Vincent de Paul; Suppression des tours; la Sœur maternelle. In-16, 32 p. 1865. Bordeaux, *imprimerie Grugy.*

BOMPARD (J. P.).

— Abrégé sur la culture de l'olivier. In-4º de 5 f. avec 1 pl. 1842. Draguignan, *Bernard.*

BON (Joseph Le). — Voy. **Le Bon.**

*****Bon ange** (le), dix nouvelles écrites pour la jeunesse (par divers auteurs). In-8º avec 11 vignettes. 1844. Vᵉ *Louis Janet.* 9 fr.

*****Bon jardinier** (le), almanach horticole pour l'année 1866, contenant les principes généraux de culture, l'indication, mois par mois, des travaux à faire dans les jardins, etc., et des notions élémentaires de botanique horticole, etc.; par Vilmorin, Poiteau, J. Barral, etc. In-12. *Librairie agricole de la Maison rustique.* 7 fr.

Paraît chaque année. Une partie seulement du texte varie tous les ans. Le reste est cliché pour plusieurs années consécutives.

Comme complément de l'ouvrage précédent il y a : Gravures de l'Almanach du Bon jardinier, contenant: 1º Principes de botanique; 2º Principes de jardinage, taille des arbres, etc. 21ᵉ édition entièrement remaniée par Ed. André. In-12. 1861. *Librairie agricole.* 7 fr.

*****Bon pasteur** (le), cours d'instructions neuves et pratiques destiné à MM. les curés et les vicaires des villes et des campagnes, publié par une société d'ecclésiastiques. 6ᵉ édition, revue et corrigée et considérablement augmentée. In-8º. 1863. Gincourt (Ardennes), *Taillard-Jaunet.* 6 fr. 50 c.

BONA (Jean), prélat italien, cardinal, né à Mondovi en 1609, mort en 1674.

— Le Guide vers le ciel. Traité contenant l'esprit des Pères de l'Église et des philosophes de l'antiquité. Traduction nouvelle, par A. Richard de la Hautière. In-12. 1851. *Julien.* 1 fr.

— De la Liturgie, ou Traité sur le saint sacrifice de la messe. Traduit en français, par M. l'abbé Lobry. 2 vol. in-8º. 1856. *Vivès.* 11 fr.

— Le Livre d'or du sacerdoce. Traité ascétique du saint sacrifice de la messe. Traduit du latin avec une Notice sur l'auteur, par l'abbé J. B. E. Pascal. In-18. 1849. Plancy, *Société de Saint-Victor.*

— Le Phénix qui renaît, ou la Rénovation de l'âme par la retraite et par les exercices spirituels; ouvrage posthume et récemment édité du cardinal Bona, traduit par Julien Travers, et précédé d'une préface par Auguste Nicolas. In-32. 1858. *Vaton.* 1 fr. 50 c.

— Traité du discernement des esprits. In-12. 1852. Tournai, *Casterman.* 1 fr. 80 c.

BONA (T.), ancien architecte, directeur de l'École de tissage et de dessin industriel de Verviers.

— Manuel des constructions rurales. 3ᵉ édition, complétement refondue, accompagnée de 200 fig. In-12. 1861. Bruxelles, *Tarlier.* 3 fr.

— Tracé et ornementation des jardins d'agrément. 3e édition, complétement refondue et ornée de 238 figures. In-12. 1864. *Ibid.* 2 fr. 50 c.

La 1re édition est de 1859. 1 fr. 50 c.

— Traité de tissage. 2 vol. in-12 avec 2 atlas.
1863. [Bruxelles.] *E. Lacroix.* 6 fr.

BONA-CHRISTAVE (D.), lieutenant de vaisseau,
a traduit de l'anglais : « Considérations chimiques
sur la combustion du charbon », de C. W. *Williams.*

BONACCORSI.

— Mémoire historique sur les droits politiques
de la Sicile. In-8o de 15 f. 1849. *Franck.*

Avec M. Lumia.

BONACOSSI (le comte Alexandre).

— La Chine et les Chinois. Dédié à l'empereur
de la Chine. In-8o avec 1 portrait et 1 carte. 1847.
Comptoir des imprimeurs-unis. 6 fr.

BONAFONT, médecin principal à l'École impériale d'état-major et à l'hôpital militaire du Roule.

— Mémoire sur un nouveau mode d'occlusion
des yeux dans le traitement des ophthalmies en
général, lu à l'Académie impériale de médecine.
In-8o. 1856. *J. B. Baillière.* 2 fr.

Extrait du « Bulletin de l'Académie impériale de médecine ».

BONAFOUS (Matthieu), agronome piémontais,
membre correspondant de l'Institut de France,
né à Turin en 1794, mort en 1852.

— Traité de l'éducation des vers à soie et de la
culture du mûrier, suivi de divers mémoires sur
l'art séricicole. 4e édition. In-8o avec 5 pl. 1840.
Bouchard-Huzard. 7 fr.

La 1re édition est de 1816.

— Yo-San-fi-Rok. L'Art d'élever les vers à soie
au Japon, par Ouekaki Mourikouni ; annoté et
publié par Matthieu Bonafous. Ouvrage traduit du
texte japonais par le docteur J. Hoffmann, interprète de S. M. le roi des Pays-Bas. In-4o avec 1 atlas in-4o de 50 pl. 1848. *Ibid.* 20 fr.

M. Bonafous a traduit en français « le Ver à soie », poëme de
Marc Jérôme *Vida.* — Voy. *Vida.*

BONAFOUS (Norbert), professeur à la Faculté
des lettres d'Aix, officier de l'instruction publique,
né à Albi (Tarn), en 1809.

— De Angeli Politiani vita et operibus disquisi-
tiones. In-8o. 1846. *F. Didot.* 5 fr.

— Études sur l'Astrée et sur Honoré d'Urfé.
In-8o. 1847. *Ibid.* 4 fr.

— Notice sur le Dacus oleœ, vulgairement
connu sous le nom de Mouche de l'olivier, et sur
les moyens de détruire cet insecte malfaisant.
In-8o. 1861. *A. Durand.* 1 fr.

M. Norbert Bonafous a traduit le « Poëme des jardins », de
Columelle, et la « Rhétorique », d'*Aristote.*

BONALD (Mme Bertille Honorine de), née en
1788, morte en 1825.

— Ermitage du mont Cindre, près de Lyon,
et opinion sur le mariage, écrits à l'âge de 16 ans ;
avec des notes historiques, à la père de l'auteur. In-18 de 5 1/2 f. 1843. *Poussielgue-Rusand.*

4e édition. — La 2e est de 1814.

BONALD (le vicomte Louis Gabriel Ambroise de),
philosophe, homme d'État et publiciste, membre
de l'Académie française, pair de France de 1823 à

1830, ministre d'État sous la Restauration, né en
1754 à Mouna en Rouergue, mort en 1840.

— Œuvres complètes, réunies pour la première fois en collection selon le triple ordre logique, analogique et chronologique, revues sur
des éditions corrigées par l'auteur, précédées
d'une notice, etc., suivies de tables analytiques
des matières en dehors des tables particulières ;
publiées par M. l'abbé Migne. 3 vol. gr. in-8o. 1859.
Migne. 24 fr.

— Discours sur la vie de Jésus-Christ. (Opuscule
inédit.) In-8o. 1843. *Ad. Leclère.* 2 fr. 50 c.

2e édition en 1844. — Écrit composé par l'auteur vers 1802,
et destiné par lui à servir de préface à une nouvelle édition de
la « Vie de Jésus », du P. de *Ligny.*

— Essai analytique sur les lois naturelles de
l'ordre social. Du divorce considéré au xixe siècle
relativement à l'état domestique et à l'état public de société. Pensées sur divers sujets. Discours politiques. In-8o. 1847. *Ibid.* 6 fr.

— Législation primitive considérée dans les
derniers temps par les seules lumières de la raison, suivie de divers traités et discours politiques.
5e édition. In-8o. 1857. *Ibid.* 6 fr.

La 1re édition est de 1802.

— Mélanges littéraires, politiques et philosophiques. 3e édition. In-8o. 1852. *Ibid.* 6 fr.

Tome 1er. Le tome 2 n'a pas été réimprimé depuis 1838.

— Recherches philosophiques sur les premiers
objets des connaissances morales. Démonstration
philosophique du principe constitutif de la société. Méditations politiques tirées de l'Évangile.
In-8o. 1858. *Ibid.* 6 fr.

— Théorie du pouvoir politique et religieux
dans la société civile, démontrée par le raisonnement et par l'histoire ; suivie de : la Théorie de
l'éducation sociale et de l'administration publique.
2 vol. in-8o. 1854. *Ibid.* 12 fr.

La 1re édition parut en 1796 à Constance (Bade), et fut
saisie à son entrée en France.

BONALD (Henri de), fils aîné du précédent.

— Notice sur M. le vicomte de Bonald, par
M. Henri de B. In-8o. 1841. *Ad. Leclère.* 2 fr. 50 c.

Anonyme.

BONALD (le vicomte Victor), frère du précédent, recteur de l'Académie de Montpellier jusqu'à la révolution de Juillet.

— Encore un mot sur Pascal, les jésuites et
l'enseignement, à l'occasion d'un rapport de
M. Cousin à l'Académie française, et de quelques
autres écrits récents. In-8o. 1845. Avignon, *Séguin
aîné.*

— De la Vie et des écrits de M. le vicomte de
Bonald. Défense de ses principes philosophiques ;
lettre au R. P. V.....; lettre au Correspondant. Philosophie nouvelle ; ses erreurs ; son injustice envers Descartes ; justification et éloge de ce philosophe. In-12. 1853. *Ibid.*

2e édition ; la 1re est de 1844. In-8o. *Ibid.* Elle ne portait
pas le nom de l'auteur ; mais seulement : « Par un de ses fils ».

BONALD (Louis Jacques Maurice de), prélat
français, cardinal et archevêque de Lyon, sénateur, 4o fils du vicomte de Bonald et frère des
précédents, né à Milhau en 1787.

— Œuvres complètes. — Voy. *Migne,* Orateurs
sacrés, 2e série, tome 14.

— Mandement, portant condamnation d'un
livre intitulé : Manuel du droit public ecclésias-

tique français, par M. Dupin, docteur en droit, procureur général près la Cour de cassation, député de la Nièvre, etc. Paris, 1844, et d'un écrit du même auteur intitulé : Réfutation des assertions de M. le comte de Montalembert dans son Manifeste catholique. In-8°. 1845. *Sagnier et Bray.* 60 c.

— Mandement portant condamnation du livre intitulé : la Vie de Jésus, par M. Ernest Renan. In-4°. 1863. Lyon, *Périsse.* 1 fr.

BONAMY (Constantin), docteur en médecine de la Faculté de Paris, professeur d'anatomie, né au Pellerin, près de Nantes en 1812.

— Atlas d'anatomie descriptive du corps humain. Livraisons 1 à 54. 1841 à 1859. *Masson et fils.* Chaque livraison : Noir, 2 fr.; colorié, 6 fr.

Avec MM. Paul Broca et Émile Beau. — Chaque livraison contient 4 planches.

BONAMY (Eug.), médecin à Nantes.

— Études sur les effets physiologiques et thérapeutiques du tartre stibié. In-8° de 15 f. 1848. Nantes, *imprimerie de Mme Ve Camille Mellinet.*

BONANI (Mgr. Gaetano).

— Mois de juin consacré à honorer le précieux sang de N. S. Jésus-Christ. Œuvre posthume. Traduit de l'italien. In-18. 1842. *Leclère.* 1 fr. 40 c.

BONAPARTE (Napoléon). — Voy. **Napoléon Ier.**

BONAPARTE (Louis Napoléon). — Voy. **Napoléon III.**

BONAPARTE (Joseph). — Voy. **Joseph.**

BONAPARTE (Jérôme). — Voy. **Jérôme.**

BONAPARTE (le prince Napoléon Jérôme). — Voy. **Napoléon.**

BONAPARTE (Lucien). — Voy. **Canino.**

BONAPARTE (Charles Lucien). — Voy. **Canino.**

BONAPARTE (Alexandrine). — Voy. **Canino.**

BONAPARTE (Hortense). — Voy. **Hortense.**

BONAPARTE (le prince Louis Lucien), 2e fils de Lucien, frère de Napoléon Ier, est né en Angleterre en 1813. Représentant du peuple en 1848 et 1849, il a été nommé sénateur en 1852.

— Langue basque et langues finnoises. In-4° de 50 p. 1862. Londres. 25 fr.

— Le Cantique des cantiques de Salomon, traduit en basque guipuscoan par le prince Louis Lucien Bonaparte. In-16 de 20 p. 1863. Londres.

— Le Cantique des cantiques de Salomon, traduit en basque biscayen central, tel qu'il est communément parlé aux environs de Bilbao, et accompagné d'une traduction en basque biscayen littéraire de Marquina, par le P. J. A. de Uriarte; suivi d'un petit dictionnaire comparatif des dialectes basques et de notes explicatives, par le prince Lucien Bonaparte. In-16 de 36 p. 1863. Londres.

BONAPARTE (le prince Pierre Napoléon), 3e fils de Lucien et frère du précédent, est né à Rome en 1815.

— Un Mois en Afrique. In-8°. 1850. *Pagnerre.* 1 fr. 50 c.

— Le Capitaine Moneglia à Solferino, légende corse. In-4°, 14 p. 1861. *Imprimerie P. Dupont.*

— Loisirs, recueil de poésies en français et en italien. Tome 1. In-18. 1865. *Ibid.*

Le prince Pierre Napoléon Bonaparte a traduit de l'italien : « Nabuchodonosor », tragédie de *Niccolini.*

*****Bonaparte**, les Bourbons et la république, et de la nécessité de se rallier à Louis-Napoléon pour le bonheur de la France et celui de l'Europe, par E. G...d. In-8°. 1852. *Garnier frères.* 3 fr.

BONAR (A.), pasteur.

— Un Apôtre des temps modernes. Vie du R. Mac-Cheyne, traduit de l'anglais par Ed. Tallichet. In-12. 1857. Lausanne, *Bridel.* 3 fr.

BONAR (le Rév. Horatius).

— La Joie du matin, faisant suite à la «Nuit des larmes». Traduit de l'anglais. In-18. 1856. *Meyrueis.* 1 fr. 50 c.

— Le Jour éternel, traduit de l'anglais. In-18. 1858. *Ibid.* 2 fr.

— Une Nuit dans les larmes. Consolations adressées aux enfants de Dieu affligés. Traduit de l'anglais. In-18. 1853. *Grassart.* 1 fr. 50 c.

BONASSIES (F.), avocat.

— Dictionnaire de la presse. — Voy. *Bories et Bonassies.*

BONAU (Filip-). — Voy. **Filip-Bonau.**

BONAVENTURE (saint), philosophe scolastique du XIIIe siècle, cardinal-évêque d'Albano, professeur de théologie à Paris, né en 1221 en Toscane, mort en 1274.

— S. R. E. cardinalis S. Bonaventuræ opera omnia, Sixti V, pontificis maximi jussu diligentissime emendata, accedit sancti doctoris vita, una cum diatriba historico-chronologico-critica. Editio accurate recognita, ad puram et veriorem testimoniorum biblicorum emendationem denuo reducta; cura et studio A. C. Peltier. Tomes 1 à 4. Gr. in-8°. 1863-1865. *Vivès.*

L'édition aura 14 volumes. Prix : 160 fr.

— Œuvres spirituelles, traduites par M. l'abbé Berthaumier. 6 vol. in-8°. 1855. *Ibid.* 32 fr.

— Légende de saint François d'Assise; traduite du latin par un religieux de l'ordre des Frères prêcheurs. In-12. 1858. *Ve Poussielgue - Rusand.* 2 fr.

— Méditations sur la vie de N. S. Jésus-Christ; traduit en français par le R. P. dom François Lebannier. 2 vol. in-12. 1847. *Sagnier et Bray.* 5 fr.

— Les Méditations de la vie du Christ; traduites en français par Henry de Riancey. 4e édition. In-18. 1863. *Ve Poussielgue-Rusand.* 3 fr.

La 1re édition de cette traduction est de 1846.

— Psautier de la sainte Vierge; traduit en français par le R. P. J. Gallifet. Distribué pour tous les jours de la semaine. Nouvelle édition augmentée. In-18. 1851. Lyon, *Pélagaud.* 80 c.

— Les Deux psautiers de la bienheureuse vierge Marie. Traduction nouvelle par Henry de Riancey. In-32. 1852. *Ve Poussielgue-Rusand.* 80 c.

— Le Séraphin de la terre, ou le Prêtre, recueil de divers opuscules de saint Bonaventure. In-12, 14 f. 1841. Lyon, *Périsse.*

— Les Six ailes du Séraphin, ou Traité sur les principales vertus nécessaires à un bon supérieur. Traduit par le R. P. Possoz. In-32. 1860. Tournai, *Casterman.* 50 c.

— Le Soliloque de saint Bonaventure. In-18.
1859. *Douniol.* 1 fr. 50 c.

— Théologie séraphique. Extraite et traduite
des Œuvres de saint Bonaventure, par l'abbé Céleste Alix et par Accurse Alix. Traduction avec le
texte en note. 2 vol. in-12. 1853-1856. *Lecoffre
et Cie.* 4 fr.

Tome I. Itinéraire de l'âme vers Dieu. — Traité du mépris
du monde. — L'échelle d'or des vertus. — Bouquet spirituel.
— Traité des vertus. — L'incendie d'amour.
Tome II. Le Soliloque. — Sermons sur les dix préceptes du
décalogue.

— Tribut quotidien de prières affectueuses et
de louanges, pour chaque jour de la semaine, à la
très-sainte et immaculée vierge Marie, mère de
Dieu, etc. Extrait des Œuvres du séraphique docteur saint Bonaventure, avec une courte et très-
utile méthode pour assister à la sainte messe, etc.
In-32. 1856. *Douniol.* 1 fr.

BONAVENTURE DES PÉRIERS. — Voy. **Des-
périers.**

BONAVINO (François). — Voy. **Franchi** (Ausonio).

BONCENNE (Félix), juge au tribunal civil de
Fontenay-le-Comte, né à Poitiers, en 1806.

— Cours élémentaire d'horticulture. 1re année.
Organisation des végétaux; culture potagère; culture des fleurs. In-12. 1861. *Librairie agricole.*
75 c.

— Le même. 2e année. Organisation des végétaux ligneux. Pépinières, etc. In-12. 1861. *Ibid.*
75 c.

— Traité du jardinage pour tous, suivi de quelques cultures spéciales. 2e édition, revue, augmentée et enrichie de nombreuses gravures.
In-12. 1859. *Ibid.* 2 fr. 50 c.

La 1re édition est de 1857.

BONCENNE (Pierre), jurisconsulte, professeur
à la Faculté de droit de Poitiers, député pendant
les Cent-Jours, né à Poitiers en 1775, mort dans
cette ville en 1840.

— Théorie de la procédure civile, précédée
d'une introduction. Tomes 1 à 4. 1838-1840. *Videcoq.* 30 fr.

— Le même. Tomes 5 et 6, contenant la continuation de l'ouvrage par M. Bourbeau. 2 vol. in-8°.
1844-1847. *Ibid.* 15 fr.

BONCOMPAGNI. — Voy. **Buoncompagni.**

BONDE (le baron Knut).

— La Suède et son commerce. In-8°. 1852. *Guillaumin.* 3 fr. 50 c.

BONDICK-BASTIANSE (J. H. de), lieutenant de
vaisseau.

— Voyages faits dans les Moluques, à la Nou-
velle-Guinée et à Célèbes, avec le comte Charles
de Vidua de Conzalo, à bord de la goëlette royale
l'Iris. In-8°. 1845. *Arthus Bertrand.* 6 fr.

BONDIL (l'abbé Louis Jérôme), chanoine de
Digne, ancien professeur au grand séminaire, né
à Riez, en Provence, en 1790.

— Le Dernier jour du Rédempteur, ou Voie
douloureuse de Jésus de Gethsémani au Golgotha.
In-12. 1846. [Digne.] *Repos.* 3 fr. 50 c.

— Discours sur la vie et les vertus de Mgr.
Charles François Melchior Bienvenu de Miollis,

évêque de Digne. In-8°. 1843. Digne, *Ve Guichard.*
2 fr.

— Le même, avec nouveau titre et nouvelle
couverture, sous le titre de «Vie de Mgr. de Miollis,
ou Discours sur la vie», etc., suivi de plusieurs
lettres du saint Prélat et de notes diverses. In-8°.
(Sans date.) *Repos.* 2 fr.

Le texte est absolument le même que celui de 1843.

— Introduction à la langue anglaise, à l'aide de
ses racines et de leurs rapports avec le français,
le latin et le grec, etc. In-8°. 1860. *Dezobry et Cie.*
5 fr.

— Le Livre des Psaumes, traduit sur l'hébreu
et les anciennes versions, avec des arguments,
des observations critiques sur les différences de
l'hébreu et de la Vulgate, et des notes explicatives,
philologiques, littéraires, etc. 2 vol. in-8°. 1840.
Olivier Fulgence. 12 fr.

BONDILH (Honoré), homme de lettres et journaliste, né à Marseille, en 1816.

— La Démocratie césarienne et l'union libérale.
In-8°. 1864. Marseille, *imprimerie Clappier.*

— L'Empire et les partis devant le suffrage universel. In-8°. 1864. [Marseille.] *Dentu.* 1 fr.

— Louis XVI et Coligny. Deux pages d'histoire,
1793-1572. Réponse à la presse légitimiste. In-8°
de 15 p. 1865. Marseille, *imprimerie Seren.*

— Patriotisme israélite. Lettre à M. Crémieux.
In-8°. 1860. Marseille, *Arrau-Cadet.* 75 c.

— Respect à la franc-maçonnerie. Réponse à
M. Dufaur, conseiller municipal, par H. Bondilh,
de la R∴ L∴ les Chevaliers de la Palestine.
In-8°. 1865. Marseille, *Mengelle.* 50 c.

BONDOIS (Eug.), vaudevilliste.

— Le Chevalier de Caylus, comédie-vaudeville
en deux actes. In-8°. 1853. *Dechaume.* 60 c.

— Qui paye ses dettes s'enrichit! proverbe en
un acte, mêlé de chant. In-8°. 1852. *Ibid.* 50 c.

BONDON (Gustave).

— Le Nid, comédie en un acte, en prose. In-12.
1865. *Librairie centrale.* 1 fr.

Voy. aussi *Meyer* et *Bondon*.

BONDON (J.), professeur de physique.

— Éléments de physique, rédigés conformément
au programme du baccalauréat ès sciences. In-12,
avec de nombreuses figures intercalées dans le
texte. 1856. *Lecoffre et Cie.* 2 fr. 50 c.

BONDON (Jules).

— Les Fleurs, fabliaux et poésies. In-12. 1861.
Ledoyen. 1 fr. 50 c.

BONDUEL (le R. P. Fl. J.), missionnaire.

— Souvenir d'une mission indienne. Nakam et
son fils Nigabianong, ou l'Enfant perdu, précédé
d'une notice historique. In-8°, avec le portrait de
l'auteur, 3 grav. et 1 carte géographique. 1856.
Tournai, *Casterman.*

— Tableau comparatif entre la condition morale des tribus indiennes de l'État de Wisconsin,
considérée sous l'influence du paganisme, et celle
de leur état actuel, envisagée sous l'influence du
catholicisme, ou Mémoire partiel de l'État des
missions indiennes du diocèse de Milwaukie.
In-8°, avec 2 pl. 1856. *Ibid.*

BONEL (A.), licencié en droit.

— Histoire de la télégraphie. Description des principaux appareils aériens et électriques. In-12, 147 p. 1857. Caen, *Buhour*.

BONESPEN (l'abbé).

— Le Chemin de l'amour divin, ou Traité de l'espérance chrétienne. 2e édition, revue et augmentée. In-12. 1861. *Dezobry et Cie.*,

L'abbé Bonespen a traduit : *Candele*, « Entretiens sur le bonheur de l'état de virginité ».

BONFILS (Henri), avocat.

— De la Compétence des tribunaux français à l'égard des étrangers en matière civile, commerciale et criminelle. In-8o. 1865. *Durand*. 5 fr.

BONFILS - LABLÉNIÉ (le comte de), lieutenant de vaisseau.

— Histoire de la marine française. 3 vol. in-8o. 1845. *Comptoir des imprimeurs-unis*.

BONFORT (Charles), né à Oran.

— Quelques idées sur la colonisation algérienne. In-4o. 1859. [Oran.] *Challamel*. 1 fr. 50 c.

BONGRAIN (Maurice de).

— Les Captifs de la deïra d'Abd-el-Kader (Sidi-Brahim et Sidi-Moussa), 1845 - 1846, souvenirs de la vie militaire en Afrique. In-18. 1864. Lille, *Lefort*.

*Bonheur et silence. In-8o de 157 p. 1857. *Gabriel Roux*.

BONHOMME (Honoré).

— Fiez-vous-y! Roman de mœurs. 2 vol. in-8o. 1842. *Garnier*. 10 fr.

— La Fille de Dancourt; comédie. — Voy. *Fournier* (N.) *et Bonhomme*.

— Madame de Maintenon et sa famille. Lettres et documents inédits publiés sur les manuscrits autographes originaux, avec une introduction, des notes et une conclusion. In-12. 1863. *Didier et Cie*. 3 fr. 50 c.

M. Honoré Bonhomme a publié les « Œuvres inédites » de *Piron*, et la « Correspondance » de *Collé*. — Voy. ces noms.

BONHOMME (Jacques), pseudonyme de M. **Decamps** (Alexandre).

BONHOMME (Jules).

— La Bergerie. In-8o. 1864. [Rodez, *Ratery*.] *Ve Bouchard-Huzard*. 2 fr.

— La Porcherie. In-16. 1862. *Ve Bouchard-Huzard*. 75 c.

— Du Progrès agricole dans la démocratie. In-8o de 2 f. 1849. Rodez, *Bru*.

BONHOMME (l'abbé Jules).

— Principes d'une véritable restauration du chant grégorien, et examen de quelques éditions modernes de plain-chant. In-8o. 1857. *Lecoffre et Cie*. 3 fr.

— Simple réponse à la brochure du P. Lambillotte, intitulée : Quelques mots sur la restauration du chant liturgique. In-8o. 1855. *Ibid*. 80 c.

BONHOMME (l'abbé R.) a traduit de l'italien : « Vie de sainte Marguerite de Cortone », du R. P. François *Marchese*.

BONHOURE, instituteur.

— L'Art de lire, ou Méthode supérieure de lecture. Nouvelle édition. In-12. 1862. *Humbert*. 1 fr.

— Le Conducteur de la jeunesse, ou l'Entrée dans la vie. Livre de lecture courante. In-18. 1854. *Mme Picard*. 60 c.

— La Conjugaison des verbes rendue facile. In-12. 1858. *V. Sarlit*. 60 c.

— Les Écoliers de Paris, ou les Conversations instructives aux heures de récréation. In-12. 1860. *Maugars*. 1 fr.

— Exercices de lecture sur les premières difficultés de la lecture élémentaire. In-12. 1859. *Cantel*. 60 c.

— Les Idées enfantines, ou les Premières lectures instructives et amusantes. In-12. 1863. Mirecourt, *Humbert*. 60 c.

— Le Petit lecteur, ou l'Instruction enfantine. In-18. 1854. *Mme Picard*. 60 c.

— Premières lectures courantes, ou la Sortie de l'alphabet. In-12. 1863. *Faure*. 60 c.

— Premières lectures instructives, ou les Principales connaissances élémentaires acquises par la lecture. In-12. 1864. *Ibid*. 75 c.

— Le Rédacteur de l'enfance, ou Modèles d'exercices théoriques et pratiques sur le style élémentaire. In-12. 1857. *Périsse frères*.

BONI (André).

— Les Fausses routes. In-12. 1862. *Dentu*. 3 fr.

BONIFACE (Alexandre), instituteur à Paris, né à Paris, en 1785, mort en 1838.

— Abrégé de la géographie élémentaire descriptive, avec 2 cartes coloriées. 6e édition, revue et corrigée. In-12. 1850. *Delalain*. 1 fr. 25 c.

— Abrégé de la grammaire française méthodique et raisonnée. In-12. 1854. *Ibid*. 1 fr. 25 c.

— Corrigé des exercices grammaticaux composés pour servir d'application à la grammaire française. Nouvelle édition. In-12. 1855. *Ibid*. 2 fr. 50 c.

— Cours élémentaire et pratique de dessin linéaire, suivi d'un Traité élémentaire de perspective linéaire. 4e édition. In-8o avec un atlas de 50 pl. 1847. *Ibid*. 5 fr.

Avec M. Choquet.

— Dictionnaire français-anglais et anglais-français, rédigé d'après un nouveau plan. 2 vol. in-8o. 1843. *Belin-Mandar*. 20 fr.

— Éléments de cosmographie, ou Géographie astronomique. Précédés de notions d'histoire naturelle et de géographie physique. In-12 avec 8 pl. 1838. *Delalain*. 2 fr. 50 c.

— Exercices grammaticaux appliqués aux règles de la grammaire française. 8e édition. In-12. 1860. *Ibid*. 1 fr. 25 c.

— Grammaire française méthodique et raisonnée, fondée sur un grand nombre de faits et sur l'autorité des meilleurs grammairiens. 19e édition. In-12. 1864. *Ibid*. 1 fr. 75 c.

— Lecture graduée. Ouvrage dans lequel les difficultés de la langue sont simplifiées et présentées graduellement. Dédié aux mères. 7e édition. 2 vol. in-8o. 1864. *Ve Renouard*. 3 fr.

— Une lecture par jour; mosaïque littéraire,

historique, morale et religieuse. Nouvelle édition.
4 vol. in-12. 1852. *Delalain.* 6 fr.

— Mémorial poétique de l'enfance. Choix de distiques, quatrains, de fables et d'autres pièces en vers. In-18. 1856. *Ibid.* 1 fr. 25 c.

BONIFACE (Joseph), pseudonyme de M. DEFRÉ.

— La Belgique calomniée. Réponse à M. P. J. Proudhon. In-12. 1862. Bruxelles, *Tircher.* 50 c.

— La Belgique indépendante. In-12. 1860. Bruxelles, *Van Meenen et Cie.* 75 c.

— Correspondances politiques. Revue des hommes et des choses. 2 vol. in-8°. 1858. Bruxelles. 6 fr.

— De la Neutralité armée. In-12. 1862. Bruxelles, *Office de publicité.* 50 c.

— Joseph Boniface a P. J. Proudhon. Deuxième réponse. In-18. 1862. Bruxelles, *Tircher.* 80 c.

BONIFACE (Joseph Xavier), connu en littérature sous les noms de **Saintine** et **Xavier.** — Voy. ces noms.

BONIFACE (l'abbé Louis).

— Histoire du village d'Esne et de ses dépendances. In-8° avec 11 pl. 1863. Cambrai, *imprimerie Régnier-Farez.* 5 fr.

— Notice sur Aubencheul-au-Bois et les hameaux voisins. In-8°. 1859. Cambrai. 1 fr. 50 c.

BONIFACE-DELCRO (J.), avocat.

— Esquisse d'une philosophie populaire. In-8°. 1858. *Johanneau.* 3 fr. 50 c.

— Études sur la condition des femmes dans la famille. In-8°, 127 p. 1857. *Ibid.*

BONIFAS (Ernest).

— Homélies et sermons. In-12. 1862. Nîmes, *Peyrot-Tinel.* 2 fr. 50 c.

BONIFAS (F.), docteur en théologie, agrégé au Séminaire protestant de Montauban.

— La Doctrine de la Rédemption dans Schleiermacher. In-8°. 1865. *Meyrueis et Cie.* 2 fr.

— Essai sur l'unité de l'enseignement apostolique. In-8°. 1865. [Toulouse.] *Meyrueis.* 3 fr. 50 c.

— Étude sur la Théodicée de Leibnitz. In-8°. 1863. *Durand.* 4 fr.

— De Petrarcha philosopho. (Thèse.) In-8°. 1863. *Ibid.* 1 fr. 50 c.

BONIFAS-GUIZOT (C.), professeur d'hébreu, mort en...

— Nouvelle grammaire hébraïque, analytique et raisonnée. In-8° de 30 f. 1856. Montauban, *Forestié père et fils.*

La couverture porte : « Ouvrage posthume ».

BONIFAS-GUIZOT (Mme).

— La Famille de Beaumont, ou Une année de séjour à la campagne. 2 vol. in-12. 1843-1845. *Delay.* 7 fr.

BONILLA (le R. P. Fr. Jean de), de l'ordre de l'observance de Saint-François.

— Brief traicté où est déclaré combien est nécessaire la paix de l'âme, et comment on la doit acquérir. In-32. 1863. Tours, *Bouserez.* 75 c.

BONIN (Mme Marie).

— Deux années de séjour en Pologne ; détails locaux sur l'insurrection polonaise, racontés par un témoin oculaire. In-12. 1863. *Dentu.* 1 fr. 50 c.

BONIVARD (François), ancien prieur de Saint-Victor.

— Advis et devis de l'ancienne et nouvelle police de Genève, suivis des advis et devis de noblesse et de ses offices ou degrez et des iij estats monarchique, aristocratique et démocratique, des dismes et servitude taillables. Dédié à la mémoire du docteur J. J. Chaponnière, par Gustave Revilliod. In-8° avec portraits. 1856. Genève, *imprimerie J. G. Fick.* 12 fr.

— Advis et devis des Lenges, suivis de la martigent, c'est-a-dire de la source du péché, publié par M. Gust. Revilliod. In-8°, XII-195 p. 1865. *Ibid.*

— De l'Ancienne et nouvelle police de Genève, et source d'icelles (1560). Gr. in-8°. 1847. Genève, *Jullien frères.* 5 fr.

Publié par la Société d'histoire et d'archéologie de Genève ; tiré à très-petit nombre.

BONJEAN (Joseph), pharmacien à Chambéry.

— Faits chimiques, toxicologiques, et considérations médico-légales, relatives à l'empoisonnement par l'acide prussique. In-8°. 1843. Lyon, *Marle aîné.* 2 fr.

— Histoire physiologique, chimique, toxicologique et médicale du seigle ergoté. In-8° de 2 1/4 f. 1842. *Crochard.*

— Mémoire pratique sur l'emploi médical de l'ergotine, des préparations dialytiques et de l'élixir de santé. In-8° de 2 f. 1856. *Germer Baillière.*

— La Savoie agricole, industrielle et manufacturière ; suivi d'une notice historique sur la percée du mont Cenis. In-16. 1863. [Chambéry.] *Germer Baillière.* 8 fr.

BONJEAN (Louis Bernard), jurisconsulte, ancien avocat à la Cour de cassation, ancien ministre de l'agriculture et du commerce, sénateur, président de chambre à la Cour de cassation, né à Valence, en 1804.

— Conservation des oiseaux, leur utilité pour l'agriculture. In-18. 1865. *Garnier frères.* 50 c.

— Discours au Sénat sur les homœopathes. — Voy. *Dumas* (J. B.).

— Du Pouvoir temporel et de la papauté. In-8°. 1862. *Hachette et Cie.* 7 fr. 50 c.

— Socialisme et sens commun. In-18. 1849. *Mme Ve Lenormant.* 10 c.

— Traité des actions, ou Exposition historique de l'organisation judiciaire et de la procédure civile chez les Romains. 2e édition. 2 vol. in-8°. 1841-1845. *Videcoq.* 30 fr.

BONJEAN (R.).

— Code de la chasse. 3 vol. in-8°. 1846-1853. Liège. 15 fr.

— Essai sur la réorganisation du notariat et sur diverses réformes. In-8°. 1847. *Ibid.* 3 fr.

BONJOUR (Auguste), avocat à la Cour impériale de Paris.

— De la dignité de l'avocat, dédié à la chambre de l'ordre, suivi d'une Messe aux Madelonnettes, dédiée à M. l'abbé Billette, aumônier de cette maison, et d'une pièce de vers sur la mort de Paillet. In-8°. 1858. *Dentu.* 1 fr.

BONJOUR (Casimir), littérateur, né à Clermont, en 1795, mort à Paris, en 1856.

— Le Bachelier de Ségovie, ou les Hautes études; comédie en vers et en cinq actes. In-8°. 1844. *Marchant.* 50 c.

BONN (A. William), professeur de langue anglaise, à Paris.

— Dialogue musical et raisonné de la langue anglaise. In-12. 1862. *Chez l'auteur.* 5 fr.

— Trésor de la langue anglaise et de sa prononciation. 1re partie. Prononciation et éléments de la grammaire. 4 vol. in-8°. 1859-1860. *Ibid.* 7 fr.

1re série. Explication de la loi monosyllabique, 3 fr.; avec clef, 4 fr. 50 c.; la clef seule, 2 fr.
2e série. Explication de la loi polysyllabique, 4 fr.; avec clef, 6 fr.; la clef seule, 2 fr. 50 c.

BONNAFONT (Jean Pierre), médecin-chirurgien, né à Plaisance (Gers), en 1805. Il a pris part comme chirurgien militaire à l'expédition d'Alger, et il est resté douze ans en Afrique.

— La Femme arabe dans la province de Constantino. In-8°. 1865. *Maillot.* 1 fr.

Extrait de « l'Union médicale ».

— Nouveau projet de réformes à introduire dans le recrutement de l'armée, ainsi que dans les pensions des veuves des militaires. In-8° de 4 1/2 f. 1850. *Corréard.*

— Réflexions sur l'Algérie, particulièrement sur la province de Constantine, sur l'origine de cette ville et les beys qui y ont régné depuis l'an de l'hégire 1133 (1710) jusqu'en 1253 (1837). In-8°. 1846. *Ledoyen.* 4 fr.

— De la surdi-mutité; discours prononcé à l'Académie de médecine. In-8°. 1853. *J. B. Baillière.* 1 fr.

— Traité théorique et pratique des maladies de l'oreille et des organes de l'audition. Avec 22 fig. intercalées dans le texte. In-8°. 1860. *Baillière et fils.* 9 fr.

BONNAIRE (A.), principal de collège.

— Cours de thèmes français, ou Nouveaux exercices d'orthographe, de syntaxe, d'analyse et de ponctuation rédigés suivant les règles de la nouvelle grammaire française des commençants. Nouvelle édition. In-12. 1859. *Hachette et Cie.* 1 fr. 20 c.

— Le même. Corrigé à l'usage des maitres. In-12. *Ibid.* 1 fr. 50 c.

La 1re édition est de 1834.

— Méthode pour étudier la langue française. Grammaire. In-8°. 1846. *Hachette.* 3 fr. 50 c.

BONNAIRE (Justin), avocat à la cour royale de Nancy.

— Les Cendres de Napoléon; stances. In-8° de 2 1/4 f. 1840. Nancy, *Raybois.*

— Une Promenade à Trèves en 1844. Souvenirs descriptifs, historiques, archéologiques et religieux, avec un épilogue en vers. In-8° de 5 1/4 f. 1845. *Sagnier et Bray.*

BONNAL (de), ex-rédacteur de la « Presse ».

— Le Clergé est-il un corps politique? In-8°. 1861. *Dentu.* 1 fr.

— Un Exilé à M. Louis Blanc. In-8°. 1859. Poitiers, *Oudin.* 50 c.

— L'Empire et la tribune. In-8°. 1861. *Ibid.* 1 fr.

— Des Gouvernements. In-8°. 1858. *Ibid.* 3 fr. 50 c.

— Les Souffrances d'un amoureux. In-12. 1864. *Dentu.* 3 fr.

— Tout chef d'État, chef d'Église. In-8°. 1862. *Ibid.* 1 fr. 50 c.

BONNAL (Edmond).

— Influence du catholicisme sur la formation de l'Espagne. In-8°. 1865. Toulouse, *Bonnal et Gibrac.* 4 fr.

BONNAL (Marcellin de).

— Un Amour en Algérie. In-8°. 1847. *Dolin.* 7 fr. 50 c.

— Lamentations de Marcellin de Bonnal, ou Renaissance sociale. 2 vol. in-8°. 1841. *Chez l'auteur.* 15 fr.

BONNARD (Arthur de).

— De l'Hémospasie, ou Déplacement mécanique du sang, employée au traitement des diverses maladies. In-8° de 7 1/4 f. 1840. *Chez l'auteur.*

— Ligue du Salut social. Organisation du travail au moyen des bénéfices donnés par le commerce véridique exercé au nom et au profit des travailleurs. Appel à M. le baron James de Rothschild. In-12 de 1 1/2 f. 1848. *Chez l'auteur.*

— Organisation du travail. Organisation d'une commune sociétaire d'après la théorie de Charles Fourier. In-8°. 1845. Boudonville, *chez l'auteur.* 2 fr. 50 c.

BONNARD (Camille), ex-inspecteur des contributions directes.

— L'Art de lever les plans. Analyse raisonnée et démonstration pratique des formules et des opérations trigonométriques les plus usitées; les tables des logarithmes, etc. In-4° avec 8 pl. 1858. *Lacroix et Baudry.* 10 fr.

Une 1re édition a été publiée en 1846, à Niort.

— Costumes historiques des xiie, xiiie, xive et xve siècles, tirés des monuments les plus authentiques de peinture et de sculpture, dessinés et gravés par Paul Mercuri, avec un texte historique et descriptif par Camille Bonnard. Nouvelle édition, soigneusement revisée, avec une introduction, par M. Charles Blanc. 3 vol. in-4° renfermant 200 pl. coloriées. 1859-1863. *Lévy fils.* 250 fr.

L'ouvrage a été publié en 100 livraisons à 2 fr. 50 c.

BONNARDEL (l'abbé), chanoine honoraire, curé de Semur en Brionnais, né vers 1759, mort à Semur en 1836.

— Cours d'instructions familières sur les principaux événements de l'Ancien Testament et sur l'Abrégé des vérités de la foi et de la morale. Nouvelle édition, corrigée, augmentée et mise dans un meilleur ordre. 8 vol. in-12. 1851. Lyon, *Pélagaud.* 12 fr.

— Le même. 8 vol. in-12. 1864. Lyon, *Périsse frères.*

Anonyme. — La 1re édition est de 1824.

— Exercices pour se préparer à la mort, avec une méthode pour visiter les malades et assister les mourants. Nouvelle édition, revue, corrigée et augmentée. In-18. 1856. Lyon et Paris, *Péla-gaud.* 1 fr.

Anonyme. — La 1re édition est de 1814.

— Exercices de la dévotion au Sacré Cœur de Jésus, à l'usage de la confrérie établie à Semur en Brionnais, etc. Nouvelle édition. In-18. 1864. *Ibid.* 1 fr.

Également anonyme. — Cet ouvrage est réimprimé chaque année. — La 1re édition est de 1815.

BONNARDEL (L.).

— Traité sur les mouches à miel, suivi des procédés pour faire le miel et la cire, avec divers modèles de ruches. In-8° de 4 f. avec 2 pl. 1853. Lyon, *chez M*^{lle} *Bonnardel, place Croix-Pâquet,* 11.

BONNARDON (P. Raymond).

— Les Souvenirs, poésies. Une conspiration en 1816; drame historique en quatre actes et en vers. In-8°, 325 p. 1861. Valence, *imprimerie Chenevier et Chavet.*

BONNARDOT (A.), s'intitulant « Parisien ».

— Dissertations archéologiques sur les anciennes enceintes de Paris, suivies des recherches sur les portes fortifiées qui défendaient cette enceinte. Ouvrage formant le complément de celui intitulé : Études archéologiques sur les anciens plans de Paris. In-4° avec 11 pl. 1853. *Dumoulin.* 8 fr.

— Essai sur l'art de restaurer les estampes et les livres, ou Traité sur les meilleurs procédés pour blanchir, détacher, décolorier, réparer et conserver les estampes, livres et dessins. 2e édition, refondue et augmentée, suivie d'un exposé des divers systèmes de reproduction des anciennes estampes et des livres rares. In-8°. 1858. *Castel.* 5 fr.

La 1re édition est de 1846.

— Études sur Gilles Corrozet et sur deux anciens ouvrages relatifs à l'histoire de la ville de Paris. 1° Recherches sur les éditions des Antiquitez de Paris de Gilles Corrozet; 2° Notice sur un manuscrit de l'an 1454, qui contient de curieux détails concernant la ville de Paris; 3° Réimpression d'un opuscule gothique imprimé et sans date, intitulé : Des rues et églises de Paris. In-8° de 4 f. 1848. *Imprimerie Guiraudet.*

— Fantaisies multicolores. — La Robe de Claude Frollo. — Archéopolis. — Deux millions de dot. — Une bonne fortune à Rome. — Le Pâté de Strasbourg et le gibet de Montfaucon. — Les Deux bécasses. — Grison et grisette. In-12. 1859. *Castel.* 3 fr.

— Histoire artistique et archéologique de la gravure en France. In-8°. 1849. *Deflorenne neveu.* 7 fr.

— Le Mirouer du bibliophile parisien, où se voyent au vray le naturel, les ruses et les joyeultz esbattements des fureteurs de vieils liures. In-16 de 3 ¹/₈ f. *Imprimé à Paris par Guiraudet et Jouaust, pour M. Bonnardot, Parisien. M.D.CCC.XLVIII.*

— Des Petits chiens de dames; spécialement de l'épagneul nain. Privilèges des petites races canines, qualités physiques et morales de l'épagneul nain, ses défauts, ses penchants, ses manies, son hygiène, ses amours, ses maladies naturelles. In-32. 1856. *Castel.* 1 fr.

— De la réparation des vieilles reliures, complément de l'Essai sur l'art de restaurer les es-

tampes et les livres, suivi d'une dissertation sur les moyens d'obtenir des duplicata de manuscrits. In-8°. 1858. *Ibid.* 2 fr.

— Des Télescopes. Causeries familières sur les télescopes de tout genre, leurs effets, leur théorie, l'époque de leur invention, leurs perfectionnements successifs et leur avenir. Traité spécialement écrit pour les gens du monde, suivi d'une dissertation sur les astronomes amateurs. In-18. 1855. *Mallet-Bachelier.* 3 fr.

BONNAS (Mme A. NAVAILLES-). — Voy. Navailles-Bonnas.

BONNAT (Mme).

— Botanique à l'usage de la jeunesse. 5e édition. In-12 avec grav. 1864. Lille, *Lefort.* 1 fr.

BONNAUD (Émile).

— L'Espagne et son avenir. In-8°. 1861. *Castel.* 1 fr. 25 c.

BONNAUD (l'abbé J. J.).

— Le Christ et les sophistes, ou la Doctrine évangéliste mise en regard avec certaines attaques contre elle par les incrédules. In-12. 1864. *Cournol.* 1 fr.

— Hérodote; historien du peuple hébreu, sans le savoir. — Voy. *Guérin du Rocher.*

BONNAUD (Paul).

— Œuvres complètes. Mademoiselle de Cromell, ou la Fleur de la vertu du Nord. 1re partie. In-12 avec portrait. 1865. *Dentu.* 3 fr. 50 c.

— La Pratique de l'assurance sur la vie mise à la portée de tout le monde, quelle que soit la position de fortune. 2e édition. In-12. 1863. [Reims.] *Cournol.* 2 fr.

BONNE (L. Ch.), avoué.

— Conseils aux parents qui font à leurs enfants le partage de leurs biens, sous la réserve d'une pension viagère. In-8°. 1864. *Tandou et C*^{ie}. 50 c.

— Cours de législation usuelle, rédigé conformément au nouveau programme officiel. In-18. 1864. *Ibid.* 1 fr. 50 c.

— Leçons élémentaires de droit commercial à l'usage des écoles primaires supérieures et des écoles professionnelles. In-16. 1862. *Dezobry, Tandou et C*^{ie}. 1 fr.

— Législation française élémentaire et pratique, à l'usage de tout le monde. In-12. 1864. *Tandou et C*^{ie}. 3 fr. 75 c.

BONNEAU (l'abbé), prêtre du diocèse de Paris.

— Le Christ et les Sophistes, ou la Doctrine évangélique mise en regard avec certaines attaques dirigées contre elles par les incrédules dans le XVIIIe et le XIXe siècle. In-12. 1853. *Lecoffre.* 2 fr.

BONNEAU (Alexandre).

— Atlas politique de l'Europe, 1814-1864, exposant le développement des principes de 89, l'esprit des traités de 1814 et 1815, les besoins et les tendances des peuples, etc. 22 cartes dressées par L. Bouffard, accompagnées d'un texte en regard par Alexandre Bonneau; avec une introduction de M. Laurent (de l'Ardèche). 1re partie. In-fol., 25 p. et 10 cartes. 1864. *Dentu.* 12 fr.

Formera environ 3 parties.

— Haïti, ses progrès, son avenir ; avec un précis historique sur ses constitutions, le texte de la constitution actuellement en vigueur et une bibliographie d'Haïti. In-8°. 1862. *Ibid.* 3 fr.

— La Révolte de l'Inde. Mœurs, histoire, géographie, guerres, insurrection depuis le premier mouvement jusqu'aux dernières nouvelles, avec une carte de l'Inde anglaise. In-4°. 1857. *G. Havard.* 50 c.

— Rome et la Méditerranée. In-8°. 1861. *Dentu.* 1 fr.

— Les Turcs et la civilisation. In-8°. 1860. *Ibid.* 1 fr.

— Les Turcs et les nationalités. In-8°. 1860. *Ibid.* 1 fr.

BONNEAU (B.), professeur de langue française.

— Abrégé de la grammaire selon l'Académie. 35e édition. In-12. 1865. *Delalain.* 90 c.

La 1re édition est de 1839.

— L'Analyse logique dégagée de ses entraves et ramenée à la vérité. 11e édition. In-12. 1855. *Ibid.* 1 fr. 50 c.

La 1re édition est de 1841.

— Exercices français, calqués sur les principes de la grammaire selon l'Académie, par Bonneau et Lucan ; revu par M. Michaud. 33e édition. In-12. 1865. *Ibid.* 1 fr. 50 c.

La 1re édition est de 1838.

— Corrigé des exercices français, ouvrage en rapport avec la grammaire selon l'Académie. 5e édition. In-12. 1860. *Ibid.* 2 fr.

La 1re édition est de 1839.

— Exercices orthographiques appropriés à l'intelligence du premier âge et qui le développement des règles a servi de matière pour les devoirs. 25e édition. In-12. 1864. *Ibid.* 1 fr. 25 c.

La 1re édition est de 1832.

— Corrigé des mêmes. In-12. *Ibid.* 1 fr. 50 c.

— Exercices raisonnés sur l'orthographe, et mis en rapport avec l'Abrégé de la grammaire selon l'Académie. 20e édition. In-12. 1853. *Ibid.* 85 c.

La 1re édition est de 1839.

— Corrigé des mêmes. In-12. 1853. *Ibid.* 1 fr.

— La Grammaire selon l'Académie, par Bonneau et Lucan, revue par M. Michaud. 36e édition, revue avec soin et augmentée. In-12. 1865. *Ibid.* 1 fr. 50 c.

La 1re édition est de 1837.

— La Grammaire réduite à sa plus simple expression, suivie d'une méthode pratique à l'usage des classes nombreuses. 22e édition. In-12. 1860. *Ibid.* 1 fr. 25 c.

La 1re édition est de 1830.

— Les Participes réduits à deux règles sans exception, suivis d'exercices avec fautes. 8e édition. In-12. 1855. *Ibid.* 1 fr. 25 c.

La 1re édition est de 1828.

— Récréations grammaticales, ou les 190 barbarismes, fautes de français, ou règles fausses, contenus dans la grammaire de M. Chapsal. 2e édition. In-12. 1850. *Ibid.* 30 c.

1re édition. 1849. *Ibid.* 1 fr.

— La Tenue des livres en partie double, ou comptabilité commerciale, à l'usage des maisons

d'éducation, etc. ; par A. P***. Revu par M. Bonneau. In-8°. 1856. *Ibid.* 2 fr. 75 c.

BONNEAU (L. P. S.).

— Nouveaux tarifs, ou Traité complet de la réduction des bois de charpente équarris, bois en grume et bois de sciage, selon le système métrique. 3e édition. In-12. 1846. *Carilian-Gœury.* 5 fr.

BONNEAU DU MARTRAY (Edmond), sous-chef d'état-major du corps expéditionnaire au Mexique, né au Martray (Nièvre), en 1813.

— Nouvelle méthode de guerre basée particulièrement sur les perfectionnements du fusil et sur leurs conséquences nécessaires. In-8° avec pl. 1861. *A. Leneveu.* 40 fr.

— Théorie nouvelle pour faire manœuvrer et combattre les troupes de toutes armes, d'après les mêmes principes et aux mêmes commandements. 2e édition, considérablement diminuée et simplifiée. Gr. in-8° avec 150 pl. de manœuvres. 1856. *Ibid.* 15 fr.

M. Bonneau du Martray a traduit de l'anglais : « Histoire et tactique de la cavalerie », de Nolan.

BONNECHOSE (Henri Marie Gaston Boisnormand de), cardinal-évêque d'Évreux, né à Paris en 1800. Avant d'embrasser la carrière ecclésiastique (1829), il avait été substitut du procureur du roi à Rouen, et avocat général près de plusieurs cours de justice.

— Œuvres complètes. — Voy. *Migne,* Collection d'orateurs sacrés, 2e série, tome 17.

BONNECHOSE (Émile Boisnormand de), littérateur, frère du précédent, né en 1801, en Hollande, de parents français émigrés. Il servit comme officier d'état-major dans l'armée française jusqu'en 1829, où il fut nommé bibliothécaire du palais de Saint-Cloud.

— Abrégé facile de l'histoire de France, depuis l'origine jusqu'à nos jours, à l'usage des écoles primaires. Nouvelle édition. In-18. 1856. *E. Belin.* 75 c.

La 1re édition est de 1840.

— Abrégé de l'histoire sainte. Nouvelle édition. In-18. 1856. *Ibid.* 75 c.

La 1re édition est de 1840.

— Les Chances de salut, et les conditions d'existence de la société actuelle. In-18. 1850. *Comon.* 1 fr. 50 c.

— Christophe Sauval, ou la Société en France sous la Restauration. 2 vol. in-8°. 1845. *Ibid.* 10 fr.

— Le même. 2e édition. In-8°. 1864. *Dupray de la Maherie.* 5 fr.

— Géographie physique, historique et politique de la France. Avec 18 cartes coloriées. In-8°. 1847. *Didot frères.* 3 fr.

— Histoire d'Angleterre jusqu'à l'époque de la révolution française, avec un résumé chronologique des événements jusqu'à nos jours. 4 vol. in-8°. 1859. *Didier et Cie.* 28 fr.

— Histoire de France. 12e édition, conforme au programme universitaire. 2 vol. in-12. 1864. *Didot frères.* 5 fr.

— La même. 13e édition. 2 vol. in-8°. 1864. *Ibid.* 12 fr.

La 1re édition est de 1834.

— Histoire sacrée, ou Précis historique de la

Bible. Avec une carte de la Terre-Sainte. 2ᵉ édition. In-12. 1847. *Ibid.* 3 fr.

La 1ʳᵉ édition est de 1836.

— Notice biographique sur Jos. Droz. — Voy. *Droz.*

— Les Quatre conquêtes de l'Angleterre. Son histoire et ses institutions, sous les Romains, les Anglo-Saxons, les Danois et les Normands, depuis Jules César jusqu'à la mort de Guillaume le Conquérant. 2 vol. in-8º. 1851. *Didier et Cⁱᵉ.* 12 fr.

— Réformateurs avant la réforme; xvᵉ siècle. Jean Hus, Gerson et le concile de Constance. 3ᵉ édition. 2 vol. in-12. 1860. *Cherbuliez.* 6 fr.

1ʳᵉ édition. 2 vol. in-8º. 1844. 10 fr.; 2ᵉ édition. 2 vol. in-12. 1846. 7 fr.

M. Émile de Bonnechose a traduit du latin : « Lettres » de Jean Hus. — Voy. *Hus.*

BONNECHOSE (Louis de), page du roi Charles X.

— Dernière légende de la Vendée. In-18. 1860. *Dentu.* 1 fr.

BONNEFIN (D.).

— Écrin poétique de littérature anglaise. Traduction en vers français, avec notes historiques, de poèmes, épisodes et fragments choisis de lord Byron, Thomas Moore, Gray, Graham, etc. In-8º. 1842. *Hachette.* 7 fr.

BONNEFONDS (le R. P. Amable), de la Compagnie de Jésus, né en 1600, mort à Paris en 1653.

— Le Chrétien charitable qui va visiter les pauvres, les prisonniers, les malades, les agonisants, et qui instruit les ignorants et les pénitents. In-18. 1847. *Poussielgue-Rusand.*

La 1ʳᵉ édition est de 1637.

BONNEFONS (Georges), avocat.

— Le Palais de la présidence. L'Élysée national (ci-devant Bourbon). Son histoire, ses souvenirs. In-12. 1849. *Dentu.* 75 c.

BONNEFONT (L.), professeur au lycée Bonaparte.

— Éléments de géographie moderne, suivis d'une description particulière de la France. In-18. 1864. *Fouraut.* 60 c.

BONNEFOUS (Eugène), contrôleur des contributions, à Voiron près Grenoble, né à Toulouse en 1807.

— Guide religieux et pittoresque du pèlerin à la Louvesc. In-8º avec 10 pl. 1841. Grenoble, *Prudhomme.* 2 fr. 25 c.

— Histoire de Saint-Étienne et de ses environs. Avec 12 pl. lithographiées. In-8º. 1854. Saint-Étienne, *Delarue.*

BONNEFOUX (le baron de), capitaine de vaisseau, né à Béziers en 1782, mort en 1855.

— Dictionnaire de marine à voiles et à vapeur. Tome I. Marine à voiles. Gr. in-8º avec 7 pl. 1848. *A. Bertrand.* 15 fr.

— Le même. Tome II. Marine à vapeur. Gr. in-8º avec 10 pl. 1848. *Ibid.* 25 fr.

Le tome II en collaboration avec M. le capitaine Pâris.

— Le même. 2ᵉ édition. Marine à voiles. Gr. in-8º avec 7 pl. 1856. *Ibid.* 20 fr.

— Le même. 2ᵉ édition. Marine à vapeur. Gr. in-8º avec 17 pl. 1859. *Ibid.* 22 fr.

— Gouvernail-Fouque, ou Gouvernail supplé-mentaire, remplaçant, au besoin et instantanément, le gouvernail véritable ou de garniture. In-8º avec 2 pl. 1854. *Ibid.* 50 c.

— Manœuvrier complet. Traité des manœuvres de mer à bord des bâtiments à voiles, par le baron de Bonnefoux; et à bord des bâtiments à vapeur, par M. E. Pâris. Accompagné de 2 grandes planches gravées. 2ᵉ édition, revue et augmentée. In-8º. 1865. *Ibid.* 7 fr.

La 1ʳᵉ édition est de 1852. 1 vol. in-8º. 7 fr. Elle ne portait que le nom de M. Bonnefoux.

— Vie de Christophe Colomb. In-8º. 1853. *Ibid.* 6 fr.

BONNEFOY (l'abbé), chanoine.

— Les Angoisses et les espérances de la société contemporaine. In-18. 1858. *Lecoffre et Cⁱᵉ.* 2 fr. 50 c.

— Élévations de l'âme dans les diverses situations de la vie. In-18. 1856. *Douniol.* 2 fr. 50 c.

BONNEL (Antonin), docteur ès lettres, professeur au lycée de Lyon, né à Saint-Julien-sur-Reyssouze (Ain) en 1819.

— Du langage de l'imagination, nouveau traité de littérature (1ʳᵉ partie). In-12. 1865. [Lyon, Palud.] *Delagrave et Cⁱᵉ.* 3 fr. 50 c.

BONNEL (Joseph Florentin), professeur de mathématiques au lycée impérial de Lyon, né à Romenay (Saône-et-Loire), en 1826.

— Éléments de cosmographie à l'usage des lycées et des autres établissements d'instruction publique. 3ᵉ édition, entièrement conforme aux derniers programmes officiels. In-8º. 1865. *Delagrave et Cⁱᵉ.* 3 fr.

La 1ʳᵉ édition est de 1856.

— Éléments de géométrie à l'usage des lycées. 3ᵉ édition entièrement conforme aux derniers programmes officiels. In-8º. 1865. *Delagrave et Cⁱᵉ.* 4 fr.

La 1ʳᵉ édition est de 1854.

BONNEL (Louis).

— Fables. In-12. 1864. *Hachette et Cⁱᵉ.* 3 fr.

BONNELIER (Hippolyte), littérateur, né vers 1805.

— Un Bosquet sur les toits. 2 vol. in-8º. 1844. *Pétion.* 15 fr.

— Calomnie. In-4º. 1858. *G. Havard.* 50 c.

1ʳᵉ édition. 1 vol. in-8º. 1832. 7 fr. 50 c.

— Fauvella. 2 vol. in-8º. 1845. *Cadot.* 15 fr.

— Une Glace sans tain. 2 vol. in-8º. 1845. *Comptoir des imprimeurs unis.* 15 fr.

— Manette. 2 vol. in-8º. 1841. *Dumont.* 15 fr.

— Manoir et chalet. 2 vol. in-8º. 1844. *Cadot.* 15 fr.

— Le Pigeon noir. 2 vol. in-8º. 1844. *Pétion.* 15 fr.

— Sous la lampe. In-8º. 1847. *Marc-Aurel.* 7 fr. 50 c.

BONNEMÈRE (Joseph-Eugène), littérateur, né à Saumur en 1813.

— La France sous Louis XIV (1643-1715). 2 vol. in-8º. 1864. *Librairie internationale.* 12 fr.

— Histoire de l'association agricole et solution

pratique. Ouvrage couronné par l'Académie de Nantes. In-18. 1850. *Librairie agricole*. 1 fr. 50 c.

— Histoire des paysans, depuis la fin du moyen âge jusqu'à nos jours (1200-1850). Précédée d'une introduction. 2 vol. in-8°. 1856. *Chamerot*. 10 fr.

— Les Paysans au XIXe siècle. Mémoire couronné par la Société royale académique de Nantes et de la Loire-Inférieure. In-8°. 1847. Nantes, *Ve Mellinet*. 2 fr.

BONNEPART.

— Nouveau manuel complet du pèlerinage à Notre-Dame de Fourvières, à Lyon, composé et publié d'après le R. P. Alexis, religieux du Carmel. In-32.1859. Lyon, *chez l'auteur*.

BONNESOEUR (Louis François), conseiller à la cour impériale de Bordeaux, ancien procureur général à la cour de Caen, né à Tinchebray (Orne) en 1799.

— Nouveau Manuel théorique et pratique de la taxe des frais en matière civile. 2e édition, entièrement refondue et considérablement augmentée. In-8°. 1864. *Cosse et Marchal*. 8 fr. 50 c.

1re édition. 1857. *Ibid*. 6 fr. 50 c.

BONNESSERRE DE SAINT-DENIS a publié : « Voyage de Jérusalem » de *Du Rozel*.

BONNET (Mlle Adolphine), membre de l'Union des poëtes, lauréat des Jeux floraux, né à Toulouse en 1844.

— Les Chants de l'âme; poésies. In-8°. 1864. [Toulouse.] *Douniol*. 4 fr.

BONNET (Amédée), médecin, professeur à l'École de médecine de Lyon, né en 1809 à Ambérieux, mort en 1858.

— Influence des lettres et des sciences sur l'éducation. In-8°. 1855. Lyon, *imprimerie de Vingtrinier*. 1 fr. 50 c.

Mémoire lu à l'Académie de Lyon.

— Méthodes nouvelles de traitement des maladies articulaires. Exposition et démonstration faites à Paris en 1858. In-8°. 1859. [Lyon.] *Baillière et fils*. 3 fr.

— Le même. 2e édition, revue et augmentée d'une notice historique, par le docteur J. Garin, et d'un recueil d'observations sur la rupture de l'ankylose, accompagnée de 17 pl. dans le texte. In-8°. 1860. *Ibid*. 4 fr.

— De l'Oisiveté de la jeunesse dans les classes riches. Mémoire lu dans la séance publique de l'Académie de Lyon, le 26 janvier 1858. In-8°. 1858. Lyon, *Savy*. 1 fr.

— Traité de la cautérisation. — Voy. *Philipeaux*.

— Traité des maladies des articulations. 2 vol. in-8° avec un atlas in-4° de 16 pl. 1845. *J. B. Baillière*. 22 fr.

— Traité des sections tendineuses et musculaires dans le strabisme, la myopie, la disposition à la fatigue des yeux, le bégaiement, les pieds-bots, etc. In-8° avec un atlas de 16 pl. 1841. *Ibid*. 8 fr.

— Traité de thérapeutique des maladies articulaires. Accompagné de 97 pl. intercalées dans le texte. In-8°. 1853. *Ibid*. 9 fr.

BONNET (Armand), docteur en droit, conseiller à la cour impériale de Poitiers.

— Des dispositions par contrat de mariage et des dispositions entre époux envisagées des points de vue du droit romain, de l'ancienne jurisprudence de la France et du Code Napoléon. 3 vol. in-8°. 1859. *A. Durand*. 22 fr.

BONNET (Auguste), médecin, professeur à l'École préparatoire de médecine de Bordeaux, né vers 1790 à Miramont.

— Considérations sur la déportation, la réclusion cellulaire à court terme, et les modifications qu'il y aurait à apporter au régime actuel de nos prisons. In-8°. 1864. *Baillière et fils*. 1 fr.

Extrait du « Congrès scientifique de France ».

— Considérations sur les systèmes pénitentiaires en général, et en particulier sur celui de Philadelphie, dont la règle est actuellement suivie à Bordeaux. In-8°. 1844. Bordeaux, *Gazay*. 1 fr. 25 c.

— Hygiène physique et morale des prisons, ou De l'influence que les systèmes pénitentiaires exercent sur le physique et le moral des prisonniers, et des modifications qu'il y aurait à apporter au système actuel de nos prisons. In-8°. 1847. *Just Rouvier*. 3 fr. 50 c.

— Du Mode de la propagation de la suette et des moyens préventifs qu'elle réclame. In-8° de 2 f. 1842. Bordeaux, *Gazay*.

— De la Monomanie du meurtre considérée dans ses rapports avec la médecine légale. In-8°. 1852. Bordeaux, *Dupuy*. 1 fr. 25 c.

— Question pénitentiaire. De l'influence que le système de Pensylvanie exerce sur le physique et le moral des prisonniers, et des modifications qu'il y aurait à apporter au régime actuel de nos prisons. In-8° de 4 f. 1845. Bordeaux, *imprimerie de Balarac*.

— Traité des fièvres intermittentes. 2e édition, revue, corrigée et augmentée. In-8°. 1853. *J. B. Baillière*. 6 fr.

La 1re édition est de 1835.

— Traité complet théorique et pratique des maladies du foie. Nouvelle édition. In-8°. 1841. *Just Rouvier*. 6 fr.

La 1re édition est de 1828.

BONNET (Casimir), caissier de l'hôtel des monnaies de Rouen, né en 1780, mort en 1815.

— Manuel du capitaliste, ou Comptes faits des intérêts à tous les taux, pour toutes les sommes, de 1 jusqu'à 366 jours. Nouvelle édition, augmentée d'une notice sur l'intérêt, l'escompte, etc., par M. Joseph Garnier; revue pour les calculs par M. X. Rymkiewicz. In-8°. 1865. *Garnier frères*. 6 fr.

La 1re édition est de 1815.

BONNET (Ch.), philosophe et naturaliste, né à Genève en 1720, mort en 1793.

— Recherches philosophiques sur les preuves du christianisme. — Voy. *Migne*, Démonstrations évangéliques, tome XI.

Cet ouvrage a été publié pour la 1re fois à Genève, en 1769.

BONNET (D. N.), docteur en médecine.

— Cours d'accouchement, à l'usage des étudiants en médecine et des sages-femmes. In-8° avec 14 pl. 1854. *J. B. Baillière*. 6 fr.

— Treize années de pratique à la Maternité de Poitiers, ou Compte rendu statistique des principaux faits qui se sont passés pendant ce temps dans cet établissement. In-8°, 128 p. 1858. Poitiers, *imprimerie Oudin*.

BONNET (Edmond).

— Souvenirs de Guy Joseph Bonnet, général de division des armées de la République d'Haïti, ancien aide de camp de Rigaud. Documents relatifs à toutes les phases de la révolution de Saint-Domingue, recueillis et mis en ordre, par Edmond Bonnet. In-8° avec portrait. 1864. *Aug. Durand*. 8 fr.

BONNET (le docteur Henry), médecin en chef de l'asile de Maréville.

— L'Aliéné devant lui-même, l'appréciation légale, la législation, les systèmes, la société et la famille. Préface par Brierre de Boismont. In-8°. 1865. *Masson et fils*. 9 fr.

— Les Aliénés devant la société. In-8°, 51 p. 1865. Nancy, *imprimerie Vᵉ Raybois*.

— Revue rétrospective sur la science mentale. In-8°. 1863. *Masson et fils*. 2 fr. 50 c.

Extrait des « Annales médico-psychologiques ».

BONNET (J.), avocat.

— Aonio Paleario, étude sur la réforme en Italie. In-12. 1862. *Lévy frères*. 3 fr.

— Calvin au val d'Aoste. Mémoire lu à l'Académie des sciences morales et politiques le 27 juillet 1861. In-8°. 1861. *Grassart*. 1 fr.

— Olympia Morata. Épisode de la renaissance en Italie. 4ᵉ édition revue et augmentée. In-12. 1865. *Ibid*. 3 fr.

La 1ʳᵉ édition est de 1850.

— Récits du xviᵉ siècle. In-12. 1864. *Ibid*. 3 fr. 50 c.

BONNET (Jules), avocat à la cour impériale de Paris, né à Paris en 1795.

— Mes souvenirs du barreau depuis 1804. In-8°. 1864. *Durand*. 5 fr.

— La Poésie devant la Bible. Étude critique des poésies inspirées par l'Écriture sainte. In-8°. 1858. *Dentu*. 6 fr.

BONNET (Louis), pasteur de l'église réformée à Francfort-sur-Mein depuis 1835, ancien pasteur de l'église française de Londres (1830-1835), né dans le canton de Vaud en 1805.

— Le Bienfait de Jésus-Christ crucifié envers les chrétiens. Ouvrage célèbre du xviᵉ siècle, récemment trouvé à Cambridge. Traduit de l'italien et précédé d'une introduction historique, par L. Bonnet. In-12. 1856. *Grassart*. 1 fr. 50 c.

— Communion avec Jésus ou la Cène du Seigneur. 2ᵉ édition. In-18. 1860. Lausanne. 1 fr. 40 c.

— La Famille de Béthanie. Méditations sur la maladie, la mort et la résurrection de Lazare, rapportées au chapitre onzième de l'Évangile selon saint Jean; suivies de notes exégétiques. 5ᵉ édition. In-12. 1852. Toulouse, *Société des livres religieux*. 2 fr. 50 c.

La 1ʳᵉ édition est de 1834.

— Le Nouveau Testament d'après Otto de Gerlach. — Voy. **Gerlach**.

— La Parole et la foi. Deux lettres à M. E. Scherer. In-8°. 1851. Genève, *Vᵉ Beroud*. 1 fr.

— Souvenirs de Rose S....; traduction libre de l'allemand de L. Bonnet. In-18. 1847. *Delay*. 40 c.

— L'Unité de l'esprit par le lien de la paix. Lettres sur l'alliance évangélique. In-8°. 1847. *Ibid*. 1 fr. 50 c.

M. le pasteur Bonnet a traduit de l'anglais: « la Vie chrétienne », de R. *Leighton*.

BONNET (Noirot-). — Voy. **Noirot-Bonnet**.

BONNET (Numa).

— Le comte de Saluggia, ou le Tourmenteur de la chair humaine. — Voy. *Bargini* (J. B. de).

BONNET (Ossian), mathématicien, répétiteur de mathématiques à l'École polytechnique, né en 1819.

— Leçons de mécanique élémentaire, à l'usage des candidats à l'École polytechnique et à l'École normale supérieure. 1ʳᵉ partie. Avec 135 figures intercalées dans le texte. In-8°. 1858. *Mallet-Bachelier*. 4 fr. 50 c.

BONNET (Paul), avocat.

— Traité sur la vénalité et propriété des offices. Ouvrage dédié à MM. les officiers ministériels. In-8°, 6 ½ f. 1848. Toulouse, *Delboy*.

BONNET (le docteur S.), agronome, né à Besançon vers 1820.

— L'Agriculture et les taupes. In-8°. 1858. Besançon, *Mᵐᵉ Baudin*. 75 c.

— Résumé des fonctions agricoles nomades. In-12. 1863. [Besançon.] *Brunet*. 1 fr. 50 c.

BONNET (Victor), journaliste et économiste, rédacteur de la « Revue des Deux-Mondes », fondateur (en 1849) du journal « le Pays »; né à Maintenon (Eure-et-Loir), en 1814.

— Le Crédit et les finances. In-8°. 1865. *Guillaumin et Cⁱᵉ*. 6 fr.

— La Liberté des banques d'émission et le taux de l'intérêt. In-8°. 1864. *Ibid*. 1 fr. 25 c.

Extrait de la « Revue des Deux-Mondes ».

— Questions économiques et financières à propos des crises. In-8°. 1859. *Ibid*. 2 fr.

BONNET DE MALHERBE (le docteur), médecin aux eaux de Cauterets, ex-inspecteur des établissements d'eaux minérales de Bagnères et de Paris.

— Du Choix d'un climat d'hiver dans le traitement des affections chroniques de la poitrine et spécialement de la phthisie pulmonaire. In-8°. 1860. *Aux bureaux de l'Union médicale*. 1 fr.

— Le même. 2ᵉ édition. In-8°. 1861. *Baillière et fils*. 1 fr. 50 c.

BONNETAIN (Joanny). — Voy. **Joanny-Bonnetain**.

BONNETAT (l'abbé Jacques), curé-doyen de Soumaintrain, né à Cravant (Yonne), en 1812.

— Caractère et prévarication de la souveraineté temporelle, son insuffisance pour le maintien et le salut de l'ordre social. In-12. 1851. *Périsse frères*. 1 fr. 50 c.

— Considérations sur l'inamovibilité des desservants. In-12. 1849. *Ibid*. 75 c.

— Des Droits et des devoirs de la royauté constitutionnelle dans l'ordre de la religion. In-8°. 1847. *Sagnier et Bray*. 6 fr.

— De l'État et des besoins religieux et moraux des populations en France. In-8°. 1845. *Vrayet de Surcy*. 4 fr.

— Études sur la philosophie; son identité de principe avec le catholicisme. Ouvrage approuvé par Mgr. l'archevêque de Paris. 1re partie. Tomes 1 et 2. In-12. 1858. *Vivès*. 7 fr. 50 c.

— De la Politique révolutionnaire et de son avenir. In-8°. 1849. *Grande Chaussée d'Orléans*, 73. 5 fr.

BONNETTY (Augustin), publiciste, ancien directeur des « Annales de philosophie chrétienne » et de « l'Université catholique », né en 1798.

— Beautés de l'histoire de l'Église, présentant, par ordre chronologique, ses combats, ses triomphes, et les traits les plus propres à instruire et édifier les fidèles. 2 vol. in-12. 1841. Limoges, *Ardant*. 2 fr. 80 c.

— Le Christianisme et la philosophie. Réponse à la critique faite par M. Saisset contre: « l'Introduction philosophique à l'étude du christianisme », de Mgr. l'archevêque de Paris (Affre), par A. B. In-8°. 1845. *Waille*. 1 fr. 50 c.

Anonyme.

— Dictionnaire raisonné de diplomatique. 2e édition. — Voy. *Vaines* (dom de).

— Table alphabétique, analytique et raisonnée de tous les auteurs sacrés et profanes qui ont été découverts et édités récemment dans les 43 volumes publiés par S. E. le cardinal Mai. In-8°. 1850. *Au bureau des Annales de philosophie chrétienne*. 3 fr.

BONNEVAL (Frédéric), médecin-vétérinaire.

— Traité du tic des chevaux et de la vieille courbature, ou Procédés pratiques pour guérir ces deux vices. In-12 avec 1 grav. 1853. *Raynal*.

BONNEVAL (le comte Henry de), licencié en droit, docteur en médecine.

— L'Homœopathie dans les faits. In-8°. 1853. [Bordeaux.] *J. B. Baillière*. 2 fr. 50 c.

BONNEVAL (le vicomte Henry de), attaché aux affaires étrangères.

— Études diplomatiques. In-8°. 1857. *Didot frères*.

BONNEVAL (Urbain de).

— Dernières paroles, avant tombe, d'un gros sou démonétisé, publiées par lui-même. In-12. 1857. *Guillaumin et Cie*. 2 fr. 50 c.

Anonyme.

— Le Travail économisé. Explication des effets du bill de sir Robert Peel. 2e édition, corrigée et augmentée. In-12. 1855. *Ibid*. 2 fr. 50 c.

1re édition. 1853. *Ibid*. 1 fr.

BONNEVEINE, pseudonyme.

— Académie des jeux, contenant la règle des jeux de calcul et de hasard: jeux de cartes, jeux de table, jeux de société, jeux de jardin, etc., mis en ordre par Bonneveine. Préface par Jules Rostaing. Illustrations par Télory. In-12. 1865. *Delarue*. 3 fr. 50 c.

BONNEVIE (J. B.), avocat à la cour d'appel de Bruxelles.

— Examen juridique sur les faillites et sursis et des réformes urgentes à y apporter. In-8°. 1863. Bruxelles, *Nys*. 1 fr.

BONNEVILLE (Alphonse), essayeur particulier

de la Banque de France, né à Sens (Yonne) en 1799.

— Encyclopédie monétaire, ou Nouveau traité des monnaies d'or et d'argent en circulation chez les divers peuples du monde, avec un examen complet du titre, du poids, de l'origine et de la valeur intrinsèque des pièces, et leur reproduction par des empreintes. In-fol. avec 199 pl. 1849. *Chez l'auteur*. 100 fr.

Continuation de l'œuvre de P. F. Bonneville. (1806.)

— Mémento monétaire et d'orfévrerie. In-4°. 1852. *Ibid*. 5 fr. 50 c.

Extrait en partie de l'ouvrage précédent.

M. Bonneville a collaboré au Grand dictionnaire du commerce et de la navigation, édité par M. *Guillaumin*.

BONNEVILLE (Ernest).

— Les Accents du cœur. (Vers.) In-8°. Clermont-l'Hérault, *Carles*. 3 fr. 50 c.

BONNEVILLE DE MARSANGY (Arnould), conseiller à la cour impériale de Paris, ancien procureur du roi à Versailles, né à Mons (Belgique) en 1802.

— De l'Amélioration de la loi criminelle en vue d'une justice plus prompte, plus efficace, plus généreuse et plus moralisante. In-8°. 1855. *Cotillon*. 10 fr.

— Le même. 2e partie. In-8°. 1864. *Cosse et Marchal*. 10 fr.

— De la Récidive, ou des Moyens les plus efficaces pour constater, rechercher et réprimer les rechutes dans toute infraction à la loi pénale. In-8°. 1844. *Cotillon*. 8 fr.

— Traité des diverses institutions complémentaires du régime pénitentiaire. In-8°. 1847. *Cosse et Marchal*. 9 fr.

BONNIER (Édouard), jurisconsulte, professeur à la Faculté de droit de Paris, né à Lille en 1808.

— Abélard et saint Bernard; la philosophie et l'Église au xiie siècle. In-12. 1862. *Douniol*. 1 fr. 25 c.

— Commentaire théorique et pratique du Code civil. — Voy. *Du Caurroy*.

— Éléments d'organisation judiciaire et de procédure civile. 2 vol. in-8°. 1847-1849. *Joubert*. 14 fr.

Même ouvrage. Nouvelle édition: Voy. Ortolan et Bonnier, Organisation judiciaire.

— Éléments de procédure civile. In-8°. 1852. *Plon frères*. 9 fr.

— Du Noviciat judiciaire. In-8°. 1842. *Joubert*. 1 fr.

— Traité théorique et pratique des preuves en droit civil et en droit criminel. 3e édition. 2 vol. in-8°. 1861. *Aug. Durand*. 15 fr.

La 1re édition est de 1843; 1 vol. 9 fr.; la 2e de 1852.

BONNIÈRE (A. V.), docteur en médecine.

— De la Digitaline. Ses propriétés, ses effets, avec un moyen chimique de reconnaître sa présence. In-8°. 1864. *Gosselin*. 50 c.

— Les Maladies vénériennes et leur traitement sans mercure. In-18. 1858. *Ibid*. 75 c.

— Traité pratique des maladies de la peau des climats tempérés. In-8°. 1863. *Ibid*. 50 c.

BONNIN (Hippolyte), chef d'institution.

— Nouveau Manuel complet des aspirants au baccalauréat ès lettres. 6e édition. In-12. 1853. *Lecoffre*. 6 fr.

La 1re édition est de 1844.

BONNIN (Joseph), ingénieur des ponts et chaussées, chargé des travaux de la digue de Cherbourg depuis 1843 jusqu'à l'achèvement.

— Travaux d'achèvement de la digue de Cherbourg, de 1830 à 1853; précédés d'une introduction historique sur les travaux exécutés depuis l'origine jusqu'en 1830, par Antoine Élie de Lamblardie. Texte in-4o et atlas gr. in-4o de 13 pl. in-fol. oblong. 1857. *Dalmont*. 20 fr.

BONNIN (Pascal), docteur en droit.

— Commentaire abrégé de la procédure civile, contenant l'explication du Code de procédure civile, etc.; suivi d'un recueil de formules d'actes, etc. In-8o. 1841. *Joubert*. 8 fr.

— Commentaire du Code d'instruction criminelle, contenant l'explication de chaque article de ce Code et des principales lois qui s'y rapportent, suivi d'un formulaire d'actes. In-8o. 1845. *Chez l'auteur*. 7 fr.

— Commentaire du Code pénal et des lois de la presse, contenant l'explication de chaque article du Code pénal et de toutes les lois de la presse, actuellement en vigueur. In-8o. 1846. *Cotillon*. 7 fr.

BONNIN (Théodose), ancien notaire.

— Antiquités gallo-romaines du Vieil-Évreux, publiées sous les auspices du conseil général du département de l'Eure. In-4o avec 50 pl. 1845. Évreux, *imprimerie Tavernier*.

— Antiquités gallo-romaines des Éburoviques, publiées d'après les recherches et les fouilles dirigées par M. Th. Bonnin. In-4o, 30 p. et 36 pl. 1860. [Évreux.] *Dumoulin*. 50 fr.

— Regestum visitationum archiepiscopi Rothomagensis. Journal des visites pastorales d'Eude Rigaud, archevêque de Rouen. MCCXLVIII-MCCLXIX. Publié d'après le manuscrit de la bibliothèque royale, avec autorisation du ministre de l'instruction publique, par Théodose Bonnin. In-4o. 1845-1847. Rouen, *Lebrument*. 36 fr.

Publié en 3 livraisons.

BONNOT (E.), vérificateur des poids et mesures.

— Des mercuriales, ou Exposé de tout ce qui se rapporte à cette question. In-8o. 1864. *P. Dupont*. 1 fr. 50 c.

BONNOT DE CONDILLAC. — Voy. **Condillac.**

BONNOT DE MABLY (l'abbé Gabriel de). — Voy. **Mably.**

BONO (don Candido Maria).

— Une Traversée miraculeuse le jour de Noël, avec texte italien. In-12. 1862. *Chez l'auteur*. 5 fr.

BONS (Charles Louis de), né à Saint-Maurice (Valais, Suisse).

— Les Hirondelles, poésies, et Divicon, ou la Suisse primitive, poème en 5 chants. In-12. 1858. Genève, *Mehling*. 2 fr. 50 c.

BONSTETTEN (Charles Victor de), naturaliste suisse, né à Berne en 1745, mort à Genève en

1832. Il a écrit tantôt en français, tantôt en allemand.

— Le Latium ancien et moderne, ou Voyage sur la scène des six derniers livres de l'Énéide. Nouvelle édition. In-12, avec une carte des environs de Rome. 1862. [Genève.] *Cherbuliez*. 3 fr. 50 c.

La 1re édition a paru en 1806. 1 vol. in-8o. Genève. 6 fr. — Cette nouvelle édition forme le premier volume d'une « Bibliothèque Genevoise », destinée à reproduire les meilleures publications scientifiques et littéraires de Genève.

— Lettres inédites. — Voy. *Saint-René Taillandier.*

BONSTETTEN (le baron Gustave de), né à Berne en 1816.

— Essai sur les dolmens, accompagné de cartes, planches et dessins sur bois. Gr. in-8o avec 7 pl. 1865. Genève, *J. G. Fick*. 10 fr.

— Notice sur les tombelles d'Anet (canton de Berne), accompagnée de 11 pl. In-4o. 1849. Berne, *Dalp*. 3 fr.

— Notices sur les armes et chariots de guerre découverts à la Tiefenau, près de Berne, en 1851. Gr. in-4o de 7 p. et 9 pl. in-fol. 1853. Berne, *Huber et Cie*.

— Recueil d'antiquités suisses, accompagné de 28 pl. color. In-fol. 1855. Berne, *Dalp*. 58 fr.

— Supplément au Recueil d'antiquités suisses. In-fol., avec 23 pl. col. 1860. *Ibid*. 36 fr.

— Romans et épopées chevaleresques de l'Allemagne au moyen âge. In-8o. 1847. *Franck*. 7 fr. 50 c.

BONTEMPS (G.), ancien manufacturier.

— Concentration. Avenir de l'industrie, du commerce et de l'agriculture. In-8o. 1860. *Dentu*. 1 fr.

— Examen historique et critique des verres, vitraux, cristaux, composant la classe XXIV de l'exposition universelle de 1851. In-8o. 1851. *Mathias*.

— Peinture sur verre au xixe siècle. Les secrets de cet art sont-ils retrouvés? Quelques réflexions sur ce sujet adressées aux savants et aux artistes. In-8o de 3 f. 1846. *Imprimerie Ducessois*.

BONTOUX (Bruno), conseiller honoraire, ancien président de tribunal, né à Gap (Hautes-Alpes) en 1792.

— Coup d'œil sur l'état actuel de la magistrature française. In-8o. 1865. Grenoble, *Prudhomme*. 1 fr.

BONUCCI (le R. P.), de la Compagnie de Jésus.

— Connaissance du cœur de N. S. Jésus-Christ percé de la lance. Traduit du latin par Mgr. Luquet, évêque d'Hésébon. In-12. 1863. *Vrayet de Surcy*. 3 fr. 50 c.

BONUS (le R. John), docteur ès lettres, prêtre et missionnaire apostolique.

— Ombres du crucifix, ou Types de notre Rédempteur Jésus-Christ souffrant, contenus dans le livre de la Genèse; renfermant la substance d'une série de discours moraux prêchés dans l'église de l'Assomption de Londres pendant le carême de 1856. Traduit de l'anglais par l'abbé Leroi. In-12. 1859. [Angers.] *Pringuet*. 1 fr. 50 c.

— Les Ombres de la Croix, ou Jésus souffrant figuré dans la Genèse. Traduit de l'anglais. In-12. 1859. Tournai, *Casterman*. 1 fr. 20 c.

BONVALLET (Adr.).

— Armorial de la Franche - Comté, suivi de la liste des maisons reçues dans les chapitres nobles de la province, dans le parlement, admises au gouvernement municipal de Besançon. In-8°, 76 p. 1862. Besançon, *Bulle.*

Tiré à 100 exemplaires.

BONVALLET (Louis), inspecteur de l'instruction primaire, officier de l'instruction publique à Abbeville, ancien élève de l'école normale de Versailles, né à Ver (Oise) en 1818.

— Traité des poids et mesures, précédé du calcul des nombres décimaux. In-12. 1840. Senlis, *Regnier.* 75 c.

— Traité d'arithmétique décimale pratique et raisonnée, à l'usage des écoles primaires. In-12. 1857. [Amiens.] *Hachette et Cie.* 1 fr. 50 c.

14e édition en 1865.

— Solutions raisonnées des problèmes contenus dans l'arithmétique décimale, pratique et raisonnée. In-12. 1862. *Ibid.* 2 fr.

3e édition en 1865.

— Guide pour la solution des problèmes d'arithmétique à l'usage des aspirants et des aspirantes au brevet de capacité pour l'instruction primaire. In-12. 1865. *Ibid.* 2 fr.

BONVALOT (Antoine François), poëte et littérateur, ancien professeur au lycée Charlemagne, né à Salins (Jura), en 1784.

— L'Arche d'alliance. In - 12. 1862. *Garnier frères.*

— Art d'étudier, ou Complément indispensable des études universitaires, et manuel utile à ceux qui, n'ayant jamais fait d'études, veulent cultiver leur raison et leur intelligence. In-12. 1843. *Maire-Nyon.* 2 fr.

— Chroniques de tous les temps et de tous les âges. 2 vol. in-8°. 1852. *Permain.* 15 fr.

— Corollaire. In-12. 1863. *Garnier frères.* 3 fr.

— L'Épopée humaine. In - 18. 1855. *Chez tous les libraires.*

— Fables et contes, récits, historiettes, anecdotes, boutades, traits divers. In-12. 1860. *Garnier frères.* 2 fr.

— La Fête des vieillards. In-12. 1861. *Ibid.* 3 fr.

— Les Fous et les Anges. In - 12. 1844. *Challamel.* 3 fr.

— Les Glanes. In-12. 1858. *Garnier frères.*

— Les Hameaux; poésies. In-12. 1854. *Giraud.*

— Harmonie des lois naturelles, morales, politiques et religieuses. In - 18. 1859. *Garnier frères.*

— La Moisson. In-12. 1857. *Ibid.*

— Odes. In-8°. 1850. *Chez tous les libraires.*

— Le Quatrième monde. In-12. 1865. *Imprimerie Blot.* 3 fr.

— Théosophie, ou les Fondateurs des cultes primitifs devant la postérité. — Le Temple. — La Prairie. In-12. 1853. *Chez tous les libraires.*

— Les Trois mondes. In-12. 1854. *Giraud.* 1 fr. 25 c.

— Vieux Barde. In - 18. 1851. *Chez tous les libraires.*

— Le Vieux Précepteur, ou Contes à mes enfants. In-12. 1849. *Pierre Maunus.*

BONVALOT (Édouard Théodore), conseiller à la cour impériale de Colmar, né à Lorquier (Meurthe).

— Les Coutumes du Val d'Orbey, publiées avec introduction et notes. In-8°. 1864. *Durand.* 2 fr.

Extrait de la « Revue historique de droit français et étranger ».

— Les Coutumes du Val de Rosemont (Haut-Rhin). In-8°. 1865. *Ibid.* 3 fr.

Extrait de la même Revue.

BONVOULOIR (de).

— Aux Hommes de bien, aux hommes de raisonnement consciencieux, ennemis de la fausse science. Recueil indispensable de réfutations des mille et un préjugés et sophismes physiques et moraux qui engendrent et propagent le malheur individuel et social. 1er cahier. In-18. 1847. *Chez les principaux libraires.* 1 fr. 25 c.

— Aux Hommes de raisonnement consciencieux; à ceux qui ne veulent pas imiter, au sujet de leur santé, la stupide insouciance du vulgaire. Démolition de la vieille routine médicale, etc. In - 18. 1847. *Ibid.* 2 fr. 50 c.

BONVOULOIR (H. de), membre des sociétés entomologiques de France et de Berlin.

— Essai monographique sur la famille des Throscides. In-8°, avec 5 pl. 1859. *Deyrolle.* 5 fr.

BONY (J. A.), agent voyer.

— Tables des surfaces et des dimensions des profils avec compensation entre les déblais et les remblais. In-8°, avec 1 pl. 1853. *Bachelier.* 6 fr.

BOOM (Cornelius de), consul honoraire de Belgique.

— Une Solution politique et sociale. Confédération, décentralisation, émigration. In - 8°. 1864. *Lévy frères.* 6 fr.

BOOMS (P. G.) a traduit du hollandais : Remarques critiques sur l'histoire de la guerre de 1815 en France et dans la Belgique, de Knoop, et la République des Provinces-Unies en 1672, du même auteur. — Voy. *Knoop.*

BOONE (le R. P. Jean Baptiste), de la Compagnie de Jésus, né à Poperinghe en 1794.

— L'Apostolat de Jésus-Christ et des fidèles. In-32. 1865. Tournai, *Casterman.* 15 c.

— Coup d'œil sur l'histoire de la religion, depuis la création du monde jusqu'à nos jours. In-8°. 1854. *Ibid.* 80 c.

— Manuel de l'adoration perpétuelle et de l'œuvre des églises pauvres. In-18. 1854. Bruxelles, *Wageneer.* 1 fr. 25 c.

— Manuel de l'apologiste. 2e édition. 2 vol. in-12. 1855. Tournai, *Casterman.* 3 fr. 50 c.

— Opuscules. 2e édition. 3 vol. in-12. 1855. *Ibid.* 3 fr.

BOORN (VAN DEN). — Voy. **Van den Boorn.**

BOOT (le docteur Johannes Cornelius Gerardus), professeur de philologie et secrétaire de l'Académie royale des sciences à Amsterdam, né à Arnhem en 1811.

— Notice sur les manuscrits trouvés à Herculanum. In-8°. 1841. Amsterdam, *J. Muller.* 2 fr.

BOOTH (John Wilkes), l'assassin du président Lincoln; pendu à Washington en 1865.

— Confession de John Wilkes Booth, assassin

du président Abraham Lincoln; publiée d'après le manuscrit original. Traduit de l'anglais. In-12. 1865. *Dentu.* 2 fr.

BOQUET-LIANCOURT (E.).

— Le Discours du roi Bon-sens, prononcé en faveur du peuple français. In-18. 1850. *Comon.* 1 fr. 25 c.

BORCEUX (D.).

— Les Hallucinations. In-8°. 1862. Nivelles, *Despret.* 80 c.

BORCHARD (Marc), médecin à Paris, docteur en médecine des Facultés de Halle (Prusse) et de Paris, ancien médecin des hôpitaux de Bordeaux, né à Schwérin (Allemagne) en 1808.

— Commentaires historiques, critiques et pratiques sur la suette. Fragment. In-8°. 1856. *Germer Baillière.* 3 fr.

— Histoire de l'épidémie de suette miliaire qui a régné en 1841 dans le département de la Dordogne. In-8°. 1842. Bordeaux, *Faye.* 3 fr.

— Hygiène des professions. Maladies des menuisiers et des ébénistes, d'après M. le docteur Koblank (de Berlin). In-8°. 1859. *Germer Baillière.* 1 fr. 25 c.

— L'Hygiène publique chez les Juifs, son importance et sa signification dans l'histoire générale de la civilisation. In-8°. 1865. *Librairie internationale.* 3 fr.

— De l'Origine et de la nature de la varioloïde. In-8°. 1840. Bordeaux, *Gazay.* 2 fr.

— De la Scarification oculaire. In-8°. 1856. *Victor Masson.* 2 fr.

BORCHGRAVE (Émile de), docteur en droit, secrétaire de la légation de Belgique à Berne, membre correspondant de l'Académie d'archéologie de Belgique, et membre de plusieurs autres sociétés savantes, né à Gand en 1837.

— Histoire des colonies belges qui s'établirent en Allemagne pendant le XII° et le XIII° siècle, avec 1 carte. (Ouvrage couronné par l'Académie royale de Belgique.) In-4°. 1865. Bruxelles, *Ch. Muquardt.* 12 fr.

Extrait du tome XXXII des mémoires couronnés et mémoires des savants étrangers publiés par l'Académie royale de Belgique.

— Nouvelles historiques de l'ancienne Flandre, traduites du néerlandais par Émile de Borchgrave. In-18. 1864. Tournai, *Casterman.* 1 fr. 25 c.

Les Fiancés de Kerstenbourg. — Le Corrégidor. — Le Fou de Philippe le Bon. — Le Chevalier de Saint-Donat.

— Scènes intimes. In-12. 1862. *Amyot.* 3 fr. 50 c.

M. de Borchgrave collabore à la « Revue belge et étrangère », à la « Revue générale », etc.

BORDA (le chevalier de), membre de l'Académie des sciences.

— Mémoire sur la courbe décrite par les boulets et les bombes en ayant égard à la résistance de l'air. In-8° avec 1 pl. 1846. *Corréard.* 3 fr.

BORDAS (l'abbé).

— Histoire du comté de Dunois, de ses comtes et de sa capitale; publiée sur un manuscrit conservé à la bibliothèque de Châteaudun, et revue par M. Achille Guenée. 2 vol. in-8°. 1851. [Châteaudun.] *Dumoulin.*

BORDAS (Tolra de). — Voy. **Tolra de Bordas.**

BORDAS-DEMOULIN (Jean Baptiste), philosophe, né à la Bertinie (Dordogne), mort à Paris, en 1859.

— Le Cartésianisme, ou la Véritable rénovation des sciences. Ouvrage couronné par l'Institut. Suivi de la Théorie de la substance et de celle de l'infini. Précédé d'un Discours sur la réformation de la philosophie au XIX° siècle, pour servir d'introduction générale, par F. Huet. 2 vol. in-8°. 1843. *Hetzel.* 16 fr.

— Essais sur la réforme catholique. In-12. 1856. *Ladrange.* 4 fr. 50 c.

Avec F. Huet.

— Études sur le nouveau dogme de l'Immaculée-Conception. Publié par les auteurs des Essais sur la réforme catholique. 2° édition. In-8°. 1857. *Chamerot.*

Anonyme.

— Mélanges philosophiques et religieux. In-8°. 1845. *Ladrange.* 7 fr. 50 c.

— Œuvres posthumes, publiées avec une introduction et des notes, par F. Huet. 2 vol. in-8°. 1861. *Ibid.* 12 fr.

— Les Pouvoirs constitutifs de l'Église. In-8°. 1855. *Ibid.* 6 fr.

BORDE (P.), ingénieur civil.

— Machines Borde (machines élévatoires locomobiles et machines élévatoires fixes), pour la construction des bâtiments et ouvrages d'art, employées à la construction des nouvelles maisons de la Société des ports de Marseille, sur le quai de la Joliette. Gr. in-fol., texte français et anglais, avec 6 pl., dont 4 en couleur. 1858. *Lacroix et Baudry.* 25 fr.

— Tables de surfaces pour les calculs des déblais et remblais de chemins de fer, routes et canaux; suivies d'autres tables pour le tracé des courbes sur le terrain. 3 vol. in-8°. 1856. *Ibid.* 18 fr.

Tome I°r. Déblais. — Tome II. Remblais. — Tome III. Rochers.

Chaque volume séparément, 8 fr.

BORDEAUX (duc de). — Voy. **Chambord.**

BORDEAUX (Henry).

— L'Art de raisonner juste et traité du sens moral. 4° édition, revue et augmentée. In-12. 1858. *Boulevard Saint-Denis, 24.* 1 fr.

— Confidences morales. Fleurs du bien. In-18. 1859. *Dentu.* 1 fr.

BORDEAUX (Raymond), jurisconsulte et archéologue, avocat à Évreux, né à Lisieux, en 1821.

— De la Législation des cours d'eau dans le droit français ancien et dans le droit moderne; de quelles améliorations serait-elle susceptible? Ouvrage couronné par la Faculté de droit de Caen. In-8° de 16 ¹/₂ f. 1849. *Belhomme.* 5 fr.

— Philosophie de la procédure civile. Mémoire sur la réformation de la justice, couronné par l'Académie des sciences morales et politiques dans sa séance du 25 juin 1848. In-8°. 1857. [Évreux.] *Durand.* 8 fr.

— Serrurerie du moyen âge. Les ferrures des portes, avec dessins, par Henri Gérente et G. Bouet. In-4°, cartonné en percaline. 1859. [Oxford.] *Aubry.* 20 fr.

— Traité de la réparation des églises; principes

d'archéologie pratique, avec 90 fig. intercalées. dans le texte. 2e édition. In-12. 1862. *Durand.* 4 fr.

La 1re édition a été publiée en 1853 sous le titre: « Principes d'archéologie pratique, appliquée à l'entretien, la décoration et l'ameublement artistique des églises ». In-8o. Caen, *Hardel.* 6 fr.

— Verneuil, le Neubourg, Pont-de-l'Arche. Procès-verbaux archéologiques. In-8o. 1857. [Évreux.] *Aubry.* 1 fr. 50 c.

M. Raymond Bordeaux a publié une introduction pour « la Vie et l'office de saint Adjuteur », de Jean *Théroude.*

BORDERIE (DE LA). — Voy. **La Borderie.**

BORDERIE (GÉDÉON DE LA). — Voy. **Gédéon de la Borderie.**

BORDERIE (A. LE MOYNE DE LA). — Voy. **Le Moyne de la Borderie.**

BORDERIES (Étienne Jean François), évêque de Versailles, né en 1764, mort en 1832.

— Œuvres complètes. — Voy. *Migne,* Collection d'orateurs sacrés, 2e série, tomé 8.

— Catéchisme de Versailles. In-18. 1850. [Versailles.] *Hachette.* 40 c.

BORDES (Adolphe).

— Échos dans la vallée; poésies. In-8o. 1865. *Amyot.* 5 fr.

— Foyer solitaire; poésies. Avec préface, par Francis Lacombe. In-8o. 1854. *Ibid.* 7 fr. 50 c.

— Sous la tente. Orientales. In-8o. 1855. *Ibid.* 2 fr.

Poésies. Sinope. — Le Départ. — Silistrie. — Inkermann. — Sébastopol. — La Victoire.

— Sous la tente, sous les ombrages; poésies. Gr. in-8o. 1862. *Ibid.* 5 fr.

— Torrents dans la vallée; poésies. Gr. in-8o. 1848. *Ibid.* 7 fr. 50 c.

BORDES (Auguste), architecte à Bordeaux.

— Histoire des monuments anciens et modernes de la ville de Bordeaux. 2 vol. in-4o, avec 70 pl. gravées. 1845 à 1848. Bordeaux, *chez l'auteur.* 100 fr.

Publié en 50 livraisons à 2 fr.

BORDES (D. N.).

— Études de la question de savoir si l'agriculture française est en progrès, suivies d'un système d'amélioration sociale et culturale. In-12. 1862. Toulouse, *Devers-Arnauné.*

BORDES (l'abbé L.).

— Leçons de mathématiques à l'usage des séminaires et des colléges. 3e édition, corrigée et considérablement augmentée. 1re partie : Arithmétique. Algèbre. — 2e partie : Géométrie, etc. 2 vol. in-8o, avec 8 pl. 1853. *Lecoffre.* 8 fr.

La 1re édition est de 1840. 1 vol. in-8o.

BORDET (Henri), maître des requêtes au conseil d'État.

— L'Or et l'argent en 1864. In-8o. 1864. *Guillaumin et Cie.* 1 fr.

Extrait de la « Revue contemporaine ».

— Revue de dix ans, 1850-1860. In-8o. 1860. *Dentu.* 1 fr.

BORDET (Jean Jacques), chef d'institution à Paris.

— A quelque chose malheur est bon; proverbe. In-12. 1858. *Chez l'auteur, rue de Valois,* 21. 60 c.

— Les Écoliers peints par eux-mêmes. Esquisse d'après nature en douze scènes. In-12. 1858. *Ibid.* 60 c.

BORDIER (l'abbé), docteur en théologie, vicaire à Saint-Philippe.

— Histoire des catéchismes pendant les premiers siècles de l'Église. In-8o. 1858. *Périsse frères.* 2 fr.

BORDIER (Henri Léonard), avocat et paléographe, ancien archiviste aux archives de l'empire, né à Paris, en 1817.

— Les Archives de la France, ou Histoire des archives de l'empire, des archives des ministères, des départements, des communes, des hôpitaux, des greffes, des notaires, etc., contenant l'inventaire d'une partie de ces dépôts. In-8o. 1854. *Dumoulin.* 8 fr.

— Les Églises et monastères de Paris. Pièces en prose et en vers des ixe, xiiie et xive siècles, publiées d'après les manuscrits, avec notes et préface. Petit in-8o. 1856. *Aubry.* 5 fr.

— Histoire de France, depuis les temps les plus anciens jusqu'à nos jours, d'après les documents originaux et les monuments de l'art de chaque époque. 2 vol. gr. in-8o, avec un grand nombre de gravures sur bois. 1859-1860. *Au bureau du Magasin pittoresque.* 15 fr.

Avec Édouard Charton.

— Du Recueil des chartes mérovingiennes, formant la 1re partie de la collection des chartes et diplômes relatifs à l'histoire de France, commencée par ordre du gouvernement en 1762 et continuée de nos jours par l'Académie des inscriptions et belles-lettres. Notice suivie de pièces mérovingiennes inédites. In-8o de 4 f. 1850. *Dumoulin.*

M. Henri Bordier a traduit : « Histoire ecclésiastique des Francs », de *Grégoire de Tours.*

BORDON (Ch.).

— Caisse de l'avenir et hôtels d'invalides civils; société protectrice et philanthropique à former pour préserver les honnêtes gens d'une ruine complète dans le présent et leur assurer le confortable dans l'avenir. Projet. In-8o. 1864. *Cournol.* 1 fr.

BORDONI (le Rév. P.), de la Compagnie de Jésus.

— Discours sur divers sujets de la morale chrétienne, prononcés à Turin devant les membres de la Confrérie pour la bonne mort. Traduit de l'italien. 12 vol. in-12. 1860-1864. Bruxelles, *H. Goemaere.* 24 fr.

BORDOT (Anatole), né à Saint-Germain-en-Laye en 1833.

— Combats, batailles et victoires des Français, depuis le commencement de la monarchie jusqu'à nos jours. Illustré par Hadamard. In-8o avec 8 grav. 1862. *Vermot.* Relié, 5 fr.

Avec M. Levasnier.

— Les Fleurs qui parlent. In-12. 1860. *Ibid.* 2 fr.

— Histoires et nouvelles. In-8o. 1860. *Lefèvre.* Broché, 4 fr. Relié, 5 fr.

— Légendes, souvenirs et récits, traduits de l'anglais par Anatole Bordot. In-12. 1859. *Vermot.* 2 fr.

— Les Soirées de village. In-8°. 1863. *Ibid.* 1 fr. 25 c.

M. Anatole Bordot a traduit de l'italien : « le Psautier de Marie », par dom Louis Tosti ; et de l'allemand : « le Robinson suisse », de *Wyss.* — Voy. ces noms.

Il a publié sous le pseudonyme de A. de Beauchainais : « le Buffon illustré, à l'usage de la jeunesse ». — Voy. *Beauchainais.*

BORDOT (J.).

— Les Déceptions d'un républicain. Aventures récentes, suivies de : Qui vive ! Anecdote des guerres de l'Empire. In-12 avec 5 portraits. 1853. Plancy, *Société de Saint-Victor.* 2 fr.

— Histoire de l'empereur Napoléon Ier. In-16. 1854. *Ibid.* 1 fr. 80 c.

BORDOT (Maurice).

— Percement de l'isthme de Suez. Notice géographique et historique, et considérations sur le projet de percement d'un canal reliant la Méditerranée à la mer Rouge, d'après les travaux publiés par M. Ferdinand de Lesseps; précédées d'une lettre de M. Barthélemy Saint-Hilaire. In-18 avec 1 carte. 1857. *Hachette et Cie.* 50 c.

*Bords (les) du Rhône, de Lyon à la mer, par Alphonse B... Chroniques, légendes. In-8° avec 7 lithographies, une page de musique et une carte. 1843. [Lyon.] *Maison.* 7 fr. 50 c.

BORÉ (Eugène), orientaliste.

— Arménie. — Voy. *Univers pittoresque, Europe*, tome 8.

— Correspondance et mémoires d'un voyageur en Orient. 2 vol. in-8° avec une carte. 1840. *Olivier Fulgence.* 15 fr.

— Question des lieux saints. In-12 avec 3 plans. 1850. *Lecoffre.* 2 fr.

Travail fait à Jérusalem en 1849.

BORÉ (Léon).

— Études sur Vauvenargues. Thèse pour le doctorat, présentée à la Faculté des lettres de Grenoble. In-8°. 1859. *Hachette et Cie.* 2 fr. 50 c.

— Les Stigmatisées du Tyrol. In-12. 1847. *Lecoffre.* 1 fr. 80 c.

M. Léon Boré a traduit de l'allemand : « Vie de Bernard Overberg », de *Schubert*, « Jeanne d'Arc », de G. *Gœrres*, « Rienzi et Rome à son époque », de *Papencordt*.

BOREAU (Alexandre), botaniste, ancien pharmacien, depuis 1838 professeur de botanique à Angers et directeur du jardin botanique de cette ville, né à Saumur en 1803.

— Flore du centre de la France et du bassin de la Loire, ou Description des plantes qui croissent spontanément, ou qui sont cultivées en grand dans les départements arrosés par la Loire et ses affluents, avec l'analyse des genres de ces espèces. 3e édition très-augmentée. 2 vol. in-8°. 1857. *Roret.* 15 fr.

1re édition. 1841. 2 vol. 12 fr.; 2e édition. 1849. 2 vol. 12 fr.

BOREAU (Victor), littérateur, né à Angers, en 1804.

— Cours méthodique d'histoire naturelle d'après les plus célèbres naturalistes modernes. 3e édition, revue, corrigée et spécialement rédi-

gée pour servir aux examens de l'Hôtel de ville et de la Sorbonne. In-12. 1864. *Jouby.* 2 fr. 50 c.

Avec M. Lartigue.

La 1re édition est de 1839; la 2e de 1849.

— Histoire ancienne, comprenant l'histoire générale de tous les peuples, depuis la création jusqu'à la chute de l'empire romain d'Occident. 2e édition. In-12. 1841. *Hivert.* 2 fr. 50 c.

La 1re édition est de 1837.

— Histoire ancienne élémentaire. 4e édition, revue et corrigée. In-18. 1860. *Jouby.* 75 c.

La 1re édition est de 1850.

— Histoire d'Angleterre, depuis les temps les plus reculés jusqu'à nos jours. 3e édition. In-12. 1856. *Hivert.* 2 fr.

La 1re édition est de 1841.

— Histoire de France, précédée d'un abrégé de l'histoire des Gaulois. 7e édition, revue et corrigée. 2 vol. in-12. 1863. *A. Jouby.* 4 fr.

La 1re édition est de 1839.

— Histoire de France élémentaire, depuis Pharamond jusqu'à nos jours. 8e édition, revue et augmentée. In-18. 1864. *Ibid.* 1 fr.

La 1re édition est de 1850.

— Histoire générale des temps du moyen âge, depuis les premières invasions des Barbares jusqu'à la prise de Constantinople par les Turcs, en 1453. 5e édition. In-12. 1856. *Vermot.* 2 fr. 50 c.

La 1re édition est de 1838.

— Histoire élémentaire des temps du moyen âge, de 476 à 1453, avec des exercices par question. In-18. 1853. *Ibid.* 1 fr. 20 c.

— Histoire générale des temps modernes, de 1453 jusqu'à nos jours. 5e édition, revue, corrigée et continuée jusqu'en 1862. In-12. 1862. *Jouby.* 2 fr. 50 c.

La 1re édition est de 1838. 2 vol. 4 fr. 50 c.

— Histoire élémentaire des temps modernes. In-18. 1854. *Vermot.* 75 c.

— Histoire naturelle élémentaire, par leçons, suivies de questions, avec tableaux synoptiques. In-18. 1856. *Ibid.* 75 c.

— Histoire romaine, depuis la fondation de Rome, l'an 753 avant J.-C., jusqu'à la fin de l'empire romain d'Occident, l'an 476 après J.-C. 8e édition, revue et augmentée. In-12. 1863. *Jouby.* 2 fr.

La 1re édition est de 1838.

— Histoire romaine élémentaire. 5e édition, revue et corrigée. In-18. 1865. *Ibid.* 75 c.

La 1re édition est de 1851.

— Histoire sainte, suivie d'un abrégé de l'Histoire ecclésiastique jusqu'à la conversion de Clovis. 16e édition. In-12. 1864. *Ibid.* 2 fr. 25 c.

La 1re édition est de 1837. *Hivert.*

— Histoire sainte élémentaire, suivie d'un abrégé de la vie de N. S. Jésus-Christ, avec des exercices par questions. 7e édition, augmentée d'une carte. In-18. 1864. *Ibid.* 75 c.

La 1re édition est de 1849.

BOREDON (Jean Baptiste), né en 1833 à Saint-Pierre (Martinique).

— Gabriel et Fiammetta. Une histoire sous Léon X. In-16. 1857. *Librairie nouvelle.* 1 fr.

— Grands faits de l'histoire universelle. Annales

Illustrées, 1re série : Histoire sainte. Illustrée de 80 grav. sur bois. In-12. 1865. *Laplace et Cie.* 3 fr.

M. Boredon a collaboré longtemps à « l'Illustration » et au « Charivari ».

BOREL (l'abbé C.).

— Manuel des sociétés de secours mutuels dans les campagnes. In-18. 1862. *P. Dupont.* 1 fr. 50 c.

— Mémoire relatif à plusieurs projets vraiment intéressants pour le clergé et les populations rurales, et surtout des retraites légales sans subvention, avec un appendice sur la Pologne. In-8°. 1865. Clermont-Ferrand, *Veysset.*

BOREL (E.), ingénieur civil.

— Rapport sur l'Exposition universelle de 1855. — Voy. *Girardin* (J.), *Cordier et Borel.*

BOREL (Édouard), négociant, membre des comités des sociétés bibliques, né au Hâvre en 1825.

— Statistique des associations protestantes religieuses et charitables de France ; suivie d'un tableau des lieux de culte, écoles, etc., de toutes les églises protestantes de Paris. In-8°. 1864. *Grassart.* 1 fr. 50 c.

BOREL (Eugène), professeur de langue française à Stuttgart (Wurtemberg), né à Neuchâtel (Suisse) en 1803.

— Album lyrique de la France moderne. In-16. 1852. Stuttgart, *E. Hallberger.* 8 fr.

— Choix de lectures françaises à l'usage des écoles publiques et de l'instruction privée. In-8°. 1859. Stuttgart, *Neff.* 3 fr. 50 c.

— Grammaire française à l'usage des Allemands. 12e édition. In-12. 1865. *Ibid.* 4 fr.

La 1re édition est de 1842.

— Des Réformes littéraires opérées par Malherbe. In-4°. 1857. Stuttgart. 1 fr.

— Supplément à la grammaire de Noël et Chapsal et à la grammaire selon l'Académie, de Bonneau et Lucan, à l'usage des Allemands qui étudient la langue française. In-12. 1839. Stuttgart, *Neff.* 1 fr.

M. Borel a traduit en vers français : « Iphigénie en Tauride », tragédie de *Gœthe.*

BOREL D'HAUTERIVE (André François Joseph), généalogiste, avocat, secrétaire de l'École des chartes, né à Lyon, en 1812.

— Annuaire de la noblesse de France et des maisons souveraines de l'Europe. 1866. 23e année. In-12. *Dentu.* 5 fr.; avec blasons coloriés, 8 fr.

1re année. 2 vol. 1842-1843. 10 fr.; 2e à 22e année, 1844 à 1865, 21 vol. Prix de chaque volume : noir, 5 fr., color., 8 fr.

— Armorial de Flandre, du Hainaut et du Cambrésis. Recueil officiel dressé par les ordres de Louis XIV. 1696-1710. Publié d'après les manuscrits de la bibliothèque impériale, par M. Borel d'Hauterive. Tome 1er. De l'armorial général de France. Gr. in-8°, avec 1 pl. 1856. *Dumoulin.* 10 fr.

— Précis historique sur la maison royale de Saxe et sur ses branches ducales de Weimar, Meiningen, Altenbourg et Saxe-Cobourg-Gotha, depuis l'origine des comtes de Wettin jusqu'à nos jours. In-4°, avec 2 pl. 1843. *Chez l'auteur.*

On attribue à M. Borel d'Hauterive la publication anonyme :

— Les Grands Corps politiques de l'État. Biographie complète des membres du sénat, du conseil d'État et du corps législatif, par un ancien député. In-12. 1852. *Dentu.* 2 fr.

2e édition 1853. *Ibid.* 3 fr.

BOREL DE MENS (le docteur G.), médecin adjoint de l'Hôtel-Dieu à Pontoise.

— Guérison radicale de la goutte. In-8°. 1856. *Labé.* 1 fr. 50 c.

BORGET (Auguste).

— Fragments d'un voyage autour du monde. In-4° de 3 f. avec 12 lith. 1851. Moulins, *Desrosiers.*

BORGHESI (Bartolomeo), numismate et épigraphiste italien, né à Savignano, près Rimini, en 1781, mort à Saint-Marin, en 1860.

— Œuvres complètes de Bartolomeo Borghesi, publiées par les ordres et aux frais de S. M. l'empereur Napoléon III. Tomes 1 à 4. In-4°. 1862-1865. [*Imprimerie impériale.*] *Didier et Cie.* Chaque vol., 20 fr.

Tomes I. II. Œuvres numismatiques. 2 vol. — Tomes III. IV. Œuvres épigraphiques. 2 vol.

La publication est faite en langue italienne, mais les titres des volumes sont en français, ainsi que quelques notes.

BORGNE (Ch. LE). — Voy. **Le Borgne.**

BORGNET (Adolphe), professeur à l'Université de Liège, né à Namur en 1804.

— Guide du voyageur en Ardennes, ou Excursions d'un touriste belge en Belgique. 2e édition. 2 vol. in-12, avec 1 carte. 1858. Bruxelles, *Decq.* 7 fr.

Publié sous le pseudonyme de Jérôme Pimpurniaux.

— Histoire des Belges à la fin du xviiie siècle. 2e édition, revue et augmentée. 2 vol. in-8°. 1861 et 1863. Bruxelles, *Lacroix et Cie.* 10 fr.

La 1re édition est de 1844.

— Histoire de la révolution liégeoise de 1789 (1785 à 1795), d'après des documents inédits. 2 vol. in-8°. 1865. Liége, *L. de Thier et F. Lovinfosse.* 10 fr.

— Philippe II et la Belgique. Résumé politique de l'histoire de la révolution belge du xvie siècle (1555 à 1598). In-8°. 1850. Bruxelles, *Méline, Cans et Cie.* 4 fr.

M. Ad. Borgnet a publié la « Chronique », de *Jean des Preis.*

BORGNET (Jules), archiviste de l'État, professeur d'histoire à l'Athénée royal de Namur, né à Namur en 1817.

— Documents inédits concernant l'histoire de la province de Namur, contenant le cartulaire de Bouvignes. 2 vol. in-8°. 1863. Namur, *Wesmael-Legros.* 10 fr.

— Histoire du comté de Namur. In-12. 1848. Bruxelles, *Jamar.* 1 fr. 50 c.

Fait partie de la « Bibliothèque nationale ».

— Promenades dans Namur. Tome 1er, orné de 20 grav. dans le texte et de 9 pl. Gr. in-8°. 1859. Namur. 12 fr.

BORGO (le P.), de la Société de Jésus.

— Trésor de l'âme sanctifiée par l'eucharistie. — Voy. *Lercari et Borgo.*

BORIE (Henri Jules), ingénieur civil.

— Aérodomes. Essai sur un nouveau mode de maisons d'habitation applicable aux quartiers les plus mouvementés des grandes villes. Gr. in-8°, avec 1 pl. 1865. Boulogne-sur-Seine, *chez l'auteur, chaussée du Pont,* 1.

BORIE (Victor), membre correspondant de l'Académie d'agriculture de Turin.

— L'Agriculture au coin du feu. In-12. 1858. *Guillaumin et C*ie*. 3 fr.

— Animaux de la ferme. 1re série. Espèce bovine. Livraisons 1 à 7. In-4°. 1863-1865. *Librairie agricole*. Chaque livraison, 4 fr.

La 1re série sera publiée en 20 livraisons.

— L'Année rustique. In-12. 1862. *Hetzel*. 3 fr.

— Le même. 2e année. In-12. 1863. *Ibid.* 3 fr.

— Cours élémentaire d'agriculture. 1re année. Définition des sols. Engrais. Amendements. Drainage. Irrigations. Labours. In-12. 1862. *Librairie agricole*. 75 c.

— Les Douze mois. Calendrier agricole. In-8°, avec 80 grav. 1860. *Ibid.* 3 fr. 50 c.

Nouvelle édition en 1865.

— Les Joudis de Monsieur Dulaurier (cours élémentaire d'agriculture). 2 vol. in-12. 1865. *Ibid.* 1 fr. 50 c.

— Le Mouvement agricole en 1865, revue des progrès accomplis récemment dans toutes les branches de l'agriculture ; annuaire pour 1866. In-18. 1865. *J. Rothschild*. 1 fr.

— Le Pain. In-8°. 1862. *Dentu*. 1 fr.

— Le Patrimoine universel, avec une introduction par Michel Chevalier. In-8°. 1865. *Ibid.* 1 fr.

2e et 3e édition dans la même année.

— La Question du pot-au-feu. Organisation du commerce des viandes. In-8°. 1857. *Librairie agricole*. 1 fr.

— Travailleurs et Propriétaires. In-12. 1848. *Lévy frères*. 1 fr.

— Les Travaux des champs. In-12. 1857. *Librairie agricole*. 1 fr. 25 c.

2e édition en 1861.

BORIES (J.), avocat.

— Dictionnaire pratique de la presse, de l'imprimerie et de la librairie ; suivi d'un code complet contenant les lois, ordonnances, règlements, arrêts du conseil, exposés des motifs et rapports sur la matière. 2 vol. in-8°. 1847. *Cosse et Delamotte*. 18 fr.

Avec M. F. Bonassies.

BORMANS (J. H.) a publié : la Chanson de Roncevaux. — Voy. au mot *Chanson*.

BORMANS (Stanislas), conservateur adjoint des archives de l'État à Liége, secrétaire de l'Institut archéologique et de la Société liégeoise de littérature wallonne, né à Hasselt en 1835.

— Le Bon métier des tanneurs de l'ancienne cité de Liége. In-8°, avec 2 pl. col. 1863. Liége, *F. Renard*. 4 fr. 50 c.

— Le Bon métier des drapiers de l'ancienne cité de Liége. In-8° avec 2 pl. 1865. Liége, *Carmanne*. 4 fr.

— Chambre des finances des princes de Liége. Table des registres aux octrois, rendages, engagères, conservés aux archives de l'État à Liége. In-8°. 1865. Liége, *Grandmont*. 2 fr. 50 c.

— Chronique des évêques de Liége du xiiie siècle. In-8°. 1864. *Ibid.* 5 fr.

Tiré à 60 exemplaires numérotés.

— Chronique de Mathias de Lewis du xive siècle. In-8°. 1865. *Ibid.* 10 fr.

Tiré à 60 exemplaires numérotés.

— Tables des manuscrits géologiques du héraut d'armes Le Fort, conservés aux archives de l'État à Liége. 3 parties in-8°. 1860-1864. Liége, *Carmanne*. 20 fr.

— Vocabulaire des houilleurs liégeois. In-8°. 1864. *Ibid.* 2 fr. 50 c.

M. Bormans a traduit de l'allemand : « Précis de l'Histoire de Liége », de *Warnkœnig*.

BORN.

— Gnomonique graphique et analytique, ou l'Art de tracer les cadrans solaires. In-8°, avec 6 pl. 1846. *Bachelier*. 3 fr. 50 c.

BORNAND, juge au tribunal cantonal de Lausanne.

— Code civil du canton de Vaud. — Voy. *Bippert et Bornand*.

BORNE (Charles), commis-greffier au tribunal de la Seine.

— Cent fables. In-12. 1861. *E. Belin*. 3 fr.

BORNET (Jacques).

— Les Filles de la terre ; poésies. In-12. 1862. *Taride*. 3 fr.

— Les Filles de la terre. 2e vol. Deux comédies et quatorze poëmes nouveaux, par Jacques Bornet et Mlles Anna et Louise Bornet. In-12. 1864. Marseille, *Camoin*. 2 fr.

— Seize poëmes extraits des «Filles de la terre», récités dans les maisons d'éducation de toute la France, par le poëte Bornet et ses quatre filles. In-32. 1865. *Balley fils et Brouillet*. 50 c.

BORNIER (le vicomte Henri de), poëte, sous-bibliothécaire à la bibliothèque de l'Arsenal, né à Lunel, en 1825.

— La Cage du lion ; comédie en vers. In-8°. 1862. *Imprimerie Ducessois*. 1 fr.

— Un Cousin de passage ; scènes de la vie de château. In-8°. 1865. Nantes, *Forest et Grimaud*. 1 fr.

— Dante et Béatrix ; drame en cinq actes et en vers. In-12. 1853. *Lévy frères*. 1 fr.

— Éloge de Chateaubriand ; discours. In-8°. 1864. *Didot frères*. 1 fr.

— Le Fils de la terre ; roman. In-8°. 1864. *Douniol*. 1 fr.

Extrait du « Correspondant ».

— La France dans l'extrême Orient, poëme qui a remporté le prix proposé par l'Académie française, lu dans la séance publique annuelle du 23 juillet 1863. In-8°. 1863. *Ibid.* 1 fr.

— La Guerre d'Orient ; poëme. In-8°. 1858. *Taride*. 1 fr.

— L'Isthme de Suez, poëme qui a remporté le prix proposé par l'Académie française. In-8°. 1861. *Dentu*. 1 fr.

— Le Monde renversé ; comédie en un acte en vers (jouée sur le théâtre français de Saint-Pétersbourg). In-8°. 1853. *Brière*. 1 fr.

— La Muse de Corneille ; comédie en un acte en vers. In-12. 1854. *Lévy frères*. 1 fr.

— Premières feuilles ; poésies. In-12. 1845. *Desloges*. 2 fr.

— Le Quinze janvier, à-propos pour l'anniversaire de la naissance de Molière, en un acte et en vers. In-18. 1860. *Masgana.* 50 c.

— La Sœur de charité au XIXe siècle; poëme qui a obtenu une mention honorable de l'Académie française (concours de poésie). In-16. 1859. *Douniol.* 25 c.

BORRAZ (José Antonio), professeur de langue espagnole à Bordeaux.

— Cours de thèmes espagnols sur les principales règles grammaticales, ou Supplément à la grammaire espagnole dans la pratique. Nouvelle édition. In-8°. 1861. Bordeaux, *Chaumas.* 3 fr. 50 c.

— Nouvelle Grammaire de la langue espagnole à l'usage des Français. 5e édition, revue par M. de Yguadala. In-8°. 1863. *Ibid.* 4 fr.

La 1re édition est de 1836.

BORREAU (Jean Baptiste), ancien commerçant, né à Châtellerault en 1795.

— Comment et pourquoi je suis devenu spirite, avec fac-simile d'autographes de l'écriture directe d'un esprit familier. In-8°. 1864. *Ledoyen.* 2 fr.

— Lettre d'un vieux spirite à un jeune avocat. In-8°. 1865. Niort, *imprimerie Favre et Cie.* 60 c.

BORREL (Abraham), pasteur protestant à Nimes, né à Caussade (Tarn-et-Garonne) en 1795, mort à Nimes en 1865.

— Actes des synodes nationaux des églises réformées de France, après la révocation de l'édit de Nantes, depuis 1726 jusqu'à 1763. In-12. 1847. Nimes, *librairie protestante.* 50 c.

— Biographie d'Antoine Court, auteur de la Restauration du protestantisme en France après la révocation de l'édit de Nantes, ou Épisode de l'histoire des églises du désert cévenol de 1713 à 1760. In-12. 1863. Toulouse, *Société des livres religieux.* 1 fr. 50 c.

— Biographie de Claude Brousson, pasteur à Nimes de 1683 à 1698. In-12. 1855. Nimes. 50 c.

— Biographie de Paul Rabaut, pasteur du désert, et de ses trois fils. In-12. 1854. Nimes, *librairie protestante.* 1 fr. 25 c.

— Étude biblique sur les œuvres visibles de la création, contenant l'explication familière des usages orientaux, des expressions allégoriques et des passages obscurs qui se rapportent à ces matières. In-12. 1860. Toulouse, *Société des livres religieux.* 2 fr.

— Géographie sacrée du Nouveau Testament. In-12. 1846. Nimes. 2 fr.

— Histoire de l'église réformée de Nimes, depuis son origine, en 1533, jusqu'à la loi organique du 18 germinal an X (7 avril 1802). 2e édition, entièrement refaite. In-12. 1856. Toulouse, *Société des livres religieux.* 2 fr.

La 1re édition est de 1844.

— Pierre et Marie Durand, ou le Frère et la Sœur, l'un martyr de l'Église du désert et l'autre prisonnière à la tour de Constance. In-8°. 1863. Nimes. 50 c.

BORROMÉE (Saint Charles), cardinal, archevêque de Milan, né à Arona sur le lac Majeur, en 1538, mort en 1584.

— S. Caroli Borromæi instructionum fabricæ ecclesiasticæ et supellectilis ecclesiasticæ libri duo. — De la Construction et de l'ameublement des églises; par S. Charles Borromée. Nouvelle édition, revue et annotée par M. l'abbé E. Van Drival. In-12. 1855. *Lecoffre et Cie.* 2 fr. 50 c.

BORROW (le Rév. Georges), écrivain anglais, agent de la Société biblique anglaise, né à Norfolk, en 1803.

— La Bible en Espagne. Traduit de l'anglais sur la 3e édition. 2 vol. in-8°. 1845. *Amyot.* 15 fr.

BORSENDORFF (Louis), horloger à Paris, né à Paris en 1818.

— Un Coup de loupe à l'Exposition universelle de 1855. Revue complète sur les produits de l'horlogerie française et étrangère, figurant à l'Exposition universelle de Paris en 1855, précédée d'une notice sur l'origine des expositions. In-8°. 1855. *Chez l'auteur, rue de Vannes,* 1. 1 fr.

— La Loupe de l'horloger, almanach chronométrique, critique et scientifique pour 1863. 5e année. In-18. 1862. *Martinon.* 75 c.

La 1re année, pour 1850, a été publiée à la suite de l'exposition de Paris en 1849.

BORSIERI DE KANIFELD (J. B.), en latin, BURSERIUS, médecin italien, né à Trente, en 1725, mort en 1785.

— Instituts de médecine pratique. Traduits et accompagnés d'une étude comparée du génie antique et de l'idée moderne en médecine, par le docteur Paul Émile Chauffard. 2 vol. in-8°. 1856. *Victor Masson.* 16 fr.

BORT (L. MURET DE). — Voy. **Muret de Bort.**

BORUCKI (P. A. N.).

— Essai sur le cercle. In-8° de 2 ¼ f., avec 1 pl. 1847. Dijon, *Douillier.*

BORY (Jacques Thomas), avocat à Marseille, membre du Conseil municipal et de l'Académie de cette ville, né à Martigues (Bouches-du-Rhône), en 1809.

— Cantinella provençale du XIe siècle, en l'honneur de la Madeleine, chantée annuellement à Marseille le jour de Pâques jusqu'en 1712. Introduction, traduction, commentaires et recherches historiques, par J. F. Bory. In-8°. 1862. Marseille, *Boy.* 4 fr.

— Les Origines de l'imprimerie à Marseille. Recherches historiques et bibliographiques. In-8°. 1858. *Ibid.* 10 fr.

BORY DE SAINT-VINCENT, naturaliste et voyageur, né à Agen, en 1780, mort en 1846.

— Botanique (de l'Algérie). Livraisons 1 à 17. Gr. in-4°. *Gide.* Chaque livraison, 15 fr.

Avec MM. Cosson et Durieu de Maisonneuve. — Fait partie de « l'Exploration scientifique de l'Algérie », publiée par ordre du Gouvernement.

— Iles diverses des trois Océans et régions circumpolaires. — Voy. *Univers pittoresque, Amérique,* tome 3.

BOS (H.).

— Problèmes d'arithmétique. — Voy. *Tarnier et Bos.*

BOS D'ELBHECQ (Mme C. DU). — Voy. **Du Bos D'Elbhecq.**

BOSC, lieutenant de vaisseau.

— Instruction pour le micromètre Lugeòl à cadran Lorieux. In-8°. 1865. *Bossange.* 1 fr.

Publication du dépôt de la marine.

BOSCAVEN (H.), pseudonyme de M. H. **Schuermans.**

BOSCH (Van den). — Voy. **Van den Bosch.**

BOSCHAN (le docteur Frédéric).

— Conseils diététiques pour les baigneurs à Franzensbad. 2ᵉ édition. Gr. in-8°. 1865. Vienne, *Gerold*. 1 fr. 25 c.

— Essai sur les bains de boue ferrugineuse et saline de Franzensbad (près Eger en Bohême) et sur leurs effets thérapeutiques. Monographie. Traduit de l'allemand. In-8°. 1852. Leipzig, *Michelsen*. 4 fr.

BOSCO GIOVANNI (l'abbé).

— Vie de la bienheureuse Catherine de Racconigi, de l'ordre de la Pénitence de saint Dominique, par l'abbé Bosco Giovanni; suivie de la Vie de saint Agnès de Montepulciano, vierge de l'ordre des Frères Prêcheurs, par le T. R. P. maître Dominique Ponsi. Traduites de l'italien par un membre du tiers ordre de Saint-Dominique. In-18. 1865. *Vᵉ Poussielgue et fils*. 2 fr.

Bibliothèque dominicaine.

BOSQ (Théophile).

— Nouvelles mélodies; poésies. In-12. 1851. Marseille, *Clappier*.

BOSQUET, pseudonyme.

— Vie de François Iᵉʳ, roi de France. In-12 avec 4 grav. 1860. Rouen, *Mégard et Cⁱᵉ*. 1 fr. 50 c.

BOSQUET (Mˡˡᵉ Amélie), ancienne institutrice, membre de l'Académie des sciences de Caen, née a Rouen en 1820.

— Louise Meunier, suivi de : Une passion en province. In-12. 1861. *Hetzel*. 3 fr. 50 c.

Cet ouvrage est signé du pseudonyme d'Émile Bosquet.

— La Normandie romanesque et merveilleuse; traditions, légendes et superstitions populaires de cette province. In-8°. 1845. Rouen, *Le Brument*. 6 fr.

Mˡˡᵉ Bosquet a collaboré sous son véritable nom à la « Revue de Rouen et de Normandie », et sous son pseudonyme d'Émile Bosquet, à la « Revue de Paris », au « Journal de Rouen » et à « l'Opinion nationale ».

BOSQUET (Georges), jurisconsulte et historien du xviᵉ siècle, né à Toulouse.

— Histoire des troubles advenus en la ville de Tolose l'an 1562, le dix-septiesme may. Nouvelle édition, avec notes. In-18. 1862. *Gay*. 1 fr. 50 c.

La 1ʳᵉ édition est de 1568; l'ouvrage a été supprimé et condamné au feu en 1563.

BOSQUET (J.).

— Notices sur quelques cirripèdes récemment découverts dans le terrain crétacé du duché de Limbourg. Gr. in-4° avec planches. 1858. Haarlem. 3 fr. 50 c.

Extrait des « Mémoires de l'Académie des sciences de Haarlem ».

BOSQUIER (le F. Philippe).

— Tragédie nouvelle, dicte le Petit razoir des ornements mondains, en laquelle les misères de nostre temps sont attribuées tant aux hérésies qu'aux ornements superflus du corps. In-12. 1863. *J. Gay*. 8 fr.

Réimpression à 100 exemplaires de l'édition de 1589.

BOSSANGE (Hector), libraire à Paris, né à Paris, en 1795. Il s'est signalé par la publication de plu-

sieurs excellents catalogues de librairie française, principalement destinés à l'usage de ses correspondants à l'étranger.

— Ma Bibliothèque française. Pet. in-8°. 1855. *Hector Bossange.*

Ce n'est pas un livre, ce n'est même pas un catalogue, dit M. Hector Bossange, c'est tout simplement un recueil de renseignements adressé et offert à mes amis d'Amérique.

Pas dans le commerce.

BOSSAY (P. Poulain de). — Voy. **Poulain de Bossay.**

BOSSCHA (J.), membre de l'Académie des sciences des Pays-Bas, a publié : « Lettres inédites de J. J. Rousseau à Marc Michel Rey. — Voy. *Rousseau.*

BOSSELET (Hippolyte), écrivain politique, ancien rédacteur du « Temps » et de la « Réforme », fondateur de « l'Avant-Garde », revue politique mensuelle (1848-1850), né à Paris en 1824.

— Le Cardinal Richelieu; tragédie nationale (en vers). In-12. 1846. *Ledoyen*. 3 fr.

— La Crise. In-18. 1852. *Garnier frères*. 1 fr.

— Les Élections générales de 1863 et l'opinion. In-12. 1863. *Dentu*. 50 c.

— Lettres de M. Journal. In-12. 1861. *Ibid*. 2 fr.

— La Liberté ajournée. In-12. 1864. *Librairie internationale*. 2 fr.

— De la Liberté et du gouvernement. In-18. 1858. *Dentu*. 2 fr.

BOSSI (le comte Charles), poëte et diplomate italien, ambassadeur du roi de Sardaigne à Saint-Pétersbourg, préfet français de 1805 à 1810, né à Turin, en 1758, mort à Paris, en 1823.

— La Prière du matin. La Prière du soir. In-12. 1858. *Vaton*. 50 c.

— De l'Indépendance de la loi civile, écrit en 1804 et 1805. In-8°, 171 p. 1859. *Guyot et Scribe.*

BOSSIN.

— L'Art de cultiver les jardins, ou Nouveau manuel complet des jardiniers, par un jardinier agronome. Nouvelle édition, revue, corrigée et augmentée, par M. Bossin. In-18 avec 5 pl. 1852. *Roret*. 3 fr. 50 c.

Collection des Manuels-Roret.

BOSSU (Antonin), docteur en médecine, rédacteur en chef de « l'Abeille médicale », né à Monceau-le-Comte (Nièvre), en 1809.

— Agenda-formulaire des médecins praticiens et carnet de poche. In-16. *Chez l'auteur*. Chaque volume, 3 fr.

Parait tous les ans depuis 1851.

— Anatomie descriptive du corps humain, suivie d'un Précis d'anatomie des formes, à l'usage des gens du monde et des artistes. In-8° avec 20 pl. gravées d'après les dessins de M. Léveillé. 1849. *Ibid*. 5 fr. Avec planches coloriées, 10 fr.

— Anthropologie, ou Étude des organes, fonctions, maladies de l'homme et de la femme. 5ᵉ édition, refondue et augmentée. 2 vol. in-8° avec figures intercalées dans le texte. 1859. *Ibid*. Avec atlas noir, 15 fr., colorié, 20 fr.

1ʳᵉ édition, 1845; 2ᵉ édition, 1848; 3ᵉ édition, 1849; 4ᵉ édition, 1851.

— Législation médico-pharmaceutique, ou Lois et règlements qui régissent l'enseignement et la pratique de la médecine et de la pharmacie, avec commentaires et arrêts tirés de la jurisprudence. Publié par les soins de l'administration de « l'Abeille médicale ». In-12. 1865. *Ibid.* 3 fr.

— Nouveau compendium médical à l'usage des médecins praticiens. 3e édition, augmentée d'un Supplément où sont relatés les progrès de la science. In-12. 1862. *Ibid.* 7 fr.

1re édition, 1841 ; 2e édition, 1855.

— Nouveau dictionnaire d'histoire naturelle et des phénomènes de la nature. Ouvrage enrichi d'un très-grand nombre de figures. 3 vol. gr. in-8°. 1858. *Ibid.* 27 fr.

Ouvrage publié en 200 livraisons.

— Petit dictionnaire de médecine usuelle, ou Vade-mecum des personnes charitables. In-18. 1851. *Ibid.* 1 fr.

— Traité des plantes médicinales indigènes, précédé d'un cours de botanique. Ouvrage accompagné d'un atlas de 60 pl. gravées sur acier, et enrichi de 121 grav. sur bois intercalées dans le texte. 2e édition, refondue. 2 vol. in-8°. 1862. *Ibid.* 22 fr.

La 1re édition est de 1854.

BOSSU (Le). — Voy. **Le Bossu.**

BOSSUAT (E.), pseudonyme de l'abbé GUÉNOT. (Voy. aussi ce nom.)

— Le Pêcheur de Penmarck. In-8° avec 1 grav. 1865. Tours, *Mame et fils.* 75 c.

BOSSUET (l'abbé).

— Livre de première communion, contenant tous les actes pour la confession, la communion et la confirmation, avec des réflexions et pensées édifiantes. In-32. 1851. *Morizot.* 3 fr. 50 c.

— Trésor de l'âme fidèle, ou Recueil de prières, In-32. 1853. *Fontenay et Peltier.* 3 fr.

BOSSUET (F.), professeur à l'Académie de Bruxelles.

— Les Académies de dessin, de peinture, de sculpture et d'architecture de Belgique ; ce qu'elles étaient, ce qu'elles sont devenues, ce qu'elles devraient être. In-8°. 1861. Bruxelles, *Decq.* 75 c.

BOSSUET (Jacques Bénigne), le plus grand orateur de l'Église chrétienne, évêque de Meaux, membre de l'Académie française, né à Dijon, en 1627, mort à Paris, en 1704.

— Œuvres complètes. 19 vol. in-8°. 1841. Besançon, *Outhenin-Chalandre.* 70 fr.

— Œuvres complètes. 12 vol. in-8°, avec un portrait. 1847. *Méquignon junior.* 80 fr.

— Œuvres complètes, publiées par des prêtres de l'immaculée Conception de Saint-Dizier (Haute-Marne). 12 vol. gr. in-8°, avec portrait. 1862 et 1863. [Bar-le-Duc, *Guérin.*] *Palmé.* 72 fr.

— Œuvres complètes ; reproduction textuelle de l'édition de 1815-1820, de A. Lebel, imprimeur du roi, à Versailles, augmentées de l'Histoire de Bossuet, par le cardinal de Bausset. 30 vol. in-8°. 1859-1865. *Vivès.* 80 fr.

Même édition, format in-12. 60 fr.

— Œuvres complètes ; publiées d'après les imprimés et les manuscrits originaux, purgées des interpolations et rendues à leur intégrité, par F. Lachat. Édition renfermant tous les ouvrages édités et plusieurs inédits. 30 vol. in-8°. 1864-1865. *Ibid.* 150 fr.

— Œuvres complètes. Nouvelle édition, conforme à celle de Versailles, revue et corrigée avec soin, augmentée de l'Histoire de Bossuet par le cardinal de Bausset. 16 vol. in-8°. 1862. Lyon, *Pélagaud et Cie.* 70 fr.

— Œuvres complètes, classées pour la première fois selon l'ordre logique et analogique, publiées par M. l'abbé Migne. 11 vol. gr. in-8°. 1856-1860. *Migne.* 60 fr.

— Œuvres. 4 vol. in-8°, avec un portrait. 1841. *Didot frères.* 40 fr.

— Œuvres. Tome 1. Discours sur l'histoire universelle. In-8°. 1864. *Chaix et Cie.* 2 fr. 50 c.

— Œuvres inédites, publiées d'après les manuscrits originaux par F. Lachat. In-8°. 1862. *Vivès.* 5 fr.

Les mêmes, format in-12. 5 fr.

— Œuvres. Discours sur l'histoire universelle. Oraisons funèbres. Précédé d'une notice sur Bossuet, par d'Alembert. In-8°, avec portrait. 1853. *Furne et Cie.* 6 fr.

— Œuvres choisies de Bossuet. 5 vol. in-12. 1863. *Hachette et Cie.* 10 fr.

Nouvelle édition en 1865. 5 vol. à 1 fr.

— Œuvres philosophiques, comprenant le Traité de la connaissance de Dieu et de soi-même, le Traité du libre arbitre, la logique, divers fragments ; publiées avec des notes et une introduction, par L. de Lens. In-12. 1843. *Hachette.* 3 fr. 50 c.

— Œuvres philosophiques. Nouvelle édition, collationnée sur les meilleurs textes, et précédée d'une introduction, par M. Jules Simon. In-12. 1842. *Charpentier.* 3 fr. 50 c.

De la Connaissance de Dieu et de soi-même. — Traité du libre arbitre. — Élévations à Dieu. — Traité de la concupiscence.

Édition réimprimée en 1853 et 1863.

— Œuvres oratoires complètes. — Voy. *Migne,* Collection des orateurs sacrés, 1re série, tomes 24 et 25.

— Chefs-d'œuvre. In-12. 1844. *Heuguet.* 3 fr. 50 c.

Opuscules, Histoire universelle, Oraisons funèbres, Panégyriques.

— Chefs-d'œuvre oratoires. 4 vol. in-12. 1841-1855. *Lefèvre.* 11 fr.

— Chefs-d'œuvre oratoires. Ses oraisons funèbres avec les notes, six panégyriques, quinze sermons, quarante-quatre extraits de sermons. 2 vol. in-8°. 1855. *Didot frères.* 6 fr.

Édition Lefèvre.

— De la Connaissance de Dieu et de soi-même. In-12. 1857. Lyon, *Périsse frères.* 1 fr. 50 c.

— Le même, avec notice de l'abbé Caron, et un essai sur la philosophie de Bossuet par l'abbé M*** (Monier). In-12. 1857. *Lecoffre.* 1 fr. 20 c.

— Le même, avec une introduction par E. Lefranc. In-12. 1861. *Delalain et fils.* 1 fr. 50 c.

— Le même, avec une introduction et des notes par l'abbé Hébert-Duperron. In-12. 1862. *Belin.* 1 fr. 50 c.

— Défense de l'Église gallicane, publiée par M. de Genoude. In-12. 1845. *Perrodil.* 3 fr. 50 c.

— Discours sur l'histoire universelle, pour expliquer la suite de la religion et les changements des empires. In-12 avec portrait. 1842. *Didot frères.* 3 fr.

— Discours sur l'histoire universelle. Édition Lefèvre. In-8°. 1855. *Ibid.* 3 fr.

— Le même. In-12. 1863. *Garnier frères.* 3 fr. 50 c.

— Le même. In-12. 1841. *Charpentier.* 3 fr. 50 c.

— Le même, publié par l'abbé Drioux. In-12. 1856. *E. Belin.* 2 fr. 50 c.

— Le même. 2 vol. in-18. 1854. *Borrani et Droz.* 2 fr.

— Le même; par E. Lefranc. 1855. *Delalain.* 2 fr. 50 c.

Publiée aussi en 3 parties: 1re partie: les Époques, 90 c.; 2e partie: la Suite de la religion, 1 fr. 25 c.; 3e partie: les Empires, 75 c.

— Le même; par M. Olleris. In-12. 1847. *Hachette.* 2 fr.

— Le même; par M. E. de Lachapelle. In-12. 1844. *Dezobry et Cie.* 2 fr. 50 c.

— Le même, précédé d'une notice littéraire par F. Estienne. In-18. 1865. *Delalain et fils.* 1 fr. 50 c.

— Doctrine spirituelle de Bossuet, extraite de ses œuvres. In-12. 1855. *Douniol.* 2 fr. 50 c.

— Écrits philosophiques. De la connaissance de Dieu et de soi-même, traité du libre arbitre. La Logique. Nouvelle édition, précédée d'une introduction et accompagnée de notes par M. J. Brisebarre. In-12. 1861. *Tandou et Cie.* 3 fr. 50 c.

— Élévations à Dieu sur tous les mystères de la religion chrétienne. In-12. 1842. *Debécourt.* 3 fr. 50 c.

— Le même. In-12. 1846. Besançon, *Outhenin-Chalandre.* 2 fr.

— Le même. In-12. 1852. Tours, *Mame et Cie.* 1 fr.

— Le même. In-32. 1854. *Courcier.* 1 fr. 25 c.

— Le même, orné de magnifiques gravures sur acier. Gr. in-8°. 1857. *Garnier frères.* 16 fr.

— Élévations à Dieu. Ouvrage suivi de l'Ordinaire de la sainte messe, et précédé d'une notice sur Bossuet, par V. de Perrodil. In-12. 1843. *Royer.* 3 fr. 50 c.

— Exposition de la doctrine de l'Église catholique sur les matières de controverse. Nouvelle édition. In-12. 1856. *Bray.* 80 c.

— Le même. Édition augmentée des Variantes. In-12. 1857. *Ibid.* 2 fr.

— Le même. In-12. 1856. Tournai, *Casterman.* 80 c.

— Exposition de la doctrine de l'Église catholique sur les matières de controverse. Discours sur la divinité de la religion. — Voy. *Migne,* Démonstrations évangéliques, tome 4.

— Histoire des variations des Églises protestantes. Suivie de la Défense de cette histoire et de la Correspondance entre Bossuet et Leibnitz sur un projet de réunion entre les catholiques et les protestants. 2 vol. in-12. 1844. *Charpentier.* 7 fr.

— Histoire universelle, par Bossuet. 2 vol. in-18. 1850. *Gerdès.* 4 fr.

— L'Homme à l'école de Bossuet. Extrait de ses Œuvres et précédé de sa Vie, par M. le comte F. de Champagny. 2 vol. in-12. 1847. *Waille.* 6 fr.

— Lettres de piété et de direction écrites à la sœur Cornuau. Suivies du Traité de la concupiscence, et précédées d'une préface, par M. Silvestre de Sacy. 2 vol. in-16. 1857. *Techener.* 12 fr.

— Lettres spirituelles de Bossuet, extraites de ses œuvres. In-12. 1855. *Douniol.* 2 fr. 50 c.

— Méditations sur l'Évangile. 2 vol. in-18. 1853. Lille, *Lefort.* 2 fr.

— Le même, avec 14 grav. sur acier. Gr. in-8°. 1856. *Garnier frères.* 18 fr.

— Morceaux choisis de Bossuet. Nouveau recueil composé et mis en ordre, avec une notice, des sommaires et des notes, par M. Barrau. In-12. 1845. *Hachette.* 2 fr. 75 c.

— Oraisons funèbres, précédées de l'Essai sur l'oraison funèbre, par M. Villemain; d'une notice et jugements sur Bossuet, et accompagnées de notes et variantes; suivies d'un choix d'oraisons funèbres de Fléchier et de Mascaron. In-12 avec un portrait. 1848. *Didot.* 3 fr.

— Oraisons funèbres, avec les meilleures notes des commentateurs (de Bausset, Maury, de Vauxcelles, de Calonne), les notices extraites par l'abbé Caron; précédées d'une notice sur Bossuet par M. de Barante. In-8°. 1863. *Ducrocq.* 4 fr.

— Oraisons funèbres. Nouvelle édition, accompagnée d'un aperçu sur l'oraison funèbre en France et de notices biographiques et de notes, par C. Aubert. In-12. 1853. *Hachette.* 1 fr. 50 c.

— Oraisons funèbres, précédées d'une notice biographique et littéraire sur Bossuet, d'une analyse et de fragments de ses premières oraisons funèbres. Nouvelle édition, par M. A. Didier. In-12. 1853. *Dezobry.* 1 fr. 80 c.

— Oraisons funèbres. Édition classique, accompagnée de remarques et de notes littéraires, philologiques et historiques, par Pascal Allain. In-12. 1855. *Delalain.* 1 fr. 50 c.

— Oraisons funèbres. Édition classique, avec notes historiques et grammaticales, par E. Trouillet. In-18. 1842. *Ibid.* 1 fr.

— Oraisons funèbres de Bossuet, évêque de Meaux, revues sur l'édition de Versailles, d'après les manuscrits originaux. In-4° de xxiv et 410 p. 1864. *Imprimerie Lahure.*

Cette édition n'a été tirée qu'à un seul exemplaire, sauf le dépôt légal, et cet exemplaire unique a été offert à M. Berryer par les ouvriers typographes que le célèbre avocat avait défendus dans un procès pour délit de coalition.

— Oraisons funèbres, suivies des Oraisons funèbres de Fléchier. Nouvelle édition, revue et annotée par l'abbé Drioux. In-12. 1854. *Lecoffre.* 1 fr. 40 c.

— Oraisons funèbres et sermons choisis de Bossuet. Nouvelle édition, illustrée de 12 grav. sur acier. Gr. in-8°. 1860. *Garnier frères.* 18 fr.

— Recueil des oraisons funèbres. Nouvelle édition. In-12. 1845. Lyon, *Périsse.* 1 fr. 50 c.

— La Sainte Vierge. Sermons sur les mystères et le culte de la Mère de Dieu; avec une introduction par M. Louis Veuillot. In-12. 1855. *Julien, Lanier.*

— Sermons choisis, suivis d'extraits de ses divers sermons, et précédés du Discours préliminaire sur les sermons de Bossuet, par le cardinal Maury. In-12 avec portrait. 1844. *Didot frères.* 3 fr.

— Traité de la connaissance de Dieu et de soi-même, suivi de l'exposition de la doctrine de l'Église catholique. Nouvelle édition, revue, avec une introduction par M. U. Silvestre de Sacy. In-12. 1864. *Techener*. 6 fr.

— Traités de logique et de morale, contenant : la logique, le traité des causes, le traité du libre arbitre, le traité de la concupiscence, et des fragments de morale. Précédés d'une notice bibliographique et d'une introduction, par l'abbé M*** (Monier). In-12. 1858. *Lecoffre et Cie*. 2 fr. 50 c.

*Bossuet, évêque de Meaux, dévoilé par un prêtre de son diocèse en 1690. In-8°. 1864. *Cherbuliez*. 1 fr. 50 c.

BOSSUT (l'abbé).

— Bossut's French and English Phrase-book or Key to conversation containing the chief idioms of the two languages and serving as a sequel to the French and English Word-book. A new edition, improved by Stephens. In-12. 1863. *Truchy*. 1 fr.

BOSSY (Louis), maître de chapelle et organiste de la cathédrale de Marseille.

— Chants religieux en l'honneur de Marie immaculée. Dédiés à S. G. Mgr. C. J. E. de Mazenod, évêque de Marseille. In-18. 1858. Marseille, *Chauffard*. 3 fr. 50 c.

BOST (Alexandre Arnaud), avocat, ancien préfet, né en 1797 à Fumel (Lot-et-Garonne).

— Encyclopédie des justices de paix et des tribunaux de simple police. 3° édition. Tome 1. A.-C. In-8°. 1863. *Bureau du Correspondant des justices de paix*. Les 2 volumes, 16 fr.

La 1re édition, 2 vol. in-8°, a paru en 1851.

— Encyclopédie du contentieux administratif et judiciaire des conseils de fabrique et des communautés religieuses. Livraisons 1 et 2. In-8°. 1860-1863. *Chez l'auteur*.

L'ouvrage sera publié en 4 livraisons du prix de 2 fr. 50 c.

— Encyclopédie municipale. Collection de codes formulaires sur l'organisation et les attributions des corps municipaux, avec des formules pour tous les actes des conseils municipaux et des maires. 3° édition du Traité de l'organisation et des attributions des corps municipaux, entièrement refondu, considérablement augmenté et mis au courant de la législation et de la jurisprudence actuelles. *Ibid.*

Sur les 24 codes formulaires qui devaient former cette collection, il n'y a encore que 4 de publiés, savoir :

Code formulaire des élections municipales et des assemblées des conseils municipaux. 3° édition. In-8°. 1865. 3 fr.

Code formulaire de la constitution et de la circonscription des communes. In-8°. 1856. 2 fr. 50 c.

Code formulaire des chemins ruraux. In-8°. 1859. 2 fr. 50 c.

Code formulaire à l'usage des fonctionnaires civils et militaires et des chefs de famille. Guide complet du recrutement. In-8°.

— Traité de l'organisation et des attributions des corps municipaux d'après la législation et la jurisprudence actuelles. 2° édition. 2 vol. in-8°. 1840. *Joubert*. 15 fr.

La 1re édition est de 1837 et 1838.

BOST (A.), pasteur protestant à Genève.

— Chœurs et cantiques chrétiens. Édition définitive et seule avouée de l'auteur. In-4°. 1865. Genève. 5 fr.

— Conversation amicale sur les principales différences du jésuitisme et du protestantisme, adressée particulièrement aux catholiques de Saumur et de Bourges. In-8°. 1845. *Delay*. 75 c.

— Histoire ancienne et moderne de l'église des frères de Bohême et de Moravie, depuis son origine jusqu'à nos jours. 2° édition. 2 vol. in-12. 1844. *Ibid.* 6 fr. 50 c.

— Mémoires pouvant servir à l'histoire du réveil religieux des églises protestantes de la Suisse et de la France, et à l'intelligence des principales questions théologiques et ecclésiastiques du jour. 2 vol. in-8°. 1854-1856. *Meyrueis et Cie*. 9 fr.

BOST (Jean Augustin), pasteur protestant de Sedan, fils du précédent, né à Genève en 1815.

— Dictionnaire de la Bible, ou Concordance raisonnée des saintes Écritures, contenant, en plus de 4,000 articles, la Biographie sacrée, l'Histoire sainte, l'Archéologie biblique, la Géographie biblique, etc. 2° édition, revue et augmentée. Gr. in-8°. 1865. *Meyrueis*. 21 fr.

1re édition. 1849. 2 vol. in-8°. 25 fr.

— L'Époque des Macchabées, histoire du peuple juif depuis le retour de l'exil jusqu'à la destruction de Jérusalem. In-12. 1862. Strasbourg, *Ve Berger-Levrault et fils*. 3 fr. 50 c.

— Manuel de la Bible, trad. de l'anglais. — Voy. *Angus*.

— Marie Lothrop, ou les Merveilles de la grâce de Dieu dans le cœur d'un enfant. Traduit de l'anglais par J. A. Bost. In-12 avec vignettes. 1865. Lausanne, *Meyer*. 80 c.

— L'Oraison chrétienne ou la Prière du cœur. In-12. 1862. Genève, *Beroud*. 1 fr.

— La Perle des jours, ou les Avantages du jour du sabbat pour les classes ouvrières ; par la fille d'un ouvrier ; avec une notice sur la vie de l'auteur. Traduit de l'anglais par J. A. Bost, pasteur. In-18 avec vignettes. 1862. Toulouse, *Société des livres religieux*. 50 c.

1re édition de cette traduction en 1849.

— Petit abrégé de l'histoire des papes au point de vue de leur infaillibilité et de leur unité. In-12. 1853. *Marc Ducloux*. 75 c.

— Quelques pensées sur la foi. In-12. 1863. Genève, *Beroud*. 1 fr.

— Le Repos. In-18. 1863. *Ibid.* 1 fr. 25 c.

— Le Troisième jubilé de la réformation. Discours prononcé le dimanche 29 mai 1859, dans le temple de l'Église réformée de Sedan. In-12. 1859. Sedan, *Tellier*. 50 c.

BOST (Théophile), pasteur protestant à Verviers, né à Genève en 1828.

— Le Protestantisme libéral. In-12. 1865. *Germer Baillière*. 2 fr. 50 c.

M. le pasteur Th. Bost a traduit de l'allemand : « De la sainteté parfaite de Jésus-Christ », par *Ullmann*.

BOSTAQUET (Dumont de). — Voy. Dumont de Bostaquet.

*Botanique biblique, ou Courtes notices sur les végétaux mentionnés dans les Saintes Écritures. In-12 avec 18 pl. 1861. Genève. 2 fr.

*Botanique morale et religieuse, mise à la portée de tous les âges et de toutes les intelligences, à l'usage des pensionnats des deux sexes ; par une religieuse du Saint-Sacrement d'Autun. In-12. 1859. Lyon, *Girard et Josserand*. 2 fr.

BOTHEREL (E., vicomte de), mort en....

— Les Druidesses de Sène. In-8°. 1858. Rennes, *Hauvespre*. 1 fr. 50 c.

— Je crois au peuple. Histoire de la nation française par les chants et les chansons. Tome 1. In-18. 1858. *Danfeld.* 1 fr.

BOTMILIAU (de), ancien membre de l'Assemblée législative.

— De l'Assistance publique. Réflexions soumises à la commission d'assistance et de prévoyance. In-8°. 1851. *Sagnier et Bray*.

— Du Paupérisme et de l'assistance publique en France. In-8° de 10 feuilles. 1856. *Imprimerie de Bailly*.

Se vend au profit d'un établissement de charité.

BOTTA (Paul-Émile), archéologue et voyageur français, fils de l'historien italien de ce nom, est né en 1805.

— Monument de Ninive, découvert et décrit par M. P. E. Botta; mesuré et dessiné par M. E. Flandin. Ouvrage publié par ordre du gouvernement, sous les auspices de S. Exc. M. le ministre de l'intérieur, et sous la direction d'une commission de l'Institut. 5 vol. in-fol. avec 400 pl. 1847-1850. *Gide*. 1,800 fr.

Publié en 90 livraisons au prix de 20 fr.

— Relation d'un voyage dans le Yémen, entrepris en 1837 pour le muséum d'histoire naturelle de Paris. In-8°. 1841. *Duprat*. 3 fr.

BOTTALLA (l'abbé Paul).

— Histoire de la révolution de 1860 en Sicile, de ses causes et de ses effets dans la révolution générale de l'Italie. Édition originale française, par M. J. Gavard. 2 vol. in-8°, avec un plan de Palerme et de ses environs. 1862. Bruxelles, *Goemaere*. 8 fr.

BOTTENTUIT (le docteur Pierre Armand Narcisse), fondateur de l'établissement hydrothérapique de Rouen, ex-médecin en chef de l'hospice de Darnetal, né à Rouen en 1806.

— Hydrothérapie. Son histoire, sa théorie; principales maladies auxquelles s'applique l'hydrothérapie méthodique. In-12. 1858. *Masson*. 3 fr.

— Hygiène et thérapeutique au point de vue de l'hydrothérapie des eaux de mer et des eaux minérales. In-8°. 1865. [Rouen.] *Germer Baillière*. 4 fr. 50 c.

BOTTINI (Jean Dominique), docteur en médecine.

— Menton et son climat. In-12 de 203 p. 1863. *Imprimerie Poupart-Davyl et Cie*.

BOTTON (Louis Abraham), maire de Poleymieux.

— Le Dernier seigneur de Poleymieux, épisode de la première révolution française, pour servir de réfutation à M. Balleydier, dans son Histoire politique et militaire du peuple de Lyon, publiée en 1845; et au Nouvelliste universel, journal de Lyon, dans son feuilleton du mois d'avril 1853. In-8°. 1853. Lyon, *Girard et Josserand*. 2 fr.

BOTTU DE LIMAS (J.).

— Six mois en Orient en 1851 et 1852. In-8° avec 18 gravures. 1861. Lyon, *Scheuring*. 20 fr.

BOUBÉE (J. S.).

— Épopée de la révolution française; poëme en dix chants. In-8°. 1845. *Perrodil*. 7 fr. 50 c.

— Misraïm, ou les Francs-maçons; poëme en quatre époques et en quatre chants; par le P.·. F.·. Boubée. In-8°. 1847. *Rigaud*.

BOUBÉE (Nérée) ou **NÉRÉE-BOUBÉE**, géologue, ancien professeur d'histoire naturelle à Paris, né à Toulouse en 1806.

— Bains et courses de Luchon. Vrai guide pour les courses et les promenades. In-12 avec 1 carte. 1843. *Dauvin et Fontaine*. 3 fr. 50 c.

— Cours de géologie agricole théorique et pratique. In-8°. 1856. *Eloffe*.

— La Géologie dans ses rapports avec l'agriculture et l'économie politique. In-18. 1840. *Rue Guénégaud*, 17.

— Géologie élémentaire appliquée à l'agriculture et à l'industrie, avec un Dictionnaire des termes géologiques. 4e édition. In-18. 1842. *Hachette*. 2 fr. 50 c.

La 1re édition est de 1833.

BOUBÉE DE LESPIN. — Voy. **Lespin**.

BOUC (Mlle Louise), institutrice à Leipzig (Saxe), née dans cette ville d'une famille française en 1819.

— Abécédaire français illustré pour les petits enfants. Nouvelle méthode de lecture. Avec préface de Ch. Vogel et F. Flügel. 2e édition. In-8°. 1861. Leipzig, *Spamer*. 2 fr. 50 c.

Forme le tome I de la « Nouvelle Bibliothèque illustrée pour la jeunesse et la famille ». — La 1re édition est de 1856.

BOUCARD.

— Notions sur les arts et métiers, contenant l'explication des images représentant les sujets suivants : le maçon; le menuisier, le serrurier, le charron; etc., à l'usage des salles d'asile. In-18. 1847. *Hachette*. 1 fr.

Cet ouvrage sert d'explication à 10 grandes planches, dont le prix est : en noir, 5 fr.; en couleur, 12 fr.

— Notions industrielles contenant l'explication des images représentant les sujets suivants : forges, verrerie, machine à vapeur, etc., à l'usage des salles d'asile. In-18. 1847. *Ibid.* 1 fr.

Ce volume sert également d'explication à 10 planches ; même prix que les précédentes.

BOUCARD, sous-inspecteur des forêts.

— De la Sylviculture dans le département de l'Indre. In-8°, 198 p. 1865. Châteauroux, *imprimerie Ve Migné*.

BOUCARUT (A.), lieutenant de vaisseau.

— Manuel de la navigation dans le Rio de la Plata; d'après les documents nautiques les plus récents. In-8°. 1857. *Ledoyen*. 2 fr. 50 c.

Extrait des « Annales hydrographiques ».

— Note sur le sondeur Lecoentre à cadrans. In-8° avec 1 pl. 1858. *Ibid.* 1 fr.

Extrait des « Annales hydrographiques ».

BOUCARUT (Jean Louis), vicaire général de l'évêque de Nîmes, ancien supérieur du grand séminaire de Nîmes, né à Sommières (Gard) en 1793.

— Instructions historiques et théologiques sur les sacrements, tirées principalement des pères et des écrivains ecclésiastiques des douze premiers siècles. 5 vol. gr. in-8°. 1858. [Nîmes.] *Vivès*. 25 fr.

BOUCASSE père (D.).

— Prompte formation des arbres fruitiers. Application au pêcher. In-8°. 1860. [La Rochelle.] V* *Bouchard-Huzard.* 1 fr. 75 c.

BOUCASSERT (l'abbé Manlius).

— Le Purgatoire et l'Octave des morts. In-12. 1863. *Cajani.*

BOUCHACOURT (Antoine), docteur en médecine à Lyon.

— Mémoire sur la dégénérescence hydatique et hydatiforme des reins chez le fœtus. In-8° de 2 f. 1844. Lyon, *Savy.*

— Recherches sur les accouchements, les maladies des femmes et des enfants. Deuxième fragment d'un voyage médical en Allemagne en 1842. In-8° de 3 ¹/₂ f. 1843. *J. B. Baillière.*

— De l'Accouchement laborieux, de ses causes et de ses indications. Discours. In-8° de 3 ³/₄ f. 1855. Lyon, *Savy.*

BOUCHACOURT (Ch.), ingénieur civil.

— Notice industrielle sur la Californie. In-8°. 1849. *Mathias.* 1 fr. 25 c.

BOUCHARD (Alfred).

— Chansons d'Alfred Bouchard. In-18. 1842. *Daubrée.* 1 fr. 50 c.

BOUCHARD (Ch.), ancien interne des hôpitaux de Lyon et de Paris.

— Études expérimentales sur l'identité de l'herpès circiné et de l'herpès tonsurant. In-8°. 1860. [Lyon.] *Savy.* 75 c.

— La Pellagre observée à Lyon. In-8°. 1862. *Ibid.* 75 c.

— Recherches nouvelles sur la pellagre. In-8°. 1862. *Ibid.* 6 fr.

BOUCHARD (Louis), dit BOUCHARD-HUZARD, propriétaire, l'un des rédacteurs des Annales de l'agriculture française, secrétaire général de la Société impériale et centrale d'horticulture de France, né à Paris en 1824.

— Bibliographie. Ouvrages publiés jusqu'à ce jour sur les constructions rurales et sur la disposition des jardins. Gr. in-8°. 1860. V* *Bouchard-Huzard.* 4 fr.

Extrait du « Traité des constructions rurales ». — Voy. plus loin.

— Biographies des membres de la Société impériale et centrale d'agriculture de France. 1848 à 1853. In-8°. 1865. *Ibid.* 6 fr.

— Engrais. Disposition des fumières et des latrines dans les exploitations rurales. Gr. in-8°. 1859. *Ibid.* 1 fr. 25 c.

— Habitations à l'usage des cultivateurs, dispositions spéciales pour les ouvriers ruraux, pour le chef d'une petite culture, pour celui d'une moyenne exploitation, pour le directeur d'un grand domaine. In-8° avec 22 pl. 1863. *Ibid.* 4 fr.

Extrait du « Traité des constructions rurales ».

— Traité des constructions rurales et de leur disposition, ou des maisons d'habitation à l'usage des cultivateurs, des logements pour les animaux domestiques, etc. 2 vol. gr. in-8° avec 150 pl. et 750 fig. dans le texte. 1858-1860. *Ibid.* 25 fr.

M. Bouchard-Huzard collabore aux « Annales de l'agriculture française », dont il est directeur-gérant depuis 1848 ; aux « Annales » et au « Journal » de la Société d'horticulture, etc.

BOUCHARDAT (Apollinaire), pharmacien, membre de l'Académie de médecine, professeur d'hygiène à la Faculté de Paris ; membre de la Société d'agriculture, rédacteur du Répertoire de pharmacie ; etc., est né en 1810 dans le département de l'Yonne.

— De l'Alimentation insuffisante, thèse. In-8°. 1852. *Germer Baillière.* 2 fr. 50 c.

— Annuaire de thérapeutique, de matière médicale, de pharmacie et de toxicologie, pour 1865, contenant le résumé des travaux thérapeutiques et toxicologiques publiés en 1864, et les formules des médicaments nouveaux, etc. In-32. 1865. *Ibid.* 1 fr. 25 c.

25e année de la publication ; le 1er volume a paru en 1841.

— Supplément à l'Annuaire de thérapeutique de matière médicale, de pharmacie et de toxicologie pour 1846. In-32. 1846. *Ibid.* 1 fr. 25 c.

— Le même pour l'année 1856 (contenant la table alphabétique des matières contenues dans les annuaires de 1841 à 1855, rédigée par M. le docteur Ramon). In-32. 1856. *Ibid.* 1 fr. 25 c.

— Le même pour l'année 1861. In-32. 1861. *Ibid.* 1 fr. 25 c.

— Atlas de botanique, composé de 21 planches représentant 56 plantes, pour servir de complément à l'Histoire naturelle de M. Bouchardat. In-12. 1844. *Ibid.* Avec figures noires, 2 fr. 50 c.; coloriées, 5 fr.

— Chimie élémentaire avec ses principales applications aux arts et à l'industrie. 3e édition, corrigée, augmentée et ornée de 64 fig. intercalées dans le texte. In-12. 1847. *Ibid.* 3 fr. 50 c.

La 1re édition est de 1842.

— Du Diabète sucré, ou Glucosurie, son traitement hygiénique. In-4°. 1852. *J. B. Baillière.* 4 fr. 50 c.

Extrait des « Mémoires de l'Académie nationale de médecine ».

— L'Eau-de-vie, ses dangers, conférences populaires. In-12. 1863. *Germer Baillière.* 1 fr.

Avec M. le pasteur Junod.

— Formulaire vétérinaire, suivi d'un mémorial thérapeutique. 2e édition, considérablement augmentée. In-18. 1862. *Ibid.* 4 fr. 50 c.

1re édition. 1849. 3 fr. 50 c.

— Histoire naturelle. 2 vol. in-12. 1844. *Ibid.* 7 fr.

— Du Lait. Premier fascicule. Instruction sur l'essai et l'analyse du lait. Deuxième fascicule. Du lait en général. Des laits de femme, d'ânesse, de chèvre, de brebis, de vache en particulier. In-8°. 1857. *Ibid.* 6 fr.

Avec M. Th. A. Quevenne.

Extrait des « Mémoires de la Société impériale et centrale d'agriculture ». Année 1856.

— Manuel du baccalauréat ès sciences. — Voy. *Aimé et Bouchardat.*

— Manuel de matière médicale, de thérapeutique et de pharmacie. 4e édition, considérablement augmentée. 2 vol. in-12. 1865. *Germer Baillière.* 14 fr.

1re édition, 1838. 1 vol. in-8°, sous le titre : « Éléments de matière médicale ». 7 fr.; 2e édition, 1846. 1 vol. in-12. 7 fr.; 3e édition, 2 vol. in-12. 1856. 14 fr.

— Nouveau formulaire magistral, précédé d'une notice sur les hôpitaux de Paris, de généralités sur l'art de formuler ; suivi d'un précis sur

les eaux minérales naturelles et artificielles, etc.
13° édition, augmentée de formules nouvelles.
In-18. 1865. *Ibid.* 3 fr. 50 c.

La 1re édition est de 1840.

— Opuscules d'économie rurale, contenant : les
engrais, la betterave, les tubercules de dahlia,
les vignes et les vins, le lait, le pain, les boissons, etc. In-8°. 1851. *Ibid.* 3 fr. 50 c.

— Physique élémentaire, avec ses principales
applications, ornée de 230 fig. intercalées dans le
texte. 3° édition, considérablement augmentée.
In-12. 1850. *Ibid.* 4 fr. 50 c.

La 1re édition est de 1841.

— Quinologie. — Voy. *Delondre et Bouchardat.*

— Recherches sur la végétation appliquées à
l'agriculture. In-12. 1846. *Chamerot.* 2 fr.

— Traité de la maladie de la vigne. In-8°. 1853.
Mme Bouchard-Huzard. 3 fr. 50 c.

Extrait des « Mémoires de la Société impériale et centrale
d'agriculture ». Année 1852.

— Le Travail, son influence sur la santé. In-12.
1862. *Germer Baillière.* 2 fr. 50 c.

BOUCHARDY (Joseph), auteur dramatique, né
en 1810 à Paris.

— Bertram le matelot; drame en cinq actes.
In-12. 1847. *Lévy frères.* 60 c.

— Le même. In-4°. 1854. *Ibid.* 40 c.

Théâtre contemporain illustré, livraison 103.

— La Croix de Saint-Jacques; drame en six tableaux, avec préface de l'auteur sur le magnétisme. In-8°. 1850. *Beck.* 60 c.

— Les Enfants trouvés; drame en trois actes.
In-8°. 1843. *Marchant.* 50 c.

— Le Fils du Bravo; comédie-vaudeville en un
acte. In-8°. 1840. *Ibid.* 50 c.

Avec E. Deligny.

— Gaspardo le pêcheur; drame en quatre actes
et cinq tableaux, précédé d'un prologue. In-8°.
1859. *Tresse.* 60 c.

1re édition en 1837.

— Jean le cocher; drame en cinq actes, précédé d'un prologue en deux tableaux. In-8°. 1852.
Marchant. 1 fr.

— Le même. In-4°. 1865. *Barbré.* 20 c.

— Lazare le pâtre; drame en quatre actes avec
prologue. In-8°. 1840. *Marchant.* 50 c.

— Léa, ou la Sœur du soldat; drame en cinq
actes. In-12. 1847. *Ibid.* 50 c.

Avec Paul Foucher.

— Micaël l'esclave; drame en quatre actes.
In-4°. 1859. *Barbré.* 40 c.

— Les Orphelines d'Anvers; drame en cinq
actes. In-8°. 1844. *Marchant.* 50 c.

— Paris le bohémien; drame en cinq actes.
In-8°. 1842. *Ibid.* 50 c.

— Philidor; comédie-drame en quatre actes,
précédé de l'Héritage d'un pauvre homme, prologue. In-4°. 1863. *Lévy frères.* 20 c.

Théâtre contemporain illustré, livraison 626.

— Le Secret des cavaliers; drame en six actes.
In-12. 1857. *Ibid.* 1 fr.

— Le même. In-4°. 1857. *Ibid.* 40 c.

Théâtre contemporain illustré, livraison 258.

— La Sœur du muletier; drame en cinq actes.
In-8°. 1845. *Marchant.* 50 c.

— Le Sonneur de Saint-Paul; drame en quatre
actes. In-8°. 1859. *Tresse.* 1 fr.

1re édition en 1838.

— Un Vendredi; comédie-vaudeville en un
acte. In-8°. 1849. *Beck.* 50 c.

BOUCHARIN (l'abbé V.).

— L'Ange de l'Italie. In-12. 1858. *Ad. Le Clere
et Cie.* 2 fr.

Vingt nouvelles.

BOUCHARLAT (Jean Louis), poëte et mathématicien, né à Lyon en 1775, mort à Paris en
1848.

— Arithmétique élémentaire. — Voy. *Fogères.*

— Éléments de calcul différentiel et de calcul
intégral. 7° édition. In-8° avec 5 pl. 1858. *Mallet-
Bachelier.* 8 fr.

— Éléments de mécanique. 4° édition. In-8°
avec 10 pl. 1862. *Ibid.* 8 fr.

— Les Progrès de l'astronomie, poëme. In-8°
de 1¼ f. 1847. *Ibid.*

— Théorie des courbes et des surfaces du second ordre, ou Traité complet d'application de
l'algèbre à la géométrie. 3° édition. In-8°. 1845.
Ibid. 9 fr.

BOUCHAUD (Émile).

— Un Mois à Londres. In-12. 1851. *Perrotin.*
2 fr.

BOUCHAUD (le docteur J. B.).

— De la Mort par inanition et études expérimentales sur la nutrition chez le nouveau-né.
In-8° avec tableaux. 1864. *Delahaye.* 2 fr. 50 c.

BOUCHÉ (Auguste), professeur de mathématiques au lycée impérial d'Angers, né à Angers
en 1819.

— Notice sur un nouveau système de tables
trigonométriques. In-8°. 1860. *Mallet-Bachelier.*
1 fr. 50 c.

Extrait des « Mémoires de la Société académique de Maine-
et-Loire ».

— Notice sur un nouveau système de tables de
logarithmes à cinq décimales. In-8°. 1859. *Ibid.*
50 c.

Extrait du même Recueil.

— Notice sur les usages d'un nouveau système
de tables de logarithmes. In-8° avec 1 pl. 1862.
Ibid. 1 fr. 50 c.

— Nouvelles preuves des opérations de l'arithmétique. In-8°. 1856. [Angers.] *Dezobry et Cie.*
50 c.

— Premier essai sur la théorie des radicaux
continus et sur ses applications à l'algèbre et au
calcul infinitésimal. In-8°. 1862. *Mallet-Bachelier.*
2 fr. 50 c.

— Recherches sur l'attraction moléculaire. In-8°
avec 1 pl. 1859. *Ibid.* 3 fr.

— Le même. Suite : Agent et matière. In-8°. 1860.
Ibid. 50 c.

— Réduction des fractions ordinaires en fractions décimales par un procédé nouveau; nouvelles propriétés des périodes. In-8°. 1857. *Ibid.*
2 fr. 50 c.

— Second Mémoire sur l'attraction moléculaire.

Méthode des intervalles. Densité moléculaire. Atmosphère oscillante et fuyante du soleil. Premier essai sur les mélanges gazeux. In-8°. 1862. *Ibid.* 2 fr. 50 c.

BOUCHÉ.DE CLUNY (J. B.), littérateur, né à Cluny, en 1815.

— Christ et Pape, ou la Doctrine de Dieu et ses ministres. In-12. 1846. *Martinon.* 1 fr. 50 c.

— Un Cri de la vérité. In-8°. 1856. *Lévy frères.* 3 fr. 50 c.

— Les Druides. In-8°. 1844. *Martinon.* 6 fr.

— Druides et Celtes, ou Histoire de l'origine des sociétés et des sciences. In-12. 1848. *Lecou.* 3 fr. 50 c.

— Les Français en Crimée, poëme national en cinq chants. In-8°. 1856. *Rue Dauphine*, 18. 2 fr.

— Hérie. In-8°. 1847. *Martinon.* 7 fr. 50 c.

— Idolâtrie des papes. Triomphe du Christ. In-12. 1846. *Ibid.* 3 fr.

— Lettre au Pape. In-8°. 1846. *Ibid.* 75 c.

— Voyage en Bourgogne, suivi de mélanges littéraires. In-8°. 1845. *Ibid.* 6 fr.

BOUCHENÉ-LEFER (Adèle Gabriel Denis), jurisconsulte, avocat, ancien maître des requêtes au conseil d'État, né en 1796.

— Droit public et administratif français, ou Analyse et résultat des dispositions législatives et réglementaires publiées ou non sur toutes les matières d'intérêt public et d'administration. 4 vol. in-8°. 1830-1840. *Joubert.* 30 fr.

— Principes et notions élémentaires (pratiques, didactiques et historiques) du droit public administratif, ou Précis de l'organisation politique et administrative de la France de 1789 à ce jour. In-8°. 1862. *Cosse et Marchal.* 8 fr. 50 c.

BOUCHEPORN (Félix de), ingénieur en chef au corps impérial des mines, mort en....

— Études sur l'histoire de la terre et sur les causes des révolutions de sa surface. In-8° avec 3 pl. 1844. *Carilian-Gœury.* 7 fr. 50 c.

— Le même. 2e édition (posthume), contenant de nombreuses corrections faites par l'auteur à l'édition première. In-8° avec 2 pl. 1861. *Dunod.* 7 fr. 50 c.

— Du Principe général de la philosophie naturelle. In-8°. 1853. *Dalmont.* 7 fr.

BOUCHER (Adolphe).

— La Fée aux doux baisers, contes de l'enfance et de la jeunesse. In-12. 1845. *Prin.* 4 fr.

Publié en 20 livraisons à 20 c.

— Fin des mystères, contenant 20 dessins tirés du roman des «Mystères de Paris». Texte entièrement inédit, par Adolphe Boucher. In-8°. 1844. *Ibid.* 9 fr.

Publié en 26 livraisons.

— Histoire dramatique et pittoresque des jésuites depuis la fondation de l'ordre jusqu'à nos jours. 2 vol. in-8° avec pl. 1845 - 1846. *Ibid.* 20 fr.

Publié en 80 livraisons à 25 c.

BOUCHER (Auguste), professeur au lycée d'Orléans, ancien élève de l'École normale, né à Calais en 1837.

— Morceaux choisis de littérature française (prose et poésie), à l'usage des écoles spéciales,

des lycées et des colléges. 3 vol. in-12. 1865. *E. Belin.* 4 fr. 80 c.

BOUCHER (C. F.), médecin à Amiens.

— Essai sur les principaux points de la physiologie. In-8°. 1856. *Germer Baillière.* 4 fr. 50 c.

— Recherches sur la structure des organes de l'homme et des animaux les plus connus. In-8° avec 22 pl. 1848. *Ibid.* 6 fr.

BOUCHER (le docteur J.).

— De l'Influence du baconisme sur les sciences en général et la médecine en particulier. In-8°. 1851. *Labé.*

Le docteur Boucher a traduit de l'italien : *Baglivi*, De l'accroissement de la médecine pratique.

BOUCHER (J. B. A.), curé de Saint-Merry.

— Histoire de la bienheureuse Marie de l'incarnation, dite dans le monde Madame Acarie, fondatrice et converse professe des Carmélites réformées de France. Nouvelle édition, revue, considérablement augmentée et publiée par Mgr. l'évêque d'Orléans. 2 vol. in-12. 1854. *Lecoffre et Cie.* 7 fr.

BOUCHER (Ph.), chapelain de S. M. le roi des Pays-Bas.

— Les Biens inaperçus. Discours. In-8°. 1860. *Grassart.* 60 c.

— Ciel et Terre, ou la Vie future dans ses rapports avec la vie présente. In-8°. 18... *Ibid.* 7 fr. 50 c.

— Études intimes sur la vie morale. In-8°. 1854. *Ibid.* 7 fr.

— Les Harmonies de la croix. In-12. 1850. *Ducloux.* 2 fr. 75 c.

— L'Homme en face de la Bible, ou Droits respectifs de la Bible sur l'homme et de l'homme sur la Bible. In-8°. 1841. *Delay.* 5 fr.

Le même. Édition in-12. 2 fr. 75 c.

— La Paix impossible, sermon prêché à Toulouse le 15 mars 1845. In-8°. 1845. *Ibid.* 40 c.

— Unité du christianisme. (Thèse.) In-8°. 1845. *Ibid.*

BOUCHER D'ARGIS, conseiller à la cour royale d'Orléans.

— Nouveau Dictionnaire raisonné de la taxe en matière civile, suivi du texte des tarifs et des ordonnances qui s'y rattachent. In-8°. 1844. *Cosse et Delamotte.* 8 fr.

BOUCHER DE PERTHES (Jacques Boucher Crèvecœur de Perthes, dit), littérateur, président de la Société d'émulation d'Abbeville, né à Rethel en 1788, d'une ancienne famille noble.

— Antiquités celtiques et antédiluviennes. Mémoire sur l'industrie primitive et les arts à leur origine. 3 vol. gr. in-8° avec pl. 1846-1865. [Abbeville.] *Derache.* 32 fr.

— Constantin ; tragédie en cinq actes et en vers. In-8°. 1844. *Ibid.* 1 fr. 50 c.

— De la Création. Essai sur l'origine et la progression des êtres. 5 vol. in-12. 1839 - 1841. *Ibid.* 20 fr.

— De l'Éducation du pauvre. Quelques mots sur celle du riche. In-8°. 1842. Abbeville, *Paillart.*

— Emma, ou Quelques lettres de femme. In-12. 1852. [Abbeville.] *Derache.* 2 fr.

Anonyme.

— De la Femme dans l'état social, de son tarvail et de sa rémunération. Discours prononcé à la Société impériale d'émulation d'Abbeville, dans la séance du 3 novembre 1859. In-8°. 1860. *Ibid.* 1 fr. 25 c.

— De la Génération spontanée. Avons-nous eu père et mère ? In-12. 1861. *Ibid.* 60 c.

— De l'Homme antédiluvien et de ses œuvres. In-8° avec 2 pl. 1860. *Ibid.* 1 fr. 50 c.

2ᵉ édition en 1865.

— Hommes et Choses, alphabet des passions et des sensations. Esquisses de mœurs, faisant suite au «Petit glossaire». 4 vol. in-12. 1851. *Ibid.* 14 fr.

— De la Mâchoire humaine de Moulin-Quignon. Nouvelles découvertes en 1863 et 1864. In-8°. 1865. *Ibid.* 2 fr. 50 c.

— Les Masques. Biographie sans nom. Portraits de mes connaissances. 5 vol. in-12. 1861-1864. *Ibid.* Chaque vol., 3 fr. 50 c.

— Les Maussades, complaintes. In-12. 1862. *Ibid.* 3 fr. 50 c.

— De la Misère. Discours. In-8°. 1840. *Ibid.* 1 fr.

— Misère, émeute et choléra. In-12. 1848. *Ibid.* 25 c.

— Nègre et Blanc. De qui sommes-nous fils ? Y a-t-il une ou plusieurs espèces d'hommes ? In-12. 1861. *Ibid.* 60 c.

— De l'Obéissance à la loi. Discours. In-8°. 1850. *Ibid.* 1 fr.

— Des Outils de pierre. In-8°. 1865. *Ibid.*

— Du Patronage et de l'influence par la charité. In-8°. 1846. Abbeville, *Jeunet.*

— Petites solutions de grands mots, faisant suite au «Petit glossaire administratif». In-12. 1848. [Abbeville.] *Derache.*

— Réponse à MM. les antiquaires et géologues présents aux assises archéologiques de Laon. In-8°. 1859. Amiens. 75 c.

— Rien ne naît, rien ne meurt, la forme seule est périssable. In-12. 1865. Abbeville, *Briez.* 50 c.

— Sous dix rois. Souvenirs de 1791 à 1866. Tomes 1 à 7. In-12. 1862-1865. [Abbeville.] *Derache.* Chaque vol., 3 fr. 50 c.

— Sujets dramatiques. 2 vol. in-12. 1852. *Ibid.* 7 fr.

— De la Suprématie de l'Angleterre et de sa durée. In-12. 1863. *Ibid.* 60 c.

— Voyage à Constantinople, par l'Italie, la Sicile et la Grèce. Retour par la mer Noire, la Roumélie, la Bulgarie, la Bessarabie russe, les provinces danubiennes, la Hongrie, l'Autriche et la Prusse, en mai, juin, juillet et août 1853. 2 vol. in-12. 1855. *Ibid.* 7 fr.

— Voyage en Danemark, en Suède, en Norwége, par la Belgique et la Hollande. Retour par les villes hanséatiques, le Mecklembourg, la Saxe, la Bavière, le Wurtemberg et le grand-duché de Bade; séjour à Bade en 1854. In-12. 1858. *Ibid.* 3 fr. 50 c.

— Voyage en Espagne et en Algérie, en 1855. In-12. 1859. *Ibid.* 3 fr. 50 c.

— Voyage en Russie, retour par la Lithuanie, la Pologne, la Silésie, la Saxe et le duché de Nassau ; séjour à Wiesbaden en 1856. In-12. 1859. *Ibid.* 3 fr. 50 c.

— Du Vrai dans les mœurs et les caractères. Discours. In-8°. 1856. *Ibid.* 1 fr.

BOUCHERIE (Anatole), professeur au lycée de Montpellier, né à Challignac (Charente) en 1831.

— Patois de la Saintonge, curiosités étymologiques et grammaticales. In-8°. 1865. Angoulême, *imprimerie Nadaud et Cⁱᵉ.* 3 fr.

BOUCHERY (Émile).

— Les Petits-neveux de Gulliver. In-8° avec 14 lithographies. 1845. *Rue Sainte-Anne, 57.*

BOUCHET (A.).

— Les Coups de foudre ; précédé d'un essai sur la Providence et la liberté. In-12. 1864. *Maillet.* 1 fr.

— Les Femmes qui savent souffrir, avec une introduction sur la femme dans la société chrétienne. In-12. 1862. *Ibid.* 1 fr.

2ᵉ édition en 1864.

BOUCHET (Henry).

— Solutions politique, industrielle et sociale. Appel au peuple. Organisation du crédit. Suppression graduelle du prolétariat. In-8°. 1850. *Garnier frères.* 1 fr. 25 c.

BOUCHET (Jules), architecte, né à Paris, en 1799, mort en 1860.

— Le Laurentin, maison de campagne de Pline le consul, restitué d'après sa lettre à Gallus. In-4° de 3 ½ f. 1852. *Chez l'auteur.*

BOUCHEY (l'abbé Eugène Augustin), curé de Bonnétage (Doubs), né à Mandeure (Doubs) en 1828.

— Mémoire historique sur l'abbaye de Belchamp, de l'ordre des Prémontrés, au comté de Montbéliard. In-8°. 1865. Belfort, *imprimerie Clerc.* 1 fr. 50 c.

— Recherches historiques sur la ville, la principauté et la république de Mandeure (Epomanduodurum). Origines et histoire abrégée de l'ancien comté de Montbéliard. 2 vol. in-8°. 1862. [Besançon.] *Dumoulin.* 10 fr.

BOUCHEZ (E.).

— Nouvelles corses, tirées de J. V. Grimaldi, par E. Bouchez. In-8°. 1843. *Hachette.*

BOUCHEZ (Gustave).

— Ciel et terre ; poésies. In-8°. 1859. Lille, *Garrousse.* 3 fr.

— Espoir et vérité ; poésies. 1ʳᵉ à 4ᵉ livraison. In-8°. 1862. [Lille.] *Dentu.* Chaque livraison, 50 c.

BOUCHITTÉ (Henri), philosophe et littérateur, ancien professeur d'histoire, ancien recteur d'académie, né à Paris, en 1795.

— Leçons d'histoire ancienne. In-8°. 1855. *Hachette et Cⁱᵉ.* 3 fr. 50 c.

— Leçons d'histoire romaine. Gr. in-8° avec 4 cartes. 1858. *Ibid.* 3 fr. 50 c.

— Négociations, lettres et pièces relatives à la conférence de Loudun, publiées par M. Bouchitté. In-4°. 1863. [*Imprimerie impériale.*] *Didot.* 12 fr.

Fait partie de la « Collection de documents inédits sur l'histoire de France ».

— Le Poussin, sa vie et son œuvre, suivi d'une notice sur la vie et les ouvrages de Philippe de

Champagne et de Champagne le neveu. In-8°.
1858. *Didier et Cie.* 7 fr.

Le même. Édition in-12. 3 fr. 50 c.

BOUCHON-DUBOURNIAL (H.) a fait une traduction de « Don Quichotte ». — Voy. **Cervantès**.

BOUCHOT, professeur d'histoire au Lycée Napoléon.

— Précis de littérature ancienne, à l'usage des
élèves de 3e année, du cours professionnel, et
des élèves des classes supérieures. In-12. 1865.
Tandou et Cie. 2 fr. 50 c.

M. Bouchot a annoté *Virgile*, et traduit : « Récits tirés des
histoires d'*Hérodote* ».

BOUCHOT (Auguste), mort vers 1855.

— Éloge de Turgot. Discours qui a obtenu la
première mention dans la séance de l'Académie
française du 10 septembre 1846. In-8°. 1846. *Joubert.*

— Histoire du Portugal et de ses colonies. In-12.
1854. *Hachette et Cie.* 4 fr.

Fait partie de la collection : « Histoire universelle », publiée
par une société de professeurs et de savants, sous la direction
de M. V. Duruy.

BOUCHUT (le docteur Eugène), médecin de
l'hôpital Sainte-Eugénie, ancien chef de clinique
de l'Hôtel-Dieu, professeur agrégé de la Faculté
de médecine de Paris, né à Paris, en 1818.

— Du Diagnostic des maladies du système nerveux par l'ophthalmoscopie; accompagné de 14 fig.
sur bois intercalées dans le texte et d'un atlas de
24 planches chromo-lithographiées par l'auteur.
In-8°. 1865. *Germer Baillière.* 9 fr.

— De l'État nerveux aigu et chronique, ou Né-
vrosisme appelé névropathie aiguë, cérébro-
pneumo-gastrique. In-8°. 1859. *Baillière et fils.* 5 fr.

— Histoire de la médecine et des doctrines médicales; leçons faites à l'École pratique de la Faculté de médecine en 1862, 1863 et 1864. In-8°.
1864. *Germer Baillière.* 6 fr.

— Hygiène de la première enfance, comprenant les lois organiques du mariage, les soins de
la grossesse, etc. In-12. 1862. *Baillière et fils.* 3 fr.
50 c.

— Leçons cliniques sur les maladies de l'enfance, faites à l'hôpital Sainte-Eugénie. In-8°.
1860. *Chez l'auteur, quai Malaquais,* 15. 3 fr.

— Mémoire sur l'hygiène et l'industrie de la
peinture au blanc de zinc, lu à l'Académie nationale de médecine. In-8°. 1852. *J. B. Baillière.*
2 fr.

Extrait des « Annales d'hygiène publique et de médecine
légale ».

— Nouveaux éléments de pathologie générale
et de séméiologie; illustrés de figures intercalées
dans le texte. In-8°. 1857. *Baillière et fils.* 11 fr.

— Traité pratique des maladies des nouveau-
nés, des enfants à la mamelle et de la seconde
enfance. 4e édition, corrigée et considérablement
augmentée, avec 46 fig. intercalées dans le texte.
In-8°. 1862. *Ibid.* 11 fr.

La 1re édition, sous le titre : « Manuel pratique, etc. », a
paru en 1845. 1 vol. in-12. 4 fr. 50 c.; 2e édition, 1852. 9 fr.;
3e édition, 1855. 9 fr.

— Traité des signes de la mort et des moyens
de prévenir les enterrements prématurés. Ouvrage couronné par l'Institut de France. In-12.
1849. *J. B. Baillière.* 3 fr. 50 c.

— La Vie et ses attributs dans leurs rapports
avec la philosophie, l'histoire naturelle et la médecine. In-12. 1862. *Baillière et fils.* 3 fr. 50 c.

BOUCLON (l'abbé Adolphe de), curé de Sac-
quenville (diocèse d'Évreux), ancien professeur,
né à Goupillières (Eure) en 1813.

— Canova et Napoléon. In-18. 1865. *Douniol.*
50 c.

— Coup d'étrille !!! Réplique à la causerie anonyme de Mme de la Vallée et de M. des Plateaux.
In-18. 1865. Évreux, *Guignard.* 1 fr.

— État actuel du diocèse d'Évreux; ou la Franche vérité sur Mgr. Olivier. In-18. 1845. Évreux,
Cornemillot. 3 fr.

— Ferrand et Mariette. Influence de la lecture
des romans. In-8°. 1847. *Camus.* 6 fr.

— Histoire d'Abulcher Bisciarah, jeune Égyptien mort en odeur de sainteté. In-8°. 1842. Évreux,
imprimerie Canu. 1 fr.

— Histoire de Mgr. Olivier, évêque d'Évreux,
d'après des documents originaux et des autographes très-considérables. In-12. 1855. Évreux, *Da-
mame.* 3 fr. 50 c.

— Malchus; légende orientale. In-4°. 1845.
[Évreux.] *Sagnier et Bray.* 75 c.

— Notre-Dame de Pitié. Élévations sur les douleurs de Marie. 2e édit. In-32. 1865. *Douniol.* 1 fr.

La 1re édition est de 1858.

— Les Saints du diocèse d'Évreux. — Saint Nicaise, apôtre du Vexin, premier évêque de Rouen,
martyrisé à Ecos. In-8°. 1863. Évreux, *Leclerc.* 1 fr.

— Tableau dramatique de la justice au XIXe siècle, résumé dans la vie judiciaire d'un seul avocat
et dans la révélation des mystères de l'affaire
Contrafatto, pour faire suite à Ferrand et Mariette.
3 vol. in-8°. 1848. *Camus.* 15 fr.

— Vie de la sœur Rosalie (Jeanne Marie Rendu),
de la congrégation de Saint-Vincent de Paul, décorée de la Légion d'honneur, décédée le 7 février
1856. In-32. 1856. *Vrayet de Surcy.* 1 fr. 25 c.

— Vie du révérend père de Ravignan, de la
Compagnie de Jésus. In-18 avec portrait. 1858.
Douniol. 75 c.

BOUCOIRAN (L.).

— Ariège, Andorre et Catalogne. Guide historique, pittoresque et descriptif aux bains d'Ussat
et d'Ax, contenant l'histoire de l'ancien pays de
Foix et de ses comtes jusqu'à Henri IV, et l'histoire de la vallée d'Andorre jusqu'à nos jours.
In-8° avec 20 dessins imprimés à deux teintes.
1854. *Giraud.* 7 fr. 50 c.

— Languedoc et Provence. Guide historique et
pittoresque dans Nîmes et les environs, comprenant la description de Montpellier, Cette, Aigues-
Mortes, Beaucaire, Arles, Vaucluse, etc., avec
20 grav. et le plan de la ville de Nîmes. In-12.
1863. Nîmes, *Clavel-Ballivet et Cie.* 5 fr.

— Monographie de la fontaine de Nîmes; histoire et description des jardins et monuments
qu'elle renferme. In-8° avec 17 grav. 1860. *Ibid.*
5 fr.

BOUCQ (Pierre Le). — Voy. **Le Boucq**.

BOUDANT (le docteur), professeur à l'École de
médecine de Clermont.

— La Phthisie pulmonaire est-elle curable?
Parmi ses variétés, indiquer celles qui sont sus-

ceptibles de guérison et celles qui ne le sont pas. Réponse à cette question. Congrès médical de Lyon, octobre 1864. In-8° de 23 p. 1865. Clermont-Ferrand, *Thibaud.*

BOUDANT (l'abbé Gilbert), curé de Chantelle, né à Ussel (Allier) en 1808.

— L'Abbaye de Neufontaines. In-8°. 1858. Moulins, *Desrosiers.* 2 fr.

— La Bergère de Villefranche, ou Légende de sainte Thorette, avec une introduction sur les devoirs et une conclusion sur les vertus des domestiques. In-18. 1858. *Ibid.* 1 fr.

— Histoire de Chantelle. In-4° avec 9 pl. et vignettes. 1862. *Ibid.* 20 fr.

— Histoire de la ville, du château et de l'abbaye d'Ebreuil. In-4° avec 7 pl. 1865. *Ibid.* 10 fr.

BOUDANT (Julien), employé au ministère de l'intérieur.

— Les Alliances mutuelles des maisons de France et de Savoie, et de leur influence sur la politique contemporaine. In-8°. 1861. *Librairie nouvelle.* 1 fr.

BOUDARD aîné (Auguste de).

— Institutions de prévoyance. Les caisses d'épargne. Histoire. Législation. Statistique, etc. In-8° de 2 1/4 f. 1858. Valence, *Marc Aurel.* 2 fr.

M. de Boudard a publié avec M. F. Monier, les « Mélanges littéraires », extraits des Pères latins de l'abbé *Gorini.* — Voy. ce nom.

BOUDARD (P. A.).

— Essai sur la métrologie attique et romaine. In-8° de 2 1/4 f. 1854. *Leleux.*

— Essai sur la numismatique ibérienne, précédé de recherches sur l'alphabet et la langue des Ibères. In-4° avec 40 pl. 1859. [Béziers.] *Rollin.* 42 fr.

Publié en 8 fascicules du prix de 5 fr. 25 c.

BOUDENT-GODELINIÈRE.

— Essai historique et statistique sur l'Avranchin. 2 vol. in-8°. 1844. Avranches, *Tostain.*

BOUDET (F.).

— Hydrotimétrie. — Voy. *Boutron et Boudet.*

BOUDET (Ferdinand).

— Folles-brisées; poésies. In-8°. 1864. Mende, *imprimerie Ignon.* 3 fr.

BOUDET (Marcellin), procureur impérial à Murat (Cantal), membre correspondant de l'Académie de Clermont, né à Clermont.

— Un Chapitre de chanoinesses. Chronique de l'abbaye de Lavesne. In-8°. 1863. Clermont-Ferrand, *Thibaud.* 2 fr.

BOUDET (Numa).

— Adolescence; poésies. In-8° de 18 f. 1856. *Lecoffre.*

BOUDEVILLAIN (Louis François), curé à Ruan (Loir-et-Cher), né à Prez-en-Pail (Mayenne), en 1815.

— Notice topographique, historique, archéologique, administrative et statistique sur Ruan. In-8°. 1864. Châteaudun, *Pouillier-Vaudecraine.* 1 fr. 25 c.

— L'Oncle Nicolas, avec une lettre de M. Pola-

dan, directeur de la « France littéraire ». In-32. 1862. *Dillet.* 40 c.

— L'Ouvrier ébéniste, ou les Fruits d'une bonne conduite. In-32. 1865. [Roanne.] *Dillet.* 1 fr. 20 c.

BOUDEVILLE (E.), chimiste.

— Précis de chimie agricole appliquée à l'analyse des terres arables, à l'usage des écoles d'agriculture, des gens du monde et des cultivateurs. In-18. 1864. *Chez l'auteur, rue du Faubourg-Saint-Antoine,* 234. 2 fr.

BOUDEVILLE (Pierre).

— Souvenirs de Nice. L'Atelier des pouchettes. In-8°. 1864. Marseille, V° *Olive.* 2 fr.

BOUDIER (Émile), pharmacien à Montmorency, près Paris, né à Garnay (Eure-et-Loir) en 1828.

— Des Champignons au point de vue de leurs caractères usuels, chimiques et toxicologiques. In-8° avec 2 pl. 1865. *Baillière et fils.* 3 fr. 50 c.

BOUDIN (Amédée), homme de lettres, né à Paris en 1814.

— Histoire de Louis-Philippe I°ʳ, roi des Français. 2 vol. in-8° avec grav. 1845-1848. *Bitterlin.* 30 fr.

— Histoire généalogique du Musée des Croisades (palais de Versailles). 4 vol. gr. in-4°. 1858-1866. *Chez l'auteur, avenue d'Eylau,* 84 bis. 100 fr.
Une nouvelle édition est en cours de publication à la librairie *Bachelin-Deflorenne.*

— Histoire de Marseille. Gr. in-8° avec 3 plans de la ville et des gravures sur bois. 1851. *Terris et Martinon.* 15 fr.

— Napoléon III; et Panthéon de la Légion d'honneur. — Voy. *Davons et Boudin.*

— Satires prophétiques et poésies diverses. In-8°. 1852. *Terris.* 5 fr.

— Véritable physiologie de la Constituante de 1848. 2 vol. in-18. 1849. 10 fr.

BOUDIN (Emmanuel Joseph), ingénieur des ponts et chaussées, professeur à l'École du génie civil à Gand, né à Nivelles (Belgique) en 1820.

— De l'Axe hydraulique des cours d'eau contenus dans un lit prismatique, et des dispositifs réalisant, en pratique, ses formes diverses. In-8°. 1863. Gand, *Lebrun-Devigne.* 5 fr.

— Technologie des professions élémentaires. In-4° autographié. 1864. *Ibid.* 12 fr.

BOUDIN (le docteur J. Ch. M.), médecin en chef de l'hôpital militaire Saint-Martin, médecin en chef du 1°ʳ corps d'armée pendant la guerre d'Italie, né en 1800.

— De la Circulation de l'eau, considérée comme moyen de chauffage et de ventilation des édifices publics. In-8° avec 1 pl. 1852. *J. B. Baillière.* 3 fr.
Extrait des « Annales d'hygiène publique ».

— Dangers des unions consanguines et nécessité des croisements dans l'espèce humaine et parmi les animaux. In-8°. 1862. *Ibid.* 2 fr.
Extrait des « Annales d'hygiène publique ».

— Éléments de statistique et de géographie générales. In-12. 1860. *Plon.* 2 fr.
Avec M. H. Blanc.

— Études anthropologiques. Considérations sur le culte et les pratiques religieuses de divers peuples anciens et modernes : Culte du Phallus, culte du Serpent. In-8°. 1864. *Rozier.* 3 fr. 75 c.

— Études ethnologiques sur la taille et le poids de l'homme chez divers peuples et sur l'accroissement de la taille et de l'aptitude militaire en France. In-8° avec 5 pl. 1863. *Ibid.* 3 fr.

— Le même. 2° mémoire. In-8°. 1863. *Ibid.* 3 fr.

— Études de géographie médicale, notamment sur la question de l'antagonisme pathologique. In-8°. 1846. *J. B. Baillière.* 2 fr.

— Études de géologie médicale sur la phthisie pulmonaire et la fièvre typhoïde dans leurs rapports avec les localités marécageuses. In-8°. 1845. *Ibid.* 2 fr. 50 c.

— Études sur le recrutement des armées. In-8°. 1849. *Imprimerie Martinet.* 3 fr.

— Études sur le chauffage, la réfrigération et la ventilation des édifices publics. In-8°. 1850. *Dumaine.* 2 fr.

— Histoire physique et médicale de la foudre, et de ses effets sur l'homme, les animaux, les plantes, les édifices, les navires. In-8°. 1854. *J. B. Baillière.* 2 fr. 50 c.

— Histoire du typhus cérébro-spinal, ou de la Maladie improprement appelée méningite cérébro-spinale épidémique. In-8°. 1854. *Ibid.* 3 fr. 50 c.

— Résumé des dispositions légales et réglementaires qui président aux opérations médicales du recrutement, de la réforme et de la retraite dans l'armée de terre, avec un tableau synoptique. In-8°. 1854. *Ibid.* 1 fr. 50 c.

Extrait des « Annales d'hygiène publique ».

— Souvenirs de la campagne d'Italie; observations topographiques et médicales. Études nouvelles sur la pellagre. In-8° avec 1 carte. 1861. *Ibid.* 2 fr. 50 c.

— Statistique de la population de la France et de ses colonies, d'après les derniers recensements. In-8°. 1852. *Ibid.* 2 fr. 50 c.

Extrait des « Annales d'hygiène publique ».

— Système des ambulances des armées française et anglaise; instructions qui règlent cette branche du service administratif et médical. In-8° avec 3 pl. 1855. *Ibid.* 3 fr.

Extrait des « Annales d'hygiène publique ».

— Traité de géographie et de statistique médicales et des maladies endémiques, comprenant la météorologie et la géologie médicales, les lois statistiques de la population et de la mortalité, la distribution géographique des maladies et la pathologie comparée des races humaines. 2 vol. in-8° avec 9 cartes et tableaux. 1857. *Ibid.* 20 fr.

*Boudoir (le) d'une coquette; par MMmes Clémence Robert, Anaïs Segalas, etc., et MM. Molé Gentilhomme, Touchard-Lafosse, H. de Kock, Roland Bauchery. In-8° avec 2 grav. 1844. *Krabbe.* 7 fr.

BOUDON (Henri Marie), docteur en théologie, grand-archidiacre d'Évreux, né à La Fère en Thiérache, en 1624, mort à Évreux, en 1702.

— Œuvres complètes, réunies, pour la première fois, dans un ordre logique et analogique, publiées par M. l'abbé Migne. 3 vol. gr. in-8°. 1857-1858. *Migne.* 24 fr.

— La Dévotion aux neuf chœurs des saints anges et en particulier aux saints anges gardiens. In-18. 1863. Lyon, *Périsse frères.* 1 fr.

— Dieu présent partout. In-32. 1858. *Ibid.* 30 c.

— Dieu seul, L'Amour de Jésus au très-saint Sacrement de l'autel. In-32. 1860. Clermont, *Thibaud.* 60 c.

— Dieu seul, ou l'Association pour l'intérêt de Dieu seul. In-32. 1862. Limoges, *Barbou frères.* 50 c.

— Instructions générales en forme de catéchisme. Nouvelle édition, revue avec soin, corrigée et augmentée de la science sacrée du catéchisme, où est démontrée l'obligation qu'ont les pasteurs de l'enseigner et les peuples de s'en faire instruire. 5 vol. in-12. 1857. Lyon, *Périsse frères.*

— Le Malheur du monde. In-18. 1859. *Ibid.* 80 c.

— Les Saintes voies de la croix, où il est traité de plusieurs peines intérieures et extérieures et des moyens d'en faire un bon usage. In-18. 1863. *Ibid.* 75 c.

— Traité sur le culte de la Mère de Dieu. — La Vraie dévotion à Marie. — Voy. *Darche.*

— Vie cachée avec Jésus en Dieu. In-12. 1858. Lyon, *Périsse frères.* 1 fr.

BOUDON (Raoul), journaliste et économiste, ancien industriel, né à Courtalin (Eure-et-Loir) en 1814.

— L'Isthme de Suez et la Question d'Orient. Politique de l'Angleterre et de la Russie. Traité du 15 juillet 1840. In-8°. 1860. *Dentu.* 1 fr.

— Lettre à M. Émile Pereire, président du conseil d'administration de la Compagnie immobilière. In-8°. 1863. *Dubuisson et Cie.* 1 fr.

— Seconde lettre à M. Émile Pereire, etc. In-8°. 1863. *Ibid.* 1 fr.

— Organisation unitaire des assurances. Mémoire adressé au gouvernement et aux chambres. In-8°. 1840. *Dauvin et Fontaine.* 2 fr. 50 c.

— Organisation unitaire et nationale de l'assurance. Mémoire adressé à l'Assemblée nationale. In-8°. 1848. *Librairie phalanstérienne.* 1 fr. 50 c.

— Simples réponses aux 42 questions de la commission d'enquête sur la Banque de France. In-8°. 1865. *Dubuisson et Cie.* 1 fr.

— La Vérité sur les chemins de fer en France. In-8°. 1864. *Ibid.* 6 fr.

— La Vérité sur les institutions de crédit privilégiées en France. La Banque de France. Le Comptoir national d'escompte. La Société générale de crédit industriel et commercial. Le Crédit foncier de France. Le Crédit agricole. Le Crédit mobilier. In-8°. 1862. *Ibid.* 5 fr.

BOUDON DE SAINT-AMANS (J. Fr.).

— Essai sur les antiquités du département de Lot-et-Garonne. In-8°, avec lithographies et plans. 1859. Agen, *Noubel.*

BOUDOT (J. B.), archidiacre de Notre-Dame et vicaire général de Paris, né à Châtillon-sur-Seine en 1763, mort en...

— Œuvres complètes. — Voy. *Migne*, Orateurs sacrés, 2° série, tome 12.

BOUDROT.

— Cours de mathématiques. — Voy. au mot *Cours.*

BOUÉ (l'abbé).

— Manuel sacré, ou Lectures tirées de l'Écriture sainte pour tous les jours de l'année. 12 vol. in-12. 1845. [Toulouse.] *Gaume frères.* 36 fr.

BOUÉ (Ami), docteur en médecine, géologue et voyageur, membre de l'Académie impériale des sciences de Vienne (Autriche), né en 1794 à Hambourg, d'une famille bordelaise réfugiée en Allemagne après la révocation de l'édit de Nantes.

— Esquisse géologique de la Turquie d'Europe. In-8º de 12 f. 1840. *Imprimerie de Bourgogne.*

— Recueil d'itinéraires dans la Turquie d'Europe. Détails géographiques, topographiques et statistiques sur cet empire. 2 vol. in-8º. 1854. Vienne, *Braumuller.* 18 fr. 50 c.

Publié aux frais de l'Académie impériale des sciences de Vienne.

— Sur l'établissement de bonnes routes et surtout de chemins de fer dans la Turquie d'Europe. In-8º. 1852. *Ibid.* 1 fr. 25 c. Avec carte, 5 fr.

— La Turquie d'Europe, ou Observations sur la géographie, la géologie, l'histoire naturelle, la statistique, les mœurs, les coutumes, l'archéologie, l'agriculture, l'industrie, le commerce, les gouvernements divers, le clergé, l'histoire et l'état politique de cet empire. 4 vol. in-8º avec carte géographique. 1840. *Arthus Bertrand.* 32 fr.

BOUÉ (Mme Germaine).

— Les Squares de Paris. 6 livraisons. In-8º. 1864-1865. *Librairie centrale.* Chaque livraison, 50 c.

La Tour Saint-Jacques. — La Tour du Temple. — Le Parc de Monceaux. — Le Palais et le Jardin des Tuileries. — Les Champs-Élysées. — Le Bois de Boulogne.

BOUÉ DE VILLIERS (A. L.).

— Les Amoureux de Flavie. In-12. 1864. *Renaud.* 50 c.

— Martyres d'amour. In-12. 1863. *Dentu.* 2 fr.

— Vierge et prêtre, 1789-1793. In-12. 1862. *Vanier.* 3 fr.

BOUËDRON (l'abbé Pierre), chanoine honoraire de Nantes, professeur de philosophie, né à Valles, près Nantes, en 1825.

— Cours de philosophie mis en rapport avec le programme du baccalauréat ès lettres, et augmenté d'un appendice sur la divinité de l'Église catholique. In-12. 1863. [Nantes, *Mazeau.*] *Sarlit.* 4 fr. 50 c.

— Histoire de la philosophie, renfermant l'étude spéciale des auteurs indiqués dans la partie philosophique du programme officiel du baccalauréat. In-12. 1864. *Ibid.* 3 fr.

— Jésus le plus beau des enfants des hommes. In-12. 1865. *Ibid.* 3 fr.

BOUET (Alexandre).

— Breiz-izel, ou Vie des Bretons de l'Armorique; dessins par Olivier Perrin, gravés sur acier par Reveil, texte par M. Alexandre Bouet. 2º édition. 3 vol. in-8º. 1844. *Dusillion.* 22 fr. 50 c.

BOUET (Auguste).

— Singhy le malais, histoire indienne. 2 vol. in-8º. 1842. *Berquet et Pétion.* 15 fr.

BOUET-WILLAUMEZ (le comte E.), marin français, vice-amiral depuis 1860, né en 1808.

— Batailles de terre et de mer, jusques et y compris la bataille de l'Alma. In-8º, avec 70 grav. de batailles, vaisseaux, costumes, etc., dessins de MM. O. Barbier, E. Roux, gravure de A. Belhatte. 1855. *Dumaine.* 9 fr.

— Tactique supplémentaire à l'usage d'une flotte cuirassée. 1er août 1864. In-18. 1865. [Toulon.] *Dumaine.* 2 fr.

BOUFFARD (L.).

— Atlas de l'Algérie, dressé sur les documents les plus récents empruntés aux cartes publiées par le dépôt de la guerre et d'après les travaux de MM. Renou, Carette et Warnier, par L. Bouffard, avec une carte de la grande Kabylie par MM. Daumas et Fabar, et une Notice explicative par M. Carette. In-4º. 1847. *Hachette.* 5 fr.

Cet atlas se compose de 11 cartes.

— Atlas politique de l'Europe. — Voy. *Bonneau* (Alexandre).

BOUFFIER (le R. P. Gabriel), de la Compagnie de Jésus, né à Manosque (Basses-Alpes) en 1817.

— Derniers souvenirs d'un religieux. In-12. 1863. *Ruffet et Cie.* 60 c.

— Les Fondateurs de la congrégation de N. D. de la Présentation de Manosque. 1re partie : Monsieur l'abbé Proal, sa vie et ses lettres choisies. In-8º. 1858. Avignon, *Aubanel frères.* 3 fr.

Anonyme.

— Marie honorée par les anges dans son immaculée Conception. In-12. 1863. Avignon, *Seguin.* 1 fr.

— La Vénérable servante de Dieu Anna-Maria Taïgi, d'après les documents authen i ues du procès de sa béatification. In-12. 1865. *Bray.* 2 fr. 50 c.

BOUFFIER (Prosper), docteur en médecine, né à Bandol (Var) en 1824.

— Maladies des femmes. Métrite chronique. In-8º. 1862. *Baillière et fils.* 1 fr. 25 c.

Avec Mme Bouffier, sage-femme.

BOUFFLERS (le chevalier Stanislas de), littérateur, membre de l'Académie française, né à Lunéville en 1737, mort en 1815.

— Comédies. In-12. 1845. *Vaton.* 3 fr.

— Loisirs religieux. In-12. 1842. *Ibid.* 1 fr. 50 c.

— Œuvres de Boufflers. Histoire de Boufflers; par Arsène Houssaye. In-12. 1852. *Eug. Didier.* 3 fr. 50 c.

— Passe-tems poétiques. In-12. 1842. *Vaton.* 2 fr. 50 c.

— Variétés poétiques. In-12. 1845. *Ibid.* 2 fr.

BOUGAINVILLE (le comte L. Ant.), navigateur, membre de l'Institut, né à Paris en 1729, mort en 1811.

— Voyage autour du monde, sur la frégate la Boudeuse et la flûte l'Étoile, de 1766 à 1769. Nouvelle édition. In-12. 1861. *Bibliothèque des communes, rue du Pont de Lodi,* 5.

BOUGARD (le docteur).

— Surdité nerveuse. Emploi de l'électricité. In-8º. 1863. [Bruxelles.] *Baillière et fils.* 1 fr.

BOUGARD (le docteur Émile), médecin consultant à Bourbonne-les-Bains, né à Damrémont (Haute-Marne) en 1832.

— Bibliotheca Borvoniensis, ou Essai de bibliographie et d'histoire, contenant la reproduction de plaquettes rares et curieuses, et le catalogue raisonné des ouvrages et mémoires relatifs à l'histoire de Bourbonne et de ses thermes. Ouvrage orné de photographies représentant les inscriptions votives de Bourbonne, de gravures, de plans, etc. In-8°. 1865. [Chaumont, *Lhuillier.*] *Aubry.* 12 fr.

Plusieurs parties de cet ouvrage ont été tirées à part à 25 exemplaires et se vendent séparément :
Histoire de la seigneurie de Bourbonne. 5 fr.
Des bains de Bourbonne-les-Bains, par J. LE BON, médecin du Roy. 2 fr.
Petit traité des eavx et bains de Bourbonne, par M. TISAULT, docteur en médecine et doyen de la Faculté de Langres. 2 fr. 50 c.
Voyage à Bourbonne (1770), par DIDENOT. 2 fr. 50 c.

— Les Eaux salées chaudes de Bourbonne-les-Bains (Haute-Marne). Eaux chlorurées, sodiques et bromo-iodurées. In-12. 1866. *Delahaye.* 2 fr.

— Relation du grand incendie arrivé à Bourbonne-les-Bains, en Champagne, le premier de mai de cette année 1717, tirée d'une lettre écrite à M. le prince de Talmond, publiée d'après l'édition originale, avec une introduction et des notes, par le docteur E. Bougard. In-12. 1862. *Aubry.* 2 fr.

BOUGARD (Xavier B.).

— Le Cataclysme et le dernier mot de l'ultramontanisme, par un catholique. In-8°. 1861. Liége, *Bougard.*

Anonyme.

— Causes et effets économiqnes. In-8°. 1853. Liége, *Noël.*

Anonyme.

BOUGAREL (Émile), docteur en médecine, ancien interne de l'hôpital des enfants de Paris, né à Paris en 1830.

— Conseils aux mères concernant l'hygiène et les maladies les plus communes de l'enfance. In-12. 1863. [Marseille, *Camoin frères.*] *V. Masson.* 3 fr. 50 c.

BOUGARRE (Léopold), avocat et littérateur.

— Satires et pièces diverses. Édition complète, ornée de gravures et augmentée de : le Siècle des vertus et autres pièces nouvelles. In-8°. 1851. *Masgana.* 3 fr.

— Les Vertus du siècle. In-4°, ill. 1849. *Bry.* 70 c.

BOUGAUD (l'abbé Ém.), ancien professeur de théologie au grand séminaire de Dijon, plus tard aumônier de la Visitation et aujourd'hui vicaire général et archidiacre d'Orléans, né à Dijon en 1824.

— Étude historique et critique sur la mission, les actes et le culte de saint Bénigne, apôtre de la Bourgogne, et sur l'origine des églises de Dijon, d'Autun et do Langres. In-8° avec planches. 1859. Autun, *imprimerie Dejussieu.* 12 fr.

Publication de la Société éduenne.

— Histoire de sainte Chantal et des origines de la Visitation. 2 vol. in-8°. 1861. *Lecoffre et Cie.* 12 fr.

— Le même. 2e édition, revue avec soin et précédée d'une lettre de Mgr. l'évêque d'Orléans sur la manière d'écrire la vie des saints. 2 vol. in-8°. 1863. *Ve Poussielgue.* 12 fr.

— Le même. 3e édition. 2 vol. in-12. 1864. *Ibid.* 8 fr.

— Histoire de sainte Monique. In-8°. 1865. *Ibid.* 7 fr.

— Panégyrique de Jeanne d'Arc, prononcé à la cathédrale d'Orléans, le 8 mai 1865. In-8°. *Ibid.* 1 fr.

BOUGEANT (le R. P.), de la Société de Jésus.

— Exposition de la doctrine chrétienne. Nouvelle édition, revue, corrigée et augmentée par un ancien professeur de théologie. 2 vol. in-8°. 1860. *A. Bray.* 8 fr.

La 1re édition est de 1844, la 2e de 1853.

BOUGEART (Alfred), professeur libre, né à Paris en 1815.

— Danton. Documents authentiques pour servir à l'histoire de la Révolution française. In-8°. 1861. [Bruxelles.] *Pagnerre.* 7 fr. 50 c.

— Les Hommes de la Révolution. — Voy. *Aymar-Bression et Bougeart.*

— Marat, l'ami du peuple. 2 vol. in-8°. 1865. Bruxelles, *Lacroix, Verboeckhoven et Cie.* 10 fr.

Ouvrage saisi. L'auteur a été condamné à 4 mois de prison et 150 fr. d'amende.

— Les Moralistes oubliés. Réflexions et maximes. In-32. 1858. *Hetzel.* 1 fr.

— Tout ou Rien ! De la réforme électorale. In-32. 1840. *Legallois.* 25 c.

BOUGEAULT (Alfred), professeur de littérature et d'histoire au lycée Alexandre et à l'institut pédagogique de Saint-Pétersbourg.

— Difficultés et finesses de la langue française. Ouvrage contenant : 1° un Recueil de locutions vicieuses usitées en Russie; 2° les Gallicismes, les Proverbes et les Locutions les plus singulières; 3° un Tableau des homonymes, homographes et paronymes; 4° un Traité complet des verbes irréguliers et défectifs; 5° des Observations sur la prononciation française, avec la traduction en russe en regard. 2e édition, revue et corrigée avec soin. Gr. in-8°. 1858. Saint-Pétersbourg, *S. Dufour.* 4 fr.

— Kryloff, ou le La Fontaine russe, sa vie et ses fables. In-12. 1852. *Garnier frères.*

— Précis historique et chronologique de la littérature française depuis ses origines jusqu'à nos jours. 4e édition, revue avec soin par l'auteur. In-12. 1864. *Tandou et Cie.* 3 fr.

La 1re édition a paru en 1854. In-12. *Maire-Nyon.* 3 fr.
Une autre édition a paru en 1857 in-8°, chez *Dufour*, à Saint-Pétersbourg. 4 fr.

— Principes de composition et de style, suivis d'une étude des genres de littérature en vers et en prose. In-12. 1851. *Didot frères.* 2 fr. 50 c.

Nouvelle édition en 1864. *Tandou et Cie.*

BOUGLER, conseiller à la cour impériale d'Angers.

— Mouvement provincial en 1789. Biographie des députés de l'Anjou depuis l'Assemblée constituante jusqu'en 1815. 2 vol. in-8°. 1865. *Didier et Cie.* 10 fr.

BOUGLEUX (MONTALANT-). — Voy. **Montalant-Bougleux.**

BOUGOUIN fils, membre de la Société archéologique de la Loire-Inférieure.

— Notice historique sur le château de Nantes. In-8°, 149 p. 1865. Nantes, *imprimerie de Ve Mellinet.*

BOUGOURD (Ch.), capitaine au long cours.

— Vocabulaire français-malais, suivi de quelques dialogues du genre de ceux qui s'engagent d'abord entre le voyageur européen et l'indigène. In-8°. 1856. Havre, *Lemale.* 5 fr.

BOUGY (Alfred de), littérateur, bibliothécaire de Sainte-Geneviève et plus tard de la Sorbonne, né à Grenoble en 1816.

— Djem. Chronique et nouvelle dauphinoise. In-8°. 1854. Genève, *Gruaz*. 1 fr. 50 c.

— Evian et ses environs (Savoie). Avec figures et une carte du lac Léman. In-12. 1855. *Ibid.* 1 fr.

— Histoire de la bibliothèque Sainte-Geneviève, précédée de la chronique de l'abbaye, de l'ancien collège de Montaigu et des monuments voisins, d'après des documents originaux et des ouvrages peu connus. Suivie d'une monographie bibliographique ou catalogue des ouvrages manuscrits et imprimés relatifs à sainte Geneviève, par P. Pinçon. In-8°. 1847. *Comon.* 8 fr.

— Légende, histoire et tableau de Saint-Marin, république du mont Titan. Préface par George Sand. In-12. 1865. *Schlesinger frères.* 3 fr.

— La Luizina. (Roman.) In-12. 1852. *Lévy frères.* 3 fr.

Nouvelle édition, voy. plus loin : « la Vengeance du bravo ».

— Un Million de rimes gauloises, fleur de la poésie drolatique et badine depuis le xve siècle, recueillie, annotée et précédée d'une préface par Alfred de Bougy. In-32. 1858. *A. Delahays.* 2 fr.

— Le Supplice du bourreau, sombre récit. In-12. 1864. *Renaud.* 1 fr.

— Le Tour du Léman. In-8° avec illustrations. 1846. *Comon et Cie.* 10 fr.

— La Vengeance du bravo. Édition illustrée. In-4°. 1865. *Charlieu et Huillery.* 90 c.

C'est une nouvelle édition de « la Luizina ». — Voy. plus haut.

— Voyage dans la Suisse française et le Chablais. Opuscules posthumes de J. J. Rousseau et lettres inédites de Mme de Warrens. In-12. 1860. *Poulet-Malassis.* 3 fr.

M. de Bougy a édité les « Chansons complètes » de *Désaugiers*. Il a publié des fragments inédits de *Rousseau*. — Voy. ces noms.

BOUHELIER (Ch. de).

— Le Prix de bonté, comédie enfantine en un acte et en prose, mêlée de couplets. In-32. 1861. *Larousse et Boyer.* 50 c.

BOUHIER DE L'ÉCLUSE, avocat, député au Corps législatif, ancien représentant du peuple, ancien substitut du procureur du roi, né en 1799.

— De l'État des prêtres en France. État civil. Mariage. Adoption. In-8°. 1842. *Hivert.* 3 fr.

— Le Pape et l'Italie. Lettre à MM. de Falloux, de Valmy, Arnaud (de l'Ariége) et à tous les auteurs connus et inconnus de projets de solution du sens dessus dessous italien. In-8°. 1860. *Lecoffre.* 1 fr.

BOUHOURE (Eugène).

— Pêle-mêle; poésies. In-16. 1853. *Giraud.* 1 fr.

BOUHOURS (le P. dom), savant jésuite, né à Paris en 1628, mort en 1702.

— Consolations spirituelles, ou Paroles tirées de l'Écriture sainte, pour servir de consolation aux personnes qui souffrent. In-32. 1860. *Palmé.* 60 c.

— Histoire de Pierre d'Aubusson, grand-maître de Rhodes, abrégée de l'ouvrage du P. Bouhours. 6e édition. In-12. 1865. Lille, *Lefort.* 60 c.

— Maximes de saint Ignace. — Voy. *Ignace.*

— Nouveau Testament. Traduction du R. P. Bouhours et du R. P. Lallement, revue et annotée par M. l'abbé Herbet. In-8°. 1855. *Lecoffre et Cie.* 1 fr. 50 c.

— Vie de saint François Xavier, apôtre des Indes et du Japon. Nouvelle édition, augmentée de quelques opuscules de piété, par l'abbé F. X. de F. 2 vol. in-12. 1852. Lyon, *Périsse.* 2 fr.

— Le même. Nouvelle édition, revue avec soin. In-12. 1865. Tours, *Mame et fils.* 1 fr.

— Vie de saint François Xavier; extrait du P. Bouhours. In-12. 1854. Tournai, *Casterman.* 1 fr.

— Vie de saint Ignace, fondateur de la Compagnie de Jésus; extrait du R. P. Bouhours. In-12. 1865. Limoges, *Ardant.* 1 fr. 50 c.

BOUILHET (Louis), littérateur et auteur dramatique, né en 1824.

— Dolorès; drame en quatre actes, en vers. In-12. 1862. *Lévy frères.* 2 fr.

— Faustine; drame en cinq actes. In-12. 1864. *Ibid.* 2 fr.

— Hélène Peyron; drame en cinq actes, en vers. In-12. 1858. *Taride.* 2 fr.

— Madame de Montarcy; drame en cinq actes, en vers. In-12. 1856. *Lévy frères.* 2 fr.

— Melœnis; conte romain, en vers. In-12. 1857. *Ibid.* 1 fr.

— L'Oncle Million; comédie en cinq actes, en vers. In-12. 1861. *Delahays.* 2 fr.

— Poésies. Festons et astragales. In-12. 1859. *Librairie nouvelle.* 3 fr.

BOUILLARD (l'abbé J. B.), chanoine honoraire de Nimes, vicaire de Saint-François de Sales à Lyon.

— Notre-Dame de Fourvières, son histoire, son culte et son influence. Suivi de quelques sermons de l'auteur. In-12. 1858. Lyon, *Girard et Josserand.* 2 fr. 50 c.

BOUILLAUD (Jean), médecin, professeur de clinique médicale à la Faculté de médecine de Paris, né à Angoulême en 1796.

— De la Chlorose et de l'anémie. Communication à l'Académie impériale de médecine. In-8°. 1859. *Baillière et fils.* 1 fr. 25 c.

Extrait du « Bulletin de l'Académie impériale de médecine ».

— De la Congestion cérébrale apoplectiforme dans ses rapports avec l'épilepsie; communications à l'Académie impériale de médecine. In-8°. 1861. *Ibid.* 1 fr. 50 c.

Extrait du « Bulletin de l'Académie impériale de médecine ».

— Du Diagnostic et de la curabilité du cancer. Discours prononcé à l'Académie impériale de médecine, le 5 décembre 1854. In-8°. 1855. *Ibid.* 1 fr. 25 c.

Extrait du « Bulletin de l'Académie impériale de médecine ».

— Discours sur le traitement médical et chirurgical du croup (réfutation incidente de l'homœopathie) prononcé à l'Académie impériale de médecine. In-8°. 1859. *Ibid.* 1 fr. 25 c.

Extrait du « Bulletin de l'Académie impériale de médecine ».

— Discours sur le vitalisme et l'organisme et sur les rapports des sciences physiques en général avec la médecine, prononcé à l'Académie impériale de médecine. In-8°. 1860. *Ibid.* 1 fr. 50 c.

Extrait du « Bulletin de l'Académie impériale de médecine».

— Discussion sur l'organologie phrénologique en général et sur la localisation de la faculté du langage articulé en particulier. Discours prononcé dans les séances de l'Académie de médecine, les 4 et 11 avril 1865. In-8°. 1865. *Ibid.*

Extrait du « Bulletin de l'Académie impériale de médecine».

— De l'influence des doctrines ou des systèmes pathologiques sur la thérapeutique. Communication à l'Académie impériale de médecine. In-8°. 1859. *Ibid.* 1 fr.

Extrait du « Bulletin de l'Académie impériale de médecine».

— Mémoire sur les faits relatifs à la révocation de M. Bouillaud des fonctions de doyen de la Faculté de médecine de Paris, et à la gestion de M. Orfila, ancien doyen de la même faculté, adressé à l'Assemblée nationale et à M. le ministre de l'instruction publique. In-8°. 1849. *Ibid.*

— Recherches cliniques propres à démontrer que le sens du langage articulé et le principe coordinateur des mouvements de la parole résident dans les lobules antérieurs du cerveau. In-8°. 1848. *Ibid.* 1 fr. 50 c.

— Traité clinique des maladies du cœur, précédé de recherches nouvelles sur l'anatomie et la physiologie de cet organe. 2e édition, revue et augmentée. 2 vol. in-8°. 1841. *Ibid.* 16 fr.

La 1re édition est de 1835.

— Traité clinique du rhumatisme articulaire et de la loi de coïncidence des inflammations du cœur avec cette maladie. In-8°. 1840. *Ibid.* 7 fr. 50 c.

— Traité de nosographie médicale. 5 vol. in-8°. 1846. *Ibid.* 35 fr.

BOUILLÉ (le marquis François Claude Amour), général français, né au château de Cluzel en 1739, mort en 1800 en Angleterre.

— Mémoires du marquis de Bouillé, avec une notice sur sa vie, des notes et des éclaircissements historiques, par M. F. Barrière. In-12. 1859. *Didot frères.* 3 fr.

Forme le tome 21 de la Bibliothèque des Mémoires relatifs à l'histoire de France pendant le xviiie siècle, avec avant-propos et notices par M. F. Barrière.
La 1re édition a été publiée à Londres, en 1797, en anglais; la 1re édition française en 1801, à Paris.

BOUILLÉ (le marquis L. J. A.), fils du précédent, lieutenant-général, né à la Martinique en 1769, mort en 1850. Après avoir émigré et servi dans l'armée de Condé, il rentra en France en 1802, servit l'Empire et fut fait lieutenant-général à la rentrée des Bourbons.

— Pensées et réflexions morales et politiques de L. J. A. marquis de Bouillé, lieutenant-général. Seconde édition, revue et augmentée. In-12. 1851. *Amyot.* 3 fr. 50 c.

La 1re édition a été publiée, sans nom d'auteur, en 1826.

BOUILLÉ (René, marquis de), fils du précédent, ancien ministre plénipotentiaire, etc., né à Paris en 1802.

— Des Droits de la couronne de Danemark sur le duché de Sleswig. In-8°. 1847. *Amyot.* 1 fr. 25 c.

— Essai sur la vie du marquis de Bouillé (François Claude Amour), chevalier des ordres du roi, gouverneur de Douai, gouverneur général des îles du Vent pendant la guerre d'Amérique, membre des deux assemblées des notables en 1787 et

1788, général en chef de l'armée de Meuse, Sarre et Moselle en 1790 et 1791; par son petit-fils René de Bouillé. In-8°. 1853. *Amyot.* 6 fr.

— Histoire des ducs de Guise. 4 vol. in-8°. 1850. *Ibid.* 24 fr.

BOUILLERIE (ROULLET DE LA). — Voy. **La Bouillerie.**

BOUILLET (Ad.) a traduit les « Tragédies » d'*Eschyle.*

BOUILLET (J. B.), professeur.

— Traité élémentaire d'arithmétique, enrichi de nombreux problèmes. 2e édition, entièrement conforme aux derniers programmes officiels. In-8°. 1864. Aix, *Remondet-Aubin.* 5 fr.

BOUILLET (J. B.), géologue et archéologue, correspondant du ministère de l'instruction publique pour les travaux historiques, né à Cluny (Saône-et-Loire) en 1799.

— Album auvergnat; bourrées, montagnardes, chansons, noëls et poëmes en patois d'Auvergne; illustré de gravures représentant des danses et scènes villageoises où se trouvent reproduits les costumes les plus remarquables du Puy-de-Dôme. Gr. in-8° avec 14 vignettes. 1853. Moulins, *Desrosiers.* 10 fr.

— Annales de la ville d'Issoire. Manuscrit inédit sur l'histoire des guerres religieuses en Auvergne aux xvie et xviie siècles, accompagné de notes; publié par J. B. Bouillet. In-8°. 1848. Clermont-Ferrand, *Aigueperse.* 7 fr.

— Dictionnaire héraldique de l'Auvergne. Gr. in-8° avec pl. 1858. Clermont-Ferrand, *Hubler.* 7 fr.

— Histoire des communautés des arts et métiers de l'Auvergne, accompagnée des bannières que portaient ces communautés avant 1789. Gr. in-8° avec 35 pl. 1857. *Ibid.* 15 fr.

— Nobiliaire d'Auvergne. 7 vol. in-8° avec 229 pl. 1846-1853. Clermont-Ferrand, *Aigueperse.* Noir, 50 fr.; color., 100 fr.

— Notice sur le papier-monnaie émis en Auvergne de 1790 à 1793. In-8°. 1865. Clermont-Ferrand, *Thibaud.* 1 fr.

BOUILLET (Nicolas), professeur de philosophie, inspecteur de l'Académie de Paris, né à Paris en 1798, mort en 1864.

— Atlas universel d'histoire et de géographie, contenant : 1° la chronologie; 2° la généalogie; 3° la géographie, 88 cartes gravées et coloriées, faisant connaître la géographie physique et historique de tous les pays du monde, etc. Gr. in-8° avec 100 pl. 1865. *Hachette et Cie.* 30 fr.

— Dictionnaire classique de l'antiquité sacrée et profane. 2 vol. in-8°. 1841. *Belin-Mandar.* 18 fr.

C'est la 4e édition de l'ouvrage publié en 1827 sous le titre : « Dictionnaire classique des noms propres de l'antiquité », etc.

— Abrégé du Dictionnaire classique de l'antiquité sacrée et profane. 7e édition. In-12. 1850. *Belin.* 4 fr.

La 1re édition de l'Abrégé est de 1827.

— Dictionnaire universel d'histoire et de géographie, contenant: 1° l'histoire proprement dite; 2° la biographie universelle; 3° la mythologie; la géographie ancienne et moderne. Nouvelle édition (20e), entièrement refondue. In-8°. 1864. *Hachette et Cie.* 21 fr.

La 1re édition a été publiée en 12 livraisons en 1842.

— Dictionnaire universel des sciences, des lettres et des arts; rédigé avec la collaboration d'auteurs spéciaux. 7º édition, revue et corrigée. In-8º. 1864. *Ibid.* 21 fr.

La 1ʳᵉ édition est de 1854.

M. N. Bouillet a traduit « les Ennéades » de *Plotin.*

BOUILLEVAUX (C. E.), ancien missionnaire apostolique.

— Voyage dans l'Indo-Chine, 1848 - 1856, avec une carte du Camboge et d'une partie des royaumes limitrophes. In-12. 1859. [Bar-le-Duc.] *Palmé.* 3 fr. 50 c.

BOUILLEVAUX (l'abbé R. A.), curé de Perthes.

— Les Moines du Der, avec des pièces justificatives, notes historiques et notices sur le bourg et le canton de Montier-en-Der et la ville de Wassy. In-8º de 31 f. avec 1 carte et 4 vignettes. 1845. Montier-en-Der, *Thiébaut.*

— Notice historique sur le prieuré de Condes. In-8º de 9 f. 1856. *Techener.*

BOUILLIER (Francisque), philosophe, doyen de la Faculté des lettres de Lyon, correspondant de l'Institut, inspecteur général de l'Université, né à Lyon en 1813.

— Analyses critiques des ouvrages de philosophie compris dans le programme du baccalauréat ès lettres. In-12. 1855. *Durand.* 2 fr. 50 c.

— Le même. 2ᵉ édition. 1861. *Ibid.* 2 fr. 50 c.

— Histoire de la philosophie cartésienne. 2 vol. in-8º. 1854. [Lyon, *Brun.*] *Durand.* 14 fr.

— Manuel de l'histoire de la philosophie. In-12. 1845. *Dezobry, Magdeleine.* 2 fr. 50 c.

— Du Plaisir et de la Douleur. In-12. 1865. *Germer Baillière.* 2 fr. 50 c.

— Du Principe vital et de l'âme pensante, ou Examen des diverses doctrines médicales et psychologiques sur les rapports de l'âme et de la vie. In-8º. 1862. *Baillière et fils.* 6 fr.

— Théorie de la raison impersonnelle. In-8º. 1844. *Joubert.* 6 fr.

— De l'Unité de l'âme pensante et du principe vital. In-8º. 1858. [Lyon, *Brun.*] *Durand.* 1 fr. 50 c.

M. Francisque Bouillier a publié les « Œuvres philosophiques » du Père *Buffier.* Il a traduit de l'allemand : « Méthode pour arriver à la vie bienheureuse », de *Fichte,* et il a donné une introduction pour la « Théorie sur la religion dans les limites de la raison », de *Kant.* — Voy. ces noms.

BOUILLON (A.).

— Exercices de dessin linéaire, contenant un choix très-varié de modèles pratiques d'architecture, de marbrerie, de charpente, de menuiserie, de serrurerie et d'ameublements dessinés. Texte in-8º et atlas in-fol. de 24 pl. 1850. *Hachette.* 8 fr.

BOUILLON (Godefroid de). — Voy. *Migne,* Patrologie latine, tome 155.

BOUILLY (Jean Nicolas), littérateur et auteur dramatique, né à La Coudraye en 1763, mort à Paris en 1842.

— Causeries et Nouvelles causeries. Nouvelle édition. In-12 avec 4 grav. 1863. *Magnin, Blanchard et Cⁱᵉ.* 3 fr.

La 1ʳᵉ édition des « Causeries » est de 1836; celle des « Causeries nouvelles » de 1838.

— Conseils à ma fille. In-12 avec 3 grav. 1860. *Ibid.* 3 fr. 50 c.

La 1ʳᵉ édition est de 1811.

— Le même. Édition en 2 vol. in-12. 1844. *Ibid.* 6 fr.

— Le même. Gr. in-8º avec 10 lithographies. 1856. *Ibid.* 10 fr.

— Contes à ma fille. Nouvelle édition. In-12 avec 4 grav. 1863. *Ibid.* 3 fr.

La 1ʳᵉ édition est de 1809. — En 1846 on en a publié une édition en 2 volumes.

— Contes à mes petites amies. Nouvelle édition. In-12 avec 4 grav. 1863. *Ibid.* 3 fr.

La 1ʳᵉ édition est de 1828.

— Contes offerts aux enfants de France. Les Jeunes élèves. In-12 avec 4 grav. 1862. *Ibid.* 3 fr.

La 1ʳᵉ édition est de 1844.

— Contes populaires. Nouvelle édition. In-12. 1862. *Ibid.* 3 fr.

La 1ʳᵉ édition est de 1830.

— Les Encouragements de la jeunesse. In-12 avec 4 grav. 1861. *Ibid.* 3 fr. 50 c.

La 1ʳᵉ édition est de 1830.

— Les Jeunes femmes. In-12. 1852. *Louis Janet.* 2 fr. 50 c.

La 1ʳᵉ édition est de 1819.

BOUIN (Ad.).

— Essai d'un Dictionnaire des principaux ports. — Voy. *Cuvillier et Bouin.*

BOUIN (Jules CHABOT DE). — Voy. **Chabot de Bouin.**

BOUINAIS (A.).

— Calendrier national pour 1866. In-12. 1865. *Aux bureaux du Progrès de Paris.* 3 fr.

BOUIS (Amédée), Américain, citoyen de la Louisiane, licencié en droit.

— Le Bivouac aux prairies d'Amérique. In-8º. 1847. *Chez l'auteur, rue Racine,* 24. 1 fr.

— Prenez mon aigle, ou la Révolution aux îles Marquises; actualité en trois tableaux. In-8º. 1849. *Masgana.* 50 c.

— Les Queues de chevaux, ou Lettre de la jeune Amérique à la France républicaine. Pamphlet. In-32. 1848. *Chez l'auteur.* 1 fr.

— Le Whip-Poor-Will, ou les Pionniers de l'Orégon. In-8º. 1847. *Comon.* 7 fr. 50 c.

BOUIS (Jules), docteur ès sciences, professeur agrégé de toxicologie à l'École supérieure de pharmacie, né à Perpignan en 1822.

— Empoisonnement par les gaz. In-8º. 1859. *Mallet-Bachelier.* 2 fr.

BOUISSON (E. F.), chirurgien, professeur de clinique chirurgicale à la Faculté de médecine de Montpellier, né à Mauguis, en 1813.

— De la Bile, de ses variétés physiologiques, de ses altérations morbides. In-8º avec 2 pl. 1843. [Montpellier.] *J. B. Baillière.* 4 fr. 50 c.

— Médecine légale des aliénés. — Voy. *Réné et Bouisson.*

— Les Statues de Lapeyronie et de Barthez à Montpellier. Détails pour servir à l'histoire de la Faculté de médecine de cette ville. In-8º avec grav. 1865. Montpellier, *Bœhm et fils.* 2 fr.

— Traité théorique et pratique de la méthode anesthésique appliquée à la chirurgie et aux différentes branches de l'art de guérir. In-8º. 1849. *J. B. Baillière.* 7 fr. 50 c.

— Tribut à la chirurgie, ou Mémoires sur divers sujets de cette science. Tomes I et II. In-4° avec 11 et 10 pl. 1857 et 1861. [Montpellier.] *Baillière et fils.* Chaque volume, 12 fr.

BOUIX (l'abbé D.), docteur en théologie, directeur de la « Revue des sciences ecclésiastiques » publiée à Arras.

— Du Concile provincial, ou Traité des questions de théologie et de droit canon qui concernent les conciles provinciaux. In-8°. 1850. *Lecoffre.* 7 fr.

— Histoire des 26 martyrs du Japon, crucifiés à Nangasaqui le 5 février 1597, avec un aperçu historique sur les chrétiens du Japon depuis cette époque jusqu'à nos jours. In-8° avec grav. 1862. *Ruffet et Cie.* 5 fr.

— La Question liturgique à Lyon. In-8°. 1864. Arras, *Rousseau-Leroy.* 1 fr. 50 c.

— Tractatus de principiis juris canonici. In-8°. 1852. *Lecoffre.* 6 fr.

— Tractatus de judiciis ecclesiasticis, ubi et de vicario generali episcopi, etc. 2 vol. in-8°. 1855. *Ibid.* 12 fr.

— Tractatus de Parocho ubi et de vicariis parochialibus, necnon monialium, militum et xenodochiorum cappellanis, etc. In-8°. 1855. *Ibid.* 7 fr.

— Tractatus de jure regularium ubi et de religiosis familiis, quæ vota solemnia, vel etiam simplicia perpetua non habent, etc. 2 vol. in-8°. 1857. *J. Lecoffre et Cie.* 14 fr.

— Tractatus de curia romana, seu de cardinalibus, romanis congregationibus, legatis, nuntiis, vicariis et protonotariis apostolicis. In-8°. 1859. *Ibid.* 7 fr.

— Tractatus de episcopo et de synodo diœcesana. 2 vol. in-8°. 1859. *Ibid.* 11 fr.

— Tractatus de jure liturgico. Editio secunda, cui accessit pars quinta. In-8°. 1860. Arras, *Rousseau-Leroy.* 4 fr. 50 c.

— La Vérité sur la Faculté de théologie de Paris de 1663 à 1682, d'après des documents inédits. In-8°. 1864. *Ibid.* 1 fr. 50 c.

Extrait de la « Revue des sciences ecclésiastiques ».

BOUIX (le R. P. Marcel), de la Compagnie de Jésus.

— Saint Joseph, d'après les saints et les maîtres de la vie spirituelle. In-12. 1863. *Ruffet et Cie.* 1 fr. 50 c.

M. l'abbé Bouix a traduit les ouvrages suivants : « Œuvres spirituelles », de saint Pierre d'*Alcantara*; « Œuvres », de sainte *Thérèse*; « l'Imitation de Jésus-Christ », de *Thomas a Kempis*; « Traité de l'amour de Dieu », de saint *François de Sales*; « Élévations à Dieu », de *Carafa*; « le Purgatoire », de P. *Munford*. Il a publié un « abrégé des « Méditations », du Père Louis *Du Pont*. Voy. ces noms.

BOULABERT (Jules), romancier, né à Paris en 1830.

— Les Catacombes sous la Terreur. 2 vol. in-12. 1865. *Cadot.* 2 fr.

— Le même. In-4°, illustré. 1865. *Ibid.* 1 fr. 50 c.

— Le Fils du supplicié. 2 vol. in-12. 1865. *Ibid.* 2 fr.

— Le même. In-4° illustré. 1865. *Ibid.* 1 fr. 50 c.

— Les Mystères du Lapin-Blanc; drames de la Cité. In-4°. 1863. *Ballay aîné.* 2 fr. 50 c.

BOULAERS (l'abbé), professeur à l'École normale de Nivelles.

— Nouvelle Bible de l'enfance, ou Leçons amusantes et instructives sur l'Ancien et le Nouveau Testament. In-18. 1862. Bruxelles, *Ve Parent et fils.* 70 c.

BOULAGE (Mlle Maria).

— Claire et Thérèse. In-12. 1846. Sens, *Gallot.*

BOULAND (Pierre), docteur en médecine.

— Études sur les propriétés physiques, chimiques et médicinales des eaux minérales d'Enghien (Seine-et-Oise). In-8°. 1850. *Dentu.* 2 fr. 25 c.

BOULANGÉ (l'abbé Théodore), chanoine honoraire du Mans, aumônier de la Visitation, né au Mans en 1806.

— Cérémonial romain à l'usage des églises paroissiales et des chapelles publiques. In-12. 1858. Le Mans, *Gallienne.* 1 fr. 50 c.

— Croix et consolation. Nouveau chemin de la croix, etc., ou la Croix rendue légère. In-32. 1846. *Ve Louis Janet.* 2 fr.

— Histoire de saint François de Sales. Sa vie, ses vertus, ses institutions, ses écrits et sa doctrine. In-8°. 1848. Le Mans, *Julien, Lanier.* 6 fr.

— Petit manuel de la douce piété de saint François de Sales. In-32 avec 3 grav. 1850. *Louis Janet.* 2 fr.

— Le Prêtre à l'école de saint François de Sales. Théologie mystique et ascétique du saint évêque de Genève; précédée d'une étude sur sa vie, ses vertus, ses institutions, ses écrits et sa doctrine; avec neuf discours inédits. 2 vol. in-8°. 1849. Le Mans, *Julien, Lanier.* 12 fr.

— Rome en 1848-1849-1851. Correspondance d'un officier français de l'armée expéditionnaire d'Italie, publiée par l'abbé T. Boulangé. 2 vol. in-8° avec 2 portraits. 1851. Limoges, *Barbou frères.* 6 fr.

— Stéphano. Remords et expiation, par M. l'abbé***, chanoine honoraire. Épisodes dans l'histoire de la révolution de Rome. 1848, 1849 et 1850. In-8°. 1852. [Le Mans.] *Poussielgue-Rusand.* 4 fr.

Anonyme.

— Le même, sous le titre de : Stéphano, épisodes et scènes de la révolution de Rome sous le pontificat de Pie IX. In-12. 1860. *Putois-Cretté.* 2 fr.

— Vie de la vénérable servante de Dieu Marguerite-Marie Alacoque, religieuse de la Visitation de Sainte-Marie, morte en odeur de sainteté à Paray-le-Monial, en 1690. In-12. 1847. Le Mans, *Monnoyer.* 1 fr. 25 c.

— 2e édition, sous le titre : L'Amante du Sacré-Cœur, ou Vie et révélations de la vénérable Marguerite Marie, etc. In-12. 1849. *Ibid.* 2 fr. 50 c.

M. l'abbé Boulangé a publié les « Mémoires », de la mère de *Chaugy*, sur la vie et les vertus de sainte J. F. de Chantal. Voy. *Chaugy*; — et traduit les « Confessions », de saint *Augustin.* — Voy. ce nom.

BOULANGER (C.), ingénieur des mines, mort en 1849.

— Description du bassin houiller de Decize (Nièvre), faite en 1845 et revue en 1848. In-4°. 1850. *Mathias.*

— Statistique géologique et minéralogique du

département de l'Allier. In-8º de 31 f. 1845. Moulins, *Desrosiers*.

BOULANGER (Émile), de Doignies, juge, conseiller général du Nord.

— Fleurs et jalons; poésies et souvenirs historiques. Gr. in-8º. 1858. *Masgana*.

BOULANGER (Ernest), docteur en droit, rédacteur à l'administration centrale des domaines, né à Nantillois (Meuse) en 1832.

— Étude sur la novation en matière d'enregistrement, précédée d'une introduction historique, et du développement de la doctrine romaine sur la novation. In-8º. 1860. [Bar-le-Duc.] *A. Durand*. 3 fr.

— Traité pratique et théorique des radiations hypothécaires. In-8º. 1863. *Aux bureaux du Journal des notaires et des avocats.* 8 fr.

BOULANGER (Lucien).

— Fables de Lucien Boulanger, sorte d'ermite à Serquigny. In-18. 1863. *Humbert*. 1 fr.

BOULARD (Émile) a traduit la « Frugalité », satire d'*Horace*.

BOULATIGNIER (Séb. Jos.), conseiller d'Etat, membre du conseil municipal de Paris, ancien représentant du peuple, né à Valognes, en 1805.

— De la Fortune publique en France. — Voy. *Macarel et Boulatignier*.

BOULAY-PATY (Évariste), poëte, bibliothécaire au ministère de l'intérieur, né à Donges, en 1804, mort en 1864.

— Odes. In-8º. 1844. *Coquebert*. 7 fr. 50 c.

— Poésies de la dernière saison, avec une notice par M. Eugène Lambert. In-12. 1865. *A. Bray*. 3 fr.

— Sonnets. In-8º. 1851. *Henri Féret*. 5 fr.

Ouvrage couronné par l'Académie française.

BOULAY-PATY (P. S.), jurisconsulte, professeur de droit commercial à l'École de droit de Rennes, né à Abbaretz, en 1763, mort à Donges, en 1830.

— Traité des faillites et banqueroutes, suivi de quelques observations sur la déconfiture; entièrement refondu et mis en harmonie avec la loi de 1838; précédé d'un Précis historique sur Boulay-Paty, par J. M. Boileux. Nouvelle édition. 2 vol. in-8º. 1849. *Legrand*. 15 fr.

La 1re édition est de 1823.

BOULAYE (le vicomte DE LA). — Voy. **La Boulaye.**

*Boule de neige, ou l'Enfant sans baptême. (Traduit de l'anglais.) In-12. 1862. *Dillet*. 1 fr.

BOULÉ (Louis), auteur dramatique, ancien secrétaire du théâtre des Variétés, né en 1799, mort en 1865.

— Les Œuvres du démon. In-4º. 1854. *Magasin théâtral*. 20 c.

Avec Brésil.

BOULENGÉ (P. LE). — Voy. **Le Boulengé.**

BOULENGER (V. Adolphe).

— Fables nouvelles, suivies de fables traduites ou imitées. In-12. 1844. *Chamerot*. 1 fr. 25 c.

BOULET (Jean Baptiste Étienne), ancien avocat,

chef d'institution à Maisons-Laffitte, près Paris, né à Metz en 1804.

— Complément du De Viris illustribus urbis Romæ a Romulo ad Augustum, auctore Lhomond. Cours de thèmes correspondants, comprenant un thème sur chaque alinéa, en tout 264 thèmes. In-12. 1864. *Chez l'auteur.* 1 fr. 60 c.

— Cours pratique de langue latine. 4º édition. 2 vol. in-16. 1845. *Ibid.* 5 fr.

— Cours pratique de langue grecque (pratique et théorie). Ouvrage entièrement refondu et considérablement augmenté. 4º édition. In-16. 1857. *Ibid.* 5 fr.

— Manuel pratique de langue latine, contenant l'exposé de la nouvelle méthode et son application. 7º édition. In-16. 1864. *Ibid.* 3 fr.

— De la Véritable manière d'enseigner et d'apprendre le grec et le latin, avec un modèle d'exercices. Nouvelle édition. In-18. 1865. *Ibid.* 40 c.

BOULEY (Henri), médecin-vétérinaire, ancien professeur de clinique et de chirurgie à l'École d'Alfort, inspecteur général des écoles vétérinaires, membre de l'Académie de médecine.

— Mémorial thérapeutique du vétérinaire praticien pour 1861. In-24. 1861. *Asselin*. 1 fr. 75 c.

Avec A. Sanson.

— Nouveau dictionnaire pratique de médecine, de chirurgie et d'hygiène vétérinaires, publié avec la collaboration d'une société de professeurs vétérinaires et de vétérinaires praticiens, tomes 1 à 7. In-8º. 1855-1862. *Ibid.* Chaque volume, 7 fr. 50 c.

Avec M. Reynal.

L'ouvrage formera 10 volumes.

— De la Péripneumonie épizootique du gros bétail. Rapport général des travaux de la commission scientifique instituée près du ministère de l'agriculture, du commerce et des travaux publics. In-8º. 1854. *Labé*. 1 fr. 50 c.

— Traité de l'organisation du pied du cheval, comprenant l'étude de la structure, des fonctions et des maladies de cet organe. In-8º avec un atlas in-8º de 34 pl. 1851. *Ibid.* Avec figures noires, 14 fr.; colorié, 23 fr.

BOULGAK (N.), pseudonyme d'un seigneur russe.

— Étude sur les rapports de l'Église catholique avec l'Église orientale. In-8º. 1865. [Besançon, Bonvalot.] *Douniol.* 1 fr.

BOULICAULT (Pierre), ancien instituteur, né à Cormot, près de Nolay, en 1821, mort accidentellement en se baignant en 1862.

— D'où vient l'homme? Où va-t-il? Quelle est sa mission sur la terre? Éléments de philosophie rationnelle, ou la Religion vraie. In-8º. 1863. Dijon, *imprimerie Jobard.* 3 fr.

BOULIE (G. C. DE LA). — Voy. **La Boulie.**

BOULIER (la mère Anne Séraphine), religieuse du monastère de la Visitation de Dijon.

— Œuvres. — Voy. *Colet, Annales du monastère de la Visitation.*

BOULIN (Félix).

— Histoire complète de la guerre d'Orient, depuis l'ambassade du prince Menschikoff jusqu'au congrès de Paris. In-18. 1856. Lyon, *Cajani*. 2 fr.

BOULLAIRE (J.), avocat.

— Examen du projet de loi portant modification de la législation sur les coalitions. Conférence des attachés. In-8°. 1864. *Marescq aîné.* 1 fr. 50 c.

Extrait de la « Revue pratique de droit français ».

BOULLAN (l'abbé Joseph Antoine) a traduit : *Césare*, « Vie de la très-sainte Vierge Marie » ; *Navarro*, « Explication des saintes Écritures ». — Voy. aussi : *Lhomond*, Histoire abrégée de l'Église.

BOULLAND (Auguste), docteur en médecine, mort en 1859.

— Doctrine politique du christianisme. In-8°. 1845. *Jules Labitte.* 4 fr.

— Mission morale de l'art. In-8°. 1852. *Ibid.* 7 fr. 50 c.

BOULLAY (Gustave).

— Les Danses des salons, par un observateur. In-8°. 1855. *Dentu.* 1 fr.

Anonyme ; la conclusion est signée : Gustave Boullay.

— Le même. 2e édition, sous le titre de : Réforme de la danse des salons. In-12. 1855. *Ibid.* 50 c.

— Éclaircissement d'un point essentiel de morale politique. In-8°. 1865. *Ibid.* 1 fr.

— Plaidoyer pour la danse des salons contre la réforme d'icelle. In-12. 1855. *Ibid.* 1 fr.

— Réorganisation administrative. In-12. 1849. *Lévy frères.* 1 fr. 50 c.

— Société mécénienne de France pour l'encouragement des lettres, des arts et des sciences. In-8°. 1861. *Dentu.* 75 c.

BOULLÉE (A.), ancien magistrat, né à Bourg (Ain), en 1795.

— Biographies contemporaines. 2 vol. in-8°. 1863. *Vaton.* 12 fr.

— Essai sur la vie, le caractère et les ouvrages de J. E. M. Portalis, ministre des cultes, membre de l'Académie française, etc. In-8°. 1859. *Didier et Cie.* 2 fr. 50 c.

— Études biographiques sur Louis-Philippe d'Orléans, dernier roi des Français. Gr. in-8°. 1849. *Langlois et Leclercq.* 3 fr. 50 c.

Extrait de la « Revue du Lyonnais ».

— Histoire de la vie et des ouvrages du chancelier d'Aguesseau, précédée d'un discours sur le ministère public, et suivie d'une notice historique sur Henri d'Aguesseau, père du chancelier. Nouvelle édition, revue et corrigée. In-12. 1849. *Ibid.* 3 fr. 50 c.

— Histoire complète des États généraux et autres assemblées représentatives de la France depuis 1302 jusqu'en 1626. 2 vol. in-8°. 1845. *Ibid.* 15 fr.

— Notice sur le général Lafayette. (Imprimée par extraits dans la « Biographie universelle ».) In-8°. 1841. *Desenne.* 2 fr.

BOULLENOIS (Frédéric de).

— Conseils aux nouveaux éducateurs de vers à soie ; résumé des méthodes et des pratiques à suivre pour planter des mûriers, construire des magnaneries, élever les vers à soie et filer les cocons. 2e édition. In-8°. 1851. *Bouchard-Huzard.* 3 fr. 50 c.

1re édition en 1842. *Ibid.* 3 fr. 50 c.

BOULLENOT (Bern. Alf.).

— Annales de la Présidence, ou Recueil méthodique des discours du prince Louis Napoléon, du 10 décembre 1848 au 2 décembre 1851. Introduction et notes historiques, par Bern. Alf. Boullenot. In-12. 1852. *Giraud et Dagneau.* 1 fr. 50 c.

BOULLENOT (Félix).

— Tristes loisirs d'un employé ; poésies diverses. In-12. 1852. *Garnier frères.* 1 fr. 50 c.

BOULLIER (Auguste).

— Le Dialecte et les chants populaires de la Sardaigne. In-8°. 1864. *Dentu.* 5 fr.

— Essai sur l'histoire de la civilisation en Italie, tomes I et II. 1re partie : Les Barbares. In-8°. 1861. *Ibid.* Chaque volume, 5 fr.

— L'Ile de Sardaigne. Description, statistique, mœurs, état social. In-8° avec carte. 1865. *Dentu.* 5 fr.

BOULLIER (Isidore), mort en 1842 ou 1843.

— Mémoires ecclésiastiques concernant la ville de Laval et ses environs, diocèse du Mans, pendant la révolution de 1789 à 1802. 2e édition. In-8° de 33 f. 1846. Laval, *imprimerie Godbert.*

La 1re édition était anonyme, et ne se vendait pas.

— Recherches historiques sur l'église et la paroisse de la Trinité de Laval, sur le prieuré de Prix, et sur le chapitre de Saint-Tugal. Publiées par M. S. C., sur les notes et manuscrits de l'auteur. In-8° de 33 f. 1845. *Ibid.*

BOULMIER (Joseph).

— Estienne Dolet. Sa vie, ses œuvres et son martyre. Pet. in-8° avec portrait. 1857. [Évreux.] *Aubry.* 6 fr.

— François Villon ; drame historique. — Voy. *Royannez* (Adolphe).

— Rimes loyales. In-12. 1857. *Poulet-Malassis.* 1 fr. 50 c.

BOULOGNE (Étienne Antoine de), prélat français, archevêque de Vienne, pair de France, né à Avignon, en 1747, mort à Paris, en 1825.

— Œuvres complètes. — Voy. *Migne*, Collection d'orateurs sacrés, 2e série, tome 7.

BOULOGNE (P. de) a traduit de l'anglais : « les Représentants de l'humanité », par *Emerson.*

BOULONGNE (Alphonse), bibliothécaire à Noyon, né à Noyon en 1817.

— Choses de l'autre monde, ou Considérations sur l'âme, les anges et les démons, présentées aux sociétaires de Saint-François Xavier. In-18. 1863. Lille, *Lefort.* 1 fr. 50 c.

— La Morale dans l'histoire naturelle ; considérations sur les animaux. Discours prononcés aux réunions de l'Œuvre de Saint-François Régis. In-12. 1860. Tournai, *Casterman.* 3 fr.

BOULONGNE (le docteur A.), médecin-major de 2e classe au 2e régiment d'artillerie.

— Éléphantiasis des grandes lèvres, accompagnée d'induration de la peau et du tissu cellulaire sous-cutané de la région interne des fesses ; d'ulcérations profondes de cette région et d'hypertrophie des plis radiés de l'anus. In-8°. 1861. *Rozier.* 1 fr. 50 c.

22

BOULPIQUANTE jeune.

— L'Homme noir; drame historique en cinq actes et un tableau. In-8°. 1864. Liége, *Severeyns et Faust*. 50 c.

BOULY (Eugène), ancien adjoint, ancien membre du conseil municipal de Cambrai.

— Dictionnaire historique de la ville de Cambrai, des abbayes, des châteaux forts et des antiquités du Cambrésis. Ouvrage publié sous les auspices du conseil municipal de Cambrai. In-8° de 33 f. 1854. [Cambrai.] *Dumoulin*.

— Histoire de Cambrai et du Cambrésis. 2 vol. in-8°. 1843. Cambrai, *Hattu*.

— Histoires fantasques de la Flandre. In-8° de 14 f. 1845. Cambrai, *imprimerie de Lévêque*.

— Histoire de la municipalité de Cambrai, depuis 1789 jusqu'à nos jours. Extrait et analyse de ses délibérations importantes. 2 vol. in-8°. 1852 et 1854. *Ibid*.

Tome I de 1768 à 1794. Tome II de 1794 à 1830.

— Le Règne du diable. 2 vol. in-8°. 1846. *Ibid*.

— Les Sciences, les lettres et les arts à Cambrai. In-8° de 16 f. 1844. *Ibid*.

— Les Soirées de l'abbé Tranchant, ou Entretiens, anecdotes et souvenirs relatifs à l'histoire de Cambrai. In-8° de 21 f. 1845. Cambrai, *imprimerie de Carpentier*.

— Les Souterrains de Cambrai et du Cambrésis. In-8° de 12 f. avec une lithographie et une carte. 1847. *Ibid*.

Avec Adolphe Bruyelle.
Tiré à 50 exemplaires.

BOUNARDOT (A.), s'intitulant « Parisien ».

— Études archéologiques sur les anciens plans de Paris des XVI°, XVII° et XVIII° siècles. In-4°. 1851. *Deflorenne*. 8 fr.

BOUNET (le P.).

— Abrégé de la vie et des nouveaux miracles du serviteur de Dieu Jean François Régis, béatifié par le pape Clément XI, en 1736, et canonisé par Clément XII, en 1737. Avec la relation de la translation de ses reliques en 1834, etc. In-32. 1856. Limoges, *Barbou*. 80 c.

La 1re édition est de 1811.

BOUNIAKOWSKI (V.).

— Développements analytiques pour servir à compléter la théorie des Maxima et Minima des fonctions à plusieurs variables indépendantes. In-4°. 1857. Saint-Pétersbourg. 1 fr. 25 c.

— Sur les diviseurs numériques invariables des fonctions rationnelles entières. In-4°. 1854. *Ibid*. 1 fr. 50 c.

— Recherches sur quelques fonctions numériques. In-4°. 1862. *Ibid*. 1 fr. 25 c.

Ces trois écrits sont tirés des « Mémoires de l'Académie des sciences de Saint-Pétersbourg ».

BOUNICEAU.

— Étude sur la navigation des rivières à marées et la conquête des lais et relais de leur embouchure. In-8° avec 2 pl. 1845. *Mathias*. 7 fr.

BOUNIOL (Bathild), littérateur, né à Paris en 1815.

— Les Combats de la vie. Séries 1 à 4. 4 vol. in-12. 1858-1860. *A. Bray*. Chaque vol. 2 fr.

1re série, Cœur de bronze. — 2e série, la Famille du vieux célibataire. — 3e série, les Épreuves d'une mère. — 4e série, les Deux héritages.

— Épîtres et satires. In-8°. 1847. *Bray*. 2 fr. 50 c.

— La Femme, ses vertus et ses défauts; ouvrage tiré des œuvres du P. Caussin, entièrement refondu, corrigé et augmenté, par M. Bathild Bouniol. In-12. 1864. *Martin-Beaupré*. 3 fr. 50 c.

— La France héroïque (de Tolbiac à Isly), vies et récits dramatiques d'après les chroniques et les documents originaux. 3 vol. in-12. 1863. *A. Bray*. 8 fr.

— Gringalet au salon; espèce de critique. In-8°. 1843. *Guilbert*. 75 c.

— Je politique! scènes, récits, portraits. In-12. 1863. *Martin-Beaupré frères*. 3 fr. 50 c.

— La Joie du foyer. Histoires et historiettes, fantaisies, poésies, anecdotes, etc. 2 vol. in-12. 1857. *Julien, Lanier et Cie*. 3 fr.

— Ma Croisade, ou les Mœurs contemporaines. Satires. In-18. 1854. *A. Bray*. 3 fr.

— A l'Ombre du drapeau. Épisodes de la vie militaire. Empire. Algérie. Crimée. In-12. 1856. *Ibid*. 2 fr.

— Les Orphelines. In-8°. 1843. *Debécourt*. 4 fr.

— Le Peintre; poëme, suivi de notes et commentaires. In-18. 1860. *A. Bray*. 1 fr.

— Le Poison au rabais. In-12. 1861. *Martin-Beaupré*. 50 c.

— Quand les pommiers sont en fleur; nouvelles et fantaisies. In-12. 1861. *Brunet*. 2 fr. 50 c.

— Le Soldat apôtre; profils héroïques; précédé d'une lettre inédite du maréchal Bugeaud, duc d'Isly, adressée à l'auteur. In-12. 1858. *Julien, Cosnard et Cie*. 1 fr. 25 c.

— Le Soldat; chants et récits. 3e édition, revue et augmentée. In-18. 1856. *A. Bray*. 60 c.

1re édition en 1850.

— Les Vaillants cœurs. La Filleule d'Alfred et la Fille du corsaire. Histoire contemporaine. In-12. 1863. *Dillet*. 2 fr.

BOUQUET (l'abbé).

— La Culture des abeilles, mise, avec ses principes et tous ses perfectionnements, à la portée des habitants des campagnes, par le moyen d'une nouvelle ruche en paille à divisions perpendiculaires, etc. In-12 avec 4 pl. 1861. Lyon, *Girard et Josserand*. 2 fr.

BOUQUET (A.), professeur de mathématiques au lycée Saint-Louis, né en 1818. Il a publié plusieurs ouvrages en collaboration avec M. *Briot*.
— Voy. ce nom.

BOUQUET (J. P.), chimiste.

— Histoire chimique des eaux minérales et thermales de Vichy, Cusset, Vaisse, Hauterive et Saint-Yorre; analyses chimiques des eaux minérales de Médague, Chateldon, Brugheas et Seuillet. In-8° avec 3 cartes. 1855. *Victor Masson*. 7 fr. 50 c.

BOUQUET (Maurice).

— La Croix de Jeannette; opéra comique en un acte; musique de M. Hugh Gas. In-8°. 1865. Marseille, *Camoin*. 60 c.

— Un Futur présent; vaudeville en un acte. In-8°. 1854. Marseille, *Mlle Dutertre*. 60 c.

— Paquerette; comédie en un acte et en vers. In-12. 1855. Marseille, *Laffitte et Roubaud*. 1 fr.

— Sébastopol, ou la Revanche de Moscou; tableau militaire et patriotique en deux actes, suivis d'une apothéose. In-12. 1855. *Ibid*. 60 c.

Avec Édouard Jaloux.

*Bouquet (le) de la mission ou de la retraite; par l'abbé P. M. D***. In-12. 1865. Nantes, *Bourgeois*. 2 fr. 50 c.

BOUQUET DE LA GRYE (A.), ingénieur hydrographe, sous-inspecteur des forêts.

— Guide pratique et raisonné du garde forestier, à l'usage des préposés de l'administration des forêts, gardes particuliers et gardes-ventes. 4e édition, augmentée de notions de sylviculture. In-18. 1861. Ve *Bouchard-Huzard*. 2 fr.

Voy. aussi *Gaussin*, Annuaire des marées des côtes de France.

BOUR (Edmond), ingénieur des mines, professeur à l'École polytechnique, né à Gray, vers 1832, mort à Paris en 1866.

— Cours de mécanique et machines, professé à l'École polytechnique. 1er fascicule. Cinématique. In-8o avec atlas de 30 pl. in-4o. 1865. *Gauthier-Villars*. 10 fr.

BOURARD (Fr. Thomas), de l'ordre des frères prêcheurs, a traduit : *Goudin*, Philosophie suivant les principes de saint *Thomas*.

BOURASSÉ (l'abbé J. J.), chanoine de la cathédrale de Tours, ancien professeur au séminaire de cette ville, président de la Société archéologique de Touraine, né à Sainte-Maure en 1813.

— Archéologie chrétienne, ou Précis de l'histoire des monuments religieux du moyen âge. 5e édition. In-8o. 1854. Tours, *Mame et Cie*. 3 fr.

La 1re édition est de 1841.

— Les Cathédrales de France. In-8o avec de nombreuses grav. 1843. *Ibid*. 8 fr.

— Dictionnaire d'archéologie sacrée. 2 vol. gr. in-8o. 1854. *Migne*. 16 fr.

Forme les tomes 11 et 12 de la « Nouvelle encyclopédie théologique » publiée par l'abbé *Migne*.

— Les Enquestes de Posthumien, disciple de saint Martin. Comment le clerc Posthumien s'en alla en guerre par terre et par mer s'il pourroit trouver au monde, tant qu'il est long, clerc, moyne ou ermite, qui de si hault mérite fust comme avoit esté sainct Martin, archevesque de Tours. Publié d'après un manuscrit de la bibliothèque municipale de Tours, par M. l'abbé J. J. Bourassé. In-8o. 1863. Tours, *Bouserez*. 10 fr.

Tiré à 100 exemplaires.

— Esquisse archéologique des principales églises du diocèse de Nevers. In-8o. 1844. Nevers, *Fay*. 3 fr.

— Esquisses entomologiques, ou Histoire naturelle des insectes les plus remarquables. 4e édition. In-12. 1853. Tours, *Mame et Cie*. 1 fr. 50 c.

La 1re édition est de 1842.

— Histoire de Jésus-Christ, d'après les évangiles et la tradition, expliquée à l'aide des monuments, de la description des lieux et de commentaires des écrivains ecclésiastiques. Gr. in-8o avec gravures. 1861. *Ibid*. 7 fr.

— Histoire de la Vierge Marie, Mère de Dieu, d'après l'Évangile, les écrits des saints Pères et

les monuments. Gr. in-8o avec gravure. 1862. Tours, *Mame et Cie*. 8 fr.

— Histoire naturelle des oiseaux, des reptiles et des poissons. 11e édit. In-12. 1865. *Ibid*. 1 fr. 50 c.

— Des Miracles de Mme sainte Katherine de Fierboys, en Touraine (1375-1446), publiés pour la première fois d'après un manuscrit de la bibliothèque impériale, par M. l'abbé J. J. Bourassé. In-12. 1858. [Tours.] *Potier*. 4 fr.

Tiré à un très-petit nombre d'exemplaires.

— Les Plus belles cathédrales de France. Gr. in-8o avec gravures dans le texte et hors texte. 1861. Tours, *Mame et Cie*. 3 fr. 50 c.

— Les Plus belles églises du monde. Notices historiques et archéologiques sur les temples les plus célèbres de la chrétienté. Gr. in-8o avec 33 grav. 1857. *Ibid*. 8 fr.

— Résidences royales et impériales de France, histoire et monuments. Gr. in-8o avec 32 grav. 1863. *Ibid*. 12 fr.

— Summa aurea de laudibus beatissimæ Virginis Mariæ, Dei genitricis sine labe conceptæ, omnia quæ de gloriosissima Virgine Maria Deipara scripta præclariora reperiuntur in sacris bibliis, operibus sanctorum Patrum, decretis conciliorum, etc. 13 vol. gr. in-8o. 1862. *Migne*. 70 fr.

— La Terre sainte, voyage dans l'Arabie Pétrée, la Judée, la Samarie, la Galilée et la Syrie. In-8o avec 33 pl. 1860. Tours, *Mame et Cie*. 12 fr.

— La Touraine. Histoire et monuments. Publié sous la direction de M. l'abbé J. J. Bourassé. Illustrations par Karl Girardet et Français. In-fol. avec 14 grav. sur acier, 1 carte, 4 pl. en chromolithographie et un grand nombre de gravures sur bois. 1855. *Ibid*. 100 fr.

M. l'abbé Bourassé a encore publié : « les Dévotes épîtres de Catherine d'Amboise », voy. *Amboise*; « la Vie de Mgr. Saint-Martin de Tours », par *Péan-Gatineau*; il a traduit, en collaboration avec M. l'abbé Janvier, la Bible pour l'édition illustrée par Doré. — Voy. *Bible.

BOURASSOL (Christian).

— Deux ans de misère; extrait des mémoires d'un pion. In-12. 1863. *Dauvin frères*. 75 c.

BOURBEAU (Olivier), jurisconsulte et avocat, professeur de procédure à la Faculté de droit de Poitiers, ancien représentant du peuple, né à Poitiers en 1811.

— Théorie de la procédure civile. De la justice de paix (compétence et procedures civiles). In-8o. 1863. [Poitiers, *Hilleret*.] *Durand*. 9 fr.

M. Bourbeau a continué et complété l'ouvrage de M. Boncenne sur le même sujet. — Voy. ce nom.

BOURBON (l'abbé).

— La Thébaïde chrétienne, ou Vie de saint Antoine, grand patriarche des solitaires. In-8o. 1861. [Lyon.] *Douniol*. 5 fr.

BOURBON (Alexandre), maître des cérémonies de la cathédrale de Luçon, né près Les Herbiers (Vendée) en 1818, mort à Baréges en 1863.

— Introduction aux cérémonies romaines, ou Notions sur le matériel, le personnel et les notions liturgiques, le chant, la musique et la sonnerie. In-8o. 1865. Luçon, *Bideaux*. 5 fr.

— Petit cérémonial paroissial selon le rite romain. In-8o. 1861. *Ibid*. 5 fr.

BOURBON (Nicolas), poëte latin du xvie siècle, né à Vandeuvre en 1503, mort à Candé, dans la Touraine en 1550.

— Exécrations sur le détestable parricide. Traduit du latin, par D. F. Champflour Clairmontois, prieur de Saint-Robert de Montferrand en Auvergne; publié par M. Édouard Tricotel. In-8º avec portrait. 1861. *Aubry*. 1 fr. 50 c.

Tiré à 100 exemplaires. — Extrait du « Bulletin du bouquiniste ».

BOURBON. — Voy. **Élisabeth, Condé**, Mme de **Longueville, Enghien**.

BOURBOURG (l'abbé BRASSEUR DE). — Voy. **Brasseur de Bourbourg**.

BOURDAIS (F.), distillateur à Constantine.

— Guide du distillateur du sorgho à sucre. In-12. 1857. *A. Goin*. 1 fr.

BOURDAIS (Jules), ingénieur.

— Traité pratique de la résistance des matériaux appliquée à la construction des ponts, des bâtiments, des machines; précédé de notions sommaires d'analyse et de mécanique, suivi de tables numériques donnant les moyens d'inertie de plus de 500 sections de poutres différentes. In-8º. 1859. *Mallet-Bachelier*. 6 fr.

BOURDALOUE (le P. Louis), jésuite, célèbre prédicateur, né à Bourges en 1632, mort en 1704.

— Œuvres. 3 vol. in-8º. 1840. *Didot*. 30 fr.

— Œuvres. 6 vol. in-8º. 1844. Besançon, *Outhenin-Chalandre*. 24 fr.

— Œuvres complètes. Nouvelle édition. 5 vol. in-8º. 1846. *Mellier*. 20 fr.

— Œuvres complètes. Édition augmentée d'une longue notice sur sa vie et ses ouvrages et d'une table générale des matières. 18 vol. in-12. 1847. *Périsse frères*. 25 fr.

On vend séparément : Avent, 1 vol. 1 fr. 60 c.; Carême, 3 vol. 5 fr. 50 c.; Dominicales, 4 vol. 6 fr.; Exhortations, 2 vol. 3 fr. 50 c.; Mystères, 2 vol. 3 fr. 20 c.; Panégyriques, 2 vol. 3 fr.; Pensées, 3 vol. 3 fr. 60 c.; Retraite spirituelle, 1 vol. 1 fr. 25 c.

Œuvres complètes. — Voy. *Migne*, Collection des orateurs sacrés, 1re série, tomes 14 à 16.

— Œuvres complètes, publiées par des prêtres de l'Immaculée-Conception de Saint-Dizier (Haute-Marne). 1 vol. gr. in-8º. 1864. Bar-le-Duc, *Guérin*. 20 fr.

— Œuvres complètes. Nouvelle édition, revue par une société d'ecclésiastiques. Tomes 1 à 4. In-8º. 1864. Bar-le-Duc, *Contant-Laguerre et Cie*.

Cette édition formera 6 volumes.

— Œuvres. Tome 1. Avent. In-8º. 1864. *Chaix et Cie*. 2 fr. 50 c.

— Chefs-d'œuvre oratoires, suivis d'opuscules : le Petit nombre des élus, Accord de la raison et de la foi, etc. In-12. 1845. *Lefèvre*. 2 fr. 30 c.

— Chefs-d'œuvre oratoires de Fléchier, Bourdaloue. Petit carême de Massillon. In-8º. 1852. *Furne et Cie*. 5 fr.

— Discours sur la religion chrétienne, la foi, l'Église, la sagesse, la douceur, la sainteté et la force de la loi chrétienne. — Voy. *Migne*, Démonstrations évangéliques, tome IV.

Voy. aussi *Herbet*, Nouveau mois eucharistique, tiré des œuvres de Bourdaloue.

BOURDEAU (F. J.).

— Manuel de géographie historique. Ancienne Gascogne et Béarn, ou Recueil de notices statistiques, descriptives, historiques, biographiques, etc., sur les villes et les communes des départements du Gers, des Landes, des Hautes et des Basses-Pyrénées. 2 vol. in-8º. 1861-1862. [Tarbes, *Larrieu*.] Ve *Renouard*. 7 fr.

— Tablettes françaises, ou France statistique, descriptive, historique, biographique et pittoresque. In-8º de 22 f. 1846. Bayonne, *imprimerie de Lamaignière*.

BOURDEILLES (Pierre), seigneur de BRANTÔME. — Voy. **Brantôme**.

BOURDEILLES (le vicomte André de). — Voy. *Brantôme, Œuvres complètes*.

BOURDET (le docteur Eugène), ancien médecin des maisons centrales, né à Paris en 1818.

— Causeries médicales avec mon client. In-12. 1852. *Germer Baillière*. 4 fr.

— Des Maladies du caractère. Hygiène morale et philosophie. In-12. 1858. *Ibid*. 3 fr. 50 c.

— Principes d'éducation positive. In-12. 1863. *Ibid*. 3 fr. 50 c.

BOURDIER (Raoul).

— Histoire de la Crimée. In-4º, illustré, avec carte. 1855. *Barba*. 70 c.

M. Bourdier a traduit de l'anglais : « les Chercheurs d'or », de John *Scherer*, et plusieurs romans de *Mayne-Reid*. — Voy. ces noms.

BOURDILLAT (E.), fabricant de papiers à la Lima (Toscane).

— De la Décoloration et du Blanchiment des chiffons. In-8º avec 2 pl. 1865. [Arlon, *imprimerie P. A. Brück*.] *Au bureau du Journal des fabricants de papiers*. 7 fr. 50 c.

Mémoire qui a obtenu une médaille de 1re classe au concours de la Société industrielle de Mulhouse, en 1865.

BOURDILLON (J. L.).

— Le Poëme de Roncevaux, traduit du roman en français (en prose), par Jean Louis Bourdillon. In-16 de 8 f. 1840. Dijon, *chez l'auteur*.

— La Fin tragique des Nibelons, ou les Bourguignons à la cour d'Attila, poëme traduit du thyois, ou vieux allemand, et mis en lumière, par J. L. Bourdillon. Pet. in-8º. 1852. *Cherbuliez*.

BOURDIN (le docteur C. E.), professeur d'hygiène.

— Essai sur la phrénologie considérée dans ses principes généraux et son application pratique. In-12 de 3 f. 1847. *Imprimerie de Mme Bouchard-Huzard*.

— Du Progrès considéré particulièrement au point de vue du bien-être hygiénique des classes laborieuses. Association philotechnique. In-8º. 1865. *Dentu*. 50 c.

— Du Suicide considéré comme maladie. In-8º. 1845. *Fortin, Masson et Cie*. 2 fr.

— Traité de la catalepsie. In-8º. 1841. *Just Rouvier*. 4 fr.

BOURDOIS (Achille), auteur dramatique.

— L'Ami François; comédie-vaudeville en un acte. In-12. 1852. *Lévy frères*. 60 c.

Avec Émile Colliot.

— Le même. In-4º. (Théâtre contemporain illustré, livraison 97.) 1854. *Ibid.* 40 c.

— L'Auberge du Lapin blanc; vaudeville en un acte. In-8º. 1855. *Beck.* 60 c.

— Une Chanson de Béranger; vaudeville en quatre actes. Gr. in-8º. 1865. *Lévy frères.* 60 c.

Avec E. Colliot.

— La Course à la veuve ; vaudeville en un acte. In-12. 1852. *Giraud et Dagneau.* 60 c.

Avec E. Colliot et Lapointe.

— Les Dames de cœur-volant; opéra bouffe en un acte; musique de M. J. Erlanger. In-12. 1859. *Librairie nouvelle.* 60 c.

Avec A. Lapointe.

— Deux Femmes en gage; folie en un acte. In-12. 1854. *Lévy frères.* 60 c.

Avec Nérée Desarbres.

— Le même. In-4º. (Théâtre contemporain illustré, livraison 142.) 1855. *Ibid.* 40 c.

— Faust et Framboisy; drame burlesque en trois actes et onze tableaux. In-8º. 1859. *Beck.* 60 c.

Avec A. Lapointe.

— Les Femmes du Sport; tableau de mœurs de salon et d'écurie en quatre actes. In-12. 1864. *Lévy frères.* 1 fr.

Avec E. Colliot.

— Le Mari par régime; comédie-vaudeville en un acte. In-8º. 1854. *Beck.* 60 c.

Avec E. Colliot et Lapointe.

— Mêlez-vous de vos affaires ; vaudeville en un acte. In-8º. 1853. *Ibid.* 60 c.

Avec les mêmes.

— Les Moustaches grises; vaudeville en un acte. In-8º. 1853. *Ibid.* 1 fr.

Avec les mêmes.

— En trois visites...; vaudeville en un acte. In-8º. 1854. *Ibid.* 60 c.

— La Villa des amours; vaudeville en deux actes. In-8º. 1857. *Ibid.* 60 c.

Avec Delacour.

M. Bourdois a encore signé des pièces de théâtre en collaboration avec MM. *Barthélemy*, *Clairville*, *Cogniard*, *Cormon*, *Couailhac*, *Dumanoir*, *Lefranc*, *Rimbaut*, *Siraudin*, *Xavier*.

BOURDON (Aimé).

— La Traite des blancs; comédie en trois actes, en vers. Dédiée à la maison Alexandre Dumas et Cⁱᵉ, fabrique de papiers peints, 35, rue de Reuilly-Saint-Antoine. In-12. 1845. *Edmond Albert.* 1 fr.

BOURDON (Hercule), ancien rédacteur du « Globe saint-simonien » et de la « Revue du Progrès social », né à Dunkerque en 1808. Il est le mari de Mᵐᵉ BOURDON ou Mathilde FROMENT. — Voy. plus loin.

— Choix de dissertations sur des questions de procédure civile et de droit pénal, avec un travail d'histoire. In-8º. 1861. [Lille, *Quarré.*] *Cotillon.* 2 fr. 50 c.

BOURDON (Isidore), médecin, membre de l'Académie de médecine, né à Merry (Orne), en 1796, mort en 1861.

— Illustres médecins et naturalistes des temps modernes. Ouvrage dans lequel on apprécie les travaux de Cuvier, Boerhaave, Lamarck, Haller, Bordeu, Camper, Barthez, Bichat, Corvisart, Béclard, Hahnemann, Dupuytren, etc. In-12. 1844. *Comptoir des imprimeurs-unis.* 3 fr. 50 c.

— Lettres à Camille sur la physiologie. 2ᵉ édition, augmentée. In-12. 1843. *Gosselin.* 3 fr. 50 c.

La 1ʳᵉ édition est de 1829.

— Notions d'hygiène pratique. 2ᵉ édition. Gr. in-8º avec 5 pl. et vignettes. 1860. *Hachette et Cⁱᵉ.* 3 fr.

La 1ʳᵉ édition a été publiée en 1844. *Ibid.* 3 fr.

— La Physiognomonie et la phrénologie, ou Connaissance de l'homme d'après les traits du visage et les reliefs du crâne; examen critique des systèmes d'Aristote, de Porta, de Lachambre, de Camper, de Lavater, de Gall et de Spurzheim. In-12 avec 42 fig. 1842. *Gosselin.* 3 fr. 50 c.

— Précis d'hydrologie médicale, ou les Eaux minérales de la France dans un ordre alphabétique. In-12. 1860. *Baillière et fils.* 3 fr.

BOURDON (Pierre Louis Marie), professeur de mathématiques à Saint-Cyr, né en 1801.

— Abrégé du Cours de géométrie de A. J. H. Vincent. — Voy. *Vincent.*

— Application de l'algèbre à la géométrie, comprenant la géométrie analytique à deux et à trois dimensions. 5ᵉ édition, rédigée conformément aux nouveaux programmes de l'enseignement dans les lycées. In-8º. 1854. *Mallet-Bachelier.* 7 fr. 50 c.

La 1ʳᵉ édition est de 1824.

— Éléments d'algèbre. 11ᵉ édition. In-8º. 1856. *Ibid.* 8 fr.

La 1ʳᵉ édition est de 1822.

— Éléments d'arithmétique. 33ᵉ édition, rédigée conformément aux nouveaux programmes de l'enseignement dans les lycées. In-8º. 1864. *Gauthier-Villars.* 4 fr.

— Trigonométrie rectiligne et sphérique. Ouvrage adopté par l'Université. Rédigé conformément aux nouveaux programmes d'enseignement dans les lycées. In-8º. 1854. *Mallet-Bachelier.* 3 fr.

BOURDON (Mᵐᵉ) ou Mathilde FROMENT, c'est-à-dire Mathilde LIPPENS, mariée d'abord à M. FROMENT et en secondes noces à M. Hercule BOURDON (voy. plus haut), née à Gand en 1817.

— Abnégation. In-12. 1859. *Putois-Cretté.* 1 fr. 50 c.

— Les Amis du ciel. 6ᵉ édition. In-18. 1865. Lille, *Lefort.* 30 c.

— L'Ange du sommeil. 3ᵉ édition. In-18. 1865. *Ibid.* 30 c.

— L'Anneau de paille ; petit drame. In-18. 1860. *Putois-Cretté.* 20 c.

— Antoinette Lemire. — Voy. *Études populaires.*

— Les Béatitudes, ou la Science du bonheur. In-12. 1858. *Amb. Bray.* 2 fr.

6ᵉ édition en 1863.

— Un Bienfait n'est jamais perdu, suivi de la Rosière, ou Trop parler nuit, proverbes. 3ᵉ édition. In-18. 1865. Lille, *Lefort.* 30 c.

Anonyme.

— La Bienheureuse Marie Alacoque, religieuse de la Visitation à Paray-le-Monial. In-18. 1865. *Ibid.* 60 c.

— Biographie de Mozart. 2ᵉ édition. In-18. 1864. *Ibid.* 75 c.

— La Chapelle d'Einsiedeln. 2ᵉ édition. In-18. 1864. *Ibid.* 60 c.

— La Charité, légendes. In-12. 1860. *Bray.* 2 fr.
3e édition en 1864.

— La Charité en action. 4e édition. In-12. 1865.
Lille, *Lefort.* 60 c.
La 1re édition (anonyme) a été publiée en 1852 en 2 vol.

— La Clef des cœurs. In-18. 1863. *Ibid.* 30 c.

— Denise. In-12. 1863. *Putois-Cretté.* 1 fr. 50 c.

— Le Divorce. In-12. 1865. *Dillet.* 1 fr. 50 c.

— Le Droit d'aînesse, ou le Dévouement filial
et fraternel, suivi de Céline. In-12. 1860. *Bray.*
2 fr.
4e édition en 1865.

— Études populaires. Antoinette Lemire, ou
l'Ouvrière de Paris. In-12. 1861. *Putois-Cretté.* 1 fr.
50 c.

— Études populaires. Marthe Blondel, ou l'Ouvrière de fabrique. In-12. 1862. *Ibid.* 1 fr. 50 c.

— Études populaires. Les Veillées du patronage. In-12. 1864. *Ibid.* 1 fr. 50 c.

— La Famille Clairval. 4e édition. In-18. 1864.
Lille, *Lefort.* 50 c.

— Une Faute d'orthographe ; suivie de : Pauline ; Blanche ; les Boîtes de Spa ; Quelques pages
d'un vieux cahier. In-12. 1863. *Putois-Cretté.* 1 fr.
50 c.

— La Ferme aux ifs. In-12. 1863. *Ibid.* 2 fr.

— Le Foyer, récits. In-12. 1861. Lille, *Lefort.*
75 c.

— Gérard l'aveugle. In-18. 1865. *Ibid.* 30 c.

— L'Héritage de Françoise. In-12. 1865. *Putois-
Cretté.* 1 fr. 50 c.

— Histoire de Marie Stuart. In-12. 1861. *Ibid.*
1 fr. 50 c.

— Histoire de Notre-Dame de la Treille. In-8o.
1851. Lille, *Reboux.* 10 fr.
Publié en 20 livraisons.

— Les Homonymes de l'histoire. In-12. 1863.
Tournai, *Casterman.* 1 fr.

— L'Inventaire, suivi de : le Billet de logement.
In-18. 1864. Lille, *Lefort.* 30 c.

— Le Legs d'une mère. 3e édition. In-18. 1865.
Ibid. 30 c.

— Léontine, histoire d'une jeune femme. In-12.
1862. *Bray.* 2 fr.
Suivi de « l'Anneau de Polycrate ».

— Lettres à une jeune fille. In-12. 1859. Tournai, *Casterman.* 1 fr. 50 c.

— Mademoiselle d'Épernon, religieuse carmélite. In-18. 1856. *Ibid.* 80 c.
2e édition en 1864.

— La Main droite et la Main gauche ; les Pom-
pons et les Haillons ; une Leçon d'histoire. In-18.
1864. Lille, *Lefort.* 30 c.

— Marcia. Histoire des premiers temps du christianisme. In-12. 1860. *Putois-Cretté.* 1 fr. 50 c.
3e édition en 1863.

— Marthe Blondel. — Voy. *Études populaires.*

— Le Mois des serviteurs de Marie. In-12. 1863.
Putois-Cretté. 1 fr. 50 c.

— Nouvelles historiques. In-12. 1859. *Ibid.* 1 fr.
50 c.
3e édition en 1864.

— Onze Nouvelles. 3e édition. In-12. 1860.
Tournai, *Casterman.* 1 fr. 50 c.

— La Paix du logis, suivi de : Croix de paille ;
Croix de plomb ; l'Utile avant l'agréable ; A quel-
que chose malheur est bon. In-12. 1863. Lille,
Lefort. 75 c.

— Une Parente pauvre. In-12. 1865. *Bray.* 2 fr.

— La Pierre angulaire, scènes domestiques.
In-18. 1865. Lille, *Lefort.* 30 c.

— Politesse et Savoir-vivre. In-12. 1859. Tournai, *Casterman.* 50 c.

— Le Prix de la vie, suivi de plusieurs nouvelles. In-12. 1863. Lille, *Lefort.* 75 c.

— Pulchérie. In-12. 1860. *Putois-Cretté.* 1 fr.
50 c.
2e édition en 1863.

— Quatre Nouvelles. In-12. 1861. Tournai,
Casterman. 1 fr. 50 c.
Philippine de Dampierre. — Anne de Untenhove. — Marie
Ter Goes. — Claudia.

— Quelques heures de solitude. In-12. 1860.
Putois-Cretté. 1 fr. 50 c.

— Quelques nouvelles : Frère et Sœur ; une
Conscience de jeune fille ; Olympe. 2e édition.
In-18. 1864. Lille, *Lefort.* 60 c.

— Sainte Geneviève, patronne de Paris. 2e édition. In-18. 1865. *Ibid.* 30 c.

— Sainte Jeanne de Valois, fondatrice des An-
nonciades. 2e édition. In-18. 1865. *Ibid.* 30 c.

— Les Servantes de Dieu, vies édifiantes des
dames les plus pieuses et les plus charitables,
depuis Mme de Miramion (xviie siècle) jusqu'à
Mme Swetchine inclusivement. In-12. 1861. *Putois-
Cretté.* 1 fr. 50 c.
Mme de Miramion. — Mme de Pollalion. — Mlle de Lamoignon.
— Mme Hélyat. — Mlle de Francheville. — Mlle de Foix. —
Mme de La Gardye. — Mme de Saisseval. — Mme Swetchine.

— Si j'avais mille écus ! In-12. 1862. Lille, *Lefort.* 30 c.

— Souvenirs d'une famille du peuple, depuis
les temps mérovingiens jusqu'à nos jours. In-12.
1863. *Putois-Cretté.* 1 fr. 50 c.

— Souvenirs d'une institutrice. In-12. 1859.
A. Bray. 2 fr.
4e édition en 1861.

— Tableaux d'intérieur. In-12. 1862. Tournai,
Casterman. 1 fr. 50 c.
2e édition en 1864.

— Trois proverbes : l'Humeur ; Tout vient à point
à qui sait attendre ; Chacun son métier. 2e édition.
In-18. 1864. Lille, *Lefort.* 75 c.

— Les Trois sœurs, scènes de famille. In-12.
1863. *Putois-Cretté.* 1 fr. 50 c.
2e édition en 1864.

— Trop parler nuit. In-12. 1861. Lille, *Lefort.*
30 c.
2e édition en 1864.

— Les Veillées du patronage. — Voy. *Études
populaires.*

— La Vie réelle. In-12. 1857. *A. Bray.* 2 fr.
11e édition en 1862.

BOURDONNAY (le docteur).

— Traité des affections rhumatismales névral-
giques et goutteuses. In-18. 1857. *Chez l'auteur,*
rue de Grenelle-Saint-Honoré, 19. 1 fr. 50 c.

BOURDONNÉ (Philippe Louis), ancien membre de l'Université, né à Paris en 1805.

— Atlas étymologique et polyglotte des noms propres les plus répandus, d'après MM. Adolphe Pictet, Albin de Chevalet etc. Livraisons 1 à 8. In-4°. 1862-1865. [Agen.] *Durand*. Chaque livraison, 3 fr.

— Lettres sur l'origine des noms propres les plus répandus. (1re lettre.) In-8°. 1864. *Ibid*. 60 c.

— Singularité de quelques noms propres. In-8°. 1863. *Ibid*. 50 c.

BOURDY (l'abbé), vicaire de Saint-Avé, a traduit : *Challoner*, « le Jardin de l'âme ».

BOUREL (Antonin), pasteur protestant.

— Chants de l'aurore. In-16. 1851. Nîmes, *Garve*.

— Les Mignonnettes; poésies pour des enfants de dix à quatorze ans. In-12. 1865. Angers, *Lemesle frères et Cie*. 1 fr.

— Orient et Occident. Lévantines. Voix plaintives. (Poésies.) In-12. 1858. Orléans, *Gatineau*. 1 fr.

BOURET (J.), conducteur des ponts et chaussées, mort en...

— Dictionnaire géographique de la Lozère, précédé d'une notice générale sur le département. In-8°. 1852. Mende, *Boyer*. 3 fr. 50 c.

— Petit catéchisme administratif à l'usage des écoles et des familles. In-12. 1863. *P. Dupont*. 1 fr.

BOUREULLE (Paul de), capitaine d'artillerie.

— Qu'est-ce que l'organisation du travail? Réponse en deux séances faites à l'Hôtel de ville de Metz. In-18. 1848. Besançon, *imprimerie de Sainte-Agathe aîné*. 20 c.

— Francœur et Giroflet. Conversations sur le socialisme et sur bien d'autres choses. In-12. 1850. *Librairie sociétaire, quai Voltaire*, 25. 1 fr. 25 c.

BOURGADE (F.), receveur de l'enregistrement et des domaines.

— Les Contribuables et l'enregistrement. Guide pratique de l'enregistrement et de la transmission de la propriété. In-8°. 1861. *P. Dupont*. 4 fr.

— Le Crédit foncier de France. Le Crédit agricole et les emprunteurs, exposé pratique des statuts, lois, décrets et règlements qui régissent ces deux sociétés. In-8°. 1861. *Ibid*. 3 fr.

— Instruction sur la formation et la tenue du registre de l'état civil de la propriété foncière. In-16. 1863. Mézières, *Devin*. 75 c.

BOURGADE (l'abbé François), missionnaire et philologue, aumônier de la chapelle de Saint-Louis, à Carthage, né à Gaujan (Gers), en 1806. Depuis 1838 il a exercé son ministère en Algérie et à Tunis.

— La Clef du Coran, faisant suite aux Soirées de Carthage. In-8°. 1852. *Duprat*. 3 fr.

— Lettre à M. E. Renan à l'occasion de son ouvrage intitulé : Vie de Jésus. In-8°. 1864. *Martin-Beaupré frères*. 3 fr.

— Passage du Coran à l'Évangile, faisant suite aux Soirées de Carthage et à la Clef du Coran. In-8° de 15 f. 1855. *Duprat*.

— Roman d'Antar, 1re livraison. In-8°. 1864. *Ibid*. 7 fr.

— Soirées de Carthage, ou Dialogues entre un prêtre catholique, un muphti et un cadi. 2e édition. In-8°. 1852. *Ibid*. 3 fr.

La 1re édition a été publiée en 1847.

— Soirées de Carthage, ou Dialogues entre un prêtre catholique, un muphti et un cadi. Traduites en arabe par M. Soliman Al-Harairi. 2e édition perfectionnée. Texte arabe. In-8°. 1859. *Ibid*. 7 fr. 50 c.

— Toison d'or de la langue phénicienne. In-fol. avec 37 pl. 1852. *Ibid*. 34 fr.

Collection d'inscriptions puniques trouvées sur les ruines de Carthage et sur divers points de la régence de Tunis, avec la transcription en caractères hébreux et la traduction en latin et en français.

— Le même. 2e édition. In-fol. avec 21 pl. 1856. *Ibid*. 55 fr.

BOURGAIN (E.), commis de marine.

— Répertoire général des taxes de navigation (droits de tonnage, ancrage, pilotage, phares, bouées, etc.) auxquelles sont soumis les navires français dans les ports de France, aux colonies et à l'étranger, à l'usage des armateurs et des capitaines de navires. In-12. 1858. *P. Dupont*. 3 fr.

BOURGANEL (l'abbé Pierre Marie), curé de Saint-Huon-le-Châtel (Loire), né à Pommiers (Loire) en 1814.

— La Voie du bonheur. In-18. 1864. [Roanno, *Durand*.] 1 fr. 50 c.

BOURGAREL (le docteur Émile), médecin à Marseille, né à Toulon en 1830.

— Conseils aux mères concernant l'hygiène et les maladies les plus communes de l'enfance. In-16. 1863. [Marseille.] *Masson*. 3 fr. 50 c.

BOURGAT, ex-directeur des douanes.

— Code des douanes, ou Recueil des lois et règlements sur les douanes en vigueur au 1er janvier 1842. 2 vol. in-8°. 1842. *Renard*. 12 fr.

— 1er et 2e supplément. 1843 et 1844. Prix de chacun, 1 fr.

— Code des douanes, ou Recueil des lois et règlements sur les douanes en vigueur au 1er janvier 1848. 2e édition. 2 vol. in-8°. 1848. *Chez l'auteur, rue de Clichy*, 20. 12 fr.

— 1er à 6e supplément. 1851 à 1856. Prix de chacun, 1 fr.

BOURGEAT (l'abbé J. B.), chanoine honoraire de Verdun.

— Études sur Vincent de Beauvais, théologien, philosophe, encyclopédiste, ou Spécimen des études théologiques, philosophiques et scientifiques au moyen âge, XIIIe siècle, 1210-1270. Thèse pour le doctorat, présentée à la Faculté de théologie de Paris, le 28 juin 1856. In-8°. 1856. *Durand*.

— Histoire de la philosophie. Philosophie orientale. In-8°. 1850. *Hachette*.

— Programme d'un cours de philosophie. Théorie; histoire: suivi du développement complet de plusieurs questions. In-8°. 1853. Lyon, *Vingtrinier*. 6 fr.

BOURGEAU (l'abbé Th.).

— La Conversation chrétienne dans la bonne

compagnie, ou Ce que doit être notre langage dans le monde. In-18. 1861. *Lecoffre et C*. 2 fr.

— Délices de la sainte Table, ou Préparation et actions de grâces pour la confession et la communion. In-18. 1865. *Sarlit.* 2 fr.

— Dévotion à la très-sainte Vierge et neuvaine en son honneur, suivie de légendes. In-32. 1858. *Ibid.* 80 c.

— Jésus-Christ connu et aimé. In-32. 1861. *Lesort.* 2 fr.

— Le Joyeux passe-temps des familles. Nouveau recueil d'anecdotes, bons mots, facéties, menus propos et tours de société simples et faciles. In-12. 1862. *Sarlit.* 2 fr.

— La Perfection chrétienne dans le monde, ou le Véritable progrès dans la vertu. In-12. 1859. *Ibid.* 1 fr. 50 c.

— Les Usages du monde, ou Ce qui s'observe dans la bonne compagnie. In-18. 1864. [Poitiers, *Oudin.*] *Palmé.* 1 fr.

— La Vie vraiment méthodique au milieu du monde, ou Pratique des vertus de chaque instant. In-12. 1862. *Guyot et Roïdot.* 2 fr.

BOURGEOIS.

— Histoire des comtes de Brienne, contenant un précis généalogique de cette illustre maison, accompagné de nombreux documents historiques; une Notice détaillée sur Brienne-la-Vieille et Brienne-le-Château, et sur l'école militaire où fut élevé Napoléon; avec plusieurs particularités et anecdotes authentiques sur l'écolier de Brienne, devenu le prodige du xixe siècle. In-8o. 1849. Troyes, *Anner André.* 2 fr.

BOURGEOIS, inspecteur de l'enseignement primaire.

— Études pédagogiques, à l'usage des instituteurs primaires. In-12. 1859. *Dezobry, Magdeleine et C*. 2 fr.

BOURGEOIS (l'abbé Alphonse), gradué en théologie de l'Université de Louvain.

— Le Catéchisme expliqué aux enfants. In-18. 1863. Tournai, *Casterman.* 80 c.

— La Pomme de discorde, ou le Pape-Roi. In-8o. 1860. *Ibid.* 75 c.

— La Théologie mise à la portée des gens du monde. 2 vol. in-12. 1862. *Ibid.* 5 fr.

BOURGEOIS (Auguste Anicet), plus connu sous le nom de ANICET-BOURGEOIS, auteur dramatique, né en 1806.

— Les Amours de Monsieur et Madame Denis; comédie-vaudeville en deux actes. In-8o. 1845. *Tresse.* 50 c.

Avec Michel Delaporte.

— Atar-Gull; mélodrame en trois actes. In-8o. 1860. *Barbré.* 20 c.

Avec Michel Masson.

— L'Avare en gants jaunes; comédie-vaudeville en trois actes. In-12. 1858. *Lévy frères.* 1 fr.

Avec E. Labiche.

— L'Aveugle; drame en cinq actes. In-12. 1859. *Ibid.* 1 fr.

Avec A. Dennery.

— Le même. In-4o. *Ibid.* 40 c,

— Les Blancs-becs; comédie-vaudeville en deux actes. In-8o. 1842. *Tresse.* 50 c.

Avec Ed. Brisebarre.

— Le Bossu; drame en cinq actes. In-12. 1863. *Lévy frères.* 1 fr.

Avec Paul Féval. — On a vu par une polémique dans le «Figaro», en 1866, entre MM. Paul Féval et V. Sardou, que ce dernier avait eu une part plus ou moins grande dans la conception de cette pièce.

— Le même. In-4o. 1863. *Ibid.* 50 c.

— La Bouquetière des Innocents; drame en cinq actes. In-12. 1862. *Ibid.* 1 fr.

Avec F. Dugué.

— Le même. In-4o. (Théâtre contemporain illustré, livraison 578.) *Ibid.* 20 c.

— Le Capitaine Fantôme; drame en cinq actes. In-12. 1864. *Ibid.* 2 fr.

Avec Paul Féval.

— Le même. In-4o. (Théâtre contemporain illustré.) 1865. *Ibid.* 20 c.

— Le Cheval fantôme; légende en cinq actes. In-8o. 1860. *Barbré.* 30 c.

Avec Ferd. Dugué.

— Les Comédiens de salons; caricature en un acte. In-12. 1859. *Lévy frères.* 60 c.

Avec Armand Durantin.

— Le même. In-4o. 1862. *Ibid.* 40 c.

— La Dame de la Halle; drame en sept actes. In-12. 1852. *Ibid.* 1 fr.

Avec Michel Masson.

— La Dame de Saint-Tropez; drame en cinq actes. In-8o. 1860. *Ibid.* 60 c.

Avec A. Dennery.

— Deux gouttes d'eau; comédie en un acte. In-12. 1853. *Ibid.* 60 c.

Avec E. Labiche.

— Le Diable d'argent; pièce en quatre actes. In-4o. 1857. *Librairie théâtrale.* 20 c.

Avec Eug. Nyon et Laurent.

— Le Docteur noir; drame en sept actes. In-12. 1846. *Lévy frères.* 60 c.

Avec M. Dumanoir.

— Le même. In-4o. 1853. *Ibid.* 20 c.

— L'École des Arthurs; comédie-vaudeville en deux actes. In-12. 1859. *Ibid.* 1 fr.

Avec E. Labiche.

— Le même. In-4o. 1862. *Ibid.* 40 c.

— En pénitence; comédie-vaudeville en un acte. In-8o. 1841. *Tresse.* 30 c.

— L'Étoile du berger; féerie en quatre actes. In-8o. 1846. *Lévy frères.* 60 c.

Avec A. Dennery.

— La Femme à la broche; vaudeville en un acte. In-12. 1849. *Ibid.* 60 c.

Avec Ch. Narey.

— Le Fiacre et le parapluie; comédie-vaudeville en un acte. In-8o. 1845. *Tresse.* 60 c.

Avec Éd. Brisebarre.

— La Fille des chiffonniers; drame en cinq actes. In-12. 1861. *Lévy frères.* 1 fr.

Avec Ferd. Dugué.

— Le même. In-4o. *Ibid.* 40 c.

— La Fille du paysan; drame en cinq actes. In-12. 1862. *Ibid.* 1 fr.

Avec A. Dennery.

— Le même. In-4°. (Théâtre contemporain illustré, livraison 583.) 40 c.

— Le Fils de M. Godard; pièce en trois actes. In-12. 1856. *Ibid.* 1 fr.

Avec A. Decourcelle.

— Le Fou par amour; drame en cinq actes. In-12. 1857. *Ibid.* 1 fr.

Avec A. Dennery.

— Le même. In-4°. *Ibid.* 40 c.

— Les Fugitifs; drame en cinq actes. In-12. 1858. *Ibid.* 1 fr.

Avec Ferd. Dugué.

— Le même. In-4°. *Ibid.* 40 c.

— Georges et Marie; drame en cinq actes. In-12. 1855. *Ibid.* 1 fr.

Avec Michel Masson.

— Le même. In-4°. *Ibid.* 40 c.

— Les Honnêtes femmes; drame en cinq actes. In-12. 1859. *Ibid.* 1 fr.

— Le même. In-4°. *Ibid.* 40 c.

— Les Infidèles; comédie en un acte. In-12. 1856. *Ibid.* 60 c.

Avec Th. Barrière.

— Jacques Cœur, l'argentier du roi; drame en quatre actes; précédé de l'Abbaye de Jumiéges; prologue en un acte. In-8°. 1841. *Marchant.* 50 c.

Avec M. Alboize.

— Jeanne; comédie-vaudeville en trois actes. In-12. 1851. *Lévy frères.* 60 c.

Avec M. Deslandes.

— J'enlève ma femme; comédie-vaudeville en un acte. In-8°. 1857. *Tresse.* 1 fr.

Avec A. Decourcelle.

— Le Jeu de l'amour et de la cravache; vaudeville en un acte. In-12. 1850. *Lévy frères.* 60 c.

Avec Ch. Narrey et Alph. Royer.

— La Joie de la maison; comédie en trois actes. In-12. 1855. *Ibid.* 1 fr.

Avec A. Decourcelle.

— La Justice de Dieu; drame en cinq actes. In-8°. 1858. *Tresse.* 1 fr.

Avec Paul Foucher.

— Les Maçons; tableau populaire en un acte. In-8°. 1842. *Ibid.* 40 c.

Avec Ed. Brisebarre.

— Madeleine; drame en cinq actes. In-8°. 1843. *Marchant.* 50 c.

Avec M. Albert.

— Mademoiselle de la Faille; drame en cinq actes. In-8°. 1843. *Ibid.* 50 c.

Avec G. Lemoine.

— Marceau, ou les Enfants de la République; drame en cinq actes. In-12. 1848. *Lévy frères.* 50 c.

Avec Michel Masson.

— Le même. In-4°. (Théâtre contemporain illustré.) 1864. *Ibid.* 20 c.

— Les Maréchaux de l'Empire; drame en cinq actes. In-12. 1856. *Ibid.* 1 fr.

— Le même. In-4°. *Ibid.* 40 c.

— Marianne; drame en sept actes. In-12. 1858. *Ibid.* 1 fr.

Avec Michel Masson.

— Le même. In-4°. *Ibid.* 40 c.

— Marie, ou l'Inondation; drame en cinq actes. In-12. 1847. *Ibid.* 60 c.

Avec Francis Cornu.

— Le même. In-4°. 1853. *Ibid.* 20 c.

— Marie Rose; drame en cinq actes. In-12. 1855. *Ibid.* 1 fr.

Avec Michel Masson.

— Le même. In-4°. *Ibid.* 40 c.

— Le Marin de la garde; drame en cinq actes. In-12. 1857. *Ibid.* 1 fr.

Avec Michel Masson.

— Le même. In-4°. *Ibid.* 40 c.

— Marthe et Marie; drame en six actes. In-12. 1855. *Ibid.* 1 fr.

Avec Michel Masson.

— Le même. In-4°. *Ibid.* 40 c.

— Le Médecin des enfants; drame en cinq actes. In-12. 1855. *Ibid.* 1 fr.

Avec A. Dennery.

— Le même. In-4°. *Ibid.* 40 c.

— La Mendiante; drame en cinq actes. In-12. 1858. *Ibid.* 1 fr.

Avec Michel Masson.

— Le même. In-4°. *Ibid.* 40 c.

— La Meunière; drame en cinq actes et six tableaux, précédé de la Cinquantaine; prologue en deux tableaux. In-12. 1865. *Ibid.* 2 fr.

— Le même. In-4°. 1865. *Ibid.* 50 c.

— La Moissonneuse; drame lyrique en quatre actes. In-12. 1853. *Ibid.* 1 fr.

Avec Michel Masson.

— Monseigneur, ou les Voleurs en 1720; comédie-vaudeville en quatre actes. In-8°. 1844. *Beck.* 60 c.

Avec MM. Dumanoir et Brisebarre.

— Un Monsieur qui a brûlé une dame; comédie-vaudeville en un acte. In-12. 1857. *Lévy frères.* 1 fr.

Avec E. Labiche.

— Le même. In-4°. (Théâtre contemporain illustré, livraison 584.) 1863. *Ibid.* 20 c.

— Le Mousquetaire du roi; drame en cinq actes. In-12. 1865. *Ibid.* 2 fr.

Avec Paul Féval.

— Le Muet; drame en six actes. In-12. 1853. *Ibid.* 1 fr.

Avec Michel Masson.

— Le même. In-4°. *Ibid.* 40 c.

— Les Murs ont des oreilles; comédie-vaudeville en deux actes. In-8°. 1846. *Tresse.* 50 c.

Avec Ed. Brisebarre et Eug. Nyon.

— Les Mystères du carnaval; drame en cinq actes. In-12. 1853. *Lévy frères.* 1 fr.

Avec Michel Masson.

— Le même. In-4°. *Ibid.* 40 c.

— La Nonne sanglante; drame en cinq actes. Gr. in-8°. 1864. *Barbré.* 60 c.

Avec J. Maillan.

— Notre-Dame des anges; drame en cinq actes. In-12. 1848. *Lévy frères.* 1 fr.

Avec M. Albert.

— L'Orangerie de Versailles; comédie-vaudeville en trois actes. In-8°. 1840. *Henriot.* 40 c.

Avec Ferd. Laloue.

— Les Orphelins du Port Notre-Dame; drame en cinq actes. In-12. 1857. *Lévy frères.* 1 fr.

Avec Michel Masson.

— Le même. In-4°. *Ibid.* 40 c.

— Le Pendu; drame en cinq actes. In-12. 1856. *Ibid.* 1 fr.

Avec Michel Masson.

— Le même. In-4°. *Ibid.* 40 c.

— Porrinet Leclerc, ou Paris en 1418; drame historique en cinq actes. In-8°. 1857. *Tresse.* 50 c.

Avec M. Lockroy.

— La Perruquière de Meudon; vaudeville en un acte. In-8°. 1843. *Ibid.* 50 c.

Avec A. Dennery.

— La Petite Fadette; comédie-vaudeville en deux actes. In-18. 1850. *Lévy frères.* 60 c.

Avec Ch. Lafont.

— Le même. In-4°. 1857. *Ibid.* 40 c.

— Les Petites lâchetés; comédies en trois actes. In-12. 1857. *Tresse.* 1 fr.

Avec A. Decourcelle.

— Piquillo Alliaga, ou Trois châteaux en Espagne; drame en cinq actes. In-12. 1849. *Lévy frères.* 1 fr.

Avec Michel Masson.

— Les Pirates de la Savane; drame à grand spectacle en cinq actes. In-12. 1859. *Ibid.* 1 fr.

Avec Ferd. Dugué.

— Le même. In-4°. *Ibid.* 50 c.

— Porthos à la recherche d'un équipement; comédie-vaudeville en un acte. In-8°. 1848. 50 c.

Avec M. Dumanoir.

— Le Premier coup de canif; comédie-vaudeville en deux actes. In-12. 1848. *Lévy frères.* 60 c.

Avec Ed. Brisebarre et E. Nyon.

— Le même. In-4°. 1853. *Ibid.* 20 c.

— Le Prêteur sur gages; drame en cinq actes. In-12. 1860. *Ibid.* 1 fr.

Avec Michel Masson.

— Le même. In-4°. *Ibid.* 40 c.

— Les Quatre fils Aymon; légende fantastique en cinq actes. In-12. 1853. *Ibid.* 1 fr.

Avec Michel Masson.

— Le même. In-4°. *Ibid.* 40 c.

— Les Quatre parties du monde; féerie en vingt-deux tableaux, précédée de la Cariole, prologue. In-12. 1851. *Ibid.* 60 c.

Avec MM. Clairville et Laurent.

— Un Rêve de mariée; vaudeville en un acte. In-8°. 1842. *Tresse.* 40 c.

Avec Ferd. Laloue.

— Rocambole; drame en cinq actes, précédé

de : les Valets de cœur; prologue en un acte. In-12. 1864. *Lévy frères.* 2 fr.

Avec MM. Ponson du Terrail et Blum.

— Le même. In-4°. (Théâtre contemporain illustré.) 1865. *Ibid.* 50 c.

— Les Sept péchés capitaux; drame en sept actes. In-12. 1848. *Ibid.* 60 c.

Avec A. Dennery.

— Le même. In-4°. *Ibid.* 40 c.

— La Sonnette du diable; drame fantastique en cinq actes. In-12. 1849. *Ibid.* 60 c.

Avec M. Guerville.

— Le même. In-4°. (Théâtre contemporain illustré.) 1865. *Ibid.* 20 c.

— La Sorcière, ou les États de Blois; drame en cinq actes. In-12. 1864. *Ibid.* 2 fr.

Avec Jules Barbier.

— Le même. In-4°. (Théâtre contemporain illustré.) 1865. *Ibid.* 40 c.

— Un Souper tête-à-tête; comédie-vaudeville en un acte. In-12. 1840. *Tresse.* 40 c.

Avec M. Dumanoir.

— Stella; drame en cinq actes. In-8°. 1843. *Marchant.* 50 c.

— Stéphen, ou le Fils du proscrit; drame en quatre actes. In-8°. 1842. *Tresse.* 60 c.

Avec M. Boulé.

— Le Tambour-major; vaudeville en un acte. In-8°. 1842. *Ibid.* 40 c.

Avec Ed. Brisebarre.

— Le Temple de Salomon; drame en cinq actes. In-8°. 1846. *Ibid.* 60 c.

Avec A. Dennery.

— Toby le sorcier; vaudeville en un acte. In-8°. 1840. *Henriot.* 30 c.

Avec A. Dennery.

— Treize à table; vaudeville en un acte. In-8°. 1840. *Tresse.* 30 c.

Avec M. Lenglier.

— La Vie en partie double; comédie-vaudeville en un acte. In-8°. 1845. *Ibid.* 50 c.

Avec A. Dennery.

— La Vie d'une comédienne; drame en cinq actes. In-12. 1854. *Lévy frères.* 1 fr.

Avec Th. Barrière.

— Le même. In-4°. *Ibid.* 40 c.

— Une Vieille lune; vaudeville en un acte. In-12. 1856. *Ibid.* 60 c.

Avec Marc Michel.

— 86 moins un! vaudeville en un acte. In-8°. 1841. *Tresse.* 30 c.

Avec Éd. Brisebarre.

M. A. Bourgeois a encore fait des pièces en collaboration avec MM. *Ducange, Dupeuty, Laloue, Lockroy et Saint-Hilaire.* — Voy. ces noms.

BOURGEOIS (Charles), professeur de mathématiques spéciales au collège de Sainte-Barbe à Paris, ancien élève de l'École polytechnique, né à Fort-de-France (Martinique) en 1824.

— Leçons sur les applications pratiques de la géométrie et de la trigonométrie. — Voy. *Serret et Bourgeois.*

— Leçons nouvelles sur les applications de la

géométrie et de la trigonométrie. In-8° avec 5 pl. 1853. *Mallet-Bachelier.* 3 fr. 50 c.

Avec M. Cabart.

— Le même. 2ᵉ édition, revue et corrigée. In-8° avec 5 pl. 1857. *Ibid.* 3 fr. 50 c.

BOURGEOIS (Eug.).

— Madame Panache. — Nicolas Poulet. — Voy. *Deligny*, et : Raulin, Chronique havraise. — Voy. Anatole *Dauvergne.*

BOURGEOIS (J.).

— La Question d'Amérique en 1864. In-8°. 1864. *Dentu.* 1 fr.

BOURGEOIS (J.), docteur en médecine.

— Traité pratique de la pustule maligne et de l'œdème malin, ou des deux formes du charbon externe chez l'homme. In-8°. 1861. *Baillière et fils.* 4 fr. 50 c.

BOURGEOIS (Jules et Justinien), banquiers à Paris, administrateurs du Comptoir commercial et agricole.

— Guide théorique et pratique des sociétés-commerciales actuelles. Commerce. Économie politique. Droit. Jurisprudence. Doctrine. In-8°. 1864. *Dubuisson et Cⁱᵉ.* 7 fr.

BOURGEOIS (le docteur L. X.), de Tourcoing, l'un des rédacteurs de l'art médical.

— L'Homœopathie professée à la Faculté de médecine de Paris. In-8°. 1860. *Baillière et fils.* 1 fr. 25 c.

— De l'influence des maladies de la femme pendant la grossesse sur la santé et la constitution de l'enfant. In-4°. 1862. *Ibid.* 3 fr. 50 c.

Extrait des « Mémoires de l'Académie de médecine ».

— Les Passions dans leurs rapports avec la santé et les maladies. L'Amour. In-12. 1860. *Ibid.* 1 fr. 50 c.

2ᵉ édition augmentée en 1862.

— Les Passions dans leurs rapports avec la santé et les maladies. Le Libertinage. In-12. 1861. *Ibid.* 1 fr.

2ᵉ édition augmentée en 1863.

— Qu'est-ce que l'homœopathie? In-12. 1858. *Ibid.* 75 c.

BOURGEOIS DE MERCEY. — Voy. **Mercey.**

BOURGEOIS D'ORVANNE (Al.).

— Lavoirs et bains publics gratuits et à prix réduits. Traité pratique à l'usage des maires, des membres des conseils municipaux, des administrateurs des hospices et autres institutions de bienfaisance, avec plans d'un établissement modèle. In-8°, avec 2 pl. 1854. *Maison.* 3 fr. 50 c.

BOURGEREL (Gustave), architecte du département de la Loire-Inférieure, né à Rennes (Ille-et-Vilaine) en 1813.

— Fragments d'architecture et de sculpture, dessinés d'après nature et autographiés. In-fol. 1863. *Morel et Cⁱᵉ.* 50 fr.; relié, 60 fr.

Publié en 25 livraisons à 2 fr.

BOURGERY (Marc Jean), docteur en médecine, né à Orléans en 1797, mort en 1849.

— Traité complet de l'anatomie de l'homme, comprenant la médecine opératoire; avec plan-

ches lithographiées d'après nature par N. H. Jacob. 8 vol. in-fol. avec 740 pl. 1832-1854. *Vᵉ Delaunay, rue de Seine*, 34. Avec figures noires, 800 fr.; coloriées, 1,800 fr.

Cet ouvrage a été publié en 120 livraisons; prix de chaque livraison: noir, 8 fr., color., 16 fr. Les souscripteurs n'ont payé que 100 livraisons.

La propriété de cet ouvrage ayant passé en 1865 entre les mains de M. Th. Morgand, cet éditeur en a fait en 1866 une nouvelle édition, dont il a fixé le prix, reliure y comprise, à 800 fr. pour les exemplaires avec planches noires, et 1,600 fr. avec planches coloriées. — Il se prépare à publier un supplément de 20 à 30 planches qu'il livrera gratuitement à tous les souscripteurs anciens ou nouveaux.

— Anatomie élémentaire; en 20 pl., format grand-colombier, représentant chacune un sujet dans son entier, à la proportion de demi-nature, et accompagnée chacune d'un cahier de texte in-8°. 1842. *Ibid.* Avec figures noires, 200 fr.; coloriées, 400 fr.

Avec M. Jacob.

Les nouveaux propriétaires, MM. Guérin et Cⁱᵉ, ont fixé en 1866 le prix de chaque planche noire à 10 fr.; coloriée à 20 fr.

BOURGET (Ernest.)

— Physiologie du gamin de Paris, galopin industriel. In-32. 1842. *Jules Laisné.* 1 fr.

M. E. Bourget a fait quelques pièces de théâtre en collaboration avec MM. Dupeuty, Dennery, Grangé; Varin et Woestyn. — Voy. ces noms.

BOURGET (Justin), professeur de mathématiques à la Faculté de Clermont, ancien élève de l'École normale, né à Savas (Ardèche) en 1822.

— Attraction de paraboloïdes elliptiques; thèse. In-8°. 1852. *Leiber.*

— Influence de la rotation de la terre sur le mouvement des corps pesants à sa surface. In-8°. 1852. Clermont, *Thibaud.*

— Note sur l'hypothèse cosmogonique de Laplace. In-8°. 1862. *Ibid.* 1 fr.

— Notice sur l'anneau de Saturne. In-8°. 1855. *Ibid.*

— Tables de logarithmes pour les nombres de un à dix mille et les fractions trigonométriques de minute en minute. In-32. 1864. *Ibid.* 1 fr. 50 c.

Avec F. René.

— Théorie élémentaire des approximations numériques, contenant un grand nombre d'applications à des problèmes d'arithmétique, de géométrie, de mécanique et de physique. In-12. 1860. *Ibid.* 1 fr. 75 c.

— Variation des constantes arbitraires. Application à la mécanique céleste. (Thèse.) In-8°. 1852. *Leiber.*

BOURGET (P.), professeur.

— Cours d'anglais professé à l'institution Rossat (écoles secondaire et professionnelle). In-8° de 160 p. 1864. Charleville, *imprimerie Pouillard.*

BOURGNON DE LAYRE (le baron Antonin).

— De la fabrication du pain chez la classe agricole et dans ses rapports avec l'économie publique. In-8° de 3 f. 1846. Poitiers, *imprimerie de Dupré.*

— Traité du lessivage du linge à la vapeur d'eau. 3ᵉ édition. In-18, avec 2 pl. 1845. *Maison.*

— Traité sur les obligations divisibles et indivisibles. In-8°. 1845. *Videcoq.* 3 fr. 25 c.

— Des Voies de communication en France. In-8° de 4 f. 1846. Poitiers, *imprimerie de Saurin.*

BOURGOGNE (Marie Adélaïde de Savoie, duchesse de), mère de Louis XV, née à Turin en 1685, morte à Versailles en 1712.

— Correspondance avec la reine d'Espagne. — Voy. *Della-Rocca*.

BOURGOGNE, ancien imprimeur.

— Nouveau dictionnaire des communes de France, contenant la Savoie, la Haute-Savoie, les Alpes-Maritimes, l'Algérie et les colonies. In-4°. 1862. *Barba*. 2 fr.

Complément de la France illustrée, par V. A. *Malte-Brun*.

BOURGOGNE père (le docteur), de Condé (Nord).

— Traité de la médication complète du choléra asiatique, considéré comme une fièvre paludéenne, épidémique, très-pernicieuse de l'Inde orientale, précédé de l'examen des lettres de MM. Boudin, Maillot, F. Jacquot, touchant la non-identité du choléra et des fièvres palustres. In-8°. 1859. *Labé*. 5 fr.

BOURGOGNE (Jean Baptiste).

— Considérations philosophiques et morales. In-16. 1864. Dijon, *Ropiteau*. 1 fr.

BOURGOGNE (J. Geslin de). — Voy. **Geslin de Bourgogne**.

BOURGOIN (F.).

— Le Livre des esquisses. In-12. 1859. Le Mans, *Seppré*.

BOURGOIN (Mme C.), institutrice.

— Dictées du premier examen de l'Hôtel de ville, recueillies et mises en ordre par Mme C. B., institutrice. 6 vol. in-12. 1844-1858. Ve *Maire-Nyon*.

Anonyme.

— Dictées pour les jeunes filles de huit à douze ans. In-12. 1855. *Ibid*. 1 fr. 50 c.

Également anonyme.

— Dictées sur les principaux homonymes de la langue française. In-12. 1856. *Ibid*. 1 fr. 75 c.

BOURGOING (François, comte de), petit-fils du diplomate de l'empire et neveu du suivant, né à Paris en 1821. Entré dans la carrière diplomatique en 1841, il a donné sa démission en février 1848.

— Histoire diplomatique de l'Europe pendant la révolution française. 1re partie. Origine de la coalition. In-8°. 1865, *Lévy frères*. 7 fr. 50 c.

M. le comte de Bourgoing a donné plusieurs articles dans la « Revue contemporaine » et dans le « Correspondant ».

BOURGOING (le baron Paul de), fils du diplomate de l'empire de ce nom, né à Hambourg en 1791, mort en 1864. Entré jeune au service militaire, il fit les campagnes de Russie, d'Allemagne et de France, et embrassa la carrière diplomatique sous la restauration et le gouvernement de Juillet. Depuis 1852 il était sénateur.

— Aperçus nouveaux de politique internationale. In-8° de 8 f. 1852. *Garnier*.

— Les Guerres d'idiome et de nationalité. Tableaux, esquisses et souvenirs d'histoire contemporaine. In-8°, avec 1 carte. 1849. *Dentu*.

— Le même. 2e partie. La Pacification du Danemark. In-8°. 1849. *Ibid*.

— Itinéraire de Napoléon Ier. De Smorgoni à Paris, épisode de la guerre de 1812. Premier extrait des mémoires militaires et politiques inédits du baron Paul de Bourgoing. In-12. 1862. *Ibid*. 2 fr.

— Souvenir d'histoire contemporaine. Épisodes militaires et politiques. In-8°. 1864. *Ibid*. 7 fr. 50 c.

— Tableau de l'état actuel et des progrès probables des chemins de fer de l'Allemagne et du continent européen, comparés avec ce qui existe et ce qui se prépare en France à cet égard. In-8°. 1842. *Carilian-Gœury*. 7 fr. 50 c.

BOURGOING DE VILLEFORE. — Voy. **Villefore**.

BOURGOIS (J.), capitaine de vaisseau.

— Mémoire sur la résistance de l'eau au mouvement des corps et particulièrement des bâtiments de mer. In-4°, avec 3 pl. 1857. *Arthus Bertrand*. 12 fr.

— Rapport à S. E. M. Ducos, ministre de la marine, sur la navigation commerciale à vapeur de l'Angleterre. In-4°. 1854. *Ibid*. 16 fr.

— Recherches théoriques et expérimentales sur les propulseurs hélicoïdes. In-8°. 1845. *Ibid*.

— Réfutation du système des vents de M. Maury. In-8°. 1863. *Ibid*. 4 fr. 50 c.

Extrait de la « Revue maritime et coloniale ».

— Renseignements nautiques recueillis a bord du « Duperré » et de « la Forte » pendant un voyage en Chine, 1860-1862. In-8°, avec cartes. 1863. *Challamel aîné*. 2 fr. 50 c.

BOURGUET (E.), chirurgien de l'hôpital d'Aix.

— De l'uréthrotomie externe par section collatérale et par excision des tissus pathologiques dans les cas de rétrécissements infranchissables. Avec 1 pl. lithographiée. In-4°. 1865. *Baillière et fils*. 2 fr. 50 c.

Extrait des « Mémoires de l'Académie impériale de médecine ».

BOURGUET (Gras-). — Voy. **Gras-Bourguet**.

BOURGUIGNAT (Auguste), ancien avocat au conseil d'État et à la Cour de cassation, actuellement juge au tribunal civil de Beauvais, né à Chaumont (Haute-Marne) en 1819.

— Guide légal du draineur, ou Commentaire de la loi du 10 juin 1854 et des textes de législation antérieure concernant le libre écoulement des eaux provenant du drainage. In-8°. 1854. Mme *Bouchard-Huzard*. 1 fr.

— Législation appliquée des établissements industriels, notamment des usines hydrauliques ou à vapeur, des manufactures, fabriques, etc. 2 vol. in-8°. 1858. *V. Dalmont*. 15 fr.

— Traité complet de droit rural appliqué, ou Guide théorique et pratique des propriétaires, fermiers, juges de paix, maires, élèves des écoles d'agriculture, vétérinaires, experts, etc.; présentant le dernier état de la législation, de la doctrine et de la jurisprudence sur les droits et les obligations du propriétaire de fonds ruraux, etc. In-8°. 1852. Mme *Bouchard-Huzard*. 7 fr. 50 c.

BOURGUIGNAT (Jules René), préparateur à la chaire de paléontologie du muséum de Paris, né à Brienne-Napoléon (Aube) en 1829.

— Aménités malacologiques. 2 vol. in-8° avec 45 pl. 1853-1860. *Baillière et fils*. 50 fr.

Publié en livraisons.

— Catalogue raisonné des plantes vasculaires du département de l'Aube. Tome 1ᵉʳ. In-8°. 1857. Vᵉ Bouchard-Huzard. 5 fr.

— Catalogue raisonné des mollusques terrestres et fluviatiles, recueillis par M. F. de Saulcy pendant son voyage en Orient. In-4° avec pl. 1853. J. B. Baillière. 12 fr.

— Étude synonymique sur les mollusques des Alpes-Maritimes, publiée par A. Risso en 1826. In-8°, avec pl. et portrait. 1861. Baillière et fils. 8 fr.

— Filum Ariadneum. Methodus conchyliologica denominationis sine quo chaos. In-8°. 1860. Ibid. 8 fr.

— Malacologie d'Aix-les-Bains. Janvier 1864. In-8°, avec 3 pl. 1864. Savy. 10 fr.

— Malacologie de l'Algérie, ou Histoire naturelle des animaux mollusques, terrestres et fluviatiles, recueillis jusqu'à ce jour dans nos possessions du nord de l'Afrique. 2 vol. in-4°, avec 54 planches. 1863. Challamel aîné. 120 fr.

Publié depuis 1863 en 6 fascicules du prix de 20 fr.

— Malacologie de la Grande-Chartreuse. Gr. in-8°, avec 17 pl. 1864. Savy. 30 fr.

— Malacologie du lac des Quatre-Cantons et de ses environs. In-8°, avec 4 pl. 1863. Baillière et fils. 6 fr.

— Malacologie terrestre de l'île du château d'If, près de Marseille. In-8°, avec 2 pl. 1860. Ibid. 7 fr.

— Malacologie terrestre et fluviatile de la Bretagne. In-8°, avec 2 pl. 1861. Savy. 20 fr.

— Mollusques nouveaux litigieux ou peu connus. Fascicules 1 à 3. In-8°. 1863-1864. Ibid. Chaque fascicule, 4 fr.

— Le même. Fascicules 4 et 5. In-4°. 1864. Ibid. Chaque fascicule, 20 fr.

— Mollusques de San-Julia de Loria. In-8°, avec 2 pl. 1863. Baillière et fils. 4 fr.

— Monographie des espèces françaises du genre Sphærium, suivie d'un catalogue synonymique des sphéries constatées en France à l'état fossile. In-8° avec 4 pl. 1854. [Bordeaux.] Ibid. 6 fr.

— Monographie du nouveau genre français Moitessieria. In-8°, avec 2 pl. 1864. Savy. 4 fr.

— Monographie du nouveau genre français Paladilhia. In-8°, avec 2 pl. 1865. Ibid. 4 fr.

— Notice sur une pierre tombale conservée en l'église Notre-Dame de la Ville-au-Bois. In-4° avec 3 pl. 1855. [Bar-sur-Aube.] Savy. 10 fr.

Tiré à 100 exemplaires.

— Paléontologie des mollusques terrestres et fluviatiles de l'Algérie. In-8° avec 6 pl. 1862. Baillière et fils. 12 fr.

— Les Spicilèges malacologiques. In-8°, avec 15 pl. 1862. Ibid. 25 fr.

— Testacea novissima, quæ Cl. de Saulcy, in itinere per Orientem, annis 1850 et 1851, collegit. In-8°. 1852. Ibid. 2 fr. 50 c.

BOURGUIGNON (A.).

— Nouveau guide usuel du propriétaire et du locataire ou fermier. In-12. 1860. Garnier frères. 2 fr.

BOURGUIGNON (H.), docteur en médecine,

ex-médecin en chef de l'établissement hydrothérapique de Bellevue.

— Résultats des recherches sur la gale du mouton. — Voy. Delafond.

— Traité entomologique et pathologique de la gale de l'homme. Mémoire couronné par l'Académie des sciences. In-4°, avec 10 pl. 1852. J. B. Baillière. 20 fr.

Extrait des « Mémoires de l'Académie des sciences ».

— Traité pratique d'entomologie et de pathologie comparée de la psore ou gale de l'homme et des animaux domestiques. — Voy. Delafond.

— Traité pratique des maladies nerveuses. — Voy. Sandras.

BOURGUIN (Louis Auguste), ancien magistrat, président honoraire de la Société protectrice des animaux, né à Charleville (Ardennes) en 1800.·

— Contes pour les grands et les petits enfants. In-12. 1863. Gauquet. 3 fr.

— Fables. 3ᵉ édition. In-18. 1860. Ibid. 2 fr.

La 1ʳᵉ édition est de 1842.

— Monsieur Lesage, ou Entretiens d'un instituteur avec ses élèves sur les animaux utiles. In-12. 1862. Ibid. 1 fr.

5ᵉ édition en 1865.

— La Perruque du philosophe Kant. In-12. 1863. Maillet. 3 fr.

— Soyez bons pour les animaux. Petits contes traduits ou imités de l'allemand. In-12. 1860. Ducrocq. 75 c.

BOURIANE (G. de), pseudonyme de M. de Marlieu.

— Alesia. 2ᵉ édition. In-8°. 1863. [Toulouse.] Dentu. 1 fr.

La 1ʳᵉ édition a été publiée en 1862.

BOURIAUD (Ferdinand).

— Traité pratique d'administration départementale et communale, ou Manuel de l'administrateur. In-8°. 1845. Dupont. 9 fr.

BOURIENNE (Jules), comptable.

— Tenue de livres en partie double. Méthode appropriée à toutes les entreprises commerciales. In-4°. 1848. Renard. 6 fr.

3ᵉ édition en 1851.

— Traité spécial des comptes en participation. In-8°. 1841. Maison. 4 fr.

BOURIER (Félix) a traduit de l'allemand : Clarus et Marie, de G. Nieritz.

BOURJEAURD (Philippe), ancien chirurgien de la marine, fabricant d'appareils et bandages élastiques.

— De la Compression élastique et de son emploi en médecine et en chirurgie. In-8°. 1857. Chez l'auteur. 1 fr.

BOURJOLLY (J. A. Le Pays de). — Voy. **Le Pays de Bourjolly.**

BOURLÈS (Auguste).

— Traité pratique de l'imposition, ou Moyen mécanique d'imposer en imprimerie. In-4°. 1864. Sisteron, imprimerie Bourlès. 5 fr.

BOURLEZ a traduit de l'anglais : Missions de l'Orégon et voyages dans les montagnes Rocheuses en 1845 et 1846, du P. J. de Smet.

BOURLIER (Ch.), professeur d'histoire naturelle à l'École de médecine d'Alger.

— Guide pratique de la culture du lin en Algérie. In-8°. 1863. [Alger.] *Challamel aîné*. 1 fr.

BOURLIER, baron D'AILLY (Pierre-Philippe).

— Recherches sur la monnaie romaine, depuis son origine jusqu'à la mort d'Auguste. Tome 1. In-4°, avec 49 pl. 1865. [Lyon, *Scheuring*.] *Rollin et Feuardent*. 50 fr.

L'ouvrage aura 3 volumes.

BOURLOT (Joseph), professeur de mathématiques au lycée de Colmar, membre de plusieurs sociétés savantes, né à Gy (Haute-Saône) en 1814.

— Esquisse d'une étude sur les variations de latitude et de climat dans la région française et sur leur cause. In-8°. 1865. [Strasbourg, *Dérivaux*.] *Leiber*. 2 fr. 25 c.

BOURNE (Auguste).

— Description pittoresque de la Grande-Chartreuse, souvenirs historiques de ses montagnes et de son couvent, et recueil des pensées inscrites sur son album, par Chateaubriand, Lamartine, Mme de Staël, etc. In-8°, avec 8 lithographies et 1 carte. 1854. Grenoble, *Prudhomme*. 3 fr. 50 c.

— Vizille et ses environs. Description pittoresque, montagnes, monuments, ruines, châteaux, parcs, fabriques et manufactures. In-8°. 1860. Grenoble, *Maisonville*. 2 fr. 50 c.

BOURNON-GINESTOUX (le vicomte de).

— Les Jeunes femmes, ou les Séductions de la nature et de l'art. In-16. 1856. *Blanchard*. 1 fr.

BOURNONVILLE (A. DARTOIS DE). — Voy. **Dartois de Bournonville**.

BOURON (Eugène).

— Cosmogonie moderne, ou Origine et formation de la nature. In-12. 1854. Nantes, *Guéraud*. 1 fr. 50 c.

BOUROTTE (Mlle Mélanie).

— Échos des bois, poésies. In-8°. 1860. Guéret, *Dugenest et Labrune*.

BOUROUILLOU (le docteur MOURA-). — Voy. **Moura-Bourouillou**.

BOURQUARD (l'abbé Augustin Laurent Casimir), docteur en théologie, ancien professeur de logique, aumônier du collège Rollin, né à Delle (Haut-Rhin) en 1820.

— Essai sur le progrès de la méthode dans les sciences théologiques. In-8°. 1860. [Besançon.] *Lecoffre et Cie*. 3 fr.

BOURQUELOT (Félix), littérateur et bibliographe, professeur à l'École des chartes, membre du comité des travaux historiques au ministère de l'instruction publique, de la Société des antiquaires de France, etc., né à Provins en 1815.

— Études sur les foires de Champagne, sur la nature, l'étendue et les régies du commerce qui s'y faisait aux XIIe, XIIIe et XIVe siècles. 2 vol. in-4°. 1865-1866. *Imprimerie impériale*.

Extrait du tome V (2e série) des « Mémoires présentés par divers savants à l'Institut ». — Tiré à 25 exemplaires; pas dans le commerce.

— Histoire de Provins. 2 vol. in-8°. 1839-1840. Provins, *Lebeau*. 15 fr.

— Huit jours dans l'île de Candie; mœurs et paysages. In-8°. 1864. *A. Bertrand*. 2 fr.

— La Littérature française contemporaine. Continuation de la «France littéraire». — Voy. *Quérard*.

— Voyage en Sicile. In-12 de 15 f. 1849. *Garnier frères*.

M. Bourquelot a publié les « Mémoires » de Claude *Haton*. — Voy. aussi **Patria*.

Il collabore à beaucoup de recueils périodiques, entre autres à la « Bibliothèque de l'École des chartes », aux « Mémoires de la Société des antiquaires de France », à la « Revue historique de droit français », etc.

BOURQUENOUD (le R. P. Alexandre) de la Compagnie de Jésus.

— Mémoire sur les monuments du culte d'Adonis dans le territoire de Palæbiblos. In-8° avec planche. 1862. *Durand*. 2 fr.

Extrait des « Études de théologie, de philosophie et d'histoire ».

— Les Distractions de M. Renan. In-8°. 1863. *Douniol*. 50 c.

Extrait du même recueil.

BOURRASSET (G. J. A.), teinturier-chimiste.

— La Teinture dévoilée, ou le Trésor des familles. In-8°. 1861. *Rue de la Tombe-Issoire*, 105. 1 fr. 50 c.

BOURRÉE (le P. Edm. Bern.), oratorien, né en 1652 à Dijon, mort en 1722.

— Sermons, homélies, retraites, panégyriques et sujets divers. — Voy. *Migne*, Collection des orateurs sacrés, 1re série, tome 39.

— Vies de M. Févret et de Mme la présidente Boivault, faites sur la 1re édition du P. Bourrée, de l'Oratoire. In-32. 1865. [Dijon, *Pellion*.] *Palmé*. 1 fr.

BOURRET (l'abbé Jos. Chr. Ernest), chanoine honoraire de Tours, né en 1827.

— L'École chrétienne de Séville sous la monarchie des Visigoths. Recherches pour servir à l'histoire de la civilisation chrétienne chez les barbares. In-8°. 1855. *Douniol*. 2 fr. 50 c.

— Essai historique et critique sur les sermons français de Gerson, d'après les manuscrits inédits de la bibliothèque impériale et de la bibliothèque de Tours. In-8°. 1858. *Ibid*. 3 fr. 50 c.

— De l'Origine du pouvoir civil, d'après saint Thomas et Suarez. Thèse pour le doctorat, présentée à la Faculté de théologie de Paris. In-8°. 1857. *Ibid*. 50 c.

BOURRIT (Octave), ancien pasteur, membre de la Société helvétique des sciences naturelles, né à Genève en 1811. Il a traduit de l'allemand : *Boehner*, «Du matérialisme»; et *Tschudi*, «le Monde des Alpes». — Voy. ces noms.

BOURROUSSE DE LAFFORE (Pierre Jules), docteur en médecine.

— Du Progrès alarmant de la mortalité dans le département de Lot-et-Garonne, et en particulier dans la commune d'Agen; des causes d'insalubrité qui le produisent dans cette ville, et des moyens de les faire disparaître. In-8° de 13 f. 1847. [Agen.] *J. B. Baillière*.

BOURROUSSE DE LAFFORE (le docteur P. L.

de), médecin en chef de l'hospice des Quinze-Vingts à Paris.

— Méningite tuberculeuse ; traitement par l'iodure de potassium. Mémoire présenté à l'Académie de médecine. In-8°. 1861. *G. Baillière.* 1 fr. 50 c.

Extrait du « Moniteur des sciences ».

— Des Taches de la cornée et des moyens de les faire disparaître. In-8°. 1860. *Ibid.* 1 fr. 50 c.

— Travaux (présentés à l'Académie de médecine) sur la méningite tuberculeuse, les taches de la cornée, l'accouchement naturel lent. In-8°. 1861. *G. Baillière.* 50 c.

Extrait du « Moniteur des sciences ».

BOURROUSSE DE LAFFORE (Timoléon de).

— Un mot sur le cheval français. In-8°. 1862. *Dumaine.* 1 fr.

*****Bourse** (la) et le Palais de l'industrie, ou l'Avenir probable de l'Europe et du monde. En trois parties. In-18, 184 p. 1851. Londres, *W. Jones.*

I. Exposition. — II. Déduction. — III. Avenir.

*****Bourse** (la) ou la vie. Argent et échange. Par un converti. In-16. 1856. *Dentu.* 1 fr.

BOURSEUL (E. Ch.).

— Quelques traits de la vie du prince royal, précédés d'une Notice historique sur la vie du roi des Français. In-12. 1843. *Dumaine.*

— Les Statues du Louvre. In-18. 1858. *Garnier frères.* 50 c.

Notices biographiques des 86 personnages dont les statues ornent les cinq façades intérieures du Louvre.

*****Boursicotiérisme** et Lorettisme, ou Flibusterie, vice et paresse, étude de mœurs parisiennes ; par le Juif errant. In-18. 1859. *Wunsch, rue Drouot, 9.* 50 c.

BOURSIER (Adolphe).

— Le Cousin d'Amérique. In-8°. 1852. *Souverain.* 6 fr.

— Le Danger de suivre les jeunes filles. In-8°. 1856. *Chappe.* 7 fr. 50 c.

— Les Deux amis de collége. In-8°. 1857. *Ibid.* 7 fr. 50 c.

— Louis Planchet. In-12. 1865. *Charlieu et Huillery.* 3 fr.

— Les Malheurs de Sophie. In-8°. 1854. *Chappe.* 7 fr.

BOURSIN (E.).

— Le Livre des femmes au XIXe siècle. In-12. 1865. *Rome.* 3 fr.

BOURSON (de), mort en 1864.

— Les Batteries de campagne autrichiennes à canons rayés. In-8° avec pl. 1862. *Corréard.* 3 fr.

— Découverte de trois métaux nouveaux au moyen de l'analyse spectrale. In-8°. 1863. *Ibid.* 2 fr.

— Résultats des expériences exécutées à West-Point (État de New-York) sur des bouches à feu de gros calibre sur des canonnières de casemates, pendant les années 1852 à 1855. In-8° avec 5 pl. 1863. *Ibid.* 6 fr.

— Sur les armes portatives de l'armée bavaroise, système Podewils. In-8° avec 4 pl. 1863. *Ibid.* 3 fr.

BOURSY (V.), juge suppléant au tribunal civil de Versailles.

— Essai de réforme de la procédure de contribution judiciaire. In-8°. 1862. *Durand.* 2 fr. 50 c.

BOURZEIS (Amable de), théologien et littérateur, membre de l'Académie française, né près de Riom en 1606, mort en 1672.

— Œuvres complètes. — Voy. *Migne,* Collection des orateurs sacrés, 1re série, tome 6.

BOUSCHARAIN (Ch.).

— Athenaïs, ou Grégoire Ghika, prince et hospodar de la Valachie ; tragédie en quatre actes et en vers. In-8° de 7 f. 1846. Nîmes, *imprimerie Ballivet.*

BOUSQUET (l'abbé), chanoine honoraire, curé de Buseins.

— Études historiques sur la ville de Saint-Geniez d'Olt (Aveyron). In-8° de 19 f. 1847. Rodez, *Ratery.*

— Histoire abrégée des papes, depuis saint Pierre jusqu'à Pie IX, à l'usage des maisons d'éducation. In-8°. 1856. Clermont-Ferrand, *Librairie catholique.*

— Notice historique sur l'ancienne abbaye de Notre-Dame de Bonneval (Aveyron). In-8° de 5 f. 1850. Espalion, *imprimerie de Ve Gonin-Faure.*

BOUSQUET (A.).

— Manuel de la langue et de la littérature françaises, contenant un choix de morceaux en prose et en vers, etc. ; précédé d'un résumé historique, etc. In-12. 1846. *Ve Maire-Nyon.* 3 fr.

BOUSQUET (Casimir), membre de la Société de statistique de Marseille.

— D'une Erreur historique à propos de saint Vincent de Paul et de son voyage à Marseille en 1622. In-16. 1861. [Marseille.] *Poulet-Malassis.* 2 fr.

— Étude sur la navigation, le commerce et l'industrie de Marseille, pendant la période quinquennale de 1850 à 1854. In-8°. 1858. [Marseille, *Camoin.*] *Guillaumin et Cie.* 7 fr. 50 c.

Avec Tony Sapet.

— La Major, cathédrale de Marseille. Monographies marseillaises. In-8° avec pl. 1857. Marseille, *Ve Marius Olive.* 8 fr.

BOUSQUET (Charles), littérateur, né à Paris en 1823.

— La Garde impériale au camp de Châlons, 1857. Ouvrage dédié à M. le général comte Regnaud de Saint-Jean-d'Angély, commandant en chef la garde impériale ; avec un plan du camp, du terrain militaire et des environs. In-8°. 1858. *Blot.* 7 fr. 50 c.

BOUSQUET (J.), avocat à la cour royale de Paris.

— Dictionnaire des contrats et obligations en matière civile et commerciale. 2 vol. in-8°. 1840. *Cotillon.* 15 fr.

— Dictionnaire des prescriptions en matière civile, commerciale, criminelle, en matière de délits et de contraventions, etc. 2e édition. In-8°. 1843. *Chez l'auteur.* 6 fr.

La 1re édition est de 1838.

— Histoire du clergé de France depuis l'introduction du christianisme dans les Gaules jusqu'à nos jours. 4 vol. in-8°. 1847-1851. *Pillet fils aîné.* 20 fr.

— Nouveau dictionnaire de droit, résumé général de la législation, de la doctrine et de la jurisprudence dans toutes les matières. 2 vol. in-8°. 1843. *Hingray*. 25 fr.

— Les Veillées du vieux sergent. In-8°. 1843. *Migeon*. 12 fr.

BOUSQUET (Jean Baptiste), médecin, membre de l'Académie de médecine, né en 1794.

— Nouveau traité de la vaccine et des éruptions varioleuses. In-8°. 1848. *J. B. Baillière*. 7 fr.

BOUSQUET (l'abbé P. A.), curé de Vanves, a publié en collaboration avec MM. l'abbé Giraud et G. Grimaud de Caux : les *Actes* des apôtres modernes. — Voy. *Actes*.

BOUSSET (Pacifique).

— Fables et poésies diverses. In-12. 1860. *Divan, chez l'auteur*. 1 fr. 20 c.

— Secondes fables et poésies diverses. In-12. 1862. Saint-Malo, *Coni fils*. 2 fr.

BOUSSINGAULT (le R. P.).

— Le Théâtre de la Moscovie. — Voy. *Bibliothèque russe et polonaise*, 1re série, tome 5.

BOUSSINGAULT (Jean Baptiste), chimiste et agronome, professeur d'agriculture au Conservatoire des arts et métiers, membre de l'Institut, ancien représentant du peuple, né à Paris en 1802.

— Agronomie, chimie agricole et physiologie. 2e édition, revue et considérablement augmentée. 3 vol. in-8°. 1860-1864. *Mallet-Bachelier*. 15 fr.

La 1re édition avait été publiée sous le titre : Économie rurale considérée dans ses rapports avec la chimie, la physique et la météorologie. 2 vol. in-8°. 1844. Bechet. 15 fr.

— La Fosse à fumier. Leçon professée au Conservatoire impérial des arts et métiers. In-8°. 1858. *Bechet jeune*. 1 fr. 25 c.

BOUSSON DE MAIRET (Emmanuel), littérateur, ancien professeur de belles-lettres, né à Lons-le-Saulnier, vers 1805.

— Annales historiques et chronologiques de la ville d'Arbois, département du Jura, depuis son origine jusqu'en 1830. In-8°. 1856. Arbois, *chez l'auteur*. 6 fr. 50 c.

— Éloge historique du lieutenant-général Lecourbe, commandant en chef les armées du Rhin et du Jura; accompagné de notes historiques, de pièces justificatives et d'un choix de sa correspondance officielle de 1799, 1800 et 1815. In-8°. 1854. *Rue Christine*, 1. 3 fr. 50 c.

— Exercices de style et de littérature, ou Matières de compositions françaises graduées, avec leurs corrigés. 2e édition. In-8°. 1859. Lons-le-Saulnier, *Escalle aîné*. 7 fr. 50 c.

La 1re édition est de 1841.

— Le Muséum littéraire, ou Chefs-d'œuvre de la littérature française depuis la renaissance des lettres jusqu'à ce jour, classés par ordre de genres, etc. 2 vol. in-8°. 1841. *Ibid*. 12 fr.

Tome I. Prose. Tome II. Poésie.

— Précis de belles-lettres, à l'usage des écoles primaires supérieures et des pensionnats de demoiselles. Abrégé du Cours élémentaire de belles-lettres, par le même auteur. 5e édition, augmentée du Traité de la lecture à haute voix et de beaucoup d'autres morceaux. In-12. 1856. *Hachette et Cie*. 2 fr.

La 1re édition est de 1840.

— Précis de l'histoire sacrée, depuis l'origine du monde jusqu'à la dispersion de la nation juive. In-12. 1848. Lons-le-Saulnier, *Escalle aîné*. 1 fr. 50 c.

— Les Soirées jurassiennes, ou Épisodes de l'histoire de la Franche-Comté. In-8°. 1858. *Dumoulin*. 3 fr.

M. Bousson de Mairet a donné une édition annotée de « l'Histoire ancienne de Rollin; et il a publié les « Souvenirs militaires » du baron Desvernois. — Voy. ces noms.

BOUSSU (Gabriel).

— La Faillite; traité pratique à l'usage des commerçants. In-8°. 1864. *Marescq aîné*. 2 fr. 50 c.

Avec M. Gautier de Noyelle.

BOUTAKOV (Grégoire), contre-amiral russe.

— Nouvelles bases de tactique navale; traduites du russe par H. de La Planche. Ouvrage accompagné de 26 pl. gravées, dont 15 en couleur, et de nombreuses figures intercalées dans le texte. In-8°. 1864. *A. Bertrand*. 15 fr.

— Nouvelles bases de tactique navale pour les navires à vapeur; traduction de M. H. de La Planche. In-8° avec 7 pl. 1865. *P. Dupont*.

BOUTAN (Augustin), proviseur du lycée Saint-Louis à Paris, né à Lectoure en 1820.

— Cours élémentaire de physique, précédé de notions de mécanique et suivi de problèmes, avec 653 fig. et un spectre solaire intercalés dans le texte. In-8°. 1862. *Dunod*. 7 fr.

Avec J. Ch. d'Alméïda. — 2e édition revue et augmentée en 1863.

— Problèmes de physique. In-8°. 1861. *Ibid*. 1 fr.

Avec le même.

BOUTARD (Charles), ancien membre du tribunal et de la chambre de commerce de Tours.

— Libre monétisation de la propriété, ou Nouveau système d'emprunt hypothécaire avantageux pour les emprunteurs, pour l'État, pour la nation en général, pour les prêteurs en particulier; suivi de considérations sur le numéraire, l'intérêt de l'argent et la fixation du taux, les valeurs fictives, etc. In-12. 1851. *Guillaumin*. 50 c.

BOUTARD (L. Moreau-). — Voy. **Moreau-Boutard.**

BOUTAREL (Aimé), manufacturier.

— Banque de France. L'Escompte à 2 pour 100. In-8°. 1863. *Guillaumin et Cie*. 50 c.

— Banque de France. Escompte maximum 4 pour 100. In-8°. 1865. *Ibid*. 1 fr.

— Enquête sur la circulation monétaire et fiduciaire. Mémoire présenté à MM. les membres du conseil supérieur du commerce, de l'agriculture et de l'industrie. In-8°. 1865. *Ibid*. 1 fr.

— Le Traité de commerce et le libre échange. In-8°. 1862. *Ibid*. 1 fr.

BOUTARIC (Edgard), sous-chef de section aux archives de l'Empire, membre de la Société des antiquaires de France et du comité impérial des travaux historiques, né à Châteaudun (Eure-et-Loir) en 1829.

— Actes du Parlement de Paris. 1re série, de l'an 1254 à l'an 1328, tome 1. 1254-1299. In-4°. 1863. *Plon*. 36 fr.

Inventaires et documents publiés par ordre de l'Empereur sous la direction de M. le comte de Laborde.

— La France sous Philippe le Bel. Étude sur les institutions politiques et administratives du moyen âge. In-8º. 1861. *Ibid.* 8 fr.

— Institutions militaires de la France avant les armées permanentes, suivies d'un aperçu des principaux changements survenus jusqu'à nos jours dans la formation de l'armée. In-8º. 1863. *Ibid.* 8 fr.

BOUTAULD (le P. Michel), de la Compagnie de Jésus, né à Paris, en 1607, mort à Pontoise, en 1688.

— Conseils de la sagesse, ou Recueil des maximes de Salomon, avec des réflexions sur ces maximes, par le P. Michel Boutauld. In-12. 1854. *Julien Lanier.* 2 fr. 50 c.

La 1re édition a été publiée en 1687.

— La Vie chrétienne au milieu du monde, ou Maximes de la sagesse divine, tirées des paroles de l'Écriture sainte. Nouvelle édition. In-12. 1863. *Douniol.* 1 fr. 50 c.

BOUTEILLE (Hippolyte), pharmacien.

— Ornithologie du Dauphiné, ou Description des oiseaux observés dans les départements de l'Isère, de la Drôme, des Hautes-Alpes et les contrées voisines. 2 vol. in-8º. 1843-1844. Grenoble, *chez l'auteur.*

Avec M. de Labatie.

BOUTEILLER (E. de), membre de l'Académie impériale de Metz.

— Histoire de Frantz de Sickingen, chevalier allemand du xvie siècle. In-8º avec 4 pl. 1860. Metz, *Rousseau-Pallez.* 10 fr.

BOUTEILLER (H.).

— Histoire des milices bourgeoises et de la garde nationale de Rouen. In-8º de 22 f., avec 1 pl. 1849. Rouen, *Haulard.*

BOUTEREAU (C.), professeur des cours publics de géométrie, de mécanique et de dessin linéaire appliqués aux arts.

— Construction des escaliers en bois, ou Manipulation et posage des escaliers ayant une ou plusieurs rampes. In-18 avec un atlas in-8º de 20 pl. 1844. *Roret.* 5 fr.

Collection des Manuels-Roret.

— Nouveau manuel complet de gnomonique élémentaire, ou Méthode simple et facile de tracer les cadrans solaires, d'après Sterncim et dom Bedos. In-18 avec 10 pl. 1845. *Ibid.* 3 fr.

Collection des Manuels-Roret.

— Nouveau manuel complet du dessinateur, ou Traité théorique et pratique de l'art du dessin, comprenant le dessin géométrique, la perspective, etc. Orné de 20 pl. renfermant plus de 500 fig. Nouvelle édition. In-18. 1857. *Ibid.* Avec atlas noir, 3 fr. 50 c. Colorié, 4 fr. 50 c.

Collection des Manuels-Roret. — La 1re édition est de 1841, la 2e de 1847.

Voy. aussi *Michel et Bautereau*, Nouveau Vignole du charpentier.

BOUTERON (Édouard), percepteur-receveur.

— L'Ordonnateur des dépenses municipales; recueil élémentaire contenant : l'analyse des lois, décrets, etc., qui régissent les dépenses communales, etc. In-8º. 1865. Grenoble, *Prudhomme.* 4 fr. 50 c.

BOUTERWECK (le docteur Charles Guillaume), directeur du lycée d'Elberfeld (Prusse).

— Vie de Rodolphe de Rodt, V. D. M., ancien missionnaire de la Société des missions de Londres dans l'Inde. Traduite de l'allemand et augmentée par L. R. In-18. 1856. Toulouse, *Société des livres religieux.* 75 c.

BOUTET DE MONVEL (Jacques Marie), acteur et auteur dramatique, membre de l'Institut, né à Lunéville, en 1745, mort à Paris, en 1812.

— L'Amant bourru; comédie en trois actes et en vers libres. In-8º. 1840. *Tresse.*

La 1re édition est de 1777.

— Les Victimes cloîtrées; drame en trois actes. In-4º. 1862. *Lévy frères.* 20 c.

Théâtre contemporain illustré, livraison 515.
La 1re édition est de 1791.

BOUTET DE MONVEL (Benjamin), professeur de physique et de chimie au lycée Charlemagne, petit-fils du précédent, né à Orléans en 1820.

— Cours de chimie, rédigé conformément aux derniers programmes de l'enseignement scientifique dans les lycées et à celui du baccalauréat ès sciences, avec de nombreuses figures dans le texte. 6e édition. In-12. 1864. *Hachette et Cie.* 5 fr.

La 1re édition est de 1855.

— Cours de physique, précédé des programmes officiels arrêtés le 24 mars 1865, pour l'enseignement de la physique dans la classe de mathématiques élémentaires; avec de nombreuses figures dans le texte. In-12. 1865. *Ibid.* 7 fr.

— Notions de chimie conformes au programme officiel arrêté le 25 mars 1865, pour l'enseignement de la chimie dans la classe de philosophie; avec des figures dans le texte. 7e édition. In-12. 1865. *Ibid.* 2 fr. 50 c.

La 1re édition est de 1858.

— Notions de physique, rédigées conformément aux derniers programmes de l'enseignement pour les classes de troisième et de logique (section des lettres), et pour le baccalauréat ès lettres; avec 214 grav. dans le texte. 6e édition. In-12. 1862. *Ibid.* 3 fr. 50 c.

La 1re édition est de 1855.

BOUTHILLIER (le R. P. Le). — Voy. **Le Bouthillier.**

BOUTHORS (Jean Louis Alexandre), membre du conseil de préfecture de la Somme, ancien greffier en chef de la cour impériale d'Amiens, né à Valvion, dépendance de Beauquesne (Somme), en 1797.

— Coutumes locales du bailliage d'Amiens, rédigées en 1507, publiées, avec les encouragements du conseil général de la Somme et du ministère de l'instruction publique, par M. A. Bouthors. 2 vol. in-4º. 1843 et 1853. Amiens, *imprimerie Duval-Herment.* 30 fr.

Publié par la Société des antiquaires de Picardie, et couronné par l'Institut en 1854.

— Esquisse féodale du comté d'Amiens au xiie siècle. In-4º. 1843. Amiens.

— Étude historique et économique sur l'origine, les biens, les droits, les ressources et les moyens d'action des communes rurales. In-8º de 16 p. 1864. Amiens, *imprimerie Yvert.*

— Les Proverbes, dictons et maximes du droit rural traditionnel, considérés comme moyen de

23

vérifier les usages locaux, d'en préciser les règles et d'en propager les principes parmi les populations agricoles. In-12. 1858. [Amiens.] *A. Durand.* 1 fr.

— Les Sources du droit rural cherchées dans l'histoire des communaux et des communes. In-8º. 1865. *Ibid.* 12 fr.

— Les Usages locaux du département de la Somme, précédés d'un essai d'application des usages ruraux du nord de la France au projet de code rural; publiés avec l'autorisation de M. J. Cornuau, préfet de la Somme, sous la direction de M. A. Bouthors. In-8º de CVIII et 335 p. 1861. Amiens, *Caron.*

BOUTIGNY (P. H.), d'Evreux, ancien président de la Société de pharmacie et de chimie de Paris.

— Études sur les corps à l'état sphéroïdal, nouvelle branche de physique. 3º édition, considérablement augmentée. In-8º avec 26 grav. 1857. *V. Masson.* 6 fr.

2e édition. 1846. *Mathias.* 4 fr. 50 c.

BOUTILLIER (le baron).

— Traité pratique des attributions des commissaires de surveillance administrative des chemins de fer. In-8º. 1865. *Chaix et Cie.* 7 fr.

BOUTILLIER (Louis) a traduit du suédois : « Frithjof et Ingeborg », de *Tegner;* et : « les Martyrs », de *Stagnelius.*

BOUTIOT (T.).

— Études sur la géographie ancienne appliquées au département de l'Aube. In-8º avec carte. 1861. [Troyes, *Bouquot.*] *A. Durand.* 3 fr.

Extrait des « Mémoires de la Société académique de l'Aube ».

— Études historiques. Histoire de l'instruction publique et populaire à Troyes pendant les quatre derniers siècles. In-8º avec 4 pl. 1865. [Troyes, *Dufey-Robert.*] *Aubry.* 2 fr. 50 c.

— Des Institutions communales dans la Champagne méridionale au XIIe et au XIIIe siècle. In-8º, 20 p. 1865. Troyes, *imprimerie Dufour-Bouquot.*

BOUTKOWSKI (Alexandre).

— Recherches historiques sur la ville de Tium (en Bithynie), et description d'une médaille inédite appartenant à cette ville. In-18. 1863. *Dumoulin.* 2 fr.

BOUTMY (E.).

— Époques mémorables de la vie du roi des Français, 1773-1845. In-8º. 1845. *Dussillon.*

— Questionnaire des modèles brevetés d'écriture cursive et de dessin. Leçons simultanées sur la religion et la morale, l'histoire, la géographie et les voyages, la littérature, la physique, etc. In-12. 1843. *Fournier.* 3 fr.

BOUTON (Victor), peintre héraldique et paléographe, né en 1819.

— De l'Ancienne chevalerie de Lorraine. Documents inédits, tirés de la collection de Lorraine, à la bibliothèque impériale, accompagnés de 60 blasons. In-12. 1861. *Dentu.* 5 fr.

Exemplaires coloriés avec le plus grand soin, 30 fr.

— Attentat de la police républicaine contre la souveraineté du peuple. In-4º. 1848. *Chez l'auteur, rue des Noyers, 52.* 50 c.

— Nouveau traité de blason, ou Science des

armoiries mise à la portée des gens du monde et des artistes, d'après le P. Ménétrier, d'Hozier, Segoing, etc.; 460 blasons, 800 noms de famille. In-12. 1862. *Garnier frères.* 10 fr.

Exemplaires coloriés avec le plus grand soin, 100 fr.

— La Patrie en danger au 25 février 1848. Conspiration du drapeau rouge. In-12. 1850. *Dentu.* 50 c.

— Profil de Jules Favre, par V. B. In-18 avec photographies. 1864. *Cournol.* 1 fr.

Anonyme.

— Profils révolutionnaires, par un crayon rouge. Publiés par Victor Bouton. Gr. in-8º. 1849. *Chez tous les libraires.* 6 fr.

BOUTREUX (le docteur), ex-chirurgien interne des hôpitaux d'Angers et de Paris.

— Poésies du docteur Boutreux, 1er à 3e vol. In-8º. 1855-1861. Angers, *Cosnier et Lachèse.*

BOUTRON (Antoine François), membre de l'Académie de médecine.

— Hydrotimétrie. Nouvelle méthode pour déterminer les proportions des matières en dissolution dans les eaux de sources et de rivières. 3e édition. In-8º. 1862. *Masson.* 2 fr. 50 c.

Avec F. Boudet. — La 1re édition est de 1856, la 2e de 1860.

BOUTRY (Gustave), ou BOISSONADE-BOUTRY. — Voy. **Boissonade.**

BOUTTEVILLE (L. de). — Voy. **Deboutteville.**

BOUTTEVILLE (Marc Lucien), professeur au lycée de Nantes.

— Premier sermon d'un laïque. Du royaume de Dieu sur la terre. In-8º de 3 f. 1848. *Joubert.*

BOUTTIER (l'abbé Isaac), né en 1797 à Maigné (Sarthe).

— Entretiens sur les arts, la littérature et les sciences. In-12. 1856. *Ve Poussielgue.* 1 fr. 80 c.

— Grammaire synoptique des langues française, latine et grecque. 3e édition. In-8º. 1863. *Ibid.* 5 fr.

La 1re édition est de 1848.

— Mémorial d'astronomie. In-12. 1865. [Le Mans, *Beauvais.*] *Ibid.* 5 fr.

— Philosophie pour les gens du monde et les écoles primaires supérieures. 3 vol. in-12. 1862. *Ibid.* 3 fr.

1re partie, Logique; 2e partie, Métaphysique; 3e partie, Morale.

— Les Trois religions jugées par un maquignon. In-12. 1860. *Ibid.* 1 fr.

BOUTY (l'abbé).

— Vie de saint Fulcran, évêque de Lodève, en forme de panégyrique, avec notes historiques à la fin. In-8º, 47 p. 1865. Montpellier, *Séguin.*

BOUVART (Gustave).

— Cabale contre le Tartufe au XVIIe siècle. In-8º. 1862. [Épinal, *Cabasse.*] *Dentu.* 60 c.

BOUVERAT (P.).

— Speculum Trinitatis seu universitatis rerum in quibus signatur divina Trinitas, compendium, pleraque philosophiæ loca suo ordine delineata complectens. In-12. 1861. *Tolra et Haton.* 1 fr. 50 c.

BOUVET (Alexandre).

— L'Empereur Napoléon et les Polonais. Poëme épique contenant les principaux traits héroïques de Napoléon, du maréchal Ney, des ducs de Montébello et de Valmy, et des guerriers polonais, etc. In-8°. 1851. *Chez tous les libraires*. 2 fr. 50 c.

— L'Iliade française, ou la Vie militaire de l'empereur Napoléon Ier et de la grande armée. Poëme historique en dix chants. Dédié aux généraux de la vieille garde de l'empereur et au peuple français. In-8°. 1853. *Ledoyen.*

— Sébastopol, ou les Camps des Alliés en Crimée. Poëme contenant les combats et batailles de Silistrie, de l'Alma, de Balaclava, d'Inkermann, etc. In-8°. 1856. *Ibid.*

BOUVET (Francisque), ancien représentant du peuple, consul à Mossoul, né en 1799.

— Du Catholicisme, du protestantisme et de la philosophie en France, en réponse à M. Guizot. In-8°. 1840. *Chez les principaux libraires.* 7 fr. 50 c.

— La Guerre et la civilisation. In - 12. 1855. *Dentu.* 3 fr.

2ᵉ édition revue et corrigée sous le titre :

— Introduction à l'établissement d'un droit public européen. In-12. 1856. *Ibid.* 3 fr.

— La Turquie et les cabinets de l'Europe depuis le xvᵉ siècle, ou la Question d'Orient. In-12. 1853. *Giraud.* 3 fr.

2ᵉ édition avec nouvelle préface en 1854.

BOUVET (Pierre).

— Précis des campagnes de l'amiral Pierre Bouvet. 2ᵉ édition. In-12. 1865. *Lévy frères.* 3 fr.

BOUVETTE (A. Otreppe de). — Voy. **Otreppe de Bouvette.**

BOUVIER (A.), pasteur à Genève, fils de Barthélemy Bouvier.

— Le Chrétien, ou l'Homme accompli. Conférences. In - 12. 1857. Genève, *Cherbuliez.* 2 fr. 50 c.

— Réflexions sur la prédication et l'homilétique. In-8°. 1860. *Ibid.* 1 fr.

— Sermons. In-12. 1860. *Ibid.* 3 fr. 50 c.

— Sermons prêchés dans le midi de la France et à Genève, en 1861. In-12. 1862. *Ibid.* 2 fr.

BOUVIER (A.).

— Nouveau système des mondes. Périodicité des déluges universels. Date du dernier, époque du nouveau. In - 8° avec pl. 1862. Lyon, *imprimerie Chanoine.*

— Prochain retour des déluges universels établi sur des preuves certaines. In-8°. 1864. Lyon, *imprimerie Jaillet.* 1 fr. 50 c.

BOUVIER (Alexis), vaudevilliste, ciseleur en bronze jusqu'en 1863, né à Paris en 1836.

— Danseuse et marquis; duo bouffe, musique de Frédéric Barbier. Gr. in-8°. 1863. *Huré.* 50 c.

— Eureka!!! opérette bouffe en un acte, musique de F. Jouffray. Gr. in-8°. 1863. *Feuchot.* 50 c.

— La Gamine du village; opérette en un acte, musique de Frédéric Barbier. In-12. 1865. *Vieillot.* 50 c.

— Une Paire d'Anglais; saynète bouffe, musique de Charles Domergue. In-8°. 1863. *Feuchot.* 50 c.

— Versez, marquis! opérette en un acte, musique de Frédéric Barbier. In-4°. 1862. *Huré.* 50 c.

Avec Édouard Prével.

— La Veuve d'un vivant; opérette en un acte, musique de C. Domergue. In-12. 1865. *Vieillot.* 50 c.

Voy. aussi *Prével et Bouvier.*

BOUVIER (Barthélemy), pasteur à Genève, né dans cette ville, en 1795, mort en 1847.

— Le Compagnon de l'âme chrétienne. Recueil de prières, précédé de deux discours. In-12. 1859. Genève, *Cherbuliez.* 2 fr. 50 c.

— Lettres d'un malade à un malade, ou Directions chrétiennes pour toutes les phases de la maladie. In-18. 1849. *Ibid.* 2 fr.

— Sermons, par Barthélemy Bouvier, précédés d'une notice sur sa vie et ses écrits, par MM. Cellerier et Diodati. In-8°. 1849. *Ibid.* 6 fr.

BOUVIER (E.).

— Des Perfectionnements que reçut la langue française au xviiᵉ siècle, et des influences auxquelles il faut les attribuer. Gr. in-8°. 1853. Bruxelles. 5 fr.

BOUVIER (le docteur H.), membre de l'Académie de médecine, médecin de l'Hôpital des Enfants, né à Paris, en 1799.

— De la Chorée, ou Danse de Saint-Guy. Nomenclature, nosologie, chorée du moyen âge. Discours prononcés à l'Académie impériale. In-8°. 1859. *J. B. Baillière.* 1 fr.

Extrait du « Bulletin de l'Académie de médecine ».

— Études historiques et médicales sur l'usage des corsets; suivies du rapport fait par une commission de l'Académie impériale de médecine sur les corsets plastiques de M. Fontaine (de Lyon). In-8°. 1853. *Ibid.* 1 fr. 50 c.

Extrait du « Bulletin de l'Académie de médecine ».

— Leçons cliniques sur les maladies chroniques de l'appareil locomoteur, professées à l'Hôpital des enfants malades, pendant les années 1855, 1856 et 1857. In-8°. 1858. *Ibid.* 7 fr.

Atlas pour le même ouvrage. In-fol. de 20 pl. 18 fr.

— Mémoire sur la mortalité comparée des quartiers de Paris, dans l'épidémie de choléra de 1849. In-4° avec 1 pl. 1853. *Ibid.* 3 fr.

Extrait des « Mémoires de l'Académie de médecine ».

— De la Méthode opératoire sous-cutanée. Discours prononcé à l'Académie impériale de médecine. In-8°. 1857. *Ibid.* 1 fr. 25 c.

Extrait du « Bulletin de l'Académie de médecine ».

— De la Trachéotomie dans le croup. Discours prononcé à l'Académie impériale de médecine. In-8°. 1859. *Ibid.* 1 fr.

— Second discours sur le même sujet. In-8°. 1859. *Ibid.* 1 fr.

BOUVIER (Jean Baptiste), évêque du Mans, né en 1783.

— Dissertatio in sextum Decalogi præceptum et supplementum ad tractatum de Matrimonio. Editio decima sexta, juxta animadversiones a nonnullis theologis romanis propositas emendata. In-12. 1861. *Jouby.* 1 fr. 50 c.

— Histoire abrégée de philosophie. 2 vol. in-8°. 1842. Le Mans, *Monnoyer.*

— Institutiones philosophiæ, ad usum seminariorum et collegiorum. Duodecima editio, cæteris multo auctior et emendatior. Logica, metaphysica, moralis. In-12. 1858. *Jouby.* 4 fr.

La 1re édition a été publiée en 1824.

— Institutiones theologicæ ad usum seminariorum. Undecima editio, juxta animadversiones a nonnullis theologis romanis propositas emendata. 6 vol. in-12. 1861. *Ibid.* 16 fr.

La 1re édition est de 1820.

— Traité dogmatique et pratique des indulgences, des confréries et du jubilé, à l'usage des ecclésiastiques. 10e édition, entièrement retouchée et considérablement augmentée. In-12. 1856. *Ibid.* 2 fr.

La 1re édition est de 1826.

BOUVIER (Paul), pasteur.

— Discours sur l'Église protestante de Faugères, prononcé le 29 mai 1859, jour du jubilé séculaire de la réformation française. In-8°. 1859. [Montauban.] *Grassart.* 60 c.

BOUVIER (P. L.).

— Manuel des jeunes artistes et amateurs en peinture. 3e édition. In-8° avec 7 pl. 1846. Strasbourg, Ve *Levrault.* 10 fr.

La 1re édition est de 1827 ; la 2e de 1832.

BOUVIER - PARVILLIER (Ernest), avocat à Bruxelles, a écrit une brochure d'économie sociale sous le pseudonyme de **Robin Verteuse** (anagramme de son prénom et de son premier nom réunis).

BOUVILLE (L. M.).

— Deux Discours sur le prosélytisme, prononcés dans le temple de l'Oratoire, en août et octobre 1845. In-8°. 1846. *Cherbuliez.* 75 c.

BOUVRY (G. F. J), licencié en théologie, chanoine honoraire de la cathédrale de Tournai.

— Solution des difficultés théologico-liturgiques, suivie d'une réponse aux Études de théologie, à la Revue théologique et à M. Falise. In-8°. 1862. Tournai, *Casterman.* 1 fr.

BOUYER (A. C.), pseudonyme du libraire-éditeur Adrien COURCIER, né à Saint-Benoît-du-Sault (Indre) en 1816.

— Le Bon-Papa ; illustré de 8 grav. à deux teintes par M. Donjean. Gr. in-8°. 1857. *A. Courcier.* Noir, 3 fr. Colorié, 4 fr.

— Le Compère Joyeux ; illustré de 8 grav. à deux teintes, par Adam. In-8°. 1858. *Ibid.* Noir, 3 fr. Colorié, 4 fr.

— Grand alphabet impérial, anecdotes et récits historiques ; illustré de gravures et vignettes à deux teintes, par Victor Adam. In-4°. 1860. *Ibid.* Noir, 5 fr. 50 c. Colorié, 8 fr.

— Jean Pacot en Chine. In-8° avec 8 gravures à deux teintes. 1861. *Ibid.* Noir, 3 fr. Colorié, 4 fr.

— Les Jeunes artistes, ou Musique et peinture. Gr. in-8°. 1858. *Ibid.* Noir, 3 fr. 50 c. Colorié, 5 fr.

— La Pagode de Kari ; contes et récits ; illustré de 8 grav. à deux teintes. In-8°. 1861. *Ibid.* Noir, 3 fr. 50 c. Colorié, 5 fr.

Avec M. Castillon.

— Le Petit joueur ; contes et récits. In-16. 1862. *Ibid.* 1 fr. 50 c.

— Les Plaisirs du pré Catelan ; illustré de 9 grav. et de vignettes dans le texte. Pet. in-4°. 1859. *Ibid.* 3 fr. 50 c.

— Le Seigneur Jour de l'an. Dévouement et récompense. In-4° avec 8 grav. à deux teintes, par Bertrand. 1856. *Ibid.* 6 fr.

— Les Soirées du vieux conteur ; illustré de 5 grav. Gr. in-8°. 1865. *Ibid.* 6 fr.

— La Tante Ursule ; contes et historiettes ; illustré de 8 grav. à deux teintes. In-8°. 1860. *Ibid.* Noir, 3 fr. Colorié, 5 fr.

Avec R. de Lassalle.

— Les Veillées du grand-papa ; illustré de 8 grav. à deux teintes. In-8°. 1863. *Ibid.* Noir, 3 fr. Colorié, 5 fr.

BOUYGUES (L.), médecin en chef de l'hôpital d'Aurillac.

— Coup d'œil sur la science de l'homme et de ses maladies, ou Aperçu philosophique sur la médecine spéculative, pratique et professionnelle. In-8°. 1850. *J. B. Baillière.*

BOUYN (le vicomte E. H. de), officier.

— Cours d'art et de tactique militaire. Gr. in-8° de 173 p. 1865. Lille, *imprimerie Danel.*

— Description : 1° d'une machine motrice convertissant le mouvement des molécules des corps en travail utile ; 2° d'une machine aérostatique d'après les principes de la statique et dynamique. In-8°. 1865. Nancy, *Mlle Gonet.* 1 fr. 50 c.

BOUZET (Charles Du). — Voy. **Du Bouzet.**

BOUZIQUE (Étienne Ursin), ancien représentant du peuple, né à Châteauneuf-sur-Cher, en 1801.

— Théâtre et souvenirs. In-12. 1857. *Chamerot.* 3 fr. 50 c.

M. Bouzique a donné une traduction française des « Satires » de *Juvénal.*

BOUZIQUE (L.), menuisier modeleur.

— Nouveau manuel de menuiserie simplifiée. In-18, avec 4 pl. 1857. *Roret.* 1 fr. 50 c.

Avec M. E. R. — Collection des Manuels-Roret.

BOVE (Auguste de), docteur en droit.

— Essai philosophique sur les principaux systèmes politiques par A. D. B. In-32, XIV et 271 p. 1855. Mons, *Chevalier-Asmon.*

Anonyme.

BOVET (Félix).

— Le Comte de Zinzendorf. 2 vol. in-8°. 1860. *Grassart.* 7 fr.

— Le même. 2e édition. 2 vol. in-8° avec portrait. 1865. *Librairie française et étrangère.* 7 fr. 50 c.

— Le même. 3e édition. 1 vol. in-12. 1865. *Ibid.* 4 fr.

— Voyage en Terre-Sainte. In-8°, avec carte et plan. 1861. Neuchâtel, *Delachaux.* 7 fr. 50 c.

— Le même. Nouvelle édition, revue et corrigée. In-12 avec 2 cartes. 1862. *Lévy frères.* 3 fr.

4e édition en 1864.

M. Bovet a publié le « Discours sur les richesses », de J. J. Rousseau.

BOVET (François), ancien archevêque de Toulouse, né à Grenoble en 1745, mort à Paris en 1838.

— L'Esprit de l'Apocalypse ; précédé d'un jugement sur les ouvrages de l'auteur, par M. le doyen de la Faculté de théologie de Paris, et d'une Notice biographique, par M. le marquis Du Bouchet. In-8º. 1840. *Gaume frères.* 6 fr.

BOVIE (Félix).

— Chansons; publiées par la Société vocale d'Ixelles, avec dessins, musique et préfaces. Gr. in-8º avec portrait et 24 grav. 1865. Bruxelles, *Gouveloos.* 6 fr.

BOVIER-LAPIERRE (G.), professeur de mathématiques.

— Cours de géométrie élémentaire, à l'usage de la section des sciences. In-12 avec 10 pl. 1855. *Mallet-Bachelier.* 4 fr.

— Traité élémentaire des approximations numériques à l'usage des aspirants au baccalauréat ès sciences et aux écoles spéciales. In-12. 1863. *Ibid.* 1 fr. 25 c.

BOWMANN (Anne).

— Laure Temple, ou la Jeune institutrice. Ouvrage pour la jeunesse. Traduit de l'anglais, par E. Pache. In-12. 1858. [Lausanne.] *Grassart.* 3 fr. 50 c.

BOY, auteur dramatique.

— Juge et partie; comédie-vaudeville en un acte. In-12. 1865. *Lévy frères.* 1 fr.

— Tricornot; tableau villageois en un acte. In-18. 1861. *Librairie théâtrale.* 60 c.

— La Veillée; opérette en un acte; musique de Mlle C. Jacques. In-12. 1863. *Mifliez.* 50 c.

BOYARD (Nicolas Jean Baptiste), président honoraire de la cour d'Orléans, ancien député, né à Châteaumeillant en 1790.

— Des Abus en matière ecclésiastique, ou Des causes, de l'origine et de l'utilité des appels comme d'abus et des modifications dont les lois existantes sont susceptibles; suivi d'un dialogue sur les causes des misères de la France, publié en 1590 par Guy Coquille, seigneur de Romenay. 2e édition. In-8º. 1844. *Roret.* 2 fr. 50 c.

La 1re édition est de 1829.

— La Bourse et ses spéculations, mises à la portée de tout le monde, contenant les documents législatifs, administratifs et judiciaires jusqu'en 1853. In-18. 1853. *Ibid.* 2 fr. 50 c.
Collection des Manuels-Roret.

— Les Candidats désappointés. Tableau de la vie politique, suivi de notes historiques. 2e édition. In-18. 1852. *Ibid.* 3 fr.

La 1re édition, sous le titre: « l'Élection manquée », ne portait pas le nom de l'auteur.

— La Liberté conquise. Poème national en douze chants, suivi de notes historiques. In-8º. 1850. *Ibid.* 6 fr.

— Des Libertés garanties par les institutions de 1789 à 1830, dans leur rapport avec la constitution de 1852. Tome 1er. In-8º. 1853. *Ibid.* 6 fr.

— Nouveau guide des maires ou Manuel des officiers municipaux dans leurs rapports avec l'ordre administratif et l'ordre judiciaire, les collèges électoraux, etc. 5e édition, revue et considérablement augmentée par M. Ch. Vasserot. In-18. 1861. *Ibid.* 3 fr. 50 c.
Collection des Manuels-Roret. — La 1re édition est de 1831.

— Nouveau manuel complet du bouvier, du zoophile, du berger, du fermier et de l'herbager. Nouvelle édition. In-18. 1844. *Ibid.* 2 fr. 50 c.
Collection des Manuels-Roret.

— Nouveau manuel complet du chasseur. Nouvelle édition, revue et augmentée. In-18 avec 2 pl. et 16 p. de musique. 1853. *Ibid.* 3 fr.
Avec M. de Mersan. — Collection des Manuels-Roret. — La 1re édition est de 1842.

— Nouveau manuel complet des contributions directes : guide des contribuables, etc. In-18. 1846. *Ibid.* 2 fr. 50 c.
Collection des Manuels-Roret.

— Nouveau manuel complet des gardes champêtres, communaux ou particuliers, gardes forestiers, gardes-pêche et gardes-chasse, contenant l'analyse ou le texte des lois, ordonnances et arrêts sur leurs attributions, etc. Nouvelle édition, revue, corrigée et augmentée. In-18. 1856. *Ibid.* 2 fr. 50 c.
Collection des Manuels-Roret. — La 1re édition est de 1835.

— Nouveau manuel complet des maires, adjoints, conseillers municipaux, des préfets, conseils de préfecture et conseils généraux, des juges de paix, commissaires de police, prêtres, instituteurs, et des pères de famille dans leurs rapports avec l'administration, etc. 4e édition, revue et considérablement augmentée par M. Ch. Vasserot, avocat. 2 vol. in-8º. 1861. *Ibid.* 12 fr.
La 1re édition est de 1831.

— La Russie et l'empire ottoman, tels qu'ils sont et tels qu'ils devraient être. In-8º. 1854. *Ibid.* 5 fr.

— 1789, ou la Liberté conquise, poème national en sept chants; suivi de notes historiques. In-8º. 1853. *Ibid.* 12 fr.

BOYÉ (Adolphe).

— Suppression du rouissage du lin et du chanvre, teillage de toutes les plantes textiles. In-8º. 1862. *Ledoyen.* 1 fr.

BOYELDIEU D'AUVIGNY (Mme Louise).

— Berthe, ou les Suites d'une indiscrétion. In-12. 1857. Tours, *Mame et Cie.* 80 c.

— Deux Ménages d'ouvriers. In-12. 1852. *Belin-Leprieur et Morizot.* 5 fr.

— Les Droits du travailleur. Essais sur les devoirs des maîtres envers leurs subordonnés. Traduit de l'anglais sur la seconde édition, à laquelle on a ajouté un Essai sur les moyens d'améliorer la santé et d'accroître le bien-être des classes laborieuses; par Mme Louise Boyeldieu d'Auvigny. In-12. 1846. *Guillaumin.* 3 fr.

— Guide aux menus-plaisirs. Salon de 1853. In-18. 1853. *Jules Dagneau.* 75 c.

— Mont-Jouy, ou Erreurs et repentir. In-12. 1845. *Royer.*

— Petit-Jean, ou le Bonheur dans le devoir. In-12. 1851. *Chez l'auteur, rue Rameau, 11.* 1 fr.
Nouvelle édition. In-12. 1863. Tours, *Mame et fils.*
Mme Boyeldieu d'Auvigny a traduit de l'anglais : « Développement de la doctrine chrétienne », du R. P. Newman.

BOYER.

— La Cité humaine. Principes métaphysiques et philosophie sociale. In-8º. 1851. *Giraud et Dagneau.* 5 fr.

BOYER, fabricant de porcelaines.

— Nouveau manuel complet du porcelainier,

du faïencier, du potier de terre, du briquetier, du tuilier. Entièrement refondu, par M. B***. 2 vol. in-18, avec 12 pl. 1846. *Roret.* 6 fr.

Collection des Manuels-Roret. — La 1re édition est de 1827.

BOYER (A.), docteur en médecine de la Faculté de Paris.

— Étude sur l'ophthalmoscope. In-8°. 1864. *Baillière et fils.* 1 fr. 50 c.

Extrait du « Bulletin de la Société médicale homœopathique de France ».

BOYER (Abel), lexicographe français, né à Castros en 1664, mort à Chelsea en Angleterre en 1729. Protestant, il fut obligé de quitter la France à la suite de la révocation de l'édit de Nantes, et se retira d'abord à Genève et ensuite en Angleterre.

— Nouveau dictionnaire anglais-français et français-anglais, abrégé de Boyer, collationné d'après les dictionnaires de Johnson, Todd, Crable, etc., la dernière édition du Dictionnaire de l'Académie française et le complément de ce dictionnaire, avec la prononciation figurée de l'anglais à l'usage des Français, et du français à l'usage des Anglais, d'après Walker, etc. 37e édition, entièrement refondue, etc., par MM. E. Thunot et C. E. Clifton. 2 vol. in-8°. 1851. *Baudry.* 7 fr. 50 c.

La 1re édition du Dictionnaire de Boyer a été publiée à La Haye, en 1702.

BOYER (le baron Alexis), chirurgien, membre de l'Institut, né à Uzerches en 1760, mort à Paris en 1833.

— Traité des maladies chirurgicales et des opérations qui leur conviennent. 5e édition, publiée par le baron Philippe Boyer. 7 vol. in-8°. 1843-1853. *Labé.* 56 fr.

BOYER (Alfred).

— Mémoires d'un cabinet particulier. In-16. 1863. *Cournol.* 1 fr.

BOYER (Auguste).

— Exposition métaphysique des peines temporelles. In-8° de 32 f. 1843. *Hachette.*

BOYER (A. L.), professeur de pathologie chirurgicale à la Faculté de médecine de Montpellier.

— Dictionnaire de physiologie. Gr. in-8°. 1861. *Migne.* 8 fr.

Forme le tome 58 de la troisième et dernière Encyclopédie théologique, publiée par l'abbé *Migne.*

— Préceptes. Bienséance. (Traités hippocratiques.) Traduction accompagnée d'une introduction, de commentaires et de notes par MM. Boyer et Girbal. In-8° de 5 f. 1855. Montpellier, *Savy.*

— Recherches historiques et critiques sur l'hydrothérapie (emploi hygiénique et thérapeutique de l'eau) chez les anciens et les modernes. In-8° de 4 f. 1843. Strasbourg, *Dérivaux.*

BOYER (F. Partout, dit), vaudevilliste.

— Le Fruit défendu; vaudeville en un acte. In-8°. 1846. *Beck.* 40 c.

Avec M. Saint-Aguet.

— Un Lièvre en sevrage; comédie-vaudeville en un acte. In-8°. 1849. *Ibid.* 50 c.

Voy. aussi Duvert, P. de Kock, Varin et Xavier.

BOYER (H.).

— Histoire des imprimeurs et libraires de Bour-

ges, suivie d'une notice sur les bibliothèques. In-8° de 5 f. 1854. Bourges, *imprimerie Jollet-Souchois.*

BOYER (J.), professeur.

— Cours élémentaire de grammaire française, destiné aux aspirants et aspirantes aux brevets de capacité, aux pensions et aux écoles primaires. In-12. 1853. Dijon, *Clunet.*

— Manuel rédigé spécialement pour les aspirants au brevet de capacité du degré supérieur, les écoles supérieures et les pensionnats, contenant dix cours élémentaires, savoir: de physique, de mécanique, de chimie, d'astronomie et de cosmographie, etc. In-12. 1854. *Ibid.*

BOYER (le docteur Jules).

— Guérison de la phthisie pulmonaire et moyens de prévenir cette maladie à l'aide d'un traitement nouveau. In-8°. 1863. *A. Delahaye.* 1 fr. 50 c.

5e édition en 1865.

BOYER (Louis), littérateur, ancien inspecteur des théâtres au ministère d'État, ancien directeur du théâtre du Vaudeville, né à Paris vers 1810, mort en 1866.

— Un Faiseur refait; vaudeville en un acte. In-18. 1856. *Beck.* 60 c.

Avec Charles Nuitter.

— Une Fausse bonne; vaudeville en un acte. In-18. 1858. *Librairie théâtrale.* 60 c.

Avec le même.

— Un Fiancé à l'huile; vaudeville en un acte. In-12. 1857. *Lévy frères.* 60 c.

Avec le même.

— Le Manteau de Joseph; vaudeville en un acte. In-12. 1854. *Ibid.* 60 c.

Avec le même.

— Le même. In-4°. (Théâtre contemporain illustré. Livraison 164.) 1855. *Ibid.* 40 c.

— Une Mèche éventée; vaudeville en un acte. In-12. 1856. *Ibid.* 60 c.

Avec le même.

— Le même. In-4°. (Théâtre contemporain illustré. Livraison 337.) 1858. *Ibid.* 40 c.

BOYER (Lucien A. H.), docteur en médecine.

— Des Diathèses au point de vue chirurgical. In-8°. 1847. *G. Baillière.* 2 fr.

— Discussion clinique sur quelques observations de hernie étranglée. In-8°. 1849. *Ibid.* 1 fr. 25 c.

— De l'Entraînement des parties antérieures du corps vitré pendant l'opération de la cataracte par abaissement. Mémoire. In-8°. 1849. *Ibid.* 1 fr. 25 c.

— Recherches sur l'opération du strabisme, mémoire présenté à l'Académie royale des sciences. In-8° avec 10 pl. 1842. *J. B. Baillière.* Noir, 5 fr. Colorié, 8 fr.

— 2e Mémoire sur le même sujet. In-8° avec 2 pl. 1844. *Ibid.* 3 fr.

BOYER (N.).

— Soixante-Quatorze psaumes traduits en vers français, et le texte en regard; complétant, avec les soixante-seize déjà parus, le Livre des psaumes; suivis de plusieurs pièces en vers et d'une notice sur l'orgue et l'organiste. In-8°. 1854. Le Mans, *Gallienne.*

BOYER (le baron Philippe), chirurgien de l'Hôtel-Dieu, fils du baron Alexis Boyer, né à Paris en 1802, mort en 1858.

Il a publié la 5e édition du «Traité des maladies chirurgicales» de son père. (Voy. plus haut.)

BOYER (Philoxène), littérateur, né à Cahors en 1829.

— Le Cousin du roi; comédie en un acte, en vers. In-12. 1857. *Lévy frères.* 1 fr.

Avec Th. de Banville.

— Le même. In-4°. (Théâtre contemporain illustré. Livraison 317.) 1858. *Ibid.* 40 c.

— Les Chercheurs d'amour, scènes de la vie romanesque. In-12. 1856. *Edmond Albert.* 1 fr.

— Le Feuilleton d'Aristophane; comédie satirique. In-12. 1853. *Lévy frères.* 60 c.

Avec Th. de Banville.

— Le Rhin et les Burggraves. Lettre à Victor Hugo. In-8°. 1849. Grenoble.

— Sapho; drame en un acte, en vers. In-12. 1850. *Lévy frères.* 60 c.

BOYER (Pierre Denis), théologien, directeur du séminaire de Saint-Sulpice, né à Severac-l'Église, près Rhodez, en 1766, mort à Paris en 1842.

— Défense de l'Église catholique contre l'hérésie constitutionnelle, qui soumet la religion au magistrat, renouvelée dans ces derniers temps. In-8°. 1840. *Gaume frères.* 4 fr.

— Discours pour les retraites ecclésiastiques, avec une Notice sur la vie et les écrits de l'auteur. 2 vol. in-8°. 1843. *Ad. Leclère.* 12 fr.

— Œuvres complètes. — Voy. *Migne*, Orateurs sacrés, 2e série, tome 11.

BOYER (X.), conseiller à la cour impériale de Colmar.

— Histoire d'Alsace depuis les temps les plus reculés jusqu'à nos jours. Tome 1. In-8°. 1862. [Colmar, *Barth.*] *Aubry.* 10 fr.

L'ouvrage aura 8 volumes.

— Rodolphe de Habsbourg, ou l'Alsace au XIIIe siècle. In-8° de 19 1/2 f. 1847. Colmar, *imprimerie Hoffmann.*

BOYER DE FONSCOLOMBE.

— Entomologie élémentaire, ou Entretiens sur les insectes, mis à la portée de tout le monde. In-18. 1851. *Roret.* 3 fr.

Collection des Manuels-Roret.

BOYER-NIOCHE.

— Fables. 4e édition, augmentée d'un 6e livre et illustrée de belles gravures d'E. Salle, d'après les dessins de Beaugard-Thil. In-8°. 1858. *Rigaud.* 7 fr.

M. Boyer-Nioche a traduit du polonais : « Marie », poème ukrainien de *Malezewski.*

BOYER DE SAINTE-SUZANNE (le baron Émile Victor Charles), sous-préfet de Sceaux, près Paris, né à Paris en 1826.

— L'Administration sous l'ancien régime. Les intendants de la généralité d'Amiens (Picardie et Artois). In-8°. 1865. *P. Dupont.* 15 fr.

— Recrutement. Tirage au sort et révision. In-8°. 1860. *Ibid.* 7 fr. 50 c.

Nouvelle édition en 1861. — 4e édition en 1865. 1 vol. In-12. *Ibid.* 4 fr.

— La Vérité sur la décentralisation. In-8°. 1861. Amiens, *Jeunet.*

BOYERGI (Lionel de), pseudonyme sous lequel M. F. Dubourg-Neuville a écrit un pamphlet intitulé : Asmodée aux cléricaux. Boyergi est l'anagramme de Giboyer, le héros de deux pièces de M. Émile Augier.

BOYLESVE (le R. P. Marin de), de la Compagnie de Jésus, né à Saint-Lambert-la-Poterie, près Angers, en 1813.

— Appel contre l'esprit du siècle, précédé d'un coup d'œil sur les principaux objets de l'enseignement. In-24. 1857. *Ad. Leclère et Cie.* 70 c.

— Boutade contre l'Église, ou une Conversation en chemin de fer. 2e édition. In-12. 1863. *Gauguet.* 30 c.

— Cursus philosophiæ complectens logicam, metaphysicam, ethicam, accedit compendiosa religionis demonstratio et historia philosophiæ. In-8°. 1855. *Julien, Lanier.* 5 fr.

— Les Deux étendards; tableaux dramatiques. In-18. 1864. *Imprimerie Cosson et Cie.* 30 c.

— Les Deux ouvriers. In-32. 1863. *Palmé.* 30 c.

— Les Droits de Dieu. In-32. 1865. *Josse.* 25 c.

— L'Église et le Pape. In-12. 1862. *Ruffet et Cie.* 3 fr. 50 c.

— La Fournaise; drame en prose et en trois actes. In-32. *Dillet.* 30 c.

— Le Guide du catéchiste. In-18. 1863. *Dillet.* 40 c.

— Les Luttes de l'Église. Première lutte. L'Église et le paganisme. In-8°. 1863. *Palmé.* 3 fr.

— Le même. Deuxième lutte. L'Église et l'hérésie. In-8°. 1864. *Ibid.* 3 fr.

— Les Machabées; drame en prose, en trois actes. In-32. 1859. *Dillet.* 50 c.

— Les Malices de la science. Le Miracle et le diable. In-32, 1864. *Palmé.* 25 c.

— Petits dialogues sur divers points de controverse. Sixième dialogue. Accord de la raison avec la foi. In-32. 1859. *Dillet.* 60 c.

Cet opuscule a été réimprimé dans « le Triomphe de la foi ».

— Pratique de dévotion pour chaque jour de la semaine. In-32. 1863. *Ibid.* 40 c.

— Pratique de la vie chrétienne. In-32. 1864. Lyon, *Girard et Josserand.* 1 fr.

— Principes de logique, ou la Logique réduite à sa plus simple expression, à l'usage des gens du monde et des jeunes gens. In-18. 1862. *Douniol.* 1 fr. 50 c.

— Principes de littérature. 3 vol. in-12. 1851. 1852. *Ve Poussielgue-Rusand.*

Tome I. Style. II. Poésie. III. Éloquence.

— Problèmes contemporains. Premier problème. M. Saisset et le dogme fondamental. In-12. 1862. *Périsse frères.* 50 c.

— Les mêmes. Deuxième problème. M. Cousin et le dogme fondamental du christianisme. In-18. 1862. *Ibid.* 50 c.

— Les mêmes. Troisième problème. M. Cousin et l'explication de toutes choses. In-12. 1862. *Ibid.* 50 c.

— Les mêmes. Quatrième problème. A quoi

bon la révélation du mystère de la Trinité ? In-12. 1862. *Ibid.* 50 c.

— Les mêmes. Cinquième problème. L'Optimisme. In-12. 1862. *Ibid.* 50 c.

— Religion surnaturelle. (Petit cours de religion.) In-32. 1859. *Dillet.* 50 c.

— M. Renan, défenseur de la foi, d'après un procédé nouveau. In-12. 1863. *Douniol.* 10 c.

— Saint-Louis; drame en prose et en trois actes. In-32. 1858. *Dillet.* 30 c.

— Triomphe de la foi. Nouvelle édition, considérablement augmentée. In-12. 1861. *Ibid.* 3 fr. 50 c.

Le P. Boylesve a traduit: « l'Année de Marie », par le P. Gabriel *Havenest.*

BOYRON (Michel), auteur dramatique, connu sous le pseudonyme de **Baron.**

BOYS (Albert Du). — Voy. **Du Boys.**

BOYS DES GUAYS (J. LE). — Voy. **Le Boys des Guays.**

BOYVE (Jonas), pasteur de l'église de Fontanes.

— Annales historiques du comté de Neuchâtel et Vallangin depuis Jules-César jusqu'en 1722, etc. Publiées pour la première fois avec quelques annotations, d'après le manuscrit de l'auteur, revu et complété par son neveu J. F. Boyve, maire de Bevaix, et précédées d'un avant-propos et d'une notice biographique sur l'auteur, par Gonzalve Petitpierre. Tome I. In-8°. 1854-1855. Neuchâtel. 10 fr.

BOZ, pseudonyme de Charles **Dickens.**

BOZÉRIAN (JEANNOTTE-). — Voy. **Jeannotte-Bozérian.**

BOZÉRIAN (Jules).

— Noir et Blanc. Vie et aventures de Pierrot et de son ami Arlequin, racontées aux enfants. In-8°. 1850. *Louis Janet.* 9 fr.

BOZIÈRE (Amé François Joseph), peintre paysagiste, membre de plusieurs sociétés savantes, né à Tournai (Belgique) en 1814.

— Armorial de Tournay et du Tournaisis. Texte et dessins. In-8° avec 16 pl. lithographiées en bistre. 1859. Tournai. 12 fr.

— Les Épitaphes rimées des églises et des couvents de Tournai. In-8°. 1859. *Ibid.* 2 fr.

— Tournai ancien et moderne, ou Description historique et pittoresque de cette ville depuis son origine jusqu'à nos jours. Gr. in-8°. 1854. *Ibid.* 15 fr.

BOZONNET (J. B. Louis).

— Une Variété de l'amour. In-12. 1864. *Vanier.* 1 fr.

BRABANDÈRE (le chevalier Romuald Vilfride Édouard de), né à Gand en 1815.

— Coup d'œil sur les finances de la Néerlande et de ses colonies, 1840-1860. In-8°. 1862. Bruxelles, *Muquardt.* 5 fr.

— Croquis de la vie bruxelloise. In-8°. 1865. *Ibid.* 2 fr. 50 c.

— Myosotis; croquis de la vie bruxelloise. In-8°. 1864. Bruxelles, *Mertens et fils.* 3 fr. 75 c.

BRACEBRIDGE (Mme Henri) a traduit de l'anglais : « Leçons sur les actes des apôtres », de *Sumner.*

BRACH (Pierre de), sieur de LA MOTTE MONTUSSAN, avocat et poëte, né à Bordeaux, en 1549, mort au commencement du XVIIe siècle.

— Œuvres poétiques, publiées et annotées par Reinhold Dezeimeris, tomes 1 et 2. 2 vol. in-4°. 1863. [Bordeaux.] *Aubry.* 35 fr.

BRACHELET (Adolphe), homme de lettres, né à Douai en 1816.

— Critique d'un livre intitulé : L'Amour dans le mariage; étude historique de M. Guizot. In-12. 1865. Douai, *imprimerie Dechristé.* 30 c.

— L'Envie confondue, ou la Vertu glorifiée; poëme donné pour réponse à la « Gazette de Paris » du 11 août 1859. In-12. 1859. *Ledoyen.* 50 c.

— Mosaïque, ou le Code du bien, de l'intelligence et du bonheur. Nouvelle édition. In-12. 1864. [Douai, *chez l'auteur.*] *Ledoyen.* 2 fr. 50 c.

— Réponse à M. de La Guéronnière, sénateur, à propos de ses Considérations sur la politique intérieure. In-8°. 1863. *Ibid.* 40 c.

BRACHET.

— Dictionnaire chiffré. Nouveau système de correspondance occulte. In-32. 1850. *Garnier frères.* 2 fr. 50 c.

BRACHET (Auguste), journaliste, rédacteur de « l'Opinion nationale », né à Tours en 1844.

— Étude sur Bruneau de Tours, trouvère du XIIIe siècle. In-8°. 1865. *Hérold.* 1 fr. 50 c.

— Du Rôle des voyelles latines atones dans les langues romanes. In-8°. 1865. Leipzig, *Brockhaus.* 2 fr.

BRACHET (Achille), opticien et physicien, né à Briançon (Hautes-Alpes) en 1820.

— Court exposé du principe sur lequel reposent les meilleurs microscopes dioptriques, composés, achromatiques, du professeur J. B. Amici et du marquis de Panciatichi. Opuscule orné de 6 diagrammes. In-8°. 1858. *Chez l'auteur, boulevard Montparnasse,* 151. 50 c.

— Grande restauration scientifique, philosophique, minéralogique. 1re partie : De l'application de certains corps artificiels produits par la synthèse chimique, soit au microscope solaire, soit au microscope dioptrique, composé achromatique vertical, d'après les récents résultats du professeur J. B. Amici et de son noble ami le marquis de Panciatichi. 1re livraison. In-8° avec 5 fig. 1859. *Ibid.* 50 c.

— Lettre adressée à M. Babinet, ou Simples préliminaires sur la restauration du système aérostatique du lieutenant général Meusnier. In-8°. 1859. *Ibid.* 50 c.

— Lettre adressée à M. C. A. Steinheil, à Munich, sur sa grande provocation de la restauration du télescope catadioptrique newtonien, et examen critique de l'emploi de cet instrument dans les observations de précision. In-8°. 1858. *Ibid.* 50 c.

— Micrographie. Avertissement sur la seconde édition de la notice du meilleur microscope dioptrique composé achromatique et vertical, du professeur J. B. Amici. 1re livraison. In-8°. 1857. *Ibid.* 50 c.

— Simples préliminaires sur le commentaire de la Notice du meilleur microscope dioptrique composé achromatique, du professeur Amici. In-8°. 1856. *Ibid.* 50 c.

— Solution de l'éclairage électrique produit par les courants de la pile. In-8°. 1858. *Ibid.* 25 c.

BRACHET (J. L.), médecin de l'Hôtel-Dieu et de la prison de Roanne.

— Études physiologiques sur la théorie de l'inflammation. In-8°. 1851. Lyon, *Dumoulin.* 2 fr.

— Physiologie élémentaire de l'homme. 2ᵉ édition, revue, corrigée et considérablement augmentée. 2 vol. in-8°. 1855. *Germer Baillière.* 15 fr.

— Traité complet de l'hypocondrie. In-8°. 1844. *J. B. Baillière.* 9 fr.

— Traité de l'hystérie. In-8°. 1847. *Ibid.* 7 fr. 50 c.

— Traité pratique de la colique de plomb. In-8°. 1850. *Ibid.* 5 fr.

BRACK (F. de), général de cavalerie, né à Paris, en 1789.

— Avant-postes de cavalerie légère. Souvenirs. 3ᵉ édition. In-18 avec 3 pl. 1863. *Dumaine.* 4 fr.

La 1ʳᵉ édition est de 1831, la 2ᵉ de 1844.

— Notice biographique sur le général Denis Davidoff. — Voy. *Davidoff.*

BRACKE (François), journaliste, né à Lille en 1816.

— Album-Bracke. Les Caricatures parisiennes. 9ᵉ année, 1866. In-4°. 1865. *Rue Lamartine*, 34. 5 fr.

— Indicateur-Bracke. Nouveau guide des voyageurs, promeneurs, baigneurs, touristes, en France et à l'étranger. 1864. In-8°. 1864. *Hachette et Cⁱᵉ.* 60 c.

BRACONNIER (Édouard).

— Application de la géographie à l'histoire, ou Étude élémentaire de géographie et d'histoire générales comparées. Ouvrage classique, précédé d'une introduction, par M. Bescherelle aîné. 2 vol. in-12. 1845. *Simon.* 2 fr. 50 c.

BRADDOCK, commissaire de l'ordonnance.

— Mémoire sur la fabrication de la poudre à canon. Traduit de l'anglais, avec notes et remarques, par Gabriel Salvador. In-8°. 1848. *Corréard.* 5 fr.

BRADDON (Miss M, E.), romancière anglaise.

— Aurora Floyd. Traduit de l'anglais par Charles Bernard Derosne, avec le concours de l'auteur. 2 vol. in-12. 1863. *Hachette et Cⁱᵉ.* 6 fr.

— Le Capitaine du « Vautour ». Traduction du même. In-12. 1863. *Ibid.* 3 fr.

— Henry Dunbar. Histoire d'un réprouvé. Traduction du même. 2 vol. in-12. 1865. *Ibid.* 6 fr.

— L'Intendant Ralph et autres histoires. Traduction du même. In-12. 1864. *Ibid.* 3 fr.

— Lady Lisle. Traduction du même. In-12. 1863. *Ibid.* 3 fr.

— Le Secret de lady Audley. Traduit de l'anglais par Mᵐᵉ Judith Bernard Derosne. 2 vol. in-12. 1864. *Ibid.* 6 fr.

— Le Testament de John Marchmont. Traduit par Charles Bernard Derosne. 2 vol. in-12. 1864. *Ibid.* 6 fr.

— La Trace du serpent. Traduction du même. 2 vol. in-12. 1864. *Ibid.* 6 fr.

— Le Triomphe d'Éléanor. Traduction du même. 2 vol. in-12. 1864. *Ibid.* 6 fr.

BRADI (Agathe Pauline CAYLAC DE CEYLAN, comtesse de), femme de lettres, née à Paris, en 1782, morte en 18..

— Les Deux chaumières, ou les Petits botanistes. In-18 avec grav. 1862. Limoges, *Ardant frères.* 1 fr.

La 1ʳᵉ édition est de 1846.

— Le Petit faiseur de tours. In-32. 1865. *Ibid.* 80 c.

— Du Savoir-vivre en France au xixᵉ siècle, ou Instructions d'un père à ses enfants. 6ᵉ édition. In-18. 1858. *Vᵉ Berger-Levrault et fils.* 1 fr. 50 c.

La 1ʳᵉ édition est de 1840 ; la 1ʳᵉ et la 2ᵉ édition ne portaient que : « Par Mᵐᵉ la comtesse de B... ».

— Le Secrétaire du xixᵉ siècle, faisant suite au Savoir-vivre en France. 5ᵉ édition. In-18. 1862. *Ibid.* 1 fr. 50 c.

La 1ʳᵉ édition est de 1840.

BRADY (Agénor).

— Loin du monde. Poésies. In-12. 1857. *Lévy frères.*

BRAFF (Pierre), ancien conseiller de préfecture, chef de bureau au ministère de l'intérieur, né à Aix-la-Chapelle en 1820.

— Des Actes de l'état civil et de la police municipale ; manuel des maires, des adjoints, des juges de paix et des commissaires de police. In-12. 1862. *Poitevin.* 4 fr.

— Administration financière des communes, ou Recueil méthodique et pratique des lois, décrets, ordonnances, arrêts, avis du conseil d'État, qui régissent cette matière. 2 vol. in-8°. 1857. *A. Durand.* 12 fr.

— Code des chemins vicinaux. In-8°. 1860. Grenoble, *Prudhomme.* 1 fr. 50 c.

— Des Octrois municipaux. Résumé des lois, décrets, ordonnances, avis du conseil d'État, circulaires et décisions ministérielles qui régissent cette matière, suivi de plusieurs modèles, etc. In-8°. 1857. *A. Durand.* 4 fr.

— De la Police du roulage, contenant : 1° les dispositions textuelles des lois, décrets, ordonnances ; 2° les arrêts du conseil d'État ; 3° les instructions ministérielles, etc. In-8°. 1849. *Léautey.*

— Principes d'administration communale, ou Recueil par ordre alphabétique de solutions tirées des arrêts de la Cour de cassation, des décisions du conseil d'État et de la jurisprudence ministérielle en ce qui concerne l'administration des communes. 2 vol. in-12. 1860. *A. Durand.* 8 fr.

2ᵉ édition en 1861.

BRAGELONNE (François Adolphe de), né à Auxerre en 1811.

— Les Mystères des prisons. In-12. 1858. *De Vresse.* 1 fr.

BRAGER (H. DURAND-). — Voy. **Durand-Brager.**

BRAINARD (Daniel), docteur en médecine, professeur de chirurgie au collège médical de l'Illinois, mort en 1866.

— Mémoire sur le traitement des fractures non réunies et des difformités des os. In-8° avec 19 fig. 1854. *J. B. Baillière.* 3 fr.

BRAINNE (Charles), littérateur et journaliste, né à Gisors (Eure), en 1825, mort à Paris, en 1861.

— Baigneuses et buveurs d'eau. In-12. 1860. *Librairie nouvelle.* 2 fr.

— Les Eaux illustrées.— Voy. *Girardin* (E. de).

— Les Hommes illustres de l'Orléanais. Biographie générale des trois départements du Loiret, d'Eure-et-Loir et de Loir-et-Cher, avec le concours d'une société d'ecclésiastiques, de magistrats, de professeurs et d'hommes de lettres. Tome 1er. In-8º. 1852. Orléans, *Alph. Gatineau.*
Avec MM. Debarbouiller et Ch. F. Lapierre.
L'ouvrage devait être publié en 2 volumes.

— Le Mémorial français. — Voy. *Vanderburch.*

— Monaco et ses environs. In-8º. 1863. *Librairie nouvelle.* 3 fr. 50 c.

— La Nouvelle Calédonie. Voyages, missions, mœurs, colonisation. (1774-1854.) In-16. 1854. *Hachette et Cie.* 2 fr.

— Premières armes. (Poésies.) In-8º. 1847. *Garnier frères.*

— Les Saisons de Bade. In-12. 1860. *Librairie nouvelle.* 1 fr.
Extrait des « Baigneuses et buveurs d'eau ».

BRALION (le P. Nicolas de), théologien et historien, né à Chars dans le Vexin, mort à Paris, en 1672.

— La Vie admirable de saint Nicolas. Nouvelle édition, revue, annotée et dédiée à S. Em. Mgr. le cardinal Morlot, archevêque de Paris. In-16. 1859. *Techener.* Papier ordinaire, 6 fr. Papier vergé, 10 fr.
La 1re édition est de 1646.

BRAME (Édouard), ingénieur des ponts et chaussées.

— Chemin de fer de jonction des halles centrales avec le chemin de ceinture. Rapport à l'appui du projet. 2e édition. In-8º avec 1 pl. 1856. *Dalmont.* 1 fr. 50 c.
Avec Eug. Flachat.

— Droits et devoirs des entrepositaires et débitants de boissons alcooliques. — Voy. *Vénard et Brame.*

BRAME (Jules).

— De l'Émigration des campagnes. In-8º. 1859. [Lille, *Béghin.*] *Maillet-Schmitz.* 1 fr.

BRANCAS (la duchesse de).

— Mémoires de la duchesse de Brancas sur Louis XV et Mme de Châteauroux. Édition augmentée d'une préface et de notes, par Louis Lacour. In-16. 1865. *Librairie des bibliophiles.* 5 fr.

BRANCHE (Dominique).

— L'Auvergne au moyen âge. Tome Ier. In-8º avec un atlas in-4º de 2 cartes et 13 pl. 1842. Clermont-Ferrand, *Thibaud-Landriot.*

BRANCHE (Jacques), prieur de Pébrac, né à Paulhaguet en Auvergne, vivait au XVIIe siècle.

— La Vie des saincts et sainctes d'Auvergne et de Velay. Recueillie et divisée en trois livres, par messire Branche, religieux, prieur-mage au couvent de Nostre-Dame de Pebrac, de l'ordre de S. Augustin. 2 vol. in-12. 1859. Clermont, *Thibaud-Landriot.*
La couverture porte: « *Nouvelle édition*, précédée d'un aperçu historique sur l'abbaye de Pébrac, la vie et les écrits de J. Branche, et augmentée des vies de saint Verny et de sainte Marcelle; par M. l'abbé Marmeisse ».
La 1re édition de cet ouvrage a été publiée au Puy, en 1652.

BRAND MORRIS (John).

— Essai pour la conversion de l'Inde savante et philosophique. — Voy. *Migne*, Démonstrations évangéliques, tome 18.

BRANDELY (A.), ingénieur civil.

— Nouveau traité des manipulations électro-chimiques appliquées aux arts et à l'industrie. In-8º avec 6 pl. 1848. *Roret.* 5 fr.

BRANDELY (A. NINET-). — Voy. **Ninet-Brandely.**

BRANDIN (A. V.).

— Considérations politiques, historiques, statistiques et hygiéniques sur le royaume de Tunis, dans ses rapports avec l'état actuel de l'Algérie. In-8º de 10 1/2 f. 1847. *Chez l'auteur.*

BRANDON (Charles), professeur de langue française à Leipzig (Saxe), né à Genève en 1816.

— Le Livre des petits enfants. Illustré de 114 vignettes. Augmenté et arrangé dans un nouvel ordre. 3e édition, revue et corrigée. In-8º. 1855. Leipzig, *Teubner.* 3 fr.
La 1re édition est de 1846.

— Tableaux descriptifs et intéressants sur l'astronomie, la météorologie, la géologie, etc. In-8º avec grav. 1861. Leipzig, *Spamer.* 5 fr.
Forme le tome II de la Nouvelle Bibliothèque illustrée pour la jeunesse et la famille.
M. Brandon a traduit de l'anglais: « Sigismond Ruestig », du capitaine *Marryat.*

BRANDON (D. H.), ingénieur civil, a traduit de l'anglais : « Du pétrole et de ses dérivés », de *Norman Tate.*

BRANDON (José) a traduit de l'anglais : *Byrne*, Vade-mecum de l'ingénieur.

BRANDONS (Dominique DES). — Voy. **Desbrandons.**

BRANDT (l'abbé Charles Michel Alexandre de), ancien supérieur de plusieurs congrégations et communautés religieuses, né à Amiens en 1812.

— Méditations pour tous les jours et fêtes de l'année, selon la méthode de saint Ignace, sur la vie et les mystères de N. S. Jésus-Christ, à l'usage des religieuses vouées à l'enseignement. 11e édition. 5 vol. in-12. 1862. Lyon, *Périsse frères.* 10 fr.
La 1re édition est de 1848.

— Nouveau manuel de piété et méditations pour tous les jours du mois et les principales fêtes de l'année. 7e édition, revue et corrigée par l'auteur. In-18. 1856. *Ibid.* 3 fr.

BRANDT (J. F.), directeur du muséum d'histoire naturelle de l'Académie des sciences de Saint-Pétersbourg.

— Recueil de mémoires relatifs à l'ordre des insectes myriapodes, et lus à l'Académie impériale des sciences de Saint-Pétersbourg. In-8º. 1841. Saint-Pétersbourg. [Leipzig, *Voss.*] 2 fr.
Extrait du « Bulletin de l'Académie ».

BRANQUART, professeur de mathématiques au lycée impérial de Versailles.

— Éléments de la science des nombres, à l'usage des jeunes gens qui se livrent à l'étude des sciences exactes. 1re partie : Arithmétique. In-18. 1858. *Mallet-Bachelier.* 1 fr. 75 c.

BRANQUART (Louis), professeur à l'Athénée royal de Bruxelles.

— Cours de thèmes d'imitation sur la chrestomathie latine à l'usage des élèves de sixième. 1re partie. In-8°. 1865. Gand, *Lebrun-Devigne.* 1 fr.

— Nouvelle chrestomathie latine. Ouvrage autorisé par le conseil de perfectionnement de l'enseignement moyen. 4e édition. In-8°. 1865. *Ibid.* 1 fr. 50 c.

BRANTOME (J.), selon toute apparence un pseudonyme.

— Le Plutarque des pipelets. Biographie des plus illustres portiers de Paris; suivi du guide-âne du naturaliste parisien. In-12. 1863. *Passard.* 1 fr.

BRANTÔME ou BRANTHOME (Pierre BOURDEILLES, seigneur de), écrivain du XVIe siècle, chambellan à la cour de Charles IX, né vers 1540, mort en 1614.

— Œuvres complètes de Pierre de Bourdeille, abbé séculier de Brantôme, et d'André, vicomte de Bourdeille. Édition revue et augmentée d'après les manuscrits de la bibliothèque royale, avec notices littéraires, par J. A. C. Buchon. 2 vol. in-8°. 1842. *Rue Laffitte,* 40. 20 fr.

Collection du Panthéon littéraire.

— Même édition, réimprimée en 1858. *Sabé, rue de l'Éperon,* 6.

— Œuvres complètes de Pierre de Bourdeilles, abbé et seigneur de Branthôme, publiées pour la première fois selon le plan de l'auteur, augmentées de nombreuses variantes et de fragments inédits; suivies des œuvres d'André de Bourdeilles, avec une étude sur la vie de Branthôme, par M. Prosper Mérimée; des notes et une table générale, par M. Louis Lacour. 3 vol. in-16. 1858-1859. *Pagnerre.* 15 fr.

Collection de la Bibliothèque elzévirienne, publiée par P. Jannet.

— Œuvres de Brantôme. Nouvelle édition, revue d'après les meilleurs textes, avec une préface historique et critique et des annotations, par H. Vigneau. Vie des dames galantes. In-12. 1857. *Ad. Delahays.* 2 fr. 50 c.

Le même. Collection de la Bibliothèque gauloise. In-16, cartonné. 1857. *Ibid.* 4 fr.

Aucun autre volume des OEuvres n'a été publié dans cette édition.

— Œuvres complètes, publiées d'après les manuscrits avec variantes et fragments inédits pour la Société de l'histoire de France, par Ludovic Lalanne. Tome 1. Grands capitaines estrangers. In-8°. 1865. Ve *J. Renouard.* 9 fr.

— Vies des dames galantes. Nouvelle édition, revue et corrigée sur l'édition de 1740, avec des remarques historiques et critiques. In-12. 1841. *Garnier frères.* 3 fr. 50 c.

Édition souvent réimprimée, la dernière fois en 1863.

BRANTZ-MAYER. — Voy. **Mayer.**

BRANVILLE (P. de), ingénieur civil.

— Cours élémentaire d'arithmétique. In-12. 1860. Ve *Maire-Nyon.* 2 fr.

BRAQUAVAL (Mme). — Voy. **L'Olivier** (Pauline).

BRAQUEVILLE (Charles de), pseudonyme dont M. l'abbé **La Bouille** a signé sa brochure « Entre deux tombes ».

BRARD (R.).

— Chansons. In-18. 1850. Bordeaux, *chez l'auteur.* 5 fr.

— Les Croix fleuries. (Poésies.) In-8°. 1847. *Ibid.*

— Le Dernier Caraïbe. In-8°. 1849. *Ibid.* 5 fr.

— Galsuinde; tragédie en cinq actes. In-8°. 1853. *Ibid.*

— Pobrecita! (Nouvelles.) In-12. 1850. *Ibid.* 3 fr. 50 c.

BRASILEIRA (Mme Floresta A.).

— Itinéraire d'un voyage en Allemagne. In-12. 1857. *F. Didot frères.*

BRASSART, secrétaire des hospices de Douai.

— Histoire et généalogie des comtes de Lalaing. 2e édition, revue et augmentée. In-8° de 10 f., avec 2 pl. 1855. Douai, *imprimerie d'Aubers.*

BRASSART (P. J.).

— Guide pratique pour les irrigations, le drainage et la culture des oseraies, suivi des lois qui les concernent. In-12. 1854. Saint-Omer, *Van Elslandt.* 50 c.

BRASSEUR (Charles).

— Odes politiques et chants divers. In-12. 1862. *Ledoyen.* 2 fr. 50 c.

BRASSEUR (Hubert), professeur d'économie politique à l'Université de Gand, né à Esch-sur-l'Alzette (grand-duché de Luxembourg) en 1823.

— La Banque nationale et la liberté des banques. In-8°. 1865. Anvers, *L. de La Montagne.* 1 fr. 50 c.

— Manuel d'économie politique. 2 vol. gr. in-8°. 1860-1861. Bruxelles, *Lacroix, Verboeckhoven et Cie.* 15 fr.

— Le Prêt à intérêt et la Banque nationale. In-8°. 1865. Gand, *Vanderhaeghen.* 1 fr.

BRASSEUR (J. B.).

— Programme du cours de géométrie descriptive fait à l'Université de Liége. 3e édition, revue, corrigée et augmentée. In-4° avec 8 pl. 1860. Liége. 10 fr.

BRASSEUR (U. J.), représentant pour brevets d'invention et affaires d'industrie.

— Les Ames et les Humains, ou Communications de l'autre monde, recueillies et commentées pour le triomphe de la morale et le bonheur de la société. Tome I. In-12. 1859. *Chez l'auteur, rue Pigalle,* 35. 1 fr.

— Discussion sur la meunerie-boulangerie. Réplique d'un consommateur aux observations des syndics des boulangers de la banlieue sur les nouveaux projets d'alimentation du département de la Seine, etc. In-8°. 1856. *Ibid.* 1 fr.

— Enseignement de la vraie doctrine du magnétisme, les principes expliqués d'après les effets. Mémoire adressé à l'Académie des sciences. In-12. 1860. *Ibid.* 30 c.

BRASSEUR DE BOURBOURG (l'abbé Charles Étienne), issu par la ligne maternelle des vicomtes de BOURBOURG, voyageur, ancien aumônier de la légation de France au Mexique, et administrateur ecclésiastique des Indiens de Rabinal (Guatémala), membre de plusieurs sociétés savantes, né à Bourbourg en 1814.

— Collection de documents dans les langues

indigènes pour servir à l'étude de l'histoire et de la philologie de l'Amérique ancienne. 3 vol. gr. in-8°. 1861-1864. *A. Bertrand*. Chaque vol., 25 fr.

Tome I. Popol Vuh. Le Livre sacré et les mythes de l'antiquité américaine, avec les livres héroïques et historiques des Quichés. Ouvrage original des indigènes de Guatémala, texte quiché et traduction française en regard, accompagné de notes philologiques et d'un commentaire sur la mythologie et les migrations des peuples anciens de l'Amérique, etc., composé sur des documents originaux et inédits, par l'abbé Brasseur de Bourbourg.

Tome II. Grammaire de la langue quichée, espagnole-française mise en parallèle avec ses deux dialectes, cakchiquel et tzutuhil, tirée des manuscrits des meilleurs auteurs guatémaliens. Ouvrage accompagné de notes philologiques, avec un vocabulaire comprenant les sources principales du quiché, comparées aux langues germaniques; et suivi d'un Essai sur la poésie, la musique, la danse et l'art dramatique chez les Mexicains et les Guatémalteques avant la conquête; servant d'introduction au Rabinal-Achi, drame indigène avec sa musique originale, texte quiché et traduction française en regard.

Tome III. Relation des choses de Yucatan de Diego de Landa. Texte espagnol et traduction française en regard, comprenant les signes du calendrier et de l'alphabet hiéroglyphiques de la langue maya, accompagné de documents divers, avec une grammaire et un vocabulaire abrégé français-maya, précédés d'un essai sur les sources de l'histoire primitive du Mexique et de l'Amérique centrale, etc., d'après les monuments égyptiens et de l'histoire primitive de l'Égypte d'après les monuments américains, par l'abbé Brasseur de Bourbourg.

— La Dernière Vestale, ou le Sérapéon; épisode du xv⁰ siècle. 2⁰ édition. In-12. 1853. *Sagnier et Bray*. 3 fr. 50 c.

La 1ʳᵉ édition est de 1839. 1 vol. in-8°. 6 fr. 50 c.

— Histoire du Canada, de son Église et de ses missions, depuis la découverte de l'Amérique jusqu'à nos jours, écrite sur des documents inédits compulsés dans les archives de l'archevêché et de la ville de Québec, etc. 2 vol. in-8°. 1852. *Ibid*. 7 fr.

Voy. *Ferland, Observations sur cet ouvrage.*

— Histoire de Mgr. de Laval, premier évêque de Québec. In-8° avec portrait. 1845. Québec.

Cette brochure n'a pas été mise dans le commerce.

— Histoire des nations civilisées du Mexique et de l'Amérique centrale, durant les siècles antérieurs à Christophe Colomb, écrite sur des documents originaux et entièrement inédits, puisés aux anciennes archives des indigènes. 4 vol. gr. in-8°. 1857-1859. *Arthus Bertrand*. 45 fr.

— Histoire du patrimoine de saint Pierre, depuis les temps apostoliques jusqu'à nos jours. In-8° avec un portrait. 1853. *Sagnier et Bray*. 3 fr. 50 c.

— Le Khalife de Bagdad, ou l'Exilée; scènes de la vie orientale au ix⁰ siècle. 2⁰ édition. In-12. 1859. *Putois-Cretté*. 2 fr.

La 1ʳᵉ édition est de 1853.

— Lettres pour servir d'introduction à l'histoire primitive des nations civilisées de l'Amérique septentrionale, adressées à M. le duc de Valmy, en français et en espagnol. In-4° de 75 p. 1851. Mexico.

— Monuments anciens du Mexique. Palenqué et autres ruines de l'ancienne civilisation mexicaine. Collection de vues, bas-reliefs, morceaux d'architecture, coupes, vases, etc., dessinés d'après nature et relevés par de Waldeck, avec texte intitulé: Recherches sur les ruines de Palenqué et sur les origines de la civilisation ancienne du Mexique. Ouvrage publié sous les auspices de S. Exc. le ministre de l'instruction publique. 13 livraisons in-folio. 1864-1866. *Arthus Bertrand*. Chaque livraison, 10 fr.

Le texte est contenu tout entier dans la 13⁰ livraison; il a aussi été tiré à part.

— S'il existe des sources de l'histoire primitive du Mexique dans les monuments égyptiens et de l'histoire primitive de l'ancien monde dans les monuments américains. In-8°. 1864. *Ibid*. 3 fr.

Extrait du volume intitulé : « Relation des choses de Yucatan ».

— Voyage sur l'isthme de Thuantepec dans l'État de Chiapas et la république de Guatémala, exécuté en 1859 et 1860. In-8°. 1862. *Ibid*. 5 fr. 50 c.

Avant de publier ses ouvrages scientifiques, M. Brasseur de Bourbourg avait donné un certain nombre de petits volumes, contes moraux, romans historiques, etc., qui sont ou anonymes ou signés du pseudonyme de Étienne Charles de *Ravensberg*. Voici les titres de quelques-uns :

Auguste Fauvel. In-18. Lille, *Lefort*. 30 c.

Les Épreuves de la fortune et de l'adversité. 2 vol. in-18. *Ibid*. 60 c.

Eugènie de Revel. In-12. *Ibid*. 1 fr.

L'Exilé de Tadmor; histoire persane. In-18. *Ibid*. 30 c.

La Famille irlandaise; imité de l'anglais. 2 vol. in-18. *Ibid*. 60 c.

Jérusalem, tableau de l'histoire et des vicissitudes de cette ville. 2 vol. in-18. *Ibid*. 60 c.

Le Martyr de la croix; épisode du siége d'Antioche. In-18. *Ibid*. 30 c.

Les Paysans norwégiens. In-12. *Ibid*. 30 c.

Les Pêcheurs de la côte, ou Résignation et dévouement. In-18. *Ibid*. 30 c.

Saint-Pierre de Rome et le Vatican. In-12. *Ibid*. 1 fr.

Selim, ou le Pacha de Salonique. In-18. *Ibid*. 30 c.

Wilhem, ou le Pardon du chrétien; histoire du règne de Philippe II. In-18. *Ibid*. 30 c.

BRASSINE (Émile), professeur à l'École d'artillerie de Toulouse, né à Albi (Tarn) en 1805.

— Précis des œuvres mathématiques de P. Fermat, et de l'arithmétique de Diophante. In-8° avec 2 pl. 1853. [Toulouse.] *Mallet-Bachelier*. 3 fr. 50 c.

BRATIANO (Demètre), publiciste romain, né à Bucharest, en 1818.

— Lettres sur la circulaire de la Porte du 31 juillet 1856, relatives à la réorganisation des principautés. In-8°. 1857. Berlin, *Asher et Cⁱᵉ*. 1 fr. 25 c.

BRATIANO (J. C.), frère du précédent, né à Bucharest, en 1822.

— Mémoire sur l'empire d'Autriche dans la question d'Orient. In-8° de 3 f. 1855. *Chez tous les libraires*.

— Mémoire sur la situation de la Moldo-Valachie, depuis le traité de Paris. In-8°. 1857. *A. Franck*. 1 fr.

BRATKOWSKI (Stanislas), officier polonais réfugié.

— La Famille; pièce en cinq actes, en prose. In-8°. 1855. Nantes, *chez l'auteur, rue Crébillon*, 22.

— Olek le réfugié. In-8°. 1845. *Impasse Saint-Dominique-d'Enfer*, 4.

— La Pologne contemporaine. Hymnes du réveil, monument religieux et patriotique du xix⁰ siècle. Traduction en prose par Stanislas Bratkowski. Traduction de quatre hymnes en vers par M. Auguste Sour. In-12. 1863. *Dentu*.

— Le Premier retour; épisode de l'année 1833 en cinq actes et six tableaux. In-8° de 2 ³/₄ f. 1845. *Impasse Saint-Dominique-d'Enfer*, 4.

BRAUD (Auguste), ancien professeur.

— Cours de thèmes latins d'imitation. 1ʳᵉ partie: Classes élémentaires. In-12. 1843. *Dezobry et Magdeleine*. 1 fr. 50 c.

— Le même. 2ᵉ partie : Classe de sixième. In-12. 1843. *Ibid.* 1 fr. 25 c.

3ᵉ édition en 1865.

— Corrigé du Cours de thèmes latins d'imitation. Classes élémentaires et classe de sixième. In-12. 1855. *Ibid.* 2 fr. 50 c.

— Exercices latins (lexicologie, syntaxe). Cours gradué sous forme de versions, de thèmes et d'analyses. 6ᵉ édition, entièrement refondue. In-12. 1857. *Ibid.* 1 fr. 50 c.

— Thesaurus memoriæ, ou Morceaux choisis de littérature latine. 1ʳᵉ partie : Classes de sixième et de cinquième. Texte. In-12. 1840. *Ibid.* 75 c.

— Le même. Traduction. In-12. 1840. *Ibid.* 30 c.

— Le même. 2ᵉ partie : Classes de quatrième et de troisième. Texte. In-12. 1840. *Ibid.* 75 c.

— Le même. Traduction. In-12. *Ibid.* 30 c.

— Les Premières leçons par cœur, pour les enfants des deux sexes de six à neuf ans, avec notes explicatives et éclaircissements. Livre du maître. In-12. 1857. *Ibid.* 90 c.

— Le même. Livre de l'élève. In-12. *Ibid.* 70 c.

— Les Secondes leçons par cœur pour les enfants de neuf à douze ans, avec notes explicatives et éclaircissements, par Aug. Rigaud. In-12. 1865. *Ibid.* 90 c.

— Premières leçons de grammaire française. Livre de l'élève. In-12. 1853. *Ibid.* 75 c.

— Le même. Livre du maître. In-12. *Ibid.* 1 fr. 20 c.

— Nouveau syllabaire, ou Méthode simple et facile pour apprendre à lire. In-18. 1846. *Ibid.* 40 c.

BRAULT (le docteur Clément), médecin-major de 1ʳᵉ classe.

— La Médecine des pauvres en France, considérée au point de vue de la religion, de la société et de la médecine. In-8°. 1853. *Parent-Desbarres.* 2 fr. 50 c.

— Observations de chirurgie. In-8°. 1861. *Vict. Rozier.*

BRAULT (Élie), contrôleur de l'enregistrement, né à Chartres (Eure-et-Loir) en 1831.

— Manuel du candidat au surnumérariat dans l'administration de l'enregistrement, des domaines et du timbre, rédigé conformément au programme officiel du 11 novembre 1863. In-12. 1864. Nogent-le-Rotrou, *imprimerie Viton.* 3 fr.

— Le Nouveau manuel du surnuméraire dans l'administration de l'enregistrement, des domaines et du timbre, rédigé conformément au programme officiel. In-18. 1865. *Ibid.* 6 fr.

BRAULT (N.), docteur en médecine.

— De la Guérison des fièvres intermittentes et larvées au moyen de l'os de seiche et de l'écaille d'huître. In-8°. 1865. Bourges, *impr. Jollet.* 1 fr.

Avec E. Péneau.

BRAUN (le docteur Charles), médecin à Wiesbade, mort en 186..

— Des convulsions urémiques des femmes grosses, en travail et en couches. Traduit par Félix Pétard. In-8°. 1858. *Germer Baillière.* 1 fr.

— Matériaux pour servir à une monographie sur la goutte. Traduit de l'allemand par le docteur Meder. In-8°. 1862. *Baillière et fils.* 2 fr.

— Monographie des eaux minérales de Wiesbaden. Traduit de l'allemand par M. J. Schwendt. In-8°. 1859. Wiesbade, *Schellenberg.* 2 fr.

BRAUN (Ferdinand).

— Choix de lectures allemandes. Second cours de versions, destiné à des enfants de douze à quinze ans. In-12. 1842. *Vᵉ Maire-Nyon.* 3 fr.

— Cours de thèmes et de versions. In-12. 1841. *Ibid.* 3 fr.

— Nouveau manuel de langue allemande. In-12. 1843. *Ibid.* 1 fr.

— Nouveaux principes de grammaire allemande, d'après une méthode aussi claire que simple et abrégée. In-18. 1841. *Ibid.* 3 fr.

— Premières lectures allemandes. Cours de versions, destiné à des enfants de sept à dix ans. In-12. 1841. *Ibid.* 2 fr. 50 c.

— Résumé de grammaire allemande. In-12. 1853. *Ibid.* 2 fr.

BRAUN (Frédéric).

— Le Monde céleste en tableaux transparents, contenant 30 pl. représentant les constellations du ciel avec une grande carte transparente du ciel et accompagnée d'un texte explicatif. In-4°. 1861. [Bruxelles.] *Borrani.* En portefeuille, 24 fr.

BRAUN (Thomas), professeur à l'école normale de Nivelles, né à Commern (Prusse rhénane) en 1814.

— Arithmétique élémentaire ou le Calcul raisonné, exposé au moyen d'exemples et de problèmes. 2 vol. in-12. 1855. Bruxelles, *Vᵉ Parent.* 1 fr. 10 c.

— Cours gradué de lecture. In-12. 1854. *Ibid.* 1 fr. 60 c.

— Cours de méthodologie et de pédagogie à l'usage des instituteurs primaires. In-8°. 1849. *Ibid.* 4 fr.

— Cours théorique et pratique de pédagogie et de méthodologie, suivi du Cours éducatif, formant le complément du Cours de méthodologie et de pédagogie. 2 vol. in-8°. 1852-1853. *Ibid.* 5 fr.

— Le même. 2ᵉ édition. 3 vol. in-8°. 1854. *Ibid.* 9 fr.

— Manuel de pédagogie et de méthodologie à l'usage des élèves des écoles normales. In-12. 1859. *Ibid.* 3 fr.

— Le même. 2ᵉ édition, revue et augmentée. In-12. 1862. *Ibid.* 3 fr.

— Exercices par intuition ou Questionnaire à l'usage des écoles gardiennes, des jardins d'enfants et des écoles primaires, précédé de considérations théoriques sur les écoles gardiennes et les jardins d'enfants. In-12. 1865. *Ibid.* 1 fr. 50 c.

— Le Livre des mères, ou l'Éducation maternelle. Gr. in-8°. 1864. *Ibid.* 7 fr.

— Manuel de l'instruction populaire. — Voy. *Encyclopédie populaire.*

BRAUN (Théodore), président du consistoire supérieur de l'Église de la confession d'Augsbourg, à Strasbourg, a traduit de l'allemand en vers français : « Marie Stuart » et « Wallenstein », de *Schiller.*

BRAUSSI (Matthieu), connu en religion sous le nom de frère **Philippe.**

BRAVAIS (A.), lieutenant de vaisseau, professeur à l'École polytechnique, né à Annonay en 1811.

— Le Mont Blanc, ou Description de la vue et des phénomènes que l'on peut apercevoir du mont Blanc. In-12 avec 1 pl. 1854. *Arthus Bertrand.* 1 fr. 50 c.

BRAVARD (Raoul), inspecteur des écoles de Paris.

— Ces Savoyards! In-12. 1862. *Lévy frères.* 2 fr.

— Dieu l'a voulu. In-8°. 1849. *Rue Saint-André-des-Arcs.* 1 fr.

Réfutation de « Dieu le veut », par M. d'*Arlincourt.*

— Exercices gradués de style épistolaire, précédés d'un petit traité sur l'art d'écrire. Cours des 1re, 2e et 3e années. 1re partie. Partie de l'élève. 2 vol. In-12. 1865. *Rue Sainte-Anne,* 53. 1 fr. 50 c.

Avec Jean Tinayre.

— Le même. Partie du maitre. 1 vol. in-12. 1865. *Ibid.* 2 fr. 50 c.

— Géographie générale de la France. In-8° avec 92 cartes. 1865. *Charlieu et Huillery.* 3 fr.

— L'Honneur des femmes. In-12. 1860. *Lévy frères.* 1 fr.

— Le Médecin de la mort. In-12. 1864. *Hachette et Cie.* 2 fr.

— Une Petite ville. In-12. 1859. *Lévy frères.* 1 fr.

— La Revanche de Georges Dandin. In-12. 1861. *Ibid.* 1 fr.

M. Raoul Bravard a traduit de l'allemand : « Louise Miller », drame de *Schiller.* — Voy. aussi *Belot* et *Nus.*

BRAVARD (T.).

— Du Choléra, de sa véritable cause et de son traitement anthelmintique, d'après les principes de la nouvelle méthode. In-12. 1849. *Chez les auteurs.* 50 c.

Avec E. Maquet.

— Le même. 2e édition, augmentée d'un nouveau mode de traitement. In-8°. 1854. Jumeaux-sur-Allier, *chez l'auteur.* 1 fr.

BRAVARD-VEYRIÈRES (Pierre), jurisconsulte, professeur de droit commercial à la Faculté de Paris, ancien représentant du peuple, né à Arlanc (Puy-de-Dôme), en 1804.

— Explication analytique et synthétique des lois nouvelles sur les commandites par actions, l'arbitrage forcé et les concordats par abandon. In-8°. 1857. *Cotillon.* 3 fr.

Appendice au « Manuel de droit commercial », 5e édition.

— Manuel de droit commercial, contenant un traité sur chaque livre du Code de commerce, l'indication du dernier état et les principaux monuments de la jurisprudence, etc. 6e édition, revue, corrigée et considérablement augmentée. In-8°. 1861. *Ibid.* 9 fr.

La 1re édition est de 1839.

— Des Prises maritimes d'après l'ancien et le nouveau droit, tel qu'il résulte du traité de Paris et de la déclaration du 16 avril 1856. Avec des notes par P. Royer-Collard. In-8°. 1861. *Ibid.* 1 fr. 50 c.

Extrait de l'ouvrage précédent.

— Du Règlement sur les concours devant les facultés de droit. In-8°. 1846. *Joubert.* 1 fr. 25 c.

— Traité de droit commercial; cours professé à la Faculté de droit de Paris par M. Bravard-Veyrières, publié, annoté et complété par Ch. Demangeat. In-8°, tomes 1, 3, 5, 6. 1861-1865. *Marescq aîné.* Chaque volume, 8 fr.

Les volumes 2 et 4 ne sont pas encore publiés.

On vend séparément les parties suivantes de cet ouvrage :
Traité des faillites et banqueroutes. 2 vol. 12 fr.
Traité de la lettre de change et du billet à ordre. 1 vol. 10 fr.
Traité des sociétés commerciales. 1 vol. 10 fr.

— Vicissitudes et solution définitive de la question du latin dans les concours. In-8°. 1840. *Joubert.* 1 fr. 25 c.

BRAY (D. de), pasteur.

— L'Ami des affligés. In-12. 1856. *Grassart.* 80 c.

— Journal de Jean Migault, ou Malheurs d'une famille protestante du Poitou, à l'époque de la révocation de l'édit de Nantes, avec des notes par D. de Bray, d'après un manuscrit trouvé en Angleterre, entre les mains d'un des descendants de l'auteur. In-12. 1854. *Ibid.* 1 fr. 50 c.

BRAY (mistress Charles).

— Physiologie des écoles en 27 leçons faciles. Traduit sur la 3e édition par B. Maurice. In-12. 1863. *Borrani.* 1 fr. 25 c.

BRAY (Mme Marie de).

— L'Ange du pardon, ou Henriette de Tezan. Épisode de la maison de Saint-Cyr. In-12. 1860. *Sarlit.* 1 fr.

— Le Bonheur de la religion, ou l'Aveugle de la vallée de Brunoy. In-12. 1859. *Ibid.* 1 fr. 25 c.

2e édition en 1864.

— Les Deux orphelins, ou Mauvaise tête et bon cœur; suivi de : Élisabeth, ou la Jeune Béarnaise, par un anonyme. In-12. 1861. *Ibid.* 1 fr. 25 c.

— Dialogues pour les petits enfants sur les premières vérités. In-12. 1865. *Ibid.* 1 fr. 50 c.

— L'Enfant de l'hospice. In-8°. 1861. Lille, *Lefort.* 1 fr. 25 c.

— L'Étoile de la mer. In-12. 1862. *Sarlit.* 1 fr. 25 c.

2e édition en 1865.

— La Famille Dumonteil, ou Explication des sept sacrements. Ouvrage approuvé par Mgr. l'évêque de Meaux. In-12. 1858. *Ibid.* 1 fr. 20 c.

— Fleurs de Jésus et Marie. In-12. 1865. *Ibid.* 2 fr.

— Histoire de la bienheureuse Marguerite-Marie, religieuse de la Visitation de Sainte-Marie du monastère de Paray-le-Monial. In-12. 1865. *Ibid.* 1 fr. 50 c.

— Mémoires d'un bébé. In-12. 1863. *Dillet.* 2 fr.

— Le Pouvoir de la charité, ou Histoire de Blanche et de Mathilde. In-12. 1858. *Sarlit.* 1 fr. 20 c.

2e édition en 1861.

— Premiers enseignements chrétiens en forme de petites histoires pour les petites filles. In-18. 1858. *Ibid.* 50 c.

2e édition en 1865.

— Premières leçons de politesse, à l'usage des jeunes enfants. In-18. 1858. *Ibid.* 50 c.

2e édition en 1865.

— Sainte-Fare et l'abbaye royale de Formontiers. Étude religieuse et historique du vIIe siècle. In-12. 1861. [Meaux, *Le Blondel.*] *Palmé.* 1 fr. 50 c.

— Les Trois filles du ciel, ou la Foi, l'Espérance et la Charité. In-12. 1864. *Sarlit.* 1 fr. 50 c.

— Vie de sainte Marguerite d'Écosse, modèle des femmes chrétiennes. In-12. 1864. *Ibid.* 2 fr. 50 c.

BRAYE (Charles Louis Victor), chanoine de la cathédrale de Metz, né à Jœuf (Moselle) en 1809.

— Catéchisme du diocèse de Metz. In-12. 1851. Metz, *Pallez.* 3 fr.

— Cours élémentaire de religion. In-12. 1845. *Ibid.* 2 fr. 25 c.

— Doctrine chrétienne en action, faisant suite au Catéchisme du diocèse de Metz. In-12. 1852. *Ibid.* 3 fr.

— Petites leçons d'histoire sacrée, à l'usage des écoles primaires. 3e édition. 1re et 2e parties. In-18. 1865. *Ibid.* 70 c.

— Souvenirs d'une mère à sa fille. In-12. 1857. *Ibid.* 1 fr. 50 c.

BRAYER (Félix), commissaire central de police, né en 1824 à Fayl-Billot (Haute-Marne).

— Géographie physique et politique de l'Europe. Première partie : France. In-8o de 2 f. avec 7 cartes. 1852. Amiens, *Alfred Caron.*

— Recueil des règlements de police applicables à la ville d'Amiens et au département de la Somme. 2e édition, revue et mise au courant de la matière. In-8o. 1862. Amiens, *imprimerie Jeunet.* 4 fr.

BRAYES-SELVES (HUE DE). — Voy. **Hue de Brayes-Selves.**

BRAYLENS (Camille).

— Un Pied en Espagne. Guipuzcoa. In-8o. 1865. Bordeaux, *Féret fils.* 1 fr. 25 c.

BRÉAL (Michel), professeur au Collège de France, né à Landau (Bavière rhénane) en 1832.

— Fragments de critique zende. — De la géographie de l'Avesta. Le Brahmo Tchengrenghât-chah. In-8o. 1862. [*Imprimerie impériale.*] *A. Durand.* 1 fr. 50 c.

Extrait du « Journal asiatique ».

— Hercule et Cacus, étude de mythologie comparée. Thèse présentée à la Faculté des lettres de Paris. In-8o. 1863. *A. Durand.* 3 fr.

— De la méthode comparative appliquée à l'étude des langues. In-8o. 1865. *Ibid.* 1 fr.

— Le Mythe d'Œdipe. In-8o. 1864. *Ibid.* 2 fr.

Extrait de la « Revue archéologique ».

— De Persicis nominibus apud scriptores græcos. In-8o. 1863. *Ibid.* 2 fr.

Thèse pour le doctorat.

BRÉAN (Adolphe), membre de plusieurs sociétés savantes, né à Versailles en 1815.

— J. C. César dans la Gaule. Genabum. Les Boïens. Vellaunodunum. Noviodunum. Biturigum. État de la civilisation dans la Gaule à l'époque de la conquête. In-8o. 1864. Orléans, *Gatineau.* 3 fr.

— Itinéraire de l'expédition de César, d'Agendicum à Gergovia-Boiorum et à Avaricum. In-8o avec 4 pl., 2 cartes et 1 plan. 1865. *Ibid.* 2 fr.

— Vercingétorix; drame en trois actes et en vers. In-8o. 1864. *Ibid.* 2 fr.

BRÉANT (Adolphe), pseudonyme de M. Émile de **Girardin.**

BRÉANT (Victor), jardinier-fleuriste au Petit-Montrouge.

— Manuel illustré du jardinier-fleuriste, ou Traité de la culture des fleurs et arbustes d'agrément. Nouvelle édition, illustrée de gravures coloriées, dessinées d'après nature et gravées par les premiers artistes. In-18 avec 2 grav. 1860. *Delarue.* 5 fr.

Avec M. Boitard.
1re édition en 1855. *Dentu.* 4 fr.

BRÉART (E.), capitaine de frégate.

— Manuel du gréement et de la manœuvre des bâtiments à voiles et à vapeur, comprenant les matières exigées pour l'obtention du brevet de capitaine au long cours et de marine au cabotage. Ouvrage rédigé conformément au programme adopté. 2e édition, augmentée de la Bibliographie du marin. Gr. in-8o. 1865. *E. Lacroix.* Avec l'atlas. 10 fr.

La 1re édition est publiée en 1861.

BRÉART (LEFÈVRE-). — Voy. **Lefèvre-Bréart.**

BRÉAU (A. de QUATREFAGES DE). — Voy. **Quatrefages de Bréau.**

BRÉAU (Vincent de).

— Poésies diverses, augmentées de deux satires. 2e édition, revue et corrigée. In-12. 1854. *Brunet.*

BREBAN (CORRARD DE). — Voy. **Corrard de Breban.**

BRÉBION (Eugène), curé de Villotran (Oise).

— A MM. les curés desservants. Tyrannie d'un évêque contre un de leurs pairs. Mémoire d'un prêtre sollicitant du conseil d'État l'autorisation de poursuivre, devant les tribunaux, un évêque de France, en réparation d'honneur; etc. In-8o. 1845. *Mme Lallemand-Lépine.* 50 c.

— Épître populaire anti-jésuitique à M. Barthélemy, auteur de la Nemesis, sur l'interdiction du journal « le Bien social », par M. Affre, archevêque de Paris, et le cardinal Ambroisin, sur la nécessité d'un aréopage religieux en France. In-8o. 1845. *Chez l'auteur-éditeur.* 50 c.

— Épître populaire anti-jésuitique à nosseigneurs les évêques sur le projet épiscopal de compenser l'expulsion des jésuites par l'asservissement de l'université et du collège de France. In-8o. 1845. *Mme Lallemand-Lépine.* 50 c.

— Épître populaire à M. de Cormenin, député, sur les deux derniers pamphlets Oui et non, et Feu! feu! Sujet de méditation à nosseigneurs les évêques. In-8o. 1845. *Chez l'auteur.* 75 c.

BRÉBISSON (Alphonse de), né à Falaise, en 1798.

— Flore de la Normandie. Phanérogames et cryptogames semi-vasculaires. 3e édition, augmentée de tableaux analytiques et d'un dictionnaire des termes de botanique. In-12. 1859. [Caen, *Hardel.*] *Derache.* 6 fr.

La 1re édition est de 1835, la 2e de 1849.

— Nouvelle méthode photographique sur collodion, donnant des épreuves instantanées. Traité complet de divers procédés. In-8°. 1852. *Chevalier.*

2ᵉ édition entièrement refondue. 1853. *Ibid.*

— Photographie. Collodion sec instantané, détails complets sur ce procédé; suivis d'un appendice renfermant une revue de plusieurs méthodes de collodion sec. In-8°. 1863. *Leiber.* 3 fr.

— Traité complet de photographie sur collodion; répertoire de la plupart des procédés connus. In-8°. 1855. *Chevalier.*

BRECHER (le docteur G.), médecin à l'hôpital israélite de Prossnitz.

— L'Immortalité de l'âme chez les juifs. Traduit de l'allemand, et précédé d'une introduction, par Isidore Cahen. In-12. 1857. *Aux bureaux des Archives israélites.* 2 fr. 50 c.

BRÉCHILLET (Ch. JOURDAIN). — Voy. **Jourdain.**

BRÉDA (Ernest de), pseudonyme de N. P. **Godefroy.**

BREDIF (Léon), docteur ès lettres, ancien élève de l'École normale, né à Châtellerault (Vienne) en 1835.

— De anima brutorum quid senserint præcipui apud veteres philosophi. In-8°. 1863. *Durand.* 2 fr.

— Segrais, sa vie et ses œuvres. In-8°. 1863. *Ibid.* 4 fr.

BRÉE (Paul), ancien imprimeur, né à Falaise, mort à Leipzig (Saxe) en 1850.

— Traité de correspondance commerciale. Suivi d'un recueil des termes les plus usités dans le commerce, avec des notes allemandes par C. J. Hauschild. In-8°. 1850. Leipzig, *Baumgærtner.* 4 fr. 50 c.

4ᵉ édition en 1860.

— Traité de correspondance générale, contenant un choix de lettres puisées dans nos meilleurs auteurs, des billets d'invitation, etc., avec des notes allemandes, par le docteur C. J. Hauschild. In-8°. 1851. *Ibid.* 6 fr.

BREGEAUT (L. R.).

— Nouveau manuel complet de l'imprimeur lithographe. Nouvelle édition, par M. Knecht et M. Jules Desportes. In-18, avec atlas de 14 pl. 1850. *Roret.* 5 fr.

Collection des Manuels-Roret. — La 1ʳᵉ édition est de 1827, la 2ᵉ de 1839.

BREGUET (Louis), horloger, membre du Bureau des longitudes, de la Société philotechnique de Paris, correspondant de la Société des sciences de Liège et de l'Université de Kazan.

— Manuel de télégraphie électrique. 4ᵉ édition, revue, corrigée et augmentée, ornée de 80 gravures sur bois placées dans le texte et de 4 pl. gravées sur acier. In-12. 1862. *Hachette et Cⁱᵉ.* 3 fr. 50 c.

1ʳᵉ édition, 1851. *Mathias.* 1 fr.; 2ᵉ édition, 1853; 3ᵉ édition, 1856.

— Mémoire sur l'induction. — Voy. *Masson* (A.) et *Breguet.*

— Télégraphie électrique, son avenir. Poste aux lettres électrique, journaux électriques. Suivi d'un aperçu théorique de télégraphie. In-8°. 1849. *Mathias.*

Avec V. de Seré.

BRÉHAT (Alfred GUÉZENEC, connu en littéra-

ture sous le pseudonyme de Alfred de), romancier et journaliste, fils d'un capitaine breton; mort à Paris en 1866.

— Aventures d'un petit Parisien; dessins par Ed. Morin. Gr. in-8°. 1862. *Hetzel.* 10 fr.

— Le même. In-12. 1863. *Ibid.* 8 fr.

— Bras d'acier. In-12. 1859. *Lévy frères.* 1 fr.

— Le Château de Kermaria. In-32. 1861. *Ibid.* 1 fr.

— Les Chauffeurs indiens. In-12. 1863. *Hetzel.* 8 fr.

— Les Chemins de la vie. In-12. 1865. *Librairie internationale.* 3 fr.

— Les Contrebandiers de Santa-Cruz. In-12. 1864. *Brunet.* 2 fr.

— Un Drame à Calcutta. Les Orphelins de Tréguérec. In-12. 1862. *Hetzel.* 3 fr.

— Le même. In-32. 1861. *Ibid.* 1 fr.

— Les Filles du Boër, souvenirs du cap de Bonne-Espérance. In-12. 1859. *Hachette et Cⁱᵉ.* 2 fr.

— Histoires d'amour, au Mexique, en Californie, dans la Nouvelle-Grenade et dans l'Inde. In-12. 1861. *Hetzel.* 3 fr. 50 c.

— Les Jeunes amours, mœurs parisiennes. In-12. 1861. *Ibid.* 3 fr. 50 c.

— Un Mariage d'inclination. La duchesse Émilia. In-12. 1865. *Ach. Faure.* 3 fr.

— Petits romans. Bretagne, Normandie, Pays basque, Pays chartrain. In-12. 1861. *Hetzel.* 3 fr.

— René de Gavery. In-12. 1859. *Hachette et Cⁱᵉ.* 2 fr.

— Scènes de la vie contemporaine. In-12. 1858. *Lévy frères.* 1 fr.

— Séraphina Darispe. In-32. 1861. *Ibid.* 1 fr.

BREHIER (Mᵐᵉ Julie DELAFAYE-). — Voy. **Delafaye-Brehier.**

BREHOLLES (J. L. A. HUILLARD-). — Voy. **Huillard-Breholles.**

BREIL DE MARZAN (Dᵘ). — Voy. **Du Breil de Marzan.**

BREITHAUPT (le lieutenant-colonel de).

— Leçons sur la théorie de l'artillerie. Traduit de l'allemand par le général baron Ravichio de Peretsdorf. In-8° avec 2 pl. 1842. *Corréard.* 7 fr. 50 c.

BREJOT (PHILIPPS DE). — Voy. **Philipps de Brejot.**

BREM (Adolphe de), propriétaire, né à Saint-Nicolas de Brem (Vendée) en 1808.

— Chroniques et légendes de la Vendée militaire. 1ʳᵉ à 4ᵉ série. In-12. 1860-1861. Nantes, *Forest.* Chaque vol., 1 fr. 50 c.

BRÊME (DE LA). — Voy. **La Brême.**

BREMER (Mˡˡᵉ Frederika), romancière suédoise, née à Abo (Finlande) en 1802, morte à Arista en 1865.

— Axel et Anna; correspondance entre deux étages, traduit par A. Du Bosch. In-8°. 1862. Bruxelles, *Vᵉ Parent et fils.* 2 fr. 50 c.

— La Famille H... Traduit du suédois par Mˡˡᵉ R. Du Puget. In-8°. 1846. *Chez Mˡˡᵉ Du Puget.* 6 fr.

— Le même. Nouvelle édition. In-16. 1854. *Ibid.* 3 fr. 50 c.

— Les Filles du président. Traduit du suédois par Mlle R. Du Puget. In-8°. 1847. *Ibid.* 6 fr.

— Le même. 2e édition. In-16. 1854. *Ibid.* 3 fr.

— Le même. 3e édition. In-16. 1860. *Ibid.* 3 fr.

— Le Foyer domestique, ou Chagrins et joies de la famille. Traduit du suédois par Mlle R. Du Puget. In-16. 1853. *Ibid.* 3 fr. 50 c.

2e édition en 1855.

— Guerre et paix, scènes en Norwége. Traduit du suédois par M. A. Villeneuve. In-12. 1849. *Sagnier et Bray.* 2 fr.

— Le même. Traduit par Mlle Du Puget. In-16. 1857. *Chez Mlle Du Puget.* 1 fr. 50 c.

— Hertha, ou l'Histoire d'une âme. Traduit du suédois par A. Geffroy. In-16. 1856. *Reinwald.* 3 fr. 50 c.

— Un Journal. Traduit du suédois par Mlle R. Du Puget. In-16. 1853. *Chez Mlle Du Puget.* 3 fr. 50 c.

Nouvelle édition en 1862.

— Scènes norwégiennes ; roman suédois. Traduit par Jean Cohen. In-12. 1847. *Waille.* 4 fr.

— La Vie de famille dans le nouveau monde. Lettres écrites pendant un séjour de deux années dans l'Amérique du Sud et à Cuba. Traduit du suédois par Mlle R. Du Puget. 3 vol. in-16. 1855. *Chez Mlle Du Puget.* 10 fr. 50 c.

— Les Voisins. Traduit de l'allemand sur la seconde édition. 2 vol. in-12. 1845. *Waille.* 6 fr.

— Le même. Traduit par Mlle Du Puget. 2 vol. in-8°. 1846. *Chez Mlle Du Puget.* 8 fr.

— Le même. Traduit par la même. 2e édition. In-12. 1853. *Ibid.* 3 fr. 50 c.

— Le Voyage de la Saint-Jean. Un Pèlerinage. Traduit du suédois par Mlle R. Du Puget. In-16. 1855. *Ibid.* 2 fr.

BREMIKER (le docteur Charles), astronome allemand, né à Hagen (Prusse) en 1804.

— Annuaire nautique, ou Éphémérides et tables complètes pour l'an 1852 pour déterminer la longitude, la latitude et le temps dans la navigation, à l'aide d'observations astronomiques. Publié sous l'inspection des autorités supérieures. In-8°. 1851. Berlin, *Schropp.* 2 fr.

— Le même. 2e à 12e année (pour 1852 à 1863). 1852-1860. *Ibid.* Chaque vol., 2 fr.

Cet annuaire est publié simultanément en allemand et en italien.

M. Bremiker a revu et corrigé les « Tables logarithmiques » de George de *Véga.*

BREMOND (Alphonse Marie Florent), littérateur, né à Strasbourg en 1826.

— Annales du XIXe siècle de la ville de Toulouse, de 1800 à 1850, par l'auteur du «Nobiliaire toulousain». In-12. 1865. Toulouse, *J. Pradel et Blanc.* 3 fr.

— Le Guide toulousain. In-12. 1851. Toulouse, *J. B. Froment.* 1 fr.

Autre édition. In-18. 1853. Toulouse, *Troyes et Cie.* 1 fr.

— Histoire de l'antique église de Saint-Saturnin du Taur, actuellement Notre-Dame du Taur à Toulouse. In-12. 1860. Toulouse, *Bayvet, Pradel et Cie.* 1 fr.

— Histoire de l'exposition des beaux-arts et de l'industrie de Toulouse en 1858, etc. In-12 avec grav. 1858. *Ibid.* 2 fr. 50 c.

— Histoire de l'exposition des beaux-arts, de l'industrie et de l'horticulture de Toulouse en 1865. In-18. 1865. Toulouse, *J. Dapin.* 2 fr. 25 c.

— Histoire de toutes les saintes reliques conservées dans l'insigne basilique de Saint-Saturnin, etc. In-12. 1862. Toulouse, *Léop. Cluzon.* 1 fr.

— Nobiliaire toulousain. Inventaire général des titres probants de noblesse et de dignités nobiliaires. 2 vol. in-8°. 1863. [Toulouse, *Bonnal et Gibrac.*] Dumoulin. 20 fr.

BRÉMOND (J. B.), instituteur public.

— L'Arboriculture des écoles primaires, ou Notions d'arboriculture fruitière, mises à la portée des enfants. In-12, avec 8 pl. 1862. [Avignon, *Chaillot.*] *Goin.* 1 fr. 50 c.

— Le Verger, ou la Taille des arbres fruitiers mise à la portée de tous. Ouvrage reproduisant, en la complétant, l'Arboriculture des écoles primaires. 1re partie. Texte. In-18. 1865. *Ibid.* Les deux parties. 2 fr.

BREMONT (Ch. de).

— Traité élémentaire d'astronomie. In-18. 1851. *Rue de Lulli,* 3. 2 fr.

Fait partie de la « Bibliothèque nouvelle. Religion, histoire, sciences, littérature », par une société d'écrivains catholiques, sous la direction de Louis *Veuillot.*

BRÉMONT (Édouard de).

— Histoire naturelle des animaux depuis l'homme jusqu'à la baleine, etc. In-8°. 1846. *Renault et Cie.* 5 fr.

— Nouveau Buffon. Éléments d'histoire naturelle propres à faire connaître cette science, précédés de notions générales sur la structure de la terre, etc. Ouvrage illustré d'un grand nombre de planches. 2 vol. in-8°. 1853. *Ibid.* 10 fr.

BRENIER (le baron Anatole), diplomate, ministre des affaires étrangères en 1851, ancien ambassadeur, né vers 1806.

— De la France à propos de l'Italie. In-8°. 1862. *Amyot.* 1 fr.

BRENNWALD (Gaspard), consul général de Suisse au Japon, né dans le canton de Zurich.

— Rapport général sur la partie commerciale de la mission suisse au Japon. Gr. in-8°. 1865. Berne. 2 fr. 50 c.

BRENOT (Éd.).

— Précis d'un cours de logique conformément aux programmes officiels des baccalauréats ès lettres et ès sciences. In-12. 1853. *Dezobry et Magdeleine.* 1 fr. 25 c.

BRENTANO (Clément), littérateur allemand, né à Francfort-sur-le-Mein en 1777, mort à Aschaffenbourg en 1842.

Il a publié les ouvrages d'Anne Catherine Emmerich. — Voy. *Emmerich.*

BRÉQUIGNY (L. Gés. Oudart-Feudrix de), historien et antiquaire, membre de l'Académie française et de l'Académie des inscriptions et belles-lettres, né à Granville en 1716, mort à Paris en 1795.

— Diplomata, Chartæ, Epistolæ, leges aliaque instrumenta ad res gallo-francicas spectantia prius collecta avv. cc. de Brequigny et La Porte du Theil. Nunc nova ratione ordinata, plurimumque aucta jubente ac moderante Academia inscriptionum et humaniorum litterarum. Edidit J. M. Pardessus. Instrumenta ab anno 417 ad annum 751. 2 vol. in-fol. 1843-1849. 72 fr.

Réimpression augmentée et complétée de l'édition de 1791.

— Lettres de rois, reines et autres personnages des cours de France et d'Angleterre, depuis Louis VII jusqu'à Henri IV, tirées des archives de Londres par Bréquigny et publiées par M. Champollion-Figeac. 2 vol. in-4°. 1839 et 1847. *Didot frères*. 24 fr.

Fait partie de la « Collection de documents inédits sur l'histoire de France ».

— Table chronologique des diplômes, chartes, titres et actes imprimés concernant l'histoire de France, par M. de Bréquigny, continuée par M. Pardessus. Tomes V et VI. in-fol. 1846 - 1851. *Imprimerie royale*. Chaque vol., 36 fr.

— Le même. Tome VII, par Pardessus et Laboulaye. In-fol. 1865. *Ibid*. 36 fr.

Les tomes 1 à 3 ont paru de 1769 à 1783; le tome 4 en 1837.

BRÈS (Jean Pierre), romancier, né à Limoges en 1782, mort à Paris en 1832.

— Contes de Robert, mon oncle; revus par Mme Chartier-Brès, illustrés de lithographies par Hadamard. In-4°. 1858. *Magnin, Blanchard et Cie*. Noir, 8 fr. Color., 10 fr.

BRESCIANI (le R. P. Antoine), de la Compagnie de Jésus, romancier italien, rédacteur pendant 12 ans de la « Civiltà cattolica », né à Aïa (Tyrol italien) en 1798, mort à Rome en 1862.

— La Comtesse Mathilde de Canossa et Yolande de Groningue. In-8°. 1859. Bruxelles, *H.Goemaere*. 3 fr.

— Conseils de Tionide au jeune comte de Léon, pour conserver les fruits d'une bonne éducation, et avis à qui pense au mariage. Traduit de l'italien par l'abbé J. Gavard. In-8°. 1859. *Ibid*. 2 fr.

— Don Giovanni, ou le Bienfaiteur caché, suivi de quatre dialogues sur la résurrection du paganisme en Italie en 1849. Traduit de l'italien par J. B. Dillies. In-12. 1859. Tournai, *Casterman*. 2 fr.

— Edmond, scènes de la vie populaire à Rome. In-12. 1861. *Ibid*. 2 fr. 50 c.

— Le Juif de Vérone, ou les Sociétés secrètes en Italie. 2e édition. 2 vol. in-12. 1858. *Ibid*. 5 fr.

— Lionello; faisant suite au Juif de Vérone. In-12. 1859. *Ibid*. 2 fr.

— Lorenzo, ou le Conscrit; histoire ligurienne de 1812 à 1814, par l'auteur du «Juif de Vérone», traduit par Maréchal. In-12. 1858. *Ibid*. 1 fr. 75 c.

— Le même. Nouvelle édition. Suivi de Don Giovanni du même auteur. In-12. 1862. *Ibid*. 2 fr. 50 c.

— La Maison de glace, ou le Chasseur de Vincennes. In-12. 1862. *Ibid*. 2 fr.

— La République romaine, se rattachant à Lionello, et faisant suite au Juif de Vérone. In-12. 1861. *Ibid*. 2 fr.

4e édition en 1864.

— Ubaldo et Irena. 2 vol. in-12. 1859. *Ibid*. 4 fr.

— Le Zouave pontifical. In-12. 1862. *Ibid*. 2 fr. 50 c.

*Brésil (Le) et Rosas. In-8°. 1851. *Guillaumin et Cie*. 50 c.

L'introduction est signée C. R.

BRÉSILLAC (Mgr. de Marion). — Voy. **Marion-Brésillac**.

BRESNIER (Louis Jacques), orientaliste, l'un des disciples de Sylvestre de Sacy, professeur d'arabe à la chaire publique et à l'École normale d'Alger, né à Montargis (Loiret) en 1814.

— Anthologie arabe élémentaire. Choix de maximes et de textes variés, la plupart inédits; accompagné d'un vocabulaire arabe-français. In-12. 1852. [Alger.] *Challamel*. 5 fr.

— Chrestomathie arabe. Lettres, actes et pièces diverses, avec la traduction française en regard. Suivie d'une Notice sur les successions musulmanes, de M. Ch. Solvet, et d'une Concordance inédite des calendriers grégorien et musulman, de M. L. Chaillet. 2e édition, revue, corrigée et augmentée. In-8°. 1857. *Ibid*. 9 fr.

— Cours pratique et théorique de la langue arabe. In-8°. 1855. *Ibid*. 12 fr.

— Éléments de calligraphie orientale, comprenant 34 modèles d'écriture arabe, orientale et barbaresque; avec une introduction explicative. In-8° oblong dans un carton. 1855. *Ibid*. 8 fr. 50 c.

BRESSANT (Alix).

— Une Paria. In-12. 1865. *Librairie du Petit Journal*. 3 fr.

BRESSANT (Piton-). — Voy. **Piton-Bressant**.

BRESSANVIDO (Ildefonse de), mineur réformé de Saint-François, né en 1696, mort à Vicence en 1777.

— Instructions morales sur la doctrine chrétienne. Traduction de l'italien par l'abbé Pétigny. Nouvelle édition. 5 vol. in-8°. 1862. Lyon, *Périsse frères*. 25 fr.

Tome I. Instructions sur les vertus théologales et le symbole des apôtres. — Tomes II et III. Instructions sur le décalogue. — Tome IV. Instructions sur le péché, sur la pénitence et la prière. — Tome V. Instructions sur les sacrements.

BRESSANY (le P. F. J.), de la Compagnie de Jésus.

— Relation abrégée de quelques missions des Pères de la Compagnie de Jésus dans la Nouvelle-France; traduite de l'italien et augmentée d'un avant-propos, de la biographie de l'auteur et d'un grand nombre de notes et de gravures par le P. F. J. Martin de la même Compagnie. In-8°. 1852. Montréal.

BRESSE (Jacques Antoine Charles), ingénieur, professeur à l'École des ponts et chaussées, examinateur des élèves de l'École polytechnique, né à Vienne (Isère) en 1822.

— Cours de mécanique appliquée, professé à l'École impériale des ponts et chaussées. 2 vol. in-8° avec fig. 1859-1860. *Mallet-Bachelier*. 16 fr.

Tome I. Résistance des matériaux et stabilité des constructions. — Tome II. Hydraulique.

— Le même. 3e partie. Calcul des moments de flexion dans une poutre à plusieurs travées solidaires. In-8° avec figures et atlas composé de 24 pl. in-fol. 1865. *Gauthier-Villars*. 16 fr.

— Recherches analytiques sur la flexion et la résistance des pièces courbes, accompagnées de tables numériques pour calculer la poussée des arcs chargés de poids d'une manière quelconque, et leur pression maximum sous une charge uniformément répartie. In-4° avec 3 pl. 1854. *Mallet-Bachelier*. 15 fr.

BRESSEVILLE (H. de), ex-chef d'office, etc.

— Le Parfait cuisinier français moderne. Suivi d'instructions précises sur la manière de faire les honneurs de la table et l'art de découper les viandes. Ouvrage entièrement neuf, rédigé d'après les manuscrits de H. de Bresseville. In-12. 1856. *Béchet*. 3 fr. 50 c.

   Une 1re édition en a été publiée en 1849.

BRESSION (Aymar-). — Voy. **Aymar-Bression**.

BRESSOLLES (Gustave), professeur de Code Napoléon à la Faculté de droit de Toulouse, né à Toulouse en 1816.

— Explication de la loi du 21 mai 1858, contenant les modifications au Code de procédure civile en matière de saisie immobilière et d'ordre. In-8°. 1858. *Cotillon*. 2 fr.

— Programme du cours de Code Napoléon professé à la Faculté de droit de Toulouse. In-8°. 1853. Toulouse, *Douladoure*. 7 fr. 50 c.

   M. Bressolles a collaboré à la « Revue de législation », à la « Revue étrangère de droit », à la « Revue critique de législation » et à la « Revue historique de droit français »; il a inséré de nombreux mémoires dans le « Recueil de l'Académie de législation de Toulouse ».

BRESSON (C.).

— Traité élémentaire de mécanique appliquée aux sciences physiques et aux autres. Mécanique des corps solides. In-4° avec atlas in-4° de 18 pl. 1842. *Bachelier*. 25 fr.

BRESSON (Eugène), dit le Bédouin.

— Demonio; poëme en dix chants. In-8° de 10 f. 1846. Nîmes, *imprimerie de Durand Belle*.

BRESSON (Gédéon), rédacteur du « Courrier de la Drôme », ancien professeur, né à Avèze (Gard) en 1834.

— Histoire du calendrier, comprenant tout ce qui a rapport à l'heure, au jour, à la semaine, au mois, à l'année, etc. In-18 avec fig. 1859. *Aux bureaux de la Science pour tous*. 1 fr. 50 c.

— La Prévision du temps. Ouvrage illustré de gravures et de cartes météorologiques. In-12. 1865. *Rothschild*. 3 fr.

BRESSON (Jacques), économiste, rédacteur de la «Gazette des chemins de fer», né à Paris en 1798.

— Annuaire des sociétés par actions anonymes, civiles et en commandite. Année 1839. In-8°. *Rue Notre-Dame-des-Victoires*, 16. 5 fr.

— Le même. 2e année. 1840. In-8°. *Ibid*. 5 fr.

— Des Fonds publics français et étrangers, des chemins de fer et des opérations de la Bourse de Paris. 9e édition. In-12. 1848. *Place de la Bourse*, 31. 3 fr. 50 c.

   La 1re édition est de 1820.

— Histoire financière de la France, depuis l'origine de la monarchie jusqu'à l'année 1828, précédée d'une introduction sur le mode d'impôt en usage avant la révolution. 3e édition. 2 vol. in-8°. 1857. *Ibid*. 15 fr.

   La 1re édition est de 1829; la 2e de 1840.

— Liberté du taux de l'intérêt, ou de l'Abolition des lois sur l'usure. 2e édition. In-8°. 1857. *Ibid*. 1 fr.

   La 1re édition est de 1848.

— Précis historique des ordres de chevalerie,

décorations militaires et civiles, reconnus et conférés actuellement par les souverains régnant en Europe et dans les États des autres parties du monde. In-8° avec 106 pl. 1844. *Aubert*. Noir, 50 fr.; colorié, 120 fr.

BRET (E. Le). — Voy. **Le Bret**.

*BretagneQ (la) et l'empire. In-8°. 1861. *Dentu*. 1 fr. 50 c.

BRETAIGNE.

— Récit des funérailles d'Anne de Bretagne, précédé d'une complainte sur la mort de cette princesse, et de sa généalogie; le tout composé par Bretaigne, son héraut d'armes. Publié pour la première fois avec une introduction et des notes, par L. Merlet et Max. de Gombert. Petit in-8°. 1858. *Aubry*. 5 fr.

   Collection du Trésor des pièces rares ou inédites.

BRETEUIL (Jules), ancien chef de cuisine.

— Le Cuisinier européen. Ouvrage contenant les meilleures recettes des cuisines française et étrangères pour la préparation des potages, sauces, ragoûts, entrées, rôtis, fritures, entremets, etc. In-12. 1860. *Garnier frères*. 5 fr.

BRETHÉ (Mme de).

— Gabrielle. Les Pervenches. In-12. 1865. *Librairie internationale*. 3 fr.

BRETHÉ (J. J.), avocat.

— Des usurpations des papes et des évêques. In-8°. 1861. *Dentu*. 1 fr.

BRETIN (Martial), du Jura.

— Napoléon III. Poésies. 1re et 2e partie. 2 vol. in-12. 1853-1854. Lyon, *imprimerie de Vingtrinier*.

— Pensées des deux empereurs Napoléon Ier et Napoléon III, recueillies par M. Martial Bretin. In-12. 1859. *Fontaine*. 3 fr.

BRETON, cultivateur, directeur de l'établissement agricole et pastoral de La Gitonnière.

— Manuel théorique et pratique de défrichement des terres incultes et d'amélioration des terres maigres cultivées. In-8°. 1854. *Mme Bouchard-Huzard*. 4 fr.

— Organisation du crédit agricole en France. Unique moyen de rendre l'agriculture florissante, les biens ruraux productifs et le commerce prospère. In-8°. 1851. *Ibid*. 1 fr.

BRETON (Camille).

— Du Divorce en droit romain. De la séparation de corps en droit français. In-8°. 1863. *Durand*. 2 fr.

BRETON (Ernest).

— Des Éléments constitutifs de l'autorité de la chose jugée, en matière civile, dans le droit romain et dans le droit français. In-8°. 1863. *A. Durand*. 2 fr.

BRETON (Ernest), archéologue et peintre, né à Paris en 1812.

— Athènes décrite et dessinée par Ernest Breton; suivi d'un voyage dans le Péloponèse. Gr. in-8° avec 9 pl. et de nombreux dessins dans le texte. 1861. *Gide*. 10 fr.

— Pompéia décrite et dessinée par Ernest Breton; suivi d'une Notice sur Herculanum. Gr. in-8°, avec 10 vignettes, un plan des fouilles de Pompéi et de nombreuses vignettes intercalées dans le texte. 1855. *Ibid*. 10 fr.

BRETON (Jacques), prêtre.

— Contrôle des ruines de Volney. In-8°, VII-77 p. 1860. Clermont-Ferrand, *Veysset*.

BRETON (Paul) DE CHAMP, ingénieur en chef des ponts et chaussées, directeur-adjoint du dépôt des cartes et plans au ministère de l'agriculture, né à Champ, près Vizilles (Isère) en 1814.

— Question des porismes. Notice sur les débats de priorité auxquels a donné lieu l'ouvrage de M. Chasles sur les porismes d'Euclide. Nouveau tirage revu et corrigé. In-8°. 1865. *V° Bouchard-Huzard*. 1 fr.

— Recherches nouvelles sur les porismes d'Euclide. In-4°. 1855. *Mallet-Bachelier*. 5 fr.

Extrait du « Journal de mathématiques ».

— Recherches nouvelles sur les porismes d'Euclide (2° supplément). Examen et réfutation de l'interprétation donnée par M. Vincent des textes de Pappus et de Proclus relatifs aux porismes. In-4°. 1858. *Ibid.* 2 fr. 50 c.

Extrait du « Journal de mathématiques ».

— Tracé de la courbe d'intrados des voûtes de pont en anse de panier, d'après le procédé de Perronet. Nouvelle édition, améliorée et en partie refondue. In-4° avec des pl. 1857. *Ibid.* 3 fr.

La 1re édition a été publiée en 1846 sous le titre de : « Description des courbes à plusieurs centres, d'après le procédé Perronet». 4 fr. 50 c.

— Traité du lever des plans et de l'arpentage, précédé d'une introduction qui renferme des notions sur l'emploi pratique des logarithmes, la trigonométrie, l'algèbre et l'optique. In-8° avec 9 pl. 1864. *Gauthier-Villars*. 7 fr. 50 c.

— Traité du nivellement, comprenant la théorie et la pratique du nivellement ordinaire et des nivellements expéditifs dits préparatoires ou de reconnaissance. 2° édition, revue, corrigée et augmentée. In-8° avec 4 pl. 1861. *Mallet-Bachelier*. 5 fr.

La 1re édition est de 1848. 1 vol in-8°. *Mathias*. 5 fr.

BRETON (Philippe), ingénieur des ponts et chaussées à Grenoble.

— Théorie mécanique des télégraphes sous-marins. — Voy. *Beau de Rochas et Breton*.

BRETON (Mme C.).

— Le Triomphe de la conscience. In-8°. 1863. Lille, *Lefort*. 1 fr. 50 c.

BRETON (Mme veuve), maîtresse sage-femme à Paris.

— Avis aux mères qui ne peuvent pas nourrir, ou Instruction pratique sur l'allaitement artificiel. In-16. 1856. *Chez l'éditeur, rue Saint-Sébastien*, 42.

BRETON (T. LE). — Voy. **Le Breton**.

BRETONNE (RETIF DE LA). — Voy. **Retif de la Bretonne**.

BRETONNEAU (François), théologien, prédicateur, né en Touraine en 1660, mort à Paris en 1741.

— Sermons et panégyriques complets. — Voy. *Migne*, Collection des orateurs sacrés, 1re série, tome 41.

BRETONNEAU (Henri).

— Biographie de M. de Genoude. In-18. 1848. *Vaton*.

— Les Épreuves de la vie au point de vue chrétien. Nouvelle édition, revue et considérablement augmentée. In-18. 1860. *Bray*. 3 fr.

— Notice biographique sur notre saint père le pape Pie IX. In-12 avec 1 portrait. 1847. *Sagnier et Bray*.

— La Religion triomphante par les plus grands hommes dans toutes les carrières, dans tous les pays et dans tous les siècles. In-8°. 1845. *Ibid.* 8 fr.

BRETTES (MARTIN DE). — Voy. **Martin de Brettes**.

BRETTEVIL ou BRETTEVILLE (Étienne DUBOIS de), théologien de la Compagnie de Jésus, né à Bretteville-sur-Bordel, près Caen en 1650, mort en 1688.

— Œuvres choisies. — Voy. *Migne*, Collection des orateurs sacrés, 1re série, tome 12.

BREUIL (Aug.), ancien magistrat, membre de l'Académie d'Amiens et de la Société des antiquaires de Picardie, né à Amiens en 1811, mort dans la même ville en 1865.

— A la Garde nationale; vers. In-4°. 1848. Amiens, *E. Yvert*.

Anonyme.

— Inauguration de la statue de Du Cange; vers. In-4°. 1849. *Ibid.*

— La Cathédrale d'Amiens. In-8°. 1852. *Ibid.*

M. Breuil a revu et terminé: *Rigollot*, « les OEuvres d'art de la confrérie de N.-D. du Puy », et publié les « Lettres inédites de Mlle Philipon, Mme Roland, adressées aux demoiselles Cannet, de 1772 à 1780. — Voy. *Roland*.

BREUIL (E. DU). — Voy. **Du Breuil**.

BREUILLARD (l'abbé).

— Mémoires historiques sur une partie de la Bourgogne. In-12 de XII et 360 p. 1857. Avallon, *Mlle Chamerot*.

— Notice sur saint Bénigne, apôtre de la Bourgogne. In-8° de 16 p. 1857. *Ibid.*

BREULIER (Adolphe), avocat à la cour impériale de Paris, délégué de la Société des Artistes et de celle des Inventeurs au congrès de Bruxelles de 1858, pour la propriété littéraire et artistique; né à Évroux en 1815.

— Du Droit de perpétuité de la propriété intellectuelle. Théorie de la propriété des écrivains, des artistes, des inventeurs et des fabricants. In-8°. 1855. *Aug. Durand*. 3 fr.

— De la Formation et de l'étude des langues; éléments de linguistique et de philologie. In-8°. 1857. *Ibid.* 1 fr. 50 c.

— Du régime de l'invention. Examen des améliorations proposées à la législation relative aux inventions, à propos du nouveau projet de loi sur les brevets. In-8°. 1862. *Ibid.* 2 fr.

M. Breulier a collaboré à divers recueils périodiques, notamment aux suivants : « Revue de droit pratique » ; « Revue critique de législation », etc.; « Revue archéologique » ; « Journal asiatique », etc.

BREUNOT (Gabriel).

— Journal de Gabriel Breunot, conseiller au parlement de Dijon; précédé du Livre de Souvenance de Pépin, chanoine de la Sainte-Chapelle de cette ville; publié pour la première fois par Joseph Garnier. 3 vol. in-8°. 1865. Dijon, *Rabutot*.

Analecta Divionensia. Documents inédits pour servir à l'histoire de France, et particulièrement à celle de Bourgogne.

BRÉVAL (Jules de).

— Mazzini jugé par lui-même et par les siens. In-12. 1853. *Plon frères*. 2 fr.

BRÉVARD (le docteur F.).

— Les Sinistres en mer rendus dix fois moins fréquents par l'emploi d'un système de sauvetage entièrement nouveau, applicable à tous les bâtiments pontés de la marine, du commerce et de l'État. Ouvrage mis à la portée de tout le monde. In-8º. 1860. Grenoble, *Prudhomme*. 2 fr. 50 c.

BRÈVES (le comte S. de Lancosme). — Voy. **Savary de Lancosme-Brèves.**

*Brevets d'invention. — Voy. au mot *Description.

BRÉVOT (Edme).

— Nouvel atlas du premier âge. — Voy. *Assier et Brévot.*

BREWER (le docteur E. C.), membre de l'Université de Cambridge.

— La Clef de la science, ou les Phénomènes de tous les jours expliqués. 4º édition, revue et corrigée par M. l'abbé Moigno. In-12. 1864. *Jules Renouard*. 3 fr. 50 c.

Ouvrage traduit de l'anglais par l'auteur lui-même. — La 1re édition française est de 1854.

BREWSTER (David), physicien anglais, vice-président de la Société royale d'Édimbourg, né à Jedburgh en Écosse en 1781.

— Nouveau manuel de magie naturelle et amusante. Publié par M. A. D. Vergnaud. In-18 avec 3 pl. 1839. *Roret*. 3 fr.

Collection des Manuels-Roret.

— Mémoire sur les modifications et les perfectionnements apportés au stéréoscope par sir David Brewster; lu par l'auteur en séance publique à la Société royale des arts d'Écosse, le 26 mars 1849, et imprimé par les soins de cette Société en 1850. Traduit de l'anglais par Ch. Hasenfeld. In-4º avec 1 pl. 1858. *Leiber*. 2 fr.

BREWSTER (miss).

— Le Monde ou Dieu. Traduit de l'anglais. In-18. 1858. *Grassart*. 30 c.

BREYNAT (C. A.).

— L'Art de songer; poëme mystique. In-18. 1852. *Moquet*. 75 c.

— Contes des fées. In-18. 1855. *Ibid.*

— Le Livret d'Égypte. In-32. 1861. *Maisonneuve et Cie.*

BRÉZA (Eugène de).

— Monsieur le marquis de Custine en 1844. Lettres adressées à Mme la comtesse Joséphine Radolinska. In-16. 1845. Leipzig, *Librairie étrangère*. 2 fr.

— De la Russomanie dans le grand-duché de Posen. In-8º. 1846. Berlin, *Schrœder*. 50 c.

BRÉZÉ (le marquis de Dreux-). — Voy. **Dreux-Brézé.**

BRIALMONT (Alexis Henri), lieutenant-colonel d'état-major belge, fils du général de ce nom, est né à Venloo dans le Limbourg en 1821.

— De l'Armée et de la situation financière. Gr. in-8º de 68 p. 1850. Bruxelles, *Perrichon*.

— Anvers agrandi et fortifié pour cinq millions. Mémoire. In-8º, 31 p. 1855. Bruxelles, *Stapleaux*.

Anonyme.

— Considérations politiques et militaires sur la Belgique. 3 vol. in-8º avec cartes. 1852. [Bruxelles.] *Tanera*. 18 fr.

— Le Corps belge du Mexique. Considérations en faveur de l'organisation de ce corps, par un officier d'état-major. In-8º. 1864. Bruxelles, *Guyat*.

Anonyme.

— Défense de l'Escaut. In-8º. 1856. [Bruxelles.] *Tanera*. 1 fr. 50 c.

— Défense du projet d'agrandissement général d'Anvers, présenté par MM. Keller et Cie. In-8º, 50 p. et 12 plans. 1855. Bruxelles, *Stapleaux*.

Anonyme.

— Éloge de la guerre, ou Réfutation des doctrines des amis de la paix. In-12, 60 p. 1850. Bruxelles, *Kiessling*.

Anonyme.

— Études sur la défense des États et sur la fortification. 3 vol. gr. in-8º, et 1 atlas gr. in-8º de 33 pl. 1864. Bruxelles, *C. Muquardt*. 50 fr.

— Faut-il fortifier Bruxelles? Réfutation de quelques idées sur la défense des États, par un officier du génie. In-18. 1850. Bruxelles, *Perrichon*. 2 fr.

Anonyme.

— De la Guerre, de l'armée et de la garde civique. Réfutation des doctrines des amis de la paix. In-12. 1850. Bruxelles, *Kiessling*. 2 fr.

Anonyme. — Quelques exemplaires seulement portent le nom de l'auteur.

— La Guerre de Schleswig envisagée au point de vue belge. — Anvers et la nouvelle artillerie, par un officier d'état-major. In-8º avec planches. 1864. Bruxelles, *Guyot*. 2 fr.

Anonyme.

— Histoire du duc de Wellington, avec portraits sur acier, cartes et plans. 3 vol. gr. in-8º. 1857. Bruxelles. 22 fr. 50 c.

— Précis d'art militaire. 4 vol. — Voy. *Encyclopédie populaire.

— Projet de réorganisation de la marine belge, par un ancien officier du génie. In-8º, 31 p. 1855. Anvers, *Jouan*.

Anonyme.

— Réflexions d'un soldat sur les dangers qui menacent la Belgique. Réponse à M. Deschamps, ministre d'État et ancien ministre des affaires étrangères. 3º édition. In-8º. 1865. Bruxelles, *Muquardt*. 75 c.

— Réorganisation de la marine nationale en Belgique. In-32, 77 p. 1861. Bruxelles, *Lebègue*.

Anonyme.

— Réponse d'un officier du génie à M. Vandevelde. Pour faire suite à l'ouvrage intitulé: «Faut-il fortifier Bruxelles? ou Réfutation de quelques idées sur la défense des États». In-8º de 184 p. 1850. Bruxelles, *Perrichon*.

Anonyme.

— Résumé d'études sur les principes généraux de la fortification des grands pivots stratégiques. Application à la place d'Anvers. In-8º avec pl. 1856. Bruxelles, *Guyot et Stapleaux*. 5 fr.

Anonyme. — Extrait du «Journal de l'armée».

— Situation militaire de la Grande-Bretagne. In-8°. 1860. *Tanera.* 2 fr.

— Système de défense de l'Angleterre. Observations critiques sur le rapport de la commission d'enquête nommée en 1859. In - 8°. 1860. *Ibid.* 1 fr. 25 c.

— Le système cellulaire et la colonisation pénale. Réponse à Ed. Ducpétiaux. In-32. 1861. Bruxelles, *Lebègue.* 1 fr. 75 c.

BRIANCHON (Gaëtan).

— Vie de la sœur Marthe. Gr. in-8°. 1856. *Devarenne.*

BRIANCOURT (Math.), teinturier.

— L'Organisation du travail et l'association. In-12. 1845. *Rue de Seine*, 10. 2 fr.

— Visite au phalanstère. In-18. 1848. *Librairie phalanstérienne.* 1 fr. 50 c.

BRIAND (l'abbé).

— Histoire de l'église santone et aunisienne, depuis son origine jusqu'à nos jours. 2 vol. in-8° avec 7 pl. 1848. La Rochelle, *Boutet.*

— Notice historique sur saint Eutrope, apôtre, premier évêque et martyr de la Saintonge. In-12 de 7 f. avec 1 lithographie. 1849. Saintes, *imprimerie Hus.*

— Vie de Mlle Pauline de Saint-André de la Laurencie de Villeneuve, de Saint-Jean-d'Angely. In-12 de 8 f. 1847. La Rochelle, *Boutet.*

BRIAND (J.), médecin, né à Rennes.

— Du Choléra, son origine, ses principaux caractères, son véritable traitement préservatif et curatif, avec les formules pharmaceutiques les plus efficaces contre cette maladie. In-12. 1849. Rennes, *imprimerie de Marteville.* 1 fr.

— L'Électricité appliquée au traitement curatif des névralgies, des rhumatismes, des paralysies, des tumeurs, etc., et, en général, des affections morbides, souvent réputées incurables. In-12. 1855. *Labé.* 3 fr.

— Manuel complet de médecine légale, contenant un traité élémentaire de chimie légale, par H. Gaultier de Claubry. 7e édition, avec 3 pl. gravées et 64 fig. dans le texte. In-8°. 1863. *Baillière et fils.* 12 fr.

Avec Ernest Chaudé. — La 1re édition, par M. Briand seul, a paru en 1821; la 3e, avec M. Brosson, en 1841; les 4e, 5e et 6e, avec M. Chaudé, en 1846, 1852 et 1858.

BRIAND DE VERZÉ.

— Nouveau Dictionnaire complet géographique, statistique, topographique, administratif, judiciaire, ecclésiastique, monumental, historique, scientifique, industriel, commercial et agricole de la France et de ses colonies; refondu et augmenté d'après les documents les plus authentiques, par Warin-Thierry. 6e édition. 2 vol. in-8°. 1857. *Locard et Davi.* 12 fr.

La 1re édition est de 1831.

BRIANT DE LAUBRIÈRE (L.).

— Armorial général de Bretagne, relevé des diverses réformations de la noblesse de cette province depuis 1400 jusqu'à 1668. In-8°. 1844. *Dumoulin.* 7 fr. 50 c.

BRIANVILLE (de), abbé de Saint-Benoît de Quinçay.

— La Bible de la famille et des écoles chré-

tiennes, illustrée de 100 grav. et de nombreuses vignettes, etc., d'après M. de Brianville. In-12. 1865. Mirecourt, *Humbert.* 1 fr.

BRIAU (le docteur René), bibliothécaire de l'Académie impériale de médecine, né en 1810.

— Considérations pratiques sur la goutte: indication d'un traitement rationnel pour guérir cette maladie, suivies de faits et observations à l'appui. In-8°. 1843. *J. B. Baillière.*

— Sur quelques difficultés de diagnostic dans les maladies chroniques des organes pulmonaires. Mémoire lu à la Société d'hydrologie médicale de Paris dans la séance du 7 mars 1859. In-8°. 1859. *V. Masson.* 1 fr. 25 c.

M. le docteur Briau a traduit du grec la Chirurgie, de Paul d'Égine.

BRIAUNE, cultivateur.

— Des Crises commerciales, de leurs causes et de leurs remèdes. In-8°. 1840. *Bouchard-Huzard.* 1 fr. 25 c.

— Du Prix des grains, du libre échange et des réserves. In-8°. 1857. *Didot frères.* 5 fr.

BRIBOSIA (le docteur), correspondant de l'Académie de médecine de Bruxelles.

— De l'opium dans la pratique obstétricale. In-4°. 1864. Bruxelles, *Manceaux.* 5 fr.

Mémoire couronné par l'Académie de médecine de Bruxelles.

BRICCOLANI (le chevalier).

— Nouveau dictionnaire français-italien et italien-français, rédigé d'après les dictionnaires français et italiens les plus complets, augmenté d'un grand nombre de mots, etc., par Joseph da Fonseca. In-18. 1860. Ve *Thiériot.* 4 fr.

La 1re édition est de 1842.

BRICHETEAU (le docteur F.).

— Traité du croup. — Voy. *Fischer et Bricheteau.*

BRICHETEAU (le docteur J.), membre de l'Académie de médecine, né en 1789, mort en 1861.

— Traité sur les maladies chroniques qui ont leur siège dans les organes de l'appareil respiratoire, précédé de nouvelles considérations sur l'auscultation. In-8°. 1851. *Souverain.* 8 fr.

BRIDAINE. — Voy. **Brydaine.**

BRIDAULT (Charles), vaudevilliste, né à Paris en 1830.

— Les Jolis chasseurs. Hallali musical, musique de M. Jules Bovery. In-12. 1855. *Lévy frères.* 50 c.

— Le même. In-4°. (Théâtre contemporain illustré. Livr. 194.) 1856. *Ibid.* 40 c.

— Monsieur Deschalumeaux; opéra bouffon; d'après Auguste ***, musique de Frédéric Barbier. In-12. 1859. *Librairie nouvelle.* 60 c.

Avec M. Perée.

M. Bridault a encore fait des pièces en collaboration avec MM. *Jallais, Julian, Montagne.* — Voy. ces noms.

BRIDE (Charles).

— L'Amateur photographe, guide pratique de photographie, suivi d'un vocabulaire de chimie photographique et d'un appendice traitant des épreuves microscopiques et amplifiées. In-12. 1862. *Faure.* 3 fr.

— Le Vignole du serrurier, cours de dessin linéaire appliqué à la serrurerie et à la construction en fer, dessiné et gravé par Charles Bride. In-4°. avec 48 pl. 1860. *Lefèvre.* 8 fr.

BRIDEL (F. Bertholet-). — Voy. **Bertholet-Bridel.**

BRIDEL (G.), ingénieur.

— Le Palais de l'industrie. — Voy. *Barrault et Bridel.*

BRIDEL (Louis), pasteur.

— Récits américains, ou Conversions, réveils, expériences chrétiennes et entretiens sur la recherche du salut. Tirés des mémoires et journaux de trois pasteurs presbytériens des États-Unis. 2 vol. in-12. 1854. *Meyrueis.* 3 fr.

— Trois séances sur Paul Rabaut et les protestants français au XVIIIe siècle. In-18. 1859. *Lausanne.* 1 fr. 25 c.

BRIDEL (Philippe).

— Explication de l'Oraison dominicale. In-12. Lausanne. 2 fr. 25 c.

— Méditations sur la Passion de Notre Seigneur Jésus-Christ. In-12. 1857. *Ibid.* 3 fr. 75 c.

— Les Sept paroles de Jésus sur la croix. In-12. *Ibid.* 1 fr. 25 c.

BRIDET, capitaine de frégate.

— Manuel de cyclonomie, extrait de l'étude de M. Bridet sur les ouragans de l'hémisphère austral, par M. Émile Trouette; revu par F. Bridet. In-8o. 1863. *Robiquet.* 2 fr.

— Rapport sur une nouvelle route pour doubler le cap de Bonne-Espérance, de l'est à l'ouest, pendant la saison d'hiver, de mai à septembre. In-8o avec carte. 1864. *Bossange.* 50 c.

Publication du dépôt de la marine.

BRIÈRE.

— Essai sur le symbolisme antique d'Orient, principalement sur le symbolisme égyptien; contenant la critique raisonnée de la traduction du passage du cinquième livre des Stromates de S. Clément d'Alexandrie, relatif aux Écritures égyptiennes, de M. Letronne, membre de l'Institut. In-8o de 7 f. avec 1 tableau et 1 pl. 1847. *Duprat.*

BRIÈRE (l'abbé Henri Louis Étienne), vicaire à Châteauneuf (Eure-et-Loir), né à Fontaine-Simon (Eure-et-Loir) en 1825.

— Histoire de France. In-18. 1865. Châteaudun, *imprimerie Lecesne.* 1 fr.

— Petit abécédaire de l'histoire de France. In-18. 1861. Chartres, *imprimerie Garnier.* 75 c.

BRIERRE DE BOISMONT (le docteur Alexandre), médecin, directeur d'un établissement d'aliénés; né à Rouen en 1797.

— Études médico-légales sur la perversion des facultés morales et affectives dans la période prodromique de la paralysie générale. In-8o. 1860. *Baillière et fils.* 75 c.

Extrait des « Annales d'hygiène publique ».

— Des Hallucinations, ou Histoire raisonnée des apparitions, des visions, des songes, de l'extase, des rêves, du magnétisme et du somnambulisme. 3e édition, entièrement refondue. In-8o. 1861. *Germer Baillière.* 7 fr.

1re édition, 1845. 6 fr.; 2e édition, 1852. 6 fr.

— De l'Interdiction des aliénés et de l'état de la jurisprudence en matière de testaments dans l'imputation de démence. Avec des observations de M. Isambert, conseiller à la Cour de cassation. In-8o de 6 f. 1852. *J. B. Baillière.*

Extrait des « Annales d'hygiène publique ».

— De la Menstruation considérée dans ses rapports physiologiques et pathologiques. In-8o. 1842. *Germer Baillière.* 6 fr.

Extrait des « Mémoires de l'Académie de médecine ».

— Recherches sur l'aliénation mentale des enfants et particulièrement des jeunes gens. Mémoire lu à l'Académie des sciences dans la séance du 7 juin 1858. In-8o. 1858. *Baillière et fils.* 1 fr. 50 c.

Extrait des « Annales d'hygiène publique ».

— Recherches sur l'unité du genre humain, au point de vue de l'éducation et des croisements pour l'amélioration des races. In-8o. 1860. *Ibid.* 1 fr. 50 c.

— De la Responsabilité légale des aliénés. Mémoire lu à l'Académie des sciences. In-8o. 1863. *Ibid.* 3 fr.

Extrait des « Annales d'hygiène publique ».

— Du Suicide et de la folie-suicide, considérés dans leurs rapports avec la statistique, la médecine et la philosophie. 2e édition revue et augmentée. In-8o. 1865. *Germer Baillière.* 7 fr.

La 1re édition est de 1855.

— De l'Utilité de la vie de famille dans le traitement de l'aliénation mentale et plus spécialement de ses formes tristes. Mémoire lu à l'Académie des sciences. In-8o. *Ibid.* 1 fr.

Extrait des « Annales médico-psychologiques ».

M. le docteur Brierre de Boismont a publié avec M. Marx : « Leçons orales de clinique chirurgicale », du baron *Dupuytren.*
Il est un des rédacteurs des « Annales d'hygiène publique » et des « Annales médico-psychologiques ».

BRIEU (J.), professeur.

— Histoire du département de l'Hérault, depuis les temps les plus reculés jusqu'à nos jours. In-8o avec carte. 1861. Lodève, *Brieu.*

BRIFAUT (Charles), poëte et publiciste, membre de l'Académie française, né à Dijon, en 1781, mort à Paris en 1857.

— Œuvres; publiées par MM. Rives et A. Bignan. 6 vol. in-8o. 1859. *Diard.* 36 fr.

— Discours à l'Académie française. — Voy. *Falloux.*

BRIFFAULT (Eugène).

— Paris à table. Vignettes par Bertall. In-16. 1846. *Hetzel.* 3 fr.

— Le même. In-4o, illustré. 1851. *Havard.* 40 c.

— Paris dans l'eau. Illustré par Bertall. In-12. 1844. *Hetzel.* 3 fr.

— Le même. In-4o, illustré. 1851. *Havard.* 40 c.

— Le Secret de Rome au XIXe siècle. In-8o avec grav. 1845. *Boizard.* 15 fr.

Le même. Nouvelle édition sous le titre :

— Les Mystères de la cour de Rome au XIXe siècle. Illustré de 200 dessins. In-4o. 1861. *Lécrivain et Toubon.* 6 fr.

BRIFFAUT (l'abbé), vicaire à Fayl-Billot.

— Histoire de Vicq (Haute-Marne). In-8o de 10 f. 1855. Chaumont, *imprimerie Cavaniol.*

— Histoire de la ville de Fayl-Billot, et notices sur les villages du canton. In-8o avec 1 plan et 6 grav. 1860. Besançon, *Outhenin-Chalandre.* 4 fr.

BRIGHT (le docteur).

— Observations relatives au diagnostic des tumeurs situées à la base du cerveau, et des maladies organiques d'autres parties de l'encéphale et de la moelle épinière. Traduit par le docteur Hillairet. In-8°. 1861. *Au bureau du Moniteur des sciences médicales.* 1 fr. 25 c.

BRIGITTE (sainte), princesse de Suède, née en 1302, morte à Rome, en 1373. Mariée très-jeune au prince de Néricie, elle en eut huit enfants avant de se vouer à la religion.

— Révélations de sainte Brigitte, princesse de Suède, traduites pour la première fois du latin en français, par un ancien vicaire général. In-18. 1850. *Gaume frères.*

— Les Révélations célestes et divines de sainte Brigitte de Suède, communément appelée la chère épouse, dans lesquelles toutes sortes de personnes, de quelque qualité et condition qu'elles soient, peuvent grandement se perfectionner, admirer et pratiquer de grandes et héroïques actions de vertus, selon leurs vocations, vacations et états; traduites par Jacques Ferraige. 4 vol. in-12. 1850. Avignon, *Séguin ainé.*

— Révélations choisies de sainte Brigitte, publiées par A. Heuser, archidiacre de Cologne. Traduites par Charles Sainte-Foy. In-32. 1865. Tournai, *Casterman.* 1 fr. 20 c.

BRIGNOLE-SALES, ancien ambassadeur de Sardaigne près la Cour de France.

— Des Droits temporels du pape. Considérations sur la question romaine. In-8°. 1860. *A. Vaton.* 1 fr.

BRIGNON (le P. F.), de la Compagnie de Jésus, a traduit de l'espagnol: «l'Aimable Jésus», et: «Traité de la différence du temps et de l'éternité», du R. P. de *Nieremberg*; et: «le Guide spirituel», du R. P. Louis *Du Pont*; et de l'italien: «le Combat spirituel», de *Scupoli*. — Voy. ces noms.

BRILLAT-SAVARIN (Anthelme), littérateur et magistrat, conseiller à la Cour de cassation, né à Belley, en 1755, mort à Paris, en 1826.

— Physiologie du goût, ou Méditations de gastronomie transcendante. Ouvrage théorique, historique, et à l'ordre du jour, dédié aux gastronomes parisiens, par un professeur, membre de plusieurs sociétés savantes. Édition précédée d'une notice, par M. le baron Richeraud; suivie de la Gastronomie; poëme en quatre chants, par Berchoux. In-12. 1840. *Charpentier.* 3 fr. 50 c.

Édition souvent réimprimée.

— Même ouvrage. Nouvelle édition, ornée de gravures et précédée d'une notice par M. Eugène Bareste. In-32. 1847. *Alphonse Pigoreau.*

— Le même. Nouvelle édition, précédée d'une notice, par M. Eugène Bareste. In-18. 1841. *Lavigne.*

— Le même, illustré par Bertall; précédé d'une notice biographique par Alph. Karr. In-8°. 1848. *Gonet.* 12 fr. 50 c.

— Le même, précédé d'une notice par Alph. Karr. Dessins de Bertall. Gr. in-8°. 1863. *Furne et Cie.* 15 fr.

— Le même, illustré par Bertall. In-4°. 1852. *Barba.* 1 fr. 10 c.

— Le même. In-32. 1851. *Passard.* 1 fr. 50 c.

Voy. aussi *Amero*, «les Classiques de la table».

La 1re édition de la «Physiologie du goût» a été publiée en 1825.

BRILLAUD-LAUJARDIÈRE (Charles Claude), avocat à Nantes, né dans cette ville en 1822.

— De l'Avortement provoqué, considéré au point de vue médical, théologique et médico-légal. In-8°. 1862. Nantes, *Petitpas.* 7 fr.

— De l'Infanticide; étude médico-légale. In-8°. 1865. *Durand.* 4 fr.

BRIMONT (le vicomte Adrien de).

— Ce qu'il y a sous les masques à Turin. In-8°. 1865. Bruxelles, *Goemaere.* 1 fr. 25 c.

— Justice pour Naples et la Pologne. Lettre à M. Gladstone, chancelier de l'Échiquier. In-8°. 1863. *Dentu.* 1 fr.

La même brochure a été publiée aussi sous le titre: «Une révolution à faire».

— Un Pape au moyen âge. Urbain II. In-8°. 1862. *Bray.* 6 fr.

BRINCK (Van den). — Voy. **Van den Brinck.**

BRINCKMANN (Mme de), née Dupont-Delporte.

— Promenades en Espagne, pendant les années 1849 et 1850. In-8°. 1852. *Franck.* 6 fr.

***Brins** d'herbe. Huit veillées, par Mme K... In-12 avec vignettes. 1858. *Meyrueis et Cie.* 1 fr. 25 c.

BRIOIS (le docteur Jules), né à Latrecey (Haute-Marne) en 1817.

— Memento pharmaceutique et posologique. In-18. 1845. *Labé.* 1 fr. 25 c.

— La Tour Saint-Jacques de Paris. 3 vol. in-8°. 1863. *Dubuisson et Cie.* 18 fr.

— Voyage au fond de la mer. In-8°. 1845. *Comon et Cie.* 7 fr. 50 c.

Cet ouvrage est signé du pseudonyme de «capitaine Mérobert».

BRIOL (Marcel-). — Voy. **Marcel-Briol.**

BRIOLLE (Adolphe de), chef du cabinet à la préfecture du département de la Gironde.

— Mémoire et réponse, ou Questionnaire archéologique publié par l'Académie impériale des sciences, belles-lettres et arts de Bordeaux. Communes de Bassens, Carbon-Blanc, Lormont, notice sur le cypressa. In-8° avec 1 pl. 1859. Bordeaux, *Chaumas.* 1 fr. 25 c.

BRIORD (l'abbé Guignod de). — Voy. **Guignod de Briord.**

BRIOSCHI (le docteur François), directeur de l'institution polytechnique de Milan, sénateur du royaume d'Italie, né à Milan en 1824.

— Théorie des déterminants et de leurs principales applications. Traduit de l'italien par M. Éd. Combescure. In-8°. 1856. *Mallet-Bachelier.* 5 fr.

L'ouvrage italien a été publié en 1858.

BRIOSNE (Alfred).

— Remaniement de l'Europe. Réflexions sur la question polonaise. In-12. 1863. *Dentu.* 60 c.

BRIOT (Charles), maître des conférences à l'École normale supérieure, né à Saint-Hippolyte (Doubs), en 1817.

— Arpentage, levé des plans et nivellement,

2e édition. In-12 avec 5 pl. 1863. *Hachette et Cie.* 3 fr.

Avec Ch. Vacquant. — La 1re édition est de 1858.

— Cours de cosmographie, ou Éléments d'astronomie, comprenant les matières du programme officiel pour l'enseignement des lycées et l'admission aux écoles militaires. 4e édition. In-8°. 1866. *Dunod.* 6 fr.

La 1re édition est de 1853.

— Éléments d'arithmétique, rédigés conformément aux programmes de l'enseignement scientifique dans les lycées. 7e édition, revue et corrigée. In-8°. 1865. *Tandou et Cie.* 2 fr. 50 c.

La 1re édition est de 1855.

— Éléments de géométrie conformes aux programmes de l'enseignement scientifique dans les lycées. Théorie. 5e édition. In-8°. 1862. *Hachette et Cie.* 5 fr.

— Le même. Application. 3e édition. In-8° avec 9 pl. 1862. *Ibid.* 3 fr. 50 c.

Avec Ch. Vacquant.

— Éléments de géométrie descriptive à l'usage des candidats au baccalauréat ès sciences, à l'École de marine et à l'École militaire de Saint-Cyr. In-8° avec 5 pl. 1862. *Ibid.* 2 fr. 50 c.

Avec le même.

— Essais sur la théorie mathématique de la lumière. In-8°. 1864. *Mallet-Bachelier.* 4 fr.

— Géométrie élémentaire, théorique et pratique. 2e édition. In-12. 1858. *Dezobry et Cie.* 2 fr. 25 c.

Avec M. Martin. — La 1re édition est de 1853.

— Leçons nouvelles d'arithmétique. 4e édition, revue et corrigée. In-8°. 1866. *Dezobry et Magdeleine.* 4 fr.

— Leçons d'algèbre conformes aux programmes officiels de l'enseignement des lycées. 2 vol. in-8°. *Dunod.* 7 fr. 50 c.

1re partie, à l'usage des élèves des lycées et des candidats au baccalauréat ès sciences, etc. In-8°. 1862. 3 fr. 50 c.

2e partie, à l'usage des élèves de la classe de mathématiques spéciales et des candidats à l'École polytechnique et à l'École normale supérieure. 5e édition. In-8°. 1859. 4 fr. 50 c.

La 1re édition de la 1re partie a paru en 1854, celle de la 2e partie en 1855.

— Leçons de géométrie analytique. 5e édition, revue et corrigée. In-8°. 1865. *Tandou et Cie.* 7 fr.

Avec A. Bouquet. — La 1re édition est de 1847.

— Le même. Complément. In-8° avec fig. 1864. *Dunod.* 5 fr.

— Leçons de mécanique conformes aux programmes officiels. In-8°. 1861. *Ibid.* 5 fr.

— Leçons nouvelles de trigonométrie conformes aux programmes de l'enseignement scientifique des lycées. 4e édition, revue et augmentée. In-8°. 1862. *Ibid.* 4 fr.

Avec A. Bouquet.

— Théorie des fonctions doublement périodiques, et en particulier des fonctions elliptiques. In-8°. 1859. *Mallet-Bachelier.* 6 fr.

Avec le même.

BRIQUET (Marc), commerçant, né à Genève en 1805.

— Des Conditions de succès en éducation. Recherches présentées aux jeunes mères. In - 12. 1863. Genève, *Béroud.* 50 c.

Anonyme; mais le nom de l'auteur se trouve à la dernière page.

— L'Industrie au point de vue chrétien. In-12. 1861. Genève, *Fick.*

— De l'Observation du dimanche. In-12. 1863. Genève, *Bonnant.*

Anonyme.

BRIQUET (Pierre), médecin à l'hôpital de la Charité, membre de l'Académie de médecine, né à Châlons-sur-Marne, en 1798.

— Traité clinique et thérapeutique de l'hystérie. In-8°. 1859. *Baillière et fils.* 8 fr.

— Traité pratique et analytique du choléra-morbus (épidémie de 1849). In-8°. 1850. *Masson.* 7 fr.

Avec A. Mignot.

— Traité thérapeutique du quinquina et de ses préparations. 2e édition. In-8°. 1855. *Ibid.* 8 fr.

1re édition, 1853.

BRISEBARRE.

— Philosophie et logique. — Voy. *Baccalauréat ès sciences.*

BRISEBARRE (Édouard), auteur dramatique, né à Paris, en 1818. Avant de se consacrer exclusivement à la littérature, il avait été acteur et, plus tard, employé à la Banque de France.

— A la belle étoile; vaudeville en un acte. In-8°. 1845. *Beck.* 30 c.

Avec Ch. Potier.

— L'Amour à l'aveuglette; vaudeville en un acte. In-8°. 1843. *Tresse.* 40 c.

Avec de Léris.

— L'Automne d'un farceur; scènes de la vie conjugale, en un acte. In-8°. 1854. *Beck.* 60 c.

Avec Eugène Nus.

— Le même. Nouvelle édition. In - 12. 1865. *Dentu.* 1 fr.

— Le Baiser de l'étrier; scènes de la vie de garçon. In-12. 1850. *Beck.* 50 c.

Avec Eugène Nyon.

— Bal et bastringue; vaudeville en trois actes. In-8°. 1847. *Ibid.* 50 c.

Avec Ch. Potier.

— Le Châle bleu; comédie en deux actes. In-8°. 1846. *Tresse.* 60 c.

Avec de Léris.

— Les Compagnies d'assurances sur la mort. In-8°. 1864. *Lefrançois.* 50 c.

— Deux paires de bretelles; comédie-vaudeville en deux actes. In-8°. 1844. *Beck.* 50 c.

Avec Eug. Nyon.

— Les Drames de la vie. 2 vol. in-12. 1860. *Librairie nouvelle.* 4 fr.

Avec Eug. Nus.

— Drinn-drinn; vaudeville en un acte. In-8°. 1851. *Beck.* 60 c.

Avec Nyon et Labie.

— L'Écolier d'Oxford; drame en un acte, mêlé de chant. In-8°. 1845. *Ibid.* 50 c.

— L'Écuyer tranchant; comédie en un acte, mêlée de chant. In-8°. 1842. *Ibid.* 40 c.

Avec Eug. Nyon.

— L'Été d'un fantaisiste; scènes de la vie parisienne. In-12. 1865. *Librairie centrale.* 1 fr.

— L'Été de la Saint-Martin; comédie en un acte. In-8º. 1848. *Beck.* 50 c.

Avec Charles Potier.

— L'Étudiant marié; comédie-vaudeville en un acte. In-8º. 1843. *Ibid.* 50 c.

— Le même. In-4º. 1860. *Barbré.* 60 c.

— Les Fredaines de Troussard; vaudeville en un acte. In-8º. 1849. *Beck.* 50 c.

Avec Ch. Potier et Commerson.

— Le Garçon de ferme; drame en huit parties. In-4º. 1861. *Barbré.* 30 c.

Avec Eug. Nus.

— Un gendre aux épinards; scènes de la vie bourgeoise. In-8º. 1849. *Beck.* 30 c.

Avec Louis Couailhac.

— Les Gens de théâtre; scènes de la vie dramatique. In-4º. 1857. *Lévy frères.* 40 c.

Avec E. Nyon. — Théâtre contemporain illustré, livraison 271.

— Le Gentilhomme campagnard; vaudeville en un acte. In-8º. 1848. *Beck.* 50 c.

Avec de Léris.

— Histoire d'une femme mariée; drame en trois actes. In-8º. 1853. *Ibid.* 60 c.

Avec Eug. Nyon.

— Histoire d'une rose et d'un croque-mort; drame en cinq actes. In-8º. 1851. *Ibid.* 60 c.

Avec le même.

— L'Hiver d'un homme marié; scènes de la vie conjugale. In-8º. 1855. *Ibid.* 60 c.

Avec le même.

— L'Homme aux souris; vaudeville en un acte. In-8º. 1850. *Ibid.* 50 c.

Avec Marc Michel.

— L'Homme aux trente écus; comédie-vaudeville en un acte. In-8º. 1845. *Tresse.* 60 c.

Avec M. Saint-Yves.

— L'Homme qui tue sa femme; vaudeville en deux actes. In-8º. 1840. *Ibid.* 30 c.

Avec M. Jemma.

— L'Ile Saint-Louis; drame en neuf actes, ayant dû être joué, le 20 juin 1857, sur le théâtre du Cirque, et dont la représentation n'a pas été autorisée. In-4º. 1857. *Librairie théâtrale.* 20 c.

Avec Eug. Nus.

— Un Intérieur comme il y en a tant! comédie en un acte, mêlée de chants. In-8º. 1849. *Beck.* 50 c.

Avec Louis Couailhac.

— Le Jour du frotteur; scènes de la vie de ménage. In-4º. 1856. *Lévy frères.* 40 c.

Avec Hipp. Rimbaut. — Théâtre contemporain illustré, livraison 237.

— Le Laquais d'un nègre; comédie-vaudeville en deux actes. In-8º. 1852. *Beck.* 60 c.

Avec Eug. Nyon.

— La Légende de l'homme sans tête; drame fantastique en cinq actes. In-8º. 1857. *Librairie théâtrale.* 60 c.

Avec Eug. Nus.

— Léonard; drame en sept parties. In-12. 1863. *Dentu.* 2 fr.

Avec le même.

— Les Lettres des anciennes; scènes de la vie conjugale. In-8º. 1862. *Librairie théâtrale.* 50 c.

Avec le même.

— Madame J'ordonne et Cie; scène de la vie populaire. In-8º. 1856. *Ibid.* 60 c.

Avec Paul Boisselot.

— Maison Saladier; scènes de la vie réelle, en deux actes. In-12. 1861. *Librairie nouvelle.* 75 c.

Avec Eug. Nus.

— Le Mal du pays; drame-vaudeville en trois parties. In-8º. 1846. *Beck.* 50 c.

Avec Charles Potier.

— La Malle de Lise; scènes de la vie de garçon. In-12. 1862. *Dentu.* 1 fr.

— Marié au second, garçon au cinquième; comédie-vaudeville en deux actes. In-8º. 1850. *Beck.* 60 c.

Avec Louis Couailhac.

— Les Médecins; pièce en cinq actes. In-12. 1863. *Dentu.* 2 fr.

Avec Eug. Nus.

— Les Ménages de Paris; drame en sept actes. In-4º. 1859. *Barbré.* 40 c.

Avec le même.

— Militaire et pensionnaire; vaudeville en un acte. In-12. 1851. *Giraud et Dagneau.* 60 c.

Avec de Lustières.

— Monsieur de La Raclée; scènes de la vie bourgeoise. In-12. 1862. *Dentu.* 1 fr.

Avec Eug. Nus.

— Né coiffé; comédie-vaudeville. In-8º. 1850. *Beck.* 50 c.

— Les Noces de Jocrisse; folie-vaudeville en deux actes. In-8º. 1842. *Ibid.* 60 c.

Avec Eug. Nyon.

— L'Oiseau du bocage; comédie-vaudeville en un acte. In-8º. 1845. *Ibid.* 40 c.

— Les Orientales; scènes de la vie turque, en un acte. In-8º. 1853. *Ibid.* 60 c.

Avec Marc Michel.

— Les Pauvres de Paris; drame en sept actes. In-4º. 1857. *Lévy frères.* 40 c.

Avec Eug. Nus. — Théâtre contemporain illustré, livraison 241.

— Le Père nourricier; comédie-vaudeville en un acte. In-8º. 1850. *Beck.* 60 c.

Avec Louis Couailhac.

— La Petite Provence; vaudeville en un acte. In-8º. 1853. *Mifliez.* 30 c.

Avec M. Salvat.

— Pincé au demi-cercle; scènes de la vie de garçon. In-8º. 1857. *Charlieu.* 60 c.

— Les Portiers; scènes de la vie parisienne. In-12. 1860. *Librairie nouvelle.* 1 fr.

Avec Eug. Nus.

— Les Postillons de Crèvecœur; scènes de la vie de campagne, en un acte. In-8º. 1853. *Beck.* 60 c.

Avec H. Rimbaut.

— Le Potager de Colifichet; vaudeville en un acte. In-8º. 1853. *Mifliez.* 30 c.

Avec Eug. Nus.

— La Première maîtresse; comédie en un acte, mêlée de chant. In-8º. 1852. *Beck.* 60 c.

Avec Louis Couailhac.

— Le Professeur des cuisinières; scènes de la vie de ménage. In-8º. 1856. *Ibid.* 60 c.

Avec H. Rimbaut.

— La Queue de la poêle; comédie-vaudeville en un acte. In-12. 1854. *Dagneau*. 40 c.

Avec L. Couailhac.

— La Révolution des Marmouzets; comédie-vaudeville en un acte. In-8°. 1845. *Beck*. 40 c.

Avec Eug. Nyon.

— Roch et Luc; vaudeville en un acte. In-8°. 1847. *Ibid*. 50 c.

Avec le même.

— Rose Bernard; drame en cinq actes. In-8°. 1857. *Charlieu*. 60 c.

Avec Eug. Nus.

— La Route de Brest; drame en huit actes. In-12. 1857. *Lévy frères*. 60 c.

Avec le même.

— Le même. In-4°. 1857. *Ibid*. 40 c.

Théâtre contemporain illustré, livraison 268.

— Royal-tambour; comédie-vaudeville en un acte. In-8°. 1851. *Beck*. 50 c.

Avec de Léris.

— Sans dot! comédie-vaudeville en un acte. In-8°. 1847. *Ibid*. 50 c.

Avec Ch. Potier.

— La Servante; drame en sept actes. In-4°. 1856. *Charlieu*. 20 c.

Avec Eug. Nus.

— Les Soupirs de Bolivar; vaudeville en un acte. In-12. 1854. *Dagneau*. 40 c.

Avec le même.

— Suzanne; drame en six actes. In-12. 1854. *Ibid*. 1 fr.

Avec le même.

— Théodore. Désespoirs nocturnes d'un célibataire; un acte mêlé de couplets. In-12. 1854. *Lévy frères*. 60 c.

Avec Eug. Nyon.

— Le même. In-4°. 1854. *Ibid*. 40 c.

Théâtre contemporain illustré, livraison 112.

— Un Tigre du Bengale; comédie mêlée de chant, en un acte. In-8°. 1849. *Beck*. 60 c.

Avec Marc Michel.

— Les Trois paysans; vaudeville en un acte. In-8°. 1847. *Ibid*. 50 c.

Avec Eug. Nyon.

— Trois pour un secret; scènes de la vie de famille. In-8°. 1855. *Ibid*. 60 c.

Avec H. Rimbaut.

— Un Turc pris dans une porte; scènes de la vie nocturne. In-8°. 1849. *Ibid*. 50 c.

Avec Eug. Nyon.

— La Vache enragée; scènes de la vie parisienne, en cinq actes et huit tableaux. Gr. in-8°. 1865. *Librairie centrale*. 50 c.

— Le Ver luisant, ou la Métempsycose; féerie en cinq actes et douze parties. In-8°. 1850. *Beck*. 60 c.

Avec Hipp. Rimbaut.

— Les Vignes du Seigneur; vaudeville en un acte. In-8°. 1850. *Ibid*. 50 c.

Avec Eug. Nyon.

— Les Vingt sous de Périnette; vaudeville en un acte. In-8°. 1848. *Ibid*. 50 c.

Avec de Léris.

— La Visite du matin; scènes de la vie conjugale. In-12. 1865. *Librairie centrale*. 1 fr.

— Le Voyage d'une épingle; scène de la vie de ménage, en un acte. In-8°. 1853. *Beck*. 60 c.

Avec L. Couailhac.

— Le Voyage de Nanette; drame-vaudeville en trois actes. In-8°. 1849. *Ibid*. 50 c.

Avec Ch. Potier.

— Le Zéro; comédie en un acte, mêlée de chant. In-8°. 1844. *Ibid*. 50 c.

Avec Eug. Nyon.

M. Brisebarre a encore fait différentes pièces en collaboration avec MM. Anicet *Bourgeois*, *Béraud*, *Carmouche*, *Decomberousse*, *Dennery*, *Dumanoir*, *Lubize*, *Nus*, etc. — Voy. ces noms.

BRISPOT (l'abbé).

— Manuel de piété pour l'Association de la bonne mort, érigée dans l'église de Saint-Eustache. Ouvrage également utile à tous les fidèles qui désirent assurer leur salut. 4e édition, revue et augmentée. In-18. 1858. *A l'église Saint-Eustache*.

— La Vie de Notre-Seigneur Jésus-Christ, ou les Saints Évangiles coordonnés, expliqués et développés d'après les saints Pères, les docteurs les plus célèbres et les hommes les plus éminents qui aient paru dans l'Église depuis les temps apostoliques jusqu'à nos jours. 5e édition, considérablement augmentée. 3 vol. gr. in-8° avec 36 grav. 1861. *Philippart*. 36 fr.

La 1re édition a été publiée de 1850 à 1853 en 84 livraisons in-fol. avec 124 gravures. Prix de chaque livraison, 2 fr. 50 c.

BRISSART-BINET (Charles Antoine), libraire-éditeur à Reims, né en 1814, mort à Reims, en 1866.

— Cazin, marchand libraire rémois. Essai sur sa vie et ses éditions, par un cazinophile. In-12. 1859. Reims, *Brissart-Binet*. 1 fr.

Anonyme.

— Cazin, sa vie et ses éditions, par un cazinophile. Gr. in-16 (format Cazin). 1862. Cazinopolis. [Reims, *Brissart-Binet*.] 5 fr.

Également anonyme.

BRISSAUD (Louis Désiré), professeur d'histoire au lycée Charlemagne, né à Paris en 1822.

— Examen de Saint-Cyr. Cours d'histoire de France pendant les temps modernes (1453-1815). 2 vol. in-12. 1860. *Belin*. 6 fr.

— Histoire contemporaine d'après le programme officiel du 23 septembre 1863, à l'usage des élèves de philosophie et des candidats au baccalauréat et à l'École militaire de Saint-Cyr. In-12. 1865. *Ibid*. 5 fr.

— Résumé du cours d'histoire de France pendant les temps modernes (1453-1815). In-12. 1860. *Ibid*. 1 fr. 25 c.

BRISSE (le baron L.), rédacteur de « l'Abeille impériale » et de la « Salle à manger ».

— Album de l'exposition universelle, dédié à S. A. I. le prince Napoléon, publié avec le concours de MM. Dumas, sénateur, Arlès-Dufour, Le Play, F. de Mercey, Michel Chevalier. 3 vol. in-4° avec fig. 1856-1859. *Au bureau de l'Abeille impériale*. 60 fr.

— Album de l'exposition universelle de Londres en 1862, pour faire suite à l'Album de l'exposition universelle de 1855. 1re partie. In-4°. 1864. *Ibid*. 15 fr.

BRISSET (J.), romancier et auteur dramatique.

— Le Balafré. 1572-1587. 4 vol. in-8°. 1841-1843. *Magen.* 30 fr.

— Le Béarnais. 2 vol. in-8°. 1844. *De Potter.* 15 fr.

— Le Cabinet de lecture. 2 vol. in-8°. 1843. *Magen.* 15 fr.

— Charmante Gabrielle. 2 vol. in-8°. 1845. *De Potter.* 15 fr.

— La Femme d'un ministre. Madame Rolland (1793.) 2 vol. in-8°. 1844. *Ibid.* 15 fr.

— François de Guise (1563). 2 vol. in-8°. 1840. *Magen et Comon.* 15 fr.

— Madame Jean. 2 vol. in-8°. 1846. *Pétion.* 15 fr.

— Le Petit roi. 2 vol. in-8°. 1845. *De Potter.* 15 fr.

BRISSET DES NOS (Mme).

— Les Jeunes filles et les jeunes femmes. 1re partie : Les Jeunes filles. In-12. 1862. *Ruffet et Cie.* 2 fr.

BRISSON (C.), ancien secrétaire en chef de la mairie de La Rochelle.

— Fables. In-12 de 18 f. 1855. La Rochelle, *imprimerie Siret.*

BRISSON (Henri), avocat, journaliste, rédacteur du « Temps », né à Bourges (Cher) en 1835.

— La Vérification des pouvoirs au nouveau Corps législatif. In-8°. 1863. *Dentu.* 1 fr.

C'est une réimpression d'articles publiés dans le « Phare de la Loire ».

M. Brisson collabore à beaucoup de journaux. Il est l'un des fondateurs de « la Morale indépendante ».

BRISSON (Jules), né à Cabara, en 1812.

— Adonaï. Pages contemporaines. In-18. 1850. *Lallemand-Lépine.*

— Chants élégiaques. In-12. 1852. *Ibid.*

— Giorgio. In-8°. 1848 : *Hermitte.* 4 fr.

— De l'Influence de l'homme de lettres sur la société ; étude philosophique et littéraire. In-12. 1862. *Librairie Richelieu.* 1 fr.

— Jean Baltasar, ou le Philosophe millionnaire. In-12. 1858. *Au bureau des Salons de Paris, rue Le Pelletier,* 3. 3 fr. 50 c.

— La Majorité parlementaire. In-8°. 1849. *René.*

— De l'Organisation communale. In-8°. 1861. *Dumineray.* 1 fr.

— Les Premiers chants. In-18. 1847. *René.* 2 fr. 25 c.

BRISSOT (Joseph).

— Le Salon de 1858 à l'exposition de Dijon. In-8°. 1858. *Lamarche.* 1 fr. 25 c.

BRISSOT DE WARVILLE.

— Traité de police municipale. — Voy. *Miroir et Brissot de Warville.*

BRITO CAPELLO (de), lieutenant de vaisseau de la marine royale de Portugal, chargé du service météorologique.

— Guide pour l'usage des cartes des vents et des courants du golfe de Guinée. Traduit du portugais par MM. West et A. Le Gras. In-8° avec 5 cartes. 1862. *Bossange et fils.* 2 fr.

Extrait des « Annales hydrographiques ». — Publication du Dépôt de la marine.

BRITZ (Jacques), docteur en droit, greffier en chef du tribunal de première instance de Bruges, agrégé à la Faculté de droit de l'Université de Liége, ancien fonctionnaire du ministère de la justice, membre de plusieurs sociétés savantes, né à Feulen (grand-duché de Luxembourg) en 1806.

— Commentaire législatif des deux lois nouvelles sur la compétence criminelle des 1er et 15 mai 1849. In-8°. 1849. Bruxelles, *Decq.* 2 fr.

— La Constitution belge et les lois organiques interprétées. In-18. 1865. Bruxelles, *Bruylant, Christophe et Cie.* 2 fr. 50 c.

— Histoire de la législation et de la jurisprudence des provinces belgiques, depuis le ve siècle jusqu'à ce jour, suivie de l'ancien droit civil des provinces. 2 vol. in-4°. 1847. Bruxelles, *A. Vandaele.* 15 fr.

— Loi organique de la cour des comptes, commentée, expliquée, suivie de la loi sur la comptabilité de l'État. In-8°. 1847. Bruxelles, *Devroye et Cie.* 2 fr.

M. Britz a collaboré à plusieurs journaux de droit, notamment aux suivants : « Archives de droit et de législation » ; « Revue de l'administration et du droit administratif de la Belgique », « Revue de droit français et étranger » ; « Revue historique de droit français et étranger », etc., etc. Les plus importants de ses articles ont été tirés à part et mis en vente.

BRIVET (V.), vétérinaire.

— Nouveau Traité des robes ou nuances chez le cheval, l'âne et le mulet, chez l'espèce bovine et les petites espèces domestiques. In-8° avec 1 pl. 1844. *Labé.*

BRIX (R.), lieutenant dans l'armée prussienne.

— Organisation et composition de l'armée russe au commencement de l'année 1862. Traduit de l'allemand par E. Heydt. In-8°. 1862. *Corréard.* 5 fr.

L'original allemand a été publié dans la même année chez Behr à Berlin.

BRIZARD (Nicolas), poëte du xvie siècle, né au bourg d'Attigny vers 1520, mort en 1565.

— Metamorphoses Amoris. In-12. 1862. Reims, *Brissart Binet.* 3 fr.

Réimpression de l'édition de 1556 de ce poëme latin, précédée d'une notice biographique sur l'auteur.

BRIZEUX (Auguste), poëte, né à Lorient en 1806, mort à Montpellier en 1858.

— Les Bretons, poëme. In-8°. 1845. *Masgana.* 5 fr.

Poëme couronné par l'Académie française. — 2e édition en 1847.

— Histoires poétiques. Suivies d'un essai sur l'art, ou Poétique nouvelle. In-18. 1855. *Lecou.* 3 fr. 50 c.

— Marie, la Fleur d'or, Primel et Nola. In-18. 1852. *Garnier frères.*

— Œuvres complètes ; précédées d'une notice par Saint-René Taillandier. 2 vol. in-12. 1861. *Lévy frères.* 6 fr.

— Primel et Nola (en vers). In-18. 1852. *Garnier frères.*

'— Les Ternaires, livre lyrique. In-12. 1841. *Masgana.*

M. Brizeux a encore donné une traduction de la « Divine Comédie », de *Dante.*

BRIZOLIÈRE (Georges de LA). — Voy. **La Brizolière.**

BROC DE SÉGANGE (L. DU). — Voy. **Du Broc.**

BROCA (le docteur Paul), professeur agrégé à la Faculté de médecine, chirurgien de l'hôpital Saint-Antoine à Paris, né à Sainte-Foy-la-Grande (Gironde) en 1824.

— Des Anévrysmes et de leur traitement. In-8°. 1856. *Labé.* 10 fr.

— Atlas d'anatomie. — Voy. *Bonamy et Broca.*

— De l'Étranglement dans les hernies abdominales et des affections qui peuvent le simuler. Thèse de concours pour l'agrégation en chirurgie. In-8°. 1853. *Victor Masson.* 3 fr. 50 c.

2ᵉ édition en 1856.

— Études sur les animaux ressuscitants. Rapport lu à la Société de biologie les 17 et 24 mars 1860. In-8° avec pl. 1860. *Adr. Delahaye.* 3 fr.

— Instructions générales pour les recherches anthropologiques. In-8°. 1865. *V. Masson.* 4 fr.

— Recherches sur l'hybridité animale en général et sur l'hybridité humaine en particulier. In-8°. 1860. *Ibid.* 6 fr.

C'est la réunion de 8 articles publiés dans le « Journal de la physiologie ».

— Traitement des anévrismes par la compression indirecte. In-8°. 1855. *Ibid.* 5 fr.

Extrait de la « Gazette hebdomadaire de médecine et de chirurgie ».

— Traité des tumeurs. Tome I. Des Tumeurs en général. In-8°. 1866. *Asselin.* 8 fr.

L'ouvrage aura 2 volumes.

M. le docteur Broca a collaboré au « Dictionnaire encyclopédique des sciences médicales ». — Voy. au mot *Dictionnaire.*

BROCA (Philippe de), lieutenant de vaisseau, directeur des mouvements du port du Havre.

— Étude sur l'industrie huîtrière des États-Unis, faite par ordre de Son Exc. M. le ministre de la marine et des colonies, suivie de divers aperçus sur l'industrie de la glace en Amérique, les bateaux de pêche pourvus de glacières, les réserves flottantes à poissons, la pêche du maquereau, etc. Nouvelle édition, augmentée de divers documents et de notes. In-18. 1864. *Challamel aîné.* 3 fr. 50 c.

La 1ʳᵉ édition est de 1863. *Ibid.* 2 fr. 50 c. — Le travail a été publié d'abord dans la « Revue maritime et coloniale ».

BROCARD (l'abbé), ancien professeur d'histoire, chapelain de Sainte-Geneviève de Paris.

— Cours d'histoire du moyen âge, à l'usage des élèves des établissements d'instruction publique et spécialement des écoles ecclésiastiques. In-12 avec 3 cartes. 1861. *J. Delalain.* 2 fr. 50 c.

— Cours d'histoire moderne, à l'usage des élèves des établissements d'instruction publique et spécialement des écoles ecclésiastiques. In-12. 1864. *Ibid.* 3 fr. 50 c.

BROCARD (Alfred).

— Le Bois de Vincennes. Histoire, amours et drames, l'Asile impérial, les embellissements. — Clara Dellys. — Benedict Hauller. In-12. 1860. *Ledoyen.* 1 fr.

BROCARD (J. L.), pharmacien de 1ʳᵉ classe.

— Choléra-morbus. Découverte du poison cholérique et préservatif. In-18. 1865. *Chez l'auteur,* avenue Victoria, 8. 75 c.

BROCARD DE MEUVY fils.

— Un Beau-Père embêtant et embêté; vaudeville en deux actes. In-4°. 1857. *Chez les principaux libraires.* 20 c.

— Coupe d'amour (poésies). Avec préfaces de MM. Oscar de Poli et Firmin Maillard. In-18. 1856. *Ibid.* 1 fr.

— Rira bien qui rira le dernier; pochade en deux actes et en prose. In-16. 1856. *Ibid.* 30 c.

BROCHARD (le docteur André Théodore), né à La Rochelle en 1810.

— Des Bains de mer de la Tremblade (Charente-Inférieure). Pet. in-8°. 1862. *Baillière et fils.* 1 fr.

— Des Bains de mer chez les enfants. In-12. 1865. *Ibid.* 3 fr.

— Du Mode de propagation du choléra et de la nature contagieuse de cette maladie. Relation médicale de l'épidémie de choléra qui a régné pendant l'année 1849 à Nogent-le-Rotrou (Eure-et-Loir). In-8° avec 1 carte. 1851. *Ibid.* 4 fr.

BROCHARD-DAUTEUILLE (E.), agrégé d'histoire.

— Notions d'histoire et de géographie exigées pour l'admission à l'École polytechnique. In-8°. 1851. *Hachette.* 5 fr.

— Plan résumé d'un cours de géographie et d'histoire anciennes. — Voy. *Perrin et Brochard.*

M. Brochard-Dauteuille a encore publié une édition classique annotée de « l'Histoire de Charles XII » de *Voltaire.*

BROCHER (Charles Antoine), docteur en droit, juge et substitut du procureur général de Genève, professeur de droit civil à la Faculté de cette ville, né à Carouge (canton de Genève) en 1811.

— Étude sur l'assurance contre l'incendie. In-8°. 1862. Genève, *Cherbuliez.* 2 fr.

— Étude sur les principes généraux de l'interprétation des lois et spécialement du Code civil français. In-12. 1862. *Ibid.* 2 fr. 50 c.

BROCHERIE (Léandre), libraire à Chateaugontier, né à Bierné (Mayenne) en 1834.

— Les Miniatures; poésies. In-18. 1864. *De Vresse.* 1 fr.

— Les Pauvrettes; poésies. In-12. 1862. *Ibid.* 1 fr. 25 c.

BROCHIER (Alexandre).

— Étrennes littéraires. Traductions littérales et rhythmiques du chant de «la Cloche», par Fr. de Schiller; suivi d'un choix de morceaux lyriques des meilleurs poètes allemands. In-16. 1856. Nuremberg, *Lotzbeck.* 3 fr.

BROCKEN (VAN). — Voy. **Van Brocken.**

BRODIN-COLLET (Aug.), directeur de l'École polytechnique.

— L'Italie au point de vue français et italien. In-8°. 1862. *Dentu.* 3 fr.

BROECK (VAN DEN). — Voy. **Van den Broeck.**

BROECKAERT (le R. P. Joseph), de la Compagnie de Jésus, né à Lokeren, en Belgique.

— Catéchisme des classes supérieures. Exposé

du fait divin de la religion catholique. In-8°. 1865. Bruxelles, *H. Goemaere*. 1 fr. 75 c.

— Le Fait divin ; étude historique sur la révélation chrétienne et de l'Église catholique. In-8°. 1859. *Ibid.* 1 fr. 75 c.

— Le Guide du jeune littérateur. Ouvrage classique, adopté dans les colléges de la Compagnie de Jésus. 2 vol. in-12. 1853. *Ibid.* 4 fr.

— Le même, abrégé, mis à la portée des classes françaises. In-8°. 1859. *Ibid.* 2 fr. 60 c.

— Modèles français recueillis d'après le plan du Guide du jeune littérateur, avec des remarques propres à en faciliter l'étude. 2 vol. in-8°. 1853. Liége, *Blanchard.* 10 fr.

— Résumé de l'histoire générale de la littérature pour faire suite au Guide du jeune littérateur. In-12. 1865. Bruxelles, *H. Goemaere.* 1 fr. 50 c.

— Saint Jean Chrysostome. Panégyrique de saint Ignace d'Antioche et des saints Inventin et Maximin. In-8°. 1860. *Ibid.* 1 fr.

BROECKX (le docteur Charles), membre titulaire de l'Académie royale de médecine de Belgique, médecin en chef de l'hôpital Sainte-Élisabeth.

— Essai sur l'histoire de la médecine belge, avant le xixe siècle. Ouvrage couronné. Orné de 4 grav. sur cuivre. In-8°. 1857. Gand. 5 fr.

— Histoire du Collegium medicum Bruxellense. In-8°. 1863. Anvers, *Buschmann.* 10 fr.

L'ouvrage a été publié en 7 livraisons depuis 1861.

— Prodrome de l'histoire de la faculté de médecine de l'ancienne Université de Louvain, depuis sa fondation jusqu'à sa suppression. In-8°. 1865. *Ibid.* 3 fr.

M. le docteur Broeckx a publié « la Chirurgie », de maître Jehan Ypermann.

BROGLIE (Achille Charles Léonce Victor, duc de), homme d'État, membre de l'Académie française, petit-fils du maréchal de Broglie, est né en 1785. Nommé pair de France dès 1814, il appartenait sous la Restauration à l'opposition libérale, se ralliait après 1830 au gouvernement de Louis-Philippe, sous lequel il a occupé les postes de ministre de l'instruction publique, des affaires étrangères et de président du Conseil. Élu représentant du peuple sous la République, il s'est retiré dans la vie privée après le 2 décembre. Il a fourni de remarquables travaux à la «Revue française » et à d'autres recueils périodiques.

— Écrits et discours de M. le duc de Broglie. 3 vol. in-8°. 1863. *Didier et C*[ie]. 21 fr.

— Discours de M. le duc de Broglie, prononcé à sa réception à l'Académie française, le 3 avril 1856. In-8°. 1856. *Ibid.* 1 fr.

Suivi de la réponse de M. Désiré Nisard.

— Sur Othello, traduit en vers français par M. Alfred de Vigny, et sur l'état de l'art dramatique en France, en 1830. In-8°. 1852. *Ibid.*

BROGLIE (Albertine Ida Gustavine de Staël, duchesse de), fille de Mme de Staël et épouse du précédent, née à Paris en 1797, morte en 1899.

— Fragments sur divers sujets de religion et de morale. In-8° de 370 p. 1840. *Imprimerie royale.*

Anonyme.

BROGLIE (le prince Albert de), fils des précédents et, par conséquent, petit-fils de Mme de Staël, écrivain politique et religieux, membre de l'Académie française, est né en 1821. Il est un des

principaux rédacteurs de la «Revue des Deux-Mondes » et du «Correspondant».

— La Diplomatie du suffrage universel. In-8°. 1863. *Douniol.* 1 fr.

Extrait du « Correspondant ».

— Discours prononcé à l'ouverture de la session de la Société libre d'agriculture et sciences, arts et belles-lettres du département de l'Eure (arrondissement de Bernay), le 25 septembre 1864. In-8°. 1864. *Didier et C*[ie]. 1 fr.

— Discours prononcé dans la séance publique de l'Académie française du 21 juillet 1864, sur les prix de vertu. In-18. 1864. *F. Didot frères.* 1 fr.

— Discours de réception à l'Académie française, le 26 février 1863. Réponse de M. Saint-Marc Girardin. In-8°. 1863. *Didier et C*[ie]. 1 fr.

— L'Église et l'empire romain au ive siècle. 1re partie : Règne de Constantin. 2 vol. in-8°. 1856. *Ibid.* 14 fr.

2e édition, 1857 ; 3e édition, 1860.

— Le même. 2e partie. Constance et Julien. 2 vol. in-8°. 1859. *Ibid.* 14 fr.

2e édition, 1862 ; 3e édition, 1865.

— Études morales et littéraires. In-12. 1853. *Lévy frères.* 3 fr.

— La Lettre impériale et la situation. In-8°. 1860. *Douniol.* 80 c.

Extrait du « Correspondant ».

— La Liberté divine et la Liberté humaine. Discours prononcé à la Société d'émulation de Bruxelles le 14 décembre 1864. In-8°. 1865. *Ibid.* 1 fr.

— Mémoire sur l'instruction publique, présenté à la conférence d'Orsay. In-8° de 2 f. 1841. *Imprimerie Fournier.*

— Questions de religion et d'histoire. 2 vol. in-8°. 1860. *Lévy frères.* 15 fr.

2e édition. 2 vol. in-12. 1863. *Ibid.* 6 fr.

— Une Réforme administrative en Afrique. In-12. 1860. *Dumineray.* 2 fr.

— La Souveraineté pontificale et la liberté. In-8°. 1861. *Douniol.* 1 fr.

Extrait du « Correspondant ».

BROGLIE (Mme la princesse de), née Pauline de Galard de Béarn, épouse du précédent, née à Paris en 1815, morte en 1860.

— Les Vertus chrétiennes expliquées par les récits tirés de la Vie des saints. Les Vertus théologales. Les Commandements de Dieu et de l'Église. 2 vol. in-12. 1862. *Didier et C*[ie]. 7 fr.

BROGLIO (Jacques).

— Les Hauts conspirateurs politiques de 1852 dévoilés. Révélations curieuses et inédites. In-8°. 1852. *Garnier frères.* 1 fr.

BROGNIEZ (A. J.).

— Traité de chirurgie vétérinaire. Ouvrage contenant le résumé du cours de sidérotechnie vétérinaire. 3 vol. gr. in-8° avec un atlas de 37 pl. 1839-1845. Bruxelles. 60 fr.

La 1re édition a été publiée en 1835.

BROHAN (Augustine), actrice, sociétaire du Théâtre français, née vers 1820.

— Compter sans son hôte, proverbe. In-12. 1849. *Perrotin.* 2 fr.

— Il faut toujours en venir là ; proverbe. In-8°. 1859. *Imprimerie Panckoucke.*

— Les Métamorphoses de l'amour ; comédie en un acte. In-12. 1851. *Lévy frères.* 1 fr.

— Qui femme a, guerre a; proverbe. In-12. 1859. *Librairie nouvelle.* 75 c.

BROMME (Traugott), écrivain allemand, ancien libraire à Dresde, né à Leipzig en 1803, mort à Stuttgart en 1865.

— Atlas systématique d'histoire naturelle à l'usage des écoles et des familles. Traduit de l'allemand par J. B. E. Husson. Ouvrage composé de 36 pl. coloriées et comprenant au moins 700 fig. avec texte explicatif. In-4°. (Sans date.) Bruxelles, *Schnée.*

BRONGNIART (Alexandre), membre de l'Institut, professeur de minéralogie au Muséum d'histoire naturelle, directeur de la manufacture de porcelaine de Sèvres, né à Paris en 1770, mort en 1847.

— Description méthodique du musée céramique de la manufacture royale de porcelaine de Sèvres. In-4°, avec un atlas in-4° de 80 pl. 1845. *Leleux.* 120 fr.

Avec D. Riocreux.

— Traité des arts céramiques, ou Des poteries considérées dans leur histoire, leur pratique et leur théorie. 2e édition, revue, corrigée et augmentée de notes et d'additions, par Alphonse Salvétat. 2 vol. in-8° avec un atlas de 60 pl. 1854. *Béchet jeune.* 28 fr.

La 1re édition a été publiée en 1844.

BRONGNIART (Adolphe), fils du précédent, botaniste, membre de l'Institut, professeur de botanique et de physiologie végétale au Muséum d'histoire naturelle, né à Paris en 1801.

— Énumération des genres de plantes cultivées au Muséum d'histoire naturelle de Paris, suivant l'ordre établi dans l'école de botanique de 1843. 2e édition, revue et augmentée. In-12. 1850. *J. B. Baillière.* 3 fr.

La 1re édition est de 1843.

M. Brongniart a publié un certain nombre de mémoires dans divers recueils, surtout dans les « Annales des sciences naturelles » dont il est un des fondateurs.

BRONNE (Louis).

— La Réforme postale en Angleterre ; examen de ses résultats depuis son origine jusqu'à ce jour. In-8°. 1858. Bruxelles, *Perrichon.* 1 fr.

BRONTË (Charlotte), connue sous le pseudonyme Currer Bell.

BROSSARD (le marquis de), général français, né en 1784.

— Projet d'endiguement de la Seine, de Rouen à la mer, pour relier entre eux les ports de Rouen, du Havre et de Honfleur, avec observations et documents produits à l'enquête ouverte à Rouen le 25 août 1860. In-8°. 1860. Rouen, *Péron.*

BROSSARD (le comte Alfred de), ancien attaché à la mission extraordinaire de France dans la Plata en 1847.

— Considérations historiques et politiques sur la république de la Plata dans ses rapports avec la France et l'Angleterre. In-8°. 1850. *Guillaumin.* 7 fr. 50 c.

— Étude sur le droit de visite. In-8°. 1842. *Dentu.* 1 fr. 25 c.

— De la Souveraineté française selon l'histoire. In-8°. 1851. *Ibid.* 3 fr.

BROSSARD (J.).

— L'Art de lever les plans. Traité complet d'arpentage, contenant le partage des propriétés, le nivellement et diverses de ses applications, suivi du lavis des plans. In-4°, avec atlas in-4° de 36 pl., dont 4 coloriées. 1852. Grenoble, *Maisonville.*

BROSSARD (Joseph), docteur en médecine, professeur de philosophie au collége de Bourg-en-Bresse.

— Histoire politique et religieuse du pays de Gex et lieux circonvoisins, depuis César jusqu'à nos jours. In-8° avec 1 carte. 1851. Bourg, *Martin Bottier.* 7 fr.

Quand Mgr. Depéry fut promu à l'évéché de Gap, il était sur le point de publier l'Histoire de Gex. Sa nouvelle dignité ne lui permit pas de mettre la dernière main à cet ouvrage, et il céda ses matériaux à M. Brossard, qui publia cette histoire.

BROSSARD (Noël Mathurin), docteur en droit, juge au tribunal de Châlon-sur-Saône, né à Châlon en 1789.

— Études mnémotechniques sur l'histoire de France. In-12. 1845. *Pesron.*

— Synopsie du Code civil, annoté des textes qui le complètent ou le modifient. In-4°. 1841. Châlon-sur-Saône, *Victor Fouque.* 25 fr.

Publié en 20 livraisons de 1839 à 1841.

— Synopsie des gammes, précédée d'un essai sur la manière de l'enseigner. 2e édition. In-4°. 1847. *Bachelier.* 3 fr.

— Théorie des sons musicaux. In-4°. 1847. *Ibid.* 12 fr.

— Traité de la juridiction civile judiciaire du juge de paix. Édition augmentée d'un supplément. In-8°. 1843. *Guilbert.*

La 1re édition est de 1824.

BROSSARD DE RUVILLE.

— Histoire de la ville des Andelys et de ses dépendances. Ornée de dessins sur bois. Tome I. In-8°. 1863. *Dupray de La Mahérie.* 16 fr.

Ce volume a été publié en 32 livraisons. — L'ouvrage formera 2 volumes.

BROSSELARD (Charles), préfet d'Oran, membre de la Société asiatique.

— Les Khouan. De la constitution des ordres religieux musulmans en Algérie. In-8°. 1859. [Alger.] *Challamel.* 3 fr.

M. Brosselard a travaillé à la rédaction d'un « Dictionnaire français-berbère », composé par ordre du ministre de la guerre. — Voy. *Dictionnaire.*

BROSSES (Charles de), archéologue et magistrat, premier président du parlement de Dijon, membre de l'Académie des inscriptions, né à Dijon en 1709, mort à Paris en 1777.

— Lettres familières écrites d'Italie à quelques amis, en 1739 et 1740, avec une étude littéraire et des notes par Hippolyte Babou. 2 vol. in-12. 1858. *Poulet-Malassis et de Broise.* 6 fr.

— Le Président de Brosses en Italie. Lettres familières écrites d'Italie en 1739 et 1740. 2e édition authentique, revue sur le manuscrit, annotée et précédée d'un essai sur la vie et les écrits de l'auteur, par M. R. Colomb. 2 vol. in-8°. 1858. *Didier et Cie.* 12 fr.

— Même édition. 2 vol. in-12. *Ibid.* 7 fr.

Les lettres du président de Brosses ont été publiées antérieurement en 1799, et une seconde fois en 1836. L'édition ci-dessus annoncée est la réimpression de l'édition de 1836.

Voy. aussi *Foisset*, Voltaire et le président de Brosses.

BROSSET (Marie Félicité), orientaliste français, né à Paris en 1802. En 1837 il a quitté la France pour la Russie, où il est devenu conseiller d'État actuel, membre de l'Académie impériale des sciences et bibliothécaire de la grande bibliothèque publique.

— Histoire de la Géorgie depuis l'antiquité jusqu'au XIXe siècle, traduite du géorgien par Brosset, avec introduction, additions et éclaircissements. 2 vol. gr. in-4°. 1850-1859. Saint-Pétersbourg. 90 fr.

— Rapports sur un voyage archéologique dans la Géorgie et dans l'Arménie, exécuté en 1847-1848. Livraisons 1 à 3. Gr. in-8° avec atlas de 45 pl. in-4°. 1849-1851. *Ibid.* 33 fr.

— Les Ruines d'Ani, capitale de l'Arménie sous les rois Bagratides aux Xe et XIe siècles. Histoire et description. 1re partie. Description. Gr. in-4° avec atlas de 24 pl. 1860. *Ibid.* 13 fr. 50 c.

— 2e partie. Histoire. In-4° avec atlas de 21 pl. 1861. *Ibid.* 13 fr. 50 c.

M. Brosset a publié : « Description géographique de la Géorgie », de *Wakhoucht.*

BROSSETTE (Claude), avocat au parlement de Dijon, né à Lyon en 1671, mort en 1743.

— Correspondance avec Boileau-Despréaux. — Voy. *Boileau.*

— Commentaires sur Mathurin Régnier. — Voy. *Régnier.*

BROT (Alphonse), romancier et auteur dramatique, chef du bureau de l'imprimerie et de la librairie au ministère de l'intérieur, né à Paris en 1809.

— Le Bord de l'eau. 2 vol. in-8°. 1844. *Cadot.* 15 fr.

— La Cousine du roi. In-12. 1865. *Faure.* 3 fr.

— Deux coups de tonnerre. 2 vol. in-8°. 1853. *Souverain.* 12 fr.

— Les Deux péchés. Tome 1. Le Péché véniel. Tome 2. Le Péché mortel. 2 vol. in-8°. 1857. *Chappe.* 15 fr.

— Jane Grey. In-12. 1862. *Dentu.* 3 fr.

1re édition, 1835. 2 vol. in-8°. 15 fr.

— La Marnière des Saules ; drame en cinq actes. In-4°. 1858. *Charlieu.* 20 c.

Avec Charles Lemaître.

— Le Médecin du cœur. In-8°. 1846. *Souverain.* 15 fr.

— La Place des Terreaux. In-4°. 1861. *Lécrivain et Toubon.* 50 c.

— Réveille-matin. 2 vol. in-8°. 1847. *Souverain.* 15 fr.

— Les Secrets de famille. 2 vol. in-8°. 1841. *Ibid.* 15 fr.

— Soirée aux aventures. 2 vol. in-8°. 1840. *Ibid.* 15 fr.

— Une Soirée d'hiver. 2 vol. in-8°. 1857. *Chappe.* 15 fr.

Avec A. P***.

— La Syrène de Paris. In-4°. 1860. *Lécrivain et Toubon.* 50 c.

1re édition. 2 vol. in-8°. 1845. *Souverain.* 15 fr.

— La Terre promise. In-4°. 1861. *Ibid.* 50 c.

1re édition. 2 vol. in-8°. 1849. *Souverain.* 15 fr.

— La Tour de Londres. In-4°. 1862. *Ibid.* 50 c.

1re édition. 1835. 2 vol. in-8°.

M. A. Brot a encore signé des pièces de théâtre en collaboration avec MM. *Béraud, Clairville, Lurine* et *Nus.*

BROTHIER (Léon).

— Causeries sur la mécanique. In-16. 1864. *Dubuisson et Cie.* 60 c.

Bibliothèque utile.

— Ébauche d'un glossaire du langage philosophique ; précédée d'un avertissement par Ch. Lemonnier. 1re partie. In-8°. 1863. *Ladrange.* 5 fr.

— Histoire de la terre. In-16. 1860. *Dubuisson et Cie.* 60 c.

Bibliothèque utile.

— Histoire populaire de la philosophie. In-16. 1862. *Ibid.* 60 c.

Bibliothèque utile.

BROTONNE (Frédéric de), littérateur, conservateur-administrateur de la bibliothèque de Sainte-Geneviève, né en 1797, mort à Paris en 1865.

— Civilisation primitive, ou Essai de restitution de la période antéhistorique, pour servir d'introduction à l'histoire universelle. In-8°. 1845. *Warée.* 7 fr. 50 c.

M. F. de Brotonne a donné une traduction de « Don Quichotte ». — Voy. *Cervantes.*

BROU (Charles de) a traduit du hollandais : « Hobbema », du docteur P. *Scheltema.*

BROU (Mme Élisa).

— Amour et jalousie. In-8°. 1847. *Pétion.* 7 fr. 50 c.

BROUARD (de).

— Mariage des prêtres. Examen de la question : L'engagement antérieur dans les ordres sacrés constitue-t-il, dans l'état de notre législation, un empêchement prohibitif du mariage ? In-8°. 1846. *Delay.*

BROUARD (Eugène), inspecteur de l'enseignement primaire du département de la Seine, officier de l'instruction publique, né à Saint-Lyé (Loiret) en 1824.

— Agriculture théorique et pratique à l'usage des écoles. Ouvrage dédié aux comices agricoles du centre de la France. In-18. 1860. *Ducrocq.* 90 c.

— Le Livre des classes laborieuses, ou Manuel d'orthographe, de comptabilité, de correspondance et d'hygiène, avec un dictionnaire ou technologie pour quarante professions. Suivi de notions de droit usuel, par Félix Leruste. In-8°. 1856. *Périsse frères.* 3 fr.

— Manuel de l'instituteur primaire, ou Résumé des conférences faites aux instituteurs du Loiret (septembre 1855), sous la présidence de M. Villemeureux, par MM. Pinet, Brouard et Mettas, inspecteurs primaires. In-12. 1855. Orléans, *Pesty.*

— Le Prêt de l'enfance au travail. — Voy. *Pinet et Brouard.*

BROUARDEL (Paul Camille Hippolyte), docteur en médecine, né à Saint-Quentin (Aisne) en 1837.

— De la Tuberculisation des organes génitaux de la femme. In-8°. 1865. *Asselin.* 3 fr. 50 c.

BROUAYE.

— Écriture accélérée n'exigeant qu'une lettre alphabétique ordinaire par syllabe, et permettant de faire en une heure le travail graphique qu'on fait habituellement en trois. In-8° avec pl. 1863. Amiens, *chez l'auteur.* 2 fr.

BROUCHOUD (Claudius), avocat à la cour impériale de Lyon, né à Lyon en 1829.

— Études historiques et archéologiques sur l'arrondissement de Vienne. Saint-Quentin. In-8°. 1863. Vienne, *imprimerie J. Timon.* 1 fr. 50 c.

— De la noblesse des médecins et des avocats en France jusqu'au xviii° siècle. In-8°. 1860. *Imprimerie Thunot et Cie.* 1 fr.

— Les Origines du théâtre de Lyon, mystères, farces et tragédies, troupes ambulantes, Molière; avec fac-simile, notes et documents. In-8°. 1865. Lyon, *Scheuring.* 5 fr.

Mémoire lu à la réunion des délégués des Sociétés savantes, séance du 21 avril 1865, à la Sorbonne.

— Recherches sur l'enseignement public du droit à Lyon, depuis la formation de la commune jusqu'à nos jours. In-8°. 1865. Lyon, *imprimerie Vingtrinier.* 1 fr. 25 c.

BROUCKÈRE (de).

— Charité et assistance publique et Principes d'économie politique. — Voy. *Encyclopédie populaire.*

BROUEZ (J.).

— Traité théorique et pratique de notariat, rédigé spécialement pour la Belgique. Gr. in-8°. 1847. Bruxelles. 8 fr.

Avec H. Carion.

BROUGHAM (Henry, lord), écrivain, magistrat et homme politique anglais, pair d'Angleterre, ancien ministre et lord-chancelier, membre de l'Institut de France, né à Édimbourg en 1779.

— Éducation universitaire. Discours prononcé par lord Brougham le jour de son installation comme chancelier de l'Université d'Édimbourg (18 mai 1860); traduit par Alexandre Pey. In-8°. 1860. *Dentu.* 1 fr.

— Esquisses historiques des hommes d'État du temps de Georges III, tracées par lord Brougham. Traduites de l'anglais et accompagnées de notices et de réflexions historiques, par Urbain Legeay. In-8°. 1847. Lyon, *Périsse.* 2 fr. 50 c.

— Voltaire et Rousseau. Ouvrage accompagné de lettres entièrement inédites de Voltaire, d'Helvétius, de Hume, etc. In-8° avec 2 portraits. 1845. *Amyot.* 7 fr. 50 c.

BROUGNES (A.), docteur en médecine, cultivateur à Caixon (Hautes-Pyrénées).

— Extinction du paupérisme agricole par la colonisation dans les provinces de la Plata (Amérique du Sud), suivi d'un aperçu géographique et industriel de ces provinces, avec 2 cartes. In-8°. 1854. [Bagnères-de-Bigorre.] *Guillaumin.* 2 fr. 50 c.

BROUILLET (l'abbé), aumônier de la maison centrale de Fontevrault.

— Des Aumôniers d'établissements publics. Considérations sur la position qui leur est faite par l'autorité civile en opposition avec les principes du droit ecclésiastique. In-8° de 4 ¹/₂ f. 1850. Angers, *Barassé.*

BROUILLET (Amédée), littérateur, artiste peintre et sculpteur, professeur à l'École d'architecture, de sculpture et de dessin de la ville de Poitiers, membre de la Société des antiquaires de l'Ouest, né à Châtain (Vienne) en 1826.

— Époques antédiluvienne et celtique du Poitou. Topographie et technologie. In-8° avec 50 pl. in-4°. 1865. [Poitiers, *Girardin.*] *Dumoulin.* 10 fr.

Avec A. Meillet.

— Appendice aux Époques antédiluvienne et celtique du Poitou. Nouvelles découvertes d'ateliers de l'âge de pierre en Poitou. In-8° avec 12 pl. 1865. [Poitiers.] *Derache.* 2 fr. 50 c.

BROUILLON (le R. P.), de la Compagnie de Jésus.

— Mission de Chine. Mémoire sur l'état actuel de la mission du Kiang-Nan. 1842-1855. Suivi de lettres relatives à l'insurrection. 1851-1855. In-8°. 1855. *Julien, Lanier et Cie.* 5 fr.

BROUSSEL (Mme Clémence).

— Une Institutrice en Angleterre. Histoire de trois amies; traduit de l'anglais par Mme R. Bolle. 2 vol. in-12. 1855. *Grassart.* 6 fr.

— John et Lucy. Épisode de la guerre d'Orient; par l'auteur d'Une Institutrice en Angleterre. In-12. 1856. *Ibid.* 1 fr. 50 c.

BROUSSIN.

— Causeries villageoises. In-8° de 14 f. 1845. Abbeville, *imprimerie Jeunet.*

BROUT (C.), s'intitulant « mineur arrivant d'Australie ».

— Guide des émigrants aux mines d'or en Australie. In-18 avec carte détaillée des principaux terrains aurifères. 1855. *Chez les principaux libraires.* 2 fr.

BROUTTA (A. F. E.), professeur à l'École militaire de Saint-Cyr.

— Leçons de droit militaire. 2° édition. In-8°. 1842. *Gaultier-Laguionie.* 6 fr.

— Précis d'histoire de France pendant les temps modernes, rédigé conformément au programme d'admission de l'École spéciale impériale militaire de Saint-Cyr, avec tracés géographiques. In-8° avec un cahier de 9 pl. 1854. *Delalain.* 7 fr. 50 c.

BROUVILLE (E. de).

— Documents sur le matériel des chemins de fer. — Voy. *Valerio et Brouville.*

BROUWER (Émile de), membre de la chambre de commerce, né à Ghistelles (Belgique) en 1810.

— Essai sur la politique industrielle et commerciale. 2 vol. in-8°. 1854. Ostende, *E. de Brouwer.* 2 fr. 50 c.

— La Question des jeux. In-8°. 1865. *Ibid.* 50 c.

— Des Richesses créées par l'industrie et les arts. In-8°. 1849. *Ibid.* 1 fr.

BROUWER (Van Limbourg-). — Voy. **Van Limbourg-Brouwer.**

BROUZET (le docteur G.).

— Recherches sur les maladies des vers à soie. In-8°. 1863. *Giraud.* 2 fr.

25

BROWN (Ad.).

— Méthode pratique et interlinéaire de la langue anglaise. Livres I et II du Télémaque, anglais-français, contenant : 1º la traduction interlinéaire ; 2º la traduction littérale. In-12. 1849. *Truchy.* 2 fr.

— Syllabaire anglais et français, ou Méthode facile pour enseigner aux jeunes enfants à épeler et à lire l'anglais au moyen de gravures accompagnées de courtes phrases qui s'y rapportent. 6e édition avec 834 sujets coloriés. In-18. 1861. *Ibid.* 3 fr.

Avec J. Stephens.

BROWN (John), pasteur protestant à Édimbourg.

— Du Ministère de Jésus-Christ, envisagé dans sa nature et dans ses résultats. Traduction libre, par Clément de Faye. In-8º. 1852. *Ducloux.*

— Rab et ses amis. Traduit de l'anglais par Charles Bernard Derosne. In-4º avec grav. 1864. *Grassart.* Relié en percaline, 5 fr.

BROWN-SÉQUARD (C. E.), ancien médecin de l'hôpital des paralytiques à Londres, né à l'île Maurice. Il habite actuellement l'Amérique.

— Leçons sur le diagnostic et le traitement des principales formes de paralysie des membres inférieurs. Traduites de l'anglais par le docteur Richard Gordon. 2e édition, revue et annotée par l'auteur, précédée d'une introduction sur la physiologie des actions réflexes empruntée aux leçons de M. le professeur Ch. Rouget. In-8º. 1865. *Masson et fils.* 3 fr. 50 c.

La 1re édition est de 1564. *Ibid.* 3 fr.

M. le docteur Brown-Séquard a collaboré au « Dictionnaire encyclopédique des sciences médicales ». — Voy. au mot *Dictionnaire.* Il a fondé et rédigé pendant plusieurs années (1858 à 1863) le « Journal de la physiologie de l'homme et des animaux ».

BROWNSON (le docteur).

— L'Esprit frappeur. Scènes du monde invisible. In-12. 1862. Tournai, *Casterman.* 1 fr. 25 c.

BROYE (Hippolyte de).

— Les Courses de Marseille et l'élevage du cheval dans le sud-est de la France. In-8º. 1865. *Dentu.* 75 c.

BRUC (le comte Frédéric de).

— Autorité, ou l'Anarchie. In-12. 1851. *Garnier frères.* 1 fr.

— Une Fantaisie de duchesse. In-12. 1855. *Chez les principaux libraires.* 1 fr.

— La Fusion d'Orléans. In-8º. 1854. *Ledoyen.* 1 fr. 50 c.

— Jean de Malestroit. In-8º. 1844. *Dolin.* 5 fr.

BRUCE-WHYTE (A.).

— Histoire des langues romanes et de leur littérature depuis leur origine jusqu'au XIVe siècle. 3 vol. in-8º. 1841. *Treuttel et Würtz.* 30 fr.

BRUCELLE (l'abbé J. F.), du diocèse de Soissons.

— Le Directoire de la femme chrétienne, ou Devoirs et apostolat dans les diverses conditions sociales. In-18. 1863. Chauny, *Marest-Dampcourt.* 1 fr. 50 c.

BRUCH (Jean Frédéric), doyen de la Faculté de théologie de Strasbourg, né à Pirmasens (Bavière rhénane) en 1792.

— Christianisme et foi chrétienne. Lettres sur quelques sujets religieux. Traduit librement de l'allemand, par A. Cazaux. 2 vol. in-8º. 1854-1855. Nîmes, *Peyrot-Tinel.* 6 fr.

— La Liberté protestante ; dialogue. Traduit de l'allemand par A. Flobert. In-8º. 1858. *Meyrueis et Cie.* 1 fr. 25 c.

— Principe de la puissance rédemptrice du christianisme. D'après l'allemand du docteur Bruch, par A. Cazaux. In-8º. 1858. *Cherbuliez.* 1 fr.

M. Bruch a publié plusieurs autres ouvrages en langue allemande. — Il a traduit de l'allemand : « Histoire des dogmes », de *Gieseler.*

BRUCK (Nicolas René), officier belge, commandant du génie à Mons, né à Diekirch (grand-duché de Luxembourg) en 1818.

— Électricité, ou Magnétisme du globe terrestre. Extraits d'études sur les principales sciences physiques. 3 vol. in-8º avec pl. 1851-1858. Bruxelles, *Delevigne et Callewaert.* 22 fr. 50 c.

— L'Humanité, son développement et sa durée. Études d'histoire, de politique et de religioso-philosophie naturelle. 2 vol. in-8º. 1865. *Librairie internationale.* 20 fr.

— Manifeste du magnétisme du globe et de l'humanité, ou Résumé succinct du magnétisme terrestre et de son influence sur les destinées humaines. In-8º. 1865. *Ibid.* 3 fr.

BRUCKER (Raymond), littérateur, connu également sous le pseudonyme de Michel RAYMOND.

— Les Causeries de Bruyères-le-Châtel. In-8º. 1842. *Werdet.* 7 fr. 50 c.

— Henriette. 2 vol. in-8º. 1840. *Ibid.* 15 fr.

— Les Docteurs du jour devant la famille. In-12. 1844. *Sagnier et Bray.* 3 fr. 50 c.

— Un Jacobin sous la Régence. In-8º. 1842. *Werdet.* 7 fr. 50 c.

— Le Maçon ; mœurs populaires. 2 vol. in-12. 1840. *Delloye.* 3 fr. 50 c.

1re édition, 1828. 4 vol. in-12. 12 fr.

— Maria ; roman inédit. 2 vol. in-8º. 1840. *Ch. Leclerc.* 15 fr.

— Scandale. 2 vol. in-8º. 1841. *Werdet.* 15 fr.

Tous ces ouvrages sont signés seulement : « Raymond », à l'exception de : « les Docteurs du jour », qui est signé du nom entier de l'auteur.

BRÜCKNER (le docteur Th.).

— Petit guide homœopathique, contenant les indications nécessaires pour l'emploi des principaux remèdes homœopathiques dans les maladies les plus ordinaires. D'après la 3e édition allemande, par le docteur E. S. S. In-8º. 1864. Leipzig, *E. H. Reclam sen.*

BRUÉ (Adrien), cartographe, mort en 1832.

— Atlas universel de géographie physique, politique, ancienne, du moyen âge et moderne, de toutes les parties du monde. Nouvelle édition, revue et augmentée, par Ch. Piquet, et complétée par E. Grangez. 1 vol. in-fol. de 64 cartes. 1858. *J. Barthélemier.* Relié, 100 fr.

BRUÈRE (Martin).

— Droit au capital. Inviolabilité de la propriété. Extrait d'un projet d'organisation sociale. In-8º de 5 1/4 f. 1849. *Rue Vivienne*, 2.

BRUÈRE (R.), ingénieur civil, chef de section aux chemins de fer de l'Est.

— Traité de consolidation des talus, routes,

canaux et chemins de fer; précédé d'une préface par M. Perdonnet; accompagné d'un atlas in-4° de 25 pl. In-12. 1862. *Lacroix*. 10 fr.

BRUEYS (l'abbé Dav. Aug. de), théologien protestant d'abord, et catholique ensuite, et auteur dramatique, né à Aix, en 1640, mort à Montpellier, en 1723.

— L'Avocat Patelin; comédie en trois actes et en prose. In-16. 1834. *Hachette et Cie*. 50 c.

— Le même. Gr. in-8°. 1863. *Dentu*. 30 c.

— Le Grondeur. L'Avocat Patelin. —Voy.*Chefs-d'œuvre des auteurs comiques*, tome III.

BRUEYS DE SAINT-ANDRÉ.

— Traité des synonymes, pour servir de guide aux amateurs de la langue italienne. 2 vol. in-8°. 1842-1843. Toulouse, *Paya*.

BRUGE (Auguste de).

— Une Aventure sous la Ligue; opéra comique en un acte. In-16. 1860. Bordeaux, *imprimerie Métreau et Cie*.

Avec A. Montcavrel.

— Un Effet du hasard; comédie en un acte et en vers. In-12. 1851. *Tresse*. 60 c.

BRUGÈRE (de La). — Voy. **La Brugère**.

BRUGGHEN (Van der). — Voy. **Van der Brugghen**.

BRUGHAT (F. Challeton de). — Voy. **Challeton de Brughat**.

BRUGSCH (le docteur Henri), savant allemand, né à Berlin en 1827.

— Grammaire démotique, contenant les principes généraux de la langue et de l'écriture populaires des anciens Égyptiens, avec un tableau général des signes démotiques, et 10 pl. y annexées. In-4°. 1855. Berlin, *Dümmler*. 100 fr.

— Histoire d'Égypte dès les premiers temps de son existence jusqu'à nos jours. Ouvrage dédié à S. A. le vice-roi d'Égypte, Mohammed-Saïd-Pacha. Accompagné de planches lithographiées et d'un atlas de vues pittoresques. 1re partie : L'Égypte sous les rois indigènes. In-4° avec 19 pl. 1859. Leipzig, *Hinrichs*. 30 fr.

— Lettre à M. le vicomte Emmanuel de Rougé, au sujet de la découverte d'un manuscrit bilingue sur papyrus en écriture démotico-égyptienne et en grec cursif de l'an 114 avant notre ère. In-4° avec 3 pl. 1850. Berlin, *Amelang*. 8 fr.

— Matériaux pour servir à la reconstruction du calendrier des anciens Égyptiens. Partie théorique. Gr. in-4° avec 13 pl. lithographiées. 1864. Leipzig, *Hinrichs*. 25 fr.

— Mémoire sur la reproduction imprimée de caractères de l'ancienne écriture démotique des Égyptiens, au moyen de types mobiles et de l'imprimerie. In-4°. 1855. Berlin, *Dümmler*. 1 fr.

— Monuments de l'Égypte, décrits, commentés et reproduits par le docteur H. Brugsch, pendant le séjour qu'il a fait dans ce pays en 1853 et 1854 par ordre de S. M. le roi de Prusse. 1re livraison. In-fol. avec 18 pl. 1857. Leipzig, *Haessel*. 25 fr.

— Notice raisonnée d'un traité médical datant du xive siècle avant notre ère et contenu dans un papyrus hiératique du musée royal de Berlin. In-4° avec 1 pl. col. 1863. Leipzig, *Hinrichs*. 4 fr.

— Nouvelles recherches sur la division de l'an-

née des anciens Égyptiens, suivies d'un mémoire sur des observations planétaires consignées dans 4 tablettes égyptiennes en écriture démotique. In-8° avec 4 pl. 1856. Berlin, *Schneider et Cie*. 4 fr.

— Recueil de monuments égyptiens dessinés sur les lieux et publiés sous les auspices de S. A. le vice-roi d'Égypte Mohammed-Saïd-Pacha. 1re et 2e parties, contenant ensemble 107 pl. Gr. in-4°. 1859. Leipzig, *Hinrichs*. 64 fr.

BRUIÈRE (A. S.).

— Une Saison en Allemagne. Souvenirs des bords du Rhin. In-16. 1865. *Hetzel*. 1 fr.

Extrait du « Temps ».

BRUIGNAC (Alb. Duroy de). — Voy. **Duroy de Bruignac**.

BRULAIS (Marie de).

— L'Écho de la sainte montagne, visitée par la mère de Dieu, ou Un mois de séjour dans la société des petits bergers de la Salette. In-8°. 1852. Nantes, *Charpentier*.

Le titre est anonyme, mais la dédicace est signée: « Marie de Brulais ».

BRULARD (Brussel de). — Voy. **Brussel de Brulard**.

BRULART (Nicolas).

— Choix de lettres inédites écrites par Nicolas Brulart à Louis XIV, au prince de Condé, à Mazarin, Colbert, Le Tellier, Louvois, Fouquet, La Vrillière, Châteauneuf, Pontchartrain et autres hommes d'État, et de celles qu'il a reçues du roi et des mêmes personnages durant l'exercice de la charge de premier président du parlement de Bourgogne de 1657 à 1692, pour faire suite et servir de pièces justificatives à l'histoire de ce parlement; compulsées, expliquées et mises en ordre; accompagnées d'autres lettres sur les mêmes sujets, de la même époque et du commencement du xviiie siècle, avec un discours préliminaire, des sommaires et des notes explicatives, par M. de Lacuisine. 2 vol. gr. in-8°. 1859. Dijon, *Rabutot*. 8 fr.

BRULEBOEUF-LETOURNAN.

— L'Époque morale et littéraire; poème satirique. In-8°. 1859. *Dentu*. 1 fr.

— Le Retour à l'empire, ou la France régénérée; poème historique en quatre chants, avec épilogue. In-8°. 1857. *Ledoyen*. 2 fr.

BRÜLL (A.), ingénieur civil.

— Étude sur la fonte malléable; historique, fabrication, propriétés, emploi. In-8°. 1864. *Noblet et Baudry*. 2 fr. 50 c.

Extrait des « Mémoires de la Société des ingénieurs civils ».

— Étude sur les locomotives à marchandises de grande puissance; nouvelles machines du chemin de fer du Nord. Traction économique sur les grandes lignes et les chemins accidentés. In-8° avec 5 pl. 1864. *E. Lacroix*. 4 fr.

Extrait des « Mémoires de la Société des ingénieurs civils ».

M. A. Brüll a rédigé le « Supplément au Guide du mécanicien constructeur », de MM. *Le Chatelier*, E. Flachat, J. Pétiet et C. Polonceau. — Voy. **Le Chatelier**.

BRULLÉ (Gaspard Auguste), professeur de zoologie et doyen à la Faculté des sciences de Dijon, né à Paris en 1809.

— Hyménoptères. — Voy. *Lepelletier de Saint-Fargeau*.

M. Brullé a fait une introduction à « l'Histoire naturelle des insectes », de M. Émile *Blanchard*.

Il a publié plusieurs travaux dans les « Mémoires de l'Académie de Dijon ».

BRULLÉE (l'abbé), aumônier du monastère de Sainte-Colombe-lez-Sens.

— Description des verrières de la cathédrale de Sens. In-8° de 55 p. 1861. Sens, *Penard.*

— Histoire de l'abbaye royale de Sainte-Colombe-lez-Sens, précédée de la vie de sainte Colombe, vierge et martyre du pays senonais. In-8°. 1852. Sens, *Duchemin.*

— Vie du R. P. Muard, Marie Jean Baptiste, du Cœur de Jésus, ancien curé de Joux-la-Ville et de Saint-Martin d'Avallon, fondateur de la maison des pères de Saint-Edme, à Pontigny, et des bénédictins prêcheurs des Sacrés-Cœurs de Jésus et de Marie à Notre-Dame de la Pierre qui vire. In-12 avec un portrait. 1855. [Sens, *Duchemin.*] *Vivès.*

BRULLEY DE LA BRUNIÈRE (Mgr. Claude Jean Joseph), docteur de Sorbonne, évêque de Mende, né à Sezanne, en 1760, mort à Mende, en 1848.

— Mandements, circulaires et ordonnances, précédés d'une notice sur la vie du prélat, par M. Comandré, son premier vicaire général. In-8° de 494 p. 1849. Toulouse, *Chapelle.*

BRUMAULD DE BEAUREGARD (J.).

— Mémoires de Mgr. J. Brumauld de Beauregard, évêque d'Orléans, etc.; précédés de sa Vie, écrite sur des notes et des documents authentiques. 2 vol. in-12. 1843. Poitiers, *Saurin.* 3 fr.

BRUMENT (le docteur E. H. LE). — Voy. **Le Brument.**

BRUN, ancien avocat.

— Le Nouveau manuel des conseillers de préfecture. 2e édition, revue, corrigée et mise en rapport avec la législation et avec la jurisprudence du conseil d'État jusqu'à l'année 1860 inclusivement. 2 vol. in-8°. 1863. *P. Dupont.* 15 fr.

La 1re édition est de 1845.

BRUN, professeur au collège royal de Lyon.

— Nouveau dictionnaire des commençants, français-latin, dans lequel on a éclairci tout ce qu'il y a de plus difficile pour les enfants. Édition revue et considérablement augmentée. In-12. 1858. Lyon, *Périsse frères.* 2 fr.

BRUN (Adrien).

— Les Saints Évangiles de Jésus-Christ, traduits en vers français. In-8°. 1862. *Claye.* 3 fr.

M. Brun a traduit en vers français : « Don Carlos », poème dramatique de *Schiller.*

BRUN (Auguste).

— Nouvelles vaudoises. In-12. 1860. *Chez l'auteur, rue Saint-Germain-l'Auxerrois,* 45. 2 fr.

BRUN (A. F.).

— Traité pratique des opérations sur le terrain, comprenant les tracés et les nivellements nécessaires à la construction des chemins de fer, routes et canaux. Gr. in-8° avec 21 pl. 1859. *Noblet.* 4 fr. 50 c.

BRUN (Charles).

— Récit des événements de décembre. Oui ou nou! Appel à la nation. Vote universel du 21 décembre 1851. In-18. 1851. *Ledoyen.* 60 c.

BRUN (Mlle Élisabeth), institutrice.

— Alphonse et Philippe, ou Bonté de cœur et jalousie. In-12. 1860. Rouen, *Mégard et Cie.* 75 c.

La 1re édition est de 1830.

— Amanda de Fitz-Owald, ou Connaître Dieu, l'aimer et le servir. 4e édition. In-12. 1864. Lille, *Lefort.* 1 fr.

La 1re édition est de 1847.

— L'Ami inconnu. 2e édition. In-18. 1852. *Ibid.* 60 c.

— Charles et Félix. 5e édition. In-12. 1864. *Ibid.* 75 c.

— Les Charmes de l'ermitage; historiettes et nouvelles propres à former le cœur et l'esprit de la jeunesse. In-12. 1862. *Ducrocq.* 75 c.

— Le Chemin le plus court. 3e édition. In-18. 1865. Lille, *Lefort.* 30 c.

La 1re édition est de 1851.

— Le Coin du feu. In-12 avec 8 lithographies. 1848. *Lehuby.* 2 fr.

— Daniel Rigollot, ou le Presbytère, la Ferme et le Château. 4e édition. In-12. 1864. Lille, *Lefort.* 1 fr.

La 1re édition est de 1849.

— Les Délices de la vertu, ou le Pouvoir du bon exemple. In-8° avec vignettes. 1857. *Lehuby.* 6 fr.

La 1re édition est de 1845.

— École des jeunes demoiselles. Lettres sur l'éducation, d'après l'ouvrage de l'abbé Reyre. In-12. 1854. Lille, *Lefort.* 85 c.

— École des mœurs de la jeunesse. 3e édition. In-12. 1865. *Ibid.* 85 c.

— Edma, ou le Triomphe de la charité. 4e édition. In-8°. *Ibid.* 1 fr.

— Ernestine, ou Pour bien commander il faut savoir obéir; suivie de Jacqueline; drame en un acte. 4e édition. In-18. 1865. *Ibid.* 50 c.

— La Famille Christian. 2e édition. In-12. 1864. *Ibid.* 60 c.

— La Famille de Selnac, ou la Religion présentée au cœur. In-12. 1852. Tournai, *Casterman.* 1 fr. 20 c.

— Gilbert et Mathilde. 4e édition. In-12. 1860. Lille, *Lefort.*

— Gustave, ou l'Orphelin du presbytère. 2e édition. In-18. 1853. *Ibid.* 60 c.

— Hedwige. 2e édition. In-18. 1861. *Ibid.* 60 c.

— Histoire de Théodore le Grand. 4e édition. In-12. 1863. *Ibid.* 85 c.

— Jeanne, ou l'Élève indocile. In-12 avec grav. 1861. Rouen, *Mégard et Cie.* 1 fr.

La 1re édition est de 1854.

— Jeanne, ou la Jeune mère de famille. 3e édition. In-12. 1864. Lille, *Lefort.* 60 c.

— Les Joies de la famille. 2e édition. In-12. 1864. *Ibid.* 1 fr.

— Marie, ou l'Empire du bon exemple. In-12. 1863. *Mégard et Cie.* 1 fr.

La 1re édition est de 1837.

— Merveilles des quatre saisons, ou Considérations sur les œuvres de Dieu. 4 vol. in-12. 1854. Tournai, *Casterman.* 5 fr.

— Ordre et désordre. In-12. 1862. Rouen, *Mé-gard et Cie*. 1 fr.

La 1re édition est de 1839.

— Le Robinson du jeune âge. 4e édition. In-12. 1864. Lille, *Lefort*. 85 c.

— Les Roses de la sagesse, ou Morale et plaisir. In-12. 1853. *Lehuby*. 3 fr.

La 1re édition est de 1838.

— Vie de sainte Bathilde. 3e édition. In-18. 1860. Lille, *Lefort*. 50 c.

— Vie de sainte Geneviève, patronne de Paris. In-12. 1863. Rouen, *Mégard et Cie*.

La 1re édition est de 1839.

BRUN (Fr.), pasteur.

— Guide du jeune homme à son entrée dans la vie civile. In-18. 1845. *Delay*. 1 fr.

— Des Moyens d'éducation morale et religieuse pour la jeunesse protestante. In-12. 1840. Valence, *Marc Aurel*. 1 fr. 75 c.

BRUN (Isidore), de l'Académie du Gard, né à Saint-Gilles, en 1797, mort vers 1858.

— Délassements poétiques, épîtres et élégies, suivies d'une ode à Jean Racine. In-12 de 6 f. 1843. Nîmes, *Giraud*.

— Portraits et souvenirs, par Isidore Brun; poésies, recueillies et publiées par les soins de sa famille. In-12, xx-288 p. 1859. Nîmes, *imprimerie Ballivet*.

BRUN (Jacques).

— Fraudes et maladies du vin; moyen de les reconnaître et de les corriger; avec un traité des procédés à suivre pour faire l'analyse chimique de tous les vins. In-8° avec tableau. 1863. Genève, *Cherbuliez*. 4 fr.

BRUN (P. Le). — Voy. Le Brun.

BRUN (V.), de Toulon, commissaire général de la marine.

— Guerres maritimes de la France. Port de Toulon, ses armements, son administration, depuis son origine jusqu'à nos jours. 2 vol. in-8°. 1861. *Plon*. 15 fr.

BRUN-LAVAINNE (Élie), littérateur, secrétaire de la mairie de Roubaix, né à Lille, en 1791.

— Un Déraillement; comédie en quatre actes. Gr. in-8°. 1865. Roubaix, *Florin*. 1 fr.

— Une Goutte d'eau; comédie en trois actes. In-8°. 1865. *Ibid*. 1 fr.

— Mémoire sur les institutions communales de la France et de la Flandre au moyen âge. In-8° de x et 90 p. 1857. Lille, *Vanackère*.

— Mes Souvenirs. In-8°. 1857. Lille, *chez l'auteur*. 3 fr.

Extrait de la « Revue du Nord de la France ».

— Roisin. Franchises, lois et coutumes de la ville de Lille: ancien manuscrit à l'usage du siége échevinal de cette ville. In-4° de 62 f. 1842. Lille, *Vanackère*. 10 fr.

BRUN-NOUGARÈDE.

— La Barbarie vaincue. Préludes poétiques. In-12. 1852. *Giraud et Dagneau*.

BRUN-ROLLET (Antoine), voyageur savoisien, proconsul de Sardaigne dans le Soudan oriental,

né à Saint-Jean-de-Maurienne, en 1810, mort à Khartoum, en 1858.

— Le Nil blanc et le Soudan. Études sur l'Afrique centrale. Mœurs et coutumes des sauvages. In-8° avec 1 portrait, 1 carte et des vignettes. 1855. *Maison*. 6 fr.

BRUN DE VILLERET (Louis Edmond), conseiller à la cour impériale de Lyon, né à Malzieu (Lozère) en 1817.

— Traité théorique et pratique de la prescription en matière criminelle. In-8°. 1863. *A. Durand*. 7 fr.

BRUNARD (Joseph), artiste-peintre, ancien commissaire-priseur, né à Saint-Brice (Seine-et-Oise) en 1812.

— Le Guide des commissaires-priseurs et autres officiers vendeurs de meubles, divisé en deux parties: la première contient la jurisprudence, les formules, etc.; la deuxième, la prisée et l'appréciation approximative des meubles anciens et modernes, etc. In-12. 1857. [Troyes, *Brunard*.] *Maillet-Schmitz*. 3 fr. 50 c.

BRUNATI.

— De l'Accord des anciens livres de l'Inde avec la Genèse. Critique des anciennes législations païennes et défense de la législation mosaïque. Des guérisons miraculeuses racontées dans les Écritures, etc. — Voy. *Migne*, Démonstrations évangéliques, tome 14.

BRUNCAMP (Eugène), commissaire de police de la ville de Paris, né à Paris en 1804.

— Chansons philosophiques, par Eugène B.... In-8°. 1845. *Moreau*.

Anonyme.

— Nos idées, nos mœurs, nos caractères. In-12. 1865. *Hachette et Cie*. 3 fr. 50 c.

BRUNCKOW (B.).

— Manuel pratique pour la précision et la construction des diverses courbes qui s'offrent aux chemins de fer, etc. Texte français et allemand. In-8° avec 1 pl. 1846. Berlin, *Springer*. 6 fr.

BRUNE (Charles et Abel).

— Appel aux étudiants. In-8°. 1855. *Masgana*. 50 c.

BRUNE (J.), directeur du séminaire de Rennes.

— Résumé du cours d'archéologie professé au séminaire de Rennes. In-8° avec 1 pl. 1846. Rennes, *Vatar*.

BRUNEAU (Émile), officier en retraite, né à Château-Gontier en 1825.

— Une Plume faute d'épée. In-8°. 1861. Château-Gontier, *Bezier*. 1 fr. 50 c.

BRUNEAU DE SAINT-AUBAN, docteur en médecine.

— Fragments pour servir à l'histoire médicale de l'opium. In-8° de 95 p. 1864. Montpellier, *imprimerie Martel*.

BRUNÉEL (Henri).

— Bouchard d'Avesnes, par H. E. Landsvriend. In-12. 1841. Lille, *Vanackère*. 1 fr. 50 c.

Scènes historiques flamandes, tome I. — Landsvriend est le pseudonyme de M. Brunéel.

— Schild en Vriend, 1302-1303. Charles le Mauvais, 1356-1386. Par Henry Brunéel et Edward Le Glay. In-12. 1841. *Ibid.* 1 fr. 50 c.

Scènes historiques flamandes, tome II.

BRUNEL (Adolphe), docteur en médecine.

— Biographie d'Aimé Bonpland. 2ᵉ édition, considérablement augmentée. In-8° avec portrait. 1864. Toulon, *Aurel.*

BRUNEL (Ch.) a traduit de l'anglais : « Evangelina », de *Longfellow.*

BRUNEL (Henri), pasteur protestant.

— Avant le christianisme, ou Histoire des doctrines religieuses et philosophiques de l'antiquité. In-8°. 1852. *Ducloux.* 7 fr. 50 c.

— Étude sur l'histoire du christianisme. In-8°. 1843. Valence, *Marc Aurel.* 6 fr. 50 c.

BRUNELLO (F.), prêtre, directeur de l'Œuvre de la Jeunesse.

— Vie du serviteur de Dieu, Jean Joseph Allemand, fondateur de l'Œuvre de la Jeunesse (1772-1836). In-8° avec portrait. 1852. [Marseille.] *Sagnier et Bray.* 3 fr. 50 c.

BRUNET (A.).

— Mes Chansonnettes. In-18 de 178 p. 1861. Auxerre, *imprimerie Perriquet et Rouillé.*

BRUNET (Charles).

— Marat, dit l'Ami du peuple ; notice sur sa vie et ses ouvrages. In-18 avec portrait. 1862. *Poulet-Malassis.* 2 fr.

— Le Père Duchesne d'Hébert, ou Notice historique et bibliographique sur le journal publié pendant les années 1790, 1791, 1792, 1793 et 1794, précédée de la vie d'Hébert, son auteur, et suivie de l'indication de ses autres ouvrages. In-18. 1859. *France.* 3 fr. 50 c.

— Li Romans de Dolopathos, publié pour la première fois en entier d'après les deux manuscrits de la bibliothèque impériale, par MM. Charles Brunet et Anatole de Montaiglon. In-16. 1856. *Jannet.* 5 fr.

Collection de la Bibliothèque elzévirienne.

M. Brunet a encore publié dans la Bibliothèque elzévirienne la « Mélusine », de *Jean d'Arras.* — Voy. Jean.

BRUNET (Gustave), littérateur, né en 1807 à Bordeaux, membre de l'Académie des belles-lettres de cette ville.

— Bibliothèque bibliophilo-facétieuse. — Voy. **Bibliothèque.*

— Curiosités théologiques ; par un bibliophile. In-12. 1861. *Delahays.* 3 fr.

Anonyme.

— Dictionnaire de bibliologie catholique, présentant un exposé des principaux objets de la science des livres et surtout de ceux qui ont rapport aux études théologiques, avec des détails étendus sur les bibliothèques publiques des divers pays, etc. Gr. in-8°. 1860. *Migne.* 7 fr.

Forme aussi le tome 5 du « Dictionnaire de bibliographie catholique », de M. Fr. *Perennès*; ou bien le tome 43 de la « Troisième et dernière encyclopédie théologique », publiée par l'abbé *Migne.*

— Essais d'études bibliographiques sur Rabelais. In-8°. 1841. *Techener.* 12 fr.

Tiré à 60 exemplaires. La dédicace seulement est signée du nom de l'auteur.

— Étude sur Francisco Goya, sa vie et ses travaux. Notice biographique et artistique accompagnée de photographies d'après les compositions de ce maître. In-4° avec 16 pl. 1865. *Aubry.* 20 fr.

— Les Évangiles apocryphes, traduits et annotés d'après l'édition de J. C. Thilo, par Gustave Brunet, suivis d'une notice sur les principaux livres apocryphes de l'Ancien Testament. 2ᵉ édition. In-12. 1863. *Franck.* 3 fr. 50 c.

La 1ʳᵉ édition a été publiée en 1849.

— Fantaisies bibliographiques. In-12. 1863. *J. Gay.* 7 fr.

— La France littéraire au xvᵉ siècle, ou Catalogue raisonné des ouvrages en tout genre imprimés en langue française jusqu'à l'an 1500. In-8°. 1865. *Franck.* 15 fr.

— Lettre au bibliophile Jacob, au sujet de l'étrange accusation intentée contre M. Libri ; contenant des recherches sur les livres à la reliure de Grolier, sur les volumes elzéviriens non rognés et sur quelques particularités bibliographiques. In-8°. 1849. *Paulin.* 1 fr. 50 c.

— Les Livres sacrés de toutes les religions. — Voy. *Pauthier et Brunet.*

— Notice sur une édition inconnue du Pantagruel, et sur le texte primitif de Rabelais. In-8°. 1844. *Techener.* 2 fr. 50 c.

Tiré à 100 exemplaires.

— Notice sur les proverbes basques recueillis par Arnauld d'Oïhenart et sur quelques autres travaux relatifs à la langue euskarienne. In-8°. 1859. *A. Aubry.* 3 fr.

Extrait des « Actes de l'Académie impériale des sciences, belles-lettres et arts de Bordeaux ».

— Notices et extraits de quelques ouvrages écrits en patois du midi de la France. Variétés bibliographiques. In-12. 1840. *Leleux.* 4 fr.

Tiré à 100 exemplaires. L'avant-propos seulement est signé du nom de l'auteur.

— Nouveau siècle de Louis XIV, ou Choix de chansons historiques et satiriques, presque toutes inédites, de 1634 à 1712, accompagnées de notes, par le traducteur de la « Correspondance de Madame, duchesse d'Orléans ». In-12. 1857. *Garnier frères.* 3 fr. 50 c.

Anonyme.

— La Papesse Jeanne ; étude historique et littéraire. Petit in-12. 1862. *Gay.* 4 fr.

Publié sous le pseudonyme de Philomneste Junior.

— Recueil d'opuscules et fragments en vers patois, extraits d'ouvrages devenus fort rares. In-16. 1840. Bordeaux. 3 fr. 50 c.

Tiré à 120 exemplaires. La préface est signée « G. B. »

— De Tribus impostoribus M. D. IIC. Texte latin, collationné sur l'exemplaire du duc de La Vallière, aujourd'hui à la bibliothèque impériale ; augmenté de variantes de plusieurs manuscrits, etc.; et d'une notice philologique et bibliographique ; par Philomneste Junior. In-18. LV-59 p. 1861. *Gay.* 4 fr.

— Le Violier des histoires romaines, ancienne traduction françoise des Gesta Romanorum. Nouvelle édition, revue et annotée par M. G. Brunet. In-16. 1858. *P. Jannet.* 5 fr.

Collection de la Bibliothèque elzévirienne.

M. G. Brunet a encore traduit : « Vélasquez et ses œuvres » de William *Stirling* ; les « Propos de table », de Martin *Luther* ; « Devoirs des femmes dans le mariage », de Mᵐᵉ *Ellis* ; et « Éothen, ou Voyage en Orient », de *Kinglake.* Il a publié la « Correspondance » de la duchesse d'*Orléans*, princesse palatine; et « l'Histoire macaronique », de Merlin *Coccaie* (voy. *Folengo*).

Il a fourni des articles à un grand nombre de journaux bibliographiques et littéraires, notamment au « Bulletin du bibliophile »; à la « Revue critique des livres nouveaux »; à la « Revue archéologique »; à « l'Intermédiaire », etc., etc.

BRUNET (Ignace), professeur de langue française à Boulogne-s.-Mer, né dans cette ville en 1804.

— The french translator's assistant, or a series of familiar exercises. In-18. 1840. *Stassin et Xavier*. 1 fr. 50 c.

4e édition en 1857.

— French idioms, extracted from the best and most modern authors, arranged in alphabetical order. 3e édition. In-8°. 1849. Boulogne, *Watel*. 1 fr.

— Nouveau Guide dans Boulogne-sur-Mer et ses environs, avec le plan de Boulogne et celui des environs. 4e édition. In-16. 1856. *Ibid.* 2 fr.

BRUNET (Jacques Charles), bibliographe, né à Paris en 1780.

— Manuel du libraire et de l'amateur de livres. 5e édition originale, entièrement refondue et augmentée d'un tiers par l'auteur. 6 vol. gr. in-8°. 1860-1865. *Didot frères*. 120 fr.

Le prix pour les souscripteurs était 100 fr. — 100 exemplaires ont été tirés sur grand papier vergé, dit de Hollande. Prix, 200 fr.

La 1re édition de cet ouvrage a paru en 1810. 3 vol.; la 2e en 1814. 4 vol. in-8°. 20 fr.; la 3e en 1820. 4 vol. in-8°. 40 fr.; la 4e de 1841 à 1844. 5 vol. gr. in-8°. 92 fr.

— Notice sur des heures gothiques, imprimées à Paris à la fin du xve siècle et dans une partie du xvie. Gr. in-8°. 1864. *Ibid.* 12 fr.

Extrait du tome V du « Manuel du libraire ».

— Recherches bibliographiques et critiques sur les éditions originales des cinq livres du roman satirique de Rabelais, et sur les différences de texte qui se font remarquer particulièrement dans le premier livre du Pantagruel et dans le Gargantua. In-8°. 1852. *Potier*. 5 fr.

Tiré à petit nombre. Le même, en gros papier vergé, pour faire suite au « Manuel du libraire », 3e édition. 7 fr.

BRUNET (Jean), ancien officier d'artillerie, membre de l'Assemblée constituante, né à Limoges en 1814.

— Constitution de la propriété intellectuelle, 1er volume. In-18. 1858. *Rue du Dauphin*, 1. 2 fr.

— Histoire générale de l'artillerie. 2 vol. in-8° avec 1 atlas in-4° de 12 pl. 1842. *Gaultier-Laguionie*. 16 fr.

— La Mécanique nouvelle, organique et universelle. Science, nature, industrie. In-8°. 1862. *Bureau du Messianisme*. 6 fr.

— Le Messianisme, organisation générale. 1er vol. 1re série. Gr. in-8°. Livraisons 1 à 5. 1858. *Rue du Dauphin*, 1. Chaque livraison, 50 c.

— Nouvel armement général des États. — Exposé général des considérations, principes et inventions qui sont relatifs à des systèmes complétement nouveaux pour les grandes parties constituantes de l'armement général de terre et de mer; suivi d'études sur l'histoire générale de l'artillerie. In-8°. 1857. *Dumaine*. 4 fr.

— Organisation vitale de la terre. Vie minérale. Les minéraux naissent, vivent et meurent suivant les lois organiques. 1er vol. In-12. 1858. *Bureau du Messianisme*. 3 fr.

— La Question algérienne. In-8° avec cartes. 1847. *Dumaine*. 4 fr. 50 c.

BRUNET (Ludovic), de Contres (Loir-et-Cher).

— Aperçu sur l'état et la question d'amélioration de la Sologne. In-8°. 1852. *Chez l'auteur, rue Lafayette*, 20. 1 fr.

BRUNET (Michel), dessinateur.

— Album de la brodeuse, ou Choix de 419 dessins de broderies; dédié aux familles. In-8°, avec 48 pl. 1862. Dijon, *chez l'auteur*. 3 fr.

BRUNET (Sully-). — Voy. **Sully-Brunet.**

BRUNET (V.).

— Devoirs sur l'orthographe absolue et sur l'orthographe relative, mis en rapport avec les règles de la grammaire. 2e édition. In-12. 1858. [Grenoble, *Prudhomme*.] *Durand*. 80 c.

— Devoirs de calcul, ou Nouvelle arithmétique. 2e édition, revue et augmentée. In-12. 1859. [Grenoble, *Merle*.] *Ibid.* 80 c.

BRUNET DE PRESLES (Wladimir de), helléniste français, membre de l'Institut, né à Paris en 1809.

— Examen critique de la succession des dynasties égyptiennes. 1re partie. In-8° avec 3 pl. 1850. *Didot frères*. 9 fr.

— Grèce; depuis la conquête des Romains jusqu'à nos jours. In-8°. 18... *Didot frères*. 50 c.

Avec Alex. Blanchet. — Univers pittoresque, Europe. T. 40.

— Les Papyrus grecs du musée du Louvre et de la bibliothèque impériale, publication préparée par Letronne; exécutée par MM. W. Brunet de Presle et E. Egger. In-4°, 506 p. 1865. *Imprimerie impériale*. 50 fr.

Avec atlas grand in-fol. de 52 planches de fac-simile.
Extrait du tome 18, 2e partie des « Notices et extraits des manuscrits ».

— Recherches sur les établissements des Grecs en Sicile jusqu'à la réduction de cette île en province romaine. Mémoire couronné en 1842 par l'Académie des inscriptions et belles-lettres. In-8° avec 1 carte. 1845. *Didot frères*.

BRUNETEAU DES MESNARDS (Mme Naïda Dupuy).

— Blanche et Nathalie, ou les Bons effets de l'éducation. In-8° avec 8 dessins imprimés en couleurs. 1856. *Lehuby*. 3 fr.

— La Ferme et le château, ou la Fête de l'Assomption; histoire instructive, morale et amusante pour la jeunesse. In-12 avec 3 vignettes. 1855. *Ibid.* 3 fr.

Cette Nouvelle est suivie de: « le Réveil de la ferme », pièce en vers.

— Le Maine-aux-Ormeaux. In-12 avec gravures. 1859. Rouen, *Mégard et Cie*. 1 fr.

— Le Manoir de Roche-Corail. In-12. 1864. *Ibid.* 1 fr. 50 c.

BRUNETIÈRE (Charles Joseph), né à Angers en 1836.

— Bluettes angevines, poésie et prose. 1re série. In-12. 1865. Angers, *Cosnier et Lachèse*.

BRUNETIÈRE (Mme DE LA). — Voy. **La Brunetière.**

BRUNETTE (N.).

— Notice sur les antiquités de Reims, les découvertes récemment faites et les mesures adoptées pour la conservation des anciens monuments de la ville. In-8°. 1861. Reims, *Brissart-Binet*. 2 fr. 50 c.

BRUNETTI a revu et corrigé la Grammaire italienne de *Vergani*.

BRUNETTO LATINI. — Voy. **Latini**.

BRUNIÈRE (BRULLEY DE LA). — Voy. **Brulley de la Brunière**.

BRUNNE (Claire), pseudonyme de Mme C. MARBOUTY.

— Amour et philosophie; poésies. In-12. 1855. *Hachette et Cie*.

— Ange de Spola (études de femmes). 2 vol. in-8°. 1842. *Victor Magen*. 15 fr.

— Une Fausse position. 2 vol. in-8°. 1844. *Amyot*. 15 fr.

— Jolis contes vrais. In-18. 1842. *Challamel*. 1 fr. 50 c.

— Le Marquis de Précieux, ou les Trois époques. 1812-1820-1830. In-8°. 1850. *Souverain*. 6 fr.

— L'Unité de pouvoirs. Concordat politique. In-8°. 1859. *Ledoyen*. 50 c.

BRUNNER (Fr. A.), médecin de la Faculté de Paris.

— La Médecine basée sur l'examen des urines, suivie des moyens hygiéniques les plus favorables à la guérison, à la santé et à la prolongation de la vie. In-8°. 1858. *Baillière et fils*. 5 fr.

BRUNNER (l'abbé L.), vicaire à Ensisheim.

— Jacques Baldé, le grand poëte de l'Alsace. Notice historique et littéraire. In-8°. 20 p. 1865. Guebwiller, *Jung*.

BRUNO (saint), évêque de Würzbourg (Bruno Herbipolensis), mort en 1045.

— Voy. *Migne*, Patrologie latine, tome 142.

BRUNO (saint), fondateur des Chartreux, né à Cologne vers le milieu du xie siècle, mort à Della-Torre en Calabre en 1101.

— Voy. *Migne*, Patrologie latine, tomes 152 et 153.

BRUNO D'ASTI (saint), théologien italien, évêque de Segni, abbé du couvent du mont Cassin, né à Soleria, dans le diocèse d'Asti en Piémont, mort en 1123.

— Voy. *Migne*, Patrologie latine, tomes 164 et 165.

BRUNO (A.).

— Code administratif de la Belgique. 3 vol. gr. in-8°. 1842-1844. Bruxelles.

BRUNO (François FAA DE). — Voy. **Faa de Bruno**.

BRUNO (G. F. DE GRANDMAISON Y). — Voy. **Grandmaison y Bruno**.

BRUNO (Jean), pseudonyme de M. **Vaucheret**.

BRUNO (W.).

— Études shakspeariennes. 1re série. In-18. 1855. *Dentu*. 1 fr.

BRUNOY (Mme Valérie de).

— Loin de sa mère, journal d'une petite fille délaissée. In-12. 1865, *Douniol*. 2 fr,

BRUNSWICK, pseudonyme de M. Léon **Lhérie**, vaudevilliste.

BRUNTON (J.).

— Les Quarante préceptes du jeu de whist en distiques rimés français et anglais; suivis de commentaires. In-16. 1856. *Librairie nouvelle*. 1 fr.

BRUS (RICHOND DES). — Voy. **Richond des Brus**.

BRUSSAUT (Alphonse).

— Vincent de Paul, ou le Génie de la charité. Esquisses poétiques. In-8°. 1851. *Hivert*.

Nouvelle édition in-18 en 1853.

BRUSSEL DE BRULARD, ancien officier supérieur d'artillerie.

— Mémoire sur les fusées de guerre fabriquées à Hambourg, en 1813 et 1814, et à Vincennes, en 1815. In-8° avec 1 atlas de 6 pl. 1853. *Corréard*. 15 fr.

BRUSTLEIN (F.), préparateur au cours de chimie agricole au Conservatoire des arts et métiers; il a traduit de l'allemand « la Chimie appliquée à l'agriculture et aux arts » de Stœckhardt.

BRUSTON (Charles Auguste), pasteur suffragant de l'église réformée de Bordeaux, né à Bourdeaux (Drôme) en 1838.

— De l'Authenticité des Actes des apôtres. In-8° de 52 p. 1859. Toulouse, *Bonnal et Gibrac*.

— Les Psaumes, traduits de l'hébreu d'après de nouvelles recherches sur le texte original. In-12. 1865. *Meyrueis et Cie*. 3 fr. 50 c.

M. Bruston a traduit de l'allemand : *Bleek*, Étude critique sur l'Évangile selon saint Jean.

BRUYELLE (Adolphe).

— Chants et chansons du Cambrésis. — Voy. *Durieux et Bruyelle*.

— Monuments religieux de Cambrai avant et depuis 1789. In-8° de 17 f. avec 6 grav. 1854. Valenciennes, *imprimerie de Prignet*.

— Notice sur l'ancienne ville de Crèvecœur, ses dépendances et l'abbaye de Vaucelles. In-8° de 4 f. 1847. Cambrai, *imprimerie de Lesne-Daloin*.

— Précis chronologique et statistique sur le Cateau-Cambrésis, accompagné d'un plan de cette ville, de ses faubourgs, etc. In-8° de 4 f., avec 2 lith. 1845. Cambrai, *imprimerie Levêque*.

— Les Souterrains de Cambrai. — Voy. *Bouly et Bruyelle*.

BRUYÈRES (H.), peintre.

— La Phrénologie, le geste et la physionomie démontrés par 120 portraits, sujets et compositions, etc. Texte et dessins par H. Bruyères. In-8°. 1847. *Aubert*. 30 fr.

Publié en 30 livraisons à 1 fr.

BRUYSSEL (VAN). — Voy. **Van Bruyssel**.

BRY (Auguste), lithographe du Dépôt des cartes et plans de la marine, né à Paris en 1805.

— Raffet, sa vie et ses œuvres; accompagné de 2 portraits de Raffet lithographiés, de 2 eaux-fortes inédites et de 4 fac-simile. In-8°. 1861. *Dentu*. 5 fr.

— Traité de l'autographie, instructions relatives aux dessinateurs, écrivains et imprimeurs, extrait en partie du Manuel à l'usage des élèves.

2ᵉ édition. In-12. 1862. *Chez l'auteur, rue du Bac,* 114. 2 fr.

BRYANT (Ed.), ancien alcade de San-Francisco.

— Voyage en Californie. Description de son sol, de son climat, de ses mines d'or. Traduit par X. Marmier. Augmenté de divers renseignements sur l'état actuel de la Californie, et d'une Notice scientifique sur l'or et son exploitation. In-12 avec 1 carte. 1849. *Arthus Bertrand.* 3 fr. 50 c.

BRYAS (le marquis Ch. de), agronome, président honoraire de l'Académie de Bordeaux.

— Études pratiques sur l'art de dessécher, et diverses impressions de voyage. 3ᵉ édition. 2 vol. in-16. 1857. *Ledoyen.* 4 fr.

BRYDAINE ou **BRIDAINE** (Jacques), missionnaire, né à Chuselan en 1701, mort en 1767.

— Sermons, publiés sur les manuscrits autographes. 3ᵉ édition. 7 vol. in-12. 1861. *Périsse frères.* 14 fr. 50 c.

La 1ʳᵉ édition en 5 volumes est de 1823, et la 2ᵉ en 7 volumes de 1827.

BRYENNE ou **BRYENNIUS** (NICÉPHORE). — Voy. **Nicéphore Bryennius.**

BRYON (Thomas).

— Calendrier des courses de chevaux, ou Racing calendar français, pour l'année 1841, vol. VII. In-12. 1842. *Chez l'auteur.* 10 fr.

1ʳᵉ année en 1833. — La publication n'a pas été continuée.

BUC (L. DEBUIRE DU). — Voy. **Debuire du Buc.**

BUCHER DE CHAUVIGNÉ (A.).

— De la Liberté et de la souveraineté de l'homme, ou la Raison du sacrifice. In-8ᵒ. 1865. Laval, *Mary-Beauchêne.*

BUCHÈRE (Alphonse).

— Les Entraînements des cœurs. 2 vol. in-8ᵒ. 1841. *Souverain.* 15 fr.

— La Réparation forcée, ou Amour et égoïsme; comédie en cinq actes et en vers. In-8ᵒ. 1844. *Tresse.* 50 c.

BUCHÈRE (Ambroise), vice-président du tribunal civil de Rouen, ancien avocat à Paris, né à Paris en 1821.

— Études historiques sur les origines du jury. In-8ᵒ. 1862. *Durand.* 1 fr. 50 c.

Extrait de la « Revue historique de droit ».

— De la Justice civile en Angleterre. In-8ᵒ. 1863. *Ibid.* 2 fr. 50 c.

Extrait de la même Revue.

— De la Justice criminelle en France et en Angleterre. In-8ᵒ. 1860. *Ibid.* 2 fr.

BUCHÈRE DE BEZALLES (P.).

— Un Amour sous enveloppe. — Voy. *North-Peat et Buchère de Bezalles.*

BUCHÈRE DE LÉPINOIS (E. de). — Voy. **Lépinois.**

*Bûcheron (Le) du Liban. In-18. 1857. Vevey. 1 fr. 50 c.

BUCHEZ (Philippe Joseph Benjamin), docteur en médecine, philosophe et historien, ancien saint-simonien, président de l'Assemblée constituante de 1848, né en 1796, mort en 1865.

— Essai d'un traité complet de philosophie, au

point de vue du catholicisme et du progrès. 3 vol. in-8ᵒ. 1839-1840. *Éveillard.* 22 fr. 50 c.

— Histoire parlementaire de la révolution française. 2ᵉ édition, revue et entièrement remaniée par l'auteur, en collaboration avec MM. Jules Bastide, E. S. de Bois-le-Comte et A. Ott. Tomes 1-6. In-12. 1845-1847. *Hetzel.* 21 fr.

Cette édition devait avoir 25 volumes, mais elle n'a pas été continuée; la 1ʳᵉ édition formait 40 vol. in-8ᵒ. 1833-1838. *Paulin.* 160 fr.

— Histoire de la formation de la nationalité française. 2 vol. in-16. 1859. *Dubuisson et Cⁱᵉ.* 1 fr.

Bibliothèque utile.

— Introduction à la science de l'histoire. 2ᵉ édition. 2 vol. in-8ᵒ. 1842. *Guillaumin.* 15 fr.

La 1ʳᵉ édition est de 1833.

BUCHMANN (J.).

— Symbolique populaire, ou Exposition comparative des doctrines controversées entre les protestants et les catholiques. Traduite de l'allemand par Jean Cohen. In-8ᵒ. 1845. *Waille.* 6 fr.

BÜCHNER (Alexandre).

— Jean-Paul et sa Poétique. In-8ᵒ. 1862. *Durand.*

Avec M. Léon Dumont.

Cette étude sert de préface à la traduction de la « Poétique, ou Introduction à l'Esthétique », de J. P. F. *Richter.*

BÜCHNER (Louis), médecin à Darmstadt (Hesse), né dans cette ville en 1824.

— Force et matière; études populaires d'histoire et de philosophie naturelles. Ouvrage traduit de l'allemand. 2ᵉ édition, revue d'après la 8ᵉ édition allemande, par A. Gros-Claude. In-12. 1865. [Leipzig, *Thomas.*] *Reinwald.* 4 fr.

1ʳᵉ édition française traduite par Gamper. 1863. *Ibid.* 3 fr. 50 c. La 1ʳᵉ édition de l'original allemand a été publiée à Francfort-sur-le-Mein en 1855.

BUCHON (Jean Alexandre C.), historien, né en 1791, mort à Paris en 1846.

— Chroniques étrangères relatives aux expéditions françaises pendant le XIIIᵉ siècle; publiées pour la première fois, élucidées et traduites par J. A. Buchon. In-8ᵒ. 1840. *Desrez.* 12 fr.

Collection du « Panthéon littéraire ».

— Esquisse des principaux faits de nos annales nationales du XIIIᵉ au XVIIᵉ siècle, tels qu'on les trouve présentés dans leur germe, leur développement et leurs conséquences dans la collection de nos écrivains originaux de chroniques et mémoires. In-8ᵒ. 1840. *Ibid.* 5 fr.

Pour servir d'introduction à la lecture des chroniques du « Panthéon littéraire ».

— La Grèce continentale et la Morée. Voyage, séjour et études historiques en 1840 et 1841. In-12. 1843. *Ch. Gosselin.* 3 fr. 50 c.

— Histoire des conquêtes et de l'établissement des Français dans les États de l'ancienne Grèce, sous les Villehardouin, à la suite de la quatrième croisade. Tome 1ᵉʳ. In-8ᵒ. 1846. *Renouard.* 7 fr.

L'ouvrage devait avoir 2 volumes.

— Histoire universelle des religions, théogonies, symboles, mystères, dogmes, livres sacrés, origine des cultes, fourberies sacerdotales, etc., mythologies de l'Inde, de la Chine, etc., depuis l'origine du monde jusqu'à nos jours, par une société d'hommes de lettres et de savants, sous la direction de J. A. Buchon. 5 vol. in-8ᵒ. 1844-1846. *Rue Notre-Dame des Victoires,* 26. 30 fr.

— Recherches historiques sur la principauté française de Morée et de ses hautes baronnies. Biblion, etc., et autre poëme grec inédit; suivi du Code diplomatique de la princée de Morée, publiés pour la première fois par Buchon. Première époque. Conquête et établissement féodal de l'an 1206 à l'an 1333. 2 vol. in-8°. 1845. *J. Renouard.* 24 fr.

— Recherches et matériaux pour servir à une histoire de la domination française aux XIIIe, XIVe et XVe siècles dans les provinces démembrées de l'empire grec, à la suite de la quatrième croisade. 1re et 2e parties. In-8°. 1840. *Desrez.* 20 fr.

M. Buchon a encore publié une édition des œuvres de *Brantôme*; il a donné une traduction française des Œuvres complètes de *Macchiavelli*, de Xénophon et de Thucydide (voy. *Xénophon*); et il a publié dans la collection du « Panthéon littéraire » les ouvrages historiques de Polybe, Hérodien et Zosime. Voy. *Polybe*.

BUCHON (Maximin), né à Salins en 1818.

— En province. Scènes franc-comtoises. In-12. 1858. *Lévy frères.* 1 fr.

— Le fils de l'ex-maire. In-32. 1857. Bruxelles, *Hetzel.* 1 fr.

— Noëls et Chants populaires de la Franche-Comté. In-16. 1863. Salins, *Billet.* 1 fr.

— Poésies allemandes de J. P. Hebel, Th. Kœrner, L. Uhland, H. Heine. Traduites par Max. Buchon. In-12 1846. Salins, *Cornu.* 2 fr.

— Poésies franc-comtoises, tableaux domestiques et champêtres. In-16. 1862. Salins, *Duvernois et Billet.* 50 c.

M. Buchon a encore fait des traductions de l'allemand de *Hebel, Auerbach* et *Gotthelf.* — Voy. ces noms.

BUCHONNET (Ch.), professeur à l'École polytechnique suisse.

— Exposition géométrique des propriétés générales des courbes. In-12 avec 2 pl. 1864. [Zurich, Orell.] *Gauthier-Villars.* 3 fr. 50 c.

BUCHWALDER (Édouard).

— Canons rayés, systèmes Armstrong et Whitworth, leur construction, leur puissance. Expériences de Shoeburyness, de Southport, forgeage des canons à Woolwich et à Allevard (Isère). In-8° avec pl. 1861. [Genève.] *Dumaine.* 2 fr.

BUCK (Gabriel).

— Cours élémentaire de langue française, d'après Lhomond. In-12. 1853. *Ducrocq.*

BUCK (le R. P. Victor De). — Voy. **De Buck.**

BUCKINGHAM (J. S.), fondateur-directeur de l'Institut britannique et étranger à Londres.

— Considérations sur quelques réformes sociales qui restent encore à accomplir avant que la civilisation ait atteint son dernier perfectionnement. Discours prononcé à l'Athénée royal de Paris, le 7 décembre 1846. In-8°. 1847. *J. Laisné.* 1 fr.

BUCKLAND (D. William), géologue anglais, né près de Eastminster en 1782, mort en 1859.

— La Géologie et la Minéralogie dans leurs rapports avec la théologie naturelle. — Voy. *Migne,* Démonstrations évangéliques, tome 15.

L'original anglais a été publié à Londres en 1836.

BUCKLE (Henry Thomas), historien anglais, né à Londres en 1822, mort en 1862.

— Histoire de la civilisation en Angleterre. Tra-

duction autorisée, par A. Baillot. 5 vol. in-8°. 1865. Bruxelles, *A. Lacroix, Verboeckhoven et Cie.* 25 fr.

BUCQUET (Paul), inspecteur général adjoint des prisons.

— Tableau de la situation morale et matérielle en France des jeunes détenus et des jeunes libérés, et recherches statistiques sur les colonies agricoles, les établissements correctionnels et les sociétés de patronage de jeunes détenus. In-4° de 10 f. 1853. *Imprimerie Dupont.*

BUDAN (A.).

— La Guadeloupe pittoresque. Texte et dessins. In-fol. avec 12 pl. 1863. *Noblet et Baudry.* 50 fr.

BUDD (Robert), professeur.

— La Méthode de la nature pour apprendre facilement et en peu de temps les langues vivantes. Adaptée à la langue anglaise, à l'usage des Français. 4e édition. In-12. 1865. *Chez l'auteur, rue Saint-Sulpice,* 9. 2 fr.

La 1re édition est de 1854.

BUDÉ.

— Traitté de la venerie, par feu M. Budé, conseiller du Roy François Ier, et maistre des requestes ordinaires de son hostel. Traduit du latin en françois par Loys Le Roy dict Regius, suyvant le commandement qui lui en a esté faict à Blois par le Roy Charles IX; publié pour la première fois, d'après le manuscrit de l'Institut, par Henri Chevreul. Pot. in-8°. 1861. *Aubry.* 5 fr.

BUDÉ (Eugène de), né en 1836 au Petit-Saconne, près Genève.

— Un Détail sur l'escalade. In-12. 1860. Genève, *Cherbuliez.* 50 c.

— Roses et cyprès, poésies. In-8°. 1862. *Ibid.* 2 fr.

M. Budé a traduit de l'anglais : « Histoire d'une souris », de Mrs. *Perring.*

BUDÉ (T.) a publié des éditions classiques des auteurs suivants: *Hérodote, Lucien, Plutarque, Sophocle, Thucydide* et *Xénophon.* — Voy. ces noms.

BUFFAULT (Ernest).

— Un Ami dans la peine; folie-vaudeville en un acte. In-8°. 1861. *Beck.* 60 c.

— Qui crève les yeux les paye; comédie. — Voy. *Renneville et Buffault.*

BUFFAUT (A. de CUBIÈRES). — Voy. **Cubières.**

BUFFIER (le R. P.), de la Compagnie de Jésus, né en Pologne en 1661, mort à Paris en 1737.

— Œuvres philosophiques; avec des notes et introduction par Francisque Bouillier. In-12. 1843. *Charpentier.* 3 fr. 50 c.

Ce volume contient : Traité des premières vérités, Éléments de métaphysique, Examen des préjugés vulgaires.

— Expositions des preuves les plus sensibles de la véritable religion. — Voy. *Migne,* Démonstrations évangéliques, tome 9.

— La Vie du comte Louis de Sales, frère de saint François de Sales. In-12. 1851. Limoges, *Barbou.* 1 fr.

La 1re édition a été publiée en 1708.

BUFFIÈRES (L.).

— Faits mémorables de l'histoire d'Angleterre, d'après John Lingard et Augustin Thierry, depuis les temps les plus reculés jusqu'à l'exposition du palais de cristal. In-8° avec 12 lithographies à deux teintes, par Victor Adam. 1852. *Allouard et Kaeppelin.* 10 fr.

M. Buffières a traduit du russe : « Mœurs et superstitions russes », par Ivan *Tourgueneff.*

BUFFON (Geo. L. LECLERC, comte de), naturaliste, membre de l'Académie française et de l'Académie des sciences, né à Montbart en Bourgogne en 1707, mort à Paris en 1788.

— Œuvres complètes avec des extraits de Daubenton et la classification de Cuvier. 6 vol. gr. in-8° avec 128 pl. coloriées. 1860-1862. *Furne et C*[ie]. 75 fr.

— Œuvres complètes avec les suites par M. Lesson. Illustrées de 500 sujets. 19 vol. in-18. 1845-1847. *Lévêque.* 30 fr.

— Œuvres complètes, augmentées de la classification de G. Cuvier. 9 vol. in-8°. 1844. *Abel Ledoux.* Avec fig. noires, 27 fr.; coloriées, 45 fr.

— Œuvres complètes, avec les suites par M. Achille Comte. 6 vol. in-8° avec 161 pl. et un portrait. 1846. *Ibid.* Avec fig. noires, 60 fr.; coloriées, 85 fr.

— Œuvres, avec les suppléments de Lacépède, Cuvier, Réaumur, enrichies d'histoires et d'anecdotes empruntées aux voyageurs français et anglais, par M. Morin. 2 vol. in-8° avec vignettes et 16 grav. 1860. *Vermot.* Avec fig. noires, 11 fr.; coloriées, 17 fr.

— Même édition. 4 vol. in-12 avec vignettes et 16 grav. 1860. *Ibid.* 12 fr.

— Œuvres choisies, précédées d'une notice sur sa vie et ses ouvrages, par D. Saucié. Nouvelle édition, illustrée par M. Werner. In-8°. 1855. Tours, *Mame et C*[ie]. 2 fr. 50 c.

— Œuvres choisies, contenant les discours académiques, des extraits de la théorie de la terre, les époques de la nature, la génésie des minéraux, l'histoire naturelle de l'homme et des animaux. 2 vol. in-12. 1865. *Didot frères.* 6 fr.

1re édition en 1848.

— Les Beautés de Buffon, ou Choix des passages les plus remarquables de cet auteur, sous le rapport de la pensée et du style, recueillis par M*me* Dufresnoy. In-12 avec 1 grav. 1851. Limoges, *Ardant.* 1 fr. 25 c.

— Chefs-d'œuvre littéraires de Buffon, avec une introduction de M. Flourens. 2 vol. in-8°. 1864. *Garnier frères.* 15 fr.

— Correspondance inédite de Buffon, à laquelle ont été réunies les lettres publiées jusqu'à ce jour, recueillie et annotée par M. Henri Nadault de Buffon, son arrière-petit-neveu. 2 vol. in-8°. 1860. *Hachette et C*[ie]. 16 fr.

— Discours académiques. Édition classique, précédée d'une notice littéraire, par J. Genouille. In-18. 1864. *Delalain et fils.* 1 fr. 25 c.

1re édition en 1840.

— Génie de Buffon. Choix des meilleurs morceaux de cet auteur, par un ecclésiastique. In-12. 1858. Tours, *Mame et C*[ie]. 60 c.

— Histoire naturelle des mammifères, des oiseaux, des reptiles et des poissons. In-12 avec 8 lithographies. 1852. *Fontency et Peltier.* 4 fr.

— Morceaux choisis de Buffon, suivis de morceaux choisis de Lacépède, avec notes. In-18. 1850. *Lecoffre.*

— Morceaux choisis. Nouvelle édition, avec notes et introduction par M. Georges Ville. In-18. 1850. Lyon, *Périsse frères.* 80 c.

— Morceaux choisis de Buffon, ou Recueil de ce que ses écrits ont de plus parfait sous le rapport du style et de l'éloquence. In-12. 1860. *V*[e] *J. Renouard.* 1 fr. 50 c.

— Morceaux choisis de Buffon, suivis de morceaux choisis de Lacépède, avec notes par M. L. Desdouits. In-12. 1861. *Lecoffre et C*[ie]. 1 fr. 25 c.

— Morceaux choisis. Nouveau recueil de morceaux choisis de Gueneau de Montbeillard, avec des notes littéraires, philologiques et scientifiques, par M. Hemardinquer. In-12. 1852. *Dezobry, E. Magdeleine.* 1 fr. 50 c.

— Morceaux choisis de Buffon, par A. Rolland. Autorisé par l'Université. In-12. 1849. *Delalain.* 1 fr. 25 c.

Sous le titre : « Suites à Buffon », l'éditeur Roret a publié une série d'ouvrages d'histoire naturelle qui complètent les œuvres de Buffon. Publiée avant 1840, cette collection n'entre pas dans le cadre de ce catalogue, mais le même éditeur a publié plus tard une seconde collection : « Nouvelles suites à Buffon », dont on trouve les volumes aux noms de leurs auteurs. — Voy. *Delafosse, Aug. Duméril, Félix Dujardin,* Isid. *Geoffroy Saint-Hilaire,* J. Th. *Lacordaire, Lepelletier de Saint-Fargeau,* R. P. *Lesson,* H. Milne *Edwards,* P. *Rambur,* Ed. *Spach,* Ch. A. *Walckenaer.*

***Buffon** du jeune âge. Promenades au jardin des Plantes. Gr. in-12 avec un frontispice et 11 lithographies. 1854. *Bédelet.* Fig. noires, 4 fr.; coloriées, 5 fr. 25 c.

***Buffon** (le) pittoresque de la jeunesse, ou Tableaux instructifs et amusants de l'histoire des animaux, contenant la description des mœurs et habitudes des mammifères, oiseaux, poissons et reptiles. Orné de 12 grav. Nouvelle édition. In-12. 1865. *Th. Lefèvre.* Noir, 2 fr. 75 c.; color., 3 fr. 50 c.

BUFFON (B. NADAULT DE). — Voy. **Nadault de Buffon.**

BUFNOIR (Claude), avocat à la cour impériale et agrégé à la Faculté de droit de Paris, né à Autun en 1832.

— Théorie de la condition dans les divers actes juridiques suivant le droit romain. In-8°. 1865. *Cotillon.* 7 fr.

BUGEAUD DE LA PICONNERIE (Thomas Robert), duc D'ISLY, maréchal de France, gouverneur général de l'Algérie, né à Limoges en 1784, mort à Paris en 1849.

— L'Algérie. Des moyens de conserver et d'utiliser cette conquête. In-8°. 1842. *Dentu.* 2 fr. 50 c.

— Aperçus sur quelques détails de la guerre, avec des planches explicatives. 4e édition. In-32. 1860. *Leneveu.*

La 1re édition est de 1832.

— Instructions pratiques pour les troupes en campagne. In-18 avec planches. 1854. *Ibid.* 3 fr.

— Maximes, conseils et instructions sur l'art de la guerre, ou Aide-mémoire pratique de la guerre, à l'usage des militaires de toutes armes et de tous pays, d'après un manuscrit rédigé en 1815, par un général d'alors, et revu en 1855. In-16. 1855. *Ibid.* 3 fr.

Anonyme. — 24e édition en 1863.

— Les Socialistes et le travail en commun. In-18. 1848. *Gerdès.* 35 c.

BUGNARD (Georges Joseph), ancien principal au collége de Bagnères.

— Le Fils d'un vieux soldat. 4e édition. Tome I. In-8°. 1853. *Martinon.* 1 fr.

La 3e édition a paru en 1849 sous le titre de: « le Fils d'un vieux soldat, ou Translation des cendres de Napoléon ». In-8°. Tarbes, *imprimerie Fouga.* 1 fr.

BUGNIOT (l'abbé Claude Félix), directeur de l'œuvre des Petits-Savoyards à Châlon-sur-Saône, né à Demigny (Saône-et-Loire) en 1828.

— Les Petits Savoyards, ou Exploitation de l'enfant par l'homme. In-8°. 1863. Châlon-sur-Saône, *Mulcey.* 60 c.

— Les Petits Savoyards ramoneurs, dangers physiques et moraux auxquels ils sont exposés, mesures prises pour les protéger efficacement. Deux graves abus à réprimer. In-8°. 1865. Annecy, *Burdet.*

— Le Pieux communiant, traduit de l'anglais. — Voy. *Baker* (le R. P.).

— Saint Marcel, martyr, apôtre du Châlonnais, et saint Agricol, confesseur, évêque de Châlon-sur-Saône. In-16. 1862. Châlon-sur-Saône, *Mulcey.* 25 c.

— Vie de Jehan Germain, évêque de Châlon-sur-Saône, et histoire de deux chapelles de l'église cathédrale de Saint-Vincent de Châlon-sur-Saône, avec pièces justificatives et documents inédits. In-4°. 1862. *Ibid.* 6 fr.

BUHOT DE KERSERS (Alphonse), ancien élève de l'École polytechnique, né à Guingamp (Côtes-du-Nord) en 1802.

— Étude littéraire sur le génie et les écrits du cardinal de Retz. In-8°. 1862. Bourges, *Just Bernard.* 2 fr.

— Histoire de Latour d'Auvergne, premier grenadier de France; rédigée d'après sa correspondance, ses papiers de famille et les documents les plus authentiques. In-8°. 1841. *Paulin.* 3 fr. 50 c.

BUILHIÉ-LAPLACE (A.).

— Les Soirées d'été. In-12. 1863. *Hachette et Cie.* 2 fr.

BUIS (L.), membre titulaire de la Société des sciences médicales et naturelles de Bruxelles.

— Traitement des kystes de l'ovaire par aspiration continue. — Nouvel instrument. — Mémoire adressé à la Société des sciences médicales et naturelles de Bruxelles. Suivi du rapport lu en séance du 5 décembre 1864, par le docteur Eug. Janssens. In-8° avec grav. 1865. Bruxelles, *H. Manceaux.*

BUISSERET (D.), professeur à l'école moyenne de Thuin.

— Conférences sur la culture et la taille des arbres fruitiers. 1re et 2e parties. In-8°. 1864. Bruxelles, *Tarlier.* 1 fr. 75 c.

BUISSON, docteur en médecine de la Faculté de Paris.

— Traité sur la folie, le choléra et la morve, les moyens préservatifs et curatifs. In-8°. 1865. *Chez l'auteur, rue Saint-Antoine,* 25. 2 fr. 50 c.

BUISSON (Eugène), pasteur de l'Église réformée.

— L'Homme, la Famille et la Société, considérés dans leurs rapports avec le progrès moral de l'humanité. 3 vol. in-12. 1857. *Cherbuliez.* 5 fr.

— Les Paraboles de l'Évangile, expliquées et développées en 19 discours. In-12. 1849. *Ibid.* 3 fr.

— La Société considérée dans le rapport de ses divers éléments avec le progrès moral de l'humanité. In-12. 1851. *Ibid.*

BUISSON (Ferdinand).

— Le Christianisme libéral. In-8°. 1864. *Dentu.* 1 fr.

— L'Orthodoxie et l'Évangile dans l'Église réformée. Réponse à M. Bersier. In-8°. 1864. *Ibid.* 50 c.

BUISSON (J. B.).

— La République chrétienne. Les lois du travail. In-8°. 1852. *Sagnier et Bray.*

BUISSON (le comte DUMESNIL DU). — Voy. **Dumesnil du Buisson.**

BUISSON D'AUSSONNE (le comte Sylvestre de).

— Les d'Orléans à Londres. A M. le duc d'Aumale. In-8°. 1861. *Dentu.* 50 c.

BUJAULT (Jacques), laboureur à Chaloue près Melle.

— Amendements et prairies. Traité populaire, extrait des Œuvres de Jacques Bujault, avec des notes explicatives et un résumé complet des notions les plus exactes sur les amendements et les engrais, par N. Basset. In-18. 1854. *Goin.* 60 c.

— Du Bétail en ferme. Traité populaire, extrait des Œuvres de Jacques Bujault, mis en ordre par N. Basset. In-18. 1854. *Ibid.* 60 c.

— Leçons pratiques d'agriculture. Proverbes agricoles, réunis par A. du Peyrat. In-8°. 1853. *Bouchard-Huzard.* 25 c.

— Œuvres de Jacques Bujault, laboureur à Chaloue, complétées et accompagnées de notes inédites, par J. Rieffel et E. Ayrault. 3e édition. In-8° avec 33 grav. 1864. [Niort, *Clouzot.*] *Librairie agricole.* 6 fr.

La 1re édition est de 1845. 7 fr. 50 c.

BUJEAUD (Jérôme), membre de la Société de statistique de Niort et de la Société archéologique de la Charente, né à Angoulême en 1834.

— Chants et chansons populaires des provinces de l'Ouest, Poitou, Saintonge, Aunis et Angoumois, avec les airs originaux, recueillis et annotés par Jérôme Bujeaud. 2 vol. gr. in-8°. 1865-1866. Niort, *Clouzot.* 20 fr.

Extrait des « Mémoires de la Société de statistique, sciences et arts des Deux-Sèvres ».

— Un Drame dans la charmille; drame intime en quatre actes. In-12 avec 2 grav. 1861. Nantes, *Guéraud et Cie.* 1 fr.

C'est la 2e édition de l'ouvrage; la 1re avait été imprimée en 1860 à Monaco.

— Jacquet-Jacques. In-12. 1863. *Hetzel.* 3 fr.

BUJEAUD (Victor), membre de la Société archéologique de la Charente, né à Angoulême en 1829.

— Catalogue des pièces les plus importantes contenues dans les registres du Parlement de Paris, concernant l'Angoumois, la Saintonge et le Poitou. In-8°. 1865. Niort, *Clouzot.* 3 fr.

Tiré à 100 exemplaires numérotés.

— Chronique protestante de l'Angoumois, xviᵉ, xviiᵉ, xviiiᵉ siècles. In-8º. 1861. *Meyrueis.* 6 fr.

BULARD (Charles), directeur de l'Observatoire d'Alger.

— Notice sur l'éclipse totale de soleil du 18 juillet 1860, visible en Espagne et en Algérie. In-8º avec carte. 1860. [Alger.] *Challamel.* 1 fr. 25 c.

— Probabilités météorologiques pour l'année 1864. In-16. 1864. Tours, *Ladevèze.* 50 c.

BULAU (Frédéric), historien et publiciste allemand, professeur à l'Université de Leipzig, né à Freiberg (Saxe), en 1805, mort à Leipzig, en 1859.

— Personnages énigmatiques, histoires mystérieuses, événements peu ou mal connus. Traduit de l'allemand par W. Duckett. 3 vol. in-12. 1861. *Poulet-Malassis.* 10 fr. 50 c.

Ce n'est qu'un extrait de l'ouvrage allemand qui forme 12 volumes.

BULEAU (Théod.).

— Les Trois âges de l'architecture gothique. — Voy. *Popp et Buleau.*

BULGARI (N. T.), de Corfou.

— L'Orient chrétien et l'Europe. In-12. 1853. *Dentu.* 50 c.

— Les Sept îles Ioniennes et les traités qui les concernent. In-8º. 1859. Leipzig, *Brockhaus.* 2 fr.

BULGARIN (Th.), écrivain russe, né dans le gouvernement de Minsk en 1789, mort à Dorpat en 1859.

— Iwan Wuishigin, ou le Gil Blas russe; roman moral et satirique. Traduit du russe par J. P. Crouzet. 2ᵉ édition, revue et corrigée. In-12. 1860. *Repos.* 3 fr. 50 c.

BULLANDRE.

— Le Livre de Simon de Bullandre, prieur de Milly en Beauvoisis. A très-noble et très-docte seigneur Jean de Boufflers, sieur de Lyesse. In-4º, 38 p. 1865. [Lyon, *imprimerie Perrin.*] Beauvais, *Pineau.*

Reproduction conforme à l'original qui a été publié en 1585 à Paris.

BULLET (Jean Baptiste), professeur de théologie à Besançon, né à Besançon, en 1699, mort en 1775.

— Histoire de l'établissement du christianisme tirée des seuls auteurs juifs et païens. — Voy. *Migne,* Démonstrations évangéliques, tome 12.

Ouvrage publié pour la 1ʳᵉ fois en 1764.

BULLIOT (J. Gabriel).

— Essai historique sur l'abbaye de Saint-Martin d'Autun, de l'ordre de Saint-Benoît. 2 vol. in-8º. 1849. Autun, *Dejussieu.* 10 fr.

— Essai sur le système défensif des Romains dans le pays éduen. In-8º avec 9 cartes. 1856. *Dumoulin.* 6 fr.

— Le Mont-Beuvray et la croix de Saint-Martin. In-8º. 1851. Autun, *Dejussieu.* 1 fr.

Avec J. de Fontenay.

BULWER (Sir Edward Earle Lytton) ou Bulwer-Lytton, romancier, poëte et homme politique anglais, né à Heydon-Hall (Norfolk), en 1805. En 1838 il a été créé baronnet Lytton, du nom de sa mère.

— Aventures de Pisistrate Caxton. Traduit par

Édouard Scheffter. In-12. 1857. *Hachette et Cⁱᵉ.* 2 fr.

Nouvelle édition en 1864. 2 vol. 2 fr.

— Le même, sous le titre : la Famille Caxton. Traduit par Amédée Pichot. 2 vol. in-8º. 1853. *Perrotin.* 10 fr.

Nouvelle édition. 2 vol. in-12. 1864. *Lévy frères.* 2 fr.

— Le Dernier des barons. Traduit par Antoine Dilmans. 4 vol. in-8º. 1843. *Ch. Leclère.* 30 fr.

— Le même. Traduit par Mlle A. Sobry. 4 vol. in-8º. 1844. *Dumont.* 30 fr.

— Le même. Traduit sous la direction de P. Lorain, par Mme Bressant. 2 vol. in-12. 1859. *Hachette et Cⁱᵉ.* 4 fr.

— Les Derniers jours de Pompéi. Traduit par Hipp. Lucas, sous la direction de P. Lorain. In-12. 1859. *Ibid.* 2 fr.

Nouvelle édition en 1864. *Ibid.* 1 fr.

— Le Désavoué. Traduit par M. Corréard, sous la direction de P. Lorain. 2 vol. in-12. 1858. *Ibid.* 4 fr.

— Devereux. Traduit par William L. Hugues. In-12. 1859. *Ibid.* 2 fr.

Nouvelle édition en 1865. 2 vol. 2 fr.

— Ernest Maltravers. Traduit par Mlle Collinet. In-12. 1859. *Ibid.* 2 fr.

Nouvelle édition en 1865. 1 fr.

— Eugène Aram. Traduit par A. J. B. Defauconpret. In-12. 1842. *Ch. Gosselin.* 3 fr. 50 c.

— Harold, le dernier des rois saxons. Traduit de l'anglais. 2 vol. in-8º. 1852. *Guiraudet et Jouaust.* 15 fr.

— Le Jour et la nuit. Traduit de l'anglais par Charles Bernard Derosne. 2 vol. in-12. 1865. *Lévy frères.* 2 fr.

— Lucretia, ou les Enfants de la nuit. Traduit par Benj. Laroche. 2 vol. in-8º. 1848. *Baudry.* 15 fr.

— Le même. In-4º illustré. 1857. *Havard.* 50 c.

— Mon Roman. Traduit par H. de l'Espine. 2 vol. in-12. 1861. *Hachette et Cⁱᵉ.* 4 fr.

— Paul Clifford. Traduit par Virgile Boileau. 2 vol. in-12. 1858. *Ibid.* 4 fr.

— Qu'en fera-t-il? Traduit par Amédée Pichot. 2 vol. in-12. 1860. *Ibid.* 4 fr.

— Rienzi, le dernier des tribuns de Rome. Traduit sous la direction de P. Lorain. 3 vol. in-12. 1859. *Ibid.* 6 fr.

Nouvelle édition en 1865. 2 vol. in-12. *Ibid.* 2 fr.

— Soir et matin, ou la Vie humaine. Traduit par Mlle Sobry. 2 vol. in-8º. 1841. *Ch. Gosselin.* 15 fr.

— Zanoni. Traduit par Mlle A. Sobry. 2 vol. in-8º. 1843. *Dumont.* 15 fr.

— Le même. Traduit sous la direction de P. Lorain. In-12. 1858. *Hachette et Cⁱᵉ.* 2 fr.

BUNEL (Louis).

— Jérusalem, la côte de Syrie et Constantinople en 1853. In-8º. 1854. *Sagnier et Bray.* 7 fr.

BUNGENER (Louis Félix), pasteur protestant, né à Marseille, en 1814.

— Calvin, sa vie, son œuvre et ses écrits. In-12. 1862. *Cherbuliez.* 3 fr. 50 c.

2ᵉ édition en 1865.

— Calvin. Quelques pages pour la jeunesse à l'occasion du 27 mai 1864. In-8º. 1864. *Ibid.* 50 c.

— Christ et le siècle. Quatre Discours. In-12. 1856. *Ibid.* 1 fr. 25 c.

— Le Christianisme au xiv⁰ siècle. — Voy. *Gasparin, de Pressensé et Bungener.*

— Deux Noëls et deux arbres. Quelques pages pour les enfants. In-18. 1863. Lausanne, *G. Bridel.* 20 c.

— Histoire du concile de Trente. 2 vol. in-12. 1854. *Cherbuliez.* 6 fr.

Une 1ʳᵉ édition est de 1846.

— Julien, ou la Fin d'un siècle. 4 vol. in-12. 1853. *Ibid.* 12 fr.

— Lincoln, sa vie, son œuvre et sa mort. In-12. 1865. Lausanne, *G. Bridel.* 1 fr. 50 c.

— Notes sur les principaux passages du Nouveau Testament qui combattent les erreurs de l'Église romaine. 3ᵉ édition. In-18. 1856. Nimes, *B. R. Garve.*

La préface est signée : « Bungener ».

— Rome et la Bible. Manuel du controversiste évangélique. In-12. 1859. *Cherbuliez.* 3 fr. 50 c.

2ᵉ édition en 1860.

— Rome et le cœur humain. Études sur le catholicisme. In-12. 1861. *Ibid.* 3 fr. 50 c.

— Rome à Genève et l'Encyclique. Lettre à Mgr. Mermillod. In-12. 1865. *Ibid.* 50 c.

— Rome à Paris. Lettre à Mgr. l'archevêque. In-12. 1855. *Ibid.* 30 c.

— Un Sermon sous Louis XIV, suivi de Deux soirées à l'hôtel de Rambouillet. 5ᵉ édition. In-12. 1859. *Ibid.* 3 fr. 50 c.

La 1ʳᵉ édition du « Sermon sous Louis XIV » a paru en 1844 ; les « Deux soirées à l'hôtel de Rambouillet » avaient déjà été publiées séparément en 1839.

— Trois Sermons sous Louis XV : Un sermon à la cour. Un sermon à la ville. Un sermon au désert. 4ᵉ édition, revue par l'auteur. 3 vol. in-12. 1861. *Ibid.* 7 fr. 50 c.

La 1ʳᵉ édition est de 1849.

— Trois jours de la vie d'un père. Quelques pages intimes. In-12. 1863. *Ibid.* 1 fr.

— Voltaire et son temps. Études sur le xviii⁰ siècle. 2 vol. in-12. 1850. *Ibid.* 7 fr.

2ᵉ édition en 1851.

BUNSEN (Robert), chimiste allemand, professeur à l'Université de Heidelberg, né à Gœttingue, en 1811.

— Analyses chimiques des sources de Bade. — Voy. *Robert,* Bade et ses thermes.

— Méthodes gazométriques. Traduction faite sous les yeux de l'auteur, par Th. Schneider. In-8⁰ avec figures imprimées dans le texte. 1858. *Victor Masson.* 8 fr.

— Théorie chimique de la combustion de la poudre. Traduit par A. Terquem. In-8⁰. 1859. *Corréard.* 3 fr.

Avec L. Schischkoff.

BUNYAN (John), théologien anglais du xvii⁰ siècle, fils d'un chaudronnier, né à Elstow près de Bedford, en 1628, mort à Londres, en 1688.

— La Sainte guerre, ou le Géant Diabolos, usurpateur d'Immortelle, expulsé par le grand roi Schaddaï. Traduit de l'anglais. In-12 avec 1 grav. 1842. *Delay.* 2 fr. 50 c.

— Le Voyage du chrétien vers l'éternité bienheureuse, où l'on voit représentés, sous diverses images, les différents états, les progrès et l'heureuse fin d'une âme chrétienne qui cherche Dieu en Jésus-Christ. Nouvelle édition, illustrée. In-18. 1863. *Meyrueis et Cⁱᵉ.* 1 fr. 50 c.

— Le même. In-18. 1852. Toulouse. 1 fr.

La 1ʳᵉ édition de l'original anglais a été publiée vers 1666, la 1ʳᵉ traduction française en 1716.

— Christiana et ses enfants, faisant suite au Voyage du chrétien vers la bienheureuse éternité. Traduit de l'anglais. In-12. 1855. *De Vresse.* 2 fr.

BUOB (Charles), docteur en théologie, pasteur à Reitwiller (Bas-Rhin), né à Strasbourg en 1818.

— Manuel d'un code ecclésiastique, à l'usage des deux Églises protestantes de France. In-8⁰. 1855. *Vᵉ Berger-Levrault et fils.* 2 fr. 50 c.

BUON (Jean Pierre), ancien curé, né à Sainte-Sabine (Sarthe) en 1801.

— Anthropos, ou l'Homme et ses destinées immortelles. 2ᵉ édition. In-8⁰ avec grav. 1864. Versailles, *imprimerie Cerf.* 1 fr. 50 c.

BUONAFÈDE (le P. Appiano), général de l'ordre des Célestins, professeur de théologie à Naples, né à Comacchio dans le Ferrarais, en 1716, mort à Rome, en 1793.

— Histoire critique et philosophique du suicide. Traduite de l'italien par G. Armellino et M. L. F. Guerin. In-8⁰. 1840. *Debécourt.* 7 fr.

BUONCOMPAGNI (le chevalier), homme politique italien, membre du Parlement, ministre plénipotentiaire du roi d'Italie.

— L'Italie et la question romaine. In-8⁰. 1862. *Dentu.* 1 fr.

— Le Pouvoir temporel du pape. Traduction et préface de Ladislas Mickiewicz, avec introduction d'Armand Lévy. Gr. in-8⁰. 1863. *Ibid.* 6 fr.

BUQCELLOS, l'un des pseudonymes de M. Simon **Bloquel.** — Voy. ce nom.

BURAT (A.).

— Arithmétique. In-8⁰. 1846. *Bachelier.* 4 fr. 50 c.

BURAT (Amédée), ingénieur et géologue, professeur à l'École centrale des arts et manufactures.

— Études sur les gîtes calaminaires et sur l'industrie du zinc en Belgique. In-8⁰. 1846. *Langlois et Leclercq.* 1 fr. 50 c.

— Études sur les mines. Théorie des gîtes métallifères, appuyée sur la description des principaux types du Harz, de la Saxe, des provinces rhénanes, de la Toscane, etc. In-8⁰. 1845. *Ibid.* 6 fr. 50 c.

— Études sur les mines. (Supplément.) Description de quelques gîtes métalliques de l'Algérie, de l'Andalousie, du Taunus et du Westerwald (Prusse), et de la Toscane. In-8⁰. 1846. *Ibid.* 3 fr.

— Géologie appliquée. Traité du gisement et de l'exploitation des minéraux utiles. 4ᵉ édition, divisée en deux parties. 1ʳᵉ partie : Géologie pratique. 2ᵉ partie : Exploitation des mines. 2 vol. in-8⁰. 1858-1859. *Ibid.* 20 fr.

1ʳᵉ édition, 1843 ; 2ᵉ édition, 1846, 3ᵉ édition, 1855 ; les deux premières éditions ne formaient qu'un volume.

— De la Houille. Traité théorique et pratique des combustibles minéraux (houille, anthracite, lignite, etc.). In-8⁰ avec 17 pl. 1851. *Ibid.* 12 fr.

— Le Matériel des houillères en France et en Belgique. Description des appareils, machines et constructions employés pour exploiter la houille. In-8° avec atlas in-fol. de 77 pl. 1860. *Noblet.* 60 fr.

— Supplément au Matériel des houillères en France et en Belgique. Roulage souterrain, extraction, aérage, épuisement des eaux, transports et manutentions au jour, lavage des charbons menus et fabrication des agglomérés; avec un second atlas de 40 pl. In-8° avec atlas in-fol. 1865. *Noblet et Baudry.* 30 fr.

— Mémoire sur le gisement de la houille dans le bassin de Saône-et-Loire. In-8° avec 4 pl. 1842. *Langlois et Leclercq.* 2 fr.

— Minéralogie appliquée. Description des minéraux employés dans les industries métallurgiques et manufacturières, dans les constructions et dans l'ornement; avec figures intercalées dans le texte. In-8°. 1864. *Noblet et Baudry.* 10 fr.

— Situation de l'industrie houillère en 1863. In-8°. 1864. *Ibid.* 2 fr. 50 c.

— Situation de l'industrie houillère en 1864. In-8°. 1865. *Ibid.* 2 fr. 50 c.

BURAT (Jules), professeur au Conservatoire des arts et métiers.

— Exposition de l'industrie française de 1844. — Voy. *Challamel.*

BURAT DE GURGY (Henri de).

— Le Diable boiteux des enfants. Scènes morales pour l'éducation. In-12. 1849. *Lehuby.* 3 fr.

— L'Écolier de Barcelone, avec une préface de M. Louis Desnoyers; suivi du Fils du braconnier et le petit noir. In-18. 1841. *Desesserts.* 5 fr.

— Voyage au pays de Cocagne. In-12. 1863. *Vermot.* 60 c.

BURBURE (le chevalier Léon de).

— Recherches sur les facteurs de clavecins et es luthiers d'Anvers, depuis le xvie siècle jusqu'au xixe siècle. In-8°. 1863. Bruxelles, *M. Hayez.* fr. 25 c.

BURCH (VAN DER). — Voy. **Van der Burch.**

BURCHARD, évêque de Worms, né dans le ays de Hesse, mort en 1026.

— Voy. *Migne*, Patrologie latine, tome 140.

BURCKARD (le docteur), médecin allemand.

— Nouvelle médecine sans médecin, ou Remèdes simples, peu coûteux, faciles à préparer t à administrer, pour guérir la plupart des maladies qui attaquent le corps humain, conserver la anté et vivre longtemps. Précédé d'une instruction sur la nature, le choix, la préparation des emèdes en général. Traduit en partie de l'allemand, sur la 7e édition, du docteur Burckard. e édition. In-12. 1853. Limoges, *Ardant.* 3 fr.

La 1re édition française est de 1828.

BURDEL (le docteur Édouard), médecin de l'hospice de Vierzon.

— De l'Ivrognerie, de ses effets désastreux sur l'homme, la famille, la société, et des moyens d'en arrêter les ravages. In-12. 1854. *Victor Masson.* 1 fr. 25 c.

— Recherches sur les fièvres paludéennes, suivies d'études physiologiques et médicales sur la Sologne. In-12. 1858. *Ibid.* 3 fr.

BURDET.

— Exposition de la doctrine romaine sur le régime dotal, avec introduction historique. In-8°. 1858. [Grenoble.] *Durand.* 4 fr.

— De l'Influence des anciennes institutions féodales sur la formation de quelques parties du droit civil en France et spécialement dans la province du Dauphiné. In-8°. 1858. *Ibid.* 3 fr.

BURDIN jeune (Charles), médecin, membre de l'Académie de médecine, né à Paris, vers 1778, mort en 1856.

— Histoire académique du magnétisme animal, accompagnée de notes et de remarques critiques sur toutes les observations et expériences faites jusqu'à ce jour. In-8°. 1841. *J. B. Baillière.* 8 fr.

Avec Fr. Dubois.

BURDIN (Gustave de).

— Documents historiques sur la province de Gévaudan. 2 vol. in-8°. 1847. Toulouse, *Chapelle.* 15 fr.

BURDWOOD (John).

— Routier de l'Australie, détroit de Torrès et mer de Corail. Traduit de l'anglais et annoté d'après les travaux hydrographiques les plus récents, par A. Le Gras. 2 vol. in-8°. 1855-1861. 8 fr.

Publications du Dépôt de la marine.

BURE (Eugène).

— Études sur le gouvernement de la France. In-8°, 312 p. 1864. *Imprimerie Dubois et Vert.*

BUREAU (Allyre).

— Manuel des aspirants aux fonctions de conducteur et d'agent voyer. — Voy. *Vauthier.*

BUREAU (Édouard), docteur en médecine et docteur ès sciences naturelles, né à Nantes en 1830.

— De la Famille des Loganiacées, et des plantes qu'elle fournit à la médecine. In-4°. 1856. *J. B. Baillière.* 2 fr. 50 c.

— Monographie des Bignoniacées, ou Histoire générale et particulière des plantes qui composent cet ordre naturel. Ouvrage accompagné de planches dessinées par M. Faguet, et gravées sur cuivre. 1re partie. In-4° avec 31 pl. 1864. *Baillière et fils.* 30 fr.

M. le docteur Bureau a fourni de nombreux articles au «Bulletin de la Société de botanique», à celui de la Société géologique et à plusieurs autres recueils scientifiques.

BUREAU (Th.).

— Manuel des chauffeurs et conducteurs de machines à vapeur, comprenant la description, la conduite, l'entretien et les dérangements des machines à vapeur fixes employées dans l'industrie. In-12 avec 103 fig. 1861. [Gand, *H. Hoste.*] *E. Lacroix.* 4 fr.

BUREAUD-RIOFREY (A. M.), docteur en médecine.

— Du Choléra, des moyens préservatifs et curatifs. Nouvelle édition, annotée par H. Bureaud-Riofrey fils. In-18. 1865. *Lefrançois.* 1 fr. 50 c.

1re édition. In-8°. 1847. *G. Baillière.* 3 fr.

— Curabilité de la phthisie et des scrofules, appuyée sur des preuves authentiques. In-8°. 1847. *Germer Baillière.* 5 fr.

— Londres et les Anglais des temps modernes. 2 vol. in-8°. 1846. *Truchy.* 15 fr.

BUREL (Eugène), ingénieur civil.

— Montage et manœuvre du métier à tisser mécanique. In-18. 1865. *Aux bureaux du journal la Célébrité.* 1 fr.

BURET (D.).

— Esprit de vérité, ou Métaphysique des esprits. La Vie de l'âme est amour. In-12. 1856. *Petit-Pierre.* 1 fr. 50 c.

BURETTE (Théodose), professeur d'histoire à l'Académie de Paris, né à Paris, en 1804, mort en 1847.

— Histoire ancienne. 3 vol. in-18. 1843. *Chamerot.* 10 fr. 50 c.

— Histoire de France par Th. Burette, continuée depuis 1789 jusqu'en 1830, par M. Magin. 2 vol. in-12. 1847. *Ibid.* 7 fr.

— Histoire de France, depuis l'établissement des Francs dans la Gaule jusqu'en 1830; enrichie de 500 dessins par Jules David, gravés par les premiers artistes. 2 vol. gr. in-8°. 1859. *Martinon.* 18 fr.

— Histoire moderne. 2 vol. in-12. 1843. *Chamerot.* 7 fr.

— Histoire de la révolution française, de l'empire et de la restauration. 4 vol. in-12. 1844-1846. *Ch. Gosselin.* 14 fr.

Avec Ulysse Ladet.

BURG.

— Traité du dessin géométrique, ou Exposition complète de l'art du dessin linéaire, de la construction des ombres et du lavis. 2e édition, complètement refondue et augmentée. Traduit de l'allemand par le docteur Regnier. In-4° avec atlas in-4° de 30 pl. 1847. *Corréard.* 12 fr.

— Traité du dessin et du levé du matériel d'artillerie, ou Application de la science du dessin géométrique au figuré des bouches à feu, affûts, caissons, voitures, machines, etc., de l'artillerie. 2e édition, complètement revue et augmentée. Traduit de l'allemand par Rieffel. In-8° avec un atlas in-fol. de 13 pl. 1848. *Ibid.* 30 fr.

BURGADE (Ph.), ex-professeur de navigation à l'École royale de Cherbourg.

— Cours de pilotage. Tables des marées, carte des variations en Europe; tables synoptiques pour le calcul des volumes-tonneaux; modèle de registre d'embarquement des marchandises. 2e édition, revue et corrigée. In-8° avec 2 pl. 1858. Bordeaux, *Sauvat.* 2 fr.

La 1re édition est de 1840.

BURGAUD DES MARETS (Henri), docteur en droit, né à Jarnac (Charente) en 1816.

— Encoère in trâlée d'âchet qu'avian rasté d'dan le pot a creite a Beurgau e qui s'ran vendut peur lés MM. Didot frére et fi, rue Jàcob, 56. In-18. 1861. *Didot frères.* 2 fr.

— In p'tit pilot d'Achet (sauve le respec de la compagnie) qu'in noumé Beurgau, de Jarnat, at amoucelé peur n'en gougé sés cher bon-s amit lés Saintonjoais. In-16. 1860. *Ibid.* 2 fr.

— La Maloisie à Piarre Bounichon, coumédie saintongeoèse qu'in noumé Beurgaud a afistolé p' divarti soedisant lès belle rochefortoèse. In-12. 1861. *Ibid.* 3 fr.

— Recueil de fables et contes en patois sain-

tongeais, avec la traduction en regard. 3e édition, revue et augmentée. In-18. 1859. *Ibid.* 2 fr. 50 c.

La 1re édition est de 1849, la 2e de 1852.

BÜRGER (Gottf. Aug.), poëte allemand, né à Molmerswende près de Halberstadt, en 1748, mort en 1794.

— Lénore. Traduit de l'allemand par E. A. Labedollière (en vers). In-8°. 1841. *Curmer.* 1 fr. 25 c.

— Lénore; ballade. Traduit de l'allemand par Paul Lehr. 2e édition, entièrement refondue. In-8°. 1850. *Cherbuliez.* 50 c.

La 1re édition est de 1835.

— Lénore; — le féroce chasseur. — Voy. *Durnault*, le Cantique des cantiques.

Bürger ayant traduit de l'anglais en allemand les « Aventures de Münchhausen », quelques historiens lui ont attribué cet ouvrage, mais très-probablement à tort. — Voy. *Münchhausen.*

BURGER (W.), pseudonyme de Théoph. Étienne Jos. **Thoré**, publiciste politique et critique.

BURGES (William), architecte.

— Iconographie de la Ragione, grande salle de l'hôtel de ville de Padoue. In-4° avec 2 pl. 1860. *Didron.* 3 fr.

— Iconographie des chapiteaux du palais ducal, à Venise. In-4° avec 3 pl. 1857. *Ibid.* 3 fr. 75 c.

Avec Didron aîné.

BURGGRAEVE (le docteur Adolphe), professeur à la Faculté de médecine de l'Université de Gand, né à Gand en 1806.

— A la mer, ou Conseils pour la santé. In-8° avec 4 vues photographiées. 1864. Bruxelles, *Lacroix, Verboeckhoven et Cie.* 5 fr.

— Amélioration de l'espèce humaine; avec un frontispice et le fac-simile d'une lettre de M. Flourens. In-12. 1860. Gand, *Carrel.* 3 fr. 50 c.

— Anatomie de texture, ou Histologie appliquée à la physiologie et à la pathologie. 2e édition. Gr. in-8° avec gravures intercalées dans le texte. 1845. *Ibid.* 16 fr.

— Les Appareils ouatés, ou Nouveau système de déligation pour les fractures, les entorses, les luxations, les arthropathies, etc., avec 20 pl. gravées d'après nature sur des épreuves photographiées. In-fol. 1860. [Bruxelles.] *Baillière et fils.* 70 fr.

— Chirurgie théorique et pratique, contenant: la pathologie chirurgicale, la pathologie descriptive, les pansements et les opérations, etc. Gr. in-8° avec pl. 1860. *Ibid.* 12 fr.

— Le Choléra indien, considéré sous le rapport hygiénique, médical et économique. In-8° avec 1 pl. 1855. Gand. 5 fr.

— Cours théorique et pratique d'anatomie. In-8°. 1840. *Ibid.* 8 fr.

— Cours de théorie et de clinique chirurgicales donné à l'Université de Gand par le docteur Burggraeve et recueilli par un de ses élèves. In-8° avec atlas. 1859. *Ibid.* 10 fr.

— De l'Épizootie actuelle et des moyens d'y remédier. In-8°. 1865. Bruxelles, *librairie contemporaine.* 50 c.

— Études sur André Vésale, précédées d'une notice historique sur sa vie, etc. Gr. in-8°. 1841. Gand. 9 fr.

— Le Génie de la chirurgie, considérée sous le rapport des pansements, des opérations, du diagnostic, du pronostic et du traitement médical. Gr. in-8°. 1853. *Ibid.* 6 fr.

— Le Livre de tout le monde sur la santé. Notions de physiologie et d'hygiène. In-12. 1863. *Didier et Cie.* 3 fr. 50 c.

— Manuel de chirurgie. — Voy. *Encyclopédie populaire.*

— Nouveau système de pansement au plomb. In-8°. Bruxelles, *Manceaux.* 2 fr.

— Nouvelle macrobiotique, ou l'Art de prolonger la vie. In-12. 1854. Bruxelles. 2 fr.

— Œuvres médico-chirurgicales. In-8°. 1862. [Bruxelles.] *Baillière et fils.* Chaque volume, 7 fr.

T. I. Étude sur Vésale et Histoire de l'anatomie.
T. V. Le Génie de la chirurgie contemporaine, etc.
Les œuvres doivent former 7 volumes.

— Questions sociales. Amélioration de la vie domestique de la classe ouvrière. Gr. in-8° avec pl. 1864. Gand, *Muquardt.* 3 fr.

— Tableaux synoptiques de clinique chirurgicale (matières générales), avec des annotations et des histoires de maladies. Gr. in-8°. 1850. Gand. 8 fr.

— Le Vaccin vengé. In-8°. 1855. *Ibid.* 3 fr.

BURGGRAFF (Pierre), professeur de littérature orientale à l'Université de Liége, né à Troine (grand-duché de Luxembourg).

— Principes de grammaire générale, ou Exposition raisonnée des éléments du langage. In-8°. 1863. [Liége, *Dessain.*] *Durand.* 8 fr.

BURGKLY (le docteur) a traduit de l'allemand : « Résumé du Cosmos » d'Alexandre de *Humboldt.* — Voy. ce nom.

BURGOS (Louis de), pseudonyme de M. Louis **Lurine.**

BURGUET.

— Nouveau vocabulaire français, d'après l'Académie, Wailly, etc., suivi d'un Dictionnaire géographique ; par une société de grammairiens et M. Burguet. Nouvelle édition. In-8°. 1844. *Lebigre.* 5 fr.

BURGUY (Georges Frédéric), professeur de langue française à l'École de marine de Berlin, né à Montbéliard en 1823, mort à Berlin en 1866.

— La France littéraire. — Voy. *Herrig et Burguy.*

— Grammaire de la langue d'Oïl, ou Grammaire des dialectes français aux XIIe et XIIIe siècles, suivie d'un glossaire contenant tous les mots de l'ancienne langue qui se trouvent dans l'ouvrage. 3 vol. in-8°. 1853-1866. [Berlin, *Schneider.*] *Reinwald.* 25 fr.

Le 3e volume, contenant le Glossaire, se vend séparément. 10 fr.

— Morceaux de thèmes allemands pour traduire en français. Édition du maitre ; texte français avec la traduction en regard. 2e édition. In-12. 1865. Berlin, *Schneider.* 3 fr. 75 c.

— Recueil de dialogues ; idiotismes et proverbes, avec le texte allemand. 2e édition. In-12. 1859. *Ibid.* 2 fr. 75 c.

BURGUY (S.).

— Les Préludes, poésies ; avec une introduc-

tion par M. Ch. de Franciosi. In-8°. 1860. Lille, *Lévy.* 2 fr.

BURIN DU BUISSON (A.), pharmacien à Lyon.

— Mémoire sur l'existence du manganèse dans le sang humain, sur son rôle dans l'économie animale, et sur la préparation de quelques nouveaux produits pharmaceutiques de fer et de manganèse. In-8°. 1852. [Lyon.] *J. B. Baillière.* 1 fr. 50 c.

— De la Présence du manganèse dans le sang, et de sa valeur en thérapeutique. In-8°. 1854. *Ibid.* 1 fr.

— Supplique contre les remèdes secrets et les annonces médicales dans les journaux politiques, adressée à Sa Majesté Napoléon III. Avec les adhésions des principales sociétés de médecine et de pharmacie de France. In-8°. 1854. *Ibid.*

— Traité de l'action thérapeutique du perchlorure de fer. In-8°. 1860. [Lyon.] *Rozier.* 5 fr.

BURION (Am.).

— Louis XVI, martyr dans sa royauté, dans sa famille, dans sa foi. Éloge funèbre. In-8°. 1854. *Charles Petit, faubourg Saint-Honoré, 115.*

— Mois de Marie, à l'usage des maisons d'éducation. In-18. 1853. *Douniol.*

— L'Orient. Harmonie religieuse. In-8°. 1852. *Ibid.*

BURLES (Louis).

— Le Rosier. Poésies. In-12 de 2 f. 1851. *Furne.*

BURLET (Philibert), ex-interne des hôpitaux.

— Du Spiritisme considéré comme cause d'aliénation mentale. In-8°. 1864. Lyon, *imprimerie Richard et Cie.* 1 fr.

BURLION-CARREY (T.), ancien commissaire de police.

— Notice sur la nécessité et les moyens d'établir la centralisation du service de toute police municipale, urbaine ou rurale, en une administration générale de police civile, sous la surveillance et le contrôle de chaque conseil départemental. In-8°. 1861. Arras, *Topino.* 2 fr.

— Solution sur la République française de 1848. In-8°. 1851. *Chez l'auteur.* 50 c.

BURNET (Gilbert), évêque écossais, né à Édimbourg en 1643, mort en 1715.

— La Vraie religion, démontrée par un enchaînement de conséquences déduites de principes sûrs. — Voy. *Migne*, Démonstrations évangéliques, tome LV.

BURNEY (miss Francisca), plus tard Mme d'ARBLAY, fille du savant Charles **Burney** ; romancière anglaise, née vers 1760, morte en.... (probablement vers 1833).

— Évelina. Traduction de M. L. de Wailly. In-12. 1843. *Charpentier.* 3 fr. 50 c.

L'original anglais a été publié en 1777.

— Mémoires d'une héritière, imités de l'anglais de miss Burney, par Mme de Bawr. 5 vol. in-8°. 1852. *Passard.* 30 fr.

Imité du roman anglais de miss Burney : « Cécilia », publié à Londres vers 1780. Le dernier volume est complété par une nouvelle intitulée : « le Col d'Anterne », par Rodolphe *Topffer.*

BURNIER (Eugène), juge au tribunal de Saint-Jean-de-Maurienne, docteur en droit de l'Université de Turin, officier d'académie, né à Chambéry (Savoie) en 1831.

— Histoire de l'abbaye de Tamié, en Savoie. In-8°. 1865. Chambéry, *imprimerie Pouchet et Cie*. 5 fr.

— Histoire du Sénat de Savoie et des autres compagnies judiciaires de la même province. 2 vol. In-8°. 1864. [Chambéry, *imprimerie Puthod fils*.] *Durand*. 16 fr.

— Les Sorciers de la Motte. In-12. 1865. Chambéry, *imprimerie Pouchet et Cie*. 1 fr.

BURNIER (Frédéric), lieutenant-colonel d'état-major fédéral suisse, né à Morges (canton de Vaud) en 1818.

— Théorie du tir avec exercices et applications. In-4° avec 4 pl. 1857. Lausanne, *Chantrens*. 2 fr.

BURNIER (Louis), professeur à l'École supérieure des jeunes filles de Morges (Suisse), ancien pasteur, né à Lutry, canton de Vaud (Suisse) en 1795.

— Abrégé de la doctrine du salut, ou Exposé élémentaire de la vérité chrétienne. In-18. 1865. Lausanne, *G. Bridel*. 50 c.

— Cours élémentaire d'éducation chrétienne, à l'usage des mères et des institutrices, des pensionnats et des écoles supérieures de jeunes demoiselles. In-8°. 1865. *Ibid*. 3 fr. 50 c.

— Esquisses évangéliques. In-18. 1858. *Ibid*. 4 fr.

— Études élémentaires et progressives de la parole de Dieu. Ancien et Nouveau Testament. Nouvelle édition, revue et augmentée, avec cartes. 4 vol. In-12. 1862. *Meyrueis et Cie*. 15 fr.

— Histoire de l'éducation morale et religieuse, en France et dans la Suisse romande. 2 vol. in-8°. 1865. Lausanne, *G. Bridel*. 12 fr.

— Instructions et exhortations pastorales. 2e édition. In-8°. 1844. *Delay*. 5 fr.

— Le Jésuitisme sans les jésuites, ou Coup d'œil sur la persécution religieuse dans le canton de Vaud. In-8°. Genève, *Rambon*. 50 c.

— Lettre d'un Américain sur l'union de l'État et de l'Église à Genève. In-8°. 1842. *Ducloux*. 1 fr. 20 c.

— De la Loi ecclésiastique du 14 décembre 1839, sous le point de vue religieux, ecclésiastique et constitutionnel. In-12. 1840. Lausanne, *Ducloux*. 1 fr. 50 c.

— Notice sur Auguste Rochat, ministre de l'Évangile. In-8°. 1848. Lausanne. 4 fr.

— La Semaine sainte, d'après la lettre des quatre Évangiles fondus en un seul récit. In-18. 1860. *Ibid*. 1 fr. 25 c.

M. L. Burnier a traduit de l'anglais : « le Royaume de Christ », de Richard *Whately*; « Histoire générale de la Réformation », de *Morisson*; « Essais sur les sujets les plus importants de la religion », par Thomas *Scott*; et « la Religion aux États-Unis d'Amérique », par *Baird*. — Voy. ces noms.

BURNOD, officier général russe.

— Études sur l'art de la guerre, par un officier général russe. In-32 avec 4 pl. 1852. *Dumaine*. 1 fr. 50 c.

Anonyme.

M. Burnod a annoté en partie « les Maximes de guerre de Napoléon Ier ». — Voy. *Napoléon*.

BURNOUF (Jean Louis), philologue, professeur au collège de France, membre de l'Institut, né à Valognes (Manche) en 1775; mort à Paris en 1844.

— Méthode pour étudier la langue grecque. In-8°. 1862. *Delalain et fils*. 3 fr.

Cet ouvrage est constamment réimprimé. — La 1re édition est de 1813.

— Premiers principes de la grammaire grecque, extraits de la Méthode pour étudier la langue grecque. Nouvelle édition. In-8°. 1862. *Ibid*. 1 fr. 50 c.

Voy. *Lemeignan*, Exercices. — Voy. aussi *Bedel*, Cours de versions grecques adaptées à la méthode de M. Burnouf.

— Méthode pour étudier la langue latine. 16e édition. In-8°. 1849. *Ibid*. 2 fr. 75 c.

— Premiers principes de la grammaire latine, à l'usage des classes élémentaires, extraits de la Méthode pour étudier la langue latine. 16e édition. In-8°. 1849. *Ibid*. 1 fr. 25 c.

M. J. L. Burnouf a donné des traductions françaises de *Cicéron* et de *Tacite*, et une édition de *Salluste*.

BURNOUF (Eugène), orientaliste, fils du précédent, secrétaire perpétuel de l'Académie des inscriptions et belles-lettres, né à Paris en 1801, mort en 1852.

— Le Bhagavata purâna, ou Histoire poétique de Krichna. Traduit et publié par M. Eugène Burnouf. 3 vol. in-fol. 1840-1847. *Imprimerie royale*.

Fait partie de la « Collection orientale », publiée par ordre du roi. Prix de chaque volume, avec encadrement noir, 90 fr.; avec encadrement rouge, 100 fr. — Il en a été fait une édition in-4°. Prix des 3 volumes, 135 fr.

— Études sur la langue et les textes Zends. Tome I. In-8°. 1850. *Imprimerie nationale*.

— Introduction à l'histoire du bouddhisme indien. Tome 1er. In-4°. 1845. *Imprimerie royale*. 30 fr.

— Le Lotus de la bonne loi, traduit du sanscrit, accompagné d'un commentaire et de vingt et un mémoires relatifs au buddhisme. In-4°. 1852. *Imprimerie nationale*. 40 fr.

Forme le tome II du précédent ouvrage.

BURNOUF (Émile), neveu de Jean Louis Burnouf, docteur ès lettres, professeur de littérature ancienne à la Faculté de Nancy, né à Valognes (Manche) en 1821.

— La Bhagavad-Gîtâ, ou le Chant du bienheureux, poème indien, publié par M. Émile Burnouf. In-8°. 1861. Nancy, *Grosjean*. 3 fr.

— Dictionnaire classique sanscrit-français où sont coordonnés, révisés et complétés les travaux de Wilson, Bopp, Westergaard, Johnson, etc., et contenant le Dévanâgari, sa transcription européenne, l'interprétation, les racines et de nombreux rapprochements philosophiques. In-8°. 1863-1865. [Nancy.] *Maisonneuve et Cie*. 28 fr.

Avec L. Leupol. — Publié en 6 livraisons.

— Essai sur le Véda, ou Introduction à la connaissance de l'Inde. In-8°. 1863. [Nancy.] *Dezobry, Tandou et Cie*. 6 fr.

— Méthode pour étudier la langue sanscrite; ouvrage composé sur le plan de la méthode grecque et de la méthode latine de J. L. Burnouf, d'après les idées d'Eugène Burnouf et les meilleurs traités de l'Angleterre et de l'Allemagne, notamment la grammaire de Bopp. In-8°. 1859. [Nancy, *Vagner*.] *Duprat*. 3 fr. 75 c.

Avec L. Leupol.

— Le même. 2e édition. 1861. *Ibid*. 5 fr.

— De Neptuno ejusque cultu. In-8°. 1850. *Delalain*. 2 fr.

— Des Principes de l'art d'après la méthode et les doctrines de Platon. In-8°. 1850. *Ibid*. 2 fr. 50 c.

M. Em. Burnouf a collaboré en outre aux « Archives des missions scientifiques », au « Dictionnaire des lettres et des arts » de Dezobry et Bachelet, à la « Revue des Deux-Mondes », etc.

BURNS (J.), professeur de chirurgie à l'Université de Glascow.

— Traité des accouchements, des maladies des femmes et des enfants. Traduit pour la première fois de l'anglais par le docteur Galliot sur la 9e édition. In-8°. 1855. *Adolphe Delahays*. 6 fr.

Il n'y a que la couverture et le titre de ce volume qui aient été imprimés en 1855, tout le reste du livre est vieux; il avait été publié dans l'Encyclopédie des sciences médicales de Bayle.

BURNS (Robert), poëte écossais, né en 1759, mort en 1796.

— Poésies complètes de Robert Burns, traduites de l'écossais, par Léon de Wailly; avec une Introduction du même. In-12. 1843. *Charpentier*. 3 fr. 50 c.

— Poésies imitées de Robert Burns, par Louis Demonceaux. In-12. 1865. *J. Tardieu*. 2 fr.

BURON (Léon Louis), professeur de belles-lettres, bibliothécaire à Sainte-Geneviève, né à Paris en 1813.

— La Bretagne catholique. Description historique et pittoresque, précédée d'une excursion dans le Bocage vendéen. Vies des saints, pèlerinages, légendes, traits historiques, mœurs, coutumes, anecdotes et paysages. Gr. in-8°. 1856. *Périsse frères*. 10 fr.

— Corbeille poétique du jeune âge, ou Recueil de leçons littéraires, morales et religieuses, empruntées à nos meilleurs poëtes anciens et modernes. In-12. 1857. *Sarlit*. 80 c.

— Cosmographie élémentaire en quatre livres et douze leçons. In-12. 1853. *Périsse frères*. 1 fr. 25 c.

2e édition en 1861.

— Cours de style. Recueil de matières et compositions françaises en tous genres, lettres, descriptions, narrations, etc. In-12. 1853. *Ibid*. 1 fr. 20 c.

2e édition en 1857.

— Le même. Corrigé à l'usage des professeurs. In-12. 1854. *Ibid*. 2 fr. 50 c.

— Éléments de littérature, spécialement destinés aux études françaises. In-12. 1849. *Ibid*. 1 fr. 40 c.

3e édition en 1860.

— Histoire de la littérature en France depuis la conquête des Gaules par Jules César jusqu'à nos jours. In-8°. 1851. *Ibid*. 7 fr.

— Le Kabyle, ou l'Influence des vertus chrétiennes. In-12. 1859. *Adr. Le Clère et Cie*. 1 fr.

— Méthode pratique de langue anglaise. In-12. 1858. *Périsse frères*. 1 fr. 50 c.

— Le même. 2e partie. Versions progressives et variées. In-12. 1858. *Ibid*. 1 fr. 50 c.

— Une Semaine en famille, recueil de légendes, anecdotes et nouvelles propres à exciter dans le cœur de la jeunesse l'amour de la religion et de la vertu. In-12. 1853. *Guyot*. 1 fr.

— Les Vacances en famille, récits historiques,

anecdotiques et légendaires pour édifier, instruire et récréer la jeunesse. In-12. 1857. *Sarlit*. 1 fr. 25 c.

BURQ (le docteur V.), médecin.

— Métallothérapie. Traitement des maladies nerveuses, paralysies, rhumatismes, etc., par les applications métalliques. Abrégé historique, théorique et pratique, extrait des 22 mémoires ou notes aux deux Académies. In-8°. 1853. *Chez l'auteur, rue de Trévise*, 8. 1 fr. 50 c.

— Métallothérapie. Choléra, préservation et traitement par le cuivre. Mémoire présenté à l'Académie des sciences. Lettre à M. le docteur Mélier, inspecteur général des épidémies. In-8°. 1861. *G. Baillière*. 1 fr.

BURTIN (Fr. Xav. de), médecin hollandais, membre de l'institut des Pays-Bas, né à Maëstricht en 1743, mort en 1818.

— Traité théorique et pratique des connaissances qui sont nécessaires à tout amateur de tableaux et à tous ceux qui veulent apprendre à juger, apprécier et conserver les productions de la peinture; suivi d'observations sur les collections publiques et particulières, etc. 2e édition. In-8°. 1846. Valenciennes, *Lemaître*. 10 fr.

La 1re édition est de 1808.

BURTON (le capitaine Richard), voyageur anglais, né dans le comté de Norfolk en 1820.

— Voyage aux grands lacs de l'Afrique orientale. Ouvrage traduit de l'anglais par Mme H. Loreau et illustré de 37 vignettes. Gr. in-8°. 1862. *Hachette et Cie*. 20 fr.

Nouvelle édition en 1864. 10 fr.

BURY, architecte.

— Modèles de menuiserie, choisis parmi ce que Paris offre de plus nouveau, de plus remarquable et de meilleur goût, accompagnés de détails et de développements qui doivent en faciliter l'exécution. Suivi d'un abrégé de l'Art du menuisier, et d'un Traité des escaliers. 2e édition. In-fol. avec 73 pl. 1855. *Bance*. 20 fr.

Avec M. Crussierre.

BURY (Auguste), avocat à la cour d'appel de Liége, né à Liége en 1825.

— Traité de la législation des mines, des minières, des usines et des carrières en Belgique et en France, ou Commentaire théorique et pratique de la loi du 21 avril 1810 et des lois et règlements qui s'y rattachent. 2 vol. in-8°. Liége, *Renard*. 15 fr.

BURY (Richard de), historien, né en 1730, mort en 1794.

— Histoire de saint Louis, roi de France. Nouvelle édition, revue et corrigée avec soin. In-12. 1864. Tours, *Mame et fils*. 1 fr.

BURY (Richard de), évêque de Durham, grand-chancelier d'Angleterre.

— Philobiblion. Excellent traité sur l'amour des livres. Traduit pour la première fois en français, précédé d'une introduction et suivi du texte latin revu sur les anciennes éditions et les manuscrits de la Bibliothèque impériale, par Hippolyte Cocheris. Petit in-8°. 1857. *Aubry*. 12 fr.

Fait partie de la collection « le Trésor des pièces rares ou inédites ».

La 1re édition (latine) du Philobiblion a été imprimée à Spire, en 1483.

BUS (Agar de). — Voy. **Agar de Bus.**

BUS DE GISIGNIES (le vicomte B. A. L. Du). — Voy. **Du Bus de Gisignies.**

BUSCH (Maurice), voyageur et littérateur allemand, né à Leipzig (Saxe) vers 1825.

— L'Orient pittoresque. Publication artistique dessinée d'après nature par A. Löffler, et accompagnée du texte descriptif. 16 livraisons. In-fol. 1865. Trieste, *Lloyd autrichien*. Chaque livraison, 2 fr.

BUSCHMANN (le professeur J. Ch. Ed.).

— Aperçu de la langue des îles Marquises et de la langue taïtienne, précédé d'une introduction sur l'histoire et la géographie de l'archipel des Marquises. Accompagné d'un vocabulaire inédit de la langue taïtienne, par le baron Guill. de Humboldt. In-8°. 1843. Berlin, *C. G. Lüderits.* 6 fr.

— Textes marquesans et taïtiens. In-8°. 1843. *Ibid.* 1 fr.

BUSÉ (le docteur Ad.).

— Saint Paulin, évêque de Nôle, et son siècle (350-450). Traduit de l'allemand, par L. Dancoisne. In-8°. 1858. *Casterman.* 6 fr.

BUSÉE (le R. P. Jean), de la Compagnie de Jésus, né à Nimègue en 1547, mort à Mayence en 1611.

— Méditations pour les dimanches, les fêtes et les féries principales de l'année, du carême et des quatre-temps, tirées des évangiles de chaque jour. Traduites du latin par le R. P. Brignon. In-12. 1862. Lyon, *Périsse frères.* 6 fr.

BUSNACH (William), vaudevilliste.

— C'est pour ce soir! à-propos en un acte. In-12. 1865. *Lévy frères.* 1 fr.

— Cinq par jour! folie-vaudeville en un acte. In-12. 1865. *Dentu.* 1 fr.

— La Claque! la claque! folie-revue en un acte. In-12. 1862. *Librairie théâtrale.* 1 fr.

— Les Gammes d'Oscar; folie musicale en un acte; musique de M. Georges Douay. In-12. 1865. *Dentu.* 1 fr.

— Les Petits du premier; opéra bouffe en un acte; musique de M. Émile Albert. In-12. 1865. *Ibid.* 1 fr.

— Les Virtuoses du pavé; bouffonnerie musicale en un acte; musique de M. Auguste Léveillé. In-12. 1864. *Ibid.* 60 c.

Voy. aussi *Jallais et Busnach.*

BUSONI (Philippe).

— Chefs-d'œuvre poétiques des dames françaises depuis le xiiie siècle jusqu'au xixe. In-12. 1841. *Paulin.* 3 fr. 50 c.

La préface seulement est signée « Philippe Busoni ».

— Étrusques; poésies. In-12. 1843. *Masgana.* 3 fr. 50 c.

BUSQUET (Alfred).

— La Nuit de Noël; poème. 1re année. In-16. 1861. *Librairie nouvelle.* 1 fr.

— Le Poëme des heures. In-12. 1855. *Lecou.* 3 fr. 50 c.

BUSSCHE (Van den). — Voy. **Van den Bussche.**

BUSSCHER (Edmond de), archiviste de la ville de Gand, membre de l'Académie de Belgique.

— Procès artistique au xvie siècle. Le Jugement dernier, tableau du musée de Gand. Notice. In-8° avec 1 pl. 1864. Bruxelles, *Hayez.* 1 fr. 50 c.

BUSSEMAKER (le docteur), médecin hollandais, mort à Paris en 1865. Il a traduit du grec, en collaboration avec le docteur Daremberg, les œuvres d'*Oribase.*

BUSSEN.

— Le Libre échange. — Voy. *Vital et Bussen.*

BUSSEROLLE (Carré de). — Voy. **Carré de Busserolle.**

BUSSEY (le Père Claude de), de la Compagnie de Jésus, né à Langres en 1622.

— Jésus enfant, modèle du jeune âge. Ouvrage très-utile à tous les chrétiens en général, mais plus spécialement aux enfants qui veulent imiter Jésus en son bas âge, revu et réédité dans le style naïf de l'original, par le Père Benoit Valuy. In-32. 1854. Lyon, *Pélagaud.* 1 fr. 50 c.

La 1re édition a été publiée en 1660.

BUSSIERRE (le vicomte Marie Théodore Renouard de), diplomate, voyageur et historien, né à Strasbourg en 1802, mort en 1865 au château de Reichshoffen.

— Les Anabaptistes. Histoire du luthéranisme, de l'anabaptisme et du règne de Jean Bockelsohn à Münster. In-8°. 1853. Plancy, *Société de Saint-Victor.*

— Conversion de M. Marie Alphonse Ratisbonne. Relation authentique, suivie de la Lettre de M. Marie Alphonse Ratisbonne à M. Dufriche-Desgenettes. Nouvelle édition. In-12. 1859. *Sagnier et Bray.* 50 c.

La 1re édition a paru en 1843 sous le titre de : « l'Enfant de Marie. Un frère de plus ». 1 vol. in-18. Avignon, *Seguin.*

— Culte et pèlerinages de la très-sainte Vierge en Alsace. In-8°. 1862. *Plon.* 6 fr.

— L'Empire mexicain, histoire des Toltèques, des Chichimèques, des Aztèques et de la conquête espagnole. In-8°. 1863. *Ibid.* 6 fr.

— Fleurs dominicaines, ou les Mystiques d'Unterlinden à Colmar. In-12. 1864. Ve *Poussielgue-Rusand.* 2 fr.

— La Foi de nos pères, ou la Perpétuité du catholicisme. In-8°. 1844. [Le Mans, *Gallienne.*] Ve *Poussielgue-Rusand.* 7 fr. 50 c.

— Histoire du développement du protestantisme à Strasbourg et en Alsace, depuis l'abolition du culte catholique jusqu'à la paix de Haguenau (1529-1604). 2 vol. in-8°. 1859. Strasbourg, *Leroux.* 7 fr.

— Histoire de l'établissement du protestantisme à Strasbourg et en Alsace, d'après des documents inédits. In-8°. 1856. *Vaton.* 6 fr.

— Histoire de la guerre des paysans (xvie siècle). 2 vol. in-8°. 1852. *Sagnier et Bray.* 6 fr.

— Histoire de la ligue formée contre Charles le Téméraire. In-8°. 1845. *Sirou.* 5 fr.

— Histoire des religieuses dominicaines du couvent de Sainte-Marguerite de Sainte-Agnès à Strasbourg. In-12. 1860. Strasbourg. *Le Roux.*

Plus tard la couverture imprimée porta : « Paris, Ve *Poussielgue-Rusand.* 1862 ».

— Histoire de saint Vincent de Paul, tirée des

biographies les plus anciennes et les plus authentiques. 2ᵉ édition. 2 vol. in-12. 1861. *Putois-Cretté*. 4 fr.

La 1ʳᵉ édition, 2 vol. in-8°, a été publiée en 1850 par la Société de Saint-Victor.

— Histoire de sainte Odile, patronne de l'Alsace. 2ᵉ édition. In-12 avec 12 grav. 1853. Plancy, *Société de Saint-Victor*.

La 1ʳᵉ édition est de 1842.

— Histoire de sainte Radegonde, reine, et de la cour de Neustrie sous les rois Clotaire Iᵉʳ et Chilpéric. In-8°. 1856. *Waille*.

Nouvelle édition. In-12. 1864. *Dupray de la Maherie*.
La 1ʳᵉ édition est de 1849.

— Histoire du schisme portugais dans les Indes. In-12. 1854. *Lecoffre*. 2 fr. 50 c.

— Le Pérou et sainte Rose de Lima (sainte Rose de Sainte-Marie). In-8°. 1863. *Plon*. 6 fr.

— Les Sept basiliques de Rome, ou Visite des sept églises. 2 vol. in-8°. 1846. *Lecoffre*. 10 fr.

— Vie de sainte Françoise Romaine, fondatrice des oblates de Tor di Specchi ; précédée d'une Introduction sur la Mystique chrétienne. In-8° avec gravure. 1848. *Gaume frères*. 6 fr.

M. de Bussierre a publié les Œuvres de sainte *Catherine* de Gênes.

Il a fourni, en outre, un tres-grand nombre d'articles à la « Revue catholique de l'Alsace » et à « l'Univers ».

BUSSON (A.), ingénieur-mécanicien et effilocheur.

— De l'Effilochage, accompagné de 12 pl. In-18. 1865. *Bureau du Journal des chiffons*. 2 fr.

BUSSON (l'abbé C. J.), chanoine de Besançon, mort en 1864.

— L'Ame pieuse avec Dieu. In-18. 1843. *Gaume*. 1 fr.

— Étude sur l'état des rapports des domestiques et des maîtres, et sur les moyens d'améliorer ces rapports. Ouvrage couronné, sous le titre de Mémoire, par l'Académie royale de Besançon, le 24 août 1844. In-8°. 1845. *Ibid.*

— Instructions et conseils aux filles de service et à tous les domestiques en général. In-12. 1842. *Gaume frères*. 2 fr. 25 c.

— Premières lettres sur l'extatique de Niederbronn, et sur ses révélations. In-12. 1849. [Besançon.] *Ibid.* 1 fr.

— Secondes lettres sur l'extatique de Niederbronn et sur ses révélations. 2ᵉ édition. In-12. 1850. Besançon, *Turbergue*. 1 fr. 25 c.

— Traité des vertus chrétiennes, théologales et morales, et des vices qui leur sont opposés. 3 vol. in-12. 1846. *Gaume*. 7 fr. 50 c.

— Vie d'Armelle Nicolas, ou le Règne de l'amour de Dieu dans une âme. In-12. 1844. *Gaume frères*. 2 fr.

BUSSY (Charles de), pseudonyme de M. Charles Marchal, polygraphe, né à Paris en 1822. Pour les publications signées de son vrai nom, voy. *Marchal*.

— L'Ame de mademoiselle Henriette Renan à son frère Ernest, auteur de la Vie de Jésus. In-32. 1863. *Martin-Beaupré frères*. 15 c.

— Catéchisme politique à l'usage du peuple des villes et des campagnes. In-32. 1861. *Desloges*. 30 c.

— Célébrités révolutionnaires. Les Régicides, par Ch. de B... In-12. 1863. *Ibid.* 50 c.

Anonyme.

— Les Conspirateurs en Angleterre. 1848-1858. Étude historique. In-12. 1858. *Lebigre-Duquesne frères*. 2 fr.

— Les Courtisanes devenues saintes, étude historique. In-32. 1859. *Ibid.* 1 fr.

— Dictionnaire amusant. Recueil d'anecdotes drolatiques, de traits singuliers et caractéristiques, anecdotes, historiettes, saillies, naïvetés, etc. In-12. 1859. *A. Delahays*. 2 fr.

— Dictionnaire de l'art dramatique à l'usage des artistes et des gens du monde. In-12. 1865. *Ach. Faure*. 4 fr.

— Dictionnaire de l'art vétérinaire à l'usage des cultivateurs et des gens du monde. In-12. 1865. *Rothschild*. 4 fr.

— Dictionnaire usuel et pratique d'agriculture et d'horticulture. In-12. 1863. Mirecourt, *Humbert*. 5 fr.

— Dictionnaire universel des beaux-arts. Architecture, sculpture, peinture, gravure, poésie, musique ; suivi d'un dictionnaire d'iconologie. In-12. 1861. *Desloges*. 4 fr.

— Dictionnaire universel d'éducation. In-12. 1861. *Lefèvre*. 2 fr. 75 c.

— Dictionnaire universel de géographie. In-12. 1860. Neuilly, *imprimerie Guiraudet et fils*. 4 fr.

— Dictionnaire universel d'histoire, avec la biographie de tous les personnages célèbres et la mythologie. In-12. 1858. *Lebigre-Duquesne*. 4 fr.

— Dictionnaire universel des sciences, des lettres et des arts. In-12. 1859. *Ibid.* 4 fr.

— Dictionnaire universel de marine à l'usage des marins, des voyageurs et des gens du monde, avec la traduction des termes de la marine française en termes de la marine anglaise. In-12. 1862. *Didot frères*. 4 fr.

— Encyclopédie universelle, répertoire classique, historique, géographique, scientifique, artistique, biographique et littéraire. 1ʳᵉ série. A-CAM. In-8°. 1862. [Mirecourt.] *Humbert*. 10 fr.

L'ouvrage était annoncé en 4 volumes qui devaient être publiés en 20 livraisons.

— Étude historique et politique sur les anciens partis. In-8°. 1860. *Lebigre-Duquesne*. 1 fr.

— Histoire des excommuniés, depuis les temps les plus reculés jusqu'à nos jours. In-32. 1860. *Ibid.* 1 fr.

— Histoire de la guerre d'Italie, documents et rapports officiels. Ouvrage rédigé d'après les rapports des officiers supérieurs. Orné de 14 grav., du plan du Quadrilatère, et suivi des traités de 1815. In-8°. 1859. *Gaittet*. 6 fr.

— Histoire et réfutation du socialisme depuis l'antiquité jusqu'à nos jours. In-12. 1859. *Ad. Delahays*. 2 fr.

— Le Livre de la famille. In-12. 1859. *Guillaume*. 2 fr.

La 1ʳᵉ édition, 1 vol. in-8°, a paru en 1850, sous le véritable nom de l'auteur (Charles Marchal).

— Mystères et friponneries du commerce, ou les Marchands-voleurs démasqués. In-32. 1861. *Marpon*. 1 fr.

Anonyme.

— Les Philosophes convertis, études de mœurs au XIXᵉ siècle. In-12. 1860. *Blériot.* 3 fr.

— Les Philosophes au pilori. Étude historique. In-12. 1858. *Lebigre-Duquesne frères.* 2 fr.

— La Pologne devant l'Europe catholique. In-8°. 1863. *Martin-Beaupré.* 1 fr.

Anonyme.

— Question actuelle. Propriétaires et locataires. De la cherté des loyers dans Paris, Lyon, Bordeaux, Lille, Rouen, Marseille, etc., et des moyens sûrs et immédiats d'y remédier. In-8°. 1857. *Eugène Pick.* 1 fr.

— Les Régicides, étude historique. In-12. 1858. *Léon Bady.* 2 fr.

— Les Révoltés contre l'Église et l'ordre social. 2 vol. in-12. 1863. *Martin-Beaupré.* 7 fr.

Le même en 2 vol. in-8°. *Ibid.* 10 fr.

— Sauvons le pape. In-18. 1860. *Sempé.* 1 fr.

— Le Socialisme en Russie. Étude contemporaine. In-8°. 1860. *Franck.* 4 fr.

Anonyme.

— Les Toquades, illustrées par Gavarni. Études de mœurs. In-4°. 1858. *Martinon.* 4 fr.

— Veillées sur terre et sur mer, ou une Croix d'or. In-12. 1857. *Vermot.* 2 fr.

— Vie de Judas; par l'abbé ***. In-32. 1864. *Martin-Beaupré.* 50 c.

Anonyme.

BUSSY (l'abbé DE). — Voy. **Debussi.**

BUSSY (P. GENTY DE). — Voy. **Genty de Bussy.**

BUSSY (JOBARD-). — Voy. **Jobard-Bussy.**

BUSSY (A. M. L. de) a revu et continué jusqu'à nos jours «l'Histoire des chevaliers hospitaliers de Saint-Jean de Jérusalem», par *Vertot.*

BUSSY (Th. Roland de) directeur de l'imprimerie du gouvernement à Alger.

— Dictionnaire des consulats. Exposé des devoirs, droits et fonctions des consuls et officiers consulaires de France dans leurs rapports avec les administrations de la métropole, les autorités étrangères, les nationaux et les navigateurs. In-16. 1854. Alger, *Bastide.* 5 fr.

— Histoire des Pays-Bas (Belgique et Hollande) depuis l'invasion romaine jusqu'à la formation du royaume de Belgique et l'avénement de Léopold Iᵉʳ. In-8°. 1852. Alger, *Bernard.* 5 fr.

BUSSY-RABUTIN (Roger, comte de), écrivain, général des armées du roi, né à Épiry dans le Nivernais, en 1618, mort à Autun en 1693.

— Histoire amoureuse des Gaules; revue et annotée par M. Paul Boiteau. Suivie des romans historico-satiriques du XVIIᵉ siècle, recueillis et annotés par M. C. L. Livet. 3 vol. in-16. 1856-1859. *Jannet.* 15 fr.

Collection de la Bibliothèque elzévirienne.

— Histoire amoureuse des Gaules; suivie de la France galante, romans satiriques du XVIIᵉ siècle, attribués au comte de Bussy. Introduction et notes par Auguste Poitevin. 2 vol. in-12. 1857. *Delahays.* 5 fr.

— Même édition. 2 vol. in-16. (Collection de la Bibliothèque gauloise.) 1857. *Ibid.* Cartonné, 8 fr.

— Mémoires de Roger de Rabutin, comte de Bussy, lieutenant-général des armées du roi, mestre de camp général de cavalerie légère. Nou-

velle édition, revue sur un manuscrit de famille, augmentée de fragments inédits. Suivie de l'Histoire amoureuse des Gaules; avec une préface, des notes et des tables; par Ludovic Lalanne. 2 vol. in-12. 1857. *Charpentier.* 7 fr.

— Correspondance de Roger de Rabutin, comte de Bussy, avec sa famille et ses amis (1666-1693). Nouvelle édition, revue sur les manuscrits et augmentée d'un très-grand nombre de lettres inédites avec une préface, des notes et des tables; par L. Lalanne. 5 vol. in-12. 1858-1859. *Ibid.* 17 fr. 50 c.

— Lettres d'Héloïse et d'Abailard. — Voy. *Abailard.*

BUSTAMANTE (F. Corona).

— Manuel de la conversation et du style épistolaire, à l'usage des voyageurs et de la jeunesse des écoles. Français-espagnol. In-32. 1856. *Garnier frères.* 2 fr.

— Manual de la conversacion y del estilo epistolar, para el uso de los viajeros y de la juventud de las escuelas. Español-ingles. In-32. 1857. *Ibid.* 2 fr.

Avec M. Clifton.

— Manual de la conversacion y del estilo epistolar, para el uso de los viajeros y de la juventud de las escuelas. Español-italiano. In-32. 1858. *Ibid.* 2 fr.

Avec M. Vitali.

BUTAT (Henri), a traduit de l'anglais : «l'Épicurien» de Thomas *Moore.*

BUTEUX (Charles Joseph), membre de la Société géologique de France.

— Esquisse géologique du département de la Somme. In-8° avec 1 pl. 1865. Abbeville, *imprimerie Briez.* 2 fr.

— Observations sur l'architecture ogivale et l'application de l'architecture grecque aux églises. In-8°. 1862. *Dumoulin.* 2 fr.

BUTEZ (C.).

— Leçons élémentaires théoriques et pratiques de tenue des livres en partie double, à l'usage des élèves des écoles primaires et des dames, femmes et filles de négociants. In-8°. 1865. *Léautey.* 3 fr.

BUTLER (Alban), théologien anglais, né à Appletree en 1710, mort à Saint-Omer en 1773.

— L'Église romaine défendue contre les attaques du protestantisme. — Voy. *Migne*, Démonstrations évangéliques, tome 12.

— Vies des pères, martyrs et autres principaux saints. Ouvrage traduit librement de l'anglais, par l'abbé Godescard. Nouvelle édition. 10 vol. in-8°. 1844. Besançon, *Outhenin-Chalandre.* 34 fr.

— Vies des Pères, martyrs et autres principaux saints. Traduction libre de l'anglais, par l'abbé Godescard. Édition augmentée de plus de 600 vies nouvelles, par Mgr. Doney, évêque de Montauban, et enrichie du Martyrologe romain, de diverses notices, du Traité des fêtes mobiles et d'un Traité de la canonisation des saints. 14 vol. in-8°. 1857. Lyon, *Périsse frères.* 20 fr.

La 1ʳᵉ édition française. 12 vol. in-8°, a paru de 1763 à 1784; l'original anglais a été publié la première fois en 1745.

— Vies des saints, d'Alban Butler et de Godescard, avec le Martyrologe romain, un Traité de la canonisation des saints, un Traité des fêtes mobiles, le Traité de Lactance sur la mort des persécuteurs de l'Église. Édition augmentée de notes nouvelles, d'un grand nombre de vies inédites: J. B. de la Salle, Jean Grande, Ignace Azevedo, etc., par l'abbé Tresvaux; de réflexions pratiques placées après la première vie de chaque jour, par M. l'abbé Herbet, et entièrement revue par M. Le Glay. 6 vol. in-8°. 1855-1856. Lille, *Lefort.* 42 fr.

BUTLER (William Allen).

— Rien à mettre, ou Crinoline et misère; poëme. Traduit par Albert Le Roy. In-18. 1858. *Taride.* 30 c.

BUTRET (le baron C. de), horticulteur, mort à Strasbourg en 1805.

— Taille raisonnée des arbres fruitiers et autres opérations relatives à leur culture. 20° édition, augmentée du pincement, de la taille en vert, de la taille du pommier et du poirier en fuseau, de la culture de la vigne à Thomery, des différentes espèces de greffes et de la conservation des fruits, par un membre de la Société centrale d'horticulture; avec 4 pl. gravées. In-18. 1860. *V° Bouchard-Huzard.* 2 fr.

La 1re édition a été publiée en 1794.

BUTTURA (Antoine), poëte italien, professeur à Saint-Cyr, à l'Athénée de Mantoue, chef des archives du royaume d'Italie, consul en Illyrie, né a Malcesine (en Lombardie) en 1771, mort à Paris en 1832.

— Dictionnaire général italien-français, de Buttura et Renzi, entièrement refait par Renzi sur un nouveau plan et augmenté de plus du double pour la partie italienne. 2° édition. Gr. in-8°. 1861. *Baudry.* 12 fr.

La 1re édition, par Buttura, est de 1832.

BUTTURA (le docteur Charles Antonin), fils du précédent, médecin à Cannes, né à Paris en 1816.

— Des Fièvres éruptives sans éruption, et particulièrement de la scarlatine sans exanthème. In-8°. 1857. *Baillière et fils.* 1 fr. 50 c.

— L'Hiver dans le Midi. Indications climatologiques et médicales. In-8°. 1864. *Ibid.* 1 fr.

BUVAT (Jean).

— Journal de la Régence (1715-1723); par Jean Buvat, écrivain de la bibliothèque du roi, publié pour la première fois et d'après les manuscrits originaux, précédé d'une introduction et accompagné de notes et d'un index alphabétique, par Émile Campardon. 2 vol. in-8°. 1865. *Plon.* 16 fr.

BUVIGNIER (Amand).

— Statistique géologique, minéralogique, métallurgique et paléontologique du département de la Meuse. In-8° avec un atlas de 32 pl. 1852. *J. B. Baillière.* 48 fr.

— Statistique minéralogique et géologique du département des Ardennes. — Voy. *Sauvage et Buvignier.*

BUVIGNIER (Ch.).

— Note sur les archives de l'hôtel de ville de Verdun (Meuse). In-8° de 7 ½ f. 1855. Metz, *imprimerie Nouvian.*

— Jametz et ses seigneurs. Dessins de F. Labeville. Gr. in-8° de 100 p. et 2 pl. 1861. Verdun, *Pierson.*

BUYS BALLOT (le docteur C. H. D.).

— Les Changements périodiques de tempéra-

ture, dépendants de la nature du soleil et de la lune, mis en rapport avec le pronostic du temps, déduits des observations néerlandaises de 1729 à 1846. In-4° avec 3 pl. 1847. Utrecht, *Kemink et Zoon.* 8 fr.

BUZAIRIES (L. A.), secrétaire du comice agricole de Limoux.

— Les Ruches de tous les systèmes, ou Examen et description des ruches anciennes et modernes; avec des notes par M. H. Hamet. In-8° avec fig. 1863. *Goin.* 1 fr. 50 c.

BUZAREINGUES (L. C. F. GIROU DE). — Voy. **Girou de Buzareingues.**

BYRNE (Miles), né à Monaseed (Irlande) en 1780, mort en 1862.

— Memoirs of Miles Byrne, chef de bataillon in the service of France, officer of the Legion of honour, etc. Edited by his widow. 3 vol. in-8°. 1863. *Bossange et C°.* 15 fr.

— Mémoires d'un exilé irlandais de 1798, Miles Byrne, chef de bataillon au service de la France, édités par sa veuve. Traduction de l'anglais par A. Hédouin. 2 vol. in-8°. 1864. *Ibid.* 10 fr.

BYRNE (Olivier).

— Vade-mecum de l'ingénieur de chemins de fer, donnant des méthodes nouvelles, exactes et faciles pour le tracé des courbes des chemins de fer, des changements et croisements de voies, le calcul des déblais et remblais, le nivellement, etc. Traduit de l'anglais par C. R. et José Brandon. In-18. 1862. *Chaix et C°.* Cartonné, 4 fr.

BYRON (G. GORDON, lord), le plus grand poëte de l'Angleterre, né à Douvres en 1788, mort à Missolonghi en 1824.

— Œuvres, traduites en vers français par Orby Hunter. 2 vol. in-8°. 1841-1842. *Chapelle.* 15 fr.

— Œuvres complètes. Traduites par Benjamin Laroche. Nouvelle édition. 4 vol. in-12. 1863. *Hachette et C°.* 14 fr.

La 1re édition de cette traduction a été publiée en 1836. 4 vol. in-8°. *Charpentier.* Depuis elle a été réimprimée environ 10 fois, d'abord par M. Charpentier et puis par M. Lecou, et en dernier lieu par MM. Hachette et C°.

— Chefs-d'œuvre de lord Byron. (Le Pèlerinage de Child-Harold, Lara, la Fiancée d'Abydos, Parisina, Mazeppa, le Siége de Corinthe, le Prisonnier de Chillon.) La traduction française en regard par M. le comte d'Hautefeuille; précédés d'un essai sur la vie et les œuvres de lord Byron et des contemporains, renfermant l'histoire de la poésie anglaise au xıx° siècle, par D. O'Sullivan. In-8°. 1847. *Place de la Madeleine,* 24.

— Morceaux choisis, traduits en vers français, par L. Langlois. In-12. 1863. *Poupart-Davyl et C°.*

— Le Corsaire, Mazeppa, traduits en vers français, et suivis de poésies diverses, par Lucien Méchin. In-12. 1848. *Paulin.* 3 fr.

— Le Pèlerinage de Childe Harold; traduction en vers français par Eugène Quiertant. In-8°. 1861. [Clermont-Ferrand.] *Blériot.* 4 fr.

Le premier chant de cette traduction avait déjà été publié en 1852. 1 fr.

— Childe Harold, traduit en vers français, par Lucien Davésiès de Pontès. 2 vol. in-12. 1862. *Dentu.* 6 fr.

— Le Pèlerinage de Childe Harold, traduit en vers d'après l'édition anglaise de 1812; précédé de Marie-Magdeleine, poëme, et de diverses poésies, par Victor Robert Jones. In-12. 1862. Saint-Quentin, *imprimerie Moureau.*

— Le Prisonnier de Chillon. Lara. Parisina; traduits en vers; et poésies diverses, par H. Gomont. In-12. 1862. [Nancy, *Mlle Gonet.*] *Amyot.* 2 fr. 50 c.

— Beppo, traduit en vers français, avec texte anglais en regard, par S. Clogenson. In-12. 1865. *Lévy frères.* 2 fr.

BYRSTRZONOWSKI (L. de S.).

— Sur la Serbie, dans ses rapports européens avec la question d'Orient. In-8°. 1845, *Amyot.* 4 fr.

BYSTERVELD (Henri de), coiffeur à Paris, rédacteur en chef du «Moniteur de la coiffure».

— Album de coiffures historiques. 4 vol. in-18 carré de 96 pl. accompagnées d'un texte explicatif. 1868-1865. *Chez l'auteur, faubourg Saint-Honoré*, 5. 25 fr.

Chaque volume se vend à part, 7 fr.

BYZANTIUS (C. D.).

— Dictionnaire grec-français et français-grec (moderne), par C. D. Byzantius, publié par A. Coromélas. Gr. in-8°. 185... [Athènes.] *Reinwald.* 24 fr.

C

CABALLERO (Fernan), pseudonyme de Mme Cecilia BOHL DE ARRON, romancière espagnole, née à Hambourg. Elle est fille de M. Bohl de Faber, négociant allemand établi à Cadix et consul de Hambourg dans cette ville. Mariée d'abord au marquis d'Arco-Hermoso, elle a épousé en secondes noces M. de Arron, consul d'Espagne en Australie.

— L'Amour d'une mère. Le Maçon. Le Marin. Traduit librement de l'espagnol par A. Marchais. In-18. 1864. Lille, *Lefort.* 75 c.

— Un Ange sur la terre (Lagrimas), scènes de mœurs contemporaines; traduit par Alphonse Marchais. In-12. 1861. *Maillet.* 1 fr.

— Clemencia; traduit par A. de Zappino et A. Marchais. In-12. 1863. *Ibid.* 2 fr.

— La Créole de la Havane; traduit de l'espagnol avec l'autorisation de l'auteur, par Alphonse Marchais. (2e édition de Lagrimas.) In-12. 1863. *Ibid.* 2 fr.

— Une Croisade au xixe siècle. — Les Dettes acquittées, nouvelle; traduit avec une introduction (lettres écrites de Madrid pendant la campagne de Maroc), par Antoine de Latour. In-18. 1860. *Douniol.* 1 fr.

— Une Dernière consolation, suivi de Un Oncle d'Amérique; librement traduits de l'espagnol par A. Marchais. In-18. 1864. Lille, *Lefort.* 75 c.

— Dialogues entre la jeunesse et l'âge mûr, ou Il n'est chose accomplie que dans l'autre vie; traduits par Auguste Dumas, revus et corrigés par l'auteur. In-12. 1864. *Dentu.* 3 fr.

— Don Juan Luis; traduit de l'espagnol par Alphonse Marchais. In-12. 1863. Lille, *Lefort.* 30 c.

— Un Été à Bornos; roman par lettres, revu et corrigé par l'auteur, suivi de l'Alcazar de Séville. In-12. 1865. *Dentu.* 3 fr.

— La Famille Alvareda, roman de mœurs populaires; traduit par Auguste Dumas. 2e édition. In-12. 1862. *Ibid.* 2 fr. 50 c.

La 1re édition est de 1860.

— Fleurs des champs, nouvelles, exemples et légendes. In-12. 1862. *Douniol*, 1 fr. 50 c.

— La Gaviota; traduit par Alphonse Gillard. In-12. 1860. Bruxelles, *A. Schnée.* 2 fr. 50 c.

— Un Jeune libéral et un légitimiste, suivi de l'Ex-voto, la Nuit de Noël, la Fleur des ruines, les Deux amis, romans de mœurs populaires; traduits par Auguste Dumas, revus et corrigés par l'auteur. In-12. 1863. *Dentu.* 3 fr.

— Nouvelles andalouses, scènes de mœurs contemporaines; traduites par A. Germond de Lavigne. In-12. 1865. *Hachette et Cie.* 1 fr.

— Rien n'est parfait ici-bas; traduit de l'espagnol par Mme Marie Recurt. In-12. 1865. *Pélagaud.* 1 fr. 20 c.

— Trois brebis du bon Dieu; traduit de l'espagnol par A. Marchais. In-12. 1864. Lille, *Lefort.* 75 c.

CABANES (Hippolyte).

— La Levée des prohibitions et le département du Nord. In-12. 1860. Lille, *Minart.* 1 fr. 50 c.

CABANES (Mme L. T. de).

— Le Château des oiseaux. Pensées et loisirs d'une mère à ses enfants bien-aimés. In-12 avec grav. 1852. Clermont-Ferrand, *Thibaud-Landriot.*

— Fragments de voyages. Épisodes des guerres de l'empire. In-12 avec grav. 1852. *Ibid.*

CABANIÉ (B.), charpentier, professeur de trait de charpente.

— Charpente générale théorique et pratique. 2 vol. in-fol. avec 104 pl. 1864. *Gauthier-Villars.* 60 fr.

CABANIS (P. J. Georges), médecin, membre de l'Institut et sénateur, né à Cosnac en 1757, mort à Rueil en 1808.

— Rapports du physique et du moral de l'homme. Nouvelle édition, contenant l'Extrait raisonné de Destutt de Tracy, la Table alphabétique et analytique de Sue, une Notice biographique sur Cabanis, et un Essai sur les principes et les limites de la science des rapports du physique et du moral, par le docteur Cerise. 2 vol. in-18. 1855. *Victor Masson.* 7 fr.

La 1re édition est de 1802.

CABANNES (Bernard Augustin de) baron de CAUNA. — Voy. **Cauna.**

CABANTOUS (Louis Pierre François), professeur de droit administratif à la Faculté d'Aix, né à Limoges en 1812.

— Répétitions écrites sur le droit public et administratif, contenant l'exposé des principes généraux, leurs motifs et la solution des questions théoriques. 3e édition, revue et mise au courant de la législation et considérablement augmentée. In-8°. 1863. *Marescq aîné.* 10 fr.

La 1re édition est de 1854.

M. Cabantous a collaboré à la « Revue critique de législation » et au « Journal du Palais ».

CABANY (E. SAINT-MAURICE-). — Voy. **Saint-Maurice-Cabany.**

CABARET (le docteur).

— Du Cancer et de sa curabilité sans opération. 2e édition. In-12. 1865. *Jules Masson.* 3 fr.

CABARET-DUPATY (J. R. T.), professeur au collége Stanislas.

— Trois années de versions latines à l'usage des aspirants au baccalauréat ès lettres. Première année. Sixième et cinquième. In-12. 1849. *Maire-Nyon.* 2 fr. 25 c.

— Le même. Partie du maitre. In-12. 1850. *Ibid.* 2 fr. 50 c.

M. Cabaret-Dupaty a publié avec des notes: *Lhomond*, Epitome historiæ sacræ; il a publié une nouvelle édition des « Tragédies » de *Sénèque*, et de « l'Appendix de diis etheroïbus », du P. *Jouvency*; il a refondu la traduction de Gros des « Métamorphoses » d'*Ovide*; et il a donné dans la Collection Panckoncke les traductions de « l'Économie rurale », de *Palladius Rutilius Taurus*, et des « *Poetæ* latini minores ».

CABART (Charles François), examinateur d'admission à l'École polytechnique, né à Cherbourg en 1813.

— Leçons de physique et de chimie. In-8° avec 28 pl. 1854. *Hachette et Cie.* 8 fr.

— Leçons nouvelles sur les applications de la géométrie. — Voy. *Bourgeois et Cabart.*

M. Cabart a traduit de l'allemand: « Recherches théoriques des lois d'après lesquelles la lumière est réfléchie et réfractée à la limite commune des deux milieux complétement transparents », de F. E. *Neumann.*

CABE (W. B. MAC-). — Voy. **Mac-Cabe.**

CABET (Étienne), publiciste, chef d'une secte communiste, avocat sous la Restauration, né à Dijon en 1788, mort à Saint-Louis, dans le Missouri en 1856.

— Almanach icarien, astronomique, scientifique, pratique, industriel, statistique, politique et social, pour 1843. In-16. 1842. *Mallet.* 50 c.

Cet almanach a eu 3 éditions dans la même année.

— Le même, pour 1844. In-16. *Prevot.* 50 c.

— Colonie icarienne aux États-Unis d'Amérique. Sa constitution, ses lois, sa situation matérielle et morale après le premier semestre de 1855. In-12. 1856. *Rue Baillet*, 3. 1 fr. 10 c.

— Histoire populaire de la Révolution française, de 1789 à 1830; précédée d'un précis de l'histoire des Français depuis leur origine jusqu'aux États généraux. 4 vol. in-8°. 1840. *Pagnerre.* 18 fr.

— Le même. 2e édition, continuée jusqu'en 1845. 5 vol. in-8°. 1845-1847. *Rue J. J. Rousseau*, 18. 20 fr.

— Notre Procès en escroquerie, ou Poursuites

dirigées contre les citoyens Cabet et Krolikowski, à l'occasion de la fondation d'Icarie. In-8°. 1849. *Rue J. J. Rousseau*, 18. 1 fr. 50 c.

— Procès et acquittement du citoyen Cabet, accusé d'escroquerie pour l'émigration icarienne. In-8°. 1851. *Rue Baillet*, 3. 1 fr. 50 c.

Comme supplément à cette brochure, l'auteur a donné: « Défense et acquittement de Cabet, accusé d'escroquerie, au sujet de l'émigration icarienne », p. 153-240 (suite de la pagination du volume précédent). In-8°. *Ibid.* 50 c.

— Voyage en Icarie, roman philosophique et social. 5e édition. In-18. 1848. *Mallet et Cie.* 3 fr.

La 1re édition a paru en 1842. — Ce roman a été traduit en allemand par le docteur *Wendel-Hippler.* 2 vol in-12. 1848. *Ibid.* 4 fr.

— Voyages et aventures de lord William Carisdall en Icarie. Traduits de l'anglais de Francis Adams, par Th. Dufruit. 2 vol. in-8°. 1840. *Souverain.* 16 fr.

Francis Adams n'est qu'un auteur imaginaire, et l'ouvrage n'est pas non plus traduit de l'anglais, mais écrit en français par M. Cabet.

— Le Vrai Christianisme suivant Jésus-Christ. 2e édition. In-18. 1847. *Rue J. J. Rousseau*, 18. 2 fr. 50 c.

La 1re édition est de 1846.

A ces publications de M. Cabet il faut encore ajouter une foule de brochures qui se rattachent à son rôle politique et social, parmi lesquelles se distinguent:
L'Émigration de M. Guizot à Gand. — Six lettres sur la crise actuelle. — Réfutation de tous les écrits contre la communauté. — Le National. — Bombardement de Barcelone. — Procès de communisme à Toulouse. — Les Masques arrachés. — Le Salut est dans l'union. — Eau et feu. — Réalisation de la communauté d'Icarie. — Guerre de l'opposition, etc.

CABOCHE (Charles), inspecteur de l'Académie de Paris, agrégé à la Faculté des lettres, né à Péronne (Somme) en 1810.

— Éloge de Mme de Sévigné. In-8° de 3 f. 1840. *Sapia.*

— Les Mémoires et l'histoire en France. In-8°. 1863. *Charpentier.* 12 fr.

On connaît encore du même auteur une thèse française « La Bruyère », et une thèse latine « de Euripidis Medea ».
Il a publié une nouvelle édition des «Mémoires» de *Marguerite de Valois.* — Voy. ce nom.

CABOCHE DEMERVILLE (J.).

— Les Animaux célèbres, intelligents et curieux. Illustrés par A. Giroux. In-8° avec 15 vignettes. 1844. *Rue Sainte-Anne*, 57. 8 fr. 50 c.

— Panthéon de la jeunesse. Vies des enfants célèbres de tous les temps et de tous les pays. 2e édition. In-8° avec 20 lithographies. 1844. *Garnier frères.* 10 fr.

CABOT (Charles).

— Une Aventure sous Louis XV, vaudeville en un acte. In-4°. 1859. *Barbré.* 40 c.

— Les Deux Barbes; vaudeville en un acte. In-4°. 1865. *Lévy frères.* 50 c.

— Jacqueline Doucette; vaudeville en un acte. In-8°. 1855. *Beck.* 60 c.

Avec A. de Jallais.

— Les Malheurs d'un homme heureux; vaudeville en un acte. In-12. 1865. *Gosselin.* 60 c.

— Le Médecin sans enfants, ou le Don Juan de Vincennes, et ce qu'on perd quand on a une paire de pères; parodie en deux tableaux. In-8°. 1856. *Imprimerie de Morris.* 50 c.

Avec A. de Jallais.

— Les Mésaventures de Mandrin; méli-méla-mélo-drame, avec coups de sabres de théâtres et de poings, entremêlé d'apparitions, disparitions, explications, complications et exécutions. Salmigondis de la pièce de la Gaîté, pot-pourri. In-12. 1856. *Ibid.* 50 c.

Avec le même.

— Nicodème sur la terre; vaudeville en un acte. In-8°. 1857. *Barbré.* 40 c.

— Sous un bec de gaz; scènes de la vie nocturne en une nuit. In-12. 1854. *Lévy frères.* 60 c.

Avec A. de Jallais et Lelarge.

— Le même. In-4°. 1858. *Ibid.* 20 c.

M. Cabot a encore fait des pièces en collaboration avec MM. *Jallais* et H. de *Kock.* — Voy. ces noms.

CABRES (SABATHIER DE). — Voy. **Sabathier de Cabres.**

CABRIÉ.

— Le Troubadour moderne, ou Poésies populaires de nos provinces méridionales, traduites en français (en prose), et précédées d'un discours sur la langue et la littérature provençales, depuis leur origine jusqu'à nos jours. In-8°. 1844. *Amyot.* 7 fr.

CABRIÈRES (l'abbé de), vicaire général à Nîmes.

— Deux Histoires vraies, suivi de: Un Volontaire pontifical, par l'abbé A. Delacroix. In-18. 1861. Tournai, *Casterman.* 1 fr.

— Éloge funèbre de Jean Reboul, prononcé dans l'église cathédrale de Nîmes, le 31 mai 1864. In-8°. 1864. Nîmes, *Bedot.* 50 c.

— Notice sur la révérende mère Marie Élisabeth de la Croix, carmélite déchaussée du monastère de Nîmes. In-18. 1861. Nîmes, *Giraud.* 1 fr.

CABRIÈRES (Henriette), pseudonyme dont Mme **Geisendorf** (voy. ce nom) a signé son ouvrage: « la Dame aux cheveux gris ».

CABRINI (le P. F.), de la Compagnie de Jésus.

— Le Samedi consacré à Marie, ou Considérations sur les vertus et les gloires de la très-sainte Vierge, pour tous les samedis de l'année. Traduit de l'italien par le chanoine D. G. Hallez. In-18. 1863. Tournai, *Casterman.* 1 fr. 25 c.

CABROL (le docteur), médecin principal d'armée.

— De l'Algérie sous le rapport de l'hygiène et de la colonisation. In-18. 1863. *Challamel aîné.* 1 fr.

CABROL (Étienne).

— Annales de Villefranche de Rouergue, publiées sous les auspices du conseil municipal de Villefranche. 2 vol. in-8°. 1860. Villefranche, *imprimerie Ve Cestan.*

CABRYE (Émile), docteur en droit, juge d'instruction au tribunal de Morlaix (Finistère), né à Rennes en 1833.

— Du Droit de rétention (Droit romain, ancien Droit français, Droit actuel). In-8°. 1860. *Aug. Durand.* 3 fr.

CABUCHET (Toussaint).

— Histoire des premiers temps de l'Église et de l'Empire jusqu'au premier concile de Nicée, suivie d'une notice historique sur les premiers pères de l'Église jusqu'au xive siècle. In-8°. 1843. Lyon, *Guyot.* 5 fr.

CACCIA (le comte Maximilien).

— De l'Équitation militaire. In-8° de 6 ¼ f. 1842. *Imprimerie Lenormant.*

— Des Vertus militaires et du mérite de la carrière des armes en temps de paix. In-8°. 1846. *Dumaine.* 4 fr.

CACHELEU (de).

— L'Église, Napoléon III et l'Europe. In-8°. 1861. *Dentu.* 1 fr.

CACHELEU (Jules de).

— Aperçu sur l'organisation des sociétés. In-8°. 1840. [Amiens.] *Pillet aîné.* 5 fr. 50 c.

CACHEUX (l'abbé N.), ancien professeur de l'Université.

— Discussion théologique et philosophique avec le protestantisme sur tous les points qui le séparent de la religion catholique; suivi de la réfutation de la lettre du pasteur Puaux à l'évêque du Puy : Rome a-t-elle le caractère de l'Église de Jésus-Christ? In-8°. 1855. *Douniol.* 6 fr.

— Essai sur la philosophie du christianisme, considérée dans ses rapports avec la philosophie moderne. 2 vol. in-8°. 1839-1841. *Lagny frères.* 12 fr.

— Études philosophiques sur l'Église. In-12. 1854. *Julien Lanier et Cie.*

— Philosophie de l'histoire des conciles tenus en France depuis l'établissement de la religion chrétienne dans les Gaules jusqu'à nos jours, et leur influence sur les lois, les mœurs et la civilisation moderne. In-8°. 1844. *Bray.* 6 fr.

— De la Philosophie de saint Thomas d'Aquin. Gr. in-8°. 1858. *Douniol.* 7 fr. 50 c.

CACHON (MERMET DE). — Voy. **Mermet de Cachon.**

CACHUPIN (le R. P. François de).

— Vie du vénérable Louis du Pont, S. J. Traduite de l'espagnol. In-12. 1861. Tournai, *Casterman.* 1 fr. 60 c.

CADALVÈNE (Edmond de), directeur des postes et paquebots de l'administration française à Smyrne.

— Deux Années de l'histoire d'Orient, 1839-1840, faisant suite à l'Histoire de la guerre de Méhémed-Ali en Syrie et en Asie Mineure, 1832-1833. 2 vol. in-8° avec carte. 1840. *Delloye.* 15 fr.

Avec E. Barrault.

— Maladie et mort du sultan Mahmud II. — Voy. *Mac Carthy et Cadalvène.*

CADARD (Ferdinand).

— Mnémosyne romaine; narrations des événements de l'histoire de Rome, depuis la fondation de cette ville jusqu'à l'établissement de l'empire; suivies de vers techniques. 2 vol. in-12. 1840-1841. Douai, *Adam.* 4 fr.

CADDELL (Miss Maria).

— Agnès, ou la Petite épouse du saint Sacrement. Traduction libre de l'anglais, par une religieuse de la congrégation des Sacrés-Cœurs de Jésus et de Marie. In-12. 1861. *Tolra et Haton.* 2 fr.

— Le même. Traduit par un enfant du catéchisme de Saint-Thomas d'Aquin. In-12. 1861. *Vaton.* 1 fr. 25 c.

—. Le même. In-12. Tournai, *Casterman*. 1 fr.

— Geneviève, ou l'Enfant de la Providence. Traduit de l'anglais. In-12. 1862. *Ibid*. 1 fr. 20 c.

— Snowdrop, ou les Trois baptêmes. Traduit de l'anglais; suivie de la Pauvre orpheline. In-12. 1860. *Ibid*. 30 c.

La 2ᵉ édition, publiée en 1865, porte le titre: « Flocon de neige ou les Trois baptêmes ».

CADET (Félix), professeur de philosophie.

— Atlas spécial de géographie physique, politique et historique de la France. — Voy. *Bazin et Cadet*.

— Examen du Traité des devoirs de Cicéron. In-8º, 140 p. 1865. Reims, *imprimerie Dubois*.

CADET DE GASSICOURT (Charles Louis Félix), pharmacien, né à Paris, en 1789, mort en 1861.

— Premiers secours avant l'arrivée du médecin, ou Petit dictionnaire des cas d'urgence, à l'usage des gens du monde; suivi d'une instruction sur les champignons. In-12 avec 7 pl. 1845. *Labé*. 3 fr.

CADET DE MOISSAC, pseudonyme de M. **Goudol** (Hugues).

CADILHAC (Désiré), avocat, membre du conseil général de l'Hérault.

— Question romaine. A S. M. Victor Emmanuel, roi d'Italie. In-8º de 12 p. 1865. Béziers, *Delpech*.

— Renouveau. In-12. 1865. *Bray*.

CADIOT, ancien sous-préfet.

— Tablettes des révolutions de la France, de 1789 à 1848, et études sur les secrets, ou Conflits des pouvoirs souverains dans les affaires d'État. 4ᵉ édition. In-18. 1855. *Dentu*. 2 fr.

La 1ʳᵉ édition est de 1848.

— Vrai point de vue des affaires d'Orient. Nouveaux aperçus. Explications complètes. In-18. 1840. *Paulin*.

CADOINE DE GABRIAC. — Voy. **Gabriac**.

CADOL (Édouard).

— La Germaine; comédie en trois actes, en prose. In-12. 1863. *Lévy frères*. 2 fr.

— Le Jeune homme au rifflard; vaudeville. — Voy. *Varin, et Cadol*.

— Lettre à M. le marquis de Carabas sur les partis. In-8º. 1862. *Poulet-Malassis*. 1 fr.

— La Mye du roy le unziesme. — Voy. *Devicque et Cadol*.

CADOR (L.).

— Subsistances et populations. In-8º. 1850. *Guillaumin*. 8 fr.

CADORET (l'abbé Eug.), prêtre du diocèse de la Rochelle, aumônier de la flotte.

— Le Droit de César; doctrine catholique sur la légitimité du pouvoir royal. In-8º. 1853. *Parent-Desbarres*. 4 fr.

CADOUDAL (Georges de), fils du général Joseph le Cadoudal, et neveu du célèbre Georges Cadoudal, est né à Lugeac (Haute-Loire) en 1823. Il a été successivement directeur de « la Bretagne » de Vannes), rédacteur en chef du « Messager de la charité », collaborateur du « Correspondant »

et de plusieurs autres recueils, et aujourd'hui il est critique littéraire au journal « l'Union ».

— Faits et récits contemporains. Recueil anecdotique. In-12. 1860. *Sarlit*. 1 fr. 25 c.

2ᵉ édition en 1865.

— Histoires et anecdotes du temps présent. In-12. 1863. *Ibid*. 1 fr. 25 c.

— Honnêtes facéties et menus propos. In-12. 1863. *Ibid*. 1 fr. 25 c.

— Madame Acarie; étude sur la société religieuse aux xviᵉ et xviiᵉ siècles. In-18. 1863. *Poussielgue-Rusand*. 1 fr. 50 c.

— Notice biographique sur M. Charles de Riancey. — Voy. *Riancey*, le Troisième commandement de Dieu.

— Les Serviteurs des hommes. In-12. 1864. *Dillet*. 2 fr.

— Les Signes du temps; critiques littéraires et morales. In-12. 1861. *Lecoffre et Cⁱᵉ*. 3 fr.

— Souvenirs de quinze années, 1845-1861. Esquisses morales, historiques et littéraires. In-12. 1862. *Sarlit*. 3 fr.

CADOZ (François).

— Alphabet arabe, ou Éléments de la lecture et de l'écriture arabes. In-18 de 1 f. 1852. [Alger.] *Hachette*.

— Le Secrétaire de l'Algérie, ou le Secrétaire français-arabe, contenant des modèles de lettres, d'actes, etc. In-18. 1851. Alger, *Bernard*.

Texte arabe et français.

CADRAT (J. M. V.).

— Traité des faillites et banqueroutes, d'après la loi du 28 mai 1838. Livraisons 1 et 2. In-8º. 1841. [Toulouse, *Delsol*.] *Thorel*. 4 fr.

CADRÈS (le P. Ant. Alph.), de la Compagnie de Jésus, né à Paris en 1810.

— Notice sur la vie et les ouvrages du P. Jean Nicolas Grou, S. J. In-8º. 1862. *Palmé*. 1 fr.

Le P. Cadrès a publié « le Chrétien selon le cœur de Jésus », du P. *Waldner*; « la Sagesse chrétienne », du P. *Guilleminot*; et plusieurs ouvrages du P. *Grou*. — Voy. ces noms.

CADRÈS (Émile).

— Code-manuel de la contrainte par corps et de l'emprisonnement pour dettes en matières civile, commerciale, etc. In-12 de 2 f. 1842. *Rue Laffitte, 40*.

— Code de procédure commerciale mis en rapport avec la doctrine et la jurisprudence. In-8º. 1843. *Videcoq*. 8 fr.

— Modifications des dispositions du Code civil en matière de commerce, mises en rapport avec la doctrine et la jurisprudence; suivies d'un commentaire du contrat de commission. In-8º. 1844. *Ibid*. 6 fr.

— Traité des enfants naturels, mis en rapport avec la doctrine et la jurisprudence. In-8º. 1846. *Ibid*. 7 fr.

CADRÈS-MARMET (E.).

— Principes de tenue des livres très-simplifiée, à partie simple et à partie double, avec un vocabulaire des termes les plus usités dans le commerce. Nouvelle édition. In-18. 1864. *Hachette et Cⁱᵉ*. 60 c.

La 1ʳᵉ édition est de 1830.

CADRI (Mohamed).

— La Langue arabe et la langue française mises à la portée des Européens et de la jeunesse égyptienne. 3 vol. in-8º. 1864. Au Caire. 30 fr.

CAEN (P.).

— L'Ami des arts, ou l'Art du trait. In-12 avec 12 pl. 1843. Nancy, *chez l'auteur*. 6 fr.

*****Caeremoniale** episcoporum prolegomenis et commentariis illustratum cura et studio Josephi Catalani, presbyteri congregationis oratorii Sancti Hieronymi caritatis. Editio secunda, emendata et plurimis additamentis locupletata. 2 vol. in-4º. 1860-1861. *A. Jouby*. 60 fr.

Les figures de l'édition de Rome, 1745, sont reproduites dans celles-ci et imprimées avec le texte.

*****Caeremoniale** episcoporum summorum pontificum jussu editum et a Benedicto XIV auctum et castigatum, cui accessit appendix decretorum generalium S. rituum Congregationis. In-4º avec vignettes. 1861. *Ibid*. 12 fr.

— Le même. In-12. 1855. *Ibid*. 2 fr. 50 c.

CAESAR (Julius). — Voy. **César**.

CAESARE (le P. B. A. de). — Voy. **Cesare**.

CAFFARINS (le B. Thomas).

— Supplément à la Vie de sainte Catherine de Sienne, par Raymond de Capoue. — Voy. *Raymond de Capoue*.

CAFFIAUX (Henri Étienne), docteur ès lettres, officier d'académie, professeur et archiviste à Valenciennes, né à Valenciennes en 1818.

— De Hannonia Ludovico XIV regnante. In-8º. 1860. Valenciennes, *Lemaître*. 4 fr.

Thèse pour le doctorat.

— De l'Oraison funèbre dans la Grèce païenne. In-8º. 1861. *Durand*. 7 fr.

Thèse pour le doctorat.

— Récension nouvelle du texte de l'oraison funèbre d'Hypéride, et examen de l'édition de M. Camparetti. In-8º. 1865. *Didier et Cie*. 3 fr.

Extrait de la « Revue archéologique ».

— Siége de Valenciennes en 1793. Poëme. Gr. in-4º de 52 p. 1843. Valenciennes, *Prignet*. 12 fr.

M. Caffiaux a traduit en français : « Éloge funèbre de Procope », de *Choricius de Gaza*, ainsi que plusieurs morceaux d'*Hypéride*. — Voy. ces noms.

CAFFIN, sous-préfet.

— Des Droits de propriété des communes et des sections de communes sur les biens communaux, et de l'emploi des prix de location et de vente de ces biens. In-16. 1861. [Châteauroux.] *Aug. Durand*. 3 fr.

CAFFIN (le docteur Jacques Fr.), né à Saumur, en 1778.

— Aux Chambres et à Mgr. le ministre de l'instruction publique, à tous les médecins. Observations sur la réorganisation de l'enseignement de la médecine. In-8º. 1844. *Ébrard*.

— Nouvelle théorie de géologie, exposée dans une réponse de Mme*** aux lettres qui lui ont été adressées par M. Bertrand sur les révolutions du globe. In-8º. 1840. *Masson*.

CAFFIN D'ORSIGNY.

— Grignon, institution royale et agronomique. Quinze ans d'exploitation et de direction. In-8º de 21 f. 1845. *Imprimerie Henry*.

CAFFOL (Devals de). — Voy. **Devals de Caffol.**

CAFFORT (J. P.).

— De l'Étude de l'enseignement et de l'exercice de la médecine. Tome Ier. In-8º. 1844. [Montpellier, *Castel*.] *J. B. Baillière*.

Le tome I seul a paru.

CAHAGNE (François Arsène Chaise de). — Voy. **Cey** (Arsène).

CAHAGNET (Louis Alphonse), successivement monteur en pendules, tourneur en chaises, commis en nouveautés, photographe et publiciste, né à Caen en 1809.

— Arcanes de la vie future dévoilées, où l'existence, la forme, les occupations de l'âme sont prouvées par plusieurs années d'expériences. 3 vol. in-12. 1854-1860. *Germer Baillière*. 15 fr.

— Encyclopédie magnétique spiritualiste, traitant spécialement de faits psychologiques, magie magnétique, swedenborgianisme, nécromancie, etc. 7 vol. in-12. 1854-1861. *Ibid*. 28 fr.

— Études sur l'homme. In-18. 1858. *Ibid*. 1 fr.

— Guide du magnétiseur, ou Procédés magnétiques d'après Mesmer, Puységur et Deleuze, mis à la portée de tout le monde, avec un Appendice sur le choléra, etc. In-16. 1849. *Ibid*. 50 c.

— Lumière des morts, ou Études magnétiques, philosophiques et spiritualistes, dédiées aux libres penseurs du xixe siècle. In-12. 1851. *Ibid*. 5 fr.

— Magie magnétique, ou Traité historique et pratique des fascinations, miroirs cabalistiques, apports, suspensions, pactes, talismans, charme des vents, etc. In-18. 1858. *Ibid*. 7 fr.

— Méditations d'un penseur, ou Mélanges de philosophie et de spiritualisme, d'appréciations, d'aspirations et de déceptions. 2 vol. in-12. 1860. *Ibid*. 10 fr.

— Révélations d'outre-tombe, par les Esprits Galilée, Hippocrate, Franklin, etc., sur Dieu, la préexistence des âmes, la création de la terre, l'astronomie, la météorologie, la physique, etc. In-12. 1856. *Ibid*. 5 fr.

— Sanctuaire du spiritualisme. Étude sur l'âme humaine, et de ses rapports avec l'univers, d'après le somnambulisme et l'extase. In-12. 1850. *Ibid*. 5 fr.

— Du Traitement des maladies, ou Étude sur les propriétés médicinales de 150 plantes les plus connues et les plus usuelles, par l'extatique Adèle Maginot; avec une exposition des diverses méthodes de magnétisation, par L. Alph. Cahagnet. In-18. 1851. *Ibid*. 2 fr. 50 c.

M. Cahagnet a fait traduire de l'allemand et publié les « Lettres odiques-magnétiques », du baron de Reichenbach.

CAHEN (le docteur), mort en 1866.

— De l'Acide arsénieux dans le traitement des congestions qui accompagnent certaines affections nerveuses. In-8º. 1863. *P. Asselin*. 1 fr.

— Des Névroses vaso-motrices. In-8º. 1864. *Ibid*. 1 fr. 25 c.

Ces deux brochures sont extraites des « Archives générales de médecine ».

CAHEN (Samuel), écrivain israélite, directeur de l'école israélite de Paris, fondateur des « Archives israélites », né à Metz, en 1796, mort à Paris, en 1861.

— La Bible. Traduction nouvelle avec l'hébreu

en regard, accompagnée des points-voyelles et des accents toniques, avec des notes philologiques, géographiques et littéraires, et les principales variantes de la version des Septante et du texte samaritain, par S. Cahen. 20 vol. in-8°. 1832-1852. *Chez l'auteur.* 120 fr.

CAHEN (Isidore), fils du précédent, ancien élève de l'École normale, ancien professeur de philosophie, directeur des « Archives israélites », ancien collaborateur du « Journal des Débats » et de la « Presse », actuellement rédacteur de « l'Avenir national », né à Paris, en 1826.

— Deux Libertés en une. In-12. 1848. *Dentu.* 1 fr.

— Esquisse sur la philosophie du poëme de Job. In-8°. 1851. *Franck.* 2 fr.

M. Isidore Cahen a traduit: *Brecher*, l'Immortalité de l'âme chez les Jnifs.

CAHEN (Michel), ingénieur civil.

— Métallurgie du plomb. In-8° avec pl. *Noblet et Baudry.* 5 fr.

Extrait de la « Revue universelle des mines ».

CAHIER (A.).

— Famille Bra. Notice historique sur une famille d'artistes douaisiens. In-8° avec 2 grav. 1863. [Douai, *Crépin.*] *Dentu.* 2 fr.

CAHIER (le R. P. Charles), de la Compagnie de Jésus, né à Paris en 1807.

— 2,228 Proverbes, rassemblés en divers pays par un voyageur parœmiophile. In-12. 1854. Bruxelles. 3 fr.

Anonyme.

— Mélanges d'archéologie, d'histoire et de littérature, rédigés ou recueillis par les auteurs de la Monographie de la cathédrale de Bourges (Ch. Cahier et Arthur Martin). Collection de mémoires sur l'orfèvrerie ecclésiastique du moyen âge, etc., sur les miniatures et les anciens ivoires sculptés de Bamberg, Ratisbonne, Munich, Paris, Londres, etc., sur des étoffes byzantines, arabes, etc., sur des peintures et bas-reliefs mystérieux de l'époque carlovingienne, romane, etc. 4 vol. gr. in-4° avec grav. 1848-1856. *Poussielgue-Rusand.* 180 fr.

— Quelque six mille proverbes et aphorismes usuels, empruntés à notre âge et aux siècles derniers. In-12. 1856. *Julien, Lanier et Cⁱᵉ.* 4 fr.

— Souvenirs de l'ancienne Église d'Afrique. Ouvrage traduit en partie de l'italien (du P. Morcelli), par un Père de la Compagnie de Jésus (le P. Cahier). In-12. 1862. *Ruffet et Cⁱᵉ.* 3 fr. 50 c.

Cet ouvrage est plutôt un abrégé qu'une traduction de « l'Africa christiana », du P. Morcelli.

— Vitraux peints de Saint-Étienne de Bourges. — Voy. *Martin* (Arthur) *et Cahier.*

"**Cahiers** d'une élève de Saint-Denis. — Voy. *Baude.*

CAHOUR (le P. Arsène), de la Compagnie de Jésus.

— Baudouin de Constantinople. Chronique de Belgique et de France en 1225. In-12. 1850. *Poussielgue-Rusand.* 2 fr. 50 c.

— Bibliothèque critique des poètes français. 3 vol. in-8°. 1863. *Douniol.* 15 fr.

— Chefs-d'œuvre d'éloquence française présentés dans leur ordre chronologique et accompa-

gnés de notes historiques, morales et littéraires. 2ᵉ édition, revue et augmentée par l'auteur. In-12. 1863. *Ibid.* 3 fr. 50 c.

1ʳᵉ édition. In-8°. 1854. *Ibid.* 5 fr.

— Des Études classiques et des études professionnelles. In-8°. 1852. *Vᵉ Poussielgue-Rusand.* 3 fr. 50 c.

— Des Jésuites, par un jésuite. 2ᵉ édition. 2 vol. in-12. 1844. *Ibid.* 3 fr.

La 1ʳᵉ édition était anonyme et a paru en 1843.

— Poésies françaises distribuées et annotées à l'usage des collèges. 5 vol. in-8°. 1857-1859. *Douniol.* 25 fr.

CAHOUR (l'abbé Abel), chanoine honoraire, aumônier du lycée de Nantes, né à Renac en 1812.

— Notice historique et critique sur saint Émilien, évêque de Nantes, mort à Autun au v111ᵉ siècle. In-18 avec 4 pl. 1859. Nantes, *Mazeau.* 1 fr. 50 c.

— Vie de M. Orain, prêtre, confesseur de la foi pendant la révolution. In-18. 1860. [Nantes.] *Douniol.* 2 fr.

CAHOURS (Auguste), examinateur de sortie pour la chimie à l'École polytechnique.

— Traité de chimie générale élémentaire; leçons professées à l'École centrale des arts et manufactures. 2ᵉ édition. 3 vol. in 12 avec fig. dans le texte. 1860. *Mallet-Bachelier.* 12 fr.

La 1ʳᵉ édition est de 1855.

Voy. aussi *Leçons de chimie professées en 1860.*

CAHUN (B.).

— Les Œuvres de la maison de Jacob; abrégé de l'histoire des Hébreux depuis l'époque fédérative des juges jusqu'à la destruction du temple par Nabuchodonosor, etc. In-12. 1842. *Chez l'auteur, rue Bar-du-Bec,* 15.

CAICEDO (Torrès-). — Voy. **Torrès-Caicedo.**

CAIL, ingénieur-constructeur.

— De la Fabrication du sucre aux colonies. — Voy. *Derosne et Cail.*

CAILHAVA (L.).

— De Tristibus Franciæ libri quatuor ex codice manuscripto bibliothecæ Lugdunensis nunc primum in lucem editi curâ et sumptibus L. Cailhava. In-4°. 1841. [Lyon, *imprimerie Perrin.*] *Techener.* 30 fr.

Exemplaires sur papier extrafort, 45 fr.; avec doubles figures, 60 fr.

CAILLARD (Paul), ancien officier de marine, né à Paris en 1832.

— Les Chasses en France et en Angleterre, histoires de sport. In-12. 1864. *Lévy frères.* 3 fr.

CAILLARD (Mᵐᵉ Paul), née Marie Adèle Lescor, déléguée générale pour l'inspection des écoles primaires de filles, né à Tournus (Saône-et-Loire) en 1820.

— Entretiens familiers d'une institutrice avec ses élèves, essai de méthode pratique sur l'éducation, spécialement destiné aux écoles primaires. In-12. 1863. *Tandou et Cⁱᵉ.* 1 fr. 50 c.

— Petit cours de leçons morales et pratiques, à l'usage des jeunes enfants dans les salles d'asile et les écoles communales. In-18. 1865. *Ibid.* 70 c.

— Résumé d'éducation pratique par demandes

et par réponses; extrait des Entretiens familiers d'une institutrice avec ses élèves. In-12. 1863. *Ibid.* 45 c.

CAILLAT (J. M.), docteur en médecine.

— La Source des yeux aux bains d'Hercule en Hongrie, procédé particulier d'application des eaux minérales au traitement des maladies de l'appareil oculaire. In-8°. 1862. *Au bureau de la Gazette des eaux.*

CAILLAT (L. C.), ingénieur civil des mines, professeur à l'institut agronomique de Grignon, né en 1804, mort en 1865.

— Application à l'agriculture des éléments de physique, de chimie et de géologie. 4 vol. in-12 avec pl. 1847. *Mathias.* 16 fr.

CAILLAU (A. B.), chanoine honoraire du Mans et de Cahors.

— Histoire critique et religieuse de Notre-Dame de Lorette. In-8° avec atlas. 1843. *Vaton.* 7 fr. 50 c.

— Le même. In-12. *Ibid.* 3 fr. 50 c.

— Le Jour de Marie, ou le Guide du pèlerin de Roc-Amadour. In-18. 1842. *Camus.*

M. l'abbé Caillau a présidé avec M. Guillon à la « Collectio selecta S. S. ecclesiæ patrum ». Paris, 1829 et années suivantes. Il a aussi publié le tome II des œuvres de saint *Grégoire de Nazianze.*

CAILLAUD (l'abbé), vicaire général et official de Bourges, mort à Bourges en 1866.

— Histoire de Notre-Dame de Vaudouant. In-18. 1858. Bourges, *imprimerie Pigelet.*

— Manuel des dispenses à l'usage du curé, du confesseur et de l'official. 3e édition. In-8°. 1865. [Bourges.] *Gauguet.* 6 fr.

La 1re édition est de 1853.

— Martyrs du diocèse de Bourges pendant la révolution de 1793. In-12. 1858. Bourges, *imprimerie Pigelet.*

CAILLAULT (Ch.), docteur en médecine, ancien interne des hôpitaux de Paris.

— Traité pratique des maladies de la peau chez les enfants. In-18. 1859. *J. B. Baillière et fils.* 3 fr. 50 c.

CAILLAUX (L. Ch.).

— Hymnes de la dernière heure. In-8° de 340 p. 1858. Nice, *imprimerie de la Société typographique.*

CAILLE (Eugène).

— Éléments de géométrie. 1re partie. In-8° avec pl. 1861. Lille, *imprimerie Reboux.* 2 fr.

CAILLE (Louis), avocat, a traduit en vers « le premier livre du Contrat social » de J. J. *Rousseau.*

CAILLEBOIS (A.), maître de pension à Limoges.

— Manuel pratique de la langue française, ou Exercices gradués et simultanés d'orthographe et de syntaxe. In-12. 1840. Limoges, *Chapoulaud.*

— Méthode pour étudier la langue française d'après les meilleurs écrivains du XVIIe et du XVIIIe siècle, le Dictionnaire de l'Académie et les lexicographes les plus estimés. 3 parties. In-12. 1854. [Limoges.] *Lecoffre.*

CAILLEMER (Exupère), officier d'académie,

professeur de droit à la Faculté de Grenoble, né à Saint-Lô (Manche) en 1837.

— Antoine de Govea fut-il conseiller au parlement de Grenoble ? In-8°. 1865. Grenoble. 50 c.

Extrait du « Bulletin de l'Académie Delphinale ».

— Antonii Goveani Icti ad DD. Titulum ad senatus consultum trebellianum commentariorum quæ supersunt codicis juxta fidem gratiano politani nunc primum edit Exuperius Caillemer. In-8°. 1865. *Durand.* 3 fr.

Extrait de la « Revue historique de droit français et étranger ».

— Étude sur Antoine de Govéa (1505-1566). In-8°. 1864. *Ibid.* 2 fr.

Extrait des « Mémoires de l'Académie impériale des sciences, arts et belles-lettres de Caen ».

— Études sur les antiquités juridiques d'Athènes. 1re étude : Des institutions commerciales d'Athènes au siècle de Démosthène. In-8°. 1865. [Grenoble.] *Ibid.* 1 fr.

— Le même. 2e étude : Lettres de change et contrats d'assurance. In-8°. 1865. [Caen.] *Ibid.* 1 fr.

— Étude sur Michel de Marillac ; discours prononcé à la séance de rentrée de la conférence des avocats près la cour impériale de Caen, le 25 janvier 1862. In-8°. 1862. Caen. 2 fr.

— Des Intérêts. In-8°. 1861. [Caen.] *Durand.* 2 fr.

— M. Frédéric Taulier, sa vie et ses œuvres (1806-1861). Discours prononcé à la Faculté de droit de Grenoble, le 18 novembre 1864. In-8°. 1864. [Caen.] *Durand.* 1 fr. 50 c.

CAILLET (l'abbé), ancien professeur de séminaire, curé de Roloy (Haute-Marne), né vers 1800.

— Un Martyr de la révolution, ou Vie et mort de M. Blanchard. In-18 de 71 p. 1861. Langres, *Crapelet.*

— Vies des saints, avec le martyrologe romain et des réflexions morales en forme de lecture de piété pour chaque jour de l'année. 4 vol. in-8°. 1864. Chaumont, *Cavaniol.* 16 fr.

CAILLET (Jules), docteur ès lettres, né à Paris en 1825.

— L'Administration en France sous le ministère du cardinal de Richelieu. 2e édition. 2 vol. in-12. 1860. *Didier et Cie.* 7 fr.

La 1re édition est de 1857.

— De Ratione in Imperio Romano ordinando ab Hadriano imperatore adhibita. In-8°. 1857. *Aug. Durand.*

CAILLET (P.).

— Les Cent et une erreurs de MM. Noël et Chapsal. In-18. 1843. *Bastien aîné.* 60 c.

— Épis et Bluet ; poésies. Préface par Eugène Pelletan. In-8°. 1864. *Hetzel.* 5 fr.

— Les Garibaldiennes ; poésies. In-12. 1861. *Dentu.* 1 fr. 50 c.

CAILLET (Vincent Marie), examinateur de la marine, ancien professeur d'astronomie et de navigation aux écoles navales et d'hydrographie, né à Paimbœuf en 1811.

— Tables des logarithmes et cologarithmes des nombres et des lignes trigonométriques à six décimales disposées de manière à rendre les parties proportionnelles toujours additives ; suivies d'un recueil de tables astronomiques et nautiques. In-8º. 1854. *Mallet-Bachelier*. 9 fr.

Édition stéréotypée; 2ᵉ tirage en 1858.

— Tables de réfractions astronomiques ; précédées d'un rapport fait au Bureau des longitudes, par M. Largeteau. In-8º. 1854. *Ibid.* 2 fr.

— Traité de navigation à l'usage des officiers de la marine militaire et de la marine du commerce. 3ᵉ édition, revue et corrigée. In-8º avec pl. 1861. *Robiquet*. 9 fr.

La 1ʳᵉ édition a paru en 1848. 2 vol. in-8º, 15 fr. — La 2ᵉ édition est de 1856.

CAILLETET (Cyrille), pharmacien de 1ʳᵉ classe à Charleville, ex-interne des hôpitaux civils de Paris.

— Essai et dosage des huiles employées dans le commerce ou servant à l'alimentation, des savons et de la farine de blé ; manuel pratique à l'usage des commerçants et des manufacturiers. In-12. 1859. *Lacroix et Baudry*. 3 fr.

— Le même, sous le titre : Guide pratique de l'essai et dosage des huiles, etc. In-12. 1863. *E. Lacroix*. 3 fr.

CAILLETTE DE L'HERVILLIERS (Edmond), sous-chef au ministère des finances, membre de la Société des antiquaires de Picardie et des sociétés académiques de l'Oise et de Saint-Quentin, né à Compiègne en 1825.

— A travers les catacombes de Rome. In-8º. 1863. *Casterman*. 1 fr. 50 c.

— La Bibliothèque des catacombes de Rome. In-8º. 1865. *Ibid.* 5 fr.

— Coup d'œil général sur les catacombes de Rome, et leur histoire jusqu'à nos jours. In-8º. 1862. *Ibid.* 1 fr. 50 c.

— La Croix du Saint-Signe ; souvenir de la forêt de Compiègne. In-8º. 1854. 1 fr.

— Le Dernier siège de Pierrefonds, étude d'histoire et d'art militaires ; accompagné d'un plan du château de Pierrefonds, dressé par Émile Leblanc. In-8º avec 1 pl. 1860. *Durand*. 2 fr.

Extrait du « Spectateur militaire ».

— Essai philologique sur le mot, les racines et les permutations. In-8º. 1861. *Au bureau des Annales de philosophie chrétienne*. 1 fr.

— Étude de quelques inscriptions chrétiennes carthaginoises. In-8º. 1863. *Casterman*. 1 fr.

— Étude sur la loi du secret dans la primitive église. In-8º. 1862. *Ibid.* 1 fr. 50 c.

— Étude sur la paix et la trève de Dieu, ou Influence de l'Église et de la papauté sur l'émancipation du peuple au moyen âge. In-8º. 1862. *A. Durand*. 1 fr. 50 c.

— La Fête des Rois et ses usages. In-8º. 1863. *Casterman*. 2 fr. 50 c.

— Histoire du très-saint sacrement de miracle de Sainte-Gudule de Bruxelles. In-8º. 1856. *Parent-Desborres*. 1 fr.

— Un Historien champenois. In-8º. 1865. Bar-sur-Aube, *imprimerie Jardeaux-Ray*. 1 fr.

— Le B. Josaphat Kuncewicz, archevêque de Polotsk, martyr, dont la canonisation solennelle doit être célébrée à Rome, le 12 novembre 1865. In-18. 1865. *Paulmier*. 60 c.

— Le Bois-Seigneur-Isaac (Belgique). Étude

historique, xiiᵉ et xivᵉ siècle. In-8º. 1858. *A. Le Clère et Cⁱᵉ*. 1 fr. 50 c.

— Le Mobilier des catacombes de Rome. In-8º. 1864. *Casterman*. 1 fr.

— Le Mont Gannelon à Clairoix, près de Compiègne, étude d'archéologie, de philologie et d'histoire. Gr. in-8º. 1859. [Amiens.] Compiègne, *Dubois*. 3 fr.

— Notre-Dame de Bon-Secours de Compiègne, recherches historiques sur l'origine de cette chapelle et sur le pèlerinage dont elle est le but chaque année. In-8º. 1861. *Durand*. 2 fr. 50 c.

— Pierrefonds, Saint-Jean aux Bois, La Folie, Saint-Pierre en Chastres. Souvenirs historiques et archéologiques de la forêt de Compiègne. In-8º. 1858. *Poulain et Cⁱᵉ*. 1 fr. 10 c.

— Première étude sur les antiquités de Champlieu. In-8º. 1851. *A. Le Clère et Cⁱᵉ*. 1 fr. 50 c.

— Preuves de la venue, de l'épiscopat et de la mort de saint Pierre à Rome. In-8º. 1860. *Au bureau des Annales de philosophie chrétienne*. 3 fr.

— Le Théâtre de Champlieu. In-8º. 1858. *A. Le Clère et Cⁱᵉ*. 1 fr. 50 c.

M. de L'Hervilliers est en outre l'auteur d'un grand nombre d'articles littéraires, historiques ou bibliographiques publiés dans « l'Univers », les « Annales de philosophie chrétienne », la « Revue du monde catholique » et autres recueils périodiques.

CAILLEUX (Ludovic de).

— Le Monde antédiluvien ; poème biblique en prose. In-8º. 1845. *Comptoir des imprimeurs unis*. 7 fr. 50 c.

CAILLEUX (H. Girard de). — Voy. **Girard de Cailleux**.

CAILLIAUD (Frédéric), directeur-conservateur du musée d'histoire naturelle de Nantes.

— Catalogue des radiaires, des annélides, des cirrhipèdes et des mollusques marins, terrestres et fluviatiles, recueillis dans le département de la Loire-Inférieure. In-8º avec 4 pl. 1865. Nantes, *Savy*. 6 fr. 50 c.

CAILLOT (E.), sous-principal au collège de Chartres.

— Les Racines grecques. — Voy. *Desroziers et Caillot*.

CAILLOT (Napoléon).

— Le Guide de la correspondance, ou Traité méthodique de l'art épistolaire, à l'usage de la jeunesse. In-12. 1847. Berlin, *Asher et Cⁱᵉ*. 4 fr.

CAILLOT-DUVAL, pseudonyme de M. Fortia de Piles et du chevalier Boisgelin de Kerdu.

— Les Mystifications de Caillot-Duval, avec un choix de ses lettres les plus étonnantes, suivies des réponses de ses victimes. Introduction et éclaircissements par Lorédan Larchey. Eau-forte de Faustin Besson. In-16. 1864. *Pincebourde*. 6 fr.

Réimpression de l'édition de 1785.

CAIRD.

— Agriculture anglaise. Situation économique et agricole ; modes de culture des comtés de l'Angleterre. Traduit de l'anglais, par Bancelin-Dufertre. In-8º avec 1 carte. 1854. *Bouchard-Huzard*. 6 fr.

CAÏRD (John), ministre protestant.

— De la Religion dans les choses de la vie usuelle. Discours prononcé dans l'église de Crathie (Écosse) devant S. M. la reine d'Angleterre et le prince Albert. In-18. 1856. *Grassart.* 75 c.

CAISSO (le docteur Jean Benjamin), médecin à Montpellier, né à Clermont-l'Hérault en 1835.

— Recherches cliniques et anatomo-pathologiques sur la fièvre typhoïde. In-8°. 1864. Montpellier, *Coulet.* 4 fr.

CAIX (Alfred de), maire de Batilly (Orne), né à Batilly en 1807.

— Histoire du bourg d'Écouché (département de l'Orne). In-8°. 1862. Caen, *Legost-Clérisse.* 3 fr. 50 c.

— Notice sur le prieuré de Briouze (Orne). In-4°. 1856. Caen, *Hardel.* 1 fr. 50 c.

— Notice sur la chambrerie de l'abbaye de Troarn (Calvados). In-4°. 1857. *Ibid.* 2 fr.

CAJANI (F.).

— Les Mystères de Lyon. — Voy. *Artaud et Cajani.*

CAJETAN MARIE (de Bergame), capucin, mort vers 1746.

— La Charité fraternelle. Considérations pieuses et morales suivies d'un examen pratique sur cette vertu, et d'un autre sur les vices qui lui sont contraires. Traduit de l'italien par le P. Séraphin. In-18. 1853. Tournai, *Casterman.* 2 fr. 50 c.

— Pensées et affections sur la passion de Jésus-Christ pour tous les jours de l'année, tirées des divines Écritures et des saints Pères. Traduites de l'italien par le R. P. Benoit. 3 vol. in-12. 1857. Ve *Poussielgue-Rusand.* 6 fr.

CAJUS. — Voy. **Gajus.**

CALA (Lorenzo).

— Réfutation de la lettre publiée en réponse à celle du roi d'Espagne, D. Carlos V, de Bourbon, pour éclaircir l'histoire sur les faits que cette lettre contient; suivie de la représentation faite à S. S. le pape Grégoire XVI par l'église d'Espagne. In-8°. 1841. *Dentu.* 5 fr.

Avec M. Valcarcel.

CALAIS (le R. Henry de). — Voy. **Henry de Calais.**

CALAS (l'abbé H. M.), ancien professeur de philosophie au séminaire de Narbonne, aujourd'hui directeur du collège Saint-Raymond à Toulouse, né à Castelnaudary (Aude) en 1826.

— Les Actes des apôtres. In-18. 1865. *Ruffet et Cie.* 60 c.

— Les Fleurs de la légende dorée. 2 vol. in-12. 1864. Ve *Poussielgue-Rusand.* 5 fr.

— Le Journal de Gaston, heures sérieuses d'un écolier. 2 vol. in-12. 1863. *Ruffet et Cie.* 5 fr.

— Les Petits poèmes de l'enfance. In-12. 1865. *Hachette et Cie.* 2 fr. 50 c.

— Simple histoire de Jésus, d'après les évangiles. In-12. 1865. Ve *Poussielgue-Rusand.* 1 fr.

CALDELAR (Mme Adèle), ex-inspectrice des écoles primaires.

— Fables morales et religieuses. In-8° avec dessins. 1844. *Rue Sainte-Anne,* 57. 10 fr.

— Nouvelles fables morales et religieuses. Gr. in-8° avec 21 grav. 1862. *Gauguet.* 10 fr.

— Un Pot de terre contre vingt pots de fer, cu-

rieuses révélations sur l'Athénée et plusieurs autres sociétés de Paris, avec les preuves à l'appui. In-8°. 1865. *Imprimerie Jouaust.* 50 c.

— Rose blanche, histoire d'une jeune fille. In-12. 1847. *Chez tous les libraires.*

CALDERON (D. Diego Santos-Lostado y). — Voy. **Santos-Lostado.**

CALDERON de la Barca (don Pedro), poëte espagnol, né à Madrid en 1601, mort en 1687.

— Chefs-d'œuvre du théâtre espagnol. (Calderon.) Traduction nouvelle, avec une introduction et des notes, par M. Damas Hinard. 3 vol. in-8°. 1841-1844. *Gosselin.* 10 fr. 50 c.

— Le même. 3 vol. in-12. 1861. *Charpentier.* 10 fr. 50 c.

CALEMARD DE LAFAYETTE (Charles), ancien président de la Société académique du Puy, né au Puy en 1815.

— Dante, Michel-Ange, Machiavel. In-12. 1852. *Eug. Didier.* 3 fr. 50 c.

— Petit Pierre, ou le Bon cultivateur. In-12. 1859. *Hachette et Cie.* 1 fr. 25 c.

Nouvelle édition en 1865.

— Le Poëme des champs. Petit in-8°. 1861. *Ibid.* 3 fr. 50 c.

2e édition augmentée. In-12. 1864. *Ibid.*

— La Statue de Notre-Dame de France. 2e édition. In-18. [Le Puy.] *Cunus.* 1863. 2 fr.

La 1re édition est de 1860.

— Vie de Mgr. J. A. V. de Morlhon, évêque du Puy. In-18. 1863. *Ibid.* 2 fr.

CALEMARD DE LAFAYETTE (Louis), rédacteur du journal « la Marne ».

— Aristocratie et bourgeoisie, avec un mot sur la présidence. In-8°. 1848. *Comon.* 1 fr.

— Les Boursiers de Paris. In-12. 1858. *Castel.* 1 fr.

— Guide du client à la Bourse, suivi d'un traité de placement de fonds et d'un tableau indiquant la valeur des monnaies étrangères. In-18. 1859. *Ibid.* 2 fr.

— Lettre à M. Coin, syndic des agents de change. In-8°. 1861. *Poulet-Malassis.* 60 c.

— L'Opposition devant l'adresse. Janvier 1864. In-8°. 1864. *Dentu.* 75 c.

*****Calendrier** officiel des courses de chevaux, 1864, publié sous les auspices de la Société d'encouragement pour l'amélioration des races de chevaux en France, d'après les documents fournis par ladite Société et par l'administration des haras; par le secrétaire de la Société d'encouragement (Jockey-Club). In-12. *Au Jockey-Club.* Relié, 12 fr.

Paraît chaque année depuis. 1842. Pour les années antérieures à 1843, voy. Bryon.

CALFA (Ambroise), membre de l'Institut historique, ancien directeur du collège national arménien de Paris.

— Dictionnaire arménien-français. In-18. 1861. *Hachette et Cie.* 15 fr.

— Dictionnaire de poche français-turc. 3e édition, entièrement refondue. In-32. 1865. *Ibid.* 6 fr.

— Guide de la conversation française-turque à

l'usage de l'armée expéditionnaire et des voyageurs en Orient, suivi d'un Dictionnaire français-turc. 2e édition, refondue. In-32. 1859. *Garnier frères.* 3 fr. 50 c.
La 1re édition est de 1854.

CALIBAN, pseudonyme de M. Em. **Gonzalès.**

*Calice (le). Méditations d'une âme chrétienne sur les souffrances et la mort du Sauveur. Préparation pour le temps pascal. Prières pour toutes les circonstances de la vie. Traduit de l'allemand par Mme Élise Voïart, et suivi de l'Ame sur le Calvaire, par l'abbé Baudrand, et de la Passion de N.-S. J.-C., selon saint Matthieu. In-18. 1857. *Jules Tardieu.* 1 fr.

CÂLÎDÂSA. — Voy. **Kâlîdâsa.**

*Californie germanique (la). Roulette et Trente et quarante. Marche infaillible pour s'y faire 100,000 fr. de rente, publiée par un ancien croupier de Frascati, et suivie d'une taille de 10,000 coups relevés à Hombourg. In-12. 1862. *Poulet-Malassis.* 5 fr.

CALIGNY (Louis Rolland Huɛ ɒɛ), appelé *le chevalier de Caligny,* directeur général des fortifications des places et ports de Normandie, né en 1677, mort à Valognes en 1748.

— Traité de la défense des places fortes, avec application à la place de Landau, rédigé en 1723, précédé d'un avant-propos par M. Favé, capitaine d'artillerie. In-8o avec portrait et plan. 1846. *Corréard.* 7 fr. 50 c.

CALIX (F. Compte-). — Voy. **Compte-Calix.**

CALLAMAND (Ange).

— Lettre de Satan, trouvée à la porte du temple protestant d'Alger, à l'adresse du R. P. Bizet. In-8o. 1860. [Alger.] *Challamel.* 50 c.

— Le Pape devant l'irrévérend P. Bizet. In-8o. 1860. *Ibid.* 50 c.

CALLAND (Henri), né à Amiens en 1816.

— La Begom sombre; drame en cinq actes et six tableaux, précédé d'un prologue. In-12. 1855. *Garnier frères.* 2 fr.

— Bibliques et orientales. Livres 1er et 2e. In-8o. 1861. *Ledoyen.* 2 fr.

— La Comète de 1858. In-8o. 1860. *Ibid.* 60 c.

— La Forêt de Soignes (1572). In-12. 1861. *Ibid.* 2 fr.

— Galerie nouvelle des personnages célèbres anciens et modernes. Vie d'Henri IV. In-18. 1862. Amiens, *Caron et Lambert.* 50 c.

— Les Grands coupables littéraires. Épître à M. Empis, directeur du Théâtre-Français, avec des notes explicatives pour aider l'intelligence du lecteur. In-8o. 1858. *Ledoyen.* 50 c.

— Marquis et chevalier; nouvelle. In-8o. 1861. *Ibid.* 1 fr.

— Les Massacres de Syrie (poésie). In-16. 1860. *Ibid.* 50 c.

— La Perle d'Orient. Légende orientale (1802). In-18. 1855. *Ibid.* 1 fr.

— La Vengeance du khalife; légende orientale (925). In-12. 1855. *Ibid.* 60 c.

CALLAND (Victor), ingénieur.

— De la Presse, comme moyen providentiel de régir le monde au xixe siècle. In-8o. 1846. *Waille.*

— De la Science sociale au point de vue catholique, réponse aux politiques du jour. In-8o. 1859. *Imprimerie Dubuisson.*

— Suppression des loyers par l'élévation de tous les locataires au droit de propriété. In-32. 1857. *Ledoyen.* 60 c.
Signé : Victor Calland, Albert Lenoir, Louis de Noiron, etc.

CALLAND (Virgile), bibliothécaire de la ville de Soissons.

— Notice sur la flore fossile du Soissonnais. In-12, 24 p. et pl. 1865. Soissons, *imprimerie Fossé Darcosse.*

CALLAUD (A.).

— Essai sur les piles servant au développement de l'électricité. In-8o avec 1 pl. 1860. [Lille.] *E. Lacroix.* 1 fr. 50 c.

CALLEN (l'abbé Guillaume Jules), ancien professeur de littérature au petit séminaire de Bordeaux, aujourd'hui du diocèse de la même ville, né à Cadillac-sur-Garonne en 1835.

— Hortense, lettres à une sœur. In-12. 1865. Tours, *Cattier.* 2 fr.

CALLERY (J. M.).

— Dictionnaire encyclopédique de la langue chinoise. In-8o. 1842. *F. Didot frères.*

— Insurrection en Chine depuis son origine jusqu'à la prise de Nankin. In-12 avec carte et portrait. 1853. *Librairie nouvelle.* 3 fr. 50 c.
Avec M. Yvan.

CALLET, ancien fabricant, ingénieur civil.

— L'Avenir de la France, sa canalisation maritime, d'après un système inconnu de nos jours. 2e édition. In-4o avec 6 pl. 1864. *Dentu.* 10 fr.
La 1re édition est de 1858.

CALLET père, architecte, né à Paris en 1755, mort en...

— Notice historique sur la vie artistique et les ouvrages de quelques architectes français du xvie siècle. In-8o avec fig. 1842. *Chez l'auteur.* 8 fr.
Réimprimé en 1843.

CALLET (F.), architecte, mort en...

— Les Halles centrales. — Voy. *Baltard et Callet.*

CALLET (J. François), mathématicien, né en 1744, mort en 1798.

— Tables de logarithmes, contenant les logarithmes des nombres de 1 à 108,000; les logarithmes des sinus et tangentes, de seconde en seconde pour les cinq premiers degrés, et de dix en dix secondes pour tous les degrés de quart de cercle; suivies d'un recueil de tables nautiques. Gr. in-8o. 1855. *Didot frères.* 15 fr.

— Les mêmes. Nouvelle édition, revue par J. Dupuis. Gr. in-8o. 1862. *Hachette et Cie.* Cartonné, 11 fr. 50 c.

CALLET (Pierre Auguste), ancien représentant du peuple français, né à Saint-Étienne en 1812.

— L'Enfer. In-12. 1861. *Lévy frères.* 3 fr.

— Études de morale. In-18. 1851. *Leroux et Jouby.* 3 fr. 50 c.
La plupart de ces Études ont paru dans « l'Encyclopédie du xixe siècle ».

— Les Nuits et le mariage de César. In-32, 96 p. 1853. Jersey.

Publié sous le pseudonyme de L. Stelli.

— De la Propriété littéraire. Un procès contre M. le duc de Noailles (de l'Académie française) et consorts, ou Fin de l'histoire de la marquise de Montagu. In-8°. 1865. *Librairie nouvelle.* 2 fr.

Voy. *Anne Paule Dominique de Noailles, marquise de Montagu.*

CALLET (Pierre Moïse), ancien directeur du collége cantonal à Lausanne, né à Lausanne en 1804.

— Glossaire vaudois. In-12. 1862. [Lausanne.] *Cherbuliez.* 4 fr.

— Leçons de perspective linéaire à l'usage des établissements d'instruction. In-8° avec 30 pl. 1852. Lausanne, *imprimerie Pache.*

— Leçons de statique élémentaire à l'usage des écoles moyennes du canton de Vaud. In-8°. 1841. Lausanne, *imprimerie Delisle.*

CALLIAS (Hector).

— Le Livre de la vie. In-32. 1862. *Dentu.* 1 fr.

CALLIAT (Victor), architecte-inspecteur des travaux de la ville de Paris, né à Paris en 1801.

— Église Saint-Eustache à Paris, mesurée, dessinée, gravée et publiée par Victor Calliat. Avec un essai historique svr l'église et la paroisse Saint-Eustache, par Leroux de Lincy. In-fol. avec 11 pl. 1850. *Bance.* 30 fr.

— Hôtel de ville de Paris, mesuré, dessiné, gravé et publié par Victor Calliat. Avec une histoire de ce monument et des recherches sur le gouvernement municipal de Paris, par Leroux de Lincy. In-fol. avec pl. 1844. *Carilian-Gœury et Dalmont.*

Cet ouvrage a été publié en 10 livraisons et augmenté plus tard d'un supplément, comprenant les décorations intérieures des grands appartements des fêtes, et forme 2 vol. in-fol. Prix, 130 fr.

— Parallèle des maisons de Paris construites depuis 1830 jusqu'à nos jours. In-fol. avec pl. 1850. *Bance.* 100 fr.

Cet ouvrage a été publié en 20 livraisons.

— Le même. Nouvelle période de 1850 à 1860. In-fol. avec pl. 1864. *Morel et Cⁱᵉ.* 100 fr.

Publié également en 20 livraisons depuis 1862.

— La Sainte-Chapelle de Paris, après les restaurations commencées par M. Duban, et terminées par M. Lassus. Texte historique par M. de Guilhermy. In-fol. avec 78 pl. 1857. *Bance.* 45 fr.

CALLIMAQUE, poëte et littérateur grec, natif de Cyrène en Libye, mort vers l'an 240 avant J.-C.

— Hymnes de Callimaque, traduites en vers français, avec le texte grec en regard et des notes, etc., par Alfred de Wailly. In-8°. 1842. *Dezobry.* 6 fr.

— Le même. In-12. 1842. *Ibid.* 4 fr.

CALLON (Charles), ingénieur civil et professeur à l'École centrale des arts et manufactures, né à Rouen en 1813.

— Études sur la navigation fluviale par la vapeur. — Voy. *Mathias et Callon.*

— De l'Organisation de l'industrie. Application à un projet de société générale des papeteries françaises. In-8°. 1848. *Mathias.*

Avec G. Laurens.

CALLON (Jules Pierre), frère du précédent, in-

génieur en chef des mines, professeur à l'École impériale des mines, né à Houlme (Seine-Inférieure) en 1815.

— Éléments de mécanique à l'usage des candidats à l'École polytechnique, rédigés d'après le dernier programme d'admission à cette école. In-8° avec 2 pl. 1851. *V. Masson.* 4 fr. 50 c.

— Sur les Progrès récents de l'exploitation des mines. In-8°. 1862. *Dunod.* 2 fr.

CALLOT (Jean), héraut d'armes du roi Charles II.

— Armorial de la noblesse de Lorraine. — Voy. *Grenser.*

CALLOT (P. S.), membre de l'Académie de La Rochelle.

— La Rochelle protestante; recherches politiques et religieuses (1126-1792). Origine de la commune et de ses priviléges, etc. In-8° de 140 p. 1864. La Rochelle, *imprimerie Mareschal.*

CALLUET (l'abbé), chanoine honoraire, ancien principal du collége de Chartres.

— Œuvres posthumes. Études littéraires sur la vie et les poésies du roi David. Moreau. Élégies, etc. In-12 avec portrait. 1864. Nogent-le-Rotrou, *Gouverneur.*

— La Tour de ville; promenade chartraine, en 22 stations. Mosaïque-fantaisie en vers. In-12. 1858. Chartres, *Noury-Coquard.*

CALMEIL (le docteur L. F.), médecin en chef de la maison de Charenton.

— De la Folie, considérée sous le point de vue pathologique, philosophique, historique et judiciaire, depuis la renaissance des sciences en Europe jusqu'au xıxᵉ siècle. Description des grandes épidémies du délire simple ou compliqué, qui ont atteint les populations d'autrefois et régné dans les monastères. Exposé des condamnations auxquelles la folie méconnue a donné lieu. 2 vol. in-8°. 1845. *J. B. Baillière.* 14 fr.

— Traité des maladies inflammatoires du cerveau, ou Histoire anatomo-pathologique des congestions encéphaliques, du délire aigu, de la paralysie générale ou périencéphalite chronique diffuse à l'état simple ou compliqué, du ramollissement cérébral, local, aigu et chronique, de l'hémorrhagie générale localisée récente ou non récente. 2 vol. in-8°. 1859. *Ibid.* 17 fr.

CALMELS (Édouard), docteur en droit, avocat à la cour de Paris, né à Voiteur (Jura) en 1818.

— Code pénal portugais. De la répression des contrefaçons et autres délits en matière de propriété littéraire, artistique, industrielle, etc. In-8°. 1862. *Durand.* 4 fr.

— De la Contrefaçon des inventions brevetées, des modèles et des dessins de fabrique, des œuvres littéraires et artistiques, législation et jurisprudence. In-8°. 1852. *Roret.* 4 fr.

— De la Contrefaçon des œuvres artistiques, des modèles et des dessins de fabrique. Législation et jurisprudence. In-8°. 1850. *Ibid.* 2 fr.

— Dessins et modèles de fabrique, traités internationaux, législation française et étrangère, jurisprudence en France et en Belgique. Projet de loi soumis à la Chambre des représentants de Belgique à la séance du 17 novembre 1864, juillet 1865. In-8°. 1865. *Durand.* 2 fr. 50 c.

— Des Noms et marques de fabrique et de commerce; de la concurrence déloyale, comprenant les noms et raisons commerciales, les désignations des lieux de fabrication, des produits, les enseignes, etc., la jurisprudence, le texte des lois françaises avec les exposés des motifs, rapports, etc., les législations étrangères et les traités internationaux. In-8°. 1858. *Ibid.* 5 fr.

— Du Projet de loi relatif aux brevets d'invention, présenté au Corps législatif. In-8°. 1859. *Ibid.* 1 fr.

— De la Propriété et de la contrefaçon des œuvres de l'intelligence, comprenant les productions littéraires, dramatiques, musicales; les œuvres artistiques, de la peinture, du dessin, de la gravure et de la sculpture; les titres d'ouvrages; les dessins, modèles, secrets et marques de fabrique; les noms, raisons commerciales et les enseignes; les inventions brevetées; les droits des étrangers; avec le texte des lois et décrets sur la matière. In-8°. 1856. *Cosse.* 9 fr.

CALMET (dom Augustin), savant théologien et historien lorrain, religieux bénédictin de la congrégation, abbé de Senones, né près de Commercy, en 1672, mort à Paris, en 1757.

— Dictionnaire historique, archéologique, philosophique, chronologique et littéral de la Bible. 4° édition, revue par M. l'abbé A. F. James. 4 vol. gr. in-8°. 1845-1846. *Migne.* 28 fr.

Forme les tomes 1 à 4 de la « Première encyclopédie théologique », publiée par l'abbé *Migne.*

— Histoire du prieuré de Lay, publiée pour la première fois d'après le manuscrit conservé aux archives de la Meurthe, par Henri Lepage. In-8°, vi-42 p. 1864. Nancy, *imprimerie Lepage.*

CALMETTE, chef de cabinet du préfet de l'Hérault.

— Traité de l'administration temporelle des congrégations et communautés religieuses. In-12. 1857. Le Puy, *imprimerie Marchessou.* 3 fr. 50 c.

CALMON (A.), ancien député.

— Les Impôts avant 1789. In-8°. 1865. *Douniol.* 4 fr.

— Le Rapport de M. Fould, les crédits et l'amortissement. In-8°. 1865. *Dentu.* 1 fr.

— William Pitt; étude financière et parlementaire. In-12. 1865. *Lévy frères.* 3 fr.

CALONNE (le vicomte Alphonse BERNARD de), publiciste, fondateur et rédacteur en chef de la « Revue contemporaine »; né à Béthune, en 818.

— Bérangère. In-18. 1852. *Librairie nouvelle.* fr.

— Le Gouvernement provisoire. — Les Trois journées de février. — Voy. *Montépin et Calonne.*

— La Pologne devant les conséquences des caités de Vienne. In-8°. 1861. *Aux bureaux de la Revue contemporaine.* 1 fr.

— M. Rattazzi et la crise italienne. In-8°. 1862. *Dentu.* 1 fr.

CALONNE (Pierre Fabius de), professeur au collége Henri IV, né à Paris, en 1794.

— Traité de la narration, suivi des règles de l'analyse oratoire, avec des modèles d'exercices, et augmenté d'un abrégé des tropes. 4° édition, revue et augmentée. In-12. 1846. *Delalain.* 1 fr. 5 c.

La 1re édition est de 1825.

M. de Calonne a traduit « *Cornelius Nepos* » dans la collection Panckoucke, et publié une édition de « *Tacite* ».

CALONNE (Ernest de), poëte et auteur dramatique, fils du précédent, né à Paris, en 1822.

— L'Amour et Psyché. (Poëme.) In-8°. 1842. *Gosselin.* 5 fr.

— Berthe et Suzanne; comédie en un acte, en vers. In-8°. 1854. Alger, *Bastide.* 1 fr.

— L'Oncle Sommerville; comédie en un acte, en prose. In-12. 1865. *Lévy frères.* 1 fr.

CALPIN, ex-pénitencier du pape, a traduit : *Cépari*, « Vie de saint Louis de Gonzague et de saint Stanislas Kotska ».

CALPURNIUS (Titus), poëte bucolique latin, né en Sicile vers la fin du III° siècle.

— Œuvres complètes, avec traduction en français. — Voy. *Nisard*, Collection.

*Calvaire (le) et le Thabor de la papauté; poëme dithyrambique, par Mme Bernard de B***. In-18. 1861. Montpellier, *Séguin.* 1 fr. 25 c.

CALVET-ROGNIAT (Ferdinand), comte romain, membre et ancien président du Conseil général de l'Aveyron, membre du Corps législatif, né à Salles-Curan (Aveyron) en 1812.

— Crémieu ancien et moderne. In-8° avec 7 lithographies. 1848. Lyon, *Dumoulin et Ronet.* 3 fr.

— Réponse de M. Calvet-Rogniat, député de l'Aveyron, à Mgr. l'évêque de Rodez; suivie de diverses pièces et documents authentiques. In-8°. 1864. *Dentu.* 1 fr.

CALVIMONT (Jean Bapt. Albert de), maitre des requêtes au conseil d'État, né à Périgueux, en 1804.

— A l'Ombre du clocher; roman inédit. 2 vol. in-8°. 1842. *Thomine.* 15 fr.

CALVIMONT (le comte Louis de).

— Charles V détrôné, ou la Politique de l'Europe jugée par l'abandon de la légitimité espagnole. In-8°. 1840. *Dentu.* 3 fr.

CALVIN ou CAUVIN (Jehan ou Jean), l'un des fondateurs du protestantisme, né à Noyon, en 1509, mort à Genève, en 1564.

— Ioannis Calvini opera quæ supersunt omnia. Ad fidem editionum principum et authenticarum ex parte etiam codicum manuscriptorum additis prolegomenis litterariis, annotationibus criticis, annalibus calviniariis indicibusque novis et copiosissimis ediderunt Guilelmus Baum, Eduardus Cunitz, Eduardus Reuss, theologi argentoratenses. Tomes I à III. In-4°. 1864-1865. Brunswick, *Schwetschke et fils.* 45 fr.

— Œuvres françaises de J. Calvin, recueillies pour la première fois, précédées de sa vie, par Théodore de Bèze, et d'une notice bibliographique, par P. L. Jacob, bibliophile. In-12. 1842. *Gosselin.* 3 fr. 50 c.

— Calvin d'après Calvin. Fragments extraits des Œuvres françaises du réformateur, par C. O. Vignet et D. Tissot. In-8°. 1864. Genève. 5 fr.

— Catéchisme, c'est-à-dire le Formulaire d'instruire les enfants en la chrestienté. In-24. 1853. Genève, *J. G. Fick.* 2 fr.

Réimprimé sur l'édition de 1553.

— Commentaires sur le livre des pseaumes avec table fort ample des principaux points traités ès commentaires. 2 vol. gr. in-8° à 2 colonnes. 1860. *Meyrueis et Cie.* 12 fr. 50 c.

— Commentaires sur le Nouveau Testament. Revu diligemment et comme traduit de nouveau, tant le texte que la glose, comme on pourra apercevoir en en conférant les éditions précédentes avec ceste-ci. 4 vol. in-8° avec portrait. 1854-1855. *Ibid.* 30 fr.

Cette édition est une reproduction textuelle de l'édition française imprimée à Genève par Conrad Badius en 1561. Le style et l'orthographe en ont été scrupuleusement respectés.

Le 4e volume est terminé par un Glossaire, dictionnaire des locutions obscures et des mots vieillis, peu usités, ou d'une orthographe difficile qui se rencontrent dans l'ouvrage.

— Correspondance française de Calvin avec Louis Du Tillet, chanoine d'Angoulême, sur les questions de l'Église et du ministère évangélique, publiée par A. Crottet. In-8°. 1850. Genève, *Cherbuliez.* 3 fr.

— Institutions de la religion chrétienne. Nouvelle édition critique, précédée d'une introduction et accompagnée de notes par MM. Baum, Cunitz et Reuss, professeurs au Séminaire protestant de Strasbourg. Tome I. In-4°. 1865. Brunswick, *C. A. Schwetschke et fils.* 15 fr.

Forme le tome III des Œuvres de Calvin. — Voy. ci-dessus.

— Institution de la religion chrétienne, nouvellement mise en 4 livres, et distinguée par chapitres, en ordre et méthode bien propre, augmentée aussi de tel accroissement, qu'on la peut presque estimer un livre nouveau. Nous avons aussi adjousté 2 indices, l'un des matières principales, l'autre des passages de l'Escriture, exposez en icelle, recueillis par A. Marlorat. 2 vol. gr. in-8°. 1859. *Meyrueis et Cie.* 12 fr. 50 c.

— Lettres de Jean Calvin, recueillies pour la première fois et publiées d'après les manuscrits originaux, par Jules Bonnet. Lettres françaises. 2 vol. in-8° avec fac-simile. 1854. *Ibid.* 12 fr.

CALVO (Charles), ancien chargé d'affaires du Paraguay près les cours de France et d'Angleterre, membre correspondant de l'Institut historique, né dans la république Argentine en 1824.

— Annales historiques de la révolution de l'Amérique latine, accompagnées de documents à l'appui, de l'année 1808 jusqu'à la reconnaissance par les États européens de l'indépendance de ce vaste continent. Tomes 1 à 5. In-8°. 1864-1865. *A. Durand.*

L'ouvrage aura 15 volumes.

— Une Page du droit international, ou l'Amérique du Sud devant la science du droit des gens moderne. Gr. in-8°. 1864. *Ibid.* 15 fr.

— Recueil complet de traités, conventions, capitulations, armistices et autres actes diplomatiques de tous les États de l'Amérique latine, compris entre le golfe du Mexique et le cap de Horn, depuis l'année 1493 jusqu'à nos jours; précédé d'un Mémoire sur l'état actuel de l'Amérique, de tableaux statistiques, d'un Dictionnaire diplomatique, avec une notice historique sur chaque traité important. 10 vol. in-8°. 1862-1865. *Ibid.* 150 fr.

Le même, texte espagnol. *Ibid.* Même prix.

CAMARD (C.).

— Manuel de mnémonique, ou Méthode pour retenir sans travail et sans effort toutes les principales dates de l'histoire universelle. In-16. 1850. Lille, *Lefort.*

CAMBACÉRÈS (l'abbé de), oncle de l'archi-

chancelier, né à Montpellier, en 1721, mort en 1802.

— Œuvres complètes. — Voy. *Migne*, Collection d'orateurs sacrés, 1re série, tome 65.

CAMBON (A.), ancien magistrat.

— Almanach des 100,000 adresses des fabricants et commerçants de Paris et des départements souscripteurs. 12e année de publication. In-8°. 1865. *Rue Campagne-Première,* 17. 6 fr.

CAMBON (Marc Gustave), pasteur évangélique de Marennes, né à Lacaune (Tarn) en 1804.

— Lise Lys, ou la Vérité de la doctrine évangélique, prouvée par les effets qu'elle produit. In-18. 1864. *Meyrueis et Cie.* 40 c.

CAMBOULIU (François Romain), docteur ès lettres, professeur de rhétorique à Montpellier, né à Palalda (Pyrénées-Orientales) en 1820.

— Essai sur la fatalité dans le théâtre grec. In-8°. 1855. [Montpellier.] *Durand.* 1 fr. 50 c.

— Essai sur l'histoire de la littérature catalane. In-4°. 1857. *Ibid.* 2 fr.

— Le même. 2e édition, augmentée de la Comedia de la *Gloria d'amor,* de fra Rocaberti, poème inédit tiré des manuscrits de la Bibliothèque impériale, et d'un nouveau fragment de la traduction catalane de Dante. In-8°. 1858. *Ibid.* 3 fr. 50 c.

— Étude sur les femmes d'Homère. In-8°. 1854. Toulouse, *imprimerie Ve Sens.* 2 fr.

CAMBRAY (le docteur), ancien chirurgien militaire.

— Réminiscences et confessions d'un ancien chirurgien de corsaires. Voyage aux Antilles, au continent américain, et croisière dans le golfe du Mexique, pendant les années 1800, 1801 et 1802 et le commencement de 1803. In-8° de 304 p. 1856. Cambrai, *imprimerie Simon.*

CAMBRAY (S.).

— Le Moulin. In-12. 1857. *Lévy frères.* 1 fr.

CAMBRELIN (A. L.).

— Camp retranché d'Anvers. Considérations critiques sur le système de défense de la Belgique adopté en 1859. In-8°. 1860. [Bruxelles.] *Tanera.* 4 fr.

CAMBRÉSY-BASSOMPIÈRE (T. J.).

— Fusées à temps pour shrapnels et obus. In-8° avec pl. 1862. [Liége.] *Noblet.* 2 fr.

CAMBRIEL (L. P. François), né en 1774, mort en 1850.

— Cours de philosophie hermétique et d'alchimie en 17 leçons; suivies des applications de quelques articles des cinq premiers chapitres de la Genèse, par Moïse, et de trois additions prouvant trois vies de l'homme animal parfait. 1re édition. In-12 de 9 f. 1843. *Lacour et Maistrasse.*

*Camée (le), keepsake élégant; souvenirs de littérature contemporaine. In-8° avec 8 vignettes. 1842. Ve Louis Janet. 12 fr.

*Camélia (le), keepsake français; souvenirs de littérature contemporaine. In-8° avec 10 vignettes. 1842. Janet. 12 fr.

CAMILLE, pseudonyme de M. Édouard **Lafargue.**

CAMILLE (Jean Étienne de), pseudonyme de

Jean Étienne MARCHESE, publiciste et romancier italien, né à Turin en 1825.

— Marc, ou les Enfants de l'aveugle. 2 vol. in-12. 1856. Turin, *Bocca frères*. 8 fr.

CAMINADE-CHATENAY (A.), ancien député, né en 1784.

— Œuvres dramatiques. In-12. 1857. *Lévy frères*.

— Souvenirs. Feuilles éparses. (Poésies.) In-12. 1857. *Ibid.*

— Souvenirs de Suisse. Nouvelles, suivies de : Autre temps, autres mœurs; comédie de salon en trois actes et en vers. In-12. 1862. *Sartorius.* 2 fr.

CAMMAS (Henry).

— La Vallée du Nil; impressions et photographies. In-12. 1863. *Hachette et Cie.* 3 fr. 50 c.

Avec André Lefèvre.

CAMOËNS (Luiz de), poëte portugais, né vers 1524, mort en 1579.

— Les Lusiades, ou les Portugais; poëme en dix chants. Traduction de J. B. J. Millié, revue, corrigée et annotée par M. Dubeux; précédées d'une notice sur la vie et les ouvrages de Camoëns, par Charles Magnin. In-12. 1841. *Charpentier.* 3 fr. 50 c.

— Le même. Traduction nouvelle, par MM. Ortaire Fournier et Desaules; revue, annotée et suivie de la traduction d'un choix de poésies diverses, avec une notice biographique et critique sur Camoëns, par Ferdinand Denis. In-18. 1841. *Gosselin.* 3 fr. 50 c.

— Le même. Traduit en vers par F. Ragon. In-8°. 1842. *Hachette.* 5 fr.

— Le même. Traduit par M. Ch. Aubert. In-12. 1844. *Dentu.*

— Le même. Traduction par Émile Albert. In-12. 1858. *Cosse et Marchal.* 4 fr.

La 1re édition des Lusiades parut à Lisbonne en 1572.

CAMOIN DE VENCE, substitut du procureur impérial à Marseille.

— Magistrature française, son action et son influence sur l'état de la société aux diverses époques. In-8°. 1862. *Lévy frères.* 6 fr.

CAMOT (Eugène).

— Glanes poétiques, opuscules d'un rêveur condamné à faire des chiffres. In-12. 1865. *Ve Berger-Levrault et fils.* 3 fr. 50 c.

CAMP (W. F.).

— Mémoire sur la fortification, contenant l'indication et le développement des moyens efficaces de défense. In-8° avec pl. 1840. *Corréard.* 7 fr. 50 c.

CAMP (Maxime DU). — Voy. **Du Camp.**

CAMPADELLI (François), homme de lettres, né à S. Pietro in Cerro (duché de Parme) en 1813. Réfugié politique en 1831, il a longtemps habité la France.

— Le Bravo, ou le Dévouement maçonnique. Nouvelle, suivie de : Ode à la franc-maçonnerie. In-8°. 1856. *Chez l'auteur.* 1 fr.

— Les Fiancés dauphinois. Souvenirs de Grenoble; nouvelle historique. In-8°. 1863. *Ibid.* 1 fr. 50 c.

— Heures d'exil; poésies fugitives. In-8°. 1865. *Ibid.* 10 fr.

— Philotas et Daphné; épisode de la retraite des Dix-mille. In-8°. 1853. *Ibid.* 5 fr.

— Le Rosier, ou la Patrie et la tombe; nouvelle historique. In-8°. 1862. *Ibid.* 1 fr. 50 c.

Campagne du régiment Impératrice-Charlotte dans le Michoacan. Combat de Tacambaco. In-8° avec 1 grav. et 2 cartes. 1865. Bruxelles, *E. Guyot.* 2 fr.

Extrait du « Journal de l'armée belge ».

Campagne (la) d'Italie en 1859, rédigée par la division historique de l'état-major de Prusse. Traduit de l'allemand. In-8° avec 6 cartes et 7 tableaux. 1862. [Berlin.] *J. Dumaine.* 7 fr. 50 c.

Campagne de l'empereur Napoléon III en Italie, 1859, rédigée au dépôt de la guerre d'après les documents officiels, étant directeur le général Blondel, sous le ministère de S. Exc. le maréchal Randon. In-4° avec 2 atlas in-fol., l'un atlas des marches, l'autre des batailles. 1860-1861. *Imprimerie impériale.*

Cet ouvrage, qui n'a pas été mis dans le commerce, s'est vendu de 250 à 300 fr.

— Le même. 2e édition. In-4° avec atlas des batailles seulement. 1863. [*Imprimerie impériale.*] *Dumaine.* 120 fr.

— Le même. 3e édition. In-8° avec 11 pl. 1865. *Ibid.* 25 fr.

Campagnes (les) de la grande armée, par un ex-officier de la vieille garde. 3 vol. in-32 avec 18 pl. 1856-1857. *Ledoyen.* 3 fr. 75 c. Chaque volume se vend 1 fr. 25 c.

I. 1807. Campagne de Pologne. Bataille de Friedland.
II. Campagnes d'Allemagne et d'Espagne. 1808.
III. 1809. Wagram.

Campagnes des généraux français depuis la révolution de 1789 jusqu'à nos jours. — Campagnes de Galice et de Portugal (1809) par le maréchal Soult, duc de Dalmatie. In-8° avec 6 cartes. 1851. *Au bureau des Annales militaires.* 5 fr.

CAMPAGNOL (A.), professeur, répétiteur au lycée Charlemagne.

— Choix gradué de thèmes latins. Recueil destiné à amener dans les classes la suppression des dictées et à faciliter le travail des élèves et des répétiteurs au moyen de textes lisibles et corrects. Classe de huitième. In-8°. 1852. *Hachette.* 2 fr.

— Le même. Textes et corrigés. In-8°. 1852. *Ibid.* 3 fr.

— Exercices variés sur la grammaire française de Lhomond. Partie des élèves. In-12. 1854. *Ibid.* 1 fr. 25 c.

— Le même. Partie des maîtres. In-12. 1854. *Ibid.* 2 fr. 50 c.

— Nouveaux ornements de la mémoire. Recueil de morceaux de prose et de poésie, à l'usage des classes élémentaires et des écoles primaires. In-18. 1858. *Ve Maire-Nyon.* 1 fr. 25 c.

— Traité élémentaire et complet d'analyse logique. In-12. 1851. *Fouraut.*

Voy. aussi *Combemale*, Deux années de thèmes.

CAMPAGNOLLES (Camille de).

— Mélanges poétiques. In-12 de 144 p. 1860. *Imprimerie Tinterlin et Cie.*

CAMPAIGNAC (Antoine Bernard), ingénieur, directeur de l'École des arts et métiers d'Aix, né à Montgeard, en 1792.

— De l'État actuel de la navigation par la vapeur, et des améliorations dont les navires et appareils à vapeur marins sont susceptibles; suivi de notes explicatives, tableaux, projets, etc. In-4º avec 5 pl. 1842. *Mathias.* 20 fr.

CAMPAN (Charles Louis Alcée), négociant, ancien secrétaire de la chambre de commerce de Bordeaux, né à Bordeaux en 1800.

— Deux coalitions parlementaires, 1783-1839. In-8º. 1863. *Chez les principaux libraires.*

Tiré à 100 exemplaires.

— La Question de l'or en Belgique. In-8º. 1860. Bruxelles, *A. Decq.* 1 fr. 50 c.

— Mémoires de Francisco d'Enzinas. — Voy. *Enzinas.*

M. Campan a publié encore les Œuvres de Henri *Fonfrède.* — Voy. ce nom.

CAMPAN (Jeanne Louise Henriette GENEST, dame), lectrice de Mesdames, première femme de chambre de la reine Marie Antoinette, surintendante de la maison d'Écouen, née à Paris, en 1752, morte à Mantes, en 1822.

— Mémoires sur la vie de Marie Antoinette, reine de France et de Navarre; suivis de souvenirs et anecdotes historiques sur les règnes de Louis XIV, de Louis XV et de Louis XVI; avec une notice et des notes par M. F. Barrière. In-12. 1849. *Didot frères.* 3 fr.

Forme le tome X de la Bibliothèque des Mémoires relatifs à l'histoire de France pendant le XVIIIᵉ siècle.
La 1ʳᵉ édition de ces Mémoires a été publiée en 1823.

CAMPANA (J. C.), docteur en médecine.

— Considérations nouvelles sur l'origine de l'hypertrophie et de la dilatation du cœur. In-4º. 1861. *Ad. Delahaye.* 2 fr.

CAMPANELLA (Thomas), dominicain, né à Stillo (dans la Calabre), en 1568, mort à Paris, en 1639.

— La Cité du soleil, ou Idée d'une république philosophique. Traduit du latin par Villegardelle. In-18. 1840. *Levavasseur.*

— Le même. Édition in-32. 1841. *Ibid.* 1 fr.

— Œuvres choisies, précédées d'une notice, par Mᵐᵉ Louise Colet. In-12 avec fac-simile. 1844. *Lavigne.* 3 fr. 50 c.

CAMPARDON (Émile), archiviste aux archives de l'empire, né à Paris en 1837.

— Histoire du tribunal révolutionnaire de Paris, 10 mars 1793 à 31 mai 1795 (12 prairial an III), d'après les documents originaux conservés aux archives de l'empire. 2 vol. in-12. 1861. *Poulet-Malassis.* 7 fr.

— Marie Antoinette à la Conciergerie (du 1ᵉʳ août au 16 octobre 1793). Pièces originales conservées aux archives de l'empire; suivies de notes historiques et du procès imprimé de la reine. In-12. 1862. *Gay.* 3 fr. 50 c.

— Marie Antoinette et le procès du collier, d'après la procédure instruite devant le parlement de Paris. Ouvrage orné de la gravure en taille-douce du collier et enrichi de divers autographes inédits du roi, de la reine, du comte et de la comtesse de Lamotte. In-8º. 1863. *Plon.* 8 fr.

M. Campardon a encore publié le « Journal de la Régence » de Jean Buvat.

CAMPAUX (Antoine François), ancien élève de l'École normale, professeur à la Faculté des lettres de Strasbourg, né à Thillay (Seine-et-Oise) en 1818.

— De la Conciliation des principes de l'ancienne et de la nouvelle critique littéraire. In-8º. 1864. *Durand.* 2 fr.

— De l'Ecloga Piscatoria. In-8º. 1859. *Ibid.* 2 fr.

— François Villon. Sa vie et ses œuvres. In-8º. 1859. *Ibid.* 5 fr.

— Les Legs de Marc Antoine. In-8º. 1864. *Hachette et Cⁱᵉ.* 5 fr.

Poème couronné par l'Académie.

— La Question des femmes au XVᵉ siècle. In-8º. 1865. *Vᵉ Berger-Levrault et fils.* 1 fr.

M. Campaux a publié quelques pièces de poésies dans la « Revue contemporaine », dans « l'Artiste » et dans « l'International ».

CAMPE (Joachim Henri), écrivain pédagogique allemand, directeur de l'Institut d'éducation de Dessau, né à Doensen, en 1746, mort en 1818.

— La Découverte de l'Amérique. Traduit par F. C. Gérard. In-12. 1843. *Langlumé et Peltier.* 2 fr.

— Le même, sous le titre de : Histoire de la découverte et de la conquête de l'Amérique. Traduit de l'allemand; précédé d'un Essai sur la vie et les ouvrages de Campe, par Charles Saint-Maurice. In-8º avec grav. 1844. *Lavigne.*

— Le même. In-8º avec 120 vignettes. 1859. *Garnier frères.* 10 fr.

— Le même. Traduit et précédé d'une Notice biographique, par M. Larenaudière. In-8º avec portrait. 1851. *Delalain.* 2 fr. 50 c.

— Histoire de Christophe Colomb, ou la Découverte de l'Amérique. Traduit par G. Heumann. In-8º avec vignettes. 1854. Rouen, *Mégard.* 1 fr.

— Le Robinson allemand. Traduit par Ch. Wolfers. In-4º. 1853. *Desesserts.*

— Voyages et conquêtes de Christophe Colomb. Traduit de l'allemand par E. C. Piton. In-18. 1863. Limoges, *Ardant frères.* 80 c.

— Voyages et conquêtes de Fernand Cortez au Mexique. Traduit par E. C. Piton. In-18. 1863. *Ibid.* 1 fr.

— Voyage de P. Brydone en Sicile et à Malte. In-12 avec grav. 1844. Tours, *Mame.* 1 fr. 25 c.

CAMPENON (François Nicolas Vincent), membre de l'Académie française, né à la Guadeloupe, en 1772, mort aux environs de Paris, en 1843.

— Œuvres, précédées d'une Notice sur sa vie et ses ouvrages, par Ed. Mennechet. In-12. 1844. *Charpentier.* 3 fr. 50 c.

M. Campenon a traduit de l'anglais : « l'Histoire d'Angleterre », de David *Hume.*

CAMPENON (T.), avocat, né à Villecresnes (Seine-et-Oise) en 1833.

— Le Code de commerce et les lois commerciales, commentaire usuel indiquant sous chaque article les solutions théoriques et pratiques de la jurisprudence. In-32. 1865. *Plon.* 2 fr.

— Le Code Napoléon, commentaire usuel, etc. In-32. 1864. *Ibid.* 3 fr.

CAMPILE (Gavini de). — Voy. **Gavini de Campile.**

CAMPION (Henri de), officier français, né en 1613, mort en 1663.

— Mémoires. Nouvelle édition, suivie d'un choix de lettres d'Alexandre de Campion, avec des notes, par M. C. Moreau. In-16. 1857. *P. Jannet.* 5 fr.

Fait partie de la Collection de la Bibliothèque elzévirienne.

CAMPMAS (l'abbé).

— Essais de poésies catholiques. In-8°. 1843. *Debécourt.*

— Le Vrai philosophe du xviiie siècle. In-16. 1853. Toulouse, *Privat.*

CAMPREDON (de), ministre plénipotentiaire et médiateur de tous les traités de paix pour le roi de France.

— Mémoire sur les négociations dans le Nord et sur ce qui s'est passé de plus important et de plus secret pendant le cours de la guerre de vingt années dont cette partie de l'Europe a été agitée. In-8°. 1861. *Techener.* 1 fr. 50 c.

Autre édition en 1864. In-8°. *Didier et Cie.* 3 fr. 50 c.

CAMPS (Joseph), avocat.

— Code et dictionnaire d'enregistrement, de timbre, de greffe, d'hypothèque et des contraventions aux lois sur le notariat. Partie supplémentaire pour les lois en vigueur en Corse, en Algérie et dans les colonies. In-8°. 1856. *Rue d'Anjou-Dauphine, 8.*

CAMUS.

— L'Art de tremper les fers et les aciers, indiquant leurs principes constitutifs, etc. In-8°. 1846. Rocroy, *Cochard.* 10 fr.

CAMUS (Antoine), né à Coublanc (Haute-Marne), en 1835.

— Les Bohèmes du drapeau; types de l'armée d'Afrique. In-12. 1863. *Brunet.* 2 fr. 50 c.

— Les Équipées d'un soldat. In-12. 1865. *Cournol.* 3 fr.

— Les Étapes du père La Ramée. In-12. 1864. *Brunet.* 1 fr.

Anonyme.

— La Légion étrangère. (2e série des Bohèmes du drapeau.) In-12. 1864. *Ibid.* 2 fr. 50 c.

CAMUS (Jean Pierre), surnommé Pont-Carré, évêque de Belley, né à Paris, en 1582, mort en 1653.

— Œuvres choisies. — Voy. *Migne*, Orateurs sacrés, 1re série, tome I.

— Alcime. In-18. 1853. *Douniol.* 1 fr.

— L'Esprit de François de Sales. — Voy. *François de Sales.*

— Les Ordres religieux jugés par J. P. Camus; avec une préface de Voltaire. In-16. 1862. *Dentu.* 1 fr.

— Palombe, ou la Femme honorable; précédée d'une étude littéraire sur Camus et le roman chrétien au xviie siècle, par H. Rigault. In-16. 1853. *Hachette et Cie.* 1 fr.

CAMUS-DARAS (N. R.).

— Loisirs d'un vieillard, ou Mélanges poétiques. In-8°. 1843. *Malteste.*

CAMUSAT-BUSSEROLES, substitut du procureur près le tribunal civil de la Seine.

— Code de la police de la chasse, commenté par M. Camusat-Busseroles, revu et annoté par M. Franck-Carré. In-12. 1844. *Cosse et Delamotte.* 4 fr. 50 c.

CAMUZET (Charles Eugène), avocat, docteur en droit, né à Saint-Jean d'Angély en 1831.

— Commentaire des divers textes du Digeste exigés en 1856 pour le premier examen de licence, avec texte et traduction en regard. In-12. 1856. *Chez l'auteur.* 3 fr. 50 c.

— Commentaire des divers textes des Pandectes exigés pour le premier examen de licence, d'après le nouveau règlement; précédé du texte avec traduction en regard. In-12. 1855. *Ibid.* 3 fr. 50 c.

— Manuel des matières du Code de procédure civile exigées pour le deuxième examen de droit. In-8°. 1864. *Marescq jeune.* 3 fr. 75 c.

— Recueil et traduction des divers textes du Digeste, exigés pour le premier examen de licence, d'après le nouveau règlement. In-12. 1855. *Chez l'auteur.* 1 fr. 50 c.

**Canal interocéanique par l'isthme de Darien, Nouvelle-Grenade (Amérique du Sud). Canalisation par la colonisation. In-8° avec 6 pl. 1860. *France.* 3 fr.

**Canal et port Saint-Louis à l'embouchure du Rhône. Avantages généraux résultant de cette création, avec pièces justificatives et 4 cartes et plans. Gr. in-8°. 1864. *Dentu.* 3 fr. 50 c.

CANAT (Marcel).

— Documents inédits pour servir à l'histoire de Bourgogne, publiés par la Société d'histoire et d'archéologie de Chalon-sur-Saône, réunis et annotés par M. Marcel Canat, président de la Société. Tome 1. In-8°. 1863. Chalon-sur-Saône, *imprimerie Dejussieu.*

CANCALON (Charles), greffier du tribunal à Bourganeuf, mécanicien amateur, né à Bourganeuf en 1817.

— Les Loisirs d'un disciple de saint Hubert; essai sur les armes à feu se chargeant par la culasse, contenant la description du système Cancalon. In-12 avec pl. 1864. [Moulins.] *Dentu.* 50 c.

CANCALON (Victor), docteur en médecine, ancien membre du Conseil général de la Creuse, né à Rezère (Creuse) en 1811.

— Agriculture du Centre. Ouvrage où l'on enseigne le moyen de supprimer la jachère, et de créer rapidement une grande quantité de fourrages dans les sols siliceux de la plus mauvaise nature. In-8° de 5 f. 1848. *Librairie agricole.*

— Histoire de l'agriculture, depuis les temps les plus reculés jusqu'à la mort de Charlemagne. Documents inédits sur l'histoire des Gaulois, leur origine, etc. In-8°. 1857. *Guillaumin et Cie.* 6 fr.

CANDAU (L.), ancien chef d'institution.

— Expéditions portugaises aux Indes orientales. In-12. 1857. Tours, *Mame.* 50 c.

CANDELE (le P. Jean Dominique), de la Compagnie de Jésus.

— Entretiens sur le bonheur et l'excellence de l'état de virginité. Traduction nouvelle par l'abbé

Bonespen. Édition corrigée. In-12. 1860. Lyon, *Briday*.

La 1re édition de cet ouvrage est de 1700.

CANDÈZE (Ernest), docteur en médecine, membre de l'Académie royale des sciences, lettres et beaux-arts de Belgique, né à Liége en 1827.

— Catalogue des larves de coléoptères connues jusqu'à ce jour, avec la description de plusieurs espèces nouvelles. In-8° avec 9 pl. 1853. Liége, *Dessain*.

— Élatérides nouveaux. In-8°. 1865. Bruxelles, *Hayez*. 1 fr. 50 c.

— Histoire des métamorphoses de quelques coléoptères exotiques. In-8° avec 6 pl. 1861. Liége, *Dessain*. 3 fr.

— Monographie des Élatérides. 4 vol. in-8° avec 24 pl. 1857-1863. *Ibid*, 30 fr.

Extrait des « Mémoires de la Société royale des sciences de Liége ».

M. le docteur Candèze a collaboré pour la partie entomologique au « Livre de la ferme » de M. Joigneaux.

CANDOLLE (Augustin Pyramus de), botaniste genevois, professeur de l'Académie de Genève, un des huit associés étrangers de l'Académie des sciences de Paris, né en 1778, mort en 1841.

— Mémoires et souvenirs de Augustin Pyramus de Candolle, écrits par lui-même et publiés par son fils. In-8°. 1861. [Genève.] *Cherbuliez*. 7 fr. 50 c.

— Mémoire sur la famille des Myrtacées. In-4° avec fig. 1842. *Ibid*. 10 fr.

Ouvrage posthume. — Extrait des « Mémoires de la Société de physique et d'histoire naturelle de Genève ».

— Théorie élémentaire de la botanique, ou Exposition des principes de la classification naturelle de l'art de décrire et d'étudier les végétaux. 3e édition, publiée par M. Alph. de Candolle. In-8°. 1843. *Roret*. 8 fr.

La 1re édition est de 1813, la 2e de 1819.

CANDOLLE (Alphonse de), fils du précédent, docteur en droit, professeur émérite à l'Académie de Genève, correspondant de l'Académie des sciences de Paris, né à Paris en 1806.

— Les Caisses d'épargne de la Suisse considérées en elles-mêmes et comparées avec celles d'autres pays. Ouvrage présenté à la Société suisse d'utilité publique, siégeant à Genève le 30 août 1837. In-8° avec 6 tableaux. 1838. Genève, *Kessmann*. 2 fr. 50 c.

Extrait du volume 28 des « Mémoires de la Société suisse d'utilité publique ».

— Géographie botanique raisonnée, ou Exposition des faits principaux et des lois concernant la distribution géographique des plantes de l'époque actuelle. 2 vol. in-8° avec 2 cartes géographiques. 1855. *V. Masson*. 25 fr.

— Hypsométrie des environs de Genève, ou Recueil complet des hauteurs mesurées au-dessus du niveau de la mer, dans un espace de 25 lieues autour de la ville de Genève. In-4°. 1839. Genève, *Cherbuliez*. 4 fr.

— Prodromus systematis naturalis regni vegetabilis, sive Enumeratio contracta ordinum, generum specierumque plantarum hucusque cognitarum, juxta methodi naturalis normas digesta, editore et pro parte auctore Alphonso de Candolle. 15 vol. in-8°. 1824-1864. *Masson et fils*. 246 fr.

M. de Candolle a publié un grand nombre de travaux dans la « Bibliothèque universelle de Genève », les « Mémoires de la Société de physique et d'histoire naturelle de Genève », les « Annales des sciences naturelles », et autres journaux scientifiques; beaucoup de ces articles ont été tirés à part à petit nombre.

CANDOLLE (Casimir Pyramus de), fils du précédent, membre de la Société de physique et d'histoire naturelle de Genève, né à Genève en 1836.

— De la Production naturelle et artificielle du liége dans le chêne-liége. In-4°. 1860. Genève. 3 fr.

Extrait des « Mémoires de la Société de physique et d'histoire naturelle de Genève ».

— Théorie de l'angle unique en phyllotaxie. In-8°. 1865. *Ibid*.

CANEL (A.), membre de la Société des antiquaires de Normandie.

— Armorial des villes et corporations de la Normandie. Avec des recherches sur les cachets administratifs de l'époque révolutionnaire. 2e édition, augmentée et ornée de blasons. In-8° 1863. *Aubry*. 10 fr.

— Blason populaire de la Normandie, comprenant les proverbes, sobriquets et dictons relatifs à cette ancienne province et à ses habitants. 2 vol. in-8°. 1859. Rouen, *Lebrument*. 6 fr. 50 c.

— Histoire de la barbe et des cheveux en Normandie. In-12. 1859. *Ibid*. 1 fr. 50 c.

— Notice sur la vie et les écrits de l'abbé G. A. R. Baston, chanoine de Rouen, évêque nommé de Séez. In-12. 1861. *Ibid*. 3 fr.

M. Canel a traduit en français les Poésies complètes de *Catulle*.

CANESTRINI (Giuseppe).

— Négociations diplomatiques de la France avec la Toscane, documents recueillis par Giuseppe Canestrini, et publiés par Abel Desjardins. Tomes 1 à 3. In-4°. 1859 et 1865. *Didot frères*. Chaque volume, 12 fr.

Fait partie de la « Collection de documents inédits sur l'histoire de France ».

CANÉTO (l'abbé François), vicaire général titulaire de l'archevêque d'Auch, ancien supérieur du petit séminaire d'Auch, officier de l'instruction publique, né à Marciac (Gers) en 1805.

— Monographie de Sainte-Marie d'Auch. Histoire et description de cette cathédrale. In-18 avec 4 pl. 1850. *Didron*. 4 fr.

— Mgr. de Salinis dans sa dernière maladie, simples notes. In-8°. 1861. Auch, *Fallières*. 50 c.

— Sainte-Marie d'Auch. Atlas monographique de cette cathédrale. In-fol. de 160 p. et 40 pl. 1854-1857. *Didron*. 60 fr.

— Tombeau romain de saint Léothade, évêque d'Auch, de 691 à 718. Notice historique et descriptive. In-8° avec 4 pl. 1856. *Ibid*. 2 fr.

— Une Visite à Sainte-Marie d'Auch, ou Étude descriptive de cette cathédrale. In-32. 1852. Auch. *Brun*. 2 fr.

CANGE (Ch. Dufresne, seigneur du). — Voy. **Ducange**.

CANIHAR-BÉLAIR (P.).

— Règles de l'orthographe française, ou Grammaire. In-12. 1861. *Dupont*. 75 c.

CANINO (Lucien Bonaparte, prince de), second frère de Napoléon Ier, né à Ajaccio, en 1775, mort à Rome en 1840.

— Révolution de Brumaire, ou Relation des principaux événements des journées des 18 et 19 brumaire. In-8°. 1845. *Charpentier.* 7 fr. 50 c.

CANINO (Charles Lucien Jules Laurent BONA-PARTE, prince de), fils ainé du précédent, né à Paris en 1803, mort en 1857.

— Iconographie des pigeons non figurés par Mme Knip (Mme Pauline Decourcelles) dans les deux volumes de MM. Temminck et Florent Pre-vost. Ouvrage servant d'illustration à son histoire naturelle des pigeons. In-fol. avec 55 pl. 1857-1858. *P. Bertrand.* 225 fr.

Publié en 12 livraisons.

— Monographie des loxiens. Ouvrage accompa-gné de 54 pl. coloriées, lithographiées d'après les dessins de M. Bædeker et autres naturalistes. In-4°. 1850. [Leyde, *Arnz et Cie.*] *Baillière et fils.* 100 fr.

Avec Hermann Schlegel.

— Notes ornithologiques sur les collections rapportées en 1853, par M. A. Delattre, et classi-fication parallélique des passereaux chanteurs. In-4° de 13 f. 1854. *Mallet-Bachelier.*

CANINO (Marie Alexandrine Charlotte Louise DE BLESCHAMP), femme divorcée de M. Jouber-thon, agent de change, épouse en secondes noces de Lucien Bonaparte, prince de Canino, née à Ca-lais en 1778, morte à Sinigaglia en 1855.

— Appel à la justice des contemporains de feu Lucien Bonaparte, en réfutation des assertions de M. Thiers dans son Histoire du consulat et de l'empire. In-8°. 1845. *Garnier frères.* 1 fr. 50 c.

— Batilde, reine des Francs; poëme en douze chants. In-8° avec portrait. 1846. *Comon.* 7 fr. 50 c.

C'est une 2e édition; la 1re, en 10 chants, a paru en 1820.

CANISIUS (Pierre), jésuite et théologien hol-landais, né à Nimègue en 1520, mort à Fribourg en 1597.

— Venerabilis Petri Canisii, theologi, catechis-mus. Græce, latine et gallice, nunc iterum in gratiam studiosæ juventutis editus opera cujus-lam et eadem Societate. In-12. 1852. *Poussielgue-Rusand.*

— Le Grand catéchisme de Canisius, ou Pré-cis de la doctrine chrétienne, appuyé de témoi-gnages nombreux de l'Écriture et des Pères. Ouvrage traduit pour la première fois en entier par l'abbé A. C. Peltier. 6 vol. in-8°. 1856-1857. *Vivès.* 26 fr.

3e édition en 1865.

— Nouvel appendice au grand catéchisme de Canisius, ou Théorie de la foi dans ses rapports avec la raison, suivie de la table générale des matières contenues dans les six volumes du Pré-cis de la doctrine chrétienne, par l'abbé A. C. Pel-tier. In-8°. 1858. *Ibid.* 6 fr.

Forme le tome 7 du Grand catéchisme.

— Catéchisme du vénérable P. Pierre Cani-sius, de la Compagnie de Jésus. Traduction fran-çaise. In-32. 1859. *Le Clere.*

— La Doctrine chrétienne exposée par le B. Pierre Canisius. Ouvrage traduit du latin et précédé d'une notice sur la vie du bienheureux; par M. l'abbé Verdot. In-12. 1865. *A. Bray.* 1 fr. 20 c.

Le même. In-18. 80 c.

CANITZ (le baron de), général prussien, mort à Berlin en 1850.

— Histoire des exploits et des vicissitudes de la cavalerie prussienne dans les campagnes de Fré-déric II. Traduit de l'allemand. Revue, accompa-gnée d'observations, par un officier de cavalerie. In-8°. 1849. *Corréard.* 4 fr.

CANIVET (Alfred).
— Contes du foyer. In-12. 1862. *Dentu.* 2 fr.

CANLER, ancien chef du service de sûreté.
— Mémoires. In-12. 1862. *Hetzel.* 3 fr.
Ouvrage saisi.

CANNAC (J.).
— Cours pratique et gradué de langue française, à l'usage des écoles primaires élémentaires et supérieures des pensionnats, etc. 2 vol. in-12. 1856. Montpellier, *Sevalle.* 3 fr. 25 c.
Tome I. Grammaire. — Tome II. Dictées graduées.

CANNAERT (Joseph Bernard), jurisconsulte belge, né à Gand en 1768.
— Olim. Procès des sorcières en Belgique sous Philippe II et le gouvernement des archiducs, tirés d'actes judiciaires et de documents inédits. In-8°. 1847. Gand. 2 fr. 50 c.

CANNING (Mme), née Spencer.
— Mes Souvenirs. Précis de ma conversion au catholicisme, adressé à Mlle Marie V. In-18. 1840. *Poussielgue-Rusand.*

*Canon de l'empereur (le). In-18. 1853. *Ledoyen.* 1 fr.

CANONGE (Jules), poëte, né à Nimes en 1812.
— Les Ames en périls. Nouvelles méridionales. In-32. 1862. *Tardieu.* 2 fr.

— Arles en France. Nouvelles. In-12. 1850. *Giraud.* 3 fr.

— Le même. 2e édition. In-18. 1861. *Tardieu.* 2 fr.

— Ginevra; légende florentine, suivie de la 3e édition de Le Tasse à Sorrente. In-32. 1859. *Paulin.* 2 fr.

— Isabeleth, la sainte de la Roquette; tradition arlésienne. In-32. 1864. *Tardieu.* 50 c.

— Izano. Nouvelle arlésienne. In-18. 1849. *Gi-raud.* 2 fr.

— Légendes provençales. In-8° avec grav. 1862. Marseille, *Gueidon.* 4 fr.

— Le Tasse à Sorrente. Poëme. 4e édition. In-32. 1859. *Paulin.* 2 fr.

— Notice historique sur la ville des Baux, en Provence. 4e édition. In-32. 1865. *Tardieu.* 1 fr.
La 1re édition est de 1845.

— Olim; contes et traditions. In-32. 1859. *E. Giraud.* 2 fr.

— Passim, notes, souvenirs et documents d'art contemporain. In-32. 1863. *Tardieu.* 2 fr.

— Penser et croire, poésies choisies. Édition nouvelle et complétement remaniée, suivies de Le Tasse à Sorrente, poëme. 5e édition. In-32. 1865. *Ibid.* 3 fr.

— Poëmes et impressions poétiques. In-12. 1847. *Giraud.* 5 fr.

— Pradier et Ary Scheffer. Notes, souvenirs et documents d'art contemporain. In-32. 1858. *Paulin.* 2 fr.

— Les Premiers solitaires, légendes et nouvelles, suivis d'une Ode à Beethoven. In-12. 1841. *Gosselin.* 3 fr.

— La Reine des fées, légende poétique. In-32. 1844. *De Bure.* 2 fr.

— Souvenances, poésies nouvelles. In-32. 1864. *Tardieu.* 2 fr.

— Terentia ou le Temple de Diane et les bains romains de Nîmes sous les empereurs. In-18. 1844. *Giraud.* 50 c.

— Varia. Sourire, aimer, penser, poésies nouvelles. In-32. 1855. *Paulin.* 2 fr.

— Le même. Nouvelle édition, choisie, augmentée et complétement remaniée. In-32. 1857. *Ibid.* 2 fr.

— Le même. 3e édition, choisie et revue. In-32. 1860. *Ibid.* 2 fr. 50 c.

*Canons rayés (des) en Belgique. Notes critiques sur la transformation de l'artillerie et sur les expériences qui ont été faites à Juliers en septembre 1860. In-8°. 1861. Bruxelles, *Samuel.* 2 fr.

*Canons rayés (les) et les places fortes. La fortification allemande et la fortification française; par E... D... N. In-8°. 1862. [Metz.] *Tanera.* 2 fr. 50 c.

CANORGUE (V. de Méri de la). — Voy. **Méri de la Canorgue.**

*Canotage en France (le); par MM. Alphonse Karr, Léon Gatayes, le vicomte A. de Chateauvillard, Lucien More, Gilbert Viard, Eugène Jung et Frédéric Lecaron, membres de la Société des régates parisiennes. In-32. 1858. *Taride.* 2 fr.

CANQUOIN (le docteur), de Dijon.

— Des Caustiques en général, et de leur emploi en chirurgie. In-8°. 1855. [Dijon.] *Labé.*

Cet ouvrage a été publié pour la première fois dans « la Presse médicale de Paris ».

— Le même. Nouvelle édition. In-8°. 1861. *Ibid.*

CANRON (Augustin), avocat, ancien rédacteur de la « Gazette du Midi », de Marseille, et de « l'Opinion du Midi », de Nîmes, membre du comité archéologique de Vaucluse, etc., né à Avignon en 1829.

— Guide de l'étranger dans la ville d'Avignon et ses environs. In-12. 1858. Avignon, *imprimerie Fischer aîné.* 2 fr.

— Histoire de saint Benezet, berger, et des frères de l'œuvre du pont d'Avignon, composée sur des documents authentiques. In-12. 1855. Carpentras, *Devillario.* 1 fr.

— Histoire du bienheureux Pierre de Luxembourg, cardinal-diacre, composée sur des documents authentiques, et suivie d'une notice sur les œuvres du bienheureux et sur la vie de la vénérable Jeanne de Luxembourg, sa sœur. In-12. 1854. *Ibid.* 1 fr.

— Nouveau cours d'histoire, comprenant l'histoire ancienne, la mythologie, l'histoire romaine et l'histoire de France. In-8°. 1857. Avignon, *Aubanel frères.* 1 fr. 50 c.

Publié sous le pseudonyme de « frère Anicet de Sainte-Suzanne ».

— Le Palais des papes à Avignon. Notice historique et archéologique. In-8°. 1860. *Ibid.* 50 c.

— Relation du Concile provincial, tenu à Avignon au mois de décembre 1849. In-12. 1850. Avignon, *Séguin aîné.* 50 c.

Anonyme.

— Vie de saint Agricol, citoyen, évêque et premier patron de la ville d'Avignon; suivie de son office liturgique et des prières pour la pluie. In-18. 1861. Avignon, *Aubanel frères.* 50 c.

— Vie de saint Didier, évêque et martyr, l'un des protecteurs de la ville d'Avignon, suivie de l'histoire de son église et de son office liturgique. In-18. 1862. *Ibid.* 50 c.

CANTAGREL (Félix), littérateur, ancien représentant, né dans le Midi, en 1809.

— Le Fou du Palais-Royal (satire dialoguée). In-8°. 1841. *Rue de Tournon, 6.* 5 fr.

Publication de « l'École sociétaire ».

— Le même. 2e édition, entièrement revue. In-16. 1845. *Rue de Seine, 10.* 4 fr.

— Mettray et Ostwald, études sur ces deux colonies agricoles. In-8°, 4 f. 1842. *Au bureau de la Phalange.*

— De la Nécessité d'un nouveau dogme et considérations sur quelques dogmes regardés comme essentiels. In-12. 1858. [Bruxelles.] *J. Havard.*

— De l'Organisation des travaux publics et de la réforme des ponts et chaussées. In-8°. 1847. *Librairie sociétaire.* 1 fr.

CANTALOUBE (Amédée).

— Eugène Delacroix, l'homme et l'artiste, ses amis et ses critiques. Liste des tableaux de l'exposition du boulevard, portrait à l'eau-forte, par M. Schützenberger. In-12. 1864. *Dentu.* 2 fr.

— Lettre sur les expositions et le Salon de 1861. In-12. 1861. *Ibid.* 2 fr.

CANTALUPO (le chevalier Benedetto), ancien professeur de droit.

— La Petite chronique, ou Vingt épisodes de l'histoire contemporaine. 2e épisode. Des Oscillations politiques du royaume de Naples. In-12, 17 f. 1854. *Garnier frères.*

CANTAREUIL (André), avocat à la cour de Toulouse.

— Le Conseiller des familles, ou le Droit mis à la portée de tout le monde. Véritable code des propriétaires, commerçants et agents d'affaires, renfermant, sous la forme de dictionnaire, la législation la plus récente en matière civile, commerciale et administrative. Nouvelle édition. In-8°. 1850. [Toulouse, *Hénault.*] *Durand.* 6 fr.

La 1re édition est de 1845.

CANTÉGRIL (J. B.).

— Études expérimentales sur les inondations. — Voy. *Jeandel et Cantégril.*

CANTEL (le docteur Gustave), médecin aux Mées (Basses-Alpes), ancien interne des hôpitaux, né aux Mées en 1831.

— Hygiène de l'enfant depuis le moment de la conception jusqu'à l'époque du sevrage. Guide indispensable aux mères. In-18. 1860. Guincourt, *Taillard-Jaunet.* 1 fr.

M. le docteur Cantel a collaboré au « Bulletin général de thérapeutique ».

CANTEL (Henri).

— Impressions et visions; précédées d'une préface, par Hippolyte Babou. In-12. 1859. *Poulet-Malassis.* 3 fr.

CANTEL (Mlle O.).

— Le Papillon qui parle. In-12. 1865. *Fabre, Feste et Cie.*

CANTELEU (LE COUTEULX DE). — Voy. **Le Couteulx de Canteleu.**

CANTELOUBE de Marmiès.

— Système de classement et d'application des manœuvres d'infanterie. In-18 avec 9 pl. 1843. *Dumaine.* 3 fr.

CANTREL (Émile).

— Nouvelles à la main sur la comtesse du Barry, trouvées dans les papiers du comte de ***; revues et commentées par Émile Cantrel. Introduction par Arsène Houssaye. In-8° avec 2 portraits et 1 autographe. 1861. *Plon.* 6 fr.

CANTREL (Isidore).

— Catalogue des gentilshommes du bailliage de Vire qui ont pris part à l'assemblée de la noblesse du grand bailliage de Caen pour l'élection des députés aux États généraux de 1789 ; suivi de documents historiques et généalogiques. In-8°. 1863. Caen, *Legost-Clérisse.* 7 fr. 50 c.

CANTU (Cesare), historien italien, secrétaire de l'Académie impériale et royale de Milan, né à Brivio, dans le Milanais, en 1805.

— Histoire universelle; soigneusement remaniée par l'auteur et traduite sous ses yeux par Eugène Aroux et Piersilvestro Léopardi. 19 vol. in-8°. 1843-1849. *F. Didot frères.* 114 fr.

— Le même. 2e édition. 19 vol. et table des matières. In-8°. 1854-1855. *Ibid.* 114 fr.

— Le même. 3e édition française et corrigée d'après la 8e édition italienne, par MM. Amédée Renée, Baudry, Chopin, de Hègue, Delatre, Lacombe et Noël des Vergers, augmentée de communications nouvelles transmises par l'auteur. 19 vol. in-8°. 1857-1859. *Ibid.* 114 fr.

— Histoire de cent ans, de 1750 à 1850. (Histoire, sciences, littérature, beaux-arts.) Traduit de l'italien, avec notes et observations, par Amédée Renée. 4 vol. in-12. 1852-1853. *Ibid.* 14 fr.

— Histoire des Italiens; traduite sous les yeux de l'auteur, par M. Armand Lacombe, sur la 2e édition italienne. 12 vol. in-8°. 1859-1861. *Ibid.* 72 fr.

— Margherita Pusterla, traduit de l'italien par M. R. In-12. 1861. Tournai, *Casterman.* 1 fr. 25 c.

CANU (le docteur Ferdinand), de Rouen.

— Strophes au chêne d'Allouville, et autres poésies, suivies d'un précis historique sur l'hospice Asselin d'Yvetot. In-8° avec grav. 1858. Rouen, *Haulard.* 1 fr. 50 c.

CANU (L. R. LE). — Voy. **Le Canu.**

CANUEL (Marcellus).

— Le Fils du czar; tragédie en quatre actes. In-8°. 1859. Loudun, *Mazereau.* 1 fr.

— Le Fils du czar; tragédie en cinq actes, suivie des Pensées d'automne. In-8°. 1865. Loudun, *Roiffé.* 1 fr.

CANUET DE LONJON.

— Banque mutuelle du commerce et de l'agriculture. Traité sur l'art et les principes d'organisation en matière de banque. Extinction de l'usure, avec application pratique à des statuts. In-8°. 1847. *Chez tous les libraires.* 2 fr. 50 c.

CAP (Paul Antoine GRATACAP dit), naturaliste, ancien pharmacien à Lyon, membre associé de l'Académie de médecine, né à Mâcon en 1788.

— Benjamin Delessert. Éloge qui a remporté le prix fondé par M. Matthieu Bonafous, et confié au jugement de l'Académie de Lyon (concours de 1849). In-8°, 3 f. 1850. *Plon frères.*

— Casimir Delavigne. Éloge couronné par l'Académie royale des sciences, belles-lettres et arts de Rouen en 1846. In-8°, 3 f. 1846. *Lechevalier.*

— Études biographiques pour servir à l'histoire des sciences. Chimistes, naturalistes. In-12. 1856. *Vict. Masson.* 3 fr.

— Le même. 2e série. Chimistes, naturalistes, médecins et pharmaciens. In-12. 1864. *Ibid.* 3 fr.

— Matthieu Bonafous; éloge. In-8°, 4 f. 1854. Lyon, *Dumoulin.*

— Le Muséum d'histoire naturelle. Histoire de la fondation et des développements successifs de l'établissement; biographie des hommes célèbres qui y ont contribué par leur enseignement ou par leurs découvertes, histoire des recherches, des voyages; des applications utiles auxquelles le Muséum a donné lieu, pour les arts, le commerce et l'agriculture, description des galeries, du jardin, des serres et de la ménagerie. Gr. in-8°, avec grav. coloriées. 1853-1854. *Curmer.* 20 fr.

— Philibert Commerson, naturaliste voyageur; étude biographique suivie d'un appendice. In-8°. 1861. *Vict. Masson.* 4 fr.

— Robert Boyle; étude biographique. In-8°, 2 f. 1856. *Imprimerie Thunot.*

M. Cap a publié une édition des Œuvres complètes de Bernard de *Palissy.*

CAPEAU (Louis).

— Nouvelle méthode pratique de tenue des livres, réduite à sa plus simple expression et mise à la portée de tout le monde. In-12. 1864. Bruxelles, *Rozez.* 75 c.

CAPECELATRO (le R. P. Alphonse), de l'Oratoire de Naples.

— Histoire de sainte Catherine de Sienne et de la papauté de son temps. Traduite de l'italien par Mme Élise Jal, revue par un religieux de l'ordre des Frères prêcheurs. In-12. 1863. *Ve Poussielgue-Rusand.* 3 fr. 50 c.

Bibliothèque dominicaine.

— La Mère de Dieu. Traduit de l'italien, par Mme Augustus Craven, née de la Ferronnays. Avec une lettre du R. P. Gratry. In-18. 1862. *Douniol.* 1 fr.

CAPEFIGUE (Jean Baptiste Honoré Raymond), historien et littérateur, né à Marseille en 1802.

— Les Cardinaux ministres. 2 vol. in-12. *Amyot.* Chaque vol., 3 fr. 50 c.

Le cardinal Dubois et la régence de Philippe d'Orléans. 1 vol. 1861.

Le cardinal de Richelieu. 1 vol. 1865.

— Les Cent jours. 2 vol. in-8°. 1841. *Langlois et Leclerq.* 15 fr.

— Charlemagne. 2 vol. in-8°. 1841. *Ibid;* 15 fr.

— Le Congrès de Vienne dans ses rapports avec la circonstance actuelle de l'Europe. Pologne. Cracovie. Allemagne. Saxe. Belgique. Italie. Suisse. 1814-1846. In-8°. 1847. *Comon.* 7 fr. 50 c.

— Congrès de Vienne et les traités de 1815. — Voy. *Angeberg.*

— Les Cours d'amours, les comtesses et châtelaines de Provence. In-12. 1863. *Amyot.* 3 fr. 50 c.

— Les Diplomates européens. In-8°. 1843. *Comon.* 7 fr. 50 c.

Les 9 notices qui composent cet ouvrage ont été rédigées en grande partie pour le « Dictionnaire de la conversation ».

— Le même. 2e édition, revue, corrigée et considérablement augmentée. 4 vol. in-8°. 1845-1847. *Amyot.* 30 fr.

— Diplomatie de la France et de l'Espagne depuis l'avénement de la maison de Bourbon. 1698-1846. In-8°. 1846. *Gerdès.* 7 fr. 50 c.

— L'Église au moyen âge, du XIIIe au XVe siècle. 2 vol. in-8°. 1852. *Amyot.* 10 fr.

— L'Église pendant les quatre derniers siècles. 3 vol. in-8°. 1854-1855. *Ibid.* 15 fr.

— L'Europe pendant la révolution française. 4 vol. in-8°. 1843. *Belin-Leprieur.* 30 fr.

— L'Europe pendant le consulat et l'empire de Napoléon. 10 vol. in-8°. 1839-1841. *Pitois-Levrault.* 75 fr.

— L'Europe depuis l'avénement du roi Louis-Philippe; pour faire suite à l'Histoire de la restauration. 16 vol. in-8°. 1845-1846. *Comon.* 75 fr.

— Le même. 2e édition. 10 vol. in-8°, avec 32 portraits. 1847. *Ibid.* 50 fr.

Cette 2e édition a été publiée en 100 livraisons à 50 c.

— Les Fondateurs des grands ordres religieux. 4 vol. in-12. 1865. *Amyot.* Chaque volume, 1 fr. 75 c.

Saint Ignace de Loyola et l'Ordre des Jésuites.
Sainte Thérèse de Jésus, fondatrice des carmélites et des carmes déchaussées.
Saint Vincent de Paul et les sœurs de charité.
La vénérable mère sainte Françoise de Chantal, fondatrice des Dames de la Visitation (Visitandines).

— François Ier et la Renaissance. 1515-1547. 4 vol. in-8°. 1844. *Ibid.* 30 fr.

— Histoire authentique et secrète des traités de 1815 dans leurs rapports avec la restauration et la révolution de juillet. In-8°. 1847. *Gerdès.* 7 fr. 50 c.

— Histoire des grandes opérations financières, banques, bourses, emprunts, compagnies industrielles, etc. 4 vol. in-8°. 1855-1857. *Amyot.* 30 fr.

— Histoire de Philippe-Auguste. 3e édition. 2 vol. in-12. 1842. *Charpentier.* 7 fr.

La 1re édition, 4 vol. in-8°, est de 1829.

— Histoire de la restauration et des causes qui ont amené la chute de la branche aînée des Bourbons. 3e édition. 4 vol. in-12. 1842. *Ibid.* 14 fr.

Les deux premières éditions (1831 et 1835) de cet ouvrage, 10 vol. in-8°, étaient signées : « Un homme d'État ».

— Hugues Capet et la troisième race, jusqu'à Philippe Auguste. 1re période. Xe et XIe siècles. 2 vol. in-8°. 1839. *Pitois-Levrault.* 15 fr.

— Le même. 2e période. XIe et XIIe siècles. 2 vol. in-8°. 1839. *Ibid.* 15 fr.

— Le même. Nouvelle édition. 2 vol. in-12. 1845. *Charpentier.* 7 fr.

— La Ligue et Henri IV. 3e édition. In-12. 1843. *Belin-Leprieur.* 3 fr. 50 c.

— Louis XIV. Son gouvernement et ses relations diplomatiques avec l'Europe. Nouvelle édition. 2 vol. in-12. 1844. *Ibid.* 7 fr.

La 1re édition forme 6 vol. in-8°. 1837-1838. *Dufey.* 45 fr.

— Louis XV et la société du XVIIIe siècle. 4 vol. in-8°. 1842. *Langlois et Leclercq.* 30 fr.

— Le même. Nouvelle édition, améliorée. In-12. 1854. *Amyot.* 3 fr. 50 c.

— Louis XVI, son administration et ses relations diplomatiques avec l'Europe. 4 vol. in-8°. 1844. *Belin-Leprieur.* 30 fr.

— Les Quatre premiers siècles de l'église chrétienne. 4 vol. in-8°. 1850-1851. *Amyot.* 20 fr.

— La Réforme et la Ligue. 3e édition. In-12. 1843. *Belin-Leprieur.* 3 fr. 50 c.

— Les Reines de la main droite. 6 vol. in-12. *Amyot.* Chaque volume, 3 fr. 50 c.

La reine-vierge Élisabeth d'Angleterre. 1 vol. 1863.
Marie-Thérèse. 1 vol. 1864.
Anne d'Autriche et la minorité de Louis XIV. 1 vol. 1861.
Catherine de Médicis, mère des rois François II, Charles IX et Henri III. 1 vol. 1856.
La grande Catherine, impératrice de Russie. 1 vol. 1862.
Marie de Médicis. 1 vol. 1861.

— Les Reines de la main gauche. 15 vol. in-12. *Ibid.* Chaque volume, 3 fr. 50 c.

Madame la marquise de Pompadour. 1 vol. 1858.
Madame la comtesse Du Barry. 1 vol. 1858.
Mademoiselle de La Vallière et les favorites des trois âges de Louis XIV. 1 vol. 1859.
Mademoiselle d'Estrée et la politique de Henri IV. 1 vol. 1859.
Mesdemoiselles de Nesles et la jeunesse de Louis XV, la comtesse de Mailly, la comtesse de Vintimille, la duchesse de Lauraugeais, la duchesse de Châteauroux. 1 vol. 1865.
Diane de Poitiers. 1 vol. 1860.
Agnès Sorel et la chevalerie. 1 vol. 1860.
La duchesse de Portsmouth et la cour galante des Stuarts. 1 vol. 1861.
Aspasie et le siècle de Périclès. 1 vol. 1862.
Les Déesses de la liberté, les femmes de la convention et du directoire. 1 vol. 1862.
La comtesse de Parabère et le Palais-Royal sous la régence. 1 vol. 1863.
Ninon de Lenclos et les Précieuses de la place Royale. 1 vol. 1864.
Les Héroïnes de la Ligue et les mignons de Henri III. 1 vol. 1864.
Les Bacchantes et les jeunes patriciens de Rome sous les Césars. 1 vol. 1864.
La belle Corisande et les galanteries du Béarnais. In-12. 1 vol. 1864.

— Richelieu, Mazarin et la Fronde. Nouvelle édition. 2 vol. in-12. 1844. *Belin-Leprieur.* 7 fr.

La 1re édition, 3 vol. in-8°, 60 fr., chez *Dufey,* est de 1835-1836.

— La Société et les gouvernements de l'Europe depuis la chute de Louis Philippe jusqu'à la présidence de Louis Napoléon Bonaparte. 3 vol. in-8°. 1849. *Amyot.* 20 fr.

— Trois siècles de l'histoire de France. Monarchie et politique des deux branches de la maison de Bourbon. 1548-1848. 4 vol. in-8°. 1852. *Ibid.* 10 fr.

— Vie de saint Vincent de Paul. In-12 avec grav. 1840. *Ardant.* 1 fr. 40 c.

La 1re édition, in-8°, est de 1837. *Hivert.* 5 fr.

CAPELLE (l'abbé Louis François), missionnaire

apostolique, chanoine honoraire de Cambrai, né à Douai en 1810.

— Biographie des prêtres du diocèse de Cambrai, décédés depuis 1800, et qui se sont le plus distingués par leurs talents, leurs vertus et leur zèle. In-8°. 1846. Cambrai, *Carion*. 6 fr.

— Histoire complète et officielle des fêtes qui ont eu lieu en 1854, à l'occasion du 6e jubilé séculaire de Notre-Dame de la Treille, patronne de la ville de Lille. In-8° avec 12 lithographies. 1854. Lille, *Lefort*. 5 fr.

— Recherches sur l'histoire du saint sacrement de miracle de Douai. In-8°. 1855. Douai, *Adam d'Aubers*. 1 fr.

— Sainte Hiltrude de Liessies, sa vie, son culte, ses miracles, neuvaine en son honneur, suivis d'une notice sur l'abbaye de Liessies. In-12. 1857. Cambrai, *imprimerie Carion*. 40 c.

— Souvenir du 4e jubilé séculaire de Notre-Dame de Grâce de Cambrai. 1852. Récit complet des fêtes et cérémonies, processions, pèlerinages, etc., qui ont eu lieu à l'occasion de cette solennité. In-18 de 7. f. 1852. *Gaume frères*.

— Souvenir du jubilé séculaire du saint-sacrement de miracle, célébré à Douai en 1855. In-8° avec le portrait de l'auteur. 1856. Douai, *imprimerie d'Allibert*. 5 fr.

— Vie du cardinal P. Giraud, archevêque de Cambrai. In-8° avec portrait et fac-simile. 1852. Lille, *Lefort*. 4 fr.

CAPELLE (Pierre), littérateur, inspecteur de la librairie, fondateur du Caveau moderne, né à Montauban en 1772, mort en....

— La Clef du caveau, à l'usage des chansonniers français et étrangers, des amateurs, auteurs, acteurs, chefs d'orchestre et de tous les amis du vaudeville et de la chanson. 4e édition, contenant 2,350 airs, dont 470 qui n'étaient point dans l'édition précédente. In-8° oblong avec 594 pages de musique. 1848. *Cotelle*. 26 fr.

La 1re édition est de 1810.

CAPELLE-GRIMBER.

— Grammaire française raisonnée, ou Petite Grammaire des grammaires. In-12. 1842. [Lille, *Vanackère*.] *Hachette*.

CAPELLEMANS.

— De la Propriété littéraire et artistique en Belgique et en France. Histoire, législation, jurisprudence, convention du 12 août 1852. In-12. 1854. Bruxelles. 3 fr. 50 c.

CAPELLO (de Brito). — Voy. **Brito Capello**.

CAPENDU (Ernest), romancier et auteur dramatique, né en 1826.

— Bamboula. 4 vol. in-8°. 1861. *Cadot*. 30 fr.

— Bibi-Tapin, le tambour de la 32e. 11 vol. in-8°. 1862. *Ibid*. 82 fr. 50 c.

— Le Capitaine La Chesnaye. 11 vol. in-8°. 1860. *Ibid*. 82 fr. 50 c.

— Le même. 5 vol. in-12. 1860. *Ibid*. 17 fr. 50 c.

— Le Capitaine Sabre-de-Bois; roman militaire. 4 vol. in-8°. 1865. *De Potter*. 30 fr.

— Le Chasseur de panthères. In-12. 1861. *Hachette et Cie*. 2 fr.

— Le même. In-18. 1865. *Cadot*. 1 fr.

— Le même. In-4° illustré. 1865. *Charlieu et Huillery*. 90 c.

— Le Chevalier du Poulailler. In-12. 1864. *Amyot*. 3 fr. 50 c.

— Les Colonnes d'Hercule. In-12. 1860. *Cadot*. 1 fr.

— Le Comte de Saint-Germain. In-12. 1865. *Amyot*. 3 fr.

— La Corvette la Brûle-Gueule; roman maritime. 7 vol. in-8°. 1863. *De Potter*. 52 fr. 50 c.

— Cotillon II. In-12. 1864. *Amyot*. 3 fr. 50 c.

— Les Coups d'épingle. In-12. 1863. *Dentu*. 3 fr.

— Les Coups d'épingle; comédie en trois actes. In-12. 1863. *Ibid*. 2 fr.

— Crochetout le corsaire; roman maritime. 6 vol. in-8°. 1863. *De Potter*. 45 fr.

— Dolorès. In-12. 1865. *Dentu*. 3 fr.

— L'Écolier de Salamanque. In-12. 1865. *Ibid*. 3 fr.

— Les Enfants de la Bazoche; roman historique. 6 vol. in-8°. 1864. *Ibid*. 45 fr.

— Les Faux bonshommes. — Voy. *Barrière et Capendu*.

— Les Frelons; comédie en cinq actes. In-12. 1861. *Librairie théâtrale*. 2 fr.

— L'Homme rouge (les Nuits de Grenade). 3 vol. in-8°. 1861. *De Potter*. 22 fr. 50 c.

— L'Homme rouge (les Guerilleros). 5 vol. in-8°. 1862. *Ibid*. 37 fr. 50 c.

— L'Hôtel de Niorres. 6 vol. in-8°. 1861. *Cadot*. 45 fr.

— Le Joug de l'aigle; roman historique. 5 vol. in-8°. 1864. *De Potter*. 37 fr. 50 c.

— Mademoiselle la Ruine. 2 vol. in-12. 1861. *Cadot*. 2 fr.

— Marcof le Malouin. 8 vol. in-8°. 1859. *Ibid*. 60 fr.

— Le même. 4 vol. in-12. 1859. *Ibid*. 14 fr.

— Le même. 1 vol. in-12. 1863. *Dentu*. 3 fr.

— Le Marquis de Loc-Ronan. In-12. 1864. *Ibid*. 3 fr.

Suite de Marcof le Malouin.

— Marthe de Kerven. In-12. 1862. *Amyot*. 3 fr. 50 c.

— Le Mat de fortune. In-12. 1865. *Cadot*. 3 fr.

— Les Mystères du mont-de-piété. 9 vol. in-8°. 1861. *Ibid*. 67 fr. 50 c.

— Les Mystificateurs. In-12. 1860. *Ibid*. 1 fr.

— La Popote; souvenirs militaires d'Oran. In-12. 1865. *Amyot*. 3 fr. 50 c.

— Pour un baiser. In-12. 1864. *Cadot*. 3 fr.

— Le Pré catelan. 3 vol. in-8°. 1858. *Ibid*. 22 fr. 50 c.

— Le même. 2 vol. in-12. 1858. *Ibid*. 7 fr.

— Le même. 1 vol. in-12. 1862. *Ibid*. 1 fr.

— Les Rascals. 4 vol. in-8°. 1860. *Ibid*. 30 fr.

— Le même. 2 vol. in-12. 1860. *Ibid*. 7 fr.

— Une Reine d'amour. In-12. 1865. *Ibid*. 3 fr.

— Le Roi des gabiers. 11 vol. in-8°. 1862. *Ibid*. 82 fr. 50 c.

— Surcouf. 2 vol. in-8°. 1859. *Ibid.* 15 fr.

— Le même. 1 vol. in-12. 1859. *Ibid.* 3 fr. 50 c.

— Le même. In-4°. 1865. *Ibid.* 50 c.

— La Vivandière de la 17e légion. 6 vol. in-8°. 1865. *De Potter.* 45 fr.

M. Capendu a signé plusieurs pièces de théâtre avec M. Th. *Barrière.* — Voy. ce nom.

CAPES (J. Moore-). — Voy. **Moore-Capes.**

CAPITOLINUS (Julius), l'un des auteurs de l'Histoire Auguste, vivait au commencement du ive siècle de notre ère. — Les neuf biographies d'empereurs romains qui lui sont attribuées, ont été réimprimées dans la Bibliothèque latine-française de Panckoucke. — Voy. **Écrivains* de l'Histoire Auguste.

CAPLAIN (Hippolyte).

— Enseignement grammatical dialogué. In-12. 1861. Saint-Quentin, *Doloy.* 1 fr. 25 c.

— Grammaire française. In-12. 1861. *Ibid.* 60 c.

— Exercices français sur la construction grammaticale. In-8°. 1843. Saint-Quentin, *Ribaud.*

CAPLAIN (J.), commis marchand de bois.

— Tarif universel et métrique pour le cubage des arbres en grume par la circonférence et la longueur, ou Traité de tous les systèmes usités dans le commerce de bois. In-8°. 1865. Bois-lès-Pargny, *Caplain.* 6 fr.

Avec A. Doyet.

CAPMAS (Charles).

— De la Révocation des actes faits par le débiteur en fraude des droits du créancier. In-8°. 1846. *Marescq.* 3 fr.

CAPMEIL (l'abbé), chanoine honoraire de Montauban.

— La Conversation du ciel sur la terre, ou Entretiens de Jésus-Christ avec son fidèle adorateur dans ses visites au très-saint sacrement. In-16. 1858. Lyon, *Pélisse frères.* 2 fr. 50 c.

CAPO DE FEUILLIDE. — Voy. **Feuillide.**

CAPO D'ISTRIA ou **Capodistrias** (Jean comte de), président de la Grèce, né à Corfou en 1776, assassiné en 1831.

— Correspondance, publiée par E. A. Bétant. 4 vol. in-8°. 1839. Genève, *Cherbuliez.* 32 fr.

— Le Comte J. Capodistrias, président de la Grèce, jugé par lui-même, d'après les actes de son administration, consignés dans sa Correspondance, publiée à Genève en 1839. Extraits textuels de ses lettres, etc. In-8°. 1843. *Treuttel et Würtz.* 6 fr.

CAPOT (l'abbé Anastase).

— Études sur la composition, traité pratique de l'art d'écrire, avec des exemples de narrations, etc. In-12 de 12 f. 1844. *Périsse.*

CAPOUE (le B. Raymond de). — Voy. **Raymond de Capoue.**

CAPPON (V.) a traduit de l'allemand «Jeanne d'Arc» de *Schiller.*

CAPRON (Félicien), de Dôle.

— Nouveau manuel complet du fabricant de bleus et carmins d'indigo. In-18. 1858. *Roret.* 1 fr. 50 c.

Collection des Manuels-Roret.

CAPT (A.).

— Le Nouveau Job; poëme religieux. In-18. 1860. Locle, *Courvoisier.* 1 fr.

CAPTIER (G.).

— De la Traversée des Alpes en chemin de fer. — Voy. *Dorsaz.*

*Captivité de Charles V. Les royalistes espagnols à l'Europe. In-8°. 1841. *Dentu.* 1 fr. 25 c.

CAQUERAY (le chevalier de).

— Nouveau choix de poésies, traduites de l'anglais, presque en entier, par le chevalier de Caqueray. In-8°. 1843. Angers, *Pigné-Château.* 3 fr.

M. de Caqueray a encore traduit de l'anglais : « la Chute de Jérusalem », du rév. H. *Milman;* et « Roderic, le dernier des Goths », poëme de Robert *Southey.* — Voy. ces noms.

CAQUERAY (Ch. de).

— De l'Union intime de la foi catholique et de la foi monarchique en France. In-18. 1850. *Allouard et Kœppelin.* 75 c.

— De l'Alliance entre la monarchie héréditaire et le vote universel dans l'avenir de la France. In-8°. 1851. *Ibid.* 5 fr.

CAQUERAY (Gaston de), professeur de droit romain à la Faculté de droit de Rennes, né au château de Mauny (Seine-et-Marne) en 1816, mort à Rennes en 1864.

— De l'Esclavage chez les Romains. In-8°. 1864. *Durand.* 2 fr.

Extrait de la « Revue historique de droit ».

— Explication des passages de droit privé contenus dans les œuvres de Cicéron. Gr. in-8°. 1857. *'id.* 8 fr.

— Recherches historiques sur la théorie du rapport. 3 mémoires. In-8°. 1861-1862. *Ibid.* 3 fr.

Extrait de la « Revue historique de droit ».

*Caquets (les) de l'accouchée. Nouvelle édition, revue sur les pièces originales et annotée par M. Édouard Fournier; avec une introduction par M. Leroux de Lincy. In-16. 1855. *Jannet.* 5 fr.

Collection de la Bibliothèque elzévirienne. Réimpression de l'édition de 1623.

CAQUOT (C. M.).

— De la Poésie au xvie siècle. In-8°, 2 f. 1856. Châlons, *Laurent.*

Tiré à 50 exemplaires. — Cet écrit a été publié à l'occasion d'un mémoire de M. Degournay, intitulé : *Malherbe,* Recherches sur sa vie et critique de ses œuvres.

CARACCIOLO (Mme Enrichetta).

— Mystères des couvents de Naples. Mémoires de Mme Enrichetta Caracciolo, princesse de Forino, ex-bénédictine. In-12 avec portrait. 1864. *Dentu.* 3 fr.

2e et 3e édition en 1865.

CARADEC (le docteur L.).

— Topographie médico-hygiénique du département du Finistère, ou Guide sanitaire de l'habitant. In-8°. 1861. Brest, *Anner.* 6 fr.

CARAFFA (le T. R. P. Vincent), général de la Compagnie de Jésus.

— Bouquet de myrrhe, ou Considérations diverses sur les plaies de notre Seigneur Jésus-Christ. Traduit par le P. Nouet. In-18. 1858. Tournai, *Casterman.* 1 fr.

— Élévations à Dieu, ou École de l'amour divin. Ouvrage traduit en français par le P. Marcel Bouix. In-18. 1863. *Ruffet et Cie.* 1 fr. 50 c.

CARAGUEL (Clément), littérateur et journaliste, rédacteur du « Journal des Débats », né à Mazamet (Tarn) en 1819.

— Le Bougeoir; comédie en un acte. Nouvelle édition. In-12. 1860. *Lévy frères.* 1 fr.

La 1re édition est de 1852.

— Messieurs les Cosaques. — Voy. *Delord et Caraguel.*

— Quatre mois en mer. — Voy. *Marchal et Caraguel.*

— Les Soirées de Taverny. In-12. 1854. *Lévy frères.* 3 fr.

— Souvenirs et aventures d'un volontaire garibaldien. In-12. 1861. *Librairie nouvelle.* 2 fr.

CARAMAN (Victor Louis Charles de RIQUET, duc de), lieutenant général, né en 1762, mort en 1839.

— Relation contenant le détail de la part que le feu duc de Caraman a prise à la première expédition de Constantine en 1836, pour servir à l'histoire de cette campagne. Fragment tiré de ses Mémoires inédits. In-8°. 1843. Toulouse, *Bellegarigue.* 2 fr. 50 c.

CARAMAN (Victor Antoine Charles RIQUET, duc de), né en 1810.

— Charles Bonnet, philosophe et naturaliste. Sa vie et ses œuvres. In-12. 1859. *Vaton.* 4 fr.

— Études critiques d'histoire et de philosophie. In-8°, 7 f. 1840. *Imprimerie Dupont.*

— Études critiques de philosophie, de sciences et d'histoire. In-18. 1851. *Ladrange.* 3 fr. 50 c.

— Histoire des révolutions de la philosophie en France pendant le moyen âge jusqu'au XVIe siècle, précédée d'une introduction sur la philosophie de l'antiquité et de celle des premiers temps du christianisme. 3 vol. in-8°. 1845-1848. *Ibid.* 18 fr.

— De la Philosophie au XVIIIe siècle et de son caractère actuel. In-8° de 4 f. 1840. *Goujon et Milon.*

CARAMAN (Georges Joseph Victor RIQUET, comte de), ancien ministre plénipotentiaire en Wurtemberg et en Saxe sous la Restauration, né en 1788.

— Les États-Unis il y a quarante ans. In-8°. 1852-1854. *Imprimerie Brière.*

Extrait de la « Revue contemporaine ».

— Quelques mots sur les affaires de Hollande en 1810. In-8° de 3 f. 1856. *Ibid.*

Cet écrit fait partie d'un ensemble de Mémoires encore inédits, qui, sous le titre présumé de « Souvenirs de trois générations », se rapportent aux cent années écoulées de 1740 à 1840.

— Notice sur la vie militaire et privée du général marquis de Caraman. 2e édition, à laquelle on a joint des extraits de sa correspondance, des notes réunies avec le concours de son fils, le duc de Caraman, et quelques lettres qui s'y rapportent. In-12. 1857. *Didier et Cie.*

La 1re édition est de 1838.

CARAMAN (Adolphe RIQUET, comte de), né à Berlin en 1800.

— Anet, son passé, son état actuel. Notice historique sur les personnages qui ont illustré ce sé-

jour; sur les phases diverses qu'a subies son architecture, et sur les principaux événements dont il a été le théâtre. In-16. 1860. *B. Duprat.* 5 fr.

Édition avec 14 photographies. 25 fr.

CARASSUZA (Jean), d'Athènes.

— Épitre à M. de Lamartine au sujet de son Histoire de la Turquie, avec une notice sur l'état actuel de la Grèce et de l'Empire ottoman. In-8°. 1858. *Garnier frères.* 60 c.

CARATHÉODORY (Étienne), médecin du palais du Sultan, membre de l'Académie des sciences et belles-lettres de Constantinople, né à Andrinople en 1789.

— Du Droit international concernant les grands cours d'eau; étude théorique et pratique sur la liberté de la navigation fluviale. In-8°. 1861. Leipzig, *F. A. Brockhaus.* 5 fr.

CARAYOL (A.).

— Précis de l'histoire de l'éloquence, extrait des critiques les plus estimés, à l'usage des élèves de rhétorique. In-18, 8 f. 1855. Cahors, *Ve Richard.*

CARAYON (le P. Auguste), de la Compagnie de Jésus, né en 1813.

— Bannissement des jésuites de la Louisiane, relation et lettres inédites publiées par le P. Carayon. In-8°. 1865. *Lécureux.* 6 fr.

— Bibliographie historique de la Compagnie de Jésus, ou Catalogue des ouvrages relatifs à l'histoire des jésuites depuis leur origine jusqu'à nos jours. In-4°. 1864. *Durand.* 30 fr.

— Documents inédits concernant la Compagnie de Jésus; publiés par le P. Auguste Carayon. 14 vol. in-8°. 1863-1865. Poitiers, *Oudin.* 100 fr.

— Établissement de la Compagnie de Jésus, à Brest, par Louis XIV. Fondation du séminaire pour les aumôniers de la marine. Notice et documents publiés par le P. A. Carayon. In-8°. 1865. *Lécureux.* 6 fr.

— Une Exécution en place de Grève au XVIIe siècle. Pièce inédite, publiée par A. Carayon. In-8°. 1863. Poitiers, *Oudin.* 1 fr.

— Histoire abrégée des congrégations de la très-sainte Vierge. In-18. 1863. *Ruffet et Cie.* 1 fr.

— Notes historiques sur cinq jésuites massacrés au mont Liban en 1860, recueillies par le P. Pierre Marie Martin, et publiées par le P. Auguste Carayon. In-8°. 1865. *Lécureux.* 6 fr.

— Première mission des jésuites au Canada. Lettres et documents inédits, publiés par le P. Auguste Carayon. In-8°. 1864. *Ibid.* 12 fr.

— Prisons du marquis de Pombal, ministre de S. M. le roi de Portugal (1759-1777); journal publié par A. Carayon. In-8°. 1865. *Ibid.* 15 fr.

— Relations inédites des missions de la Compagnie de Jésus à Constantinople et dans le Levant au XVIIe siècle, publiées par le P. Auguste Carayon. In-8°. 1864. *Douniol.* 4 fr.

Le Père Carayon a encore publié : « Histoire des Jésuites de Paris », par *Garasse*, et sous le nom de : « un Père de la Compagnie de Jésus », une nouvelle édition de : « la Syrie et la Terre sainte », du P. Jos. *Besson*, une édition des «Maximes» de saint *Ignace*, et plusieurs autres ouvrages de piété.

CARAYON (L.).

— Histoire de l'établissement français de Madagascar pendant la Restauration, précédée d'une description de cette île, et suivie de quelques considérations politiques et commerciales sur l'expédition et la colonisation de Madagascar. In-8° avec carte. 1846. *Gide.* 5 fr.

— Précis historique sur le peuple Ova, suivi de l'appréciation des derniers événements de Tamatave, et de quelques considérations politiques et commerciales sur l'expédition et la colonisation de Madagascar. In-8° avec carte. 1846. *Ibid.* 1 fr. 50 c.

CARAYON LA TOUR (Joseph de).

— Quelques mots sur l'industrie chevaline en France. In-8°. 1860. Bordeaux, *imprimerie V° Dupuy et C°*. 1 fr.

CARBAULT (Édouard), homme de lettres, né à Metz en 1800.

— Les Églantines; poésies. In-8° avec 2 lithographies. 1846. Metz, *Dieu*. 5 fr.

CARBON (A.).

— Leçons d'arithmétique. In-8°, 8 f. 1843. *Pillet aîné*.

CARBONEL (Louis de).

— Voyage politique, scientifique et littéraire dans le monde de la lune. 1re partie. In-8°. 1852. Hambourg. 1 fr. 50 c.

CARBONNEL (César de), docteur en droit.

— Effets d'une erreur judiciaire. In-8°. 1862. *Imprimerie Guérin*. 2 fr.

— Mémoires d'un Français en Italie. In-8°. 1861. *Imprimerie Carion*. 2 fr.

— La Question italienne jugée par les boursicotiers. In-8°. 1859. *Ledoyen*. 1 fr.

CARBONNIER (Pierre), fabricant d'appareils de pisciculture à Paris.

— Guide pratique du pisciculteur. In-12. 1864. *Lacroix*. 2 fr.

CARBUCCIA (le général J. L.).

— Armée d'Algérie. Du dromadaire comme bête de somme et comme animal de guerre. Le régiment des dromadaires à l'armée d'Orient (1798-1801). In-8°. 1853. *Dumaine*. 4 fr.

CARCADO (Mme PONCET DE LA RIVIÈRE, comtesse de), morte en 1776.

— L'Ame unie à Jésus-Christ dans le très-saint sacrement de l'autel. Ouvrage posthume de la comtesse de Carcado, précédé de l'Éloge historique de sa vie, par M. l'abbé Duquesne. 2 vol. in-12. 1841. Avignon, *Fischer-Joly*.

— Le même. In-18. 1847. Rouen, *Fleury*.

— Le même. In-12. 1864. Tours, *Mame*. 80 c.

La 1re édition du livre a été publiée en 1780.

GARCANO (Giulio).

— Le Chapelain de la Rovella, suivi d'autres nouvelles. Traduit de l'italien par Louis Poillon. In-16. 1862. Tournai, *Casterman*. 1 fr. 25 c.

CARCASSONNE (Adolphe), membre du consistoire israélite de Marseille, né dans cette ville en 1826.

— La Fête de Molière; comédie-à-propos en un acte. In-8°. 1863. [Marseille.] *Lévy frères*. 1 fr. 50 c.

— La Fille du Franc-juge; drame en quatre actes et cinq tableaux, en vers. In-8°. 1861. *Ibid.* 2 fr.

— Le Jugement de Dieu; grand opéra en quatre actes. In-12. 1860. [Marseille.] *Dentu*. 1 fr. 50 c.

— Le même. In-4°. 1861. *Lévy frères*. 40 c.
Théâtre contemporain illustré, livr. 486.

— Premières lueurs; poésies. In-8°. 1852. *Dentu*. 3 fr.

— Le Siège de Marseille; drame en cinq actes et six tableaux, en prose. In-8°. 1862. [Marseille.] *Lévy frères*. 2 fr.

CARCASSONNE (L. A. de).

— Essais de poésie sur divers sujets. In-12. 1851. Castelnaudary, *Groc*. 1 fr.

CARCEY (Michel), avocat.

— Philosophie légale du crédit ou de la puissance. In-8°. 1861. *A. de Vresse*. 5 fr.

CARDELLI, ancien chef d'office.

— Nouveau manuel complet du confiseur et du chocolatier, contenant la description des meilleurs procédés et appareils pour la préparation des sirops de toute espèce, confitures, conserves, etc., ainsi que pour la fabrication des chocolats en tablettes et en bonbons, par MM. Cardelli et Lionnet-Clémandot. Nouvelle édition, entièrement refondue par M. F. Malepeyre. In-18 avec pl. 1862. *Roret*. 3 fr.
Collection des Manuels-Roret.

— Nouveau manuel complet du cuisinier et de la cuisinière; précédé d'un traité pour bien découper et servir les viandes à table; terminé par un traité sur les vins. Nouvelle édition. In-18 avec 2 pl. 1848. *Ibid.* 2 fr. 50 c.
Collection des Manuels-Roret. — La 1re édition a paru en 1822.

— Nouveau manuel complet des gourmands, ou l'Art de faire les honneurs de sa table. In-18 avec 4 pl. 1842. *Ibid.* 3 fr.
Collection des Manuels-Roret.

— Nouveau manuel complet du limonadier, du glacier et du confiseur. Nouvelle édition. In-18 avec 6 pl. 1851. *Ibid.* 3 fr.
Avec MM. Lionnet-Clémandot, Julia de Fontenelle et A. M. Chautard. — Collection des Manuels-Roret. — La 1re édition a paru en 1822.

CARDELLI (le chevalier Pio de).

— Grammaire de la langue italienne, revue, pour la partie française, par Ch. Maillet. In-12. 1851. Lyon, *Girard et Josserand*. 1 fr. 20 c.

CARDERERA (Valentin).

— Iconographie espagnole, ou Collection de portraits, de statues et de monuments funéraires inédits des rois, reines, grands capitaines, écrivains et autres personnages célèbres de l'Espagne, depuis le xvie siècle jusqu'au xviie. (En espagnol et en français.) 26 livraisons. Gr. in-fol. 1861-1865. [Madrid.] *Didron*. Chaque livraison, 22 fr.

CARDEVACQUE (Adolphe de), archéologue, membre de plusieurs sociétés savantes, né à Calais en 1828.

— L'Abbaye du mont Saint-Éloi (1068-1792). In-4°. 1859. Arras, *Brissy*. 15 fr.

— L'Abbaye de Saint-Vaart. Tome I. In-4°. 1865. *Ibid.* 10 fr.
L'ouvrage aura 3 volumes.

CARDINE (A. MARIE-). — Voy. **Marie-Cardine**.

CARDINI (F.), lieutenant-colonel en retraite, né à Florence vers 1782.

— L'Avenir d'Alger. In-8°. 1846. *Dumaine.* 2 fr.

— Dictionnaire d'hippiatrique et d'équitation. 2e édition, revue, corrigée, augmentée de la moitié et ornée de 70 fig. 2 vol. in-8°. 1848. *Ibid.* 15 fr.

La 1re édition est de 1845.

— Généreux refus de S. H. le sultan Abd-Oul-Medjid, fondé sur les doctrines du Coran, puisées à la source de l'Évangile. In-8°. 1849. *Ibid.* 75 c.

CARDON (l'abbé), aumônier du lycée de Saint-Quentin.

— Histoire de l'abbaye de Saint-Vincent de Laon. — Voy. *Wyard*.

— Nouveaux chants à Marie pour le mois de mai et pour les fêtes de la très-sainte Vierge; musique de H. Vatin. In-8°. 1846. *Lecoffre*.

— Recueil de cantiques pour les fêtes de Notre-Seigneur et pour les époques les plus solennelles de l'année, faisant suite aux Nouveaux chants à Marie pour le mois de mai; musique de H. Vatin. In-8°. 1847. *Ibid.*

CARDON (Émile), secrétaire de la Société centrale de colonisation, né à Paris en 1824.

— De l'Agriculture en Algérie. In-18. 1858. *Aux bureaux du Siècle industriel.* 1 fr.

— Annuaire de la France agricole, publié sous la direction du Crédit départemental Claudon et Cie. In-8°. 1860. *Au bureau de la France agricole.* 4 fr.

N'a pas été continué.

— L'Art industriel en 1863; étude sur l'exposition des beaux-arts appliqués à l'industrie. In-8°. 1863. *Au bureau de la Revue du monde colonial.* 1 fr. 25 c.

— Biographies contemporaines. Algérie et colonies. 1re livraison : L'Émir Abd-el-Kader. In-8°. 1860. *Au bureau de l'Algérie agricole.* 50 c.

N'a pas été continué.

— Les Chemins de fer de l'Algérie. In-8°. 1859. *Challamel.* 1 fr.

— Étude sur l'agriculture et la colonisation de l'Algérie. In-18. 1860. *Au bureau de la France agricole.* 1 fr. 50 c.

— Études sur l'Espagne, le Portugal et leurs colonies. (Lettres sur l'Exposition universelle de 1862.) In-8°. 1863. *Au bureau de la Revue du monde colonial.* 3 fr.

— Études sur les progrès de la civilisation dans la régence de Tunis. In-8°. 1861. *Dentu.* 1 fr.

— Manuel d'agriculture pratique algérienne. In-8°. 1862. *Au bureau de la Revue du monde colonial.* 3 fr. 50 c.

— La Question du coton. In-8°. 1861. *Dentu.* 1 fr.

— La Question algérienne. Quelle sera la solution? In-8°. 1860. *Au bureau de l'Algérie agricole.* 1 fr.

— Traité d'agriculture pratique. Midi de la France. Espagne. Portugal. Maroc. Algérie. Tunisie. Littoral méditerranéen. In-8°. 1862. *Au bureau de la Revue du monde colonial.* 3 fr. 50 c.

CARDONNEL (de).

— Le Livre des Psaumes, Cantiques et Lamentations, traduits littéralement sur la Vulgate en vers français, et annotés d'après les meilleurs commentaires. In-8°. 1841. [Toulouse.] *Gaume frères.* 7 fr.

Avec C. Debar.

CARDOSO (Joseph François).

— Guerre de Tripoli; poème traduit pour la première fois du latin en français, et précédé d'une notice sur la vie de l'auteur et sur le recueil intitulé : Deliciæ poetarum lusitanorum, par un ancien desservant d'une succursale de Paris, traducteur des poëmes de Vida, de Sannazar et de Ceva. In-8°. 1847. *Vaton.* 3 fr.

Le texte latin est en regard. La 1re édition de ce poème est de 1800. L'ouvrage est dédié à Jean VI, roi de Portugal.

CARELLE (le baron F. de LA ROCHE-LA-). — Voy. **La Roche-la-Carelle.**

CARÊME (A.), professeur de mathématiques.

— Cours d'algèbre élémentaire. In-4°. 1864. *Gauthier Villars.* 5 fr. 50 c.

— Cours de trigonométrie rectiligne avec de nombreux exercices et les applications au levé des plans. In-8°, autographié. 1864. *Ibid.* 3 fr. 50 c.

CARÊME (Marie Antonin), cuisinier, né à Paris, en 1784, mort en 1833.

— Collection A. Carême. Le Conservateur, contenant : 1° le Livre de tous les ménages, par Appert, 5e édition, revue par MM. Prieur Appert et Gannal; 2° Anciens procédés de conservations, etc., par F***, ancien secrétaire de Carême, etc.; 3° Monographie des vins, par M. Joubert, Bouchard et L. Leclerc. In-8° avec 5 pl. 1842. *Renouard.* 10 fr. 50 c.

— Le Cuisinier parisien, ou l'Art de la cuisine française au xixe siècle. 3e édition. In-8° avec 25 pl. 1842. *Ibid.* 9 fr.

La 1re édition est de 1828.

— Le Maître d'hôtel français; traité des menus à servir à Paris, à Saint-Pétersbourg, à Londres, à Vienne. Nouvelle édition. 2 vol. in-8° avec pl. 1842. *Ibid.* 16 fr.

La 1re édition est de 1820.

CARÊME (Polycarpe), ancien officier de bouche et neveu du précédent.

— Le Dîner politique; pièce en cinq actes et en vers. (Année 1819.) In-8°. 1850. *Garnier frères.*

CARENET (Gaston).

— Hélène. In-12, 126 p. 1862. Toulouse, *Thil.*

— Noémie; nouvelle. In-8°, 73 p. 1865. Toulouse, *imprimerie Savy.*

CARÉNOU (Aristide), de Montauban.

— Jane Gray; drame historique en cinq actes et huit tableaux. In-8°. 1850. Montauban, *Verdier.* 1 fr.

— Le Sire de Montpezat. In-8° de 22 f. 1843. Montauban, *Forestié.*

CARETS (Eugène), docteur ès lettres.

— Le Secrétaire général. In-12, 8 f. 1840. Montbéliard, *Deckherr.*

CARETTE (Antoine Ernest Hippolyte), lieutenant-colonel du génie, membre de la Commission scientifique de l'Algérie, né à Paris, en 1808.

— Algérie. — Voy. *Univers pittoresque*, Afrique, tome 7.

— Du Commerce de l'Algérie avec l'Afrique

centrale et les États barbaresques. Réponse à la note de M. Jules de Lasteyrie, député, etc., sur le commerce du Soudan. In-8° de 2 ½ f. avec carte. 1814. *Imprimerie Guyot.*

— Description et division de l'Algérie. In-8° avec 1 carte. 1847. *Hachette.* 3 fr.

Avec M. Warnier.

— Recherches sur la géographie et le commerce de l'Algérie méridionale, accompagnées d'une notice géographique sur une partie de l'Afrique septentrionale, par E. Renou. In-8° avec 111 pl. 1845. *Masson.* 12 fr.

— Étude des routes suivies par les Arabes dans la partie méridionale de l'Algérie et de la régence de Tunis, pour servir à l'établissement du réseau géographique de ces contrées. In-8° de 26 f. avec 1 carte. 1845. *Ibid.* 6 fr.

— Études sur la Kabylie proprement dite. 2 vol. in-8° avec 1 carte. 1848. *Ibid.* 24 fr.

— Recherches sur l'origine et les migrations des principales tribus de l'Afrique septentrionale et particulièrement de l'Algérie. In-8°. 1853. *Ibid.* 12 fr.

Ces quatre derniers ouvrages font partie de l'Exploration scientifique de l'Algérie, pendant les années 1840, 1841, 1842, publiée par ordre du Gouvernement.

CAREY (E.).

— Manuel pratique sur l'éducation des abeilles. 3e édition. In-12. 1865. [Genève.] *A. Goin.* 2 fr.

CAREY (Henry C.), économiste américain, né à Philadelphie, en 1793.

— Lettres critiques adressées à M. Michel Chevalier. Traduites de l'anglais, précédées d'une étude sur l'économie politique et sur son introduction dans l'enseignement secondaire, par Auguste Humbert. In-8°. 1864. *Librairie internationale.* 1 fr. 50 c.

— Principes de la science sociale. Traduits en français par MM. Saint-Germain-Leduc et A. Planche. 3 vol. in-8° avec 2 pl. 1861. *Guillaumin et Cie.* 22 fr. 50 c.

CARFORT (Adolphe de).

— Biographie de Ernest Renan. In-8°. 1864. [Dinan, *Bazouge.*] *Douniol.* 1 fr. 50 c.

Avec Francis Bazouge.

CARGILL (Wm.), de New-Castle-on-Tyne.

— Examen de l'origine, des progrès et de la tendance de la confédération commerciale et politique contre l'Angleterre et la France, nommée la ligue prussienne. Traduit de l'anglais. In-8°. 1840. *Bufart.* 2 fr.

CARION (l'abbé Auguste Ernest Aimé), né à Cambrai en 1817.

— La Dévotion des gens du monde, révélée par le divin Sauveur; considérations pieuses sur le sacré cœur de Jésus, pour chaque jour du mois de juin. In-32. 1860. [Cambrai.] *Wattelier.* 1 fr.

— Exposé du dogme de l'Eucharistie. — Voy. *Gaulle et Carion.*

— Enseignement méthodique de la versification française, avec des sujets d'exercices gradués. In-12. 1860. Tournai, *Casterman.* 1 fr. 25 c.

— Traité élémentaire de logique, ou l'Art de penser, appliqué à la composition littéraire et à la conduite de la vie. In-18. 1860. *Ibid.* 1 fr. 50 c.

— Vie de saint Joseph, d'après les révélations de Marie d'Agréda. — Voy. *Agréda.*

— Les Vrais ornements de la mémoire, ou Choix de morceaux de poésie et de prose accompagnés d'un traité de déclamation. In-18. 1861. Tournai, *Casterman.* 1 fr. 80 c.

CARION (Henri), rédacteur du journal « l'Émancipateur » de Cambrai.

— Voyage à Wiesbaden, suivi de la Cause de l'appel au peuple, défendue devant Henri de France. 2e édition. In-8°, 4 f. 1850. [Cambrai.] *Dentu.*

Voy. aussi *Broue: et Carion*, Traité du notariat.

CARION (Louis).

— Les Mémoires d'un domestique. 4 vol. in-12. 1857-1859. Cambrai, *imprimerie Carion.*

M. L. Carion a traduit de l'anglais : « la Case de l'oncle Tom », de Mme Beecher Stowe.

CARIOT (l'abbé), membre correspondant de la Société linnéenne.

— Étude des fleurs. Botanique élémentaire, descriptive et usuelle. 4e édition, entièrement revue et considérablement augmentée. 3 vol. in-12 avec pl. 1864. *Girard et Josserand.* 15 fr.

— Le Guide du botaniste à la Grande Chartreuse et à Chalais, ainsi que dans les localités voisines et sur les montagnes environnantes. In-18 avec carte. 1856. *Ibid.* 1 fr. 50 c.

CARISTIE (Auguste Nicolas), architecte, membre de l'Institut, né à Avallon, en 1783.

— Monuments antiques à Orange, arc de triomphe et théâtre, publiés sous les auspices de S. E. M. le ministre d'État. In-fol. avec 54 pl. 1856-1857. *Imprimerie Didot.* 150 fr.

CARLA (Victor), ancien représentant du peuple, né à Cahors, en 1804.

— Quelques mots sur l'Assemblée constituante de 1848. In-8°, 3 f. 1849. *Perrotin.*

— La Société en France et le gouvernement. In-8°. 1861. *Sartorius.* 5 fr.

CARLE (Adolphe).

— Nouvelles marseillaises. Pet. in-8°, 20 f. 1856. Marseille, *imprimerie Barlatier-Feissat et Demonchy.*

CARLE (Henri).

— Alliance religieuse universelle. Essai sur les moyens de rapprocher toutes les croyances, toutes les doctrines, et de les ramener à l'unité. In-8°. 1860. *Chez l'auteur.* 2 fr.

— Crise de croyances. M. Renan et l'esprit de système. Henri Martin, Jean Reynaud et la tradition. In-12. 1864. *Cournol.* 75 c.

— Recueil de compositions pour le baccalauréat ès lettres (discours et versions) données à la Sorbonne, session d'avril 1863. In-12. 1864. *Eug. Belin.* 1 fr. 60 c.

CARLE (l'abbé Jean Baptiste Marie), ancien professeur de sciences mathématiques à l'Institut ecclésiastique de Sommières, actuellement directeur de la « Semaine religieuse » de Nîmes, né à Uzès (Gard) en 1829.

— La Tenue des livres mise à la portée de tout le monde. In-18. 1862. *Giraud.* 2 fr. 50 c.

CARLE (l'abbé P. J.), docteur en théologie.

— Code du droit canon, d'après les aphorismes d'Arnold Corvin. In-18. 1841. *Debécourt.* 2 fr. 50 c.

— Du Dogme catholique sur l'enfer; suivi de la dissertation de M. Emery, ancien supérieur de Saint-Sulpice, sur la mitigation des peines des damnés. In-8°. 1842. *Ibid.* 7 fr.

— Histoire de Fra Hieronimo Savonarola. In-8°, avec portrait. 1842. *Ibid.* 6 fr. 50 c.

— Histoire de la vie et des écrits de saint Thomas d'Aquin. In-4°, 70 f. 1846. *Imprimerie Bailly.*

— La Liberté d'enseignement est-elle une nécessité religieuse et sociale? In-8°. 1843. *Herman frères.* 2 fr.

— La Montagne sainte; théologie mystique. In-18, 8 f. 1844. *Waille.*

CARLÉN (Mme Émilie) née Schmidt, romancière suédoise, née à Stockholm, en 1810. Elle avait épousé en premières noces le musicien Flygare, mais cette union a été dissoute judiciairement. Mariée depuis au poëte Carlén, elle a quelquefois signé ses livres : Émilie Flygare-Carlén.

— Alma, ou la Fiancée de l'Omberg. Traduit du suédois. 2 vol. in-16. 1858. Bruxelles, *A. Schnée.* 2 fr.

— Un An de mariage. Traduit du suédois par O' Squarr. 2 vol in-18. 1855. Bruxelles, *Kiessling.* 2 fr. 50 c.

— Un Brillant mariage. In-18. 1862. Bruxelles, *Le Bègue.* 60 c.

— Deux Jeunes femmes, ou Un an de mariage. Traduction de Mme Marie Souvestre. In-12. 1858. *Lévy frères.* 1 fr.

— La Famille de la vallée. Mademoiselle Nanny. In-16. 1859. Bruxelles, *A. Schnée.* 1 fr.

— Une Femme capricieuse. Traduit du suédois par Mlle R. du Puget. 2 vol. in-16. 1859. *Chez Mlle Du Puget.* 7 fr.

— Les Frères de lait. Traduit du suédois. 2 vol. in-16. 1858. Bruxelles, *A. Schnée.* 2 fr.

— Gustave Lindorm. 4 vol. in-18. 1859. Bruxelles, *Lebègue.* 5 fr.

— Le même. 4 vol. in-32. 1861. *Ibid.* 4 fr.

— L'Héroïne de roman. 2 vol. in-32. 1861. *Ibid.* 2 fr.

— La Tour de la Vierge. Traduit par O' Squarr. 6 vol. in-32. 1860-1861. *Ibid.* 6 fr.

CARLES (l'abbé).

— L'Exaltation de la sainte Église. In-8°, xxxv-238 p. 1863. Nice, *Caurin.*

Cet ouvrage n'a pas été mis dans le commerce, l'auteur l'ayant supprimé.

CARLES (A.), ancien chef d'institution.

— Acte de foi, ou Testament de l'instituteur catholique, offert aux familles et aux écoles, etc. In-12. 1863. Lyon, *chez l'auteur.*

CARLET (Joseph), conducteur des ponts et chaussées.

— Géologie et minéralogie de la Côte-d'Or, accompagnées d'une description sur la constitution physique de ce département. In-8°, 10 f. et 3 cartes coloriées. 1854. Dijon, *Lamarche et Drouelle.*

— Traité élémentaire des roches. In-8°, 11 f.

1851. [Dijon, *Lamarche et Drouelle.*] *Carilian-Gœury.* 3 fr.

CARLETON (William), romancier irlandais, né à Clogher, en 1798.

— Le Mauvais œil, ou le Spectre noir; suivi de : Cela seulement. Traduction de l'anglais. In-12. 1865. Tournai, *Casterman.* 2 fr.

— Romans irlandais; scènes de la vie champêtre. Traduites par M. Léon de Wailly. In-12. 1861. *Dentu.* 3 fr. 50 c.

CARLHANT (C.) a fait une traduction française de « Jules César », tragédie de *Shakespeare.*

CARLIER (Auguste), publiciste, né à Chauny (Aisne) en 1804. Il a passé trois années aux États-Unis.

— Contes et légendes. In-12. 1865. *Librairie du Petit Journal.*

— De l'Esclavage dans ses rapports avec l'union américaine. In-8°. 1862. *Lévy frères.* 6 fr.

— Histoire du peuple américain (États-Unis) et de ses rapports avec les Indiens depuis la fondation des colonies anglaises jusqu'à la révolution de 1776. 2 vol. in-8°. 1863. *Ibid.* 12 fr.

— Le Mariage aux États-Unis. In-12. 1860. *Hachette et Cie.* 2 fr.

CARLIER (J. J.).

— Les Institutions sociales étudiées dans les édifices religieux. In-8° avec pl. 1860. *Didron.* 3 fr.

CARLO (le docteur Luigi), ingénieur modénais.

— Grammaire analytique de la langue italienne, ou Méthode nouvelle d'enseigner l'italien aux Français. In-12. 1865. *Lethielleux.* 3 fr.

CARLOWITZ (Aloyse Christine, baronne de), née à Fiume (Illyrie), en 1797, morte en 1863. Elle a traduit en français plusieurs ouvrages de *Gœthe* et de *Schiller*, la correspondance de ces deux poëtes, la «Messiade », de *Klopstock*, et «l'Histoire de la poésie des Hébreux », de *Herder.* — Voy. ces noms.

CARLYLE (Thomas), écrivain anglais, né dans un village d'Écosse, en 1795.

— Histoire de la révolution française. Traduit de l'anglais par MM. Élias Regnault et Odysse Barot. Tome 1 : La Bastille. In-12. 1865. *Germer Baillière.* 3 fr. 50 c.

Cette traduction sera complète en 3 volumes. — L'ouvrage anglais a paru à Londres en 1837.

CARMAGNOLLE (l'abbé Justinien), curé appartenant au diocèse de Fréjus, né à Cotignac (Var) en 1807.

— Imitation de Jésus-Christ. Nouvelle traduction en français, par l'abbé Justinien Carmagnolle. In-16. 1864. Aix, *imprimerie Pardigon.* 2 fr. 25 c.

— Nouvelle réfutation de l'Émile de J. J. Rousseau. In-8°. 1860. Draguignan, *Gimbert.* 7 fr.

— Rhétorique française à l'usage des établissements de l'instruction publique, spécialement des écoles secondaires ecclésiastiques, dans laquelle l'auteur a recueilli les observations sur l'art de bien dire, répandues dans les meilleurs auteurs, tant anciens que modernes. In-8°. 1860. Aix, *imprimerie Pardigon.* 2 fr.

M. l'abbé Carmagnolle a donné une nouvelle traduction française de la « Somme théologique » de saint Thomas d'Aquin. — Voy. *Thomas.*

CARMENT (Dumont-). — Voy. **Dumont-Carment.**

CARMOLY (Éliacin), orientaliste, ancien grand-rabbin de Bruxelles, membre de la Société asiatique de Paris, né à Soultz, en 1805.

— Itinéraires de la Terre-Sainte des xiiie-xviie siècles. Traduits de l'hébreu et accompagnés de tables, de cartes et éclaircissements. In-8° avec carte. 1847. Bruxelles, *A. Vandale.*

— Le Jardin enchanté. Contes chaldéens. Gr. in-8°. 1849. Bruxelles. 7 fr. 50 c.

— Paraboles de Sendabar sur les ruses des femmes. Traduites de l'hébreu et précédées d'une notice historique sur ce sage Indien. Pet. in-8°, 10 f. 1849. *Jannet.*

CARMOUCHE (Pierre François Adolphe), auteur dramatique, né à Lyon en 1797.

— Anita la bohémienne; drame-vaudeville en trois actes. In-8°. 1841. *Tresse.* 50 c.

Avec Ferd. Laloue.

— La Bague de Thérèse; comédie-vaudeville en trois actes. In-4°. 1862. *Lévy frères.* 40 c.

Théâtre contemporain illustré, livraison 541.

— Les Barrières de Paris; drame populaire en cinq actes et huit tableaux; musique de M. Mangeant. In-12. 1852. *Ibid.* 1 fr.

Avec M. J. Gabriel.

— Bonaparte et Mlle Clairon; comédie anecdotique en un acte et en vers. In-12. 1865. *Librairie du Petit Journal.* 1 fr.

— La Chaste Suzanne; grand-opéra en quatre actes; musique de M. H. Monpou. In-8°. 1840. *Mifliez.* 50 c.

Avec F. de Courcy.

— Colombine, ou les Sept péchés capitaux; comédie-vaudeville en un acte. In-12. 1850. *Lévy frères.*

Avec Paul Vermond.

— La Cornette jaune, vaudeville en un acte. In-12. 1864. *Dentu.* 1 fr.

— L'Esclave à Paris; comédie anecdotique en un acte, mêlée de couplets. In-8°. 1841. *Tresse.* 30 c.

Avec M. Léon. *

— Galuchon, ou la Parure normande; opérette en un acte; musique de M. Oray. In-4°. 1861. *Mifliez.* 50 c.

— La Grisette romantique; vaudeville en un acte. In-8°. 1840. *Tresse.* 30 c.

Avec E. Vanderburch.

— Les Grisettes en Afrique, ou le Harem; pièce en deux actes et trois tableaux, mêlée de vaudevilles. In-8°. 1842. *Beck.* 50 c.

Avec M. Dupeuty.

— Impôt sur les célibataires; vaudeville en un acte. In-8°. 1862. *Mifliez.* 50 c.

— Les Invalides; vaudeville en un acte. In-8°. 1841. *Tresse.* 30 c.

Avec Ferd. Laloue.

— Jean le postillon; monologue sur la chanson de F. Bérat. In-12. 1851. *Lévy frères.* 60 c.

Avec Paul Vermond.

— Le même. In-4°. 1852. *Ibid.* 40 c.

Théâtre contemporain illustré, livraison 15.

— Une Maîtresse femme, ou Filer le parfait amour; comédie en un acte, mêlée de couplets, imitée du vieux conte de Sénecé. In-12. 1851. *Giraud et Dagneau.* 60 c.

Avec E. Vanderburch.

— Le Marquis de Lauzun; comédie en un acte, mêlée de couplets. In-12. 1848. *Lévy frères.* 60 c.

Avec Paul Vermond.

— La Mère Gigogne; vaudeville-parade en deux actes. In-8°. 1843. *Tresse.* 40 c.

Avec M. Ed. Brisebarre.

— Mes Broutilles. Épîtres, poésies très-fugitives, bouquets de société, couplets, chansons et autres. In-12. 1865. *Librairie du Petit Journal.* 3 fr.

— Monsieur de la Palisse; vaudeville en un acte. In-12. 1854. *Lévy frères.* 60 c.

Avec MM. d'Avrecour et E. Nyon.

— Les Nains du roi, ou les Mystifications; vaudeville en un acte. In-8°. 1850. *Beck.* 50 c.

Avec M. Clairville.

— Paris à cheval; revue cavalière en cinq relais. In-8°. 1846. *Tresse.* 50 c.

Avec Paul Vermond.

— Racine est un polisson! comédie en un acte, mêlée de couplets; à propos de la souscription ouverte pour une descendante de Racine. In-12. 1860. *Librairie nouvelle.* 1 fr.

— La Sainte-Catherine; drame-vaudeville en trois actes, à spectacle. In-8°. 1843. *Beck.* 60 c.

— Scapin; comédie en un acte, mêlée de couplets. In-12. 1852. *Lévy frères.* 60 c.

Avec Paul Vermond.

— Le même. In-4°. 1853. *Ibid.* 40 c.

Théâtre contemporain illustré, livraison 72.

— Les Sept merveilles du monde; revue en cinq tableaux, à spectacle, mêlée de couplets. In-8°, 1 f. 1845. *Imprimerie Henry.*

Avec M. Varin.

— Le Théâtre en province. In-18. 1859. *Lévy frères.* 3 fr.

— Trois hommes à jupons, ou l'Amour et la teinture; vaudeville en un acte. In-12. *Dentu.* 1 fr.

M. Carmouche a encore fait des pièces en collaboration avec les auteurs suivants: *Ancelot, de Courcy, Dumanoir, Dumersan, H. Dupin, Duveyrier, P. de Kock, Rochefort, Scribe.* — Voy. ces noms.

CARNANDET (J.), bibliothécaire de la ville de Chaumont, membre de la Société des gens de lettres et de plusieurs sociétés savantes, né à Baigneux-les-Juifs (Côte-d'Or) en 1820.

— L'Abbé Léon Godard, chanoine honoraire d'Alger, professeur au grand séminaire de Langres. Portrait et biographie. In-18. 1863. *Palmé.* 1 fr.

— Les Actes des saints depuis l'origine de l'Église jusqu'à nos jours, d'après les Bollandistes, Mabillon et les plus récents hagiographes; traduits et publiés pour la première fois en français par une société d'ecclésiastiques sous la direction de MM. J. Carnandet et J. Fèvre. Tomes 1 à 6. Gr. in-8°. 1865. [Besançon, *Outhenin-Chalandre fils.*] Lyon, *L. Gauthier.* Chaque vol., 12 fr. 50 c.

— Géographie historique, industrielle et statistique du département de la Haute-Marne. In-12. 1860. Chaumont, *Simonnot-Lansquenet.* 3 fr. 50 c.

— Le même, à l'usage des écoles primaires, précédé de notions de géographie générale. In-18. 1858. *Ibid.* 75 c.

— Notes et documents pour servir à l'histoire de Chateauvillain. In-8° de 9 f. et 1 plan. 1856. [Chaumont.] *Techener.*

Tiré à 100 exemplaires.

— Notice sur le Bréviaire d'Abailard, conservé à la bibliothèque de Chaumont (Haute-Marne). In-8°, 1 f. 1855. [Chaumont.] *Techener.*

Tiré à 50 exemplaires.

— Notice historique sur Edme Bouchardon, suivie de quelques lettres de ce statuaire, publiées, pour la première fois, d'après les originaux, avec 1 portrait et 1 autographe. In-8°. 1855. *Ibid.* 2 fr.

Tiré à 50 exemplaires.

— Recherches sur les périodiques de la Haute-Marne. In-8°. 1861. [Chaumont.] *Aubry.*

Avec F. A. Hesse. — Tiré à 70 exemplaires.

— Saint Hyro, apôtre de Langres et d'Autun au 1er siècle, dissertation historique et critique sur les origines du christianisme dans ces deux diocèses. In-8°. 1863. *Ibid.* 3 fr.

Avec F. A. Hesse. — Tiré à 50 exemplaires.

— Une Solution de la question romaine, ou la Papauté et la liberté. In-8°. 1860. *Ledoyen.* 50 c.

Anonyme.

— Tablettes historiques du département de la Haute-Marne. In-8°, 6 f. 1856. [Chaumont.] *Techener.*

Tiré à 50 exemplaires.

— Le Trésor des pièces rares et curieuses de la Champagne et de la Brie. Documents pour servir à l'histoire de la Champagne, recueillis et publiés par J. Carnandet. Tomes 1 et 2. In-8°. 1863. [Chaumont.] *Aubry.* Chaque volume, 12 fr.

M. Carnandet a publié une nouvelle édition des « Acta sanctorum », de Bollandus et Henschenius (voy. *Bollandus*); et des « Lettres spirituelles », de Sébastien *Zamet.* — Voy. aussi: *Flamang*, Vie et passion de monseigneur saint Didier..

Il a fondé les journaux suivants : « la Revue du mouvement catholique », « l'École de Nazareth, journal de jeunes filles et de femmes chrétiennes », « le Bulletin des comices agricoles de la Haute-Marne », « le Bulletin de la Société industrielle de la Haute-Marne ».

CARNÉ (Jules de), fils du marquis de Carné-Trécesson; homme de lettres, né à Mériel (Seine-et-Oise) en 1835.

— Un Jeune homme chauve. In-12. 1864. *Dentu.* 2 fr.

— Pécheurs et pécheresses. In-12. 1862. *Lévy frères.* 3 fr.

Ce dernier ouvrage est signé du pseudonyme « Jules de Cénar ».

M. de Carné a collaboré à la « Gazette des étrangers », au « Progrès de Paris », à la « Revue française » et à d'autres journaux.

CARNÉ (Louis Marcelin, comte de), publiciste français, ancien député, membre de l'Académie française, né à Quimper en 1804.

— Discours de M. le comte de Carné, prononcé à sa réception à l'Académie française le 4 février 1864, et Réponse de M. Viennet, directeur de l'Académie. In-8°. 1864. *Didier et Cie.* 1 fr.

— Un Drame sous la terreur. — Guiscriff. — Précédé d'une notice historique sur la chouannerie. In-12. 1856. *Lévy frères.* 1 fr.

— Études sur l'histoire du gouvernement représentatif en France, de 1789 à 1848. 2 vol. in-8°. 1855. *Didier et Cie.* 14 fr.

— Études sur les fondateurs de l'unité nationale en France. 2 vol. in-8°. 1848. *Sagnier et Bray.* 12 fr.

— Le même. 2e édition, sous le titre : les Fondateurs de l'unité française. — Suger. — Saint Louis. — Du Guesclin. — Jeanne Darc. — Louis XI. — Henri IV. — Richelieu. — Mazarin. Études historiques. Édition considérablement augmentée. 2 vol. in-8°. 1856. *Didier et Cie.* 14 fr.

— L'Europe et le second Empire. In-12. 1865. *Douniol.* 3 fr.

— Du Gouvernement représentatif en France et en Angleterre. In-8°. 1841. *Debécourt.* 7 fr. 50 c.

— La Monarchie française au xviiie siècle. Études historiques sur les règnes de Louis XIV et de Louis XV. In-8°. 1859. *Didier et Cie.* 7 fr.

CARNEL (l'abbé D.), secrétaire et membre fondateur du comité flamand de France.

— Chants liturgiques d'Adam de la Bassée, chanoine de la collégiale de Saint-Pierre à Lille au xiiie siècle. In-8°. 1858. [Gand.] *Aubry.* 2 fr.

— Les Sociétés de rhétorique et leurs représentations dramatiques chez les Flamands de France. In-8°. 1860. *Ibid.* 2 fr. 50 c.

Tiré à 100 exemplaires.

CARNET.

— Le Cuisinier modèle. In-12 avec fig. 1862. *Lefèvre.* 2 fr. 25 c.

CARNET (le docteur), né à Chaumont (Haute-Marne) en 1830.

— Maladies de l'estomac. In-12. 1864. *Masson et fils.* 3 fr.

2e édition. 1865. *Faure.*

*Carnet de l'ingénieur, recueil de tables, de formules et de renseignements usuels et pratiques sur les sciences appliquées à l'industrie; chimie, physique mécanique, machines à vapeur, etc.; publié par les rédacteurs des Annales du génie civil. 12e édition, corrigée et augmentée. Tirage de 1865. In-12. 1864. *E. Lacroix.* 3 fr.

Paraît tous les ans.

*Carnet du mécanicien de la marine de l'État et du commerce. Recueil de tables, de formules et de renseignements usuels et pratiques; aide-mémoire suivi de tablettes de poche pour tous les jours de l'année. 1re année. In-12. 1865. *E. Lacroix.* 4 fr.

CARNEY (l'abbé).

— Jésus-Christ. La Question religieuse des temps présents. In-8°. 1862. *Guyot et Roidot.* 6 fr.

— Le Séraphin de la terre. — Voy. *Bonaventure* (saint).

CARNOT (le comte Lazare Nicolas Marguerite), général français, conventionnel, membre de l'Institut, ministre de la guerre et de l'intérieur, né à Nolay en Bourgogne en 1753, mort en exil à Magdebourg en 1823.

— Mémoires, publiés par son fils. — Voy. *ci-après.*

— Réflexion sur la métaphysique du calcul infinitésimal. 4e édition. In-8° avec 1 pl. 1860. *Mallet-Bachelier.* 4 fr.

La 1re édition est de 1707.

CARNOT (Lazare Hippolyte), fils du précédent, ancien député et représentant du peuple, ministre de l'instruction publique en 1848, membre du Corps législatif, né à Saint-Omer en 1801.

— De l'Esclavage colonial. In-8° de 36 p. 1845. *Aux bureaux de la Revue indépendante.*

— Mémoires sur Carnot; par son fils. 2 vol. ou 4 parties. In-8°. 1861-1864. *Pagnerre.* 14 fr.

— Le Ministère de l'instruction publique et des cultes depuis le 24 février jusqu'au 5 juillet 1848. In-8°, 4 f. 1849. *Ibid.*

— Notice historique sur Barère, député à l'Assemblée constituante, à la Convention nationale, et à la Chambre des représentants. In-8°. 1842. *Labitte.* 3 fr.

La même notice est imprimée en tête des Mémoires de Barère, publiés par MM. Carnot et David (d'Angers).

— Les Radicaux et la charte. In-8°, 2 f. 1847. *Pagnerre.*

M. Carnot a publié sur les manuscrits de l'auteur le dernier volume de « l'Histoire des sectes religieuses », de H. *Grégoire*, ancien évêque de Blois.

CARO (Elme Marie), littérateur, professeur de philosophie à la Faculté des lettres de Paris, né à Poitiers en 1826.

— Études morales sur le temps présent. In-18. 1855. *Hachette et Cie.* 3 fr. 50 c.

— L'Idée de Dieu et ses nouveaux critiques. In-8°. 1864. *Ibid.* 7 fr. 50 c.

— Le même. 2e éd. In-12. 1864. *Ibid.* 3 fr. 50 c.

3e édition en 1865. 3 fr. 50 c.

— Du Mysticisme au xviiie siècle. Essai sur la vie et la doctrine de saint Martin, le philosophe inconnu. In-8°. 1852. *Ibid.* 5 fr.

— Saint Dominique et les dominicains (1170-1221). In-16. 1853. *Ibid.* 1 fr. 50 c.

M. Caro a fourni plusieurs articles à la « Revue des Deux-Mondes ».

CAROFF, directeur de l'école supérieure de Brest. Il a recueilli et publié le «Cours d'arithmétique» professé par MM. Raillier et Dessay. — Voy. *Raillier.*

CAROLA.

— Science du cœur. In-18. 1844. *Jules Laisné.* 3 fr. 50 c.

CAROLUS (J.).

— La Chirurgie de maître Jean Ypermans, le père de la chirurgie flamande (1294-1351), mise au jour et annotée par J. Carolus. In-18. 1854. Gand.

CARON (l'abbé), ancien professeur au collège de Versailles, président de la Société des sciences morales, lettres et arts de Seine-et-Oise, né en 1760, mort à Versailles en 1849.

— Itinéraire au champ de bataille de Crécy, lu à la Société des sciences morales, le 2 décembre 1836; publié par le docteur Boucher. In-8°. 1849. Fontaine-sur-Maye, *Huré.* 50 c.

— Mélanges littéraires et scientifiques. In-8°. 1845. Versailles, *Dufaure.*

CARON (A.).

— Les Rois catholiques, ou l'Espagne sous Ferdinand et Isabelle (1474-1515). In-8°. 1860. *Desloges.* 2 fr.

Avec M. L. A. Sorlin.

CARON (le docteur Alfred), médecin des prisons de la Seine, né à Beauvais en 1817.

— Le Code des jeunes mères. Traité théorique et pratique pour l'éducation physique des nouveau-nés, destiné aux personnes qui désirent élever eux-mêmes leurs enfants. Gr. in-8°. 1859. *Germer Baillière.* 2 fr. 50'c.

— L'Hygiène des nouveau-nés considérée dans ses rapports avec le développement physique et moral des individus, au point de vue de l'amélioration de l'espèce. In-8° de 20 p. 1859. *Imprimerie Plon.*

CARON (l'abbé A. L. P.), directeur au séminaire de Saint-Sulpice à Paris.

— Manuel des cérémonies selon le rite de l'église de Paris; par un prêtre du diocèse. In-8°. 1846. *Adr. Leclère.* 7 fr.

Anonyme.

— Recherches bibliographiques sur le Télémaque, les Oraisons funèbres de Bossuet et le Discours sur l'histoire universelle, par M***, directeur au séminaire de Saint-Sulpice. In-8°. 1840. *Lecoffre.* 2 fr. 50 c.

Anonyme. — 2e édition revue. In-8°. *Ibid.*

CARON (l'abbé Antoine Honoré), ancien directeur et professeur de philosophie au grand séminaire de Soissons.

— Manuel pratique des indulgences, à l'usage des ecclésiastiques, des communautés religieuses et des personnes qui font profession de piété. In-32. 1862. *Ruffet et Cie.* 60 c.

— Le Surnaturel, principe général d'explication pour servir à l'étude des questions philosophiques et religieuses. In-12. 1864. *Tolra et Haton.* 1 fr.

CARON (Auguste).

— Souvenirs de jeunesse. Omnia. In-12. 1864. *Dentu.* 3 fr.

CARON (Ernest), chef d'institution à Paris, né à Albert (Somme) en 1832.

— Augustin, ou l'Orphelin sous les auspices de Marie. — Voy. *Atxem et Caron.*

— La Morale au coin du feu, ou Simples récits et conseils appliqués au Décalogue, suivis d'un choix de petits poèmes propres à la lecture courante dans les écoles, les familles chrétiennes et les communautés religieuses. In-12. 1859. *Sarlit.* 2 fr.

— Premiers exercices sur la propriété de l'expression et la construction de la phrase. Livre de l'élève. — Corrigé des exercices. 2 vol. in-12. 1865. *Ibid.* 2 fr. 70 c.

— Premières lectures du jeune âge. Livre de lecture courante et de leçons, destiné aux écoles et aux familles chrétiennes. In-18. 1860. *Ibid.* 50 c.

CARON (N. L.), ancien directeur des subsistances militaires.

— Essai sur les subsistances militaires en France. In-8°. 1854. [Nantes.] *Dumaine.* 5 fr.

CARON (l'abbé Paul), chanoine honoraire de Paris, curé de la paroisse Saint-André d'Antin. Il a publié : «Conduite d'une dame chrétienne», par l'abbé J. J. *Duguet.*

CARON D'HARGICOURT (le comte), ancien inspecteur et directeur de plusieurs compagnies anonymes.

— Création de la banque hypothécaire de France ou de crédit foncier. Solution du grand problème politique et social. Trois milliards à prêter annuellement sur hypothèque à 2 p. 100 l'an, nets de tous frais d'hypothèque, d'administration ou de commission. In-4°. 1857. *Chez l'auteur, rue de l'Université*, 38. 2 fr.

CAROU (Jean François), ancien magistrat, né à Pornic en 1791.

— Le Catéchisme des incrédules. In-12. 1865. *Palmé*. 3 fr.

Pour une partie des exemplaires de cet ouvrage le titre a été remplacé par le suivant : « Controverses religieuses, ou Solution rationnelle de tous les problèmes qui se rattachent à l'avenir de l'homme ». Éditeur : *Hervé*. 3 fr. 50 c.

— Histoire de Pornic. In-8° avec plan. 1859. [Nantes, *Guéraud et Cⁱᵉ*.] *Dumoulin*. 5 fr.

CAROU (J. M.), membre de la Société académique de Nantes, juge à Saint-Brieuc, né à Pornic en 1798, mort à Nantes en 1841.

— De la Juridiction civile des juges de paix. Ouvrage faisant suite au Traité des actions possessoires. 2ᵉ édition, annotée et augmentée de formules, par M. Bioche. 2 vol. in-8°. 1844. *Thorel*. 15 fr.

La 1ʳᵉ édition est de 1839-1840.

— Traité théorique et pratique des actions possessoires. 2ᵉ édition. In-8°. 1841. *Ibid.* 8 fr.

La 1ʳᵉ édition est de 1838.

CAROZ (Jules), pharmacien de l'école de Paris.

— La Pharmacie, ce qu'elle est, ce qu'elle devrait être. In-8°. 1864. *Chez l'auteur, rue de Paris-Belleville*, 44. 2 fr.

CARPANTIER (Mˡˡᵉ Marie). — Voy. **Pape-Carpantier** (Mᵐᵉ).

CARPENTER (W. Hookham.) — Voy. **Hookham-Carpenter.**

CARPENTIER (A. Le). — Voy. **Le Carpentier.**

CARPENTIER (Charles), premier avocat général à la cour impériale de Douai, né à Tirepied, près Avranches (Manche), en 1818.

— Études de législations comparées. Le Droit païen et le Droit chrétien. In-16. 1865. *Durand*. 1 fr. 75 c.

L'ouvrage sera continué et doit avoir 5 volumes.

CARPENTIER (Mˡˡᵉ Émilie), professeur de français, née à Paris en 1837.

— Alphabet syllabaire amusant. In-18 avec vignettes. 1862. *Vermot*. Noir, 70 c.; colorié, 1 fr. 50 c.

— Les Aventures d'une poupée. In-16 avec grav. 1862. *Ibid.* Noir, 2 fr.; colorié, 3 fr.

— Cent et un petits contes pour les enfants. In-8° avec vignettes. 1860. *Ibid.* Noir, 1 fr. 50 c.; colorié, 2 fr.

— Les Fêtes des enfants. In-4° avec vignettes. 1862. *Ibid.* Noir, 5 fr.; colorié, 10 fr.

— Histoire des reines de France. In-8°. 1863. *Ibid.* 1 fr. 25 c.

— Jeunes têtes et grands cœurs. In-12. 1862. *Ibid.* Noir, 1 fr. 25 c.; colorié, 1 fr. 75 c.

— La Jeunesse des princes. In-12. 1863. *Ibid.* 1 fr.

— Mémoires de Barbe-Bleue. Illustrés par Fath. In-12. 1865. *Ibid.* 2 fr.

— La Ménagerie des enfants. In-16 avec vignettes. 1860. *Ibid.* Noir, 1 fr. 50 c.; colorié, 2 fr.

— Les Petits bonheurs de la jeunesse. In-4° avec grav. 1865. *Ibid.* Relié, 20 fr.

— Les Souvenirs de mon grand-père, contes et nouvelles dédiés à la jeunesse. In-4° avec vignettes. 1860. *Ibid.* Noir, 8 fr.; colorié, 15 fr.

— Les Vaillants cœurs. Illustrations de Telory. In-12. 1865. *Ibid.* 2 fr.

Mˡˡᵉ Carpentier a collaboré à plusieurs journaux de famille, entre autres à la « Semaine des enfants », au « Journal des demoiselles », au « Magasin des demoiselles », etc.

CARPENTIER (Jean) a écrit sous le pseudonyme d'Aurèle **Kervigan.**

CARPENTIER (l'abbé Nicolas Joseph), né à Sougnez-Aywaille (Belgique) en 1824.

— Dictionnaire du bon langage, contenant les difficultés de la langue française, les règles et les fautes de prononciation, etc. In-12. 1860. Liège, *Grandmont-Donders*. 2 fr. 50 c.

— Le même. 2ᵉ édition, revue et augmentée. In-12. 1865. Bruxelles, *Vᵉ Parent et fils*. 3 fr. 50 c.

— Livre de la première communion. In-32. 1862. Tournai, *Casterman*. 1 fr. 20 c.

La 1ʳᵉ édition (anonyme) avait été publiée à Liège en 1857.

— Vocabulaire du bon langage (Abrégé du dictionnaire). Traité sommaire des principales difficultés de la langue française, des règles et des fautes de prononciation, des locutions vicieuses, etc. Ouvrage destiné aux écoles primaires et aux classes inférieures de l'enseignement moyen. In-12. 1865. Bruxelles, *Vᵉ Parent et fils*. 1 fr. 50 c.

CARPENTIER (Napoléon).

— Tanger et Mogador; poëme. In-12 avec portrait. 1844. *Mercier*.

CARPENTIER-MÉRICOURT (J.).

— Traités des maladies du sein, comprenant les affections simples et cancéreuses. In-8°. 1844. *Germer Baillière*. 4 fr. 50 c.

CARPENTIN (Ad.), commissaire du gouvernement près le conseil de guerre de Marseille.

— Aperçu sur l'histoire philosophique des monnaies royales de France. In-8° de 7 f. 1853. Marseille, *imprimerie Clappier*.

CARPON (C. J. A.), chirurgien de la marine du commerce.

— Voyage à Terre-Neuve. Observations et notions curieuses propres à intéresser toutes les personnes qui veulent avoir une idée juste de l'un des plus importants travaux des marins français et étrangers, recueillis pendant plusieurs séjours faits dans ces froides régions. In-8°, 16 f. 1852. Caen, *Poisson*.

CARRA DE VAUX (le baron), juge au tribunal de la Seine.

— Étude historique sur la question romaine. In-8°. 1860. *Au bureau de la Revue catholique*. 50 c.

— Eudoxe, ou l'Homme du xixᵉ siècle, ramené à la foi de ses pères. In-8°. 1840. *Vrayet de Surcy*.

Publié sous le pseudonyme de A. de Rieux.

— Raisons des devoirs, ou Motifs déterminants de nos obligations dans le droit, la morale et la religion, déduits de la connaissance de l'homme, de ses relations, de ses aptitudes et de sa fin. Philosophie pratique du devoir. In-8°. 1864. 1° *Poussielgue-Rusand*. 6 fr.

CARRANCE (Évariste), président honoraire des sauveteurs de Saône-et-Loire, né à Bordeaux en 1840.

— A tort et à travers. Entre minuit et une heure. In-8°. 1864. *Renaud*. 50 c.

— A tort et à travers. La Fatalité. Un Mauvais père. In-8°. 1864. [Bordeaux.] *Ibid*. 50 c.

— A vingt ans, un acte en vers. In-12. 1865. *Dentu*. 1 fr.

— En province, un acte en vers. In-4°. 1865. [Bordeaux.] *Renaud*. 1 fr.

— Le Roi des pêcheurs. In-16. 1865. *Dentu*. 2 fr.

— Un peu de spiritisme. In-8°. 1863. Bordeaux, *chez l'auteur*. 50 c.

CARRANI (Venanzio).

— Nouvelle grammaire italienne - française. 2e édition. In-8°, 22 f. 1845. Toulon, *Aurel*.

Lu 1re édition est de 1839.

CARRAUD (Mme Zulma TOURANGER, veuve). née à Issoudun en 1796.

— Historiettes à l'usage des enfants qui commencent à savoir lire. In-12. 1853. *Hachette et Cie*. 75 c.

— Le même. Nouvelle édition, sous le titre : Contes et historiettes. In-12. 1862. *Ibid*. 1 fr.

— Historiettes véritables pour les enfants de 4 à 8 ans. Ouvrage illustré de 94 vignettes par G. Fath. In-12. 1864. *Ibid*. 2 fr.

— Lettres de famille, ou Modèles de style épistolaire pour les circonstances ordinaires de la vie. 3e édition. In-12. 1865. *Ibid*. 1 fr.

1re édition. 1854. *Ibid*. 1 fr. 50 c.

— Maurice, ou le Travail. Livre de lecture courante à l'usage des écoles primaires. In-12. 1853. *Ibid*. 1 fr.

Nouvelle édition en 1865.

— Les Métamorphoses d'une goutte d'eau, suivies des Guêpes, de la Fourmi, de la Goutte de rosée, etc. Ouvrage illustré de 50 vignettes par E. Bayard. In-12. 1863. *Ibid*. 2 fr.

2e édition en 1865.

— La Petite Jeanne, ou le Devoir, livre de lecture courante, spécialement destiné aux écoles primaires de filles. Nouvelle édition. In-12. 1865. *Ibid*. 1 fr.

1re édition en 1853. — Ouvrage couronné par l'Académie française.

CARRÉ (A.), docteur en droit.

— Traité élémentaire de législation usuelle, rédigé conformément au programme prescrit par S. Exc. M. Duruy, ministre de l'instruction publique, pour l'enseignement secondaire spécial (cours de 4e année). In-18. 1865. Tours, *Mazereau*. 3 fr.

CARRÉ (Firmin), chef de gare à la Compagnie d'Orléans.

— Chemins de fer. Études sur les causes des accidents et sur les moyens de les éviter. Descrip-

tion d'un phare-télégraphe. In-8°, 31 p. avec 12 pl. 1857. Tours, *Guillaud-Verger*.

CARRÉ (Guillaume Louis Julien), jurisconsulte, doyen de la Faculté de droit de Rennes, né à Rennes en 1777, mort en 1832.

— Lois de la procédure civile et administrative. 4e édition, mise, par un supplément, au courant de la législation, de la jurisprudence et de la doctrine jusqu'en 1860, par Chauveau (Adolphe). 9 tomes en 11 vol. in-8°. 1861-1863. *Cosse et Marchal*. 88 fr.

1re édition, 3 vol. in-4°. 1824 ; 2e édition, 3 vol. in-8°. 1829 ; 3e édition, 7 vol. in-8°. 1841-1843. 60 fr.

CARRÉ (Irénée), professeur de philosophie au lycée de Douai, né à Sormonne (Ardennes) en 1829.

— Éléments de morale, rédigés conformément au nouveau programme officiel pour l'enseignement secondaire spécial. In-12. 1864. *Tandou et Cie*. 1 fr.

M. Carré (J.) a publié une édition du « Discours de la méthode » de *Descartes*.

CARRÉ (Jules).

— Le Petit doigt de la comtesse ; comédie en trois actes. In-8°. 1858. *Dubuisson et Cie*. 2 fr.

CARRÉ (Michel), auteur dramatique, né à Paris en 1819.

— L'Amour mouillé ; comédie-vaudeville en un acte. In-12. 1850. *Lévy frères*. 60 c.

Avec J. Barbier et Arthur de Beauplan.

— Le même. In-4°. 1858. *Ibid*. 40 c.

Théâtre contemporain illustré, livraison 324.

— Les Amoureux sans le savoir ; comédie en un acte, en vers. In-12. 1850. *Ibid*. 60 c.

Avec J. Barbier.

— L'Auberge des Ardennes ; opéra comique en un acte ; musique de M. Aristide Hignard. In-12. 1860. *Ibid*. 1 fr.

Avec Jules Verne.

— Le Berceau ; comédie en un acte, en vers. In-12. 1856. *Ibid*. 1 fr.

Avec J. Barbier.

— Le Cabaret des amours ; opéra comique en un acte ; musique de M. Prosper Pascal. In-12. 1863. *Ibid*. 1 fr.

Avec le même.

— Le Collin-Maillard ; opéra comique en un acte ; musique de M. Aristide Hignard. In-12. 1853. *Ibid*. 60 c.

Avec Jules Verne.

— Les Compagnons de la Marjolaine ; opéra comique en un acte ; musique de M. Aristide Hignard. In-12. 1855. *Ibid*. 60 c.

Avec le même.

— Deucalion et Pyrrha ; opéra comique en un acte ; musique de M. Montfort. In-12. 1855. *Ibid*. 1 fr.

Avec J. Barbier.

— Un Drame de famille ; drame en cinq actes. In-12. 1849. *Ibid*. 60 c.

Avec le même.

— Le même. In-4°. 1862. *Ibid*. 40 c.

Théâtre contemporain illustré, livraison 508.

— Faust et Marguerite ; drame fantastique en

trois actes et quatre tableaux. In-12. 1850. *Ibid.* 60 c.

— Fidelio; opéra en trois actes; musique de Beethoven. In-12. 1860. *Ibid.* 1 fr.

Avec J. Barbier.

— Folles rimes et poëmes. In-12. 1842. *Guérin.* 3 fr.

— Les Fourberies de Marinette; opéra comique en un acte; musique de M. Jules Creste. In-12. 1858. *Lévy frères.* 60 c.

Avec M. de Chazot.

— Le Furet des salons; comédie-vaudeville en un acte. In-12. 1862. *Ibid.* 1 fr.

Avec Édouard Martin.

— Gil-Blas; opéra comique en cinq actes; musique de Th. Semet. In-12. 1860. *Ibid.* 1 fr.

Avec J. Barbier.

— Le même. In-4º. 1862. *Ibid.* 40 c.

Théâtre contemporain illustré, livraison 536.

— Henriette Deschamps; drame en trois actes. In-12. 1850. *Ibid.* 60 c.

Avec J. Barbier et A. Dumesnil.

— Le même. In-4º. 1864. *Ibid.* 20 c.

Théâtre contemporain illustré, livraison 620.

— La Jeunesse de Luther; drame en un acte, en vers. In-8º. 1843. *Tresse.* 75 c.

— Jobin et Nanette; comédie-vaudeville en un acte. In-12. 1849. *Lévy frères.* 60 c.

Avec Léon Battu.

— Le même. In-4º. 1853. *Ibid.* 40 c.

Théâtre contemporain illustré, livraison 44.

— Lalla-Roukh; opéra comique en deux actes; musique de Félicien David. In-12. 1862. *Ibid.* 1 fr.

Avec Hippolyte Lucas.

— Les Marionnettes du docteur; drame en cinq actes; musique de M. Ancessy. In-12. 1852. *Ibid.* 1 fr.

Avec J. Barbier.

— Le Mémorial de Sainte-Hélène, drame historique en trois parties et dix-huit tableaux, dont un prologue et un épilogue; musique de M. Artus. In-12. 1852. *Ibid.* 1 fr.

Avec le même.

— Mireille; opéra en cinq actes, tiré du poëme provençal de Frédéric Mistral; musique de Gounod. In-12. 1864. *Ibid.* 1 fr.

— Les Noces de Jeannette; opéra comique en un acte; musique de M. Victor Massé. In-12. 1853. *Ibid.* 1 fr.

Avec J. Barbier.

— Les Nuits d'Espagne; opéra comique en deux actes; musique de M. Semet. In-12. 1857. *Ibid.* 1 fr.

— Le Pardon de Ploërmel; opéra comique en trois actes; musique de G. Meyerbeer. In-12. 1859. *Ibid.* 1 fr.

Avec J. Barbier.

— Le Passé et l'Avenir; à-propos en un acte. In-12. 1847. *Ibid.* 1 fr.

Avec Charles Narrey.

— Peines d'amour; opéra en quatre actes; musique de Mozart (Cosi fan tutte). In-12. 1863. *Ibid.* 1 fr.

Avec J. Barbier.

— La Rose de Saint-Flour; opérette en un acte; musique de J. Offenbach. In-12. 1856. *Ibid.* 60 c.

— Le même. In-4º. 1857. *Ibid.* 40 c.

Théâtre contemporain illustré, livraison 277.

— Les Sabots de la marquise; opéra comique en un acte; musique de M. Ernest Boulanger. In-12. 1854. *Tresse.* 60 c.

Avec J. Barbier.

— Scaramouche et Pascariel; comédie en un acte et en vers. In-12. 1847. *Lévy frères.* 75 c.

— La Statue; opéra comique en trois actes; musique de M. E. Reyer. In-12. 1861. *Ibid.* 1 fr.

Avec J. Barbier.

— Valentine d'Aubigny; opéra comique en trois actes; musique de M. Halévy. In-12. 1856. *Ibid.* 1 fr.

Avec le même.

— Van Dyck à Londres; comédie en trois actes et en prose. In-8º. 1848. *Rue de Grammont,* 1 l. 60 c.

Avec Ch. Narrey.

— Yvonne et Loïc; tableau villageois; musique de M. Ch. de Lions. In-12. 1851. *Ibid.* 60 c.

Avec le même.

M. Michel Carré a encore signé des pièces de théâtre en collaboration avec MM. *Barbier, Barrière, Battu, Cormon, Leuven.* — Voy. ces noms. — Il a traduit du latin: « l'Eunuque », de *Térence.*

CARRÉ (Paul Fr.) dit FRANCK-CARRÉ. — Voy. **Franck.**

CARRÉ DE BUSSEROLLE (J. X.), membre de la Société archéologique de Touraine, rédacteur du « Journal d'Indre-et-Loire ».

— Calendrier historique, héraldique et généalogique des familles nobles de France, pour 1856. In-18. Rouen, *imprimerie Renoux.* 5 fr.

Anonyme.

— Les Chauffeurs en Touraine et dans les provinces voisines. In-12 de 68 p. 1862. Tours, *Ladevèze.*

— Les Colonnes infernales; souvenirs de la guerre de Vendée (1794). In-12. 1865. *Ibid.* 3 fr.

— Mémoires chronologiques, archéologiques et héraldiques pour servir à l'histoire ecclésiastique de la province de Touraine. In-8º. 1853. Rouen, *imprimerie Renaux.* 2 fr.

— Notes, fragments et documents pour servir à l'histoire de Touraine. In-8º. 1856. Tours, *imprimerie Ladevèze.* 2 fr.

— Notice sur l'abbaye des Couards, confrérie célèbre qui a existé à Rouen et à Évreux. In-8º. 1859. Rouen.] *Aubry.* 3 fr.

— Notice sur les fêtes des ânes et des fous qui se célébraient au moyen âge dans un grand nombre d'églises, et notamment à Rouen, à Beauvais et à Autun. In-8º. 1859. *Ibid.* 2 fr.

— Recherches historiques sur la baronnie de Preuilly et sur les châteaux de Bossay et de Fontbaudry (Indre-et-Loire). In-8º. 1853. Rouen, *imprimerie Renaux.* 2 fr.

— Recherches historiques sur la vicomté de la Guerche. In-8º. 1862. Tours, *imprimerie Ladevèze.* 3 fr.

Extrait des « Mémoires de la Société archéologique de Touraine ».

— Souvenirs de la révolution dans le département d'Indre-et-Loire (de 1790 à 1798). In-12. 1864. *Ibid.* 5 fr.

CARRÉ DE BUSSEROLLE (Mme Euphémie) née GROUVEL, originaire de Rouen.

— Recherches historiques sur Fécamp et sur quelques-uns des anciens châteaux et seigneurs du pays de Caux. In-18. 1859. Fécamp, *imprimerie A. Dury.* 1 fr. 50 c.

CARRÉE (Auguste).

— L'Art d'apprendre à écrire ou de perfectionner son écriture soi-même. In-4°. 1858. Toulon, *chez l'auteur.* 5 fr.

CARREL (Nicolas-Armand), publiciste, né à Rouen en 1800, mort à Saint-Mandé, près Paris, en 1836, à la suite d'un duel qu'il eut avec M. E. de Girardin.

— Œuvres littéraires et économiques d'Armand Carrel, recueillies et annotées par M. Charles Romey; précédées d'une notice biographique, par M. E. Littré. In-12. 1854. *Guillaumin.* 3 fr. 50 c.

— Œuvres politiques et littéraires. Mises en ordre, annotées et précédées d'une notice biographique sur l'auteur, par MM. Littré et Paulin. 5 vol. in-8°, avec portrait. 1857-1858. *Chamerot.* 25 fr.

— Les Articles d'Armand Carrel pour la Pologne, avec préface et notes de Ladislas Mickiewicz. In-8°. 1862. *Dentu.* 1 fr. 50 c.

— Considérations générales sur Robespierre. — Voy. *Robespierre*, Œuvres.

CARRERA (Manuel Mario), docteur-médecin.

— Essai sur les tumeurs fibro-plastiques des os. In-8°, avec 3 pl. 1865. *Leclerc.* 3 fr. 50 c.

CARRÈRE.

— Traité élémentaire de géométrie rectiligne. In-8°. 1860. *Dezobry et Magdeleine.*

CARRÈRE (Frédéric), président de la cour impériale, chef du service judiciaire du Sénégal.

— De la Sénégambie française. In-8°. 1855. *Didot frères.* 7 fr.

Avec M. Paul Holle, commandant du fort de Médine.

CARRÈRE (Mme Zélie).

— L'Excès en tout est un défaut, ou les Deux cousines; proverbe, pour une maison d'éducation. In-12. 1857. Toulouse, *Bourdin.*

— Les Jeudis de la bonne tante, ou Petit manuel de morale. In-12, 3 f. et 2 lithographies. 1851. Auxerre, *Gallot.*

— Nouvelle encyclopédie du jeune âge. In-18, 7 f. 1841. Toulouse, *Bon et Privat.*

— Les Veillées de Jacques Bernard, ou Entretiens sur l'agriculture. In-12. 1862. Toulouse, *Devers-Arnaud.* 1 fr. 50 c.

CARREY (Émile), littérateur, ancien avocat, né à Paris en 1820.

— L'Amazone. Huit jours sous l'équateur. In-12. 1856. *Lévy frères.* 1 fr.

— Les Aventures de Robin Jouet. Gr. in-8°, avec 24 grav. 1863. Tours, *Mame et fils.* 7 fr. 50 c.
2e édition en 1865.

— Grandeur et avenir des États-Unis. In-8°. 1863. *Dentu.* 1 fr. 50 c.

— Les Métis de la Savane. In-12. 1857. *Lévy frères.* 1 fr.

— Récits de Kabylie. Campagne de 1857. In-12, avec 1 carte. 1858. *Ibid.* 1 fr.

— Recueil complet des actes du gouvernement provisoire (février, mars, avril, mai 1848). In-12. 1848. *Durand.* 6 fr.

CARREY (T. BURLION-). — Voy. **Burlion-Carrey.**

CARRIÉ (l'abbé), curé de Barbaste.

— Hydroscopographie et métalloscopographie, ou l'Art de découvrir les eaux souterraines et les gisements métallifères au moyen de l'électro-magnétisme. In-8°. 1863. Saintes, *Fontanier.* 5 fr.

CARRIER (J. B.).

— Études statistiques sur les aliénés, traités dans l'asile de Saint-Jean-de-Dieu, près Lyon, pendant les années 1838, 1839 et 1840. In-8°, 2 f. 1841. Lyon, *Savy.*

CARRIER fils (le docteur E.).

— De la Possibilité et de la convenance de faire sortir certaines catégories d'aliénés des asiles spéciaux et de les placer, soit dans ceux des exploitations agricoles, soit dans leurs propres familles. In-8°, 28 p. 1865. Lyon, *imprimerie Vingtrinier.*

CARRIERA (Rosalba).

— Journal de Rosalba Carriera, pendant son séjour à Paris, en 1720 et 1721, publié en italien par Vianelli; traduit, annoté et augmenté de la biographie et de documents inédits sur les artistes et les amateurs du temps, par Alfred Sensier. In-12. 1865. *Techener.* 6 fr.

CARRIÈRE (le colonel).

— Forces militaires de l'Autriche, ses institutions et son organisation militaires. Détails statistiques. In-8°. 1853. *Dumaine.* 1 fr. 50 c.

CARRIÈRE (le vicomte Jean Joseph Louis Frédéric de), ancien préfet, né à Montpellier, en 1788, mort à Paris, en 1849.

— Les Officiers des États de la province de Languedoc; publié par les soins de M. le vicomte Albert de Carrière, son fils. In-8°. 1865. *Aubry.* 3 fr.

CARRIÈRE (Désiré), né à Nancy en 1813, mort à Mirecourt en 1853.

— Le Curé de Valneige, pages retrouvées du journal de Jocelyn (poëme). 2 vol. in-8°. 1845. *Gaume frères.* 12 fr.

— Œuvres choisies. Souvenirs à ses parents et à ses amis. In-18, avec portrait. 1853-1855. Mirecourt, *Humbert.*

CARRIÈRE (le docteur Ed.).

— Le Climat de l'Italie sous le rapport hygiénique et médical. In-8°. 1849. *J. B. Baillière.* 7 fr. 50 c.

— Les Cures de petit-lait et de raisin en Allemagne et en Suisse, dans le traitement des maladies chroniques, et en particulier dans les névroses, les troubles fonctionnels des organes digestifs, les pléthores, etc. In-8°. 1860. *Masson.* 4 fr. 50 c.

— Recherches sur les eaux minérales sodo-bromurées de Salins. In-12. 1856. *Germer Baillière.* 1 fr. 50 c.

CARRIÈRE (Élie Abel), ancien chef de culture

des plantes vivaces du Muséum d'histoire naturelle de Paris.

— Considérations générales sur l'espèce. In-8°. 1863. *Librairie agricole.*

— Encyclopédie horticole. In-18. 1862. *Ibid.* 5 fr.

— Entretiens familiers sur l'horticulture. Généralités. In-12. 1860. *Ibid.* 3 fr. 50 c.

— Flore des jardins de l'Europe. — Voy. *Duchartre et Carrière.*

— Guide pratique du jardinier multiplicateur, ou Art de propager les végétaux par semis, boutures, greffes. In-18. 1856. *Ibid.* 3 fr. 50 c.

— Les Hommes et les Choses en 1857. In-8°. 1857. *Ibid.*

— Nomenclature des pêches et des brugnons. In-18. 1862. *Ibid.* 1 fr.

Extrait de la « Revue agricole ».

— Pépinières. In-12. 1855. *Ibid.* 1 fr. 25 c.

— Le même. 2e édition. In-12. 1862. *Ibid.* 1 fr. 25 c.

— Production et fixation des variétés dans les végétaux. Gr. in-8°. 1865. *Ibid.* 2 fr. 50 c.

— Réfutation de divers articles de M. le docteur J. Guyot contre le système de M. Daniel Hooibrenk sur la culture de la vigne, et Critique du rapport fait par la commission nommée par la Société impériale et centrale d'horticulture sur le même sujet. In-8°. 1863. *Ibid.*

— Traité général des conifères, ou Description de toutes les espèces et variétés aujourd'hui connues, avec leur synonymie, l'indication des procédés de culture et de multiplication qu'il convient de leur appliquer. In-8°, 42 f. 1855. *Ibid.*

— La Vigne. In-12. 1865. *Ibid.* 3 fr. 50 c.

CARRIÈRE (l'abbé Joseph), théologien, supérieur du séminaire de Saint-Sulpice, vicaire général de Paris, né dans l'Aveyron en 1795, mort à Lyon en 1864.

— Prælectiones theologicæ majores in seminario Sancti Sulpitii habitæ. De justitia et jure. 3 vol. in-8°. 1839-1840. *Méquignon junior.* 20 fr.

— De Contractibus. 3 vol. in-8°. 1844-1847. *Ibid.* 17 fr.

— Prælectionum theologicarum compendium, ad usum theologiæ alumnorum. De justitia. In-12. 1841. *Ibid.* 2 fr. 50 c.

— Le même. 2e édition. 1844. *Ibid.* 2 fr. 50 c.

— De Matrimonio. In-12. 1842. *Ibid.* 2 fr. 50 c.

CARRIÈRE (l'abbé Martin Barthélemi), secrétaire de la Société impériale archéologique du midi de la France, né à Frouzins (Haute-Garonne) en 1831.

— Les Jacobins de Toulouse. 2e édition, augmentée d'un supplément relatif aux peintures murales, etc., et enrichie d'un plan géométral du couvent et de ses dépendances. In-8°. 1865. Toulouse, *imprimerie Pradel et Blanc.* 60 c.

— Pèlerinage à Saint-Jean de Ponlat. In-18, 5 f. 1855. Toulouse, *Douladoure.*

CARRIÈRES (A. C. DE LA). — Voy. **La Carrières.**

CARRIÈRES (le P. Louis de), né près d'Augers en 1662, mort à Paris en 1717.

— Sainte Bible, contenant l'Ancien et le Nouveau Testament, avec une traduction française en forme de paraphrase, par le R. P. de Carrières, et les commentaires de Menochius, de la Compagnie de Jésus. 6 vol. in-8°. 1842. *Méquignon junior.* 28 fr.

— La même. 8 vol. in-12. 1843. Lille, *Lefort.* 28 fr.

CARRION (Julius).

— Grammatica francesa y española. — Voy. *Martinez Lopez.*

CARRO (Antoine), imprimeur, secrétaire de la Société d'agriculture, sciences et arts de Meaux, bibliothécaire de la ville de Meaux, né à Châteaubriand en 1797.

— Contes au coin du feu, récits, esquisses, nouvelles. In-18. 1841. [Meaux.] *Ledoyen.* 2 fr. 50 c.

— La Correctionnelle en province, croquis pris à l'audience d'un tribunal d'arrondissement. In-18. 1861. [Meaux.] *Durand.* 2 fr.

— Histoire de Meaux et du pays meldois depuis les premières traces de l'origine de la ville jusqu'au commencement de ce siècle, suivie d'un aperçu sur les premières années de l'époque contemporaine; avec plans et planches lithographiées. In-8°. 1865. [Meaux, *Le Blondel.*] *Dumoulin.* 8 fr.

— Mémoire sur les monuments primitifs dits celtiques et antéceltiques. Essai d'explication de leur origine et de leur destination. In-8° avec 9 pl. 1863. *Ibid.* 3 fr.

— Santerre, général de la république française. Sa vie politique et privée, écrite d'après des documents originaux laissés par lui, et les notes d'Augustin Santerre, son fils aîné. In-8° avec portrait. 1847. *Ledoyen.* 6 fr.

— Voyages chez les Celtes, ou De Paris au mont Saint-Michel, par Carnac, suivi d'une notice sur les monuments celtiques des environs de Paris. In-8° avec 27 lithographies. 1857. [Meaux.] *Durand.* 5 fr.

— Les Voyages lointains d'un bourgeois désœuvré. Au delà des monts. De Paris à Venise. De Venise à Naples. De Naples à Paris. In-12. 1864. *Ibid.* 2 fr.

CARRO (le chevalier Jean de), médecin allemand, né à Genève, en 1770, mort à Carlsbad, en 1857.

— Vingt-huit ans d'observation et d'expérience à Carlsbad. Avec l'histoire et la description de la ville, de ses environs, etc. In-8°. 1853. Carlsbad, *Franiek.* 6 fr.

Le chevalier de Carro a traduit de l'allemand : « Jean Gutenberg », par *Winaricky.*

CARRON (l'abbé), chanoine de Châlons-sur-Marne, ancien vicaire général d'Alger.

— Voyages en Algérie. In-12. 1859. [Châlons-sur-Marne, *Laurent.*] *Sarlit.* 1 fr. 25 c.

CARRON (l'abbé Guy Toussaint Julien), né à Rennes, en 1760, mort à Paris, en 1821.

— Le Beau soir de la vie, ou Petit traité sur l'amour divin, précédé des Lettres d'Ariste à Philémon. In-18. 1864. *Ardant frères.* 1 fr.

— Les Écoliers vertueux, ou Vies édifiantes de plusieurs jeunes gens proposés pour modèles. 9e édition, revue, corrigée avec soin et augmentée. 2 vol. in-12. 1862. Lyon, *Périsse frères.* 2 fr.

— Une Héroïne chrétienne. Vie de Anne Félicité des Nétumières, suivie de la Vie de Marie Anne Fitch et d'un tableau des plus jeunes chrétiennes mortes pour la foi. In-12. 1855. Lille, *Lefort*. 75 c.

— Modèles des jeunes personnes, ou Thérèse Poullain du Bois-Angef, Julie Fabre, Alexandrine de Tour, etc. In-12. 1854. *Ibid*. 75 c.

— La Route du bonheur, ou Coup d'œil sur les connaissances essentielles à l'homme. In-18. 1856. Lyon, *Périsse frères*. 75 c.

— La Vertu parée de tous ses charmes, ou Traité sur la douceur. In-18. 1864. Limoges, *Ardant frères*. 1 fr.

— Vertu et piété, ou Jeanne et Isabelle de Portugal, Catherine de Harlay, Henriette de France, Catherine Henrici. In-12. 1854. Lille, *Lefort*. 75 c.

— La Vie du P. Brydayne. In-12 avec portrait. 1860. *Ibid*. 1 fr. 25 c.

— Vies des dames françaises qui ont été les plus célèbres dans le XVIIe siècle par leur piété et leur dévouement pour les pauvres. 10e édition, revue, corrigée et augmentée de plusieurs nouvelles vies, dont deux inédites. In-12. 1859. Lyon, *Périsse frères*. 2 fr.

— Vies des justes, parmi les filles chrétiennes. In-18. 1855. *Ibid*. 1 fr. 50 c.

— Vies des justes dans les plus humbles conditions de la société. Nouvelle édition. In-12. 1845. *Ibid*. 1 fr. 50 c.

CARRON (l'abbé P.), vicaire général honoraire de Versailles.

— La Religion catholique exposée brièvement et simplement. In-12. 1860. *Douniol*. 1 fr. 25 c.

CARROY (Mme), directrice d'une maison d'éducation, morte en...

— Les Collégiens, ou Six semaines de vacances. In-12. 1862. Limoges, *Ardant*. 1 fr.

La 1re édition a paru en 1840.

— Les Enfants du vieux marin, ou les Leçons paternelles. In-12. 1860. *Ibid*. 1 fr.

La 1re édition a paru en 1839.

— La Famille suisse, ou les Petits marchands forains. In-12. 1862. *Ibid*. 1 fr.

La 1re édition est de 1839.

— L'Intérieur d'un pensionnat. In-12. 1852. *Ibid*. 1 fr.

— Les Orphelins, ou Fruit de l'éducation. In-12. 1857. *Ibid*. 1 fr.

— Le Prix de la persévérance. In-12. 1860. *Ibid*. 1 fr.

— Zélie, ou le Modèle des jeunes filles. In-12. 1852. *Ibid*. 1 fr.

CARS (le comte A. DES). — Voy. **Des Cars.**

CARSIGNOL (Joseph), membre correspondant de la Société littéraire de Lyon.

— L'Arpenteur. Légende (en vers). In-8o. 1858. Lyon, *imprimerie Vingtrinier*. 1 fr.

— Les Frères mineurs à Bourg Saint-Andéol (vers). In-8o. 1856. *Ibid*. 1 fr.

M. Carsignol a publié les « Poésies » de A. C. *Cormillolle-Delaunay*.

CART (le pasteur J.).

— L'Église, son essence et sa manifestation au milieu du monde. Discours d'ouverture du 5e synode de l'union des Églises évangéliques de France. In-8o. 1856. *Meyrueis et Cie*. 50 c.

— La Famille et l'école, ou des Rapports qui existent entre l'instruction et l'éducation des enfants. Discours. In-12. 1856. *Ibid*. 50 c.

— Pierre Viret, le réformateur vaudois. Biographie populaire. In-12. 1864. *Cherbuliez*. 3 fr. 50 c.

— Des Principes de l'Église libre. Fragments. In-8o. 1856. *Meyrueis et Cie*. 50 c.

— Les Voies merveilleuses de Dieu envers Charles Dominique de Gasser, baron de Thourn, de Schwitz. Traduction libre et abrégée de l'allemand. In-18. 1856. *Ibid*. 75 c.

CARTAIRADE (Ferdinand).

— Les Nancitanes; poésies. In-12. 1862. [Genève.] *Cherbuliez*. 3 fr.

CARTELIER (Aug.) professeur au lycée Napoléon, mort en 185.. Il a publié et annoté les « Œuvres » d'*Horace* et « l'Iliade » d'*Homère*, et traduit en français le Discours d'*Isocrate* sur l'Antidosis.

CARTELLIER (l'abbé).

— Mémoire au pape sur l'affaire de la Salette. — Voy. *Déléon*, la Salette devant le pape.

CARTERET.

— Encyclopédie du droit. — Voy. *Sebire et Carteret*.

CARTERET (Antoine).

— Fables. In-12. 1862. *Hachette et Cie*. 3 fr.

CARTEVILLE (VUILLOT DE). — Voy. **Vuillot de Carteville.**

CARTHY (J. W. MAC-). — Voy. **Mac-Carthy.**

CARTIER (A. J. F.), docteur en médecine de la Faculté de Paris.

— La Fièvre jaune de la Nouvelle-Orléans. In-8o. 1859. *Baillière et fils*. 1 fr. 25 c.

CARTIER (Émile), ancien élève de l'École centrale des arts et manufactures.

— Album et calculs de résistance de fers marchands et spéciaux. In-fol. 1862. *Lacroix*. 5 fr.

CARTIER (Ét.), ancien caissier de la Monnaie de Paris.

— Essais historiques sur la ville d'Amboise et son château. In-8o, 5 f., avec 2 pl. 1843. Poitiers, *imprimerie Saurin*.

CARTIER (Étienne), membre de la Société des antiquaires de France, né à Tours en 1813.

— Appel aux honnêtes gens. Considérations sur le repos du dimanche pour l'homme, la famille, la société, l'industrie et le commerce. In-18. 1856. *Ve Poussielgue-Rusand*. 1 fr.

— Esthétique de Savonarole. In-4o. 1847. *Didron*. 75 c.

Extrait des « Annales archéologiques ».

— Histoire des reliques de saint Thomas d'Aquin. In-16. 1854. [Toulouse.] *Sagnier et Bray*. 2 fr.

— Lettre de sainte Catherine de Sienne. In-4o. 1854. *Didron*. 75 c.

Extrait des « Annales archéologiques ».

— Une Nuit pendant l'inondation. In-18. 1856. *Ve Poussielgue-Rusand*. 1 fr.

— La Question romaine; par un ouvrier. In-18. 1860. *Ibid.* 50 c.

Anonyme.

— Recherches sur quelques monnaies historiques du xvıe siècle. In-8°. 1851. *Rollin.* 2 fr.

Extrait de la « Revue numismatique ».

— Un Religieux dominicain. Le R. P. Hyacinthe Besson, sa vie et ses lettres. 2 vol. in-8°. 1865. *Ve Poussielgue et fils.* 12 fr.

— Du Symbolisme chrétien dans l'art. In-8°. 1847. Tours, *Lecesme.* 1 fr. 50 c.

— Vie de fra Angelico de Ficsole, de l'ordre des Frères prêcheurs. In-8°. 1857. *Poussielgue-Rusand.* 5 fr.

M. Cartier a traduit de l'italien les « Lettres », de sainte *Catherine de Sienne*, et les « OEuvres », du B. Henri de Suzo. — Il a publié la « Vie de sainte Catherine de Sienne », par le B. *Raymond de Capoue.*

CARTIER (le capitaine Jacques).

— Narration de la navigation faite en 1535 et 1536. — Voy. *Avezac*; et *Michelant.*

CARTIER VINCHON.

— Les Rudiments de l'éducation française. In-18. 1851. *Fouraut.* 80 c.

CARTIGNY (Lambert).

— Échos du cœur; mélanges. In-8°. 1860. *Chez l'auteur, rue du 29 Juillet*, 10. 1 fr. 50 c.

— Rêves d'espérances (poésies). In-8°. 1859. *Chez l'auteur, rue des Martyrs*, 12. 1 fr. 50 c.

CARTON (l'abbé Charles Louis), chanoine, directeur de l'institution des sourds-muets de Bruges, membre effectif de l'Académie royale de Belgique, né à Pitthem (Flandre) en 1802, mort à Bruges en 1863.

— Biographie de Mgr. Pierre Simons, évêque d'Ypres. Gr. in-4° avec figures et portrait. 1844. Bruges.

— Biographie des hommes remarquables de la Flandre. — Voy. **Biographie.*

— L'Instruction des sourds-muets mise à la portée des instituteurs primaires et des parents. In-16 avec pl. 1856. [Bruxelles, *Goemaere.*] *Lecoffre.*

— Philosophie de l'enseignement maternel considéré comme type de l'instruction du jeune sourd-muet. In-8°. 1863. Bruges, *Vandecasteele-Werbrouck.* 1 fr. 50 c.

CARTON (C.).

— Fragments d'une histoire de la Réforme dans la Flandre occidentale au xvıe siècle. 1re livraison. In-8°. 1861. [Tournai.] *Grassart.* 2 fr. 25 c.

*Cartulare monasterii Beatorum Petri et Pauli, de Domina Cluniacensis ordinis Gratianopolitani diœcesis; exscriptum ex antiquo codice manuscripto pergameno quod est in potestate nobilis domini Du Bouchet, regii historiographi, Parisis commorantis in vico Tramusino A. D. 1679. Nunc primum sub auspiciis delphinalis academiæ Gratianopoli constitutæ, cura, studio et impensis hujus academiæ socii, typis mandatum. Gr. in-8°, avec 5 pl. et 1 carte. 1859. Lyon, *imprimerie Perrin.*

CARVALLO (Hippolyte).

— Études sur le Brésil au point de vue de l'émigration et du commerce français. In-8°. 1858. *Garnier frères.* 3 fr.

CARVILLE fils (le docteur).

— De l'Ictère grave épidémique. In-8°. 1864. *Asselin.* 1 fr. 50 c.

Extrait des « Archives générales de médecine ».

CASALIS (Eugène), ministre protestant, ancien missionnaire français à Thaba-Bossiou (de 1833 à 1866), rédacteur en chef du « Journal des Missions évangéliques », né à Orthez (Basses-Pyrénées) en 1812.

— Les Bassoutos, ou Vingt-trois années de séjour et d'observations au sud de l'Afrique. In-8° avec cartes et grav. 1860. *Meyrueis et Cie.* 5 fr.

— Études sur la langue sechuana; précédées d'une introduction sur l'origine et les progrès de la mission chez les Bassoutos. In-8°. 1841. *Ibid.* 5 fr.

CASAMAJOR (l'abbé).

— La Religieuse du Carmel. In-12. 1863. *Tolra et Haton.* 3 fr.

CASAMAJOR DE VIGNALET (Édouard).

— Le Salut du peuple en démocratisant et en décentralisant la France, ou les Causes et le remède du mal social, suivi de la liste par gradation de traitement et par ordre alphabétique, de 177,956 fonctionnaires et employés, etc. In-8°. 1850. *Terry.* 3 fr.

CASANOVA (A. F.).

— Traité des dispositions entre époux, soit par contrat de mariage, soit pendant le mariage. In-8°. 1865. [Valence.] *A. Durand.* 2 fr.

CASANOVA (A. M.), professeur d'agriculture à l'École de la Saulsaie.

— Examen de la question agricole en Dombes. — Voy. *Pichat et Casanova.*

— Manuel de la charrue. In-12. 1861. *Librairie agricole.* 2 fr. 50 c.

CASANOVA (Mme Eugénie), de Zivaco.

— Les Croyances du cœur. In-8°. 1864. *Dentu.* 5 fr.

CASANOVA DE SEINGALT (Jacques), écrivain et aventurier, né à Venise, en 1725, mort à Vienne, en 1803.

— Mémoires de Jacques Casanova de Seingalt, écrits par lui-même. Édition originale, la seule complète. 6 vol. in-12. 1859. Bruxelles , *J. Rozez.* 21 fr.

Ces Mémoires ont été écrits en français par l'auteur pendant son séjour à Dux , en Bohême. La 1re édition a été publiée (en français) à Leipzig , 1828-1838. 12 vol. in-8°; une autre à Paris en 1838 , 10 vol. in-8°; une autre à Paris , en 1843. 4 vol. in-12. *Paulin.* 14 fr.

CASATI (Charles), docteur en droit, avocat à la cour impériale de Paris, archiviste paléographe, né en 1833.

— La Monarchie scandinave à propos de la question danoise. Lettre à M. le baron Hochschild, ministre de Suède et de Norwège. In-8°. 1865. *Dentu.* 50 c.

— Pas encore la guerre en Italie! In-8°. 1861. *Ibid.* 50 c.

— Principes généraux des lois, en droit romain, d'après les titres II, III, IV au Digeste, XIV au Code, et I, IV au Code théodosien, et d'après le titre préliminaire en droit français. Essai historique sur le pouvoir législatif en France. In-8°, 5 f. 1855. *Didot frères.*

— Un Projet de loi sur la propriété littéraire et artistique. In-8°. 1862. *Marescq aîné.* 1 fr.

— Le Réveil de la question d'Orient. Une solution nouvelle. In-8°. 1860. *Dentu.* 1 fr.

— Rome ou Florence. Quelle doit être la capitale de l'Italie? In-8°. 1861. *Ibid.* 50 c.

CASELLI (le docteur Auguste), médecin à Paris, né à Aix-la-Chapelle de parents français en 1805.

— La Réalité, ou Accord du spiritualisme avec les principes et les faits, et incompatibilité des autres systèmes philosophiques avec la réalité. In-8°. 1863. *Didier et Cie.* 6 fr.

CASELLI (Jean).

— Chants populaires de l'Italie. Texte et traduction. In-12. 1865. Bruxelles, *A. Lacroix, Verboeckhoven et Cie.* 3 fr. 50 c.

— Vita tristis. Rêveries fantasques, romances sans musique dans le mode mineur, les mystères, pensées douloureuses ou bouffonnes, armonia, poésies, etc. In-18. 1865. *Ibid.* 2 fr. 50 c.

CASHIN (John).

— A Compendium of French grammar. In-12. 1845. *Stassin et Xavier.*

— Cours pratique de langue anglaise. In-8°. 1843. *Ibid.* 6 fr. 50 c.

CASHIN (Mme A.).

— Amour et liberté. Abolition de l'esclavage. In-12 de 9 f. 1847. *Galignani.*

CASIMIR (l'abbé).

— Les Fêtes du christianisme. In-8° avec grav. 1852. *Gonet.* 12 fr. 50 c.

Cet ouvrage a été publié en 50 livraisons.

CASINIUS (Ant.), de la Société de Jésus.

— Qu'est-ce que l'homme? ou Controverse sur l'état de pure nature. Édition enrichie de notes et remarques, par le docteur J. Scheeben. Traduite et augmentée d'une préface par M. l'abbé Cros. In-12. 1864. [Le Mans, *Monnoyer frères.*] *Vaton.* 3 fr.

CASORATI.

— Sur les Fonctions à périodes multiples. In-4° avec fig. 1864. *Gauthier-Villars.* 1 fr. 25 c.

CASPAR (C. A.).

— Nouveau dictionnaire portatif français-allemand et allemand-français. In-32. 1845. *Langlumé et Peltier.* 3 fr. 50 c.

Avec M. F. C. Gérard. — Souvent réimprimé.

CASPAR (J. B.), professeur de piano, ancien organiste de Saint-Roch.

— Idées nouvelles sur le doigter des gammes, propres à en faciliter et à en abréger l'étude, suivies des principes élémentaires d'harmonie et d'un moyen facile d'apprendre les notes. In-8° avec 12 pl. 1857. *Schlosser.*

CASPARI.

— Le Maître d'école et son fils; épisode de la guerre de Trente ans. In-12. 1855. *Mathey.* 1 fr. 50 c.

CASPARI (A.), professeur de langues à Breslau (Prusse), mort en....

— Manuel épistolaire à l'usage de la jeunesse des deux sexes. Recueil de lettres originales, etc. 1re partie : Lettres pour le premier âge. In-8°. 1839. Breslau, *Max et Cie.* 2 fr. 25 c.

— 2e partie, sous le titre : Correspondance des jeunes demoiselles. In-8°. 1840. *Ibid.* 4 fr. 50 c.

— 3e partie : Correspondance des jeunes gens. In-8°. 1841. *Ibid.* 4 fr.

CASPER (J. L.), professeur de médecine légale à l'Université de Berlin, né à Dessau, en 1796, mort en 1863.

— Traité pratique de médecine légale, rédigé d'après des observations personnelles. Traduit de l'allemand sous les yeux de l'auteur par Gustave Germer Baillière. 2 vol. in-8°. 1862. *G. Baillière.* 15 fr. Avec atlas colorié, 27 fr.

CASSAGNAC (A. GRANIER DE). — Voy. **Granier de Cassagnac.**

CASSAGNE (Armand).

— La Perspective du paysagiste. In-fol., 20 pl. lithographiées, avec texte. 1861. *Morin.* 10 fr.

CASSAGNE (D. DE LA). — Voy. **La Cassagne.**

CASSAIGNES (Victor), ingénieur civil, né à Gavaudan (Lot-et-Garonne) en 1821.

— Les Eaux de Paris, Marseille, Nîmes, etc.; des canaux, papeteries, etc. In-8°. 1862. *Mallet-Bachelier.* 1 fr.

— Les Eaux de Marseille. Résumé général. In-8°. 1865. Marseille, *E. Camoin.* 1 fr.

— Les Eaux de Marseille, de Nice, de Nîmes, etc., et en général les eaux souterraines naturellement filtrées contenues dans les graviers qui bordent les rivières. In-8°. 1865. *Ibid.* 1 fr. 50 c.

CASSAN (Félix).

— Ce que peuvent les bons livres, ou Heureux fruits des bonnes lectures démontrés par des histoires authentiques. In-12 de 191 p. 1865. *Dupray de La Mahérie.*

CASSAN (J.), horticulteur.

— La Fortune du vigneron. Nouvelle méthode très-simple et très-avantageuse de tailler la vigne, de la cultiver à peu de frais et de la traiter avec succès dans sa maladie. In-8° avec pl. 1864. Agen, *imprimerie Pasquier.* 1 fr. 25 c.

CASSAN-FLOYRAC (l'abbé de), docteur en théologie, chanoine honoraire de Chartres et de Troyes.

— Le Rationalisme devant la raison. In-8°. 1858. *Dentu.* 3 fr.

CASSANAC (Eugène), ancien professeur de mathématiques.

— Abrégé d'arithmétique pure et appliquée, à l'usage des séminaires, des écoles primaires, etc. In-18. 1859. *Dujardin.* 2 fr.

— Éléments de géométrie descriptive. — Voy. **Gerono et Cassanac.**

— Traité d'arithmétique rédigé conformément aux programmes officiels du gouvernement. In-8°. 1858. *Dujardin.*

CASSANY-MAZET (Auguste), de Villeneuve-sur-Lot, membre de plusieurs sociétés savantes.

— Annales de Villeneuve-sur-Lot et de son arrondissement, remontant au règne des deux derniers rois Nitiobrigès, avec chartes, titres et actes ustificatifs. In-8°. 1846. [Agen, *imprimerie Noubel.*] *Potier.* 5 fr.

CASSARD (Gilbert).

— Les Grecs et le roi Othon. In-8°. 1861. *Dentu.* 4 fr.

CASSASSOLES (Ferdinand), ancien magistrat, ancien membre du Conseil général du Gers, né à Lombez (Gers) en 1804.

— Le Guide pratique du juge d'instruction, contenant les textes des diverses lois, décrets, ordonnances, etc. In-8° avec 3 pl. 1854. Auch, *imprimerie Foix.*

— Guide du chasseur au chien d'arrêt sous ses rapports théoriques, pratiques et juridiques. In-12. 1864. *Garnier frères.* 3 fr. 50 c.

— Histoire de la ville de Saramon depuis le x° siècle jusqu'à nos jours. In-8°, 308 p. 1862. Auch, *imprimerie Foix.*

CASSE (V.), géomètre arpenteur.

— Guide des emprunteurs au crédit foncier. Ouvrage utile aux propriétaires, emprunteurs, notaires, etc. In-12. 1853. [Noyon, *Cottu-Harlay.*] *Maisonnet.* 1 fr. 50 c.

CASSE (le baron Du). — Voy. **Du Casse.**

CASSIEN (Jean), écrivain ascétique, fondateur du monastère de Saint-Victor à Marseille, né vers 350, mort vers 435. — Voy. *Migne*, Patrologie latine, tomes 49, 50.

CASSIN (Eugène).

— Choix de morceaux fac-similé d'écrivains contemporains et de personnages célèbres, destinés à enseigner à lire dans toutes les écritures. In-8°, 4 f. 1846. *Langlois et Leclercq.*

CASSINI DE THURY (le comte Jean Dominique), directeur général de l'Observatoire, membre de l'Institut, né à Paris, en 1748, mort à Thury (Oise), en 1861.

— Entretiens sur la religion à l'usage des écoles primaires; édité par M. l'abbé Hubaine, curé de Thury. In-18. 1862. [Beauvais, *Clément Adam.*] *Buffet et C°.* 90 c.

Œuvre posthume léguée à la Fabrique de l'église de Thury qui en conserve la propriété.

CASSIODORE, né en 468.

— Voy. *Migne*, Patrologie latine, tomes 69, 70.

CASSIS (VIDAL DE). — Voy. **Vidal de Cassis.**

CASSONI (J. B.), avocat à Bologne.

— Rome et Paris. Impressions et souvenirs. In-8°. 1863. Bruxelles, *au bureau de la Revue belge étrangère.* 80 c.

CASSOU (Charles).

— Simples observations aux paysans. Quelle est leur histoire? Quels sont leurs amis naturels? In-8°, 4 f. 1849. *Perrotin.*

CASTAGNARY.

— Les Artistes au xix° siècle. Salon de 1861. Gravures par H. Linton. 1re série. In-fol. avec grav. 1861. *Librairie nouvelle.* 12 fr.

— Les Libres propos. In-12. 1864. *Librairie internationale.* 3 fr. 50 c.

— Philosophie du salon de 1857. In-18. 1858. *Poulet-Malassis.* 2 fr.

CASTAGNE (Édouard), professeur.

— Les Agréments de la veillée, ou Entretiens du dimanche d'un instituteur avec ses élèves; livre de lecture pour les écoles primaires. In-12. 1863. *Gédalge.* 2 fr.

CASTAGNE (Louis).

— Catalogue des plantes des environs de Marseille. In-8° avec pl. 1845. Aix.

— Catalogue des plantes qui croissent naturellement dans le département des Bouches-du-Rhône, par L. Castagne; avec une préface, la biographie de Castagne et un aperçu général sur la végétation du département des Bouches-du-Rhône, par Alphonse Derbès. In-16. 1862. [Marseille, *Camoin frères.*] *Rothschild.* 5 fr.

— Observations sur quelques plantes acotylédonées de la famille des urédinées, et dans les sous-tribus de nemasporées et des œcidinées, recueillies dans le département des Bouches-du-Rhône. In-12 de 1 1/2 f. avec 1 pl. 1842. Marseille, *imprimerie Achard.*

CASTAGNY, docteur en médecine.

— Opuscule médical à la portée des gens du monde. In-8°, 4 f. 1849. Avignon, *Aubanel.*

CASTAIGNE (J. F. Eusèbe), bibliothécaire de la ville d'Angoulême, né à Bassac (Charente), en 1804, mort en 1866.

— Chronique latine de l'abbaye de la Couronne (diocèse d'Angoulême), accompagnée de nombreux éclaircissements, publiée pour la première fois d'après un manuscrit du xiii° siècle. In-8°. 1864. *Aubry.* 6 fr.

— Entrées solennelles dans la ville d'Angoulême, depuis François Ier jusqu'à Louis XIV. In-8°. 1856. Angoulême, *impr. Lefraise et C°.* 10 fr.

Extrait du « Bulletin de la Société historique et archéologique de la Charente ».

— Essai d'une bibliothèque historique de l'Angoumois, ou Catalogue raisonné des principaux ouvrages qui traitent des différentes branches de l'histoire de cette province. In-8°. 1847. *Ibid.*

— Recherches sur la maison où naquit Jean Louis Guez de Balzac, sur la date de sa naissance, sur celle de sa mort, et sur ses différents legs aux établissements publics; accompagnées d'un tableau généalogique de la famille Guez de Balzac. In-8°, 1 portrait et 1 tableau. 1847. *Ibid.* 10 fr.

Extrait du « Bulletin de la Société historique et archéologique de la Charente ».

CASTAING (Alphonse), membre du conseil et ancien vice-président de la Société d'ethnographie, né à Roquefort (Landes) en 1822.

— Annuaire ethnographique oriental et américain, publié sous les auspices de la Société d'ethnographie et avec le concours de la commission des travaux littéraires. In-12. 1861. *Challamel aîné.* 3 fr.

— Le même. 2e année. In-12. 1862. *Ibid.* 3 fr.

— Le Cantique des cantiques, ou l'Amour et la poésie dans l'antiquité sacrée. In-8°. 1860. *Ibid.* 1 fr.

Extrait de la « Revue orientale et américaine ».

— Jésus, M. E. Renan et la science; trilogie en un acte et trois tableaux, avec prologue, intermèdes et épilogue. Corinne, Abdénago, Cléophas. In-12. 1863. *Ibid.* 1 fr.

— La Question marocaine. In-8°. 1859. *Ibid.* 1 fr.

— La Syrie, les Druses et les Maronites. In-8°. 1860. *Ibid.* 1 fr.

M. Castaing a collaboré à la « Revue orientale », à la « Revue de l'Orient » et aux « Annales du Génie civil »; il a créé le « Bulletin de la Société des sciences industrielles ».

CASTAING (le docteur Z.), de Toulouse, médecin homœopathe.

— Qu'est-ce que l'homœopathie? In-8°, 2 f. 1853. [Toulouse.] *J. B. Baillière.*

— Vérité de l'homœopathie, ou Théorie nouvelle, propre à démontrer l'action réelle, le mode et la nature d'action des remèdes infinitésimaux. In-8°, 1853. *Ibid.* 2 fr. 50 c.

CASTAN (le docteur), professeur agrégé à la Faculté de médecine de Montpellier.

— Traité élémentaire des fièvres. In-8°. 1864. [Montpellier, *Coulet.*] *Asselin.* 5 fr.

CASTAN (Auguste), conservateur de la bibliothèque et des archives de la ville de Besançon, né à Besançon en 1833.

— Étude sur le Froissart de Saint-Vincent de Besançon. In-8°. 1865. *Aubry.* 1 fr. 50 c.

— Guide de l'étranger à Besançon. — Voy. *Delacroix (A.) et Castan.*

— Notice sur l'hôpital du Saint-Esprit de Besançon. In-8°. 1865. Besançon, *imprimerie Jacquin.*

— Origines de la commune de Besançon. In-8°. 1858. Besançon, *Bulle.* 3 fr.

CASTAN (l'abbé Em.), docteur en théologie, chanoine de l'église de Moulins.

— Élévations sur la vie de la Mère de Dieu, pour tous les jours du mois. Ouvrage pouvant servir au mois de Marie. In-8°, 7 f. 1852. *Sagnier et Bray.*

— Élévations sur la vie de la Mère de Dieu, à l'usage des personnes du monde. Nouvelle édition, entièrement appuyée sur les écrits de l'Église. In-8°, 8 f. 1853. *Douniol.* 1 fr. 50 c.

— Histoire de la vie et de la mort de Mgr. Denis Auguste Affre, archevêque de Paris. In-18. 1855. *Vivès.* 3 fr. 50 c.

— Méditations sur la Passion, d'après l'Évangile selon saint Jean. In-12. 1857. *V. Sarlit.* 1 fr. 50 c.

— Nouvelles méditations pour le mois de Marie. In-12. 1854. *Vivès.* 2 fr.

M. l'abbé Castan a traduit: « Exposition, suivie des quatre Évangiles », de *saint Thomas d'Aquin.* — Voy. *Thomas.*

CASTANDET (Didier).

— Manuel d'hippiatrique. In-18, 10 f. et 3 pl. 1845. Châlons-sur-Marne, *imprimerie Dortu.*

CASTANET (Ferdinand), avocat.

— Les Muses d'Auguste. In-12, 71 p. 1864. Avignon, *Séguin aîné.*

CASTANIÉ (F. de).

— Guide de Vichy au mont Dore, par Saint-Nectaire, et du mont Dore à Clermont-Ferrand. In-12. 1857. *Chaix et Cie.* 1 fr.

— Guide-annuaire illustré des eaux minérales, bains de mer, stations hivernales. 3e année. Saisons des eaux 1865 et 1866. In-8°. 1865. *Au bureau central de la Revue illustrée.* 1 fr. 50 c.

— Nouveau guide complet aux eaux de Vichy; avec une carte des chemins de fer, un plan de Vichy et plusieurs gravures et vues pittoresques. In-18. 1864. *Garnier frères.* 2 fr.

2e édition en 1865.

CASTANO (le docteur F.), chef du service de santé à la division d'occupation de Rome.

— L'Année médicale à Rome. In-8°. 1864. *Rozier.*

— Relation physique, topographique et médicale de la campagne de Chine de 1860-1861. In-8° avec pl. 1864. *Ibid.* 5 fr.

CASTAUD (François).

— Nouvelle méthode par laquelle chacun pourra mettre l'orthographe et appliquer les principales règles du français en quelques semaines seulement. In-12. 1856. *Moreau.* 2 fr.

CASTEGNIER (Mme).

— Ben Howard, ou les Suites d'un bon conseil. In-12. 1860. Limoges, *Barbou frères.* 60 c.

— Marthe, ou la Petite marchande de cresson. Imité de l'anglais. In-12. 1864. *Ibid.* 60 c.

— Philippe, ou le Jeune Grec. In-12. 1860. *Ibid.* 60 c.

— Ruth et Casper, ou Sois sage et tu seras heureux! In-12 avec 4 lithographies. 1859. *Ibid.* 75 c.

CASTEL (Élie), pasteur protestant à Toulouse, aumônier du lycée impérial, né à Vabre (Tarn) en 1829.

— Les Huguenots et la constitution de l'Église réformée de France en 1559, publié à l'occasion du jubilé de 1859. In-18, 1859. *Grassart.* 2 fr. 50 c.

CASTEL (G.), docteur en médecine.

— Expériences pour la régénération de la vaccine par le virus variolique. In-8°. 1865. Nancy, *imprimerie A. Lepage.* 50 c.

— Observations critiques sur les expériences faites à Lyon, à l'effet de s'assurer si les virus vaccin et variolique sont un seul et même virus. In-8°. 1865. *Ibid.* 75 c.

CASTEL (le docteur L.), membre de l'Académie de médecine, né vers 1772, mort en 1852.

— Les Bases physiologiques de la médecine. 1re partie, contenant la réfutation de la doctrine de Charles Bell, et l'explication des phénomènes de la paralysie. In-8°. 1842. *Masson.* 3 fr. 50 c.

— Exposition des attributs du système nerveux. Réfutation de la doctrine de Charles Bell, et explication des phénomènes de la paralysie. 2e édition. In-8°. 1845. *J. B. Baillière.* 4 fr.

CASTEL (René Richard), naturaliste et poète, né à Vire, en 1758, mort à Reims, en 1832.

— Les Plantes; poème. Nouvelle édition. In-18 avec 5 grav. 1843. *Roret.* 3 fr.

La 1re édition est de 1797.

CASTEL (Viel-). — Voy. **Viel-Castel.**

CASTELAIN (L.), ingénieur belge, ancien élève de l'école de Liége.

— Bassin houiller de la province de Burgos, suivi de données statistiques sur la production et le commerce des minéraux et des métaux d'Espagne. In-8° avec 2 cartes. 1865. Bruxelles, G. Mayolez. 2 fr.

— L'Espagne, ses terrains houillers, ses minerais et ses chemins de fer. In-8°. 1864. *Ibid.* 2 fr.

CASTELBON.
— Méthode d'enseignement élémentaire, à l'usage des écoles primaires et secondaires. 1re partie. In-12. 1856. Béziers, *Bertrand.* 3 fr.

CASTELLA (Hubert de).
— Les Squatters australiens. In-12. 1861. *Hachette et Cie.* 2 fr.

CASTELLAN (A. L.), architecte et peintre, membre de l'Institut, né à Paris en 1772, mort en 1838.
— Fontainebleau. Études pittoresques et historiques sur ce château, considéré comme l'un des types de la renaissance des arts au xvie siècle. In-8°. 1840. *Gaillot.* 10 fr.

CASTELLAN (T.).
— Contes du grand-papa. — Voy. *Contes.*

— Contes de ma mère; par MM. T. Castellan, Ed. Lassène, L. H***, L. Michelant, Mmes Camille Bodin et Eugénie Foa; avec illustrations dans le texte. 3e édition. Gr. in-8°. 1862. *Arnauld de Vresse.* Noir, 7 fr. 50 c.; color., 9 fr.

Voy. aussi: *Morale en images* (la).

— Les Petits marins. In-8° avec 8 grav. 1859. Pont-à-Mousson, *Haguenthal.*

CASTELLANE (le comte P. de), fils du maréchal Castellane; capitaine aux carabiniers.
— Nouvelles et récits. In-12. 1856. *Hachette et Cie.* 1 fr.

— Souvenirs de la vie militaire en Afrique. 3e édition. In-12. 1856. *Ibid.* 3 fr. 50 c.

La 1re édition est de 1852 ; la 2e de 1854.

*Castellane (le maréchal comte de) devant l'histoire. Étude sur sa vie à l'occasion de la bénédiction de la chapelle de Saint-Boniface, le 5 juin 1865. In-8°. 1865. Lyon, *Mera.* 50 c.

CASTELLANI (C. B.).
— De l'Éducation des vers à soie en Chine, faite et observée sur les lieux. In-18. 1861. *Amyot.* 2 fr.

CASTELLAR (don Ignacio), professeur de langues à Paris.
— Nuevo compendio de la historia de España, dividido en siete épocas. In-12. 1852. *Truchy.* 5 fr.

— Nueva floresta española, o Miscelanea de anecdotas, chistes, etc., sacada de los mejores autores, escogidas con el mayor esmero. Todo con notas en francés, etc. In-18. 1853. *Ibid.* 2 fr. 50 c.

M. Castellar a revu et augmenté les « Nouveaux dialogues familiers et progressifs français-espagnols», de MM. Richard et de Corona. — Voy. *Richard.*

CASTELLI (l'abbé), ancien préfet apostolique de la Martinique, chanoine honoraire d'Ajaccio.
— Abrégé de la sainte Bible, suivi d'un Précis des devoirs de l'homme. In-18. 1842. *Périsse.* 1 fr.

— La Colonisation pacifique et la civilisation des provinces françaises de l'Algérie par l'élément de l'éducation sociale et religieuse. In-8°, 2 f. 1846. *Imprimerie Gratiot.*

— De l'Esclavage en général et de l'émancipation des noirs, avec un projet de réorganisation de l'action religieuse, considérée comme le premier élément et le plus efficace pour préparer et mener à bonne fin l'œuvre sainte de l'émancipation des esclaves dans les colonies françaises. In-8°, 22 f. 1844. *Comptoir des imprimeurs-unis.*

CASTELLI (Spiridion).
— Vues rétrospectives sur la question d'Orient et sur le ministère français du 1er mars. In-8°. 1841. Leipzig, *O. Wigand.* 2 fr.

CASTELLS (l'abbé), chapelain de la primatiale.
— Restauration des Carmes déchaussés en France sous la protection de S. Ém. le cardinal Donnet. In-18. 1865. Bordeaux, *imprimerie Delmas.* 75 c.

CASTELNAU (Albert), né à Montpellier en 1823.
— La Question religieuse. In-12. 1861. *Poulet-Malassis.* 2 fr.

— La Renaissance en Italie. — Zanzara. 2 vol. in-12. 1860. Bruxelles. 7 fr.

M. A. Castelnau collabore à la « Revue de Paris », à la «Morale indépendante » et autres journaux.

CASTELNAU (le comte Francis de), naturaliste, consul de France à Melbourne (Australie).
— Essai sur le système silurien de l'Amérique septentrionale. In-4° avec 27 pl. 1843. Strasbourg, *Berger-Levrault.* 25 fr.

— Expédition dans les parties centrales de l'Amérique du Sud, de Rio de Janeiro à Lima, et de Lima au Para, exécutée par ordre du gouvernement français, pendant les années 1843 à 1847. 1850-1861. *P. Bertrand.*

Ces travaux sont publiés en 7 parties. Chaque partie se vend séparément :

1. Histoire du voyage. 6 vol. in-8°. 45 fr. — 2. Vues et scènes. In-4° avec 60 pl. 90 fr. — 3. Antiquités des Incas et autres peuples anciens. In-4° avec 60 pl. 90 fr. — 4. Itinéraires et coupe géologique. In-4° avec 76 cartes. 253 fr. — 5. Géographie. In-4° avec 30 cartes. 210 fr. — 6. Botanique. 2 vol. gr. in-4° avec 96 pl. 200 fr. — 7. Zoologie, ou Animaux nouveaux et rares. 3 vol. gr. in-4° avec 176 pl. 450 fr.

— Histoire naturelle des animaux articulés (annélides, crustacés, arachnides, myriapodes et insectes), par MM. Castelnau, E. Blanchard et Lucas. Avec une Introduction renfermant l'anatomie et la physionomie des animaux articulés, par M. Brullé. 4 vol. in-8° avec 155 pl. noires et coloriées. 1840. *Duménil.*

Dans cet ouvrage, M. Castelnau a publié : Insectes coléoptères, tomes 1 et 2 ; M. E. Blanchard les insectes orthoptères, névroptères, hémiptères, lépidoptères et diptères ; M. Lucas les crustacés, les arachnides et les myriapodes. — Les annélides n'ont jamais été publiées.

— Mémoire sur les poissons de l'Afrique centrale. In-8°. 1861. *Baillière et fils.* 3 fr. 50 c.

— Renseignements sur l'Afrique centrale et sur une nation d'hommes à queue qui s'y trouverait, d'après le rapport des nègres du Soudan, à Bahia. In-8° avec 4 pl. 1851. *A. Bertrand.* 3 fr. 50 c.

— Vues et souvenirs de l'Amérique du Nord. In-4° avec pl. 1842. *Ibid.* 87 fr. 50 c.

Cet ouvrage a été publié en 7 livraisons.

CASTELNAU (H. de), ancien inspecteur général adjoint des prisons et des établissements d'aliénés de France, rédacteur en chef du « Moniteur des hôpitaux ».
— Essai physiologique sur la législation. Premier essai. De l'interdiction des aliénés, mémoire lu à l'Académie de médecine de Paris dans les séances du 12 juillet et du 13 août 1859. Gr. in-8°. 1860. *Durand.* 7 fr.

— Recherches sur l'inoculation appliquée à l'étude de la syphilis. In-8°. 1841. *Méquignon-Marvis*. 1 fr. 50 c.

— Sur un projet de caisse de prévoyance et de caisse de secours pour les pharmaciens de France, imaginé par M. Dorvault. In-18. 1859. *Quai de l'Horloge*, 21. 60 c.

CASTELNAU (Junius), conseiller à la cour d'appel de Montpellier, né à Montpellier en 1795, mort dans la même ville en 1855.

— Mémoire historique et biographique sur l'ancienne Société royale des sciences de Montpellier. In-4°. 1858. Montpellier, *impr. Bœhm*. 5 fr.

— Notes et souvenirs de voyages dans les Cévennes, les Alpes, les Pyrénées, en Allemagne, en Belgique et en Italie, par J. Castelnau. Recueillis par sa famille comme hommage à sa mémoire. 2 vol. in-12. 1857. *Ibid*.

— De la Poésie descriptive, ou Discours en réponse à cette question proposée par la Société hollandaise des lettres, le 18 septembre 1854 : Donner une dissertation sur ce qui constitue l'essence et le mérite de la poésie descriptive dans les différents genres; précédé d'une introduction par M. Saint-René Taillandier. In-8°. 1859. [Montpellier.] *Hachette et Cie*. 2 fr. 50 c.

CASTELNAU (L.), professeur de mathématiques.

— Études pratiques sur les mathématiques appliquées. In-8° avec 5 pl. 1855. *Durand*. 2 fr.

— Mathématiques élémentaires : programme développé des éléments d'algèbre, pour faire suite au Programme développé des éléments d'arithmétique du même auteur. In-8°. 1844. *Allouard*. 1 fr.

— Mathématiques élémentaires. Éléments d'arithmétique. In-8°. 1844. *Ibid*. 1 fr.

— Note sur quelques opuscules mathématiques inédits de feu P. L. Frizon. In-8°. 1864. *Faure*. 1 fr.

— Précis des leçons préparatoires au baccalauréat ès sciences physiques. In-18. 1851. *A. Bertrand*. 5 fr.

CASTELNAU (Michel de), docteur en droit.

— Essai critique sur la religion naturelle de M. Jules Simon. In-12. 1858. *Sarlit*. 1 fr. 50 c.

CASTELVERD (E. de).

— Mémorial militaire des Français. In-8°, 35 f. avec 33 tableaux et 6 cartes. 1846. *Dumaine*.

— Nouveau précis méthodique de l'histoire des Français et de la géographie de la France. In-8° avec 6 cartes. 1846. *Hachette*. 7 fr. 50 c.

CASTÉRA (Noël).

— Le Triomphe de la liberté, ou Histoire la plus complète, la plus exacte, la plus détaillée de la révolution des 22, 23 et 24 février 1848, terminée par les constitutions de 1791 et 1793. In-18 avec 1 lithographie. 1848. *Robert*. 1 fr. 50 c.

CASTÉRA (J. DU). — Voy. **Du Castéra**.

CASTERMAN (Aimable), major du génie belge, né à Valladolid en 1813.

— Denrées alimentaires, pain, fours économiques à circulation d'air chaud. 2e édition. In-8°. 1856. Bruxelles, *Guyot et Stapleaux fils*. 3 fr.

La 1re édition est de 1853.

CASTERMAN (Henri), éditeur à Tournai, né en 1819.

— Saint Éleuthère, évêque de Tournai, sa vie, ses miracles, sa mort, d'après les meilleures autorités, par un Tournaisien. In-12. 1840. Tournai, *Casterman*. 80 c.

Anonyme.

CASTERMAN (Louis), docteur en sciences et en médecine, professeur à l'Athénée royal d'Anvers, né à Tournai en 1787, mort à Anvers en 1857.

— Considérations sur la réorganisation de l'enseignement moyen. In-8°. 1849. Bruxelles, *Hayez*. 1 fr.

— De l'Enseignement moyen et de ses rapports avec l'état social. Gr. in-8°. 1848. Tournai, *Casterman*. 3 fr.

Avec Théod. Olivier.

— Géométrie plane, à l'usage des collèges et des maisons d'éducation. In-8°. 1853. *Ibid*. 2 fr. 50 c.

— De la Loi sur l'enseignement moyen. In-8°. 1850. Bruxelles, *Hayez*. 1 fr.

— Méthode nouvelle pour aplanir les difficultés des propositions XIX, XXIII, etc. de la Géométrie de Legendre, annexée à la Géométrie plane. In-8°. 1855. Tournai, *Casterman*. 30 c.

CASTERMANS (Auguste), architecte.

— Parallèle des maisons de Bruxelles et des principales villes de la Belgique, construites depuis 1830 jusqu'à nos jours, représentées en plans, élévations, coupes, détails intérieurs et extérieurs. 1re série. In-fol., 120 pl. 1852-1857. [Liège.] *Noblet*. 75 fr.

— Le même. 2e série. Livraisons 1 à 19. In-fol. 1858-1865. *Ibid*. Chaque livraison, 3 fr.

Cette série se composera de 24 livraisons.

CASTETS (J.), avocat, ancien juge de paix à Cayenne.

— La Reine Marie Christine, ou l'Espagne régénérée, poème, suivi d'un résumé analytique sur l'histoire d'Espagne. In-8°, 3 f. 1841. Bordeaux, *imprimerie Ve Laplace*.

— Le Sauveur, poème sacré en dix chants, suivi de notes établissant la concordance entre l'ancien et le nouveau Testament. In-8°, 12 f. 1852. *Imprimerie Lacour*.

— Voyage poétique de LL. MM. II. a Saint-Sauveur (Hautes-Pyrénées), précédé de la revue de l'armée d'Italie, le 14 août 1859; dédié aux populations pyrénéennes. In-8°. 1860. Tarbes, *imprimerie Perrot-Prat*. 3 fr.

CASTEX (A. V.), médecin électropathe.

— Électricité médicale, ses effets salutaires dans les maladies du sang et des nerfs rebelles à la médecine. In-16. 1862. Béziers, *imprimerie Fuzier*. 1 fr. 25 c.

CASTEX (Georges Hubert de), officier au corps impérial d'état-major.

— Aperçu du corps impérial d'état-major français et de son école d'application. In-8°, 9 f. 1853. *Bossange*.

CASTI (Giambattista), chanoine de la cathédrale de Montefiascone, poète italien, né à Montefiascone, en 1721, mort en 1803.

— Les Animaux parlants, poème héroï-comique; traduction nouvelle, par L. J. Alary. Édition illus-

trée de dessins par T. de Jolimont. 2 vol. in-8°.
1847. Moulins, *Place.* 10 fr.

CASTIAU (Adelson).

— Lettres démocratiques. In-8°. 1864. Bruxelles,
Decq. 1 fr.

CASTIGLIA (Benedetto).

— Dante Alighieri, ou le Problème de l'humanité au moyen âge. Lettres à M. de Lamartine.
In-8°. 1857. *Dentu.* 1 fr.

CASTIL-BLAZE. — Voy. **Blaze.**

CASTILLE (C. Hippolyte), romancier et publiciste, né à Montreuil-sur-Mer en 1820.

— Les Ambitieux. 4 vol. in-8°. 1852-1853. *Permain.* 30 fr.

— L'Ascalante. (Suite des Oiseaux de proie.)
In-4° illustré. 1852. *Barba.* 1 fr. 10 c.

— Aventures imaginaires. In-18. 1858. *Sartorius.* 1 fr.

— Blanche d'Orbe, précédé d'un essai sur Clarisse Harlowe et la nouvelle Héloïse; suivi de: les
Principautés danubiennes. 2 vol. in-12. 1859. *Ibid.*
2 fr.

— La Chasse aux chimères. — Le Dernier des
Sturle. In-4° illustré. 1854. *Barba.* 50 c.

— Les Compagnons de la mort. — Espérance.
In-4° illustré. 1854. *Ibid.* 90 c.

— Le Contrebandier. In-4° illustré. 1854. *Ibid.*
50 c.

— L'Excommunication. In-8°. 1860. *Dentu.* 1 fr.

— Histoires de ménage. Scènes de la vie réelle.
In-16. 1855. *Librairie nouvelle.* 1 fr.

— Histoire de la seconde république française.
4 vol. in-8°. 1854-1856. *Lecou.* 20 fr.

— Histoire de soixante ans. — La Révolution
(1789-1800). Tomes 1 à 3. In-8°. 1860. *Poulet-
Malassis.* Chaque volume, 5 fr.

— Le même. Tome 4. 1863. *Sartorius.* 5 fr.

L'ouvrage devait avoir 10 volumes, mais la publication paraît ajournée indéfiniment.

— Les Hommes et les mœurs en France sous le
règne de Louis Philippe. In-12. 1853. *Henneton.*
5 fr.

— Le Markgrave des Claires. In-4° illustré. 1854.
Barba. 70 c.

— Napoléon III et le clergé. In-8°. 1860. *Dentu.*
1 fr.

— Les Oiseaux de proie. In-4° illustré. 1852.
Barba. 90 c.

— Le Pape et l'encyclique. In-4°. 1860. *Dentu.*
1 fr.

— Parallèle entre César, Charlemagne et Napoléon. L'Empire et la démocratie, philosophie de
la légende impériale. In-8°. 1858. *Plon.* 5 fr.

— Portraits historiques au xixe siècle. 50 livraisons. In-32. 1856-1859. *Sartorius.* Chaque livraison avec portrait et fac-simile, 50 c.

1. Napoléon III. — 2. Alexandre II. — 3. Cavaignac. —
4. Duchesse d'Orléans. — 5. Del Carretto. — 6. Drouin de
Lhuys. — 7. Ledru-Rollin. — 8. Palmerston. — 9. Montalembert. — 10. Louis Blanc. — 11. Manin. — 12. Michelet.
— 13. Victor Hugo. — 14. Saint-Arnaud et Canrobert. —
15. Espartero et O'Donnell. — 16. Talleyrand. — 17. Blanqui.
— 18. Metternich. — 19. Louis Philippe Ier. — 20. Frédéric
Guillaume. — 21. Lamennais. — 22. Comte de Chambord. —
23. Guizot. — 24. Mme de Staël. — 25. Changarnier. —

26. Benjamin Constant. — 27. Le prince Alexandre Ghika.
— 28. Chateaubriand. — 29. Béranger. — 30. Thiers. —
31. Armand Carrel. — 32. Lamartine. — 33. Réchid-Pacha.
— 34. P. L. Courier. — 35. Duchesse de Berry. — 36. 37.
Napoléon Ier. — 38. Lamoricière. — 39. Jules Favre. — 40.
Pie IX. — 41. E. de Girardin. — 42. Proudhon. — 43. Lafayette. — 44. La reine Victoria. — 45. Edgar Quinet. —
46. Casimir Périer. — 47. Oscar Ier. — 48. 49. 50. Les journaux et les journalistes.

— Le même. 2e série. In-32. *Dentu.* Chaque livraison, 50 c.

1. Le maréchal Pélissier. — 2. Le père Enfantin. — 3. Le
prince Napoléon Bonaparte. — 4. Les princes de la famille
d'Orléans. — 5. Berryer. — 6. De Morny. — 7. Villemain.
— 8. Le maréchal Bosquet. — 9. Ferdinand II. — 10. Le
comte de Cavour. — 11. Les chefs de corps de l'armée d'Italie. — 12. Garibaldi. — 13. Louis Kossuth. — 14. Victor Emmanuel II. — 15. L'impératrice Eugénie. — 16. Le prince
Jérôme Bonaparte. — 17. Baroche. — 18. Mocquard. — 19.
Mazzini. — 20. François Joseph, empereur d'Autriche. —
21. Léopold, roi des Belges. — 22. Mgr. Dupanloup. — 23.
Le vicomte de La Guéronnière. — 24. Achille Fould. —
25. Rouland. — 26. Le cardinal Antonelli — 27. Le général
de Pimodan. — 28. Le père Félix. — 29. Les frères Péreire.
— 30. Rattazzi.

— Questions actuelles. La Quatrième dynastie.
In-8°. 1861. *Ibid.* 1 fr.

— Les Trois manières. In-32. 1855. *Martinon.*
30 c.

CASTILLON (A.), professeur au collège de
Sainte-Barbe.

— Chasses en Afrique, illustrées de 12 su-
perbes grav. à 2 teintes, par Victor Adam. In-4°
oblong. 1858. *Courcier.* Noir, 8 fr.; colorié, 11 fr.

— Chasses aux Indes. Illustrées de 8 grav. à
2 teintes par Victor Adam. In-4° oblong. 1861.
Ibid. Noir, 6 fr.; colorié, 9 fr.

— Les Émotions d'un jeune mousse. Illustré de
8 grav. à 2 teintes. In-4°. 1862. *Ibid.* Noir, 6 fr.;
colorié, 9 fr.

— Les Expériences récréatives, ou la Physique
en action, causeries familières de jeunes enfants
en vacances, sur les principaux phénomènes de
la nature. Gr. in-16 avec 10 lithographies. 1852.
Bedelet. Noir, 4 fr.; colorié, 5 fr. 25 c.

— Le Naufrage pour rire. Illustré de 9 grav. à
2 teintes, par Bertrand. In-4°. 1857. *Courcier.*
Noir, 3 fr. 50 c.; colorié, 5 fr.

— Nouvelle chasse aux papillons. Gr. in-8°, illustré de 12 pl. coloriées. 1858. *Ibid.* 14 fr.

— Nouvelle géographie en estampes. — Voy.
Vanauld, Richomme et Castillon.

— La Pagode de Kari. — Voy. *Bouyer et Castillon.*

— Récréations physiques. Ouvrage illustré de
36 vignettes, par Castelli. In-16. 1861. *Hachette
et Cie.* 2 fr.

— Le Robinson du bois de Boulogne. In-4°.
1858. *Courcier.* Noir, 6 fr.; colorié, 9 fr.

— Scènes et aventures maritimes, ou la Fraternité du collège. In-8° avec grav. et vignettes.
1861. *Ibid.* Noir, 6 fr.; colorié, 9 fr.

— Le Tour du monde, train express, revue
pittoresque et anecdotique de l'univers. Illustrations de M. Pauquet. In-8°. 1862. *Bedelet.* Noir, 4 fr.
50 c.; colorié, 5 fr. 50 c.

CASTILLON (Antoine), prédicateur du xviie
siècle, de l'ordre des jésuites.

— Œuvres choisies. — Voy. *Migne,* Collection
des orateurs sacrés, 1re série, tome 2.

CASTILLON (H.), d'Aspet.

— Les Bains d'Audinac et le pays du Couserans, avec des détails sur les vertus de ces eaux minérales, des observations thérapeutiques et médicales, etc.; suivis d'un itinéraire dans les environs. In-8°, 3 f. 1851. Toulouse, *Ansas.*

— Histoire des populations pyrénéennes, du Nébouzan et du pays de Comminges, depuis les temps les plus anciens jusqu'à la révolution de 1789. 2 vol. in-8° avec 1 carte. 1842-1843. Toulouse, *Delsol.*

— Histoire d'Ax et de la vallée d'Andorre, description et analyse des eaux thermales, etc., avec des notices historiques sur les bains d'Ussat et d'Audinac. In-8°, 1851. Toulouse, *Ansas.* 2 fr.

— Histoire du comté de Foix, depuis les temps anciens jusqu'à nos jours. 2 vol. in-8°. 1852. [Toulouse, *Cazaux.*] *Garnier frères.*

— Histoire spéciale et pittoresque de Bagnères-de-Luchon et des vallées environnantes, avec un itinéraire à l'usage des baigneurs. Suivie de notices sur les établissements des bains de Siradan, d'Encausse et de Gauties. 3e édition. In-8°. 1851. Toulouse, *Gimet.* 2 fr. 50 c.

CASTLE (Arthur), docteur médecin, né en Angleterre en 1818.

— Phrénologie spiritualiste, nouvelles études de psychologie appliquée. In-8°. 1862. *Didier et Cie.* 7 fr.

— Le même. 2e édition. In-12. 1862. *Ibid.* 3 fr. 50 c.

CASTON (Alfred de).

— Les Marchands de miracles, histoire de la superstition humaine. In-12. 1864. *Dentu.* 3 fr.

— Tartuffe spirite, roman de mœurs contemporaines. In-8°. 1865. *Librairie centrale.* 5 fr.

— Les Tricheurs, scènes de jeu. In-12 avec portrait photographié. 1863. *Dentu.* 3 fr.

— Les Vendeurs de bonne aventure. In-12. 1865. *Librairie centrale.* 3 fr.

CASTOR (A.), entrepreneur de travaux publics.

— Recueil d'appareils à vapeur employés aux travaux de navigation et de chemins de fer, par A. Castor, entrepreneur de travaux publics. Précédé d'un rapport sur les travaux de fondation du pont du Rhin; par M. Baude. Gr. in-8°. 1861. *E. Lacroix.* 40 fr.

CASTOR (J. J.), instituteur.

— La Berthologie, méthode ingénieuse pour apprendre à lire en peu de temps par le moyen de 100 fig. In-8°, 5 f. 1847. Apt, *imprimerie Clauzel.*

— L'Interprète provençal, contenant un choix de 15,000 termes provençaux, les plus utiles, expliqués en français. In-12, 12 f. 1843. *Ibid.*

CASTORANI (le docteur Raphaël), chef de clinique au dispensaire ophthalmologique de M. Desmarres.

— De la Kératite et de ses suites. In-8°. 1856. *Germer Baillière.* 3 fr.

CASTRES (G. H. F. de), professeur de langue à Pyrmont.

— Chefs-d'œuvre lyriques de la France, accompagnés de notes historiques, biographiques et philologiques, et précédés d'un abrégé de poétique. In-8°. 1854. Leipzig, *Schlicke.* 2 fr. 50 c.

— Phonologie française au xixe siècle suivie d'un cours de lecture et de débit à l'usage des écoles supérieures d'Allemagne. In-8°. 1851. Leipzig, *Brockhaus.* 5 fr.

— Théorie de la structure et de l'enchaînement des périodes françaises, fondée sur la diction des meilleurs écrivains des xviiie et xixe siècles, à l'usage des classes supérieures et des personnes qui veulent s'exercer à la composition. In-8°. 1851. Leipzig, *Baumgærtner.* 3 fr.

CASTRES (l'abbé Popys de). — Voy. **Popys de Castres.**

CASTRES (Sabatier de). — Voy. **Sabatier de Castres.**

CASTRO (Manuel Fernandez de), ingénieur en chef de 1re classe du corps royal des mines d'Espagne.

— L'Électricité et les chemins de fer. Description et examen de tous les systèmes proposés pour éviter les accidents sur les chemins de fer au moyen de l'électricité, précédés d'un résumé historique élémentaire de cette science et de ses principales applications. Publié par ordre du gouvernement espagnol. 2 vol. in-8°. 1859. *Lacroix et Baudry.* 16 fr.

CASY (Joseph Grégoire), vice-amiral, sénateur, né à Auribeau en 1787.

— Organisation du personnel d'un vaisseau. In-8° avec 9 pl. et 1 tableau. 1840. *Carilian-Gœury et Dalmont.* 9 fr.

*Catacombes (les) de Paris, ou Projet de fonder une chapelle funéraire à l'entrée des catacombes, avec une préface par M. de Cormenin. In-18 avec grav. 1862. *Gaume frères et Duprey.* 2 fr.

CATALA (Adolphe), ancien professeur de mathématiques pures et appliquées au lycée d'Auch, actuellement principal du collège de Philippeville (Algérie), né à Auch en 1822.

— Éléments d'arithmétique théorique et pratique à l'usage de la section des lettres des lycées et collèges, des écoles normales primaires et des écoles primaires. In-12. 1857. Auch, *imprimerie Foix frères.* 1 fr. 25 c.

CATALA (Valentin), docteur en médecine de la Faculté de Paris.

— Essai sur l'hygiène des gens de lettres. In-4°. 1857. *J. B. Baillière.* 3 fr. 50 c.

CATALAN (Étienne).

— Études sur Montaigne. Analyse de sa philosophie. In-12. 1847. *Mellier.* 3 fr. 50 c.

— Le même. 2e édition, sous le titre: Manuel des honnêtes gens. Philosophie pratique de Montaigne. In-12. 1853. *Renouard.* 3 fr. 50 c.

— Fables et fabliaux. 3e édition. In-12. 1864. *Tardieu.* 3 fr.

— Miroir des sages et des fous. Préface de Louis Ulbach. In-12. 1861. *Douniol.* 3 fr.

— Rime et Raison, ou Proverbes, apophthegmes, épigrammes et moralités proverbiales choisis et mis en vers. In-18. 1864. *Librairie internationale.* 2 fr.

CATALAN (Eugène), agrégé de l'Université, docteur ès sciences, professeur de sciences mathématiques à Paris, ancien élève de l'École polytechnique, né à Bruges en 1814.

— L'Article 757. Application de l'algèbre au Code civil. In-8º. 1862. *Dentu.* 1 fr.

— Éléments de géométrie. In-8º avec 17 pl. 1843. *Bachelier.* 5 fr. 50 c.

— Manuel des candidats à l'École polytechnique. Tome Iᵉʳ. Algèbre, trigonométrie, géométrie analytique à deux dimensions. In-12 avec 167 fig. 1857. *Mallet-Bachelier.* 5 fr.

— Le même. Tome II. Géométrie analytique à trois dimensions, mécanique. In-12 avec 139 fig. 1858. *Ibid.* 4 fr.

— Notions d'astronomie. In-18 avec fig. dans le texte. 1860. *Pagnerre.* 60 c.

Bibliothèque utile.

— Théorèmes et Problèmes de géométrie élémentaire. 4ᵉ édition, considérablement augmentée. In-8º avec 18 pl. 1865. *Dunod.* 7 fr. 50 c.

— Traité élémentaire de géométrie descriptive. 3ᵉ édition revue et augmentée. In-8º avec atlas de 30 pl. 1864. *Ibid.* 7 fr. 50 c.

On vend séparément : 1ʳᵉ partie, la ligne droite et le plan. 4 fr. ; 2ᵉ partie : Problèmes sur les surfaces 4 fr.

— Traité élémentaire des séries. In-8º. 1860. *Leiber.* 5 fr.

M. Catalan a publié avec M. Langlebert le « Nouveau manuel des aspirants au baccalauréat ès sciences », pour lequel il a fait les parties suivantes : Arithmétique; Algèbre; — Géométrie, Cosmographie, Mécanique. — Voy. *Langlebert.*

Il a publié une édition dans les « Théorèmes et problèmes de géométrie élémentaire », de Ch. de *La Frémotre.*

CATALAN (Méril), pharmacien à Chêne, près Genève.

— Traité d'apiculture. In-12 avec 2 pl. 1864. Genève, *Georg.* 4 fr.

CATALANI (Joseph), théologien italien, vivait dans la première moitié du XVIIIᵉ siècle.

— Pontificale romanum, in tres partes distributum, Clementis VIII ac Urbani VIII auctoritate recognitum, nunc primum prolegomenis et commentariis illustratum. Nova editio, recognita et novis commentariis et annotationibus locupleta, accurante aliquo sacrorum rituum cultore. 3 vol. in-4º. 1850-1853. *Leroux et Jouby.* 60 fr.

— Cæremoniale episcoporum prolegomenis et commentariis illustratum cura et studio Josephi Catalani. — Voy. *Cæremoniale.*

Catalogue de la bibliothèque du dépôt de la guerre. 2 vol. in-8º. 1861. *Dumaine.* 15 fr.

Catalogue des écrits, gravures et dessins condamnés depuis 1814 jusqu'au 1ᵉʳ janvier 1850. Suivi de la Liste des individus condamnés pour délits de presse. In-18. 1850. *Pillet fils aîné.* 2 fr.

Catalogue général des manuscrits des bibliothèques publiques des départements, publiés sous les auspices du ministre d'État. Tomes 1 à 3. In-4º. 1849 à 1862. [Imprimerie impériale.] *Didot.* Chaque volume, 12 fr.

Catalogue de l'histoire de France. Bibliothèque impériale. Département des imprimés. Tomes 1 à 9. In-4º. 1855-1865. *F. Didot frères.* Chaque volume, 24 fr.

Ce catalogue formera 10 vol.

Catalogue des sciences médicales. Bibliothèque impériale. Département des imprimés. Tome 1. In-4º. 1852. *Ibid.* 24 fr.

Catalogvs librorum officinæ Lvdovici Elzevirii, designans libros, qui tam ejus typis et impensis prodierunt; quam quorum alias copia ipsi suppetit Amstelodami, apud Lvdovicum Elzevirium MDCXLIX. In-24 de 12 p. 1855. *Hachette et Cⁱᵉ.* 2 fr. 50 c.

Cette réimpression à 100 exemplaires du catalogue de Louis Elzevier III, année 1649, dont la bibliothèque de la ville de Hambourg possède l'exemplaire unique de format petit in-8º, a été exécutée chez Simon Raçon et Cⁱᵉ à Paris, par les soins de J. Chenu, bibliophile.

CATANY (J. J.).

— Traité théorique et pratique du participe passé français. In-12 avec tableau. 1843. Avignon, *imprimerie Jacquet.* 1 fr. 50 c.

Catéchisme agricole, ou Notions élémentaires d'agriculture; ouvrage destiné aux écoles primaires. In-32. 1864. Moulins, *Mˡˡᵉ Dulac.*

Catéchisme détaillé de l'Église catholique orthodoxe d'Orient, examiné et approuvé par le saint synode de Russie, et publié à l'usage des écoles et de tous les chrétiens orthodoxes. Traduit du russe. In-8º. 1851. *Klincksieck.*

Catéchisme de Fourier, ou Fourier réfuté par lui-même. In-18. 1841. [Lyon.] *Maison.* 1 fr.

Catechismus concilii Tridentini Pii.V, pontificis maximi, jussu promulgatus, sincerus et integer, mendisque repurgatus opera P. D. H. P. a quo est additus Apparatus ad Catechismum, in quo ratio, auctoritas, approbatores et usus declarantur. Editio novissima. In-32. 1855. *Leroux et Jouby.* 1 fr. 10 c.

— Le même. In-32. 1862. Lyon, *Périsse frères.* 1 fr. 40 c.

Catéchiste (le) des campagnes, ou Cours d'explication de la doctrine catholique, enrichi d'un grand nombre d'histoires, de comparaisons et de réflexions morales. 2 vol. in-16. 1854-1856. Mirecourt, *Humbert.*

Catéchiste (le) des peuples de la campagne et des villes par un prêtre missionnaire. 7ᵉ édition. 2 vol. in-12. 1863. *Pélagaud.* 5 fr.

CATEL (G.).

— Généalogie des comtes de Toulouse. — Voy. *Laurace et Catel.*

CATEL (L.).

— La Prison de Dartmoor, ou Récit historique des infortunes et évasions des prisonniers français en Angleterre, sous l'empire, depuis 1809 jusqu'en 1814. 2 vol. in-8º. 1847. *Comon.* 15 fr.

CATELIN (Adolphe).

— F. Halévy. Notice biographique. Gr. in-8º. 1863. *Lévy frères.* 1 fr.

CATELIN (Charles).

— Chroniques et légendes des églises de France sous l'empereur Napoléon III. Illustration photographique, par E. Gross et H. Catelin. Publication des églises de Paris. Notre-Dame. Sainte-Madeleine. Livraisons 1 à 3. In-8º avec photographie. 1858. *Picard.*

— Les Enfantines. In-12. 1863. *Cantel et Cⁱᵉ.* 2 fr.

CATELIN (Ed. de).

— Code des actionnaires. Droits et devoirs des rentiers de l'État, des porteurs d'actions, obligations de chemins de fer, de valeurs industrielles négociées à la Bourse de Paris. In-12. 1857. *Lebrun et C*^{ie}. 1 fr. 25 c.

CATELLAN frères, pharmaciens homœopathes à Paris.

— Agenda médical homœopathique (exclusivement destiné aux médecins). In-24. 1858. *Baillière et fils.*

— Almanach homœopathique, ou Annuaire général de la doctrine hahnemanienne. In-12. 1860. *Ibid.* 3 fr. 50 c.

— Le même. 2e année. In-12. 1863. *Ibid.* 3 fr. 50 c.

— Nouvelle pharmacopée homœopathique. — Voy. *Jahr.*

*Cathédrale (la) de Bordeaux, étude historique et archéologique, par un prêtre du diocèse. In-12. 1864. Bordeaux, *V*^e *Dupuy et C*^{ie}. 2 fr. 50 c.

CATHELIN (l'abbé G.).

— Souvenirs littéraires du petit séminaire de Paris, ou Choix de devoirs en prose en poésie latines, faits par les élèves de troisième et de seconde au petit séminaire de Paris. 1838 - 1849. In-12, 17 f. 1849. *Poussielgue-Rusand.*

CATHELINEAU, docteur en médecine.

— Voyage à la lune, d'après un manuscrit authentique projeté d'un volcan lunaire. In-12 avec grav. 1865. *Ach. Faure.* 3 fr.

<small>Le nom de l'auteur n'est pas sur le titre, mais la préface est signée.</small>

CATHERINE II, impératrice de Russie, princesse de Anhalt-Zerbst, née à Stettin en 1729, morte en 1796.

— Mémoires de l'impératrice Catherine II, écrits par elle-même, et précédés d'une préface par A. Herzen. In-8°. 1859. Londres, *Trübner et C*^{ie}, 12 fr.

CATHERINE (Frédérique Catherine Sophie Dorothée), reine de Westphalie, fille de Frédéric Ier, roi de Wurtemberg, et épouse du roi Jérôme Bonaparte, née en 1783, morte en 1838.

— Mémoires, et correspondance. — Voy. *Jérôme.*

CATHERINE DE GÊNES (sainte), née en 1448, morte en 1510.

— Œuvres de sainte Catherine de Gênes, précédées de sa vie, par M. le vicomte Marie Théodore de Bussierre. In - 8° avec portrait. 1854. [Plancy, *Société de Saint-Victor.*] *Douniol.* 5 fr.

CATHERINE DE SIENNE (sainte), de l'ordre de Saint-Dominique, né à Sienne en 1347, morte en 1380.

— Lettres ; traduites de l'italien, par E. Cartier. 3 vol. in-8°. 1858. *Poussielgue-Rusand.* 15 fr.

CATHÉRINEAU (Jean), littérateur, ancien capitaine de vaisseau, né à Bordeaux en 1804.

— Construction navale. Traité élémentaire du système Cathérineau. In-8° avec 1 pl. 1854. Bordeaux, *Chaumas.* 1 fr.

— L'Encyclique et l'épiscopat français, satire. In-8°. 1865. Bordeaux, *Féret fils.* 50 c.

— Épître à Alexandre Dumas sur le volume des Bouts-rimés et sur son séjour à Bordeaux. In-8°. 1865. *Ibid.* 50 c.

— Julien, ou l'Amour d'un marin ; drame en cinq actes. In-8°. 1863. *Ibid.* 60 c.

— Mademoiselle de Thélise ; comédie en trois actes et en vers. In-8°. 1864. *Chez l'auteur.* 50 c.

*Catholicisme (le) devant le siècle des lumières, du progrès et de la liberté, par Léon Gaspard B... In-8°. 1864. Toulouse, *Caillol et Bourbon.* 1 fr. 25 c.

*Catholicisme (le), ou la Barbarie. Coup d'œil sur l'état de l'Europe à l'occasion de la guerre d'Orient, accompagné de documents peu connus et de pièces justificatives. In-8° de 5 f. 1854. *Gaume frères.*

CATIN aîné (Jean Baptiste).

— Nouveau Manuel pratique de la mouture anglaise, perfectionnée par la meunerie des environs de Paris. In-8°. 1865. Liége, *Grandmont-Donders.* 12 fr.

CATINEAU-LAROCHE.

— Amortissement de la dette publique de France. In-8°. 1859. *Ledoyen.* 1 fr.

— La France et l'Angleterre comparées sous le rapport des industries agricole, manufacturière et commerciale, et conséquence que l'on doit tirer de cette comparaison. In-8°. 1844. [Fontainebleau.] *Bouchard-Huzard.* 5 fr.

CATINELLI (le comte Charles).

— La Question italienne ; études. Édition originale française, par le docteur Henri Schiel. In-8°. 1859. Bruxelles, *Flatau.* 5 fr.

CATLIN (G.).

— La Vie chez les Indiens ; scènes et aventures de voyage parmi les tribus des deux Amériques. Ouvrage écrit pour la jeunesse. Traduit et annoté par F. de Lanoye et illustré de 25 grav. sur bois. In-12. 1863. *Hachette et C*^{ie}. 2 fr.

CATOIRE (le P. F.) a traduit de l'allemand : «Histoire de la religion» du P. *Wilmers*, et de l'italien : «le Directoire mystique» du P. *Scaramelli*; «l'Art de la perfection chrétienne» du cardinal *Sforza Pallavicino*; et «l'Incrédule sans excuse» du R. P. *Segneri.*

CATON (Marcus Porcius), surnommé l'Ancien, *Priscus*, ou le *Censeur*, né en 232 avant Jésus-Christ à Tusculum, aujourd'hui Frascati, mort en 147 avant l'ère chrétienne.

— Économie rurale, avec traduction en français. — Voy. *Nisard*, Collection.

CATON LE CENSEUR, pseudonyme.

— Le Baron de Saint-Ignace, ou Tartufe en 1850 ; comédie-drame en cinq actes et en vers, avec prologue et épilogue. In - 12. 1850. *Lévy frères.* 1 fr. 50 c.

CATONNET (A. J.).

— Traités complets théoriques et pratiques de l'arpentage, de la géodésie moderne, etc. 2e édition. In-12 avec pl. 1845. Amiens, *Caron - Vitet.* 3 fr. 50 c.

CATS (Jacob), littérateur hollandais.

— Jeux de l'enfance. (Poésies.) Traduction de l'abbé Adolphe Bloeme. Texte hollandais et français en regard. In-18. 1857. Saint - Omer, *imprimerie Fleury-Lemaire.* 1 fr.

CATTANEO (le P. Charles Ambroise), de la Compagnie de Jésus, mort à Milan en 1705.

— Exercices de saint Ignace pour une retraite de huit jours. Traduction de M. le chanoine D. G. Hallez. In-18. 1865. Tournai, *Casterman.* 2 fr.

CATTANEO (Charles), né à Milan en 1815.

— L'Insurrection de Milan en 1848. In-8°. 1848. *Amyot.* 3 fr.

CATTELOUP (B. D.), ancien médecin en chef de l'hôpital civil et militaire de Tlemcen, né à Gatteville en 1811.

— Recherches sur la dyssenterie du nord de l'Afrique. In-8°. 1851. *Dumaine.* 2 fr.

CATTET (l'abbé), ancien professeur de théologie et vicaire général, chanoine de Lyon, mort en 1858.

— L'Autorité en matière de foi, question débattue devant le tribunal du public. In-8°, 14 f. 1846. Lyon, *Denis.*

Avec le pasteur G. Fisch.

— Défense de la vérité sur le cardinal Fesch et sur l'administration apostolique de Lyon; par un ancien vicaire général de Mgr. d'Amasie. In-8°. 1843. [Lyon, *Dumoulin.*] *Poussielgue - Rusand.* 5 fr.

Anonyme.

— La Fausseté du protestantisme, suivie d'un appendice sur le méthodisme, ouvrage commencé par l'auteur de la Vérité de l'Église catholique démontrée, et achevé par son frère, l'abbé J. F. Cattet. 2 vol. in-8°. 1863. Lyon, *Périsse frères.* 13 fr.

— Les Guerres des protestants à Lyon de 1561 à 1572, ou Fragments de M. Montfalcon, jugés selon la vérité de l'histoire. In-8°, 13 f. 1847. Lyon, *Dumoulin.*

— Le Protestantisme sans principe de foi et sans les éléments d'une religion divine. Lettre sur l'autorité en matière de foi de M. Fisch, suivie de réflexions piquantes de plusieurs célébrités de la réforme touchant la secte et la célébrité du ministre. — Voy. *Migne*, Démonstrations évangéliques, tome 17.

— La Vérité sur le cardinal Fesch, ou Réflexions d'un ancien vicaire général de Lyon sur l'histoire de Son Éminence par M. l'abbé Lyonnet. In-8°. 1842. [Lyon, *Lesne.*] *Poussielgue-Rusand.* 3 fr.

Anonyme.

— La Vérité de l'Église catholique démontrée. 2 vol. in-8°. 1854. *Périsse frères.* 14 fr.

CATTET (l'abbé Jean François), frère du précédent, né à Neuville-sur-Saône en 1786, mort en 1865. Il a achevé l'ouvrage de son frère : la Fausseté du protestantisme. — Voy. ci-dessus.

CATTIN (l'abbé François), chanoine de Gap, aumônier des Ursulines à Saint-Cyr au Mont d'Or, né à Montluel.

— La Religieuse éclairée sur les devoirs de son état, ou Instruction théologique en faveur des religieuses, des novices, des aspirantes et de toutes les personnes qui désirent connaître leur vocation et en remplir les obligations. In-32. 1857. Lyon, *Pélagaud et Ci°.* 1 fr. 50 c.

— La Vie et le règne de Jésus-Christ dans les âmes des justes, et moyens pour parvenir à cette sainte union. Ouvrage extrait des œuvres du cardinal Bona et des Pères de la vie spirituelle. In-12. 1858. *Ibid.* 2 fr.

M. l'abbé Cattin a traduit : « Praxis confessarii », de saint Alphonse *Liguori.*

CATTOIS (le docteur Fr.).

— Architecture civile et domestique au moyen âge et à la renaissance. — Voy. *Verdier et Cattois.*

CATULLE ou CATULLUS (Caius Valerius), poëte latin, né en 86, mort vers 40 avant Jésus-Christ.

— Les Noces de Thétis et de Pélée, poëme de Catulle, traduit en vers français, suivi de poésies diverses, par Henri Dottin, et précédé d'une notice sur Catulle, par M. de Pongerville. Pet. in-8°. 1840. *Gosselin.*

— Poésies de Catulle. Le Moretum de Virgile. Traduction en vers français de P. de Constantin. In-12. 1859. *Dentu.* 2 fr.

— Poésies complètes de Catulle. Nouvelle traduction en vers français, par A. Canel. In-12. 1860. Rouen, *Lebrument.* 4 fr.

— Œuvres complètes, avec traduction française. — Voy. *Nisard*, Collection.

— Catulle. Traduction nouvelle, par M. C. Denaufrid. — Tibulle; traduction de Mirabeau. — Properce; traduction de Delongchamps. — Veillée de Vénus; traduction nouvelle. In-18, 17 f. 1845. *Garnier frères.*

Le texte latin est au bas des pages.

— Catulle, Tibulle et Properce. — Traduction de la collection Panckoucke, par MM. Heguin de Guerle, A. Valatour et J. Genouille. Nouvelle édition, très-soigneusement revue par M. A. Valatour. In-12. 1860. *Ibid.* 3 fr. 50 c.

CAUCHIE (Jules).

— Napoléoniennes; poésies suivies de Parisina, poëme. In-8°, 457 p. 1860. Noyon, *Andrieux.*

CAUCHOIS (H.), ancien orateur du Grand Orient de France.

— Cours oral de franc-maçonnerie symbolique en douze séances. In-8°. 1863. *Dentu.* 3 fr.

CAUCHOIS-LEMAIRE (Louis Auguste François), publiciste et historien, né à Paris en 1789.

— Histoire de la révolution de 1830, précédée d'un résumé historique de la Restauration et d'une esquisse préliminaire sur le mouvement démocratique. Tome Ier. In-8°. 1841. *Perrotin.* 7 fr. 50 c.

Ouvrage inachevé.

CAUCHY (Augustin Louis, baron), mathématicien, membre de l'Institut, né à Paris en 1789, mort à Sceaux en 1857.

— Considérations sur les ordres religieux, adressées aux amis des sciences. In-8°. 1844. *Poussielgue-Rusand.* 1 fr.

— Le même. In-12. 1849. *Ibid.* 2 fr. 50 c.

— Leçons de calcul différentiel et de calcul intégral. — Voy. *Moigno.*

— Quelques réflexions sur la liberté d'enseignement. In-8°, 3 f. 1844. *Sirou.*

CAUCHY (Eugène), frère du précédent, membre de l'Institut (Académie des sciences morales et politiques), ancien maître des requêtes au conseil d'État, ancien garde des archives de la chambre des pairs, né à Paris en 1802.

— Le Droit maritime international, considéré

dans ses origines et dans ses rapports avec les progrès de la civilisation. 2 vol. in-8°. 1863. *Guillaumin et Cie.* 15 fr.

— Du Duel, considéré dans ses origines et dans l'état actuel des mœurs. 2 vol. in-8°. 1846. *Hingray.* 15 fr.

Nouvelle édition en 1863 chez *Guillaumin et Cie.* 10 fr.

— De la Propriété communale et de la mise en culture des communaux à l'occasion du projet de décret proposé à l'Assemblée nationale par son comité de l'administration départementale et communale. In-8°. 1848. *Ibid.* 2 fr. 50 c.

CAUDEMBERG (Girard de). — Voy. **Girard de Caudemberg.**

CAUDÉRAN (l'abbé).

— Dialecte bordelais; essai grammatical. In-8°. 1862. *Aubry.* 2 fr.

CAUDERLIER, ancien traiteur à Gand.

— La Cuisinière. In-18. 1864. Gand, *Hoste.* 1 fr. 25 c.

— L'Économie culinaire. In-12. 1861. Gand, *De Busscher frères.* 5 fr.

2e édition en 1864, Bruxelles, *Lebègue et Cie.* 5 fr.

CAULUSON (Bienassis de). — Voy. **Bienassis de Cauluson.**

CAUMARTIN (de).

— Procès-verbal de la recherche de la noblesse de Champagne. — Voy. *d'Hozier.*

CAUMARTIN (L.).

— Entre Liége et Maëstricht. Promenades dans les environs de Visé. 2e édition. In-12. 1862. Liége, *F. Renard.* 2 fr. 50 c.

CAUMONT (le seigneur de).

— Voyage d'oultremer en Jhérusalem, par le seigneur de Caumont, l'an MCCCCXVIII, publié pour la première fois d'après le manuscrit du Musée britannique, par le marquis de la Grange. In-8°. 1858. *Aubry.* 7 fr. 50 c.

CAUMONT (Aldrick), avocat au Havre, professeur de droit commercial et maritime et de droit économique à l'Hôtel de ville du Havre, né en 1825.

— Dictionnaire universel du droit commercial maritime, ou Répertoire méthodique et alphabétique de législation, doctrine et jurisprudence nautiques, avec sommaires et tables. 2e édit. Gr. in-8°. 1857-1858. [Le Havre, *Lemale.*] *Durand.* 24 fr.

Cet ouvrage a été publié en 40 livraisons.

— Droit maritime. Table de 60 ans. 1804-1864. Législation, doctrine et jurisprudence sur l'abordage maritime, avec une table alphabétique, méthodique et raisonnée. In-8°. 1864. *Ibid.* 5 fr.

— Étude sur la vie et les travaux de Grotius, ou le Droit naturel et le droit international. In-8°. 1862. *Ibid.* 5 fr.

— De l'Extinction des procès, ou l'Amiable composition remplaçant l'arbitrage volontaire. Gr. in-8°. 1859. *Ibid.* 5 fr.

— Institution du crédit sur marchandises, ou le Commerce du monde d'après les travaux législatifs et les règlements d'administration publique sur les warrants français; avec un traité complet, méthodique et raisonné sur les courtiers de commerce en général, précédé d'une synthèse alphabétique et analytique. Gr. in-8°. 1859. *Ibid.* 5 fr.

— Moralité dans le droit. Discours de clôture

d'un cours public de droit économique professé à l'Hôtel de ville du Havre. In-8°. 1864. *Ibid.* 1 fr.

— Nantissement et vente des navires. Application des warrants à la propriété maritime. In-8°. 1863. *Ibid.* 1 fr.

— Plan de Dieu, ou Physiologie du travail. In-8°. 1862. *Ibid.* 1 fr.

— Revue critique de jurisprudence maritime. 1re étude : Considérations générales sur les contrats nautiques. 2e étude : Assurance du fret à faire et du profit espéré. In-8°. 1861. *Ibid.* 1 fr.

— Le même. 3e étude : Des gens de mer. Révision du titre 5, livre 2, C. comm., art. 250 à 227. In-8°. 1863. *Ibid.* 1 fr.

CAUMONT (Arcisse de), antiquaire et géologue, fondateur de la Société linnéenne de Normandie, de la Société pour la conservation des objets d'art, et des Congrès scientifiques de province, directeur du Bulletin monumental de Caen, né à Bayeux (Calvados) en 1802.

— Abécédaire, ou Rudiment d'archéologie. 3 vol. in-8°. [Caen, *Hardel.*] *Derache.*

Architecture religieuse. 3e édition. Avec 1 pl. et des figures dans le texte. 1854. 7 fr. 50 c.
La 1re édition de ce volume est de 1850, la 2e de 1857.
Architecture civile et militaire. Avec portrait-vignette dans le texte. 1858. 7 fr. 50 c.
Ère gallo-romaine. Avec fig. dans le texte. 1862. 7 fr. 50 c.

— Cours d'antiquités monumentales, professé à Caen, en 1830. Histoire de l'art dans l'ouest de la France, depuis les temps les plus reculés jusqu'au xviie siècle. 6 vol. in-8° avec atlas in-4° oblong. 1831-1843. In-8°. *Ibid.* 72 fr.

Cet ouvrage est divisé en 6 parties. 1° Ère celtique. 2° et 3° Ère gallo-romaine. 4° Moyen âge, architecture religieuse. 5° Architecture militaire et civile. 6° Fonts baptismaux, autels, tombeaux, peintures sur verre, fresques, émaux, boiseries. — Chaque partie est accompagnée d'un atlas et se vend séparément, 12 fr. La 4e a été réimprimée en 1842.

— Feuille de route de Caen à Cherbourg, à l'usage des membres de la 27e session du congrès scientifique de France. In-8° avec vignettes. 1861. *Ibid.* 3 fr.

— Statistique monumentale du Calvados. 5 vol. in-8° avec planches. 1847-1862. *Ibid.* 48 fr.

— Statistique monumentale de l'arrondissement de Bayeux. In-8° avec fig. dans le texte. 1858. *Ibid.* 12 fr.

— Statistiques routières de la basse Normandie. In-8°, 23 f. avec fig. dans le texte. 1855. *Ibid.*

M. de Caumont a traduit : « Relation d'une excursion monumentale en Sicile et en Calabre », de *Gally-Knight.*

CAUMONT (Fréd.).

— Choix de lectures intéressantes pour le cœur et pour l'esprit. In-8° avec 4 lithographies. 1851. Mulhouse, *Risler.*

— Recueil gradué de poésies françaises. 2e édition, suivie d'un petit article sur la versification française. In-8°. 1852. Bâle, *Schweighauser.* 2 fr.

M. F. Caumont a traduit de l'allemand: « Vie du peintre Jean Holbein », de *Lewald.*

CAUMONT (Henri), pasteur et professeur à Zurich depuis 1847, né à Neuchâtel (Suisse), en 1813.

— Jean Jacques Rousseau et l'Isle de Saint-Pierre. In-8°. 1859. Zurich, *Höhr.* 1 fr. 25 c.

— Le Pasteur et le Jardinier. Lettre sur l'éducation des petits enfants. In-12. 1845. Neuchâtel. *Kissling.*

M. H. Caumont a traduit de l'allemand : *Rambach*, Sept méditations sur les dernières paroles du Sauveur.

CAUNA (Bernard Augustin de CABANNES, baron de), né à Sever (Landes) en 1822.

— Armorial des Landes; précédé des cahiers du tiers état et de la noblesse des Landes en 1789. In-8°. 1863. Bordeaux, *imprimerie V° Dupuy et C*. 8 fr.

— Armorial des Landes, tome II, précédé des assemblées de la noblesse et du clergé de Dax et des cahiers de la noblesse d'Albret. In-8°. 1865. *Ibid.* 8 fr.

— Clergé et noblesse des Landes. Armorial. In-8°. 1864. *Ibid.* 2 fr.

CAUNIÈRE (Ferdinand), ancien magistrat à l'île de la Réunion.

— La Médecine naturelle devant ses juges et devant l'opinion. In-8°. 1858. *Dentu.* 1 fr. 50 c.

— De la Médecine naturelle chez les anciens et les modernes, considérée surtout au point de vue de la thérapeutique. In-8°. 1864. *Ibid.* 6 fr.

— Notice sur l'hygiène de la médecine naturelle indo-malgache. 3° édition. In-8°. 1864. *Ibid.* 2 fr.

La 1re édition sous le titre : « De la médecine naturelle indomalgache considérée surtout au point de vue de la thérapeutique », a paru en 1862. 3 fr.

— Requête de la médecine naturelle à l'Académie des sciences. In-8°. 1861. *Ibid.* 1 fr.

CAUPERT (l'abbé), professeur de philosophie au grand séminaire de Versailles.

— Dieu et l'homme dans leurs rapports. 1° Moïse et la science moderne; 2° Mythologues allemands; 3° Magnétisme humain; 4° Phrénologie. In-8°. 1854. *Douniol.* 4 fr.

Cet ouvrage est le même que le suivant, le titre seul a été réimprimé.

— La Théorie des relations considérée comme base de la science et du progrès actuel. In-8°. 1852. *Leroux et Jouby.* 3 fr. 75 c.

CAUQUIL (le docteur), ancien maire de la ville d'Oran, membre du conseil général de la province d'Alger.

— Études économiques sur l'Algérie. Administration, colonisation, cantonnement des indigènes. Gr. in-8°. 1860. [Oran.] *Challamel.* 2 fr.

CAURIANA (Philippe), médecin et littérateur italien.

— De obsidione Rupellæ Commentarius. Histoire du siége de la Rochelle en 1573, traduite du latin; publiée par la Société littéraire de la Rochelle. In-8°, 12 f. et 2 plans. 1856. La Rochelle, *Siret.*

Texte latin. Traduction en regard. Imprimé d'après un manuscrit de la bibliothèque de la Rochelle.

CAURROY DE LA CROIX (A. M. De). — Voy. Du Caurroy de la Croix.

*Cause première de toutes les crises sociales, financières, alimentaires, industrielles, etc. In-8°. 1858. [Caen, *Delos.*] *Dentu.* 1 fr.

*Causeries de gourmets et de chasseurs. Toute la partie de la gastronomie, par le secrétaire d'Ant. Carême; toute la partie de la chasse, par Elzéar Blaze. In-32 avec 2 grav. 1844. *Martinon.*

*Causeries maternelles sur les premiers dons de Dieu, étudiés dans la nature et dans l'histoire des peuples. Petites leçons historiques offertes aux mères et aux directrices des enfants, avec deux tableaux chronologiques, par Me***, inspectrice. In-8°. 1852. [Montpellier, *Bœhm.*] *Hachette.* 5 fr. 50 c.

*Causeries du Père Silvestre, ou Encouragements et conseils aux habitants de la campagne. In-12. 1861. Lyon, *Girard et Josserand.* 2 fr.

CAUSSADE (le R. P. Jean Pierre), de la Compagnie de Jésus.

— L'Abandon à la Providence divine envisagé comme le moyen le plus facile de sanctification. Ouvrage inédit, revu et mis en ordre par le P. H. Ramière. In-18. 1861. *Ruffet et C.* 80 c.

CAUSSÉ (le docteur Séverin), d'Albi (Tarn).

— Considérations générales sur le phosphore, les pâtes phosphorées et les allumettes chimiques. In-8°. 1855. *J. B. Baillière.* 2 fr. 50 c.

— Mémoire sur l'empoisonnement par les allumettes chimiques, et indications sur les moyens à mettre en pratique pour faire cesser le danger d'empoisonnement et pour soustraire les ouvriers qui fabriquent les allumettes chimiques à la nécrose. In-8°. 1854. *Ibid.* 1 fr. 50 c.

Avec M. A. Chevallier.

Extrait du « Bulletin de l'Académie de médecine ».

CAUSSETTE (le R. P.), supérieur des prêtres du Sacré-Cœur, missionnaire du diocèse de Toulouse.

— Vie du cardinal d'Astros, archevêque de Toulouse. In-8° avec portrait. 1853. [Toulouse.] *Vaton.* 8 fr.

CAUSSIDIÈRE (Marc), préfet de police de Paris et représentant du peuple en 1848, né à Genève, en 1808.

— Mémoires de Caussidière, ex-préfet de police et représentant du peuple. 2 vol. in-8°. 1848. *Léry frères.* 12 fr.

CAUSSIN (le P. Nicolas), théologien ascétique, de l'ordre des Jésuites, confesseur de Louis XIII, né à Troyes, en 1583, mort en 1651.

— Œuvres choisies. — Voy. *Migne*, Collection des orateurs sacrés, 1re série, tome 1er.

— La Femme; tiré des œuvres du P. Caussin. — Voy. *Bouniol.*

— Une Vocation et une disgrâce à la cour de Louis XIII. Lettre inédite du P. Caussin à Mlle de La Fayette sur des faits qui les concernent l'un et l'autre; précédée d'une introduction par le P. Ch. Daniel. In-12. 1861. *Brunet.* 2 fr.

CAUSSIN DE PERCEVAL (Armand Pierre), orientaliste, membre de l'Institut, professeur au Collège de France et à l'École des langues orientales vivantes, né à Paris, en 1795, mort en 1865.

— Essai sur l'histoire des Arabes avant l'islamisme, pendant l'époque de Mahomet, et jusqu'à la réduction de toutes les tribus sous la loi musulmane. 3 vol. in-8° avec pl. 1847-1849. *Didot.* 25 fr.

— Grammaire arabe vulgaire, pour les dialectes d'Orient et de Barbarie. 4° édition. In-8°. 1858. *Maisonneuve et C.* 8 fr.

La 1re édition est de 1824.

M. Caussin de Perceval a publié le « Dictionnaire français-arabe » de E. Bocthor. — Voy. ce nom.

CAUVAIN (Henri), avocat, rédacteur du « Constitutionnel », né en 1815, mort en 1858.

— De la Colonisation de l'Algérie. In-18. 1857. *Dentu.* 1 fr.

— De la Situation et de l'avenir des offices ministériels. Lettre à M. Crémieux. In-8°. 1848. *Laisné.* 50 c.

CAUVAIN (Jules).

— Les Buveurs d'absinthe. — Voy. *Féré et Cauvain.*

— Contes et chroniques des eaux et des bains de mer. In-12. 1865. *Librairie centrale.* 2 fr.

Baden-Baden. — Une passion de Damoclès. — Dieppe et ses environs. — Mlle Laigle et M. Lescarbot.

— L'École des loups. — Voy. *Féré et Cauvain.*

CAUVARD (l'abbé).

— Vie de saint Agnan, évêque d'Orléans. In-12. 1863. Dijon, *Bernaudat.*

CAUVET (Jules), avocat.

— Le Collège des droits de l'ancienne Université de Caen. Essai historique. In-8°. 1858. Caen, *Hardel.* 3 fr.

— Du Maintien de l'organisation judiciaire actuelle. In-8°. 1848. *Imprimerie Hennuyer.* 1 fr. 50 c.

Extrait de la « Revue de législation et de jurisprudence ».

— Traité sur les assurances maritimes, comprenant la matière des assurances, du contrat à la grosse et des avaries. 2 vol. in-8°. 1862-1863. *Durand.* 15 fr.

CAUVIN (Joseph).

— Le Jésuitisme devant le sens commun. In-18. 1865. *Paulmier.* 80 c.

CAUVIN (Thomas), antiquaire, né à Caen, en 1762, mort au Mans, en 1846.

— Documents relatifs à l'histoire des corporations d'arts et métiers du diocèse du Mans, rassemblés par Th. Cauvin et publiés par M. l'abbé Lochet. In-12. 1860. Le Mans, *Monnoyer.* 5 fr.

CAUWET (Alfred), professeur de langues.

— Contes du foyer. In-12. 1861. *Dentu.* 3 fr.

— Les Émotions poétiques. In-18. 1858. Saint-Omer, *Fleury-Lemaire.* 1 fr.

— Une Explication entre l'Italie et l'Autriche. (Vers.) In-8°. 1859. *Dentu.* 50 c.

— Le Négrophile; comédie en un acte et en prose. In-12. 1864. *Lévy frères.* 1 fr.

— La Prononciation française en vingt leçons. In-12. 1860. Saint-Omer, *Fleury-Lemaire.*

— Rose et Papillon; comédie de salon en un acte, en vers. In-12. 1864. *Lévy frères.* 1 fr.

CAUX (G. Grimaud de). — Voy. **Grimaud de Caux.**

CAVAILLAC-LAGARD.

— De l'Éducation par le clergé, comparée à l'enseignement universitaire. In-12. 1844. *Martinon.* 2 fr.

CAVALCA (le R. P. Dominique), théologien ascétique, de l'ordre des Dominicains, né à Vico-Pisano, au xive siècle.

— L'École de la vie spirituelle et le Traité des nombreuses inconséquences du chrétien dans le combat spirituel. Traduit de l'italien par l'abbé C. A. Ozanam. In-12. 1854. Tours, *Mame.* 1 fr.

CAVALCASELLE (G. A.).

— Les Anciens peintres flamands. — Voy. *Crowe et Cavalcaselle.*

***Cavalerie** (la), sa situation actuelle et son amélioration prochaine. In-8°. 1863. *Tanera.* 3 fr.

CAVALIER (C.), professeur agrégé à la Faculté de médecine de Montpellier et médecin en chef de l'asile public d'aliénés de Montpellier.

— Année médicale. — Voy. *Année.

— Médecine légale des aliénés. — Voy. *René et Cavalier.*

CAVALIER (le docteur Jules).

— Le Nouveau sceau enlevé, ou la Draceniade; poëme héroï-comique, suivi de la Pierre de la fée; légende provençale. In-12 avec 1 pl. 1841. *Didier et Cie.*

Publié sous le pseudonyme de *Jean Jérôme Hermolaüs.*

— Le même. 2e édition. In-8°. 1842. *Ibid.*

Signé : « Par le docteur *Jules C.* »

CAVALLI (Jean), officier italien, colonel d'artillerie, membre du conseil des mines, de l'Académie des sciences de Turin, député au parlement italien.

— Aperçu sur les canons rayés se chargeant par la bouche et par la culasse, et sur les perfectionnements à apporter à l'art de la guerre en 1861. In-4° avec 4 pl. 1862. [Turin, *Bocca.*] *Tanera.* 12 fr.

— Mémoire sur les canons se chargeant par la culasse, sur les canons rayés et sur leur application à la défense des places et des côtes. In-8° avec atlas in-fol. et 7 pl. 1849. *Corréard.* 15 fr.

— Mémoire sur les équipages de ponts militaires. In-8° avec 10 pl. 1843. *Ibid.* 7 fr. 50 c.

— Mémoire sur divers perfectionnements militaires, comprenant quelques essais sur les canons se chargeant par la culasse et sur les canons rayés pour l'artillerie de place, de siège, de campagne et de la marine, etc. Traduit de l'italien. In-8° avec 4 pl. 1856. *Dumaine.* 7 fr.

— Mémoire sur la théorie de la résistance statique et dynamique des solides, surtout aux impulsions comme celle du tir des canons. In-4° avec pl. 1863. [Turin, *imprimerie royale.*] *Tanera.* 10 fr.

CAVANAGH (Morgan-). — Voy. **Morgan-Cavanagh.**

CAVANIOL (Henry), étudiant en droit, né à Chaumont (Haute-Marne) en 1845.

— Daniel. In-12. 1864. Chaumont, *Lhuillier.* 1 fr.

— Une Légende. In-16. 1865. *Ibid.* 1 fr.

— Une Scène du désert. In-16. 1863. Chaumont, *Cavaniol.* 1 fr.

CAVARRA (A.).

— Des Maladies de la femme et des médicaments les plus efficaces à employer dans leur traitement. In-18. 1841. *Masson.* 3 fr. 50 c.

CAVASSE (Auguste), docteur en médecine, membre de la Société anatomique, né au Cannet, près Cannes, en 1833.

— Annuaire général des sciences médicales. 1re année, 1857. In-12. *Labé.* 5 fr.

— Le même. 2e et 3e années, 1858, 1859. In-12. — Delahaye. Chaque volume, 5 fr.

— Le même. 4e année, 1860. In-12. *Ibid.* 5 fr. 0 c.

— L'Année médicale. Annuaire général des sciences médicales. Nouvelle série. 1re année, 1862. 1er semestre, tome 1. In-8°. 1864. *Ibid.* 6 fr.

La publication paraît interrompue.

CAVÉ (Marie Élisabeth Blavot, veuve), femme artiste, membre de l'Académie des beaux-arts d'Amsterdam, née à Paris, en 1810.

— La Couleur. 3e édition. In-8°. 1863. *Plon.* 3 fr.

— Le Dessin sans maître. Méthode Cavé pour apprendre à dessiner de mémoire. 4e édition, revue, corrigée et augmentée par l'auteur. In-8°. 1857. *Philipon.* 3 fr.

La 1re édition a paru en 1850.

— L'Aquarelle sans maître. Méthode pour apprendre l'harmonie des couleurs. In-8°. 1856. *Ibid.* 3 fr.

2e partie du « Dessin sans maître ».

— La Religion dans le monde. Conseils à ma filleule. In-12 avec 3 dessins. 1855. *Plon.* 2 fr.

— Le même. 2e édition, augmentée de 3 lettres. In-12 avec dessins. 1862. *Ibid.* 2 fr.

— La Femme aujourd'hui, la femme autrefois. In-8° avec portraits. 1863. *Ibid.* 4 fr.

CAVELIER DE CUVERVILLE (Jules Marie Armand), lieutenant de vaisseau, né en 1834 dans le département des Côtes-du-Nord.

— L'Artillerie navale aux États-Unis. Traduit de l'anglais par M. Cavelier de Cuverville. In-8°. 1865. *Corréard.* 2 fr.

— Les Bâtiments cuirassés. In-8°. 1865. *Ibid.* 2 fr.

— Cours de tir. Études théoriques et pratiques sur les armes portatives. Développement des leçons professées à l'École navale. In-8° avec 15 pl. 1864. *Dumaine.* 15 fr.

— La Marine des États-Unis. Traduit de l'anglais. — Voy. *Donald Mckay.*

M. Cavelier de Cuverville a fourni quelques articles au « Journal des sciences militaires », au « Journal des armes spéciales » et aux « Annales du Génie civil ».

CAVELLO BALBOA (Miguel). — Voy. **Balboa.**

CAVENDISH (Georges).

— Le Richelieu de la Grande-Bretagne, ou Mémoires sur le cardinal Wolsey; avec des notes par S. W. Singer. Traduit de l'anglais, sur la 4e édition, par le comte de Barna. In-8°, 13 f. 1841. *Georges.*

CAVENNE (Constant).

— Études sur les hernies abdominales et leur cure radicale. In-8° avec 3 pl. 1844. *Just Rouvier.* 2 fr. 50 c.

CAVENNE (Ferdinand).

— Un Mot sur l'administration. In-8°. 1863. *Dentu.* 50 c.

CAVEREL (Philippe de), religieux de Saint-Vaast.

— Ambassade en Espagne et en Portugal (en 1582), du R. P. en Dieu dom Jean Sarrazin, abbé de Saint-Vaast, du conseil d'Estat de Sa Majesté Catholique, son premier conseiller en Artois, etc.;

précédé d'une notice sur l'auteur, par A. d'Héricourt. In-8°. 1860. Arras, *Courtin.* 5 fr.

CAVEYRAC (l'abbé Novy de). — Voy. **Novy de Caveyrac.**

CAVOLEAU (J. A.), membre de la Société d'agriculture, né à Legé, en 1754, mort en 1839.

— Statistique, ou Description générale du département de la Vendée; annotée et considérablement augmentée par A. D. de La Fontenelle de Vaudoré. In-8°, 60 f. et 1 carte. 1844. [Fontenay-le-Comte, *Robuchon.*] *Dumoulin.* 10 fr.

CAVOS (Albert), architecte.

— Reconstruction du grand théâtre de Moscou, dit Petrowski. Notice descriptive accompagnée de 20 magnifiques planches en noir, teintées, ornementées et en chromo-lithographie. Dédié à S. M. Alexandre II, empereur de toutes les Russies. Gr. in-fol. 1860. *Daziaro.* 50 fr.

— Traité de la construction des théâtres. Ouvrage contenant toutes les observations pratiques sur cette partie de l'architecture. In-8° avec atlas in-fol. de 25 pl. 1847. *Mathias.* 30 fr.

CAVOUR (Camille Benso, comte de), homme d'État italien, né à Turin, en 1809, mort en 1861.

— Lettres inédites du comte de Cavour au commandeur Urbain Rattazzi, traduites en français et précédées d'une étude sur « le Piémont depuis 1848 et M. Rattazzi », par M. Charles de La Varenne, avec un portrait de M. Rattazzi. In-12. 1862. *Dentu.* 3 fr. 50 c.

— Œuvre parlementaire du comte de Cavour, traduite et annotée par J. Artom et Albert Blanc. In-8°. 1862. *Hetzel.* 7 fr. 50 c.

*Cavour jugé par trois hommes d'État. In-8°. 1861. *Dentu.* 1 fr.

CAVOUR (le marquis Gustave de), frère du comte Camille Cavour, mort en 1864.

— Instructions familières d'un père à ses enfants sur la religion et la morale. In-12. 1865. *Lesort.* 3 fr. 50 c.

CAVRINES (E. H. F. de), pseudonyme.

— Esquisses historiques des troubles des Pays-Bas au xvie siècle. 1re partie. In-8°. 1865. Bruxelles, *V. Vromant.* 2 fr.

— Le même. 2e partie. 1865. *Ibid.* 5 fr.

CAVROIS (N.), agent voyer en chef.

— Manuel des agents voyers, experts, etc., en matière de subventions industrielles. In-8°. 1862. *Lacroix.* 3 fr.

CAYET (Pierre Victor).

— Oraison funèbre sur le trespas regrettable et enterrement honorable du révérend, vénérable et scientifique messire René Benoist, curé de Saint-Eustache, prononcé dans Saint-Eustache le lundi 10 mars 1608, par M. Pierre Victor Cayet; précédée d'un avertissement par le prince Augustin Galitzin. In-8° de iii et 30 p. 1864. Angers, *imprimerie Cosnier et Lachèse.* 2 fr.

Tiré à 100 exemplaires numérotés.

CAYLA (Georges Maurice de Guérin). — Voy. **Guérin.**

CAYLA (Jean Mamert), journaliste et littérateur, né au Vigan, en 1812.

— Célébrités européennes. Tome Ier. Gr. in-8°. 1855. *Boisgard.* 5 fr.

— César Pontife. Réponse à l'encyclique du 8 décembre. In-8°. 1865. *Dentu*. 1 fr.

— Ces bons messieurs de Saint-Vincent de Paul. In-12. 1863. *Ibid*. 3 fr.

3º édition augmentée en 1864. 3 fr. 50 c.

— Le Congrès de Malines, ou la Conspiration jésuitique. In-16. 1864. *Ibid*. 60 c.

— La Conspiration cléricale. In-8°. 1862. *Ibid*. 1 fr.

— Le Diable, sa grandeur et sa décadence. In-12. 1864. *Ibid*. 3 fr. 50 c.

— L'Enfer démoli. In-12. 1865. *Ibid*. 3 fr.

— La France sans le pape. In-8°. 1861. *Ibid*. 1 fr.

— Histoire des arts et métiers et des corporations ouvrières de la ville de Paris. — Voy. *Dulaure*, Histoire de Paris.

— Histoire des capitales. Constantinople ancienne et moderne, depuis sa fondation jusqu'à nos jours. In-4° illustré. 1855. *Boisgard*. 1 fr. 50 c.

— Histoire des invalides. In-4° illustré. 1858. *Bry aîné*.

— Histoire des vaisseaux. La Belle-Poule. Le Vengeur. La Sémillante. Le Henri IV. In-4° illustré. 1855. *Boisgard*. 60 c.

— Le Milliard des couvents. In-8°. 1865. *Dentu*. 1 fr.

— Le Nouveau pape. In-8°. 1862. *Ibid*. 1 fr.

— Pape et empereur. In-8°. 1860. *Ibid*. 1 fr.

— Pape et Pologne. In-8°. 1863. *Ibid*. 1 fr.

— Plus de couvents. In-8°. 1861. *Ibid*. 1 fr.

— Plus de pape-roi. In-8°. 1862. *Ibid*. 1 fr.

— Plus de question romaine. Appel au concile national. In-8°. 1861. *Ibid*. 1 fr.

— Les Prêtres à marier. In-8°. 1861. *Ibid*. 1 fr.

— Le 89 du clergé. In-8°. 1861. *Ibid*. 1 fr.

— Si j'étais pape; solution et conclusion. In-8°. 1861. *Ibid*. 1 fr.

M. Cayla a traduit de l'anglais: *Alison*, la Nouvelle réforme; il a donné une introduction et un épilogue à l'ouvrage de d'*Alembert* sur la destruction des jésuites.

CAYLUS (le comte de), mort en 1765.

— Féeries nouvelles. In-18. 1863. [Avignon, *Chaillot*.] *Vrayet de Surcy*. 1 fr.

CAYLUS (Ernest).

— Politique extérieure des États-Unis. Doctrine Monroe. In-8°. 1865. *Dentu*. 1 fr.

CAYLUS (Marthe Marguerite DE VILLETTE, DE MURÇAY, marquise de), née dans le Poitou en 1673, morte en 1729.

— Souvenirs de Mme de Caylus. Nouvelle édition, avec une introduction et des notes, par M. Charles Asselineau. In-18, avec portraits et grav. 1860. *Techener*. 8 fr.

La 1re édition, publiée par Voltaire, a paru en 1770 à Amsterdam.

CAYOL (le docteur), rédacteur en chef de la « Revue médicale », mort en....

— De la Fièvre typhoïde et du typhoïdisme. In-4°. 1853. *Dentu*. 1 fr. 50 c.

— Du Ver rongeur de la tradition hippocratique. Défense de l'hippocratisme moderne contre les attaques d'un certain parti néo-catholique. In-8°. 1854. *Ibid*. 1 fr. 50 c.

CAYOL (Joseph Amédée), sous-intendant militaire de 1re classe, ancien élève de l'École polytechnique, né à Marseille en 1815.

— Manuel de l'administration des corps de troupes en campagne. In-8°. 1862. *Dumaine*. 4 fr.

— Manuel du matériel des équipages de campagne des troupes. In-8° avec 7 pl. 1865. *Ibid*. 4 fr.

CAYOL (l'abbé Jean Jacques), professeur de philosophie à Marseille, né à Marseille en 1812.

— La Divinité du catholicisme démontrée par la nécessité d'une religion révélée. In-12. 1862. Marseille, *chez l'auteur*. 2 fr.

— Histoire de la vraie religion d'après ceux qui avaient intérêt à la combattre, ou Preuves historiques de la divinité du christianisme, tirées des aveux de ses ennemis. In-12. 1851. *Lecoffre*. 3 fr. 50 c.

CAYON (Jean), inspecteur correspondant du ministère de l'intérieur pour les monuments historiques du département de la Meurthe, né à Nancy en 1810, mort dans la même ville en 1865.

— Ancienne chevalerie de Lorraine, ou Armorial historique et généalogique des maisons qui ont formé ce corps souverain, en droit de siéger aux assises. In-4° avec 1 pl. 1850. Nancy, *Cayon-Liébault*. 30 fr.

— Chronique et description du lieu de la naissance, à Lay-Saint-Christophe, de saint Arnou, évêque de Metz, duc d'Aquitaine et d'Austrasie, tige des deuxième et troisième races des rois de France et d'autres maisons souveraines et princières. Avec fig. des monuments traditionnels de ces époques. In-4° avec 14 pl. 1850. *Ibid*. 10 fr.

Imprimé à 90 exemplaires.
En collaboration de L. E. Ancelon.

— Les Ducs de Lorraine. 1048-1737. Costumes et notices historiques. Le tout recueilli, dessiné, décrit et gravé sur cuivre, d'après les sceaux, les monnaies, les tombeaux de ces princes, les vitraux, les peintures murales ou autres, les manuscrits et les documents authentiques, pour servir à l'histoire de Lorraine. In-4° avec 35 pl. 1854. *Ibid*. 20 fr.

Tiré à 125 exemplaires.

— Église des Cordeliers, à la chapelle ronde; sépultures de la maison de Lorraine, à Nancy. Histoire et description de ces édifices avec grav. et plans. In-8° avec 9 pl. 1842. *Ibid*. 6 fr.

— Histoire physique, civile, morale et politique de Nancy, ancienne capitale de la Lorraine, depuis son origine jusqu'à nos jours. In-8° avec 36 fig. et plans. 1846. *Ibid*. 10 fr.

— Monuments anciens et modernes de la ville de Nancy, ancienne capitale de la Lorraine, chef-lieu du département de la Meurthe. In-8° avec 38 pl. et 2 plans. 1847. *Ibid*. 4 fr.

CAYOT-DÉLANDRE (François Marie), historien et archéologue, né à Reims en 1796, mort à Vannes en 1848.

— Le Morbihan, son histoire, ses monuments. In-8° avec atlas de 20 pl. in-4°. 1847. *Dumoulin*. 72 fr.

CAYRADE (le docteur).

— Recherches critiques et expérimentales sur les mouvements réflexes. In-8°. 1864. *Adr. Delahaye*. 3 fr.

CAYROL (de) a recueilli et publié les lettres inédites de *Voltaire*.

CAYROL (L. N. J. J.), ancien membre de la chambre des députés.

— Essai historique sur la vie et les ouvrages de Gresset. In-8°, 45 f. avec portrait et fac-simile. 1845. [Amiens, *Caron-Vitet*.] Dumoulin.

CAYRON (Claude Antoine Jules), connu en littérature sous le nom de Jules **Noriac**.

CAYRON (J. B. L.).

— Manuel grec. In-12. 1849. Lyon, *Périsse frères*. 3 fr. 50 c.

— La Famille royale et l'opposition. In-8°, 4 f. 1843. Lyon, *chez l'auteur*.

M. Cayron a donné une traduction française de « l'Iliade ». — Voy. *Homère*.

CAYX (Charles), historien, vice-recteur de l'Académie de Paris, ancien député; né à Cahors en 1795, mort en 1858.

— Précis de l'histoire de France. 1re partie. Histoire au moyen âge. 2e édition. In-8°. 1841. *Colas*. 5 fr.

La 2e partie (temps modernes) est de M. Poirson. — Voy. ce nom.

— Précis de l'histoire ancienne. — Voy. *Poirson et Cayx*.

CAZAL (J. de Malvin-). — Voy. **Malvin-Cazal**.

CAZAL (Marie René), nom supposé de M. Charles **Marchal**.

CAZALAS (le docteur Louis), ancien médecin en chef de l'hôpital militaire d'Oran, membre du conseil de santé des armées, né à Laborde en 1813.

— Considérations générales et pratiques sur le traitement de la dyssenterie. Mémoire. In-8°, 5 f. 1846. Metz, *Verronnais*.

— Maladies de l'armée d'Italie, ou Documents pour servir à l'histoire médico-chirurgicale de l'armée d'Italie, campagne de 1859-1860. In-8°. 1864. *Rozier*. 2 fr.

— Maladies de l'armée d'Orient. (Campagne 1854-55-56.) In-8°. 1860. *Baillière et fils*.

— Recherches pour servir à l'histoire médicale de l'eau minérale sulfureuse de Labassère (Hautes-Pyrénées), de son emploi dans les maladies en général, et, en particulier, dans le catarrhe chronique des bronches, les toux convulsives, la phthisie pulmonaire, la laryngite chronique, etc. In-8° avec 1 pl. 1851. *J. B. Baillière*. 2 fr. 50 c.

CAZALAT (Galy-). — Voy. **Galy-Cazalat**.

CAZALÈS (l'abbé Edmond de), ancien représentant du peuple, né à Grenade-sur-Garonne en 1804.

— Études historiques et politiques sur l'Allemagne contemporaine. In-12. 1853. *Bray*. 3 fr. 50 c.

M. de Cazales a traduit de l'allemand : « la Douloureuse passion de Notre Seigneur Jésus-Christ », d'après les méditations d'Anne Catherine Emmerich. — Voy. *Emmerich*.

CAZALET (Adolphe).

— Esquisses littéraires et morales. In-12, 11 f. 1853. *Ledoyen*.

— Heures poétiques. In-18, 5 f. 1851. *Ibid*.

CAZALIS (le docteur Frédéric), conseiller de préfecture de l'Hérault.

— Chroniques agricoles. In-16. 1860. Montpellier, *Gras*.

— Instruction populaire sur le soufrage des vignes. In-8°. 1857. Montpellier, *Pitrat*. 40 c.

CAZALIS-ALLUT (Louis César), ancien président de la Société centrale d'agriculture de l'Hérault, né à Nîmes en 1785, mort à Montpellier en 1863.

— Œuvres agricoles de Cazalis-Allut, recueillies et publiées par son fils, le docteur F. Cazalis, précédées d'une notice biographique sur l'auteur, par M. H. Marès. In-8° avec portrait. 1865. [Montpellier, *Gras*.] *Masson et fils*. 6 fr.

CAZALIS DE FONDOUCE (Paul), ingénieur, membre de la Société géologique de France, né à Montpellier en 1815.

— De la Méthode. — Voy. *Bertin et Cazalis*.

— Des Formations volcaniques de l'Ardèche et de l'Hérault. — Voy. *Serres* (Marcel de) *et Cazalis*.

— Les Parpaillots. Recherches sur l'origine de ce sobriquet donné aux réformés de France aux xvie et xviie siècles. In-8°. 1860. Montpellier, *Poujol*. 75 c.

CAZARET (E. P.), commis des contributions indirectes à Bordeaux.

— Guide pratique pour la rédaction des procès-verbaux, à l'usage des employés des contributions indirectes, des douanes et des octrois. In-18. 1861. *Imprimerie P. Dupont*. 2 fr.

CAZAUX (A.), pasteur à Nîmes, a traduit de l'allemand : *Bruch*, « Christianisme et foi chrétienne » et « Principe de la puissance rédemptrice du christianisme », du même auteur.

CAZE (le baron A. de).

— Les Réfractaires, épisode de 1793. In-8°. 1856-1857. Arles, *Faure*. 4 fr. 50 c.

L'ouvrage a paru par livraisons.

CAZE (A. de), de Provence.

— Madame Roland; tragédie. In-8°. 1849. [Marseille.] *Marchant*. 60 c.

— Le Percepteur et l'usurier; comédie en vers. In-8°. 1844. Marseille, *Mossy*. 3 fr.

— Poésies. In-8°. 1843. Marseille. *Achard*.

CAZE (P.).

— Les Captifs de Babylone. (Cinquième essai de philosophie religieuse.) In-8°, 7 f. 1846. Bordeaux, *imprimerie Faye*.

En vers.

CAZEAUX (Paulin), docteur-médecin, professeur agrégé à la Faculté de médecine de Paris, membre de l'Académie de médecine, né à Paris en 1808, mort en 1864.

— Des Kystes de l'ovaire. (Thèse.) In-4°, 208 p. avec 1 tableau. 1845. *Imprimerie Crapelet*.

— Traité théorique et pratique de l'art des accouchements. 7e édition, revue et annotée par S. Tarnier. In-8° avec fig. 1865. *Chamerot*. 12 fr.

La 1re édition est de 1840.

CAZELLES (le docteur E.) a traduit de l'allemand : « la Circulation de la vie » de *Moleschott*.

CAZENAVE (P. L. Alphée), médecin de l'hôpital

Saint-Louis, professeur agrégé à la Faculté de médecine de Paris, né en 1795.

— Abrégé pratique des maladies de la peau. 4e édition. In-8o. 1847. *Labé.* 15 fr.

Avec M. H. E. Schedel. — La 1re édition est de 1828.

— Agenda médical. 1851-1862. In-24. *Asselin.* Chaque année, 1 fr. 75 c.

— Appendix thérapeutique du codex. In-8o. 1811. *Labé.* 3 fr. 50 c.

— Leçons sur les maladies de la peau, professées à l'École de médecine de Paris, en 1841, 1842, 1843, 1844. In-fol. avec 60 pl. coloriées. 1845-1856. *Ibid.* 144 fr.

— Traité des maladies du cuir chevelu, suivi de conseils hygiéniques sur les soins à donner à la chevelure. In-8o avec 8 pl. coloriées. 1850. *J. B. Baillière.* 8 fr.

— Traité des syphilides ou maladies vénériennes de la peau; précédé de considérations sur la syphilis, son origine, sa nature, etc. In-8o avec atlas de 12 pl. 1843. *Labé.* 34 fr.

CAZENAVE (Édouard), docteur en médecine de la Faculté de Paris, médecin consultant aux Eaux-Bonnes, né à Pau en 1824.

— De l'Action thérapeutique des Eaux-Bonnes dans la phthisie pulmonaire; mémoire. In-8o. 1860. *Labé.* 2 fr.

— Du Climat de l'Espagne sous le rapport médical. In-8o. 1863. *Plon.* 3 fr.

— Recherches cliniques sur les Eaux-Bonnes. In-8o. 1854. *Bachelier.* 2 fr.

— Venise et son climat. In-8o. 1865. *Plon.* 2 fr.

CAZENAVE (Jules Jacques), médecin à Bordeaux, membre correspondant de l'Académie de médecine de Paris.

— Choix d'observations sur le coryza chronique, la punaisie, sur quelques maladies des voies urinaires chez l'homme, et sur la lithotritie. In-8o, 6 f. 1848. [Bordeaux.] *J. B. Baillière.*

— Études sur la fissure à l'anus. In-8o. 1843. *Ibid.* 2 fr.

— Histoire de trois lithotrities et de trois tailles bilatérales exceptionnelles. In-8o. 1856. *Ibid.* 1 fr. 50 c.

— Nouveau mode de l'exploration de l'urèthre à l'état normal et à l'état pathologique. In-8o. 1845. *Ibid.* 1 fr. 25 c.

— De Quelques infirmités de la main droite qui s'opposent à ce que les malades puissent écrire, et du moyen de remédier à ces infirmités. In-8o avec 1 pl. 1846. *Ibid.* 1 fr. 25 c.

— Réflexions générales sur l'emploi du chloroforme dans les opérations, précédées d'un cas de mort occasionné par une syncope, selon les médecins, et par le chloroforme, selon le public. In-8o. 1861. *Ibid.* 1 fr.

CAZENEUVE (Jean Michel), avocat, ancien membre du conseil de discipline, conservateur de la bibliothèque des avocats de Toulouse.

— Relation historique de la procédure et des débats de la cour d'assises de la Haute-Garonne, dans la cause de Louis Bonafous, frère (Léotade) des écoles chrétiennes de Toulouse, condamné pour viol et assassinat sur la personne de Cécile Combettes, aux travaux forcés à perpétuité, subissant actuellement sa peine au bagne de Tou-

lon. 2 vol. in-8o avec 2 pl. et 1 fac-simile. 1849. [Toulouse, *Labouisse-Rochefort.*] *Poussielgue-Rusand.* 4 fr.

— Abrégé de cette relation, avec les détails de la vie et de la mort (26 janvier 1850) de Léotade. In-8o avec 2 pl. et fac-simile. 1852. *Ibid.* 3 fr.

— Démonstration de l'innocence de Louis Bonafous, frère Léotade, condamné pour viol et assassinat, décédé au bagne de Toulon où il subissait sa peine (le 26 janvier 1850), faisant suite à la Relation et à l'abrégé historique de la procédure et des débats, aux fins d'une demande en réhabilitation de sa mémoire. In-8o avec 2 pl. et 1 fac-simile. 1855. [Toulouse, *Bayret-Pradel.*] *Poussielgue-Rusand.* 2 fr. 50 c.

— Mémoire justificatif de l'innocence du frère Léotade. Le présent écrit produit sur la demande en révision, portée au pied du trône, de la procédure et de l'arrêt de condamnation. In-8o, XII-315 p.; pièces justificatives, 140 p., 2 pl. et fac-simile. 1859. Toulouse, *imprimerie Labouisse-Rochefort.*

— Deuxième mémoire justificatif de l'innocence du frère Léotade, adressé au sénat avec le premier mémoire. In-8o, 181 p. 1860. [Toulouse.] *Dentu.* 2 fr. 50 c.

CAZENEUVE (V.), professeur à l'hôpital militaire de Lille.

— Observations cliniques et considérations générales sur la guérison et le traitement de la phthisie pulmonaire. In-8o, 4 f. 1847. Lille, *imprimerie Danel.*

CAZENOVE (Édouard de).

— De l'Esprit gaulois dans la poesie française. In-8o. 1860. *Douniol.* 1 fr.

Extrait du « Correspondant ».

CAZENOVE (Léonce de), docteur en droit, président de la Société protectrice des animaux à Lyon, né à Genève en 1824.

— Considérations sur les sociétés protectrices des animaux. In-8o, 203 p. 1865. Lyon, *imprimerie Jaillet.*

CAZES (l'abbé Amédée).

— Les Femmes à la Trappe. In-12, 198 p. 1857. Toulouse, *imprimerie Troyes.*

CAZES (Élie de), ancien sous-préfet.

— Le 24 février et l'ouvrage de M. Capefigue, avec un mot sur l'Histoire de la révolution de M. A. de Lamartine. (Juillet 1849.) In-8o, 3 f. 1849. Toulouse, *Jougla.*

CAZES (G. A.), ingénieur métallurgiste.

— Études sur les meilleurs moyens d'arriver à la fabrication économique de la fonte. In-8o avec pl. 1862. *Tardieu.* 1 fr. 50 c.

Extrait des « Mémoires de la Société des ingénieurs civils ».

CAZIN (Achille), docteur ès sciences, professeur de physique au lycée de Versailles.

— Application de la théorie mécanique de la chaleur au compresseur hydraulique du tunnel des Alpes. In-8o. 1864. *Giraud.* 1 fr. 25 c.

Extrait des « Mondes ».

— Essai sur la détente et la compression des gaz. Propositions de chimie et de minéralogie. In-4o, 103 p. et 2 pl. 1862. *Mallet-Bachelier.*

Thèse présentée à la Faculté des sciences à Paris.

— Théorie élémentaire des machines à air chaud. In-8° avec 1 pl. 1865. *Gauthier Villars.* 1 fr. 75 c.

Extrait des « Mémoires de la Société des sciences naturelles de Seine-et-Oise ».

CAZIN (C. E.), secrétaire général de la Société d'émulation pour les sciences pharmaceutiques, membre de la Société d'hydrologie médicale de Paris.

— Notice sur les champignons qui croissent dans les galeries souterraines de l'établissement thermal de Bagnères de Luchon. Avec des remarques de M. C. Montagne, et un plan des galeries souterraines de Luchon. In-8°, 31 p. et 1 plan. 1859. *Germer Baillière.*

CAZIN (le docteur F. J.), lauréat et membre correspondant de la Société de médecine de Marseille, mort en 1864.

— Traité pratique et raisonné de l'emploi des plantes médicinales indigènes. In-8° avec 1 cahier in-4° oblong de 12 pl. coloriées. 1850. *Labé.* 22 fr.

— Le même. 2e édition, considérablement augmentée et entièrement refondue. Gr. in-8° avec atlas de 40 pl. 1858. *Ibid.* 16 fr. Colorié, 22 fr.

— De l'Organisation d'un service de santé pour les indigents des campagnes, considéré au point de vue administratif, hygiénique et thérapeutique. In-8°, 4 f. 1852. Reims, *imprimerie Régnier.*

— Monographie médico-pratique et bibliographique de la belladone. In-8° avec 1 pl. 1856. *Labé.* 2 fr. 50 c.

CAZIN (F. S.), avocat.

— Journal d'un touriste en Basse-Normandie. In-12. 1863. Vire, *imprimerie Barbot.* 3 fr.

— Les Mémoires d'un médecin. In-12. 1864. *Ibid.* 1 fr. 50 c.

CAZIN (le docteur Henry).

— Étude anatomique et pathologique sur les diverticules de l'intestin. In-4° avec 1 pl. 1862. *Asselin.* 2 fr. 50 c.

*Cazin par un cazinophile. — Voy. *Brissart-Binet.*

CAZOTTE (Jacques), littérateur, né à Dijon en 1720, mort en 1792.

— Œuvres choisies : Le Diable amoureux. — Aventure du pèlerin. — L'Honneur perdu et recouvré. — La Belle par accident. Précédées d'une Notice sur l'auteur. In-12. 1847. *Paulin.* 3 fr. 50 c.

— Le Diable amoureux, roman fantastique. Nouvelle édition. In-12. 1845. *Ganivet.* 6 fr.

Publié en 30 livraisons.

— Le Diable amoureux, par Cazotte. Le Démon marié, par Machiavel. In-12. 1861. *Delahays.* 50 c.

— Le Diable amoureux. L'Honneur perdu et recouvré. Rachel, ou la Belle juive. In-32. 1865. *Dubuisson et Cie.* 25 c.

Bibliothèque nationale.

CÉARD (Robert), lieutenant-colonel genevois, né en 1782.

— De l'Organisation des secours contre l'incendie à Genève. In-8° avec 4 pl. 1847. Genève, *Ve Glaser et fils.* 3 fr.

CÉBÈS, philosophe grec, né à Thèbes vers l'an 440 avant l'ère chrétienne.

— Tableau de la vie. — Voy. **Moralistes anciens.*

CECCONI (P.).

— Traité synoptique des verbes de la langue italienne. In-8° avec 10 tableaux. 1841. *Truchy.* 3 fr.

CECIL (Catherine).

— Vie et correspondance de Mme Sarah Hawkes. Traduit librement de l'anglais sur la 4e édition. In-18. 1856. Toulouse, *Société des livres religieux.* 1 fr. 50 c.

*Cécilius Viriathus ; épisode des premiers temps du christianisme dans la Grande-Bretagne. Ouvrage imité de l'anglais. In-12. 1865. Tournai, *Casterman.* 1 fr.

CÉGYL (Aimé).

— La Croix d'Orval ; légende, suivie de : la Fée Conscience. In-8°. 1861. Tournai, *Casterman.* 1 fr. 20 c.

— Entretiens sur le Berry. In-12. 1865. *Ibid.* 60 c.

— Histoire du royaume de Bois-Belle. In-12. 1863. [Bourges, *Pigelet.*] *Douniol.* 3 fr.

— Les Jeunes filles. In-12. 1865. Tournai, *Casterman.* 1 fr. 25 c.

— La Légende de Noirlac. In-18. 1865. *Ibid.* 30 c.

— Louise et Louisette. In-32. 1865. *Ibid.* 30 c.

— Le Sac aux armes de Bourges ; légende du Berry. In-12. 1862. *Ibid.* 60 c.

— Simples récits. In-18. 1859. Châteauroux, *Galliot.* 1 fr. 25 c.

— Le même. 2e édition. In-18. 1864. Tournai, *Casterman.* 1 fr. 25 c.

CEDRENUS (George), moine du xie siècle, chroniqueur.

— Compendium historiarum. — Voy. *Migne,* Patrologie grecque, tomes 121 et 122.

CEI (E. G.).

— Dieu et patrie ; poésies. In-18, 128 p. 1847. *René.*

CEILLIER (le R. P. Dom Remy), bénédictin de la congrégation de Saint-Vannes et de Saint-Hydulphe, théologien et historien, né à Bar-le-Duc, en 1688, mort en 1762.

— Histoire générale des auteurs sacrés et ecclésiastiques, qui contient leur vie, le catalogue, la critique, le jugement, la chronologie, l'analyse et le dénombrement des différentes éditions de leurs ouvrages ; ce qu'ils renferment de plus intéressant sur le dogme, sur la morale et la discipline de l'Église ; l'histoire des conciles tant généraux que particuliers, et les actes choisis des martyrs. Nouvelle édition, soigneusement revue, corrigée, complétée et terminée par une table générale des matières, par l'abbé Bauzon. 17 vol. gr. in-8°. 1858-1864. *Vivès.* 170 fr.

1re édition. 1729-1863. 25 vol. in-4°.

CÉLARIER (Antonin).

— Fleurs de famille, ou Hélène et Julia. Lecture de la dix-septième année. In-8°. 1855. *Picard.* 6 fr.

— Histoire de Fénelon. In-18. 1844. *Sagnier et Bray.* 3 fr. 50 c.

CÉLESTIN.

— Histoire de Sainte Barbe. In-16. 1853. Paris, *passage du Caire*, 54. 1 fr. 60 c.

— Petite histoire du lycée impérial Bonaparte, ancien collège royal de Bourbon. In-16. 1855. *Juin.* 1 fr. 50 c.

CÉLESTIN (L.), professeur.

— Keepsake didactique, dédié à la jeunesse. Ouvrage divisé en 8 séries et 125 tableaux, renfermant des notions curieuses et instructives sur toutes les branches des connaissances humaines. (Méthode anglaise.) In-18. 1858. *Larousse et Boyer.* 2 fr.

*Célibat (Le). Révélations intimes, par une dame de Genève. In-8°. 1854. Genève, *imprimerie Allamand.* 3 fr.

CÉLIÈRES (Eugène), avocat à Montauban.

— Manuel de la police du roulage, à l'usage des propriétaires, des voituriers, des agents chargés de constater les contraventions, etc. In-8°, avec tableaux. 1848. Montauban, *Lapie-Fontanel.* 1 fr.

CELLARIER (P. M. E.), docteur en médecine, chirurgien en chef de l'hôpital Saint-Éloi à Montpellier.

— Introduction à l'Étude de Guy de Chauliac. In-8°, 1856. Montpellier, *impr. Martel aîné.* 3 fr.

CELLARIUS, professeur de danse.

— La Danse des salons. Dessins de Gavarni. In-8° avec 11 lithographies. 1846. *Hetzel.* 6 fr.

CELLE (le docteur Eugène), médecin à Mazatlan (Mexique).

— Hygiène pratique des pays chauds, ou Recherches sur les causes et le traitement des maladies de ces contrées. In-8°. 1848. *Victor Masson.* 7 fr.

CELLERIER (J. Isaac Samuel), pasteur à Satigny, près de Genève, né à Crans en 1755, mort en 1844.

— Catéchisme, ou Cours d'instruction chrétienne, rédigé d'après les meilleurs modèles. In-12. 1845. *Delay.* 2 fr. 50 c.

— Discours familiers d'un pasteur de campagne. 4e édition. In-8°. 1845. *Cherbuliez.* 3 fr. 50 c.

— Pensées pieuses sur divers sujets. In-12. 1844. *Ibid.* 3 fr. 50 c.

— Recueil de prières chrétiennes pour le culte domestique. Mis en ordre, complété et publié par J. E. Cellerier fils. In-8°. 1845. *Ibid.* 3 fr. 50 c.

— Sermons et prières pour les solennités chrétiennes et les dimanches ordinaires. 3e édition. In-8°. 1843. *Ibid.* 8 fr.

— Sermons, homélies, discours familiers et prières. Nouveau recueil, avec une Notice biographique, par le professeur Diodati. In-8°. 1844. *Ibid.* 7 fr. 50 c.

CELLERIER fils (Jacob Élisée), fils du précédent, professeur de théologie exégétique à l'Académie de Genève, ancien pasteur, né à Satigny en 1785.

— L'Académie de Genève. Esquisse d'une histoire abrégée de cette académie pendant les trois premières périodes de son existence (1559-1798). In-8°. 1856. *Imprimerie Meyrueis.*

Extrait du « Bulletin de la Société de l'histoire du protestantisme français ».

— Vie intérieure. Sermons ou méditations chrétiennes. In-8°. 1852. *Cherbuliez.* 5 fr.

— Le même. 2e édition, revue et augmentée d'un discours. In-12. 1865. *Ibid.* 3 fr. 50 c.

CELLES (Pierre de). — Voy. **Pierre de Celles.**

CELLÈS (F. A. de).

— Essai de satires sociales sur le xixe siècle, suivi de quelques autres pièces de vers. Tome 1er. In-18. 1842. Aix, *Aubin.* 5 fr.

CELLIÉ (Eugène).

— La Marquise de Marialva, ou la Fille de Philippe III. In-8°. 1846. *Cadot.* 7 fr. 50 c.

CELLIER (F. Du). — Voy. **Du Cellier.**

CELLIER DUFAYEL (N. H.), professeur à l'Athénée.

— Art oratoire. De la timidité. Étude. In-8°. 1847. *Charpentier.* 1 fr.

— Autel et trône. De l'enseignement libre et gratuit, avec une Réponse à M. Martinez de la Rosa. In-8°. 1844. *Comon.* 1 fr.

— Cours historique et dramatique de style épistolaire. In-8°. 1847. *Chaix.* 4 fr. 50 c.

— Le même. 2e édition, augmentée des lettres de Mme la duchesse de Praslin. In-8°. 1847. *Ibid.* 5 fr.

— Cours de rédaction notariale, ou Nouveau recueil de modèles des actes et contrats, accompagnés de tableaux synoptiques. 2e édition de la Législation simplifiée, augmentée. In-8° avec 24 tableaux. 1840. *Joubert.* 9 fr.

— Le même. 2e édition, sous le titre : Formules et modèles des actes et contrats ou Cours de rédaction commerciale. In-8°. 1842. *Videcocq.* 8 fr.

— Morale conjugale et style épistolaire des femmes. Appréciation des lettres de Mme la duchesse de Praslin. In-8°. 1850. *Galliot.* 3 fr.

— Un Mot aux partis, et comme quoi l'empereur Napoléon n'est pas mort. In-8°. 1851. *Ledoyen.* 50 c.

— Noblesse et préjugés. In-8°. 1852. *Ibid.* 4 fr.

— Origine et influence de la littérature. Principes et modèles de critique littéraire et dramatique. 2e édition. In-8°. 1844. *Tresse.* 7 fr. 50 c.

— Physiologie de l'Amour. In-8°. 1841. *Charpentier.* 6 fr.

Cet ouvrage est signé : N. H. C. Dufayel.

— Le Prêtre, la femme, la famille et M. J. Michelet. Appréciation. In-8°. 1845. *Tresse.* 50 c.

— Réforme notariale et vénalité des offices. 2e édition. In-8°. 1840. *Joubert.* 7 fr.

— La Vérité sur Mlle Lenormand; mémoires, révélations intimes des mystères de la sibylle et de ses adeptes ou consultants. In-8°. 1845. *Tresse.* 3 fr.

CELLIEZ (Mlle Adélaïde de), fille de la comtesse de Rossi.

— Christophe Colomb, suivi d'une nouvelle américaine. 2 vol. in-18. 1840. *Gaume frères.* 1 fr. 60 c.

— Le même. Nouvelle édition. In-12. 1851. Tournai, *Casterman.* 1 fr. 20 c.

— Faits choisis et figures de la sainte Bible. Gr. in-8º, illustré. 1856. *Vermot.* 6 fr.

— Histoire du Paraguay. 2 vol. in-18. 1841. *Gaume frères.* 1 fr. 60 c.

— Le même. In-12. 1853. Tournai, *Casterman.* 1 fr. 20 c.

— Les Impératrices. France, Russie, Autriche, Brésil. Illustré de 16 dessins à deux teintes. Gr. in-8º. 1860. *Ducrocq.* 12 fr.

— Les Reines d'Angleterre. Gr. in-8º avec 18 lithographies. 1852. *Lehuby.* 12 fr.

— Les Reines d'Espagne, suivies des Reines de Portugal. Gr. in-8º avec 15 lithographies. 1857. *Ibid.* 12 fr.

— Les Reines de France. 4e édition, revue et améliorée. In-8º avec grav. 1860. *Ducrocq.* 12 fr.
La 1re édition est de 1846. Tours, Pornin.

— Les Saintes de France. Gr. in-8º avec 16 lithographies. 1853. *Lehuby.* 14 fr.

— Scènes de l'histoire contemporaine, événements, anecdotes, souvenirs, personnages, depuis la révolution jusqu'à nos jours. Gr. in-8º avec 16 dessins. 1861. *Ducrocq.* 12 fr.

— Vie de Jeanne d'Arc. In-18. 1841. *Gaume frères.* 80 c.

— Le même, sous le titre de : Histoire de Jeanne d'Arc, martyre de sa religion, de sa patrie et de son roi. In-12. 1854. Tournai, *Casterman.* 80 c.

CELLINI (Benvenuto), sculpteur, graveur et orfèvre italien, né à Florence en 1500, mort en 1571.

— Mémoires de Benvenuto Cellini, orfèvre et sculpteur florentin, écrits par lui-même et traduits par Léopold Léclanché. In-12. 1844. *Labitte.* 3 fr. 50 c.

— Le même. 2e édition, sous le titre : Œuvres complètes. 2 vol. in-12. 1847. *Paulin.* 7 fr.

GELNART (Mme Élisabeth), pseudonyme de Mme **Bayle-Mouillard.**

CELSE (Aurelius ou Aulus Cornelius CELSUS), célèbre médecin romain, vivait au 1er siècle de l'ère chrétienne.

— Traité de la médecine, en huit livres. Traduction nouvelle, par M. des Étangs. Gr. in-8º avec figures. 1860. *Didot frères.* 5 fr.
C'est un extrait des « Œuvres complètes » de Celse, texte latin et traduction française, publiées dans la collection Nisard. — Voy. Nisard.

CÉNAC-MONCAUT (Justin Édouard Mathieu), littérateur, membre du conseil général du Gers, correspondant du ministère de l'instruction publique, membre des académies de Toulouse et de Madrid, chargé de missions scientifiques en Espagne, dans les Pays-Bas, en Suisse et en Piémont, né en 1814.

— Adélaïde de Montfort, ou la Guerre des Albigeois, roman historique. 2 vol. in-16. 1849. *Comon.* 3 fr. 50 c.

— Le même. In-12. 1859. *Maillet.* 3 fr. 50 c.

— Aquitaine et Languedoc, romans historiques méridionaux. — Medella. — Le Berger d'Alaric. — Lampaguie. — Le duc Bernard. 2 vol. in-8º avec illustrations. 1843-1844. (Toulouse, *Paya.*) *Poirée.* 15 fr.

— Avant et Pendant; comédies politiques en vers et imitées de Molière. In-12. 1850. *Comon.* 2 fr.
L'École des représentants, comédie politique en deux actes. — Le Commissaire malgré lui, comédie en deux actes.

— Des Bases de l'instruction secondaire. In-8º. 1846. Toulouse, *imprimerie Chauvin.* 1 fr.

— Les Chrétiens, ou la Chute de Rome, poème en douze chants. In-12. 1865. *Amyot.* 2 fr.

— Le Congrès des brochures, ou le Droit ancien et le droit nouveau. In-8º. 1860. *Dentu.* 50 c.

— Contes populaires de la Gascogne. In-12. 1861. *Ibid.* 2 fr.

— Dictionnaire gascon-français, dialecte du département du Gers, suivi d'un abrégé de grammaire gasconne. In-8º. 1863. *Aubry.* 5 fr. 50 c.

— L'Échelle de Satan. 2 vol. in-8º. 1851. *Permain.* 15 fr.

— L'Église romaine et la liberté, ou Introduction historique à l'avènement de Pie IX. In-8º. 1848. *Périsse.* 4 fr.

— Éléments d'économie sociale; avec un appendice sur la question des subsistances. In-8º. 1847. *Joubert.* 3 fr.

— L'Espagne inconnue. Voyage dans les Pyrénées de Barcelone à Tolosa, avec une carte routière. In-12. 1861. *Amyot.* 3 fr. 50 c.

— L'Europe et l'Orient; poème en six chants. In-8º. 1857. *Ibid.* 3 fr.

— Fortun-Peda, ou les Aventures d'un grand agitateur. 2e édition. In-12. 1848. *Joubert.* 3 fr.
La 1re édition a été publiée en 1839.

— La France et l'Europe latine; le pape et l'Italie. Questions de droit supérieur. In-8º. 1860. *Dentu.* 1 fr.

— Histoire de l'amour dans l'antiquité. In-12. 1862. *Amyot.* 3 fr. 50 c.

— Histoire de l'amour dans les temps modernes, chez les Gaulois, les chrétiens, les barbares, et du moyen âge au XVIIIe siècle. In-12. 1863. *Ibid.* 3 fr. 50 c.

— Histoire des Pyrénées et des rapports internationaux de la France avec l'Espagne, depuis les temps les plus reculés jusqu'à nos jours. Annales de la Catalogne, de l'Aragon, de la Navarre, du pays basque, du Béarn, etc. 5 vol. in-8º. 1853-1854. *Ibid.* 26 fr.

— Le même, 2e édition, sous le titre : Histoire des peuples et des États pyrénéens (France et Espagne) depuis l'époque celtibérienne jusqu'à nos jours. 2e édition, augmentée, ornée de 55 grav. 5 vol. in-8º. 1864. *Ibid.* 25 fr.

— Introduction à la politique rationnelle, ou Théorie du gouvernement représentatif; avec un appendice sur les devoirs de l'homme. In-8º. 1847. *Joubert.* 3 fr.

— Jérôme Lafriche, ou le Paysan gentilhomme. In-12. 1859. *Amyot.* 1 fr. 50 c.

— Marguerite. Histoire du temps de saint Louis. In-12. 1860. *Maillet.* 3 fr. 50 c.

— Medella, ou la Gaule au IIIe siècle, an 257. In-4º. 1857. Lille, *imprimerie Leleux.* 3 fr.

— Le même. In-12 avec 8 grav. 1860. *Maillet.* 3 fr.

— Percement des Pyrénées. Chemin de fer et routes internationales en cours d'exécution, ri-

30

chesses naturelles, mines, forêts, thermes, etc. Gr. in-8° avec 1 carte. 1861. *Dentu.* 1 fr.

— Raymond de Saint-Gilles, ou les Croisades. 3 vol. in-8°. 1852. *Permain.* 7 fr.

— Les Révolutions imminentes et l'attitude de la France à leur égard. In-8°. 1861. *Dentu.* 1 fr.

— Les Richesses des Pyrénées françaises et espagnoles, ce qu'elles furent, ce qu'elles sont, ce qu'elles peuvent être. Agriculture, irrigations, routes, mines, forges, forêts, fabriques, eaux minérales. In-8°. 1864. *Guillaumin et Cie.* 5 fr.

— L'Ultrascientifisme, ou l'Église romaine et la société moderne, considérées d'un point de vue autre que celui de M. Quinet. In-8°. 1845. Toulouse, *imprimerie Labouisse-Rochefort.* 3 fr.

— Voyage archéologique et historique dans les anciens comtés d'Astarac et de Pardiac; suivi d'un Essai sur la langue et la littérature gasconne. In-8°. 1857. [Mirande.] *Didron.* 4 fr.

— Voyage archéologique et historique dans le pays basque, le Labour et le Guypuscoa. In-8° avec grav. 1857. [Tarbes, *Telmon.*] *Didron.* 4 fr.

— Voyage archéologique et historique dans l'ancien royaume de Navarre. In-18. 1857. *Ibid.* 4 fr.

— Voyage archéologique et historique dans l'ancien vicomté de Béarn. In-8° avec 8 grav. 1856. *Ibid.* 4 fr.

— Voyage archéologique et historique dans l'ancien comté de Bigorre. In-8° avec 13 grav. 1856. *Ibid.* 4 fr.

— Voyage archéologique et historique dans l'ancien comté de Comminges et dans celui des Quatre-Vallées. In-8° avec 10 pl. 1857. *Ibid.* 4 fr.

CÉNAR (Jules de), pseudonyme dont M. Jules de **Carné** a signé son ouvrage : « Pécheurs et Pécheresses ».

CÉNAS (F. G.).

— Le Topinambour offert comme moyen d'améliorer les plus mauvais terrains, tout en retirant de l'alcool, etc. 8e édition. In-8°. 1864. Grenoble, *Prudhomme.* 1 fr. 50 c.

GÉNAT DE L'HERM (l'abbé).

— Poésies sacrées. Prônes et hymnes des fêtes de l'année, traduites en vers lyriques, mises en musique par M. Lair de Beauvais. In-18. 1843. *Migne.* 1 fr. 50 c.

— Précis élémentaire de grammaire française, par demandes et par réponses. In-12. 1843. *Vrayet de Surcy.* 1 fr. 25 c.

GENEAU (Robert), chanoine de Bayeux, successivement évêque de Vence, de Riez et d'Avranches, mort à Paris, en 1560.

— Bayeux et ses environs. Traduit du latin et annoté par F. de Barghon Fort-Rion. Édition ornée de vignettes. In-8°, 32 p. 1860. [Caen, *Légost-Clérisse.*] *Maillet-Schmitz.*

GENNINI (Cennino), peintre de l'École florentine, né à Colle (Toscane), en 1360.

— Traité de la peinture de Cennino Cennini, mis en lumière pour la première fois avec des notes par le chevalier G. Tambroni. Traduit par Victor Mottez. In-8°. 1858. Ve *Renouard.* 3 fr.

Cet ouvrage, resté longtemps inédit, a été publié à Rome en 1821.

CENSIER jeune (J.).

— Manuel du commerçant. Nouveau livre d'arithmétique et de comptabilité commerciale, traitant des calculs anglais d'une manière toute spéciale. In-8°. 1860. Saint-Quentin, *imprimerie Moureau.* 1 fr. 50 c.

CENSORIN, ou CENSORINUS, grammairien, chronologiste et naturaliste romain, vivait à Rome vers le milieu du IIIe siècle.

— Œuvres complètes, avec traduction en français. — Voy. *Nisard*, Collection.

— Livre de Censorius sur le jour natal. Traduit pour la première fois en français, par M. J. Mangeart. In-8°. 1843. *Panckoucke.*

CENSURE.

— Vérités et conseils à ma fille. Essai sur le bonheur. In-8°. 1862. *Garnier frères.* 3 fr. 50 c.

CÉPARI (le P. Virgilio), historien et théologien ascétique italien, de l'ordre des Jésuites, né à Panicale, en 1564, mort en 1631.

— Vie de saint Louis de Gonzague, traduite de l'italien, par Calpin. Nouvelle édition, revue par J. F. Grégoire et F. Z. Collombet. In-8°. 1857. Clermont-Ferrand, *Chenel.*

— Vie de saint Louis de Gonzague et de saint Stanislas Kotska. Traduite par Calpin. Nouvelle édition. In-18. 1840. Lyon, *Guyot.* 1 fr.

— Le même. In-12. 1848. Tours, *Mame.* 1 fr.

— Le même. In-12. 1862. Tournai, *Casterman.* 1 fr.

— Vie de sainte Marie Magdeleine de Pazzi. Ouvrage traduit des Actes des saints par l'abbé P***, ancien vicaire général d'Évreux. 2 vol. in-12. 1862. *Ruffet et Cie.* 2 fr.

La 1re édition de cette traduction a paru en 1838 chez *Debécourt.*

CEPEAUX (J. DUCHEMIN DES). — Voy. **Duchemin des Cepeaux.**

CERCEAU (Du). — Voy. **Ducerceau.**

CERCLET (A.), ancien maître des requêtes au conseil d'État et membre de la commission des chemins de fer, né en 1797.

— Code des chemins de fer, ou Recueil complet des lois, ordonnances, cahiers de charges, statuts, etc. 1re partie. In-8°. 1845. *Mathias.* 7 fr. 50 c.

CÈRE (Paul), ancien préfet, ancien chef des bureaux de la presse et du colportage, directeur de la colonie correctionnelle de Montevrain, né à Paris en 1820.

— La Décentralisation administrative. In-8°. 1865. *Cotillon.* 2 fr.

— Manuel du clergé et du culte catholique pour le règlement des choses du temporel. In-18. 1854. *Ibid.* 4 fr.

Avec Eugène Des Blondeaux.

— Manuel du fonctionnaire chargé de la police judiciaire, administrative et municipale. In-18. 1854. *P. Dupont.* 4 fr.

— Manuel du garde champêtre forestier ou particulier. In-18. 1858. *Ibid.* 3 fr.

— Manuel du juge de paix et du justiciable de la justice de paix. In-18. 1854. *Ibid.* 4 fr.

— Manuel du maire, de l'adjoint et du conseiller municipal. 6e édition. In-12. 1864. *Cotillon.* 5 fr.

La 1re édition a été publiée en 1852 sous le titre : Code de la mairie. Nouveau manuel du maire, de l'adjoint et du conseiller municipal. In-12. *Dupont.* 4 fr.

*Cérémonial (le) officiel, ou les Honneurs, les préséances et rangs civils, militaires et diplomatiques observés dans les cérémonies publiques et à la cour, d'après la législation et la jurisprudence ou les usages établis. In-8°. 1865. *P. Dupont.* 4 fr.

CEREN (Marcel), avocat.

— Ma Museto. (Ma Musette.) Poésies languedociennes. Texte et traduction par M. Ceren, et quelques poésies françaises par le même auteur. In-8°. 1847. Toulouse, *Delboy.* 3 fr. 50 c.

CERF (l'abbé Charles), chanoine honoraire de Reims, né à Reims en 1824.

— Histoire et description de Notre-Dame de Reims; avec la collaboration de P. C. H. (Pierre Charles Hannesse), professeur de rhétorique. 2 vol. in-8° avec grav. et pl. 1861. [Reims, *Dubois.*] *Didron.* 13 fr.

CERF (P. L. Le). — Voy. **Le Cerf.**

CERFBERR DE MEDELSHEIM (A.), publiciste français, né à Épinal, en 1817.

— Ce que sont les juifs en France. In-32. 1843. *Mansut.* 1 fr.

— Des Condamnés libérés. In-12. 1844. *Royer.* 3 fr. 50 c.

— Les Grandes industries. I. Le gaz, huile, cire, suif, bois, houille, coke, etc. In-8°. 1856. *Bouret.* 1 fr. 50 c.

L'ouvrage formera 2 volumes.

— La Guyane. Civilisation et barbarie, coutumes et paysages. In-12. 1854. *Giraud.* 3 fr. 50 c.

— Les Juifs, leur histoire, leurs mœurs. In-12. 1846. *Albert frères.* 1 fr.

— Notes de voyages. Libre échange. In-8°. 1855. *Renouard.* 5 fr.

— Paraboles. In-12. 1854. *Lévy frères.* 2 fr.

— Projet d'établissement d'un pénitencier à Paris. In-8°. 1841. *Marc Aurel.*

— Vénalité des offices. Du Courtage. In-8°. 1865. *Librairie centrale.* 2 fr.

— La Vérité sur les prisons. Lettre à M. de Lamartine. In-8°. 1844. *Mansut.* 2 fr. 50 c.

M. Cerfberr de Medelsheim a traduit de l'allemand : « les Contes populaires » de *Musaeus.*

CÉRIS (A. de).

— Parcs et jardins. In-12. 1865. *Librairie agricole.* 1 fr. 25 c.

CERISE (le docteur Laurent Alexandre Philibert CERISI, dit), médecin français, membre associé libre de l'Académie de médecine, né à Aoste (Piémont), en 1809.

— Déterminer l'influence de l'éducation physique et morale sur la production de la surexcitation du système nerveux et des maladies qui sont un effet consécutif de cette surexcitation. In-4°. 1841. *J. B. Baillière.* 5 fr.

Extrait des « Mémoires de l'Académie de médecine ».

— Des Fonctions et des maladies nerveuses dans leurs rapports avec l'éducation sociale et privée, morale et physique. Essai d'un nouveau système de recherches physiologiques et pathologiques sur les rapports du physique et du moral. In-8° . 1841. *Germer Baillière.* 7 fr.

— Le Médecin des salles d'asile, ou Manuel d'hygiène et d'éducation physique de l'enfance. 2e édition, revue et corrigée. In-8°. 1857. *Hachette et Cie.* 3 fr. 50 c.

La 1re édition a paru en 1836.

— Notice biographique sur Roussel. — Voy. *Roussel,* Système de la femme.

M. le docteur Cerise a publié une nouvelle édition de *Bichat*, Recherches sur la vie et la mort.

CERISIERS (le R. P. René de), de la Compagnie de Jésus, né à Nantes, en 1609, mort vers 1662.

— Histoire de Geneviève de Brabant, ou l'Innocence reconnue; revue par M. P. B... In-18. 1865. *Bernardin Béchet.* 50 c.

CERNEAU DE CHAROLAIS (Mme).

— La Sainte famille. Chroniques et légendes tirées de la Bible et des Évangiles ainsi que de différents auteurs qui ont écrit sur les mœurs, usages et cérémonies des Hébreux. In-12. 1862. *Gauguet.* 3 fr.

CERNUSCHI (Henri), économiste français, d'origine italienne, député en 1849 à l'assemblée de la république romaine, né à Milan en 1821.

— Mécanique de l'échange. In-8°. 1865. *Librairie internationale.* 3 fr. 50 c.

— Réponse à une accusation portée par M. de Cavour. In-8°. 1861. *Dentu.* 1 fr.

CERTAIN (E. de), ancien élève de l'École des chartes.

— Les Miracles de saint Benoît, écrits par Adrevald, Aimoin, André, Raoul Tortaire et Hugues de Sainte-Marie, moines de Fleury. Réunis et publiés pour la Société de l'histoire de France, par E. de Certain. In-8°. 1858. *Renouard.* 9 fr.

Texte latin.

CERTILANGE (de).

— Le Blessé de Solférino. Gr. in-12. 1860. Limoges, *Ardant frères.* 1 fr. 50 c.

CERUTTI (le P. Joseph Ant. Joach.), de l'ordre des Jésuites, né à Turin, en 1738, mort à Paris, en 1792.

— Apologie de l'institut et de la doctrine des jésuites. In-8°. 1846. [Boussac, *P. Leroux.*] *Sandré.* 2 fr. 50 c.

La 1re édition a paru en 1762.

CERVANTES SAAVEDRA (Miguel), poëte et romancier espagnol, né à Alcala de Hénarès, en 1547, mort en 1616.

— Histoire de don Quichotte de la Manche. Traduit sur le texte original et d'après les traductions comparées de Oudin et Rosset, Filleau de Saint-Martin, Florian, etc., par F. de Brotonne. 2 vol. in-8° avec 12 lithographies. 1844. *Didier et Cie.* 10 fr.

— La même traduction. 2 vol. in-12 avec grav. 1844. *Ibid.* 7 fr.

— Le même. Traduit par H. Bouchon Dubournial. Édition revue, corrigée par M. l'abbé Paul Jouhanneaud. In-8° avec 9 grav. 1852. *Ardant.*

— Le même. Traduction nouvelle, par M. Damas-Hinard. 2 vol. in-12. 1847. *Charpentier.* 7 fr.

— Le même. Traduit par Florian. In-12. 1847. *Didot frères.* 3 fr.

— La même traduction. Nouvelle édition. Gr. in-8° illustré. 1863. *Garnier frères.* 10 fr.

— Le même. Traduction nouvelle, par Ch. Furne. 2 vol. in-8° avec 9 grav. 1858. *Furne.* 8 fr.

— Le même. Traduit par G. F. de Grandmaison y Bruno. 4e édition. 2 vol. in-12. 1854. *Lecoffre.* 3 fr. 60 c.

— Le même. Nouvelle édition, revue et corrigée par M. l'abbé Lejeune. In-8° avec 20 dessins. 1844. *Lehuby.* 6 fr.

— La même traduction. 2 vol. in-12 avec 2 vignettes. 1845. *Ibid.* 3 fr. 80 c.

— La même traduction. 1 vol. in-12 avec 20 grav. 1847. *Ibid.* 6 fr.

— La même traduction. 2 vol. in-12. 1849. *Ibid.* 2 fr. 50 c.

— Le même. Traduction nouvelle par Rémond; 120 grav. par Télory. 2 vol. in-12. 1863. *Delarue.* 5 fr.

— Le même. Traduit et annoté par Louis Viardot. 2 vol. in-8°. 1841. *Dubochet et Cie.* 30 fr.

— La même traduction. Édition ornée de 800 dessins de Tony Johannot. In-8°. 1844-1845. *Ibid.* 20 fr.

Publié en 100 livraisons.

— La même traduction. Avec vignettes. Gr. in-8°. 1853. *Vict. Lecou.* 12 fr.

— La même traduction. 2 vol. in-12. 1858. *Hachette et Cie.* 4 fr.

— La même traduction. Nouvelle édition. 2 vol. in-12. 1864. *Ibid.* 7 fr.

— La même traduction, avec les dessins de Gustave Doré, gravés par Pisan. 2 vol. in-fol. 1863. *Ibid.* 160 fr.

— Le même. Traduction nouvelle, illustrée par Grandville. Gr. in-8° avec 8 grav. 1857. Tours, *Mame et Cie.* 6 fr.

— Le même. Traduction nouvelle, illustrée de 28 grandes lithographies. Gr. in-8°. 1862. *Blanchard et Cie.* Noir, 10 fr.; colorié, 13 fr.

— Le même. Édition de la Bibliothèque rose. In-12. 1859. *Hachette et Cie.* 2 fr.

— Le Don Quichotte des enfants. Aventures les plus curieuses de don Quichotte et de Sancho, précédées d'une introduction historique sur l'origine de la chevalerie et des romans de chevalerie, et suivies d'une conclusion morale. In-12 avec 8 lithographies. 1852. *Bédelet.* 2 fr.

— Don Quichotte de la jeunesse. Traduit et abrégé de l'œuvre de Cervantes, par René d'Isle. Gr. in-8°, texte encadré et grav. 1859. Limoges, *Ardant frères.*

— La Bohémienne de Madrid. Traduction de Louis Viardot. In-16. 1853. *Hachette et Cie.* 75 c.

— Le Captif (histoire extraite de Don Quichotte), expliqué littéralement, traduit en français et annoté par M. J. Merson. In-12. 1864. *Ibid.* 2 fr. 50 c.

Texte espagnol avec deux traductions françaises.

— Costanza, ou l'Illustre servante. Traduction de Louis Viardot. In-16. 1853. *Ibid.* 75 c.

— Nouvelles. Traduites et annotées par Louis Viardot. Nouvelle édition. In-12. 1858. *Ibid.* 2 fr.

— Théâtre. Traduit pour la première fois par Alphonse Royer. In-12. 1862. *Lévy frères.* 3 fr.

— Le Voyage au Parnasse. Traduit en français pour la première fois avec une notice biographique, une table des auteurs cités dans le poëme et le fac-simile d'un autographe inédit de Cervantes, par J. M. Guardia. In-12. 1864. *Guy.* 5 fr.

*Ces dames! Physionomies parisiennes ornées de portraits photographiés. 6e édition. Gr. in-32. 1860. *Cournol.* 1 fr. 50 c.

CÉSANAU (Paul).

— Les Perverties. In-16. 1863. *Cournol.* 1 fr.

— Les Tribulations d'un jobard. In-18. 1863. *Ibid.* 1 fr.

CÉSAR ou Cæsar (Caïus Julius), dictateur et historien romain, né en 100, mort en 44 avant J.-C.

— Œuvres complètes, avec traduction en français. — Voy. *Nisard*, Collection.

— Commentarii de bello civili. Nouvelle édition, avec sommaires et notes en français, par M. Croiset. In-12. 1855. *Dezobry.* 1 fr.

— Le même. Texte revu avec notices, arguments, notes et un index géographique, par Fr. Dübner. In-18. 1860. *Lecoffre et Cie.* 90 c.

— Commentarii de bello gallico. Texte revu sur les manuscrits, avec notice, arguments, notes et un index géographique, par Fr. Dübner. In-18. 1857. *Ibid.* 1 fr.

— Le même; avec remarques et notes grammaticales, philologiques et historiques, et un index géographique, par Ed. Feugère. In-12. 1855. *Delalain.* 1 fr. 25 c.

— Le même; avec sommaires et notes, par J. Genouille. In-18. 1856. *Ibid.* 1 fr.

— Le même. Nouvelle édition, avec sommaires et notes en français, par M. C. Ozaneaux; suivie d'un lexique de géographie comparée, par O. Mac Carthy. In-12. 1860. *Dezobry.* 1 fr. 20 c.

— Commentarii de bello gallico et civili. Nova editio, argumentis notisque adornata, accurante J. Genouille. Ad usum scholarum. In-18. 1842. *Delalain.* 1 fr. 25 c.

— Le même. Nouvelle édition, avec des notes historiques, philologiques et littéraires en français, précédée d'une notice littéraire, et suivie de dictionnaires de géographie comparée, par Ch. Gidel. In-12. 1857. *E. Belin.* 2 fr.

— Le même. Selectas aliorum suasque notas adjecit A. Regnier. In-12. 1857. *Hachette et Cie.* 1 fr. 50 c.

— Le même. Cum prosodiæ signis tabulisque geographicis. In-18. 1862. *Pélagaud.* 80 c.

— Le même, avec la traduction en regard. 2 vol. in-12, avec cartes. 1862. *Ibid.* 3 fr.

— Commentaires de J. César. Guerre des Gaules. Traduction nouvelle avec le texte, des notes et un index, par Ch. Louandre. In-12. 1855. *Charpentier.* 3 fr. 50 c.

— Le même, avec la traduction française de la collection Panckoucke, par M. Artaud; suivi des Réflexions de Napoléon Ier et de la Vie de César, par Suétone. Nouvelle édition, très-soigneusement revue par M. Félix Lemaistre, et précédée d'une étude sur César, par M. Charpentier. In-12. 1860. *Garnier frères.* 3 fr. 50 c.

— Le même. Traduit en français avec le texte latin en regard et des notes, par E. Sommer. In-12. 1854. *Hachette et Cie.* 3 fr. 50 c.

— Le même. Expliqué littéralement, traduit en français et annoté par M. Sommer. Livres 1, 2, 3 et 4. In-12. 1854. *Ibid.* 4 fr.

— Le même. Livres 5, 6 et 7. In-12. 1854. *Ibid.* 5 fr.

Les auteurs latins expliqués d'après une méthode nouvelle par deux traductions françaises.

— Guerre des Gaules, expliquée en français, suivant la méthode des lycées, par une double traduction, l'une mot à mot, dite intralittérale, l'autre correcte, avec le texte latin en regard, accompagnée de notes et remarques, par N. A. Dubois. Livre Ier. In-12. 1855. *Delalain.* 1 fr. 75 c.

— Mémoires sur la guerre des Gaules, latin-français en regard. Traduction nouvelle par N. A. Dubois. In-12. 1850. *Ibid.* 3 fr. 50 c.

La traduction française seule. 2 fr.

— Commentaires de J. César. Guerre des Gaules. Traduction nouvelle accompagnée de notes topographiques et militaires, et suivie d'un index biographique et géographique très-développé, par Alex. Bertrand et le général Creuly. Tome 1. In-8°. 1864. *Didier et Cie.* 7 fr.

L'ouvrage aura 2 volumes.

— Commentaires de Jules César. Campagne d'Espagne. Traduction nouvelle, par Victor Develay. In-8°. 1863. *Corréard.* 2 fr.

*César, sauve la France! plus de jésuites. In-18. 1861. *Dentu.* 2 fr.

*César Borgia, ou l'Italie en 1500; roman historique, par l'auteur de Whitefriars; traduit de l'anglais par l'abbé Conrad Scheffler. In-12. 1861. *Hachette et Cie.* 2 fr. 50 c.

Nouvelle édition en 1865. *Ibid.* 1 fr.

GÉSARD (Alph.).

— La Situation actuelle du commerce et de l'industrie de la France. In-8°. 1862. *Guillaumin et Cie.* 3 fr.

GESARE ou **CÆSARE** (le P. Bonaventure Amédée de), consulteur de la sacrée congrégation romaine de l'Index.

— Vie de la très-sainte Vierge Marie. Traduit de l'italien, par l'abbé Joseph Antoine Boullan. In-16. 1854. [Colmar.] *Lecoffre.* 2 fr.

— Vie divine de la très-sainte vierge Marie, ou Abrégé de la Cité mystique, d'après Marie de Jésus d'Agreda, traduite par l'abbé J. A. Boullan. In-12. 1858. *Ibid.* 2 fr.

GESARE (D. Guillaume de), abbé général et ordinaire de Monte-Virgine.

— Vie de la vénérable servante de Dieu Marie Christine de Savoie, reine des Deux-Siciles, tirée du procès de béatification et canonisation. Traduite de l'italien. In-12. 1864. *Tolra et Haton.* 2 fr. 50 c.

GESENA (Amédée GAYET DE), journaliste français, né à Sestri de Levante, en 1810.

— Agnès de Méranie; tragédie en cinq actes. In-12. 1842. *Ledoux.* 3 fr.

— L'Angleterre et la Russie. In-12. 1858. *Garnier frères.* 1 fr.

— Les Belles pécheresses. In-12. 1865. *Dentu.* 3 fr.

— Campagne de Piémont et de Lombardie en 1859. Gr. in-8° avec grav. et plans. 1860. *Garnier frères.* 20 fr.

— Les Césars et les Napoléons. In-8°. 1856. *Amyot.* 2 fr. 50 c.

— Environs de Paris; guide pratique, historique, descriptif et pittoresque, accompagné d'une carte, d'un grand nombre de plans et de plus de 80 grav. In-12. 1864. *Garnier frères.* 5 fr. 50 c.

— L'Italie confédérée; histoire politique, militaire et pittoresque de la campagne de 1859. 4 vol. gr. in-8°. 1859. *Ibid.* 24 fr.

— Nouveau guide général du voyageur en France; avec une grande carte des chemins de fer et des cartes spéciales pour les diverses sections. In-12. 1862. *Ibid.* 6 fr.

— Le Nouveau Paris; guide de l'étranger, pratique, historique, descriptif et pittoresque; accompagné d'un plan de Paris et de gravures dans le texte. In-12. 1863. *Ibid.* 7 fr.

— La Papauté et l'adresse. In-8°. 1862. *Dentu.* 1 fr.

— Voyage du prince Louis Napoléon dans le midi de la France. — Voy. *Chopin,* Histoire de Napoléon Ier.

M. de Cesena a écrit la préface de l'ouvrage de M. Belouino : Histoire du coup d'État.

GESENA (Sébastien GAYET DE CESENA, dit SÉBASTIEN RHÉAL DE), littérateur, né à Beaujeu, en 1815, mort en....

— Les Chants du psalmiste; odes, hymnes et poëmes. Précédés d'une introduction, par M. Ballanche. 2e édition. 2 vol. in-8°. 1841. *Delloye.* 12 fr.

La 1re édition est de 1839.

— Les Deux Phèdre. Mme Ristori et Mlle Rachel. Lettre à M. Carini, directeur du « Courrier franco-italien », sur quelques hérésies théâtrales, par l'auteur du « Monde dantesque » et des « Stations poétiques ». In-8°. 1858. *Dentu.* 50 c.

Anonyme.

— Les Divines féeries de l'Orient et du Nord, légendes, ballades, gazals, romances, myriologues, petits poëmes indiens, arabes, persans, serviens, turcs, moresques, celtes, scandinaves; traditions pittoresques, mythologiques et populaires des deux mondes; illustrations de Mme Rhéal et A. Fragonard. 2e édition. In-8°. 1842. *Fournier.* 16 fr.

— Hippolyte porte-couronne; drame antique avec chœurs. Traduit d'Euripide pour la scène française. Préliminaire historique : les Pièces grecques et le théâtre au XIXe siècle. In-18. 1858. *Dentu.* 2 fr.

— Moyen âge dévoilé. Le monde dantesque. Première galerie illustrée. Les Papes de la terre, de l'enfer et du purgatoire. Gr. in-8°. 1857. *Rue du Pont-de-Lodi,* 5. 3 fr. 50 c.

— Nouvelles stations poétiques. Les Messidoriennes. Portefeuille inédit. In-12. 1859. *Dentu.* 2 fr. 50 c.

— Les Stations poétiques. Heures d'amour et de douleur. Portefeuille inédit. In-12. 1858. *Ibid.* 1 fr.

— Une Tentative de rénovation théâtrale. Résumé de l'opinion publique, ou Appréciations émanées de juges compétents sur diverses questions du théâtre actuel et sur « l'Hippolyte porte-couronne. » In-8°. 1859. *Ibid.* 1 fr.

M. Rhéal de Cesena a traduit les « Poésies complètes », « le Banquet » et « la Divine Comédie » de *Dante.*

CESLAS BAYONNE (le R. P. Fr. Emmanuel), des Frères prêcheurs, a traduit et publié les Lettres du B. *Jourdain*, de Saxe.

CESNE (Jules LE). — Voy. **Le Cesne.**

CESSAC (Jean Baptiste), ancien procureur de la république, commissaire de police de la ville de Paris, né à Souillac (Lot) en 1808.

— Études historiques. Uxellodunum, aperçus critiques touchant l'examen historique et topographique des lieux proposés pour représenter Uxellodunum, de MM. le général Creuly et Alfred Jacobs. In-8°. 1862. *Dentu.* 1 fr. 50 c.

— Études historiques. Commentaires de César. Uxellodunum. Notices complémentaires. In-8°. 1862. *Ibid.* 1 fr.

— Études historiques. Commentaires de César. Un dernier mot sur Uxellodunum. In-8°. 1863. *Chez l'auteur, rue des Feuillantines*, 101. 1 fr.

— Études historiques. Commentaires de César. Uxellodunum. Observations touchant les fouilles exécutées à Luzech. In-8°. 1863. *Ibid.* 1 fr.

CEVA (le P. Thomas), de la Société de Jésus, poëte italien, né à Milan, en 1684, mort en 1736.

— Jésus enfant; poëme épique. Traduit pour la première fois du latin en français par le traducteur de Sannazar et de Vida (l'abbé G. Souquet de Latour), précédé d'une préface sur la vie et les ouvrages de l'auteur. In-8° avec portrait. 1843. *Vaton.* 6 fr.

Texte latin en regard.

CEY (François Arsène CHAISE DE CAHAGNE, dit ARSÈNE DE), littérateur, né en 1806.

— Monsieur le duc et madame la duchesse; comédie-vaudeville en deux actes. In-8°. 1848. *Librairie théâtrale.* 60 c

— Quand on n'a pas le sou; vaudeville en un acte. In-12. 1854. *Lévy frères.* 60 c.

Avec Gustave Harmant.

M. de Cey a encore signé des pièces de théâtre en collaboration avec MM. d'*Avrecourt*, *Chapelle*, L. *Halévy*, *Lockroy* et *Varin*. — Voy. ces noms.

CEZANNE, ingénieur des ponts et chaussées.

— Notice sur quelques ponts métalliques des chemins de fer russes. In-8°. 1864. *Dunod.* 3 fr. 50 c.

Extrait des « Annales des ponts et chaussées ».

CÉZARD (Alphonse).

— Le Traité de commerce et la législation douanière. In-8°. 1860. *Dentu.* 1 fr.

CHABAILLE (P.), littérateur français, membre de la Société royale des antiquaires de France, né à Abbeville, en 1796, mort en 1864.

— Glossaire du livre de justice et de plet. — Voy. *Rapetti.*

M. Chabaille a publié « les Livres dou trésor », de Brunetto *Latini.* — Voy. *Latini.*

CHABANNE (GONTIER DE). — Voy. **Gontier de Chabanne.**

CHABANNE (Henri) dit NIVERNAIS NOBLE-CŒUR.

— Évasion de l'île du Diable (Guyane française). In-8°. 1862. *Perdiguier.* 2 fr.

CHABANNES (Clémentine de LA MORRE, baronne de), née à Bar-le-Duc en 1812.

— Camille Vauberton, ou le Dévouement chrétien. In-12 avec 3 grav. 1860. Rouen, *Vimont.* 1 fr. 50 c.

— Deux intérieurs. In-12. 1864. Tournai, *Casterman.* 1 fr. 25 c.

— Ernest de Bellecour, ou les Larmes d'une mère. In-18. 1860. Rouen, *Vimont.* 60 c.

— Étienne ou le Bon ouvrier. In-12. 1850. Lille, *Lefort.* 60 c.

Anonyme.

— La Femme du sous-préfet; scènes de la vie de province. In-12. 1862. Tournai, *Casterman.* 1 fr. 25 c.

— Histoire de N. D. de Chartres; par l'un des rédacteurs de la « Voix de N. D. de Chartres ». In-12. 1864. *Chez le chapelain de l'église.* 1 fr.

Anonyme.

— Journal d'un écolier de la Manche. In-12. 1862. Tournai, *Casterman.* 60 c.

— Journal d'un jeune marin, faisant suite à «Louis Clauzelle». In-18. 1865. Lille, *Lefort.* 50 c.

— Louis Clauzelle. In-18. 1865. *Ibid.* 50 c.

— Les Matinées et les veillées du mois de Marie. 2 vol. in-18. 1855. *Ibid.* 1 fr.

Anonyme.

— Récits historiques et légendaires de la France. Veillées d'Eure-et-Loir. In-12. 1861. *Ibid.* 60 c.

— Les Touristes du Puy-de-Dôme. In-12. 1860. Tournai, *Casterman.* 60 c.

— Les Veillées lombardes; nouvelles traduites de l'italien. In-16. 1864. Rouen, *Mégard et Cie.* 60 c.

— La Vénérable M. Clotilde de France. 2 vol. in-18. 1848. Lille, *Lefort.* 1 fr. 20 c.

— Vie du bienheureux Thomas Hélye, aumônier de saint Louis; suivie d'une neuvaine en son honneur. In-12. 1862. Tournai, *Casterman.* 1 fr.

CHABAS (François Joseph), membre de l'Institut des provinces, membre honoraire de l'Institut égyptien et de plusieurs autres sociétés savantes, né à Briançon (Hautes-Alpes) en 1817.

— Une Inscription historique du règne de Séti Ier. In-4° avec dessins dans le texte et 1 pl. 1856. Châlon-sur-Saône, *Dejussieu.* 5 fr.

— Mélanges égyptologiques, comprenant onze dissertations sur différents sujets. In-8° avec 2 pl. 1862. *Ibid.* 8 fr. 50 c.

— Mélanges égyptologiques, 2e série, comprenant des articles de MM. C. W. Goodwin, docteur Edw. Hincks et docteur S. Birch; le tout formant quatorze dissertations et un glossaire avec planches. In-8°. 1863. *Ibid.* 12 fr.

— Nouvelle explication d'une particule grammaticale de la langue hiéroglyphique. In-4°. 1858. *Ibid.* 2 fr.

— Observations sur le chapitre VI du Rituel égyptien, à propos d'une statuette funéraire du musée de Langres. In-4° avec pl. 1863. *A. Franck.* 3 fr. 50 c.

Extrait des « Mémoires de la Société d'archéologie de Langres ».

— Les Papyrus hiératiques de Berlin; récits d'il y a 4,000 ans, avec un index géographique et 2 pl. de fac-simile. In-8°. 1864. Châlon-sur-Saône, *Dejussieu*. 5 fr. 50 c.

— Le Papyrus magique Harris. Traduction analytique et commentée d'un manuscrit égyptien, comprenant le texte hiératique publié pour la première fois, un tableau phonétique et un glossaire. In-4° avec 12 pl. et 2 tableaux. 1861. *Ibid*. 40 fr.

— Recherches sur le nom égyptien de Thèbes, avec quelques observations sur l'alphabet sémitico-égyptien et sur les singularités orthographiques. In-8°. 1863. *Ibid*. 4 fr. 50 c.

— Revue rétrospective, à propos de la publication de la Liste royale d'Abydos. In-8°. 1865. *Ibid*. 2 fr. 50 c.

— Revue rétrospective à propos de la publication de la liste royale d'Abydos. 2e article. In-8°. 1865. *Ibid*. 2 fr. 50 c.

M. Chabas a traduit de l'anglais : « Mémoire sur une patène égyptienne du musée du Louvre », de Samuel *Birch*.

CHABAT (Pierre), architecte.

— Bâtiments de chemins de fer. — Embarcadères, plans de gares, stations, abris, maisons de garde, etc. 2 vol. in-fol. avec 200 pl. 1860-1865. *Morel*. 140 fr.

Chaque volume a été publié en 20 livraisons, du prix de 3 fr. 50 c.

CHABAU (L. F.), prédicateur.

— Herménégilde; tragédie chrétienne en cinq actes et en vers. In-18, 3 f. 1844. *Waille*.

— Hymnes et chants divers, dédiés à Marie. In-12. 1845. Clermont-Ferrand, *Veysset*.

CHABAU (l'abbé François).

— Fables. In-12. 1850. *Hervé*. 3 fr. 50 c.

— De l'intervention du clergé dans les affaires séculières politiques. Réflexions adressées à M. l'abbé Combalot. In-8°. 1851. *Ibid*. 50 c.

CHABAUD-LATOUR (Mlle de) a traduit de l'anglais les ouvrages suivants, sans que son nom y soit indiqué :

— Les Juifs d'Europe et de Palestine, Voyage de MM. Keith, Black, Bonar et Mac-Cheyne, envoyés par l'église d'Écosse. Traduit de l'anglais par le traducteur de la « Vie et des ouvrages de J. Newton », et des « Pensées » de Thomas Adam. In-8°. 1844. *Delay*. 5 fr.

— Nouvelles écossaises, traduites de l'anglais par le traducteur des « Juifs d'Europe et de Palestine », de la « Vie et des ouvrages de John Newton ». In-18. 1847. *Ibid*. 2 fr.

— Vie du Rév. J. Newton; traduite de l'anglais par le traducteur de « Omicron » et de « Cardiphonia », etc. 2 vol. in-12. 1842. *Ibid*. 3 fr. 50 c.

— Vie de Mme Isabella Graham; traduite de l'anglais par Mlle Chabaud-Latour. In-18. 1850. *Ducloux*. 2 fr. 50 c.

Elle a traduit de l'anglais en outre : « l'Œuvre du Messie », de R. H. *Herschell* ; « Simple commentaire sur la vie de Jésus-Christ », de Lady *Wake* ; et « Pensées chrétiennes » extraites du journal du rév. Thomas *Adam*. — Voy. aux noms de ces auteurs.

CHABERT (Alfred).

— Un Rayon de soleil; bluette en un acte, en vers. In-12. 1862. *Gosselin*. 50 c.

— Résolution; comédie en un acte, en vers. In-12. 1862. *Ibid*. 50 c.

CHABERT (l'abbé C.), chanoine honoraire de Lyon et de Troyes, curé de Notre-Dame de Saint-Louis.

— Psaumes du roi-prophète en vers français; par l'auteur de la traduction des « Visions d'Isaïe, fils d'Amos ». In-8°, XVI-469 p. 1864. Lyon, *imprimerie Perrin*.

— Les Visions d'Isaïe, fils d'Amos; traduites en vers français par l'abbé Chabert. In-8°. 1860. Lyon, *imprimerie Perrin; librairie Scheuring*. 10 fr.

CHABERT (C.), propriétaire-cultivateur à Meinau (Bas-Rhin).

— Agenda agricole. Années 1859 à 1862. In-16. Ve *Berger-Levrault et fils*. Chaque volume, 3 fr. 50 c.

CHABERT (E. A.), inspecteur de l'Académie de Grenoble.

— Exercices de versification latine. In-12 de 7 f. 1844. Avignon, *Séguin aîné*.

— Corrigé. In-12. 1844. *Ibid*.

— Grammaire française. In-12. 1841. *Pitois-Levrault*.

— Guide pratique de l'instituteur et de l'institutrice, ou Le Livre du maître, contenant des dictées expliquées et analysées. 2 vol. in-12. 1859-1860. *P. Bertrand*.

— Ma Méthode, ou Manière dont l'auteur fait son cours, et avantages qu'il retire de son Traité d'analyse logique pour l'enseignement des langues. In-12. 1840. Avignon, *Séguin aîné*. 2 fr. 50 c.

— Traité d'analyse grammaticale. In-12. 1841. *Ibid*.

— Traité d'analyse logique, précédé de la théorie de la généralisation des idées. In-12. 1840. *Ibid*.

CHABERT (François Michel), membre titulaire de l'Académie de Metz, né à Longeville-lès-Metz en 1829.

— Annales du département de la Moselle. 1848-1858. 2 vol. in-8°. 1864. Metz, *Lorette*. 10 fr.

— Éloge de M. le docteur Claude Joseph Moizin. In-8°. 1850. Metz, *Pallez et Rousseau*. 2 fr.

— Journal du siège de Metz, en 1552. Documents relatifs à l'organisation de l'armée de l'empereur Charles-Quint et à ses travaux devant cette place; et description des médailles frappées à l'occasion de la levée du siège. In-4°, avec 2 plans et 1 planche. 1856. Metz, *Rousseau-Pallez*.15 fr.

— Mémoire de tout ce qui s'est passé à la démolition du lieu où est la citadelle et les lieux du retranchement de Guise et la place Saint-Jacques comme aussi des autours de Metz. In-8°. 1864. *Ibid*. 3 fr.

— Tablettes chronologiques de l'histoire du département de la Moselle, depuis les temps les plus reculés. 2 vol. in-12. 1858. Metz, *Lorette*. 5 fr.

M. Chabert a publié : « Recueil journalier de ce qui s'est passé de plus mémorable à Metz », de Joseph *Ancillon*.

CHABERT (LEFEBVRE-). — Voy. **Lefebvre-Chabert**.

CHABOT (E. Charles).

— Ce bon monsieur de Robespierre!!! In-12. 1851. *Dentu*. 1 fr.

— Dictionnaire des connaissances élémentaires

que doivent étudier et posséder en matière d'administration municipale, etc., les maires, adjoints, secrétaires de mairie, conseillers municipaux, juges de paix, etc. In-8º. 1854. *Videcocq fils aîné.* 9 fr.

— Paris expliqué et dévoilé à ses habitants, à l'étranger, à l'exposant et à la province, etc. In-18. 1855. *Le François.*

— Les Points sur les *i*, ou la Bourse, son langage, ses opérations, sa législation pénale et commerciale, son agiotage, ses banques, ses coulisses, ses courtiers-marrons et ses us et coutumes, expliqués et mis à la portée de tout le monde. In-32. 1854. *Ledoyen.* 3 fr.

CHABOT (Ernest de).

— Brins d'herbe. 2e édition. In-12. 1864. *Hachette et Cie.* 3 fr. 50 c.

CHABOT DE BOUIN (Jules), littérateur, né en 1805, mort en 1857.

— Catéchisme napoléonien, contenant les principes professés en politique et en religion par Louis Napoléon Bonaparte, président de la république, et un résumé de l'ancienne organisation de la France sous l'empire. In-18. 1849. *Vialat.*

Publié sous le pseudonyme de Michel Morin.

— Henri le Lion; drame en six actes et deux époques. In-8º. 1851. *Marchant.* 50 c.

Publié sous le pseudonyme de Saint-Ernest, et en collaboration avec Eugène Fillot.

— L'Hospitalité; vaudeville en un acte. In-8º. 1841. *Ibid.* 30 c.

Avec M. Cormon.

— Nouvelle grammaire conjugale, ou Principes généraux, didactiques, à l'aide desquels on peut conduire et dresser une femme, la faire marcher au doigt et à l'œil, la rendre souple comme un gant et douce comme un mouton; précédés de considérations sur l'amour, les femmes et le mariage. In-18. 1846. *Terry.* 1 fr. 25 c.

Sous le pseudonyme d'Octave de Saint-Ernest.

— Paula; drame en cinq actes. In-8º. 1840. *Marchant.* 50 c.

Avec M. Boulè.

— Physiologie de la première nuit des noces. Précédée d'une Introduction philosophique, hygiénique et morale, par Morel de Rubempré. In-18. 1842. *Terry.* 1 fr.

Sous le pseudonyme d'Octave de Saint-Ernest.

M. Chabot de Bouin a encore signé quelques pièces de théâtre en collaboration avec MM. *Cormon* et *Desnoyers.* — Voy. ces noms.

CHABOT-CHERON.

— Manuel de l'ouverture des successions et du veuvage. In-18. 1843. *Desloges.* 60 c.

CHABOUILLÉ (L. A.).

— Grammaire latine des commençants, divisée en leçons, réduite à quarante-une règles de syntaxe. In-12. 1847. *Dezobry.* 1 fr. 50 c.

— Grammaire méthodique de la langue latine. In-12. 1846. *Ibid.* 2 fr. 50 c.

CHABOUILLET (Jean Marie Anatole), antiquaire, conservateur-adjoint du cabinet des médailles et antiques de la Bibliothèque impériale, né à Paris en 1814.

— Catalogue général et raisonné des camées et pierres gravés de la Bibliothèque impériale, suivi de la description des autres monuments exposés dans le cabinet des médailles et antiques, publié sous les auspices de S. Exc. le ministre de l'instruction publique et des cultes. In-12. 1858. *Imprimerie J. Claye.* 2 fr. 50 c.

— Description des antiquités et objets d'art composant le cabinet de M. Louis Fould. In-fol. avec 39 pl. 1861. *Ibid.* 250 fr.

Imprimé à 300 exemplaires numérotés.

CHABRAN (Régis).

— Les Vagabondes; poésies. In-12. 1864. *Sartorius.* 2 fr.

CHABRAND (le docteur J. A.).

— Du Goitre et du crétinisme endémiques et de leurs véritables causes. In-8º. 1864. *Delahaye.* 2 fr.

CHABRAND (l'abbé Pierre), supérieur du séminaire de Gap, né en 1800.

— Explication du Pontifical romain à l'usage des ordinands, précédée de quelques notions sur le sacrement de l'Ordre, et suivie de quatorze méditations pour la retraite préparatoire à l'ordination. In-12. 1861. *Bray.* 3 fr.

CHABREUIL (Mme de), pseudonyme de Mme Du Parquet.

— Jeux et exercices des jeunes filles. In-16 avec 55 vignettes. 1856. *Hachette et Cie.* 2 fr.

— Marcelline, ou les Leçons de la vie. Gr. in-12. 1862. Tours, *Mame et Cie.* 1 fr.

CHABRILLAN (Céleste Vénard, comtesse de), femme de lettres et actrice, née vers 1820. Avant son mariage avec le comte Lionel de Chabrillan (1853), elle était connue à Paris sous le nom de Céleste Mogador; après la mort de son mari (1858), elle a pris au théâtre le nom de Mme Lionel.

— Adieux au monde. Mémoires de Céleste Mogador. 5 vol. in-8º. 1854. *De Vresse.* 30 fr.

Cet ouvrage a été supprimé dès son apparition, puis réédité en 1859 (4 vol. in-18. *Librairie nouvelle.* 10 fr.) et de nouveau saisi.

— L'Amour de l'art; vaudeville en un acte. In-16. 1865. *Imprimerie Alcan-Lévy.* 30 c.

— Bonheur au vaincu; comédie en un acte. In-12. 1862. *Imprimerie Cosson et Cie.* 40 c.

— En Australie; vaudeville en un acte. In-12. 1862. *Ibid.* 40 c.

— En garde! opérette en un acte, musique de M. Ventejoux. In-12. 1864. *Librairie des Deux-Mondes.* 60 c.

— Est-il fou? In-12. 1860. *Librairie nouvelle.* 2 fr.

— Un Homme compromis; vaudeville en un acte. In-18. 1865. *Imprimerie Alcan-Lévy.* 40 c.

— Mémoires d'une honnête fille, avec le portrait de l'auteur, par G. Staal. In-12. 1865. *Ach. Faure.* 3 fr.

Anonyme. — Ces Mémoires avaient été d'abord attribués à Alfred Delvau, mais Mme la comtesse de Chabrillan s'en est reconnue l'auteur dans un article qu'elle a publié dans le « Nain jaune ».

— Militairement; opérette en un acte; musique de M. Marius Boullard. In-18. 1864. *Librairie des Deux-Mondes.* 60 c.

— Un Miracle à Vichy. In-12 avec vignettes et portraits. 1861. [Vichy, *Bougarel.*] *Dentu.* 2 fr.

— Miss Pewel. In-12. 1859. *Librairie nouvelle.* 3 fr.

— Nédel; opérette bouffe en un acte; musique de M. Marius Boullard. In-4°. 1863. *Le Bailly.* 20 c.

— Querelle d'Allemand; proverbe en un acte. In-18. 1864. *Librairie des Deux-Mondes.* 60 c.

— La Sapho. In-12. 1858. *Lévy frères.* 1 fr.

— Les Voleurs d'or. In-12. 1857. *Ibid.* 1 fr.

— Les Voleurs d'or; drame en cinq actes; précédé d'un prologue. In-4°. 1864. *Ibid.* 20 c.

Théâtre contemporain illustré.

CHABROL (L. D.).

— Abrégé chronologique de l'histoire de France, depuis le commencement de la monarchie jusqu'à ce jour. In-12. 1841. *Ferra.* 2 fr. 50 c.

CHABROL-CHAMÉANE (E. de), jurisconsulte.

— Dictionnaire général des lois pénales, disciplinaires et de police. 2 vol. in-8°. 1842-1843. *Mansut.* 12 fr.

— Le même. Nouvelle édition, avec un supplément chronologique au courant du dernier état de la législation criminelle. 2 vol. in-8°. 1850. *Durand.* 12 fr.

— Dictionnaire de législation usuelle, contenant les notions du droit civil, commercial et administratif, avec des formules. 2 vol. in-8°. 1844. *Mansut.* 16 fr.

CHABRON (H. de).

— Notre pays et notre mère, souvenirs poétiques. In-8°. 1865. Le Puy, *Marchessou.* 75 c.

CHACORNAC (Jean), astronome à l'Observatoire de Paris, né à Lyon en 1823.

— Atlas des Annales de l'Observatoire impérial de Paris. Livraisons 1 à 6, contenant 36 cartes écliptiques. In-fol. 1860-1863. *Mallet-Bachelier.* Chaque livraison, 12 fr.

CHADEUIL (Gustave), homme de lettres, rédacteur du « Siècle », né à Limoges en 1823.

— Le Curé du Pecq. In-12. 1861. *Dentu.* 3 fr.

— Les Djinns; poésies. In-8°. 1846. *Roux et Cassanet.* 7 fr. 50 c.

— Jean Lebon; étude. In-12. 1863. *Dentu.* 3 fr.

— Les Mystères du Palais (Mémoires d'un petit bossu). In-18. 1860. *Ibid.* 2 fr.

— Le Panthéon des hommes utiles. Avec 6 portraits gravés par Leguay. Gr. in-8°. 1863. *Ibid.* 20 fr.

Avec Hippolyte Lucas.

CHADEYRAS (A.).

— Traité du contentieux des contributions indirectes. In-8°. 1860. Nantes, *imprimerie Masseaux.*

CHADJÂ (ABOU-). — Voy. **Abou-Chadjâ.**

CHAFFIN (A.).

— Régulateur et indicateur judiciaire, civil, criminel et commercial des délais à observer à raison des distances de tous les tribunaux entre eux. In-8°. 1842. *Pissin.* 7 fr.

CHAFFOY (Mgr. Claude François Marie PETIT-BENOIT de), évêque de Nîmes, né à Besançon en 1752, mort en....

— Œuvres spirituelles; recueillies et mises en

ordre par M. l'abbé J. B. Bergier. 3 vol. in-12 avec portrait et fac-similé. 1856-1857. Besançon, *Jacquin.* 10 fr. 50 c.

— Recueil de sujets de lectures et de méditations sur les principaux points de la vie spirituelle, propres à des communautés religieuses, etc., tiré en partie des œuvres du P. Judde. 3e édition. In-18. 1864. *Ibid.*

Ni cette édition ni les éditions précédentes de cet ouvrage n'ont été mises dans le commerce.

CHAHNAZARIAN (G. V.).

— Esquisse de l'histoire de l'Arménie. Coup d'œil sur l'Arménie ancienne et sur son état actuel. In-8°. 1856. *Meyrueis et Cie.* 3 fr.

CHAHO (J. Augustin), de Navarre, homme de lettres, né à Tardets (Basses-Pyrénées) en 1811, mort en 1858.

— Dictionnaire basque, français, espagnol et latin, d'après les meilleurs auteurs classiques et les Dictionnaires des Académies française et espagnole. Livraisons 1 et 2. In-4°. 1856. Bayonne, *Lespès.* Chaque livraison, 70 c.

— L'Espagnolette de Saint-Leu, calcul rationnel de probabilités sur la fin tragique de S. A. S. Mgr. le duc de Bourbon, prince de Condé. 1re partie. In-8°. 1841. *Jaillet.*

— Histoire primitive des Euskariens-Basques. Langue, poésie, mœurs et caractères de ce peuple. Introduction à son histoire. In-8°. 1847. Bayonne, *Lespès.* 5 fr.

La continuation de cet ouvrage est publiée par le vicomte de Belsunce. — Voy. ce nom.

— Philosophie des religions comparées. 3e édition. In-8°. 1846-1848. Bayonne, *imprimerie de Bernain.* 10 fr.

— Safer et les houris espagnoles. 2 vol. in-8°. 1854. Bayonne, *Lespès.* 10 fr.

— Voyage en Navarre pendant l'insurrection des Basques (1830-1835). 2e édition. In-8°. 1865. *Ibid.* 6 fr.

CHAIGNEAU (Th.), littérateur.

— L'Amour en ville; vaudeville en un acte. In-12. 1858. *Lévy frères.* 60 c.

Avec Ch. Boverat.

— A quoi tient l'amour! vaudeville en un acte. In-8°. 1860. *Barbré.* 60 c.

Avec le même.

— Pharamond II; comédie-vaudeville en un acte. Gr. in-8°. 1862. *Ibid.* 60 c.

Avec le même.

CHAIGNET (Antelme Édouard), professeur de littérature ancienne à la Faculté des lettres de Poitiers, né à Paris en 1819.

— Des Formes diverses du chœur dans la tragédie grecque. In-8°. 1865. [*Imprimerie impériale.*] *Durand.* 1 fr. 50 c.

— De Iambico versu; utrum, in græcarum tragœdiarum diverbiis, iambicus versus cum modulatione seu ad tibias cantatus sit, an nuda recitatione, sine tibiarum concentu, sit pronunciatus. In-8°. 1863. *Ibid.* 1 fr. 50 c.

— Les Principes de la science du beau. In-8°. 1860. *Ibid.* 7 fr. 50 c.

— De la Psychologie de Platon. Thèse pour le doctorat. In-8°. 1862. *Ibid.* 5 fr.

CHAIGNON (le R. P.), de la Société de Jésus.

— Jubilé de 1865, instruction familière. In-18. 1865. *Blériot.* 20 c.

— Le Jubilé de 1865 et les enfants de l'Église; suivi d'une Neuvaine de méditations sur le zèle pour la conversion des pécheurs. In-32. 1865. *Ibid.* 1 fr. 20 c.

— La Méditation, ou le Fidèle sanctifié par la pratique de l'oraison mentale. 2 vol. in-12. 1865. [Angers, *Laîné frères.*] *Ibid.* 7 fr.

— Nouveau cours de méditations sacerdotales, ou le Prêtre sanctifié par la pratique de l'oraison. 4e édition, revue et augmentée. 5 vol. in-12. 1863. *Ibid.* 15 fr.

La 1re édition est de 1858. 3 vol. in-12. *Ibid.* 7 fr. 50 c.

— Le Prêtre à l'autel, ou le Saint sacrifice de la messe dignement célébré, suivi de quelques réflexions sur l'importante matière des indulgences et d'un recueil de pratiques pour en gagner une plénière tous les jours du mois, avec des prières avant et après la célébration des saints mystères. 5e édition. In-12. 1863. *Ibid.* 3 fr.

La 1re édition a été publiée en 1853.

CHAILLET (L.).

— Concordance des calendriers grégorien et musulman. — Voy. *Bresnier,* Chrestomathie arabe.

CHAILLOT (l'abbé).

— Lutte du parti conservateur et de l'opposition dans les chambres. In-8o. 1846. *Dentu.* 50 c.

CHAILLOT (A.).

— La Vie et la doctrine de Notre Seigneur Jésus-Christ, suivant le texte de l'Évangile, expliqué par Bossuet et traduit presque en entier par lui. Recueilli et mis en ordre par A. Chaillot. In-8o. 1857. Avignon, *Séguin aîné.*

M. Chaillot a traduit de l'italien « les Fiancées » de *Manzoni.*

CHAILLOU DES BARRES (le baron), publiciste et archéologue, préfet de l'Yonne, né à Nevers en 1784, mort en 1857.

— L'Abbaye de Pontigny. In-8o avec 5 lithographies. 1845. *Vaton.* 8 fr.

— Les Châteaux d'Ancy-le-Franc, de Saint-Fargeau, de Chastellux et de Tanlay. In-4o avec 1 carte, 5 fac-simile et 12 lithographies. 1845. *Imprimerie de Lacrampe.*

CHAILLU (Paul Du). — Voy. **Du Chaillu.**

CHAILLY (A.), ancien marin.

— Le Boursier de l'empereur, document sur la vie intime de Napoléon Ier. In-8o. 1857. *Chez l'auteur.* 75 c.

CHAILLY (le docteur J. N.), né à Versailles en 1774.

— Précis de la rachidiorthosie, nouvelle méthode pour le redressement de la taille sans lits mécaniques ni opérations chirurgicales. In-8o. 1842. *Germer Baillière.* 1 fr. 50 c.

Avec F. Godier.

CHAILLY-HONORÉ (le docteur Nicolas Charles), membre de l'Académie de médecine, professeur particulier d'accouchement, né à Paris en 1805, mort dans la même ville en 1866.

— De l'Éducation physique des enfants depuis la naissance jusqu'au sevrage. In-8o. 1844. *J. B. Baillière.* 1 fr. 50 c.

Extrait de la 1re édition de l'ouvrage suivant.

— Traité pratique de l'art des accouchements. 4e édition, revue et corrigée. In-8o avec 282 fig. dans le texte. 1861. *Ibid.* 10 fr.

La 1re édition a été publiée en 1842: prix, 9 fr.; la 2e en 1845, même prix; la 3e en 1853, 10 fr.

CHAINE, maître de pension, ancien professeur au lycée Charlemagne.

— Chrestomathie latine, ouvrage extrait en partie de l'Elementar-Buch de F. Jacobs, et de la Porte des langues de J. A. Coménius, à l'usage des classes de 8e et de 7e, avec des notes explicatives. In-12. 1850. *Ve Maire-Nyon.* 1 fr. 25 c.

— Nouveau manuel des classes élémentaires du latin, contenant cours de thèmes et de versions, recueil gradué de dictées françaises et exercices de lecture à haute voix. In-12. 1844. *Ibid.* 2 fr. 50 c.

CHAINOI (G.).

— Dernière occupation des principautés danubiennes par la Russie. In-8o. 1853. *Dumaine.* 1 fr. 25 c.

CHAINTRÉ (Clément de), pseudonyme de M. Tony **Révillon.**

CHAIRGRASSE (Jean-Baptiste), conducteur des ponts et chaussées à Dijon, né à Argilly (Côte-d'Or) en 1829.

— Niveaux Chairgrasse. Brochure explicative sur leur construction, leur usage et leurs nombreux avantages; moyen de se passer de la mire divisée et de la chaine d'arpenteur dans les opérations du nivellement et de l'arpentage. In-12 avec 3 pl. 1864. *E. Lacroix.* 1 fr.

Avec J. Vinot.

CHAIROU (le docteur E.).

— Étude clinique sur les tumeurs fibreuses de la fosse iliaque. Mémoire présenté à la Société de chirurgie. In-8o. 1864. *Baillière et fils.* 50 c.

— Relation d'une épidémie de rougeole et suette miliaire observée à Rueil (Seine-et-Oise) en 1862. In-8o. 1863. *Ibid.*

CHAISE DE CAHAGNE (François Arsène). — Voy. **Cey** (Arsène).

CHAISEMARTIN (A.), docteur en droit.

— De l'Esprit de la loi des successions en France et de son influence sur la propriété. In-8o. 1850. Poitiers, *Pichot.* 3 fr. 50 c.

CHAISÉS (le docteur Ad.).

— La Question polonaise et européenne. Le Congrès et Napoléon III. In-8o. 1863. *Dentu.* 1 fr.

CHAIX (l'abbé).

— Pratique de la gnomonique, ou Méthodes sûres pour construire les cadrans solaires. In-8o, 79 p. et 16 pl. 1859. Avignon, *Offray aîné.*

CHAIX (A.), président de la Société de secours mutuels des ébénistes de Paris.

— De l'utilité d'une école industrielle, spéciale et pratique pour les ouvriers ébénistes. In-8o. 1863. *Maréchal.* 50 c.

CHAIX (B.).

— Préoccupations statistiques, géographiques, pittoresques et synoptiques du département des Hautes-Alpes. In-8o. 1846. *Carilian-Gœury.* 10 fr.

CHAIX (Alban Napoléon), imprimeur et libraire à Paris, né à Châteauroux en 1807, mort à Paris en 1865.

— Annuaire officiel des chemins de fer, publié par Napoléon Chaix. In-12. 1863. *Chaix et Cie.* 6 fr.

Pour les volumes précédents, voy. *Petit de Coupray.*

— Atlas des chemins de fer. In-fol., 17 cartes coloriées et 1 plan de Paris. 1858. *Ibid.* 36 fr. Chaque carte séparée, 2 fr.

— Guides-Chaix. Bibliothèque du voyageur. 19 vol. in-12. cart. *Chaix et Cie.*

Cette collection se compose jusqu'ici des volumes suivants.

Conseils aux voyageurs en chemins de fer, en bateaux à vapeur et en diligence. 1854. 1 fr. 50 c.

Étude historique et descriptive de Strasbourg et de ses environs, par M. de Lajolais. 1852. 1 fr. 50 c.

Nouveau guide en Belgique et en Hollande. 1858. 5 fr.

—— de Bordeaux aux Pyrénées. 1853. 1 fr. 50 c.

—— sur les bords du Danube, de Strasbourg à Constantinople. 1854. 1 fr. 50 c.

—— sur les bords du Rhin et en Hollande. 1853. 1 fr. 50 c.

—— sur les bords du Rhin, depuis sa source jusqu'à son embouchure. 1857. 5 fr.

—— sur les chemins de fer de l'Ouest, contenant les itinéraires de Paris à Saint-Germain, Argenteuil, etc., Rouen, Le Hàvre, etc. 1859. 5 fr.

—— à Londres pour l'exposition de 1851. 2 fr.

—— à Londres et dans ses environs. 1853. 1 fr. 50 c.

—— à Paris, avec un plan colorié. 1851. 2 fr.

—— de Paris à Bordeaux. 1853. 1 fr. 50 c.

—— de Paris à Bruxelles et Cologne. 1853. 1 fr. 50 c.

—— de Paris à Limoges et Clermont. 1853. 1 fr. 50 c.

—— de Paris à Lyon et à la Méditerranée. 1853. 2 fr. 50 c.

—— de Paris à Rouen, Hàvre et Dieppe. 1852. 1 fr. 50 c.

—— de Paris à Strasbourg et à Bàle. 1852. 1 fr. 50 c.

—— aux Pyrénées. 1859. 8 fr.

—— en Suisse. 1853. 1 fr. 50 c.

— Livret-Chaix. Guide officiel des voyageurs sur tous les chemins de fer de l'Europe et des principaux paquebots de la Méditerranée et de l'Océan. Publié sous le patronage des compagnies. In-18 avec cartes. *Ibid.*

Paraît chaque mois depuis 1846. Prix de chaque cahier, 1 fr. 50 c.

— Répertoire de la législation des chemins de fer, indiquant les dispositions législatives et réglementaires insérées dans le « Bulletin des lois », etc. Rédigé sur les documents fournis par le Bureau de statistique de la direction générale des chemins de fer, du ministère de l'agriculture, du commerce et des travaux publics, et publié par Napoléon Chaix. In-12. 1855. *Ibid.* 3 fr.

— Réponse au Mémoire de M. Hachette, publié à l'occasion de l'enquête faite par la commission du colportage sur les bibliothèques des chemins de fer, et création d'un syndicat de la librairie française. In-4°. 1861. *Ibid.* 50 c.

CHAIX (Paul), né à Crest (Drôme) en 1808.

— Atlas élémentaire, géographique et historique. In-4° de 28 cartes gravées et coloriées. 1865. Genève, *Cherbuliez.* 6 fr.

La 1re édition est de 1838.

— Histoire de l'Amérique méridionale au xvi° siècle, comprenant les découvertes et conquêtes des Espagnols et des Portugais. 2 vol. in-12 avec 5 cartes. 1853. *Ibid.* 7 fr. 50 c.

— Précis de géographie élémentaire, 6e édition, revue et augmentée. In-12. 1864. *Ibid.* 2 fr.

La 1re édition a paru en 1837.

CHAIX D'EST-ANGE (Victor Charles), jurisconsulte, sénateur, vice-président du conseil d'État, ancien procureur général, né à Reims en 1800.

— Discours et plaidoyers; publiés par Ed. Rousse. 2 vol. in-8°. 1862. *Didot frères.* 15 fr.

Le tome 2 contient 9 planches lithographiées annexées au procès de La Roncière.

CHALAMBERT (Victor de), né à Paris en 1811.

— Histoire de la ligue sous les règnes de Henri III et de Henri IV, ou Quinze années de l'histoire de France. 2 vol. in-8°. 1854. *Douniol.* 10 fr.

M. de Chalambert a donné plusieurs articles de philosophie et d'histoire dans le « Correspondant ».

CHALAMET (Ch.), maître de pension, officier de l'instruction publique.

— Questions d'arithmétique recueillies aux examens de la Sorbonne et de l'Hôtel de ville de 1852 à 1857, et suivies des réponses. In-12. 1858. *Hachette et Cie.* 1 fr. 50 c.

— Questions de grammaire recueillies aux examens de la Sorbonne et de l'Hôtel de ville, de 1852 à 1857, et suivies des réponses. In-12. 1858. *Ibid.* 2 fr.

— Questions d'instruction morale et religieuse recueillies aux examens de la Sorbonne et de l'Hôtel de ville de 1852 à 1857, et suivies des réponses. In-12. 1858. *Ibid.* 2 fr.

— Sujets et modèles de compositions françaises, à l'usage des aspirants et des aspirantes au brevet de capacité pour l'instruction primaire. In-12. 1857. *Ibid.* 1 fr. 50 c.

CHALANDON (Mgr. Georges Claude Louis Pie), ancien vicaire-général de Metz, archevêque d'Aix depuis 1857.

— Éloge funèbre de Charlotte Françoise Victoire de Rouyn, comtesse de Salse-d'Apremont. In-8°. 1850. Metz, *Pallez et Rousseau.*

— Oraison funèbre de Mgr. Devie. In-8°. 1852. Bourg, *Millet-Bottier.*

— Souvenirs et exemples; petites notices offertes aux jeunes chrétiennes. In-18. 1845. Metz, *Pallez et Rousseau.*

Anonyme.

— Le même. 9e édition. In-8°. 1864. Tours, *Mame et Cie.*

Cette édition porte le nom de l'auteur, ainsi que les 5 précédentes, éditées également par *Mame.*

— Vie de Mme de Méjanès, fondatrice et première supérieure générale des sœurs de Sainte-Chrétienne. In-12, 20 f. 1846. Metz, *Pallez et Rousseau.*

CHALETTE père (J.), membre de la Société d'agriculture de Chàlons, ancien géomètre délimitateur du cadastre.

— Précis de la statistique générale du département de la Marne. 3 vol. in-8°. 1844-1845. Chàlons, *imprimerie Boniez-Lambert.* 16 fr. 50 c.

CHALETTE fils (le docteur).

— Des Dangers des inhumations précipitées, et de l'importance de faire constater les décès par des gens de l'art. In-8°, 32 p. 1845. Chàlons-sur-Marne, *imprimerie de Martin.*

CHALIÈRE (Louis), pseudonyme de M. Nor-BERT.

— Ingénio. In-12. 1865. *Faure.* 3 fr.

CHALLAMEL (J. B. M. Augustin), littérateur, bibliothécaire à Sainte-Geneviève, né à Paris en 1818.

— Un Été en Espagne. In-12 avec 4 vignettes. 1843. *Challamel.* 2 fr. 50 c.

— Les Français sous la Révolution. Illustré de scènes et types dessinés et gravés sur acier par nos premiers artistes. In-8°. 1843. *Ibid.* Noir, 12 fr.; en couleur, 20 fr.

Avec Wilhelm Ténint.
L'ouvrage a été publié en 40 livraisons.

— Les Grands capitaines amoureux. In-12. 1862. *Dentu.* 3 fr.

— Histoire de France; illustrée par H. Bellangé. 1re partie, Histoire de Napoléon. 2e partie, Histoire de la Révolution. 3e partie, Histoire de Paris. 4e partie, Histoire de France. In-4°. 1852. *Barba.* 4 fr.

— Histoire du Piémont et de la maison de Savoie. In-4° avec portrait. 1860. *Havard.* 50 c.

— Histoire anecdotique de la Fronde, 1648 à 1653. In-12. 1860. *Librairie nouvelle.* 2 fr.

— Histoire inédite des papes depuis saint Pierre jusqu'à nos jours. In-4° avec portrait. 1860. *Havard.* 50 c.

— Histoire populaire des papes depuis saint Pierre jusqu'à la proclamation du royaume d'Italie, 32-1861. In-12. 1861. *Dentu.* 2 fr.

— Histoire-musée de la république française depuis l'assemblée des notables jusqu'à l'empire, 1789 à 1804. Complément de toutes les histoires de la révolution française. In-8° avec pl. et facsimile. 1841-1842. *Challamel.* 25 fr.

L'ouvrage a été publié en 50 livraisons; les premières livraisons sont publiées sous le pseudonyme de Jules Robert.

— Le même. 3e édition. 2 vol. in-8°, avec 350 grav. 1857-1858. *Havard.* 18 fr.

Cette édition a été publiée en 72 livraisons.

— Isabelle Farnèse. 2 vol. in-8°. 1851. *Permain.* 15 fr.

— Le même. In-4°, illustré. 1862. *Lécrivain et Toubon.* 50 c.

— Mémoires du peuple depuis son origine jusqu'à nos jours. Tomes 1 à 3. In-8°. 1865-1866. *Hachette et Cie.* Chaque volume, 7 fr. 50 c.

L'ouvrage formera 8 volumes.

— Précis de l'histoire et de l'insurrection de l'Inde. — Voy. *Revoil,* le Roi d'Oude.

— La Régence galante. In-12. 1861. *Dentu.* 3 fr.

— Le Roman de la plage. In-12. 1863. *Ibid.* 3 fr.

— Le Rosier; opéra comique en un acte; musique de M. Henri Potier. In-12. 1859. *Lévy frères.* 1 fr.

— Le même. In-4°. 1862. *Ibid.* 40 c.

Théâtre contemporain illustré, livraison 527.

— Saint Vincent de Paul. Nouvelle édition. In-12. 1856. *Adr. Le Clère et Cie.* 1 fr.

La 1re édition a été publiée en 1841. 1 vol. in-8°. *Challamel.* 5 fr.

CHALLAMEL (Pierre Joseph), libraire à Paris, frère du précédent, né en 1813.

— Exposition de l'industrie; publiée par M. Chal-lamel. Revue et illustrations. Texte par Jules Burat. 2 vol. in-4° avec 2 grav. 1844. *Challamel.* 50 fr.

Publié en 50 livraisons.

CHALLE, avocat, membre de l'Institut des provinces.

— Rapport sur les travaux et les publications académiques des provinces pendant l'année 1860, d'après les renseignements communiqués au congrès des délégués des sociétés savantes des départements, pendant la session d'avril 1861. In-8°. 1862. Caen, *Hardel.* 2 fr.

Le même a été publié pour les années 1862, 1863 et 1864.

M. Challe a publié avec M. Quantin : « Mémoires concernant l'histoire d'Auxerre » de l'abbé *Lebeuf.* — Voy. ce nom.

CHALLEMEL-LACOUR, publiciste et littérateur.

— La Philosophie individualiste, étude sur Guillaume de Humboldt. In-12. 1864. *Germer Baillière.* 2 fr. 50 c.

M. Challemel-Lacour a traduit de l'allemand : « Histoire de la philosophie moderne » de Henri *Ritter.*

CHALLETON DE BRUGHAT (F.), ingénieur.

— L'Art du briquetier. In-8° avec atlas. 1861. *Lacroix.* 8 fr.

— De la Tourbe. Études sur les combustibles employés dans l'industrie, de leur importance relative et de leur influence sur l'avenir industriel des nations. In-8°. 1858. *Langlois et Leclercq.* 7 fr. 50 c.

CHALLIÉ (Mme L. de), née Jussieu.

— Essai sur la liberté, l'égalité et la fraternité, considérées au point de vue chrétien, social et personnel. In-8°. 1849. *Gaume frères.* 4 fr.

— Harmonie du catholicisme avec la nature humaine. In-8°. 1854. *Ibid.* 5 fr.

CHALLIPE (le P. Candide), récollet.

— La Vie de saint François d'Assise. Nouvelle édition, augmentée du Panégyrique du saint, par le P. de Larue, et du Bref de N. S. P. le pape Pie VII sur la découverte du corps de saint François, faite à Assise en 1820. 3 vol. in-12. 1841. Avignon, *Séguin aîné.*

CHALLONER (Richard), vicaire apostolique de Londres, évêque de Debra, né à Lewes en 1691, mort en 1781.

— Considérations sur les vérités de la religion. — Voy. *Lagrange,* Guide du chrétien.

— Le Jardin de l'âme, ou Choix des méditations de Challoner, pour tous les dimanches et les principales fêtes de l'année. Traduit de l'anglais par l'abbé Bourdy. In-32. 1859. Vannes, *Lamarzelle.*

— Méditations sur les vérités et les devoirs du christianisme, pour chaque jour de l'année. Traduit de l'anglais par l'abbé E. Vignonet. 3 vol. in-12. 1855. *Bray.* 6 fr.

CHALMERS (Thomas), économiste anglais, pasteur de l'Église libre d'Écosse, né à Kilmeny en 1780, mort en 1847.

— Preuves et autorité de la révélation chrétienne. Traduit de l'anglais sur la 6e édition, par J. L. S. Vincent. In-18. 1848. Toulouse, *Tartanac.* 1 fr.

— Preuves miraculeuses de la Révélation chrétienne. — Voy. *Migne,* Démonstrations évangéliques, tome 15.

CHALMETON (Louis).

— Heures de loisir (poésies). In-12. 1860. *Tu-ride.* 3 fr. 50 c.

— Il ne faut jamais dire: Fontaine... proverbe en un acte et en vers. In-12. 1864. *Ibid.* 75 c.

— Isolements; comédies et poëmes. In-12. 1863. *Ibid.* 3 fr. 50 c.

CHALMONT (Eugène).

— Émile et Marie. In-18 de 6 f. 1841. *Olivier Fulgence.*

CHALOIN (Louis), médecin-consultant à Châtel-Guyon.

— Étude sur les eaux minérales de Châtel-Guyon, près Riom (Puy-de-Dôme). In-8°, 68 p. 1862. Riom, *Jouvet.*

CHALON (Jean Simon), poëte, né aux Alleux en 1810.

— Daudréa le Penseur, mystère en vers, en deux journées et sept tableaux. In-18. 1860. *Hubert, boulevard de Strasbourg,* 74. 1 fr.

— La Fiancée d'outre-tombe; drame en prose, en cinq actes et neuf tableaux; précédé de: Une imploration dans le ciel; prologue. In-18. 1851. Charleville. 1 fr.

CHALON (Renier Hubert Ghislain), docteur en droit, président de la Société royale de numismatique belge, membre de plusieurs sociétés savantes, né à Mons en 1802.

— Mémoires de messire Jean, seigneur de Haynin et de Louvegnies, chevalier, 1465-1477, publiés par R. Chalon. 2 vol. in-8°. 1842. Bruxelles. 18 fr.

Publication de la Société des bibliophiles belges, n° 11.

— Recherches sur les monnaies des comtes de Hainaut. 2 vol. in-4° avec pl. 1848 et 1852. *Ibid.* 34 fr.

— Recherches sur les monnaies des comtes de Namur. In-4° avec 22 pl. 1861. Bruxelles, *A. Decq.* 15 fr.

— Recherches sur les monnaies de Wallincourt en Cambraisis. In-8° avec pl. 1847. Bruxelles, *Van Dale.*

CHALONS D'ARGÉ (A. P.).

— Madame la marquise d'Aligre; sa vie, ses fondations, sa mort. In-8°, 36 p. 1847. *Imprimerie Gratiot.*

— Sacre et couronnement des rois et des empereurs de France. (Recherches historiques.) In-18, 144 p. 1852. *Librairie nouvelle.*

— Les Théâtres de Paris. Histoire anecdotique, critique, biographique et littéraire de tous les théâtres de la capitale. 2 vol. in-12. 1850. *Dumineray.* 6 fr.

CHALORY (Jules), professeur de chant et de déclamation à Paris.

— Le Château de Bersol; comédie-vaudeville en deux actes, avec musique notée et chiffrée. In-18. 1858. *J. Delalain.* 1 fr. 25 c.

— La Meunière du Moulin vert; comédie-vaudeville en un acte, avec musique notée et chiffrée. In-18. 1858. *Ibid.* 1 fr. 25 c.

— Le Mont Cériguy; comédie-vaudeville en deux actes, avec musique notée et chiffrée. In-18. 1858. *Ibid.* 1 fr. 25 c.

— La Muse solennelle des écoles et des familles. Compliments du jour de l'an et pour les fêtes de l'année. In-12. 1863. *Ibid.* 1 fr. 25 c.

— La Petite protégée; comédie-vaudeville en deux actes, avec musique notée et chiffrée. In-18. 1858. *Ibid.* 1 fr. 25 c.

— Simon, ou la Distribution des prix; comédie-vaudeville en un acte, avec musique notée et chiffrée. In-18. 1857. *Ibid.* 1 fr.

CHALUSSET (Abel de).

— Curiosités américaines, ou Description des animaux, des chasses, des danses, des jeux et des plantes du Canada. In-12. 1858. Limoges, *Barbou frères.* 1 fr. 50 c.

CHAM (Amédée de Noé, dit), dessinateur caricaturiste, fils du comte de Noé, ancien pair de France; né à Paris, en 1819. Il s'est fait connaître par les innombrables dessins et caricatures qu'il a fournis depuis 1842 aux albums, almanachs, etc., et principalement au Charivari.

— Le Serpent à plumes; opérette bouffe en un acte, musique de Léo Delibes. In-12. 1865. *Lévy frères.* 1 fr.

CHAMARD (le R. P. dom François), bénédictin de la congrégation de France, né à Cholet (Maine-et-Loire) en 1828.

— Les Vies des saints personnages de l'Anjou. 3 vol. in-12. 1862-1863. [Angers, *Cosnier et Lachèse.*] *Lecoffre et Cie.* 10 fr. 50 c.

CHAMBAUD (Mirabel). — Voy. **Mirabel Chambaud.**

CHAMBEAU (le docteur Charles), professeur à Berlin.

— Manuel d'histoire universelle. 4e édition, entièrement refondue. In-8°. 1856. Berlin, *Behr.* 3 fr.

CHAMBELLAN (l'abbé Pierre Alfred) a traduit de l'anglais: « Conférences prêchées à Londres sur le pouvoir temporel du vicaire de Jésus-Christ », par Mgr. *Manning.*

CHAMBELLAN (Victor Gomer), professeur sourd-muet à l'École impériale de Paris, né à Goupillières (Eure) en 1816.

— Grammaire pratique, à l'usage des élèves sourds-muets de deuxième année. In-8°. 1862. *Route d'Orléans,* 65. 1 fr.

— Grammaire pratique et conversations familières, à l'usage des élèves sourds-muets de troisième année. In-8°. 1862. *Hachette et Cie.* 2 fr.

CHAMBELLAND (Claude Antoine), littérateur, né à Dijon.

— L'Empereur de la Chine à la reine Victoire, ou les Anglais traités comme ils le méritent. In-8°. 1841. *Pitrat.* 50 c.

— D'une erreur de la presse française en ce qui concerne la Belgique. In-8°. 1841. *Ibid.* 1 fr.

CHAMBERET (E. de), directeur de l'École de la Martinière, ancien ingénieur des ponts et chaussées.

— Des Inondations en France. In-8°. 1856. *Mallet-Bachelier.* 1 fr. 20 c.

CHAMBERET (Gabriel de), colonel de gendarmerie, antérieurement lieutenant-colonel d'état-major, ancien aide.de camp du ministre de la guerre, etc., né à Besançon en 1816.

— De l'Institution et de l'Hôtel des Invalides, leur origine, leur histoire. Description du tombeau de l'empereur et de l'intérieur de l'Hôtel des Invalides. In-8°. 1854. *Hannequin fils.* 4 fr.

— Manuel du légionnaire, ou Recueil des principaux décrets, lois, ordonnances, etc., relatifs à l'ordre de la Légion d'honneur depuis l'époque de sa création jusqu'à nos jours. In-18 avec 2 pl. 1852. *Dumaine.* 5 fr.

— Le même. 2ᵉ édition, considérablement augmentée. In-8° avec pl. 1854. *Corréard.* 5 fr.

— Précis historique sur la gendarmerie, depuis les premiers temps de la monarchie jusqu'à nos jours. In-12. 1861. [Lyon, *Vᵉ Jacquy.*] *Dumaine.* 4 fr.

M. de Chamberet a publié un certain nombre d'articles dans le « Spectateur militaire », le « Moniteur de l'armée », la « Revue contemporaine », la « Revue européenne » et autres recueils.

CHAMBERLAND (A.).

— Les Napoléoniennes, ou Méditations poétiques sur le xixᵉ siècle. In-12. 1856. *Périsse frères.*

CHAMBERS (W.).

— La Vraie mine d'or de l'ouvrier même le plus pauvre, ou la coopération. Traduit et annoté par Francesco Vigano. In-8°. 1865. [Milan, *imprimerie Boniardi-Pogliani.*] *Guillaumin et Cⁱᵒ.* 2 fr.

CHAMBERT (H.), docteur en médecine.

— Des Effets physiologiques et thérapeutiques des éthers. In-8°. 1848. *J. B. Baillière.* 3 fr. 50 c.

CHAMBEYRON (J. B.).

— Recherches historiques sur la ville de Rive-de-Gier. In-8° de 11 f. 1845. Rive-de-Gier, *Sablière.*

CHAMBEYRON (l'abbé Victor).

— Premier essai sur Belleville, ou Recherches archéologiques et historiques au sujet de l'église Notre-Dame de Belleville-sur-Saône. In-8° de 11 ³/₄ f. 1845. [Lyon, *Périsse.*] *Didron.*

CHAMBLY (LA TOUR-DU-PIN-). — Voy. **La Tour-du-Pin-Chambly.**

CHAMBON (l'abbé), professeur de chimie et de physique au grand séminaire de Toulouse.

— Éléments d'astronomie physique, suivis des questions du programme pour le baccalauréat sur l'astronomie. In-12 de 7 ¹/₂ f. et 6 pl. 1847. Toulouse, *Delsol.*

— Traité élémentaire de chimie. In-12. 1844. *Ibid.*

CHAMBON (Auguste), professeur au lycée Louis-le-Grand, né à Sully (Loiret) en 1823.

— Nouveau cours gradué de thèmes latins et de versions latines. Classe de sixième : Thèmes et versions, avec les corrigés. In-12. 1863. *Delalain.* 4 fr.

— Le même. A l'usage des élèves. In-12. *Ibid.* 1 fr. 75 c.

— Le même. Classe de cinquième : Thèmes et versions, avec les corrigés. In-12. 1863. *Ibid.* 4 fr.

— Le même. A l'usage des élèves. In-12. *Ibid.* 1 fr. 75 c.

— Le même. Classe de quatrième : Textes. In-12. 1865. *Ibid.* 1 fr. 75 c.

— Le même. Textes et corrigés. 4 fr.

Tous ces ouvrages sont publiés en collaboration avec M. T. Lemeignan.

CHAMBON (J.).

— Le Bon coupeur. Division géométrique, ou Système simple, facile et expéditif appliqué à la coupe des vêtements. In-8° avec 16 pl. 1847. *Chez l'auteur, rue Saint-Honoré,* 127. 3 fr.

— Véritable théorie de l'art du tailleur. Méthode simple et facile reproduisant la tenue et la conformation de chaque personne, ainsi que les difformités. In-8° avec 16 pl. 1852. *Ibid.* 3 fr.

CHAMBONNAU (V. A.), avocat, ex-juge de paix à Moissac.

— L'Élu de Dieu, ou la France régénérée, et replacée au premier rang des nations par S. M. l'empereur Napoléon III, précédé d'une notice biographique des diverses branches de la famille Bonaparte depuis le xiiiᵉ siècle jusqu'à nos jours. In-12. 1859. *Dufet.* 2 fr. 25 c.

— Manuel du républicain, ou Abrégé des principes de la politique, à l'usage de toutes les classes de la société. In-8°. 1848. Montauban, *imprimerie Forestié fils.* 1 fr.

— Poésies religieuses. In-8°. 1857. Toulouse, *Ratier.* 50 c.

CHAMBORANT (C. G. de).

— Du Paupérisme, ce qu'il était dans l'antiquité, ce qu'il est de nos jours ; des remèdes qui lui étaient opposés, de ceux qu'il conviendrait de lui appliquer aujourd'hui ; suivi d'une analyse de la législation ancienne et moderne sur ce sujet, etc. In-8°. 1842. *Guillaumin.* 7 fr. 50 c.

CHAMBORD (Henri Charles Ferdinand Marie Dieudonné de BOURBON), duc de BORDEAUX, chef actuel de la branche aînée des Bourbons, né à Paris, en 1820.

— Étude politique. M. le comte de Chambord. Correspondance (1841-1859). In-8°. 1860. Bruxelles. *A. Decq.* 5 fr.

CHAMBOURG, pseudonyme de M. Théodore François Alexis LE DONNÉ, écrivain de la marine au port de Brest, né dans cette ville en 1806.

— Chansons. 2 vol. in-8°. 1846. Brest, *Leblois.* 4 fr.

CHAMBRAY (le marquis Georges de), général et historien français, né à Paris, en 1783, mort en 1850.

— Œuvres. 5 vol. in-8° avec cartes. 1840. *Pillet aîné.* 30 fr.

— Traité pratique des arbres résineux conifères à grandes dimensions, que l'on peut cultiver en futaie et dans les climats tempérés. In-8° avec 7 pl. 1845. *Bouchard-Huzard.* 12 fr.

— De la Transformation de Paris, ville ouverte, en place forte. In-8°. 1843. *Pillet aîné.* 1 fr.

CHAMBRIER D'OLEIRES (le baron de) a annoté, avec M. Pinheiro Ferreira, « le Droit des gens », de *Vattel.*

CHAMBRUN (Adolphe de).

— Du Régime parlementaire en France ; essai de politique contemporaine. In-8°. 1857. *Durand.*

CHAMBRUN (C. A. de).

— Quelques réflexions sur l'art dramatique. Mlle Rachel, ses succès, ses défauts. In-12. 1853. *Garnier frères.* 50 c.

CHAMBRUN (Jacques Pineton de). — Voy. **Pineton de Chambrun.**

CHAMBURE (E. de).

— Transeundo; poésies. In-18. 1843. *Ledoyen.* 3 fr. 50 c.

CHAMBURE (Ch. Maillard de). — Voy. **Maillard de Chambure.**

CHAMFORT ou Champfort (Sébastien Roch Nicolas), littérateur, membre de l'Académie française, né en 1741, mort en 1798.

— Œuvres de Chamfort, précédées d'une Étude sur sa vie et son esprit, par Arsène Houssaye; avec une Appréciation de Chamfort, par Rœderer. In-18. 1852. *Lecou.* 3 fr. 50 c.

— Pensées, maximes, anecdotes, dialogues, précédés de l'histoire de Chamfort, par P. J. Stahl. Nouvelle édition, revue et augmentée, contenant des pensées complétement inédites et suivie des lettres de Mirabeau à Chamfort. In-12. 1860. *Hetzel.* 3 fr. 50 c.

CHAMIER (Daniel), controversiste protestant, pasteur à Montélimart, plus tard professeur de théologie à l'Académie de Montauban, né dans le Dauphiné vers 1570, tué en 1621 d'un coup de canon au siége de Montauban.

— Journal de son voyage à la cour de Henri IV en 1607. — Voy. *Read* (Charles).

CHAMISSO (Adelbert de), naturaliste et romancier allemand, d'origine française, né au château de Boncourt, près Sainte-Menehould, en 1781, mort à Berlin, en 1838.

— Merveilleuse histoire de Pierre Schlémihl, enrichie d'une savante préface où les curieux pourront apprendre ce que c'est que l'ombre. In-16. 1853. *Rue des Bons-Enfants*, 28. 50 c.

Le même sous le titre :

— L'Homme qui a perdu son ombre. Histoire merveilleuse de Pierre Schlémihl. In-12. 1864. *Tardieu.* 1 fr.

CHAMOUX (l'abbé Joseph Joachim), du diocèse d'Avignon, né à Caromb en 1824.

— Vie du vénérable César de Bus, fondateur de la Congrégation des prêtres séculiers de la doctrine chrétienne et de l'Institut des Ursulines de France. In-12. 1864. [Carpentras, *Pinet et Floret.*] *Palmé.* 3 fr.

CHAMP-CHARLES (Helyon), pseudonyme de J. F. **Grille.**

CHAMP DE COQ (Renée de), pseudonyme.

— Aventures déplorables de Touche-à-tout. In-18. 1862. *Vermot.* Noir, 70 c.; colorié, 1 fr. 10 c.

CHAMP-REPUS (Jacques de), écrivain du xvie siècle, né à Saint-Poix (Manche), mort vers 1620.

— Œuvres poétiques de Jacques de Champ-Repus, gentilhomme bas-normand, publiées et annotées par Marigues de Champ-Repus, capitaine d'état-major. In-8°. 1864. *Bachelin-Deflorenne.* 6 fr.

CHAMP-REPUS (Marigues de). — Voy. **Marigues de Champ-Repus.**

CHAMPAGNAC (Émile).

— Du Passé, du présent et de l'avenir de l'organisation municipale de la France. 2 vol. in-8°. 1843. [Saint-Flour, *Vidal.*] *Roret.* 10 fr.

CHAMPAGNAC (Gustave de), sous-préfet à Saintes (Seine-Inférieure), ancien chef du bureau de la propriété littéraire au ministère de l'intérieur, né à Limoges en 1822.

— Étude sur la propriété littéraire et artistique; précédée d'une lettre de M. le vicomte A. de la Guéronnière. In-12. 1860. *Dentu.* 2 fr.

CHAMPAGNAC (Jean Baptiste Joseph), littérateur français, né à Paris, en 1796.

— L'Abeille du Parnasse français. In-18. 1846. *Lecoffre.* 1 fr.

Publié sous le pseudonyme de J. B. J. de Chantal.

— Aménophis, prince égyptien de la race des Pharaons, ou Mœurs, usages, coutumes et cérémonies religieuses de l'ancienne Égypte. In-12. 1847. *Lehuby.* 1 fr. 25 c.

Publié sous le même pseudonyme. — Nouvelle édition en 1861 sous le titre : « l'Égypte et ses premières merveilles », *Ducrocq.* 1 fr. 25 c.

— Les Amies de pension, ou l'Émulation mise à profit. In-12. 1843. *Ibid.* 1 fr. 50 c.

— Arthur et Théobald, ou la Véritable amitié. In-12 avec 3 grav. 1842. *Ibid.* 2 fr. 50 c.

— Berthe et Théodoric, ou Gozlin, évêque de Paris. In-8°. 1853. Rouen, *Mégard.* 1 fr. 50 c.

— La Civilité des jeunes personnes. In-12. 1843. *Périsse.* 1 fr. 25 c.

Sous le pseudonyme de Chantal.

— La Civilité primaire, ou Petit manuel méthodique de la véritable politesse. In-16. 1858. *Lecoffre et Cie.* 60 c.

Sous le même pseudonyme.

— Devoir et récompense, ou les Trois camarades de pension. In-12 avec 4 grav. 1840. *Lehuby.* 3 fr.

— Dictionnaire de chronologie universelle, publié ensemble avec le Dictionnaire de géologie, par A. de *Chesnel.* — Voy. ce nom.

— Dictionnaire des pèlerinages. — Voy. *Sivry et Champagnac.*

— L'Égypte et ses premières merveilles. — Voy. plus haut : « Aménophis ».

— Émile, ou la Petite élève de Fénelon. In-12. 1851. *Lehuby.* 1 fr. 25 c.

— L'Été sous les tilleuls, ou les Causeries du chalet. In-8° avec 30 dessins. 1845. *Ibid.* 10 fr.

Nouvelle édition en 1862. 4 fr.

— Frère et sœur, ou les Petits jumeaux du manoir. In-18. 1853. Limoges, *Barbou.* 1 fr.

— Le Génie de la France à diverses époques. In-8° avec 15 lithographies. 1849. *Lehuby.* 8 fr.

Nouvelle édition en 1863. 4 fr.

— Guillaume le Taciturne et sa dynastie. Histoire des Pays-Bas, depuis le xvie siècle jusqu'à nos jours. In-8° avec 14 vignettes. 1852. *Morizot.* 12 fr.

— Gymnase moral des jeunes personnes, ou Nouvelles anecdotiques, relatives à des femmes célèbres de notre époque. In-12. 1852. *Lehuby.* 1 fr. 25 c.

— Le même. Nouvelle édition, revue et modiflée par un professeur d'histoire. In-12. 1865. *Ducrocq*. 2 fr.

— Henri de Lusignan, ou l'Anneau de Richard Cœur de Lion. In-12 avec 4 grav. 1852. Limoges, *Barbou*. 1 fr.

— L'Hiver au coin du feu, ou les Soirées de la villa. In-8° avec 38 vignettes. 1844. *Lehuby*. 10 fr.
Nouvelle édition. 4 fr.

— Le Jeune voyageur en Californie; récits instructifs et moraux. In-12 avec 8 vignettes coloriées. 1852. *Ibid*. 3 fr.

— Le Livre des âmes pieuses, ou la Vie agréable à Dieu; méditations religieuses. In-18 avec 8 vignettes. 1841. *Ibid*. 4 fr.
Sous le pseudonyme de Chantal.

— Les Matinées du printemps, ou les Récits de la pépinière. In-8°. 1846. *Ibid*. 10 fr.

— Nouveau traité de civilité, ou Manuel méthodique de nos devoirs envers nos supérieurs, nos égaux et nos inférieurs, des bienséances et usages reçus dans la société, à l'usage de la jeunesse des deux sexes. Nouvelle édition. In-12. 1864. *Lecoffre et Cie*.
Sous le pseudonyme de Chantal.

— Nouvelle grammaire française. In-18. 1840. *Bar*.

— L'Orient; mœurs et coutumes. In-8°. 1863. Rouen, *Mégard et Cie*. 1 fr. 50 c.

— Le Petit chevrier du Cantal, ou les Premières années d'un grand homme. In-12. 1856. *Ibid*. 1 fr. 50 c.
Sous le pseudonyme de Chantal.

— Petite histoire de France. In-18. 1840. *Bar*.

— La Petite reine blanche, ou les Pastoureaux; épisode historique du XIIIe siècle. In-12 avec 4 grav. 1844. Limoges, *Barbou frères*. 1 fr. 50 c.

— Philippe Auguste et son siècle. Tableau historique. In-12. 1847. *Lehuby*. 1 fr. 25 c.

— La Piété du cœur, ou les Emblèmes de la vie chrétienne; méditations nouvelles sur les principaux sujets de morale. In-18 avec 10 grav. 1840. *Ibid*. 5 fr.
Sous le pseudonyme de Chantal.

— Le Prix d'encouragement de la jeunesse. Musée historique d'éducation. In-12. 1844. *Lehuby*. 1 fr. 50 c.

— Richard Cœur de Lion, duc de Normandie, roi d'Angleterre. In-12 avec 4 grav. 1843. *Ibid*. 1 fr. 50 c.

— Le même. Nouvelle édition. In-12. 1865. *Ducrocq*. 1 fr. 25 c.

— Sagesse et bonheur. In-12. 1852. *Lehuby*. 1 fr. 25 c.

— Le même. Nouvelle édition. In-12. 1865. *Ducrocq*. 1 fr. 25 c.

— Le Tour du monde, ou Une fleur de chaque pays. Souvenirs historiques. In-8° avec 23 dessins. 1847. *Lehuby*. 10 fr.

— Travail et industrie, ou le Pouvoir de la volonté. In-12 avec 4 grav. 1840. *Ibid*. 3 fr.

— Le Trésor des voyages. In-12 avec 2 grav. 1842. *Ibid*. 2 fr.

— Le même. Nouvelle édition. In-12. 1865. *Ducrocq*. 1 fr. 25 c.

— Le Voyageur de la jeunesse dans les cinq parties du monde, contenant la description géographique et pittoresque des divers pays. In-8° illustré de 22 grav. 1850. *Morizot*. 20 fr.
Avec M. Olivier.

CHAMPAGNAT (l'abbé).

— Guide des écoles, à l'usage des petits frères de Marie. In-12. 1854. *Périsse*.

CHAMPAGNY (François Joseph Marie Thérèse Nompère, comte de), fils de J. B. de Champaguy, duc de Cadore; publiciste français, né à Vienne (Autriche), en 1804. Sur les titres de tous ses ouvrages son nom est écrit : «Franz de Champagny».

— Les Antonins, ans de J.-C. 69-180. Suite des « Césars » et de « Rome et la Judée ». 3 vol. in-8°. 1863. *Bray*. 18 fr.

— Le même. 3 vol. in-12. 1863. *Ibid*. 10 fr. 50 c.

— Les Césars. Tableau du monde romain sous les premiers empereurs. 4 vol. in-8°. 1841-1843. *Comon*. 24 fr.

— Le même. 2 édition. 2 vol. in-8°. 1853. *Maison*. 15 fr.

— Le même. 3e édition, revue et augmentée. 3 vol. in-12. *Bray*. 18 fr.

— La Charité chrétienne dans les premiers siècles de l'Église. In-12. 1854. *Douniol*. 3 fr.

— De la Critique contemporaine. In-8°. 1864. *Ibid*. 1 fr.
Extrait du « Correspondant ».

— Un Examen de conscience. In-12. 1850. *Lecoffre*. 50 c.

— Un Mot d'un catholique sur quelques travaux protestants. In-8°. 1844. *Waille*. 2 fr. 50 c.

— De la Puissance des mots dans la question italienne. In-8°. 1860. *Douniol*. 80 c.

— Rome et la Judée au temps de la chute de Néron (ans 66-72 après J.-C.). 2e édition, revue et augmentée. 2 vol. in-8°. 1865. *Bray*. 18 fr.

— La même édition. 2 vol. in-12. 1865. 7 fr.
La 1re édition de cet ouvrage est de 1858. 1 vol. in-8°. Lecoffre. 6 fr.
M. de Champagny a prêté une collaboration active à « l'Ami de la Religion », au « Correspondant », à la « Revue des Deux-Mondes » et à la « Revue contemporaine ».

CHAMPAGNY (Napoléon Marie Nompère, comte de), frère du précédent, docteur en droit, député au Corps législatif, né à Paris en 1806.

— Traité de la police municipale, ou de l'Autorité des maires, de l'administration et du gouvernement en matières réglementaires. 5 vol. in-8°. 1844-1858. *Marescq aîné*. 24 fr.

CHAMPCEIX (Mme), connue sous le pseudonyme d'André Léo.

CHAMPEAU (le R. P.), salvatoriste, ancien supérieur du petit séminaire d'Orléans, supérieur du collège de N. D. de Sainte-Croix.

— L'Art de méditer, ou Diverses méthodes pour en faciliter la pratique même à ceux qui disent ne savoir et ne pouvoir. In-12. 1860. *Sarlit*. 2 fr.

— Des Bienséances sociales au point de vue chrétien. 3e édition, revue par l'auteur. In-12. 1864. *Ruffet et Cie*. 1 fr. 40 c.

— Choix de dialogues en vers et en prose. In-18. 1858. *Sarlit*. 1 fr.

— Entretiens sur la Vie de la sainte Vierge,

présentée en 31 belles gravures d'après les plus grands maîtres; avec des histoires, des anecdotes et des légendes. In-12. 1863. *Paulmier.* 5 fr. 50 c.

— Étrennes de l'Enfant Jésus à ses petits frères les enfants des hommes. In-32. 1863. Tournai, *Casterman.* 80 c.

— Fables et morceaux divers, choisis dans nos meilleurs auteurs et annotés pour l'usage des classes élémentaires. In-12. 1857. *Sarlit.* 1 fr.

— Fabliaux à l'usage des enfants. In-12. 1862. *Ibid.* 1 fr. 50 c.

— Manuel de piété, à l'usage des maisons d'éducation, avec 400 cantiques. In-18. 1857. *Périsse frères.* 2 fr. 50 c.

— Manuel des retraites et missions, contenant les exercices, des moyens pour en profiter et des conseils pour atteindre à la perfection. In-18. 1857. *Ibid.* 2 fr. 50 c.

— Méditations à l'usage des maisons d'éducation. 4 vol. in-12. 1857. *Ibid.* 8 fr.

— Mois de la sainte enfance de Jésus. In-18. 1863. Tournai, *Casterman.* 1 fr. 50 c.

— Le Pape, Rome et le monde. In-8°. 1859. *Vrayet de Surcy.* 1 fr. 80 c.

— Principes de lecture publique et de déclamation, avec des figures et de nombreux exercices annotés, principalement à l'usage des maisons d'éducation. In-12. 1858. *Lecoffre et Cie.* 3 fr. 50 c.

— La Vie du Sauveur du monde, présentée sous son véritable jour et vengée des attaques de l'impiété contemporaine. Ouvrage illustré de 44 grav. sur acier, d'après les grands maîtres. 2 vol. gr. in-8°. 1865. *Paulmier.*

CHAMPEAUX (E. de), littérateur.

— A bas les étrennes! folie-revue en un acte. In-8°. 1856. *Boulevard Saint-Martin*, 12. 60 c.

— Entre deux tisons; croquis-vaudeville en un acte. In-8°. 1854. *Ibid.* 50 c.

Avec A. B. de Fontenay.

— Les Modes de l'exposition; vaudeville en un acte, musique de M. Fossey. In-8°. 1855. *Ibid.* 50 c.

— Physiologie des bals de Paris et de ses environs. Bal Mabille. In-12 avec une lithographie. 1845. *Decaux.* 1 fr. 50 c.

— Réflexions sur le chemin de fer de Paris à Lyon par la Bourgogne. In-8°. 1842. *Mathias.* 1 fr. 50 c.

CHAMPEAUX (G. De). — Voy. **De Champeaux.**

CHAMPEIN (Stanislas), ancien attaché au consulat général de France à Alexandrie, né à Paris en 1799.

— Simple discours sur l'isthme de Suez. In-18. 1864. *Chez l'auteur.* 1 fr.

M. Champein a collaboré au « Messager », au « Journal de Paris », et en Égypte à la « Presse égyptienne »; il a été rédacteur en chef à Rouen de « l'Écho de la Seine-Inférieure ».

CHAMPEIN (Mme J.). — Voy. **Laverpillière.**

CHAMPENOIS (le docteur P. A.), médecin-major au 57e de ligne, né à Jaudun (Ardennes), en 1822.

— Considérations sur les plaies d'armes à feu traitées à l'hôpital de Canlidjé (Bosphore), durant la campagne d'Orient. In-8° de 108 p. 1858. Vannes, *imprimerie Lamarzelle.*

CHAMPFLEURY (Jules FLEURY dit), littérateur, né à Laon, en 1821.

— Les Amis de la nature; précédé d'une caractéristique des œuvres de l'auteur, par Edmond Duranty. In-12. 1859. *Poulet-Malassis.* 2 fr.

— Les Amoureux de Sainte-Périne. In-12. 1859. *Librairie nouvelle.* 1 fr.

— Les Aventures de Mariette. Contes de printemps. In-12. 1856. *Lecou.* 3 fr. 50 c.

— Le même. In-16. 1856. *Hachette et Cie.* 1 fr.

— Le même. In-12. 1857. *Lévy frères.* 1 fr.

— Le même. In-12 avec 4 eaux-fortes. 1861. *Poulet-Malassis.* 3 fr.

— Les Bons contes font les bons amis; dessins par Morin. Gr. in-8°. 1863. *Truchy.* 5 fr.

— Les Bourgeois de Molinchart. 3 vol. in-8°. 1855. *Locard-Davi et de Vresse.* 10 fr. 50 c.

— Le même. In-12. 1855. *Lévy frères.* 1 fr.

— Chansons populaires des provinces de France. — Voy. **Chansons.*

— Chien-Caillou. Fantaisies d'hiver. In-12. 1847. *Martinon.* 1 fr.

— Le même. In-12. 1860. *Lévy frères.* 1 fr.

— Confessions de Sylvius. In-4° illustré. 1849. *Bry.* 20 c.

— Contes d'automne. In-12. 1854. *Lecou.* 3 fr. 50 c.

— Contes domestiques. In-12. 1852. *Ibid.* 3 fr. 50 c.

— Contes d'été. In-12. 1853. *Ibid.* 3 fr. 50 c.

— Contes vieux et nouveaux. In-12. 1853. *Lévy frères.* 3 fr.

— Les Demoiselles Tourangeau; journal d'un étudiant, suivi de la Princesse au rire de mouette. In-12. 1864. *Ibid.* 3 fr.

— Les Deux cabarets d'Auteuil. Un Inventeur de province. In-32 avec grav. 1855. *Martinon.* 30 c.

— Documents positifs sur la vie des frères Le Nain. In-8°. 1865. *Imprimerie Cluye.* 2 fr.

— Essai sur la vie et l'œuvre des Le Nain, peintres laonnois. In-8°. 1850. *Didron.* 3 fr.

— Les Excentriques. In-12. 1852. *Lévy frères.* 3 fr.

— Le même. In-12. 1857. *Ibid.* 1 fr.

— Feu Miette. Fantaisies d'été. In-12. 1847. *Martinon.* 1 fr.

— Grandes figures d'hier et d'aujourd'hui. Balzac, Gérard de Nerval, Wagner, Courbet. In-12 avec 4 portraits. 1861. *Poulet-Malassis.* 3 fr.

— Grandeur et décadence d'une serinette. In-12, avec vignettes. 1857. *Blanchard.* 3 fr.

— Histoire de la caricature antique. In-12. 1865. *Dentu.* 4 fr.

— Histoire de la caricature moderne. In-12. 1865. *Ibid.* 4 fr.

— De la Littérature populaire en France. Recherches sur les origines et les variations de la légende du Bonhomme Misère. In-8°. 1861. *Poulet-Malassis.* 3 fr.

— La Mascarade de la vie parisienne. In-12. 1860. *Lévy frères.* 3 fr.

— Monsieur de Boisdhyver. 5 vol. in-8°. 1856. Cadot. 37 fr. 50 c.

— Le même. In-12 avec 4 eaux-fortes. 1860. Poulet-Malassis. 2 fr.

— Le même. In-12. 1864. Lévy frères. 1 fr.

— Les Oies de Noël. In-12. 1853. Hachette et Cie. 1 fr. 50 c.

— La Pantomime de l'avocat, en un tableau; musique de Boccherini, orchestrée par Constantin. In-12. 1865. Librairie centrale. 50 c.

— Pauvre Trompette; fantaisies de printemps. In-12. 1847. Sartorius. 1 fr.

— Les Peintres de Laon et de Saint-Quentin. De La Tour. In-8°. 1855. Didron. 3 fr. 50 c.

— Les Peintres de la réalité sous Louis XIII. Les Frères Le Nain. In-8°. 1862. Vᵉ J. Renouard. 7 fr. 50 c.

— Les Premiers beaux jours. In-12. 1858. Lévy frères. 1 fr.

— Le Réalisme. In-12. 1857. Ibid. 1 fr.

— Richard Wagner. In-8°. 1860. Librairie nouvelle. 50 c.

— Les Sensations de Josquin. In-12. 1859. Lévy frères. 1 fr.

— Les Souffrances du professeur Delteil. In-12. 1857. Ibid. 1 fr.

— Le même. In-12 avec 4 eaux-fortes. 1861. Poulet-Malassis. 3 fr.

— Souvenirs des Funambules. In-12. 1859. Lévy frères. 1 fr.

— La Succession Le Camus (Misères de la vie domestique). In-16. 1858. Cadot. 1 fr.

— Le même. In-12 avec gravure. 1860. Poulet-Malassis. 2 fr.

— Le même. In-12. 1863. Lévy frères. 1 fr.

— L'Usurier Blaizot. In-12. 1858. Ibid. 1 fr.

— Le Violon de faïence. L'Avocat qui trompe son client. Les Amis de la nature. Les Enfants du professeur Turck. In-12. 1862. Hetzel. 3 fr.

M. Champfleury a traduit de l'allemand les « Contes posthumes » de Hoffmann. Il a collaboré à beaucoup de journaux, entre autres à la « Revue de Paris », la « Revue des Deux-Mondes », la « Presse », la « Revue germanique », etc.

CHAMPFORT. — Voy. **Chamfort.**

CHAMPGAR (de).

— Du Ton et des manières actuels dans le monde. 6ᵉ édition, revue, corrigée et augmentée du portrait d'un homme de mauvais ton. In-18. 1853. Hivert. 1 fr.

CHAMPIER (Symphorien), médecin et écrivain français, né en 1472, mort en 1533. — Voy. Allut, Étude biographique suivie de divers opuscules de Champier.

CHAMPIGNEULLE (Nicolas François), agriculteur-propriétaire à Thury, près Metz, né à Metz en 1792.

— Catéchisme pour une culture inédite et perfectionnée du froment. In-12. 1856. Metz, Alcan. 1 fr. 25 c.

— Du Dernier mot possible en agriculture à l'état actuel des ressources humaines. In-12. 1859. Metz, imprimerie Delhalt. 2 fr.

— Un Dernier Mot possible en agriculture à l'état actuel des ressources humaines. In-12. 1865. Metz, imprimerie Thomas. 2 fr.

CHAMPION (l'abbé), chanoine honoraire de Valence.

— Saint Venance, évêque de Viviers, sa vie, ses miracles, ses reliques, avec une neuvaine et autres exercices de piété. In-18. 1863. [Valence, Nivoche.] Dillet. 1 fr. 50 c.

CHAMPION (G. Hardinge-). — Voy. **Hardinge-Champion.**

CHAMPION (Maurice), homme de lettres, né à Paris en 1824.

— La Fin du monde et les comètes au point de vue historique et anecdotique. In-32. 1859. Delahays. 1 fr.

— Frédéric Soulié. Sa vie et ses ouvrages; suivi des discours prononcés sur sa tombe. In-12 avec portrait. 1847. Moquet. 50 c.

— Les Inondations en France depuis le vıᵉ siècle jusqu'à nos jours. 6 vol. in-8°. 1858-1864. Dalmont et Dunod. 45 fr.

— Mémoire de M. de Barentin. — Voy. Barentin.

CHAMPION DE NILON (l'abbé Charles François), de la Compagnie de Jésus, littérateur, né à Rennes en 1724, mort à Orléans en 1794.

— Suite des histoires et paraboles du père Bonaventure Giraudeau. In-18. 1844. Lyon, Périsse. 50 c.

CHAMPIONNIÈRE (Lucas).

— Dictionnaire des praticiens. Table analytique des vingt premiers volumes du « Journal de médecine et de chirurgie pratiques ». 2 vol. in-8°. 1850. Rue d'Anjou-Dauphine, 6. 10 fr.

— Statistique du personnel médical en France et dans quelques autres contrées de l'Europe, avec une carte figurative du nombre des médecins comparé à la population. In-8°. 1845. Labé. 5 fr.

CHAMPIONNIÈRE (Paul Lucas), jurisconsulte, né à Nantes en 1798, mort à Paris en 1851.

— Manuel du chasseur. Loi sur la chasse; précédé de l'histoire du droit de chasse. In-18. 1844. Videcocq. 2 fr. 25 c.

— De la Propriété des eaux courantes, du droit des riverains, et de la valeur actuelle des concessions féodales. In-8°. 1846. Hingray. 9 fr.

— Traité des droits d'enregistrement, de timbre et d'hypothèques, et des contraventions à la loi du 25 ventôse an XI. 2ᵉ édition. 4 vol. in-8°. 1839. Ibid. 34 fr.

Avec M. Rigand.

La 1ʳᵉ édition a paru de 1835 à 1838.

— Le même. Tome 5, sous le titre : Nouveau dictionnaire des droits d'enregistrement, de timbre, d'hypothèques et des contraventions aux lois du notariat. In-8°. 1841. Ibid. 12 fr.

— Le même. 6ᵉ volume, sous le titre : Supplément au Traité des droits d'enregistrement, de timbre, d'hypothèques et des contraventions à la loi du 25 ventôse an XI, par MM. Rigaud, Championnière et P. Point. Tome 6, complétant toutes les éditions du Traité. In-8°. 1851. Cosse. 9 fr.

Le prix des 6 volumes ensemble est fixé à 50 fr.

CHAMPLECY (Dussaussoy de). — Voy. **Dussaussoy de Champlecy.**

CHAMPLOUIS (Naud de). — Voy. **Naud de Champlouis.**

CHAMPLY (H.).

— Suisse et Savoie. Souvenirs de voyage. In-12. 1859. *Poulet-Malassis.* 1 fr.

CHAMPOLLION le jeune (Jean-François), orientaliste, né à Figeac en 1790, mort à Paris en 1832.

— Dictionnaire égyptien en écriture hiéroglyphique; publié d'après les manuscrits autographes, par M. Champollion-Figeac. In-fol. 1842-1844. *Didot frères.* 60 fr.

Publié en 4 livraisons.

— Grammaire égyptienne, ou Principes généraux de l'écriture sacrée égyptienne appliquée à la représentation de la langue parlée. Publiée sur le manuscrit autographe. 3 parties en 1 vol., petit in-fol. 1836-1841. *Ibid.* 75 fr.

— Monuments de l'Égypte et de la Nubie, d'après les dessins exécutés sur les lieux sous la direction de Champollion le jeune, et les descriptions autographes qu'il en a rédigées; publiés par une commission spéciale. 4 vol. gr. in-fol. avec 400 pl. 1835-1845. *Ibid.* 500 fr.

Publié en 40 livraisons.

— Monuments de l'Égypte et de la Nubie. Notices descriptives, conformes aux manuscrits autographes rédigés sur les lieux. In-fol. 1844. *Ibid.* 75 fr.

Publié en 6 livraisons à 12 fr. 50 c.

CHAMPOLLION-FIGEAC (Jean Jacques), frère du précédent, archéologue, bibliothécaire du palais de Fontainebleau, né à Figeac en 1778.

— Cimetière gaulois de Cély (Seine-et-Marne). Notice des fouilles faites d'après l'ordre de l'empereur, en l'année 1860. In-8°, 22 p. et pl. 1861. *Imprimerie Didot.*

— Documents historiques inédits, tirés des collections manuscrites de la bibliothèque royale et des archives ou des bibliothèques des départements. 4 vol. in-4°. 1841 à 1850. *Didot frères.* 48 fr.

Fait partie de la « Collection de documents inédits sur l'histoire de France ».

— Égypte ancienne. In-8° avec 92 grav. 1840. *Ibid.* 6 fr.

Univers pittoresque, Afrique, tome I.

— Fourier et Napoléon : l'Égypte et les Cent Jours. Mémoires et documents inédits. In-8°. 1844. *Ibid.* 6 fr.

— Histoire de la Perse. Gr. in-8° avec 5 peintures à l'aquarelle. 1859. *A. de Vresse.* 12 fr.

— Histoire des peuples anciens et modernes. Asie orientale. L'Inde et la Chine. Gr. in-8° avec 40 peintures. 1857. Lagny, *Magiaty et Cie.* 12 fr.

— Monographie du palais de Fontainebleau. — Voy. *Pfnor.*

— Paléographie universelle, collection de fac-simile d'écritures de tous les peuples et de tous les temps, tirés des plus authentiques documents de l'art graphique, chartes et manuscrits existant dans les archives et les bibliothèques de France, d'Italie, d'Allemagne et d'Angleterre; publiée d'après les modèles écrits, dessinés et peints sur les lieux, par M. Silvestre, et accompagnés d'explications historiques et descriptives, par MM. Champollion-Figeac et Aimé Champollion fils.

4 vol. in-fol avec 600 pl. 1839-1841. *Silvestre.* 1,500 fr.

Publié en 50 livraisons à 30 fr.

— Traité élémentaire d'archéologie, pierres gravées, inscriptions, médailles, etc. 2e édition. 2 vol. in-32 avec 4 pl. 1842-1843. *Fournier.*

M. Champollion-Figeac a publié : *Bréquigny*, Lettres des rois, etc.

CHAMPOLLION-FIGEAC (Aimé), fils du précédent, chef du bureau des archives départementales au ministère de l'intérieur, né en 1813.

— Annuaire de l'archiviste des préfectures, des mairies et des hospices, pour faire suite au Manuel de l'archiviste, 5e année. In-8°. 1865. *Dumoulin.* 3 fr.

Le prix des volumes précédents n'était que de 2 fr. 50 c.

— Les Archives départementales de France. Manuel de l'archiviste des préfectures, des mairies et des hospices; contenant les lois, décrets, circulaires, etc., relatifs au service des archives; précédé d'une introduction historique sur les archives publiques anciennes et modernes. In-8°. 1860. *Ibid.* 9 fr.

— Captivité du roi François Ier. In-4°. 1847. *Didot frères.* 12 fr.

Fait partie de la « Collection de documents inédits sur l'histoire de France ».

— Droits et usages concernant les travaux de construction publics ou privés sous la troisième race des rois de France : palais, châteaux, cathédrales, églises, forteresses, hospices, prisons, etc. (987-1380). D'après les chartes et autres documents originaux. Gr. in-8°. 1860. *Leleux.* 15 fr.

Extrait de la « Revue archéologique ».

— Louis et Charles, ducs d'Orléans, leur influence sur les arts, la littérature et l'esprit de leur siècle, d'après les documents originaux et les peintures des manuscrits. 3 parties en 2 vol. in-8° avec 48 pl. 1844. *Comon.* 15 fr.

— Poésies du roi François Ier, de Louise de Savoie, duchesse d'Angoulême; de Marguerite, reine de Navarre, et correspondance intime du roi avec Diane de Poitiers et plusieurs autres dames de la cour; recueillies et publiées par M. Aimé Champollion-Figeac. In-4° avec 4 fac-simile et 1 pl. 1847. *Didot frères.* 30 fr.

Tiré à 100 exemplaires.

M. Aimé Champollion-Figeac a encore publié les « Poésies » du duc Charles d'*Orléans*, les « Mémoires » de Mathieu *Molé*, et ceux du cardinal de *Retz*. — Voy. ces noms.

CHAMPOUR (de).

— Nouveau manuel complet de la fabrication des encres, telles que encres à écrire, chine, de couleur, à marquer le linge, d'impression typographique et lithographique, de sympathie, etc. In-18. 1855. *Roret.* 1 fr. 50 c.

Avec M. F. Malepeyre. — Collection des Manuels-Roret.

CHAMPROBERT (P. Pierre de).

— Les Prérogatives de l'Église universelle défendues contre l'oligarchie sacerdotale de Rome et ses adhérents. Appel au futur concile sur les usurpations et les abus qui empruntent leur prétexte à la religion. In-12. 1861. [Nevers, *Morel.*] *Rue du Four Saint-Germain*, 43. 3 fr.

CHAMPSDENIERS (J. Robert de).

— Manuel pratique et raisonné du cordonnier-bottier. In-12 avec 4 pl. 1842. Saint-Maixent, *chez l'auteur.*

CHAMPY (P.).

— Flore algérienne, avec texte descriptif des plantes, arbustes et arbres indigènes, dont un grand nombre est cultivé au Jardin des Plantes, à Paris. In-8°, 64 p. 1844. *Delahaye.*

— Flore de l'Algérie, classée suivant la méthode de Jussieu, modifiée par A. Richard. In-fol. de 16 p. et 40 pl. color. 1843. Paris.

CHAMSKI (Thadée), émigré polonais.

— Janaïde, ou Guerre pour l'indépendance ; poëme épique et historique en 30 chants. (Traduction de M. Henri Jevin.) In-8° de 5 f. 1846. Saint-Servan, *imprimerie Lebien.*

CHANALEILLES (le marquis de).

— État social et politique des nations. In-8° de 24 f. 1852. *Dentu.*

CHANALET-VALPÊTRE (J. Des). — Voy. **Des Chanalet-Valpêtre.**

CHANARD (J. M.).

— Trafalgar. Poëme en neuf chants ; suivi d'un Hommage à la marine ainsi qu'à l'armée de terre. In-8°. 1847. Toulon, *Baume.* 2 fr.

CHANCEL (Ausone de).

— Le Grand désert. — Voy. *Daumas.*

— Le Livre des blondes. In-12. 1865. *Hachette et Cie.* 3 fr.

— Mark ; poëme. In-16, 128 p. 1840. *Tresse.*

CHANCEL (Charles de).

— L'Angoumois en l'année 1789, ou Analyse des documents authentiques qui ont constaté, à cette époque, les assemblées, les délibérations, la situation respective des trois ordres de la province, par suite de la convocation des États généraux ; précédé d'un coup d'œil sur les assemblées nationales de l'ancienne France. In-8°. 1847. Angoulême, *Perez Leclère.*

CHANCEL (Ernest de).

— Péchés de jeunesse (poésies). In-12 de 6 f. 1854. *Garnier frères.*

CHANCEL (Gustave), professeur de chimie à la Faculté des sciences de Montpellier, doyen de la Faculté, né à Loriol (Drôme) en 1822.

— Précis d'analyse chimique qualitative et de chimie quantitative. — Voy. *Gerhardt.*

— Sur le chauffage au gaz dans les laboratoires de chimie. In-8° avec pl. 1861. [Montpellier.] *Masson.* 1 fr. 50 c.

Avec E. Diacon.

Extrait des « Mémoires de l'Académie des sciences de Montpellier ».

CHANCEL (La Grange-). — Voy. **La Grange-Chancel.**

CHANCEREL (le docteur G.).

— Historique de la gymnastique médicale, depuis son origine jusqu'à nos jours. In-8°. 1864. *Delahaye.* 2 fr.

CHANDELON (A.).

— Exposition universelle de Londres, 1862. 2ᵉ classe. Substances et produits chimiques, procédés et produits pharmaceutiques. Rapport fait au gouvernement belge. In-8° avec pl. 1864. *Noblet et Baudry.* 4 fr.

CHANDELUX (le docteur Louis), né à Fontaines (Saône-et-Loire) en 1824.

— Manuel de l'allaitement et de l'hygiène des enfants nouveau-nés. In-12. 1856. Lyon, *imprimerie Storck.* 2 fr.

— De l'Irrigation continue appliquée au traitement de l'ophthalmie (nouvelle méthode). In-8° avec 1 pl. 1858. *Ibid.* 1 fr.

CHANDON (Jean).

— Vie et Testament de Jean Chandon, seigneur de la Montagne, maistre des requestes sous Charles IX, président au grand conseil, premier président de la cour des aydes, conseiller d'Estat sous Henri III et Henri IV, né à Mascon, le 30 mai 1535, écrite par lui-même et copiée sur le manuscrit conservé dans les archives de la famille par un de ses arrière-petits-neveux, M. Paul Chandon de Briailles. In-8°, 45 p. 1857. Épernay, *Fiévet.*

CHANEL (Paul), professeur de langue française à Dresde (Saxe), mort en...

— Lettres françaises dédiées aux jeunes demoiselles. In-8°. 1849. Dresde, *Adler et Dietze.* 2 fr.

CHANEL de Hongrie. — Voy. **Grouy-Chanel.**

CHANGARNIER fils (P.).

— Traité pratique et analytique de l'art de la meunerie, suivi de la description du vaporateur aérifère appliqué à la mouture des céréales et de celle du lithostrote (nouveau récipient). In-8°. 1844. *Imprimerie de Wittersheim.* 3 fr. 50 c.

CHANLIEUX (Philibert).

— Veneziana (roman). In-12. 1864. [Genève.] A. *de Chevroche, boulevard Montparnasse, 153.* 2 fr.

CHANN (Manuel), docteur en médecine à Saint-Pétersbourg.

— Cours de médecine populaire. 2ᵉ série. 1ʳᵉ et 2ᵉ livraisons. In-8°. 1862. *Baillière et fils.* Chaque livraison, 2 fr.

L'ouvrage se composera de deux séries de livraisons. — La 1ʳᵉ série n'est pas encore publiée.

CHANNING (William Ellery), chef de l'unitarianisme américain, né à New-Port (Amérique du Nord) en 1780, mort à Bennington en 1842.

— Le Christianisme unitaire, suite des Traités religieux. In-12. 1862. *Dentu.* 3 fr. 50 c.

— De l'Esclavage, précédé d'une étude sur l'esclavage aux États-Unis, par M. Édouard Laboulaye. In-18. 1855. *Comon.* 3 fr.

— Œuvres sociales. Traduites de l'anglais, précédées d'un essai sur la vie et les doctrines de Channing et d'une introduction, par M. Édouard Laboulaye. In-12. 1853. *Comon.* 3 fr. 50 c.

— Traités religieux, précédés d'une introduction par M. Édouard Laboulaye. In-12. 1857. *Ibid.* 3 fr. 50 c.

CHANOINE (Jacques Henri Maurice), ingénieur en chef des ponts et chaussées.

— Mémoire sur les barrages à hausses mobiles. In-8° avec 3 pl. 1862. *Dunod.* 5 fr.

Avec M. de Lagrené.

— Notice sur les barrages mobiles et automobiles, composés et exécutés par M. Chanoine. In-8° avec 3 pl. 1855. *Dalmont.* 2 fr.

CHANOINE (F.), capitaine d'état-major, chef de la mission française au Japon.

— Examen critique et réfutation d'une relation de l'expédition de Chine en 1860, rédigée par le lieutenant de vaisseau Pallu. In-18. 1864. *Dentu.* 1 fr.

CHANOIS (Mlle Clémence JOURNEL-). — Voy. **Journel-Chanois.**

CHANONY.

— Mémoire d'un voyage en Algérie, et retour par l'Espagne. In-8°. 1853. *Hingray.* 2 fr. 50 c.

— Mémoire d'un voyage à pied dans la Suisse, le Tyrol, l'Autriche et le nord de l'Italie. In-8°. 285 p. 1861. Nancy, *imprimerie Ve Raybois.*

CHANOZ (Paul Antoine), né à Moreste (Isère) en 1816.

— Cent et un sonnets. In-8°. 1865. Lyon, *imprimerie Rey et Sézanne.* 1 fr. 25 c.

CHANSAY (J. B. J.), de Verviers.

— Traité du change. In-8°. 1850. Liége, *imprimerie Lardinois.*

CHANSAYES (Jean Claude MARTIN DE). — Voy. **Martin de Chansayes.**

Chanson (la) de Roncevaux, avec une introduction et des remarques par J. H. Bormans. In-8°. 1864. Bruxelles, *Hayez.* 3 fr. 50 c.

Chansons choisies de Piron, Collé, Gallet, Favart, Lattaignant, Grécourt, Dorat, Panard, Sedaine, etc. In-32. 1864. *Delarue.* 2 fr.

Chansons d'outre-tombe dictées par l'esprit de Béranger. In-8°. 1864. [Constantine.] *Challamel aîné.* 2 fr.

Chansons populaires de France. Édition du « Petit Journal ». In-8°. 1865. *Librairie du Petit Journal.* 3 fr.

Chansons populaires des provinces de France. Notices par Champfleury, accompagnement de piano par J. B. Wekerlin. Illustrations par MM. Bida, Braquemond, Catenacci, Courbet, Faivre, Flameng, Français, etc. Noëls. Chansons de mai. Ballades. Chansons de métiers. Rondes. Chansons de mariées. Gr. in-8°. 1860. *Plon.* 12 fr.

CHANSSELLE (A.), professeur au lycée de Rodez.

— Traité de la formation des mots dans la langue latine. In-12. 1843. *Hachette.*

M. Chansselle a publié : *Cicéron*, Plaidoyer pour Archias.

CHANSSELLE (N. P.) a publié : « Histoire de France » de l'abbé *Le Ragois*, et traduit du portugais « Faits de l'esprit humain », de *Magalhaens.*

CHANTAGREL (Jean), répétiteur en droit, né à Sauxillanges (Puy-de-Dôme) en 1822.

— Commentaire du Code Napoléon. Tome 1. Art. 1-170. In-8°. 1861. *Cotillon.* 10 fr.

L'ouvrage formera 5 volumes.

— Droit administratif, théorique et pratique. In-8°. 1856. *J. Masson.* 8 fr.

2e édition. 1862. *Ménard.* 9 fr.

— Droit administratif. Questionnaire résumé et supplément. In-12. 1859. *Ibid.* 3 fr. 50 c.

— Manuel de droit criminel (Codes pénal et d'instruction criminelle). 2e édition, revue, augmentée et mise au courant des modifications in-

troduites dans les Codes pénal et d'instruction criminelle par les lois des 13 et 20 mai 1863 et 14 juillet 1865. In-12. 1865. *Ménard.* 4 fr. 50 c.

1re édition. In-12. 1858. *J. Masson.* 3 fr.

— Traduction et explication des textes du Digeste désignés pour le premier examen de licence (troisième examen de droit). In-18. 1855. *Marescq.* 2 fr. 50 c.

CHANTAL (J. B. J. de), pseudonyme de M. **Champagnac.**

CHANTAL (Sainte Jeanne Françoise FRÉMIOT, baronne de RABUTIN-CHANTAL, dame de BOURBILLY), fondatrice et première supérieure de l'ordre de la Visitation de Sainte-Marie, aïeule de Mme de Sévigné, née à Dijon en 1572, morte à Moulins en 1641.

— Œuvres complètes. Édition seule complète, renfermant une foule d'écrits inédits jusqu'à ce jour et exécutée d'après les manuscrits autographes possédés par les monastères de la Visitation ; précédée de la vie de la sainte, par Henri de Maupas du Tour, évêque du Puy, etc. ; publiée par l'abbé Migne. 2 vol. gr. in-8°. 1862. *Migne.* 16 fr.

— Lettres publiées et annotées par Ed. de Barthélemy. In-8° avec portrait. 1860. *Lecoffre et Cie.* 8 fr.

— Lettres inédites publiées d'après les textes originaux, annotées et précédées d'une introduction, par Édouard de Barthélemy. In-8° avec fac-similé. 1860. *Ibid.* 5 fr.

— Mémoires sur sa vie et ses vertus. — Voy. *Chaugy.*

— Vive Jésus. — Voy. *François de Sales.*

CHANTAUME, soldat.

— Expédition de Crimée. Lettres d'un zouave. In-18, 92 p. avec 3 vignettes. 1856. *Didot frères.*

Les lettres qui composent ce recueil sont annotées par le général duc de Mortemart.

CHANTELAUZE (C. de).

— Le Comte J. de Maistre, auteur de l'Antidote au congrès de Rastadt. — Nouvelles considérations philosophiques et littéraires. In-8°. 1859. [Lyon, *Girard et Josserand.*] *Douniol.* 1 fr.

CHANTELAUZE (Régis de), littérateur, né à Montbrison (Loire) vers 1820.

— Le Père de La Chaise, confesseur de Louis XIV. Études d'histoire religieuse. Lettres et documents inédits. In-8°. 1859. [Lyon, *Brun.*] *Durand.* 6 fr.

CHANTELOUP (J. A. C. CHAPTAL comte de). — Voy. **Chaptal.**

CHANTEPIE (Édouard), né à Moury (Oise) en 1823.

— La Figure féminine au xixe siècle. L'esprit de la dot. In-12. 1860. *Amyot.* 3 fr. 50 c.

— Salvien ; roman. In-12. 1865. *Ibid.* 3 fr. 50 c.

CHANTEPIE (M. S. LEROYER DE). — Voy. **Leroyer de Chantepie.**

CHANTEPIE DE LA SAUSSAYE (le pasteur D.).

— La Crise religieuse en Hollande. In-8°. 1860. [Leyde.] *Cherbuliez.* 4 fr. 50 c.

CHANTÔME (l'abbé Paul), missionnaire apostolique, né à Savigny (Haute-Marne) en 1810.

— De la Liberté. 1er traité. Traité complet de

la liberté d'éducation, considérée dans ses rapports avec le droit naturel et social. In-8°. 1844. *Maire-Nyon*. 5 fr.

— Le Pape et sa cause. Résumé de la question. In-18. 1862. *Tolra et Haton*. 30 c.

— La Politique catholique, solution du problème de politique générale posé à notre époque. In-12. 1862. *Ibid*. 2 fr. 50 c.

— Projet raisonné d'une constitution française, ou Études constitutionnelles. In-8°, 80 p. 1848. *Chantôme jeune*.

M. l'abbé Chantôme a traduit : « Imitation de N. S. Jésus-Christ ». — Voy. *Thomas a Kempis*.

Il a collaboré au journal « le Monde » et à la « Revue du monde catholique », et il a publié en 1849 et rédigé presque entièrement la « Revue des réformes et du progrès ».

CHANTREAU (Pierre Nicolas), professeur d'histoire à l'École militaire, né à Paris en 1741, mort à Auch en 1808.

— Arte de hablar bien frances, o Gramatica francesa para uso de los Españoles. Nueva edicion, revista y corregida por A. Galban. In-8°. 1862. *Garnier frères*. 4 fr.

Voy. aussi : *Torrecilla*, Chantreau reformado.

CHANTREL (Joseph), littérateur et journaliste, licencié ès lettres, rédacteur du journal « le Monde ».

— Abécédaire de la langue grecque. In-8°. 1856. *Belin*. 60 c.

2e édition revue et corrigée en 1861.

— Achille, ou la Vengeance, suivi de la Ville et les champs, 5e et 6e commandements de Dieu. In-18. 1863. Lille, *Lefort*. 75 c.

— Annales ecclésiastiques de 1846 à 1860, ou Histoire résumée de l'Église catholique pendant les dernières années. Ouvrage complémentaire de l'Histoire universelle de l'Église catholique, de l'abbé Rohrbacher. In-8°. 1861. *Gaume frères*. 6 fr.

— Annuaire catholique, histoire religieuse, politique, philosophique, littéraire et scientifique de l'année 1862. In-8°. 1864. *Palmé*. 7 fr. 50 c.

— Cours de thèmes grecs. Exercices gradués sur les diverses parties des nouveaux éléments de grammaire, suivis d'un lexique français-grec. 1re partie. In-12. 1858. *Eug. Belin*. 1 fr. 60 c.

— Le même. Texte et corrigés. 4 fr.

— Le même. 2e partie. In-12. 1860. *Ibid*. 1 fr. 60 c.

— Le même. Texte et corrigés. 4 fr.

— Cours abrégé d'histoire universelle. 3 vol. in-12. 1865. *Putois-Cretté*. 7 fr. 50 c.

Tome I. Histoire ancienne. — Tome II. Histoire du moyen âge. — Tome III. Histoire moderne.

— Le Curé d'Ars. Notice biographique sur Jean Baptiste Marie Viannay, mort en odeur de sainteté le 4 août 1859. In-32 avec portr. 1859. *Dillet*. 50 c.

— La Déconfiture des jésuites; tragi-comédie, suivie de notes explicatives et justificatives. In-8°. 1844. *Sagnier et Bray*. 1 fr.

Publié sous le pseudonyme Racine Aristophane.

— Les Fêtes de Rome. Histoire de la canonisation des saints martyrs du Japon et de saint Michel de Sanctis. In-18. 1862. *Palmé*. 2 fr. 50 c.

— Histoire contemporaine, complément de l'histoire de France et du cours d'histoire universelle. 3 vol. in-12. 1864. *Putois-Cretté*. 6 fr.

— Histoire de l'Église. 2 vol. in-12. 1865. *Ibid*. 6 fr.

Tome I. Histoire sainte. — Tome II. Histoire ecclésiastique.

— Histoire de France depuis ses origines jusqu'à la révolution de 1789. 2 vol. in-12. 1864. *Ibid*. 5 fr.

— Histoire d'un morceau de pain. 5e édition. In-18. 1864. Lille, *Lefort*.

— Histoire populaire des papes. 24 vol. in-18. 1860-1862. *Dillet*. Chaque volume, 1 fr.

Tome 1. Saint Pierre et les temps apostoliques.
Tome 2. Les Papes des catacombes.
Tome 3. Saint Sylvestre et l'arianisme.
Tome 4. Saint Léon le Grand et les barbares.
Tome 5. Saint Grégoire et la conversion des barbares.
Tome 6. Les Papes et le monothéisme.
Tome 7. Saint Léon III et la royauté pontificale.
Tome 8. Saint Nicolas le Grand et son siècle.
Tome 9. Sylvestre II et le siècle de fer.
Tome 10. Saint Grégoire VII et l'indépendance de l'Église.
Tome 11. Les Papes et les croisades.
Tome 12. Innocent III et son temps.
Tome 13. Les Papes du XIIIe siècle.
Tome 14. Boniface VIII et son temps.
Tome 15. Les Papes d'Avignon et le grand schisme.
Tome 16. Les Papes du XVe siècle.
Tome 17. Le pape Alexandre VI.
Tome 18. Les Papes et le protestantisme.
Tome 19. Saint Pie V et Sixte-Quint.
Tome 20. Les Papes et le jansénisme.
Tome 21. Les Papes et le philosophisme.
Tome 22. Pie VI et la révolution.
Tome 23. Pie VII et Napoléon Ier.
Tome 24. Pontificat de Pie IX.

— Malines; fêtes et congrès. In-12. 1863. *Ibid*. 3 fr. 50 c.

— Un Martyr sous Néron, et le Parjure, 1er et 2e commandements de Dieu. In-12. 1862. Lille, *Lefort*. 80 c.

— Notre-Dame de Liesse. In-12. 1860. *Ibid*. 80 c.

— Nouveau cours d'histoire universelle. 6 vol. in-12. 1860-1862. *Putois-Cretté*. Chaque volume, 2 fr. 25 c.

Tome 1. Histoire ancienne. — Tome 2. Histoire romaine. — Tomes 3, 4. Histoire du moyen âge. — Tomes 5, 6. Histoire moderne.

— Nouveaux éléments de grammaire grecque. In-8°. 1856. *E. Belin*. 2 fr. 80 c.

— Le Père Dimanche et les Deux frères, 3e et 4e commandements de Dieu. In-12. 1862. Lille, *Lefort*. 80 c.

— La Réponse de Rome à M. de La Guéronnière. Examen de la brochure-dépêche du cardinal Antonelli. Documents divers, avec une introduction et des notes. In-8°. 1861. *Palmé*. 1 fr. 25 c.

— Le Roi Pie IX. In-18. 1859. *Dillet*. 60 c.

— Rome devant la France. Réponse à M. de La Guéronnière. In-8°. 1861. *Palmé*. 1 fr.

— La Royauté pontificale devant l'histoire et la bonne foi. In-12. 1860. *Dillet*. 2 fr.

— Le Télégraphe électrique. In-12 avec 1 pl. 1858. Lille, *Lefort*. 50 c.

— Voyage d'un morceau de pain. Suite d'une histoire d'un morceau de pain. In-12. 1859. *Ibid*. 50 c.

M. Chantrel a traduit de l'anglais les ouvrages anonymes suivants :

Lizzie Maitland. In-12. 1860. *Putois–Cretté.* 1 fr. 50 c.

La Petite fleur des neiges. Nouvelle. In-12. 1859. *Ibid.* 80 c.

Pietro Mastrucci, ou le Paysan italien. Nouvelle. In-12. 1864. *Ibid.* 2 fr.

Les Trois Éléonores. In-12. 1859. *Ibid.* 2 fr.

Il a encore traduit : « la Lampe du sanctuaire », de *Wiseman* ; « les Victoires de l'Église », par l'abbé *Margotti* ; « Edith Mortimer », de Mme *Parson* ; « Ailey Moore », par le P. *Baptiste*. — Voy. ces noms.

Il a continué jusqu'en 1860 « l'Histoire universelle de l'Église catholique », de l'abbé *Rohrbacher* ; — et publié une édition de *Lancelot*, Jardin des racines grecques ; et un supplément à « l'Encyclopédie catholique ». (Voy. **Encyclopédie.*)

***Chants** et chansons de la Bohême, illustrés de 26 dessins par Nadar. In-18. 1853. *Bry aîné.* 1 fr.

***Chants** et chansons populaires de la France. Nouvelle édition. 3 vol. gr. in-8º avec musique et figures. 1848. *Garnier frères.* 30 fr.

Avec des Notices par Paul *Lacroix*, *Leroux de Lincy*, *Dumersan* et *Lamartine.*

La 1re édition a paru chez *Delloye* en 1843.

***Chants** et chansons populaires de la France. Nouvelle édition, avec airs notés et accompagnement de piano. 2 vol. gr. in-8º. 1859. *Plon.* 24 fr.

Moins complet que le précédent. — Voy. aussi : **Chansons populaires des provinces de France*, qui forme le complément de cet ouvrage.

CHANZY (Charles), juge au tribunal de Saint-Dié.

— Précis chronologique de l'histoire de la ville de Saint-Dié (Vosges). In-8º. 1853. Saint-Dié, *Freisz.*

CHAPALAY (Louis), ancien consul de Suisse en Australie, né à Lausanne (Suisse) en 1824.

— L'Australie. Récit d'un voyage d'exploration et de découvertes, par Burke, Wills, King et Gray ; compilé et traduit de l'anglais par Chapalay, avec carte et illustrations. In-12. 1864. Lyon, *Périsse frères.* 1 fr.

CHAPEAU (Lucien), auteur dramatique, connu en littérature sous le pseudonyme de **Desvergers.**

CHAPELAIN (P. J.), médecin inspecteur de l'établissement thermal de Luxeuil.

— Bains de Luxeuil. Propriétés physiques, chimiques et médicinales des eaux minéro-thermales de Luxeuil, avec quelques recherches historiques concernant l'importance de cette ville et de ses bains dans l'antiquité et au moyen âge. In-8º, 184 p. avec pl. 1851. Luxeuil, *Mougeot.*

— Le même. Nouvelle édition, revue et augmentée. In-8º. 1857. [Nancy.] *Baillière.*

CHAPELIN (le P.).

— Œuvres complètes. — Voy. *Migne*, Collection d'orateurs sacrés, 1re série, tome 59.

CHAPELLE (le docteur Antoine), chirurgien de l'hôpital des aliénés d'Angoulême, ancien interne des hôpitaux de Paris, né à Roussinet (Charente) en 1819.

— De l'Épidémie de choléra qui a régné dans le département de la Charente pendant l'année 1855. In-8º. 1856. *Masson.* 1 fr. 50 c.

— Traité d'hygiène publique. In-18. 1850. *Ibid.* 5 fr.

CHAPELLE (Claude Emmanuel LHUILLIER), poëte, né en 1626, à La Chapelle Saint-Denis,

près Paris, d'où lui vint le surnom qu'il a gardé mort à Paris, en 1686.

— Œuvres de Chapelle et de Bachaumont. Nouvelle édition, revue et corrigée sur les meilleurs textes, notamment sur l'édition de 1732 ; précédée d'une notice, par M. Tenant de La Tour. In-16. 1854. *Jannet.* 4 fr.

Ce volume fait partie de la Collection de la bibliothèque elzévirienne.

CHAPELLE (L.), ingénieur fumiste.

— Traité de la fumée et du calorique, d'après des procédés chimiques. In-8º. 1853. Toulouse, *imprimerie Bayret.* 1 fr. 25 c.

CHAPELLE (Paul Aimé), auteur dramatique, né à Beaumont, en 1806, plus connu en littérature sous les pseudonymes de LAURENCIN, AUVRAY et LÉONARD.

Sous le nom d'Auvray :

— Daniel le tambour ; comédie-vaudeville en deux actes. In-8º. 1844. *Tresse.* 50 c.

— Don Pasquale ; opéra buffa, mêlé de couplets, musique de Donizetti. In-8º. 1843. *Ibid.* 40 c.

— Georges et Thérèse, ou les Deux orphelins ; comédie-vaudeville en deux actes. In-8º. 1843. *Ibid.* 50 c.

— Jean Lenoir ; comédie-vaudeville en trois actes. In-8º. 1843. *Ibid.* 50 c.

Sous le nom de Léonard :

— Lucrèce à Poitiers, ou les Écuries d'Augias ; tragédie (mêlée de vaudev.). In-8º. 1843. *Ibid.* 50 c.

Sous le nom de M. Laurencin :

— L'Abbé Galant ; comédie-vaudeville en deux actes. In-8º. 1841. *Ibid.* 50 c.

Avec M. Clairville.

— Adrien, ou Ma bonne étoile ; comédie-vaudeville en un acte. In-8º. 1844. *Beck.* 40 c.

— L'Anneau de la marquise ; comédie-vaudeville en un acte. In-8º. 1842. *Tresse.* 50 c.

Avec M. Cormon.

— Le Beau-père ; comédie en un acte. In-12. 1857. *Lévy frères.* 60 c.

Avec M. Meyer.

— Le Billet de faveur ; comédie-vaudeville en trois actes. In-12. 1856. *Ibid.* 60 c.

Avec MM. Cormon et Michel Delaporte.

— Bocquet père et fils, ou le Chemin le plus long ; comédie-vaudeville en deux actes. In-8º. 1840. *Marchant.* 40 c.

Avec Marc Michel et E. Labiche.

— Le Bon ange, ou les Deux sœurs ; comédie en cinq actes. In-8º. 1841. *Tresse.* 60 c.

— Brelan de maris ; vaudeville en un acte. In-12. 1854. *Lévy frères.* 60 c.

Avec Gaston de Montheau.

— Les Brodequins de Lise ; comédie-vaudeville en un acte. In-8º. 1840. *Tresse.* 40 c.

Avec MM. Desvergers et G. Vaez.

— Canadar père et fils ; vaudeville en un acte. In-12. 1852. *Lévy frères.* 60 c.

Avec Marc Michel.

— Les Cascades de Saint-Cloud ; comédie-vaudeville en deux actes. In-8º. 1849. *Tresse.* 50 c.

Avec Marc Michel.

— Ces messieurs s'amusent; vaudeville en deux actes. In-12. 1855. *Lévy frères*. 60 c.

— La Chasse aux belles filles, ou Garçon à marier; vaudeville en quatre actes. In-8º. 1843. *Tresse*. 60 c.

Avec Bernard Lopez.

— La Chasse aux millions; vaudeville en trois actes. In-8º. 1847. *Ibid*. 60 c.

Avec Marc Michel et L. Couailhac.

— Le Chevalier de Pézénas; comédie-vaudeville en deux actes. In-8º. 1851. *Marchant*. 50 c.

— Le Cousin du roi; comédie en deux actes, mêlée de couplets. In-8º. 1853. *Tresse*. 60 c.

Avec Michel Delaporte.

— Édouard et Clémentine; comédie en trois actes, mêlée de couplets. In-8º. 1842. *Ibid*. 50 c.

Imitation de « Misanthropie et repentir », drame allemand de Kotzebue.

— Une Femme charmante; comédie en un acte, mêlée de chant, imitée d'une pièce de S. A. R. la princesse Amélie de Saxe. In-8º. 1840. *Ibid*. 50 c.

Avec Mme Adèle Regnauld de Prébois.

— Folammbô, ou les Cocasseries carthaginoises,

Pièce en quatre tableaux de mœurs carthaginoises,
En vers de plusieurs pieds, même de plusieurs toises,
Émaillée de couplets comme les vers boiteux,
Avec prologue en prose et d'un français douteux.

In-12. 1863. *Lévy frères*. 1 fr.

Avec M. Clairville.

— La Gazette des tribunaux; comédie-vaudeville en un acte. In-8º. 1844. *Marchant*. 40 c.

Avec Marc Michel.

— Il n'y a plus de grisettes; vaudeville en un acte. In-8º. 1859. *Barbré*. 60 c.

Avec Michel Delaporte.

— J'ai marié ma fille! comédie-vaudeville en un acte. In-12. 1851. *Giraud et Dagneau*. 60 c.

Avec Marc Michel.

— Une Leçon de trompette; comédie-vaudeville en un acte. In-12. 1855. *Lévy frères*. 60 c.

— Le Mardi-gras à l'hôtel des Haricots; folie-carnaval en un acte. In-8º. 1846. *Tresse*. 40 c.

Avec M. Clairville.

— Le Mari d'une Camargo; comédie-vaudeville en deux actes, mêlée de couplets. In-12. 1850. *Giraud et Dagneau*. 60 c.

Avec Arsène de Cey.

— Monsieur et madame Denis; opéra comique en un acte, musique de J. Offenbach. In-12. 1862. *Lévy frères*. 1 fr.

Avec Michel Delaporte.

— La Nièce du précepteur; comédie-vaudeville en trois actes. In-8º. 1852. *Marchant*. 60 c.

— La Nouvelle Hermione; comédie en un acte, mêlée de couplets. In-12. 1858. *Lévy frères*. 60 c.

Avec Michel Delaporte.

— Le même. In-4º. 1860. *Ibid*. 20 c.

Théâtre contemporain illustré, livr. 582.

— Obliger est si doux! comédie en un acte, mêlée de couplets. In-18. 1857. *Librairie nouvelle*. 50 c.

Avec M. Lubize.

— Le Paradis de Mahomet, ou la Réforme au harem, comédie-vaudeville en un acte. In-8º. 1840. *Mifliez*. 30 c.

— Paris qui s'éveille; comédie-vaudeville en cinq actes. In-12. 1852. *Lévy frères*. 60 c.

Avec M. Cormon.

— Le même. In-4º. 1853. *Ibid*. 40 c.

Théâtre contemporain illustré, livr. 40.

— Paris qui pleure et Paris qui rit; drame en cinq actes et huit tableaux. In-12. 1852. *Ibid*. 1 fr.

Avec M. Cormon.

— Le même. In-4º. 1855. *Ibid*. 40 c.

— Pas jaloux; comédie-vaudeville en un acte. In-12. 1854. *Ibid*. 60 c.

Avec M. Lubize.

— Quand l'amour s'en va...; comédie-vaudeville eu un acte. In-8º. 1843. *Marchant*. 40 c.

Avec M***.

— Le Roi Dagobert à l'exposition de 1844; revue-vaudeville en deux actes et trois époques. In-8º. 1844. *Tresse*. 60 c.

Avec M. Clairville.

— Rosita, ou Tenir la promesse; comédie-vaudeville en deux actes, imitée d'une nouvelle de M. Pitre Chevalier. In-8º. 1840. *Ibid*. 40 c.

— Si j'étais homme! ou les Canotiers de Paris; comédie-vaudeville en deux actes. In-8º. 1846. *Ibid*. 50 c.

Avec Th. Muret.

— Si Pontoise le savait! comédie-vaudeville en un acte. In-12. 1860. *Lévy frères*. 60 c.

Avec J. Adenis et F. Tourte.

— Le même. In-4º. 1862. *Ibid*. 20 c.

Théâtre contemporain illustré, livr. 572.

— Simon le voleur; drame en quatre actes, musique de M. Béancourt. In-12. 1847. Poissy, *imprimerie Olivier*.

— Le même. In-4º. 1862. *Lévy frères*. 20 c.

Théâtre contemporain illustré, livr. 575.

— Le Sire de Beaudricourt, ou le Chevalier de Malte, comédie-vaudeville en un acte. In-8º. 1842. *Tresse*. 40 c.

— La Tour d'Ugolin, ou le Mariage par appétit; comédie en deux actes, mêlée de chant. In-8º. 1845. *Marchant*. 50 c.

Avec Marc Michel.

— Trente-quatre francs! ou sinon...! comédie-vaudeville en un acte. In-8º. 1848. *Tresse*. 50 c.

Avec Marc Michel.

— Turlurette; comédie-vaudeville en un acte. In-8º. 1844. *Ibid*. 60 c.

Avec Bernard Lopez.

— Le Vicomte Giroflée, ou Celui que j'ai rêvé; comédie-vaudeville en un acte. In-8º. 1846. *Ibid*. 50 c.

Avec Marc Michel.

Sous le même pseudonyme de Laurencin, M. Chapelle a encore signé des pièces de théâtre en collaboration avec MM. Barbier, Bayard, Deforges, Delestre-Poirson, Desvergers, Duport, Forges, Fournier, Marc Michel, Vanderburgh et Varin. — Voy. ces noms.

CHAPELLES (GRILLON DES). — Voy. **Grillon des Chapelles**.

CHAPELLIER (Jean Charles), archiviste de la Société d'émulation des Vosges, membre correspondant de l'Académie de Stanislas, membre de a Société d'archéologie lorraine, né à Lemme-court (Vosges) en 1821.

— Les Défenseurs de La Mothe. Notices histo-iques et biographiques. In-8°. 1863. Épinal, *im-rimerie V*e *Gley*. 1 fr. 50 c.

— Essai historique sur Beauffremont, son châ-eau et ses barons. In-8°. 1859. *Ibid.* 5 fr.

— Recherches sur la culture du mérisier et la abrication du kirsch. In-8°. 1861. Mirecourt, *Humbert.* 1 fr.

CHAPELLON (Alphonse), lecteur de littérature rançaise au lycée Richelieu d'Odessa.

— Des Bords de la mer Noire ; poésies. Précédées l'une lettre de M. de Lamartine. In-12. 1862. *Rein-vald.* 2 fr. 50 c.

— Cours abrégé de l'Histoire de la littérature rançaise depuis ses origines jusqu'à nos jours. n-12. 1862. *Ibid.* 5 fr.

CHAPELON (l'abbé Jean), prêtre sociétaire de aint-Étienne, poëte français, né à Saint-Étienne ers 1646, mort en 1695, fils d'Antoine, et petit-ls de Jacques **CHAPELON**.

— Œuvres complètes de messire Jean Chape-on, prêtre sociétaire de Saint-Étienne. Nouvelle dition, augmentée des Œuvres de Antoine et acques Chapelon. In-12. 1853. Saint-Étienne, *Ja-in.* 1 fr. 50 c.

La 1re édition est de 1779.

CHAPELOT (J.).

— Spiritisme. Réflexions sur le spiritisme, les pirites et leurs contradicteurs. Communications, ttres et fables spirites. In-8°. 1863. [Bordeaux.] *edoyen.* 50 c.

CHAPER a traduit de l'anglais : « l'Ancienneté e l'homme », de Charles *Lyell*.

CHAPERON (Ch.), de Libourne.

— Le Financier populaire et politique, ou Né-essité et moyens de supprimer avantageusement s octrois, de modifier les impôts indirects sur utes les boissons en général, et d'affermir le rédit en France. In-12. 1844. *Pissin.* 1 fr.

CHAPERON (Jehan), poëte français du xvie siècle.

— Les Grans regretz et coplainte de madamoy-elle du Pallais. In-16. 1843. *Silvestre.* 1 fr. 50 c.

CHAPIA (l'abbé Charles), ancien curé de Da-as, curé de Vitel, correspondant de l'Institut istorique, de l'Académie de Stanislas, etc., né à elmont (Vosges) en 1807.

— Histoire du B. Pierre Fourier, curé de Mat-incourt, instituteur de la congrégation de Notre-ame, réformateur et général de la congrégation e notre Sauveur. 2 vol. in-8° avec portrait et fac-mile. 1850. [Nancy, *Vagner*.] *Lecoffre.* 6 fr.

— Le même. Nouvelle édition, sous le titre de : istoire du B. Pierre Fourier et des désastres de Lorraine. 2 vol. in-12. 1862. Mirecourt, *Hum-rt.* 3 fr.

— Les Martyrs du Japon ; suivis d'un appendice r les canonisations. In-12. 1862. *V*e *Poussielgue-isand.* 1 fr.

— Mélopée ; poésies pieuses. 3e édition. In-12. 60. Mirecourt, *Humbert.* 2 fr.

— Le Saint de chaque jour (selon la liturgie maine). In-12. 1856. *Ibid.* 2 fr.

4e édition en 1865.

— La Vie d'une sainte pour chaque jour de l'an-née. 2 vol. in-12. 1864. [Bar-le-Duc, *Contant-La-guerre.*] *Bourselet.* 4 fr.

CHAPONE (Mistress Hester).

— Lettres pour servir à l'éducation d'une jeune personne. Traduites de l'anglais, et précédées d'une introduction, par M. A. F. Ozanam. In-18. 1845. *Waille.*

CHAPONNIÈRE (Jean François), littérateur français, né à Genève, en 1749, mort en....

— Il fallait ça, ou le Barbier optimiste. 1789-1830. In-18. 1849. *Cherbuliez.* 1 fr. 50 c.

CHAPONNIÈRE (le docteur Jean Jacques), mé-decin à Genève, né en 1805.

— Journal du syndic Jean Balard. — Voy. *Ba-lard.*

CHAPPE (Ignace Urbain Jean), ingénieur fran-çais, frère du célèbre inventeur du télégraphe, né à Rouen, en 1760, mort en 1828.

— Histoire de la télégraphie. In-8°. 1840. Au Mans, *Richelet.*

La 1re édition a paru en 1824. 2 vol. in-8°.

CHAPPE (Léop.).

— L'École. Ce poëme est terminé par le Val-Maudit, épilogue. In-8°. 1864. *Hachette et Cie.* 2 fr.

— Le Lycée, suivi de : les Revenants. In-8° avec 2 grav. 1864. *Ibid.* 2 fr.

CHAPPERON (Timoléon), ancien président du tribunal de commerce de Chambéry, ancien dé-puté au parlement sarde, officier d'académie, membre de l'Académie impériale de Savoie, né à Chambéry en 1808.

— Chambéry à la fin du xive siècle. In-4° avec plan et carte. 1863. [Lyon.] *Dumoulin.* 20 fr.

CHAPPION.

— Tenue des livres. — Voy. *Talbotier et Chap-pion.*

CHAPPLAIN (Ludovic), membre de la Société académique de Nantes, mort en 1864.

— Les Mystères de l'histoire révélés par le som-nambulisme lucide. Histoire intime de Nantes de-puis son origine. Ère celtique, gallo-romaine et moyen âge. In-8°. 1853. Nantes, *imprimerie V*e *Ca-mille Mellinet.* 60 c.

CHAPPUIS (Charles), professeur de philosophie à la Faculté des lettres de Besançon, né à Saint-Vit (Doubs) en 1822.

— De Antiochi Ascalonitæ vita et doctrina. Thèse. In-8°. 1854. *Durand.* 1 fr. 50 c.

— Antisthène. Thèse. In-8°. 1854. *Ibid.* 3 fr.

— Étude archéologique et géographique sur la vallée de Barcelonnette à l'époque celtique. In-8° avec planches. 1862. *Ibid.* 3 fr.

— Examen critique de l'opinion de Cœlius An-tipater sur le passage d'Annibal dans les Alpes. In-8°. 1864. *Ibid.* 1 fr.

— Sentences de M. Terentius Varron, et liste de ses ouvrages, d'après différents manuscrits. In-12. 1856. *Ibid.* 2 fr.

CHAPPUZEAU (Samuel), né à Paris en 1625, mort à Zell en 1701.

— Genève délivrée ; comédie sur l'Escalade, composée en 1662 par Samuel Chappuzeau, homme de lettres, publiée par J. Galiffe et Ed. Fick. In-8°. 1862. Genève, *J. G. Fick*. 3 fr.

CHAPSAL (G. P.), grammairien français.

— Modèles de littérature française, ou Morceaux choisis en prose et en vers des meilleurs écrivains, depuis le xvie siècle jusqu'à nos jours, avec des notices biographiques et littéraires. 2 vol. in-12. 1841. *Hachette*. 3 fr. 50 c.

— Le même. Nouvelle édition. 2 vol. in-12. 1864. *Ibid.* 5 fr.

— Méthode pour faire l'application des principes de la grammaire au moyen d'exercices construits régulièrement. In-12. 1850. *Ibid.* 1 fr. 50 c.

Avec Ambroise Rendu fils.

— Syntaxe française, ou Étude méthodique et raisonnée de toutes les difficultés que présente notre langue sous le rapport syntaxique. In-12. 1841. *Ibid.* 2 fr. 75 c.

— Exercices français supplémentaires sur toutes les difficultés de la syntaxe. In-12. 1840. *Ibid.* 1 fr. 50 c.

— Corrigé des Exercices français supplémentaires sur toutes les difficultés de la syntaxe. In-12. 1841. *Ibid.* 1 fr. 50 c.

Voy. aussi *Noël et Chapsal*.

CHAPTAL (J.), professeur de physique au lycée de Nîmes.

— Souvenirs d'un galiniste. In-12, 155 p. 1860. Nîmes, *Peyrot-Tinel*.

CHAPTAL (O.).

— Manuel d'agriculture pratique et d'économie rurale. In-8°, 428 p. 1852. *Rue de Madame*, 5.

— Le Parfait fermier. Traité d'économie rurale, suivi de la Biographie des agronomes et agriculteurs célèbres, depuis les temps les plus reculés jusqu'à nos jours. In-12. 1845. *Gonet*. 3 fr. 50 c.

CHAPTOIS (le docteur D. Le). — Voy. **Le Chaptois**.

CHAPUIS, capitaine de grenadiers à l'ancien 85e de ligne, ex-colonel de la 4e légion de la garde nationale de Paris, mort en....

— Bérésina (campagne de 1812 en Russie). In-8°. 1857. *Corréard*. 7 fr. 50 c.

— Waterloo. Notice sur le 85e de ligne pendant la campagne de 1815. In-8°. 1863. *Ibid.* 3 fr.

CHAPUIS (A.).

— La Lune. — Voy. *Lecouturier et Chapuis*.

CHAPUS (Eugène), littérateur, né à Paris, en 1800.

— Annuaire du sport en France. Guide complet du sportsman. Dates des courses. Classement des hippodromes, etc. Année 1858. In-18. *Au bureau du journal le Sport*. 2 fr.

— Les Chasses princières en France, de 1589 à 1841. In-16. 1853. *Hachette et Cie*. 2 fr.

— Deux Heures de canapé. In-8°. 1843. *Magen*. 7 fr. 50 c.

— Dieppe et ses environs. In-16 avec 12 grav. et 1 plan. 1853. *Hachette et Cie*. 1 fr.

— Les Haltes de chasse. In-12. 1859. *Lévy frères*. 2 fr.

— Manuel de l'homme et de la femme comme il faut. 5e édition. In-12. 1862. *Ibid.* 2 fr.

— De Paris à Dieppe. In-16 avec 62 vignettes et une carte. 1856. *Hachette et Cie*. 2 fr.

— De Paris au Havre. In-16 avec 80 vignettes, cartes et plans. 1856. *Ibid.* 2 fr.

— De Paris à Rouen et au Havre. Itinéraire descriptif et historique. In-12 avec 75 vignettes, carte et plan. 1862. *Ibid.* 3 fr.

— Le Roman des duchesses. 2 vol. in-8°. 1844. *Comon*. 15 fr.

— Les Soirées de Chantilly. In-16. 1855. *Lévy frères*. 1 fr.

— Le Sport à Paris. Ouvrage contenant : le Turf, la Chasse, le Tir au pistolet et à la carabine, les Salles d'armes, la Boxe, le Bâton et la canne, etc. les Échecs, le Whist, etc. In-16. 1854. *Hachette et Cie*. 2 fr. 50 c.

— Le Turf, ou les Courses de chevaux en France et en Angleterre. In-16. 1853. *Ibid.* 3 fr.

CHAPUY (Nicolas Marie Joseph), architecte et lithographe, né à Paris, en 1790.

— Le Moyen âge pittoresque. Monuments et fragments d'architecture, meubles, armes, armures et objets de curiosités du xe au xviie siècle; avec un texte archéologique, descriptif et historique, par M. Moret. 5 vol. in-fol. 1839-1844. *Veith et Hauser*. 200 fr.

CHAPUYS-MONTLAVILLE (Benoist Marie Louis Alcesto, baron de), publiciste, ancien député et représentant, sénateur, né à Tournus, en 1800.

— Lamartine. Vie publique et privée. Édition illustrée par Th. Fragonard. In-8° avec portrait. 1843. *Bourjon*. 2 fr. 50 c.

— Le même. In-32 avec portrait. 1843. *Ibid.* 75 c.

— Mazagran. Journées des 3, 4, 5 et 6 février 1840. Récit. In-32. 1840. *Pagnerre*. 1 fr. 50 c.

CHARBONNEAU (Michel), directeur de l'École normale de Seine-et-Marne à Melun, né à Buguc (Dordogne) en 1817.

— Cours théorique et pratique de pédagogie. In-12. 1862. *Dezobry, Magdeleine et Cie*. 2 fr. 50 c.

CHARBONNEL (l'abbé Jérôme), du diocèse de Mende.

— Dévotion à la sainte Famille. In-32. 1860. Tours, *Mame et Cie*. 1 fr.

— Origine et histoire abrégée de l'Église de Mende. In-8°. 1859. Mende, *imprimerie Privat*. 3 fr.

— Soixante ans encore ! et le monde n'est plus. Récente et plausible explication de l'Apocalypse. In-12. 1849. [Mende, *Pécoul*.] *Pillet*. 1 fr.

— Traité de la dévotion au Sacré-Cœur de Jésus. 4e édition. In-32. 1865. Tours, *Mame et fils*. 1 fr.

— Vie de la révérende mère Marie Marguerite de Jésus Gibolin de Villard, première religieuse et première supérieure de la plus ancienne maison du Verbe-Incarné, suivie d'une notice sur la mère Marie Hélène de Jésus, sa sœur, première supérieure à Lyon. In-12. 1865. *Douniol*. 2 fr. 50 c.

CHARBONNEL (Lucien Absalon), littérateur français.

— Coup d'œil sur la politique de l'Europe, et moyens d'assurer à jamais la France contre toute coalition étrangère. In-8°. 1841. *Imprimerie Pollet*. 5 fr.

— Guerres d'Italie. Poëme héroïque sur Napoléon le Grand. In-8°. 1853. *Ibid.* 3 fr.

— Socrate, ou l'Immortalité de l'âme; poëme didactique. In-8°. 1854. *Ibid.*

CHARBONNIER (A.), ingénieur-constructeur.

— Machines à vapeur. Détermination du volant et du régulateur à boules ramenant la vitesse du régime. In-8° avec 4 pl. 1864. *E. Lacroix.* 5 fr.

CHARBONNIER (Charles), rédacteur de la «Gazette des tribunaux», né à Rotterdam de parents français, en 1801.

— Les Petites causes peu célèbres. In-16 avec vignettes. 1847. *Périsse.* 1 fr. 25 c.

CHARBONNIER (l'abbé Pierre), curé de Saint-Alban (arrondissement de Chambéry), né à Apremont (Savoie) en 1811.

— Histoire abrégée de la vie de Jésus-Christ, d'après la concordance des quatre évangiles. In-18. 1857. Lyon, *Périsse frères.* 30 c.

8° édition en 1864.

L'abbé Charbonnier a traduit de l'italien : « Litanies de la très-sainte Vierge », expliquées et commentées par le R. P. *Grassi* ; et « Cours d'instruction familière », par Auge *Ratneri.*

CHARBOUCLAIS (le marquis Chesnel de la). — Voy. **Chesnel de la Charbouclais.**

CHARCELLAY (le docteur L. J.).

— Histoire médicale et topographique des épidémies de choléra qui ont régné en 1832, 1849 et 1854 dans la ville de Tours et le département d'Indre-et-Loire. In-8°, 48 p. 1856. Tours, *imprimerie Ladevèze.*

— Rapport statistique sur les aliénés et les enfants trouvés de l'hospice général de Tours. In-4°. 1843. Tours, *Mame.* 4 fr. 50 c.

CHARCOT (J. M.), médecin de l'hospice de la Salpêtrière, professeur agrégé à la Faculté de médecine de Paris.

— De l'Expectation en médecine. In-8°. 1857. *Germer Baillière.* 1 fr. 50 c.

— De la Pneumonie chronique. In-8° avec 1 pl. 1860. *Delahaye.* 2 fr.

CHARDALL (Luc), pseudonyme de Charles Dallard, inspecteur des douanes et littérateur, né à Montpellier en 1829.

— La Belle Mignonne. 5 vol. in-8°. 1865. *De Potter.* 37 fr. 50 c.

— Les Bourgeoises de Paris; vaudeville en trois actes. In-4°. 1861. *Mifliez.* 50 c.

Avec M. Bedeau.

— Le Capitaine Brelandas. 5 vol. in-8°. 1865. *De Potter.* 37 fr. 50 c.

— La Ferme aux loups. 3 vol. in-8°. 1860. *Cadot.* 22 fr. 50 c.

— Le même. In-4°. 1862. *Ibid.* 1 fr. 10 c.

— La Fille de l'espion. 4 vol. in-8°. 1863. *De Potter.* 30 fr.

— Geneviève la Rouge. In-12. 1864. *Cadot.* 8 fr.

— Les Trois hommes noirs. 4 vol. in-8°. 1863. *Ibid.* 30 fr.

CHARDANNE (Vaussin-). — Voy. **Vaussin-Chardanne.**

CHARDAVOINE (J.), ex-curé de Mignon.

— Un Prêtre aux prises avec son évêque, ou

Réponse aux attaques de M. l'évêque de La Rochelle. In-8°. 1845. *Delay.* 50 c.

CHARDEL (C.).

— Essai de psychologie physiologique. 3° édition. In-8°. 1844. *Germer Baillière.* 6 fr.

La 1re édition a paru en 1831.

CHARDIN (Achille), ancien professeur au lycée Louis-le-Grand à Paris, mort en....

— Choix de matières et de pièces de vers latins, recueillies par M. Chardin, et publiées par ses anciens élèves MM. Deltour et Marcou. In-12. 1864. *Delalain et fils.* 2 fr. 50 c.

— Cours de thèmes grecs, composé de descriptions, de traits d'histoire et d'autres morceaux tirés des auteurs grecs. In-12. 1846. *Eug. Belin.* 1 fr. 60 c.

— Corrigé des thèmes grecs. In-12. 1846. *Ibid.* 2 fr.

— Notes et remarques sur la versification et la composition latines. In-12. 1861. *Delalain et fils.* 1 fr. 75 c.

CHARDIN (Léon), pseudonyme de MM. Charles Coligny et Émile Cantrel. — Voy. ces noms.

CHARDON, chanoine du diocèse de Clermont, mort en....

— Instructions et prières chrétiennes, à l'usage des religieuses Ursulines et des personnes du sexe, le tout recueilli et mis en ordre par M. Chardon. Édition la plus complète jusqu'à ce jour. In-18. 1865. Clermont-Ferrand, *Thibaud.* 1 fr.

CHARDON, jurisconsulte, né à Auxerre en 1762, mort en 1846.

— Traité des trois puissances, maritale, paternelle et tutélaire. In-8°. 1842-1843. *Cotillon.* 24 fr.

CHARDON (C. A.), instituteur.

— Arithmétique primaire élémentaire. In-18. 1845. *Hachette.* 50 c.

— Cours pratique de géométrie, d'arpentage, de dessin linéaire et d'architecture. In-8° avec 20 planches. 1852. *Ibid.* 1 fr. 50 c.

— Nouvelle méthode de lecture et d'écriture pour apprendre simultanément à lire et à écrire en peu de temps. 5° édition. 1865. *Ibid.* 75 c.

— Solutions, par la méthode de l'unité et par les proportions, des exercices ou problèmes du Traité complet d'arithmétique et de géométrie usuelles. 1846. *Ibid.* 75 c.

— Traité complet d'arithmétique et de géométrie usuelles. In-18. 1846. *Ibid.* 2 fr. 50 c.

17° édition en 1864.

CHARDON (le docteur Claude Benoît), né à Messimy (Ain) en 1798.

— Guide des adultes. In-8°. 1858. Lyon, *imprimerie Vingtrinier.* 5 fr.

CHARDON (C. E. R.).

— Le Droit de chasse français. Ouvrage renfermant la loi nouvelle sur la police de la chasse, etc. In-8°. 1845. *Thorel.* 5 fr. 50 c.

CHARDON (J.), auteur dramatique.

— L'Âme transmise ; drame en cinq actes; musique et chœurs de M. Félix Bourret. In-8°. 1852. *Boulevard Saint-Martin*, 12. 60 c.

— Un Jeu de dominos; vaudeville en un acte. In-8°. 1841. *Tresse.* 30 c.

CHARDON DE LA ROCHETTE a annoté : *Epigrammatum anthologia palatina.*

CHARDONNEAU (F. J. T.) a traduit de l'anglais: Guide du marin sur la loi des tempêtes, de H. *Piddington.*

CHAREAU (Paul).

— Apologues et poésies. In-8°. 1864. Bordeaux, *Féret.* 2 fr. 50 c.

— Nouveaux Apologues (vers). Gr. in-8°. 1857. *Parmentier.*

— Le Fils du fermier; mœurs normandes, épisodes contemporains. 2 vol. in-8°. 1844. *Petion.* 15 fr.

Sous le pseudonyme Paul Ben.

— Guide de Bordeaux à la mer. Illustrations de E. Piganeau; gravures de Gouillaud. In-8°. 1865. Bordeaux, *imprimerie Lavertujon.* 2 fr.

Avec G. Maillères.

— Science de bien vivre, ou Monographie de la cuisine, envisagée sous son aspect physique, intellectuel et moral; guide de la maîtresse de maison; suivie de mille nouvelles recettes, par ordre régulier, du service de la table. In-8°. 1844. *Martinon.* 4 fr. 50 c.

Publié sous le pseudonyme de Paul Ben, et en collaboration avec A. Desrez. — Plusieurs nouvelles éditions revues et augmentées en ont été publiées, la dernière en 1864. In-8°. *Martinon.* 4 fr.

M. Paul Chareau a traduit de l'allemand les « Fables » de *Lessing.*

CHARENCEY (Henri de), membre de la Société asiatique.

— La Langue basque et les idiomes de l'Oural. 1er fascicule. Structure grammaticale et déclinaisons. In-8°. 1862. *Challamel aîné.* 2 fr. 50 c.

CHARENCEY (Hyacinthe de).

— De la Classification des langues et des écoles de linguistique en Allemagne. In-8°. 1859. *Challamel.* 2 fr.

Extrait de la « Revue américaine et orientale ».

— Compte rendu et analyse de l'histoire des nations civilisées du Mexique et de l'Amérique centrale, etc., de M. l'abbé Brasseur de Bourbourg. In-8°. 1859. *Ibid.* 1 fr. 50 c.

Extrait des « Annales de philosophie chrétienne ».

— Le Déluge et les livres bibliques. In-8°. 1858. *Ibid.* 50 c.

Extrait de la « Revue américaine et orientale ».

— Notice sur un ancien manuscrit mexicain, dit Codex Telleriano-Remensis. In-8° avec 1 pl. color. 1859. *Ibid.* 1 fr. 50 c.

— De la Parenté de la langue japonaise avec les idiomes tartares et américains. In-8°. 1858. *Ibid.* 2 fr.

Extrait des « Annales de philosophie chrétienne ».

— Recherches sur les origines de la langue basque. In-8°. 1859. *Ibid.* 1 fr. 25 c.

Extrait des « Annales de philosophie chrétienne ».

— La Régence de Tunis. In-8°. 1859. *Ibid.* 1 fr. 50 c.

CHARENCY (Mgr. George Lazare de), évêque de Montpellier au xviiie siècle.

— Catéchisme dit de Montpellier; ou Instructions générales, en forme de catéchisme, où l'on explique en abrégé, par l'Écriture sainte et par la tradition, l'histoire et les dogmes de la religion, la morale chrétienne, les sacrements, etc. Nouvelle édition, revue, corrigée et augmentée. 2 vol. in-12. 1864. Lyon, *Périsse frères.* 3 fr. 60 c.

CHARETTE DE LA CONTRIE (Athanase, baron de), pair de France, né à Nantes en 1796, mort en 1848.

— Journal militaire d'un chef de l'Ouest, contenant la vie de Madame, duchesse de Berri, en Vendée. In-8°. 1842. *Dentu.* 2 fr. 50 c.

— Quelques mots sur les événements de la Vendée en 1832, en réponse à l'ouvrage de M. Johanet. In-8°. 1840. *Ibid.* 1 fr.

CHARGÉ (le docteur A.).

— De l'Homœopathie. Encore une fois, qu'est-ce que l'homœopathie? Il faut en finir avec elle! In-8°. 1864. *Baillière et fils.* 3 fr. 50 c.

— L'Homœopathie et ses détracteurs, à l'occasion de l'épidémie de choléra qui a régné à Marseille en 1854. In-8°. 1855. *Ibid.* 3 fr.

Voy. *Cruchet,* Réponse.

— Traitement homœopathique, préservatif et curatif du choléra épidémique. Instruction populaire pouvant servir de guide en l'absence du médecin. 10e édition. In-12. 1865. *Ibid.* 50 c.

CHARGUÉRAUD (A.), homme de lettres, né à Gannat (Allier) en 1817.

— Les Bâtards célèbres; avec une lettre-préface par É. de Girardin. In-12. 1859. *Lévy frères.* 3 fr.

— L'Économie politique et l'impôt; avec une introduction par É. de Girardin. In-8°. 1864. *Guillaumin et Cie.* 5 fr.

— La Séparation de l'Église et de l'État sous la législation de l'an III; avec une introduction par É. de Girardin. In-8°. 1861. *Lévy frères.* 1 fr.

CHARIVARIKOF (le prince K.), pseudonyme.

— Mystères de la guerre d'Orient et de l'empire russe. In-8°. 1854. Montfort, *impr. Vattier.* 1 fr.

CHARLANT (S.).

— Traité élémentaire et historique d'administration de la marine. In-8°, 420 p. et 3 tableaux. 1841. Toulon, *Monge et Villamus.*

CHARLE (le docteur Jules).

— Des Ulcérations de la langue dans la coqueluche. Thèse. In-8°. 1864. *Delahaye.* 1 fr.

CHARLEMAGNE ou CAROLUS MAGNUS, empereur d'Occident, né en 742, mort à Aix-la-Chapelle en 814.

— Œuvres. — Voy. *Migne,* Patrologie latine, tomes 97 et 98.

CHARLEMAGNE (Louis CREVEL DE). — Voy. **Crevel de Charlemagne.**

CHARLES Ier ou LE CHAUVE, roi de France, né en 823 à Francfort-sur-le-Mein, mort en 877.

— Œuvres. — Voy. *Migne,* Patrologie latine, tome 124.

CHARLES III, duc de Lorraine, né à Nancy en 1543, mort en 1608.

— Lettres et Instructions de Charles III, duc de Lorraine, relatives aux affaires de la Ligue,

publiées pour la première fois par Henri Lepage.
In-8°. 1864. Nancy, *Wiener.* 7 fr. 50 c.

Recueil de documents sur l'histoire de Lorraine.

CHARLES V ou CHARLES-QUINT, empereur d'Allemagne et roi d'Espagne, né à Gand en 1500, mort au monastère de Saint-Just en 1558.

— Commentaires de Charles-Quint, publiés pour la première fois par le baron Kervyn de Lettenhove. In-8°. 1862. [Bruxelles, *F. Heussner.*] *Didot.* 4 fr.

— Correspondance. — Voy. *Gachard.*

CHARLES IX, roi de France, né en 1550, mort en 1574.

— La Chasse royale, composée par le roi Charles IX, et dédiée au roy tres-chrestien de France et de Nauarre Lovys XIII. Très-utile aux curieux et amateurs de chasse. Nouvelle édition. Petit in-8° avec vignettes. 1857. V° *Bouchard-Huzard.* 7 fr. 50 c.

Édition réimprimée sur celle publiée en 1625.

— Le même. Nouvelle édition, précédée d'une introduction par Henri Chevreul. Petit in-8° avec portrait, planche et vignettes. 1858. *Aubry.* 3 fr.

— Le même. In-12. 1857. *Potier.*

Les poésies connues de Charles IX sont insérées dans l'introduction de cette édition.

— Livre du roy Charles. De la chasse du cerf, publié pour la première fois d'après le manuscrit de la bibliothèque de l'Institut, par Henri Chevreul. In-8° avec le portrait de Charles IX, vignettes et fleurons, style du XVI° siècle. 1859. *Aubry.* 6 fr.

CHARLES XIV JEAN (Jean Baptiste Jules BERNADOTTE), roi de Suède et de Norwége, né à Pau en 1764, mort en 1844.

— Recueil de lettres, proclamations et discours de Charles XIV Jean, roi de Suède et de Norwége. 2° édition, revue, considérablement augmentée, et précédée d'une notice biographique. 2 vol. in-8°. 1858. Stockholm, *A. Bonnier.* 15 fr.

CHARLES XV, roi de Suède, fils de Oscar I° et petit-fils du précédent, né en 1826, succéda à son père en 1859.

— Légendes et poèmes scandinaves; par le prince royal de Suède, aujourd'hui S. M. Charles XV; traduits du suédois par G. B. de Lagrèze. In-12. 1863. *Dentu.* 3 fr. 50 c.

CHARLES, archiduc d'Autriche, feld-maréchal, né en 1771, mort en 1847.

— Principes de la grande guerre, suivis d'exemples tactiques raisonnés de leur application. Traduit de l'allemand par Ed. de la Barre-Duparcq. In-fol. avec 25 cartes coloriées. 1851. *Corréard.* 125 fr.

CHARLES, prénom de M. de Livry, sous lequel il a publié la plupart de ses pièces de théâtre.

CHARLES (Émile).

— Roger Bacon, sa vie, ses ouvrages, ses doctrines, d'après des textes inédits. In-8°. 1861. *Hachette et C°.* 5 fr.

Thèse présentée à la Faculté des lettres à Paris.

— De Vitæ natura. Thèse. In-8°. 1862. *A. Durand.* 1 fr. 50 c.

CHARLES (Joseph Numa), professeur au lycée Bonaparte, né à Nimes en 1821, a traduit de l'al-

lemand : les « Entretiens de Gœthe avec Eckermann ». — Voy. **Gœthe.**

CHARLES (Victor).

— La Béguine de Bruges. In-32. 1865. *Ach. Faure.* 1 fr.

— La Révolution de février; poème. In-8°. 1849. *Pagnerre.* 1 fr.

CHARLES-ANDRÉ. — Voy. **André** (Charles).

CHARLES-EMMANUEL. — Voy. **Emmanuel** (Charles).

CHARLES-VICTOR, pseudonyme de M. Charles Victor **Charpillet.**

CHARLESWORTH (Mme Maria Louisa).

— Lettres à un enfant; par l'auteur du « Ministère de l'enfance ». Traduit librement de l'anglais. In-18. 1861. Toulouse, *Société des livres religieux.* 60 c.

— Le Ministère de l'enfance, ou les Jeunes messagers de miséricorde. Traduit de l'anglais. In-12. 1857. *Ibid.* 2 fr.

Anonyme.

CHARLEUF (Gilbert), archéologue, né au château de Tard (Nièvre) en 1812.

— Aquis-Nisinaei. Étude archéologique sur les sources thermales de Saint-Honore. In-8°. 1865. *Rollin et Feuardent.* 1 fr. 50 c.

— Quelques mots sur Alise Sainte-Reine, avec 2 pl. de médailles gauloises, etc. In-8°. 1863. [Autun, *Dejussieu.*] *Ibid.* 1 fr. 75 c.

— Saint-Honoré-les-Bains. — Voy. *Collin et Charleuf.*

CHARLEVAL (VIEN DE MONT-ORIENT-). — Voy. **Vien.**

CHARLIER (A.).

— Poésies et fables à l'usage de la jeunesse, rassemblées par A. Charlier. Illustrations de Kirchhof. In-8°. 1846. Leipzig, *Kretzschmar.* 4 fr.

CHARLIER (l'abbé J.).

— Choix d'évangiles, suivis de réflexions. In-18. 1855. *Fouraul.* 1 fr. 10 c.

CHARLIER (Pierre), médecin vétérinaire.

— De la Castration des vaches, avantages de cette opération sous le rapport de l'économie agricole et de la consommation, etc. Mémoire destiné aux cultivateurs et à tous les propriétaires de vaches. In-8°. 1856. *Goin.* 2 fr.

— Études pratiques, recherches et discussions sur la castration des vaches. In-8° de 8 f. 1855. *Imprimerie de Penaud.*

— De l'Hydroémie anhémique, ou cachexie aqueuse du cheval, et de la congestion sanguine apoplectique du mouton. In-8°. 1845. Reims, *imprimerie d'Assy.*

— Des Indigestions gazeuses du cheval et de l'efficacité de la ponction du cœcum comme moyen curatif. In-8°. 1859. *Louvier.* 50 c.

CHARLIER DE GERSON (Jean). — Voy. **Gerson.**

CHARLIER DE STEIMBACH (S.).

— La Moscovie et l'Europe. Étude historique, ethnographique et statistique. In-8° avec carte. *Dentu.* 1863. 1 fr. 25 c.

CHARLIEU (Hector de), littérateur.

— Dans les blés; idylle. In-16. 1857. *Charlieu.* 1 fr.

— La Paysanne des Abruzzes; drame. — Voy. *Avenel et Charlieu.*

Voy. aussi *Montépin et Charlieu.*

CHARLOT.

— Abrégé de la vie de Napoléon, depuis sa jeunesse jusqu'à sa mort. In-18 avec 8 lithographies. 1841. *Desessert.* 3 fr.

CHARLOT (l'abbé), chanoine honoraire.

— Divinité de la doctrine évangélique. In-8°, 122 p. 1864. Bordeaux, *imprimerie Vᵉ J. Dupuy et Cⁱᵉ.*

CHARLOT (G.), ancien lauréat de la Société centrale d'agriculture de Paris.

— Études sur la Touraine. — Voy. *Chevalier et Charlot.*

— Excursions archéologiques sur les bords du Cher. — Voy. *Pean et Charlot.*

*Charlotte de Corday et Doulcet de Pontécoulant; par un collectionneur normand. In-8°. 1860. [Caen, *Le Gost-Clérisse.*] *Charavay.* 1 fr. 25 c.

*Charlotte de Valois et Jacques de Brézé, comte de Maulévrier; chronique du xvᵉ siècle, mise en lumière par un ancien gentilhomme ordinaire de la chambre du roi. In-8°. 1844. *Coquebert.* 6 fr.

CHARLOTTE - ÉLISABETH, duchesse d'Orléans (la princesse palatine). — Voy. **Orléans.**

CHARLOTTE - ÉLISABETH.

— Le Lion de Juda. Traduit librement de l'anglais. In-18. 1852. Toulouse, *Société des livres religieux.*

CHARMA (Antoine), professeur de philosophie et doyen de la Faculté des lettres de Caen, secrétaire de la Société des antiquaires de Normandie; né à la Charité-sur-Loire en 1801.

— Compte rendu de quelques leçons d'histoire de la philosophie, par M. A. Charma. Rédigé par Joachim Ménant. In-8°. 1841. Caen, *Hardel.* 1 fr. 50 c.

— Condorcet, sa vie et ses œuvres. In-8°. 1863. *Ibid.* 2 fr.

Extrait des « Mémoires de l'Académie des sciences de Caen ».

— Essai sur la philosophie orientale. Leçons professées à la Faculté des lettres de Caen pendant l'année scolaire 1840-1841; par M. A. Charma. Publiées par Joachim Ménant. In-8°. 1842. *Hachette.* 7 fr. 50 c.

— Guillaume de Conches. Notice biographique, littéraire et philosophique. In-8° avec pl. 1857. [Caen.] *Hachette et Cⁱᵉ.* 2 fr.

— Leçons de logique (année scolaire 1838-1839). In-8°. 1840. *Hachette.* 7 fr. 50 c.

— Nouveau manuel du baccalauréat ès lettres. Nouvelle édition. In-12. 1846. *Ibid.* 7 fr. 50 c.

Avec MM. Lesieur, Val. Parisot, Ch. Barberet, Cortambert et Saigey.

— Notice sur un manuscrit de la bibliothèque de Falaise. In-8° avec un fac-simile. 1851. *Didron.* 1 fr. 50 c.

— Le Père André et Charles de Queus. Notices biographiques. In-8°. 1857. [Caen.] *Hachette et Cⁱᵉ.* 1 fr. 50 c.

— Le Père André, jésuite; documents inédits pour servir à l'histoire philosophique, religieuse et littéraire du xviiiᵉ siècle, contenant la correspondance de ce père avec Malebranche, Fontenelle, et quelques personnages importants de la Société de Jésus, publiés pour la première fois. 2 vol. in-8°. 1845-1857. Caen, *Lesaulnier.* 10 fr.

Avec M. G. Mancel.

— Résumé du cours d'esthétique professé à la Faculté des lettres de Caen pendant l'année scolaire 1857-1858 (semestre d'hiver). In-8°. 1858. *Hachette et Cⁱᵉ.* 1 fr.

— Saint Anselme. Notice biographique, littéraire et philosophique. In-8°. 1854. Caen, *Hardel.* 3 fr.

Extrait des « Mémoires de la Société des antiquaires de Normandie ».

— Du Sommeil. In-8°. 1851. *Ibid.* 1 fr. 50 c.

— Sur un Billet d'indulgences délivré, au xiiiᵉ siècle, par l'abbaye d'Ardennes, à ses bienfaiteurs. In-8° avec fac-simile. 1851. *Ibid.* 1 fr. 50 c.

— Sur les Fouilles pratiquées à Jort pendant les années 1852, 1853. Rapport. In-8° avec 2 pl. 1854. *Ibid.* 2 fr.

CHARMASSE (Charles Anatole Desplaces de), né à Avallon en 1835.

— Cartulaire de l'église d'Autun. 1ʳᵉ et 2ᵉ parties. Publié par A. de Charmasse. In-4°. 1865. [Autun, *Dejussieu.*] *Durand.* 14 fr.

Publication de la Société éduenne.

— Notice sur les anciens hôpitaux d'Autun. In-8°. 1861. *Ibid.* 2 fr.

— Notice sur la correspondance littéraire de Bénigne Germain avec l'abbé Lebeuf. In-8°. 1864. *Ibid.* 2 fr.

CHARMASSON DE PUYLAVAL (A.), inspecteur adjoint des eaux de Saint-Sauveur.

— Eaux de Saint-Sauveur, leurs spécialités. Maladies des femmes. Maladies nerveuses. In-8°. 1860. *J. B. Baillière.* 3 fr.

CHARMEUX (Rose), horticulteur.

— Culture du chasselas à Thomery. In-12. 1862. *V. Masson.* 2 fr.

CHARMOT (César), mort en 1865.

— Fantaisies savoisiennes. In-8°. 1861. Genève, *Cherbuliez.* 2 fr. 50 c.

CHARNACÉ (le comte Guy de), né à Château-Gontier en 1825.

— Études sur les animaux domestiques. Amélioration des races. Consanguinité. Haras. In-12. 1864. *Masson et fils.* 3 fr. 50 c.

— Études d'économie rurale. In-12. 1863. *Lévy frères.* 3 fr.

CHARNAGE (de), mort en....

— La Recherche du vrai bien. In-8°. 1849. *Dentu.* 3 fr.

— Le même. 7ᵉ édition, revue et augmentée. 1864. *Schlesinger frères.* 2 fr. 50 c.

Cette dernière édition ne porte pas le nom de l'auteur sur le titre, mais il est mentionné dans la préface.

CHARNAL (G. de), littérateur.

— A bas les hommes! par une femme éclaboussée. In-32. 1860. *Marpon.* 50 c.

Anonyme.

— A bas Rigolboche! sans portrait ni vignette. 1-32. 1860. *Dentu.* 1 fr.

Avec E. Moreau de Beauvière.

— Puisque des rois épousaient des bergères. — oy. *Auger de Beaulieu et Charnal.*

— Les Typographes parisiens; drame en cinq ctes, mêlé de chants. (Musique nouvelle de . Orey). In-4°. 1859. *Barbré.* 20 c.

Avec Auger de Beaulieu.

CHARNAY (Armand).

— Le Dessin au fusain, ses procédés. In-8°. 865. *Cadart et Luquet.* 1 fr. 50 c.

CHARNAY (Désiré).

— Cités et ruines américaines. — Voy. *Viollet--Duc et Charnay.*

— Le Mexique, souvenirs et impressions de oyage. In-12. 1863. *Dentu.* 3 fr. 50 c.

CHARNER (Victor), sous-préfet de l'arrondisse-ment de Ploermel depuis 1862, né à Lorient en 836.

— Du Suffrage et du droit électoral (législation jurisprudence). Étude théorique et pratique en atière d'élection. In-8°. 1865. *P. Dupont.* 6 fr.

Avec Émile Feitu.

CHARNOIS (P.), géomètre-arpenteur.

— Traité complet et élémentaire de métrologie ncienne et moderne. In-12 avec 2 pl. 1852. hâlon-sur-Saône, *Dejussieu.* 3 fr.

CHAROLAIS.

— L'Indépendance d'Haïti et la France. In-8°. 861. *Dentu.* 1 fr.

CHAROLAIS (Louis de).

— Le Capitaine de la Belle-Poule. In-12. 1862. *entu.* 3 fr.

— Crimes inconnus; satires. In-8°. 1845. *La-ur.* 5 fr.

CHAROLAIS (Mme CERNEAU DE). — Voy. **Cer-eau de Charolais.**

CHARON.

— Une Promenade philosophique et sentimen-le au sentier Bournet, dans la forêt de Fontaine-eau. In-12. 1849. Fontainebleau, *Brochot.* 1 fr.

CHARON (Louis Pierre), paysan vendéen.

— Le Paysan écrivain; comédie en cinq actes. -8°. 1844. Fontenay-le-Comte, *Gaudin fils.*

— Les Précieuses de campagne et les musca-as de village; comédie en cinq actes, dédiée x campagnards. In-8°. 1863. Fontenay-le-Comte. buchon. 1 fr. 25 c.

— Précis historique de la prétendue église fran-ise dans les communes de Pouillé et Petosse endée). In-18. 1843. Fontenay-le-Comte, *Nai-re.*

CHARONVILLE (Ch.).

— Manuel-Barème du capitaliste, ou Comptes ts de l'escompte, tarif des intérêts à tous les ux, pour toutes les sommes et pour tous les rs de l'année. In-18. 1864. *Passard.* 1 fr. 50 c.

Avec L. Dupré.

CHARPENNE (P.).

— Histoire de la réforme et des réformateurs de Genève, suivie de la lettre du cardinal Sadolet aux Genevois pour les ramener à la religion catholi-que, et de la réponse de Calvin. In-8°. 1861. *Amyot.* 8 fr.

M. Charpenne a traduit « l'Attaque et la défense de la philo-sophie », du cardinal Sadolet.

CHARPENTIER (l'abbé).

— La Semaine du chrétien, sanctifiée par la prière et la méditation. In-18. 1849. Arras, *Dutil-leux.* 1 fr. 50 c.

— Le même. 2e édition. In-18. 1860. *Pulois-Cretté.* 1 fr. 50 c.

Publiée par la Société de Saint-Victor.

L'abbé Charpentier a traduit les Œuvres de saint Bernard.

CHARPENTIER (A.).

— Barèmes et méthodes abréviatives, simpli-fiant les calculs d'intérêt, d'escompte et de rentes. In-12. 1862. Montpellier, *Seguin.* 1 fr. 25 c.

CHARPENTIER (le docteur Arthur Louis Al-phonse), médecin à Paris, né à Paris en 1836.

— Des Accidents fébriles qui surviennent chez les nouvelles accouchées. In-8°. 1864. *Baillière et fils.* 1 fr. 50 c.

CHARPENTIER (A.), officier d'infanterie.

— Études sur l'armée française. 2 vol. in-8°. 1861. *Corréard.* 10 fr.

— Notice militaire et historique sur l'ancienne ville de Lambose (province de Constantine), par A. C., officier d'infanterie. In-8° avec 13 pl. 1860. *Ibid.* 6 fr.

Anonyme.

CHARPENTIER (le docteur D.).

— Notice sur les eaux et les boues thermo-mi-nérales sulfureuses de Saint-Amand. In-8°. 1861. *J. Masson.* 1 fr.

— Observations de maladies des articulations, suites de goutte, de rhumatisme et de violences extérieures, traitées par les boues thermo-miné-rales sulfureuses de Saint-Amand. In-8°. 1860. *Ibid.* 1 fr.

— Observations de maladies de la moelle épi-nière traitées par les boues thermo-minérales sul-fureuses de Saint-Amand. In-8°. 1857. *Ibid.* 1 fr.

— Observations de paralysies traitées par les boues thermo-minérales sulfureuses de Saint-Amand. In-8°. 1862. *Ibid.* 1 fr. 25 c.

— Traité des eaux et des boues thermo-miné-rales de Saint-Amand (Nord). In-8°. 1852. *J. B. Baillière.* 1 fr. 50 c.

CHARPENTIER (F. E. A.), ancien officier supé-rieur.

— Essai sur le matériel de l'artillerie de nos na-vires de guerre. In-8°. 1845. *Bachelier.* 6 fr.

— Fables. In-8°. 1860. *Poulet-Malassis.* 3 fr. 50 c.

— De la Pesanteur terrestre. In-8°. 1859. *Ibid.* 3 fr. 50 c.

CHARPENTIER (Gervais), libraire-éditeur à Paris, né en 1805. Il s'est surtout fait connaître par l'introduction en France du format in-12, ou in-18 jésus, appelé format anglais ou « format Charpentier ».

— Du Monopole de MM. L. Hachette et Cie pour la vente des livres dans les gares des chemins de fer. Gr. in-8°. 1861. *Charpentier.* 30 c.

— De la prétendue propriété littéraire et artistique. In-8°. 1862. *Ibid.* 50 c.

Cette dernière brochure est extraite de la « Revue nationale » dont M. Charpentier est le fondateur-propriétaire et directeur.

CHARPENTIER (Hector Auguste), poëte.

— Feuilles volantes; poésies. In-8°, 64 p. 1844. Melle, *imprimerie Morean.*

— Pensées et souvenirs; poésies fugitives. In-8°, 112 p. 1844. *Ibid.*

CHARPENTIER (Jean de), professeur, directeur des mines du canton de Vaud.

— Essai sur les glaciers et sur le terrain erratique du bassin du Rhône. Avec des vignettes, planches et une carte du terrain erratique du bassin du Rhône. In-8°. 1841. Lausanne, *Delafontaine.* 15 fr.

CHARPENTIER (J. Chrys.).

— Traité de menuiserie, à l'usage des carrossiers. In-8° avec pl. 1856. *Vannier.* 30 fr.

CHARPENTIER (J. P.), de Saint-Priest, inspecteur honoraire de l'Académie de Paris, agrégé de la Faculté des lettres.

— Les Écrivains latins de l'empire. In-12. 1858. *Hachette et Cie.* 3 fr. 50 c.

— Etude sur la Pharsale de Lucain. — Voy. *Lucain.*

— Études sur les Pères de l'Église. 2 vol. in-8°. 1853. *V° Maire-Nyon.* 12 fr.

— Histoire de la renaissance des lettres en Europe, au xv° siècle. 2 vol. in-8°. 1843. *Ibid.* 12 fr.

M. Charpentier a publié, avec M. Félix Lemaistre, une nouvelle édition de la traduction des « OEuvres » de *Sénèque*; il a revu la traduction de Frémion des « OEuvres complètes » de *Valerius Maximus.* — Voy. ces noms.

CHARPENTIER (L.), instituteur.

— Précis de grammaire française, à l'usage des écoles communales, etc. 5° édition, revue et augmentée d'après le Dictionnaire de l'Académie. In-12. 1857. *Hachette et Cie.*

CHARPENTIER DU BAYET (Ch.).

— Documents sur l'Algérie. In-8°, 40 p. 1848. Genève, *imprimerie Vaney.*

CHARPIGNON (le docteur Jules), médecin des prisons d'Orléans, né à Orléans en 1815.

— Conseils d'hygiène aux ouvriers des villes et aux habitants des campagnes. In-12. 1856. Troyes, *Anner-André.* 1 fr.

— Considérations sur les maladies de la moelle épinière. In-8°. 1860. *G. Baillière.* 1 fr.

— Coup d'œil appréciateur sur certaines doctrines médicales. Système classique, homœopathique, magnétisme, etc. In-8°, 48 p. 1849. [Orléans.] *G. Baillière.*

— Études sur la médecine animique. Influence du moral dans le traitement des maladies nerveuses. In-8°. 1864. *G. Baillière.* 4 fr.

— Physiologie, médecine et métaphysique du magnétisme. In-8°. 1841. [Orléans, *Pesty.*] *Ibid.* 6 fr.

— Le même. Nouvelle édition. In-8°. *G. Baillière.* 6 fr.

— Rapports du magnétisme avec la jurisprudence et la médecine légale. In-8°. 1860. *Ibid.* 1 fr.

CHARPILLET (Charles Victor), avocat, né à Tours en 1820.

— Conflit du catholicisme et de la civilisation moderne. In-8°. 1864. *Dentu.* 5 fr.

— Les Deux joues; sonnets. In-12. 1852. *Amyot.* 3 fr.

Publié sous le pseudonyme Charles Victor.

— Lettres socialistes. 2 parties in-8°. 1850-1851 [Blois.] *Garnier frères.* 3 fr.

1re lettre : Pourquoi le socialisme? (Mai 1850.) 1 fr. 50 c
2° lettre : la Formule. 1 fr. 50 c.
La première lettre est anonyme, elle ne porte que les initiales C. C., propriétaire.

CHARPIN (H. de).

— Recueil de documents pour servir à l'histoire de l'ancien gouvernement de Lyon. — Voy. *More de Voleine et Charpin.*

CHARPIOT (Hugou-). — Voy. **Hugou-Charpiot.**

CHARRAS (Jean Baptiste Adolphe), lieutenant colonel français, ancien représentant du peuple né à Clermont-Ferrand, en 1808, mort à Bâle en 1865.

— Histoire de la campagne de 1815. Waterloo. 4° édition, revue et augmentée de notes en réponse aux assertions de M. Thiers dans son récit de cette campagne. Gr. in-8° avec atlas de 5 pl. 1864. Bruxelles, *Lacroix, Verboeckhoven et Cie.* 10 fr.

La 1re édition est de 1857.

CHARRASSIN (Frédéric).

— Dictionnaire des racines et dérivés de la langue française, dans lequel on trouve tous les mots distribués par familles, d'après la similitude de consonnance et de signification, et chaque famille rangée dans l'ordre abécédaire de la racine dont elle dépend, pour la facilité de l'étude et de l'enseignement. In-8°. 1842. *Heois.*

Avec Ferdinand François.

CHARREL, capitaine de sapeurs-pompiers Voreppe.

— Théorie des manœuvres, à l'usage des compagnies des sapeurs-pompiers. In-12 avec 2 pl. 1845. (Lyon.) *Paul Dupont.* 1 fr. 50 c.

CHARREL (J.).

— Acétrophie, ou Gattine des vers à soie; nouveaux et importants détails sur cette maladie. In-8°. 1857. [Grenoble, *Rey-Giraud.*] *Goin.* 2 fr.

— Traité des magnaneries. In-18 avec 14 pl. 1848. Valence, *Marc-Aurel.* 5 fr.

— Traité sur la culture du mûrier. In-8°, 264 p. 1840. Grenoble, *Ferary.*

CHARRIER (le docteur Amédée).

— De la Fièvre puerpérale; épidémie observée en 1854, à la Maternité de Paris. In-4°. 1856. *Lab.* 2 fr. 50 c.

CHARRIER-BOBLET (Mme Édouard), institutrice, née à Paris, en 1797.

— Chronologie des rois de France, indiquant date d'avénement de nos rois et celle de leur mort avec un aperçu de leurs règnes; préparation complément à l'Étude de l'histoire de France In-8°. 1864. *V° Maire-Nyon.* 50 c.

Avec Mlle Boblet.

— Éléments de grammaire pratique pour le

enfants de 7 à 9 ans, avec des modèles d'analyse et des questionnaires. In-12. 1851. *Dezobry*. 75 c.

— L'Orthographe enseignée par la pratique aux enfants de 7 à 9 ans. In-12. 1858. *Ibid*. 1 fr. 50 c.

— L'Orthographe du participe enseignée par la pratique et au moyen de deux règles seulement aux enfants de 9 à 12 ans. Corrigé, ou Partie du maître. In-12. 1853. *Ve Maire-Nyon*. 1 fr. 50 c.

— Le même. Partie de l'élève. In-12. 1853. *Ibid*. 1 fr. 50 c.

— La Ponctuation enseignée par la pratique. Recueil de 150 dictées extraites des chefs-d'œuvre de notre littérature, méthodiquement classées et ponctuées régulièrement. In-12. 1855. *Ibid*. 1 fr. 50 c.

— Principes logiques de ponctuation, suivis de nombreux exemples et de leurs développements. In-12. 1855. *Ibid*. 60 c.

CHARRIÈRE (Ernest), littérateur, né à Grenoble, en 1805.

— Négociations de la France dans le Levant, ou Correspondances, mémoires et actes diplomatiques des ambassadeurs de France à Constantinople et des ambassadeurs, envoyés ou résidents à divers titres, à Venise, Raguse, Rome, Malte et Jérusalem; en Turquie, Perse, Géorgie, Crimée, Syrie, Égypte, etc., et dans les États de Tunis, d'Alger et de Maroc. Publiés pour la première fois par E. Charrière. 4 vol. in-4°. 1848-1860. *Didot frères*. 48 fr.

Fait partie de la « Collection de documents inédits sur l'histoire de France ».

— La Politique de l'histoire. In-8°. 1841-1842. *Gosselin*. 15 fr.

— La Stratégie de la paix, auxiliaire de la guerre. In-12, 72 p. 1854. *Imprimerie Lahure*.

M. E. Charrière a publié « Chronique de Bertrand Duguesclin », de *Cuvelier*; et traduit du russe : « les Âmes mortes de N. Gogol, et les « Mémoires d'un seigneur russe », de Ivan *Tourguenef*.

CHARRIÈRE (L. de).

— Les Fiefs nobles de la baronnie de Cossonay. Étude féodale. Livraison 1re. In-8°. 1858. Lausanne, *Bridel*. 9 fr.

Fait partie de la collection : « Mémoires et documents publiés par la Société d'histoire de la Suisse romande ».

CHARRIÈRES (Mme SAINT-HYACINTHE de), romancière française, née en Hollande, en 1740, morte près de Neuchâtel, en 1805.

— Caliste, ou Lettres écrites de Lausanne; roman. Nouvelle édition, avec une notice par M. Sainte-Beuve. In-18. 1845. *Labitte*. 3 fr. 50 c.

La 1re édition est de 1788.

CHARRIEZ, chanoine honoraire de Bordeaux, à Castillon (Dordogne).

— Chemin de la croix d'après l'Évangile, ou Méditations sur la Passion de Jésus-Christ, appliquées aux quatorze stations du Chemin de la Croix. In-18. 1865. Lyon, *Périsse frères*. 60 c.

CHARRIN (Louis Jean Ghislain), officier belge, inventeur d'armes à feu, né à Bruxelles en 1816.

— Aperçu sur les armes rayées. In-8°. 1851. Bruxelles, *imprimerie Bienez*. 2 fr.

— Les Armes à feu portatives se chargeant par la culasse. In-8°. 1865. [Bruxelles, *Muquardt*.] *Tanera*. 1 fr.

— Les Carabines de guerre, les fusils transformés et leurs balles, avec des notions précises sur tous les projectiles d'armes à feu portatives depuis cinq cents ans. In-12 avec figures. 1861. *Ibid*. 2 fr. 50 c.

— Considérations sur une balle allégée pour l'infanterie. In-8°. 1858. Namur, *imprimerie Douxfils*. 1 fr.

— Description d'un système de rayures à fond oblique, inventé par l'auteur. In-8°. 1857. *Ibid*. 75 c.

— Description d'un boulet se forçant par refoulement, de l'invention de l'auteur. In-8°. 1859. Namur, *imprimerie Lambert*. 1 fr. 25 c.

— Mémoire descriptif sur un nouveau canon se chargeant par la culasse. In-8°. 1860. *Ibid*. 1 fr.

— Notice concernant son boulet expansif. In-8°. 1856. Namur, *imprimerie Douxfils*. 1 fr.

— Notice sur un boulet à chemise en plomb. In-8°. 1856. *Ibid*. 1 fr. 25 c.

— Le Puits de Bouvignes; découverte d'armes anciennes du siége de 1554. In-8°. 1858. *Ibid*. 1 fr.

CHARRIN (Pierre Joseph), littérateur, né à Lyon, en 1784.

— Œuvres poétiques. Chansons, romances et poésies. 2 vol. in-18. 1850. *Allouard et Kœppelin*. 7 fr.

— Testament littéraire. Œuvres de P. J. Charrin. Chansons. Fables. Théâtre. 2 vol. in-12. 1863. *Imprimerie Appert*.

CHARRONNET (Charles), archiviste de la préfecture des Hautes-Alpes, né à Châteauroux (Indre) en 1829, mort à Gap en 1863.

— Les Guerres de religion et la société protestante dans les Hautes-Alpes (1560 - 1789). In-8°. 1861. *Grassart*. 7 fr.

CHARROY (F. E. LELOUP DE). — Voy. **Leloup de Charroy**.

CHARRUE (Matthieu).

— Lettres d'un vieux paysan à ses laboureurs ses frères. Publiées par A. Devoille. In-12. 1852. Besançon, *Jacquin*. 1 fr. 50 c.

— Le Paysan soldat; épisode de la révolution et du consulat. Publié par A. Devoille. In-12. 1853. Besançon, *Cornu*. 2 fr.

CHARRY DE LURCY (le comte de).

— Marie, ou la Jeune orpheline. In-8°. 1862. *Bacquet*. 75 c.

CHARTIER (A. J. B.), de Châtellerault.

— Gerbe poétique. In-18, 108 p. 1854. Châtellerault, *Varigault*.

CHARTIER (Jean), chroniqueur français, natif de Bayeux, mort vers 1462.

— Chronique de Charles VII, roi de France, par Jean Chartier. Nouvelle édition, revue sur les manuscrits, suivie de divers fragments inédits. Publiée avec notes, notices et éclaircissements par Vallet de Viriville. 3 vol. in-16. 1858-1859. *Jannet*. 15 fr.

Collection de la Bibliothèque elzévirienne.

CHARTIER (Mme Urbain).

— Loisirs d'une mère. (Poésies.) In-12. 1845. *Ledoyen*. 2 fr. 50 c.

32

CHARTIER DE SÉDOUY (Le). — Voy. **Le Chartier de Sédouy.**

CHARTON (Charles), ancien chef de division à la préfecture des Vosges, né à Épinal en 1800.

— Les Anciennes guerres de Lorraine dans les Vosges. In-18. 1863. Charmes, *Mongel.* 2 fr.

— Le Département des Vosges. — Voy. *Lepage* (Henri) *et Charton.*

— Les Vosges pittoresques et historiques. In-12. 1862. Mirecourt, *Humbert.* 2 fr.

CHARTON (Édouard Thomas), littérateur et historien, ancien représentant du peuple, fondateur du « Magasin pittoresque », né à Sens en 1807.

— Guide pour le choix d'un état, ou Dictionnaire des professions, indiquant les conditions de temps et d'argent pour parvenir à chaque profession, etc.; rédigé par MM. Bourguignod, Cap, Cellier, etc., sous la direction de M. Édouard Charton. In-8º. 1842. Ve *Lenormant.* 7 fr. 50 c.

— Histoires de trois pauvres enfants (un Français, un Anglais, un Allemand) qui sont devenus riches, racontées par eux-mêmes et abrégées par M. Éd. Charton. In-16. 1864. *Hachette et Cie.* 1 fr.

2e édition en 1865.

— Histoire de France. — Voy. *Bordier et Charton.*

— Lectures de famille choisies dans la collection du « Magasin pittoresque ». In-4º. 1865. *Librairie du Magasin pittoresque.* 5 fr.

— Voyageurs anciens et modernes, ou Choix des relations de voyages les plus intéressants et les plus instructifs, depuis le ve siècle avant Jésus-Christ jusqu'au xixe siècle, avec biographies, notes et indications iconographiques. 4 vol. gr. in-8º, avec vignettes. 1854-1857. *Ibid.* 6 fr.

CHARTROULE (P.), ancien professeur à l'école préparatoire de médecine de Paris.

— De l'Emploi direct de l'iode pur dans le traitement de la phthisie pulmonaire. In-8º avec 1 pl. 1851. *Labé.* 3 fr.

— Traité de la phthisie pulmonaire et de son traitement. In-8º. 1857. *Ibid.* 7 fr.

CHARVAT (F.).

— Le Laboureur vengé, ou Discours sur l'agriculture. In-12. 1854. Clermont-Ferrand, *Hubler.* 1 fr.

CHARVAZ (A.), archevêque de Sébaste.

— Le Guide du catéchumène vaudois, ou Cours d'instruction, destiné à faire connaître la vérité de la religion catholique. Ouvrage utile à tous les dissidents. 5 vol. in-12. 1840-1850. *Lecoffre.* 16 fr.

— Œuvres complètes. — Voy. *Migne,* Orateurs sacrés, 2e série, tome 14.

CHARVET (J.).

— Description de monnaies françaises, royales et féodales. Gr. in-8º avec 4 pl. et fig. dans le texte. 1863. *Chez l'auteur, rue de Louvois,* 4. 2 fr.

— Notice sur des monnaies et bijoux antiques. Gr. in-8º. 1863. *Dumoulin.* 2 fr.

— Origines du pouvoir temporel des papes, précisées par la numismatique. Gr. in-8º avec 1 grav. 1865. *Dentu.* 10 fr.

CHARVET (Léon), architecte, né à Lyon en 1832.

— Lettres sur l'architecture au xixe siècle. In-8º. 1865. Annecy, *imprimerie Thésio.* 2 fr.

Publié d'abord dans la « Revue savoisienne ».

— Recherches sur l'abbaye d'Abondance, en Chablais. In-8º avec plan. 1864. Lyon, *imprimerie Perrin.* 5 fr.

CHARVILLHAC, ex-procureur impérial.

— Nouveau manuel des maires et adjoints, selon la loi du 5 mai 1855, par M. Charvillhac. Guide des commissaires de police, Traité pratique et complet des justices de paix, etc., suivi d'un Recueil de lois, décrets, concernant l'administration communale, etc., par M. Guyot. 2 vol. in-8º. 1855. *Renault.* 7 fr.

CHARVIN (A.).

— De la Navigation aérienne par les aérostats. In-8º. 1864. *Rue Rossini,* 20. 1 fr.

CHARVOZ (l'abbé).

— École du cœur. In-12. 1847. Lyon, *Périsse frères.* 2 fr.

— Précis d'antiquités liturgiques, ou le Culte aux premiers siècles de l'Église. In-12. 1841. *Ibid.* 2 fr.

CHASERAY (Alexandre).

— Quelques notes de voyage. In-8º. 1841. Vervins, *Papillon.* 6 fr.

CHASLE DE LA TOUCHE (Théodore Gaston Joseph), historien et littérateur, né à Teil, en 1787, mort à Palais, en 1848.

— Histoire de Belle-Ile-en-Mer. In-8º, 242 p. 1852. Nantes, *imprimerie Forest.*

CHASLES (Émile), professeur de littérature étrangère à la Faculté des lettres de Nancy, né à Paris en 1827.

— La Comédie en France au xvie siècle. In-8º. 1862. *Didier et Cie.* 6 fr.

— Les Épaves, ou l'Histoire d'un poète au xixe siècle. In-8º. 1861. *Dentu.* 1 fr.

Extrait de la « Revue européenne ».

— Michel de Cervantès, sa vie, son temps, son œuvre politique et littéraire. In-8º. 1865. *Didier et Cie.* 7 fr. 50 c.

M. Chasles a publié les Œuvres de Sénecé dans la Bibliothèque elzévirienne. (Voy. *Sénecé.*) — Il a fourni de nombreux articles dans la « Revue contemporaine », la « Revue européenne », la « Revue française » et le « Moniteur ».

CHASLES (Michel), mathématicien, membre de l'Institut, né à Épernon, en 1793.

— Considérations sur une méthode générale de solution de toutes les questions concernant les sections coniques. Différence entre cette méthode et la méthode analytique. In-8º. 1864. *Gauthier-Villars.* 2 fr. 50 c.

— Questions dans lesquelles entrent des conditions multiples. In-4º. 1864. *Ibid.* 1 fr. 50 c.

— Traité de géométrie supérieure. In-8º avec 12 pl. 1852. *Bachelier.* 15 fr.

— Traité des sections coniques, faisant suite au « Traité de géométrie supérieure ». 1re partie. In-8º. 1865. *Gauthier-Villars.* 9 fr.

— Les Trois livres de porismes d'Euclide, rétablis pour la première fois d'après la notice et les lemmes de Pappus, et conformément au sentiment de R. Simson sur la forme des énoncés de ces propositions. In-8°. 1860. *Mallet - Bachelier*. 10 fr.

CHASLES (V. E. Philarète), littérateur, conservateur de la bibliothèque Mazarine, professeur de langues au Collége de France, né à Mainvilliers, en 1798.

— De l'Autorité historique de Flavius Josèphe. (Thèse.) In-8°, 82 p. 1841. *Imprimerie Fournier*.

— Études sur l'Allemagne ancienne et moderne. In-12. 1854. *Amyot*. 3 fr. 50 c.

— Études sur l'Allemagne au xixe siècle. In-12. 1862. *Ibid*. 3 fr. 50 c.

— Études sur l'antiquité, précédées d'un Essai sur les phases de l'histoire littéraire et sur les influences intellectuelles des races. In-12. 1847. *Ibid*. 3 fr. 50 c.

— Études sur l'Espagne et sur les influences de la littérature espagnole en France et en Italie. In-12. 1847. *Ibid*. 3 fr. 50 c.

— Études sur les hommes et les mœurs au xixe siècle. Portraits contemporains, scènes de voyage, souvenirs de jeunesse. In-12. 1850. *Ibid*. 3 fr. 50 c.

— Études sur la littérature et les mœurs de l'Angleterre au xixe siècle. In-12. 1850. *Ibid*. 3 fr. 50 c.

— Études sur la littérature et les mœurs des Anglo-Américains au xixe siècle. In-12. 1851. *Ibid*. 3 fr. 50 c.

— Études sur le xvie siècle en France, précédées d'une histoire de la littérature et de la langue française de 1470 à 1610. In-12. 1848. *Ibid*. 3 fr. 50 c.

— Études sur W. Shakspeare, Marie Stuart et l'Arétin. Le Drame, les mœurs, la religion au xvie siècle. In-12. 1852. *Ibid*. 3 fr. 50 c.

— La Fille du marchand. Fragment de la vie privée. Imité de l'anglais. In-12. 1855. *Eug. Didier*. 1 fr.

— Galileo Galilei, sa vie, son procès et ses contemporains, d'après les documents originaux; avec un portrait gravé d'après l'original d'Ottavio Leoni. In-8°. 1862. *Poulet-Malassis*. 3 fr. 50 c.

— Histoire de France depuis les temps les plus reculés. — Voy. *Roche et Chasles*.

— Histoire humoristique des humoristes. 2 vol. in-12. 1846. *Amyot*. 7 fr.

— Mœurs et voyages, ou Récits du monde nouveau. In-12. 1855. *Eug. Didier*. 3 fr. 50 c.

— Notice sur les Huguenots, opéra en cinq actes, paroles de M. Eugène Scribe, musique de M. Meyerbeer; suivi de l'Histoire de l'Opéra. In-4° avec 2 pl. 1844. *Soulié*. 4 fr.

— Olivier Cromwell, sa vie privée, ses discours publics, sa correspondance particulière; précédés d'un Examen historique des biographes et historiens de Cromwell. In-12. 1847. *Amyot*. 3 fr. 50 c.

— Révolution d'Angleterre. Charles Ier, sa cour, son peuple et son parlement. 1630 à 1660. Histoire anecdotique et pittoresque du mouvement social et de la guerre civile en Angleterre au xviie siècle. In-8°. 1844. *Ve Louis Janet*. 6 fr.

— Scènes des camps et des bivouacs hongrois pendant la campagne de 1848-1849. Extraits des

Mémoires d'un officier autrichien. In-12. 1855. *Eug. Didier*. 3 fr. 50 c.

— Tableau de la littérature au xixe siècle. — Voy. *Laharpe*, Cours de littérature.

— De Teutonicis latinisque linguis. Thèse. In-8°, 80 p. 1841. *Imprimerie Fournier*.

— Le Vieux médecin, pour faire suite aux Souvenirs d'un médecin d'après Samuel Warren, Crabbe, Grattan, etc. In-12. 1859. *Librairie nouvelle*. 1 fr.

— Virginie de Leyva, ou Intérieur d'un couvent de femmes en Italie au commencement du xviie siècle, d'après les documents originaux. In-12 avec portrait. 1861. *Poulet-Malassis*. 2 fr.

— Voyages d'un critique à travers la vie et les livres. Orient. In-8°. 1864. *Didier et Cie*. 7 fr.

M. Philarète Chasles a publié une édition des « Œuvres » de *Molière*, et traduit de l'anglais : « Souvenirs d'un médecin », de Samuël *Warren*.

CHASSAIGNAC (E.), chirurgien de l'hôpital Lariboisière, né à Nantes en 1805.

— De l'Appréciation des appareils orthopédiques; thèse. In-8°. 1841. *G. Baillière*. 3 fr. 50 c.

— Leçons sur l'hypertrophie des amygdales et sur une nouvelle méthode opératoire pour leur ablation. In-8° avec 8 figures dans le texte. 1854. *J. B. Baillière*. 2 fr.

— Leçons sur la trachéotomie. In-8° avec 8 figures dans le texte. 1855. *Ibid*. 2 fr.

— Leçons sur le traitement des tumeurs hémorrhoïdales par la méthode de l'écrasement linéaire. In-8°. 1858. *Ibid*. 2 fr. 50 c.

— Des Membranes muqueuses. In-8° avec 5 pl. 1846. *Germer Baillière*. 3 fr. 50 c.

— Nouvelle méthode pour le traitement des tumeurs hémorrhoïdales. In-8°. 1855. *J. B. Baillière*. 2 fr.

— Des Opérations applicables aux fractures compliquées; thèse. In-4°. 1850. *Ibid*. 3 fr. 50 c.

— Recherches cliniques sur le chloroforme. In-8°. 1853. *Ibid*. 1 fr. 25 c.

— Traité clinique et pratique des opérations chirurgicales. 2 vol. in-8°. 1861-1862. *V. Masson*. 28 fr.

— Traité de l'écrasement linéaire. Nouvelle méthode pour prévenir l'effusion du sang dans les opérations chirurgicales. In-8° avec 40 fig. dans le texte. 1856. *J. B. Baillière*. 7 fr.

— Traité pratique de la suppuration et du drainage chirurgical. 2 vol. gr. in-8°. 1859. *V. Masson*. 18 fr.

— Des Tumeurs enkystées de l'abdomen; thèse. In-8°. 1851. *J. B. Baillière*. 2 fr.

— Des Tumeurs de la voûte du crâne; thèse. In-4°. 1848. *Imprimerie Martinet*.

CHASSAIGNE (J. Dufresse de). — Voy. **Dufresse de Chassaigne.**

CHASSAING (Jacques), voyageur, né aux Petits-Barrots, arrondissement d'Ambert (Puy-de-Dôme) en 1821.

— Mes Chasses au lion. Préface du commandant P. Garnier, dessins de Martinus. In-12. 1865. *Dentu*. 3 fr.

Sur le titre et la couverture on lit comme prénom de l'auteur l'initiale F, mais c'est une faute d'impression, car la dédicace au commandant P. Garnier est signée J. Chassaing, et l'auteur dans son autobiographie se nomme Jacques.

CHASSAN (Joseph Pierre), jurisconsulte, avocat général à Colmar, ancien premier avocat général près la cour de Rouen, membre de l'Académie des sciences, belles-lettres et arts de Rouen, né à Marseille en 1800.

— Essai sur la symbolique du droit, précédé d'une Introduction sur la poésie du droit primitif. In-8°. 1847. *Videcocq.* 8 fr.

— Traité des délits et contraventions de la parole, de l'écriture et de la presse. 3e édition. 3 vol. in-8°. 1846-1850. *Ibid.* 24 fr.

La 1re édition a paru en 3 volumes à Colmar de 1837 à 1839; la 2e en 2 volumes à Rouen en 1846.

CHASSANG (Alexis), maître de conférences à l'École normale supérieure de Paris, né à Bourg-la-Reine, près Paris, en 1827.

— Apollonius de Tyane, sa vie, ses voyages, ses prodiges, par Philostrate, et ses lettres. Ouvrage traduit du grec, avec introduction, notes et éclaircissements, par A. Chassang. In-8°. 1862. *Didier et Cie.* 7 fr.

Le même. Édition in-12. 3 fr. 50 c.

— Dictionnaire grec-français, rédigé sur un plan nouveau, contenant tous les termes employés par les auteurs classiques; présentant un aperçu de la dérivation des mots dans la langue grecque et suivi d'un lexique des noms propres. In-32. 1865. *Garnier frères.* 6 fr.

— Des Essais dramatiques, imités de l'antiquité au xive et au xve siècle. In-8°. 1852. *Durand.* 3 fr. 50 c.

— Histoire du roman et de ses rapports avec l'histoire dans l'antiquité grecque et latine. In-8°. 1862. *Didier.* 7 fr.

Le même. 2e édition. In-12. *Ibid.* 3 fr. 50 c.

— Modèles de composition française empruntés aux écrivains classiques. 2e édition, revue, corrigée et augmentée. In-12. 1863. *Hachette et Cie.* 2 fr.

La 1re édition est de 1852.

— Modèles de composition latine. 2e édition, revue et corrigée. In-12. 1865. *Ibid.* 2 fr.

La 1re édition est de 1853.

— Selectæ narrationes e scriptoribus latinis. Narrations latines extraites des auteurs classiques et publiées avec des notes, des arguments et des modèles d'analyse littéraire, à l'usage des classes de seconde et des aspirants au baccalauréat ès lettres. In-12. 1865. *Hachette et Cie.* 2 fr.

La 1re édition est de 1853.

CHASSANT (Alphonse Antoine Louis), paléographe, ancien correspondant du ministère de l'instruction publique pour les travaux historiques, et ancien bibliothécaire de la ville d'Évreux, né à Paris en 1808.

— Dictionnaire des abréviations latines et françaises usitées dans les inscriptions lapidaires et métalliques, les manuscrits et les chartes du moyen âge. 2e édition, revue, corrigée et augmentée. In-8°. 1862. *Aubry.* 8 fr.

La 1re édition est de 1846.

— Dictionnaire de sigillographie pratique contenant toutes les notions propres à faciliter l'étude et l'interprétation des sceaux du moyen âge. In-12 avec 16 pl. 1860. [Évreux.] *Dumoulin.* 8 fr.

Avec P. J. Delbarre.

— Histoire des évêques d'Évreux; avec des notes et des armoiries. In-12 de 208 p. 1846. *Évreux, Tavernier et Cie.*

Avec G. E. Sauvage.

— Les Nobles et les Vilains du temps passé, ou Recherches critiques sur la noblesse et les usurpations nobiliaires. Petit in-8°. 1857. *Aubry.* 6 fr.

— Nobiliana. Curiosités nobiliaires et héraldiques. Petit in-8° avec vignettes. 1858. *Ibid.* 4 fr.

— Notice historique sur la tour de l'horloge d'Évreux. Nouvelle édition. In-8° de 59 p. 1859. *Évreux, Guignard.*

La 1re édition est de 1844.

— Paléographie des chartes et des manuscrits des xie-xviie siècles. 5e édition, augmentée d'une instruction sur les sceaux et leurs légendes et de règles de critique propres à déterminer l'âge des chartes et des manuscrits non datés. Petit in-8°, avec 10 pl. in-4°. 1862. *Aubry.* 8 fr.

La 1re édition a été publiée en 1835 sous le titre : « Essai sur la paléographie française ».

— Petit vocabulaire latin-français du xiiie siècle, extrait d'un manuscrit de la bibliothèque d'Évreux. In-12. 1857. *Ibid.* 2 fr. 50 c.

M. Chassant a publié de nombreuses notices dans les « Mémoires de la Société d'agriculture, sciences, arts et belles-lettres de l'Eure », dans le « Courrier de l'Eure », le « Journal de Rouen », etc.

CHASSARANT (Jacques Thomas).

— Opinions nouvelles en matière de physique et d'astronomie, ou l'Optique à l'usage des astronomes. Ouvrage utile aux artistes lunetiers. In-8° de 11 f. 1847. *Vaton.*

CHASSAT (A. Mailher de). — Voy. **Mailher de Chassat.**

CHASSAY (l'abbé Frédéric Édouard), chanoine honoraire de Bayeux, professeur d'Écriture sainte à la Sorbonne.

— Le Christ et l'Évangile. Histoire critique des systèmes rationalistes contemporains sur les origines de la révélation chrétienne. 1re partie. La France. In-12. 1847. *Lecoffre et Cie.* 3 fr. 50 c.

— Le même. 2e partie. L'Allemagne. In-12. *Ibid.* 3 fr. 50 c.

— Conclusion des démonstrations évangéliques. — Le Protestantisme. — Le Rationalisme. — Le Socialisme. Gr. in-4°. 1853. *Migne.* 7 fr.

— Défense du christianisme historique. 2e édition, augmentée du « Christ et l'Évangile ». 3 vol. in-12. 1851. *Ve Poussielgue.* 10 fr. 50 c.

— Les Devoirs des femmes dans la famille. In-12. 1852. *Ibid.* 2 fr. 50 c.

— Les Difficultés de la vie de famille. In-18. 1853. *Ibid.* 2 fr. 50 c.

— Le Docteur Strauss et ses adversaires en Allemagne. Histoire critique du système mythique. Catalogue raisonné des apologistes chrétiens, depuis la Renaissance jusqu'à la Restauration. — Le Protestantisme. — Le Rationalisme. — Le Socialisme. — Dissertations complémentaires. — Voy. *Migne,* Démonstrations évangéliques, tome 18.

— Épreuves du mariage. In-12. 1853. *Ve Poussielgue-Rusand.* 2 fr. 50 c.

— La Femme chrétienne dans ses rapports avec le monde. In-12. 1850. *Ibid.* 3 fr.

— Le même. Nouvelle édition. In-12. 1863. *Ibid.* 2 fr. 50 c.

— Histoire de la Rédemption. In-12. 1850. *Ibid.* 2 fr. 50 c.

— Histoire du xixe siècle, suivie de la Chute primitive, prouvée par les traditions, et du docteur Strauss jugé par ses pairs. In-8º. 1853. *Migne.* 8 fr.

Ce volume forme l'introduction aux « Démonstrations évangéliques ». — Voy. *Migne.*

— Jésus, lumière du monde. Histoire de la prédication de N. S. 2 vol. in-8º. 1855. *Vivès.* 11 fr.

— Jésus, sauveur du monde. Histoire de la passion de N. S. 2 vol. in-8º. 1854. *Ibid.* 11 fr.

— Jésus, vainqueur de la mort. Histoire de la résurrection de N. S. In-8º. 1854. *Ibid.* 6 fr.

— Manuel d'une femme chrétienne. In-12. 1849. *Ve Poussielgue-Rusand.* 2 fr. 50 c.

— Le même. Nouvelle édition. In-12. 1854. *Ibid.* 2 fr. 50 c.

— Le Mysticisme catholique. Réponse aux objections de MM. Pauthier, Pierre Leroux, Guizot, Jouffroy, Michelet, Cousin et Barthélemy Saint-Hilaire. In-8º. 1850. *Périsse.* 6 fr.

— La Pureté du cœur. In-12. 1850. *Lecoffre.* 2 fr. 50 c.

*Chasse (la) aux papillons, description des principales espèces de papillons d'Europe, suivie d'une instruction sur la manière de les prendre et de les conserver. Gr. in-8º avec 11 pl. 1861. *Bédelet.* Noir, 3 fr.; colorié, 5 fr.

CHASSÉRIAU (Frédéric Victor Charles), conseiller d'État, historiographe de la marine, né en 1803.

— Étude sur l'avant-projet d'une cité Napoléon-Ville à établir sur la place de Mustapha à Alger. In-4º avec plan. 1858. Alger, *Dubos frères.* 1 fr.

— De la Marine. In-8º, 32 p. 1848. *Dupont.*

— Précis de l'abolition de l'esclavage dans les colonies anglaises. 2 vol. in-8º. 1841. *Imprimerie royale.*

Anonyme. — Imprimé par ordre de M. l'amiral baron Duperré, ministre de la marine.

— Précis historique de la marine française, son organisation et ses lois. 2 vol. in-8º. 1845. *Ibid.*

— Vie de l'amiral Duperré, ancien ministre de la marine et des colonies. In-8º, 544 p. 1848. *Imprimerie nationale.*

CHASSERIAU (Marcel), littérateur.

— Élie. 2 vol. in-8º. 1856. *Cadot.* 15 fr.

— Le même. In-12. *Ibid.* 3 fr. 50 c.

CHASSERIE (HARDY-). — Voy. Hardy-Chasserie.

CHASSEROT.

— Ruines du château de Rosenthal. 2 vol. in-8º. 1843. *Dolin.* 15 fr.

*Chasses et pêches anglaises. Variétés de pêches et de chasses. In-8º avec 6 vignettes. 1851. *Imprimerie Guiraudet.*

*Chasses et voyages, par Jules de C..... In-12. 1863. *Hachette et Cie.* 3 fr. 50 c.

*Chasseurs de chamois (les), suivis de la sorcière de Karrenberg. Traduit de l'allemand par Gérard. In-12 avec gravure et frontispice. 1842. *Langlumé et Peltier.* 2 fr.

CHASSIN (Charles Louis), littérateur, né à Nantes en 1831.

— Edgar Quinet. Sa vie et son œuvre. L'Homme, sa vie, son influence, la philosophie de l'histoire, les nationalités, les religions, les poëmes. In-8º. 1859. *Pagnerre.* 6 fr.

— Le même. In-12. *Ibid.* 3 fr. 50 c.

— Le Génie de la révolution. Tome 1. Les Élections de 1789, d'après les brochures, les cahiers et les procès-verbaux manuscrits. In-8º. 1863. *Ibid.* 3 fr. 50 c.

— Le même. Tome 2. Les Cahiers de 1789. In-8º. 1865. *Librairie internationale.* 3 fr. 50 c.

— Histoire politique de la révolution de Hongrie. — Voy. *Irányi et Chassin.*

— La Hongrie, son génie et sa mission; étude historique, suivie de Jean de Hunyad, récit du xve siècle. In-8º. 1855. *Garnier frères.* 7 fr.

— Le même. 2e édition. In-8º. 1859. *Pagnerre.* 3 fr. 50 c.

— Ladislas Téléky. In-8º. 1861. *Dentu.* 1 fr.

— La Légende populaire du Petit Manteau bleu. In-4º. 1852. *Bry aîné.* 50 c.

— Liberté de la presse. Lettres à M. de Persigny. In-12. 1861. *Pagnerre.* 50 c.

— Manin et l'Italie. In-8º. 1859. *Ibid.* 1 fr.

— Le Poëte de la révolution hongroise; Alexandre Petœfi. In-12. 1860. Bruxelles, *Lacroix et Van Meenen.* 3 fr. 50 c.

— La Presse libre selon les principes de 1789. In-12. 1862. *Pagnerre.* 2 fr.

CHASSINAT (Raoul).

— Études sur la mortalité dans les bagnes et dans les maisons centrales de force et de correction, depuis 1822 jusqu'à 1837. D'après les documents officiels fournis par les ministères de l'intérieur et de la marine. In-4º, 144 p. 1844. *Dupont.*

CHASSIRON (le baron Charles de), maître des requêtes au conseil d'État, né en 1818.

— Notes sur le Japon, la Chine et l'Inde. 1858, 1859, 1860. In-8º avec 13 pl. et 4 cartes et plan. 1862. *Reinwald.* 10 fr.

CHASTAIN (l'abbé L.).

— Principes de mathématiques, arithmétique, algèbre, géométrie et trigonométrie. In-12. 1855. Toulouse, *Privat.* 3 fr.

CHASTAING (Marius), littérateur.

— Des Causes du malaise social et de leur remède, ou Astréologie. In-12. 1848. Lyon, *imprimerie Rodanet.*

— Vingt-deux jours de captivité; par le citoyen Marius Chastaing, gradué en droit, rédacteur en chef de la « Tribune lyonnaise ». In-8º. 1849. *Ibid.* 50 c.

CHASTAN (Paul), littérateur.

— Le Château de Maltemort. In-8º. 1847. *Goumant.* 5 fr.

— Un Coup de canon. In-8º. 1846. *Passard.* 7 fr. 50 c.

— Épisodes célèbres de la Révolution. 3 vol. in-8º avec 20 vignettes. 1846-1847. Marseille, *Mengelle et Laveyrorie.* 20 fr.

Publié en 66 livraisons.

— Ferraro, ou la Fiancée de la mort; drame en six actes. 1844. In-8°. *Imprimerie Bruneau.*

— Paraphrase de la déclaration des droits de l'homme et du citoyen pour l'année 1848. In-16, 102 p. 1848. *Comon.*

CHASTEAU de BALYON (Paul), littérateur, né à l'île Maurice en 1825.

— Une Existence orageuse. Préface par M. Alfred Driou. In-12. 1860. *Dentu.* 2 fr.

— Histoire et description de l'île Maurice. In-12. 1860. *Ibid.* 2 fr.

— L'Orpheline. In-12. 1861. *Ibid.* 2 fr.

CHASTEL (le R. P. A.), de la Société de Jésus.

— De l'Autorité et du respect qui lui est dû. In-18. 1851. *Sagnier et Bray.* 2 fr.

— L'Église et les systèmes de philosophie moderne. In-12. 1852. *Leroux et Jouby.* 1 fr. 50 c.

— De l'Origine des connaissances humaines, d'après l'Écriture sainte, ou les Révélationistes contraires à la révélation interprétée par la tradition. In-12. 1852. *Ibid.* 2 fr.

— Les Rationalistes et les traditionalistes, ou les Écoles philosophiques depuis vingt ans. In-12. 1850. *Ibid.* 1 fr. 30 c.

Extrait du « Correspondant ».

— De la Valeur de la raison humaine, ou Ce que peut la raison par elle seule. In-8°. 1854. *Ibid.* 6 fr.

CHASTEL (Étienne Louis), pasteur de l'Église réformée et professeur de théologie à l'Académie de Genève, né à Genève en 1801.

— Conférences sur l'histoire du christianisme, prêchées à Genève dans les années 1835-1838. 2 vol. in-8°. 1839-1847. Genève, *Cherbuliez.* 7 fr.

— Les Dix-huit premiers siècles du christianisme. 3 vol. in-12. 1859-1865. *Ibid.* 10 fr. 50 c.

Tome I. Le Christianisme dans les six premiers siècles.
Tome II. Le Christianisme au moyen âge.
Tome III. Le Christianisme dans l'âge moderne.

— Études historiques sur l'influence de la charité durant les premiers siècles chrétiens, et considérations sur son rôle dans les sociétés modernes. In-8°. 1853. *Capelle.* 7 fr. 50 c.

— La France et le Pape. Réponse à M. le comte de Montalembert. In-8°. 1860. *Dentu.* 1 fr.

Anonyme.

— Histoire de la destruction du paganisme dans l'empire d'Orient. In-8°. 1850. Genève, *Cherbuliez.* 7 fr. 50 c.

— Le Martyre dans les premiers siècles de l'Église. In-8°. 1861. *Ibid.* 50 c.

— Trois conciles réformateurs au xve siècle; conférences historiques. In-8°. 1860. Genève, *imprimerie P. A. Bonnant.* 60 c.

CHASTEL (J. M.), ex-régent et aumônier.

— L'Histoire ancienne, du moyen âge et moderne, conforme au plus récent programme de l'Université. Poésie. In-12, 224 p. 1855. Clermont-Ferrand, *Veysset.*

— Mélanges poétiques, genre pastoral, didactique, historique, lyrique et élégiaque. In-12, 414 p. 1860. *Ibid.*

CHASTEL DE BOINVILLE (Charles Alfred), ministre protestant, né en Angleterre en 1819.

— Le Culte domestique. In-12. 1865. *Grassart.* 75 c.

— Pourquoi je suis protestant, réponse à M. l'abbé Raulx, aumônier de l'asile de Fains. 2e édition. In-8°. 1863. [Bar-le-Duc, *Laurent.*] *Grassart.* 75 c.

La 1re édition a été publiée à Lisieux en 1851.

CHASTELAIN (ASBORNE de). — Voy. **Asborne de Chastelain.**

CHASTELLAIN (Georges), chroniqueur et littérateur bourguignon; né dans le comté d'Alost (Belgique) en 1403, mort en 1475.

— Œuvres, publiées par le baron Kervyn de Lettenhove. 8 vol. in-8°. 1863-1866. Bruxelles, *Victor Devaux et Cie.* 48 fr.

CHASTELLUX (Louis Emmanuel de), sous-préfet à Savenay (Loire-Inférieure), membre de l'Académie de Metz, né à Paris en 1826.

— Le Territoire du département de la Moselle, histoire et statistique. In-4°. 1860. Metz, *Maline.* 12 fr.

CHASTENAY (Victorine de) a traduit de l'anglais : les « Mystères d'Udolphe » de *Redcliffe.*

CHASTENET (E.).

— Le Crédit mobilier et la Bourse en 1860. In-8°. 1861. *Castel.* 1 fr.

— La Question financière et les privilèges en 1861. Chapitre IV. In-8°. 1861. *Ibid.* 1 fr.

— De notre Système financier. In-8°. 1864. *Dentu.* 1 fr.

CHATAGNIER, jurisconsulte.

— De l'Infanticide dans ses rapports avec la loi, la morale, la médecine légale et les mesures administratives. In-8°. 1855. *Cosse.* 5 fr.

— Du Renvoi sous la surveillance de la haute police de l'État. In-8°. 1849. *Ibid.* 2 fr.

CHATAIGNERAIE (PONS DE LA). — Voy. **La Chataigneraie.**

CHATAUVILLARD (le vicomte A. de).

— Le Canotage en France. — Voy. au mot *Canotage.

CHATÉ fils (E.), horticulteur.

— Culture pratique des Cinéraires. In-16. 1865. *Donnaud.* 1 fr. 25 c.

— Culture pratique des Lantanas, espèces et choix des plus belles variétés obtenues dans ces dernières années. In-16. 1865. *Ibid.* 1 fr. 25 c.

— Des Verveines, culture pratique, description et choix des plus belles variétés. In-16. 1865. *Ibid.* 1 fr. 25 c.

CHATEAU, notaire à Chartres.

— Dissertation sur le droit de propriété des offices, sur le droit de présentation et sur le privilège du prédécesseur, en cas de destitution du titulaire de l'office. In-8°. 1856. Chartres, *Garnier.* 1 fr.

CHATEAU (GEOFFROY-). — Voy. **Geoffroy-Chateau.**

CHATEAU (Léon).

— Histoire et caractères de l'architecture en

France depuis l'époque druidique jusqu'à nos jours. In-12. 1864. *Morel et Cie.* 7 fr. 50 c.

CHATEAU (Théodore), chimiste, ex-préparateur du Muséum d'histoire naturelle, membre correspondant de la Société libre d'émulation, du commerce et de l'industrie de la Seine-Inférieure, etc., né à Tours en 1836.

— Guide pratique de la connaissance et de l'exploitation des corps gras industriels. 2e édition, augmentée d'un appendice. In-12. 1864. *Lacroix.* 4 fr.

La 1re édition a été publiée en 1862 sous le titre : « Traité complet des corps gras industriels ».

— Mémoire sur les falsifications des alcools. In-8°. 1863. *Roret.* 1 fr.

Extrait du « Technologiste ». — Ce mémoire a été présenté en 1861 au Conseil général du département de l'Hérault.

— Technologie du bâtiment, ou Étude complète des matériaux de toute espèce employés dans l'art de bâtir. 2 vol. in-8° avec carte. 1863 et 1866. *Morel et Cie.* 15 fr.

CHATEAUBRIAND (François Auguste, vicomte de), écrivain et homme d'État, né à Saint-Malo en 1768, mort à Paris en 1848.

— Œuvres complètes; augmentées d'un Essai sur la vie et les ouvrages de l'auteur. 5 vol. in-8°. 1839-1841. *F. Didot frères.* 45 fr.

Avec 30 vignettes gravées, 55 fr.

— Œuvres complètes. 10 vol. in-12. 1845-1850. *Ibid.* 30 fr.

— Œuvres complètes. 20 vol. gr. in-8° avec gravures. 1849. *Penaud.* 250 fr.

— Œuvres complètes. Nouvelle édition, revue avec soin sur les éditions originales, précédées d'une étude littéraire sur Chateaubriand, par M. Sainte-Beuve. 12 vol. in-8°. 1859-1861. *Garnier frères.* 60 fr.

— Œuvres complètes. 12 vol. gr. in-8° avec 31 gravures. 1859-1862. *Furne et Cie.* 60 fr.

— Œuvres. 16 vol. in-8° avec 60 grav. 1851. *Krabbe.*

Publié en 240 livraisons.

— Œuvres. 30 vol. in-12 avec 120 grav. 1854-1855. *Gabriel Roux.* 45 fr.

— Œuvres. Édition Pourrat frères. Dernière édition, revue et augmentée par l'auteur, accompagnée de toutes les notes et remarques, etc., 31 vol. in-8° avec gravures. 1857-1859. *Gennequin.* Chaque volume, 2 fr. 50 c.

L'édition Pourrat a été publiée de 1834 à 1838, 32 vol. gr. in-8° avec figures, 220 fr.

— Œuvres. 20 vol. gr. in-8° avec 100 grav. sur acier. 1857-1859. *Dufour, Mulat et Boulanger.* 100 fr.

— Œuvres. 15 vol. in-8° avec vignettes. 1857-1859. *Pick.* 75 fr.

Réimpression de l'édition Pourrat frères.

— Œuvres. Nouvelle édition, illustrée de gravures sur acier. 20 vol. in-12. 1858-1861. *De Vresse.* 20 fr.

— Œuvres complètes. Tome 1. In-8°. 1864. *Sarlit.* 4 fr.

Cette édition formera 14 vol. ornés de 57 gravures sur acier.

— Œuvres complètes. Atala. René. Les Aven-

tures du dernier Abencerage. — Les Natchez. In-8°. 1865. *Chaix et Cie.* 2 fr. 50 c.

— Chateaubriand illustré. 7 vol. in-4°. 1851-1852. *Marescq.* 30 fr. 80 c.

— Atala; avec dessins de Gustave Doré. In-fol. 1862. *Hachette et Cie.* 60 fr.

— Atala. René. Le Dernier Abencerage. In-4°. 1859. *Havard.* 50 c.

— Atala. René. Les Natchez. In-16. 1854. *Hachette et Cie.* 3 fr. 50 c.

— Correspondance intime. — Voy. *Marcellus* (le comte).

— Études historiques. Voyage en Amérique. Édition revue. In-8°. 1860. *Vermot.* 5 fr. 50 c.

— Le même. In-12. *Ibid.* 2 fr.

— Le Génie du christianisme. Illustré de 1,000 gravures, d'après les dessins de Théophile Fragonard, gravées par Porret. In-8°. 1840. *Pourrat frères.* 20 fr.

Publié en 38 livraisons.

— Le même. Revu et annoté par M. l'abbé Mullois. In-18. 1859. *Josse.* 1 fr.

— Le même. Édition abrégée. Nouvelle édition. 2 vol. in-12. 1840. Lyon, *Pélagaud.* 4 fr.

— Le même. Édition revue. In-8°. 1859. *Vermot.* 5 fr. 50 c.

— Le même. In-12. *Ibid.* 2 fr.

— Le même. Gr. in-8° avec 4 grav. 1861. Tours, *Mame et Cie.* 3 fr. 50 c.

— Le même. In-16. 1855. *Hachette et Cie.* 3 fr.

— Le même. Suivi de la Défense du Génie du christianisme et de la Lettre à M. de Fontanes. 2 vol. in-8° avec 10 grav. 1847. *Gonet.* 20 fr.

— Le même. Revu et annoté par M. l'abbé Mullois. In-12 avec vignettes. 1859. *Josse.* 1 fr.

— Itinéraire de Paris à Jérusalem. Les Quatre Stuart. Édition revue. In-8°. 1859. *Vermot.* 5 fr. 50 c.

— Le même. In-12. *Ibid.* 2 fr.

— Abrégé de l'Itinéraire de Paris à Jérusalem de Chateaubriand, à l'usage de la jeunesse; par M. l'abbé Laurent. In-12 avec gravures. 1862. Limoges, *Ardant frères.* 1 fr.

— Le même. Gr. in-8° avec 4 grav. 1861. Tours, *Mame et Cie.* 3 fr. 50 c.

— Les Martyrs. Essai sur la littérature anglaise. Édition revue. In-8°. 1860. *Vermot.* 5 fr. 50 c.

— Le même. In-12. *Ibid.* 2 fr.

— Les Martyrs et le Dernier des Abencerages. In-16. 1854. *Hachette et Cie.* 3 fr. 50 c.

— Mémoires d'outre-tombe; par Chateaubriand. Suivis du Congrès de Vérone et la Vie de Rancé, terminés par la Vie de Chateaubriand, par M. Ancelot. 8 vol. in-8° avec gravures. 1856. *Krabbe.* 80 fr.

— Mémoires d'outre-tombe. 6 vol. in-8° avec 48 grav. 1861. *Dufour, Mulat et Boulanger.* 30 fr.

La collection de gravures se vend séparément, 20 fr.

— Morceaux choisis de Chateaubriand, précédés d'une notice littéraire et historique, par A. Didier. In-12. 1859. *Delalain.* 2 fr.

— Sublimités de Chateaubriand, avec prologues

et appendice, par M. D. de S.-E. Gr. in-8º avec 2 vignettes. 1854. *Victor Lecou.* 25 fr.

— Vie de Rancé. In-8º. 1844. *Garnier frères.* 6 fr.

Voy. aussi : « les Conversations de M. de Chateaubriand », par Julien *Danielo.*

CHATEAUGIRON (Denis de).

— La Prophétie. In-8º, 428 p. 1856. *Lhuillier.*

CHATEAUNEUF (de).

— La Nouvelle maison rustique ; encyclopédie-manuel de toutes les sciences et de tous les arts dont un habitant de la campagne peut tirer parti, etc. 3º édition, revue et soigneusement corrigée, augmentée d'un Mémoire sur les irrigations, par M. Juge-Saint-Martin. 2 vol. in-12 avec 2 pl. 1857. Limoges, *Ardant frères.*

CHATEAUVIEUX (Naville de). — Voy. **Naville de Châteauvieux.**

CHATEAUVIEUX (J. F. Lullin de). — Voy. **Lullin de Châteauvieux.**

*Châteaux (les) de la Gironde. Mœurs féodales. Détails biographiques. Traditions. Légendes. Notices archéologiques. Épisodes de l'histoire de Bordeaux au moyen âge et dans les derniers siècles. État actuel des domaines. In-8º. 1855. Bordeaux, Dupuy. 10 fr.

L'ouvrage est publié par M. Henry Ribadieu.

CHATEL jeune (A.).

— Notice sur les différents systèmes d'éclairage depuis les temps anciens jusqu'à nos jours. In-8º, 35 p. et 34 pl. 1859. *Chez l'auteur, rue de Malte, 32.*

CHATEL (Eugène).

— Table des Mémoires contenus dans les recueils de l'Académie des inscriptions et de l'Académie des sciences morales. — Voy. *Rozière et Chatel.*

CHATEL (l'abbé Ferdinand Toussaint François), prêtre réformateur, fondateur de l'Église dite catholique française, primat des Gaules, né à Gannat en Bourbonnais, en 1795, mort directeur d'un bureau de poste aux lettres, en 1857.

— Discours sur la charité. In-8º. 1846. *Grégoire.* 50 c.

— Discours sur l'hypocrisie. In-8º. *Ibid.* 50 c.

— Discours sur la cène fraternelle. In-8º. *Ibid.* 50 c.

CHATELAIN (le chevalier Jean Baptiste François Ernest de), littérateur, né à Paris en 1802, domicilié en Angleterre depuis 1840.

— Beautés de la poésie anglaise. 2 vol. in-8º. 1857. Londres, *Rolandi.* 40 fr.

2ª édition en 1862. *Ibid.* 26 fr. 25 c.

— Le même. Tome 3º : Rayons et reflets. In-8º. 1863. *Ibid.* 16 fr.

— Le même. Tome 4º : le Fond du sac. In-8º. 1864. *Ibid.* 10 fr.

Ces 4 volumes contiennent la traduction française de 920 poèmes anglais de 421 auteurs différents, depuis Chaucer jusqu'à nos jours.

— Cléomadès ; traduit en vers français modernes du vieux langage d'Adenès Le Roy, contemporain de Chaucer. In-12. 1859. Londres, *Pickering.* 4 fr. 50 c.

— Épis et bluets ; poésies originales. In-12 avec grav. sur bois. 1865. Londres, *Rolandi.* 5 fr.

— Fables nouvelles, suivies de poésies diverses. In-12. 1853. Londres, *Whittaker.* 9 fr.

2º édition en 1856. *Ibid.* 4 fr. 50 c.

— Fleurs des bords du Rhin. Beautés de la poésie allemande. In-12. 1865. Londres, *Rolandi.* 5 fr.

— Les Glorieuses, ou Deux fêtes et deux victoires. In-12. 1842. Londres, *Hearne.* 1 fr. 25 c.

— L'Hôtellerie des sept péchés capitaux. In-12. 1862. Londres, *Pickering.* 1 fr. 25 c.

— Les Moines de Kilcré ; traduit de l'anglais par M. le chevalier de Chatelain. In-12. 1855. *Ibid.* 10 fr.

— Les Noces de la lune. In-12. 1862. Londres, *Rolandi.* 1 fr. 25 c.

— Perles d'Orient ; poésies. In-12. 1864. *Ibid.* 5 fr.

— Les Trois cadavres ; légende d'outre-monde. In-12. 1862. Londres, *Pickering.* 1 fr. 25 c.

M. le chevalier de Chatelain a traduit en français : « Contes de Cantorbury », et « la Fleur et la Feuille » de *Chaucer* ; « Fables » de *Gay* ; « Évangeline » de *Longfellow* ; et plusieurs pièces de *Shakespeare.* — Voy. ces noms.

CHATELAIN (A.), ancien chef d'escadron.

— Traité des reconnaissances militaires comprenant la théorie du terrain et la manière de reconnaître un pays dans son organisation et ses produits. 2 vol. in-8º avec 28 pl. 1850. *Dumaine.* 18 fr.

CHATELAIN (Martin), brasseur.

— La Meilleure méthode du maltage pratique, ou Résumé de tout ce qui a été publié pour arriver au meilleur résultat manufacturier de saccharification des graminées, avec critiques sur les théories pratiques de certains auteurs. In-8º. 1862. *Lacroix.* 2 fr.

Avec M. Vollier.

CHATELAIN (N.).

— Du Goût, considéré sous ses faces diverses et dans ses rapports avec la société, suivi de pastiches ou imitations libres du style de quelques écrivains des xviiº et xviiiº siècles. In-12. 1855. Genève, *Cherbuliez.* 3 fr.

CHATELANAT (Charles), pasteur.

— Emmanuel. Pain quotidien. In-24. 1864. Lausanne, *G. Bridel.* 1 fr. 25 c.

— Petites fleurs. Poésies pour l'enfance et la jeunesse. In-18. 1862. *Ibid.* 1 fr. 50 c.

— Souvenirs de jeunesse. Nouvelles et récits. In-18. 1861. *Ibid.* 2 fr. 50 c.

CHATELET (l'abbé).

— Histoire de la seigneurie de Jouvelle. — Voy. *Coudriet et Chatelet.*

CHATELET (C.).

— Crimes et délits de l'Angleterre contre la France, ou l'Angleterre jugée par elle-même. In-8º. 1860. Lyon, *Girard et Josserand.* 75 c.

— L'Église et la France au moyen âge, ou Pouvoir temporel du clergé français depuis l'origine de la monarchie jusqu'au xvº siècle. 3 vol. in-8º. 1859. Lyon, *Mothon.* 15 fr.

— L'Église de Lyon devant l'Église universelle. In-8º. 1864. Lyon, *Giraudier.* 1 fr.

2º édition augmentée, même année.

— Histoire abrégée de la Russie depuis son origine jusqu'à nos jours. In-8°. 1858. Lyon, *imprimerie Bajat fils*. 3 fr.

— Qu'est-ce que la république? In-8° de 72 p. 1848. Lyon, *Guyot*.

— Statistique agricole et industrielle du canton de la Guillotière, comparée, sous les rapports agricoles, à la statistique de France. In-8°, 48 p. et 3 tableaux. 1853. Lyon, *imprimerie Bajat*.

CHATELET (DERIBIER DU). — Voy. **Deribier du Chatelet.**

CHATELIER (L. LE). — Voy. **Le Chatelier.**

CHATELLIER (A. DU). — Voy. **Du Chatellier.**

CHATENAY (A. CAMINADE-). — Voy. **Caminade-Chatenay.**

CHATENAY (Louis), de Doué-la-Fontaine.

— Union du savoir agricole. In-12. 1858. Angers, *Lainé frères*. 2 fr.

CHATENET (Gustave), avocat.

— Mes Premières ailes; poésies. In-8°. 1841. *Garnier frères*. 5 fr.

— Les Petites marionnettes; satire. (Vers.) In-8°. 1857. *Ibid*. 50 c.

— Le Roi de Naples devant l'opinion publique. In-8°. 1851. *Librairie nouvelle*. 40 c.

CHATIGNIER (Louis), avocat au conseil d'État et à la Cour de cassation, né à Bourges en 1818.

— Commentaire des clauses et conditions générales imposées aux entrepreneurs pour l'exécution des travaux des ponts et chaussées, avec des annotations d'après le dernier état de la jurisprudence du conseil d'État. In-12. 1857. *Cosse et Marchal*. 2 fr.

5e édition entièrement refondue d'après le nouveau cahier adopté le 16 nov. 1866. In-12. 1867. *Ibid*. 3 fr. — La 2e édition avait été publiée en 1858, la 3e en 1861, et la 4e en 1866.

CHATILLON (le chevalier de), directeur des fortifications des places de la Meuse, commandant en chef de l'École du génie de Mézières, mort en 1765.

— Mémoire historique sur les châteaux, citadelles, forts et villes de Mézières, Charleville et le Mont-Olympe. 1751. Publié et annoté par Ed. Sénemaud. In-8°. 1865. [Mézières, *Devin*.] *Dumoulin*. 2 fr. 50 c.

CHATILLON (le comte de), chef vendéen, né à Amiens.

— Quinze ans d'exil dans les États romains, pendant la proscription de Lucien Bonaparte. 2 vol. in-8° avec 10 pl. 1841. *Berquet et Pétion*. 16 fr.

CHATILLON (Auguste de), peintre, sculpteur et poëte, né à Paris en 1813.

— Chant et poésie; précédés d'une préface, par Théophile Gautier. In-12. 1854. *Dentu*. 1 fr. 50 c.

— Frantz Müller, par A. de Chatillon et Louis Enault; suivi du Rouet d'or et de Axel, par Louis Enault. In-12. 1862. *Hachette et Cie*. 2 fr.

— A la Grand'pinte, poésies; avec une préface de Théophile Gautier. In-12. 1860. *Poulet-Malassis*. 2 fr.

CHATILLON (MARY-). — Voy. **Mary-Chatillon.**

CHATIN (le docteur G. Adolphe), médecin, professeur de botanique à l'École supérieure de

pharmacie de Paris, membre de l'Académie de médecine, né à Tulins (Isère) en 1813.

— Anatomie comparée des végétaux, comprenant: 1° les plantes aquatiques; 2° les plantes aériennes; 3° les plantes parasites; 4° les plantes terrestres. Livraisons 1 à 14. Gr. in-8° avec planches gravées. 1856-1866. *J. B. Baillière*. Chaque livraison, 7 fr. 50 c.

Se publie par livraisons de 3 feuilles de texte et 10 planches dessinées d'après nature. — L'ouvrage doit former 2 vol. qui seront publiés en 25 livraisons.

— Anatomie des plantes aériennes de l'ordre des orchidées. In-8°. 1857. [Cherbourg.] *Baillière et fils*. 3 fr.

Extrait des « Mémoires de la Société des sciences naturelles de Cherbourg ».

— Considérations et analyses chimiques sur les eaux minérales de Nauheim. — Voy. *Rotureau*.

— Études de physiologie végétale, faites au moyen de l'acide arsénieux. In-8°. 1848. *Bachelier*. 2 fr.

Mémoire lu à l'Académie des sciences.

— Excursion botanique dirigée en Savoie et en Suisse. In-8°. 1862. *Baillière et fils*. 1 fr. 50 c.

— Mémoire sur les limnanthées et les coriacées. In-8°. 1857. *Vict. Masson*. 3 fr.

Extrait des « Annales des sciences naturelles ».

— Mémoire sur le vallisneria spiralis, L., considéré dans son organographie, sa végétation, son organogénie, son anatomie, sa tératologie et sa physiologie. In-4° avec 5 pl. 1855. *Mallet-Bachelier*. 6 fr.

CHATRIAN (Alexandre), littérateur, né à Soldatenthal (Meurthe), en 1826, a publié tous ses ouvrages en collaboration avec M. Erckmann. — Voy. *Erckmann-Chatrian*.

CHAUBARD (L. A.).

— L'Univers expliqué par la révélation, ou Essai de philosophie positive. In-8° avec 2 pl. 1841. *J. B. Baillière*. 7 fr.

CHAUBET (Charles), littérateur, né en 1802, mort en 1866.

— Le Barde des solitudes; mélodies poétiques. In-8°. 1844. *Carle et Jager*. 2 fr.

— Céliar, ou le Créole; tragédie en cinq actes. In-16. 1860. *Chez l'auteur*. 2 fr.

— Socrate; tragédie en cinq actes. Études antiques. In-16. 1860. *Ibid*. 2 fr.

CHAUBRY DE TRONCENORD (le baron).

— Recherches sur les peintres-verriers champenois. In-8° de 10 p. 1857. Châlons, *Laurent*.

— Étude historique sur la statuaire au moyen âge. In-8° de 28 p. 1859. *Ibid*.

CHAUCER (Godefroy), poëte anglais, né à Londres en 1328, mort en 1400.

— Contes de Cantorbury. Traduction en vers par le chevalier de Chatelain. 3 vol. in-12 avec portrait de Chaucer et 15 grav. sur bois. 1856-1857. Londres, *Pickering*. 30 fr.

— La Fleur et la feuille; traduction du chevalier de Chatelain, avec le texte en regard. In-12. 1851. *Ibid*. 4 fr. 50 c.

CHAUCHAR (Achille), chef de bataillon au 92e régiment de ligne, né à Alby (Tarn) en 1819.

— Espagne et Maroc; campagne de 1859-1860. In-8° avec 3 pl. 1862. *Corréard*. 12 fr.

— Examen critique des Mémoires sur l'Algérie, rédigés par le brigadier don Crispin de Sandoval et don Antonio Madera y Vivero. In-8º. 1854. *Ibid.* 2 fr.

CHAUCHEPRAT (C₁ H.), lieutenant de vaisseau.

— Routier des îles Antilles, des côtes de terre ferme et de celles du golfe du Mexique ; rédigé au dépôt hydrographique de Madrid. Traduit pour la première fois, de l'espagnol, en 1829, par C. H. Chaucheprat. 4e édition, revue sur la dernière publication du dépôt de Madrid, augmentée de documents traduits de divers ouvrages anglais, par Ch. Rigault de Genouilly. 2 vol. in-8º. 1843. *Imprimerie royale.*

CHAUDÉ (Ernest), avocat.

— Manuel de médecine légale. — Voy. *Briand et Chaudé.*

CHAUDES-AIGUES (Jacques. Germain), publiciste français, né à Santhia près Turin, en 1814, mort en 1846.

— Les Écrivains modernes de la France. In-18. 1841. *Gosselin.* 3 fr. 50 c.

CHAUDEY (Gustave), avocat à la cour impériale de Paris, né à Vesoul (Haute-Saône) en 1817.

— Appréciation historique, littéraire et politique de l'histoire de dix ans, de M. Louis Blanc. In-8º. 1845. *Amyot.* 3 fr.

— Un Conservateur. In-8º. 1846. *Franck.* 4 fr.

— La Crise politique. In-8º. 1847. *Amyot.* 1 fr. 25 c.

— De l'Établissement de la république. Lettre d'un républicain du lendemain à un républicain de la veille. In-12. 1848. *Lévy frères.* 30 c.

— De la Formation d'une véritable opposition constitutionnelle. In-8º. 1848. *Amyot.* 1 fr. 50 c.

M. Chaudey a collaboré au « Courrier du dimanche », et il a été l'un des fondateurs et rédacteurs de « l'Association, bulletin international des sociétés coopératives ».

CHAUDOIR (le baron M. de).

— Énumération des 'Carabiques et Hydrocanthares, recueillis pendant un voyage au Caucase et dans les provinces transcaucasiennes, par le baron M. de Chaudoir et le baron A. de Gotsch. Carabiques, par le baron M. de Chaudoir ; Hydrocanthares, par H. Hochhuth. In-8º. 1847. Kiew. 8 fr.

— Mémoires sur les Carabiques. In-8º. 1847. Moscou. 6 fr.

Extrait du « Bulletin de la Société impériale des sciences naturelles de Moscou ». 1842-1846.

CHAUDRON (Jean Simon).

— Poésies choisies, suivies de l'Oraison funèbre de Washington. In-8º avec portrait. 1841. *Imprimerie Delanchy.* 4 fr.

CHAUFFARD (Ernest), avocat, né à Marseille en 1836.

— Un mois en Espagne, suivi de Christine ; nouvelle. In-12. 1864. *Garnier frères.* 3 fr. 50 c.

CHAUFFARD (le docteur Marie Denis Étienne Hyacinthe), médecin en chef des hôpitaux et prisons d'Avignon, né à Avignon, en 1796.

— Œuvres de médecine pratique. 2 vol. in-8º. 1848. *J. B. Baillière.* 10 fr.

CHAUFFARD (le docteur Paul Émile), fils du précédent, médecin des hôpitaux de Paris, professeur agrégé à la Faculté de médecine, né à Avignon en 1823.

— Essai sur les doctrines médicales, suivi de quelques considérations sur les fièvres. In-8º. 1846. *J. B. Baillière.* 2 fr. 50 c.

— Étude clinique sur la constitution médicale de l'année 1862 ; suivie de réflexions sur l'importance pratique de l'observation des constitutions médicales. Mémoire lu à la Société médicale des hôpitaux. In-8º. 1863. *Asselin.* 1 fr. 25 c.

Extrait des « Archives générales de médecine ».

— Étude clinique du typhus contagieux. In-8º. 1856. *Vict. Masson.* 1 fr. 50 c.

Extrait de la « Gazette hebdomadaire de médecine ».

— Étude comparée du génie antique et de l'idée moderne en médecine. Introduction aux Instituts de médecine pratiques de J. B. Borsieri ; avec notice sur la vie et les ouvrages de Joan Baptiste Borsieri. In-8º. 1855. *Ibid.* 3 fr.

— Laennec. Conférences historiques de la Faculté de médecine. Leçon faite le 8 avril 1865. In-8º. 1865. *Germer Baillière.* 1 fr. 50 c.

— Lettres sur le vitalisme. In-8º. 1856. *V. Masson.* 2 fr. 25 c.

— Parallèle de la goutte et du rhumatisme. Thèse. In-4º. 1857. *Ibid.* 3 fr.

— De la Philosophie dite positive dans ses rapports avec la médecine. In-8º. 1863. *Chamerot.* 1 fr. 25 c.

— Principes de pathologie générale. In-8º. 1862. *Ibid.* 9 fr.

M. le docteur Chauffard a traduit « les Instituts de médecine pratique », de *Borsieri de Kanifeld.*

CHAUFFOUR-KESTNER (Victor), ancien représentant du peuple français, né à Colmar, en 1819.

— Études sur les réformateurs du XVIe siècle. Ulrich de Hutten et Zwingli. 2 vol. in-18. 1853. *Hingray.* 6 fr.

— M. Thiers, historien. Notes sur l'Histoire du consulat et de l'empire. Gr. in-8º. 1863. Bruxelles, *Lacroix, Verboeckhoven et Cie.* 1 fr. 50 c.

CHAUFOUR.

— D'une Réforme à introduire dans l'organisation actuelle du théâtre et de son urgence. In-8º. 1862. *Dupray de la Mahérie.* 50 c.

CHAUGY (la R. M. Françoise Madeleine de), supérieure du premier monastère de l'ordre de la Visitation Sainte-Marie, morte en 1682.

— Mémoires de la mère de Chaugy sur la vie et les vertus de sainte J. F. de Chantal, par l'abbé T. Boulangé ; avec une introduction, une notice sur la mère de Chaugy, des notes et un appendice. 3e édition. In-8º. 1853. Le Mans, *Julien, Lanier.* 6 fr.

1re édition, 1842. *Debécourt.* 10 fr.

— Vies des premières religieuses de la Visitation Sainte-Marie. Édition revue, corrigée et augmentée d'une notice, par M. Louis Veuillot. 2 vol. in-8º. 1852. *Ibid.* 10 fr.

La 1re édition a paru à Annecy en 1659. 1 vol. in-4º.

— Vies de huit vénérables veuves, religieuses de l'ordre de la Visitation Sainte-Marie. Nouvelle édition, revue, avec préface et notes par Charles d'Héricault. In-12. 1860. *Gaume frères.* 3 fr. 50 c.

La 1re édition a paru à Annecy en 1659.

CHAULAN (Alphonse).

— L'Arc-en-ciel; poésies. In-8°. 1849. *Dauvin et Fontaine*. 5 fr.

— Brises éoliennes; poésies. In-8°. 1844. *Curmer*. 5 fr.

CHAULIEU (l'abbé Guillaume AMFRYE DE), poëte, prieur de Saint-Georges en l'île d'Oleron, né à Fontenay, en 1639, mort à Paris, en 1720.

— Lettres inédites, précédées d'une Notice par M. le marquis Raymond de Béranger. In-8°. 1850. *Comon*. 4 fr.

CHAULIN (E.), avocat.

— De l'État civil des religieux en France. In-8°. 1861. *A. Le Clère et Cie*. 3 fr.

CHAULIN (Gustave de).

— Une Petite-fille de Charles Auguste. In-12. 1859. Iéna, *Frommann*. 1 fr.

La petite-fille de Charles Auguste est la duchesse d'Orléans, Hélène de Mecklembourg-Schwérin.

CHAUMÉ (C.).

— Améliorations chimiques et mécaniques dans la fabrication du sucre. — Voy. *Delabarre*.

— Moyens simples de retirer de la canne et de la betterave le sucre qu'elles contiennent. In-8° avec 4 pl. 1843. *Mathias*. 2 fr.

CHAUMELIN (Marius), rédacteur en chef de la « Tribune artistique et littéraire du Midi ».

— Decamps. Sa vie, son œuvre, ses imitateurs. In-8°. 1861. Marseille, *Camoin frères*. 2 fr.

— Marseille en 1862. In-8°. 1862. *Ibid*.

— La Peinture à Marseille. Salon marseillais de 1859. In-12. 1860. *Ibid*.

— Salon marseillais de 1860. In-8°. 1860. *Ibid*.

— Les Trésors d'art de la Provence exposés à Marseille en 1861. In-8°. 1862. [Marseille, *Camoin frères*.] *Renouard*. 5 fr.

CHAUMETTE (l'abbé Jean), né à Augerolles en 1816.

— Souvenirs de voyage, ou les Vacances en Auvergne. Itinéraire du Puy-de-Dôme, renfermant l'histoire, la description des principaux monuments anciens et modernes, des villes, bourgs, hameaux, sites et châteaux; les curiosités naturelles et les événements les plus intéressants de la province, par l'abbé E. J. C***. In-12. 1857. Clermont-Ferrand, *Thibaud*. 1 fr. 25 c.

Anonyme.

CHAUMEUX (L. PERROT DE). — Voy. **Perrot de Chaumeux.**

CHAUMIER (SIMÉON-). — Voy. **Siméon-Chaumier.**

CHAUMONT (Alfred de).

— Les Rayons d'or de la vie des enfants. Gr. in-8°. 1860. *Fonteney et Peltier*. Relié, 9 fr.

CHAUMONT (C. de).

— Alpes et Pyrénées. Descriptions et curiosités de la Suisse, de la Savoie, de la Navarre, du Béarn, du Bigorre et du Comminges. Gr. in-8° avec grav. 1858. Limoges, *Barbou frères*.

— Excursions sur les bords du Rhin, en Hollande et en Belgique. Descriptions. Récits de 1855. Gr. in-8° avec grav. 1858. *Ibid*.

— Excursions en Hollande, ou Comment l'esprit, le cœur et l'âme gagnent en voyage. Gr. in-8° avec grav. 1865. *Ibid*.

— Promenades sur les bords du Rhin. Mémoires d'écoliers en vacances. Gr. in-8° avec grav. 1858. *Ibid*.

— Voyage en Belgique et description de ses merveilles. Gr. in-8° avec grav. 1865. *Ibid*.

— Voyage en Hollande et en Belgique. Correspondances parisiennes. Gr. in-8° avec grav. 1858. *Ibid*.

CHAUMONT (le marquis Gaston de).

— Mélodies alpestres; poésies. In-32 de VIII et 156 p. 1859. *Dentu*.

CHAUMONT (L. de), auteur dramatique.

— Le Diable médecin. 2 vol. in-8°. 1847. *Gabriel Roux*. 15 fr.

— Souvenirs des États-Unis. Gr. in-8°. 1859. *Lecoffre et Cie*. 1 fr.

Sous le pseudonyme de L. C. de Juvénal, M. de Chaumont a publié en 1845 plusieurs brochures :

Les Anti-Guizotines 75 c.

Alexandre Dumas sur la sellette (en vers). 30 c.

Écoles et faubourgs de Paris, suivi de : Napoléon en wagon, à-propos sur les chemins de fer. 30 c.

La Guerre des portefeuilles, ou le Diable au bal du ministre; intrigue en un acte. 30 c.

CHAUMONT-GRAILLY (le marquis de).

— L'Homme du siècle, par un propriétaire de la Haute-Savoie. In-4°. 1865. *Dentu*. 1 fr.

— J'aime le pape et j'aime l'empereur. In-8°. 1862. *Ibid*. 50 c.

CHAUSENGUE.

— Les Pyrénées, ou Voyages pédestres dans toutes les régions de ces montagnes, depuis l'Océan jusqu'à la Méditerranée. 2 vol. in-8° avec 5 pl. 1840. *Lecointe et Pougin*.

CHAUSIT (le docteur Maurice), ancien interne des hôpitaux, vice-président de la Société de médecine de Paris, né à Camarès (Aveyron) en 1819.

— Remarques et observations cliniques sur les maladies de la peau dites parasitaires. In-8°. 1863. *Leclerc*. 1 fr. 25 c.

Extrait de « l'Union médicale ».

— Sycosis ou mentagre. In-8°. 1859. *Ibid*. 3 fr. 50 c.

— Traité élémentaire des maladies de la peau, d'après l'enseignement théorique et les leçons cliniques de M. le docteur A. Cazenave. In-8°. 1853. *J. B. Baillière*. 6 fr. 50 c.

CHAUSSENOT (Sosthène).

— La France et la Russie, ou l'Empire reconstitué. Extrait d'un ouvrage inédit sur la colonisation de l'Algérie. In-8°. 1843. *Imprimerie Vrayet de Surcy*. 1 fr.

— L'Univers atelier. La Démo-théocratie. Du plus grand génie politique qui ait jamais existé aux prises avec la légalo-démocratie du régénérateur du XIXe siècle. Réformes parlementaires. In-12. 1844. *Imprimerie Lacour*. 5 fr.

CHAUTARD.

— Nouveau manuel complet du limonadier, glacier, cafetier et de l'amateur de thés et de cafés. Nouvelle édition, entièrement refondue et ornée

de figures par M. F. Malepeyre. In-18. 1862. *Roret.*
2 fr. 50 c.

Avec Julia de Fontenelle. — Collection des Manuels-Roret.

CHAUTARD.

— La Bonne école. Ouvrage au moyen duquel
l'enfant, en s'exerçant à la lecture, apprend rapidement et sans efforts tous les faits grammaticaux,
etc. In-12. 1843. Gap, *Allier.* 2 fr.

— Cours méthodique de langue française, ou
l'Enseignement par les faits. In-12. 1841. [Lyon,
Guyot.] *Delalain.*

CHAUTARD (J.).

— Cardillac, l'orfévre sanglant. — Voy. *Féré et
Chautard.*

— Le Centenaire des Invalides, ou le Plus ancien soldat du monde (Jean Colombeski). In-8°.
1850. *Ledoyen.* 50 c.

— Description du tombeau de l'empereur, précédée d'une notice historique sur l'hôtel des Invalides. In-18, 144 p. 1853. *Ibid.*

Avec Théodore Lejeune.

— Les Foudres du Vatican. In-8°. 1860. *Dentu.*
1 fr.

— Guelfes et Gibelins. Lettre à propos de la brochure de Mgr. l'évêque d'Orléans. In-8°. 1860. *Ibid.*
1 fr.

— L'Ile d'Elbe et les Cent-Jours. Livre de la
démocratie napoléonienne, par M. J. Chautard,
fils du commandant du brigg « l'Inconstant » qui a
ramené l'empereur de l'île d'Elbe. In-8°, 288 p.
1851. *Ledoyen.*

— Le Spectre noir de 1861. In-8°. 1861. *Dentu.*
1 fr.

— De Sainte-Hélène aux Invalides, d'après les
documents officiels et les manuscrits de Noël Santini, gardien du tombeau de l'empereur; précédé
de lettres de MM. le comte E. de Las-Cases, comte
Marchand, A. Le Roy, etc. In-8° avec portrait.
1854. *Ledoyen.*

CHAUTARD (Jules), professeur à la Faculté des
sciences de Nancy, né à Vendôme (Loir-et-Cher)
en 1826.

— Leçon d'ouverture du cours de physique de
la Faculté des sciences de Nancy. In-8°. 1864.
Nancy, *Grimblot.* 1 fr.

— Nouvelles recherches sur les propriétés optiques des différentes espèces de camphre, et, en
particulier, sur celles du camphre de matricaire.
In-8°. 1858. *Ibid.* 1 fr. 50 c.

Extrait des « Mémoires de l'Académie de Stanislas ».

CHAUVAC DE LA PLACE (Pierre Sigismond),
chef de section au chemin de fer de l'Est, né à
Bassignac-le-Bas (Corrèze) en 1822.

— Nouvelles tables pour le tracé des courbes
de raccordement (chemins de fer, routes et chemins). In-16. 1865. Château-Thierry, *Renaud.* 3 fr.
50 c.

CHAUVANCY (Reynold de). — Voy. **Reynold
de Chauvancy.**

CHAUVEAU (A.), professeur à l'École vétérinaire de Lyon.

— Quelques notes sur la structure et la sécrétion de la corne. In-8°. 1853. Lyon, *Savy jeune.*
2 fr.

— Traité d'anatomie comparée des animaux

domestiques. In-8° avec 207 fig. dans le texte.
1857. *J. B. Baillière.* 14 fr.

— Vaccine et variole. Nouvelle étude expérimentale sur la question de l'identité de ces deux
affections. Étude faite au nom de la Société des
sciences médicales de Lyon, par une commission.
Rapport par MM. A. Chauveau, Viennois et P. Meynet. In-8°. 1865. [Lyon.] *Asselin.* 3 fr. 50 c.

CHAUVEAU (Louis).

— L'Institution des agents de change, son origine, ses luttes, ses développements. In-8°. 1860.
Dentu. 1 fr.

**CHAUVEAU ADOLPHE (c'est-à-dire Adolphe
Chauveau,** connu sous le nom de), jurisconsulte,
ancien avocat au conseil d'État et à la Cour de
cassation, professeur à la Faculté de droit de Toulouse, né à Poitiers en 1802.

— Code d'instruction administrative, ou Lois
de la procédure administrative; suivi d'un formulaire annoté de tous les actes d'instruction administrative. Ouvrage faisant suite aux Lois de la
procédure civile, à la Compétence administrative
et au Formulaire de procédure civile. 2° édition.
2 vol. in-8°. 1860-1861. *Cosse et Marchal.* 13 fr.

La 1re édition est de 1848; la 3e a été publiée en 1867.

— Code de la saisie immobilière et de toutes
les ventes judiciaires de biens immeubles, ou
Commentaire des lois des 2 juin 1841 et 21 mai
1858 sur les ventes judiciaires d'immeubles. 3° édition. 2 vol. in-8°. 1862. *Ibid.* 16 fr.

La 1re édition est de 1829, la 2e de 1841.

— Commentaire du tarif en matière civile dans
l'ordre des articles du Code de procédure civile.
2° édition. 2 vol. in-8°. 1860. *Durand.* 16 fr.

Avec Ambroise Godoffre. — La 1re édition a paru en 1831.

— Essai sur le régime des eaux navigables et
non navigables sous le double point de vue théorique et pratique. In-8°. 1859. [Toulouse, *Ginet.*]
Durand. 4 fr.

— Des Établissements de charité publics et privés en France et dans les pays étrangers, sous le
point de vue administratif. In-8°. 1858. *Ibid.* 1 fr.

Extrait du « Journal de droit administratif ».

— Formulaire général et complet, ou Traité
pratique de procédure civile et commerciale, annoté de toutes les opinions émises dans les lois
de la procédure civile et dans le Journal des
avoués. 3° édition. 2 vol. in-8°. 1862. *Cosse et
Marchal.* 18 fr.

Avec M. Glandaz.

La 1re édition a paru en 1852; la 2e en 1859; la 4e devait
paraître en 1867.

— Impôt sur les voitures et chevaux. (Loi du
2 juillet 1862.) In-8°. 1863. Toulouse, *Armaing.*
1 fr. 50 c.

— De l'Ordre, commentaire de la loi du 21 mai
1858 en ce qui concerne la procédure de l'ordre.
In-8°. 1859. *Cosse et Marchal.* 12 fr.

— Principes de compétence et de juridiction
administratives. 3 vol. in-8°. 1841-1845. *Durand.*
21 fr.

— Théorie du Code pénal. 4° édition, entièrement revue et considérablement augmentée. 6 vol.
in-8°. 1861-1863. *Cosse et Marchal.* 55 fr.

Avec Faustin Hélie.

Les 2e et 3e éditions de cet ouvrage n'avaient été que des

reproductions littérales de la 1re édition publiée de 1834 à 1848.

L'appendice, contenant le commentaire de la loi du 13 mai 1863, se vend séparément, 4 fr.

M. Chauveau Adolphe a publié la 4e édition de : *Carré*, Lois de la procédure civile et administrative.

CHAUVEL aîné.

— Essai de déontologie pharmaceutique, ou Traité de pharmacie professionnelle, précédé d'un historique de la pharmacie en France; et suivi de quelques réflexions sur les principes généraux qui doivent servir de base à sa réorganisation. In-8°, 192 p. 1854. Saint-Brieuc, *Le Maout*.

CHAUVELOT (Barnabé).

— A M. Renan. La Divinité du Christ d'après Napoléon Ier et les plus grands génies du monde. In-8°. 1863. Mirecourt, *Humbert*. 1 fr. 50 c.

— L'Auteur de la Religieuse et du Maudit, ou l'abbé *** démasqué. In-32. 1864. *Palmé*. 50 c.

— Extinction de l'idée révolutionnaire. In-8°. 1852. *Garnier frères*. 2 fr.

— Le R. P. Gratry. In-8°. 1862. *Palmé*. 60 c.

— Lettres de Louis XVI. — Voy. *Louis XVI*.

— Le Lis des vallées. In-32. 1859. *Josse*. 60 c.

— Proudhon et son livre. La Révolution sociale, démontrée par le coup d'État du 2 décembre. In-12. 1852. *Giraud et Dagneau*. 2 fr.

— De la Restauration de l'autorité en France. In-12. 1851. *Allouard et Kœppelin*. 75 c.

— Scènes de la vie de campagne (le Riollot). In-12. 1861. *Dillet*. 1 fr. 50 c.

— La Solution. In-12. 1850. *Giraud et Dagneau*. 50 c.

CHAUVELOT (Charles).

— Notice historique sur le flottage des bois en trains, ou Solution du point de savoir si Jean Rouvet en fut le véritable inventeur. In-12. 1845. *Ledoyen*. 2 fr.

CHAUVET.

— Histoire populaire de Napoléon, avec la relation de l'inhumation qui a eu lieu aux Invalides. In-8°, 512 p. et portrait. 1840. Reims, *Quentin-Dailly*.

CHAUVET (Emmanuel), agrégé de philosophie, docteur ès lettres, professeur de philosophie à la Faculté des lettres de Rennes, né à Caen en 1819.

— Mémoire sur la philosophie d'Hippocrate. In-8°. 1856. *Durand*. 1 fr.

Extrait du « Compte rendu des séances de l'Académie des sciences morales et politiques ».

— Mémoire sur le Traité de Galien, intitulé : Des Dogmes d'Hippocrate et de Platon. In-8°. 1857. *Ibid*. 1 fr. 50 c.

— Mémoire sur le traité de Galien, intitulé : Que les mœurs de l'âme suivent le tempérament du corps. In-8°. 1857. *Ibid*. 1 fr.

— Des Théories de l'entendement humain dans l'antiquité. In-8°. 1855. Caen, *Hardel*. 5 fr.

M. E. Chauvet a publié en collaboration avec M. A. Saisset : « Œuvres complètes » de *Platon* de la bibliothèque Charpentier. — Voy. *Platon*.

Il a donné une traduction des « Lettres à Lucilius », de *Sénèque*.

CHAUVET (Louis).

— Esquisses scientifiques. Télégraphie et télé-

phonie dans les temps anciens et modernes. In-8°, 84 p. 1848. *Moquet*.

CHAUVET (le docteur Napoléon Magloire), de Tours, né à Seym (Basses-Alpes) en 1805.

— L'Avenir de l'homœopathie. Lettres à M. le docteur Bretonneau. In-8°. 1859-1860. [Tours, *Guillaud-Verger*.] *Baillière et fils*. 6 fr.

— La Médecine officielle au xixe siècle, considérée sous le double rapport de l'économie sociale et de l'économie domestique. In-8°. 1861. *Ibid*. 1 fr.

CHAUVET-FROGER, ancien négociant en laine.

— Considérations sur l'état des troupeaux et des laines en France, et moyens de les améliorer. In-8° avec carte. 1853. *Garnier*. 1 fr. 50 c.

CHAUVIERRE (l'abbé Patrice), du clergé de Paris.

— L'Esprit de la prière, ou l'Oraison dominicale d'après saint Augustin. In-12. 1865. *Girard et Josserand*. 2 fr. 50 c.

CHAUVIGNÉ (Anselme de), né à Angers en 1834.

— Le Bouquet de fête; comédie en un acte, mêlée de chants, pour la fête d'un bienfaiteur. In-18. 1859. *Douniol*. 60 c.

— Patience et Grognardon; comédie en un acte et en prose, destinée aux patronages. In-18. 1858. *Ibid*. 75 c.

CHAUVIN (le docteur Achille), médecin à Lyon, né vers 1830.

— Des Néoplasmes au point de vue du cancer. Considérations anatomo-pathologiques. In-8°. 1860. Montpellier, *Bœhm et fils*. 3 fr. 50 c.

CHAUVIN (F. M. A.).

— La Culture de la mer appliquée aux baies du littoral de la France. Exposé et moyens pratiques. In-8°. 1858. [Lannion, *Anger*.] *Dentu*. 1 fr.

CHAUVIN (le docteur J. J.), médecin français.

— Opuscule sur la fécondité humaine. In-8°. 1855. *Baillière et fils*. 1 fr.

CHAUVIN (Léon).

— L'Ancien régime et la révolution, ou Revue historique, critique et morale de l'ancien régime. In-18, 231 p. 1842. *Lemarchand*.

CHAUVIN (L. P. L.).

— Nouveau système de sténographie, ou l'Art d'écrire aussi vite que la parole. In-8° avec 6 pl. 1853. Meulan, *imprimerie de Nicolas*. 3 fr. 50 c.

CHAUVIN (le docteur P.), de Sion, médecin, ancien représentant du peuple.

— Étude sur l'intelligence humaine et la sensibilité animale. In-8°. 1853. *Lecoffre*.

CHAUVIN (Victor), mort en 1866.

— La Brochure d'un paysan du Danube. In-8°. 1860. *Dentu*. 1 fr.

— Les Romanciers grecs et latins. In-12. 1862. *Hetzel*. 3 fr.

— Les Vrais Robinsons. — Voy. *Denis* (Ferdinand).

CHAUVIN BEILLARD.

— De l'Empire ottoman, de ses nations et de sa dynastie. (1841-1845.) In-8°. 1845. *Dentu.* 7 fr. 50 c.

CHAUVINIÈRE (E. De La). — Voy. **La Chauvinière.**

CHAUVOT (Henri), avocat.

— Le Barreau de Bordeaux, de 1775 à 1815. In-8°. 1856. *Durand.* 6 fr.

CHAVAGNE (Ch. Duvau de). — Voy. **Duvau de Chavagne.**

CHAVANNE (Dareste de la). — Voy. **Dareste.**

CHAVANNES ou Chavannes de la Giraudière (H. de).

— Les Animaux remarquables. Nouvelle édition. In-18. 1864. Tours, *Mame et fils.* 60 c.

— Le Ballon, suivi de Fortuné. Ludovic. In-18. 1858. *Ibid.* 50 c.

— Les Catastrophes célèbres. 6e édition. In-12. 1865. *Ibid.* 75 c.

— Les Chinois pendant une période de 4,438 années. In-8°. 1846. *Ibid.* 3 fr. 50 c.

— Comment on peut cultiver avec succès le mûrier dans le centre de la France. In-8°. 1842. *Ibid.* 75 c.

— Les Conquérants célèbres. In-12. 1855. *Ibid.* 75 c.

— Conquêtes en Asie, par les Mogols et les Tartares, sous Gengiskan et Tamerlan. In-8°. 1855. *Ibid.* 75 c.

— Les Fausses perles, et le plomb et la chasse; suivi de : la Dentelle, la Soie. Nouvelle édition. In-18. 1864. *Ibid.* 75 c.

— Histoires instructives. In-12. 1853. *Ibid.* 75 c.

— L'Ile déserte. In-32. 1859. *Ibid.* 30 c.

— Le Moulin à sucre. In-12. 1859. *Ibid.* 35 c.

— Patrice ou les Pionniers de l'Amérique du Nord. In-32. 1859. *Ibid.* 30 c.

— Petit-Pierre, ou la Mine de houille. In-32. 1859. *Ibid.* 30 c.

— Les Petits voyageurs en Californie. In-12. 1853. *Ibid.* 75 c.

— Récréations technologiques. Le Coton. Les Peaux et pelleteries. La Chapellerie. La Soie. In-12. 1856. *Ibid.* 50 c.

— Simon le Polletais. Esquisses de mœurs maritimes. In-12. 1850. *Ibid.* 1 fr. 25 c.

— Souvenirs d'un vieux pêcheur. In-12. 1853. *Ibid.* 1 fr. 25 c.

— Valentin, ou le Petit gardeur de dindons. In-32. 1859. *Ibid.* 30 c.

— La Vapeur depuis sa découverte jusqu'à nos jours. Résumé historique de son application aux usines. In-18 avec 1 pl. 1844. Tours, *Pornin.*

— Le Vésuve. In-32. 1859. *Ibid.* 30 c.

— Voyage en Californie. In-18. 1856. Tours, *Mame.* 1 fr. 25 c.

CHAVANNES (Auguste), professeur de zoologie à l'Académie de Lausanne.

— Les Principales maladies des vers à soie et leur guérison, avec l'exposé pratique du moyen de faire disparaître ces maladies et de régénérer sûrement les races. In-8° avec fig. 1862. Genève, *Cherbuliez.* 3 fr.

CHAVANNES (F.).

— Le Quêteur du Léman; poésies. In-16. 1860. Genève, *Cherbuliez.* 1 fr. 50 c.

CHAVANNES (Mlle Herminie).

— Biographie de Henri Pestalozzi, par l'auteur des biographies d'Albert de Haller et de Jean Gaspard Lavater. In-8°. 1853. Lausanne, *Bridel.* 5 fr.
Anonyme.

— Biographie d'Albert de Haller; par l'auteur de « l'Essai sur la vie de J. G. Lavater». 2e édition, revue, etc. In-8°. 1845. *Delay.* 5 fr.
Anonyme.

— Essai sur la vie de Jean Gaspard Lavater. 2e édition. In-12. 1858. Toulouse, *Société des livres religieux.* 2 fr.
Anonyme.

— Un jeune Suisse en Australie, suite des «Soirées de famille» et des «Lettres d'une famille suisse»; par l'auteur de la « Vie d'Élisabeth Fry », etc. In-18. 1858. *Ibid.* 1 fr.
Anonyme.

— Lettres d'une famille suisse. 2 vol. in-12. 1841. Lausanne, *Marc Ducloux.* 7 fr. 50 c.
Anonyme.

— Mélanges instructifs et amusants à l'usage de la jeunesse. In-12. 1842. Lausanne, *Chantrens.* 75 c.

— Susanne. Imité de l'anglais, par l'auteur de la « Vie d'Élisabeth Fry ». In-12. 1858. Genève, *Cherbuliez.* 3 fr. 50 c.

— Vie d'Élisabeth Fry, extraite des mémoires publiés par deux de ses filles, et enrichie de matériaux inédits, par l'auteur des «Biographies d'Albert de Haller, Jean Gaspard Lavater », etc. In-8°. 1852. *Grassart.* 3 fr.
Anonyme.

Mlle Chavannes a traduit : « Frédéric-Guillaume III, roi de Prusse et la reine Louise », par l'évêque Eylert.

CHAVANT (Marius), ancien professeur, né à Ternay (Isère) en 1807.

— Les Animaux utiles, fantaisie en vers sur l'histoire naturelle, en deux livres. In-12. 1863. *Goin.* 2 fr. 50 c.

— Apologie d'un homme célèbre (le duc de Larochefoucauld-Liancourt), suivie de notes tirées de la meilleure source; poëme. In-12 avec 1 portrait. 1845. *Cordier.*

— Le Flambeau de l'indépendance italienne, Garibaldi; poëme. In-8° de 31 p. 1859. Paris, *place du Petit-Pont,* 4.
Signé seulement : Marius C.

CHAVE (Clément De la). — Voy. **Clément de la Chave.**

CHAVÉE (Honoré Joseph), linguiste belge, né à Namur en 1815.

— Essai d'étymologie philosophique ou Recherches sur l'origine et les variations des mots qui expriment les actes intellectuels et moraux. In-8°. 1843. Bruxelles. 5 fr.

— Français et Wallon, parallèle linguistique. In-12. 1857. *Truchy.* 3 fr.

— Les Langues et les races. In-8°. 1862. *Chamerot.* 2 fr.

— Lexicologie indo-européenne, ou Essais sur la science des mots sanscrits, grecs, latins, français, lithuaniens, russes, allemands, anglais, etc. In-8°. 1849. *Franck*. 10 fr.

— La Part des femmes dans l'enseignement de la langue maternelle. In-12. 1859. *Truchy*. 3 fr.

CHAVERONDIER (Hippolyte), filateur de coton, auteur de plusieurs inventions sur les machines à vapeur, les roues hydrauliques, etc., né à Saint-Germain-Laval (Loire) en 1807.

— Nouvelle théorie sur les roues hydrauliques. In-8° avec 1 pl. 1853. *Mallet-Bachelier*. 4 fr.

— Le même. 2ᵉ édition, entièrement revue et augmentée d'une nouvelle théorie sur les effets du choc de l'eau, suivie de la description et de la théorie d'une nouvelle roue verticale à augets mue par-dessous, à grande vitesse et à double effet. In-8° avec 2 pl. 1856. *Ibid*. 7 fr.

— Nouvelle théorie sur les machines à vapeur. In-8°. 1864. *Gauthier-Villars*. 4 fr.

CHAVETTE (Eugène), anagramme de M. Eug. **Vachette.**

CHAVIGNERIE (E. B. De la). — Voy. **La Chavignerie.**

CHAVIGNY (L.).

— Rosamonde; drame en cinq actes et en vers. In-18. 1855. *Willermy*.

CHAVIGNY (Torné-). — Voy. **Torné-Chavigny.**

CHAVIN DE MALAN (l'abbé François Émile), mort en....

— Abrégé de l'histoire de saint François d'Assise (1182-1226). In-18. 1842. *Debécourt*. 1 fr. 50 c.

— De l'Étude et de la bibliographie du droit ecclésiastique. In-8°. 1851. *Lecoffre et Cⁱᵉ*. 1 fr. 75 c.

— Histoire de sainte Catherine de Sienne (1347-1380). 2 vol. in-8° avec portrait. 1846. *Sagnier et Bray*. 12 fr.

— Histoire de saint François d'Assise (1182-1226). In-8° avec portrait. 1841. *Ibid*. 7 fr. 50 c.

— Histoire de D. Mabillon et de la congrégation de Saint-Maur. In-12. 1843. *Debécourt*. 3 fr. 50 c.

— Organisation des études dans un collége chrétien. In-8°. 1850. *Sagnier et Bray*. 1 fr.

— Vie de sainte Catherine de Sienne, d'après le B. Raymond de Capoue et les autres biographes contemporains. 3ᵉ édition. In-12. 1856. *Ibid*. 2 fr.

La 1ʳᵉ édition est de 1846.

— La Vie et les épitres du bienheureux Henri Suzo, de l'ordre des frères prêcheurs. In-18. 1842. *Debécourt*. 1 fr. 75 c.

CHAVOT (Th.).

— Traité de la garantie des vices rédhibitoires, tant à l'égard des animaux que des autres marchandises. In-12. 1841. Macon, *imprimerie de Chassipolet*. 2 fr. 50 c.

CHAZALLON (A. M. R.), ingénieur hydrographe de la marine, ancien représentant du peuple, né en 1802.

— Annuaire des marées des côtes de France. Publié au dépôt de la marine. Années 1840 à 1862. 23 vol. in-18. 1839-1861. *Ledoyen*. Chaque volume, 1 fr.

Pour les volumes suivants, voy. *Gaussin*.

CHAZELLES (le comte Alphonse de), né à Saint-Pierre (Martinique) vers 1803, mort en 1866.

— Étude sur le système colonial. In-8°. 1860. *Guillaumin et Cⁱᵉ*. 5 fr.

— La Question monétaire et la question commerciale à la Guadeloupe. In-8°. 1860. *Dubuisson et Cⁱᵉ*. 1 fr. 50 c.

CHAZOT (de), vaudevilliste, a écrit en collaboration avec MM. *Carré et Nuitter*. — Voy. ces noms.

CHAZOTTES (l'abbé).

— Méthode de Toulouse pour l'instruction des sourds-muets. 9 vol. in-4°. 1864-1865. Poitiers, *Oudin*.

CHÉDEVERGNE (le docteur Samuel).

— De la Fièvre typhoïde et de ses manifestations congestives, inflammatoires et hémorrhagiques vers les principaux appareils de l'économie (cerveau, moelle, poumons, etc.). Stéatose du foie. In-8°. 1864. *Delahaye*. 3 fr. 50 c.

— Du Traitement des plaies chirurgicales et traumatiques, par les pansements à l'alcool (eau-de-vie camphrée). In-8°. 1864. *Ibid*. 1 fr. 25 c.

Extrait du « Bulletin général de thérapeutique ».

CHEFDEVILLE (Louis).

— Les Solitudes, poésies. In-12. 1846. *Challamel*. 2 fr.

*Chefs-d'œuvre des auteurs comiques. 8 vol. in-12. 1843-1847. *F. Didot frères*. 24 fr.

Tome I. SCARRON, Jodelet ou le Maître et le valet; Don Japhet d'Arménie. — MONTFLEURY, la Femme juge et partie; la Fille capitaine. — LA FONTAINE, le Florentin. — BOURSAULT, le Mercure galant. — BARON, l'Homme à bonnes fortunes.

Tome II. DANCOURT, le Chevalier à la mode; le Mari retrouvé; les Trois cousines; le Galant jardinier; les Bourgeoises de qualité. — DUFRESNY, l'Esprit de contradiction; le Double veuvage; la Coquette du village; le Mariage fait et rompu.

Tome III. BRUEYS et PALAPRAT, le Grondeur; l'Avocat Patelin. — LE SAGE, Crispin rival de son maître; Turcaret. — D'ALLAINVAL, l'École des Bourgeois. — LA CHAUSSÉE, le Préjugé à la mode; l'École des mères.

Tome IV. DESTOUCHES, le Philosophe marié; le Glorieux; le Dissipateur; la Fausse Agnès. — FAGAN, la Pupille; les Originaux. — BOISSY, les Dehors trompeurs.

Tome V. MARIVAUX, le Legs; les Fausses confidences; le Jeu de l'amour et du hasard. — PIRON, la Métromanie. — GRESSET, le Méchant. — VOLTAIRE, Nanine, ou le Préjugé vaincu. — J. J. ROUSSEAU, le Devin du village.

Tome VI. DESMAHIS, l'Impertinent. — LA NOUE, la Coquette corrigée. — SAURIN, les Mœurs du temps. — FAVART, les Trois sultanes, ou Soliman II; la Chercheuse d'esprit; les Amours de Bastien et Bastienne; Annette et Lubin; Ninette à la cour, ou le Caprice amoureux; les Rêveries renouvelées des Grecs. — BARTHE, les Fausses infidélités. — POINSINET DE SIVRY, le Cercle ou la Soirée à la mode.

Tome VII. SEDAINE, le Philosophe sans le savoir; la Gageure imprévue. — MARMONTEL, l'Ami de la maison. — COLLÉ, la Partie de chasse de Henri IV. — MONVEL, l'Amant bourru. — ANDRIEUX, les Étourdis, ou le Mort supposé; le Rêve du mari, ou le Manteau; Anaximandre, ou le Sacrifice aux Grâces. — CAILHAVA, le Tartufe de mœurs.

Tome VIII. COLLIN D'HARLEVILLE, les Châteaux en Espagne; le Vieux Célibataire. — FABRE D'ÉGLANTINE, le Philinte de Molière; l'Intrigue épistolaire. — DESFORGES, le Sourd, ou l'Auberge pleine. — LEMERCIER, Plaute; Pinto.

*Chefs-d'œuvre tragiques. 2 vol. in-12. 1843-1845. *Ibid*. 6 fr.

Tome I. ROTROU, Saint-Genest; Venceslas. — LAFOSSE, Manlius. — CRÉBILLON, Rhadamiste et Zénobie. — LEFRANC DE POMPIGNAN, Didon. — SAURIN, Spartacus. — DE BELLOY, le Siège de Calais. — LA HARPE, Philoctète; Coriolan.

Tome II. DUCIS, Hamlet; Œdipe chez Admète; Macbeth; Abufar. — CHÉNIER, Charles IX. — LEGOUVÉ, la Mort d'Abel. — LUCE DE LANCIVAL, Hector. — LEMERCIER, Agamemnon; Frédégonde et Brunehaut.

CHÉGOIN (N. Hervez de). — Voy. **Hervez de Chégoin.**

CHEMIN (L.).

— Les Missionnaires; drame en cinq actes et en vers, suivi d'un poème sur la mort de l'archevêque de Paris. In-12. 1850. *Bray.*

CHEMIN-DUPONTÈS, ancien instituteur.

— Éléments de l'histoire de France. In-12. 1841. *Delalain.* 60 c.

— Éléments de l'histoire sainte, suivis d'un Précis sur l'histoire ecclésiastique. In-12. 1841. *Ibid.* 60 c.

*****Chemin de fer** (le) du Saint-Gothard sous le rapport technique. Calcul du rendement. Gr. in-8°. 1865. Zurich, *Schabelitz.* 2 fr. 50 c.

CHEMINAIS de Montaigu (Timoléon), prédicateur de la Société de Jésus, né à Paris en 1652, mort en 1689.

— Œuvres choisies. — Voy. *Migne,* Collection des orateurs sacrés, 1re série, tome 12.

*****Chemins de fer** (les) en Italie, aujourd'hui et dans dix ans; par un touriste. In-8°. 1863. *Dentu.* 1 fr.

*****Chemins de fer** vicinaux projetés en 1858 et livrés à l'exploitation en 1864 dans le département du Bas-Rhin. Recueil de documents officiels concernant les projets, la création des ressources, les conditions techniques et financières, le mode d'exécution, la dépense et la concession. Gr. in-8°, avec 1 pl. 1865. Paris et Strasbourg, *Ve Berger-Levrault et fils.* 12 fr.

CHENART (l'abbé), docteur de Sorbonne, directeur au séminaire de Saint-Sulpice.

— Méditations sur les principales obligations de la vie chrétienne et de la vie ecclésiastique, avec une méthode qui donne beaucoup de facilité pour le saint exercice de l'oraison. Nouvelle édition, revue par l'abbé Gosselin. 2 vol. in-18. 1860. *Adr. Le Clère et Cie.* 2 fr.

Ce recueil a été publié pour la première fois à Paris en 1687.

CHENAVARD (Antoine Marie), architecte, ancien professeur à l'École des beaux-arts de Lyon, membre correspondant de l'Institut de France, né à Lyon en 1787.

— Voyage en Grèce et dans le Levant, fait en 1843 et 1844. In-fol., 187 p. et 79 pl. gravées sur cuivre. 1858. [Lyon.] *Rapilly.* 80 fr.

Le texte de cet ouvrage avait déjà été publié en 1849. 1 vol. in-12.

CHENAYE-DESBOIS (de La). — Voy. **La Chenaye.**

CHENÉ (P.).

— Voix de la solitude; poésies. In-8°, 180 p. 1852. Angers, *Cosnier et Lachèse.*

CHÊNEAU (le docteur P.), médecin.

— Phthisie pulmonaire. De l'influence de la huitième paire de nerfs sur la production de cette maladie. In-8°. 1843. *Méquignon-Marvis.* 1 fr.

— Recherches sur le traitement des maladies nerveuses. De l'épilepsie. In-8°. 1845. *J. B. Baillière.* 1 fr.

— Recherches sur le traitement de l'épilepsie (haut mal, mal caduc, mal sacré). In-8°. 1849. *Ibid.* 1 fr. 50 c.

CHÊNEDOLLÉ (Charles de), poëte, né à Vire en 1769, mort en 1833.

— Œuvres complètes. Nouvelle édition, précédée d'une notice par Sainte-Beuve. In-12. 1864. *Didot frères.* 4 fr.

— Mémoires et souvenirs sur la cour de Bruxelles. — Voy. *Royer et Ch. de Ch.*

CHENET.

— Études poétiques, ou Chants du barde, glanés chez les muses. In-8° de 33 f. 1846. *Imprimerie Dupont.*

CHENEVIER (A.).

— Voyage en Belgique et sur les bords du Rhin. In-8°. 1863. Valence, *imprimerie Chenevier et Chavet.* 4 fr. 50 c.

CHENEVIÈRE (Jean-Jacques Caton), pasteur protestant à Dardagny (Suisse), puis à Genève, professeur de théologie dogmatique, docteur en théologie, recteur de l'Académie de Genève, né à Genève en 1784.

— L'Alliance dite évangélique. In-8°. 1861. Genève.

— De la Divine autorité des écrivains et des livres du Nouveau Testament. In-8°. 1850. Genève, *Cherbuliez.* 1 fr. 50 c.

— Dogmatique chrétienne. In-8°. 1840. Genève, *Ve Julien et fils.* 6 fr.

— Notice sur Marc-Antoine Fazy-Pasteur. In-8° de 31 p. 1857. Genève, *J. G. Fick.*

— Quelques mots sur la Genève religieuse au XIXe siècle, de M. le baron de Goltz, traduite par M. C. Malan fils. In-8° de 48 p. 1863. *Ibid.*

— Questions sur l'alliance dite évangélique. In-8°. 1861. Genève.

— Sermons prêchés dans les temples de Genève de 1822 à 1846. In-8°. 1855. Genève, *Cherbuliez.* 6 fr.

M. le pasteur Chenevière a publié : les « Sermons choisis » du pasteur J. *Saurin* ; et « Fragments du journal et de la correspondance » de Simonde de *Sismondi.* — Voy. ces noms.

CHENEVIÈRES (S. de).

— Histoire de saint Charles Borromée, cardinal-archevêque de Milan (1538-1584); suivie d'un appendice, de notes et d'un tableau chronologique du siècle de saint Charles. In-12. 1840. *Vrayet de Surcy.* 1 fr. 50 c.

CHÉNIER (André Marie de), poëte, né à Constantinople en 1762, mort guillotiné à Paris en 1794.

— Œuvres, en prose, augmentées d'un grand nombre de morceaux inédits, et précédées d'une Notice littéraire, par Eugène Hugo, et d'une Notice historique contenant toutes les pièces relatives à son procès devant le tribunal révolutionnaire, par le bibliophile Jacob. Seule édition complète, publiée sur les manuscrits autographes de l'auteur, communiqués par sa famille. In-12. 1840. *Gosselin.* 3 fr. 50 c.

— Poésies posthumes et inédites. Nouvelle édition, précédée d'une Notice, par M. H. Delatouche. 2 vol. in-8° avec portrait. 1839. *Charpentier.* 15 fr.

— Les mêmes. Nouvelle édition, suivie de notes et jugements extraits des ouvrages de Chateaubriand, Lebrun, J. Lefèvre, Villemain, Victor Hugo, etc. In-12 avec portrait. 1840. *Ibid.* 3 fr. 50 c.

Souvent réimprimé.

— Poésies. Édition critique, étude sur la vie et les œuvres de André Chénier, variantes, notes et commentaires, lexique et index, par L. Becq de Fouquières. In-8° avec portrait. 1862. *Ibid.* 10 fr.

Les Œuvres d'André Chénier ont été publiées pour la première fois en 1819.

CHÉNIER (Marie Joseph de), frère du précédent, poëte, né à Constantinople en 1764, mort à Paris en 1811.

— Charles IX. — Voy. *Chefs-d'œuvre* des auteurs tragiques, tome II.

— Fénelon, ou les Religieuses de Cambrai; tragédie en cinq actes. In-8°. 1840. *Tresse.* 60 c.

— Le même. In-4°. 1862. *Lévy frères.* 20 c.

Théâtre contemporain illustré, livraison 555.

— Poésies, précédées d'une Notice et accompagnées de notes, par M. Ch. Labitte. In-12. 1844. *Charpentier.* 3 fr. 50 c.

— Tableau historique de l'état et des progrès de la littérature française depuis 1789. Précédé d'une notice sur l'auteur par Daunou, et accompagné de notes complémentaires. 1810-1862. In-8° avec portrait. 1862. *Ducrocq.* 5 fr.

Une édition des Œuvres de J. de Chénier a été publiée à la suite des Œuvres de *Ducis.* — Voy. ce nom.

CHÉNIER (Louis Joseph Gabriel de), neveu des précédents, jurisconsulte militaire, chef de bureau de la justice militaire au ministère de la guerre, né en 1800.

— Éloge historique du maréchal Moncey, duc de Conégliano; suivi de notes et de pièces justificatives. In-8°. 1848. *Dumaine.* 2 fr.

— De l'État de siège, de son utilité et de ses effets. In-18. 1849. *Ibid.* 1 fr.

— Guide des tribunaux militaires, ou Législation criminelle de l'armée, précédé de notions sur le droit en général et du précis du droit militaire chez les Romains et en France, depuis le commencement de la monarchie jusqu'à la révolution de 1789. 3 vol. in-8°. 1853. *Ibid.* 21 fr.

— Manuel des conseils de guerre, ou Recueil alphabétique de questions de droit militaire, suivi du Manuel des parquets militaires. 2e édition. In-8°. 1849. *Ibid.* 1 fr. 50 c.

— Manuels des parquets militaires. In-18. 1848. *Ibid.* 1 fr. 75 c.

— La Vérité sur la famille de Chénier. In-12. 1844. *Ibid.* 2 fr.

CHENNEVIÈRES-POINTEL (Charles Philippe, marquis de), inspecteur général des expositions d'art, né à Falaise en 1820.

— Les Aventures du petit roi saint Louis devant Bellesme. In-12. 1865. *Hetzel.* 5 fr.

— Les Derniers contes de Jean de Falaise, avec une eau-forte de Jules Buisson. In-12. 1860. *Poulet-Malassis.* 2 fr.

Jean de Falaise est le pseudonyme du marquis de Chennevières.

— Essais sur l'organisation des arts en province. In-16 de 4 f. 1852. *Dumoulin.*

— Notice historique et descriptive sur la galerie d'Apollon au Louvre. In-12. 1851. *Pillet fils aîné.* 75 c.

— Portraits inédits d'artistes français. In-fol. avec 8 portraits. 1853. *Dumoulin.* 15 fr.

— Recherches sur la vie et les ouvrages de quelques peintres provinciaux de l'ancienne France. Tomes 1 à 3. In-8°. 1847-1854. *Ibid.* 18 fr.

CHENOT (Adrien), ingénieur, ancien élève de l'École des mines, né à Bar-sur-Aube en 1803.

— Les Chaudières à vapeur sont des machines électriques. Les moyens de sûreté actuels sont impuissants. Moyen de générer la vapeur sans aucun danger. Machines à pressions égales et constantes permettant l'emploi des réactions chimiques. In-8° avec 1 pl. 1845. *Dalmont.* 6 fr.

CHENOT (Louis), littérateur, licencié en droit, né à Auxonne (Côte-d'Or) en 1837.

— De l'Intérêt de la France dans la question italienne. In-8°. 1859. Turin, *Schellino.*

— Jane. In-12. 1865. *Dentu.* 3 fr.

M. Chenot a traduit de l'italien : « les Conjurés », de G. T. *Cimino.*

CHENU (A.), ex-capitaine des gardes de préfecture.

— Les Chevaliers de la République rouge en 1851. In-18. 1851. *Giraud et Dagneau.* 1 fr. 25 c.

— Les Conspirateurs. — Les Sociétés secrètes. — La Préfecture de police sous Caussidière. — Les Corps francs. In-12. 1850. *Garnier frères.* 1 fr. 25 c.

— Les Montagnards de 1848. In-12. 1850. *Giraud et Dagneau.* 1 fr.

CHENU (Aimé), prote d'imprimerie.

— Manuel des sciences. Langue française, arithmétique, géographie, chronologie, etc. In-18. 1858. Wazemmes, *Quarré.* 1 fr. 25 c.

CHENU (le docteur Jean Charles), médecin principal d'armée, inspecteur des sources minérales ferrugineuses de Passy, bibliothécaire de l'École impériale du Val-de-Grâce, né à Metz en 1808.

— Chasse au chien d'arrêt, gibier à plumes. In-18 avec 89 pl. 1851. *Marescq.* 5 fr.

— Encyclopédie d'histoire naturelle, ou Traité complet de cette science d'après les travaux des naturalistes les plus éminents de tous les pays et de toutes les époques. Ouvrage résumant les observations des auteurs anciens et comprenant toutes les découvertes modernes jusqu'à nos jours. 31 vol. in-4°. 1850-1861. *Ibid.*

Coléoptères. 3 vol. 20 fr. — Quadrumanes. 6 fr. 30 c. — Oiseaux. 6 vol. 37 fr. 80 c. — Botanique. 2 vol. 14 fr. 70 c. — Papillons de nuit 6 fr. 30 c. — Papillons diurnes. 6 fr. 30 c. — Mammifères. 4 vol. 33 fr. 60 c. — Reptiles et poissons. 7 fr. 35 c. — Crustacés, mollusques et zoophytes. 6 fr. 30 c. — Annelés. 6 fr. 30 c. — Races humaines. 6 fr. 30 c.

— Tables alphabétiques des noms vulgaires et scientifiques de tous les animaux décrits et figurés dans cette encyclopédie, dressées par M. Desmarest. 9 vol. in-4°. *Ibid.*

Oiseaux. 3 fr. — Mammifères. 3 fr. 50 c. — Poissons et reptiles. 2 fr. 50 c. — Botanique. 3 fr. 75 c. — Crustacés et mollusques. 3 fr. — Coléoptères. 4 fr. — Annelés. 3 fr. — Races humaines. 2 fr. — Lépidoptères. 4 fr.

— Essai pratique sur l'action thérapeutique des eaux minérales, suivi d'un Précis analytique des sources minéro-thermales connues. Tome Ier. In-8°. 1841. *Vict. Masson.* 8 fr.

— Essai sur l'action thérapeutique des eaux ferrugineuses de Passy. Avec des notes, par M. Isid. Bourdon. In-12. 1841. *Ibid.* 3 fr.

— La Fauconnerie ancienne et moderne. In-12

avec gravures. 1862. *Hachette et Cie*. Noir, 3 fr. 50 c.; colorié, 6 fr.

Avec M. Des Murs.

Supplément au tome II des « Leçons élémentaires sur l'histoire naturelle des oiseaux ».

— Illustrations conchyliologiques, ou Description et figures de toutes les coquilles connues vivantes et fossiles, classées suivant le système de Lamarck, modifié d'après les progrès de la science, et comprenant les genres nouveaux et les espèces récemment découvertes. Livraisons 1 à 85. In-fol. 1842-1854. *Vict. Masson*. Chaque livraison, 20 fr.

La publication est interrompue, et il paraît qu'elle ne sera pas reprise.

— Leçons élémentaires d'histoire naturelle, comprenant un Aperçu sur toute la zoologie et un Traité de conchyliologie. In-8° avec 12 pl. 1846. *Dauvin et Fontaine*. 15 fr.

— Leçons élémentaires sur l'histoire naturelle des oiseaux. 2 vol. in-12 avec gravures. 1862-1863. *Hachette et Cie*. Noir, 7 fr.; colorié, 12 fr.

Avec MM. Des Murs et Verreaux. — Voy. ci-dessus : la Fauconnerie ancienne et moderne.

— Manuel de conchyliologie et de paléontologie conchyliologée. 2 vol. gr. in-8° avec gravures. 1859-1862. *Masson et fils*. 50 fr.

— Rapport au conseil de santé des armées sur les résultats du service médico-chirurgical aux ambulances de Crimée et aux hôpitaux militaires français en Turquie, pendant la campagne d'Orient en 1854-1855-1856. In-4°. 1865. *Ibid*. 20 fr.

M. J. C. Chenu a traduit de l'anglais : « Histoire naturelle des coquilles d'Angleterre » de E. *Donovan*.

CHENU (Jules), mort en 1864.

— Le Jardin des roses de la vallée des Larmes. Traduit du latin par J. Chenu. In-12. 1850. *Panckoucke*. 5 fr.

Imitation des éditions elzéviriennes, tirée à 100 exemplaires.

— Le même. Nouvelle édition. In-18. 1862. *J. Gay*. 2 fr.

M. Jules Chenu a publié dans la Bibliothèque Panckoucke : *Flavius Vopiscus*, et « l'Etna » de *Lucilius* junior. Il a fait une traduction d'*Hésiode*. — Voy. ces noms.

CHÉON (DAVID-). — Voy. **David-Chéon.**

CHEPMELL (le docteur Édouard Charles), médecin anglais, né à l'île de Guernesey en 1820.

— Nouveau manuel de l'homœopathie domestique, appliquée dans les limites de son exercice légitime, avec des instructions raisonnées pour la diète et le régime. Traduit de l'anglais. In-12. 1852. [Bruxelles.] *Reinwald*. 5 fr.

CHÉRADAME (Félix).

— Le Whist (aux tricks doubles) ramené à ses véritables principes. Méthode pour l'apprendre en peu de temps et pour le jouer avec succès. In-18. 1849. *Garnier frères*. 1 fr.

CHÉRADAME (Léopold).

— Une Branche d'olivier. Édition illustrée par Théophile Kwiatkowski. In-8°. 1850. *Furne*. 2 fr.

CHÉRAY (LELOUP DE). — Voy. **Leloup de Charroy.**

CHERBONNEAU (Auguste), orientaliste, directeur du collége arabe d'Alger, officier de l'Université, né à la Chapelle-Blanche (Indre-et-Loire) en 1813.

— Album du musée de Constantine, publié

sous les auspices de la Société archéologique. 1er cahier. Petit in-4° oblong avec 11 pl. 1862. [Constantine.] *Challamel aîné*. 3 fr.

— Le même. 2e cahier. In-4° avec 19 pl. 1863. *Ibid*. 3 fr.

— Anecdotes musulmanes; texte arabe; ou Cours d'arabe élémentaire, contenant une série d'anecdotes tirées des auteurs musulmans, suivi d'un Dictionnaire analytique des mots, des formes et des idiotismes contenus dans le texte. In-8°. 1847. *Hachette*. 5 fr.

— Constantine et ses antiquités. In-8°. 1853. Constantine, *Guende*.

— Dialogues arabes à l'usage des fonctionnaires et des employés de l'Algérie. In-8°. 1858. [Alger, *Dubos frères*.] *Challamel aîné*. 6 fr.

— Éléments de la phraséologie française, avec une Introduction en arabe vulgaire (idiome africain), à l'usage des indigènes. Texte français. Petit in-8°. 1851. [Constantine, *Guende*.] *Hachette*. 2 fr. 50 c.

— Le même. Traduction arabe. Petit in-8°. 1851. *Ibid*. 2 fr. 50 c.

— Essai sur la littérature arabe au Soudan, d'après le Tekmilet-ed-dibadje d'Ahmed-Baba, le Tombouctien. In-8°. 1855. Constantine, *Abadie*. 1 fr. 50 c.

— Exercices pour la lecture des manuscrits arabes. In-8°. 1853. [Constantine.] *Hachette et Cie*. 2 fr. 50 c.

— Le même, avec la figuration et la traduction en français. In-8°. *Ibid*. 4 fr.

— Les Fourberies de Delilah, conte extrait des « Mille et une Nuits » (texte arabe), ponctué à la manière française, et accompagné de l'analyse grammaticale des mots et des formes les plus difficiles. In-12. 1856. [*Imprimerie impériale*.] *Hachette et Cie*. 1 fr. 50 c.

— Histoire de Chems-Eddine et Nour-Eddine, extraite des « Mille et une Nuits », ponctuée à la manière française, et accompagnée de l'analyse grammaticale des mots et des formes les plus difficiles. In-12. 1852. *Ibid*. 1 fr. 50 c.

— Le même. Expliqué d'après une nouvelle méthode par deux traductions françaises, l'une, littérale et juxtalinéaire; l'autre, correcte. In-12. 1853. *Ibid*. 5 fr.

— Histoire de Djouder le pêcheur, conte traduit de l'arabe. In-12. 1853. *Hachette et Cie*. 1 fr.

Avec M. Thierry.

— Leçons de lecture arabe, comprenant l'alphabet, la lecture courante, les noms de nombres et chiffres des Arabes. 2e édition. In-12. 1864. *Ibid*. 1 fr. 50 c.

La 1re édition est de 1852.

— Manuel des écoles arabes-françaises, expliqué dans les deux langues et accompagné de la figuration du texte. In-12. 1854. Constantine, *Abadie*. 1 fr. 75 c.

— Notice et extraits du voyage d'El-Abdéry à travers l'Afrique septentrionale au VIIe siècle de l'hégire. In-8°. 1860. *Hachette et Cie*. 1 fr.

Extrait de la « Revue algérienne et coloniale ».

— Précis historique de la dynastie des Benou-Djellab, princes de Tuggurt. In-8°. 1851. *Challamel aîné*. 1 fr. 50 c.

— Relation du voyage de M. le capitaine de

Bonnemain à R'dâmes (1856-1857), avec une carte dressée par V. A. Malte-Brun. In-8°. 1857. *A. Bertrand.* 1 fr. 50 c.

— Traité méthodique de la conjugaison arabe dans le dialecte algérien. In-12. 1854. [*Imprimerie impériale.*] *Hachette et Cie.* 2 fr. 50 c.

M. Cherbonneau a traduit de l'arabe : « Voyage d'*Ibn-Batoutah* à travers l'Afrique septentrionale et l'Égypte », et les « Fables » de *Lokman*. — Voy. ces noms.

*Cherbourg, c'est la paix. In-8°. 1858. *Garnier frères.* 1 fr.

*Cherbourg et l'Angleterre. In-8°. 1858. *Dentu.* 2 fr.

*Cherbourg sous l'empereur Napoléon III. Notice historique sur Cherbourg, sa création comme port militaire, ses travaux d'amélioration, son achèvement, inauguration de l'avant-port en 1813, inauguration du chemin de fer et de l'arrière-bassin en 1858. In-8°. 1858. *Dentu.* 75 c.

*Cherbourg. La ville, les bassins, la rade et la digue. Notice historique. In-4°. 1858. *Barba.* 80 c.

CHERBULIEZ (André), professeur à l'Académie de Genève.

— La Ville de Smyrne et son orateur Aristide. 2 parties in-4°. 1865. Genève, *Cherbuliez.* 9 fr.

CHERBULIEZ (Antoine Élisée), frère du précédent, économiste suisse, professeur d'économie politique à l'École polytechnique fédérale de la Suisse, né à Genève en 1797.

— De la Démocratie en Suisse. 2 vol. In-8°. 1843. Genève, *Cherbuliez.* 15 fr.

— Études sur les causes de la misère, tant morale que physique, et sur les moyens d'y porter remède. In-12. 1853. *Guillaumin.* 2 fr. 50 c.

— Études sur la loi électorale du 19 avril 1831, et sur les réformes dont elle serait susceptible. In-8°. 1840. *Royer.* 4 fr.

— Lettre à M. Proudhon sur le droit de propriété. In-8°. 1849. *Guillaumin.* 1 fr.

Extrait du « Journal des économistes ».

— Le Potage a la tortue. Entretiens populaires sur les questions sociales. In-12. 1849. Genève, *Cherbuliez.* 1 fr.

— Précis de la science économique et de ses principales applications. 2 vol. In-8°. 1862. *Guillaumin et Cie.* 15 fr.

— Riche ou pauvre. Exposition succincte des conditions actuelles de la distribution des richesses sociales. In-8°. 1840. Genève, *Cherbuliez.* 5 fr.

— Richesse ou pauvreté. Exposition des causes et des effets de la distribution actuelle des richesses sociales. Précédée d'un resumé de la doctrine des solidairunis, par P. G. B. In-12. 1841. *Legallois.* 1 fr. 25 c.

— Simples notions de l'ordre social, à l'usage de tout le monde. In-12. 1848. *Guillaumin.* 1 fr.

— Le Socialisme, c'est la barbarie. Examen des questions sociales qu'a soulevées la révolution du 24 février 1848. In-8°. 1848. Genève, *Cherbuliez.* 1 fr.

CHERBULIEZ (Ferdinand), avocat à Genève, né à Paris en 1836.

— Des Droits des enfants naturels sur les biens de leur père et de leur mère. In-8°. 1859. Genève, *Cherbuliez.* 1 fr. 50 c.

CHERBULIEZ (Victor), fils du professeur André Cherbuliez, né à Genève en 1828.

— A Propos d'un cheval, causeries athéniennes. In-8° avec une photographie. 1860. Genève, *Cherbuliez.* 6 fr.

Le même. Nouvelle édition sous le titre :

— Un Cheval de Phidias, causeries athéniennes. 2e édition. In-12. 1864. *Lévy frères.* 3 fr.

— Le Comte Kostia. In-12. 1863. *Hachette et Cie.* 3 fr. 50 c.

2e édition en 1864.

— Paul Méré. In-12. 1864. *Ibid.* 3 fr.

— Le Prince Vitale, essai et récit à propos de la Folie du Tasse. In-12. 1864. *Lévy frères.* 3 fr.

CHERBULIEZ (Mme TOURTE-). — Voy. **Tourte-Cherbuliez.**

CHERBURY (lord Ed. HERBERT DE). — Voy. **Herbert de Cherbury.**

CHEREAU (le docteur Achille), né à Bar-sur-Seine (Aube) en 1817.

— La Bibliothèque d'un médecin au commencement du XVe siècle. In-8°. 1864. *Techener.* 2 fr.

Extrait du « Bulletin du bibliophile ».

— Henri Mondeville, chirurgien de Philippe le Bel, roi de France. In-8°. 1862. [Caen, *Hardel.*] *Aubry.* 2 fr. 50 c.

Extrait des « Mémoires de la Société des antiquaires de Normandie ».

— Jean Michel de Pierrevive, premier médecin de Charles VIII, roi de France, et le Mystère de la Passion. In-8°. 1864. *Techener.* 3 fr.

Extrait du « Bulletin du bibliophile ».

— Mémoire pour servir à l'étude des maladies des ovaires. In-8°. 1845. *Vict. Masson.* 3 fr.

M. le docteur Chereau a publié et annoté le « Journal » de Jean Grivel ; il a traduit de l'anglais les « Premiers principes de médecine » de *Billing*, et du latin la « Description de la Franche-Comté », de Gilbert *Cousin*. — Voy. ces noms.

CHEREMÉTEF.

— Journal du boyard Cheremétef à Cracovie, Venise, Rome et Malte, 1697-1699. In-18. 1858. *Franck.* 3 fr. 50 c.

Bibliothèque russe et polonaise, tome 4.

CHEREST (Aimé Alexandre), avocat à Auxerre, vice-président de la Société des sciences historiques et naturelles de l'Yonne, né à Auxerre en 1826.

— Usages locaux, suivis comme loi dans le département de l'Yonne, recueillis et publiés par la commission centrale instituée à cet effet, sous la direction de M. Aimé Cherest, secrétaire de la commission. In-8°. 1861. Auxerre, *Gallot.* 5 fr.

— Vézelay. Étude historique. Tome Ier. In-8°. 1864. Auxerre. 5 fr.

L'ouvrage aura 2 volumes.

CHÉRET (l'abbé), curé de Seine-Port.

— Lettres d'un curé de campagne à M. Renan, sur sa « Vie de Jésus ». In-8°. 1863. *Douniol.* 60 c.

CHEREY (Pierre), architecte.

— Les Architectes au XIXe siècle. In-8°. 1863. *Dentu.* 1 fr.

CHERGÉ (Charles de), correspondant des ministères de l'intérieur et de l'instruction publique, membre de la Société archéologique de Poitiers.

— Le Guide du voyageur à Poitiers. Suivi de l'itinéraire de Tours à Poitiers. In-12 avec 1 plan et 1 tableau. 1831. Poitiers, *Oudin*.

— Histoire des congrégations religieuses d'origine poitevine. In-12 de 7 f. avec vignettes. 1856. Poitiers, *Dupré*.

— Lettres d'un paysan gentilhomme sur la loi du 28 mai 1858 et le décret du 8 janvier 1859, relatifs aux noms et titres nobiliaires. In-8°. 1860. [Poitiers.] *Dumoulin*. 2 fr.

— Les Vies des saints du Poitou et des personnages d'une éminente piété qui sont nés ou qui ont vécu dans cette province. In-12 de 10 f. 1856. Poitiers, *Dupré*.

CHÉRI-MARIAN.

— Le Parjure; drame en cinq actes. In-4°. 1863. *Lévy frères*. 50 c.

CHÉRIAS (Jules).

— Aperçu sur les illustrations gapençaises, à propos du Précis de l'histoire de la ville de Gap, ou Réflexions critiques concernant ce Précis. In-8°, 80 p. 1851. Gap, *Delaplace*.

— Histoire du général Lanotte de Lapeyrouse, commandant du Guipuscoa à l'époque de la régence, et chef de l'expédition envoyée au secours de Stanislas, roi de Pologne, en 1734. In-8°, 504 p. 1842. Gap, *Allier*.

CHÉRIFEL LA GRAVE (E.), professeur de langues au collège Rollin.

— Clef de la conversation allemande. In-32. 1864. *André Guédon*. 75 c.

— Cours élémentaire théorique et pratique de langue allemande. In-12. 1862. *Ibid.* 1 fr. 50 c.

— Cours supérieur théorique et pratique de langue allemande. In-12. 1864. *Ibid.* 1 fr. 50 c.

— Les Langues vivantes et l'enseignement professionnel. In-12. 1863. *Ibid.* 90 c.

— Le Premier maître d'allemand. In-18. 1865. *Ibid.* 75 c.

CHERIN (L. N. H.).

— Abrégé chronologiste d'édits, etc., concernant le fait de la noblesse. — Voy. *Grandmaison*, Dictionnaire héraldique.

CHERON (L. Cl.), auteur dramatique, né à Paris en 1758, mort à Poitiers en 1807.

— Le Tartuffe de mœurs. — Voy. *Chefs-d'œuvre* des auteurs comiques, tome 7.

CHÉRON (A.), ingénieur.

— Guide pour la destruction des melolontha vulgaris, connus sous le nom vulgaire de vers blancs et hannetons. In-8°. 1865. *Chez l'auteur*, *Paris-Batignolles, rue Brochant*, 11. 50 c.

CHÉRON (Amédée Paul), bibliographe, conservateur à la Bibliothèque impériale, né à Paris en 1819.

— Catalogue général de la librairie française au xixe siècle, indiquant, par ordre alphabétique de noms d'auteurs, les ouvrages publiés en France du 1er janvier 1800 au 31 décembre 1855. Tomes 1 à 3. (A-Du). Gr. in-8°. 1857-1859. *Jannet*.

Chaque volume de ce catalogue formait la prime pour un abonnement d'un an (20 fr.) au « Courrier de la librairie ». Ce journal ayant cessé de paraître depuis 1859, le catalogue n'a pas été continué. Il n'indique pas les prix des ouvrages.

M. Paul Chéron a aussi publié une édition des Œuvres complètes de *Boileau*.

CHÉRON DE VILLIERS (Pierre Théodore), ancien professeur, ancien chef du cabinet du préfet de la Haute-Vienne, de la Loire-Inférieure et de la Gironde (de 1851 à 1855), rédacteur en chef du « Courrier du Havre » et du « Courrier de Paris », né à Périgueux en 1827.

— Marie Anne Charlotte de Corday d'Armont. Sa vie, son temps, ses écrits, son procès, sa mort. Fac-simile de portraits et d'autographes exécutés par Émile Bellot. Gr. in-8° avec 24 pl. 1865. *Amyot*. 30 fr.

— L'Orient grec en 1860. In-8°. 1861. *Dentu*. 1 fr.

2e édition sous le titre : Athènes et l'Orient grec. In-8°. 1863. *Ibid.* 1 fr. 50 c.

— Politique contemporaine. Histoire de la diplomatie et des faits, des hommes et des événements. In-12. 1857. *Ibid.* 3 fr.

La 1re édition est anonyme; la 2e, publiée dans la même année, porte le nom de l'auteur.

— Le Roi de Naples François II et l'Europe. In-8°. 1861. *Ibid.* 1 fr.

Anonyme.

— Le Sang de Marat. Fac-simile des numéros 506 et 678 du journal « l'Ami du peuple » teints du sang de Marat, donnés par Albertine Marat, sa sœur, au colonel Maurin, communiqués par M. Anatole France. Notice par M. Chéron de Villiers. Portrait de Marat, d'après le médaillon de Bonvallet, par M. Émile Bellot. Gr. in-8°. 1865. *France*. 5 fr.

Tiré à 50 exemplaires.

M. Chéron de Villiers a publié : « César », ouvrage posthume inédit de Michel *Lepeletier de Saint-Fargeau*. — Voy. ce nom.

CHERONNET (D. J. F.).

— Histoire de Montmartre. Publiée par l'abbé Ottin. In-8°. 1843. *Breteau et Pichery*. 2 fr. 50 c.

— Le même. In-12. *Ibid.* 1 fr. 50 c.

CHÉROT (Aug.), ancien élève de l'École polytechnique.

— Nos relations de commerce et de navigation avec l'Espagne et ses colonies. In-8°. 1863. *Dentu*. 1 fr.

— Note sur la fièvre jaune à Saint-Nazaire. In-8°. 1862. *Baillière et fils*. 1 fr.

CHÉROT (E.), filateur à Nantes.

— La Bourgeoisie et l'empire. In-8°. 1860. [Nantes.] *Merson.*] *Dentu*. 1 fr.

CHERPIN.

— Histoire de la franc-maçonnerie. — Voy. *Kauffmann*.

CHERRIER (Claude Joseph de), historien, membre de l'Institut, né à Neufchâteau (Vosges) en 1785.

— Histoire de la lutte des papes et des empereurs de la maison de Souabe, de ses causes et de ses effets; ou Tableau de la domination des princes de Hohenstaufen dans le royaume des Deux-Siciles, jusqu'à la mort de Conradin. 3 vol. in-8°. 1841-1847. *Courcier*. 22 fr. 50 c.

— Le même. 2e édition, revue, corrigée et augmentée. 3 vol. in-8°. 1858. *Furne et Cie*. 18 fr.

CHERTIER (Edmond).

— Réformes en Turquie. In-8°. 1858. *Dentu*. 2 fr. 50 c.

CHERTIER (F. M.).

— Nouvelles recherches sur les feux d'artifice. In-8°. 1843. *Chez l'auteur*. 8 fr. 50 c.

— Le même. 2e édition, revue et corrigée. In-8° avec grav. 1854. *Mallet-Bachelier*. 9 fr.

CHÉRUBIN (P.).

— Napoléon Ier. Son rang et son rôle. Étude historique et critique sur le 20e vol. de l'Histoire du consulat et de l'empire, de M. Thiers. In-12. 1863. *Dentu*. 2 fr.

CHÉRUBINI (S.).

— Nubie. — Voy. *Univers pittoresque*, Afrique, tome 3.

CHÉRUEL (Adolphe), historien, recteur de l'Académie de Strasbourg, né a Rouen en 1809.

— De l'Administration de Louis XIV (1661-1672), d'après les Mémoires inédits d'Olivier d'Ormesson. In-8° de 15 f. 1849. Rouen, *imprimerie Brière*.

— Dictionnaire historique des institutions, mœurs et coutumes de la France. 2e édition. 2 vol. in-12. 1865. *Hachette et Cie*. 12 fr.

La 1re édition est de 1855.

— Histoire de l'administration monarchique en France, depuis l'avénement de Philippe Auguste jusqu'à la mort de Louis XIV. 2 vol. in-8°. 1855. *Dezobry et Magdeleine*. 12 fr.

— Histoire de Rouen sous la domination anglaise au xve siècle, suivi de pièces justificatives, publiées pour la première fois d'après les manuscrits des archives municipales de Rouen. In-8°. 1840. Rouen, *Legrand*.

— Histoire de Rouen pendant l'époque communale 1150-1382, suivie de pièces justificatives publiées pour la première fois, d'après les archives départementales et municipales de cette ville. 2 vol. in-8° avec 3 pl. 1844. *Ibid*.

— Marie Stuart et Catherine de Médicis. Étude historique sur les relations de la France et de l'Écosse dans la seconde moitié du xvie siècle. In-8°. 1858. *Hachette et Cie*. 6 fr.

— Mémoires sur la vie publique et privée de Fouquet, surintendant des finances, d'après ses lettres et des pièces inédites conservées à la Bibliothèque impériale. 2 vol. in-8°. 1864. *Charpentier*. 14 fr.

— Les mêmes. 2 vol. in-12. 1864. *Ibid*. 7 fr.

— Notice biographique sur Henri Groulart, seigneur de la Court. Sa correspondance relative aux négociations qui ont préparé la paix de Westphalie. In-8°. 1861. *P. Dupont*. 1 fr.

— Saint-Simon considéré comme historien de Louis XIV. In-8°. 1865. *Hachette et Cie*. 7 fr. 50 c.

M. Chéruel a publié les « Mémoires » de Mlle de *Montpensier* et une édition des « Mémoires » de *Saint-Simon*; il a traduit de l'anglais le « Dictionnaire des antiquités romaines et grecques » de *Rich*.

CHERVAU (Hippolyte) a traduit de l'allemand : *Zschokke*, la Nuit de la Saint-Sylvestre.

CHERVET, supérieur des minimes, né en 1810.

— Solennités catholiques, ou Recueil de sermons et d'instructions pour les différentes fêtes de l'année. 3 vol. in-8°. 1858. Lyon, *Briday*. 14 fr.

CHERVILLE (le marquis G. de).

— Les Aventures d'un chien de chasse. In-12. 1862. *Hetzel*. 3 fr.

— Le Dernier crime de Jean Hiroux. In-12. 1862. *Poulet-Malassis*. 2 fr.

Publié sous le pseudonyme de G. de Morlon.

CHERVIN aîné, instituteur communal à Lyon.

— Petit livre de lecture des écoles primaires. In-18. 1865. *Delalain et fils*. 60 c.

CHERVIN (le docteur N.), médecin, membre de l'Académie de médecine, né à Saint-Laurent d'Oingt en 1783, mort à Bourbonne-les-Bains en 1843.

— De la Fièvre jaune qui a régné à la Martinique en 1838 et 1839. In-8°. 1840. *J. B. Baillière*. 1 fr. 50 c.

— De l'Identité de nature des fièvres d'origine paludéenne de différents types, à l'occasion de deux mémoires de M. le docteur Rufz, sur la fièvre jaune qui a régné à la Martinique de 1838 à 1841, et de l'urgence d'abolir les quarantaines relatives à cette maladie. In-8°. 1842. *Ibid*. 3 fr.

Rapport fait à l'Académie de médecine.

— Réponse à diverses allégations de M. le docteur Bertulus, touchant le mode de propagation de la fièvre jaune. In-8°. 1843. *Ibid*.

CHÉRY (le R. P. Marcellin), de l'ordre des frères prêcheurs, lecteur en sacrée théologie, né à Metz en 1834.

— Saint Évpre, viie évêque de Toul; sa vie; son abbaye; son culte. In-18. 1865. *Ve Poussielgue et fils*. 1 fr.

Le P. Chéry a revu et annoté le « Breviarium theologicum » de Jean Polman.

CHESNEAU (Ernest), littérateur et journaliste, né à Rouen en 1833.

— L'Art et les artistes modernes en France et en Angleterre. In-12. 1863. *Didier et Cie*. 3 fr. 50 c.

— Le Décret du 13 novembre et l'Académie des beaux-arts, suivi du rapport de M. de Nieuwerkerke, sur-intendant des beaux-arts, du décret du 13 novembre, de la protestation de l'Académie, etc. In-8°. 1864. *Ibid*. 1 fr. 50 c.

— Les Intérêts populaires dans l'art. La Vérité sur le Louvre, le Musée de Napoléon III et les artistes industriels. In-8°. 1862. *Dentu*. 1 fr.

— La Peinture française au xixe siècle. Les Chefs d'école : L. David, Gros, Géricault, Decamps, Meissonnier, Ingres, H. Flandrin, E. Delacroix. In-12. 1862. *Didier et Cie*. 3 fr. 50 c.

M. Chesneau a collaboré à la « Revue européenne », la « Revue des Deux-Mondes », « l'Opinion nationale » et autres journaux.

CHESNÉE.

— Conversations en français et en anglais sur le commerce, la navigation, l'industrie, l'agriculture et les douanes. In-12. 1862. [Londres.] *Bossange et Cie*. Relié, 5 fr.

CHESNEL (l'abbé François), né à Quimperlé (Finistère) en 1822.

— Méditations à l'usage des communautés religieuses pour tous les jours de l'année, ou le Pain quotidien de l'âme pieuse. 4 vol. in-12. 1860. Lyon, *Pélagaud*. 10 fr.

— Du Paganisme, de son principe et de son histoire. In-12. 1853. *Douniol*. 2 fr. 50 c.

— Petites méditations sur le sacré cœur de Jésus. In-12. 1857. *Ve Poussielgue-Rusand*. 2 fr.

CHESNEL DE LA CHARBOUCLAIS (le marquis Louis Pierre François Adolphe de), littérateur, ancien officier supérieur d'infanterie, né à Paris en 1791, mort en 1862.

— Les Animaux raisonnent. Examen philosophique de leur organisation, de leurs mœurs et des faits les plus intéressants de leur histoire. In-8°. 1845. *Delahaye*. 3 fr. 50 c.

Publié sous le pseudonyme d'Alfred de Nore.

— Coutumes, mythes et traditions des provinces de France. In-8°. 1846. *Périsse*. 6 fr.

Publié sous le même pseudonyme.

— Dictionnaire des armées de terre et de mer, encyclopédie militaire et maritime. Illustré dans le texte de plus de 1,200 grav. dessinées d'après les documents les plus authentiques et sur les modèles les plus estimés, par M. Jules Duvaux, et contenant diverses cartes géographiques et planches. 2 vol. in-8°. 1863-1864. *Le Chevalier*. 32 fr.

— Dictionnaire de géologie, suivi d'esquisses géologiques et géographiques, par A. de Chesnel, et Dictionnaire de chronologie universelle, par M. Champagnac. Gr. in-8°. 1850. *Migne*. 8 fr.

Forment le tome 50 de la « Première encyclopédie théologique » publiée par l'abbé *Migne*.

— Dictionnaire des merveilles et curiosités de la nature et de l'art. Gr. in-8°. 1854. *Ibid*. 7 fr.

Forme le tome 44 de la « Nouvelle encyclopédie théologique » publiée par l'abbé *Migne*.

— Dictionnaire de la sagesse populaire. Recueil moral d'apophthegmes, axiomes, aphorismes, maximes, etc. Gr. in-8°. 1855. *Ibid*. 7 fr.

Forme le tome 11 de la « Troisième et dernière encyclopédie théologique » publiée par l'abbé *Migne*.

— Dictionnaire des superstitions, erreurs, préjugés et traditions populaires. Gr. in-8°. 1856. *Ibid*. 7 fr.

Forme le tome 20 de la même encyclopédie.

— Dictionnaire de technologie, étymologie et définitions des termes employés dans les arts et métiers. Synonymie scientifique et vulgaire. Origine des inventions et revue chronologique de leurs perfectionnements, etc. 2 vol. gr. in-8°. 1857-1858. *Ibid*. 14 fr.

Forme les tomes 28 et 29 de la même encyclopédie.

— Le Livre des jeunes personnes, ou Tableau moral de la vie d'une femme, comme fille, sœur, épouse et mère. In-12. 1845. *Delahaye*.

Publié sous le pseudonyme d'Alfred de Nore.

— Traité de géographie moderne. — Voy. *Benoist*, Dictionnaire de géographie sacrée.

— Vie de Buffon. In-12. 1843. *Debécourt*. 3 fr. 50 c.

M. Chesnel de la Charbouclais a dirigé plusieurs recueils savants et collaboré à différents journaux et revues.

CHESNERAYE (MAHIET DE LA). — Voy. **Mahiet de La Chesneraye.**

CHESNIER (O.).

— Les Hiéroglyphes français, ou Méthode figurative appliquée à l'instruction primaire. In-8°. 1843. *Roret*. 4 fr. 50 c.

— Méthode hiéroglyphique appliquée à l'instruction primaire et à tous les modes d'enseignement. In-8°. 1843. *Ibid*. 2 fr. 50 c.

CHESTERFIELD (Philippe Dormer STANHOPE, comte de), homme d'État et écrivain anglais, né à Londres en 1694, mort en 1773.

— Lettres de lord Chesterfield à son fils Philippe Stanhope. Traduction revue, corrigée, accompagnée de notes, et précédée d'une Notice sur la vie et les ouvrages de l'auteur, par M. Amédée René. 2 vol. in-12. 1842. *Labitte*. 7 fr.

L'original anglais de ces lettres n'a été publié qu'en 1815 à Paris.

CHÉSUROLLES.

— Petit dictionnaire biographique, contenant les noms des personnages célèbres de tous les temps et de tous les pays. In-32. 1853. *Didier et Cie*. 2 fr. 50 c.

M. Chésurolles a publié le « Grand dictionnaire général français » de N. *Landais*.

CHÉTARDIE (l'abbé J. DE LA). — Voy. **La Chétardie.**

CHÉTELAT (Emmanuel), membre de l'Université.

— Les Quarante ans au désert. Épopée biblique en douze chants. In-12. 1857. Bordeaux, *Delmas*. 3 fr.

CHEVALET (Émile), littérateur, chef de la section des écoles militaires au ministère de la guerre, né à Levroux (Indre) en 1813.

— La Canne d'un grand homme ; comédie-vaudeville en un acte. In-8°. 1862. *Bureaux du Jacques Bonhomme*. 1 fr.

— Le Livre de Job. In-12. 1854. *Permain*. 3 fr. 50 c.

— Les Ombres gauloises. Théâtre de poche en six tableaux. In-12. 1851. *Dentu*. 1 fr.

Avec Eugène Andray.

— Précis d'histoire moderne et contemporaine, rédigé d'après les programmes officiels adoptés pour les examens au baccalauréat et pour l'admission à l'École impériale spéciale militaire. In-12. 1865. *Chamerot et Lauwereyns*. 4 fr.

— Rire et satire. Anecdotes, pensées, fariboles, actualités. In-12. 1851. *Dentu*. 50 c.

Avec le même.

— Les 365. Annuaire de la littérature et des auteurs contemporains, par le dernier d'entre eux. In-12. 1858. *Havard*. 3 fr. 50 c.

Anonyme.

Voy. aussi *Féval et Chevalet*.

CHEVALIER (l'abbé), curé d'Écouen.

— Écouen. La paroisse. Le château. La maison d'éducation. In-12 avec 3 grav. 1865. Versailles, *Beau jeune*. 1 fr.

CHEVALIER, inspecteur primaire de Nontron (Dordogne).

— Notions élémentaires d'agriculture, à l'usage des écoles primaires, rédigées sur le plan adopté par le conseil académique de Bordeaux. In-12. 1857. Bordeaux, *Chaumas*. 1 fr.

CHEVALIER (A.), sous-inspecteur de l'enseignement primaire.

— Simples notions sur l'hygiène et les plantes médicinales indigènes classées d'après leurs propriétés. In-8°. 1860. Maubeuge, *Decaussenne*.

— Le même. Nouvelle édition, revue et corrigée. In-12. 1861. *Fouraut*. 60 c.

CHEVALIER (Arthur), ingénieur opticien, né à Paris, en 1830.

— L'Art de l'opticien et ses rapports avec la construction et l'application des lunettes. In-8° avec 15 fig. 1863. *Delahaye*. 50 c.

— L'Étudiant micrographe; traité théorique et pratique du microscope et des préparations. Ouvrage orné de planches représentant 300 infusoires et 200 figures dans le texte. 2e édition, augmentée des applications à l'étude de l'anatomie, de la botanique et de l'histologie, par MM. Alph. de Brébisson, Henri Van Heurck, G. Pouchet. In-8° avec portrait. 1865. *Adr. Delahaye*. 7 fr. 50 c.

La 1re édition est de 1864. 1 vol. in-12 avec atlas in-8°. *Ibid*. 5 fr.

— Hygiène de la vue. Conseils indispensables aux personnes qui font usage de lunettes. In-8°. 1861. *Henry*. 1 fr.

— Le même. 2e édition. In-12 avec 77 dessins et 3 pl. coloriées. 1863. *Hachette et Cie*. 4 fr.

— Le même. 3e édition. In-12 avec fig. 1864. *Albessard*. 1 fr. 25 c.

— La Méthode des portraits grandeur naturelle et des agrandissements photographiques mise à la portée de tout le monde. In-8°. 1862. *Henry*. 1 fr. 50 c.

CHEVALIER (Auguste).

— Éléments de chimie d'après M. le baron de Thénard. — Voy. *Chevet et Chevalier*.

CHEVALIER (l'abbé Casimir), ancien principal de collège, secrétaire de la Société archéologique de Touraine, né à Saché (Indre-et-Loire) en 1825.

— Archives royales de Chenonceau. Comptes des receptes et dépenses faites en la chastellenie de Chenonceau par Diane de Poitiers, duchesse de Valentinois, dame de Chenonceau et autres lieux: Lettres et devis de Philibert de L'Orme, et autres pièces relatives à la construction de Chenonceau. Pièces historiques relatives à la chastellenie de Chenonceau sous Louis XII, François Ier et Henri II, Diane de Poitiers et Catherine de Médicis, publiés pour la première fois d'après les originaux et avec une introduction par M. l'abbé C. Chevalier. 3 vol. in-8°. 1864. *Techener*. 24 fr.

— Debtes et creanciers de la royne mère Catherine de Médicis (1589-1606); documents publiés pour la première fois d'après les archives de Chenonceau, avec une introduction. In-8°. 1862. *Ibid*. 8 fr.

— Diane de Poitiers au conseil du roi; épisode de l'histoire de Chenonceau sous François Ier et Henri II (1535-1556), publié pour la première fois d'après les originaux appartenant aux archives de Chenonceau. In-8°. 1865. *A. Aubry*. 8 fr.

— Études sur la Touraine. Hydrographie, géologie, agronomie, statistique. Gr. in-8° avec 4 cartes géologiques, de nombreuses coupes, des profils et 7 tableaux graphiques. 1858. Tours, *Guilland-Verger*. 6 fr.

Avec G. Charlot.

— Les Quinze joyes de Notre-Dame et autres dévotes oraisons, tirées de deux manuscrits du xve siècle. Publié pour la première fois par un bibliophile. In-12. 1862. Tours, *Bouserez*. 1 fr.

Anonyme.

— Tableau de la province de Touraine, 1762-1766, administration, agriculture, industrie, commerce, impôts; publié pour la première fois d'a-

près un manuscrit de la bibliothèque municipale de Tours, par l'abbé Chevalier. In-8°. 1863. Tours, *imprimerie Ladevèze*. 3 fr. 50 c.

— Un Tour en Suisse; histoire, sciences, monuments, paysages. Illustrations par Karl Girardet. 2 vol. in-12. 1865. Tours, *Mame et fils*. 2 fr. 50 c.

Publié sous le pseudonyme de Jacques Duverney.

CHEVALIER (Charles Louis), ingénieur opticien, né à Paris, en 1804.

— Guide du photographe. In-8°. 1854. *Chez l'auteur*. 5 fr.

— Manuel des myopes et des presbytes, contenant des recherches historiques sur l'origine des lunettes ou besicles, les moyens de conserver et d'améliorer la vue, et un chapitre spécialement consacré aux lorgnettes de spectacle. In-8° avec 1 pl. 1841. *Ibid*. 50 c.

— Mélanges photographiques. Complément des nouvelles instructions sur l'usage du daguerréotype. In-8° avec pl. 1844. *Ibid*. 2 fr.

— Méthodes photographiques perfectionnées. Papier sec, albumine, collodion sec, collodion humide; optique photographique et stéréoscope. In-8°. 1859. *Ibid*. 4 fr.

— Nouveau manuel du physicien préparateur. — Voy. *Fau et Chevalier*.

— Perfectionnement des lorgnettes jumelles pour le théâtre. Notions pratiques sur leur usage. In-18 avec 1 lithographie. 1853. *Ibid*. 1 fr. 50 c.

— Photographie sur papier, verre et métal. Galvanoplastie. Catalogue universel explicatif et illustré des appareils perfectionnés. In-8° avec 3 pl. 1856. *Ibid*. 2 fr. 50 c.

— Photographie sur papier sec, glaces albuminées, collodion, plaques métalliques. Divers procédés. Description d'une nouvelle chambre obscure pour opérer en pleine lumière. Avantages de l'objectif à verres combinés. In-18, 76 p. et 1 pl. 1857. *Ibid*.

— Recueil de mémoires et procédés nouveaux concernant la photographie sur plaques métalliques et sur papier. In-8° avec 2 pl. 1847. *Ibid*.

M. Ch. Chevalier a traduit de l'allemand: « De la construction et de l'emploi du microscope » du docteur *Hannover*.

CHEVALIER (Mlle Élisa), née à Nevers en 1820.

— Dieu protège la France. In-8°. 1850. Nevers, *Bégat*. 75 c.

— Guide pittoresque dans la Nièvre, et spécialement dans Nevers, aux eaux de Pougues et à l'établissement thermal de Saint-Honoré-les-Bains (Morvan) et leurs environs. In-12 avec 1 carte et figures dans le texte. 1858. [Nevers.] *Hachette et Cie*. 5 fr.

CHEVALIER (Henry Émile), romancier, membre de l'Institut canadien de Montréal, de la Société des sciences historiques de l'Yonne, né à Châtillon-sur-Seine en 1828. Exilé de France en 1851, il a fait de longs voyages dans le nord de l'Amérique jusqu'en 1860, où il rentrait en France.

— Les Auberges de France. 3 vol. in-12. 1863-1865. *Cournol*. Chaque volume, 3 fr.

Tome I. Le Soleil d'or. Tome II. Le Grand Saint Éloi. Tome III. L'Hôtel de la poste.

Avec Léon Clergeot.

— Les Derniers Iroquois. In-12. 1863. *Lécrivain et Toubon*. 3 fr.

— Un Drame esclavagiste; prologue de la sécession américaine, suivi de notes sur John Brown, son procès et ses derniers moments. In-4°. 1864. *Charlieu et Huillery.* 1 fr. 25 c.

— Le Faisan et le souterrain de Juilly. In-12. 1863. *Lécrivain et Toubon.* 3 fr.

— La Huronne; scènes de la vie canadienne. In-12. 1861. *Poulet-Malassis.* 3 fr.

6e édition en 1864.

— Les Nez percés. In-12. 1862. *Ibid.* 3 fr.

— Le Nord et le Sud. L'Espion noir; épisode de la guerre servile. In-12. 1863. *Dentu.* 3 fr.

Avec F. Pharaon.

— Peaux-Rouges et Peaux-Blanches, ou les Douze apôtres et leurs femmes. In-12. 1864. *Toubon.* 3 fr.

— Les Pieds noirs. In-12. 1861. *Librairie nouvelle.* 2 fr.

8e édition. 1864. Toubon. 3 fr.

— Le Pirate du Saint-Laurent. In-12. 1862. *Dentu.* 3 fr.

— Poignet-d'Acier, ou les Chippiouais. In-12. 1863. *Toubon.* 3 fr.

— Les Requins de l'Atlantique. In-12. 1863. *Dentu.* 3 fr.

— Les Souterrains de Jully. Édition illustrée. In-4°. 1865. *Charlieu et Huillery.* 70 c.

— La Tête plate. 3e édition. In-12. 1863. *Toubon.* 3 fr.

1re édition. 1862. Poulet-Malassis.

— Trente-neuf hommes pour une femme; épisode de la colonisation du Canada. In-12. 1862. *Dentu.* 3 fr.

— Le même. In-4° illustré. 1864. *Charlieu.* 1 fr.

— Les Trois Babylones; Paris, Londres, New-York. Tome 1 : Paris-Babylone. In-12. 1863. *Toubon.* 3 fr. 50 c.

Avec Th. Labourieu.

M. H. Émile Chevalier a publié : « l'Art de la beauté » par *Lola Montez* ; et une nouvelle édition de *Sagard Théodat :* « le Grand voyage au pays des Hurons ». — Voy. ces noms.

Pendant son séjour de 10 ans dans l'Amérique septentrionale et surtout au Canada, M. E. Chevalier a publié en langue française un certain nombre de volumes qui ont été imprimés à Montréal (Canada). En voici les titres : « la Vie à New-York », 6 vol ; « Tempérance et intempérance », 1 vol. ; « les Souterrains du château de Maulnes », 2 vol. ; « les Mystères de Montréal », 6 vol. ; « la Jolie fille du faubourg Québec », 1 vol. ; « la Traite des pelleteries », 1 vol. ; « le Labrador », 1 vol. ; « les Trappeurs de la baie d'Hudson », 2 vol. ; « l'Ile de sable », 1 vol.; « l'Héroïne de Chateaugnay », 1 vol.; « le Chasseur noir », 2 vol. ; « les Déserts de l'Amérique septentrionale », 2 vol ; « le Foyer canadien », 1 vol.; et 4 volumes sur la géologie américaine.

CHEVALIER (J. P.), de Saint-Pol, mort en....

— L'Ame au point de vue de la science et de la raison. In-12. 1861. *Dentu.* 2 fr.

— Le même. Nouvelle édition, entièrement refondue par l'auteur. 2 vol. in-12. 1862-1863. *Ibid.* 4 fr.

— Débris des opinions démocratiques, littéraires et scientifiques. In-12. 1844. *Martinon.* 1 fr. 50 c.

— Le Progrès dans l'humanité. In-12. 1865. *Chez les principaux libraires.* 3 fr. 50 c.

CHEVALIER (J. P.), pharmacien chimiste, à Amiens.

— L'Immense trésor des sciences et des arts, ou les Secrets de l'industrie dévoilés, contenant 840 recettes et procédés nouveaux inédits. 11e édition, revue, corrigée et considérablement augmentée. In-8°. 1863. Saintes, *Fontanier.* 5 fr.

— La Médecine dévoilée, ou Examen critique de la science médicale et démonstration de la nécessité de recourir aux enseignements de la nature qui ont servi de base aux sages doctrines d'Hippocrate. In-8°. 1855. *Ibid.* 1 fr. 25 c.

— La Médecine au XIXe siècle. Considérations générales sur ses erreurs physiologiques et sur les conséquences funestes de la vaccine. In-12. 1861. [Amiens.] *Dentu.* 60 c.

CHEVALIER (Jardel). — Voy. **Jardel Chevalier.**

CHEVALIER (l'abbé Le). — Voy. **Le Chevalier.**

CHEVALIER (Martial).

— Règles pratiques sur l'art de conduire les machines locomotives, précédées d'un examen sur ces machines. In-12 de 3 f. 1847. *Mathias.*

CHEVALIER (Michel), économiste, membre de l'Institut, ancien député, sénateur, né à Limoges, en 1806.

— De la Baisse probable de l'or, des conséquences commerciales et sociales qu'elle peut avoir et des mesures qu'elle provoque; avec pièces justificatives. In-8°. 1859. *Capelle.* 8 fr. 50 c.

— Chemins de fer. In-12. 1852. *Guillaumin.* 1 fr. 50 c.

Extrait du « Dictionnaire de l'économie politique ».

— Comparaison des budgets de 1830 et de 1843. Budget des recettes. In-8°. 1843. *Ibid.* 2 fr.

Extrait du « Journal des économistes ».

— Cours d'économie politique fait au collège de France. 3 vol. in-8°. 1842-1850. *Capelle.* 26 fr. 50 c.

— Le même. 2e édition, refondue et considérablement augmentée. 3 vol. in-8°. 1855, 1858 et 1866. *Ibid.* 31 fr.

Le 3e volume (la Monnaie) se vend à part. 12 fr.

— Documents officiels complétant les rapports du jury international sur l'ensemble de l'Exposition universelle de Londres de 1862. Tome 7 et dernier. In-8°. 1864. *Chaix et Cie.* 7 fr. 50 c.

Les 6 premiers volumes portent le titre de « Rapports », etc. — Voy. plus loin.

— L'Économie politique et le socialisme. Discours prononcé au collège de France, le 28 février 1849. In-8°. 1849. *Capelle.* 1 fr. 25 c.

— Enquête sur l'exploitation et la construction des chemins de fer, publiée par ordre de S. Exc. le ministre de l'agriculture, du commerce et des travaux publics. Gr. in-4°, CXLVI et 346 p. 1863. *Imprimerie impériale.*

Le nom de l'auteur n'est pas sur le titre, mais on le lit dans le cours du volume.

— Essais de politique industrielle; souvenirs de voyage : France, république d'Andorre, Belgique, Allemagne. In-8°. 1843. *Gosselin.* 8 fr.

— Examen des principaux arguments des prohibitionnistes. In-8°. 1857. *Guillaumin.* 1 fr. 50 c.

Extrait du « Journal des économistes ».

— Examen du système commercial, connu sous le nom de système protecteur. In-8°. 1852. *Ibid.* 7 fr. 50 c.

— L'Expédition du Mexique. In-8°. 1862. *Dentu.* 1 fr. 50 c.

Extrait de la « Revue des Deux-Mondes ».

— Exposition universelle de Londres, considérée sous les rapports philosophique, technique, commercial et administratif, au point de vue français. In-8°. 1851. *Mathias.* 2 fr.

— Les Fortifications de Paris. Lettre à M. le comte Molé. In-8°. 1841. *Gosselin.* 1 fr.

— Histoire et description des voies de communication aux États-Unis et des travaux d'art qui en dépendent. 2 vol. in-4° avec un atlas in-fol. de 19 pl. et 1 carte. 1840. *Ibid.* 25 fr.

— De l'Industrie manufacturière en France; suivi d'une note de M. A. P. de Candolle, sur le tableau de l'état physique et moral des ouvriers employés dans les manufactures de coton, de laine et de soie. In-18. 1841. *J. Renouard.* 50 c.

— L'Isthme de Panama. Examen historique et géographique des différentes directions suivant lesquelles on pourrait le percer, et des moyens à employer; suivi d'un aperçu sur l'isthme de Suez. In-8° avec carte. 1844. *Ch. Gosselin.* 4 fr.

— Lettres sur l'inauguration du chemin de fer de Strasbourg à Bâle. In-8°. 1841. *Ibid.* 2 fr.

— Lettres sur l'organisation du travail, ou Études sur les principales causes de la misère et sur les moyens proposés pour y remédier. In-18. 1848. *Capelle.* 4 fr. 50 c.

— La Liberté aux États-Unis. In-8°. 1849. *Ibid.* 1 fr.

— Le Mexique ancien et moderne. In-12. 1863. *Hachette et Cie.* 3 fr. 50 c.

2e édition en 1864.

— La Monnaie. — Voy. plus haut : *Cours d'économie politique.*

— De la Question de l'intervention dans les travaux publics du gouvernement fédéral et des gouvernements particuliers d'États dans l'Amérique du Nord. In-8°. 1842. *Guillaumin.* 1 fr. 50 c.

— Question des travailleurs. L'amélioration du sort des ouvriers. Les salaires. L'organisation du travail. In-12. 1848. *Ibid.* 1 fr. 50 c.

— Rapports des membres de la section française du jury international sur l'ensemble de l'Exposition universelle de Londres de 1862, publiés sous la direction de M. Michel Chevalier. 6 vol. in-8°. 1862. *Chaix et Cie.* 45 fr.

Pour le tome 7e et dernier, voy. ci-dessus : « Documents », etc.

CHEVALIER (Paul), généralement connu sous le pseudonyme de **Gavarni.**

CHEVALIER (Pierre Michel François), connu en littérature sous le nom de PITRE CHEVALIER, poète, historien et romancier, né à Paimbœuf, en 812, mort en 1864.

— La Bretagne ancienne depuis son origine jusqu'à sa réunion à la France. Histoire, institutions, mœurs, pays, traditions, etc.; avec un précis des faits depuis la réunion et le tableau de la Bretagne actuelle. Nouvelle édition, refondue par l'auteur. Gr. in-8° avec cartes et vignettes. 1858. *Didier et Cie.* 5 fr.

La 1re édition est de 1844.

— La Bretagne moderne depuis sa réunion à la France jusqu'à nos jours. Histoire des états et du parlement, de la révolution dans l'Ouest, des guerres de la Vendée et de la chouannerie. Nouvelle édition, refondue par l'auteur. Gr. in-8° avec grav. 1859. *Ibid.* 10 fr.

La 1re édition est de 1844.

— Bretagne et Vendée. Histoire de la révolution française dans l'Ouest. In-8° avec pl. 1844-1848. *Coquebert.* 20 fr.

— Brune et blonde. 2 vol. in-8°. 1841. *Ibid.* 15 fr.

— Chambre de la reine. 4 vol. in-8°. 1842-1843. *Ibid.* 30 fr.

— Études sur la Bretagne. Michel Columb, le tailleur d'images (époque des arts et de la décadence, 1490), règnes de Charles VIII et de Louis XII. 2 vol. in-8° avec 1 grav. 1841. *Ibid.* 15 fr.

— Études sur la Bretagne. Aliénor, prieuré de Lok-Maria (époque de la ligue, 1594). Règne de Henri IV. 2 vol. in-8°. 1842. *Ibid.* 15 fr.

— Histoire de la guerre des Cosaques contre la Pologne. In-18. 1859. *Franck.* 3 fr.

Bibliothèque russe et polonaise, tome 7e.

— Jeanne de Montfort. — Voy. *Maguéro.*

— Nantes et la Loire-Inférieure; monuments anciens et modernes, sites et costumes pittoresques, dessinés d'après nature par Félix Benoist, et lithographiés par les premiers artistes de Paris, accompagnées de notices historiques, archéologiques et descriptives, par Pitre Chevalier, Émile Souvestre et une société d'hommes de lettres du pays. 2 vol. in-fol. avec 74 pl. 1858. Nantes, *Charpentier.* 75 fr.

Publié en 37 livraisons et demie, comprenant chacune 2 pl. imprimées à plusieurs teintes.

— Les Révolutions d'autrefois. Chroniques de la Fronde. 1648-1652. In-12. 1852. *Lecou.* 3 fr. 50 c.

CHEVALIER (Théodore), directeur de l'école primaire supérieure de Moulins.

— Livre de poche des entrepreneurs et concessionnaires des travaux publics. In-18. 1845. *Imprimerie Bouchard-Huzard.* 2 fr.

— Manuel d'agriculture, à l'usage des écoles primaires du département de l'Allier. In-18 avec 3 tableaux de comptabilité. 1858. Moulins, *Desrosiers.* 50 c.

— Observations sur la nécessité d'annexer aux écoles primaires supérieures des écoles d'agriculture. In-8° de 3 f. 1844. *Ibid.*

CHEVALIER (le docteur Ulysse).

— Essai d'anatomie philosophique sur les parties primaires du squelette intérieur et extérieur, d'après le système de Carus. In-8°, 72 p. 1845. Versailles, *imprimerie Kléfer.*

— Essais historiques sur les hôpitaux et les institutions charitables de la ville de Romans. In-8°. 1865. Valence, *imprimerie Chenevier et Chavet.* 6 fr.

— De l'Unité scientifique en médecine. In-8°, 70 p. 1842. Versailles, *imprimerie Kléfer.*

CHEVALIER DE SAINT-AMAND.

— Notice biographique sur le père Bourdaloue. In-8°. 1842. Bourges, *Vermeil.* 1 fr.

— Recherches historiques sur Saint-Amand Montrond; suivies de documents historiques sur la même ville. 2 vol. in-8°. 1845. *Ibid.*

CHEVALIER-DESORMAUX (Mme).

— Grammaire des petits enfants, ou les Règles de la langue française mises à la portée des plus jeunes enfants. 1re partie. In-18. 1859. Tournai, *Casterman.* 60 c.

— Mémoires d'une petite chatte. In-12 avec

2 grav. 1863. *Fontenay et Peltier*. Noir, 3 fr. 50 c.; colorié, 4 fr.

CHEVALLET (le baron Joseph Balthazar Auguste Albin d'ABEL DE), philologue, né à Orpierre, en 1812, mort en 1858.

— Origine et formation de la langue française. 2e édition, revue, corrigée et augmentée. 3 vol. in-8°. 1858. *Dumoulin*. 34 fr.

La 1re édition a paru de 1853 à 1857.

CHEVALLIER (Jean Baptiste), pharmacien et chimiste, membre de l'Académie de médecine, professeur adjoint à l'École supérieure de pharmacie de Paris, né à Langres en 1793.

— Du Café, son historique, son usage, son utilité, ses succédanés et ses falsifications, comprenant les condamnations prononcées contre les contrefacteurs. In-8°. 1862. *Baillière et fils*. 2 fr.

Extrait des « Annales d'hygiène publ'que ».

— Dictionnaire des altérations et falsifications des substances alimentaires, médicamenteuses et commerciales, avec l'indication des moyens de les reconnaître. 3e édition, revue, corrigée et augmentée. 2 vol. in-8° avec pl. 1858. *Béchet jeune*. 14 fr.

La 1re édition a été publiée de 1850 à 1852, la 2e de 1853 à 1855.

— Essai sur la possibilité de recueillir les matières fécales, les eaux vannes, les urines de Paris, avec utilité pour la salubrité et avantage pour la ville et pour l'agriculture. In-8°. 1860. *Baillière et fils*. 2 fr.

Extrait des « Annales d'hygiène publique ».

— Essais pratiques sur l'examen chimique des vins considéré sous le rapport judiciaire. In-8°. 1857. *Ibid*. 2 fr.

Extrait du même journal.

— Manuel pratique de l'appareil de Marsh, ou Guide de l'expert toxicologiste dans la recherche de l'antimoine et de l'arsenic, contenant un exposé de la nouvelle méthode Reinsch applicable à la recherche médico-légale de ces poisons. In-8°. 1843. *Labé*. 5 fr.

Avec Jules Barse.

— Mémoire sur les allumettes chimiques préparées avec le phosphore ordinaire, et sur les dangers qu'elles présentent sous le rapport de la santé des ouvriers, de l'empoisonnement, de l'incendie. In-8°. 1861. *Baillière et fils*. 2 fr.

Extrait des « Annales d'hygiène publique ».

— De la Nécessité de bâtir des maisons pour loger les classes moyennes et les ouvriers; de la possibilité de faire ces constructions en retirant un intérêt raisonnable de son argent. In-8°. 1857. *Ibid*. 1 fr.

Extrait du même journal.

— Note sur les cosmétiques, leur composition, les dangers qu'ils présentent sous le rapport hygiénique. Condamnation pour vente de préparations nuisibles à la santé. In-8°. 1860. *Ibid*. 1 fr. 50 c.

Extrait du même journal.

— Notice sur le lait; les falsifications qu'on lui fait subir; instructions sur les moyens à employer pour les reconnaître. In-8°, 40 p. 1856. *Salleron*.

Avec O. Reveil.

— Rapport sur le concours ouvert pour la désinfection des matières fécales et des urines dans les fosses mêmes, et pour des appareils propres à opérer la séparation des solides et des liquides; suivi d'un extrait du travail entrepris par M. E. Vincent, sur tout ce qui a été écrit sur les fosses, sur la désinfection et l'utilisation des matières fécales, depuis 1348 jusqu'en 1848. In-4° avec 4 pl. 1848. *Imprimerie Bouchard-Huzard*. 3 fr.

Publication de la Société d'encouragement pour l'industrie nationale.

— Recherches chronologiques sur les moyens appliqués à la conservation des substances alimentaires de nature animale et de nature végétale. In-8°. 1858. *Ibid*. 2 fr.

Avec A. Chevallier fils. — Extrait des « Annales d'hygiène publique ».

— Recherches sur les dangers que présentent le vert de Schweinfurt, le vert arsénical, l'arsénite de cuivre. In-8°. 1859. *Ibid*. 1 fr.

Extrait du même journal.

— Traité des désinfectants sous le rapport de l'hygiène publique, leur application à la désinfection de l'air, à l'assainissement des habitations, etc. In-8°. 1862. *Asselin*. 3 fr. 50 c.

CHEVALLIER fils (Alphonse), chimiste, né à Paris en 1828.

— Manuel du commerçant en épicerie. Traité des marchandises qui sont du domaine de ce commerce; falsifications qu'on leur fait subir; moyen de les reconnaître. In-12 avec pl. 1863. *Asselin*. 3 fr. 50 c.

Avec J. Hardy.

— Les Secrets de l'industrie et de l'économie domestique, mis à la portée de tous. Choix de recettes et de procédés utiles, la plupart nouveaux et inédits. Moyens simples et faciles de reconnaître les falsifications dans les principaux aliments et produits de l'industrie; sous la direction de M. A. Chevallier. In-8°. 1857. Poitiers, *Dupré*. 5 fr.

Avec Émile Grimaud fils.

CHEVALLIER (Henri), professeur d'histoire, maître de conférences au collège Rollin, né à Paris en 1816.

— Atlas de géographie historique, politique et physique, composé de 14 cartes à l'usage de la classe de quatrième. In-8°. 1865. *Delalain*. 5 fr. 50 c.

— Cours complet d'histoire du moyen âge. In-8°. 1859. *Ibid*. 6 fr.

— Cours élémentaire d'histoire de France. 2 vol. in-12. 1853-1858. *Ibid*. 6 fr.

— Notions d'histoire et de géographie anciennes, avec résumés et questionnaires. In-12. 1858. *Ibid*. 2 fr.

— Précis d'histoire de France, du moyen âge et des temps modernes, du XIVe siècle au milieu du XVIIe, à l'usage de la seconde. In-12. 1857. *Ibid*. 4 fr.

Avec L. Todière.

— Précis d'histoire générale, rédigé d'après le programme d'admission à l'École spéciale militaire de Saint-Cyr. 1re partie : Histoire ancienne et du moyen âge. In-12. 1864. *Ibid*. 3 fr.

— Précis d'histoire de France et du moyen âge, du Ve au XIVe siècle, accompagné de tableaux généalogiques et synoptiques, de cartes géographiques et historiques, à l'usage de la troisième. In-12. 1857. *Ibid*. 4 fr.

CHEVALLIER (L.).

— Traité élémentaire de tenue des livres en parties simples et en parties doubles. In-18. 1841. *Dezobry.* 1 fr.

CHEVALLIER (V.).

— Les Arsenaux maritimes de l'Angleterre et les ports de refuge exécutés par l'État. In-8°. 1861. *Challamel aîné.* 5 fr.

Extrait de la « Revue maritime et coloniale ».

— Percement de l'isthme de Suez. Du mode d'exploitation du canal de l'isthme de Suez avec ou sans écluses. In-8°. 1864. *Plon.* 50 c.

CHEVALLOT (Philibert Marc), conducteur des ponts et chaussées, né à Vivey (Haute-Marne) en 1814.

— Tables pour le tracé des courbes sur le terrain, sinus et tangentes naturelles, de minute en minute. Tableau présentant le rapport des arcs au rayon pris pour unité; notions de trigonométrie rectiligne; exemples d'application. In-18 avec 3 pl. 1857. [Montbéliard.] *Dalmont.* 6 fr.

CHEVANDIER (le docteur A.), de Die.

— De la vérification des décès et de l'organisation de la médecine cantonale. In-12, v-90 p. 1862. [Valence.] *V. Masson et fils.*

CHEVANDIER (Eugène).

— Expériences sur la production des futaies crues en massif et sur le volume réel des cordes de bois. Traduit de l'allemand par E. Chevandier. 1re partie. In-8°. 1845. [Nancy, *Grimblot.*] *Bachelier.* 3 fr. 50 c.

— Mémoire sur les propriétés mécaniques du bois. In-8° avec 2 pl. 1848. *Bachelier.* 4 fr.

Avec G. Wertheim.

CHEVASSU (l'abbé Joseph), curé de la paroisse des Rousses, dans le diocèse de Saint-Claude, né en 1674, mort en 1752.

— Méditations ecclésiastiques tirées des épîtres et évangiles qui se lisent à la messe tous les dimanches. 5 vol. in-12. 1859. Lyon, *Pélagaud et Cie.* 7 fr.

La 1re édition est de 1743.

— Les mêmes, augmentées des Méditations ecclésiastiques de Dalmonte. 6 vol. in-12. 1859. *Ibid.* 8 fr.

— Prônes pour tous les dimanches de l'année. 4 vol. in-12. 1844. Saint-Brieuc, *Prudhomme.* 7 fr.

La 1re édition est de 1750.

CHEVASSUS (Adolphe).

— Les Jurassiennes; poésies nouvelles. In-12. 1863. *Vanier.* 3 fr.

CHEVASSUS (Alphonse).

— Le Guide du joaillier et du bijoutier, concernant les pierres précieuses et fines, avec le moyen de les reconnaître et de les évaluer. In-12 avec 1 pl. 1844. *Dutertre.* 1 fr.

— Tableau synoptique à l'usage de MM. les joailliers, bijoutiers et lapidaires, concernant les pierres précieuses, pour les reconnaître, les moyens de les apprécier, leur valeur approximative, leur réfraction, etc. In-8°. 1863. *Rue Sainte-Apolline,* 29. 3 fr.

Avec M. Langlois.

CHEVÉ (Charles François), journaliste, rédacteur en chef du « Journal des villes et des campagnes », né à Paris en 1813.

— Catholicisme et démocratie, ou le Règne du Christ. In-12. 1842. *Capelle.* 1 fr. 25 c.

— Le Dernier mot du socialisme, par un catholique. In-12. 1848. *Ibid.* 1 fr. 25 c.

Anonyme.

— Dictionnaire des Apologistes involontaires. Le Catholicisme triomphant par ses propres adversaires. 2 vol. gr. in-8°. 1851. *Migne.* 16 fr.

Forme les tomes 38 et 30 de la « Nouvelle encyclopédie théologique », publiée par l'abbé *Migne.*

— Dictionnaire des bienfaits et beautés du christianisme, dans tous les ordres, sous tous les aspects et selon tous les modes. Gr. in-8°. 1856. *Ibid.* 8 fr.

Forme le tome 9 de la « Troisième et dernière encyclopédie théologique », publiée par l'abbé *Migne.*

— Dictionnaire des conversions, ou Essai d'encyclopédie historique des conversions au catholicisme depuis dix-huit siècles, et principalement depuis le protestantisme. Gr. in-8°. 1852. *Ibid.* 8 fr.

Forme le tome 33 de la « Nouvelle encyclopédie théologique », publiée par l'abbé *Migne.*

— Dictionnaire des papes, ou Histoire complète de tous les souverains pontifes depuis saint Pierre jusqu'à Pie IX, considérés à la fois comme papes et comme souverains temporels; avec celle de la cour de Rome, de ses institutions et de ses cérémonies. Gr. in-8°. 1857. *Ibid.* 7 fr.

Forme le tome 32 de la « Troisième et dernière encyclopédie théologique », publiée par l'abbé *Migne.*

— Histoire complète de la Pologne, depuis ses premières origines jusqu'à nos jours. Lois, mœurs, institutions, état social, politique, etc. 2 vol. in-12. 1863-1864. *Blériot.* 4 fr.

— L'Idéal. Raison et catholicisme. In-12. 1862. *Sarlit.* 1 fr.

— La Pologne, sa constitution, son histoire et ses démembrements. In-18. 1861. *Pagnerre.* 60 c.

Bibliothèque utile.

— Simples notes sur la base historique et le principe constitutif du catholicisme. In-12. 1851. *Vrayet de Surcy.* 1 fr.

M. Chevé a été fondateur et rédacteur en chef du « Spectateur » de Dijon, de « l'Alliance » et de « la Vérité » de Nantes, et collaborateur du « Peuple », de la « Voix du Peuple », du « Correspondant », de « l'Ami de la religion » et de plusieurs autres journaux politiques et religieux.

CHEVÉ (le docteur Émile Joseph Maurice), professeur de musique, ancien chirurgien de la marine, né à Douarnenez (Finistère), en 1800, mort à Paris, en 1864.

— Appel au bon sens de toutes les nations qui désirent voir se généraliser chez elles l'enseignement musical. In-8°. 1845. *Chez l'auteur.* 1 fr. 50 c.

— Coup de grâce à la routine musicale, à l'occasion d'un nouveau rapport de la commission spéciale de surveillance de l'enseignement du chant, dans les écoles communales de la ville de Paris, etc., contre la méthode Galin-Paris-Chevé, repoussée à l'unanimité par la commission. In-8°. 1851. *Ibid.* 50 c.

— Le Dernier mot de la science officielle. Examen des leçons de lecture musicale de M. F. Halévy, membre de l'Institut. In-8°. 1858. *Ibid.*

— Exercices élémentaires de lecture musicale

à l'usage des écoles primaires. In-8°. 1862. *Ibid.* 2 fr. 25 c.

Avec Mme Chevé.

— Historique et procès-verbal du concours musical, ouvert à Paris le 12 juin 1853, sous la présidence de M. Henri Réber; suivi des comptes rendus des journaux et accompagné de notes. In-8°. 1853. *Ibid.*

3e édition en 1864.

— Méthode élémentaire d'harmonie. 2 vol. gr. in-8°. 1856. *Ibid.* 15 fr.

Avec Mme Chevé.

— Méthode élémentaire de musique vocale. Gr. in-8°. 1860. *Ibid.* 9 fr.

Avec Mme Chevé.

— Les Onze dernières lettres d'Émile Chevé. Complément de « la Routine et le bon sens, ou les Conservatoires et la Méthode Galin-Paris-Chevé ». In-8°. 1865. *Chez Mme Ve E. Chevé.* 1 fr. 50 c.

— Question musicale. Protestation adressée au comité central d'instruction primaire de la ville de Paris contre un rapport de sa commission du chant. In-8°. 1847. *Chez l'auteur.*

— La Routine et le bon sens, ou les Conservatoires et la méthode Galin-Paris-Chevé. Lettres sur la musique. In-8°. 1850. *Ibid.* 4 fr.

— Simple réponse à MM. Auber, Carafa, Clapisson, Ermel, Victor Foucher, Casimir Gide, Ch. Gounod, F. Halévy, etc., membres de la commission de surveillance de l'enseignement du chant dans les écoles communales de Paris. In-8°. 1860. *Ibid.*

CHEVÉ (Mme Émile), née Nanine Paris, veuve du précédent.

— Musique vocale. Nouveaux exercices de mesure. In-8°. 1853. *Chez l'auteur.* 1 fr. 50 c.

— Nouvelle théorie des accords servant de base à l'étude de l'harmonie. In-8°. 1844. *Ibid.*

CHEVELLE père.

— Idées philosophiques, naturelles et spontanées sur l'existence en général, à partir du principe absolu jusqu'à la fin des fins, de la cause première jusqu'à l'infini (de l'infini à l'infini). 1re et 2e livraisons. In-8°. 1865. Bar-le-Duc, *imprimerie Rolin.* Chaque livraison, 1 fr.

CHEVET.

— Éléments de chimie, d'après M. le baron L. J. Thénard; par deux de ses élèves, M. Chevet et M. Auguste Chevalier. 3e édition, revue, etc., par M. Blondeau. 2 vol. in-12 avec 2 pl. 1846. *Maumus.*

CHEVEY (Auguste).

— Série des prix de peinture, vitrerie, tenture, dorure; suivie d'observations, etc.; revue par G. Alvar Toussaint. In-12. 1848. *Carilian-Gœury.* 2 fr. 50 c.

CHEVIGNÉ (le comte Arthur), lieutenant d'état-major du duc de Modène.

— Tables numériques destinées à faciliter les opérations topographiques, calculées pour la division sexagésimale de la circonférence. In-16. 1858. *Mallet-Bachelier.* 1 fr. 50 c.

2e édition en 1863.

CHEVIGNÉ (le comte Louis de), né à Chavagne (Vendée) en 1793.

— Contes rémois (en vers). 6e édition, avec les

dessins de E. Meissonnier et le portrait de l'auteur. In-12. 1864. *Lévy frères.* 5 fr.; sur papier rose, 10 fr.

1re édition. In-12 sans fig. et sans nom d'auteur. 1833. *Didot frères.*

2e édition, illustrée par M. Perlet. In-8°. 1843. *Hetzel.* 10 fr. Également anonyme.

3e édition avec des dessins de E. Meissonnier. In-12. 1858. *Lévy frères.* 5 fr. Édition de luxe gr. in-8°, 20 fr.; avec les gravures sur papier de Chine, 60 fr.

Signée : par le comte de C.

4e édition avec les mêmes dessins. In-12. 1860. *Ibid.* 3 fr. 50 c.

5e édition avec les mêmes dessins. In-8°. 1861. *Ibid.* 7 fr. 50 c.

Les 4e, 5e et 6e éditions sont signées du nom de l'auteur en toutes lettres.

CHEVILLARD.

— Théories nouvelles de la division et des extractions de racines. In-8°. 1843. *Bachelier.* 1 fr. 50 c.

CHEVILLARD (Jules), ancien préfet, mort à Lons-le-Saulnier, en 1865.

— Études d'administration. De la division administrative de la France et de la centralisation. 2 vol. in-8°. 1862. *Durand.* 15 fr.

CHEVILLION (le docteur Od.), président de la Société des médecins de Vitry-le-François, né en 1815, mort en 1865.

— Le Choléra à Cheminon, en 1854. In-8°. 1854. *J. B. Baillière.* 1 fr. 50 c.

CHEVILLOT (A.), capitaine instructeur au 5e escadron du train des équipages.

— Notices élémentaires de construction et de traction. In-8°. 1864. Vernon, *Bézière.*

CHEVILLOT (J. F. N.).

— Traité d'arithmétique théorique et pratique. In-12, 460 p. 1848. Nancy, *Nicolas.*

CHEVOJON (l'abbé Louis Claude), du clergé de Paris, né à Seurre (Côte-d'Or) en 1820.

— Le Manuel de la jeune fille chrétienne. In-32. 1862. *Lesort.* 2 fr.

— Nouveau manuel des catéchistes de première communion et de persévérance; par une réunion de catéchistes. Nouvelle édition, mise dans un nouvel ordre par l'abbé Chevojon. In-18. 1864. *Vaton.* 1 fr.

— La Perfection. In-32. 1862. *Lesort.* 2 fr.

— Le Souvenir des morts, ou Moyens de soulager les âmes du purgatoire. In-12. 1863. *Ibid.* 3 fr.

CHEVRAY (l'abbé).

— La Vie de saint Pierre II, archevêque de Tarentaise. In-8°, 332 p. 1841. Baume, *imprimerie Simon.*

CHEVREAU (Henri), préfet du Rhône, sénateur, né à Paris en 1823.

— Les Voyageuses (poésies). In-8°. 1844. *Daurin et Fontaine.* 7 fr. 50 c.

Avec Laurent Pichat.

CHEVREAU-LEMERCIER (Mme Eugénie Fortunée), déléguée générale pour l'inspection des salles d'asile de France.

— Chants pour les enfants des salles d'asile. 3e édition. In-8°. 1857. *Hachette et Cie.* 2 fr.

— Essai sur l'inspection générale des salles d'asile. In-12. 1848. *Ibid.*

— Petites histoires pour les enfants des salles d'asile, avec un questionnaire à l'usage des maîtres. In-12. 1847. *Ibid.* 1 fr. 50 c.

8ᵉ édition en 1865.

— Premières leçons sur l'histoire sainte, ou Explication des 50 images sur les principaux faits de l'Ancien Testament, à l'usage des salles d'asile. 2 vol. in-12. 1859. *Ibid.* 2 fr.

— Premières leçons sur l'histoire de N. S. Jésus-Christ, ou Explication des 14 images représentant les principaux faits de la vie de Notre-Seigneur, à l'usage des salles d'asile. In-12. 1855. *Ibid.* 1 fr.

Nouvelle édition en 1864.

CHEVREUL (Michel Eugène), chimiste, membre de l'Institut, professeur de chimie appliquée au Muséum d'histoire naturelle, directeur des teintures à la manufacture impériale des Gobelins, docteur en médecine de la Faculté de Berlin, né à Angers en 1786.

— De la Baguette divinatoire, du pendule dit explorateur et des tables tournantes, au point de vue de l'histoire, de la critique et de la méthode expérimentale. In-8°. 1854. *Mallet-Bachelier.* 5 fr.

— Considérations sur l'histoire de la partie de la médecine qui concerne la prescription des remèdes. In-4°. 1865. [*Imprimerie impériale.*] *Baillière et fils.* 3 fr. 50 c.

— Des Couleurs et de leurs applications aux arts industriels à l'aide des cercles chromatiques. Avec 27 pl. gravées sur acier et imprimées en couleur par René Digeon. In-4°. 1864. *Baillière et fils.* 30 fr.

— Lettres adressées à M. Villemain, sur la méthode en général et sur la définition du mot fait relativement aux sciences, aux lettres, aux beaux-arts, etc. In-12, 288 p. 1856. *Garnier frères.*

— Recueil des travaux scientifiques de M. Ebelmen. — Voy. *Ebelmen.*

CHEVREUL (Henri), fils du précédent, ancien magistrat, membre de l'Académie de Dijon et de la commission départementale des antiquités de la Côte-d'Or, né à Paris en 1819.

— Étude sur le xvɪᵉ siècle. Hubert Languet. In-8° avec 1 portrait. 1852. *Potier.* 5 fr.

2ᵉ édition en 1856.

M. Henri Chevreul a publié : *Budé*, Traité de la venerie; Estat de l'empire de Russie, du capitaine *Margeret*; Livre du roy *Charles IX*; le Chien courant de *Passerat.* — Voy. ces noms

CHEVREUX (Jean François).

— Nouveau traité sur la maladie des pommes de terre, et sur la manière de les régénérer en France. In-8°. 1852. Metz, *Verronais.* 50 c.

CHEVREUX (le R. P. Jean-Baptiste), de la congrégation de Notre Sauveur, né à Verdun en 1827.

— Notre-Dame de Benoite-Vaux (diocèse de Verdun). In-12. 1863. Verdun, *Laurent.* 2 fr.

— Notre-Dame des Vertus à Ligny-en-Barrois (Meuse). In-12. 1864. Bar-le-Duc, *Contant-Laguerre et Cⁱᵉ.* 60 c.

— Les Sanctuaires de la sainte Vierge dans le diocèse de Verdun. N.-D. d'Avioth. N.-D. de la cathédrale et de Saint-Victor. N.-D. du Guet. N.-D. de l'Épine. 3ᵉ série, faisant suite à « N.-D. de Be-

noîte-Vaux » et à « N.-D. des Vertus ». In-12. 1865. Verdun, *Laurent.* 60 c.

CHEVRIER (A.).

— Nouveau manuel complet du maître d'hôtel, ou l'Art d'ordonner les diners et autres repas. In-18 avec 4 pl. 1841. *Roret.* 3 fr.

Collection des Manuels-Roret.

CHÉVRIER (A. C.), docteur en droit, avocat à la cour impériale de Paris.

— Éloge de Guillaume de Lamoignon, premier président au parlement de Paris (1617-1677). In-8°, 52 p. 1856. *Imprimerie Thunot.*

CHEVRIER (Edmond), vice-président de la Société d'émulation de l'Ain, né à Bourg (Ain) en 1818.

— Le Général Joubert. Étude sur sa vie, fragments et de sa correspondance inédite. In-8°. 1860. Bourg, *Martin-Bottier.* 3 fr. 50 c.

CHEVRIER (Jules).

— Archéologie et photographie. Note à propos de J. Nicéphore Niepce et du dépôt de ses instruments et de ses premières épreuves dans le musée de Châlon-sur-Saône. In-8°. 1861. Châlon-sur-Saône, *imprimerie Montalan.* 1 fr.

CHEVROLLET (Félix de).

— Par Monts et par vaux. In-8°. 1845. *Pétion.* 7 fr. 50 c.

CHEVROTON (l'abbé Jean Éléonore Arsène), directeur du grand séminaire de Besançon, né dans le département du Doubs en 1815.

— L'Ange de la miséricorde, ou les Heures indulgenciées, à l'usage de tous, pour le bien des vivants et des morts. In-32. 1856. Besançon, *Turbergue.* 2 fr.

2ᵉ édition en 1865.

— Les Anges de la terre, ou Excellence de la virginité chrétienne. Livre utile à tous. In-8°. 1854. *Sagnier et Bray.* 5 fr.

Anonyme. — La dédicace à la sainte Vierge porte cependant le nom de l'auteur.

— Excellence de la virginité chrétienne, ou Méditations et considérations sur la virginité. In-8°. 1864. *Martin Beaupré frères.* 4 fr.

Anonyme. — La dédicace est signée Chevroton.

— Nouveau mois de Marie. Mystères de Marie médités. Idées des indulgences. Principales prières de la dévotion à Marie et indulgences qui y sont attachées. In-32. 1852. Besançon, *Cornu.* 1 fr. 50 c.

— Le Pape-roi, catholiquement proclamé en juin 1862, ou la Révolution et l'Église, maux et remèdes, actualités graves. In-8°. 1863. [Besançon, *imprimerie Jacquin.*] Bray. 3 fr.

CHEZELLES (E. Perrot de). — Voy. **Perrot de Chezelles.**

CHIALA (L.).

— Une Page d'histoire du gouvernement parlementaire en Piémont. In-8°. 1858. Turin. 7 fr. 50 c.

CHIARA (le docteur).

— Les Diables de Morzine en 1861, ou les Nouvelles possédées. In-8°. 1862. Lyon, *Mégret.* 1 fr.

Extrait de la « Gazette médicale de Lyon ».

CHIARINI-LANGE.

— Écarts d'esprit d'un philosophe. In-18. 1853. *Ledoyen.* 1 fr.

CHICOISNEAU, avocat à la cour d'appel de Paris.

— Casus belli, mémoire contre la paix. In-18. 1844. *Populus.* 1 fr.

— Nouveau dictionnaire des lois; renfermant la législation la plus complète et la plus récente en matières civile, rurale, commerciale et administrative. In-8°. 1851. *Sauvin.* 7 fr.

— Paris en prison, catilinaire contre les Pritchardins et les forts, ou Déclaration de guerre au système de la paix. In-12. 1845. *Morrière.* 50 c.

CHICORA (L. C. A.), jurisconsulte belge.

— Discussions de la loi du 2 mai 1837 sur les mines, suivies d'une table analytique des matières. Gr. in-8°. 1858. Bruxelles. 10 fr.

— Jurisprudence du conseil des mines de Belgique. In-8°. 1850. *Ibid.* 6 fr.

— Nouveau Code des mines. Recueil méthodique et chronologique des lois et règlements concernant les mines, minières, carrières et usines, depuis 1791 jusqu'à 1846. In-8°. 1846. *Ibid.* 9 fr.

— Supplément à cet ouvrage. In-8°. 1852. *Ibid.* 5 fr.

Tous ces ouvrages sont faits en collaboration avec M. E. Dupont.

*Chien et chat, ou Mémoires de Capitaine et Minette, histoire véritable, traduite de l'anglais et illustrée de 45 vignettes, par Bayard. In-12. 1863. *Hachette et Cie.* 2 fr.

*Chien et chat. Mémoires de Capitaine et de Pussy. Histoire fondée sur un fait réel. In-12 avec 4 lithogr. 1858. *Ve Berger-Levrault et fils.* 1 fr.

CHIÈVRES (le chevalier de), juge honoraire, membre titulaire de l'Institut d'Afrique.

— Fables et moralités en quatre vers, recueillies et dédiées à ses petits-fils. In-16, 158 p. 1859. Poitiers, *Dupré.*

— Les Fausses apparences, ou la Suivante comme il y en a peu; comédie en trois actes et en vers. In-8°. 1841. Poitiers, *Fradet.*

CHIFFLET (Philippe), abbé de Ballerne, archevêque de Besançon, né à Besançon en 1597, mort vers 1663.

— Sacrosancti et œcumenici concilii Tridentini, Paulo III, Julio III et Pio IV, pontificibus maximis, celebrati canones et decreta. In-32. 1861. *Jouby.* 1 fr. 50 c.

La 1re édition a été publiée à Anvers en 1640.

CHIFLET (le vicomte Ferdinand de), membre de l'Académie de Besançon, né à Besançon en 1812.

— Étude sur l'Alesia de Franche-Comté. In-8° avec 2 cartes. 1862. *Ibid.* 1 fr. 50 c.

— Une Excursion en Bourgogne. Gr. in-8° avec 2 cartes. 1861. [Besançon.] *Dumoulin.* 1 fr. 50 c.

CHILAS (Jean), métropolite d'Éphèse en 1195.

— De processione spiritus sancti. — Voy. *Migne*, Patrologie grecque, tome 185.

CHILLY (Mallet de). — Voy. **Mallet de Chilly.**

CHILON (J. R. P.).

— Quand gouvernera-t-on? Aux ministres et, à leur défaut, aux capitalistes, aux congrès et comices agricoles, aux propriétaires. In-8°. 1847. *Ibid.* 1 fr.

— Réponse à un ministre protestant. — Jésus-Christ, fils de la Vierge Marie, existait quinze siècles avant notre ère, comme cela est démontré par l'Ancien Testament. In-8°. 1846. [Blois.] *Comon.* 1 fr. 25 c.

CHIMANI (Léopold), administrateur du Dépôt impérial de livres classiques à Vienne (Autriche), né à Langenzersdorf, près Vienne, en 1774, mort à Vienne en 1844.

— Recueil d'histoires amusantes pour la jeunesse. Traduites en français, par P. J. P. 5 vol. in-16 avec grav. col. 1845-1847. Vienne, *Muller.* Chaque volume, 2 fr.

Voici les titres des 5 volumes : Coquelicots. — Giroflées. — Marguerites. — Les Perce-Neige. — Pervenches.

CHINCHOLLE (Charles), littérateur, secrétaire d'Alexandre Dumas, né à Amiens en 1843.

— La Plume au vent. 1re et 2e éditions. In-12. 1865. *Cournol.* 2 fr.

*Chine (la) et les Chinois. Histoire, description du pays, études de mœurs, religion, littérature, agriculture, commerce, etc. Traduit de l'allemand. 2 vol. in-12. 1861. *Cherbuliez.* 7 fr.

CHINIAC.

— Méthode pratique pour calculer les hausses, les charges et l'angle de pointage des bouches à feu. In-8°. 1842. Strasbourg, *Ve Levrault.* 1 fr. 50 c.

CHIPAULT (Antony), docteur en médecine, ancien interne des hôpitaux de Paris, né à Châteauneuf-sur-Loire en 1833.

— Étude sur les mariages consanguins et sur les croisements dans les règnes animal et végétal. In-8°. 1863. *Germer Baillière.* 2 fr. 50 c.

CHIPOULET.

— Du Système des admissions administratives des enfants trouvés dans les hospices, et des secours aux mères indigentes, substitué au système des tours. In-8°, 52 p. 1845. Montpellier, *imprimerie Ricard.*

CHIRAT (Ludovic).

— Étude des fleurs; botanique élémentaire descriptive et usuelle. 2 vol. in-18 avec pl. 1841-1843. Lyon, *Cormon et Blanc.* 15 fr.

— Le même. 2e édition, entièrement revue et considérablement augmentée, par l'abbé Cariot. 3 vol. in-12. 1854-1855. Lyon, *Girard et Josserand.*

CHIVOT (Henri), auteur dramatique, né à Paris en 1830.

— Bloqué !... vaudeville en un acte. In-12. 1859. *Lévy frères.* 50 c.

— Les Couverts d'argent; vaudeville en trois actes. In-8°. 1862. *Mifliez.* 50 c.

— La Femme de Jephté; vaudeville en trois actes. In-12. 1859. *Lévy frères.* 1 fr.

— L'Histoire d'un gilet; drame-vaudeville en trois actes. In-4°. 1858. *Dagneau.* 20 c.

— Un Homme de bronze; comédie-vaudeville en un acte. In-12. 1865. *Dentu.* 1 fr.

— Les Mères terribles; scènes de la vie bourgeoise en un acte. In-12. 1864. *Ibid.* 1 fr.

— On demande des domestiques; folie-vaudeville en un acte. In-8°. 1862. *Miſliez.* 50 c.

— Le Porc-épic de Charles-Quint; vaudeville en un acte. In-8°. 1858. *Ibid.* 30 c.

— Procédure et cavalerie; vaudeville en un acte. In-12. 1865. *Dentu.* 1 fr.

— Le Rêve; opéra comique en un acte, musique de M. Edmond Savary. In-12. 1865. *Ibid.* 1 fr.

— Le Songe d'une nuit d'avril; comédie en deux actes, mêlée de couplets. In-12. 1861. *Lévy frères.* 1 fr.

— Sous un hangar; vaudeville en un acte. In-4°. 1857. *Dagneau.* 20 c.

— Les Splendeurs de Fil d'acier; pièce en trois actes, précédée de : la Nuit du 27 septembre; prologue. In-12. 1860. *Lévy frères.* 1 fr.

Toutes ces pièces sont faites en collaboration avec M. Alfred Duru; voy. encore quelques-unes au nom de ce dernier; voy. aussi Marc *Michel et Siraudin.*

CHOART (Paul), seigneur de Buzanval.

— Lettres et négociations. — Voy. *Vreede.*

CHOCQUEEL (Winoc), fabricant de tapis, né à Bergues (Nord) en 1812.

— Essai sur l'histoire et la situation actuelle de l'industrie des tapisseries et tapis. In-32. 1868. *Guillaumin et Cⁱᵉ.* 2 fr.

CHODRUC-DUCLOS, né à Bordeaux, mort à Paris, en 1842.

— Mémoires de Chodruc-Duclos, recueillis et publiés par J. Arago et Édouard Gouin. 2 vol. in-8°. 1842. *Dolin.* 15 fr.

CHODZKO (Alexandre Boreyko), orientaliste polonais, anciennement chargé du cours de langue et de littérature slaves au Collège de France, né à Krzywicze, en 1804.

— Contes des paysans et des pâtres slaves, traduits en français et rapprochés de leur source indienne par Alexandre Chodzko. In-12. 1864. *Hachette et Cⁱᵉ.* 3 fr. 50 c.

— Le Drogman turc, donnant les mots et les phrases les plus nécessaires pour la conversation. Vade-mecum indispensable à l'armée d'Orient. In-12. 1855. *Duprat.* 1 fr. 50 c.

— Grammaire persane, ou Principes de l'iranien moderne, accompagnés de fac-simile pour servir de modèles d'écriture et de style pour la correspondance diplomatique et familière. In-8° avec 5 fac-simile. 1852. [*Imprimerie nationale.*] *Duprat.* 10 fr.

— Légendes slaves du moyen âge, 1169-1237. Les Némania; vies de saint Siméon et de saint Sabba. Traduction du paléo-slave en français, avec texte en regard. In-4° lithographié. 1859. *Duprat.* 15 fr.

CHODZKO (Léonard Boreyko), historien et littérateur polonais, né à Oborek, en Lithuanie, en 1800. Fixé à Paris depuis 1826, il a été tour à tour employé à la bibliothèque de la Sorbonne, sous-bibliothécaire à Sainte-Geneviève, et bibliothécaire au ministère de l'Instruction publique.

— Atlas des sept partages de la Pologne en 1772, 1793, 1795, 1807, 1809, 1815, 1846. Gr. in-fol. *Chez l'auteur.* 30 fr.

— Histoire de Pologne; 7ᵉ série de la guerre

d'Orient. Illustrée par Janet-Lange. In-4° avec 1 carte. 1857. *Barba.* 1 fr. 50 c.

— Histoire populaire de la Pologne. Carte de la Pologne par Dufour. 14ᵉ édition, complétée jusqu'à nos jours. In-12. 1864. *Ibid.* 3 fr.

1ʳᵉ édition en 1855.

— Les Massacres de Gallicie et Krakovie confisquée par l'Autriche en 1846. Documents et commentaires. In-12. 1861. *Dentu.* 3 fr.

— Les Nobles et les paysans; coup d'œil historique sur les efforts de la noblesse française pour l'émancipation des paysans et sur les empêchements suscités par les trois puissances voisines : la Russie, l'Autriche et la Prusse. In-8°. 1846. *Comon.* 1 fr.

— La Pologne historique, littéraire, monumentale, pittoresque et illustrée, ou Sciences historiques, monuments, médailles, costumes, etc., par une société de littérateurs, sous la direction de Léonard Chodzko. 8ᵉ édition. 3 vol. in-8° avec pl. 1834-1847. *Cavaillès.* 60 fr.

— Recueil des traités, conventions et actes diplomatiques concernant la Pologne. 1762-1862. In-8°. 1862. *Amyot.* 20 fr.

Sous le pseudonyme de comte d'Angeberg.

CHOFFÉ (le professeur F.).

— La Papauté aux abois, ou le Christianisme vengé. In-8°. 1860. Stuttgart, *Aue.* 1 fr. 25 c.

CHOIEÇKI (Charles Edmond), connu généralement sous le nom de CHARLES EDMOND, littérateur français, d'origine polonaise, né en Pologne en 1822.

— L'Africain; comédie en quatre actes, en prose. In-12. 1860. *Lévy frères.* 2 fr.

— Le même. In-4° illustré. *Ibid.* 40 c.

Théâtre contemporain illustré, livr. 693.

— L'Aïeule; drame. — Voy. *Dennery et Charles Edmond.*

— La Florentine; drame en cinq actes, en prose, précédée d'une lettre de P. J. Proudhon. In-12. 1856. *Lévy frères.* 1 fr. 50 c.

— Le même. In-4° illustré. 1856. *Ibid.* 40 c.

Théâtre contemporain illustré, livr. 203.

— Les Mers polaires; drame en cinq actes, avec un prologue. In-4°. 1858. *Ibid.* 40 c.

Théâtre contemporain illustré, livr. 361.

— La Paix et la guerre. Lettre à M. Paul de Bourgoing, en réponse à sa brochure sur la Guerre d'idiome et de nationalité. In-8°. 1849. *Garnier frères.* 1 fr.

— La Pologne captive et ses trois poëtes, Mickiewicz, Krasinski et Slowaçki. In-8°. 1864. Leipzig, *F. A. Brockhaus.* 3 fr. 50 c.

Anonyme.

— Souvenirs d'un dépaysé. In-12. 1862. *Lévy frères.* 3 fr.

— Voyage dans les mers du Nord, à bord de la corvette « la Reine Hortense ». Notices scientifiques communiquées par MM. les membres de l'expédition. Carte du voyage. Carte géologique de l'Islande. Dessins de M. Karl Girardet, d'après les aquarelles de MM. Ch. Giraud et d'Abrantès. Gr. in-8°. 1857. *Ibid.* 15 fr.

2ᵉ édition en 1862. *Ibid.* 15 fr.

Il n'y a que la 1ʳᵉ édition de ce dernier ouvrage et la brochure « la Paix et la guerre » qui soient signés du nom entier de l'auteur; tous les autres portent seulement . par Charles Edmond.

M. Charles Edmond a collaboré à plusieurs journaux de Paris, entre autres à la « Revue indépendante » en 1846 et 1847, au « Peuple » et à la « Voix du peuple » en 1848 et 1849, et à « la Presse ».

CHOIMET (N.).

— Éléments théoriques et pratiques de la filature du lin et du chanvre. In-8° avec 1 tableau et 1 pl. 1841. *Mathias*. 10 fr.

CHOISEUL D'AILLECOURT (le comte Maxime de), membre de l'Académie française, né en 1782, mort en 1854.

— 1688-1830 , ou Parallèle historique des révolutions d'Angleterre et de France, sous Jacques II et Charles X. In-8°. 1843. *Dentu*. 3 fr. 50 c.

— Le même. Nouvelle édition, augmentée d'une 4e partie, qui montre pourquoi la révolution de 1830 n'a pas réussi à fonder un établissement durable. In-8°. 1851. *Vaton*. 4 fr.

— Le même. Nouvelle édition. In-8°. 1858. *Poullet*. 4 fr. 50 c.

CHOISEUL – DAILLECOURT (le comte Marie Étienne Charles de), né à Paris en 1834.

— Souvenirs; poésies. 2 livraisons. In-18. 1865. *Amyot*. 2 fr.

— Vers pour photographies et albums. In-18. 1864. *Ibid*. 1 fr.

CHOISEUL-GOUFFIER (M. G. F. A., comte de), ambassadeur de France à Constantinople, ministre d'État et pair de France, né à Paris, en 1752, mort à Aix-la-Chapelle, en 1817.

— Voyage pittoresque dans l'empire ottoman, en Grèce, dans la Troade, les îles de l'Archipel et sur les côtes de l'Asie mineure. Nouvelle édition, augmentée de notices historiques d'après les voyageurs modernes les plus célèbres, rédigées avec le concours et sur les observations inédites de M. Hase et de M. Miller. In-8° avec un atlas in-fol. de 306 grav. 1840-1842. *Aillaud*. 100 fr.

Publié en 100 livraisons.

La 1re édition, 3 vol. gr. in-fol. avec 300 gravures, cartes et vues, a paru de 1780 à 1824. (Paris, *Blaise*. 520 fr.)

CHOISEUL-GOUFFIER (la comtesse de), née comtesse de TISENHAUS.

— Réminiscences sur l'empereur Alexandre Ier et sur l'empereur Napoléon Ier. In-8°. 1862. [Besançon, *imprimerie Bonvalot*.] *Dentu*. 5 fr.

CHOISEUL-PRASLIN (duchesse de). — Voy. **Praslin**.

**Choisissez! ou la Foi et la charte, ou le Monopole universitaire, par un père de famille. In-8°. 1845. *Ad. Leclère*. 1 fr.

CHOISY (Jacques Denis), professeur et ancien pasteur de l'église de Genève, né à Genève, en 1800.

— Conférences, ou Discours sur les influences sociales du christianisme. In-8°. 1848. Genève, *Cherbuliez*. 3 fr. 50 c.

— Conférences et essais sur quelques sujets religieux et philosophiques. In-8°. 1860. *Ibid*. 3 fr. 50 c.

**Choix d'ouvrages mystiques, traduits du latin en français. In-8°. 1843. *Rue Laffitte*, 40. 10 fr.

Panthéon littéraire.

CHOL (l'abbé).

— Lectures graduées, à l'usage de l'enfance, sur les merveilles de la nature, les événements les plus remarquables de l'histoire de France, etc. In-12. 1852. *Périsse*. 1 fr. 20 c.

CHOL ou CHOL DE CLERCY, auteur dramatique.

— Les Buches-graves; pièce de résistance, servie au Théâtre français. In-12. 1843. *Gallet*. 50 c.

— Une Distribution de prix ; comédie-vaudeville en un acte. In-12. 1861. *Fouraut*. 50 c.

Avec MM. Hippolyte et Hyacinthe.

— La Laitière et le pot au lait; opérette bouffe en un acte, musique de Léon Peuchot. In-8°. 1865. *Mme Renoux*. 20 c.

Voy. aussi : *Desolme et Chol de Clercy*.

CHOLER (Adolphe), auteur dramatique, né à Paris en 1824.

— Un Cœur qui parle; comédie-vaudeville en un acte. In-12. 1855. *Lévy frères*. 60 c.

Avec Nérée Desarbres.

— Le même. In-4°. 1856. *Ibid*. 40 c.

Théâtre contemporain illustré, livr. 189.

— Une Dame du lac; comédie-vaudeville en un acte. In-12. 1865. *Dentu*. 1 fr.

— Les Deux maniaques; comédie-vaudeville en un acte. In-12. 1859. *Lévy frères*. 50 c.

Avec F. Colliot et A. Lapointe

— L'Enfant de la halle; drame-vaudeville. In-4°. *Magasin théâtral*. 20 c.

Avec Eug. Vachette.

— Les Fiancés de Rosa; opéra comique en un acte, musique de Mme Clémence Valgrand. In-12. 1863. *Lévy frères*. 1 fr.

— Paris s'amuse! comédie-vaudeville en trois actes. In-4°. 1860. *Ibid*. 40 c.

Théâtre contemporain illustré, livr. 431.

— Les Pinceaux d'Héloïse; vaudeville en un acte. In-12. 1864. *Ibid*. 1 fr.

Avec Henri Rochefort.

— Le Procès Van Korn; vaudeville en un acte. In-12. 1865. *Dentu*.

Avec Henri Rochefort.

— Six demoiselles à marier; opérette bouffe en un acte, musique de M. Delibes. In-4°. 1857. *Lévy frères*. 40 c.

Théâtre contemporain illustré, livr. 259.

M. Choler a encore signé des pièces de théâtre en collaboration avec les auteurs suivants : *Clairville*, *Cogniard*, *Delacour*, *Dennery*, *Dumanoir*, *Labiche*, *Lefranc*, *Marc Michel*, *Siraudin* et *Saint-Yves*.

CHOLER (SAINT-AGNAN). — Voy. **Saint-Agnan Choler**.

CHOLET (F. David de).

— Régénération financière, ou l'Argent à bon marché. Nouveau système de banque territoriale appelée à remplacer le crédit foncier de France. In-8°. 1855. Nantes, *Guéraud*. 5 fr.

CHOLET ou CHOLLET (Victor).

— L'Homme et la source; fable politique. In-8°. 1860. *Garnier frères*. 75 c.

— Mon . frère Jacques. In-18. 1863. Limoges, *Barbou frères*.

— Le Nouveau Berquin : Le Sou de l'aveugle. —

Contes à mes petits amis. — Le Petit despote. — Mon frère Jacques. — Paul, ou le Petit espiègle. 5 vol. in-32 avec grav. 1844. Limoges, *Barbou.*

CHOLLET (l'abbé), curé doyen.

— Un Serment mal gardé, ou Villers-Cotterets et ses environs. In-12. 1854. Villers-Cotterets, *Obry.* 3 fr. 50 c.

CHOMEL (le docteur Aug. François), membre de l'Académie de médecine, professeur à la Faculté de médecine de Paris, né en 1788, mort en 1858.

— Des Dyspepsies. In-8º. 1857. *V. Masson.* 6 fr.

— Éléments de pathologie générale. 5e édition. In-8º. 1863. *Ibid.* 9 fr.

La 1re édition est de 1817.

— Leçons de clinique médicale faites à l'Hôtel-Dieu, recueillies et publiées par MM. Genest, Requin et F. Sestier. 3 vol. in-8º. 1834-1840. *G. Baillière.* 21 fr.

CHOMET (le docteur Antoine Joseph, dit Hector), né à Moulins (Allier) en 1808.

— Le Choléra-morbus, ses causes, sa marche, ses symptômes et son traitement, d'après les faits observés en 1832 et 1849. In-8º. 1849. [Moulins, *Desrosiers.*] *G. Baillière.* 75 c.

— Conseils aux femmes sur leur santé et sur leurs maladies. In-8º. 1846. *Garnier frères.* 1 fr.

CHOMETTE (Mme E.), institutrice.

— L'Oiseau qui parle. In-12 avec 1 grav. 1864. *Grevin.* 50 c.

— Le Parapluie de Nicodème. In-12 avec 1 grav. 1864. *Ibid.* 50 c.

— Le Pays des singes. In-12 avec 1 grav. 1864. *Ibid.* 50 c.

Toutes ces pièces sont faites en collaboration avec Mme J. Pickaert.

CHOMPRÉ (P.).

— Dictionnaire abrégé de la fable, pour l'intelligence des poëtes, des tableaux et des statues, dont les sujets sont tirés de l'histoire poétique. In-18. 1855. *Hachette et Cie.* 1 fr. 50 c.

— Le même. Édition revue et augmentée par Ch. Richomme. In-18. 1864. *Delalain.* 1 fr. 50 c.

CHON (François), professeur d'histoire au lycée de Lille et à la Faculté des sciences de la même ville, né à Laval (Mayenne) en 1812.

— Épisodes de la guerre de Crimée, ou les Hôpitaux de Koulali et de Scutari. In-12. 1860. Lille, *Lefort.* 75 c.

CHONSKI (H. de) a traduit de l'anglais : «Souvenirs diplomatiques», de lord *Holland.*

CHOPARD (le docteur), médecin à Vichy.

— Du Foie, ses maladies, ses troubles fonctionnels, et traitement du diabète par les eaux de Vichy. In-12. 1858. *J. B. Baillière.* 1 fr. 50 c.

CHOPIN (Jacques Dominique), docteur ès lettres, né à Saint-Pétersbourg en 1794, mort à Paris en 1857.

— Choix d'épigrammes tirées de l'Anthologie grecque, et traduites en vers français, avec accompagnement de notes critiques. In-8º. 1854. *Hachette.* 3 fr.

CHOPIN (Jean Marie), littérateur français, né à Saint-Pétersbourg en 1796.

— Choix de nouvelles russes de Lermontof,

Pouchkine, Von Wiesen, etc.; traduites du russe par J. M. Chopin. In-12. 1853. *Reinwald.* 3 fr. 50 c.

— La Clef de la question des duchés danois de Sleswig et de Holstein. In-8º avec 1 carte des duchés. 1861. *Dentu.* 1 fr. 50 c.

— Histoire de Napoléon Ier, du roi de Rome (duc de Reichstadt) et de la famille Bonaparte; suivie de l'Histoire des maréchaux de France, par J. M. Chopin et Leynadier; avec une étude sur l'empire, par Viennet, terminée par une Histoire de Louis Napoléon III, par E. Marco de Saint-Hilaire, et le Voyage du prince Louis Napoléon dans le midi de la France, par Amédée de Cesena. In-8º avec portrait et 6 grav. 1853. *Krabbe.* 6 fr.

— Provinces danubiennes et roumaines. In-8º avec 44 pl. 1856. *Didot frères.* 7 fr.

Avec M. Ubicini. — Univers pittoresque, Europe, tome 39.

— Révolutions des peuples du Nord. 4 vol. in-8º. 1841-1842. *Coquebert.* 32 fr.

M. Chopin a encore traduit de l'anglais : «l'Océan et ses merveilles»; et «David Copperfield» de *Dickens.*

CHOPIN-DALLERY, ancien ingénieur mécanicien.

— Origine de l'hélice propulso-directeur et de la chaudière tubulaire. In-8º, 120 p. 1855. *Imprimerie Didot.*

CHOPPIN (Noël Charles), ancien imprimeur, membre de la Société d'agriculture de l'arrondissement de Bar-le-Duc, né à Bar-le-Duc en 1780, mort vers 1864.

— De la Taille du poirier et du pommier en fuseau. Méthode nouvelle, accompagnée d'une notice sur l'utilité de l'incision annulaire. In-8º avec 4 pl. 1854. *Goin.* 3 fr.

CHOQUET (Charles), docteur ès sciences, professeur de mathématiques, né à Abbeville en 1798.

— Cours de dessin linéaire. — Voy. *Boniface* (Alex.) *et Choquet.*

— Traité d'algèbre. In-8º. 1856. *Mallet-Bachelier.* 7 fr. 50 c.

— Complément d'algèbre, contenant les matières exigées, suivant le programme officiel, pour l'admission à l'École polytechnique. In-8º. 1853. *Ibid.* 2 fr.

— Traité élémentaire d'algèbre. 5e édition. In-8º. 1849. *Ibid.* 7 fr. 50 c.

Avec M. Mayer. — La 1re édition est de 1832.

CHOQUET (Charles François Alexandre), officier de l'instruction publique, né en 1814.

— Manuel d'éducation et de politesse chrétiennes, rédigé en forme de catéchisme, et suivi de tableaux présentant succinctement les devoirs des inférieurs envers leurs supérieurs. 8e édition. In-32. 1866. *Gauguet.* 60 c.

— Recueil de dictées données par diverses commissions chargées de juger l'aptitude des aspirants au brevet de capacité pour l'instruction primaire. Nouvelle édition. 1860. *Ibid.* 1 fr.

CHORICIUS DE GAZA, rhéteur et sophiste grec, vivait sous le règne de Justinien.

— Choricii Gazæi orationes, declamationes, fragmenta : insunt inedita orationes duæ. Curante Jo. Fr. Boissonnade. In-8º. 1846. *Dumont.*

— Éloge funèbre de Procope; traduit pour la première fois en français par Henri Cafflaux. In-8º. 1862. *Durand.* 1 fr.

CHORON (Alexandre Étienne), musicographe français, né à Caen en 1772, mort à Paris en 1834.

— Nouveau manuel complet de musique vocale et instrumentale, ou Encyclopédie musicale; publié par M. J. Adrien de La Fage. 1re partie. Exécution. 1 vol. in-18 avec atlas. 1839. *Roret.* 5 fr.

— Le même. 2e partie. Composition. 3 vol. in-18 avec atlas. 20 fr.

— Le même. 3e partie. Complément ou accessoire. 2 vol. in-18 avec atlas. 10 fr. 50 c.

Collection des Manuels-Roret.

*****Choses** vieilles et choses nouvelles, fragments évangéliques publiés par quelques amis du règne de Dieu. In-12. 1865. Lausanne, *G. Bridel.* 2 fr.

Ce volume contient, entre autres morceaux, une Méditation inédite de *Vinet*, une Étude de M. *Merle d'Aubigné*, sur l'État primitif de l'homme, quatre fragments de M. L. *Gaussen;* etc.

CHOSSAT (le docteur Ch.), médecin à Genève.

— Recherches expérimentales sur l'inanition. In-4o. 1844. *J. B. Baillière.* 7 fr.

CHOTARD (Henry), professeur d'histoire à la Faculté des lettres de Besançon, né à Chartres en 1821.

— Manuel de l'histoire universelle. 1re partie. Histoire ancienne, grecque et romaine. 2 vol. in-12. 1850. *Dezobry et Magdeleine.* 6 fr.

— Le même. 2e partie. Histoire du moyen âge. In-12. 1850. *Ibid.* 3 fr.

— Le même. 3e partie. Histoire moderne. In-12. 1851. *Ibid.* 3 fr.

— Le Périple de la mer Noire par Arrien; thèse. In-8o. 1860. *A. Durand.* 3 fr.

CHOTIN (Alexandre Guillaume), homme de lettres, ancien professeur de langues anciennes, ancien juge de paix, né à Tournai en 1801.

— Études étymologiques sur les noms des villes, bourgs, etc., de la province de Hainaut. In-8o. 1857. Tournai, *Casterman.* 5 fr.

— Études étymologiques sur les noms des villes, bourgs, etc., de la province de Brabant. Gr. in-8o. 1850. *Ibid.* 5 fr.

— Les Expéditions maritimes de Charles-Quint en Barbarie. In-8o. 1857. *Ibid.* 3 fr.

— Histoire de Tournay et du Tournésis, depuis les temps les plus reculés jusqu'à nos jours. 2 vol. in-8o. 1840. *Ibid.* 10 fr.

CHOTTEAU (Alphonse), docteur en droit, né à Bruxelles en 1840.

— Recueil de jurisprudence notariale, contenant les décisions rendues sur les questions importantes qui ont été soulevées à l'égard des notaires et des actes notariés, depuis la publication de la loi du 25 ventôse an XI jusqu'à ce jour, avec un résumé de la doctrine des principaux auteurs, etc., et précédé d'un aperçu historique sur l'institution du notariat. In-8o. 1865. Bruxelles, *B. J. Van Dooren.* 8 fr.

CHOTTEAU (Léon), avocat.

— De la Liberté des théâtres. In-8o. 1865. *Dujardin.* 2 fr.

CHOUIPPE (Adolphe).

— Maladies de poitrine guéries par un traitement nouveau. In-8o, 64 p. 1840. *Chez l'auteur.*

— Philosophie politique. L'Homme et la société. In-12. 1842. *Dauvin et Fontaine.* 4 fr.

CHOULETTE (Sébastien), pharmacien principal en retraite, né à Toul (Meurthe) en 1803.

— Cours de géographie physique et politique, et Géographie de la France, à l'usage des écoles normales et primaires. In-12. 1843. Strasbourg, *Dérivaux.* 3 fr. 50 c.

— Observations pratiques de chimie, de pharmacie et de médecine légale. 1er fascicule. In-18. 1860. *Ibid.* 1 fr. 50 c.

— Petite géographie physique à l'usage des écoles primaires. In-18. 1843. *Ibid.* 50 c.

2e édition en 1844.

— Questionnaire de zoologie élémentaire. In-12. 1843. Strasbourg, *Ve Levrault.* 50 c.

— Synopsis de la Flore de Lorraine et d'Alsace. 1re partie. Tableau analytique des genres et des espèces. In-12. 1845. Strasbourg, *Dérivaux.* 2 fr. 50 c.

CHOULOT (le comte Paul de), ancien gentilhomme de la chambre et capitaine-général des chasses du duc de Bourbon, né à Nevers en 1794, mort en 1864.

— Quelques pages sur Mgr. le duc de Bourbon, tirées des mémoires inédits du comte de Choulot. In-8o. 1858. *Dentu.* 1 fr.

— Notice sur le duc d'Enghien. — Voy. Mémoires du duc d'*Enghien.*

CHOULOT (le vicomte, plus tard comte Paul de), fils du précédent, ex-officier d'infanterie, né à Londres en 1817.

— Études militaires, suivies d'un spécimen de l'armée sarde et de l'organisation militaire du Piémont. In-12. 1843. *Dumaine.* 3 fr. 50 c.

— Histoire des régiments de l'armée sarde. In-12. 1845. Turin, *Bocca.*

Avec M. Ferrero.

— Mes souvenirs, pour servir à l'histoire du 1er régiment de la légion étrangère. Campagne d'Orient. In-12. 1865. [Bourges, *Just-Bernard.*] *Fontaine.*

— Souvenirs pour servir à l'histoire du 1er régiment de la légion étrangère. Campagne d'Afrique. In-12. 1865. *Ibid.* 2 fr.

— Souvenirs et impressions d'un sous-lieutenant, ou Nice, ses environs et la rivière de Gênes. In-8o. 1843. [Moulins, *Desrosiers.*] *Chamerot.* 7 fr. 50 c.

Sous le pseudonyme de Paul de Kick.

CHOUMARA (Pierre Marie Théodore), ingénieur, né en 1787, ancien chef de bataillon du génie.

— L'Astronomie simplifiée et perfectionnée par la correction d'une erreur capitale commise par les astronomes anciens et modernes, ou Examen critique raisonné de l'exposition du système du monde, par Laplace. In-8o, 84 p. 1847. *Imprimerie Martinet.*

— Considérations militaires sur les mémoires du maréchal Suchet et sur la bataille de Toulouse. 2e édition, augmentée de la Correspondance entre un ingénieur militaire français et le duc de Wellington sur cette bataille. 2 vol. in-8o avec 1 plan. 1840. *Corréard.* 9 fr.

La 1re édition est de 1838 et n'a qu'un volume.

— Un Ingénieur militaire et la police parisienne,

ou Deux lettres à M. G. Delessert, préfet de police. In-8°. 1840. *Ibid.*

— Leçon de fortification donnée à M. Arago, pour servir de réponse aux Lettres de M. Arago sur les fortifications de Paris. In-8°. 1844. *Imprimerie Bourgogne.*

— Mémoire sur la fortification, ou Examen raisonné des propriétés et des défauts des fortifications existantes, indiquant de nouveaux moyens très-simples pour améliorer, à peu de frais, les places actuelles et augmenter considérablement la durée des sièges. 2° édition. In-8° avec atlas in-folio. 1847. *Dumaine.* 18 fr.

La 1re édition est de 1827.

— Résumé historique des honteux échecs éprouvés par les armées britanniques depuis le commencement de la révolution française jusqu'en 1814. In-8°. 1844. *Imprimerie Bourgogne.* 1 fr.

— Solution générale, simple, complète et pratique des magnifiques problèmes de la navigation aérienne par l'emploi de ballons de grandeur moyenne. In-8°. 1861. *Chez l'auteur.*

— Théodore, ou Cinquante-neuf ans de la vie d'un homme de tête et de cœur. Histoire contemporaine dans laquelle les faits véritables laissent bien loin derrière eux les fictions les plus hardies des romanciers de nos jours. In-8°, 252 p. 1847. *Imprimerie Cosse.*

— Véritable cause physique de la pesanteur des corps terrestres et de la gravité universelle des corps célestes, déduite de phénomènes d'analogies et de preuves géométriques incontestables. In-8° avec figures et 2 pl. 1855-1856. *Imprimerie Martinet.* 3 fr. 75 c.

CHOUPPES (Aimard, marquis de), lieutenant-général du Roussillon, gouverneur de Belle-Isle, né en 1612, mort en 1677.

— Mémoires du marquis de Chouppes, suivis des mémoires du duc de Navailles et de La Valette, pair et maréchal de France et gouverneur de Mgr. le duc de Chartres (1630-1682); revus, annotés et accompagnés de pièces justificatives inédites par M. C. Moreau. In-8°. 1861. *Techener.* 7 fr. 50 c.

La 1re édition des Mémoires du marquis de Chouppes, publiée par *Duport du Tertre*, a paru en 1753, 2 vol. in-12. — Les mémoires du duc de Navailles sont de 1701, et ceux de La Valette de 1831.

CHOUSSY (Édouard Joseph), membre de l'Académie imp. et royale Aretina (Italie), et de plusieurs sociétés savantes, né à Cusset (Allier) en 1824.

— Essais sur l'invraisemblance du règne commun et simultané de Louis III et Carloman pendant l'année 879. In-8°. 1856. Clermont-Ferrand, *Thibaud.* 1 fr.

— Histoire des Français, en abrégé, depuis les temps les plus reculés jusqu'à nos jours. (Traité de Paris, 1856.) 2 vol. in-8°. 1857. *Ibid.* 10 fr.

CHOUSSY (le docteur).

— Hygiène des baigneurs, ou Exposé des propriétés hygiéniques et médicales de toutes les variétés de bains en général, et en particulier des eaux thermales de la Bourboule, près le Mont-Dore. In-12. 1850. *Moquet.* 2 fr.

Avec A. Debay.

CHOUTEAU (Olivier).

— De la Philosophie se posant hors des tradi-

tions révélées. In-8°, 40 p. 1843. [Dôle, *Godard.*] *Poussielgue-Rusand.*

— Programme de socialisme catholique, en réponse à une question de la Société académique de la Loire-Inférieure. In-18. 1849. Dôle, *Breune.*

CHOUVET (l'abbé J. A. M.), ancien missionnaire apostolique.

— Un Tour du monde. Voyage à la Nouvelle-Zélande et retour en France par l'île Sainte-Hélène. 2 vol. in-12. 1855. Avignon, *Séguin aîné.*

CHOUVY (Maurice H.).

— Félix, ou Un songe de bonheur. In-12, 204 p. 1850. Clermont-Ferrand, *Valleix.*

CHOVIN, de Die, dit FRANÇOIS, compagnon menuisier du devoir.

— Le Conseiller des compagnons. In-12. 1860. *Dutertre.* 2 fr.

CHRESTIEN (le docteur André Thérèse), professeur agrégé de la Faculté de médecine de Montpellier, fondateur (en 1840) de la «Gazette médicale de Montpellier, né à Montpellier en 1802.

— Des Cautères et de leur valeur en thérapeutique. In-12. 1856. Montpellier, *Dumas.* 1 fr.

— Étude du choléra-morbus, à l'usage des gens du monde non médical. In-16. 1855. Montpellier, *imprimerie Ricard.* 1 fr.

— Exposition sommaire des principales doctrines médicales. In-8°. 1850. *Ibid.* 2 fr.

— De l'Influence des travaux et des découvertes anatomiques depuis Vésale, sur les progrès de la pathologie chirurgicale. In-8°. 1853. [Montpellier.] *J. B. Baillière.* 1 fr. 25 c.

— Observations de clinique médicale. In-8°. 1852. *Ibid.* 3 fr.

— De la Percussion et de l'auscultation dans les maladies chirurgicales. In-8°. 1842. *Béchet et Labé.* 2 fr.

Le même. In-4°. *Ibid.* 4 fr.

CHRESTIEN DE LIHUS.

— Fables. In-12. 1858. *Fontaine.* 3 fr. 50 c.

M. Chrestien de Lihus a fait une traduction d'*Horace.*

CHRESTIEN DE POLY (J. P.), conseiller à la cour de Paris, né en 1769.

— Essai politique sur les causes de perturbation et des crises en France, et sur les moyens d'y remédier et d'affermir le trône et les libertés publiques. 2 vol. in-8°. 1840. *Pihan Delaforest.* 15 fr.

— Liberté d'enseignement. *Essai sur la discussion relative au projet de loi concernant l'instruction secondaire.* In-8°, 116 p. 1845. *Sirou.*

CHRÉTIEN DE TROYES, poète du XIIe siècle.

— Le Roman du chevalier de la Charrette, par Chrétien de Troyes et Godefroy de Laigny avec des recherches sur la vie et les ouvrages de ces deux poètes, par P. Tarbé. In-8°. 1849. Reims, *Regnier.* 8 fr.

Collection des poètes champenois antérieurs au XVIe siècle.

— Li Romans dou chevalier au lyon, publié par W. L. Holland. In-8°. 1862. Hanovre, *Rümpler.* 8 fr.

CHRÉTIEN fils (A. J.), de Roville.

— Premiers éléments d'agriculture. — Voy. *Bentz et Chrétien.*

CHRÉTIEN (Édouard), littérateur.

— Les Chants du poëte. In-8°. 1846. [Caen, *Manoury.*] *Dentu.* 5 fr.

CHRÉTIEN (J.), ingénieur civil.

— Des machines-outils, leur importance, leur utilité, progrès dans leur fabrication constatés par l'exposition universelle de Londres en 1862. Texte in-8° accompagné de 3 pl. gr. in-fol. 1863. *Lacroix.* 3 fr.

CHRÉTIEN (Michel), pseudonyme de M. Marie de **Saint-Germain.**

CHRÉTIEN (T. F.).

— Premiers éléments de géographie, rédigés sur un plan nouveau. In-12. 1846. *Poilleux.* 1 fr.

CHRÉTIEN-LALANNE. — Voy. **Lalanne.**

*****Chrétienne** et musulman; par l'auteur de «Perdita». In-12. 1861. *Dentu.* 3 fr.

*****Chrétienne** (une) à Rome. In-12. 1865. *Vᵉ Poussielgue et fils.* 3 fr. 50 c.

*****Chrétienne** (la) de nos jours suivant M. l'abbé Bautain; par un chrétien protestant. In-12. 1863. *Grassart.* 50 c.

CHRISPANO (le marquis D. SORIA DE). — Voy. **Soria de Chrispano.**

*****Christ** (le) à Rome, ou le Dernier roi-pontife; par l'abbé ***. In-8°. 1864. [Toulouse.] *Dentu.*

CHRISTIAN (Henri).

— Le Problème de la jeunesse. In-8°. 1860. Dieppe, *imprimerie Delevoye.* 1 fr.

CHRISTIAN (Jules), lieutenant de vaisseau.

— Esquisses philosophiques, suivies d'une hypothèse sur l'union de l'âme et du corps. In-8°. 1864. *Mᵐᵉ Gaut.*

CHRISTIAN (P.), ancien bibliothécaire au ministère de l'instruction publique et des cultes.

— L'Afrique française, l'empire de Maroc et les déserts du Sahara. Histoire nationale des conquêtes, victoires et nouvelles découvertes des Français, depuis la prise d'Alger jusqu'à nos jours. Édition illustrée. In-8° avec cartes. 1845-1846. *Rue de la Michodière,* 13. 20 fr.

Publié en 50 livraisons.

— L'Algérie de la jeunesse. In-8° avec 14 lithographies. 1847. *Desesserts.* 12 fr.

— L'Ange Wehrda, ou le Sacrement de mariage. In-18. 1860. *Josse.* 1 fr.

— Le Catéchisme en histoires. In-12. 1864. *Martin-Beaupré frères.* 3 fr. 50 c.

— Chronologie militaire de France depuis les premiers temps de la monarchie. In-8°. 1850. *Jorry de Kernebel.* 8 fr.

— Les Cœurs brisés, ou le Sacrement de pénitence. In-18. 1859. *Josse.* 1 fr.

— La Crosse et le glaive, ou le Sacrement de l'ordre. In-18. 1860. *Ibid.* 1 fr.

— L'Écho des catacombes, ou le Sacrement de confirmation. In-18. 1859. *Ibid.* 1 fr.

— L'Esprit du château de Xhénemont. In-12. 1863. Tournai, *Casterman.* 1 fr. 25 c.

— Étude sur Scarron, le roman comique et la littérature burlesque au XVIIᵉ siècle. In-12. 1841. *Lavigne.* 3 fr. 50 c.

— Études historiques sur les révolutions de Paris, depuis les temps romains. In-8°. 1840. *P. Bertrand.* 8 fr.

— Les Fleurs du ciel. Édition illustrée par 18 aquarelles composées et dessinées par Cl. Ciappori, imprimées en lithochromies par Hangard-Maugé. Gr. in-8°. 1860. *Hangard-Maugé.* 100 fr.

— La Forêt vierge, ou le Sacrement de l'extrême-onction. In-18. 1860. *Josse.* 1 fr.

— La Haie d'aubépine; conte pour les enfants. Traduit de l'anglais par P. Christian. In-12. 1864. Rouen, *Mégard et Cⁱᵉ.* 75 c.

— Les Héros du christianisme. — Voy. *Bernard et Christian.*

— Histoire du clergé de France, depuis l'avènement du christianisme dans les Gaules jusqu'à nos jours. 2 vol. in-8°. 1840. *P. Bertrand.* 15 fr.

Publié en 30 livraisons.

— Histoire des pirates et corsaires de l'Océan et de la Méditerranée, depuis leur origine jusqu'à nos jours. 4 vol. in-8° avec gravures. 1846-1850. *Cavailles.* 40 fr.

Publié en 24 livraisons.

— Histoire de la Terreur. Édition illustrée de vignettes, portraits et costumes du temps, coloriés. 5 vol. gr. in-8°. 1853-1854. *Barbier.* 24 fr.

Publié en 210 livraisons.

— Histoires héroïques des Français, racontées à S. A. I. Napoléon-Eugène, prince impérial. In-18. 1862. *Pick.* 3 fr.

3ᵉ édition en 1863.

— L'Homme rouge des Tuileries. Illustré de 22 fig. kabbalistiques. In-12. 1863. *Chez l'auteur, rue d'Angoulême,* 22. 6 fr.

— La Morale merveilleuse, contes de tous les temps et de tous les pays. In-8° avec gravures. 1843. *Lavigne.* 12 fr.

— Une Page de ma vie, ou le Sacrement de l'eucharistie. In-18. 1860. *Josse.* 1 fr.

— Le Petit Jack. Traduit de l'anglais, par Christian. In-18. 1845. *Langlois et Leclercq.* 1 fr.

— La Prison Mamertine, ou le Sacrement de baptême. In-32. 1859. *Josse.* 1 fr.

— Question d'Afrique; le Maroc et la politique anglaise. In-8°. 1845. *Magen et Guéret.* 1 fr. 50 c.

— Souvenirs du maréchal Bugeaud, de l'Algérie et du Maroc. 2 vol. in-8°. 1845. *Cadot.* 15 fr.

M. P. Christian a encore traduit de l'anglais : « l'Alhambra » de W. *Irving* ; « Poëmes gaéliques » d'*Ossian* ; de l'allemand : les « Contes » de *Hoffmann* ; et de l'italien : les « Œuvres politiques » de *Machiavel.*

CHRISTIAN (S.), professeur.

— Les Parallèles sans postulatum, développées dans le livre des droits, dans un plan et le livre des plans. In-8° avec 2 pl. 1850. *Bachelier.* 1 fr. 50 c.

CHRISTIANOWITSCH (Alexandre de), officier russe en retraite, né à Kalouga (Russie) en 1835.

— Esquisse historique de la musique arabe aux temps anciens avec dessins d'instruments et 40 mélodies notées et harmonisées. In-4°. 1863. [Cologne.] *Didot frères.* 16 fr.

L'auteur a publié cet ouvrage avec les matériaux qu'il avait recueillis en 1861 pendant un séjour en Algérie.

CHRISTINE DE PISAN. — Voy. **Pisan.**

CHRISTOFLE (Charles), industriel, né à Paris en 1805, mort en 1863.

— Histoire de la dorure et de l'argenture électro-chimiques. In-8°, 420 p. 1851. *Imprimerie Duverger.*

— Projet de loi sur les marques de fabrique et de commerce. In-4°, 16 p. 1847. *Imprimerie Malteste.*

*Christologie, ou Science chrétienne ; par F. J. L. In-8°. 1840. [Melun.] *Charpentier.* 6 fr.

CHRISTOPHE (le docteur César Auguste), de Toul, ancien médecin à Paris.

— L'Évangile médical, ou Traité des causes premières de l'homme. Nouvelle doctrine fondée sur la découverte de la vie, de son essence et de ses lois. Anatomie et physiologie. 2 vol. in-8°. 1843. *J. B. Baillière.* 15 fr.

— Exposition de la doctrine des impondérables, ou Nouveaux principes de médecine transcendante et analytique. In-8°. 1852. *Ibid.* 3 fr.

— Réforme médicale du XIXe siècle par la doctrine des impondérables, ou Nouveaux principes de médecine chimique appliqués à la pathologie et à la thérapeutique. In-8°. 1856. *Ibid.* 7 fr. 50 c.

— Traité théorique et pratique des maladies nerveuses, avec leur traitement par la médecine chimique. In-12. 1854. *Ibid.* 4 fr.

CHRISTOPHE (Emmanuel).

— Les Enfants reconnaissants, ou les Petits Auvergnats. In-18. 1860. Limoges, *Ardant.* 30 c.

— Les Jeunes marins. In-18. 1862. *Ibid.* 20 c.

— Louis, ou les Conseils donnés par l'exemple. In-18. 1850. *Ibid.* 50 c.

— Les Petits naturalistes, et la Bonne vieille. In-32. 1860. *Ibid.* 20 c.

— Récompense et châtiment, historiettes morales. In-12. 1860. *Ibid.* 60 c.

CHRISTOPHE (l'abbé Jean Baptiste), chanoine d'honneur de Lyon et de Nîmes, curé du diocèse de Lyon, né à Amplepuis en 1809.

— Histoire de la papauté pendant le XIVe siècle, avec des notes et des pièces justificatives. 3 vol. in-8°. 1852. *Maison.* 18 fr.

— Histoire de la papauté pendant le XVe siècle, avec des pièces justificatives. 2 vol. in-8°. 1863. Lyon, *Bauchu et Cie.* 14 fr.

L'abbé Christophe a traduit de l'italien : « les Beautés de la foi », par le R. P. *Ventura de Raulica.*

CHRISTOPHE (Moreau-). — Voy. **Moreau-Christophe.**

CHRISTOPHLE (Albert), avocat au conseil d'État et à la Cour de cassation, ancien rédacteur du journal « la Presse » et de la « Revue pratique », etc., né à Domfront (Orne) en 1830.

— Traité théorique et pratique des travaux publics, ou Résumé de la législation et de la jurisprudence sur l'organisation des travaux de l'État, des départements, des communes et des associations syndicales. 2 vol. in-8°. 1862. *Marescq aîné.* 15 fr.

CHRISTÔT (le docteur Félix Dubuisson-). — Voy. **Dubuisson-Christôt.**

*Chroniques judiciaires. Le Docteur noir Vriès. Exercice illégal de la médecine. Affaire Giblain,

agent de change, accusé de faux et de détournement. In-4°. 1860. *G. Havard.* 50 c.

*Chroniques judiciaires françaises et étrangères. John Brown. Condamnation à mort, par Alphonse Pagès. Un Mariage forcé aux îles Wallis. Assassinat de la fille du président Geffrard. Combat entre Italiens et Autrichiens, à Marseille. Gr. in-8°. 1860. *Ibid.* 50 c.

*Chroniques du château de Gironville, extraites de la Chronique latine de Turpin, de la Chronique arabe de Ben-Thamar et d'un poème norwégien du IXe siècle. Illustrations de V. A. Beaucé, gravures de Pisan. Gr. in-8°, texte encadré avec 24 vignettes. 1854. *Plon frères.*

CHRYSOSTOME (Saint Jean), le plus éloquent des pères de l'Église chrétienne, né à Antioche en 347, mort en 407.

— S. P. N. Joannis Chrysostomi opera omnia opera et studio D. Bernardi de Montfaucon, Editio parisina altera, emendata et aucta. 13 vol. in-8°. 1834-1840. *Gaume.* 400 fr.

Cette édition, imprimée à deux colonnes, dont l'une contient le texte grec, l'autre la version latine, a été publiée en 26 livraisons, par les soins de MM. L. de Sinner et Th. Fix. La 1re édition, 13 vol. in-fol., est de 1718-1734.

— S. Joannis Chrysostomi opera omnia. Editio novissima, emendata et auctior. 9 vol. in-8°. 1842. *Migne.* 50 fr.

Voy. aussi Patrologie grecque publiée par l'abbé *Migne,* tomes 47 à 64.

— S. Joannis Chrysostomi opera selecta græce et latine codicibus antiquis denuo excussis emendavit Fr. Dübner. 2 vol. gr. in-8°. 1861-1862. *Didot frères.* 30 fr.

— Œuvres complètes. Traduites pour la première fois en français sous la direction de M. Jeannin. Tomes 1 à 9. 1863-1866. [Bar-le-Duc, *Guérin.*] *Palmé.* Chaque volume, 6 fr. 50 c.

L'édition aura 10 à 11 volumes.

— Œuvres complètes. Traduction du grec en français par M. l'abbé Joly, suivies de la Vie du patriarche archevêque de Constantinople. Tomes 1 à 4. Gr. in-8°. 1864-1865. Nancy, *Bordes frères.* Chaque volume, 8 fr.

L'édition aura 8 volumes.

— Œuvres de saint Jean Chrysostome d'après toutes les éditions faites jusqu'à ce jour. Nouvelle traduction française par l'abbé J. Bareille. Texte grec en regard. Tomes 1 à 6. Gr. in-8°. 1864 à 1866. *L. Vivès.*

L'édition aura 26 vol. Prix : 400 fr. — La traduction française est publiée aussi séparément en 20 vol. in-8°. Prix, 130 fr.; ou en 13 vol. in-4°. Prix, 80 fr.

— Discours de l'évêque Flavien à l'empereur Théodose. Texte grec, avec analyse et notes, par A. Mottet. In-12. 1842. *Delalain.* 50 c.

— Homélie en faveur d'Eutrope ; avec un argument et des notes en français, par E. Sommer. In-12. 1860. *Hachette et Cie.* 40 c.

— Le même. Traduction en français, avec le texte grec en regard et des notes, par E. Sommer. In-12. *Ibid.* 60 c.

— Le même. Expliqué en français, par une double traduction, avec le texte grec en regard, par J. Genouille. In-12. 1856. *Delalain.* 75 c.

— Le même. Texte grec, avec analyse et notes par le même. In-12. *Ibid.* 40 c.

— Le même. Texte revu, avec notices, sommaires et notes en français, par Fr. Dübner et E. Lefranc. In-12. 1858. *Lecoffre.* 40 c.

— Homélie sur le retour de l'évêque Flavien, expliquée littéralement, traduite en français par M. Sommer. In-12. 1850. *Hachette.* 1 fr.

— Le même. Traduit par Auger. In-12. 1851. *Delalain.* 1 fr.

— Liturgie de saint Jean Chrysostome, telle qu'elle est célébrée dans toute l'église orthodoxe d'Orient et au saint mont Athos. Traduite d'après l'original slavon, et rectifiée sur l'original grec, avec des éclaircissements du prince Nicolas Galitzin. In-8° de 7 f. 1847. Corbeil, *imprimerie Crété.*

Imprimé pour le compte d'un libraire de Saint-Pétersbourg.

— De Sacerdotio libri VI. Juxta editionem PP. congregationis S. Benedicti. In-32. 1860. *Jouby.* 50 c.

— Les Six livres du sacerdoce; texte grec, avec traduction extraite du Prêtre d'après les pères. Par M. J. M. Raynaud. In-8°. 1842. Toulouse, *Delsol.* 6 fr.

CHRZANOWSKI (Adalbert), général polonais, né en 1788. Entré en 1849 au service du roi Charles-Albert, il commanda en chef l'armée piémontaise à la bataille de Novara.

— Quelques considérations sur la campagne de 1812. In-8°. 1857. *Amyot.* 1 fr.

CHURCHILL (F.), ex-maître de conférences de langue anglaise à l'École normale supérieure à Paris.

— Cours de thèmes anglais gradués, pour servir au développements aux règles de la Grammaire complète et de toutes les autres grammaires anglaises; suivi d'un vocabulaire de tous les mots. In-12. 1843. *Dezobry.* 3 fr.

— Corrigés des thèmes anglais de Churchill, par Hamilton. In-12. 1858. *Hingray.* 2 fr. 25 c.

— Des Crises d'argent et du crédit républicain. In-12. 1848. *Garnier frères.* 60 c.

— Grammaire complète de la langue anglaise, contenant un traité de la prononciation et un examen raisonné de toutes les difficultés de cette langue. 4e édition. In-12. 1846. *Hingray.* 3 fr.

— Grammaire élémentaire de la langue anglaise. In-12. 1847. *Dezobry.* 3 fr.

— The true guide to the English language, ou Recueil de versions anglaises à l'usage des commençants. In-12. 1848. *Ibid.* 3 fr.

CHURCHILL (Fletwood), médecin anglais, professeur d'accouchements à King's and Queen's college of Physician, à Dublin, né à Nottingham, en Angleterre, en 1808.

— Traité pratique des maladies des femmes hors l'état de grossesse, pendant la grossesse et après l'accouchement. Traduit de l'anglais sur la 5e édition par les docteurs Alexandre Wieland et Jules Dubrisay. In-8° avec 291 fig. dans le texte. 1865 et 1866. *Baillière et fils.* 15 fr.

Le volume a été publié en 2 parties.

CHURCHILL (le docteur J. Francis), médecin de la Faculté de Paris.

— De la Cause immédiate de la phthisie pulmonaire et des maladies tuberculeuses, et de leur traitement spécifique par les hypophosphites,

d'après les principes de la médecine stœchiologique. 2e édition. In-8°. 1864. *Masson et fils.* 17 fr.

1re édition. 1858. *Ibid.* 5 fr.

— Hygiène publique. Du moyen de prévenir la phthisie par l'emploi des hypophosphites. In-8°. 1859. *Ibid.* 1 fr. 25 c.

*****Chute** de la papauté et avénement d'églises nationales catholiques, réponse à l'Encyclique de décembre 1864, publiée en même temps en anglais et en français. In-8°. 1865. *Dentu.* 1 fr.

CIBRARIO (Louis, chevalier), historien et homme politique italien, né à Turin, en 1802.

— Les Conditions économiques de l'Italie au temps de Dante. In-12. 1865. *A. Aubry.* 5 fr.

— Économie politique du moyen âge; traduite de l'italien et augmentée de notes et éclaircissements considérables, par Humbert Ferrand. In-8°. 1843. *Debécourt.* 4 fr.

— Le même. Traduit par Barneaud, et précédé d'un introduction par M. Wolowski. 2 vol. in-8°. 1859. *Guillaumin et Cie.* 12 fr.

— Lettre à S. Exc. le chevalier César de Saluces sur l'artillerie du xiiie au xviie siècle. Traduite et annotée par Terquem. In-8°. 1847. [Turin.] *Corréard.* 2 fr. 50 c.

— Précis historique des ordres religieux et militaires de Saint-Lazare et de Saint-Maurice, avant ou après leur réunion. Traduit par Humbert Ferrand, suivi de : Tombeaux des princes de Savoie dans l'abbaye de Saint-Michel. In-8° avec 4 pl. 1860. Lyon, *Perrin.* 10 fr.

— La Vie et la mort du roi Charles-Albert, initiateur et martyr de l'indépendance italienne. Traduit et annoté par Charles de La Varenne. In-12 avec 2 portraits. 1861. *Dentu.* 4 fr.

CICERI (Paul César de), prédicateur français, né à Cavaillon, en 1678, mort en 1759.

— Œuvres complètes. — Voy. *Migne*, Collection des orateurs sacrés, 1re série, tome 51.

CICÉRON (Marcus Tullius), le plus grand orateur romain, né en 106, mort en 43 avant J.-C.

— Œuvres complètes; avec la traduction en français par MM. Thibaut, Liez, Gaillard, Burnouf et autres. Vie de Cicéron, par Th. Baudement; Vie de Cicéron, par Plutarque, traduction d'Amyot. 5 vol. gr. in-8°. 1840-1841. *Dubochet.* 75 fr.; plus tard chez *Didot frères.* 60 fr.

Fait partie de la Collection des auteurs latins, publiée par M. Nisard.

— Opera selecta ad usum scholarum societatis Jesu. Edidit P. F. Dalmais, S. J. 3 vol. in-12. 1857. Lyon, *Dumoulin.*

— Opera selecta ad usum rhetoricorum, recensuit ac notis illustravit A. F. Mannoury. 4 vol. in-12. 1862. *Ve Poussielgue-Rusand.* 3 fr.

— Brutus sive de claris oratoribus. Édition classique, accompagnée de notes et remarques en français, par F. Deltour. In-12. 1865. *Delalain et fils.* 90 c.

— Les Catilinaires; traduit en français avec le texte latin en regard et des notes, par J. Thibault. In-12. 1849. *Hachette.* 1 fr. 75 c.

— Le même; expliqué littéralement, traduit et annoté par le même. In-12. 1849. *Ibid.* 3 fr.

— Le même; latin-français en regard, traduit par J. d'Olivet. In-12. 1850. *Delalain.* 1 fr. 50 c.

— Le même; avec des notes en français par J. Girard. In-12. 1860. *Dezobry et Magdeleine.* 2 fr.

— Choix de lettres familières de Cicéron. Nouvelle édition, publiée avec des arguments et des notes en français par E. Sommer. In-12. 1865. *Hachette et Cie.* 50 c.

— Dialogue sur l'amitié; expliqué littéralement, traduit et annoté par M. Legouez. In-12. 1860. *Ibid.* 1 fr. 25 c.

— Le même; traduit par N. A. Dubois. In-12. 1852. *Delalain.* 2 fr.

— Dialogue sur la vieillesse; expliqué littéralement, traduit en français et annoté par Paret et Legouez. In-12. 1859. *Hachette et Cie.* 1 fr. 25 c.

— Le même; traduit par A. Dubois. In-12. *Delalain.* 2 fr.

— Discours pour Ligarius; avec la traduction de Gueroult, revue et annotée par A. Materne. In-12. 1853. *Hachette et Cie.* 60 c.

— Discours pour Marcellus; avec la traduction de Gueroult, revue et annotée par A. Materne. In-12. 1853. *Ibid.* 60 c.

— Discours pour la loi Manilia; expliqué littéralement, traduit en français et annoté par Lesage. In-12. 1853. *Ibid.* 1 fr. 50 c.

— Discours pour Milon; latin-français en regard; traduction de Wailly. In-12. 1852. *Delalain.* 1 fr. 50 c.

— Le même; traduit par Gueroult, annoté par Sommer. In-12. 1845. *Hachette.* 1 fr. 50 c.

— Le même; expliqué par deux traductions, avec des notes par Sommer. In-12. 1845. *Ibid.* 2 fr. 50 c.

— Discours contre Verrès sur les statues; expliqué littéralement et annoté par J. Thibault, et traduit par Gueroult. In-12. 1859. *Ibid.* 3 fr.

— Discours contre Verrès sur les supplices; expliqué et annoté par O. Dupont, et traduit en français par Gueroult. In-12. 1861. *Ibid.* 3 fr.

— Le même; latin-français en regard; traduit par Wailly. In-12. 1845. *Delalain.* 2 fr.

— Extraits philosophiques de Cicéron, par F. L. J. de Lens. In-12. 1848. *Hachette.* 2 fr. 50 c.

— Lettres choisies; avec des notes en français par J. Helleu. In-12. 1853. *Dezobry.* 1 fr.

— Morale et politique, par P. L. Lezaud. In-12. 1851. *Didot.* 3 fr.

— De Officiis; avec sommaires et notes en français par Brunet. In-12. 1843. *Dezobry.* 1 fr.

— De Officiis, ad Marcum filium, libri tres. Nouvelle édition, publiée avec des sommaires et des notes en français, par H. Marchand. In-12. 1865. *Hachette et Cie.* 90 c.

— De Oratore; avec notes et commentaires en français par Gaillard. In-12. 1851. *Dezobry.* 4 fr.

— Le même; avec notes et arguments en français par Fr. Dübner. In-18. 1847. *Lecoffre.* 1 fr. 50 c.

— Plaidoyer pour Archias; expliqué littéralement, traduit en français et annoté par M. Chanselle. In-12. 1864. *Hachette et Cie.* 90 c.

Avec deux traductions françaises.

— Plaidoyer pour Murena; traduit en français par M. Thibault, avec le texte en regard. In-12. 1848. *Hachette.* 1 fr. 50 c.

— La République; traduite d'après le texte découvert par M. Mai, avec un discours préliminaire et des suppléments historiques. Nouvelle édition, revue et corrigée par M. Villemain. In-12. 1859. *Didier et Cie.* 3 fr. 50 c.

— Le Songe de Scipion; traduit, avec sommaires et notes, par Fl. Lécluse. In-12. 1840. *Delalain.* 1 fr.

— Le même; texte en regard, par C. Alaux. In-12. 1843. *Ibid.* 75 c.

— Le même; traduit par N. A. Dubois. In-12. 1853. *Ibid.* 75 c.

— Le même; expliqué littéralement, traduit et annoté par Pottin. In-12. 1861. *Hachette et Cie.* 50 c.

— Traité des devoirs; traduit en français, avec le texte latin en regard et des notes, par E. Sommer. In-12. 1860. *Ibid.* 2 fr. 50 c.

— Le même; expliqué littéralement, traduit par le même. In-12. *Ibid.* 6 fr.

— Le même; traduit par J. L. Burnouf. In-12. *Delalain.* 1 fr. 50 c.

— Le même; texte en regard, traduit par le même. In-12. *Ibid.* 4 fr.

— Traité de la République; traduction nouvelle, précédée d'une introduction, d'une analyse développée et d'appréciations critiques, par T. Talbot. In-12. 1865. *Delalain et fils.* 1 fr. 75 c.

— Les Tusculanes, en cinq livres. Texte revu, avec notice, sommaires, arguments et notes en français, par Fr. Dübner et Em. Lefranc. In-18. 1851. *Lecoffre.* 1 fr.

— Le même; traduit par Bouhier et d'Olivet, revu et corrigé par A. Mottet, précédé du texte latin. In-12. *Delalain.* 3 fr.

— Le même; avec sommaires et notes en français par Berger. In-12. *Dezobry.* 1 fr. 50 c.

— Le même; avec des notes en français par Jourdain. In-12. *Hachette.* 1 fr. 25 c.

— De la Vieillesse et de l'amitié; traduit par M. Plougoulm. In-12. 1841. *Duprat.* 4 fr.

CID (le docteur).

— Essai de calliplastie. Études sur les formes du visage et examen des divers moyens propres à les embellir. In-12. 1846. *Moquet.* 8 fr.

CIDHAROLD (T.).

— La Turquie et les principautés danubiennes. In-8°. 1857. *Dentu.* 2 fr.

CIESZKOWSKI (le comte Auguste), économiste polonais, né à Sucha, en 1814.

— Du Crédit et de la circulation. 2e édition. In-8°. 1848. *Guillaumin.* 7 fr. 50 c.

La 1re édition est de 1839.

— Du Crédit agricole, mobilier et immobilier. In-8°. 1847. *Librairie phalanstérienne.* 50 c.

Avec M. J. Duval. — Extrait de la « Phalange ».

— De la Pairie et de l'aristocratie moderne. In-8°. 1844. *Amyot.* 4 fr.

CIEUX (Mme Élisa Le). — Voy. **Le Cieux.**

CILLEULS (A. Des). — Voy. **Des Cilleuls.**

CILNIUS DENN. — Voy. **Denn.**

CIMINO (G. T.).

— Les Conjurés ; roman historique, traduit de l'italien par Louis Chenot. 2 vol. in-12. 1865. *Ach. Faure.* 6 fr.

*****Cinq millions** de Polonais forcés par la czarine Catherine, les czars Paul, Alexandre et récemment Nicolas, d'abjurer leur foi religieuse. Éclaircissements sur la question des Grecs-unis, sous le rapport statistique, historique et religieux, publiés par B. B..., Lithuanien. In-12. 1847. *Impasse Saint-Dominique-d'Enfer,* 1. 2 fr.

CINROP (Uorac de). — Voy. **Uorac de Cinrop.**

CINTI-DAMOREAU (Mme), ancienne cantatrice, professeur de chant, née en 1801.

— Développement progressif de la voix. Nouvelle méthode de chant, à l'usage des jeunes personnes. In-8°. 1855. *Heugel.* 8 fr.

CIRCOURT (le comte Albert de), littérateur français, né à Bouxières-aux-Chênes, en 1809.

— La Bataille de Hastings; étude historique et archéologique. In-8°. 1858. *A. Bertrand.* 1 fr. 75 c.

— Histoire des Mores Mudejares et des Morisques, ou Des Arabes d'Espagne sous la domination des chrétiens. 3 vol. in-8°. 1845-1848. *Dentu.* 18 fr.

CIRIACY (Louis Frédéric de), major prussien, né à Dusseldorf en 1786, mort en 1829.

— Histoire de l'art militaire chez les anciens. Traduit de l'allemand et annoté par Ed. de la Barre Duparcq. In-8°. 1854. *Corréard.* 7 fr. 50 c.

CIRIER (l'abbé Jean Baptiste), chanoine de Reims, ancien curé de Mouzon, né dans le département de la Meuse en 1792, mort en 1865.

— Cours complet d'instructions familières sur toutes les vérités dogmatiques et morales de la religion. 3 vol. in-12. 1853. *Lecoffre.* 8 fr.

— Le même. Nouvelle édition, revue et corrigée. 3 vol. in-12. 1860. *Ibid.* 8 fr.

— Les Douze mois de l'année sanctifiée par l'oraison; méditations. 3 vol. in-12. 1865. Lille, *Lefort.* 7 fr. 50 c.

— Entretiens familiers sur l'oraison mentale, par un prêtre du diocèse. 2e édition, revue et corrigée. In-18. 1846. [Reims, *Jacquet.*] *Lecoffre.*
Anonyme.

— Mois de mai consacré à la très-sainte Vierge. In-18. 1864. Lille, *Lefort.* 1 fr.

CIRO D'ARCO.

— Camille de Cavour; commémoration. Traduit de l'italien. In-8°. 1861. *Dentu.* 1 fr.

CIRODDE (P. L.), ancien professeur de mathématiques au lycée Napoléon.

— Abrégé d'arithmétique. Nouvelle édition. In-18. 1858. *Hachette et Cie.* 75 c.

— Éléments de trigonométrie rectiligne et sphérique. In-8° avec 1 pl. 1847. *Ibid.* 2 fr.

— Leçons d'algèbre. 3e édition. In-8°. 1859. *Ibid.* 7 fr. 50 c.
La 1re édition est de 1846.

— Leçons d'arithmétique. 18e édition, mise en harmonie avec les derniers programmes officiels,

par Alfred et Ernest Cirodde. In-8°. 1865. *Ibid.* 4 fr.
La 1re édition est de 1856.

— Leçons de géométrie, suivies de notions élémentaires de géométrie descriptive. 3e édition. In-8° avec 20 pl. 1857. *Ibid.* 7 fr. 50 c.
La 1re édition est de 1844.

— Leçons de géométrie analytique, précédées des Éléments de trigonométrie rectiligne et sphérique. In-8° avec 10 pl. 1848. *Ibid.* 7 fr. 50 c.

CIROT DE LA VILLE (l'abbé), chanoine honoraire, professeur à la Faculté de théologie de Bordeaux, né à Ancône (Italie) en 1811.

— Histoire de l'abbaye et congrégation de Notre-Dame de la Grande-Sauve, ordre de Saint-Benoît, en Guienne. 2 vol. in-8° avec pl. et grav. 1844-1845. [Bordeaux, *Lafargue.*] *Méquignon junior.* 12 fr.

— Imitation du sacré-cœur de Jésus - Christ. In-18. 1854. *Ibid.* 1 fr. 50 c.
3e édition en 1856.

— Origines chrétiennes de Bordeaux. Histoire et description de l'église de Saint-Seurin ; gravures sur cuivre de MM. Jules de Verneilh et baron de Marquessac. Livraisons 1 à 19. In-4°. 1864-1866. Bordeaux, *imprimerie Ve Dupuy et Cie.* Prix de chaque livraison, 2 fr.
L'ouvrage sera publié en 22 livraisons.

*****Cirques** (les). In-12. 1864. *Société des écoles du dimanche.* 1 fr. 25 c.

CISSEY (Louis de).

— Vie de Marguerite du Saint-Sacrement, religieuse carmélite, fondatrice de l'association à la dévotion de la sainte enfance de Jésus. 1619-1648. 3e édition. In-12. 1862. *Bray,* 3 fr.
La 1re édition, 1 vol. in-8°, est de 1856.

CITROUILLARD (Joseph), pseudonyme de M. J. J. **Commerson.**

CIVAL (Henri), docteur en droit, juge à Dijon, né à Nuits (Côte-d'Or) en 1821.

— Loi sur la police de la chasse, annotée et suivie d'une analyse des lois, règlements et arrêts sur la louveterie. In-8°. 1852. *Cosse.* 3 fr.

—Les Ordres amiables en Belgique et en France. In-8°. 1865. *Cosse, Marchal et Cie.* 7 fr. 50 c.

— Traité théorique et pratique de l'état civil. In-12. 1851. *Ibid.* 3 fr.

CIVET (l'abbé N.), chanoine honoraire de Reims, vicaire de Charleville.

— Méditations sur la passion de N. S. Jésus-Christ; précédé d'une notice historique sur l'auteur. In-12. 1858. *Ad. Le Clere et Cie.* 2 fr. 50 c.

CIVIALE (le docteur Jean), médecin français, membre de l'Institut et de l'Académie de médecine, né à Thiézac, en 1792.

— Création d'un service spécial pour les maladies des organes urinaires dans les hôpitaux de Paris. Discours prononcé à l'ouverture des conférences cliniques de l'hôpital Necker. In-8°. 1864. *Baillière et fils.* 1 fr. 50 c.

— Lettres sur la lithotritie, ou l'Art de broyer la pierre. 6 brochures in-8°. 1827-1848. *Ibid.* 12 fr.

— Mémoire sur l'anatomie pathologique des rétrécissements de l'urètre. In-8°, 80 p. 1842. *Ibid.*

— Mémoire sur l'emploi des caustiques dans quelques maladies de l'urètre. In-8°, 64 p. 1842. *Ibid.*

— Nouvelles recherches sur la fièvre et quelques phlegmasies spéciales qu'on conserve dans les maladies des organes génito-urinaires, en particulier pendant leur traitement. In-8°. 1860. *Ibid.* 2 fr. 50 c.

— Résultats cliniques de la lithotritie pendant les années 1860-1864. In-8°. 1865. *Ibid.* 75 c.

— Traité pratique sur les maladies des organes génito-urinaires. 3e édition, considérablement augmentée. 3 vol. in-8° avec figures dans le texte. 1858-1860. *Ibid.* 24 fr.

La 1re édition est de 1841, la 2e de 1850.

— Traité pratique et historique de la lithotritie. In-8° avec 7 pl. 1846. *Ibid.* 8 fr.

— De l'Urétrotomie, ou De quelques procédés peu usités de traiter les rétrécissements de l'urètre. In-8° avec 1 pl. 1849. *Ibid.* 2 fr. 50 c.

*Civilisation universelle. Principes d'union de la civilisation nouvelle. In-8° avec 1 carte. 1863. Bruxelles, *Vanderauwera.* 1 fr. 75 c.

*Civilité (la) qui se pratique en France parmi les honnêtes gens, pour l'éducation de la jeunesse. In-18. 1865. *Librairie du Petit Journal.* 1 fr.

CIVRY (le comte Eugène de).

— L'Armée française et son histoire (496-1852), par le comte de C***. In-8° de 16 f. 1852. *Ledoyen.* Anonyme.

— La France chrétienne au xixe siècle. — Voy. *Cazillier et Civry.*

— Grandeur future de la France commerciale, agricole et maritime. Marseille et les Bouches-du-Rhône. In-8°. 1858. *Ledoyen.* 3 fr.

— Napoléon III et Abd-el-Kader, Charlemagne et Witikind. Étude historique et politique. Biographie de l'émir, contenant un grand nombre de lettres et de documents inédits. In-12 avec portrait et fac-simile. 1853. *Martinon.* 3 fr.

CIVRY (Victor de).

— Les Ruines lorraines; chroniques monumentales. 2 vol. in-8° avec pl. 1846-1848. Nancy, *Wagner.* 2 fr.

CLABAUT (l'abbé), professeur de philosophie.

— E. Renan et l'Évangile. In-8°. 1863. *Palmé.* 1 fr.

CLABBEECK (J. B.), cordonnier.

— De la Chaussure et de son influence sur le développement, la conservation et le redressement du pied. In-8°, 40 p., avec 6 pl. 1849. *Claye.*

CLADEL (Léon).

— Les Martyrs ridicules; avec préface de Charles Baudelaire. In-12. 1862. *Poulet-Malassis.* 3 fr.

CLAES (J. B.).

— Études historiques sur le xvie siècle. In-12. 1853. Bruxelles. 3 fr. 50 c.

CLAIR (l'abbé Charles), de la Compagnie de Jésus, successivement professeur de rhétorique à l'école libre de l'Immaculée Conception (Paris-Vaugirard), et de littérature à l'école de Sainte-Geneviève à Paris, né à Valence (Drôme) en 1835.

— Le Vrai portrait de Notre-Dame, tracé par saint François de Sales. Entretiens pour les fêtes de la très-sainte Vierge et le mois de Marie, recueillis dans les ouvrages du bienheureux. In-32. 1864. *Douniol.* 60 c.

CLAIR (Ernest).

— La Légion d'honneur. Livre d'or de la France, histoire politique et biographique de l'ordre depuis sa création, publiée sous la direction de M. Ern. Clair, par une réunion d'écrivains français et étrangers. Tome 1er, 1re livraison. Gr. in-8°. 1860. *Curmer, rue Caumartin,* 13. Chaque livraison, 1 fr. 50 c.

CLAIR (Mmes), institutrices.

— Méthode mnémonique polonaise. Application aux langues. Grammaire française. In-8° avec 10 pl. 1847. *Chez les auteurs, rue Saint-Honoré,* 343. 3 fr.

— Le même. Grammaire anglaise. In-12 avec 1 pl. 1848. *Ibid.* 2 fr. 75 c.

— Nouvelles tablettes chronologiques de l'histoire universelle ancienne et moderne; revues par Félix Ansart. In-8° avec pl. 1857. *Ve Maire-Nyon.* 2 fr. 75 c.

Voy. aussi *Ansart* (Félix).

CLAIRAUT (Alexis Claude), mathématicien, né à Paris, en 1713, mort en 1765.

— Éléments de géométrie. Nouvelle édition, publiée par M. Saigey. In-12. 1860. *Hachette.* 2 fr.

La 1re édition est de 1741.

CLAIRET (Hippolyte de).

— Une Page tendre des mémoires du père Govin, garde champêtre à Lanéville. Mœurs lorraines. In-12. 1864. *Lévy frères.* 3 fr.

CLAIRFOND (Isidore), avocat.

— Guide général des faillites et banqueroutes suivant la loi du 28 mai 1838. In-8°. 1842. *Videcoq.* 2 fr. 50 c.

CLAIRIAN (Mlle C.).

— Les Échos du Loir. In-8°. 1845. [Blois.] *Comon.* 3 fr. 50 c.

CLAIRIN (l'abbé), curé du diocèse de Troyes.

— La Doctrine catholique expliquée, ou Recueil complet de prônes, homélies, sermons, etc., par une société de prêtres, sous la direction de M. l'abbé Clairin. 11 vol. gr. in-8°. 1858-1863. [Troyes.] *Sarlit.* Chaque volume, 7 fr.

Tome I. Dominicales et retraite de première communion.
Tome II. Mois de Marie paroissial.
Tome III. Homélies sur les évangiles de tous les dimanches.
Tome IV. Instructions sur les sacrements.
Tome V. Sujets de circonstances.
Tome VI. Instructions sur les fêtes de l'Ordo romain.
Tome VII. Instructions pratiques sur le symbole.
Tome VIII. Instructions pratiques sur les commandements.
Tome IX. Imitations des saints les plus populaires.
Tome X. Instructions pratiques sur les vertus chrétiennes.
Tome XI. Instructions pratiques sur la grâce et les sacrements.

CLAIRON (Mlle), actrice du Théâtre français, née à Saint-Wanon de Condé, en 1723, morte à Paris, en 1803.

— Mémoires. — Voy. *Barrière*, Bibliothèque des mémoires.

CLAIRVILLE (Louis François NICOLAIE, dit), auteur dramatique, né à Lyon, en 1811.

— Les Abeilles et les violettes; revue en six tableaux. In-8°. 1853. *Tresse.* 60 c.

Avec J. Cordier.

— Ah! enfin! pièce d'ouverture en trois actes et deux entr'actes. In-8°. 1848. *Beck.* 50 c.

Avec J. Cordier et Dumoustier.

— L'Alchimiste, ou le Train de plaisir pour la Californie; vaudeville en trois actes. In-8°. 1850. *Ibid.* 50 c.

Avec J. Cordier.

— L'Amour, qué qu' c'est ça? vaudeville en un acte. In-8°. 1853. *Tresse.* 60 c.

Avec L. Thiboust et Delacour.

— L'Ane à Baptiste, ou le Berceau du socialisme; grande folie lyrique en quatre actes et douze tableaux. In-8°. 1849. *Ibid.* 60 c.

Avec M. Siraudin.

— L'Avenir dans le passé, ou les Succès au paradis; à-propos-vaudeville en un acte. In-8°. 1848. *Ibid.* 50 c.

Avec J. Cordier.

— Le Banquet des Barbettes; comédie-vaudeville en deux actes. In-8°. 1859. *Beck.* 60 c.

Avec le même.

— Le Baromètre des amours; comédie-vaudeville en cinq actes. In-8°. 1853. *Tresse.* 60 c.

Avec le même.

— Le Baron de Castel-Sarrazin; comédie-vaudeville en un acte. In-8°. 1849. *Ibid.* 50 c.

Avec MM. Saint-Yves et de Léris.

— Les Binettes contemporaines; revue en trois actes et sept tableaux. In-8°. 1855. *Beck.* 60 c.

Avec J. Cordier et Commerson.

— Les Blooméristes, ou la Réforme des jupons; vaudeville en un acte. In-8°. 1852. *Ibid.* 60 c.

Avec Hipp. Leroux.

— La Bourse au village; vaudeville en un acte. In-18. 1856. *Lévy frères.* 50 c.

Avec MM. Lubize et Siraudin.

— Breda-Street, ou Un ange déchu; comédie-vaudeville en deux actes. In-8°. 1849. *Tresse.* 50 c.

Avec MM. Moreau et Siraudin.

— Le Bureau des objets perdus; vaudeville en un acte. In-8°. 1857. *Beck.* 60 c.

Avec M. Dumoustier.

— Le Cabaret du Pot-Cassé; vaudeville en trois actes, musique nouvelle de M. Bariller. In-8°. 1854. *Ibid.* 60 c.

Avec L. Thiboust.

— Cadet Roussel, Dumollet, Gribouille et compagnie; bambochade en trois actes, précédée d'un prologue en vers. In-8°. 1853. *Ibid.* 1 fr.

Avec J. Cordier.

— Candide, ou Tout est pour le mieux; conte mêlé de couplets, en trois actes et cinq tableaux. In-8°. 1848. *Librairie théâtrale.* 60 c.

Avec MM. Saint-Yves et Choler.

— C'en était un!!! pochade en un acte, mêlée de couplets. In-8°. 1850. *Beck.* 60 c.

Avec J. Cordier.

— Ce scélérat de Poireau! comédie-vaudeville en un acte. In-12. 1859. *Lévy frères.* 1 fr.

Avec Pol Mercier et de Jallais.

— Le même. In-4°. *Ibid.* 40 c.

Théâtre contemporain illustré, livr. 599.

— Cent un coups de canon; à-propos-vaudeville en un acte. In-8°. 1856. *Beck.* 60 c.

Avec M. Siraudin.

— Chansons et poésies. In-12. 1853. *Lecou.* 3 fr.

— Les Chansons populaires de la France; pot-pourri en deux tableaux. In-8°. 1846. *Tresse.* 50 c.

— Les Chants de Béranger; souvenirs en trois tableaux. In-12. 1857. *Lévy frères.* 1 fr.

Avec L. Thiboust.

— La Chasse aux biches; comédie en un acte, mêlée de couplets. In-8°. 1858. *Beck.* 60 c.

Avec le même.

— Les Chroniques bretonnes; pièce fantastique en un acte. In-8°. 1848. *Tresse.* 50 c.

Avec Th. Barrière et P. Faulquemont.

— Le Club des maris et le club des femmes; vaudeville en un acte. In-8°. 1848. *Ibid.* 50 c.

Avec J. Cordier.

— La Comète de Charles-Quint; à-propos, mêlé de couplets, en trois tableaux. In-12. 1857. *Lévy frères.* 60 c.

Avec L. Thiboust.

— Le même. In-4°. *Ibid.* 20 c.

Théâtre contemporain illustré, livr. 325.

— Les Compagnons d'Ulysse; vaudeville en un acte et deux tableaux. In-8°. 1852. *Beck.* 60 c.

Avec J. Cordier.

— Un Conte de fée; folie-vaudeville en sept tableaux. In-8°. 1845. *Tresse.* 40 c.

— Les Contes de la mère l'Oie; grande féerie en cinq actes et vingt-deux tableaux. In-8°. 1854. *Beck.* 60 c.

Avec J. Cordier.

— La Corde sensible; vaudeville en un acte. In-12. 1851. *Giraud et Dagneau.* 60 c.

Avec L. Thiboust.

— Le même. In-4°. 1865. *Barbré.* 20 c.

— Le Cotillon; à-propos en un acte, avec une préface. In-12. 1862. *Lévy frères.* 1 fr.

Avec M. Choler.

— Crockbète et ses lions; à-propos-vaudeville en deux actes. In-12. 1863. *Ibid.* 1 fr.

Avec E. Blum.

— Les Danses nationales de la France, vaudeville en trois actes et cinq tableaux. In-12. 1861. *Ibid.* 1 fr.

Avec L. Thiboust et Delacour.

— Daphnis et Chloé; vaudeville en un acte. In-8°. 1849. *Tresse.* 50 c.

Avec J. Cordier.

— Le Déluge universel; drame à grand spectacle en cinq actes et douze tableaux. In-4°. 1863. *Lévy frères.* 50 c.

Avec M. Siraudin.

— La Dot de Marie; comédie-vaudeville en un acte. In-12. 1851. *Giraud et Dagneau.* 60 c.

Avec J. Cordier.

— Un Duel au baiser; comédie mêlée de couplets, en un acte. In-8°. 1851. *Tresse.* 60 c.

Avec le même.

— L'École des épiciers; comédie mêlée de couplets, en deux actes. In-8°. 1855. *Beck.* 60 c.

Avec M. Dumoustier.

— Eh! Lambert! à-propos-vaudeville. In-12. 1864. *Dentu.* 1 fr.

Avec Jules Moinaux.

— En ballon; revue de l'année 1863, en trois actes et quatorze tableaux. Gr. in-8°. 1864. *Ibid.* 50 c.

Avec Jules Dornay.

— Les Enfants terribles; scènes de Gavarni, mêlées de couplets, en deux actes. In-12. 1856. *Lévy frères.* 1 fr.

Avec L. Thiboust.

— Le même. In-4°. *Ibid.* 40 c.

Théâtre contemporain illustré, livr. 396.

— Les Enfants du travail; pièce populaire, mêlée de chant, en deux actes et neuf tableaux. In-4°. 1859. *Librairie théâtrale.* 30 c.

Avec A. de Jallais.

— Les Escargots sympathiques; à-propos, mêlé de couplets. In-8°. 1850. *Beck.* 50 c.

Avec J. Cordier.

— L'Esprit frappeur, ou les Sept merveilles du jour; comédie-vaudeville en un acte. In-8°. 1853. *Ibid.* 60 c.

Avec J. Cordier.

— Les Étoiles; opéra-ballet en deux tableaux, musique de M. Pilati, divertissements de M. Barré. In-8°. 1854. *Ibid.* 60 c.

— Les Exploits de César; vaudeville en un acte. In-8°. 1855. *Ibid.* 60 c.

Avec A. Brot.

— Une Femme dégelée; vaudeville en un acte. In-12. 1865. *Dentu.* 1 fr.

Avec MM. Saint-Yves et Ad. Choler.

— La Fille du diable; vaudeville fantastique en cinq actes et huit tableaux, musique de M. J. Nargeot, ballet réglé par M. Barrez, musique du ballet de M. Camille Schubert. In-12. 1860. *Lévy frères.* 1 fr. 50 c.

Avec MM. Siraudin et L. Thiboust.

— Les Filles de la liberté; à-propos-vaudeville en un acte. In-8°. 1849. *Tresse.* 50 c.

Avec J. Cordier.

— Fraîchement décorée; à-propos-vaudeville en un acte. In-8°. 1853. *Beck.* 60 c.

Avec le même.

— Le Gardien des scellés; comédie-vaudeville en un acte. In-12. 1857. *Lévy frères.* 60 c.

Avec Pol Mercier et A. de Jallais.

— La Grande bourse et les petites bourses; à-propos-vaudeville en un acte. In-8°. 1846. *Beck.* 50 c.

Avec M. Faulquemont.

— Les Grenouilles qui demandent un roi; vaudeville en un acte. In-8°. 1849. *Ibid.* 50 c.

Avec J. Cordier et A. de Beauplan.

— Histoire d'un sou; comédie en un acte mêlée de couplets. In-8°. 1854. *Ibid.* 60 c.

Avec L. Thiboust.

— Un Homme nerveux; vaudeville en un acte. In-18. 1858. *Charlieu.* 60 c.

— Les Iroquois, ou l'Ile merveilleuse; revue fantastique en un acte. In-8°. 1840. *Tresse.* 20 c.

— Jean Lepingre et Pierre Lelarge; drame-vaudeville en un acte. In-8°. 1840. *Marchant.* 30 c.

— La Jeune et la vieille garde; épisode de 1814, en un acte. In-8°. 1843. *Ibid.* 40 c.

Avec M. Salvat.

— Joli mois de mai; vaudeville en six tableaux. In-8°. 1855. *Beck.* 60 c.

— Le Journal pour rire; revue en un acte et trois tableaux. In-8°. 1851. *Ibid.* 60 c.

Avec J. Cordier.

— Lanterne magique! pièce curieuse en trois actes et dix tableaux; mêlée de chants. In-12. 1857. *Lévy frères.* 1 fr.

Avec L. Thiboust.

— Le même. In-4° illustré. 1860. *Ibid.* 20 c.

Théâtre contemporain illustré, livr. 476.

— La Lanterne magique; grande revue de l'année en quatre actes et vingt tableaux. In-4°. 1865. *Librairie internationale.* 50 c.

Avec Albert Monnier et E. Blum.

— Madame Marneffe, ou le Père prodigue; drame-vaudeville en cinq actes. In-8°. 1849. *Tresse.* 60 c.

— Madame Roger Bontemps; vaudeville en un acte. In-8°. 1856. *Beck.* 60 c.

Avec Am. de Jallais.

— Mademoiselle mon frère; vaudeville en un acte. In-8°. 1858. *Ibid.* 60 c.

— Malheureux comme un nègre; vaudeville en deux actes. In-8°. 1847. *Tresse.* 50 c.

Avec M. Siraudin.

— Ma nièce et mon ours; folie-vaudeville en trois actes. In-12. 1859. *Lévy frères.* 1 fr.

Avec M. de Frascati.

— Marcassin ou le Mari de ma femme; comédie-vaudeville en deux actes. In-8°. 1858. *Beck.* 60 c.

Avec M. Dumoustier.

— Margot, ou les Bienfaits de l'éducation; vaudeville en un acte. In-8°. 1842. *Marchant.* 40 c.

Avec M. Milon.

— Les Marocaines; folie-vaudeville en un acte. In-8°. 1844. *Beck.* 50 c.

Avec A. Damarin.

— Une Martingale; vaudeville en un acte. In-12. 1862. *Lévy frères.* 60 c.

Avec MM. Cham et H. Rochefort.

— Les Mémoires d'une femme de chambre; vaudeville en deux actes. In-12. 1864. *Dentu.* 1 fr.

Avec MM. Siraudin et Blum.

— La Mère Moreau; débit de chinois, mêlé de prunes et de couplets; pochade en un acte. In-8°. 1852. *Beck.* 60 c.

Avec J. Cordier.

— Méridien; comédie-vaudeville en un acte. In-8°. 1852. *Tresse.* 60 c.

Avec MM. Deslandes et Pol Mercier.

— Mesdames les pirates; vaudeville. In-8°. 1854. *Beck.* 60 c.

Avec J. Cordier.

— Le Meurtrier de Théodore; comédie en trois actes. In-12. 1865. *Lévy frères.* 2 fr.

Avec A. Brot et Vict. Bernard.

— Le Minotaure; vaudeville en un acte. In-12. 1863. *Dentu.* 1 fr.

Avec H. de Kock et A. de Jallais.

— Mon rival; comédie - vaudeville en un acte. In-8º. 1842. *Tresse.* 40 c.

— Un Monsieur qui ne veut pas s'en aller; vaudeville en un acte. In-12. 1852. *Lévy frères.* 60 c.

Avec L. Thiboust.

— Le Moulin joli; pièce en un acte, musique de M. Varney. In-8º. 1849. *Beck.* 50 c.

— Le même. In-4º. 1862. *Ibid.* 60 c.

— Les Néréides et les cyclopes; pièce mythologique, mêlée de chant. In-8º. 1852. *Tresse.* 60 c.

Avec L. Thiboust.

— Nos petites faiblesses; vaudeville en deux actes. In-12. 1863. *Dentu.* 1 fr.

Avec H. Rochefort et Gastineau.

— L'Oiseau fait son nid; comédie-vaudeville en un acte. In-12. 1863. *Lévy frères.* 1 fr.

Avec L. Thiboust.

— L'Opium et le champagne, ou la Guerre de Chine; chinoiserie en un acte. In-8º. 1842. *Tresse.* 40 c.

— Le Palais de cristal, ou les Parisiens à Londres; grande revue de l'exposition universelle en cinq actes et huit tableaux. In-8º. 1851. *Ibid.* 60 c.

Avec J. Cordier.

— Le Palais de chrysocale, ou les Exposants et les exposés; contre-exposition de l'exposition, mêlé de couplets en deux tableaux. In-8º. 1855. *Beck.* 60 c.

Avec M. Gabet.

— Panne-aux-Airs; parodie musicale en deux actes et six tableaux; musique de M. Barbier. In-8º. 1861. *Ibid.* 50 c.

— Les Pantins éternels; pièce en trois actes et six tableaux. In-12. 1863. *Dentu.* 1 fr. 50 c.

Avec Jules Dornay.

— Paris à tous les diables; revue en cinq tableaux. In-8º. 1845. *Tresse.* 60 c.

— Paris hors Paris; vaudeville en trois actes et quatre parties. In-12. 1859. *Lévy frères.* 1 fr. 50 c.

Avec Bernard Lopez.

— Paris quand il pleut; vaudeville en deux actes. In-12. 1861. *Ibid.* 1 fr.

Avec Jules Moinaux.

— Paris sans impôts; vaudeville en trois actes et six tableaux. In-8º. 1850. *Beck.* 60 c.

Avec J. Cordier.

— Les Partageux; vaudeville en un acte. In-8º. 1849. *Ibid.* 50 c.

Avec le même.

— Un Petit de la mobile; comédie-vaudeville en deux actes. In-8º. 1848. *Ibid.* 60 c.

Avec le même.

— Les Petites misères de la vie humaine; vaudeville en un acte. In-8º. 1843. *Marchant.* 40 c.

— Le Poignard de Léonora; pièce en deux actes et quatre tableaux, musique de M. Rosem Boom. In-8º. 1857. *Beck.* 60 c.

Avec Am. de Jallais.

— Pongo; vaudeville en deux actes et trois tableaux. In-4º. 1859. *Impr. Dubois et Vert.* 60 c.

Avec M. Desolme.

— Le Portier de sa maison; vaudeville en un acte. In-8º. 1852. *Tresse.* 60 c.

Avec M. Le Large.

— Les Premières armes de Fanfan la Tulipe; vaudeville en un acte. In-8º. 1859. *Beck.* 60 c.

Avec Am. de Jallais.

— La Propriété c'est le vol; folie socialiste en trois actes et sept tableaux. In-8º. 1848. *Tresse.* 60 c.

Avec J. Cordier.

— Le Quart du monde, ou le Danger d'une particulière pleine de malice pour un individu vraiment impressionnable; parodie du « Demi-Monde ». Étude réaliste mêlée de couplets et d'effets de style. In-8º. 1855. *Charlieu.* 60 c.

Avec L. Thiboust.

— Les Quatre âges du Louvre; quatre actes mêlés de chant, précédés de la Chasse aux loups, prologue mêlé de chant. In-4º. 1858. *Boulevard Beaumarchais*, 88. 20 c.

— Quel drôle de monde! vaudeville en un acte. In-8º. 1860. *Beck.* 60 c.

Avec Eug. Moreau.

— La Queue du diable; vaudeville fantastique. In-8º. 1852. *Ibid.* 60 c.

Avec J. Cordier.

— Le Rat de ville et le rat des champs; vaudeville en un acte, musique de M. Montaubry. In-8º. 1856. *Ibid.* 50 c.

— Les Représentants en vacances; comédie-vaudeville en trois actes. In-8º. 1849. *Ibid.* 60 c.

Avec J. Cordier.

— Le Retour de Sainte-Hélène; à-propos national en un acte. In-8º. 1841. *Tresse.* 20 c.

— La Revue au cinquième étage; à-propos mêlé de chant. In-12. 1864. *Dentu.* 1 fr.

Avec MM. Siraudin et Blum.

— La Revue pour rien, ou Roland à Rongoveau; revue-parodie et causerie littéraire en deux actes, huit tableaux et deux intermèdes, musique de M. Hervé. In-12. 1865. *Ibid.* 1 fr.

Avec les mêmes.

— Rhum; à-propos mêlé de couplets. In-8º. 1849. *Tresse.* 60 c.

Avec MM. Guénée et Marc Leprevost.

— Roger Bontemps; vaudeville en un acte. In-8º. 1848. *Ibid.* 50 c.

Avec Bernard López.

— Satan, ou le Diable à Paris; comédie-vaudeville en quatre actes, avec un prologue et un épilogue. In-8º. 1844. *Ibid.* 60 c.

Avec A. Damarin.

— Les Secrets du diable; féerie-vaudeville en deux actes, à grand spectacle. In-8º. 1850. *Ibid.* 60 c.

Avec J. Cordier.

— Une Semaine à Londres, ou le Train de plaisirs; folie-vaudeville en trois actes et quatorze tableaux. In-8º. 1849. *Beck.* 60 c.

Avec le même.

— Le même. Nouvelle édition. In-12. 1862. *Dentu.* 1 fr. 50 c.

— Les Sept billets, ou la Semaine des échéances; vaudeville en trois actes et sept journées. In-8º. 1849. *Beck.* 60 c.

— Le Serpent de la paroisse; comédie - vaude-ville en un acte. In-8°. 1848. *Ibid.* 50 c.

Avec Victor Roger.

— La Société du Doigt dans l'œil; comédie-vaudeville en un acte. In-8°. 1860. *Ibid.* 60 c.

Avec MM. Siraudin et Moreau.

— Les Suites d'un feu d'artifice; vaudeville en un acte. In-8°. 1848. *Ibid.* 50 c.

Avec A. de Beauplan et L. Battu.

— Les Tentations d'Antoinette; vaudeville en cinq actes. In-8°. 1850. *Tresse.* 60 c.

Avec J. Cordier.

— Triolet; comédie - vaudeville en un acte. In-12. 1857. *Lévy frères.* 1 fr.

Avec Pol Mercier.

— Les Trois loges; comédie-vaudeville en trois actes. In-8°. 1845. *Marchant.* 50 c.

Avec M. Hostein.

— Le Troisième mari; vaudeville en un acte. In-8°. 1845. *Beck.* 50 c.

— Le Trottin de la modiste; vaudeville en deux actes. In-12. 1847. *Lévy frères.* 60 c.

— Un Troupier qui suit les bonnes; comédie-vaudeville en trois actes. In-12. 1860. *Ibid.* 1 fr.

Avec Pol Mercier et Léon Morand.

— Turlututu chapeau pointu. Grande féerie en trois actes et trente tableaux, musique de M. Bovery. In-4°. 1858. *Ibid.* 40 c.

Avec Albert Monnier et Édouard Martin.

Théâtre contemporain illustré, livr. 388.

— La Vénus à la fraise; folie en un acte, mêlée de couplets. In-8°. 1852. *Beck.* 60 c.

Avec J. Cordier.

— La Vie à bon marché; vaudeville en un acte. In-8°. 1853. *Tresse.* 60 c.

Avec J. Cordier et Couailhac.

— Les Viveurs; drame en six actes, mêlé de chants. In-8°. 1845. *Ibid.* 60 c.

Avec M. de Léris.

— Ya-mein-herr; cacophonie de l'avenir en trois actes sans entr'acte, mêlée de chants, de harpes et de chiens savants. In-12. 1861. *Lévy frères.* 1 fr.

Avec L. Thiboust et Delacour.

— Le même. In-4°. *Ibid.* 40 c.

Théâtre contemporain illustré, livr. 629.

M. Clairville a encore signé un grand nombre de pièces de théâtre en collaboration avec MM. *Albert, Alhoy, Beraud, Anicet Bourgeois, Carmouche, Chapelle, Cogniard, Cordier, Deforges, Dennery, Dumanoir, Dupeuty, Duveyrier, Grangé, Guillard, Siraudin, Théaulon, Vanderburch, Varin et Xavier.* — Voy. ces noms.

CLAMAGERAN (Jean Jules), jurisconsulte français, né à la Nouvelle-Orléans (Amérique) en 1827.

— De l'État actuel du protestantisme en France. In-12. 1857. *Cherbuliez.* 1 fr. 50 c.

— Du Louage d'industrie, du mandat et de la commission, en droit romain, dans l'ancien droit français et dans le droit actuel. In-8°. 1856. *Durand.* 7 fr.

CLAMECY (le baron G. de), avocat.

— Les Idées napoléoniennes en 1839 et la politique impériale en 1856. In-8°, 240 p. 1856. *Plon.*

CLANORIE (J. de).

— Lettres critiques sur l'armée prussienne,

traduites de l'allemand par J. de Clanorie et Paul Mérat. In-8°. 1850. *Corréard.* 7 fr. 50 c.

CLANSAYES (Jean Claude MARTIN DE). — Voy. **Martin de Clansayes.**

CLAPARÈDE, président à la cour impériale de Montpellier.

— Instructions élémentaires sur les actes de l'état civil. 3e édition. In-12. 1843. *Dupont.* 3 fr.

La 1re édition est de 1837.

CLAPARÈDE (Édouard), docteur en médecine, professeur d'anatomie comparée à l'Académie de Genève.

— Études sur la circulation du sang chez les aranées du genre Lycose. In-4° avec 1 pl. col. 1863. Genève, *Georg.* 15 fr.

— Études sur les infusoires et les rhizopodes. 2 vol. en 3 parties. In-4° avec pl. 1858-1860. [Genève, *Georg.*] *Baillière et fils.* 60 fr.

— De la Formation et de la fécondation des œufs chez les vers nématodes. In-4° avec 8 pl. 1858. Genève, *H. Georg.* 10 fr.

— Glanures zootomiques parmi les Annélides de Port-Vendres (Pyrénées-Orientales). In-4° avec 8 pl. 1864. *Ibid.* 8 fr.

— Recherches anatomiques sur les Annélides, Turbellariés, Opalines et Grégarines, observés dans les Hébrides. In-4° avec 7 pl. 1861. *Ibid.* 8 fr.

— Recherches anatomiques sur les oligochètes. In-4° avec pl. 1862. *Ibid.* 9 fr.

— Recherches sur l'évolution des araignées. In-4° avec 8 pl. coloriées. 1862. [Utrecht, *Van der Post.*] *F. Savy.* 16 fr.

CLAPARÈDE (le baron L. HALLEZ-). — Voy. **Hallez-Claparède.**

CLAPARÈDE (le docteur Paul), médecin à Montpellier, né dans cette ville en 1832.

— La Circoncision, de son importance dans la famille et dans l'État. In-4° avec 3 pl. 1861. *Chez l'auteur.* 1 fr.

— Essai sur le traitement de la cataracte. Thèse. In-8°. 1857. Montpellier, *imprimerie de Ricard frères.* 1 fr. 50 c.

— Étude sur les bains de mer. Conseils aux baigneurs. In-8°. 1865. *Delahaye.* 1 fr. 50 c.

— Des Flueurs blanches et des moyens de s'en préserver. In-8°. 1859. *Chez l'auteur.* 1 fr.

CLAPARÈDE (Théodore).

— Histoire des églises réformées du pays de Gex. In-8°. 1856. Genève, *Cherbuliez.* 5 fr.

CLAPIER (Alexandre), avocat, ancien président du Conseil général des Bouches-du-Rhône, ancien député, né à Marseille en 1798.

— Marseille, son passé, son présent et son avenir. In-8°. 1863. *Guillaumin et Cie.* 5 fr.

Clara. Souvenirs. In-12. 1862. Meyrueis et Cie. 1 fr. 50 c.

CLARAC (Charles Othon Frédéric Jean Baptiste comte de), antiquaire et artiste, né à Paris en 1777, mort en 1847.

— Catalogue des artistes de l'antiquité jusqu'à la fin du vie siècle de notre ère, avec les statues, mosaïques, pierres gravées, vases peints, etc., portant les noms des artistes, et les musées et collections particulières qui les possèdent. In-12. 1849. *Renouard.*

— Description historique et graphique du Louvre et des Tuileries; précédée d'une notice biographique par M. Alfred Maury. Gr. in-8° avec 24 pl. 1853. [*Imprimerie impériale.*] *Victor Texier.* 15 fr.

La 1ʳᵉ édition est de 1820.

— Musée de sculpture antique et moderne, ou Description historique et graphique du Louvre, les bas-reliefs, inscriptions, autels, cippes, etc., du Musée du Louvre, les statues antiques des musées et collections de l'Europe, les statues modernes du Louvre et des Tuileries, une iconographie égyptienne, grecque, romaine et française; continué sur les manuscrits de l'auteur, par M. Alfred Maury. Publié sous la direction de Victor Texier. 6 vol. de texte in-8° et 6 vol. de pl. in-4° oblong. 1827-1853. [*Imprimerie impériale.*] *V. Texier.*

Cet ouvrage a été publié en 16 livraisons du prix de 20 fr. sur papier ordinaire, et de 40 fr. sur papier vélin.

CLARAC (J. D. GARDEY DE). — Voy. **Gardey de Clarac.**

CLARAVALI DEL CURSO (J. V.).

— Vie de Mgr. le duc de Normandie, fils de Louis XVI et de Marie-Antoinette, que la révolution fit orphelin en 1793, et qu'elle raya du nombre des vivants en 1795, connu dans le monde sous le nom de M. l'ex-baron de Richemont. In-8°. 1850. Lyon, *Dumoulin.*

CLARAY DE CREST-VOLLAND (J. B.), ancien professeur de littérature.

— Hymnaire poétique, ou Recueil d'odes imitées des plus belles hymnes et proses des bréviaires de Rome et de Paris. In-32. 1858. *Julien, Lanier et Cⁱᵉ.*

CLARCK (A. de).

— Histoire de la Gaule, en français et en anglais. Rédigée sous la direction de M. Tissot, traduite en anglais par Alfred Elwall. In-12 avec carte. 1847. *René.* 2 fr. 50 c.

CLARETIE (Jules), romancier et journaliste, né à Limoges en 1840.

— Béranger. Conférence faite le dimanche 19 février 1865, aux entretiens de la rue Cadet. In-12. 1865. *Dupray de La Mahérie.* 60 c.

— Le Dernier baiser. In-32. 1864. *Sartorius.* 1 fr.

— Une Drôlesse. In-12. 1862. *Dentu.* 3 fr.

— Elisa Mercœur. Hippolyte de La Morvonnais. George Farcy. Charles Dovalle. Alphonse Rabbe. In-18 avec eau-forte de Staal. 1864. *Mᵐᵉ Bachelin-Deflorenne.* 2 fr.

— L'Incendie de la Birague. In-18. 1865. *Vanier.* 50 c.

— La Fontaine et M. de Lamartine. Conférence faite le 3 mai 1864. Entretiens de la rue de la Paix. In-8°. 1864. *Cournol.* 1 fr.

— Les Ornières de la vie. In-12. 1864. *A. Faure.* 3 fr.

— Petrus Borel le lycanthrope, sa vie, ses écrits, sa correspondance, poésies et documents inédits. Frontispice à l'eau-forte, avec portrait d'Ulm. In-16. 1865. *Pincebourde.* 3 fr.

— Pierrille, histoire de village. In-12. 1863. *Dupray de La Mahérie.* 1 fr. 50 c.

— Les Victimes de Paris. In-12. 1864. *Dentu.* 3 fr.

— Voyages d'un Parisien. In-12. 1865. *Faure.* 3 fr.

CLARIGNY (Athanase CUCHEVAL-). — Voy. **Cucheval-Clarigny.**

CLARINVAL (Auguste Alphonse), chef d'escadron d'état-major, professeur à l'école d'état-major, né à Nancy en 1821.

— Amortissement des obligations de chemins de fer et valeur de la prime de remboursement d'une obligation. In-4°. 1863. *Lacroix.* 5 fr.

CLARINVAL (Émile), capitaine d'artillerie, ancien élève de l'École polytechnique, ancien professeur de mécanique à l'École d'application de l'artillerie et du génie, membre de plusieurs sociétés savantes, né à Metz en 1826.

— Étude des moteurs hydrauliques, comprenant les conditions théoriques et pratiques de leur construction et de l'établissement des usines hydrauliques. Leçons d'hydraulique. In-8° avec 6 pl. 1850. [Metz, *Verronnais.*] *Dumaine.* 5 fr.

— Expériences sur les machines à percer les métaux. In-8°. 1859. *Corréard.* 5 fr.

— Expériences sur le marteau pilon à canne et à ressorts de M. Schmerber et sur la dureté des corps. In-8° avec 2 pl. 1860. *Ibid.* 4 fr.

— Leçons sur la résistance des matériaux considérée au point de vue pratique. Cours de mécanique appliquée. In-8° avec pl. 1861. *Ibid.* 7 fr. 50 c.

— Note sur la dépense des déversoirs verticaux avec arête saillante alimentés par un canal de même largeur. In-8°. 1859. *Ibid.* 3 fr.

CLARIOND.

— Philosophie chrétienne. La loi d'amour. In-18. 1860. *Desloges.* 1 fr.

CLARIS (l'abbé Joseph).

— Trésors d'amour divin cachés dans la très-sainte Eucharistie. In-32. 1847. *Belin.* 2 fr. 50 c.

L'abbé Claris a publié : « Dictionnaire des hérésies, des erreurs et des schismes », de l'abbé *Pluquet.*

***Clarisse** de Wartensleben, ou l'Amour maternel. Traduit de l'allemand par le chevalier de V., ancien capitaine de cavalerie. In-8°. 1842. Laon, *Fleury et Huriez.*

CLARISSE-ANNA (Mᵐᵉ).

— L'Émeraude de Grenade; conte. In-12. 1860. *Ledoyen.* 50 c.

— Rome chrétienne dévoilée, ou Révélation du mystère de la tradition apostolique, suivie de révélations hermét-prophétiques. In-12. 1861. *Poulet-Malassis.* 2 fr.

CLARKE (Miss Emily) a écrit sous le pseudonyme de AEMILIA **Julia.**

CLARKE (Léonce), professeur de mathématiques, a traduit de l'anglais : « Exercices et problèmes de calcul différentiel », de *Grégory.*

CLARKE (Samuel), philosophe anglais, chapelain de la reine Anne, recteur de Saint-James, né à Norwich, en 1675, mort en 1729.

— Œuvres philosophiques. Nouvelle édition, collationnée sur les meilleurs textes et précédée d'une introduction, par Amédée Jacques. In-12. 1843. *Charpentier.* 3 fr. 50 c.

— Les Promesses de Dieu à ses enfants, extraites des saintes Écritures. In-32. 1842. *Delay.* 5 c.

Plusieurs écrits de Samuel Clarke ont été reproduits dans le tome V des « Démonstrations évangéliques » publiées par l'abbé *Migne.*

CLARKE (Mme J. STIRLING-). — Voy. **Stirling-Clarke.**

CLARY DARLEM. — Voy. **Darlem.**

CLASTRIER (Auguste).

— La Petite chimie agricole, ou la Médecine des plantes. In-8°. 1846. Marseille, *chez l'auteur.* 2 fr. 50 c.

CLATER (Francis), vétérinaire anglais.

— Le Chasseur-médecin, ou Traité complet sur les maladies du chien. Traduit de l'anglais. 3e édition française, corrigée et augmentée par Mariot-Didieux. In-12. 1860. *Lacroix.* 2 fr.

La 1re édition de cette traduction a paru en 1827.

— Médecine vétérinaire. Traduit de l'anglais par M. Duverne. In-12. 1842. Nevers, *Duclos.* 3 fr.

— Le Nouveau vétérinaire domestique, ou l'Art de guérir soi-même ses chevaux et autres animaux domestiques. Publié par M. Ladrange. In-8°. 1847. Troyes, *Poignée.* 6 fr.

CLAUBRY (C. E. S. GAULTIER DE). — Voy. **Gaultier de Claubry.**

CLAUDE (François), ancien inspecteur de l'instruction primaire, professeur de l'Académie de Paris, né à Bordeaux en 1826.

— Les Psaumes. Traduction nouvelle, suivie de notes et de réflexions, par F. Claude. In-12. 1858. *Lévy frères.* 3 fr. 50 c.

— Le Roman de l'amour. In-12. 1862. *Ibid.* 3 fr.

— Solution de la question italienne. In-8°. 1859. *Dentu.* 1 fr.

CLAUDE (Jean), controversiste protestant, pasteur de l'Église réformée de Paris, né à La Sauvetat (Agénois), en 1619, mort à La Haye, en 1687.

— Défense de la réformation contre le livre intitulé : Préjugés légitimes contre les calvinistes. 4e édition. In-8°. 1844. *Delay.* 6 fr. 50 c.

La 1re édition est de 1673. — Les Préjugés légitimes contre les calvinistes sont de Nicolle.

— Tableau de la persécution des protestants sous le règne de Louis XIV; inédit en France jusqu'à ce jour. 1re livraison. 1858. [Marseille.] *Grassart.* 1 fr.

CLAUDE (A. GROS-). — Voy. **Gros-Claude.**

CLAUDEL (J.), ingénieur civil, professeur à l'Association philotechnique.

— Formules, tables et renseignements pratiques; aide-mémoire des ingénieurs, des architectes, etc. 6e édition, revue et augmentée. In-8° avec fig. et pl. 1863. *Dunod.* 13 fr. 50 c.

La 1re édition est de 1845.

— Introduction à la science de l'ingénieur. Aide-mémoire des ingénieurs, des architectes, etc. Partie théorique. 3e édition, revue et considérablement augmentée. In-8°. 1863. *Ibid.* 10 fr.

La 1re édition est de 1848, la 2e de 1857. — La partie pratique de l'ouvrage est formée par les *Formules, tables,* etc. — Voy. ci-dessus.

— Pratique de l'art de construire. Maçonnerie,

terrasse et plâtrerie, connaissances relatives à l'exécution et à l'estimation des travaux de maçonnerie, de terrasse et de plâtrerie, et en particulier de ceux du bâtiment. 3e édition, revue et augmentée. In-8°. 1863. *Ibid.* 9 fr.

Avec M. L. Laroque.

La 1re édition est de 1850, la 2e de 1859.

— Tables des carrés et des cubes des nombres entiers successifs de 1 à 10,000, des longueurs des circonférences et des surfaces des cercles dont les diamètres sont exprimés par les nombres entiers successifs de 1 à 1,000; des valeurs naturelles des expressions trigonométriques des angles successifs de minute en minute. In-8°. 1862. *Ibid.* 3 fr. 50 c.

La 1re édition est de 1850.

CLAUDEL (Modeste).

— Candidature à l'École polytechnique, ou Système d'enseignement pour les mathématiques. 1er et 2e livres. In-8°. 1840-1841. *Dalmont.* 3 fr. 50 c.

— Discours de la méthode de Descartes au XIXe siècle; suivi d'une application didactique, ou traité des fonctions arithmétiques. In-8°. 1856. *Ibid.* 6 fr.

CLAUDET (A.).

— Recherches sur la théorie des principaux phénomènes de photographie dans le procédé du daguerréotype. In-8° avec 2 pl. 1850. *Lerebours et Secretan.*

— Nouvelles recherches sur la différence entre les foyers visuels et photogéniques et sur leur constante variation. Description du dynactinomètre, du focimètre, etc. In-8°. 1851. *Ibid.*

— Du Stéréoscope et de ses applications à la photographie, par A. Claudet, et derniers perfectionnements apportés au daguerréotype, par L. Colas. In-8°. 1853. *Ibid.* 2 fr. 50 c.

CLAUDIEN (Claudius CLAUDIANUS ou), poëte latin, né vers 365, à Alexandrie, en Égypte, mort en 408.

— Œuvres complètes. Traduction nouvelle, par MM. Héguin de Guerle et Alph. Trognon. 2 vol. in-8°. 1840-1843. *Panckoucke.* 14 fr.

Bibliothèque latine-française.

— Même traduction, revue avec le plus grand soin. In-12. 1865. *Garnier frères.* 3 fr. 50 c.

— Œuvres complètes, avec traduction française. — Voy. *Nisard,* Collection.

CLAUDIN (Gustave), littérateur.

— Entrevue de M. Arouet de Voltaire et de M. Victor Considérant, dans la salle des conférences du purgatoire. In-16. 1849. *Garnier frères.* 40 c.

— Palsambleu; petit roman de mœurs. In-32. 1856. *Librairie nouvelle.* 50 c.

— Paris. In-12. 1862. *Dentu.* 3 fr.

— Point et virgule. In-12. 1859. *Librairie nouvelle.* 1 fr.

CLAUDIUS, pseudonyme de Charles de **Ruelle.**

CLAUDIUS (Antony), pseudonyme de M. Claudius **Billiet.**

CLAUS (le docteur Jean Georges), ancien avocat à Francfort-sur-Mein.

— Le Temps et l'espace, dans leurs rapports

avec les sciences morales et politiques. Traduit de l'allemand. In-8°. 1840. *Joubert*. 2 fr. 50 c.

CLAUSADE (Georges Jacques Amédée de), légiste, docteur en droit et en médecine, né à Rabastens (Tarn), en 1809, mort en 1847.

— Usages locaux ayant force de loi, et topographie. In-8°. 1843. [Toulouse.] *Joubert*. 6 fr. 50 c.

— Voyage à Stockholm. In-8°. 1845. *Perrodil*. 6 fr. 50 c.

CLAUSADE (Gustave de) a publié : « Poésies languedociennes et françaises », d'Auger *Gaillard*.

CLAUSADE DE MARCIAC (Casimir), membre actif de la Société de Saint-Vincent de Paul.

— Riches et pauvres, ou la Charité selon les saintes Écritures. In-12. 1858. Auch, *Foix frères*. 1 fr.

CLAUSEL.

— Histoire de l'Algérie française. — Voy. *Leynadier et Clausel*.

CLAUSEL DE MONTALS (Mgr. Claude Hippolyte), ancien évêque de Chartres, né en 1769, mort à Chartres, en 1857.

— Coup d'œil sur la constitution de la religion catholique et sur l'état présent de cette religion dans notre France. In-8°, 64 p. 1854. Chartres, *Garnier*.

— Effets probables des disputes sur le gallicanisme. In-8°, 32 p. 1853. *Ibid.*

CLAUSEWITZ (Charles de), général prussien, né à Burg, en 1780, mort en 1831.

— De la Guerre. Publication posthume, traduite de l'allemand par le major Neuens. 3 vol. in-8° en 6 parties. 1849-1852. *Corréard*. 30 fr.

L'ouvrage allemand, 2 vol. in-8°, a paru à Berlin en 1832.

CLAUSOLLES (P.), professeur d'histoire.

— L'Algérie pittoresque, ou Histoire de la régence d'Alger depuis les temps les plus reculés jusqu'à nos jours. In-8°. 1842. Toulouse, *Paya*. 10 fr.

— Histoire ancienne. In-18. 1859. *Périsse frères*. 2 fr. 40 c.

— Le même. Abrégé. In-12. *Ibid.* 1 fr. 20 c.

— Histoire romaine. In-12. 1862. *Ibid.* 2 fr. 40 c.

— Le même. Abrégé. In-18. *Ibid.* 1 fr. 20 c.

— Histoire du moyen âge. In-12. 1859. *Ibid.* 2 fr. 40 c.

— Le même. Abrégé. In-18. *Ibid.* 1 fr. 20 c.

Atlas spécial du moyen âge. In-4°. 4 fr.

— Histoire moderne. In-18. 1859. *Ibid.* 2 fr. 40 c.

— Le même. Abrégé. In-18. *Ibid.* 1 fr. 20 c.

— Histoire de France conforme au programme officiel des études. 2 vol. in-12. 1859. *Ibid.* 5 fr.

— Histoire de France, depuis l'origine de la monarchie jusqu'à nos jours. In-12. 1858. *Ibid.* 2 fr. 40 c.

— Le même. Abrégé. In-18. *Ibid.* 80 c.

Atlas spécial de l'histoire de France. 4 fr.

— Géographie élémentaire des temps modernes, renfermant, dans un ordre très-méthodique, toutes

les nouvelles découvertes de cette science. In-18. 1860. *Ibid.* 80 c.

— Éléments de géographie universelle, suivant les rapports de cette science avec l'astronomie, la météorologie, l'histoire, l'ethnographie, la politique, etc. In-12. 1857. *Ibid.* 2 fr. 50 c.

Tous ces ouvrages ont eu plusieurs éditions. Ils font partie du « Cours complet d'histoire et de géographie » de Mgr. *Lavigerie* et P. *Clausolles*. — Voy. aussi *Lavigerie*.

CLAUSSONNE (FORNIER de). — Voy. **Fornier de Claussonne**.

CLAUZADE (Édouard) a traduit du latin : « le Soliloque de l'âme », de *Thomas à Kempis*.

CLAVÉ (Félix).

— Vie et portrait de Pie IX ; suivi des Oraisons funèbres d'O'Connell et du chanoine Graziosi, par le R. P. Ventura, et de documents officiels. In-8° avec 5 portraits. 1848. *Capelle*. 7 fr. 50 c.

M. F. Clavé a traduit de l'italien « le Modèle du prêtre », par le R. P. *Ventura de Raulica*.

CLAVÉ (Jules), sous-inspecteur des forêts, directeur du domaine de Chantilly, membre de la Société d'économie politique de Paris, né à Sainte-Marie-aux-Mines (Haut-Rhin) en 1826.

— Étude sur l'économie forestière. In-12. 1862. *Guillaumin et Cie*. 3 fr. 50 c.

CLAVÉ (Pierre).

— Alain Chartier, ou le Baiser de Marguerite. — Voy. *Baroncelli et Clavé*.

CLAVEAU (Anatole), littérateur, rédacteur au Corps législatif, né à Bièvres (Seine-et-Oise) en 1835.

— Nouvelles contemporaines. In-12. 1860. *Hachette et Cie*. 2 fr.

CLAVEL (le chanoine), de Saint-Geniez, chanoine honoraire de Sens, docteur en médecine de la Faculté de Paris.

— Almanach populaire de la santé. In-32. 1841. *Royer*. 1 fr.

— Almanach-manuel de la santé, médecin de soi-même, suivi d'un traité des maladies de l'âme. In-32. 1863. *Delarue*. 50 c.

— Botanique des malades. Histoire naturelle des plantes médicales. In-32. 1846. *Ibid.* 50 c.

— Histoire chrétienne des diocèses de France, de Belgique, de Savoie et des bords du Rhin. Gallia christiana, en français ; annales de la monarchie, du clergé, de la noblesse, de la bourgeoisie, etc. Tome Ier. In-8°. 1855. *L. Vivès*.

— Le Médecin du corps et de l'âme. Édition revue, corrigée et augmentée. 2 vol. in-12. 1854. *Vivès*. 6 fr.

La 1re édition est de 1844.

— Petits sermons populaires d'un curé de village sur les principales vérités de la religion et de la morale, suivis d'un traité de philosophie chrétienne. In-32, 320 p. 1845. *Royer*.

— Traité pratique et expérimental de botanique. Histoire naturelle des plantes, arbres, etc., croissant sur la surface du globe terrestre, ou fossiles. 3 vol. in-8° avec 152 pl. 1855. *Vivès*. 30 fr.

M. le chanoine Clavel a traduit de l'italien : « les Beautés de la foi », du R. P. J. *Ventura*.

CLAVEL (le docteur Adolphe), né à Grenoble en 1815.

— Le Corps et l'âme, ou Histoire naturelle de

l'espèce humaine. In-8°. 1851. *Garnier frères.* 5 fr.

— Les Races humaines et leur part dans la civilisation. In-8°. 1860. *Poulet-Malassis.* 5 fr.

— Statique sociale. De l'équilibre et de ses lois. In-12. 1860. *Ibid.* 3 fr.

— Traité d'éducation physique et morale; accompagné de plans d'ensemble indiquant la disposition principale des établissements d'instruction publique, par Émile Müller. 2 vol. in-18 avec 2 pl. 1855. *V. Masson.* 7 fr.

CLAVEL (C.).

— Lettres sur l'enseignement des collèges en France. In-8°. 1859. *Guillaumin et Cie.* 4 fr.

CLAVEL (F. T. B.).

— Histoire pittoresque de la franc-maçonnerie et des sociétés secrètes anciennes et modernes. In-8° avec 25 grav. 1844. *Pagnerre.* 12 fr. 50 c.

— Histoire pittoresque des religions, doctrines, cérémonies et coutumes religieuses de tous les peuples du monde anciens et modernes. 2 vol. in-8° avec grav. 1844. *Ibid.* 15 fr.

L'ouvrage a été publié en 30 livraisons.

CLAVEL (Lucien), agent administratif de la flotte.

— Table, ou Nomenclature générale par ordre alphabétique des matières et objets alloués aux bâtiments de la flotte par le règlement d'armement du 15 juillet 1859. (Édition de 1862.) In-4°. 1864. *Cosse et Marchal.* 12 fr.

CLAVEL-AUBERT (J.), né à Genève, en 1782.

— Recueil gradué de fables, pour l'enfance et la jeunesse. 2e édition. In-18. 1846. Genève, *Jullien frères.* 75 c.

La 1re édition est de 1838.

CLAVES (Louis de).

— Considérations sur la question d'Orient. Essai historique. In-12. 1854. *Garnier frères.* 1 fr. 50 c.

CLAYE (Jules), imprimeur à Paris, né en 1802.

— De la Question d'augmentation du salaire des compositeurs typographes. Lettre à M. le rédacteur en chef du « Journal du dimanche ». In-8°, 40 p. 1861. *Imprimerie Claye.*

CLAYE (Léonce de).

— L'Anticontrat social, ou Du principe générateur de la révolution. In-8°. 1849. *Gaume.* 2 fr.

CLAYE (Louis), parfumeur à Paris.

— Culture des fleurs et des plantes aromatiques. Fabrication des parfums en Portugal et dans ses colonies. Avenir de cette industrie dans ce royaume. In-8°. 1865. *Lebigre-Duquesne.*

— Les Talismans de la beauté. In-12. 1860. *Dentu.* 1 fr.

3e édition. 1863. *Lebigre-Duquesne.* 1 fr.

CLÉDER (Édouard).

— Notice sur la vie et les ouvrages de P. Corneille Blessebois. Pet. in-8°. 1862. *Aubry.* 3 fr.

— Notice sur l'académie italienne des Intronati. In-12. 1865. Bruxelles, *C. Muquardt.* 3 fr.

*Clef des loteries (la), ou l'Art de grouper les chiffres et de fixer les hasards, par A. M. E... In-16. 1861. Lyon, *imprimerie Boursy.* 2 fr.

CLEGG (Samuel), ingénieur anglais, mort en 1859.

— Traité pratique de la fabrication et de la distribution du gaz d'éclairage et de chauffage. Traduit de l'anglais et annoté par Ed. Servier, ingénieur civil. In-4° avec 144 fig. dans le texte et un atlas de 28 pl. 1860. *Lacroix.* 40 fr.

La 3e édition de l'ouvrage anglais a paru en 1859.

CLEMEN (C. F. W.), professeur d'histoire à Cassel (ancienne Hesse-Électorale).

— Précis de l'histoire de l'Église. Traduit de l'allemand par Jacques Colondre. In-8°. 1858. Genève, *Cherbuliez.* 7 fr.

CLEMENCEAU (le docteur George), ex-interne des hôpitaux de Nantes, ex-interne provisoire des hôpitaux de Paris.

— De la Génération des éléments anatomiques. In-8°. 1865. *Baillière et fils.* 4 fr.

CLEMENCIN (Don Diego).

— Précis historique sur la reine catholique dona Isabelle. Traduit de l'espagnol par F. Amanton. In-8° avec portrait. 1847. *Comon.* 6 fr.

CLÉMENT (Titus Flavius, saint), d'Alexandrie, né vers 160, à Athènes, mort vers 217.

— Œuvres complètes. — Voy. *Migne*, Patrologie grecque, tomes 8 et 9.

— Œuvres choisies. Traduction publiée par M. de Genoude. In-12. 1846. *Perrodil.*

CLÉMENT XIV (Jean Vincent Antoine Lorenzo GANGANELLI), né à San-Arcangelo, en 1705, élu pape le 19 mai 1769, mort en 1774.

— Clementis XIV, pont. max., epistolæ et brevia selectiora acta nonnulla alia acta pontificana ejus illustrantia quæ ex secretioribus tabulariis Vaticanis depromsit et nunc primum edidit Augustinus Theiner. In-8°. 1852. *Didot frères.* 5 fr.

Forme le 3e volume de l'Histoire du pontificat de Clément XIV, d'après des documents inédits des archives secrètes du Vatican, par le R. P. Theiner.

CLÉMENT.

— Histoire de France, racontée à l'âge de dix à quinze ans. In-12. 1855. Rouen, *Mégard.* 1 fr.

— Vie de saint Augustin. In-12. 1854. *Ibid.* 1 fr.

— Vie de Jeanne d'Arc. In-12. 1853. *Ibid.* 1 fr.

CLÉMENT, chef de service de chimie et de pharmacie à l'École d'Alfort.

— Agenda-formulaire du vétérinaire praticien pour 1866, rédigé par M. Clément; suivi d'un certain nombre de modèles de rapports et certificats rédigés par MM. H. Bouley, Delafond, Renault, etc. In-24. 1865. *Asselin.* 2 fr.

Paraît tous les ans depuis 1861.

CLÉMENT, professeur au collège de Saint-Étienne.

— Essai sur la science du langage. In-8°. 1843. *Hachette.* 3 fr. 50 c.

CLÉMENT (Mme), née HEMERY.

— Histoire des fêtes civiles et religieuses, usages anciens et modernes de la Flandre, et de différentes villes de France. In-8° avec pl. 1845. Avesnes, *Viroux.* 7 fr. 50 c.

L'ouvrage a été publié en 12 livraisons.

35

CLÉMENT (A.).

— Excursion à Londres, ou Guide du promeneur dans cette capitale et ses environs. In-18. 1850. *Chaumerot.* 2 fr.

— Nouveau guide du voyageur dans les environs de Paris par les chemins de fer. In-18 avec 1 carte et 3 grav. 1851. *Ibid.* 2 fr.

CLÉMENT (Ambroise), économiste, né à Paris en 1805.

— Des nouvelles idées de réforme industrielle. In-18. 1848. *Guillaumin.*

— Recherches sur les causes de l'indigence. In-8°. 1846. *Ibid.* 6 fr. 50 c.

M. Ambr. Clément a collaboré au «Journal des économistes», au «Dictionnaire de l'économie politique», au «Dictionnaire général de la politique (de Maurice Block)», et au «Dictionnaire du commerce et de la navigation».

CLÉMENT (Ch.), ingénieur au corps des mines.

— Aperçu général de la constitution géologique et de la richesse minérale du Luxembourg. In-8° avec 7 pl. coloriées. 1864. Arlon, *P. A. Brück.* 6 fr.

CLÉMENT (Charles), journaliste, administrateur adjoint du Musée Napoléon III, rédacteur à la «Revue des Deux-Mondes», de 1850 à 1863, et depuis cette époque au «Journal des Débats», né à Rouen en 1821.

— Études sur les beaux-arts en France. In-12. 1865. *Lévy frères.* 3 fr.

— Michel-Ange, Léonard de Vinci, Raphaël; avec une étude sur l'art en Italie avant le xvie siècle, et des catalogues raisonnés, historiques et bibliographiques. In-12. 1861. *Hetzel.* 5 fr.

2e édition revue et considérablement augmentée. In-12. 1866. *Ibid.* 3 fr.

— De la Peinture religieuse en Italie jusqu'à Fra Angelico de Fiesole. In-8°. 1857. *Meyrueis et Cie.* 1 fr. 50 c.

Cette étude a paru dans la «Revue chrétienne», et on n'en a tiré à part qu'un très-petit nombre. Elle se retrouve, avec quelques changements, dans le volume «Michel-Ange», etc., auquel elle sert d'introduction.

CLÉMENT (Charles).

— Régénération du ver à soie par la manière de procéder à la confection de la graine. In-8°. 1856. Valence, *Marc Aurel.* 2 fr.

CLÉMENT (l'abbé Denis Xavier), de l'Académie de Nancy, doyen de l'église primatiale de Ligny, prédicateur du roi, né à Dijon, en 1706, mort en 1771.

— Exercices de l'âme pour se disposer aux sacrements de pénitence et d'eucharistie. In-12. 1846. Lyon, *Périsse.* 1 fr.

La 1re édition est de 1751.

— La Journée du chrétien sanctifiée par la prière et la méditation, augmentée du renouvellement des vœux du baptême, de l'abrégé de la doctrine chrétienne, par M. l'abbé de La Hogue, etc. Nouvelle édition, suivie de la consécration de la France au saint cœur de Jésus, et de diverses autres prières. In-32. 1864. Lyon, *Pélagaud.* 1 fr.

Anonyme. — La 1re édition est de 1768.
Il y a une foule d'autres éditions de ce livre.

— Maximes pour se conduire chrétiennement dans le monde. In-18. 1850. Tournai, *Casterman.* 50 c.

La 1re édition est de 1749.

— Sermons. — Voy. *Migne,* Collection des orateurs sacrés, 1re série, tomes 54 et 55.

CLÉMENT (Félix), musicien, organiste au collège Stanislas et à la Sorbonne, membre de la commission des arts et édifices religieux, né à Paris, en 1822.

— Chants de la Sainte-Chapelle, tirés de manuscrits du xiiie siècle, traduits et mis en parties avec accompagnement d'orgue, avec une introduction par Didron aîné. In-4° avec 2 pl. 1849. *Didron.* 8 fr.

— Choix des principales séquences du moyen âge, tirées des manuscrits, traduites en musique et mises en parties avec accompagnement d'orgue. In-8°. 1861. *Ad. Le Clère.* 2 fr. 50 c.

— Histoire générale de la musique religieuse. In-8°. 1860. *Ibid.* 8 fr.

— La Poésie latine au moyen âge. In-4°. 1853. *Didron.*

— Les Poëtes chrétiens, depuis le ive siècle jusqu'au xve. Morceaux choisis, traduits et annotés par Félix Clément. In-8°. 1857. *Gaume.* 6 fr.

Traduction de l'ouvrage intitulé : «Carmina e poetis christianis excerpta».

— Rapport sur l'état de la musique religieuse en France. In-4°. 1849. *Didron.*

CLÉMENT (H.), juge de paix du canton de Beaumetz-les-Loges.

— Essai sur les usages locaux du département du Pas-de-Calais, suivi du tableau dressé par la commission centrale chargée de vérifier les usages constatés par les commissions cantonales. In-8°. 1856. Arras, *Topino.*

CLÉMENT (Henri).

— Les Étapes : Amours et chansons. Convictions et doutes. Regrets et dégoûts. In-12, 286 p. 1859. *Imprimerie Dupont.*

CLÉMENT (Jules), ancien clerc de notaire, membre de la Société linnéenne de Sens, né en 1811.

— Guide des cultivateurs pour l'achat des bestiaux et traité complet des vices rédhibitoires en matière de ventes et échanges d'animaux domestiques. In-12. 1865. *Bernardin-Béchet.* 3 fr.

— L'Indispensable guide en affaires, ou Formulaire général des actes sous seings privés, mis à la portée de tout le monde. In-12. 1864. *Ibid.* 4 fr.

— Manuel des familles et des ménages; recueil complet de recettes, secrets et formules relatifs à l'industrie, l'agriculture, le jardinage, etc. In-18. 1859. *Ibid.* 2 fr.

— La Santé, ou la Médecine populaire; traitement simple, facile et peu coûteux de toutes les maladies par les propriétés des plantes. 5e édition. In-12. 1865. *Ibid.* 1 fr. 50 c.

La 1re édition est de 1858.

— Le Vétérinaire. Ouvrage pratique à l'usage des cultivateurs, fermiers, habitants des campagnes, pour le traitement des maladies des bestiaux. In-12. 1858. [Sens, *Clément.*] *Ibid.* 1 fr. 50 c.

Nouvelle édition en 1865.

CLÉMENT (Marius).

— Pouesios provençalos. Tome Ier. In-8°. 1848-1851. [Marseille, *Chaix.*] *Dutertre.* 6 fr.

CLÉMENT (Pierre), historien et économiste, membre de l'Institut, né à Draguignan en 1809.

— Études financières et d'économie sociale. In-8°. 1859. *Dentu.* 7 fr.

— Histoire de la vie et de l'administration de Colbert; précédée d'une étude historique sur Nicolas Fouquet, suivie de pièces justificatives, lettres et documents inédits. In-8°. 1846. *Guillaumin.* 8 fr.

— Le Gouvernement de Louis XIV, ou la Cour, l'administration, les finances et le commerce de 1683 à 1689. In-8°. 1848. *Ibid.* 7 fr. 50 c.

Cet ouvrage forme la suite du précédent.

— Histoire du système protecteur en France depuis le ministère de Colbert jusqu'à la révolution de 1848; suivie de pièces, mémoires et documents justificatifs. In-8°. 1854. *Ibid.* 6 fr.

— Jacques Cœur et Charles VII, l'administration, les finances, l'industrie, le commerce, les lettres et les arts au xvᵉ siècle. Étude historique, précédée d'une notice sur la valeur des anciennes monnaies françaises. Nouvelle édition, revue et corrigée. In-8°. 1865. *Didier et Cⁱᵉ.* 8 fr.

La 1ʳᵉ édition a paru en 1853. 2 vol. in-8°. *Guillaumin.* 15 fr.
La 2ᵉ édition en 2 vol. in-8°. 1863. *Didier et Cⁱᵉ.* 12 fr.

— Le même. In-12. *Ibid.* 4 fr.

— Portraits historiques. In-8°. 1854. *Ibid.* 7 fr.

Suger. — Sully. — De Novion. — De Grignan. — D'Argenson. — Jean Law. — Machault d'Arnouville. — Les frères Paris. — L'abbé Terray. — Le duc de Gaëte. — Mollien.

— Le même. In-12. *Ibid.* 3 fr. 50 c.

— Trois drames historiques : Enguerrand de Marigny, — Beaune de Semblançay, — le Chevalier de Rohan; suivis de pièces justificatives et de documents inédits. In-8°. 1857. *Ibid.* 6 fr.

— Le même. In-12. *Ibid.* 3 fr. 50 c.

M. Pierre Clément a encore publié : « Réflexions sur la miséricorde de Dieu », par la duchesse de *La Vallière*; et «Lettres , instructions et mémoires » de *Colbert*. — Voy. ces noms.

CLÉMENT (René).

— Étude sur le théâtre antique au point de vue des décors, des machines et des masques. De la voix chez nos acteurs modernes. In-8°. 1863. *Paul Dupont.* 75 c.

— L'Oncle de Sicyone; comédie en un acte, en vers. In-12. 1855. *Lévy frères.* 60 c.

CLÉMENT DE LA CHAVE.

— Siamora la druidesse, ou le Spiritualisme au xvᵉ siècle. In-12. 1860. *Vanier.* 2 fr.

CLÉMENT-MULLET (J. J.), membre des sociétés géologique et asiatique de Paris.

— Recherches sur l'histoire naturelle et la physique des Arabes. Poids des substances minérales. In-8°. 1858. [*Imprimerie impériale.*] *Challamel.* 1 fr. 50 c.

M. Clément-Mullet a traduit de l'arabe : « le Livre de l'agriculture », d'*Ibn-al-Awam.*

CLÉMENT DE RIS (le comte L.), attaché à la conservation des musées impériaux.

— Le Bouquet de violettes. In-16. 1856. *Eug. Didier.* 1 fr.

— Critiques d'art et de littérature. In-12. 1862. *Didier et Cⁱᵉ.* 3 fr. 50 c.

— La Curiosité, collections françaises et étrangères, cabinets d'amateurs, biographies. In-12. 1863. Vᵉ *Jules Renouard.* 3 fr.

— Le Musée royal de Madrid. In-12. 1859. *Ibid.* 2 fr.

— Les Musées de province. 2 vol. in-8°. 1859-1861. *Ibid.* 15 fr.

— Portraits à la plume. In-18. 1853. *Eug. Didier.* 3 fr. 50 c.

Alfred de Musset. — Henry Murger. — Oct. Feuillet. — Alph. Karr, etc.

*Cléon. Épisode de l'église d'Alexandrie au iiiᵉ siècle. Traduit librement de l'anglais. In-18. 1860. *Meyrueis et Cⁱᵉ.* 1 fr. 50 c.

CLER (le général), tué à la bataille de Magenta en 1859.

— Souvenirs d'un officier du 2ᵉ de zouaves. In-12. 1859. *Lévy frères.* 1 fr.

Anonyme.

CLER (Albert), littérateur, né à Commercy vers 1804.

— La Comédie à cheval, ou Manières et travers du monde équestre, jockey-club, cavalier, maquignon, olympique, etc. In-12. 1842. *Bourdin.*

— Physiologie du musicien. In-32. 1841. *Aubert.* 1 fr.

CLER (le docteur A. Le). — Voy. **Le Cler.**

CLÉRAULT (S. Ch.).

— Traité des établissements dangereux, insalubres ou incommodes. In-8°. 1845. *Cosse et Delamotte.* 7 fr.

CLERC (Alfred), interprète de l'armée, ex-directeur de l'École arabe-française de Constantine.

— Méthode de lecture arabe, à l'usage des élèves du collège impérial arabe-français. Pet. in-4°. 1858. [Alger, *Bastide.*] *Challamel.* 2 fr. 50 c.

CLERC (Auguste), sourd-muet, graveur-ciseleur, né à Carmaux (Tarn).

— Le Comte de Solar, sourd-muet; roman historique, par Clerc, sourd-muet de Toulouse; suivi de l'Éducation d'une jeune aveugle, sourde-muette, de quelques histoires intéressantes sur les sourds-muets et de la vie de l'abbé de l'Épée. In-18. 1863. Toulouse, *impr. Pradel et Blanc.* 50 c.

CLERC (l'abbé Constant).

— Symbolique, ou Exposition apologétique du Symbole des apôtres. In-8°. 1850. *Waille.*

CLERC (C. J. B.), ancien professeur.

— Importance de l'éducation au xixᵉ siècle. In-8°. 1844. *Sagnier et Bray.* 3 fr.

CLERC (Ed.), président de chambre à la cour de Besançon.

— Essai sur l'histoire de la Franche-Comté. 2 vol. in-8° avec 19 pl. 1840-1846. Besançon, *Bintot.*

— Étude complète sur Alaise. Alaise n'est pas l'Alesia de César. Ouvrage renfermant des notions utiles pour l'intelligence de l'histoire des montagnes du Doubs, avec une carte explicative. In-8° avec pl. 1860. Besançon, *Turbergue.* 2 fr. 50 c.

— La Franche-Comté à l'époque romaine, représentée par ses ruines. In-8° avec 8 grav. et 1 carte. 1847. Besançon, *Bintot.*

2ᵉ édition en 1853. In-8°. 6 fr.

— Jean Boyvin, président du parlement de Dôle, sa vie, ses écrits, sa correspondance politique, publiée pour la première fois. Gr. in-8° avec portrait. 1856. *Ibid.* 3 fr. 50 c.

CLERC (Édouard), ancien président de la Chambre des notaires de Besançon, né à Baume-les-Dames (Doubs) en 1803, mort à Besançon en 1867.

— Manuel théorique et pratique et formulaire général et complet du notariat; suivi du Code des notaires expliqué par Armand Dalloz, et d'un traité abrégé de la responsabilité des notaires, par Ch. Vergé. 5e édition, augmentée et mise au courant de la législation et de la jurisprudence. 2 vol. in-8°. 1863. *Cosse et Marchal.* 16 fr.

La 1re édition est de 1837.

— Théorie du notariat pour servir aux examens de capacité, contenant, par demandes et par réponses, les matières sur lesquelles les candidats doivent être interrogés. 3e édition, revue et mise au courant de la loi du 23 mars 1855 sur la transcription. In-8°. 1861. *Ibid.* 8 fr.

Cet ouvrage forme le complément du précédent. Ensemble 3 vol. 22 fr.

— Traité général du notariat et de l'enregistrement, divisé en trois parties : Notariat. Enregistrement. Droit civil. In-8°. 1861-1863. *Ibid.*

L'ouvrage complet forme 8 volumes. 1re partie, Notariat. 2 vol. 16 fr. — 2e partie, Enregistrement. 2 vol. 16 fr. — 3e partie, Droit civil (*sous presse*). 4 vol.

Chaque partie se vend séparément.

CLERC (Eugène), capitaine d'artillerie.

— Campagne de Kabylie en 1857. Gr. in-8° avec 1 carte et 3 pl. 1859. [Lille.] *Tanera.* 4 fr.

CLERC (l'abbé Jean Baptiste), professeur de rhétorique au séminaire de Luxeuil, né à Besançon en 1803.

— Essai sur l'art oratoire, considéré au point de vue chrétien, sous la forme de discussions littéraires, à l'usage des rhétoriciens, pour les distributions de prix. In-8°. 1854. *Lecoffre.* 5 fr.

— Pie IX, Rome et l'Italie. In-8° avec portrait. 1849. [Besançon, *Turbergue.*] *Bray.* 5 fr.

En vers.

— Les Scènes de l'Évangile. In-12. 1865. *Lecoffre.* 3 fr.

— Un Souvenir, ou l'Ermitage de Saint-Valbert, près de l'ancienne abbaye de Luxeuil. In-8°, 116 p. avec une lithographie. 1850. Besançon, *Turbergue.*

CLERC (J. P. M.).

— Le Droit. Réfutation de M. Émile de Girardin. In-12. 1855. Macon, *imprimerie Romand.* 1 fr.

CLERC (P. A.).

— Essai sur l'application des éléments de la pratique de l'art de décrire le terrain à l'exécution des levers et du nivellement d'une étendue quelconque. In-8° avec 8 pl. 1843. Metz, *Verronnais.* 10 fr.

— Essai sur les éléments de la pratique des levers topographiques, et de son enseignement. In-8° avec 22 pl. 1840. *Ibid.* 15 fr.

— Essai sur l'enseignement des éléments de la pratique des levers et du nivellement topographiques. In-8° avec 12 pl. 1840. *Ibid.* 15 fr.

CLERC-JACQUIER (l'abbé L.).

— Monographie religieuse et historique de Moirans. In-18, 324 p. 1850. Moirans, *Genin.*

— Parménie et ses vicissitudes. 633-1850. In-12, 100 p. 1854. *Ibid.*

— Recherches historiques sur la côte Saint-André, pour servir à l'Histoire générale du Dauphiné. In-8°, 192 p., avec une lithographie. 1853. Grenoble, *Maisonville.*

CLERCQ (Alexandre de), ministre plénipotentiaire, ancien sous-directeur des consulats au ministère des affaires étrangères, né à Paris en 1803.

— Formulaire des chancelleries diplomatiques et consulaires, suivi du tarif des chancelleries et du texte des principales lois, ordonnances, circulaires et instructions ministérielles relatives aux consulats. 3e édition. 2 vol. in-8°. 1861. *Amyot.* 16 fr.

La 1re édition (1 vol. in-8°. *Guillaumin.* 13 fr.) est de 1848.

— Guide pratique des consulats, publié sous les auspices du ministère des affaires étrangères. 2e édition, mise à jour d'après les plus récents documents officiels. 2 vol. in-8°. 1858. *Ibid.* 16 fr.

Avec le vicomte de Vallat. — La 1re édition est de 1851. 1 vol. in-8°. *Guillaumin.* 13 fr.

— Recueil des traités de la France, publié sous les auspices de S. Exc. M. Drouyn de Lhuys, ministre des affaires étrangères. Tomes 1 à 7. In-8°. 1864-1866. *Ibid.* Chaque volume, 12 fr. 50 c.

Tome I. 1713-1802; Tome II. 1803-1815; Tome III. 1816-1830; Tome IV. 1831-1842; Tome V. 1843-1849; Tome VI. 1850-1855; Tome VII. 1856-1859.

CLERGY (de), auteur dramatique français.

— Congé avant midi; folie en un acte, musique de M. A. Launois. In-8°. 1855. *Mifliez.* 20 c.

Avec M. E.***

— Lisette; vaudeville en un acte, airs nouveaux de M. Lafitte. In-8°. 1856. *Ibid.* 30 c.

Avec M. Gauthier.

CLÈRE (Jules), répétiteur adjoint au bibliothécaire du Prytanée militaire de La Flèche.

— Henri IV à La Flèche. In-12. 1857. La Flèche, *Luxembourg.*

— Histoire de l'école de La Flèche depuis sa fondation par Henri IV jusqu'à sa réorganisation en Prytanée impérial militaire. In-18 de 11 f. 1853. La Flèche, *imprimerie Jourdain.*

*****Clergé** (du) et de l'université. Considérations sur leur situation réciproque; par un catholique, membre de l'Université. In-8°. 1852. *Plon.* 3 fr.

*****Clergé** (le), les Catholiques et l'Empereur. In-8°. 1861. *Dentu.* 1 fr.

*****Clergé** contemporain. In-8° avec portrait photographié. 1863 et années suivantes. *Palmé.* Chaque biographie, 60 c.

Ont paru :

Mgr. Morlot. — Mgr. Gousset. — Mgr. Donnet. — Mgr. Darboy. — Mgr. de Mazenod. — Mgr. Landriot. — Mgr. de Dreux-Brézé. — Mgr. Chalandon. — Mgr. Lyonnet. — Mgr. Parisis.

CLERGEAU (l'abbé), ancien aumônier de M. de Chateaubriand.

— Chateaubriand : sa vie publique et intime; ses œuvres. Étude historique et biographique; suivie d'une Réplique à M. Sainte-Beuve sur son livre : Chateaubriand et son groupe littéraire sous l'empire. In-8° avec 1 portrait. 1860. *Dufour, Mulat et Boulanger.* 2 fr. 75 c.

Avec M. Vacquerie.

— Le même. 2e édition, revue et augmentée. In-8° avec portrait. 1861. *Ibid.* 3 fr. 75 c.

— Unique destinée de l'homme. In-8°. 1862. *Imprimerie Carion.* 3 fr. 50 c.

Avec M. Vacquerie.

CLERGEAUD (P.).

— De la Culture du coton en Algérie. In-8°. 1862. *Dentu.* 1 fr.

CLERGEOT (Léon), littérateur, né à Cerilly (Côte-d'Or) en 1829.

— Les Auberges de France. — Voy. *Chevalier* (H. Émile) *et Clergeot.*

CLERGET (C. E.).

— De l'Ornementation typographique. Essai sur l'art ornemental appliqué à la décoration des livres. In-8°. 1859. [Vienne, *imprimerie impériale*.] *Victor Masson.* 2 fr. 50 c.

Texte français et allemand en regard.

CLERGIER (Albéric) a écrit sous le pseudonyme d'Albéric **Antully.**

CLÉRI-MALIGE. — Voy. **Malige.**

CLERMONT-TONNERRE (Aimé-Marie Gaspard, duc de), ancien ministre de la guerre et pair de France, né en 1780. Il a traduit en français les œuvres complètes d'*Isocrate.*

CLERVILLE (A.).

— Collodion transporté sur papier blanc. Grandissements. In-8°. 1863. *Leiber.* 1 fr. 50 c.

CLÉRY (Jean Bapt. Ant. HANET), valet de chambre de Louis XVI pendant sa captivité au Temple ; né à Jardy, près de Versailles, en 1759, mort à Hitzing (Autriche), en 1809.

— La Captivité de Louis XVI ; relation de ce qui s'est passé dans la tour du Temple ; ou Journal de Cléry ; suivi des dernières heures de Louis XVI, etc. In-12. 1854. Tournai, *Casterman.* 1 fr.

— Journal de Cléry, relation des événements de la tour du Temple pendant la captivité de Louis XVI, roi de France ; suivi des Dernières heures de Louis XVI, écrites par l'abbé Edgeworth de Firmont, son digne confesseur. In-12 avec gravures. 1855. Limoges, *Ardant frères.*

— Journal de ce qui s'est passé à la tour du Temple pendant la captivité de Louis XVI, roi de France. 1re édition illustrée, publiée par la famille, augmentée de la suite du Journal et des notes inédites laissées par Cléry ; de la vie de Cléry, par Mlles de Gaillard, ses petites-filles, et précédée d'une introduction par M. H. de Riancey. Gr. in-8° avec 32 grav., fac-simile d'écriture et 2 romances avec musique. 1861. *Belin.* 10 fr.

— Mémoires de Cléry, de M. le duc de Montpensier, de Riouffe. Avec avant-propos et notes, par M. F. Barrière. In-12. 1847. *Didot frères.* 3 fr.

Bibliothèque des Mémoires relatifs à l'histoire de France pendant le xviiie siècle, avec avant-propos et notes, par M. F. Barrière. Tome IX.
La 1re édition du Journal de Cléry a été publiée à Londres en 1798.

CLÉSIEUX (Achille Du). — Voy. **Du Clésieux.**

CLESSE (Antoine), poëte belge, né à La Haye en 1816.

— Chansons. 2 vol. in-18. 1845-1848. 5 fr.

— Poésies. In-18. 1841. *Ibid.* 2 fr. 25 c.

— Rubens ; poëme. In-8°. 1840. Mons, *Piérart.*

CLEUZIOU (Henri Du). — Voy. **Du Cleuziou.**

CLEVER DE MALDIGNY (le docteur), médecin-major de 1re classe à la gendarmerie d'élite.

— Nécessité de l'organisation complète d'un corps sanitaire de l'armée, moyen de l'établir sans surcharge pour le Trésor. In-8°. 1854. *V. Rozier.* 3 fr.

CLÈVES (l'abbé C. L. DE). — Voy. **Decièves.**

CLÉVI (Henri), ancien professeur de langue hébraïque et arabe.

— Les Saintes Écritures depuis Josué, avec tous les livres de l'Ancien Testament. Texte hébreu et la traduction française en regard, par Henri Clévi. 1re livraison. In-8°. 1858. *Chez le traducteur, rue Neuve Sainte-Catherine,* 17.

Traduction de toutes les parties de la Bible, sauf le Pentateuque. L'ouvrage paraîtra en 5 ou 6 volumes, par livraisons de 24 à 32 p. Prix de la livraison, 60 c. La série de 10 livraisons, 5 fr.

CLÉVILLE (Henry).

— Nouvelle théorie de l'échange international. In-8°. 1858. *Librairie internationale.* 1 fr.

CLIAS (P. H.).

— Callisthénie, ou Somascétique naturelle appropriée à l'éducation physique des jeunes filles. In-8° avec 9 pl. 1843. Besançon, *Déis.*

— Somascétique naturelle, ou Cours analytique et gradué d'exercices propres à développer et à fortifier l'organisation humaine. In-8° avec 9 pl. et 1 portrait. 1842. *Ibid.*

— Traité élémentaire de gymnastique rationnelle, hygiène et orthopédique, ou Cours analytique et gradué d'exercices propres à développer et à fortifier l'organisation humaine, précédé de la gymnastique de la première enfance et des vieillards, suivie d'une esquisse de gymnastique militaire. 6e édition. 2 vol. in-12 avec 12 grandes pl. 1853. Genève, *Cherbuliez.* 5 fr.

CLIET (C. S.), docteur en médecine.

— Utérotherme. Nouveau procédé pour le traitement des affections de la matrice. In-8°. 1845. *G. Baillière.* 1 fr. 50 c.

CLIFTON (Ebenezer), correcteur d'imprimerie, professeur de langue anglaise.

— Manuel de prononciation anglaise. In-12, 108 p. 1846. *F. Didot.*

— Manuel de la conversation et du style épistolaire, à l'usage des voyageurs et de la jeunesse des écoles. Français et anglais. In-32. 1859. *Garnier frères.* 2 fr.

— Le même, avec la prononciation de tous les mots anglais. In-16. 1862. *Ibid.* 4 fr.

— Le même, anglais-italien. In-32. *Ibid.* 2 fr.

— Manual of conversation, with models of letters for the use of travellers and students. English and French, with the figured pronunciation of the French. In-16. 1863. *Ibid.* 4 fr.

Avec Dufriche-Desgenettes.

— Le même, sans la prononciation. 2 fr.

— Manuel de conversation espagnol-anglais. — Voy. *Bustamante et Clifton.*

— Manuel de conversation allemand-anglais. — Voy. *Ebeling et Clifton.*

— Manuel de la conversation et du style épistolaire, à l'usage des voyageurs et de la jeunesse des écoles, en six langues : français, anglais, allemand, italien, espagnol, portugais ; par MM. Clifton, G. Vitali, Ebeling, Bustamante et Duarte. In-16. 1859. *Garnier frères.* 5 fr.

M. Clifton a refondu avec M. E. Thunot la 37e édition du Dictionnaire anglais et français d'Abel *Boyer.*

CLIMAQUE (saint Jean). — Voy. **Jean Climaque.**

CLINCHAMP (A. de).

— De la Richesse mobilière et de la nécessité de la créer en France. Essai sur le crédit foncier, le crédit agricole et l'instruction agricole. In-8°. 1849. *Garnier frères.* 2 fr.

Avec J. A. Leeker.

CLIQUET-BEAULIEU.

— Le Guide des entrepôts de boissons. In-4°. 1846. Bordeaux, *Coudert.* 3 fr.

CLISSON (Mme de).

— Histoire d'Olivier IV de Clisson, connétable de France. In-12. 1843. *Debécourt.* 3 fr. 50 c.

CLOET (l'abbé J. B.), chanoine honoraire d'Arras.

— L'Arsenal catholique, ou Démonstration des dogmes et de la morale de l'Église catholique, avec réponses aux objections les plus ordinaires faites de nos jours par les incrédules, les hérétiques, les demi-chrétiens et les indifférents. 2 vol. in-12. 1858. *Bureau de la Tribune sacrée.* 5 fr.

Le même. 2e édition revue et augmentée. 2 vol. in-12. 1861. *Ibid.* 5 fr.

CLOET (l'abbé N.), chanoine doyen de Deuvry.

— Examen du mémoire sur les chants liturgiques du R. P. Lambillotte, ou Réponse au R. P. Dufour. In-8°. 1857. *Didron.* 3 fr.

— Mémoire sur le choix des livres de chant liturgique. In-8°. 1862. *Lecoffre et Cie.* 1 fr. 50 c.

— Recueil de mélodies liturgiques restituées d'après un très-grand nombre de monuments tant manuscrits qu'imprimés, pour servir à la restauration du chant romain, avec des préliminaires sur la méthode qu'on a suivie. 2 vol. in-12. 1863-1864. *Ibid.* 6 fr.

— Remarques critiques sur le *Graduale romanum* du P. Lambillotte. In-8°. *Ibid.* 3 fr. 50 c.

— De la Restauration du chant liturgique, ou Ce qui est à faire pour arriver à posséder le meilleur chant romain possible. In-8°. 1852. Plancy, *Société de Saint-Victor.* 4 fr.

CLOGENSON (S.) a traduit : Beppo ; poëme de lord *Byron.*

CLOISEAUX (A. Des). — Voy. **Des Cloiseaux.**

CLOLUS (Émile), docteur en droit, substitut du procureur impérial à Castelnaudary, né à Paris en 1836.

— De la Détention préventive et de la mise en liberté provisoire sous caution. Étude comparée des quatre législations américaine, anglaise, belge et française, suivie de la représentation d'un nouveau projet de loi. In-8°. 1864. *Durand.* 6 fr.

CLONARD (le comte de), général espagnol.

— Utilité d'écrire l'histoire des régiments de l'armée ; suivi de l'Histoire du régiment de Jaën. Traduit de l'espagnol par Ed. de la Barre Duparc. In-8°. 1851. *Corréard.* 4 fr.

CLOPIN (J.).

— Cours d'histoire sainte, d'après Lhomond ; suivi d'un abrégé de la vie de Jésus-Christ et de l'histoire de l'Église jusqu'à nos jours. In-12. 1855. Grenoble, *Prudhomme.* 2 fr.

— Nouveaux éléments d'arithmétique. In-12 avec 1 pl. 1848. Grenoble, *Rey-Giraud.* 3 fr.

CLOQUET.

— Études sur l'industrie, le commerce, la marine et la pêche nationale en Belgique. Gr. in-8°. 1842. Bruxelles. 10 fr.

CLOQUET (l'abbé), missionnaire.

— Le Mois libérateur des âmes du purgatoire. In-32. 1862. Sancerre, *chez l'auteur.*

Autre édition. 1863. *Magnin-Blanchard.*

— Le Seul véritable tableau de l'Immaculée Conception ou Iconographie démontrant que le plus beau privilège de la Vierge immaculée est incompris des peintres, etc. In-8°. 1863. *Magnin et Blanchard.* 1 fr.

CLORIVIÈRE (le R. P. J. Picot de). — Voy. **Picot de Clorivière.**

CLOSSET (A. de).

— Éléments de droit civil. — Voy. **Encyclopédie populaire.*

— Histoire de la langue et de la littérature provençales. In-8°. 1846. Bruxelles. 4 fr.

CLOSSMANN (le colonel Auguste de), écrivain militaire et journaliste, ancien officier badois, réfugié politique en 1849, devenu citoyen de Genève, né à Mannheim en 1823.

— La Suisse, l'Italie et les grandes puissances. Considérations politiques et militaires. In-8°. 1858. Bâle, *Georg.* 1 fr. 50 c.

— La Vallée des Dappes et son importance militaire. Esquisse. In-8° avec 1 carte. 1858. Berlin, *Mittler.* 1 fr.

— Ma Vie d'officier badois, de réfugié politique et de journaliste. Mémoires justificatifs en réponse aux attaques malveillantes et mensongères de la « Revue de Genève ». In-8°. 1859. Genève, *chez l'auteur.* 2 fr.

CLOT (le docteur Antoine B.), dit CLOT-BEY, médecin français, ancien médecin de Méhémet-Ali d'Égypte, ancien directeur de l'école de médecine du Caire, né à Grenoble en 1793.

— Aperçu général sur l'Égypte. 2 vol. in-8° avec 5 cartes. 1840. *Fortin et Masson.* 16 fr.

— Compte rendu de l'état de l'enseignement médical et du service de santé civil et militaire de l'Égypte au commencement de mars 1849. Gr. in-8°. 1849. *V. Masson.* 3 fr.

— Coup d'œil sur la peste et les quarantaines. In-8°. 1851. *Ibid.* 3 fr.

— Méhémet-Ali, vice-roi d'Égypte. In-8°, 50 p. 1862. Marseille, *imprimerie Barlatier.*

— De l'Ophthalmie, du trichiasis, de l'entropion et de la cataracte observés en Égypte. In-18. 1864. *Masson et fils.* 1 fr. 50 c.

— De la Peste observée en Égypte. Recherches et considérations sur cette maladie. In-8° avec 2 pl. 1840. *Ibid.* 7 fr.

CLOT (l'abbé J. F. Du). — Voy. **Du Clot.**

CLOTE (J. B.).

— Rhétorique française, dédiée à S. A. R. Mgr. le comte de Paris. In-12 de 10 f. 1847. *Faucon.*

CLOUÉ (G. C.), capitaine de frégate.

— Renseignements hydrographiques sur la mer d'Azof. Publié sous le ministère de l'amiral Hamelin. In-8°, 80 p. et 7 cartes. 1856. *Ledoyen.*

CLOUET (l'abbé), bibliothécaire et professeur à Verdun.

— Histoire ecclésiastique de la province de Trèves et des pays limitrophes, comprenant les évêchés de Trèves, Metz, Toul, Verdun, Reims et Châlons. 3 vol. in-8°. 1851. Verdun, *Lallemant.* 18 fr.

CLOUZET aîné (Pierre André), professeur de grammaire supérieure aux classes d'adultes de la Société philomathique de Bordeaux, né à Bordeaux en 1799.

— Grammaire française, sur un plan entièrement nouveau. In-12. 1856. [Bordeaux.] *Fontenay et Peltier.* 1 fr. 50 c.

— Grammaire des commençants, divisée en trois parties. 6e édition. In-12. 1863. [Bordeaux.] *Tardieu.* 75 c.

— Résumé de versification. In-8°. 1861. *Ibid.* 1 fr.

M. Clouzet a encore publié un grand nombre de petits ouvrages classiques, qui sont tous en vente chez lui-même à Bordeaux.

CLUSERET (H.) a traduit de l'anglais : le Cheval, par W. *Youatt.*

CLUZEAUX (Pierre), clerc de notaire, né à Fraigne en 1808.

— Impressions de voyage de Jacques Pingot, d'Aigre à Luxé et d'Aigre à Angoulème, suivies des Hochets d'un grand enfant, poésies burlesques, comiques et satiriques. In-8°. 1859. Aigre, *Galletaud.* 1 fr. 50 c.

*Coalition (la). In-8°. 1860. *Dentu.* 1 fr.

*Coalition (une) en 1859. In-8°. 1859. *Ibid.* 1 fr.

*Coalition ultramontaine (la) et ses conséquences probables. Mandements, allocutions, circulaires et lettres pastorales des évêques de France sur l'Italie, commentés par un chrétien. In-8°. 1861. *Pick.* 2 fr.

COBBETT (William), publiciste anglais, né en 1762, à Farnham, mort en 1835.

— Avis aux jeunes gens et aux jeunes femmes de toutes les classes de la société. Traduit de l'anglais, et précédés d'une Vie de l'auteur, par Vernes Prescott. In-12. 1842. *Cherbuliez.* 3 fr. 50 c.

— Lettres sur l'histoire de la Réforme en Angleterre et en Irlande. 7e édition. In-12. 1857. Tournai, *Casterman.* 2 fr.

La 1re édition est de 1826.

— Le Maître d'anglais, ou Grammaire raisonnée de la langue anglaise, à l'usage des Français. Nouvelle édition. In-12. 1841. *Baudry.* 3 fr.

COBDEN (Richard), économiste et homme politique anglais, né à Dunford en 1804, mort en 1865.

— Les Trois paniques, épisodes de l'histoire contemporaine. Traduit de l'anglais, par Xavier Raymond. In-8°. 1862. *Dentu.* 3 fr.

COCHAIN (l'abbé Jean Louis), curé doyen de Moy, ancien professeur au grand séminaire de Soissons, né à Saint-Gobain en 1815.

— Manuel de lectures latines tirées de la liturgie romaine suivant l'ordre des offices de toute l'année, à l'usage des écoles primaires. In-18. 1862. *Ducrocq.* 75 c.

— Manuel de l'enfant de chœur, d'après la liturgie romaine. In-12. 1860. *Ruffet et C°.* 75 c.

L'abbé Cochain a traduit : *Lercari et Borgo*, Trésor de l'âme sanctifiée par l'eucharistie.

COCHAUX (Joseph), attaché au corps des ponts et chaussées de Belgique.

— Essai sur l'art de construire les manomètres, de régler les soupapes de sûreté et d'évaluer la puissance génératrice des chaudières des machines à vapeur. In-8° avec 4 pl. 1862. Bruges, *imprimerie Daveluy.* 5 fr.

COCHERIS (Hippolyte), paléographe et littérateur, membre de la Société des antiquaires de France, bibliothécaire de la bibliothèque Mazarine, né à Paris en 1829.

— Notice bibliographique et littéraire sur le Philobiblion de Richard de Bury. In-16. 1857. *Aubry.* 3 fr.

Extrait de la nouvelle édition du « Philobiblion », publiée par M. Cocheris. — Voy. *Bury.*

— Notices et extraits des documents manuscrits conservés dans les dépôts publics de Paris, et relatifs à l'histoire de la Picardie. Tomes 1 et 2 (A-G). Gr. in-8°. 1854-1858. *Durand.* 17 fr.

L'ouvrage aura 4 volumes.

M. Hippolyte Cocheris a annoté et continué jusqu'à nos jours « l'Histoire de la ville et du diocèse de Paris », de l'abbé *Lebeuf*; et il a publié : *Fournival*, la Vieille. — Voy. ces noms.

COCHERY (Louis), instituteur à Paris, né à Paris en 1820.

— Premières leçons de lecture musicale et de transposition, ou Exercices de musique vocale sur toutes les clefs et dans tous les tons. In-12. 1858. *Larousse et Boyer.* 1 fr. 50 c.

— Abrégé des Premières leçons de lecture musicale. In-12. 1863. *Ibid.* 50 c.

COCHET (l'abbé Jean Benoit Désiré), archéologue, ancien aumônier du lycée de Rouen, inspecteur des monuments historiques et religieux de la Seine-Inférieure, correspondant de l'Institut, né à Sanvic en 1812.

— Archéologie céramique et sépulcrale, ou l'Art de classer les sépultures anciennes à l'aide de la céramique. Nouvelle édition, revue et augmentée. In-4° avec figures. 1863. *A. Durand.* 3 fr.

— Découverte, reconnaissance et déposition du cœur du roi Charles V dans la cathédrale de Rouen, en mai et juin 1862. In-8° avec 1 planche. 1862. [Le Havre, *Costey frères.*] *Didron.* 1 fr. 25 c.

— Les Églises de l'arrondissement de Dieppe. 2 vol. in-8° avec gravures. 1846-1850. Dieppe, *imprimerie Lefebvre.*

— Églises de l'arrondissement d'Yvetot. 2 vol. in-8º. 1852. [Dieppe, *Marais*.] *Didron.* 10 fr.

— Étretat. Son passé, son présent, son avenir. Archéologie. Histoire. Légendes. Monuments. Rochers. Bains de mer. In-8º avec 4 lithographies et 28 grav. 1857. [Dieppe, *Marais*.] *Ibid.* 1 fr. 50 c.

— Galerie dieppoise. Notices biographiques sur les hommes célèbres ou utiles de Dieppe et de l'arrondissement. In-8º. 1862. Dieppe, *Delevoye.* 4 fr. 50 c.

— Guide du Baigneur dans Dieppe et ses environs. In-16. 1865. Dieppe, *Marais*. 1 fr.

— Histoire de l'imprimerie à Dieppe. In-8º. 1848. *Ibid.*

— La Normandie souterraine, ou Notices sur des cimetières romains et des cimetières francs en Normandie. In-8º avec 1 portrait. 1855. *Ibid.* 7 fr. 50 c.

— La Seine-Inférieure historique et archéologique. Époques gauloise, romaine et franque, avec une carte archéologique de ces trois périodes. In-4º. 1864. *Ibid.* 15 fr.

— Sépultures gauloises, romaines, franques et normandes. In-8º, xvi-452 p. avec figures dans le texte. 1857. *Ibid.*

Cet ouvrage est une suite de la « Normandie souterraine ».

— Le Tombeau de Childéric Ier, roi des Francs, restitué à l'aide de l'archéologie et des découvertes récentes faites en France, en Belgique, en Suisse, en Allemagne et en Angleterre. In-8º. 1859. *Ibid.* 10 fr.

COCHET (Louis Eugène), ancien premier clerc de notaire et ancien directeur du comptoir de recouvrements de la Sarthe, né à Menilles (Eure) en 1824.

— Fragment d'un traité d'économie politique, traitant également de la marche à suivre dans les affaires, intitulé : De l'Extinction de la mauvaise foi. In-12. 1857. Le Mans, *Julien, Lanier*. 80 c.

COCHET DE SAVIGNY (P. C. M.), chef d'escadron de gendarmerie en retraite, directeur du « Journal de la gendarmerie », né à Autun en 1781, mort à Paris en 1855.

— Cours élémentaire d'hippiatrique et de maréchalerie, à l'usage de la gendarmerie. In-18, 6 f. avec 6 pl. 1844. *Léautey.*

— Dictionnaire de la gendarmerie, à l'usage des officiers, sous-officiers et gendarmes. 2 vol. in-18. 1857. *Ibid.* 12 fr.

Avec M. Perrève.

— Formulaire général et annoté de la gendarmerie. — Voy. *Perrève et Cochet de Savigny.*

— Mémorial complet de la gendarmerie. Collection complète des lois, ordonnances, etc., relatives au service de la gendarmerie, depuis 1791, avec une table chronologique, analytique et alphabétique à chaque volume, par P. C. M. Cochet de Savigny. 4 vol. in-8º. 1839-1847. *Léautey.* 20 fr.

COCHIN (l'abbé J. D.), ancien curé de Saint-Jacques-du-Haut-Pas, fondateur de l'hôpital Cochin, né à Paris en 1726, mort en 1783.

— Instructions familières sur le saint sacrifice de la messe. Nouvelle édition. In-12. 1865. *Delalain et fils.* 2 fr.

COCHIN (Jean Denis Marie), avocat à la Cour de cassation, maire du 12e arrondissement de Paris, membre de la chambre des députés, fondateur de la première salle d'asile-modèle à Paris, né en 1789, mort en 1841.

— Manuel des salles d'asile. 5e édition, mise en harmonie avec la législation actuelle ; par Augustin Cochin. In-8º avec 9 pl. 1857. *Hachette et Cie.* 5 fr.

La 1re édition est de 1834.

COCHIN (Augustin), fils du précédent, publiciste, maire du 10e arrondissement de Paris, membre de l'Institut, né à Paris en 1823.

— L'Abolition de l'esclavage. 2 vol. in-8º. 1861. *Lecoffre et Cie.* 12 fr.

Ouvrage couronné par l'Académie française.

— De la Condition des ouvriers français, d'après les derniers travaux. In-8º. 1862. *Douniol.* 1 fr. 50 c.

— De la Conversion en rente des biens hospitaliers. In-8º. 1858. *Ibid.* 1 fr.

— Lettre sur l'état du paupérisme en Angleterre. In-8º. 1854. Le Mans, *Julien, Lanier.* 1 fr. 50 c.

Extrait des « Annales de la charité ».

— Le Monde invisible, discours prononcé devant la Société d'émulation de Bruxelles, le 8 mai 1864. In-8º. 1864. *Douniol.* 1 fr. 25 c.

Extrait du « Correspondant ».

— Les Ouvriers européens. Résumé de la méthode et des observations de M. F. Le Play. In-8º. 1856. *Ibid.* 1 fr.

Extrait du « Correspondant ».

— Les Petites assurances sur la vie par l'État dans les bureaux de poste en Angleterre. In-8º. 1865. *Guillaumin et Cie.* 1 fr.

— Le Progrès des sciences et de l'industrie au point de vue chrétien. Discours prononcé devant l'assemblée générale des catholiques à Malines, le 21 août 1863. In-8º. 1863. *Douniol.* 80 c.

— Quelques mots sur la Vie de Jésus, de M. Ernest Renan. In-18. 1863. *Ibid.* 60 c.

— La Question italienne et l'opinion catholique en France ; précédée d'une lettre du R. P. Lacordaire. In-8º. 1860. *Ibid.* 80 c.

Extrait du « Correspondant ». •

— La Réforme sociale en France, résumé critique de l'ouvrage de M. Le Play. In-8º. 1865. *Ibid.* 1 fr. 25 c.

— Rome, les martyrs du Japon et les évêques du xixe siècle. In-8º. 1862. *Douniol.* 1 fr.

Extrait du « Correspondant ».

COCHINAT (Victor).

— Le Guide des fumeurs. — Voy. *Lemercier de Neuville et Cochinat.*

— Lacenaire. Ses crimes, son procès et sa mort, suivis de ses poésies et chansons, et de documents authentiques et inédits ; recueillis par Victor Cochinat. In-12. 1857. *J. Laisné.* 1 fr.

2e édition en 1864.

COCHON (P.).

— Chronique normande. — Voy. *Coussinot*, Chronique de la Pucelle.

COCHUT (André), économiste et publiciste, né à Paris en 1812.

— Les Associations ouvrières. Histoire et théorie des tentatives de réorganisation industrielle opérées depuis la révolution de 1848. 1re série. In-8°. 1851. *Au bureau du National*. 75 c.

— Law, son système et son époque (1716-1729). In-18. 1853. *Hachette et Cie*. 2 fr.

COCKERILL (John), ingénieur belge, d'origine anglaise, né en 1790, mort en 1840.

— Portefeuille de John Cockerill, ou Description des machines, appareils, etc., construits dans les ateliers de Seraing depuis leur fondation jusqu'à ce jour. Tomes I et II. 2 vol. gr. in-4° avec 2 atlas in-fol. de 200 pl. 1859 à 1865. *J. Baudry*. Chaque volume, 100 fr.

Publié en 100 livraisons à 2 fr. — L'ouvrage sera continué.

COCKS (Charles).

— Grammaire simplifiée de la langue anglaise. In-18. 1845. *Hachette*.

— Guide de l'étranger à Bordeaux et dans le département de la Gironde. Nouvelle édition, revue et augmentée par E. F. (Ed. Feret); précédée d'une notice sur le palais de l'exposition. In-18. 1865. Bordeaux, *Féret*. 2 fr.

La 1re édition a paru en 1850.

— La Langue anglaise expliquée en 12 leçons : Grammaire pratique. 3e édition, revue et augmentée. In-12. 1851. *Ibid*. 2 fr.

*Cocodès (les); par une cocotte. Orné de gravures. In-32. 1864. *Chez tous les libraires*. 1 fr. 50 c.

*Cocottes (les)!!!!! In-32. 1864. *Librairie centrale*. 1 fr. 50 c.

COCQ (J.), receveur de l'enregistrement à Landen.

— Guide théorique et pratique de la perception des droits d'enregistrement et de greffe sur les actes judiciaires. Gr. in-8°. 1862. Bruxelles, *G. Adriaens*. 7 fr. 50 c.

COCQUEREL (A.).

— L'Algérie. Une solution. Octobre 1860. In-8°. 1860. [Alger.] *Challamel*. 50 c.

COCQUIEL (le chevalier Charles de), docteur en droit, professeur d'économie politique et de législation douanière à l'Institut supérieur du commerce d'Anvers, né à Anvers en 1829.

— De l'Enseignement industriel et de la limitation de la durée du travail en Angleterre. In-8°. 1853. Bruxelles, *A. Decq*.

— Étude sur le système monétaire belge. In-8°. 1861. [Bruxelles.] *Guillaumin et Cie*. 3 fr.

*Code Couza (le) devant la religion et la famille. Appel au monde civilisé; par X***, avocat. In-8°. 1865. *Chez M. Nicolas de Rosetti Rosnovano*. 1 fr.

*Code de justice militaire pour l'armée de mer (4 juin 1858). In-18. 1858. *Dumaine*. 1 fr.

*Code de justice militaire, pour l'armée de terre. Loi du 9 juin 1857. Édition diamant. In-16. 1857. *Leneveu*. 30 c.

*Code de justice militaire pour l'armée de terre. 9 juin 1857. (Ministère de la guerre.) In-18. 1857. *Dumaine*. 60 c.

*Code de justice maritime, comprenant le code de justice militaire pour l'armée de mer. In-4°. 324 p. 1858. *Imprimerie impériale*.

Publication du ministère de la marine.

— Le même. In-8°. *Ibid*.

*Code des lois politiques et spéciales de la Belgique. 6e édition, revue et considérablement augmentée. In-24. Bruxelles, *Tarride*. 7 fr.

*Code moral (le) des époux, de la jeune femme et de la jeune mère, par C. Ch.... In-12. 1863. Nancy, *Vagner*. 1 fr. 50 c.

*Code des patentes (nouveau), contenant le projet de loi, les modifications à apporter aux tarif et tableaux concernant les patentes. In-8°. 1858. *Paul Dupont*. 5 fr.

*Code rouge. Ordonnances et circulaires des généraux Mourawief, Dlotowskoï, Annenkoff, Lewchine, etc. In-8°. 1863. *Dentu*. 50 c.

*Codex, pharmacopée française rédigée par ordre du gouvernement par une commission composée de MM. les professeurs de la Faculté de médecine et de l'École spéciale de pharmacie de Paris. In-8°. 1845. *Béchet jeune*. 9 fr. 75 c.

Nouveau tirage en 1860.

CODRE (de La). — Voy. **La Codre**.

COECKELBERGHE DE DUTZELE (le chevalier Charles de).

— Histoire de l'empire d'Autriche depuis les temps les plus reculés jusqu'au règne de Ferdinand Ier, empereur d'Autriche, en six époques. Avec portraits et gravures, tables généalogiques et chronologiques et cartes géographiques. Tomes I à V. Gr. in-8°. 1844-1846. Vienne, *Gerold*. 40 fr.

COECKELBERGHE-DUTZELE (le chevalier Louis de).

— Théorie complète de la prononciation de la langue française. Achevée et publiée par le chevalier Gérard de Coeckelberghe-Dutzele, frère du défunt. 2 vol. in-8°. 1851 et 1852. Vienne, *Leo*. 13 fr. 50 c.

COEMANS (Eugène).

— Monographie des Sphenophyllum d'Europe. In-8° avec 2 pl. 1865. Bruxelles, *Hayez*. 2 fr.

Avec J. J. Kickx. — Extrait du « Bulletin de l'Académie royale de Belgique ».

COENRAETS (J. J.).

— Épisodes de ma vie militaire aux Indes-Orientales (Java et Sumatra). In-8°. 1859. *Dentu*. 1 fr.

COËT (Émile), pharmacien de première classe à Arras.

— Hydrologie du canton de Roye. In-8°. 1861. Arras, *Rousseau-Leroy*. 2 fr.

— Notice historique sur les compagnies d'archers et d'arbalétriers de la ville de Roye. In-8°, 103 p. 1865. Amiens, *Lemer*.

COËTLOGON (le comte L. C. E. de), né à Paris en 1814.

— Appel aux Bretons pour la revendication des libertés nationales. In-8°. 1844. *Dentu*. 1 fr.

COETLOSQUET (le comte de), littérateur, ancien sous-préfet.

— Albert, ou le Duel. 2 vol. in-12. 1844. *Waille*. 3 fr. 50 c.

— Une Légende du xixe siècle. In-18 de 1 1/2 f. 1840. Nancy, *Grimblot et Raybois*.

— Quelques réflexions sur la manière de traiter les matières religieuses. In-12. 1845. *Waille*. 1 fr.

— Souvenirs de voyages. In-12. 1843. *Ibid*. 2 fr.

— Vie de sainte Monique. In - 12. 1845. *Ibid.* 1 fr. 50 c.

COETSEM (Van). — Voy. **Van Coetsem.**

CŒUR (J. Le). — Voy. **Le Cœur.**

CŒUR (Pierre-Louis), évêque de Troyes depuis 1848, né à Tarare en 1805.

— Œuvres complètes, précédées d'une notice biographique sur Mgr. Cœur. Tomes 1 à 3. In-8°. 1865. *Bauchu et Cie*. Chaque volume, 6 fr.

L'édition aura 10 volumes.

— Discours prononcé à la cérémonie des funérailles de S. A. I. Mgr. le prince Jérôme Napoléon, le 3 juillet 1860. In-8°. 1860. *Dentu.* 1 fr.

— Instruction pastorale pour le carême de l'an de grâce 1857. In-4°. 1857. Troyes, *Anner-André.* 1 fr.

— Mandement à l'occasion du prochain congrès. In-8°. 1860. *Dentu.* 1 fr.

— Ministère de Marie dans le christianisme et dans l'humanité. Instruction pastorale. In-18. 1856. *Vaton.* 1 fr.

— Oraison funèbre de Mgr. Denis Auguste Affre, prononcée en l'église métropolitaine de Paris, le 7 août 1848. In-8°. 1848. *Lecoffre.* 1 fr.

Le même. In-12. *Ibid.* 60 c.

COFFIN (A. J.), de New - York, docteur en médecine.

— Guide botanique de la santé, ou Traité simple des maladies et des herbes qu'il faut employer pour les guérir. Traduit de l'anglais. In-12 avec portrait. 1848. *Charpentier.* 4 fr.

COFFINET (l'abbé Jean Baptiste), chanoine titulaire de la cathédrale de Troyes, membre de la Société académique de l'Aube, né à Troyes en 1810.

— Peintres - verriers de Troyes. In-4° avec fig. dans le texte. 1858. *Didron.* 2 fr. 75 c.

Extrait des « Annales archéologiques ».

— Recherches historiques et archéologiques sur les restes mortels du pape Urbain IV. In-8° avec portrait et 3 pl. Troyes, *Bouquot.* 2 fr.

Extrait des « Mémoires de la Société académique de l'Aube ».

— Trésor de Saint-Étienne, insigne et royale église collégiale de Troyes. In-4° avec 2 pl. 1860. *Didron.* 3 fr.

COFFINIÈRES (Antoine Siméon Gabriel), avocat et publiciste, né à Castelnaudary en 1786, mort en 18..

— Éléments de notre organisation gouvernementale, administrative et judiciaire. In-12. 1850. *Simon.* 3 fr.

— Études sur le budget et spécialement sur l'impôt foncier. In-8°. 1848. *Guillaumin.* 6 fr.

— Traité de la liberté individuelle, à l'usage de toutes les classes de citoyens. 2 vol. in-8°. 1840. *Moutardier.* 12 fr.

COFFINIÈRES (Paul).

— Saint Roch. Étude historique sur Montpellier au xive siècle, précédée d'une introduction et suivie de pièces justificatives inédites concernant saint Roch. In-12 de 11 f. 1855. Montpellier, *imprimerie Dumas.*

COGELS (le baron).

— Cours légal de la monnaie d'or française.

Examen de l'exposé des motifs de l'honorable M. Dumortier. In-8°. 1861. Bruxelles, *Hayez.* 1 fr. 50 c.

COGENT (le capitaine), directeur de l'arçonnerie à l'École impériale de cavalerie.

— La Cavalerie considérée au point de vue de son harnachement et de son équipement. In-8°. 1863. *Chez l'auteur, rue Lafayette* 127. 2 fr.

— Manuel du harnachement, à l'usage des troupes à cheval. In-8° avec 40 pl. 1857. *Dumaine.* 3 fr.

COGNAT (l'abbé Joseph), ancien rédacteur en chef de « l'Ami de la religion » (de 1852 à 1855), né à Montréal (Ain) en 1821.

— Clément d'Alexandrie, sa doctrine et sa polémique. In-8°. 1859. *Dentu.* 6 fr.

— Polémique religieuse. Quelques pièces pour servir à l'histoire des controverses de ce temps. In-12. 1861. *Didier et Cie*, 3 fr. 50 c.

— La Suède libérale devant l'Europe. In-8°. 1862. *Dentu.* 1 fr. 50 c.

— L'Univers jugé par lui-même, ou Études et documents sur le journal « l'Univers », de 1845 à 1855. In-8°. 1856. *Ibid.*

— Vie de Mgr. Alexandre Raymond Devie, évêque de Belley. 2 vol. in-8°. 1865. Lyon, *Pélagaud et Cie.* 10 fr.

M. l'abbé Cognat a publié une édition adaptée à l'usage de la jeunesse, des « Mémoires » de Mme de Motteville.

COGNIARD frères (Théodore et Hippolyte), vaudevillistes et directeurs de théâtre, nés, le premier en 1806, le second en 1807. La plupart de leurs pièces sont signées «Cogniard frères», quelques-unes «Hippolyte Cogniard» et un certain nombre «Théodore Cogniard».

— L'Argent, la Gloire et les Femmes; vaudeville à spectacle en quatre actes et cinq tableaux. In-8°. 1840. *Marchant.* 50 c.

Avec Michel Delaporte.

— As-tu vu la comète, mon gas? revue de l'année 1859, en trois actes et quatre tableaux. In-12. 1859. *Lévy frères.* 1 fr.

Avec M. Clairville.

— Le même. In-4°. *Ibid.* 40 c.

Théâtre contemporain illustré.

— Aujourd'hui et dans cent ans, ou 1841 et 1941; revue fantastique en deux actes, à grand spectacle. In-8°. 1842. *Tresse.* 40 c.

Avec Théodore Muret.

— Le Bal du Sauvage; folie - vaudeville. In-4°. 1855. *Magasin théâtral.* 20 c.

Avec A. Bourdois.

— Les Bamboches de l'année; revue mêlée de couplets. In-8°. 1840. *Marchant.*

Avec Théodore Muret.

— La Bataille de l'Alma; pièce militaire, précédée de : le Danube en voyage. In-4°. 1855. *Magasin théâtral.* 20 c.

Avec A. Bourdois.

— Le Beau Narcisse; vaudeville en un acte. In-12. 1862. *Lévy frères.* 1 fr.

Avec Eugène Deligny.

— La Belle aux cheveux d'or; féerie en quatre actes et dix-huit tableaux, musique de M. Pilati. In-8°. 1847. *Tresse.* 40 c.

— Les Bibelots du diable; féerie-vaudeville en trois actes et seize tableaux; airs nouveaux de MM. Nargeot et Boucher. In-12. 1858. *Lévy frères.* 1 fr.

Avec M. Clairville.

Le même. In-4°. *Ibid.* 40 c.

Théâtre contemporain illustré, livr. 381.

— La Biche au bois, ou le Royaume des fées; vaudeville-féerie en quatre actes et seize tableaux; musique de M. Pilati. In-8°. 1845. *Marchant.* 75 c.

— Le même. Nouvelle édition. In-4°. 1865. *Barbré.* 30 c.

— Calypso; vaudeville mythologique en trois tableaux. In-8°. 1844. *Marchant.* 50 c.

— La Chasse aux écriteaux; vaudeville en trois actes et un prologue. In-12. 1856. *Lévy frères.* 60 c.

Avec Hippolyte Leroux.

— La Chasse aux grisettes; vaudeville en deux actes. In-8°. 1852. *Beck.* 60 c.

Avec L. Couaillhac et A. Bourdois.

— La Chatte blanche; féerie en trois actes et vingt-deux tableaux; précédée de La Roche noire, prologue; musique de M. Fessy. In-12. 1852. *Lévy frères.* 50 c.

— Le même. In-4°. *Ibid.* 40 c.

Théâtre contemporain illustré, livr. 59.

— Les Chercheuses d'or; folie-vaudeville en un acte. In-8°. 1850. *Marchant.* 50 c.

— Le Chien de garde; comédie-vaudeville en un acte. In-8°. 1856. *Ibid.* 60 c.

— Les Compagnons de la truelle; pièce populaire mêlée de chant en trois actes et neuf tableaux. In-12. 1859. *Lévy frères.* 1 fr.

Avec M. Clairville.

— Le même. In-4°. *Ibid.* 40 c.

Théâtre contemporain illustré, livr. 446.

— Les Conquêtes d'Afrique (1830-1844); pièce militaire en quatre actes et seize tableaux; musique de M. Fessy. In-8°. 1855. *Marchant.* 50 c.

— La Cornemuse du diable; vaudeville fantastique en deux actes. In-12. 1849. *Lévy frères.* 60 c.

— La Courte-paille; drame-vaudeville en trois actes. In-8°. 1842. *Tresse.* 60 c.

— La Dame aux cobéas; parodie-vaudeville en trois actes. In-8°. 1852. *Marchant.* 60 c.

Avec A. Bourdois.

— Dans les nuages; comédie-vaudeville en un acte. In-8°. 1855. *Ibid.* 50 c.

Avec Gabriel N***.

— Le Docteur de Saint-Brice; drame en deux actes, mêlé de couplets. In-8°. 1841. *Tresse.* 40 c.

Avec Théodore Muret.

— Eh! allez donc Turlurette; revue de l'année 1862 en trois actes et neuf tableaux. In-12. 1863. *Dentu.* 1 fr. 50 c.

Avec M. Clairville.

— Elle.... ou la mort! vaudeville en un acte. In-8°. 1847. *Tresse.* 50 c.

Avec J. Blum.

— Les Farfadets; ballet-féerie en trois actes et quatre parties. In-8°. 1841. *Marchant.* 20 c.

— La Fille de l'air; féerie en cinq actes. In-4°. 1864. *Barbré.* 50 c.

— Les Filles de l'air; folie-vaudeville en un acte. In-12. 1851. *Lévy frères.* 60 c.

Avec Th. Nezel.

— La Fin du monde; revue fantastique en trois actes et neuf tableaux; musique de M. Pilati. In-8°. 1848. *Tresse.* 60 c.

— La Foire de l'Orient. 1er numéro. Vaudeville en un acte. In-8°. 1854. *Marchant.* 50 c.

Avec A. Bourdois.

— La Grande Marée; mystification en deux actes, mêlée de chants. In-8°. 1860. *Barbré.* 20 c.

Avec M. Clairville.

— Les Grands écoliers en vacances; folie-vaudeville en deux actes. In-8°. 1849. *Tresse.* 50 c.

Avec A. Bourdois.

— Grégoire; vaudeville en un acte. In-4°. 1865. *Barbré.* 20 c.

Avec Bernard Lopez.

— Gusman ne connaît point d'obstacles; vaudeville. In-4°. 1855. *Magasin théâtral.* 20 c.

Avec Ad. Choler.

— L'Ile de Tohu-Bohu; galimatias en trois actes, mêlé de couplets. In-12. 1848. *Lévy frères.* 60 c.

— Les Iles Marquises; revue de 1843, en deux actes. In-8°. 1844. *Marchant.* 40 c.

Avec Th. Muret.

— Iwan le Moujick; comédie-vaudeville en deux actes. In-8°. 1845. *Michaut.* 50 c.

— Jean le Toqué; vaudeville en deux actes. In-12. 1857. *Charlieu.* 1 fr.

— Job l'afficheur; vaudeville en deux actes. In-8°. 1841. *Marchant.* 40 c.

Avec Michel Delaporte.

— Lénore, ou les Morts vont vite; drame en cinq actes. In-8°. 1843. *Ibid.* 50 c.

— La Liberté des théâtres, salmigondis mêlé de chant, en trois actes et quatorze tableaux. In-12. 1864. *Dentu.* 1 fr. 50 c.

Avec M. Clairville.

— Ma tabatière, ou Comment on arrive; comédie-vaudeville en quatre tableaux. In-8°. 1849. *Tresse.* 50 c.

Avec M. Commerson.

— Les Marrons d'Inde, ou les Grotesques de l'année; revue fantastique en trois actes et huit tableaux. In-12. 1849. *Lévy frères.* 60 c.

Avec Théodore Muret.

— Masséna, l'enfant chéri de la victoire; drame militaire en trois actes et dix-huit tableaux; musique de M. Fessy. In-8°. 1853. *Marchant.* 50 c.

— La Médée de Nanterre; tragédie fantaisiste en trois parties et en vers de Bohême; traduction en gaulois de la traduction en italien de la tragédie française de Médée. In-12. 1856. *Lévy frères.* 60 c.

Avec E. Grangé et A. Bourdois.

— Le même. In-4°. *Ibid.* 40 c.

Théâtre contemporain illustré, livr. 304.

— Les Mille et une nuits; féerie en quatre actes et onze tableaux. In-8°. 1843. *Marchant.* 50 c.

— Les Mille et un songes; revue-féerie de l'année 1861, en trois actes et vingt-trois tableaux, mêlée de chant. Gr. in-8°. 1862. *Barbré.* 60 c.

Avec M. Clairville.

— Le Monde camelotte; comédie-vaudeville en trois actes. In-8°. 1856. *Marchant*. 20 c.

Avec A. Bourdois.

— Une Nichée d'arlequins. In-4°. 1854. *Magasin théâtral*. 20 c.

— Le Nouveau pied de mouton; féerie en quatre actes, imitée de Martainville, musique de M. Mangeant. In-8°. 1850. *Marchant*. 50 c.

— Oh! la, la! qu'c'est bête tout ça! Revue de l'année 1860; en trois actes et vingt tableaux. In-12. 1861. *Lévy frères*. 1 fr. 50 c.

Avec M. Clairville.

— Le même. In-4°. *Ibid*. 40 c.

Théâtre contemporain illustré, livr. 548.

— Ohé! les p'tits agneaux. Revue de l'année 1857, mêlée de chants et de danses, en trois actes, dix tableaux et un prologue. In-12. 1858. *Ibid*. 1 fr.

Avec M. Clairville.

— Le même. In-4°. *Ibid*. 40 c.

Théâtre contemporain illustré, livr. 381.

— L'Ouragan; drame-vaudeville en trois actes. Gr. in-8°. 1840. *Marchant*. 40 c.

— Le Pays des échasses; vaudeville en un acte. Gr. in-8°. 1859. *Beck*. 60 c.

Avec M. Clairville.

— Le Pied de mouton; grande féerie-revue-ballet en vingt et un tableaux, imitée de Martainville. In-8°. 1860. *Barbré*. 40 c.

Avec Hector Cremieux.

— Pruneau de Tours; vaudeville en un acte. In-8°. 1850. *Marchant*. 50 c.

— La Reine Crinoline, ou le Royaume des femmes; pièce fantastique en cinq actes. In-4°. 1863. *Lévy frères*. 50 c.

— Roland furieux; folie-vaudeville en un acte. In-8°. 1840. *Marchant*. 30 c.

— Le Royaume du calembour; revue de l'année 1855, mêlée de chant en trois actes et dix tableaux. In-4°. 1856. *Ibid*. 50 c.

Avec M. Clairville.

— Sans queue ni tête, revue à l'envers, on commencera par la fin; trois actes et huit tableaux. In-12. 1860. *Lévy frères*. 1 fr.

Avec M. Clairville.

— Le même. In-4°. *Ibid*. 40 c.

Théâtre contemporain illustré, livr. 463.

— Le Terrible Savoyard; folie-vaudeville en un acte. In-12. 1852. *Ibid*. 60 c.

Avec A. Choler.

— La Tour de Nesle à Pont-à-Mousson; parodie-vaudeville en trois petits actes et six grands tableaux. In-12. 1861. *Ibid*.

Avec M. Clairville.

— Le même. In-4°. *Ibid*. 20 c.

Théâtre contemporain illustré, livr. 636.

— Le Trou des lapins; tableau populaire en un acte. In-12. 1852. *Ibid*. 60 c.

— Les Voyages de la vérité; pièce fantastique, mêlée de chant, en cinq actes et huit tableaux. In-12. 1864. *Ibid*. 1 fr.

Avec Eug. Grangé.

COHEN (A.).

— Chinon et Agnès Sorel. In-12. 1846. *Dentu*. 3 fr.

COHEN (Félix), auditeur au conseil d'État.

— Étude sur les impôts et sur les budgets des principaux États de l'Europe. In-8°. 1865. *Guillaumin et Cie*. 8 fr.

COHEN (Henry), numismate.

— Description générale des monnaies de la république romaine, communément appelées médailles consulaires. In-4° avec 75 pl. 1857. *Rollin*. 60 fr.

— Description historique des monnaies frappées sous l'empire romain, communément appelées médailles impériales. 6 vol. gr. in-8° avec 115 pl. 1859-1862. *Ibid*. 120 fr.

Voy. Suite et complément de cet ouvrage, par M. *Sabatier*.

COHEN (Jean), de Vinkenhœf, littérateur français, d'origine néerlandaise, bibliothécaire de Sainte-Geneviève, né à Amersfoort en 1781, mort en 1848.

— La Noblesse de France. Histoire, mœurs, institutions. Gr. in-8°. 1855. *Dumoulin*. 12 fr.

Tiré à 125 exemplaires.

— Réflexions historiques et philosophiques sur les révolutions dans les bases fondamentales de la constitution des États. In-8°. 1846. *Comon*. 7 fr. 50 c.

M. Jean Cohen a traduit de l'allemand : *Buchmann*, Symbolique populaire; *Theiner*, Histoire des institutions d'éducation ecclésiastique; et la Suède et le Saint-Siége sous les rois Jean III, Sigismond III et Charles IX; *Hurter*, Tableau des institutions de l'Église au moyen âge; *Mœhler*, Athanase le Grand; et du suédois : *Bremer*, Scènes norwégiennes.

COHEN (Joseph), journaliste, rédacteur en chef de la « France », né à Marseille en 1817.

— Les Déicides. Examen de la divinité de Jésus-Christ et de l'Église chrétienne au point de vue du judaïsme. In-8°. 1861. *Lévy frères*. 5 fr.

Nouvelle édition, revue, corrigée et augmentée en 1864. *Ibid*. 6 fr.

— Dissertations. — Voy. *Leber*.

COHENDY (Michel), archiviste du département du Puy-de-Dôme, membre de l'Académie de Clermont et de plusieurs autres sociétés littéraires, né à Clermont-Ferrand en 1811.

— Chroniques d'Auvergne : Lettres autographes à des personnages de la province. In-8°. 1858. Clermont-Ferrand, *Thibaud*. 3 fr.

— Inventaire de toutes les chartes antérieures au xiiie siècle qui se trouvent dans les archives de la préfecture du Puy-de-Dôme. In-8° de 7 f. 1855. *Ibid*. 5 fr.

— Mémoire historique sur les modes successifs de l'administration dans la province d'Auvergne et le département du Puy-de-Dôme, depuis la féodalité jusqu'à la création des préfectures de l'an VIII (1800). Gr. in-8°. 1856. *Ibid*. 6 fr.

— Monographie historique de la juridiction consulaire en Auvergne. In-8°. 1856. *Ibid*. 3 fr.

— Note sur la papeterie d'Auvergne, antérieurement à 1790, et les marques de fabrique des papeteries de la ville et baronie d'Ambert et ses environs. In-8° avec pl. 1863. *Ibid*. 5 fr.

COIGNET, ingénieur civil et manufacturier.

— Bétons agglomérés appliqués à l'art de construire. In-8°. 1862. *E. Lacroix*. 5 fr.

COIGNET (François).

— De la Banque de France et de la réforme de la circulation. In-8°. 1857. *Dentu.* 1 fr.

— Le Crédit collectif suppléant le crédit individuel; inutilité de l'usure, de l'agiotage, du prêt individuel sur hypothèque, de la spéculation et de l'accaparement; suivi de : le Gouvernement pour tous. In-8° de 15 ³/₄ f. 1851. *Librairie sociétaire.*

— Organisation politique du peuple. Réalisation de l'ordre absolu et de la liberté illimitée. In-8°. 1851. *Ibid.* 30 c.

— Réforme du crédit et du commerce. Appel à tous les producteurs-manufacturiers et agricoles. In-12. 1849. *Ibid.* 2 fr. 50 c.

— Une Solution de la question des houilles. In-8°. 1854. *Vanier.* 2 fr.

COIGNET (Jean Roch), soldat de la 96ᵉ demi-brigade, soldat et sous-officier au 1ᵉʳ régiment de grenadiers à pied de la garde, vaguemestre du petit et du grand quartier impérial, capitaine d'état-major en retraite, premier chevalier de la Légion d'honneur, né à Druges-les-Belles-Fontaines en 1776.

— Aux Vieux de la vieille! Souvenirs. In-8° de 11 f. 1851. Auxerre, *Perriquet.*

COIGNET (Mᵐᵉ Clarisse GAUTHIER-). — Voy. **Gauthier-Coignet.**

COIN-DELISLE (Jean Baptiste César), jurisconsulte, ancien avocat à la cour de Paris, né à Paris en 1789, mort en 1865.

— Cautions des contraignables par corps en matière civile et commerciale et donneurs d'aval. Étude sur l'application de la contrainte par corps, suivie d'un appendice sur les avals de garantie. In-8°. 1861. *Cotillon.* 5 fr.

— Commentaire analytique du Code civil. Livre Iᵉʳ, titre 1ᵉʳ. Jouissance et privation des droits civils. In-4°. 1845. *Durand.* 4 fr.

— Commentaire analytique du Code civil. Livre III, titre 2. Donations et testaments. In-4°. 1841. *Ibid.* 20 fr.

— Commentaire analytique du Code civil. Livre III, titre 16, et loi du 17 avril 1832. Contrainte par corps. 2ᵉ édition. In-4°. 1842. *Ibid.* 6 fr.

La 1ʳᵉ édition est de 1834.

— Limite du droit de rétention par l'enfant donataire renonçant. Études et dissertation. In-8°. 1852. *Cotillon.* 6 fr.

COINCE (F.).

— Éléments de mathématiques et de cosmographie. 4ᵉ édition. In-8° avec 2 pl. 1854. *Lagny frères.* 4 fr. 50 c.

La 1ʳᵉ édition est de 1840.

COINCY (GAUTIER DE). — Voy. **Gautier de Coincy.**

COINDET (John), ancien président de la classe des beaux-arts de Genève.

— Histoire du prince Rupert, tirée de ses mémoires. In-12. 1851. Genève, *Cherbuliez.* 3 fr. 50 c.

— Histoire de la peinture en Italie. Nouvelle édition. In-12. 1861. *Renouard.* 4 fr. Avec 80 gravures, 12 fr. 50 c.

COINDRE (J. P.).

— Nouveaux éléments d'histoire naturelle, à l'usage des pensions et des institutions, avec questionnaires et gravures. 1ʳᵉ partie. Zoologie. In-18, 210 p. et 16 pl. 1856. Lyon, *Périsse frères.*

COINTE (le P. LE). — Voy. **Le Cointe.**

COINTÉ (Mᵐᵉ Camilia).

— Recueil de fables amusantes et très-morales, à l'usage de la jeunesse, et dédié aux enfants de France. In-12. 1847. *Aubry Dile-Roupe.* 1 fr. 50 c.

COINTEPOIX DE BLAY.

— Les Veilles. Poésies diverses. In-18. 1848. *Michel.* 3 fr.

COINZE (F. V.), agronome.

— Principes d'hygiène, tirés des lois de la nature, ou Causes générales des maladies chez les sujets des trois règnes. In-12, 80 p. 1854. Metz, *Lorette.*

— Révélations des lois de la nature, ou Science de la vraie physique, autrement dit science du mécanisme général de la production naturelle; où l'on fait connaître les causes de toutes les maladies chez les plantes, chez les animaux et chez les hommes, ainsi que les moyens naturels de les éviter. In-8° de 29 f. 1855. Metz, *imprimerie Nouvian.*

COIZEAU (J. Benjamin), docteur en médecine.

— Les Dents. Recherches d'odontotechnie. In-12. 1862. *Coccoz.* 2 fr.

COK (F. G. A.).

— Antoinette. In-12. 1863. *Dentu.* 3 fr.

COL (Théophile).

— Fleurs de jeunesse; poésies légères. In-8°. 1860. Saint-Étienne, *imprimerie Montagny.* 2 fr.

COLANI (Timothée), théologien protestant français, directeur de la « Nouvelle revue de théologie », né à Lemé (Aisne) en 1824.

— L'Éducation protestante. Sermon. In-8°. 1858. Strasbourg, *Treuttel et Würtz.* 60 c.

— Examen de la Vie de Jésus de M. Renan. 2ᵉ édition. In-12. 1864. *Ibid.* 1 fr. 50 c.

La 1ʳᵉ édition, in-8°, 1864, n'était qu'un extrait de la « Revue de théologie ».

— Exposé critique de la philosophie de la religion de Kant; thèse. In-4°. 1846. Strasbourg, *imprimerie Berger-Levrault.*

— L'Individualisme chrétien; sermon. In-8°. 1856. Strasbourg, *Treuttel et Würtz.* 50 c.

— Jésus-Christ et les croyances messianiques de son temps. 2ᵉ édition, revue et augmentée. In-8°. 1864. *Ibid.* 4 fr.

1ʳᵉ édition. 1864. *Ibid.* 2 fr.

— Ma Position dans l'Église de la confession d'Augsbourg. Lettre à M. le pasteur Hosemann. In-8°. 1861. *Ibid.* 40 c.

— Notre père; sermon. In-12. 1861. *Ibid.* 50 c.

— Quatre sermons prêchés à Nîmes. In-12. 1861. *Ibid.* 1 fr. 50 c.

— Le Sacerdoce universel; sermon. In-8°. 1856. *Ibid.* 40 c.

— Sermons. 2 vol. in-12. 1857-1860. *Ibid.* 7 fr.

— Nouveaux sermons. In-12. 1860. *Ibid.* 3 fr.
50 c.

COLANI (Mme Kruger-). — Voy. **Kruger-Colani.**

COLANY (Frédéric).

— Épître d'un paysan sur la Vie de César.
In-8°. 1865. *Dentu.* 50 c.

COLART (H.), ex-instituteur des enfants de
France, né à Paris en 1793.

— Histoire de France méthodique et comparée,
avec texte, tableaux synoptiques et 75 gravures
sur acier. 3e édition. In-8° oblong. 1860. *Hachette
et Cie,* 10 fr.

La 1re édition est de 1825.

COLAS (le docteur Édouard), de Sourdun, médecin.

+ — Physiologie pratique. Mécanisme général de
la vie individuelle. In-8° avec 10 pl. coloriées. 1856.
J. B. Baillière. 6 fr.

— Règne épidémique de 1842, 1843, 1844 et
1845. In-8°. 1845. *Labé.* 6 fr.

COLAU (Pierre), né à Paris en 1763.

— Histoire de Napoléon le Grand. Suivie d'une
notice biographique de ses généraux les plus célèbres. In-12. 1858. Limoges, *Ardant frères.* 1 fr.

COLBAN (Mme) a traduit du norwégien : Souvenirs d'un voyage en Sibérie, de C. *Hansteen.*

COLBERT (Jean Baptiste), marquis de Seignelay, ministre de Louis XIV, né à Reims en 1619,
mort en 1683.

— Lettres, instructions et mémoires de Colbert, publiés d'après les ordres de l'empereur sur
la proposition de M. Magne, ministre secrétaire
d'État des finances, par Pierre Clément, membre
de l'Institut. Tomes I, II et III. 1re et 2e parties.
1861-1866. [*Imprimerie impériale.*] *Didier et Cie.*
Chaque volume, 12 fr.

Tomes I, II. 1650-1661. — Tome III. 1. Marine et galères.
Tome III. 2. Instructions au marquis de Seignelay.

COLBERT (N. J.), marquis de Chabanais.

— Études sur la révolution française. In-8°.
1845. *Plon.*

Anonyme.

— Traditions et souvenirs, ou Mémoires touchant le temps et la vie du général Auguste Colbert, 1793-1809, par N. J. Colbert, marquis de
Chabanais (son fils). 3 vol. in-8°. 1863-1866. *Didot
frères.* 22 fr. 50 c.

COLBERT DE CROISSY (Charles).

— Rapport au roi sur la province de Touraine ;
par Charles Colbert de Croissy, commissaire départi, en 1664 ; publié d'après le manuscrit de la
bibliothèque impériale, par Ch. de Sourdeval.
Gr. in-8°. 1863. [Tours.] *Fontaine.*

Publication de la Société des bibliophiles de Touraine.

COLBRANT (Mme Caroline).

— Causeries sur l'éducation de famille. In-12.
1863. *Magnin-Blanchard et Cie.* 2 fr. 25 c.

COLCOMB (Alfred).

— Par monts et par mer, suivi de : Comme tant
d'autres ! nouvelle. In-8° de 352 p. 1858. Cosne,
Derouet.

COLES (le capitaine Cooper P.).

— Les Vaisseaux cuirassés et les monitors ;
lettre. In-8°. 1865. *Corréard.* 2 fr.

COLET (Mgr. Charles Théodore), évêque de Luçon, né en 1806.

— Annales du monastère de la Visitation de
Dijon, suivies de la vie et des œuvres de la mère
Anne-Séraphine Boulier, religieuse de ce monastère, et précédées d'une introduction par M. l'abbé
Colet. In-8°. 1854. Dijon, *imprimerie de Loireau-
Feuchot.* 5 fr.

— Vie de la mère Élisabeth de la Trinité de
Quatrebarbes, religieuse carmélite à Beaune.
In-12. 1861. Dijon, *Hénery.* 3 fr.

COLET (Mme Louise), née Revoil, femme de
lettres, née en 1810.

— Ce qui est dans le cœur des femmes ; poésies ; suivies du poëme sur la colonie de Mettray.
In-18. 1852. *Librairie nouvelle.* 2 fr.

— Ce qu'on rêve en aimant ; poésies nouvelles ;
suivies de l'Acropole d'Athènes ; poëme. In-12.
1854. *Ibid.* 2 fr.

— Les Chants des vaincus ; poésies nouvelles.
In-8° avec portrait. 1846. *René.* 6 fr.

— Charlotte Corday et Mme Roland ; tableaux
dramatiques. In-8° avec portrait et fac-simile.
1842. *Berquet et Pétion.* 7 fr. 50 c.

— Les Cœurs brisés. 2 vol. in-8°. 1843. *Ibid.*
15 fr.

— Deux mois d'émotion. In-8°. 1843. *Coquebert.*
7 fr. 50 c.

— Enfances célèbres. Illustré de 57 gravures
sur bois par Foulquier. 5e édition. In-12. 1865.
Hachette et Cie. 2 fr.

La 1re édition est de 1854. 1 fr. 50 c.

— Folles et saintes. 2 vol. in-8°. 1844. *Pétion.*
15 fr.

— Le même. In-4° illustré. 1854. *Barba.* 70 c.

— Les Funérailles de Napoléon. In-8°. 1840.
Garnier frères. 50 c.

— Une Histoire de soldat. In-16. 1856. *Cadot.*
1 fr.

— Historiettes morales. In-8° avec portrait et
5 lithographies. 1844. *Royer.* 6 fr.

— L'Italie des Italiens. 4 vol. in-12. 1862-1864.
Dentu. 14 fr.

1. Italie du Nord. — 2. Italie du centre. — 3. Italie du sud.
— 4. Rome.

— La Jeunesse de Mirabeau. In-8°. 1841. *Dumont.* 7 fr. 50 c.

— Le même. In-4° illustré. 1854. *Barba.* 50 c.

— Lui ; roman contemporain. In-12. 1859. *Librairie nouvelle.* 3 fr.

— Madame Du Chatelet. Thomas Campanella.
Jacques Delille. In-4° illustré. 1854. *Barba.* 50 c.

— Madame Hoffmann-Tanska. — La Provinciale
à Paris. — L'Institutrice, comédie. In-4° illustré.
1854. *Ibid.* 70 c.

— Le Marabout de Sidi-Brahim ; poëme ; suivi
de la Chanson des soldats d'Afrique. In-8°. 1845.
Aubert. 1 fr.

— Le Monument de Molière ; poëme ; précédé
de l'Histoire du monument élevé à Molière, par
M. Aimé Martin. In-8° avec 1 pl. 1843. *Paulin.* 2 fr.

— Naples sous Garibaldi. Souvenirs de la guerre de l'indépendance. In-12. 1861. *Dentu.* 1 fr.

— Pèlerinage à Versailles et à Trianon. 24 vues photographiques par Malet et Levasseur. Texte en vers par Mme Louise Colet. In-4° oblong. 1861. *Librairie nouvelle.* 48 fr.

— Le Poëme de la femme. In-8°. 1856. *Perrotin.* 4 fr. 50 c.

— Promenade en Hollande. In-12. 1859. *Hachette et Cie.* 2 fr.

— Quatre poëmes couronnés par l'Académie française. Gr. in-32. 1855. *Librairie nouvelle.* 50 c.

— Richesse oblige; contes et nouvelles pour l'adolescence. In-12 avec gravures. 1862. *Fonteney et Peltier.* Noir, 4 fr.; colorié, 5 fr.

Mme Louise Colet a traduit de l'italien : « Nouvelles morales», de *Soave*; elle a publié 45 lettres de Béranger avec détails sur sa vie. — Voy. *Béranger.*

COLFAVRU (J. C.), avocat.

— Le Droit commercial comparé de la France et de l'Angleterre, suivant l'ordre du Code de commerce français. In-8°. 1861. *Hingray.* 10 fr.

COLIDÉ (Jules).

— Le Droit de Banvin, ou le Premier fait d'armes de Bonaparte, lieutenant en second au régiment La Fère-Artillerie. In-16 de 163 p. 1864. Nérac, *imprimerie Bouchet.*

— Juliette Harte, l'espionne anglaise, ou Bonaparte en Égypte. In-18 de 4 f. 1850. Châtillon-Seine, *Lebeuf.*

— La Mort d'une reine. In-8° de 14 f. 1853. Louviers, *imprimerie Boussard.*

— Le Roi et le fou du roi. Chronique du xvie siècle. In-8°. 1859. Vouziers, *Flamant-Ansiaux.* 2 fr.

COLIGNY (Jean de), comte DE SALIGNY et baron de LA MOTTE SAINT-JEAN, général français, né en 1617, mort en 1686.

— Mémoires du comte de Coligny-Saligny, publiés pour la Société de l'Histoire de France par M. Monmerqué. In-8°. 1841. *Renouard.* 9 fr.

COLIN, métreur-vérificateur en menuiserie.

— Tarif des ouvrages de menuiserie à façon, selon le système métrique. 4e édition. In-4°. 1860. *Caudrilier.* 5 fr.

COLIN (Benjamin).

— Primevères; poésies. In-18, 132 p. 1847. Vannes, *Lamarzelle.*

COLIN (Eugène).

— Le Chemin du paradis, ou Recueil de réflexions et de morceaux choisis sur les principales vertus chrétiennes et sur les fins dernières. In-32. 1863. *Librairie du Crédit des paroisses.* 1 fr. 25 c.

COLIN (Faustin), professeur de littérature ancienne et doyen de la Faculté des lettres de Strasbourg, né vers 1802, mort à Strasbourg, en 1865.

— Clef de l'histoire de la comédie grecque. In-12, 292 p. 1856. *Rue Rochechouart*, 71, *chez M. Charbonnier.*

On doit encore à M. Colin une traduction de *Pindare*, couronnée par l'Institut.

COLIN (Gabriel Constant), professeur à l'École

vétérinaire d'Alfort, membre de l'Académie de médecine, né à Mollars (Haute-Saône) en 1825.

— Recherches sur une maladie vermineuse du mouton due à la présence d'une linguatule dans les ganglions mésentériques. In-8°. 1861. *Baillière et fils.* 1 fr.

— Traité de physiologie comparée des animaux domestiques. 2 vol. in-8° avec 114 fig. dans le texte. 1854-1856. *Ibid.* 18 fr.

M. Colin a publié un grand nombre d'articles dans le « Recueil de médecine vétérinaire », les «Annales des sciences naturelles », les « Comptes rendus de l'Académie des sciences », etc.

COLIN (Hubert), ancien instituteur, officier d'académie, sous-chef de division à la préfecture des Ardennes, né à Saint-Marceau, près Mézières (Ardennes) en 1813.

— Biographies et chroniques populaires du département des Ardennes. 1re à 3e séries. 3 vol. in-12. 1860-1864. Vouziers, *Lapie.* Chaque série, 3 fr.

— Le Siége de Mézières par les alliés en 1815, précédé d'une notice historique sur cette ville et sur le pays de Castrice. In-12. 1865. *Ibid.* 3 fr.

COLIN (Jean Jacques), chimiste, ancien professeur à l'école de Saint-Cyr, né à Riom, en 1784.

— Considérations élémentaires sur les proportions chimiques, les équivalents et les atomes, pour servir d'introduction à l'étude de la chimie. In-8°. 1841. *Dumaine.* 3 fr.

— Cours de chimie, à l'usage des élèves de l'École militaire de Saint-Cyr. 4e édition. In-8° avec 2 tableaux et 8 pl. 1845. *Ibid.* 8 fr.

La 1re édition est de 1827.

COLIN (le docteur Léon Jean), professeur au Val-de-Grâce, né à Saint-Quirin (Meurthe) en 1830.

— Études cliniques de médecine militaire; observations et remarques recueillies à l'hôpital militaire du Val-de-Grâce, spécialement sur la tuberculisation aiguë et sur les affections des voies respiratoires et digestives. In-8°. 1864. *Baillière et fils.* 5 fr.

— Observations de tumeurs phlegmoneuses de la fosse iliaque droite. In-8°. 1862. *Rozier.* 60 c.

— De la Tuberculisation aiguë; observations et remarques relatives à la variété de ses figures, à sa fréquence, aux difficultés du diagnostic. In-8°. 1861. *Ibid.* 1 fr.

— De la Valeur de la respiration saccadée comme signe de début de la tuberculisation pulmonaire. In-8°. 1861. *Ibid.* 1 fr.

COLINCAMP (Ferdinand), professeur à la Faculté des lettres de Douai, né à Paris en 1820.

— Étude critique sur la méthode oratoire dans saint Augustin; thèse. In-8°. 1848. *Durand.*

M. Colincamp a publié : *Boissonade*, « Critique littéraire sous le premier empire »; et traduit : « le Grillon du foyer », de Ch. *Dickens*; « la Mère du déserteur », de W. *Scott*; et « la Vie de César », de *Plutarque*. — Il a fait de nombreuses éditions et commentaires de livres classiques.

COLINS.

— A M. P. J. Proudhon sur son ouvrage intitulé : De la Justice dans la révolution et dans l'Église. In-18. 1858. *Bestel.* 75 c.

— A M. Ernest Renan. In-12. 1862. *Librairie de la science sociale.*

— L'Économie politique; source des révolutions et des utopies prétendues socialistes. 3 vol. in-12. 1857. *Bestel.* 10 fr. 50 c.

— De la Justice de la science, hors l'Église et hors la révolution. 3 vol. in-8º avec 1 portrait. 1861. *Ibid.* 15 fr.

— Qu'est-ce que la liberté de conscience? En théorie : c'est une sottise; en pratique : c'est l'anarchie. In-12. 1847. *Ibid.* 60 c.

— Qu'est-ce que la science sociale? 4 vol. in-8º. 1854. *Chez l'auteur.* 20 fr.

— Science sociale. 5 vol. in-8º. 1858. *Bestel et Cie.* 25 fr.

— Socialisme rationnel. 3 vol. in-8º. 1851. *Ibid.* 15 fr.

— Société nouvelle. Sa nécessité. 2 vol. in-8º. 1857. *Ibid.* 10 fr.

— De la Souveraineté. 2 vol. in-8º. 1858. *Ibid.* 6 fr.

COLLARD (l'abbé Alexis), aumônier du lycée d'Alençon, chanoine honoraire de Séez, né à Bayeux en 1804.

— Le Bon instituteur. Études morales sur ses devoirs et ses services. In-12. 1847. *Dezobry et Magdeleine.* 1 fr. 25 c.

— Le Bonheur, ou l'Homme dans le présent et dans l'avenir. In-12. 1849. [Le Mans, *Julien.*] Lecoffre. 1 fr. 25 c.

Extrait de l'ouvrage « Raison et foi ».

— Lettres normandes. La Religion des libres penseurs. 1re partie. In-12. 1863. [Caen, *Le Gost-Clérisse.*] Hachette et Cie. 2 fr.

— Raison et foi. Essai sur l'idée pure de la religion appliquée au catholicisme. In-8º. 1855. [Caen, *Le Gost-Clérisse.*] Durand. 6 fr.

— La Religion dans les collèges. In-12. 1850. Lecoffre. 3 fr.

COLLARD (C. P.), de Martigny, ancien magistrat.

— De la Direction du chemin de fer de la Méditerranée au Rhin entre Dijon et Mulhouse. In-8º. 1845. Nancy, *Grimblot.* 1 fr. 50 c.

— Un Mot sur le régicide et spécialement sur l'attentat et le procès de Darmès. In-8º. 1841. *Paulin.* 2 fr.

— Du Système des circonstances atténuantes, depuis son origine, spécialement sur le Code de 1832, et des modifications qu'il exige. In-8º. 1840. *Hingray.* 2 fr. 50 c.

COLLARD (François), professeur à l'école normale de l'État à Nivelles (Belgique), né à Huy, près Liège, en 1826.

— Manuel de pratique administrative, à l'usage des élèves instituteurs et des aspirants aux emplois administratifs. In-12. 1859. Bruxelles, *F. Parent.* 2 fr. 50 c.

— Le même. 2e édition. In-8º. 1862. *Ibid.* 3 fr.

COLLARD (Royer-). — Voy. **Royer-Collard.**

COLLAS (Bernard Camille), ancien représentant du peuple, né à Bordeaux en 1819.

— Les Colonies françaises et la liberté commerciale. In-8º. 1861. *Franck.* 1 fr. 50 c.

Extrait du « Monde commercial ».

— La Turquie en 1861. In-8º. 1861. *Ibid.* 5 fr.

— La Turquie en 1864. In-8º. 1864. *Dentu.* 5 fr.

COLLAS (J. B.).

— Étude pratique de la législation. In-8º. 1843. Angoulême, *Mlle Caillavet.* 6 fr.

COLLAS (Louis Charles), professeur d'histoire, né à Bécherel (Ille-et-Vilaine) en 1825.

— Histoire de l'empire ottoman et coup d'œil sur la Turquie actuelle. In-16. 1862. *Pagnerre.* 60 c.

Bibliothèque utile.

— L'Île de Madagascar et le roi Radama II. Avenir de la colonisation. In-8º. 1862. *Dentu.* 1 fr.

Avec P. Collin.

— La Mort d'Abdul-Medjid; dernier jour de l'empire ottoman. In-8º. 1861. *Dentu.* 1 fr.

Anonyme.

COLLAVECCHIA (César).

— L'Influence de la poésie moderne en Italie. In-12. 1860. *Castel.* 1 fr.

— Les Trois nations littéraires. In-12. 1858. *Dentu.* 1 fr. 50 c.

COLLÉ (Ch.), poëte et auteur dramatique, né à Paris, en 1709, mort en 1783.

— Cocatrix; tragédie amphigouristique en un acte et en vers. In-32. 1840. *Barba.* 60 c.

— Le même. In-4º. 1863. *Lévy frères.* 20 c.

Théâtre contemporain illustré, livr. 624.

Cette pièce a paru pour la première fois en 1777 dans le « Théâtre de société » de Collé.

— Correspondance inédite de Collé, faisant suite à son Journal, accompagnée de fragments également inédits de ses œuvres posthumes, publiée sur les manuscrits autographes originaux; avec une introduction et des notes, par Honoré Bonhomme. Ouvrage orné d'un portrait en taille-douce de Collé et de deux fac-simile d'autographes. In-8º. 1864. *Plon.* 8 fr.

Le Journal de Collé a été publié par Ant. Alex. Barbier. 3 vol. in-8º. 1805-1807.

— La Partie de chasse de Henri IV. — Voy. *Chefs-d'œuvre* des auteurs comiques, tome VII.

— La Vérité dans le vin; comédie. — Voy. *Barrière,* Bibliothèque des mémoires, tome IV.

*Collection des auteurs latins avec traduction française. — Voy. *Nisard.*

*Collection de documents inédits sur l'histoire de France, publiés par ordre du gouvernement et par les soins du ministre de l'instruction publique.

Cette publication est faite aux frais du gouvernement, et un petit nombre d'exemplaires seulement a été mis dans le commerce. (Dépôt chez *Didot frères.*) — A l'exception des ouvrages accompagnés de planches, le prix est de 12 fr. par volume.

La collection se compose des ouvrages suivants :

Archives de la ville de Reims. 7 vol. — Voy. *Varin* (P.).

Captivité du roi François Ier. 1 vol. — Voy. *Champollion-Figeac.*

Cartulaire de l'abbaye de Saint-Bertin. 1 vol. — Voy. *Guérard.*

Cartulaire de l'abbaye de Saint-Père de Chartres. 2 vol. — Voy. *Guérard.*

Cartulaire de l'église Notre-Dame de Paris. 4 vol. — Voy. *Guérard.*

Cartulaire de l'abbaye de Saint-Victor de Marseille. 2 vol. — Voy. *Guérard.*

Cartulaire de l'abbaye de Beaulieu. 1 vol. — Voy. *Deloche.*

Cartulaire de l'abbaye de Savigny, suivi du petit Cartulaire de l'abbaye d'Ainay. 2 vol. — Voy. *Bernard* (Aug.).

Cartulaire de l'abbaye de Redon. — Voy. *Courson* (A. de).

Catalogue général des manuscrits des bibliothèques publiques des départements. 2 vol. — Voy. *Catalogue.

Chronique de Bertrand Du Guesclin, par Cuvelier; publiée par E. Charrière. 2 vol. — Voy. *Cuvelier.*

Chronique des ducs de Normandie, par Benoît; publiée par Francisque Michel. 3 vol. — Voy. *Benoît.*

Chronique du religieux de Saint-Denys; publiée en latin et traduite par M. Bellaguet; avec introduction par M. de Barante. 6 vol. — Voy. *Bellaguet.*

Comptes de dépenses de la construction du château de Gaillon. 1 vol. — Voy. *Deville.*

Correspondance administrative sous le règne de Louis XIV. 4 vol. — Voy. *Depping.*

Correspondance de Henri Escoubleau de Sourdis; avec une introduction sur l'état de la marine en France sous le ministère du cardinal de Richelieu, par E. Sue. 3 vol. — Voy. *Escoubleau de Sourdis.*

Documents historiques inédits publiés par Champollion-Figeac. 4 vol. — Voy. *Champollion-Figeac.*

Éclaircissement (l') de la langue française, par Jean Palsgrave, suivi de la Grammaire de Giles de Guez; publiés par F. Génin. 1 vol. — Voy. *Palsgrave.*

Histoire de la guerre de Navarre en 1276 et 1277, par Guillaume Anelier de Toulouse, publiée par Francisque Michel. 1 vol. — Voy. *Anelier.*

Iconographie chrétienne. Histoire de Dieu. 1 vol. — Voy. *Didron.*

Instructions sur l'architecture monastique au moyen âge. 2 vol. — Voy. *Lenoir* (Albert).

Journal d'Olivier Lefevre d'Ormesson, et extrait des Mémoires d'André Lefevre d'Ormesson, publiés par M. Chéruel. Tomes 1 et 2. — Voy. *Lefèvre.*

Lettres, instructions diplomatiques et papiers d'État du cardinal de Richelieu, publiés par M. Avenel. Tomes 1 à 5. — Voy. *Richelieu.*

Lettres de rois, reines et autres personnages des cours de France et d'Angleterre, depuis Louis VII jusqu'à Henri IV, tirées des archives de Londres par Bréquigny et publiées par M. Champollion-Figeac. 2 vol. — Voy. *Bréquigny.*

Li Livres de Jostice et de Plet, publié par Rapetti; avec un Glossaire par P. Chabaille. 1 vol. — Voy. *Rapetti.*

Li Livres dou trésor, par Brunetti Latini. — Voy. *Latini.*

Mémoires de Nicolas Joseph Foucault, publiés par F. Baudry. 1 vol. — Voy. *Foucault.*

Mémoires de Claude Haton, publiés par M. Félix Bourquelot. 2 vol. — Voy. *Haton.*

Mémoires militaires relatifs à la succession d'Espagne sous Louis XIV, par le lieutenant général de Vault; publiés par le général Pelet. Tomes 1 à 11. — Voy. *Pelet.*

Mistère (le) du siège d'Orléans, publié par F. Guessard et E. de Certain. 1 vol. — Voy. *Guessard.*

Monographie de la cathédrale de Chartres, par Lassus et Amaury Duval. Texte par Didron aîné. Livr. 1 à 7. — Voy. *Didron.*

Monographie de l'église Notre-Dame de Noyon, par MM. L. Vitet et D. Ramée. 1 vol. avec atlas. — Voy. *Vitet.*

Négociations diplomatiques entre la France et l'Autriche, durant les 30 premières années du XVIe siècle, publiées par M. Le Glay. 2 vol. — Voy. *Le Glay.*

Négociations diplomatiques de la France avec la Toscane; documents recueillis par G. Canestrini, et publiés par Abel Desjardins. Tomes 1 à 3. — Voy. *Canestrini.*

Négociations de la France dans le Levant. 4 vol. — Voy. *Charrière.*

Négociations relatives à la succession d'Espagne sous Louis XIV. Tomes 1 à 4. — Voy. *Mignet.*

Négociations, lettres et pièces diverses relatives au règne de François II, tirées du portefeuille de Sébastien de l'Aubespine. 1 vol. — Voy. *Paris* (L.).

Négociations, lettres et pièces relatives à la conférence de Loudun. — Voy. *Bouchitté.*

Olim (les), ou Registres des arrêts rendus par la cour du roi, sous les règnes de saint Louis, etc. 3 vol. — Voy. *Beugnot.*

Papiers d'État du cardinal de Granvelle, d'après les manuscrits de la bibliothèque de Besançon, publiés par M. Ch. Weiss. Tomes 1 à 9. — Voy. *Granvelle.*

Peintures de l'église de Saint-Savin. Texte par M. Mérimée,

dessins par M. Gérard Séguin. 1 vol. de texte in-fol. et 4 livr. de planches in-fol. — Voy. *Mérimée.*

Privilèges accordés à la couronne de France par le Saint-Siège. 1 vol. — Voy. *Privilèges.*

Procès des Templiers. 2 vol. — Voy. *Michelet.*

Procès-verbaux des états généraux de 1593, recueillis et publiés par Aug. Bernard. 1 vol. — Voy. *Bernard.*

Quatre livres (les) des rois, traduits en français du XIIe siècle. 1 vol. — Voy. *Leroux de Lincy.*

Recueil des lettres missives de Henri IV, publié par M. Berger de Xivrey. 7 vol. — Voy. *Henri IV.*

Recueil des monuments inédits de l'histoire du tiers état. Tomes 1 à 3. — Voy. *Thierry* (Aug.).

Statistique monumentale de Paris, par Alb. Lenoir. Livr. 1 à 33. In-fol. — Voy. *Lenoir.*

Antérieurement à l'année 1840 on a publié, dans cette collection, les ouvrages suivants:

Croisade contre les Albigeois, publiée et traduite par M. Fauriel. 1 vol. 1837.

Éléments de paléographie, par M. Natalis de Wailly. 2 vol. avec pl. 1838.

Journal des états généraux tenus à Tours en 1484, par Jehan Masselin; publié et traduit par A. Bernier. 1 vol. 1836.

Œuvres inédites d'Abélard, par M. Victor Cousin. 1 vol. 1836.

Paris sous Philippe le Bel, et Livre de la taille de Paris, publié par Géraud. 1 vol. 1837.

Procès-verbaux du conseil de régence de Charles VIII, publiés par A. Bernier. 1 vol. 1836.

Relation des ambassadeurs vénitiens sur les affaires de France au XVIe siècle, par Tommaseo. 2 vol. 1838.

Règlements sur les arts et métiers de Paris, par Étienne Boileau, publié par M. Depping. 1 vol. 1837.

*Collection des principaux économistes, enrichie de commentaires, de notes explicatives et de notices historiques par MM. Blanqui, Rossi, Horace Say et autres. 15 vol. gr. in-8° (le tome 2 en 2 parties). 1843-1848. *Guillaumin et Cie.* 163 fr. Chaque volume se vend séparément.

La collection se compose des ouvrages suivants:

Tome 1. Économistes financiers du XVIIIe siècle; publié par Eugène Daire. 1843. 13 fr. 50 c.

Contenant: VAUBAN, Projet d'une dîme royale. — BOISGUILLEBERT, Détail de la France, factum de la France, opuscules divers. — JEAN LAW, Considérations sur le numéraire et le commerce, mémoires et lettres sur les banques, opuscules divers. — MELON, Essai politique sur le commerce. — DUTOT, Réflexions politiques sur le commerce et les finances.

Tome 2 (en 2 parties). Physiocrates, Quesnay, Dupont de Nemours, Mercier de La Rivière, l'abbé Baudeau, Letrosne; avec une introduction sur la doctrine des physiocrates, des commentaires et des notices historiques, par E. Daire. 2 vol. 1846. 16 fr.

Tomes 3 et 4. Œuvres de Turgot. 2 vol. 20 fr. — Voy. *Turgot.*

Tomes 5 et 6. Recherches sur la nature et les causes de la richesse des nations, par Adam Smith. 2 vol. 20 fr. — Voy. *Smith.*

Tome 7. Essai sur le principe de population, par Malthus. 10 fr. — Voy. *Malthus.*

Tome 8. Principes d'économie politique, par Malthus. 10 fr. — Voy. *Malthus.*

Tomes 9 à 12. Œuvres de J. B. Say. 40 fr. — Voy. *Say.*

Tome 13. Œuvres complètes de David Ricardo. 12 fr. — Voy. *Ricardo.*

Tome 14. Mélanges d'économie politique, 1re partie: Avec des notices sur chaque auteur et des notes explicatives, par Eug. Daire et G. de Molinari. 1847. 10 fr.

Contenant: DAVID HUME, Essai sur le commerce, le luxe, l'argent, etc. — V. DE FORBONNAIS, Principes économiques. — CONDILLAC, le Commerce et le Gouvernement. — CONDORCET, Lettre d'un laboureur de Picardie à M. N** (Necker); Réflexions sur l'esclavage des nègres; Réflexions sur la justice criminelle; De l'Influence de la révolution d'Amérique sur l'Europe; De l'Impôt progressif. — LAVOISIER, De la Richesse territoriale du royaume de France. — FRANKLIN, la Science du bonhomme Richard, et ses autres opuscules.

Tome 16. Mélanges d'économie politique, 2e partie : Précédés de notices historiques sur chaque auteur, et accompagnés de commentaires et de notes explicatives, par G. de Molinari. 1848. 10 fr.

Contenant : NECKER, Sur la législation et le commerce des grains. — GALIANI, Dialogues sur le commerce des grains. — MONTHYON, Quelle influence ont les diverses espèces d'impôts sur la moralité, l'activité et l'industrie des peuples ? — J. BENTHAM, Lettres sur la défense de l'usure.

*Collection de poésies, romans, chroniques, etc., publiée d'après des éditions des xve et xvie siècles. 24 vol. in-16, caractères gothiques, avec des vignettes gravées sur bois. 1838-1858. Silvestre. 200 fr.

(Les derniers ont été publiés par Potier.)

1. Les sept Marchans de Naples.
2. Maistre aliborum q' de tout se mesle.
3. Sensuyvèt plusieurs belles chansons côposées nouvellem't, etc. (D'apres une édition imprimée à Genève vers 1530.)
4. Sésuyt le Romant de Richart fils d' Robert le diable q' fut duc d' Normendie. (D'après une édition in-4o, imprimée vers 1500.) En vers.
5. Moralite trexexcellente, a l'honneur de la glorieuse assumption de nostre Dame..... composée par Jan Parmentier.
6. Les Prouerbes communs (par Jean de la Vèpice).
7. Natinité de nostre seigneur Jhesuchrist p' personnages avec la digne accouchée.
8. Miracle de nostre Dame d' Berthe fème du roy Pepin q' ly fu changée et puis la retrouva. Et est a xxxii psònaiges. (Inédit.)
9. Bigorne qui mange tous les hommes qui fòt le cômàdemèt de leurs femmes.
10. Mirouer des femmes vertueuses. Ensemble la patience Griseildis..... L'histoire admirable de Jehanne Pucelle.....
11. Miracle de nostre dame de la marq'se de la Gaudine..... a. xvii persònaiges. (Inédit.)
12. Le mystere de la vie et hystoire de monseigneur sainct Martin..... a cinquäte et trois personäges...
13. Le songe de la thoison d'or ; fait et côpose p' michault Taillement. (Inédit.)
14. Lhystoire plaisäte t' recreative foisät mention des prouesses et vailläces du noble syperes de Vinenaulx. Et de dixsept filz.
15. La guerre et le débat entre la làgue, les membres et le vètre.
16. Le chevalier delibere côprenant la mort du duc de Bourgògne q' trespassa devant Nancy en Lorraine. Fait et compose par messire Olivier de la marche.
17. Les grans regretz et côplainte de madamoyselle du palnis.
18. Lhystoire de Pierre de Prouence : et de la belle Magnelonne.
19. Le temple d'honneur par Froissart.
20. Les Cronicques de Gargantua.
21. Le Testament de Lucifer, par P. Gringore.
22. Roman d'Edipus.
23. Maistre Hambrelin.
24. La graut danse macabre des hommes et des femmes. xvii cah. avec 87 bois.

*Collégien (le) bien élevé, par M. Léon N***, membre honoraire de l'Académie de Rouen. In-12. 1860. Dezobry, Magdeleine et Cie. 1 fr. 50 c.

COLLEGNO (L. PROVANA de). — Voy. Provana de Collegno.

COLLERYE (ROGER de). — Voy. Roger de Collerye.

COLLET.

— Mémoires d'un condamné, ou Vie de Collet, écrite par lui-même. In-12. 1857. Saintes, Pathouot.

La 1re édition est de 1844.

COLLET (Mme Fanny), née ANGEL.

— Un Premier pas. In-8o. 1842. Souverain. 7 fr. 50 c.

— La Pupille ; roman de mœurs. 2 vol. in-8o. 1845. Ibid. 15 fr.

— Violettes ; poésies. In-8o. 1843. Ibid. 7 fr. 50 c.

COLLET (Ferd.) a traduit : « les Bucoliques et les Géorgiques » de Virgile ; « les Œuvres » de Perse, et « les Comedies » de Térence. — Voy. ces noms.

COLLET (François).

— Fait inédit de la vie de Pascal. In-8o. 1848. Joubert. 2 fr. 50 c.

M. Collet a revu et corrigé « les Quatre fins de l'homme », de L. Rouault.

COLLET (Nicolas), professeur spécial de musique vocale au collège Sainte-Barbe, né à Beauvange-sous-Justemont (Moselle) en 1816.

— La Supériorité de la notation musicale usuelle, avouée par M. Émile Chevé ; impuissance du chiffre proclamée par J. J. Rousseau, Galin, Aimé Lemoine, Édouard Jue, Émile Chevé, etc. In-8o. 1865. Perrotin. 1 fr.

COLLET (Philibert), jurisconsulte et botaniste, né à Châtillon-les-Dombes, en 1643, mort en 1718.

— Rolinde, ou Rétablissement de Châtillon-les-Dombes ; poème latin de Philibert Collet, avec la traduction en regard, augmentée de notes et d'un précis historique sur Châtillon-les-Dombes, de l'ancien domaine de la maison d'Orléans, par J. B. Jauffred. In-8o, 88 p. 1845. Bourg, Milliet-Bottier.

COLLET (l'abbé Pierre), théologien, prêtre de la Mission, né à Ternay en 1693, mort à Paris en 1770.

— Œuvres complètes. — Voy. Migne, Collection d'orateurs sacrés, 1re série, tome 55.

— Beau choix d'histoires édifiantes ; lecture pour la jeunesse chrétienne. In-18. 1856. Tournai, Casterman. 40 c.

— Méditations pour servir aux retraites, soit annuelles, soit d'un jour par mois, pour les personnes consacrées à Dieu. Nouvelle édition. In-12. 1849. Ad. Leclère. 2 fr.

— Théotime, ou l'Écolier chrétien. Traité des devoirs d'un jeune homme qui veut sanctifier ses études. In-12 avec 1 grav. 1853. Limoges, Ardant.

— Traité des saints mystères, où l'on résout les principales difficultés qui se rencontrent dans leur célébration. 12e édition, revue avec soin et augmentée des cérémonies de la messe basse, par M. Caron. In-8o. 1848. Jouby. 4 fr.

— Vie de saint Vincent de Paul. In-12. 1856. Tournai, Casterman. 1 fr.

— Vie abrégée de saint Vincent de Paul, d'après Collet. In-12 avec grav. 1862. Tours, Mame. 1 fr.

— Vie de saint Jean de la Croix, premier carme déchaussé, confesseur de Sainte-Thérèse. In-18. 1852. Tournai, Casterman. 80 c.

COLLETET (Guillaume), poète, l'un des premiers membres de l'Académie française, né à Paris, en 1598, mort en 1659.

— Vies d'Octavien de Saint-Gelais, Mellin de

Saint-Gelais, Margverite d'Angovlesme, Jean de la Pervse, poëtes angoumoisins; publiées pour la première fois par Ern. Gellibert des Seguins. In-8°. 1863. *Aubry.* 8 fr.

<small>Extrait du tome 1er du « Trésor des pièces angoumoisines inédites ou rares ».</small>

COLLEVILLE (Auguste de), ex-capitaine adjudant-major de la légion étrangère.

— Opérations militaires de la légion étrangère en Espagne. — Voy. *Bernelle,* Histoire de la légion étrangère.

COLLIER (Arthur), sous-chef des bureaux de la mairie du Panthéon.

— Tenue de l'état civil en France. Manuel à l'usage des officiers de l'état civil, contenant la législation étrangère sur le mariage. In-8°. 1863. *Chez l'auteur, rue Saint-Jacques,* 126. 6 fr.

COLLIGNON (Charles), ingénieur, inspecteur général des ponts et chaussées, né à Metz, en 1802.

— Du Concours des canaux et des chemins de fer et de l'achèvement du canal de la Marne au Rhin. In-8° avec 1 carte. 1845. *Carilian-Gœury.* 7 fr.

— Du Concours des canaux et des chemins de fer, au point de vue de l'utilité publique. Résumé succinct de la discussion. In-8°. 1845. *Ibid.* 1 fr. 50 c.

COLLIGNON (Édouard), ingénieur des ponts et chaussées, à Laval (Mayenne) en 1831.

— Les Chemins de fer russes de 1857 à 1862. Études sur la Russie. Chemins de fer, travaux publics, climat, agriculture, servage, finances, etc. In-8°. 1864. *Dunod.* 5 fr.

— Essai sur la théorie des parallèles. In-8° avec pl. 1861. Saint-Pétersbourg, *imprimerie Quesneville.*

— Ponts métalliques à poutres droites continues. Développement d'une nouvelle méthode. In-8°. 1860. [Saint-Pétersbourg, *imprimerie impériale.*] *Dunod.* 1 fr. 50 c.

— Théorie élémentaire des poutres droites. Ponts métalliques, ponts américains, combles. In-8° avec atlas. 1865. *Dunod.* 9 fr.

COLLIGNON (Mme Émilie).

— Entretiens familiers sur le spiritisme. In-8°. 1865. *Ledoyen.* 2 fr. 50 c.

COLLIGNON (Villet-). — Voy. **Villet-Collignon.**

COLLIGNON D'ANCY (T.).

— Nouveau mode de culture et d'échalassement de la vigne, applicable à tous les vignobles où l'on cultive les vignes basses. In-8°, 208 p., avec 3 pl. 1847. Metz, *Warion.*

COLLIN, instituteur.

— Arithmétique. In-32. 1865. *Dubuisson et Cie.* 25 c.

<small>École mutuelle.</small>

COLLIN (Alexandre), ingénieur en chef des ponts et chaussées à Orléans, né à Essoyes (Aube) en 1808.

— Recherches expérimentales sur les glissements spontanés des terrains argileux, accompagnées de considérations sur quelques principes de la mécanique terrestre. In-4° avec un atlas de 21 pl. 1846. *Dalmont.* 15 fr.

— Les Voies navigables de l'Empire français, de la Belgique et des provinces de la rive gauche du Rhin. In-8° avec carte. 1865. Orléans, *H. Herluison.* 12 fr.

COLLIN (le docteur Eugène), médecin-inspecteur à Saint-Honoré-les-Bains, né à Billons (Puy-de-Dôme) en 1825.

— Études pratiques sur l'hydrothérapie. In-8°. 1857. *Labé.* 1 fr. 50 c.

<small>Extrait du « Moniteur des hôpitaux ».</small>

— Du Rhumatisme cérébral chronique. In-8°. 1861. *G. Baillière.* 1 fr. 50 c.

<small>Extrait des « Annales de la Société d'hydrologie médicale de Paris ».</small>

— Saint-Honoré-les-Bains (Nièvre). Guide médical et pittoresque. In-12 avec pl. 1865. Moulins, *Desrosiers.* 4 fr.

<small>Avec C. Charleuf.</small>

— Du Traitement des affections pulmonaires par les inhalations sulfureuses de Saint-Honoré (Nièvre). In-8° avec pl. 1864. *Germer Baillière.* 2 fr. 50 c.

COLLIN fils (E.), médecin-dentiste.

— Méthode à l'usage des mères de famille, pour diriger convenablement la seconde dentition, et règles d'hygiène propres à la conservation des dents. In-8°. 1851. *V. Masson.* 1 fr.

COLLIN (J.), employé au chemin de fer.

— Tablettes historiques de Joinville (Haute-Marne). In-8° avec 1 pl. 1857. Chaumont, *Ve Miot-Dadant.*

COLLIN (Mlle Julie).

— La Littérature raisonnée, ou les Principes de la littérature d'après Batteux, appuyés des préceptes de Boileau, et accompagnés de réflexions tirées des meilleurs auteurs. In-12. 1855. *Guillemot.*

COLLIN (L. Moulin-). — Voy. **Moulin-Collin.**

COLLIN (le docteur P.), médecin.

— L'Île de Madagascar. — Voy. *Collas et Collin.*

COLLIN (l'abbé S. A.), curé de Tomblaine.

— Calendrier agricole. — Voy. *Hamel.*

— Le Guide du propriétaire d'abeilles. In-12. 1860. [Nancy, *Vagner.*] *Goin.* 2 fr.

<small>3e édition. 1865. *Ibid.* 2 fr. 50 c.</small>

COLLIN (Mme Victorine).

— Manuel méthodique et universel de littérature à l'usage des maisons d'éducation religieuses, etc. In-8°. 1848. *Pesron.* 3 fr. 50 c.

COLLIN D'AMBLY (François), né à Ambly-sur-Meuse, en 1759, mort en 1830.

— Nouveau manuel complet d'arithmétique démontrée. Nouvelle édition. In-18. 1845. *Roret.* 2 fr. 50 c.

<small>Avec M. Trenery.</small>

<small>Collection des Manuels-Roret. — La 6e édition de l'ouvrage est la première qui fait partie de la collection Roret. Elle a paru en 1826.</small>

COLLIN D'HARLEVILLE (J. F.), poëte et auteur dramatique, membre de l'Académie française, né à Maintenon, en 1755, mort à Paris, en 1806.

— Les Châteaux en Espagne. — Le Vieux célibataire. — Voy. *Chefs-d'œuvre* des auteurs comiques, tome VIII.

COLLIN DE PLANCY (Jacques), né à Plancy (Aube) en 1794.

— Les Biens de l'Église; comment on met la main dessus et ce qui s'en suit. In-32. 1849. Plancy, *Société de Saint-Victor.* 40 c.

Sous le pseudonyme de baron de Nilinse.

— Charles Martel. Histoire des maires du Palais. In-18 avec vignettes. 1851. *Ibid.*

Sous le même pseudonyme.

— Chasse aux prêtres; profils de ceux qui la font, et ce qu'ils en retirent. In-32. 1849. *Ibid.* 40 c.

Sous le même pseudonyme.

— La Chronique de Godefroid de Bouillon et du royaume de Jérusalem, 1re et 2e croisades (1080-1187), avec l'histoire de Charles le Bon, récit contemporain (1119-1154). 3e édition, revue et corrigée. In-8° avec 4 grav. 1864. *Périsse frères.* 3 fr. 50 c.

La 1re édition a été publiée en 1837 par la Société des fastes militaires à Bruxelles, et la 2e en 1842 par la Société des beaux-arts.

— La Cour du roi Dagobert. Récits et légendes des temps mérovingiens. 5e édition. In-12. 1855. Plancy, *Société de Saint-Victor.* 1 fr. 60 c.

— Dictionnaire infernal; répertoire universel des êtres, des personnages, des livres, des faits et des choses qui tiennent aux esprits, aux démons, aux sorciers, au commerce de l'enfer, aux divinations, aux maléfices, etc. 6e édition, augmentée de 800 articles nouveaux et illustrée de 550 gravures, parmi lesquelles les portraits de 72 démons, dessinés par M. L. Breton. Gr. in-8°. 1863. *Plon.* 12 fr.

La 1re édition est de 1818. — Voy. aussi : «Dictionnaire des sciences occultes», publié par l'abbé *Migne.*

— Le Docteur Faust et autres légendes des personnages, les uns illustres, les autres peu célèbres, qui ont eu des relations avec le diable. In-12. 1855. Plancy, *Société de Saint-Victor.* 3 fr. 50 c.

— Les Douze convives du chanoine de Tours; légendes variées. In-8°. 1845. *Mellier.* 5 fr.

— Jacquemin le franc-maçon; légendes des sociétés secrètes. 3e édition. In-16 avec 6 grav. 1847. *Plon.* 1 fr. 25 c.

Publié sous le pseudonyme de Jean de Septchênes.

— Le même. 4e édition. In-12. 1854. Plancy, *Société de Saint-Victor.* 2 fr.

— Les Jésuites. Entretiens des vivants et des morts à la frontière des deux mondes. 4e édition. In-12 avec 9 vignettes. 1853. *Sagnier et Bray.* 2 fr.

La 1re édition a été publiée en 1825 sous le titre : « Des Jésuites remis en cause ».

— Leçons-modèles de littérature. 2 vol. in-12. 1854-1857. Plancy, *Société de Saint-Victor.* 3 fr. 50 c.

Sous le pseudonyme de baron de Nilinse.

— Légende du Juif errant. In-8° avec 2 vignettes. 1847. *Mellier frères.* 5 fr.

4e édition en 1866, chez *Plon.* 5 fr.

— Légendes de l'Ancien Testament, recueillies des apocryphes, des rabbins et des légendaires, distinguées avec soin des textes sacrés. In-8° avec grav. chromotyp. 1861. *Plon.* 4 fr.

— Légendes de l'autre monde, pour servir à l'histoire du paradis, du purgatoire et de l'enfer, avec quelques esquisses de personnages peu soucieux de leur âme. In-8°. 1863. *Ibid.* 5 fr.

— Légendes du calendrier. In-8°. 1863. *Ibid.* 5 fr.

— Légendes des commandements de Dieu. 6e édition, revue et corrigée. In-8°. 1864. *Ibid.* 5 fr.

1re édition en 1848.

— Légendes des commandements de l'Église. In-8°. 1864. *Ibid.* 5 fr.

— Légendes des croisades, depuis les premiers temps jusqu'à nos jours. In-8°. 1863. *Ibid.* 5 fr.

— Légendes des esprits et des démons qui circulent autour de nous. In-8°. 1864. *Ibid.* 5 fr.

— Légendes des femmes dans la vie réelle. In-8° avec 1 grav. chromotyp. 1861. *Ibid.* 4 fr.

— Légendes de l'histoire de France. In-8° avec 1 grav. 1846. *Mellier.* 5 fr.

— Légendes infernales; relations et pactes des hôtes de l'enfer avec l'espèce humaine. In-8° avec grav. 1862. *Plon.* 4 fr.

— Légendes du moyen âge. In-8°. 1863. *Ibid.* 5 fr.

— Légendes du Nouveau Testament; traditions des premiers temps sur les personnages et les faits des saints Évangiles, distinguées des textes sacrés. In-8° avec grav. 1861. *Ibid.* 4 fr.

— Légendes des origines. 4e édition. In-8°. 1864. *Ibid.* 5 fr.

1re édition en 1846.

— Légendes de la province d'Anvers; chroniques, traductions et faits remarquables. In-8°. 1864. Liège. 4 fr.

— Légendes des sacrements. In-8° avec grav. 1862. *Plon.* 4 fr.

— Légendes des saintes images de Notre-Seigneur, de la sainte Vierge et des saints. In-8° avec grav. 1862. *Ibid.* 4 fr.

— Légendes de la sainte Vierge. In-8° avec 1 pl. 1845. *Mellier.* 5 fr.

— Légendes des sept péchés capitaux. 6e édition, revue et corrigée. In-8° avec 1 pl. chromolithographiée. 1864. *Plon.* 5 fr.

La 1re édition est de 1844.

— Légendes des vertus théologales et des vertus cardinales. In-8° avec grav. 1862. *Ibid.* 4 fr.

— Le Mois de l'enfant Jésus; lectures, méditations et prières, pour tous les jours de janvier. In-32 avec 32 vignettes. 1845. *Mellier.* 1 fr.

Sous le pseudonyme du père Jacques de Nilinse.

— Le Mois de saint Joseph; lectures, méditations et prières pour tous les jours de mars. In-32 avec 7 pl. 1845. *Ibid.* 1 fr.

Sous le même pseudonyme.

— Quelques scènes du moyen âge; légendes et récits. In-12 avec vignettes. 1853. *Sagnier et Bray.* 1 fr. 80 c.

— Le Roman du renard; version épurée, avec une notice. 3e édition. In-12 avec grav. 1855. Plancy, *Société de Saint-Victor.* 60 c.

— Le Sanglier des Ardennes, suivi de quelques récits de la Hesbaye. Le Chanoine de Liége, Henri de Marlagne, le Repaire de Chièvremont, Blanckenberg, la Santé de l'empereur, Mathieu Laensberg, l'Abbaye de Furstenfeld. 5e édition. In-12. 1853. *Ibid.* 1 fr. 50 c.

— La Vie de sainte Adélaïde, impératrice. Épisode de l'histoire du xe siècle, tiré de saint Odilon. In-16, avec vignette. 1847. *Ibid.* 1 fr.

Sous le pseudonyme de baron de Nilinse.

COLLINEAU (le docteur Alfred), mort en 1860.

— De la coxalgie. — Voy. *Martin et Collineau.*

COLLINEAU (le docteur Jacques Charles), médecin, membre de l'Académie de médecine, né à Chatillon-sur-Indre en 1783.

— Analyse physiologique de l'entendement humain, d'après l'ordre dans lequel se manifestent, se développent et s'opèrent les mouvements sensitifs, intellectuels, affectifs et moraux; suivie d'exercices sur divers sujets de philosophie. In-8° avec un tableau. 1842. *J. B. Baillière.* 7 fr.

COLLINET (Mlle) a traduit de l'anglais : Ernest Maltravers, de *Bulwer.*

COLLINS (G.), pasteur de l'église wallonne à Rotterdam.

— Cours élémentaire d'instruction religieuse, ou Catéchisme. 2e édition. In-12. 1865. [Besançon.] *Cherbuliez.* 50 c.

— Le Jubilé dans l'église réformée de Clermont-Ferrand. Sermons et prières. In-8°. 1859. *Meyrueis et Cie.* 1 fr. 50 c.

— La Paix et la Guerre. Sermon. In - 8°. 1859. *Ibid.* 60 c.

— Résumé d'histoire sainte. In-12. 1862. *Cherbuliez.* 1 fr.

— Unité de la vérité, unité de l'Église. Sermon. In-8°. 1855. *Meyrueis.* 60 c.

COLLINS (William Wilkie), romancier anglais, né à Londres en 1824.

— La Femme en blanc ; roman anglais ; traduit par E. D. Forgues. 2 vol. in-12. 1861. *Hetzel.* 6 fr.

4e édition en 1863.

— Une Poignée de romans ; traduits, selon le vœu de l'auteur, par E. D. Forgues. 1re série. In-12. 1864. *Ibid.* 3 fr. 50 c.

— Le même. 2e série. In-12. 1864. *Ibid.* 3 fr.

— Sans nom. Traduction de E. D. Forgues. 2 vol. in-12. 1863. *Ibid.* 6 fr.

— Le Secret. Roman anglais, traduit par Old-Nick. In-12. 1858. *Hachette et Cie.* 2 fr.

Nouvelle édition en 1865. 1 fr.

COLLIOT (E.).

— De l'avenir du clergé catholique. In-8°. 1857. *Charlieu.* 2 fr.

— Hommage à S. M. Napoléon III, d'un moyen d'obtenir le pain et le loyer à bon marché. In-8°. 1856. *Laisné.* 50 c.

COLLIOT (Émile), auteur dramatique.

— A la recherche d'un million ; comédie-vaudeville en un acte. In-8°. 1854. *Beck.* 60 c.

Avec MM. Lapointe et Mareuge.

— L'Ami de la maison ; comédie-vaudeville en un acte. In-8°. 1852. *Ibid.* 60 c.

Avec Émile Lefebvre.

— Dans l'autre monde ; rêverie-vaudeville en deux actes. In-12. 1851. *Giraud et Dagneau.* 60 c.

Avec le même.

— Plaisir et charité ; vaudeville en un acte. In-8°. 1850. *Tresse.* 60 c.

— Quatre cent mille francs pour vingt sous ; vaudeville en un acte. In-12. 1851. *Ibid.* 60 c.

Avec le même.

M. Émile Colliot a encore fait des pièces en collaboration avec MM. *Bertrand, Bourdois, Faulquemont, Choler* et *Saint-Yves.* — Voy. ces noms.

COLLOMB (l'abbé Anselme), missionnaire apostolique, chanoine honoraire du diocèse de Tarentaise (Savoie), né à Hautecour, près Moûtiers, en 1819.

— Examen de conscience sur les devoirs et les péchés relatifs à chaque commandement, avec l'indication de la gravité des diverses fautes, etc. Nouvelle édition. In-32. 1865. Tournai, *Casterman.* 30 c.

— Manuel pratique des associés à la confrérie des Mères chrétiennes. In-12. 1861. *Ibid.* 2 fr.

— Traité ou Exposé clair, court et nouveau des indulgences des principales confréries, et pratiques de piété, etc. In-32. 1861. *Ibid.* 1 fr.

COLLOMB (Édouard).

— Coup d'œil sur la constitution géologique de plusieurs provinces de l'Espagne. — Voy. *Verneuil et Collomb.*

— Preuves de l'existence d'anciens glaciers dans les vallées des Vosges. Du terrain erratique de cette contrée. In-8° avec 4 pl. 1847. *V. Masson.* 8 fr.

COLLOMBET (Fr. Z.), écrivain catholique, rédacteur de la Gazette de Lyon, né à Sièges en 1808, mort à Lyon en 1853.

— Chateaubriand, sa vie et ses écrits, avec lettres inédites à l'auteur. In-8°. 1851. Lyon, *Périsse frères.* 8 fr.

— L'Église et le couvent des Dominicains de Lyon (1218-1789). In-8°, 80 p. 1843. Lyon, *imprimerie Boitel.*

— Études sur les historiens du Lyonnais. 2 vol. in-8°. 1839-1844. Lyon, *Rivoire.*

— Histoire de la Sainte-Église de Vienne, depuis les premiers temps du christianisme jusqu'à la suppression du siége, en 1801. 4 vol. in-8°. 1847-1848. Lyon, *Mothon.*

— Histoire de saint Jérôme, père de l'Église au ive siècle ; sa vie, ses écrits et ses doctrines. 2 vol. in-8°, avec 2 pl. [Lyon.] *Mellier.* 15 fr.

— Histoire critique et générale de la suppression des jésuites au xviiie siècle. 2 vol. in-8°. 1846. Lyon, *Périsse frères.* 12 fr.

— Lettres inédites de Leibnitz à l'abbé Nicaise (1693-1699), et de Galileo-Galilei au P. Clavius et à Cassiano dal Pozzo ; publiées avec notes par F. Z. Collombet. Pet. in-8°, 124 p. 1850. Lyon, *imprimerie Boitel.*

— Livre des jeunes personnes, enseignements et élévations. In-32. 1841. Lyon, *Sauvignet.* 2 fr. 50 c.

— Mélanges critiques et littéraires ; précédés d'une notice biographique et littéraire, par M. l'abbé Christophe. In-8°, 194 p. 1854. Lyon, *imprimerie Vingtrinier.*

— Vie de sainte Thérèse. In-12. 1844. Lyon, *Périsse frères.* 2 fr.

M. Collombet a traduit : « Itinéraire de Rutilius Claudius Namatianus », de *Zumpt* ; les « OEuvres » de saint *Jérôme* ; les « OEuvres » de sainte *Thérèse* ; et « Prescription contre les hérétiques », de *Tertullien.* — Voy. ces noms.

COLLONGUES (le docteur L.), médecin.

— Traité de dynamoscopie, ou Appréciation

de la nature et de la gravité des maladies par l'auscultation des doigts. In-8°. 1862. *Asselin.* 6 fr.

COLLOT (E.), agronome.

— Traité spécial de la vache laitière et de l'élève du bétail. In-8°. 1851. *Dupont.* 6 fr.

— Vaches laitières, bœufs et animaux d'attelage. In-18. 1862. *Ibid.* 50 c.

COLLOT (J. P.).

— La Chute de Napoléon, poëme. In-8°, 188 p. et un portrait. 1846. *Perrotin.*

COLLOT (Pierre), docteur en Sorbonne.

— Explication des premières vérités de la religion pour en faciliter l'intelligence aux jeunes gens. Nouvelle édition. In-12. 1857. *Lecoffre et Cie.* 1 fr. 50 c.

La 1re édition est de 1739.

— La Vraie et solide piété de saint François de Sales. — Voy. *François de Sales.*

COLLOT (l'abbé S.), de l'école des Carmes.

— Rome sera-t-elle toujours capitale du monde catholique? In-8°. 1865. *Palmé.* 1 fr.

COLMANCE (Charles).

— Chansons. Œuvres complètes. In-12. 1862. *Vieillot.* 3 fr.

COLMAR (la comtesse de), fille naturelle de l'ex-duc Charles de Brunswick, née à Brunswick. Elle a épousé le comte de CIVRY.

— Pèlerinages en Lorraine. Notre-Dame de Sion-Vaudemont (Meurthe). In-12. 1845. Nancy, *Vagner.* 1 fr.

— Le Père Jadis. In-18. 1858. *Douniol.*

COLMET-DAAGE (Gabriel Frédéric), jurisconsulte français, professeur de procédure civile à l'École de droit de Paris, né en 1813.

— Commentaire de la loi du 21 mai 1858 qui modifie les titres de la saisie immobilière et de l'ordre; appendice aux Leçons de procédure civile de Boitard. In-8°. 1859. *Cotillon.* 1 fr. 25 c.

M. Colmet-Daage a publié: « Leçons de procédure civile », de *Boitard.* — Voy. ce nom.

COLMET DE SANTERRE (E.), avocat, professeur à la Faculté de droit de Paris.

— Cours analytique de Code Napoléon. — Voy. *Demante* (A. M.).

COLMONT (Achille de).

— Histoire des expositions des produits de l'industrie française. In-8°. 1855. *Guillaumin et Cie.* 6 fr. 50 c.

COLMONT (Louis Auguste de SAINT-JUST de), ancien secrétaire général des finances et directeur général des forêts, né à Bruxelles en 1792.

— Fables en vers, divisées en six livres. In-12. 1863. *Hachette et Cie.* 3 fr. 50 c.

COLNET (Ch. Jos.), homme de lettres et libraire, né près de Vervins en 1770.

— L'Art de dîner en ville, à l'usage des gens de lettres; poëme en quatre chants; suivi de la Biographie des auteurs morts de faim. Le Parasite mormon. Salmis de vers et de prose. In-16. 1861. *Ad. Delahays.* 50 c.

La 1re édition (anonyme) est de 1810. — L'ouvrage est encore réimprimé ensemble avec *Amero*, les Classiques de la table, et *Brillat-Savarin*, Physiologie du goût (édition Charpentier).

COLNET D'HUART (de).

— Nouvelle théorie mathématique de la chaleur et de l'électricité. 1re partie. Détermination de la relation qui existe entre la chaleur rayonnante, la chaleur de la conductibilité et l'électricité. Gr. in-8°. 1864. Luxembourg, *Bück.* 3 fr. 75 c.

— Le même. 2e partie. Théorie mathématique de la diathermansie, de la lumière et de la chaleur rayonnante, naturelles et polarisées. Théorie mathématique de l'électricité statique, en ayant égard aux découvertes des propriétés électriques des corps isolants faites par Faraday. Gr. in-8°. 1865. *Ibid.* 4 fr. 50 c.

COLOM (l'abbé Pierre Marie).

— La Chasteté. In-8°. 1847. Besançon, *Outhenin-Chalandre.* 3 fr. 50 c.

— L'Homme envisagé sous le point de vue religieux et philosophique. In-8°. 1847. *Ibid.* 5 fr.

— Le Prêtre en retraite. In-8°. 1847. *Ibid.* 5 fr.

COLOMB (Christophe), né près de Gênes en 1436, mort à Valladolid en 1506.

— Lettre de Christophe Colomb sur la découverte du Nouveau Monde, publiée d'après la rarissime version latine conservée à la Bibliothèque impériale, traduite en français, commentée et enrichie de notes puisées aux sources originales; par Lucien de Rosny. In-8°. 1865. *J. Gay.* 4 fr.

Tiré à 125 exemplaires numérotés.

COLOMB (L. de), commandant supérieur du cercle de Géryville.

— Exploration des Ksours et du Sahara de la province d'Oran; ouvrage accompagné d'une carte de l'itinéraire suivi dans sa tournée d'exploration du sud, levée et dessinée par M. de la Ferronnay. Gr. in-8°. 1859. [Alger, *Dubos frères.*] *Challamel.* 2 fr.

— Notice sur les oasis du Sahara et les routes qui y conduisent. In-8° avec carte. 1861. *Ibid.* 4 fr.

Extrait de la « Revue algérienne et coloniale ».

COLOMB (R.), mort en 18..

— Notice sur la vie et les ouvrages de M. Beyle (de Stendhal). In-8°, 84 p. 1845. *Imprimerie Schneider.*

M. R. Colomb a encore publié une nouvelle édition des « Lettres familières écrites d'Italie », par le président de *Brosses.* — Voy. ce nom.

COLOMB DE BATINES (P.).

— Catalogue des Dauphinois dignes de mémoire. In-8°. 1840. Grenoble, *Prudhomme.*

— Mélanges biographiques et bibliographiques relatifs à l'histoire littéraire du Dauphiné. Tome I. In-8°. 1837-1840. *Techener.* 10 fr.

Avec M. Ollivier-Jules.

COLOMB-MÉNARD (Édouard), juge au tribunal de Lodève.

— Heures poétiques du chrétien. Principales prières romaines, mises en vers français. 2 vol. In-12. 1857. [Montpellier.] *Vaton.* 6 fr.

— Des Traitements de la magistrature, notamment dans les tribunaux de première instance. In-4°, 114 p. 1857. Montpellier, *Bœhm.*

COLOMBAT (le docteur Marc), médecin, né à Vienne (Isère) en 1797, mort en 18..

— Traité des maladies des femmes et de l'hygiène spéciale de leur sexe. 3 vol. in-8° avec 4 pl. 1839-1843. *Labé.* 18 fr.

— Traité de tous les vices de la parole et en particulier du bégaiement, ou Recherches théoriques et pratiques sur l'orthophonie et sur le mécanisme, la psychologie et la métaphysique des sons modulés, simples et articulés, qui composent le langage humain. 3° édition. 2 vol. in-8° avec 1 tableau et 2 pl. 1840. *Ibid.* 12 fr.

La 1re édition est de 1830.

COLOMBEAU (Adenis).

— Histoire du village, château-fort et forêt de Saint-Gobain, suivie de quelques mots sur les endroits les plus historiques du département de l'Aisne. In-12, 120 p. 1844. (Saint-Gobain, *Cronier.*] *Tétu.*

COLOMBEL (A. de).

— L'Angleterre et l'Écosse à vol d'oiseau. Souvenirs d'un touriste. In-12. 1853. *Ledoyen.* 2 fr. 50 c.

COLOMBEL (Évariste), avocat, ancien maire de Nantes.

— Le Général Foy; études parlementaires. In-8°. 1853. Nantes, *imprimerie Mellinet.* 1 fr.

COLOMBEL (le docteur Henri), ancien interne des hôpitaux de Paris.

— Recherches sur l'arthrite sèche. In-4°. 1863. *Adr. Delahaye.* 2 fr.

Thèse.

COLOMBEL (Hippolyte), président du tribunal civil de Nantes, membre de la Société académique de la Loire-Inférieure, né à Fougères en 1781, mort en 1851.

— Des Institutions de la France, considérées au double point de vue civil et politique. In-8°. 1846. *Joubert.* 7 fr. 50 c.

— De la Juridiction administrative en France. In-8°. 1840. *Ibid.* 5 fr.

COLOMBEL (Venance), inspecteur de l'instruction primaire, ancien chef d'institution, né à Vaux-sur-Risle (Eure) en 1815.

— Les Fêtes chrétiennes, ou Explications historiques des offices et des cérémonies de l'Église, livre de lecture courante. In-12. 1862. *J. Garnier.* 90 c.

— Le Livre du jeune âge. Premier livre de lecture faisant suite à toutes les méthodes de lecture. In-18. 1865. *Fouraut.* 30 c.

— Notions élémentaires et utiles, ou Petite encyclopédie des connaissances usuelles. In-18. 1862. *Ibid.* 30 c.

COLOMBEY (Émile), pseudonyme de M. Émile LAURENT, né à Colombey en 1819.

— Aventures burlesques de Dassoucy. — Voy. *Assoucy.*

— Les Causes gaies; avec préface et postface. In-12. 1859. *Hetzel.* 3 fr. 50 c.

— L'Esprit au théâtre. In-12. 1860. *Ibid.* 3 fr. 50 c.

— Histoire anecdotique du duel dans tous les temps et dans tous les pays. In-12. 1861. [Bruxelles.] *Lévy frères.* 3 fr.

— La Journée des madrigaux, suivi de la « Gazette de Tendre » (avec la carte de Tendre) et du

Carnaval des précieuses. Introduction et notes, par Émile Colombey. Petit in-8°. 1856. *Aubry.* 5 fr.

Fait partie de la collection du « Trésor des pièces rares ou inédites ».

— Le Monde des voleurs, leur esprit et leur langue. In-12. 1862. *Dentu.* 3 fr.

— Ninon de Lenclos et sa cour. In-12. 1858. *Delahays.* 2 fr.

— Les Originaux de la dernière heure. In-12. 1861. *Dentu.* 3 fr.

— Ruelles, salons et cabarets. Histoire anecdotique de la littérature française. In-16. 1858. *Delahays.* 2 fr.

M. Colombet a publié avec avant-propos et notes « la Vraie histoire comique de Françion », par Charles *Sorel.*

COLOMBIÈRE (RÉGIS DE LA). — Voy. **Régis de la Colombière.**

COLOMBOT (C. P.).

— Documents sur la méthode ostéotropique, nouveau système de réduction pour la cure des luxations des appareils orbiculaires. In-8°. 1840. *J. B. Baillière.* 1 fr. 25 c.

COLOMÈS DE JUILLAN, ingénieur en chef des ponts et chaussées.

— Considérations générales sur les chemins de fer, suivies de leur application à la ligne de Paris sur le centre de la France, et à son prolongement vers le centre de la péninsule. In-4°. 1845. *Carilian-Gœury.*

— Grandes voies de communication entre la Garonne et l'Èbre. Avant-projet détaillé de l'artère principale, et aperçus sommaires sur ses ramifications. Tome I. In-4° avec 3 cartes. 1842. *Ibid.*

— Recherches sur les grandes voies de communication nécessaires à la région comprise entre la Garonne et l'Èbre. In-4° avec 1 tableau et 1 carte. *Ibid.* 5 fr.

COLONDRE, officier de marine.

— Épître à l'épouse de l'Agneau. In-12, 192 p. 1862. *Grassart.*

COLONDRE (Jacques), ancien pasteur, a traduit de l'allemand : *Clemen,* Précis de l'histoire de l'Église.

COLONGE (le baron d'ESPIARD DE). — Voy. **Espiard de Colonge.**

COLONJON (de), chef d'escadron au 2° régiment de chasseurs d'Afrique.

— Précis de la vie des grands capitaines. In-8°. 1857. *Corréard.* 5 fr.

COLONNA D'ISTRIA (Ignace Alexandre, comte), président de la cour d'appel de Bastia, né à Ajaccio en 1782, mort à Bastia en 1859.

— Examen de la question suivante : Quand on acquiert par la prescription un droit de vue, qu'acquiert-on ? In-8°, 61 p. 1860. Bastia, *imprimerie Fabiani.*

— Recueil des arrêts notables de la cour impériale de Bastia (années 1823-1833); avec une préface par M. J. B. Duvergier. Tome 1er. In-4°, XL-669 p. 1860. *Ibid.*

Avec M. Gaffori.

COLSON (Achille), capitaine au 67ᵉ de ligne.

— Recherches sur les monnaies qui ont eu cours en Roussillon. In-8°, 312 p. et 4 pl. 1853. Perpignan, *imprimerie Alzine.*

Extrait du « Bulletin de la Société agricole des Pyrénées-Orientales ».

COLSON (le docteur Alexandre), président du comité archéologique de Noyon, médecin de l'Hôtel-Dieu de Noyon.

— Médaillon d'argent de César Constantin Gallus, frappé à Lyon. In-8°. 1857. Nyon, *Andrieux.*

— Mémoire sur le traitement des plaies succédant à l'extirpation des tumeurs du sein et de l'aisselle au moyen de la suture entortillée. In-8° avec 6 pl. 1845. *J. B. Baillière.* 3 fr.

— Notice sur les monnaies de Noyon. In-8°, 16 p. et 3 pl. 1860. Noyon, *imprimerie Andrieux-Duru.*

— Notice sur une médaille romaine de grand bronze au revers de Junon Phallophore. In-8°. 1859. Noyon, *Andrieux.*

COLSON (Eugène), médecin de l'Hôtel-Dieu de Beauvais.

— Mémoire sur l'opération de la hernie étranglée sans ouverture du sac. In-8°. 1863. *Asselin.* 1 fr. 25 c.

M. Colson a publié : « Leçons sur les maladies du cœur et des grosses artères », par le docteur *Gendrin.*

COLSON (Félix).

— Un Chapitre sur les hydrocarbures des schistes bitumineux lignifères. In-8°. 1862. *Lacroix.* 1 fr.

— Nationalité et régénération des paysans moldo-valaques. In-8°. 1862. *Dentu.* 3 fr.

— De la Pologne et des cabinets du Nord. 3 vol. in-8°. 1841. *Paulin.* 18 fr.

— De la Pologne et des Slaves, nullité des démembrements, fondée sur le droit des gens. In-8°. 1863. *Dentu.* 4 fr.

COLSON (H.).

— Mélanges. Nouvelles et poésies. In-12. 1856. Liége.

COLTIER (Narcisse).

— Trésor des familles et des ménages, ou Recueil de recettes relatives à l'économie domestique, l'agriculture, la médecine rurale, etc. In-18. 1862. Besançon, *Bonvalot.* 1 fr. 25 c.

COLUCCI-BEY, directeur de l'intendance sanitaire à Alexandrie.

— Le Choléra en Égypte. In-8°, 24 p. 1865. *P. Dupont.*

COLUMELLE (Lucius Junius Moderatus), célèbre agronome romain du 1ᵉʳ siècle.

— De l'Agriculture; texte latin avec traduction française. — Voy. *Nisard*, Collection.

— Économie rurale de Columelle. Traduction nouvelle, par M. Louis Dubois. 3 vol. in-8°. 1845-1846. *Panckoucke.* 7 fr.

Bibliothèque latine-française, seconde série.

— Le Poëme des jardins de Columelle. Traduit en vers français, avec le texte en regard; suivi de notes et d'une flore spéciale, par Norbert Bonafous. In-8°. 1859. *Durand.* 2 fr. 50 c.

COMARMOND (le docteur Ambroise), médecin et archéologue, conservateur des musées archéo-logiques de la ville de Lyon, né à Saint-Symphorien-le-Château en 1786, mort à Lyon en 1857.

— Aviculture. Des moyens à employer pour engraisser l'oie et le canard, afin d'en tirer de meilleurs produits. In-8°. 1855. Lyon, *Dumoulin.* 1 fr. 50 c.

— Description des antiquités et objets d'art contenus dans les salles du palais des Arts de la ville de Lyon. Précédé d'une notice sur l'auteur, par E. C. Martin-Daussigny. In-4° avec 28 pl. 1855-1857. *Ibid.*

— Description de l'écrin d'une grande dame romaine, trouvé à Lyon en 1841, chez les frères de la doctrine chrétienne, et donné par eux au musée de cette ville. In-4°, 52 p. et 5 pl. 1845. *Ibid.*

— Description du musée lapidaire de la ville de Lyon. Épigraphe antique du département du Rhône. Gr. in-4°, 512 p. et 19 pl. 1854. *Ibid.*

— Dissertation sur trois fragments en bronze, trouvés à Lyon, à diverses époques, et, en particulier, sur une portion de jambe de cheval, un pied d'homme en bronze, un avant-bras de statue, et d'autres objets antiques découverts dans la tranchée du quai Fulchiron, en mai 1840. In-8°, 72 p. et 1 pl. 1840. *Ibid.*

COMARTIN (Octave), maire de Groslay.

— Recherches archéologiques sur l'église et le village de Groslay (Seine et Oise), précédées d'une étude sur l'histoire et la sépulture de saint Eugène, martyr au village de Deuil; avec plans et photographies. In-8°. 1865. *Chaix.* 6 fr. 50 c.

COMBALOT (l'abbé Théodore), prédicateur, vicaire apostolique et vicaire général de Rouen, d'Arras et de Montpellier, né à Chatenay en 1798.

— Conférences sur les grandeurs de la sainte Vierge; prêchées dans l'église de Saint-Sulpice, à Paris, pendant le mois de Marie. In-8°. 1845. Lyon, *Pélagaud.* 7 fr.

— La Connaissance de Jésus-Christ, ou le Dogme de l'incarnation envisagé comme la raison dernière et suprême de tout ce qui est. In-8°. 1841. *Gaume frères.* 6 fr.

— Le même. In-8°. 1845. Lyon, *Pélagaud.* 6 fr.

— Le Culte de la bienheureuse Vierge Marie, mère de Dieu. Nouvelles conférences prêchées à Paris, à Lyon, en Belgique, etc., depuis le décret dogmatique de l'immaculée conception. 2 vol. in-8°. 1864. Lyon, *Périsse frères.* 12 fr.

— Le même. 2 vol. in-12. 8 fr.

— Lettre à M. Guizot sur le libre examen et la propagande des sociétés bibliques. In-12. 1858. *Vaton.* 1 fr.

— Lettre à Mgr. l'archevêque de Paris sur l'intervention du clergé dans les affaires séculières et politiques. In-8°. 1851. Lyon, *Pélagaud.* 1 fr.

— Mémoire adressé aux évêques de France et aux pères de famille sur la guerre faite à l'Église et à la société par le monopole universitaire. In-8°. 1844. *Sirou.*

L'auteur a été poursuivi devant les tribunaux pour la publication de cet écrit et condamné à un mois de prison.

COMBAREL (E.), professeur d'arabe à la chaire publique d'Oran.

— Rudiment de la grammaire arabe. 1ʳᵉ partie. Étymologie. In-8°. 1865. *Challamel aîné.* 6 fr.

L'ouvrage sera complet en 2 parties.

*Combats et victoires, ou Confessions d'un officier français. In-8°. 1846. [Strasbourg, *Krœuter*.] *Delay*. 1 fr. 50 c.

COMBE (l'abbé).

— Mois de Marie, ou Marie sanctifiant le chrétien par la méditation de sa vie divine ; suivi des prières de la messe, des vêpres et de plusieurs autres prières. In-18. 1860. Montpellier, *Seguin*. 1 fr. 50 c.

COMBE (F. GARNIER-). — Voy. Garnier-Combe.

COMBE (Georges), phrénologue écossais, président de la Société phrénologique d'Édimbourg, né à Édimbourg en 1788.

— Traité complet de phrénologie, traduit de l'anglais par le docteur *Lebeau*. 2 vol. in-8°. 1840. [Bruxelles.] G. *Baillière*. 18 fr.

L'ouvrage anglais a paru en 1836 à Édimbourg.

COMBE (J. LEBLANC DE LA). — Voy. La Combe.

COMBE (Michel), colonel, né à Feurs en 1787, tué devant Constantine en 1837.

— Mémoires du colonel Combe sur les campagnes de Russie, 1812 ; de Saxe, 1813 ; de France, 1814 et 1815. In-18. 1853. *Blot*. 5 fr.

COMBE (P.).

— Éducation du ver à soie ; poëme ; précédé de l'Art de cultiver le mûrier. In-12. 1844. Bagnols, *chez l'auteur*. 3 fr.

COMBEFIS (François), savant dominicain, né à Marmande en 1605, mort à Paris en 1679.

— Bibliotheca Patrum concionatoria, hoc est, anni totius evangelia, festa dominica, sanctissimæ Deiparæ illustriorumque sanctorum solemnia, homiliis atque sermonibus adornata SS. Patrum scriptorumque ecclesiasticorum, qui tredecim prioribus sæculis floruerunt, opera et studio F. Francisci Combefis. Editio perquam diligenter castigata, novis monumentis amplificata, dissertationibus et commentariis illustrata, scholiis, annotationibus appendicibusque locupletata, accurantibus una presbyteris Joan. Alexio Gonel ; et Ludovico Pere. Tome I. Gr. in-8°. 1859. [*Imprimerie Didot frères*.] V. *Palmé*. 15 fr.

Cette édition formera environ 30 volumes.
La 1re édition de cet ouvrage avait été publiée à Paris en 1662. 8 vol. in-fol.

COMBEMALE, professeur au lycée Charlemagne.

— Deux années de thèmes dictés au lycée Charlemagne pour les classes de septième et de huitième ; annotés d'après la grammaire latine de Villemeureux, par Campagnol. In-12. 1849. *Maire-Nyon*. 2 fr. 25 c.

— Le même, à l'usage des classes de cinquième et de quatrième. Avec l'indication des règles de la grammaire latine de Lhomond et des notes historiques, géographiques et mythologiques, par Campagnol. In-12. 1855. *Ibid*. 2 fr.

COMBEROUSSE (Alexis de). — Voy. Decomberousse.

COMBEROUSSE (Charles de), fils d'Alexis de COMBEROUSSE, ingénieur civil, professeur de cinématique à l'École centrale des arts et manufactures, examinateur d'admission à la même école, né à Paris en 1826.

— Cours de mathématiques à l'usage des candidats à l'École centrale des arts et manufactures,

etc. 3 vol. in-8°, avec figures dans le texte et planches. 1860-1862. *Mallet-Bachelier*. 25 fr.

Tome 1er. Arithmétique. Algèbre élémentaire. 7 fr. 50 c.

Tome 2. Géométrie plane. Géométrie dans l'espace. Complément de géométrie. Trigonométrie. Complément d'Algèbre. 10 fr.

Tome 3. Géométrie analytique plane et dans l'espace. Éléments de géométrie descriptive. Avec atlas de 53 pl. 10 fr.

Chaque volume se vend séparément.

— Traité de géométrie élémentaire. — Voy. *Rouché et Comberousse*.

COMBEROUSSE (H. DE). — Voy. Decomberousse.

COMBES.

— Nouveau manuel des aspirants aux fonctions de notaires, greffiers, avocats à la Cour de cassation, avoués, huissiers et commissaires-priseurs. In-18. 1856. *Roret*. 3 fr. 50 c.

Collection des Manuels-Roret.

COMBES (Anacharsis), avocat, né à Castres (Tarn) en 1797.

— Chants populaires du pays castrais. In-12. 1862. Castres, Ve *Grillon*. 2 fr.

— Connaissances locales à l'usage des écoles du pays castrais, ou Notions appliquées de géographie, de statistique, d'histoire, etc. In-18. 1850. Toulouse, *Ansas*. 1 fr.

— Études historiques sur le pays castrais. In-12. 1860. Castres, Ve *Grillon*. 1 fr.

— Histoire de l'école de Sorèze. In-8°. 1847. Toulouse, *Jougla*. 5 fr.

— La Peste et les fortifications ; chronique castraise du temps du cardinal de Richelieu. In-16. 1859. Castres, Ve *Grillon*. 1 fr.

— Les Paysans français considérés sous le rapport historique, économique, agricole, médical et administratif. In-8°. 1853. J. B. *Baillière*. 7 fr. 50 c.

Avec Hippolyte Combes.

— Proverbes agricoles du sud-ouest de la France. In-8°. 1844. Toulouse, *Delboy*. 1 fr.

COMBES (Charles Pierre Mathieu), ingénieur en chef, inspecteur général et professeur d'exploitation à l'École des mines, membre de l'Institut, né en 1801.

— Aérages des mines. In-8° avec 3 pl. 1841. *Dalmont*. 3 fr. 50 c.

— Note sur l'injecteur automateur des chaudières à vapeur, imaginé par M. Giffard, et construit par M. H. Flaud. In-8° avec planches. 1862. *Dunod*. 5 fr.

— Recherches théoriques et expérimentales sur les roues à réaction ou à tuyaux. In-4° avec 2 pl. 1843. 10 fr.

— Traité de l'exploitation des mines. 3 vol. in-8° avec atlas in-fol. oblong de 38 pl. 1844-1847. *Dalmont*. 45 fr.

M. Combes a revu : « Fourneaux fumivores », notice par J. B. *Viollet*.

COMBES (Edmond), voyageur, né à Castelnaudary en 1812, vice-consul à Rabat, dans le Maroc.

— Voyage en Égypte, en Nubie, dans le désert de Beyouda, des Bicharys, et sur les côtes de la mer Rouge. 2 vol. in-8°. 1846. *Desessarts*. 15 fr.

COMBES (François), professeur d'histoire à la Faculté des lettres de Bordeaux, né à Alby (Tarn) en 1816.

— L'Abbé Suger. Histoire de son ministère et de sa régence. In-8º avec 1 portrait. 1853. *Imprimerie Remquet.* 5 fr.

— Histoire générale de la diplomatie européenne. Histoire de la formation de l'équilibre européen par les traités de Westphalie et des Pyrénées. In-8º. 1854. *Dentu.* 7 fr. 50 c.

— Histoire de la diplomatie slave et scandinave, suivie des négociations de Ponce de la Gardie, d'après des documents contemporains, tirés de la correspondance de Ponce de la Gardie et des archives de la Suède. In-8º. 1856. *Ibid.* 7 fr. 50 c.

— La Princesse des Ursins. Essai sur sa vie et son caractère politique, d'après de nombreux documents inédits. In-8º. 1858. *Didier et Cie.* 7 fr.

— La Russie en face de Constantinople et de l'Europe, depuis son origine jusqu'à nos jours. In-8º. 1854. *Dentu.* 6 fr.

COMBES (le docteur Hippolyte), médecin, professeur d'hygiène et de médecine légale à l'École de médecine de Toulouse, professeur agrégé de la Faculté de médecine de Montpellier, né à Castres (Tarn) en 1809.

— Des Affections typhoïdes. In-8º. 1841. [Toulouse.] *J. B. Baillière.* 1 fr. 50 c.

— Examen du décret relatif à l'organisation des conseils d'hygiène et de salubrité, émané du ministère de l'agriculture et du commerce, le 18 décembre 1848. In-8º. 1849. *Ibid.* 1 fr.

— De l'Importance de la médecine légale. In-8º. 1842. Toulouse, *Montaubin.* 1 fr.

— De la Médecine en France et en Italie. Administration, doctrine, pratique. In-8º. 1843. *J. B. Baillière.* 7 fr. 50 c.

— De la Médecine politique. In-8º. 1842. Toulouse, *Montaubin.* 1 fr.

— Les Paysans français. — Voy. *Combes* (A.).

— Salubrité publique. De l'éclairage au gaz, étudié au point de vue économique et administratif, et spécialement de son action sur le corps de l'homme. In-18. 1845. *Mathias.* 3 fr.

COMBES (Louis), littérateur, né à Paris en 1822.

— La Grèce ancienne. In-16. 1861. *Pagnerre.* 60 c.

Bibliothèque utile.

COMBES (l'abbé Melchior), prêtre du diocèse de Paris, du tiers ordre de la Pénitence de Saint-François.

— La Miséricorde de Marie, ou Quinze raisons pour lesquelles Marie se constitue la mère et la protectrice des pécheurs qui veulent se repentir. In-18. 1858. *Douniol.* 50 c.

— Petit cours d'histoire et de géographie. — Voy. *Riquier et Combes.*

COMBIER (Charles), ingénieur des ponts et chaussées, né à Aubenas (Ardèche) en 1819.

— Tables sur les courbes de raccordement, contenant les divers éléments de courbes circulaires employées dans les tracés de routes, chemins, canaux, etc. In-18. 1856. *Vict. Dalmont.* 2 fr. 50 c.

COMBIER (Cyprien), économiste, ancien voyageur négociant, rédacteur collaborateur de «l'Économiste français», né à Alissas, près Privas (Ardèche) en 1805.

— Voyage au golfe de Californie. — Nuits de la zone torride. Accompagné d'une carte de la Sonora, dressée par M. V. A. Malte-Brun. In-8º. 1864. *A. Bertrand.* 7 fr.

COMBOUL (Emmanuel), organiste et professeur de musique.

— Nouveau cours élémentaire de musique et de plain-chant, par demandes et par réponses, mis à la portée de tout le monde, et spécialement destiné aux écoles de l'un et l'autre sexe et aux élèves des écoles normales primaires. In-12 de VI-110 p. 1862. Tarbes, *imprimerie Perrot-Prat.*

COMBROUSE (Guillaume), archéologue et numismate, né à Paris en 1808.

— Catalogue raisonné des monnaies nationales de France. Essai. 2 vol. in-4º avec 2 atlas. 1839-1841. *Rollin.* 240 fr.

— Décaméron numismatique. In-4º. 1844. *Ibid.* 40 fr.

Anonyme.

— Monuments de la maison de France. Collection de médailles, estampes et portraits. In-fol. avec atlas de 60 pl. et 1 fac-simile d'une lettre, signée : Louis d'Orléans. 1856. *Dumoulin.* 70 fr.

Tiré à 125 exemplaires.

— 920 Monétaires mérovingiens. In-4º avec 27 pl. 1843. *Fournier.* 21 fr.

Anonyme.

GOMBY, mécanicien-conducteur.

— Théorie du mécanicien-conducteur de locomotive, ou Manière de chauffer, conduire et entretenir une machine locomotive sur les chemins de fer, avec modifications apportées depuis trente ans sur ces machines, suivie d'une note sur la conduite des bateaux. In-12. 1859. *Magnin, Blanchard et Cie.* 4 fr.

— Théorie ou manière de conduire, de chauffer et d'entretenir une machine locomotive sur les chemins de fer, machines fixes, machines de bateaux et dragues à vapeur. In-12. 1859. *Ibid.* 5 fr.

*Comédie du pape malade et tirant à la fin. In-18. 1850. Genève, *J. G. Fick.* 3 fr.

Réimpression de l'édition de 1561.

COMET (le docteur Charles Jean Baptiste), médecin, né à Paris en 1796.

— Méthode curative externe des douleurs rhumatismales, goutteuses, nerveuses, des maladies lymphatiques et des viscéralgies, affections nerveuses des viscères, confondues avec les phlegmasies chroniques et les lésions organiques, etc. 9e édition. In-8º. 1843. *Chez l'auteur.* 5 fr.

— Observations pratiques sur la déviation de la taille, la déformation des membres, et l'emploi d'un traitement simple et naturel pour la guérison des maladies lymphatiques. In-8º. 1841. *Ibid.*

— La Vérité aux médecins et aux gens du monde sur le diagnostic et la thérapeutique des maladies éclairés par le somnambulisme naturel lucide. In-8º. 1860. *Plon.* 6 fr.

Publié en 12 livraisons.

COMETTANT (Oscar), homme de lettres et compositeur de musique, né à Bordeaux en 1820.

— Almanach illustré des deux mondes. In-8° avec figures. 1861. *Pagnerre*. 75 c.

Le même a été publié pour 1859 et 1860.

— Almanach musical. — Voy. *Moléri et Comettant*.

— L'Amérique telle qu'elle est, voyage anecdotique de Marcel Bonneau dans le nord et le sud des États-Unis, excursion au Canada. In-12. 1864. *A. Faure*. 3 fr.

— Les Civilisations inconnues. In-12. 1863. *Pagnerre*. 2 fr. 50 c.

— Le Danemark tel qu'il est. In-12. 1865. *Faure*. 4 fr.

— En vacances. In-12. 1864. *Ibid.* 3 fr.

— La Gamme des amours; variations sur un thème connu. In-12. 1863. *Dentu*. 3 fr.

— Histoire d'un inventeur au XVIIIe siècle. Adolphe Sax. Ses ouvrages et ses luttes. Gr. in-8° avec portrait. 1860. *Pagnerre*. 6 fr.

— Musique et musiciens. In-12. 1862. *Ibid.* 3 fr. 50 c.

— Le Nouveau monde, scènes de la vie américaine, précédé d'une préface par M. Louis Jourdan. In-12. 1861. *Ibid.* 3 fr. 50 c.

— Un Petit rien tout neuf. 2e édition. In-12. 1865. *Ach. Faure*. 3 fr.

— Physiologie du mal de mer. — Voy. *Advielle*, Livret de poche du voyageur français.

— La Propriété intellectuelle au point de vue de la morale et du progrès. 3e édition, augmentée. In-12. 1862. *Guillaumin et Cie*. 3 fr.

La 1re édition est de 1857, la 2e de 1858.

— Trois ans aux États-Unis. Étude de mœurs et coutumes américaines. In-12. 1857. *Pagnerre*. 3 fr. 50 c.

— Voyage pittoresque et anecdotique dans le nord et le sud des États-Unis d'Amérique. Dessins de MM. Saintin, J. Noel, Lebreton, etc. Gr. in-8° avec 22 grav. 1865. *Laplace*. 20 fr.

COMMAILLE (A.), pharmacien aide-major de 1re classe.

— Étude d'hydrologie ancienne, ou Recherches sur les eaux, les aqueducs, les bains, les thermes et les fontaines de Rome à l'époque impériale. In-8°. 1862. *G. Baillière*. 1 fr. 25 c.

Extrait des « Annales de la Société d'hydrologie de Paris ».

***Commandeur** (le). Nouvelle. In-8°. 1850. *Comon*. 4 fr.

COMMARMOND.

— De la Pisciculture de la truite. In-8°, 64 p. 1853. Lyon, *Dumoulin*.

COMMENGE (le docteur O.), médecin.

— Recherches faites à Saint-Lazare sur la vaccination et la revaccination. In-8°. 1862. *A. Delahaye*. 75 c.

***Comment** l'esprit vient aux tables, par un homme qui n'a pas perdu l'esprit. — Voy. *Morin* (Alcide).

***Comment** la Russie et la Perse peuvent anéantir l'influence anglaise en Asie. In-8°. 1863. *Dentu*. 50 c.

***Commentaire** et discussion du système planétaire de l'astronome J. Perry-Villeneuve, par un ancien officier d'état-major. In-4°. 1861. Vienne, *C. Gerold*. 10 fr.

***Commentaire** pratique, formant une série de courtes méditations sur le Nouveau Testament, destinées au culte de famille, par un pasteur de l'Église anglicane. Traduit de l'anglais sur la 3e édition publiée à Dublin. 2e édition. 2 vol. in-8°. 1845. *Delay*. 11 fr.

COMMERCY (Émile Aron de).

— Poésies philosophiques, morales et religieuses. In-8°, 264 p. 1850. Metz, *imprimerie Mayer Samuel*.

COMMERSON (E.), vaudevilliste français.

— Un Mari à l'étouffée; vaudeville en un acte. In-8°. *Marchant*. 50 c.

Avec E. Vachette.

— Un Monsieur bien mis; vaudeville en un acte. In-8°. 1856. *Ibid.* 30 c.

Avec Henri Rochefort.

— Où sont les pincettes? folie-vaudeville en un acte. In-8°. 1855. *Ibid.* 30 c.

Avec Eugène Vachette.

— La Vengeance de Pistache; vaudeville en un acte. In-8°. 1864. *Mifliez*. 50 c.

Avec Henri Normand.

M. Commerson a encore signé des pièces en collaboration avec MM. *Brisebarre*, *Clairville*, *Cogniard*, *Labie*, *Moineaux* et *Tuffet*. — Voy. ces noms.

COMMERSON (J. J.), ancien membre de l'Université.

— L'Humanité, ses droits et ses devoirs, ses joies et ses douleurs, avec une carte morale de la vie depuis le berceau jusqu'à la tombe. In-12. 1861. *Larousse et Boyer*. 2 fr.

COMMERSON (Jean Louis Auguste), littérateur, fondateur du journal « Tam-Tam », devenu plus tard « le Tintamarre », né en 1802.

— Almanach du Tintamarre pour 1864. In-32. 1863. *Gosselin*. 50 c.

Le même almanach avait été publié pour les années 1853, 1854 et 1855.

— Bibliothèque drolatique. Rêveries d'un étameur. Petites affiches du Tintamarre. Code civil dévoilé. Procès Pictompin, etc. In-32. 1858. *Passard*. 1 fr. 50 c.

— Les Binettes contemporaines, pour faire concurrence à celles d'Eugène (de Mirecourt). 2 vol. in-32. 1854-1858. *Havard*. 1 fr.

Sous le pseudonyme de Joseph Citrouillard.

— Le Code civil dévoilé, dédié aux emballeurs, aux réfugiés polonais et aux gardes nationaux sans ouvrage, et notamment aux licenciés de l'École de droit pour cause d'incapacité notoire. In-18. 1854. *Martinon*. 1 fr.

Avec H. Maxance.

— Un Million de bouffonneries; ou le Blagorama français. In-32. 1854. *Passard*. 1 fr. 50 c.

— La Pêche aux corsets; vaudeville en un acte. In-4°. 1863. *Barbré*. 20 c.

Avec Eug. Furpille.

— Pensées d'un emballeur, pour faire suite aux Maximes de Larochefoucault. 2 vol. in-18. 1851-1852. *Martinon*. 2 fr.

Avec une préface par Théodore de Banville.

— Petite encyclopédie bouffonne, contenant les pensées d'un emballeur, les éphémérides et le dictionnaire du Tintamarre, etc. In-32. 1853. *Passard.* 1 fr. 50 c.

— Quatre femmes sur les bras; vaudeville en un acte. Gr. in-8°. 1860. *Mifliez.* 50 c.

Avec M. Labourieu.

— Rêveries d'un étameur, pour faire suite aux Pensées de Blaise Pascal. In-18. 1853. *Ibid.* 1 fr.

Avec E. Furpille.

— Un Souper sous la régence; comédie-vaudeville en un acte. In-8°. 1845. *Tresse.* 40 c.

Avec M. Raimond Deslandes.

— Un Suicide à l'encre rouge; vaudeville en un acte. In-8°. 1855. *Mifliez.* 30 c.

Avec M. E. Furpille.

*Communion (la), ou le Devoir et les moyens de participer dignement à la sainte Cène. In-18. 1862. Nîmes, *Peyrot-Tinel.* 1 fr. 25 c.

COMMYNES (Philippe de), seigneur d'Argenton, né en Flandre, en 1445, mort en 1509.

— Les Lettres de Philippe de Commynes aux archives de Florence, recueillies par E. Benoist. In-8°. 1863. [Lyon, *Perrin.*] *A. Durand.* 3 fr.

— Mémoires de Philippe de Commynes. Nouvelle édition, revue sur les manuscrits de la bibliothèque royale, et publiées, avec annotations et éclaircissements, par M¹¹ᵉ Dupont. 3 vol. in-8°. 1841-1848. *Renouard.* 27 fr.

Publié par la Société de l'histoire de France.

La 1ʳᵉ édition est de 1524.

— Mémoires de Commines, précédés d'une notice biographique. In-12. 1843. *Belin-Leprieur.* 3 fr. 50 c.

COMNÈNE (le prince Nicolas Stephanopoli de), ancien attaché de l'ambassade de France près la Porte ottomane, né en Corse.

— L'Angleterre, ses avanies et ses manœuvres chez sa rivale, etc. In-4°. 1850. *Garnier.* 75 c.

— Les Deux grandes perturbations sociales recommencées en Orient et en Occident; vastes conspirations contre les catholiques, les nations civilisées et les indépendances de l'Europe centrale, manifestées en Italie et en Palestine. Gr. in-8°. 1860. *Dountol.* 1 fr. 50 c.

— Génie des colonies grecques, spartiates et du peuple indigène de la Corse. In-8°. 1842. *Mathias.* 6 fr.

— Guerres impies des usurpateurs, commencées en Orient l'an 1853, sous le masque de la religion et de l'ordre. In-8°. 1854. *Garnier frères.* 1 fr. 25 c.

— Progrès social de l'Europe. Pensées d'un enfant de la Grèce sur les événements de l'Orient. In-8°. 1841. *Debécourt.* 6 fr.

— Résurrection des libertés grecques; combat des sociétés constitutionnelles contre les monarchies despotiques; éclaircissements sur la question de l'Orient. In-8°. 1844. *Belin-Mandar.* 2 fr. 50 c.

COMO-VIALLET (Clémentine de).

— Pauvres enfants! In-12. 1865. Turin, *Favale et Cⁱᵉ,* 3 fr. 50 c.

COMOY, ingénieur en chef des ponts et chaussées.

— Quelques renseignements sur le Pô et les autres fleuves du Nord de l'Italie. In-8°. 1862. *Dunod.* 4 fr.

COMPAGNON (Al.), ancien membre du conseil des prud'hommes.

— Les Classes laborieuses, leur condition actuelle, leur avenir par la réorganisation du travail. In-12. 1868. *Lévy frères.* 2 fr.

COMPAING (Charles), rédacteur du «Journal des tailleurs».

— Méthode de coupe d'habillements. In-8°, 32 p. avec 6 pl. 1842. *Boulevard des Italiens,* 2.

— Le même. 2ᵉ édition, augmentée. In-8° avec pl. 1846. *Ibid.* 10 fr.

— Traité de la coupe des vêtements. In-4° avec atlas de 25 pl. 1851. *Ibid.* 12 fr.

COMPANS (H. Tᴇʀɴᴀᴜx-). — Voy. Ternaux-Compans.

COMPANYO (le docteur Louis), médecin et naturaliste, né à Céret (Pyrénées-Orientales) en 1781.

— Catalogue descriptif des mammifères qui ont été observés et qui vivent dans le département des Pyrénées-Orientales. In-8°. 1841. Perpignan, *Alzine.* 2 fr. 50 c.

— Histoire naturelle du département des Pyrénées-Orientales. 3 vol. in-8° avec pl. 1862-1864. Perpignan, *Alzine.* 30 fr.

Les tomes 1 et 3 ont été publiés en 1862, le tome 2 en 1864.

COMPANYO (le docteur), fils du précédent; médecin de la Compagnie universelle de l'isthme de Suez.

— Essai sur la méningite cérébro-spinale épidémique, suivi d'une notice sur un nouveau rachitome sécateur à double lame, avec une planche représentant l'instrument. In-8° avec 1 pl. 1847. *J. B. Baillière.*

COMPAYRE (Cl.).

— Études historiques et documents inédits sur l'Albigeois, le Castrais et l'ancien diocèse de Lavaur. In-4° avec pl. et 1 grande carte. 1844. Albi, *Papailhau.* 16 fr.

*Complément de l'œuvre de 1830. Établissements à créer dans les pays transatlantiques. Avenir du commerce et de l'industrie belges. In-8° avec carte. 1860. Bruxelles, *Muquardt.* 2 fr. 50 c.

COMPOINVILLE (E.), instituteur.

— Les Éléments du calcul et le système légal des poids et mesures. Partie de l'élève. In-12. 1860. *Ducrocq.* 1 fr.

COMPTE-CALIX (F.).

— Costumes historiques français, dessins inédits gravés par Bracque, etc. Gr. in-8° de 15 pl. coloriées. 1864. *Philipon.* 10 fr.

COMTE (Achille Joseph), naturaliste, docteur ès sciences et médecin, ancien chef de bureau au ministère de l'instruction publique, directeur de l'Académie de Nantes, né à Grenoble, en 1802, mort à Nantes en 1866.

— Cahiers d'histoire naturelle. — Voy. *Edwards* (Milne-) *et Comte.*

— Lectures choisies sur les sciences. Morceaux choisis des auteurs classiques qui ont écrit sur les sciences. In-8°. 1853. *Delalain.* 5 fr.

— Musée d'histoire naturelle, comprenant la

osmographie, la géologie, la zoologie, la botanique. In-8° avec 50 grav. coloriées. 1854. *Mar-
non.* 25 fr.

Publié en 50 livraisons.

— Notions sanitaires sur les végétaux dange-
eux, sur leurs caractères distinctifs et les moyens
o remédier à leurs effets nuisibles. In-4° avec
pl. coloriées. 1862. Nantes, *Charpentier.* 20 fr.

— Organisation et physiologie de l'homme, ex-
liquées à l'aide de figures coloriées, découpées
t superposées ; suivi de l'indication des premiers
ecours à donner aux malades et aux blessés.
e édition. In-8° avec atlas de 10 pl. 1850. *Impri-
erie Dondey-Dupré.* 8 fr.

— Physiologie pour les collèges et les gens du
onde. 4e édition. In-4° avec 10 pl. 1841. *Cro-
ard.*

La 1re édition est de 1834.

— Structure et physiologie animales, démon-
ées à l'aide de figures coloriées, découpées et
uperposées. In-18 avec 8 pl. et figures dans le
xte. 1853. *V. Masson.* 6 fr.

— Suites aux œuvres de Buffon. — Voy. *Buffon,*
Œuvres complètes.

— Traité complet d'histoire naturelle. In-12
vec pl. 1844. *Didot.* Chaque volume, 3 fr. 50 c.

L'ouvrage devait former 18 volumes, mais la publication en
été interrompue. — Les volumes publiés jusqu'à ce jour sont :
me 2. Physiologie comparée. — Tome 3. Zoologie. Espèce
maine. — Tome 4. Mammifères. — Tomes 8 et 9. Insectes.
Ces deux derniers volumes ont été rédigés par M. *Blanchard.*

COMTE (Mme Achille), née Aglaé de Boucon-
ILLE, Ve LAYA.

— Éloge de Mme de Sévigné. In-8° avec portrait.
40. *Rousset.* 2 fr.

— Histoire naturelle, à l'usage des femmes et
s jeunes personnes. 3e édition. In-12 avec 130
. 1843. *Gosselin.* 3 fr. 50 c.

— Histoire naturelle racontée à la jeunesse, ou
xposé des instincts et des mœurs des animaux ;
écédé d'une notice sur les races humaines. Gr.
-8° avec vignettes dans le texte.1853. *Lehuby.*
fr.

— Julien, suivi de l'Histoire d'un boudoir, ra-
ntée par lui-même. 2 vol. in-8° avec vignettes.
41. *Gosselin.* 15 fr.

— Madame de Lucenne, ou Une idée de belle-
re; comédie en trois actes et en prose. In-8°.
45. *Tresse.* 60 c.

— Mon ami Babolin ; comédie-vaudeville en un
te. In-8°. 1851. *Ibid.* 60 c.

Avec Louis Monrose.

— Sagesse et bon cœur, ou Science du bien.
-8°. 1846. *Aubert.*

— Le Veuvage ; comédie en deux actes, en
ose. In-8°. 1842. *Breteau et Pichery.* 60 c.

COMTE (Auguste), mathématicien et philosophe,
dateur de la doctrine dite positiviste, né à
ntpellier, en 1798, mort à Paris, en 1857.

— Appel aux conservateurs. In-8°. 1855. *Dal-
nt.* 3 fr.

— Calendrier positiviste, ou Système général
commémoration publique, destiné surtout à la
nsition finale de la grande république occiden-
e composée des 5 populations avancées, fran-
se, italienne, germanique, britannique et es-

pagnole, toujours solidaires depuis Charlemagne.
In-8°. 1849. *Mathias.* 1 fr.

— Catéchisme positiviste, ou Sommaire exposition de la religion universelle, en 11 entretiens
systématiques entre une femme et un prêtre de
l'humanité. In-16. 1852. *Carilian-Gœury.* 3 fr.

— Cours de philosophie positive. 2e édition,
augmentée d'une préface par E. Littré, et d'une
table alphabétique des matières. 6 vol. in-8°. 1864.
Baillière et fils. 45 fr.

1re édition 1839-1842. 6 vol. in-8°. *Ladrange.* 50 fr.

— Culte systématique de l'humanité. L'amour
pour principe, l'ordre pour base, et le progrès
pour but. In-8°. 1850. *Dalmont.* 1 fr.

— Discours sur l'esprit positif. In-8°. 1844. *Ibid.*
2 fr.

— Ordre et progrès. Vivre pour autrui. Discours
sur l'ensemble du positivisme. In-8°. 1848. *Ibid.*
6 fr.

— Système de politique positive, ou Traité de
sociologie, instituant la religion de l'humanité.
4 vol. in-8°. 1852-1854. *Ibid.* 27 fr.

— Synthèse subjective, ou Système universel
des conceptions propres à l'état normal de l'humanité. In-8°. 1856. *Ibid.* 9 fr.

— Traité élémentaire de géométrie analytique
à 2 et à 3 dimensions, contenant toutes les théories générales de géométrie accessibles à l'analyse ordinaire. In-8° avec 3 pl. 1843. *Ibid.* 7 fr.
50 c.

— Traité philosophique d'astronomie populaire,
ou Exposition systématique de toutes les notions
de philosophie astronomique, soit scientifiques,
soit logiques, qui doivent devenir universellement
familières. In-8° avec 1 pl. 1844. *Ibid.* 7 fr.

COMTE (Charles).

— Notice sur la vie et les ouvrages de Malthus.
— Voy. *Malthus.*

— Notice historique sur la vie et les travaux de
J. B. Say. — Voy. *Say.*

CONCHE (le docteur Ernest), médecin, né à
Lyon.

— De l'irido-choroïdite glaucomateuse. In-8°.
1862. Montpellier, *Boehm et fils.* 3 fr.

— De la Maladie kystique du testicule. In-8°.
1863. [Lyon.] *Asselin.* 2 fr.

CONCHES (F. FEUILLET DE). — Voy. **Feuillet
de Conches.**

CONCHON (H.), conseiller à la cour de Riom.

— Études historiques et littéraires sur J. Sava-
ron. In-8°, 128 p. 1847. Clermont-Ferrand, *Thibaud-Landriot.*

*****Concile** (un) et pas de schisme, par l'auteur de
la Coalition ultramontaine. In-8°. 1861. *Pick.* 1 fr.

*****Concordance** des quatre évangiles, composés
dans l'ordre textuel sans transition ni transposition. Gr. in-8°. 1862. *Ve Berger-Levrault et fils.*
4 fr. 50 c.

*****Concordance** des saintes Écritures, précédée
des analyses chronologiques de l'Ancien et du
Nouveau Testament. Édition nouvelle et corrigée.
In-8°. 1856. *Meyrueis et Cie.* 10 fr.

*****Condamnation** de l'Autriche par un tribunal
européen. In-8°. 1859. *Dentu.* 1 fr.

CONDÉ (Henri II de BOURBON, prince de), né à Saint-Jean-d'Angély, en 1588, mort en 1646.

— Lettres inédites. — Voy. *Fiefbrun.*

CONDÉ (Hector de), ancien officier de l'armée belge.

— Gloires militaires de l'Espagne et du Portugal. In-18. 1865. Bruxelles, *F. Vromant.* 2 fr. 50 c.

CONDI RAGUET, ancien chargé d'affaires des États-Unis à la cour de Brésil.

— Traité des banques et de la circulation. Traduit par L. Lemaître. In-8°. 1840. *Renard.* 7 fr. 50 c.

CONDILLAC (l'abbé Étienne BONNOT DE), philosophe et économiste, membre de l'Académie française, né à Grenoble, en 1715, mort en 1780.

— Le Commerce et le gouvernement. — Voy. *Collection des principaux économistes, tome 14.

*Condition (de la) des ouvriers de Paris, de 1789 jusqu'en 1841, avec quelques idées sur la possibilité de l'améliorer. In-8° de 18 1/4 f. 1841. *Imprimerie Gros.*

*Conditions (des) d'une paix durable en Pologne. In-8°. 1863. *Dentu.* 4 fr.

CONDORCET (Jean Antoine Nicolas DE CARITAT, marquis de), mathématicien, philosophe et publiciste, secrétaire perpétuel de l'Académie des sciences et membre de l'Académie française, né à Ribemont, en 1745, mort en 1794 dans la prison de Bourg-la-Reine, où il avait pris du poison pour échapper à l'échafaud.

— Œuvres de Condorcet, publiées par A. Condorcet O'Connor et F. Arago. 12 vol. in-8° avec portrait. 1847-1849. *F. Didot frères.* 84 fr.

C'est la 2e édition des Œuvres de Condorcet. — La 1re édition, commencée en 1801 par les soins de Garat et de Cabanis, a paru en 1804 en 22 vol. in-8°.

— Esquisse d'un tableau historique des progrès de l'esprit humain. 2 vol. in-32. 1864. *Dubuisson et Cie.* 50 c.

Bibliothèque nationale.

— Lettre d'un laboureur de Picardie à M. Necker, et autres opuscules. — Voy. *Collection des principaux économistes, tome 14.

— Vie de Voltaire. In-32. 1864. *Ibid.* 25 c.

Bibliothèque nationale.

CONDORCET (la marquise de). — Voy. **Grouchy** (Mme S. de).

CONDORCET O'CONNOR. — Voy. **O'Connor.**

CONDREN (le Père Charles de), théologien français, second général de l'Oratoire de Jésus, docteur de Sorbonne, né à Vaubuin, en 1588, mort en 1641.

— Œuvres complètes. 4e édition, augmentée de plusieurs lettres inédites, et publiée par les soins et sous la direction de l'abbé Pin. 2 vol. in-12 avec grav. 1857-1860. *Guyot et Roidot.* 7 fr.

La 1re édition est de 1643 et 1648.

*Conduite (de la) de la guerre d'Orient. Expédition de Crimée. Mémoire adressé au gouvernement de S. M. l'empereur Napoléon III, par un officier général. In-8°. 1855. Berlin, *Springer.* 75 c.

CONESTABILE (Giancarlo), conservateur des antiques au musée de Pérouse, professeur d'archéologie, né à Pérouse en 1824.

— Second spicilegium de quelques monuments, écrits ou épigraphes des Étrusques. Musées de Londres, de Berlin, de Manheim, de La Haye, de Paris, de Pérouse (Italie). In-8° avec 1 grav. 1863. *Didier et Cie.* 5 fr.

M. Conestabile a fourni plusieurs articles à la « Revue archéologique », aux « Mémoires de la Société des antiquaires de France », etc.

CONFALONIERI.

— Correspondance inédite. — Voy. *Andryane,* Mémoires d'un prisonnier d'État.

*Confédération (la) italique, par l'auteur du Congrès de Vienne en 1814 et 1815, et de celui de Paris en 1856. In-8°. 1859. *Dentu.* 1 fr.

*Conférence de chrétiens évangéliques de toute nation, à Berlin. 1857. Compte rendu publié au nom du comité de l'Alliance évangélique. In-8°. 1858. *Meyrueis et Cie.* 4 fr.

*Conférences sur les principes de la foi réformée, prêchées à Genève en 1853 et 1854, par MM. Bungener, Cougnard, Coulin, Munier, Oltramare, Viollier, etc. 2 vol. in-12. 1853-1854. Genève. 3 fr.

*Conférences littéraires de la salle Barthélemy. 2 vol. in-12. 1864. *Didier et Cie.* 5 fr.

*Conférences de Genève. — Voy. *Tissot.*

*Conférences sur les manœuvres d'infanterie. Manœuvres étrangères. Manœuvres de l'infanterie prussienne, autrichienne, suédoise, belge, espagnole, piémontaise, anglaise, russe, par E. T. In-8°. 1863. *Dumaine.* 3 fr.

*Conférences (les) du quai Malaquais, 1re année. In-12. 1864. *Germer Baillière.* 1 fr. 50 c.

*Conférences sur le tir, à l'usage des armées de terre et de mer, par un capitaine instructeur de tir. In-8° avec 8 pl. 1859. *Corréard.* 5 fr.

*Confession (de la) et du célibat des prêtres, ou la Politique du pape. In-8°. 1845. *Comon.* 7 fr. 50 c.

*Confession d'un catholique repoussé du confessionnal pour avoir protesté contre le nouveau dogme de l'immaculée Conception de la sainte Vierge, l'infaillibilité du pape, la souveraineté temporelle et les autres dogmes ultramontains hautement enseignés, quoique non encore décrétés. Gr. in-8°. 1860. *Challamel.* 2 fr.

*Confession de foy faicte d'un commun accord par les fidèles qui conversent ès Pays-Bas, lesquel désirent vivre selon l'Évangile, avec une remonstrance aux magistrats de Flandres, Brabant, Haynault, Artois, Chastelenie de l'Isle, et autres régions circonvoisines. In-24. 1855. Genève, *J. Fick.* 3 fr.

Réimprimé sur l'édition de 1561.

*Confessionnal (le) des jésuites. In-12 de 16 f. 1845. *Paulin.*

*Confiance (la) en Dieu, trop peu connue de chrétiens, par un supérieur de séminaire. 2 vol. in-18. 1851. Vannes, *Lamarzelle.*

*Confidences d'une jeune femme à propos d[u] mariage à Marseille, considéré au point de vu[e] de la classe moyenne, par Mme Pauline M... In-8°. 1865. Marseille, *Bellue.* 50 c.

*Confidences poétiques, par Mmes Desbord[es]

Valmore, Adèle Esquiros; MM. Émile Deschamps, Alphonse Esquiros, Théophile Gautier, Léon Gozlan, Arsène Houssaye. In-12. 1850. *Garnier frères.* 1 fr. 75 c.

CONFUCIUS (Koung-Fou-Tseu ou Koung-Tsée), philosophe chinois, mort en 479 avant J.-C.

— La Morale de Confucius. Édition Cazin. In-8°. 1844. [Fontenay-le-Comte, *Gaudin.*] *Legrand.*

— Pensées morales de Confucius et de divers auteurs chinois. In-18. 1851. *V. Lecou.* 3 fr. 50 c.

Voy. aussi *Pauthier*, les Quatre livres de philosophie de la Chine.

CONGNET (l'abbé Louis Henri), helléniste et philologue, membre de la Société asiatique et de l'Institut historique, missionnaire apostolique, chanoine honoraire de Mende, né à Soissons, en 1795.

— Auteurs chrétiens en latin classique. Recueil propre à former les jeunes gens à la piété et à leur inspirer le goût d'une pure et élégante latinité. In-12. 1860. *Périsse frères.* 2 fr. 60 c.

— Cours de thèmes grecs élémentaires. Classe de 6e ou de 7e. Nouvelle édition, revue, corrigée et augmentée. 2 vol. in-12. 1861. *Lecoffre et Cie.* 4 fr. 50 c.

— Le même. Corrigé. 2 vol. in-12. *Ibid.* 8 fr.

La 1re édition est de 1844.

— Enchiridion de ceux qui commencent le grec, accompagné d'exercices gradués, etc. 7e édition. In-12. 1859. *Ibid.* 2 fr. 25 c.

— Grammaire de la langue grecque comparée perpétuellement avec la langue latine. 3e édition. In-8°. 1845. *Ibid.* 3 fr. 25 c.

— Joseph, Ruth, Tobie et extraits bibliques, suivis de 46 fables d'Ésope, de morceaux d'Élien et autres auteurs, et des fables choisies de Babrius, avec des exercices grammaticaux et des renvois perpétuels à la grammaire de M. Henri Congnet et à celle de M. Burnouf. 6e édition. In-12. 1855. *Ibid.* 1 fr. 60 c.

Le même, avec lexique, 3 fr. 50 c.; le même, traduction française, 2 fr. 50 c.; le même, traduction latine littérale, 1 fr.

— Lexique élémentaire grec-français, à l'usage des classes de 7e, 6e, 5e et 4e. 8e édition, revue, corrigée et augmentée. In-12. 1864. *Ibid.* 2 fr.

— Le Livre des jeunes professeurs. In-32. 1859. *Ibid.* 1 fr. 25 c.

— Le Maître d'études des collèges. In-32. 1845. *Ibid.* 1 fr.

— Manuel des verbes irréguliers défectifs et difficiles de la langue grecque, avec des exercices propres à rendre familières en peu de temps les formes diverses des verbes. 5e édition. In-18. 1863. *Ibid.* 2 fr.

— Manuel pratique pour la première communion et la confirmation. In-12. 1857. *Parmentier.*

— Le même. In-12. 1865. Mons, *Manceaux.*

— Petit manuel pour la première communion. In-18. 1858. *Ibid.* 60 c.

Extrait de l'ouvrage précédent.

— Le Pieux helléniste sanctifiant la journée par la prière. 4e édition, revue, corrigée et augmentée. In-32. 1865. *Lecoffre et Cie.* 2 fr.

— Prosodie grecque. — Voy. *Longueville et Congnet.*

— Soldat et prêtre, ou le Modèle de la vie sa-

cerdotale et militaire dans le récit et l'exposé des actions et des sentiments de l'abbé Timothée Marprez. In-8°. 1860. *Parmentier.* 5 fr. 50 c.

***Congrès** (le) continental. In-8°. 1864. *Dentu.* 1 fr.

***Congrès** (le) des étudiants sous son véritable jour; réponse à la calomnie et à la diffamation, par E. H. In-24. 1865. Liége, *Ch. Gnusé.*

***Congrès** (un) et non la guerre. In-8°. 1859. *Amyot.* 1 fr.

***Congrès** (le) de 1860, par un Italien. In-8°. 1860. [Bâle.] *Magnin Blanchard et Cie.* 1 fr.

***Congrès** médico-chirurgical de France. 1re session, tenue à Rouen du 30 septembre au 3 octobre 1863. In-8° avec 5 pl. et vignettes. 1864. *Baillière et fils.* 5 fr.

***Congrès** médical de France. 2e session, tenue à Lyon du 26 septembre au 1er octobre 1864. In-8°. 1865. *Ibid.* 9 fr.

***Congrès** international de bienfaisance. Session de 1856. 2 vol. gr. in-8°. 1858. Bruxelles. 6 fr.

— Session de Francfort-sur-Mein, 1857. 2 vol. in-8°. 1858. *Ibid.* 7 fr. 50 c.

— Session de Londres, 1862. 2 vol. gr. in-8°. 1863. Bruxelles, *C. Muquardt.* 10 fr.

***Congrès** de Vienne. Acte principal et traités additionnels. Édition complète, collationnée sur les documents officiels. In-8°. 1847. *Gerdès.* 1 fr. 50 c.

CONGRÈVE (Richard).

— L'Inde; traduit de l'anglais. (Ordre et progrès.) In-8°. 1858. *Jannet.* 3 fr.

CONINCK (Frédéric de), ancien armateur, membre du consistoire de l'Église réformée du Havre, né à Copenhague en 1805.

— Le Canal de Suez et le gouvernement ottoman. In-8° avec plan. 1863. Le Havre, *Lemale.* 50 c.

— Deux lettres sur le maintien de la liturgie dans l'Église réformée française reconnue par l'État. In-8°. 1860. *Ibid.* 50 c.

— L'Église réformée de France et l'Église du Havre. In-8°. 1863. *Ibid.* 1 fr.

— L'Église réformée de France et la théologie nouvelle. In-8°. 1862. *Ibid.* 60 c.

— Le Havre, son passé, son présent et son avenir. In-8°. 1859. *Ibid.* 3 fr.

— Lettres à M. le pasteur Martin-Paschoud. In-8°. 1865. *Ibid.* 50 c.

— Lettres de Julien à sa mère. In-8°. 1860. *Ibid.* 5 fr.

Anonyme.

— Lettres sur le percement de l'isthme de Suez. Avis aux petites bourses. In-8°. 1858. *Ibid.* 50 c.

— Le Mousse Yvonnet. In-8°. 1862. *Ibid.* 40 c.

— Du Percement de l'isthme de Suez. Nouvelles considérations. In-8°. 1859. *Ibid.* 50 c.

— La Profession de foi de M. Athanase Coquerel fils et l'Église réformée de France. In-8°. 1864. *Ibid.* 50 c.

— Réponse à la seconde circulaire de l'Union protestante libérale. In-8°. 1861. *Ibid.* 50 c.

— Réponse au Journal de la compagnie uni-

verselle de l'isthme de Suez, du 1er janvier 1859.
In-8°. 1859. *Ibid.* 50 c.

— Seconde et dernière réponse au même Journal (février 1859). In-8°. 1859. *Ibid.* 50 c.

— Les Synodes. Aide-toi, le ciel t'aidera. In-8°. 1860. *Ibid.* 50 c.

— L'Union protestante libérale. In-8°. 1861. *Ibid.* 50 c.

CONINCK (J. B. de).

— Essai sur l'histoire des arts et des sciences en Belgique. Gr. in-8°, 130 p. 1845. Anvers.

*****Conjuration** de Cinq-Mars. Récit extrait de Montglat, Fontrailles, Tallemant des Réaux, Mme de Motteville, etc. (1642). In-16. 1853. *Hachette.* 60 c.

*****Connaissance** des temps ou des mouvements célestes, à l'usage des astronomes et des navigateurs, pour l'an 1867, publiée par le Bureau des longitudes. In-8°. 1865. *Gauthier-Villars.* 3 fr. 50 c.

La 1re année a paru en 1760.

CONNOP-THIRLWALL, évêque de Saint-David's.

— Histoire de la Grèce ancienne. Traduit de l'anglais par Adolphe Joanne. 4 vol. in-8°. 1847. *Paulin.* 30 fr.

CONNOR (O'). — Voy. **O'Connor.**

CONNY (le vicomte Félix de), ancien député, né à Moulins, en 1789, mort en 1850.

— Les Frères des écoles chrétiennes et le fondateur de leur institut. De l'Éducation des enfants dans les campagnes. In-18. 1846. *Imprimerie Proux.* 75 c.

— Histoire de la révolution de France. 8 vol. in-8°. 1834-1842. *Jeulin.* 60 fr.

— Le même. 16 vol. in-12. *Ibid.* 80 fr.

CONNY (Jean Adrien de), fils du précédent, prêtre, protonotaire apostolique, chanoine de Notre-Dame de Paris, né à Moulins, en 1817.

— Recherches sur l'abolition de la liturgie antique dans l'église de Lyon. In-12. 1859. Lyon, *Girard et Josserand.* 1 fr. 75 c.

— Remarque sur une prétendue défense de la liturgie de Lyon. In-18. 1860. *Lecoffre et Cie.* 1 fr. 75 c.

— Des Usages et des abus en matière de cérémonies. In-8°. 1854. [Moulins, *Desrosiers.*] *Lecoffre.* 2 fr.

CONOD (Ch.), jurisconsulte suisse, avocat à Lausanne.

— Code pratique, ou Conseils aux personnes appelées à gérer leurs affaires, contenant un exposé des matières de droit civil vaudois, etc. In-8°. 1842. Zurich, *Schulthess.* 4 fr.

CONORE (L.), contre-maître mécanicien au port de Brest.

— De la Machine à vapeur marine. Leçons de mécanique pratique, à l'usage des mécaniciens. In-8° avec 12 pl. 1851. [Brest.] *Robiquet.* 9 fr.

CONQUET (P.), employé supérieur des contributions indirectes.

— Annuaire de l'administration de l'enregistrement et des domaines. 1865. In-8°. *Rue Saint-Dominique-Saint-Germain*, 2. 3 fr.

Paraît tous les ans depuis 1853.

— De l'Impôt sur les boissons. In-8° de 20 f. 1852. *Chez l'auteur.*

CONRAD (Frederik Willem), inspecteur général du Waterstaat du royaume des Pays-Bas, président de l'Institut royal des ingénieurs, membre de la commission internationale de l'isthme de Suez, né à Spaarndam (Pays-Bas) en 1800.

— Rapport sur le projet d'un canal de grande navigation entre la mer du Nord et la mer Baltique. In-4°. 1863. La Haye, *Van Langenhuys frères.* 3 fr. 50 c.

— Canal de Suez. État de la question. 1858. *Ibid.* 1 fr.

CONRART (Valentin), littérateur et poëte, né à Paris, en 1603, mort en 1675.

— La Journée des madrigaux. — Voy. E. Colombey.

CONSALVI (Hercule), cardinal, né à Rome en 1757, mort en 1824. C'est lui qui conclut avec Napoléon le concordat de 1801, et qui représenta le pape au congrès de Vienne.

— Mémoires du cardinal Consalvi, secrétaire d'État du pape Pie VII, avec une introduction et des notes par J. Crétineau-Joly. Ces mémoires, publiés pour la première fois, sont enrichis du fac-similé de 8 autographes précieux. 2 vol. in-8°. 1864. *Plon.* 15 fr.

CONSCIENCE (Henri ou Hendrick), romancier flamand, né à Anvers, en 1812.

— L'Année des merveilles; traduction L. Wocquier. In-12. 1865. *Lévy frères.* 1 fr.

— Aurélien; traduit par le même. 2 vol. in-12. 1859. *Ibid.* 2 fr.

— Baas Gansendonck, histoire campinoise; traduite par G. Jottrand. In-12. 1853. Bruxelles, *A. Labroue.* 2 fr.

— Batavia; traduit par L. Wocquier. In-12. 1859. *Lévy frères.* 1 fr.

— Le Conscrit; traduit par le même. In-12. 1855. *Ibid.* 1 fr.

— Le même. In-32. *Ibid.* 1 fr.

— Le Coureur des grèves; scènes de la vie des pêcheurs flamands; traduction de Félix Coveliers. In-12. 1863. *Lévy frères.* 1 fr.

— Le Démon de l'argent; traduit par L. Wocquier. In-12. 1859. *Ibid.* 1 fr.

— Le Démon du jeu; traduit par le même. In-12. 1863. *Ibid.* 1 fr.

— Le Fléau du village. Le Bonheur d'être riche; traduit par le même. In-12. 1858. *Ibid.* 1 fr.

— Le Gentilhomme pauvre; traduit par le même. In-12. 1862. *Ibid.* 1 fr.

— La Guerre des paysans; traduit par le même. In-12. 1855. *Ibid.* 3 fr.

Nouvelle édition en 1864. 1 fr.

— Le même; traduit par J. Stecher. 2 vol. in-12. 1856. Tournai, *Casterman.* 2 fr.

— Les Heures du soir; traduit par L. Wocquier. In-12. 1858. *Lévy frères.* 1 fr.

Le comte Hugo. — Rikke, tikke, tak. — Le Revenant. — Le Maître d'école.

— Le Jeune docteur; traduction de Félix Coveliers. In-12. 1863. *Ibid.* 1 fr.

— Le Lion de Flandres; traduit par le même. 2 vol. in-12. 1862. *Ibid.* 2 fr.

— Le Mal du siècle; scènes de la vie contemporaine; traduction de Léon Wocquier. In-12. 1864. *Ibid.* 1 fr.

— La Mère Job. La Grâce de Dieu. La Grand'mère; traduit par le même. In-12. 1857. *Ibid.* 1 fr.

— L'Orpheline. La Fille de l'épicier. Quentin Metzys. L'Amateur de dahlias. La Nouvelle Niobé. Science et foi; traduit par le même. In-12. 1860. *Ibid.* 1 fr.

— Quentin Metzys, ou le Forgeron peintre; traduit par l'abbé Adolphe Bloeme. In-18. 1852. Aire, *Guillemin.* 1 fr.

— Scènes de la vie flamande; traduit par Léon Wocquier. 2 vol. in-12. 1854. *Lévy frères.* 6 fr.

1re série : Ce que peut souffrir une mère. — Le Conscrit — Le Gentilhomme pauvre. — Rikke, tikke, tak.
2e série : Rose l'aveugle. — L'Avare. — L'Aubergiste de village. — La Fille de l'épicier.

— Le même. 2 vol. in-12. 1856. *Ibid.* 2 fr.

— Le même; traduit par J. Stecher. 2 vol. in-12. 1853. Liége, *Lardinois.* 4 fr.

— Souvenirs de jeunesse; traduit par L. Wocquier. In-12. 1862. *Lévy frères.* 1 fr.

— La Tombe de fer; traduction de Félix Coveliers. In-12. 1864. *Ibid.* 1 fr.

— Les Veillées flamandes; traduit par le même. In-12. 1855. *Ibid.* 3 fr.

Comment on devient peintre. — La Male main. — Ange et démon. — Une Erreur judiciaire. — Le Fils du bourreau. — La Grand'mère.

— Le même. In-12. *Ibid.* 1 fr.

CONSEIL (J.).

— Le Guide du jeune rédacteur, ou Répertoire des expressions de la langue française. In-12 de 15 f. 1851. Metz, *Alcan.*

CONSEIL (Jules Aimé), ancien capitaine de port, né à Brest en 1796.

— Guide pratique de sauvetage à l'usage des marins, accompagné de nombreuses figures dans le texte et de 2 pl. gravées. In-8°. 1863. *Arthus Bertrand.* 6 fr. 50 c.

— Premières leçons de natation, conseils pratiques sur le sauvetage dans les eaux intérieures, fleuves, rivières, etc., précédées d'une nouvelle méthode pour apprendre à nager en quelques leçons. In-12 avec pl. 1865. *Dupont.* 50 c.

*Conseils à mes enfants, pensées morales, politiques et philosophiques, suivis de mon itinéraire en Italie, par M. de ***. In-8°. 1861. *Hachette et Cie.*

*Conseils aux dames, ou Moyens d'améliorer leur santé, de conserver leurs charmes et de prolonger leur jeunesse, par un homme du monde. In-18. 1842. *Tissot.* 2 fr.

*Conseils aux femmes, où sont indiqués les moyens de conserver leur santé, leur force, leur fraîcheur, etc., par B..., docteur en médecine de Paris. In-18 de 6 f. 1849. [La Rochelle.] *Comon.*

*Conseils de philosophie pratique, par M. le prince Alex. V***. In-8°. 1847. *Franck.* 2 fr. 50 c.

*Conservateur (le) de la santé, ou l'Art de prolonger ses jours par des moyens simples et à la portée de tout le monde, publié d'après les préceptes des hommes les plus célèbres de l'antiquité et de nos jours. In-12. 1860. Lyon, *Gondy.* 1 fr. 50 c.

Le 1er tirage est de 1857.

CONSIDÉRANT (Nestor).

— Études sur la révolution du xvie siècle dans les Pays-Bas espagnols. In-8°. 1851. Mons. 3 fr.

— Histoire de la révolution du xve siècle dans les Pays-Bas. 2e édition, augmentée d'une introduction par G. Frédérix. In-8°. 1861. [Bruxelles.] *Didot frères.* 5 fr.

— Le Roi Léopold Ier, sa vie et sa mort. In-8°. 1865. Bruxelles. 50 c.

— La Russie en 1856. Souvenirs de voyage. 2 vol. in-32. 1857. Bruxelles, *A. Schnée.* 2 fr. 50 c.

— Du Travail des enfants dans les manufactures et dans les ateliers de la petite industrie. In-8°. 1863. Bruxelles, *Lacroix et Cie.* 1 fr.

CONSIDÉRANT (Victor Prosper), économiste, chef de l'école dite sociétaire, ancien capitaine du génie, né à Salins, en 1808.

— Chemins de fer. Ligne de Paris à Lyon et de Paris à Strasbourg. In-8° de 2 f. 1844. *Librairie phalanstérienne.*

— Contre M. Arago. Réclamation. Suivi de la Théorie du droit de propriété. In-8°. 1840. *Ibid.* 1 fr. 25 c.

À l'occasion du discours de M. Arago sur la réforme électorale.

— Description du phalanstère et considérations sociales sur l'architectonique. In-12 avec vignette. 1848. *Ibid.* 1 fr. 25 c.

— Destinée sociale. 3 vol. in-8°. 1834-1843. *Ibid.* 18 fr.

— Le même. Nouvelle édition. 2 vol. in-12. 1851. *Ibid.* 5 fr.

— Exposition abrégée du système phalanstérien de Fourier. In-32. 1845. *Ibid.* 60 c.

— De la Politique générale et du rôle de la France en Europe, suivi d'une appréciation de la marche du gouvernement depuis juillet 1830. In-8°. 1840. *Ibid.* 8 fr.

— Principes du socialisme. Manifeste de la démocratie au xixe siècle. Suivi du Procès de la Démocratie au xixe siècle. In-18. 1847. *Ibid.* 75 c.

— Les Quatre crédits, ou 60 milliards à 1 1/2 p. 100. In-18. 1851. *Ibid.* 1 fr.

— Le Socialisme devant le vieux monde, ou le Vivant devant les morts. Suivi de Jésus-Christ devant les conseils de guerre, par Victor Meunier. In-8°. 1848. *Ibid.* 2 fr.

— La Solution, ou le Gouvernement direct du peuple. In-8°. 1851. *Ibid.* 50 c.

— De la Souveraineté et de la régence. In-8°. 1842. *Ibid.* 50 c.

— Au Texas. In-8° avec 2 cartes. 1854. *Ibid.* 1 fr.

— Du Texas. Premier rapport à mes amis. In-8°. 1857. *Ibid.* 1 fr.

— Théorie de l'éducation naturelle et attrayante. In-8°. 1845. *Ibid.* 3 fr.

*Considérations sur les sciences, les arts et les mœurs des anciens; par L. C. P. D. V. In-8°. 1840. *Dentu.* 6 fr.

*Considérations sur les causes des succès de Napoléon III dans la dernière guerre d'Italie, avec quelques conséquences à en tirer pour la conduite des guerres futures. In-8°. 1860. *Leneveu.* 1 fr.

*Considérations sur le pouvoir spirituel et temporel de la papauté. Réplique à un prêtre de Rome. 2e partie; par un laïque. Traduit de l'anglais. In-16. 1865. *Grassart*. 75 c.

*Considérations sur les devoirs mutuels de l'homme, basés sur sa raison d'être. In-8°. 1861. *Ledoyen*. 1 fr.

*Considérations sur l'état politique de l'ancienne Pologne et sur l'histoire de son peuple. Ouvrage rédigé en 1836, et publié pour la première fois en 1844. In-8°. 1844. Lille, *imprimerie Leleux*.

*Considérations sur l'Italie. In-8°. 1862. *Tolra et Haton*. 2 fr. 50 c.

CONSOLIN (Barthélemy), maître voilier, professeur de l'école de voilerie au port de Brest, né à Lorient en 1806.

— Manuel du voilier. Revu et publié par ordre de l'amiral Hamelin. Gr. in-8° avec 11 pl. 1860. *Mallet-Bachelier*. 12 fr.

— Méthode pratique de la coupe des voiles des navires et embarcations; suivie de tables graphiques facilitant les diverses opérations de la coupe, avec ou sans calcul. In-12 avec 3 pl. 1863. *Ibid*. 3 fr.

*Conspiration (la) des Quarante. In-8°. 1864. *Dentu*. 1 fr.

CONSTANCIO (le docteur Francisco Solano), médecin et diplomate portugais, né à Lisbonne en 1777, mort à Paris en 1846.

— Grammatica da lingua franceza, para uso dos Portuguezes. In-12. 1850. *Aillaud*. 2 fr. 50 c.

— Grammatica da lingua ingleza, para uso dos Portuguezes. In-12. 1851. *Ibid*. 2 fr. 50 c.

— Grammatica analytica da lingua portugueza. In-12. 1855. *Ibid*. 2 fr. 50 c.

— Nouvelle grammaire portugaise, à l'usage des Français. In-12. 1849. *Baudry*. 3 fr.

— Nouveau Dictionnaire portatif des langues française et portugaise et portugaise-française. 11e édition. 2 vol. in-16. 1865. *Rey et Belhatte*. 10 fr.

La 1re édition est de 1820.

CONSTANS (le docteur Augustin), médecin, inspecteur général du service des aliénés, né à Vairé (Vendée) en 1811.

— Relation sur une épidémie d'hystéro-démonopathie en 1861. In-8°. 1862. *Delahaye*. 2 fr.

2e édition en 1863.

CONSTANT (Alf.).

— Histoire naturelle des papillons, suivie de la chasse aux papillons et autres insectes. In-16 avec gravures. 1860. *Deslosges*. Noir, 3 fr.; colorié, 5 fr.

Une 1re édition avait été publiée en 1839.

CONSTANT (l'abbé Alphonse), de Baucour.

— L'Assomption de la femme, ou le Livre de l'amour. In-18. 1841. *Legallois*. 1 fr. 25 c.

— La Dernière incarnation. Légendes évangéliques du XIXe siècle. In-18. 1846. *Librairie phalanstérienne*. 50 c.

— Doctrines religieuses et sociales. In-18. 1841. *Legallois*. 1 fr.

— Le Livre des larmes, ou le Christ consolateur. Essai de conciliation entre l'Église catholique et la philosophie moderne. In-18. 1845. *Paulier*. 1 fr. 50 c.

— La Mère de Dieu; épopée religieuse et humanitaire. In-12. 1844. *Gosselin*. 3 fr. 50 c.

— Rabelais à la Basmette. In-18. 1847. *Librairie phalanstérienne*. 60 c.

— Le Seigneur de la devinière. In-18. 1851. *Ibid*. 50 c.

— Les Trois harmonies; chansons et poésies. In-12. 1845. *Fellens et Dufour*. 3 fr.

CONSTANT (l'abbé A. L.), ancien professeur au petit séminaire de Paris.

— Dictionnaire de littérature chrétienne. Gr. in-8°. 1851. *Migne*. 7 fr.

Forme le tome 7 de la « Nouvelle encyclopédie théologique », publiée par l'abbé *Migne*.

Sous le pseudonyme d'Éliphas *Lévi*, M. l'abbé Constant a publié plusieurs ouvrages de magie et de philosophie occulte. — Voy. *Lévi*.

CONSTANT (l'abbé Benjamin Marcellin), prêtre du diocèse de Viviers, principal du collège de Bourg-Saint-Andéol (Ardèche), né à Uzès (Ardèche) en 1819.

— Les Contradictions de M. Renan, ou Simple parallèle des réponses diamétralement opposées que l'auteur de la Vie de Jésus a données à diverses questions. In-8°. 1863. *Martin-Beaupré*. 50 c.

— L'Histoire et l'infaillibilité des papes, ou Recherches critiques et historiques sur les actes et les décisions pontificales que divers écrivains ont crus contraires à la foi. 2 vol. in-8°. 1859. Lyon, *Pélagaud*. 10 fr.

— Le Pape et ses droits, ou Catéchisme du pouvoir temporel du pape. In-18. 1860. *Ibid*. 20 c.

CONSTANT (C.), médecin à Hénin-Liétard.

— Chansons inédites. In-12. 1845. Douai, *Obez*. 1 fr. 25 c.

CONSTANT (H.), avocat.

— Guide formulaire légal pour tester soi-même secrètement et sans frais. In-18. 1847. *Mansut*. 2 fr.

CONSTANT (Lucien), des Riceys.

— Histoire de la ville et de l'ancien comté de Bar-sur-Seine. Tome Ier. In-8°, plus 1 carte, 8 lithographies et 2 tableaux. 1855. [Bar-sur-Seine, *Jardeaux-Ray*.] *Roret*. 7 fr.

CONSTANT (Lucy).

— Biographie de sœur Rosalie. In-16. 1861. *Librairie nouvelle*. 1 fr.

CONSTANT (Mme Noémie) a écrit sous le pseudonyme de Claude Vignon.

CONSTANT (Roch).

— Mémoire sur l'histoire de la création au sein de notre sphère universelle. In-8°. 1865. Marseille, *imprimerie Canquoin*. 3 fr.

CONSTANT (le baron Seymour de). — Voy. Seymour de Constant.

CONSTANT (Victor).

— Le Parti féodal en Prusse au point de vue des intérêts prussiens, allemands et européens.

Trois lettres de Berlin. In-8°. 1865. *Dentu.* 1 fr. 50 c.

CONSTANT DE REBECQUE (Henri Benjamin), connu sous le nom de BENJAMIN CONSTANT, publiciste français, né à Lausanne en 1767, mort à Paris en 1830.

— Adolphe. Nouvelle édition, suivie des *réflexions sur le théâtre allemand*, et précédée d'un *Essai sur Adolphe*, par M. Gustave Planche. In-12. 1860. *Charpentier.* 3 fr. 50 c.

.— Le même. Nouvelle édition, suivie de la tragédie de Wallstein. In-16. 1849. *Garnier.* 1 fr.

— Le même. In-32. Illustrations par G. Roux. 1855. *Martinon.* 30 c.

— Le même. In-4°, illustré. 1848. *Bry.* 20 c. .

La 1re édition de ce livre est de 1816.

— Cours de politique constitutionnelle, ou Collection des ouvrages publiés sur le gouvernement représentatif, par Benjamin Constant; avec une introduction et des notes par M. Ed. Laboulaye. 2 vol. in-8°. 1861. *Guillaumin et Cie.* 15 fr.

CONSTANTIN le Grand, empereur d'Orient, né en 274, mort en 337.

— Opera. — Voy. *Migne*, Patrologie latine, tome 8.

CONSTANTIN (Abraham), peintre sur porcelaine, né à Genève en 1785.

— Idées italiennes sur quelques tableaux célèbres. In-8°. 1840. Florence. 7 fr. 50 c.

CONSTANTIN (L. A.), pseudonyme de Léopold Auguste Constantin HESSE, bibliographe français, né à Erfurth (Prusse) en 1779, mort à Paris en 1844.

— Bibliothéconomie, ou Nouveau manuel complet pour l'arrangement, la conservation et l'administration des bibliothèques. Nouvelle édition. In-18 avec 2 pl. 1841. *Roret.* 3 fr.

Collection des Manuels-Roret. — La 1re édition a été publiée en 1839, chez *Techener.* 1 vol. in-12 avec 4 pl. 4 fr.

CONSTANTIN (Marc).

— Almanach des amoureux. In-18. 1846. *Desloges.* 50 c.

— Le Héros imaginaire; comédie. — Voy. Léon de *Rabastens.*

— Histoire des cafés de Paris. Extraite des Mémoires d'un viveur. In-16. 1857. *Desloges.* 50 c.

— Manuel du savoir-vivre, ou l'Art de se conduire selon les convenances et les usages du monde dans toutes les circonstances de la vie et dans les diverses régions de la société. In-16. 1857. *Ibid.* 1 fr.

— Le Nouveau Décaméron des jolies femmes. In-18 avec vignettes. 1859. *Ibid.* 50 c.

— Panthéon contemporain. La Lanterne magique littéraire et artistique au cercle des Variétés. In-16. 1854. *Ibid.* 1 fr.

— Physiologie de l'amant de cœur. In-32. 1842. *Ibid.* 1 fr.

CONSTANTIN (P. de) a traduit en vers français les poésies de *Catulle.*

*Constitution des États-Unis, suivie de Conseils de Washington au peuple américain. In-8°. 1862. *Dentu.* 1 fr.

*Constitutions (les) des jésuites, avec les dé-

clarations; texte latin d'après l'édition de Prague. Traduction nouvelle. In-12. 1843. *Paulin.* 3 fr. 50 c.

CONTALME (Albert).

— Indiscrétions poétiques, suivies d'une étude sur les destinées des lettres dans la seconde moitié du XIXe siècle. In-12. 1859. *Blanchard.* 2 fr.

CONTAMINE (FOURNIER DE LA). — Voy. **Fournier.**

CONTANT (Clément).

— Théâtres modernes de l'Europe. — Voy. *Filippi et Contant.*

CONTE (Xavier) a écrit tous ses ouvrages sous le pseudonyme de H. **Atxem.**

CONTE GRANDCHAMPS, ingénieur des ponts et chaussées.

— Alimentation des fontaines publiques de la ville de Saint-Étienne (Loire). In-4°, 120 p. avec 2 plans. 1848. Lyon, *imprimerie Chanoine.*

— La Corse; sa colonisation et son rôle dans la Méditerranée. Gr. in-8°. 1859. [Vienne, *Timon.*] *Hachette.* 6 fr. 50 c.

— Rapport sur le percement du grand tunnel des Alpes. In-8° avec planches et cartes. 1863. *Dunod.* 5 fr.

CONTÉ DE LÉVIGNAC.

— Mémoires sur les aphthes du col de la matrice. In-8°. 1842. *Vict. Masson.* 1 fr.

— Nouveau traité des maladies des femmes. In-8°, 80 p. 1843. *Ibid.*

CONTEJEAN (Ch.), professeur à la Faculté des sciences de Poitiers.

— Énumération des plantes vasculaires des environs de Montbéliard. In-8°, 288 p. et 1 pl. 1854-1856. Besançon, *Outhenin-Chalandre.*

— Esquisse d'une description physique et géologique de l'arrondissement de Montbéliard. In-8° avec 2 pl. et 1 carte. 1862. [Montbéliard.] *Rothschild.* 5 fr.

— Monographie de l'étage kimméridien du Jura, de la France et de l'Angleterre. De l'espèce en général et de quelques espèces nouvelles ou peu connues de l'étage kimméridien. In-4°, 318 p. et 3 pl. 1859. Montbéliard, *Barbier.*

Thèse présentée à la Faculté des sciences de Besançon.

*Contes anglais, traduits librement. 2 vol. in-18. 1855. *Meyrueis et Cie.* 7 fr.

Tome I. Le Nuage doublé d'argent. — Un Joyeux Noël. — La Maison bâtie sur le roc. — Une étoile dans le désert.

Tome II. Un Piège pour attraper un rayon de soleil. — Le Bonhomme Joliffe. — Le Songe d'une jeune coloriste. — Seulement!

*Contes des fées tirés de Claude Perrault, de Mme d'Aulnoy et de Mme Leprince de Beaumont, et illustrés de 40 vignettes par Bertall, Beaucé, etc. In-12. 1860. *Hachette et Cie.* 2 fr.

La 1re édition de cette compilation est de 1853.

*Contes des fées; par Perrault, Mme d'Aulnoy, Hamilton et Mme Leprince de Beaumont. Nouvelle édition, illustrée de nombreuses vignettes et de dix grands bois texte, par MM. G. Staal, Bertall, etc.; gravés par MM. Gusmand, Cordier et Cie. In-8°. 1860. *Garnier frères.* 10 fr.

*Contes du grand-papa; par MM. l'abbé de Savi-

gny, Léon Guérin, Ortaire Fournier, L. Miche-
laut, T. Castellan et Mme E. Foa. Dessins de
MM. Adolphe Menut,.V. Adam, Beaume, J. David,
Devéria, etc. Gr. in-8°. 1863. *A. de Vresse*. Noir,
10 fr.; colorié, 12 fr.

3e édition. — La 1re édition est de 1856.

*Contes et nouvelles en vers ; par Voltaire, Ver-
gier, Senecé, Perrault, Moncrif, le P. Ducerceau,
Grécourt, Saint-Lambert, Chamfort, Piron, Dorat,
etc. in-12 avec figures en tête de chaque
conte. 1862. *Leclère fils*. 30 fr.

Forme les tomes 3 et 4 des « Conteurs français ».

CONTEUR (A. Le). — Voy. **Le Conteur**.

CONTI (Augusto), professeur de philosophie à
l'Université de Pise, né à San-Miniato (Toscane)
en 1822.

— Le Camposanto de Pise ou le Scepticisme ;
traduction française, précédée d'une introduction.
In-8°. 1863. [Genève.] *Durand*. 3 fr.

— La Philosophie italienne contemporaine. Revue sommaire ; traduit par Ernest Naville, ancien
professeur de philosophie à l'Académie de Genève. In-12. 1865. *Ibid*. 2 fr.

*Contrainte (la) par corps au xixe siècle. In-8°.
1860. *Dentu*. 1 fr.

*Controverse (la) pacifique, contenant l'Ency-
clique du 8 décembre 1864, avec les quatre principaux documents qui s'y rapportent, en français
et en latin, précédés d'une introduction qui en
montre l'autorité et l'obligation de s'y soumettre
a l'exemple de nos évêques dont on cite les actes,
et suivis des contradictoires des erreurs signalées
dans le Syllabus. In-8°. 1865. *Girard et Josserand*.
2 fr.

CONTY.

— Transformation sociale. Révolutions des
xviiie et xixe siècles. In-18. 1859. *Delahays*. 50 c.

CONTY (Ch.).

— Cours pratique de langue anglaise. In-18.
1847. Metz, *Pallez et Rousseau*.

— Exercices orthographiques syntaxiques composés avec l'histoire de France, calqués sur la
Grammaire graduée. In-12. 1840. *J. Delalain*. 1 fr.
50 c.

— Le même. Corrigé. In-12. *Ibid*. 2 fr. 75 c.

CONTY (Henry A. de), né à Beauvais en 1829.

— La Belgique en poche, guide pratique illustré. In-18. 1865. *Faure*. 2 fr. 50 c.

— Les Bords du Rhin en poche, guide pratique
illustré sur les bords du Rhin. In-18. 1864. *Ibid*.
5 fr.

— Bruxelles en poche et ses environs. In-18
avec plan. 1865. *Ibid*. 2 fr.

— Londres en poche et ses environs, guide
pratique illustré. In-18 avec 5 plans. 1862. *Ibid*.
5 fr.

— Paris en poche, guide pratique illustré de
l'étranger dans Paris et ses environs. Plan de Paris, indicateur instantané. In-18. 1863. *Ibid*. 5 fr.

— Quinze jours en Belgique, Hollande et Prusse
rhénane, guide pratique et illustré. Avec carte
des chemins de fer. In-18. 1864. *Ibid*. 2 fr.

— Quinze jours sur les bords du Rhin, guide
pratique et illustré. In-18. 1864. *Ibid*. 2 fr.

Extrait du volume : « les Bords du Rhin ».

— Quinze jours dans la Suisse centrale, Ober-
land bernois. Carte des chemins de fer et gravures inédites. In-18. 1865. *Ibid*. 2 fr. 50 c.

— Quinze jours dans la Suisse du Nord et le
grand-duché de Bade. In-18. 1865. *Ibid*. 2 fr. 50 c.

— Types du règne animal. Buffon en estampes,
planches et illustrations, par M. Édouard Traviès ;
texte par M. Henri A. de Conty. 1re et 2e parties.
In-4° avec 24 pl. 1864. *De Vresse*. Chaque partie,
24 fr.

*Convention (la) de Gastein. In-8°. 1865. *Dentu*.
1 fr.

*Convention (la) du 15 septembre 1864. In-8°.
1865. *Ibid*. 1 fr.

*Convention (la) franco-italienne et la cour de
Rome. In-8°. 1865. *Ibid*. 1 fr.

CONVERS (C.).

— Essai sur l'influence de la longueur des canaux mobiles dans les machines à réaction. In-4°
avec 1 pl. 1840. [Besançon, *Bintot*.] *Gœury*.

*Conversion (une), précédée d'une préface, par
l'abbé Bautain. 2e édition. In-12. 1862. *Hachette et
Cie*. 1 fr. 50 c.

Forme la 3e partie de la « Chrétienne de nos jours », par
Bautain. — La 1re édition est de 1861.

CONVERT (J. M.).

— Astronomie. Preuve de l'immobilité de la
terre, suivi des Mémoires d'un prisonnier de
guerre sur les pontons de Cadix et dans l'île de
Cabrera. In-8°. 1853. Lyon, *imprimerie Vingtrinier*. 2 fr. 50 c.

COOK (Charles), pasteur méthodiste, docteur
en théologie, né à Londres en 1787, mort à Lausanne en 1858, après un ministère de 50 ans,
exercé en Angleterre, en France, et pendant
2 ans en Palestine.

— L'Amour de Dieu pour tous les hommes. Réponse à M. le docteur Malan. In-12. 1843. Valence,
Marc Aurel. 75 c.

— Les Devoirs du ministère ; sermon. In-8°.
1841. *Ibid*. 75 c.

— Wesley et le Wesleyanisme justifiés. In-8°.
1846. *Delay*. 1 fr.

COOK (Jean Paul), fils du précédent, pasteur
protestant à Nîmes, né à Congéniès (Gard) en
1828.

— Vie de Charles Cook, pasteur méthodiste et
docteur en théologie ; par son fils J. P. Cook.
In-12 avec portrait. 1862. *Meyrucis et Cie*. 2 fr.

COOKE (Turner). — Voy. **Turner Cooke**.

COOLEY (W. Desborough).

— Histoire générale des voyages de découvertes maritimes et continentales, depuis le commencement du monde jusqu'à nos jours. Traduit
de l'anglais par Ad. Joanne et Old Nick. 3 vol.
in-12. 1840-1841. *Paulin*. 10 fr. 50 c.

COOMANS (Jean Baptiste), littérateur belge,
représentant, né à Bruxelles en 1813.

— Une Académie de fous. 5e édition. In-12.
1863. Bruxelles, *chez tous les libraires*. 2 fr.

1re édition. 1861. *Schnée*. 3 fr. Elle était anonyme.

— Baudoin, Bras de fer. 2e édition. In-12. 1863.
Ibid. 2 fr.

La 1re édition est de 1840.

— La Bourse et le chapeau de Fortunatus; roman philosophique. In-8º. 1858. Bruxelles, *Coomans*. 1 fr. 50 c.

— Les Communes belges. In-12. 1848. Bruxelles, *A. Jamar*. 1 fr. 50 c.

Fait partie de la « Bibliothèque nationale ».

— Portefeuille d'un flaneur, par l'auteur de « Une Académie de fous ». In-12. 1863. Bruxelles. 1 fr.

Anonyme.

— Richelde, ou Épisode de l'histoire de la Flandre au xvᵉ siècle. 6ᵉ édition. In-8º. 1864. Bruxelles, *Beauvais et Cⁱᵉ*. 2 fr.

1ʳᵉ édition. In-4º. 1839. *Gand*.

COOPER (Charles Purton).

— Recueil des dépêches, rapports, instructions et mémoires des ambassadeurs de France en Angleterre et en Écosse pendant le xvⁱᵉ siècle, conservés aux archives du royaume, à la bibliothèque du roi, etc.; et publiés pour la première fois sous la direction de M. Charles Purton Cooper. 7 vol. in-8º. 1840-1841. *Techener*. 57 fr.

Un second frontispice porte : « Correspondance diplomatique de Bertrand de Salignac de Lamothe Fénelon, ambassadeur de France en Angleterre, de 1668 à 1675, publiée pour la première fois sur les manuscrits conservés aux archives du royaume ».

COOPER (James Fenimore), romancier américain, né à Burlington en 1789, mort à Cooper's-Town en 1851.

— Œuvres; trad. par A. J. B. Defauconpret. 30 vol. in-8º avec 90 grav. 1859-1862. *Furne*. Chaque volume, 4 fr.

1. Précaution. — 2. L'Espion. — 3. Le Pilote. — 4. Lionel Lincoln. — 5. Le Dernier des Mohicans. — 6. Les Pionniers. — 7. La Prairie. — 8. Le Corsaire rouge. — 9. Les Puritains d'Amérique. — 10. L'Écumeur de mer. — 11. Le Bravo. — 12. L'Heidenmauer. — 13. Le Bourreau de Berne. — 14. Les Monikins. — 15. Le Paquebot américain. — 16. Eve Effingham. — 17. Le Lac Ontario. — 18. Mercédès de Castille. — 19. Le Tueur de daims. — 20. Les Deux amiraux. — 21. Le Feu follet. — 22. A bord et à terre. — 23. Lucie Hardinge. — 24. Wyandotte, ou Fleur des bois. — 25. Satanstoë. — 26. Le Porte-chaine. — 27. Ravensnest. — 28. Les Lions de mer. — 29. Le Cratère. — 30. Les Mœurs du jour.

— Les mêmes. Même traduction. Nouvelle édition illustrée. 30 vol. in-8º avec 30 grav. *Ibid*. Chaque volume, 3 fr.

— Œuvres complètes. Traduction par Émile de La Bédollière. 6 vol. in-4º illustrés. 1851-1854. *G. Barba*. 24 fr.

Chaque volume, aussi bien que chaque roman, se vend aussi séparément. Voici le contenu des 6 volumes :

Tome I. Le Dernier des Mohicans, 90 c.; les Pionniers, 70 c.; le Corsaire rouge, 90 c.; Fleur des bois, 90 c.; l'Espion, 90 c.; la Vie d'un matelot, 30 c.

Tome II. Le Pilote, 90 c.; Sur mer et sur terre, 90 c.; Lucie Hardinge, 90 c.; le Robinson américain, 90 c.; l'Ontario, 90 c.

Tome III. Christophe Colomb, 1 fr. 10 c.; l'Écumeur de mer, 90 c.; le Bravo, 90 c.; Œil de faucon, 90 c.; Précaution, 70 c.

Tome IV. Le Bourreau, 90 c.; le Colon d'Amérique, 90 c.; la Prairie, 90 c.; Lionel Lincoln, 90 c.; le Paquebot, 90 c.

Tome V. Ève Effingham, 90 c.; le Feu follet, 90 c.; le Camp des daims, 90 c.; les Deux amiraux, 90 c.; les Lions de mer, 90 c.

Tome VI. Satanstoë, 90 c.; le Porte-chaine, 1 fr. 10 c.; Ravensnest, 90 c.; les Mœurs du jour, 90 c.; les Monikins, 70 c.

— Le Corsaire rouge. In-12. 1862. *Vermot*. 2 fr.

— Le Cratère, ou Marc dans son île; traduc-

tion Defauconpret. 2 vol. in-8º. 1852. *Passard*. 10 fr.

— Deerslayer, ou le Tueur de daims; histoire de la jeunesse de Bas-de-Cuir; trad. par Defauconpret. 4 vol. in-12. 1842. *Gosselin*. 10 fr.

— Le Dernier des Mohicans; traduction nouvelle. In-12. 1861. *Vermot*. 2 fr.

— Les Deux amiraux; roman maritime; trad. par Defauconpret. 4 vol. in-12. 1842. *Gosselin*. 10 fr.

— L'Écumeur de mer; traduction de La Bédollière. 4 vol. in-12. 1841. *Barba*. 6 fr.

— Le même; traduction nouvelle. In-12. 1865. *Vermot et Cⁱᵉ*. 2 fr.

— L'Espion; trad. par Defauconpret. 4 vol. in-12. 1840. *Barba*. 6 fr.

— Le Feu follet, roman maritime; trad. par Defauconpret. 4 vol. in-12. 1843. *Gosselin*. 10 fr.

— Fleur des bois, ou les Peaux rouges; trad. par E. de La Bédollière. 2 vol. in-8º. 1844. *Ibid*. 15 fr.

— Histoire de la marine des États-Unis d'Amérique; trad. par Paul Jessé. 4 vol. in-8º. 1845-1846. *Dumaine*. 25 fr.

— Le Lac Ontario, ou le Guide; trad. par Defauconpret. 4 vol. in-12. 1840. *Gosselin*. 10 fr.

— Les Lions de mer; trad. par Defauconpret. 2 vol. in-8º. 1852. *Passard*. 10 fr.

— Marie, ou les Mœurs du jour; traduction de Defauconpret. 2 vol. in-8º. 1853. *Passard*. 10 fr.

— Mercédès de Castille; histoire du temps de Christophe Colomb; trad. par Defauconpret; précédée d'une Notice historique sur J. F. Cooper, par Charles Romey. 4 vol. in-12. 1841. *Gosselin*. 10 fr.

— Le même; trad. par La Bédollière. 4 vol. in-12. 1841. *Barba*. 6 fr.

— Œil de Faucon (Tueur de daims); trad. par La Bédollière. In-12. 1865. *Ibid*. 3 fr.

— Le Porte-chaine; trad. par Defauconpret. 2 vol. in-8º. 1847. *Passard*. 15 fr.

— Le Robinson américain; traduction revue avec soin pour la jeunesse. Avec illustrations de Bertall. In-8º. 1864. Limoges, *Ardant frères*. 1 fr. 50 c.

— Sur terre et sur mer, ou les Aventures de Miles Vallingford; trad. par le même. 2 vol. in-8º. 1844. *Barba*. 15 fr.

— La Vie d'un matelot; trad. par le même. 2 vol. in-8º. 1844. *De Potter*. 15 fr.

COOPER P. COLES (le capitaine). — Voy. **Coles**.

COOPERS (André).

— Traité sur le pigeon voyageur, suivi d'une carte routière, pour l'élection des concours. In-18. 1862. Bruxelles, *H. Cador*.

COOTES (R.).

— L'Art de se défendre, ou Traité des principes du pugilat anglais, connu sous le nom de boxe. In-8º avec 5 pl. 1843. *Kugelmann*. 2 fr. 50 c.

COPERNOLEKE (Van). — Voy. **Van Copernoleke**.

COPPÉE (Mᵐᵉ A. Defontaine). — Voy. **Defontaine-Coppée**.

COPPIN (Eugène).

— Les Révoltes des Bellovaques; histoire du Beauvoisis pendant la domination romaine. In-8°. 1859. Clermont, *Daix*. 5 fr.

Publié en 20 livraisons.

COQ (Paul), économiste, né à Bordeaux, en 1810.

— La Bourse de Paris, le marché libre et le marché restreint. In-8°. 1859. *Guillaumin et Cie*. 1 fr. 25 c.

— Les Circulations en banque, ou l'Impasse du monopole, émission et change, dépôts en compte, check, billet à intérêt, etc. In-8°. 1865. *Ibid.* 5 fr.

— La Monnaie de banque, ou l'Espèce et le portefeuille, précédé d'une notice sur William Paterson, fondateur de la Banque d'Angleterre, et d'une introduction sur le gouvernement de la Banque de France à partir de 1857. In-12. 1863. *Ibid.* 3 fr. 50 c.

C'est une nouvelle édition. La 1re a été publiée en 1857. Ibid, 3 fr. 50 c.

— Le Sol et la haute banque, ou les Intérêts de la classe moyenne. 2 parties. In-32. 1850. *Ibid.* 1 fr. 50 c.

COQUAND (Henri), ancien professeur de géologie et de minéralogie à la Faculté des sciences de Marseille, né à Aix, en Provence, en 1813.

— Description géologique du massif de la Sainte-Baume (Provence). In-8°. 1864. Marseille, *Camoin frères*. 5 fr.

— Description physique, géologique, paléontologique et minéralogique du département de la Charente. 2 vol. in-8° avec figures et cartes. 1859-1862. *Baillière et fils*. 24 fr.

— Géologie et paléontologie de la région sud de la province de Constantine. In-8° avec 34 pl. 1862. Marseille, *Camoin frères*. 40 fr.

— Monographie de l'étage aptien de l'Espagne. In-8° avec atlas. 1865. Marseille, *Arnaud et Cie*. 30 fr.

— Synopsis des animaux et des végétaux fossiles observés dans les formations secondaires de la Charente, de la Charente-Inférieure et de la Dordogne. In-8°. 1860. Marseille, *Camoin frères*. 10 fr.

— Traité des roches considérées au point de vue de leur origine, de leur composition, de leur gisement et de leurs applications à la géologie et à l'industrie, suivi de la description des minerais qui fournissent les métaux utiles. In-8°. 1857. *J. B. Baillière*. 7 fr.

COQUATRIX (Émile), de Rouen, auteur dramatique.

— Le Diamant de Drury-Lane; comédie en deux actes, en vers. In-8°. 1842. *Tresse*. 60 c.

Nouvelle édition en 1865. Rouen, *Lebrument*.

— Un Hidalgo du temps de don Quichotte; comédie en un acte, en vers. In-8°. 1840. [Rouen.] *Tresse*. 60 c.

— Le même. In-12. 1848. *Masgana*. 60 c.

— La Jeunesse de Corneille; comédie historique en trois actes et en vers. In-12. 1844. *Ibid.* 75 c.

COQUELIN (Charles), économiste, né à Dunkerque, en 1803, mort en 1852.

— Le Crédit et les banques. 2e édition, revue, annotée, augmentée d'une introduction, par J. G. Courcelle-Seneuil, et d'une notice biographique, par M. G. de Molinari. In-12. 1859. *Guillaumin et Cie*. 3 fr. 50 c.

La 1re édition est de 1848.

— Dictionnaire de l'économie politique. — Voy. *Dictionnaire*.

— Essai sur la filature mécanique du lin et du chanvre. In-8°. 1840. *Carilian jeune*. 6 fr.

— Nouveau traité complet de la filature mécanique du lin et du chanvre. In-8° avec atlas in-4° de 37 pl. 1846. *Roret*. 36 fr.

COQUELIN (l'abbé Nicolas). — Voy. **Cocquelin**.

COQUEREAU (l'abbé Félix), aumônier en chef de la flotte, chanoine de Saint-Denis, né à Laval, en 1808.

— Œuvres complètes. — Voy. *Migne*, Orateurs sacrés, 2e série, tome 19.

— Souvenirs du voyage à Sainte-Hélène. In-8° avec 3 lithographies. 1841. *Delloye*. 5 fr.

COQUEREL (Athanase Laurent Charles), pasteur de l'église réformée, ancien représentant du peuple, président du Consistoire de Paris, né à Paris, en 1795.

— Les Ames qui périssent; sermon. In-12. 1850. *Cherbuliez*. 30 c.

— Le Calendrier; poëme, suivi de notes. Nouvelle édition. In-8°. 1840. *Ibid.* 1 fr.

— Le Christianisme expérimental. In-12. 1847. *Ibid.* 4 fr. 50 c.

— Christologie, ou Essai sur la personne et l'œuvre de Jésus-Christ, en vue de la conciliation des églises chrétiennes. 2 vol. in-12. 1858. *Ibid.* 7 fr.

— Cours de religion chrétienne. Résumé à l'usage des catéchumènes. 3e édition, revue et corrigée. In-12. 1855. *Ibid.* 1 fr. 50 c.

La 1re édition est de 1833.

— Les Deux symbolismes, protestant et catholique; sermon. In-12. 1858. *Ibid.* 50 c.

— Un Dogme nouveau concernant la Vierge Marie; sermon. In-12. 1854. *Ibid.* 50 c.

— L'École et l'Église; sermon. In-8°. 1841. *Ibid.* 50 c.

— Esquisses poétiques de l'Ancien Testament. 3e édition, suivie d'Azaël, tragédie, de poésies diverses, de notes et de considérations sur le protestantisme au point de vue de l'art et de la poésie. In-12. 1851. *Ibid.* 3 fr. 50 c.

— L'Excommunication; sermon. In-12. 1860. *Ibid.* 50 c.

— La Folie de la prédication; sermon. In-8°. 1843. [Montpellier.] *Ibid.* 50 c.

— Histoire sainte et analyse de la Bible, avec une critique sacrée élémentaire et un ordre de lecture des livres saints. 4e édition, revue et corrigée. In-12. 1863. *Cherbuliez*. 3 fr.

La 1re édition est de 1839.

— Lettre à M. le pasteur Juillerat sur les circonstances présentes du protestantisme en France. In-8°. 1842. *Ibid.* 1 fr.

— Lettre à un pasteur sur le projet d'ordonnance portant règlement d'administration pour les églises réformées. In-8°. 1840. *Ibid.* 75 c.

— Lettre à Mgr. le cardinal archevêque de

Lyon, sur la querelle de l'université et de l'épis-copat, et sur les Collationes practicæ, à l'usage du séminaire de Saint-Flour. In-8°. 1844. *Ibid.* 50 c.

— La Liberté chrétienne et l'autorité; sermon prêché le 13 mars 1864 dans le temple de Saint-Lazare. In-12. 1864. *Ibid.* 50 c.

— Méditations sur des textes choisis de l'Ancien et du Nouveau Testament, à l'usage du culte de famille. In-12. 1859. *Ibid.* 3 fr. 50 c.

— La Mort seconde et peines éternelles; 2 ser-mons. In-12. 1850. *Ibid.* 1 fr.

— Observations pratiques sur la prédication. In-12. 1860. *Ibid.* 3 fr. 50 c.

— L'Oraison dominicale considérée comme un résumé du christianisme; sermons. In-18. 1850. *Ibid.* 3 fr. 50 c.

— L'Orthodoxie moderne. Nouvelle édition, avec une introduction à cette question : Qu'est-ce que l'orthodoxie? des notes et un appendice. In-12. 1855. *Ibid.* 3 fr.

La 1re édition est de 1842.

— Parallèle entre le christianisme et le déisme; sermon. In-8°. 1842. *Ibid.* 50 c.

— Projet de discipline pour les églises réfor-mées de France, avec une introduction historique et des notes. In-8°. 1861. *Ibid.* 2 fr.

— La Rencontre du riche et du pauvre; ser-mon. In-12. 1850. *Ibid.* 50 c.

— Réponse au livre du docteur Strauss : la Vie de Jésus. In-8°. 1841. *Ibid.* 2 fr.

— Le Retour dans l'alliance; 2 sermons. In-8°. 1845. *Ibid.* 1 fr.

— Le Riche et le pauvre considérés dans la patrie; sermon. In-12. 1850. *Ibid.* 50 c.

— Le Salut dans toutes les églises; sermon. In-8°. 1840. *Ibid.* 50 c.

— Sermons; 6 recueils. 1842-1856. *Ibid.*

1er et 2e recueils. 1 vol. in-8°. 6 fr. — 3e recueil. In-12. 3 fr. 50 c. — 4e recueil. In-8°. 6 fr. — 5e recueil. In-12. 3 fr. 50 c. — 6e recueil. In-12. 3 fr. 50 c.

— Traité des mariages mixtes. In-18. 1857. *Ibid.* 1 fr. 50 c.

— La Véritable paix de l'Église; sermon. In-12. 1852. *Ibid.* 50 c.

M. A. Coquerel a fait un commentaire biblique sur J. Ra-cine. — Voy. ce nom.

COQUEREL fils (Athanase Josué), fils du précé-dent, pasteur réformé français, rédacteur en chef du « Lien », né à Amsterdam en 1820.

— Des Beaux-arts en Italie au point de vue re-ligieux. Lettres écrites de Rome, Naples, Pise, etc., et suivies d'un appendice sur l'iconographie de l'immaculée Conception. In-12. 1857. *Cherbu-liez.* 3 fr. 50 c.

— Le Bon Samaritain; sermon. In-8°. 1864. *Lévy frères.* 50 c.

— Le Catholicisme et le protestantisme consi-dérés dans leur origine et leurs développements. Deux conférences. In-8°. 1864. *Ibid.* 1 fr.

— Le Culte tel que Dieu le demande; sermon. In-8°. 1863. *Ducloux.*

— Les Deux méthodes. Expansion et compres-sion; sermon. In-8°. 1865. Strasbourg, *Treuttel et Würtz.* 50 c.

— L'Égoïsme devant la croix; sermon. In-8°. 1864. *Lévy frères.* 50 c.

— Élan vers Dieu; sermon. In-8°. 1863. *Cher-buliez.* 50 c.

— Homélies. In-12. 1855. *Ibid.* 3 fr. 50 c.

Pour la 2e série, voy. plus loin : « Sermons et Homélies ».

— Jean Calas et sa famille; étude historique d'après les documents originaux, suivie des dé-pêches du comte de Saint-Florentin et d'autres fonctionnaires publics, et des lettres de la sœur A. J. Fraisse, de la Visitation, à Mlle Anne Calas. In-12 avec 2 grav. et fac-simile. 1857. *Ibid.* 5 fr.

— Le Ministère de l'esprit; sermon. In-8°. 1861. *Ibid.* 60 c.

— Les Minorités chrétiennes; sermon. In-8°. 1862. *Ibid.* 60 c.

— Le Plus grand commandement appliqué aux progrès de la foi. In-8°. 1845. *Cherbuliez.* 25 c.

— Précis de l'histoire de l'Église réformée de Paris, d'après des documents en grande partie inédits. 1re époque, 1512-1594. De l'origine de l'Église à l'édit de Nantes. In-8°. 1860. *Ibid.* 4 fr.

— Profession de foi chrétienne; discours pro-noncé devant ses anciens catéchumènes le 10 avril 1864. In-8°. 1864. *Lévy frères.* 50 c.

— La Saint-Barthélemy. In-8°. 1859. *Ibid.* 75 c.

— La Science et la religion; sermon. In-8°. 1864. *Ibid.* 50 c.

— Sermon d'adieu prêché dans l'église de l'Ora-toire, le 26 février 1864. In-8°. 1864. *Ibid.* 50 c.

— Sermons et homélies. 2e série. In-12. 1858. *Ibid.* 3 fr. 50 c.

1re série, voy. plus haut : « Homélies ».

— La Solidarité chrétienne; sermon. In-12. 1863. *Cherbuliez.* 50 c.

— Topographie de Jérusalem. In-8° avec plan. 1843. Strasbourg, *imprimerie Schuler.* 1 fr.

— La Tradition protestante; sermon. In-12. 1858. *Cherbuliez.* 75 c.

— Trois sermons prêchés à Nîmes, à Montpel-lier et à Alais, en mai 1862. In-12. 1862. *Ibid.* 1 fr. 25 c.

— Le Troisième jubilé séculaire de l'Église ré-formée de France; sermon. In-12. 1859. *Ibid.* 60 c.

— Vie et mort de Wolfgang Schuch, martyr, brûlé à Nancy, le 21 juin 1525. In-8°. 1854. *Ibid.* 60 c.

M. Athanase Coquerel fils a publié des lettres inédites de Voltaire sur la tolérance. — Voy. Voltaire.

COQUEREL (Charles Augustin), frère du pasteur Athanase Coquerel, né à Paris en 1797, mort en 1851.

— Histoire des églises du désert chez les pro-testants de France depuis la fin du règne de Louis XIV jusqu'à la révolution française. 2 vol. in-8°. 1841. *Cherbuliez.* 15 fr.

COQUEREL (Jean Charles), second fils du pas-teur Athanase Coquerel, docteur en médecine de la Faculté de Paris, médecin de 1re classe de la marine impériale, directeur de l'hôpital colonial de Saint-Denis (île de la Réunion).

— Des Animaux perdus qui habitaient les îles Mascareignes. In-4° avec grav. 1863. *Saint-Denis de la Réunion.*

— Note sur l'examen microscopique des lésions

que l'on observe dans l'affection connue sous le nom de Pérical ou Pied de Madura. In-4° avec gravures. 1865. Paris.

COQUEREL (Étienne), troisième fils du pasteur Athanase, pasteur réformé français, aumônier du lycée impérial Napoléon, né à Amsterdam en 1829.

— Le Dogme du péché, d'après les Évangiles synoptiques; thèse. In-8°. 1856. *Imprimerie Soye.* 1 fr.

— M. Guizot et l'orthodoxie protestante. In-8°. 1864. *Dentu.* 50 c.

— Libéraux et orthodoxes. Les conférences pastorales de Paris et celles du Gard en 1864. In-8°. 1864. *Ibid.* 1 fr.

COQUET (Jean François).

— Nouveau tarif pour la réduction des bois en grume; carrés et méplats, selon les anciennes et les nouvelles mesures, etc. Nouvelle édition, augmentée, par L. Cordoin. In-8°. 1842. *Dalmont.* 5 fr.

COQUET (GRILLIAT-). — Voy. **Grilliat-Coquet.**

COQUILHAT (Casimir Érasme), lieutenant-colonel d'artillerie belge, directeur de l'arsenal de construction à Anvers, né à Gand en 1811.

— Cours élémentaire sur la fabrication des bouches à feu en fonte et en bronze, et des projectiles d'après les procédés suivis à la fonderie de Liége. Fonte des canons. Forage des canons. Tournage, achèvement, visites, épreuves des canons. 3 vol. in-8° avec 45 pl. 1856-1858. [Liége, *Dessain.*] *Tanera.* 30 fr.

— Expériences faites à Ypres, en 1850, sur la pénétration dans les terres de sondes en fer enfoncées par le choc d'un bélier, et application des fourneaux de mine cylindriques et horizontaux à l'ouverture des tranchées. In-8°. 1850. *Corréard.* 3 fr.

— Expériences sur la résistance utile produite dans le forage des bouches à feu faites à la fonderie de canons, à Liége, en 1840 et 1841. In-8° avec pl. 1843. [Liége.] *Ibid.* 3 fr. 50 c.

— Expériences sur la résistance utile produite dans le forage du fer forgé, de la pierre calcaire et du grès, ainsi que dans le forage et le sciage du bois, faites à Tournay, en 1848 et 1849. In-8° avec 1 pl. 1850. *Ibid.* 3 fr. 50 c.

— Notes sur les projectiles creux et sur les bouches à feu, résistance à la rupture, tension des gaz, etc. In-8°. 1854. *Ibid.* 3 fr.

— Percussions initiales produites sur les affûts dans le tir des bouches à feu. In-8° avec 2 pl. 1864. Liége, *Dessain.* 7 fr. 50 c.

— Projets de deux canons à bombes pour l'artillerie de côte, du calibre de 0,20 et 0,29. In-8° avec 1 pl. 1854. *Corréard.* 3 fr.

— De la Quantité de travail absorbé par les frottements dans le forage des bouches à feu à la fonderie royale de canons de Liége. In-8°. 1847. [Liége.] *Ibid.* 1 fr. 50 c.

COQUILLART (Guillaume), poëte français du XVᵉ siècle.

— Œuvres. Nouvelle édition, avec une notice sur la vie et les œuvres de Coquillart, et des notes historiques et philologiques, par P. Tarbé. 2 vol. In-8°. 1847. Reims, *Brissart-Binet.* 16 fr.

Collection des poëtes champenois antérieurs au XVIᵉ siècle.

— Les mêmes. Nouvelle édition, revue et annotée, par M. Charles d'Héricault. 2 vol. in-16. 1857. *Jannet.* 10 fr.

Collection de la Bibliothèque elzévirienne.

COQUILLE (Guy-). — Voy. **Guy-Coquille.**

COQUILLE (Jean Baptiste Victor), journaliste, rédacteur au journal « le Monde », né à Percey (Yonne) en 1820.

— Les Légistes, leur influence politique et religieuse. In-8°. 1863. *Durand.* 8 fr.

CORAL (Hugues de), conseiller référendaire à la Cour des comptes.

— Historique de la Cour des comptes, depuis les premiers temps de la monarchie jusqu'à nos jours. In-8°, 56 p. 1853. *Imprimerie Schiller.*

CORALLI (Jean), acteur-mime et danseur, premier maître de ballet de l'Opéra de Paris, né à Paris en 1779, mort dans la même ville en 1854.

— Eucharis; ballet-pantomime en deux actes, musique de M. Ernest Deldevez. In-8°. 1844. *1ᵉ Jonas.* 1 fr.

— Ozaï; ballet en deux actes et six tableaux, musique de M. Casimir Gide. In-8°. 1847. *Ibid.* 1 fr.

Voy. aussi *Saint-Georges et Coralli.*

CORAN (Charles).

— Onyx; poésies. In-18. 1840. *Masgana.* 5 fr.

— Rimes galantes. In-8°. 1847. *Amyot.* 5 fr.

CORANDIN (Victor).

— Le Gendre d'un opticien, ou Mes débuts en ménage; histoire lyonnaise. In-12. 1865. Lyon, *Méra.* 2 fr.

CORASSAN (Charles).

— Vérités et sévérités. In-12. 1861. *Poulet-Malassis.* 1 fr.

***Corbeille** (la) de l'écolier; nouveaux compliments en vers et en prose pour fêtes anniversaires, cérémonies, jour de l'an, etc. In-18. 1860. *Larousse et Boyer.* 50 c.

CORBEL (Didier).

— Nouveau traité d'éducation séricicole. In-12. 1862. Nîmes, *Salles.* 1 fr.

CORBEL-LAGNEAU (le docteur), médecin.

— Nouveau traitement des maladies de la poitrine. In-8°. 1862. *Asselin.* 1 fr. 50 c.

— Traité complet des bains considérés sous le rapport de l'hygiène et de la médecine, ou Nouveau guide des baigneurs. In-12. 1845. *Labé.* 3 fr.

CORBERON (le comte de).

— Contes populaires de l'Allemagne, tome I. In-8°. 1844. Paris et Leipzig, *Brockhaus et Avenarius.* 10 fr.

— Fragments d'un voyage en Grèce et en Turquie. 2ᵉ édition. In-12. 1841. Nordhausen, *Schmidt.* 2 fr.

— Lettres à l'opposition en Hanovre. 1ʳᵉ lettre. Sur l'adresse de la deuxième chambre à S. M. le roi Ernest Auguste. In-8°. 1841. *Ibid.*

— De la Réaction gouvernementale en Hanovre. Aux partisans de l'ordre public et du bonheur général, Aux gardes avancées des vrais intérêts nationaux de l'Allemagne. In-8°. Stolberg, *Schmidt.* 6 fr.

M. le comte de Corberon a traduit de l'allemand : *Ratzburg,* Nouveau manuel complet du destructeur des animaux nuisibles ; et : les Hylophthères et leurs ennemis, du même auteur.

CORBIÈRE (Camille), de Montredon, pasteur protestant.

— Théorie de l'Église, d'après Calvin. In-8°. 1858. *Grassart.* 1 fr.

CORBIÈRE (Édouard), poëte et romancier, ancien officier de marine, né à Brest, en 1793.

— Cric-crac ; roman maritime. 2 vol. in-8°. 1846. *Rue des Grands-Augustins,* 1. 15 fr.

— Les Ilots de Martin Vaz ; roman maritime. 2 vol. in-8°. 1842. *Berquet et Pétion.* 16 fr.

— Le Négrier. 4° édition, revue sur un nouveau manuscrit de l'auteur. In-8°. 1855. Le Havre, *Brindeau.* 3 fr. 50 c.

La 1ʳᵉ édition est de 1832.

— Pelaio ; roman maritime. 2 vol. in-8°. 1843. *Chapelle et Guiller.* 15 fr.

— Les Pilotes de l'Iroise. 3° édition, publiée sur un nouveau manuscrit de l'auteur. In-12, 285 p. 1865. Le Havre, *imprimerie Cazavan et Cⁱᵉ.*

— Tribord et bâbord ; roman maritime. 2 vol. in-8°. 1840. *Dumont.* 15 fr.

CORBIÈRE (Philippe), pasteur réformé à Montpellier, président du consistoire de cette ville, né à La Galinié (Tarn) en 1807.

— Les Commencements de l'Église réformée de Montpellier ; sermon. In-8°. 1859. Montpellier, *Poujol.* 75 c.

— Essai d'un guide de l'instruction chrétienne. In-8°. 1843. Montpellier, *Boehm.* 3 fr. 50 c.

— Histoire de l'Église réformée de Montpellier depuis son origine jusqu'à nos jours, avec de nombreuses pièces inédites sur le Languedoc, les Cévennes et le Vivarais. In-8°. 1861. Montpellier, *Poujol.* 7 fr.

— Poésies religieuses et chrétiennes. In-8°. *Cherbuliez.* 2 fr. 50 c.

— De la Réorganisation de la société par le rétablissement des idées morales. In-12. 1850. Toulouse, *Delhorbe.* 2 fr. 50 c.

M. le pasteur Ph. Corbière a traduit de l'allemand : « Histoire de la colonie française en Prusse », par *Reyer* ; et « les Histoires modernes de la vie de Jésus », par *Luthardt.*

CORBIÈRE (l'abbé P. H.), chanoine honoraire d'Autun, ancien directeur du grand séminaire, ancien curé de Passy et de Saint-Vincent de Paul à Paris, mort à Passy, en 1865.

— L'Année de la fervente pensionnaire. In-18. 1843. Lyon, *Périsse frères.* 2 fr. 50 c.

— Le Droit privé, administratif et public dans ses rapports avec la conscience et le culte catholique. 2 vol. in-8°. 1841-1842. *Ibid.* 11 fr.

— L'Économie sociale au point de vue chrétien. 2 vol. in-8°. 1863. *Jouby.* 12 fr.

— Le Guide de la conscience. In-12. 1846. *Lecoffre.* 3 fr.

CORBIÈRES (A. de).

— L'Or et Sainte-Hélène ; chants lyriques, suivis de divers fragments poétiques. In-8°, 272 p. 1840. Marseille, *imprimerie Feissat.*

CORBIN (Henri), ingénieur civil, né à Paris en 1836.

— Les Inventeurs, leur sort actuel, de la nécessité et des moyens de l'améliorer. In-8°. 1862. *Lacroix.* 1 fr. 50 c.

CORBIN-MANGOUX (Adrien), conseiller honoraire de la cour impériale de Bourges.

— Dernier coup d'œil sur l'Encyclique de N. S. P. le pape Pie IX, du 8 décembre 1864, janvier et février 1865. In-8°. 1865. *Douniol.* 50 c.

— Des Différents styles d'architecture et de la conservation des antiquités de la ville de Bourges. In-8°. 1864. *Imprimerie Chaix et Cⁱᵉ.*

CORBION (J. Poulain-). — Voy. **Poulain-Corbion.**

CORBLET (l'abbé Jules), archéologue, membre de la Société des antiquaires de France, directeur de la « Revue de l'art chrétien », né en 1815.

— Description historique de l'église et de la chapelle de Saint-Germer de Flay. In-8°. 1842. Amiens, *imprimerie Duval.*

— Description des églises de Roye. In-8°. 1844. *Ibid.*

— Essai historique et liturgique sur les ciboires et la réserve de l'eucharistie. In-8°. 1858. *Pringuet.* 2 fr. 50 c.

— Étude historique sur les loteries. In-8°. 1861. *Blériot.* 1 fr.

— Étude iconographique sur l'arbre de Jessé. In-8° avec 3 pl. 1860. *Ibid.* 2 fr.

— Glossaire étymologique et comparatif du patois picard ancien et moderne, précédé de recherches philologiques et littéraires sur ce dialecte. In-8°. 1851. *Dumoulin.* 12 fr.

— De l'Influence du protestantisme sur la philosophie, les lettres et les arts. In-8°. 1860. Arras, *Rousseau-Leroy.* 1 fr.

— Le Lion et le bœuf sculptés aux portails des églises. In-8° avec grav. 1862. *Blériot.* 1 fr.

— Manuel élémentaire d'archéologie nationale. In-8°. 1852. *Périsse frères.* 7 fr. 50 c.

— Notice sur les chandeliers d'église au moyen âge ; précédée d'une lettre de H. Dusevel sur le même sujet. In-8°. 1859. *Pringuet.* 1 fr. 25 c.

— Parallèle des traditions mythologiques avec les récits bibliques. In-4°. 1846. *Sagnier et Bray.* 1 fr. 50 c.

CORBON (Anthyme), ancien représentant du peuple, vice-président de l'Assemblée constituante de 1848, né à Arbigny, en 1808.

— De l'Enseignement professionnel. In-16. 1859. *Pagnerre.* 60 c.

Bibliothèque utile.

— Le Secret du peuple de Paris. In-8°. 1863. *Ibid.* 5 fr.

— Le même. In-12. 1865. *Ibid.* 3 fr. 50 c.

CORCELLE (Fr. de), publiciste, rédacteur du « Correspondant ».

— Du Gouvernement pontifical. In-8°. 1857. *Douniol.*

— Souvenirs de 1848 ; première intervention dans les affaires de Rome. In-8°. 1858. *Ibid.* 1 fr.

Extrait du « Correspondant ».

CORDA (le baron), lieutenant général.

— Mémoires sur le service de l'artillerie, spécialement sur le meilleur mode de chargement des bouches à feu. In-8° avec 1 pl. 1845. *Corréard.* 7 fr. 50 c.

CORDA (A. C. J.), professeur de botanique au musée national de Prague.

— Flore illustrée des mucédinées d'Europe. In-fol. avec 25 pl. coloriées. 1840. Leipzig, *G. Fleischer.* 60 fr.

CORDAY (Mme Aglaé de), née DE POSTEL, romancière, née en 1796.

— Les Fleurs neustriennes; poésies, et la Sorcière de Laredo. 2 vol. in-8° avec 14 lithographies. 1855-1857. Mortagne, *imprimerie Loncin-Daupley.*

CORDAY D'ARMANS (Marianne Charlotte), née à Saint-Saturnin (Orne), en 1768, guillotinée en 1793.

— Œuvres politiques de Charlotte de Corday, décapitée à Paris le 17 juillet 1793, réunies par un bibliophile normand; avec un fac-simile inédit. In-8°. 1863. [Caen, *Le Gost.*] *France.* 2 fr.

CORDELLIER–DELANOUE, littérateur et auteur dramatique, mort à Paris, en 1854.

— Une Épreuve avant la lettre; comédie-vaudeville en un acte. In-12. 1855. *Lévy frères.* 20 c.

Avec Jules Barbier.

— Isabelle de Montréal. — Voy. *Foucher et Cordellier.*

— Les Javanais; histoire de 1682. In-12 avec 4 grav. 1845. Limoges, *Barbou.* 1 fr.

— Le Manchou; comédie en deux actes, en vers. In-8°. 1847. *Librairie théâtrale.* 60 c.

— Mathieu-Luc; drame en cinq actes, en vers. In-8°. 1842. *Marchant.* 50 c.

— Qui dort dîne; vaudeville en un acte. In-8°. 1847. *Librairie théâtrale.* 50 c.

Avec M. Roche.

— Les Sillons; poésies anciennes et nouvelles. In-18. 1855. *Lévy frères.* 3 fr.

CORDELOIS, professeur d'escrime.

— Leçons d'armes. Du duel et de l'assaut. Gr. in-8° avec 28 pl. et 42 fig. 1862. *Tanera.* 10 fr.

CORDER (S.).

— Courte esquisse de l'origine, des principes et du gouvernement ecclésiastique de la Société des amis. In-12. 1843. *Imprimerie Didot.* 1 fr.

CORDIER (A.), membre de la Loge de la parfaite union de Mons.

— Histoire de l'ordre maçonnique en Belgique. In-8°. 1854. Mons, *Cordier.*

CORDIER (Alph.), secrétaire-rapporteur de la 1re section du jury de la 3e classe de l'exposition régionale de Rouen, membre de la Société libre d'émulation du commerce et de l'industrie de la Seine-Inférieure.

— La Crise cotonnière dans la Seine-Inférieure, ses causes et ses effets. Rapport au comité central. In-8°. 1864. [Rouen.] *Guillaumin et Cie.* 2 fr.

— Étude sur les industries du coton, du lin, de la soie et leurs dérivés dans la région nord, précédée de quelques considérations économiques. In-8°. 1860. Rouen, *imprimerie Rivoire et Cie.* 3 fr. 50 c.

— Rapport sur l'exposition universelle de 1855. — Voy. *Girardin, Borel et Cordier.*

CORDIER (l'abbé Alphonse), de Tours.

— L'Abbaye de Loos; chronique flamande du XIIe siècle. In-8°. 1849. Lille, *Reboux.*

— Les Aventures d'une mouche écrites par elle-même. In-12. 1865. *Vermot.* 2 fr.

— Le Bouquet de fête des petits enfants, ou Recueil de compliments, de pièces et de dialogues en vers propres à être récités à l'occasion des fêtes de famille. In-12. 1856. *Périsse frères.* 1 fr. 50 c.

— Lettres à Édouard sur les catacombes romaines. In-8°. 1852. *Ibid.* 6 fr.

— La Lyre des enfants. Poésies nouvelles, dédiées à toutes les mères chrétiennes. In-12. 1857. *Vermot.* 2 fr.

— Madame Élisabeth de France, sœur de Louis XVI, ses vertus, sa correspondance et son martyre. In-12. 1859. *Ibid.* 2 fr.

— Martyrs et bourreaux de 1793. 3 vol. in-12. 1856. *Vivès.* 10 fr.

2e édition en 1864.

— Veillées au coin du feu, ou Nouvelles historiques, racontées aux jeunes gens. In-12. 1857. *Ibid.* 2 fr.

Réimprimé en 1863 en deux volumes portant chacun un autre titre, l'un « Perles bleues », l'autre « Récits d'un promeneur ». Prix de chaque volume, 1 fr. 50 c.

— Veillées flamandes. 2 vol. in-12. 1858. *Ibid.* 4 fr.

CORDIER (Claude Simon), chanoine de la cathédrale d'Orléans, né en 1704, mort en 1772.

— Poésies latines. In-12. 1853. [Orléans, *Gatineau.*] *Potier.*

Tiré à 158 exemplaires.

CORDIER (Eugène).

— Le Droit de famille aux Pyrénées. Barége^e, Lovedan, Béarn et pays basques. In-8°. 1860. *Durand.* 2 fr.

Extrait de la « Revue historique de droit ».

— Le Livre d'Ulrich; voyages, pensées, fragments retrouvés dans ses papiers, par un de ses amis. In-12. 1851. *Lévy frères.* 3 fr.

CORDIER (John DELEGORGUE-). — Voy. **Delegorgue-Cordier.**

CORDIER (Joseph), ingénieur, ancien député, né à Orgelet en 1775.

— La France et l'Angleterre, ou Recherches sur les causes de prospérités et les chances de décadence des deux nations, et propositions de réformes. In-8°. 1843. *Pagnerre.* 6 fr.

— Mémoires sur les travaux publics. 4 parties in-4° avec planches. 1841-1842. *Dalmont.* 32 fr.

— Projet d'un chemin de fer de Lons-le-Saulnier à Châlon-sur-Saône. In-4° de 8 f. 1841. *Ibid.*

— Projets d'agrandissement et d'embellissement de la ville d'Orléans sur la rive droite et la rive gauche de la Loire, et projets de canaux de ceinture. In-8° de 2 ¹/₂ f. 1845. *Ibid.*

CORDIER (Jules), pseudonyme de M. Éléonore de **Vaulabelle.**

CORDIER (Théodore), inspecteur de l'instruction primaire.

— Traité élémentaire d'arithmétique, à l'usage

de tous les établissements d'instruction primaire et des classes élémentaires des colléges. In-18. 1859. *Lecoffre et C*^{ie}. 1 fr. 20 c.

— Solutions des questions du Traité élémentaire d'arithmétique. In-18. 1861. *Ibid.* 2 fr.

CORDIER (Mme).

— Odette et Charles VI. In-12 avec gravure. 1862. Limoges, *Barbou.* 1 fr.

— Persévérance et courage. In-8° avec 1 grav. 1865. *Ibid.* 1 fr.

CORDOIN (L.), architecte vérificateur.

— Tarif usuel selon le système métrique pour la réduction des bois carrés et des bois en grume. Nouvelle édition. In-12 avec planche. 1861. *Dunod.* 3 fr.

La 1re édition est de 1844.

M. Cordoin a publié encore : « Nouveau tarif pour la réduction des bois en grume », de J. F. *Coquet.*

CORDOUAN (le docteur F.).

— Histoire de la commune de Lorgues. In-8°. 1864. [Draguignan.] *Aubry.* 3 fr. 50 c.

CORÉ (François), mécanicien, né à Norroy le Veneur en 1813.

— Guide commercial des constructeurs mécaniciens, des fabricants et des chefs d'industrie. In-8°. 1860. *Didot frères.* 8 fr.

COREMANS (H. F.).

— L'Année de l'ancienne Belgique. Mémoire sur les saisons, les mois, les fêtes et usages (avant le christianisme), et l'explication des différentes dates qui se trouvent dans les documents du moyen âge. In-8°. 1844. Bruxelles.

— La Belgique et la Bohême, traditions, coutumes et idées populaires. Tome II (juillet à décembre). Gr. in-8°. 1863. Bruxelles, *Heussner.*

— Miscellanées de l'époque de Maximilien-Emmanuel. In-8°. 1841. Bruxelles. 4 fr.

CORIOLIS (de), lieutenant de vaisseau de la marine française, a traduit de l'anglais : « Description de l'île de Madère », par le capitaine *Vidal*, et « Description des îles Maloulnes ou Falkland » de *Sullivan.*

CORIOLIS (Gaspard Gustave), mécanicien, membre de l'Institut, né à Paris en 1792, mort en 1843.

— Traité de la mécanique des corps solides et du calcul de l'effet des machines. 2e édition. In-4° avec 2 pl. 1841. *Dalmont.* 15 fr.

La 1re édition a paru en 1829.

CORLIEU (le docteur A.), médecin.

— Études sur les causes de la mélancolie. In-8°. 1861. *Baillière et fils.* 1 fr. 25 c.

— Nouvelle médecine des familles à la ville et à la campagne. In-12 avec 134 fig. dans le texte. 1865. *Ibid.* 3 fr.

Sous le pseudonyme du docteur A. C. de Saint-Vincent.

CORMANE (A.).

— Hirudoculture. Mémoire relatif aux plans du marais couvert pour l'éducation des sangsues. In-4°. 1861. *Asselin.* 2 fr.

CORMENIN (Louis Marie de LA HAYE, vicomte de), jurisconsulte et publiciste français, conseiller

d'État, né à Paris en 1788. — La plupart de ses écrits sont signés du pseudonyme de TIMON.

— L'Algérie et ses relations extérieures, par l'auteur du Droit de tonnage en Algérie. In-32. 1860. [Alger.] *Challamel.* 50 c.

Anonyme.

— Avis aux contribuables. In-32. 1842. *Pagnerre.* 50 c.

— Avis (deuxième) aux contribuables, ou Réponse au ministre des finances. In-32. 1842. *Ibid.* 25 c.

— La Coalition, ou les Rouges, les blancs et le président. In-8°. 1851. *Garnier frères.* 80 c.

— Droit administratif. 5e édition, revue et augmentée. 2 vol. in-8°. 1840. *Pagnerre.* 30 fr.

La 1re édition a paru en 1821, sous le titre de : « Questions de droit administratif ».

— Le Droit de tonnage en Algérie. In-18. 1860. [Alger.] *Challamel.* 50 c.

— L'Éducation et l'enseignement en matière d'instruction secondaire. In-32. 1847. *Pagnerre.* 75 c.

— Entretiens de village. 8e édition. In-12 avec 40 grav. 1847. *Ibid.* 5 fr.

La 1re édition est de 1846. In-32. 1 fr. 50 c.

— Feu! feu! In-32. 1845. *Ibid.* 75 c.

— La Légomanie. In-32. 1844. *Ibid.* 75 c.

— Liberté, gratuité et publicité de l'enseignement. In-32. 1850. *Ibid.* 50 c.

— Livre des orateurs. 13e édition. In-8° avec 27 portraits. 1843. *Ibid.* 15 fr.

La 1re édition a paru en 1836, sous le titre de : « Études sur les orateurs parlementaires. In-8°. *Paulin.* 6 fr. 50 c.

— Le Maire de village. In-32. 1847. *Ibid.* 1 fr.

— Ordre du jour sur la corruption électorale et parlementaire. In-32. 1846. *Ibid.* 50 c.

— Oui et non au sujet des ultramontains et des gallicans; par Timon (qui n'est ni l'un ni l'autre). In-32. 1845. *Ibid.* 75 c.

— Pamphlet sur l'indépendance de l'Italie. In-32. 1848. *Ibid.* 75 c.

— Pamphlet (deuxième) sur l'indépendance de l'Italie. In-32. 1848. *Ibid.* 30 c.

— Petit pamphlet sur le projet de constitution. Suivi du texte exact et corrigé du projet de constitution. Août 1848. In-32. 1848. *Ibid.* 50 c.

— Questions scandaleuses d'un jacobin, au sujet d'une dotation. In-32. 1840. *Ibid.* 50 c.

— Révision. In-18. 1851. *Ibid.* 75 c.

— Des Salles d'asile. Extrait d'un voyage en Italie. In-32. 1849. *Ibid.* 75 c.

M. de Cormenin a publié une préface pour les Catacombes de Paris. — Voy. *Catacombes.*

CORMETTE (H. de), officier des haras impériaux.

— Histoire et statistique des ordres de chevalerie de l'Europe. In-4°, 84 p. 1853. *Imprimerie Lahure.*

CORMIER (Th.).

— Spécimen colonial de l'Algérie. Résumé, réfutation ou complément des systèmes de MM. Leblanc de Prébois, l'abbé Landmann, de Lamoricière, Bedeau et Bugeaud. In-8°. 1847. *Moquet.* 3 fr.

La couverture porte : « l'Algérie !... moins l'illusion », par M. Th. Cormier.

CORMILLIOLLE-DELAUNAY (Alexis C.), religieux mariste.

— Poésies, recueillies et mises en ordre par Joseph Carsignol, et précédées d'une Notice biographique par Clément Carsignol. In-12 de xxxvii-159 p. 1861. Lyon, *Briday.*

CORMON (Pierre Etienne Pïestre, dit Eugène), auteur dramatique, né à Lyon en 1811.

— Les Aides de camp du général; comédie-vaudeville en trois actes. In-8°. 1853. *Beck.* 50 c.

Avec Eugène Grangé.

— Les Amours d'une rose, ou Hannetons, fleurs et papillons; vaudeville fantastique en trois actes. In-8°. 1846. *Marchant.* 50 c.

Avec E. Grangé et Leprévost.

— Le Beau-père; comédie-vaudeville en un acte. In-8°. 1841. *Tresse.* 60 c.

Avec Chabot de Bouin.

— Canuche, ou le Chien de la chaumière; pièce en trois actes, mêlée de couplets. In-8°. 1854. *Beck.* 60 c.

Avec E. Grangé.

— Le Carnaval des maris; comédie-vaudeville en trois actes. In-8°. 1853. *Tresse.* 60 c.

Avec le même.

— Le Château Trompette; opéra comique en trois actes, musique de A. Gevaert. In-12. 1860. *Lévy frères.* 1 fr.

Avec Michel Carré.

— Les Crochets du père Martin; drame en trois actes. In-12. 1858. *Ibid.* 1 fr.

Avec E. Grangé.

— Le même. In-4°. 1858. *Ibid.* 40 c.

Théâtre contemporain illustré, livr. 368.

— La Danseuse espagnole; comédie-vaudeville en trois actes. In-8°. 1854. *Beck.* 60 c.

Avec E. Grangé.

— Les Deux factions; vaudeville en un acte. In-8°. 1842. *Tresse.* 40 c.

Avec le même.

— Les Deux sergents; opéra comique en deux actes. In-8°. 1850. *Ibid.* 50 c.

Avec M. Saint-Amand.

— Le Diable à Lyon; drame mêlé de chant, en cinq actes et six parties; précédé de la Terrasse de Fourvières; prologue en deux tableaux. In-8°. 1844. Lyon, *Nourtier.* 50 c.

— Le Diable au moulin; opéra comique en un acte, musique de A. Gevaert. In-12. 1859. *Lévy frères.* 1 fr.

Avec Michel Carré.

— Le Docteur Magnus; opéra en un acte, musique de M. E. Boulanger. In-12. 1864. *Ibid.* 1 fr.

Avec le même.

— Le Docteur Mirobolan; opéra comique en un acte, musique de E. Gautier. In-12. 1860. *Ibid.*

Avec H. Trianon.

— Don Pèdre; opéra comique en trois actes, musique de F. Poise. In-12. 1857. *Ibid.* 1 fr.

Avec E. Grangé.

— Les Ducs de Normandie; drame historique en cinq actes. In-12. 1859. *Ibid.* 40 c.

Avec le même.

— Le même. In-4°. *Ibid.* 40 c.

Théâtre contemporain illustré, livr. 421.

— La Ferme de Primerose; comédie-vaudeville en un acte. In-12. 1851. *Ibid.* 60 c.

Avec M. Dutertre.

— Le même. In-4°. 1852. *Ibid.* 40 c.

Théâtre contemporain illustré, livr. 8.

— Le Festin de Balthasar; pièce de carnaval, en trois actes. In-8°. 1855. *Tresse.* 30 c.

Avec E. Grangé.

— La Fille du tapissier; comédie-vaudeville en trois actes. In-8°. 1841. *Ibid.* 60 c.

Avec M. Saint-Amand et H. Lefebvre.

— La Foire aux plaisirs; revue de 1854, en trois actes. In-8°. 1855. *Ibid.* 30 c.

Avec E. Grangé.

— Furnished apartment; comédie-vaudeville en un acte. In-12. 1855. *Lévy frères.* 1 fr.

Avec le même.

— Les Gardes du roi de Siam; pièce en un acte, mêlée de chant. In-12. 1857. *Ibid.* 60 c.

Avec E. Grangé et Delacour.

— Le même. In-4°. 1858. *Ibid.* 40 c.

Théâtre contemporain illustré, livr. 334.

— La Goton de Béranger; vaudeville en cinq actes. In-8°. 1851. *Marchant.* 60 c.

Avec E. Grangé et Dutertre.

— Je marie Victoire; vaudeville en un acte. In-12. 1858. *Lévy frères.* 60 c.

Avec E. Grangé.

— Le même. In-4°. 1861. *Ibid.* 40 c.

Théâtre contemporain illustré, livr. 494.

— Jocrisse; opéra comique en un acte, musique de E. Gautier. In-12. 1862. *Ibid.* 1 fr.

Avec H. Trianon.

— Le Journal d'une grisette; comédie-vaudeville en trois actes. In-12. 1848. *Ibid.* 60 c.

Avec E. Grangé.

— Les Lanciers; vaudeville en un acte. In-12. 1857. *Ibid.* 2 fr.

Avec le même.

— Le même. In-4°. 1858. *Ibid.* 40 c.

Théâtre contemporain illustré, livr. 285.

— Lara; opéra comique en trois actes, musique de M. Aimé Maillart. In-12. 1864. *Ibid.* 1 fr.

Avec Michel Carré.

— Un Mari qui se dérange; comédie-vaudeville en deux actes. In-8°. 1846. *Ibid.* 60 c.

Avec E Grangé.

— Le Mariage extravagant; opéra comique en un acte, d'après Désaugiers et M. de V., musique de E. Gautier. In-12. 1857. *Ibid.* 1 fr.

— Les Mitaines de l'ami Poulet; comédie en deux actes. In-12. 1861. *Ibid.* 1 fr.

Avec Michel Carré.

— Monsieur le Sac et Madame la Braise; vaudeville en trois actes. In-12. 1856. *Ibid.* 1 fr.

Avec E. Grangé et A. Bourdois.

— Nous marions papa; comédie-vaudeville en un acte. In-8°. 1855. *Mifliez.* 20 c.

Avec E. Grangé.

— Les Pêcheurs de Catane; drame lyrique en trois actes, musique de A. Maillart. In-12. 1861. *Lévy frères.* 1 fr.

Avec Michel Carré.

— Les Pêcheurs de perles; opéra en trois actes, musique de M. Georges Bizet. In-12. 1864. *Ibid.* 1 fr.

Avec le même.

— Philippe II, roi d'Espagne; drame en cinq actes; imité de Schiller, et précédé de l'Étudiant d'Alcala, prologue. In-8°. 1846. *Ibid.* 60 c.

— La Planète ***; revue de 1846 en deux actes. In-8°. 1847. *Marchant.* 50 c.

Avec E. Grangé.

— Les Premiers beaux jours; vaudeville en trois actes. In-12. 1847. *Lévy frères.* 60 c.

Avec le même.

— Les Premières armes du diable; vaudeville fantastique en cinq actes. In-8°. 1844. *Marchant.* 50 c.

Avec le même.

— Quentin Durward; opéra comique en trois actes, musique de A. Gevaert. In-12. 1858. *Lévy frères.* 1 fr.

Avec Michel Carré.

— Le même. In-4°. 1860. *Ibid.* 40 c.

Théâtre contemporain illustré, livr. 443.

— La Queue de la comète; revue de 1853 en trois actes. In-8°. 1854. *Beck.* 60 c.

Avec E. Grangé et Guénée.

— Le Quinze avant midi; comédie-vaudeville en un acte. In-8°. 1841. *Tresse.* 60 c.

Avec M. Chabot de Bouin.

— Rimbaut et compagnie, ou l'Argent et le travail; comédie-vaudeville en trois actes. In-8°. 1848. *Librairie théâtrale.* 60 c.

Avec E. Grangé et Saint-Amand.

— Les Sept merveilles du n° 7; parodie électro-magnético-burlesco-férico-dramatico-comique en neuf tableaux, dont un prologue et un entr'acte. In-12. 1854. *Lévy frères.* 1 fr.

Avec E. Grangé.

— Le même. In-4°. 1854. *Ibid.* 40 c.

Théâtre contemporain illustré, livr. 96.

— Le Théâtre des zouaves; tableau militaire, mêlé de couplets. In-12. 1855. *Ibid.* 60 c.

Avec E. Grangé.

— Le même. In-4°. 1856. *Ibid.* 20 c.

Théâtre contemporain illustré, livr. 195.

— Le Trésor de Pierrot; opéra comique en deux actes, musique de M. E. Gautier. In-12. 1864. *Ibid.* 1 fr.

Avec H. Trianon.

— Vingt francs par jour; comédie-vaudeville en deux actes. In-8°. 1846. *Marchant.* 50 c.

Avec M. Chabot de Bouin.

— Le Violon du père Dimanche; pièce en trois actes. In-8°. 1854. *Mifliez.* 30 c.

Avec E. Grangé.

M. Cormon a encore signé des pièces en collaboration avec MM. *Chapelle, Dennery, Dupeuty, La Boullaye, Lockroy* et *Mallian.* — Voy. ces noms.

CORMON (J. L. Barthélemy), libraire.

— Dictionnaire portatif et de prononciation italien-français et français-italien. 13e édition. In-8°. 1857. Lyon, *Scheuring et Cie.* 12 fr.

Avec Vincent Manni.

— Le même. Abrégé. In-12. 1857. *Ibid.* 4 fr.

— Diccionario italiano-español y español-ita-

liano. Nueva edicion, revista y aumentada por S. H. Blanc. In-18. 1856. Lyon, *Blanc.* 6 fr.

— Le Maitre d'espagnol, ou Éléments de la langue espagnole. Nouvelle édition. In-12. 1842. *Ibid.* 2 fr.

CORMONT (Charles Léopold), publiciste, rédacteur en chef du « Méridional », ancien rédacteur en chef de la « Revue de l'Escaut » et du « Moniteur du Puy-de-Dôme », né à Cambrai en 1832.

— Béranger, Étude de ses œuvres. In-8°. 1858. Cambrai, *Regniez-Farez.* 1 fr.

— Le Concours régional et l'exposition de Clermont-Ferrand en 1863. In-8°. 1864. Clermont-Ferrand, *Hubler.* 5 fr.

— Fleurs de jeunesse; poésies. In-8°. 1858. [Cambrai, *Regniez-Farez.*] *Dentu.* 3 fr.

— Fleurs de solitude; poésies. In-8°. 1861. *Ibid.* 3 fr.

— L'Impôt des boissons. In-8°. 1859. *Ibid.* 1 fr.

— Voyage de LL. MM. impériales en Auvergne. In-8°. 1862. Clermont-Ferrand, *Hubler.* 1 fr.

CORNALIA (le docteur Émile), directeur du musée civique de la ville de Milan, professeur de zoologie et d'anatomie comparée au musée et à l'école normale, né à Milan en 1825.

— Monographie des mammifères fossiles. Livraisons 1 à 5 (p. 1 à 40 et pl. 1 à 14). In-4°. 1861 à 1865. Milan, *imprimerie Jos. Bernardoni.* Chaque livraison, 4 fr.

Paléontologie lombarde, ou Description des fossiles de Lombardie, 2e série. — Pour la 1re série, voy. *Stoppani.*

CORNARO (Louis), hygiéniste italien, né à Padoue en 1467, mort en 1566.

— L'Art de vivre longtemps et en parfaite santé; de la sobriété et de ses avantages, avec des conseils sur la manière de corriger un mauvais tempérament, et de jouir d'une félicité parfaite jusqu'à un âge fort avancé; suivi des Aphorismes de l'École de Salerne, en vers latins et français, accompagnés de commentaires sur chaque aphorisme. Nouvelle édition, revue et corrigée. In-12. 1847. *Rouvier.* 3 fr. 50 c.

— Le même; traduit sur l'édition de 1646, par le docteur J. Patézon. In-8°. 1861. *Delahaye.* 1 fr. 50 c.

— De la Sobriété, conseils pour vivre longtemps; traduit de l'italien sur la dernière édition, par Ch. Meaux St-Marc. — Voy. **École de Salerne.*

CORNAU (Mme Caroline) a traduit en français : « le Palais du Diable », de Fr. *Dall'Ongaro.*

CORNAY (le docteur Joseph Émile), de Rochefort, médecin.

— Anthropologie. Mémoire sur le métisme animal chez les espèces humaines, etc., et exposition des principes de physiométrie générale. In-12. 1863. *Baillière et fils.* 4 fr.

— Anthropologie. Mémoire sur l'unité de spécialité des espèces humaines, et en particulier sur la concordance des vues des physiologistes relatives à l'état d'unité et de pluralité de ces espèces. In-12. 1863. *Ibid.* 1 fr. 50 c.

— Anthropologie. Mémoire sur la vie des tissus chez les espèces humaines, et en particulier sur l'acte de la douleur, et exposition des principes d'anatomie comparée dans les nombres. In-12. 1864. *Ibid.* 3 fr.

— Éléments de morphologie humaine, pour

servir à l'étude des races. 3 vol. in-12 de 14 ⅓ f. 1850. *Labé.*

— De la Lithorétie, ou Extraction des concrétions urinaires. In-4° avec 12 pl. 1845. *Béchet jeune.* 5 fr.

— Mémoire sur les causes de la coloration des œufs des oiseaux et des parties organiques végétales et animales. In-8°. 1860. *Labé.* 1 fr. 25 c.

— Mémoire sur la pince à séquestre. In-4° de 2 f. avec 1 pl. 1856. *Ibid.*

— Nouvelles recherches sur le traitement des maladies appelées typhus, fièvre typhoïde, petite vérole, rougeole, scarlatine, suette miliaire, etc. In-12. 1844. *Ibid.* 1 fr. 50 c.

— Principes d'adénisation, ou Traité de l'ablation des glandes nidoriennes qui communiquent, par leur sécrétion plus ou moins fétide, un mauvais goût aux espèces animales alimentaires, et donnent une odeur insupportable aux espèces d'agrément, et exposition générale des règles à suivre dans l'amélioration de la chair des animaux. In-18 avec 1 pl. 1859. *Ibid.* 3 fr.

— Principes de physiologie et éléments de morphogénie générale, ou Traité de la distribution des matériaux de formation dans les espèces naturelles. In-12 de 9 f. avec 10 pl. 1853. *Ibid.*

— Principes de physiologie et exposition des formules des forces vitales, interprétation des mots cabalistiques ou abracadabra, abracalan, abrasaxas et abrasax. In-12. *Baillière et fils.* 2 fr.

— Principes de physiologie et exposition de la loi divine d'harmonie, ou Traité de la distribution légale des espèces dans la nature. In-12. 1862. *Ibid.* 2 fr.

— De la Reconstruction du cheval sauvage primitif par la réunion, chez un type idéal, de ses caractères spéciaux et spécifiques, à l'effet d'obtenir une race française de cavalerie, etc. In-12. 1861. *Asselin.* 1 fr. 50 c.

— Topographie médicale de Rochefort, moyens de l'assainir. In-8°. 1846. *Vict. Rozier.* 1 fr.

— Zoologie. École des races et exposition des principes de généanomie considérés comme base du respect et du rétablissement ou de la réformation des races régionales chevalines, bovines, ovines et humaines, etc., et détermination de la coudée humaine géométrique. Ce livre est accompagné de 11 grands tableaux de physiométrie animale. In-12. 1856. *Baillière et fils.* 10 fr.

CORNAZ (le docteur Ch. Aug. Ed.), médecin et chirurgien en chef de l'hôpital Pourtalès à Neuchâtel, en Suisse, né à Marseille en 1825.

— Des Abnormités congéniales des yeux et de leurs annexes. In-8°. 1848. Lausanne. 3 fr. 50 c. Thèse.

— De l'Albinisme. Monographie. (Extrait des Annales de la Société de médecine de Gand.) In-8°. 1856. Berne, *Huber et Cie.* 4 fr.

— Des Anomalies congéniales de la coloration du voile irien. In-8°. 1853. Bruges. 1 fr.
Extrait des « Annales de la Société médico-chirurgicale de Bruges ».

— Études statistiques sur la fièvre typhoïde. (Extrait des Annales de la Société de médecine d'Anvers.) In-8°. 1854. Berne, *Huber et Cie.* 2 fr. 50 c.

CORNE (Anatole Émile), avocat, né à Douai en 1838.

— La Petite Roquette. Étude sur l'éducation correctionnelle des jeunes détenus du département de la Seine. In-8°. 1864. *Durand.* 1 fr.

CORNE (Hippolyte), médecin-major de 1re classe des hôpitaux.

— Étude sur les eaux thermales de Bourbon-l'Archambault (Allier). Observations de névroses et de paralysies réflexes. In-8°. 1864. *Vict. Rozier.* 1 fr. 25 c.

CORNE (Hyacinthe Marie Aug.), littérateur et magistrat, ancien représentant du peuple, né à Arras en 1802.

— Adrien. Lettres d'une mère à son fils. In-8°. 1856. *Hachette et Cie.* 5 fr.

— Le Cardinal Mazarin (1642-1661). In-12. 1853. *Ibid.* 1 fr.

— Le Cardinal de Richelieu (1623-1642). In-12. 1853. *Ibid.* 1 fr.

— De l'Éducation publique dans ses rapports avec la famille et avec l'État. In-8°. 1844. *Ibid.* 6 fr.

— Marcel. 2 vol. in-12. 1858. *Ibid.* 5 fr.

— Souvenirs d'un proscrit. In-12. 1861. *Lévy frères.* 1 fr.

CORNEILLE (Pierre), poëte, membre de l'Académie française, né à Rouen en 1606, mort à Paris en 1684.

— Œuvres complètes. 7 vol. in-8°. 1864. *Chaix et Cie.* 14 fr.

— Les mêmes, précédées d'une notice, par Fontenelle. In-8° avec 12 grav. 1861. *Furne.* 7 fr.

— Les mêmes. 12 vol. in-32. 1865. *Plon.* 48 fr.
Collection des classiques français du Prince impérial.

— Les mêmes. Nouvelle édition, revue et annotée par M. J. Taschereau. T. 1 et 2. 2 vol. in-16. 1857 et 1858. *Jannet.* Chaque volume, 5 fr.
Collection de la Bibliothèque elzévirienne. L'édition devait avoir 7 volumes, mais la publication n'a pas été continuée.

— Les mêmes, précédées d'une notice, par Julien Lemer. 2 vol. in-12. 1855. *Delahays.* 6 fr.

— Les mêmes. Nouvelle édition, revue sur les plus anciennes impressions et les autographes, et augmentée de morceaux inédits, de variantes, de notices, de notes, d'un lexique des mots et locutions remarquables, d'un portrait, d'un fac-simile, etc., par M. Ch. Marty-Laveaux. Tomes 1 à 10. Gr. in-8°. 1862-1865. *Hachette et Cie.* Chaque volume. 7 fr. 50 c.
L'édition sera complète en 12 volumes.

— Les mêmes, avec les notes de tous les commentateurs. 12 vol. in-8°. 1854-1855. *Didot frères.* 84 fr.

— Les mêmes. Nouvelle édition, augmentée d'une vie de Corneille et de notices sur chaque pièce, par Émile de La Bédollière. 2 vol. in-12. 1855. *Barba.*

— Les mêmes. In-4° illustré. 1852. *Ibid.* 2 fr. 50 c.
Ce volume se divise aussi en 12 livraisons qui se vendent séparément au prix de 20 c. chaque :
Vie de Corneille. — Le Cid. — Horace. — Cinna. — Polyeucte. — Le Menteur. — Pompée. — Rodogune. — Héraclius. — Don Sanche. — Nicomède. — Sertorius.

— Les mêmes. 5 vol. in-12. 1857. *Hachette et Cie.* 10 fr.
La même édition, divisée en 7 vol. in-12. 1863. *Ibid.* 7 fr.

— Œuvres des deux Corneille (Pierre et Thomas). Édition variorum, collationnée sur les meilleurs textes, par Charles Louandre. 2 vol. in-12. 1865. *Charpentier.* 7 fr.

— Œuvres de P. et Th. Corneille, précédées de la Vie de P. Corneille, par Fontenelle, et des discours sur la poésie dramatique. Nouvelle édition. Gr. in-8° avec 12 grav. 1857. *Garnier frères.* 12 fr. 50 c.

— Œuvres choisies de P. Corneille. Nouvelle édition, revue. In-8°. 1863. *Vermot.* 1 fr. 25 c.

— Œuvres choisies. Édition épurée. In-12 avec 20 dessins. 1845. *Lehuby.* 6 fr.

— Chefs-d'œuvre de P. Corneille. Le Cid. Cinna. Horace. Polyeucte. Le Menteur. In-12. 1865. *Hachette et Cie.* 1 fr.

— Chefs-d'œuvre, avec notes et commentaires. In-12 avec portrait. 1846. *Didot frères.* 2 fr.

— Chefs-d'œuvre avec une histoire abrégée du Théâtre-Français, une biographie de l'auteur et un choix de notes de divers commentateurs, par M. D. Saucié. In-8° avec 4 grav. 1860. Tours, *Mame.* 2 fr. 50 c.

— Chefs-d'œuvre dramatiques de P. Corneille, suivis des œuvres choisies de Th. Corneille. In-12. 1839. *Lefèvre.* 3 fr. 50 c.

— Le même. 2 vol. in-12. 1844. *Ibid.* 5 fr.

— Chefs-d'œuvre de P. et Th. Corneille. 5 vol. in-12. 1842. *Locquin.* 2 fr.

— Chefs-d'œuvre; précédés de la Vie de Pierre Corneille, par Fontenelle. In-8°. 1865. *Ducrocq.* 3 fr. 50 c.

— Le Cid; tragédie. Nouvelle édition, avec notes historiques, etc., par M. Jonette. In-12. 1863. *Belin.* 50 c.

— Cinna, ou la Clémence d'Auguste; tragédie en cinq actes, avec des notes et des commentaires. In-18. 1853. *Lecoffre.* 60 c.

— Don Sauche d'Aragon; comédie héroïque, mise en trois actes par P. Planat. In-8°. 1844. *Tresse.* 60 c.

— Les Horaces; tragédie en cinq actes. In-12. 1850. *Lévy frères.* 50 c.

— Le même, avec notes et commentaires. In-12. 1853. *Lecoffre.* 60 c.

— L'Imitation de Jésus-Christ; traduction de Corneille. — Voy. *Thomas à Kempis.*

— La Morale des familles catholiques; fragments offerts de la traduction de Corneille de l'Imitation de Jésus-Christ; publié par M. Ch. de Chantal. In-18. 1843. *Périsse.* 75 c.

— Nicomède; tragédie, avec un commentaire nouveau par M. J. Naudet. In-18. 1845. *Dezobry.* 60 c.

— L'Occasion perdue recouvrée. Nouvelle édition, avec notes et commentaires, avec les sources et les imitations qui ont été faites de ce poëme célèbre non recueilli dans les œuvres de l'auteur. In-8°. 1862. *Gay.* 5 fr.

Tiré à 70 exemplaires.

— Le même. In-18. *Ibid.* 3 fr.

— Polyeucte, avec notes et commentaires. In-12. 1850. *Lecoffre.* 50 c.

— Le même, avec un nouveau commentaire par M. Walras. In-8°. 1847. Caen, *Hardel.*

— Théâtre de P. et de T. Corneille, avec notes et commentaires. 2 vol. in-12. 1842. *Didot frères.* 6 fr.

— Théâtre. In-12. 1858. *Garnier frères.* 2 fr.

— Théâtre choisi. Édition classique, précédée d'une notice littéraire, par F. Estienne. In-18. 1857. *Delalain.* 1 fr. 75 c.

— Théâtre choisi; avec une notice biographique et littéraire et des notes, par E. Geruzez. In-12. 1865. *Hachette et Cie.* 2 fr. 50 c.

La 1re édition est de 1848.

Le volume est composé des 6 pièces suivantes qui se vendent aussi séparément au prix de 40 c. chaque :

Le Cid. — Cinna. — Horace. — Nicomède. — Polyeucte. — Rodogune.

CORNEILLE (Thomas), frère du précédent, membre de l'Académie française, né à Rouen, en 1625, mort en 1709.

Ses œuvres ont été publiées plusieurs fois à la suite de celles de son frère. — Voy. ci-dessus.

CORNEILLE DE BLESSEBOIS. — Voy. **Blessebois.**

CORNÉLIS DE WITT. — Voy. **Witt.**

CORNÉLIUS A LAPIDE (le R. P.), ou VAN DEN STEEN, en français CORNEILLE DE LA PIERRE, théologien belge, jésuite du pays de Liége, né à Bockholt (Liége), vers 1566, mort à Rome, en 1637.

— Commentaria in Scripturam sacram. Accurate recognovit ac notis illustravit Augustinus Crampon. 21 vol. gr. in-8°. 1857-1863. *Vivès.* 210 fr.

— Supplementum ad Commentaria in Scripturam sacram. Roberti Bellarmini explanatio in psalmos quibus accedit nova psalmorum ex hebræo versio latina notis illustrata, auctore Augustino Crampon. Balthasaris Corderi commentaria in librum Job. 3 vol. gr. in-8°. 1861. *Ibid.* 30 fr.

— Commentarii in Scripturam sacram. Editio recens. 20 vol. gr. in-8°. 1854-1863. Lyon, *Pélagaud et Cie.* 160 fr.

— Les Trésors de Cornélius à Lapide. Extraits de ses commentaires sur l'Écriture sainte, à l'usage des prédicateurs, des communautés et des familles chrétiennes, par l'abbé Barbier. 4 vol. gr. in-8°. 1856. Le Mans, *Julien, Lanier et Cie.*

— Le même. 2e édition. 4 vol. gr. in-8°. 1859. *Poussielgue-Rusand.* 32 fr.

CORNELIUS NEPOS, historien latin, né vers 670, mort l'an 724 de Rome.

— Œuvres complètes, avec traduction française. — Voy. *Nisard,* Collection.

— Œuvres de Cornelius Nepos, avec une traduction nouvelle par M. Amédée Pommier; suivi de : Abrégé de l'histoire romaine, d'Eutrope, traduit par M. N. A. Dubois. Nouvelle édition, revue avec le plus grand soin par le traducteur. In-12. 1864. *Garnier frères.* 3 fr. 50 c.

Bibliothèque latine-française. Réimpression de la Collection Panckoucke.

— Cornelii Nepotis opera quæ supersunt, ad optimarum edd. fidem recensuit, gallicasque notas subjunxit L. Quicherat. In-12. 1840. *Hachette.* 1 fr.

— Le même. Nouvelle édition, à l'usage des classes, avec des sommaires et des notes en français, par M. Pourmarin. In-12. 1852. *Dezobry et E. Magdeleine.* 80 c.

— Le même. Édition classique, accompagnée de remarques et notes grammaticales, philologiques et historiques, et précédée d'une instruction littéraire, par W. Rinn. In-12. 1855. *Delalain.* 90 c.

— Le même. Texte revu, avec notice, arguments, notes en français, et les principaux fragments des ouvrages perdus, par M. Fr. Dübner. In-18. 1850. *Lecoffre.* 1 fr. 25 c.

— Le même. Édition avec des réflexions écrites en français et destinées à tirer de chaque récit une moralité, par Ph. de Montenon. In-18. 1861. *Gauguet.* 1 fr.

— Les Vies des grands capitaines; texte latin, avec la traduction française de l'abbé Beau, revue et annotée par E. Sommer. In-12. 1857. *Hachette et Cie.* 2 fr. 50 c.

— Le même. Édition collationnée sur les textes les plus purs, distinguant, par l'emploi de caractères différents, les radicaux des mots composés, etc., par M. l'abbé F. de Lansac. In-18. 1860. *Périsse.* 1 fr. 50 c.

— Le même. Latin-français en regard; traduction de l'abbé Paul. In-12. 1844. *Delalain,* 2 fr. 50 c.

— Les Vies des grands capitaines, expliquées littéralement; traduites en français et annotées par E. Sommer. In-12. 1865. *Hachette et Cie.* 5 fr.

Les auteurs latins expliqués par deux traductions françaises.

— Vies des grands capitaines de l'antiquité; traduction nouvelle, avec le texte latin en regard, par W. Rinn. In-12. 1855. *Delalain.* 2 fr. 50 c.

CORNELIUS SEVERUS, poëte latin, contemporain d'Ovide.

— L'Etna; poëme. Traduction nouvelle (avec le texte en regard), par M. l'abbé Delutho. In-12 de 4 1/2 f. 1841. *Vaton.*

— Fragment sur la mort de Cicéron. (Bibliothèque Panckoucke.) — Voy. *Lucilius* junior.

CORNET (Benoît Joseph), né à Heuripont (Belgique).

— Nouvelle invention du tétragonisme sur la rectification du cadran, suivie de l'application des trois corps ronds. In-12 avec pl. Nivelles, *imprimerie Aug. Despret.* 2 fr. 50 c.

CORNET (Germain), ingénieur aux chemins de fer de l'Est, a publié : Album des chemins de fer; Résumé du cours professé par M. Perdonnet à l'école centrale des arts et manufactures. — Voy. *Perdonnet.*

CORNET (Jules), linguiste, né à Brunswick (Allemagne) en 1821.

— Manuel de la conversation russe et française. 3e édition. In-12. 1865. Leipzig, *Holtze.* 3 fr.

La 1re édition est de 1857.

— Manuel de la conversation en russe, français, anglais et allemand. In-12. 1861. *Ibid.* 6 fr.

— Manuel de la conversation polonaise et française. In-12. 1863. *Ibid.* 3 fr.

Avec E. Kasproviez.

CORNET (l'abbé N. J.).

— Les Saintes reliques d'Aix-la-Chapelle. In-12. 1860. Tournai, *Casterman.* 80 c.

— Vie et opuscules spirituels de la véritable mère Jeanne de Jésus, réformatrice du tiers-ordre de Saint-François et fondatrice des Pénitentes récollectrices de Limbourg, d'après le R. P. Mars, récollet, et les archives de l'ancien couvent de Dulhan-Limbourg. In-12. 1864. *Ibid.* 1 fr.

CORNET D'HUNVAL (François Adrien), membre de la chambre de commerce d'Amiens, ancien président du tribunal de commerce de cette ville, né à Amiens en 1816.

— Enquête sur les banques. Ce qui est et ce qui devrait être, ou Réponse aux quarante-deux questions de la commission d'enquête. In-8°. 1865. *Guillaumin et Cie.* 3 fr.

CORNET-PAULUS (Dugommier), chef de division à la préfecture de la Marne, né à Châlons en 1794.

— Dictionnaire géographique et statistique de toutes les villes et communes du département de la Marne. In-12. 1860. Châlons, *Laurent.* 1 fr. 75 c.

CORNETIÈRE (le chevalier de LA). — Voy. **La Cornetière.**

CORNETTE DE VENANCOURT (Paul).

— L'Amour d'un prêtre; poëme. In-8°. 1864. Le Havre, *chez tous les libraires.* 1 fr. 25 c.

CORNEY (H. LE). — Voy. **Le Corney.**

CORNIER (l'abbé).

— Traité de l'art musical, précédé de : Echelle tricolore. Gr. in-8°, 220 p. et musique. 1856. *Rue des Maçons-Sorbonne,* 21.

CORNIL (l'abbé Christophe), chanoine honoraire du diocèse de Moulins, né à Vernet (Allier) en 1809.

— Vie de sainte Procule, patronne de Gannat, diocèse de Moulins, tirée du Propre des saints de l'église cathédrale de Rodez, et des ouvrages d'un docteur en Sorbonne de la ville de Gannat. In-12. 1865. Moulins, *imprimerie Ducroux et Gourjon-Dulac.* 30 c.

CORNIL (Victor André), docteur en médecine, chef de clinique à la Faculté de médecine, né à Cusset (Allier), en 1837.

— Anatomie pathologique des diverses espèces de pneumonie aiguë ou chronique, avec 9 fig. intercalées dans le texte. In-8°. 1865. *Claye.* 1 fr.

— Mémoire sur les lésions anatomiques du rein. In-8° avec pl. 1865. *Germer Baillière.* 2 fr.

— Observations pour servir à l'histoire de l'érysipèle du pharynx. In-8°. 1862. *Asselin.* 75 c.

Extrait des « Archives générales de médecine ».

CORNILLE (GOUMAIN). — Voy. **Goumain.**

CORNILLÈRE (le comte de LA). — Voy. **La Cornillère.**

CORNIOT (F.), métreur-vérificateur.

— Sous-détails raisonnés propres à servir à l'établissement des prix et au règlement des travaux de couverture, et précédés d'instructions relatives aux matériaux qui y sont employés. Gr. in-8°. 1863. *Caudrilier.* 4 fr.

CORNISSET (Gustave).

— Fables. In-12. 1860. *Librairie nouvelle.* 1 fr.

CORNU aîné.

— Encouragement pour tout ce qui a rapport aux arts, aux sciences, à l'industrie et au commerce. In-8°. 1854. *Galerie des Variétés,* 21. 50 c.

— Organisation du travail en France. Travail de tous. Travail pour tous. In-8°. 1854. *Ibid.* 50 c.

CORNU (Francis), auteur dramatique, a signé

quelques pièces en collaboration avec Anicet Bourgeois, L. *Halévy* et *Scribe*. — Voy. ces noms.

CORNU (Hippolyte).

— Le Dernier des Gaulois (Vercingétorix); tragédie en cinq actes et en vers. In-12. 1846. Caen, *Hardel.* 1 fr.

CORNU (Hortense LACROIX, dame) a publié plusieurs ouvrages sous le pseudonyme de Séb. **Albin.**

CORNUAULT (Élisée).

— Mélanges littéraires. In-8°. 1857. *Garnier frères.* 1 fr.

CORNUCHÉ, cultivateur.

— Guide pratique du cultivateur et du ménager, ou Amélioration de la propriété rurale et de la culture des céréales, des plantes potagères et fourragères, etc. In-12, 419 p. 1858. *Imprimerie Gaittet et C*ie.

CORNUCHÉ (Th. J.), ancien géomètre du cadastre.

— Ouvrage complet de géodésie pratique, ou l'Art de diviser les terres. In-12 avec 115 pl. 1856. Vaugirard, *chez l'auteur, rue de Sèvres,* 101.

CORNULIER (Ernest de), ancien lieutenant de vaisseau, né à Nantes en 1804.

— Essai sur le Dictionnaire des terres et des seigneuries comprises dans l'ancien comté nantais et dans le territoire actuel du département de la Loire-Inférieure. In-8°. 1860. [Nantes, *Guéraud.*] *Dumoulin.* 6 fr.

Extrait des « Annales de la Société académique de Nantes ».

— Mémoires sur le pointage des mortiers à la mer, et sur les améliorations du système des housses marines. In-8° avec 2 pl. 1842. *Corréard.* 3 fr.

— Propositions et expériences relatives au pointage des bouches à feu en usage dans l'artillerie navale. In-8° avec 3 pl. 1844. *Ibid.* 7 fr. 50 c.

CORNUT (l'abbé Claude Louis Basile), ancien principal de collège, né à Dunières (Haute-Loire) en 1802.

— Causeries historiques sur le Velay; quelques scènes sur la révolution de 1793 dans le département de la Haute-Loire. 2 vol. in-12. 1865 et 1866. *Marchessou.* 4 fr.

CORNUT (Romain), littérateur français, professeur, avocat et journaliste, né en 1815.

— Discours sur Voltaire, envoyé au concours de l'Académie française, avec cette devise : Fais ce que dois, advienne que pourra. In-8°. 1844. *Périsse.* 1 fr. 60 c.

— Grammaire grecque et latine comparée. In-8°. 1843. *Debècourt.* 7 fr.

— Le même. Abrégé. In-12. 1843. *Ibid.* 2 fr. 50 c.

— Le Guide du jeune latiniste, ou Exercices pratiques sur les déclinaisons et les conjugaisons. In-12. 1847. *Hachette.* 1 fr. 50 c.

— Jardin des racines grecques et latines, mises en vers alexandrins. In-18. 1843. *Ibid.* 1 fr. 50 c.

— Lexique des racines latines, mises en vers français par ordre de déclinaison et de conjugaisons. In-12. 1847. *J. Lecoffre.* 2 fr.

— Petite grammaire latine à l'usage des classes élémentaires In-12. 1845. *Ibid.* 1 fr. 50 c.

— Voltaire et la Pologne. In-18. 1846. *Ibid.* 75 c.

M. Romain Cornut a publié les « Confessions » de Mme de *La Vallière.*

CORNY (l'abbé Jean), aumônier de l'hospice de Brioude, né à Saint-Just, près Brioude, en 1820.

— Principes de la taille des arbres fruitiers, suivis de la restauration des vieux arbres, de la conservation des fruits, du choix des meilleures espèces d'arbres et de recettes diverses, avec 32 dessins. In-12. 1865. Brioude, *Gallice.* 1 fr.

COROMÉLAS (A.), imprimeur à Athènes, mort vers 1861, a publié : *Byzantius,* Dictionnaire grec moderne-français et français-grec moderne.

CORONA BUSTAMANTE. — Voy. **Bustamante.**

CORONÉOS (P.), capitaine d'artillerie au service de la Grèce.

— Aperçu sur l'avenir de la Grèce. In-8°. 1857. *Guillaumin et C*ie. 2 fr.

CORPET (E. F.) a traduit « les Poésies » de *Priscien* (Collection Panckoucke).

CORR-VANDERMAEREN, ancien juge au tribunal de commerce de Bruxelles, né en Irlande en 1802.

— De l'Administration des faillites en Belgique. Manuel des juges-commissaires, des curateurs et des négociants, suivi du texte de la loi du 18 avril 1851 sur les faillites, etc. In-12. 1864. Bruxelles, *Decq.* 3 fr.

CORRADINI (A.).

— Chants du Danube; poésies. In-18. 1841. *Charpentier.* 4 fr.

CORRARD DE BREBAN, président honoraire du tribunal civil de Troyes, correspondant du ministère de l'instruction publique pour les travaux historiques, né à Troyes en 1792.

— Notice sur la vie et les œuvres de François Girardon, de Troyes, sculpteur ordinaire du roi, chancelier et recteur de l'Académie royale de peinture et de sculpture, inspecteur général des ouvrages de sculpture. In-8°. 1850. [Troyes, *Fèvre.*] *Deflorenne.* 2 fr.

— Recherches sur l'établissement de l'exercice de l'imprimerie à Troyes, contenant la nomenclature des imprimeurs de cette ville, depuis la fin du xve siècle, jusqu'à 1789, et des notions sur leurs productions les plus remarquables, avec fac-simile. In-8°. 1851. [Troyes.] *Durand.* 1 fr. 50 c.

— Les Rues de Troyes anciennes et modernes; revue étymologique et historique, avec un plan. In-8°. 1857. [Troyes, *Bouquot.*] *Dumoulin.* 3 fr.

CORRARD-LALESSE.

— Le Guide des jurés. In-18. 1842. *Joubert.* 1 fr. 25 c.

CORRÉARD (Alexandre), ancien ingénieur hydrographe, né à Serres, en 1788, mort à Paris, en 1857.

— Chemin de fer de Paris à Strasbourg par la vallée de la Marne, passant par Meaux, etc. In-8° de 4 f. 1844. *Mathias.*

CORRÉARD (J.), ancien ingénieur, écrivain militaire et libraire-éditeur à Paris.

— Cours de dessin topographique, à l'usage des officiers et sous-officiers d'infanterie et de cavalerie, des élèves des lycées et des écoles, etc.

Ouvrage au moyen duquel on peut apprendre le dessin topographique sans le secours d'un maitre. In-4° oblong avec 25 pl. 1852. *Corréard.* 25 fr.

— Géographie militaire de l'Italie, d'après le colonel Rudtorffer et L. A. Unger, avec une carte. Publié par J. Corréard. In-8°. 1848. *Ibid.* 2 fr. 50 c.

— Guide maritime et stratégique dans la mer Noire, la mer d'Azof et sur le théâtre de la guerre en Orient. In-8° avec un atlas in-fol. de 40 pl. 1854. *Ibid.* 30 fr.

— Histoire des fusées de guerre, ou Recueil de tout ce qui a été publié ou écrit sur ce projectile, suivi de la description et de l'emploi des obus à mitraille, dits Shrapnells, et des balles incendiaires. Tome I. In-8° avec un atlas in-4° de 15 pl. 1841. *Ibid.* 15 fr.

— Recueil sur les reconnaissances militaires, d'après les auteurs les plus estimés, formant un traité complet sur la matière. In-8° avec un atlas in-fol. de 11 pl. 1845. *Ibid.* 15 fr.

M. Corréard publie, sur les documents fournis par les officiers des armées françaises et étrangères, le « Journal des sciences militaires des armées de terre et de mer », et le « Journal des armes spéciales et de l'état-major ».
Il a continué avec M. Martin de Brettes l'ouvrage du général *Marion*, Recueil des bouches à feu.

CORRÉARD (J.), professeur d'anglais au lycée Charlemagne.

— The English reader; a selection of prose and poetry from the best English authors either ancient or modern with annotations. In-12. 1863. *Hingray.* 2 fr. 25 c.

— Exercice de conversation anglaise. Recueil de mots et de phrases pour apprendre à parler anglais. In-12. 1863. *Delalain et fils.* 1 fr. 50 c.

— The School-Boy's own book; first English reading lessons and simple stories for the use of the younger students of the English language. In-12. 1864. *Fouraut.* 1 fr. 50 c.

M. Corréard a traduit de l'anglais : « Coriolan », tragédie de *Shakespeare* ; « Recueil de la correspondance du duc de Wellington », par *Gurwood* ; et « le Désavoué », de *Bulwer* ; il a publié avec des notes une partie du « Paradis perdu », de *Milton*. — Voy. ces noms.

*Correspondance apocryphe entre M. E. Renan et sa sœur Ursule, à propos de l'ouvrage intitulé : la Vie de Jésus. In-12. 1863. *Martin-Beaupré.* 75 c.

*Correspondance inédite des cinq étudiants martyrs, brûlés à Lyon en 1553, retrouvée dans la bibliothèque de Vadian, à Saint-Gall, et suivie d'un cantique attribué à Pierre Bergier. In-12. 1854. Genève, *Beroud.* 1 fr.

CORRET (A.).

— Histoire pittoresque et anecdotique de Belfort et de ses environs. In-12. 1855. Belfort, *Clerc.* 2 fr.

CORRIGER, capitaine commandant le dépôt de recrutement de Seine-et-Marne.

— Recueil méthodique des dispositions qui régissent le recrutement de l'armée, accompagnées de tous les modèles en vigueur. In-8°. 1857. *Dumaine.* 9 fr.

CORROY (Simon de), mort en 17..

— Histoire de N. S. Jésus-Christ, textuellement tirée des quatre évangélistes, ou Pandectes évangéliques. Traduction du latin. In-12. 1855. Tournai, *Casterman.* 2 fr. 50 c.

CORROZET (Gilles), imprimeur-libraire, né à Paris en 1510, mort en 1568.

— Les Blasons domestiques, par Gilles Corrozet, libraire de Paris. Nouvelle édition, publiée par la Société des bibliophiles français; avec préface par Paulin Paris. In-16. 1865. *Techener.* 12 fr.
La 1re édition a été publiée en 1539.

CORSAT (Philippe), poëte suisse.

— Les Églantines; poésies. In-12. 1842. Genève, *Cherbuliez.*

*Corse (un) à Joseph Mazzini. In-8°. 1858. *Dentu.* 1 fr. 50 c.

CORT (Baptiste DE). — Voy. **De Cort.**

CORTAMBERT (Eugène), géographe, né à Toulouse, en 1805.

— Cours de géographie, comprenant la description physique et politique et la géographie historique des diverses contrées du globe. 5e édition. In-12. 1864. *Hachette et Cie.* 3 fr. 50 c.

— Cours de géographie, à l'usage des classes de grammaire et d'humanités. 7 vol. in-12, cart. *Ibid.*

Classe de septième : Géographie physique et politique de la France. Nouvelle édition. 1863. 1 fr. 50 c.
Classe de sixième : Géographie physique du globe et géographie générale de l'Asie moderne. Nouvelle édit. 1860. 75 c.
Classe de cinquième : Géographie générale de l'Europe et de l'Afrique modernes. Nouvelle édition. 1861. 75 c.
Classe de quatrième : Géographie générale de l'Amérique et de l'Océanie. Nouvelle édition. 1861. 75 c.
Classe de troisième : Description particulière de l'Europe. Nouvelle édition. 1865. 2 fr.
Classe de seconde : Description particulière de l'Asie, de l'Afrique, de l'Amérique et de l'Océanie. Nouvelle édition. 1865. 2 fr.
Classe de rhétorique : Résumé de géographie générale. 1865. 2 fr.

— Curiosités des trois règnes de la nature. In-12. 1846. Limoges, *Ardant.* 1 fr.

— Éléments de cosmographie. In-12 avec atlas. 1859. *Hachette et Cie.* 5 fr.

— Éléments de géographie ancienne. In-12. 1850. *Ibid.* 1 fr.

— Éléments de géographie physique. In-12 avec atlas. 1849. *Ibid.* 5 fr.

— Géographie universelle de Malte-Brun. — Voy. *Malte-Brun.*

— Leçons de géographie. In-8°. 1845. *Ibid.* 7 fr. 50 c.

— Nouveau manuel du baccalauréat ès sciences. — Voy. *Jourdain* (C.).

— Petit cours de géographie générale et de géographie de la France. In-12. 1840. *Hachette et Cie.* 1 fr. 25 c.

— Le même. Corrigé. In-12. *Ibid.* 50 c.

— Petit cours de géographie moderne. Nouvelle édition. In-12. 1864. *Ibid.* 1 fr. 25 c.

— Premières connaissances, ou Simples notions sur les phénomènes les plus intéressants de la nature et sur les faits les plus curieux dans les sciences, les arts et l'industrie, par MM. Cortambert, B. Sainte-Preuve, Delafosse et Sonnet. Nouvelle édition. Gr. in-8°. 1858. *Ibid.* 2 fr.

Fait partie du « Cours complet d'éducation pour les filles ». La 1re édition est de 1841.

— Questions de géographie pour l'examen du baccalauréat ès lettres. In-12. 1850. *Ibid.* 1 fr. 50 c.

— Le même. Réponses. In-12. *Ibid.*

— Tableau général de l'Amérique. Rapport sur les progrès de l'ethnographie et de la géographie en Amérique pendant les années 1858 et 1859. In-8°. 1860. *Challamel aîné.* 1 fr. 50 c.

Extrait des « Comptes rendus des séances de la Société d'ethnographie ».

— Tableau de la Cochinchine, rédigé sous les auspices de la Société d'ethnographie; précédé d'une introduction par M. le baron Paul de Bourgoing. In-8° avec cartes, plans et gravures. 1862. *Le Chevalier.* 10 fr.

Avec Léon de Rosny.

— Tableau de l'Univers. In-12. 1848. Limoges, *Ardant.*

— Traité élémentaire de géographie physique et politique. 2 vol. in-12. 1852. *Hachette.* 2 fr. 50 c.

— Petit atlas géographique du premier âge. In-12 de 9 cartes. 1861. *Hachette et Cie.* 75 c.

— Petit atlas de géographie ancienne. Gr. in-8° de 15 cartes. *Ibid.* 2 fr. 50 c.

— Petit atlas de géographie du moyen âge. Gr. in-8° de 15 cartes. *Ibid.* 2 fr. 50 c.

— Petit atlas de géographie moderne. Gr. in-8° de 17 cartes. *Ibid.* 2 fr. 50 c.

— Petit atlas de géographie ancienne, du moyen âge et moderne. Gr. in-8° de 43 cartes. *Ibid.* 7 fr. 50 c.

— Nouvel atlas de géographie moderne. In-4° de 50 cartes. *Ibid.* 10 fr.

— Atlas complet de géographie ancienne, du moyen âge et moderne. In-4° de 80 cartes. *Ibid.* 15 fr.

CORTAMBERT (Louis).

— Les Trois époques du catholicisme. In-8°. 1849. *Perrotin.*

CORTAMBERT (Mme Louise), femme de M. Eugène Cortambert a écrit sous le pseudonyme de Charlotte de **La Tour.**

CORTAMBERT (Richard), fils de M. Eugène Cortambert, secrétaire de la Société de géographie, attaché à la section géographique de la Bibliothèque impériale depuis 1860, né à Paris en 1836.

— Atlas élémentaire de géographie. In-8°. 1861. *Logerot.* 2 fr. 50 c.

— Aventures d'un artiste dans le Liban. Anecdotes, mœurs, paysages. In-12. 1864. *Maillet.* 3 fr.

— Coup d'œil sur le Monténégro. In-8°. 1861. *Au bureau de la Science pour tous.* 1 fr.

— Essai sur la chevelure des différents peuples. In-8°. 1861. *Challamel aîné.* 1 fr. 50 c.

Extrait de la « Revue américaine et orientale ».

— Les Illustres voyageuses. In-8° avec 8 portraits. 1865. *Maillet.* 7 fr.

— Impressions d'un Japonais en France, suivies des Impressions des Annamites en Europe, recueillies par Richard Cortambert. In-12. 1864. *Faure.* 2 fr.

— Notice sur la vie et les œuvres de M. Jomard, de l'Institut. In-8°. 1863. *Challamel aîné.* 1 fr.

— Peuples et voyageurs contemporains. In-12. 1864. *Gay.* 4 fr.

— Promenade d'un fantaisiste à l'exposition des beaux-arts de 1861. In-8°. 1861. *Rue Christine,* 3. 1 fr.

— Théâtre de la guerre et de la paix en 1859; ou Géographie de l'Italie et spécialement des États sardes et lombards, de la Vénétie et des duchés de Parme et de Modène. Gr. in-8°. 1859. *Dufour Mulat et Cie.* 3 fr.

Extrait des additions et modifications à la Géographie universelle de Malte-Brun, édition de M. Cortambert.

CORTANZE (Mme la marquise de), dame d'honneur de feu la reine Marie Thérèse de Sardaigne.

— Dinah; scènes des premiers jours de l'ère chrétienne. In-12. 1861. Tournai, *Casterman.* 60 c.

CORTAT.

— La Musique; poëme d'humoriste. In-8°. 1863. *Lainé et Havard.* 1 fr. 50 c.

CORTE-REAL (Hieronimo), poëte portugais, mort en 1593.

— Naufrage de Manoel de Souza de Sepulveda et de dona Lianor de Sa; poëme. Traduit pour la première fois par Ortaire Fournier. In-8°. 1844. *Carrier.* 7 fr. 50 c.

CORTÈS (Donoso). — Voy. **Donoso Cortès.**

CORTET (Eugène), membre de la Société d'émulation du Jura.

— Beaufort et ses seigneurs; notice précédée d'une histoire abrégée de la Franche-Comté et du Jura en particulier. In-12. 1865. *Dumoulin.* 1 fr. 50 c.

CORTEUIL (J. J. Martin de). — Voy. **Martin de Corteuil.**

CORTEZ (Marie).

— L'Artiste. 4e édition. In-18. 1865. Lille, *Lefort.* 60 c.

— La Bourse inépuisable. In-12. 1859. *Ibid.* 60 c.

— L'Orpheline; suivie de: le Petit Jérôme. In-12. 1859. *Ibid.* 60 c.

CORTINA (D. M.).

— Le Garigliano. In-8°. 1863. Bruxelles, *Lacroix et Cie.*

CORUPT (Van den). — Voy. **Van den Corupt.**

CORVAIN (le baron).

— L'Emprunt, projet financier présenté à M. Humann; suivi d'un Catéchisme populaire financier, mis à la portée des prolétaires. In-8°. 1841. *Delloye.* 75 c.

CORVISART (le docteur Lucien), médecin ordinaire de l'Empereur.

— Collection de mémoires sur une fonction méconnue du pancréas, la digestion des aliments azotés. In-8°. 1864. *Masson et fils.* 4 fr. 50 c.

— Contribution nouvelle à l'étude des lois qui régissent la digestion intestinale et gastrique. In-8°. 1859. *Ibid.* 1 fr.

— Dyspepsie et consomption. Ressources que la poudre nutrimentive (pepsine acidifiée) offre dans ce cas à la médecine pratique. In-8°. 1854. *Labé.* 2 fr.

— Études sur les aliments et les nutriments, et sur la méthode nutrimentive dans les cas de vice de sécrétion de l'estomac. In-8°. 1854. *Ibid.* 2 fr. 50 c.

— Sur une fonction peu connue du pancréas, la digestion des aliments azotés. Expériences parallèles sur la digestion gastrique et intestinale;

inductions cliniques. In-8º. 1858. *Vict. Masson.* 3 fr. 50 c.

Extrait de la « Gazette hebdomadaire de médecine ».

— Des sécrétions en général. De l'influence de la digestion gastrique sur l'activité fonctionnelle du pancréas. In-8º. 1861. *Ibid.* 2 fr.

Extrait du même journal.

COSENTINO (le marquis de), membre de plusieurs académies scientifiques.

— L'Algérie en 1865. Coup d'œil d'un colonisateur. In-8º. 1865. *Challamel aîné.* 4 fr.

COSNAC (Daniel de), archevêque d'Aix, né en 1630, mort en 1708.

— Mémoires de Daniel de Cosnac, publiés pour la Société de l'histoire de France, par le comte Jules de Cosnac. 2 vol. in-8º. 1852. *Renouard.* 18 fr.

COSNAC (le comte Gabriel Jules de), né à Clermont-Ferrand en 1819.

— De la Décentralisation administrative. In-8º. 1844. *Dentu.* 1 fr.

— Questions du jour. République, socialisme et pouvoir. In-12. 1849. *V. Lecou.* 2 fr. 50 c.

— Question romaine; croisade. In-8º. 1860. *Douniol.* 80 c.

M. le comte de Cosnac a publié les « Mémoires » de Daniel de Cosnac. — Voy. l'article précédent.

COSNARD (Alexandre).

— Tumulus. In-12. 1843. *Laisné.* 3 fr. 50 c.

Nouvelle édition en 1864.

COSNUEL (G.), ancien élève de l'École centrale.

— Perfectionnement des machines locomotives et fixes. In-4º avec 3 pl. 1846. [Angers, *Cosnier.*] *Mathias.* 5 fr.

COSSART (l'abbé Laurent Joseph), né à Cauchy-la-Tour, près Lillers en 1753, mort en 1830.

— Œuvres complètes. — Voy. *Migne*, Collection d'orateurs sacrés, 2º série, tome 4.

COSSÉ (le docteur Émile), médecin français.

— Essai sur la volonté dans les maladies mentales. In-4º. 1856. *J. B. Baillière.* 10 fr.

COSSON (le docteur Charles de).

— Révélations sur les erreurs de l'Ancien Testament. In-12. 1840. *Imprimerie Delacombe.*

Voy. la suite de cet ouvrage « Salomon le Sage », par *Gruau de la Barre.*

COSSON (le docteur Ernest Saint Charles), médecin et botaniste, né à Paris en 1819.

— Atlas de la Flore des environs de Paris, ou Illustrations de toutes les espèces des genres difficiles et de la plupart des plantes litigieuses de cette région. In-12. 1845. *Fortin et Masson.* 9 fr.

Avec E. Germain de Saint-Pierre.

— Considérations générales sur le Sahara algérien et ses cultures. In-8º. 1859. *Masson.* 1 fr.

Extrait du « Bulletin de la Société d'acclimatation ».

— Flore de l'Algérie. 2º partie. Phanérogames, groupe des Glumacées. Gr. in-4º. 1854 à 1867.

Avec M. Durieu de Maisonneuve. — Fait partie de « l'Exploration scientifique de l'Algérie ».

— Flore descriptive et analytique des environs

de Paris. In-12 avec 1 carte. 1845. *Fortin, Masson et Cie.* 13 fr.

Avec E. Germain de Saint-Pierre.

— Le même. 2º édition. In-8º. 1861. *Vict. Masson.* 15 fr.

— Introduction à une Flore analytique et descriptive des environs de Paris; suivi d'un Catalogue raisonné des plantes vasculaires de cette région. In-12. 1842. *Fortin, Masson et Cie.* 75 c.

Avec E. Germain de Saint-Pierre et A. Weddel.

— Note sur quelques plantes critiques rares ou nouvelles. In-12. 1852. *Vict. Masson.* 2 fr.

— Observations sur quelques plantes critiques des environs de Paris. In-8º avec 2 pl. 1840. *Bouchard-Huzard.* 2 fr.

Avec E. Germain de Saint-Pierre.

— Rapport sur un voyage botanique en Algérie, de Philippeville à Biskra, et dans les monts Aurès, entrepris en 1858. In-8º avec 1 carte. 1856. *V. Masson.*

Extrait des « Annales des sciences naturelles ».

— Supplément au Catalogue raisonné des plantes vasculaires des environs de Paris. In-12. 1844. *Fortin, Masson et Cie.* 75 c.

Avec E. Germain de Saint-Pierre.

— Synopsis analytique de la Flore des environs de Paris, ou Description abrégée des familles et des genres, accompagnée de tableaux dichotomiques, destinés à faire parvenir aisément au nom des espèces. In-12. 1845. *Ibid.* 3 fr. 50 c.

Avec le même.

— Le même. 2º édition. In-12. 1859. *Vict. Masson.* 4 fr.

M. Cosson a fait insérer de nombreux articles de botanique descriptive et de géographie botanique dans le « Bulletin de la Société botanique de France », dans les « Annales des sciences naturelles » et dans le « Bulletin de la Société impériale d'acclimatation ».

COSSON (L. A.), de Nogaret, a traduit du norvégien : Traité de la spédalskhed ou éléphantiasis des Grecs, de *Danielssen et Bœck.*

COSSON (Léon).

— Traité illustré du jeu de billard. In-32. 1858. *Passard.* 25 c.

COSSONNET (Magdeleine Alexis).

— Pratique raisonnée de la taille des arbres fruitiers et de la vigne. In-8º avec 21 pl. 1849. *Bouchard-Huzard.* 5 fr.

COSTA (le docteur Antonio da).

— Seize années de clinique chirurgicale civile au Brésil, comprenant un tableau statistique de toutes les opérations pratiquées par l'auteur, avec les résultats obtenus. In-8º, 96 p. 1855. *Labé.*

COSTA (J. F.).

— Étude d'après le Dante. Le Purgatoire. In-8º. 1864. *Douniol.* 6 fr.

COSTA ALVARENGA (da). — Voy. **Alvarenga.**

COSTA-DUARTE (Ignacio Rodriguez da), chirurgien de l'Université de Coimbre.

— Des Fistules génito-urinaires chez la femme. In-8º. 1865. *Baillière et fils.* 2 fr.

COSTALLAT (le docteur Max.), médecin.

— Étiologie et prophylaxie de la pellagre; suivi du rapport du comité consultatif d'hygiène et de salubrité, par le docteur Amb. Tardieu, et de diverses pièces justificatives. In-8°. 1860. *Baillière et fils*. 1 fr. 50 c.

<small>Extrait des « Annales d'hygiène publique et de médecine légale ».</small>

COSTAZ (Claude Anthelme), associé libre de l'Académie des sciences, l'un des fondateurs de la Société d'encouragement pour l'industrie nationale, mort en 1842.

— Histoire de l'administration en France, de l'agriculture, des arts utiles, du commerce, des manufactures, des subsistances, des mines et des usines, etc. 3e édition. 3 vol. in-8°. 1842. *Bouchard-Huzard*. 18 fr.

COSTE (l'abbé), curé de Pézenas.

— Vie de P. F. X. Coustou, vicaire-général du diocèse de Montpellier. In-8° avec portrait et fac-simile. 1846. Montpellier, *Seguin*. 5 fr.

COSTE (A.), juge à Strasbourg, né vers 1803, mort en 1865.

— L'Alsace romaine. Études archéologiques. In-8° avec 2 cartes. 1859. [Mulhouse, *Risler*.] *Durand*. 5 fr.

— Notice historique et topographique sur la ville de Vieux-Brisach, avec le plan de la ville de 1692. In-8° avec 3 pl. 1860. *Ibid.* 4 fr.

— Réunion de Strasbourg à la France. Documents, pour la plupart inédits, tirés des archives des affaires étrangères, du dépôt général de la guerre, des archives du royaume, etc. In-8°, 192 p. 1842. Strasbourg, *Heitz*.

COSTE (le docteur E.), médecin, professeur à l'École de médecine de Marseille.

— Manuel de dissection, ou Éléments d'anatomie générale, descriptive et topographique. In-8°. 1847. *J. B. Baillière*. 8 fr.

COSTE (E. de LA). — Voy. **La Coste.**

COSTE (Florentin), ingénieur mécanicien.

— Vade-mecum du mécanicien conducteur de machines locomotives, renfermant les instructions générales sur la conduite et l'entretien d'une locomotive, soit dans les stations, soit pendant la circulation, ou en cas d'accident. In-12 de 4 f. 1847. *Mathias*.

COSTE (Jacques).

— Considérations sur la commandite par crédit, ou De l'Escompte considéré sous son véritable point de vue économique, pour servir d'exposé des motifs à l'établissement du comptoir commercial. In-8°. 1841. *Didot frères*. 2 fr.

COSTE (Jean Jacques Marie Cyprien Victor), professeur au Collège de France, membre de l'Institut, né à Castries en 1807.

— Histoire générale et particulière du développement des corps organisés, publiée sous les auspices du ministre de l'instruction publique. 2 vol. in-4° avec atlas in-fol. 1847-1860. V. *Masson*. 52 fr.

— Instructions pratiques sur la pisciculture, suivies de mémoires et de rapports sur le même sujet. In-12 avec figures dans le texte. 1853. *Ibid.* 1 fr. 50 c.

— Voyage d'exploration sur le littoral de la France et de l'Italie. 2e édition, suivie de nouveaux documents sur les pêches fluviale et marine, publiés par ordre de l'Empereur. In-4° avec pl. et grav. dans le texte. 1861. *Imprimerie impériale*. 30 fr.

<small>La 1re édition est de 1855.</small>

COSTE (Pascal), architecte, attaché à l'ambassade de France en Perse pendant les années 1840 et 1841, né à Marseille en 1787.

— Voyage en Perse. — Voy. *Flandin* et *Coste*.

COSTE (l'abbé Charles Bonaventure SOUCHIER de), curé à Saint-Didier de Charpey, né à Mirmande (Drôme) en 1824.

— Le Diamant polyglotte en trois langues, grec, latin et français en regard, offert au clergé, aux maisons d'éducation et aux chrétiens instruits. In-32. 1860. *Vrayet de Surcy*. 4 fr.

COSTE (Ulysse), docteur en médecine, né à Cournonterral, près Montpellier, en 1834.

— Étude clinique sur le cancer de l'œil. In-8°. 1865. [Montpellier.] *Delahaye*. 2 fr. 50 c.

COSTER (Charles), avocat.

— Code du propriétaire, ou Connaissances usuelles et pratiques en jurisprudence civile et commerciale. In-8°. 1843. [Nyons, *Gros*.] *Lenormand*. 5 fr.

COSTER (Charles de), littérateur belge, né à Munich (Bavière) de parents belges.

— Contes brabançons. In-8° avec illustrations. 1861. *Lévy frères*. 5 fr.

— Légendes flamandes avec une préface par E. Deschanel, illustrées de 12 grav. à l'eau-forte. In-12. 1858. *Ibid.* 5 fr.

— Le même. 2e édition. In-8° avec 12 eaux-fortes. 1861. Bruxelles, *Ve Parent*. 5 fr.

COSTON (le baron de).

— Les Crouy-Chanel et leurs adulateurs. Réponse à M. Germain Sarrut. In-8° de 70 p. 1864. Montélimar, *Chabert*.

COSTON (le baron François Gilbert de), officier supérieur, né à Valence en 1780, mort en 1848.

— Biographie des premières années de Napoléon Bonaparte, c'est-à-dire depuis sa naissance jusqu'à l'époque de son commandement en chef de l'armée d'Italie, avec un appendice renfermant des documents inédits ou peu connus, postérieurs à cette époque. 2 vol. in-8° avec 1 pl. 1840. Valence, *Marc Aurel*. 15 fr.

GOT (Jean Pierre).

— Les Cloches du christianisme; poëme historique et sentimental. In-12. 1859. Lyon, *Lépagnez*. 2 fr.

COTEL (le P. Pierre), de la Compagnie de Jésus.

— De Arte rhetorica. In-12. 1840. *Poussielque-Rusand*. 1 fr. 50 c.

— Catéchisme des vœux, à l'usage des personnes consacrées à Dieu dans l'état religieux. In-18. 1859. [Poitiers, *Oudin*.] *Douniol*. 50 c.

— Le Passage du noviciat aux études, ou Manuel du juvéniste de la Compagnie de Jésus. In-12. 1860. *Ibid.* 1 fr.

COTELLE (Alphonse).

— Le Bedeau; poëme héroï-comique, suivi de poésies diverses. In-12. 1860. Saint-Quentin, *Cottenest*. 1 fr. 50 c.

— Méthode rapide et économique des levers de plans et des nivellements. In-8° avec 4 pl. 1862. [Saint-Quentin.] *Dunod.* 1 fr. 50 c.

COTELLE (A.), avocat, professeur de droit usuel au lycée d'Orléans, a publié le « Cours de chimie agricole » de M. *Gaucheron.*

COTELLE (H.), drogman du consulat général de France à Tunis.

— Le Langage arabe ordinaire, ou Dialogues arabes élémentaires destinés aux Français qui habitent l'Afrique et que leurs occupations retiennent à la campagne et dans les différentes localités de l'Algérie. In-12. 1858. [Alger, *Dubos frères.*] *Challamel.* 2 fr. 50 c.

COTELLE (Toussaint Ange), professeur de droit administratif à l'École des ponts et chaussées, né à Bléneau en 1795.

— Cours de droit administratif appliqué aux travaux publics, contenant l'organisation administrative de la France, l'organisation du service des ponts et chaussées, les règles de la comptabilité, etc. 3e édition, présentant dans leur dernier état la législation et les règlements, la jurisprudence du conseil d'État et des cours, et la doctrine des auteurs. 4 vol. in-8°. 1859-1862. *Dunod.* 30 fr.

La 1re édition est de 1835.

— Législation française des chemins de fer. Situation générale des chemins de fer et de la télégraphie électrique du globe. Législations et exploitations comparées. Traité théorique et pratique, etc. In-8°. 1864. *Ibid.* 9 fr.

COTHERET, conservateur des forêts.

— Documents statistiques sur l'emploi des bois dans la Meuse. In-8°. 1846. [Bar-le-Duc, *Laguerre.*] *Roret.*

COTIL, jurisconsulte.

— Le Conciliateur en affaires, ou Explication du Code Napoléon. Droit civil, commercial, pénal, administratif, expliqué et mis à la portée de tout le monde. Nouvelle édition, revue et augmentée de tous les termes de droit. In-12. 1859. *Dufet.* 5 fr.

— Le Vrai guide en affaires, ou le Droit civil et commercial expliqué et rendu pratique aux propriétaires, agriculteurs ou entrepreneurs, etc.; contenant le droit civil, le droit commercial, le système métrique, les calculs d'intérêts, la taxe des huissiers, etc.; des formules d'actes de toute espèce. In-12. 1860. *Ibid.* 3 fr. 50 c.

COTON ou COTTON (le P. Pierre), de la Compagnie de Jésus, né à Néronde, dans le Forez, en 1564, mort à Paris en 1626.

— Œuvres choisies. — Voy. *Migne,* Orateurs sacrés, 1re série, tome 1.

COTTA (Henri), conseiller supérieur des forêts en Saxe, né en 1763, mort en 1846.

— Principes fondamentaux de la science forestière. 2e édition, corrigée, publiée par ses fils. Ouvrage traduit par M. Jules Nouguier. In-8°. 1841. *Bouchard-Huzard.* 7 fr.

COTTARD (L. M.), recteur de l'Académie de Strasbourg, né en 1790.

— Souvenirs de Moïse Mendelssohn. Second

livre de lecture des écoles israélites. 2e édition. In-18. 1858. Strasbourg, *Berger-Levrault.* 60 c.

M. Cottard a traduit de l'allemand : « la Judée au temps de Jésus-Christ », par *Rohr.*

COTTE (Alphonsine Théolinde).

— Les Horloges philosophiques, ou le Matérialisme dévoilé; poëme. In-8°. 1841. *Nyon.* 3 fr.

Ouvrage posthume.

COTTE (Narcisse), attaché au consulat général de France au Maroc.

— Le Maroc contemporain. In-12. 1860. *Charpentier.* 3 fr. 50 c.

COTTEAU (Gustave), juge au tribunal d'Auxerre (Yonne), membre de la Société géologique de France, vice-président de la Société des sciences historiques et naturelles de l'Yonne, secrétaire général de l'Institut des provinces, né à Auxerre en 1818.

— Catalogue raisonné des échinides fossiles du département de l'Aube. In-8°. 1865. [Troyes.] *Rothschild.* 5 fr.

— Études sur les échinides fossiles du département de l'Yonne, avec des figures de toutes les espèces, lithographiées d'après nature, par M. E. Levasseur. Livraisons 1 à 35. In-8°. 1859-1865. *Baillière et fils.* Chaque livraison, 75 c.

— Échinides fossiles des Pyrénées. In-8° avec 9 pl. 1863. *Savy.* 8 fr.

— Échinides du département de la Sarthe. Avec figures dessinées et lithographiées d'après nature, par MM. Levasseur et Humbert. In-8° avec 80 pl. 1858-1863. *Baillière et fils.* 60 fr.

Avec M. T. Triger. — Publié en 8 livraisons. La 9e et dernière était sous presse au commencement de l'année 1867.

— Échinides nouveaux ou peu connus. Livraisons 1 à 8. In-8°. 1858-1866. *Ibid.* Chaque livraison, 1 fr. 25 c.

Extrait de la « Revue de zoologie ».

M. Cotteau a continué la « Paléontologie française ». — Voy. d'*Orbigny.*

COTTEREAU (le docteur P. L.), professeur agrégé à la Faculté de médecine de Paris, mort en....

— Formulaire général, ou Guide pratique du médecin, du chirurgien et du pharmacien; avec les poids métriques en regard des poids anciens. In-32. 1840. *J. Rouvier.* 2 fr. 50 c.

— Note sur les sangsues qui sont livrées au commerce. In-8°. 1846. *Malteste.* 2 fr.

COTTIÈRE (JACOB DE LA). — Voy. **Jacob de la Cottière.**

COTTIN (Mme Sophie), née RISTAUD, romancière, née en 1773 à Tonneins, morte à Paris en 1803.

— Œuvres, accompagnées d'une Notice sur sa vie et ses ouvrages. 2 vol. in-12. 1844. *Ledentu.* 7 fr.

— Le même. 2 vol. in-8° avec 18 grav. 1847. *Ibid.* 5 fr.

— Amélie Mansfield. 3 vol. in-32. 1858. Avignon, *Offray aîné.* 1 fr. 20 c.

La 1re édition est de 1802.

— Élisabeth, ou les Exilés de Sibérie. In-32. 1840. Avignon, *Peyri.* 25 c.

La 1re édition est de 1806.

— Le même. In-4º illustré. 1848. *Havard.* 20 c.

— Le même, précédé d'une notice sur la vie de l'auteur. In-18 avec grav. 1841. *Lavigne.* 5 fr.

— Le même. In-16. 1860. *Renault et Cᵢᵉ.* 30 c.

— Le même. In-18 avec gravures. 1862. *Le Bailly.* 40 c.

— Le même. In-32. 1859. Avignon. *Offray.* 25 c.

— Le même. In-32. 1859. *Béchet.* 50 c.

— Le même, suivi de Claire d'Albe. In-16. 1846. *Paulin.* 1 fr.

— Malvina. In-18. 1858. Avignon, *Offray.* 50 c.

— Le même. In-4º illustré. 1858. *Havard.* 50 c.

La 1ʳᵉ édition est de 1800.

— Mathilde, ou Mémoires tirés de l'histoire des croisades. 4 vol. in-32. 1857. Avignon, *Offray.* 1 fr. 20 c.

La 1ʳᵉ édition est de 1805.

COTTINET (Edmond).

— L'Avoué par amour; comédie en un acte et en vers. In-12. 1850. *Lévy frères.* 1 fr.

COTTON (le P.) ou COTON. — Voy. **Coton.**

COTTON DES HOUSSAYES (Jean Baptiste), professeur de théologie à Rouen et bibliothécaire de la Sorbonne, né à La Neuville-Chant d'Oisel, mort à Paris en 1783.

— Des Devoirs et des qualités du bibliothécaire. Discours prononcé dans l'assemblée générale de Sorbonne, le 23 décembre 1780. Traduit du latin en français, avec notes, par Gratet-Duplessis. In-8º. 1857. *Aubry.* 1 fr.

Tiré à 100 exemplaires. — Extrait du « Bulletin du bouquiniste ».

COUAILHAC (Jean Joseph Louis), littérateur et auteur dramatique, né à Lille en 1810.

— L'Affaire Chaumontel; comédie-vaudeville en un acte. In-12. 1848. *Lévy frères.* 60 c.

Avec L. Digard.

— L'Ange du rez-de-chaussée; vaudeville en un acte. In-12. 1850. *Giraud et Dagneau.* 60 c.

Avec A. Dourdois.

— Arrêtons les frais! comédie-vaudeville en un acte. In-12. 1861. *Lévy frères.* 60 c.

Avec V. Couailhac.

— Le même. In-4º illustré. 1862. *Ibid.* 20 c.

Théâtre contemporain illustré, livr. 579.

— Les Bonnes; vaudeville en trois actes. In-12. 1864. *Beck.* 60 c.

Avec V. Couailhac.

— La Cuisinière mariée; folie-vaudeville en un acte. In-8º. 1845. *Marchant.* 40 c.

Avec Marc Michel.

— La Fosse aux ours; à-propos d'ouverture, en trois tableaux. In-8º. 1855. *Ibid.* 60 c.

Avec A. Bourdois.

— Le Jardin des plantes, description complète, historique et pittoresque du muséum d'histoire naturelle, de la ménagérie, des serres, etc. 2 vol. in-8º. 1840-1841. *Curmer.* 25 fr.

Avec MM. Bernard, Gervais et E. Lemaout.

— Les Jolies filles du Maroc; pièce en trois actes. In-8º. 1844. *Tresse.* 60 c.

Avec MM. Léris et Guénée.

— Labruyère charivarique de la jeunesse. Collection de types et d'historiettes. In-12. 1842. *Warée.* 2 fr.

— Le Livre amusant; illustré par 150 vignettes imprimées dans le texte et 12 dessins tirés à part sur papier de couleur. In-12 avec 150 grav. dans le texte et 12 dessins. 1842. *Ibid.* 2 fr. 50 c.

— Maurice et Madeleine; comédie-vaudeville en trois actes, tirée du roman de M. Jules Sandeau. In-8º. 1850. *Marchant.* 50 c.

Avec A. Bourdois.

— Physiologie du jour de l'an. In-32. 1842. *Bocquet.* 1 fr.

— Physiologie du célibataire et de la vieille fille. Illustrations d'Henri Monnier. In-32. 1841. *Lavigne.* 1 fr.

— Physiologie du Jardin des plantes et Guide des promeneurs. In-32. 1841. *Curmer.* 1 fr.

Avec P. Bernard.

— Physiologie du théâtre, à Paris et en province. In-32. 1842. *Laisné.* 1 fr.

— La Reine Margot, ou Comment l'amour vient aux pages; comédie-vaudeville ou un acte. In-8º. 1840. *Vert.* 75 c.

— Le Roi des Goguettes; comédie-vaudeville en trois actes. In-8º. 1844. *Tresse.* 60 c.

Avec V. Couailhac.

— Scènes de la vie de théâtre. Les Mères d'actrices, roman de mœurs. 3 vol. in-8º. 1843. *Schwartz et Gagnot.* 18 fr.

M. Louis Couailhac a encore fait des pièces de théâtre en collaboration avec MM. *Antier, Brisebarre, Chapelle, Clairville, Cogniard, Desrosiers, Guénée, Marc Michel, Varin, Xavier.* — Voy. ces noms.

COUAILHAC (Victor), frère du précédent; acteur sous le nom de FRADELLE.

— La Vie de théâtre. Grandes et petites aventures de Mˡˡᵉ Montansier. Esquisses. Anecdotes. Le Théâtre à Bade. In-8º. 1863. Bruxelles, Vᵉ Parent et fils. 3 fr.

M. Victor Couailhac a signé plusieurs pièces de théâtre avec son frère Louis.

COUAILHAC (Victor).

— Fers et aciers; examen de la situation faite à la métallurgie par les différents procédés de fabrication inventés dans ces dernières années; suivi du Manuel pratique du puddleur pour la fabrication des fers-fins. In-12. 1860. [Liège, *Renard.*] *Lacroix.* 4 fr.

COUANIER DE LAUNAY (Stéphane).

— Fête du couronnement de l'image de Notre-Dame d'Avenières. In-18. 1860. Laval, *Godbert.* 2 fr.

— Histoire de Laval. 818-1855. In-8º. 1856. *Ibid.* 5 fr. 50 c.

COUANON, directeur du «Journal des marchands tailleurs».

— Le Parfait tailleur. 4 vol. in-16 avec planches. 1852. 15 fr.

COUBARD D'AULNAY (G. E.), mort en 1864.

— Monographie du café, ou Manuel de l'amateur de café. 2ᵉ édition. In-8º avec figures. 1842. *Bouchard-Huzard.* 4 fr. 50 c.

— Nouveau choix de fables en vers et en prose des auteurs français et étrangers qui ont excellé dans l'apologue. In-16. 1840. *Didier.* 2 fr.

COUCHAUD (A.), architecte.

— Choix d'églises byzantines en Grèce. In-4° avec planches. 1841-1842. [Lyon, *Barrois.*] *Lenoir.* 30 fr.

Publié en 14 livraisons.

— Notes et croquis. Voyage en Grèce. In-4°. 1847. *Didron.* 4 fr. 50 c.

COUCHE (Charles), ingénieur en chef des mines, professeur à l'École des mines, né à Paris en 1820.

— Chaudières à vapeur. Rapport sur les conditions spéciales d'épaisseur pour les tôles d'acier fondu employées dans la construction des chaudières à vapeur. In-8°. 1862. *Dunod.* 1 fr. 25 c.

— Emploi de la houille dans les locomotives. Rapport sur cet emploi et sur les machines à foyer fumivore du système Tenbrinck. In-8° avec 2 pl. 1862. *Ibid.* 5 fr.

— Des Mesures propres à prévenir les collisions sur les chemins de fer. In-8°. 1853. *Ibid.* 2 fr.

— Rapport à S. Exc. le ministre de l'agriculture, etc., sur l'exploitation de la section de Ponte-Decimo à Busalla (chemin de fer de Turin à Gênes). In-8°. 1859. *Ibid.* 2 fr. 50 c.

Extrait des « Annales des ponts et chaussées ».

— Travaux d'art. Voie, matériel des chemins de fer d'Allemagne. 3 vol. in-8° avec planches. 1854. *Ibid.* 4 fr. 50 c.

COUCHOUD (l'abbé), chanoine de Bordeaux.

— Le Clergé catholique devant l'État et la société, ou la Question religieuse envisagée spécialement sous ses rapports sociaux et politiques, et d'après la philosophie de l'histoire. In-8°. 1844. *Seguin.* 4 fr.

— Destinées du nouvel empire français, d'après le passé, le présent et l'avenir en regard des principes politiques chrétiens. In-8°. 1853. *Comon.* 2 fr.

COUDÉ (de).

— Voyage dans la Bretagne. In-18 avec grav. 1856. Tournai. *Casterman.* 80 c.

COUDER (Amédée).

— L'Architecture et l'industrie comme moyen de perfection sociale. In-4° avec 8 pl. 1842. *Brockhaus et Avenarius.*

— Le même. 2e édition. In-4° avec pl. 1844. *Dauvin et Fontaine.*

— Les Deux horizons; pensées philosophiques en vers. In-8°. 1862. *Dentu.* 1 fr.

— Quelques idées sur l'exposition universelle en France. In-8°. 1854. *Librairie nouvelle.* 1 fr.

COUDER (C.).

— Formulaire de la comptabilité des percepteurs et receveurs de communes, hospices et établissements de bienfaisance, contenant les modèles de l'instruction générale du ministère des finances, en date du 20 juin 1859, avec des exemples d'application. In-8°. 1860. *P. Dupont.* 8 fr.

COUDER (P. de).

— Les Étrangleurs de Paris. — Voy. *Guéroult et Couder.*

COUDERC DE LATOUR-LISSIDE (Félix Adrien), chanoine de l'église de Nîmes.

— La Brochure la France, Rome et l'Italie, de

M. A. de La Guéronnière, réfutée à l'aide de quelques faits historiques. In-8°. 1861. Nîmes, *imprimerie Lafare et Attenoux.* 1 fr.

— Coup d'œil sur la brochure « le Pape et le congrès ». In-8°. 1860. Nîmes, *Bedot.* 50 c.

— Entretiens d'un prêtre avec lui-même, disposés en forme de lecture pour servir à sa retraite annuelle ou dans l'intervalle des exercices d'une retraite ecclésiastique. In-12. 1857. *Ibid.*

— Un Mot à l'occasion de la révolte de quelques esprits aveugles contre deux lettres pastorales de Mgr. l'évêque de Nîmes. In-8°, 100 p. 1859. *Ibid.*

— Oraison funèbre de Mgr. Jean François Marie Cart, évêque de Nîmes. Petit in-8°. 1855. Nîmes, *Teissier.*

— Vie de Mgr. de Chaffoy, ancien évêque de Nîmes. 2 vol. in-8° avec portrait et fac-simile. 1857. Nîmes, *Bedot.*

COUDERT DE LAVILLATTE (J.), magistrat à Guéret.

— Vie de saint Pardoux, patron de Guéret, et office du saint, précédés d'une note préliminaire. In-8°, 220 p. 1853. Guéret, *Dugenest.*

COUDOL (Hugues), professeur de boxe et de savate.

— Gymnique française, ou Méthode pour servir à l'éducation physique, ornée de 34 vignettes, par Hugues Coudol, généralement connu sous le nom de Cadet de Moissac. In-8°. 1865. Toulouse, *Chauvin.* 5 fr.

COUDOUR (l'abbé Auguste), curé à Lyon, né à Saint-Rambert-sur-Loire (Loire) en 1819.

— Vie du bienheureux Jean Grande, dit le Pécheur, de l'ordre des frères de Saint-Jean de Dieu, précédée d'une notice sur l'ordre de Saint-Jean de Dieu et son rétablissement en France. In-8° avec 3 grav. 1858. Lyon, *Girard et Josserand.* 3 fr. 50 c.

COUDRAY (P. A.).

— Le Guide fidèle du vigneron. In-8°. 1853. Cette, *Bonnet.* 6 fr.

COUDRAY - MAUNIER (François Auguste), homme de lettres et journaliste, né à Chartres en 1827.

— La Bête d'Orléans (légende beauceronne). In-8° avec 2 grav. dont une fac-simile coloriée. 1859. Chartres, *Petrot-Garnier.* 3 fr.

— Histoire de la bande d'Orgères. Petit in-8° avec portrait. 1858. *Ibid.* 2 fr.

COUDRIET (l'abbé Jean-Baptiste), né à Oigney (Haute-Saône) en 1814.

— Histoire de la seigneurie de Jonvelle et de ses environs. In-8° avec plan. 1864. Besançon, *imprimerie Jacquin.* 6 fr.

Avec l'abbé Chatelet.

COUDRIN (Augustin).

— Vie de l'abbé Coudrin, fondateur de la congrégation des Sacrés-Cœurs de Jésus et de Marie et de l'adoration perpétuelle du très-saint sacrement de l'autel. In-8°. 1846. *René.* 5 fr.

COUDURIER (l'abbé Pierre Antoine), aumônier de l'École normale et de l'hospice des femmes incurables de Bourg en Bresse, ancien vicaire à

Saint-Didier-sur-Chalaronne (Ain), né à Pont-de-Vaux (Ain) en 1816.

— Vie de la bienheureuse Lidwine, modèle des malades et des infirmes. In-12. 1862. *Bray.* 2 fr. 50 c.

COUÉ (Louis Henri), professeur d'histoire au lycée Charlemagne, ancien régent du collége de Ploërmel, officier d'académie, né à Nantes en 1824.

— Histoire ancienne. In-12. 1858. *Lecoffre.* 2 fr.

— Histoire grecque. 2 vol. in-12. 1858. *Ibid.* 4 fr. 50 c.

COUÉDIC (le comte Du). — Voy. **Du Couédic.**

COUEFFIN (Mme Lucie), née Pigache.

— Debora; esquisse dramatique en quatre actes et en vers. In-16. 1848. Bayeux, *imprimerie Nicolle.* 1 fr.

— Poésies. In-16. 1848. *Ibid.* 3 fr. 50 c.

— Repentir et miséricorde, ou le Retour du prodigue; drame en trois actes, en vers. In-8°. 1847. *Ibid.*

Avec Mme Élisa Le Cieux.

COUESME, vétérinaire à Saint-Mards-en-Othe.

— Art hippiatrique. Médecine théorique et pratique vétérinaire réduite à sa plus simple expression, ou Véritable manière de bien connaître et de bien traiter les maladies des animaux domestiques. In-8° avec 4 pl. 1857. Troyes, *Caffé.* 10 fr.

COUGNARD (J.), pasteur à Genève.

— Conférences sur l'Église, suivies de trois sermons. In-12. 1861. Genève, *Gruaz.* 2 fr.

— Conférences sur le principe de la foi réformée prêchées à Genève en 1853 et en 1854. 2 vol. in-12. 1855. *Ibid.* 4 fr.

— Quatre conférences sur le christianisme. In-12. 1855. Genève, *Cherbuliez.* 2 fr.

— La Science et l'Église; discours. In-8°. 1865. Genève.

COUGNY (Edme), professeur au lycée de Versailles, rédacteur du «Journal général de l'Instruction publique», né à Nevers (Nièvre) en 1818.

— Guillaume Du Vair; étude d'histoire littéraire avec des documents nouveaux, etc. In-8°. 1857. *Durand.* 3 fr.

— La Jeunesse de Virgile. In-8°. 1865. *Ibid.* 1 fr.

— De la Philosophie chez les jurisconsultes du xvie siècle et en particulier chez Simion Marion. In-8°. 1865. *Ibid.* 1 fr.

— Premiers exercices oratoires. Quatre modèles tirés d'un manuscrit de la bibliothèque de Bourges et publiés pour la première fois avec une traduction française et des notes. In-8°. 1863. *Ibid.* 2 fr.

— Un Procès en matière de droits régaliens au xvie siècle. In-8°. 1864. *Ibid.* 1 fr.

— De Prodico Ceio, Socratis magistro et antecessore. In-8°. 1857. *Ibid.* 2 fr.

COUGNY (Gustave de), membre de la Société archéologique de Touraine et de l'Institut des provinces, né à Chinon en 1815.

— Légitimité et révolution, ou les Révolutions en France et leurs conséquences. In-8°. 1850. *Designy et Dubey.* 1 fr. 50 c.

— Notice archéologique et historique sur le château de Chinon. In-8° avec 2 pl. 1860. Chinon, *Challuau.* 1 fr. 50 c.

COUHARD (l'abbé) a traduit du latin : « Entretiens de l'âme », « Épreuves des élus », etc., de *Thomas à Kempis.*

COUILLAUD (le commandant Élie).

— Croix et monde. In-8°. 1864. *Dentu.* 2 fr.

COUISSINIER (l'abbé Marie Barthélemi), né à Marseille en 1821.

— Le Catéchisme en images, dessiné par G. R. Elster et gravé par Richard Brend'amour. Édition populaire. In-12 avec 112 dessins. 1862. [Leipzig.] *A. W. Schulgen.* 1 fr. 50 c.

M. l'abbé Couissinier a traduit de l'espagnol les ouvrages suivants du P. *Louis de Grenade:* le « Guide des pécheurs »; « Méditations sur la passion de N. S. Jésus-Christ »; « Méditations sur la vie de N. S. Jésus-Christ »; « Mémorial du chrétien », et du portugais le « Traité de la doctrine chrétienne », du même auteur.

COUIZE.

— Bases fondamentales de la bonne culture, ou Mémoire sur la découverte des moyens que Dieu donne à l'homme d'augmenter son bien-être par le développement des végétaux. Causes visibles de la maladie des pommes de terre et de la carie du blé, avec des moyens d'y parer. In-8°, 268 p. 1847. *Frey.*

COULAN (Aimé).

— Des Vaines observances religieuses. Lettre à M. Carrichon, ex-oratorien, sur l'abolition des vaines observances à la publication de l'Évangile. (Jeûnes et abstinences, vœux religieux.) In-8°. 1842. *Bocquet.* 1 fr. 50 c.

COULANGE (D. A. P.), s'intitulant : «Métaphysicien ».

— Écriture des sons, ou l'Art d'écrire toutes les langues presque aussi vite que la parole. Nouvelle découverte à ajouter aux nombreuses inventions du xixe siècle. Livraisons 1 à 4. In-4°. 1857. *Chez l'auteur, rue de Vaugirard*, 194.

COULANGES (Fustel de). — Voy. **Fustel de Coulanges.**

COULDRETTE.

— Mellusine; poëme relatif à cette fée poitevine, composé dans le xive siècle, publié pour la première fois d'après les manuscrits de la Bibliothèque impériale, par Francisque Michel. In-8°, 306 p. 1854. Niort, *Robin et Favre.*

COULERU.

— Nouveau cours élémentaire de coloris et d'aquarelle, suivi de considérations sur la peinture orientale; accompagné de sujets variés, dessinés par Julien, Hubert, Victor Adam, etc. In-4° avec 12 pl., dont 6 coloriées. 1860. *Monrocq frères.* 6 fr. 50 c.

COULET (Timothée) a traduit de l'italien : « Des Perles, de leur origine et de leur production artificielle », par Antonio *Villa.*

COULIER.

— Atlas général des phares et fanaux à l'usage des navigateurs. In-4° avec cartes. 1845-1848. *Rue du Bac*, 67.

Afrique. 27 pl., 10 fr. 50 c. — Amérique équatoriale, colonies européennes. 16 pl., 7 fr. 50 c. — Amérique, continent. 16 pl. 7 fr. 50 c. — Autriche, mer Adriatique. 23 pl., 9 fr. —

Deux-Siciles. 34 pl., 15 fr. — Espagne, mer Méditerranée.
17 pl., 9 fr. — Espagne, côtes nord, mer de Biscaye. 12 pl.,
6 fr. — Grèce et Iles Ioniennes. 22 pl., 9 fr. — Indes. 22 pl.,
9 fr. — Norwège. 22 pl., 9 fr. — Portugal. 12 pl., 6 fr. —
Prusse. 12 pl., 6 fr. — Russie, mer Blanche. 12 pl., 6 fr. —
Mer Baltique. 22 pl., 9 fr. — Mer Noire. 12 pl., 6 fr. — Suède.
22 pl., 9 fr. — Turquie. 21 pl., 0 fr.

— Description générale des phares et fanaux et
des principales remarques existant sur le littoral
maritime du globe, à l'usage des navigateurs.
17° édition. In-12. 1864. *Robiquet*. 4 fr.

La 1re édition est de 1829.

— Nouveau code de signaux de jour et de nuit,
ou de communication d'un lieu à un autre au
moyen d'un système pyrotechnique. In-8°. 1846.
Rue du Bac, 67. 3 fr.

Avec M. Ruggieri.

COULIER (le docteur).

— Question de la céruse et du blanc de zinc,
envisagée sous les rapports de l'hygiène et des
intérêts publics. In-8°. 1852. *J. B. Baillière*. 1 fr.
50 c.

COULIER (le docteur Paul Jean), fils du précédent, professeur à l'École de médecine et de pharmacie militaire, né à Paris en 1824.

— Hygiène du soldat. Expériences sur les étoffes
qui servent à confectionner les vêtements militaires, considérés comme agents protecteurs
contre la chaleur et le froid. In-8°. 1858. *J. B. Baillière*. 1 fr. 50 c.

Extrait du « Journal de la physiologie de l'homme et des
animaux ».

— Manuel pratique de microscopie appliquée à
la médecine. In-12 avec 12 pl. dessinées et gravées par l'auteur. 1860. *Dezobry, Magdeleine et
Cie*. 6 fr.

COULIN (l'abbé), prêtre missionnaire apostolique, chanoine honoraire de Marseille.

— Année du pieux fidèle, ou Méditations sur
les mystères et les principales vérités de la religion. 19 vol. in-32. 1858-1863. Tournai, *Casterman*. 25 fr.

— La Divine eucharistie. 2 vol. in-18. 1861.
Tournai, *Casterman*. 4 fr.

— Le Mariage; lettres du curé de Maussan à
Mme la marquise de Bellor. 2 vol. in-12. 1864. *Ibid.*
2 fr. 50 c.

C'est une nouvelle édition; la première avait été publiée en
1850 à Marseille.

— Les Méditations d'un prêtre; la grandeur et
la dignité de son caractère, la sainteté et la su-
blimité de ses fonctions, l'excellence des vertus
que l'Église exige de lui. In-12. 1860. *Jouby*. 3 fr.

— Saint Jean, évangéliste. In-18. 1865. Tournai,
Casterman. 1 fr. 20 c.

— Saint Joseph, d'après l'Évangile. Lettres à
une vierge chrétienne. In-12. 1863. *Ibid.* 1 fr. 20 c.

— Sainte Marie Madeleine. Études. In-18. 1862.
Ibid. 1 fr. 20 c.

— Les Sept paroles de la très-sainte Vierge, ou
les Flammes du divin amour sorties du cœur de
Marie. In-18. 1862. *Ibid.* 30 c.

— Virginité. In-12. 1863. *Ibid.* 1 fr. 50 c.

COULIN (Frank).

— Les Œuvres chrétiennes; conférences prêchées à Genève. In-12. 1863. *Cherbuliez*. 2 fr. 75 c.

COULLERY (P.).

— Les Mystères de la génération. In-12. 1862.
Bern, *Blom*. 2 fr.

COULLET (Paul Jacques), administrateur des
Messageries impériales, né à Bordeaux en 1830.

— Les Chèques et le Clearing house. Étude sur
la formation à Paris d'une chambre de liquidation
des banquiers qui reçoivent des fonds en comptes
courants et qui acceptent des effets payables à
Paris. In-4° 1864. *Guillaumin et Cie*. 2 fr.

— Études sur la circulation monétaire, la banque et le crédit. In-8°. 1865. *Ibid.* 6 fr. 50 c.

— Extraits des enquêtes parlementaires anglaises sur les questions de banque, de circulation monétaire et de crédit, traduits et publiés
par ordre du gouverneur et du conseil de régence
de la Banque de France et sous la direction de
MM. Coullet et Juglar. 8 parties in-8°. 1865. *Ibid.*
10 fr.

Nos 1 et 2. Enquête de 1857 sur la législation des banques.
— Nos 3 et 4. Enquête de 1848 sur la crise commerciale de
1847 (chambre des lords). — No 5. Enquête de 1840 sur les
banques d'émission. — No 6. Enquête de 1832 sur le renouvellement de la banque d'Angleterre. — No 7. Enquête de
1858 sur la législation des banques. — No 8. Enquêtes de 1810,
1818, 1819, 1841. Bullion, report, intérêts de l'argent, paye-
ment en espèces.

COULMANN (J. J.), ancien maître des requêtes
en service ordinaire au conseil d'État.

— Réminiscences. T. 1 et 2. 2 vol. in-8°. 1862-
1865. *Lévy frères*. 10 fr.

COULOMB (Favier).

— De l'Admission au notariat. Commentaire des
articles 35 à 44 de la loi du 25 ventôse an XI et
de l'article 91 de la loi du 28 avril 1816. In-8°.
1841. *Rue des Saints-Pères*, 50. 5 fr.

COULON.

— Méthode générale de comptabilité et de correspondance commerciales, ou la Tenue des livres en partie double raisonnée mathématique-
ment. 3e édition, revue et corrigée et considérablement augmentée. In-4°. 1860. *Chez l'auteur,
rue de Vendôme*, 22. 4 fr. 50 c.

COULON, ancien menuisier, professeur de dessin linéaire et de trait.

— Menuiserie descriptive. Nouveau Vignole des
menuisiers. In-4° avec 84 pl. 1844. *Dalmont*. 25 fr.

L'ouvrage a été publié en 8 livraisons.

COULON (le docteur Amédée), médecin, professeur de thérapeutique de l'École de médecine
d'Amiens, né à Saint-Just-en-Chaussée (Oise) en
1834.

— De l'Angine couenneuse et du croup considérés sous le double rapport du diagnostic et du
traitement. In-8°. 1865. *Savy*. 2 fr.

— Quelques considérations sur la scrofule.
In-4°. 1861. *Ibid.* 1 fr. 50 c.

— Traité clinique et pratique des fractures chez
les enfants; revu et précédé d'une préface par le
docteur Marjolin. In-8°. 1861. *Ibid.* 4 fr.

COULON (J. B.).

— Époques saumuroises, ou Esquisses historiques et anecdotiques sur Saumur et ses environs,
depuis son origine jusqu'à nos jours, avec la biographie des hommes célèbres et de ses monuments. In-12 avec 5 lithographies. 1844. Saumur,
Javaud.

— Fidès, ou le Christianisme et le progrès; poésies. In-8°. 1863. Saumur. 2 fr.

COULON (Jean Isidore Benjamin), jurisconsulte, ancien président du tribunal de Rocroy, né à Saint-Amand (Cher) en 1804.

— Dialogues, ou Questions de droit. Discussion approfondie, et dans une forme nouvelle, de toutes les questions de droit qui sont encore controversées et qui se présentent le plus fréquemment devant les tribunaux. 4 vol. in-8°. 1838-1840. [Dijon, Décailly.] Joubert. 32 fr.

— Questions de droit. Examen des discussions les plus controversées entre les auteurs et les tribunaux. In-8°. 1853. Cotillon. 9 fr.

Suite et complément de l'ouvrage précédent.

— Plan social et humanitaire. Organisation du travail et de l'impôt; secours aux pauvres; paix et sécurité aux propriétaires; union et fraternité entre tous les hommes. In-8°. 1848. Guillaumin. 2 fr.

COULVIER-GRAVIER, directeur de l'Observatoire météorologique du Luxembourg.

— Catalogue des globes filants (bolides), observés de 1841 à 1853. In-4°. 1853. Mallet-Bachelier. 3 fr.

— Catalogue des globes filants observés du 3 septembre 1853 au 10 novembre 1859. In-4°. 1859. Ibid. 3 fr.

— Météorologie. Les Étoiles filantes. In-8°. 1864. Challamel aîné. 1 fr.

Extrait de la « Revue maritime et coloniale ».

— Précis des recherches sur les météores et sur les lois qui les régissent. In-12 avec 12 pl. 1863. Mallet-Bachelier. 2 fr. 50 c.

— Recherches sur les météores et sur les lois qui les régissent. In-8°. 1859. Ibid. 10 fr.

— Recherches sur les étoiles filantes. Introduction historique. In-8°. 1847. Hachette. 5 fr.

Avec M. Saigey.

COULY (Placide).

— L'École des mères; drame en cinq actes. In-4°. 1861. Renoux et Cie. 40 c.

COUMAILLEAU (J. B.).

— Le Catholicisme et le protestantisme mis à la portée du peuple. In-12. 1841. [Mouchamps.] Debécourt.

COUMOUNDOUROS (A.), ministre des finances de Grèce.

— De l'impôt foncier dans le royaume de Grèce. In-8°. 1861. Durand. 1 fr.

Extrait de la « Revue historique de droit ».

*Coup d'œil sur la Grèce, par un Philhellène. In-8°. 1862. Dentu. 50 c.

*Coup d'œil sur l'histoire de la maison d'Autriche et conséquences de la situation qu'elle occupe en Europe. In-8°. 1860. Ibid. 50 c.

*Coup d'œil sur le nord de l'Europe en 1861. In-8°. 1861. Ibid. 1 fr.

*Coup d'œil sur les races chevalines françaises, par E. T. — Voy. Testarode.

COUPPEY (le docteur Le). — Voy. Le Couppey.

COUPPIER (Jules), chimiste.

— Traité pratique de photographie sur verre,

d'après les derniers perfectionnements. In-8°. 1852. Chevalier. 5 fr.

COUPRAY (Petit de). — Voy. **Petit de Coupray.**

COUPRY (Henri), professeur de langue arabe, né dans le Mecklembourg en 1823.

— Réflexions sur l'Algérie. Lettre à S. M. l'empereur Napoléon III. In-8°. 1860. Alger, Tissier. 1 fr. 50 c.

*Cour (la) de Rome dans ses rapports civils et politiques avec la question italienne. In-8°. 1861. Dentu. 1 fr.

*Cour (la) de Russie, il y a cent ans, 1725-1783. Extraits des dépêches des ambassadeurs anglais et français. In-8°. 1858. Berlin, Schneider. 7 fr. 50 c.

3e édition en 1860.

COURANJOU (le docteur Émile).

— De la Goutte, de sa nature, de son traitement rationnel. In-18, 57 p. 1865. Nevers, imprimerie Bégat.

COURBE (Rouillé-). — Voy. **Rouillé-Courbe.**

COURBET, d'Ornans, né en 1776, mort en 18..

— Mémoires de Courbet, d'Ornans, rédigés sur ses notes, par Édouard Péclet. In-8°. 1845. [Besançon, Bintot.] Delaunay.

COURBEVILLE (le R. P. Joseph), jésuite, a traduit en français : « la Dévotion à Notre-Dame », du R. P. Segneri; « la Préparation au passage du temps à l'éternité pour les malades », du P. Nieremberg, et « la Religieuse dans la solitude », du P. Pinamonti.

COURCELLE (Adrien De). — Voy. **De Courcelle.**

COURCELLE-DUVIGNAUD (Alfred), fondateur et directeur de l'établissement hydrothérapique du Bouscat près Bordeaux.

— Manuel d'hydrothérapie, à l'usage des gens du monde; histoire, méthode, maladies auxquelles s'applique l'hydrothérapie rationnelle; clinique de l'établissement hydrothérapique du Bouscat, ou Histoire des cas les plus remarquables. In-12. 1859. Bordeaux, Crugy. 5 fr.

COURCELLE-SENEUIL (Jean Gustave), économiste et publiciste, ancien professeur d'économie politique à l'Institut national du Chili à Santiago (de 1853 à 1863), né à Seneuil en 1813.

— Le Crédit et la banque. Études sur les réformes à introduire dans l'organisation de la Banque de France et des banques départementales. In-8°. 1840. Pagnerre. 2 fr.

— Études sur la science sociale. In-8°. 1862. Guillaumin et Cie. 7 fr. 50 c.

— Leçons élémentaires d'économie politique. In-12. 1864. Ibid. 2 fr.

— Traité sommaire d'économie politique. In-12. 1865. Ibid. 2 fr.

— Traité théorique et pratique d'économie politique. 2 vol. in-8°. 1858-1859. Ibid. 15 fr.

2e édition en 1867. Cet ouvrage est traduit en espagnol par J. Bello. 2 vol. in-8°. 1860. Ibid. 15 fr.

— Traité théorique et pratique des opérations de banque. 4e édition, revue et augmentée. In-8°. 1864. Ibid. 7 fr. 50 c.

La 1re édition est de 1853.

— Traité théorique et pratique des entreprises industrielles, commerciales et agricoles, ou Manuel des affaires. 2e édition, revue et augmentée. In-8º. 1857. *Ibid.* 7 fr. 50 c.

La 1re édition est de 1855.

M. Courcelle-Seneuil a publié la 2e édition de : « le Crédit et les banques », de *Coquelin* ; et il a traduit de l'anglais avec M. H. Dussart les « Principes de l'économie politique », de John Stuart *Mill*.

COURCELLE-SENEUIL (J. L.).

— Élucubrations poétiques. La Procyonomachie ; poëme héroï-comique. Épître à un ami. In-12. 1865. *Dentu.* 2 fr.

— Épître à M. X. en réponse à sa lettre au sujet des massacres du Liban. In-8º. 1861. Saint-Germain, *Picault.* 1 fr.

— Les Massacres du Liban ; ode. In-8º avec 1 pl. 1860. *Albessard et Bérard.* 1 fr.

COURCELLES (C.).

— Éléments d'algèbre et de trigonométrie. — Voy. *Lusson et Courcelles.*

COURCELLES (Marie Sidonia de LÉNONCOURT, marquise de), née en 1651, morte en 1685.

— Mémoires et correspondance de la marquise de Courcelles, publiés d'après les manuscrits, avec une notice, des notes et les pièces justificatives, par M. Paul Pougin. In-16. 1855. *P. Jannet.* 4 fr.

Bibliothèque elzévirienne.

COURCIER (A. C.), libraire-éditeur à Paris, a publié plusieurs livres pour la jeunesse, sous le pseudonyme de A. C. **Bouyer.**

COURCY (Alfred de), administrateur de la Compagnie d'assurances générales, né à Brest en 1810.

— Des Assurances agricoles. In-8º. 1857. *Douniol.* 25 c.

— Les Assurances sur la vie en Angleterre et en France. In-8º. 1861. *P. Dupont.* 1 fr.

— Esquisses. In-12. 1854. *Douniol.* 3 fr.

— Essai sur les lois du hasard, suivi d'études sur les assurances. In-12. 1862. *Guillaumin.* 3 fr.

— L'Honneur. In-12. 1858. *Douniol.* 1 fr.

— Un Nom. In-12. 1860. *Ibid.* 2 fr. 50 c.

— Question de droit maritime. L'abandon et le délaissement. In-8º. 1861. *P. Dupont.* 1 fr.

— D'une Réforme internationale du droit maritime. In-12. 1863. *Guillaumin et Cie.* 2 fr.

COURCY (Charles de).

— Le Chemin le plus long ; pièce en trois actes, en prose. In-12. 1856. *Lévy frères.* 1 fr. 50 c.

— Le même. In-4º. 1862. *Ibid.* 40 c.

Théâtre contemporain illustré, livr. 538.

— Daniel Lambert ; drame en cinq actes. In-12. 1860. *Ibid.* 2 fr.

— Diane de Valneuil ; comédie en cinq actes, en prose. In-12. 1862. *Ibid.* 2 fr.

— Les Histoires du Café de Paris. In-12. 1861. *Ibid.* 3 fr.

M. Ch. de Courcy a signé quelques pièces de théâtre en collaboration avec *Scribe* et L. *Thiboust*. — Voy. ces noms.

COURCY (Frédéric de), auteur dramatique, né vers 1800.

— Le Grand-duc ; proverbe en un acte, mêlé de chant. In-8º. 1840. *Tresse.* 30 c.

Avec Ch. Dupeuty.

— Les Gueux de Bruges, ou le Roi d'un jour ; chronique de 1573. In-8º. 1842. *Gallet.* 30 c.

Avec Ferdinand Langlé.

— L'Hurluberlu ; comédie en un acte, mêlée de couplets. In-8º. 1849. *Beck.* 50 c.

Avec Ch. Dupeuty.

— La Maîtresse de poste, ou l'Homme de la famille ; comédie en un acte, mêlée de chant. In-8º. 1841. *Tresse.* 50 c.

Avec Ch. Dupeuty.

— Le Pendu ; opéra comique en un acte (tiré des Historiettes de Tallemant des Réaux), musique de M. L. Clapisson. In-8º. 1841. *Ibid.* 30 c.

Avec M. Carmouche.

— Les Philanthropes ; comédie en trois actes, en vers. In-8º. 1842. *Ibid.* 50 c.

Avec Théodore Muret.

— Une Séparation, ou le Divorce dans la loge ; vaudeville en un acte. In-8º. 1844. *Beck.* 40 c.

Avec M. Carmouche.

— Une Vocation ; comédie en deux actes, mêlée de couplets. In-8º. 1841. *Marchant.* 40 c.

Avec Théodore Muret.

— Vous n'auriez pas vu ma femme ? comédie en un acte, mêlée de couplets. In-12. 1857. *Lévy frères.* 60 c.

— Le Voyage à Vienne ; vaudeville en un acte. In-8º. 1860. *Tresse.* 50 c.

M. F. de Courcy a encore signé des pièces en collaboration avec MM. *Bayard, Carmouche, Dupeuty, Duveyrier et Lalone.* — Voy. ces noms.

COURCY (Henri de) a publié les « Lettres inédites » de J. M. et F. de *Lamennais.*—Voy. ce nom.

COURCY (Pol Potier de), correspondant du ministère de l'instruction publique pour les travaux historiques, né à Landerneau (Finistère) en 1815.

— Armorial et Nobiliaire de l'évêché de Saint-Pol de Léon, en Bretagne en 1443. In-16. 1863. [Nantes, *Forest et Grimaud.*] *Aubry.* 5 fr.

— Le Combat de trente Bretons contre trente Anglais, d'après les documents originaux des xive et xve siècles ; suivi de la biographie et des armes des combattants. In-4º avec 8 pl. 1857. Saint-Brieuc, *Prudhomme.* 5 fr.

— Dictionnaire héraldique de Bretagne ; complément de tous les nobiliaires et armoriaux de cette province, pour reconnaître les familles par les armoiries peintes, sculptées, émaillées ou gravées sur les monuments de toute nature, et pour justifier de la date de ces monuments. In-8º. 1855. *Ibid.* 8 fr.

— De Nantes à Brest, à Saint-Nazaire, à Rennes et à Napoléonville. Itinéraire descriptif et historique. In-12. 1865. *Hachette et Cie.* 3 fr.

Collection des Guides-Joanne.

— De Nantes à Lorient, à Saint-Nazaire et à Rennes ; itinéraire descriptif et historique. In-12. 1863. *Ibid.* 2 fr.

Collection des Guides-Joanne.

— De la Noblesse et de l'application de la loi contre les usurpations nobiliaires. In-8º. 1858. Nantes, *Forest.* 1 fr. 50 c.

— Le même. Nouvelle édition. In-18. 1859. *Aubry.* 1 fr. 50 c.

— Nobiliaire et armorial de Bretagne. 2e édition, corrigée et considérablement augmentée.

3 vol. in-4º. 1862. Nantes, *Forest et Grimaud.*
36 fr.

La 1re édition est de 1846.

— Notice historique sur la ville de Landerneau.
In-12. 1842. Landerneau, *Desmoulins.* 2 fr.

— Notice sur Notre-Dame du Folgoët. In-12.
1860. Saint-Brieuc, *Prud'homme.* 1 fr.

Avec M. Henri de Courcy.

— De Rennes à Brest et à Saint-Malo; itinéraire
descriptif et historique. In-12. 1864. *Hachette et
Cie.* 3 fr.

Collection des Guides-Joanne.

COURCY-MEUNITH.

— Le Salon des refusés et le jury; réflexions.
In-8º. 1863. *Gay.* 60 c.

COURDAVEAUX (Victor), docteur ès lettres,
professeur de littérature ancienne à la Faculté de
Douai, né à Paris en 1821.

— Du Beau dans la nature et dans l'art. In-8º.
1860. [Troyes, *Bouquot.*] *Didier et Cie.* 3 fr. 75 c.

— Étude sur Simart, à propos du livre de M. Eyriès. In-8º. 1860. [Troyes, *Brunard.*] *Ibid.* 1 fr.

— La Philosophie grecque, mise à la portée de
tous, et éclaircie par le christianisme; essais.
Précédés d'une lettre de Mgr. Cœur, évêque de
Troyes. In-12. 1855. *Douniol.* 1 fr. 50 c.

M. Courdaveaux a traduit du grec les : « Entretiens » d'É-
pictète.

COUREN (l'abbé A.), professeur au petit séminaire et collège catholique de Marseille.

— Abrégé de chronologie universelle, mise en
vers selon la méthode mnémotechnique. In-18.
1858. [Marseille, *Chauffard.*] *Dezobry et Magdeleine.* 1 fr. 25 c.

COURET (César).

— Histoire d'Aubagne, divisée en trois époques
principales, contenant la description des antiquités de Saint-Jean du Garguier et des notices sur
les illustrations du pays. In-8º, 131 p. 1860. Aubagne, *Baubet.*

COURET (le colonel L. Du). — Voy. **Du Couret.**

COURGEON (J. A.), professeur d'histoire.

— Récits de l'histoire de France. 1re période :
la Gaule indépendante et la Gaule romaine. In-12.
1853. *Hachette et Cie.* 3 fr. 50 c.

— 2e période : les Mérovingiens. In-12. 1854.
Ibid. 3 fr. 50 c.

COURIARD (Mlle Adèle), née à Genève.

— Aimons notre prochain; récits et nouvelles,
traduits et imités de l'anglais par Mlle A. Couriard.
In-12. 1863. Genève, *Beroud.* 2 fr.

— La Cousine de Violette. In-12. 1864. *Agence
de la Société des écoles du dimanche.* 3 fr.

— Journal d'une jeune malade. In-18. 1861.
Lausanne, *Bridel.* 1 fr.

— Lucie, ou les Deux influences. In-12. 1863.
Meyrueis et Cie. 3 fr.

COURIARD (J.), pasteur, né à Genève en 1808.

— Coup d'œil sur la lutte du christianisme au
xviiie siècle ; conférences prêchées à Genève.
In-8º. 1840. Genève, *Gruaz.* 2 fr.

COURIER (Paul Louis), ou **COURIER DE MÉRÉ**,

helléniste et pamphlétaire, ancien officier d'artillerie, né à Paris en 1772, mort assassiné en 1825.

— Œuvres complètes. Nouvelle édition, augmentée d'un grand nombre de morceaux inédits,
précédée d'un essai sur la vie et les écrits de l'auteur, par Armand Carrel. Gr. in-8º avec portrait.
1865. *Didot frères.* 9 fr.

Réimpression de l'édition publiée en 1837.

— Œuvres de P. L. Courier, précédées de sa
vie, par Armand Carrel. Pamphlets politiques,
fragments d'une traduction d'Hérodote, pastorales de Longus, correspondances. In-12 avec
portrait. 1845. *Ibid.* 3 fr.

— Chef-d'œuvre de Paul Louis Courier. 2 vol.
in-32. 1864. *Dubuisson et Cie.* 50 c.

Bibliothèque nationale.

COURMACEUL (Victor).

— Les Pâquerettes; premières fleurs poétiques,
poésies et prose. In-8º. 1844. Calais, *imprimerie
Leroy.* 5 fr.

COURMONT (Félix de).

— Des États-Unis, de la guerre du Mexique et
de l'île de Cuba. In-8º. 1847. *Moquet.* 1 fr. 50 c.

COURNAU (Attale Du). — Voy. **Du Cournau.**

COURNAULT (Édouard).

— De l'Ame. Essai de psychologie expérimentale. In-8º. 1855. *Ladrange.* 4 fr.

— Considérations politiques. In-32. 1863. *Lévy
frères.* 3 fr.

— Exposition des principes actuels de la philosophie. In-8º. 1842. *Ibid.* 5 fr.

— De la Situation politique de la France, de ses
pertes et de ses alliances actuelles. In-8º. 1841.
Paulin. 2 fr.

COURNIER (Marie).

— L'Archevêque de Cantorbéry; épisode du
xiie siècle. 2 vol. in-8º. 1845. *Rue des Grands-
Augustins*, 1. 15 fr.

— Les Deux Irlandais; dialogue dramatique,
suivi de quelques nouveaux essais poétiques.
In-12. 1844. *Dentu.* 2 fr.

— Dialogues satiriques. In-12. 1857. *Bestel et Cie.*

— Le Doute et la croyance; drame en un acte,
en vers. In-12. 1848. *Lévy frères.* 1 fr.

— Henri II et Thomas Becket. 2 vol. in-8º. 1848.
Rue Rameau, 7. 15 fr.

Le même ouvrage sous le titre de « Thomas Becket, épisode
du xiie siècle. In-12. 1857. *Bestel et Cie.* 3 fr. 50 c.

— Le Nouveau Lucien; dialogues satiriques.
In-12. 1850. *Chez l'auteur.*

— Le Nyctolope. In-8º. 1843. *Dumont.* 3 fr. 50 c.

— Théâtre. In-12. 1858. *Bestel et Cie.* 3 fr.

L'Oncle vengé. — Le Doute et la croyance. — Le Capitaine
Rock, ou l'Irlande en 1798.

COURNOL (Hippolyte), secrétaire du Jardin
d'acclimatation, né en 1795. Il a traduit en vers
et annoté les « Œuvres » de *Virgile* et d'*Horace.*

COURNOT (Antoine Augustin), mathématicien,
recteur de l'Académie de Dijon, ancien inspecteur
général des études, né à Gray en 1801.

— Essai sur les fondements de nos connaissances et sur les caractères de la critique philosophique. 2 vol. in-8º. 1851. *Hachette et Cie.* 12 fr.

— Exposition de la théorie des chances et des probabilités. In-8° avec 1 pl. 1843. *Ibid.* 7 fr. 50 c.

— Des Institutions d'instruction publique en France. In-8°. 1864. *Ibid.* 7 fr. 50 c.

— De l'Origine et des limites de la correspondance entre l'algèbre et la géométrie. In-8° avec 111 pl. 1847. *Ibid.* 7 fr. 50 c.

— Principe de la théorie des richesses. In-8°. 1863. *Ibid.* 7 fr. 50 c.

— Traité élémentaire de la théorie des fonctions et du calcul infinitésimal. 2° édition, revue et corrigée. 2 vol. in-8° avec 7 pl. 1856-1858. *Ibid.* 16 fr.

La 1re édition est de 1841. 2 vol. in-8°. 16 fr.

— Traité de l'enchaînement des idées fondamentales dans les sciences et dans l'histoire. 2 vol. in-8°. 1861. [Dijon.] *Ibid.* 15 fr.

M. Cournot a publié et annoté: « Lettres à une princesse d'Allemagne », par *Euler*; et traduit de l'anglais : « Éléments de mécanique », de *Koter et Lardner*.

*Couronne (une) en songe, par le fils d'un Girondin. In-8° avec 24 vignettes. 1843. *Locquin.* 7 fr. 50 c.

*Couronne poétique de Napoléon. In-18 avec 1 vignette. 1841. *Amyot.* 2 fr.

COURONNEL (A. de).

— Considérations historiques sur la chute de la Pologne. In-8°. 1862. *Lainé et Havard.* 1 fr.

COURRENT (Pierre Paul), lieutenant-trésorier au 17e bataillon de chasseurs à pied, né à Paris en 1829.

— Histoire de l'armée en France. In-12. 1864. [Toulouse, *Gimet.*] *Dumaine.* 3 fr.

*Cours abrégé d'artifices, contenant la confection, la réception, la conservation et la démolition des munitions et artifices de guerre; suivi de Notions sur les artifices de joie. Publié avec l'autorisation du ministre de la guerre. In-8° avec un tableau et un atlas in-4° oblong de 20 pl. 1850. Strasbourg, *Vo Levrault.* 12 fr.

*Cours abrégé d'instruction religieuse, à l'usage des élèves de la congrégation du Sauveur et de la sainte Vierge, par une religieuse de cette congrégation. In-12 de 298 p. 1864. [Périgueux, *Boucharie.*] *Sarlit.*

*Cours complet d'études à l'usage des maisons d'éducation, par une communauté religieuse. Cours de littérature. 1re partie : Théorie. In-12. 1864. *Douniol.* 2 fr. 50 c.

*Cours complet d'études, à l'usage des écoles régimentaires du deuxième degré, infanterie et cavalerie. — Voy. *Alexandre* (Marie).

*Cours complet de méditations à l'usage des Filles de la Charité. 3 vol. in-12. 1864. *Ad. Le Clère et Cie.*

La 1re édition est de 1841.

*Cours (nouveau) de littérature française, à l'usage des jeunes personnes, par une société de dames et de gens de lettres. In-18. 1840. *Johanneau.* 5 fr.

*Cours de littérature française, dédié à la jeunesse, par une Ursuline du Sacré-Cœur. 4 vol. in-12. 1855. Lyon, *Périsse frères.*

I. Traité de littérature. 1 fr. 20 c.

II. Traité sur le style épistolaire. 1 fr. 20 c.

III. Nouvelles fleurs de la poésie française. 1 fr. 60 c.

IV. Devoirs et compositions françaises. 2 fr. 25 c.

*Cours de mathématiques, rédigé pour l'usage des écoles militaires, par MM. Allaize, Billy, Boudrot, professeurs de mathématiques, et M. L. Puissant, membre de l'Institut, etc. 4° édition. In-8° avec 13 pl. 1854. *Tanera.* 7 fr. 50 c.

*Cours de religion sous les rapports dogmatique, moral, ascétique et géographique, ou Sujets et méditations pour chaque jour de l'année, par Ph. G., prêtre. 2 vol. in-12. 1841. Saint-Brieuc, *Prudhomme.* 7 fr.

*Cours sur le service des officiers d'artillerie dans les fonderies, approuvé par le ministre secrétaire d'État de la guerre, le 16 octobre 1839. In-8° avec atlas in-4° oblong de 9 pl. 1841. *Corréard.* 15 fr.

*Cours de théologie en français, d'après la méthode et l'esprit des pères de l'Église, dans lequel ont été fondus les meilleurs ouvrages publiés jusqu'à ce jour sur les matières théologiques. 2 vol. in-8°. 1844-1845. *Loisel.* 10 fr.

*Cours élémentaire de tir, à l'usage de MM. les officiers et sous-officiers d'infanterie. Ministère de la guerre. In-18 avec 28 pl. 1862. *Dumaine.* 2 fr.

COURSAC (Th. de).

— Le Faubourg Montbernage, au point de vue religieux, pendant la révolution française. In-18 de VI-100 p. 1858. Poitiers, *Oudin.*

COURSIER (Édouard), professeur de langue française.

— Manuel de la conversation française et allemande. 18° édition, revu et augmentée, avec une préface par Aug. Lewald; avec un supplément : Causeries parisiennes, par le professeur A. Peschier. 11e édition. In-12. 1865. Stuttgart, *Neff.* 3 fr.

COURSIERS (Théodore).

— Chroniques lorraines. 2 vol. in-8° avec 2 pl. 1845. [Sainte-Menehould, *Poignée.*] *Masgana.*

— Pile et face; roman improvisé. 2 vol. in-12. 1848. *Ibid.*

— Souvenirs de Sainte-Menehould. In-18. 1844. *Ibid.*

COURSON (Aurélien de), historien, conservateur de la bibliothèque du Louvre, né à Port-Louis (île de France), en 1811.

— La Bretagne du ve au xiie siècle. In-4° avec 3 pl. 1863. [*Imprimerie impériale.*] *Durand.* 12 fr.

Prolégomènes du Cartulaire de Redon.

— Cartulaire de l'abbaye de Redon en Bretagne, publié par M. Aurélien de Courson. In-4° avec 3 pl. 1863. [*Imprimerie impériale.*] *Didot frères.* 24 fr.

Fait partie de la « Collection de documents inédits sur l'histoire de France ».

— Chefs-d'œuvre des classiques français du xviie siècle, ou Extraits de nos meilleurs écrivains en prose, avec des notices et des explications. Classes supérieures. In-12. 1855. *Plon.* 3 fr.

Avec M. Vallery-Radot.

— Le même. Classes de grammaire. In-12. 1855. *Ibid.* 1 fr. 50 c.

Avec le même.

— Essai sur l'histoire, la langue et les institutions de la Bretagne armoricaine. In-8°. 1840. *Lenormant.* 8 fr.

— Guerre à l'apostasie! M. Émile de Girardin peint par lui-même, 24 avril 1850. In-12. 1850. *Ledoyen.* 1 fr.

Publié sous les initiales A. C et de V.

— Histoire des origines et des institutions des peuples de la Gaule armoricaine et de la Bretagne insulaire, depuis les temps les plus reculés jusqu'au ve siècle. In-8°. 1843. Saint-Brieuc, *Prud'homme.* 7 fr. 50 c.

— Histoire des peuples brotons dans la Gaule et dans les îles Britanniques, langue, coutumes, mœurs et institutions. 2 vol. in-8°. 1846. *Furne.* 16 fr.

— Quelques mots en réponse à la Dissertation de M. P. Varin sur la colonisation de la péninsule armoricaine. In-8°. 1841. Saint-Brieuc, *Prud'homme.* 1 fr. 50 c.

— Les Réformateurs des temps modernes. Fourier, Saint-Simon, etc. In-8°. 1848. *Vaton.*

A l'occasion d'une Notice de M. Varin, faisant partie du « Dictionnaire de la Bretagne », par *Ogée.*

COURT (C.), vérificateur des contributions.

— Tableaux synoptiques et chronologiques de l'histoire universelle contemporaine, donnant, mois par mois et presque jour par jour, la situation politique de tous les États connus du globe, faisant suite à l'atlas de Le Sage. 1re partie, depuis la révolution de février 1848 jusqu'au congrès de Paris, 1856. 1re livraison, année 1848. Gr. in-8°. 1859. *Clarey.* 3 fr. 50 c.

La publication n'a pas été continuée.

COURTADE (Joseph).

— Le Livre des jeunes gens, ou le Défenseur de la raison; œuvre posthume de Joseph Courtade, publiée par J. M. Raynaud. In-8°. 1843. Toulouse, *imprimerie Montaubin.* 5 fr.

COURTADE (L.).

— Considérations sur la morale. In-8° de 48 ½ f. 1853. *Chez l'auteur, rue Ménilmontant,* 76.

— Rapports entre Dieu et l'homme. In-8° de 21 f. 1842. *Ibid.*

COURTAT.

— Études sur les « Misérables » de M. V. Hugo. In-8°. 1862. *Dentu.* 1 fr.

— La Peine de mort; poëme. In-8°. 1864. *Lainé et Havard.* 2 fr.

— La Religion; drame en cinq actes et en vers. In-12. 1861. *Dentu.* 2 fr.

COURTAUD-DIVERNÉRESSE (Jean Jacques), philologue, ancien censeur des études au collége Bourbon, né à Felletin (Creuse) en 1794.

— De Viris illustribus Græciæ, seu Compendium rerum omnium quibus ab initio usque ad finem imperii Græca gens inclaruit. In-18. 1840. *Maire-Nyon.* 1 fr. 50 c.

— Dictionnaire français-grec. Ouvrage neuf et complet, dans lequel on a ajouté à la nomenclature académique tous les termes de science et d'art dérivés du grec, les noms géographiques, mythologiques et historiques, etc. In-8°. 1847-1859. *Chez l'auteur.* 20 fr.

— Abrégé du dictionnaire français-grec, plus complet qu'aucun des vocabulaires déjà publiés, avec indication de la quantité d'accentuation. Gr. in-8°. 1859. *Ibid.* 14 fr.

— Douze ans j'attendis justice de l'université, douze ans j'attendis en vain. In-8°. 1847. *Ibid.* 1 fr.

— Examen critique de la Grammaire grecque de M. Burnouf. In-8°. 1854. *Ibid.* 1 fr. 50 c.

— Exercices appliqués aux Éléments de la langue grecque spécialement, d'après les dernières éditions de la Grammaire de J. Courtaud, à l'usage des classes élémentaires. In-12. 1865. *Tandou et Cie.* 1 fr. 25 c.

— Grammaire grecque, ou Méthode nouvelle et complète pour étudier la langue grecque, avec syntaxe analytique. 10e édition. In-8°. 1864. *Hachette et Cie.* 3 fr.

La 1re édition est de 1828.

— La même. Abrégé. *Ibid.* 1 fr.

— Procès universitaire, sous le ministère de M. Falloux. Appel à l'opinion publique. In-8°. 1849. *Ibid.* 60 c.

— Thèmes appliqués à la syntaxe grecque spécialement, d'après les dernières éditions de la Grammaire de J. Courtaud, pour faire suite aux Exercices élémentaires; avec corrigés. In-12. 1865. *Tandou et Cie.* 2 fr.

COURTEILLE (B. de).

— Histoire des républiques françaises de 1792 et 1848, comprenant la biographie des hommes illustres de ces deux grandes époques, les détails officiels des sanglantes journées de juin, et continuée jusqu'à la promulgation de la Constitution. Ouvrage précédé de l'histoire universelle, comprenant les révolutions politiques et sociales, la géographie, les mœurs, les connaissances de tous les peuples, par Bréant. Gr. in-8° avec grav. 1848. *Rue Sainte-Anne,* 25.

COURTEILLE (PAVET DE). — Voy. **Pavet de Courteille.**

COURTEJOIE (A.).

— Histoire de la ville de Saint-Trond. In-8°. 1846. Saint-Trond. 3 fr.

COURTÉPÉE (l'abbé Claude), historien, né à Saulieu, en 1721, mort à Dijon, en 1781.

— Description générale et particulière du duché de Bourgogne, précédée de l'Abrégé historique de cette province. 2e édition, augmentée de divers mémoires et pièces. 4 vol. in-8° avec cartes. 1847-1849. Dijon, *Lagier.* 26 fr.

La 1re édition, 7 vol. in-8°, a été publiée de 1774 à 1785. — Beguillet a eu part à la rédaction des deux premiers volumes.

COURTET (Jules), écrivain archéologique, ancien sous-préfet, né à L'Isle (Vaucluse) en 1807.

— Dictionnaire géographique, historique, archéologique et biographique des communes du département de Vaucluse. In-8°. 1857. Avignon, *Clément Saint-Just.* 6 fr.

— La Valmasque; épisode des guerres religieuses du Comtat. Nouvelle édition. In-8°. 1863. [Avignon.] *J. Tardieu.* 2 fr. 50 c.

— Vaucluse historique, pittoresque et monumentale. In-4°. 1854. Avignon, *Clément Saint-Just.* 7 fr. 50 c.

COURTET DE L'ISLE (Victor), littérateur, né en 1813.

— Du Crédit en France, ou De quelques moyens de prospérité publique. In-8°. 1840. *Gosselin.* 3 fr.

— Tableau ethnographique du genre humain. In-8° avec 32 grav. 1850. *A. Bertrand.* 4 fr.

COURTIE (De la). — Voy. **Delacourtie.**

COURTIER (l'abbé F. J. Le). — Voy. **Le Courtier.**

COURTIGIS (Aulas de). — Voy. **Aulas de Courtigis.**

COURTILLER (le docteur).

— Dermatologie, hygiène et thérapeutique. In-18. 1862. [Évreux.] *Asselin.* 2 fr.

Avec M. G. Meynet.

COURTILLER (le docteur Auguste), propriétaire, fondateur du musée de Saumur, né à Saumur en 1795.

— Éponges fossiles des sables du terrain crétacé supérieur des environs de Saumur; étage sénonien de d'Orbigny. In-8° avec 40 pl. 1861. [Angers.] *Savy.* 6 fr.

— Les Nullipores de l'étage sénonien. In-8° avec 8 pl. 1862. *Ibid.* 2 fr.

COURTILLIER (le docteur Auguste Maurice), ancien président de la Société de médecine d'Amiens, né à Amiens en 1805.

— Étude sur la Société de médecine d'Amiens. Commentaire historique, biographique et critique des cinquante premières années de son existence. In-8°. 1846. [Amiens.] *Asselin.* 6 fr.

COURTIN (Charles), professeur à Stuttgart, né à Mannheim.

— Contes choisis, destinés à la jeunesse allemande d'un âge plus avancé, accompagnés d'explications et de notes grammaticales. In-8° avec 3 grav. 1852. Stuttgart, *Stoppani.* 4 fr.

— Petits contes moraux én langue française. In-16. 1852. Leipzig, *Friedlein.* 2 fr. 50 c.

COURTIN (Mme), maîtresse de pensionnat, a publié un choix des lettres de Mme de *Sévigné.* — Voy. ce nom.

COURTOIS fils (Alphonse), économiste, né à Paris en 1825.

— Défense de l'agiotage. In-12. 1864. *Garnier frères.* 1 fr.

— Manuel des fonds publics et des sociétés par actions. 5e édition, complétement refondue. In-12. 1863. *Ibid.* 7 fr. 50 c.

Les précédentes éditions portaient le titre : « Des Opérations de bourse, ou Manuel », etc., etc. Leur prix n'était que de 4 fr. 50 c. et 8 fr. 50 c. — La 1re a paru en 1855.

— Tableaux des cours des principales valeurs, négociées et cotées aux bourses des effets publics de Paris, Lyon et Marseille, du 17 janvier 1797 (28 nivôse an V) à nos jours. Relevés sur les documents officiels et authentiques. In-8° oblong. 1862. *Ibid.* 5 fr.

COURTOIS (C.), ingénieur français, ancien directeur des ponts et chaussées.

— Principes d'hydraulique rationnelle, applicables aux courants naturels, tels que les rivières et les fleuves. In-8° avec 1 pl. 1859. *Mallet-Bachelier.* 3 fr.

— Recherches techniques et mathématiques sur les routes, les voitures et les attelages, pour servir à la solution de différentes questions relatives au roulage. In-8°. 1850. *Mathias.* 2 fr.

— Traité théorique et pratique des moteurs, destiné à faire connaître les moyens d'utiliser tous les moteurs connus, d'apprécier leur travail possible en toute circonstance et de les employer de la manière la plus avantageuse pour économiser le capital, le temps et la force; suivi de l'application des moteurs aux machines. In-8° avec 3 pl. 1846-1850. *Ibid.* 15 fr. 50 c.

COURTOIS-GÉRARD, horticulteur.

— Cours élémentaire de culture maraîchère. In-18. 1852. *E. Lacroix.* 50 c.

— De la Culture des fleurs dans les appartements, sur les fenêtres et dans les petits jardins. 4e édition. In-12. 1863. *Savy.* 1 fr.

La 1re édition a paru en 1849 sous le titre de : « Instructions pratiques sur la culture des plantes ».

— De la Culture maraîchère dans les petits jardins. In-32 avec 15 fig. 1861. *Ibid.* 1 fr.

— Manuel pratique de culture maraîchère. 4e édition, augmentée d'un grand nombre de figures et de plusieurs nouveaux articles. In-12. 1863. *E. Lacroix.* 3 fr. 50 c.

La 1re édition est de 1844.

— Manuel pratique du jardinage, contenant la manière de cultiver soi-même un jardin ou d'en diriger la culture. 6e édition. In-12. 1863. *Ibid.* 3 fr. 50 c.

La 1re édition a paru en 1843.

COURTRAY DE PRADEL (Eugène). — Voy. **Pradel.**

COURTY (Amédée Hippolyte Pierre), professeur à la Faculté de médecine de Montpellier, né à Montpellier en 1819.

— Compte rendu de la clinique chirurgicale de Montpellier, pendant les mois de mars, avril, mai, juin 1850, et du 8 août au 9 septembre 1851. In-8° avec 4 pl. 1851. [Montpellier], *Savy.* 6 fr. 50 c.

— Éloge du professeur Lallemand. In-4° avec une photographie. 1862. [Montpellier, *Boehm.*] *Asselin.* 2 fr. 50 c.

— De l'Emploi des moyens anesthésiques en chirurgie. In-8°. 1849. [Montpellier.] *Labé.* 3 fr.

— Étude sur la vie et les travaux scientifiques du professeur Estor. In-8°. 1856. Montpellier, *Pitrat.* 1 fr.

— Excursion chirurgicale en Angleterre. Lettres adressées à M. le professeur Bouisson. In-8°. 1863. [Montpellier.] *Asselin.* 2 fr. 50 c.

— De l'Œuf et de son développement dans l'espèce humaine. In-8° avec 2 pl. 1845. *Ibid.* 3 fr.

— Opération d'ovariotomie. In-8°. 1865. *Ibid.* 75 c.

— Recherches sur les conditions météorologiques de développement du croup et de la diphthérie. In-4° avec 1 pl. 1862. *Ibid.* 3 fr.

COURTY (Félix).

— Le Champion du roi. 4 vol. in-8°. 1859. *Chappe.* 30 fr.

— Michel; chronique normande du xie siècle. 2 vol. in-8°. 1841. *Derache.* 15 fr.

COURTY (H.).

— Manuel français-anglais à l'usage des voyageurs français en Angleterre. Ouvrage qui les met à même de faire comprendre leurs besoins sans savoir un mot d'anglais. 7e édition. In-16. 1865. *Truchy.* 2 fr.

COURVAL (l'abbé Gessner Albéric Lehoult-), ancien clerc de notaire, professeur d'histoire au petit séminaire de Séez, chanoine honoraire de la cathédrale de Séez, né au Gap (Orne) en 1819.

— L'Évangile des doux et humbles de cœur. In-8°. 1841. *Albanel et Martin.* 6 fr.

Cet ouvrage est signé : G. A. Lehoult-Courval ; l'auteur l'a publié avant qu'il se fût destiné au sacerdoce.

— Histoire ancienne, à l'usage de la jeunesse, revue et complétée par M. l'abbé Courval, professeur. 3e édition. In-18. 1865. *Ve Poussielgue et fils.* 1 fr.

La 1re édition revue par l'abbé Courval, a été publiée en 1860. — L'auteur du livre est le P. Loriquet.

— Histoire de France, à l'usage de la jeunesse, revue et complétée par M. l'abbé Courval. 4e édition. 2 vol. in-18. 1865. *Ibid.* 2 fr. 50 c.

La 1re édition publiée par l'abbé Courval, est de 1859. Le fonds de cette histoire appartient également au P. Loriquet.

— Histoire du moyen âge, à l'usage de la jeunesse. In-18. 1862. *Ibid.* 1 fr. 80 c.

— Histoire moderne, à l'usage de la jeunesse. 2 vol. in-12. 1864. *Ibid.* 3 fr. 60 c.

— Histoire romaine, à l'usage de la jeunesse. In-18. 1861. *Ibid.* 1 fr. 25 c.

2e édition en 1865.

COURVAL (Ernest Alexis, vicomte de), maire de Pinon, membre du conseil général de l'Aisne, de la Société forestière et de diverses sociétés académiques, né à Limours en 1795.

— Taille et conduite des arbres forestiers et autres arbres de grandes dimensions, ou Nouvelle méthode de traitement des arbres à haute tige substituée à l'élagage généralement pratiqué dans les forêts, sur les routes, etc. In-8° avec 15 pl. 1861. *Librairie agricole.* 3 fr.

Extrait d'un « Traité de la régénération des forêts ». Ouvrage inédit du même auteur.

COURVAL (la comtesse Amélie de), romancière.

— Cécile, ou le Fauteuil de la grand'mère. In-12. 1857. Rouen, *Mégard.* 1 fr.

La 1re édition est de 1830.

— Henri, ou le Modèle des bons fils. In-12. 1859. *Ibid.* 75 c.

La 1re édition a été publiée en 1829.

— Robert, ou le Bon fils. In-12. 1865. *Ibid.* 75 c.

COUSIN (Gilbert), en latin Cognatus, polygraphe, né à Nozeroy (Franche-Comté), en 1506, mort à Besançon, en 1567.

— Description de la Franche-Comté, année 1550; traduite pour la première fois et accompagnée de notes par Achille Chereau. In-16. 1863. Lons-le-Saulnier, *Gauthier frères.* 4 fr.

COUSIN (Jounqua), dit Jounquanet.

— Atlas complet de cintres et d'escaliers, à l'usage des charpentiers. In-fol. de 15 f. contenant 30 pl. et un grand nombre de figures. 1848. Agen, *chez l'auteur.* 6 fr.

COUSIN (Jules), sous-bibliothécaire à la bibliothèque de l'Arsenal, né à Paris en 1830.

— La Cour du Dragon. Notice historique par un flaneur parisien. In-8° de 7 p. avec 3 eaux-fortes. 1865. Bruxelles, *imprimerie Mertens.* 3 fr.

Anonyme.

— L'Hôtel de Beauvais (rue Saint-Antoine). Esquisse historique. Gr. in-8° avec 3 planches d'architecture, un autographe et deux pièces libres tirées à part sur papier de couleur. 1865. [Bruxelles, *imprimerie Mertens et fils.*] *Librairie des auteurs,* rue de la Bourse, 10. 6 fr.

— Le Tombeau de Watteau à Nogent-sur-Marne. Notice sur la vie et la mort d'Antoine Watteau, sur l'érection et l'inauguration du monument élevé par souscription en 1865. In-8°, avec 2 grav. 1865. Nogent, *Évecque.* 1 fr. 25 c.

Anonyme.

COUSIN (L.).

— Marie, drame en trois actes et en vers. In-8°. 1840. *Barba.* 1 fr.

— Marie; tragédie en cinq actes. In-8°. 1844. *Ibid.* 2 fr.

COUSIN (Victor), philosophe et littérateur, professeur honoraire à la Faculté des lettres, membre de l'Académie française, ancien pair de France, ancien ministre de l'instruction publique, né à Paris en 1792, mort en 1867.

— Cours d'histoire de la philosophie moderne. Leçons de 1815 à 1820. 5 vol. in-8°. 1841-1846. *Ladrange.* 30 fr.

1. Histoire des principaux systèmes, etc. — 2. Du beau, du vrai et du bien. — 3. École sensualiste. — 4. École écossaise. — 5. École de Kant.

— Cours d'histoire de la philosophie au xviie siècle. 3 vol. in-8°. 1861. *Ibid.* 21 fr.

1. Introduction à l'histoire de la philosophie. — 2. Esquisse d'une histoire de la philosophie. — 3. Examen du système de Locke.

— Cours d'histoire de la philosophie morale au xviiie siècle, professé à la Faculté des lettres, en 1819 et 1820. 5 vol. in-8°. 1841. *Ibid.*

Introduction publiée par E. Vacherot. 1841. 3 fr. — 1re partie: École sensualiste, publiée par E. Vacherot. 1839. 6 fr. — 2e partie: École écossaise publiée par MM. Danton et Vacherot. 1840. 6 fr. — 3e partie: Philosophie de Kant. 2 vol. 14 fr.

— Défense de l'université et de la philosophie. Discours prononcés à la chambre des pairs dans la discussion de la loi sur l'instruction secondaire (avril et mai 1844). In-8°. 1845. *Joubert.* 4 fr. 50 c.

— De l'Enseignement et de l'exercice de la médecine et de la pharmacie. Discours prononcés à la chambre des pairs en 1847. In-12. 1850. *J. B. Baillière.* 3 fr. 50 c.

— Études sur Pascal. 5e édition, revue et augmentée. In-8°. 1857. *Didier et Cie.* 7 fr.

La 1re édition a été publiée en 1842. — Elle portait le titre: « Des Pensées de Pascal ».

— Fragments philosophiques, pour faire suite aux Cours de l'histoire de la philosophie. 4e édition. 4 vol. in-12. 1847-1848. *Ibid.* 14 fr.

La 1re édition est de 1826.

— Fragments pour servir à l'histoire de la philosophie. Nouvelle édition. 5 vol. in-8°. 1865. *Didier et Cie.* 40 fr.

Philosophie ancienne et du moyen âge. 2 vol. — Philosophie moderne. 2 vol. — Philosophie contemporaine. 1 vol.

— Fragments de philosophie cartésienne. In-12. 1845. *Charpentier.* 3 fr. 50 c.

— Fragments et souvenirs littéraires. 3e édition, considérablement augmentée. In-8°. 1857. *Didier et Cie.* 7 fr.

— Histoire générale de la philosophie depuis les temps les plus anciens jusqu'à la fin du xviiie siècle. Nouvelle édition. In-8°. 1863. *Ibid.* 7 fr. 50 c.

Le même. In-12. *Ibid.* 3 fr. 50 c.

— Histoire de la philosophie du xviiie siècle. Nouvelle édition. 2 vol. in-8°. 1840. *Ibid.* 12 fr.

La 1re édition est de 1826.

— De l'Instruction publique dans quelques pays de l'Allemagne, et particulièrement en Prusse. 3e édition. 2 vol. in-8°. 1840. *Pitois-Levrault.* 12 fr.

— Introduction à l'Histoire de la philosophie. Nouvelle édition. In-12. 1861. *Didier et Cie.* 3 fr. 50 c.

Pour l'édition in-8°, voy. « Cours d'histoire de la philosophie au xviie siècle ». Tome I.

— Jacqueline Pascal, premières études sur les femmes illustres et la société du xviie siècle. 4e édition. In-8° avec fac-simile d'autogr. 1861. *Ibid.* 7 fr.

Le même. In-12. *Ibid.* 3 fr. 50 c.

La 1re édition est de 1844.

— La Jeunesse de Mazarin. In-8°. 1865. *Ibid.* 7 fr. 50 c.

— Justice et charité. In-18. 1848. *Didot.* 40 c.

Petits traités publiés par l'Académie des sciences morales et politiques.

— Madame de Chevreuse, nouvelles études sur les femmes illustres de la société du xviie siècle. 2e édition, revue et augmentée. In-8° avec portrait. 1862. *Ibid.* 7 fr.

Le même. In-12. *Ibid.* 3 fr. 50 c.

La 1re édition est de 1856.

— Madame de Hautefort. Nouvelles études sur les femmes illustres et la société du xviie siècle. In-8° avec portrait. 1856. *Ibid.* 7 fr.

— Madame de Longueville. Études sur les femmes illustres et la société du xviie siècle. Nouvelle édition, revue et corrigée. 2 vol. in-8° avec portrait. 1859. *Ibid.* 14 fr.

Tome I. La Jeunesse de Madame de Longueville. Tome II. Madame de Longueville pendant la Fronde.
Le tome I a été publié aussi dans le format in-12. 3 fr. 50 c.

La 1re édition est de 1853.

— Madame de Sablé, nouvelles études sur la société et les femmes illustres du xviie siècle. In-8°. 1854. *Ibid.* 7 fr.

3e édition en 1865. In-12. *Ibid.* 3 fr. 50 c.

— Philosophie de Kant. 4e édition. In-8°. 1863. *Lévy frères.* 5 fr.

La 1re édition a paru en 1842 sous le titre : « Leçons de philosophie sur Kant ». 1 vol. in-8°. *Ladrange.* 7 fr.

— Philosophie de Locke. 4e édition, revue et corrigée. In-8°. 1861. *Didier et Cie.* 6 fr.

Le même. In-12. *Ibid.* 3 fr. 50 c.

— Philosophie écossaise. 4e édition. In-8°. 1863. *Lévy frères.* 5 fr.

— Philosophie populaire ; suivie de la première partie de la Profession de foi du vicaire savoyard, sur la morale et la religion naturelle. In-12. 1848. *Pagnerre.* 3 fr. 50 c.

— Philosophie sensualiste au xviiie siècle. Nouvelle édition. In-8°. 1863. *Didier et Cie.* 6 fr.

Le même. In-12. 3 fr. 50 c.

— Premiers essais de philosophie. 3e édition, revue et corrigée. In-8°. 1855. *Librairie nouvelle.* 3 fr.

Le même. In-12. *Ibid.* 2 fr.

— Le même. 4e édition, revue et augmentée. In-8°. 1862. *Didier et Cie.* 6 fr.

Le même. In-12. *Ibid.* 3 fr. 50 c.

— Du Scepticisme de Pascal. In-8°. 1844. *Ladrange.* 1 fr. 50 c.

— La Société française au xviie siècle, d'après le grand Cyrus de Mlle de Scudéry. 2 vol. in-8°. 1858. *Ibid.* 14 fr.

Le même. 2 vol. in-12. 7 fr.

— Du Vrai, du beau et du bien. 7e édition. In-8° avec portrait. 1858. *Ibid.* 7 fr.

Le même. In-12. *Ibid.* 3 fr. 50 c.

M. Cousin a publié les « OEuvres philosophiques » de *Maine de Biran ;* une « Introduction sur la vie du père André » (voy. *André,* « OEuvres ») ; les « OEuvres inédites » de *Proclus,* et les « OEuvres » (en latin) d'*Abailard.* — Voy. ces noms.

COUSIN (le docteur LEQUENNE-). — Voy. **Lequenne-Cousin.**

COUSIN-D'AVALLON.

— La Fleur des gasconnades, hâbleries, fanfaronnades, etc., des enfants des bords de la Garonne. In-18. 1863. *Passard.* 50 c.

Avec Eugène Legai.

COUSIN-DESPRÉAUX (Louis), historien, né à Dieppe en 1743, mort en 1818.

— L'Histoire naturelle présentée à l'esprit et au cœur. Extrait des Leçons de la nature. In-8°. 1865. Lille, *Lefort.* 1 fr.

— Les Leçons de la nature présentées à l'esprit et au cœur. Nouvelle édition, revue, corrigée et augmentée. Gr. in-8°. 1864. Tours, *Mame et fils.* 3 fr. 50 c.

— Les Leçons de la nature, ou l'Histoire naturelle, la physique et la chimie, présentées à l'esprit et au cœur. 4 vol. in-12. 1853. Lyon, *Pélagaud.* 6 fr.

La 1re édition a été publiée de 1817 à 1827.

— Le même, sous le titre de : le Livre de la nature. Ouvrage entièrement refondu et mis au niveau des connaissances actuelles, par M. Desdouits. 5e édition, revue, corrigée et augmentée. 4 vol. in-12. 1860. *Lecoffre et Cie.* 6 fr.

COUSIN DE SAINT-DENŒUX (l'abbé A.), curé de Versailles.

— Essai sur l'histoire de la théologie scolastique, du droit canon et de la liturgie ; succession des principales écoles théologiques ; parallèle des principaux auteurs catholiques et hérétiques ; suivi d'un résumé de leurs ouvrages les plus marquants. 2 vol. in-8°. 1845-1847. *Pillet.* 4 fr.

COUSINERY (B. E.), ingénieur.

— Le Calcul par le trait, ses éléments et ses applications à la mesure des lignes, des surfaces et des cubes, à l'interpolation graphique et à la détermination sur l'épure, de l'épaisseur des murs de soutènement et des murs de culées des voûtes. In-8°. 1840. *Carilian-Gœury et Dalmont.* 5 fr. 50 c.

— Appendix au Calcul par le trait, interpolation circulaire, ou Reproduction des formes courbes, par une suite d'arcs en cercles tangents. In-8° avec 2 pl. 1841. *Ibid.* 2 fr. 50 c.

— Essai d'un programme d'exercices applicables au propulseur hélicoïde et exclusivement envisagées sous le rapport des formes diverses qu'il importe de comparer entre elles ; suivi d'une Notice sur leur moulage en fonte. In-8°. 1845. *Mathias.* 1 fr. 50 c.

— Géométrie élémentaire du compas, exposant les divers systèmes de tracé que comporte l'emploi exclusif du compas, tant les rigoureux que les approximatifs, pour servir de prolégomènes au Rapporteur de précision. In-18 avec 1 tableau et 5 pl. 1851. *Carilian-Gœury et Dalmont.* 3 fr.

— Des Niveaux à simple et à double réflecteurs et des modifications qu'on peut encore leur faire subir. In-8° avec pl. 1850. *Ibid.* 1 fr.

— Le Rapporteur de précision, contenant les cordes successives de la demi-circonférence calculées dans les trois systèmes de graduation sexagésimal, centésimal et mixte. In-18. 1842. *Ibid.* 2 fr.

— Recueil de tables à l'usage des ingénieurs, faisant suite à l'ouvrage sous le même titre, de R. Genieys. In-8° avec 4 pl. 1846. *Ibid.* 12 fr.

COUSINOT (Guillaume), magistrat, ambassadeur, poëte et historien, né vers 1400, mort vers 1484.

— Chronique de la Pucelle, ou Chronique de Cousinot, suivie de la Chronique normande de P. Cochon, relatives aux règnes de Charles VI et Charles VII, restituées à leurs auteurs et publiées pour la première fois intégralement à partir de l'an 1403, d'après les manuscrits. Avec notices, notes et développements, par M. Vallet de Viriville. In-12. 1859. *A. Delahays.* 3 fr.

Le même. In-16. Bibliothèque gauloise. 5 fr.

COUSSEMAKER (Charles Edmond Henri de), littérateur, juge à Lille, membre du Conseil général du Nord, correspondant de l'Institut impérial de France, membre de plusieurs sociétés savantes, né à Bailleul en 1805.

— L'Art harmonique aux xiie et xiiie siècles. In-4°. 1865. [Lille.] *Durand.* 40 fr.

— Chants liturgiques de Thomas à Kempis. In-8° avec fac-simile et pl. de musique. 1856. Gand.

— Chants populaires des Flamands de France, avec les mélodies originales, une traduction française et des notes. Gr. in-8° avec musique dans le texte. *Ibid.* 10 fr.

— Drames liturgiques du moyen âge (texte et musique). In-4° avec planches. 1860. [Rennes, *Vatar.*] *Didron.* 25 fr.

— Essai historique sur le Hoop. In-8°. 1862. [Lille, *Quarré.*] *Didron.* 2 fr.

— L'Harmonie au moyen âge. « Orientis partibus » à trois parties. In-4° avec 2 pl. 1857. *Didron.* 2 fr. 50 c.

Extrait des « Annales archéologiques ».

— Les Harmonistes des xiie et xiiie siècles. In-4°. 1864. Lille, *imprimerie Lefebvre-Ducrocq.* 2 fr. 50 c.

— Histoire de l'harmonie au moyen âge. In-4° avec 38 pl. et 4 fac-simile. 1852. *Didron.* 30 fr.

— Mémoire sur Hucbald et sur ses traités de musique, suivi de recherches sur la notation et sur les instruments de musique. In-4° avec 21 pl. 1841. [Douai.] *Techener.* 15 fr.

Tiré à 80 exemplaires numérotés à la presse.

— Notice sur les collections musicales de la bibliothèque de Cambrai et des autres villes du département du Nord. In-8°. 1843. [Cambrai.] *Techener.* 6 fr. 50 c.

Tiré à 110 exemplaires.

— Notice sur un manuscrit musical de la bibliothèque de Saint-Dié. In-8°. 1859. [Lille, *Quarré.*] *Didron.* 1 fr.

— Orfévrerie du xiiie siècle. Châsse et croix de Bousbecque. In-4° avec 4 pl. chromolith. 1861. *Ibid.* 6 fr. 50 c.

— Scriptorum de musica medii ævi novam seriem a Gerbertina alteram collegit nuncque primum edidit E. de Coussemaker. Tomus 1. In-4°. 1865. [Lille.] *A. Durand.* 48 fr.

Ce volume a été publié en 6 livraisons.

— Traités inédits sur la musique du moyen âge. In-4°. 1865. *Ibid.* 10 fr.

M. de Coussemaker a traduit de l'allemand : « Voyage historique dans le nord de la France », de M. *Bethmann.*

COUSSEMENT (Eugène), officier belge.

— Résumé des guerres et description des batailles dont les provinces actuelles de la Belgique ont été le théâtre depuis Jules César jusqu'à nos jours. In-8°. 1859. Bruxelles, *E. Flatau.* 3 fr.

COUSSIN (Claude), membre de l'Académie nationale de Paris, ex-instituteur primaire.

— Catéchisme agricole. 2e édition. In-16. 1864. [Bordeaux.] *E. Lacroix.* 1 fr.

1re édition. 1860. Bordeaux. 50 c.

COUSSIN (J. A.), architecte, mort à Paris en 1846.

— Modèles d'architecture depuis l'origine de cet art jusqu'à nos jours. In-4° avec 64 pl. 1849. *Logerot.*

COUSTALLÉ DE LARROQUE (le docteur de), médecin de l'empereur, né à Paris en 1812.

— Étude théorique et clinique des eaux minérales (chloro-bromo-iodurées) de Salies de Béarn, précédée de documents historiques, topographiques, géologiques et chimiques. In-8°. 1865. *Adr. Delahaye.* 3 fr.

COUSTANS (Marie).

— La Vérité sur Pie IX, pontife et roi. In-32 avec portrait. 1863. *Sarlit.* 40 c.

COUSTARD DE NORBONNE (Mme), institutrice.

— Le Répertoire des salons et des pensionnats, composé pour les jeunes demoiselles. Nouvelle édition. In-12. 1859. Tournai, *Casterman.* 2 fr. 50 c.

La 1re édition est de 1857. Paris, *chez l'auteur.* 4 fr.

COUSTÉ (E.).

— Recherches sur l'incrustation des chaudières à vapeur. In-8° avec pl. 1854. *Carilian-Gœury et Dalmont.* 3 fr.

Extrait des « Annales des mines ».

COUSTURIER (Joseph Lambert), jurisconsulte belge, ancien président de tribunal, conseiller à la cour de Liège, né à Galoppe (arrondissement de Maestricht) en 1803.

— Traité de la prescription en matière criminelle. In-8°. 1849. Bruxelles, *Decq.* 6 fr.

COUSY DE FAGEOLLES (A. de).

— Dictionnaire des chemins de fer. Préface par Émile With. In-12. 1861. *Chaix et Cie.* 4 fr.

COUTANCE (G. de) a traduit : « l'Irlande et les Irlandais » de *O'Connell.*

COUTANT (Lucien).

— De la Corporation des drapiers-chaussetiers et du grand bureau de bonneterie. In-8°. 1858. *Leleux*. 50 c.

— Fragments historiques sur la ville et l'ancien comté de Bar-sur-Seine. In-8° de 6 ¼ f. 1846. Bar-sur-Seine, *Saillard*.

— Recueil de notes et de pièces historiques pour servir à l'Histoire des Riceys depuis leur fondation jusqu'à nos jours. In-8° de 13 f. 1840. *Ébrard*.

COUTEAU (Émile), docteur en droit, avocat à Paris, né à Paris en 1837.

— De la Distribution des biens; thèse. In-8°. 1858. *Durand*. 1 fr. 50 c.

— Des Rapports à succession. De la Collatio en Droit romain. In-8°. 1861. *Ibid*. 3 fr.

COUTEAUX (A.).

— Aperçus généraux sur la peinture. In-8°. 1854. *Chez l'auteur, passage des Panoramas, galerie Montmartre, 27.*

— Opinions et paradoxes sur la peinture. In-8°. 1854. *Ibid*.

COUTELAS (F. C.), vérificateur.

— Traité spécial sur la théorie, la construction et la vérification des instruments de pesage. In-8° avec planche. 1862. Laon, *Oyon*. 3 fr. 50 c.

COUTEULX. — Voy. **Le Couteulx de Canteleu.**

COUTHAUD DE RAMBEY (Émile), pasteur, depuis 1858, de l'église française à Dornholzhausen, en Prusse (ancien landgraviat de Hesse-Hombourg), né à Étupes (Doubs) en 1829.

— Monographie de Dornholzhausen, colonie vaudoise en Allemagne, avec appendices, pièces justificatives et notes explicatives. In-8°. 1864. Francfort-sur-Mein, *Heyder et Zimmer*. 3 fr.

— Précis chronologique de l'histoire des vallées vaudoises, servant d'introduction à la monographie de Dornholzhausen, une de leurs colonies en Allemagne; avec des notes et une carte des vallées. In-8°. 1864. *Ibid*. 2 fr.

— Quelques paroles prononcées le 9 février 1864 sur la tombe de feu M. L. G. F. C. Desnoyer, landrath et directeur de police. In-8°. 1864. Hombourg, *Schick*. 1 fr.

COUTTON (B. P.).

— Nouveau traité d'agriculture pratique. — Voy. *Roumieu et Coutton*.

COUTURE (l'abbé F.), chanoine de Marseille.

— Introduction à la connaissance de N.-S. Jésus-Christ. In-18. 1863. Tournai, *Casterman*. 1 fr. 50 c.

COUTURE (Louis).

— Du Bonapartisme dans l'histoire de France, ou Des Conditions nouvelles de l'autorité politique. In-12. 1852. *Lévy frères*. 1 fr. 50 c.

— Du Gouvernement héréditaire en France et des trois partis qui s'y rattachent. Napoléon II. Un d'Orléans. Henri V. In-12. 1850. *Ibid*. 1 fr.

— Mon Portefeuille. Réponse à un ami d'enfance, avocat à Boston. In-8° de 26 f. 1840. *Ibid*.

— Du Système parlementaire en France et d'une réforme capitale. Réflexions adressées à M. de Lamartine. In-8°. 1844. *Leriche*. 7 fr. 50 c.

COUTURIER, de la maîtrise de la cathédrale de Langres.

— Décadence et restauration de la musique religieuse. In-8°. 1862. [Langres.] *Repos*. 2 fr.

COUTURIER (Émile), sous-agent administratif de la marine.

— La Grammaire popularisée. Grammaire du travailleur, du marin, du soldat. Ouvrage en trois parties: l'orthographe, la rédaction, le style. In-8°. 1864. Rochefort, *Mercier et Devois*. 3 fr. 25 c.

COUTURIER (N.), directeur de l'école de dessin de Châlon-sur-Saône.

— Explication du graphomètre perspectif, instrument pour déterminer sur de grands tableaux toutes lignes perspectives, à quelque éloignement que soit leur point de fuite. In-8°. 1858. Châlon-sur-Saône, *Mulcey*. 1 fr.

COUTURIER DE VIENNE (A. F.), docteur en droit, ancien chef d'escadron d'état-major, né à Versailles en 1798.

— Collège de France et Sorbonne. Édouard Laboulaye, professeur de législation comparée. In-18. 1861. *Deslosges*. 50 c.

— Coup d'œil historique et statistique sur les forces militaires des principales puissances de l'Europe. Confédération germanique, Prusse, Autriche, Angleterre, Russie, armée française. In-8°. 1858. *Le Neveu*. 8 fr.

— Études historiques et critiques sur la législation civile et criminelle en France. In-8°. 1843. *Comon*. 7 fr. 50 c.

— Liberté du travail, vénalité des offices ministériels (notaires, avoués, commissaires priseurs, avocats à la Cour de cassation, etc.). Ouvrage adressé au Sénat. In-8°. 1863. *Dentu*. 2 fr.

— Notice sur M. le général de division Delmas de Grammont, dédiée à ses anciens frères d'armes. In-8°. 1863. *Ibid*. 75 c.

— Paris moderne. Plan d'une ville modèle que l'auteur a appelée Novutopie. In-12. 1860. *Ibid*. 3 fr. 50 c.

— Réforme de l'ordre judiciaire. Rétablissement du divorce. In-8°. 1848. *Comon*. 75 c.

COUTY DE LA POMMERAIS. — Voy. **La Pommerais.**

COUVEZ (Alexandre), professeur de rhétorique française à l'Athénée royal de Bruges, né à Lille en 1813.

— Études critiques sur la littérature et l'art. In-8°. 1865. Bruges, *Gaillard et Cie*. 5 fr.

— Fleurs de mai; chants et cantiques. In-18. 1853. Tournai, *Casterman*. 1 fr. 20 c.

— Histoire de Bruges. In-8° avec fig. 1850. Bruges, *Vandecastecle*. 5 fr.

— Précis de l'histoire de Flandre. In-12. 1853. Bruges, *C. de Moor*. 2 fr.

COUVRAY (J. B. Louvet de). — Voy. **Louvet de Couvray.**

COUVREUR (D.), conservateur des hypothèques.

— Guide théorique et pratique des huissiers dans l'exécution des lois sur le timbre et l'enregistrement et autres lois se rattachant intimement à leurs fonctions. In-8°. 1862. *Viton*. 5 fr.

COUY (Em.), lieutenant de vaisseau.

— Renseignements sur la navigation des côtes et des rivières de la Guyane française. In-8º. 1865. *Bossange.* 1 fr.

Publication du Dépôt de la marine.

COUZINIÉ (l'abbé J. P.).

— Dictionnaire de la langue romano-castraise et des contrées limitrophes. In-8º. 1850. Castres, *Cantié.* 8 fr.

COVELIERS (Félix) a traduit: « le Coureur des grèves » et « le Jeune docteur », de *Conscience.*

COVILBEAUX (A. P.), ancien pharmacien civil et militaire, fondateur de la Société scientifique cyclonomique.

— Cyclonomie universelle, ou Philosophie cyclique, code d'enseignement général et progressif. In-4º avec tableaux. 1859. *J. B. Baillière et fils.* 3 fr.

COWELL (John Welsford-). — Voy. **Welsford-Cowell.**

COWPER (B. H.).

— Dictionnaire géographique élémentaire, contenant des explications sur tous les lieux mentionnés dans le Nouveau Testament. Traduit de l'anglais par Mme Delpech. In-12. 1865. Toulouse, *Société des livres religieux.* 75 c.

COYNART (Raymond de), officier d'état-major.

— Note sur les conditions générales des transports de troupes par les chemins de fer. In-8º. 1856. *Corréard.* 2 fr.

Extrait du « Journal des armes spéciales ».

— Règlement concernant le transport des troupes de toutes armes par les chemins de fer. In-8º avec 14 pl. 1856. *Ibid.* 2 fr.

— Transport d'une armée russe sur les bords du Rhin, par les chemins de fer de Czenstochow à Cologne. In-8º. 1850. *Ibid.* 2 fr.

COYPEAU D'ASSOUCY. — Voy. **Assoucy.**

COYTEUX (F.).

— Discussions sur les principes de la physique, examen critique des principales théories ou doctrines admises ou émises en cette science, et explications proposées. In-8º avec 2 pl. 1864. *Mallet-Bachelier.* 10 fr.

— Exposé des vrais principes des mathématiques, examen critique des principales théories ou doctrines qui ont été admises ou émises en cette science, et réflexions au sujet de l'enseignement des mathématiques. In-8º avec 2 pl. 1858. *Ibid.* 7 fr. 50 c.

— Exposé d'un système philosophique, suivi d'une théorie des sentiments, ou Perceptions de critique et de réflexions philosophiques. In-18. 1854. Bruxelles. 4 fr.

— Des Vrais principes sociaux et politiques, et des principales questions relatives à leur application. In-8º. 1854. *Ibid.* 5 fr.

COZE (Jean Baptiste Rozier), doyen honoraire de la Faculté de médecine de Strasbourg, né à Strasbourg en 1795.

— Passion, mort et résurrection de N. S. Jésus-Christ, narration complète au moyen de la simple coordination du texte des quatre évangiles. Édition latine et française. In-18. 1865. *Tolra et Haton.* 1 fr. 50 c.

COZIC (Henri), de Guémenée.

— Harmonies républicaines. In-18. 1851. *Sandré.* 1 fr. 25 c.

— Jeanne d'Arc; drame. — Voy. *Jouve et Cozic.*

CRABB (J.).

— Petites histoires pour les enfants; traduit de l'anglais. In-18. 1857. *Dillet.* 80 c.

CRABOT (l'abbé Pierre Marie), premier vicaire de Saint-Augustin (Paris), ancien directeur des études au petit séminaire de Paris, aumônier des Tuileries, missionnaire apostolique, né à Auray (Morbihan) en 1808.

— La Mission du curé de Paris, ou Lettres à un curé de Paris, sur le gouvernement spirituel des paroisses. In-8º. 1849. *Lecoffre.* 2 fr.

— Vie édifiante de Caroline Florence Engel, enfant de l'ouvroir de l'Immaculée-Conception, dirigé par les sœurs de la charité. In-18. 1844. *Ad. Leclère.* 75 c.

CRACFORT (lord John), pseudonyme.

— Fleur des devinettes pour rire, calembourgs, anecdotes, plaisanteries, etc. In-18. 1865. *Passard.* 75 c.

**Cracovie, ou les Derniers débris de la nationalité polonaise. In-8º. 1847. *Librairie sociétaire.* 2 fr.

CRAHAY (J.).

— Manuel du tendeur, récit de chasse aux petits oiseaux, suivi d'une notice sur le rossignol. In-18. 1863. Liége, *F. Renard.* 1 fr.

CRAISSON (D.), ancien vicaire général.

— Manuale totius juris canonici. 4 vol. in-12. 1863. *Palmé.* 15 fr.

CRAMER (A.) a traduit de l'allemand: Histoire de la République helvétique, de *Tillier.*

CRAMOISY (le docteur E. P.), médecin et pharmacien, membre de plusieurs sociétés savantes.

— Du Trichophyton, des affections qu'il détermine sur l'homme et les animaux, ou Recherches et observations sur l'herpès circiné, l'herpès tonsurant, la mentagre, etc. Gr. in-8º. 1856. *J. B. Baillière.* 2 fr.

CRAMOUZAUD (Eugène).

— Études sur la transformation du 12e arrondissement et des quartiers de la rive gauche. In-8º de 16 f. 1855. *Guillaumin.*

CRAMPON (A.), publiciste, rédacteur au journal « le Monde ».

— La Bourse, guide pratique à l'usage des gens du monde. In-12. 1863. *Durandin.* 3 fr.

2e édition en 1864.

CRAMPON (l'abbé Augustin), chanoine honoraire d'Amiens et de Perpignan, ancien professeur au petit séminaire de Saint-Riquier, né à Franvillers (Somme) en 1826.

— Les Quatre évangiles; traduction nouvelle, accompagnée de notes et de dissertations. In-8º. 1864. *Tolra et Haton.* 7 fr. 50 c.

Le même. In-18. *Ibid.* 1 fr. 25 c.

M. l'abbé Crampon a collaboré au « Nouveau dictionnaire d'histoire et de géographie », de M. *Ault-Dumesnil*; il a publié : « Commentaria in scripturam sacram », de *Cornelius à Lapide*; et une nouvelle édition de « l'Éloquence chrétienne », du P. *Gisbert;* et traduit de l'allemand : « le Cardinal Xime-nez », du docteur *Hefele,* et « les Synodes diocésains », de G. *Phillips.* — Voy. ces noms.

CRAMPON (Ernest).

— De la Neutralité de l'Autriche dans la guerre d'Orient, par un Européen. In-8°. 1854. *Amyot.* 2 fr.

— Le même. Nouvelle édition, précédée d'un avant-propos sur le traité de Berlin. In-8°. 1854. *Ibid.* 2 fr. 50 c.

— De la Politique médiatrice de l'Allemagne. In-8°. 1855. *Ibid.* 3 fr.

CRANNAY, auteur dramatique, connu sous le pseudonyme de DESPERRIÈRES.

— L'Inondation de Lyon, épisode des désastres du Midi, en deux actes et trois tableaux. In-8°. 1841. *Roux et Cassanet.* 60 c.

Avec MM. Adolphe Guenée et Paillauge.

— La Tarantule, imitation du ballet de l'opéra, en deux actes, mêlés de chants et de danse. In-8°. *Morain.* 40 c.

Avec M. Saint-Yves.

CRAON (Mme la princesse de).

— Le Siége d'Orléans en 1429. 4 vol. in-8°. 1843. *Dumont.* 30 fr.

— Thomas Morus, lord chancelier du royaume d'Angleterre au XVIe siècle. 5e édition. 2 vol. in-12. 1853. *Desoye et Bouchet.* 2 fr.

CRAPELET (Charles).

— Jeanne d'Arc. In-8°. 1840. *Dufart.* 2 fr.

CRAPELET (Georges Adrien), imprimeur à Paris, né à Paris en 1789, mort à Nice en 1842.

— Des Brevets d'imprimeur, des certificats de capacité, et de la nécessité actuelle de donner à l'imprimerie les règlements promis par les lois; suivi du tableau général des imprimeries de toute la France en 1704, 1739, 1810, 1830 et 1840. In-8°. 1841. *Dufart.* 3 fr.

— De la Profession d'imprimeur, des maîtres-imprimeurs et de la nécessité actuelle de donner à l'imprimerie les règlements promis par les lois. In-8° de 1 ½ f. 1841. *Ibid.*

CRASSET (Jean), théologien, de l'ordre des jésuites, né à Dieppe en 1618, mort à Paris en 1692.

— Le Chrétien en solitude. In-12. 1860. Lyon, *Périsse frères.* 2 fr.

— Considérations sur les principales actions du chrétien. Nouvelle édition, revue et corrigée, avec notice sur Jean Crasset, par le P. Louis Jobert. In-18. 1855. *Douniol.* 2 fr.

— Considérations chrétiennes pour toute l'année, avec les évangiles de tous les dimanches. Nouvelle édition, revue, corrigée, augmentée et mise en meilleur ordre. 4 vol. in-12. 1858. [Lyon.] *Périsse.* 4 fr.

La 1re édition a paru en 1683.

— La Douce et sainte mort. In-12. 1853. *Ibid.* 1 fr. 20 c.

— Le même. In-18. 1860. Tournai, *Casterman.* 1 fr.

— Entretiens sur le saint sacrement de l'autel. Nouvelle édition, revue et augmentée d'une méthode de visites au saint sacrement, par le R. P. J. Croizet. In-32. 1860. [Le Mans.] *Douniol.* 1 fr.

— Instructions spirituelles pour la guérison et la consolation des malades. 2 vol. in-12. 1840. Lyon, *Périsse.* 3 fr.

— Méthode d'oraison, avec une nouvelle forme de méditation pour toute sorte d'états. Nouvelle édition, revue. In-12. 1856. *Douniol.* 1 fr. 50 c.

La 1re édition est de 1765.

— Vie de sainte Catherine de Bologne; traduite du latin, des Bollandistes, par l'abbé P.... (Piot). In-12. 1840. Clermont, *Thibaud-Landriot.* 1 fr.

CRAVEN (Mme Augustus), née DE LA FERRON-NAYS, a traduit de l'italien : « la Mère de Dieu », de *Capecelatro.*

CRAYON (Geoffroy), pseudonyme de Washington **Irving.**

*****Création** (la). Lui. In-12. 1863. *Dentu.* 2 fr.

*****Création** (la). Lettres d'un père à ses enfants; traduit de l'anglais, orné de 6 grav. sur acier. In-12. 1859. *Grassart.* 4 fr. 50 c.

CRÉBESSAC-VERNET (le docteur P. A. B.), médecin.

— Mémoire sur le principe fondamental de la thérapeutique déduit de l'observation et de l'expérience. In-8°. 1859. [Montauban.] *Germer Bail-lière.* 1 fr. 50 c.

CRÉBILLON (Prosper JOLYOT de), poëte tragique, membre de l'Académie française, né à Dijon en 1674, mort en 1762.

— Rhadamiste et Zénobie. — Voy. *****Chefs-d'œu-vre* tragiques, tome 1.

— Théâtres français. Œuvres de Crébillon. 3 vol. in-18. 1841. Limoges, *Ardant.* 2 fr.

CRÉCY (L. de).

— Histoire de la révolution française. Nouvelle édition, revue et corrigée. In-12. 1865. *Fontaine.* 1 fr. 25 c.

CRÉHANGE (A. Ben Baruch), chef du secrétariat général du consistoire israélite de Paris, né à Étain (Meurthe) en 1791.

— Annuaire du culte israélite pour 5626 A. M. (du 21 septembre 1865 au 9 septembre 1866), contenant la statistique des consistoires et administrations de France et d'Algérie. Histoire, contes, littérature. 16e année. In-32. 1865. *Librairie israélite.* 1 fr.

Cet annuaire est publié par le même auteur depuis 1851 (l'an du monde 5612).

— L'Arbre de la vie; prières pour les malades, les mourants et les morts (rite allemand et portugais), hébreu-français. In-16. 1853. *Ibid.* 1 fr. 50 c.

— Des Droits et des devoirs du citoyen. Instruction tirée de l'Histoire sainte, ou Entretiens d'un maître d'école avec ses élèves. In-18. 1848. *Ibid.* 50 c.

— La Haggada, ou Cérémonies religieuses des israélites pendant les deux premières soirées de Pâque. Hébreu-français. Traduction nouvelle par A. Ben Baruch Créhange. 5e édition, revue, corrigée, ornée d'une gravure et d'une carte avec les airs traditionnels, etc. In-16. 1863. *Ibid.* 1 fr. 50 c.

La 1re édition est de 1847.

— Min'ha Hadasha (offrande nouvelle). Prière des israélites du rite espagnol et portugais (hébreu et français). In-16. 1855. *Ibid.*

— Prières des fêtes à l'usage des israélites français, portugais et espagnols. Hébreu - français. 6 vol. in-12. 1861-1863. *Ibid.* Chaque volume, 5 fr.

— Les Psaumes; traduction nouvelle, par A. Ben Baruch Créhange. In-8° avec grav. 1858. *Lévy frères.* 10 fr.

Le même. In-12. *Ibid.*

— La Semaine israélite, ou le Tzeèna Ourèna moderne. Entretiens de Josué Hadass avec sa famille sur les saintes écritures, dans leurs rapports avec la religion et la morale des israélites; divisés en 54 sections. Imité de l'hébreu. 2 vol. gr. in-8°. 1847. *Ibid.* 18 fr.

Le même. 2 vol. in-12. 4 fr.

— Tephillath adath yeschouroun. Prières des israélites français. (Hébreu-français.) In-16. 1850. *Ibid.* 2 fr. 50 c.

CRELIER (l'abbé Henri Joseph), ancien professeur de philosophie, né à Bure, près Porentruy, en Suisse, en 1816.

— Le Cantique des cantiques vengé des interprétations fausses et impies de M. E. Renan. Gr. in-8°. 1861. *Pélagaud.* 1 fr. 40 c.

— Le Livre de Job vengé des interprétations fausses et impies de M. Ernest Renan. In-8°. 1860. [Besançon.] *Douniol.* 1 fr. 25 c.

— Mélanges religieux, philosophiques et politiques, concernant spécialement le Jura catholique. In-12. 1851. Besançon, *imprimerie Jacquin.* 75 c.

Anonyme.

— Les Psaumes; traduits littéralement sur le texte hébreu, avec un commentaire. Tome Ier. In-8°. 1858. [Besançon.] *Lecoffre.* 6 fr.

— Le Radicalisme suisse dévoilé, ou Un cas de conscience à l'occasion des élections. In-12. 1851. *Lecoffre.* 50 c.

Anonyme.

— M. E. Renan guerroyant contre le surnaturel. Gr. in-8°. 1863. *Pélagaud.* 1 fr. 25 c.

— M. E. Renan trahissant le Christ par un roman, ou Examen critique de sa Vie de Jésus. 2e édition, revue et considérablement augmentée. In-8°. 1864. *Vivès.* 3 fr.

1re édition en 1863.

CRELLE (le docteur Auguste Léopold), mathématicien et ingénieur allemand, membre de l'Académie des sciences de Berlin, né à Eichenwerder, en 1780, mort en 1857.

— Mémoire sur les différentes manières de se servir de l'élasticité de l'air atmosphérique comme force motrice sur les chemins de fer. Une de ces manières constitue les chemins de fer atmosphériques proprement dits. In-4° avec 6 pl. in-fol. 1847. Berlin, *Reimer.* 12 fr.

— Tables des calculs où se trouvent les multiplications et divisions toutes faites de tous les nombres au-dessous de mille. 2e édition stéréotype, précédée d'un avant-propos par C. Bremiker. In-4°. 1864. *Ibid.* 20 fr.

CRÉMAZY, avocat à la cour impériale de la Réunion.

— L'Ile de la Réunion et Madagascar. In-8° 1861. *Poulet-Malassis.* 1 fr.

— La Question de Madagascar. In-8°. 1863. *Dentu.* 1 fr.

CREMER (J. J.), littérateur hollandais.

— Scènes villageoises du pays de Gueldre; traduites du hollandais, avec l'autorisation de l'auteur, par André Carl. In-18. 1862. Tournai, *Casterman.* 1 fr. 25 c.

CRÉMIEUX (Hector), auteur dramatique.

— La Baronne de San-Francisco; opérette en deux actes, musique de H. Caspers. In-12. 1862. *Lévy frères.* 1 fr.

Avec Ludovic Halévy.

— Les Bergers, opéra comique en trois actes, musique de J. Offenbach. In-12. 1865. *Ibid.* 2 fr.

Avec Ph. Gille.

— La Chanson de Fortunio; opéra comique en un acte, musique de J. Offenbach. In-12. 1861. *Ibid.* 1 fr.

Avec Ludovic Halévy.

— Les Eaux d'Ems; opérette en un acte, musique de Léo Delibes. In-12. 1861. *Ibid.* 60 c.

Avec Ludovic Halévy.

— Fiesque; drame en cinq actes et huit tableaux, en vers, d'après Schiller. In-12. 1852. *Ibid.* 2 fr.

— Une Fin de bail; opérette en un acte, musique de A. Varnoy. In-12. 1862. *Ibid.* 1 fr.

Avec Ludovic Halévy.

— Le Financier et le savetier; opérette bouffe en un acte, musique de J. Offenbach. In-12. 1856. *Librairie nouvelle.* 50 c.

— Ma tante dort; opéra comique en un acte, musique de H. Caspers. In-18. 1860. *Ibid.* 1 fr.

— Orphée aux enfers; opéra bouffon en deux actes et quatre tableaux, musique de J. Offenbach. In-18. 1858. *Librairie théâtrale.* 1 fr.

— Le même. In-4°. 1859. *Ibid.* 30 c.

— Le même. Édition illustrée de 8 dessins par E. Morin. 1860. *Librairie nouvelle.* 1 fr. 50 c.

— Le Pont des soupirs; opéra bouffon en deux actes et quatre tableaux, musique de J. Offenbach. In-12. 1861. *Ibid.* 1 fr.

Avec Ludovic Halévy.

— Qui perd gagne; comédie en un acte, en prose. In-12. 1856. *Ibid.* 1 fr.

Avec Émile Lamé.

— Le Roman comique; opéra bouffe en trois actes, musique de J. Offenbach. In-12. 1862. *Ibid.* 1 fr.

Avec Ludovic Halévy.

— Le même. In-4°. 1864. *Ibid.* 20 c.

M. Hector Crémieux a encore fait des pièces en collaboration avec MM. Battu, Cogniard, Dennery, Jaime fils et Woestyn. — Voy. ces noms.

CRÉMIEUX (Isaac Adolphe), avocat, membre du gouvernement provisoire de 1848 et ministre de la justice sous la République, né à Nîmes, en 1796.

— Défense de Jules Mirès. In-12. 1861. *Lévy frères.* 1 fr.

CRÉPET (Eugène), homme de lettres, né à Dieppe en 1827.

— Les Poètes français. Recueil des chefs-d'œuvre de la poésie française depuis les origines jusqu'à nos jours, avec une notice littéraire sur chaque poëte, par MM. Charles Asselineau, Hippolyte Babou, Charles Baudelaire, Théodore de Banville,

Philoxène Boyer, Édouard Fournier, etc.; précédé d'une introduction par M. Sainte-Beuve. Publié sous la direction de M. Eugène Crépet. 4 vol. in-8°. 1861-1862. *Gide.* Chaque volume, 7 fr. 50 c.

Chaque volume embrasse une des quatre principales périodes de notre littérature, savoir :

Tome 1er. Du xiie au xvie siècle.

Tome 2. De Ronsard à Boileau.

Tome 3. De Boileau à M. de Lamartine.

Tome 4. Les Contemporains.

— Le Trésor épistolaire de la France; choix des lettres les plus remarquables au point de vue littéraire. 1re série : Du xvie au xviiie siècle. In-12. 1865. *Hachette et Cie.* 3 fr. 50 c.

— Le même. 2e série : Du xviiie siècle jusqu'à nos jours. In-12. 1865. *Ibid.* 3 fr. 50 c.

CRÉPIN (François), professeur de botanique à l'École d'horticulture de l'État à Gendbrugge, près Gand.

— L'Ardenne sous le rapport de sa végétation. Gr. in-8°. 1863. Bruxelles, *G. Mayolez.* 2 fr.

— Manuel de la flore de Belgique. In-12. 1860. Bruxelles, *Émile Tarlier.* 5 fr.

— Notes sur quelques plantes rares ou critiques de la Belgique. 1er à 4e fascicules. In-8°. 1863-1864. Bruxelles, *G. Mayolez.* 6 fr. 75 c.

— Petites annotations à la Flore de Belgique. In-8°. 1864. *Ibid.* 75 c.

CRÉPIN (L.).

— Procès de M. Jules Mirès devant la cour de Douai. In-12. 1862. [Douai.] *Dentu.* 4 fr.

CRÉPON (l'abbé Charles Augustin Désiré), religieux du Saint-Sacrement à Saint-Maurice, ancien chanoine honoraire de la cathédrale d'Angers, né au Mans en 1814.

— Sylvie, ou Vie et correspondance d'une jeune personne. In-12 avec 1 lithographie. 1845. Angers, *Barassé.*

L'abbé Crépon a traduit du latin : « Staurophile, ou la Voie royale de la croix », de dom Benoît *Haeften.*

CRÉPY (Lesecq de). — Voy. **Lesecq de Crépy.**

CRÉQUI (Renée Caroline de Froulay, marquise de), née au château de Montflaux en 1714, morte à Paris en 1803.

— Lettres inédites de la marquise de Créqui à Senac de Meilhan (1782-1789), mises en ordre et annotées par M. Édouard Fournier ; précédées d'une introduction par M. Sainte-Beuve. In-18. 1856. *Potier.*

— Souvenirs de la marquise de Créqui, de 1710 à 1803. Nouvelle édition, revue, corrigée et augmentée. 10 tomes en 5 vol. In-12 avec grav. 1855. *Garnier frères.* 17 fr. 50 c.

La 1re édition, 7 vol. in-8°, a paru en 1834. — Cet ouvrage a été reconnu apocryphe, l'auteur de ces souvenirs est un prétendu comte de Courchamps, dont le véritable nom est *Causen de Saint-Malo.*

CRESCENT-HÉNAUX (J.).

— Le Milanais; étude historique. In-8°. 1859. Amiens, *Lenoël-Hérouard.* 60 c.

CRESP (Jh.).

— Révélations de l'art du langage, considéré dans ses rapports organiques, appliqué à tous les genres de diction, et particulièrement au bégaiement et des autres vices de la prononciation. In-8°. 1850. Lyon, *chez l'auteur.* 2 fr.

CRESPON (J.).

— Faune méridionale, ou Description de tous les animaux vertébrés vivants et fossiles, sauvages et domestiques, qui se rencontrent toute l'année ou qui ne sont que de passage dans la plus grande partie du midi de la France. 2 vol. in-8°. 1844. Nîmes, *chez l'auteur.*

— Ornithologie du Gard et des pays circonvoisins. In-8° de 36 1/2 f. 1840. Nîmes, *Bianquis-Ginoux.*

CRESPY-LE-PRINCE (le baron de).

— Chroniques sur les cours de France, dédiées à M. le vicomte de Chateaubriand. 2 vol. in-8°. 1843. *Roux et Cassanet.* 15 fr.

— Les Damoiselles de Champfleury. Chronique du xiie siècle. In-8°. 1849. *Rouvier.* 1 fr. 50 c.

Extrait de la « Revue de l'Orient, de l'Algérie et des colonies ».

CRESSIER (A. D. de) a traduit de l'anglais : « Académie de musique élémentaire » d'*O'Donnelly.*

CRESSON (A. J.), professeur à l'École d'artillerie, maître des travaux graphiques au lycée de Rennes.

— Principes de dessin. 1re partie : Préparation à tous les genres. In-4° oblong avec 10 pl. 1858. *Mallet-Bachelier.* 1 fr. 60 c.

— Le même. 2e partie : Dessin géométrique, avec des notions sur les projections et le dessin à vue en général. Ornement, tête, académie. In-4° oblong avec pl. 1858. *Ibid.* 2 fr. 50 c.

CRESSON D'ORVAL (le docteur).

— Guide théorique et pratique pour la guérison des hernies; suivi d'une notice sur l'application des pessaires en gomme élastique pure, dans les déplacements de la matrice. In-8° avec 8 pl. 1850. *Labé.* 5 fr.

CRESSOT (Eugène), mort en....

— Jeanne d'Arc; drame en cinq actes. In-8°. 1842. Dijon, *Brugnot.* 1 fr. 50 c.

— Les Larmes d'Antonia; comédie. In-18. 1853. *Hubert.* 2 fr.

— Poésies. In-18. 1855. *Taride.* 2 fr.

— Poésies nouvelles. In-18. 1859. *Ibid.* 1 fr. 50 c.

CRESTADORO (le professeur A.), de Gênes.

— Du Pouvoir temporel et de la souveraineté pontificale, ou De l'Organisation civile et religieuse de l'Italie une et libre applicable à l'organisation civile et religieuse de tous les peuples. Texte revu par M. Lucien de Rosny-Foucqueville. In-8°. 1861. *Poulet-Malassis.* 4 fr.

CRESTEY (Ernest), maréchal-des-logis de dragons, ancien imprimeur, né à Domfront en 1836.

— Histoire de la ville de Domfront et de ses seigneurs. In-12. 1862. Domfront, *Noire.* 1 fr.

CRESTIN (D.).

— Le Bonheur par la raison et la volonté organisées, ou Méthode de philosophie pratique. In-8°. 1851. *Chez l'auteur, rue des Petites-Écuries, 42.* 3 fr.

CRESTIN (Jules) a publié : « Histoire de dix ans de la Franche-Comté de Bourgogne », de *Girardot de Noscroy.*

CRETAINE (A.), libraire à Paris.

— Études sur le problème de la marche du cavalier au jeu des échecs et solution du problème des huit dames. In-8° avec 25 pl. 1865. *Chez l'auteur*. 7 fr. 50 c.

CRÉTIN (le docteur A.).

— De l'Empirisme et du progrès scientifique en médecine à propos des conférences de M. le professeur Trousseau; par un rationaliste, docteur en médecine de la Faculté de Paris. In-12. 1862. *Baillière et fils*. 2 fr.

Anonyme.

M. le docteur Crétin a publié les « Études de thérapeutique et de matière médicale », d'Ant. *Petroz*. — Voy. ce nom.

CRÉTIN (Guillaume), poëte, mort vers 1525.

— Déploration de Guillaume Crétin sur le trépas de Jean Okeghem, musicien, premier chapelain du roi de France, et trésorier de Saint-Martin de Tours, remise au jour, précédée d'une introduction biographique et critique, et annotée par Fr. Thoinan. In-8°. 1864. *Claudin*. 2 fr.

CRÉTIN (Jean Baptiste), pasteur baptiste à Denain (Nord), né à Orchies (Nord) en 1813.

— Le Nouveau système pédobaptiste. Lettre à M. Descombaz, pasteur. In-12. 1864. Anzin, *imprimerie Dugour*. 40 c.

— Recherches sur le baptème, le pédobaptisme catholique et le pédobaptisme protestant; précédé de : Cantiques sur le baptème et la résurrection par M. Rostan. In-12. 1850. *Grassart*. 1 fr.

CRÉTINEAU-JOLY (Jacques), historien, né à Fontenay (Vendée) en 1803.

— Clément XIV et les jésuites. In-8° avec 9 fac-simile. 1847. *Mellier frères*. 7 fr. 50 c.

2e édition. In-8°. 1847 ; 3e édition. In-12. 1848.

— Défense de Clément XIV et réponse à l'abbé Gioberti. In-8°. 1847. *Ibid.* 2 fr.

— L'Église romaine en face de la révolution. Ouvrage composé sur des documents inédits et orné de portraits dessinés par Staal. 2 vol. in-8°. 1859. *Plon*. 15 fr.

— Le même. Nouvelle édition, revue et corrigée. 2 vol. in-12. 1863. *Ibid.* 8 fr.

— Histoire de Louis Philippe d'Orléans et de l'orléanisme. 2 vol. in-8°. 1863. *Lagny frères*. 15 fr.

— Histoire religieuse, politique et littéraire de la Compagnie de Jésus, composée sur les documents inédits et authentiques. 6 vol. in-8° avec portraits et fac-simile. 1844-1846. *Mellier*. 45 fr.

— Le même. 2e édition. 6 vol. in-12. 1846. *Ibid.* 21 fr.

— Le même. 3e édition, revue, augmentée et enrichie d'une table alphabétique. 6 vol. in-8°, avec portraits et fac-simile. 1851. *Pélagaud*. 28 fr.

Le même. 6 vol. in-12. 1856. *Ibid.* 16 fr.

— Histoire du Sonderbund. 2 vol. in-8°. 1850. *Plon*. 15 fr.

— Histoire des traités de 1815 et de leur exécution, publiée sur les documents officiels et inédits. In-8°. 1842. *Colomb de Batines*. 7 fr. 50 c.

— Histoire de la Vendée militaire. 5e édition. 4 vol. in-12. 1865. *Plon*. 16 fr.

La 1re édition est de 1841, 4 vol. in-8°. *Rivert*. 30 fr.

— Mémoires du cardinal Consalvi. — Voy. *Consalvi*.

— Le Pape Clément XIV. Lettre au Père Augustin Theiner. In-8°. 1853. *Poussielgue-Rusand*. 1 fr. 50 c.

— Le Pape Clément XIV. Seconde et dernière lettre au Père Augustin Theiner. In-8°. 1853. *Librairie nouvelle*. 1 fr. 50 c.

— Rome et le vicaire savoyard. In-8°. 1861. *Lagny frères*. 1 fr.

— Scènes d'Italie et de Vendée. In-12. 1853. *Lévy frères*. 3 fr. 50 c.

— Simples récits de notre temps. In-8°. 1860. *Plon*. 6 fr.

— Voyage à la vapeur. In-8°. 1840. *Dentu*. 1 fr.

CRETON.

— Geoffroy Lasnier. Entre deux canons. — Voy. *Lazare*, Légendes parisiennes.

CRETS (Mathieu), capitaine d'artillerie belge, né à Maestricht en 1819.

— Un Visionnaire humanitaire, ou Essai de la position du problème humain. In-12. 1863. Bruxelles, *Lacroix, Verboeckhoven et Cie*. 3 fr.

CRETZOULESCO (Emmanuel M.).

— La Roumanie en 1859. In-8°. 1859. *Albessard et Bérard*. 1 fr. 50 c.

CREULY (le général Casimir), membre de la commission topographique des Gaules, né à Cherbourg en 1795.

— Carte de la Gaule sous le proconsulat de César. Examen des observations critiques auxquelles cette carte a donné lieu en Belgique et en Allemagne. In-8°. 1863. *Didier et Cie*. 2 fr. 50 c.

Extrait de la « Revue archéologique ».

— Géographie historique de la Gaule. Examen historique et topographique des lieux proposés pour représenter Uxellodunum. In-8° avec pl. 1860. *Durand*. 3 fr.

Avec Alfred Jacobs.

Le général Creuly a publié une édition française de la « Guerre des Gaules », de J. César. — Voy. *César*.

CREUZER (Georges Fréd.), archéologue et philologue allemand, membre associé de l'Institut de France, né à Marbourg, en 1771, mort en 1858.

— Les Religions de l'antiquité, considérées principalement dans leurs formes symboliques et mythologiques. Ouvrage traduit de l'allemand, refondu en partie, complété et développé par J. D. Guigniaut. 4 tomes in-8° en 10 parties, dont une de planches. 1829-1852. *Didot frères*. 109 fr.

CREVAIN (Philippe Le Noir, sieur de), pasteur de l'Église réformée de Blain (Loire-Inférieure).

— Histoire ecclésiastique de Bretagne, depuis la réformation jusqu'à l'édit de Nantes. Ouvrage publié pour la première fois, d'après le manuscrit de la bibliothèque de Rennes; avec une préface, une biographie et des notes, par B. Vaurigaud. In-8°. 1851. [Nantes.] *Grassart*. 5 fr.

CREVEL DE CHARLEMAGNE (Louis), de Rouen.

— Éloge de Pierre Corneille, sa vie et ses ouvrages; monologue historique en un acte, en vers, suivi d'une apothéose et d'une marche triomphale. In-8°. 1851. *Tresse*. 1 fr. 50 c.

— Martha, ou le Marché de Richemond; opéra en quatre actes et six tableaux; musique de F. Flotow. In-12. 1859. *Lévy frères*. 40 c.

— Le même. In-4°. 1859. *Ibid.* 40 c.

Théâtre contemporain illustré, livr. 413.

CRÉVIER (J. B. L.), historien, né à Paris en 1693, mort en 1775.

— Histoire des empereurs romains, abrégée d'après l'ouvrage de Crévier. In-12. 1864. Lille, *Lefort.* 2 fr.

L'ouvrage de Crévier, « Histoire des empereurs romains, depuis Auguste jusqu'à Constantin », 2 vol. in-12, a été publié à Toulouse en 1828.

CRÉVIN (l'abbé), curé de Vieil-Arcy (Aisne).

— Nouveau système médical. Traitement des maladies réputées incurables, à la portée de tout le monde. In-18. 1849. *Leclerc.* 2 fr.

*****Cri de guerre** (le) des Prussiens. Pourquoi l'art de combattre l'armée française n'est pas celui de la battre. In-12. 1860. *Dentu.* 1 fr.

Réponse à la brochure du prince *Frédéric-Charles* intitulée : « l'Art de combattre l'armée française ».

GRILLON (Louis Athanase DES BALBES DE BER-TON DE), théologien, né en 1726, mort à Avignon, en 1789.

— Mémoires philosophiques du baron de ***. Voy. *Migne*, Démonstrations évangél., tome 11.

La 1re édition de cet ouvrage a été publiée en 1779.

*****Crimes**, délits, scandales au sein du clergé pendant ces derniers jours. In-8°. 1861. *Marpon.* 1 fr.

*****Crimes** et folies du spiritisme. In-8°. 1865. *Librairie du Petit-Journal.* 1 fr.

*****Crimes** et amours des Bourbons de Naples, ou Mystères de la camarilla. In-12. 1861. *Chez tous les libraires.* 1 fr.

GRIMOTEL (le docteur), de Tilloy, médecin à Paris.

— Électricité, galvanisme et magnétisme appliqués aux maladies nerveuses et chroniques. In-8°. 1853. *J. B. Baillière.* 1 fr. 50 c.

— Des Inhumations précipitées. Épreuves infaillibles pour constater la mort; moyen de rappeler à la vie dans les cas de mort apparente. In-8°. 1852. *Ibid.* 1 fr.

CRINON (Hector), né à Vraignes (canton de Roisel, Somme) en 1814.

— Satires picardes, par Hector Crinon, laboureur, poëte et sculpteur. In-8°. 1863. Péronne, *imprimerie Recoupé.* 3 fr.

CRINON (J. L. F.).

— Le Forestier praticien, ou Guide des gardes champêtres, traitant de la conservation des semis, de l'aménagement, de l'exploitation, etc., des forêts. In-18. 1852. *Roret.* 1 fr. 25 c.

Avec M. Vasserot. — Collection des Manuels-Roret.

*****Cris de guerre** et devises des États de l'Europe, des provinces et villes de France et des familles nobles de France, d'Angleterre, des Pays-Bas, d'Italie, de Belgique, etc., des abbayes et chapitres nobles, des ordres civils et militaires, etc., par le comte de C***. In-18. 1853. *Vaton.* 1 fr. 50 c.

CRISAFULLI (Henri), auteur dramatique français, né à Naples en 1827.

— César Borgia; drame en cinq actes. In-4°. 1856. *Marchant.* 20 c.

Avec M. Devicque.

— Les Deux Faubouriens; drame en cinq actes. In-4°. 1857. *Lévy frères.* 40 c.

Avec le même. — Théâtre contemporain illustré, livr. 288.

— Giroflé, Girofla; drame en cinq actes. In-12. 1858. *Librairie théâtrale.* 1 fr.

Avec le même.

— Le même. In-4°. 1859. *Ibid.* 30 c.

M. Crisafulli a encore signé quelques pièces en collaboration avec MM. *Barrière, Belot, Devicque* et *Ulbach*. — Voy. ces noms.

*****Crise** religieuse (de la). Méditations et fantaisies, par un catholique. In-8°. 1865. *Giraud.* 1 fr.

CRISENOY (Jules de), ancien officier de marine, actuellement administrateur délégué de la Société centrale de sauvetage des naufragés, né à Crisenoy en 1831.

— La Campagne maritime de 1692. In-8°. 1865. *P. Dupont.* 1 fr. 50 c.

— L'École navale et les officiers de vaisseau. In-8°. 1864. *Dumaine.* 1 fr. 50 c.

Extrait de la « Revue contemporaine ».

— L'École navale et les officiers de vaisseau depuis Richelieu jusqu'à nos jours. In-8°. 1864. *Challamel.* 2 fr.

Extrait de la « Revue maritime et coloniale ».

— Étude sur l'organisation du crédit agricole en France. In-8°. 1861. *Librairie agricole.* 1 fr.

Extrait du « Journal d'agriculture pratique ».

— Étude sur la situation économique des Antilles françaises. In-8°. 1860. *Guillaumin.* 2 fr.

— La Marine française au Corps législatif en 1864. In-8°. 1864. *Challamel.* 1 fr.

— Les Ordonnances de Colbert et l'inscription maritime. In-8°. 1862. *Guillaumin et Cie.* 1 fr. 50 c.

Extrait du « Journal des économistes ».

— Le Personnel de la marine militaire et les classes maritimes sous Colbert et Seignelay, d'après des documents inédits. In-8°. 1864. *Challamel.* 1 fr. 25 c.

Extrait de la « Revue contemporaine ».

— La Société de Saint-Vincent de Paul dévoilée. In-8°. 1861. *Douniol.* 2 fr. 50 c.

CRISPI (Jérôme), archevêque de Ferrare, né en 1667, mort en 1746.

— Aux Ames affligées. Espérance et consolation, ou Motifs pieux et chrétiens; traduit de l'italien par l'abbé B. C. Nadal. In-18. 1845. [Lyon, *Guyot.*] *Mellier.* 2 fr.

CRISTAL (Maurice), pseudonyme de M. Maurice Germa.

CRISTIAN.

— Mémoires d'un enfant russe. In-8°. 1855. *Plon.* 4 fr.

CROCE SPINELLI. — Voy. **Spinelli.**

CROCKETT, dompteur d'animaux américain.

— Mémoires de Crockett; suivis de la recette pour dompter les lions, par un lion dompté. In-16. 1863. *Chez tous les libraires.* 50 c.

Il est évident que le nom de M. Crockett n'est employé ici qu'à titre de pseudonyme d'un auteur qui nous est inconnu.

CROCQ (le docteur J.), médecin belge.

— De la Pénétration des particules solides à

travers les tissus de l'économie animale. In-8°. 1860. Bruxelles, *Hayez*. 5 fr.

— Traité des tumeurs blanches des articulations. In-8° avec 10 pl. 1853. *Ibid*.

*Croisade (la) de MM. Michelet et Quinet contre les jésuites, expliquée à ceux qui veulent voir clair. In-18 de 3 f. 1843. *Poussielgue-Rusand*.

CROISAT, directeur du journal de modes « le Caprice ».

— Les Cent-un coiffeurs de tous les pays. 5 vol. in-8° avec pl. 1841. *Chez l'auteur*.

— Théorie de l'art du coiffeur, ou Méthode à suivre pour approprier la coiffure aux traits, l'âge et la stature. In-16 avec pl. 1847. *Ibid*. 7 fr.

CROISET, professeur au lycée de Saint-Louis, a traduit : « Discours sur la couronne », de *Démosthène*, et publié des éditions classiques des « Commentaires » de J. *César*, et des tragédies de *Sophocle*. — Voy. ces noms.

CROISET (le R. P. Jean), théologien ascétique, provincial de l'ordre des Jésuites, né à Marseille vers 1650, mort à Avignon, en 1738.

— Année chrétienne, ou Vie des saints et exercices de piété pour les dimanches, les fêtes mobiles et tous les jours de l'année. Nouvelle édition, corrigée, augmentée et entièrement revue. 9 vol. in-8°. 1861. Lyon, *Pélagaud*. 36 fr.

La 1re édition a paru en 1736 sous le titre de : « Exercices de piété pour les dimanches et fêtes ». 18 vol. in-12.

— Formulaire de prières à l'usage des pensionnaires des religieuses ursulines; augmenté des Entretiens et prières pour la visite au saint Sacrement. In-18. 1856. Lyon, *Périsse*. 1 fr.

— Le même. In-32. 1865. Tours, *Mame et fils*. 1 fr. 50 c.

— Les Vies des saints, pour tous les jours de l'année, avec de courtes réflexions morales à la fin de chaque vie, et publiées par l'œuvre des bibliothèques paroissiales de la province ecclésiastique d'Avignon. In-4° de 156 f. 1855. Avignon, *Séguin aîné*.

La 1re édition, 2 vol. in-fol., a paru à Lyon en 1723.

— Vie de la très-sainte Vierge, d'après Croiset. In-32. 1862. [Toulouse.] *Diard*. 1 fr.

— La Vie de la bienheureuse Marguerite Marie, religieuse de la visitation Sainte-Marie. In-18. 1864. *Douniol*. 1 fr. 50 c.

CROISETTE, officier de bouche.

— La Bonne et parfaite cuisinière, grande et simple cuisine. 5e édition. In-18. 1863. *Fonteney et Peltier*. 1 fr. 50 c.

CROISSANT (Edmond).

— L'Abbaye de Toussaints, suivie de Guillaume de Renesse et autres histoires, chroniques, narrations, traditions, etc., recueillies par Edmond Croissant. In-12. 1865. Tournai, *Casterman*. 60 c.

CROIX (DE LA). — Voy. Delacroix.

*Croix (la) et l'épée. Récits de la guerre d'Orient. Campagnes de 1854 et 1855. In-18 de 9 f. 1856. *Louis Vivès*.

CROIZET (J. B. Vincent), géomètre.

— Arithmétique populaire pratique. In-12. 1843. *Colas*. 1 fr. 50 c.

— Le Dessin linéaire des arpenteurs et des in-

stituteurs. 2e édition. In-fol. avec 4 pl. 1841. *Pelissonnier*. 3 fr.

— Géodésie générale et méthodique, considérée sous le rapport de la mesure et de la division des terres. In-4° avec 21 pl. 1847. *Ibid*.

— Horographie, ou Gnomonique populaire. In-18 avec 1 pl. 1843. *Ibid*. 1 fr. 25 c.

— Table des logarithmes des nombres depuis 1,000 jusqu'à 10,000. In-4°. 1841. *Ibid*. 6 fr.

— Traité d'arrérage et de métrage. In-12. 1841. *Ibid*. 1 fr. 25 c.

CROIZIER (Jean François), évêque de Rodez.

— Première lettre d'un évêque à ses collègues. In-8°. 1845. Rodez, *imprimerie Carrère*.

— Deuxième lettre de l'évêque de Rodez à ses collègues. In-8°. 1845. *Ibid*.

CROM (LE). — Voy. Le Crom.

CROMBACH (Mlle Louise), ex-inspectrice de la prison de Saint-Lazare.

— Hélène et Laurence. In-18. 1841. *Cassin*. 2 fr. 50 c.

CROMBRUGGHE (Ida de KERCHOVE de DENTERGHEM, baronne douairière de), née à Wondelgem (Belgique) en 1822.

— Les Causeries de la mère, interprétation française du livre allemand de Frédéric Frœbel. In-4° avec 45 grav. et 50 p. de musique. 1862. [Bruxelles, *Claassen*.] Hachette et Cie. 12 fr.

— Éducation de l'homme; avec le portrait de Frœbel. In-8°. 1863. *Ibid*. 7 fr. 50 c.

— Les Ouvriers de Dieu ; entretiens sur le travail. In-8°. 1863. *Ibid*. 2 fr.

— Le Petit livre des enfants du bon Dieu. In-4° avec 25 grav. 1862. *Ibid*. 3 fr.

Mme de Crombrugghe a traduit de l'allemand : « l'Éducation de l'homme », de *Frœbel*. Elle publie un journal sous le titre : « Causeries populaires », 12 livraisons par an.

CROMMELINCK (le docteur).

— Doctrine nouvelle sur l'origine, la nature, la préservation et le traitement des maladies contagieuses, et la viciation du sang, à l'usage des gens du monde. 4e édition. Édition pour la France. In-8°. 1864. *Chez l'auteur, rue Caumartin*, 6. 2 fr.

— Grammaire française raisonnée. 1re livraison. In-8°. 1864. Bruxelles, *Adriaens*. 1 fr. 50 c.

— Mémoire sur l'origine, la nature, la préservation et le traitement de la syphilis, à l'usage des gens du monde. 2e édition. In-12. 1863. *Jules Masson*. 1 fr.

— Premiers éléments de l'astronomie et de la géographie, avec tableau synoptique du système planétaire. In-12. 1864. Bruxelles, *imprimerie Adriaens*. 3 fr.

— Rapport sur les hospices d'aliénés de l'Angleterre, de la France et de l'Allemagne, adressé à M. le ministre de l'intérieur. In-8° avec un atlas de 14 pl. 1843. Bruges. 10 fr.

— Traité d'anthropologie, ou Art de se guérir soi-même, à l'usage des gens du monde. In-16 avec 106 fig. dans le texte. 1856. Bruxelles, *imprimerie Labroue*. 3 fr.

CRONIER (P. N.).

— Précis sur les chemins de fer de la France. Moyens financiers d'achever sans retard l'établissement du réseau, de raffermir le crédit, de garantir les intérêts compromis dans les opérations des chemins de fer. In-8°. 1847. *Mathias.* 9 fr.

CROS (l'abbé François Claire), curé à Saint-Nazaire de Pézan près Lunel, né à Lunel en 1812.

— L'Enfant de Dieu et de Marie. Catéchisme de persévérance dédié aux enfants de Marie. In-12. 1856. Montpellier, *Séguin.* 75 c.

— Études sur l'ordre naturel et sur l'ordre surnaturel. In-8°. 1861. [Montpellier, *Séguin.*] *Lethielleux.* 6 fr.

— Examen, au point de vue catholique, des Méditations de M. Guizot sur l'essence de la religion chrétienne. In-8°. 1865. *Vrayet de Surcy.* 3 fr. 50 c.

— M. Renan démasqué, ou Lettre de M. l'abbé Cros à un de ses paroissiens sur la philosophie de M. Renan. In-18 de 84 p. 1863. Montpellier, *Séguin.*

M. l'abbé Cros a traduit : *Casinius*, Qu'est-ce que l'homme ? il a collaboré à plusieurs journaux religieux et littéraires, entre autres à « la Vérité », publiée par l'abbé Migne; « la Tribune sacrée », « l'Enseignement catholique », etc.

CROS (Simon Charles Henri), docteur en droit, ancien avocat à la cour impériale de Paris, ancien chef d'institution, né à Paris en 1803.

— Théorie de l'homme intellectuel et moral. 4e édition, augmentée de l'Apologie en six discours adressés à l'Académie des sciences morales et politiques. 2 vol. in-8°. 1857. *Mallet-Bachelier.* 12 fr.

La 1re édition est de 1836.

CROSERIO (le docteur Camille), médecin français, mort en....

— Statistique de la médecine homœopathique. In-8°. 1848. *Ibid.* 2 fr. 50 c.

CROSET (le R. P.), franciscain, a traduit de l'espagnol : « la Cité mystique » de la mère d'*Agréda*, et la Vie de cette sainte, par le R. P. X. *Samaniego.*

CROSET-MOUCHET (l'abbé F.), chanoine et professeur de théologie à Pignerol.

— Saint Anselme, archevêque de Cantorbéry; histoire de sa vie et de son temps. Gr. in-8°. 1859. Tournai, *Casterman.* 4 fr. 50 c.

CROSILHES (le docteur Hippolyte Pierre), médecin, né à Montauban en 1807, mort en 1864.

— Hygiène et maladies des cheveux. In-8° avec 1 pl. 1847. *Moquet.* 1 fr.

— Hygiène et maladies des enfants. In-8° avec 1 pl. 1850. *Ibid.* 1 fr. 50 c.

— Hygiène et maladies des femmes. In-8° avec 1 pl. 1850. *Ibid.* 1 fr. 50 c.

— Hygiène et maladies de la poitrine et de la voix. In-8° avec 2 pl. 1847. *Ibid.* 1 fr. 25 c.

— Hygiène et maladies des yeux. In-8° avec 3 pl. coloriées. 1847. *Ibid.* 1 fr. 50 c.

— Le Médecin de la famille, contenant la description claire et précise de toutes les maladies, les moyens de les prévenir, etc. In-8° avec 40 pl. 1846. *Ibid.* 12 fr.

— Traité complet des maladies vénériennes, mis à la portée des gens du monde. In-8° avec 2 pl. 1848. *Ibid.* 1 fr. 50 c.

CROSNIER (l'abbé), protonotaire apostolique, vicaire général, curé de Donzy.

— Éléments d'archéologie. In-18. 1846. Tours, *Mame.* 1 fr.

— Hagiologie nivernaise, ou Vie des saints et autres personnages qui ont édifié le diocèse de Nevers par leurs vertus. 1re et 2e livraisons. Gr. in-8°. 1858-1859. Nevers, *imprimerie Foy.*

— Iconographie chrétienne, ou Étude des sculptures, peintures, etc., qu'on rencontre sur les monuments religieux du moyen âge. In-8°. 1848. [Caen, *Hardel.*] *Derache.* 6 fr.

— Monographie de la cathédrale de Nevers, suivie de l'histoire des évêques de Nevers. Gr. in-8° avec 7 pl. 1854. Nevers, *Morel.*

CROTTET (Alexandre), pasteur à Pons, en Saintonge, puis à Yverdon, né à Genève en 1810, mort à Yverdon en 1864.

— Histoire et annales de la ville d'Yverdon. In-8°. 1859. Genève, *J. G. Fick.* 6 fr.

— Histoire des églises réformées de Pons, Gemozac et Mortagne en Saintonge; précédée d'une notice étendue sur l'établissement de la réforme dans cette province, l'Aunis et l'Angoumois. In-8°. 1843. Bordeaux, *imprimerie A. Castillon.*

— Petite chronique protestante de France, ou Documents historiques sur les églises réformées de ce royaume. XVIe siècle. In-8°. 1846. Genève, *Cherbuliez.* 7 fr.

M. Crottet a publié : « Correspondance française de Calvin avec Louis Du Tillet » (voy. *Calvin*), et le « Journal » de *Merlin* (voy. ce nom).

CROUGNEAU (B.), professeur.

— Métrologie, c'est-à-dire Traité du système métrique ou nomenclature théorique et pratique à l'usage des écoles primaires, etc., suivi de 300 problèmes nouveaux, orné de 4 pl. contenant 120 fig. 1re partie. In-18. 1864. Libourne, *chez l'auteur.* 1 fr. 25 c.

CROUSLÉ (L.), ancien élève de l'École normale.

— Lessing et le goût français en Allemagne; thèse présentée à la Faculté des lettres de Paris. In-8°. 1864. *Durand.* 5 fr.

— De L. Annæi Senecæ naturalibus quæstionibus (thèse). In-8°. 1864. *Ibid.* 2 fr.

CROUSSE (le capitaine Franz), du corps d'état-major belge.

— Invasion du Danemark en 1864. 2 vol. in-8°. 1865-1866. [Bruxelles, *Bruylant-Christophe et Cie.*] *Dumaine.* 5 fr. 50 c.

Les deux parties se vendent à part. I. Missunde, avec 2 cartes, 1 fr. 50 c. — II. Düppel et Alsen. La Campagne diplomatique, avec 1 carte. 4 fr.

CROUSSE (L. D.).

— De l'Organisation politique. In-8°. 1841. *Hingray.* 6 fr.

— Pensées. In-8°. 1845. *Ladrange.* 5 fr.

— Des Principes, ou Philosophie première. 2e édition. In-8° avec portrait. 1846. *Ibid.* 5 fr.

La 1re édition est de 1839.

CROUX.

— Instruction élémentaire sur la conduite et la taille des arbres fruitiers. In-8° avec 5 pl. 1852. *Bouchard-Huzard.* 3 fr. 50 c.

CROUY-CHANEL (François Claude Auguste DE

Hongrie, prince de), chevalier de Malte, publiciste français, né à Duisbourg, en 1793.

— La Noblesse et les titres nobiliaires dans les sociétés chrétiennes. In-8°. 1857. *Dentu.* 2 fr.

CROUZAT (Alfred), bibliothécaire archiviste de la ville de Béziers, né dans cette ville en 1826.

— Histoire de la ville de Roujan et du prieuré de Cassan. In-8°. 1859. Béziers, *Millet.* 2 fr. 50 c.

CROUZET (Henri), professeur d'histoire au lycée de Nevers, conservateur des archives communales, né à Montpellier en 1820.

— Droits et priviléges de la commune de Nevers. Gr. in-8°. 1858. Nevers, *imprimerie Fay.* 2 fr.

— Essai géographique et historique sur la bataille catalaunique. In-8°. 1861. *Ibid.* 50 c.

— Géographie historique et politique de l'Europe, depuis la domination romaine jusqu'aux traités de 1815. In-18. 1857. Nevers, *Bégat.* 1 fr.

— Géographie de la Nièvre, physique, agricole, industrielle, commerciale et administrative. In-32. 1859. *Ibid.* 1 fr.

— Résumé méthodique d'histoire universelle et de géographie historique. In-12. 1861. *Ibid.* 3 fr.

CROUZET (l'abbé J. P.), prêtre du diocèse d'Autun, a traduit de l'espagnol : « le Guide des pécheurs » de *Louis* de Grenade; « Pratique de la perfection chrétienne » du R. P. Alphonse *Rodriguez*; de l'allemand : « Du Droit ecclésiastique dans ses principes généraux » de Georges *Phillips*; et du russe : « Iwan Wuishigin » de *Bulgarin.*

CROWDY (le rév. Anthony), pasteur anglais.

— David et Goliath, ou le Champion de Dieu et le champion de l'homme; sermon pour les enfants. Traduit de l'anglais. In-18. 1861. [Amiens.] *Grassart.* 75 c.

CROWE (J. A.).

— Les Anciens peintres flamands, leur vie et leurs œuvres; traduit de l'anglais par O. Delepierre, annoté et augmenté de documents inédits par Alexandre Pinchard et Ch. Ruelens. 2 vol. gr. in-8° avec pl. 1862-1865. [Bruxelles, *J. Heussner.*] Ve *J. Renouard.* 15 fr.

Avec G. B. Cavalcaselle.

CROY (le duc Charles de).

— Une Existence de grand seigneur au xvie siècle. Mémoires autographes du duc Charles de Croy, publiés par M. le baron Fréd. de Reiffemberg. Gr. in-8°. 1845. Bruxelles. 20 fr.

CROY (F. de).

— Canal Napoléon. Paris port de mer, ou Prolongement en France du canal de Suez par Marseille, Lyon, Châlon-sur-Saône, Paris, Amiens et Dunkerque. In-8°. 1863. *Dentu.* 1 fr.

CROY (le comte André Rodolphe Claude François Siméon, dit Raoul de), peintre et littérateur, membre du Conseil général d'Indre-et-Loire, né à Amiens en 1807.

— Avenir forestier de la France, considéré dans ses rapports avec les essences résineuses. In-12. 1853. Mme *Croissant.* 3 fr.

— Conversations familières sur les arts, les sciences et les métiers. 2e édition. In-12. 1864. Limoges, *Ardant frères.* 4 fr.

— Épisodes de voyages. In-18. 1855. *Arthus Bertrand.* 3 fr.

— Fauvette; esquisse de mœurs sous Louis XV. 2 vol. in-32. 1861. Bruxelles, *A. Lebègue.* 2 fr.

— Heures de loisir d'un paysan des rives de la Vienne, recueillies et diminuées par le comte Raoul de Croy. In-8°. 1862. Châtellerault, *imprimerie Blanchard.* 2 fr.

— Louis XI et le Plessis-lès-Tours. Gr. in-8° avec de nombreuses gravures et autographes. 1844. Tours, *Chevrier.* 8 fr.

— Prisonniers à la campagne; technologie historique élémentaire. In-8°. 1858. Limoges, *Ardant.* 5 fr.

— Les Rives de la Vienne; légendes du Poitou. In-12. 1857. *De Vresse.* 1 fr.

— Tracé et paysage des jardins. In-18. 1861. Poitiers, *imprimerie Oudin.*

Tiré à 50 exemplaires.

CROZANT (le docteur L.), médecin inspecteur des eaux de Pougues.

— De l'Asthme. In-8° de 12 f. 1851. *G. Baillière.*

— De l'Emploi des eaux minérales de Pougues dans le traitement de quelques affections chroniques de l'estomac et des organes génito-urinaires. In-8° de 4 1/4 f. 1851. *Ibid.*

*Crozat (Géographie de). — Voy. Lefrançois.

L'abbé Lefrançois avait dédié à Mlle Marie Anne Crozat une Méthode abrégée et facile pour apprendre la géographie, qui, à cause de cette dédicace, est connue dans la librairie sous le nom de « Géographie de Crozat ».

CROZE-MAGNAN, directeur général du mont-de-piété de Marseille.

— Étude sur les monts-de-piété et leur législation. In-8°, 295 p. 1859. Marseille, *impr. Barile.*

CROZES (Hippolyte), ancien maire d'Albi, vice-président du tribunal de la même ville, membre du Conseil général du Tarn, correspondant du ministère de l'instruction publique pour les travaux historiques, membre de plusieurs sociétés savantes.

— Monographie de la cathédrale d'Albi. 3e édition, avec suppléments inédits. In-12. 1861. *Didron.* 2 fr. 50 c.

— Monographie de l'ancienne cathédrale de Saint-Alain de Lavaur (Tarn). In-8° de 61 p. 1865. Toulouse, *imprimerie Chauvin.*

— Monographie de l'insigne collégiale de Saint-Salvi d'Albi. In-16 avec grav. 1857. [Toulouse, *Delboy.*] *Ibid.*

— Répertoire archéologique du département du Tarn, rédigé sous les auspices de la Société littéraire et scientifique du département établie à Castres. In-4°. 1865. *Imprimerie impériale.*

Répertoire archéologique de la France.

CROZET (F.), de Grenoble.

— Procédure administrative, recueil contenant par ordre alphabétique, l'indication des attributions des divers fonctionnaires administratifs; extrait du Formulaire municipal. 2e édition. In-8°, 1855. [Grenoble, *Prudhomme.*] *Durand.* 8 fr.

CROZET (Joseph).

— Mélanges poétiques. In-8°. 1852. Marseille. *Dutertre.* 2 fr.

— Souvenirs; poésies. In-8°. 1851. Marseille, *Chauffard*. 1 fr. 25 c.

CROZET (L. de) a publié le Deuxième cantique de Henri III, roi de France. — Voy. *Henri*.

CRUCHET (le docteur Frédéric).

— L'Homœopathie et le choléra de 1854 à Marseille. Réponse aux homœopathes en général et à M. Chargé en particulier. In-8°. 1855. Marseille, *imprimerie Clappier*. 1 fr.

CRUICE (Mgr. P. M.), évêque de Marseille, ancien supérieur de l'École ecclésiastique des hautes études, né à Clonfert (Irlande) de parents français en 1815.

— Cours de thèmes grecs, rédigé sur la grammaire de Matthiæ et sur les exercices grecs de Henrick. Classes de troisième et de seconde. In-8°. 1847. *Périsse frères*. 3 fr.

— Le même. Corrigé. In-12. *Ibid.* 1 fr.

— Cours élémentaire de thèmes grecs. Extrait des Exercices grecs de Jacobs, Rost et Henrick. Classes de sixième et de cinquième. In-12. 1848. *Ibid.* 1 fr. 80 c.

— Le même. Corrigé. In-12. *Ibid.* 1 fr. 80 c.

— Éléments de littérature et de rhétorique. In-12. 1851. *Ibid.* 2 fr. 25 c.

— Études sur de nouveaux documents historiques empruntés à l'ouvrage récemment découvert des Philosophumena et relatifs au commencement du christianisme, et en particulier de l'Église de Rome. In-8°. 1853. *Ibid.* 4 fr. 50 c.

— Études littéraires sur l'apologue, la poésie lyrique, la poésie épique chez les Français, les Anglais, les Allemands, les Italiens et les Espagnols, et sur la poésie hébraïque et la poésie orientale. Renfermant des extraits, des analyses et des notices critiques et biographiques sur chaque auteur. In-8°. 1840. *Ibid.* 4 fr.

— Guide pour étudier les ouvrages français compris dans le programme du baccalauréat ès lettres. In-12. 1842. *Ibid.* 2 fr. 50 c.

— Histoire de l'Église de Rome sous les pontificats de saint Victor, de saint Zéphirin et de saint Calliste, de l'an 192 à l'an 224, un siècle avant le concile de Nicée. In-8°. 1856. *F. Didot frères*. 7 fr.

— Manuel littéraire du baccalauréat ès sciences, présentant les notions littéraires, la biographie des auteurs français, l'analyse et la critique des ouvrages exigés par le programme de cet examen. In-12. 1855. *Lecoffre et Cie*. 2 fr.

— Petit traité de civilité à l'usage des enfants, suivi d'une série d'anecdotes historiques qui peuvent servir d'exemples pour l'application des règles de la politesse; par une personne du monde, In-12. 1860. *Périsse frères*. 1 fr. 10 c.

— Philosophumena, sive Hœresium omnium confutatio, opus Origeni adscriptum e codice parisino productum recensuit, latine vertit notis variorum suisque instruxit, prolegomenis et indicibus auxit P. Cruice. In-8°. 1860. *Didot frères*. 10 fr.

— De Quelques discussions récentes sur les origines du christianisme. Le docteur Baur; le docteur Neander et M. Ernest Renan. In-8°. 1858. *Périsse frères*. 1 fr. 50 c.

— Tableau de l'empire romain depuis les Antonins jusqu'à Constantin. Édition nouvelle, adap-

tée à l'usage de la jeunesse, et précédée d'une Notice sur Gibbon. In-8°. 1850. *Plon.* 3 fr.

Extrait de l'ouvrage de Gibbon, « Sur la décadence de l'empire romain ».

— Vie de Denis Auguste Affre, archevêque de Paris. In-8°. 1849. *Ibid.* 8 fr.

— Le même. Abrégé. In-12. 1850. *Ibid.* 1 fr. 50 c.

Mgr. de Cruice a revu et adapté à l'usage des personnes du monde le « Traité de la perfection chrétienne », du P. A. Rodriguez.

CRUSSARD (J. C.), ex-directeur de ferme-école.

— Principes d'agriculture rationnelle. Fascicules 1 à 9. In-8°. 1864-1865. *Goin*. Chaque fascicule, 1 fr. 25 c.

CRUSSIERRE, professeur de dessin.

— Modèles de menuiserie. — Voy. *Bury et Crussierre*.

CRUVEILHIER (le docteur Jean), médecin, membre de l'Académie de médecine, professeur honoraire à la Faculté de médecine de Paris, né à Limoges en 1791.

— Anatomie pathologique du corps humain, ou Description et figures lithographiées et coloriées des diverses altérations morbides dont le corps humain est susceptible. 2 vol. in-fol. avec 233 pl. coloriées. 1830-1842. *J. B. Baillière*. 456 fr.

Publié en 41 livraisons.

— Traité d'anatomie descriptive. 4e édition, revue, corrigée et considérablement augmentée, avec la collaboration de M. le docteur M. Sée et M. Cruveilhier fils. Tomes I et II. 1re partie. Gr. in-8°. 1863-1866. *Asselin*. 24 fr.

Cette édition sera complète en 3 volumes.

1re édition. 1833; 2e édition. 4 vol. in-8°. 1842-1845; 3e édition. 4 vol. in-8°. 1851-1852.

— Traité d'anatomie pathologique générale. 5 vol. in-8°. 1849-1864. *Baillière et fils*. 35 fr.

— Vie de Dupuytren. In-8°. 1840. *Labé*. 1 fr.

CRUVEILHIER (le docteur Louis), mort en....

— Éléments d'hygiène générale. In-16. 1859. *Pagnerre*. 60 c.

Bibliothèque utile.

— Œuvres choisies, avec une préface par Frédéric Morin. In-12. 1862. *Ibid.* 3 fr.

CRUVEILHIER (le docteur Pierre Édouard Gabriel), fils de Jean **CRUVEILHIER**, agrégé stagiaire de chirurgie près la Faculté de médecine de Paris, chirurgien des hôpitaux, né à Paris en 1835.

— Sur une forme spéciale d'abcès des os, ou Des Abcès douloureux des épiphyses. In-8° avec 3 pl. 1865. *Asselin*. 3 fr. 50 c.

CRUVELLIÉ (Jacques Antoine), pasteur de l'Église réformée de Montauban, né à Nyons (Drôme) en 1809.

— A qui appartiennent les églises réformées de France, et comme quoi elles ont changé de religion depuis 1802. In-8°. 1860. [Montauban, *Laforgue*.] *Cherbuliez*. 50 c.

— Exhortation à la persévérance. Sermon. In-8°. 1858. *Ibid.* 50 c.

— Le Protestantisme; discours. In-8°. 1859. *Ibid.* 50 c.

— Les Rapports du pasteur et du troupeau; discours d'installation. In-8°. 1857. Montauban, *imprimerie Forestié neveu*. 50 c.

— Réponse au mandement publié par M. Doney, évêque de Montauban, contre les protestants. In-8°. 1848. *Ibid.* 75 c.

— Le Rocher était Christ; discours. In-8°. 1857. *Ibid.* 50 c.

CRUYSMANS (Florent), courtier d'assurances à Anvers.

— Des Droits et des obligations des armateurs vis-à-vis des assureurs sur corps. In-8°. 1860. Bruxelles, *Lacroix et Cie.* 2 fr. 50 c.

— Des Risques de guerre au point de vue de la police d'assurance maritime et des usages d'Anvers. In-8°. 1862. *Ibid.* 3 fr.

CRUZ (Rosa). — Voy. **Rosa-Cruz.**

CUBAIN (Pierre Louis Romain), docteur en droit, avocat à la cour d'appel d'Angers, né à Laigle (Orne) en 1814.

— Traité des droits des femmes en matière civile et commerciale. In-8°. 1841. *Joubert.* 7 fr.

— Traité de procédure devant les cours d'assises. In-8°. 1851. *Durand.* 6 fr.

CUBI Y SOLER (don Mariano), médecin à Barcelone, né à Malgrat (Catalogne) en 1801.

— Leçons de phrénologie scientifique et pratique, complétées par de nouvelles et importantes découvertes psychologiques et nervo-électriques. Traduction de l'espagnol. Édition publiée avec le concours de l'auteur, et ornée de 147 grav. dans le texte. 2 vol. in-8°. 1858. *J. B. Baillière.* 15 fr.

CUBIÈRES (Mme Marie Aglaé Despans de), née Buffaut, femme de lettres, née en 1794.

— Monsieur de Goldon. Une Passion. 2 vol. in-8°. 1842. *Magen.* 15 fr.

CUBO (l'abbé) a refondu et revu la Nouvelle grammaire espagnole-française de l'abbé *Jossc.*

CUCHÉ (le R. P.), de la Compagnie de Jésus.

— Dictionnaire arabe-français. Gr. in-8°. 1862. Beyrouth, *imprimerie catholique.* 30 fr.

CUCHERAT (l'abbé François), aumônier de l'hospice de Paray-le-Monial, chanoine honoraire d'Autun, né à Semur, en Brionnais (Saône-et-Loire), en 1812.

— L'Abbaye de Saint-Rigaud, dans l'ancien diocèse de Mâcon; ses premiers temps, son esprit, sa fin, ses abbés. In-8° de 4 3/4 f. 1853. Mâcon, *imprimerie Protat.*

— Alesia et les Aulerci Brannovices au tribunal de vingt siècles et de Jules César. In-8° avec carte. 1864. Lyon, *imprimerie Vingtrinier.* 3 fr.

— Cluny au xie siècle. Son influence religieuse, intellectuelle et politique. In-8°, 12 f. 1851. Lyon, *Guyot frères.*

— Histoire populaire de la bienheureuse Marguerite Marie Alacoque et du culte du Sacré-Cœur de Jésus. In-18. 1865. Autun, *Dejussicu.* 2 fr.

— Notice historique sur la béatification de la vénérable Marguerite Marie Alacoque, suivie du récit de guérisons attribuées à son intercession et de prières au Sacré-Cœur de Jésus, composées par elle. In-18. 1864. Mâcon, *impr. Protat.* 1 fr.

— De l'Origine et de l'emploi des biens ecclésiastiques au moyen âge. Étude historique dont les preuves sont principalement tirées du Cartu-

laire de saint Vincent de Mâcon. In-8°. 1860. Lyon, *Vingtrinier.* 1 fr. 50 c.

CUCHEVAL (Victor), ancien élève de l'École normale, né à Rennes en 1830.

— Étude sur les tribunaux athéniens et les plaidoyers civils de Démosthènes; thèse présentée à la Faculté des lettres de Paris. In-8°. 1863. *Durand.* 3 fr.

— De sancti Aviti, Viennæ episcopi, operibus commentarium; thèse. In-8°. 1863. *Ibid.* 3 fr.

CUCHEVAL-CLARIGNY (Athanase), journaliste, ancien directeur du « Constitutionnel », né à Calais en 1821.

— Les Budgets de la guerre et de la marine en France et en Angleterre. In-8°. 1860. *Dentu.* 2 fr.

— Considérations sur les banques d'émission. In-8°. 1864. *Plon.* 1 fr.

— Histoire de la presse en Angleterre et aux États-Unis. In-12. 1857. *Amyot.* 4 fr.

M. Cucheval-Clarigny a traduit de l'anglais : « la Perle de l'île d'Orr », de Mme Beecher Stowe. — Voy. *Stowe.*

CUENDIAS (Manuel Galo de).

— Cours de langue espagnole. In-8°. 1841. [Toulouse, *Privat.*] Belin. 6 fr.

— Cours élémentaire de langue espagnole. In-8°. 1843. *Ibid.* 3 fr. 50 c.

— Cours gradué de lectures espagnoles. In-12. 1844. *Thiériot.* 3 fr.

— Cours de thèmes espagnols. In-12. 1846. *Ibid.* 2 fr. 50 c.

— L'Espagne pittoresque, artistique et monumentale; mœurs, usages et costumes. In-8° avec portrait et 44 vignettes. 1847-1848. *Rue du Hazard-Richelieu,* 4. 20 fr.

Avec V. de Féréal. — Cet ouvrage a été publié en 50 livraisons. Voy. aussi : « Mystères de l'inquisition », de *Féréal.*

CUIGNET (Ferdinand), médecin-major à l'hôpital du Dey d'Alger, né à Aix (Nord) en 1823.

— Nos Armées en campagne. In-32. 1859. *Victor Rozier.* 1 fr. 25 c.

CUINET (l'abbé A.), du diocèse de Besançon.

— Chants d'une âme pieuse. Recueil de 250 cantiques pour fêtes et sujets divers, avec accompagnement d'orgue et de piano. In-8°. 1856. Besançon, *Turbergue.* 3 fr.

— Chants d'un enfant de Marie. Recueil de 106 cantiques nouveaux, sur des airs nouveaux aussi, la plupart à plusieurs voix, avec accompagnement d'orgue ou de piano. In-8°. 1850. [Besançon.] *Guyot.* 2 fr. 50 c.

CUISIN (P.).

— Le Secrétaire des amants. Nouveau choix de lettres galantes, déclarations d'amour, etc. In-18. 1864. *Delarue.* 1 fr. 25 c.

CUISINIER-DELISLE (J. L.).

— Considérations et observations sur l'état actuel des justices de paix de France. In-8°. 1842. *Durand.* 1 fr. 25 c.

*Cuisinière (la) bourgeoise. 21e édition, enrichie de 52 figures, revue par M. M.... In-12. 1865. *Moronval frères.* 2 fr. 50 c.

CULLEN (J.), professeur d'anglais.

— Leçons de conversation anglaise, ou l'Anglais parlé; suivi des principes théoriques de cette langue. In-8°. 1843. *Chamerot.* 2 fr. 50 c.

— Le Vrai génie de la prononciation anglaise. Méthode infaillible (entre les mains d'un Anglais) pour donner aux étrangers une bonne prononciation anglaise. In-12. 1857. *Stassin et Xavier.* 1 fr.

CULLERIER (le docteur Auguste), chirurgien de l'hôpital du Midi, né à Paris en 1805.

— Des Affections blennorrhagiques, leçons cliniques professées à l'hôpital du Midi, rédigées et publiées par le docteur Eugène Roget, revues et approuvées par le professeur. In-8°. 1861. *Adr. Delahaye.* 4 fr.

— Précis iconographique des maladies vénériennes. Livraisons 1 à 8. In-12 avec planches coloriées. 1861-1865. *Méquignon-Marvis.* Chaque livraison, 5 fr.

CULLET (D. J. C.).

— De infallibilitate romani pontificis extra concilium. In-8°. 1861. *Lecoffre et Cⁱᵉ.* 2 fr. 50 c.

CULLOCH (J. R. Mᴀᴄ-). — Voy. **Mac-Culloch.**

CULMANN (le docteur L.) a traduit de l'allemand avec le docteur Sengel : « Éléments de pathologie » de *Niemeyer.*

*****Culte** (le) de famille, méditations et prières pour chaque jour de l'année. Gr. in-8°. 1864. Strasbourg, *Vᵉ Berger-Levrault et fils.* 6 fr.

*****Culture** du chasselas de Fontainebleau; par un vigneron des environs de Fontainebleau. In-18 avec 1 pl. 1844. *Roret.* 1 fr. 75 c.

Collection des Manuels-Roret.

CUMBERMERE (lord Claudius Hastings), nom de fantaisie dont M. Assolant a signé son livre : « Aventures de Karl Brunner». — Voy. *Assolant.*

CUMBERWORTH (T.).

— L'Anglais tel qu'on le parle, ou Recueil de conversations anglaises et françaises, avec la prononciation anglaise figurée par des sons français. In-8° oblong. 1843. *Truchy.* 2 fr. 50 c.

— Exercices, ou Cours de thèmes anglais adaptés selon la méthode analytique à la grammaire théorique et pratique. In-8°. 1841. *Baudry.* 2 fr.

CUMMING (Gᴏʀᴅᴏɴ-). — Voy. **Gordon-Cumming.**

CUMMINS (Miss Maria S.), romancière américaine.

— L'Allumeur de réverbères. Ouvrage américain. 2 vol. in-12. 1854. *Meyrueis.* 4 fr.

— Le même. In-4° illustré. *Barba.* 1 fr. 40 c.

— Le même; traduit par MM. Belin de Launay et Ed. Scheffer. In-12. 1855. *Hachette et Cⁱᵉ.* 2 fr.

Nouvelle édition en 1865. 1 fr.

— Mabel Vaughan, par Mᵐᵉ Henriette Loreau. In-12. 1858. *Ibid.* 2 fr.

Nouvelle édition en 1864. 1 fr.

— La Rose du Liban (el Fureïdis); traduit par M. Ch. Bernard-Derosne. In-12. 1861. *Ibid.* 2 fr.

Nouvelle édition en 1865. 1 fr.

CUNAT (Charles), ancien officier de marine.

— Histoire du bailli de Suffren. In-8° avec portrait et 7 pl. 1852. [Rennes.] *Dumoulin.* 6 fr. 50 c.

— Histoire de la cité d'Aleth, pour servir d'in-

troduction à l'Histoire de Saint-Malo. Gr. in-8° avec carte et plan. 1851. Saint-Malo, *imprimerie Macé.* 2 fr. 50 c.

— Histoire de Robert Surcouf, capitaine de corsaire; publiée d'après des documents authentiques. In-8° avec 5 lithographies, portrait et facsimilé. 1842. *Lachapelle.* 9 fr.

— Saint-Malo illustré par ses marins, précédé d'une notice historique sur cette ville depuis sa fondation jusqu'à nos jours. In-8°. 1857. Saint-Malo, *Coni.* 5 fr.

— Les Volontaires et les officiers auxiliaires. Guerre de 1778. La Belle-Poule et le Sévère. Pierre Servais. René Bouvet. Critique maritime. In-8°. 1842. Rennes, *Caïla.*

CUNÉO D'ORNANO (le marquis).

— L'Europe et Napoléon III. In-8°. 1858. *Ledoyen.* 75 c.

CUNHA (Manoel da).

— Lusitania vindicata. Œuvre de D. Manoel da Cunha, traduite en français, avec une préface, par Jules Thieury. Texte et traduction. In-8°. 1863. Dieppe, *Marais.* 3 fr.

CUNIBERT (le Dʳ Barthélemy Sylvestre), ancien médecin au service du gouvernement serbe.

— Essai historique sur les révolutions et l'indépendance de la Serbie depuis 1804 jusqu'à nos jours. 2 vol. in-8° avec portrait et carte. 1850-1855. *Franck.* 13 fr. 50 c.

CUNIER (le docteur Florent).

— Lettres à M. le professeur Serre, de Montpellier, sur l'emploi des verres de lunettes dans le traitement de quelques affections oculaires. In-8°. 1842. [Bruxelles.] *G. Baillière.* 1 fr. 25 c.

— Revue ophthalmologique de la littérature médicale des années 1840 et 1841. In-18. 1842. *Ibid.* 4 fr.

— Le même; année 1842. In-18. *Ibid.* 4 fr.

CUNITZ (Édouard), professeur au séminaire protestant de Strasbourg; il a publié avec MM. Baum et Reuss, les Œuvres de *Calvin.* — Voy. ce nom.

CUNYNGHAM (Antoine), poëte français, né à Lille en 1787.

— Les Devoirs de l'homme, poëme tiré d'un ancien manuscrit découvert dans l'Hindoustan et attribué à un bramine de cette contrée; suivi du Lac de Genève, poëme, etc. In-8° de 11 ¼ f. 1854. Lille, *Vanackère.*

M. Cunyngham a traduit de l'anglais : « l'Amour divin », de Ed. *Walter.*

CURASSON (Jacques), avocat à la cour de Besançon, né à Neublans en 1770, mort en 1841.

— Traité des actions possessoires du bornage, et autres droits de voisinage, relatifs aux plantations et aux constructions, etc. In-8°. 1842. [Dijon, *Lagier.*] *Joubert.* 7 fr. 50 c.

— Traité de la compétence des juges de paix. 3ᵉ édition, revue, augmentée et mise au courant jusqu'à ce jour, par MM. Poux-Lagier et Paul Pialat. 2 vol. in-8°. 1854. *Marescq et Dujardin.* 17 fr.

La 1ʳᵉ édition est de 1839.

CURCHOD (Antoine), pasteur à Lausanne.

— Christianisme et individualisme. In-8°. 1854. *Meyrueis et Cⁱᵉ.* 6 fr.

— Essai sur la Bible. 2 vol. in-12. 1858. Lausanne, *Bridel*. 8 fr.

CURCHOD (le docteur H.), médecin à Vevey.

— Essai théorique et pratique sur la cure de raisins, étudiée plus spécialement à Vevey, suivi de quelques remarques sur les conditions hygiéniques de cette ville. In-8°. 1860. [Vevey.] *Baillière et fils*. 2 fr. 50 c.

CUREL (le baron Léonce de), ancien capitaine d'état-major, né à Metz en 1797, mort en 1863.

— Boutades d'un chasseur. Souvenirs et mélanges. In-12. 1857. [Metz, *Alcan*.] *Garnier frères*.

— Manuel du chasseur au chien d'arrêt; avec une gravure à l'eau-forte, d'après le pastel original de M. Auguste Rolland; suivi de la loi sur la chasse. In-8°. 1858. [Metz, *Alcan*.] *Dentu*. 5 fr.

— Le même. Nouvelle édition, revue et augmentée d'une eau-forte. In-12. 1861. *Ibid.* 3 fr.

4e édition en 1863.

M. de Curel a traduit de l'anglais : « l'Art et les plaisirs de la chasse au lièvre », de *Gardiner*; et publié une édition du « Discours sur l'antagonisme du chien et du lièvre », de Jehan Du Bec. — Voy. ces noms.

CUREL (T.).

— Cours élémentaire de religion. In-12. 1841. Toulon, *imprimerie Baume*. 2 fr. 25 c.

Avec M. Senès.

— Parti à prendre sur la question des enfants trouvés. In-8°. 1845. *Dupont*.

CURETON (le docteur).

— Étude sur une ancienne version syriaque des Évangiles, récemment découverte. In-8°. 1859. *Lecoffre*. 1 fr.

CURICQUE (l'abbé J. M.), né à Sierck (Moselle) vers 1830.

— Essai historique sur la vie de la bienheureuse princesse Marguerite de Bavière, palatine du Rhin, fille de l'empereur Robert III, épouse de Charles II, duc de Lorraine, morte à Sierck, en odeur de sainteté, le 27 août 1434. In-8°. 1859. [Metz, *Rousseau-Pallez*.] *Lecoffre*. 1 fr. 50 c.

— Notice historique sur la bienheureuse princesse palatine Marguerite de Bavière, duchesse de Lorraine (1373-1434). In-12, 40 p. 1864. Metz, *Rousseau-Pallez*.

CURIE-LASSUS (l'abbé), aumônier de l'hospice de Tarbes.

— La Charité dans la Bigorre, ou les Hôpitaux de Tarbes pendant ces trois derniers siècles. In-12. 1864. *Bray*. 2 fr. 50 c.

*Curiosités anecdotiques. In-18. 1855. *Paulin et Lechevalier*. 3 fr.

*Curiosités de l'archéologie et des beaux-arts. In-18. 1855. *Ibid.* 3 fr.

*Curiosités bibliographiques et biographiques. 2 vol. — Voy. *Lalanne* (Ludovic).

*Curiosités de l'économie politique. — Voy. *Louvet*.

*Curiosités historiques. In-18. 1855. *Paulin et Lechevalier*. 3 fr.

*Curiosités des inventions et découvertes. In-18. 1855. *Ibid.* 3 fr.

*Curiosités littéraires. — Voy. *Lalanne*.

*Curiosités militaires. In-16. 1855. *Paulin et Lechevalier*.

*Curiosités philologiques, géographiques et ethnologiques. — Voy. *Wailly* (Léon de).

Ces 10 volumes font partie d'une « Bibliothèque de poche, rédigée par une société de gens de lettres et d'érudits ».

*Curiosités judiciaires. — Voy. *Warée*.

*Curiosités des sciences occultes. — Voy. *Lacroix* (P.).

*Curiosités théâtrales. — Voy. *Fournel*.

*Curiosités théologiques. — Voy. *Brunel* (Gust.).

*Curiosités révolutionnaires. Les Journaux rouges. Histoire critique de tous les journaux ultra-républicains publiés à Paris depuis le 24 février jusqu'au 1er octobre 1848, avec des extraits-spécimens et une préface; par un girondin. Gr. in-12. 1848. *Giraud*. 1 fr. 50 c.

*Curiosités révolutionnaires. Les Affiches rouges. Reproduction exacte et histoire critique de toutes les affiches ultra-républicaines placardées sur les murs de Paris depuis le 24 février 1848. Avec une préface, par un girondin. In-12. 1857. *Giraud et Dagneau*. 3 fr.

CURLING (T. B.), chirurgien anglais.

— Traité pratique des maladies du testicule, du cordon spermatique et du scrotum. Traduit sur la 2e édition, avec des additions et des notes, par L. Gosselin. In-8° avec fig. 1857. *Labé*. 8 fr.

CURMER (Henri Léon), libraire-éditeur, né à Paris en 1801.

— Dresde, Paris, Rome, Montpellier; poésies religieuses et diverses. Avec 44 eaux-fortes. 3e édition. In-8°. 1863. [Lyon, *imprimerie Perrin*.] *Aubry*. 25 fr.

La 1re édition est de 1861. 2 vol. 50 fr.

— De l'Établissement des bibliothèques communales en France. In-8° de 6 3/4 f. 1846. *Guillaumin*.

— La Propriétaire littéraire et artistique. In-8°. 1862. *Dentu*. 50 c.

— La Vague; poésies. In-8°. 1865. *Maillet*. 1 fr.

CURNIER (Léonce), ancien député, trésorier-payeur général du département du Bas-Rhin.

— Le Cardinal de Retz et son temps; étude historique et littéraire. 2 vol. in-8°. 1863. *Amyot*. 12 fr.

— Rivarol, sa vie et ses œuvres. In-18, 323 p. 1858. Nîmes, *imprimerie Ballivet*.

CURNIEU (Charles Louis Adélaïde Henri Mathevon, baron de), ancien officier d'état-major.

— Leçons de science hippique générale, ou Traité complet de l'art de connaître, de gouverner et d'élever le cheval. 3 vol. in-8° avec gravures. 1855-1860. *Dumaine*. 36 fr.

Cet ouvrage est divisé en 3 parties : 1° Connaissance du cheval. 2° Application du cheval à nos besoins ou à nos plaisirs. 3° Production du cheval, ou manière de l'élever. — Chaque partie se vend séparément, 12 fr.

— Notions sur le dressage des jeunes chevaux au trait et à la selle. In-8° avec 1 pl. 1848. *Maillet-Schmitz*. 1 fr.

— Observations d'un éleveur sur la mesure nouvellement adoptée par le ministre de la guerre d'entretenir des étalons dans les dépôts de remonte de cavalerie. In-8°. 1841. *Dumaine*. 1 fr.

— Observations d'un éleveur sur la brochure

40

intitulée : Des Remontes de l'armée, par le lieutenant-général marquis Oudinot, et sur le rapport présenté par M. le comte de Morny au conseil général de l'agriculture, par la commission des chevaux. In-8°. 1842. *Ibid.* 2 fr.

CURNILLON (Arthur).

— Mathéus. In-12. 1857. [Lyon.] *Librairie nouvelle.* 1 fr.

— Le Relatif et l'absolu. In-12. 1859. [Lyon.] *Dentu.* 1 fr.

CURNILLON (Frédéric).

— La France héritière. L'État grand capitaliste. Secours à toutes les infortunes. In-8°. 1842. *Dentu.* 1 fr. 25 c.

CURO (Mlle Marie), propriétaire, née à Saint-Brieuc en 1795.

— L'Art de jouer les charades en action. In-18. 1859. *Poullet.* 80 c.

— Le Bonheur de la famille, ou la Science de la jeune mère. In-12. 1859. *Sarlit.* 2 fr.

— Claire et Léonie, ou les Jeunes filles du catéchisme de persévérance. In-12. 1865. *Ibid.* 2 fr.

— Études morales et religieuses, ou Éducation pratique des jeunes filles, livre de lecture courante. 16e édition, corrigée et augmentée. In-12. 1862. *Fouraut.* 1 fr.

La 1re édition est de 1850.

— Louise et Caroline, ou Six mois avant la première communion. 2e éd. In-12. 1865. *Sarlit.* 2 fr.

1re édition. 1859. *Dillet.* 1 fr. 75 c.

— Mois de Marie des pensionnats et des écoles. In-18. 1859. *Douniol.* 75 c.

— Nouveau recueil de lettres et compliments choisis en prose et en vers, à l'usage de la jeunesse chrétienne. In-18. 1862. *Ruffet et Cie.* 60 c.

— Nouveau théâtre des jeunes filles. In-12. 1858. *Sarlit.* 2 fr. 50 c.

— Préparation des jeunes garçons à la première communion. In-12. 1861. *Ibid.* 2 fr.

— La Vérité sur les songes. In-18. 1859. *Renault et Cie.* 1 fr.

— Le Vieux soldat, ou l'Obéissance à la loi; livre de lecture courante pour les garçons. 4e édition. In-18. 1864. *Larousse et Boyer.* 75 c.

1re édition. 1850. *Périsse.*

CUROT (l'abbé J.), directeur d'institution.

— Manuel des pères et des mères de famille. In-16. 1865. Toulouse, *Pinel.*

CURRER BELL. — Voy. **Bell.**

CURTEL (Ad.).

— Considérations sur la fabrication et la meilleure forme à donner à la section des rails, suivie d'une étude sur la question des fers, sous le point de vue de la nouvelle convention commerciale avec l'Angleterre. In-8°. 1861. *Lacroix.* 2 fr.

CURTILLE (P. M.).

— Sentences morales et religieuses. In-18. 1845. *Dupont.* 1 fr. 50 c.

CURTIS (Georges William), écrivain américain, né à Providence en 1824.

— Rêveries d'un homme marié; traduit de l'anglais, par Paul Ithier. 2 vol. in-32. 1859. Bruxelles. *Van Meenen et Cie.* 2 fr. 50 c.

CURTIS (le docteur J. L.).

— De la Virilité; des causes de son déclin prématuré, et instruction pour en obtenir le parfait rétablissement. Suivi de remarques sur le traitement de la syphilis, de la gonorrhée et de la blennorrhagie. 56e édition. In-12 avec 45 fig. anatomiques. 1852. *Charpentier, Palais-Royal.*

CURZON (Emm. de).

— Études sur les enfants trouvés, au point de vue de la législation, de la morale et de l'économie politique. In-8°. 1847. Poitiers, *Oudin.*

— Documents contemporains pour servir à la restauration des principes sociaux et à la réconciliation des partis. In-8°. 1851. *Ibid.* 2 fr.

CUSSAC (Rouvellat de). — Voy. **Rouvellat.**

CUSSÉ (L. Davy de). — Voy. **Davy de Cussé.**

CUSSIÈRE (Loys de). — Voy. **Loys de Cussière.**

CUSSY (le marquis de), mort en 1837.

— L'Art culinaire. — Voy. *Amero,* les Classiques de la table.

CUSSY (le baron Ferdinand de), ancien secrétaire d'ambassade, sous-directeur au département des affaires étrangères, et en dernier lieu consul général de France à Livourne, né à Saint-Étienne de Montluc en 1795, mort en 1866.

— Dictionnaire ou Manuel lexique du diplomate et du consul. In-8°. 1846. Leipzig, *F. A. Brockhaus.* 12 fr.

— Phases et causes célèbres du droit maritime des nations. 2 vol. in-8°. 1856. *Ibid.* 20 fr.

— Précis historique des événements politiques les plus remarquables qui se sont passés depuis 1814 à 1859. In-8°. 1859. *Ibid.* 10 fr.

— Règlements consulaires des principaux États maritimes de l'Europe et de l'Amérique; fonctions et attributions des consuls, prérogatives, immunités et caractère public des consuls envoyés. In-8°. 1852. *Ibid.* 9 fr.

— Recueil des traités de commerce et de navigation de la France. — Voy. *Hauterive.*

CUSTINE (Astolphe, marquis de), voyageur et littérateur, né à Paris en 1793; mort en 1857.

— Romuald, ou la Vocation. 4 vol. in-8°. 1848. *Amyot.* 20 fr.

— La Russie en 1839. 4 vol. in-8°. 1843. *Ibid.* 30 fr.

— Le même. 4 vol. in-12. 1843. *Ibid.* 14 fr.

— Le même. In-4°. 1854. *Ibid.* 2 fr. 70 c.

CUVELIER, trouvère du xive siècle.

— Chronique de Bertrand du Guesclin, publiée pour la première fois par E. Charrière. 2 vol. in-4°. 1840. *Didot frères.* 24 fr.

Fait partie de la « Collection de documents inédits sur l'histoire de France ».

CUVELIER (dom Michel), religieux chartreux.

— Mémoires sur la vie de Jean Levasseur, mayeur de la ville de Lille, au xviie siècle, et sur la fondation de la Chartreuse de la Boutillerie. In-8° de 11 1/2 f. 1854. Lille, *Lefort.*

CUVERVILLE (Cavelier de). — Voy. **Cavelier de Cuverville.**

CUVIER (Charles), pasteur protestant et doyen honoraire de la Faculté des lettres à Strasbourg, né à Seloncourt (Doubs) en 1798.

— L'Ame affligée et consolée. In-18. 1856. *Vᵉ Berger-Levrault et fils.* 60 c.

— Consolations et conseils de l'expérience, tirés du Journal d'un affligé. 12ᵉ édition. In - 18. 1864. *Ibid.* 50 c.

Anonyme.

— Cours d'études historiques au point de vue philosophique et chrétien. 2 vol. in-12. 1859-1863. *Ibid.* 7 fr.

— Esquisse sur les écrivains sacrés des Hébreux. In-18. 1843. *Ibid.* 60 c.

— Introduction à l'étude de la géographie dans ses rapports avec l'histoire. — Voy. *Ennery et Hirth* , Dictionnaire de géographie.

— Israël et son histoire. In-12. 1863. *Vᵉ Berger-Levrault et fils.* 1 fr.

Extrait du « Cours d'études historiques ».

— Le Petit catéchisme de Luther. In-18. 1845. *Ibid.* 80 c.

CUVIER (Georges Léopold Chrétien Frédéric Dagobert baron), naturaliste, membre de l'Académie française, secrétaire perpétuel de l'Académie des sciences, professeur d'anatomie comparée au muséum d'histoire naturelle, né à Montbéliard en 1769, mort à Paris en 1832.

— Anatomie comparée. Recueil de planches dessinées par Georges Cuvier, ou exécutées sous ses yeux par M. Laurillard; publiée sous les auspices de M. le ministre de l'instruction publique et sous la direction de MM. Laurillard et Mercier. 24 livraisons de 14 pl. in-fol. chacune, avec texte. 1850. *Librairie agricole.* Chaque livraison, 14 fr.

— Discours sur les révolutions de la surface du globe, et sur les changements qu'elles ont produits dans le règne animal. 8ᵉ édition. In-8º avec 5 pl. 1840. *Cousin.* 7 fr.

Ce discours a été publié pour la première fois en tête des Recherches sur les ossements fossiles.

— Le même. In-12. 1840. *Ibid.* 3 fr. 50 c.

— Le même; avec des notes et un appendice, d'après les travaux récents de MM. de Humboldt, Flourens, Lyell, Lindley, etc., rédigés par le docteur Hoefer. In-12 avec 4 pl. et 2 tableaux. 1850. *Didot frères.* 3 fr.

Le Discours est précédé de l'Éloge historique de Georges Cuvier, par M. Flourens.

— Discours sur les révolutions du globe, études sur l'ibis et mémoire sur la Vénus hottentote. Édition annotée d'après la méthode de Boitard et conforme à la dernière publiée du vivant de l'auteur. Réflexions sur l'atlantide et les atlantes, le feu central, etc.; par F. L. Passard; suivis de: Il n'y a que deux règnes dans la nature, par P. Ch. Joubert. In-8º avec pl. 1863-1864. *Passard.* 6 fr.

Publié en 40 livraisons à 15 c.

— Éloges historiques; précédés de l'éloge de l'auteur, par M. Flourens. In-8º. 1860. *Ducrocq.* 5 fr.

— Histoire naturelle des poissons. 22 vol. in-4º, avec 650 pl. 1829-1849. *P. Bertrand.* Noir, 616 fr.; colorié, 1,056 fr.

Avec A. Valenciennes.

— Le même. 22 vol. in-8º, avec pl. *Ibid.* Noir, 429 fr.; colorié, 869 fr.

— Histoire des sciences naturelles, depuis leur origine jusqu'à nos jours, chez tous les peuples connus, professée au collège de France, par Georges Cuvier; complétée, rédigée, annotée et publiée par M. Magdeleine de Saint-Agy. 5 vol. in-8º. 1841-1845. *Vict. Masson.* 35 fr.

— Leçons d'anatomie comparée, publiées par Duméril, Laurillard et Duvernoy. 2ᵉ édition augmentée. 9 vol. in-8º. 1835-1845. *Ibid.* 70 fr.

La 1ʳᵉ édition a été publiée de 1800 à 1805.

— Lettres à C. M. Pfaff sur l'histoire naturelle, la politique et la littérature (1788-1792). Traduit de l'allemand par le docteur Louis Marchant. In-12. 1858. *Ibid.* 3 fr. 50 c.

— Recueil des éloges historiques lus dans les séances publiques de l'Institut de France. Nouvelle édition. 3 vol. in-8º. 1861. *Didot.* 12 fr.

— Le Règne animal, distribué d'après son organisation, pour servir de base à l'Histoire naturelle des animaux et d'introduction à l'Anatomie comparée. Nouvelle édition. 11 vol. de texte. In-4º et 11 atlas in-4º, comprenant 1,000 planches. 1849. *Vict. Masson.*

L'ouvrage, publié en 262 livraisons, est ainsi divisé:

Mammifères et races humaines, par Milne-Edwards, Laurillard et Roulin.
Oiseaux , par A. d'Orbigny.
Reptiles, par Duvernoy.
Poissons, par Valenciennes.
Mollusques , par Deshayes.
Insectes, par Audouin, Blanchard, Doyère et Milne-Edwards.
Arachnides , par Dugès et Milne-Edwards.
Crustacés, par Milne-Edwards.
Annélides , par Milne-Edwards et de Quatrefages.
Zoophytes, par Milne-Edwards et Blanchard. — A ce volume est ajoutée la table des matières de l'ouvrage.

Chaque partie forme un volume de texte et un volume de planches; pour les exemplaires reliés on a réuni en un volume les deux parties : « Arachnides » et « Annélides », de sorte que ces exemplaires ne se composent que de 10 vol. de texte et 10 vol. de planches.

Prix de l'ouvrage complet : Avec les planches imprimées en couleur et retouchées au pinceau, 1,310 fr.

Avec les planches imprimées en noir, 590 fr.

CUVIER (Rodolphe), inspecteur ecclésiastique, né à Étupes (Doubs) en 1785.

— Catéchisme des doctrines distinctives de l'Église évangélique protestante et de l'Église catholique romaine. Traduit de l'allemand par R. Cuvier. In-18. 1845. *Lambert.* 50 c.

— La Confirmation, ou Exercices préparatoires au renouvellement des vœux du baptême. In-12. 1842. *Treuttel et Würtz.* 60 c.

— L'Église une école. Sermon pour l'ouverture solennelle de la session du consistoire supérieur de l'église de la confession d'Augsbourg. In-8º. 1856. [Strasbourg.] *Cherbuliez.* 60 c.

— Le Nouveau Testament, version revue sur l'original. — Voy. *Matter et Cuvier.*

CUVILLIER (l'abbé A.).

— Le Curé de Flers-lez-Douai. In-12 avec portrait. 1865. Douai, *imprimerie Dechristé.*

— Études sur l'homélie, d'après les meilleurs auteurs. 1865. *Ibid.* 1 fr. 50 c.

CUVILLIER (A.).

— Essai d'un dictionnaire des principaux ports et mouillages du monde connu, indiquant, pour chaque lieu, les bancs ou dangers à éviter, les saisons d'hivernage, les vents ordinaires, les

courants, etc.; avec un Appendice, etc. In-8°.
1845. *Chez les auteurs, place de la Bourse*, 8. 15 fr.

Avec M. Ad. Bouin.

CUVILLIER-FLEURY (Alfred Auguste), littérateur, membre de l'Académie française, ancien secrétaire du roi de Hollande Louis Bonaparte (1820-1821), ancien précepteur du duc d'Aumale (1827-1839), né en 1802.

— Études historiques et littéraires. 2 vol. in-12. 1854. *Lévy frères*. 6 fr.

— Nouvelles études historiques et littéraires. In-12. 1855. *Ibid.* 3 fr.

— Dernières études historiques et littéraires. 2 vol. in-12. 1859. *Ibid.* 6 fr.

— Études et portraits. In-12. 1865. *Ibid.* 3 fr.

— Historiens, poëtes et romanciers. 2 vol. in-12. 1863. *Ibid.* 6 fr.

— Portraits politiques et révolutionnaires. In-12. 1851. *Ibid.* 3 fr.

— Voyages et voyageurs, 1837-1854. In-12. 1854. *Ibid.* 3 fr.

Nouvelle édition. In-12. 1856. *Ibid.* 1 fr.

Tous ces ouvrages sont composés des articles de critique historique et littéraire publiés par M. Cuvillier-Fleury dans le « Journal des Débats », depuis 1850.

CUVILLIER DE WISSIGNICOURT (E.).

— Histoire ancienne et moderne et description générale du département de l'Aisne. Canton d'A-nisy-le-Château. In-8°. 1846. *Dumoulin*. 5 fr. 50 c.

CUYPERS VAN VELTHOVEN (Prosper), né à La Haye (Hollande) en 1803.

— Documents pour servir à l'histoire des troubles religieux du xvie siècle dans le Brabant septentrional. Bois-le-Duc (1566-1570). Tome I, gr. in-8° avec carte. 1858. Bruxelles, *Decq*. 10 fr.

CUZENT (G.), pharmacien de la marine.

— Hydrologie de la Pointe-à-Pitre (Guadeloupe). In-8°. 1865. *La Pointe-à-Pitre*.

— Îles de la Société. Tahiti. Considérations géologiques, météorologiques et botaniques sur l'île; état moral actuel des Tahitiens, etc. Grammaire et petit dictionnaire tahitien. In-8° avec 3 cartes. 1860. [Rochefort.] *Masson et fils*. 3 fr. 50 c.

CYGLA.

— Luttes et travail. Traduit de l'anglais par E. Bérard. In-12. 1862. *Grassart*. 2 fr. 50 c.

CYPRIEN (Saint), docteur de l'Église, né à Carthage, mort martyr en 258.

— Opera omnia, accessit J. Firmici Materni viri clarissimi de errore profanarum religionum tractatus; juxta Baluzii et Regallii editiones. In-8°. 1847. Lyon, *Périsse*. 3 fr. 50 c.

Voy. aussi *Migne*, Patrologie latine, tome 4.

— Le Choléra au iiie siècle. Discours de saint

Cyprien sur la peste. Traduction nouvelle. In-12 de 1 f. 1849. *Sagnier et Bray*.

— Selectæ sancti Cypriani epistolæ. Nova editio, ad usum studiosæ juventutis adnotata. In-12. 1852. *Gaume frères*. 1 fr. 50 c.

— Traité de la mortalité, suivi d'une lettre aux confesseurs. Traduction française, par O. Josse. In-12. 1856. *Poussielgue-Rusand*. 50 c.

CYRANO DE BERGERAC. — Voy. **Bergerac.**

CYRILLE (saint), patriarche de Jérusalem, né vers l'an 315, mort en 385 ou 386.

— Œuvres complètes. Traduites du grec sur l'édition du père Touttée, en 1727, avec des notes historiques et critiques, par M. Ant. Faivre. 2 vol. in-8°. 1844. Lyon, *Pélagaud*. 12 fr.

Voy. aussi *Migne*, Patrologie grecque, tome 33.

*****Czar** (le) à Constantinople. In-8°. 1861. *Challamel*. 1 fr.

CZARTORYSKI (le prince Adam), fils du prince Constantin (mort à Vienne en 1860); né en 1804.

— Essai sur la diplomatie. In-8°. 1864. *Amyot*. 7 fr. 50 c.

CZARTORYSKI (le prince Ladislas), fils du prince Adam (mort à Paris en 1863); né en 1828.

— Affaire de Pologne; exposé de la situation, suivi de documents et de pièces justificatives. In-4° avec carte. *Dentu*. 5 fr.

— Alexandre Ier et le prince Czartoryski. Correspondance particulière et conversations, 1801-1823, publiées par le prince Ladislas Czartoryski, avec une introduction par Charles de Mazade. In-8°. 1865. *Lévy frères*. 7 fr. 50 c.

CZAYKOWSKI (Michel), aujourd'hui SADYK-PACHA, commandant en chef des cosaques de l'empire ottoman, né en 1808.

— Contes kosaks. Traduit par W. M. (Wladislas Mickiewicz). In-18. 1857. *Dentu*. 3 fr.

CZERMAK (le docteur Jean Nepomuk), ancien professeur à l'Université de Pesth, depuis 1865 professeur de physiologie à l'Université de Iéna (Saxe-Weimar), né à Prague (Bohême) en 1828.

— Du Laryngoscope et de son emploi en physiologie et en médecine. Édition française publiée avec le concours de l'auteur. In-8° avec 31 fig. et 2 pl. 1860. *Baillière et fils*. 3 fr. 50 c.

CZYNSKI (Jean), né à Praga en 1801.

— Le Choix d'une czarine ; comédie-vaudeville en deux actes (tirée des Annales russes). In-8°. 1842. *Lacour*. 30 c.

— Kopernik et ses travaux. In-8° avec portrait. 1846. *Renouard*. 6 fr.

— Le Réveil d'Israël. Histoire, statistique, chronique du jour, variétés littéraires, vignettes et portraits. In-8° avec 1 pl. 1847. *Ibid.* 12 fr.

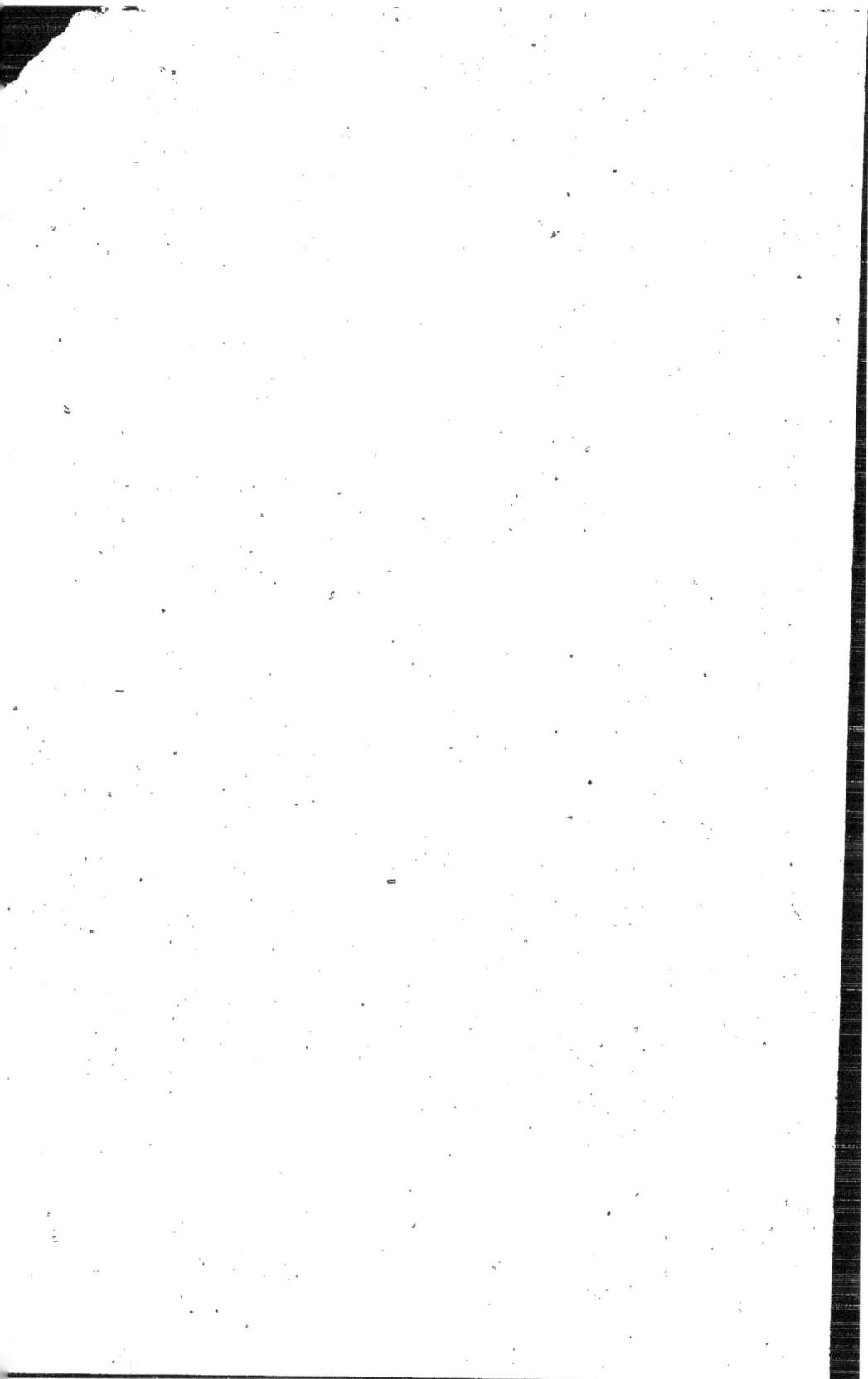

STRASBOURG, IMPRIMERIE DE VEUVE BERGER-LEVRAULT.

www.ingramcontent.com/pod-product-compliance
Lightning Source LLC
Chambersburg PA
CBHW071138270326
41929CB00012B/1793